Consolidação das Leis do Trabalho

para concursos

DOUTRINA, JURISPRUDÊNCIA
E QUESTÕES DE CONCURSOS

CLT

Marcelo Moura

Consolidação das Leis do Trabalho

para concursos

DOUTRINA, JURISPRUDÊNCIA
E QUESTÕES DE CONCURSOS

8ª edição | revista, atualizada e ampliada

2018

EDITORA *Jus*PODIVM
www.editorajuspodivm.com.br

EDITORA
*Jus*PODIVM
www.editorajuspodivm.com.br

Rua Mato Grosso, 164, Ed. Marfina, 1º Andar – Pituba, CEP: 41830-151 – Salvador – Bahia
Tel: (71) 3045.9051
• Contato: https://www.editorajuspodivm.com.br/sac

Capa: Ana Caquetti

Diagramação: Ana Paula Lopes Corrêa *(aninha_lopescorrea@hotmail.com)*

M929c Moura, Marcelo.
Consolidação das Leis do Trabalho para concursos / Marcelo Moura – 8. ed. rev. ampl. e atual. – Salvador: JusPODIVM, 2018.
1.392 p.

Bibliografia.
ISBN 978-85-442-1995-9.

1. Direito do Trabalho. I. Título.

CDD 342.69

Leninha, esta obra é tão sua quanto minha.
Você soube incentivar, apoiar,
esperar e, acima de tudo, acreditar.
Tenha a certeza de que não estar perto de você,
enquanto escrevia, foi a parte mais difícil da empreitada;
estou de volta, receba-me em teus braços.
A você, eu dedico este trabalho.

Agradeço ao Gabriel, meu pequeno-grande guerreiro tricolor,
à Julia, minha escritora, e à Isabela, minha princesa,
a paciência pelas horas roubadas do nosso convívio.
Aos meus pais, Helena e Eron, por tudo que sou.

Ao Ricardo, misto de editor e psicólogo,
que soube compreender as limitações
de tempo de um autor-juiz-professor.
À Lucia, que, como uma maestrina, rege a orquestra
de servidores da 19ª VT/RJ sem desafinar.

A todos os meus alunos e ex-alunos,
que me proporcionam a troca saudável
do conhecimento

NOTA À 8ª EDIÇÃO

A 7ª edição desta obra, lançada no final de 2017, esgotou-se em pouco mais de um mês, o que tornou necessária esta nova edição.

Além das alterações promovidas pela Lei nº 13.467, de 13.07.2017, denominada "Reforma Trabalhista", que já constavam da edição anterior, a 8ª edição desta obra está de acordo com a Medida Provisória nº 808, de 14.11.2017, que começou a viger no próprio dia 14.11.2017, diante da publicação de uma edição extra do Diário Oficial da União. Esta Medida Provisória alterou inúmeros dispositivos da Reforma Trabalhista, podendo ser considerada, portanto, a "Reforma da Reforma".

Também constam desta edição as alterações na CLT promovidas pelas Leis nº 13.509, de 22.11.2017 (art. 391-A, § único, art. 392-A e art. 396) e 13.545, de 19.12.2017 (art. 775-A).

Agradeço, mais uma vez, a acolhida que esta obra tem recebido do ávido público da área trabalhista.

Bons estudos e boa leitura!

MARCELO MOURA

SOBRE O AUTOR

MARCELO MOURA

- Juiz Titular da 19ª Vara do Trabalho do Rio de Janeiro.
- Doutorando em Direito na Universidade do Porto, Portugal.
- Mestre em Direito do Trabalho (Universidade Antonio de Nebrija – Madrid, Espanha).
- Bacharel em Direito pela Universidade Federal do Rio de Janeiro.
- Coordenador de Pós-graduação e Extensão da Universidade Cândido Mendes – Ipanema/RJ.
- Professor convidado de Direito e Processo do Trabalho em diversas Instituições de Ensino Superior.
- www.portallaboral.com.br
- e-mail: clt@professormarcelomoura.com.br
- Twitter/Periscope: @mouraonline
- Instagram: profmarcelomoura

SUMÁRIO

TÍTULO III – DAS NORMAS ESPECIAIS DE TUTELA DO TRABALHO

TÍTULO IV – DO CONTRATO INDIVIDUAL DO TRABALHO

TÍTULO VI – CONVENÇÕES COLETIVAS DE TRABALHO

TÍTULO VI-A – DAS COMISSÕES DE CONCILIAÇÃO PRÉVIA

TÍTULO VII – DO PROCESSO DE MULTAS ADMINISTRATIVAS

TÍTULO VII-A DA PROVA DA INEXISTÊNCIA DE DÉBITOS TRABALHISTAS

TÍTULO VIII – DA JUSTIÇA DO TRABALHO

MULTAS PARA INFRAÇÕES AO TÍTULO VIII: ART. 643 AO 735

TÍTULO IX – DO MINISTÉRIO PÚBLICO DO TRABALHO

TÍTULO X – DO PROCESSO JUDICIÁRIO DO TRABALHO

TÍTULO XI – DISPOSIÇÕES FINAIS E TRANSITÓRIAS

CONSOLIDAÇÃO DAS LEIS DO TRABALHO

▸DECRETO-LEI Nº 5.452, DE 1º DE MAIO DE 1943

Aprova a Consolidação das Leis do Trabalho.

O PRESIDENTE DA REPÚBLICA, usando da atribuição que lhe confere o art. 180 da Constituição,

DECRETA:

Art. 1º Fica aprovada a Consolidação das Leis do Trabalho, que a este decreto-lei acompanha, com as alterações por ela introduzidas na legislação vigente.

Parágrafo único. Continuam em vigor as disposições legais transitórias ou de emergência, bem como as que não tenham aplicação em todo o território nacional.

Art. 2º O presente decreto-lei entrará em vigor em 10 de novembro de 1943.

Rio de Janeiro, 1 de maio de 1943, 122º da Independência e 55º da República.

GETÚLIO VARGAS.

Alexandre Marcondes Filho.

Este texto não substitui o publicado no D.O.U. de 9.8.1943

▸CONSOLIDAÇÃO DAS LEIS DO TRABALHO

▸TÍTULO I – INTRODUÇÃO

✦ OBJETO DA CLT

Art. 1º Esta Consolidação estatui as normas que regulam as relações individuais e coletivas de trabalho, nela previstas.

1. COMENTÁRIOS

1.1. Relação individual de trabalho

As relações de trabalho subordinado constituem o objeto da CLT. A relação individual de trabalho é o negócio jurídico estabelecido, voluntariamente, entre empregados e empregadores, firmando direitos e obrigações para ambos os sujeitos, observados os patamares mínimos previstos em lei (contrato mínimo legal). Tal relação jurídica se formaliza pelo contrato de trabalho (CLT, art. 29). Este, por sua vez, pode se configurar tácita ou expressamente, verbalmente ou por escrito, exigindo-se, somente, que transpareça a vontade dos sujeitos contratantes (CLT, art. 442).

1.2 Relações coletivas de trabalho

As relações coletivas compreendem:

a) a atuação dos sindicatos representativos das categorias econômicas (empregadores) e profissionais (empregados) na criação de normas de conduta nestes limites de abrangência (convenções e acordos coletivos de trabalho);

b) as relações jurídicas entre os sindicatos e associados;

c) a atuação judicial da defesa dos interesses representados por tais entidades (art. 8º, III, da CRFB/88), concretizando os direitos sociais previstos no art. 7º, *caput*, da CRFB/88.

1.3. Trabalhadores excluídos

No que tange às relações individuais de trabalho, os prestadores de serviço, ainda que sem subordinação, caracterizando os trabalhadores autônomos, eventuais e avulsos, são estudados pelo direito do trabalho como maneira de afastar o alcance das normas de proteção da CLT e não para abrangê-los. Ainda que a Justiça do Trabalho tenha ampliado sua competência para abranger tais espécies de relação de trabalho (art. 114, I, da CRFB), que são gênero da relação de emprego, não se pode afirmar que o direito material do trabalho também tenha tamanha amplitude.

1.4. Extensão da legislação trabalhista aos não subordinados

Percebem-se movimentos atuais de extensão das normas protetivas trabalhistas para outros trabalhadores não empregados, cuja natureza da prestação de serviços os aproxima da relação de emprego, chamados por parcela da doutrina de parassubordinados. Contudo, os exemplos legislativos, no Brasil e no exterior, ainda são insuficientes a ponto de se afirmar que o direito do trabalho já abrange toda espécie de trabalho não subordinado. No Brasil podemos citar como exemplos desta extensão de objeto: a equiparação entre empregados e trabalhadores avulsos (art. 7º, XXXIV, da CRFB/88), a abrangência da lei do rurícola a trabalhadores rurais não empregados, como os boias-frias, que trabalham eventualmente (Lei nº 5.889/73, art. 17) e a extensão do seguro-desemprego para os pescadores profissionais durante o período de defeso de atividade pesqueira para a preservação de espécie (art. 1º, da Lei nº 10.779, de 25.11.2003).

A criação de normas trabalhistas, como as acima citadas, deve observar a competência privativa da União para legislar sobre Direito do Trabalho (art. 22, I, da CRFB/88). A não observância desta regra importará em inconstitucionalidade formal da norma discrepante, por vício de origem.

1.5. Trabalho no exterior: lei material aplicável

Vigora no direito nacional o princípio da lex loci executionis. Segundo este princípio, a lei material aplicável ao contrato de trabalho será a do país de execução do contrato de trabalho, ou seja, onde o empregado estiver trabalhando. Neste sentido sempre caminhou a jurisprudência do TST, até o cancelamento da S. 207, pela Res. 181/2012, DEJT divulgado em 19, 20 e 23.04.2012.

A nosso ver, o cancelamento da súmula não muda a regra de aplicação do direito material. A referida súmula tinha respaldo no Decreto nº 18.871/1929, que promulgou a Convenção de Direito Internacional Privado de Havana (Código Bustamante), cujo artigo 198 impõe a prevalência da legislação do local da prestação de serviços em detrimento daquela de onde foi tão somente celebrado o contrato de trabalho. O Código de Bustamante continua a ser a regra a disciplinar estes conflitos de direito intertemporal, não obstante o cancelamento da S. 207 do TST.

O princípio da lex loci executionis só é excepcionado quando o empregado brasileiro for transferido para trabalhar no exterior. Nesta circunstância aplicar-se-á a lei brasileira quando a legislação do país de destino for menos favorável ao empregado. O art. 3º, II, da Lei nº 7.064/82 garante "a aplicação da legislação brasileira de proteção ao trabalho, naquilo que não for incompatível com o disposto nesta lei, quando mais favorável do que a legislação territorial, no conjunto de normas e em relação a cada matéria".

Neste sentido já decidiu o TST, interpretando a Lei nº 7.064/82, nos seguintes termos: "a contratação de empregado no Brasil, para a prestação de serviços em nosso território, ainda que as obrigações contratadas sejam eventual e transitoriamente cumpridas em outros países (transferências provisórias) mantém a expectativa de que retorne e que as obrigações recíprocas voltem a ser adimplidas no Brasil em caráter permanente, pois aqui ocorre a fixação jurídica do vínculo de emprego. Também o direito comparado reforça o entendimento de que o reclamante possui as garantias mínimas prevista na lei brasileira, pois o artigo 6º da Convenção de Roma de 1980 determina a aplicação da lei do país onde o trabalhador efetua habitualmente o seu trabalho, ainda que esteja empregado temporariamente em outro país.". (Processo: RR – 107121/2003-900-04-00.0 Data de Julgamento: 04/02/2009, Relator Ministro: Guilherme Augusto Caputo Bastos, 7ª Turma, Data de Divulgação: DEJT 13/02/2009.).

Com este entendimento a 7ª Turma do TST determinou o pagamento de FGTS e multa de 40% sobre os salários recebidos no exterior por empregado transferido.

Entendemos que o cancelamento da S. 207 só ocorreu para que não causasse qualquer confusão quanto ao critério da Lei nº 7.064/82. Assim, são duas as situações: **a**) empregado que trabalhou no exterior, mas que não veio transferido do Brasil, aplica-se a lei do local da execução do contrato, ou seja, a lei do país onde o mesmo trabalha ou trabalhou; **b**) empregado transferido do Brasil, aplica-se a lei de destino ou a legislação brasileira, a que for mais favorável ao empregado.

✦ **CONCEITO DE EMPREGADOR**

Art. 2º Considera-se empregador a empresa, individual ou coletiva, que, assumindo os riscos da atividade econômica, admite, assalaria e dirige a prestação pessoal de serviços.

✦ **EMPREGADOR EQUIPARADO**

§ 1º Equiparam-se ao empregador, para os efeitos exclusivos da relação de emprego, os profissionais liberais, as instituições de beneficência, as associações recreativas ou outras instituições sem fins lucrativos, que admitirem trabalhadores como empregados.

✦ **GRUPO ECONÔMICO**

§ 2º Sempre que uma ou mais empresas, tendo, embora, cada uma delas, personalidade jurídica própria, estiverem sob a direção, controle ou administração de outra, ou ainda quando, mesmo guardando cada uma sua autonomia, integrem grupo econômico, serão responsáveis solidariamente pelas obrigações decorrentes da relação de emprego. (Lei nº 13.467, de 13.07.2017)

§ 3º Não caracteriza grupo econômico a mera identidade de sócios, sendo necessárias, para a configuração do grupo, a demonstração do interesse integrado, a efetiva comunhão de interesses e a atuação conjunta das empresas dele integrantes." (NR) (Lei nº 13.467, de 13.07.2017)

1. COMENTÁRIOS

1.1. Conceito de empregador

Não há qualquer equívoco na expressão: "considera-se empregador a empresa". Quis a lei despersonalizar a figura do empregador, vinculando o empregado à empresa, um ente sem personalidade (José Augusto Rodrigues Pinto prefere a expressão: desidentificação do empregador, in Tratado de Direito Material do Trabalho. São Paulo: LTr, 2007, p. 177). Desta forma, o empregado está garantido pelo conjunto de bens corpóreos e incorpóreos que compõe está universalidade que é a empresa. Não importa para o empregado quem esteja à frente da empresa (do negócio, da atividade econômica), pois aquele estará sempre vinculado a esta atividade e, portanto, livre de eventuais alterações societárias que possam vir a prejudicar seus direitos. O empregador é, portanto, a empresa, e não a pessoa física ou jurídica titular do negócio (ver artigos 10 e 448 da

CLT). Este conceito se aplica, inclusive, às sociedades de economia mista e empresas públicas. Mesmo integrando a administração pública indireta, representam uma forma de interferência do Estado na atividade econômica privada. Ademais, estas sociedades são pessoas jurídicas de direito privado, ainda que constituídas com capital público (CRFB/88, art. 173, § 1º).

1.2. Estado Estrangeiro

As pessoas jurídicas de direito público externo, como, por exemplo, Estados Estrangeiros e Organismos Internacionais que ostentam tal natureza, podem contratar empregados. Neste caso, por estarem praticando atos de negócio, e não de império, sujeitam-se à legislação do trabalho brasileira, se aqui contratarem empregados (S. 207 do TST). Vide comentários ao art. 1º desta CLT.

1.3. Conceito de empregador equiparado

O conceito de empregador, delineado no art. 2º, *caput*, tem como um dos seus elementos a assunção dos riscos de negócio. O legislador, no parágrafo primeiro, destacou que sem exercer atividade econômica, pessoas físicas, associações civis, ou mesmo entes da Federação (União, Estados, Municípios e Distrito Federal), que venham a contratar empregados, podem também ser empregadores. Não há fim lucrativo, mas permanece o poder de direção e comando, caracterizando-os, igualmente, como empregadores.

A Lei nº 10.256, de 09.07.2001, introduziu no art. 25-A da Lei Previdenciária (Lei nº 8.212/91), a figura do empregador rural equiparado (vide comentários ao parágrafo segundo, abaixo, sob o título "Consórcio de Empregadores Rurais").

1.3.1 Desnecessidade da holding para a caracterização do grupo

Antes da Lei nº 13.467, de 13.07.2017, o texto do art. 2º, § 2º, da CLT exigia, para a configuração do grupo econômico urbano, a existência de uma empresa controladora (*holding*), também denominada de empresa mãe. A doutrina, contudo, sempre minimizou o rigor deste dispositivo.

Nesse passo: Sérgio Pinto Martins afirma que o grupo econômico melhor se visualiza quando existe uma empresa mãe e empresas filhas, mas não chega a dizer que a empresa mãe é indispensável (Comentários, 2009, p. 10). Maurício Godinho Delgado esclarece que "ainda que se insista na tese do nexo relacional hierárquico entre as empresas, está sedimentado como indiferente ser o controle exercido por pessoa jurídica ou pessoa física." (Curso, jan-2009, p. 382).

O atual texto legal claramente dispensa a existência de uma empresa controladora, seguindo a tendência do que já defendia a doutrina majoritária, mesmo antes da alteração legislativa. Contudo, isso não significa que o grupo econômico trabalhista se forma sem o controle de uma empresa por outra. O que se está a dizer é que, definitivamente, não há mais necessidade de uma empresa especificamente constituída ou destinada a controlar as demais. Não existe mais a empresa principal, antes expressamente referida no texto legal. A formação do grupo econômico por subordinação de uma empresa a outra, ou por simples coordenação entre as empresas do grupo, será tratada a seguir.

1.3.2 Subordinação ou coordenação entre as empresas?

Antes da Lei nº 13.467, de 13.07.2017, alguns autores defendiam a tese de que o grupo econômico urbano se formava por simples coordenação entre seus integrantes, denominando-o de grupo econômico horizontal (Neste sentido: Alice Monteiro de Barros. Curso de Direito do Trabalho, São Paulo, LTr, fev-2008, p. 380).

Sempre nos pareceu, todavia, que o exercício do controle por uma empresa ou até mesmo por uma pessoa física, era elemento fundamental da caracterização do grupo econômico urbano e traçava uma linha de distinção com o grupo econômico rural. Como afirmava Godinho: "É importante perceber que, em contraponto ao texto literal celetista (que parece favorecer, como visto, a tese do nexo relacional hierárquico: art. 2º, § 2º, da CLT), o texto literal da Lei nº 5.889/73 claramente favorece a tese do nexo relacional de simples coordenação." (Curso, jan-2009, p. 382). No mesmo sentido Russomano, afirmando que: "Como se depreende do texto claro da lei, isso é o que importa: a subordinação de uma empresa a outra ou a subordinação de várias empresas a uma administração central e superior." (Comentários, Vol. I, 1993, p. 7).

Com o advento da Lei nº 13.467, de 13.07.2017, a redação do art. 2º, § 2º, da CLT, parece permitir que o grupo econômico trabalhista se forme por simples coordenação entre as empresas, sem a necessidade de controle de uma empresa por outra. Esta ilação se extrai tanto do texto do § 2º, onde se lê "mesmo guardando cada uma sua autonomia, integrem grupo econômico...", como também do § 3º, a se referir à "demonstração do interesse integrado, a efetiva comunhão de interesses e a atuação conjunta das empresas...".

Ainda que não se possa negar que no início do texto do art. 2º, § 2º, haja expressa referência à direção, controle e administração de uma empresa por outra, estas características acabaram não se mostrando indispensáveis, como outrora, para a formação do grupo econômico trabalhista. Isto se pode notar, por exemplo, pelo desaparecimento da empresa-mãe, do texto legal, e pela conclusão do texto com "integrem grupo econômico". O nexo hierárquico de uma empresa por outra deixou de ser fundamental para a caracterização do grupo.

Pode-se dizer, portanto, que ocorreu uma aproximação entre as características do grupo econômico urbano com o rural.

Atualíssimas as lições de Octavio Bueno Magano, 1979, p. 132/133, cunhadas quase 40 anos antes da reforma trabalhista:

> "No grupo de coordenação, embora se exclua a ideia de controle de uma sociedade por outra, esta implícita a de que fiquem sujeitas a interferências recíprocas, reveladoras de colaboração na persecução de um mesmo desiderato. Por isto, sujeita-se o grupo de coordenação *mutatis mutandis* aos mesmos deveres impostos ao grupo de subordinação, em face dos interesses do público, dos credores e dos acionistas." (Os Grupos de Empresas no Direito do Trabalho).

No atual panorama legislativo, ficou mais fácil a configuração do grupo econômico, e mais protegido, por consequência, o empregado. A coordenação é traço mais simples de se demonstrar do que a subordinação, que exige o controle de uma empresa ou pessoa por outra.

Qualquer que seja a visão do intérprete, a simples coincidência de sócios, sem que isto represente controle acionário de uma empresa por outra, ou de um sócio controlando várias empresas, não é elemento suficiente (e nunca foi) para caracterização do grupo, como agora deixou claro o texto do § 3º do art. 2º da CLT.

1.3.3 Solidariedade passiva ou ativa? A tese do empregador único.

A solidariedade não se presume, pois decorre da lei ou da vontade dos contratantes (CC, art. 265). Há solidariedade quando na mesma obrigação concorre mais de um credor (solidariedade ativa), ou mais de um devedor (solidariedade passiva), cada um com direito, ou obrigado, à dívida toda (CC, art. 264).

A doutrina trabalhista, majoritariamente, vê na regra do art. 2º, § 2º, da CLT, a figura da solidariedade passiva, onde todas as empresas que compõem o grupo econômico respondem, igualmente, por qualquer obrigação dos empregados das empresas do grupo (NASCIMENTO, Amauri Mascaro. Curso de Direito do Trabalho. 25ª ed. São Paulo: Saraiva, 2010, p. 676). Também assim, Saad, que citando diversos autores, afirma que a tese majoritária na doutrina só vê no texto celetista a solidariedade passiva (CLT Comentada, 2009, p. 54). A doutrina identifica, ainda que de forma minoritária, a possibilidade de cada empregador do grupo econômico exigir a prestação de serviços de qualquer empregado deste grupo, indistintamente e independentemente de com quem se forme o vínculo de emprego. Nesta hipótese todas as empresas são potencialmente credoras da mão de obra de qualquer destes empregados, formando um empregador único (tese da solidariedade ativa) (MORAES, Evaristo de. Introdução ao Direito do Trabalho. São Paulo: LTr, 1978, p. 226).

Francisco Antonio de Oliveira, também adotando a tese do empregador único, lembra que: "A empresa contratante seria a "empresa aparente". A ideia de empregador único é inarredável, não só em função da mens legislatoris contida no item 53 da Exposição de Motivos da CLT, mas também da própria ratio legis, qual seja, a de proteger o crédito do trabalhador." (Comentários, março-2005, p. 41).

A nosso ver a jurisprudência foi influenciada pela tese do empregador único ao aprovar a S. 129 do TST. Com base nesta súmula, o TST não autoriza o reconhecimento de mais de um contrato de trabalho para o empregado que preste serviços, na mesma jornada, a mais de uma empresa do grupo econômico. Assim, estaria a súmula permitindo a exploração do trabalho de um empregado por mais de uma empresa integrante do grupo econômico, como se fossem um só empregador. Percebe-se, neste ponto, que doutrina e jurisprudência apontam soluções diferentes.

Para o TST, há solidariedade ativa, além da passiva, adotando, portanto, a tese do grupo econômico como empregador único. Para boa parte da doutrina, contudo, o grupo econômico só configura a solidariedade passiva das empresas que o compõem, bem como da empresa controladora (Amauri Mascaro Nascimento também aponta este descompasso entre doutrina e jurisprudência: Curso, 2010, p. 677).

A atual redação do art. 2º, § 2º, de acordo com a Lei nº 13.467, de 13.07.2017, favorece a tese da solidariedade somente passiva. No texto anterior se lia: "serão, para os efeitos da relação de emprego, solidariamente responsáveis a empresa principal e cada uma das subordinadas." Essa redação permitia as interpretações acima explicitadas. O atual texto dispõe: "serão responsáveis solidariamente pelas obrigações decorrentes da relação de emprego". A meu ver o legislador suprimiu a tese do empregador único. Decorre, portanto, do texto legal celetista, somente a solidariedade passiva entre as empresas que compõem o grupo econômico. Como consequência da supressão da figura do empregador único, a permanência de prestação de serviços de um empregado para qualquer empresa do grupo importará em reconhecimento de novo vínculo de emprego, estando superadas as Súmulas 93 e 129 do TST.

1.3.4. Consórcio de Empregadores Rurais.

Antecipando-se ao direito do trabalho, a legislação previdenciária, especificamente no art. 25-A, da Lei nº 8.212/91, regulamentou a figura jurídica do Consórcio de Empregadores Rurais. Segundo a referida norma, equiparam-se a empregador rural o consórcio simplificado de produtores rurais, pessoas físicas, reunidos para a contratação de empregados comuns, cuja mão de obra será gerida por um dos integrantes do consórcio, especificamente designado para tal fim, através de documento registrado em cartório de títulos e documentos. Os produtores rurais integrantes do consórcio são solidariamente responsáveis pelas obrigações previdenciárias dos empregados contratados nestes moldes (parágrafo terceiro, do art. 25-A, supra).

A regra da constituição do consórcio, ainda que estabelecida em lei previdenciária, se aplica para fins trabalhistas. Desta forma, instituído o consórcio, os empregadores também serão solidariamente responsáveis para fins trabalhistas. Como a legislação equiparou o consórcio a um empregador, como se viu no tópico supra, a solidariedade referida será tanto passiva, quanto ativa. Ou seja,tanto os consorciados terão responsabilidade pelo pagamento de dívidas trabalhistas (solidariedade passiva), como poderá qualquer integrante do consórcio se aproveitar da prestação de serviços de quaisquer empregados contratados, constituindo a solidariedade ativa (neste sentido: Daniel Botelho Rabelo. O Consórcio de Empregadores no Direito Brasileiro. São Paulo: LTr, outubro-2007, p. 84).

As conclusões acima não se alteraram quando da aprovação da Lei nº 13.467, de 13.07.2017. O consórcio se caracteriza por uma reunião de sujeitos que se unem para a contratação de empregado comum. Esta unidade aproxima o consórcio da figura jurídica do empregador único, e por isso se pode afirmar que há solidariedade ativa, como passiva. Trata-se de situação jurídica distinta daquela definida para o grupo econômico do art. 2º, § 2º, da CLT.

1.5. Consórcio de Empregadores Urbanos

A doutrina vem entendendo ser possível a extensão da figura jurídica do Consórcio de Empregadores Rurais para a realidade urbana. Segundo Godinho, o instituto do consórcio asseguraria aos trabalhadores urbanos um patamar de cidadania jurídico-econômica, conectando-os à figura do empregador único (Curso, 2009, p. 406).

Para Mauricio Mazur a figura seria muito útil em serviços de necessidade ocasional e de curta duração nas cidades (Consórcio de Empregadores. Curitiba: Juruá, 2002, p. 64).

Segundo Otavio Calvet, não há impedimento legal para a aplicação do instituto no meio urbano e, havendo manifestação expressa dos contratantes (requisito obrigatório para a formação do consórcio), seria perfeitamente possível a sua adoção (Consórcio de Empregadores Urbanos: uma realidade possível. São Paulo: LTR, 2002, p. 32).

Em prefácio ao Livro de Otavio Calvet, também tivemos a oportunidade de aderir à tese de extensão do Consórcio Rural para a realidade urbana. Situações como a de pequenas ou microempresas, ou, ainda, de empregadores pessoas físicas, que se aproveitem, de forma comum e indivisível, da mão de obra do mesmo empregado, por um mesmo contrato de trabalho, se enquadram perfeitamente no instituto jurídico comentado.

2. SÚMULAS E ORIENTAÇÕES JURISPRUDENCIAIS

- **OJ-SDI1-191 – TST.**

CONTRATO DE EMPREITADA. DONO DA OBRA DE CONSTRUÇÃO CIVIL. RESPONSABILIDADE (nova redação) – Res. 175/2011, DEJT divulgado em 27, 30 e 31.05.2011 Diante da inexistência de previsão legal específica, o contrato de empreitada de construção civil entre o dono da obra e o empreiteiro não enseja responsabilidade solidária ou subsidiária nas obrigações trabalhistas contraídas pelo empreiteiro, salvo sendo o dono da obra uma empresa construtora ou incorporadora.

- **Súmula nº 93 – TST – (mantida) – Res. 121/2003, DJ 19, 20 e 21.11.2003**

BANCÁRIO. Integra a remuneração do bancário a vantagem pecuniária por ele auferida na colocação ou na venda de papéis ou valores mobiliários de empresas pertencentes ao mesmo grupo econômico, se exercida essa atividade no horário e no local de trabalho e com o consentimento, tácito ou expresso, do banco empregador.

- **Súmula nº 129 – TST – (mantida) – Res. 121/2003, DJ 19, 20 e 21.11.2003**

CONTRATO DE TRABALHO. GRUPO ECONÔMICO. A prestação de serviços a mais de uma empresa do mesmo grupo econômico, durante a mesma jornada de trabalho, não caracteriza a coexistência de mais de um contrato de trabalho, salvo ajuste em contrário.

- **Súmula nº 239 – TST – (incorporadas as OJs nº s 64 e 126 da SBDI-1) – Res. 129/2005, DJ 20, 22 e 25.04.2005**

BANCÁRIO. EMPREGADO DE EMPRESA DE PROCESSAMENTO DE DADOS. É bancário o empregado de empresa de processamento de dados que presta serviço a banco integrante do mesmo grupo econômico, exceto quando a empresa de processamento de dados presta serviços a banco e a empresas não bancárias do mesmo grupo econômico ou a terceiros.

- **Súmula nº 331 – TST – CONTRATO DE PRESTAÇÃO DE SERVIÇOS. LEGALIDADE (nova redação do item IV e inseridos os itens V e VI à redação) – Res. 174/2011, DEJT divulgado em 27, 30 e 31.05.2011**

I – A contratação de trabalhadores por empresa interposta é ilegal, formando-se o vínculo diretamente com o tomador dos serviços, salvo no caso de trabalho temporário (Lei nº 6.019, de 03.01.1974). II – A contratação irregular de trabalhador, mediante empresa interposta, não gera vínculo de emprego com os órgãos da Administração Pública direta, indireta ou fundacional (art. 37, II, da CF/1988). III – Não forma vínculo de emprego com o tomador a contratação de serviços de vigilância (Lei nº 7.102, de 20.06.1983) e de conservação e limpeza, bem como a de serviços especializados ligados à atividade-meio do tomador, desde que inexistente a pessoalidade e a subordinação direta. IV – O inadimplemento das obrigações trabalhistas, por parte do empregador, implica a responsabilidade subsidiária do tomador dos serviços quanto àquelas obrigações, desde que haja participado da relação processual e conste também do título executivo judicial. V – Os entes integrantes da Administração Pública direta e indireta respondem subsidiariamente, nas mesmas condições do item IV, caso evidenciada a sua conduta culposa no cumprimento das obrigações da Lei nº 8.666, de 21.06.1993, especialmente na fiscalização do cumprimento das obrigações contratuais e legais da prestadora de serviço como empregadora. A aludida responsabilidade não decorre de mero inadimplemento das obrigações trabalhistas assumidas pela empresa regularmente contratada. VI – A responsabilidade subsidiária do tomador de serviços abrange todas as verbas decorrentes da condenação referentes ao período da prestação laboral.

- **OJ 30, Transitória SBDI-1 – TST – DJ 09.12.2003**

CISÃO PARCIAL DE EMPRESA. RESPONSABILIDADE SOLIDÁRIA. PROFORTE. É solidária a responsabilidade entre a empresa cindida subsistente e aquelas que absorverem parte do seu patrimônio, quando constatada fraude na cisão parcial.

3. INFORMATIVOS DO TST

- ***Existência de sócios comuns. Grupo Econômico. Não caracterização. Ausência de subordinação.***

O simples fato de duas empresas terem sócios em comum não autoriza o reconhecimento do grupo econômico, pois este, nos termos do art. 2º, § 2º, da CLT, pressupõe subordinação à mesma direção, controle ou administração, ou seja, exige uma relação de dominação interempresarial em que o controle central é exercido por uma delas (teoria hierárquica ou vertical). Na hipótese, ressaltou-se que não obstante as empresas em questão terem os mesmos sócios, uma delas é voltada para o mercado imobiliário, enquanto que a outra atua no ramo de segurança e transporte de valores, bem como importação e exportação de equipamentos eletrônicos, não guardando, portanto, qualquer relação entre os respectivos objetos comerciais a indicar laços de direção entre elas. Com esse entendimento, a SBDI-I, em sua composição plena, por maioria, conheceu dos embargos interpostos pela reclamante, por divergência jurisprudencial, vencidos os Ministros Horácio Raymundo de Senna Pires, relator, Antonio José de Barros Levenhagen, Brito Pereira e Aloysio Corrêa da Veiga, que não conheciam do apelo. No mérito, também por maioria, a Subseção negou provimento ao recurso, vencidos os Ministros Lelio Bentes Corrêa, Augusto César Leite de Carvalho, José Roberto Freire Pimenta e Hugo Carlos Scheuermann, que davam provimento aos embargos para restabelecer a decisão proferida pelo TRT que, adotando a teoria horizontal ou da coordenação, entendeu configurado o grupo econômico porque existente nexo relacional entre as empresas envolvidas, pois além de terem sócios em comum, restou demonstrado que houve aporte financeiro dos sócios de uma empresa na outra. TST-E-ED-RR-214940-39.2006.5.02. 0472, SBDI-I, rel. Min. Horácio Raymundo de Senna Pires 22.5.2014 (**Informativo nº 83**)

4. QUESTÕES DE CONCURSOS

01. (MTE/AUDITOR FISCAL DO TRABALHO/ESAF/2010/ADAPTADO) Para a configuração do grupo econômico, ou do chamado "empregador único", que atrai a hipótese de responsabilidade solidária pelos créditos trabalhistas, é necessária a prova do nexo relacional entre as empresas, nos formatos previstos pelo Direito Comercial e pelo Direito Empresarial, como no caso dos consórcios, holdings e pool de empresas

02. (FCC – TRT 22 – Analista Judiciário/2010) Joana presta serviços na qualidade de empregada para mais de uma empresa do mesmo grupo econômico, durante a mesma jornada de trabalho. Neste caso, salvo ajuste em contrário,

a) não está caracterizada a coexistência de mais de um contrato de trabalho.

b) está caracterizada a existência de mais de um contrato de trabalho, limitado em três, tendo em vista que as empresas possuem personalidades jurídicas distintas.

c) está caracterizada a existência de mais de um contrato de trabalho, limitado em dois, tendo em vista que as empresas possuem personalidades jurídicas distintas.

d) está caracterizada a existência de mais de um contrato de trabalho, sem limitação, em razão da prestação de serviços acontecer durante a mesma jornada de trabalho.

e) está caracterizada a existência de mais de um contrato de trabalho, sem limitação, tendo em vista que as empresas possuem personalidades jurídicas distintas.

03. (FCC – TRT 24 – Analista Judiciário/2011) Considere as seguintes assertivas a respeito do Grupo Econômico:

I. O Grupo econômico, para fins trabalhistas, necessita de prova cabal de sua formal institucionalização cartorial, tal como holdings, consórcios, pools etc.

II. As associações, entidades beneficentes e sindicatos podem ser considerados como grupo de empresas, se presentes os requisitos legais.

III. Cada empresa do grupo é autônoma em relação às demais, mas o empregador real é o próprio grupo.

IV. Nada impede que a admissão do empregado seja feita em nome de uma empresa do grupo e a baixa em nome de outra.

Está correto o que consta APENAS em

a) I, III e IV.

b) I, II e III.

c) II, III e IV.

d) I e IV.

e) III e IV.

04. (MTE/AUDITOR FISCAL DO TRABALHO/ESAF/2010/ADAPTADA) De acordo com a jurisprudência do Tribunal Superior do Trabalho, a prestação de serviços a mais de uma empresa do mesmo grupo econômico, durante a mesma jornada de trabalho, caracteriza a coexistência de mais de um contrato de trabalho.

05. (FCC – Analista Judiciário – Área Judiciária – TRT 5/2013) Após trabalhar como empregada para a empresa Gama Marketing por dois anos, Minerva foi dispensada sem justa causa e não recebeu verbas rescisórias. Em reclamação trabalhista Minerva acionou duas empresas, a sua empregadora Gama Marketing e a empresa controladora do grupo econômico Gama Participações, sendo que essa última,

a) não responderá por não ter sido empregadora da reclamante.

b) responderá de forma subsidiária se houver previsão contratual nesse sentido.

c) responderá subsidiariamente somente se for decretada falência da empresa empregadora.

d) será responsável solidariamente por força de disposição legal.

e) responderá solidariamente ou subsidiariamente apenas por metade das verbas rescisórias.

06. (FCC – Analista Judiciário – Oficial de Justiça Avaliador – TRT 15/2013) Regis é empregado da empresa "FGF Ltda.". Regis presta serviços, durante a mesma jornada de trabalho, para a empresa empregadora e para a empresa "FTT Ltda.", empresa esta pertencente ao mesmo grupo econômico da empresa "FGF Ltda.". De acordo com entendimento sumulado do Tribunal Superior do Trabalho, em regra, a prestação de serviços de Regis para a empresa "FGF Ltda." e para a empresa "FTT Ltda.", durante a mesma jornada de trabalho,

a) só configura a coexistência de dois contratos de trabalho, se Regis trabalhar mais de vinte e cinco horas semanais para a empresa "FTT Ltda", havendo controle de horário.

b) caracteriza a coexistência de dois contratos de trabalho em razão da simultaneidade na prestação de serviços.

c) só caracteriza a coexistência de dois contratos de trabalho, se Regis trabalhar mais de vinte horas semanais para a empresa "FTT Ltda", havendo controle de horário.

d) não configura a coexistência de dois contratos de trabalho.

e) só configura a coexistência de dois contratos de trabalho, se Regis receber ordens direta de superior hierárquico contratado pela empresa "FTT Ltda", bem como houver controle de horário.

07. (Cespe – Analista Judiciário – Área Administrativa – TRT 17/2013) A respeito das empresas e entidades a ela equiparadas, julgue os itens subsecutivos.

I Considera-se grupo econômico um conjunto de empresas coordenadas pelos mesmos sócios. Desse modo, salvo ajuste em contrário, não configura pluralidade de contratos de trabalho o caso de empregado que preste serviço a mais de uma empresa do grupo na mesma jornada de trabalho. CERTO

II. Apesar de contratar empregados pelo regime celetista, entidade filantrópica não é considerada empregador, dado que não assume os riscos da atividade e não tem finalidade lucrativa. ERRADO

08 (FCC – Analista Judiciário – Área Judiciária – TRT 2/2014) Considere as assertivas:

I. As instituições beneficentes, para os efeitos da relação de emprego, são equiparadas ao empregador quando admitirem trabalhadores como empregados.

II. Não há solidariedade pelas obrigações trabalhistas entre as empresas de um grupo econômico quando cada qual é dotada de personalidade jurídica própria.

III. Embora o empregado doméstico não desempenhe atividade econômica, diversos direitos atribuídos aos trabalhadores urbanos são garantidos aos trabalhadores domésticos, como, por exemplo, férias, 13º salário, aviso-prévio.

IV. O trabalho temporário difere da relação de emprego por ser exercido sem subordinação e sem onerosidade.

V. O constituinte assegurou aos empregados rurais os mesmos direitos dos empregados urbanos.

Está correto o que consta APENAS em

a) II, III e IV.

b) III, IV e V.

c) II e IV.

d) I, II, III e IV.

e) I, III e V.

09. (FCC – Técnico Judiciário – Área Administrativa – TRT 24/2017) Dentro do universo das relações jurídicas, encontram-se as relações de trabalho e as relações de emprego. No tocante a essas relações, seus sujeitos e requisitos, segundo a legislação vigente,

a) considera-se empregado toda pessoa física ou jurídica que prestar serviços de natureza exclusiva e não eventual a empregador, sob a dependência deste e mediante salário.

b) considera-se empregador a empresa, individual ou coletiva, que, mesmo sem assumir os riscos da atividade econômica, admite, assalaria e dirige a prestação pessoal de serviço.

c) são distintos o trabalho realizado no estabelecimento do empregador, o executado no domicílio do empregado e o realizado a distância, mesmo que estejam caracterizados os pressupostos da relação de emprego.

d) os meios telemáticos e informatizados de comando, controle e supervisão não se equiparam, para fins de subordinação jurídica, aos meios pessoais e diretos de comando, controle e supervisão do trabalho alheio.

e) se equiparam ao empregador, para os efeitos exclusivos da relação de emprego, os profissionais liberais, as instituições de beneficência, as associações recreativas ou outras instituições sem fins lucrativos, que admitirem trabalhadores como empregados.

GAB	1	E	2	A	3	E	4	E	5	D	6	D	7	C-E	8	E	9	E

✦ CONCEITO DE EMPREGADO

Art. 3º Considera-se empregado toda pessoa física que prestar serviços de natureza não eventual a empregador, sob a dependência deste e mediante salário.

✦ NÃO DISCRIMINAÇÃO

Parágrafo único. Não haverá distinções relativas à espécie de emprego e à condição de trabalhador, nem entre o trabalho intelectual, técnico e manual.

1. COMENTÁRIOS

1.1. Conceito de empregado

O conceito de empregado se estabelece a partir da própria relação de emprego. Extraímos do conceito legal os seguintes elementos: *pessoalidade, não eventualidade, subordinação jurídica e onerosidade.* O contrato de trabalho é um contrato de atividade. Portanto, a prestação de serviços é elemento essencial a sua caracterização. O trabalho, contudo, não é de qualquer pessoa, mas sim de uma pessoa determinada. Tanto que na ausência do empregado forma-se um novo vínculo de emprego, mesmo que provisório, com seu substituto. A ***pessoalidade*** é um dos traços essenciais da relação do trabalhador com seu empregador.

1.2. Não eventualidade

Segundo o critério predominante na doutrina trabalhista, a não eventualidade é definida como a prestação de serviços que atenda às necessidades do empregador e aos fins normais da empresa (MARANHÃO, Délio. *Direito do Trabalho.* 14ª ed. Rio de Janeiro: Fundação Getúlio Vargas, 1987, p. 49). Não se trata de um critério objetivo, que leve em consideração os dias de comparecimento ao trabalho. O critério é relativo. Importa saber se a prestação de serviços atende aos fins do negócio, ou da atividade, independentemente de quanto tempo o empregado pôs-se à disposição do empregador. Portanto, considerando-se o porteiro de um estabelecimento comercial de diversão, como cinema ou similar, que só funcione duas vezes por semana, estar-se-á frente a um trabalho habitual para os fins do presente artigo, a prestação de serviços somente nestes dias.

1.2.1. Doméstico. Trabalho contínuo

O critério da CLT não atende ao *trabalhador doméstico*, diante da exigência de prestação de seus serviços de forma ininterrupta (*"Ao empregado doméstico, assim considerado aquele que presta serviços de natureza contínua..."*, art. 1º, da Lei nº 5.859/72). Para a caracterização do elemento continuidade no trabalho do doméstico é necessário haver labor ao menos em três dias da semana, como vem firmando a jurisprudência trabalhista.

A posição jurisprudencial do TST provocou, inclusive, a alteração legislativa pertinente. A Lei Complementar nº 150, de 01.06.2015 (DOU, de 02.06.2015), que revogou expressamente (art. 46) a Lei nº 5.859/72, passou a exigir textualmente o comparecimento do trabalhador por mais de 2 dias para a configuração do requisito da continuidade.

Neste sentido o art. 1º da LC 150/2015 (Lei do Doméstico): "Ao empregado doméstico, assim considerado aquele que presta serviços de forma contínua, subordinada, onerosa e pessoal e de finalidade não lucrativa à pessoa ou à família, no âmbito residencial destas, por mais de 2 (dois) dias por semana, aplica-se o disposto nesta Lei.".

1.3. Dependência (subordinação)

A *subordinação jurídica* é o principal elemento da relação de emprego e, consequentemente, do conceito de empregado. A dependência ao empregador é o que distingue o empregado dos outros tipos de relação de trabalho, vg, autônomos, eventuais e avulsos. Diz-se ser jurídica a subordinação, pois se dá nos limites da lei e do contrato de trabalho. O empregado não está sujeito ao cumprimento de ordens manifestamente ilegais ou alheias ao que foi pactuado, de maneira tácita ou expressa. O secretário de um escritório de advocacia, por exemplo, pode, legitimamente, se recusar a limpar o ambiente de trabalho ou a prestar serviços particulares a seus superiores, sem que esta recusa importe em falta motivadora do rompimento culposo do contrato de trabalho (CLT, art. 482).

1.3.1. A parassubordinação e a coordenação

Na sociedade moderna (pós-industrial) diversas formas de prestação de serviços, ainda identificadas com o trabalho subordinado, deste vêm se afastando, constituindo um terceiro gênero (*tertium genus*), num intermédio entre o trabalho subordinado e o autônomo, denominado trabalho parassubordinado. Trata-se de trabalho prestado com pessoalidade e continuidade, mas no lugar da subordinação, tem-se a coordenação como sua principal característica. Como explica Amauri Mascaro Nascimento: "Coordenação é uma extensão da subordinação com desenho mais flexível. Põe-se na linha evolutiva do conceito de subordinação e no sentido do afastamento o quanto possível do *status subjectionis* em que se achava o trabalhador na sociedade pré-industrial." (Curso, 2010, p. 562/563). Algumas atividades, como o teletrabalho, ou serviços qualificados de consultoria, onde a autonomia técnica acaba minimizando o rigor da subordinação, são exemplos desta nova conformação de relação jurídica entre trabalhador e tomador de serviços. Não há, ainda, no direito brasileiro, regulamentação sobre este tipo de trabalho ao ponto de ser possível não definir estes profissionais como empregados. Tampouco se pode dizer que as formas de produção econômica, na sociedade brasileira, estão suficientemente amadurecidas para se permitir tal tipo de regulamentação, sem que isto represente retrocesso social e desregulamentação do trabalho subordinado, abrindo brechas para a exploração da mão de obra subempregada. Certo é que o direito não pode ignorar as modernas formas de relação do trabalho, a merecer um tratamento especial na sociedade contemporânea.

1.3.2. Subordinação Estrutural, Integrativa ou Reticular

O intenso processo de terceirização pelo qual passa o mundo moderno, sob a justificativa da competitividade no atual cenário econômico de globalização, obrigou o direito do trabalho a se adaptar à nova realidade, a fim de manter hígido o princípio da proteção. Neste contexto, a subordinação tradicional, com ordens diretas do empregador ao empregado, como requisito para configuração da relação de emprego, ganhou outro olhar.

De acordo com este novo prisma, surge o tipo intitulado subordinação estrutural, integrativa ou reticular, que se caracteriza pela "dispensabilidade da ordem direta (da subordinação direta) do empregador para a formação do vínculo entre os efetivos beneficiários dos serviços e contratados. Esse novo conceito é normalmente invocado diante de situações de terceirização de atividades que, apesar de aparentemente "-meio", são estruturalmente ligadas (por isso se fala em subordinação "estrutural") aos propósitos finais do empreendimento (por isso o nome "integrativa"). Trata-se de uma nova forma de organização produtiva, em cuja raiz se encontra a empresa-rede (daí, por outro lado, a adjetivação "reticular"), que se irradia por meio de um processo de expansão e fragmentação." (Martinez, Curso, 2011, p. 121).

Um excelente exemplo de subordinação estrutural se encontra nas empresas de telecomunicações, que interpretam como atividade-meio todas as funções relacionadas à instalação e manutenção da rede de transmissão. Trata-se, a nosso ver, de atividade estruturalmente ligada ao fim do negócio.

Este conhecimento foi exigido no seguinte concurso público para ingresso no Cargo de Juiz do Trabalho Substituto:

*** DISCURSIVA:**

↳ **(TRT/23R/Juiz/2012) As relações de trabalho sofreram sensíveis transformações, influenciadas pela reestruturação produtiva do capitalismo, pela redução de custos e descentralização da produção, não havendo, em muitos casos, o controle efetivo e direto do ambiente de trabalho. Nesse contexto, analise a subordinação como elemento fático-jurídico fundamental do vínculo de emprego.**

1.4. Onerosidade

A *onerosidade* está na intenção de se receber pela prestação de serviços. Mesmo que a atividade seja prestada por anos a fio, sem o pagamento de qualquer contraprestação, presume-se oneroso o contrato se o trabalhador sempre teve intenção onerosa e prestou os serviços no âmbito de sua profissão (profissionalismo). A exceção é o trabalho gratuito, como aqueles exercidos a título religioso, de caridade ou voluntário (art. 1º, da Lei nº 9.608/98).

1.5. Não discriminação

O dispositivo consolidado, muito à frente de seu tempo, consagrou o princípio da não discriminação. Trata-se de direito fundamental, que conforma até mesmo o legislador constituinte, impondo-lhe limites e contornos na atuação normativa. A legislação infraconstitucional, em particular o art. 1º da Lei nº 9.029/95, veda a discriminação pelos seguintes motivos: *"sexo, origem, raça, cor, estado civil, situação familiar, deficiência, reabilitação profissional, idade, entre outros, ressalvadas, nesse caso, as hipóteses de proteção à criança e ao adolescente previstas no inciso XXXIII do art. 7º da Constituição Federal."* A enumeração legal é meramente exemplificativa, já que não se admite restrição ao princípio da não discriminação.

2. SÚMULAS E ORIENTAÇÕES JURISPRUDENCIAIS

▸ **Súmula nº 386 – TST – (conversão – OJ nº 167 da SBDI-1) – Res. 129/2005, DJ 20, 22 e 25.04.2005**

EQUIPARAÇÃO SALARIAL. ART. 461 DA CLT (redação do item VI alterada na sessão do Tribunal Pleno realizada em 14.09.2012) Res. 185/2012, DEJT divulgado em 25, 26 e 27.09.2012. Preenchidos os requisitos do art. 3º da CLT, é legítimo o reconhecimento de relação de emprego entre polícial militar e empresa privada, independentemente do eventual cabimento de penalidade disciplinar prevista no Estatuto do Polícial Militar. (ex-OJ nº 167 da SBDI-1 – inserida em 26.03.1999)

▸ **Súmula nº 6 do TST**

EQUIPARAÇÃO SALARIAL. ART. 461 DA CLT (redação do item VI alterada) – Res. 198/2015, republicada em razão de erro material – DEJT divulgado em 12, 15 e 16.06.2015

I – Para os fins previstos no § 2º do art. 461 da CLT, só é válido o quadro de pessoal organizado em carreira quando homologado pelo Ministério do Trabalho, excluindo-se, apenas, dessa exigência o quadro de carreira das entidades de direito público da administração direta, autárquica e fundacional aprovado por ato administrativo da autoridade competente. (ex-Súmula nº 06 – alterada pela Res. 104/2000, DJ 20.12.2000)

II – Para efeito de equiparação de salários em caso de trabalho igual, conta-se o tempo de serviço na função e não no emprego. (ex-Súmula nº 135 – RA 102/1982, DJ 11.10.1982 e DJ 15.10.1982)

III – A equiparação salarial só é possível se o empregado e o paradigma exercerem a mesma função, desempenhando as mesmas tarefas, não importando se os cargos têm, ou não, a mesma denominação. (ex-OJ da SBDI-1 nº 328 – DJ 09.12.2003)

IV – É desnecessário que, ao tempo da reclamação sobre equiparação salarial, reclamante e paradigma estejam a serviço do estabelecimento, desde que o pedido se relacione com situação pretérita. (ex-Súmula nº 22 – RA 57/1970, DO-GB 27.11.1970)

V – A cessão de empregados não exclui a equiparação salarial, embora exercida a função em órgão governamental estranho à cedente, se esta responde pelos salários do paradigma e do reclamante. (ex-Súmula nº 111 – RA 102/1980, DJ 25.09.1980)

VI – Presentes os pressupostos do art. 461 da CLT, é irrelevante a circunstância de que o desnível salarial tenha origem em decisão judicial que beneficiou o paradigma, exceto: a) se decorrente de vantagem pessoal ou de tese jurídica superada pela jurisprudência de Corte Superior; b) na hipótese de equiparação salarial em cadeia, suscitada em defesa, se o empregador produzir prova do alegado fato modificativo, impeditivo ou extintivo do direito à equiparação salarial em relação ao paradigma remoto, considerada irrelevante, para esse efeito, a existência de diferença de tempo de serviço na função superior a dois anos entre o reclamante e os empregados paradigmas componentes da cadeia equiparatória, à exceção do paradigma imediato.

VII – Desde que atendidos os requisitos do art. 461 da CLT, é possível a equiparação salarial de trabalho intelectual, que pode ser avaliado por sua perfeição técnica, cuja aferição terá critérios objetivos. (ex-OJ da SBDI-1 nº 298 – DJ 11.08.2003)

VIII – É do empregador o ônus da prova do fato impeditivo, modificativo ou extintivo da equiparação salarial. (ex-Súmula nº 68 – RA 9/1977, DJ 11.02.1977)

IX – Na ação de equiparação salarial, a prescrição é parcial e só alcança as diferenças salariais vencidas no período de 5 (cinco) anos que precedeu o ajuizamento. (ex-Súmula nº 274 – alterada pela Res. 121/2003, DJ 21.11.2003)

X – O conceito de "mesma localidade" de que trata o art. 461 da CLT refere-se, em princípio, ao mesmo município, ou a municípios distintos que, comprovadamente, pertençam à mesma região metropolitana. (ex-OJ da SBDI-1 nº 252 – inserida em 13.03.2002)

3. INFORMATIVOS DO TST

▸ ***Empregado de cartório extrajudicial admitido antes da edição da Lei nº 8.935/94. Relação laboral submetida às normas da CLT. Autoaplicabilidade do art. 236 da CF.***

A relação jurídica havida entre os serventuários e o cartório extrajudicial está sujeita ao regime jurídico da CLT, ainda que contratados em período anterior à vigência da Lei nº 8.935/94, pois o art. 236 da CF já previa o caráter privado dos serviços notariais e de registro, sendo norma constitucional autoaplicável. Nos termos do mencionado preceito constitucional, os serviços notariais e de registro são exercidos em caráter privado, por delegação do Poder Público, o que evidencia que os empregados contratados para prestar serviços em cartórios são submetidos ao regime jurídico celetista, na medida em que mantêm vínculo profissional com o titular do cartório e não com o Estado.

Na hipótese dos autos, extraiu-se do acórdão do Regional que o reclamante era serventuário de cartório extrajudicial quando do advento da Constituição de 1988. Assim, concluindo pela má-aplicação da Súmula nº 126 do TST pela Turma, a SBDI-I, à unanimidade, conheceu dos embargos interpostos antes da Lei nº 11.496/2007, por violação dos arts. 896 da CLT e 236 da CF, e, no mérito, deu-lhes provimento para reconhecer o vínculo de natureza trabalhista entre as partes a partir de 5.10.1988 e determinar o retorno dos autos à Vara do Trabalho de origem, a fim de que prossiga no exame da pretensão deduzida pelo espólio, como entender de direito. TST-E-RR-493331-32.1998.5.02.0078, SBDI-I, rel. Min. Lelio Bentes Corrêa, 31.5.2012 **(Informativo nº 11)**

4. QUESTÕES DE CONCURSOS

01. (TRT 2 – Juiz do Trabalho Substituto 2ª região/ 2012) Sobre a relação de emprego e as relações de trabalho "lato sensu", é INCORRETO afirmar que:

a) o trabalho temporário é aquele prestado por pessoa física a uma empresa, por prazo curto, para atender à necessidade transitória de substituição de seu pessoal regular e permanente ou o acréscimo extraordinário de serviços, com intermediação de empresa de trabalho.

b) o trabalho autônomo é aquele em que o trabalhador exerce as suas atividades por conta e risco próprios, sem subordinação com o seu contratante;

c) o trabalho eventual é aquele prestado ocasionalmente, para realização de determinado evento, em que o trabalhador, em regra, desenvolve atividades não coincidentes com os fins normais da empresa contratante, não se fixando a uma fonte de trabalho;

d) a relação de emprego é aquela em que pessoa física presta serviços de natureza não eventual e de forma pessoal a empregador, sob a dependência e subordinação deste, mediante salário;

e) o trabalho avulso é aquele em que o trabalhador presta serviços de curta duração para distintos beneficiários, com intermediação de terceira entidade com quem mantém vínculo de emprego nos termos da CLT, mas não se igualando em direitos com os trabalhadores com vínculo empregatício permanente.

02. (MPT – Procurador do Trabalho/2012) Assinale a alternativa INCORRETA: o trabalhador avulso é um trabalhador eventual, que se ativa por curtos períodos de tempo a distintos tomadores, sem se fixar a nenhum deles, com a intermediação de um órgão de gestão de mão de obra. A anotação da CTPS do trabalhador avulso é feita pelo Órgão Gestor de Mão de Obra.

03. (MTE/AUDITOR FISCAL DO TRABALHO/ESAF/2010/ADPTADO) Constituem requisitos para a caracterização da relação de emprego a pessoalidade e a exclusividade na prestação dos serviços.

04. (MTE/AUDITOR FISCAL DO TRABALHO/ESAF/2010/ADAPTADA) A subordinação que define e caracteriza a existência da relação de emprego é a econômica, fundada no reconhecimento jurídico-institucional da hipossuficiência material do trabalhador.

05. (MTE/AUDITOR FISCAL DO TRABALHO/ESAF/2010/ADAPTADA) A legislação trabalhista estabelece expressamente a possibilidade de distinções relativas à espécie de emprego e à condição de trabalhador e entre o trabalho intelectual, técnico e manual.

GAB	1	E	2	E	3	E	4	E	5	E

✦ **TEMPO DE SERVIÇO EFETIVO**

Art. 4º Considera-se como de serviço efetivo o período em que o empregado esteja à disposição do empregador, aguardando ou executando ordens, salvo disposição especial expressamente consignada.

✦ **SERVIÇO MILITAR E ACIDENTE DO TRABALHO**

§ 1º Computar-se-ão, na contagem de tempo de serviço, para efeito de indenização e estabilidade, os períodos em que o empregado estiver afastado do trabalho prestando serviço militar e por motivo de acidente do trabalho. (Redação da Lei nº 13.467, de 13.07.2017)

§ 2º Por não se considerar tempo à disposição do empregador, não será computado como período extraordinário o que exceder a jornada normal, ainda que ultrapasse o limite de cinco minutos previsto no § 1º do art. 58 desta Consolidação, quando o empregado, por escolha própria, buscar proteção pessoal, em caso de insegurança nas vias públicas ou más condições climáticas, bem como adentrar ou permanecer nas dependências da empresa para exercer atividades particulares, entre outras: (Inserido pela Lei nº 13.467, de 13.07.2017)

I – práticas religiosas;

II – descanso;

III – lazer;

IV – estudo;

V – alimentação;

VI – atividades de relacionamento social;

VII – higiene pessoal;

VIII – troca de roupa ou uniforme, quando não houver obrigatoriedade de realizar a troca na empresa."

1. COMENTÁRIOS

1.1. Tempo de serviço efetivo

Em regra, somente o tempo despendido no trabalho é considerado como de serviço efetivo. Contudo, existem exceções em que o empregado não está trabalhando, nem está á disposição do empregador, mas é considerado como de serviço efetivo. Neste sentido, além das situações atípicas do parágrafo único deste artigo, as hipóteses de interrupção do contrato de trabalho (CLT, art. 473, I a IX). O tempo gasto no percurso de ida e volta do trabalho, em regra, não é considerado tempo de serviço do empregado (art. 58, § 2º, da CLT). Para fins previdenciários é considerado acidente de trabalhado o infortúnio ocorrido neste percurso, entre outras situações relacionadas ao trabalho (art. 21, da Lei nº 8.213/91).

1.2 Serviço militar e acidente do trabalho

Até a promulgação da Constituição Republicana, de 05.10.88, este dispositivo tinha uma enorme importância, pois vigorava no direito nacional o regime da estabilidade. Com dez anos de serviços prestados a um mesmo empregador o empregado adquiriria estabilidade no emprego, só podendo ter o contrato rompido por cometimento de falta grave (CLT, art. 492 e 493). Daí a importância da contagem do tempo de serviço daqueles afastados pelos motivos deste dispositivo legal.

Na atualidade, o regime da estabilidade está em vias de extinção, desde que o FGTS se tornou obrigatório (art. 7º, III, da CRFB/88 e art. 10, I, do ADCT/CRFB/88).

Assim, a contagem de serviço, no atual regime, serve para fins de aquisição de direitos previstos no contrato de trabalho, tais como férias, 13º salário, recolhimento ao FGTS, dentre outros que possam ser previstos por norma coletiva, ou regulamento empresarial, como, por exemplo, gratificação por tempo de serviço. O afastamento, pelos motivos deste artigo, não prejudicará a aquisição dos direitos legais e contratuais, salvo as exceções expressamente previstas na CLT, tais como aquelas dos artigos 132, 472, *caput* e § 1º.

1.3. Tempo gasto por vontade do empregado.

A Lei nº 13.467, de 13.07.2017 introduziu no § 2º do art. 4º da CLT inúmeras circunstâncias nas quais o empregado não está trabalhando e tampouco aguardando qualquer determinação do empregador. As situações ali enumeradas são muito comuns no dia a dia da relação de emprego. O rol legal não é exaustivo. A lei quis criar exceções à regra segundo a qual o empregado está sempre à disposição do empregador. Portanto, estando o empregado no estabelecimento empresarial, por vontade própria, exercendo qualquer atividade que atenda a seu interesse pessoal não estará à disposição do empregador e, consequentemente, não deve ter seu tempo remunerado.

Este conhecimento foi exigido no seguinte concurso público para ingresso no Cargo de Juiz do Trabalho Substituto:

✱ DISCURSIVA:

↳ **(TRT/2R/Juiz/2012) Nos casos de suspensão do contrato de trabalho por prestação de serviço militar obrigatório e por acidente de trabalho, computam-se os períodos de afastamentos para fins de algumas obrigações econômicas do empregador. Responda, fundamentadamente, quais são elas?**

2. SÚMULAS E ORIENTAÇÕES JURISPRUDENCIAIS

▸ **Súmula nº 463 – STF – Sessão Plenária de 01/1/1964**

Para efeito de indenização e estabilidade, conta-se o tempo em que o empregado esteve afastado, em serviço militar obrigatório, mesmo anteriormente a Lei 4.072, de 01.06.62.

▸ **Súmula nº 46 – TST – Res. 121/2003, DJ 19, 20 e 21.11.2003**

ACIDENTE DE TRABALHO. As faltas ou ausências decorrentes de acidente do trabalho não são consideradas para os efeitos de duração de férias e cálculo da gratificação natalina.

3. QUESTÕES DE CONCURSOS

01. (TRT – 9ª REGIÃO/JUIZ DO TRABALHO/2008) Analise a proposição a seguir: em todas as situações de suspensão do contrato de trabalho cessa para o empregador a obrigação de pagamento de salários, de cômputo do período no tempo de serviço do empregado e de depósito do FGTS.

02. (MPT - Procurador do Trabalho/2012) Leia e analise o item a seguir à luz da jurisprudência uniformizada do Tribunal Superior do Trabalho e legislação do trabalho: o empregado afastado do emprego, por motivo de recebimento de auxílio-doença acidentário, tem direito, por ocasião de sua volta, a todas as vantagens que em sua ausência tenham sido atribuídas à categoria a que pertencia na empresa, mas não tem direito ao recolhimento do FGTS do período do afastamento, pois os benefícios previdenciários não estão incluídos na base de cálculo do FGTS.

03. (Cespe - Analista Judiciário - Área Administrativa - TRT 17/2013) Julgue o item a seguir, relativo aos direitos trabalhistas.

No caso de afastamento para prestação do serviço militar obrigatório ou licença por acidente do trabalho, os empregadores devem continuar a realizar o depósito correspondente a 8% da remuneração do empregado na conta vinculada do FGTS

04. (FCC - Analista Judiciário - Área Judiciária - TRT 11/2017) De acordo com o entendimento Sumulado do TST, as faltas ou ausências decorrentes de acidente do trabalho

a) são consideradas para os efeitos de duração de férias e cálculo da gratificação natalina.

b) não são consideradas para os efeitos de duração de férias, mas são consideradas para o cálculo da gratificação natalina.

c) não são consideradas para os efeitos de duração de férias e cálculo da gratificação natalina.

d) são consideradas para os efeitos de duração de férias, mas não são consideradas para o cálculo da gratificação natalina.

e) são consideradas para os efeitos de duração de férias e cálculo da gratificação natalina de forma reduzida, limitando-se a quinze dias.

GAB	1	E	2	E	3	C	4	C

✦ **ISONOMIA SALARIAL**

Art. 5º A todo trabalho de igual valor corresponderá salário igual, sem distinção de sexo.

1. COMENTÁRIOS

A Constituição da República consagrou o princípio da igualdade de gênero também quanto aos salários (art. 7º, XXX). Isto não obsta a iniciativa do Estado em práticas que incentivem a proteção do trabalho da mulher, particularmente no tocante à maternidade. Neste sentido as normas inseridas no art. 373-A, da CLT, pela Lei nº 9.799/99, bem como o benefício fiscal concedido aos empregadores que estenderem a licença-maternidade por mais 60 dias, nos termos do art. 1º, da Lei nº 11.779/2008.

Sobre isonomia e equiparação salarial vide os comentários aos arts. 460 e 461, ambos da CLT.

2. SÚMULAS E ORIENTAÇÕES JURISPRUDENCIAIS

Ver art. 461 da CLT.

3. QUESTÕES DE CONCURSOS

01. (TRT - 18º REGIÃO/JUIZ DO TRABALHO/2006) O dever patronal de não discriminar está materializado em vários dispositivos constitucionais e legais. A propósito, considere as assertivas abaixo e assinale a alternativa correta.

I. A Constituição Federal proíbe diferença de salários, de exercício de funções e de critério de admissão por motivo de sexo, idade, cor ou estado civil.

II. A Constituição Federal proíbe qualquer discriminação no tocante a salário e critérios de admissão do trabalhador portador de deficiência.

III. A Constituição Federal proíbe a distinção entre trabalho manual, técnico e intelectual ou entre os profissionais respectivos.

IV. A Constituição Federal garante a igualdade de direitos entre o trabalhador com vínculo empregatício permanente e o trabalhador autônomo.

V. A CLT garante igual salário, sem distinção de sexo, nacionalidade ou idade, a todo trabalho de igual valor, prestado ao mesmo empregador, na mesma localidade, desde que presente uma única condição, que é a identidade de função.

a) as três primeiras são incorretas
b) as duas últimas são corretas
c) apenas a última é correta
d) as três primeiras são corretas e as duas últimas são incorretas
e) todas são corretas

02. (MPT/PROCURADOR DO TRABALHO/2009/ADAPTADA) Não haverá distinções relativas à espécie de emprego e à condição de trabalhador, nem entre o trabalho intelectual, técnico e manual;

GAB	1	D	2	C

✦ TRABALHO EM DOMICÍLIO

Art. 6º Não se distingue entre o trabalho realizado no estabelecimento do empregador, o executado no domicílio do empregado e o realizado a distância, desde que estejam caracterizados os pressupostos da relação de emprego. (Redação da Lei nº 12.551, de 15.12.2011)

Parágrafo único. Os meios telemáticos e informatizados de comando, controle e supervisão se equiparam, para fins de subordinação jurídica, aos meios pessoais e diretos de comando, controle e supervisão do trabalho alheio. (Incluído pela Lei nº 12.551, de 15.12.2011)

1. COMENTÁRIOS

Trabalho em domicilio é aquele realizado fora do âmbito de vigilância do empregador. Em princípio, pela dificuldade de controle, este tipo de trabalho se insere na exceção do art. 62, I, da CLT.

O fato da execução do serviço ocorrer fora do estabelecimento do empregador não obsta, todavia, que este crie mecanismos de controle da jornada de trabalho, por meios remotos, particularmente através de processos eletrônicos de câmeras de vídeo ou sistemas de conexão à rede virtual de computadores. Tal vigilância, contudo, não pode invadir a privacidade, nem a intimidade do empregado. Equilibrar a necessidade de controle da atividade, com a preservação da vida íntima do empregado, considerando-se a particularidade do trabalho realizado em seu domicilio, é um dos desafios do mundo moderno (art. 7º, X, da CRFB/88).

A Lei nº 12.551, de 15.12.2011, publicada no DOU de 16.12.2011, com vigência imediata neste dia, alterou a redação do *caput* e incluiu o parágrafo único no art. 6º, da CLT. Quanto ao *caput,* assim estava redigido o então art. 6º: "Não se distingue entre o trabalho realizado no estabelecimento do empregador e o executado no domicílio do empregado, desde que esteja caracterizada a relação de emprego.".

A expressão: "realizado a distância", constante da atual redação do *caput,* vislumbra a possibilidade de reconhecimento do vínculo de emprego mesmo quando o empregado não preste serviços em seu domicílio. Parece-me que o legislador quis abranger as modalidades de teletrabalho, realizados em qualquer localidade. Ainda nesta hipótese, o empregado é classificado como trabalhador externo, na forma do art. 62, I, da CLT.

A atual redação do *caput* não dá importância ao local onde o trabalho é realizado, desde que presentes os pressupostos da relação de emprego. Para tal fim, o § único do referido artigo admite como prova os meios telemáticos, como comunicações eletrônicas, ou o registro de acesso à rede de informática, ambos de fácil controle pelo empregador.

A subordinação, que é o pressuposto central da formação da relação jurídica de emprego, não é eliminada com o trabalho à distância. O âmbito de vigilância do empregador ficará adstrito às ordens cumpridas à distância, com controle por meios telemáticos, mas sem perda da noção de dependência, pois esta é jurídica, e os limites legais e contratuais continuam a existir à distância.

Contudo, a aceitação destes meios probatórios, em juízo ou fora dele, sempre dependerá da idoneidade do documento e autenticidade da origem. A certeza quanto à segurança de sites não certificados pelo protocolo ICP, bem como a identificação dos emissores e receptores de e-mail por assinaturas eletrônicas, ou pelo uso de criptografia, são essenciais para a aceitação destes meios probatórios.

A nosso ver, a simples impugnação quanto à origem ou autenticidade destas comunicações eletrônicas, é suficiente para impor a quem as produz em juízo o ônus de demonstrar a idoneidade da informação. Não se podem aplicar nestes casos as regras do art. 389, incisos I e II, do CPC/73 (atual artigo 429, do CPC/2015), quanto à distribuição do ônus da prova (vide comentários ao art. 830 da CLT sobre estas regras e sua aplicação no processo do trabalho).

Este conhecimento foi exigido no seguinte concurso público para ingresso no Cargo de Juiz do Trabalho Substituto:

✱ DISCURSIVA:

↳ **(TRT/3R/Juiz/2012) Explique como atua a subordinação no teletrabalho.**

Ao contrário do que vem sendo alardeado por alguns, o fato de haver a possibilidade de controle de horário, por qualquer meio, no domicilio do empregado, não significa ter ocorrido inversão da presunção legal do art. 62, I. O trabalho, nestas condições, é atividade externa que, em princípio, continua a ser incompatível com o controle de horário. A prova de cumprimento de jornada extraordinária no próprio domicilio é ônus do empregado.

Por fim, uma dica de Português. O trabalho se realiza "em domicílio" e não "a domicilio". Veja uma forma simples de diferenciá-los: " – A expressão "**em**-domicílio" significa "no domicílio" de alguém, ou seja "em algum lugar"; já que a preposição "em" expressa "lugar" (estar em). Assim: Serviço de entrega **em** domicílio. Atende-se **em** domicílio. Corta-se cabelo **em**-domicílio. – A expressão "a domicílio" está associada à ideia de locomoção; já que a preposição "a" expressa movimento, da mesma forma que os verbos anteriores a ela também passam a ideia de movimento. Assim: Esta drogaria leva os medicamentos a domicílio. Levamos compras a domicílio." (http://salp-pmf.blogspot.com/2010/07/duvidas-frequentes-em-domicilio-ou.html, capturado em 13.01.2012).

2. SÚMULAS E ORIENTAÇÕES JURISPRUDENCIAIS

▸ **Súmula nº 386 – TST – (conversão – OJ nº 167 da SBDI-1) – Res. 129/2005, DJ 20, 22 e 25.04.2005**

POLICIAL MILITAR. RECONHECIMENTO DE VÍNCULO EMPREGATÍCIO COM EMPRESA PRIVADA. Preenchidos os requisitos do art. 3º da CLT, é legítimo o reconhecimento de relação de emprego entre polícial militar e empresa privada, independentemente do eventual cabimento de penalidade disciplinar prevista no Estatuto do Polícial Militar. (ex-OJ nº 167 da SBDI-1 – inserida em 26.03.1999)

▸ **Súmula nº 6 do TST**

EQUIPARAÇÃO SALARIAL. ART. 461 DA CLT (redação do item VI alterada) – Res. 198/2015, republicada em razão de erro material – DEJT divulgado em 12, 15 e 16.06.2015

I – Para os fins previstos no § 2º do art. 461 da CLT, só é válido o quadro de pessoal organizado em carreira quando homologado pelo Ministério do Trabalho, excluindo-se, apenas, dessa exigência o quadro de carreira das entidades de direito público da administração direta, autárquica e fundacional aprovado por ato administrativo da autoridade competente. (ex-Súmula nº 06 – alterada pela Res. 104/2000, DJ 20.12.2000)

II – Para efeito de equiparação de salários em caso de trabalho igual, conta-se o tempo de serviço na função e não no emprego. (ex-Súmula nº 135 – RA 102/1982, DJ 11.10.1982 e DJ 15.10.1982)

III – A equiparação salarial só é possível se o empregado e o paradigma exercerem a mesma função, desempenhando as mesmas tarefas, não importando se os cargos têm, ou não, a mesma denominação. (ex-OJ da SBDI-1 nº 328 – DJ 09.12.2003)

IV – É desnecessário que, ao tempo da reclamação sobre equiparação salarial, reclamante e paradigma estejam a serviço do estabelecimento, desde que o pedido se relacione com situação pretérita. (ex-Súmula nº 22 – RA 57/1970, DO-GB 27.11.1970)

V – A cessão de empregados não exclui a equiparação salarial, embora exercida a função em órgão governamental estranho à cedente, se esta responde pelos salários do paradigma e do reclamante. (ex-Súmula nº 111 – RA 102/1980, DJ 25.09.1980)

VI – Presentes os pressupostos do art. 461 da CLT, é irrelevante a circunstância de que o desnível salarial tenha origem em decisão judicial que beneficiou o paradigma, exceto: a) se decorrente de vantagem pessoal ou de tese jurídica superada pela jurisprudência de Corte Superior; b) na hipótese de equiparação salarial em cadeia, suscitada em defesa, se o empregador produzir prova do alegado fato modificativo, impeditivo ou extintivo do direito à equiparação salarial em relação ao paradigma remoto, considerada irrelevante, para esse efeito, a existência de diferença de tempo de serviço na função superior a dois anos entre o reclamante e os empregados paradigmas componentes da cadeia equiparatória, à exceção do paradigma imediato.

VII – Desde que atendidos os requisitos do art. 461 da CLT, é possível a equiparação salarial de trabalho intelectual, que pode ser avaliado por sua perfeição técnica, cuja aferição terá critérios objetivos. (ex-OJ da SBDI-1 nº 298 – DJ 11.08.2003)

VIII – É do empregador o ônus da prova do fato impeditivo, modificativo ou extintivo da equiparação salarial. (ex-Súmula nº 68 – RA 9/1977, DJ 11.02.1977)

IX – Na ação de equiparação salarial, a prescrição é parcial e só alcança as diferenças salariais vencidas no período de 5 (cinco) anos que precedeu o ajuizamento. (ex-Súmula nº 274 – alterada pela Res. 121/2003, DJ 21.11.2003)

X – O conceito de "mesma localidade" de que trata o art. 461 da CLT refere-se, em princípio, ao mesmo município, ou a municípios distintos que, comprovadamente, pertençam à mesma região metropolitana. (ex-OJ da SBDI-1 nº 252 – inserida em 13.03.2002)

3. QUESTÕES DE CONCURSOS

01. **(TRT 8 – Juiz do Trabalho Substituto 8ª região/ 2012)** Assinale a alternativa **INCORRETA**: não se distingue entre o trabalho realizado no estabelecimento do empregador, o executado no domicílio do empregado e o realizado a distância, desde que estejam caracterizados os pressupostos da relação de emprego, mas os meios telemáticos e informatizados de comando, controle e supervisão não se equiparam, para fins de subordinação jurídica, aos meios pessoais e diretos de comando, controle e supervisão do trabalho alheio.

02. **(MPT/PROCURADOR DO TRABALHO/2009/ADAPTADA)** Não há distinção entre o trabalho realizado no estabelecimento do empregador e o executado no domicílio do empregado, desde que estejam presentes os elementos caracterizadores da relação de emprego;

03. **(PROCURADORIA GERAL DO ESTADO DE ALAGOAS/PROCURADOR/CESPE/2009)** Considerando que um trabalhador tenha sua contratação efetivada por determinada pessoa jurídica e desenvolva suas atividades laborais na própria residência, assinale a opção correta.

a) O desenvolvimento das atividades laborais na própria residência não configura relação de emprego.

b) Há distinção entre o trabalho realizado no estabelecimento do contratante e o executado no domicílio do empregado, segundo prescrição consolidada.

c) Por efetivar seu labor em residência, o trabalhador em questão é considerado doméstico.

d) Dito trabalhador não poderá receber menos que o salário mínimo, mas estará fora do regime celetista.

e) No caso em apreço, estando presente a subordinação e a pessoalidade, caracteriza-se relação de emprego.

GAB	1	C	2	C	3	E

✦ **TRABALHADORES EXCLUÍDOS**

Art. 7º Os preceitos constantes da presente Consolidação, salvo quando for, em cada caso, expressamente determinado em contrário, não se aplicam:

✦ **DOMÉSTICOS**

a) aos empregados domésticos, assim considerados, de um modo geral, os que prestam serviços de natureza não econômica à pessoa ou à família, no âmbito residencial destas;

✦ **TRABALHADOR RURAL**

b) aos trabalhadores rurais, assim considerados aqueles que, exercendo funções diretamente ligadas à agricultura e à pecuária, não sejam empregados em atividades que, pelos métodos de execução dos respectivos trabalhos ou pela finalidade de suas operações, se classifiquem como industriais ou comerciais

✦ **SERVIDORES PÚBLICOS**

c) aos funcionários públicos da União, dos Estados e dos Municípios e aos respectivos extranumerários em serviço nas próprias repartições; (Redação do Decreto-lei nº 8.079, 11.10.1945)

d) aos servidores de autarquias paraestatais, desde que sujeitos a regime próprio de proteção ao trabalho que lhes assegure situação análoga à dos funcionários públicos. (Redação do Decreto-lei nº 8.079, 11.10.1945)

e) *(Alínea suprimida pelo Decreto-lei nº 8.079, 11.10.1945)*

1. COMENTÁRIOS

1.1. Conceito de Empregado e Empregador Domésticos

Considera-se **empregado doméstico** aquele que presta serviços no âmbito residencial da família, sem que esta queira extrair de sua atividade qualquer lucro (art. 1º, da Lei nº 5859/72).

A LC 150/2015 revogou, expressamente, a Lei nº 5.859/72. Contudo, no que diz respeito ao local de trabalho do doméstico e à ausência de finalidade lucrativa, não fez qualquer alteração conceitual, como se percebe da redação de seu art. 1º, a seguir transcrito:

> "Ao empregado doméstico, assim considerado aquele que presta serviços de forma contínua, subordinada, onerosa e pessoal e de finalidade não lucrativa à pessoa ou à família, no âmbito residencial destas, por mais de 2 (dois) dias por semana, aplica-se o disposto nesta Lei.".

Também se consideram unidades domésticas os imóveis de lazer como Casa de Veraneio e Fazenda, bem como os meios de transporte da família, como carro ou até mesmo um jato particular. Não importa a formação profissional ou o grau de profissionalismo da atividade exercida no lar. Para ser caracterizada como tal, basta o trabalho no meio residencial, de forma contínua e pessoal. O **empregador doméstico** é a unidade familiar, composta por todos aqueles que se aproveitam da mão de obra do empregado doméstico, desde que maiores de idade e com capacidade econômica.

1.2. Direitos do doméstico previstos na Constituição Federal

Apesar da CLT não se aplicar ao doméstico, conforme expressa exclusão de seu art. 7º, *a*, alguns benefícios nela previstos foram estendidos, ao longo do tempo, ao trabalhador do lar.

A emancipação social dos domésticos começou com o rol de direitos sociais do art. 7º, parágrafo único, da CF. Quando da promulgação da Constituição de 1988 havia uma série de direitos do art. 7º que não se estendia ao doméstico. A atual redação do parágrafo único, do art. 7º, da CF, alterado pela EC nº 72/2013, ampliou consideravelmente este rol.

São os seguintes os **direitos dos domésticos previstos na Constituição da República**: IV – **salário mínimo**, fixado em lei, nacionalmente unificado, capaz de atender a suas necessidades vitais básicas e às de sua família com moradia, alimentação, educação, saúde, lazer, vestuário, higiene, transporte e previdência social, com reajustes periódicos que lhe preservem o poder aquisitivo, sendo vedada sua vinculação para qualquer fim; VI – **irredutibilidade do salário**, salvo o disposto em convenção ou acordo coletivo; VII – garantia de salário, nunca inferior ao **mínimo**, para os que percebem **remuneração variável**; VIII – **décimo terceiro salário** com base na remuneração integral ou no valor da aposentadoria; X – proteção do salário na forma da lei, constituindo **crime sua retenção dolosa**; XIII – duração do trabalho normal não superior a **oito horas diárias e quarenta e quatro semanais**, facultada a compensação de horários e a redução da jornada, mediante acordo ou convenção coletiva de trabalho; XV – **repouso semanal remunerado**, preferencialmente aos domingos; XVI – **remuneração do serviço extraordinário superior**, no mínimo, em cinquenta por cento à do normal; XVII – gozo de **férias anuais** remuneradas com, pelo menos, um terço a mais do que o salário normal; XVIII – **licença à gestante**, sem prejuízo do emprego e do salário, com a duração de cento e vinte dias; XIX – **licença paternidade**, nos termos fixados em lei; XXI – **aviso prévio proporcional ao tempo de serviço**, sendo no mínimo de trinta dias, nos termos da lei; XXII – **redução dos riscos inerentes ao trabalho**, por meio de normas de saúde, higiene e segurança; XXIV – aposentadoria; XXVI – reconhecimento das **convenções e acordos coletivos de trabalho**; XXX – **proibição de diferença de salários**, de exercício de funções e de critério de admissão por motivo de sexo, idade, cor ou estado civil; XXXI – **proibição de qualquer discriminação** no tocante a salário e critérios de admissão do trabalhador portador de deficiência; e XXXIII – **proibição de trabalho noturno, perigoso ou insalubre a menores de dezoito e de qualquer trabalho a menores de dezesseis anos**, salvo na condição de aprendiz, a partir de quatorze anos.

Este conhecimento foi exigido no seguinte concurso público para ingresso no Cargo de Juiz do Trabalho Substituto:

*** DISCURSIVA:**

↳ **(TRT/2R/Juiz/2010) Há idade mínima para o trabalho doméstico? Em caso afirmativo, qual? Fundamente a resposta.**

Além dos direitos acima, a EC nº 72/2013, proclamando a necessidade de uma simplificação tributária quanto ao doméstico, lhe garantiu, conforme regulamentação em lei, a proteção contra a despedida arbitrária (art. 7º, I, da CF), seguro-desemprego (art. 7º, II, da CF), FGTS (art. 7º, III, da CF), adicional noturno (art. 7º, IX, da CF), salário-família (art. 7º, XII, da CF), creche (art. 7º, XXV, da CF) e seguros contra acidente de trabalho (art. 7º, XXVIII, da CF).

1.3. Revogação tácita do art. 7º, "a", da CLT

As Leis nº 10.208/01 e 11.324/06 promoveram uma série de atualizações na Lei nº 5.859/72, passando a prever direitos antes só destinados a empregados não domésticos. A LC nº 150/2105, por sua vez, revogou expressamente a Lei nº 5.859/72, promovendo ampla equiparação entre os trabalhadores domésticos e não domésticos.

Ademais, o art. 19 da LC 150/2015 prevê a aplicação subsidiária da CLT, atendidas as peculiaridades do trabalho doméstico. A nosso ver, pode-se falar em revogação tácita do art. 7º, "a", da CLT.

1.4. Justa causa. Aplicação ao empregado doméstico

Diante da expressa exclusão do art. 7º, "a", da CLT, o tratamento legal da justa causa, previsto no art. 482 do mesmo diploma, sempre foi de discutível aplicação para o contrato de trabalho doméstico. A Lei nº 10.208, de 23.3.2001 passou a prever que: "*Considera-se justa causa para os efeitos desta Lei as hipóteses previstas no art. 482, com exceção das alíneas "c" e "g" e do seu parágrafo único, da Consolidação das Leis do Trabalho.*" (art. 6-A, § 2º). Este artigo foi acrescentado à legislação do doméstico.

Posteriormente, a Lei Complementar nº 150, de 01.06.2015, que revogou a Lei nº 5.859/72, passou a prever, expressamente, as hipóteses de justa causa, a saber:

> "Art. 27. Considera-se justa causa para os efeitos desta Lei:
>
> I – submissão a maus tratos de idoso, de enfermo, de pessoa com deficiência ou de criança sob cuidado direto ou indireto do empregado;
>
> II – prática de ato de improbidade;
>
> III – incontinência de conduta ou mau procedimento;
>
> IV – condenação criminal do empregado transitada em julgado, caso não tenha havido suspensão da execução da pena;
>
> V – desídia no desempenho das respectivas funções;
>
> VI – embriaguez habitual ou em serviço;
>
> VII – (VETADO);
>
> VIII – ato de indisciplina ou de insubordinação;
>
> IX – abandono de emprego, assim considerada a ausência injustificada ao serviço por, pelo menos, 30 (trinta) dias corridos;
>
> X – ato lesivo à honra ou à boa fama ou ofensas físicas praticadas em serviço contra qualquer pessoa, salvo em caso de legítima defesa, própria ou de outrem;
>
> XI – ato lesivo à honra ou à boa fama ou ofensas físicas praticadas contra o empregador doméstico ou sua família, salvo em caso de legítima defesa, própria ou de outrem;
>
> XII – prática constante de jogos de azar."

1.5. Rescisão indireta. Faltas cometidas pelo empregador doméstico

Tendo em vista o princípio da isonomia, sempre entendemos pela admissão da possibilidade de a rescisão indireta do contrato de trabalho do doméstico, ainda que a lei nº 10.208/201 não tenha se referido ao art. 483 da CLT. Tal entendimento se mostra compatível com a admissão da justa causa para o empregado doméstico.

Assim dizíamos até a 5ª edição da CLT Comentada:

> "O empregador doméstico também pode cometer faltas que ensejem o rompimento do contrato de trabalho por sua culpa. Assim ocorrendo, poderá o empregado, com fulcro no art. 483, *caput*, da CLT, postular, na Justiça do Trabalho, a rescisão indireta do contrato de trabalho, inclusive com a opção de paralisar a prestação de serviços, na hipótese da alínea "g", da referida norma, por força do § 3º, do art. 483. Entendimento contrário, propondo a inaplicabilidade do art. 483 na relação de emprego doméstica, importaria em desrespeito ao princípio da igualdade, além de descumprimento do princípio protetor, impondo-se ao empregado doméstico um ônus demasiado."

A LC 150/2015 supriu a omissão legal e passou a prever, no § único do art. 27, as hipóteses de rescisão indireta do contrato de trabalho doméstico, a saber:

> "Parágrafo único. O contrato de trabalho poderá ser rescindido por culpa do empregador quando:
>
> I – o empregador exigir serviços superiores às forças do empregado doméstico, defesos por lei, contrários aos bons costumes ou alheios ao contrato;
>
> II – o empregado doméstico for tratado pelo empregador ou por sua família com rigor excessivo ou de forma degradante;
>
> III – o empregado doméstico correr perigo manifesto de mal considerável;
>
> IV – o empregador não cumprir as obrigações do contrato;
>
> V – o empregador ou sua família praticar, contra o empregado doméstico ou pessoas de sua família, ato lesivo à honra e à boa fama;
>
> VI – o empregador ou sua família ofender o empregado doméstico ou sua família fisicamente, salvo em caso de legítima defesa, própria ou de outrem;
>
> VII – o empregador praticar qualquer das formas de violência doméstica ou familiar contra mulheres de que trata o art. 5º da Lei nº 11.340, de 7 de agosto de 2006. "

1.6. Prescrição para o doméstico

O **art. 7º, XXIX, da CRFB/88**, que trata do prazo de prescrição de créditos trabalhistas, **se aplica aos domésticos**, ainda que não tenha sido expressamente previsto no art. 7º, § único, da CRFB/88.

Esta afirmação é confirmada pela atual redação do art. 43, da LC nº 150/2015, a seguir transcrito: "Art. 43. O direito de ação quanto a créditos resultantes das relações de trabalho prescreve em 5 (cinco) anos até o limite de 2 (dois) anos após a extinção do contrato de trabalho.".

Antes do texto legal ser claro quanto à aplicação da prescrição do doméstico, dizíamos o seguinte:

> "Tal omissão (acima referida), segundo pensamento da maioria da doutrina, não impede a aplicação da regra constitucional à relação de emprego doméstico. O silêncio da norma foi eloquente. A omissão do art. 7º, § único foi proposital. Não poderia ser de outra forma, pois o art. 7º, *caput*, da CRFB/88, cuida de direitos sociais dos trabalhadores urbanos e rurais. Prescrição, em sede trabalhista, não é forma de aquisição de direitos e sim de perda de sua exigibilidade. Por esta razão o parágrafo único, do art. 7º, não propôs tal extensão aos domésticos. Trata-se de uma questão de lógica. Ademais, entendimento em sentido contrário importaria em aplicação da prescrição regulada no Código Civil, art. 205 (10 anos), uma vez que nenhum dos prazos do art. 206 se aplica ao doméstico. Aplicar a prescrição de 10 (dez) anos, exatamente para o trabalhador que a Constituição Federal prevê o menor número de direitos, seria ferir a própria intenção da norma constitucional do art. 7º, § único."

1.7. Multas previstas na CLT

A Lei nº 12.964, de 8.4.2014 (DOU de 9.4.2014) alterou o art. 6º da Lei nº 5.859/72, passando a prever o seguinte:

> "Art. 6º-E. As multas e os valores fixados para as infrações previstas na Consolidação das Leis do Trabalho – CLT, aprovada pelo Decreto-Lei nº 5.452, de 1ºde maio de 1943, aplicam-se, no que couber, às infrações ao disposto nesta Lei.
>
> § 1º A gravidade será aferida considerando-se o tempo de serviço do empregado, a idade, o número de empregados e o tipo da infração.
>
> § 2º A multa pela falta de anotação da data de admissão e da remuneração do empregado doméstico na Carteira de Trabalho e Previdência Social será elevada em pelo menos 100% (cem por cento).
>
> § 3º O percentual de elevação da multa de que trata o § 2º deste artigo poderá ser reduzido se o tempo de serviço for reconhecido voluntariamente pelo empregador, com a efetivação das anotações pertinentes e o recolhimento das contribuições previdenciárias devidas.
>
> § 4º (VETADO)."

O § 4º acima referido, que foi vetado pelo Presidente da República, tinha a seguinte redação: "O valor das multas a serem aplicadas pelas Varas do Trabalho será revertido em benefício do trabalhador prejudicado.".

São as seguintes as razões do veto: "Da leitura do dispositivo não fica claro se a intenção é de se criar competência para a Justiça do Trabalho aplicar multas administrativas previstas na legislação trabalhista ou se a pretensão é a criação de outra multa, diversa daquela, a ser aplicada pelo judiciário trabalhista. De qualquer forma, na primeira hipótese, o dispositivo incorreria em inconstitucionalidade por contrariedade ao disposto no art. 114 da Constituição, além de violar o princípio da separação dos poderes. Na segunda hipótese haveria violação do princípio *non bis in idem*, uma vez que de uma mesma conduta poderiam decorrer duas penalidades, uma de natureza administrativa outra judicial." (http://www.planalto.gov.br/CCIVIL_03/_Ato2011-2014/2014/Msg/VEP-76.htm, capturado em 4.8.2014).

A Lei entra em vigor dia 9.8.2014, ou seja, 120 dias após sua publicação, conforme prevê seu artigo 3º.

A LC nº 150/2015 revogou expressamente a Lei nº 5.859/72, conforme redação de seu art. 46. Consequentemente, as disposições acima comentadas também foram revogadas. Neste particular a LC 150/2015 foi omissa, deixando de tratar dos valores das multas. Nada impede, a nosso ver, que CLT seja aplicada subsidiariamente neste aspecto.

1.8. Conceito de Empregado Rural

Considera-se **empregado rural** a pessoa física que presta serviços em propriedade rural ou prédio rústico, de forma não eventual e onerosa, sob a dependência de empregador rural (art. 2º, da Lei nº 5.889/73). Prédio rústico é aquele destinado à atividade agrária, situado dentro ou fora de área rural. A Lei do Rurícola traz uma extensão especial dos direitos nela previstos aos trabalhadores rurais sem vínculo de emprego, leiam-se eventuais, conforme previsão do art. 17, *in verbis*: "As normas da presente Lei são aplicáveis, no que couber, aos trabalhadores rurais não compreendidos na definição do art. 2º, que prestem serviços a empregador rural."

1.9. Conceito de Empregador Rural

Por sua vez, **empregador rural** é a pessoa física ou jurídica que explore atividade econômica, ou industrial, em caráter permanente ou temporário, contratando empregados rurais.

A Lei nº 13.171, de 21.10.2015 alterou o conceito de empregador rural contido no art. 3º, § 1º, da Lei nº 5.889/73, que passou a ter a seguinte redação: "Inclui-se na atividade econômica referida no *caput* deste artigo, além da exploração industrial em estabelecimento agrário não compreendido na Consolidação das Leis do Trabalho – CLT, aprovada pelo Decreto-Lei nº 5.452, de 1º de maio de 1943, a exploração do turismo rural ancilar à exploração agro-econômica.".

A **exploração de atividade industrial** no meio rural é somente aquela que faça o primeiro beneficiamento dos produtos agrários ou matéria-prima de origem animal/vegetal para posterior venda ou comercialização (art. 2º, § 4º, I, do Decreto nº 73.626/74, que regulamenta a Lei do Rurícola, acima citada). Também se considera atividade industrial rural o aproveitamento dos subprodutos das operações de preparo e modificação dos produtos *in natura,* referidos no item anterior (art. 2º, § 4º, inciso II, do Decreto nº 73.626/74). Assim, as empresas de gado-de-corte ou extração de sumo para produção de suco de laranja, não podem ser consideradas rurais, pois a exploração industrial desconfigura o bem *in natura.*

1.10. Direitos do Trabalhador Rural

O trabalhador rural obteve sua equiparação ao trabalhador urbano pela norma do art. 7º, *caput,* da CRFB/88. Não obstante tal equiparação, diversas regras especiais continuam a contemplar um tratamento diferenciado ao trabalhador rural, mas sem significar discriminação. As normas específicas visam atender às peculiaridades da atividade rural e dizem respeito, basicamente, aos seguintes temas, previstos na Lei nº 5.889/73: *duração do trabalho diurno e noturno, contrato de safra, contrato temporário e fornecimento de utilidade.*

- Quanto à **jornada de trabalho** – Nos serviços, caracteristicamente intermitentes, não serão computados, como de efeito exercício, os intervalos entre uma e outra parte da execução da tarefa diária, desde que tal hipótese seja expressamente ressalvada na Carteira de Trabalho e Previdência Social (art. 6º).

- Quanto ao **trabalho noturno** – Para os efeitos desta Lei, considera-se trabalho noturno o executado entre as vinte e uma horas de um dia e às cinco horas do dia seguinte, na lavoura, e entre as vinte horas de um dia e às quatro horas do dia seguinte, na atividade pecuária. Parágrafo único. Todo trabalho noturno será acrescido de 25% (vinte e cinco por cento) sobre a remuneração normal (art. 7º).

- Quanto ao **contrato de safra** – Expirado normalmente o contrato, a empresa pagará ao safrista, a título de indenização do tempo de serviço, importância correspondente a 1/12 (um doze avos) do salário mensal, por mês de serviço ou fração superior a 14 (quatorze) dias. Parágrafo único. Considera-se contrato de safra o que tenha sua duração dependente de variações estacionais da atividade agrária (art. 14).

- Quanto ao **trabalho temporário** – O produtor rural pessoa física poderá realizar contratação de trabalhador rural por pequeno prazo para o exercício de atividades de natureza temporária. (art. 14-A, Incluído pela Lei nº 11.718, de 2008). § 1° A contratação de trabalhador rural por pequeno prazo que, dentro do período de 1 (um) ano, superar 2 (dois) meses fica convertida em contrato de trabalho por prazo indeterminado, observando-se os termos da legislação aplicável. (Incluído pela Lei nº 11.718, de 2008). (ver mais detalhes na Lei 5.889/73).

- Quanto à **utilidade fornecida no contrato de trabalho** – (art. 9º da Lei nº 5.889/73):

> Salvo as hipóteses de autorização legal ou decisão judiciária, só poderão ser descontadas do empregado rural as seguintes parcelas, calculadas sobre o salário mínimo: **a)** até o limite de **20%** (vinte por cento) pela ocupação da **moradia**; **b)** até o limite de **25%** (vinte por cento) pelo fornecimento de **alimentação** sadia e farta, atendidos os preços vigentes na região; **c)** adiantamentos em dinheiro. (...) § 3º Rescindido ou findo o contrato de trabalho, o empregado será obrigado a desocupar a casa dentro de trinta dias. § 4º O Regulamento desta Lei especificará os tipos de morada para fins de dedução. § 5º A cessão pelo empregador, **de moradia** e de sua infraestrutura básica, assim, como, **bens destinados à produção** para sua subsistência e de sua família, não **integram o salário** do trabalhador rural, desde que caracterizados como tais, em contrato escrito celebrado entre as partes, com testemunhas e notificação obrigatória ao respectivo sindicato de trabalhadores rurais.(Incluído pela Lei nº 9.300, de 29/08/96)

1.11. Servidores públicos

O Estado se relaciona com seus servidores através de, pelo menos, quatro regimes jurídicos: **Estatutário, Trabalhista ou Celetista, Regime de Emprego Público e Regime Especial** (José dos Santos Carvalho Filho, Curso de Direito Administrativo, Rio de Janeiro, *Lumen Juris*, 17ª ed., 2007, páginas 519 a 528).

1.11.1. Estatutários

Os *Estatutários* são aqueles regidos por estatuto jurídico próprio, com vínculo jurídico de caráter administrativo com a União, os Estados, o Distrito Federal e Municípios, além das Fundações e Autarquias Públicas em cada ente federativo. É o caso da União Federal, cujos servidores civis são regidos pela Lei nº 8.112/90. Trata-se de um regime jurídico mais rígido, destinado aos servidores públicos efetivos, investidos em cargos públicos, também chamados, tradicionalmente, de "funcionários públicos". São classificados como servidores públicos *stricto sensu*. Tal regime também se aplica às Fundações e Autarquias Públicas Federais, desde que constituídas como Pessoas Jurídicas de Direito Público. A exclusão das alíneas "c" e "d", supra, diz respeito, exatamente, a este tipo de servidor público.

1.11.2. Celetistas

Os *Celetistas,* cuja denominação faz alusão à CLT, são os empregados da Administração que, muito embora sujeitos ao ingresso por concurso público (art. 37, II, da CRFB/88), são regidos pelas normas da Consolidação das Leis do Trabalho. As empresas públicas e sociedades de economia mista possuem servidores sob este regime. Como ocupam um emprego, e não um cargo, também são conhecidos pela denominação de "empregados públicos" e são classificados como servidores públicos *lato sensu.* Ainda que não ocupantes de cargos públicos, sujeitam-se às mesmas proibições e respeitam os mesmos princípios dos servidores em geral, estabelecidos na CRFB/88 no art. 37 e nos incisos que lhe são pertinentes. A estes servidores, sem dúvida, não se aplica a exclusão das alíneas "c" e "d" do art. 7º, da CLT.

1.11.3. Regime de Emprego Público e a Posição do STF

O *Regime de Emprego Público* nada mais é do que o regime celetista aplicado à Administração Federal Direta, Autárquica e Fundacional. Tal regime foi instituído pela Lei Federal nº 9.962, de 22.02.2000, com o intuito de flexibilizar as contratações pela União e passou a conviver com o regime estatutário da Lei nº 8.112/90. Tal convivência só foi possível porque a EC 19/98 acabou com a exigência de que cada ente da Federação tivesse um só regime jurídico com seus servidores. Contudo, o E. STF deferiu parcialmente cautelar, com efeito *ex nunc*, para suspender a eficácia do art. 39, *caput*, da CRFB/88, com a redação imposta pela EC 19/98 (ADI nº 2135-4, DJU, 14.08.2007). Desta forma, voltou a vigorar a antiga redação do art. 39, *caput*, da CRFB/88, que exigia o regime jurídico único. Consequentemente, o denominado Regime de Emprego Público só subsistiu no intervalo entre a edição da Lei Federal nº 9.962, de 22.02.2000 e a concessão da cautelar na ADI nº 2135-4, DJU, 14.08.2007. A decisão na ADI só teve efeito *ex nunc* e as contratações ocorridas na vigência da referida lei foram respeitadas. A exclusão das alíneas "c" e "d", supra, não se aplica a este tipo de servidor.

2. SÚMULAS E ORIENTAÇÕES JURISPRUDENCIAIS

- **Súmula nº 243 – TST – (mantida) – Res. 121/2003, DJ 19, 20 e 21.11.2003**

OPÇÃO PELO REGIME TRABALHISTA. SUPRESSÃO DAS VANTAGENS ESTATUTÁRIAS. Exceto na hipótese de previsão contratual ou legal expressa, a opção do funcionário público pelo regime trabalhista implica a renúncia dos direitos inerentes ao regime estatutário.

- **Súmula nº 319 – TST – Res. 121/2003, DJ 19, 20 e 21.11.2003**

REAJUSTES SALARIAIS ("GATILHOS"). APLICAÇÃO AOS SERVIDORES PÚBLICOS CONTRATADOS SOB A ÉGIDE DA LEGISLAÇÃO TRABALHISTA. Aplicam-se aos servidores públicos, contratados sob o regime da CLT, os reajustes decorrentes da correção automática dos salários pelo mecanismo denominado "gatilho", de que tratam os Decretos-Leis nºs 2.284, de 10.03.1986 e 2.302, de 21.11.1986.

3. INFORMATIVOS DO TST

- ***Empregada doméstica gestante. Despedida antes da vigência da Lei nº 11.234/06. Estabilidade provisória (art. 10, II, "b", do ADCT). Possibilidade.***

Possui direito à estabilidade provisória, de que trata o art. 10, II, "b", do ADCT, a empregada doméstica gestante despedida antes da vigência da Lei nº 11.234/06, a qual reconheceu expressamente tal direito. O fato de a estabilidade genérica do artigo 7º, I, da CF não ter sido assegurada às empregas domésticas não tem o condão de afastar a pretensão relativa à garantia provisória concedida às demais gestantes, pois aquelas se encontram na mesma situação de qualquer outra trabalhadora em estado gravídico. Ademais, conforme salientado pelo Ministro João Oreste Dalazen, o STF vem entendendo, reiteradamente, que o comprometimento do Brasil no plano internacional quanto à proteção à maternidade e ao nascituro, independentemente da natureza do vínculo profissional estabelecido entre a gestante e o destinatário da prestação de serviços, remonta à ratificação da Convenção nº 103 da OIT, ocorrida em 18.06.1965, e concerne não apenas à garantia à licença-maternidade, mas também à estabilidade provisória prevista no art. 10, II, "b", do ADCT. Com esse posicionamento, a SBDI-I, em sua composição plena, decidiu, pelo voto prevalente da Presidência, conhecer dos embargos, por divergência jurisprudencial, e, no mérito, negar-lhes provimento, mantendo o acórdão da Turma, que restabeleceu a sentença que julgou procedente o pedido de estabilidade à empregada doméstica gestante, condenando a reclamada ao pagamento da indenização respectiva. Vencidos os Ministros Renato de Lacerda Paiva, Antônio José de Barros Levenhagen, Ives Gandra Martins Filho, Brito Pereira, Maria Cristina Irigoyen Peduzzi, Aloysio Corrêa da Veiga e Dora Maria da Costa. TST-E-ED-RR-5112200-31.2002.5.02.0900, SBDI-I, rel. Min. Horácio Raymundo de Senna Pires, 13.12.2012. **(Informativo nº 34)**

4. QUESTÕES DE CONCURSOS

01. (TRT – 3ª REGIÃO/JUIZ DO TRABALHO SUBSTITUTO/2009/ADAPTADA) A Lei 605, de 5 de janeiro de 1949, que dispõe sobre o repouso semanal remunerado, não se aplica aos funcionários públicos da União, dos Estados e dos Municípios, aos servidores de autarquias paraestatais, desde que sujeitos a regime próprio de proteção ao trabalho que lhes assegure situação análoga à dos funcionários públicos.

02. (FCC – TRT 11 – Analista Judiciário/2012) Maria foi contratada para cuidar de Sílvia que se encontrava enferma. Trabalhou por 12 meses na residência de Sílvia, cumprindo jornada de 8 horas diárias com uma hora de intervalo e duas folgas semanais; foi dispensada sem justa causa, recebendo apenas os salários do período. A empregadora não incluiu a empregada no regime do FGTS. Em relação aos direitos trabalhistas de Maria, é correto afirmar que terá direito

a) ao aviso prévio, férias de 30 dias acrescida de 1/3, 13º salário, depósitos do FGTS com multa rescisória de 40% do FGTS.
b) ao aviso prévio, férias de 30 dias acrescida de 1/3 e 13º salário.
c) ao aviso prévio, férias de 30 dias acrescida de 1/3, 13º salário e multa por atraso no pagamento das verbas rescisórias.
d) as férias de 20 dias úteis acrescida de 1/3, 13º salário, depósitos do FGTS e multa rescisória de 40% do FGTS.
e) ao aviso prévio, férias de 20 dias úteis acrescida de 1/3, 13º salário, depósitos do FGTS com multa rescisória de 40% do FGTS.

03. (FCC – Juiz do Trabalho Substituto 4ª região/ 2012) A contratação de trabalhador rural por pequeno prazo

a) pode ser realizada para o exercício de atividades de natureza temporária por produtor rural pessoa física, proprietário ou não, que explore diretamente atividade agroeconômica, e, se superar dois meses de contratação dentro do período de um ano, será convertida em contrato de trabalho por prazo indeterminado.
b) pode ser realizada para o exercício de atividades de natureza temporária por produtor rural pessoa física, jurídica e agroindustrial, proprietária ou não, que explore diretamente atividade agroeconômica, e, se superar três meses de contratação dentro do período de um ano, será convertida em contrato de trabalho por prazo indeterminado.
c) pode ser realizada para o exercício de atividades de natureza temporária ou permanente, apenas por produtor rural pessoa física, proprietária ou não, que explore diretamente atividade agroeconômica ou agroindustrial, e, se superar três meses de contratação dentro do período de um ano, será convertida em contrato de trabalho por prazo indeterminado.
d) pode ser realizada para o exercício de atividades de natureza temporária ou permanente, por produtor rural pessoa física, jurídica e agroindustrial, proprietária ou não, que explore diretamente atividade agroeconômica, e, se superar dois meses de contratação dentro do período de um ano, será convertida em contrato de trabalho por prazo indeterminado.
e) não pode ser realizada para o exercício de atividades de natureza temporária por se caracterizar como "merchandage".

04. (FCC – Analista Judiciário – Área Administrativa – TRT 11/2017) Matias é motorista da família Silva prestando seus serviços três dias da semana, no qual leva e busca as crianças na escola.

Felícia é jardineira exercendo suas atividades para a família Silva quatro vezes por semana. Gilberto faz faxina na residência da família Silva uma vez por semana. E, por fim, Deise é acompanhante da matriarca da família Silva duas vezes por semana.

Nestes casos, observando-se o requisito temporal e considerando que os demais requisitos legais estão presentes, tratam-se de empregados domésticos

a) Matias e Felícia, apenas.
b) Matias, Felícia e Deise, apenas.
c) Matias, e Deise, apenas.
d) Matias, Felícia, Gilberto, apenas.
e) Matias, Felícia, Gilberto e Deise.

GAB	1	C	2	B	3	A	4	A

✦ INTERPRETAÇÃO NO DIREITO DO TRABALHO

Art. 8º As autoridades administrativas e a Justiça do Trabalho, na falta de disposições legais ou contratuais, decidirão, conforme o caso, pela jurisprudência, por analogia, por equidade e outros princípios e normas gerais de direito, principalmente do direito do trabalho, e, ainda, de acordo com os usos e costumes, o direito comparado, mas sempre de maneira que nenhum interesse de classe ou particular prevaleça sobre o interesse público.

✦ SUBSIDIARIEDADE DO DIREITO COMUM

§ 1º O direito comum será fonte subsidiária do direito do trabalho. (Redação da Lei nº 13.467, de 13.07.2017)

✦ RESTRIÇÃO À PRODUÇÃO JURISPRUDENCIAL

§ 2º Súmulas e outros enunciados de jurisprudência editados pelo Tribunal Superior do Trabalho e pelos Tribunais Regionais do Trabalho não poderão restringir direitos legalmente previstos nem criar obrigações que não estejam previstas em lei. (Inserido pela Lei nº 13.467, de 13.07.2017)

✦ **CONTROLE JUDICIAL DOS INSTRUMENTOS NORMATIVOS**

§ 3º No exame de convenção coletiva ou acordo coletivo de trabalho, a Justiça do Trabalho analisará exclusivamente a conformidade dos elementos essenciais do negócio jurídico, respeitado o disposto no art. 104 da Lei nº 10.406, de 10 de janeiro de 2002 (Código Civil), e balizará sua atuação pelo princípio da intervenção mínima na autonomia da vontade coletiva."(Inserido pela Lei nº 13.467, de 13.07.2017)

1. COMENTÁRIOS

1.1. Lacunas do Sistema Normativo Trabalhista

Há quem identifique quatro casos de lacunas no direito normativo, Enneccerus, apud RÁO, Vicente. O direito e a vida dos direitos, 2004, p. 532-534:

a) quando a lei (ou o direito) proporciona ao intérprete apenas uma orientação geral, por exemplo, quando alude à boa-fé, à noção de bom pai de família, à equidade, ao justo, aos conceitos moldáveis às circunstâncias concretas;

b) quando a norma é totalmente omissa: I) intencionalmente, porque o problema, ao sobrevir a lei, não se achava suficientemente amadurecido para a solução; II) ou, apenas, porque a solução não foi prevista; III) ou, ainda, porque a questão não chegou a ser praticamente suscitada até a superveniência da norma;

c) quando as normas, contradizendo-se, tornam-se, reciprocamente, ineficazes.

d) quando a norma existente é inaplicável, por abranger casos ou consequências que o legislador não teria contemplado se uma coisa ou outra houvesse conhecido.

Em todos os casos acima, compete ao intérprete encontrar uma norma para a decisão: uma norma integrativa, nos três primeiros casos, e uma norma modificativa, no último caso.

1.2. Lacunas ontológicas e axiológicas.

A doutrina aponta outros tipos de lacunas, além das normativas: as ontológicas e as axiológicas.

Há lacuna ontológica quando a norma jurídica positivada (transcrita na lei) não encontra mais correspondência com o ato social (a norma encontra-se desatualizada diante do contexto social). Exemplo deste tipo de lacuna está na proteção legal concedida ao maior de 50 anos, impedindo a concessão de suas férias em mais de um período, conforme regra do art. 134, § 2º, da CLT, que, em boa hora, foi expressamente revogada pela Lei nº 13.467, de 13.07.2017, exatamente diante de sua falta de atualidade.

Na lacuna axiológica observa-se que a aplicação da norma, pura e simples, gera um resultado injusto ou não desejado pelo direito. Exemplo desta espécie de lacuna se lê no art. 133, IV, da CLT, cuja regra faz o empregado perder o direito às férias se ficar afastado do emprego, recebendo benefício previdenciário por mais de 6 meses. Esta norma conduz ao seguinte raciocínio: se o empregado estiver muito doente, ou mesmo em estado de coma por mais de 6 meses, perderá o direito às férias. O resultado desta interpretação viola o próprio sentido da norma e os princípios do direito do trabalho.

A legislação trabalhista, tal qual posta em 1943, merece integração frequente de suas lacunas ontológicas e axiológicas, além das normativas. Neste sentido, inclusive, o Enunciado nº 66 da 1ª Jornada de Direito Material e Processual na Justiça do Trabalho, TST, Brasília, 23-11-2007, a seguir transcrito:

APLICAÇÃO SUBSIDIÁRIA DE NORMAS DO PROCESSO COMUM AO PROCESSO TRABALHISTA. OMISSÕES ONTOLÓGICA E AXIOLÓGICA. ADMISSIBILIDADE. Diante do atual estágio de desenvolvimento do processo comum e da necessidade de se conferir aplicabilidade à garantia constitucional da duração razoável do processo, os artigos 769 e 889 da CLT comportam interpretação conforme a Constituição Federal, permitindo a aplicação de normas processuais mais adequadas à efetivação do direito. Aplicação dos princípios da instrumentalidade, efetividade e não retrocesso social.

1.3. Instrumentos de superação das lacunas

A discussão que envolve os modos de integração do direito diz respeito aos instrumentos técnicos postos à disposição do intérprete para efetuar o procedimento de colmatação da lacuna. Na verdade, tais instrumentos têm dupla utilidade, pois servem à constatação da existência da lacuna, como também ao seu preenchimento.

Os instrumentos de superação das lacunas nem sempre têm uma só função no direito. O costume, por exemplo, serve para atuar na omissão da norma, mas, por vezes, funciona como a própria norma. A advertência, como meio de punição do empregado na relação de emprego, que decorre tão só da prática trabalhista, é um bom exemplo de como o costume é definido como fonte do direito. O costume de se permitirem pequenos atrasos no horário de trabalho sempre foi tolerado, mesmo não existindo qualquer disposição legal a este respeito. Com o advento da Lei nº 10.243/2001, que inclui o § 1º no art. 58 da CLT, este costume se transformou em fonte formal de direito do trabalho.

Para efeitos de organização dos métodos de supressão de lacunas adotamos a classificação proposta por Tercio Sampaio, Introdução ao estudo do direito, 2003, p. 299-301. Entre instrumentos quase lógicos: analogia, indução amplificadora e interpretação extensiva, e instrumentos institucionais: costumes, princípios gerais de direito e equidade.

1.3.1. Instrumentos quase lógicos

São instrumentos quase lógicos a analogia, a indução amplificadora e a interpretação extensiva.

1.3.1.1. Analogia

Consiste no uso de um processo de indução para que se possa alcançar, a partir de uma norma prevista, sua extensão para situação análoga ou semelhante, mas não prevista, originariamente, na norma (analogia legis). Exemplo deste método é a aplicação do critério do art. 71, § 4º, da CLT, poanalogia, nas hipóteses de supressão de diversos tipos de intervalo não previstos no art. 71 da CLT.

Quando não se encontra no ordenamento jurídico vigente qualquer regra que possa ser aplicada, por analogia, ao caso concreto, a solução pelo intérprete se infere dos princípios gerais do direito, inspiradores do sistema jurídico no seu todo, ou, em especial, do direito do trabalho (analogia juris). Há quem negue aplicação a este método de supressão de lacunas. Segundo esta corrente doutrinária, o uso de um princípio para suprir lacuna não é um processo de analogia, mas sim a incidência direta do princípio em questão (RÁO, Vicente. O direito e a vida dos direitos, cit., p. 536-537.).

1.3.1.2. Indução amplificadora

O método de indução amplificadora é uma alternativa à imprecisa definição de analogia juris. Explica-nos Tercio Sampaio:

Em geral, a doutrina entende que a analogia legis parte de um único preceito legal e aplica-o a casos semelhantes. Já a analogia juris parte de vários preceitos, obtendo, por indução, princípios que lhe são comuns, os quais, então, são aplicados aos casos não direta e expressamente previstos pelos dispositivos legais (FERRAZ JUNIOR, Tercio Sampaio. Introdução ao estudo do direito, cit., p. 302).

A imprecisão desta noção de analogia faz com que alguns estudiosos digam se tratar de outro meio de integração: os princípios gerais do direito.

Para Tercio Sampaio a analogia juris é a conjugação de dois métodos lógicos: a indução e a dedução. Segundo o autor:

> "Com base em casos particulares, obtém-se uma generalização da qual resultam princípios os quais se aplicam, então, dedutivamente, a outros casos. É essa conjugação que chamamos de indução amplificadora" (FERRAZ JUNIOR, Tercio Sampaio. Introdução ao estudo do direito, cit., p. 303.).

1.3.1.3. Interpretação extensiva

Nesta técnica se observa que o legislador disse menos do que deveria ter dito e a norma merece ser interpretada no sentido de se ampliar seu alcance. Partimos de uma norma e a estendemos a casos que estão compreendidos implicitamente em sua redação, ou mesmo no espírito da norma. É o que ocorre na redação do art. 462 da CLT, que enumera os descontos válidos no salário do empregado. As hipóteses de desconto descritas na lei são meros exemplos, cabendo ao intérprete vislumbrar outros descontos que, dentro do espírito da norma, possam ser feitos no salário, sempre no interesse do empregado ou de sua família. Neste sentido, ver a redação da Súmula 342 do TST.

1.4. Instrumentos institucionais

Os instrumentos institucionais são: costumes, princípios gerais de direito e equidade.

1.4.1. Costume

Quanto ao costume, é certo dizer que sua função integradora só atua quando há lacuna legal (integração praeter legem), salvo se o costume for a própria fonte formal de direito, como vimos no capítulo das "fontes". A lei, em princípio, precede hierarquicamente ao costume. O uso do costume como instrumento de supressão de lacuna é expressamente mencionado no art. 8º da CLT.

1.4.2. Princípios gerais do direito e do direito do trabalho

Os princípios inspiram o legislador, orientam o intérprete e suprem as lacunas do direito. As normas jurídicas de direito do trabalho, portanto, são constituídas por inspiração dos princípios. O intérprete, incluído o juiz, também se vale do princípio para atingir a finalidade social da norma. As omissões das normas jurídicas (as lacunas) são supridas pelos princípios.

O art. 8º, *caput*, da CLT, destaca a função supletiva dos princípios de direito do trabalho, determinando a aplicação destes na omissão de normas legais ou contratuais.

1.4.3. Equidade

Enfim, o estudo da equidade.

A noção valorativa de equidade está ligada à ideia do justo, em harmonia com as situações de cada caso. O juízo equitativo é sempre particularizado, sem preocupações generalizantes de se construir uma proposição geral do que se considera justo. Por isso não é classificada como fonte de direito.

Existe sim um padrão médio de justiça, mas que sempre se adequará ao caso concreto, levando-se em conta o contexto social em que se aplica. A justiça é o ideal do direito. Contudo, a particularização do que é justo, caso a caso, permite espaço para arbitrariedades por parte do intérprete. Para coibir a face nefasta do arbítrio, o julgamento por equidade só ocorrerá quando a lei expressamente autorizar.

Nosso direito, em diversas oportunidades, admite o julgamento por equidade. Citem-se, como exemplos, a autorização do art. 723 do CPC/2015 quanto aos procedimentos de jurisdição voluntária, e os arts. 2º e 11 da Lei nº 9.307/1996, regulando a arbitragem. No processo do trabalho, o julgamento em ação sujeita ao rito sumaríssimo (art. 852, I, § 1º, da CLT) e em dissídio coletivo (art. 114, § 2º, da CF) também representam exemplos de julgamento por equidade.

1.5. Subsidiariedade do direito comum

O texto anterior, do § único do art. 8º, expressamente exigia que a importação das normas do direito comum só ocorresse se houvesse compatibilidade com os princípios fundamentais de direito do trabalho. A atual regra, contida na redação do § 1º, omitiu a necessidade de compatibilidade. A meu ver, nada muda. A aplicação continua a ser subsidiária. Portanto, sendo incompatível a norma de direito comum esta não se aplicará como mecanismo de integração do ordenamento jurídico-trabalhista.

1.6. Restrição à produção jurisprudencial

A regra do § 2º impõe uma restrição de todo inconstitucional. A jurisprudência tem o papel de construção do direito. A restrição ou ampliação do texto legal decorre de interpretação da norma existente ou de superação de lacunas do próprio ordenamento, como visto acima. Não se pode restringir a atuação do Poder Judiciário, sem que ocorra violação à regra do art. 5º, XXXV, da CRFB, que consagra o princípio da inafastabilidade do Poder Judiciário. Ademais, a restrição imposta pela lei representa direta afronta ao princípio da autonomia entre os Poderes da República.

Igualmente inconstitucional é a restrição imposta pelo § 3º ao exame dos acordos e convenções coletivas de trabalho. Ao Judiciário não incumbe somente a análise dos aspectos formais dos instrumentos normativos, como quer a referida norma. Nenhuma lesão ou ameaça a direito estabelecida pela norma coletiva pode ficar infensa à análise do Poder Judiciário. A negociação coletiva, tão propalada e valorizada pela Lei nº 13.467, de 13.07.2017, não pode ser o fim último do Direito do Trabalho. Os abusos, ilegalidades e afrontas ao direito, como decorrência do resultado ou do próprio processo de negociação coletiva podem e devem ser reparados pelo Judiciário, restaurando-se, assim, a ordem jurídica.

2. SÚMULAS E ORIENTAÇÕES JURISPRUDENCIAIS

- **Súmula nº 612 – STF – Sessão Plenária de 17/10/1984**

Ao trabalhador rural não se aplicam, por analogia, os benefícios previstos na Lei nº 6.367, de 19.10.76.

- **Súmula nº 229 – TST – (nova redação) – Res. 121/2003, DJ 19, 20 e 21.11.2003**

SOBREAVISO. ELETRICITÁRIOS. Por aplicação analógica do art. 244, § 2º, da CLT, as horas de sobreaviso dos eletricitários são remuneradas à base de 1/3 sobre a totalidade das parcelas de natureza salarial.

- **Súmula nº 346 – TST – (mantida) – Res. 121/2003, DJ 19, 20 e 21.11.2003**

DIGITADOR. INTERVALOS INTRAJORNADA. APLICAÇÃO ANALÓGICA DO Art. 72 DA CLT. Os digitadores, por aplicação analógica do art. 72 da CLT, equiparam-se aos trabalhadores nos serviços de mecanografia (datilografia, escrituração ou cálculo), razão pela qual têm direito a intervalos de descanso de 10 (dez) minutos a cada 90 (noventa) de trabalho consecutivo.

3. QUESTÕES DE CONCURSOS

01. (TRT 2 – Juiz do Trabalho Substituto 2ª região/ 2012) O artigo 8º da CLT dispõe que: "As autoridades administrativas e a Justiça do Trabalho, na falta de disposições legais ou contratuais, decidirão, conforme o caso, pela jurisprudência, por analogia, por equidade e outros princípios e normas gerais de direito, principalmente do direito do trabalho, e, ainda, de acordo com os usos e costumes, o direito comparado, mas sempre de maneira que nenhum interesse de classe ou particular prevaleça sobre o interesse público". A análise literal da previsão legal contida no dispositivo implica em:

a) utilização dos princípios do direito do trabalho como modo de evitar e retificar os efeitos não desejáveis da legislação trabalhista;

b) enumeração taxativa das fontes formais do direito do trabalho;

c) atribuição de função integrativa do direito positivo para os princípios gerais do direito do trabalho, que serão aplicáveis pelo julgador diante das lacunas da lei;

d) utilização da jurisprudência como fonte formal prevalente sobre as demais enumeradas no artigo;

e) prevalência da analogia e da equidade sobre as demais fontes formais previstas no diploma legal.

02. (TRT – 13º REGIÃO/JUIZ DO TRABALHO/2006) Existindo lacunas normativas, o aplicador do direito do trabalho poderá recorrer à autointegração ou buscar auxílio em outros ramos do direito. Tal tarefa deverá ser efetuada com observância de alguns critérios que no direito brasileiro são:

I. proibição de se recorrer aos costumes, em face do caráter legislado do nosso direito;

II. prevalência do interesse do trabalhador, sobrepondo-se a qualquer outro interesse, segundo o princípio do in dubio pro operario;

III. a jurisprudência e a analogia são fontes a que deve recorrer o aplicador do direito do trabalho na sua tarefa de preencher as lacunas normativas;

IV. a incompatibilidade entre as normas de direito comum e os princípios do direito do trabalho não é impedimento para a aplicação subsidiária daquele na solução dos conflitos decorrentes da relação de trabalho, desde que não haja norma trabalhista para o caso;

V. na falta de norma, o aplicador do direito do trabalho poderá deixar de decidir o conflito, com base no princípio da legalidade, que estabelece: "ninguém é obrigado a fazer ou deixar de fazer alguma coisa senão em virtude da lei".

a) todas as proposições estão erradas;

b) só a I e a II estão certas;

c) só a III e a V estão certas;

d) só a V está correta;

e) só a III está correta.

03. (MPT/PROCURADOR DO TRABALHO/2009) Analise as assertivas abaixo:

I. entre as várias formas de interpretação da norma de Direito do Trabalho, incluem-se a teleológica ou finalística segundo a qual a interpretação será dada ao dispositivo legal de acordo com o fim visado pelo legislador;

II. a Consolidação das Leis do Trabalho trata da integração jurídica da norma, pois autoriza o juiz, na falta de expressa disposição legal ou convencional, a utilizar a analogia ou a equidade;

III. de acordo com a Constituição Federal, as normas definidoras dos direitos e garantias fundamentais de expressão não têm aplicação imediata;

IV. em relação à eficácia no espaço da norma trabalhista, a jurisprudência consolidada do Tribunal Superior do Trabalho adota o critério da territorialidade (ou da Lex loci executionis), segundo o qual a relação jurídica trabalhista é regida pelas leis vigentes no país da prestação do serviço e não por aquelas do local da contratação.

De acordo com as assertivas acima, é CORRETO afirmar que:

a) todas as assertivas estão corretas;

b) todas as assertivas estão incorretas;

c) apenas as assertivas II e IV estão corretas;

d) apenas a assertiva III está incorreta;

e) não respondida.

04. (Instituto de Pesquisas Tecnológicas – Advogado/2011) Segundo a Consolidação das Leis do Trabalho, as autoridades administrativas e a Justiça do Trabalho, na falta de disposições legais ou contratuais, decidirão, conforme o caso, pela

a) equidade e outros princípios do Direito Civil e, ainda, de acordo com os usos e costumes, o direito da OIT, com prioridade ao interesse de classe com discussão tripartite.

b) analogia e outros princípios do Direito Civil, e, ainda, de acordo com os usos e costumes, o Direito Comparado, mas sempre de maneira que nenhum interesse de classe ou particular prevalecerá sobre o interesse público.

c) jurisprudência, por analogia, por equidade e outros princípios e normas gerais de Direito, principalmente do Direito do Trabalho, e, ainda, de acordo com os usos e costumes, o Direito Comparado, mas sempre de maneira que nenhum interesse de classe ou particular prevaleça sobre o interesse público.

d) equidade e outros princípios e normas gerais de Direito Civil e, ainda, do Direito Constitucional.

e) igualdade de direitos, pelas normas gerais do Direito e pelas regras do Direito Civil.

05. (FCC – Técnico Judiciário – Área Administrativa – TRT 5/2013) Conforme previsão expressa contida na Consolidação das Leis do Trabalho, a Justiça do Trabalho, na falta de disposições legais ou contratuais, decidirá conforme o caso, NÃO podendo utilizar como fonte supletiva do Direito do Trabalho

a) a jurisprudência.

b) os usos e costumes.

c) valores sociais da livre iniciativa.

d) os princípios gerais do Direito.

e) a analogia e equidade.

GAB	1	C	2	E	3	D	4	C	5	C

✦ FRAUDE À CLT

Art. 9º Serão nulos de pleno direito os atos praticados com o objetivo de desvirtuar, impedir ou fraudar a aplicação dos preceitos contidos na presente Consolidação.

1. COMENTÁRIOS

A nulidade prevista na norma é de caráter absoluto. Assim, os atos praticados com vícios de vontade, prejudicando a aplicação dos preceitos da CLT, podem ser declarados de ofício pelo juiz, ou seja, sem necessitar de manifestação do contratante-prejudicado (CLT, art. 795, § 1º). Esta é a opinião manifestada pela maioria da doutrina.

No âmbito trabalhista a apreciação do ato absolutamente nulo é orientada pelo princípio da proteção, de forma que a declaração da nulidade não deve prejudicar o empregado. Extraem-se, portanto, alguns efeitos deste ato. Neste sentido o exemplo da **S. 363** do TST, que, diante da ausência de concurso público – forma essencial à validade do contrato com a administração pública –, garante ao empregado o pagamento dos salários e FGTS. O ato nulo, portanto, gerou efeitos.

Este conhecimento foi exigido no seguinte concurso público para ingresso no Cargo de Juiz do Trabalho Substituto:

✱ DISCURSIVA:

↳ **Qual o fundamento jurídico do reconhecimento do direito aos salários do período trabalhado nos casos de contratação de empregado público sem concurso? E do direito ao FGTS?**

Leiam-se mais fundamentos nos comentários ao art. 442, da CLT, no tópico "*1.4.1.3 Forma prescrita ou não defesa em lei*".

Da mesma forma, a ausência de capacidade do empregado contratante, com 12 ou 13 anos de idade, surte efeitos no âmbito trabalhista, configurando-se a relação de emprego, a fim de se proteger o menor, absolutamente incapaz. O contrato de trabalho, a partir da declaração de nulidade, será rompido, mas o ato nulo não irá retroagir, como determinaria a regra geral das nulidades do direito civil (efeitos *ex tunc*). Neste caso, orientando-se pelo princípio protetor, maximizado pela condição do menor, o ato nulo só teria efeitos *ex nunc*, ou seja, da declaração do ato para frente (teoria da irretroatividade das nulidades no direito do trabalho).

O objeto ilícito da prestação de serviços do empregado gerará nulidade na medida da consciência e da contribuição do trabalhador com a ilicitude da atividade. Assim, uma faxineira de uma casa clandestina de exploração de jogo ilegal, teria um contrato absolutamente válido, na visão da doutrina. Exemplo deste enfoque se lê na **OJ nº 199, da SBDI-1/TST**, que cuida do "Jogo do Bicho". Não há como um trabalhador envolvido com esta atividade ilegal desconhecer a ilicitude do objeto do seu trabalho: razão pela qual a jurisprudência considera o contrato como nulo, sem reconhecer ao trabalhador qualquer direito.

2. SÚMULAS E ORIENTAÇÕES JURISPRUDENCIAIS

▸ **Súmula nº 77 – TST – (mantida) – Res. 121/2003, DJ 19, 20 e 21.11.2003**

PUNIÇÃO. Nula é a punição de empregado se não precedida de inquérito ou sindicância internos a que se obrigou a empresa por norma regulamentar.

▸ **Súmula nº 91 – TST – (mantida) – Res. 121/2003, DJ 19, 20 e 21.11.2003**

SALÁRIO COMPLESSIVO. Nula é a cláusula contratual que fixa determinada importância ou percentagem para atender englobadamente vários direitos legais ou contratuais do trabalhador.

▸ **Súmula nº 199 – TST – Res. 129/2005, DJ 20, 22 e 25.04.2005**

BANCÁRIO. PRÉ-CONTRATAÇÃO DE HORAS EXTRAS. I – A contratação do serviço suplementar, quando da admissão do trabalhador bancário, é nula. Os valores assim ajustados apenas remuneram a jornada normal, sendo devidas as horas extras com o adicional de, no mínimo, 50% (cinqüenta por cento), as quais não configuram pré-contratação, se pactuadas após a admissão do bancário. (ex-Súmula nº 199 – alterada pela Res. 41/1995, DJ 21.02.1995 – e ex-OJ nº 48 da SBDI-1 – inserida em 25.11.1996)

▸ **Súmula nº 363 – TST – (nova redação) – Res. 121/2003, DJ 19, 20 e 21.11.2003**

CONTRATO NULO. EFEITOS. A contratação de servidor público, após a CRFB/88 sem prévia aprovação em concurso público, encontra óbice no respectivo art. 37, II e § 2º, somente lhe conferindo direito ao pagamento da contraprestação pactuada, em relação ao número de horas trabalhadas, respeitado o valor da hora do salário mínimo, e dos valores referentes aos depósitos do FGTS.

▸ **OJ 199 SBDI-1 – TST – DEJT divulgado em 16, 17 e 18.11.2010.**

JOGO DO BICHO. CONTRATO DE TRABALHO. NULIDADE. OBJETO ILÍCITO. É nulo o contrato de trabalho celebrado para o desempenho de atividade inerente à prática do jogo do bicho, ante a ilicitude de seu objeto, o que subtrai o requisito de validade para a formação do ato jurídico.

3. QUESTÕES DE CONCURSOS

01. (DIREITO 3/FURNAS/FUNRIO/2009) A empresa responsável pela segurança do aeroporto de São José dos Campos, através de sua administração, pretende contratar empregado, do sexo feminino, para trabalhar no setor de segurança e revista de passageiros, com a incumbência de proceder a revista em passageiros do sexo feminino, tendo, para tanto, colocado anúncio em jornal de grande circulação. O sindicato dos empregados em segurança representa, junto ao MPT, sustentando existir descriminação ao se especificar o sexo do empregado a ser contratado. Com relação aos fatos narrados é correto afirmar que a contratação:

a) é válida, haja vista que a referência ao sexo é notoriamente determinante para a seleção do empregado.

b) é inválida, haja vista que a legislação veda qualquer referência ao sexo para fins de contratação

c) é válida, desde que autorizada pelo MPT, que se certificará da existência da especificação anunciada.

d) é inválida, haja vista o princípio constitucional de igualdade entre os sexos, não havendo justificativa fática que autorize a descriminação anunciada.

e) é válida, desde que autorizada pelo ministério do trabalho, haja vista que a referência ao sexo é notoriamente determinante para a seleção do empregado.

GAB	1	A

✦ SUCESSÃO DE EMPREGADORES

Art. 10. Qualquer alteração na estrutura jurídica da empresa não afetará os direitos adquiridos por seus empregados.

1. COMENTÁRIOS

1.1. Requisitos e efeitos da sucessão de empregadores

A índole protetiva do Direito do Trabalho impede que fenômenos como fusões, cisões e incorporações, ou transaçoes comerciais de compra e venda de empresas, prejudiquem os direitos adquiridos pelos empregados. Entendem-se como direitos adquiridos quaisquer benefícios ou regras contratuais pactuadas tácita ou expressamente, verbalmente ou por escrito, individual ou coletivamente. Os novos sócios da sociedade ou os adquirentes ficam obrigados a observar todos os direitos estabelecidos antes da alteração societária. Partindo destas premissas, não gera efeito jurídico-trabalhista cláusula contratual promovendo a limitação da responsabilidade do sucessor, em favor do sucedido, sem prejuízo do uso desta ressalva para apuração das responsabilidades entre ambos na esfera cível; a ausência de efeitos desta cláusula alcança, inclusive, os contratos de trabalho extintos antes da sucessão. Como explica Amauri Mascaro Nascimento: "a limitação da responsabilidade trabalhista ao cedente fixada por contrato ente duas instituições tem validade entre elas com base no princípio *pacta sunt servanda*. Todavia, não modifica as regras legais trabalhistas sobre a matéria." (Curso, 2010, p. 1097).

Pietro Gaspari, citado por Cesarino Jr. como o melhor tratadista que já cuidou do tema da sucessão de empregadores, explica-nos que: "Por continuidade da empresa, como pressuposto da continuidade dos contratos de trabalho, deve entender-se a perdurante identidade, não obstante as mudanças relativas à pessoa do empregador, do organismo técnico-econômico. Praticamente a regra da continuidade poderá invocar-se todas as vezes que se conservem em bloco, nas suas correlações organizativas, os elementos todos da empresa: imóveis, maquinários, marcas de fábrica, patentes de invenção e, sobretudo, o "aviamento", que constitui o elemento vital, a alma do conjunto. Não se poderá, ao invés, recorrer a ela todas as vezes que, embora hajam sido transmitidos os elementos da empresa, sejam eles utilizados para um fim técnico e econômico diverso daqueles para que eram usados pela firma alienante". (Direito Social Brasileiro, Vol. II, 1957, p. 257).

Para a configuração da sucessão, como se observa da síntese de Gaspari, acima descrita, exige-se que o novo empregador se mantenha na mesma atividade econômica (mesma finalidade social, a farmácia não pode se transformar em comércio de alimentos, por exemplo) e que não haja solução de continuidade no negócio (não pode haver paralisação da atividade). A permanência ou não do pessoal é elemento secundário e subsidiário para a configuração da sucessão de empregadores (em sentido contrário, exigindo a permanência do pessoal: Evaristo de Moraes Filho e Antonio Carlos Flores de Moraes, Introdução ao Direito do Trabalho, 07ª ed., São Paulo: LTr, 1995, p. 275).

O art. 448-A da CLT confirmou a tese de que a permanência ou não do empregado no sucessor é elemento desnecessário para caracterizar a sucessão.

1.2. Sucessão – hipóteses

Maurício Godinho Delgado (Curso, 2009, p. 388-389) distingue as situações-tipo tradicionais de sucessão, das situações tipo novas, fruto da evolução doutrinária e jurisprudencial. Entre os tipos dogmáticos tradicionais o autor enumera: **a)** as alterações na estrutura societária, ou de processos de fusão, incorporação, cisão e outros correlatos, que já destacamos acima, ou, ainda, a transformação de pessoa física em jurídica e vice-versa; **b)** a substituição do antigo titular passivo da relação empregatícia (o empregador) por outra pessoa física ou jurídica, seja por aquisição de estabelecimentos isolados, em conjunto ou da totalidade da empresa, ou ainda quando a transferência do negócio ocorra a título provisório. Entre as situações-tipo novas, fruto da releitura jurisprudencial do conceito tradicional de sucessão, provocada pela mudança do mercado empresarial dos últimos anos, com especial relevo para os processos de privatização, o autor destaca que: **a)** qualquer mudança intra ou interempresarial não poderá afetar os contratos de trabalho, independentemente da continuidade efetiva da prestação laborativa; **b)** "a separação de bens, obrigações e relações jurídicas de um complexo empresarial, com o fito de transferir parte relevante dos ativos saudáveis para outro titular (direitos, obrigações e relações jurídicas), preservando-se o restante dos bens, obrigações e relações jurídicas no antigo complexo – agora significativamente empobrecido –, afeta, sim, de modo significativo, os contratos de trabalho, produzindo a sucessão trabalhista com respeito ao novo titular." (Curso, 2009, p. 390). Esta última situação-tipo foi consagrada pela jurisprudência do TST, através das OJ's261 e 202, da SBDI-1/TST.

Ocorre também sucessão nas seguintes circunstâncias: **a)** arrendamento do negócio, ainda que a título precário e enquanto durar esta situação, salvo se o mesmo ocorrer com fraude, hipótese em que o arrendante continua obrigado; **b)** a mudança da natureza jurídica de direito público para direito privado (privatização); **c)** a substituição na concessão de serviço público – como em linhas de transporte de passageiros –, desde mantidos os mesmos elementos do negócio (ônibus, linhas, pontos de prestação de contas, garagens, etc.).

1.2.1 Ausência de sucessão: exceções à regra geral

a) Doméstico

Maurício Godinho Delgado sustenta a exclusão da regra da sucessão para a relação de emprego doméstica com base em três sólidos argumentos: **a)** a CLT não é aplicável ao doméstico, salvo as exceções expressas na lei (vide comentários ao art. 7º, "a", supra); **b)** a sucessão trabalhista se baseia no conceito de empresa e na continuação da mesma por conta do sucessor, elemento este obviamente inaplicável ao âmbito doméstico; **c)** a pessoalidade da figura do empregador doméstico, peculiaridade deste tipo de relação jurídica, diferentemente do que ocorre nos contrato de emprego não domésticos, impede a transferência da relação de emprego para outro empregador (Curso, 2009, p. 396).

Alice Monteiro de Barros também nega a sucessão trabalhista no âmbito doméstico diante da alta confiança depositado no empregado que, por si só, identifica a característica intuito *personae* do ajuste. (Contratos e Regulamentações Especiais, jan-2008, p. 221).

b) Empregador pessoa física

Da mesma forma como na relação de emprego doméstica sobressai a pessoalidade da figura do empregador e não só do empregado, tal fato também ocorre quando o empregador é pessoa física ou firma individual. A morte deste empregador provoca a extinção da atividade empresarial, inviabilizando a sucessão. Na hipótese dos herdeiros levarem a frente o empreendimento, esta novação subjetiva fica condicionada à vontade dos empregados que, não aquiescendo com a mudança, podem se recusar a permanecer sob a subordinação destes novos empregadores, facultando-se àqueles o pleito de rescisão indireta do contrato de trabalho (CLT, art. 483, § 2º).

c) Sucessão e grupo econômico

A jurisprudência do TST, através da OJ nº 411 da SDI-1/TST, firmou o entendimento, ao qual aderimos, baseado na seguinte premissa: o sucessor não se integra, automaticamente, ao grupo econômico, pelo simples fato de ter adquirido empresa que faça parte de um grupo.

A sucessora assume os negócios antes desenvolvidos pela sucedida, mas isto não a obriga a continuar fazendo parte do mesmo grupo econômico. Todavia, se após a sucessão, a sucessora não deixar clara sua intenção de querer se retirar do grupo, a interpretação será em sentido contrário. Ou seja, a ausência de ato inequívoco de desligamento do grupo econômico por parte do sucessor, será interpretada como sua manutenção no grupo, afastando-se, assim, a tese vitoriosa na jurisprudência, conforme a OJ acima referida.

1.3. Sucessão e Falência

Atenção especial merece o tratamento conferido pela Lei nº 11.101, de 09.02.2005 (Lei de Recuperação Judicial e Falência – LEF) aos efeitos da sucessão. O art. 141, II, da referida norma, expressamente estabelece que não haverá sucessão na alienação judicial da empresa falida. Mesmo na ocorrência de venda separada de ativos, a referida norma exclui, mais uma vez de forma expressa, a ocorrência de sucessão. Confira-se o texto: "Na alienação conjunta ou separada de ativos, inclusive de empresa ou de suas filiais, promovida por qualquer das modalidades de que trata este artigo: II – o objeto da alienação estará livre de qualquer ônus e não haverá sucessão do arrematante nas obrigações do devedor, inclusive as de natureza tributária, as derivadas da legislação do trabalho e as decorrentes de acidente de trabalho. Até mesmo na hipótese de aproveitamento dos empregados do falido pelo arrematante, que adquiriu a empresa nas condições desta lei, formar-se-á um novo contrato de trabalho com o mesmo, confirmando-se que, sob qualquer aspecto, não ocorre sucessão de empregadores. Este é o teor do art. 141, § 2º, a seguir transcrito: "empregados do devedor contratados pelo arrematante serão admitidos mediante novos contratos de trabalho e o arrematante não responde por obrigações decorrentes do contrato anterior."

1.4. Sucessão e Recuperação Judicial

Diferentemente do ocorre na falência, a doutrina diverge no que tange à ocorrência ou não de sucessão quando da alienação judicial (em hasta pública) ocorrida na recuperação judicial. O art. 60, § único, da LRF, não faz expressa menção à exclusão da responsabilidade do arrematante quanto aos créditos trabalhistas, só mencionando os tributários. Tal omissão causou a referida divergência na interpretação da lei. Contudo, a nosso ver, não ocorre a sucessão de empregadores também na recuperação judicial. Interpretação em sentido contrário importaria na seguinte contradição: diante de uma interpretação literal do art. 60, § único, antes referido, haveria sucessão de empregadores na hipótese de recuperação, mas não haveria na hipótese de falência. Assim, os interessados na arrematação de ativos, ou da própria empresa, teriam total desinteresse em fazê-lo no plano de recuperação e esperariam a quebra da mesma, com a decretação da falência, onde não teriam qualquer responsabilidade trabalhista, tributária ou de qualquer natureza. Seria um total desprestígio da recuperação judicial da sociedade empresária em favor da falência, provocando-se uma inversão da mens legis (Na mesma conclusão a que chegamos, ainda que sobre outros argumentos: Marcelo Papaléo de Souza. A Nova Lei de Recuperação e Falência e as Consequências no Direito e no Processo do Trabalho. São Paulo: LTr, 2006, p. 188; em sentido contrário: Marcelo José Ladeira Mauad. Os Direitos dos Trabalhadores na Lei de Recuperação e de Falência de Empresas. São Paulo; LTr, 2007, p. 180-184).

1.5. A Posição do STF

O Pleno do STF, por maioria, em 27.05.2009, julgou improcedente pedido formulado em Ação Direta de Inconstitucionalidade proposta pelo Partido Democrático Trabalhista – PDT (ADI-3934-DF) contra os artigos 60, parágrafo único, 83, I e IV, c, e 141, II, da Lei 11.101/2005, que regulam a recuperação judicial, a extrajudicial e a falência do empresário e da sociedade empresária.

Sustentava o requerente ofensa aos artigos 1º, III e IV, 6º, 7º, I, e 170, VIII, da CRFB/88. O I. Ministro Relator, Ricardo Lewandowski, entendeu que não haveria qualquer inconstitucionalidade na LRF, particularmente do artigo 60, § único, ao excluir a responsabilidade trabalhista dos compradores da empresa em recuperação, através de Leilão Judicial. Entre outros argumentos, destacou o Relator que: "...o legislador teria optado por estabelecer que adquirentes de empresas alienadas judicialmente não assumiriam os débitos trabalhistas, por sucessão, porquanto isso não ensejaria prejuízo aos trabalhadores, já que a exclusão da sucessão tornaria mais interessante a compra da empresa e tenderia a estimular maiores ofertas pelos interessados na aquisição, o que aumentaria a garantia dos trabalhadores, em razão de o valor pago ficar à disposição do juízo da falência e ser utilizado para pagar prioritariamente os créditos trabalhistas. Além do mais, a venda em bloco da empresa possibilitaria a continuação da atividade empresarial, preservando empregos. Prosseguiu o relator: "... os artigos 60, parágrafo único, e 141, II, da lei impugnada seriam constitucionalmente hígidos, mormente porque o legislador, ao concebê-los, teria optado por dar concreção a determinados valores constitucionais, quais sejam, a livre iniciativa e a função social da propriedade em detrimento de outros, com mesma densidade axiológica, por julgá-los mais adequados ao tratamento da matéria". (INFO nº 548 do STF).

1.6. Falência e Competência do Juízo Universal

O E. STF, no julgamento do RE nº 583955/RJ, rel. Minº Ricardo Lewandowski, 28.5.2009, também divulgado no INFO nº 548, definiu a competência do Juízo Universal da Falência para apreciação de todos os processos que demandam quantias líquidas. Mantiveram-se na competência da Justiça do Trabalho os processos somente até o momento da liquidação da sentença condenatória. Constituído de maneira líquida o crédito trabalhista, a competência para o cumprimento da sentença transferir-se-á ao Juízo da Falência.

1.7. Sucessão e Recuperação Extrajudicial

A recuperação extrajudicial, considerada uma fase prévia da recuperação judicial ou da falência, consiste numa alternativa ao devedor para redimensionar suas dívidas, através de um plano de pagamentos, diminuindo os riscos de inadimplemento. O plano depende da concordância dos credores e não existe a figura do administrador judicial. A regulação do procedimento se encontra nos artigos 161 a 167 da LEF (Lei nº 11.101/2005). O art. 161, § 1º, da LEF, expressamente exclui a possibilidade dos credores trabalhistas participarem do plano de pagamentos, razão pela qual não há qualquer possibilidade de se falar em sucessão de empregadores neste procedimento legal.

O TST, conforme OJ nº 408 da SDI-1, firmou o entendimento de que o sucessor da empresa em liquidação extrajudicial não se beneficia dos privilégios previstos em lei para estas empresas. Ou seja, as vantagens previstas para as empresas em liquidação extrajudicial cessam com a sucessão.

2. SÚMULAS E ORIENTAÇÕES JURISPRUDENCIAIS

- **OJ 202 SBDI-1 – TST – Inserida em 08.11.00 (Convertida na OJ Transitória nº 48 da SBDI-1, DJ 20.04.2005)**

PETROMISA. SUCESSÃO. PETROBRAS. LEGITIMIDADE. Em virtude da decisão tomada em assembleia, a Petrobras é a real sucessora da Petromisa, considerando que recebeu todos os bens móveis e imóveis da extinta Petromisa.

- **OJ 225 SBDI-1 – TST (nova redação, DJ 20.04.2005)**

CONTRATO DE CONCESSÃO DE SERVIÇO PÚBLICO. RESPONSABILIDADE TRABALHISTA. Celebrado contrato de concessão de serviço público em que uma empresa (primeira concessionária) outorga a outra (segunda concessionária), no todo ou em parte, mediante arrendamento, ou qualquer outra forma contratual, a título transitório, bens de sua propriedade: I – em caso de rescisão do contrato de trabalho após a entrada em vigor da concessão, a segunda concessionária, na condição de sucessora, responde pelos direitos decorrentes do contrato de trabalho, sem prejuízo da responsabilidade subsidiária da primeira concessionária pelos débitos trabalhistas contraídos até a concessão; II – no tocante ao contrato de trabalho extinto antes da vigência da concessão, a responsabilidade pelos direitos dos trabalhadores será exclusivamente da antecessora.

- **OJ 261 SBDI-1 – TST – Inserida em 27.09.02**

BANCOS. SUCESSÃO TRABALHISTA. As obrigações trabalhistas, inclusive as contraídas à época em que os empregados trabalhavam para o banco sucedido, são de responsabilidade do sucessor, uma vez que a este foram transferidos os ativos, as agências, os direitos e deveres contratuais, caracterizando típica sucessão trabalhista.

- **OJ-SDI1-408/TST**

JUROS DE MORA. EMPRESA EM LIQUIDAÇÃO EXTRAJUDICIAL. SUCESSÃO TRABALHISTA. (DEJT divulgado em 22, 25 e 26.10.2010)

É devida a incidência de juros de mora em relação aos débitos trabalhistas de empresa em liquidação extrajudicial sucedida nos moldes dos arts. 10 e 448 da CLT. O sucessor responde pela obrigação do sucedido, não se beneficiando de qualquer privilégio a este destinado.

- **OJ-SDI1-411/TST**

SUCESSÃO TRABALHISTA. AQUISIÇÃO DE EMPRESA PERTENCENTE A GRUPO ECONÔMICO. RESPONSABILIDADE SOLIDÁRIA DO SUCESSOR POR DÉBITOS TRABALHISTAS DE EMPRESA NÃO ADQUIRIDA. INEXISTÊNCIA. (DEJT divulgado em 22, 25 e 26.10.2010)

O sucessor não responde solidariamente por débitos trabalhistas de empresa não adquirida, integrante do mesmo grupo econômico da empresa sucedida, quando, à época, a empresa devedora direta era solvente ou idônea economicamente, ressalvada a hipótese de má-fé ou fraude na sucessão.

- **OJ 59, Transitória SBDI-1 – TST – DJ 25.04.2007**

INTERBRAS. SUCESSÃO. RESPONSABILIDADE. A Petrobras não pode ser responsabilizada solidária ou subsidiariamente pelas obrigações trabalhistas da extinta Interbras, da qual a União é a real sucessora, nos termos do art. 20 da Lei nº 8.029, de 12.04.1990 (atual art. 23, em face da renumeração dada pela Lei nº 8.154, de 28.12.1990).

3. INFORMATIVOS DO TST

- ***Sucessão trabalhista. Contrato de trabalho extinto antes da sucessão. Responsabilidade do sucessor.***

Nos termos dos arts. 10 e 448 da CLT, a sucessão trabalhista tem contornos diferentes da sucessão do direito civil, de modo que a responsabilidade do sucessor alcança não apenas os débitos provenientes dos contratos de trabalho em vigor à época da venda do fundo de comércio, mas também aqueles oriundos dos contratos extintos antes da sucessão de empresas. Com esse entendimento, a SBDI-I, por unanimidade, conheceu dos embargos interpostos pela empresa reclamada (sucessora), por divergência jurisprudencial, e, no mérito, por maioria, negou-lhes provimento. Vencidos os Ministros Luiz Philippe Vieira de Mello Filho e Delaíde Miranda Arantes, que entendiam ser a prestação do serviço elemento essencial para a configuração da sucessão trabalhista. TST-E-RR-93400-11.2001.5.02.0048, SBDI-I, rel. Min. Brito Pereira, 4.4.2013 (Informativo nº 41)

4. QUESTÕES DE CONCURSOS

01. (TRT – 3ª REGIÃO/JUIZ DO TRABALHO/2009). A respeito da sucessão de empregadores, leia as afirmações abaixo e, em seguida, assinale a alternativa correta:

I. Apesar de não ter havido tratamento legislativo específico sobre o tema, a doutrina e a jurisprudência construíram ampla orientação, que incorpora o princípio protetor do empregado na relação de emprego.

II. É clássica ou tradicional a sucessão decorrente de modificações na modalidade societária ou de alterações em virtude de processos de fusão, incorporação e cisão.

III. Existe nova corrente doutrinária, segundo a qual, para a configuração da sucessão, nem sempre é necessária a continuidade na prestação laborativa, desde que haja transferência da unidade econômico-jurídica e que a mudança afete significativamente os contratos de trabalho em curso.

IV. O instituto da sucessão trabalhista não se aplica, em regra, ao empregado rural.

V. O instituto da sucessão trabalhista não se aplica, em regra, ao empregado doméstico.

a) Somente uma afirmativa está correta.

b) Somente duas afirmativas estão corretas.

c) Somente três afirmativas estão corretas.

d) Somente quatro afirmativas estão corretas.

e) Todas as afirmativas estão corretas.

02. (MPT/PROCURADOR DO TRABALHO/2009/ADAPTADA) qualquer alteração na estrutura jurídica da empresa, como fusão, incorporação, transformação, cisão, transferência de cotas e etc., não afetará os contratos de trabalho do empregado, permanecendo intangível o liame empregatício com o novo empregador.

GAB	1	C	2	C

✦ RESPONSABILIDADE DOS SÓCIOS

Art. 10-A. O sócio retirante responde subsidiariamente pelas obrigações trabalhistas da sociedade relativas ao período em que figurou como sócio, somente em ações ajuizadas até dois anos depois de averbada a modificação do contrato, observada a seguinte ordem de preferência: (Inserido pela Lei nº 13.467, de 13.07.2017).

I – a empresa devedora;

II – os sócios atuais; e

III – os sócios retirantes.

Parágrafo único. O sócio retirante responderá solidariamente com os demais quando ficar comprovada fraude na alteração societária decorrente da modificação do contrato.

1. COMENTÁRIOS

A responsabilidade dos sócios nunca se confundiu com a responsabilidade da sociedade. O limite de responsabilidade de cada sócio depende de sua posição na sociedade e da forma de constituição da mesma.

Como consequência da autonomia da personalidade jurídica, não responde o sócio, com seu patrimônio pessoal, pelas dívidas da sociedade, salvo nas hipóteses previstas em lei, que caracterizam sua responsabilidade secundária. Em relação à sociedade irregular ou de fato, como não tem personalidade jurídica (CC, art. 985), os bens dos sócios respondem por todas as dívidas (CC, art. 990). Quanto às sociedades personificadas, salvo disposição em contrário, a responsabilidade dos sócios será proporcional à sua cota de participação no capital social (CC, art. 1.007). Todavia, a responsabilidade do sócio é subsidiária, pois a execução pode alcançar seus bens pessoais apenas se insuficiente o patrimônio social (CC arts. 1.023/1.024).

Os administradores, como regra, respondem com seu patrimônio pessoal, por má-gestão dos negócios da sociedade (art. 1.016 do Código Civil).

Todas as regras de responsabilidade patrimonial secundária (pessoas que respondem pelas dívidas da sociedade, ainda que não constem do título executivo) estão previstas na lei civil e processual civil. A CLT, até o advento da Lei nº 13.467, de 13.07.2017, era omissa quanto a esta temática. A omissão, que atraía as regras do direito comum, sempre gerou naturais dúvidas quanto à compatibilidade com o ordenamento jurídico – trabalhista, agora solucionadas, pelo menos as mais importantes, pela regra do art. 10-A da CLT.

O art. 10-A, *caput*, se refere ao sócio retirante. Este nome estranho é usado para designar o ex-sócio, mas que tendo usufruído da mão de obra do empregado enquanto sócio, tem sua responsabilidade limitada ao prazo de 2 anos após sua retirada da sociedade, cujo prazo só começa a fluir da averbação da alteração contratual no órgão próprio. Percebam que a dívida (*Schuld)* foi contraída pela sociedade, mas a responsabilidade (Haftung) secundária do sócio lhe é atribuída, neste caso, por lei, portanto, independentemente de culpa ou de má-gestão. Não se discute o grau de interferência dos ex-sócios nos rumos da sociedade, ou mesmo a quantidade de cotas sociais detidas pelos mesmos (ex-sócio minoritário também responde com seu patrimônio pelas dívidas da sociedade).

A regra trabalhista resolve antiga polêmica sobre a incidência ou não do art. 1.032 do Código Civil:

> "Art. 1.032. A retirada, exclusão ou morte do sócio, não o exime, ou a seus herdeiros, da responsabilidade pelas obrigações sociais anteriores, até dois anos após averbada a resolução da sociedade; nem nos dois primeiros casos, pelas posteriores e em igual prazo, enquanto não se requerer a averbação.".

O texto da CLT foi ainda mais benevolente com o ex-sócio do que a própria lei civil se considerarmos a responsabilidade solidária prevista no art. 1.003, § único, do Código Civil:

> "Art. 1.003. A cessão total ou parcial de quota, sem a correspondente modificação do contrato social com o consentimento dos demais sócios, não terá eficácia quanto a estes e à sociedade.
>
> Parágrafo único. Até dois anos depois de averbada a modificação do contrato, responde o cedente solidariamente com o cessionário, perante a sociedade e terceiros, pelas obrigações que tinha como sócio.".

A CLT não consagrou a responsabilidade solidária entre os sócios cedente (que saiu da sociedade) e cessionário (o que assumiu suas cotas). O art. 10-A, da CLT, ao contrário, criou uma regra de subsidiariedade obrigatória, devendo inicialmente responder pela dívida a própria empresa (responsabilidade ordinária), em segundo lugar os atuais sócios (responsabilidade secundária) e finalmente os ex-sócios (responsabilidade secundária), mas sem solidariedade entre cedente e cessionário. Parece-me que, ante o silêncio da norma trabalhista, fica excluída a possibilidade de responsabilidade solidária entre cedente e cessionário, ressalvada, como bem dispôs o § único do art. 10-A da CLT, a fraude na alteração societária.

Qualquer que seja o sócio a responder pela dívida da sociedade, sua responsabilização só ocorrerá com o incidente de desconsideração da pessoa jurídica, de clara aplicação no processo do trabalho, conforme expressa referência do art. 855-A, incluído na CLT pela Lei nº 13.467, de 13.07.2017.

✦ **DA PRESCRIÇÃO**

Art. 11 A pretensão quanto a créditos resultantes das relações de trabalho prescreve em cinco anos para os trabalhadores urbanos e rurais, até o limite de dois anos após a extinção do contrato de trabalho. (Redação conforme a Lei nº 13.467, de 13.07.2017)

I (Revogado pela Lei nº Lei nº 13.467, de 13.07.2017).

II (Revogado pela Lei nº Lei nº 13.467, de 13.07.2017).

✦ **AÇÕES DECLARATÓRIAS**

§ 1º O disposto neste artigo não se aplica às ações que tenham por objeto anotações para fins de prova junto à Previdência Social.(Redação da Lei nº 9.658, de 5.6.1998)

✦ **PRESTAÇÕES SUCESSIVAS**

§ 2º Tratando-se de pretensão que envolva pedido de prestações sucessivas decorrente de alteração ou descumprimento do pactuado, a prescrição é total, exceto quando o direito à parcela esteja também assegurado por preceito de lei. (Incluído pela Lei nº 13.467, de 13.07.2017).

✦ **INTERRUPÇÃO DA PRESCRIÇÃO**

§ 3º A interrupção da prescrição somente ocorrerá pelo ajuizamento de reclamação trabalhista, mesmo que em juízo incompetente, ainda que venha a ser extinta sem resolução do mérito, produzindo efeitos apenas em relação aos pedidos idênticos.(Incluído pela Lei nº 13.467, de 13.07.2017).

✦ **PRESCRIÇÃO INTERCORRENTE**

Art. 11-A. Ocorre a prescrição intercorrente no processo do trabalho no prazo de dois anos. (Incluído pela Lei nº 13.467, de 13.07.2017).

✦ **INÍCIO DO PRAZO PRESCRICIONAL**

§ 1º A fluência do prazo prescricional intercorrente inicia-se quando o exequente deixa de cumprir determinação judicial no curso da execução.(Incluído pela Lei nº 13.467, de 13.07.2017).

✦ **DECLARAÇÃO DA PRESCRIÇÃO**

§ 2º A declaração da prescrição intercorrente pode ser requerida ou declarada de ofício em qualquer grau de jurisdição." (Incluído pela Lei nº 13.467, de 13.07.2017).

1. COMENTÁRIOS

1.1. Prescrição: teoria clássica

Tradicionalmente os autores buscavam distinguir a prescrição da decadência a partir de critérios empíricos, interpretando o Código Civil de 1916 e tentando estabelecer, no rol deste código, o que representava prazo prescricional e o que significava decadência. Entre estes luminares do Direito destacou-se Antonio Luis da Câmara Leal, no clássico "da Prescrição e da Decadência", obra publicada pela Editora Forense. Nem mesmo este autor, contudo, conseguiu escapar do critério pouco científico na definição da prescrição como sendo a perda da ação e a decadência como sendo a perda ou extinção do próprio direito.

1.2 Prescrição: teoria moderna

Atribui-se a Agnelo Amorim Filho, ilustre professor paraibano, a mudança de critérios sobre o tema, em artigo jurídico que já se tornou um clássico: "Critério científico para distinguir a prescrição da decadência e para identificar as ações imprescritíveis", Revista dos Tribunais, Vol. 300, outubro/1960, p. 7-37. Neste critério, Agnelo Amorim, utilizando-se da categorização de *Chiovenda,* assim distinguiu: os direitos subjetivos asseguram a seu titular uma prestação, positiva ou negativa, e por isso se denominam "direitos a uma prestação"; na outra categoria estão os direitos subjetivos que conferem um poder a seu titular de interferir, com declaração unilateral de vontade, sobre situações jurídicas de outra pessoa, sem depender do concurso da vontade do sujeito passivo; a essa categoria dá-se o nome de direitos potestativos.

1.3. Prescrição. Conceito

Os direitos a uma prestação (positiva ou negativa), por dependerem do sujeito passivo, são sujeitos a violação. A ação ajuizável obriga o sujeito passivo ao cumprimento de um dever jurídico consistente em prestação de dar, fazer, não fazer ou pagar quantia. Busca-se, assim, provimento de natureza condenatória. A esta categoria jurídica (direito a uma prestação) a ação se sujeita a prescrição. Portanto, a prescrição somente atinge as ações condenatórias. O termo inicial da prescrição há de coincidir com a lesão que torna possível o ajuizamento da ação. São exemplos de ações sujeitas à prescrição todas aquelas que envolvem as parcelas contratais, tais como: férias, 13º salário e aviso prévio. **Definindo:** *prescrição é perda do direito subjetivo de se exigir de outrem o cumprimento de um dever jurídico de prestação, de dar, fazer, não fazer ou pagar quantia, diante da inércia de seu titular, em determinado prazo legal.*

1.4. Decadência: conceito

De outro lado, na categoria dos direitos potestativos, que dependem tão-só da manifestação unilateral de vontade do titular, condicionando o sujeito passivo a uma situação jurídica contra a qual este não pode se opor. O exercício do direito potestativo (de sujeição) é regido por prazo decadencial, já que não há uma lesão do sujeito passivo. Estas ações visam criar, modificar ou extinguir uma relação jurídica, sendo definidas como ações constitutivas (positivas ou negativas, conforme queiram criar ou modificar/extinguir a relação jurídica). São exemplos destas ações: **a)** o Inquérito para apuração de falta grave, com prazo de 30 dias (art. 853, da CLT); **b)** a Ação Rescisória (CLT, art. 836 c/c CPC/73, art. 495 (art. 975, CPC/2015). Vide Súmula 100, do TST). **Definindo:** *decadência é a perda do direito potestativo de sujeição a uma situação jurídica a que o sujeito passivo não pode se opor.*

1.5. Ações Imprescritíveis. Perpétuas

Diante dos critérios acima definidos, as ações meramente declaratórias são imprescritíveis, já que **não** se vinculam a direito de prestação ou potestativo.

São pretensões cujo objetivo é o de reconhecer uma relação jurídica preexistente. Não existe aqui qualquer fenômeno de criação ou de superação de uma lesão. Constitui exemplo de ação perpétua aquela que visa o reconhecimento da relação jurídica de emprego, sem que o titular do direito tenha intenção de receber qualquer prestação decorrente deste reconhecimento judicial.

O art. 11, § 1º, supra, ao se referir às anotações na CTPS para fins de prova junto à Previdência Social, não pode ser interpretado, atualmente, no sentido de se exigir do empregador, como decorrência de tal reconhecimento judicial, o recolhimento das contribuições previdenciárias. A ação é somente para se obter o reconhecimento do vínculo de emprego, de natureza simplesmente declaratória e, portanto, perpétua.

A obrigação de fazer referida no parágrafo primeiro supra (anotações da CTPS) é mera materialização da pretensão declaratória. Não há uma natureza predominantemente condenatória nesta ação. A demanda com o intuito de cobrar do empregador as contribuições previdenciárias é de legitimidade do INSS (União), através de seu órgão de representação judicial e de competência da Justiça Federal (art. 109, I, da CRFB/88). Esta ação sim se sujeita a prazo prescricional.

1.5.1. Prova do tempo de serviço para fins previdenciários

O Regulamento da Previdência Social só admite a comprovação do tempo de serviço, ou a condição de dependente, por prova documental e, na ausência, mediante Justificação Administrativa com início de prova material, rejeitando-se a prova exclusivamente testemunhal para tal fim (artigos 142 e 143, do Dec. nº 3.048/99). A doutrina sempre admitiu que a Justificativa também ocorresse judicialmente, mediante procedimento cautelar previsto nos artigos 861 a 866 do CPC (Sergio Pinto Martins, Direito da Seguridade Social, 24ª ed., São Paulo: Atlas, 2007, p. 458; Marcelo Leonardo Tavares, Direito Previdenciário, 08ª ed., Rio de Janeiro: Lumen Juris, 2006, p. 198). O **STJ**, contudo, definiu o cabimento da ação declaratória para reconhecimento de tempo de serviço para fins previdenciários (**S. 242**).

O CPC de 2015 suprimiu o procedimento cautelar específico de justificação, antes previsto nos artigos 861 a 866 do CPC/73. Desta forma, só restou a ação declaratória como meio hábil ao reconhecimento do tempo de serviço para fins previdenciários.

1.6. Prazos de Prescrição. Prescrição bienal, quinquenal e total

O direito do trabalho, através da jurisprudência do TST, acompanhando a doutrina, classificou a prescrição trabalhista, para fins meramente didáticos, em bienal ou extintiva, parcial ou quinquenal e total.

A **prescrição bienal** é aquela que começa a fluir da extinção do contrato de trabalho, extinguindo-se em dois anos, atingindo o direito de exigir do sujeito passivo o cumprimento de uma prestação (dever jurídico). Trata-se do prazo referido no art. 11, supra. Qualquer demanda trabalhista se sujeita a tal prazo (salvo as meramente declaratórias).

A **prescrição quinquenal** flui a partir da lesão ocorrida na vigência do contrato de trabalho, segunda a teoria da *actio nata* (o nascimento da ação ajuizável coincide com a lesão). Está referida no art. 11, *caput*, supra. Em sentido prático dificilmente as ações (demandas) são ajuizadas com o contrato de trabalho em curso. Como não há um regime legal de proteção ao emprego (o art. 7º, I, da CRFB/88, ainda não foi regulamentado), os empregados temem que o ajuizamento da ação acabe provocando suas dispensas, ainda que sem justa causa. Consequentemente, acaba-se contando o prazo da prescrição quinquenal junto com a bienal. Confira-se este exemplo:

empregado não recebe as diferenças salariais que lhe são devidas, em razão de direito previsto em regulamente empresarial, desde 01.04.2002. O contrato de trabalho foi extinto em 04.04.2009. A demanda foi ajuizada em 07.11.2009. Há prescrição bienal? Não. Respeitou-se o prazo de dois anos a contar da extinção do contrato de trabalho. Há prescrição quinquenal? Sim. Tornaram-se inexigíveis, pela inércia do titular do direito, as pretensões anteriores a 07.11.2004, tendo em vista o ajuizamento da ação somente em 07.11.2009, quando se interrompeu a prescrição. Contam-se os cinco anos da prescrição somente do ajuizamento da ação.

A alteração do *caput* do art. 11 da CLT, pela Lei nº 13.467, de 13.07.2017, nada mais fez do que traduzir na legislação ordinária o que já constava da Constituição da República, em seu art. 7º, XXIX da Constituição da República, com a redação da EC nº 28/2000. Que uniformizou o prazo prescricional para trabalhadores urbanos e rurais, que quando do texto original gozavam de prazos diferentes. Pela mesma razão foram revogados os incisos I e II do art. 11.

Quando podemos dizer que a **prescrição é total**? Quando o exercício da ação ocorre no prazo de dois anos a contar da extinção do contrato de trabalho, mas não consegue atingir as lesões ocorridas. Vejamos o seguinte exemplo: o empregador se obrigou, por meio de uma circular interna na empresa, ao pagamento de uma gratificação semestral, no valor do salário de cada empregado. A referida gratificação deveria ser paga somente nos meses de julho e dezembro do ano de 2003 e foi instituída, por meio da circular, em 10.04.2003. Os empregados não receberam a referida gratificação. O contrato de trabalho de um desses empregados foi extinto em 20.09.2008, mas a demanda só foi proposta em 20.09.2009. Contando-se os cinco anos (para trás) a partir do ajuizamento da demanda, observamos que somente atingiremos a data de 20.09.2004, portanto, não alcançaremos as lesões ocorridas nos meses de julho e dezembro de 2003, quando se deu o inadimplemento das referidas obrigações. Nenhum direito será resgatado por esta ação. Logo, ocorreu a prescrição total (vide destaques na jurisprudência abaixo colacionada, *em particular a S. 294 do TST*).

A posição da jurisprudência descrita na S. 294 do TST foi a inspiração para inclusão do art. 11, § 2º, da CLT. Este é um dos raros momentos em que a reforma trabalhista absorveu a jurisprudência uniformizada pelo TST. Portanto, as considerações acima feitas acerca da prescrição total continuam atuais.

1.7. Causas Interruptivas, Suspensivas e Impeditivas da Prescrição

O art. 11, § 3º, da CLT, acrescentado pela Lei nº 13.467, de 13.03.2017, dispõe que somente pelo ajuizamento da ação a prescrição é interrompida. O texto legal não pode ser interpretado literalmente, pois existem outros fenômenos que interrompem a prescrição e que devem ser admitidos no Direito do Trabalho. Cito o exemplo do empregador que, diante de pretensão formulada pelo empregado, em juízo, reconhece o direito pretendido pelo autor, mesmo já tendo passado o prazo prescricional para ajuizamento da demanda. Admitir-se a literalidade do texto do § 3º do art. 11 representaria o absurdo de se negar ao próprio devedor o direito de reconhecer dívida prescrita. Parece-nos que o texto do art. 11, § 3º da CLT merece interpretação restritiva para admitir que existem outros motivos que também provocam a interrupção da prescrição

Consequentemente, as causas de interrupção da prescrição previstas no Código Civil, art. 202, I (protesto judicial), 202, V (qualquer ato judicial que constitua em mora o devedor) e 202, VI (por qualquer ato inequívoco, ainda que extrajudicial, que importe reconhecimento do direito pelo devedor) são aplicáveis às relações de trabalho.

O texto do § 3º também informa que a extinção da reclamação (melhor dizer "do processo"), ainda que sem resolução de mérito, também interrompe a prescrição. A nova regra incorpora o entendimento já consagrado na jurisprudência do TST, na S. 268.

O novel § 3º imprime o efeito de interrupção da prescrição, mesmo que a ação tenha sido proposta no juízo incompetente, repetindo, portanto, a regra do art. 202, I, do Código Civil: "por despacho do juiz, mesmo incompetente, que ordenar a citação, se o interessado a promover no prazo e na forma da lei processual;".

Nas causas interruptivas restitui-se por inteiro ao credor o prazo prescricional, respeitada somente a prescrição já consumada (Ex: os efeitos da citação válida no processo civil e a distribuição da demanda na Justiça do Trabalho). Como explica Mauricio Godinho Delgado: "A interrupção susta a contagem prescricional já iniciada, eliminando inclusive o prazo prescricional em fluência" (Curso de Direito do Trabalho. 07ª Ed, São Paulo: LTr, janeiro/2008, p. 257).

A interrupção (devolução) do prazo prescricional ocorrerá apenas uma vez, conforme regra do art. 202, *caput,* do Código Civil, a seguir transcrita: "A interrupção da prescrição, que somente poderá ocorrer uma vez".

Nas causas suspensivas o prazo prescricional fica paralisado e volta a contar assim que o motivo da suspensão cessar, mas não atinge o lapso temporal que já fluiu (Ex: a demanda formulada na CCP – CLT, art. 625-G). Na causa impeditiva a prescrição sequer inicia sua contagem, enquanto permanecer o motivo que impossibilita sua fluência (Ex: a incapacidade do menor de 18 anos – CLT, art. 440).

1.8. Prescrição. Declaração de ofício pelo Juiz do Trabalho

O direito civil sempre preservou o dogma segundo o qual a prescrição só podia ser reconhecida após a manifestação da parte a quem esta favorecia. Assim, a prescrição era tida como uma espécie de exceção substancial, ou seja, uma defesa indireta de mérito (neste sentido o art. 166 do CC de 1916). Esta regra começou a se modificar com o Código Civil de 2002, que passou a prever, em seu art. 194, a possibilidade do juiz reconhecer a prescrição, de ofício, quando para favorecer absolutamente incapaz. A exceção passou a ser tratada como objeção, reconhecível de ofício, e não mais como matéria de defesa (exceção substancial). O art. 194, acima citado, vigorou até o advento da Lei nº 11.280/2006, que pelo art. 11 o revogou expressamente. O referido dispositivo, no período de sua vigência, nunca teve aplicação prática na Justiça do Trabalho. Neste ramo do Judiciário as demandas, em sua maioria, são ajuizadas pelo empregado e a prescrição acabava favorecendo o empregador, que não tem como ser absolutamente incapaz. Mesmo que o réu fosse o empregado, podendo se favorecer da prescrição, os absolutamente incapazes são de rara incidência em demandas trabalhistas, já que só é permitido trabalho ao menor de 18 anos a partir dos 16 anos, salvo na condição de aprendiz aos 14 anos (art. 7º, XXXIII, da CRFB/88 e art. 403, da CLT).

Com a nova redação atribuída ao art. 219, § 5º, do CPC/73 (Lei nº 11.280/2006), passou-se a permitir o reconhecimento de ofício da prescrição pelo juiz, em qualquer circunstância. A jurisprudência trabalhista, contudo, ainda não se definiu sobre a aplicabilidade da nova regra ao processo do trabalho. A doutrina, da mesma forma, é bastante divergente.

O CPC/2015 aperfeiçoou a forma de reconhecimento da prescrição, permitindo que o juiz, nas causas que dispensem a fase instrutória, reconheça liminarmente a prescrição, julgando improcedente o pedido (art. 332, § 1º). Ressalvada esta única hipótese, o juiz está impedido de reconhecer de ofício a prescrição, por força do art. 487, § único do CPC/2015, que prevê:

> "Ressalvada a hipótese do § 1º do art. 332, a prescrição e a decadência não serão reconhecidas sem que antes seja dada às partes oportunidade de manifestar-se."

Mesmo que se aceite a aplicação da prescrição de ofício, seu reconhecimento automático encontrará limites temporais, só sendo admissível na instância ordinária (**S. 153 do TST**). Não será reconhecida, portanto, nos recursos de natureza extraordinária (revista e embargos), tampouco em liquidação/execução de sentença (neste sentido: Godinho, Curso, jan-2009, p. 259).

O tema ainda será julgado, transitoriamente, pelos Tribunais do Trabalho, até a entrada em vigor do novo CPC. Por isso, a discussão é mantida como está. Até porque, no processo do trabalho, a temática mais importante gira em torno do cabimento ou não da regra processual civil, seja do CPC/73, seja do CPC/2015.

De toda sorte, o art. 487, § único do CPC/2015 abrandou o rigor da norma do art. 219, § 5º, do CPC/73, pois mesmo que o juiz já tenha firmado seu convencimento, segundo a nova regra, terá que se curvar ao contraditório, dando vista à parte contrária, antes de reconhecer a prescrição. Esta manifestação da parte ré não impede que, posteriormente, seja oferecida defesa quanto às demais questões meritórias, pois não se operou a preclusão neste particular.

1.8.1. Tese da aplicabilidade da prescrição de ofício

A doutrina em favor do reconhecimento de ofício da prescrição em sede trabalhista alinha os seguintes argumentos: **a)** o juiz é sujeito imparcial do processo e sua omissão, não reconhecendo a prescrição, desrespeita a imparcialidade, pressuposto de um processo válido; **b)** já há previsão no processo do trabalho para reconhecimento de ofício da prescrição na execução trabalhista, quando ocorrer a hipótese do art. 40, § 4º, da Lei nº 6.830/80 (redação da Lei nº 11.051, de 29.12.2004), de aplicação subsidiária, por força do art. 889, da CLT, portanto, nenhum obstáculo existe para incidência da novel norma processual no processo de conhecimento trabalhista; **c)** o princípio da duração razoável do processo (art.. 5º, LXXVIII, da CRFB/88) não permite que se leve a efeito demanda que sabidamente traz pretensões inexigíveis diante da prescrição; **d)** a natureza de ordem pública do instituto da prescrição, forte na pacificação social, evitando-se a eternização dos conflitos, reclama uma participação ativa do juiz, reconhecendo de ofício a prescrição (por todos, confira-se: Gustavo Felipe Barbosa Garcia, Repro 145, ano 32, RT, março/2007, p. 163-172. O autor cita as seguintes opiniões em prol da aplicabilidade da prescrição de ofício na Justiça do Trabalho: Sérgio Pinto Martins, José Augusto Rodrigues Pinto, Sebastião Geraldo de Oliveira e Estevão Mallet (op. cit, p. 166).

1.8.2. Tese da inaplicabilidade da prescrição de ofício na Justiça do Trabalho. Nossa posição

Para aqueles que não concordam com o reconhecimento de ofício da prescrição na Justiça do Trabalho, a tese se sustenta, basicamente, na incompatibilidade desta norma com os princípios de direito do trabalho, particularmente o da proteção, que também se estende ao processo do trabalho. Para estes, há frontal colisão com o princípio da proteção, uma vez que o reconhecimento de ofício da prescrição favorece muito mais aos empregadores que aos empregados (na jurisprudência, o primeiro pronunciamento de destaque neste sentido foi registrado pelo I.

Ministro Aloísio CORREA DA VEIGA – RR 404/2006-028-03-00.6, julgado em 05/03/2008, enfatizando, ainda, o caráter alimentar do salário).

Comungo da tese da inaplicabilidade da prescrição, de ofício, ao processo do trabalho, mas por outros argumentos. Alinho-me à opinião do ilustre jurista carioca *Aryon Sayão Romita,* que sustenta a incompatibilidade da referida norma processual civil com o art. 7º, *caput*, da CRFB/88. Na sua visão o reconhecimento da prescrição de ofício, na Justiça do Trabalho, só favorece os empregadores e, portanto, não promove nenhuma melhoria da condição social dos empregados, como exige a redação do *caput*, do art. 7º, da CRFB/88. Ensina o mestre: "No caso em tela, há de se emprestar ao art. 219, § 5º (referência ao CPC/73) interpretação conforme a Constituição, quando em jogo sua possível aplicação ao processo do trabalho. Por incompatibilidade com o art. 7º, da Constituição – segundo a qual a legislação do trabalho visa à melhoria da condição social dos trabalhadores – o dispositivo em tela é inaplicável na Justiça do Trabalho. A interpretação conforme a Constituição, neste caso, equipara-se a uma declaração de nulidade sem redução de texto, porque o preceito, na prática, é nulo quando invocado em sede processual trabalhista." (Revista Trabalhista: direito e processo, LTr, ano 07, nº 26, abril/maio/junho/2008, p. 18).

Maurício Godinho Delgado, além de apontar violação ao princípio da proteção, também alinha os seguintes argumentos contrários à aplicação da regra no processo do trabalho: choque com o princípio da valorização do trabalho e do emprego, da norma mais favorável e da submissão da propriedade à sua função socioambiental, sem prejuízo de confronto com vários princípios constitucionais (Curso, jan-2009, p. 258).

O TST já firmou posicionamento no sentido de ser inaplicável a arguição da prescrição de ofício, como se observa da ementa da seguir transcrita:

> **RECURSO DE REVISTA. PRESCRIÇÃO. PRONUNCIAMENTO DE OFÍCIO.** A jurisprudência perfilhada nesta Corte Superior é pacífica no sentido da impossibilidade de declaração, de ofício, da prescrição no processo do trabalho. Precedentes da SDI-1/TST. **Recurso de revista conhecido e provido. Processo:** RR – 974-76.2016.5.12.0047. **Data de Julgamento:** 16/08/2017, **Relatora Ministra:** Dora Maria da Costa, 8ª Turma, **Data de Publicação: DEJT** 18/08/2017.

Somos forçados a reconhecer que a temática da prescrição de ofício perdeu muito de sua importância, na Justiça do Trabalho, diante da regra do art. 332, § 1º, do CPC/2015, que só permite o reconhecimento liminar da prescrição, sem observância do contraditório, nas causas que dispensem a fase instrutória. No processo do trabalho praticamente todas as causas exigem, ano menos, a produção de prova documental. A matéria exclusivamente de direito é de rara incidência.

1.9. Decadência. Reconhecimento de ofício

Uma das grandes distinções da prescrição, se comparada à decadência, sempre foi a impossibilidade de reconhecimento de **ofício** daquela e a possibilidade de se reconhecer esta, independentemente de alegação da parte. Tal regra já não mais se aplica como critério distintivo da prescrição da decadência e, mesmo se apreciarmos somente a decadência, também houve uma mudança de tratamento pelo Código Civil de 2002. A decadência, a partir da distinção do art. 210 do CC/2002, pôde ser classificada em **legal e convencional**. Em se tratando dos prazos decadenciais fixados em lei (decadência legal) ainda se permite o reconhecimento de ofício pelo juízo, na ótica do Código Civil, como no Inquérito previsto no art. 853, da CLT.

Contudo, o CPC/2015 igualou, definitivamente, os institutos da prescrição e da decadência quanto ao reconhecimento em juízo, impedindo o juiz de resolver o mérito quanto a estes institutos, sem o crivo do contraditório (vide, acima, comentários ao reconhecimento da prescrição de ofício).

No tocante à decadência convencional, por outro lado, seu reconhecimento deve ser tratado como exceção substancial, ou seja, sempre depende de arguição da outra parte, pois se trata de matéria de defesa, mantida, portanto, a ótica do Direito Civil. *Mauricio Godinho Delgado* aponta como hipóteses de decadência convencional: **a)** o prazo retroativo de opção pelos depósitos do FGTS (tratando-o como direito potestativo do empregado até a rescisão do contrato de trabalho – OJ nº 39 da SDI-1-Transitória); **b)** manifestação de adesão do empregado a plano de demissão voluntária (direito potestativo do empregado) (Curso de Direito do Trabalho. 07ª Ed, São Paulo: LTr, janeiro/2008, p. 255).

1.10. Prescrição do doméstico

Vide comentários ao art. 7º.

1.11. Prescrição do menor

CLT, art. 440.

1.12 Prescrição. Acidente do Trabalho. Posição do TST

Segundo a teoria da *actio nata*, o termo inicial do prazo prescricional coincide com a ciência da lesão pelo titular do direito violado. Considerando-se esta teoria, a jurisprudência do E. TST, em acórdão da SBDI-1/TST, E-RR-99517/2006-659-09-00.5 (julg. 28.05.2009, DJ 05.06.2009), firmou o seguinte entendimento quanto à prescrição de ações indenizatórias decorrentes de acidente do trabalho: **a)** o prazo prescricional do art. 7º, XXIX, da CRFB/88 (02 anos da extinção do contrato de trabalho e 05 anos do acidente) incidirá somente nas demandas cujos acidentes tenham ocorrido após a promulgação da EC 45/2004, quando restou definida a competência da Justiça do Trabalho para apreciação deste tipo de demanda (art. 114, VI, da CRFB/88); **b)** nos acidentes anteriores à EC 45/2004, a prescrição aplicável é a do art. 206, § 3º, IV (de três anos) a contar da data do acidente; **c)** considerando-se os acidentes ocorridos antes da entrada em vigor do Código Civil de 2002, em 12.01.2003, aplicar-se-á a regra transitória do art. 2028 deste código; ou seja, se até o Código Civil de 2002 entrar em vigor já tiver transcorrido mais da metade do prazo de 20 anos da ação indenizatória, prevista no art. 177 do Código Civil de 1916, aplicar-se-á a regra deste; caso contrário, aplicar-se-á a regra do novo código (prazo de 03 anos).

Em 2011 tivemos a oportunidade de participar da V Jornada de Direito Civil, organizada pelo Conselho da Justiça Federal, como representante da Justiça do Trabalho, na comissão que discutiu a interpretação da parte geral do Código Civil. Na jornada procurei convencer os colegas civilistas, oriundos de todas as partes do Brasil, juízes, procuradores, advogados e professores, da correção do entendimento da Justiça do Trabalho. Nosso empenho resultou na aprovação do **enunciado nº 420 do Conselho da Justiça Federal**, cujo teor segue transcrito:

> "Art. 206, § 3º, V (do Código Civil). Não se aplica o art. 206, § 3º, V, do Código Civil às pretensões indenizatórias decorrentes de acidente de trabalho, após a vigência da Emenda Constitucional nº 45, incidindo a regra do art. 7º, XXIX, da Constituição da República."

1.13. Prescrição do Avulso

O TST vem firmando a tendência de aplicar a prescrição do art. 7º, XXIX, da CF, mesmo em temas que não envolvam relação de emprego. Assim ocorreu com o acidente de trabalho e na extensão ao avulso do prazo bienal de prescrição, fixando-se o termo inicial de sua contagem com a cessação do trabalho para cada tomador de serviço, como se lia na OJ nº 384 da SBDI-1/TST. A referida OJ foi cancelada pela Res. 186/2012, DEJT divulgado em 25, 26 e 27.09.2012. Este cancelamento, a nosso ver, não representa uma mudança de rumos. O TST, ao que parece, está assentando sua jurisprudência e resolveu cancelar a OJ para melhor se posicionar sobre o tema. Vislumbro a possibilidade de, no futuro, outra OJ ou mesmo uma súmula, voltar a regular a questão. Acredito, inclusive, que a prescrição a ser definida continuará a se basear na regra do art. 7º, XXIX, da CF.

1.14. Prescrição do Rural

A norma do art. 7º, XXIX, alínea "b", da CF, em sua redação original, permitia ao rural o ajuizamento da demanda no prazo de 2 anos a contar da extinção do contrato, sem contagem de prescrição na vigência do contrato de trabalho. Assim, do ponto de vista prático, o trabalhador rural só se sujeitava a este prazo, podendo exigir a reparação das lesões ocorridas durante todo o contrato de trabalho.

A norma do então art. 7º, XXIX, "b", da CF, se compatibilizava com o art. 233 da CF (redação original), que exigia do empregador rural a comprovação, a cada 5 anos, perante a Justiça do Trabalho, do cumprimento das obrigações trabalhistas. Instaurada tal ação pelo empregador, e com esta concordando o empregado, haveria quitação dos direitos referentes ao período comprovado. Havendo controvérsia, a jurisdição até então voluntária converter-se-ia em contenciosa, cabendo à Justiça do Trabalho solucionar o conflito (art. 233, § 2º, da CF, redação original). Em qualquer caso, a norma do art. 233, § 3º da CF, em sua redação original, ressalvava o direito do empregado de postular a reparação de lesões referentes aos últimos cinco anos de contrato de trabalho.

Com a promulgação da EC nº 28, de 15.12.1998, foram revogadas as alíneas "a" e "b" do inciso XXIX, do art. 7º, como também o art. 233, ambos da CF. Igualou-se o rural ao trabalhador urbano, passando o texto do inciso XXIX a regular a prescrição de ambos da mesma forma. A referida emenda constitucional não recepcionou a redação ainda antiga do art. 11, II, da CLT.

1.1.5. Prescrição Intercorrente

1.15.1. Prescrição da pretensão executiva

A prescrição é instituto jurídico que impede o exercício da pretensão, em razão da inércia do titular do direito, após o decurso de determinado lapso temporal. A prescrição da pretensão executiva ocorre diante da inércia do titular do direito reconhecido na sentença, ou de seu substituto processual, em buscar seu cumprimento. Esta é a prescrição intercorrente, porque ocorre quando o processo já esta em curso, posto que foi iniciado com a Reclamação Trabalhista, sendo certo que a execução da sentença é uma fase, e não um processo autônomo. No processo do trabalho sempre se discutiu o cabimento da prescrição intercorrente, principalmente pela necessária iniciativa oficial dando início à fase de execução (art. 878, *caput*, da CLT). A S. 114 do TST nega a incidência da prescrição intercorrente no processo do trabalho.

Por outro lado, a "prescrição da dívida", referida no § 1º do art. 884 da CLT como uma das matérias dos embargos do devedor, sempre foi tratada como sendo a prescrição intercorrente.

A fim de se compatibilizar a execução *ex officio*, que impedia a ocorrência da prescrição, e a possibilidade do devedor arguir a "prescrição da dívida", parte da doutrina, entre os quais me incluo, afirmava que se poderia observar a prescrição intercorrente diante da inércia do exequente na prática de atos que lhe fossem privativos, como, v.g., a prova do fato novo nos artigos de liquidação; se os atos não fossem privativos do credor, não ocorreria a prescrição, pois o juiz, de ofício, provocaria a jurisdição executiva (art. 878 da CLT).

O art. 11-A, introduzido na CLT pela Lei nº 13.467, de 13.03.2017, resolveu a polêmica ao prever a prescrição intercorrente no processo do trabalho, fixando o prazo de 2 anos para sua incidência, utilizando como referência o prazo para ajuizamento da ação previsto no art. 7º, XXIX, da CF e também no art. 11, *caput*, da CLT.

A inovação foi acompanhada pela alteração do art. 878, *caput*, da CLT, de acordo com a Lei nº 13.467, de 13.03.2017, segundo o qual o juiz só atuará de ofício "nos casos em que as partes não estiverem representadas por advogado". Nos casos em que a parte atuar sem advogado, se valendo de seu *jus postulandi* (art. 791, *caput*, da CLT), o reconhecimento da prescrição ficará limitado, a meu ver, às hipóteses em que o prosseguimento da execução depender de ato exclusivo da parte, como acima exemplificado.

A jurisprudência do TST, S. 114, nega a possibilidade da prescrição intercorrente. Da mesma forma, o art. 2º, VIII, da IN do TST nº 39/2016, entende inaplicáveis ao processo do trabalho os dispositivos do CPC que tratam de prescrição intercorrente (arts. 921, §§ 4º e 5º, e 924, V, do CPC/2015). Com o advento do art. 11-A, da CLT, tanto a Súmula quanto a Instrução Normativa deverão ser canceladas ou modificadas.

1.15.2. Do reconhecimento da prescrição

Antes do advento da Lei nº 13.467, de 13.03.2017, o cabimento da prescrição intercorrente no processo do trabalho atraia a aplicação do art. 40, da Lei nº 6.830/80. A referida lei, que regula a cobrança da dívida ativa da União, aplica-se subsidiariamente na execução trabalhista, por força do art. 889, da CLT. Atualmente, o art. 11-A, § 1º, da CLT, prevê que "A fluência do prazo prescricional intercorrente inicia-se quando o exequente deixa de cumprir determinação judicial no curso da execução." A regra, agora inserida no texto celetista, afasta, por completo, o procedimento do art. 40, da Lei nº 6.830/80.

Aplicando-se, como se fazia, a Lei de Execução Fiscal, subsidiariamente, o procedimento era o seguinte: (a) não sendo localizado o devedor ou seus bens, suspender-se-ia a execução, mas sem contagem de prazo prescricional (art. 40, *caput*, da Lei nº 6.830/80); (b) suspensa a execução, abrir-se-ia prazo para manifestação do exequente (art. 40, § 1º, da Lei nº 6.830/80); (c) decorrido o prazo de um ano, sem que nenhum ato fosse praticado no sentido de se prosseguir na execução, os autos seriam enviados ao arquivo (art. 40, § 2º, da Lei nº 6.830/80); (d) da decisão que determinou o arquivamento, caso decorresse o prazo prescricional, o juiz, só depois de ouvir o credor trabalhista, poderia reconhecer, de ofício, a prescrição (art. 40, § 4º, da Lei nº 6.830/80).

Com o atual procedimento celetista, basta que o credor fique inerte na execução, pelo prazo de 2 anos, para que o juiz, sem necessidade de provocá-lo novamente, possa reconhecer, de ofício, a prescrição na execução.

2. SÚMULAS E ORIENTAÇÕES JURISPRUDENCIAIS

Súmula nº 327 – STF – Sessão Plenária de 13/12/1963

O direito trabalhista admite a prescrição intercorrente.

Súmula nº 349 – STF – Sessão Plenária de 13/12/1963

A prescrição atinge somente as prestações de mais de dois anos, reclamadas com fundamento em decisão normativa da justiça do trabalho, ou em convenção coletiva de trabalho, quando não estiver em causa a própria validade de tais atos.

Súmula nº 403 – STF – Sessão Plenária de 13/12/1963

É de decadência o prazo de trinta dias para instauração do inquérito judicial, a contar da suspensão, por falta grave, de empregado estável.

Súmula nº 149 – STJ – 7.12.1995, DJ 18.12.1995

Prova Testemunhal – Atividade Rurícola – Benefício Previdenciário

A prova exclusivamente testemunhal não basta à comprovação da atividade rurícola, para efeito da obtenção de benefício previdenciário.

Súmula nº 06 – TST – (ex-Súmula nº 274 – alterada pela Res. 121/2003, DJ 21.11.2003)

EQUIPARAÇÃO SALARIAL. Art. 461 DA CLT (redação do item VI alterada na sessão do Tribunal Pleno realizada em 14.09.2012) Res. 185/2012, DEJT divulgado em 25, 26 e 27.09.2012

IX – Na ação de equiparação salarial, a prescrição é parcial e só alcança as diferenças salariais vencidas no período de 5 (cinco) anos que precedeu o ajuizamento.

Súmula nº 62 – TST – (mantida) Res. 121/2003, DJ 19, 20 e 21.11.2003

Decadência – Inquérito Trabalhista – Abandono de Emprego. O prazo de decadência do direito do empregador de ajuizar inquérito em face do empregado que incorre em abandono de emprego é contado a partir do momento em que o empregado pretendeu seu retorno ao serviço.

Súmula nº 114 – TST – (mantida) – Res. 121/2003, DJ 19, 20 e 21.11.2003

Justiça do Trabalho – Prescrição Intercorrente. É inaplicável na Justiça do Trabalho a prescrição intercorrente.

Súmula nº 153 – TST – (mantida) – Res. 121/2003, DJ 19, 20 e 21.11.2003

Prescrição Trabalhista – Instância Ordinária. Não se conhece de prescrição não argüida na instância ordinária (ex-Prejulgado nº 27).

Súmula nº 156 – TST – (mantida) – Res. 121/2003, DJ 19, 20 e 21.11.2003

Extinção – Contrato de Trabalho – Prazo Prescricional – Direito de Ação. da extinção do último contrato começa a fluir o prazo prescricional do direito de ação em que se objetiva a soma de períodos descontínuos de trabalho (ex-Prejulgado nº 31).

Súmula nº 206 – TST – (nova redação) – Res. 121/2003, DJ 19, 20 e 21.11.2003

Incidência sobre Parcelas Prescritas – Fundo de Garantia do Tempo de Serviço. A prescrição da pretensão relativa às parcelas remuneratórias alcança o respectivo recolhimento da contribuição para o FGTS.

Súmula nº 268 – TST – (nova redação) – Res. 121/2003, DJ 19, 20 e 21.11.2003

Ação Trabalhista Arquivada – Prescrição – Interrupção. A ação trabalhista, ainda que arquivada, interrompe a prescrição somente em relação aos pedidos idênticos.

Súmula nº 275 – TST – (incorporada a OJ nº 144 da SBDI-1) – Res. 129/2005, DJ 20, 22 e 25.04.2005

Demanda – Desvio Funcional e Reenquadramento – Prescrição.

I. Na ação que objetive corrigir desvio funcional, a prescrição só alcança as diferenças salariais vencidas no período de 5 (cinco) anos que precedeu o ajuizamento. (ex-Súmula nº 275 – alterada pela Res. 121/2003, DJ 21.11.2003)
II – Em se tratando de pedido de reenquadramento, a prescrição é total, contada da data do enquadramento do empregado. (ex-OJ nº 144 da SBDI-1 – inserida em 27.11.1998)

- **Súmula nº 294 – TST – (mantida) – Res. 121/2003, DJ 19, 20 e 21.11.2003**

Pedido de Prestações Sucessivas – Alteração do Pactuado – Prescrição. Tratando-se de ação que envolva pedido de prestações sucessivas decorrente de alteração do pactuado, a prescrição é total, exceto quando o direito à parcela esteja também assegurado por preceito de lei.

- **Súmula nº 308 – TST** – (incorporada a OJ nº 204 da SBDI-1) – Res. 129/2005, DJ 20, 22 e 25.04.2005

Prescrição Quinquenal da Ação Trabalhista. I – Respeitado o biênio subseqüente à cessação contratual, a prescrição da ação trabalhista concerne às pretensões imediatamente anteriores a cinco anos, contados da data do ajuizamento da reclamação e, não, às anteriores ao qüinqüênio da data da extinção do contrato.(ex-OJ nº 204 da SBDI-1 – inserida em 08.11.2000) II – A norma constitucional que ampliou o prazo de prescrição da ação trabalhista para 5 (cinco) anos é de aplicação imediata e não atinge pretensões já alcançadas pela prescrição bienal quando da promulgação da CRFB/88. (ex-Súmula nº 308 – Res. 6/1992, DJ 05.11.1992)

- **Súmula nº 326 – TST (nova redação) – Res. 174/2011, DEJT divulgado em 27, 30 e 31.05.2011**

COMPLEMENTAÇÃO DE APOSENTADORIA. PRESCRIÇÃO TOTAL A pretensão à complementação de aposentadoria jamais recebida prescreve em 2 (dois) anos contados da cessação do contrato de trabalho.

- **Súmula nº 327 – TST (nova redação) – Res. 174/2011, DEJT divulgado em 27, 30 e 31.05.2011**

COMPLEMENTAÇÃO DE APOSENTADORIA. DIFERENÇAS. PRESCRIÇÃO PARCIAL. A pretensão a diferenças de complementação de aposentadoria sujeita-se à prescrição parcial e quinquenal, salvo se o pretenso direito decorrer de verbas não recebidas no curso da relação de emprego e já alcançadas pela prescrição, à época da propositura da ação.

- **Súmula nº 350 – TST – (mantida) – Res. 121/2003, DJ 19, 20 e 21.11.2003**

Prazo de Prescrição – Ação de Cumprimento de Decisão Normativa. O prazo de prescrição com relação à ação de cumprimento de decisão normativa flui apenas da data de seu trânsito em julgado.

- **Súmula nº 362 do TST**

FGTS. PRESCRIÇÃO (nova redação) – Res. 198/2015, republicada em razão de erro material – DEJT divulgado em 12, 15 e 16.06.2015

I – Para os casos em que a ciência da lesão ocorreu a partir de 13.11.2014, é quinquenal a prescrição do direito de reclamar contra o não-recolhimento de contribuição para o FGTS, observado o prazo de dois anos após o término do contrato;

II – Para os casos em que o prazo prescricional já estava em curso em 13.11.2014, aplica-se o prazo prescricional que se consumar primeiro: trinta anos, contados do termo inicial, ou cinco anos, a partir de 13.11.2014 (STF-ARE-709212/DF).

- **Súmula nº 373 – TST** – (conversão da OJ nº 46 da SBDI-1) – Res. 129/2005, DJ 20, 22 e 25.04.2005

Gratificação Semestral – Congelamento – Prescrição. Tratando-se de pedido de diferença de gratificação semestral que teve seu valor congelado, a prescrição aplicável é a parcial. (ex-OJ nº 46 da SBDI-1 – inserida em 29.03.1996)

- **Súmula nº 382 – TST** – (conversão da OJ nº 128 da SBDI-1) – Res. 129/2005, DJ 20, 22 e 25.04.2005

Mudança de Regime Celetista para Estatutário – Extinção do Contrato. Prescrição Bienal. A transferência do regime jurídico de celetista para estatutário implica extinção do contrato de trabalho, fluindo o prazo da prescrição bienal a partir da mudança de regime. (ex-OJ nº 128 da SBDI-1 – inserida em 20.04.1998)

- **Súmula nº 452 – TST** – (conversão da Orientação Jurisprudencial nº 404 da SBDI-1) – Res. 194/2014, DEJT divulgado em 21, 22 e 23.05.2014.

DIFERENÇAS SALARIAIS. PLANO DE CARGOS E SALÁRIOS. DESCUMPRIMENTO. CRITÉRIOS DE PROMOÇÃO NÃO OBSERVADOS. PRESCRIÇÃO PARCIAL.

Tratando-se de pedido de pagamento de diferenças salariais decorrentes da inobservância dos critérios de promoção estabelecidos em Plano de Cargos e Salários criado pela empresa, a prescrição aplicável é a parcial, pois a lesão é sucessiva e se renova mês a mês.

- **OJ 38 SBDI-1 – TST – Inserida em 29.03.96**

Empregado que exerce atividade rural. Empresa de reflorestamento. Prescrição própria do rurícola (LEI Nº 5.889/73, Art. 10 E DECRETO Nº 73.626/74, Art. 2º, § 4º).

- **OJ 76 SBDI-1 - TST - Inserida em 14.03.94 (inserido dispositivo, DJ 20.04.2005)**

SUBSTITUIÇÃO DOS AVANÇOS TRIENAIS POR QUINQUÊNIOS. ALTERAÇÃO DO CONTRATO DE TRABALHO. PRESCRIÇÃO TOTAL. CEEE. A alteração contratual consubstanciada na substituição dos avanços trienais por qüinqüênios decorre de ato único do empregador, momento em que começa a fluir o prazo fatal de prescrição.

- **OJ 83 SBDI-1 - TST - Inserida em 28.04.97**

AVISO PRÉVIO. INDENIZADO. PRESCRIÇÃO. A prescrição começa a fluir no final da data do término do aviso prévio. Art. 487, § 1º, CLT.

- **OJ 129 SBDI-1 - TST - Inserida em 20.04.98**

PRESCRIÇÃO. COMPLEMENTAÇÃO DA PENSÃO E AUXÍLIO FUNERAL. A prescrição extintiva para pleitear judicialmente o pagamento da complementação de pensão e do auxílio-funeral é de 2 anos, contados a partir do óbito do empregado.

- **OJ 130 SBDI-1 - TST** PRESCRIÇÃO. MINISTÉRIO PÚBLICO. ARGUIÇÃO. "CUSTOS LEGIS". ILEGITIMIDADE (atualizada em decorrência do CPC de 2015) - Res. 209/2016 - DEJT divulgado em 01, 02 e 03.06.2016

Ao exarar o parecer na remessa de ofício, na qualidade de "custos legis", o Ministério Público não tem legitimidade para arguir a prescrição em favor de entidade de direito público, em matéria de direito patrimonial.

- **OJ 175 SBDI-1 - TST - (nova redação em decorrência da incorporação da OJ nº 248 da SBDI-1, DJ 22.11.2005)**

COMISSÕES. ALTERAÇÃO OU SUPRESSÃO. PRESCRIÇÃO TOTAL. A supressão das comissões, ou a alteração quanto à forma ou ao percentual, em prejuízo do empregado, é suscetível de operar a prescrição total da ação, nos termos da Súmula nº 294 do TST, em virtude de cuidar-se de parcela não assegurada por preceito de lei.

- **OJ 242 SBDI-1 - TST - Inserida em 20.06.01**

PRESCRIÇÃO TOTAL. HORAS EXTRAS. ADICIONAL. INCORPORAÇÃO. Embora haja previsão legal para o direito à hora extra, inexiste previsão para a incorporação ao salário do respectivo adicional, razão pela qual deve incidir a prescrição total.

- **OJ 243 SBDI-1 - TST - Inserida em 20.06.01**

PRESCRIÇÃO TOTAL. PLANOS ECONÔMICOS. Aplicável a prescrição total sobre o direito de reclamar diferenças salariais resultantes de planos econômicos.

- **OJ 271 SBDI-1 - TST - Inserida em 27.09.2002 (alterada, DJ 22.11.2005)**

RURÍCOLA. PRESCRIÇÃO. CONTRATO DE EMPREGO EXTINTO. O prazo prescricional da pretensão do rurícola, cujo contrato de emprego já se extinguira ao sobrevir a Emenda Constitucional nº 28, de 26/05/2000, tenha sido ou não ajuizada a ação trabalhista, prossegue regido pela lei vigente ao tempo da extinção do contrato de emprego.

- **OJ-SDI1-344 - TST-**

FGTS. MULTA DE 40%. DIFERENÇAS DECORRENTES DOS EXPURGOS INFLACIONÁRIOS. PRESCRIÇÃO. TERMO INICIAL (mantida) - Res. 175/2011, DEJT divulgado em 27, 30 e 31.05.2011 O termo inicial do prazo prescricional para o empregado pleitear em juízo diferenças da multa do FGTS, decorrentes dos expurgos inflacionários, deu-se com a vigência da Lei Complementar nº 110, em 30.06.01, salvo comprovado trânsito em julgado de decisão proferida em ação proposta anteriormente na Justiça Federal, que reconheça o direito à atualização do saldo da conta vinculada.

- **OJ 370 SBDI-1 - TST - DEJT divulgado em 03, 04 e 05.12.2008**

FGTS. MULTA DE 40%. DIFERENÇAS DOS EXPURGOS INFLACIONÁRIOS. PRESCRIÇÃO. INTERRUPÇÃO DECORRENTE DE PROTESTOS JUDICIAIS. O ajuizamento de protesto judicial dentro do biênio posterior à Lei Complementar nº 110, de 29.06.2001, interrompe a prescrição, sendo irrelevante o transcurso de mais de dois anos da propositura de outra medida acautelatória, com o mesmo objetivo, ocorrida antes da vigência da referida lei, pois ainda não iniciado o prazo prescricional, conforme disposto na Orientação Jurisprudencial nº 344 da SBDI-1.

- **OJ 375 SBDI-1 - TST - DEJT divulgado em 19, 20 e 22..04.2010**

AUXÍLIO-DOENÇA. APOSENTADORIA POR INVALIDEZ. SUSPENSÃO DO CONTRATO DE TRABALHO. PRESCRIÇÃO. CONTAGEM. A suspensão do contrato de trabalho, em virtude da percepção do auxílio-doença ou da aposentadoria por invalidez, não impede a fluência da prescrição quinquenal, ressalvada a hipótese de absoluta impossibilidade de acesso ao Judiciário.

- **OJ 392 SBDI-1 – TST – Res. 209/2016, DEJT divulgado em 01, 02 e 03.06.2016**

PRESCRIÇÃO. INTERRUPÇÃO. AJUIZAMENTO DE PROTESTO JUDICIAL. MARCO INICIAL (atualizada em decorrência do CPC de 2015) (republicada em razão de erro material) – Res. 209/2016, DEJT divulgado em 01, 02 e 03.06.2016

O protesto judicial é medida aplicável no processo do trabalho, por força do art. 769 da CLT e do art. 15 do CPC de 2015. O ajuizamento da ação, por si só, interrompe o prazo prescricional, em razão da inaplicabilidade do § 2º do art. 240 do CPC de 2015 (§ 2º do art. 219 do CPC de 1973), incompatível com o disposto no art. 841 da CLT.

- **OJ-SDI1-401 – TST – DEJT divulgado em 02, 03 e 04.08.2010**

PRESCRIÇÃO. MARCO INICIAL. AÇÃO CONDENATÓRIA. TRÂNSITO EM JULGADO DA AÇÃO DECLARATÓRIA COM MESMA CAUSA DE PEDIR REMOTA AJUIZADA ANTES DA EXTINÇÃO DO CONTRATO DE TRABALHO. O marco inicial da contagem do prazo prescricional para o ajuizamento de ação condenatória, quando advém a dispensa do empregado no curso de ação declaratória que possua a mesma causa de pedir remota, é o trânsito em julgado da decisão proferida na ação declaratória e não a data da extinção do contrato de trabalho.

- **OJ-SDI-1 417 – TST – DEJT divulgado em 14, 15 e 16.02.2012**

PRESCRIÇÃO. RURÍCOLA. EMENDA CONSTITUCIONAL Nº 28, DE 26.05.2000. CONTRATO DE TRABALHO EM CURSO. Não há prescrição total ou parcial da pretensão do trabalhador rural que reclama direitos relativos a contrato de trabalho que se encontrava em curso à época da promulgação da Emenda Constitucional nº 28, de 26.05.2000, desde que ajuizada a demanda no prazo de cinco anos de sua publicação, observada a prescrição bienal.

3. INFORMATIVOS DO TST

- ***CEF. Auxílio alimentação instituído em norma regulamentar. Posterior adesão ao PAT. Modificação da natureza jurídica da parcela. Prescrição total. Súmula nº 294 do TST.***

O auxílio alimentação pago pela Caixa Econômica Federal aos seus empregados foi instituído por norma regulamentar, razão pela qual a pretensão às diferenças decorrentes da modificação da natureza jurídica da parcela, oriunda da inscrição da CEF no Programa de Alimentação do Trabalhador (PAT), configura pedido de prestações sucessivas decorrentes de alteração contratual envolvendo verba não prevista em lei a atrair a incidência da prescrição total, nos termos da Súmula nº 294 do TST. Com base nesse entendimento, a SBDI-I, em sua composição plena, conheceu dos embargos por contrariedade à Súmula nº 294 do TST, à unanimidade, e, no mérito, por maioria, deu provimento ao recurso para restabelecer o acórdão do Regional, que pronunciara a prescrição total da pretensão. Vencidos os Ministros Aloysio Corrêa da Veiga, relator, Horácio Raymundo de Senna Pires, Augusto César Leite de Carvalho, José Roberto Freire Pimenta, Delaíde Miranda Arantes e Lelio Bentes Corrêa. TST-E – ED-RR-157000-82.2007.5.03.0075, SBDI-I, rel. Min. Aloysio Corrêa da Veiga, red. p/ acórdão Min. Ives Gandra da Silva Martins Filho, 24.5.2012. (Informativo nº 10)

- ***Majoração lesiva da jornada de trabalho. Alteração do pactuado. Pagamento de horas extras. Prescrição total. Súmula nº 294 do TST.***

Incide a prescrição total sobre a pretensão de recebimento de horas extras fundada na alteração lesiva da jornada de trabalho de 180 para 220 horas, porquanto não há preceito de lei que assegure a carga horária de 180 horas mensais. Configura-se, portanto, alteração do pactuado a atrair a incidência da primeira parte da Súmula nº 294 do TST. Com esse entendimento a SBDI-I, em sua composição plena, conheceu dos embargos por unanimidade e, no mérito, por maioria, negou-lhes provimento. Vencidos os Ministros Rosa Maria Weber, relatora, Horácio Senna Pires, Augusto César de Carvalho, José Roberto Pimenta, Delaíde Miranda Arantes e o Desembargador Convocado Sebastião Geraldo de Oliveira. TST-E-ED-RR-113840-26.2003.5.04.0008, SBDI-I, rel. Min. Rosa Maria Weber, red. p/ acórdão Min. Maria Cristina Irigoyen Peduzzi, 24.5.2012. (Informativo nº 10)

- ***Embasa S.A. Adicional de dupla função previsto no PCCS/1986 revogado pelo PCCS/1998. Alteração do pactuado. Prescrição total.***

Aplica-se a prescrição total à pretensão de recebimento do adicional de dupla função previsto no PCCS/1986 da Empresa Baiana de Águas e Saneamento A Embasa, revogado pelo PCCS/1998. Trata-se de hipótese de alteração do pactuado, e a parcela pleiteada não está prevista em lei, o que impede a aplicação da parte final da Súmula nº 294 do TST. Ademais, ante a revogação do plano de cargos que estipulava o benefício, não há falar em descumprimento de norma regulamentar, pois este pressupõe a existência de norma válida. Com esse entendimento, a SBDI-I, por maioria, conheceu dos embargos da reclamada por má aplicação da Súmula nº 294 do TST e, no mérito, deu-lhes provimento para, declarando a incidência da prescrição total, restabelecer a decisão do TRT quanto ao tema e determinar o retorno dos autos à Turma para que prossiga no exame do recurso de revista do reclamante. Vencidos os Ministros José Roberto Freire Pimenta, Luiz Philippe Vieira de

Mello Filho, Augusto César Leite de Carvalho, Delaíde Miranda Arantes e Alexandre Agra Belmonte. TST-E--RR--23240-66.2007.5.05.0015,SBDI-I,rel.Min.BritoPereira,22.8.2013(Informativonº56)

- ***Gratificação de função percebida por mais de dez anos. Incorporação a menor. Prescrição parcial. Súmula nº 294 do TST.***

A incorporação a menor de gratificação de função percebida por mais de dez anos consiste em ato lesivo sucessivo, cuja omissão no pagamento integral se renova mês a mês, a determinar a incidência da prescrição parcial (Súmula nº 294 do TST) que não atinge o fundo do direito, mas apenas as parcelas anteriores a cinco anos do ajuizamento da ação. Com base nesse entendimento, a SBDI-I, por maioria, conheceu dos embargos por divergência jurisprudencial e, no mérito, deu-lhes provimento para afastar a prescrição total e determinar o retorno dos autos à Turma de origem a fim de que prossiga no julgamento do mérito, como entender de direito. Vencidos os Ministros Ives Gandra Martins Filho, Renato de Lacerda Paiva e Maria Cristina Irigoyen Peduzzi. TST-E-ED-RR-24200-91.2009.5.09.0095, SBDI-I, rel. Min. Aloysio Corrêa da Veiga, 2.8.2012 (Informativo nº 16)

- ***Gratificação de função percebida por dez ou mais anos. Reversão ao cargo efetivo. Incorporação devida. Pagamento a menor. Prescrição parcial.***

A prescrição aplicável à hipótese, em que se postula o pagamento de diferenças salariais decorrentes do pagamento a menor da gratificação de função incorporada em decorrência do exercício por dez ou mais anos de cargo/função de confiança, é a parcial. Na espécie, prevaleceu o entendimento de que a reclamada, ao destituir o empregado da função de confiança e aplicar norma interna da empresa, que previa somente o pagamento em percentuais escalonados, variáveis conforme o tempo de exercício da função, afrontou o princípio constitucional da irredutibilidade salarial, previsto no art. 7º, VI, da CF, e da estabilidade financeira, consoante o preconizado na Súmula nº 372 do TST. Assim, tem-se que a lesão resultante do pagamento parcial da gratificação incorporada pelo empregado se renova mês a mês, porquanto ostenta natureza continuada, não havendo que falar em alteração contratual a atrair a incidência da Súmula nº 294 do TST. Com esse entendimento, a SBDI-I, por unanimidade, conheceu dos embargos, por divergência jurisprudencial, e, no mérito, por maioria, deu-lhes provimento para afastar a prescrição total, determinando o retorno dos autos ao TRT da 3ª Região para que prossiga no julgamento do recurso ordinário interposto pela reclamada, como entender de direito. Vencidos os Ministros Brito Pereira, Milton de Moura França, João Oreste Dalazen, Ives Gandra Martins Filho, Maria Cristina Irigoyen Peduzzi e Renato de Lacerda Paiva. TST-E-RR-87300-36.2006.5.03.0016, SBDI-I, rel. Min. Lelio Bentes Corrêa, 16.8.2012 (Informativo nº 18)

- ***Gratificação de função que deveria ter sido incorporada. Supressão. Prescrição parcial. Art. 7º, VI, da CF.***

Em face do art. 7º, VI, da CF, aplica-se a prescrição parcial à hipótese de supressão da gratificação de função que deveria ter sido incorporada. Com esse entendimento, a SBDI-I, por maioria, conheceu dos embargos da reclamante por contrariedade à Súmula nº 294 do TST, e, no mérito, deu-lhes provimento para, afastando a prescrição total, determinar o retorno dos autos à Turma de origem a fim de prosseguir no julgamento do recurso de revista, como de direito. Vencido o Ministro Renato de Lacerda Paiva. TST-E-ED-RR-907900-02.2007.5.12.0035, SBDI-I, rel. Min. Brito Pereira, 20.6.2013 (Informativo nº 52)

- ***Gratificação de função de bancário. Verba assegurada por lei. Redução. Prescrição parcial. Súmula nº 294 do TST, parte final.***

Nos termos da parte final da Súmula nº 294 do TST, é parcial a prescrição para reclamar as diferenças decorrentes da redução da gratificação de função de bancário, pois seria verba assegurada por lei (art. 224, § 2º, da CLT). Com base nesse entendimento, a SBDI-I, por maioria, negou provimento ao recurso de embargos do banco reclamado. Vencidos os Ministros Ives Gandra Martins Filho e Maria Cristina Peduzzi. TST-E-ED-RR-38200-79.2007.5.03.0048, SBDI-I, rel. Min. Delaíde Miranda Arantes, 10.5.2012. (Informativo nº 8)

- ***CEF. Auxílio-alimentação. Adesão ao PAT. Modificação da natureza jurídica. Empregados que continuaram a trabalhar e a receber a parcela. Pretensão de pagamento das diferenças decorrentes da não incorporação às demais verbas de natureza salarial. Prescrição parcial.***

Na hipótese em que não obstante a transformação da natureza jurídica do auxílio-alimentação de salarial para indenizatória, em razão da adesão da Caixa Econômica Federal (CEF) ao Programa de Alimentação do Trabalhador (PAT), os reclamantes continuaram a trabalhar e a receber o referido auxílio, aplica-se a prescrição parcial quinquenal à pretensão de pagamento de diferenças decorrentes da não integração da parcela às demais verbas de natureza salarial. Não se trata de alteração do pactuado, mas de não reconhecimento da natureza salarial do auxílio-alimentação, nos termos do art. 458 da CLT, lesão que se renova mês a mês. Com esse entendimento, a SBDI-I, em sua composição plena, conheceu de embargos, por divergência jurisprudencial, e, no mérito, por maioria, deu-lhes provimento para, afastada a prescrição total, determinar o retorno dos autos à Turma de origem, a fim de dar prosseguimento ao julgamento do recurso de revista da reclamada, como entender de direito. Vencidos os Ministros Ives Gandra Martins Filho, Carlos Alberto Reis de Paula, Antônio José de Barros

Levenhagen, Brito Pereira, Renato de Lacerda Paiva e Dora Maria da Costa. TST-E-RR-72400-51.2008.5.19.0010, SBDI-I, rel. Min. Augusto César Leite de Carvalho, 18.4.2013 (Informativo nº 43)

- ***Promoção por antiguidade. Resolução da empresa que fixa em zero o percentual de empregados passíveis de promoção. Equivalência à inobservância do regulamento interno. Prescrição parcial. Orientação Jurisprudencial nº 404 da SBDI-I.***

A resolução da empresa que fixa em zero o percentual de empregados passíveis de promoção por antiguidade, assegurada em regulamento interno, não implica alteração do pactuado e a consequente prescrição total (Súmula nº 294 do TST), mas sim a inobservância da norma interna a ensejar a incidência da prescrição parcial, nos termos da Orientação Jurisprudencial nº 404 da SBDI-I. Com esse entendimento, a SBDI-I, por maioria, vencidos os Ministros Ives Gandra Martins Filho e Brito Pereira, deu provimento ao agravo e, ainda por maioria, vencida a Ministra Dora Maria da Costa, julgou desde logo o recurso de embargos para dele conhecer, por contrariedade à Orientação Jurisprudencial nº 404 da SBDI-I, e dar-lhe provimento para, reformando o acórdão embargado, determinar o retorno dos autos à Turma de origem a fim de prosseguir no julgamento do recurso de revista, afastada a prescrição total da pretensão às promoções. TST-Ag-E-RR-36740-87.2007.5.04.0611, SBDI-I, rel. Min. Ives Gandra da Silva Martins Filho, red. p/ acórdão Min. Augusto César Leite de Carvalho, 7.2.2013 (Informativo nº 35)

- ***CEF. Complementação de aposentadoria. Salário de contribuição. Integração da CTVA. Prescrição parcial. Súmula nº 294. Não incidência.***

É parcial a prescrição aplicável ao pleito de integração da parcela Complemento Temporário Variável de Ajuste de Piso de Mercado – CTVA, instituída pela Caixa Econômica Federal – CEF, ao salário de contribuição à previdência complementar, com o objetivo de garantir o recebimento de aposentadoria em valor igual ao da remuneração percebida antes da jubilação. No caso, não há falar em incidência da Súmula nº 294 do TST, porquanto não houve alteração da norma empresarial que rege o pagamento do benefício previdenciário e, consequentemente, sua base de contribuição, sendo irrelevante para a fixação do prazo prescricional a data em que introduzida a CTVA no mundo jurídico. Ademais, a referida parcela foi recebida pelo empregado durante toda a contratualidade, e a pretensão deduzida repousa na alegação de inobservância de normas internas que supostamente determinavam a inclusão da CTVA no cálculo do salário de contribuição, o que causaria lesões de trato sucessivo, que se renovam mês a mês, a atrair, portanto, a prescrição parcial. Com esse entendimento, a SBDI-I, em sua composição plena, por maioria, conheceu dos embargos, por divergência jurisprudencial, no tópico, vencidos, em parte, os Ministros Brito Pereira, relator, Antônio José de Barros Levenhagen, Ives Gandra Martins Filho e Maria Cristina Irigoyen Peduzzi, que conheciam do recurso também por contrariedade à Súmula nº 294 do TST, e, totalmente, os Ministros Augusto César Leite de Carvalho, Renato de Lacerda Paiva, Lelio Bentes Corrêa, Luiz Philippe Vieira de Mello Filho, José Roberto Freire Pimenta e Delaíde Miranda Arantes. No mérito, também por maioria, a Subseção negou provimento aos embargos, vencidos os Ministros Brito Pereira, relator, Antônio José de Barros Levenhagen, Ives Gandra Martins Filho e Maria Cristina Irigoyen Peduzzi, que davam provimento ao recurso por contrariedade à Súmula nº 294 do TST, ao entendimento de ser incidente a prescrição total, uma vez que a criação da CTVA e a sua não inclusão no cálculo da complementação de aposentadoria decorreu de alteração do pactuado por meio de ato único do empregador, consubstanciado na implantação do PCS de 1998. TST-E-RR-400-89.2007.5.16.0004, SBDI-I, rel. Min. Brito Pereira, red. p/ acórdão Min. Lelio Bentes Côrrea, 8.11.2012 (Informativo nº 29)

- ***Alteração contratual. Ato único do empregador. Redução da parte fixa do salário. Direito à irredutibilidade salarial assegurado pela Constituição Federal. Prescrição parcial. Súmula nº 294 do TST, parte final.***

A redução da parte fixa do salário pago ao empregado, ainda que decorrente de alteração contratual por ato único do empregador, configura ofensa ao direito à irredutibilidade salarial previsto no art. 7º, VI, da CF, de modo a atrair a aplicação da prescrição parcial de que trata a parte final da Súmula nº 294 do TST. Com esse entendimento, a SBDI-I, por unanimidade, conheceu dos embargos da reclamada, por divergência jurisprudencial, e, no mérito, por maioria, negou-lhes provimento. Vencidos os Ministros João Oreste Dalazen, Ives Gandra Martins Filho, Brito Pereira e Renato de Lacerda Paiva, os quais davam provimento ao recurso para declarar a prescrição total, ao fundamento de que o salário contratual não é parcela prevista em lei. TST-E-ED-RR-83200-24.2008.5.03.0095, SB – DI-I, rel. Min. Aloysio Corrêa da Veiga, 28.11.2013 (Informativo nº 68)

- ***Prescrição. Interrupção. Reclamação trabalhista arquivada. Marco inicial para o reinício da contagem do prazo prescricional bienal e quinquenal.***

O ajuizamento anterior de reclamação trabalhista, ainda que arquivada, interrompe a prescrição bienal e quinquenal, para pedidos idênticos, sendo que o cômputo do biênio é reiniciado a partir do trânsito em julgado da decisão proferida na ação anteriormente ajuizada, enquanto que a prescrição quinquenal conta-se da data da propositura dessa primeira reclamação trabalhista (art. 219, § 1º, do CPC c/c art. 202, parágrafo único, do CC). Com esse entendimento, a SBDI-I, por unanimidade, conheceu dos embargos por divergência jurisprudencial e, no mérito, por maioria, negou-lhes provimento. Vencido o Ministro Ives Gandra Martins Filho. TST-E-ED--RR19800-17.2004.5.05.0161, SBDI-I, rel. Min. Renato de Lacerda Paiva, 14.6.2012. (Informativo nº 13)

▸ ***Certidão de interdição. Documento novo. Incapacidade absoluta. Prescrição. Efeitos impeditivos.***
Ao entendimento de que configura documento novo (art. 462 do CPC) a certidão de interdição do reclamante para os atos da vida civil juntada aos autos em data posterior à prolação do acórdão do Regional, e de que a incapacidade absoluta do trabalhador foi devidamente prequestionada, visto que a decisão prolatada em embargos de declaração em recurso de revista, apesar de se reportar ao consignado pelo TRT, no sentido de que não houve comprovação da definitividade da interdição do empregado, em momento algum negou reconhecimento à própria interdição, a SBDI-I, por maioria, conheceu dos embargos por divergência jurisprudencial, vencido o Ministro Renato de Lacerda Paiva, relator. No mérito, tendo em conta que a sentença de interdição tem natureza declaratória e efeitos ex tunc, ou seja, impede o fluxo do prazo prescricional desde a data do surgimento da doença incapacitante para os atos da vida civil, a Subseção deu provimento ao recurso para, reformando o acórdão embargado, determinar o retorno dos autos à Quinta Turma a fim de que, afastada a prescrição decretada, prossiga no julgamento dos demais tópicos do recurso de revista do reclamado, como entender de direito. TST-E-ED-RR-1520-88.2010.5.12.0000, SBDI-I, rel. Min. Renato de Lacerda Paiva, red. p/ acórdão Min. Maria Cristina Irigoyen Peduzzi, 14.6.2012 (informativo nº 13)

▸ ***CEEE. Reconhecimento de vínculo e concessão de vantagens salariais dele decorrentes. Cumulação de pedidos de natureza declaratória e condenatória. Prescritibilidade somente do pedido condenatório. Art. 7º, XXIX, da CF. Impres - critibilidade do pedido declaratório. Art. 11, § 2º, da CLT.***
Havendo cumulação de pedidos de natureza declaratória e condenatória, o pedido declaratório não se modifica, permanecendo imprescritível (art. 11, § 2º, da CLT), ao passo que o pedido condenatório fica sujeito aos prazos prescricionais previstos no art. 7º, XXIX, da CF. Com esse entendimento, e invocando o decidido no processo TST-E-ED-RR-46540-86.1999.5.04.0008, a SBDI-I, à unanimidade, conheceu do recurso de embargos por divergência jurisprudencial e, no mérito, por maioria, vencidos parcialmente os Ministros Aloysio Corrêa da Veiga e Rosa Maria Weber e, totalmente, os Ministros Milton de Moura França e Brito Pereira, deu-lhe provimento para afastar a prescrição total e determinar o retorno dos autos à 5ª Turma para que prossiga no julgamento do recurso de revista quanto aos demais temas. Na espécie, trata-se de reclamatória ajuizada contra a Companhia Estadual de Energia Elétrica (CEEE), visando ao reconhecimento de vínculo de emprego e à concessão de vantagens salariais dele decorrentes. TST-E-ED-RR-111100-29.1996.5.04.0271, SBDI-I, rel. Min. Horácio Raymundo de Senna Pires, 23.2.2012. (Informativo nº 1)

▸ ***Danos morais e materiais decorrentes da relação de emprego não oriundos de acidente de trabalho. Indenização. Lesão anterior à vigência da EC nº 45/2004. Prescrição cível.***
Na hipótese em que se postula o pagamento de indenização por danos morais e materiais que tenham origem na relação de emprego, ainda que não decorram de acidente de trabalho, a regra prescricional aplicável é definida levando-se em conta a data da lesão ou da ciência inequívoca do evento danoso, se anterior ou posterior à Emenda Constitucional nº 45/2004. Assim, ocorrida a lesão antes da vigência da referida emenda, incide o prazo cível, observando-se o disposto no art. 206, § 3º, V, do CC e a regra de transição prevista no art. 2.028 do mesmo diploma legal. De outra sorte, em sendo o dano posterior à EC nº 45/2004, aplica-se a prescrição trabalhista de que trata o art. 7º, XXIX, da CF. Com base nessas premissas e tendo em conta que, no caso, o dano ocorreu em momento anterior à publicação da EC nº 45/04 e que, pela regra de transição, não há falar em prescrição, a SBDI-I, em sua composição plena, por unanimidade, conheceu dos embargos, por divergência jurisprudencial, e, no mérito, por maioria, deu-lhes provimento para determinar o retorno dos autos à Vara do Trabalho de origem para, afastada a prescrição trabalhista, julgar a pretensão como entender de direito. Vencidos os Ministros Maria Cristina Peduzzi, Dora Maria da Costa e Antônio José de Barros Levenhagen. TST-E-ED-RR-22300-29.2006.5.02.0433, SBDI-I, rel. Min. Brito Pereira, 24.5.2012. (Informativo nº 10)

▸ ***Dano moral, material e estético. Doença ocupacional. Prescrição. Termo inicial. Data do trânsito em julgado da decisão que reconheceu o nexo causal entre a doença e o trabalho executado.***
O momento da ciência inequívoca da lesão para efeito de definição do termo inicial da contagem do prazo prescricional relativo ao pedido de indenização por dano moral, material e estético decorrente de doença ocupacional é a data do trânsito em julgado da decisão que reconheceu o nexo de causalidade entre a doença desenvolvida e o trabalho executado. A mera concessão do auxílio-doença não é determinante para a constatação da doença ocupacional, mas apenas indício de que a mazela acometida pode guardar vínculo com o serviço desempenhado. Com esse entendimento, a SBDI-I, por unanimidade, conheceu dos embargos, por divergência jurisprudencial e, no mérito, por maioria, deu-lhes provimento para, afastando a prescrição declarada, determinar o retorno dos autos à vara de origem a fim de que prossiga no julgamento do feito como entender de direito. Vencidos os Ministros João Oreste Dalazen e Renato de Lacerda Paiva. TST-E-ED-RR-146900-24.2007.5.09.0068, SBDI-I, rel. Min. Brito Pereira, 11.4.2013 (Informativo nº 42)

- ***Doença ocupacional. LER/DORT. Ação de indenização por danos morais e materiais. Prescrição. Termo inicial. Decisão judicial que concedeu a aposentadoria por invalidez. Reconhecimento da incapacidade definitiva para o trabalho. Súmula nº 278 do STJ.***

Nos termos da Súmula nº 278 do STJ, o termo inicial do prazo prescricional da ação de indenização é a data da ciência inequívoca da incapacidade laboral. No caso de lesões decorrentes de LER/DORT, ao contrário do que ocorre nos acidentes de trabalho típicos, o dano não é instantâneo, revelando-se de forma gradual, podendo agravar a saúde do trabalhador ao longo do tempo, culminando com a sua incapacidade permanente para o trabalho. Assim, no momento em que a reclamante recebeu alta médica após gozar de auxílio-doença acidentário no período de fevereiro de 2000 a junho de 2001, a materialização de sua incapacidade definitiva para o trabalho ainda era duvidosa, tornando-se incontestável, para fins de incidência da Súmula nº 278 do STJ, somente por meio da decisão que concedeu a aposentadoria por invalidez, proferida pela Justiça comum em 15/09/2004 e transitada em julgado em 23/03/2006. Desse modo, tendo em conta que reclamação trabalhista foi ajuizada em 24/11/2006, ou seja, antes do transcurso do prazo prescricional bienal, a SBDI-I, por unanimidade, conheceu dos embargos da reclamante por divergência jurisprudencial e, no mérito, deu-lhes provimento para, afastada a prescrição, determinar o retorno dos autos à Vara do Trabalho de origem, a fim de que prossiga no exame do feito, como entender de direito. TST-E-ED – RR-210200-43.2006.5.18.0003, SBDI-I, rel. Min. Renato de Lacerda Paiva, 8.8.2013 (Informativo nº 54)

- ***Acidente de trabalho. Ação de indenização por danos morais. Prescrição. Termo inicial. Aposentadoria por invalidez.***

A SBDI-I, por unanimidade, conheceu dos embargos da reclamada, por divergência jurisprudencial, e, no mérito, por maioria, negou-lhes provimento, mantendo a decisão da Turma que afastou a prescrição pronunciada sob o fundamento de que o marco inicial para a contagem do prazo prescricional incidente sobre a ação de indenização por dano moral decorrente de acidente de trabalho é a data da aposentadoria por invalidez permanente, momento em que ocorreu a ciência inequívoca da incapacidade laboral. Vencido o Ministro Ives Gandra Martins Filho. TST-E-ED-RR-779-52.2008.5.10.0007, SBDI-I, rel. Min. Aloysio Corrêa da Veiga, 29.8.2013 (Informativo nº 57)

- ***Danos morais e materiais. Indenização. Ato ilícito praticado pelo empregador no curso da relação de trabalho. Prescrição aplicável. Lesão anterior à vigência do novo Código Civil. Ação ajuizada antes da EC nº 45/2004 e da vigência do Código Civil de 2002. Incidência do art. 177 do CC de 1916.***

Aplica-se o prazo prescricional vintenário previsto no art. 177 do Código Civil de 1916 à hipótese em que o ato ilícito praticado pelo empregador no curso da relação de trabalho (desconto majorado do Imposto de renda, quitação a destempo dos salários, incidência da prescrição quinquenal e despesas com advogado referentes a outro processo) ocorreu antes da vigência do novo Código Civil e ação de indenização pelos respectivos danos morais e materiais foi ajuizada em 13.6.2002, ou seja, antes da Emenda Constitucional nº 45/2004 e da vigência do Código Civil de 2002. No caso, não há falar em aplicação da regra de transição prevista no art. 2.028 do CC/2002, nem em prescrição a ser declarada, pois a ação foi ajuizada dentro do prazo prescricional de 20 anos contados da data da lesão. Com esses fundamentos, decidiu a SBDI-I, por unanimidade, conhecer dos embargos do reclamado, por divergência jurisprudencial, e, no mérito, negar-lhes provimento, mantendo a decisão que afastara a prescrição total declarada nas instâncias ordinárias. Ressalvou entendimento o Ministro Alexandre Agra Belmonte. TST-E-RR-116200-74.2002.5.03.0014, SBDI-I, rel. Min. Renato de Lacerda Paiva, 28.11.2013 (Informativo nº 68)

- ***Dano Moral. Acidente do trabalho ou doença profissional. Prescrição. Norma de regência vigente na data da lesão ou da ciência inequívoca do evento danoso. Prescrição trabalhista versus prescrição cível. Emenda Constitucional Nº 45/2004.***

A regra prescricional aplicável à pretensão relativa a indenização por danos morais decorrente de acidente do trabalho ou doença profissional é definida levando-se em conta a data da lesão ou, na hipótese de doença profissional, da ciência inequívoca do evento danoso pelo empregado. Incidirá a prescrição trabalhista se a lesão ou constatação do dano ocorreu na vigência da Emenda Constitucional nº 45/2004, que inseriu, de forma inequívoca, a matéria no âmbito da competência da Justiça do Trabalho. Contrariamente, se a lesão ou sua constatação se deu em data anterior à referida emenda, incidirá o prazo cível, observando-se as regras de transição do Código Civil de 2002. Assim, no caso em o dano se consumou com a aposentadoria por invalidez em 13.4.2001, ou seja, em data anterior ao Novo Código Civil, e a ação de indenização por danos morais e matérias decorrentes de acidente do trabalho foi ajuizada na Justiça do Trabalho após a EC nº 45/04, incide a regra de transição de que trata o art. 2.028 do CC, de modo que, transcorridos menos de dez anos entre a aposentadoria por invalidez e a data da entrada em vigor do Código Civil de 2002, aplica-se a prescrição trienal (art. 206, § 3º, V, do CC). Com esse entendimento, a SBDI-I, em sua composição plena, por unanimidade, conheceu dos embargos da reclamante por divergência jurisprudencial, e, no mérito, por maioria, negou-lhes provimento, mantendo a decisão turmária que declarou a prescrição da pretensão e extinguiu o processo com resolução de mérito. Vencidos os Ministros Márcio Eurico Vitral Amaro, Augusto César Leite de Carvalho, José Roberto Freire

Pimenta e Hugo Carlos Scheuermann, os quais entendiam que, regra geral, aplica-se o disposto no art. 7º, XXIX, da CF, ainda que a ciência da lesão tenha ocorrido anteriormente à EC nº 45/2004, só se aplicando a regra de transição do Código Civil naquelas hipóteses em que o titular da pretensão seria surpreendido com a aplicação da prescrição trabalhista de prazo menor, e o Ministro Alexandre Agra Belmonte, que aplicava a regra de direito intertemporal prevista no art. 916 da CLT em razão de o prazo prescricional já haver se iniciado, mas não ter se consumado quando da edição da EC nº 45/04. TST-E-RR-2700-23.2006.5.10.0005, SBDI-I, rel. Min. Aloysio Corrêa da Veiga, 22.5.2014 (Informativo nº 83)

▸ ***AR. Aposentadoria por invalidez. Suspensão do contrato de trabalho. Fluência da prescrição bienal. Impossibilidade. Art. 7º, XXIX, da CF. Violação.***

Levando em consideração que a aposentadoria por invalidez não rescinde o contrato de trabalho, mas apenas o suspende, viola a literalidade do art. 7º, XXIX, da CF a decisão que declarou a prescrição total do direito de postular indenização por danos material e moral na hipótese em que a reclamante, não obstante aposentada por invalidez, teve seu contrato de trabalho extinto um mês após a jubilação. Nesse caso, tendo em vista o contrato-realidade, não há falar em fluência do prazo bienal, mas sim do quinquenal, o qual, na espécie, não se consumou, uma vez que a ação rescisória foi ajuizada dois anos e um mês após a extinção do vínculo, e dois anos e dois meses após a aposentadoria por invalidez. Com esse entendimento, a SBDI-II, por maioria, deu provimento ao recurso ordinário para, julgando procedente a ação rescisória, desconstituir, em juízo rescindente, por ofensa ao art. 7º, XXIX, da CF, a sentença proferida nos autos de reclamação trabalhista, por meio da qual fora extinto o processo com resolução do mérito, com base no art. 269, IV, do CPC, e, em juízo rescisório, afastar a prescrição nuclear arguida e determinar o retorno dos autos à Vara do Trabalho de origem, a fim de que, rechaçada a premissa de que prescrita a pretensão de indenização por danos morais e materiais decorrentes de doença profissional, aprecie os pedidos deduzidos na reclamação trabalhista, como entender de direito. Vencidos os Ministros Pedro Paulo Manus, relator, e Guilherme Augusto Caputo Bastos. TST-RO-9856-60.2010.5.02.0000, SBDI-II, rel. Min. Pedro Paulo Manus, red. p/ acórdão Min. Hugo Carlos Scheuermann, 2.10.2012. (Informativo nº 24)

▸ ***AR. Rurícola. Prazo quinquenal. Contrato iniciado e extinto antes da EC nº 28/2000. Ofensa ao art. 5º, XXXVI, da CF. Configuração.***

A regra prescricional inaugurada pela Emenda Constitucional nº 28/2000 não se aplica à hipótese em que o rurícola teve seu contrato de trabalho iniciado e extinto antes da publicação da referida emenda, ainda que tenha proposto a ação em momento posterior à vigência da EC nº 28/2000, sob pena de ofensa ao direito adquirido. Com base nessa premissa, a SBDI-II, por maioria, reputando caracterizada a ofensa ao art. 5º, XXXVI, da CF, julgou procedente a ação rescisória, com fundamento no art. 485, V, do CPC, para desconstituir a decisão que declarara prescritos os créditos trabalhistas anteriores aos cinco anos da data da propositura da reclamatória e, em juízo rescisório, restabelecer o acórdão do Regional. Vencidos os Ministros Emmanoel Pereira, relator, Pedro Paulo Manus e Antônio José de Barros Levenhagen, os quais julgavam improcedente a ação rescisória ao fundamento de que o acórdão rescindendo não resolveu a controvérsia sob o prisma do art. 5º, XXXVI, da CF, não havendo, portanto, pronunciamento explícito acerca do direito adquirido a permitir o corte rescisório com base no art. 485, V, do CPC, conforme exigido pela Súmula nº 298, I, do TST. Ademais, quando da prolação da decisão rescindenda, a redação da Orientação Jurisprudencial nº 271 da SBDI-I previa a incidência do prazo prescricional vigente à época da propositura da ação. TST-AR-1850836-58.2007.5.00.0000, SBDI-II, rel. Min. Emmanoel Pereira, red. p/ acórdão Min. Maria Cristina Irigoyen Peduzzi. 5.6.2012. (Informativo nº 12)

▸ ***Rurícola. Contrato de trabalho em curso quando da publicação da Emenda Constitucional nº 28/2000. Ação ajuizada após cinco anos da vigência da referida emenda. Prescrição quinquenal.***

Ajuizada a ação após cinco anos da vigência da Emenda Constitucional nº 28, de 26.5.2000, por rurícola, cujo contrato de trabalho encontrava-se em curso quando da publicação da referida emenda, incide a prescrição quinquenal sobre todas as pretensões, inclusive as relativas a direitos exigíveis antes da alteração do art. 7º, XXIX, da CF. Com esses fundamentos, e aplicando o entendimento consubstanciado na Orientação Jurisprudencial nº 417 da SBDI-1 do TST, a Subseção, por unanimidade, conheceu dos embargos, por divergência jurisprudencial, e, no mérito, deu-lhes provimento para declarar a incidência da prescrição quinquenal em relação às parcelas anteriores a 13.10.2000, tendo em vista o ajuizamento da demanda em 13.10.2005, e determinar o retorno dos autos à Turma de origem a fim de que prossiga no julgamento dos recursos de revista do reclamante e da reclamada como entender de direito. TST E RR 152100 35.2005.5.15.0029, SBDI 1, rel. Min. Delaíde Miranda Arantes, 5.12.2013 (Informativo nº 69)

▸ ***Embargos. Protesto judicial. Caráter genérico. Impossibilidade.***

Para efeito de interrupção do prazo prescricional é inadmissível o protesto genérico, não sendo suficiente a mera menção ao intuito de se impedir a incidência da prescrição em relação a créditos decorrentes da relação de trabalho sem expressamente relacionar os direitos ou interesses que se deseja resguardar. Com esse entendimento, a SBDI-I, por unanimidade, conheceu de recurso de embargos e, no mérito, deu-lhe provimento para restabelecer o acórdão em recurso ordinário que pronunciou a prescrição da pretensão autoral e, em consequência, extinguiu o processo com julgamento do mérito, nos termos do art. 269, IV, do CPC. TST-E--RR-1316206-43.2004.5.04.0900, SBDI-I, rel.

Min. Renato de Lacerda Paiva, 15.3.2012. (Informativo nº 2)

▸ ***Contrato de estágio. Natureza jurídica trabalhista. Prescrição. Incidência do inciso XXIX do art. 7º da CF.***

É imprópria a aplicação da prescrição decenal do art. 205 do CC ao contrato de estágio regulado pela Lei nº 11.788/2008, pois ainda que não se trate de típica relação de emprego, ostenta natureza de relação de trabalho a atrair a incidência da prescrição de que trata o inciso XXIX do art. 7º da CF. Com esse fundamento, a SBDI-I, por unanimidade, conheceu dos embargos interpostos pelo reclamado, por divergência jurisprudencial, e, por maioria, deu-lhes provimento para restabelecer a sentença, que decretou a incidência da prescrição total e extinguiu o feito, com julgamento de mérito, nos termos do art. 269, IV, do CPC. Vencidos os Ministros Renato de Lacerda Paiva e José Roberto Freire Pimenta. TST-E-RR-201-90.2012.5.04.0662, SBDI-I, rel. Min. Luiz Philippe Vieira de Mello Filho, 5.6.2014 (Informativo nº 85)

▸ ***MS. Decadência. Termo inicial. Data da ciência inequívoca do ato que determinou o bloqueio incidente sobre o salário de benefício e não a cada desconto procedido.***

O termo inicial da contagem do prazo decadencial para se impetrar mandado de segurança contra ato judicial que determina o bloqueio incidente sobre o salário de benefício do impetrante é a data em que teve ciência inequívoca do ato impugnado, e não a cada desconto procedido. Assim, afastando o entendimento quanto à renovação mês a mês do termo *a quo* do prazo decadencial, pela permanência dos efeitos da decisão jurisdicional a cada liquidação de proventos, a SBDI-II, à unanimidade, conheceu do recurso ordinário, e, no mérito, por maioria, negou-lhe provimento. Vencidos os Ministros Alberto Luiz Bresciani de Fontan Pereira, relator, Maria de Assis Calsing e Pedro Paulo Manus. TST-RO-10-38.2011.5.18.0000, SBDI-II, rel. Min. Alberto Luiz Bresciani de Fontan Pereira, red. p/ acórdão Min. Ives Gandra da Silva Martins Filho, 29.5.2012. (Informativo nº 11)

4. QUESTÕES DE CONCURSOS

01. (DPU/DEFENSOR PÚBLICO FEDERAL/CESPE/2010) Os reflexos de horas extras sobre os depósitos fundiários que venham a ser postulados por empregado perante a justiça do trabalho são alcançados pela prescrição quinquenal.

02. (PGE-AL/PROCURADOR GERAL DO ESTADO DE ALAGOAS/CESPE/2009) Determinado trabalhador manteve relação de emprego com certa empresa por mais de dez anos, sem o devido registro em sua CTPS. Com referência a essa situação, assinale a opção correta.

a) Poderá o trabalhador ingressar em juízo para pleitear os recolhimentos previdenciários, diretamente, sem a declaração de vínculo.

b) Não tendo havido recolhimento fundiário, o crédito deste, se discutido em eventual demanda, estará limitado aos últimos cinco anos, contados do ajuizamento da ação.

c) Havendo demanda pleiteando o vínculo e o respectivo registro na CTPS obreira, mas ajuizada após dois anos do término contratual, estará a pretensão atacada pela prescrição, que impedirá o intento.

d) Caso o trabalhador tenha laborado em determinado período como menor, somente essa parte do contrato de trabalho será imprescrita.

e) Na aplicação dos efeitos da prescrição, nos termos consolidados, somente quanto ao reconhecimento de vínculo, não haverá distinção entre trabalhador menor ou maior de 18 anos de idade, para ambos os sexos.

03. (FCC – TRT 20 – Analista Judiciário/2011) No tocante a prescrição em matéria trabalhista, considere:

I. As causas suspensivas da prescrição paralisam o curso da prescrição já iniciada e, cessada a causa que a determinou, o prazo transcorrido será adicionado ao restante, para a consumação da prescrição.

II. Tratando-se de pedido de diferença de gratificação semestral que teve seu valor congelado, a prescrição aplicável é a parcial.

III. Respeitado o biênio subsequente à cessação contratual, a prescrição da ação trabalhista concerne às pretensões imediatamente anteriores a cinco anos, contados da data da extinção do contrato.

IV. Em se tratando de pedido de reenquadramento, a prescrição é total, contada da data do enquadramento do empregado.

Está correto o que se afirma APENAS em

a) I e II.

b) I, II e IV.

c) I e IV.

d) II, III e IV.

e) III e IV.

04. (TRT 2 – Juiz do Trabalho Substituto 2ª região/ 2012) Sobre prescrição e decadência no Direito do Trabalho, nos termos da lei e do entendimento sumulado do TST é INCORRETO afirmar que:

a) Da extinção do último contrato começa a fluir o prazo prescricional do direito de ação em que se objetiva a soma de períodos descontínuos de trabalho.

b) É trintenária a prescrição do direito de reclamar contra o não recolhimento da contribuição para o FGTS, não sendo necessário observar o prazo de 2 (dois) anos após o término do contrato de trabalho.

c) O prazo de decadência do direito do empregador de ajuizar inquérito em face do empregado que incorre em abandono de emprego é contado a partir do momento em que o empregado pretendeu seu retorno ao serviço.

d) Na ação de equiparação salarial, a prescrição é parcial e só alcança as diferenças salariais vencidas no período de 5 (cinco) anos que precedeu o ajuizamento.

e) Respeitado o biênio subsequente à cessação contratual, a prescrição da ação trabalhista concerne às pretensões imediatamente anteriores há cinco anos, contados da data do ajuizamento da reclamação e, não, às anteriores ao quinquênio da data da extinção do contrato.

05. (FCC – Analista Judiciário – Oficial de Justiça Avaliador – TRT 24/2017) Hera está trabalhando como secretária na Clínica Odontológica Sorriso desde 10/04/2009. Ocorre que a empresa não pagou as horas extraordinárias devidas em relação ao período de um mês do contrato. Nessa situação, para não haver incidência da prescrição, Hera deve ajuizar ação trabalhista para reclamar seus créditos devidos até

a) 2 anos após a rescisão contratual, atingindo lesão ao direito anterior ao quinquênio da data da extinção do contrato.

b) 5 anos da lesão ao direito, independentemente da data da rescisão contratual.

c) 5 anos após a rescisão contratual, independentemente de quando ocorreu a lesão ao direito.

d) 2 anos após a rescisão contratual, independentemente de quando ocorreu a lesão ao direito.

e) 2 anos após a rescisão contratual, atingindo lesão ao direito anterior a cinco anos, contados da data do ajuizamento da reclamação.

06. (FCC – Técnico Judiciário – Área Administrativa – TRT 11/2017) A Súmula do Tribunal Superior do Trabalho prevê que a prescrição intercorrente é

a) inaplicável na Justiça do Trabalho.

b) aplicável na Justiça do Trabalho, apenas nas reclamações trabalhistas submetidas ao procedimento Ordinário.

c) aplicável na Justiça do Trabalho, apenas nas reclamações trabalhistas submetidas ao procedimento Sumaríssimo.

d) aplicável na Justiça do Trabalho, apenas no processo de conhecimento.

e) aplicável na Justiça do Trabalho, independentemente do rito processual, bem como da fase processual.

07. (AOCP – Advogado – EBSERH/2017) Assinale a alternativa correta em relação à prescrição e decadência no direito do trabalho.

a) O prazo prescricional para reclamar créditos resultantes da relação de trabalho é de cinco anos para trabalhadores urbanos e rurais, respeitando-se o biênio subsequente à cessação contratual.

b) O prazo prescricional para reclamar créditos resultantes da relação de trabalho é de dois anos para trabalhadores rurais e cinco anos para trabalhadores urbanos, respeitando-se o biênio subsequente à cessação contratual.

c) O prazo para propor ação rescisória contra acordo trabalhista homologado judicialmente, com força de decisão irrecorrível, na forma do art. 831, CLT, conta-se a partir da assinatura do termo conciliatório pelas partes.

d) O prazo prescricional para reclamar créditos resultantes da relação de trabalho é de cinco anos para trabalhadores urbanos e rurais, independente do período de ajuizamento da ação.

e) Para o menor de 18 (dezoito) anos, o prazo prescricional para intentar reclamatória trabalhista é de cinco anos.

GAB	1	C	2	E	3	B	4	B	5	E	6	A	7	A

✦ PREVIDÊNCIA SOCIAL

Art. 12 Os preceitos concernentes ao regime de seguro social são objeto de lei especial.

1. COMENTÁRIOS

A forma de custeio da Previdência Social está regulada na Lei nº 8212/91, enquanto os benefícios devidos aos segurados da previdência estão regulados na Lei nº 8213/91.

2. SÚMULAS E ORIENTAÇÕES JURISPRUDENCIAIS

▸ **Súmula nº 289 – STJ – DJ 13.05.2004**

A restituição das parcelas pagas a plano de previdência privada deve ser objeto de correção plena, por índice que recomponha a efetiva desvalorização da moeda.

▸ **Súmula nº 290 – STJ – DJ 13.05.2004**

Nos planos de previdência privada, não cabe ao beneficiário a devolução da contribuição efetuada pelo patrocinador.

▸ **Súmula nº 291 – STJ – DJ 13.05.2004**

A ação de cobrança de parcelas de complementação de aposentadoria pela previdência privada prescreve em cinco anos.

▸ **Súmula nº 87 – TST – (mantida) – Res. 121/2003, DJ 19, 20 e 21.11.2003**

BENEFÍCIO – INSTITUIÇÃO PREVIDENCIÁRIA PRIVADA CRIADA PELA EMPRESA – DEDUÇÃO POR NORMA REGULAMENTAR ANTERIOR. Se o empregado, ou seu beneficiário, já recebeu da instituição previdenciária privada, criada pela empresa, vantagem equivalente, é cabível a dedução de seu valor do benefício a que faz jus por norma regulamentar anterior.

▸TÍTULO II – DAS NORMAS GERAIS DE TUTELA DO TRABALHO

▸CAPÍTULO I – DA IDENTIFICAÇÃO PROFISSIONAL

▸SEÇÃO I – DA CARTEIRA DE TRABALHO E PREVIDÊNCIA SOCIAL

✦ OBRIGATORIEDADE DA CTPS

Art. 13. A Carteira de Trabalho e Previdência Social é obrigatória para o exercício de qualquer emprego, inclusive de natureza rural, ainda que em caráter temporário, e para o exercício por conta própria de atividade profissional remunerada.(Redação do *caput*, *§§ 1º, 2º* e 4º de acordo com o Decreto-lei nº 926, de 10.10.1969)

§ 1º – O disposto neste artigo aplica-se, igualmente, a quem:

I – proprietário rural ou não, trabalhe individualmente ou em regime de economia familiar, assim entendido o trabalho dos membros da mesma família, indispensável à própria subsistência, e exercido em condições de mútua dependência e colaboração;

II – em regime de economia familiar e sem empregado, explore área não excedente do módulo rural ou de outro limite que venha a ser fixado, para cada região, pelo Ministério do Trabalho e Previdência Social.

§ 2º – A Carteira de Trabalho e Previdência Social e respectiva Ficha de Declaração obedecerão aos modelos que o Ministério do Trabalho e Previdência Social adotar.

§ 3º – Nas localidades onde não for emitida a Carteira de Trabalho e Previdência Social poderá ser admitido, até 30 (trinta) dias, o exercício de emprego ou atividade remunerada por quem não a possua, ficando a empresa obrigada a permitir o comparecimento do empregado ao posto de emissão mais próximo. (Redação da Lei nº 5.686, de 3.8.1971)

§ 4º – Na hipótese do § 3º:

I – o empregador fornecerá ao empregado, no ato da admissão, documento do qual constem a data da admissão, a natureza do trabalho, o salário e a forma de seu pagamento;

II - se o empregado ainda não possuir a carteira na data em que for dispensado, o empregador lhe fornecerá atestado de que conste o histórico da relação empregatícia.

1. COMENTÁRIOS

Histórico. Instituída pelo Decreto nº 21.175, de 21 de março de 1932 e posteriormente regulamentada pelo Decreto nº 22.035, de 29 de outubro de 1932, a Carteira de Trabalho e Previdência Social tornou-se documento obrigatório para toda pessoa que venha a prestar algum tipo de serviço a outra pessoa, seja na indústria, no comércio, na agricultura, na pecuária ou mesmo de natureza doméstica. A Carteira de Trabalho e Previdência Social é hoje, por suas anotações, um dos únicos documentos a reproduzir com tempestividade a vida funcional do trabalhador. Assim, garante o acesso a alguns dos principais direitos trabalhistas, como seguro-desemprego, benefícios previdenciários e FGTS. No início surgiu como carteira profissional em 1932, sucedendo a carteira de trabalhador agrícola, instituída por decretos assinados nos anos de 1904 a 1906. Já a Carteira de Trabalho e Previdência Social – CTPS, que substituiu a carteira profissional, foi criada pelo decreto-lei nº 926, de 10 de outubro de 1969. A CTPS contém informações sobre a qualificação e a vida profissional do trabalhador e anotações sobre sua filiação ao Instituto Nacional de Seguridade Social – INSS (capturado de http://www.mte.gov.br/ctps/historico.asp, em 22.04.2009)

2. SÚMULAS E ORIENTAÇÕES JURISPRUDENCIAIS

- **Súmula nº 225 - STF - Sessão Plenária de 13/12/1963**

Não é absoluto o valor probatório das anotações da carteira profissional.

- **Súmula nº 12 - TST - (mantida) - Res. 121/2003, DJ 19, 20 e 21.11.2003**

Anotações - Empregador - Carteira Profissional - Jure et de Jure - Juris Tantum. As anotações apostas pelo empregador na carteira profissional do empregado não geram presunção "juris et de jure", mas apenas "juris tantum".

- **OJ 82 SBDI-1 - TST - Inserida em 28.04.97**

AVISO PRÉVIO. BAIXA NA CTPS. A data de saída a ser anotada na CTPS deve corresponder à do término do prazo do aviso prévio, ainda que indenizado.

3. QUESTÕES DE CONCURSOS

01. **(MTE/AGENTE ADMINISTRATIVO/CESPE/2008)** A CTPS não é obrigatória para o exercício de emprego rural.

02. **(TRT 8 - Juiz do Trabalho Substituto 8ª região/ 2012/ADAPTADA)** De acordo com a CLT, em relação à Carteira de Trabalho e Previdência Social, é INCORRETO afirmar que: a Carteira de Trabalho e Previdência Social é obrigatória para o exercício de qualquer emprego, inclusive de natureza rural, ainda que em caráter temporário, e para o exercício por conta própria de atividade profissional remunerada.

GAB	1	E	2	E

SEÇÃO II - DA EMISSÃO DA CARTEIRA

✦ **EMISSÃO DA CTPS**

Art. 14. A Carteira de Trabalho e Previdência Social será emitida pelas Delegacias Regionais do Trabalho ou, mediante convênio, pelos órgãos federais, estaduais e municipais da administração direta ou indireta. (Redação do Decreto-lei nº 926, de 10.10.1969)

Parágrafo único. Inexistindo convênio com os órgãos indicados ou na inexistência destes, poderá ser admitido convênio com sindicatos para o mesmo fim. (Redação da Lei nº 5.686, de 3.8.1971)

1. COMENTÁRIOS

A CTPS é o documento mais importante da relação de emprego. Por esta razão e para permitir amplo acesso à sua emissão a legislação autorizou a realização de convênios com órgãos da administração pública direta ou indireta e, na falta destes, com as entidades sindicais, órgãos de natureza privada.

2. QUESTÕES DE CONCURSOS

01. (MTE/AGENTE ADMINISTRATIVO/CESPE/2008) A CTPS é emitida pelas DRTs ou, mediante convênio, pelos órgãos federais, estaduais e municipais da administração direta ou indireta.

GAB	1	C

✦ **COMPARECIMENTO PESSOAL PARA EMISSÃO DA CTPS**

Art. 15. Para obtenção da Carteira de Trabalho e Previdência Social o interessado comparecerá pessoalmente ao órgão emitente, onde será identificado e prestará as declarações necessárias. (Redação do Decreto-lei nº 926, de 10.10.1969)

✦ **REQUISITOS PARA EMISSÃO DA CTPS**

Art. 16. A Carteira de Trabalho e Previdência Social (CTPS), além do número, série, data de emissão e folhas destinadas às anotações pertinentes ao contrato de trabalho e as de interesse da Previdência Social, conterá: (Redação integral deste artigo pela Lei nº 8.260, de 12.12.1991)

I – fotografia, de frente, modelo 3 X 4;

II – nome, filiação, data e lugar de nascimento e assinatura;

III – nome, idade e estado civil dos dependentes;

IV – número do documento de naturalização ou data da chegada ao Brasil, e demais elementos constantes da identidade de estrangeiro, quando for o caso;

Parágrafo único. A Carteira de Trabalho e Previdência Social – CTPS será fornecida mediante a apresentação de:

a) duas fotografias com as características mencionadas no inciso I;

b) qualquer documento oficial de identificação pessoal do interessado, no qual possam ser colhidos dados referentes ao nome completo, filiação, data e lugar de nascimento.

1. COMENTÁRIOS

1.1. CTPS – Requisitos

O comparecimento do trabalhador, mesmo menor de 18 anos, é pessoal. Permite-se que o menor, com 14 anos, já obtenha o documento, ainda que só possa ser admitido em emprego na condição de aprendiz. Diante de sua incapacidade, contudo, exige-se a presença de seu representante legal para que preste as declarações previstas no art. 15, supra. As declarações referidas dizem respeito às informações dos dados que deverão constar da CTPS, quais sejam: a qualificação civil do trabalhador, e outros complementares como: endereço, número do CPF, do Título de Eleitor, da CNH e nº do NIT/PIS (Portaria nº 01/97 do Ministério do Trabalho e Emprego – MTE). Contudo, só são documentos indispensáveis à sua emissão: duas fotos ¾, documento de identificação, endereço completo com CEP e extrato do PIS – a ser retirado na Agência do Trabalhador ou na Caixa Econômica Federal (http://www.mte.gov.br/delegacias/pr/notícias/default149.asp, em 22.04.2009).

A atual CTPS, emitida de acordo com a Portaria nº 01/97 do Ministério do Trabalho, é documento moderno, à prova de fraudes. Confeccionada em papel-moeda, tem suas folhas costuradas, a foto, impressão digital e assinatura digitalizadas. Também se observa uma distinção, quanto à cor das carteiras de brasileiros e estrangeiros, com o intuito de melhor controle do trabalho estrangeiro no Brasil.

1.2. CTPS de Estrangeiro

A CTPS será fornecida ao estrangeiro nas situações abaixo transcritas, mediante apresentação de 2 (duas) fotos 3x4, fundo branco, coloridas ou em preto-e-branco, iguais e recentes, e documentos no original ou em cópia autenticada por cartório competente ou por servidor da Administração, em bom estado de conservação (sem rasuras e em condições de leitura), que contenham as informações necessárias ao preenchimento da qualificação civil do solicitante. Na expedição da primeira CTPS ao trabalhador estrangeiro, o MTb fará também o seu cadastramento no PIS/PASEP.

Abaixo, relacionamos todas as modalidades de estrangeiros passíveis de solicitar CTPS e as características próprias de cada uma delas (http://www.mte.gov.br/ctps/estrangeiro.asp, capturado em 26.04.2009).

1.3. CTPS de Asilado e Permanente

Ao asilado político e estrangeiro com visto permanente, a CTPS será fornecida mediante apresentação de Carteira de Identidade de Estrangeiro – CIE original acompanhada de cópia frente/verso. O prazo de validade da CTPS será idêntico ao da CIE e será lançado no local reservado para "carimbos", na CTPS, utilizando-se modelo padronizado com a seguinte inscrição: "Válida até...". Na falta da CIE original, excepcionalmente, o estrangeiro deverá apresentar o protocolo da solicitação da CIE na Polícia Federal, a consulta de dados de identificação emitida pelo Sistema Nacional de Cadastramento de Registro de Estrangeiros – SINCRE e o passaporte com seu respectivo visto (Portaria nº 04, de 23 de julho de 1997). Nesse caso, o prazo de validade será de até 180 (cento e oitenta) dias, prorrogável pelo mesmo período, conforme § 4º do art. 9º da Portaria nº 01, de 28 de janeiro 1997.

1.4. CTPS de Fronteiriço

Fronteiriço é o estrangeiro natural e residente em país limítrofe ao território nacional que pode estudar ou exercer atividade remunerada em município brasileiro fronteiriço ao seu país de origem, desde que autorizado pela Polícia Federal. Para concessão da CTPS a estrangeiro fronteiriço, será exigida a apresentação do documento de identidade especial para fronteiriço, fornecido pela autoridade local do Departamento de Polícia Federal, Carteira de Identidade oficial emitida em seu país, prova de residência em localidade de seu país, contígua ao território nacional, declaração de emprego ou contrato de trabalho e prova de que não possui antecedentes criminais em seu país.

Será aposto no local destinado a "carimbos", na CTPS, a inscrição "Fronteiriço" e no local próprio a seguinte anotação: "Permitido o exercício de atividade remunerada no município fronteiriço ao país de que é natural o titular. Vedado ao titular afastar-se dos limites territoriais do município fronteiriço ou, de qualquer modo, internar-se no território brasileiro. A CTPS concedida a estrangeiro fronteiriço será emitida somente nos postos situados no município limítrofe ao país de nacionalidade do solicitante. O fronteiriço residente em local cuja cidade limítrofe não possua Posto de Atendimento ou Subdelegacia do Trabalho autorizados a emitirem CTPS para estrangeiros deverá ser atendido no município mais próximo, fazendo-se constar no campo próprio da CTPS observação que caracterize as restrições da validade ao município onde o estrangeiro tenha sido cadastrado pela Polícia Federal.

1.5. CTPS de Refugiado com Carteira de Identidade de Estrangeiro

Ao refugiado com CIE, a CTPS será fornecida mediante apresentação de CIE original acompanhada de cópia frente/verso. O prazo de validade da CTPS será idêntico ao da CIE e será lançado no local reservado para "carimbos", utilizando-se modelo padronizado com a seguinte inscrição: "Válida até...".

1.6. CTPS de Refugiado sem Carteira de Identidade de Estrangeiro

Ao refugiado sem CIE será fornecida mediante apresentação de original do protocolo expedido pela Polícia Federal acompanhado de cópia, desde que contenha as informações necessárias ao preenchimento da qualificação civil do interessado, cópia da publicação no DOU do ato que concede status de refugiado. O prazo de validade da CTPS será idêntico ao do protocolo expedido pela Polícia Federal e será lançado no local reservado para "carimbos", utilizando-se modelo padronizado, com a seguinte inscrição: "Válida até...".

1.7. CTPS de Dependente de pessoal diplomático e consular de países que mantêm convênio de reciprocidade para o exercício de atividade remunerada no Brasil

Tendo em vista acordos estabelecidos entre o governo do Brasil, Canadá, EUA, Grã-Bretanha, Argentina, Colômbia, Equador e Uruguai, observada a reciprocidade de tratamento, gozam tais dependentes do direito de exercer atividade remunerada em nosso território.

Documentos: **a)** Carteira de Identidade de Estrangeiro – CIE fornecida pela Polícia Federal (original); **b)** pedido de autorização de trabalho para dependentes, fornecido pelo Ministério das Relações Exteriores e visado pelo Ministério do Trabalho.

1.8. CTPS de Artista ou Desportista

Estrangeiros com visto temporário na condição de artista ou desportista, conforme inciso III, do art. 13, da Lei nº 6.815, de 19 de agosto de 1980. São exigidos os seguintes documentos para emissão da CTPS: **a)** extrato do contrato de trabalho visado pela CGig, publicado no Diário Oficial da União; **b)** passaporte com respectivo visto. O prazo de validade da CTPS será idêntico ao do contrato de trabalho visado pela Coordenação Geral de Imigração – CGig e será lançado em local próprio, por meio de carimbo padronizado, com a seguinte inscrição: "Válida até...".

1.9. CTPS de Cientista, professor, técnico ou profissional de outra categoria, sob regime de contrato ou a serviço do governo brasileiro

Estrangeiro com visto temporário na condição de cientista, professor, técnico ou profissional de outra categoria, sob regime de contrato ou a serviço do governo brasileiro, conforme inciso V, do art. 13, da Lei nº 6.815, de 19 de agosto de 1980: **a)** extrato do contrato de trabalho visado pela CGig, publicado no Diário Oficial da União; **b)** passaporte com respectivo visto. O prazo de validade da CTPS será idêntico ao do contrato de trabalho e será lançado no local reservado para "carimbos", utilizando-se modelo padronizado, com a seguinte inscrição: "Validade até...".

2. QUESTÕES DE CONCURSOS

01. (MTE/AGENTE ADMINISTRATIVO/CESPE/2008) A CTPS pode ser emitida por procuração, desde que o procurador se dirija à DRT e informe os dados a favor de quem deve ser emitida.

02. (MTE/AGENTE ADMINISTRATIVO/CESPE/2008) Não é necessário que a fotografia fornecida para a emissão da CTPS seja datada.

03. (MTE/AGENTE ADMINISTRATIVO/CESPE/2008) A CTPS será fornecida mediante a apresentação de duas fotografias de frente, modelo 3×4, e de qualquer documento oficial de identificação pessoal do interessado no qual possam ser colhidos dados referentes ao nome completo, filiação, data e lugar de nascimento.

GAB	1	E	2	C	3	C

✦ CTPS – AUSÊNCIA DE DOCUMENTO IDÔNEO

Art. 17. Na impossibilidade de apresentação, pelo interessado, de documento idôneo que o qualifique, a Carteira de Trabalho e Previdência Social será fornecida com base em declarações verbais confirmadas por 2 (duas) testemunhas, lavrando-se, na primeira folha de anotações gerais da carteira, termo assinado pelas mesmas testemunhas. (Redação do *caput* e §§ pelo Decreto-lei nº 926, de 10.10.1969)

§ 1º – Tratando-se de menor de 18 (dezoito) anos, as declarações previstas neste artigo serão prestadas por seu responsável legal.

§ 2º – Se o interessado não souber ou não puder assinar sua carteira, ela será fornecida mediante impressão digital ou assinatura a rogo.

Art. 18 e **19**. Revogados pela Lei nº 7.855, de 24.10.1989

1. COMENTÁRIOS

A CTPS é a identificação do trabalhador. Por este motivo a lei não lhe nega o direito de acesso à sua emissão, mesmo na falta de outros documentos que o identifiquem (quanto aos requisitos da CTPS: vide notas aos artigos 15 e 16). A declaração firmada por terceiros, identificando o trabalhador, supre a apresentação do documento de identidade. Note-se que o legislador não fez qualquer distinção quanto à validade ou confecção desta CTPS. Contudo, o Ministério do Trabalho, através da Portaria nº 01/97, em seu artigo 3º, limitou a validade da CTPS emitida nestas condições a 03 (três) meses. Entendemos que houve excesso no uso do poder regulamentar pelo Executivo. Incumbe ao Executivo, através de seus atos regulamentares, como o Decreto (Presidente da República) e as Portarias (Ministros e Secretários de Estado), conferir fiel execução à lei. Nestes atos interpretativos não há lugar para inovar ou restringir onde a lei não pretendeu fazê-lo. É, portanto, ilegal a Portaria citada, neste aspecto. (No mesmo sentido: Francisco Luciano Minharro, CLT Interpretada: artigo por artigo, parágrafo por parágrafo: Domingos Sávio Zainagui, coordenador, Antônio Cláudio da Costa Machado, organizador, 2ª ed, Barueri – SP: Manole, 2009, p. 25).

2. QUESTÕES DE CONCURSOS

01. (MTE/AGENTE ADMINISTRATIVO/CESPE/2008) Se o trabalhador em nome de quem a CTPS deve ser emitida não souber ou não puder assiná-la, ela será emitida mediante impressão digital ou assinatura a rogo.

GAB	1	C

✦ ANOTAÇÕES RELATIVAS À PREVIDÊNCIA SOCIAL

Art. 20. As anotações relativas a alteração do estado civil e aos dependentes do portador da Carteira de Trabalho e Previdência Social serão feitas pelo Instituto Nacional de Seguridade Social (INSS) e somente em sua falta, por qualquer dos órgãos emitentes. (Redação do Decreto-lei nº 926, de 10.10.1969)

1. COMENTÁRIOS

1.1. INSS – anotações

As anotações referidas neste artigo são feitas pelo INSS – Instituto Nacional de Seguridade Social, atual nome da instituição que substituiu o INSS. O INSS, como órgão responsável por gerir a previdência pública, comportando a concessão de todos os benefícios previdenciários, é o maior interessado na correção das anotações constantes na CTPS, a fim de facilitar o acesso a estes benefícios. Somente as alterações do estado civil são de responsabilidade do INSS, pois as anotações iniciais da qualificação do trabalhador são feitas pelo próprio órgão emissor da CTPS.

1.2. Falecimento do empregado

Quando do falecimento do trabalhador, e na ausência de dependentes habilitados junto à Previdência Social para percepção dos benefícios previdenciários devidos em razão de sua morte, observar-se-á a ordem sucessória natural: filhos, pais, avós, etc. A anotação dos dependentes na CTPS facilita a prova de tal condição não só para fins previdenciários, como também para recebimento de créditos trabalhistas deixados pelo empregado falecido, desde que não existam bens sujeitos a inventário ou arrolamento (art. 1º, da lei nº 6. 858, de 24.11.80).

2. QUESTÕES DE CONCURSOS

01. (MTE/AGENTE ADMINISTRATIVO/CESPE/2008) As anotações referentes à alteração do estado civil e aos dependentes do portador da CTPS devem ser feitas pelo INSS.

02. (TRT 8 – Juiz do Trabalho Substituto 8ª região/ 2012/ADAPTADA) De acordo com a CLT, em relação à Carteira de Trabalho e Previdência Social, é INCORRETO afirmar que: na impossibilidade de apresentação, pelo interessado, de documento idôneo que o qualifique, a Carteira de Trabalho e Previdência Social será fornecida com base em declarações verbais confirmadas por 2 (duas) testemunhas, lavrando-se, na primeira folha de anotações gerais da carteira, termo assinado pelas mesmas testemunhas.

GAB	1	C	2	E

✦ **CTPS IMPRESTÁVEL OU ESGOTAMENTO DOS ESPAÇOS PARA ANOTAÇÃO**

Art. 21. Em caso de imprestabilidade ou esgotamento do espaço destinado a registros e anotações, o interessado deverá obter outra carteira, conservando-se o número e a série da anterior. (Redação da Lei nº 5.686, de 3.8.1971)

Art. 22 a 24. Revogados pelo Decreto-Lei nº 926, de 10.10.1969.

1. COMENTÁRIOS

1.1. Imprestabilidade da CTPS

Entenda-se por imprestabilidade do documento, que justifica a emissão de uma nova via: **a)** deterioração por mau uso; **b)** desgaste natural que torne impossível identificar seu portador, sua foto ou qualquer outra informação importante; **c)** marcas ou anotações feitas impropriamente pelo empregador, como a referência à dispensa por justa causa; **d)** num passado recente era comum a conduta de mal-intencionados empregadores que cortavam com tesoura as pontas da CTPS, sob o argumento de que o corte servia para evitar "orelhas", mas na verdade servia para identificar maus empregados ou empregados inconvenientes na visão da empresa. Em todos estes casos permite-se a substituição da CTPS por uma nova, mantendo-se o número e série da anterior. No caso de extravio da nova CTPS e não havendo outra forma de se resgatar o número e séria da anterior, nem mesmo nos registros do órgão emissor, utilizar-se-á um novo número e série.

1.2. Esgotamento dos espaços para anotações

Normalmente a CTPS é objeto de inúmeras anotações ao longo do contrato de trabalho. Os espaços destinados às anotações de contrato de trabalho, férias, benefícios previdenciários, licenças, afastamentos e outros (anotações gerais), costumam ser suficientes para o preenchimento pelo empregador e pelo INSS. Contudo, o esgotamento dos espaços específicos para cada campo de anotação da CTPS é suficiente para obter uma nova via do documento. Assim, por exemplo, se no campo para anotação do "contrato de trabalho" ainda existem espaços, mas no campo referente às "férias" não há mais lugar para anotação alguma, se justifica a emissão de nova via da CTPS, mantendo-se o número e série da anterior.

2. QUESTÕES DE CONCURSOS

01. **(MTE/AGENTE ADMINISTRATIVO/CESPE/2008)** Caso sejam esgotados os espaços previstos na CTPS para as anotações, deverá ser solicitada a emissão de nova carteira, com número e série novos.

GAB	1	E

SEÇÃO III – DA ENTREGA DAS CARTEIRAS DE TRABALHO E PREVIDÊNCIA SOCIAL

✦ ENTREGA DA CTPS

Art. 25. As Carteiras de Trabalho e Previdência Social serão entregues aos interessados pessoalmente, mediante recibo.

1. COMENTÁRIOS

A determinação legal de entrega pessoal da CTPS impede a atuação de intermediários, como despachantes, que muitas vezes cobram excessivamente por um serviço obrigatório do Estado. A exigência de entrega somente aos interessados não obsta que procuradores sejam habilitados ao recebimento da CTPS na hipótese de doença ou outro motivo relevante que impeça o comparecimento do proprietário. A regra, contudo, é da entrega pessoal.

✦ ENTREGA DA CTPS PELOS SINDICATOS

Art. 26. Os sindicatos poderão, mediante solicitação das respectivas diretorias, incumbir-se da entrega das Carteiras de Trabalho e Previdência Social pedidas por seus associados e pelos demais profissionais da mesma classe. (Redação do *caput* e § único pelo Decreto-lei nº 229, de 28.2.1967)

Parágrafo único. Não poderão os sindicatos, sob pena das sanções previstas neste Capítulo cobrar remuneração pela entrega das Carteiras de Trabalho e Previdência Social, cujo serviço nas respectivas sedes será fiscalizado pelas Delegacias Regionais ou órgãos autorizados.

Art. 27 e 28. Revogados pela Lei nº 7.855, de 24.10.1989

1. COMENTÁRIOS

1.1. Sindicatos e entrega da CTPS

Os sindicatos, como entidades sindicais de 1º grau, representam os interesses individuais e coletivos da categoria, sejam os empregados associados ou não (art. 8º, III, da CRFB/88). Desta forma, a responsabilidade pela entrega das Carteiras de Trabalho tanto pode se referir a empregados associados ou não ao sindicato. A função social que se atribui ao sindicato, exercendo um papel de colaboração com o Estado, depende de iniciativa deste, em requerimento a ser dirigido ao órgão local do Ministério do Trabalho. O dispositivo não confere ao ente sindical um direito subjetivo de controle de entrega das carteiras, já que o deferimento de tal possibilidade, pelo Estado, é tema que se insere no âmbito de sua discricionariedade.

1.2. Cobrança de valores para a entrega da CTPS

A emissão e entrega da CTPS é um serviço do Estado e direito de todo cidadão em idade ativa. Por este motivo, o sindicato que assume parte deste serviço público, incumbindo-se da entrega da CTPS aos trabalhadores que representam, nada pode cobrar pelo serviço. A cobrança indevida importará em aplicação de multa a ser imposta pelos órgãos de fiscalização do Ministério do Trabalho, conforme art. 56 da CLT.

2. QUESTÕES DE CONCURSOS

01. (MTE/AGENTE ADMINISTRATIVO/CESPE/2008) De acordo com a legislação atual, sindicatos representantes da categoria profissional dos empregados podem solicitar a emissão de CTPS.

GAB	1	C

▸SEÇÃO IV – DAS ANOTAÇÕES

Art. 29. A Carteira de Trabalho e Previdência Social será obrigatoriamente apresentada, contra recibo, pelo trabalhador ao empregador que o admitir, o qual terá o prazo de quarenta e oito horas para nela anotar, especificamente, a data de admissão, a remuneração e as condições especiais, se houver, sendo facultada a adoção de sistema manual, mecânico ou eletrônico, conforme instruções a serem expedidas pelo Ministério do Trabalho. (Redação da Lei nº 7.855, de 24.10.1989)

§ 1º – As anotações concernentes à remuneração devem especificar o salário, qualquer que seja sua forma de pagamento, seja ele em dinheiro ou em utilidades, bem como a estimativa da gorjeta. (Redação pelo Decreto-lei nº 229, de 28.2.1967)

§ 2º – As anotações na Carteira de Trabalho e Previdência Social serão feitas: (Redação pela Lei nº 7.855, de 24.10.1989)

a) na data base;

b) a qualquer tempo, por solicitação do trabalhador;

c) no caso de rescisão contratual; ou

d) necessidade de comprovação perante a Previdência Social.

§ 3º – A falta de cumprimento pelo empregador do disposto neste artigo acarretará a lavratura do auto de infração, pelo Fiscal do Trabalho, que deverá, de ofício, comunicar a falta de anotação ao órgão competente, para o fim de instaurar o processo de anotação. (Redação pela Lei nº 7.855, de 24.10.1989)

§ 4º – É vedado ao empregador efetuar anotações desabonadoras à conduta do empregado em sua Carteira de Trabalho e Previdência Social. (Incluído pela Lei nº 10.270, de 29.8.2001)

§ 5º – O descumprimento do disposto no § 4º deste artigo submeterá o empregador ao pagamento de multa prevista no art. 52 deste Capítulo. (Incluído pela Lei nº 10.270, de 29.8.2001)

1. COMENTÁRIOS

1.1. Apresentação da CTPS pelo empregado. Prova de fato negativo

A rigor, o empregador deve fornecer um recibo ao empregado, no ato de admissão, momento em que este entrega sua CTPS para receber as anotações referentes a seu contrato de trabalho. O texto legal pretende fixar uma prova de absoluta impossibilidade prática. Como poderá o empregado exigir que seu empregador lhe forneça um recibo, se este último é quem detém os poderes de direção e comando? Pretende a lei, de maneira ilusória, que o empregado exija um recibo no ato da admissão, onde a fragilidade da posição do empregado, neste momento, não o coloca em situação de exigir e sim de acatar. Por tal razão, na ausência de anotação do contrato de trabalho na CTPS, presume-se a culpa do empregador quanto a tal omissão. Como dito, o poder diretivo do empregador permite a não-admissão do empregado que deixe de trazer sua CTPS.

1.2. Prazo para anotação do Contrato de Trabalho

O prazo de 48 horas para anotação do contrato de trabalho e de, eventualmente, suas condições especiais, não é passível de prorrogação, salvo motivo de força maior (art. 13, § 3º, da CLT). A data a ser anotada é a da efetiva admissão e não 48 horas depois. Este é o tempo necessário para serem feitas as anotações e não uma espécie de período de experiência. O não cumprimento deste prazo não resulta em qualquer valor em favor do empregado, mas somente em multa em favor da União, já que consiste em infração administrativa.

Outras anotações como férias, licenças médicas, etc., só ocorrem no curso do contrato de trabalho e, obviamente, não podem ser feitas em 48 horas. Para cumprimento destas outras anotações a lei não prevê qualquer prazo. Todavia, a retenção do documento pelo empregador, para o fim de proceder a qualquer anotação durante o contrato de trabalho, como por exemplo, períodos aquisitivo e concessivo de férias, não poderá ultrapassar o prazo de 05 dias (Lei nº 5.553/68, art. 2º, *in verbis*: "Quando, para a realização de determinado ato, for exigida a apresentação de documento de identificação, a pessoa que fizer a exigência fará extrair, no prazo de até 5 (cinco) dias, os dados que interessarem devolvendo em seguida o documento ao seu exibidor"). A retenção da CTPS após 05 dias constitui contravenção penal, sujeita a pena de prisão simples de 1 (um) a 3 (três) meses ou multa (art. 3º da Lei nº 5.553/68). A infração será imputada ao sócio ou diretor da empresa e não ao preposto (art. 3º, parágrafo único, da referida lei).

1.3. Condições gerais do contrato de trabalho

O contrato de trabalho é a prova da relação de emprego. Ainda que este vínculo jurídico se possa provar em juízo, ou mesmo administrativamente (para fins previdenciários), por outros meios, o contrato de trabalho, anotado na CTPS, é a demonstração detalhada desta relação jurídica. Como anotações gerais entendem-se: **a)** nome, identificação (CNPJ se pessoa jurídica) e endereço do empregador; **b)** data de admissão, função, remuneração (inclusive o percentual a título de gorjetas ou de outra parcela variável); **c)** a conta do FGTS; **d)** o número do PIS.

1.4. Condições Especiais

Além das condições gerais acima referidas, representam condições especiais do contrato de trabalho, entre outras:

a) contrato de trabalho temporário (Lei nº 6.019/74);

b) empregado externo (art. 62, I, da CLT);

c) concessão de benefícios previdenciários; **d)** para alguns o contrato de experiência (art. 443, "c", da CLT).

1.5. Validade das anotações

A inexistência das anotações, como nos casos especiais acima referidos, não importa, necessariamente, em descaracterização da condição. O mesmo ocorre quanto às condições gerais do contrato de trabalho. Os dados constantes na CTPS não possuem presunção absoluta de veracidade (juris et de jure), mas sim relativa (juris tantum). Assim, admite-se prova em contrário de qualquer anotação que não corresponda à realidade (Ex: anotada a função de garçom na CTPS, o empregado, em juízo, consegue demonstrar que trabalhava como maitre, por meio de prova testemunhal). A eficácia relativa das anotações foi consagrada pela jurisprudência (STF, S. 225 e TST, S. 12, abaixo destacadas).

1.6. Procedimento por falta de anotação

A ausência de anotação constada pela Fiscalização do Trabalho sujeita o empregador à multa do art. 52, § 4º, da CLT. Na atualidade, a fiscalização do trabalho não mais procede à abertura de procedimento para anotação da CTPS como previsto no parágrafo terceiro. Até porque, recusando-se o empregador a proceder a anotação, por discordar o ato de autoridade em matéria de trabalho, nada mais se poderia fazer na esfera do Poder Executivo, cabendo ao Judiciário decidir a matéria, por iniciativa do empregado ou de seu sindicato (vide art. 36).

1.7. Anotações desabonadoras

A CTPS não pode conter anotações que prejudiquem ou impeçam o acesso ao emprego. Práticas como anotar o motivo da justa causa ou uma repreensão escrita à atitude do empregado são ilegais, sujeitando-se o infrator à multa de dez vezes o valor do maior salário pago pelo empregador (art. 3º, I, da Lei nº 9.029, de 13.04.1995).

2. SÚMULAS E ORIENTAÇÕES JURISPRUDENCIAIS

- **Súmula nº 225 – STF – Sessão Plenária de 13/12/1963**

  Não é absoluto o valor probatório das anotações da carteira profissional.

- **Súmula nº 12 – TST – (mantida) – Res. 121/2003, DJ 19, 20 e 21.11.2003**

  Anotações. Empregador. Carteira Profissional. Jure et de Jure. Juris Tantum. As anotações apostas pelo empregador na carteira profissional do empregado não geram presunção "juris et de jure", mas apenas "juris tantum".

- **OJ 82 SBDI-1 – TST – Inserida em 28.04.97**

  AVISO PRÉVIO. BAIXA NA CTPS. A data de saída a ser anotada na CTPS deve corresponder à do término do prazo do aviso prévio, ainda que indenizado.

3. QUESTÕES DE CONCURSOS

01. (CRF-SP/ADVOGADO/VUNESP/2009) A Carteira de Trabalho e Previdência Social será obrigatoriamente apresentada, contra recibo, pelo trabalhador ao empregador que o admitir, o qual terá o prazo de

a) quarenta e oito horas para nela anotar, especificamente, a data de admissão, a remuneração e as condições especiais, se houver, inclusive a estimativa da gorjeta e as utilidades, se for o caso.

b) quarenta e oito horas para nela anotar, especificamente, a data de admissão, o salário, a jornada e o local de trabalho, exclusivamente.

c) vinte e quatro horas para nela anotar, especificamente, a data de admissão, a remuneração e as condições especiais, se houver, inclusive as utilidades, se for o caso.

d) vinte e quatro horas para nela anotar, especificamente, a data de admissão, a remuneração e as condições especiais, se houver, inclusive a estimativa da gorjeta e as utilidades, se for o caso.

e) vinte e quatro horas, após o período experimental, para nela anotar, especificamente, a data de admissão, a remuneração e as condições especiais, se houver, inclusive a estimativa da gorjeta e as utilidades, se for o caso.

02 (Cespe – Analista Judiciário – Área Administrativa – TRT 17/2013) Julgue o item a seguir, relativo aos direitos trabalhistas: a obrigação do empregador de efetuar anotações na carteira de trabalho e previdência social do empregado no prazo de quarenta e oito horas é dispensada no caso de contrato de experiência.

GAB	1	A	2	E

✦ ANOTAÇÃO DE ACIDENTE DO TRABALHO

Art. 30. Os acidentes do trabalho serão obrigatoriamente anotados pelo Instituto Nacional de Previdência Social na carteira do acidentado. (Redação pelo Decreto-lei nº 926, de 10.10.1969)

1. COMENTÁRIOS

As anotações feitas pela Previdência Social (INSS) quanto ao acidente não possuem eficácia absoluta, como pretendem alguns. Trata-se de anotação que decorre de comunicação feita pelo empregador, pelo próprio empregado, pelo sindicato ou por qualquer outra pessoa. Portanto, tal anotação é passível de prova em contrário, como também são outras anotações procedidas na CTPS.

2. SÚMULAS E ORIENTAÇÕES JURISPRUDENCIAIS

- **Súmula nº 225 – STF (vide comentários ao artigo 29)**

- **Súmula nº 12 – TST (vide comentários ao artigo 29)**

3. QUESTÕES DE CONCURSOS

01. (MTE/AGENTE ADMINISTRATIVO/CESPE/2008) Os acidentes de trabalho serão obrigatoriamente anotados pelo INSS na CTPS do acidentado.

GAB	1	C

✦ ANOTAÇÃO POR ÓRGÃOS PÚBLICOS

Art. 31. Aos portadores de Carteiras de Trabalho e Previdência Social assegurado o direito de as apresentar aos órgãos autorizados, para o fim de ser anotado o que for cabível, não podendo ser recusada a solicitação, nem cobrado emolumento não previsto em lei. (Redação pelo Decreto-lei nº 229, de 28.2.1967)

1. COMENTÁRIOS

Os empregadores devem fazer as anotações de praxe mesmo quando não requeridas pelos empregados, devendo solicitar a CTPS a estes para tal finalidade, mas nunca retendo o documento por mais de 05 (cinco) dias (vide comentário ao art. 29 – prazo para anotação da CTPS). Os órgãos referidos neste artigo, como DRT, CEF e INSS, deverão proceder às anotações requeridas pelo portador da CTPS e aquelas a que estão obrigados por lei, como, por exemplo, benefícios previdenciários, concessão de parcelas do seguro-desemprego, etc. As anotações também serão feitas no prazo de 05 (cinco) dias e de forma gratuita por se tratar de um serviço público.

✦ ANOTAÇÃO DA CONDIÇÃO DE DEPENDENTE

Art. 32. As anotações relativas a alterações no estado civil dos portadores de Carteira de Trabalho e Previdência Social serão feitas mediante prova documental. As declarações referentes aos dependentes serão registradas nas fichas respectivas, pelo funcionário encarregado da identificação profissional, a pedido do próprio declarante, que as assinará. (Redação do *caput* e § único pelo Decreto-lei nº 229, de 28.2.1967)

Parágrafo único. As Delegacias Regionais e os órgãos autorizados deverão comunicar ao Departamento Nacional de Mão de obra todas as alterações que anotarem nas Carteiras de Trabalho e Previdência Social.

1. COMENTÁRIOS

Este artigo se refere às anotações do estado civil do trabalhador e à indicação de seus dependentes, exigindo-se prova documental em ambos os casos. A exigência de prova documental pelo INSS está em plena consonância com o Regulamento da Previdência Social que só admite a comprovação do tempo de serviço, ou a condição de dependente, por prova documental e, na ausência, mediante Justificação Administrativa com início de prova material, rejeitando-se a prova exclusivamente testemunhal para tal fim (artigos 142 e 143, do Dec. nº 3.048/99). A doutrina sempre admitiu que a Justificativa também ocorresse judicialmente, mediante procedimento cautelar previsto nos artigos 861 a 866 do CPC (Sergio Pinto Martins, Direito da Seguridade Social, 24ª ed., São Paulo: Atlas, 2007, p. 458; Marcelo Leonardo Tavares, Direito Previdenciário, 08ª ed., Rio de Janeiro: Lumen Juris, 2006, p. 198). O STJ, contudo, definiu o cabimento da ação declaratória para reconhecimento de tempo de serviço para fins previdenciários (S. 242).

O CPC/2015, contudo, suprimiu o procedimento cautelar específico de justificação, abrindo espaço, desta forma, para a posição do STJ em favor da ação declaratória.

2. SÚMULAS E ORIENTAÇÕES JURISPRUDENCIAIS

- **Súmula nº 242 – STJ – DJ 27.11.2000**

  Cabe ação declaratória para reconhecimento de tempo de serviço para fins previdenciários.

✦ RASURAS NA CTPS

Art. 33. As Anotações nas fichas de declaração e nas Carteiras Profissionais serão feitas seguidamente sem abreviaturas, ressalvando-se no fim de cada assentamento as emendas, entrelinhas e quaisquer circunstâncias que possam ocasionar dúvidas. (Redação do Decreto-lei nº 229, de 28.2.1967)

1. COMENTÁRIOS

As anotações que são feitas manualmente, o que é rotina, ocasionam maior incidência de erros materiais, decorrentes da própria natureza humana. Por esta razão o artigo ressalva a possibilidade de eventuais rasuras, que serão objeto de destaque pelos empregadores ou pelos órgãos responsáveis pelas anotações, sem qualquer prejuízo ao empregado.

✦ AVULSO E COOPERADO. ANOTAÇÃO DA CTPS.

Art. 34. Tratando-se de serviço de profissionais de qualquer atividade, exercido por empreitada individual ou coletiva, com ou sem fiscalização da outra parte contratante, a carteira será anotada pelo respectivo sindicato profissional ou pelo representante legal de sua cooperativa.

Art. 35. Revogado pela Lei nº 6.533, de 24.5.1978

1. COMENTÁRIOS

A norma se refere ao trabalhador avulso e ao cooperado. A referência ao sindicato profissional como responsável pelas anotações não deixa margem a outra interpretação. da mesma forma, a menção à cooperativa de trabalho nos traz a noção de um labor sem vínculo empregatício (no mesmo sentido: Sergio Pinto Martins, Comentários à CLT, 12ª ed., São Paulo: Atlas, 2008, p. 65). A anotação pelo sindicato profissional ou pela cooperativa, respectivamente, quanto ao trabalho avulso ou cooperado, denota a interferência de entes privados (sindicatos e cooperativas) em colaboração com órgãos do Estado. Em ambos os casos a anotação ocorre sem a fiscalização do tomador de serviços, razão pela qual o valor das mesmas tem presunção relativa de veracidade.

2. SÚMULAS E ORIENTAÇÕES JURISPRUDENCIAIS

Vide súmulas indicadas nas notas ao art. 29.

▸SEÇÃO V – DAS RECLAMAÇÕES POR FALTA OU RECUSA DE ANOTAÇÃO

✦ **RECLAMAÇÃO POR FALTA OU RECUSA DE ANOTAÇÃO DA CTPS**

Art. 36. Recusando-se a empresa a fazer as anotações a que se refere o art. 29 ou a devolver a Carteira de Trabalho e Previdência Social recebida, poderá o empregado comparecer, pessoalmente ou intermédio de seu sindicato perante a Delegacia Regional ou órgão autorizado, para apresentar reclamação. (Redação pelo Decreto-lei nº 229, de 28.2.1967)

1. COMENTÁRIOS

A reclamação pela falta de anotação do contrato de trabalho ou retenção indevida da CTPS poderá ser feita pelo empregado ou por seu sindicato. O sindicato, que atua como substituto processual da categoria em questões judiciais ou administrativas (art. 8º, III, da CRFB/88), possui legitimidade para demandar na esfera da DRT/MTE, fazendo a reclamação referida. Contudo, o procedimento administrativo não é fase prévia do ajuizamento de eventual ação trabalhista. Aliás, nem é usual que o empregado ou o sindicato se utilize de tal procedimento administrativo. Ambos preferem demandar, diretamente, na Justiça do Trabalho.

✦ **PROCEDIMENTO DA RECLAMAÇÃO**

Art. 37. No caso do art. 36, lavrado o termo de reclamação, determinar-se-á a realização de diligência para instrução do feito, observado, se for o caso o disposto no § 2º do art. 29, notificando-se posteriormente o reclamado por carta registrada, caso persista a recusa, para que, em dia e hora previamente designados, venha prestar esclarecimentos ou efetuar as devidas anotações na Carteira de Trabalho e Previdência Social ou sua entrega. (Redação do *caput* e § único pelo Decreto-lei nº 229, de 28.2.1967)

✦ **AUSÊNCIA DO RECLAMADO**

Parágrafo único. Não comparecendo o reclamado, lavrar-se-á termo de ausência, sendo considerado revel e confesso sobre os termos da reclamação feita, devendo as anotações ser efetuadas por despacho da autoridade que tenha processado a reclamação.

✦ **PRAZO DE 48 HORAS PARA DEFESA DO RECLAMADO**

Art. 38. Comparecendo o empregador e recusando-se a fazer as anotações reclamadas, será lavrado um termo de comparecimento, que deverá conter, entre outras indicações, o lugar, o dia e hora de sua lavratura, o nome e a residência do empregador, assegurando-se-lhe o prazo de 48 (quarenta e oito) horas, a contar do termo, para apresentar defesa.

✦ **PRODUÇÃO DE PROVAS**

Parágrafo único. Findo o prazo para a defesa, subirá o processo à autoridade administrativa de primeira instância, para se ordenarem diligências, que completem a instrução do feito, ou para julgamento, se o caso estiver suficientemente esclarecido.

✦ **AUSÊNCIA DE RELAÇÃO DE EMPREGO. PARTICIPAÇÃO DO JUDICIÁRIO.**

Art. 39 Verificando-se que as alegações feitas pelo reclamado versam sobre a não existência de relação de emprego ou sendo impossível verificar essa condição pelos meios administrativos, será o processo encaminhado a Justiça do Trabalho ficando, nesse caso, sobrestado o julgamento do auto de infração que houver sido lavrado. (Redação *caput* e §§ de acordo com o Decreto-lei nº 229, de 28.2.1967)

✦ **ANOTAÇÃO DA CTPS PELA SECRETARIA DA VARA DO TRABALHO**

§ 1º – Se não houver acordo, a Junta de Conciliação e Julgamento, em sua sentença ordenará que a Secretaria efetue as devidas anotações uma vez transitada em julgado, e faça a comunicação à autoridade competente para o fim de aplicar a multa cabível.

§ 2º – Igual procedimento observar-se-á no caso de processo trabalhista de qualquer natureza, quando for verificada a falta de anotações na Carteira de Trabalho e Previdência Social, devendo o Juiz, nesta hipótese, mandar proceder, desde logo, àquelas sobre as quais não houver controvérsia.

1. COMENTÁRIOS

1.1. Reclamação administrativa. Efeitos. Ausência de coisa julgada

A pretensão administrava de anotação, retificação ou entrega da CTPS, pode ser objeto de aceitação pelo empregador ou de decisão administrativa impondo o cumprimento das respectivas obrigações. A determinação da autoridade administrativa para que sejam feitas anotações, retificações ou entrega do documento, podem ou não ser acolhidas pelo empregador. Mesmo nesta hipótese de julgamento administrativo, determinando a anotação, a recusa do empregador só traz consequências na esfera extrajudicial, ou seja, a anotação ocorrerá por ato de autoridade e incidência de multa pelo descumprimento de norma trabalhista. Em hipótese alguma se pode afirmar que houve coisa julgada, impedindo o acesso dos interessados – empregado e empregador – ao Judiciário (art. 5º, XXXV, da CRFB/88). O mesmo ocorre em caso de revelia no procedimento administrativo. A inércia do empregador, mesmo que deliberadamente, só pode gerar os efeitos de confissão para os fins administrativos acima referidos.

1.2. Anotação ou entrega da CTPS. Cumprimento da obrigação. Meios de coerção

Em se tratando de retenção indevida da CTPS, a presunção de legitimidade e autoexecutoriedade do ato administrativo não autoriza o uso da força. Os limites da decisão da autoridade administrativa só permitem a imposição de sanções pela não devolução da CTPS.

Somente através do Judiciário, por iniciativa do empregado, ou de seu sindicato, esta entrega poderá ser feita. Nesta hipótese o Juiz do Trabalho pode se valer de meios de coerção para cumprimento da obrigação de entrega de coisa certa, mesmo sem requerimento da parte (art. 461-A, parágrafo terceiro, do CPC /73). O art. 806, § 1º, do CPC/2015 afirma que o juiz poderá fixar esta multa ao despachar a petição inicial.

A nosso ver, a imposição de multa-diária (astreintes), prevista na supra citada regra do CPC, só se aplica para inibir o descumprimento das obrigações personalíssimas, impassíveis de adimplemento por terceiros.

Para o cumprimento da tutela específica de anotação ou retificação da CTPS a multa é inaplicável, por se tratar de obrigação de fazer fungível, possível de ser cumprida por terceiros, como determina o art. 39, § 2º, da CLT. Exatamente neste sentido e citando a mesma hipótese que o autor destes comentários: Sérgio Pinto Martins. Direito Processual do Trabalho. 28ª edição. São Paulo: Atlas, 2008, p. 523; em sentido contrário, pela aplicação da multa neste tipo de prestação fungível: Edilton Meireles e Leonardo Dias Borges. Primeiras Linhas de Processo do Trabalho. São Paulo: LTR, março de 2009, p. 253/254, justificando que "...essa anotação realizada pela Justiça do Trabalho pode acarretar sérias dificuldades ao trabalhador no momento de conseguir novo emprego. Daí por que, diante destes casos, vem se tornando lugar comum a aplicação de uma sanção pecuniária diária (astreintes) até que o réu cuide de cumprir com sua obrigação."

1.3. Remessa dos autos à Justiça do Trabalho (art. 39, da CLT). Princípio da Inércia da Jurisdição

O princípio da inércia (também denominado de princípio da demanda ou da ação) é definido pela impossibilidade da jurisdição atuar por iniciativa do Estado, diferentemente do que ocorre com as funções legislativa e executiva (administrativa).

O Estado-juiz só presta a jurisdição quando provocado. Esta característica da jurisdição preserva a imparcialidade do juiz, pressuposto de constituição de um processo válido, pois impede que o julgador tome iniciativas para trazer a causa para si. A provocação do juiz, que dá início à jurisdição, observa as regras de fixação de competência e, desta forma, faz respeitar o princípio do Juiz Natural (art. 5º, XXXVII, da CRFB/88).

A regra do art. 39 da CLT nos remete à origem da Justiça do Trabalho. Outrora órgão integrado ao Executivo, só passou a compor o Poder Judiciário a partir do Decreto-lei nº 9.797, de 09.09.46. A redação do questionado art. 39 é de 1967 (Decreto-lei nº 229, de 28.2.1967). Ainda assim o texto legal foi redigido como se o Judiciário Trabalhista fosse um órgão do executivo, tal qual a fiscalização do trabalho. Esta premissa equivocada permitia que a Justiça do Trabalho recebesse da fiscalização autos de procedimento administrativo, como se Judiciário e Executivo fossem um só Poder, com a mesma função precípua.

Órgão jurisdicional independente desde 1946, não pode a Justiça do Trabalho admitir que um processo se inicie por iniciativa oficial, sem demanda promovida pelos entes próprios de representação das pessoas jurídicas de direito público, na forma do art. 12 do CPC/73 (atual art. 182 do CPC/2015).

A regra do art. 39, *caput*, da CLT não foi recepcionada pela Constituição da República por violar a independência dos Poderes da União, prevista em seu artigo 2º.

▸SEÇÃO VI – DO VALOR DAS ANOTAÇÕES

✦ CTPS. VALOR DAS ANOTAÇÕES

Art. 40. As Carteiras de Trabalho e Previdência Social regularmente emitidas e anotadas servirão de prova nos atos em que sejam exigidas carteiras de identidade e especialmente: (Redação do *caput* e incisos pelo Decreto-lei nº 229, de 28.2.1967)

I – Nos casos de dissídio na Justiça do Trabalho entre a empresa e o empregado por motivo de salário, férias ou tempo de serviço;

II – Perante a Previdência Social, para o efeito de declaração de dependentes;

III – Para cálculo de indenização por acidente do trabalho ou moléstia profissional.

1. COMENTÁRIOS

As anotações não têm valor somente para os fins previstos neste artigo, para a Justiça do Trabalho e a Previdência Social. Valem também como documento de identificação do trabalhador para apresentação perante órgãos públicos e autoridades. A validade da anotação, conforme já destacado nos comentários ao art. 29, que passo a transcrever: "os dados constantes na CTPS não possuem presunção absoluta de veracidade (juris et de jure), mas sim relativa (juris tantum). Assim, admite-se prova em contrário de qualquer anotação que não corresponda à realidade (Ex: anotada a função de garçom na CTPS, o empregado, em juízo, consegue demonstrar que trabalhava como maitre, por meio de prova testemunhal). A eficácia relativa das anotações foi consagrada pela jurisprudência (STF, S. 225 e TST, S. 12)."

2. SÚMULAS E ORIENTAÇÕES JURISPRUDENCIAIS

▸ **Súmula nº 225 – STF (vide artigo 29)**

▸ **Súmula nº 12 – TST (vide artigo 29)**

▸SEÇÃO VII – DOS LIVROS DE REGISTRO DE EMPREGADOS

✦ REGISTRO DOS EMPREGADOS

Art. 41 Em todas as atividades será obrigatório para o empregador o registro dos respectivos trabalhadores, podendo ser adotados livros, fichas ou sistema eletrônico, conforme instruções a serem expedidas pelo Ministério do Trabalho. (Redação do *caput* e § único pela Lei nº 7.855, de 24.10.1989)

Parágrafo único. Além da qualificação civil ou profissional de cada trabalhador, deverão ser anotados todos os dados relativos à sua admissão no emprego, duração e efetividade do trabalho, a férias, acidentes e demais circunstâncias que interessem à proteção do trabalhador.

Art. 42. Revogado pela Lei nº 10.243, de 19.06.2001.

Art. 43 e 44 Revogados pela Lei nº 7.855, de 24.10.1989

Art. 45 e 46 Revogados pelo Decreto-Lei nº 229, de 28.2.1967

1. COMENTÁRIOS

1.1. Ficha de Registro de empregado. Documento obrigatório

A ficha de registro de empregado, ou registro eletrônico que o substitua, é um dos documentos obrigatórios de guarda do empregado, como também são os livros de inspeção do trabalho (art. 628 § 1º, da CLT), os controles de horário e quadro de horário (art. 3º, da Portaria nº 1.121/95, do MTb/GM). Não há necessidade da ficha de registro ser homologada pelo MTb, já que o art. 42 da CLT, que exigia tal requisito, foi Revogado pela Lei nº 10.243, de 19.06.2001, mas o livro deve ficar disponível para fins de fiscalização do trabalho.

1.2. Trabalhador rural por pequeno prazo

Conforme o art. 1° da Lei nº 11.718, de 20 de junho de 2008, que acrescentou o art. 14-A à Lei nº 5.889, de 8 de junho de 1973, o contrato de trabalhador rural por pequeno prazo (de até dois meses dentro do período de um ano) deverá ser formalizado mediante a inclusão do trabalhador na GFIP, e:

I) mediante a anotação na Carteira de Trabalho e Previdência Social e em Livro ou Ficha de Registro de Empregados; ou

II) mediante contrato escrito, em 2 (duas) vias, uma para cada parte, em que conste, no mínimo: a) expressa autorização em acordo coletivo ou convenção coletiva; b) identificação do produtor rural e do imóvel rural onde o trabalho será realizado e indicação da respectiva matrícula; c) identificação do trabalhador, com indicação do respectivo Número de Inscrição do Trabalhador (NIT).

2. SÚMULAS E ORIENTAÇÕES JURISPRUDENCIAIS

▸ **Súmula nº 225 – STF (vide artigo 29)**

▸ **Súmula nº 12 – TST (vide artigo 29)**

✦ MULTA POR AUSÊNCIA DE REGISTRO DE EMPREGADO

Art. 47. O empregador que mantiver empregado não registrado nos termos do art. 41 desta Consolidação ficará sujeito a multa no valor de R$ 3.000,00 (três mil reais) por empregado não registrado, acrescido de igual valor em cada reincidência. (Redação da Lei n° 13.467, de 13.07.2017).

§ 1º Especificamente quanto à infração a que se refere o *caput* deste artigo, o valor final da multa aplicada será de R$ 800,00 (oitocentos reais) por empregado não registrado, quando se tratar de microempresa ou empresa de pequeno porte. (Incluído pela Lei nº 13.467, de 13.07.2017).

§ 2º A infração de que trata o *caput* deste artigo constitui exceção ao critério da dupla visita.(Incluído pela Lei nº 13.467, de 13.07.2017).

1. COMENTÁRIOS

A Lei Federal nº 8.383, de 30.12.1991, art. 1º, fixou a UFIR (Unidade Fiscal de Referência), como fator de cobrança de multas na esfera federal. O art. 2º, § 1º, da referida lei, atribuiu ao Ministério da Fazenda competência para divulgar o valor mensal da UFIR.

A Portaria nº 290, de 11.04.1997, do MTb, que regulamenta a aplicação e cobrança de multas trabalhistas, fixou em 378,2847 UFIRs, a multa prevista no *caput* deste artigo, calculada por cada empregado não registrado., com dobra do valor na hipótese de reincidência.

Com a redação da Lei nº 13.467, de 13.07.2017 o valor da multa prevista no *caput* do art. 47 passou a ser descrita em Reais. A multa sanciona a falta de registro, ou seja, a falta de anotação do contrato de emprego na Ficha de Registro do Empregado. Qualquer outra infração referente ao registro de empregado, como por exemplo: **a)** anotação de valor do salário diferente do real; **b)** omissão quanto à condição especial de trabalho – insalubre ou perigoso; **c)** não registro de concessão de férias, etc, será capitulada como outra infração administrativa

Sobre a dupla visita ver comentários ao art. 627 da CLT.

✦ FALTA DE ATUALIZAÇÃO DE DADOS

Art. 47-A. Na hipótese de não serem informados os dados a que se refere o parágrafo único do art. 41 desta Consolidação, o empregador ficará sujeito à multa de R$ 600,00 (seiscentos reais) por empregado prejudicado. (Incluído pela Lei nº 13.467, de 13.07.2017)

1. COMENTÁRIOS

A multa prevista no art. 47-A, da CLT, incidirá cada vez que o empregador deixar de cumprir as obrigações previstas no § único, do art. 41, que dizem respeito às anotações na ficha de registro do empregado, relativamente a dados de admissão e demais ocorrências no curso do contrato de trabalho, como, por exemplos, férias, acidente do trabalho e, conforme a própria redação da regra citada: "demais circunstâncias que interessem à proteção do trabalhador".

A multa será aplicada por cada empregado, mas se cobrará o valor de R$600,00 por cada informação sonegada, mas sim pelo fato de haver irregularidades. Interpretação contrária levaria ao absurdo de ser aplicada multa de R$6.000,00 para empregado com 10 anos de emprego, que nunca teve anotadas as férias no Registro de Empregado, mesmo que haja prova de seu efetivo gozo e pagamento (R$600,00 por cada anotação não feita, multiplicado pelo número de anos do Contrato de Trabalho). No exemplo citado, o empregado referido importará no pagamento de uma única multa, de R$600,00, pela empresa, e o mesmo valor por cada empregado em que se observarem irregularidades quando aos dados cadastrais.

✦ AUTORIDADES RESPONSÁVEIS PELA APLICAÇÃO DAS MULTAS

Art. 48. As multas previstas nesta Seção serão aplicadas pela autoridade de primeira instância no Distrito Federal, e pelas autoridades regionais do Ministério do Trabalho, nos Estados e no Território do Acre.

1. COMENTÁRIOS

A Secretaria de Inspeção do Trabalho, órgão do Ministério do Trabalho e Emprego, é a responsável por determinar as diretrizes da fiscalização em todo o território nacional. As tarefas de coordenação e execução da fiscalização são afeitas ao Departamento de Fiscalização do Trabalho, órgão vinculado à Secretaria. A atividade de fiscalização é descentralizada pelas Superintendências Regionais do Trabalho e Emprego (antigas Delegacias Regionais do Trabalho), no âmbito Estadual, e estas, por sua vez, se subdividem em Gerências e Agências Regionais, nos âmbitos dos Municípios. Os agentes públicos responsáveis pela fiscalização do trabalho são os Auditores Fiscais do Trabalho.

▸SEÇÃO VIII – DAS PENALIDADES

✦ **CRIMES RELACIONADOS À EMISSÃO, FALSIFICAÇÃO E USO INDEVIDO DA CTPS**

Art. 49. Para os efeitos da emissão, substituição ou anotação de Carteiras de Trabalho e Previdência Social, considerar-se-á, crime de falsidade, com as penalidades previstas no art. 299 do Código Penal: (Redação do *caput* e incisos pelo Decreto-lei nº 229, de 28.2.1967)

I – Fazer, no todo ou em parte, qualquer documento falso ou alterar o verdadeiro;

II – Afirmar falsamente a sua própria identidade, filiação, lugar de nascimento, residência, profissão ou estado civil e beneficiários, ou atestar os de outra pessoa;

III – Servir-se de documentos, por qualquer forma falsificados;

IV – falsificar, fabricando ou alterando, ou vender, usar ou possuir Carteira de Trabalho e Previdência Social assim alteradas;

V – Anotar dolosamente em Carteira de Trabalho e Previdência Social ou registro de empregado, ou confessar ou declarar em juízo ou fora dele, data de admissão em emprego diversa da verdadeira.

1. COMENTÁRIOS

1.1. Tipo Trabalhista – despreocupação com a definição dos ilícitos penais

As condutas descritas nos incisos do art. 49 da CLT são tipificadas em diversos artigos do CP. Ainda assim o legislador trabalhista escolheu remeter a sanção penal somente para o art. 299 do CP, que define o crime de falsidade ideológica. Nos incisos do art. 49 encontramos os seguintes crimes: I – falsidade material (CP, art. 297); II – falsidade ideológica (CP, art. 299); III – uso de documento falso (CP, art. 304); IV – falsidade material; V – falsidade ideológica.

1.2. Pena

O legislador se preocupou com a tipificação dos ilícitos penais, mas não cominou as penas aplicáveis, deixando as sanções para o art. 299 do CP. Este, por sua vez, comina pena de reclusão, de um a cinco anos, se o documento é público e de um a três anos, e multa, se o documento for particular.

1.3. Falsidade Material (formal) e Ideológica (de conteúdo)

Há falsidade material quando se altera a integridade física do documento, transformando-se suas características originais ou quando se cria um documento semelhante ao verdadeiro, mas sem os requisitos do original (Ex: rasuras feitas na CTPS para alterar as informações ali constantes ou atestado médico confeccionado pelo empregado e assinado pelo próprio, como se fosse o profissional de saúde).

Como as condutas do artigo 49 dizem respeito somente à alteração da CTPS, a hipótese sempre será de alteração de documento público (CP, art. 297), e não de documento particular. Há na doutrina e jurisprudência divergência quanto à possibilidade de concurso deste delito com o de estelionato (Rogério Sanches Cunha, Código Penal para Concursos, Salvador, juspodivm, 2009, p. 434).

Há falsidade ideológica quando o conteúdo do documento não corresponde, na realidade, à narrativa ali contida, seja por omissão da verdade, seja por afirmação de fato que não guarda correspondência com a verdade, no todo ou em parte (Ex: declaração que atesta bons antecedentes subscrita pelo Chefe do Departamento Pessoal de uma empresa para terceiro que sequer foi empregado).

1.4. Papel assinado em branco. Falsidade ideológica

Rogério Sanches Cunha cita hipótese muito comum no dia a dia da Justiça do Trabalho: abuso do papel em branco assinado. Citando lição de Nelson Hungria, o autor explica que somente haverá falsidade ideológica quando o papel tiver sido confiado ao agente para posterior preenchimento (Código Penal para Concursos, p. 440). Esta é exatamente a hipótese do empregador que, tendo recebido a CTPS para preenchimento do contrato de trabalho, no prazo de 48 horas do art. 29 da CLT, anote informações discrepantes daquelas ajustadas com o empregado, como, por exemplo, salário e função. Por outro lado, se o agente (empregador) tiver se apossado do documento, à revelia do signatário (empregado), para fazer a anotação falsa, a hipótese será de falsidade material (ob. cit., p. 440).

2. SÚMULAS E ORIENTAÇÕES JURISPRUDENCIAIS

- **Súmula nº 17 – STJ – DJ 28.11.1990**

  Quando o falso se exaure no estelionato, sem mais potencialidade lesiva, e por este absorvido.

- **Súmula nº 62 – STJ – DJ 26.11.1992**

  Compete a justiça estadual processar e julgar o crime de falsa anotação na carteira de trabalho e previdência social, atribuído a empresa privada.

✦ FALSIDADE – COMUNICAÇÃO ÀS AUTORIDADES

Art. 50. Comprovando-se falsidade, quer nas declarações para emissão de Carteira de Trabalho e Previdência Social, quer nas respectivas anotações, o fato será levado ao conhecimento da autoridade que houver emitido a carteira, para fins de direito.

1. COMENTÁRIOS

Além da comunicação ao órgão local do Ministério do Trabalho responsável pela emissão da CTPS, para que este possa identificar e corrigir a fraude no documento original, devem também ser informados os representantes do Ministério Público para apuração e punição criminal dos responsáveis pelo ilícito. Segundo a S. 62 do STJ, a competência para julgamento da respectiva ação penal será da Justiça Estadual; consequentemente, deve ser feita a comunicação da anotação falsa ao Ministério Público Estadual.

A ampliação de competência da Justiça do Trabalho, com a EC 45/2004, não lhe atribuiu competência penal. Neste sentido a concessão de liminar na ADI nº 3.684-DF:

"COMPETÊNCIA CRIMINAL. Justiça do Trabalho. Ações penais. Processo e julgamento. Jurisdição penal genérica. Inexistência. Interpretação conforme dada ao art. 114, incs. I, IV e IX, da CF, acrescidos pela EC nº 45/2004. Ação direta de inconstitucionalidade. Liminar deferida com efeito ex tunc. O disposto no art. 114, incs. I, IV e IX, da Constituição da República, acrescidos pela Emenda Constitucional nº 45, não atribui à Justiça do Trabalho competência para processar e julgar ações penais. RELATOR: MINº CEZAR PELUSO"

A liminar deferida pelo STF na ADI nº 3.684 vem servindo de norte nos julgamentos de outros tribunais superiores, como se observa do aresto a seguir transcrito, do E. STJ, extraído do INFO nº315 do STJ:

"JUSTIÇA TRABALHISTA. COMPETÊNCIA. AÇÃO PENAL. É certo que a EC nº 45/2004 ampliou sobremaneira a competência da Justiça do Trabalho, ao possibilitar-lhe processar e julgar todas as ações decorrentes da relação de trabalho. Consabido, também, que a nova redação do art. 114 da CF/1988 permitiu-lhe processar e julgar certos habeas corpus. Porém disso não se pode concluir que lhe atribuiu competência para processar e julgar ações penais, tais como as do delito previsto no art. 203 do CP (Frustração de direito assegurado por lei trabalhista), pois se estaria a violar o princípio do juiz natural, tal como já apregoado pelo STF. Precedente citado do STF: ADI 3.684-DF, DJ 1º/2/2007. CC 59.978-RS, Rel. Minº Laurita Vaz, julgado em 28/3/2007.)"

A doutrina destaca que compete aos Juízes Federais, na forma do art. 109, IV, da CRFB/88, "processar e julgar os crimes praticados em detrimento de bens, serviços ou interesse da União, ou de suas entidades autárquicas ou empresas públicas, ressalvada a competência da justiça militar e da justiça eleitoral" (Rogério Sanches Cunha, ob. cit., p. 435). Neste sentido, será da competência da Justiça Federal, por meio de denúncia oferecida pelo Ministério Público Federal, o julgamento de crime por uso de documento público falso em demanda ajuizada na Justiça do Trabalho.

2. SÚMULAS E ORIENTAÇÕES JURISPRUDENCIAIS

- **Súmula nº 62 – STJ *(vide artigo 49)***

✦ **MULTA PELA EXPOSIÇÃO OU VENDA DE CTPS FALSA**

Art. 51. Incorrerá em multa de valor igual a 3 (três) vezes o salário-mínimo regional aquele que, comerciante ou não, vender ou expuser à venda qualquer tipo de carteira igual ou semelhante ao tipo oficialmente adotado. (Redação pelo Decreto-lei nº 229, de 28.2.1967)

1. COMENTÁRIOS

A Lei Federal nº 8.383, de 30.12.1991, art. 1º, fixou a UFIR (Unidade Fiscal de Referência), como fator de cobrança de multas na esfera federal. O art. 2º, § 1º, da referida lei, atribuiu ao Ministério da Fazenda a competência para divulgar o valor mensal da UFIR.

A Portaria nº 290, de 11.04.1997, do MTb, que regulamenta a aplicação e cobrança de multas trabalhistas, fixou em 1.134,8541 UFIRs, a multa prevista no *caput* deste artigo, calculada por cada venda ou exposição de CTPS falsa.

✦ **MULTA POR EXTRAVIO OU INUTILIZAÇÃO DE CTPS**

Art. 52. O extravio ou inutilização da Carteira de Trabalho e Previdência Social por culpa da empresa sujeitará esta à multa de valor igual á metade do salário mínimo regional. (Redação do Decreto-lei nº 926, de 10.10.1969)

1. COMENTÁRIOS

Não existe mais salário-mínimo regional. A Portaria nº 290, de 11.04.1997, do Ministério do Trabalho, indica a multa de 189,1424 UFIR's. Este é o critério atual.

2. QUESTÕES DE CONCURSOS

01. (MTE/AGENTE ADMINISTRATIVO/CESPE/2008) Uma empresa que extraviar ou inutilizar a CTPS de um empregado fica sujeita à aplicação de multa no valor de metade do salário mínimo regional.

GAB	1	C

✦ **MULTA POR RETENÇÃO DA CTPS POR MAIS DE 48 HORAS**

Art. 53. A empresa que receber Carteira de Trabalho e Previdência Social para anotar e a retiver por mais de 48 (quarenta e oito) horas ficará sujeita à multa de valor igual à metade do salário-mínimo regional. (Redação do Decreto-lei nº 229, de 28.2.1967)

1. COMENTÁRIOS

A retenção da CTPS pelo prazo superior a 48 horas, previsto no art. 29 da CLT, constitui infração administrativa que sujeita o empregador à multa prevista na Portaria nº 290, de 11.04.1997, do MTb, de 189,1424 UFIR's. A retenção da CTPS por prazo superior a 05 dias é tipificada como contravenção penal, com pena de prisão simples de 01 a 03 meses ou multa (artigos 1º a 3º, da Lei nº 5.553/68) (vide comentários ao art. 29).

✦ **MULTA POR RECUSA NA ANOTAÇÃO DA CTPS**

Art. 54. A empresa que, tendo sido intimada, não comparecer para anotar a Carteira de Trabalho e Previdência Social de seu empregado, ou cujas alegações para recusa tenham sido julgadas improcedentes, ficará sujeita à multa de valor igual a 1 (um) salário-mínimo regional. (Redação do Decreto-lei nº 229, de 28.2.1967)

1. COMENTÁRIOS

Sobre os efeitos jurídicos da ausência do empregador vide comentários aos artigos 37 e 38.

A Lei Federal nº 8.383, de 30.12.1991, art. 1º, fixou a UFIR (Unidade Fiscal de Referência), como fator de cobrança de multas na esfera federal. O art. 2º, § 1º, da referida lei, atribuiu ao Ministério da Fazenda a competência para divulgar o valor mensal da UFIR.

A Portaria nº 290, de 11.04.1997, do MTb, que regulamenta a aplicação e cobrança de multas trabalhistas, fixou em 378,2847 UFIRs a multa pelo não comparecimento do empregador ao órgão do Ministério do Trabalho.

✦ **MULTA POR AUSÊNCIA DE CTPS**

Art. 55. Incorrerá na multa de valor igual a 1 (um) salário-mínimo regional a empresa que infringir o art. 13 e seus parágrafos. (Redação do Decreto-lei nº 229, de 28.2.1967)

1. COMENTÁRIOS

A multa acima referida é aplicável aos casos de emprego sem a devida CTPS, conforme remissão ao art. 13 e seus parágrafos. Esta multa incide pela simples ausência de CTPS e é cumulável com aquela devida pela falta de anotação do contrato de trabalho, no prazo de 48 horas, do art. 29 da CLT. Portanto, por manter empregado que não possua CTPS, o empregador se sujeita à multa de 378,2847 UFIR's, cumulada com a multa de 278,2847 UFIR's, pela não anotação da CTPS (Portaria nº 290, de 11.04.1997, do MTb).

✦ **MULTA POR COBRANÇA INDEVIDA PELA ENTREGA DA CTPS**

Art. 56. O sindicato que cobrar remuneração pela entrega de Carteira de Trabalho e Previdência Social ficará sujeito à multa de valor igual a 3 (três) vezes o salário-mínimo regional. (Redação do Decreto-lei nº 229, de 28.2.1967)

1. COMENTÁRIOS

Sobre a participação do sindicato na entrega da CTPS, vide comentários ao art. 26.

A Lei Federal nº 8.383, de 30.12.1991, art. 1º, fixou a UFIR (Unidade Fiscal de Referência), como fator de cobrança de multas na esfera federal. O art. 2º, § 1º, da referida lei, atribuiu ao Ministério da Fazenda a competência para divulgar o valor mensal da UFIR.

A Portaria nº 290, de 11.04.1997, do MTb, que regulamenta a aplicação e cobrança de multas trabalhistas, fixou em 1.134,8541 UFIRs a multa para o sindicato que cobrar pelo serviço de entrega da CTPS.

▸CAPÍTULO II – DA DURAÇÃO DO TRABALHO

▸SEÇÃO I – DISPOSIÇÃO PRELIMINAR

✦ **DURAÇÃO DO TRABALHO. REGRAS GERAIS E ESPECIAIS**

Art. 57. Os preceitos deste Capítulo aplicam-se a todas as atividades, salvo as expressamente excluídas, constituindo exceções as disposições especiais, concernentes estritamente a peculiaridades profissionais constantes do Capítulo I do Título III.

1. COMENTÁRIOS

A norma deste artigo exclui as categorias ou trabalhadores que, na CLT, ou em normas extravagantes, possuem regulamentação especial quanto à duração do trabalho; as regras específicas dizem respeito, em sua maioria, a jornadas de trabalho e intervalos intrajornadas. São exemplos de trabalhadores com tratamento próprio: na CLT, art. 224 a 226 (Bancários); 227 a 231 (Telefonistas); 234 e 235 (Operadores Cinematográficos); 236 a 247 (Ferroviários); 248 a 252 (Equipagem das Embarcações da Marinha Mercante Nacional; 253 (Trabalhadores em Frigoríficos); 293 a 301 (Mineiros); 302 a 316 (Jornalistas); 317 a 324 (Professores); 325 a 350 (Químicos); 411 a 414 (Menor); 432 (Aprendizagem).

Na legislação extravagante: Revisores (DL nº 910/38); Lei nº 3270/57 (Ascensoristas); Lei nº 3.857/60 (Músicos); DL nº 16/66 e 78/66 e Lei nº 7.183/84 (Aeronautas); Lei nº 5.811/72 e OJ nº 240 (Petroleiros); Lei nº 6.533/78 (Artistas); Lei nº 6.354/76 e Lei nº 9.615/98 (Atleta Profissional de Futebol e Lei do Desporto); Lei nº 6.615/78 (Radialistas); Lei nº 7,394/85 (Técnicos em Radiologia); Lei nº 8.906/94 (Advogados); Lei nº 8.856/94 (Fisioterapeutas e Terapeutas Ocupacionais).

▸SEÇÃO II – DA JORNADA DE TRABALHO

✦ JORNADA DE TRABALHO

Art. 58. A duração normal do trabalho, para os empregados em qualquer atividade privada, não excederá de 8 (oito) horas diárias, desde que não seja fixado expressamente outro limite.

✦ MINUTOS ANTES E DEPOIS

§ 1º – Não serão descontadas nem computadas como jornada extraordinária as variações de horário no registro de ponto não excedentes de cinco minutos, observado o limite máximo de dez minutos diários. (Parágrafo incluído pela Lei nº 10.243, de 19.6.2001)

✦ JORNADA IN ITINERE

§ 2º – O tempo despendido pelo empregado desde a sua residência até a efetiva ocupação do posto de trabalho e para o seu retorno, caminhando ou por qualquer meio de transporte, inclusive o fornecido pelo empregador, não será computado na jornada de trabalho, por não ser tempo à disposição do empregador. (Redação da Lei n° 13.467, de 13.07.2017).

§ 3º – (Revogado pela Lei n° 13.467, de 13.07.2017).

1. COMENTÁRIOS

1.1. Jornada e Horário de Trabalho

A Jornada, definida em sentido estrito, *é o tempo gasto pelo empregado para exercer sua atividade diária. O tempo de serviço no qual o empregado está aguardando ou executando ordens é computado na jornada de trabalho* (CLT, art. 4º), mas não o tempo em que está repousando ou se alimentando (art. 71, da CLT). No Brasil, a CRFB de 1934 (art. 121, § 1º, "c") foi a primeira a assegurar a jornada de trabalho de 08 horas, seguida pela CRFB de 1937 (art. 137, "i"), pela de 1946 (art. 157, V), pela de 1967, com a Emenda de 69 (art. 165, VI), até receber o atual tratamento. A CRFB de 1988, art. 7º, XIII, estabeleceu limite de 08 horas para a jornada de trabalho e de 44 horas para a duração semanal do trabalho (nas Constituições anteriores o limite semanal era de 48 horas). Significa que haverá hora extraordinária, que será paga ou compensada com redução da jornada em outro dia, sempre que for ultrapassado um ou outro limite. O Horário de Trabalho, que deve ser exposto no estabelecimento empresarial, de forma visível, delimita o início e o fim de um dia de trabalho. Assim, o horário de trabalho de um empregado, por exemplo, se inicia às 09:00 horas e termina às 18 horas, mas sua jornada de trabalho, considerando-se uma hora de intervalo, é de 08 horas, já que o intervalo não é computado na jornada, salvo para fins de acidente do trabalho (art. 21, IV, § 1º, da Lei nº 8.213/91). **Horário, portanto, é representado pelo início e fim de um dia de trabalho**, a Jornada é o tempo efetivamente gasto pelo empregado em prol de seu empregador, aguardando ou executando ordens.

1.2. Turnos de Revezamento

Dentre os diversos critérios estudados pela doutrina para definir o turno de revezamento, prevalece aquele que leva em consideração a condição do empregado. Assim, a CRFB/88, em seu art. 7º, XIV, estabeleceu jornada de 06 horas para os empregados que trabalhem em turno ininterrupto de revezamento. Para a caracterização do turno ininterrupto se leva em consideração o fato do empregado se submeter a uma constante variação do horário dos turnos (Ex: 12:00 às 18:00, 00:00 às 06:00 e 18:00 às 00:00). Por acordo ou convenção coletiva de trabalho pode ser observada qualquer duração do turno de trabalho, diferente das 06 horas, desde que respeitado o direito aos intervalos intrajornadas (art. 71), interjornadas (art. 66, da CLT) e repouso semanal (art. 67, da CLT e Lei nº 605/49). São exemplos de turnos de revezamento que costumam ser implementados por negociação coletiva: 12x36, sendo 12 horas de trabalho por 36 de descanso ou de 24x72, entre outros.

1.3. Horas extras não remuneradas: cinco minutos antes e depois

A Lei nº 10.243, de 19.6.2001, que inseriu um parágrafo primeiro no art. 58, incorporou o entendimento que já havia se pacificado na jurisprudência (**S. 366/TST**, resultante das OJ's 23 e 326, da SDI-1/TST). A interpretação do texto legal, segundo o TST, é de que o tempo gasto pelo empregado que começar a trabalhar 05 minutos mais cedo ou que fique até mais tarde por 05 minutos, não serão remunerados. Parte da doutrina, a qual aderimos, entende que o referido dispositivo também autoriza o atraso do empregado por 05 minutos (Sérgio Pinto Martins, Comentários à CLT, 12ª ed., 2008, Atlas, p. 81).

1.4. Horas *in itinere*

O art. 58, § 2º, com a redação da Lei nº 10.243, de 19.6.2001, previa que "O tempo despendido pelo empregado até o local de trabalho e para o seu retorno, por qualquer meio de transporte, não será computado na jornada de trabalho, salvo quando, tratando-se de local de difícil acesso ou não servido por transporte público, o empregador fornecer a condução.". O texto acima referido representa o que o direito do trabalho denomina horas *in itinere*.

Antes do advento da Lei nº 13.467, de 13.07.2017, tanto o § 2º do art. 58, quanto a jurisprudência do TST (Súmulas 90, 429 e OJ SDI-T nº 36), consideram a hora *in itinere* como tempo de serviço efetivo, desde que o local de trabalho fosse de difícil acesso ou não servido por transporte público regular e o empregador fornecesse a condução.

O atual texto do art. 58, § 2º provocou uma mudança radical, de forma que, pouco importando o tempo de deslocamento, não se pode mais considerar como de serviço efetivo, deixando, portanto, de fazer parte da jornada de trabalho.

O percurso de ida e volta, irregular ou não, de difícil ou fácil acesso, é considerado como de serviço efetivo para fins de acidente do trabalho (art. 21, IV, "d", da Lei nº 8.213/91).

1.5. Micro e Pequena Empresa

O parágrafo terceiro do art. 58 havia sido inserido pelo Estatuto da Micro e Pequena Empresa (LC nº 123, de 14.12.2006). O dispositivo, atento aos impactos econômicos que podem provocar as horas extraordinárias, permitia que, por acordo ou convenção coletiva de trabalho, fosse pré-estabelecido o tempo gasto no percurso de ida e volta, bem como que fosse retirada a natureza salarial deste período gasto pelo empregado. O referido § 3º foi expressamente revogado pela Lei nº 13.467, de 13.07.2017, por seu art. 5º, inciso I, "a".

2. SÚMULAS E ORIENTAÇÕES JURISPRUDENCIAIS

- **Súmula nº 675 – STF – Sessão Plenária de 24/09/2003**

Os intervalos fixados para descanso e alimentação durante a jornada de seis horas não descaracterizam o sistema de turnos ininterruptos de revezamento para o efeito do art. 7º, xiv, da constituição.

- **Súmula nº 90 – TST**

HORAS "IN ITINERE". TEMPO DE SERVIÇO (incorporadas as Súmulas nºs 324 e 325 e as OJ's nºs 50 e 236 da SBDI-1) – Res. 129/2005, DJ 20, 22 e 25.04.2005.

I – O tempo despendido pelo empregado, em condução fornecida pelo empregador, até o local de trabalho de difícil acesso, ou não servido por transporte público regular, e para o seu retorno é computável na jornada de trabalho. (ex-Súmula nº 90 – RA 80/1978, DJ 10.11.1978)

II – A incompatibilidade entre os horários de início e término da jornada do empregado e os do transporte público regular é circunstância que também gera o direito às horas "in itinere". (ex-OJ nº 50 da SBDI-1 – inserida em 01.02.1995)

III – A mera insuficiência de transporte público não enseja o pagamento de horas "in itinere". (ex-Súmula nº 324 – Res. 16/1993, DJ 21.12.1993)

IV – Se houver transporte público regular em parte do trajeto percorrido em condução da empresa, as horas "in itinere" remuneradas limitam-se ao trecho não alcançado pelo transporte público. (ex-Súmula nº 325 – Res. 17/1993, DJ 21.12.1993)

V – Considerando que as horas "in itinere" são computáveis na jornada de trabalho, o tempo que extrapola a jornada legal é considerado como extraordinário e sobre ele deve incidir o adicional respectivo. (ex-OJ nº 236 da SBDI-1 – inserida em 20.06.2001)

- **Súmula nº 110 – TST**

JORNADA DE TRABALHO. INTERVALO (mantida) – Res. 121/2003, DJ 19, 20 e 21.11.2003

No regime de revezamento, as horas trabalhadas em seguida ao repouso semanal de 24 horas, com prejuízo do intervalo mínimo de 11 horas consecutivas para descanso entre jornadas, devem ser remuneradas como extraordinárias, inclusive com o respectivo adicional.

- **Súmula nº 320 – TST**

HORAS "IN ITINERE". OBRIGATORIEDADE DE CÔMPUTO NA JORNADA DE TRABALHO (mantida) – Res. 121/2003, DJ 19, 20 e 21.11.2003. O fato de o empregador cobrar, parcialmente ou não, importância pelo transporte fornecido, para local de difícil acesso ou não servido por transporte regular, não afasta o direito à percepção das horas "in itinere".

- **Súmula nº 366 do TST**

CARTÃO DE PONTO. REGISTRO. HORAS EXTRAS. MINUTOS QUE ANTECEDEM E SUCEDEM A JORNADA DE TRABALHO (nova redação) – Res. 197/2015 – DEJT divulgado em 14, 15 e 18.05.2015

Não serão descontadas nem computadas como jornada extraordinária as variações de horário do registro de ponto não excedentes de cinco minutos, observado o limite máximo de dez minutos diários. Se ultrapassado esse limite, será considerada como extra a totalidade do tempo que exceder a jornada normal, pois configurado tempo à disposição do empregador, não importando as atividades desenvolvidas pelo empregado ao longo do tempo residual (troca de uniforme, lanche, higiene pessoal, etc).

- **Súmula nº 370 – TST**

MÉDICO E ENGENHEIRO. JORNADA DE TRABALHO. LEIS NºS 3.999/1961 E 4.950-A/1966 (conversão das OJ's nºs 39 e 53 da SBDI-1) – Res. 129/2005, DJ 20, 22 e 25.04.2005. Tendo em vista que as Leis nº 3.999/1961 e 4.950-A/1966 não estipulam a jornada reduzida, mas apenas estabelecem o salário mínimo da categoria para uma jornada de 4 horas para os médicos e de 6 horas para os engenheiros, não há que se falar em horas extras, salvo as excedentes à oitava, desde que seja respeitado o salário mínimo/horário das categorias. (ex-OJs nºs 39 e 53 da SBDI-1 – inseridas, respectivamente, em 07.11.1994 e 29.04.1994)

- **Súmula nº 391 – TST**

PETROLEIROS. LEI Nº 5.811/1972. TURNO ININTERRUPTO DE REVEZAMENTO. HORAS EXTRAS E ALTERAÇÃO DA JORNADA PARA HORÁRIO FIXO (conversão das OJ's nºs 240 e 333 da SBDI-1) – Res. 129/2005, DJ 20, 22 e 25.04.2005

I – A Lei nº 5.811/1972 foi recepcionada pela CRFB/88 no que se refere à duração da jornada de trabalho em regime de revezamento dos petroleiros. (ex-OJ nº 240 da SBDI-1 – inserida em 20.06.2001)

II – A previsão contida no art. 10 da Lei nº 5.811/1972, possibilitando a mudança do regime de revezamento para horário fixo, constitui alteração lícita, não violando os arts. 468 da CLT e 7º, VI, da CRFB/88. (ex-OJ nº 333 da SBDI-1 – DJ 09.12.2003)

- **Súmula nº 423 – TST**

TURNO ININTERRUPTO DE REVEZAMENTO. FIXAÇÃO DE JORNADA DE TRABALHO MEDIANTE NEGOCIAÇÃO COLETIVA. VALIDADE. (conversão da OJ nº 169 da SBDI-1) Res. 139/2006 – DJ 10, 11 e 13.10.2006). Estabelecida jornada superior a seis horas e limitada a oito horas por meio de regular negociação coletiva, os empregados submetidos a turnos ininterruptos de revezamento não tem direito ao pagamento da 7ª e 8ª horas como extras.

- **Súmula nº 429 – TST**

TEMPO À DISPOSIÇÃO DO EMPREGADOR. Art. 4º DA CLT. PERÍODO DE DESLOCAMENTO ENTRE A PORTARIA E O LOCAL DE TRABALHO – Res. 174/2011, DEJT divulgado em 27, 30 e 31.05.2011.

Considera-se à disposição do empregador, na forma do art. 4º da CLT, o tempo necessário ao deslocamento do trabalhador entre a portaria da empresa e o local de trabalho, desde que supere o limite de 10 (dez) minutos diários.

- **Súmula nº 431 – TST**

SALÁRIO-HORA. EMPREGADO SUJEITO AO REGIME GERAL DE TRABALHO (Art. 58, CAPUT, DA CLT). 40 HORAS SEMANAIS. CÁLCULO. APLICAÇÃO DO DIVISOR 200 (redação alterada na sessão do tribunal pleno realizada em 14.09.2012) – Res. 185/2012 – DEJT divulgado em 25, 26 e 27.09.2012

Para os empregados a que alude o art. 58, *caput*, da CLT, quando sujeitos a 40 horas semanais de trabalho, aplica-se o divisor 200 (duzentos) para o cálculo do valor do salário-hora.

- **Súmula nº 444 – TST**

JORNADA DE TRABALHO. NORMA COLETIVA. LEI. ESCALA DE 12 POR 36. VALIDADE – Res. 185/2012, DEJT divulgado em 25, 26 e 27.09.2012 – republicada em decorrência do despacho proferido no processo TST-PA-504280/2012.2 – DEJT divulgado em 26.11.2012.

É valida, em caráter excepcional, a jornada de doze horas de trabalho por trinta e seis de descanso, prevista em lei ou ajustada exclusivamente mediante acordo coletivo de trabalho ou convenção coletiva de trabalho, assegurada a remuneração em dobro dos feriados trabalhados. O empregado não tem direito ao pagamento de adicional referente ao labor prestado na décima primeira e décima segunda horas

- **Súmula nº 449 – TST**

MINUTOS QUE ANTECEDEM E SUCEDEM A JORNADA DE TRABALHO. LEI Nº 10.243, DE 19.06.2001. NORMA COLETIVA. FLEXIBILIZAÇÃO. IMPOSSIBILIDADE. (conversão da Orientação Jurisprudencial nº 372 da SBDI-1) – Res. 194/2014, DEJT divulgado em 21, 22 e 23.05.2014

A partir da vigência da Lei nº 10.243, de 19.06.2001, que acrescentou o § 1º ao art. 58 da CLT, não mais prevalece cláusula prevista em convenção ou acordo coletivo que elastece o limite de 5 minutos que antecedem e sucedem a jornada de trabalho para fins de apuração das horas extras.

- **OJ 274 SBDI-1 – TST**

TURNO ININTERRUPTO DE REVEZAMENTO. FERROVIÁRIO. HORAS EXTRAS. DEVIDAS. Inserida em 27.09.02. O ferroviário submetido a escalas variadas, com alternância de turnos, faz jus à jornada especial prevista no art. 7º, XIV, da CRFB/88.

- **OJ 275 SBDI-1 – TST**

TURNO ININTERRUPTO DE REVEZAMENTO. HORISTA. HORAS EXTRAS E ADICIONAL. DEVIDOS. Inserida em 27.09.02. Inexistindo instrumento coletivo fixando jornada diversa, o empregado horista submetido a turno ininterrupto de revezamento faz jus ao pagamento das horas extraordinárias laboradas além da 6ª, bem como ao respectivo adicional.

- **OJ 395 SBDI-1 – TST**

TURNO ININTERRUPTO DE REVEZAMENTO. HORA NOTURNA REDUZIDA. INCIDÊNCIA. (DJe divulgado em 09.06.2010). O trabalho em regime de turnos ininterruptos de revezamento não retira o direito à hora noturna reduzida, não havendo incompatibilidade entre as disposições contidas nos arts. 73, § 1º, da CLT e 7º, XIV, da Constituição Federal.

- **OJ 396 SBDI-1 – TST**

TURNOS ININTERRUPTOS DE REVEZAMENTO. ALTERAÇÃO DA JORNADA DE 8 PARA 6 HORAS DIÁRIAS. EMPREGADO HORISTA. APLICAÇÃO DO DIVISOR 180. (DJe divulgado em 09.06.2010) Para o cálculo do salário hora do empregado horista, submetido a turnos ininterruptos de revezamento, considerando a alteração da jornada de 8 para 6 horas diárias, aplica-se o divisor 180, em observância ao disposto no art. 7º, VI, da Constituição Federal, que assegura a irredutibilidade salarial. – CSJT.

- **OJ 36 SBDI-1 TRANSITÓRIA – TST**

HORA "IN ITINERE". TEMPO GASTO ENTRE A PORTARIA DA EMPRESA E O LOCAL DO SERVIÇO. DEVIDA. AÇOMINAS (mantida) – Res. 175/2011, DEJT divulgado em 27, 30 e 31.05.2011 Configura-se como hora "in itinere" o tempo gasto pelo obreiro para alcançar seu local de trabalho a partir da portaria da Açominas. (ex-OJ nº 98 da SBDI-1 – inserida em 30.05.1997)

3. INFORMATIVOS DO TST

▸ **Horas "in itinere". Limitação por norma coletiva. Possibilidade.**

É válida cláusula coletiva que prevê a limitação do pagamento das horas *in itinere*, em atenção ao previsto no art. 7º, XXVI, da CF. Com esse entendimento, a SBDI-I, por maioria, conheceu dos embargos por divergência jurisprudencial e, no mérito, negou-lhes provimento, reafirmando a jurisprudência da Subseção no sentido de considerar válida cláusula de acordo coletivo que limita o pagamento das horas gastas no percurso até o local de trabalho a uma hora diária, conquanto o contexto fático delineado nos autos tenha revelado que o tempo efetivamente gasto pelo trabalhador até o local da prestação de serviços fora, em média, de duas horas e quinze minutos. Vencidos os Ministros Lelio Bentes Corrêa, relator, Renato de Lacerda Paiva, José Roberto Freire Pimenta e Delaíde Miranda Arantes, que admitiam a possibilidade de a norma coletiva estabelecer tempo fixo para fins de pagamento das horas *in itinere*, desde que constatada a devida proporcionalidade em relação ao tempo efetivamente gasto no percurso. TST-E-RR-471-14.2010.5.09.0091, SBDI-I, rel. Min. Lelio Bentes Corrêa, red. p/ acórdão Min. Ives Gandra da Silva Martins Filho, 15.3.2012. (Informativo nº 2)

▸ **Ação anulatória. Acordo coletivo de trabalho. Horas in itinere. Cláusula que estabelece quitação geral e indiscriminada. Período anterior à vigência. Impossibilidade.**

A SDC, por unanimidade, deu provimento a recurso ordinário em ação anulatória para declarar a nulidade de cláusula de acordo coletivo de trabalho que previa a quitação geral e indiscriminada de horas *in itinere* relativas a todo o período anterior à vigência da norma. Esclareceu o Ministro relator que, no caso, não houve estabelecimento de qualquer contrapartida aos trabalhadores, o que equivale à renúncia aos salários correspondentes ao tempo à disposição do empregador, em contraste com os arts. 9º, 58, § 2º, e 444 da CLT. Ademais, cláusulas que transacionam direitos referentes a lapso temporal anterior à sua vigência são ineficazes, ante o disposto no art. 614, § 3º, da CLT e na Súmula nº 277 do TST, restando claro que a referida cláusula foi instituída com o intuito de liberar a empresa do pagamento de eventuais débitos a título de horas de percurso que possam vir a ser apurados em reclamações trabalhistas, inibindo, portanto, o acesso dos empregados ao Poder Judiciário. TST-RO-22700-15.2010.5.03.0000, SDC, rel. Min. Fernando Eizo Ono, 15.5.2012. (INFO nº 8)

▸ **Horas in itinere. Norma coletiva que fixa o número de horas a serem pagas em quantidade muito inferior ao tempo gasto no trajeto. Invalidade.**

Em regra, é válida a norma coletiva que estabelece um tempo fixo diário a ser pago a título de horas *in itinere* (art. 7º, XXVI, da CF). Todavia, o tempo ajustado deve guardar proporcionalidade com o tempo efetivamente gasto nos deslocamentos, a fim de não configurar subversão ao direito à livre negociação coletiva e verdadeira renúncia a direito garantido por lei (art. 58, § 2º, da CLT), resultando em prejuízo ao empregado. *In casu*, foi ajustado o pagamento de uma hora diária, a despeito de o tempo efetivamente gasto nos percursos de ida e volta ao trabalho ser de duas horas e quinze minutos. Com esse entendimento, a SBDI-I, em sua composição plena, por unanimidade, conheceu do recurso de embargos, por divergência jurisprudencial, e, no mérito, por maioria, deu-lhe provimento para restabelecer o acórdão do TRT que condenara a empresa ao pagamento, como extras, de duas horas e quinze minutos diários a título de horas *in itinere* e reflexos. Vencidos os Ministros Maria Cristina Irigoyen Peduzzi, João Oreste Dalazen, Antonio José de Barros Levenhagen, Ives Gandra da Silva Martins Filho, Brito Pereira e Dora Maria da Costa. TST-E-RR – 470-29.2010.5.09.0091, SBDI-I, rel. Min. Renato de Lacerda Paiva, 24.5.2012. (Informativo nº 10)

▸ ***Horas "in itinere". Base de cálculo. Fixação por meio de norma coletiva. Impossibilidade.***

É inválida a norma coletiva que estabelece o salário normativo como base de cálculo das horas "in itinere", porquanto as horas de percurso possuem a mesma natureza das horas extras, devendo ser calculadas como tal. Com esse entendimento, a SBDI-I, por unanimidade, conheceu dos embargos, por divergência jurisprudencial e, no mérito, por maioria, negou-lhes provimento. Vencidos os Ministros Ives Gandra Martins Filho, relator, Aloysio Corrêa da Veiga, Dora Maria da Costa e Maria Cristina Irigoyen Peduzzi. TST-E-ED-RR-135000-41.2008.5.15.0036. SBDI-I, rel. Min. Ives Gandra Martins Filho, red. p/ acórdão Min. Luiz Philippe Vieira de Mello Filho, 18.10.2012 (Informativo nº 26)

▸ ***Horas "in itinere". Lei nº 10.243/01. Limitação por norma coletiva. Possibilidade.***

É válida cláusula coletiva que prevê a limitação do pagamento das horas "in itinere", em atenção ao previsto no art. 7º, XXVI, da CF. Com esse entendimento, a SBDI-I, em sua composição plena, por maioria, vencido o Ministro Antônio José de Barros Levenhagen, conheceu dos embargos por divergência jurisprudencial, e, no mérito, pelo voto prevalente da Presidência, deu-lhes provimento para restabelecer a sentença que reconheceu a validade da cláusula de acordo coletivo, firmado após a Lei nº 10.243/01, a qual fixou o pagamento de uma hora diária a título de horas "in itinere", não obstante o tempo gasto pelo reclamante no percurso de ida e volta ao trabalho fosse de duas horas e vinte minutos. Vencidos os Ministros Renato de Lacerda Paiva, relator, Lelio Bentes Corrêa, Aloysio Corrêa da Veiga, Luiz Philippe Vieira de Mello Filho, Augusto César Leite de Carvalho,

José Roberto Freire Pimenta e Delaíde Miranda Arantes, os quais negavam provimento ao recurso, sob o argumento de que, na hipótese de flagrante disparidade entre o tempo de percurso efetivamente utilizado e aquele atribuído pela norma coletiva, há subversão do direito à livre negociação, restando caracterizada, portanto, a renúncia do reclamante ao direito de recebimento das horas "in itinere", o que é vedado pela Lei nº 10.243/01. TST-E-RR-2200-43.2005.5.15.0072, SBDI-I, rel. Min. Renato de Lacerda Paiva, red. p/ acórdão Min. Maria Cristina Irigoyen Peduzzi, 8.11.2012 (Informativo nº 29)

- **Horas in itinere. Norma Coletiva. Fixação prévia do número de horas a pagar. Validade. Afastamento da natureza salarial. Impossibilidade. Art. 58, § 2º, da CLT.**

É válida a cláusula de norma coletiva que fixa previamente o número de horas *in itinere* a serem pagas, desde que não haja flagrante disparidade entre o tempo acordado e o período efetivamente gasto no trajeto. No caso, limitou-se o pagamento a uma hora diária, mesmo havendo prova de que o tempo de percurso médio era de duas horas. De outra sorte, é inválida a cláusula que retira a natureza salarial das horas *in itinere*, afastando sua integração aos salários dos empregados, para todos os efeitos legais, em contrariedade ao disposto no art. 58, § 2º da CLT. Com esse entendimento, a SBDI-I, por unanimidade, conheceu dos embargos da reclamada, por divergência jurisprudencial, e, no mérito, deu-lhes provimento parcial para excluir da condenação o pagamento de duas horas *in itinere* diárias e, quanto às horas já quitadas no curso do contrato de trabalho, nos termos do quantitativo fixado mediante negociação coletiva, manter a condenação ao pagamento dos respectivos reflexos. TST-E-RR-414600-67.2009.5.09.0325, SBDI-I, rel. Min. João Oreste Dalazen, 13.6.2013 (Informativo nº 51)

- **Horas in itinere. Prefixação. Norma coletiva. Validade.**

A SDC, por unanimidade, negou provimento ao recurso ordinário do Ministério Público do Trabalho da 18ª Região, confirmando decisão do Regional que manteve cláusula de convenção coletiva de trabalho que pré-fixou em uma hora o tempo a ser pago a título de horas *in itinere* aos trabalhadores rurais do setor canavieiro de todo o Estado de Goiás. Na espécie, prevaleceu o entendimento de que é possível, por meio de negociação coletiva, estipular um montante de horas itinerantes a serem pagas, não se admitindo apenas a supressão da parcela, sua fixação desproporcional ou, ainda, a retirada do caráter salarial, do direito aos respectivos reflexos ou do adicional de horas extras. Na espécie, restou consignado que embora os trabalhadores de alguns municípios necessitassem de longo período de locomoção, os empregados de outras cidades da região perfaziam o percurso até o trabalho em período próximo ao prefixado, razão pela qual o tempo de uma hora não se mostrou abusivo em relação ao tempo efetivamente gasto pelo conjunto de trabalhadores submetidos à cláusula, considerando-se não os casos individuais, mas a dinâmica das empresas envolvidas e as variadas distâncias entre os pontos de acesso e as frentes de trabalho. TST-RO-415-74.2011.5.18.0000, SDC, rel. Min. Mauricio Godinho Delgado, 9.9.2013 (Informativo nº 58)

- **Horas in itinere. Supressão por meio de norma coletiva. Concessão de outras vantagens aos empregados. Invalidade.**

É inválido instrumento coletivo que exclui o direito às horas in itinere, ainda que mediante a concessão de outras vantagens aos trabalhadores. O pagamento das horas de percurso está assegurado pelo art. 58, § 2º, da CLT, que é norma de ordem pública, razão pela qual a supressão deste direito atenta contra os preceitos que asseguram condições mínimas de proteção ao trabalho, não encontrando respaldo no disposto no art. 7º, XXVI, da CF, o qual preconiza o reconhecimento das convenções e acordos coletivos de trabalho. Assim, a SBDI-I, por maioria, vencido o Ministro Ives Gandra Martins Filho, conheceu dos embargos da reclamada, por divergência jurisprudencial e, no mérito, negou-lhes provimento. *In casu*, o acordo coletivo de trabalho estabelecia que não seria computado o tempo de deslocamento dos trabalhadores rurais no trajeto residência-trabalho – obrigatório e sem custo para o empregado, abono anual aos trabalhadores com ganho mensal superior a dois salários mínimos, salário família além do limite legal e repositor energético, além de adotar tabela progressiva de produção além da prevista em convenção coletiva. TST-E-ED-RR-1928-03.2010.5.06.0241, SBDI-I, rel. Min. Lelio Bentes Côrrea, 20.2.2014 (Informativo nº 73)

Presentes os requisitos necessários ao deferimento das horas in itinere, também é considerado tempo à disposição do empregador aquele em que o empregado aguarda o transporte fornecido pela empresa. Todavia, tendo em conta que a jurisprudência do TST admite certa flexibilização quanto ao cômputo de pequenas variações de tempo (Súmulas nºs 366 e 429 do TST), devem ser tolerados dez minutos diários para a fixação da jornada. Ultrapassado esse limite, porém, todo o tempo despendido deve ser computado. Com esse entendimento, a SBDI-I, por unanimidade, conheceu dos embargos interpostos pelo reclamado, por divergência jurisprudencial e, no mérito, por maioria, negou-lhes provimento, prevalecendo, portanto, a decisão do TRT que manteve o deferimento de trinta minutos diários a título de horas de espera. Vencidos os Ministros João Oreste Dalazen e Renato de Lacerda Paiva, que davam provimento ao recurso para afastar da condenação o tempo em que o empregado aguarda a condução, por entenderem que não há amparo legal para considerá-lo tempo à disposição do empregador. TST-E-RR-96-81.2012.5.18.0191, SBDI-I, rel. Min. Alexandre Agra Belmonte, 24.4.2014 (Informativo nº 80)

4. QUESTÕES DE CONCURSOS

01. (AGU/PROCURADOR FEDERAL/CESPE/2010) Um empregado cujos horários de início e término da jornada sejam incompatíveis com os horários do transporte público regular tem o direito às horas in itinere.

02. (TRT – 17ª REGIÃO/ANALISTA JUDICIÁRIO/CESPE/2009) Quando o empregador cobra importância pelo transporte fornecido pela empresa, para local de difícil acesso, afasta do empregado o direito à percepção do pagamento das horas in itinere.

03. (AGU/ADVOGADO DA UNIÃO/CESPE/2009) O horário de trabalho de João está distribuído em turnos para cobrir todo o período de atividade da empresa onde ele trabalha, que funciona ininterruptamente. João integra equipe de trabalho sujeita a sistema de revezamento, com alternância, para cada empregado, de jornadas diurnas e noturnas. Nessa situação hipotética, considerando-se que a jornada máxima para quem labora em turno ininterrupto de revezamento, de acordo com a Constituição Federal, é de seis horas diárias, caso João trabalhe oito horas por dia, será necessário um acordo escrito de compensação de jornada, sob pena de o empregador ter de lhe pagar duas horas extras diárias.

04. (MTE/AUDITOR FISCAL DO TRABALHO/ESAF/2010/ADAPTADA) Não serão descontadas nem computadas como jornada extraordinária as variações de horário no registro de ponto não excedentes de cinco minutos, observado o limite máximo de dez minutos diários.

05. (MPT/PROCURADOR DO TRABALHO/2010/ADAPTADA) Poderão ser fixados, para as microempresas por meio de acordo ou convenção coletiva, em caso de transporte fornecido pelo empregador, em local de difícil acesso ou não servido por transporte público, o tempo médio despendido pelo empregado, bem como a forma e a natureza da remuneração;

06. (TRT – 3ª REGIÃO/JUIZ DO TRABALHO SUBSTITUTO/2009/ADAPTADA)O fato de o empregador não cobrar pelo transporte fornecido para local de difícil acesso ou não servido por transporte regular, afasta o direito à percepção das horas *in itinere*, na esteira de súmula do c. TST.

07. (TRT – 3ª REGIÃO/JUIZ DO TRABALHO SUBSTITUTO/2009/ADAPTADA) A insuficiência de transporte público, como assentado pelo c. TST, não enseja o pagamento de horas *in itinere*.

08. (COCEL – Advogado Junior/2011) Considere as seguintes afirmativas:

1) Segundo a CLT, o tempo despendido pelo empregado, em condução fornecida pelo empregador, até o local de trabalho de difícil acesso ou não servido por transporte regular público, e para o seu retorno, é computável na jornada de trabalho.
2) Consoante a jurisprudência predominante, a incompatibilidade entre os horários de início e término da jornada do empregado e os do transporte público regular é circunstância que não gera o direito às horas "in itinere".
3) De acordo com a jurisprudência predominante, a insuficiência de transporte público enseja o pagamento de horas "in itinere".
4) Conforme a jurisprudência do TST, se houver transporte público regular em parte do trajeto percorrido em condução da empresa, as horas "in itinere" remuneradas limitam-se ao trecho não alcançado pelo transporte público.

Assinale a alternativa correta.

a) Somente as afirmativas 1 e 4 são verdadeiras.
b) Somente as afirmativas 1 e 3 são verdadeiras.
c) Somente as afirmativas 2, 3 e 4 são verdadeiras.
d) Somente as afirmativas 1, 2 e 3 são verdadeiras.
e) Somente a afirmativa 2 é verdadeira.

09. (MPT – Procurador do Trabalho/2012) Acerca da duração do trabalho, considerando a jurisprudência uniformizada do Tribunal Superior do Trabalho (TST) e a legislação trabalhista, assinale a alternativa CORRETA: considera-se à disposição do empregador o tempo necessário ao deslocamento do trabalhador entre a portaria da empresa e o local de trabalho, desde que supere o limite de 10 (dez) minutos diários.

10. (FCC – Analista Judiciário – Área Administrativa – TRT 15/2013) Simone e Flaviana são empregadas da empresa "MNL Ltda" e possuem jornada de trabalho de oito horas diárias. De acordo com os cartões de ponto das empregadas, ontem, Simone chegou à empresa cinco minutos adiantada e deixou a empresa quinze minutos além de sua jornada de trabalho. Flaviana, por sua vez, chegou à empresa cinco minutos adiantada e deixou a empresa quatro minutos após o término da sua jornada de trabalho. Nestes casos,

a) apenas Simone terá direito ao pagamento de horas extraordinárias uma vez que ultrapassou a jornada normal de trabalho.

b) Simone e Flaviana terão direito ao pagamento de horas extraordinárias uma vez que ultrapassaram a jornada normal de trabalho, bem como a variação de jornada legal permitida de cinco minutos diários.

c) nenhuma das empregadas terá direito ao pagamento de horas extraordinárias, uma vez que não serão descontadas nem computadas como jornada extraordinária as variações de horário no registro de ponto não excedentes de quinze minutos diários.

d) nenhuma das empregadas terá direito ao pagamento de horas extraordinárias, uma vez que não serão descontadas nem computadas como jornada extraordinária as variações de horário no registro de ponto não excedentes de quinze minutos, observado o limite máximo de vinte minutos diários.

e) nenhuma das empregadas terá direito ao pagamento de horas extraordinárias, uma vez que ambas chegaram na empresa antes do horário de trabalho, iniciando o labor a revelia da empresa empregadora.

11. (FCC – Analista Judiciário – Área Judiciária – TRT 15/2013) Maria Marta é empregada do hotel fazenda "Vale das Águas Claras", hotel este localizado em área urbana. Maria Marta exerce a função de cozinheira e, sendo assim, todo dia se desloca a pé da portaria do hotel até a cozinha que fica no final do terreno. Neste trajeto, Maria Marta demora diariamente cerca de quinze minutos. Neste caso, de acordo com o entendimento sumulado do Tribunal Superior do Trabalho, o tempo necessário ao deslocamento de Maria Marta entre a portaria do hotel e o local de trabalho

a) só será considerado tempo à disposição do empregador se ultrapassar trinta minutos.

b) não se considera à disposição do empregador, em nenhuma hipótese.

c) só será considerado tempo à disposição do empregador se ultrapassar vinte minutos.

d) considera-se à disposição do empregador uma vez que ultrapassou dez minutos.

e) considera-se à disposição do empregador em qualquer hipótese.

12. (FCC – Técnico Judiciário – Área Administrativa – TRT 2/2014) O conceito de turnos ininterruptos de revezamento diz respeito ao tipo de jornada a que se submete o empregado, caracterizando-se pela alternância periódica de horários em que a referida jornada é prestada. Visando compensar os prejuízos ao trabalhador decorrente dessa modalidade de jornada, o constituinte estabeleceu jornada especial de trabalho de

a) seis horas diárias em uma semana e oito horas diárias na outra semana, de forma alternada.

b) oito horas diárias e quarenta horas semanais.

c) seis horas diárias, salvo negociação coletiva.

d) oito horas diárias, salvo negociação coletiva.

e) seis horas diárias e trinta horas semanais.

GAB	1	C	2	E	3	E	4	C	5	C	6	E	7	C	8	A	9	C	10	A	11	D	12	C

✦ REGIME DE TEMPO PARCIAL – JORNADA REDUZIDA

Art. 58-A. Considera-se trabalho em regime de tempo parcial aquele cuja duração não exceda a trinta horas semanais, sem a possibilidade de horas suplementares semanais, ou, ainda, aquele cuja duração não exceda a vinte e seis horas semanais, com a possibilidade de acréscimo de até seis horas suplementares semanais.(Redação da Lei n° 13.467, de 13.07.2017).

✦ SALÁRIO PROPORCIONAL À JORNADA

§ 1º – O salário a ser pago aos empregados sob o regime de tempo parcial será proporcional à sua jornada, em relação aos empregados que cumprem, nas mesmas funções, tempo integral. (Incluído pela Medida Provisória nº 2.164-41, de 2001)

✦ CONTRATO EM CURSO. NECESSIDADE DE NEGOCIAÇÃO COLETIVA

§ 2º – Para os atuais empregados, a adoção do regime de tempo parcial será feita mediante opção manifestada perante a empresa, na forma prevista em instrumento decorrente de negociação coletiva. (Incluído pela Medida Provisória nº 2.164-41, de 2001)

✦ HORAS SUPLEMENTARES

§ 3º As horas suplementares à duração do trabalho semanal normal serão pagas com o acréscimo de 50% (cinquenta por cento) sobre o salário-hora normal. (Incluído pela Lei n° 13.467, de 13.07.2017).

§ 4º Na hipótese de o contrato de trabalho em regime de tempo parcial ser estabelecido em número inferior a vinte e seis horas semanais, as horas suplementares a este quantitativo serão consideradas horas extras para fins do pagamento estipulado no § 3º, estando também limitadas a seis horas suplementares semanais. (Incluído pela Lei n° 13.467, de 13.07.2017).

✦ **COMPENSAÇÃO DAS HORAS EXTRAS**

§ 5º As horas suplementares da jornada de trabalho normal poderão ser compensadas diretamente até a semana imediatamente posterior à da sua execução, devendo ser feita a sua quitação na folha de pagamento do mês subsequente, caso não sejam compensadas. (Incluído pela Lei n° 13.467, de 13.07.2017).

✦ **ABONO PECUNIÁRIO**

§ 6º É facultado ao empregado contratado sob regime de tempo parcial converter um terço do período de férias a que tiver direito em abono pecuniário. (Incluído pela Lei n° 13.467, de 13.07.2017).

✦ **FÉRIAS NO TEMPO PARCIAL**

§ 7º As férias do regime de tempo parcial são regidas pelo disposto no art. 130 desta Consolidação. (Incluído pela Lei n° 13.467, de 13.07.2017).

1. COMENTÁRIOS

O regime de tempo parcial, introduzido pela MP nº 2.164-41, de 24.08.2001, trouxe para o campo legal uma prática que vinha sendo utilizada em algumas indústrias, particularmente na região do ABC, em São Paulo, por meio de negociação coletiva. Com o intuito de evitar as despedidas nos meses de baixa demanda, as empresas buscavam os sindicatos, ou vice-versa, com o propósito de negociar a redução da jornada e, proporcionalmente, o valor do salário, com a preservação dos empregos.

A novidade do texto legislativo reside na possibilidade de criação de novas vagas de emprego, por admissão de empregados em regime de tempo parcial, sem depender de negociação coletiva (§ 1º). Contudo, para os empregados já contratados, a norma continua a exigir a intervenção sindical para a redução referida (§ 2º).

Os empregados sob este regime, antes da Lei nº 13.467, de 13.07.2017, tinham tratamento diferenciado quanto às férias (art. 130-A, da CLT) e estavam proibidos de prestar serviço extraordinário (art. 59, § 4º, da CLT). A proibição só não se estendia à prorrogação de jornada por motivo de força maior (CLT, art. 61).

Com a Lei nº 13.467, de 13.07.2017 o regime parcial de trabalho foi totalmente desvirtuada. Criado originariamente para atender aos momentos de baixa demanda produtiva, transformou-se, com a alteração legal, em um regime regular. Tanto assim que foram revogados os artigos 130-A e 59, § 4º, que concediam tratamento diferenciado aos empregados sujeitos a tempo parcial.

Também foi revogado o art. 143, § 3º da CLT, que impedia aos empregados a tempo parcial a conversão de 1/3 do período de férias em abono pecuniário.

A adoção do regime de tempo parcial não é possível para os empregados que recebem o salário-mínimo, pois a redução representaria afronta ao art. 7º, IV, da CRFB/88. Esta nossa opinião não prevalece na jurisprudência do TST, conforme OJ nº 358 da SDI-1 (vide comentários ao art. 77 da CLT no tópico: "salário-mínimo e jornada reduzida").

A LC nº 150/2015 criou um regime próprio de trabalho a tempo parcial para o emprego doméstico, no qual se destaca a permissão para exercício de horas suplementares, acrescidas mediante acordo escrito entre empregado e empregador (art. 3º, § 2º, da lei complementar). Não são horas extras, pois não há previsão de pagamento de adicional de 50%.

Transcreve-se, a seguir, o teor do texto legal, para que o leitor possa extrair suas conclusões

> "Art. 3º Considera-se trabalho em regime de tempo parcial aquele cuja duração não exceda 25 (vinte e cinco) horas semanais.

§ 1º O salário a ser pago ao empregado sob regime de tempo parcial será proporcional a sua jornada, em relação ao empregado que cumpre, nas mesmas funções, tempo integral.

§ 2º A duração normal do trabalho do empregado em regime de tempo parcial poderá ser acrescida de horas suplementares, em número não excedente a 1 (uma) hora diária, mediante acordo escrito entre empregador e empregado, aplicando-se-lhe, ainda, o disposto nos §§ 2º e 3º do art. 2º, com o limite máximo de 6 (seis) horas diárias.".

2. QUESTÕES DE CONCURSOS

01. (FURNAS/DIREITO 3/FUNRIO/2009) Com relação à duração do trabalho é correto afirmar que

a) não serão descontadas nem computadas como jornada extraordinária as variações de horário no registro de ponto não excedentes de dez minutos, observado o limite máximo de quinze minutos diários.

b) se considera trabalho em regime de tempo parcial aquele cuja duração não exceda a vinte e cinco horas semanais.

c) os empregados sob o regime de tempo parcial poderão prestar horas extras.

d) poderá ser dispensado o acréscimo de salário se, por força de acordo ou convenção coletiva de trabalho, o excesso de horas em um dia for compensado pela correspondente diminuição em outro dia, de maneira que não exceda, no período máximo de um ano, à soma das jornadas semanais de trabalho previstas, nem seja ultrapassado o limite máximo de doze horas diárias.

e) o tempo despendido pelo empregado até o local de trabalho e para o seu retorno, por qualquer meio de transporte, será computado na jornada de trabalho.

02. (MTE/AUDITOR FISCAL DO TRABALHO/ESAF/2010/ADAPTADA) A legislação considera trabalho em regime de tempo parcial aquele cuja duração não exceda a vinte horas semanais.

03. (Prefeitura Municipal de Valinhos/RN – Advogado/2011) Considera-se trabalho em regime de tempo parcial aquele cuja duração não exceda a vinte e cinco horas semanais. A duração normal do trabalho poderá ser acrescida de horas suplementares, em número não excedente de 2 (duas), mediante acordo escrito entre empregador e empregado, ou mediante contrato coletivo de trabalho. Face a afirmativa acima marque a alternativa errada:

a) Do acordo ou do contrato coletivo de trabalho deverá constar, obrigatoriamente, a importância da remuneração da hora suplementar, que será, pelo menos, 20% (vinte por cento) superior à da hora normal

b) Poderá ser dispensado o acréscimo de salário se, por força de acordo ou convenção coletiva de trabalho, o excesso de horas em um dia for compensado pela correspondente diminuição em outro dia, de maneira que não exceda, no período máximo de um ano, à soma das jornadas semanais de trabalho previstas, nem seja ultrapassado o limite máximo de dez horas diárias.

c) Na hipótese de rescisão do contrato de trabalho sem que tenha havido a compensação integral da jornada extraordinária, na forma do parágrafo anterior, fará o trabalhador jus ao pagamento das horas extras não compensadas, calculadas sobre o valor da remuneração na data da rescisão.

d) Os empregados sob o regime de tempo parcial poderão prestar horas extras, desde que também ajustado em acordo coletivo.

e) Os empregados sob o regime de tempo parcial não poderão prestar horas extras.

04. (FCC – TRT 9 – Analista Judiciário/2010) Adailson é empregado da empresa Brasil e trabalha regularmente em regime de tempo parcial. Considera-se trabalho em regime de tempo parcial aquele cuja duração não exceda a

a) vinte e duas horas semanais, podendo o empregado sob este regime prestar horas extras.

b) vinte e cinco horas semanais, podendo o empregado sob este regime prestar horas extras.

c) quinze horas semanais, devendo o salário de Adailson ser proporcional à sua jornada, em relação aos empregados que cumprem, nas mesmas funções, tempo integral.

d) quinze horas semanais, sendo vedado ao empregado sob este regime prestar horas extras.

e) vinte e cinco horas semanais, devendo o salário de Adailson ser proporcional à sua jornada, em relação aos empregados que cumprem, nas mesmas funções, tempo integral.

GAB	1	B	2	E	3	D	4	E

✦ **JORNADA EXTRAORDINÁRIA**

Art. 59. A duração diária do trabalho poderá ser acrescida de horas extras, em número não excedente de duas, por acordo individual, convenção coletiva ou acordo coletivo de trabalho. (Redação da Lei nº 13.467, de 13.07.2017).

✦ **ADICIONAL LEGAL (VIDE ART. 7º, XVI, DA CRFB/88 – ADICIONAL DE 50%)**

§ 1º – A remuneração da hora extra será, pelo menos, 50% (cinquenta por cento) superior à da hora normal.(Redação da Lei nº 13.467, de 13.07.2017).

✦ **COMPENSAÇÃO EM 1 ANO – CONVENÇÃO OU ACORDO COLETIVO**

§ 2º – Poderá ser dispensado o acréscimo de salário se, por força de acordo ou convenção coletiva de trabalho, o excesso de horas em um dia for compensado pela correspondente diminuição em outro dia, de maneira que não exceda, no período máximo de um ano, à soma das jornadas semanais de trabalho previstas, nem seja ultrapassado o limite máximo de dez horas diárias.(Redação pela Medida Provisória nº 2.164-41, de 2001)

✦ **RESCISÃO CONTRATUAL. PAGAMENTO DE HORAS EXTRAS RESIDUAIS**

§ 3º – Na hipótese de rescisão do contrato de trabalho sem que tenha havido a compensação integral da jornada extraordinária, na forma dos §§ 2º e 5º deste artigo, o trabalhador terá direito ao pagamento das horas extras não compensadas, calculadas sobre o valor da remuneração na data da rescisão.(Redação da Lei nº 13.467, de 13.07.2017).

§ 4º – (Revogado pela Lei nº 13.467, de 13.07.2017).

✦ **COMPENSAÇÃO EM SEIS MESES – ACORDO INDIVIDUAL ESCRITO**

§ 5º O banco de horas de que trata o § 2º deste artigo poderá ser pactuado por acordo individual escrito, desde que a compensação ocorra no período máximo de seis meses.

✦ **COMPENSAÇÃO NO MESMO MÊS – ACORDO INDIVIDUAL TÁCITO OU ESCRITO**

§ 6º É lícito o regime de compensação de jornada estabelecido por acordo individual, tácito ou escrito, para a compensação no mesmo mês.

1. COMENTÁRIOS

1.1. Acordo de prorrogação de jornada

O texto legal estabelece uma quebra da regra geral do art. 58, *caput*, permitindo, regularmente, a prorrogação da jornada por duas horas, mediante pacto individual, entre empregado e empregador, ou por acordo ou convenção coletiva de trabalho. A redação anterior do texto legal se referia a "acordo escrito", expressão que foi substituída por "acordo individual". A alteração não é desprezível, pois passa a admitir que o acordo verbal, ou até mesmo tácito, entre empregado e empregador, autorize a compensação da jornada extraordinária (intenção confirmada nos §§ 5º e 6º do art. 59).

As horas extras serão remuneradas com adicional de, no mínimo, 50%, ou compensadas com a correspondente diminuição da jornada em outro dia. Com o advento da Constituição da República de 1988, parte da doutrina passou a afirmar que só seria permitida a prorrogação de horário em duas situações: **a**) regularmente, mediante acordo que exija a compensação da jornada e não sua remuneração (art. 7º, XIII, da CRFB/88); **b**) excepcionalmente, mediante pagamento do adicional respectivo, sem qualquer acordo, dada a necessidade eventual do labor extraordinário (art. 7º, XVI, da CRFB/88). Não obstante adotarmos este posicionamento, com apoio em Mauricio Godinho Delgado (op. cit., p. 893), não é este o pensamento da maioria.

A doutrina majoritária, diferentemente da posição acima defendida, entende compatível com a Constituição da República o regime de prorrogação regular de jornada do art. 59, da CLT, ou seja, de 02 horas extraordinárias por dia, mediante acordo, permitindo tanto a compensação, como o pagamento das horas extras. O menor se submete a tratamento diferente (art. 413, I).

Na relação de emprego doméstico é permitido acordo escrito entre empregado e empregador para prorrogação da jornada de empregado que acompanhe seu empregador em viagem, mas, neste caso, a LC nº 150/2015, art. 11, § 2º, estipula adicional de 25% sobre a hora normal. A regra pode ter sua constitucionalidade contestada diante do adicional mínimo de 50% para serviço extraordinário, previsto na CF, art. 7º, XVI.

1.2. Acordo Individual ou Coletivo

Também por força do art. 7º, XIII, da CRFB/88, parte da doutrina passou a afirmar que somente por negociação coletiva seria permitida a prorrogação de jornada. Duas correntes doutrinárias se destacaram na interpretação desta norma constitucional: **a)** a primeira, baseada na literalidade do dispositivo, extremamente controvertida, definiu que o texto só se referiu a "acordo e convenção coletiva de trabalho", autorizando a prorrogação exclusivamente por pacto coletivo; **b)** a segunda, majoritária, faz uma interpretação sistemática do inciso XIII, do art. 7º, para lembrar que a Constituição da República quando quis se referir exclusivamente à negociação coletiva o fez de forma expressa (art. 7º, XIV); portanto, a norma do art. 59, da CLT teria sido recepcionada pela CRFB/88. Neste sentido, inclusive, a S. 85, do TST, admitindo tanto o acordo individual, como Acordo Coletivo ou Convenção Coletiva de Trabalho para a prorrogação da jornada.

A Lei nº 13.467, de 13.07.2017 não alterou a redação do § 2º do art. 59, mantendo a necessária negociação coletiva para justificar a compensação das horas extras em 1 ano. Contudo, para compensações em períodos menores, como 6 meses, ou no próprio mês, respectivamente §§ 5º e 6º, do art. 59, permitiu o acordo individual e até mesmo o acordo tácito. A meu ver as alterações legais, nestes aspectos, só formalizaram uma prática recorrente nas empresas, muitas vezes para atender aos interesses dos próprios empregados. A S. 85 do TST contraria o que dispõem as novas regras. Deverá ser cancelada ou revista.

1.3. Semana Inglesa

O regime tradicional de prorrogação de jornada, com compensação, exige, para a sua validade, que o acréscimo extraordinário em um dia seja compensado com a redução da jornada na mesma semana. Trata-se da adoção da semana inglesa, pois normalmente o sábado é o dia em que as horas extras são compensadas. Exemplo: para uma jornada de 08 horas, o empregado trabalha de 09:00 às 18:00, com uma hora de intervalo, mas, diante de acordo de prorrogação de jornada, trabalha às segundas e quartas até às 20:00 horas, compensando estas horas extras com a ausência no sábado, onde trabalharia 04 (quatro) horas. Este regime foi recepcionado pela CRFB/88, admitindo doutrina e jurisprudência o acordo individual ou a negociação coletiva.

1.4. Banco de Horas

A Lei nº 9.601, de 21.01.98 quebrou o paradigma da compensação na mesma semana, alterando o parágrafo segundo, do art. 59, para permitir a compensação em 120 dias; posteriormente, pela redação da MP nº 2.164-41, de 24.08.2001, as horas extras passaram a ser compensadas no prazo de até um ano (Banco de Horas). Diferentemente do que ocorre com a compensação na mesma semana, para que o empregador possa se beneficiar deste prazo de 01 ano para compensação da jornada, é indispensável a negociação coletiva. Este é o pensamento majoritário da doutrina (Francisco Antonio de Oliveira, Comentários à Consolidação das Leis do Trabalho, 03ª ed, SP, RT, 2004, p. 120; Sérgio Pinto Martins, Comentários à CLT, 12ª ed, SP, Atlas, p. 89; Mauricio Godinho Delgado, ob. cit., p. 893 e Arnaldo Süssekind, Curso, 2010, págs. 467-468).

O TST, por meio da Resolução nº 174/2011, DEJT divulgado em 27, 30 e 31.05.2011, alterou a Súmula 85 de sua jurisprudência uniforme, inserindo um item V em seu enunciado, também passando a exigir a participação do sindicato para autorizar a compensação da jornada pelo prazo de 1 ano (Banco de Horas), acompanhando o pensamento majoritário da doutrina acima demonstrado.

A Lei nº 13.467, de 13.07.2017, flexibilizou o regime de compensação, conforme regras dos §§ 5º e 6º, supra. A alteração é bem-vinda, e não parece haver qualquer inconstitucionalidade, pois a CF não exige a participação do sindicato neste tipo de compensação.

Para o emprego doméstico a LC nª 150/2015 permite a compensação da jornada excedente pelo simples acordo individual, desde que respeitado o prazo de 1 ano para sua realização. Neste sentido o art. 2º, §§ 4º e 5º da referida lei, a seguir transcritos:

> "Art. 2º, § 4º Poderá ser dispensado o acréscimo de salário e instituído regime de compensação de horas, mediante acordo escrito entre empregador e empregado, se o excesso de horas de um dia for compensado em outro dia.
>
> § 5º No regime de compensação previsto no § 4º:
>
> I – será devido o pagamento, como horas extraordinárias, na forma do § 1º, das primeiras 40 (quarenta) horas mensais excedentes ao horário normal de trabalho;
>
> II – das 40 (quarenta) horas referidas no inciso I, poderão ser deduzidas, sem o correspondente pagamento, as horas não trabalhadas, em função de redução do horário normal de trabalho ou de dia útil não trabalhado, durante o mês;
>
> III – o saldo de horas que excederem as 40 (quarenta) primeiras horas mensais de que trata o inciso I, com a dedução prevista no inciso II, quando for o caso, será compensado no período máximo de 1 (um) ano.".

1.5. Supressão de Horas Extras

A força atrativa do salário faz com que parcelas pagas habitualmente, em retribuição ao trabalho, não possam ser suprimidas, diante do princípio da irredutibilidade salarial, consagrado no art. 7º, VI, da CF. Quanto às horas extras, não obstante ostentem natureza salarial, não é intenção do direito do trabalho manter seu pagamento, em definitivo, pois isto consolidaria o regular exercício de labor além do horário, com claro prejuízo para a saúde do trabalhador. Os adicionais salariais são pagos como compensação pelo exercício de atividade mais gravosa para a saúde do empregado. São exemplos os adicionais de horas extras, de insalubridade, de periculosidade, entre outros. Exatamente para proteger a saúde do empregado é que não se incorporam, em definitivo, ao contrato de trabalho. Por outro lado, não se pode negar que tais adicionais ampliam os ganhos do empregado, particularmente quando recebidos por muito tempo. Diante da perda patrimonial gerada pela supressão repentina do adicional de horas extras, a jurisprudência do TST, consolidada na Súmula nº 291, exige o pagamento de indenização proporcional ao tempo de pagamento do referido adicional.

2. SÚMULAS E ORIENTAÇÕES JURISPRUDENCIAIS

▸ **Súmula 376 – TST**

HORAS EXTRAS. LIMITAÇÃO. Art. 59 DA CLT. REFLEXOS (conversão das OJ's nºs 89 e 117 da SBDI-1) – Res. 129/2005, DJ 20, 22 e 25.04.2005

I – A limitação legal da jornada suplementar a duas horas diárias não exime o empregador de pagar todas as horas trabalhadas. (ex-OJ nº 117 da SBDI-1 – inserida em 20.11.1997)

II – O valor das horas extras habitualmente prestadas integra o cálculo dos haveres trabalhistas, independentemente da limitação prevista no "caput" do art. 59 da CLT. (ex-OJ nº 89 da SBDI-1 – inserida em 28.04.1997)

▸ **Súmula 372 – TST**

GRATIFICAÇÃO DE FUNÇÃO. SUPRESSÃO OU REDUÇÃO. LIMITES (conversão das OJ's nos 45 e 303 da SBDI-1) – Res. 129/2005, DJ 20, 22 e 25.04.2005

I – Percebida a gratificação de função por dez ou mais anos pelo empregado, se o empregador, sem justo motivo, revertê-lo a seu cargo efetivo, não poderá retirar-lhe a gratificação tendo em vista o princípio da estabilidade financeira. (ex-OJ nº 45 da SBDI-1 – inserida em 25.11.1996)

II – Mantido o empregado no exercício da função comissionada, não pode o empregador reduzir o valor da gratificação. (ex-OJ nº 303 da SBDI-1 – DJ 11.08.2003)

▸ **Súmula 347 – TST**

HORAS EXTRAS HABITUAIS. APURAÇÃO. MÉDIA FÍSICA (mantida) – Res. 121/2003, DJ 19, 20 e 21.11.2003

O cálculo do valor das horas extras habituais, para efeito de reflexos em verbas trabalhistas, observará o número de horas efetivamente prestadas e a ele aplica-se o valor do salário-hora da época do pagamento daquelas verbas.

▸ **Súmula 340 TST**

COMISSIONISTA. HORAS EXTRAS (nova redação) – Res. 121/2003, DJ 19, 20 e 21.11.2003

O empregado, sujeito a controle de horário, remunerado à base de comissões, tem direito ao adicional de, no mínimo, 50% (cinqüenta por cento) pelo trabalho em horas extras, calculado sobre o valor-hora das comissões recebidas no mês, considerando-se como divisor o número de horas efetivamente trabalhadas.

▸ **Súmula 291 – TST**

HORAS EXTRAS. HABITUALIDADE. SUPRESSÃO. INDENIZAÇÃO (nova redação em decorrência do julgamento do processo TST-IUJERR 10700-45.2007.5.22.0101) – Res. 174/2011, DEJT divulgado em 27, 30 e 31.05.2011 A supressão total ou parcial, pelo empregador, de serviço suplementar prestado com habitualidade, durante pelo menos 1 (um) ano, assegura ao empregado o direito à indenização correspondente ao valor de 1 (um) mês das horas suprimidas, total ou parcialmente, para cada ano ou fração igual ou superior a seis meses de prestação de serviço acima da jornada normal. O cálculo observará a média das horas suplementares nos últimos 12 (doze) meses anteriores à mudança, multiplicada pelo valor da hora extra do dia da supressão.

▸ **Súmula 264/TST**

HORA SUPLEMENTAR. CÁLCULO (mantida) – Res. 121/2003, DJ 19, 20 e 21.11.2003

A remuneração do serviço suplementar é composta do valor da hora normal, integrado por parcelas de natureza salarial e acrescido do adicional previsto em lei, contrato, acordo, convenção coletiva ou sentença normativa.

▸ **Súmula 215 – TST**

HORAS EXTRAS NÃO CONTRATADAS EXPRESSAMENTE. ADICIONAL DEVIDO (cancelamento mantido) – Res. 121/2003, DJ 19, 20 e 21.11.2003 – Referência art. 7º, XVI, CRFB/88

Inexistindo acordo escrito para prorrogação da jornada de trabalho, o adicional referente às horas extras é devido na base de 25% (vinte e cinco por cento).

▸ **Súmula 172 – TST**

REPOUSO REMUNERADO. HORAS EXTRAS. CÁLCULO (mantida) – Res. 121/2003, DJ 19, 20 e 21.11.2003

Computam-se no cálculo do repouso remunerado as horas extras habitualmente prestadas. (ex-Prejulgado nº 52).

▸ **Súmula 132 – TST**

ADICIONAL DE PERICULOSIDADE. INTEGRAÇÃO (incorporadas as OJ's nºs 174 e 267 da SBDI-1) – Res. 129/2005, DJ 20, 22 e 25.04.2005

I – O adicional de periculosidade, pago em caráter permanente, integra o cálculo de indenização e de horas extras (ex-Prejulgado nº 3). (ex-Súmula nº 132 – RA 102/1982, DJ 11.10.1982/DJ 15.10.1982 – e ex-OJ nº 267 da SBDI-1 – inserida em 27.09.2002)

II – Durante as horas de sobreaviso, o empregado não se encontra em condições de risco, razão pela qual é incabível a integração do adicional de periculosidade sobre as mencionadas horas. (ex-OJ nº 174 da SBDI-1 – inserida em 08.11.2000)

Súmula 85 – TST

COMPENSAÇÃO DE JORNADA (inserido o item VI) – Res. 209/2016, DEJT divulgado em 01, 02 e 03.06.2016

I – A compensação de jornada de trabalho deve ser ajustada por acordo individual escrito, acordo coletivo ou convenção coletiva. (ex-Súmula nº 85 – primeira parte – alterada pela Res. 121/2003, DJ 21.11.2003)

II – O acordo individual para compensação de horas é válido, salvo se houver norma coletiva em sentido contrário. (ex-OJ nº 182 da SBDI-I – inserida em 08.11.2000)

III – O mero não atendimento das exigências legais para a compensação de jornada, inclusive quando encetada mediante acordo tácito, não implica a repetição do pagamento das horas excedentes à jornada normal diária, se não dilatada a jornada máxima semanal, sendo devido apenas o respectivo adicional. (ex-Súmula nº 85 – segunda parte – alterada pela Res. 121/2003, DJ 21.11.2003)

IV – A prestação de horas extras habituais descaracteriza o acordo de compensação de jornada. Nesta hipótese, as horas que ultrapassarem a jornada semanal normal deverão ser pagas como horas extraordinárias e, quanto àquelas destinadas à compensação, deverá ser pago a mais apenas o adicional por trabalho extraordinário. (ex-OJ nº 220 da SBDI-I – inserida em 20.06.2001)

V – As disposições contidas nesta súmula não se aplicam ao regime compensatório na modalidade "banco de horas", que somente pode ser instituído por negociação coletiva.

VI – Não é válido acordo de compensação de jornada em atividade insalubre, ainda que estipulado em norma coletiva, sem a necessária inspeção prévia e permissão da autoridade competente, na forma do art. 60 da CLT.

Súmula 45 – TST

SERVIÇO SUPLEMENTAR (mantida) – Res. 121/2003, DJ 19, 20 e 21.11.2003

A remuneração do serviço suplementar, habitualmente prestado, integra o cálculo da gratificação natalina prevista na Lei nº 4.090, de 13.07.1962.

Súmula 24 – TST

SERVIÇO EXTRAORDINÁRIO (mantida) – Res. 121/2003, DJ 19, 20 e 21.11.2003

Insere-se no cálculo da indenização por antigüidade o salário relativo a serviço extraordinário, desde que habitualmente prestado.

OJ 233 SBDI-1 – TST

HORAS EXTRAS. COMPROVAÇÃO DE PARTE DO PERÍODO ALEGADO. (nova redação, DJ 20.04.2005)

A decisão que defere horas extras com base em prova oral ou documental não ficará limitada ao tempo por ela abrangido, desde que o julgador fique convencido de que o procedimento questionado superou aquele período.

OJ 235 SBDI-1 – TST

HORAS EXTRAS. SALÁRIO POR PRODUÇÃO (redação alterada na sessão do Tribunal Pleno realizada em 16.04.2012) – Res. 182/2012, DEJT divulgado em 19, 20 e 23.04.2012

O empregado que recebe salário por produção e trabalha em sobrejornada tem direito à percepção apenas do adicional de horas extras, exceto no caso do empregado cortador de cana, a quem é devido o pagamento das horas extras e do adicional respectivo.

OJ-SDI1-323 – TST

ACORDO DE COMPENSAÇÃO DE JORNADA. "SEMANA ESPANHOLA". VALIDADE. É válido o sistema de compensação de horário quando a jornada adotada é a denominada "semana espanhola", que altera a prestação de 48 horas em uma semana e 40 horas em outra, não violando os arts. 59, § 2º, da CLT e 7º, XIII, da CF/88 o seu ajuste mediante acordo ou convenção coletiva de trabalho. (Tema inserido em 09.12.2003-DJ)

OJ SBDI-1 394 – TST

REPOUSO SEMANAL REMUNERADO – RSR. INTEGRAÇÃO DAS HORAS EXTRAS. NÃO REPERCUSSÃO NO CÁLCULO DAS FÉRIAS, DO DÉCIMO TERCEIRO SALÁRIO, DO AVISO PRÉVIO E DOS DEPÓSITOS DO FGTS. (DJe divulgado em 09.06.2010) A majoração do valor do repouso semanal remunerado, em razão da integração das horas extras habitualmente prestadas, não repercute no cálculo das férias, da gratificação natalina, do aviso prévio e do FGTS, sob pena de caracterização de "bis in idem".

- **OJ-SDI1 - 397 - TST**

COMISSIONISTA MISTO. HORAS EXTRAS. BASE DE CÁLCULO. APLICAÇÃO DA SÚMULA Nº 340 DO TST. (DEJT divulgado em 02, 03 e 04.08.2010) O empregado que recebe remuneração mista, ou seja, uma parte fixa e outra variável, tem direito a horas extras pelo trabalho em sobrejornada. Em relação à parte fixa, são devidas as horas simples acrescidas do adicional de horas extras. Em relação à parte variável, é devido somente o adicional de horas extras, aplicando-se à hipótese o disposto na Súmula nº 340 do TST.

- **OJ-SDI1 - 403 - TST**

ADVOGADO EMPREGADO. CONTRATAÇÃO ANTERIOR A LEI Nº 8.906, de 04.07.1994. JORNADA DE TRABALHO MANTIDA COM O ADVENTO DA LEI. DEDICAÇÃO EXCLUSIVA. CARACTERIZAÇÃO. (DEJT Divulgado em 16, 17 e 20.09.2010)

O advogado empregado contratado para jornada de 40 horas semanais, antes da edição da Lei nº 8.906, de 04.07.1994, está sujeito ao regime de dedicação exclusiva disposto no art. 20 da referida lei, pelo que não tem direito à jornada de 20 horas semanais ou 4 diárias.

- **OJ-SDI1 - 415 - TST**

HORAS EXTRAS. RECONHECIMENTO EM JUÍZO. CRITÉRIO DE DEDUÇÃO/ABATIMENTO DOS VALORES COMPROVADA-MENTE PAGOS NO CURSO DO CONTRATO DE TRABALHO. (DEJT divulgado em 14, 15 e 16.02.2012)

A dedução das horas extras comprovadamente pagas daquelas reconhecidas em juízo não pode ser limitada ao mês de apuração, devendo ser integral e aferida pelo total das horas extraordinárias quitadas durante o período imprescrito do contrato de trabalho.

3. INFORMATIVOS DO TST

- **Horas extras. Regime de compensação de jornada. Trabalho aos sábados em uma semana por mês. Súmula nº 85, IV, do TST.**

A prestação de serviços em um sábado por mês, dia destinado à compensação, implica na descaracterização do regime de compensação de jornada, de modo que na semana em que houve labor no sábado deve ser reconhecido o direito às horas extraordinárias acrescidas do adicional em relação a todo o período que extrapolava a jornada semanal normal. Nas semanas em que não houve trabalho aos sábados, porém, deve ser aplicado o disposto na Súmula nº 85, IV, do TST, em razão da efetiva compensação de jornada. Com esse entendimento, a SBDI I, por unanimidade, conheceu dos embargos interpostos pela reclamante, por má aplicação da Súmula nº 85, IV, do TST, e, no mérito, pelo voto prevalente da Presidência, deu-lhes parcial provimento para reconhecer a validade do regime de compensação de jornada apenas nas semanas em que não houve labor no dia destinado para tanto e, consequentemente, determinar o pagamento das horas extraordinárias mais o respectivo adicional quanto às horas que extrapolarem a jornada normal diária nas semanas em que houve trabalho no sábado, e apenas o adicional quanto às horas extraordinárias destinadas à compensação nas semanas em que efetivamente a reclamante tenha usufruído da folga compensatória. Vencidos os Ministros Lelio Bentes Corrêa, Aloysio Corrêa da Veiga, Luiz Philippe Vieira de Mello Filho, José Roberto Freire Pimenta, Hugo Carlos Scheuermann e Alexandre de Souza Agra Belmonte. TST-E-RR-2337200-15.2009.5.09.0010, SBDI-I, rel. Min. Renato de Lacerda Paiva, 15.5.2014 (Informativo nº 82)

4. QUESTÕES DE CONCURSOS

01. **(AGU/PROCURADOR FEDERAL/CESPE/2010)** É vedada ao empregado contratado sob o regime de tempo parcial a prestação de horas extras.

02. **(AGU/PROCURADOR FEDERAL/CESPE/2010)** Instrumento coletivo silente quanto à compensação de jornada possibilita a entabulação de acordo individual escrito para compensação de horas.

03. **(MTE/AUDITOR FISCAL DO TRABALHO/ESAF/2010/ADAPTADA)** A duração normal do trabalho poderá ser acrescida de horas suplementares, em número não excedente de duas, mediante acordo escrito ou tácito entre empregador e empregado, ou por contrato coletivo de trabalho.

04. **(MTE/AUDITOR FISCAL DO TRABALHO/ESAF/2010/ADAPTADA)** Os empregados sob o regime de tempo parcial poderão prestar horas extras desde que haja prévia autorização do Ministério do Trabalho.

05. (MTE/AUDITOR FISCAL DO TRABALHO/ESAF/2010) Certo empregado celebrou, com o respectivo empregador, acordo escrito de compensação de jornada. Entretanto, após a pactuação, o acordo foi reiteradamente descumprido, diante da prestação habitual de horas extras, inclusive acima do limite previsto no acordo, sem que houvesse qualquer compensação de horário. Considerando as normas relativas à jornada de trabalho, a situação hipotética descrita e a jurisprudência do Tribunal Superior do Trabalho, assinale a opção correta.

a) O acordo de compensação de jornada poderia ter sido firmado tacitamente entre empregado e empregador, o que não afetaria sua validade.

b) A prestação habitual de horas extras descaracteriza o acordo de compensação de horário, tendo o empregado direito ao pagamento como horas extraordinárias das que ultrapassarem a duração semanal normal.

c) É requisito de validade do acordo de compensação de jornada a previsão de que, em caso de não-compensação das horas excedentes, o empregado terá direito a percebê-las com o adicional de no mínimo 75% (setenta e cinco por cento) do valor da hora normal de trabalho.

d) O acordo individual de compensação de horário é inválido, exigindo a legislação pertinente a celebração via convenção ou acordo coletivo de trabalho.

e) Em caso de força maior para atender à realização ou conclusão de serviços inadiáveis, poderá o empregador exigir horas extras do empregado, além do limite legal, contratual ou convencional, desde que haja previsão nesse sentido em convenção ou acordo coletivo de trabalho.

06. (TRT – 3ª REGIÃO/JUIZ DO TRABALHO SUBSTITUTO/2009/ADAPTADA) A prestação de horas extras habituais descaracteriza o acordo de compensação de jornada. Neste caso, as horas que ultrapassarem a duração semanal normal deverão ser pagas como horas extraordinárias, nos termos sumulados pelo c. TST.

07. (Procurador Judicial – Pref. Mun. Serra Negra/SP) De acordo com o artigo 59 da CLT, a duração normal do trabalho poderá ser acrescida de horas suplementares, mediante acordo escrito entre empregador e empregado, ou mediante contrato coletivo de trabalho, em número não excedente de:

a) 4.

b) 2.

c) 1.

d) 3.

08. (FCC – TRT 4 – Analista Judiciário/2011) Gabrielle labora para a empresa H desde o ano de 2006. Em Janeiro de 2007 começou a realizar horas extras habituais, consubstanciada em uma hora extra por dia. Em Janeiro de 2010 a empresa H suprimiu as horas extras que Gabrielle prestava habitualmente. Neste caso, a empregada

a) não tem direito a indenização tendo em vista que estas horas extras já estão incorporadas na sua remuneração.

b) tem direito a uma indenização correspondente a um mês de horas extras suprimidas multiplicada por 3.

c) tem direito a uma indenização correspondente a um mês de horas extras suprimidas multiplicada por 12.

d) tem direito a uma indenização correspondente a doze meses de horas extras suprimidas multiplicada por 3.

e) tem direito a uma indenização correspondente a doze meses de horas extras suprimidas multiplicada por 4.

09. (MPT – Procurador do Trabalho/2013) Considerando-se a jurisprudência uniforme do TST, analise as assertivas seguintes:

I. O intervalo intrajornada especial para os empregados que trabalham no interior de câmaras frigoríficas aplica-se analogicamente ao empregado submetido a ambiente artificialmente frio, mesmo que a atividade deste não se desenvolva em câmara fria, porém, em virtude da ausência de norma expressa, referido intervalo não é computado como tempo de trabalho efetivo.

II. É válida a adoção da jornada de 12 (doze) horas de trabalho por 36 (trinta e seis) horas de descanso, exclusivamente mediante acordo coletivo de trabalho ou convenção coletiva de trabalho, em caráter excepcional e cujo costume já consagrou o labor na escala de 12 x 36.

III. É válido o sistema de compensação de jornada com a adoção da denominada "semana espanhola", pela qual se alterna a prestação de 48 horas em uma semana e 40 horas em outra, mediante acordo ou convenção coletiva de trabalho.

IV. Para a compensação de jornada com vistas a adotar o sábado livre, de forma semelhante à da denominada semana inglesa, é válido acordo individual de compensação de horas, salvo se houver norma coletiva em sentido contrário.

Assinale a alternativa CORRETA:

a) apenas as assertivas I e II estão incorretas;

b) apenas as assertivas I e III estão incorretas;

c) apenas as assertivas II e III estão incorretas;
d) apenas as assertivas III e IV estão incorretas;
e) não respondida.

10. **(IESES – Analista Judiciário – Área Administrativa – TRT 14/2014)** Antônio foi contratado para trabalhar de segunda a sexta-feira, das 9:00hs até 18:00hs, com duas horas de pausa para repouso e alimentação. Depois de dez anos de contrato, seu empregador resolveu alterar o horário de trabalho, exigindo-lhe início do labor às 8:00hs, de segunda a sexta-feira. Considerando tal situação e os princípios próprios do direito do trabalho, leia as assertivas I a IV e depois assinale a alternativa correta:

I. Por aplicação do princípio da primazia da realidade, uma vez que Antônio sempre trabalhou a partir das 9:00hs, caberá a invalidação da alteração em questão.
II. Por aplicação do princípio do non bis in idem, uma vez que Antônio sempre trabalhou a partir das 9:00hs, caberá a invalidação da alteração em questão.
III. Por aplicação do princípio da imperatividade das normas trabalhistas, considerando que Antônio não passará a trabalhar além da carga de trabalho máxima prevista em lei, foi válida a alteração em questão.
IV. Por aplicação do princípio da estrita legalidade, considerando que Antônio não passará a trabalhar além da carga de trabalho máxima prevista em lei, foi válida a alteração em questão.

A alternativa correta é:

a) As assertivas I, II, III e IV são falsas.
b) Apenas a assertiva III é verdadeira.
c) Apenas a assertiva I é verdadeira.
d) Apenas a assertiva IV é verdadeira.
e) Apenas a assertiva II é verdadeira.

GAB	1	C	2	C	3	E	4	E	5	B	6	C	7	B	8	B	9	A	10	A

✦ **TURNO DE REVEZAMENTO DE 12 X 36**

Art. 59-A. Em exceção ao disposto no art. 59 e em leis específicas, é facultado às partes, por meio de convenção coletiva ou acordo coletivo de trabalho, estabelecer horário de trabalho de doze horas seguidas por trinta e seis horas ininterruptas de descanso, observados ou indenizados os intervalos para repouso e alimentação. (Redação da Medida Provisória nº 808, de 14.11. 2017)

§ 1º A remuneração mensal pactuada pelo horário previsto no caput abrange os pagamentos devidos pelo descanso semanal remunerado e pelo descanso em feriados e serão considerados compensados os feriados e as prorrogações de trabalho noturno, quando houver, de que tratam o art. 70 e o § 5º do art. 73. (Redação da Medida Provisória nº 808, de 14.11. 2017)

§ 2º É facultado às entidades atuantes no setor de saúde estabelecer, por meio de acordo individual escrito, convenção coletiva ou acordo coletivo de trabalho, horário de trabalho de doze horas seguidas por trinta e seis horas ininterruptas de descanso, observados ou indenizados os intervalos para repouso e alimentação. (Incluído pela Medida Provisória nº 808, de 14.11. 2017)

✦ **ACORDO DE COMPENSAÇÃO IRREGULAR – PAGAMENTO DO ADICIONAL DE HORAS EXTRAS**

Art. 59-B. O não atendimento das exigências legais para compensação de jornada, inclusive quando estabelecida mediante acordo tácito, não implica a repetição do pagamento das horas excedentes à jornada normal diária se não ultrapassada a duração máxima semanal, sendo devido apenas o respectivo adicional. (Incluído pela Lei n° 13.467, de 13.07.2017).

✦ **ACORDO DE COMPENSAÇÃO E HORAS EXTRAS HABITUAIS**

Parágrafo único. A prestação de horas extras habituais não descaracteriza o acordo de compensação de jornada e o banco de horas.(Incluído pela Lei n° 13.467, de 13.07.2017).

1. COMENTÁRIOS

A prorrogação de jornada por 2 (duas) horas, com vistas à compensação ou ao pagamento, ultrapassando, portanto, as 8 (oito) horas regulares, não necessita, para sua validade, de negociação coletiva, salvo nos casos expressamente mencionados na Constituição da República. Este é o entendimento predominante na doutrina, conforme acima defendemos (vide comentários ao art. 59, da CLT).

Situação jurídica totalmente diferente é a extensão da jornada para 12 horas, ultrapassando o limite possível de duas horas de prorrogação, sem qualquer autorização legal, tampouco precedida de negociação coletiva. O texto do art. 59-A, que propõe esta regra, afronta, diretamente, o art. 7º, XIII, da CF.

O plenário do E. STF, em 14-9-2016, no julgamento da ADI 4.842/DF, rel. min. Edson Fachin, julgou improcedente o pedido de declaração de inconstitucionalidade do art. 5º da Lei 11.901/2009 ["A jornada do Bombeiro Civil é de 12 (doze) horas de trabalho por 36 (trinta e seis) horas de descanso, num total de 36 (trinta e seis) horas semanais"].

No histórico julgamento o E. STF ratificou a necessidade de negociação coletiva para a validade do ajuste da jornada de 12 x 36, ou a previsão em lei própria, como é o caso dos Bombeiros Civis. Portanto, fora destes limites (negociação coletiva ou lei própria), qualquer jornada que extrapole o limite constitucional de 8 horas por dia e 44 horas semanais é ilegal.

Confira-se o extrato do julgamento divulgado no Informativo 839 do E. STF:

> "A jornada de 12 horas de trabalho por 36 horas de descanso encontra respaldo na faculdade conferida pelo legislador constituinte para as hipóteses de compensação de horário. Embora não exista previsão de reserva legal expressa no referido preceito, há a possibilidade de negociação coletiva. Isso permite inferir que a exceção estabelecida na legislação questionada garante aos bombeiros civis, em proporção razoável, descanso de 36 horas para cada 12 horas trabalhadas, bem como jornada semanal de trabalho não superior a 36 horas.".

A posição do STF, portanto, ratifica o entendimento de que as horas que extrapolarem a jornada de 8 horas, sem autorização de negociação coletiva ou lei que sustente tal prorrogação, serão consideradas como extraordinárias. Resta saber se o art. 59-A, da CLT, que não trata de qualquer categoria especial, sendo, como efetivamente é, uma norma geral que permite a fixação de turno de 12 horas em qualquer categoria, poderá ser considerada como autorização legal para prorrogação da jornada.

Como se não bastasse a inconstitucionalidade do art. 59-A, *caput*, da CLT, o § único ainda prevê que os feriados já estão pagos durante o turno de trabalho. Essa intenção torna o trabalhador do turno de 12 horas o único a não ter o feriado pago em dobro, ou compensado em outro dia. O texto legal contraria o entendimento da S. 444 do TST.

> O art. 59-A, *caput*, foi alterado pela MPV nº 808/2017 para só autorizar o turno de 12x36 por negociação coletiva, mediante acordo ou convenção coletiva de trabalho, suprimindo a possibilidade de negociação individual para tal fim, salvo para as entidades atuantes no setor de saúde, que poderão se valer de acordo individual com seus empregados (§ 2º, acrescentado ao art. 59-A). A regra do § 2º é claramente inconstitucional, como já comentado no texto acima, pois somente a norma coletiva poderia autorizar este tipo de jornada.

O entendimento do art. 59-B, que determina somente o pagamento do adicional de horas extras, e não a hora extra acrescida do adicional, quando o acordo de compensação for irregular, me parece bastante razoável. O descumprimento de alguma formalidade, como, por exemplo, a ausência de assinatura do empregado, quando, na prática, a compensação realmente ocorreu, não justifica a repetição do pagamento do dia compensado. O texto legal, neste particular, segue o entendimento da S. 85, III, do TST, *in verbis:* "O mero não atendimento das exigências legais para a compensação de jornada, inclusive quando encetada mediante acordo tácito, não implica a repetição do pagamento das horas excedentes à jornada normal diária, se não dilatada a jornada máxima semanal, sendo devido apenas o respectivo adicional. (ex-Súmula nº 85 – segunda parte – alterada pela Res. 121/2003, DJ 21.11.2003)".

O art. 59-B, § único, por outro lado, consagra entendimento contrário à S. 85, IV, do TST, a seguir transcrita: "A prestação de horas extras habituais descaracteriza o acordo de compensação de jornada. Nesta hipótese, as horas que ultrapassarem a jornada semanal normal deverão ser pagas como horas extraordinárias e, quanto àquelas destinadas à compensação, deverá ser pago a mais apenas o adicional por trabalho extraordinário. (ex-OJ nº 220 da SBDI-I – inserida em 20.06.2001). Desta feita foi mais acertado o entendimento da Súmula, mas a discussão acaba por ser superada pelo imperativo legal.

✦ JORNADA EXTRAORDINÁRIA EM ATIVIDADE INSALUBRE

Art. 60. Nas atividades insalubres, assim consideradas as constantes dos quadros mencionados no capítulo "Da Segurança e da Medicina do Trabalho", ou que neles venham a ser incluídas por ato do Ministro do Trabalho, quaisquer prorrogações só poderão ser acordadas mediante licença prévia das autoridades competentes em matéria de higiene do trabalho, as quais, para esse efeito, procederão aos necessários exames locais e à verificação dos métodos e processos de trabalho, quer diretamente, quer por intermédio de autoridades sanitárias federais, estaduais e municipais, com quem entrarão em entendimento para tal fim.

Parágrafo único. Excetuam-se da exigência de licença prévia as jornadas de doze horas de trabalho por trinta e seis horas ininterruptas de descanso.(Incluído pela Lei nº 13.467, de 13.07.2017).

1. COMENTÁRIOS

O trabalho em serviço extraordinário é, por si só, venal à saúde do trabalhador. O excesso de horas em atividade insalubre agrava a exposição da saúde do empregado aos agentes nocivos. Assim, o Estado controla de perto o excesso de horas nestas atividades, exigindo das empresas autorização (prévia) do Ministério do Trabalho para prorrogação de jornada.

Somente será autorizada a prorrogação se o órgão local do Ministério do Trabalho entender ser extraordinária e excepcional a medida.

Parte da doutrina entende que este dispositivo não foi recepcionado pelo art. 7º, XIII, da CRFB/88 (Martins, Comentários, 2008, p. 96-97) permitindo-se a prorrogação mediante o preenchimento de um único requisito: a negociação coletiva, dispensada, portanto, a autorização do Ministério do Trabalho referida neste artigo.

A S. 349 do C. TST consagrava a tese acima, pois dispensava a autorização do Ministério do Trabalho, validando acordo coletivo que autorizasse a compensação de jornada em atividade insalubre. A referida súmula, em boa hora, foi cancelada pela Resolução nº 175/2011, DEJT divulgado em 27, 30 e 31.05.2011.

Saad sempre se posicionou contra o entendimento sumulado, aduzindo os seguintes argumentos: "O Tribunal dá, como supedâneo a essa Súmula, o inciso XIII do art. 7º da Constituição. Divergimos e deploramos essa linha jurisprudencial. O trabalho suplementar pode acarretar desrespeito ao limite de tolerância do trabalhador a este ou aquele agente agressivo, caso em que sua saúde fica em risco. Em razão dessa circunstância e a fim de evitar danos à saúde do trabalhador, afirmamos que, na hipótese, é preciso cumprir o art. 60 desta Consolidação. Entendemos, ainda, que a autoridade trabalhista não está impedida de proibir, "a posteriori", o trabalho adicional na atividade insalubre se ficar comprovado o risco à vida ou à saúde do trabalhador. O direito natural à vida justifica esse comportamento da autoridade."(CLT Comentada, 2009, p. 169).

A 1ª Jornada de Direito Material e Processual na Justiça do Trabalho, antes do cancelamento da S. 349 do TST, aprovou enunciado, de nº 49, contrário ao entendimento então predominante na jurisprudência. O cancelamento da Súmula demonstrou o acerto do enunciado aprovado pela 1ª Jornada, a seguir transcrito:

> "1ª JORNADA DE DIREITO MATERIAL E PROCESSUAL NA JUSTIÇA DO TRABALHO
>
> ENUNCIADO 49. ATIVIDADE INSALUBRE. PRORROGAÇÃO DE JORNADA. NEGOCIAÇÃO COLETIVA. INVALIDADE. O art. 60 da CLT não foi derrogado pelo art. 7º, XIII, da Constituição da República, pelo que é inválida cláusula de Convenção ou Acordo Coletivo que não observe as condições nele estabelecidas."

O § único, introduzido no art. 60 da CLT pela Lei nº 13.467, de 13.07.2017, provocou um enorme retrocesso social. Perceba-se que o próprio TST deixou de considerar válida a prorrogação de jornada em atividade insalubre autorizada por norma coletiva. O legislador foi além e dispensa até mesmo a negociação coletiva, considerando válida a jornada de 12 horas em atividade insalubre, independentemente de acordo, convenção coletiva ou autorização do Ministério do Trabalho. A alteração legislativa causa enorme gravame para a saúde do trabalhador que terá que suportar, sem a intervenção do Estado, ou de seu ente coletivo de representação, jornada tão extensa.

2. QUESTÕES DE CONCURSO

01. (FCC – Analista Judiciário – Oficial de Justiça Avaliador – TRT 2/2014) Em relação ao trabalho extraordinário, é correto afirmar que

a) as horas extras decorrentes de força maior ou de serviços inadiáveis podem ser prestadas, desde que existente acordo de prorrogação de horas firmado entre empregado e empregador.

b) o acordo de prorrogação de jornada de trabalho deve ser escrito e necessariamente celebrado coletivamente, mediante negociação coletiva de trabalho.

c) o trabalho em horas extras é permitido aos empregados que trabalham em atividades insalubres, sendo necessária, porém, licença prévia das autoridades competentes em matéria de higiene do trabalho.

d) todo empregado tem direito a um descanso de 15 minutos, no mínimo, antes do início do período extraordinário de serviço em caso de prorrogação do horário normal de trabalho.

e) os empregados contratados sob o regime de tempo parcial poderão prestar horas extras, desde que acordado expressamente com o sindicato da categoria.

02. (FCC – Analista Judiciário – Área Judiciária – TRT 11/2017) Mário presta serviços como entregador de carnes no Frigorífico "ABC" Ltda e, numa sexta-feira no final do dia, teve que estender sua jornada de trabalho para descarregar a mercadoria do caminhão e colocá-la na câmara fria, sob pena de perda irreparável do produto, sendo considerado um serviço inadiável. Neste caso, de acordo com a Consolidação das Leis do Trabalho, a prestação de horas extras

a) poderá ocorrer independentemente da existência de acordo ou contrato coletivo e deverá ser comunicado, dentro de dez dias, à autoridade competente em matéria de trabalho, ou, antes desse prazo, justificado no momento da fiscalização sem prejuízo dessa comunicação.

b) não poderá ocorrer sem a existência de acordo ou contrato coletivo, devendo o empregador contratar prestadores de serviços para fazê-lo.

c) poderá ocorrer independentemente da existência de acordo ou contrato coletivo, entretanto o adicional a ser pago é de no mínimo 100% sobre a hora normal de trabalho.

d) não poderá ocorrer sem a existência de acordo ou contrato coletivo, podendo o empregador solicitar os serviços de Mário, que poderá ou não aceitar a prestação dos serviços, já que não é obrigada pelo contrato de trabalho a fazê-lo.

e) poderá ocorrer independentemente da existência de acordo ou contrato coletivo e deverá ser comunicado, dentro de noventa dias, à autoridade competente em matéria de trabalho, ou, antes desse prazo, justificado no momento da fiscalização sem prejuízo dessa comunicação.

03. (FCC – Analista Judiciário – Oficial de Justiça Avaliador – TRT 11/2017) A Cláusula X da Convenção Coletiva de Trabalho H fixa adicional de insalubridade em 10% sobre o salário mínimo regional quando a insalubridade for graduada em grau médio. A Cláusula Y da Convenção Coletiva de Trabalho G fixa adicional de insalubridade proporcional ao tempo de exposição, limitando em 5%, 10% e 15% sobre o salário mínimo regional, respectivamente, de acordo com o grau constatado, se mínimo, médio ou máximo. Nestes casos,

a) ambas as cláusulas são válidas, mas carentes de eficácia.

b) somente a cláusula X é inválida.

c) somente a cláusula Y é inválida.

d) ambas as cláusulas são inválidas.

e) ambas as cláusulas são válidas e eficazes.

GAB	1	C	2	A	3	D

✦ **JORNADA EXTRAORDINÁRIA POR NECESSIDADE IMPERIOSA**

Art. 61. Ocorrendo necessidade imperiosa, poderá a duração do trabalho exceder do limite legal ou convencionado, seja para fazer face a motivo de força maior, seja para atender à realização ou conclusão de serviços inadiáveis ou cuja inexecução possa acarretar prejuízo manifesto.

✦ **COMUNICAÇÃO À AUTORIDADE COMPETENTE**

§ 1º – O excesso, nos casos deste artigo, pode ser exigido independentemente de convenção coletiva ou acordo coletivo de trabalho. (Incluído pela Lei nº 13.467, de 13.07.2017).

✦ **REMUNERAÇÃO DA HORA EXCEDENTE**

§ 2º – Nos casos de excesso de horário por motivo de força maior, a remuneração da hora excedente não será inferior à da hora normal. Nos demais casos de excesso previstos neste artigo, a remuneração será, pelo menos, 25% (vinte e cinco por cento) superior à da hora normal, e o trabalho não poderá exceder de 12 (doze) horas, desde que a lei não fixe expressamente outro limite.

✦ **FORÇA MAIOR. HORAS EXTRAS PARA RECUPERAÇÃO DO TEMPO PERDIDO**

§ 3º – Sempre que ocorrer interrupção do trabalho, resultante de causas acidentais, ou de força maior, que determinem a impossibilidade de sua realização, a duração do trabalho poderá ser prorrogada pelo tempo necessário até o máximo de 2 (duas) horas, durante o número de dias indispensáveis à recuperação do tempo perdido, desde que não exceda de 10 (dez) horas diárias, em período não superior a 45 (quarenta e cinco) dias por ano, sujeita essa recuperação à prévia autorização da autoridade competente.

1. COMENTÁRIOS

1.1 Conceito

Segundo a regra legal, são três os tipos de necessidade imperiosa: **a)** força maior; **b)** execução de serviço inadiável; **c)** serviço cuja não execução possa acarretar prejuízo manifesto. Para se inserir na situação excepcional deste artigo o fato não pode ser previsível, nem ser uma situação que, muito embora ocasional, poderia ter sido evitada pelo empregador. A CLT se ressente de um conceito destes dois últimos motivos, já que a força maior está conceituada no art. 501.

Com exceção do motivo de força maior, a necessidade imperiosa motiva a prorrogação de jornada por mais 04 horas (até 12 horas, como diz o texto legal, considerando-se a jornada regular de 08 horas).

1.2. Horas extras por força maior: pagamento de adicional (art. 7º, XVI, da CRFB/88)

O parágrafo segundo, do art. 61, dispensa o pagamento do adicional de 50% quando as horas extras forem provocadas por motivo de força maior; nesta hipótese também não há limite para a prorrogação da jornada regular. A ausência do adicional, segundo vozes de peso da doutrina, viola o art. 7º, XVI, da CRFB/88, de forma que não teria sido recepcionado pela nova ordem constitucional de 1988 (neste sentido: Godinho, ob. cit, p. 897 e Martins, Comentários, 2009,

p. 98). É esta a nossa posição, devendo o labor prorrogado por motivo de força maior ser também remunerado com o adicional constitucional de, no mínimo, 50%. Mesmo antes da CRFB/88, a prorrogação de jornada do menor, por motivo de força maior, já era remunerada com adicional de 25% e hoje de 50% (art. 413, II, da CLT).

1.3. Força Maior: limite de horas extras

O legislador não fixou limite de horas que podem ser prorrogadas por motivo de força maior (parágrafo segundo). A ausência de limitação não permite ao empregador exigir horas extras de forma indiscriminada. Devem prevalecer a razoabilidade e o bom senso. O empregado tem direito de acesso à informação e, consequentemente, o empregador tem a obrigação de justificar, de forma comprovada, o motivo de força maior.

Quando a força maior for responsável pela paralisação das atividades do empregador, este poderá repor os dias parados com horas extraordinárias, mas neste caso a lei impõe dois limites: (a) número não excedente de duas horas extras por dia (com pagamento de adicional de 50%, como já defendemos no comentário acima) e (b) limitada a prorrogação em 45 dias por ano, intercalados ou ininterruptos (parágrafo terceiro).

1.4. Dispensa de comunicação ao Ministério do Trabalho

A atual redação do § 1º, do art. 61, da CLT, dispensa a comunicação ao Ministério do Trabalho, após a prorrogação da jornada. A comunicação ao Ministério do Trabalho, antes da redação da Lei nº 13.467, de 13.07.2017, deveria ser feita no prazo de 10 dias a contar da prorrogação. A alteração do texto legal prejudica o controle deste tipo de prorrogação pelos órgãos de fiscalização.

2. QUESTÕES DE CONCURSOS

01. (FCC – TRT 12 – Analista Judiciário/2010) Segundo a Consolidação das Leis do Trabalho, quando ocorrer interrupção do trabalho, resultante de causas acidentais que determinem a impossibilidade de sua realização, a duração do trabalho poderá ser prorrogada pelo tempo necessário até o máximo de duas horas, durante o número de dias indispensáveis à recuperação do tempo perdido, desde que NÃO EXCEDA de

a) doze horas diárias, em período não superior a cento e vinte dias por ano, sujeita essa recuperação à prévia autorização da autoridade competente.

b) dez horas diárias, em período não superior a sessenta dias por ano, sujeita essa recuperação à prévia autorização da autoridade competente.

c) dez horas diárias, em período não superior a quarenta e cinco dias por ano, sujeita essa recuperação à prévia autorização da autoridade competente.

d) dez horas diárias, em período não superior a cento e vinte dias por ano, independentemente de prévia autorização da autoridade competente.

e) doze horas diárias, em período não superior a noventa dias por ano, independentemente de prévia autorização da autoridade competente.

02. (TRT 8 – Juiz do Trabalho Substituto 8ª região/ 2012/ADAPTADA) Assinale a alternativa INCORRETA: sempre que ocorrer interrupção do trabalho, resultante de causas acidentais ou de força maior, que determinem a impossibilidade de sua realização, a duração do trabalho poderá ser prorrogada pelo tempo necessário até o máximo de 2 (duas) horas, durante o número de dias indispensáveis à recuperação do tempo perdido, desde que não exceda de 10 (dez) horas diárias, em período não superior a 45 (quarenta e cinco) dias por ano, sujeita essa recuperação à prévia autorização da autoridade competente.

03. (MPT – Procurador do Trabalho/2012) Assinale a alternativa CORRETA: as horas extras podem ser realizadas mediante prorrogação bilateral, ou unilateral para conclusão de serviços inadiáveis, força maior, ou para recuperação de horas de paralisação. São hipóteses de força maior as medidas econômicas governamentais de caráter geral, a falência e a concordata, as dificuldades financeiras da empresa.

GAB	1	C	2	C	3	E

✦ SERVIÇO EXTERNO E FUNÇÃO DE CONFIANÇA

Art. 62. Não são abrangidos pelo regime previsto neste capítulo: (Redação do *caput*, incisos I e II e parágrafo único de acordo com a Lei nº 8.966, de 27.12.1994)

✦ ATIVIDADE EXTERNA

I – os empregados que exercem atividade externa incompatível com a fixação de horário de trabalho, devendo tal condição ser anotada na Carteira de Trabalho e Previdência Social e no registro de empregados;

✦ FUNÇÃO DE CONFIANÇA

II – os gerentes, assim considerados os exercentes de cargos de gestão, aos quais se equiparam, para efeito do disposto neste artigo, os diretores e chefes de departamento ou filial.

III – os empregados em regime de teletrabalho. (Incluído pela Lei n° 13.467, de 13.07.2017).

✦ GRATIFICAÇÃO DA FUNÇÃO DE CONFIANÇA

Parágrafo único. O regime previsto neste capítulo será aplicável aos empregados mencionados no inciso II deste artigo, quando o salário do cargo de confiança, compreendendo a gratificação de função, se houver, for inferior ao valor do respectivo salário efetivo acrescido de 40% (quarenta por cento).

1. COMENTÁRIOS

1.1. Atividade Externa e Função de Confiança

Para que sejam inseridos na exceção deste artigo, não basta que os empregados exerçam atividade externa (inciso I), mas também que esta seja incompatível com o controle de horário, como são exemplos: os vendedores-pracistas (Lei nº 3.207/57) e os motoristas de transporte de carga.

A função de confiança, referida no inciso II, é constituída pela combinação de dois requisitos: a) poderes de mando e b) recebimento de gratificaçao de funçao de, no mínimo, 40% sobre o salário. A falta de um destes requisitos afasta o empregado deste artigo, conferindo-lhe todos os direitos do capítulo da duração do trabalho. O poder de mando se materializa pela presença de empregados subordinados, com a prerrogativa do superior de puni-los, promovê-los e até mesmo de dispensá-los. É bem verdade que nas grandes empresas poucos possuem tantos poderes, de forma que a Justiça do Trabalho necessita amenizar o rigor desta norma e identificar a função de confiança mesmo na ausência de alguns destes poderes. É preciso que o empregado seja visto pelos demais como um preposto do empregador, mas nem sempre reunirá todos os poderes inerentes aos sócios do negócio. A gratificação de 40% pode ser paga em rubrica destacada ou pode o empregado ter um patamar salarial superior em 40% ao de seus subordinados, ainda que não esteja em destaque no recibo de pagamento a referida gratificação.

O cargo de confiança bancária tem características diferentes, como se lê nos comentários ao art. 224, da CLT.

1.2. Anotação na CTPS e na Ficha de Registro do Empregado

A condição de serviço externo precisa estar anotada na CTPS bem como na ficha ou livro de registro do empregado. Tal anotação não é requisito da substância do ato e sim de mera prova da condição especial do empregado. Mesmo que não existam as anotações, mas ocorrendo, na prática, o preenchimento dos requisitos acima, o empregado estará inserido na exceção legal. Contudo, a ausência desta anotação inverte a presunção legal, passando a ser ônus do empregador demonstrar o serviço externo incompatível com o controle de horário.

1.3. Ficha ou Papeleta de Controle Individual

A regulamentação administrava do Ministério do Trabalho, através da Portaria nº 3.626/91, art. 13, § único, exige que o empregado que exerce sua atividade integralmente fora do estabelecimento mantenha uma ficha (ou papeleta) individual de controle de seu horário. Esta ficha não chega a ser um controle realizado pelo empregador, pois o próprio empregado é responsável por sua marcação, sem a supervisão patronal, mas constituí mais um requisito formal de caracterização da atividade externa. Deixando o empregador de exigir o uso da papeleta individual, inverte-se a presunção legal, fazendo jus o empregado a horas extras e outros direitos deste capítulo, se demonstrada a compatibilidade com o controle de horário. A doutrina, todavia, é absolutamente omissa quanto às consequências do não uso desta papeleta, só fazendo menção ao requisito legal (anotação na CTPS e na ficha de registro), exceção feita para Carrion, que manifesta opinião semelhante à nossa (Comentários, 2010, p. 142-143).

1.3.1. Teletrabalho

O inciso III, inserido no art. 62 da CLT pela Lei nº 13.467, de 13.07.2017, trata do empregado cuja condição de trabalho mais bem se adequa à exclusão do regime da duração do trabalho. O trabalhador à distância poderá, contudo, ter sua atividade controlada, rigorosamente, por meios telemáticos, como uso de senha, câmeras, GPS, etc. Neste caso, o empregado deixará de se inserir na exclusão deste artigo. A reforma trabalhista destina todo o Capítulo – II, artigo 75-A a E, para regulamentar o teletrabalho.

1.4. Inconstitucionalidade da exclusão

O artigo 62, *caput*, promove uma rigorosa exclusão de normas de proteção. Sob o fundamento de que os empregados enumerados nos incisos I a III não têm como sofrer controle da jornada, ou por exercerem cargo de confiança, o texto legal afastou estes trabalhadores de toda a proteção do capítulo II, que cuida da duração do trabalho. Este capítulo trata, inclusive, dos intervalos interjornadas (art. 66), do repouso semanal (art. 67) e do adicional por trabalho noturno (art. 73).

A nosso ver, a ausência de qualquer limite na duração do trabalho é inconstitucional, seja por afrontar o princípio da não discriminação, já que impõe um tratamento desigual aos empregados excluídos, seja por afastar estes empregados especiais do regime de proteção deste capítulo, violando, frontalmente, o artigo 7º, incisos IX, XIII, XV e XVI, da CRFB/88. Não obstante nossa opção pela inconstitucionalidade, não é este o entendimento da maioria da doutrina, nem tampouco da jurisprudência. Merece destaque, contudo, o enunciado nº 17 da 01ª Jornada de Direito Material e Processual na Justiça do Trabalho, de 23.11.2007, exatamente no sentido que defendemos:

> "01ª Jornada de Direito Material e Processual na Justiça do Trabalho (23.11.2007).
>
> ENUNCIADO 17. LIMITAÇÃO DA JORNADA. REPOUSO SEMANAL REMUNERADO. DIREITO CONSTITUCIONALMENTE ASSEGURADO A TODOS OS TRABALHADORES. INCONSTITUCIONALIDADE DO Art. 62 DA CLT. A proteção jurídica ao limite da jornada de trabalho, consagrada nos incisos XIII e XV do art. 7º da Constituição da República, confere, respectivamente, a todos os trabalhadores, indistintamente, os direitos ao repouso semanal remunerado e à limitação da jornada de trabalho, tendo-se por inconstitucional o art. 62 da CLT."

1.5. Supressão da gratificação de função

Vide comentários ao art. 468, § único, da CLT.

2. SÚMULAS E ORIENTAÇÕES JURISPRUDENCIAIS

▶ **Súmula nº 372 – TST**

GRATIFICAÇÃO DE FUNÇÃO. SUPRESSÃO OU REDUÇÃO. LIMITES (conversão das OJ's nos 45 e 303 da SBDI-1) – Res. 129/2005, DJ 20, 22 e 25.04.2005.

I – Percebida a gratificação de função por dez ou mais anos pelo empregado, se o empregador, sem justo motivo, revertê-lo a seu cargo efetivo, não poderá retirar-lhe a gratificação tendo em vista o princípio da estabilidade financeira. (ex-OJ nº 45 da SBDI-1 – inserida em 25.11.1996)

II – Mantido o empregado no exercício da função comissionada, não pode o empregador reduzir o valor da gratificação. (ex-OJ nº 303 da SBDI-1 – DJ 11.08.2003)

▶ **Súmula nº 287 – TST**

JORNADA DE TRABALHO. GERENTE BANCÁRIO (nova redação) – Res. 121/2003, DJ 19, 20 e 21.11.2003. A jornada de trabalho do empregado de banco gerente de agência é regida pelo art. 224, § 2º, da CLT. Quanto ao gerente-geral de agência bancária, presume-se o exercício de encargo de gestão, aplicando-se-lhe o art. 62 da CLT.

▶ **OJ 332 SBDI-1 – TST**

MOTORISTA. HORAS EXTRAS. ATIVIDADE EXTERNA. CONTROLE DE JORNADA POR TACÓGRAFO. RESOLUÇÃO Nº 816/1986 DO CONTRA Nº DJ 09.12.2003. O tacógrafo, por si só, sem a existência de outros elementos, não serve para controlar a jornada de trabalho de empregado que exerce atividade externa.

3. INFORMATIVOS DO TST

▶ **Trabalho externo. Norma coletiva. Horas extras. Pagamento limitado a cinquenta horas mensais. Invalidade. Existência de controle de jornada. Supressão de direitos fundamentais do empregado. Má aplicação do art. 7º, XXVI, da CF.**

É inválida a cláusula de acordo coletivo de trabalho que exime o empregador de pagar a totalidade das horas extras trabalhadas, sob pena de suprimir os direitos fundamentais sociais do empregado à duração do trabalho, à remuneração superior do serviço em sobre jornada e à redução dos riscos inerentes ao trabalho, previstos no art. 7º, XIII, XVI e XXII, da CF. No caso vertente, conquanto o reclamante exercesse atividade externa, constatou-se que sua jornada de trabalho era controlada pelo empregador, razão por que se reputou inválida a previsão em norma coletiva do pagamento fixo de cinquenta horas extraordinárias. Com esse entendimento, a SBDI-I, por unanimidade, conheceu dos embargos interpostos pelo reclamante, antes da vigência da Lei nº 11.496/2007, por má aplicação do art. 7º, XXVI, da CF, e, no mérito, deu-lhes provimento para restabelecer o acórdão prolatado pelo Tribunal Regional no que deferira o pagamento de horas extras e o respectivo adicional, bem como os reflexos legais. TST-E-RR-1305900-13.2002.5.09.0652, SBDI-I, rel. Min. Renato de Lacerda Paiva, 13.3.2014 **(Informativo nº 75)**

4. QUESTÕES DE CONCURSOS

01. (TRT – 19ª REGIÃO/TECNICO JUDICIÁRIO/FCC/2008) Considere as assertivas abaixo a respeito da jornada de trabalho.

I. Não serão descontadas nem computadas como jornada extraordinária as variações de horário no registro de ponto não excedentes de cinco minutos, observado o limite máximo de dez minutos diários.

II. A limitação legal da jornada suplementar a duas horas diárias não exime o empregador de pagar todas as horas trabalhadas.

III. Os chefes de departamento não possuem direito ao pagamento de horas extras, uma vez que se equiparam aos gerentes.

IV. Em regra, o tempo despendido pelo empregado até o local de trabalho e para o seu retorno, por qualquer meio de transporte, será computado na jornada de trabalho.

É correto o que se afirma, APENAS, em

a) I, II e III

b) II, III e IV.

c) III e IV.

d) II e III.

e) I e II.

02. (MTE/AUDITOR FISCAL DO TRABALHO/ESAF/2010/ADAPTADA) O motorista de caminhão que cumpre jornada predominantemente externa não é destinatário das regras pertinentes à limitação da jornada de trabalho, ainda que sofra rígido controle de horário pelo empregador, porque, nesse caso, há apenas a adoção de postura discricionária por parte do contratante dos serviços.

03. (MTE/AUDITOR FISCAL DO TRABALHO/ESAF/2010/ADAPTADA) Observando a alteração legislativa promovida em 1994 (Lei nº 8.966), versando sobre os empregados que não estão abrangidos pelas normas de limitação da jornada de trabalho (art. 62 da CLT), não mais se considera requisito essencial à configuração do exercício de gerência a prova do encargo de gestão, com investidura por meio de mandato legal.

04. (TRT – 3ª REGIÃO/JUIZ DO TRABALHO SUBSTITUTO/2009/ADAPTADA) Os gerentes, assim considerados os exercentes de cargos de gestão, aos quais se equiparam os diretores e chefes de departamento, não estão sujeitos a limite máximo de jornada de trabalho, desde que percebam, como salário do cargo de confiança, valor não inferior ao salário do cargo efetivo acrescido de, pelo menos, 40% (quarenta por cento).

GAB	1	A	2	E	3	C	4	C

✦ PARTICIPAÇÃO NOS LUCROS

Art. 63. Não haverá distinção entre empregados e interessados, e a participação em lucros e comissões, salvo em lucros de caráter social, não exclui o participante do regime deste Capítulo.

1. COMENTÁRIOS

O vocábulo "*interessados*" diz respeito àqueles que vão participar do lucro. Os "*lucros de caráter social*", referidos no texto, decorrem do resultado do negócio, são dividendos distribuídos de acordo com a natureza da sociedade e a participação de cada sócio e, no caso, também do empregado. O recebimento destes lucros não transforma o empregado, de imediato, em ocupante de função de confiança, nem lhe retira o direito às horas extras, adicional noturno e outras garantias deste capítulo.

2. SÚMULAS E ORIENTAÇÕES JURISPRUDENCIAIS

▸ Súmula nº 451 – TST

PARTICIPAÇÃO NOS LUCROS E RESULTADOS. RESCISÃO CONTRATUAL ANTERIOR À DATA DA DISTRIBUIÇÃO DOS LUCROS. PAGAMENTO PROPORCIONAL AOS MESES TRABALHADOS. PRINCÍPIO DA ISONOMIA. (conversão da Orientação Jurisprudencial nº 390 da SBDI-1) – Res. 194/2014, DEJT divulgado em 21, 22 e 23.05.2014.

Fere o princípio da isonomia instituir vantagem mediante acordo coletivo ou norma regulamentar que condiciona a percepção da parcela participação nos lucros e resultados ao fato de estar o contrato de trabalho em vigor na data prevista para a distribuição dos lucros. Assim, inclusive na rescisão contratual antecipada, é devido o pagamento da parcela de forma proporcional aos meses trabalhados, pois o ex-empregado concorreu para os resultados positivos da empresa.

▸ OJ nº 390 da SD I-I

Participação nos lucros e resultados. Rescisão contratual anterior à data da distribuição dos lucros. Pagamento proporcional aos meses trabalhados. Princípio da isonomia. Fere o princípio da isonomia instituir vantagem mediante acordo coletivo ou norma regulamentar que condiciona a percepção da parcela participação nos lucros e resultados ao fato de estar o contrato de trabalho em vigor na data prevista para a distribuição dos lucros. Assim, inclusive na rescisão contratual antecipada, é devido o pagamento da parcela de forma proporcional aos meses trabalhados, pois o ex-empregado concorreu para os resultados positivos da empresa.

3. QUESTÕES DE CONCURSOS

01. (FCC – Analista Judiciário – Oficial de Justiça Avaliador – TRT 11/2017) Ruth, Ajudante Geral da fábrica de parafusos CDE Ltda., foi dispensada injustamente em 1 agosto de 2016, sendo que em suas verbas rescisórias não foi pago nenhum valor a título de Participação nos Lucros ou Resultados – PLR, estipulado no Acordo Coletivo de Trabalho celebrado no início do ano, em um salário contratual de cada trabalhador, a ser pago em dezembro do mesmo ano. Neste caso, Ruth

a) tem direito ao recebimento da parcela da PLR de forma proporcional aos meses trabalhados, pois a ex-empregada concorreu para os resultados positivos da empresa.

b) não tem direito ao recebimento da parcela da PLR, uma vez que foi dispensada antes da data estipulada de seu pagamento.

c) tem direito ao recebimento da parcela da PLR de forma integral, uma vez que foi iniciativa do empregador a rescisão do contrato de trabalho.

d) não tem direito ao recebimento da parcela da PLR, uma vez que foi dispensada injustamente, só fazendo jus a tal valor se tivesse se aposentado antes da data estipulada de seu pagamento.

e) tem direito ao recebimento da parcela da PLR, podendo o empregador decidir se pagará de forma proporcional aos meses do ano trabalhados ou de forma integral, de acordo com o desempenho de sua ex-empregada.

GAB	1	A

✦ SALÁRIO – HORA DO MENSALISTA

Art. 64. O salário-hora normal, no caso de empregado mensalista, será obtido dividindo-se o salário mensal correspondente à duração do trabalho, a que se refere o art. 58, por 30 (trinta) vezes o número de horas dessa duração.

Parágrafo único. Sendo o número de dias inferior a 30 (trinta), adotar-se-á para o cálculo, em lugar desse número, o de dias de trabalho por mês.

1. COMENTÁRIOS

Quando o texto prevê que o empregado é mensalista, está trazendo um elemento do cálculo de sua remuneração, ou seja, estabelece que o pagamento do empregado é fixado por unidade de tempo. Na hipótese do texto legal, o tempo à disposição do empregador é o critério para aferição do salário (mensalista, quinzenalista, semanalista, diarista ou horista).

Antes da CRFB/88, para se chegar valor do salário-hora, era utilizado o seguinte critério: 30 dias no mês x 08 horas/dia = 240 horas/mês (08 horas por dia x 06 dias semana = 48 horas por semana). Assim, na apuração do valor de 01 hora de trabalho dividiríamos o valor do salário mensal por 240 horas.

Com a Constituição de 1988, especificamente do art. 7º, XIII, a duração semanal do trabalho passou a ser de 44 horas. Consequentemente, com base numa regra de três simples, chegaremos ao novo divisor mensal (48 horas/semana está para 240 horas por mês, assim como 44 horas/semana estará para "x"; "X" = (240 x 44) ÷ 48 = 220 horas. O valor do salário-hora será o resultado da divisão do salário mensal por 220 horas.

Com base no mesmo critério, chegaremos ao divisor mensal do bancário, e de outras categorias com jornada de 06 horas (6 horas x 30 dias = 180 horas/mês).

✦ SALÁRIO-HORA DO DIARISTA

Art. 65. No caso do empregado diarista, o salário-hora normal será obtido dividindo-se o salário diário correspondente à duraçao do trabalho, estabelecido no art. 58, pelo número de horas de efetivo trabalho.

1. COMENTÁRIOS

Conforme os mesmos critérios do art. 64, o salário-hora do diarista corresponde à divisão do valor do salário diário pelo número de horas efetivamente trabalhadas: Exemplo: salário diário = R$60,00 ÷ 04 horas trabalhadas no dia = R$15,00 (valor do salário-hora).

▸SEÇÃO III – DOS PERÍODOS DE DESCANSO

✦ INTERVALO INTERJORNADAS

Art. 66. Entre 2 (duas) jornadas de trabalho haverá um período mínimo de 11 (onze) horas consecutivas para descanso.

1. COMENTÁRIOS

Os intervalos interjornadas e intrajornadas, previstos nesta seção, têm por objetivo atender a fundamentos de ordem biológica, econômica, política e social. Biológica, pois a existência dos intervalos permite a recuperação do organismo humano. Econômica, porque um empregado descansado é mais produtivo e melhor atende à finalidade lucrativa do negócio. Política, porque é evitado maior número de acidentes, fazendo com que o Estado tenha menos gastos com Seguridade Social. Social, já que os intervalos permitem a convivência dos empregados entre si e, naqueles de maior duração, como os interjornadas e repouso semanal (intersemanais), proporcionam a convivência com os familiares.

1.1. Finalidade do Intervalo

Este intervalo, como dito no preâmbulo desta seção, atende, em especial, à necessidade que tem o empregado de recuperação da força de trabalho para bem retomar sua jornada no dia seguinte. Não é errada a afirmativa de que há também a convivência com a família (fundamento social), mesmo por um curto lapso temporal.

Trata-se de intervalo do tipo não remunerado, já que o descanso não é suportado pelo empregador.

1.2. Descumprimento do intervalo

A supressão do referido intervalo importará em pagamento do mesmo a título de indenização, por analogia à regra do art. 71, § 4º, da CLT. A redução do intervalo, contudo, não importará em pagamento das 11 horas previstas no artigo, como extras. Serão consideradas como extraordinárias somente as horas de intervalo suprimidas. Entendimento em sentido contrário geraria enriquecimento ilícito por parte do empregado (basta imaginarmos que o empregador tenha concedido 10 horas deste intervalo e seja obrigado a pagar por 11 horas extras, ou seja, todo o período). Esta é a interpretação da S. 437, I, do TST, que determina o pagamento de todo o intervalo, mesmo quando somente parte do intervalo deixar de ser gozado.

1.3. Intervalo de 11 horas após as 24 horas de repouso semanal

Nos turnos de revezamento deve ser respeitado o intervalo de 11 horas após o repouso semanal (S. 110 do TST). Temos, assim, o intervalo semanal de 24 horas, acrescido das 11 horas do intervalo interjornada, totalizando 35 horas.

A nosso ver a interpretação da S. 110 do TST pode muito bem ser estendida para outras formas de desenvolvimento de jornada de trabalho, como, por exemplo, o trabalho de segunda a sábado, com repouso aos domingos. Segundo esta tese, deve ser respeitado o repouso semanal (24 horas) e, na sequência, o intervalo interjornada de 11 horas, para só então o empregado retornar ao trabalho.

Sobre esta tese se manifesta Mauricio Godinho Delgado: "Fica aberta, assim, a possibilidade de estender-se a conduta interpretativa da Súmula nº 110 a todos as situações de desrespeito ao intervalo interjornada de 11 horas, após considerado o lapso do repouso semanal." (Curso, 2009, p. 867). No mesmo sentido, ainda que de forma mais tímida, Sérgio Pinto Martins afirma que: "... o verbete (S. 110 do TST) trata apenas de revezamento. Pode, contudo, o TST entender que a regra aplica-se ao intervalo do art. 66 da CLT, pois a orientação é semelhante. (Direito do Trabalho, 2009, p. 541).

1.4. Intervalos especiais

Algumas categorias possuem intervalo interjornadas diferenciado: **a**) serviços de telefonia e similares do art. 229, da CLT (17 horas); **b**) operadores cinematográficos em horário noturno do art. 235, *caput*, e § 2º, da CLT (12 horas); **c**) jornalista do art. 308, da CLT (10 horas). Estendendo a interpretação da S. 110 do TST para estas atividades, como defendemos no tópico acima, também devem ser respeitados estes intervalos especiais após o repouso semanal de 24 horas.

2. SÚMULAS E ORIENTAÇÕES JURISPRUDENCIAIS

▸ **Súmula nº 110 – TST**

JORNADA DE TRABALHO. INTERVALO (mantida) – Res. 121/2003, DJ 19, 20 e 21.11.2003.

No regime de revezamento, as horas trabalhadas em seguida ao repouso semanal de 24 horas, com prejuízo do intervalo mínimo de 11 horas consecutivas para descanso entre jornadas, devem ser remuneradas como extraordinárias, inclusive com o respectivo adicional.

▸ **Súmula nº 437 – TST**

INTERVALO INTRAJORNADA PARA REPOUSO E ALIMENTAÇÃO. APLICAÇÃO DO Art. 71 DA CLT (conversão das Orientações Jurisprudenciais nºs 307, 342, 354, 380 e 381 da SBDI-1) – Res. 185/2012, DEJT divulgado em 25, 26 e 27.09.2012

I – Após a edição da Lei nº 8.923/94, a não concessão ou a concessão parcial do intervalo intrajornada mínimo, para repouso e alimentação, a empregados urbanos e rurais, implica o pagamento total do período correspondente, e não apenas daquele suprimido, com acréscimo de, no mínimo, 50% sobre o valor da remuneração da hora normal de trabalho (art. 71 da CLT), sem prejuízo do cômputo da efetiva jornada de labor para efeito de remuneração.

II – É inválida cláusula de acordo ou convenção coletiva de trabalho contemplando a supressão ou redução do intervalo intrajornada porque este constitui medida de higiene, saúde e segurança do trabalho, garantido por norma de ordem pública (art. 71 da CLT e art. 7º, XXII, da CF/1988), infenso à negociação coletiva.

III – Possui natureza salarial a parcela prevista no art. 71, § 4º, da CLT, com redação introduzida pela Lei nº 8.923, de 27 de julho de 1994, quando não concedido ou reduzido pelo empregador o intervalo mínimo intrajornada para repouso e alimentação, repercutindo, assim, no cálculo de outras parcelas salariais.

IV – Ultrapassada habitualmente a jornada de seis horas de trabalho, é devido o gozo do intervalo intrajornada mínimo de uma hora, obrigando o empregador a remunerar o período para descanso e alimentação não usufruído como extra, acrescido do respectivo adicional, na forma prevista no art. 71, *caput* e § 4º da CLT.

▸ **OJ 355 SBDI-1 – TST**

INTERVALO INTERJORNADAS. INOBSERVÂNCIA. HORAS EXTRAS. PERÍODO PAGO COMO SOBREJORNADA. Art. 66 DA CLT. APLICAÇÃO ANALÓGICA DO § 4º DO Art. 71 DA CLT. DJ 14.03.2008. O desrespeito ao intervalo mínimo interjornadas previsto no art. 66 da CLT acarreta, por analogia, os mesmos efeitos previstos no § 4º do art. 71 da CLT e na Súmula nº 110 do TST, devendo-se pagar a integralidade das horas que foram subtraídas do intervalo, acrescidas do respectivo adicional.

3. QUESTÕES DE CONCURSOS

01. (TRT – 5ª REGIÃO/ANALISTA JUDICIÁRIO/CESPE/2009) Quando o empregador não respeitar o intervalo mínimo de descanso interjornadas, deverá pagar as horas subtraídas do trabalhador como horas extras.

02. (TRT – 3ª REGIÃO/JUIZ DO TRABALHO SUBSTITUTO/2009/ADAPTADA) Entre duas jornadas de trabalho, haverá um período mínimo de onze horas consecutivas para descanso, salvo acordo escrito ou contrato coletivo em contrário.

03. (TRT 24 – Técnico Judiciário – Área Administrativa/2011) Mario, professor da universidade X, leciona no período matutino e noturno de segunda-feira a sexta-feira. Assim, ministra aulas das 7:40 às 13:00 horas e das 18:00 às 23:30 horas. Neste caso, a legislação trabalhista, especificamente a Consolidação das Leis do Trabalho,

a) não está sendo respeitada, tendo em vista que não há um período mínimo de 11 horas consecutivas para descanso entre as jornadas de trabalho.

b) está sendo respeitada, tendo em vista que Mario não leciona no final de semana, não sendo a Universidade obrigada a conceder descanso entre as jornadas de trabalho.

c) não está sendo respeitada, tendo em vista que não há um período mínimo de 10 horas consecutivas para descanso entre as jornadas de trabalho.

d) não está sendo respeitada, tendo em vista que não há um período mínimo de 9 horas consecutivas para descanso entre as jornadas de trabalho.

e) não está sendo respeitada, tendo em vista que não há um período mínimo de 15 horas consecutivas para descanso entre as jornadas de trabalho.

GAB	1	C	2	E	3	A

✦ **REPOUSO SEMANAL**

Art. 67. Será assegurado a todo empregado um descanso semanal de 24 (vinte e quatro) horas consecutivas, o qual, salvo motivo de conveniência pública ou necessidade imperiosa do serviço, deverá coincidir com o domingo, no todo ou em parte.

✦ **ESCALA DE REVEZAMENTO**

Parágrafo único. Nos serviços que exijam trabalho aos domingos, com exceção quanto aos elencos teatrais, será estabelecida escala de revezamento, mensalmente organizada e constando de quadro sujeito à fiscalização.

✦ **AUTORIZAÇÃO PARA TRABALHO EM DOMINGOS**

Art. 68 O trabalho em domingo, seja total ou parcial, na forma do art. 67, será sempre subordinado à permissão prévia da autoridade competente em matéria de trabalho.

Parágrafo único. A permissão será concedida a título permanente nas atividades que, por sua natureza ou pela conveniência pública, devem ser exercidas aos domingos, cabendo ao Ministro do Trabalho, Indústria e Comércio, expedir instruções em que sejam especificadas tais atividades. Nos demais casos, ela será dada sob forma transitória, com discriminação do período autorizado, o qual, de cada vez, não excederá de 60 (sessenta) dias.

✦ **SUBMISSÃO DOS MUNICÍPIOS ÀS REGRAS GERAIS**

Art. 69 Na regulamentação do funcionamento de atividades sujeitas ao regime deste Capítulo, os municípios atenderão aos preceitos nele estabelecidos, e as regras que venham a fixar não poderão contrariar tais preceitos nem as instruções que, para seu cumprimento, forem expedidas pelas autoridades competentes em matéria de trabalho.

✦ **FERIADOS CIVIS E RELIGIOSOS**

Art. 70. Salvo o disposto nos artigos 68 e 69, é vedado o trabalho em dias feriados nacionais e feriados religiosos, nos termos da legislação própria.(Redação do Decreto-lei nº 229, de 28.2.1967)

1. COMENTÁRIOS

1.1. Finalidade do repouso

O repouso semanal, também chamado de repouso hebdomadário, ou de intervalo intersemanal, atende a todos os fundamentos referidos no preâmbulo desta seção (de ordem biológica, econômica, política e social). Trata-se de intervalo remunerado, logo, é hipótese de interrupção do contrato de trabalho.

1.2. Repouso preferencialmente aos domingos

A Lei nº 605/49, em seu art. 1º, revogou tacitamente o *caput* do art. 67, pois estabelece que o repouso semanal deva ocorrer "preferencialmente" aos domingos. No mesmo sentido o art. 7º, XV, da CRFB/88. Consequentemente, o repouso pode ou não coincidir com os domingos. Não mais se exige o motivo de conveniência pública ou necessidade imperiosa para que o repouso não ocorra no domingo.

Pelo menos uma vez a cada sete semanas o repouso semanal deve recair, obrigatoriamente, no domingo (Portaria do Ministério do Trabalho nº 417, de 10.06.66, com a redação alterada pela Portaria MTPS nº 509, de 15.06.67).

1.3. Empresas do Comércio Varejista – Lei nº 10.101/2000

As empresas do comércio varejista estão autorizadas ao funcionamento regular nos domingos, observada a legislação municipal, nos termos do art. 30, I, da CRFB/88 (art. 6º, da Lei nº 10.101, de 19.12.2000). O repouso semanal remunerado nestas empresas deve coincidir com o domingo, pelo menos uma vez a cada três semanas (art. 6º, parágrafo único, da Lei 10.101/2000, com a redação da MP nº 388, de 05.09.2007, convertida na Lei nº 11.603, de 05.12. 2007).

O art. 6º-A, da Lei nº 10.101/2000, com a redação da Lei nº 11.603/2007, também passou a permitir o trabalho em feriados nas empresas do comércio varejista, desde que negociado em norma coletiva e observada a legislação municipal. Sobre este tema tivemos a oportunidade de julgar um Mandado de Segurança, muito antes da permissão legal para o trabalho em feriados, mas já nos posicionando no mesmo sentido da alteração legal acima referida, salvo quanto à exigência de negociação coletiva que só foi inserida no texto legal bem após a nossa decisão.

Segue a decisão liminar nos autos do MS nº 1192/95-2, 59ª VT/RJ, de 15.09.2005:

> "DECISÃO
>
> Vistos etc.
>
> FORNECEDORA XXXXX impetrou Mandado de Segurança, preventivo, com pedido de liminar, visando coibir ato punitivo por pretensa infração trabalhista, apontando como autoridade coatora o Ilmo. Sr. DELEGADO REGIONAL DO TRABALHO DO RIO DE JANEIRO.
>
> Narra a impetrante que a I. autoridade impetrada vem autuando empresas do comércio varejista, no Estado do Rio de Janeiro, diante do funcionamento de suas lojas em domingos e feriados. Instruiu a inicial com autos de infração ocorridos nos municípios de Itaguaí, Niterói e Nova Iguaçu (fls. 20/22), além de diversas decisões deste e de outros juízos (fl. 23 e seguintes). Sustenta a impetrante que a atitude da fiscalização, que se vale do dispositivo do art. 70 da CLT, contraria as leis 605/49 e 10.101/00, particularmente esta última, que possui regramento especial quanto à matéria.
>
> Da leitura dos referidos autos se percebe que não há qualquer autuação por trabalho em dias de domingo, mas sim a constatação de descumprimento do art. 70 da CLT, uma vez terem sido encontrados diversos empregados trabalhando em feriados, sem autorização prévia da autoridade competente em matéria de trabalho, ora impetrada. É bem verdade que empresas do comércio varejista em geral não teriam como funcionar nestes dias senão com seus empregados trabalhando, logo, a proibição do trabalho destes acaba inviabilizando a abertura das lojas.

Para análise da presença do direito líquido e certo na presente ação, ainda que em sede liminar, resta saber se a Lei nº 10.101/00, especificamente em seu artigo 6º, possui o alcance pretendido pela impetrante. Ou seja: a referida norma só faz menção à autorização para trabalho no comércio varejista aos domingos, silenciando-se quanto aos feriados. A autoridade impetrada, ao que se observa dos autos de infração, vem interpretando restritivamente tal autorização, sem qualquer extensão aos feriados.

A jurisprudência do TRF, que antes da E. C. nº 45/04 detinha a competência para controle dos atos da fiscalização do trabalho, vinha entendendo que a autorização legal se estende aos feriados, conforme decisões trazidas com a inicial. Tal entendimento, nos autos do processo nº MS 784.2005.222.01.00.7, 2ª VT/Nova Iguaçu, também é corroborado pelo Ministério Público do Trabalho (fls. 31/33).

Este juízo já enfrentou esta controvérsia em outro processo, como se vê da decisão de fls. 24/26, cuja posição continua a manter.

Doutrina e jurisprudência sempre concederam o mesmo tratamento aos domingos e feriados, seja quanto ao trabalho, ou o critério de remuneração e, ainda, de compensação destes dias.

Neste sentido a redação da súmula nº 146 do TST:

TRABALHO EM DOMINGOS E FERIADOS, NÃO COMPENSADO – Nova redação – Res. 121/2003, DJ 21.11.2003

O trabalho prestado em domingos e feriados, não compensado, deve ser pago em dobro, sem prejuízo da remuneração relativa ao repouso semanal.

Colha-se, quanto ao tema, a lição de Maurício Godinho Delgado (Curso de Direito de Trabalho, 2ª ed., LTR, SP: abril de 2003, pág. 929), in verbis:

"As duas figuras em análise (descanso semanal e descanso em feriados) são muito próximas na ordem jurídica trabalhista. Contendo estrutura jurídica similar, submetidas a regras idênticas ou afins, enquadram-se naquilo em que se denomina dias de repouso. A esse propósito, decreto regulamentador da Lei nº 605, de 1949, trata, inclusive, de maneira igual as duas figuras jurídicas, englobando-as sob o epíteto geral "dias de repouso" (ilustrativamente, arts. 1º; 6º, *caput*; 7º, *caput*; 11, *caput*, Decreto 27.048, de 1949).

Portanto, não pode ser outra a interpretação do alcance da Lei nº 10.101/00, no sentido de que seu artigo 6º se refere ao repouso lato sensu, aqui incluídos os feriados.

Quanto ao perigo na demora da prestação jurisdicional, a necessidade de funcionamento da impetrante, nos domingos e feriados que seguem à prolação desta decisão, justifica a concessão da liminar, particularmente porque o aguardo do resultado definitivo do mandamus tornará a medida ineficaz quanto ao trabalho nos dias de repouso passados.

Ante o exposto, concedo a liminar requerida, determinando à Ilustre autoridade impetrada que se abstenha de autuar a impetrante por trabalho de seus empregados em dias de feriado, desde que respeitados os dispositivos legais pertinentes quanto à escala de revezamento.

Notifique-se a autoridade impetrada com cópia da peça inicial da presente ação, com os documentos que a acompanham, para, no prazo legal, fornecer suas informações.

No retorno, vista ao MPT, com remessa dos autos, conforme Provimento nº 04/00, da CG/TST.

Intimem-se.

Rio de Janeiro, 15.09.05.

Marcelo Moura

Juiz do Trabalho".

1.4. Intervalo de 11 horas após as 24 horas de repouso semanal

Vide comentários no art. 66.

1.5. Autorização prévia para trabalho no dia de repouso

A regra do art. 68 da CLT, exigindo autorização do Ministério do Trabalho para a realização de trabalho em domingo, também é tratada no art. 10, da Lei nº 605/49 e no art. 7º, do Decreto nº 27.048/49. No anexo que acompanha o Decreto citado, já há expressa autorização para o trabalho em feriados (também estendida para os repousos), em diversas áreas, diante da peculiaridade das atividades: Indústria, Comércio, Transportes, Comunicação/Publicidade, Educação/Cultura, Serviços Funerários, Agricultura e Pecuária. Mesmo nestas atividades deve ser respeitada a Portaria nº 417/66, acima citada, que determina o repouso no domingo a cada sete semanas de trabalho.

1.6. Remuneração do Trabalho em Repousos e Feriados

A remuneração do repouso semanal corresponderá, conforme o art. 7º, da Lei nº 605/49: **a)** para os que trabalham por dia, semana, quinzena ou mês, à de um dia de serviço, computadas as horas extraordinárias habitualmente prestadas; **b)** para os que trabalham por hora, à sua jornada normal de trabalho, computadas as horas extraordinárias habitualmente prestadas; **c)** para os que trabalham por tarefa ou peça, o equivalente ao salário correspondente às tarefas ou peças feitas durante a semana, no horário normal de trabalho, dividido pelos dias de serviço efetivamente prestados ao empregador; **d)** para o empregado em domicílio, o equivalente ao quociente da divisão por 6 (seis) da importância total da sua produção na semana.

1.6.1. Trabalho no dia destinado ao repouso: pagamento dobrado

Caso haja trabalho no dia destinado ao repouso, ou em feriados, a remuneração deste dia corresponderá ao valor calculado conforme o art. 7º, acima referido, de forma dobrada (art. 9º, da Lei nº 605/49 c/c S. 146 do TST). Fica dispensada a dobra na remuneração se o trabalho no dia de repouso, ou em feriado, for compensado com a correspondente folga em outro dia (art. 9º, da Lei nº 605/49).

1.7. Assiduidade e Pontualidade: requisitos para o pagamento do repouso. Justificativas para a ausência

Só tem direito à remuneração o empregado que na semana anterior tiver comparecido assídua e pontualmente (art. 6º, da Lei nº 605/49), salvo ausência devidamente justificada. São motivos justificados (§ 1º): **a)** os previstos no artigo 473 e seu parágrafo único da Consolidação das Leis do Trabalho; **b)** a ausência do empregado devidamente justificada, a critério da administração do estabelecimento; **c)** a paralisação do serviço nos dias em que, por conveniência do empregador, não tenha havido trabalho; **d)** a ausência do empregado, até três dias consecutivos, em virtude do seu casamento; **e)** a falta ao serviço com fundamento na lei sobre acidente do trabalho; **f)** a doença do empregado, devidamente comprovada.

1.8. Atestado Médico

A doença será comprovada mediante atestado de médico da instituição da Previdência Social a que estiver filiada o empregado, e, na falta deste e sucessivamente, de médico do Serviço Social do Comércio ou da Indústria; de médico da empresa ou por ela designado; de médico a serviço de representação federal, estadual ou municipal incumbido de assuntos de higiene ou de saúde pública; ou não existindo estes, na localidade em que trabalhar, de médico de sua escolha (art. 6º, parágrafo segundo, da Lei nº 605/49). Esta ordem foi abonada pela S. 15/TST. Contudo, nada obsta que, mediante negociação coletiva, haja inversão da preferência legal, impondo-se ao empregado que apresente atestado médico oriundo de serviço hospitalar de confiança do empregador ou vinculado a plano de saúde suportado pelo mesmo.

1.9. Regime de Trabalho Reduzido

Nas empresas em que vigorar regime de trabalho reduzido, a freqüência exigida corresponderá ao número de dias em que o empregado tiver de trabalhar (art. 6º, parágrafo terceiro, da Lei nº 605/49).

1.10. Feriados Nacionais e Religiosos

O art. 70, acima, complementado pela Lei nº 605/49, art. 8º, veda o trabalho nos feriados civis e religiosos. São feriados civis, segundo a Lei nº 9.093, de 12.09.1995, art. 1º: I) os declarados em lei federal; II) a data magna do Estado fixada em lei estadual; III) os dias do início e do término do ano do centenário de fundação do município, fixados em lei municipal (este último inciso incluído pela Lei nº 9.335, de 10.12.1996).

Os feriados civis, declarados em lei federal, portanto, nacionais, em número de sete, são os seguintes: 1º de janeiro, 21 de abril, 1º de maio, 07 de setembro, 12 de outubro, 15 de novembro e 25 de dezembro. Estes feriados foram determinados pela Lei nº 10.607, de 19.12.2002, que deu nova redação ao art. 1º, da Lei nº 662, de 06.04.1949. A única exceção é o feriado de 12 de outubro, dia de Nossa Senhora Aparecida, Padroeira do Brasil, que foi fixado pela Lei nº 6.802, de 30.06.1980.

A Lei nº 9.093/95, em seu art. 4º, revogou, expressamente, o art. 11 da Lei nº 605/49, passando a dispor que: "são feriados religiosos os dias de guarda, declarados em lei municipal, de acordo com a tradição local e em número não superior a quatro, neste incluída a Sexta-feira da Paixão." (art. 2º, da Lei nº 9.903/95).

Conclusão: são 7 os feriados nacionais e 4 os municipais. Destes quatro, o município, mediante lei, só poderá instituir três, uma vez que a Sexta-feira da Paixão já é um feriado municipal.

Alguns questionam a constitucionalidade dos dispositivos legais que fixam feriados religiosos somente segundo a fé cristã. Nossa Senhora Aparecida, Sexta-feira da Paixão e 25 de Dezembro são exemplos destes feriados. Defendem que, não obstante a hegemonia católica no Brasil, estes dispositivos afrontam o princípio do Estado Laico, bem com da liberdade religiosa, violando o artigo 5º, incisos VI e VIII, da CRFB/88. Contudo, não se tem notícia de declaração de inconstitucionalidade dos dispositivos legais acima citados, que fixaram os feriados religiosos.

2. SÚMULAS E ORIENTAÇÕES JURISPRUDENCIAIS

▸ **Súmula nº 201 – STF – Sessão Plenária de 13/12/1963**

O vendedor pracista, remunerado mediante comissão, não tem direito ao repouso semanal remunerado.

▸ **Súmula nº 461 – STF – Sessão Plenária de 01/10/1964**

É duplo, e não triplo, o pagamento do salário nos dias destinados a descanso.

▸ **Súmula nº 15 – TST**

ATESTADO MÉDICO (mantida) – Res. 121/2003, DJ 19, 20 e 21.11.2003. A justificação da ausência do empregado motivada por doença, para a percepção do salário-enfermidade e da remuneração do repouso semanal, deve observar a ordem preferencial dos atestados médicos estabelecida em lei.

▸ **Súmula nº 27 – TST**

COMISSIONISTA (mantida) – Res. 121/2003, DJ 19, 20 e 21.11.2003. É devida a remuneração do repouso semanal e dos dias feriados ao empregado comissionista, ainda que pracista.

▸ **Súmula nº 110 – TST**

JORNADA DE TRABALHO. INTERVALO (mantida) – Res. 121/2003, DJ 19, 20 e 21.11.2003. No regime de revezamento, as horas trabalhadas em seguida ao repouso semanal de 24 horas, com prejuízo do intervalo mínimo de 11 horas consecutivas para descanso entre jornadas, devem ser remuneradas como extraordinárias, inclusive com o respectivo adicional.

▸ **Súmula nº 113 – TST**

BANCÁRIO. SÁBADO. DIA ÚTIL (mantida) Res. 121/2003, DJ 19, 20 e 21.11.2003. O sábado do bancário é dia útil não trabalhado, não dia de repouso remunerado. Não cabe a repercussão do pagamento de horas extras habituais em sua remuneração.

▸ **Súmula nº 146 – TST**

TRABALHO EM DOMINGOS E FERIADOS, NÃO COMPENSADO (incorporada a OJ nº 93 da SBDI-1) – Res. 121/2003, DJ 19, 20 e 21.11.2003. O trabalho prestado em domingos e feriados, não compensado, deve ser pago em dobro, sem prejuízo da remuneração relativa ao repouso semanal.

▸ **Súmula nº 172 – TST**

REPOUSO REMUNERADO. HORAS EXTRAS. CÁLCULO (mantida) – Res. 121/2003, DJ 19, 20 e 21.11.2003. Computam-se no calculo do repouso remunerado as horas extras habitualmente prestadas. (ex-Prejulgado nº 52).

▸ **Súmula nº 225 – TST**

REPOUSO SEMANAL. CÁLCULO. GRATIFICAÇÕES POR TEMPO DE SERVIÇO E PRODUTIVIDADE (mantida) – Res. 121/2003, DJ 19, 20 e 21.11.2003. As gratificações por tempo de serviço e produtividade, pagas mensalmente, não repercutem no cálculo do repouso semanal remunerado.

▸ **Súmula nº 351 – TST**

PROFESSOR. REPOUSO SEMANAL REMUNERADO. Art. 7º, § 2º, DA LEI Nº 605, DE 05.01.1949 E Art. 320 DA CLT (mantida) – Res. 121/2003, DJ 19, 20 e 21.11.2003. O professor que recebe salário mensal à base de hora-aula tem direito ao acréscimo de 1/6 a título de repouso semanal remunerado, considerando-se para esse fim o mês de quatro semanas e meia.

▸ **OJ 103 SBDI-1 – TST**

ADICIONAL DE INSALUBRIDADE. REPOUSO SEMANAL E FERIADOS. (nova redação, DJ 20.04.2005). O adicional de insalubridade já remunera os dias de repouso semanal e feriados.

▸ **OJ-SDI1-394 – TST**

REPOUSO SEMANAL REMUNERADO – RSR. INTEGRAÇÃO DAS HORAS EXTRAS. NÃO REPERCUSSÃO NO CÁLCULO DAS FÉRIAS, DO DÉCIMO TERCEIRO SALÁRIO, DO AVISO PRÉVIO E DOS DEPÓSITOS DO FGTS. (DEJT divulgado em 09, 10 e 11.06.2010)

A majoração do valor do repouso semanal remunerado, em razão da integração das horas extras habitualmente prestadas, não repercute no cálculo das férias, da gratificação natalina, do aviso prévio e do FGTS, sob pena de caracterização de "bis in idem".

▸ **OJ-SDI1-410/TST**

REPOUSO SEMANAL REMUNERADO. CONCESSÃO APÓS O SÉTIMO DIA CONSECUTIVO DE TRABALHO. Art. 7º, XV, DA CF. VIOLAÇÃO. (DEJT divulgado em 22, 25 e 26.10.2010)

Viola o art. 7º, XV, da CF a concessão de repouso semanal remunerado após o sétimo dia consecutivo de trabalho, importando no seu pagamento em dobro.

- **OJ nº 420 SDI-1/TST**

TURNOS ININTERRUPTOS DE REVEZAMENTO. ELASTECIMENTO DA JORNADA DE TRABALHO. NORMA COLETIVA COM EFICÁCIA RETROATIVA. INVALIDADE. (DEJT divulgado em 28 e 29.06.2012 e 02.07.2012)

É inválido o instrumento normativo que, regularizando situações pretéritas, estabelece jornada de oito horas para o trabalho em turnos ininterruptos de revezamento.

3. QUESTÕES DE CONCURSOS

01. (TRT – 17ª REGIÃO/ANALISTA JUDICIÁRIO/CESPE/2009) A interrupção do contrato de trabalho ocorre nas hipóteses em que o empregado, embora sem prestar serviço, deva ser remunerado normalmente, sendo contado o tempo de serviço como se houvesse sido efetivamente prestado. Uma hipótese de interrupção é o repouso semanal remunerado.

02. (MTE/AUDITOR FISCAL DO TRABALHO/ESAF/2010/ADAPTADA) Acaso o trabalhador, durante a semana, não observe os requisitos da frequência, faltando injustificadamente ao serviço, e da pontualidade, por iniciar ou terminar o expediente fora do horário estabelecido, perderá o direito ao descanso semanal e à sua respectiva remuneração.

03. (MTE/AUDITOR FISCAL DO TRABALHO/ESAF/2010/ADAPTADA) Para os empregados que trabalham por dia, semana, quinzena ou mês, a remuneração do repouso semanal corresponderá à de um dia de serviço, computadas as horas extraordinárias habitualmente prestadas.

04. (CESPE – TRT 21 – Analista Judiciário/2010/ADAPTADA) Com relação a duração do trabalho, intervalo e descanso semanal remunerado: considere que Jacinto esteja sujeito ao turno ininterrupto de revezamento e tenha trabalhado das 16 horas às 22 horas do sábado e retornado ao trabalho na segunda-feira seguinte para cumprir jornada das 6 horas às 12 horas. Nessa situação, Jacinto não tem direito ao pagamento de hora extra.

05. (FCC – Analista Judiciário – Oficial de Justiça Avaliador – TRT 2/2014) Perderá a remuneração do dia do repouso semanal o trabalhador que, sem motivo justificado, ou em virtude de punição disciplinar, não tiver trabalhado durante toda a semana, cumprido integralmente o seu horário de trabalho. Nesse sentido,

a) prejudicarão a frequência exigida as ausências decorrentes de férias.

b) nas empresas em que vigorar regime de trabalho reduzido, a frequência exigida corresponderá ao número de dias em que houver trabalho.

c) considera-se como falta justificada, mantendo-se o direito à remuneração do dia do descanso semanal, a ausência do empregado até cinco dias consecutivos em virtude de seu casamento.

d) a remuneração do repouso semanal corresponderá, para os que trabalham por dia, semana, quinzena ou mês, à de um dia de serviço, não computadas as horas extraordinárias habitualmente prestadas.

e) para os efeitos do pagamento da remuneração, entende-se como semana o período de segunda-feira ao sábado, anterior ao domingo correspondente ao dia do descanso.

06. (FCC – Analista Judiciário – Área Judiciária – TRT 11/2017) Considere as seguintes situações hipotéticas: Marta é empregada vendedora comissionista da loja X situada no interior do Shopping Y. Sua irmã, Gabriela, é vendedora comissionista pracista da fábrica de remédios Z. Nestes casos, de acordo com o entendimento Sumulado do TST, é devida a remuneração do repouso semanal

a) e dos dias feriados apenas para Marta.

b) e dos dias feriados apenas para Gabriela.

c) para Marta e Gabriela e dos dias feriados apenas para Marta.

d) para Marta e Gabriela, sendo que os feriados não são remunerados, tendo em vista que já recebem comissões pelas vendas efetuadas nestes dias.

e) e dos dias feriados para Marta e Gabriela.

GAB	1	C	2	C	3	C	4	E	5	B	6	E

✦ INTERVALO INTRAJORNADA – 1 (UMA) A 2 (DUAS) HORAS

Art. 71. Em qualquer trabalho contínuo, cuja duração exceda de 6 (seis) horas, é obrigatória a concessão de um intervalo para repouso ou alimentação, o qual será, no mínimo, de 1 (uma) hora e, salvo acordo escrito ou contrato coletivo em contrário, não poderá exceder de 2 (duas) horas.

✦ INTERVALO DE 15 (QUINZE) MINUTOS – JORNADA DE ATÉ 6 (SEIS) HORAS

§ 1º – Não excedendo de 6 (seis) horas o trabalho, será, entretanto, obrigatório um intervalo de 15 (quinze) minutos quando a duração ultrapassar 4 (quatro) horas.

✦ INTERVALO NÃO COMPUTÁVEL NA JORNADA

§ 2º – Os intervalos de descanso não serão computados na duração do trabalho.

✦ REDUÇÃO DO INTERVALO

§ 3º – O limite mínimo de uma hora para repouso ou refeição poderá ser reduzido por ato do Ministro do Trabalho, Indústria e Comércio, quando ouvido o Serviço de Alimentação de Previdência Social, se verificar que o estabelecimento atende integralmente às exigências concernentes à organização dos refeitórios, e quando os respectivos empregados não estiverem sob regime de trabalho prorrogado a horas suplementares.

✦ DESRESPEITO DO INTERVALO – PAGAMENTO

§ 4º – A não concessão ou a concessão parcial do intervalo intrajornada mínimo, para repouso e alimentação, a empregados urbanos e rurais, implica o pagamento, de natureza indenizatória, apenas do período suprimido, com acréscimo de 50% (cinquenta por cento) sobre o valor da remuneração da hora normal de trabalho.(Redação da Lei nº 13.467, de 13.07.2017).

✦ INTERVALO DO MOTORISTA

§ 5º. O intervalo expresso no *caput* poderá ser reduzido e/ou fracionado, e aquele estabelecido no § 1º poderá ser fracionado, quando compreendidos entre o término da primeira hora trabalhada e o início da última hora trabalhada, desde que previsto em convenção ou acordo coletivo de trabalho, ante a natureza do serviço e em virtude das condições especiais de trabalho a que são submetidos estritamente os motoristas, cobradores, fiscalização de campo e afins nos serviços de operação de veículos rodoviários, empregados no setor de transporte coletivo de passageiros, mantida a remuneração e concedidos intervalos para descanso menores ao final de cada viagem. (Redação dada pela Lei nº 13.103, de 02.03. 2015)

1. COMENTÁRIOS

1.1. Finalidade e natureza do repouso

O intervalo previsto neste artigo, destinado ao repouso ou alimentação do empregado, atende ao fundamento biológico referido no preâmbulo desta seção. Como se trata de um intervalo não computado como jornada de trabalho (§ 2º, supra), por consequência, não é remunerado pelo empregador, diferentemente do que ocorre com o repouso semanal (art. 67 da CLT).

1.2. Redução ou supressão do intervalo por iniciativa do empregador. Pagamento de horas extras

Durante muito tempo prevaleceu a tese de que a redução ou supressão do intervalo pelo empregador importaria em mera irregularidade administrativa, sem qualquer compensação ao empregado pelo ilícito (neste sentido a S. 88 do TST, já cancelada). Com o advento da Lei nº 8.923, de 27.7.1994, que introduziu o parágrafo quarto no art. 71, supra, passou a ser devido o pagamento do tempo suprimido, com o adicional de 50%. A jurisprudência do TST, neste particular, determina o pagamento integral do intervalo, mesmo quando ocorra somente sua redução, inclusive quanto ao trabalhador rural (Súmula **437,I, do TST**).O texto atual do § 4º, conforme redação da Lei nº 13.467, de 13.07.2017, em boa hora, manda indenizar somente o tempo suprimido do intervalo. A alteração deve ser festejada, porque em muitos casos o empregado deixa de gozar apenas de 5 (cinco) ou 10 (dez) minutos de intervalo e a jurisprudência do TST determina o pagamento de todo o tempo de intervalo. A posição da jurisprudência só se podia se interpretar como razoável quando o empregado deixa de gozar 30 ou 40 minutos do seu tempo de 1 hora, por exemplo. Fato é que a alteração legislativa não dá mais espaço para interpretações, pois só será pago o tempo efetivamente reduzido ou suprimido de intervalo.

Como o texto legal não afirmava, expressamente, que o pagamento do adicional se fazia a título de horas extras, boa parte da doutrina passou a entender se tratar de uma indenização pela supressão ou redução do intervalo. Este entendimento, contudo, restou superado pela Súmula nº 437, I e III, do TST, que passou a atribuir natureza salarial ao pagamento das horas reduzidas ou suprimidas de intervalo.

Portanto, a redução ou supressão do intervalo conferia ao empregado o direito ao pagamento de horas extras pelo tempo integral de repouso, acrescidas do adicional de 50%, com a devida integração em demais parcelas de natureza salarial.

Com a atual redação do § 4º o tempo reduzido de intervalo passa a ter natureza indenizatória, sem qualquer reflexo em outra parcela, por conseguinte. A Súmula nº 437 do TST teve seu entendimento superado pela alteração legislativa.

1.3. Redução do intervalo com autorização do Ministério do Trabalho

Não existe um parâmetro legal para aquilatar a redução do intervalo por ato do Ministério do Trabalho. Sérgio Pinto Martins aponta a redução de 30 minutos de intervalo como sendo o que vem ocorrendo (Comentários à CLT, 2008, 12ª ed., p. 116). Este parâmetro também é utilizado pelo Ministério do Trabalho, como se lê no texto do art. 1º, § 3º, da Portaria nº 1.095/2010, DOU: 20.05.2010, a seguir transcrito: "Não será admitida a supressão, diluição ou indenização do intervalo intrajornada, respeitado o limite mínimo de trinta minutos."

Não é este o nosso ponto de vista, não obstante a regulamentação do Ministério do Trabalho. A redução de 15 minutos, a nosso ver, é suficiente para beneficiar o empregador que mantenha refeitório e que, por esta medida, evita o deslocamento de seus empregados até restaurantes. Contudo, nossa opinião será impactada pela previsão legal de redução de intervalo para 30 minutos, mediante negociação coletiva (art. 611-A, III, da CLT).1.4. Redução do intervalo por negociação coletiva

A regra que prevê o intervalo é inatingível por negociação ou renúncia, por se tratar de norma de ordem pública. Este entendimento restou consagrado na **Súmula nº 437, I, do TST.** A exceção é feita para o motorista, para o qual é permitida a redução do intervalo por negociação coletiva, nos termos do art. 71, § 5º, da CLT. O entendimento sumulado, contudo, restou superado pela redação do art. 611-A, III, introduzido na CLT pela reforma trabalhista implementada pela Lei nº 13.467, de 13.07.2017. O referido dispositivo prevê que a negociação coletiva poderá reduzir o intervalo, garantindo o mínimo de 30 minutos. O Ministério do Trabalho, que possui a competência para autorizar a redução do intervalo (art. 71, par. 3º), também considera válida a negociação coletiva com vistas à redução do intervalo, desde que preenchidos os seguintes requisitos: **a)** os empregados não estejam sujeitos a regime de prorrogação de horário; **b)** o estabelecimento respeite as exigências quanto à organização dos refeitórios; **c)** fixação do período do intervalo intrajornada, respeitado o mínimo de 30 minutos (Portaria do Ministério do Trabalho e Emprego nº 1.095/2010, art. 1º, §§ 2º e 3º, DOU: 20.05.2010, que revogou a Portaria nº 42, de 28.03.2007)."

1.5. Intervalo concedido no fim da jornada

A concessão de intervalo no final da jornada não atende à finalidade legal de permitir o repouso ou alimentação. Concedido o intervalo no fim da jornada, considera-se como não cumprida a regra legal e, consequentemente, incidirá a norma do parágrafo quarto, supra, remunerando-se o empregado a título de horas extras, pelo tempo de intervalo concedido extemporaneamente. A regra do parágrafo primeiro, supra, prevê o direito ao intervalo quando a duração do trabalho ultrapassar 4 horas, o que permite a interpretação de que próximo da 4ª hora trabalhada, no meio da jornada regular de 08 horas, deve ser concedido o intervalo. Entre a 5ª e a 6ª hora trabalhada é o limite para sua concessão. Numa jornada de 6 horas a interpretação é ainda mais rígida, devendo ser respeitado o intervalo de 15 minutos bem próximo da 4ª hora trabalhada. Esta é a interpretação mais consentânea com a mens legis. José Cairo Jr. conclui no mesmo sentido, citando o exemplo da Legislação da Bolívia, que veda o trabalho por mais de 5 horas contínuas, conforme art. 49, do Decreto Supremo de 24.05.1939 (Curso de Direito do Trabalho. 4ª ed. Salvador: Juspodivm, 2009, p. 420).

1.6. Jornada contratual de 6 (seis) horas: prorrogação de horário e direito ao intervalo de 1 (uma) hora

A doutrina trabalhista não é unívoca quanto ao direito a um intervalo maior de 15 minutos, quando ultrapassada, regularmente, a jornada contratual de 06 (seis) horas. A jurisprudência do TST pacificou o tema, através da **Súmula** 437, IV, do TST, que passou a entender devido o intervalo intrajornada de uma hora quando "ultrapassada habitualmente a jornada de seis horas de trabalho", "obrigando o empregador a remunerar o período para descanso e alimentação não usufruído como extra, acrescido do respectivo adicional, na forma prevista no art. 71, "caput" e § 4, da CLT". Este entendimento deve ser alterado em razão da mudança de redação do texto legal com a Lei nº 13.467, de 13.07.2017. Pode-se até interpretar que o intervalo é devido, mas a sua não concessão importará em pagamento de indenização, sem qualquer reflexo em outras parcelas contratuais.

1.7. Intervalo intrajornada. Dispensa de Marcação. Ônus da Prova

Vide comentários ao art. 74.

1.8. Intervalo do Motorista: inconstitucionalidade

A jurisprudência do TST, até a Resolução nº Res. 186/2012, DEJT divulgado em 25, 26 e 27.09.2012, permitia a redução do intervalo dos motoristas, conforme OJ nº 342, da SDI-1/TST. Esta OJ foi cancelada pela resolução citada, mas isto não significou qualquer mudança no padrão jurisprudencial. O cancelamento ocorreu em razão da promulgação da Lei nº 12.619, de 30/04/2012, que inseriu o § 5º no art. 71 da CLT.

Posteriormente, a Lei nº 13.103, de 2.3.2015 (DOU de 3.3.2015), alterou a redação do § 5º do art. 71 da CLT.

A regra do § 5º permite a **redução** e o **fracionamento** do intervalo de uma a duas horas, previsto no *caput* do art. 71. Quanto ao intervalo de 15 minutos, previsto no § 1º do art. 71, a atual redação da regra, da mesma forma que a anterior escrita, só permite o fracionamento.

O fracionamento não poderá ser em tempo inferior a 5 (cinco) minutos, como se percebe da previsão do art. 235-E, inciso I, da CLT.

Tanto a redução quanto o fracionamento dependem de autorização em acordo ou convenção coletiva de trabalho.

Seja o intervalo de uma a duas horas, seja o de 15 minutos, não existe a possibilidade de sua supressão, mesmo que acompanhada de indenização do tempo suprimido.

O pacto coletivo não poderá ignorar que o intervalo deve ocorrer, em curtos períodos, mas "ao final de cada viagem", como prevê a regra do § 5º. Esse é um limite imposto para a negociação coletiva, portanto, infenso à autonomia de vontade dos sindicatos e empresas.

Comentando a redação anterior da norma, que previa os intervalos "não descontados da jornada", dizíamos o seguinte:

> "O intervalo fracionado tem a mesma natureza daquele previsto no art. 72, da CLT, pois o legislador não permitiu sua dedução ao final da jornada, portanto será remunerado pelo empregador. A nosso ver, caso o empregador conceda o intervalo de uma só vez, ou seja, sem fracionamento, prevalecerá a regra geral do art. 71 § 2º, da CLT, não sendo computado na duração do trabalho e, consequentemente, sem pagamento ao empregado por este período de descanso.

A atual redação da regra do § 5º suprimiu a expressão: "não descontados da jornada". Portanto, o intervalo dos motoristas passou a ter a mesma natureza do intervalo para repouso e alimentação concedido a todos os trabalhadores, pois prevalecerá a regra geral do art. 71, § 2º, da CLT, não sendo computado na duração do trabalho e, consequentemente, sem pagamento ao empregado por este período de descanso.

O precedente aberto pela regra do § 5º, quanto à redução e fracionamento do intervalo, é deveras perigoso.

Outras categorias também executam trabalho peculiar como o de motorista, que torna difícil o gozo de intervalo contínuo, como é o caso dos vigilantes, mas nem por isso o legislador permitiu tamanha flexibilização. Intervalos de 10 minutos, ou menos, não atingirão a finalidade de repouso, e tampouco de alimentação. Como suprir estas necessidades? O motorista é um trabalhador que pode ter ignorado seu direito ao descanso? Parece-me que não.

A norma do § 5º, a nosso ver, é inconstitucional, pois não promove qualquer melhoria na condição social do trabalhador, como exige o art. 7º, *caput*, da CF. Ademais, a autorização da Constituição da República quanto à negociação coletiva no campo da duração do trabalho diz respeito ao acréscimo e/ou redução da jornada (art. 7º, XIII e XIV), e não do intervalo para repouso e alimentação, que sequer faz parte da jornada de trabalho.

1.9. Intervalo do doméstico

A LC nº 150/2015 quebrou inúmeros paradigmas que foram construídos historicamente no direito do trabalho. O tratamento legal do intervalo intrajornada foi uma destes rompimentos com a tradição. Em primeiro lugar, o art. 13 da lei complementar permite sua redução para 30 minutos mediante acordo escrito entre empregador e empregado (nem mesmo a reforma trabalhista, implementada pela Lei nº13.467, de 13.07.2017, dispensou a negociação coletiva para redução do intervalo). Em segundo lugar, permite seu fracionamento nas condições do art. 13, § 1º. Em terceiro, impede a pré-anotação do intervalo na hipótese descrita no art. 13, § 2º.

2. SÚMULAS E ORIENTAÇÕES JURISPRUDENCIAIS

▸ **Súmula nº 360 – TST**

TURNOS ININTERRUPTOS DE REVEZAMENTO. INTERVALOS INTRAJORNADA E SEMANAL (mantida) – Res. 121/2003, DJ 19, 20 e 21.11.2003. A interrupção do trabalho destinada a repouso e alimentação, dentro de cada turno, ou o intervalo para repouso semanal, não descaracteriza o turno de revezamento com jornada de 6 (seis) horas previsto no art. 7º, XIV, da CF/1988.

▸ **Súmula nº 437 – TST**

INTERVALO INTRAJORNADA PARA REPOUSO E ALIMENTAÇÃO. APLICAÇÃO DO Art. 71 DA CLT (conversão das Orientações Jurisprudenciais nºs 307, 342, 354, 380 e 381 da SBDI-1) – Res. 185/2012, DEJT divulgado em 25, 26 e 27.09.2012. I – Após a edição da Lei nº 8.923/94, a não concessão ou a concessão parcial do intervalo intrajornada mínimo, para repouso e alimentação, a empregados urbanos e rurais, implica o pagamento total do período correspondente, e não apenas daquele suprimido, com acréscimo de, no mínimo, 50% sobre o valor da remuneração da hora normal de trabalho (art. 71 da CLT), sem prejuízo do cômputo da efetiva jornada de labor para efeito de remuneração. II – É inválida cláusula de acordo ou convenção coletiva de trabalho contemplando a supressão ou redução do intervalo intrajornada porque este constitui medida de higiene, saúde e segurança do trabalho, garantido por norma de ordem pública (art. 71 da CLT e art. 7º, XXII, da CF/1988), infenso à negociação coletiva. III – Possui natureza salarial a parcela prevista no art. 71, § 4º, da CLT, com redação introduzida pela Lei nº 8.923, de 27 de julho de 1994, quando não concedido ou reduzido pelo empregador o intervalo mínimo intrajornada para repouso e alimentação, repercutindo, assim, no cálculo de outras parcelas salariais. IV – Ultrapassada habitualmente a jornada de seis horas de trabalho, é devido o gozo do intervalo intrajornada mínimo de uma hora, obrigando o empregador a remunerar o período para descanso e alimentação não usufruído como extra, acrescido do respectivo adicional, na forma prevista no art. 71, *caput* e § 4º da CLT.

3. QUESTÕES DE CONCURSOS

01. (TRT – 16ª REGIÃO/ANALISTA ADMINISTRATIVO/FCC/2009) O pagamento habitual do intervalo intrajornada não concedido

a) tem natureza salarial, refletindo apenas nos dsr`s, nas férias e 13º salário.

b) tem natureza salarial refletindo em dsr`s, férias, 13º salário, aviso prévio, e FGTS acrescido da multa de 40%.

c) tem natureza salarial, refletindo apenas em dsr`s, férias, 13º salário e FGTS acrescido da multa de 40%.

d) não tem natureza salarial por expressa determinação legal.

e) tem natureza salarial, refletindo apenas nas férias, 13º salário e aviso prévio.

02. (TRT – 1ª REGIÃO/ANALISTA Administrativo/CESPE/2009) Com respeito à duração do trabalho, julgue os itens subseqüentes.

I. É válida cláusula de acordo ou convenção coletiva de trabalho que contemple a supressão ou redução do intervalo intrajornada.

II. A não-concessão total ou parcial do intervalo intrajornada mínimo, para repouso e alimentação, implica o pagamento total do período correspondente, com acréscimo de, no mínimo, 50% sobre o valor da remuneração da hora normal de trabalho.

III. No regime de revezamento, as horas trabalhadas em seguida ao repouso semanal de 24 horas, com prejuízo do intervalo mínimo de 11 horas consecutivas para descanso entre jornadas, devem ser remuneradas como extraordinárias, inclusive com o respectivo adicional.

IV. Estabelecida jornada superior a seis horas e limitada a 8 horas, por meio de regular negociação coletiva, os empregados submetidos a turnos ininterruptos de revezamento têm direito ao pagamento da 7.ª e 8.ª horas como extras.

V. A interrupção do trabalho destinada a repouso e alimentação, dentro de cada turno, ou o intervalo para repouso semanal, não descaracteriza o turno de revezamento com jornada de 6 horas previsto no art. 7º, XIV, da CF.

Estão certos apenas os itens

a) I, II e IV.

b) I, II e V.

c) I, III e IV.

d) II, III e V.

e) III, IV e V.

03. (MTE/AUDITOR FISCAL DO TRABALHO/ESAF/2010/ADAPTADA) De acordo com a jurisprudência do Tribunal Superior do Trabalho, a concessão do intervalo para repouso e alimentação, dentro de cada turno, ou o intervalo para descanso semanal, descaracteriza o sistema de turnos ininterruptos de revezamento previsto na Constituição.

04. (FCC – TRT 20 – Analista Judiciário/2011) De acordo com a Consolidação das Leis do Trabalho, é obrigatória a concessão de um intervalo intrajornada de quinze minutos quando a duração do trabalho ultrapassar

a) 2 horas e não exceder 4 horas.

b) 3 horas e não exceder 5 horas.

c) 4 horas e não exceder 6 horas.

d) 5 horas e não exceder 7 horas.

e) 6 horas e não exceder 8 horas.

05. (FCC – Analista Judiciário – Área Administrativa – TRT 15/2013) O cemitério particular PAZ ETERNA, em razão dos horários de enterros e velórios, possui diversos empregados tendo celebrado com cada empregado acordo escrito para aumentar o intervalo para repouso e alimentação de uma hora para uma hora e quarenta e cinco minutos. Neste caso, os referidos acordos são

a) inválidos porque o intervalo intrajornada somente poderá ser estendido mediante Convenção Coletiva de Trabalho.

b) válidos porque respeitam a Consolidação das Leis do Trabalho.

c) inválidos porque o intervalo intrajornada somente poderá ser estendido por trinta minutos.

d) inválidos porque o intervalo intrajornada somente poderá ser estendido por quinze minutos.

e) inválidos porque a Consolidação das Leis do Trabalho e a Constituição Federal vedam, em qualquer hipótese, o aumento do intervalo intrajornada para prevenção da saúde do trabalhador.

06. (FCC – Analista Judiciário – Área Judiciária – TRT 15/2013) Leonardo é empregado rural da fazenda "Aves raras Ltda.", tendo sido contratado em abril de 2008. No ano de 2009, Leonardo começou a usufruir de apenas trinta minutos de intervalo intrajornada. Neste caso, conforme jurisprudência sumulada do Tribunal Superior do Trabalho, o intervalo intrajornada

a) não está sendo concedido de acordo com a competente legislação, implicando o pagamento apenas do período suprimido, com acréscimo de, no mínimo, 50% sobre o valor da remuneração da hora normal de trabalho, com prejuízo do cômputo da efetiva jornada de labor para efeito de remuneração.

b) não está sendo concedido de acordo com a competente legislação, implicando o pagamento apenas do período suprimido, com acréscimo de, no mínimo, 50% sobre o valor da remuneração da hora normal de trabalho, sem prejuízo do cômputo da efetiva jornada de labor para efeito de remuneração.

c) só estará sendo concedido de forma regular se houver norma coletiva autorizando a redução do respectivo intervalo.

d) está sendo concedido de forma regular, uma vez que se trata de empregado rural e não urbano.

e) não está sendo concedido de acordo com a competente legislação, implicando no pagamento total do período correspondente, com acréscimo de, no mínimo, 50% sobre o valor da remuneração da hora normal de trabalho, sem prejuízo do cômputo da efetiva jornada de labor para efeito de remuneração.

07. (FCC – Analista Judiciário – Área Administrativa – TRT 2/2014) Em relação ao intervalo para repouso e alimentação, é correto afirmar:

a) O empregado que cumpre diariamente jornada extraordinária tem direito a um acréscimo de 15 minutos no seu intervalo.

b) O intervalo para empregado que cumpre jornada entre 6 e 8 horas diárias é de uma hora.

c) A não concessão do intervalo pelo empregador, gera ao mesmo a obrigação de remunerar o respectivo período com um acréscimo de no mínimo 20% sobre o valor correspondente.

d) O cumprimento pelo empregado de jornada de trabalho de 4 horas diárias assegura ao mesmo o direito a um intervalo de 15 minutos.

e) Esse intervalo não é computado na duração do trabalho.

08. (FCC – Técnico Judiciário – Área Administrativa – TRT 2/2014) Ariadne, contratada pela empresa Gráfica Luz Ltda., para trabalhar no cargo de auxiliar de serviços gerais, de segunda a sexta-feira, das 8 às 12 horas. Com relação ao intervalo para repouso e alimentação, de acordo com as regras da CLT, Ariadne

a) terá direito a 30 minutos de intervalo.

b) terá direito a 20 minutos de intervalo.
c) terá direito a 15 minutos de intervalo.
d) não terá direito ao intervalo.
e) terá direito a 1 hora de intervalo.

09. (FCC – Analista Judiciário – Oficial de Justiça Avaliador – TRT 11/2017) Considere as seguintes situações hipotéticas: Cleiton labora na farmácia XZC Ltda. possuindo jornada de trabalho de cinco horas diárias. Seu irmão Cledison labora na farmácia VBN Ltda. e possui jornada de trabalho de quatro horas diárias. Já Monique, tia dos irmãos, trabalha no supermercado ZWQ Ltda. e possui jornada de trabalho de 7 horas diárias. Nestes casos, de acordo com a Consolidação das Leis do Trabalho, no tocante ao intervalo intrajornada,

a) Cleiton e Cledison não terão direito ao intervalo e Monique terá direito a uma hora de intervalo.
b) Cleiton e Cledison terão direito a quinze minutos de intervalo e Monique terá direito a uma hora de intervalo.
c) Cleiton e Cledison terão direito a quinze minutos de intervalo e Monique terá direito a trinta minutos de intervalo.
d) todos terão direito a quinze minutos de intervalo.
e) Cleiton terá direito a quinze minutos de intervalo, Cledison não terá direito ao intervalo e Monique terá direito a uma hora de intervalo.

GAB	1	B	2	D	3	E	4	C	5	B	6	E	7	E	8	D	9	E

✦ INTERVALO ESPECIAL – DIGITADOR

Art. 72. Nos serviços permanentes de mecanografia (datilografia, escrituração ou cálculo), a cada período de 90 (noventa) minutos de trabalho consecutivo corresponderá um repouso de 10 (dez) minutos não deduzidos da duração normal de trabalho.

1. COMENTÁRIOS

1.1. Finalidade e natureza do repouso

O intervalo previsto neste dispositivo tem por finalidade evitar lesões diante do esforço repetitivo das atividades descritas no *caput* e, com isto, prevenir a aquisição de doenças ocupacionais (LER/DORT).Trata-se de intervalo remunerado pelo empregador, uma vez que o tempo de descanso não altera a extensão da jornada. Os intervalos de 10 minutos, a cada 90 minutos de trabalho, são gozados durante a jornada de trabalho.

1.2. Digitador. Analogia

As atividades mencionadas no *caput* deste artigo não são mais frequentes no mundo moderno. Por isso, outras profissões ou atividades que demandem igual esforço repetitivo que os de mecanografia, também podem ser enquadrados neste dispositivo, por analogia. Exatamente esta a posição do TST que editou a S. 346 estendendo a proteção deste artigo aos digitadores. O mesmo entendimento não se aplica aos operadores de telemarketing, cuja atividade de digitação não ocorre de forma continua, já que entremeada por atendimentos telefônicos aos clientes.

O intervalo de 10 minutos, a cada 50 de trabalho, previsto na NR17, é uma norma de ergonomia e não impõe uma obrigação ao empregador, uma vez que o Ministério do Trabalho não tem competência para legislar em matéria do trabalho (art. 22, I, da CRFB/88).

Confira-se o teor da NR 17.6.4., "d", nos seguintes termos: "Nas atividades de processamento eletrônico de dados, deve-se, salvo o disposto em convenções e acordos coletivos de trabalho, observar o seguinte:...d) nas atividades de entrada de dados deve haver, no mínimo, uma pausa de 10 (dez) minutos para cada 50 (cinqüenta) minutos trabalhados, não deduzidos da jornada normal de trabalho; (117.035-0/3)".

1.3. Consequências jurídicas da supressão do intervalo

Defendemos a tese de que a não concessão do intervalo previsto neste artigo importará em pagamento do tempo trabalhado como serviço extraordinário, mesmo que não haja acréscimo ao final da jornada (interpretação analógica da S. nº 437 do TST, transcrita no art. 71 desta CLT). Esta interpretação, contudo, é divergente na doutrina, como veremos a seguir.

O entendimento dominante é no sentido da remuneração como horas extras somente quando excedida a jornada de trabalho (neste sentido: Martins, Comentários, 2010, p. 122). Não excedida a jornada, pagar-se-á o tempo de intervalo não concedido com base no valor da hora normal, sem qualquer acréscimo, uma vez que esta modalidade de pausa integra a duração normal do trabalho do empregado, consistindo em modalidade de interrupção contratual. Este entendimento foi reforçado pela alteração imposta ao § 4º, do art. 71 da CLT, pela Lei nº 13.467/2017, que só prevê a indenização do tempo de intervalo suprimido.

A opinião de Mauricio Godinho Delgado sintetiza a doutrina dominante: "tratando-se de desrespeito a intervalo remunerado, a repercussão consistirá no pagamento do referido período como se fosse tempo efetivamente trabalhado. Tendo este lapso temporal natureza de componente da própria jornada de trabalho, de tempo de serviço obreiro para todos os fins (trata-se de interrupção contratual, lembre-se), tal desrespeito ensejará o pagamento do período correspondente como se fosse hora (ou fração desta) efetivamente laborada". Prossegue o autor: "Esclareça-se que, caso o acréscimo do intervalo produzir a suplantação da jornada regular, o pagamento será feito, evidentemente, com o adicional de horas extras cabível." (Curso, jan-2009, p. 861).

2. SÚMULAS E ORIENTAÇÕES JURISPRUDENCIAIS

- **Súmula nº 346 – TST**

DIGITADOR. INTERVALOS INTRAJORNADA. APLICAÇÃO ANALÓGICA DO Art. 72 DA CLT (mantida) – Res. 121/2003, DJ 19, 20 e 21.11.2003 Os digitadores, por aplicação analógica do art. 72 da CLT, equiparam-se aos trabalhadores nos serviços de mecanografia (datilografia, escrituração ou cálculo), razão pela qual têm direito a intervalos de descanso de 10 (dez) minutos a cada 90 (noventa) de trabalho consecutivo.

- **Súmula nº 118 do TST**

Jornada de trabalho. Horas extras. Os intervalos concedidos pelo empregador na jornada de trabalho, não previstos em lei, representam tempo à disposição da empresa, remunerados como serviço extraordinário, se acrescidos ao final da jornada.

3. INFORMATIVOS DO TST

- **Empregado rural. Atividade de corte de cana-de-açúcar. Pausa para descanso. Obrigatoriedade. Norma Regulamentar nº 31 do Ministério do Trabalho e Em prego. Aplicação analógica do art. 72 da CLT. Possibilidade.**

Aos empregados rurais que trabalham no corte de cana-de-açúcar aplica-se, por analogia, o disposto no art. 72 da CLT, que garante um intervalo de dez minutos a cada período de noventa minutos de trabalho consecutivo nos serviços permanentes de mecanografia. Isso porque a Norma Regulamentar nº 31 do Ministério do Trabalho e Emprego, apesar de estabelecer a obrigatoriedade de concessão de pausas para descanso aos trabalhadores rurais que realizem atividades em pé ou submetam-se à sobrecarga muscular, não especifica as condições ou o tempo de duração dos períodos de repouso. Com base nesse entendimento, a SBDI-I, por unanimidade, conheceu dos embargos do reclamante, por divergência jurisprudencial, e, no mérito, deu-lhes provimento para acrescer à condenação o pagamento de 10 minutos a cada 90 minutos de trabalho como extras, com acréscimo de 50% sobre o valor da remuneração da hora normal de trabalho, com os reflexos postulados nas prestações contratuais vinculadas ao salário. TST-E-RR-912-26.2010.5.15.0156, SBDI-I, rel. Min. João Oreste Dalazen, 5.12.2013 (Informativo nº 69)

4. QUESTÕES DE CONCURSOS

01. (TRT – 15ª REGIÃO/ANALISTA JUDICIÁRIO/FCC/2009) Considere as seguintes assertivas a respeito do intervalo intrajornada:

I. Nos serviços permanentes de mecanografia a cada período de 90 minutos de trabalho consecutivo corresponderá um repouso de 10 minutos deduzidos da duração normal de trabalho.

II. A concessão de um intervalo para repouso ou alimentação de no mínimo 1 hora para trabalho contínuo, cuja duração exceda de 6 horas diárias, é considerado um intervalo não remunerado.

III. Quando a duração do trabalho ultrapassar quatro horas diárias e não exceder seis horas é obrigatório a concessão de um intervalo para repouso e alimentação de no mínimo 30 minutos.

IV. Se o empregado labora quatro horas diárias, a empregadora não será obrigada a conceder o intervalo intrajornada.

Está correto o que se afirma SOMENTE em

a) II e IV.

b) I, II e IV.

c) II, III e IV.

d) I, II e III.

e) I e III.

02. (FCC – TRT 12 – Analista Judiciário/2010) Joana labora em serviço permanente de mecanografia. De acordo com a Consolidação das Leis do Trabalho, a cada período de

a) sessenta minutos de trabalho consecutivo corresponderá um repouso de quinze minutos deduzidos da duração normal de trabalho.

b) noventa minutos de trabalho consecutivo corresponderá um repouso de dez minutos deduzidos da duração normal de trabalho.

c) sessenta minutos de trabalho consecutivo corresponderá um repouso de quinze minutos não deduzidos da duração normal de trabalho.

d) noventa minutos de trabalho consecutivo corresponderá um repouso de dez minutos não deduzidos da duração normal de trabalho.

e) noventa minutos de trabalho consecutivo corresponderá um repouso de cinco minutos não deduzidos da duração normal de trabalho.

03. (FCC – Técnico Judiciário – Área Administrativa – TRT 24/2017) Os intervalos intrajornadas são períodos de descanso regularmente concedidos durante a jornada de trabalho, em que o empregado deixa de trabalhar e de estar à disposição do empregador. Com relação aos períodos de descanso, a legislação vigente estabelece:

a) Em qualquer trabalho contínuo, cuja duração exceda de 6 horas, é obrigatória a concessão de um intervalo para repouso ou alimentação, o qual será, no mínimo, de uma hora e, em qualquer caso, não poderá exceder de duas horas.

b) Todos os intervalos de descanso serão computados na duração do trabalho.

c) Nos serviços permanentes de mecanografia (datilografia, escrituração ou cálculo), a cada período de 90 minutos de trabalho consecutivo corresponderá um repouso de 10 minutos deduzidos da duração normal de trabalho.

d) Será considerado como trabalho efetivo o tempo em que o motorista empregado estiver à disposição do empregador, incluídos os intervalos para refeição, repouso e descanso, e o tempo de espera.

e) Para os empregados que trabalham no interior das câmaras frigoríficas e para os que movimentam mercadorias do ambiente quente ou normal para o frio e vice-versa, depois de uma hora e 20 minutos de trabalho contínuo, será assegurado um período de 40 minutos de repouso, computado esse intervalo como de trabalho efetivo.

GAB	1	A	2	D	3	C

▸SEÇÃO IV – DO TRABALHO NOTURNO

✦ ADICIONAL NOTURNO E TURNOS DE REVEZAMENTO

Art. 73. Salvo nos casos de revezamento semanal ou quinzenal, o trabalho noturno terá remuneração superior à do diurno e, para esse efeito, sua remuneração terá um acréscimo de 20% (vinte por cento), pelo menos, sobre a hora diurna. (Redação do *caput*, parágrafos 1º a 5º pelo Decreto-lei nº 9.666, de 1946)

✦ HORA NOTURNA

§ 1º – A hora do trabalho noturno será computada como de 52 (cinqüenta e dois) minutos e 30 (trinta) segundos.

✦ JORNADA NOTURNA

§ 2º – Considera-se noturno, para os efeitos deste artigo, o trabalho executado entre as 22 (vinte e duas) horas de um dia e as 5 (cinco) horas do dia seguinte.

§ 3º – O acréscimo a que se refere o presente artigo, em se tratando de empresas que não mantêm, pela natureza de suas atividades, trabalho noturno habitual, será feito tendo em vista os quantitativos pagos por trabalhos diurnos de natureza semelhante. Em relação às empresas cujo trabalho noturno decorra da natureza de suas atividades, o aumento será calculado sobre o salário mínimo geral vigente na região, não sendo devido quando exceder desse limite, já acrescido da percentagem.

§ 4º – Nos horários mistos, assim entendidos os que abrangem períodos diurnos e noturnos, aplica-se às horas de trabalho noturno o disposto neste artigo e seus parágrafos.

§ 5º – Às prorrogações do trabalho noturno aplica-se o disposto neste Capítulo.

1. COMENTÁRIOS

1.1. Turnos de Revezamento. Adicional Obrigatório

Não obstante a redação do *caput* do art. 73, o adicional noturno também é obrigatório nos turnos de revezamento, diante da imposição da norma do art. 7º, IX, da CRFB/88, que não recepcionou a exceção legal. Na verdade, a regra do art. 73, *caput*, já não havia sido recepcionada pela CF/1946, art. 157, III, que exigia a remuneração do trabalho noturno superior ao diurno, sem qualquer exceção. Observe-se que a redação do *caput*, do art. 73, pelo Decreto-lei nº 9.666, 28.8.1946, é anterior à CF/1946, de 18.09.46. A S. 130 do TST, abaixo destacada, demonstrava a inconstitucionalidade da norma da CLT desde aquela época. Seu cancelamento não indica mudança de posicionamento, mas somente a adaptação da jurisprudência à realidade atual, uma vez que a Súmula fazia menção à CF/1946 e não de 1988, que possui igual redação no seu art. 7º, IX.

O emprego doméstico pode prever turno de 12x36, mediante acordo escrito entre empregado e empregador, nos termos do art. 10, da LC nº 150/2015.

1.2. Tratamentos Especiais

1.2.1. Menor

Ao menor de 18 anos é proibido o trabalho noturno (CLT, art. 404 e CRFB/88, 7º, XXIII); a legislação do rural também contém tal proibição quanto ao menor (5.889/73, art. 8º).

1.2.2. Mulher

A proibição do trabalho noturno da mulher (CLT, artigos 379/380) não foi recepcionada pela CRFB/88, art. 5º, *caput* e inciso I, que estabelecem o princípio geral da igualdade e, especificamente, da não discriminação entre homens e mulheres. De qualquer sorte, o texto do art. 7º, XXXIII, não fez qualquer menção à mulher. Após a CRFB/88, os artigos 379 e 380 foram expressamente Revogados pela Lei nº 7.855/89.

1.2.3. Bancários

Os bancários também não podem trabalhar em horário noturno (CLT, art. 224, § 1º), com exceção daqueles que exercem função especial de confiança bancária (CLT, art. 224, § 2º), os que trabalham em atividade de compensação de cheques (Decreto-lei nº 546, de 1969, art. 1º, *caput*) e outros casos especiais decorrentes da atividade bancária, mediante autorização do MTE (Decreto-lei nº 546/69, art. 1º, § 4º). Neste sentido: Godinho (Curso, jan-2009, p. 850) e Martins (Comentários, 2010, p. 224).

1.2.4. Rural

O trabalhador rural possui adicional noturno de 25%, e não de 20%, como o urbano (art. 7º, § único, da Lei nº 5.889/73); em compensação, não existe a ficção da hora noturna de 52'30", tendo 60' a hora noturna do rurícola; o horário noturno transcorre de 21:00 às 05:00 horas na lavoura e de 20:00 às 04:00 horas na pecuária (art. 7º, *caput*, da Lei nº 5.889/73).

1.2.5. Petroleiros

Os petroleiros são regidos pela norma especial da Lei nº 5.811, de 11.10.1972. O art. 3º, I, da referida norma, faz expressa menção à aplicação do adicional noturno do art. 73, *caput*, da CLT. O silêncio quanto à aplicação do parágrafo primeiro, do art. 73, é eloquente e, consequentemente, interpretado como uma intenção de não se aplicar a ficção legal da hora noturna reduzida (neste sentido a S. 112 do TST).

1.2.6. Advogados

Os advogados têm horário noturno no período de 20:00 às 05:00 horas, com adicional legal de 25% sobre o valor da hora normal (Lei nº 8.906/94, art. 20, § 3º). O tratamento legal do advogado é semelhante ao do rural e do petroleiro. Consequentemente, a norma especial da Lei nº 8.906/94, mais favorável que a CLT quanto à jornada e ao adicional noturno, não permite que seja estendida ao advogado a ficção legal da hora noturna reduzida do art. 73, § 1º, da CLT. O tema, contudo, é bem escasso na doutrina, sendo extremamente controvertida a posição que ora defendemos.

2. SÚMULAS E ORIENTAÇÕES JURISPRUDENCIAIS

- **Súmula nº 675 – STF (vide transcrição no art. 58 da CLT)**

- **Súmula nº 402 – STF – Sessão Plenária de 03/04/1964**

VIGIA NOTURNO TEM DIREITO A SALÁRIO ADICIONAL.

- **Súmula nº 213 – STF – Sessão Plenária de 13/12/1963**

É DEVIDO O ADICIONAL DE SERVIÇO NOTURNO, AINDA QUE SUJEITO O EMPREGADO AO REGIME DE REVEZAMENTO.

- **Súmula nº 60 – TST**

ADICIONAL NOTURNO. INTEGRAÇÃO NO SALÁRIO E PRORROGAÇÃO EM HORÁRIO DIURNO (incorporada a OJ nº 6 da SBDI-1) – Res. 129/2005, DJ 20, 22 e 25.04.2005.

I – O adicional noturno, pago com habitualidade, integra o salário do empregado para todos os efeitos. (ex-Súmula nº 60 – RA 105/1974, DJ 24.10.1974)

II – Cumprida integralmente a jornada no período noturno e prorrogada esta, devido é também o adicional quanto às horas prorrogadas. Exegese do art. 73, § 5º, da CLT. (ex-OJ nº 6 da SBDI-1 – inserida em 25.11.1996)

- **Súmula nº 65 – TST**

VIGIA (mantida) – Res. 121/2003, DJ 19, 20 e 21.11.2003. O direito à hora reduzida de 52 minutos e 30 segundos aplica-se ao vigia noturno.

- **Súmula nº 112 – TST**

TRABALHO NOTURNO. PETRÓLEO (mantida) – Res.121/2003, DJ 19, 20 e 21.11.2003. O trabalho noturno dos empregados nas atividades de exploração, perfuração, produção e refinação do petróleo, industrialização do xisto, indústria petroquímica e transporte de petróleo e seus derivados, por meio de dutos, é regulado pela Lei nº 5.811, de 11.10.1972, não se lhe aplicando a hora reduzida de 52 minutos e 30 segundos prevista no art. 73, § 2º, da CLT.

- **Súmula nº 130 – TST**

ADICIONAL NOTURNO (cancelada) – Res. 121/2003, DJ 19, 20 e 21.11.2003. O regime de revezamento no trabalho não exclui o direito do empregado ao adicional noturno, em face da derrogação do art. 73 da CLT pelo art. 157, item III, da Constituição de 18.09.1946 (ex-Prejulgado nº 1).

- **Súmula nº 140 – TST**

VIGIA (mantida) – Res. 121/2003, DJ 19, 20 e 21.11.2003. É assegurado ao vigia sujeito ao trabalho noturno o direito ao respectivo adicional (ex-Prejulgado nº 12).

- **Súmula nº 265 – TST**

ADICIONAL NOTURNO. ALTERAÇÃO DE TURNO DE TRABALHO. POSSIBILIDADE DE SUPRESSÃO (mantida) – Res. 121/2003, DJ 19, 20 e 21.11.2003. A transferência para o período diurno de trabalho implica a perda do direito ao adicional noturno.

- **Súmula nº 354 – TST**

GORJETAS. NATUREZA JURÍDICA. REPERCUSSÕES (mantida) – Res. 121/2003, DJ 19, 20 e 21.11.2003. As gorjetas, cobradas pelo empregador na nota de serviço ou oferecidas espontaneamente pelos clientes, integram a remuneração do empregado, não servindo de base de cálculo para as parcelas de aviso-prévio, adicional noturno, horas extras e repouso semanal remunerado.

- **Súmula nº 391 – TST**

PETROLEIROS. LEI Nº 5.811/1972. TURNO ININTERRUPTO DE REVEZAMENTO. HORAS EXTRAS E ALTERAÇÃO DA JORNADA PARA HORÁRIO FIXO (conversão das OJs nºs 240 e 333 da SBDI-1) – Res. 129/2005, DJ 20, 22 e 25.04.2005

I – A Lei nº 5.811/1972 foi recepcionada pela CF/88 no que se refere à duração da jornada de trabalho em regime de revezamento dos petroleiros. (ex-OJ nº 240 da SBDI-1 – inserida em 20.06.2001)

II – A previsão contida no art. 10 da Lei nº 5.811/1972, possibilitando a mudança do regime de revezamento para horário fixo, constitui alteração lícita, não violando os arts. 468 da CLT e 7º, VI, da CF/1988. (ex-OJ nº 333 da SBDI-1 – DJ 09.12.2003)

- **Súmula nº 444 – TST**

JORNADA DE TRABALHO. NORMA COLETIVA. LEI. ESCALA DE 12 POR 36. VALIDADE – Res. 185/2012, DEJT divulgado em 25, 26 e 27.09.2012 – republicada em decorrência do despacho proferido no processo TST-PA-504280/2012.2 – DEJT divulgado em 26.11.2012.

É valida, em caráter excepcional, a jornada de doze horas de trabalho por trinta e seis de descanso, prevista em lei ou ajustada exclusivamente mediante acordo coletivo de trabalho ou convenção coletiva de trabalho, assegurada a remuneração em dobro dos feriados trabalhados. O empregado não tem direito ao pagamento de adicional referente ao labor prestado na décima primeira e décima segunda horas.

- **OJ 97 SBDI-1 – TST**

HORAS EXTRAS. ADICIONAL NOTURNO. BASE DE CÁLCULO. Inserida em 30.05.1997.

O adicional noturno integra a base de cálculo das horas extras prestadas no período noturno.

- **OJ 127 SBDI-1 – TST**

HORA NOTURNA REDUZIDA. SUBSISTÊNCIA APÓS A CF/1988. Inserida em 20.04.98

O art. 73, § 1º da CLT, que prevê a redução da hora noturna, não foi revogado pelo inciso IX do art. 7º da CF/1988.

- **OJ 259 SBDI-1 – TST**

ADICIONAL NOTURNO. BASE DE CÁLCULO. ADICIONAL DE PERICULOSIDADE. INTEGRAÇÃO. Inserida em 27.09.02

O adicional de periculosidade deve compor a base de cálculo do adicional noturno, já que também neste horário o trabalhador permanece sob as condições de risco.

▸ **OJ 360 SBDI-1 – TST**

TURNO ININTERRUPTO DE REVEZAMENTO. DOIS TURNOS. HORÁRIO DIURNO E NOTURNO. CARACTERIZAÇÃO. DJ 14.03.2008

Faz jus à jornada especial prevista no art. 7º, XIV, da CF/1988 o trabalhador que exerce suas atividades em sistema de alternância de turnos, ainda que em dois turnos de trabalho, que compreendam, no todo ou em parte, o horário diurno e o noturno, pois submetido à alternância de horário prejudicial à saúde, sendo irrelevante que a atividade da empresa se desenvolva de forma ininterrupta.

▸ **OJ 388 SBDI-1 – TST**

JORNADA 12X36. JORNADA MISTA QUE COMPREENDA A TOTALIDADE DO PERÍODO NOTURNO. ADICIONAL NOTURNO. DEVIDO. (DJe divulgado em 09.06.2010)

O empregado submetido à jornada de 12 horas de trabalho por 36 de descanso, que compreenda a totalidade do período noturno, tem direito ao adicional noturno, relativo às horas trabalhadas após as 5 horas da manhã.

▸ **OJ 395 SBDI-1 – TST**

TURNO ININTERRUPTO DE REVEZAMENTO. HORA NOTURNA REDUZIDA. INCIDÊNCIA. (DJe divulgado em 09.06.2010)

O trabalho em regime de turnos ininterruptos de revezamento não retira o direito à hora noturna reduzida, não havendo incompatibilidade entre as disposições contidas nos arts. 73, § 1º, da CLT e 7º, XIV, da Constituição Federal.

▸ **OJ 396 SBDI-1 – TST**

TURNOS ININTERRUPTOS DE REVEZAMENTO. ALTERAÇÃO DA JORNADA DE 8 PARA 6 HORAS DIÁRIAS. EMPREGADO HORISTA. APLICAÇÃO DO DIVISOR 180. (DJe divulgado em 09.06.2010)

Para o cálculo do salário hora do empregado horista, submetido a turnos ininterruptos de revezamento, considerando a alteração da jornada de 8 para 6 horas diárias, aplica-se o divisor 180, em observância ao disposto no art. 7º, VI, da Constituição Federal, que assegura a irredutibilidade salarial.

3. INFORMATIVOS DO TST

▸ **Jornada mista. Trabalho prestado majoritariamente à noite. Adicional noturno. Súmula nº 60, II, do TST.**

Na hipótese de jornada mista, iniciada pouco após às 22h, mas preponderantemente trabalhada à noite (das 23:10h às 07:10h do dia seguinte), é devido o adicional noturno quanto às horas que se seguem no período diurno, aplicando-se o entendimento da Súmula nº 60, II, do TST. Assim, a SBDI-I, por unanimidade, conheceu dos embargos por divergência jurisprudencial e, no mérito, negou-lhes provimento. No caso, ressaltou-se que a interpretação a ser dada ao item II da Súmula nº 60 do TST não pode estimular o empregador a adotar jornada que se inicia pouco depois das 22h com o propósito de desvirtuar o preceito. Ademais, a exegese do art. 73, §§ 3º e 4º, da CLT, à luz dos princípios da proteção ao trabalhador e da dignidade da pessoa humana, permite concluir que, para garantir a higidez física e mental do trabalhador, o adicional noturno deve incidir sobre o labor executado durante o dia em continuidade àquele majoritariamente prestado à noite. TST – E-RR-154-04.2010.5.03.0149, SBDI-I, rel. Min. Augusto César Leite de Carvalho, 4.10.2012 (Informativo nº 24)

▸ **Trabalho em dois turnos de oito horas. Avanço em horário noturno em razão do cumprimento de intervalo intrajornada. Contrariedade à Orientação Juris prudencial nº 360 da SBDI-I. Configuração.**

O trabalho realizado com alternância de horários em apenas dois turnos de oito horas, em que há o avanço no período noturno após as vinte e duas horas, decorrente do cumprimento do intervalo intrajornada legalmente assegurado, não descaracteriza o trabalho em regime de turnos ininterruptos de revezamento, de modo que ao trabalhador é assegurada a jornada especial de seis horas prevista no art. 7º, XIV, da CF. Com esse entendimento, a SBDI-I, por maioria, conheceu dos embargos do reclamante, por contrariedade à Orientação Jurisprudencial nº 360 da SBDI-I, e, no mérito, deu-lhes provimento para condenar a reclamada ao pagamento das horas extras decorrentes da caracterização do regime de turnos ininterruptos de revezamento. Vencidos os Ministros Ives Gandra Martins Filho, relator, Brito Pereira, Maria Cristina Irigoyen Peduzzi, Renato de Lacerda Paiva e Dora Maria da Costa. TST – E-RR-59300-35.2004.5.02.0465, SBDI-I, rel. Min. Ives Gandra Martins Filho, red. p/ acórdão Min. Aloysio Corrêa da Veiga, 21.2.2013 (Informativo nº 37)

▸ **Adicional noturno. Majoração por meio de norma coletiva. Substituição do adicional de 20% e da hora noturna reduzida. Ausência de disciplinamento quanto às horas em prorrogação da jornada noturna. Incidência do adicional convencionado. Súmula nº 60, II, do TST.**

A existência de norma coletiva regulando a majoração do adicional noturno, para efeito de supressão exclusiva do percentual de 20% e da hora noturna reduzida, sem fazer qualquer menção ao trabalho realizado em prorrogação da jornada noturna, faz incidir o item II da Súmula nº 60 do TST às horas prorrogadas, de modo que a elas também se aplica o percentual convencionado. Com esse entendimento, a SBDI-I, por maioria, conheceu dos embargos por contrariedade à Súmula nº 60, II, do TST, e, no mérito, deu-lhes provimento para restabelecer a sentença na parte em que deferiu o pedido de condenação ao pagamento do adicional noturno convencional de 45% sobre as horas laboradas das cinco horas às seis horas e quarenta e cinco minutos. Vencidos os Ministros Renato de Lacerda Paiva, João Oreste Dalazen e Brito Pereira. TST – E-RR-109300-34.2009.5.15.0099, SBDI-I, rel. Min. Alberto Luiz Bresciani de Fontan Pereira, 16.5.2013 (Informativo nº 47)

- **Hora noturna reduzida. Art. 73, § 1º da CLT. Substituição pelo adicional noturno de 37,14%. Acordo coletivo. Possibilidade.**

É possível, por meio de acordo coletivo de trabalho, fixar duração normal para a hora noturna, em substituição à hora ficta prevista no art. 73, § 1º, da CLT, em razão da elevação do adicional noturno de 20% para 37,14%. No caso, não há falar em subtração pura e simples de direito legalmente previsto, mas, tão-somente, em flexibilização do seu conteúdo, sem traduzir prejuízo ao empregado. Trata-se da aplicação da teoria do conglobamento, segundo a qual a redução de determinado direito é compensada pela concessão de outras vantagens, de modo a garantir o equilíbrio entre as partes. Com esse entendimento, a SBDI-I, em sua composição plena, por unanimidade, conheceu dos embargos, por divergência jurisprudencial, e, no mérito, por maioria, deu-lhes provimento para restabelecer a decisão do Regional. Vencidos os Ministros Lelio Bentes Corrêa, José Roberto Freire Pimenta, Delaíde Miranda Arantes e Alexandre Agra Belmonte. TST-E-ED-RR-31600-45.2007.5.04.0232, SBDI-I, rel. Min. Aloysio Corrêa da Veiga, 23.5.2013 (Informativo nº 48)

- **Turnos ininterruptos de revezamento. Instrumento coletivo. Fixação de jornada diária superior a oito horas em razão da compensação de jornada. Invalidade. Art. 7º, XIV, da CF e Súmula nº 423 do TST.**

Nos termos do art. 7º, XIV, da CF e da Súmula nº 423 do TST, é inválida cláusula de instrumento coletivo que estipula jornada superior a oito horas em turnos ininterruptos de revezamento, ainda que a extrapolação do limite diário decorra da adoção de regime de compensação semanal, com vistas à supressão da realização de trabalho aos sábados. Com esse fundamento, a SBDI-I, por unanimidade, conheceu dos embargos da reclamada, por divergência jurisprudencial, e, no mérito, negou-lhes provimento, mantendo a decisão da Turma que declarou inválidas as cláusulas que estabeleciam jornada superior a seis horas para os empregados submetidos a revezamento de turno, porquanto extrapolada a jornada de oito horas, sendo devidas, como extras, as horas trabalhadas além da sexta diária. Ressalvou entendimento o Ministro Renato de Lacerda Paiva. TST-E-ED-RR-427-67. 2011.5.03.0142, SBDI-I, rel. Min. Dora Maria da Costa, 15.8.2013 (Informativo nº 55)

- **Turno ininterrupto de revezamento. Alteração para turno fixo. Retaliação por negociação coletiva frustrada. Abuso do jus variandi do empregador.**

A alteração do turno ininterrupto de revezamento para turno fixo de oito horas, em tese, é benéfica aos empregados, pois a alternância entre turnos diurnos e noturnos é notoriamente gravosa à saúde e à vida social. Entretanto, a referida modificação é inválida e configura abuso do jus variandi do empregador quando levada a efeito unilateralmente, sem a observância dos princípios da isonomia e da proporcionalidade, e com o fim de retaliar os empregados em razão da não aceitação da proposta de prorrogação do acordo coletivo autorizando o trabalho em turnos ininterruptos de oito horas. Com esse entendimento, a SBDI-I, por maioria, vencidos os Ministros Maria de Assis Calsing, relatora, Augusto César Leite de Carvalho, Ives Gandra Martins Filho, Lelio Bentes Corrêa e Aloysio Corrêa da Veiga, conheceu dos embargos da reclamada, por divergência jurisprudencial, e, no mérito, ainda por maioria, negou-lhes provimento, mantendo a decisão do Regional que determinou o retorno dos empregados ao sistema de turnos ininterruptos de seis horas, ante a falta de negociação coletiva para a prorrogação da jornada. Vencidos os Ministros Brito Pereira, João Oreste Dalazen, Ives Gandra da Silva Martins Filho e Renato de Paiva Lacerda. TST-E-ED-RR – 34700-84.2004.5.03.0088, SBDI-I, rel. Min. Maria de Assis Calsing, 29.8.2013 (Informativo nº 57)

4. QUESTÕES DE CONCURSOS

01. **(TRT – 7ª REGIÃO/TÉCNICO JUDICIÁRIO/FCC/2009)** Quanto à jornada de trabalho noturna, considere as assertivas abaixo.

I. Considera-se noturna, para os empregados urbanos, a jornada que compreende o período entre às 22:00 horas de um dia e às 05:00 horas do dia seguinte, acrescidas do adicional de, no mínimo, 20% sobre o valor da hora trabalhada em jornada diurna.

II. O horário noturno para os empregados rurais que trabalham na agricultura é aquele compreendido entre às 22:00 horas de um dia e às 05:00 horas do dia seguinte, com, no mínimo, o adicional de 25% sobre o valor da hora trabalhada em jornada diurna.

III. O horário noturno para os empregados rurais que trabalham na pecuária é aquele compreendido entre às 21:00 horas de um dia e às 04:00 horas do dia seguinte, com, no mínimo, o adicional de 25% sobre o valor da hora trabalhada em jornada diurna.

É correto o que se afirma em:

a) I e II, apenas.

b) I, II e III.

c) I, apenas.

d) II e III, apenas.

e) I e III, apenas.

02. (TRT – 15ª REGIÃO/ANALISTA ADMINISTRATIVO/FCC/2009) Considere as seguintes assertivas a respeito do trabalho noturno:

I. Cumprida integralmente a jornada no período noturno e prorrogada esta, é devido também o adicional quanto às horas prorrogadas.

II. Para a Consolidação das Leis do Trabalho a jornada noturna urbana compreende o lapso temporal situado entre 21:00 hs de um dia até às 5:00 horas do dia seguinte.

III. Em regra, o adicional noturno deverá ser de no mínimo 25%, podendo ser estipulado valor superior através de Convenção Coletiva de Trabalho.

IV. O adicional noturno integra a base de cálculo das horas extras prestadas no período noturno.

Está correto o que se afirma SOMENTE em

a) III e IV.

b) I e IV.

c) I e II.

d) I, II e IV.

e) I, III e IV.

03. (FCC – TRT 9 – Analista Judiciário/2010) João trabalha na empresa X das 22:00 às 5:00 horas, sendo que, às vezes, estende a sua jornada de trabalho até às 8 horas; não possui qualquer acordo de compensação de horas laboradas. Tendo em vista que João cumpre jornada de trabalho noturna, tem diversos direitos trabalhistas, dentre eles

a) o pagamento de adicional noturno não inferior a 20% sobre a hora diurna, sendo que este adicional integra a base de cálculo das horas extras prestadas no período noturno.

b) a hora do trabalho noturno reduzida e computada como de 50 minutos e 30 segundos.

c) o pagamento de adicional noturno não inferior a 30% sobre a hora diurna, sendo que este adicional integra a base de cálculo das horas extras prestadas no período noturno.

d) a hora do trabalho noturno reduzida e computada como de 55 minutos e 15 segundos.

e) o pagamento de adicional noturno não inferior a 30% sobre a hora diurna, sendo que este adicional não integrará a base de cálculo das horas extras prestadas no período noturno.

04. (MTE/AUDITOR FISCAL DO TRABALHO/ESAF/2010/ADAPTADA) Na hipótese de empregados com jornada de seis horas, em razão de cumprirem turnos ininterruptos de revezamento, iniciado o expediente às 23h e encerrado às 7h30min, o direito ao adicional noturno se circunscreve ao período compreendido entre 22h e 5h, e, quanto às horas extras, deverão ser computadas a partir de 5 horas.

05. (TRT 4 – Técnico Judiciário – Área Administrativa/2011) Gislene é empregada da empresa V. Ontem, ela laborou das 22:00hs às 06:00hs. Neste caso, em regra, de acordo com a Consolidação das Leis do Trabalho

a) será devido o adicional noturno de 30% também quanto às horas extras feitas por Gislene, após às 04:00hs, em razão da prorrogação de sua jornada.

b) será devido o adicional noturno de 30% também quanto à hora extra feita por Gislene, após às 05:00hs em razão da prorrogação de sua jornada.

c) será devido o adicional noturno de 20%, também quanto à hora extra feita por Gislene, após às 05:00hs, em razão da prorrogação de sua jornada.

d) não será devido o adicional noturno quanto às horas extras feitas por Gislene após às 05:00hs, tendo em vista o término do horário noturno legalmente previsto.

e) não será devido o adicional noturno quanto às horas extras feitas por Gislene após às 04:00hs tendo em vista o término do horário noturno legalmente previsto.

06. (Cespe – Analista Judiciário – Área Administrativa – TRT 17/2013) Julgue o item a seguir, relativo aos direitos trabalhistas.

O vigia noturno que cumpra jornada de trabalho entre 19 h de um dia e 7 h do dia seguinte faz jus ao adicional noturno somente até às 5 h da manhã.

07. (FCC – Analista Judiciário – Oficial de Justiça Avaliador – TRT 11/2017) Maciel é empregado da empresa X Ltda e exerce seu labor no horário noturno. Todavia, todas as sextas-feiras e aos sábados Maciel estendeu seu labor até as 07:00 horas. Neste caso, de acordo com o entendimento Sumulado do TST,

a) não é devido o adicional noturno quanto às horas prorrogadas, uma vez que já efetuadas no horário diurno, ou seja, após 6h.

b) não é devido o adicional noturno quanto às horas prorrogadas, uma vez que já efetuadas no horário diurno, ou seja, após 5h.

c) é devido o adicional noturno quanto às horas prorrogadas, sendo que este adicional integrará o salário de Maciel para todos os efeitos legais.

d) é devido o adicional noturno apenas quanto a primeira hora prorrogada, sendo que este adicional integrará o salário de Maciel para os efeitos legais, exceto férias.

e) é devido o adicional noturno quanto às horas prorrogadas, sendo que este adicional integrará o salário de Maciel para os efeitos legais, exceto férias e décimo terceiro salário.

GAB	1	C	2	B	3	A	4	E	5	C	6	E	7	C

▸SEÇÃO V – DO QUADRO DE HORÁRIO

✦ **OBRIGATORIEDADE DO QUADRO DE HORÁRIO**

Art. 74. O horário do trabalho constará de quadro, organizado conforme modelo expedido pelo Ministro do Trabalho, e afixado em lugar bem visível. Esse quadro será discriminativo no caso de não ser o horário único para todos os empregados de uma mesma seção ou turma.

§ 1º – O horário de trabalho será anotado em registro de empregados com a indicação de acordos ou contratos coletivos porventura celebrados.

✦ **CONTROLE DE JORNADA E INTERVALO**

§ 2º – Para os estabelecimentos de mais de dez trabalhadores será obrigatória a anotação da hora de entrada e de saída, em registro manual, mecânico ou eletrônico, conforme instruções a serem expedidas pelo Ministério do Trabalho, devendo haver pré-assinalação do período de repouso.(Redação dada pela Lei nº 7.855, de 24.10.1989)

✦ **FICHA DE CONTROLE EXTERNO**

§ 3º – Se o trabalho for executado fora do estabelecimento, o horário dos empregados constará, explicitamente, de ficha ou papeleta em seu poder, sem prejuízo do que dispõe o § 1º deste artigo.

1. COMENTÁRIOS

1.1. Controle formal de jornada

A obrigação do empregador de manter quadro de horário organizado fica dispensada nas empresas que mantêm controle de horário de entrada e saída, com pré-assinalação do horário de intervalo (Portaria MTPS nº 3.626/91, art. 14).

O controle deve ser anotado pelo próprio empregado e sendo mecânico conterá a assinatura do próprio.

Os horários marcados por cartão magnético, cujo empregado só assina o espelho do ponto ao final do mês, têm gerado muitos problemas de ordem prática, inclusive de manipulação do sistema de informática, com possível discrepância entre o horário real e o dos controles. Tais problemas levaram o Ministério do Trabalho a regulamentar o uso dos controles de pontos eletrônicos por meio da Portaria nº 1.510, de 21.08.2009, estabelecendo, em seu artigo 2º, que o Sistema de Registro de Ponto Eletrônico (SRPE) deve registrar fielmente as marcações efetuadas, não sendo permitida qualquer ação que desvirtue os fins legais a que se destina, tais como: I – restrições de horário à marcação do ponto; II – marcação automática do ponto, utilizando-se horários predeterminados ou o horário contratual; III – exigência, por parte do sistema, de autorização prévia para marcação de sobrejornada; e IV – existência de qualquer dispositivo que permita a alteração dos dados registrados pelo empregado. Art. 3º Registrador Eletrônico de Ponto – REP é o equipamento de automação utilizado exclusivamente para o registro de jornada de trabalho e com capacidade para emitir documentos fiscais e realizar controles de natureza fiscal, referentes à entrada e à saída de empregados nos locais de trabalho. Parágrafo único. Para a utilização de Sistema de Registro Eletrônico de Ponto é obrigatório o uso do REP no local da prestação do serviço, vedados outros meios de registro.

1.2. Controles Britânicos: ônus da prova

O estabelecimento que mantém controle de horário invariável, com a alcunha de "britânicos", descumpre a regra do art. 74, § 2º, supra. Diante de eventual reclamação trabalhista, a apresentação de controles britânicos importará em confissão ficta quanto à jornada declinada na Petição Inicial. A confissão é relativa, mas só admite ser elidida por prova pré-constituída, sendo vedado o uso de prova oral para demonstrar o fato cujo documento não veio aos autos. Sendo assim, não viola o princípio da ampla defesa (art. 5º, LV, CF), decisão do juiz de 1º grau que, em audiência, indefere a produção de depoimento pessoal ou de oitiva de testemunhas requeridas pelo réu para elidir a confissão ficta provocada pela ausência dos controles de horário (neste sentido a interpretação sistemática das Súmulas 338 e 74 do TST).

1.3. Intervalo intrajornada. Dispensa de Marcação. Ônus da Prova

Pré-assinalação do horário de intervalo é diferente de marcação do intervalo. Entende-se por pré-assinalação a disposição do horário de intervalo, de forma clara, nos controles formais; marcação é o ato de indicar nos controles o exato momento do início e do fim do intervalo, que varia dia a dia, conforme as necessidades do empregado, respeitados os limites do art. 71 da CLT.

A pré-assinalação do horário de repouso dispensa sua marcação. Assim definiu o art. 74, § 2º, supra, regulamentado pela Portaria MTPS, nº 3.626, 13.11.91, art. 13, *caput.*

É ônus do empregado demonstrar que não gozou do intervalo, contrariando assim a presunção legal favorável ao empregador (CPC/73, art. 334, IV e CPC/2015, art. 374, IV, com idêntica redação).

1.4. Controles de horário por exceção

O Ministério do Trabalho, através da Portaria nº 1120/95, autoriza a manutenção de controles de horário por exceção, onde são marcadas somente as horas extras, desde que mediante previsão em negociação coletiva. Tal portaria é de discutível legalidade, já que o MTE não tem competência para dispensar a marcação do controle de horário (no mesmo sentido: Carrion, Comentários, 2008, p. 135).

1.5. Controle de Jornada de Motorista

A Lei nº 12.619, de 30.4.2012 (Lei do Motorista), em seu art. 2º, V, prevê que o empregador "poderá valer-se de anotação em diário de bordo, papeleta ou ficha de trabalho externo, nos termos do § 3º do art. 74 da Consolidação das Leis do Trabalho – CLT, aprovada pelo Decreto-Lei nº 5.452, de 1º de maio de 1943, ou de meios eletrônicos idôneos instalados nos veículos, a critério do empregador.".

As inúmeras demandas submetidas ao Judiciário pelos motoristas nos permitem afirmar, sem medo de errar, que as denominadas (e malfadadas) "guias ministeriais", preenchidas pelos fiscais de tráfego, e não pelos motoristas, se mostraram ineficazes como meio de controle da jornada destes profissionais. A Lei nº 12.619, contudo, parece querer por fim a esta realidade. A expressa remissão feita ao § 3º do art. 74 conduz à ilação de que o controle de frequência deve estar de posse do empregado, como exige a regra citada, e não do fiscal. Poderá o empregador substituir a guia de controle externo por meios de controle fixos nos ônibus, a exemplo de máquinas que registrem o horário por meio de cartões magnéticos, digitais, etc.

1.6. Controle de jornada de doméstico

A LC nº 150/2015 prevê em seu art. 12 a obrigatoriedade de controle formal de jornada, independentemente do número de empregados na residência. Diferentemente do que defendíamos antes, agora, na vigência da lei complementar, será ônus do empregador doméstico a prova da jornada, aplicando-se também a este a inversão probatória do S. 338 do TST. Só não me parece razoável defender a nulidade do controle britânico, como proclamado pela S. 338, III, do TST. A falta de vigilância do empregador na marcação do ponto é decorrência natural de sua ausência no ambiente do trabalho. A marcação do horário, portanto, não pode ter o rigor previsto para a empresa.

2. SÚMULAS E ORIENTAÇÕES JURISPRUDENCIAIS

▸ **Súmula nº 74 – TST**

CONFISSÃO (atualizada em decorrência do CPC de 2015) – Res. 208/2016, DEJT divulgado em 22, 25 e 26.04.2016

I – Aplica-se a confissão à parte que, expressamente intimada com aquela cominação, não comparecer à audiência em prosseguimento, na qual deveria depor. (ex-Súmula nº 74 – RA 69/1978, DJ 26.09.1978)

II – A prova pré-constituída nos autos pode ser levada em conta para confronto com a confissão ficta (arts. 442 e 443, do CPC de 2015 – art. 400, I, do CPC de 1973), não implicando cerceamento de defesa o indeferimento de provas posteriores. (ex-OJ nº 184 da SBDI-I – inserida em 08.11.2000)

III – A vedação à produção de prova posterior pela parte confessa somente a ela se aplica, não afetando o exercício, pelo magistrado, do poder/dever de conduzir o processo.

▸ **Súmula nº 338 – TST**

JORNADA DE TRABALHO. REGISTRO. ÔNUS DA PROVA (incorporadas as OJs nºs 234 e 306 da SBDI-1) – Res. 129/2005, DJ 20, 22 e 25.04.2005

I – É ônus do empregador que conta com mais de 10 (dez) empregados o registro da jornada de trabalho na forma do art. 74, § 2º, da CLT. A não-apresentação injustificada dos controles de freqüência gera presunção relativa de veracidade da jornada de trabalho, a qual pode ser elidida por prova em contrário. (ex-Súmula nº 338 – alterada pela Res. 121/2003, DJ 21.11.2003)

II – A presunção de veracidade da jornada de trabalho, ainda que prevista em instrumento normativo, pode ser elidida por prova em contrário. (ex-OJ nº 234 da SBDI-1 – inserida em 20.06.2001)

III – Os cartões de ponto que demonstram horários de entrada e saída uniformes são inválidos como meio de prova, invertendo-se o ônus da prova, relativo às horas extras, que passa a ser do empregador, prevalecendo a jornada da inicial se dele não se desincumbir. (ex-OJ nº 306 da SBDI-1 – DJ 11.08.2003)

▶ **OJ 233 SBDI-1 – TST**

HORAS EXTRAS. COMPROVAÇÃO DE PARTE DO PERÍODO ALEGADO.(nova redação) – DJ 20.04.2005 Adecisão que defere horas extras com base em prova oral ou documental não ficará limitada ao tempo por ela abrangido, desde que o julgador fique convencido de que o procedimento questionado superou aquele período.

3. QUESTÕES DE CONCURSOS

01. (FCC – TRT 4 – Analista Judiciário/2011) A empresa X possui 3 empregados; a Empresa Y possui 7 empregados e a empresa Z possui 10 empregados. Em reclamação trabalhista relativa ao pagamento de horas extras laboradas, NÃO terá o ônus de provar as horas trabalhadas com a apresentação do controle de frequência

a) a empresa Z, somente.

b) a empresa X, somente.

c) as empresas X e Y, somente.

d) as empresas Y e Z, somente.

e) as empresas X, Y e Z.

GAB	1	E

▶SEÇÃO VI – DAS PENALIDADES

✦ **MULTA POR DESCUMPRIMENTO ÀS NORMAS SOBRE DURAÇÃO DO TRABALHO**

Art. 75. Os infratores dos dispositivos do presente Capítulo incorrerão na multa de cinquenta a cinco mil cruzeiros, segundo a natureza da infração, sua extensão e a intenção de quem a praticou, aplicada em dobro no caso de reincidência e oposição à fiscalização ou desacato à autoridade.

Parágrafo único. São competentes para impor penalidades, no Distrito Federal, a autoridade de 1ª instância do Departamento Nacional do Trabalho e, nos Estados e no Território do Acre, as autoridades regionais do Ministério do Trabalho, Indústria e Comércio.

1. COMENTÁRIOS

A Lei Federal nº 8.383, de 30.12.1991, art. 1º, fixou a UFIR (Unidade Fiscal de Referência), como fator de cobrança de multas na esfera federal. O art. 2º, § 1º, da referida lei, atribuiu ao Ministério da Fazenda a competência para divulgar o valor mensal da UFIR.

A Portaria nº 290, de 11.04.1997, do MTb, regulamenta a aplicação e cobrança de multas trabalhistas. Diante do descumprimento dos artigos 57 a 74 da CLT a Portaria fixou as multas mínima e máxima, respectivamente, em 37,8285 e 3.782,8472 UFIR's, dobrados na reincidência, oposição ou desacato.

▶CAPÍTULO II-A – DO TELETRABALHO

(capítulo Incluído pela Lei nº 13.467, de 13.07.2017).

✦ **PREVALÊNCIA DAS REGRAS DESTE CAPÍTULO**

Art. 75-A. A prestação de serviços pelo empregado em regime de teletrabalho observará o disposto neste Capítulo.

✦ **CONCEITO DE TELETRABALHO**

Art. 75-B. Considera-se teletrabalho a prestação de serviços preponderantemente fora das dependências do empregador, com a utilização de tecnologias de informação e de comunicação que, por sua natureza, não se constituam como trabalho externo.

✦ **COMPARECIMENTO NO LOCAL DE TRABALHO**

Parágrafo único. O comparecimento às dependências do empregador para a realização de atividades específicas que exijam a presença do empregado no estabelecimento não descaracteriza o regime de teletrabalho.

✦ **CLÁUSULA ESCRITA FIRMANDO O TELETRABALHO**

Art. 75-C. A prestação de serviços na modalidade de teletrabalho deverá constar expressamente do contrato individual de trabalho, que especificará as atividades que serão realizadas pelo empregado.

✦ **MUDANÇA DE REGIME DE TRABALHO**

§ 1º Poderá ser realizada a alteração entre regime presencial e de teletrabalho desde que haja mútuo acordo entre as partes, registrado em aditivo contratual.

§ 2º Poderá ser realizada a alteração do regime de teletrabalho para o presencial por determinação do empregador, garantido prazo de transição mínimo de quinze dias, com correspondente registro em aditivo contratual.

✦ **DESPESAS COM O TELETRABALHO**

Art. 75-D. As disposições relativas à responsabilidade pela aquisição, manutenção ou fornecimento dos equipamentos tecnológicos e da infraestrutura necessária e adequada à prestação do trabalho remoto, bem como ao reembolso de despesas arcadas pelo empregado, serão previstas em contrato escrito.

✦ **UTILIDADES SEM NATUREZA DE SALÁRIO**

Parágrafo único. As utilidades mencionadas no *caput* deste artigo não integram a remuneração do empregado.

✦ **ORIENTAÇÃO PARA EVITAR DOENÇAS E ACIDENTES DE TRABALHO**

Art. 75-E. O empregador deverá instruir os empregados, de maneira expressa e ostensiva, quanto às precauções a tomar a fim de evitar doenças e acidentes de trabalho.

Parágrafo único. O empregado deverá assinar termo de responsabilidade comprometendo-se a seguir as instruções fornecidas pelo empregador.

1. COMENTÁRIOS

O teletrabalho ou trabalho remoto é uma realidade dos nossos tempos. A facilidade de acesso a equipamentos de informática e à rede mundial de computadores, e, principalmente, a evolução das tecnologias móveis, como celulares e tabletes, intensificou a realização de tarefas fora do estabelecimento empresarial e, consequentemente, do âmbito de vigilância do empregador. A necessidade de regulamentação do trabalho remoto, ora implementada pela introdução deste Capítulo II-A na CLT, atende às normas formas de trabalho que surgem a cada dia. É um encontro da lei com a realidade virtual. Novas profissões, funções, trabalhos, empresas, surgem e desaparecem no mundo virtual. A legislação de década de 40, de um país ruralista-industrial não tinha mais como atender às demandas do trabalho contemporâneo.

Todavia, a regulamentação, ainda incipiente, está longe de responder às principais controvérsias na rede virtual de empregados, trabalhadores, empregadores, parceiros, etc. Como resolver a problemática do tempo à disposição do empregador, do ambiente de trabalho, das férias, e tantas outras. O legislador deu o primeiro passo, mas muito ainda está por vir.

O **art. 75-A** propõe uma prevalência das regras deste capítulo sobre as regras gerais da CLT para o trabalhador remoto. Trata-se de uma especialização dentro da especialização.

O **art. 75-B** resolveu conceituar o teletrabalho pelo critério da preponderância do trabalho fora das dependências do empregador e que não se caracterizem como trabalho externo. O teletrabalho, por sua própria natureza, é aquele que não está vinculado ao estabelecimento empresarial. As tarefas são executadas remotamente. Já o trabalho externo sempre tem alguma vinculação física com o empregador, mesmo que por intermédio de supervisores ou prepostos. O teletrabalho, por sua vez, pressupõe uma intensidade maior de autonomia. A distinção é muito tênue. Alguns trabalhadores externos, como os instaladores de aparelhos de transmissão de TV a Cabo, se utilizam de equipamentos remotos para instalação e configuração dos aparelhos instalados na residência, mas, nem por isso, são trabalhadores remotos. A preponderância do serviço remoto exige a ausência de fiscalização frequente do empregador, ainda que este possa, a distância, orientar e supervisionar o trabalho de seus subordinados.

O comparecimento do trabalhador remoto ao estabelecimento empresarial, para reuniões ou entrevistas por exemplos, não descaracteriza a natureza do teletrabalho, como prevê o **§ único do art. 75-B**.

A fixação do serviço na modalidade de teletrabalho exige cláusula escrita no contrato individual de trabalho, com especificação das funções do trabalhador (**art. 75-C**). A formalidade é inerente à essência desta modalidade de contratação. Não se trata de elemento de mera prova do ato, mas sim de requisito essencial para sua validade. A ausência de forma escrita, com especificação das atribuições do trabalhador remoto, torna nula esta modalidade de contratação, afastando o regramento especial e submetendo empregado e empregador às regras gerais da CLT.

O **§ 1º do art. 75-C** prevê a alteração bilateral do regime presencial para o de teletrabalho. Contudo, o inverso, mudança de teletrabalho para presencial é ato unilateral do empregador, conforme **§ 2º** do mesmo artigo. O ato unilateral se justifica porque pode o empregador perceber que o empregado não se adaptou à modalidade de trabalho remoto, ou mesmo ter notado a queda de produtividade ou, ainda, o que é bem comum à distância, a perda de identificação entre o trabalhador remoto e sua equipe de trabalho. Parece-me que a lei, nestas hipóteses, criou exceções à regra de inalterabilidade contratual, sem discutir se há ou não prejuízo para o empregado. A ausência de prejuízo, que constitui elemento essencial para a validade da alteração contratual, bilateral ou unilateral, não foi uma preocupação da lei. A meu ver, a Justiça do Trabalho poderá nulificar a alteração se esta, mesmo com a concordância do empregado, lhe causar prejuízo direto ou indireto, na forma do art. 468 da CLT.

A regra do **art. 75-D**, ao cuidar das despesas com o teletrabalho, não disse quem iria suportá-la. A referida norma se ateve a prever que cláusula contratual escrita trataria de tais responsabilidades. O ônus pelas referidas despesas só pode recair sobre o empregador, que assume os riscos do negócio. Transferir para o empregado o custeio de equipamentos de trabalho significaria também transferir-lhe os riscos empresariais. Qualquer cláusula em sentido contrário reputar-se-á nula de pleno direito, nos termos do art. 9º da CLT. Esta interpretação está em consonância com o **§ único do art. 75-D**, que retira qualquer natureza salarial destes equipamentos. Portanto, sendo instrumentos para a execução do serviço remoto, só podem ser atribuídas aos empregados as responsabilidades pela compra, manutenção e reposição dos mesmos.

A determinação do **art. 75-E** é ingênua e inócua. A imposição de assinatura de termo de responsabilidade pelo empregado, conforme § único do referido artigo, tenta superar a impossibilidade de vigilância do empregador e mesmo da fiscalização do trabalho. Estas regras, todavia, não eximem o empregador de qualquer responsabilidade por doença ou acidente de trabalho, ressalvada, sempre, a hipótese de culpa exclusiva ou concorrente do empregado, cuja prova, neste caso é muito difícil.

2. QUESTÕES DE CONCURSO

01. (Vunesp – Procurador Jurídico – Câmara Mogi das Cruzes – SP/2017) O trabalho em home office

a) é modalidade de teletrabalho exercido com autonomia.

b) pode ser exercido sob a forma de relação de emprego.

c) pressupõe a existência da relação de emprego.

d) não pode ser exercido sob a forma de relação de emprego.

e) pressupõe o trabalho prestado pelo empregado com a ajuda de membros da família.

GAB	1	B

CAPÍTULO III – DO SALÁRIO MÍNIMO

SEÇÃO I – DO CONCEITO

✦ **CONCEITO DE SALÁRIO-MÍNIMO**

Art. 76. Salário mínimo é a contraprestação mínima devida e paga diretamente pelo empregador a todo trabalhador, inclusive ao trabalhador rural, sem distinção de sexo, por dia normal de serviço, e capaz de satisfazer, em determinada época e região do País, as suas necessidades normais de alimentação, habitação, vestuário, higiene e transporte.

Art. 77. Revogado pela Lei nº 4.589, de 11.12.1964.

1. COMENTÁRIOS

1.1. Salário-mínimo Nacional. Proibição de sua vinculação para qualquer fim

A Constituição da República de 1988 prevê como direito social, em seu artigo 7º, IV, salário-mínimo, nacionalmente unificado, para atender às seguintes necessidades vitais básicas do trabalhador e de sua família: moradia, alimentação, educação, saúde, lazer, vestuário, higiene, transporte e previdência social.

Diante do texto constitucional, observamos as seguintes características do salário-mínimo: **a)** unificado nacionalmente; **b)** sujeito a reajustamento periódico que preserve seu poder aquisitivo; **c)** proibição de sua vinculação para qualquer fim (art. 7º, IV, da CRFB/88); **d)** atendimento de 09 (nove) necessidades vitais básicas do trabalhador.

A unificação nacional e o reajustamento periódico são preservados por Lei Federal, que fixa o salário-mínimo, editada todo ano, por iniciativa da União, tendo em vista sua competência privativa para legislar em matéria de trabalho (art. 22, I, da CRFB/88).

A proibição da vinculação para qualquer fim já foi, inclusive, objeto da Súmula Vinculante nº 04, do E. STF. O objetivo tanto da Constituição, quanto da Súmula, é evitar que o salário-mínimo se transforme em fator de indexação da economia, provocando um processo inflacionário, contido desde 1994, com a estabilização da economia.

O atendimento das necessidades vitais básicas do trabalhador, de acordo com o valor nominal do salário-mínimo, ainda está longe de ser atingida.

1.2. Piso Salarial Estadual

O art. 7º, V, da CF/88, prevê piso salarial proporcional à extensão e complexidade do trabalho. A Constituição da República estabelece que: “Leis complementares fixarão normas para a cooperação entre a União e os Estados, o Distrito Federal e os Municípios, tendo em vista o equilíbrio do desenvolvimento e do bem-estar em âmbito nacional.” (art. 22, § único, da CF/88). A Lei Complementar nº 103, de 14.7.2000, autoriza os Estados e Distrito Federal a fixarem piso salarial estadual, mediante lei de iniciativa do Executivo (art. 1º). Fixado, no âmbito estadual, o piso salarial, este passa a ser a remuneração mínima do trabalhador no referido Estado, salvo negociação coletiva.

1.3. Salário-mínimo, salário normativo, salário profissional e piso salarial

A expressão salário-mínimo deve sempre ser reservada como referência à contraprestação mínima paga pelo empregador, nacionalmente unificado por lei federal.

O salário normativo é a contraprestação mínima para determinada categoria profissional, fixado por negociação coletiva ou, frustrada a composição, por sentença normativa. Godinho traça uma distinção entre o salário normativo e o salário convencional, afirmando que o primeiro é resultado de sentença normativa e o segundo e fruto de negociação (Curso, fev/2004, p. 762).

O salário profissional é resultado de diversas leis especiais que concederam tratamento diferenciado a algumas categorias, prevendo um mínimo de contraprestação para estas atividades. São exemplos: a) o advogado, cuja Lei nº 8.906/94, em seu art. 19, prevê salário mínimo profissional a ser fixado por acordo, convenção coletiva ou sentença normativa; b) os médicos e auxiliares, cuja remuneração está atrelada ao salário-mínimo (art. 5º, da Lei nº 3.999/61); c) técnicos em radiologia na base de "2 (dois) salários-mínimos profissionais da região" (art. 16, da Lei nº 7.418/85; e d) engenheiros, químicos, arquitetos, veterinários (médicos) e agrônomos (engenheiros) que também têm salário profissional fixado com base no salário-mínimo (artigos 5º e 6º, da lei nº 4.950-A, de 22.04.1966). No nosso ponto de vista somente o salário profissional do advogado é constitucional, por ser o único não vinculado ao salário mínimo. O TST, aos poucos, vem atualizando sua jurisprudência, adequando-a à Súmula nº 04 do E. STF, que proíbe a vinculação ao salário-mínimo, sem qualquer exceção, como ocorreu com a S. 228 do TST, que teve sua redação alterada pela Resolução nº 148/2008. Contudo, ainda persistem posições da jurisprudência em desacordo com a SV nº 04, como é exemplo a OJ. nº 71 da SBD1-2/TST. (Sobre a posição do STF quanto à atual redação da S. 228 do TST, vide comentários ao art. 192 da CLT).

O art. 7º, V, da CF/88, prevê piso salarial proporcional à extensão e complexidade do trabalho. Não prevê se tal fixação ocorreria por lei, negociação coletiva ou sentença normativa. Por esta razão ainda subsistem todas estas formas de fixação de um patamar salarial mínimo. Na atualidade, a expressão piso salarial ora se apresenta como um mínimo fixado por lei, ora por negociação coletiva, como sinônima de salário normativo, ou salário mínimo convencional como prefere Godinho (Curso, jan-2009, p. 708).

1.4. Salário-mínimo e jornada reduzida

O salário-mínimo nacional remunera o trabalhador que cumpre jornada de 08 (oito) horas e duração semanal de 44 (quarenta e quatro) horas. Havendo jornada reduzida, conforme o regime de tempo parcial do art. 58-A, da CLT, o salário-mínimo será proporcional ao número de horas trabalhadas, considerando-se para tanto o valor-hora trabalhado. Mesma regra se aplica quanto ao piso salarial fixado em lei estadual ou ao salário normativo (vide OJ nº 358 da SBDI-1/TST). Só não se aplica esta regra ao empregado servidor público, cujo salário deve ser mantido na íntegra, mesmo sofrendo redução de sua jornada (OJ nº 358, II, da SDI-1/TST).

2. SÚMULAS E ORIENTAÇÕES JURISPRUDENCIAIS

- **Súmula Vinculante nº 4 – STF**

  Salvo os casos previstos na Constituição Federal, o salário mínimo não pode ser usado como indexador de base de cálculo de vantagem de servidor público ou de empregado, nem ser substituído por decisão judicial.

- **Súmula nº 370 – TST**

  MÉDICO E ENGENHEIRO. JORNADA DE TRABALHO. LEIS NºS 3.999/1961 E 4.950-A/1966 (conversão das OJs nºs 39 e 53 da SBDI-1) – Res. 129/2005, DJ 20, 22 e 25.04.2005

Tendo em vista que as Leis nº 3.999/1961 e 4.950-A/1966 não estipulam a jornada reduzida, mas apenas estabelecem o salário mínimo da categoria para uma jornada de 4 horas para os médicos e de 6 horas para os engenheiros, não há que se falar em horas extras, salvo as excedentes à oitava, desde que seja respeitado o salário mínimo/horário das categorias. (ex-OJs nºs 39 e 53 da SBDI-1 – inseridas, respectivamente, em 07.11.1994 e 29.04.1994)

Súmula nº 358 – TST

RADIOLOGISTA. SALÁRIO PROFISSIONAL. LEI Nº 7.394, DE 29.10.1985 (mantida) – Res. 121/2003, DJ 19, 20 e 21.11.2003. O salário profissional dos técnicos em radiologia é igual a 2 (dois) salários mínimos e não a 4 (quatro).

Súmula nº 301 – TST

AUXILIAR DE LABORATÓRIO. AUSÊNCIA DE DIPLOMA. EFEITOS (mantida) – Res. 121/2003, DJ 19, 20 e 21.11.2003. O fato de o empregado não possuir diploma de profissionalização de auxiliar de laboratório não afasta a observância das normas da Lei nº 3.999, de 15.12.1961, uma vez comprovada a prestação de serviços na atividade.

Súmula nº 228 – TST

ADICIONAL DE INSALUBRIDADE. BASE DE CÁLCULO (nova redação) – Res. 148/2008, DJ 04 e 07.07.2008 – Republicada DJ 08, 09 e 10.07.2008 (Súmula cuja eficácia está suspensa por decisão liminar do Supremo Tribunal Federal) – Res. 185/2012, DEJT divulgado em 25, 26 e 27.09.2012

A partir de 9 de maio de 2008, data da publicação da Súmula Vinculante nº 4 do Supremo Tribunal Federal, o adicional de insalubridade será calculado sobre o salário básico, salvo critério mais vantajoso fixado em instrumento coletivo.

OJ 208 SBDI-1 – TST

RADIOLOGISTA. GRATIFICAÇÃO DE RAIOS X. REDUÇÃO. LEI Nº 7.923/89. Inserida em 08.11.00. A alteração da gratificação por trabalho com raios X, de quarenta para dez por cento, na forma da Lei nº 7.923/89, não causou prejuízo ao trabalhador porque passou a incidir sobre o salário incorporado com todas as demais vantagens.

OJ 358 SBDI-1 – TST

SALÁRIO MÍNIMO E PISO SALARIAL PROPORCIONAL À JORNADA REDUZIDA. POSSIBILIDADE. EMPREGADO SERVIDOR PÚBLICO.

I – Havendo contratação para cumprimento de jornada reduzida, inferior à previsão constitucional de oito horas diárias ou quarenta e quatro semanais, é lícito o pagamento do piso salarial ou do salário mínimo proporcional ao tempo trabalhado.

II – Na Administração Pública direta, autárquica e fundacional não é válida remuneração de empregado público inferior ao salário mínimo, ainda que cumpra jornada de trabalho reduzida. Precedentes do Supremo Tribunal Federal.

OJ 71 SBDI-2 – TST

AÇÃO RESCISÓRIA. SALÁRIO PROFISSIONAL. FIXAÇÃO. MÚLTIPLO DE SALÁRIO MÍNIMO. Art. 7º, IV, DA CF/88. (Nova redação) – DJ 22.11.04

A estipulação do salário profissional em múltiplos do salário mínimo não afronta o art. 7º, inciso IV, da Constituição Federal de 1988, só incorrendo em vulneração do referido preceito constitucional a fixação de correção automática do salário pelo reajuste do salário mínimo.

✦ SALÁRIO POR PRODUÇÃO

Art. 78. Quando o salário for ajustado por empreitada, ou convencionado por tarefa ou peça, será garantida ao trabalhador uma remuneração diária nunca inferior à do salário mínimo por dia normal da região, zona ou subzona.

Parágrafo único. Quando o salário-mínimo mensal do empregado a comissão ou que tenha direito a percentagem for integrado por parte fixa e parte variável, ser-lhe-á sempre garantido o salário-mínimo, vedado qualquer desconto em mês subseqüente a título de compensação.(Incluído pelo Decreto-lei nº 229, de 28.2.1967)

Art. 79. Revogado pela Lei nº 4.589, de 11.12.1964

Art. 80. Revogado pela Lei nº 10.097, de 19.12.2000.

1. COMENTÁRIOS

1.1. Salário por unidade de tempo x salário por unidade de obra

O empregado pode ser remunerado exclusivamente pelo tempo que põe à disposição do empregador, constituindo a modalidade de salário por unidade de tempo (hora, dia, semana, quinzena ou mês) ou por sua produção; o salário por produção é fixado pela quantidade de peças a serem produzidas, independentemente do tempo gasto para tanto (salário por unidade de obra ou peça); ou exclusivamente por comissão, que também é um salário por produção, sendo o empregado remunerado pela venda de um produto ou serviço (comissionista próprio ou puro é aquele que não recebe salário fixo). O salário por unidade de tempo enfatiza a alteridade (risco do negócio), mantendo com o empregador toda a responsabilidade pelo resultado dos serviços do empregado. Já o salário por produção estimula a competitividade, mas, por outro lado, aumenta as possibilidades de exploração do empregado.

1.2. Salário-tarefa

Esta forma de fixação do salário tem o mérito de combinar o critério temporal com o de produção. É fixado no contrato de trabalho o tempo para cumprimento da tarefa. Caso o empregado conclua sua atividade antes do tempo fixado no contrato (dia, semana, quinzena, etc.), este será liberado do serviço. Em sentido contrário, se o tempo destinado à tarefa se mostrar demasiadamente curto, de forma desarrazoada, o excesso de horas despendidas pelo empregado será considerado serviço extraordinário e como tal deve ser remunerado (OJ nº 235 da SBDI-1/TST).

1.3. Salário-mínimo para a remuneração variável

Todos os empregados que recebam remuneração variável (pecistas, comissionistas ou tarefeiros), sem que o contrato de trabalho preveja uma parcela fixa, terão sempre garantido o salário-mínimo quando o resultado do trabalho do empregado não atingir este valor (art. 7º, VII, da CRFB/88).

2. SÚMULAS E ORIENTAÇÕES JURISPRUDENCIAIS

▸ **Súmula nº 340 – TST**

COMISSIONISTA. HORAS EXTRAS (nova redação) – Res. 121/2003, DJ 19, 20 e 21.11.2003. O empregado, sujeito a controle de horário, remunerado à base de comissões, tem direito ao adicional de, no mínimo, 50% (cinqüenta por cento) pelo trabalho em horas extras, calculado sobre o valor-hora das comissões recebidas no mês, considerando-se como divisor o número de horas efetivamente trabalhadas.

▸ **Súmula nº 347 – TST**

HORAS EXTRAS HABITUAIS. APURAÇÃO. MÉDIA FÍSICA (mantida) – Res. 121/2003, DJ 19, 20 e 21.11.2003. O cálculo do valor das horas extras habituais, para efeito de reflexos em verbas trabalhistas, observará o número de horas efetivamente prestadas e a ele aplica-se o valor do salário-hora da época do pagamento daquelas verbas.

▸ **OJ 235 SBDI-1 – TST**

HORAS EXTRAS. SALÁRIO POR PRODUÇÃO (redação alterada na sessão do Tribunal Pleno realizada em 16.04.2012) – Res. 182/2012, DEJT divulgado em 19, 20 e 23.04.2012

O empregado que recebe salário por produção e trabalha em sobrejornada tem direito à percepção apenas do adicional de horas extras, exceto no caso do empregado cortador de cana, a quem é devido o pagamento das horas extras e do adicional respectivo.

3. QUESTÕES DE CONCURSOS

01. (TRT 8 – Juiz do Trabalho Substituto 8ª região/ 2012) Assinale a alternativa CORRETA: nos termos da CLT, quando o salário for ajustado por empreitada, ou convencionado por tarefa ou peça, será garantida ao trabalhador uma remuneração diária nunca inferior à do salário mínimo por dia normal da região, zona ou subzona.

02. (TRT 15 – Juiz do Trabalho Substituto 15ª região/ 2012) Considerando o instituto das férias, analise as assertivas abaixo e, após, assinale a alternativa correta: quando o salário for pago por tarefa tomar-se-á por base a média da produção no período aquisitivo do direito a férias, aplicando-se o valor da remuneração da tarefa na data da concessão das férias.

GAB	1	C	2	C

✦ COMPONENTES DO SALÁRIO-MÍNIMO

Art. 81. O salário mínimo será determinado pela fórmula Sm = a + b + c + d + e, em que "a", "b", "c", "d" e "e" representam, respectivamente, o valor das despesas diárias com alimentação, habitação, vestuário, higiene e transporte necessários à vida de um trabalhador adulto.

§ 1º – A parcela correspondente à alimentação terá um valor mínimo igual aos valores da lista de provisões, constantes dos quadros devidamente aprovados e necessários à alimentação diária do trabalhador adulto.

§ 2º – Poderão ser substituídos pelos equivalentes de cada grupo, também mencionados nos quadros a que alude o parágrafo anterior, os alimentos, quando as condições da região, zona ou subzona o aconselharem, respeitados os valores nutritivos determinados nos mesmos quadros.

§ 3º – O Ministério do Trabalho fará, periodicamente, a revisão dos quadros a que se refere o § 1º deste artigo.

1. COMENTÁRIOS

A Constituição da República de 1988 prevê como direito social, em seu artigo 7º, IV, salário-mínimo, nacionalmente unificado, para atender às seguintes necessidades vitais básicas do trabalhador e de sua família: moradia, alimentação, educação, saúde, lazer, vestuário, higiene, transporte e previdência social. A ampliação dos componentes do salário-mínimo para 9 (nove), no lugar das 5 (cinco) finalidades previstas no art. 81. Quanto aos componentes do salário vide também os comentários ao art. 458 da CLT.

2. QUESTÕES DE CONCURSOS

01. (TRT – 9ª REGIÃO/ANALISTA JUDICIÁRIO/CESPE/2007) O salário mínimo é fixado por lei federal, em caráter nacional e unificado, podendo haver, em cada estado e no Distrito Federal, pisos salariais próprios, desde que observada a fixação federal como parâmetro mínimo para a remuneração dos trabalhadores.

02. (TRT – 9ª REGIÃO/ANALISTA JUDICIÁRIO/CESPE/2007) Além do pagamento em dinheiro, o salário compreende, para todos os efeitos legais, alimentação, habitação, vestuário ou outras prestações in natura que a empresa, por força do contrato de trabalho ou do costume, fornecer habitualmente ao empregado, como contraprestação indireta e suplementar aos valores pecuniários.

03. (TRT – 9ª REGIÃO/TÉCNICO JUDICIÁRIO/CESPE/2007) O salário mínimo é fixado por lei federal, consoante as peculiaridades de cada região do País, e deve observar valor capaz de atender às necessidades vitais básicas do trabalhador e de sua família com moradia, alimentação, educação, saúde, lazer, vestuário, higiene, transporte e previdência social, com reajustamentos periódicos que preservem seu poder aquisitivo, sendo vedada a vinculação para fins de correção de preços.

GAB	1	C	2	C	3	E

✦ **PERCENTUAL EM DINHEIRO E IN NATURA**

Art. 82. Quando o empregador fornecer, in natura, uma ou mais das parcelas do salário mínimo, o salário em dinheiro será determinado pela fórmula Sd = Sm – P, em que Sd representa o salário em dinheiro, Sm o salário mínimo e P a soma dos valores daquelas parcelas na região, zona ou subzona.

Parágrafo único. O salário mínimo pago em dinheiro não será inferior a 30% (trinta por cento) do salário mínimo fixado para a região, zona ou subzona.

1. COMENTÁRIOS

1.1. Composição do salário-mínimo

Salário-utilidade é o bem concedido pelo empregador como contraprestação aos serviços prestados pelo empregado. O salário-mínimo pode ser pago integralmente em dinheiro, fato comum nos grandes centros urbanos, ou 70% em utilidades e 30% em dinheiro. Esta divisão, prevista no parágrafo único, acima, tem a intenção de coibir o "truck sistem", onde o empregado venderia sua força de trabalho somente por moradia e/ou alimentação, não recebendo qualquer quantia em espécie.

1.2. Percentuais do salário-utilidade

As utilidades que compõem o salário-mínimo (70% do salário) têm seus percentuais definidos pelo Ministério do Trabalho na Portaria nº 19/52, que prevê o valor de cada utilidade conforme as regiões do país. Exemplificativamente para o Rio de Janeiro, a referida Portaria estabelece o percentual de 50% para alimentação, 25% para habitação, 13% para vestiário, 6% para higiene e 6% para transporte. O empregador poderá fornecer, in natura, uma ou mais parcelas do salário-mínimo, mas não todas, senão a soma dos percentuais ultrapassará 70% e não será respeitada a obrigação legal de pagar ao menos 30% em dinheiro.

Para o trabalhador que ganha acima do mínimo reporto-me aos comentários ao art. 458 da CLT.

2. SÚMULAS E ORIENTAÇÕES JURISPRUDENCIAIS

▸ **Súmula nº 258 – TST**

SALÁRIO-UTILIDADE. PERCENTUAIS (nova redação) Res. 121/2003, DJ 19, 20 e 21.11.2003

Os percentuais fixados em lei relativos ao salário "in natura" apenas se referem às hipóteses em que o empregado percebe salário mínimo, apurando-se, nas demais, o real valor da utilidade.

3. QUESTÕES DE CONCURSOS

01. (BACEN/PROCURADOR/CESPE/2009) Salário é o valor econômico pago diretamente pelo empregador ao empregado em função de prestação de serviços, enquanto remuneração é o conjunto de pagamentos provenientes do empregador ou de terceiros, recebidos em decorrência da prestação de serviços subordinados. Acerca do assunto, assinale a opção correta.

a) A participação nos lucros é verba de natureza salarial.

b) A CLT permite que a totalidade do salário seja paga em utilidades, desde que seja benéfico para o empregado.

c) vale-transporte possui natureza salarial.

d) Mora contumaz é o atraso ou sonegação de salários devidos ao empregado por período igual ou superior a três meses, sem motivo grave ou relevante.

e) Os adicionais, acréscimos salariais decorrentes de trabalho em condiçoes mais gravosas, nao podem ser percebidos cumulativamente.

02. (TRT – 17ª REGIÃO/ANALISTA JUDICIÁRIO/CESPE/2009) A totalidade do salário pode ser paga em utilidades, que são prestações in natura que a empresa fornece habitualmente aos empregados por força do contrato de trabalho.

GAB	1	D	2	E

✦ **SALÁRIO-MÍNIMO E TRABALHO EM DOMICÍLIO**

Art. 83. É devido o salário mínimo ao trabalhador em domicílio, considerado este como o executado na habitação do empregado ou em oficina de família, por conta de empregador que o remunere.

1. COMENTÁRIOS

O trabalhador em domicílio, mesmo tendo seu trabalho longe do âmbito de vigilância do empregador, também tem direito ao salário-mínimo. Exatamente por estar fora do alcance do controle direto do empregador é que este tipo de trabalhador normalmente é remunerado por unidade de peça (pecista). Concordamos com Russomano quando afirma que este dispositivo é totalmente desnecessário, pois mesmo que não existisse, estaria garantido a este tipo de trabalho o pagamento do salário-mínimo por força dos artigos 76 e 78 da CLT. Só não é de todo inútil porque serviu a conceituar o trabalhador em domicilio (Comentários, 1993, p. 146).

▸SEÇÃO II – DAS REGIÕES, ZONAS E SUBZONAS

✦ **SALÁRIO-MÍNIMO POR REGIÕES**

Art. 84. (Revogado pela Lei nº 13.467, de 13.07.2017).

Art. 85. Revogado pela Lei nº 4.589, de 11.12.1964

Art. 86. (Revogado pela Lei nº 13.467, de 13.07.2017).

1. COMENTÁRIOS

Não existe mais o salário mínimo por regiões, ainda que este autor seja grande entusiasta da ideia, diante das peculiaridades e necessidades de cada região do país. A Comissão do Salário-mínimo também foi extinta. As normas dos artigos 84 e 86 não foram recepcionadas pelo art. 7º, IV, da CRFB/88 e a do art. 85 já havia sido expressamente revogada pela Lei nº 4.589, de 11.12.1964, antes mesmo da CF/88. Por estas razões, em boa hora foram revogados os artigos 84 e 86 pela Lei nº 13.467, de 13.07.2017.

▸SEÇÃO III – DA CONSTITUIÇÃO DAS COMISSÕES

Art. 87 ao Art. 100 Revogados pela Lei nº 4.589, de 11.12.1964

▸SEÇÃO IV – DAS ATRIBUIÇÕES DAS COMISSÕES DE SALÁRIO MÍNIMO

Art. 101 ao Art. 111 Revogados pela Lei nº 4.589, de 11.12.1964

▸SEÇÃO V – DA FIXAÇÃO DO SALÁRIO MÍNIMO

Art. 112 ao Art. 116 Revogados pela Lei nº 4.589, de 11.12.1964

▸SEÇÃO VI – DISPOSIÇÕES GERAIS

✦ NULIDADE DA CLÁUSULA QUE REDUZ O SALÁRIO-MÍNIMO

Art. 117. Será nulo de pleno direito, sujeitando o empregador às sanções do art. 120, qualquer contrato ou convenção que estipule remuneração inferior ao salário mínimo estabelecido na região, zona ou subzona, em que tiver de ser cumprido.

1. COMENTÁRIOS

A norma proíbe redução do salário-mínimo por estipulação no contrato de trabalho ou por negociação coletiva. O texto legal merece interpretação restritiva, pois somente a cláusula contratual ou de norma coletiva que imponha a redução será nula e não todo o contrato de trabalho.

O salário-mínimo remunera uma jornada de 08 horas por dia e 44 por semana; assim, havendo estipulação contratual de jornada reduzida, como na regra do art. 58-A, da CLT, o pagamento do salário-mínimo observará o valor da hora trabalhada. Consequentemente, poderá haver empregado ganhando menos que o valor nominal mensal a título de salário-mínimo ou piso salarial (neste sentido a OJ nº 358 da SBDI-1/TST).

2. SÚMULAS E ORIENTAÇÕES JURISPRUDENCIAIS

▸ **OJ 358 SBDI-1 – TST**

SALÁRIO MÍNIMO E PISO SALARIAL PROPORCIONAL À JORNADA REDUZIDA. POSSIBILIDADE. EMPREGADO SERVIDOR PÚBLICO.

I – Havendo contratação para cumprimento de jornada reduzida, inferior à previsão constitucional de oito horas diárias ou quarenta e quatro semanais, é lícito o pagamento do piso salarial ou do salário mínimo proporcional ao tempo trabalhado.

II – Na Administração Pública direta, autárquica e fundacional não é válida remuneração de empregado público inferior ao salário mínimo, ainda que cumpra jornada de trabalho reduzida. Precedentes do Supremo Tribunal Federal.

✦ COMPLEMENTO PELO PAGAMENTO DE SALÁRIO INFERIOR AO MÍNIMO

Art. 118. O trabalhador a quem for pago salário inferior ao mínimo terá direito, não obstante qualquer contrato ou convenção em contrário, a reclamar do empregador o complemento de seu salário mínimo estabelecido na região, zona ou subzona, em que tiver de ser cumprido.

1. COMENTÁRIOS

Como já observamos no comentário ao art. 86, não mais existe o salário-mínimo regional.

O complemento salarial entre o valor pago e o salário-mínimo acima referido também abrange os reflexos daí decorrentes, como, por exemplo, a integração em férias, 13º salário e FGTS.

✦ PRESCRIÇÃO PARA RECLAMAR DIFERENÇAS DE SALÁRIO-MÍNIMO

Art. 119. Prescreve em 2 (dois) anos a ação para reaver a diferença, contados, para cada pagamento, da data em que o mesmo tenha sido efetuado.

1. COMENTÁRIOS

A reclamação (ação) referida neste artigo observará o prazo prescricional do art. 7º, XXIX da CLT, bem como a jurisprudência do TST (vide comentários ao art. 11). Portanto, segunda a norma constitucional antes citada, observar-se-á o prazo de cinco anos a contar do ato do empregador que descumpriu a regra de pagamento do salário-mínimo, mas sempre adstrito ao prazo de dois anos da extinção do contrato de trabalho.

Como o salário-mínimo é fixado por lei (vide comentários ao art. 76), sua redução só importará em prescrição parcial. Assim, os últimos cinco anos de diferenças salariais serão sempre alcançados pela ação (neste sentido a parte final da S. 294, do TST; vide referência no art. 11).

2. SÚMULAS E ORIENTAÇÕES JURISPRUDENCIAIS

▸ **Súmula nº 294 – TST**

PRESCRIÇÃO. ALTERAÇÃO CONTRATUAL. TRABALHADOR URBANO (mantida) – Res. 121/2003, DJ 19, 20 e 21.11.2003

Tratando-se de ação que envolva pedido de prestações sucessivas decorrente de alteração do pactuado, a prescrição é total, exceto quando o direito à parcela esteja também assegurado por preceito de lei.

✦ MULTA PELA NÃO OBSERVÂNCIA DO SALÁRIO-MÍNIMO

Art. 120. Aquele que infringir qualquer dispositivo concernente ao salário mínimo será passível da multa de cinquenta e dois mil cruzeiros, elevada ao dobro na reincidência.

Art. 121. Revogado pelo Decreto-Lei nº 229, de 28.02.1967

Art. 122 e **Art. 123.** Revogados pela Lei nº 4.589, de 11.12.1964

1. COMENTÁRIOS

A Lei Federal nº 8.383, de 30.12.1991, art. 1º, fixou a UFIR (Unidade Fiscal de Referência), como fator de cobrança de multas na esfera federal. O art. 2º, § 1º, da referida lei, atribuiu ao Ministério da Fazenda a competência para divulgar o valor mensal da UFIR.

A Portaria nº 290, de 11.04.1997, do MTb, regulamenta a aplicação e cobrança de multas trabalhistas. Diante do descumprimento dos artigos 76 a 126 da CLT a Portaria fixou as multas mínima e máxima, respectivamente, em 37,8285 e 1.153,1389 UFIR's, dobrados na reincidência.

✦ IMPOSSIBILIDADE DE REDUÇÃO DO SALÁRIO-MÍNIMO

Art. 124. A aplicação dos preceitos deste Capítulo não poderá, em caso algum, ser causa determinante da redução do salário.

Art. 125. Revogado pela Lei nº 4.589, de 11.12.1964

✦ DA FISCALIZAÇÃO DO SALÁRIO-MÍNIMO

Art. 126. O Ministro do Trabalho expedirá as instruções necessárias à fiscalização do salário mínimo, podendo cometer essa fiscalização a qualquer dos órgãos componentes do respectivo Ministério, e, bem assim, aos fiscais dos Institutos de Aposentadoria e Pensões na forma da legislação em vigor.

Art. 127 e **Art. 128.** Revogados pelo Decreto-Lei nº 229, de 28.2.1967

1. COMENTÁRIOS

O salário-mínimo é o necessário para atendimento das necessidades vitais básicas do trabalhador. Por isto a irredutibilidade prevista na norma. O dispositivo tinha mais razão de ser quando existia o salário-mínimo por região. O advento de um salário-mínimo regional menor do que o anteriormente fixado para determinada região não poderia importar em redução do mínimo (Russomano, Comentários à CLT, 1952, p. 233).

▸CAPÍTULO IV – DAS FÉRIAS ANUAIS

(Todo o capítulo foi alterado pelo Decreto-lei nº 1.535, de 13.4.1977)

▸SEÇÃO I – DO DIREITO A FÉRIAS E DA SUA DURAÇÃO

✦ DO DIREITO ÀS FÉRIAS

Art. 129. Todo empregado terá direito anualmente ao gozo de um período de férias, sem prejuízo da remuneração.

1. COMENTÁRIOS

1.1. Fundamentos

O repouso anual remunerado está presente em praticamente todas as legislações de países democráticos, guardadas as especificidades de cada Estado. Sua concessão atende aos seguintes fundamentos: de ordem biológica, ao permitir a recuperação do organismo, evitando a fadiga e o estresse, sendo fator de prevenção contra doenças relacionadas ao dia-a-dia do trabalho; de ordem social, ao possibilitar o convívio mais intenso do empregado com sua família e demais pessoas do seu círculo social; de ordem econômica, por gerar empregos, mesmo que de caráter temporário, diante da necessidade de substituição daquele que goza férias, além do aumento de produtividade pelo empregado descansado. Godinho ressalta que as férias "têm se mostrado eficaz mecanismo de desenvolvimento econômico e social, uma vez que induzem à realização de intenso fluxo de pessoas e riquezas nas distintas regiões do país e do próprio globo terrestre" (Curso, 8ª ed., jan-2009, p. 881).

Alguns autores ainda apontam fundamentos de ordem cultural e política, abrindo o empregado seu horizonte para outras culturas, quanto ao primeiro, e funcionando como um fator de equilíbrio entre o trabalhador e o empresário, quanto ao segundo (neste sentido: Russomano, Curso, 4ª ed., 2005, p. 333, apud Volia Bomfim Cassar, Direito do Trabalho, 3ª ed., Impetus, 2009, p. 589).

1.2. Histórico

Tamanha a importância do Instituto que a Declaração Universal dos Direitos do Homem, aprovada pela assembleia Geral da ONU, em 1948, consagrou as férias remuneradas periódicas e o lazer como direitos fundamentais do homem que trabalha (Süssekind, Arnaldo. Direito Constitucional do Trabalho. Rio de Janeiro: Renovar, 1999, p. 220).

O mestre Süssekind destaca, no contexto histórico, que o Brasil foi o segundo país do mundo a conceder as férias anuais remuneradas a determinado grupo de trabalhadores (Ferroviários da Estrada de Ferro da Central do Brasil – 1889) e o sexto a estendê-lo a todos os empregados de empresas particulares, em 1925. (Direito Constitucional do Trabalho, 1999, p. 220). Este histórico é acompanhado por Amauri Mascaro Nascimento, que menciona a generalização do direito às férias por meio da Lei nº 4.582, de 24.12.1925 a todos os trabalhadores de empresas privadas (Curso de Direito do Trabalho, 23ª ed., São Paulo: Saraiva, 2008, p. 997).

Como bem explica Bolívar Viegas Peixoto, o direito a 15 dias de férias anuais remuneradas foi instituído pela referida Lei nº 4.582, de 24.12.1925 para os empregados de estabelecimentos comerciais, industriais, bancários e de instituições de caridade/beneficência, nos Estados e no Distrito Federal. A lei também previu tal direito aos empregados de empresas jornalísticas, podendo ser concedidas integralmente ou fracionadas. (Curso de Direito do Trabalho. Estudos em memória de Célio Goyatá. Vol. II, 2ª ed., São Paulo: LTR, 1994, p. 338).

O Decreto nº 19.808, de 28.03.1931 suspendeu a aplicação da Lei nº 4582, limitando o parcelamento a períodos não inferiores a 3 (três) dias. O Decreto nº 23.103, de 19.08.1933 regulamentou o direito quanto aos empregados em estabelecimentos comerciais, bancários e instituições de assistência privada. O Decreto nº 3.768, de 18.1.1934 regulamentou as férias dos empregados da indústria, empresas jornalísticas, de comunicação, transportes, serviços e serviços públicos, instituindo o período aquisitivo de 12 meses.

Através da Lei nº 229, de 24.7.1936, o direito foi estendido aos empregados de hotéis, restaurantes e similares. O Decreto-lei nº 505, de 16.5.38 passou a prever o direito aos empregados em usinas de açúcar e fábricas de álcool. Finalmente, o Decreto-lei nº 5.452, de 1º de maio de 1943, que aprovou a CLT, unificou a disciplina legal das férias. (Sérgio Pinto Martins, Direito do Trabalho. 25ª ed. São Paulo: Atlas, 2009, p. 536).

A Organização Internacional do Trabalho (OIT) prevê o direito nas Convenções de nº 52 e 132, ambas ratificadas pelo Brasil.

1.2.1. Pequenas divergências históricas quanto ao início do direito no Brasil

1.2.1.1. Lei nº 4.982, de 24.12.1925 ou Lei nº 4.582, de 24.12.1925?

Não há dúvidas na doutrina que o ano de 1925 é indicado como o marco da extensão do direito às férias a todos os empregados da indústria, comércio e bancários. Todavia, há divergência quanto ao número da lei que concedeu tal direito. Não se trata, a meu ver, de um conflito quanto a data de origem, mas somente de referência à norma que instituiu o direito às férias. Todos os autores confirmam que a lei foi promulgada em 24.12.1925. Contudo, alguns indicam seu número como sendo a Lei 4982 e outros 4582.

Para Sérgio Pinto Martins (Direito do Trabalho, 2009, p. 556), Amauri Mascaro Nascimento (Curso, 2008, p. 997) e Bolívar Viegas Peixoto (Curso, 2ª ed., 1994, p. 338) o direto foi instituído pela lei nº 4.582, de 24.12.1925. Já A. F. Cesarino Junior (Direito Social Brasileiro. 4ª ed. 2º vol. Rio de Janeiro: Freitas Bastos, 1957, p. 390), que inclusive indica o decreto regulamentador, de nº 17.496, de 30.10.1926, Alice Monteiro de Barros (Curso, fev-2009, p. 735) e Vólia Bomfim Cassar (Direito do Trabalho, 2009, p. 588) fazem referência à lei nº 4.982, de 24.12.1925.

Em busca na rede mundial de computadores, especificamente no site: www.planalto.gov.br/legislacao, feita em 22.11.2009, não foi possível dirimir tal divergência, por ausência de referência a ambos os textos. Todavia, os relatos precisos a fatos históricos na obra de Cesarino Jr, corroborada pela proximidade da publicação da lei, nos convenceu de que a correta referência diz respeito à Lei nº 4.982, de 24.12.1925.

Divergências históricas de lado, Alice Monteiro de Barros (Curso, fev-2009, p. 735) enfatiza que a falta de fiscalização dificultou a aplicação prática da Lei nº 4.982, de 24.12.1925, no que acompanha Orlando Gomes e Elson Gottschalk ao afirmarem se tratar de lei de "escassos resultados na sua malograda aplicação" (Curso de Direito do Trabalho, 14ª ed., Forense: Rio de Janeiro, 1996, p. 312).

1.2.1.2. O Brasil foi realmente o segundo país do mundo a conceder tal direito a um grupo trabalhadores?

Como vimos acima, Arnaldo Süssekind, um dos construtores do Direito do Trabalho no Brasil, sendo inclusive co-autor da CLT, aponta o Brasil como segundo país do mundo a conceder férias a um grupo de trabalhadores, no que é acompanhado por Amauri Mascaro Nascimento (vide 1.2., supra).

Segundo Vólia Bomfim Cassar o Brasil foi o terceiro país do mundo a conceder férias anuais remuneradas de 15 dias, através do Aviso Ministerial de 18.12.1889, expedido pelo Ministério da Cultura. Antes do Brasil, apenas Dinamarca (1821), que concedeu tal direito aos domésticos, a França (1853) aos servidores públicos e não aos empregados, por isto excluída da contagem, e Inglaterra (1872) aos operários da indústria (Direito do Trabalho, 2009, p. 588). A autora, muito embora fundamente sua divergência, não localiza as fontes doutrinárias nas quais baseou as referências históricas.

Alice Monteiro de Barros, por sua vez, com apoio em Elson Gottschalk (Férias Anuais Remuneradas. São Paulo: Max Limonad, 1956, p. 21-23), explica que as pesquisas deste se basearam em dados da obra de Etienne David, "Lês conges payes en Droit Compare", 1939, p. 6 e seguintes. Com fundamento nestas referências, Alice expõe o seguinte: a Dinamarca, com uma lei de 1821, concedia o direito aos domésticos, a França aos funcionários públicos, por meio de um decreto imperial de 1853, concedeu 15 dias de ausência. Entre 1900 e 1905 empresas comerciais e industriais de Frankfurt e Hamburgo concediam férias espontaneamente aos seus empregados. Em 1909 e 1910, respectivamente, Islândia e Áustria legislaram sobre férias em favor dos aprendizes e empregados do comércio. Outros países, como Suíça e Inglaterra, legislaram, em seguida, sobre férias para determinados profissionais (Curso, fev-2009, p. 734-735).

Como se pode perceber do histórico acima, somente a partir de 1910 a Inglaterra legislou sobre férias, ainda assim para determinados profissionais. Consequentemente, razão assiste ao Mestre Süssekind quando afirma que o Brasil foi o segundo país do mundo a conceder as férias anuais remuneradas a determinado grupo de trabalhadores (Ferroviários da Estrada de Ferro da Central do Brasil – 1889), pois antes disso somente a Dinamarca, em 1821, concedeu tal direito aos domésticos.

1.2.2. Férias nas Constituições

Com a eclosão da primeira grande guerra mundial (1914) recrudesceram as iniciativas legislativas impulsionadas, até então, pelas necessidades da industrialização. Os avanços no campo legislativo só foram retomados com o fim da primeira grande guerra. O Tratado de Versalhes (1919) e a Convenção de Genebra (1921) foram o impulso do processo de universalização do direito às férias já com sua roupagem complexa: repouso + remuneração (Rodrigues Pinto, Tratado, junho-2007, p. 452).

A primeira Constituição Brasileira a tratar sobre o tema foi a de 1934 (art. 121, § 1º, "f"), seguida pela Constituição de 1937 (art. 137, "e"), que além de tratar do período aquisitivo de 1 ano, usou a expressão: "licença anual remunerada", da Constituição de 1946, que voltou a usar a expressão "férias anuais remuneradas" (art. 157, VII), da Constituição de 1967 (art. 158, VIII) e EC nº 1/69 (art. 165, VIII), que reproduziram a redação da Constituição de 1946 (Martins, Direito do Trabalho, p. 556; Rodrigues Pinto, Tratado, p. 453 e Barros, Curso, p. 735).

1.3. A aplicação da Convenção nº 132 da OIT

1.3.1. Vigência no Brasil

Costuma-se atribuir ao decreto presidencial nº 3.197, de 5.10.1999 (DO de 6.10.1999) o poder de iniciar a vigência da Convenção 132 da OIT no Brasil. Tal entendimento é propagado por boa parte da doutrina (por todos, Alice Monteiro de Barros, Curso, 1999, p. 743, ainda que faça a ressalva do entendimento contrário). Concordamos com tal posição, pelos motivos a seguir alinhados.

O tratado internacional, após sua ratificação pelo Congresso Nacional (art. 49, I, da CRFB/88), integra o ordenamento jurídico nacional no mesmo grau hierárquico de lei ordinária, prevalecendo sobre a lei nacional, diante da teoria monista (absoluta) adotada pelo Brasil (Dolinger, Jacob. Direito Internacional Privado. Parte Geral. 6ª ed. Rio de Janeiro: Renovar, 2001, p. 91-93). Neste sentido, igualmente, a posição do STF (RE 71.154, Pleno, 4.8.71, Relator Ministro Oswaldo Trigueiro, in Revistra Trimestral de Jurisprudência, nº 58).

Destaca o professor Dolinger que o próprio CTN adotou o monismo (absoluto) ao traduzir, em seu artigo 98: "os tratados e as convenções internacionais revogam ou modificam a legislação tributária interna, e serão observados pela que lhes sobrevenha". (Direito Internacional, 2001, p. 93).

A adoção do monismo (absoluto) também é defendida por autores de renomada reputação no Direito Internacional, como Oscar Tenório e Haroldo Valadão (apud Dolinger, 2001, p. 93).

Integrando nosso ordenamento como lei ordinária, a vigência do tratado internacional no plano interno só ocorrerá com a publicação do mesmo no diário oficial, como exige a Lei de Introdução às Normas do Direito Brasileiro (art. 1º da LINDB, com a redação da Lei nº 12.376, de 30.12.2010)

Portanto, os efeitos do tratado internacional no plano interno dependem da prática de ato jurídico complexo: a) ratificação pelo Congresso Nacional, por meio de Decreto Legislativo (art. 49, I, da CRFB/88) e b) promulgação do mesmo por meio de Decreto Presidencial (art. 84, VIII, da CRFB/88), denominados, respectivamente, de Decreto de Ratificação e Decreto de Promulgação. Esta a opinião de Arnaldo Sussekind, com apoio em lições de Francisco Rezek, Celso de Albuquerque Mello e Hildebrando Accioly (Direito Internacional do Trabalho, 2000, págs 72-73).

A Convenção nº 132 da OIT foi ratificada pelo Brasil por meio do Decreto Legislativo nº 47, de 23.09.1981, instrumento este depositado na OIT, pelo Governo Brasileiro, em 23.09.2008. Tal ato surtiu efeitos, para o Brasil, no plano internacional, 1 ano após, como rege o Estatuto da OIT, ou seja, em 23.09.2009. Todavia, no plano interno, a referida Convenção somente começou a viger com sua promulgação, por meio do Decreto Presidencial nº 3.197, de 5.10.1999 (DO de 6.10.1999). Em sentido contrário, defendendo a vigência no Brasil a partir de 23.09.2008, considerando-se os efeitos do depósito na OIT do Decreto de Ratificação, Maurício Godinho Delgado (Curso, 2009, p. 882).

1.3.2. Aplicar a CLT ou a Convenção nº 132 da OIT?

Seguindo o monismo absoluto, adotado pelo Brasil, como visto acima, o resultado da ratificação da Convenção nº 132 seria a imediata revogação dos artigos da CLT pertinentes ao tema do Tratado.

Todavia, a doutrina trabalhista vem aplicando, de forma temperada, ora a Convenção nº 132, ora a CLT. Colha-se a lição de Amauri Mascaro Nascimento neste aspecto: "Pensamos que a Convenção nº 132, interpretada sob a perspectiva do favor laboritoris, e diante do efeito derrogatório do nosso sistema legal, exige a reformulação das diretrizes que vinham sendo aplicadas para que uma nova interpretação, resultante das duas normas interpenetradas, possa ser estabelecida. (Curso, 2008, p. 1005).

Alguns autores encontram a solução na aplicação da teoria do conglobamento, interpretando-se a CLT como mais vantajosa. A Convenção 132, concluída em 1970, já havia inspirado a redação do novo capítulo celetista de férias, que passou a vigorar no Brasil em 1977 (arts. 129 a 153 da CLT). O diploma internacional, como explica Godinho, chega a apresentar menor número de regras favoráveis ao empregado (Curso, 2009, p. 882).

Alice Monteiro de Barros concorda com a aplicação da norma nacional, mas sobre outros fundamentos. A ilustre professora mineira explica que, excepcionalmente, deve ser aplicada a teoria da acumulação, comparando-se a CLT e a Convenção 132 norma por norma. Como a comparação ocorre entre dois diplomas de origens distintas, sustenta a professora que não haverá risco de se fracionar o ordenamento jurídico nacional. Ademais, se a lei brasileira fosse mais favorável, seria desnecessária a sua ratificação, como sugere a própria OIT, conclui Alice. (Curso, 2009, p. 743).

Neste particular, nos parece que a razão está com Alice Monteiro de Barros. A aplicação da teoria da acumulação (ou atomista) em nada prejudicará a visão de conjunto da CLT. Cláusula por cláusula, artigo por artigo, merecem ser interpretadas a Convenção 132 e a CLT. A regra específica que se mostrar mais favorável será aplicada.

O TST, aliás, já optou pela Convenção nº 132, mesmo contrariando regra da CLT, quando a norma internacional se mostrou mais favorável ao empregado. Exemplo desta interpretação diz respeito às férias proporcionais na rescisão contratual. O texto da CLT, em seu art. 147, não permite a concessão das férias proporcionais ao empregado que peça demissão com menos de 12 meses de emprego. O artigo 11 da Convenção nº 132 da OIT, por sua vez, não distingue o motivo da cessação do contrato, permitindo o pagamento das férias proporcionais mesmo na condição exposta no art. 147 da CLT. Observa-se uma mudança radical na interpretação jurisprudencial quando comparadas, no texto abaixo, a redação original e a atual da S. 261 do TST. A Convenção nº 132 da OIT claramente influenciou a nova redação da Súmula, aprovada pela resolução nº 121/2003, in verbis:

> s) 261. FÉRIAS PROPORCIONAIS. PEDIDO DE DEMISSÃO. CONTRATO VIGENTE HÁ MENOS DE UM ANO (nova redação) – Res. 121/2003, DJ 19, 20 e 21.11.2003 O empregado que se demite antes de complementar 12 (doze) meses de serviço tem direito a férias proporcionais.
>
> Histórico:
>
> Redação original – Res. 9/1986, DJ 31.10.1986, 03 e 04.11.1986 – Republicada com correção DJ 06, 07 e 10.11.1986
>
> Nº 261 Férias proporcionais – Pedido de demissão – Contrato vigente há menos ano.
>
> O empregado que, espontaneamente, pede demissão, antes de completar doze meses de serviço, não tem direito a férias proporcionais.

Para a concessão do direito às férias a única exigência feita pela Convenção (artigo 5.2) é o tempo de emprego de 6 (seis) meses. Portanto, na ótica da Convenção nº 132 da OIT, empregado que tenha pedido demissão, entre 6 (seis) e 12 (doze) meses de emprego, fará jus às férias proporcionais. O TST nem mesmo impôs tal condição, concedendo o direito às férias proporcionais no pedido de demissão de empregado com qualquer tempo de casa.

1.4. Domésticos e Avulsos

O direito às férias anuais remuneradas foi generalizado a todos os trabalhadores com vínculo de emprego a partir da CLT. Os domésticos, originariamente excluídos (art. 7º, "a", da CLT), tiveram o direito a partir da edição da Lei nº 5.859/72, inicialmente constituído em 20 dias úteis. A atual redação do art. 3º da referida lei prevê 30 dias corridos de férias. No mesmo sentido o art. 17 da LC nº 150/2015, que passou a regular o tema, revogando, expressamente, a Lei nº 5.859/72. O referido art. 17 também prevê o adicional de 1/3 de férias à remuneração devida por ocasião de seu gozo.

A Constituição da República buscou promover a equiparação entre trabalhadores avulsos e trabalhadores empregados (art. 7º, XXXIV). Os avulsos, trabalhadores não empregados, cuja mão de obra é intermediada pelo sindicato, também têm direito às férias acrescidas do adicional de 1/3 (art. 4º, III, "d", da Lei nº 12.023, de 27.08.2009). A remuneração das mesmas é responsabilidade do tomador dos serviços (art. 6º, I, da Lei nº 12.023, de 27.08.2009). Ao sindicato cabe receber os respectivos valores arrecadados dos tomadores de serviços, referentes ao trabalho dos avulsos, e repassá-los aos mesmos no prazo de 72 horas úteis, contados da data da arrecadação (art. 5º, III, da Lei nº 12.023/2009).

1.5. Férias de Professores

Vide comentários ao art. 322.

1.6. Férias dos Marítimos

Vide comentários ao art. 150 a 152.

2. SÚMULAS E ORIENTAÇÕES JURISPRUDENCIAIS

- **Súmula nº 261 – TST**

FÉRIAS PROPORCIONAIS. PEDIDO DE DEMISSÃO. CONTRATO VIGENTE HÁ MENOS DE UM ANO (nova redação) – Res. 121/2003, DJ 19, 20 e 21.11.2003

O empregado que se demite antes de complementar 12 (doze) meses de serviço tem direito a férias proporcionais.

3. QUESTÕES DE CONCURSOS

01. **(TRT – 17ª REGIÃO/ANALISTA ADMINISTRATIVO/CESPE/2009)** As férias são exemplo típico de suspensão do contrato de trabalho.

02. **(TRT – 7ª REGIÃO/TÉCNICO JUDICIÁRIO/FCC/2009/ADAPTADA)** Todo empregado terá direito anualmente ao gozo de um período de férias, sendo esse período descontado de sua remuneração, proporcionalmente aos dias de férias gozados.

03. **(AOCP – Advogado – EBSERH/2017)** São direitos dos trabalhadores urbanos e rurais, nos moldes da Constituição Federal de 1988:

a) piso salarial proporcional à extensão e à complexidade do trabalho; remuneração do trabalho noturno em dobro à do diurno e jornada de sete horas para turnos ininterruptos de revezamento, ainda que sem negociação coletiva.

b) décimo terceiro salário com base na remuneração integral ou no valor da aposentadoria; salário-família pago em razão do dependente do trabalhador de baixa renda e gozo de férias anuais remuneradas com no mínimo um terço a mais do que o salário normal.

c) repouso semanal remunerado aos sábados e domingos; licença à gestante de no mínimo 180 dias e hora extraordinária de pelo menos cinquenta por cento da hora normal.

d) licença-paternidade; adicional de remuneração para atividades mais trabalhosas; e aviso prévio proporcional ao tempo de serviço, sendo no mínimo trinta dias.

e) participação nos lucros e resultados; garantia de salário, nunca inferior a oitenta por cento do mínimo nacional, para quem tem remuneração variável; e seguro contra acidentes de trabalho, a cargo do empregador.

GAB	1	E	2	E	3	B

✦ **DA AQUISIÇÃO E DURAÇÃO DAS FÉRIAS**

Art. 130. Após cada período de 12 (doze) meses de vigência do contrato de trabalho, o empregado terá direito a férias, na seguinte proporção:

I - 30 (trinta) dias corridos, quando não houver faltado ao serviço mais de 5 (cinco) vezes;

II - 24 (vinte e quatro) dias corridos, quando houver tido de 6 (seis) a 14 (quatorze) faltas;

III - 18 (dezoito) dias corridos, quando houver tido de 15 (quinze) a 23 (vinte e três) faltas;

IV - 12 (doze) dias corridos, quando houver tido de 24 (vinte e quatro) a 32 (trinta e duas) faltas.

§ 1º - É vedado descontar, do período de férias, as faltas do empregado ao serviço.

§ 2º - O período das férias será computado, para todos os efeitos, como tempo de serviço.

1. COMENTÁRIOS

1.1. Contagem e duração das férias – dias corridos (art. 130 da CLT) ou dias úteis (Convenção nº 132 da OIT, artigo 6.1)?

Na aquisição do direito às férias, após 12 meses de contrato de trabalho, na proporção prevista no artigo supra, contam-se, inclusive, os períodos de interrupção e suspensão do contrato de trabalho (art. 131 da CLT), salvo circunstâncias excepcionais previstas nos artigos 132 e 133 da CLT.

Os incisos do art. 130 se referem ao gozo de "dias corridos", ou seja, incluem-se os domingos e feriados. A redação original do art. 132, que antes tratava deste direito, previa a concessão em dias úteis, no máximo de 15. O dispositivo foi posteriormente alterado para permitir no máximo 20 dias úteis, conforme redação da Lei nº 816, de 9.9.1949. Atualmente, na redação do art. 130, o máximo é de 30 dias, porém corridos.

A Convenção nº 132 da OIT, ratificada pelo Brasil por meio do Decreto nº 3.197, de 5.10.1999, prevê em seu artigo 6º, 1, que no tempo de férias não devem ser computados os feriados oficiais ou costumeiros. Os tratados internacionais, salvo os que cuidam de direitos humanos, integram nosso ordenamento jurídico no mesmo grau hierárquico de lei ordinária. Assim, em tese, o tratado teria modificado o critério de contagem das férias para excluir os feriados. Contudo, não é esta a interpretação que prevalece na doutrina.

O tema da aplicação da Convenção nº 132 da OIT é muito polêmico. Para alguns, a contagem do tempo de férias com exclusão dos feriados só seria aplicável àquelas legislações que concedessem três semanas de repouso, como prevê o art. 3.3 da Convenção, não tendo qualquer efeito em nosso ordenamento que estabelece o gozo de 30 dias corridos, incluídos os feriados, como explica Alice Monteiro de Barros (Curso, fev-2009, p. 744).

Para outros, a exemplo de Sergio Pinto Martins, a interpretação sistemática da Constituição nos conduz à ideia de que o período de três semanas é mínimo, podendo o país conceder período superior, como se vê no art. 3.4 da referida norma internacional. Conclui o professor afirmando que, assim, os feriados que ocorrerem no período mínimo de férias estabelecido no país, que no caso do Brasil é de 30 dias, não serão computados. (Direito do Trabalho, 2009, p. 577).

A favor do critério da CLT de contagem das férias em dias corridos: Sussekind, Maranhão, Vianna e Teixeira, (Instituições, São Paulo, Ltr, 2003, p. 709), Mauricio Godinho Delgado (Curso, 2009, p. 889) e Alice Monteiro de Barros (Curso, fev-2009, p. 744); a favor do critério da Convenção nº 132, com a contagem das férias excluindo os feriados: Amauri Mascaro Nascimento, Curso, 2008, p. 1005 e Sérgio Pinto Martins (Direito do Trabalho, 2009, p. 577).

Aderimos aos argumentos acima expostos a favor do critério da CLT. Acrescentamos que a norma celetista é mais benéfica, considerando-se que 30 (trinta) dias corridos de férias, mesmo em meses com excesso de feriados, será um período maior que três semanas de gozo das mesmas com exclusão de feriados.

1.1.1 Aquisição das férias. Descontos dos dias faltosos

Fazendo uma comparação com o repouso semanal remunerado (arts. 67 a 69 da CLT), podemos afirmar que a forma de aquisição das férias é fundamentalmente diferente. O repouso não se perde pelas ausências, mas somente sua remuneração fica prejudicada. Já a aquisição das férias é claramente prejudicada pelas ausências. Rodrigues Pinto considera mais justo o critério de aquisição das férias, uma vez que sua concessão é proporcional à frequência e não condicionada ao comparecimento integral como no caso do repouso (Tratado, jun-2007, p. 457).

Os incisos do art. 130 da CLT já preveem a redução dos dias de férias conforme o número de faltas do empregado. Desta forma, nenhuma outra redução será permitida no gozo das férias, sendo, portanto, proibido qualquer outro desconto, conforme parágrafo primeiro supra.

2. SÚMULAS E ORIENTAÇÕES JURISPRUDENCIAIS

- **Súmula nº 46 – TST**

  ACIDENTE DE TRABALHO (mantida) – Res. 121/2003, DJ 19, 20 e 21.11.2003. As faltas ou ausências decorrentes de acidente do trabalho não são consideradas para os efeitos de duração de férias e cálculo da gratificação natalina.

- **Súmula nº 89 – TST**

  FALTA AO SERVIÇO (mantida) – Res. 121/2003, DJ 19, 20 e 21.11.2003. Se as faltas já são justificadas pela lei, consideram-se como ausências legais e não serão descontadas para o cálculo do período de férias.

3. QUESTÕES DE CONCURSOS

01. (TRT – 15ª REGIÃO/ANALISTA JUDICIÁRIO/FCC/2009) Com relação às férias é correto afirmar:

a) São computadas como tempo de serviço do obreiro as férias gozadas e indenizadas.

b) Somente em casos excepcionais serão as férias concedidas em dois períodos, sendo que um dos quais não poderá ser inferior a quinze dias.

c) Terá direito a férias o empregado que no curso do período aquisitivo deixar o emprego e for readmitido noventa dias após à sua saída.

d) O empregado que faltar dez vezes ao serviço injustificadamente dentro de um período de doze meses terá direito a 24 (vinte e quatro) dias corridos de férias.

e) Aos maiores de cinqüenta anos as férias poderão ser fracionadas em dois períodos, uma vez que a lei prevê essa possibilidade.

02. (TRT – 16ª REGIÃO/ANALISTA JUDICIÁRIO/FCC/2009) Durante o período de doze meses, Margarida faltou 10 dias ao serviço injustificadamente e Florisbela faltou 20 dias ao serviço injustificadamente. De acordo com a Consolidação das Leis do Trabalho, Margarida e Florisbela terão direito a

a) 24 e 12 dias corridos de férias, respectivamente.

b) 18 e 12 dias corridos de férias, respectivamente.

c) 24 e 18 dias corridos de férias, respectivamente.

d) 18 dias corridos de férias.

e) 12 dias corridos de férias.

03. (FCC – TRT 20 – Analista Judiciário/2011) Considere as seguintes situações ocorridas durante o período aquisitivo de férias:

I. Valentina pediu demissão de seu emprego na empresa V. Após, cinquenta dias ela se arrependeu de ter deixado o emprego e pediu a sua readmissão que foi aceita no 51º dia subsequente à sua saída.

II. Juma, empregada da empresa Selva, permaneceu, com percepção de salários, em gozo de licença, por 45 dias.

III. Zé Leão, empregado da empresa Água permaneceu, com percepção de salários, em gozo de licença, por 22 dias.

IV. Yasmim deixou de trabalhar por 60 dias, com percepção do salário, em virtude de paralisação parcial dos serviços da sua empregadora, a empresa Y.

Nestes casos, terá direito a férias APENAS os empregados indicados nas situações

a) I, II e III.

b) I e III.

c) I e IV.

d) II e IV.

e) III e IV.

04. (MPT – Procurador do Trabalho/2012) Leia e analise a assertiva a seguir à luz da jurisprudência uniformizada do Tribunal Superior do Trabalho e legislação do trabalho: as faltas ou ausências decorrentes de acidente do trabalho não são consideradas para efeito de duração das férias e cálculo da gratificação natalina.

05. (MPT – Procurador do Trabalho/2013) Em relação ao direito de férias, assinale a alternativa INCORRETA:

a) Consoante a Convenção 132 da OIT, os dias feriados oficiais ou costumeiros deverão ser computados no período de férias.

b) Nos termos da Convenção 132 da OIT, a duração das férias não deverá em caso algum ser inferior a 3 (três) semanas de trabalho por um ano de serviço

c) Está em consonância com a Convenção 132 da OIT o entendimento do TST segundo o qual o empregado que se demite antes de completar 12 (doze) meses de serviço tem direito a férias proporcionais.

d) A concessão das férias após o período concessivo acarreta o pagamento em dobro da respectiva remuneração. Se as férias forem usufruídas parcialmente após este período, o pagamento em dobro será parcial, pois abrangerá os dias de férias gozados após o período legal de concessão.

e) não respondida.

06. (FCC – Técnico Judiciário – Área Administrativa – TRT 15/2013) Gilda, empregada da empresa "XZX Ltda.", está passando por problemas em sua vida pessoal em razão de grave crise em seu matrimônio, envolvendo infidelidade conjugal de seu marido Pedro. Assim, durante o seu período aquisitivo de férias, Gilda, sem justo motivo, faltou ao serviço trinta dias. Já, Pedro, empregado da empresa "HGF Ltda.", em razão deste problema pessoal, durante o seu período aquisitivo de férias, faltou, sem justo motivo, ao serviço vinte dias. Neste caso, segundo a Consolidação das Leis do Trabalho, Gilda

a) terá direito de gozar oito dias corridos de férias e Pedro terá direito de gozar doze dias corridos de férias.

b) e Pedro não terão direito de gozar férias em razão do excesso de faltas de ambos ter atingido o limite máximo legal permitido.

c) não terá direito de gozar férias em razão do excesso de faltas ter atingido o limite máximo legal permitido e Pedro terá direito de gozar doze dias corridos de férias.

d) terá direito de gozar doze dias corridos de férias e Pedro terá direito de gozar dezoito dias corridos de férias.

e) terá direito de gozar dezoito dias corridos de férias e Pedro terá direito de gozar vinte e quatro dias corridos de férias.

07. (FCC – Analista Judiciário – Área Judiciária – TRT 24/2017) Durante o período aquisitivo das férias 2016/2017, Perseu ausentou-se do serviço por 1 dia para acompanhar filho de cinco anos em consulta médica, por 2 dias consecutivos em razão de falecimento do seu irmão e 2 dias realizando exame vestibular para ingresso em estabelecimento de ensino superior. Nessa situação hipotética, em relação ao referido Perseu terá direito ao gozo de férias na seguinte proporção:

a) 18 dias corridos.

b) 20 dias corridos.

c) 30 dias corridos.

d) 24 dias corridos.

e) 25 dias corridos.

GAB	1	D	2	C	3	D	4	C	5	A	6	D	7	C

✦ DA AQUISIÇÃO E DURAÇÃO DAS FÉRIAS NO TRABALHO A TEMPO PARCIAL

Art. 130-A (Revogado pela Lei nº 13.467, de 13.07.2017).

1. COMENTÁRIOS

Com a reforma trabalhista implementada pela Lei nº 13.467, de 13.07.2017, o trabalhador a tempo parcial passou a ter direito ao regime integral de férias, conforme expressa remissão do 58-A, § 7º, também com redação da reforma. Esta foi a razão da revogação do art. 130-A, da CLT, que regulava, de forma especial, as férias do trabalhador a tempo parcial.

Na redação então vigente deste dispositivo, na modalidade de trabalho a tempo parcial o legislador não mencionava as férias em dias úteis ou corridos. Nenhuma interpretação, contudo, poderia nos conduzir a contrariar a regra geral, estabelecida no art. 130 e seus incisos. Logo, a omissão do art. 130-A era facilmente suprida pela regra geral. As férias do trabalhador em tempo parcial, desta forma, também eram gozadas em dias corridos.

O critério de proporcionalidade entre as faltas e o período de férias não era seguido no regime de tempo parcial. Como explicava Rodrigues Pinto, ainda na vigência desta norma, em lugar da correlação entre número de faltas e aquisição do período de férias, como se percebe na regra geral (art. 130 e seus incisos), no trabalho a tempo parcial (art. 130-A) a lei fixou em 7 (sete) dias o limite de tolerância com as faltas e, daí por diante, a perda linear de metade da duração prevista para a situação de cada empregado. (Tratado, jun-2007, p. 458).

2. QUESTÕES DE CONCURSOS

01. (TRT – 18ª REGIÃO/ANALISTA Administrativo/FCC/2008) Samanta, João e Diego são empregados da empresa GGG na modalidade de regime de tempo parcial com jornada semanal, respectivamente, de vinte horas, oito horas e vinte e cinco horas. De acordo com a Consolidação das Leis do Trabalho, após cada período de doze meses de vigência do contrato de trabalho, o gozo de dezoito dias de férias caberá legalmente apenas a

a) Diego e Samanta.

b) Samanta.

c) João.

d) Diego.

e) Diego e João.

02. (FCC – TRT 24 – Analista Judiciário/2011) Junior labora em regime de trabalho em tempo parcial. Durante o período aquisitivo de suas férias, Junior teve mais de sete faltas injustificadas. Neste caso, de acordo com a Consolidação das Leis do Trabalho, ele

a) terá o seu período de férias reduzido pela metade.

b) não terá direito ao gozo de férias.

c) terá direito ao gozo de suas férias regularmente, sem redução.

d) terá o seu período de férias reduzido em 1/3.

e) terá redução de três dias do seu período de férias.

GAB	1	D	2	C

✦ **AUSÊNCIAS QUE COMPUTAM NA AQUISIÇÃO DAS FÉRIAS**

Art. 131. Não será considerada falta ao serviço, para os efeitos do artigo anterior, a ausência do empregado:

I – nos casos referidos no art. 473;

II – durante o licenciamento compulsório da empregada por motivo de maternidade ou aborto, observados os requisitos para percepção do salário-maternidade custeado pela Previdência Social;(Redação da Lei nº 8.921, de 25.7.1994)

III – por motivo de acidente do trabalho ou enfermidade atestada pelo Instituto Nacional do Seguro Social – INSS, excetuada a hipótese do inciso IV do art. 133;(Redação da Lei nº 8.726, de 5.11.1993)

IV – justificada pela empresa, entendendo-se como tal a que não tiver determinado o desconto do correspondente salário;

V – durante a suspensão preventiva para responder a inquérito administrativo ou de prisão preventiva, quanto for impronunciado ou absolvido; e

VI – nos dias em que não tenha havido serviço, salvo na hipótese do inciso III do art. 133.

1. COMENTÁRIOS

As hipóteses acima merecem as seguintes observações:

I) A referência ao art. 473 da CLT é absolutamente desnecessária. Tal dispositivo indica situações de interrupção contratual onde, pela própria natureza da paralisação do trabalho, há contagem do tempo de serviço para todos os fins contratuais, inclusive para férias;

II) Sérgio Pinto Martins, Comentários, 2010, p. 131, interpreta que a supressão da expressão "aborto não criminoso", contida na redação anterior deste artigo, autoriza o afastamento, com pagamento de salário, de qualquer tipo de aborto; prossegue o autor lembrando que a norma deste inciso é conflitante com a do art. 395 que, ao manter sua redação original, prevê o afastamento de duas semanas somente na hipótese de "aborto não criminoso".

III) Quisesse o legislador, neste inciso, referir-se somente ao afastamento nos primeiros 15 dias de doença ou acidente, teria feito expressamente. O silêncio normativo autoriza a interpretação de que, mesmo sendo hipótese de suspensão contratual, o afastamento a partir do 16º dia não prejudica a contagem de férias, exceção feita para o licenciamento por mais de 6 (seis) meses, previsto no art. 133, IV, da CLT, a cujos comentários nos reportamos.

IV) A empresa pode, para efeito de férias, abonar faltas que, por força de lei, seriam objeto de desconto. O poder diretivo do empregador admite tal faculdade.

V) Durante o período de inquérito administrativo, inclusive para dispensa de empregado estável (art. 853 da CLT), o empregado normalmente tem os descontos dos salários. Contudo, diante da disposição deste inciso, ainda assim conta-se o tempo de suspensão no período aquisitivo das férias.

VI) Quando não há serviço e o empregador se condiciona ao pagamento de salário a hipótese é de interrupção contratual e, consequentemente, tem efeitos na contagem para a aquisição das férias, salvo na paralisação dos serviços da empresa por 30 (trinta) dias. Nesta hipótese o afastamento substitui as férias, mas subsiste a obrigação do empregador quanto ao pagamento do adicional de 1/3 (Barros, Curso, fev – 2009, p. 739).

2. SÚMULAS E ORIENTAÇÕES JURISPRUDENCIAIS

▸ **Súmula nº 198 – STF – Sessão Plenária de 13/12/1963**

AS AUSÊNCIAS MOTIVADAS POR ACIDENTE DO TRABALHO NÃO SÃO DESCONTÁVEIS DO PERÍODO AQUISITIVO DAS FÉRIAS.

▸ **Súmula nº 46 – TST – vide anterior (art. 130)**

▸ **Súmula nº 89 – TST – vide anterior (art. 130)**

3. QUESTÕES DE CONCURSOS

01. (MTE/AUDITOR FISCAL DO TRABALHO/ESAF/2010/ADAPTADA) As faltas ou ausências decorrentes de acidente do trabalho não são consideradas para os efeitos de duração de férias, salvo se o trabalhador tiver percebido da Previdência Social prestações de acidente do trabalho ou de auxílio doença por mais de seis meses, embora descontínuos.

GAB	1	C

✦ SERVIÇO MILITAR E EFEITOS SOBRE A AQUISIÇÃO DAS FÉRIAS

Art. 132. O tempo de trabalho anterior à apresentação do empregado para serviço militar obrigatório será computado no período aquisitivo, desde que ele compareça ao estabelecimento dentro de 90 (noventa) dias da data em que se verificar a respectiva baixa.

1. COMENTÁRIOS

Somente o serviço militar obrigatório permite a contagem do tempo de serviço para fins de férias e não o ato voluntário, fora da obrigação legal, de se querer seguir a carreira militar.

Há uma aparente contradição entre a regra do art. 132, que condiciona o direito à apresentação do empregado em 90 (noventa) dias da baixa, e a regra do art. 472, 1º, que exige a notificação ao empregador em 30 (trinta) dias da baixa.

Sérgio Pinto Martins não vê tal contradição e considera que a regra do art. 472, 1º, da CLT trata tão-só da necessidade de comunicação ao empregador da intenção do empregado de retornar ao serviço (prazo de 30 dias); manifestada esta intenção no referido prazo, a contagem do tempo de serviço anterior ao serviço militar só ocorrerá com o comparecimento ao estabelecimento ou à empresa em 90 dias da baixa (Comentários, 2008, p. 132).

Também assim Carrion, opinando que o empregado deve se colocar à disposição do empregador no prazo de 30 dias e reassumir o emprego em 90 dias para adquirir o direito à contagem do tempo de serviço anterior ao ingresso no serviço militar, para fins de férias (Comentários, 2009, p. 351). No mesmo sentido Adamovich (Comentários, 2009, p. 225).

Concordamos que não há contradição entre os artigos 132 e 472, § 1º, ambos da CLT. O empregado deve comunicar o empregador de sua intenção em retornar ao emprego no prazo de até 30 dias depois da baixa, mas a contagem do período contratual anterior ao ingresso no serviço militar só ocorrerá se este reassumir o emprego em 90 dias do ato de baixa.

2. SÚMULAS E ORIENTAÇÕES JURISPRUDENCIAIS

▸ **Súmula nº 463 – STF – Sessão Plenária de 01/10/1964**
Para efeito de indenização e estabilidade, conta-se o tempo em que o empregado esteve afastado, em serviço militar obrigatório, mesmo anteriormente à Lei 4072, de 01/06/1962.

3. QUESTÕES DE CONCURSOS

01. (AGU/PROCURADOR FEDERAL/CESPE/2010) É assegurada ao empregado, para efeito da aquisição do direito a férias, a contagem do tempo de trabalho anterior à sua apresentação para serviço militar obrigatório no período aquisitivo, desde que ele compareça ao estabelecimento, no máximo, trinta dias após a data em que se verificar a respectiva baixa.

02. (TRT 24 – Técnico Judiciário – Área Administrativa/2011) De acordo com a Consolidação das Leis do Trabalho, o tempo de trabalho anterior à apresentação do empregado para serviço militar obrigatório

a) será computado no período aquisitivo das férias, desde que ele compareça ao estabelecimento dentro de 30 dias da data em que se verificar a respectiva baixa.

b) será computado no período aquisitivo das férias, desde que ele compareça ao estabelecimento dentro de 90 dias da data em que se verificar a respectiva baixa.

c) será sempre computado no período aquisitivo das férias, independentemente de prazo para o comparecimento ao estabelecimento, tratando-se de direito previsto em lei e na Carta Magna.

d) não será computado no período aquisitivo de férias, havendo dispositivo constitucional expresso neste sentido.

e) será computado no período aquisitivo das férias, desde que ele compareça ao estabelecimento dentro de 15 dias da data em que se verificar a respectiva baixa.

GAB	1	E	2	B

✦ PERDA DO DIREITO ÀS FÉRIAS

Art. 133. Não terá direito a férias o empregado que, no curso do período aquisitivo:

I – deixar o emprego e não for readmitido dentro de 60 (sessenta) dias subseqüentes à sua saida;

II – permanecer em gozo de licença, com percepção de salários, por mais de 30 (trinta) dias;

III – deixar de trabalhar, com percepção do salário, por mais de 30 (trinta) dias, em virtude de paralisação parcial ou total dos serviços da empresa; e

IV – tiver percebido da Previdência Social prestações de acidente de trabalho ou de auxílio-doença por mais de 6 (seis) meses, embora descontínuos.

§ 1º – A interrupção da prestação de serviços deverá ser anotada na Carteira de Trabalho e Previdência Social.

§ 2º – Iniciar-se-á o decurso de novo período aquisitivo quando o empregado, após o implemento de qualquer das condições previstas neste artigo, retornar ao serviço.

§ 3º – Para os fins previstos no inciso III deste artigo a empresa comunicará ao órgão local do Ministério do Trabalho, com antecedência mínima de 15 (quinze) dias, as datas de início e fim da paralisação total ou parcial dos serviços da empresa, e, em igual prazo, comunicará, nos mesmos termos, ao sindicato representativo da categoria profissional, bem como afixará aviso nos respectivos locais de trabalho.(Incluído pela Lei nº 9.016, de 30.3.1995)

1. COMENTÁRIOS

1.1. Afastamento com perda do direito às férias

As hipóteses dos incisos I, II e III têm em comum a paralisação dos serviços com percepção de salários, configurando, portanto, interrupção contratual. Na hipótese do inciso IV, o pagamento do benefício, feito pela previdência social, não pode ser considerado salário, já que este só empregador pode prover. Trata-se, consequentemente, de suspensão contratual.

A regra do inciso I deve ser interpretada em sintonia com a do art. 453 da CLT. Assim, a contagem do tempo de serviço numa mesma empresa, para fins de férias, deve incluir o período do contrato de trabalho anterior, sempre que a nova admissão na empresa ocorrer dentro de 60 dias da extinção do antigo contrato.

A percepção de licença remunerada por até de 30 dias não prejudica a aquisição do direito às férias, mas ultrapassando este período o afastamento se equivale ao gozo das mesmas (inciso II). Desta forma, a remuneração desta licença de mais de 30 dias deve ser acrescida do adicional de 1/3 previsto no art. 7º, XVII, da CRFB/88. Neste sentido Alice Monteiro de Barros, inclusive transcrevendo jurisprudência do TST embasando sua opinião (Curso, fev-2009, p. 739). Também citando jurisprudência do TST neste sentido: Valentin Carrion, Comentários, 2009, p. 157-158. Esta, a nosso ver, a melhor posição.

Tendo a empresa paralisado suas atividades por mais de 30 dias, como dispõe a regra do inciso III, o empregado tem seu contrato de trabalho interrompido, portanto, com percepção de salários. O adicional constitucional de 1/3 também é devido nesta hipótese, uma vez que este tempo se equivale às férias não gozadas (Barros, fev-2009, p. 739). A falta de comunicação prevista no § 3º, supra, não significa que a não incidência do inciso III, mas sim de mera infração administrativa (neste sentido: Carrion, Comentários, 2009).

O afastamento por doença, em razão de acidente ou não, de forma alguma pode se equivaler ao gozo de férias. O dispositivo do inciso IV, que determina a perda do direito às férias quando o empregado está afastado para gozo de benefício previdenciário, viola o princípio da dignidade da pessoa humana. A prevalecer o princípio deve ser negada validade à norma inscrita no inciso IV, que não merece ser aplicada. Com a mesma opinião deste autor: Adamovich (Comentários, 2009, p. 69), afirmando, ainda, que este inciso contraria o art. 6º, 2, da Convenção nº 132 da OIT, a seguir transcrito: "Em condições a serem determinadas pela autoridade competente ou pelo órgão apropriado em cada país, os períodos de incapacidade para o trabalho resultantes de doença ou de acidentes não poderão ser computados como parte do período mínimo de férias anuais remuneradas previsto no parágrafo 3, do Artigo 3 da presente Convenção." Também criticando o teor do inciso IV, Russomano, que alinha os seguintes argumentos: a) o empregado não descansa durante o benefício e b) recebe da previdência, em regra, benefício inferior a seu salário, exatamente quando, em razão de sua doença, necessita de maiores recursos financeiros (Comentários, 1952, p. 253).

1.2. Período trabalhado anterior ao afastamento

Tratamento comum às quatro situações enumeradas nos incisos I a IV diz respeito ao retorno do empregado e à nova contagem do período aquisitivo de férias. Segundo a regra do § 2º, supra, o empregado, após os afastamentos acima descritos, voltará ao marco zero de contagem das férias, como se fosse admitido na data de seu retorno. A norma é absolutamente discriminatória, particularmente se considerarmos que o tempo de serviço do empregado anterior à sua apresentação no serviço militar obrigatório é computado quando de seu retorno ao emprego (art. 132 da CLT). Sobre esta discriminação já se manifestaram Orlando Gomes e Elson Gottschalk, nos seguintes termos: "...em que se diferencia, do ponto de vista social, ético ou prático a interrupção por motivo de acidente do trabalho ou doença comum daquela com fundamento em prestação de serviço militar? Ou por força de paralisação da indústria ou comércio no interesse exclusivo da empresa? Concluem os mestres dizendo que: "Admissível seria a recontagem do tempo, para novo período aquisitivo, apenas nos itens I e II do art. 133, visto como se trata, ali, de interrupções do interesse exclusivo do empregado. (Curso, 1996, p. 319)

2. QUESTÕES DE CONCURSOS

01. (TRT – 16ª REGIÃO/ANALISTA ADMINISTRATIVO/FCC/2009) Mario, Mariana e Marta pediram demissão de seus empregos e viajaram para a Austrália. Após 30 dias Mario retornou ao Brasil e foi readmitido no mesmo emprego; após 45 dias Mariana retornou ao Brasil e foi readmitida no mesmo emprego e após 90 dias Marta retornou ao Brasil e foi readmitida no mesmo emprego. Neste caso,

a) apenas Mario terá direito à contagem de 50% do período aquisitivo de férias anterior ao pedido de demissão.

b) apenas Mario terá direito à contagem do período aquisitivo de férias anterior ao pedido de demissão.

c) nenhum dos empregados terão direito à contagem do período aquisitivo de férias anterior ao pedido de demissão.

d) todos os empregados terão direito à contagem do período aquisitivo de férias anterior ao pedido de demissão.

e) apenas Mario e Mariana terão direito à contagem do período aquisitivo de férias anterior ao pedido de demissão.

02. (TRT – 19ª REGIÃO/ANALISTA ADMINISTRATIVO/FCC/2008) No curso do período aquisitivo de férias, Maria recebeu auxílio doença por sete meses descontínuos. Neste caso, de acordo com a CLT, Maria

a) terá direito a 24 dias corridos de férias.

b) terá direito normalmente ao gozo de 30 dias de férias.

c) não terá direito a férias.

d) terá direito a 18 dias corridos de férias.

e) terá direito a 15 dias corridos de férias.

03. (FCC – Analista Judiciário – Oficial de Justiça Avaliador – TRT 15/2013) Luana, José e Linda são empregados da empresa "PAR Ltda.". Entre o ano de 2012 e o ano de 2013, durante o período aquisitivo de férias, Luana deixou o seu emprego, mas foi readmitida 90 dias após a rescisão contratual; José permaneceu no gozo de licença, com percepção de salários, por 25 dias e Linda, em razão de problemas de saúde causados por cirrose hepática, percebeu da Previdência Social prestações de auxílio-doença por 4 meses descontínuos. Nestes casos, de acordo com a Consolidação das Leis do Trabalho,

a) apenas Linda terá direito ao gozo de férias.

b) apenas Luana e José terão direito ao gozo de férias.

c) apenas Luana terá direito ao gozo de férias.

d) Luana, José e Linda, terão direito ao gozo de férias.

e) apenas José e Linda terão direito ao gozo de férias.

04. (FCC – Analista Judiciário – Área Judiciária – TRT 2/2014) Perderá o direito a férias o empregado que, no curso do período aquisitivo,

a) deixar o emprego e não for readmitido nos 60 dias posteriores à sua saída.

b) prestar serviço militar obrigatório por período superior a 6 meses.

c) deixar de trabalhar, com percepção de salários, por mais de 60 dias, em virtude de paralisação parcial ou total dos serviços da empresa, desde que tal paralisação tenha decorrido de força maior.

d) tiver percebido da Previdência Social prestações de acidente do trabalho ou de auxílio-doença por mais de 6 meses, desde que contínuos.

e) usufruir de licença remunerada, qualquer que seja o período de duração da mesma.

05. (FCC – Técnico Judiciário – Área Administrativa – TRT 24/2017) As férias têm por objetivo a preservação da saúde e da integridade física do empregado, na medida em que o repouso a ser usufruído nesse período visa a recuperar as energias gastas e permitir que o trabalhador retorne ao serviço em melhores condições físicas e psíquicas. Segundo a legislação,

a) na dispensa por justa causa, o empregado perde o direito de receber as férias vencidas, acrescidas de 1/3.

b) o empregado que, no período aquisitivo, deixar o emprego e não for readmitido dentro de 60 dias subsequentes à sua saída não terá direito às férias.

c) o tempo de trabalho anterior à apresentação do empregado para serviço militar obrigatório será computado no período aquisitivo, desde que ele compareça ao estabelecimento dentro de 60 dias da data em que se verificar a respectiva baixa.

d) a concessão das férias será participada, por escrito, ao empregado, com antecedência de, no mínimo, 15 dias. Dessa participação o interessado dará recibo.

e) os membros de uma família, que trabalharem no mesmo estabelecimento ou empresa, terão direito a gozar férias no mesmo período, se assim o desejarem e mesmo que isto resulte prejuízo para o serviço, vez que o empregador deve assumir os riscos do seu próprio negócio.

GAB	1	E	2	C	3	E	4	A	5	B

▸SEÇÃO II – DA CONCESSÃO E DA ÉPOCA DAS FÉRIAS

✦ PERÍODO CONCESSIVO E FRACIONAMENTO DE FÉRIAS

Art. 134. As férias serão concedidas por ato do empregador, em um só período, nos 12 (doze) meses subseqüentes à data em que o empregado tiver adquirido o direito.

✦ FÉRIAS EM TRÊS PERÍODOS

§ 1º – Desde que haja concordância do empregado, as férias poderão ser usufruídas em até três períodos, sendo que um deles não poderá ser inferior a quatorze dias corridos e os demais não poderão ser inferiores a cinco dias corridos, cada um. (Redação da Lei nº 13.467, de 13.07.2017).

§ 2º (Revogado pela Lei nº 13.467, de 13.07.2017).

✦ INÍCIO DAS FÉRIAS

§ 3º É vedado o início das férias no período de dois dias que antecede feriado ou dia de repouso semanal remunerado.(Incluído pela Lei nº 13.467, de 13.07.2017).

1. COMENTÁRIOS

1.1. Breve histórico

Como bem explica Bolívar Viegas Peixoto, o direito a 15 dias de férias anuais remuneradas foi instituído pela Lei nº 4.582, de 24.12.1925 para os empregados de estabelecimentos comerciais, industriais, bancários e de instituições de caridade/beneficência, nos Estados e no Distrito Federal. A lei também previu tal direito aos empregados de empresas jornalísticas, podendo ser concedidas integralmente ou fracionadas. (Curso de Direito do Trabalho. Estudos em memória de Célio Goyatá. Vol. II, 2ª ed., São Paulo: LTR, 1994, p. 338).

Posteriormente, o Decreto nº 19.808, de 28.03.1931 suspendeu a aplicação da Lei nº 4582, limitando o parcelamento a períodos não inferiores a 3 (três) dias. O Decreto nº 23.103, de 19.08.1933 regulamentou o direito quanto aos empregados em estabelecimentos comerciais, bancários e instituições de assistência privada. O Decreto nº 3.768, de 18.1.1934 regulamentou as férias dos empregados da indústria, empresas jornalísticas, de comunicação, transportes, serviços e serviços públicos, instituindo o período aquisitivo de 12 meses.

`Por intermédio da Lei nº 229, de 24.7.1936, o direito foi estendido aos empregados de hotéis, restaurantes e similares. O Decreto-lei nº 505, de 16.5.38 passou a prever o direito aos empregados em usinas de açúcar e fábricas de álcool. Finalmente, o Decreto-lei nº 5.452, de 1º de maio de 1943, que aprovou a CLT, unificou a disciplina legal das férias. (Martins, Direito do Trabalho, 2009, p. 536).

Na redação anterior da CLT, o antigo art. 136 tratava do tema e permitia o fracionamento das férias, mas um dos períodos não poderia ser inferior a 7 (sete) dias. A atual redação ampliou o tempo mínimo para 10 (dez) dias.

1.2. Fracionamento das férias

A Lei nº 13.467, de 13.07.2017, alterou o art. 134, § 1º para permitir o fracionamento das férias em qualquer circunstância, exigindo, somente a concordância do empregado. Antes da reforma trabalhista o referido artigo só autorizava o fracionamento das férias em casos excepcionais, mas não dizia quais eram essas circunstancias especiais. Russomano entendeu que somente por motivo de força maior "que impeça o empregador de dá-las por inteiro ou, ao menos, que lhe cause sérios prejuízos econômicos" seria possível tal fracionamento (Comentários, 1952, p. 260). Arnaldo Süssekind acrescenta que "esses prejuízos econômicos devem justificar o fracionamento das férias dos empregados cujas funções sejam suscetíveis de reduzi-los ou evitá-los." (Instituições de Direito do Trabalho. 12ª ed. São Paulo: LTr, 1991, vol. II, p. 792). Délio Maranhão e Luiz Inácio Barbosa Carvalho se posicionam ao lado de Russomano, aderindo, portanto, à tese da força maior (Direito do Trabalho. 17ª ed. Rio de Janeiro: Fundação Getúlio Vargas, 1993, p. 123). Sérgio Pinto Martins (Comentários, 2008, p. 158) e Valentin Carrion (Comentários, 2009, p. 158) permitem o fracionamento nas circunstâncias de necessidade imperiosa, definidas no art. 61 da CLT, ampliando, consequentemente, as hipóteses de seu cabimento.

Godinho interpretava as "situações excepcionais" com outro sentido, em prol do empregado, sustentando que: "a não especificação de tais casos pelo texto legal sugere que a lei pretende, na verdade, enfatizar a inviabilidade do fracionamento rotineiro ou repetido, ao longo do contrato, do prazo de gozo das férias anuais. Prossegue o autor destacando que a intenção da norma é restringir o jus variandi do empregador, autorizando o fracionamento das férias, observados os limites legais, "caso tal medida resulte de comprovado interesse extracontratual obreiro."(Curso, jan-2009, p. 895).

O posicionamento do Ministro Godinho Delgado, muito antes da alteração legal, ainda pode ser utilizado para orientar o fracionamento das férias na atual redação do art. 134, § 1º. Esta parece ser, a nosso ver, a interpretação que melhor atende à finalidade social da norma, permitindo-se o fracionamento das férias no interesse do empregado, observada sua livre manifestação de vontade.

A concordância do empregado quanto ao fracionamento das férias deve ser avaliada junto com as vantagens que possam advir deste ato, como, por exemplo, acompanhamento de filhos em viagens de férias, realização de cursos na época das férias, ou qualquer outra atividade de interesse do empregado. A simples concordância do empregado, ainda que manifestada por escrito, não tem presunção absoluta de veracidade quanto a seu interesse no fracionamento. A prova da nulidade desta concordância escrita, contudo, não pode recair sobre o empregador. A concordância quanto ao fracionamento não precisa ser escrita, mas tendo em vista a regra geral de concessão de 30 dias corridos de férias, é conveniente que a exceção atenda a esta formalidade.

1.2.1 O fracionamento das férias e a Convenção nº 132 da OIT

A Convenção nº 132 da OIT, em seu artigo 8º, 2, prevê que um dos períodos de férias fracionadas deve corresponder a pelo menos 2 (duas) semanas de trabalho. Independentemente da discussão sobre revogação ou não da CLT, Godinho descreve que o artigo 8º, 2, retro citado, ressalva estipulação em contrário entre empregado e empregador, portanto, não tem caráter imperativo e sim dispositivo. Prevalece, neste caso, a regra celetista (Curso, jan-2009, p. 895).

Amauri Mascaro, em sentido contrário, defende o efeito derrogatório do nosso sistema jus laborista pela Convenção nº 132, interpretada esta sob a perspectiva do favor laboratoris (Curso, 2008, p. 1005). Alice Monteiro de Barros também sustenta que houve alteração da legislação interna, fazendo coro às lições de Amauri (Curso, fev-2009, p. 745). No mesmo sentido, defendendo a derrogação tácita do art. 134, § 1º da CLT, pela norma da Convenção 132, Arion Sayão Romita (Direitos Fundamentais nas Relações de Trabalho. São Paulo: LTr, 2005, págs. 374-375).

A discussão da imperatividade da Convenção 132 da OIT e de seu efeito derrogatório da legislação interna, ainda que importante para fins de estudo, perdeu sua razão prática diante da alteração do art. 134, § 1º, pela Lei nº 13.467, de 13.07.2017. A regra celetista, após a alteração, passou a atender perfeitamente à exigência do art. 8º, 2, da Convenção 132 da OIT, segundo a qual um dos períodos das férias fracionadas deve corresponder a duas semanas pelo menos. A atual redação do art. 134, § 1º prevê que um dos períodos de férias será de, pelo menos, 14 dias.

1.2.2. Menores de 18 anos e maiores de 50 anos

O artigo 134, § 2º foi revogado pela Lei nº13.467, de 13.07.2017. A regra não permitia o fracionamento das férias do menor de 18 anos e, na visão da década de 40, do idoso, assim considerado aquele que alcançou 50 (cinquenta) anos de idade. Concordamos somente em parte com a revogação da norma, pois a mesma não fazia mais sentido quanto ao tratamento conferido a maior de 50 anos, mas o menor de 18 anos necessita da proteção legal e, neste aspecto, a revogação representou um grande retrocesso. Colha-se a interpretação de Russomano sobre este dispositivo, bem ao tempo de sua acolhida pela doutrina: "os menores de 18 e os maiores de 50 anos, aqueles por insuficiência de constituição, estes por já estarem no declínio da vida, não terão, contudo, suas férias divididas. A medida se justifica – prossegue o mestre – pela situação orgânica do trabalhador moço demais ou nos limites da velhice". (Comentários, 1952, p. 261).

Sobre o artigo, fizemos o seguinte comentário na edição anterior de nossa CLT Comentada:

> "A norma do art. 134, § 2º hoje se encontra desatualizada na referência aos 50 anos como sendo a idade do idoso. O descompasso entre a regra e a realidade social importa em lacuna ontológica, carecendo de aplicação subsidiária do Estatuto do Idoso – Lei nº 10.741, de 1.10.2003. O referido Estatuto estende sua proteção às pessoas com idade igual ou superior a 60 (sessenta) anos (art. 1º). Este deve ser, por conseguinte, o parâmetro legal para a restrição de fracionamento das férias, suprindo-se a omissão ontológica da qual padece o texto do art. 134, § 2º quanto ao idoso.".

1.3. Início das férias

O § 3º, inserido no art. 134 pela Lei nº 13.467, de 13.07.2017, tem por objetivo evitar que o empregador se aproveite de feriado, ou do final de semana, para, de certa forma, reduzir o período de férias, pois, mesmo fora das férias, o empregado teria direito ao gozo remunerado destes dias.

2. QUESTÕES DE CONCURSOS

01. (TRT – 17ª REGIÃO/ANALISTA JUDICIÁRIO/CESPE/2009) Inadmite-se o fracionamento das férias aos menores de 18 anos e aos maiores de 50 anos de idade.

02. (TRT – 17ª REGIÃO/ANALISTA JUDICIÁRIO/CESPE/2009) O período de concessão das férias é um ato exclusivo do empregador, independendo de pedido ou concordância do empregado.

03. (MTE/AUDITOR FISCAL DO TRABALHO/ESAF/2010/ADAPTADA) A depender da livre conveniência do empregador e da necessidade do trabalho, serão as férias concedidas em dois períodos, um dos quais não poderá ser inferior a 10 (dez) dias corridos.

04. **(TRT – 7ª REGIÃO/TECNICO JUDICIÁRIO/FCC/2009/ADAPTADA)** Aos menores de dezesseis anos e aos maiores de quarenta e cinco, serão sempre concedidas por ato do empregador, em um só período, nos doze meses subsequentes à data em que o empregado tiver adquirido o direito.

05. **(TRT 15 – Juiz do Trabalho Substituto 15ª região/ 2012)** Assinale a alternativa correta

a) A cisão das férias é exceção à regra geral, dependendo de escolha do trabalhador.

b) A concessão das férias em mais de um período impõe, como mínimo, um período de pelo menos 14 dias.

c) Os menores de 18 anos poderão cindir suas férias.

d) As férias devidas aos empregados maiores de 50 anos não poderão ser concedidas de forma fracionada.

e) A comunicação das férias deverá anteceder, pelo menos, 30 dias de seu início, facultando-se a forma verbal para qualquer empregado.

06. **(FCC – Analista Judiciário – Oficial de Justiça Avaliador – TRT 5/2013)** Segundo a Consolidação das Leis do Trabalho,

a) o período de férias será computado como tempo de serviço, para todos os efeitos, somente a partir do segundo período aquisitivo.

b) o empregado contratado sob o regime de tempo parcial que tiver mais de cinco faltas injustificadas ao longo do período aquisitivo terá o seu período de férias reduzido à metade.

c) apenas em casos excepcionais serão as férias concedidas em 3 (três) períodos, um dos quais não poderá ser inferior a 10 (dez) dias corridos.

d) os adicionais por trabalho extraordinário, noturno, insalubre ou perigoso não serão computados no salário que servirá de base ao cálculo da remuneração das férias diante da sua imprevisibilidade.

e) aos menores de 18 (dezoito) anos e aos maiores de 50 (cinquenta) anos de idade, as férias serão sempre concedidas de uma só vez.

07. **(FCC – Analista Judiciário – Área Administrativa – TRT 15/2013)** Manoela, Minerva e Carolina são empregadas da empresa "FGH Ltda". Manoela possui vinte anos de idade, não é estudante e possui três filhos. Minerva possui vinte e cinco anos de idade, não possui filhos e é estudante de arquitetura. Carolina possui cinquenta e cinco anos de idade, é mãe e avó, mas não estuda somente frequenta alguns cursos esporádicos. Nestes casos, de acordo com a Consolidação das Leis do Trabalho, as férias serão sempre concedidas de uma só vez

a) apenas para Carolina.

b) para Manoela, Minerva e Carolina.

c) apenas para Minerva.

d) apenas para Manoela e Carolina.

e) apenas para Minerva e Carolina.

GAB	1	C	2	C	3	E	4	E	5	D	6	E	7	A

✦ COMUNICAÇÃO E REGISTRO DAS FÉRIAS

Art. 135. A concessão das férias será participada, por escrito, ao empregado, com antecedência de, no mínimo, 30 (trinta) dias. Dessa participação o interessado dará recibo.(Redação da Lei nº 7.414, de 9.12.1985)

§ 1º – O empregado não poderá entrar no gozo das férias sem que apresente ao empregador sua Carteira de Trabalho e Previdência Social, para que nela seja anotada a respectiva concessão.

§ 2º – A concessão das férias será, igualmente, anotada no livro ou nas fichas de registro dos empregados.

1. COMENTÁRIOS

O prazo mínimo de comunicação ao empregado do início de suas férias, como prevê o art. 135, permite o planejamento do seu gozo, contribuindo para a socialização do trabalhador e incrementando sua participação na vida familiar. Carrion, com apoio em Amaro Barreto, defende que a alteração unilateral da época de gozo das férias, sem motivo grave, permite ao empregado manter a data inicialmente comunicada, sem configurar ato de indisciplina (Comentários, 2009, p. 158-159).

Sérgio Pinto Martins também defende a manutenção da data original das férias, que não podem ser alteradas sem o consentimento do empregado, podendo este "sair na data comunicada sem que se configure indisciplina". (Comentários, 2008, p. 159).

O direito de resistência do empregado, diante da comunicação extemporânea de suas férias, também é objeto de comentários de Russomano: "...sem a comunicação prévia ou sem prova escrita de tal comunicação, o empregado pode se recusar a entrar de férias..." (Comentários, 1952, p. 261).

A ausência justificada de apresentação da CTPS para as anotações previstas no art. 135, § 1º, não trará qualquer prejuízo ao gozo das mesmas. Não obstante o teor da norma, o empregado não pode ser impedido de iniciar suas férias simplesmente por não ter apresentado sua CTPS para fins de anotação. Da mesma forma, a ausência de anotação no Registro de Empregado (art. 135, § 2º) só conduz a uma presunção relativa de que as mesmas não foram usufruídas pelo empregado. Trata-se de requisito ad probationem (que facilita a prova) e não da substância do ato.

As micro e pequenas empresas estão dispensadas de anotar a ocasião das férias no Registro do Empregado (Lei Complementar nº 123, de 14.12.2006, art. 51, II e V). Esta norma, contudo, não dispensa a anotação na CTPS.

✦ **FIXAÇÃO DA ÉPOCA DAS FÉRIAS**

Art. 136. A época da concessão das férias será a que melhor consulte os interesses do empregador.

✦ **EMPREGADOS DA MESMA FAMÍLIA**

§ 1º – Os membros de uma família, que trabalharem no mesmo estabelecimento ou empresa, terão direito a gozar férias no mesmo período, se assim o desejarem e se disto não resultar prejuízo para o serviço.

✦ **FÉRIAS DO MENOR**

§ 2º – O empregado estudante, menor de 18 (dezoito) anos, terá direito a fazer coincidir suas férias com as férias escolares.

1. COMENTÁRIOS

1.1. Fixação da época das férias. Interesse empresarial e do empregado

Dentro dos 12 (doze) meses de concessão das férias o empregador tem liberdade para escolher a época em que o empregado as gozará, atendendo às necessidades de sua atividade empresarial, respeitado o prazo do art. 134, *caput*, da CLT. A norma celetista, todavia, não pode permitir abusos pelo empregador. A Convenção nº 132 da OIT, em seu art. 10, 2, bem destaca que: "para fixar a ocasião do período de gozo das férias serão levadas em conta as necessidades do trabalho e as possibilidades de repouso e diversão ao alcance da pessoa empregada". É imperativo que se contemporize o poder empregatício do empregador com o interesse do empregado em gozar férias.

1.2. Restrições quanto aos menores e empregados da mesma família

O sistema legal trabalhista prevê três restrições legais à prerrogativa empresarial de definir a ocasião de gozo das férias: (a) a fruição deve recair no período concessivo definido no art. 134, *caput*, da CLT; (b) a do estudante menor (art. 136, § 2º, supra) e (c) a dos membros da mesma família (art. 136, § 1º, supra). As duas primeiras restrições (a e b) são imperativas (restrições absolutas) a terceira (c) é subjetiva (relativa), pois condicionada ao interesse empresarial e adstrita à vontade dos membros da mesma família (Godinho, Curso, jan-2009, p. 897).

Quanto às férias do menor de 18 anos, quis o legislador que o mesmo as fizesse coincidir com as escolares com o intuito de não prejudicar a educação até o nível médio, formação compatível com a idade referida no texto legal; contudo, a lei não dispõe o grau de escolaridade que permite sua aplicação, só importando a idade do trabalhador. Estando o menor, assim, na faculdade ou no ensino fundamental, terá o direito previsto no parágrafo segundo, supra.

O dispositivo (art. 136, § 2º), interpretado gramaticalmente, atribui uma faculdade ao empregado: "terá direito a fazer coincidir suas férias com as férias escolares". Parece-nos, todavia, que não há aqui lugar para disposição de vontade do empregado, não obstante a literalidade da norma. A regra é imperativa e o empregador não poderá fixar outra data para gozo das férias que não coincidindo com as escolares. Interpretação em sentido contrário favoreceria a pressão ao empregado, tornando inócua a proteção ao menor. Quanto ao caráter imperativo da norma (Godinho, acima citado, e Adamovich, Comentários, 2009, p. 72).

Quanto às restrições deste artigo, Carrion reclama da ausência de sanção específica para o descumprimento pelo empregador, ressalvando a possibilidade de rescisão indireta por parte do empregado, na forma do art. 483 da CLT (Comentários, 2009, p. 137).

2. QUESTÕES DE CONCURSOS

01. **(TRT – 3ª REGIÃO/JUIZ DO TRABALHO SUBSTITUTO/2009/ADAPTADA)** A concessão de férias ao empregado estudante deverá coincidir com o período de férias escolares.

02. **(TRT – 7ª REGIÃO/TECNICO JUDICIÁRIO/FCC/2009/ADAPTADA)** Os membros de uma família que trabalharem no mesmo estabelecimento ou empresa terão direito à gozar férias no mesmo período, se assim o desejarem e se disto não resultar prejuízo para o serviço.

03. **(SERPRO/PERÍCIA EM CÁLCULO/CESPE/2008)** O período de gozo das férias deverá atender às necessidades e conveniência do empregado.

04. **(FCC – TRT 12 – Analista Judiciário/2010)** Marta e Mario são empregados da empresa Z e trabalham no mesmo setor. Considerando que Marta e Mario são casados, eles

a) não terão direito a gozar férias no mesmo período, uma vez que a época de concessão das férias será a que melhor consulte os interesses do empregador.

b) terão direito a gozar férias no mesmo período, se assim o desejarem, independentemente de resultar ou não prejuízo para o serviço em razão do direito que lhes é resguardado pela Constituição Federal brasileira.

c) terão direito a gozar férias no mesmo período, se assim o desejarem e se disto não resultar prejuízo para o serviço.

d) terão direito a gozar férias no mesmo período somente se requererem com antecedência mínima de noventa dias antes de expirado o período aquisitivo de férias, bem como se houver previsão contratual neste sentido.

e) terão direito a gozar férias no mesmo período somente se requererem dentro de cento e vinte dias contados da expiração do período aquisitivo de férias, bem como se houver previsão contratual neste sentido.

05. **(Cespe – Analista Judiciário – Área Administrativa – TRT 17/2013)** Em relação ao emprego de trabalhador menor, julgue o próximo item.

– A data de concessão de férias é aquela que melhor consulte os interesses do empregador, de modo que não gere prejuízos a ele. No entanto, o empregado estudante e menor de dezoito anos de idade pode propor que suas férias coincidam com as férias escolares.

06. **(Consulpan – Analista Judiciário – Área Administrativa – TRF 2/2017)** "Suely trabalha exposta a agente agressor à sua saúde e, em razão disso, recebe insalubridade em grau médio. Transcorrido um ano de trabalho, Suely começa a planejar as férias, que gostaria de fruir no mês de julho do ano seguinte ao período aquisitivo, para poder viajar com seus filhos menores de idade." Diante da situação retratada e da legislação em vigor, assinale a alternativa correta.

a) Suely recebe insalubridade na razão de 20% sobre o salário mínimo e não poderá impor a fruição das férias em julho, pois elas são marcadas conforme o desejo do empregador.

b) O adicional recebido por Suely é de 40% sobre o salário básico, sendo que em relação às férias a CLT determina que seja negociado entre as partes o mês de consenso para fruição.

c) Suely recebe adicional de 10% sobre o seu salário contratual e tem direito a aproveitar as férias no mês que desejar porque possui filhos menores de idade, conforme previsto em Lei.

d) A empregada em questão pode obrigar o empregador a aceitar o mês de férias do seu desejo porque trabalha em local insalubre, que enseja adicional de 30% sobre a sua remuneração.

GAB	1	E	2	C	3	E	4	C	5	C	6	A

✦ **REMUNERAÇÃO DOBRADA DAS FÉRIAS**

Art. 137. Sempre que as férias forem concedidas após o prazo de que trata o art. 134, o empregador pagará em dobro a respectiva remuneração.

✦ **RECLAMAÇÃO PARA FIXAÇÃO DAS FÉRIAS**

§ 1º – Vencido o mencionado prazo sem que o empregador tenha concedido as férias, o empregado poderá ajuizar reclamação pedindo a fixação, por sentença, da época de gozo das mesmas.

✦ **FIXAÇÃO DAS FÉRIAS POR SENTENÇA**

§ 2º – A sentença cominará pena diária de 5% (cinco por cento) do salário mínimo da região, devida ao empregado até que seja cumprida.

§ 3º – Cópia da decisão judicial transitada em julgado será remetida ao órgão local do Ministério do Trabalho, para fins de aplicação da multa de caráter administrativo.

1. COMENTÁRIOS

1.1. Remuneração dobrada

O pagamento das férias leva em consideração a remuneração do momento do seu gozo (art. 142), acrescido do adicional (gratificação) constitucional de 1/3, previsto no art. 7º, XVII (vide art. 143 e comentários). Portanto, a dobra pelo descumprimento do prazo concessivo de 12 meses após a aquisição do direito (art. 134), deve considerar também o adicional de 1/3 (Neste sentido: Délio Maranhão, Direito do Trabalho, 1993, p. 124).

A dobra, ainda que tenha natureza indenizatória, também funciona como mecanismo de pressão para obrigar o empregador ao cumprimento do prazo concessivo das férias.

A remuneração dobrada incide, inclusive, sobre parte das férias que porventura tenha sido concedida fora do prazo (S. 81, do TST). Sobre o tema colha-se o seguinte exemplo: "se o período concessório das férias terminou em 1º de outubro e elas foram concedidas (por 30 dias) em 16 de setembro, tem-se que os primeiros quinze dias serão pagos pelo valor normal. Todavia, os restantes quinze dias deverão ser remunerados em dobro." (PINTO, Raymundo Antonio Carneiro. Súmulas do TST Comentadas. 10ª ed. São Paulo: LTr, maio-2008, p. 99).

1.2. Empregado Doméstico. Remuneração dobrada. Não cabimento

A CLT, em seu art. 7º, "a", excluiu expressamente o doméstico de sua proteção. Somente com o advento da Lei nº 5.859/72 este passou a ter alguns direitos, aí incluídas as férias de 20 dias úteis (vide comentários ao art. 7º, da CLT). O art. 3º da referida lei, com a redação determinada pela Lei nº 11.324/2006, passou a prever o direito à 30 dias corridos de férias, tal qual o trabalhador não doméstico.

O Decreto nº 71.885, de 9.3.1973, regulamentando a Lei nº 5.859/72, passou a prever em seu art. 2º que: "excetuando o capítulo referente a férias, não se aplicam ao doméstico as demais disposições da Consolidação das Leis do Trabalho." A interpretação deste dispositivo passou a gerar controvérsias sobre o cabimento ou não da sanção de dobra das férias referida no art. 137 consolidado.

Alice Monteiro de Barros, opinando pelo não cabimento do art. 137, *caput*, ao doméstico, ensina que o regulamento não poderia invadir a reserva legal. Explica a autora que: "O regulamento, ao excetuar do capítulo das férias, teve em mira incluir na esfera normativa do trabalho doméstico apenas as disposições compatíveis com a Lei nº 5.859, de 1972. E se não bastasse, convém lembrar que a Constituição de 1988, quando estende ao doméstico o direito às férias, não faz qualquer referência às proporcionais, tampouco à dobra. Não cabe invocar-se no tocante à dobra das férias o art. 137, por analogia, pois, em se tratando de penalidade, este processo de auto-integração da lei fica afastado." (Contratos e Regulamentações Especiais de Trabalho: peculiaridades, aspectos controvertidos e tendências. 3ª ed. São Paulo: LTr, 2008, p. 209).

Evaristo de Moraes Filho e Antonio Carlos Flores de Moraes vão além e afirmam que: "O seu Regulamento baixado pelo Decreto nº 71.885, de 9 de março de 1973, é pouco mais extenso, entrando em contradição com a Lei no tocante ao regime de férias." (Introdução ao Direito do Trabalho. 7ª ed. São Paulo: LTr, 1995, p. 289).

Sérgio Pinto Martins também afasta a aplicação da dobra das férias ao doméstico com igual argumento de que o regulamento foi além do previsto em lei, sendo nulo o art. 2º do Decreto acima transcrito. (Comentários, 2008, p. 30).

Valentin Carrion também se posiciona contrariamente à aplicação da dobra às férias atrasadas do doméstico. Nega o autor validade ao Decreto que regulamentou a lei do doméstico, "posto que exorbitou sua competência", argumentando, ainda, que a lei nº 5.859/72 é omissa quanto à dobra, bem como a Constituição de 1988. (Comentários, 2009, págs. 47-48).

Poucos são aqueles que defendem a aplicação do art. 137, *caput*, aos domésticos, entre estes: Adamovich (Comentários, 2009, p. 13) e Godinho (Curso: Estudos em Memória de Célio Goyatá, Coordenação de Alice Monteiro de Barros, vol. I, 1994, p. 283). O primeiro, ainda que reconheça a ilegalidade do Decreto que regulamentou a Lei do Doméstico, sustenta que a falta de regulamentação na aplicação do direito pode dar margem a interpretações casuísticas, provocando insegurança jurídica; por isso defende o uso da CLT no tocante à regulamentação das férias do doméstico. O segundo, sustentando o direito à dobra das férias com base no Decreto nº 71.885/73, especificamente artigos 2º e 6º, sem, contudo, discutir a legalidade do referido regulamento, como já explicitado pelos demais autores antes citados.

A LC nº 150/2015 expressamente revogou a Lei nº 5.859/72. Consequentemente, o regulamento da lei perdeu sua eficácia. Por outro lado, a referida lei complementar, muito embora tenha fixado o prazo de concessão das férias em 12 meses após sua aquisição (art. 17, § 6º), silenciou-se quanto à aplicação da sanção de dobra remuneratória pelo descumprimento do prazo. A nosso ver o silêncio foi eloquente, desautorizando, portanto, a aplicação da dobra do art. 137 da CLT.

Por tudo quanto exposto, estamos com a **maioria da doutrina**, na defesa da **não aplicação do art. 137, caput, aos domésticos**, pelos seguintes argumentos, alinhados cronologicamente: **a)** ilegalidade do Decreto Regulamentar, que extrapolou os limites de sua atuação, invadindo a reserva legal; **b)** impossibilidade de extensão de uma norma com caráter de sanção, sem que expressamente o legislador tenha feito tal referência (o Decreto 71.885/73, em seu artigo 2º, menciona todo o capítulo de férias da CLT, sendo, portanto, genérico e insuficiente para aplicar uma sanção); **c)** omissão da lei da Lei 5.859/72 quanto a esta sanção específica; **d)** omissão da Constituição da República, não obstante tenha estendido aos domésticos diversos direitos, não previu a dobra das férias (art. 7º, parágrafo único, da CRFB/88); **e)** omissão da LC nº 150/2015, que previu o prazo de concessão das férias, mas silenciou-se quanto à aplicação da sanção de dobra remuneratória.

1.3. Reclamação para fixação das férias: multa-diária pelo descumprimento da obrigação

O Decreto-lei nº 1.535, de 13.04.1977 introduziu a novidade de conceder ao empregado o direito subjetivo de exigir do empregador o cumprimento de obrigação infungível, qual seja, a fixação da época das férias. Como a prestação de fazer específica somente pode ser cumprida pelo empregador, a lei prevê a fixação de multa-diária para a hipótese de seu descumprimento (art. 137, § 2º). Trata-se de fixação de *astreintes*, do direito francês, meio de coerção para cumprimento da tutela específica da obrigação de conceder as férias. Sendo assim, é permitida a cominação da sanção de **ofício**, em reclamação trabalhista, independentemente de requerimento da parte neste sentido.

A fixação da multa *ex officio* está autorizada pela regra do art. 137, § 2º, da CLT, muito antes do CPC/73 estabelecer tal possibilidade no art. 461, § 4º, e renová-la no art. 536, § 1º, do CPC/2015. Só não pode ser mais fixada em salários-mínimos, diante da expressa vedação do art. 7º, IV, da CRFB/88 c/c S. 04, do E. STF (vide comentários ao art. 76).

2. SÚMULAS E ORIENTAÇÕES JURISPRUDENCIAIS

- **Súmula nº 7 – TST**

FÉRIAS (mantida) – *Res. 121/2003, DJ 19, 20 e 21.11.2003.* A indenização pelo não-deferimento das férias no tempo oportuno será calculada com base na remuneração devida ao empregado na época da reclamação ou, se for o caso, na da extinção do contrato.

- **Súmula nº 81 – TST**

FÉRIAS (mantida) – Res. 121/2003, DJ 19, 20 e 21.11.2003. Os dias de férias gozados após o período legal de concessão deverão ser remunerados em dobro.

- **Súmula nº 328 – TST**

FÉRIAS. TERÇO CONSTITUCIONAL (mantida) – Res. 121/2003, DJ 19, 20 e 21.11.2003. O pagamento das férias, integrais ou proporcionais, gozadas ou não, na vigência da CF/1988, sujeita-se ao acréscimo do terço previsto no respectivo art. 7º, XVII.

3. QUESTÕES DE CONCURSOS

01. (TRT – 2ª REGIÃO/JUIZ DO TRABALHO/2009/ADAPTADO) Caso reste ultrapassado o período concessivo sem o efetivo usufruto do período de férias respectivo, cabe ao empregador optar pelo pagamento em dobro da respectiva remuneração sem o afastamento do empregado ou o pagamento de forma simples com o afastamento do empregado pelo dobro do período de descanso a que teria jus.

02. (TRT – 15º REGIÃO/TÉCNICO JUDICIÁRIO/FCC/2009) Maria iniciou o gozo de suas férias ainda no período concessivo, mas terminou após o referido período. Neste caso,

a) Marta terá direito a uma indenização equivalente ao valor do seu último salário, em razão da infração administrativa cometida pela empresa.

b) como Marta iniciou o gozo de suas férias no período concessivo, todos os dias serão remunerados de forma simples.

c) como Marta terminou o gozo de suas férias após o período concessivo, todos os dias serão remunerados em dobro.

d) os dias de férias gozadas após o período concessivo deverão ser remunerados em dobro.

e) Marta terá direito a uma indenização equivalente ao valor do seu último salário, em razão da infração legal cometida pela empresa.

GAB	1	E	2	D

✦ **PROIBIÇÃO DE TRABALHO NAS FÉRIAS**

Art. 138. Durante as férias, o empregado não poderá prestar serviços a outro empregador, salvo se estiver obrigado a fazê-lo em virtude de contrato de trabalho regularmente mantido com aquele.

1. COMENTÁRIOS

A intenção do texto legal é evitar a fadiga do empregado em seu período de descanso anual. A norma tem a dupla intenção de manter integra a saúde do trabalhador e de respeitar o contrato de trabalho, pois o empregador tem o direito de ter um empregado descansado já que o remunera em suas férias, inclusive com adicional de 1/3. Valentin Carrion vê na regra total ineficácia por falta de sanção expressa, e "discutível constitucionalidade por ferir a liberdade da pessoa". (Comentários, 2009, p. 161).

Não vemos qualquer inconstitucionalidade na proibição deste artigo, muito pelo contrário. O exercício da liberdade de profissão deve ser interpretado em compatibilidade com o contrato assumido junto ao empregador; as férias não têm natureza jurídica de prêmio, é verdade, mas não pode o empregado dispor de seu gozo em prejuízo do contrato que assumiu. A inação nas férias é, a meu ver, direito subjetivo do empregador, objetivando ter seu empregado descansado e com condições de produtividade no retorno. O trabalho subordinado durante as férias, salvo a expressa exceção do art. 138, é passível de justa causa, por força do art. 482, "h", da CLT. A proibição legal diz respeito à manutenção de outro contrato de trabalho, razão porque não se estende a serviços eventuais que não atrapalhem, em demasia, o descanso do empregado.

No mesmo sentido em que defendemos são as lições de Orlando Gomes e Elson Gottschalk quando sustentam a natureza dúplice das férias. Explicam os autores que o empregador tem uma obrigação de fazer, que consiste na concessão das férias e outra de dar, consistente no ato de pagar a remuneração das mesmas; o empregado tem o direito de exigir a concessão das férias e a obrigação de se abster de trabalhar para terceiros durante o gozo das mesmas, para ter suas energias restauradas, apto, portando, a uma justa expectativa do empregador de melhor produção (Curso, 1996, p. 314).

Aryon Sayão Romita, em sentido contrário ao da doutrina majoritária, não vê nas férias qualquer finalidade de recomposição da energia física do empregado decorrente da fadiga pelo trabalho, "mas para lhe permitir fazer o que desejar durante um período razoavelmente longo (trinta dias), sem perda de remuneração." A obrigação do empregador de remunerar as férias, na visão do autor, deriva de sua responsabilidade social. Chega o ilustre jurista carioca a afirmar que a finalidade das férias "está em propiciar ao empregado a oportunidade de se subtrair do ambiente de trabalho, mas não para recuperar energias físicas e psíquicas em beneficio da produção após o retorno, e sim para se dedicar ao desenvolvimento da atividade que lhe aprouver, inclusive trabalhar se for o caso: a pretexto de proibir o trabalho ao empregado em férias, o art. 138 da Consolidação das Leis do Trabalho expressamente o autoriza, ao ressalvar a possibilidade de fazê-lo "em virtude de contrato de trabalho regularmente mantido" com outro empregador."(Direitos Fundamentais nas Relações de Trabalho. São Paulo: LTr, julho-2005, p. 372).

2. QUESTÕES DE CONCURSOS

01. (TRT – 1ª REGIÃO/JUIZ DO TRABALHO/2008/ADAPTADA) No que se refere às férias, é incorreto dizer que:

a) A remuneração das férias, ainda quando devida após a cessação do contrato de trabalho, terá natureza salarial, para os fins de inscrição junto à massa falida.

b) O empregado doméstico terá direito a férias anuais de 30 (trinta)dias com, pelo menos, 1/3 (um terço) a mais que o salário normal, após cada período de 12 (doze) meses de trabalho prestado à mesma pessoa ou família.

c) Em razão da importância do descanso anual, durante as férias o empregado não poderá prestar serviço a outro empregador, sob pena de ser considerado ato de insubordinação.

d) A concessão das férias será participada, por escrito, ao empregado, com antecedência de, no mínimo, 30 (trinta) dias. Dessa participação o empregado dará recibo.

GAB	1	C

▸SEÇÃO III – DAS FÉRIAS COLETIVAS

✦ FÉRIAS COLETIVAS

Art. 139. Poderão ser concedidas férias coletivas a todos os empregados de uma empresa ou de determinados estabelecimentos ou setores da empresa.

✦ FRACIONAMENTO DAS FÉRIAS COLETIVAS

§ 1º – As férias poderão ser gozadas em 2 (dois) períodos anuais desde que nenhum deles seja inferior a 10 (dez) dias corridos.

✦ COMUNICAÇÃO AO MINISTÉRIO DO TRABALHO

§ 2º – Para os fins previstos neste artigo, o empregador comunicará ao órgão local do Ministério do Trabalho, com a antecedência mínima de 15 (quinze) dias, as datas de início e fim das férias, precisando quais os estabelecimentos ou setores abrangidos pela medida.

✦ COMUNICAÇÃO AO SINDICATO

§ 3º – Em igual prazo, o empregador enviará cópia da aludida comunicação aos sindicatos representativos da respectiva categoria profissional, e providenciará a afixação de aviso nos locais de trabalho.

1. COMENTÁRIOS

1.1. das Férias Coletivas

As férias coletivas têm por finalidade a melhor organização da atividade empresarial, que pode programar a paralisação de toda a empresa, de um estabelecimento ou mesmo de um departamento, considerando-se as oscilações entre demanda e oferta de sua atividade produtiva. O empregado, neste momento, não tem qualquer interferência na marcação das férias.

José Augusto Rodrigues Pinto leciona que "o gozo de férias coletivas é uma prática bastante disseminada nos países industrializados do hemisfério norte, que são condicionados pela divisão do ano em rígidas estações climáticas, as quais estreitam sobremaneira o período propício ao lazer." Atualmente, prossegue o mestre, as férias têm sido utilizadas para minimizar os efeitos de crises financeiras cíclicas de alguns setores da produção, dentro do contexto recessivo geral. (Tratado, 2007, p. 466).

Alice Monteiro de Barros lembra que o Decreto-lei nº 1.535/77 atribuiu tal faculdade ao empregador "em face de crise econômica capaz de permitir a suspensão provisória da produção de certas empresas." (Curso, 2009, p. 745).

1.2. Fracionamento das férias coletivas

A regra do art. 134, § 1º exigia motivações especiais para o fracionamento das férias individuais, atualmente superadas pela Reforma Trabalhista (Lei nº 13.467/2017) . Para as férias coletivas a lei não exigiu qualquer motivo excepcional. Aliás, a praxe demonstra que a cisão das férias coletivas é regra, enquanto nas individuais esta só ocorria excepcionalmente, realidade que tende a se alterar diante da modificação do padrão legal (vide art. 134, § 1º da CLT).

Outra peculiaridade diz respeito ao tempo de cada período das férias fracionadas. A regra do art. 134, § 1º, tratando do fracionamento das férias individuais, exigia, antes da redação da Lei nº 13.467/2017, que pelo menos um dos períodos fracionados respeitasse 10 (dez) dias. Na hipótese de férias coletivas, disciplinadas no art. 139, § 1º, nenhum dos períodos fracionados pode ter menos de 10 (dez) dias de gozo.

1.3. Menores de 18 anos e maiores de 50 anos

O art. 134, § 2º, revogado pela Lei nº 13.467/2017, não permitia o fracionamento das férias do menor e, na visão da década de 40, do idoso, assim considerado aquele que alcançou 50 (cinquenta) anos de idade (sobre nosso entendimento de que só é idoso aquele com 60 anos vide comentários ao art. 134 da CLT).

Havia, antes da revogação do art. 134, § 2º, da CLT, forte cizânia doutrinária sobre a extensão desta proteção às férias coletivas. A discussão perdeu interesse diante da revogação do art. 134, § 2º, da CLT, mas passo a transcrever os comentários enquanto a regra ainda vigia, exclusivamente para fins de estudo:

> "Alguns entendem que a regra do art. 134, § 2º trata de todo tipo de férias, não especificando se individuais ou coletivas, até porque tanto o menor quando o idoso continuam necessitando da proteção legal quando da paralisação coletiva. Outra parte da doutrina justifica que o tratamento legal das férias coletivas está na seção III da CLT, artigos 139 a 141, sem qualquer menção às restrições ora comentadas quanto ao menor e o idoso.
>
> Parte da doutrina se posiciona no sentido de que a proteção ao menor e ao idoso se estende às férias coletivas (José Augusto Rodrigues Pinto (Tratado, 2007, p. 466), Sérgio Pinto Martins (Comentários, 2009, p. 165), Francisco Antonio de Oliveira (Comentários, 2005, p. 173), Amador Paes de Almeida (CLT comentada. 6ª ed. São Paulo: Saraiva, 2009, p. 108) e Eduardo Henrique Raymundo Von Adamovich (Comentários, 2009, p. 72)).
>
> Em sentido contrário, permitindo a concessão de férias coletivas tanto ao menor quanto ao idoso, Arnaldo Sussekind, Otavio Bueno Magano e Mauricio Godinho Delgado, sendo os dois primeiros citados pelo terceiro (Curso, 2009, p. 897). Godinho sintetiza os argumentos desta tese nos seguintes termos: **a)** a vedação entra em choque com a noção de férias coletivas, criando diferenciações injustificáveis em face de um critério eminentemente grupal; **b)** a generalização da proibição poderia até mesmo comprometer a própria lógica do instituto das férias coletivas; **c)** a lei não teve intenção de estender tal vedação às férias coletivas, tanto que circunscreveu a proibição apenas à seção normativa que trata das férias individuais (arts. 134 a 138).
>
> Estamos com Sussekind, Magano e Godinho. Estender a proibição às férias coletivas, deixando de fora das mesmas os idosos e menores, provocaria uma desvirtuação do Instituto. Em alguns casos, basta imaginarmos um maior contingente de menores de 18 anos e idosos, concentrados em determinados setores de uma empresa, para entendermos o inconveniente que tal interpretação causaria. Ademais, a interpretação do sistema legal trabalhista (arts. 134 a 138) nos faz acreditar que, realmente, não quis o legislador trazer tal restrição às férias coletivas, pois não há esta menção nos artigos 139 a 141."

1.4. Estudantes, membros da mesma família e as férias coletivas

Como dito acima, as férias coletivas são fixadas no exclusivo interesse da atividade empresarial. Na sua gênese, serviu para amenizar os efeitos de crises econômicas. Na atualidade, permite que o empregador possa organizar seu fluxo econômico, concedendo as férias à coletividade de empregados no momento de menor demanda por seus produtos ou serviços. A própria natureza das férias coletivas, assim, inibe as restrições do art. 136, § 1º e 2º. Até porque os direitos ali previstos só dizem respeitos às férias individuais. Não há como se compatibilizar o interesse grupal com o de alguns empregados estudantes e, eventualmente, com membros de uma mesma família. Assim não fosse, o empregador estaria obrigado a conceder férias coletivas em recesso escolar ou organizá-las tendo em vista os laços familiares de alguns poucos empregados. No sentido que defendemos: Godinho, Curso, 2009, p. 901. Em sentido contrário, sustentando que os estudantes e membros da mesma família mantêm seus direitos mesmo nas férias coletivas: Martins, Comentários, 2008, p. 165.

1.5. Comunicação ao Ministério do Trabalho e ao sindicato da categoria

A intenção dos §§ 2º e 3º é permitir um amplo controle dos atos do empregado, seja pelo representante da categoria profissional, seja pelo órgão regional do Ministério do Trabalho. São atos administrativos praticados pelos empregadores e o descumprimento desta formalidade (comunicação) não importa em nulidade de concessão das férias coletivas. A ausência de comunicação configura somente infração trabalhista, sujeita a multa de 756,5694 UFIR´s, fixada pela Portaria do Ministério do Trabalho nº 290, de 11.4.1997, para o descumprimento das regras dos artigos 75 a 351 da CLT.

As micro e pequenas empresas estão dispensadas da comunicação ao órgão regional do Ministério do Trabalho, mas devem comunicar aos sindicatos profissionais correspondentes (LC nº 123/2006, art. 52, V).

2. QUESTÕES DE CONCURSOS

01. (TRT – 15ª REGIÃO/ANALISTA JUDICIÁRIO/FCC/2009) Considere as seguintes assertivas a respeito das férias coletivas:

I. As férias coletivas constituem liberalidade do empregador, a qual poderá atingir a totalidade dos empregados, ou de determinado estabelecimento ou setor da empresa.

II. As férias coletivas poderão ser fracionadas em no máximo três períodos por ano, sob pena de incorrer nas cominações legais, além de multa administrativa.

III. O Ministério do Trabalho e os sindicatos da categoria profissional serão comunicados das datas de início e término das férias coletivas com antecedência mínima de trinta dias.

IV. Os empregados admitidos há menos de doze meses gozarão, na época das férias coletivas, de férias proporcionais, iniciando-se então novo período aquisitivo do direito às férias.

Está correto o que se afirma SOMENTE em

a) I, II e III.

b) I, III e IV.

c) I e IV.

d) III e IV.

e) I e III.

02. (FHS-ES/PROCURADOR/CESPE/2009) A respeito do direito do trabalho, julgue: A Consolidação das Leis do Trabalho (CLT) admite a possibilidade de concessão de férias coletivas. Contudo, o empregador deverá providenciar a prévia comunicação à secretaria regional do trabalho e emprego e ao sindicato dos trabalhadores, assim como afixar avisos nos locais de trabalho.

03. (MTE/AUDITOR FISCAL DO TRABALHO/ESAF/2010/ADAPTADA) Poderão ser concedidas férias coletivas a todos os empregados de uma empresa ou de determinados estabelecimentos ou setores, e os empregados contratados há menos de 12 (doze) meses gozarão, na oportunidade, férias proporcionais, iniciando-se, então, novo período aquisitivo.

04. (MPT/PROCURADOR DO TRABALHO/2009/ADAPTADA) A época de concessão de férias será a que melhor consulte os interesses do empregador, sendo lícita a concessão de férias coletivas a todos os empregados, cujo período não poderá ser inferior a 10 (dez) dias corridos.

GAB	1	C	2	C	3	C	4	C

✦ **EMPREGADOS COM MENOS DE 12 MESES E CONTAGEM DE NOVO PERÍODO AQUISITIVO**

Art. 140. Os empregados contratados há menos de 12 (doze) meses gozarão, na oportunidade, férias proporcionais, iniciando-se, então, novo período aquisitivo.

1. COMENTÁRIOS

1.1. Férias Coletivas Proporcionais. Empregados com menos de 12 meses de casa

Os empregados que ainda não alcançaram 12 (doze) meses no emprego e, portanto, não adquiram o direito ao gozo das férias individuais (art. 130, *caput*, da CLT), também farão jus às coletivas, mas de forma proporcional. Isto porque as férias coletivas são constituídas e concedidas por mero interesse empresarial, justificando-se, portanto, o ônus da empresa em suportar o pagamento àqueles que ainda não adquiriram o direito individualmente.

A norma não esclarece como seriam calculadas tais férias proporcionais. Razoável, portanto, se utilizar, por analogia, o critério do art. 146, § único, que cuida do pagamento das férias proporcionais na extinção do contrato de trabalho. Ou seja, as férias coletivas proporcionais do empregado que não conta com 12 meses no emprego será apurada "de acordo com o art. 130, na proporção de 1/12 (um doze avos) por mês de serviço ou fração superior a 14 (quatorze) dias."

Orlando Gomes e Elson Gottschalk sintetizam com muita clareza as razões deste dispositivo, in verbis: "Do mesmo modo que a lei prevê paralisação do trabalho, parcial ou total, com percepção do salário até trinta dias, sem perda do direito a férias (art. 133, III, da CLT), também na opção pelas férias coletivas como uso da empresa, está implícita e explicitamente entendida a conveniência do empregador, decorrendo daí o ônus econômico que possa resultar de tal ato."... "Assim, mesmo aqueles empregados que em face das férias individuais não fariam jus a trinta ou vinte e quatro dias, por exemplo, se a empresa opta pela adoção das coletivas, em data de sua livre e conveniente escolha, deverão desfrutar o mesmo número de dias de férias fixados ao máximo pela lei, sem direito algum de exigir do feriante restituição, compensação ou exclusão, daqueles que só teriam direito, individualmente, às férias de doze ou dezoito dias." Encerram os mestres: "Esta conclusão resulta limpidamente do risco da atividade econômica e da responsabilidade de quem o assume. "Nem se faz mister denominar-se tal situação de disponibilidade remunerada, licença paga, ou qualquer outro título, pois se trata mesmo de férias coletivas." (Curso, 1996, p. 317).

Sérgio Pinto Martins defende que o empregado com menos de 12 meses de emprego gozará "férias coletivas proporcionais", podendo a empresa convocá-lo para trabalhar após o término das férias proporcionais. (Comentários, 2008, p. 166).

No mesmo sentido Valentin Carrion, que defende o gozo das férias coletivas proporcionais do empregado com menos de 12 meses de emprego, permitindo que o empregador convoque-o para trabalhar nos demais dias. Caso o empregador não faça a convocação, o empregado será considerado em licença remunerada. (Comentários, 2009, p. 162).

Francisco Antonio de Oliveira também entende que o empregado com menos de 12 meses de emprego, por ocasião das coletivas, gozará de férias proporcionais, mas não permite a compensação caso o empregado goze de férias a maior. (Comentários, 2005, p. 172).

Amauri Mascaro Nascimento igualmente sustenta que o empregado não pode ser prejudicado e, portanto, sofrer descontos ou compensações por ter gozado de mais dias de férias do que teria direito. Permite o autor que o empregado fique à disposição do empregador, mas, não sendo possível o trabalho, não será prejudicado no pagamento de seus salários. (Curso, 2008, p. 1009).

Em suma, o empregado que não possui 12 meses de emprego gozará de férias proporcionais, observando-se: **a)** o critério do art. 130 da CLT, por analogia; **b)** caso as férias coletivas sejam em maior número de dias que o direito do empregado, este ficará à disposição do empregador; **c)** na hipótese de não haver convocação, ou não tendo o empregador como exigir o trabalho, diante da paralisação da empresa ou do setor de trabalho do empregado, pagará a remuneração dos dias parados; **d)** o pagamento da remuneração observará os mesmos critérios dos demais empregados em férias coletivas, ou seja, com o acréscimo de 1/3, e não simplesmente como licença remunerada, como defendem alguns.

1.2. Nova contagem do período aquisitivo das férias

Quando do término das férias coletivas haverá nova contagem do período aquisitivo das férias individuais. A depender do tempo de emprego a regra do art. 140 não trará qualquer proteção ao empregado. Basta imaginarmos um empregado com 11 meses de emprego quando foi obrigado a gozar as férias coletivas de 10 dias. Ao término das férias coletivas este operário terá que trabalhar, novamente, o período integral de aquisição de suas férias individuais, ou seja, 12 meses, ao fim do qual passa a fazer jus ao gozo de 30 dias de descanso. Ou seja, o empregado trabalhou, no todo, 23 meses para gozar somente 40 dias de férias, somadas as coletivas e as individuais. Sobre a interpretação deste fenômeno explica Mauricio Godinho Delgado que: "tais férias (coletivas) eliminam, caso gozadas, as férias proporcionais de empregados admitidos com menos de 12 meses, iniciando-se, após a fruição das férias coletivas, novo período aquisitivo de férias. Note-se que este último critério celetista pode tanto favorecer como prejudicar o obreiro, conforme sua situação concreta no respectivo período aquisitivo." (Curso, 2009, p. 901).

2. QUESTÕES DE CONCURSOS

01. (TRT – 3ª REGIÃO/JUIZ DO TRABALHO SUBSTITUTO/2009/ADAPTADA) Em caso de férias coletivas, o empregado contratado há menos de 12 (doze) meses as gozará como os demais colegas abrangidos, iniciando-se, então, novo período aquisitivo.

02. (TRT 8 – Juiz do Trabalho Substituto 8ª região/ 2012) Analise as proposições abaixo e assinale a alternativa CORRETA: quando o número de empregados contemplados com férias coletivas for superior a 300 (trezentos), a empresa poderá promover, mediante carimbo, anotações do período de concessão dessas férias nas Carteiras de Trabalho e Previdência Social dos empregados. Entretanto, as anotações das datas dos períodos aquisitivos correspondentes às férias coletivas gozadas pelo empregado serão realizadas pelo empregador, no mesmo documento, quando da cessação do contrato de trabalho dos empregados.

GAB	1	E	2	C

✦ ANOTAÇÃO DAS FÉRIAS COLETIVAS NA CTPS

Art. 141. Quando o número de empregados contemplados com as férias coletivas for superior a 300 (trezentos), a empresa poderá promover, mediante carimbo, anotações de que trata o art. 135, § 1º.

§ 1º – O carimbo, cujo modelo será aprovado pelo Ministério do Trabalho, dispensará a referência ao período aquisitivo a que correspondem, para cada empregado, as férias concedidas.

§ 2º – Adotado o procedimento indicado neste artigo, caberá à empresa fornecer ao empregado cópia visada do recibo correspondente à quitação mencionada no Parágrafo único do art. 145.

§ 3º – Quando da cessação do contrato de trabalho, o empregador anotará na Carteira de Trabalho e Previdência Social as datas dos períodos aquisitivos correspondentes às férias coletivas gozadas pelo empregado.

1. COMENTÁRIOS

Na forma do art. 135, § 1º, da CLT, o empregador deve promover a anotação da concessão das férias na CTPS do empregado antes do mesmo iniciar seu gozo. A regra citada diz respeito às férias individuais que, independentemente do número de empregados, deve observar a marcação manual (sem carimbo padronizado), uma vez que não existe a necessidade de anotação, ao mesmo tempo, de um número elevado de empregados. Exatamente pelo número elevado de empregados (superior a 300) a regra do art. 141, *caput*, permite a anotação por carimbo padronizado, sem prejuízo de sua substituição por etiquetas ou qualquer outra forma padronizada, que facilite a anotação em massa da concessão das férias coletivas.

A ausência de anotação na CTPS da concessão das férias não induz à conclusão do seu não gozo, nem torna nulo o ato. Da mesma forma quanto às férias individuais (art. 135, § 1º), o registro das férias coletivas na CTPS é requisito de mera prova do ato e não pressuposto de validade de sua concessão. A anotação facilita a prova e, não havendo, constitui ônus do empregador demonstrar que concedeu o direito. O aviso e recibo de férias também são documentos idôneos para comprovar a concessão das mesmas, sem prejuízo da demonstração por prova oral (depoimento do autor e testemunhal), caso seja o empregador demando em juízo.

O art. 135, § 1º, acima referido, só exige a anotação na CTPS da concessão das férias, sendo, portanto, desnecessária a anotação do período aquisitivo. Em se tratando de férias coletivas a anotação do período aquisitivo de cada empregado tornaria o ato administrativo extremamente desgastante. A empresa mantém esta e outras informações em seus registros, normalmente informatizados, facilitando o acesso a estes dados.

Sergio Pinto Martins nos dá notícia de que a Portaria nº 3.560, de 10.10.79, que tratava de regulamentar os requisitos do carimbo padronizado referido neste artigo, foi revogada pelo art. 15 da Portaria nº 3.626, de 13.11.91. (Comentários, 2008, p. 167). Desta forma, há omissão quanto aos requisitos do carimbo padronizado. A nosso ver basta constar a informação do período de concessão das férias, deixando os dados de aquisição das mesmas para registros internos da empresa, acessíveis ao empregado, que poderão constar do aviso de férias, bem como do recibo de quitação quanto ao pagamento das mesmas.

A microempresa e a de pequeno porte estão dispensadas de comunicar ao Ministério do Trabalho a concessão das férias coletivas (art. 51, V, da LC nº 123, de 14.12.2006). Também estão dispensadas de fazer as anotações pertinentes nas fichas e livros de registros de empregados (art. 51, II, da referida Lei), mas continuam obrigadas a fazer as anotações das férias na CTPS de seus empregados (art. 52, I, da referida Lei).

SEÇÃO IV – DA REMUNERAÇÃO E DO ABONO DE FÉRIAS

Art. 142. O empregado perceberá, durante as férias, a remuneração que lhe for devida na data da sua concessão.

§ 1º – Quando o salário for pago por hora com jornadas variáveis, apurar-se-á a média do período aquisitivo, aplicando-se o valor do salário na data da concessão das férias.

§ 2º – Quando o salário for pago por tarefa tomar-se-á por base a media da produção no período aquisitivo do direito a férias, aplicando-se o valor da remuneração da tarefa na data da concessao das ferias.

§ 3º – Quando o salário for pago por percentagem, comissão ou viagem, apurar-se-á a média percebida pelo empregado nos 12 (doze) meses que precederem à concessão das férias.

§ 4º – A parte do salário paga em utilidades será computada de acordo com a anotação na Carteira de Trabalho e Previdência Social.

§ 5º – Os adicionais por trabalho extraordinário, noturno, insalubre ou perigoso serão computados no salário que servirá de base ao cálculo da remuneração das férias.

§ 6º – Se, no momento das férias, o empregado não estiver percebendo o mesmo adicional do período aquisitivo, ou quando o valor deste não tiver sido uniforme será computada a média duodecimal recebida naquele período, após a atualização das importâncias pagas, mediante incidência dos percentuais dos reajustamentos salariais supervenientes.

1. COMENTÁRIOS

1.1. Pagamento da remuneração vigente na época de gozo das férias

O texto legal (art. 142, *caput*) usou o vocábulo "remuneração", e não "salário". Portanto, o pagamento das férias levará em consideração, além do salário, fixo ou variável, também as gorjetas recebidas pelo empregado, sendo estes os componentes legais da remuneração, conforme o art. 457, *caput*, da CLT. Esta é a interpretação, a contrario senso, da S. 354 do TST.

O legislador definiu a remuneração do mês de sua concessão como critério de pagamento das férias, preservando o poder aquisitivo do salário do empregado. Eventual reajuste ou acréscimo salarial ocorrido no exato momento de seu gozo deverá integrar o pagamento das férias; confirma esta ideia a S. 328 do TST.

Qualquer que seja o critério de fixação do salário do empregado – vide comentários ao art. 78 da CLT –, seja por unidade de tempo (§ 1º, supra), por tarefa (§ 2º, supra) ou por produção (§ 3º, supra), a lei definiu que os componentes salariais presentes no período aquisitivo das férias, ainda que não mais subsistam no momento de gozo das mesmas, serão levados em consideração para o seu pagamento. Neste sentido, igualmente, a S. 199 do E. STF e 149 do E. TST.

1.2. Componentes salariais que integram o cálculo do pagamento das férias

As utilidades do § 4º (habitação, vestuário, alimentação, etc), os adicionais salariais do § 5º, além de outras parcelas salariais, como gratificações ajustadas, diárias que excedam de 50% do salário, etc., se presentes no período aquisitivo das férias, serão computadas, pela média duodecimal quando variáveis, para o pagamento das mesmas (§ 6º, supra), uma vez que possuem natureza salarial.

Somente as gratificações ajustadas, porque habituais, assumem natureza salarial e integram o cálculo das férias. As gratificações eventuais, por ausência do requisito da habitualidade, não têm natureza salarial. Diante desta lógica, não há razão, a nosso ver, para a manutenção da S. 253 do TST, que não insere no cálculo das férias as gratificações semestrais. Temos que o ajuste da mesma e sua repetição no tempo lhe conferem natureza salarial, determinando sua inserção no pagamento das férias. Não nos convence o argumento da tese majoritária de que a gratificação semestral já está inserida no salário do empregado, representando bis in idem o seu cômputo nas férias. A gratificação, sendo semestral, só estará inserida no salário de dois meses num ano. Portanto, considerando-se a média dos 12 meses do período aquisitivo das férias, esta deveria integrar a remuneração das mesmas no momento de sua concessão (pela média dos últimos 12 meses anteriores ao seu pagamento).

2. SÚMULAS E ORIENTAÇÕES JURISPRUDENCIAIS

- **Súmula nº 199 – STF**

O salário das férias do empregado horista corresponde à média do período aquisitivo, não podendo ser inferior ao mínimo.

- **Súmula nº 7 – TST**

FÉRIAS (mantida) – Res. 121/2003, DJ 19, 20 e 21.11.2003. A indenização pelo não-deferimento das férias no tempo oportuno será calculada com base na remuneração devida ao empregado na época da reclamação ou, se for o caso, na da extinção do contrato.

- **Súmula nº 149 – TST**

TAREFEIRO. FÉRIAS (mantida) – Res. 121/2003, DJ 19, 20 e 21.11.2003. A remuneração das férias do tarefeiro deve ser calculada com base na média da produção do período aquisitivo, aplicando-se-lhe a tarifa da data da concessão (ex-Prejulgado nº 22).

- **Súmula nº 253 – TST**

GRATIFICAÇÃO SEMESTRAL. REPERCUSSÕES (nova redação) – Res. 121/2003, DJ 19, 20 e 21.11.2003. A gratificação semestral não repercute no cálculo das horas extras, das férias e do aviso prévio, ainda que indenizados. Repercute, contudo, pelo seu duodécimo na indenização por antigüidade e na gratificação natalina.

- **Súmula nº 328 – TST**

FÉRIAS. TERÇO CONSTITUCIONAL (mantida) – Res. 121/2003, DJ 19, 20 e 21.11.2003. O pagamento das férias, integrais ou proporcionais, gozadas ou não, na vigência da CF/1988, sujeita-se ao acréscimo do terço previsto no respectivo art. 7º, XVII.

- **OJ 231, SBDI-1 – TST**

FÉRIAS. ABONO INSTITUÍDO POR INSTRUMENTO NORMATIVO E TERÇO CONSTITUCIONAL. SIMULTANEIDADE INVIÁVEL. Inserida em 20.06.01 (Convertida na Orientação Jurisprudencial Transitória nº 50 da SBDI-1, DJ 20.04.2005)

3. QUESTÕES DE CONCURSOS

01. (DPU/DEFENSOR PÚBLICO FEDERAL/CESPE/2010) O cálculo da remuneração das férias do tarefeiro deve ser realizado com base na média da produção do período aquisitivo, garantida a observância do valor da remuneração da tarefa na data da concessão.

02. (TRT – 2ª REGIÃO/JUIZ DO TRABALHO/2009/ADAPTADA) Sobre as férias anuais remuneradas, está correta afirmar que:

a) Quando o salário for pago por hora com jornadas variáveis, apurar-se-á a média dos últimos três meses do período aquisitivo, aplicando-se o valor do salário na data da concessão das férias.

b) Os adicionais por trabalho extraordinário, noturno, insalubre ou perigoso serão computados no salário que servirá de base de cálculo da remuneração de férias.

c) Quando o salário for pago por percentagem, comissão ou viagem, apurar-se-á a média percebida pelo empregado nos últimos seis meses que procederam à concessão das férias.

03. (OAB-SP/EXAME DA ORDEM – 137º/CESPE/2009) Quanto à remuneração a ser paga no período de férias, assinale a opção correta de acordo com o previsto na Consolidação das Leis do Trabalho (CLT).

a) O empregado não receberá salário, pois nesse período houve o afastamento do exercício de sua atividade laboral.

b) No salário pago por tarefa, para fins de apuração do valor do salário, toma-se a média da produção no período aquisitivo, aplicando-se o valor da tarefa do mês imediatamente anterior à concessão das férias.

c) Para o salário pago por porcentagem, apura-se a média do que foi percebido nos doze meses que precederem à concessão das férias, sendo esta a remuneração do período de descanso.

d) No salário pago por hora cujas jornadas sejam variáveis, a remuneração das férias será a média dos últimos seis meses, pagando-se a esse título o valor do salário vigente na data da sua apuração.

04. (FCC – Analista Judiciário – Área Administrativa – TRT 2/2014) Quanto à remuneração das férias, é INCORRETO afirmar:

a) Deve ser feito até dois dias antes do início do respectivo período de gozo.

b) O empregado dará quitação do pagamento mediante recibo, do qual deve constar indicação do início e do término das férias.

c) Os adicionais de horas extras, noturno, de insalubridade e de periculosidade integram o salário do empregado para fins de cálculo das férias.

d) O empregado perceberá durante as férias, a remuneração que lhe era devida na data da aquisição do direito, acrescida de 1/3.

e) Quando o salário for pago por comissão, porcentagem ou viagem, será apurada a média percebida pelo empregado nos 12 meses que precederam à concessão das férias.

GAB	1	C	2	B	3	C	4	D

✦ ABONO DE FÉRIAS

Art. 143. É facultado ao empregado converter 1/3 (um terço) do período de férias a que tiver direito em abono pecuniário, no valor da remuneração que lhe seria devida nos dias correspondentes.

§ 1º – O abono de férias deverá ser requerido até 15 (quinze) dias antes do término do período aquisitivo.

§ 2º – Tratando-se de férias coletivas, a conversão a que se refere este artigo deverá ser objeto de acordo coletivo entre o empregador e o sindicato representativo da respectiva categoria profissional, independendo de requerimento individual a concessão do abono.

§ 3º(Revogado pela Lei nº 13.467, de 13.07.2017).

1. COMENTÁRIOS

1.1. O terço constitucional de férias (CRFB/1988) e o abono facultativo (art. 143)

Atualmente, o direito ao repouso anual está previsto na Constituição da República, art. 7º, XVII, que introduziu no pagamento das férias o adicional de 1/3 incidente sobre o valor do salário normal do momento de gozo das férias.

A Constituição de 1967 que reproduziu o texto da Constituição de 1946, somente se referia às "férias anuais remuneradas". A inovação da Constituição de 1988 tornou obrigatório o acréscimo de 1/3 sobre o salário das férias, mas não alterou a faculdade prevista no art. 143 da CLT, de converter 1/3 das mesmas em pagamento ao trabalhador.

A gratificação (denominação utilizada por alguns para definir o terço constitucional) e o abono são institutos com a mesma finalidade, mas com naturezas jurídicas distintas. A finalidade comum é a de propiciar ao empregado um ganho financeiro, proporcionando melhor gozo das férias. O abono (art. 143) tem a natureza de direito potestativo modificativo, condicionada à declaração de vontade de seu titular. Já a gratificação prevista no art. 7º, XVII da CF se trata de direito irrenunciável e, portanto, obrigação de caráter cogente para o empregador (Süssekind, Direito Constitucional do Trabalho, 1999, p. 223).

Rodrigues Pinto se posiciona, de forma veemente, contrário ao instituto do abono, por entender que não se justifica a melhoria financeira do empregado com verdadeira barganha de direito ao integral repouso semanal, particularmente após o art. 7º, XVII, da CF, ter promovido a melhoria do valor da remuneração das férias (Tratado, 2007, págs. 467 e 468). Adamovich vai além e entende que a norma do art. 143 se tornou incompatível com o dispositivo constitucional referido (Comentários à CLT, 2009, p. 77). Poder-se-ia até mesmo falar em derrogação deste dispositivo pelo art. 3º, 3, da Convenção nº 132 da OIT, que prevê o gozo de, no mínimo, três semanas de férias, já que com o abono, o empregado só gozaria de 20 dias.

Entendemos, todavia, não obstante as opiniões acima expostas, que a quantidade de dias ainda restantes, em número de 20, mesmo após a conversão de 1/3 das férias em pagamento, é suficiente ao repouso anual, sem prejuízo para o descanso, socialização e recomposição das energias do empregado. Atualmente a jurisprudência é totalmente pacífica quanto à compatibilidade dos dois institutos jurídicos, como bem menciona Godinho (Curso, 2009, 906).

1.2. Vontade do empregado e concessão do abono

Em se tratando de férias individuais, a concessão do abono está condicionada ao exercício da vontade do empregado, manifestada em até 15 dias antes do término do período aquisitivo (§ 1º). Em se tratando de férias coletivas, contudo, há restrição à autonomia individual do empregado, sendo condicionada sua concessão à assinatura de acordo coletivo de trabalho (§ 2º).

É pertinente a crítica da doutrina quanto ao prazo previsto no § 1º, que condiciona a solicitação do abono ao final do período aquisitivo, considerando-se que o empregador ainda terá doze meses para conceder as férias. Nada obsta que a negociação coletiva flexibilize esta regra, uma vez que o requerimento, em prazo mais próximo do gozo das férias, trará grande segurança para o ato volitivo, uma vez que o empregado optará ou não pelo abono, de acordo com os planos que tiver feito para suas férias e diante da proximidade de seu gozo.

O § 3º, revogado pela Lei nº 13.467, de 13.07.2017, impedia que o empregado a tempo parcial pudesse converter 1/3 de suas férias em abono pecuniário. A restrição condizia com o curto período de férias, de no máximo 18 (dezoito) dias, a que estavam sujeitos os empregados sob este regime (art. 130-A, I, da CLT, revogado pela Lei nº 13.467, de 13.07.2017). Fosse permitida a conversão de 1/3 deste período em abono, o empregado a tempo parcial gozaria de, no máximo, 12 dias de férias.

2. SÚMULAS E ORIENTAÇÕES JURISPRUDENCIAIS

- **OJ 50, Transitória SBDI-1 – TST – DJ 20.04.2005**

FÉRIAS. ABONO INSTITUÍDO POR INSTRUMENTO NORMATIVO E TERÇO CONSTITUCIONAL. SIMULTANEIDADE INVIÁVEL. (conversão da Orientação Jurisprudencial nº 231 da SBDI-1). O abono de férias decorrente de instrumento normativo e o abono de 1/3 (um terço) previsto no art. 7º, XVII, da CF/1988 têm idêntica natureza jurídica, destinação e finalidade, constituindo-se "bis in idem" seu pagamento simultâneo, sendo legítimo o direito do empregador de obter compensação de valores porventura pagos. (ex-OJ nº 231 da SBDI-1 – inserida em 20.06.01)

3. QUESTÕES DE CONCURSOS

01. (AGU/PROCURADOR FEDERAL/CESPE/2010) É facultado ao empregado sob o regime parcial converter um terço do período de férias a que tiver direito em abono pecuniário, no valor da remuneração que lhe seria devida nos dias correspondentes.

02. (FCC – TRT 12 – Analista Judiciário/2010) A respeito do abono de férias, analise:

I. Deverá ser requerido até quinze dias antes do término do período aquisitivo.

II. Tratando-se de férias coletivas, a concessão do abono de férias depende de requerimento individual, independentemente de acordo coletivo entre o empregador e o sindicato representativo da respectiva categoria profissional.

III. As disposições previstas na Consolidação das Leis do Trabalho referentes ao abono de férias aplicam – se aos empregados sob o regime de tempo parcial.

De acordo com a Consolidação das Leis do Trabalho, está correto o que consta APENAS em

a) I e III.

b) II.

c) I e II.

d) II e III.

e) I.

03. (TRT - 2ª REGIÃO/JUIZ DO TRABALHO/2009/ADAPTADA) É faculdade do empregador a escolha da época de concessão das férias, bem como a conversão de 10 dias do período de férias em abono pecuniário.

GAB	1	E	2	E	3	E

✦ **NATUREZA JURÍDICA DO ABONO DE FÉRIAS**

Art. 144. O abono de férias de que trata o artigo anterior, bem como o concedido em virtude de cláusula do contrato de trabalho, do regulamento da empresa, de convenção ou acordo coletivo, desde que não excedente de vinte dias do salário, não integrarão a remuneração do empregado para os efeitos da legislação do trabalho.(Redação da Lei nº 9.528, de 10.12.1997)

1. COMENTÁRIOS

1.1. Natureza jurídica do abono e do terço constitucional de férias

A lei nem precisaria ter dito que o abono não possui natureza salarial, pois é evidente sua natureza indenizatória, como se observa da dinâmica de seu pagamento. O abono é verdadeira indenização ao empregado diante da ausência de gozo de 1/3 das férias.

Por outro lado, o terço constitucional acrescido sobre as férias (art. 7º, XVII, da CRFB/88), sempre trouxe questionamentos quanto à sua natureza. Godinho explica que a verba tem "nítido caráter acessório" e, como tal, assumirá a mesma natureza da parcela principal. Portanto, se o pagamento das férias decorreu de seu regular gozo, ambos, as férias e o abono, terão natureza salarial. A contrario senso, se as férias foram indenizadas por ocasião da rescisão contratual, tanto estas quanto seu acessório, o abono, terão natureza indenizatória (Curso, 2009, p. 906).

1.2. Abono de férias especial

O abono de férias pode também ser estipulado em cláusula de contrato individual de trabalho, em norma coletiva, ou, ainda, em regulamento empresarial, além daquele previsto legalmente no art. 143 da CLT. Este abono negociado ou estipulado no regulamento da empresa também tem natureza indenizatória, desde que não ultrapasse 20 dias das férias, pois, ultrapassado este limite, terá clara natureza salarial. Temos, portanto, a seguinte dinâmica, o art. 143 da CLT permite a conversão de 10 dias das férias (1/3 das mesmas) em pagamento pelo empregador (abono), sobrando, ainda, 20 dias de férias para gozo do empregado, considerando-se a regra geral. Aos empregados e empregadores, bem como aos entes sindicais, restam mais 10 dias que poderão ser convertidos em abono, mediante negociação, ou escolha do empregador em se tratando de previsão em regulamento, sobrando somente 10 dias de gozo de férias. Esta possibilidade de se converter até 20 dias do pagamento das férias em abono, muito se afasta do art. 3º, 3, da Convenção nº 132 da OIT, que prevê a concessão de pelos menos três semanas de férias.

A regra do art. 144 da CLT, ao qual acabamos de conferir uma interpretação muito pessoal, não escapou da critica de Orlando Gomes e Elson Gottschalk. Para estes autores a redação legal é obscura e dúbia a expressão: "desde que não exceda de vinte dias de salário", "pois o abono criado pelo art. 143 da CLT jamais passaria de dez dias de salário" (Curso, 1996, págs. 319-320). Para que possamos superar o obstáculo interpretativo indicado pela doutrina, a única solução razoável, que propomos acima, é a de afirmar que os 20 dias referidos no texto dizem respeito tanto ao abono legal (10 dias) como à possibilidade de previsão, em fontes autônomas (contrato individual, acordo coletivo, convenção coletiva e regulamento de empresa), de abono especial que não poderá ultrapassar de 10 dias, chegando-se, assim, ao número de 20 dias de salário mencionados no texto da norma.

Ou seja, podem ser convertidos até 20 dias de férias em abono, sendo 10 dias por previsão legal e 10 dias por iniciativa de empregados, empregadores e sindicatos, que denominamos de abono de férias especial.

2. QUESTÕES DE CONCURSOS

01. (TRT – 15ª REGIÃO/ANALISTA JUDICIÁRIO/FCC/2009) O abono de férias

a) não integrará a remuneração do empregado, desde que não excedente de dez dias do salário.

b) integrará sempre a remuneração do empregado, em razão da natureza jurídica dos abonos em geral.

c) não integrará, em nenhuma hipótese, a remuneração do empregado, tratando-se de exceção prevista na Consolidação das Leis do Trabalho.

d) não integrará a remuneração do empregado, desde que não excedente de vinte dias do salário.

e) não integrará a remuneração do empregado, desde que não excedente de quinze dias do salário.

02. (MTE/AUDITOR FISCAL DO TRABALHO/ESAF/2010/ADAPTADA) O abono de férias concedido na forma da lei, bem como o decorrente de cláusula do contrato de trabalho, do regulamento empresarial, de convenção ou acordo coletivo de trabalho integrarão a remuneração do empregado, independentemente do valor e para todos os fins.

GAB	1	D	2	E

✦ DA ÉPOCA DE PAGAMENTO DAS FÉRIAS

Art. 145. O pagamento da remuneração das férias e, se for o caso, o do abono referido no art. 143 serão efetuados até 2 (dois) dias antes do início do respectivo período.

Parágrafo único. O empregado dará quitação do pagamento, com indicação do início e do termo das férias.

1. COMENTÁRIOS

A remuneração das férias é paga antecipadamente ao seu gozo. Este fato permite que o empregado possa efetivamente usufruir das férias, pois o pagamento antecipado, inclusive com o terço constitucional, favorece o planejamento dos gastos excepcionais decorrentes dos momentos de lazer nesta ocasião.

O descumprimento do prazo previsto neste artigo, exatamente por inviabilizar o gozo das férias, importa em pagamento dobrado de sua remuneração, por força da norma do art. 137 da CLT (**neste sentido a Súmula nº 450 do TST**).

Quanto ao recibo de quitação das férias, assinado pelo empregado no ato de seu pagamento, qual seja, até 2 dias antes do seu início, a lei só exige que se indique o termo inicial e final das férias. A norma não determina que o empregador também conste do recibo o período aquisitivo de cada uma das férias gozadas, informação a que o empregado tem direito. A praxe, contudo, sempre foi fazer constar tanto o período aquisitivo quanto o concessivo na notificação que informa o início das férias (art. 135) e, principalmente, no recibo de quitação (art. 145, § único).

2. SÚMULAS E ORIENTAÇÕES JURISPRUDENCIAIS

▸ **Súmula nº 450 – TST GOZO NA ÉPOCA PRÓPRIA. PAGAMENTO FORA DO PRAZO. DOBRA DEVIDA. ARTS. 137 E 145 DA CLT. (conversão da Orientação Jurisprudencial nº 386 da SBDI-1) – Res. 194/2014, DEJT divulgado em 21, 22 e 23.05.2014**

É devido o pagamento em dobro da remuneração de férias, incluído o terço constitucional, com base no art. 137 da CLT, quando, ainda que gozadas na época própria, o empregador tenha descumprido o prazo previsto no art. 145 do mesmo diploma legal.

3. QUESTÕES DE CONCURSOS

01. (TRT 14 – Juiz do Trabalho Substituto 14ª região/ 2012) Analise as assertivas abaixo e após marque a única alternativa correta:

a) Por força do princípio da igualdade, ainda que o empregado esteja sujeito à modalidade do regime de tempo parcial, após cada período de 12 (meses) de vigência do contrato de trabalho, terá direito a férias de 30 (trinta) dias corridos.

b) Não terá direito a férias o empregado que, no curso do período aquisitivo tiver percebido da Previdência Social prestações de acidente de trabalho ou de auxílio-doença por mais de 4 (quatro) meses, embora descontínuos.

c) Não é devido o pagamento em dobro da remuneração de férias, incluído o terço constitucional, com base no art. 137 da CLT, ainda que o empregador tenha descumprido o prazo previsto no art. 145 do mesmo diploma legal, desde que gozadas na época própria.

d) O empregado estudante, independentemente da idade, terá direito a fazer coincidir suas férias com as férias escolares.

e) Não será considerada falta ao serviço, para os efeitos de duração das férias, a ausência do empregado por 1 (um) dia, em cada 12 (doze) meses de trabalho, em caso de doação voluntária de sangue devidamente comprovada.

GAB	1	E

SEÇÃO V – DOS EFEITOS DA CESSAÇÃO DO CONTRATO DE TRABALHO

✦ PAGAMENTO DAS FÉRIAS NA CESSAÇÃO DO CONTRATO DE TRABALHO

Art. 146. Na cessação do contrato de trabalho, qualquer que seja a sua causa, será devida ao empregado a remuneração simples ou em dobro, conforme o caso, correspondente ao período de férias cujo direito tenha adquirido.

Parágrafo único. Na cessação do contrato de trabalho, após 12 (doze) meses de serviço, o empregado, desde que não haja sido demitido por justa causa, terá direito à remuneração relativa ao período incompleto de férias, de acordo com o art. 130, na proporção de 1/12 (um doze avos) por mês de serviço ou fração superior a 14 (quatorze) dias.

1. COMENTÁRIOS

O empregado terá direito à remuneração das férias já adquiridas. O legislador não fez qualquer distinção quanto aos motivos de cessação do contrato de trabalho, usando a expressão "qualquer que seja sua causa", aqui incluída a justa causa, motivada por ato faltoso do empregado. Entendem-se por adquiridas aquelas férias cujo período aquisitivo se completou, antes da rescisão contratual.

A redação do parágrafo único, a contrario senso, exclui o direito do empregado de receber pelas férias não adquiridas, ou seja, as proporcionais, quando este ainda não completou 12 meses de emprego. A partir de 12 meses de emprego só perderá as férias proporcionais, referentes ao período aquisitivo em curso, quando o rompimento contratual se der por ato faltoso do empregado (art. 482, da CLT).

A primeira parte do parágrafo único, que só permite o pagamento das férias proporcionais, na rescisão contratual, quando concluídos 12 meses de emprego, foi derrogada, a nosso ver, pela Convenção nº 132 da OIT, especificamente pelo art. 5.2, in verbis: "Cabe à autoridade competente e ao órgão apropriado do país interessado fixar a duração mínima de tal período de serviço, (para aquisição das férias) que não deverá em caso algum ultrapassar 6 (seis) meses".

Diante desta derrogação pelo diploma internacional, o empregado tem que receber as férias proporcionais mesmo com menos de 12 meses de emprego e qualquer que seja o motivo de rompimento do contrato de trabalho, ressalvando-se, somente, a justa causa.

Há até mesmo quem premie o empregado que cometeu ato faltoso, passível de justa causa, com o pagamento das férias proporcionais, sob o fundamento de que a Convenção nº 132 da OIT, no dispositivo do art. 11, sequer excepcionou este motivo. Tal entendimento permite o pagamento de uma indenização a empregado que agiu com culpa, bonificando, portanto, a prática de ilícito trabalhista. Isto porque têm natureza indenizatória as férias não gozadas, seja porque o empregador não as concedeu, seja, como nesta hipótese, porque o empregado ainda não adquiriu o direito à integralidade das férias. Logo, a justa causa sempre será motivo para excluir o pagamento das férias proporcionais (neste sentido a S. 171 do TST). Mesmo entendimento não se aplica às férias integrais, simples, nem às vencidas, pois o ato faltoso praticado pelo empregado, depois da aquisição destas férias, não pode retroagir para lhe prejudicar. O evento motivador da justa causa influencia somente os direitos devidos após sua ocorrência, como é o caso do aviso prévio, da indenização de 40% sobre o FGTS e das férias proporcionais.

2. SÚMULAS E ORIENTAÇÕES JURISPRUDENCIAIS

▸ **Súmula nº 7 – TST**

FÉRIAS (mantida) – Res. 121/2003, DJ 19, 20 e 21.11.2003. A indenização pelo não-deferimento das férias no tempo oportuno será calculada com base na remuneração devida ao empregado na época da reclamação ou, se for o caso, na da extinção do contrato.

▸ **Súmula nº 10 – TST**

PROFESSOR. DISPENSA SEM JUSTA CAUSA. TÉRMINO DO ANO LETIVO OU NO CURSO DE FÉRIAS ESCOLARES. AVISO PRÉVIO (redação alterada em sessão do Tribunal Pleno realizada em 14.09.2012) – Res. 185/2012 – DEJT divulgado em 25, 26 e 27.09.2012

O direito aos salários do período de férias escolares assegurado aos professores (art. 322, *caput* e § 3º, da CLT) não exclui o direito ao aviso prévio, na hipótese de dispensa sem justa causa ao término do ano letivo ou no curso das férias escolares.

▸ **Súmula nº 171 – TST**

FÉRIAS PROPORCIONAIS. CONTRATO DE TRABALHO. EXTINÇÃO (republicada em razão de erro material no registro da referência legislativa), DJ 05.05.2004

Salvo na hipótese de dispensa do empregado por justa causa, a extinção do contrato de trabalho sujeita o empregador ao pagamento da remuneração das férias proporcionais, ainda que incompleto o período aquisitivo de 12 (doze) meses (art. 147 da CLT) (ex-Prejulgado nº 51).

▸ **Súmula nº 261 – TST**

FÉRIAS PROPORCIONAIS. PEDIDO DE DEMISSÃO. CONTRATO VIGENTE HÁ MENOS DE UM ANO (nova redação) – Res. 121/2003, DJ 19, 20 e 21.11.2003. O empregado que se demite antes de complementar 12 (doze) meses de serviço tem direito a férias proporcionais.

▸ **Súmula nº 328 – TST**

FÉRIAS. TERÇO CONSTITUCIONAL (mantida) – Res. 121/2003, DJ 19, 20 e 21.11.2003. O pagamento das férias, integrais ou proporcionais, gozadas ou não, na vigência da CF/1988, sujeita-se ao acréscimo do terço previsto no respectivo art. 7º, XVII.

3. QUESTÕES DE CONCURSOS

01. **(DPU/DEFENSOR PÚBLICO FEDERAL/CESPE/2010)** A indenização por férias não concedidas em tempo oportuno deve ser calculada com base na remuneração devida ao empregado na época de eventual reclamação ou, se for o caso, quando da extinção do contrato.

02. **(MTE/AUDITOR FISCAL DO TRABALHO/ESAF/2010/ADAPTADA)** A remuneração percebida pelo empregado à época da propositura da ação na Justiça do Trabalho serve de base de cálculo para as férias não concedidas no tempo oportuno.

03. (MTE/AUDITOR FISCAL DO TRABALHO/ESAF/2010/ADAPTADA) independentemente do tempo de serviço, havendo cessação do contrato de trabalho, qualquer que seja sua causa, será devido ao empregado a remuneração em dobro correspondente ao período de férias cujo direito tenha adquirido.

04. (IADES – Analista I – Advogado – CRF – DF/2017) A respeito das Súmulas do Tribunal Superior do Trabalho no que se refere às férias, assinale a alternativa correta.

a) A indenização pelo não deferimento das férias no tempo oportuno será calculada com base na remuneração devida ao empregado na época da reclamação ou, se for o caso, na da extinção do contrato.

b) A indenização pelo não deferimento das férias no tempo oportuno será calculada com base na remuneração devida ao empregado na época do período aquisitivo.

c) A remuneração das férias do tarefeiro deve ser calculada com base na média de salários dos três últimos meses trabalhados durante o período aquisitivo.

d) Os dias de férias gozados após o período legal de concessão deverão ser remunerados de forma simples, com acréscimo do terço de férias.

e) Em qualquer hipótese de dispensa do empregado, a extinção do contrato de trabalho sujeita o empregador ao pagamento da remuneração das férias proporcionais, ainda que incompleto o período aquisitivo de 12 meses.

GAB	1	C	2	C	3	E	4	A

✦ FÉRIAS PROPORCIONAIS NA CESSAÇÃO DO CONTRATO DE TRABALHO

Art. 147. O empregado que for despedido sem justa causa, ou cujo contrato de trabalho se extinguir em prazo predeterminado, antes de completar 12 (doze) meses de serviço, terá direito à remuneração relativa ao período incompleto de férias, de conformidade com o disposto no artigo anterior.

1. COMENTÁRIOS

A interpretação deste artigo, por exclusão, impede o pagamento das férias proporcionais ao empregado que exerce seu direito potestativo de pedir demissão, quando não tiver 12 meses de emprego. Este dispositivo, contudo, não mais prevalece em nosso ordenamento jurídico, diante da ratificação pelo Brasil da Convenção nº 132 da OIT. O efeito derrogatório da normatização específica da CLT, diante da ratificação desta Convenção, já foi abordado nos comentários ao art. 129 da CLT, aos quais nos reportamos. Lembramos ao leitor a conclusão a que chegamos naqueles comentários: aplicação da regra específica que se mostrar mais favorável, seja da Convenção nº 132, seja da CLT.

Exemplo desta interpretação diz respeito às férias proporcionais na rescisão contratual. O texto da CLT, inscrito no art. 147, supra, não permite a concessão das férias proporcionais ao empregado que peça demissão com menos de 12 meses de emprego. O artigo 11 da Convenção nº 132 da OIT, por sua vez, não distingue o motivo da cessação do contrato, permitindo o pagamento das férias proporcionais mesmo nestas condições. A Convenção claramente influenciou a nova redação da S. 261 do TST, aprovada pela resolução nº 121/2003.

Observou-se uma mudança radical na interpretação jurisprudencial, que passou a prever o pagamento das férias proporcionais, mesmo no pedido de demissão com menos de 12 meses no emprego.

2. SÚMULAS E ORIENTAÇÕES JURISPRUDENCIAIS

▸ **Súmula nº 261 – TST**

FÉRIAS PROPORCIONAIS. PEDIDO DE DEMISSÃO. CONTRATO VIGENTE HÁ MENOS DE UM ANO (nova redação) – Res. 121/2003, DJ 19, 20 e 21.11.2003. O empregado que se demite antes de complementar 12 (doze) meses de serviço tem direito a férias proporcionais.

3. QUESTÕES DE CONCURSOS

01. (TRT – 3ª REGIÃO/JUIZ DO TRABALHO SUBSTITUTO/2009/ADAPTADA) Nos termos sumulados pelo e. TST, sintonizado com o texto consolidado, o empregado que se demite, tendo menos de um ano de serviço prestado ao empregador, não tem direito à percepção de férias proporcionais.

02. (TRT – 16º REGIÃO/TÉCNICO JUDICIÁRIO/FCC/2009) O empregado que se demite sem antes completar doze meses de serviço

a) só tem direito a férias proporcionais se houver dispositivo contratual específico.

b) só tem direito a férias proporcionais se houver previsão em convenção coletiva da categoria ou acordo normativo.

c) tem direito a férias proporcionais.

d) não tem direito a férias proporcionais em nenhuma hipótese.

e) tem direito a férias proporcionais reduzida da metade.

03. (TRT 24 – Técnico Judiciário – Área Administrativa/2011) Laís, empregada da empresa G, após quatro meses de contrato de trabalho, sem ter tido nenhuma falta, pediu demissão, uma vez que estava insatisfeita com o seu emprego. Neste caso, de acordo com o entendimento sumulado do Tribunal Superior do Trabalho, Laís

a) não terá direito de receber suas férias proporcionais e nem o décimo terceiro salário, tendo em vista que a legislação pertinente prevê o prazo mínimo de seis meses de contrato de trabalho.

b) não terá direito de receber suas férias proporcionais, tendo em vista que não completou doze meses de serviço.

c) terá direito de receber suas férias proporcionais (quatro meses) de forma simples, ou seja, sem o acréscimo de um terço.

d) terá direito ao aviso prévio de trinta dias, podendo optar em reduzir sua jornada diária em duas horas ou faltar ao serviço por sete dias corridos.

e) terá direito de receber suas férias proporcionais (quatro meses) acrescidas de um terço.

GAB	1	E	2	C	3	E

✦ NATUREZA DAS FÉRIAS NA CESSAÇÃO DO CONTRATO DE TRABALHO

Art. 148. A remuneração das férias, ainda quando devida após a cessação do contrato de trabalho, terá natureza salarial, para os efeitos do art. 449.

1. COMENTÁRIOS

A remuneração das férias decorrente de seu regular gozo possui natureza salarial, mas o mesmo não se pode dizer quanto às férias indenizadas por ocasião da rescisão contratual. Todavia, o legislador conferiu natureza salarial às férias indenizadas tão-somente com a intenção de lhes estender os privilégios dos créditos trabalhistas para fins de falência (art. 449, da CLT). Com a alteração do art. 449, § 1º, pela Lei nº 6.449, de 14.10.1977, atribuindo privilégios à "totalidade das indenizações" a que o empregado tiver direito, tornou-se desnecessário o artificial caráter indenizatório atribuído às férias na redação deste artigo. Sobre o tema, vale a critica de Francisco Antonio de Oliveira: "O legislador rendeu-se à imperfeição em prol da proteção do hipossuficiente, quando confere às férias indenizadas a natureza jurídica de salário (art. 148 da CLT)". (Comentários, 2005, p. 180).

Atualmente, os privilégios dos créditos decorrentes dos contratos de trabalho estão disciplinados na Lei de Recuperação e Falência – LRF, de nº 11.101, de 09.02.2005, especificamente nos artigos 83, I e VI, "c" e 151. Diante da falência, os créditos trabalhistas dos empregados ficam assim classificados: **a)** super privilegiados: créditos de caráter estritamente salarial, vencidos três meses antes da decretação da falência, que precedem à ordem disposta no art. 83 da LRF, limitados a 5 salários-mínimos por trabalhador e serão pagos tão logo haja disponibilidade de caixa (art. 151 da LRF); **b)** créditos concursais com privilégio: decorrentes da legislação trabalhista e de acidentes de trabalho, que serão pagos antes dos demais credores, mas com limitação de 150 salários-mínimos por trabalhador (art. 83, I, da LRF); c) créditos concursais sem privilégio: são créditos quirografários, pagos sem qualquer privilégio, decorrentes do saldo dos valores derivados da legislação do trabalho que excederem o limite de 150 salários-mínimos (art. 83, VI, "c", da LRF).

SEÇÃO VI – DO INÍCIO DA PRESCRIÇÃO

✦ DA RECLAMAÇÃO SOBRE FÉRIAS

Art. 149. A prescrição do direito de reclamar a concessão das férias ou o pagamento da respectiva remuneração é contada do término do prazo mencionado no art. 134 ou, se for o caso, da cessação do contrato de trabalho.

1. COMENTÁRIOS

Na demanda que pretende obrigar o empregador a fixar as férias do empregado, mediante cominação de multa-diária, na forma do art. 137, §§ 1º e 2º da CLT, o prazo é de 5 anos a contar da lesão. Esta, por sua vez, só se caracteriza quando o empregador deixar de cumprir o prazo de 12 meses para conceder as férias, na forma do art. 134 da CLT. Conta-se prazo de 5 anos porque o empregado só tem interesse em demandar para a fixação das férias com o contrato de trabalho em curso, já que após sua extinção não haverá gozo das mesmas, mas sim seu pagamento.

Para a demanda que objetiva o pagamento das férias, o empregado deve observar a seguinte interpretação do art. 7º, XXIX, da CRFB/88, que trata de prescrição: a) observar o prazo de 2 anos a contar da extinção do contrato de trabalho; b) saber que a cada 5 anos, a contar do início da lesão (término do prazo concessivo), o direito de se exigir o cumprimento da obrigação foi atingido pela prescrição. A demanda para pagamento das férias só será eficaz se observados estes dois critérios. Desta forma, as férias cujo prazo concessivo terminou cinco anos antes da extinção do contrato, não serão alcançadas pela ação, ainda que esta seja ajuizada no prazo de 2 anos da extinção do contrato (vide comentários ao art. 11 da CLT sobre prescrição).

Tomemos o seguinte exemplo: empregado adquiriu as férias em 15.3.2002 e seu empregador deveria concedê-las, integralmente, até 15.3.2003, final do período concessivo, mas não o fez; em 16.3.2003 se inicia o prazo de prescrição quinquenal de cobrança destas férias, encerrando-se em 16.3.2008. Este mesmo empregado foi dispensado em 20.4.2009 e tendo dois anos para ajuizar sua demanda, a contar da extinção do contrato, o fez em 15.1.2010, antes de terminar o prazo de prescrição bienal. Ainda assim, a ação movida por este empregado não terá eficácia para reparar a lesão quanto às férias do período 2001/2002, mencionadas no exemplo, pois o prazo de prescrição quinquenal, a contar da data de ajuizamento da demanda (15.01.2010) só alcança os cinco anos anteriores, ou seja, até 15.01.2005.

Diferentemente do que afirmamos acima, o prazo prescricional das férias que foram gozadas, mas pagas de maneira incompleta, flui da data deste pagamento e não do fim do período concessivo.

Vejamos outro exemplo, enfocando esta segunda hipótese: o empregado recebeu suas férias 2.9.2004, referentes ao período aquisitivo de 20.3.2003 até 20.03.2004. A contar do pagamento incompleto, – digamos que não tenha recebido o adicional de 1/3 sobre as férias –, flui o prazo quinquenal, que se encerra em 2.9.2009. Este mesmo empregado foi dispensado em 10.11.2009 e ajuizou sua demanda, tempestivamente, em 20.1.2010. Pergunta-se: conseguirá reparar a lesão quanto às férias? A resposta é negativa, pois expirado o prazo quinquenal em 2.9.2009, ocorreu a prescrição total quanto à pretensão de pagamento das férias 2003/2004, ainda que a demanda tenha respeitado a prescrição bienal, que flui da extinção do contrato de trabalho.

2. QUESTÕES DE CONCURSOS

01. (TRT – 3ª REGIÃO/JUIZ DO TRABALHO SUBSTITUTO/2009/ADAPTADA) Nos termos da CLT, a prescrição do direito de reclamar a concessão de férias é contada do término do prazo aquisitivo, ou, se for o caso, da cessação do contrato de trabalho.

02. (FCC – TRT 6 – Analista Judiciário/2012) Em relação às férias anuais, nos termos da Consolidação das Leis do Trabalho, o

a) pagamento da remuneração das férias ou do abono pecuniário será efetuado até 15 (quinze) dias antes do início do respectivo período de gozo.

b) empregador é obrigado a conceder férias aos membros de uma mesma família que trabalhem na mesma empresa, em idêntico período, para possibilitar a integração familiar, independentemente de prejuízo que vier a ser causado ao serviço.

c) período da concessão das férias será o que melhor consulte os interesses do empregado em razão do princípio da proteção ao trabalhador.

d) prazo prescricional para reclamar as férias conta-se do término do período concessivo ou da cessação do contrato de trabalho.

e) empregado não terá direito a férias, caso no curso do período aquisitivo permanecer em gozo de licença, com percepção de salários, por mais de 60 (sessenta) dias.

GAB	1	E	2	D

▸SEÇÃO VII – DISPOSIÇÕES ESPECIAIS

✦ AQUISIÇÃO DAS FÉRIAS DO MARÍTIMO

Art. 150. O tripulante que, por determinação do armador, for transferido para o serviço de outro, terá computado, para o efeito de gozo de férias, o tempo de serviço prestado ao primeiro, ficando obrigado a concedê-las o armador em cujo serviço ele se encontra na época de gozá-las.

✦ PARCELAMENTO DAS FÉRIAS

§ 1º – As férias poderão ser concedidas, a pedido dos interessados e com aquiescência do armador, parceladamente, nos portos de escala de grande estadia do navio, aos tripulantes ali residentes.

✦ PORTOS DE GRANDE ESTADA

§ 2º – Será considerada grande estadia a permanência no porto por prazo excedente de 6 (seis) dias.

✦ REQUERIMENTO ESCRITO

§ 3º – Os embarcadiços, para gozarem férias nas condições deste artigo, deverão pedi-las, por escrito, ao armador, antes do início da viagem, no porto de registro ou armação.

✦ RETORNO DAS FÉRIAS

§ 4º – O tripulante, ao terminar as férias, apresentar-se-á ao armador, que deverá designá-lo para qualquer de suas embarcações ou o adir a algum dos seus serviços terrestres, respeitadas a condição pessoal e a remuneração.

✦ SUSPENSÃO DAS FÉRIAS POR INTERESSE PÚBLICO

§ 5º – Em caso de necessidade, determinada pelo interesse público, e comprovada pela autoridade competente, poderá o armador ordenar a suspensão das férias já iniciadas ou a iniciar-se, ressalvado ao tripulante o direito ao respectivo gozo posteriormente.

✦ ACUMULAÇÃO DE FÉRIAS

§ 6º – O Delegado do Trabalho Marítimo poderá autorizar a acumulação de 2 (dois) períodos de férias do marítimo, mediante requerimento justificado:

I – do sindicato, quando se tratar de sindicalizado; e

II – da empresa, quando o empregado não for sindicalizado.

1. COMENTÁRIOS

O tripulante ou embarcadiço é o marítimo que tem contrato para trabalhar em embarcação. Ou seja, o tripulante é o marítimo em missão, quando está embarcado, trabalhando ou à disposição do armador-empregador. Este, por sua vez, é o proprietário ou quem fretou (alugou) a embarcação. Sobre o Marítimo e sua caracterização vide artigos 248 a 252 da CLT e seus comentários.

As disposições especiais deste artigo, bem como as dos artigos 151 a 152, são complementares às regras gerais dos demais dispositivos da CLT sobre férias, e serão sempre aplicáveis aos tripulantes quando não forem incompatíveis com as normas especificas ora referidas. Os Embarcadiços também se sujeitam às regras da Capitania dos Portos (Decreto-lei nº 5.798, de 11.6.1940 e, atualmente, Lei nº 9.537, DOU de 12.12.97).

O *caput* deste artigo cria uma ruptura da regra de contagem do período aquisitivo das férias. Exige a norma que o tempo de serviço trabalhado para um armador seja computado para a aquisição de férias em outro armador, quando o empregado for transferido de um para o outro. Trata-se de exceção à regra geral de contagem do tempo de serviço do art. 4º, da CLT.

Os §§ 1º a 3º cuidam do parcelamento das férias. Inverte-se a regra geral da CLT, onde as férias são determinadas pela vontade do empregador e no seu preponderante interesse (art. 136). No caso do marítimo prepondera o seu interesse. O parcelamento das férias ocorrerá nas paradas de grande estada, ou seja, quando os navios aportarem por mais de 6 dias (§ 2º). Necessita-se de requerimento escrito do tripulante, com aquiescência do armador (§ 1º), antes do início da viagem (§ 3º). Como se trata de parcelamento de férias para uma categoria específica, não se pode exigir a incidência da regra do art. 134, § 1º, da CLT.

O § 4º permite que o tripulante, no retorno das férias, seja designado para outra embarcação (do mesmo armador), ou seja indicado para serviços terrestres. Quando estiver em serviços terrestres são mantidas as peculiaridades de seu contrato, particularmente a remuneração, razão pela qual podemos afirmar que, mesmo não estando embarcado, continua na condição de marítimo, mas não pode ser qualificado como tripulante.

O § 5º prevê a suspensão das férias ou do início do gozo das mesmas por interesse público. A noção deste tipo de interesse não pode ser aquela que inspirava os grandes movimentos de navegação comercial de outras eras, como bem explicam Orlando Gomes e Elson Gottschalk, com apoio nas lições de Ripert: "...as célebres repúblicas comerciais da idade Média, tais como Gênova, Amalfi, Veneza etc., do Mediterrâneo e o Adriático, eram dirigidas por mercadores, para os quais o "interesse público" estava muito longe de ter o sentido atual, já que representava o próprio interesse comercial. Consequentemente, as normas trabalhistas que se encontravam nos velhos códigos marítimos medievais, na Ordenança Francesa de 1681, nos códigos comerciais que o tiveram como modelo, inclusive o nosso, eram, de preferência, normas de Direito de Navegação e não de Direito do Trabalho Marítimo, no conceito moderno desta expressão jurídica." (Curso, 1996, p. 458). Portanto, modernamente, o interesse público que deve nortear a suspensão das férias se vincula ao beneficio social que a embarcação e seus tripulantes hão de favorecer com seu trabalho, diante da superveniência da necessidade de uma atuação urgente dos mesmos.

O § 6º também subverte a regra geral, permitindo a acumulação de dois períodos de férias pelo marítimo. Como a lei não traz qualquer vedação, o pagamento destas férias, quando efetivamente gozadas, deve observar a dobra do art. 137 da CLT. Dispõe o texto legal que a acumulação deve ser requerida pelo sindicato, quando se tratar de empregado sindicalizado, e pela empresa quando não o for. A regra, quando faz tal distinção, não foi recepcionada pelo art. 8º, III, da CF, que permite a atuação do sindicato na defesa dos interesses individuais e coletivos de toda a "categoria", associados ou não. Ademais, entendimento em contrário representaria violação ao princípio da liberdade de filiação (art. 8º, V, da CF), pois só o trabalhador associado teria o apoio de seu sindicato no requerimento de acumulação de férias. Logo, somente o sindicato pode fazer o requerimento e para toda a categoria, independentemente da condição de associado do empregado.

2. SÚMULAS E ORIENTAÇÕES JURISPRUDENCIAIS

- **Súmula nº 531 – STF**

É INCONSTITUCIONAL O DECRETO 51.668, DE 17/1/1963, QUE ESTABELECEU SALÁRIO PROFISSIONAL PARA TRABALHADORES DE TRANSPORTES MARÍTIMOS, FLUVIAIS E LACUSTRES.

- **OJ-SDI1-391 – TST**

PORTUÁRIOS. SUBMISSÃO PRÉVIA DE DEMANDA A COMISSÃO PARITÁRIA. LEI Nº 8.630, DE 25.02.1993. INEXIGIBILIDADE. (DEJT divulgado em 09, 10 e 11.06.2010)A submissão prévia de demanda a comissão paritária, constituída nos termos do art. 23 da Lei nº 8.630, de 25.02.1993 (Lei dos Portos), não é pressuposto de constituição e desenvolvimento válido e regular do processo, ante a ausência de previsão em lei.

3. QUESTÕES DE CONCURSOS

01. (TRT – 1ª REGIÃO/JUIZ DO TRABALHO/2008/ADAPTADA) No que se refere às férias, julgue: O tripulante que, por determinação do armador, for transferido para o serviço de outro, terá computado, para o efeito de gozo de férias, o tempo de serviço prestado ao primeiro, ficando obrigado a concedê-las o armador em cujo serviço ele se encontrar na época de gozá-las.

GAB	1	C

✦ ANOTAÇÃO DAS FÉRIAS DO MARÍTIMO

Art. 151. Enquanto não se criar um tipo especial de caderneta profissional para os marítimos, as férias serão anotadas pela Capitania do Porto na caderneta-matrícula do tripulante, na página das observações.

1. COMENTÁRIOS

Ainda não há notícia de criação da caderneta especial profissional para os marítimos. Tampouco existe CTPS própria para esta categoria, como se observa dos comentários ao art. 16 da CLT. Assim, mantém-se a anotação das férias na caderneta-matrícula de cada tripulante, a ser feita pela Capitania do Porto. Nada obsta, contudo, que a Capitania delegue tal atribuição para o armador empregador, sem prejuízo de continuar exercendo a fiscalização quanto às férias.

✦ ETAPA COMO PAGAMENTO DAS FÉRIAS

Art. 152. A remuneração do tripulante, no gozo de férias, será acrescida da importância correspondente à etapa que estiver vencendo.

1. COMENTÁRIOS

A "etapa" mencionada no texto legal é a alimentação fornecida obrigatoriamente pelo empregador (Gomes-Gottschalk, Curso, 1996, p. 466). Portanto, o valor da alimentação no mês de concessão das férias deve integrar seu pagamento. A doutrina diverge quanto à natureza jurídica da alimentação. Gomes-Gottschalk afirmam que a etapa, concedida por lei ou negociação coletiva, não tem natureza salarial (Curso, 1996, p. 467). Barros admite sua natureza salarial, particularmente porque há determinação na CLT de sua inclusão no pagamento das férias (Contratos e Regulamentações Especiais, 2008, p. 294). Estamos com Alice Monteiro de Barros. A prestação fornecida (etapa) é gratuita, permanece quando não há trabalho (desembarque e férias, por exemplo), além de seu caráter habitual. Forçoso admitir sua natureza salarial.

As férias do tripulante, vistas à luz da Constituição da República, devem ser remuneradas, além do salário e da etapa, com o adicional de 1/3 previsto no art. 7º, XVII, da CF. (Sobre o adicional referido vide comentários ao art. 143 da CLT).

Como não há norma proibindo, também é aplicável ao tripulante a conversão de 10 dias das férias em abono pecuniário (art. 143 da CLT). Na praxe, contudo, é pouco provável que ocorra, pois dificilmente o marítimo gozará férias de 30 dias a ponto de ser viável a conversão de 1/3 das mesmas em abono pecuniário e, ainda assim, ser preservado um período razoável de descanso. A peculiaridade do trabalho do marítimo não permite o gozo de férias em tão longo período.

▸SEÇÃO VIII – DAS PENALIDADES

✦ MULTA PELO DESCUMPRIMENTO DOS ARTIGOS 129 A 152 (CAPÍTULO IV – DAS FÉRIAS ANUAIS)

Art. 153. As infrações ao disposto neste Capítulo serão punidas com multas de valor igual a 160 BTN por empregado em situação irregular.(Redação do *caput* e § único pela Lei nº 7.855, de 24.10.1989)

Parágrafo único. Em caso de reincidência, embaraço ou resistência à fiscalização, emprego de artifício ou simulação com o objetivo de fraudar a lei, a multa será aplicada em dobro.

1. COMENTÁRIOS

A Lei Federal nº 8.383, de 30.12.1991, art. 1º, fixou a UFIR (Unidade Fiscal de Referência), como fator de cobrança de multas na esfera federal. O art. 2º, § 1º, da referida lei, atribuiu ao Ministério da Fazenda a competência para divulgar o valor mensal da UFIR.

A Portaria nº 290, de 11.04.1997, do MTb, que regulamenta a aplicação e cobrança de multas trabalhistas, fixou a multa de 756,5694 UFIR's para o descumprimento das regras dos artigos 75 a 351 da CLT.

Destaque-se que o valor da multa incide sobre cada empregado em situação irregular.

▸CAPÍTULO V – DA SEGURANÇA E DA MEDICINA DO TRABALHO

(todo o capítulo com a Redação da Lei nº 6.514, de 22.12.1977)

▸SEÇÃO I – DISPOSIÇÕES GERAIS

✦ DAS NORMAS SOBRE SAÚDE NO TRABALHO

Art. 154. A observância, em todos os locais de trabalho, do disposto neste Capítulo, não desobriga as empresas do cumprimento de outras disposições que, com relação à matéria, sejam incluídas em códigos de obras ou regulamentos sanitários dos Estados ou Municípios em que se situem os respectivos estabelecimentos, bem como daquelas oriundas de convenções coletivas de trabalho.

1. COMENTÁRIOS

1.1. Introdução. Fontes Normativas e Meio Ambiente do Trabalho

Além do direito interno, infraconstitucional, referido no texto deste artigo, há de se destacar a superestrutura constitucional de proteção à saúde do trabalhador e da segurança no trabalho, além das normas internacionais, – Convenções da OIT principalmente –, que integram o complexo normativo que cuida da saúde e do meio ambiente do trabalho. Compõem este sistema de tutela: a) a Constituição da República; b) as fontes infraconstitucionais: CLT, leis ordinárias, Atos do Ministério do Trabalho; c) Convenções, Acordos Coletivos e Sentenças Normativas; d) as Convenções da OIT ratificadas pelo Brasil; e) os princípios que regem o direito ambiental do trabalho.

O direito do trabalho moderno não se preocupa somente com as normas internas que regulam a saúde e os cuidados com a segurança no ambiente do trabalho. Presta-se o arcabouço jurídico nacional a interpretar o indivíduo trabalhador inserido no contexto do ambiente de sua empresa e esta diante de sua responsabilidade socioambiental, constituindo o que se convencionou denominar de "meio ambiente do trabalho".

A Lei de Política Nacional do Meio Ambiente – Lei nº 6.938/81 –, em seu art. 3º, I, define meio ambiente como um conjunto de condições, leis, influências e interações de ordem física, química e biológica, que permite, abriga e rege a vida em todas as suas formas.

Raimundo Simão de Melo enfatiza que este amplo conceito legal foi recepcionado pela Constituição de 1988, de forma que são dois os objetos de tutela ambiental hoje presentes em nosso sistema normativo: "um, imediato – a qualidade do ambiente em todos os seus aspectos – e outro, mediato – a saúde, segurança e bem-estar do cidadão, expresso nos conceitos vida em todas as suas formas (Lei nº 6.938/81, art. 3º, inciso I) e qualidade de vida (CF, art., 225, *caput*). (Direito Ambiental do Trabalho e a Saúde do Trabalhador: responsabilidades legais, dano material, dano moral, dano estético, indenização pela perda de uma chance, prescrição. 3ª ed. São Paulo: LTr, 2008, p. 25).

O meio ambiente do trabalho não conta com um conceito legal específico. Celso Antonio Pacheco Fiorillo o define como "o local onde as pessoas desempenham suas atividades laborais, sejam remuneradas ou não, cujo equilíbrio está baseado na salubridade do meio e na ausência de agentes que comprometam a incolumidade físico-psíquica dos trabalhadores, independentemente da condição que ostentem (homens ou mulheres, maiores ou menores de idade, celetistas, scrvidorcs públicos, autônomos, etc."). (apud Simão de Melo, Direito Ambiental do Trabalho, 2008, p. 27).

Aryon Sayão Romita, com apoio na lei de política nacional do meio ambiente, art. 3º, I, acima citado, define meio ambiente do trabalho como "o conjunto de condições, influências e interações de ordem física, química e biológica que permite, abriga e rege a vida dos trabalhadores em seu labor, qualquer que seja a sua forma." (Direitos Fundamentais, 2005, p. 383).

Luiz Carlos Amorim Robortella, em sua síntese, afirma que "é o complexo de fatores físicos, químicos ou biológicos que atuam sobre o trabalho humano, em todas as suas formas". (Direito do Trabalho e Meio Ambiente, in SILVESTRE, Rita Maria e NASCIMENTO, Amauri Mascaro (coord.). Os novos paradigmas do Direito do Trabalho (homenagem a Valentin Carrion), São Paulo: Saraiva, 2001, p. 393).

1.2. Meio Ambiente do Trabalho como direito fundamental

A noção de direito fundamental só pode ser analisada se contextualizada de acordo com a realidade de cada País. É certo que existem valores universalmente consagrados, como a liberdade e a igualdade, mas mesmo estes necessitam ser interpretados dentro de um determinado contexto sociocultural, onde encontram seu relevo e extensão.

A definição de um valor ou direito como fundamental passa por duas características ou noções: a fundamentalidade formal e a material. Ingo Wolfgang Sarlet explica que estas noções foram construídas a partir das lições de Robert Alexy. (A eficácia dos direitos fundamentais. 7ª ed. Porto Alegre: Livraria do Advogado, 2007, p. 88).

Ainda segundo Sarlet (A eficácia..., 2007, p. 89), "a fundamentalidade formal encontra-se ligada ao direito constitucional positivo e resulta dos seguintes aspectos, devidamente adaptados ao nosso direito constitucional pátrio:"a) situam-se no ápice de nosso sistema positivo e neste sentido são direitos de natureza supralegal; b) na qualidade de normas constitucionais, encontram-se submetidos aos limites formais e materiais (cláusulas pétreas) da reforma constitucional (art. 60 da CRFB/88); c) são normas diretamente aplicáveis e vinculam de forma imediata as entidades públicas e privadas (art. 5º, § 1º, da CF).

A fundamentalidade material decorre da circunstância de serem os direitos fundamentais elementos constitutivos da Constituição material, contendo decisões sobre a estrutura básica do Estado e da sociedade. "Inobstante não necessariamente ligada à fundamentalidade formal, é por intermédio do direito constitucional positivo (art. 5º, § 2º, da CRFB/88) que a noção da fundamentalidade material permite a abertura da Constituição a outros direitos fundamentais não constantes de seu texto e, portanto, apenas materialmente fundamentais, assim como a direitos fundamentais situados fora do catálogo, mas integrantes da Constituição formal" (Sarlet, A eficácia..., 2007, p. 89).

Dentro da Constituição formal estão os dispositivos que cuidam do meio ambiente do trabalho, mas, como veremos a seguir, fora do catálogo dos direitos fundamentais explicitamente tratados na Constituição, como nas hipóteses dos títulos I e II do seu texto.

Romita, que não conjuga da tese de dimensões ou gerações de direitos fundamentais, classifica os mesmos em famílias. Nas palavras do próprio: "A metáfora das "gerações" (conceito peculiar às ciências naturais), que produz a falsa noção de sucessão cronológica e sugere a caducidade dos direitos das gerações precedentes, deve ser abolida.". (Direitos Fundamentais, 2005, p. 117). Neste contexto, o Direito ao Meio Ambiente do Trabalho, que o autor chama de "direito ao meio ambiente de trabalho saudável", está inserido na família dos Direitos de Solidariedade (terceira família, naipe ou geração). Para o autor os Direitos de Solidariedade se revelam no aspecto que envolve a relação do indivíduo-trabalhador e a sociedade, mais especificamente da coletividade em que está inserido no seu local de trabalho.

O direito ao meio ambiente ecologicamente equilibrado (art. 225, *caput*, da CRFB/88), de onde decorre o direito ao meio ambiente de trabalho saudável, deve ser interpretado de forma a se atribuir ao preceito a máxima efetividade possível, impondo-se a conduta do empregador no sentido de preservá-lo, bem como a atitude do Estado em fiscalizar a observância desta regra constitucional.

De forma mais explícita, o art. 200, inciso VIII, da Constituição, dispõe que compete ao sistema único de saúde colaborar na proteção do meio ambiente, nele compreendido o do trabalho, que em última análise é uma decorrência do direito à saúde.

Arremata o professor Romita, nos seguintes termos: "A Constituição, no art. 170, inciso VI, inclui a "defesa do meio ambiente" entre os princípios da ordem econômica, que tem por fim assegurar a todos existência digna, conforme os ditames da justiça social. A aferição conjunta dos citados preceitos constitucionais (225, 200, VIII e 170, VI) permite a ilação de que a Carta Magna acolhe o conceito de meio ambiente em sua acepção unitária." (Direitos Fundamentais..., 2005, p. 381).

Não obstante esta acepção unitária, a doutrina identifica algumas espécies, aspectos ou características do meio ambiente, a saber: a) meio ambiente artificial (prédios, ruas e áreas urbanas); b) meio ambiente cultural (patrimônio artístico e arqueológico histórico de uma sociedade); c) meio ambiente natural (o solo, a água, o ar, a flora e fauna); e, d) meio ambiente do trabalho (o local onde se desenvolve a atividade laboral, e que é protegido, no Brasil, pela Carta de 1988, arts. 200, VIII, e 7º, XXIII). (FIORILLO, Celso Antonio Pacheco e RODRIGUES, Marcelo Abelha. Manual de Direito Ambiental e Legislação Aplicável. São Paulo: Max Limonad, 1997, págs. 53-54. BELTRAN, Ari Possidonio. Direito do Trabalho e Direitos Fundamentais. São Paulo: LTr, 2002, págs. 274-275. ROMITA, Direitos Fundamentais..., 2005, p. 381).

1.3. da competência para legislar sobre Direito Ambiental do Trabalho

Há enorme divergência doutrinária e jurisprudencial quando o tema é a competência legislativa quanto ao meio ambiente do trabalho. Para alguns, o art. 22, I, da CRFB/88, que atribuí competência privativa à União para legislar sobre direito do trabalho atrai também a matéria de meio ambiente do trabalho. Este foi, inclusive, o entendimento do STF, no julgamento da ADIn nº 1.893-9, na esteia do voto do Ministro Marco Aurélio, considerando inconstitucional a Lei nº 2.702/97, do Estado do Rio de Janeiro, que dispôs sobre a política estadual de qualidade ambiental de proteção da saúde do trabalhador. O julgamento da Suprema Corte baseou-se nos artigos 21, XXIV, 22, I e 200, VIII, da CRFB/88.

Parece-nos, contudo, que o julgamento do Excelso Pretório partiu de premissa equivocada. Instituído, como mencionado no tópico anterior, que o direito ao meio ambiente de trabalho adequado é fundamental, inserido na família dos direitos de solidariedade, de terceira geração, não se pode conceber que a matéria é estritamente trabalhista e, consequentemente, afastada estará a competência privativa da União, nos termos do art. 22, I da CRFB/88.

Não importa se o tema é de meio ambiente artificial, cultural, natural ou do trabalho, pois a competência será sempre comum da União, Estados, Distrito Federal e Municípios, nos termos do art. 23, VI, da CRFB/88, para "proteger o meio ambiente e combater a poluição em qualquer de suas formas".

Raimundo Simão de Melo comunga deste entendimento, afirmando que: "...a competência comum existe exatamente para que, com efetividade, e numa atividade conjugada entre a União, Estados e Municípios, se proteja o meio ambiente e se a combata a poluição e qualquer outro tipo de degradação do meio ambiente." (Direito Ambiental do Trabalho..., abril-2008, p. 42).

Walber de Moura Agra, explicando a noção de competência comum, cita exatamente o exemplo da Saúde, afirmando que "Ela (a competência comum) é uma competência chamada horizontal ou cumulativa porque os entes realizam as mesmas funções, atuando cada um de forma separada. A educação e a saúde são exemplos esclarecedores, porque tanto a União, como Estados e Municípios devem garantir direitos, estabelecendo atividades para assegurar o seu atendimento." (Curso de Direito Constitucional. Rio de Janeiro: Forense, 2006, p. 247).

A nosso ver a competência para legislar em matéria de meio ambiente do trabalho é comum entre os entes da Federação, na forma do art. 23, VI, da CRFB/88, e não privativa da União, como dispõe o art. 22, I, da CRFB/88, pelas seguintes razões, em resumo: a) a matéria não é estritamente trabalhista, pois se trata de um direito fundamental; b) a Constituição da

República adotou um conceito de meio ambiente em sua concepção unitária, razão pela qual não existem espécies de proteção ambiental, mas apenas noções ou características, entre estas as do meio ambiente do trabalho; portanto, quando o art. 23, VI, antes referido, trata de competência comum para legislar sobre proteção ao meio ambiente, também envolve o meio ambiente do trabalho; **c)** somente com a atuação conjunta, horizontal e de forma coordenada, entre os diversos entes da Federação, será possível a implementação de normas adequadas a cada região do País, proporcionando mecanismos efetivos de proteção ao meio ambiente, especificamente o do trabalho.

1.4. As Convenções da OIT sobre Meio Ambiente do Trabalho, Segurança e Saúde dos Trabalhadores

Entre os textos internacionais aprovados pela OIT e ratificados pelo Brasil, merecem destaque os seguintes: **a)** a Convenção 148, de 1977, ratificada pelo Brasil em 14.1.1982 e promulgada pelo Decreto nº 93.413, de 15.10.1986, que trata da contaminação do ar, ruído e vibrações; o art. 4º, I, da referida Convenção impõe ao Brasil, que a ratificou, a adoção de medidas para prevenir os riscos profissionais resultantes da contaminação do ar, ruídos e vibrações; **b)** a Convenção 155, de 1981, ratificada pelo Brasil em 18.5.1992 e promulgada pelo Decreto nº 1.254, de 29.9.1994, trata de meio ambiente de trabalho, definindo-o, em seu art. 3º, "c", como "todos os lugares onde os trabalhadores devem permanecer ou onde têm que comparecer, ou que estejam sobre o controle direito ou indireto do empregador."; **c)** a Convenção nº 161, de 1985, ratificada pelo Brasil em 18.5.90, e promulgada pelo Decreto nº 127, de 22.5.1991, trata sobre os serviços de saúde no trabalho e sobre o meio ambiente do trabalho, obrigando o empregador a manter o empregado informado de como manter o ambiente seguro e salubre, preservando, assim, a integridade física e mental do trabalhador.

✦ **COMPETÊNCIA PARA REGULAR A SAÚDE NO TRABALHO**

Art. 155. Incumbe ao órgão de âmbito nacional competente em matéria de segurança e medicina do trabalho:

I – estabelecer, nos limites de sua competência, normas sobre a aplicação dos preceitos deste Capítulo, especialmente os referidos no art. 200;

II – coordenar, orientar, controlar e supervisionar a fiscalização e as demais atividades relacionadas com a segurança e a medicina do trabalho em todo o território nacional, inclusive a Campanha Nacional de Prevenção de Acidentes do Trabalho;

III – conhecer, em última instância, dos recursos, voluntários ou de ofício, das decisões proferidas pelos Delegados Regionais do Trabalho, em matéria de segurança e medicina do trabalho.

1. COMENTÁRIOS

1.1. Conceito de Segurança e Medicina do Trabalho

Segundo Adamovich, "Medicina do Trabalho é o ramo da Ciência Médica que cuida da prevenção e do tratamento das doenças e outros males decorrentes da atividade laborativa ou a ela coligados". Prossegue o autor, na mesma obra, definindo que: a "Segurança do Trabalho consiste no emprego de técnicas e tecnologias para preservação do meio-ambiente do trabalho e prevenção de acidentes do trabalho, situando-se melhor numa interseção a aludida Medicina do Trabalho e a Engenharia do Trabalho". (Comentários, 2009, p. 83).

A denominação utilizada pelo artigo, referindo-se a "Medicina do Trabalho", encontra-se ultrapassada, tendo sido substituída por "Saúde do Trabalho", expressão mais ampla e interdisciplinar. Arnaldo Sussekind explica que, no âmbito da OIT, a Convenção de nº 160, de 1985, "visa fomentar a saúde no trabalho por meio de serviços preventivos e multidisciplinares. Daí a substituição da antiga expressão "serviços de medicina do trabalho" por "serviços de saúde no trabalho". Prossegue o autor: "Estes serviços devem representar o canal pelo qual os conhecimentos e a experiência adquiridos em numerosas especialidades devem se converter em ações práticas de melhoria do meio ambiente de trabalho, com a cooperação de todos os interessados." (Direito Internacional do Trabalho, 2000, p. 391).

1.2. Competência e regras para elaboração das normas sobre Saúde no Trabalho

O órgão nacional referido no *caput* do artigo, cujas atribuições estão nos seus incisos I, II e III, é a Secretaria de Inspeção do Trabalho, órgão do Ministério do Trabalho, hoje Ministério do Trabalho e Emprego. Segundo art. 14 do Decreto nº 5.063, de 3 de maio de 2004, à Secretaria de Inspeção do Trabalho compete: "II – formular e propor as diretrizes e normas de atuação da área de segurança e saúde do trabalhador;".

As normas sobre Saúde do Trabalho, referida no inciso I deste artigo, serão editadas conforme as regras da Portaria nº 1.127, de 2.10.2003, que estabelece a metodologia de regulamentação na área de segurança e saúde no trabalho e em questões relacionadas às condições gerais de trabalho, de competência da Secretaria de Inspeção do Trabalho.

A referida Portaria terá como princípio básico a adoção do Sistema Tripartite Paritário – Governo, Trabalhadores e Empregadores, e as normas de Saúde e Segurança no Trabalho serão estabelecidas observando-se as seguintes etapas:

I) definição de temas a serem discutidos;

II) elaboração de texto técnico básico;

III) publicação de texto técnico básico no Diário Oficial da União – DOU;

IV) instalação do Grupo de Trabalho Tripartite – GTT;

V) aprovação e publicação da norma no Diário Oficial da União – DOU.

1.3. da competência para processamento das multas referidas no inciso III

Os procedimentos administrativos decorrentes da aplicação de multas pela fiscalização do trabalho serão processados nas Superintendências Regionais do Trabalho, atual denominação das Delegacias Regionais do Trabalho. Tal competência que lhes foram atribuídas pela Portaria do Ministério do Trabalho nº 153, de 12.2.2009, que aprova os Regimentos Internos das Superintendências Regionais do Trabalho e Emprego, revogando as Portarias nºs 762, 763 e 764, de 11 de outubro de 2000.

Os recursos das decisões proferidas em procedimentos administrativos, pelas Superintendências Regionais do Trabalho e Emprego, serão submetidos, em última instância, à Secretaria de Inspeção do Trabalho, situada em Brasília, DF.

✦ **COMPETÊNCIA DAS SUPERINTENDÊNCIAS REGIONAIS DO TRABALHO E EMPREGO**

Art. 156. Compete especialmente às Delegacias Regionais do Trabalho, nos limites de sua jurisdição:

I - promover a fiscalização do cumprimento das normas de segurança e medicina do trabalho;

II - adotar as medidas que se tornem exigíveis, em virtude das disposições deste Capítulo, determinando as obras e reparos que, em qualquer local de trabalho, se façam necessárias;

III - impor as penalidades cabíveis por descumprimento das normas constantes deste Capítulo, nos termos do art. 201.

1. COMENTÁRIOS

A Portaria do Ministério do Trabalho nº 153, de 12.2.2009 aprova os Regimentos Internos das Superintendências Regionais do Trabalho e Emprego, nova denominação das Delegacias Regionais do Trabalho, revogando as Portarias nºs 762, 763 e 764, de 11 de outubro de 2000.

No referido Regimento Interno, à Seção de Segurança e Saúde no Trabalho, tratada no art. 14, compete:

> I – coordenar, supervisionar, acompanhar e avaliar a execução das atividades de fiscalização relacionadas às condições de segurança e saúde no trabalho;
>
> II – subsidiar a Secretaria de Inspeção do Trabalho na elaboração de diretrizes para a inspeção do trabalho na sua área de competência;
>
> III – coordenar e supervisionar a elaboração do planejamento das ações da fiscalização relacionadas às condições de segurança e saúde no trabalho, observadas as políticas e diretrizes da Secretaria de Inspeção do Trabalho – SIT; e
>
> IV – desenvolver ações de prevenção de agravos à saúde do trabalhador em parceria com a Fundação Jorge Duprat Figueiredo, de Segurança e Medicina do Trabalho – FUNDACENTRO.

No mesmo regimento, o art. 15, que trata da competência do Setor de Fiscalização de Segurança e Saúde no Trabalho, dispõe que lhe compete;

> I – assegurar a execução das atividades de fiscalização das condições de segurança e saúde no trabalho, garantindo o alcance das metas definidas no plano anual de fiscalização do trabalho da Superintendência e em projetos, programas e campanhas de iniciativa da SIT;
>
> II – manter serviço de orientação ao público sobre matéria relativa à legislação de segurança e saúde no trabalho;
>
> III – viabilizar e controlar as diligências e viagens relativas às ações de fiscalização de segurança e saúde no trabalho;
>
> IV – propor a distribuição do contingente de Auditores-Fiscais do Trabalho nas diversas jurisdições da Superintendência;

✦ **DA RESPONSABILIDADE DAS EMPRESAS**

Art. 157. Cabe às empresas:

I - cumprir e fazer cumprir as normas de segurança e medicina do trabalho;

II - instruir os empregados, através de ordens de serviço, quanto às precauções a tomar no sentido de evitar acidentes do trabalho ou doenças ocupacionais;

III – adotar as medidas que lhes sejam determinadas pelo órgão regional competente;

IV – facilitar o exercício da fiscalização pela autoridade competente.

1. COMENTÁRIOS

A Portaria nº 3.214/78 aprovou todas as Normas Regulamentares Urbanas sobre segurança e saúde no trabalho. Entre as Normas Regulamentares (NR's), a de nº 1 trata do conceito de empresa como sendo "o estabelecimento ou o conjunto de estabelecimentos, canteiros de obras, frente de trabalho, locais de trabalho e outras, constituindo a organização de que se utiliza o empregador para atingir seus objetivos" (item 1.6, "c").

Não precisava o texto legal informar que as empresas devem cumprir as normas sobre segurança e medicina (saúde) do trabalho. A força normativa das Portarias do Ministério do Trabalho e Emprego, que tratam de tais normas, decorre da própria delegação da CLT, especialmente pelo que consta em seu art. 200. A necessidade do empregador instruir seus empregados quanto ao cumprimento de tais normas, mediante Ordem de Serviço especifica, decorre de sua própria responsabilidade como condutor do negócio, particularmente porque sua omissão poderá ser interpretada como culpa, geradora de direito à reparação civil diante de eventual acidente ou doença ocupacional.

A inobservância das normas de Segurança e Saúde no Trabalho pelo empregador pode motivar a resolução contratual, na forma do art. 483 da CLT.

2. INFORMATIVOS DO TST

▸ ***Acidente de trabalho. Trabalhador avulso. Estivador. Responsabilidade civil subjetiva do operador portuário. Configuração. Dever de zelar pelo meio ambiente de trabalho seguro.***

A SBDI-I entendeu haver responsabilidade civil subjetiva da operadora portuária pelo acidente de trabalho que causou amputação parcial da falange distal do dedo indicador direito de trabalhador avulso durante a estivagem para embarque de arroz, uma vez que, no caso, a reclamada omitiu-se em observar o dever de zelar pelo meio ambiente de trabalho seguro a que se refere o art. 157, da CLT. Com esse entendimento, a Subseção, por unanimidade, conheceu dos embargos, por divergência jurisprudencial, e, no mérito, negou-lhes provimento. Vencidos os Ministros Brito Pereira, relator, João Oreste Dalazen, Renato de Lacerda Paiva e Dora Maria da Costa, que davam provimento aos embargos para, afastando a responsabilidade objetiva assentada pela decisão turmária, determinar o retorno dos autos à Vara do Trabalho de origem, a fim de que prossiga no exame do pedido, sob o enfoque da eventual caracterização de responsabilidade subjetiva da reclamada. Ressalvaram a fundamentação os Ministros Augusto César Leite de Carvalho, Alexandre Agra Belmonte e Delaíde Miranda Arantes, que negavam provimento ao recurso por entender configurada a responsabilidade civil objetiva, e os Ministros José Roberto Freire Pimenta e Luiz Philippe Vieira de Mello Filho, que, na hipótese, vislumbravam a presença tanto da responsabilidade subjetiva, quanto da objetiva. TST-E-RR-99300-59.2007.5.17.0011, SBDI-I, rel. Min. Brito Pereira, red. p/ acórdão Min. Aloysio Corrêa da Veiga, 9.5.2013. (Informativo nº 46)

3. QUESTÕES DE CONCURSOS

01. (TRT – 23ª REGIÃO/JUIZ DO TRABALHO/2006/ADAPTADA) Cabe às empresas cumprir e fazer cumprir as normas de segurança e medicina do trabalho; instruir os empregados, através de ordens de serviço, quanto às precauções a tomar no sentido de evitar acidentes do trabalho ou doenças ocupacionais; adotar as medidas que lhes sejam determinadas pelo órgão regional competente e facilitar o exercício da fiscalização pela autoridade competente.

GAB	1	C

✦ **DA RESPONSABILIDADE DOS EMPREGADOS**

Art. 158. Cabe aos empregados:

I – observar as normas de segurança e medicina do trabalho, inclusive as instruções de que trata o item II do artigo anterior;

II – colaborar com a empresa na aplicação dos dispositivos deste Capítulo.

Parágrafo único. Constitui ato faltoso do empregado a recusa injustificada:

a) à observância das instruções expedidas pelo empregador na forma do item II do artigo anterior;

b) ao uso dos equipamentos de proteção individual fornecidos pela empresa.

1. COMENTÁRIOS

A ocorrência da justa causa depende de recusa injustificada do empregado em cumprir as ordens de serviço elaboradas pelo empregador com o intuito de prevenir doenças e acidentes no trabalho (inciso II, do art. 157), particularmente quanto ao uso de Equipamento de Proteção Individual. O ônus de comprovar tal recusa é do empregador (art. 333, I, do CPC/73 e art. 373, I, do CPC/2015 no mesmo sentido), a fim de poder provocar o rompimento do contrato por culpa do empregado, independentemente da ocorrência de alguma lesão ou acidente do trabalho. O ato faltoso, motivador da resolução contratual, é a própria recusa do empregado, assim, mesmo que esta não traga maiores consequências para o mesmo, ou seus colegas, no ambiente de trabalho, a justa causa estará configurada.

A Ordem de Serviço é um regulamento escrito de conduta e regras de Segurança e Saúde no Trabalho. Consequentemente, o seu descumprimento, por parte do empregado, constitui desrespeito a uma diretriz geral, destinada a diversos empregados. Portanto, considerando-se o descumprimento de ordem geral, regulamentar, a justa causa praticada pelo empregado se enquadra como ato de indisciplina, segundo art. 482, "h", da CLT.

A recusa no uso de Equipamento de Proteção Individual, por sua vez, tanto pode ser ato de indisciplina, como de insubordinação. Haverá indisciplina quando o empregado não cumprir seu uso, conforme regras predeterminadas pelo empregador, destinadas à segurança de todos os trabalhadores. Haverá insubordinação quando a ordem partir diretamente de um superior hierárquico, dirigida especificamente ao empregado que se recusa a usar o equipamento e este insistir na recusa. A insubordinação se caracteriza pelo descumprimento de uma ordem direta e a indisciplina ocorre pelo descumprimento de ordem geral (art. 482, "h", da CLT).

2. SÚMULAS E ORIENTAÇÕES JURISPRUDENCIAIS

▸ **Súmula nº 289 – TST**

INSALUBRIDADE. ADICIONAL. FORNECIMENTO DO APARELHO DE PROTEÇÃO. EFEITO (mantida) – Res. 121/2003, DJ 19, 20 e 21.11.2003. O simples fornecimento do aparelho de proteção pelo empregador não o exime do pagamento do adicional de insalubridade. Cabe-lhe tomar as medidas que conduzam à diminuição ou eliminação da nocividade, entre as quais as relativas ao uso efetivo do equipamento pelo empregado.

3. QUESTÕES DE CONCURSOS

01. (AGU/ADVOGADO DA UNIÃO/CESPE/2009/ADAPTADA) Pode ser considerado praticante de ato ensejador de justa causa o empregado que não observa as instruções dadas pela empresa quanto ao uso do equipamento de proteção individual ou se recusa a utilizá-lo sem justificativa. No que se refere à CLT, embora tal previsão não tenha sido inserida de forma expressa no rol dos fatos que ensejam a justa causa no capítulo dedicado à rescisão do contrato de trabalho, ela está incluída no capítulo que trata da segurança e medicina do trabalho.

02. (TRT 2 – Juiz do Trabalho Substituto 2ª região/ 2012/ADAPTADA) Quanto às normas consolidadas e entendimento sumulado do TST sobre segurança, medicina e higiene do trabalho, é INCORRETO afirmar que: cabe aos empregados observar as normas de segurança e medicina do trabalho, sendo que constitui ato faltoso do empregado a recusa injustificada ao uso dos equipamentos de proteção individual fornecidos pela empresa.

GAB	1	C	2	E

✦ **CONVÊNIOS PARA FISCALIZAÇÃO DAS NORMAS DE SAÚDE NO TRABALHO**

Art. 159. Mediante convênio autorizado pelo Ministro do Trabalho, poderão ser delegadas a outros órgãos federais, estaduais ou municipais atribuições de fiscalização ou orientação às empresas quanto ao cumprimento das disposições constantes deste Capítulo.

1. COMENTÁRIOS

A delegação da atividade de fiscalização, em matéria de segurança e saúde no trabalho, foi recepcionada pela CRFB/88, que autoriza a realização de convênios para tal fim. Há que se observar que tais convênios devem ser feitos com órgãos ou entidades da Administração, e não com particulares. Os sindicatos, que exercem um importante múnus público, podem (e devem) colaborar para cumprimento das normas de segurança e saúde no trabalho, até porque é também esta sua função institucional, atuando nos interesses da categoria (art. 8º, III, da CRFB/88). Ainda assim, os convênios referidos neste artigo não poderão ser feitos com sindicatos.

Sobre o tema, colha-se a lição de Eduardo Gabriel Saad: "os sindicatos de empregados, nos últimos tempos, têm manifestado seu interesse em participar, de maneira bem efetiva, da fiscalização trabalhista. Afirmam que desejam auxiliar o Poder Público na realização daquela atividade fiscalizadora. Não vemos como o Estado poderá dar acolhimento a tal pretensão. A Constituição Federal, só admite delegação de atribuições entre pessoas jurídicas de Direito Público Interno (União, Estados, Municípios, suas Autarquias e mesmo fundações criadas pelo Poder Público), vedando-o quando um dos convenentes for pessoa jurídica de Direito Privado, como, no caso, o é o sindicato. De outra parte, salta aos olhos que o sindicato – como representante dos trabalhadores – não teria a indispensável isenção de espírito para analisar e enquadrar eventuais infrações à lei trabalhista." (Consolidação das Leis do Trabalho: comentada. 42ª ed., atualizada, revista e ampliada por SAAD, José Eduardo Duarte e CASTELLO BRANCO, Ana Maria Saad. São Paulo: LTr, fevereiro-2009, p. 278).

Sérgio Pinto Martins, no mesmo sentido de SAAD, lembra que o art. 23, parágrafo único, da CRFB/88, estabelece que lei complementar fixará normas para cooperação entre a União e os Estados, Distrito Federal e Municípios, destacando que não há previsão, contudo, para que haja convênio com os sindicatos, que são entidades privadas. (Comentários, 2008, p. 184).

▸SEÇÃO II – DA INSPEÇÃO PRÉVIA E DO EMBARGO OU INTERDIÇÃO

(redação de acordo com a Lei nº 6.514, de 22.12.1977)

✦ **DA INSPEÇÃO PRÉVIA**

Art. 160. Nenhum estabelecimento poderá iniciar suas atividades sem prévia inspeção e aprovação das respectivas instalações pela autoridade regional competente em matéria de segurança e medicina do trabalho.

✦ **NOVA INSPEÇÃO – MUDANÇA DO AMBIENTE DE TRABALHO**

§ 1º – Nova inspeção deverá ser feita quando ocorrer modificação substancial nas instalações, inclusive equipamentos, que a empresa fica obrigada a comunicar, prontamente, à Delegacia Regional do Trabalho.

§ 2º – É facultado às empresas solicitar prévia aprovação, pela Delegacia Regional do Trabalho, dos projetos de construção e respectivas instalações.

1. COMENTÁRIOS

A atual redação do texto legal ampliou a necessidade de inspeção prévia para aprovação das instalações de todo tipo de estabelecimento. Na legislação anterior a regra era tratada no art. 162 que só exigia a inspeção para a atividade industrial, como se lê da redação que segue:

> "Nenhum estabelecimento industrial poderá iniciar a sua atividade sem haverem sido previamente inspecionadas e aprovadas as respectivas instalações pela autoridade competente em matéria de segurança e higiene do trabalho. (Redação determinada pelo Decreto-Lei nº 229, de 28.2.1967)".

A NR nº 2, do Ministério do Trabalho, aprovada pela Portaria nº 3214, de 1978, trata exatamente da inspeção prévia e estabelece que:

> "2.1. Todo estabelecimento novo, antes de iniciar suas atividades, deverá solicitar aprovação de suas instalações ao órgão regional do MTb.
>
> 2.2. O órgão regional do MTb, após realizar a inspeção prévia, emitirá o Certificado de Aprovação de Instalações – CAI, conforme modelo anexo."

O órgão regional referido no texto do artigo, como Delegacia Regional do Trabalho é hoje a Superintendência Regional do Trabalho e Emprego.

2. QUESTÕES DE CONCURSOS

01. (TRT – 1ª REGIÃO/JUIZ DO TRABALHO/2008/ADAPTADA) De acordo com a doutrina mais recente, a segurança e a medicina do trabalho são o segmento do Direito Tutelar do Trabalho incumbido de oferecer proteção à saúde do trabalhador no local de trabalho e a sua recuperação quando não se encontrar em condições de prestar serviços ao empregador. Diante disso, julgue: os estabelecimentos comerciais ou de prestação de serviços não estão obrigados à prévia inspeção e aprovação das respectivas instalações pela autoridade em matéria de segurança e medicina do trabalho, por estarem classificados no grau de baixo risco de suas atividades.

02. (TRT 21 – Juiz do Trabalho Substituto 21ª região/ 2012) A Segurança do Trabalho envolve uma série de saberes e metodologias voltadas ao estudo das possíveis causas e consequências dos acidentes de trabalho, com destaque para as ações prevencionistas. Nesse contexto, como se denomina a "verificação física realizada em um estabelecimento novo, para comprovar se este oferece as condições mínimas de segurança e medicina no trabalho para o seu pleno funcionamento; ou em estabelecimento já em funcionamento, que tenha sofrido modificações substanciais em suas instalações ou equipamentos" (GONÇALVES, Edwar A. Manual de segurança e saúde no trabalho. São Paulo: LTr, 2011, p. 53)?

a) análise ambiental obrigatória;

b) exame de segurança ocupacional;

c) programa de prevenção de riscos ambientais;

d) serviço de segurança e prevenção de acidentes;

e) inspeção prévia;

GAB	1	E	2	E

✦ **DO EMBARGO E DA INTERDIÇÃO**

Art. 161. O Delegado Regional do Trabalho, à vista do laudo técnico do serviço competente que demonstre grave e iminente risco para o trabalhador, poderá interditar estabelecimento, setor de serviço, máquina ou equipamento, ou embargar obra, indicando na decisão, tomada com a brevidade que a ocorrência exigir, as providências que deverão ser adotadas para prevenção de infortúnios de trabalho.

§ 1º – As autoridades federais, estaduais e municipais darão imediato apoio às medidas determinadas pelo Delegado Regional do Trabalho.

§ 2º – A interdição ou embargo poderão ser requeridos pelo serviço competente da Delegacia Regional do Trabalho e, ainda, por agente da inspeção do trabalho ou por entidade sindical.

§ 3º – da decisão do Delegado Regional do Trabalho poderão os interessados recorrer, no prazo de 10 (dez) dias, para o órgão de âmbito nacional competente em matéria de segurança e medicina do trabalho, ao qual será facultado dar efeito suspensivo ao recurso.

§ 4º – Responderá por desobediência, além das medidas penais cabíveis, quem, após determinada a interdição ou embargo, ordenar ou permitir o funcionamento do estabelecimento ou de um dos seus setores, a utilização de máquina ou equipamento, ou o prosseguimento de obra, se, em conseqüência, resultarem danos a terceiros.

§ 5º – O Delegado Regional do Trabalho, independente de recurso, e após laudo técnico do serviço competente, poderá levantar a interdição.

§ 6º – Durante a paralisação dos serviços, em decorrência da interdição ou embargo, os empregados receberão os salários como se estivessem em efetivo exercício.

1. COMENTÁRIOS

O Superintendente Regional do Trabalho e Emprego, atual denominação do Delegado Regional do Trabalho, à vista do laudo técnico da fiscalização, poderá embargar a obra ou interditar o estabelecimento, setor, máquina ou equipamento.

A Norma Regulamentar nº 3, aprovada pela Portaria do Ministério do Trabalho nº 3214, de 8.6.1978 e alterada pela Portaria nº 6, de 9.3.83, cuida do Embargo e da Interdição. A referida NR prevê que:

> "3.1. O Delegado Regional do Trabalho ou Delegado do Trabalho Marítimo, conforme o caso, à vista de laudo técnico do serviço competente que demonstre grave e iminente risco para o trabalhador, poderá interditar estabelecimento, setor de serviço, máquina ou equipamento, ou embargar obra, indicando na decisão tomada, com a brevidade que a ocorrência exigir, as providências que deverão ser adotadas para prevenção de acidentes do trabalho e doenças profissionais. 3.1.1 Considera-se grave e iminente risco toda condição ambiental de trabalho que possa causar acidente do trabalho ou doença profissional com lesão grave à integridade física do trabalhador. 3.2 A interdição importará na paralisação total ou parcial do estabelecimento, setor de serviço, máquina ou equipamento. 3.3 O embargo importará na paralisação total ou parcial da obra. 3.3.1 Considera-se obra todo e qualquer serviço de engenharia de construção, montagem, instalação, manutenção e reforma. 3.10 Durante a paralisação do serviço, em decorrência da interdição ou do embargo, os empregados receberão os salários como se estivessem em efetivo exercício."

Merece destaque tanto o parágrafo sexto do artigo 161, como o item 3.10 da Portaria Ministerial, pois em ambos há referência à manutenção dos salários diante da paralisação do trabalho em interdição ou embargo. Trata-se, portanto, de hipótese de interrupção contratual.

Não obstante a disposição do parágrafo sexto, o empregado que se mantiver afastado por mais de 30 dias, durante a interdição ou embargo, perderá o direito às férias do período, conforme disposição do art. 133, III, da CLT (vide os comentários a este artigo).

2. QUESTÕES DE CONCURSOS

01. (PETROBRAS/ADVOGADO JÚNIOR/CESPE/2009/ADAPTADA) Ainda que se constate, por laudo técnico, risco grave e iminente para o trabalhador, a autoridade administrativa estará impedida de, sem autorização judicial, interditar estabelecimento ou embargar obra, pois isso feriria a livre iniciativa prevista na CF.

02. (TRT – 1ª REGIÃO/JUIZ DO TRABALHO/2008/ADAPTADA) De acordo com a doutrina mais recente, a segurança e a medicina do trabalho são o segmento do Direito Tutelar do Trabalho incumbido de oferecer proteção à saúde do trabalhador no local de trabalho e a sua recuperação quando não se encontrar em condições de prestar serviços ao empregador. Diante disso, julgue: à vista de laudo técnico, que demonstre grave e iminente risco para o trabalhador, o agente da inspeção do trabalho poderá interditar estabelecimento, setor de serviço, máquina ou equipamento, ou embargar obra, comunicando o ocorrido ao Delegado Regional do Trabalho, para as medidas cabíveis.

03. (TRT – 18ª REGIÃO/JUIZ DO TRABALHO/2006) Considere as assertivas abaixo e assinale a alternativa correta.

I. Um estabelecimento poderá iniciar suas atividades sem prévia inspeção e aprovação das respectivas instalações pela autoridade regional competente em matéria de segurança e medicina do trabalho, mas nova inspeção deverá ser feita quando ocorrer modificação substancial nas instalações, inclusive equipamentos, que a empresa fica obrigada a comunicar, prontamente à Delegacia Regional do Trabalho.

II. A interdição ou embargo de estabelecimento poderão ser requeridos pelo serviço competente da Delegacia Regional do Trabalho e, ainda, por agente da inspeção do trabalho ou por entidade sindical.

III. O Delegado Regional do Trabalho, à vista do laudo técnico do serviço competente que demonstre grave e iminente risco para o trabalhador, poderá interditar estabelecimento, setor de serviço, máquina ou equipamento, ou embargar obra, indicando na decisão, tomada com a brevidade que a ocorrência exigir, as providências que deverão ser adotadas para prevenção de infortúnios de trabalho.

IV. O Delegado Regional do Trabalho, independente de recurso e de laudo técnico do serviço competente, poderá levantar a interdição.

V. Da decisão do Delegado Regional do Trabalho sobre o pedido de interdição cabe recurso sempre com efeito suspensivo.

a) todas são corretas
b) as afirmações I, IV e V são incorretas
c) as afirmações I e II são corretas
d) as afirmações III, IV e V são incorretas
e) as afirmações I, II e III são incorretas

GAB	1	E	2	E	3	B

▸SEÇÃO III – DOS ÓRGÃOS DE SEGURANÇA E DE MEDICINA DO TRABALHO NAS EMPRESAS

(Redação de acordo com a Lei nº 6.514, de 22.12.1977)

✦ DOS SERVIÇOS ESPECIALIZADOS EM SAÚDE E SEGURANÇA NO TRABALHO

Art. 162. As empresas, de acordo com normas a serem expedidas pelo Ministério do Trabalho, estarão obrigadas a manter serviços especializados em segurança e em medicina do trabalho.

Parágrafo único. As normas a que se refere este artigo estabelecerão:

a) classificação das empresas segundo o número de empregados e a natureza do risco de suas atividades;

b) o número mínimo de profissionais especializados exigido de cada empresa, segundo o grupo em que se classifique, na forma da alínea anterior;

c) a qualificação exigida para os profissionais em questão e o seu regime de trabalho;

d) as demais características e atribuições dos serviços especializados em segurança e em medicina do trabalho, nas empresas.

1. COMENTÁRIOS

A Norma Regulamentar nº 4, aprovada pela Portaria do Ministério do Trabalho nº 3214, de 8.6.1978, com sucessivas alterações, estabelece os critérios de funcionamento dos serviços especializados referidos neste artigo e os profissionais respectivos. Os principais aspectos da norma ministerial são destacados a seguir.

As empresas privadas e públicas, os órgãos públicos da administração direta e indireta e dos poderes Legislativo e Judiciário, que possuam empregados regidos pela Consolidação das Leis do Trabalho – CLT, manterão, obrigatoriamente, Serviços Especializados em Engenharia de Segurança e em Medicina do Trabalho, com a finalidade de promover a saúde e proteger a integridade do trabalhador no local de trabalho. (item 4.1, alterado pela Portaria SSMT nº 33, de 27 de outubro de 1983).

O dimensionamento dos Serviços Especializados em Engenharia de Segurança e em Medicina do Trabalho vincula-se à gradação do risco da atividade principal e ao número total de empregados do estabelecimento, constantes dos Quadros I e II, anexos, observadas as exceções previstas nesta NR. (Item 4.2, alterado pela Portaria SSMT nº 33, de 27 de outubro de 1983).

O item 4.2.1 da norma regulamentar só considera estabelecimento, para os fins deste artigo da CLT, os canteiros de obras e as frentes de trabalho a partir de mil empregados. Abaixo deste número não serão considerados como tal, mas sim como integrantes da empresa de engenharia principal responsável, a quem caberá organizar os Serviços Especializados em Engenharia de Segurança e em Medicina do Trabalho.

As empresas que possuam mais de 50% (cinqüenta por cento) de seus empregados em estabelecimentos ou setor com atividade cuja gradação de risco seja de grau superior ao da atividade principal deverão dimensionar os Serviços Especializados em Engenharia de Segurança e em Medicina do Trabalho, em função do maior grau de risco, obedecido o disposto no Quadro II desta NR. (Item 4.2.2, alterado pela Portaria SSMT nº 33, de 27 de outubro de 1983).

A empresa poderá constituir Serviço Especializado em Engenharia de Segurança e em Medicina do Trabalho centralizado para atender a um conjunto de estabelecimentos pertencentes a ela, desde que a distância a ser percorrida entre aquele em que se situa o serviço e cada um dos demais não ultrapasse a 5.000 (cinco mil metros), dimensionando-o em função do total de empregados e do risco, de acordo com o Quadro II, anexo, e o subitem 4.2.2. (Item 4.2.3, alterado pela Portaria SSMT nº 33, de 27 de outubro de 1983).

✦ CIPA – OBRIGATORIEDADE E REGULAMENTAÇÃO

Art. 163. Será obrigatória a constituição de Comissão Interna de Prevenção de Acidentes (CIPA), de conformidade com instruções expedidas pelo Ministério do Trabalho, nos estabelecimentos ou locais de obra nelas especificadas.

Parágrafo único. O Ministério do Trabalho regulamentará as atribuições, a composição e o funcionamento das CIPA (s).

✦ DA COMPOSIÇÃO E MANDATO DOS MEMBROS DA CIPA

Art. 164. Cada CIPA será composta de representantes da empresa e dos empregados, de acordo com os critérios que vierem a ser adotados na regulamentação de que trata o Parágrafo único do artigo anterior.

§ 1º – Os representantes dos empregadores, titulares e suplentes, serão por eles designados.

§ 2º – Os representantes dos empregados, titulares e suplentes, serão eleitos em escrutínio secreto, do qual participem, independentemente de filiação sindical, exclusivamente os empregados interessados.

§ 3º – O mandato dos membros eleitos da CIPA terá a duração de 1 (um) ano, permitida uma reeleição.

§ 4º – O disposto no parágrafo anterior não se aplicará ao membro suplente que, durante o seu mandato, tenha participado de menos da metade do número de reuniões da CIPA.

§ 5º – O empregador designará, anualmente, dentre os seus representantes, o Presidente da CIPA e os empregados elegerão, dentre eles, o Vice-Presidente.

1. COMENTÁRIOS

A regulamentação referida no *caput* e parágrafo único do artigo 163, supra, foi levada a efeito pela NR nº 5, aprovada pela Portaria GM nº 3.214, de 8.6.1978, com as seguintes alterações:

> Portaria SSMT nº 33, de 27 de outubro de 1983; Portaria SSST nº 25, de 29 de dezembro de 1994; Portaria SSST nº 08, de 23 de fevereiro de 1999; Portaria SSST nº 15, de 26 de fevereiro de 1999; Portaria SSST nº 24, de 27 de maio de 1999; Portaria SSST nº 25, de 27 de maio de 1999; Portaria SSST nº 16, de 10 de maio de 2001; Portaria SIT nº 14, de 21 de junho de 2007

Os principais aspectos da NR 5 são descritos a seguir.

1.1. Objetivo e constituição da CIPA

A Comissão Interna de Prevenção de Acidentes – CIPA – tem como objetivo a prevenção de acidentes e doenças decorrentes do trabalho, de modo a tornar compatível, permanentemente, o trabalho com a preservação da vida e a promoção da saúde do trabalhador. (Item 5.1).

Devem constituir CIPA, por estabelecimento, e mantê-la em regular funcionamento as empresas privadas, públicas, sociedades de economia mista, órgãos da administração direta e indireta, instituições beneficentes, associações recreativas, cooperativas, bem como outras instituições que admitam trabalhadores como empregados. (Item 5.2).

As disposições contidas nesta NR aplicam-se, no que couber, aos trabalhadores avulsos e às entidades que lhes tomem serviços, observadas as disposições estabelecidas em Normas Regulamentadoras de setores econômicos específicos. (Item 5.3).

A empresa que possuir em um mesmo município dois ou mais estabelecimentos, deverá garantir a integração das CIPA e dos designados, conforme o caso, com o objetivo de harmonizar as políticas de segurança e saúde no trabalho (Item 5.4).

As empresas instaladas em centro comercial ou industrial estabelecerão, através de membros de CIPA ou designados, mecanismos de integração com objetivo de promover o desenvolvimento de ações de prevenção de acidentes e doenças decorrentes do ambiente e instalações de uso coletivo, podendo contar com a participação da administração do mesmo (Item 5.5).

1.2. da composição e organização

> *5.6 A CIPA será composta de representantes do empregador e dos empregados, de acordo com o dimensionamento previsto no Quadro I desta NR, ressalvadas as alterações disciplinadas em atos normativos para setores econômicos específicos.*
>
> *5.6.1 Os representantes dos empregadores, titulares e suplentes, serão por eles designados.*
>
> *5.6.2 Os representantes dos empregados, titulares e suplentes, serão eleitos em escrutínio secreto, do qual participem, independentemente de filiação sindical, exclusivamente os empregados interessados.*

5.6.3 O número de membros titulares e suplentes da CIPA, considerando a ordem decrescente de votos recebidos, observará o dimensionamento previsto no Quadro I desta NR, ressalvadas as alterações disciplinadas em atos normativos de setores econômicos específicos.

2. QUESTÕES DE CONCURSOS

01. (FCC – TRT 12 – Analista Judiciário/2010). Na CIPA – Comissão Interna de Prevenção de Acidentes, os representantes dos empregados, titulares e suplentes serão eleitos em escrutínio secreto, do qual participem

a) empregados obrigatoriamente com filiação sindical, que, se eleitos, terão mandato de dois anos, vedada a reeleição.

b) empregados obrigatoriamente com filiação sindical, que, se eleitos, terão mandato de um ano, permitida uma reeleição.

c) exclusivamente os empregados interessados, independentemente de filiação sindical, que, se eleitos, terão mandato de dois anos, vedada a reeleição.

d) exclusivamente os empregados interessados, independentemente de filiação sindical, que, se eleitos, terão mandato de um ano, permitida uma reeleição.

e) empregados obrigatoriamente com filiação sindical, que, se eleitos, terão mandato de um ano, vedada a reeleição.

02. (Cespe – Analista Judiciário – Área Judiciária – TRT 17/2013) Com base nas normas de segurança e medicina do trabalho, julgue o seguinte item.

O objetivo da Comissão Interna de Prevenção de Acidentes (CIPA), instituída no Brasil por recomendação da Organização Internacional do Trabalho (OIT), é a prevenção de acidentes e doenças decorrentes do trabalho.

03. (FCC – Analista Judiciário – Oficial de Justiça Avaliador – TRT 2/2014) Entre as diversas medidas previstas pelo legislador para garantir a proteção à saúde e à segurança do trabalhador, está a previsão e a regulamentação de órgãos de segurança e medicina do trabalho a serem instituídos pelo empregador. Em relação à Comissão Interna de Prevenção de Acidentes (CIPA), é correto afirmar que

a) o mandato dos seus membros tem duração de um ano, não permitida a reeleição.

b) o empregador designa, dentre seus representantes, o Vice-Presidente da CIPA, e os empregados elegem, entre os seus representantes, o Presidente.

c) o membro suplente, ainda que durante seu mandato, tenha participado de menos da metade do número de reuniões da CIPA, pode ser reeleito.

d) os representantes dos empregados, titulares e suplentes, serão eleitos em escrutínio secreto, do qual participem, independentemente de filiação sindical, exclusivamente os empregados interessados.

e) os representantes do empregador, titulares e suplentes, serão por ela designados, e tais designações registradas no Ministério do Trabalho.

04. (FCC – Técnico Judiciário – Área Administrativa – TRT 24/2017) A Comissão Interna de Prevenção de Acidentes – CIPA – tem como objetivo a prevenção de acidentes e doenças decorrentes do trabalho, de modo a tornar compatível permanentemente o trabalho com a preservação da vida e a promoção da saúde do trabalhador. Em relação à CIPA, segundo a legislação,

a) os representantes dos empregadores, titulares e suplentes, serão eleitos, entre todos os empregados, em escrutínio secreto.

b) os representantes dos empregados, titulares e suplentes, serão designados pelo sindicato.

c) o empregador designará, anualmente, dentre os seus representantes eleitos, o Vice-Presidente da CIPA.

d) o mandato dos membros eleitos da CIPA terá a duração de 1 ano, permitida uma reeleição.

e) os empregados elegerão, dentre os empregados designados pelo sindicato, o Presidente da CIPA

05. (FCC – Analista Judiciário – Área Administrativa – TRT 11/2017) Lindoval, sessenta e um anos de idade, é empregado da tecelagem irmãos Fabricios Ltda., pretendendo, neste ano, fazer parte da composição da CIPA como representante dos empregados. Neste caso, considerando que Lindoval não é filiado ao sindicato da categoria, ele

a) não poderá participar da eleição uma vez que é exclusiva para empregados com até sessenta anos de idade.

b) poderá participar da eleição, que se realiza através de escrutínio secreto, podendo, inclusive, obedecida as formalidades legais, ocupar o cargo de Presidente.

c) não poderá participar da eleição uma vez que é exclusiva para empregados sindicalizados.

d) poderá participar da eleição, que se realiza através de escrutínio secreto, podendo, inclusive, obedecida as formalidades legais, ocupar o cargo de Vice-Presidente.

e) poderá participar da eleição, que se realiza através de escrutínio secreto, mas não poderá ocupar o cargo de Presidente em razão da ausência de filiação.

GAB	1	D	2	C	3	D	4	D	5	D

✦ **GARANTIA NO EMPREGO DO CIPEIRO**

Art. 165. Os titulares da representação dos empregados nas CIPA (s) não poderão sofrer despedida arbitrária, entendendo-se como tal a que não se fundar em motivo disciplinar, técnico, econômico ou financeiro.

Parágrafo único. Ocorrendo a despedida, caberá ao empregador, em caso de reclamação à Justiça do Trabalho, comprovar a existência de qualquer dos motivos mencionados neste artigo, sob pena de ser condenado a reintegrar o empregado.

1. COMENTÁRIOS

1.1. Garantia de emprego do Cipeiro

O atual regime constitucional prevê, em seu art. 7º, I, proteção contra a despedida arbitrária ou sem justa causa, nos termos e limites de lei complementar, que até hoje não foi editada. Diante da omissão do legislador, a referida norma constitucional tem sua eficácia limitada, para usarmos da classificação, já tradicional, do professor José Afonso da Silva. Segundo o ilustre constitucionalista, as normas de eficácia limitada são aquelas que não produzem, com sua entrada em vigor, todos os efeitos que lhe são essenciais, porque o constituinte, por qualquer motivo, não estabeleceu a normatividade necessária, deixando tal tarefa para o legislador infraconstitucional. (Aplicabilidade das Normas Constitucionais. 3ª ed. São Paulo: Malheiros, 1998, págs. 82-84).

A ausência de normatividade ampla que ampare a despedida arbitrária ou sem justa causa, não impediu que o próprio legislador constituinte estabelecesse algumas garantias especiais, com limitação temporal. O regime geral de proteção ao emprego só será regulamentado por lei complementar, mas nada impede o legislador infraconstitucional de proteger empregados em circunstâncias especiais, pelo simples processo legislativo de aprovação de lei ordinária. No caso dos empregados eleitos para cargo de representação na CIPA, o art. 165 foi recepcionado pela Constituição da República, que até mesmo tratou desta garantia no art. 10, II, "a", do ADCT/CF/88, mas não totalmente, permitindo, assim, o uso da regra da CLT. Sobre o fenômeno da recepção, explica Guilherme Peña de Moraes que "o exercício do poder constituinte originário pode importar na recepção das normas infraconstitucionais anteriores à vigência da nova Constituição, desde que sejam materialmente compatíveis com ela, mediante a alteração do fundamento imediato de validade." (Direito Constitucional, Teoria da Constituição. Rio de Janeiro: Lumen Juris, 2003, p. 19). Exatamente esta a hipótese do art. 165 da CLT.

Quis o legislador constitucional proteger o empregado que possui poder de representação, tanto que eleito para o cargo na CIPA. As Súmulas de nº 339, I, do TST e 676 do STF não fizeram distinção se o representante foi eleito como titular ou suplente, uma vez que no lugar do titular, interinamente, o substituto exercerá todas as suas atribuições, sujeitando-se, portanto, às mesmas pressões, sendo igualmente destinatário da proteção legal. Carrion restringe a garantia do suplente somente enquanto estiver no exercício da função, ainda que não seja esta a posição do TST (Comentários, 2009, p. 176).

1.1.2 Representante dos empregadores

Os representantes dos empregadores na CIPA serão indicados pelo próprio, como prevê a NR nº 5.6.1, destacada nos comentários ao art. 164, supra. O próprio mecanismo de condução de tais representantes já indica que são empregados de total confiança do empregador e, por isso mesmo, não precisariam ser alcançados pela proteção legal. Destaque-se, todavia, que o art. 10, II, "a", do ADCT/CF prevê a garantia no emprego para "empregado eleito para cargo de direção...". Portanto, para ser destinatário da norma constitucional basta o preenchimento de dois requisitos: a) ser empregado, e b) ser eleito para exercer o mandato de representação na CIPA. A Constituição não distinguiu se o representante é do empregado ou do empregador. Frise-se, por oportuno, que só se pode estender tal proteção ao representante dos empregadores se este for eleito para exercer o cargo de direção e não indicado pelo empregador. Como não há exigência desta eleição para o representante patronal, o preenchimento do requisito ficará condicionado à submissão ou não ao processo eleitoral facultativo e, em última análise, à vontade do empregador em se utilizar de tal procedimento, o que não é comum na praxe trabalhista. Em suma, só se pode considerar portador de garantia no emprego o representante dos empregadores, se ele se submeter a processo eleitoral para ocupação do seu cargo. Este entendimento, que é minoritário, se torna particularmente relevante quando ocorrer sucessão de empregadores e o representante da empresa deixar de ser depositário da confiança do sucessor. Contra esta proteção para o representante dos empregadores se posicionam: Godinho, jan-2009, p. 1153; Saad, 2009, p. 288; Carrion, 2009, p.176 e Barros, fev-2009, p. 991-992.

1.2. Despedida arbitrária

O representante dos empregados na CIPA não pode sofrer despedida arbitrária, assim considerada, nos termos do art. 165, a que não se fundar em motivo disciplinar, técnico, econômico ou financeiro. O motivo disciplinar tem previsão legal, estando justificada a dispensa se o empregado se enquadrar em quaisquer das circunstâncias do art. 482 da CLT. Os demais motivos (técnico, econômico e financeiro) permitem diversas interpretações, considerando-se o sentido aberto dos termos utilizados pelo legislador. Em linhas gerais, motivo técnico diz respeito à atividade produtiva, como por exemplo, processo de automação que provoque diminuição do número de postos do trabalho. Motivo econômico envolve uma série de variantes que envolvem custos de produção, valor da mão de obra, investimentos, cenário político e econômico que podem levar uma empresa à crise, motivando a rescisão contratual dos cipeiros. O motivo econômico, contudo, não pode permitir a transferência do risco do negócio do empregador para o empregado. A crise econômica deve ser motivada por fatores alheios à vontade do administrador e não por sua má-administração.

Há quem entenda que após a Constituição de 1988 (art. 7º, I) só pode haver despedida do cipeiro por motivo disciplinar (justa causa), não tendo sido recepcionados os demais motivos (Adamovich, 2009, p. 89). Não é esta a posição que prevalece na doutrina, sustentando a maioria a subsistência de todos os motivos, como demonstramos acima (neste sentido: Saad, 2009, p. 287-288; Martins, Comentários, 2009, págs. 191-192; Russomano, 1993, págs. 204-205 e Carrion, 2009, p. 176).

A despedida do cipeiro ocorrerá sem a formalidade do art. 853 da CLT (Inquérito para apuração de falta grave). Todavia, o pedido de demissão deste empregado deve se revestir das garantias do art. 500 da CLT, que prevê a assistência do ato pelo sindicato de classe (Martins, Comentários, 2009, p. 192 e Adamovich, 2009, p. 89).

Extinto o estabelecimento no qual trabalha o empregado não subsistirá sua garantia. A CIPA existe para prevenir acidentes e manter as condições de saúde no trabalho (vide atribuições nos comentários ao art. 164). Desaparecendo o estabelecimento não há mais razão para preservação da garantia ao empregado (TST, S. 339, II).

2. SÚMULAS E ORIENTAÇÕES JURISPRUDENCIAIS

▸ **Súmula nº 676 – STF – DJ de 9,10 E 13/10/2003**

A garantia da estabilidade provisória prevista no art. 10, II, a, do ADCT, também se aplica ao suplente do cargo de direção de comissões internas de prevenção de acidentes (CIPA).

▸ **Súmula nº 339 – TST – (incorporadas as Orientações Jurisprudenciais nº s 25 e 329 da SBDI-1) – Res. 129/2005, DJ 20, 22 e 25.04.2005**

CIPA. SUPLENTE. GARANTIA DE EMPREGO. CF/1988

I – O suplente da CIPA goza da garantia de emprego prevista no art. 10, II, "a", do ADCT a partir da promulgação da Constituição Federal de 1988. (ex-Súmula nº 339 – Res. 39/1994, DJ 22.12.1994 – e ex-OJ nº 25 da SBDI-1 – inserida em 29.03.1996)

II – A estabilidade provisória do cipeiro não constitui vantagem pessoal, mas garantia para as atividades dos membros da CIPA, que somente tem razão de ser quando em atividade a empresa. Extinto o estabelecimento, não se verifica a despedida arbitrária, sendo impossível a reintegração e indevida a indenização do período estabilitário. (ex-OJ nº 329 da SBDI-1 – DJ 09.12.2003)

▸ **OJ 6 SBDI-2 – TST – Inserida em 20.09.00 (nova redação – DJ 22.08.2005)**

AÇÃO RESCISÓRIA. CIPEIRO SUPLENTE. ESTABILIDADE. ADCT DA CF/88, Art. 10, II, "A". SÚMULA Nº 83 DO TST. Rescinde-se o julgado que nega estabilidade a membro suplente de CIPA, representante de empregado, por ofensa ao art. 10, II, "a", do ADCT da CF/88, ainda que se cuide de decisão anterior à Súmula nº 339 do TST. Incidência da Súmula nº 83 do TST.

3. QUESTÕES DE CONCURSOS

01. (TRT – 17ª REGIÃO/ANALISTA JUDICIÁRIO/CESPE/2009/ADAPTADA) Empregado eleito como suplente para cargo de direção da comissão interna de prevenção de acidentes (CIPA) goza da estabilidade provisória desde o registro de sua candidatura até um ano após o final de seu mandato.

02. (PETROBRAS/ADVOGADO JÚNIOR/CESPE/2009/ADAPTADA) A CF veda a dispensa arbitrária ou sem justa causa do empregado eleito para cargo de direção da comissão interna de prevenção de acidentes de trabalho (CIPA), desde o registro da candidatura até um ano após o final do seu mandato. Quanto ao suplente da representação dos empregados na CIPA, embora a lei não o mencione, a jurisprudência o considera beneficiário da mesma garantia prevista para o titular.

03. (FCC – TRT 23 – Analista Judiciário/2011) Simone trabalha na empresa X e é membro da CIPA. Considerando a grave crise econômica que a empresa está passando, a mesma extinguiu o estabelecimento, dispensando todos os funcionários, inclusive Simone. Neste caso,

a) é garantida a indenização a Simone, já que é vedada a sua dispensa sem justa causa desde o registro de sua candidatura até um ano após o final de seu mandato.

b) extinto o estabelecimento, não se verifica a despedida arbitrária de Simone, sendo impossível a reintegração e indevida a indenização do período estabilitário.

c) é garantida indenização a Simone, já que é vedada a sua dispensa sem justa causa desde o resultado das eleições até um ano após o final de seu mandato.

d) é garantida indenização a Simone, já que é vedada a sua dispensa sem justa causa desde o registro de sua candidatura até três meses após o final de seu mandato.

e) Simone terá direito a uma indenização relativa a metade do período de estabilidade que teria direito em razão da força maior existente com a extinção do estabelecimento.

04. (TRT – 3ª REGIÃO/JUIZ DO TRABALHO SUBSTITUTO/2009/ADAPTADA) A todos os ocupantes de cargo de direção das Comissões Internas de Prevenção de Acidentes (CIPA's) é assegurada a vedação da dispensa arbitrária ou sem justa causa desde o registro de sua candidatura até um ano após o final do mandato.

05. (ECT – Analista de Correios – Advogado/2011) O presidente da Comissão Interna de Prevenção de Acidentes (CIPA) não é detentor de estabilidade.

06. (FCC – Analista Judiciário – Oficial de Justiça Avaliador – TRT 15/2013) Rogério, empregado da empresa "ASD Ltda." foi eleito para o cargo de direção da CIPA (Comissão Interna de Prevenção de Acidente). Durante o seu mandato, a referida empresa encerrou as suas atividades em razão da morte de um de seus sócios, uma vez que ficou inviabilizada a continuação de suas atividades. Neste caso,

a) Rogério só terá direito a indenização do período estabilitário se houver transcorrido mais da metade de seu mandato.

b) Rogério terá direito a indenização do período estabilitário, uma vez que possui estabilidade desde o registro de sua candidatura até um ano após o final de seu mandato.

c) Rogério terá direito a indenização do período estabilitário, uma vez que possui estabilidade desde o registro de sua candidatura até seis meses após o final de seu mandato.

d) Rogério terá direito a indenização do período estabilitário, uma vez que possui estabilidade desde o registro de sua candidatura até um ano após a proclamação do resultado das eleições.

e) cessou a estabilidade de Rogério, que não fará jus a indenização do período estabilitário.

07. (Cespe – Analista Judiciário – Área Administrativa – TRT 17/2013) Julgue o item a seguir, relativo aos direitos trabalhistas.

Os representantes eleitos para cargo de direção de comissões internas de prevenção de acidentes (CIPAs) não podem ser demitidos de forma arbitrária ou sem justa causa, contudo essa estabilidade não é extensiva aos membros suplentes desses representantes.

GAB	1	C	2	C	3	B	4	E	5	C	6	E	7	E

▸SEÇÃO IV – DO EQUIPAMENTO DE PROTEÇÃO INDIVIDUAL

(Redação de acordo com a Lei nº 6.514, de 22.12.1977)

✦ DO EQUIPAMENTO DE PROTEÇÃO INDIVIDUAL

Art. 166. A empresa é obrigada a fornecer aos empregados, gratuitamente, equipamento de proteção individual adequado ao risco e em perfeito estado de conservação e funcionamento, sempre que as medidas de ordem geral não ofereçam completa proteção contra os riscos de acidentes e danos à saúde dos empregados.

Art. 167. O equipamento de proteção só poderá ser posto à venda ou utilizado com a indicação do Certificado de Aprovação do Ministério do Trabalho.

1. COMENTÁRIOS

O equipamento de proteção individual, de uso obrigatório pelo empregado (art. 158, "b", da CLT), não impede, necessariamente, a ação do agente insalubre ou do risco no ambiente de trabalho; consequentemente, o fornecimento do equipamento não exclui o direito à percepção dos adicionais salariais respectivos (TST, S. 289), nem a apuração de eventual responsabilidade do empregador e de pagamento de indenizações por acidente no trabalho.

O Certificado de Aprovação emitido pelo Ministério do Trabalho, referido no art. 167, será expedido pelo órgão nacional competente em matéria de segurança e saúde no trabalho do Ministério do Trabalho e Emprego (NR nº 6.2).

A NR 6/, MTE, que regulamenta o uso do Equipamento de Proteção Individual – EPI, Publicação D.O.U. – Portaria GM nº 3.214, de 08 de junho de 1978 06/07/78, define, entre outros aspectos, o conceito de EPI (itens 6.1 e 6.2 da NR), a obrigatoriedade de seu fornecimento (itens 6.3 e 6.4), a competência para recomendar o EPI (item 6.5), as atribuições do empregador (item 6.6), as atribuições do empregado (itens 6.7 e 6.8) e a certificação do EPI (item 6.9).

2. SÚMULAS E ORIENTAÇÕES JURISPRUDENCIAIS

- **Súmula nº 289 – TST – Res. 121/2003, DJ 19, 20 e 21.11.2003**

  INSALUBRIDADE. ADICIONAL. FORNECIMENTO DO APARELHO DE PROTEÇÃO. EFEITO. O simples fornecimento do aparelho de proteção pelo empregador não o exime do pagamento do adicional de insalubridade. Cabe-lhe tomar as medidas que conduzam à diminuição ou eliminação da nocividade, entre as quais as relativas ao uso efetivo do equipamento pelo empregado.

3. QUESTÕES DE CONCURSOS

01. (INSS/PERITO MÉDICO/FCC/2006/ADAPTADA) É facultado às empresas fornecer, gratuitamente, equipamentos de proteção individual adequado ao risco, com certificado de aprovação do Ministério do Trabalho.

02. (TRT – 23ª REGIÃO/JUIZ DO TRABALHO/2006/ADAPTADA) A empresa é obrigada a fornecer aos empregados, gratuitamente, equipamento de proteção individual adequado ao risco e em perfeito estado de conservação e funcionamento, sempre que as medidas de ordem geral não ofereçam completa proteção contra os riscos de acidentes e danos à saúde dos empregados, cujos equipamentos poderão ser utilizados sem a indicação do Certificado de Aprovação do Ministério do trabalho.

GAB	1	E	2	E

SEÇÃO V – DAS MEDIDAS PREVENTIVAS DE MEDICINA DO TRABALHO

(Redação de acordo com A Lei nº 6.514, de 22.12.1977)

✦ EXAMES MÉDICOS

Art. 168. Será obrigatório exame médico, por conta do empregador, nas condições estabelecidas neste artigo e nas instruções complementares a serem expedidas pelo Ministério do Trabalho:(Redação do *caput*, incisos I a III e parágrafos 1º a 5º pela Lei nº 7.855, de 24.10.1989)

I – a admissão;

II – na demissão;

III – periodicamente.

§ 1º – O Ministério do Trabalho baixará instruções relativas aos casos em que serão exigíveis exames:

a) por ocasião da demissão;

b) complementares.

§ 2º – Outros exames complementares poderão ser exigidos, a critério médico, para apuração da capacidade ou aptidão física e mental do empregado para a função que deva exercer.

§ 3º – O Ministério do Trabalho estabelecerá, de acordo com o risco da atividade e o tempo de exposição, a periodicidade dos exames médicos.

§ 4º – O empregador manterá, no estabelecimento, o material necessário à prestação de primeiros socorros médicos, de acordo com o risco da atividade.

§ 5º – O resultado dos exames médicos, inclusive o exame complementar, será comunicado ao trabalhador, observados os preceitos da ética médica.

§ 6º – Serão exigidos exames toxicológicos, previamente à admissão e por ocasião do desligamento, quando se tratar de motorista profissional, assegurados o direito à contraprova em caso de resultado positivo e a confidencialidade dos resultados dos respectivos exames. (Incluído pela Lei nº 13.103, de 02.03.2015)

§ 7º – Para os fins do disposto no § 6º, será obrigatório exame toxicológico com janela de detecção mínima de 90 (noventa) dias, específico para substâncias psicoativas que causem dependência ou, comprovadamente, comprometam a capacidade de direção, podendo ser utilizado para essa finalidade o exame toxicológico previsto na Lei nº 9.503, de 23 de setembro de 1997 – Código de Trânsito Brasileiro, desde que realizado nos últimos 60 (sessenta) dias. (Incluído pela Lei nº 13.103, de 02.03.2015)

1. COMENTÁRIOS

Os exames médicos referidos nos incisos do art. 168 serão realizados conforme as instruções expedidas pelo Ministério do Trabalho. Atualmente tais instruções constam da **NR nº 7, aprovada pela Portaria GM nº 3.214, de 08 de junho de 1978 06/07/78.** A regulamentação pelo Ministério do Trabalho não poderá exigir que o exame seja feito por instituições públicas, uma vez que a norma do art. 168 não permite tal distinção. O exame será médico e, portanto, pode ser realizado por instituição pública ou privada, a critério do empregador.

Destaca Saad que a correta avaliação médica do empregado, particularmente no momento de sua admissão, é fator de caráter preventivo das doenças ocupacionais e dos acidentes do trabalho (CLT comentada, 2009, p. 295).

A **Lei nº 13.103, de 2.3.2015** (DOU, de 3.3.2015) acrescentou os §§ 6º e 7º ao art. 168 da CLT. O art. 13 da citada lei cuida do início da observância dos exames, nos seguintes termos:

> Art. 13. O exame toxicológico com janela de detecção mínima de 90 (noventa) dias de que tratam o art. 148-A da Lei 9.503, de 23 de setembro de 1997 – Código de Trânsito Brasileiro, os §§ 6º e 7º do art. 168 e o inciso VII do art. 235-B da Consolidação das Leis do Trabalho – CLT, aprovada pelo Decreto-Lei nº 5.452, de 1º de maio de 1943, será exigido:
>
> I – em 90 (noventa) dias da publicação desta Lei, para a renovação e habilitação das categorias C, D e E;
>
> II – em 1 (um) ano a partir da entrada em vigor desta Lei, para a admissão e a demissão de motorista profissional;
>
> III – em 3 (três) anos e 6 (seis) meses a partir da entrada em vigor desta Lei, para o disposto no § 2º do art. 148-A da Lei nº 9.503, de 23 de setembro de 1997;
>
> IV – em 2 (dois) anos e 6 (seis) meses a partir da entrada em vigor desta Lei, para o disposto no § 3º do art. 148-A da Lei nº 9.503, de 23 de setembro de 1997.
>
> Parágrafo único. Caberá ao Contran estabelecer adequações necessárias ao cronograma de realização dos exames.

Nos §§ 6º e 7º deste artigo se nota uma preocupação com a realização de exames que possam prevenir acidentes de trânsito, considerando os riscos que trazem à sociedade os motoristas que tenham algum tipo de dependência química. Os direitos do empregador de fazer tais exames e os limites da privacidade do empregado estão comentados no art. **235-B, da CLT.**

Os dispositivos acrescentados cuidam somente de exame toxicológico, mas, a nosso ver, o objeto do exame pode ser mais abrangente, permitindo a análise do uso de substancias alcoólicas, tendo em vista a política de tolerância zero quanto à ingestão de álcool para os motoristas, profissionais ou não. Neste sentido é norma do art. 235-B, VII, da CLT.

A vedação à divulgação pública deste exame, conforme o § 7º do art. 168, tem o intuito de preservar a vida intima do trabalhador. O conhecimento por terceiros de informações sigilosas, e que podem inclusive prejudicar a vida profissional do empregado, foi a mens legis da proibição da divulgação do resultado dos exames.

2. QUESTÕES DE CONCURSOS

01. (ADVOGADO/CRF-SP/VUNESP/2009) O exame médico é obrigatório, por conta do empregador,

a) somente na admissão e na demissão do empregado.

b) somente na admissão e periodicamente na vigência do contrato de trabalho.

c) na admissão do empregado, sendo facultado ao empregador arcar com as despesas dos exames demissional e periódico.

d) na admissão, periodicamente, e na demissão, correndo por conta do empregado eventuais exames complementares requeridos pelo médico do trabalho.

e) na admissão, periodicamente, e na demissão, inclusive quanto aos eventuais exames complementares requeridos pelo médico do trabalho.

02. (MPT – Procurador do Trabalho/2012) Assinale a alternativa CORRETA:

a) Os dados obtidos nos exames médicos dos empregados, incluindo avaliação clínica e exames complementares, deverão ser registrados em prontuário clínico individual, que ficará sob a responsabilidade do médico do trabalho da empresa, e entregue ao empregado por ocasião da rescisão do contrato de trabalho.

b) A elaboração do Programa de Prevenção de Riscos Ambientais – PPRA é atribuição exclusiva dos profissionais do Serviço Especializado em Engenharia de Segurança e Medicina do Trabalho – SESMT das empresas.

c) O dimensionamento do Serviço Especializado em Engenharia de Segurança e Medicina do Trabalho – SESMT depende da gradação dos riscos da atividade econômica da empresa e do número de empregados próprios da empresa, já que a assistência do SESMT não se estende aos empregados das empresas contratadas, que são obrigadas a manter SESMT próprio.

d) O exame médico demissional será obrigatoriamente realizado até a data da homologação da rescisão contratual, exceto se o último exame médico ocupacional houver sido realizado em período de tempo próximo à data da despedida, definido de acordo com o grau de risco da atividade empresarial.

e) Não respondida.

GAB	1	E	2	D

✦ **NOTIFICAÇÃO AO MT SOBRE DOENÇAS OCUPACIONAIS**

Art. 169. Será obrigatória a notificação das doenças profissionais e das produzidas em virtude de condições especiais de trabalho, comprovadas ou objeto de suspeita, de conformidade com as instruções expedidas pelo Ministério do Trabalho.

1. COMENTÁRIOS

O dispositivo celetista obriga o empregador a fazer a comunicação de doenças profissionais e relacionadas ao trabalho ao órgão local do Ministério do Trabalho. Esta comunicação, além de ser um fator inibidor da ocorrência de acidentes ou de aquisição de doenças profissionais, também facilita o controle e a estatística das mesmas por parte do Ministério do Trabalho e Emprego.

Modernamente, a Lei Previdenciária equipara as doenças profissionais e relacionadas ao trabalho ao acidente de trabalho. O rol de equiparação está localizado nos artigos 20 da Lei nº 8213/91. Perceba-se que o art. 20, I, define a doença profissional e o inciso II a doença do trabalho, como se lê a seguir: "art. 20. Consideram-se acidente do trabalho, nos termos do artigo anterior, as seguintes entidades mórbidas: I – doença profissional, assim entendida a produzida ou desencadeada pelo exercício do trabalho peculiar a determinada atividade e constante da respectiva relação elaborada pelo Ministério do Trabalho e da Previdência Social; II – doença do trabalho, assim entendida a adquirida ou desencadeada em função de condições especiais em que o trabalho é realizado e com ele se relacione diretamente, constante da relação mencionada no inciso I."

O parágrafo primeiro do art. 20, por sua vez, exclui do enquadramento como doenças do trabalho uma séria de enfermidades que não são consideradas doenças do trabalho e que, consequentemente, não sofrem tal equiparação: " § 1º Não são consideradas como doença do trabalho: **a)** a doença degenerativa; **b)** a inerente a grupo etário; **c)** a que não produza incapacidade laborativa; **d)** a doença endêmica adquirida por segurado habitante de região em que ela se desenvolva, salvo comprovação de que é resultante de exposição ou contato direto determinado pela natureza do trabalho."

Por fim, o parágrafo segundo da supra citada norma, considerando o impossibilidade do legislador abranger todas as hipóteses de doenças prevê que: “Em caso excepcional, constatando-se que a doença não incluída na relação prevista nos incisos I e II deste artigo resultou das condições especiais em que o trabalho é executado e com ele se relaciona diretamente, a Previdência Social deve considerá-la acidente do trabalho.”

SEÇÃO VI – DAS EDIFICAÇÕES

(Redação de acordo com a Lei nº 6.514, de 22.12.1977)

Art. 170. As edificações deverão obedecer aos requisitos técnicos que garantam perfeita segurança aos que nelas trabalhem.

Art. 171. Os locais de trabalho deverão ter, no mínimo, 3 (três) metros de pé direito, assim considerada a altura livre do piso ao teto.

Parágrafo único. Poderá ser reduzido esse mínimo desde que atendidas as condições de iluminação e conforto térmico compatíveis com a natureza do trabalho, sujeitando-se tal redução ao controle do órgão competente em matéria de segurança e medicina do trabalho.

Art. 172. Os pisos dos locais de trabalho não deverão apresentar saliências nem depressões que prejudiquem a circulação de pessoas ou a movimentação de materiais.

Art. 173. As aberturas nos pisos e paredes serão protegidas de forma que impeçam a queda de pessoas ou de objetos.

Art. 174. As paredes, escadas, rampas de acesso, passarelas, pisos, corredores, coberturas e passagens dos locais de trabalho deverão obedecer às condições de segurança e de higiene do trabalho estabelecidas pelo Ministério do Trabalho e manter-se em perfeito estado de conservação e limpeza.

1. COMENTÁRIOS

O controle de um ambiente de trabalho hígido e adequado depende dos cuidados de todos com as instalações que compõem o local de labor. Esta preocupação com as instalações, ainda que presente na CLT e na regulamentação do Ministério do Trabalho, não conseguiu avançar para a percepção de acesso aos portadores de necessidades especiais. As edificações em geral, no ambiente de trabalho, não se encontram adaptadas às necessidades destes cidadãos, exatamente em razão da carência de normas reguladoras exigindo as adaptações necessárias. Em raras ocasiões o ambiente de trabalho é adaptado ao portador de deficiência.

Gláucia Gomes Vergara Lopes, em estudo monográfico sobre o tema, lembra que a Recomendação nº 168 da OIT, que cuida da readaptação profissional e o emprego das pessoas portadoras de deficiência, aprovada em junho de 1983, “repete a adoção do princípio da igualdade de acesso, conservação e criação de emprego aos portadores de deficiência”, ideia já consagrada na Recomendação nº 99, de 1955. Destaca a autora, particularmente no que interessa ao artigo ora comentado, que a Recomendação nº 168 propõe a “eliminação gradual das barreiras e obstáculos de ordem física e arquitetônica, incluindo os meios de transporte, o acesso e o livre movimento nos locais de formação e emprego dos portadores de deficiência, com aplicação imediata às novas construções e instalações públicas e gradual para as demais;” (A Inserção do Portador de Deficiência no Mercado de Trabalho: a efetividade das leis brasileiras. São Paulo: LTr, 2005, p. 29-30).

No Brasil, a Constituição de 1988 constituiu o marco normativo de proteção ao portador de deficiência, cuidando, inclusive, no art. 244, da edição de lei para adaptação dos logradouros públicos, mas não tratou de mencionar os estabelecimentos privados.

Somente em 2000, com a edição da Lei nº 10.098 a norma constitucional do art. 244 ganhou efetividade plena, sendo traçadas por esta lei "normas gerais e critérios básicos para a promoção de acessibilidade das pessoas portadoras de deficiência ou com mobilidade reduzida, mediante a supressão de barreiras e de obstáculos nas vias e espaços públicos, no mobiliário urbano, na construção e reforma de edifícios e nos meios de transporte e de comunicação, condição indispensável para o sucesso de políticas de inserção do portador de deficiência no mercado de trabalho." (Vergara, agosto-2005, p. 81).

A regulamentação específica sobre edificações incumbe ao Ministério do Trabalho, que editou a NR nº 8, Portaria GM nº 3.214, de 08 de junho de 1978 06/07/78, que, em linhas gerais, cuida da segurança das edificações, mas não conseguiu alcançar os deficientes físicos, sendo omissa neste particular.

2. QUESTÕES DE CONCURSOS

01. **(TRT – 3ª REGIÃO/JUIZ DO TRABALHO SUBSTITUTO/2009/ADAPTADA)** Nas edificações, a CLT impõe que os locais de trabalho deverão ter, no mínimo, três metros de pé-direito, correspondente à altura entre o piso e o teto, salvo se atendidas as condições de iluminação e conforto térmico para desempenho do trabalho.

02. **(TRT – 1ª REGIÃO/JUIZ DO TRABALHO/2008/ADAPTADA)** De acordo com a doutrina mais recente, a segurança e a medicina do trabalho são o segmento do Direito Tutelar do Trabalho incumbido de oferecer proteção à saúde do trabalhador no local de trabalho e a sua recuperação quando não se encontrar em condições de prestar serviços ao empregador. Diante disso, julgue: as paredes, escadas, rampas de acesso, passarelas, pisos, corredores, coberturas e passagem dos locais de trabalho deverão obedecer às condições de segurança e de higiene do trabalho estabelecidas pelo Ministério do Trabalho e manter-se em perfeito estado de conservação e limpeza.

GAB	1	C	2	C

SEÇÃO VII – DA ILUMINAÇÃO

(Redação de acordo com a Lei nº 6.514, de 22.12.1977)

Art. 175. Em todos os locais de trabalho deverá haver iluminação adequada, natural ou artificial, apropriada à natureza da atividade.

§ 1º – A iluminação deverá ser uniformemente distribuída, geral e difusa, a fim de evitar ofuscamento, reflexos incômodos, sombras e contrastes excessivos.

§ 2º – O Ministério do Trabalho estabelecerá os níveis mínimos de iluminamento a serem observados.

1. COMENTÁRIOS

Lembra-nos Saad que "A adequada iluminação dos locais de trabalho é problema da higiene industrial. É fator de particular destaque na prevenção de acidentes e, além disso, quando convenientemente considerado, previne a fadiga visual. A boa iluminação de um local de trabalho fica na dependência da cor, da distribuição, da difusão, da direção da luz e da ausência de ofuscamento." (Comentários, 2009, p. 299).

A iluminação deficiente deixou de ser agente caracterizador de insalubridade, a partir da edição da Portaria nº 3.751, do MTE, de 23.11.90. Tanto assim, que a OJ SDI1T-57-TST, passou a negar o direito ao respectivo adicional por iluminação insuficiente, a partir de 26.02.1991 quando, efetivamente, as normas ensejadoras do direito perderam sua eficácia jurídica.

Os níveis mínimos de iluminamento a serem observados nos locais de trabalho são os valores de iluminâncias estabelecidos na NBR 5413, norma brasileira registrada no INMETRO, como se lê no item 17.5.3.3, da NR 17, abaixo transcrita.

NR 17/MTE – ERGONOMIA.

Publicação D.O.U. – Portaria GM nº 3.214, de 08 de junho de 1978 06/07/78.

Atualizações/Alterações D.O.U. – Portaria MTPS nº 3.751, de 23 de novembro de 1990 26/11/90; Portaria SIT nº 08, de 30 de março de 2007 02/04/07; Portaria SIT nº 09, de 30 de março de 2007 02/04/07; Portaria SIT nº 13, de 21 de junho de 2007 26/06/07.

(...)

17.5.3. Em todos os locais de trabalho deve haver iluminação adequada, natural ou artificial, geral ou suplementar, apropriada à natureza da atividade.

17.5.3.1. A iluminação geral deve ser uniformemente distribuída e difusa.

17.5.3.2. A iluminação geral ou suplementar deve ser projetada e instalada de forma a evitar ofuscamento, reflexos incômodos, sombras e contrastes excessivos.

17.5.3.3. Os níveis mínimos de iluminamento a serem observados nos locais de trabalho são os valores de iluminâncias estabelecidos na NBR 5413, norma brasileira registrada no INMETRO.

17.5.3.4. A medição dos níveis de iluminamento previstos no subitem 17.5.3.3 deve ser feita no campo de trabalho onde se realiza a tarefa visual, utilizando-se de luxímetro com fotocélula corrigida para a sensibilidade do olho humano e em função do ângulo de incidência.

17.5.3.5. Quando não puder ser definido o campo de trabalho previsto no subitem 17.5.3.4, este será um plano horizontal a 0,75m (setenta e cinco centímetros) do piso.

SEÇÃO VIII – DO CONFORTO TÉRMICO

(Redação de acordo com a lei nº 6.514, de 22.12.1977)

Art. 176. Os locais de trabalho deverão ter ventilação natural, compatível com o serviço realizado.

Parágrafo único. A ventilação artificial será obrigatória sempre que a natural não preencha as condições de conforto térmico.

Art. 177. Se as condições de ambiente se tornarem desconfortáveis, em virtude de instalações geradoras de frio ou de calor, será obrigatório o uso de vestimenta adequada para o trabalho em tais condições ou de capelas, anteparos, paredes duplas, isolamento térmico e recursos similares, de forma que os empregados fiquem protegidos contra as radiações térmicas.

Art. 178. As condições de conforto térmico dos locais de trabalho devem ser mantidas dentro dos limites fixados pelo Ministério do Trabalho.

1. COMENTÁRIOS

Russomano (Comentários, 1993, p. 212), com seu pena critica, afirma que as regras pertinentes a esta seção "ganham aspecto quase irônico, pelo total e impune descumprimento das mesmas no interior do país, totalmente desprotegido pela insuficiência dos serviços de inspeção do trabalho". Os comentários datam do ano de 1993, mas se mostram extremamente atuais. Ainda hoje, não obstante os esforços dos Auditores Fiscais, a fiscalização se mostra insuficiente e quase inócua, considerando-se a extensão territorial brasileira e a quantidade de pequenas e micro empresas no Brasil.

O conforto térmico no ambiente de trabalho é medida que também previne a fadiga do trabalhador, evitando-se, assim, a aquisição de doenças profissionais e afastamentos desnecessários, seja a título de interrupção do trabalho, sendo suportado pelo empregador, seja a título de suspensão do trabalho, quando passa a gozar de benefício previdenciário.

Os anexos 3 e 9, da NR-15, cuidam, respectivamente, do calor e do frio. Trabalho com exposição a esses agentes físicos dá direito ao adicional correspondente ao grau médio (20%). Vide artigo 253 da CLT.

A NR17.5, do MTE, Portaria GM nº 3.214, de 08 de junho de 1978 06/07/78, cuida das Condições ambientais de trabalho, como se percebe dos destaques seguir.

> 17.5.1. As condições ambientais de trabalho devem estar adequadas às características psicofisiológicas dos trabalhadores e à natureza do trabalho a ser executado.
>
> 17.5.2. Nos locais de trabalho onde são executadas atividades que exijam solicitação intelectual e atenção constantes, tais como: salas de controle, laboratórios, escritórios, salas de desenvolvimento ou análise de projetos, dentre outros, são recomendadas as seguintes condições de conforto:
>
> a) níveis de ruído de acordo com o estabelecido na NBR 10152, norma brasileira registrada no INMETRO;
>
> b) índice de temperatura efetiva entre 20ºC (vinte) e 23ºC (vinte e três graus centígrados);
>
> c) velocidade do ar não superior a 0,75m/s;
> d) umidade relativa do ar não inferior a 40 (quarenta) por cento.
>
> 17.5.2.1. Para as atividades que possuam as características definidas no subitem 17.5.2, mas não apresentam equivalência ou correlação com aquelas relacionadas na NBR 10152, o nível de ruído aceitável para efeito de conforto será de até 65 dB (A) e a curva de avaliação de ruído (NC) de valor não superior a 60 dB.
>
> 17.5.2.2. Os parâmetros previstos no subitem 17.5.2 devem ser medidos nos postos de trabalho, sendo os níveis de ruído determinados próximos à zona auditiva e as demais variáveis na altura do tórax do trabalhador.

2. QUESTÕES DE CONCURSOS

01. (TRT – 1ª REGIÃO/JUIZ DO TRABALHO/2008/ADAPTADA) De acordo com a doutrina mais recente, a segurança e a medicina do trabalho são o segmento do Direito Tutelar do Trabalho incumbido de oferecer proteção à saúde do trabalhador no local de trabalho e a sua recuperação quando não se encontrar em condições de prestar serviços ao empregador. Diante disso, julgue: a ventilação artificial poderá ser adotada quando a natural não preencher as condições de conforto térmico.

02. (TRT 14 – Juiz do Trabalho Substituto 14ª região/ 2012/ADAPTADA) Analise as assertivas abaixo e após marque a única alternativa correta: a ventilação artificial será obrigatória sempre que a natural não preencher as condições de conforto térmico.

GAB	1	E	2	C

SEÇÃO IX – DAS INSTALAÇÕES ELÉTRICAS

(Redação de acordo com a Lei nº 6.514, de 22.12.1977)

Art. 179. O Ministério do Trabalho disporá sobre as condições de segurança e as medidas especiais a serem observadas relativamente a instalações elétricas, em qualquer das fases de produção, transmissão, distribuição ou consumo de energia.

Art. 180. Somente profissional qualificado poderá instalar, operar, inspecionar ou reparar instalações elétricas.

Art. 181. Os que trabalharem em serviços de eletricidade ou instalações elétricas devem estar familiarizados com os métodos de socorro a acidentados por choque elétrico.

1. COMENTÁRIOS

Os cuidados com o trabalho em condições de risco, diante do ingresso ou do contato com instalações elétricas, levaram o Ministério do Trabalho e editar a NR nº 10, aprovada pela Portaria nº 3.214/78 e alterada pelas Portarias nº 12/1983 e 598/2004.

Diferentemente da legislação anterior, a matéria é regulamentada, quase que por inteiro, pelos atos normativos acima referidos e não na CLT. Daí a importância da NR 10 do MTE.

2. QUESTÕES DE CONCURSOS

01. (TRT 14 – Juiz do Trabalho Substituto 14ª região/ 2012) Analise as assertivas abaixo e após marque a única alternativa correta: conforme previsão legal, os que trabalharem em serviços de eletricidade ou de instalações elétricas devem estar familiarizados com os métodos de socorro a acidentados por choque elétrico.

GAB	1	C

▸SEÇÃO X – DA MOVIMENTAÇÃO, ARMAZENAGEM E MANUSEIO DE MATERIAIS

(Redação de acordo com a Lei nº 6.514, de 22.12.1977)

Art. 182. O Ministério do Trabalho estabelecerá normas sobre:

I – as precauções de segurança na movimentação de materiais nos locais de trabalho, os equipamentos a serem obrigatoriamente utilizados e as condições especiais a que estão sujeitas a operação e a manutenção desses equipamentos, inclusive exigências de pessoal habilitado;

II – as exigências similares relativas ao manuseio e à armazenagem de materiais, inclusive quanto às condições de segurança e higiene relativas aos recipientes e locais de armazenagem e os equipamentos de proteção individual;

III – a obrigatoriedade de indicação de carga máxima permitida nos equipamentos de transporte, dos avisos de proibição de fumar e de advertência quanto à natureza perigosa ou nociva à saúde das substâncias em movimentação ou em depósito, bem como das recomendações de primeiros socorros e de atendimento médico e símbolo de perigo, segundo padronização internacional, nos rótulos dos materiais ou substâncias armazenados ou transportados.

Parágrafo único. As disposições relativas ao transporte de materiais aplicam-se, também, no que couber, ao transporte de pessoas nos locais de trabalho.

Art. 183. As pessoas que trabalharem na movimentação de materiais deverão estar familiarizadas com os métodos raciocinais de levantamento de cargas.

1. COMENTÁRIOS

As movimentações no ambiente do trabalho, referente a coisas e pessoas, são objeto desta seção e da Portaria Ministerial nº 3.214/78 e suas sucessivas alterações, conforme NR nº 11 do MTE, Publicação D.O.U. – Portaria GM nº 3.214, de 08 de junho de 1978 06/07/78Alterações/ Atualizações D.O.U. – Portaria SIT nº 56, de 17 de julho de 2003 06/07/03; Portaria SIT nº 82, de 01 de junho de 2004 02/06/04.

▸SEÇÃO XI – DAS MÁQUINAS E EQUIPAMENTOS

(Redação de acordo com a Lei nº 6.514, de 22.12.1977)

Art. 184. As máquinas e os equipamentos deverão ser dotados de dispositivos de partida e parada e outros que se fizerem necessários para a prevenção de acidentes do trabalho, especialmente quanto ao risco de acionamento acidental.

Parágrafo único. É proibida a fabricação, a importação, a venda, a locação e o uso de máquinas e equipamentos que não atendam ao disposto neste artigo.

Art. 185. Os reparos, limpeza e ajustes somente poderão ser executados com as máquinas paradas, salvo se o movimento for indispensável à realização do ajuste.

Art. 186. O Ministério do Trabalho estabelecerá normas adicionais sobre proteção e medidas de segurança na operação de máquinas e equipamentos, especialmente quanto à proteção das partes móveis, distância entre estas, vias de acesso às máquinas e equipamentos de grandes dimensões, emprego de ferramentas, sua adequação e medidas de proteção exigidas quando motorizadas ou elétricas.

1. COMENTÁRIOS

Os cuidados com o manuseio, conservação e manutenção de máquinas e equipamentos não diz respeito somente aos riscos de acidente do trabalho. O correto manuseio e manutenção das máquinas é fator de produtividade e, consequentemente, pode resultar em retribuição financeira aos empregados através de gratificações.

No plano internacional a Convenção nº 119 da OIT, aprovada pela Assembleia Geral da OIT em 1963, ratificada pelo Brasil por meio do Decreto-legislativo nº 232, de 16.12.91 e promulgada pelo Decreto do Executivo de nº 1255, de 29.09.94, cuida da proteção do homem quanto às máquinas no trabalho.

No plano interno o tema foi regulamentado por meio da NR 12, do MTE, Publicação D.O.U. – Portaria GM nº 3.214, de 08 de junho de 1978 06/07/78, Atualizações D.O.U. – Portaria SSST nº 12, de 06 de junho de 1983 14/06/83; Portaria SSST nº 13, de 24 de outubro de 1994 26/10/94; Portaria SSST nº 25, de 28 de janeiro de 1996 05/12/96; Portaria SSST nº 04, de 28 de janeiro de 1997 04/03/97.

2. QUESTÕES DE CONCURSOS

01. **(TRT 14 – Juiz do Trabalho Substituto 14ª região/ 2012)** Analise as assertivas abaixo e após marque a única alternativa correta: as máquinas e os equipamentos deverão ser dotados de dispositivos de partida e parada e outros que se fizerem necessários para prevenção de acidentes do trabalho, especialmente quanto ao risco de acionamento acidental.

GAB	1	C

▸SEÇÃO XII – DAS CALDEIRAS, FORNOS E RECIPIENTES SOB PRESSÃO

(Redação de acordo com a Lei nº 6.514, de 22.12.1977)

Art. 187. As caldeiras, equipamentos e recipientes em geral que operam sob pressão deverão dispor de válvula e outros dispositivos de segurança, que evitem seja ultrapassada a pressão interna de trabalho compatível com a sua resistência.

Parágrafo único. O Ministério do Trabalho expedirá normas complementares quanto à segurança das caldeiras, fornos e recipientes sob pressão, especialmente quanto ao revestimento interno, à localização, à ventilação dos locais e outros meios de eliminação de gases ou vapores prejudiciais à saúde, e demais instalações ou equipamentos necessários à execução segura das tarefas de cada empregado.

Art. 188. As caldeiras serão periodicamente submetidas a inspeções de segurança, por engenheiro ou empresa especializada, inscritos no Ministério do Trabalho, de conformidade com as instruções que, para esse fim, forem expedidas.

§ 1º – Toda caldeira será acompanhada de "Prontuário", com documentação original do fabricante, abrangendo, no mínimo: especificação técnica, desenhos, detalhes, provas e testes realizados durante a fabricação e a montagem, características funcionais e a pressão máxima de trabalho permitida (PMTP), esta última indicada, em local visível, na própria caldeira.

§ 2º – O proprietário da caldeira deverá organizar, manter atualizado e apresentar, quando exigido pela autoridade competente, o Registro de Segurança, no qual serão anotadas, sistematicamente, as indicações das provas efetuadas, inspeções, reparos e quaisquer outras ocorrências.

§ 3º – Os projetos de instalação de caldeiras, fornos e recipientes sob pressão deverão ser submetidos à aprovação prévia do órgão regional competente em matéria de segurança do trabalho.

1. COMENTÁRIOS

O legislador, de forma prudente, atribui ao Ministério do Trabalho a extensa regulamentação sobre o tema. Este, desde 1978, com a aprovação da NR 13, passou a normatizar o uso de Caldeiras e Vasos de Pressão.

NR-13 – MTE – CALDEIRAS E VASOS DE PRESSÃO. Publicação D.O.U. – Portaria GM nº 3.214, de 08 de junho de 1978 06/07/78. Alterações/Atualizações D.O.U. – Portaria SSMT nº 12, de 06 de junho de 1983 14/06/83; Portaria SSMT nº 02, de 08 de maio de 1984 07/06/84; Portaria SSST nº 23, de 27 de dezembro de 1994 Rep.: 26/04/95; Portaria SIT nº 57, de 19 de junho de 2008 24/06/08. (Redação determinada pela Portaria SSST nº 23, de 27 de dezembro de 1994)

SEÇÃO XIII – DAS ATIVIDADES INSALUBRES OU PERIGOSAS

(Redação de acordo com a lei nº 6.514, de 22.12.1977)

✦ ATIVIDADES INSALUBRES

Art. 189. Serão consideradas atividades ou operações insalubres aquelas que, por sua natureza, condições ou métodos de trabalho, exponham os empregados a agentes nocivos à saúde, acima dos limites de tolerância fixados em razão da natureza e da intensidade do agente e do tempo de exposição aos seus efeitos.

1. COMENTÁRIOS

1.1. Trabalho insalubre: requisitos

Para a consideração da atividade como insalubre devem estar presentes dois requisitos, cumulativamente, a saber: a) realização de perícia no ambiente do trabalho (CLT, art. 195) e b) enquadramento da atividade ou operação como insalubre, nos termos da NR 15 do MTE. Este é o entendimento consagrado na S. 460 do STF e na S. 248 do TST.

Quanto ao trabalhador rural o enquadramento destas atividades se encontra na NR nº 5, aprovada pela Portaria nº 3.067, de 12.04.88.

Dizer que a atividade está enquadrada na NR 15, do MTE, como insalubre, também não é suficiente para a caracterização da insalubridade. É preciso que o empregado trabalhe além dos limites de tolerância estabelecidos pelo Ministério do Trabalho.

1.2. Prorrogação de horário em atividade insalubre

Vide comentários ao art. 60.

1.3. Proteção ao Trabalho da Mulher e do Menor

A Constituição Federal, em seu art. 7º, XXXIII, proibiu o trabalho do menor de 18 anos em condições insalubres. Não fez qualquer ressalva quanto ao aprendiz. Contudo, isto não significa uma proibição ao menor que, em condições de aprendizado, necessite de, com a devida supervisão, aprender seu ofício em atividade insalubre, ou até mesmo perigosa. Opinando neste sentido, Saad acrescenta que "...para conciliar os interesses da coletividade e do menor, é mister assentar que tal aprendizado será permitido depois de a autoridade competente verificar que a proteção do aprendiz neutraliza, por completo, a ação dos agentes insalubres ou perigosos." (CLT Comentada, 2009, p. 304).

Quanto á mulher, a Constituição da República consagrou, no art. 5º, *caput*, o princípio geral da igualdade perante a lei. A regra da não discriminação de gênero, na espécie trabalhista, também foi consagrada no art. 7º, XXX, da CF, que proíbe distinção de salários, de exercício de função e critério de admissão em razão do sexo do trabalhador. Contudo, tais normas não significam o abandono de proteções à maternidade e ignorar o fato de que, na sociedade brasileira, a liberdade do trabalho para a mulher lhe impôs, em verdade, o cumprimento de uma dupla jornada de trabalho (em casa e no emprego). Sendo assim, a revogação do art. 387 da CLT, que proibia o trabalho da mulher em condições insalubres, representa um retrocesso na proteção à maternidade e à indispensabilidade da figura feminina na unidade familiar, sem que esta opinião represente qualquer rejeição às uniões entre casais de mesmo sexo.

Comungando da mesma opinião, Saad afirma que "Nosso legislador escolheu o pior caminho para demonstrar sua adesão ao princípio da igualdade entre o homem e a mulher. Fechou os olhos às condições personalíssimas da empregada e que a tornam sensível à ação dos agentes agressivos. É inegável que a mulher tem papel mui importante na concepção dos filhos; papel que pode ser seriamente afetado pelos riscos físicos ou químicos de um ambiente insalubre de trabalho. No direito comparado, prevalece a tese de que a mulher, por essa razão, deve ser protegida de modo todo especial." (CLT Comentada, 2009, p. 304).

2. SÚMULAS E ORIENTAÇÕES JURISPRUDENCIAIS

Ver artigo 190.

3. QUESTÕES DE CONCURSOS

01. (AGU/ADVOGADO DA UNIÃO/CESPE/2009/ADAPTADA) Suponha que um empregado trabalhe, desde 20/10/2006, como auxiliar do zelador, em um condomínio com 72 apartamentos, coletando o lixo de 36 apartamentos localizados na entrada A, sem que lhe sejam fornecidas botas nem luvas especiais. Nessa situação, o empregado não tem direito à percepção do adicional de insalubridade.

02. (TRT 15 – Juiz do Trabalho Substituto 15ª região/ 2012) O art. 189 da CLT dispõe que serão consideradas atividades ou operações insalubres aquelas que, por sua natureza, condições ou métodos de trabalho exponham os empregados a agentes nocivos à saúde, acima dos limites de tolerância fixados em razão da natureza e da intensidade do agente e do tempo de exposição aos seus efeitos. A respeito da insalubridade, e levando em conta os entendimentos jurisprudências pacificados do C. TST, assinale a alternativa incorreta:

a) O trabalho executado em condições insalubres, em caráter intermitente, não afasta, só por essa circunstância, o direito à percepção do respectivo adicional.

b) A eliminação da insalubridade mediante fornecimento de aparelhos protetores aprovados pelo órgão competente do Poder Executivo exclui a percepção do respectivo adicional.

c) Não basta a constatação da insalubridade por meio de laudo perícial para que o empregado tenha direito ao respectivo adicional, sendo necessária a classificação da atividade insalubre na relação oficial elaborada pelo Ministério do Trabalho. A limpeza em residências e escritórios e a respectiva coleta de lixo não podem ser Consideradas atividades insalubres, ainda que constatadas por laudo perícial, porque não se encontram dentre as classificadas como lixo urbano na Portaria do Ministério do Trabalho.

d) O simples fornecimento do aparelho de proteção pelo empregador não o exime do pagamento do adicional de insalubridade. Cabe-lhe tomar as medidas que conduzam à diminuição ou eliminação da nocividade, entre as quais, as relativas ao uso efetivo do equipamento pelo empregado.

e) Enquanto percebido, o adicional de insalubridade integra a remuneração para todos os efeitos legais. Se recebida por mais de dez anos, a parcela incorpora-se à remuneração do empregado. Neste caso, eventual reclassificação ou a descaracterização da insalubridade, por ato da autoridade competente, não repercute na satisfação do respectivo adicional, em decorrência do direito adquirido e do princípio da irredutibilidade salarial.

GAB	1	C	2	E

✦ **DO QUADRO DE ATIVIDADES INSALUBRES**

Art. 190. O Ministério do Trabalho aprovará o quadro das atividades e operações insalubres e adotará normas sobre os critérios de caracterização da insalubridade, os limites de tolerância aos agentes agressivos, meios de proteção e o tempo máximo de exposição do empregado a esses agentes.

Parágrafo único. As normas referidas neste artigo incluirão medidas de proteção do organismo do trabalhador nas operações que produzem aerodispersóides tóxicos, irritantes, alérgicos ou incômodos.

1. COMENTÁRIOS

1.1. Quadro de Atividades Insalubres: competência do Ministro do Trabalho

A competência definida neste artigo, para aprovação do quadro das atividades insalubres, é do Ministro do Trabalho. Assim está definida no art. 87, II, da CF, norma que atribui aos Ministros de Estado a competência para expedir instruções para execução das leis, decretos e regulamentos. Neste caso, a regulamentação do art. 190 veio por meio da Portaria nº 3.214, de 08.06.78, que aprovou a NR 15. A competência do Ministro do Trabalho para a edição de tais atos já foi pacificada pela **S. 194 do STF.**

O art. 200 da CLT vai além e permite que o Ministro do Trabalho estabeleça "disposições complementares" às normas deste capítulo da CLT, que cuida da Segurança e Medicina do Trabalho, compreendendo o art. 154 até o 202.

1.2. O enquadramento da atividade insalubre

Como dito acima (comentários ao art. 189) não basta o perito definir o ambiente como insalubre (art. 195, da CLT), sendo indispensável, ainda, que a atividade exercida pelo empregado esteja enquadrada como tal por meio da NR 15, do MTE. Além das Súmulas **460 do STF** e **248 do TST,** este entendimento também prevaleceu na OJ nº 4, da SBDI-1/TST, que foi cancelada pela Res. 194/2014, DEJT, divulgado em 21, 22 e 23.05.2014, mas convertida na **Súmula nº 448, do TST.**

A aprovação da Súmula nº 448 do TST provocou uma tênue, porém importante, mudança no entendimento do TST quanto ao trabalho de coleta de lixo. Na vigência da OJ nº 4 da SDI-1, o TST passou a entender não ser cabível o adicional de insalubridade pelo manuseio e coleta de lixo em residências e escritórios, por ausência de classificação desta atividade como insalubre na relação oficial do Ministério do Trabalho. Este entendimento em nada se alterou com a aprovação da Súmula 448 do TST.

Contudo, o item II, da Súmula 448 do TST, passou a prever que:

> "A higienização de instalações sanitárias de uso público ou coletivo de grande circulação, e a respectiva coleta de lixo, por não se equiparar à limpeza em residências e escritórios, enseja o pagamento de adicional de insalubridade em grau máximo, incidindo o disposto no Anexo 14 da NR-15 da Portaria do MTE nº 3.214/78 quanto à coleta e industrialização de lixo urbano.".

A higienização de instalações sanitárias de uso público se diferencia, substancialmente, daquelas feitas em residências e escritórios. Por esta razão o Ministério do Trabalho resolveu enquadrar a atividade como insalubre e o TST, por sua vez, passou a entender que o exercício da atividade dá direito ao adicional em grau máximo (vide art. 192 da CLT).

Seguem abaixo destaques da NR 15.

NR 15/MTE – ATIVIDADES E OPERAÇÕES INSALUBRES

Publicação D.O.U. – Portaria GM nº 3.214, de 08 de junho de 1978 06/07/78

Alterações/Atualizações D.O.U. – Portaria SSMT nº 12, de 12 de novembro de 1979 23/11/79; Portaria SSMT nº 01, de 17 de abril de 1980 25/04/80; Portaria SSMT nº 05, de 09 de fevereiro de 1983 17/02/83; Portaria SSMT nº 12, de 06 de junho de 1983 14/06/83; Portaria SSMT nº 24, de 14 de setembro de 1983 15/09/83; Portaria GM nº 3.751, de 23 de novembro de 1990 26/11/90; Portaria DSST nº 01, de 28 de maio de 1991 29/05/91; Portaria DNSST nº 08, de 05 de outubro de 1992 08/10/92; Portaria DNSST nº 09, de 05 de outubro de 1992 14/10/92; Portaria SSST nº 04, de 11 de abril de 1994 14/04/94; Portaria SSST nº 22, de 26 de dezembro de 1994 27/12/94; Portaria SSST nº 14, de 20 de dezembro de 1995 22/12/95; Portaria SIT nº 99, de 19 de outubro de 2004 21/10/04; Portaria SIT nº 43, de 11 de março de 2008 (Rep.) 13/03/08.

15.1 São consideradas atividades ou operações insalubres as que se desenvolvem:

15.1.1 Acima dos limites de tolerância previstos nos Anexos nº 1, 2, 3, 5, 11 e 12;

15.1.2 *(Revogado pela Portaria MTE nº 3.751, de 23 de novembro de 1990)*

15.1.3 Nas atividades mencionadas nos Anexos nº 6, 13 e 14;

15.1.4 Comprovadas através de laudo de inspeção do local de trabalho, constantes dos Anexos nº 7, 8, 9 e 10.

15.1.5 Entende-se por "Limite de Tolerância", para os fins desta Norma, a concentração ou intensidade máxima ou mínima, relacionada com a natureza e o tempo de exposição ao agente, que não causará dano à saúde do trabalhador, durante a sua vida laboral.

15.2 O exercício de trabalho em condições de insalubridade, de acordo com os subitens do item anterior, assegura ao trabalhador a percepção de adicional, incidente sobre o salário mínimo da região, equivalente a:

15.2.1 40% (quarenta por cento), para insalubridade de grau máximo;

15.2.2 20% (vinte por cento), para insalubridade de grau médio;

15.2.3 10% (dez por cento), para insalubridade de grau mínimo;

15.3 No caso de incidência de mais de um fator de insalubridade, será apenas considerado o de grau mais elevado, para efeito de acréscimo salarial, sendo vedada a percepção cumulativa.

15.4 A eliminação ou neutralização da insalubridade determinará a cessação do pagamento do adicional respectivo.

15.4.1 A eliminação ou neutralização da insalubridade deverá ocorrer:

a) com a adoção de medidas de ordem geral que conservem o ambiente de trabalho dentro dos limites de tolerância;

b) com a utilização de equipamento de proteção individual.

15.4.1.1 Cabe à autoridade regional competente em matéria de segurança e saúde do trabalhador, comprovada a insalubridade por laudo técnico de engenheiro de segurança do trabalho ou médico do trabalho, devidamente habilitado, fixar adicional devido aos empregados expostos à insalubridade quando impraticável sua eliminação ou neutralização.

15.4.1.2 A eliminação ou neutralização da insalubridade ficará caracterizada através de avaliação pericial por órgão competente, que comprove a inexistência de risco à saúde do trabalhador.

15.5 É facultado às empresas e aos sindicatos das categorias profissionais interessadas requererem ao Ministério do Trabalho, através das DRTs, a realização de perícia em estabelecimento ou setor deste, com o objetivo de caracterizar e classificar ou determinar atividade insalubre.

15.5.1 Nas perícias requeridas às Delegacias Regionais do Trabalho, desde que comprovada a insalubridade, o perito do Ministério do Trabalho indicará o adicional devido.

15.6 O perito descreverá no laudo a técnica e a aparelhagem utilizadas.

15.7 O disposto no item 15.5. não prejudica a ação fiscalizadora do MTb nem a realização **ex-officio** da perícia, quando solicitado pela Justiça, nas localidades onde não houver perito.

1.3. Criticas aos Critérios da NR 15

A doutrina faz duras críticas aos critérios técnicos da NR 15. O Brasil, desde a edição da NR 15, ou seja, desde a aprovação da mesma pela Portaria nº *3.214,* de 08 de junho de 1978, se vale dos Padrões da *American Conference of Governmental Industrial Hygienists – ACGIH.*

Segundo o critério da ACGIH, são de duas classes os limites de tolerância: a) por média ponderada, em que se aceita a concentração durante oito horas diárias ou 40 horas semanais; e b) de curta duração, fixado para que o empregado, sem nada sofrer, possa ficar exposto ao agente agressivo até 15 minutos.

A crítica de Saad ao critério acima traz a síntese da opinião da doutrina: "Aqui, como em qualquer outra parte do mundo, o limite de tolerância corresponde àquilo que, em média, as pessoas podem suportar sem dano para a saúde. Sendo um cálculo médio, temos de reconhecer a existência de pessoas que, expostas a agentes agressivos, situados aquém dos limites de tolerância, podem adoecer, podem adquirir uma doença profissional. Além disso, há a circunstância de que, na empresa moderna, o empregado é, com lamentável frequência, exposto a mais de um agente agressivo, quando deveriam ser levados em consideração os efeitos cumulativos desses agentes, e não os seus efeitos individuais." (CLT Comentada, 2009, p. 305).

Mesmo segundo os padrões da ACGIH, adotados pela NR 15, ainda assim não foi acompanhada pela normatização do Ministério do Trabalho a evolução dos critérios técnicos no plano internacional, não obstante as alterações procedidas em seu texto. O exemplo citado por Saad bem ilustra o que dissemos: "...citamos o caso do monômero de cloreto de vinila, utilizado na fabricação de PVC. No anexo da NR 15, está estabelecido para esse agente químico um limite de 156 ppm. Já há muitos anos a ACGIH adota como limite para essa mesma substância apenas 1 ppm" (CLT Comentada, 2009, p. 305).

Como se vê, a discrepância da NR 15 para a realidade técnica atual é enorme, merecendo, isto sim, uma ampla modificação de seus padrões quanto aos limites de tolerância dos agentes insalubres.

2. SÚMULAS E ORIENTAÇÕES JURISPRUDENCIAIS

▸ **Súmula nº 194 – STF – Data da Aprovação: 13/12/1963**

É competente o Ministro do Trabalho para a especificação das atividades insalubres.

▸ **Súmula nº 460 – STF – Data da Aprovação: 01/10/1964**

Para efeito do adicional de insalubridade, a perícia judicial, em reclamação trabalhista, não dispensa o enquadramento da atividade entre as insalubres, que é ato da competência do Ministro do Trabalho e Previdência Social.

▸ **Súmula nº 248 – TST**

ADICIONAL DE INSALUBRIDADE. DIREITO ADQUIRIDO *(mantida) – Res. 121/2003, DJ 19, 20 e 21.11.2003.* A reclassificação ou a descaracterização da insalubridade, por ato da autoridade competente, repercute na satisfação do respectivo adicional, sem ofensa a direito adquirido ou ao princípio da irredutibilidade salarial.

▸ **Súmula nº 448 – TST**

ATIVIDADE INSALUBRE. CARACTERIZAÇÃO. PREVISÃO NA NORMA REGULAMENTADORA Nº 15 DA PORTARIA DO MINISTÉRIO DO TRABALHO Nº 3.214/78. INSTALAÇÕES SANITÁRIAS. (conversão da Orientação Jurisprudencial nº 4 da SBDI-1 com nova redação do item II) – Res. 194/2014, DEJT divulgado em 21, 22 e 23.05.2014

I. Não basta a constatação da insalubridade por meio de laudo perícial para que o empregado tenha direito ao respectivo adicional, sendo necessária a classificação da atividade insalubre na relação oficial elaborada pelo Ministério do Trabalho.

II. A higienização de instalações sanitárias de uso público ou coletivo de grande circulação, e a respectiva coleta de lixo, por não se equiparar à limpeza em residências e escritórios, enseja o pagamento de adicional de insalubridade em grau máximo, incidindo o disposto no Anexo 14 da NR-15 da Portaria do MTE nº 3.214/78 quanto à coleta e industrialização de lixo urbano.

▸ **OJ 173 SBDI-1 – TST**

ADICIONAL DE INSALUBRIDADE. ATIVIDADE A CÉU ABERTO. EXPOSIÇÃO AO SOL E AO CALOR (redação alterada na sessão do Tribunal Pleno realizada em 14.09.2012) – Res. 186/2012, DEJT divulgado em 25, 26 e 27.09.2012

I – Ausente previsão legal, indevido o adicional de insalubridade ao trabalhador em atividade a céu aberto, por sujeição à radiação solar (art. 195 da CLT e Anexo 7 da NR 15 da Portaria Nº 3214/78 do MTE).

II – Tem direito ao adicional de insalubridade o trabalhador que exerce atividade exposto ao calor acima dos limites de tolerância, inclusive em ambiente externo com carga solar, nas condições previstas no Anexo 3 da NR 15 da Portaria nº 3214/78 do MTE.

3. QUESTÕES DE CONCURSOS

01. (MPT/PROCURADOR DO TRABALHO/2010/ADAPTADA) A limpeza em residências e escritórios e a respectiva coleta de lixo não podem ser consideradas atividades insalubres, exceto se constatadas por laudo perícial.

02. (TRT – 3ª REGIÃO/ANALISTA JUDICIÁRIO/FCC/2009) O enquadramento de determinada atividade como insalubre ou penosa, para pagamento dos respectivos adicionais, depende, respectivamente, de

a) emenda constitucional e de lei complementar.

b) previsão nas normas regulamentadoras do Ministério do Trabalho e Emprego e de lei ordinária.

c) decreto regulamentador e de emenda constitucional.

d) perícia médica e de perícia por engenheiro do trabalho.

e) previsão em leis extravagantes e de lei complementar

03. (TRT 15 – Juiz do Trabalho Substituto 15ª região/ 2012) Relativamente à insalubridade, é incorreto afirmar:

a) Sua eliminação ou neutralização ocorrerá com a adoção de medidas que conservem o ambiente de trabalho dentro dos limites de tolerância ou com a utilização de equipamentos de proteção individual ao trabalhador, que diminuam a intensidade do agente agressivo a limites de tolerância.

b) O quadro de atividades e operações insalubres será aprovado pelo Ministério do Trabalho.

c) O Ministério da Saúde adotará normas sobre os critérios de tolerância aos agentes agressivos e tempo máximo de exposição do empregado a tais agentes.

d) São consideradas operações insalubres, entre outras, aquelas que, pelas condições ou métodos de trabalho, exponham os empregados a agentes nocivos à saúde, acima dos limites de tolerância fixados considerada a natureza e intensidade do agente, além do tempo de exposição a seus efeitos.

e) A caracterização e a classificação da insalubridade se dará através de perícia a cargo de Médico do Trabalho ou Engenheiro do Trabalho.

GAB	1	E	2	B	3	C

✦ **ELIMINAÇÃO DA INSALUBRIDADE**

Art. 191. A eliminação ou a neutralização da insalubridade ocorrerá:

I – com a adoção de medidas que conservem o ambiente de trabalho dentro dos limites de tolerância;

II – com a utilização de equipamentos de proteção individual ao trabalhador, que diminuam a intensidade do agente agressivo a limites de tolerância.

✦ **COMUNICAÇÃO AO MINISTÉRIO DO TRABALHO**

Parágrafo único. Caberá às Delegacias Regionais do Trabalho, comprovada a insalubridade, notificar as empresas, estipulando prazos para sua eliminação ou neutralização, na forma deste artigo.

1. COMENTÁRIOS

1.1. Eliminação da insalubridade

O adicional de insalubridade é pago ao empregado como forma de compensar o trabalho em circunstância mais gravosa à sua saúde. O direito do trabalho, com sua índole protetiva, privilegia a saúde do trabalhador, de forma que o adicional de insalubridade não se incorporará, em definitivo, ao patrimônio do empregado. Cessado o agente insalubre, também terminará o pagamento do adicional.

A eliminação dos efeitos dos agentes insalubres dificilmente ocorre com uso de equipamento de proteção individual. A regra deste artigo é muito mais programática do que impositiva, uma vez que nem sempre será possível, por meios técnicos, a eliminação dos efeitos da insalubridade. Ainda assim, a intenção do direito nacional é promover a eliminação ou, não sendo possível, a redução dos efeitos dos agentes insalubres.

Colha-se a opinião de Russomano sobre o tema: "... o objetivo do sistema legal brasileiro não é dar ao trabalhador vantagem pecuniária; mas, sim, defendê-lo da agressividade do ambiente de trabalho e, sempre que seja viável, recolocar o ambiente de trabalho em nível de normalidade suportável." (Comentários, 1993, p. 217).

A jurisprudência do TST reconhece que o simples fornecimento de EPI não é suficiente para suprimir os efeitos danosos do ambiente insalubre. É preciso que o empregador exija o uso do equipamento e, ainda assim, podem subsistir os efeitos do ambiente insalubre (**Súmulas 80 e 289 do TST**).

A recusa injustificada no uso de Equipamento de Proteção Individual é motivo de justa causa (art. 158, § único, "b", da CLT).

1.2. Comunicação ao Ministério do Trabalho

O parágrafo único menciona a estipulação de prazos para a que empregador suprima o agente insalubre ou neutralize seus efeitos. Como dito nos comentários ao *caput* deste artigo, não existem meios técnicos seguros para se atingir este objetivo em todas as situações de fato. Desta forma, a atuação do poder regulamentar do Ministério do Trabalho, fixando prazos para a eliminação da insalubridade, fica atrelada à possibilidade técnica do empregador conseguir fazê-lo.

Sobre a competência normativa do Ministério do Trabalho vide comentários ao art. 155 da CLT.

Tendo em vista a colaboração entre os Agentes de Estado, a 1ª Jornada de Direito Material e Processual na Justiça do Trabalho aprovou o enunciado nº 50, nos seguintes termos:

> 1ª JORNADA DE DIREITO MATERIAL E PROCESSUAL NA JUSTIÇA DO TRABALHO. ENUNCIADO 50. INSALUBRIDADE. EXPEDIÇÃO DE OFÍCIO À DRT. Constatada a insalubridade em ação trabalhista, o juiz deve oficiar à Delegacia Regional do Trabalho para que a autoridade administrativa faça cumprir o disposto no art. 191, parágrafo único, da CLT.

2. SÚMULAS E ORIENTAÇÕES JURISPRUDENCIAIS

- **Súmula nº 80 – TST**

INSALUBRIDADE *(mantida) – Res. 121/2003, DJ 19, 20 e 21.11.2003.* A eliminação da insalubridade mediante fornecimento de aparelhos protetores aprovados pelo órgão competente do Poder Executivo exclui a percepção do respectivo adicional.

- **Súmula nº 289 – TST**

INSALUBRIDADE. ADICIONAL. FORNECIMENTO DO APARELHO DE PROTEÇÃO. EFEITO*(mantida) – Res. 121/2003, DJ 19, 20 e 21.11.2003.* O simples fornecimento do aparelho de proteção pelo empregador não o exime do pagamento do adicional de insalubridade. Cabe-lhe tomar as medidas que conduzam à diminuição ou eliminação da nocividade, entre as quais as relativas ao uso efetivo do equipamento pelo empregado.

- **Súmula nº 448 – TST**

ATIVIDADE INSALUBRE. CARACTERIZAÇÃO. PREVISÃO NA NORMA REGULAMENTADORA Nº 15 DA PORTARIA DO MINISTÉRIO DO TRABALHO Nº 3.214/78. INSTALAÇÕES SANITÁRIAS. (conversão da Orientação Jurisprudencial nº 4 da SBDI-1 com nova redação do item II) – Res. 194/2014, DEJT divulgado em 21, 22 e 23.05.2014

I – Não basta a constatação da insalubridade por meio de laudo pericial para que o empregado tenha direito ao respectivo adicional, sendo necessária a classificação da atividade insalubre na relação oficial elaborada pelo Ministério do Trabalho.

II – A higienização de instalações sanitárias de uso público ou coletivo de grande circulação, e a respectiva coleta de lixo, por não se equiparar à limpeza em residências e escritórios, enseja o pagamento de adicional de insalubridade em grau máximo, incidindo o disposto no Anexo 14 da NR-15 da Portaria do MTE nº 3.214/78 quanto à coleta e industrialização de lixo urbano.

3. QUESTÕES DE CONCURSOS

01. **(TRT – 17ª REGIÃO/ANALISTA JUDICIÁRIO/CESPE/2009)** O trabalho executado em condições insalubres, se realizado em caráter intermitente, afasta o direito de recebimento do adicional de insalubridade.

02. **(TRT – 5ª REGIÃO/ANALISTA JUDICIÁRIO/CESPE/2008)** O simples fornecimento do aparelho de proteção pelo empregador o exime do pagamento do adicional de insalubridade.

03. **(TRT 19 – Juiz do Trabalho Substituto 19ª região/ 2012)** Assinale a alternativa correta: a eliminação da insalubridade mediante fornecimento de aparelhos protetores aprovados pelo órgão competente do Poder Executivo exclui a percepção do respectivo adicional. O simples fornecimento do aparelho de proteção pelo empregador o exime do pagamento do adicional de insalubridade, entretanto, cabe-lhe tomar as medidas que conduzam à diminuição ou eliminação da nocividade, entre as quais as relativas ao uso efetivo do equipamento pelo empregado.

GAB	1	E	2	E	3	E

✦ ADICIONAL DE INSALUBRIDADE

Art. 192. O exercício de trabalho em condições insalubres, acima dos limites de tolerância estabelecidos pelo Ministério do Trabalho, assegura a percepção de adicional respectivamente de 40% (quarenta por cento), 20% (vinte por cento) e 10% (dez por cento) do salário-mínimo da região, segundo se classifiquem nos graus máximo, médio e mínimo.

1. COMENTÁRIOS

1.1. Proibição de Vinculação ao Salário Mínimo

Vide comentários ao art. 76 da CLT.

1.2. Salário mínimo e adicional de insalubridade: posição do STF e do TST

Diante da Redação da SV nº 04 do STF e da ausência de normas regulamentando a base de cálculo do adicional de insalubridade, a negociação coletiva deverá estabelecer tal base de incidência. Todavia, em muitas negociações os sindicatos não conseguem chegar a um bom termo sobre o assunto. Nestas circunstâncias recaímos numa lacuna normativa que deve ser superada pelos mecanismos de integração da norma jurídica.

O TST vem entendendo pela aplicação do salário mínimo como base de cálculo do adicional de insalubridade, até que o STF julgue o mérito da Reclamação Constitucional nº 6.266/DF, que gerou a alteração da redação da S. 228/TST, atualmente com sua eficácia suspensa, ou que o legislador supra o vácuo legislativo. Ou seja, o TST vem decidindo pela aplicação do art. 192 como forma de superar a lacuna normativa provocada pela edição da SV nº 4 do STF.

Neste sentido o acórdão da 6ª turma, da lavra do eminente Ministro Aloysio Corrêa da Veiga, seguindo a posição dominante no TST:

> RECURSO DE REVISTA. BASE DE CÁLCULO. ADICIONAL DE INSALUBRIDADE. SUSPENSÃO DA SÚMULA 228 DO C. TST POR DECISÃO DO E. STF. APLICAÇÃO INDEVIDA DA SÚMULA. CONTRARIEDADE À SÚMULA VINCULANTE 4 DO E. STF. PRINCÍPIO DA SEGURANÇA JURÍDICA. MANUTENÇÃO DO SALÁRIO MÍNIMO COMO BASE DE CÁLCULO, ATÉ EDIÇÃO DE LEI POSTERIOR SOBRE O TEMA. A decisão do E. STF que elaborou a Súmula Vinculante 4, conforme bem definido em decisão mais recente daquela Corte Maior, não permite a imposição de outra base de cálculo para o adicional de insalubridade, ainda que considerada inconstitucional a vinculação do pagamento ao salário mínimo. O E. STF entendeu que o art. 7º, IV, da CF, revoga a norma que adota o salário mínimo como base de cálculo para o adicional de insalubridade, mas não permite a atuação do judiciário em substituição para determinar a base de cálculo, e não admite, também, a adoção de outro referencial, não previsto em lei. Assim, enquanto não houver lei prevendo a base de cálculo do adicional, o salário mínimo é o parâmetro a ser adotado, não sendo possível que o cálculo se faça sobre salário normativo ou salário profissional, por ausência de previsão legal. Tal entendimento possibilita a observância ao princípio da segurança jurídica que norteia o Estado de Direito e o devido processo legal. Recurso de revista conhecido e provido. Processo: RR – 215600-37.2007.5.12.0046 Data de Julgamento: 09/02/2011, Relator Ministro: Aloysio Corrêa da Veiga, 6ª Turma, Data de Publicação: DEJT 18/02/2011.

2. SÚMULAS E ORIENTAÇÕES JURISPRUDENCIAIS

- **Súmula nº 194 – STF**

  É competente o ministro do trabalho para a especificação das atividades insalubres.

- **Súmula nº 307 – STF**

  É devido o adicional de serviço insalubre, calculado à base do salário mínimo da região, ainda que a remuneração contratual seja superior ao salário mínimo acrescido da taxa de insalubridade.

- **Súmula nº 47 – TST**

INSALUBRIDADE (mantida) – Res. 121/2003, DJ 19, 20 e 21.11.2003. O trabalho executado em condições insalubres, em caráter intermitente, não afasta, só por essa circunstância, o direito à percepção do respectivo adicional.

- **Súmula nº 80 – TST**

INSALUBRIDADE (mantida) – Res. 121/2003, DJ 19, 20 e 21.11.2003. A eliminação da insalubridade mediante fornecimento de aparelhos protetores aprovados pelo órgão competente do Poder Executivo exclui a percepção do respectivo adicional.

- **Súmula nº 139 – TST – Res. 129/2005, DJ 20, 22 e 25.04.2005**

ADICIONAL DE INSALUBRIDADE (incorporada a Orientação Jurisprudencial nº 102 da SBDI-1). Enquanto percebido, o adicional de insalubridade integra a remuneração para todos os efeitos legais. (ex-OJ nº 102 da SBDI-1 – inserida em 01.10.1997)

- **Súmula nº 228 – TST – Res. 148/2008, DJ 04 e 07.07.2008 – Republicada DJ 08, 09 e 10.07.2008**

ADICIONAL DE INSALUBRIDADE. BASE DE CÁLCULO (nova redação) – Res. 148/2008, DJ 04 e 07.07.2008 – Republicada DJ 08, 09 e 10.07.2008 (Súmula cuja eficácia está suspensa por decisão liminar do Supremo Tribunal Federal) – Res. 185/2012, DEJT divulgado em 25, 26 e 27.09.2012

A partir de 9 de maio de 2008, data da publicação da Súmula Vinculante nº 4 do Supremo Tribunal Federal, o adicional de insalubridade será calculado sobre o salário básico, salvo critério mais vantajoso fixado em instrumento coletivo.

- **Súmula nº 248 – TST – Res. 121/2003, DJ 19, 20 e 21.11.2003**

ADICIONAL DE INSALUBRIDADE. DIREITO ADQUIRIDO (mantida) A reclassificação ou a descaracterização da insalubridade, por ato da autoridade competente, repercute na satisfação do respectivo adicional, sem ofensa a direito adquirido ou ao princípio da irredutibilidade salarial.

- **Súmula nº 293 – TST**

ADICIONAL DE INSALUBRIDADE. CAUSA DE PEDIR. AGENTE NOCIVO DIVERSO DO APONTADO NA INICIAL (mantida) – Res. 121/2003, DJ 19, 20 e 21.11.2003. A verificação mediante perícia de prestação de serviços em condições nocivas, considerado agente insalubre diverso do apontado na inicial, não prejudica o pedido de adicional de insalubridade.

- **OJ 47 SBDI-1 – TST**

HORA EXTRA. ADICIONAL DE INSALUBRIDADE. BASE DECÁLCULO (redação alterada na sessão do Tribunal Pleno em 26.06.2008) – Res. 148/2008, DJ 04 e 07.07.2008 – Republicada DJ 08, 09 e 10.07.2008

A base de cálculo da hora extra é o resultado da soma do salário contratual mais o adicional de insalubridade.

- **OJ nº 187 SDI-I – TST**

ADICIONAL DE INSALUBRIDADE. ATIVIDADE A CÉU ABERTO. EXPOSIÇÃO AO SOL E AO CALOR (redação alterada na sessão do Tribunal Pleno realizada em 14.09.2012) – Res. 186/2012, DEJT divulgado em 25, 26 e 27.09.2012. I – Ausente previsão legal, indevido o adicional de insalubridade ao trabalhador em atividade a céu aberto, por sujeição à radiação solar (art. 195 da CLT e Anexo 7 da NR 15 da Portaria Nº 3214/78 do MTE). II – Tem direito ao adicional de insalubridade o trabalhador que exerce atividade exposto ao calor acima dos limites de tolerância, inclusive em ambiente externo com carga solar, nas condições previstas no Anexo 3 da NR 15 da Portaria nº 3214/78 do MTE.

2. QUESTÕES DE CONCURSOS

01. **(FCC – TRT 6 – Analista Judiciário/2012) Marcus trabalhou por dois anos na empresa Metalúrgica Beta, exercendo as funções de reparador de máquinas. Durante o contrato nunca utilizou Equipamentos de Proteção Individual – EPI's. Em seu ambiente de trabalho, Marcus esteve submetido a agentes físicos (ruídos acima dos limites de tolerância estabelecidos pelas normas próprias) e químicos (manuseio de graxas e óleos minerais sem a devida proteção)** nocivos à saúde. Nesta situação, conforme regras contidas na Consolidação das Leis do Trabalho, Marcus poderá pleitear em Juízo, após a realização de prova perícial técnica, o pagamento de adicional de

a) periculosidade no percentual 10%, 20% ou 40% do salário mínimo.

b) penosidade no percentual de 30% do salário contratual.

c) insalubridade no percentual de 10%, 30% ou 40% do salário contratual.
d) periculosidade no percentual de 30% sobre o salário contratual.
e) insalubridade no percentual de 10%, 20% ou 40% do salário mínimo.

02. **(FCC – TRT 9 – Analista Judiciário/2010)** Considere as seguintes assertivas a respeito das atividades insalubres:

I. A fixação do adicional de periculosidade, em percentual inferior ao legal e proporcional ao tempo de exposição ao risco, é ilegal e não deve ser respeitada, inclusive se pactuada em acordos ou convenções coletivas.

II. Para efeito do adicional de insalubridade, a perícia judicial, em reclamação trabalhista, não dispensa o enquadramento da atividade entre as insalubres.

III. O trabalho executado em condições insalubres em caráter intermitente não afasta, só por essa circunstância, o direito à percepção do respectivo adicional.

IV. O adicional de insalubridade, de acordo com a Consolidação das Leis do Trabalho, é devido de acordo com os graus de insalubridade máximo, médio ou mínimo, nas porcentagens de 30%, 20% e 10%, respectivamente.

Está correto o que consta APENAS em

a) I, II e III.
b) II e III.
c) II, III e IV.
d) I e IV.
e) I e II.

GAB	1	E	2	B

✦ ATIVIDADES PERIGOSAS

Art. 193. São consideradas atividades ou operações perigosas, na forma da regulamentação aprovada pelo Ministério do Trabalho e Emprego, aquelas que, por sua natureza ou métodos de trabalho, impliquem risco acentuado em virtude de exposição permanente do trabalhador a:(Redação da Lei nº 12.740, de 08.12.2012)

I – inflamáveis, explosivos ou energia elétrica;(Redação da Lei nº 12.740, de 08.12.2012)

II – roubos ou outras espécies de violência física nas atividades profissionais de segurança pessoal ou patrimonial.(Redação da Lei nº 12.740, de 08.12.2012)

1. COMENTÁRIOS

1.1. Necessidade de regulamentação

Além da exposição a inflamáveis e explosivos, também se considera atividade perigosa a que importe em contato com energia elétrica, nos termos do inciso I, com a redação da Lei nº 12.740, de 08.12.2012, e a atividade de vigilante, conforme inciso II, acrescentado pela lei citada. O § 4º, do art.193 considera perigosa, a partir da Lei nº 12.997, de 18.06.2014, "o trabalhador em motocicleta".

Em todos esses casos a regra do *caput* do art. 193 da CLT expressamente prevê que "*São consideradas atividades ou operações perigosas, na forma da regulamentação aprovada pelo Ministério do Trabalho e Emprego.*"

A regulamentação referida no *caput* do art. 193 existe com NR 16, do Ministério do Trabalho. Contudo, existem peculiaridades, que recaem na ausência de regulamentação, conforme será a seguir descrito.**1.2. Da exposição à energia elétrica.**

Antes da referência à periculosidade constar no artigo 193, a previsão de seu pagamento decorria da Lei nº 7.369/85, regulamentada pelo Decreto nº 93.412/86, pertinente à categoria dos eletricitários. Esta lei foi revogada expressamente pelo art. 3º da Lei nº 12.740/2012, perdendo eficácia, portanto, o decreto que a regulamentou. A revogação trará enormes prejuízos para a apuração, em juízo, e extrajudicialmente, da periculosidade, pois os parâmetros técnicos de seu enquadramento estavam definidos no Decreto nº 93.412/86, que incluía um quadro de atividades e áreas de risco.

O tratamento administrativo da matéria foi objeto da **NR 16, aprovada pela Portaria nº 3214/78 do Ministério do Trabalho,** que só regulamenta os padrões técnicos sobre contato com inflamáveis e explosivos, não servindo de parâmetro, portanto, para a eletricidade. Esta omissão só foi corrigida com a publicação da PortariaMTE nº 1.078, de 16 de julho de 2014 (D.O.U.: 17.07.2014),que regulamentou o trabalho em condições perigosas no contato ou exposição à energia elétrica.No período de quase dois anos de ausência de regulamentação da periculosidade por contato com energia elétrica, surgem dois caminhos: no primeiro, será devido o adicional de periculosidade a todos os empregados que mantiverem contato com energia elétrica, não se levando em consideração o sistema elétrico de potência; no segundo, ao qual aderimos, devem ser mantidos os mesmos parâmetros técnicos para apuração da periculosidade vigentes anteriormente à Lei nº 12.740/2012, mesmo diante da revogação da Lei nº 7.369/85. O parâmetro técnico não necessita de uma norma legal que o balize. Antes mesmo da Lei nº 7.369/85, o padrão do que se considerava risco já existia na engenharia e profissões afins. Os critérios destes ramos de atividade serão considerados para fins jurídicos de enquadramento da atividade como perigosa.

Os empregados que, por analogia, ingressem na mesma área de risco e executem os serviços pertinentes aos eletricitários, também serão enquadrados na regra deste artigo, qualquer que seja a atividade econômica do empregador **(OJ nº 324 da SBDI-1/TST)**, como no caso dos trabalhadores em empresas de telefonia que tenham contado com Sistema Elétrico de Potência **(OJ nº 347, da SBDI-1/TST)**.

1.3. Radiação Ionizante

O trabalho com radiação ionizante ou substâncias radioativas também é considerado perigoso, nos termos das Portarias nº 3.393, de 17.12.1987 e 518, de 07.04.2003, ambas do Ministério do Trabalho, que descrevem as atividades em anexo à NR nº 16. Nem sempre foi assim. A exposição do empregado a radiação ou substâncias radioativas já foi considerada como atividade insalubre, na vigência da Portaria nº 496 do MT, como bem explica o histórico exposto no texto da **OJ nº 345, da SBDI-1/TST.**

1.4. Vigilante

A Lei nº 12.740/2012 passou a enquadrar a atividade de vigilante como perigosa, introduzindo no texto do art. 193, o inciso II, da CLT. Este enquadramento legal é mais do que justo, mas a forma como o legislador resolveu disciplinar tal direito é totalmente equivocada. Todas as atividades descritas no inciso I do art. 193 da CLT são perigosas em razão de agentes físicos (inflamáveis, explosivos e energia elétrica). Esta periculosidade não guarda qualquer relação com o risco de segurança sofrido pelo vigilante, que decorre da ação humana que ameace o patrimônio de terceiros. O direito ao adicional de risco (e não de periculosidade como quis a lei) deveria ter sido incluído em outro lugar da CLT.

Por outro lado, a periculosidade do vigilante não depende da especificação de qualquer padrão técnico, bastando que este exerça sua atividade nos termos da Lei nº 7.102/83, art. 15. Vigia, porteiro, segurança, ou profissional com qualquer outra denominação, que não exerça suas atribuições conforme a lei referida, não estará enquadrado em atividade de risco para os fins previstos neste artigo.

A Portaria MTE nº 1.885, de 02 de dezembro de 2013 introduziu na NR nº 16 o anexo 3, que descreve "Atividades e operações perigosas com exposição a roubos ou outras espécies de violência física nas atividades profissionais de segurança pessoal ou patrimonial.".

A Portaria descreve que:

> 1. As atividades ou operações que impliquem em exposição dos profissionais de segurança pessoal ou patrimonial a roubos ou outras espécies de violência física são consideradas perigosas. 2. São considerados profissionais de segurança pessoal ou patrimonial os trabalhadores que atendam a uma das seguintes condições: a) empregados das empresas prestadoras de serviço nas atividades de segurança privada ou que integrem serviço orgânico de segurança privada, devidamente registradas e autorizadas pelo Ministério da Justiça, conforme lei 7102/1983 e suas alterações posteriores. b) empregados que exercem a atividade de segurança patrimonial ou pessoal em instalações metroviárias, ferroviárias, portuárias, rodoviárias, aeroportuárias e de bens públicos, contratados diretamente pela administração pública direta ou indireta. 3. As atividades ou operações que expõem os empregados a roubos ou outras espécies de violência física, desde que atendida uma das condições do item 2, são as constantes do quadro abaixo: ATIVIDADES OU OPERAÇÕES DESCRIÇÃO Vigilância patrimonial Segurança patrimonial e/ou pessoal na preservação do patrimônio em estabelecimentos públicos ou privados e da incolumidade física de pessoas. Segurança de eventos Segurança patrimonial e/ou pessoal em espaços públicos ou privados, de uso comum do povo. Segurança nos transportes coletivos Segurança patrimonial e/ou pessoal nos transportes coletivos e em suas respectivas instalações. Segurança ambiental e florestal Segurança patrimonial e/ou pessoal em áreas de conservação de fauna, flora natural e de reflorestamento. Transporte de valores Segurança na execução do serviço de transporte de valores. Escolta armada Segurança no acompanhamento de qualquer tipo de carga ou de valores. Segurança pessoal Acompanhamento e proteção da integridade física de pessoa ou de grupos. Supervisão/fiscalização Operacional Supervisão e/ou fiscalização direta dos locais de trabalho para acompanhamento e orientação dos vigilantes. Telemonitoramento/telecontrole Execução de controle e/ou monitoramento de locais, através de sistemas eletrônicos de segurança.

✦ **ADICIONAL DE PERICULOSIDADE**

§ 1º – O trabalho em condições de periculosidade assegura ao empregado um adicional de 30% (trinta por cento) sobre o salário sem os acréscimos resultantes de gratificações, prêmios ou participações nos lucros da empresa.

1. COMENTÁRIOS

A revogação da Lei nº 7.369/85, pela Lei nº 12.740/2012, corrigiu uma antiga injustiça. Em razão da norma do art. 1º da lei revogada, somente os eletricitários e, por analogia, todos que tivessem contato permanente com energia elétrica, tinham direito ao cálculo do adicional de 30% sobre o salário que percebessem, e não sobre o salário básico tão somente, como ocorria com aqueles que tinham contato com inflamáveis e explosivos. A única razão para tal distorção era a redação da lei revogada.

A partir da Lei nº 12.740, de 8.12.2012, que entrou em vigor na data de sua publicação (10.12.2012), conforme prevê seu art. 2º, o adicional de 30% será calculado sobre o salário básico para todas as atividades descritas nos incisos I e II do art. 193 da CLT.

Diante da alteração do parâmetro legal, o TST, pela Res. 214/2016, DEJT divulgado em 30.11.2016 e 01 e 02.12.2016, alterou a redação da Súmula 191 de sua jurisprudência, uniformizando o critério de cálculo do adicional de periculosidade, para consagrar sua incidência somente com base no salário básico.

A **S. 361 do TST** e a **OJ nº 347 da SDI-1/TST** também precisarão de adequações.

Não faz jus ao adicional de periculosidade o empregado que, pelas condições de trabalho, se submeta eventualmente ao ingresso em área de risco. Também não faz jus o empregado que ingresse habitualmente em área de risco, mas por tempo extremamente reduzido. A **S. 364 do TST** pacificou este entendimento, inclusive alterando sua redação original, através da Res. 174/2011, DEJT divulgado em 27, 30 e 31.05.2011.

✦ OPÇÃO PELO ADICIONAL DE INSALUBRIDADE

§ 2º – O empregado poderá optar pelo adicional de insalubridade que porventura lhe seja devido.

1. COMENTÁRIOS

Incumbe ao empregador permitir que o empregado, no momento da admissão, opte pelo adicional que lhe for mais favorável. Se não o fizer, que o próprio empregador lhe pague o adicional que, a seu ver, ofereça maior vantagem econômica ao empregado, tendo em vista as normas legais e convencionais sobre a matéria.

Quando o pedido de pagamento de adicional for feito em juízo, o empregado não precisará fazer esta opção em sua petição inicial, facultando-lhe formular pedido subsidiário (sobre cumulação de pedidos vide comentários ao art. 842 da CLT).

Quanto à tese de possibilidade de cumulação de adicionais de insalubridade e periculosidade, quando os fatos geradores de ambos os adicionais tiverem origem distinta, a atual jusrisprudência do TST, no julgamento de Embargos na SDI-1, datado de 13.10.2016, nos autos do processo nº E-RR-1072-72.2011.5.02.0384, entendeu pela não cumulação dos mesmos, fazendo prevalecer a literalidade do texto do § 2º do art. 193 da CLT, em detrimento de Convenções da OIT em sentido contrário.

A sessão de julgamento foi muito tensa e gerou o deferimento de diversos pedidos de justificativa de voto, tendo em vista que foram vencidos os Exmos. Ministros Augusto César Leite de Carvalho, João Oreste Dalazen, José Roberto Freire Pimenta, Hugo Carlos Scheuermann, Alexandre de Souza Agra Belmonte e Cláudio Mascarenhas Brandão.

A nosso ver o tema está longe de se pacificar.

✦ VIGILANTE: DESCONTO DE ADICIONAIS JÁ CONCEDIDOS

§ 3º – Serão descontados ou compensados do adicional outros da mesma natureza eventualmente já concedidos ao vigilante por meio de acordo coletivo.(Redação da Lei nº 12.740, de 08.12.2012)

1. COMENTÁRIOS

Este parágrafo foi incluído no art. 193 pela Lei nº 12.740, de 08.12.2012, que também deu nova redação ao *caput*, além de lhe acrescentar o inciso II, para estender o adicional de periculosidade aos vigilantes. Antes mesmo da alteração promovida neste artigo, muitos sindicatos de vigilantes conseguiram incluir cláusulas em convenções e acordos coletivos prevendo o direito ao adicional ora legislado. Estas negociações foram fontes materiais da alteração legal. Assim sendo e para evitar o *bis in idem*, aprovou-se este parágrafo.

✦ **MOTOCICLISTA: ATIVIDADE PERIGOSA**

§ 4º São também consideradas perigosas as atividades de trabalhador em motocicleta."(Incluído pela Lei nº 12.997, de 18.06.2014)

1. COMENTÁRIOS

O § 4º foi introduzido no art. 193 da CLT por obra da Lei nº 12.997, de 12.6.2014 (DOU de 20.6.2014), que começou a viger na data de sua publicação.

A abrangência do texto legal permite que se estenda este direito a todos os trabalhadores que, de alguma forma, exerçam sua atividade, em caráter profissional, com o uso de motocicleta.

Como parâmetro de enquadramento deste tipo de profissional se deve utilizar a Lei nº 12.009, de 29.7.2009, que emseu artigo 1º assim prevê: "Esta Lei regulamenta o exercício das atividades dos profissionais em transportes de passageiros, "mototaxista", em entrega de mercadorias e em serviço comunitário de rua, e "motoboy", com o uso de motocicleta, dispõe sobre regras de segurança dos serviços de transporte remunerado de mercadorias em motocicletas e motonetas – moto-frete –, estabelece regras gerais para a regulação deste serviço e dá outras providências.".

Todos os profissionais citados na lei acima destacada farão jus ao adicional de periculosidade, cuja incidência observará os critérios do § 1º, do art. 193.

Há quem entenda que a eficácia da norma referida está limitada à regulamentação pelo Ministério do Trabalho que ainda não aconteceu. Portanto, a norma não teria eficácia imediata. Este foi o entendimento consagrado no julgamento a seguir destacado:

> "ADICIONAL DE PERICULOSIDADE. USO DE MOTOCICLETA. Comprovado nos autos, por meio do laudo técnico, que o reclamante habitualmente se utilizava de motocicleta no exercício das suas funções de vendedor externo, faz jus o obreiro ao pagamento do adicional de periculosidade, a partir de 14/10/2014, data de publicação da Portaria nº 1.565, que acrescentou o Anexo 5 à NR 16, regulamentando o § 4º, do art. 193 da CLT. (PROCESSO nº 0011529-27.2015.5.03.0084 (RO), TRT/3ª Região, 6ª Turma, Relatora Anemar Pereira Amaral, julg. 11.10.2016)

O Poder Público aprovou a Portaria MTE nº 1.565, de 13 e outubro de 2014, que introduziu o anexo 5 à NR nº 16, regulamentando as atividades perigosas em motocicleta. Todavia, a referida portaria foi anulada por sentença proferida na Justiça Federal de primeiro grau, em ação proposta pela União, sob o fundamento de vício no procedimento de sua aprovação. Nestes termos foi vazado o dispositivo do julgamento:

"Ante o exposto, julgo procedente o pedido para anular a Portaria nº 1.565 MTE, de 13/10/2014, e determinar à União, por meio do Ministério do Trabalho e Emprego, que reinicie o procedimento para regulamentação do Anexo 5 da norma regulamentadora nº 16, que disporá sobre a periculosidade às atividades laborais que utilizam motocicletas, respeitando assim as disposições previstas na Portaria nº 1.127/2003." (20ª Vara Federal do Distrito Federal, julg. 17.06.2016, nos autos do processo numeração única: 89404-91.2014.4.01.3400).

Assim, para os que entendem ser indispensável a publicação da referida portaria, quando só então a norma teria efetividade, há que se aguardar a nova regulamentação do Ministério do Trabalho.

O trabalho eventual com motocicleta, motoneta, ou similar, em somente curto período do dia, ou em poucos dias durante o mês, poderá atrair a incidência da **Súmula nº 364 do TST**, dispensando-se o pagamento do adicional respectivo. Isto porque, seguindo-se o mesmo raciocínio do trabalho com explosivos, inflamáveis e energia elétrica, a condução de motocicleta de forma absolutamente episódica não justifica o pagamento de adicional.

2. SÚMULAS E ORIENTAÇÕES JURISPRUDENCIAIS

▸ **Súmula nº 212 – STF**

Tem direito ao adicional de serviço perigoso o empregado de posto de revenda de combustível líquido.

▸ **Súmula nº 39 – TST – Res. 121/2003, DJ 19, 20 e 21.11.2003**

PERICULOSIDADE (mantida). Os empregados que operam em bomba de gasolina têm direito ao adicional de periculosidade (Lei nº 2.573, de 15.08.1955).

▸ **Súmula nº 70 – TST – Res. 121/2003, DJ 19, 20 e 21.11.2003**

ADICIONAL DE PERICULOSIDADE (mantida). O adicional de periculosidade não incide sobre os triênios pagos pela Petrobras.

▸ **Súmula nº 132 – TST – Res. 129/2005, DJ 20, 22 e 25.04.2005**

ADICIONAL DE PERICULOSIDADE. INTEGRAÇÃO *(incorporadas as Orientações Jurisprudenciais nºs 174 e 267 da SBDI-1)*

I – O adicional de periculosidade, pago em caráter permanente, integra o cálculo de indenização e de horas extras (ex-Prejulgado nº 3). (ex-Súmula nº 132 – RA 102/1982, DJ 11.10.1982/DJ 15.10.1982 – e ex-OJ nº 267 da SBDI-1 – inserida em 27.09.2002)

II – Durante as horas de sobreaviso, o empregado não se encontra em condições de risco, razão pela qual é incabível a integração do adicional de periculosidade sobre as mencionadas horas. (ex-OJ nº 174 da SBDI-1 – inserida em 08.11.2000)

▸ **Súmula nº 191 – TST**

ADICIONAL DE PERICULOSIDADE. INCIDÊNCIA. BASE DE CÁLCULO (cancelada a parte final da antiga redação e inseridos os itens II e III) – Res. 214/2016, DEJT divulgado em 30.11.2016 e 01 e 02.12.2016

I – O adicional de periculosidade incide apenas sobre o salário básico e não sobre este acrescido de outros adicionais.

II – O adicional de periculosidade do empregado eletricitário, contratado sob a égide da Lei nº 7.369/1985, deve ser calculado sobre a totalidade das parcelas de natureza salarial. Não é válida norma coletiva mediante a qual se determina a incidência do referido adicional sobre o salário básico.

III – A alteração da base de cálculo do adicional de periculosidade do eletricitário promovida pela Lei nº 12.740/2012 atinge somente contrato de trabalho firmado a partir de sua vigência, de modo que, nesse caso, o cálculo será realizado exclusivamente sobre o salário básico, conforme determina o § 1º do art. 193 da CLT.

▸ **Súmula nº 361 – TST**

ADICIONAL DE PERICULOSIDADE. ELETRICITÁRIOS. EXPOSIÇÃO INTERMITENTE (mantida) – Res. 121/2003, DJ 19, 20 e 21.11.2003. O trabalho exercido em condições perigosas, embora de forma intermitente, dá direito ao empregado a receber o adicional de periculosidade de forma integral, porque a Lei nº 7.369, de 20.09.1985, não estabeleceu nenhuma proporcionalidade em relação ao seu pagamento.

▸ **Súmula nº 364 – TST**

ADICIONAL DE PERICULOSIDADE. EXPOSIÇÃO EVENTUAL, PERMANENTE E INTERMITENTE (inserido o item II) – Res. 209/2016, DEJT divulgado em 01, 02 e 03.06.2016

I – Tem direito ao adicional de periculosidade o empregado exposto permanentemente ou que, de forma intermitente, sujeita-se a condições de risco. Indevido, apenas, quando o contato dá-se de forma eventual, assim considerado o fortuito, ou o que, sendo habitual, dá-se por tempo extremamente reduzido. (ex-Ojs da SBDI-I nºs 05 – inserida em 14.03.1994 – e 280 – DJ 11.08.2003).

II – Não é válida a cláusula de acordo ou convenção coletiva de trabalho fixando o adicional de periculosidade em percentual inferior ao estabelecido em lei e proporcional ao tempo de exposição ao risco, pois tal parcela constitui medida de higiene, saúde e segurança do trabalho, garantida por norma de ordem pública (arts. 7º, XXII e XXIII, da CF e 193, § 1º, da CLT).

▸ **Súmula nº 447, do TST. (DEJT, 13.12.2013)**

ADICIONAL DE PERICULOSIDADE. PERMANÊNCIA A BORDO DURANTE O ABASTECIMENTO DA AERONAVE. INDEVIDO. Os tripulantes e demais empregados em serviços auxiliares de transporte aéreo que, no momento do abastecimento da aeronave, permanecem a bordo não têm direito ao adicional de periculosidade a que aludem o art. 193 da CLT e o Anexo 2, item 1, "c", da NR 16 do MTE.

- **OJ-SDI1-259-TST**

ADICIONAL NOTURNO. BASE DE CÁLCULO. ADICIONAL DE PERICULOSIDADE. INTEGRAÇÃO. Inserida em 27.09.02 O adicional de periculosidade deve compor a base de cálculo do adicional noturno, já que também neste horário o trabalhador permanece sob as condições de risco.

- **OJ 347 SBDI-1 – TST**

ADICIONAL DE PERICULOSIDADE. SISTEMA ELÉTRICO DE POTÊNCIA. LEI Nº 7.369, DE 20.09.1985, REGULAMENTADA PELO DECRETO Nº 93.412, DE 14.10.1986. EXTENSÃO DO DIREITO AOS CABISTAS, INSTALADORES E REPARADORES DE LINHAS E APARELHOS EM EMPRESA DE TELEFONIA. *DJ 25.04.2007.* É devido o adicional de periculosidade aos empregados cabistas, instaladores e reparadores de linhas e aparelhos de empresas de telefonia, desde que, no exercício de suas funções, fiquem expostos a condições de risco equivalente ao do trabalho exercido em contato com sistema elétrico de potência.

- **OJ-SDI1-385 – TST**

ADICIONAL DE PERICULOSIDADE. DEVIDO. ARMAZENAMENTO DE LÍQUIDO INFLAMÁVEL NO PRÉDIO. CONSTRUÇÃO VERTICAL. *(DEJT divulgado em 09, 10 e 11.06.2010)* É devido o pagamento do adicional de periculosidade ao empregado que desenvolve suas atividades em edifício (construção vertical), seja em pavimento igual ou distinto daquele onde estão instalados tanques para armazenamento de líquido inflamável, em quantidade acima do limite legal, considerando-se como área de risco toda a área interna da construção vertical.

- **OJ-SDI1-402 – TST**

ADICIONAL DE RISCO. PORTUÁRIO. TERMINAL PRIVATIVO. ARTS. 14 E 19 DA LEI Nº 4.860, DE 26.11.1965. INDEVIDO (mantida) – Res. 175/2011, DEJT divulgado em 27, 30 e 31.05.2011 O adicional de risco previsto no artigo 14 da Lei nº 4.860, de 26.11.1965, aplica-se somente aos portuários que trabalham em portos organizados, não podendo ser conferido aos que operam terminal privativo.

3. QUESTÕES DE CONCURSOS

01. (TRT – 2ª REGIÃO/JUIZ DO TRABALHO/2009/ADAPTADO) O trabalho em condições de periculosidade, assim entendidas como aquelas que, por sua natureza ou métodos de trabalho, impliquem no contato com inflamáveis, explosivos ou exposição à energia elétrica de alta voltagem, assegura ao empregado o pagamento de um adicional de 30% (trinta por cento) sobre o salário acrescido de gratificações, prêmios ou participação nos lucros da empresa.

02. (TRT 5ª REGIÃO/TÉCNICO JUDICIÁRIO/CESPE/2008) Os frentistas que operam as bombas de gasolina não possuem o direito de receber o adicional de periculosidade, pois o contato com o combustível inflamável não é direto.

03. (TRT – 5ª REGIÃO/TÉCNICO JUDICIÁRIO/CESPE/2008) O adicional de periculosidade incide apenas sobre o salário base, e não, sobre este acrescido de outros adicionais.

04. (MPT/PROCURADOR DO TRABALHO/2010/ADAPTADA) Faz jus ao adicional de periculosidade o empregado exposto permanentemente ou que, de forma intermitente, sujeita-se a condições de risco. Indevido, apenas, quando o contato dá-se de forma eventual, assim considerado o fortuito, ou o que sendo habitual, dá-se por tempo extremamente reduzido.

05. (TRT – 3ª REGIÃO/JUIZ DO TRABALHO SUBSTITUTO/2009/ADAPTADA) O adicional noturno deve compor a base de cálculo do adicional de periculosidade, já que neste período o trabalhador permanece sob as condições de risco, em respeito à orientação jurisprudencial do c. TST.

06. (TRT – 3ª REGIÃO/JUIZ DO TRABALHO SUBSTITUTO/2009/ADAPTADA) Por se tratar de norma de proteção à saúde e higidez do trabalhador, não se admite acordo entre empregador e seus empregados prevendo pagamento proporcional ao tempo de exposição a agentes periculosos.

07. (TRT 2 – Juiz do Trabalho Substituto 2ª região/ 2012/ADAPTADA) Quanto às normas consolidadas e entendimento sumulado do TST sobre segurança, medicina e higiene do trabalho, é **INCORRETO** afirmar que tem direito ao adicional de periculosidade o empregado exposto permanentemente ou que, de forma intermitente, se sujeita às condições de risco. Indevido, apenas, quando o contato dá-se de forma eventual, assim considerado o fortuito, ou o que, sendo habitual, dá-se por tempo extremamente reduzido.

08. (FCC – TRT 20 – Analista Judiciário/2011) O adicional de periculosidade pago na proporção de

a) 20% sobre o salário, incide apenas sobre o salário básico e não sobre este acrescido de outros adicionais.

b) 20% sobre o salário, incide sobre o salário básico acrescido de outros adicionais, tal como participações nos lucros das empresas.

c) 30% sobre o salário, incide sobre o salário básico acrescido de outros adicionais, tal como gratificações e prêmios.

d) 30% sobre o salário, incide apenas sobre o salário básico e não sobre este acrescido de outros adicionais.

e) 35% sobre o salário, incide sobre o salário básico acrescido de outros adicionais, tal como participações nos lucros das empresas.

09. (MPT – Procurador do Trabalho/2012) Em matéria de meio ambiente do trabalho, segurança e saúde no trabalho, examine a assertiva a seguir: segundo a jurisprudência uniformizada do Tribunal Superior do Trabalho, o pagamento de adicional de periculosidade efetuado por mera liberalidade da empresa, ainda que de forma proporcional ao tempo de exposição ao risco ou em percentual inferior ao máximo legalmente previsto, dispensa a realização da prova técnica exigida pelo art. 195 da CLT, pois torna incontroversa a existência do trabalho em condições perigosas.

10. (FCC – Analista Judiciário – Oficial de Justiça Avaliador – TRT 5/2013) A constatação de que o exercício de atividades profissionais gera riscos à saúde e à integridade física do trabalhador, fez com que a lei estipulasse regras de segurança e medicina do trabalho. Conforme tais regras, contidas na Consolidação das Leis do Trabalho,

a) o mandato dos membros eleitos da Comissão Interna de Prevenção de Acidentes – CIPA terá a duração de dois anos, não sendo permitida a reeleição.

b) a exposição permanente do trabalhador a roubos ou outras espécies de violência física nas atividades profissionais de segurança pessoal ou patrimonial é considerada como atividade perigosa.

c) o exercício de trabalho em condições insalubres assegura a percepção de adicional, respectivamente, de 30% e 15% do salário mínimo da região, segundo se classifiquem nos graus máximo e mínimo.

d) o empregador designará, dentre os seus representantes, o Vice-Presidente da CIPA, e os empregados elegerão, dentre eles, o Presidente.

e) o trabalho em condições de periculosidade assegura ao empregado um adicional de 25% (vinte e cinco por cento) sobre o salário global, incluindo gratificações e prêmios.

11. (FCC – Analista Judiciário – Oficial de Justiça Avaliador – TRT 15/2013) O adicional de periculosidade, em regra, é pago com um acréscimo de

a) trinta e cinco por cento sobre o salário recebido pelo empregado, e comporá a remuneração para base de cálculo apenas das férias, décimo terceiro salário e aviso prévio indenizado.

b) vinte e cinco por cento sobre o salário recebido pelo empregado, e comporá a remuneração para base de cálculo do FGTS, férias, décimo terceiro salário e aviso prévio indenizado.

c) trinta por cento sobre o salário recebido pelo empregado, e comporá a remuneração para base de cálculo apenas do aviso prévio indenizado.

d) vinte e cinco por cento sobre o salário recebido pelo empregado, e comporá a remuneração para base de cálculo apenas do aviso prévio indenizado.

e) trinta por cento sobre o salário recebido pelo empregado, e comporá a remuneração para base de cálculo do FGTS, férias, décimo terceiro salário e aviso prévio indenizado.

12. (FCC – Técnico Judiciário – Área Administrativa – TRT 24/2017) A constatação de que o exercício de qualquer atividade profissional gera riscos à saúde e à integridade física do trabalhador fez com que, gradativamente fosse sendo construída uma estrutura de proteção ao trabalhador, passando a questão relativa à segurança e medicina do trabalho ser vista a partir de uma concepção profundamente humana. Com relação às normas de medicina e segurança do trabalho, em especial às atividades insalubres e perigosas, a legislação estabelece que

a) o exercício de trabalho em condições insalubres, acima dos limites de tolerância, assegura a percepção de adicional respectivamente de 40% ou 20% do salário-base do empregado, segundo se classifiquem nos graus máximo e mínimo.

b) o trabalho em condições de periculosidade assegura ao empregado um adicional de 30% sobre o salário sem os acréscimos resultantes de gratificações, prêmios ou participações nos lucros da empresa.

c) são consideradas atividades ou operações perigosas aquelas que, por sua natureza ou métodos de trabalho, impliquem risco acentuado em virtude de exposição permanente ou eventual do trabalhador a roubos ou outras espécies de violência, física ou moral, nas atividades profissionais de bancários e de segurança pessoal ou patrimonial.

d) não serão descontados ou compensados do adicional de insalubridade outros da mesma natureza eventualmente já concedidos ao vigilante por meio de acordo coletivo.

e) o Ministério do Trabalho aprovará o quadro das atividades e operações insalubres e adotará normas sobre os critérios de caracterização da insalubridade, cabendo à Justiça do Trabalho fixar os limites de tolerância aos agentes agressivos, meios de proteção e o tempo máximo de exposição do empregado a esses agentes.

13. **(FCC – Analista Judiciário – Área Judiciária – TRT 11/2017)** Carlos é empregado da empresa DCD Ltda. Ele recebe adicional de periculosidade em razão da atividade desenvolvida na empresa. Exatamente em razão desta atividade Carlos também é remunerado pelas horas que permanece de sobreaviso em sua residência, porém, na remuneração destas horas de sobreaviso a empresa paga sem a integração do adicional de periculosidade. Neste caso, de acordo com o entendimento Sumulado do TST, a empresa empregadora efetua o pagamento de forma

a) incorreta se as horas de sobreaviso ultrapassam dez horas durante um mês, uma vez que, somente neste caso, haverá integração do adicional de periculosidade sobre as horas de sobreaviso.

b) incorreta uma vez que a integração do adicional de periculosidade sobre as horas de sobreaviso é sempre devido, em razão da atividade desenvolvida pelo empregado.

c) incorreta se as horas de sobreaviso ultrapassam quinze horas durante um mês, uma vez que, somente neste caso, haverá integração do adicional de periculosidade sobre as horas de sobreaviso.

d) correta uma vez que Carlos não se encontra em condições de risco, razão pela qual é incabível a integração do adicional de periculosidade sobre as horas de sobreaviso.

e) incorreta se as horas de sobreaviso ultrapassam vinte horas durante um mês, uma vez que, somente neste caso, haverá integração do adicional de periculosidade sobre as horas de sobreaviso.

GAB	1	E	2	E	3	C	4	C	5	E	6	E	7	E	8	D	9	C	10	B	11	E	12	B	13	D

✦ **CESSAÇÃO DO DIREITO AO ADICIONAL**

Art. 194. O direito do empregado ao adicional de insalubridade ou de periculosidade cessará com a eliminação do risco à sua saúde ou integridade física, nos termos desta Seção e das normas expedidas pelo Ministério do Trabalho.

1. COMENTÁRIOS

O adicional de periculosidade, como o de insalubridade, e da mesma forma o noturno, de horas extras e qualquer outro de mesma natureza, só são pagos em razão do trabalho em circunstâncias lesivas à saúde do trabalhador ou de risco à sua integridade física (periculosidade). Portanto, seu pagamento, mesmo que perdure por muitos anos, não faz incorporar o adicional ao salário do empregado. Também não prevê a jurisprudência qualquer indenização por sua supressão, como fez com as horas extras (S. 291 do TST). A supressão do adicional de insalubridade ou periculosidade, por eliminação do agente insalubre ou do risco, respectivamente, não é considerada, pela jurisprudência, como redução salarial, como se lê na S. 248 do TST, que cuida da reclassificação ou descaracterização da insalubridade.

Martins (Comentários, 2008, p. 212) lembra que sendo o contrato de trabalho uma relação jurídica continuativa, a sentença que condena ao pagamento do adicional pode ser modificada, desde que tenha ocorrido alteração no estado de fato ou de direito, nos termos do art. 471, I, do CPC/73 e art. 505, I, CPC/2015.

Concordamos com o autor, mas entendemos desnecessária a ação revisional para tal propósito, bastando seja feito um simples pedido de modificação da sentença nos autos da execução. Carrion, de maneira semelhante, admite que, ao lado a ação revisional movida pelo empregador em face do empregado, é possível admitir-se a modificação da sentença via embargos à execução, diante da pretensão executória do empregado cobrando o respectivo adicional (Comentários, 2010, p. 217 e 710).

2. SÚMULAS E ORIENTAÇÕES JURISPRUDENCIAIS

▸ **Súmula nº 248 – TST**

ADICIONAL DE INSALUBRIDADE. DIREITO ADQUIRIDO (mantida) – Res. 121/2003, DJ 19, 20 e 21.11.2003. A reclassificação ou a descaracterização da insalubridade, por ato da autoridade competente, repercute na satisfação do respectivo adicional, sem ofensa a direito adquirido ou ao princípio da irredutibilidade salarial.

3. QUESTÕES DE CONCURSOS

01. (TRT 19 – Juiz do Trabalho Substituto 19ª região/2012) Assinale a alternativa correta: A eliminação da insalubridade mediante fornecimento de aparelhos protetores aprovados pelo órgão competente do Poder Executivo exclui a percepção do respectivo adicional. O simples fornecimento do aparelho de proteção pelo empregador o exime do pagamento do adicional de insalubridade, entretanto, cabe-lhe tomar as medidas que conduzam à diminuição ou eliminação da nocividade, entre as quais as relativas ao uso efetivo do equipamento pelo empregado.

02. (Cespe – Analista Judiciário – Área Judiciária – TRT 17/2013) Com base nas normas de segurança e medicina do trabalho, julgue o seguinte item: a partir da data de seu pagamento, os adicionais de insalubridade e de periculosidade são incorporados definitivamente à remuneração do empregado, visto que a percepção desses adicionais constitui um direito adquirido.

GAB	1	E	2	E

✦ **PERÍCIA PARA APURAÇÃO DA INSALUBRIDADE/PERICULOSIDADE**

Art. 195. A caracterização e a classificação da insalubridade e da periculosidade, segundo as normas do Ministério do Trabalho, far-se-ão através de perícia a cargo de Médico do Trabalho ou Engenheiro do Trabalho, registrados no Ministério do Trabalho.

✦ **REQUISIÇÃO DE PERÍCIA AO MINISTÉRIO DO TRABALHO**

§ 1º – É facultado às empresas e aos sindicatos das categorias profissionais interessadas requererem ao Ministério do Trabalho a realização de perícia em estabelecimento ou setor deste, com o objetivo de caracterizar e classificar ou delimitar as atividades insalubres ou perigosas.

✦ **SUBSTITUIÇÃO PROCESSUAL PELO SINDICATO**

§ 2º – Argüida em juízo insalubridade ou periculosidade, seja por empregado, seja por Sindicato em favor de grupo de associados, o juiz designará perito habilitado na forma deste artigo, e, onde não houver, requisitará perícia ao órgão competente do Ministério do Trabalho.

✦ **PERÍCIA REALIZADA EX OFFICIO**

§ 3º – O disposto nos parágrafos anteriores não prejudica a ação fiscalizadora do Ministério do Trabalho, nem a realização ex officio da perícia.

1. COMENTÁRIOS

1.1 Perícia para apuração da insalubridade/periculosidade

A lei não fez qualquer distinção quanto ao técnico e o objeto da perícia. Assim, tanto o Médico com especialidade em Medicina do Trabalho, como o Engenheiro, especialista em Segurança do Trabalho, poderão realizar a perícia de apuração da insalubridade ou da periculosidade (neste sentido a **OJ nº 165 da SBDI-1/TST**). Todavia, parece óbvio que o conhecimento técnico específico é indispensável, de sorte que não se aceitará um Engenheiro para a realização de um exame clínico no empregado.

A perícia será sempre obrigatória, mesmo na hipótese de **revelia**, decorrente da ausência do réu à audiência (art. 844 da CLT). A confissão dos fatos relatados na Petição Inicial, como efeito material da ausência do réu, não torna um ambiente de trabalho adequado em insalubre, nem torna perigoso o local de trabalho que não oferece riscos acentuados ao empregado.

A confissão ficta dos acontecimentos narrados pelo reclamante não dispensa o enquadramento técnico da situação de fato. Portanto, mesmo na hipótese de revelia, mantém-se com o reclamante o ônus de provar o fato constitutivo do seu direito, seja o trabalho em condições insalubres, seja o perigoso, ou qualquer outra circunstância que dependa "do conhecimento especial de técnico" referida no art. 420, I, do CPC/73 e art. 464, § 1º, I, do CPC/2015.

Assim, mesmo diante da revelia, o autor deverá requerer a produção de prova períciаl (CLT, art. 818 c/c CPC/73, art. 333, I e CPC/2015, art. 373, I). Neste sentido a opinião de Francisco Antonio de Oliveira: "O fato de a empresa não haver contestado a ação, sendo considerada revel e com as consequências do art. 844 da CLT, não se traduz em motivo que autorize a supressão de perícia. Esta é obrigatória por determinação legal." (Comentários, 2005, p. 213). Também pela obrigatoriedade da perícia na Revelia (Martins, Comentários, p. 213) e Saad (CLT Comentada, 2009, p. 331).

Só estará dispensada a produção de prova períciаl se o réu, espontaneamente, incluir o adicional de periculosidade nos recibos de pagamento, mesmo sem a realização de perícia. Esta atitude do réu é interpretada como reconhecimento expresso da condição perigosa (neste sentido a **OJ nº 406 da SDI-1/TST**). Observe-se que o entendimento consagrado pela jurisprudência é diferente da hipótese de confissão ficta provocada pela ausência do réu e acima tratada.

Na versão da OJ nº 406 o reconhecimento expresso da condição perigosa, decorrente do pagamento do adicional, afasta a necessidade de prova períciаl. Na revelia, a confissão ficta, decorrente da ausência do réu, não dispensa a produção de prova técnica, pois não há reconhecimento expresso da condição perigosa, ou mesmo insalubre.

1.2. Requisição de perícia ao Ministério do Trabalho

O dispositivo deste § 1º prevê a realização de perícia administrativa, com o intuito de ser apurada a existência de ambiente insalubre ou perigoso, no âmbito do estabelecimento empresarial. A perícia feita por solicitação ao Ministério do Trabalho serve de subsídio para o empregador que, conhecendo as condições de seu ambiente de trabalho, deverá passar a pagar o respectivo adicional de remuneração a seus empregados, por insalubridade ou periculosidade.

Tema intrincado é saber se diante de laudo favorável do Ministério do Trabalho e se recusando o empregador ao pagamento do adicional, estaria ou não interrompida a prescrição para a demanda judicial com o mesmo objeto da perícia realizada.

Entendemos que há interrupção da prescrição somente se o empregador concordar com as conclusões do laudo períciаl, mesmo não fazendo qualquer pagamento sob a rubrica de adicional. Dispõe o art. 202, VI, do CC, que a prescrição considera-se interrompida "por qualquer ato inequívoco, ainda que extrajudicial, que importe reconhecimento do direito pelo devedor.". Havendo, contudo, discordância quanto ao laudo do Ministério do Trabalho, não se terá interrompido a prescrição.

O laudo períciаl produzido administrativamente poderá ser aproveitado pelo juiz, diante de demanda apresentada pelo sindicato como substituto processual (na forma do § 2º deste artigo), ou pelo próprio empregado. A dispensa da prova períciаl, quando da apresentação do laudo administrativo, encontra autorização na norma do art. 420, II, do CPC, ao dispor que "o juiz indeferirá a perícia quando: II – for desnecessária em vista de outras provas produzidas;" A regra foi integralmente reproduzida no art. 464, § 1º, II, do CPC/2015.

1.3. Substituição processual pelo sindicato

O dispositivo do § 2º, mesmo antes da Constituição de 1988, já garantia ao sindicato a qualidade de substituto processual, autorizando-o a demandar em nome de seus associados, nos termos do art. 6º, do CPC/73 e art. 18, do CPC/2015. A norma do art. 8º, III, da CF, cuidando da ampla representação profissional dos sindicatos, passou a ser interpretada como autorizando a **substituição processual** em qualquer matéria, de interesse individual ou coletivo, judicial ou extrajudicialmente, abrangendo toda a categoria profissional, e não só os associados do sindicato. Neste sentido a **jurisprudência do STF**, a seguir destacada:

> "Esta Corte firmou o entendimento segundo o qual o sindicato tem legitimidade para atuar como substituto processual na defesa de direitos e interesses coletivos ou individuais homogêneos da categoria que representa. (...) Quanto à violação ao art. 5º, LXX e XXI, da Carta Magna, esta Corte firmou entendimento de que é desnecessária a expressa autorização dos sindicalizados para a substituição processual." (RE 555.720-AgR, voto do Rel. Minº Gilmar Mendes, julgamento em 30-9-2008, Segunda Turma, DJE de 21-11-2008.)"
>
> "Sindicato. Substituição processual. Art. 8º, III, da Constituição da República. Comprovação da situação funcional de cada substituído na fase de conhecimento. Prescindibilidade. É prescindível a comprovação da situação funcional de cada substituído, na fase de conhecimento, nas ações em que os sindicatos agem como substituto processual." (RE 363.860-AgR, Rel. Minº Cezar Peluso, julgamento em 25-9-2007, Segunda Turma, DJ de 19-10-2007.)
>
> "O art. 8º, III, da CF estabelece a legitimidade extraordinária dos sindicatos para defender em juízo os direitos e interesses coletivos ou individuais dos integrantes da categoria que representam. Essa legitimidade extraordinária é ampla, abrangendo a liquidação e a execução dos créditos reconhecidos aos trabalhadores. Por se tratar de típica hipótese de substituição processual, é desnecessária qualquer autorização dos substituídos." (RE 210.029, Rel. p/o ac. Minº Joaquim Barbosa, julgamento em 12-6-2006, Plenário, DJ de 17-8-2007.) No mesmo sentido: RE 193.503, RE 193.579, RE 208.983, RE 211.874, RE 213.111, Rel. p/o ac. Minº Joaquim Barbosa, julgamento em 12-6-2006, Plenário, DJ de 24-8-2007.

Atualmente não existe órgão do Ministério do Trabalho apto a atender às solicitações do Judiciário, para realização de perícia oficial, como pretende o § 2º, acima. Os peritos são indicados pelos juízes, entre os profissionais de sua confiança, cuja remuneração ficará sob encargo da **parte sucumbente** na pretensão objeto da perícia, ao final do processo (**CLT, art. 790-B**).

Desfazendo-se o ambiente insalubre ou perigoso, como na hipótese de fechamento do estabelecimento ou eliminação do agente, as situações pretéritas, motivadoras do pagamento do adicional, poderão ser apuradas por meio de **prova pericial emprestada** de outros processos onde a insalubridade ou periculosidade foram oportunamente constatadas (neste sentido a **OJ nº 278 da SBDI-1/TST**).

1.4. Perícia realizada *ex officio*

1.4.1. Impossibilidade de antecipação dos honorários periciais

A demonstração do ambiente perigoso ou insalubre é ônus do reclamante (art. 818 da CLT). Consequentemente, omitindo-se o autor quanto ao requerimento de produção da prova pericial, o juízo determinará sua realização, de **ofício**.

Mesmo diante da determinação emanada do juízo, se aplica a regra de pagamento dos honorários períciais ao final do processo, pela parte sucumbente, como mencionado nos comentários ao § 2º, acima, nos termos do art. 790-B, da CLT.

É inaplicável no processo do trabalho a regra do art. 33, do CPC/73, que determina o ônus do pagamento pelo autor quando a perícia foi determinada pelo juízo, bem como o parágrafo único do mesmo artigo, que cuida da antecipação dos honorários períciais (neste sentido a **OJ nº 98 da SBDI-2/TST**).

O CPC/2015 tem norma quase idêntica no seu artigo 82, § 1º, igualmente inaplicável ao processo do trabalho, tal qual a regra do CPC/73, acima citada.

1.4.2 Demandas infundadas: nossa crítica

O entendimento dominante na Justiça do Trabalho, conquanto promova o amplo acesso à justiça, conferindo efetividade ao art. 5º, XXXIV, da CF, que cuida da gratuidade de taxas, poderá comprometer a idoneidade da prova perícial e estimular demandas temerárias ou infundadas neste tema. Os peritos, com receio de não receberem seus honorários, diante da dispensa dos beneficiários da gratuidade de justiça (CLT, art. 790-B), via de regra empregados, poderão pender para apuração do ambiente insalubre ou perigoso em desfavor do réu. Penso que um amplo regime de inversões probatórias, a partir de indícios e presunções, impondo-se ao réu o encargo de antecipar os honorários períciais, além de estimular o melhor trabalho do perito, cuida de resolver este problema.

Ademais, a ausência de garantia de honorários estimula postulações descabidas e sem maiores fundamentos neste tema. Sabedores os reclamantes que sequer suportarão qualquer pagamento, ao final, caso a demanda temerária não obtenha o fim colimado, não haverá uma maior preocupação em saber se o direito é ou não devido, antes de se aventurarem no ajuizamento de demandas com nenhuma ou pouquíssimas chances de sucesso. Não se está a defender uma restrição à busca do Judiciário, mas sim de se exigir maior responsabilidade dos litigantes, como postulado do processo moderno.

2. SÚMULAS E ORIENTAÇÕES JURISPRUDENCIAIS

- **Súmula nº 293 – TST**

ADICIONAL DE INSALUBRIDADE. CAUSA DE PEDIR. AGENTE NOCIVO DIVERSO DO APONTADO NA INICIAL *(mantida) – Res. 121/2003, DJ 19, 20 e 21.11.2003.* A verificação mediante perícia de prestação de serviços em condições nocivas, considerado agente insalubre diverso do apontado na inicial, não prejudica o pedido de adicional de insalubridade.

- **Súmula nº 453 – TST**

ADICIONAL DE PERICULOSIDADE. PAGAMENTO ESPONTÂNEO. CARACTERIZAÇÃO DE FATO INCONTROVERSO. DESNECESSÁRIA A PERÍCIA DE QUE TRATA O ART. 195 DA CLT. (conversão da Orientação Jurisprudencial nº 406 da SBDI-1) – Res. 194/2014, DEJT divulgado em 21, 22 e 23.05.2014. O pagamento de adicional de periculosidade efetuado por mera liberalidade da empresa, ainda que de forma proporcional ao tempo de exposição ao risco ou em percentual inferior ao máximo legalmente previsto, dispensa a realização da prova técnica exigida pelo art. 195 da CLT, pois torna incontroversa a existência do trabalho em condições perigosas.

- **OJ 165 SBDI-1 – TST**

PERÍCIA. ENGENHEIRO OU MÉDICO. ADICIONAL DE INSALUBRIDADE E PERICULOSIDADE. VÁLIDO. Art. 195 DA CLT. *Inserida em 26.03.99.* O art. 195 da CLT não faz qualquer distinção entre o médico e o engenheiro para efeito de caracterização e classificação da insalubridade e periculosidade, bastando para a elaboração do laudo seja o profissional devidamente qualificado.

▸ **OJ 278 SBDI-1 – TST**

ADICIONAL DE INSALUBRIDADE. PERÍCIA. LOCAL DE TRABALHO DESATIVADO. DJ 11.08.03. A realização de perícia é obrigatória para a verificação de insalubridade. Quando não for possível sua realização, como em caso de fechamento da empresa, poderá o julgador utilizar-se de outros meios de prova.

3. QUESTÕES DE CONCURSOS

01. (TRT 21 – Juiz do Trabalho Substituto 21ª região/ 2012) Francisco de Souza ajuizou reclamação trabalhista contra a empresa PLASTICOS S/A, postulando o pagamento de adicional de insalubridade relativo a todo o período laborado na empresa, de 12.01.2007 a 03.07.2011, uma vez que teria trabalhado submetido a ruído, cujos níveis de pressão sonora estavam acima dos limites de tolerância previstos no Anexo I, da NR 15, do Ministério do Trabalho e Emprego – MTE. Em sua defesa, a empresa alegou que encerrou suas atividades em Natal/RN, em 03.06.2011, sustentando que o ruído não ultrapassava o limite previsto na Norma Regulamentadora, juntando, como prova, a sua planta industrial, acompanhada das especificações das máquinas utilizadas no processo fabril, porém, da sua fábrica localizada no estado de Pernambuco. O reclamante apresentou impugnação alegando que a fábrica situada em Pernambuco é mais moderna do que a de Natal, e pediu que fossem consideradas tão-só as provas apresentadas com a petição inicial, quais sejam, cópia do Programa de Prevenção de Riscos Ambientais da empresa, em que há avaliação do risco ruído para o setor em que trabalhava, bem como um laudo técnico elaborado em perícia judicial realizada em outro processo, como prova emprestada, relativa a período anterior ao fechamento da fábrica. Na decisão do processo, é correto o julgador considerar que:

a) a realização de perícia é obrigatória para a verificação da insalubridade, de modo que não é cabível o uso de prova emprestada para a decisão da lide;

b) a realização de perícia pode ser suprida pelo fato do agente insalubre ruído estar previsto no anexo I, da NR 15, do Ministério do Trabalho e Emprego;

c) a realização de perícia não é obrigatória quando não é possível a sua efetivação, como ocorre no caso de fechamento de estabelecimento da empresa, hipótese em que o julgador poderá valer-se de prova emprestada e valorar livremente a prova dos autos, segundo o princípio da persuasão racional;

d) a realização de perícia é obrigatória, mas não sendo possível realizá-la por causa do fechamento do estabelecimento, o julgador deve considerar, em primeiro lugar, a prova documental produzida no processo e não a prova emprestada;

e) é incabível a utilização de prova emprestada no processo do trabalho.

02. (TRT 15 – Juiz do Trabalho Substituto 15ª região/2012/ADAPTADA) Relativamente à insalubridade, é correto afirmar: a caracterização e a classificação da insalubridade se darão através de perícia a cargo de Médico do Trabalho ou Engenheiro do Trabalho

GAB	1	C	2	C

✦ ADICIONAL. TERMO INICIAL DO PAGAMENTO

Art. 196. Os efeitos pecuniários decorrentes do trabalho em condições de insalubridade ou periculosidade serão devidos a contar da data da inclusão da respectiva atividade nos quadros aprovados pelo Ministro do Trabalho, respeitadas as normas do artigo 11.

1. COMENTÁRIOS

O empregado só terá direito ao adicional de remuneração se, além da configuração do ambiente por perícia, a atividade também estiver enquadrada como tal pelo Ministério do Trabalho (vide comentários aos artigos 189/190).

O Ministério do Trabalho, de acordo com sua competência referida no art. 190 desta consolidação, estará sempre incluindo novas atividades como insalubres ou perigosas, conforme quadro aprovada pela NR15 e suas sucessivas alterações.

A questão polêmica, pacificada pela redação atual do art. 196, conforme Lei nº 6.514, de 22.12.1977, diz respeito à resposta à seguinte indagação: empregado que exercia atividade que só posteriormente ao trabalho foi considerada insalubre ou perigosa, por ato do Ministério do

Trabalho, terá direito ao adicional respectivo? A resposta é pela afirmativa, desde que observado o prazo prescricional, como se conclui pela referência do artigo 196 ao art. 11 da CLT. Não é dizer que o pagamento do adicional, para os contratos de trabalho ainda vigentes, dependerá de ação judicial do empregado (como previa o revogado DL 389, de 26.12.68), mas sim que a obrigação só exigível do empregador se o enquadramento pelo Ministério do Trabalho ocorrer dentro do prazo prescricional do art. 11 da CLT (e também do art. 7º, XXIX, da CF). Consequentemente, o enquadramento pelo Ministério do Trabalho tem efeitos pretéritos à sua vigência, mas só alcançando as prestações anteriores cinco anos à inclusão da atividade como insalubre ou perigosa e, extinto o contrato de trabalho, até dois anos após este fato. A OJ nº 172, da SBDI-1/TST prevê a imediata inserção em folha de pagamento do adicional reconhecido judicialmente.

2. SÚMULAS E ORIENTAÇÕES JURISPRUDENCIAIS

▸ **Súmula nº 248 – TST**

ADICIONAL DE INSALUBRIDADE. DIREITO ADQUIRIDO (mantida) – Res. 121/2003, DJ 19, 20 e 21.11.2003. A reclassificação ou a descaracterização da insalubridade, por ato da autoridade competente, repercute na satisfação do respectivo adicional, sem ofensa a direito adquirido ou ao princípio da irredutibilidade salarial.

▸ **OJ 172 SBDI-1 – TST**

ADICIONAL DE INSALUBRIDADE OU PERICULOSIDADE. CONDENAÇÃO. INSERÇÃO EM FOLHA DE PAGAMENTO. Inserida em 08.11.00

Condenada ao pagamento do adicional de insalubridade ou periculosidade, a empresa deverá inserir, mês a mês e enquanto o trabalho for executado sob essas condições, o valor correspondente em folha de pagamento.

✦ **DO RÓTULO DAS EMBALAGENS**

Art. 197. Os materiais e substâncias empregados, manipulados ou transportados nos locais de trabalho, quando perigosos ou nocivos à saúde, devem conter, no rótulo, sua composição, recomendações de socorro imediato e o símbolo de perigo correspondente, segundo a padronização internacional.

✦ **AVISOS NOS ESTABELECIMENTOS**

Parágrafo único. Os estabelecimentos que mantenham as atividades previstas neste artigo afixarão, nos setores de trabalho atingidos, avisos ou cartazes, com advertência quanto aos materiais e substâncias perigosos ou nocivos à saúde.

1. COMENTÁRIOS

A preocupação com a integridade física e a saúde dos trabalhadores também se estende à sinalização do ambiente de trabalho e das embalagens que contêm produtos nocivos.

As medidas ordenadas no artigo visam à proteção do homem no trabalho, mas servem elas, também, para resguardar a integridade física de qualquer cidadão, na hipótese de ocorrer um acidente com o veículo que transporta as citadas substâncias por uma via pública. Além de tudo o que se sugere neste artigo, é desejável que a empresa promova treinamento especial de seus trabalhadores em socorros de urgência àqueles que forem atingidos por materiais ou substâncias nocivas à saúde (Saad, 2009, p. 336).

A NR 16 cuida do tema e atribui ao empregador a responsabilidade pela delimitação das áreas de risco, no ambiente de trabalho, com a devida sinalização.

A falta de adequada sinalização importa em culpa do empregador, passível de responsabilização civil, caso ocorra algum dano à saúde do empregado provocado por acidente ou incorreto manuseio dos produtos nocivos por falta de orientação, como prevê o art. 7º, XXVIII, da CF (neste sentido: Adamovich, 2009, p. 103).

2. QUESTÕES DE CONCURSOS

01. (TRT 19 – Juiz do Trabalho Substituto 19ª região/ 2012) Assinale a assertiva correta: o exercício de trabalho em condições insalubres, acima dos limites de tolerância estabelecidos pelo Ministério do Trabalho, assegura a percepção de adicional respectivamente de 40% (quarenta por cento), 20% (vinte por cento) e 10% (dez por cento) do salário-base da região, segundo se classifiquem nos graus máximo, médio e mínimo. Os materiais e substâncias empregados, manipulados ou transportados nos locais de trabalho, quando perigosos ou nocivos à saúde, devem conter, no rótulo, sua composição, recomendações de socorro imediato e o símbolo de perigo correspondente, segundo a padronização internacional.

GAB	1	E

SEÇÃO XIV – DA PREVENÇÃO DA FADIGA

(Redação de acordo com a Lei nº 6.514, de 22.12.1977)

✦ PESO MÁXIMO

Art. 198. É de 60 kg (sessenta quilogramas) o peso máximo que um empregado pode remover individualmente, ressalvadas as disposições especiais relativas ao trabalho do menor e da mulher.

Parágrafo único. Não está compreendida na proibição deste artigo a remoção de material feita por impulsão ou tração de vagonetes sobre trilhos, carros de mão ou quaisquer outros aparelhos mecânicos, podendo o Ministério do Trabalho, em tais casos, fixar limites diversos, que evitem sejam exigidos do empregado serviços superiores às suas forças.

1. COMENTÁRIOS

1.1. Fadiga no Trabalho

Resten e Demarest, em "Médicine du Travail et Hygiène Industrielle" (Librairie Maloine, ed. 1954, pág. 213 e segs.), afirmam que, em teoria, ninguém discute que se reduz sensivelmente a fadiga quando se dá, ao empregado, posto que corresponda às suas aptidões físicas e mentais. Mas lamentavelmente – acrescentam – a distribuição dos postos de trabalho, na imensa maioria dos casos, é feita sob o signo do empirismo. As indústrias raramente são organizadas de modo científico e as pequenas e médias empresas, que empregam 90% dos trabalhadores franceses, consagram parte ínfima de seus lucros para melhorar as condições do trabalho (Saad, 2009, p. 337).

Estas ponderações, feitas com base em dados internacionais, são facilmente transpostas para o Brasil. Aqui também não existem dados precisos sobre a distribuição de postos no trabalho, mas, de forma mais grave que no exemplo francês, acima citado, cerca de 50% dos trabalhadores está no mercado informal, sem qualquer proteção trabalhista, quanto mais no que tange às condições de trabalho. A fadiga, nestas atividades, se constitui em enorme preocupação social, diante da desenfreada exploração do trabalho humano, com reflexos nos gastos com saúde pública.

Resten e Demarest mencionam, ainda, como causas da fadiga: duração do trabalho superior a 40 horas semanais; horas extraordinárias; intensidade, velocidade e condições de trabalho; iluminação, cor, ruído e temperatura do meio ambiente (17 graus é a considerada ótima); anomalias da visão, da audição, do aparelho muscular ou osteomuscular, do aparelho vascular e cardiopulmonar e insuficiência do sistema nervoso; má adaptação psicológica do homem ao seu métier; problemas estranhos ao trabalho, dificuldades econômicas e sociais etc. (Saad, 2009, p. 337).

A NR17 cuida de diversas normas de ergonomia no trabalho, entre estas a movimentação de pesos com ou sem o uso de equipamentos.

1.2. O peso máximo: homens adultos, mulheres e menores

A Convenção nº 127, da OIT, de 1967, promulgada pelo Decreto nº 67.339, de 05.10.1970, possui a seguinte área de aplicação: transporte manual e habitual de carga em todos os setores da atividade econômica.

Esta convenção tem como conteúdo básico: **a**) proibição de se exigir ou permitir transporte manual de carga cujo peso possa comprometer a segurança ou saúde dos trabalhadores, tendo-se em conta todas as condições em que o trabalho deva ser executado; **b**) necessidade de que todo trabalhador empregado no transporte manual de carga receba formação satisfatória sobre os métodos de trabalho que deve utilizar, antes do início de suas atividades; **c**) limitação do emprego de mulheres e menores de 18 anos no transporte manual de carga, exceto as de peso consideravelmente inferior ao admitido para adultos do sexo masculino.

A redução do peso máximo a ser movimentado pelas mulheres foi tratada no art. 390 da CLT, que se estende aos menores por força do art. 405, § 5º, da CLT. A norma consolidada atendeu à exigência da Convenção nº 127, ao definir o peso máximo de 20 (vinte) quilos para o trabalho contínuo e de 25 (vinte e cinco) quilos para o trabalho ocasional.

Uma breve nota: na excelente obra de Saad, inúmeras vezes citada neste livro, há um equívoco na referência à Convenção nº 137, no lugar da Convenção nº 127 (Comentários, 2009, p. 337). O erro material em nada prejudica os comentários feitos pelo renomado autor, pois este se baseou no conteúdo da Convenção correta, qual seja a de nº 127.

2. QUESTÕES DE CONCURSOS

01. **(TRT 15 – Juiz do Trabalho Substituto 15ª região/2012/ADAPTADA)** Sobre Segurança e Higiene do trabalho, é correto afirmar: nos termos da lei, é de 60 kg o peso máximo que um empregado pode remover individualmente, ressalvadas as disposições especiais relativas ao trabalho do menor e da mulher.

02. **(TRT 14 – Juiz do Trabalho Substituto 14ª região/ 2012)** Observe as assertivas abaixo e marque a única alternativa correta: como regra, é de 60 kg (sessenta quilogramas) o peso máximo que um empregado pode remover individualmente.

GAB	1	C	2	C

✦ **ASSENTOS ADEQUADOS. ERGONOMIA NO TRABALHO**

Art. 199. Será obrigatória a colocação de assentos que assegurem postura correta ao trabalhador, capazes de evitar posições incômodas ou forçadas, sempre que a execução da tarefa exija que trabalhe sentado.

✦ **TRABALHO EM PÉ. ASSENTOS NAS PAUSAS**

Parágrafo único. Quando o trabalho deva ser executado de pé, os empregados terão à sua disposição assentos para serem utilizados nas pausas que o serviço permitir.

1. COMENTÁRIOS

O cuidado com o assento adequado, como seu uso nas pausas quando o trabalho se realiza em pé, foi objeto da NR-17/MTE – ERGONOMIA, Publicação D.O.U. – Portaria GM nº 3.214, de 08 de junho de 1978, Atualizações/Alterações D.O.U. – Portaria MTPS nº 3.751, de 23 de novembro de 1990; Portaria SIT nº 08, de 30 de março de 2007; Portaria SIT nº 09, de 30 de março de 2007; Portaria SIT nº 13, de 21 de junho de 2007.

Merecem destaque os seguintes trechos da norma do Ministério do Trabalho:

17.3.1. Sempre que o trabalho puder ser executado na posição sentada, o posto de trabalho deve ser planejado ou adaptado para esta posição.

17.3.2. Para trabalho manual sentado ou que tenha de ser feito em pé, as bancadas, mesas, escrivaninhas e os painéis devem proporcionar ao trabalhador condições de boa postura, visualização e operação e devem atender aos seguintes requisitos mínimos:

a) ter altura e características da superfície de trabalho compatíveis com o tipo de atividade, com a distância requerida dos olhos ao campo de trabalho e com a altura do assento;

b) ter área de trabalho de fácil alcance e visualização pelo trabalhador;

c) ter características dimensionais que possibilitem posicionamento e movimentação adequados dos segmentos corporais.

17.3.2.1. Para trabalho que necessite também da utilização dos pés, além dos requisitos estabelecidos no subitem 17.3.2, os pedais e demais comandos para acionamento pelos pés devem ter posicionamento e dimensões que possibilitem fácil alcance, bem como ângulos adequados entre as diversas partes do corpo do trabalhador, em função das características e peculiaridades do trabalho a ser executado.

17.3.3. Os assentos utilizados nos postos de trabalho devem atender aos seguintes requisitos mínimos de conforto:

a) altura ajustável à estatura do trabalhador e à natureza da função exercida;

b) características de pouca ou nenhuma conformação na base do assento;

c) borda frontal arredondada;

d) encosto com forma levemente adaptada ao corpo para proteção da região lombar.

17.3.4. Para as atividades em que os trabalhos devam ser realizados sentados, a partir da análise ergonômica do trabalho, poderá ser exigido suporte para os pés, que se adapte ao comprimento da perna do trabalhador.

17.3.5. Para as atividades em que os trabalhos devam ser realizados de pé, devem ser colocados assentos para descanso em locais em que possam ser utilizados por todos os trabalhadores durante as pausas.

2. QUESTÕES DE CONCURSOS

01. (ESAF – MTE – Auditor-Fiscal do Trabalho/2003) No que tange à prevenção e fadiga inserta no capítulo atinente à Segurança e Medicina do Trabalho da Consolidação das Leis do Trabalho, é correto afirmar:

a) é de 50kg (cinqüenta quilogramas) o peso máximo que um empregado pode remover individualmente, ressalvadas as disposições especiais relativas ao trabalho do menor e da mulher.

b) é de 70kg (setenta quilogramas) o peso máximo que um empregado pode remover individualmente, ressalvadas as disposições especiais relativas ao trabalho do menor e da mulher.

c) quando o trabalho deva ser executado de pé, os empregados terão à sua disposição assentos para serem utilizados nas pausas que o serviço permitir.

d) quando o trabalho deva ser executado de pé, o empregador não está obrigado a fornecer assentos para serem utilizados nas pausas que o serviço permitir.

e) é de 30kg (trinta quilogramas) o peso máximo que um empregado pode remover individualmente, ainda que o serviço seja prestado por mulher ou menor.

GAB	1	C

▸SEÇÃO XV – DAS OUTRAS MEDIDAS ESPECIAIS DE PROTEÇÃO

(Redação de acordo com a Lei nº 6.514, de 22.12.1977)

✦ REGULAMENTAÇÃO PELO MINISTÉRIO DO TRABALHO

Art. 200. Cabe ao Ministério do Trabalho estabelecer disposições complementares às normas de que trata este Capítulo, tendo em vista as peculiaridades de cada atividade ou setor de trabalho, especialmente sobre:

I – medidas de prevenção de acidentes e os equipamentos de proteção individual em obras de construção, demolição ou reparos;

II – depósitos, armazenagem e manuseio de combustíveis, inflamáveis e explosivos, bem como trânsito e permanência nas áreas respectivas;

III – trabalho em escavações, túneis, galerias, minas e pedreiras, sobretudo quanto à prevenção de explosões, incêndios, desmoronamentos e soterramentos, eliminação de poeiras, gases, etc. e facilidades de rápida saída dos empregados;

IV – proteção contra incêndio em geral e as medidas preventivas adequadas, com exigências ao especial revestimento de portas e paredes, construção de paredes contra-fogo, diques e outros anteparos, assim como garantia geral de fácil circulação, corredores de acesso e saídas amplas e protegidas, com suficiente sinalização;

V – proteção contra insolação, calor, frio, umidade e ventos, sobretudo no trabalho a céu aberto, com provisão, quanto a este, de água potável, alojamento profilaxia de endemias;

VI – proteção do trabalhador exposto a substâncias químicas nocivas, radiações ionizantes e não ionizantes, ruídos, vibrações e trepidações ou pressões anormais ao ambiente de trabalho, com especificação das medidas cabíveis para eliminação ou atenuação desses efeitos limites máximos quanto ao tempo de exposição, à intensidade da ação ou de seus efeitos sobre o organismo do trabalhador, exames médicos obrigatórios, limites de idade controle permanente dos locais de trabalho e das demais exigências que se façam necessárias;

VII – higiene nos locais de trabalho, com discriminação das exigências, instalações sanitárias, com separação de sexos, chuveiros, lavatórios, vestiários e armários individuais, refeitórios ou condições de conforto por ocasião das refeições, fornecimento de água potável, condições de limpeza dos locais de trabalho e modo de sua execução, tratamento de resíduos industriais;

VIII – emprego das cores nos locais de trabalho, inclusive nas sinalizações de perigo.

Parágrafo único. Tratando-se de radiações ionizantes e explosivos, as normas a que se referem este artigo serão expedidas de acordo com as resoluçoes a respeito adotadas pelo órgão técnico.

1. COMENTÁRIOS

Um estudo sobre a competência para legislar sobre Meio Ambiente do Trabalho e a competência dos diversos órgãos do Ministério do Trabalho foi feita nos comentários aos artigos 154 a 156.

De um modo geral, diante da atividade regulamentar do Ministério do Trabalho, por expressa delegação do art. 200 consolidado, merecem destaque as Normas Regulamentares (NR`s), muitas já citadas e/ou comentadas nos artigos que compõem este capítulo da CLT e as não citadas ou referidas disponíveis no endereço: http://www.mte.gov.br/legislacao/normas_regulamentadoras/default.asp.

2. SÚMULAS E ORIENTAÇÕES JURISPRUDENCIAIS

▸ **OJ 345 SBDI-1 – TST**

ADICIONAL DE PERICULOSIDADE. RADIAÇÃO IONIZANTE OU SUBSTÂNCIA RADIOATIVA. DEVIDO.DJ 22.06.05.

A exposição do empregado à radiação ionizante ou à substância radioativa enseja a percepção do adicional de periculosidade, pois a regulamentação ministerial (Portarias do Ministério do Trabalho nºs 3.393, de 17.12.1987, e 518, de 07.04.2003), ao reputar perigosa a atividade, reveste-se de plena eficácia, porquanto expedida por força de delegação legislativa contida no art. 200, *caput*, e inciso VI, da CLT. No período de 12.12.2002 a 06.04.2003, enquanto vigeu a Portaria nº 496 do Ministério do Trabalho, o empregado faz jus ao adicional de insalubridade.

3. QUESTÕES DE CONCURSOS

01. (MPT – Procurador do Trabalho/2012) Leia e analise a assertiva a seguir: a exposição de empregado à radiação ionizante ou à substância radioativa enseja a percepção de adicional de periculosidade, nos termos da jurisprudência uniformizada do Tribunal Superior do Trabalho, a partir da interpretação da Norma Regulamentadora relativa ao trabalho em operações perigosas.

GAB	1	C

SEÇÃO XVI – DAS PENALIDADES

(Redação de acordo com a Lei nº 6.514, de 22.12.1977)

Art. 201. As infrações ao disposto neste Capítulo relativas à medicina do trabalho serão punidas com multa de 3 (três) a 30 (trinta) vezes o valor de referência previsto no artigo 2º, Parágrafo único, da Lei nº 6.205, de 29 de abril de 1975, e as concernentes à segurança do trabalho com multa de 5 (cinco) a 50 (cinqüenta) vezes o mesmo valor.

Parágrafo único. Em caso de reincidência, embaraço ou resistência à fiscalização, emprego de artifício ou simulação com o objetivo de fraudar a lei, a multa será aplicada em seu valor máximo.

1. COMENTÁRIOS

A Lei Federal nº 8.383, de 30.12.1991, art. 1º, fixou a UFIR (Unidade Fiscal de Referência), como fator de cobrança de multas na esfera federal. O art. 2º, § 1º, da referida lei, atribuiu ao Ministério da Fazenda competência para divulgar o valor mensal da UFIR.

A Portaria nº 290, de 11.04.1997, do MTb, que regulamenta a aplicação e cobrança de multas trabalhistas, fixou em 378,2847 UFIRs, a multa mínima prevista para as infrações deste capítulo (art. 154 a 200).

Nas ocorrências do parágrafo único o valor da multa será aplicado no máximo: 3.782,8472 UFIR's.

Art. 202 ao **Art. 223**. Revogados pela Lei nº 6.514, de 22.12.1977.

TÍTULO II-A – DO DANO EXTRAPATRIMONIAL (INSERIDO NA CLT PELA LEI Nº 13.467. DE 13.07.2017)

✦ EXCLUSIVIDADE DO REGRAMENTO DA CLT

Art. 223-A. Aplicam-se à reparação de danos de natureza extrapatrimonial decorrentes da relação de trabalho apenas os dispositivos deste Título.

✦ CONCEITO DE DANO EXTRAPATRIMONIAL

Art. 223-B. Causa dano de natureza extrapatrimonial a ação ou omissão que ofenda a esfera moral ou existencial da pessoa física ou jurídica, as quais são as titulares exclusivas do direito à reparação.'

✦ BENS JURÍDICOS TUTELADOS DA PESSOA FÍSICA

Art. 223-C. A etnia, a idade, a nacionalidade, a honra, a imagem, a intimidade, a liberdade de ação, a autoestima, o gênero, a orientação sexual, a saúde, o lazer e a integridade física são os bens juridicamente tutelados inerentes à pessoa natural. (Redação da MPV nº 808, de 14.11.2017)

✦ BENS JURÍDICOS TUTELADOS DA PESSOA JURÍDICA

Art. 223-D. A imagem, a marca, o nome, o segredo empresarial e o sigilo da correspondência são bens juridicamente tutelados inerentes à pessoa jurídica.'

✦ RESPONSÁVEIS PELO DANO EXTRAPATRIMONIAL

Art. 223-E. São responsáveis pelo dano extrapatrimonial todos os que tenham colaborado para a ofensa ao bem jurídico tutelado, na proporção da ação ou da omissão.'

✦ CUMULAÇÃO COM O DANO MATERIAL

Art. 223-F. A reparação por danos extrapatrimoniais pode ser pedida cumulativamente com a indenização por danos materiais decorrentes do mesmo ato lesivo.

§ 1º Se houver cumulação de pedidos, o juízo, ao proferir a decisão, discriminará os valores das indenizações a título de danos patrimoniais e das reparações por danos de natureza extrapatrimonial.

✦ PERDAS E DANOS, LUCROS CESSANTES E DANOS EMERGENTES

§ 2º A composição das perdas e danos, assim compreendidos os lucros cessantes e os danos emergentes, não interfere na avaliação dos danos extrapatrimoniais.'

✦ ELEMENTOS DA FUNDAMENTAÇÃO DA SENTENÇA

Art. 223-G. Ao apreciar o pedido, o juízo considerará:

I – a natureza do bem jurídico tutelado;

II – a intensidade do sofrimento ou da humilhação;

III – a possibilidade de superação física ou psicológica;

IV – os reflexos pessoais e sociais da ação ou da omissão;

V – a extensão e a duração dos efeitos da ofensa;

VI – as condições em que ocorreu a ofensa ou o prejuízo moral;

VII – o grau de dolo ou culpa;

VIII – a ocorrência de retratação espontânea;

IX – o esforço efetivo para minimizar a ofensa;

X – o perdão, tácito ou expresso;

XI – a situação social e econômica das partes envolvidas;

XII – o grau de publicidade da ofensa.

✦ CRITÉRIOS DE VALORAÇÃO DA INDENIZAÇÃO

§ 1º Ao julgar procedente o pedido, o juízo fixará a reparação a ser paga, a cada um dos ofendidos, em um dos seguintes parâmetros, vedada a acumulação: (Redação dada pela Medida Provisória nº 808, de 2017)

I – para ofensa de natureza leve – até três vezes o valor do limite máximo dos benefícios do Regime Geral de Previdência Social; (Redação dada pela Medida Provisória nº 808, de 2017)

II – para ofensa de natureza média – até cinco vezes o valor do limite máximo dos benefícios do Regime Geral de Previdência Social; (Redação dada pela Medida Provisória nº 808, de 2017)

III – para ofensa de natureza grave – até vinte vezes o valor do limite máximo dos benefícios do Regime Geral de Previdência Social; ou (Redação dada pela Medida Provisória nº 808, de 2017)

IV – para ofensa de natureza gravíssima – até cinquenta vezes o valor do limite máximo dos benefícios do Regime Geral de Previdência Social. (Redação dada pela Medida Provisória nº 808, de 2017)

§ 2º Se o ofendido for pessoa jurídica, a indenização será fixada com observância dos mesmos parâmetros estabelecidos no § 1º deste artigo, mas em relação ao salário contratual do ofensor.

§ 3º Na reincidência de quaisquer das partes, o juízo poderá elevar ao dobro o valor da indenização. (Redação da MPV nº 808, de 14.11.2017)

§ 4º Para fins do disposto no § 3º, a reincidência ocorrerá se ofensa idêntica ocorrer no prazo de até dois anos, contado do trânsito em julgado da decisão condenatória. (Incluído pela Medida Provisória nº 808, de 14.11.2017)

§ 5º Os parâmetros estabelecidos no § 1º não se aplicam aos danos extrapatrimoniais decorrentes de morte. (Incluído pela Medida Provisória nº 808, de 14.11.2017)

1. COMENTÁRIOS

O art. 223-A pretende estabelecer um monopólio do regramento da CLT, com exclusão de qualquer outro, como se isso fosse possível. A aferição da existência de dano extrapatrimonial decorre do exame da responsabilidade do empregador, seus agentes e prepostos. O empregado também pode violar os direitos que integram o patrimônio imaterial do empregador e tal atitude pode gerar, igualmente, compensação pecuniária pelos danos causados. Em ambas as hipóteses o Direito do Trabalho irá se socorrer de institutos de direito civil, mormente da temática da responsabilidade civil. Desta forma, não há como o texto celetista querer propor a exclusão de outras fontes normativas. A interpretação literal do art. 223-A, da CLT importará na situação de se afastar até mesmo a Constituição da República que, antes do Código Civil consagrar a autonomia da reparação extrapatrimonial, previa essa possibilidade no art. 5º, X, *in verbis*: "são invioláveis a intimidade, a vida privada, a honra e a imagem das pessoas, assegurado o direito a indenização pelo dano material ou moral decorrente de sua violação;".

Sendo assim, a regra do art. 223-A da CLT merece interpretação restritiva para se chegar à conclusão que é possível combinar o dispositivo celetista com outras regras, princípios e normas que cuidem da temática da responsabilidade civil.

O art. 223-B prevê que somente as pessoas físicas e jurídicas são titulares do direito à reparação. O texto legal acolhe a teoria segundo a qual os diretos que integram a personalidade e a dignidade do indivíduo-trabalhador são personalíssimos e, portanto, intransferíveis, inclusive eventual reparação por dano moral. Esta não é a posição firmada pelo TST, como demonstra a ementa que segue:

> "RECURSO DE REVISTA. INDENIZAÇÃO POR DANOS MORAIS. ACIDENTE DE TRABALHO. ÓBITO. AÇÃO AJUIZADA PELO ESPÓLIO. LEGITIMIDADE.
>
> A jurisprudência desta Corte firmou-se no sentido de que o espólio de empregado falecido em decorrência de acidente do trabalho tem legitimidade para ajuizar ação de indenização por danos morais, em face do que dispõe o art. 943 do Código Civil – O direito de exigir reparação e a obrigação de prestá-la transmitem-se com a herança.-, o que afasta a alegação de ilegitimidade de parte, sob o argumento de que o direito é personalíssimo. Precedentes. Recurso de revista não conhecido. Processo: RR – 2319-88.2010.5.03.0063 Data de Julgamento: 16/05/2012, Relator Ministro: Emmanoel Pereira, 5 ª Turma, Data de Publicação: DEJT 29/06/2012.".

No mesmo sentido a posição do STF, *in verbis:*

> "CONFLITO DE COMPETÊNCIA. CONSTITUCIONAL. JUÍZO ESTADUAL DEPRIMEIRA INSTÂNCIA E TRIBUNAL SUPERIOR. COMPETÊNCIA ORIGINÁRIA DOSUPREMO TRIBUNAL FEDERAL PARA SOLUÇÃO DO CONFLITO. ART. 102, I, 'O',DA CB/88. JUSTIÇA COMUM E JUSTIÇA DO TRABALHO. COMPETÊNCIA PARAJULGAMENTO DA AÇÃO DE INDENIZAÇÃO POR DANOS MORAIS E MATERIAISDECORRENTES DE ACIDENTE DO TRABALHO PROPOSTA PELOS SUCESSORES DO EMPREGADO FALECIDO. COMPETÊNCIA DA JUSTIÇA LABORAL.1. Compete ao Supremo Tribunal Federal dirimir o conflito de competência entre Juízo Estadual de primeira instância e Tribunal Superior, nos termos do disposto no art. 102, I,'o', da Constituição do Brasil. Precedente [CC nº 7.027, Relator o Ministro CELSO DEMELLO, DJ de 1.9.95] 2.A competência para julgar ações de indenização por danos morais e materiais decorrentes de acidente de trabalho, após a edição da EC 45/04,é da Justiça do Trabalho. Precedentes [CC nº 7.204,

> Relator o Ministro CARLOSBRITTO, DJ de 9.12.05 e AgR-RE nº 509.352, Relator o Ministro MENEZES DIREITO,DJe de 1º.8.08]. 3.O ajuizamento da ação de indenização pelos sucessores não altera a competência da Justiça especializada. A transferência do direito patrimonial em decorrência do óbito do empregado é irrelevante. Precedentes. [ED-RE nº 509.353, Relator o Ministro SEPÚLVEDA PERTENCE, DJ de 17.8.07; ED-RE n.482.797, Relator o Ministro RICARDO LEWANDOWSKI, DJe de 27.6.08 e ED-RE n.541.755, Relator o Ministro CÉZAR PELUSO, DJ de 7.3.08]. Conflito negativo de competência conhecido para declarar a competência da Justiça do Trabalho.

Doutrina e jurisprudência reconhecem a existência de dano moral ricochete, segundo o qual os parentes do empregado falecido, por exemplo, sofrem a dor pela ausência do ente querido. Há, portanto, possibilidade de ajuizamento de demanda pelos próprios na Justiça do Trabalho. Os artigos 223-C e 223-D arrolam os bens jurídicos das pessoas física e jurídica que, se violados, podem sofrem reparação pecuniária. O rol legal é meramente exemplificativo e admite, portanto, a construção de outros direitos inerentes às pessoas que integram a relação de trabalho.

> Exatamente porque o rol é exemplificativo pareceu-me desnecessário o acréscimo de direitos tuteláveis feitos pela MPV nº 808, de 14.11.2017, no art. 223-C.
>
> A referência ao "sexo", na reforma trabalhista, foi substituída pelo "gênero" e "orientação sexual". "Sexo" é conceito biológico e diz respeito à formação física, relacionado à genitália masculina ou feminina (ou intersexual, quando há indefinição quanto ao sexo). A "orientação sexual" é uma opção, uma escolha, tem sentido subjetivo, e não está relacionada ao sexo. A orientação sexual é flexível e, consequentemente, admite mudanças ao longo da vida.
>
> Quanto ao "gênero", seguem as considerações dos estudiosos do assunto:
>
> "Pensadoras como Simone de Beauvoir e Luce Irigaray teorizaram o papel e a figura da mulher na sociedade. Com isso, abriram portas para novas discussões sobre gênero – discussões essas que continuam exaltadas, dando um caráter indefinido para o conceito de gênero.
>
> No cerne das teorias feministas e da teoria Queer, atualmente, o gênero é tido como categorias que são historicamente, socialmente e culturalmente construídos, e são assumidos individualmente através de papeis, gostos, costumes, comportamentos e representações. Judith Butler, pensadora sobre o assunto, ressalta que o gênero precisa ser assumido pela pessoa, mas isso não acontece num processo de escolha, e sim de construção e de disputas de poder, porque, afinal, o sistema de gêneros é hierárquico e conta com relações de poder.
>
> As identidades de gênero abrangem a complexidade humana e, como Butler propõe, devem fugir do binarismo "homem" e "mulher". Existem pessoas com mais de um gênero, as transgêneros, as com gênero fluído, com as drag queens, e o genderqueer, que abre a perspectivas para novas formas de ser." (https://blog.livrariaflorence.com.br/identidade-de-genero-e-orientacao-sexual/capturado em 17.11.2017).

O art. 223-E identifica a possibilidade de condenação solidária de todos aqueles que concorreram, com suas ações ou omissões, com a violação dos bens jurídicos que integram a personalidade dos empregados e das pessoas jurídicas. Neste sentido, inclusive, o art. 942, do Código Civil: "Os bens do responsável pela ofensa ou violação do direito de outrem ficam sujeitos à reparação do dano causado; e, se a ofensa tiver mais de um autor, todos responderão solidariamente pela reparação.".

O art. 223-F é absolutamente dispensável, porque a independência na reparação dos danos extrapatrimoniais e patrimoniais já é reconhecida, há décadas, no ordenamento jurídico brasileiro. A regra celetista, portanto, só repete o que já está consolidado.

O art. 223-G cria inúmeros critérios para a constatação do dano extrapatrimonial e estabelece parâmetros para fixação da indenização. Ainda que seja louvável a intenção da lei em dar maior previsibilidade aos julgamentos, a regra interfere na independência do julgador. Ademais, o salário do empregado como critério de pagamento de indenização, impede o caráter punitivo da mesma, mormente diante do baixo valor dos salários. A indenização, com tais critérios, jamais atingirá patamares que possam coibir a repetição de condutas lesivas ao ordenamento jurídico-trabalhista e ao direito extrapatrimonial do empregado.

▸TÍTULO III – DAS NORMAS ESPECIAIS DE TUTELA DO TRABALHO

▸CAPÍTULO I – DAS DISPOSIÇÕES ESPECIAIS SOBRE DURAÇÃO E CONDIÇÕES DE TRABALHO

▸SEÇÃO I – DOS BANCÁRIOS

✦ JORNADA DOS BANCÁRIOS: SEIS HORAS

Art. 224. A duração normal do trabalho dos empregados em bancos, casas bancárias e Caixa Econômica Federal será de 6 (seis) horas continuas nos dias úteis, com exceção dos sábados, perfazendo um total de 30 (trinta) horas de trabalho por semana.(Redação da Lei nº 7.430, de 17.12.1985)

§ 1º – A duração normal do trabalho estabelecida neste artigo ficará compreendida entre 7 (sete) e 22 (vinte e duas) horas, assegurando-se ao empregado, no horário diário, um intervalo de 15 (quinze) minutos para alimentação.(Redação do Decreto-lei nº 229, de 28.2.1967)

✦ FUNÇÃO ESPECIAL BANCÁRIA: JORNADA DE OITO HORAS

§ 2º – As disposições deste artigo não se aplicam aos que exercem funções de direção, gerência, fiscalização, chefia e equivalentes, ou que desempenhem outros cargos de confiança, desde que o valor da gratificação não seja inferior a 1/3 (um terço) do salário do cargo efetivo.(Redação do Decreto-lei nº 754, de 11.8.1969)

1. COMENTÁRIOS

1.1. Do enquadramento como Bancário

A regra geral de enquadramento do empregado como bancário é definida pelo exercício de trabalho subordinado em bancos e casas bancárias. A doutrina nacional é escassa quanto à conceituação destas instituições, mas o direito positivo regulamenta o tema nos seguintes termos: "Consideram-se instituições financeiras, para os efeitos da legislação em vigor, as pessoas jurídicas públicas ou privadas, que tenham, como atividade principal ou acessória, a coleta, intermediação ou aplicação de recursos financeiros ou de terceiros, em moeda nacional ou estrangeira, e a custódia de valor de propriedade de terceiros." (art. 17 da Lei nº 4.595, de 31.12.64).

São instituições financeiras, além dos estabelecimentos bancários oficiais e privados, as sociedades de crédito, de financiamento, e investimento, as caixas econômicas e as cooperativas de crédito (Saad, 2009, p. 391). Com o advento da OJ nº 379 da SBDI-1/TST, DJe divulgado em 19, 20 e 22.04.2010 os empregados de cooperativas de crédito não são mais equiparáveis a bancário para fins da jurisprudência trabalhista.

As empresas de crédito, financiamento ou investimento, denominadas financeiras, são tratadas como bancos para os fins deste artigo (neste sentido a S. 55 do TST).

As empresas distribuidoras e corretoras de títulos e valores mobiliários não são consideradas casas bancárias, pois não atuam, diretamente, no mercado financeiro. Sendo assim, seus empregados não se beneficiam da regra deste artigo (neste sentido a S. 119 do TST).

Também não se beneficiam das disposições deste artigo os empregados que, embora exerçam suas atividades em instituições financeiras ou de crédito, se enquadram em categoria profissional diferenciada, como por exemplos as secretárias, operadores de mesas telefônicas, ascensoristas, etc. Neste sentido o entendimento consagrado na S. 117 do TST. (Sobre categorias diferenciadas vide art. 511).

Os empregados da Caixa Econômica Federal, chamados de economiários, só passaram a ser regidos pela jornada deste artigo a partir da Lei nº 7.430/85, alterando a redação do *caput* do art. 224 da CLT. Antes disso, com o advento da Lei nº 6.178/79, os empregados da CEF teriam que optar entre os Regimes dos Decretos-leis 266, de 28.02.67 e 943, de 13.10.69, e a CLT (Martins, Comentários, 2010, p. 222).

As empresas de processamento de dados, em princípio, exercem atividade-meio se comparadas à finalidade dos bancos. Em regra, portanto, não deveriam ter seus empregados enquadrados no art. 224 consolidado. Contudo, a S. 239 do TST acabou tornando a exceção em regra geral, quando em sua primeira parte dispõe que "é bancário o empregado de empresa de processamento de dados que presta serviço a banco integrante do mesmo grupo econômico...". Em boa hora, portanto, o TST, incorporando as OJ's nºs 64 e 126 da SBDI-1 – inseridas, respectivamente, em 13.09.1994 e 20.04.1998, à redação da súmula, cuidou de excepcionar a regra geral: "exceto quando a empresa de processamento de dados presta serviços a banco e a empresas não bancárias do mesmo grupo econômico ou a terceiros."

Sergio Pinto Martins, que já fazia criticas à Súmula acima referida muito antes de sua alteração, explica que "em verdade o referido verbete cuidou de um caso particular do Banco Banrisul, ocorrido no âmbito exclusivo desta empresa, em que foi constatada a fraude." (Comentários, 2010, p. 222). Tais empresas não são, em regra, instrumento de fraude, razão pela qual é pertinente a critica de Martins contra a generalização da ideia da Súmula.

1.2. O divisor mensal de 180 horas

Antes da CRFB/88, para se chegar ao valor do salário-hora, era utilizado o seguinte critério: 30 dias no mês x 08 horas/dia = 240 horas/mês (08 horas por dia x 06 dias semana = 48 horas por semana). Assim, na apuração do valor de 01 hora de trabalho dividiríamos o valor do salário mensal por 240 horas.

Com a Constituição de 1988, especificamente do art. 7º, XIII, a duração semanal do trabalho passou a ser de 44 horas. Consequentemente, com base numa regra de três simples, se chega ao novo divisor mensal (48 horas/semana está para 240 horas por mês, assim como 44 horas/semana estará para "x"; "X" = (240 x 44) ÷ 48 = 220 horas. O valor do salário-hora será o resultado da divisão do salário mensal por 220 horas.

Com base no mesmo critério, chegaremos ao divisor mensal do bancário, e de outras categorias com jornada de 06 horas (6 horas x 30 dias = 180 horas/mês). Neste sentido as Súmulas 124 e 343 do TST.

1.3. O sábado do bancário: dia útil não trabalhado

O sábado é dia normal de trabalho para a maioria das categorias profissionais, tanto que a duração semanal de trabalho, como regra geral, é de 44 horas (08 horas de segunda a sexta e 4 horas no sábado, por exemplo). O bancário, todavia, só tem duração semanal de trabalho de 30 horas, pois só trabalha de segunda a sexta, em jornada regular de 06 horas. Consequentemente, o sábado do bancário é um dia útil não trabalhado. Não se trata de dia de repouso semanal remunerado, pois o descanso obrigatório ocorrerá em outro dia, independentemente do que ocorrer no sábado. Exatamente por não se equiparar ao repouso semanal, que as horas extras habitualmente trabalhadas durante a semana não refletem na remuneração do sábado do bancário (S. 113/TST). Em sentido contrário: Saad (Comentários, 2009, p. 390), entendendo que a supressão de trabalho no sábado ocorreu em razão da atividade extenuante do bancário, sendo inegável, portanto, sua natureza de repouso; e F.A. de Oliveira (Comentários, 2005, p. 225-226), criticando a S. 113, sustentando que a supressão do trabalho no sábado estribou-se em dois fatores importantes: produção e desgaste físico do trabalhador, razão pela qual considera injusta a não incidência de horas extras semanais no sábado.

Em negociação coletiva, algumas convenções coletivas de bancários preveem o tratamento do sábado como mais um repouso semanal, além do domingo, para que pudessem incidir as horas extras sobre este dia.

1.4. O intervalo intrajornada do bancário

O intervalo de 15 minutos, previsto para alimentação, é do tipo não remunerado, pois não se computa na duração do trabalho (OJ nº 178 da SBDI-1/TST). A referência no texto deste artigo ao intervalo é absolutamente desnecessária, considerando-se que já há norma na CLT tratando do mesmo tema no art. 71, § 1º. Assim, todos os comentários feitos naquele dispositivo se aplicam ao bancário.

1.5. Trabalho noturno

A disposição do parágrafo primeiro deste artigo, no sentido de que a jornada de 6 (seis) horas só se aplica para o horário descrito entre 7 (sete) e 22 (vinte e duas), permite a interpretação de que é proibido para o bancário comum o trabalho noturno. Sobre o tema vide comentários ao art. 73 da CLT.

1.6. da função de confiança bancária

Para que o empregado bancário se insira na exceção do art. 224, § 2º, é indispensável o preenchimento de dois requisitos, cumulativamente: exercer função com poder de mando e receber a gratificação de no mínimo 1/3 sobre o salário. Diferentemente do que ocorre com o empregado de confiança enquadrado no art. 62, II da CLT, o ocupante de função de confiança bancária não substitui o empregador, nem tem amplos poderes de gestão. Os amplos poderes são previstos somente para o gerente geral da agência, que se integra na regra do art. 62, II (S. 287 do TST).

Para que se enquadre na exceção deste artigo, basta ao bancário ser depositário de confiança especial do empregador. Esta confiança se posiciona no intermédio entre aquela depositada no empregado comum e a que detém o gerente geral, chefe de departamento ou filial do art. 62, II. Cuidando da confiança (fidúcia) inerente a todo contrato de trabalho, Russomano propõe uma classificação em 4 (quatro) graus: **a)** confiança geral em que repousa qualquer contrato de trabalho; **b)** confiança especial do art. 224, § 2º; **c)** confiança estrita do art. 499 da CLT; **d)** confiança excepcional, do art. 62, II, que também chamamos de confiança plena (Comentários, 1993, p. 234).

Alice Monteiro de Barros (Contratos e Regulamentações Especiais, jan-2008, p. 152-153) comunga da mesma opinião de Russomano, lembrando que a enumeração legal é meramente exemplificativa e a exceção abrange "todos os cargos que pressupõem atividade de coordenação, supervisão ou fiscalização, não exigindo a lei amplos poderes de mando e gestão (Súmula nº 102, I, do TST).

No mesmo sentido Carrion, quando afirma que: "...qualquer cargo de supervisão preenche a exigência; ter ou não ter subordinados costuma ser a pedra de toque para sinalizar a chefia." (Comentários, 2010, p. 229).

Merece atenção a advertência de Francisco Antonio de Oliveira no sentido de não se deixar levar por "pomposos nomen juris, com percepção de gratificação de função, com único objetivo de transformá-los em trabalhadores de oito horas." (Comentários, março-2005, p. 221).

A exceção legal só exclui o empregado ocupante de cargo de confiança bancária da jornada de 06 horas e não do direito ao pagamento de horas extras que ultrapassam a 8ª (oitava) hora trabalhada no dia (Súmula 102, IV, do TST).

1.7. A gratificação de função bancária: base de incidência

Questão polêmica envolve o pagamento da gratificação de 1/3 como excludente da jornada regular de 6 (seis) horas. Tal gratificação deve ser calculada com base no salário básico e não no contratual. Neste sentido as lições de Russomano: "O ponto de referência no cálculo da gratificação é o salário do cargo efetivo, que podemos denominar de salário básico, e não o salário contratual, isto é, o salário efetivamente auferido pelo empregado. A distinção é fundamental. A remuneração do trabalhador, cada vez mais, se vem adornando com uma série de penduricalhos: adicional de insalubridade ou periculosidade, adicional noturno permanente, adicional de horas extras habituais, adicional por tempo de serviço, etc. Estes adicionais não integram o salário do cargo efetivo." (Comentários, 1993, p. 234).

Também pela incidência da gratificação somente sobre o salário básico, dispõe Carrion: "Os cargos de supervisão em geral, desde que remunerados com acréscimo de 1/3 do salário do cargo-base, não usufruem os privilégios de jornada reduzida..." (Comentários, 2010, p. 229).

Como dito no início deste comentário, a base de incidência da gratificação de 1/3 é tema polêmico, tanto que Francisco Antonio de Oliveira defende que o adicional de tempo de serviço se integra ao cálculo desta gratificação, lembrando que também assim determina a Súmula 240 do TST.

Estamos com Russomano e Carrion, defendendo que a gratificação de função deve incidir somente sobre o salário base, despido de qualquer adicional ou acréscimo salarial, não obstante o TST tenha entendido em sentido contrário no que tange ao Adicional por Tempo de Serviço (S. 240 do TST).

2. SÚMULAS E ORIENTAÇÕES JURISPRUDENCIAIS

- **Súmula nº 19/STJ**

Horário Bancário. Fixação. Competência (04/12/1990 – DJ 07.12.1990) A fixação do horário bancário, para atendimento ao público, é da competência da União.

- **Súmula nº 55/TST**

FINANCEIRAS (mantida) – Res. 121/2003, DJ 19, 20 e 21.11.2003

As empresas de crédito, financiamento ou investimento, também denominadas financeiras, equiparam-se aos estabelecimentos bancários para os efeitos do art. 224 da CLT.

- **Súmula nº 93/TST**

BANCÁRIO (mantida) – Res. 121/2003, DJ 19, 20 e 21.11.2003

Integra a remuneração do bancário a vantagem pecuniária por ele auferida na colocação ou na venda de papéis ou valores mobiliários de empresas pertencentes ao mesmo grupo econômico, se exercida essa atividade no horário e no local de trabalho e com o consentimento, tácito ou expresso, do banco empregador.

- **Súmula nº 102/TST**

BANCÁRIO. CARGO DE CONFIANÇA (incorporadas as Súmulas nºs 166, 204 e 232 e as Orientações Jurisprudenciais nºs 15, 222 e 288 da SBDI-1) – Res. 129/2005, DJ 20, 22 e 25.04.2005

I – A configuração, ou não, do exercício da função de confiança a que se refere o art. 224, § 2º, da CLT, dependente da prova das reais atribuições do empregado, é insuscetível de exame mediante recurso de revista ou de embargos. (ex-Súmula nº 204 – alterada pela Res. 121/2003, DJ 21.11.2003)

II – O bancário que exerce a função a que se refere o § 2º do art. 224 da CLT e recebe gratificação não inferior a um terço de seu salário já tem remuneradas as duas horas extraordinárias excedentes de seis. (ex-Súmula nº 166 – RA 102/1982, DJ 11.10.1982 e DJ 15.10.1982)

III – Ao bancário exercente de cargo de confiança previsto no artigo 224, § 2º, da CLT são devidas as 7ª e 8ª horas, como extras, no período em que se verificar o pagamento a menor da gratificação de 1/3. (ex-OJ nº 288 da SBDI-1 – DJ 11.08.2003)

IV – O bancário sujeito à regra do art. 224, § 2º, da CLT cumpre jornada de trabalho de 8 (oito) horas, sendo extraordinárias as trabalhadas além da oitava. (ex-Súmula nº 232 – RA 14/1985, DJ 19.09.1985)

V – O advogado empregado de banco, pelo simples exercício da advocacia, não exerce cargo de confiança, não se enquadrando, portanto, na hipótese do § 2º do art. 224 da CLT. (ex-OJ nº 222 da SBDI-1 – inserida em 20.06.2001)

VI – O caixa bancário, ainda que caixa executivo, não exerce cargo de confiança. Se perceber gratificação igual ou superior a um terço do salário do posto efetivo, essa remunera apenas a maior responsabilidade do cargo e não as duas horas extraordinárias além da sexta. (ex-Súmula nº 102 – RA 66/1980, DJ 18.06.1980 e republicada DJ 14.07.1980)

VII – O bancário exercente de função de confiança, que percebe a gratificação não inferior ao terço legal, ainda que norma coletiva contemple percentual superior, não tem direito às sétima e oitava horas como extras, mas tão-somente às diferenças de gratificação de função, se postuladas. (ex-OJ nº 15 da SBDI-1 – inserida em 14.03.1994)

- **Súmula nº 109/TST**

GRATIFICAÇÃO DE FUNÇÃO (mantida) – Res. 121/2003, DJ 19, 20 e 21.11.2003

O bancário não enquadrado no § 2º do art. 224 da CLT, que receba gratificação de função, não pode ter o salário relativo a horas extraordinárias compensado com o valor daquela vantagem.

- **Súmula nº 113/TST**

BANCÁRIO. SÁBADO. DIA ÚTIL (mantida) – Res. 121/2003, DJ 19, 20 e 21.11.2003

O sábado do bancário é dia útil não trabalhado, não dia de repouso remunerado. Não cabe a repercussão do pagamento de horas extras habituais em sua remuneração.

- **Súmula nº 117/TST**

BANCÁRIO. CATEGORIA DIFERENCIADA (mantida) – Res. 121/2003, DJ 19, 20 e 21.11.2003

Não se beneficiam do regime legal relativo aos bancários os empregados de estabelecimento de crédito pertencentes a categorias profissionais diferenciadas.

- **Súmula nº 119/TST**

JORNADA DE TRABALHO (mantida) – Res. 121/2003, DJ 19, 20 e 21.11.2003

Os empregados de empresas distribuidoras e corretoras de títulos e valores mobiliários não têm direito à jornada especial dos bancários.

- **Súmula nº 124/TST**

BANCÁRIO. SALÁRIO-HORA. DIVISOR (alterada em razão do julgamento do processo TST-IRR 849-83.2013.5.03.0138) – Res. 219/2017, DEJT divulgado em 28, 29 e 30.06.2017 – republicada – DEJT divulgado em 12, 13 e 14.07.2017

I – o divisor aplicável para o cálculo das horas extras do bancário será:

a) 180, para os empregados submetidos à jornada de seis horas prevista no caput do art. 224 da CLT;

b) 220, para os empregados submetidos à jornada de oito horas, nos termos do § 2º do art. 224 da CLT.

II – Ressalvam-se da aplicação do item anterior as decisões de mérito sobre o tema, qualquer que seja o seu teor, emanadas de Turma do TST ou da SBDI-I, no período de 27/09/2012 até 21/11/2016, conforme a modulação aprovada no precedente obrigatório firmado no Incidente de Recursos de Revista Repetitivos nº TST-IRR-849-83.2013.5.03.0138, DEJT 19.12.2016.

- **Súmula nº 239/TST**

BANCÁRIO. EMPREGADO DE EMPRESA DE PROCESSAMENTO DE DADOS (incorporadas as Orientações Jurisprudenciais nºs 64 e 126 da SBDI-1) – Res. 129/2005, DJ 20, 22 e 25.04.2005

É bancário o empregado de empresa de processamento de dados que presta serviço a banco integrante do mesmo grupo econômico, exceto quando a empresa de processamento de dados presta serviços a banco e a empresas não bancárias do mesmo grupo econômico ou a terceiros. (primeira parte – ex-Súmula nº 239 – Res. 15/1985, DJ 09.12.1985; segunda parte – ex-OJs nºs 64 e 126 da SBDI-1 – inseridas, respectivamente, em 13.09.1994 e 20.04.1998)

- **Súmula nº 240/TST**

BANCÁRIO. GRATIFICAÇÃO DE FUNÇÃO E ADICIONAL POR TEMPO DE SERVIÇO (mantida) – Res. 121/2003, DJ 19, 20 e 21.11.2003

O adicional por tempo de serviço integra o cálculo da gratificação prevista no art. 224, § 2º, da CLT.

- **Súmula nº 247/TST**

QUEBRA DE CAIXA. NATUREZA JURÍDICA (mantida) – Res. 121/2003, DJ 19, 20 e 21.11.2003

A parcela paga aos bancários sob a denominação "quebra de caixa" possui natureza salarial, integrando o salário do prestador de serviços, para todos os efeitos legais.

- **Súmula nº 257/TST**

VIGILANTE (mantida) – Res. 121/2003, DJ 19, 20 e 21.11.2003

O vigilante, contratado diretamente por banco ou por intermédio de empresas especializadas, não é bancário.

- **Súmula nº 287/TST**

JORNADA DE TRABALHO. GERENTE BANCÁRIO (nova redação) – Res. 121/2003, DJ 19, 20 e 21.11.2003

A jornada de trabalho do empregado de banco gerente de agência é regida pelo art. 224, § 2º, da CLT. Quanto ao gerente-geral de agência bancária, presume-se o exercício de encargo de gestão, aplicando-se-lhe o art. 62 da CLT.

- **OJ 178 SBDI-1/TST**

BANCÁRIO. INTERVALO DE 15 MINUTOS. NÃO COMPUTÁVEL NA JORNADA DE TRABALHO. Inserida em 08.11.00 (inserido dispositivo, DJ 20.04.2005)

Não se computa, na jornada do bancário sujeito a seis horas diárias de trabalho, o intervalo de quinze minutos para lanche ou descanso.

- **OJ-SDI1-379**

EMPREGADO DE COOPERATIVA DE CRÉDITO. BANCÁRIO. EQUIPARAÇÃO. IMPOSSIBILIDADE (republicada em razão de erro material no registro da referência legislativa) DEJT divulgado em 29, 30 e 31.03.2017

Os empregados de cooperativas de crédito não se equiparam a bancário, para efeito de aplicação do art. 224 da CLT, em razão da inexistência de expressa previsão legal, considerando, ainda, as diferenças estruturais e operacionais entre as instituições financeiras e as cooperativas de crédito. Inteligência das Leis nºs 4.595, de 31.12.1964, e 5.764, de 16.12.1971.

3. INFORMATIVOS DO TST

- **Bancário. Tesoureiro de retaguarda. Cargo de confiança. Não configuração. Inaplicabilidade do art. 224, § 2º, da CLT.**

Ao entendimento de que as atribuições exercidas por bancário ocupante do cargo de tesoureiro de retaguarda não constituem fidúcia especial suficiente a autorizar o seu enquadramento na exceção do art. 224, § 2º, da CLT, a SBDI-I, em sua composição plena, por unanimidade, conheceu do recurso de embargos, por divergência jurisprudencial, e, no mérito, por maioria, deu-lhe provimento para deferir o pagamento das 7ª e 8ª horas como extras, acrescidas do adicional constitucional de 50%, com a aplicação do divisor 180 (Súmula nº 124 do TST) e de todo o complexo salarial na base de cálculo (Súmula nº 264 do TST) e repercussões em repouso semanal remunerado (incluindo-se sábados, domingos e feriados, por expressa previsão nas normas coletivas), FGTS, férias com 1/3 e 13° salários, conforme os termos da inicial. Na hipótese, entendeu a Subseção que as circunstâncias de a reclamante abastecer os caixas de autoatendimento e o cofre eletrônico, controlar numerário da agência e possuir uma das senhas do cofre não são suficientes para configurar cargo de confiança bancário, pois não tem autoridade de alçada para comprometer o patrimônio da entidade financeira, tampouco para flexibilizar a prestação de contas. Vencidos os Ministros Renato de Lacerda Paiva, relator, Antônio José de Barros Levenhagen, Brito Pereira e Dora Maria da Costa. TST-E-RR-676-45.2010.5.03.0015, SBDI-I, rel. Min. Renato de Lacerda Paiva, red. p/ acórdão Min. Aloysio Corrêa da Veiga, 23.5.2013 (Informativo nº 48)

Bancário. Superintendente de negócio. Pagamento de horas extras. Controle de frequência. Art. 62, II, da CLT. Não incidência.

A regra do enquadramento no art. 62, II, da CLT, do bancário exercente de cargo de direção, quando é a autoridade máxima na agência ou região, não prevalece na hipótese de haver prova de controle de frequência ou pagamento espontâneo de horas extras. *In casu*, o reclamante era superintendente de negócio, recebeu horas extras e teve controle de frequência em algumas oportunidades durante o período contratual. Assim, a SBDI-I, por maioria, conheceu dos embargos por contrariedade à Súmula nº 287 e, no mérito, deu-lhes provimento para condenar a reclamada ao pagamento das horas extras e reflexos, a partir da oitava hora. Vencidos os Ministros Dora Maria da Costa, Brito Pereira e Maria Cristina Peduzzi. TST-E-ED-ED-ED-RR-116101-50.2005.5.12.0014, SB – DI-I, rel. Min. Horácio Raymundo de Senna Pires, 24.5.2012. (Informativo nº 10)

Bancário. Gerente-geral. Tempo despendido na realização de cursos pela internet e à distância, fora do horário de trabalho. Horas extras. Indeferimento.

Os cursos realizados por exigência do empregador, via internet e à distância, fora do horário de trabalho, por empregado gerente-geral de agência bancária, não ensejam o pagamento de horas extras, porquanto o trabalhador que se enquadra no art. 62, II, da CLT não tem direito a qualquer parcela regida pelo capítulo "Da Duração do Trabalho". Com esse entendimento, a SBDI-I, por maioria, conheceu dos embargos, por contrariedade à Súmula nº 287 do TST, e, no mérito, deu-lhes provimento para excluir da condenação o pagamento das horas extras decorrentes da realização de cursos desempenhados via internet e à distância, fora do horário de trabalho. Vencidos os Ministros Lelio Bentes Corrêa, relator, Luiz Philippe Vieira de Mello Filho, Augusto César Leite de Carvalho, José Roberto Freire Pimenta e Delaíde Miranda Arantes. TST-ERR-82700-69.2006.5.04.0007, SBDI-I, rel. Min. Lelio Bentes Corrêa, red. p/ acórdão Min. João Oreste Dalazen, 20.09.2012 (Informativo nº 22)

4. QUESTÕES DE CONCURSOS

01. (JUIZ DO TRABALHO/TRT – 3ª REGIÃO/2009). José exerceu, no Banco Democrático, cargo de confiança bancária com efetivos poderes de fiscalização, em jornada de 8 às 12 horas e de 13 às 18 horas, de segunda a sexta-feira. Recebia gratificação legal de 1/3, embora a Convenção Coletiva da categoria previsse seu pagamento como sendo de metade da remuneração. Dispensado sem justa causa, ajuizou reclamação trabalhista para postular o pagamento das diferenças de gratificação e, cumulativamente, da sétima, oitava e nona horas como extras. Assinale a opção que for mais correta, segundo a jurisprudência sumulada do Tribunal Superior do Trabalho, considerando provadas as alegações:

a) José terá todos os direitos reconhecidos: diferenças de gratificação e horas extras.
b) José terá parcialmente os direitos reconhecidos: diferenças de gratificação e sétima e oitava horas extras diárias.
c) José terá parcialmente os direitos reconhecidos: diferenças de gratificação e nona hora extra diária.
d) José terá parcialmente os direitos reconhecidos: todas as horas extras.
e) José não terá direito reconhecido, porque exerce cargo de confiança bancária.

02. (TRT – 3ª REGIÃO/JUIZ DO TRABALHO SUBSTITUTO/2009/ADAPTADA) A jornada de trabalho do empregado de banco gerente de agência é regida pelo art. 224, § 2º da CLT. No que diz respeito ao gerente-geral da agência, salvo prova em contrário, pelo exercício de encargo de gestão, aplicar-se-á o art. 62 da CLT, nos termos consolidados em súmula do c. TST.

03. (TRT – 3ª REGIÃO/JUIZ DO TRABALHO SUBSTITUTO/2009/ADAPTADA) O caixa bancário executivo, ao perceber gratificação igual ou superior a um terço, é considerado como exercente de cargo de confiança, não fazendo jus a receber como extraordinárias as horas prestadas após a 6ª diária, até o limite de 8 (oito), conforme sumulado pelo c.TST.

04. (TRT 3 - Juiz do Trabalho Substituto 3ª região/ 2012) A respeito da duração do trabalho, leia as afirmações abaixo e, em seguida, assinale a alternativa correta, de acordo com a jurisprudência cristalizada do Tribunal Superior do Trabalho:

I. Em se tratando de horas extras pré-contratadas de bancário, opera-se a prescrição total se a ação não for ajuizada no prazo de cinco anos, a partir da data em que foram suprimidas.

II. A contratação do serviço suplementar, quando da admissão do trabalhador bancário, é nula, mas não é nula se pactuada após a admissão do empregado.

III. Para o cálculo do valor do salário-hora do bancário mensalista sujeito à jornada de 6 horas, o divisor a ser adotado é 180 (cento e oitenta).

IV. O bancário sujeito à jornada de 8 (oito) horas tem salário-hora calculado com base no divisor 220 (duzentos e vinte).

V. Não se computa, na jornada do bancário sujeito a seis horas diárias de trabalho, o intervalo de quinze minutos para lanche ou descanso.

a) Somente as afirmativas I e III estão corretas.

b) Somente as afirmativas I, II e III estão corretas.

c) Somente as afirmativas I, II, III e V estão corretas.

d) Somente as afirmativas I, III e IV estão corretas.

e) Todas as afirmativas estão corretas.

GAB	1	C	2	C	3	E	4	E

✦ PRORROGAÇÃO DA JORNADA BANCÁRIA

Art. 225. A duração normal de trabalho dos bancários poderá ser excepcionalmente prorrogada até 8 (oito) horas diárias, não excedendo de 40 (quarenta) horas semanais, observados os preceitos gerais sobre a duração do trabalho.(Redação da Lei nº 6.637, de 8.5.1979)

1. COMENTÁRIOS

É essencial que seja interpretada a noção de excepcionalidade que permite a prorrogação da jornada regular do bancário. O texto legal faz referência aos preceitos gerais sobre duração do trabalho, consequentemente a ideia de excepcionalidade só poderá ser extraída do art. 61 (necessidade imperiosa) a cujos comentários nos reportamos. É este o entendimento de Sussekind e Nélio Reis, ambos citados por Valentin Carrion. O próprio Carrion, contudo, interpreta de forma mais amena este artigo, entendendo como excepcional, simplesmente, o horário que supera o normal (Comentários, 2010, p. 226). A prevalecer o entendimento de Carrion, a norma deste artigo se tornará "letra morta", pois qualquer motivo seria razoável para se permitir a prorrogação da jornada do bancário.

A jurisprudência, infelizmente, vem amenizando o rigor legal, permitindo até mesmo acordo para prorrogação de jornada, portanto, admitindo o exercício regular de horas excedentes à 6ª diária, dando razão à opinião sustentada por Carrion e acima mencionada (S. 199, I, do TST).

Sergio Pinto Martins afirma que o certo "seria o bancário prorrogar sua jornada de forma excepcional, e não todos os dias. Entretanto, se trabalha em horas extras todos os dias, deve recebê-las todas como extras, juntamente com o adicional, e não apenas duas horas, pois do contrário haveria locupletamento ilícito do trabalhador em detrimento do empregado." (Comentários, 2010, p. 229). A opinião de Martins se aplica mesmo quando há acordo de prorrogação de jornada, pois o exercício regular de horas extras descaracteriza o referido acordo (S. 85, IV, do TST). Sobre compensação de jornada vide comentários ao art. 59 da CLT.

2. SÚMULAS E ORIENTAÇÕES JURISPRUDENCIAIS

▸ **Súmula nº 226/TFR – *30-09-1986 – DJ 03-10-86***

Prorrogação da Jornada de Trabalho da Mulher-Bancária – Aplicabilidade de Regra

Na prorrogação da jornada de trabalho da mulher-bancária, até oito horas diárias, não excedente de quarenta horas semanais (CLT, Art. 225), com observância do disposto no Art. 59 e seu par. 1º da CLT, e inaplicável a regra do Art. 374 desse diploma legal.

▸ **Súmula nº 199/TST – Res. 129/2005, DJ 20, 22 e 25.04.2005**

BANCÁRIO. PRÉ-CONTRATAÇÃO DE HORAS EXTRAS (incorporadas as Orientações Jurisprudenciais nºs 48 e 63 da SBDI-1)

I – A contratação do serviço suplementar, quando da admissão do trabalhador bancário, é nula. Os valores assim ajustados apenas remuneram a jornada normal, sendo devidas as horas extras com o adicional de, no mínimo, 50% (cinqüenta por cento), as quais não configuram pré-contratação, se pactuadas após a admissão do bancário. (ex-Súmula nº 199 – alterada pela Res. 41/1995, DJ 21.02.1995 – e ex-OJ nº 48 da SBDI-1 – inserida em 25.11.1996) II – Em se tratando de horas extras pré-contratadas, opera-se a prescrição total se a ação não for ajuizada no prazo de cinco anos, a partir da data em que foram suprimidas. (ex-OJ nº 63 da SBDI-1 – inserida em 14.03.1994)

✦ EXTENSÃO DA JORNADA ESPECIAL A OUTROS EMPREGADOS

Art. 226. O regime especial de 6 (seis) horas de trabalho também se aplica aos empregados de portaria e de limpeza, tais como porteiros, telefonistas de mesa, contínuos e serventes, empregados em bancos e casas bancárias.(Redação da Lei nº 3.488, de 12.12.1958)

Parágrafo único. A direção de cada banco organizará a escala de serviço do estabelecimento de maneira a haver empregados do quadro da portaria em função, meia hora antes e até meia hora após o encerramento dos trabalhos, respeitado o limite de 6 (seis) horas diárias.(Incluído pela Lei nº 3.488, de 12.12.1958)

1. COMENTÁRIOS

A regra deste artigo estende o direito à proteção especial da jornada reduzida a alguns empregados do setor administrativo ligados à atividade-meio do empregador bancário. A doutrina opõe severas críticas ao dispositivo legal, traduzidas na síntese de Saad: "Não vemos razões de ordem biológica, social ou econômica que justifiquem ou expliquem a inclusão de empregados de portaria e de limpeza..." (Comentários, 2009, p. 397). No mesmo sentido Sérgio Pinto Martins (Comentários, 2010, p. 230).

O texto, com a redação da Lei nº 3.488, de 12.12.1958, se não primou pela técnica, ao menos serviu para dissipar qualquer dúvida no tocante ao cabimento desta regra quanto aos profissionais que enumera, como explica Carrion: "Dizendo o art. 224 que a jornada dos empregados em bancos é de 6 horas, era desnecessário o art. 226. Ou se é empregado e se tem direito a jornada reduzida ou não se é." (Comentários, 2010, p. 231). Também assim Sergio Pinto Martins: "Não deveria haver jornada de seis horas para tais funções, pois não são tipicamente bancárias, mas o artigo é positivo no que diz respeito a esclarecer dúvida em sentido contrário." (Comentários, 2010, p. 230).

O rol deste artigo é meramente exemplificativo e outros trabalhadores, nas mesmas condições, também serão abrangidos por esta norma. A doutrina se inclina a interpretar o dispositivo restritivamente, ou seja, o tratamento legal diferenciado só abrangerá as atividades similares à portaria e limpeza e não outras funções administrativas. É esta, por exemplo, a opinião de Sergio Pinto Martins ao enunciar que: "o pedreiro, o encanador, o eletricista de banco (que não são empregados de portaria ou de limpeza) têm direito às vantagens da norma coletiva da categoria dos bancários, porém não se beneficiam da jornada de trabalho dos bancários, pois não se enquadram como empregados de portaria ou limpeza." (Comentários, 2010, p. 230). No mesmo sentido a opinião de Valentin Carrion: "...não sendo o texto generalizado, tem que ser interpretado como restritivo, em face de sua redação: beneficia os empregados que, não executando aquelas atividades típicas, possam ser classificados nas expressões usadas: portaria e limpeza. O texto ainda desceu a exemplificações: "tais como porteiros, telefonistas de mesa, contínuos e serventes."(Comentários, 2010, p. 231). Também assim Alice Monteiro de Barros: "A jurisprudência tem considerado o pedreiro contratado para prestar serviços a banco, como beneficiário da norma coletiva dos bancários, por pertencer ele a esta categoria profissional; entretanto, ele é excluído da jornada prevista no art. 226 da CLT, o qual arrola taxativamente os empregados de bancos que, embora exerçam funções não relacionadas com a atividade-fim do empregador, são considerados bancários e entre eles, não se encontra mencionada a função de pedreiro." (Contratos e Regulamentações Especiais, jan-2008, p. 154).

Não concordamos com a tese dominante, pois acreditamos não ter sido esta a intenção da norma. A finalidade almejada foi tutelar os empregados administrativos não ligados diretamente à atividade fim do banco, sem qualquer distinção. A nosso ver não há razão para se restringir o alcance da norma somente aos empregados de Portaria, Limpeza e similares. A exemplificação legal, segundo entendemos, não exclui outros empregados administrativos do banco, desde que o trabalho destes se insira na atividade meio bancária. A opinião predominante na doutrina, conforme acima descrito, importa em violação direta ao princípio da não discriminação. Todos os profissionais administrativos são merecedores de igual tratamento, aqui incluídos os de portaria e vigilância, como também os da área de informática, manutenção de equipamentos etc, excluídos da proteção legal segundo entendimento majoritário. Invoca-se, na espécie, a regra do art. 7º, XXXII, da CF, que proíbe distinção entre trabalho manual, técnico e intelectual, "ou entre os profissionais respectivos".

Independentemente da discussão acima posta, os profissionais que se enquadrem em categorias profissionais diferenciadas, nos termos do art. 511 consolidado, não são considerados bancários, nem tampouco se beneficiam do regime legal específico definido neste capítulo (neste sentido a S. 117 do TST). Nesta hipótese se incluem os motoristas, mesmo prestando serviços exclusivos ao banco.

O telefonista de mesa, expressamente mencionado neste artigo, tem jornada de seis horas também por amparo jurisprudencial, conforme S. nº 178 do TST. Não se trata do telefonista de empresa de telefonia, pois este tem sua atividade regulamentada pelos artigos 227/231, também com jornada de 6 (seis) horas.

Os vigias que se beneficiam da jornada especial deste artigo são aqueles cujas atividades mais se aproximam de um porteiro ou recepcionista. Não se trata do vigilante, que presta serviços de segurança a banco, por intermédio de empresa regularmente constituída para tal fim, cuja atividade foi regulamentada pela Lei nº 7.102, de 20.06.1983. Neste sentido a S. 257 do TST. Valentin Carrion bem explica a distinção: "O vigia usufrui regime especial em virtude daquela expressão "empregados de portarias, tais como". É que o vigia se inclui nas atividades próprias da portaria; os porteiros não são os que ficam à porta, mas os que cuidam não só das portas, como do que por elas sai ou entra; porteiros são os vigias. A situação do vigilante já permite distinções, a partir da legislação que lhe deu vida própria; a Súmula 257 do TST exprime esta distinção." (Comentários, 2010, p. 231). Prossegue o renomado autor: "Segundo a lei, vigilante é o empregado contratado para proceder à vigilância patrimonial das instituições financeiras e de outros estabelecimentos, públicos ou privados, bem como a segurança de pessoas físicas;

realizar o transporte de valores ou garantir o transporte de qualquer outro tipo de carga. Vigia é o que exerce tarefas de observação e fiscalização no local, sem os requisitos formais, estritos dos vigilantes. Seus direitos são os comuns aos trabalhadores urbanos, conforme sejam domésticos ou não." (Comentários, 2010, p. 143).

2. SÚMULAS E ORIENTAÇÕES JURISPRUDENCIAIS

▸ **Súmula nº 117/TST**

BANCÁRIO. CATEGORIA DIFERENCIADA (mantida) – Res. 121/2003, DJ 19, 20 e 21.11.2003

Não se beneficiam do regime legal relativo aos bancários os empregados de estabelecimento de crédito pertencentes a categorias profissionais diferenciadas.

▸ **Súmula nº 178/TST**

TELEFONISTA. Art. 227, E PARÁGRAFOS, DA CLT. APLICABILIDADE (mantida) – Res. 121/2003, DJ 19, 20 e 21.11.2003

É aplicável à telefonista de mesa de empresa que não explora o serviço de telefonia o disposto no art. 227, e seus parágrafos, da CLT (ex-Prejulgado nº 59).

▸ **Súmula nº 257/TST**

VIGILANTE (mantida) – Res. 121/2003, DJ 19, 20 e 21.11.2003

O vigilante, contratado diretamente por banco ou por intermédio de empresas especializadas, não é bancário.

3. QUESTÕES DE CONCURSOS

01. (TRT – 1ª REGIÃO/JUIZ DO TRABALHO/2008/ADAPTADA) Julgue:O regime especial de seis horas destinado aos bancários também se aplica aos empregados de portaria e limpeza, tais como porteiros, telefonistas de mesa, contínuos e serventes empregados em bancos e casas bancárias.

02. (TRT 3 – Juiz do Trabalho Substituto 3ª região/2012/ADAPTADA) A respeito do serviço bancário, leia as afirmações abaixo e, em seguida, assinale a alternativa correta: o regime especial de 6 (seis) horas de trabalho também se aplica aos empregados de portaria e de limpeza, tais como porteiros, telefonistas de mesa, contínuos e serventes, empregados em bancos e casas bancárias.

GAB	1	C	2	C

▸SEÇÃO II – DOS EMPREGADOS NOS SERVIÇOS DE TELEFONIA, DE TELEGRAFIA SUBMARINA E SUBFLUVIAL, DE RADIOTELEGRAFIA E RADIOTELEFONIA

✦ **TELEFONISTA E OUTROS: JORNADA DE 6 HORAS OU 36 SEMANAIS**

Art. 227. Nas empresas que explorem o serviço de telefonia, telegrafia submarina ou subfluvial, de radiotelegrafia ou de radiotelefonia, fica estabelecida para os respectivos operadores a duração máxima de seis horas contínuas de trabalho por dia ou 36 (trinta e seis) horas semanais.

✦ **PRORROGAÇÃO DA JORNADA**

§ 1º – Quando, em caso de indeclinável necessidade, forem os operadores obrigados a permanecer em serviço além do período normal fixado neste artigo, a empresa pagar-lhes-á extraordinariamente o tempo excedente com acréscimo de 50% (cinqüenta por cento) sobre o seu salário-hora normal.

✦ **TRABALHO EM DOMINGOS E FERIADOS**

§ 2º – O trabalho aos domingos, feriados e dias santos de guarda será considerado extraordinário e obedecerá, quanto à sua execução e remuneração, ao que dispuserem empregadores e empregados em acordo, ou os respectivos sindicatos em contrato coletivo de trabalho.

1. COMENTÁRIOS

1.1. Campo de aplicação: atividades similares às definidas na norma

O *caput* do art. 227, referindo-se aos empregados de empresas que explorem serviços de telefonia, pode conduzir o intérprete à conclusão de que a jornada especial, inclusive de maneira flexível como prevê a norma, só se aplicaria às empresas que explorem esta atividade de forma preponderante. A interpretação literal, contudo, não prevaleceu na doutrina e tampouco na jurisprudência. Esta, de forma expressa, estendeu a proteção especial aos telefonistas que operem mesa com ramais, fora das empresas de telefonia, conforme prevê a S. 178 do TST.

O entendimento dominante partiu da premissa segundo a qual os empregados responsáveis pela operação de mesa telefônica, atuando de forma ininterrupta, sofrem o mesmo desgaste físico e psicológico daqueles que trabalham em empresas de telefonia. Por esta razão o serviço de telefonia precisa ser executado de forma contínua e exclusiva, sem estar combinado com atendimentos na recepção, consulta a arquivos, ou outros trabalhos que não se vinculem ao atendimento telefônico (neste sentido: Martins, 2010, p. 233; Russomano, Vol I, 1993, p. 243 e Carrion, 2010, p. 232).

O entendimento relativo ao telefonista também prevalece para qualquer outra atividade mencionada no *caput*, do art. 227, como explica Russomano: "... quando se verificar que a natureza do serviço exige atividade permanente do telefonista ou de outro trabalhador enquadrado no art. 227, não se poderá recusar-lhe as vantagens que essa norma assegura." (Comentários, Vol. I, 1993, p. 243).

Os telefonistas que controlem o tráfego nas estações ferroviárias têm jornada de seis horas por interpretação analógica do art. 246 da CLT, a cujos comentários nos reportamos.

1.2. Digitador, operador de telex e telemarketing

A doutrina, de forma predominante, e também a jurisprudência, não estende a jornada especial deste artigo ao digitador. Alice Monteiro de Barros afirma que "O recurso à analogia não poderá, entretanto, ser invocado, para concluir-se pela equiparação à telefonista, cujas atividades possuem peculiaridades próprias, sabidamente desgastantes, a merecer tratamento especial (Contratos e Regulamentações Especiais, jan-2008, p. 183). Também assim Sergio Pinto Martins (Comentários, 2010, p. 232/233).

Pelos mesmos motivos acima defendidos pela doutrina majoritária: ausência de similitude com as atividades descritas neste artigo e exercício de outras tarefas conjuntamente ao serviço de telefonia ou similares, a jurisprudência nega a aplicação do art. 227 aos operadores de telex (OJ nº 213 da SBDI-1/TST).

A jurisprudência também negava tratamento especial aos trabalhadores em telemarketing, conforme entendimento que restou consagrado na OJ nº 273 da SBDI-TST, nos seguintes termos: "A jornada reduzida de que trata o art. 227 da CLT não é aplicável, por analogia, ao operador de televendas, que não exerce suas atividades exclusivamente como telefonista, pois, naquela função, não opera mesa de transmissão, fazendo uso apenas dos telefones comuns para atender e fazer as ligações exigidas no exercício da função." A referida orientação jurisprudencial foi cancelada pelo TST, conforme Res. 175/2011, DEJT divulgado em 27, 30 e 31.05.2011. Esta mudança de rumos na jurisprudência trabalhista dá força ao que defendíamos desde a 1ª edição desta CLT, conforme comentários que seguem.

Entendemos contrariamente à posição dominante. O digitador, que trabalhe exclusivamente nesta atividade, a nosso ver poderá se enquadrar na regra deste artigo, tendo direito à jornada reduzida, por aplicação analógica do art. 227, diante do desgaste semelhante ao sofrido pelos telefonistas.

José Cairo Jr., também ressalvando doutrina e jurisprudência dominantes, defende jornada especial para o digitador com base na NR 17.6.4, que prevê 5 (cinco) horas de trabalho contínuo nesta função.

O autor defende a ideia de que as Normas Regulamentares do Ministério do Trabalho sobre saúde do trabalho, a exemplo desta, são normas abstratas de direito do trabalho, por expressa delegação do art. 200 da CLT, fazendo parte do estatuto mínimo do trabalhador nacional (Curso, 2009, p. 413). Este não é, repita-se, o entendimento dominante, até porque esta delegação do art. 200, interpretada como uma autorização para edição de normas jurídicas abstratas, estaria em conflito com a competência privativa da União para legislar sobre direito do trabalho (art. 22, I, da CLT). Também pela inconstitucionalidade do ato administrativo do Ministério do Trabalho: Mário Gonçalves Jr, pelos mesmos fundamentos que ora sustentamos (Trabalho e Doutrina, Vol. 9, jun-1996, p. 114-117).

O digitador, independentemente da polêmica quanto à jornada de trabalho, tem direito ao intervalo do art. 72 da CLT (vide comentários ao referido artigo).

1.3. Jornada reduzida e flexível

O tratamento especial dispensado aos empregados definidos neste artigo se sustenta em três pilares: a) limites variáveis à duração do trabalho: seis horas por dia ou trinta e seis horas semanais; b) adicional de 50% sobre a hora normal na jornada prorrogada por necessidade indeclinável (a regra geral, na CLT, antes da Constituição de 1988, era de adicional de horas extras de 20%, como se lê no art. 59, § 2º, da CLT; atualmente, este adicional de 50% não representa mais qualquer benefício, pois é percentual devido para todos os trabalhadores); c) remuneração do trabalho em domingos e feriados de acordo com a negociação coletiva.

A conjunção alternativa utilizada no *caput* do art. 227 ("ou") permite a ilação de que o empregador pode se utilizar de jornada variável, distribuindo as horas trabalhadas ao longo da semana, respeitado o limite de 36 (trinta e seis) horas semanais. De qualquer forma o trabalho diário não pode ultrapassar 7 (sete) horas ininterruptas, por expressa vedação do art. 229, *caput*, abaixo (neste sentido: Sussekind-Maranhão-Vianna, Instituições, Vol. II, 1987, p. 947-948).

1.4. Horas Extras e trabalho em domingos e feriados

A prorrogação de jornada prevista no § 1º deste artigo só ocorrerá por "necessidade indeclinável". Esta expressão não é utilizada pela CLT no capítulo da duração do trabalho, mas podemos interpretá-la como sendo sinônimo de "necessidade imperiosa" tratada no art. 61, que só permite o labor extraordinário por serviço inadiável, força maior ou serviço cuja não execução possa acarretar prejuízo manifesto (vide comentários ao artigo 61). Esta também é a opinião de Sergio Pinto Martins (Comentários, 2010, p. 233) e Alice Monteiro de Barros (Contratos e Regulamentações Especiais, jan-2008, p. 509).

A remuneração do trabalho em domingos e feriados será definida em negociação coletiva. A referência, no texto do § 2º, a contrato coletivo de trabalho, diz respeito às convenções coletivas ou acordos coletivos de trabalho.

A Lei nº 605, de 5.1.1949, regulamentando a remuneração do repouso semanal, atua de maneira complementar à previsão do § 2º do art. 227, de 20.3.1944. A referida lei proíbe o trabalho em dias de repouso, salvo no caso de exigência técnica da empresa (art. 8º). É o caso, a nosso ver, dos serviços de telefonia, cuja atividade ininterrupta justifica o trabalho em domingos e feriados, desde que observada a remuneração dobrada destes dias, como prevê o artigo 9º da Lei nº 605/49 e a S. 146/TST. Em abono ao que defendemos, o art. 7º do Decreto nº 27.048, de 12.08.49, regulamentando a Lei 605/49, concede autorização permanente para funcionamento em dias de repouso às atividades constantes da relação anexa ao regulamento (o item IV, 1, do Anexo, relaciona as empresas de comunicação telegráfica, radiotelegráfica e telefônica).

A remuneração dobrada do repouso, com base no art. 9º da lei referida, importou em derrogação deste tema no § 1º, do art. 227, que só prevê adicional de 50%, mas mantida a necessidade indeclinável, cuja previsão legal manteve-se intocada diante a lei do repouso.

A negociação coletiva, todavia, poderá estabelecer tratamento diferente quanto à remuneração do trabalho nos repousos e feriados, como prevê o § 2º, supra. O tema, contudo, não é pacífico na doutrina. Sergio Pinto Martins entende que a Lei nº 605/49 derrogou o § 2º do art. 227 (Comentários, 2010, p. 233). Russomano, em posição semelhante à que defendemos, entende que a Lei nº 605/49 só incidirá na ausência de acordo ou convenção coletiva de trabalho, ou seja, na falta de iniciativa dos sujeitos coletivos em firmar as respectivas fontes de direito (Comentários, Vol. I, 1993, p. 242). Há até mesmo entendimento mais radical asseverando que a compensação do trabalho ocorrido em domingos ou feriados não desautorizaria o pagamento destas horas como extras, como prevê o § 2º do art. 227 (Ralph Candia, apud Alice Monteiro de Barros, Contratos e Regulamentações Especiais, jan-2008, p. 510).

A nosso ver, a regra especial do art. 227, § 2º, convive, harmonicamente, com a Lei nº 605/49, que atua de forma complementar nos temas que demonstramos acima.

2. SÚMULAS E ORIENTAÇÕES JURISPRUDENCIAIS

- **Súmula nº 146/TST**

TRABALHO EM DOMINGOS E FERIADOS, NÃO COMPENSADO (incorporada a Orientação Jurisprudencial nº 93 da SBDI-1) – Res. 121/2003, DJ 19, 20 e 21.11.2003

O trabalho prestado em domingos e feriados, não compensado, deve ser pago em dobro, sem prejuízo da remuneração relativa ao repouso semanal.

- **Súmula nº 178/TST – *Res. 121/2003, DJ 19, 20 e 21.11.2003***

TELEFONISTA. Art. 227, E PARÁGRAFOS, DA CLT. APLICABILIDADE (mantida)

É aplicável à telefonista de mesa de empresa que não explora o serviço de telefonia o disposto no art. 227, e seus parágrafos, da CLT (ex-Prejulgado nº 59).

- **OJ 213 SBDI-1/TST**

TELEX. OPERADORES. Art. 227 DA CLT. INAPLICÁVEL. Inserida em 08.11.00

O operador de telex de empresa, cuja atividade econômica não se identifica com qualquer uma das previstas no art. 227 da CLT, não se beneficia de jornada reduzida.

3. QUESTÕES DE CONCURSOS

01. (TRT – 1ª REGIÃO/JUIZ DO TRABALHO/2008/ADAPTADA) Julgue:Nas empresas que exploram o serviço de telefonia, telegrafia submarina ou subfluvial, de radiotelegrafia ou de radiotelefonia, a duração máxima de trabalho dos operadores é de seis horas contínuas por dia ou trinta e seis semanais.

02. (JUIZ DO TRABALHO/TRT – 24ª REGIÃO/2006/ADAPTADA) Nas empresas que explorem o serviço de telefonia, telegrafia submarina ou subfluvial, de radiotelegrafia ou de radiotelefonia, fica estabelecida para os respectivos operadores a duração máxima de seis horas contínuas de trabalho por dia ou trinta e seis horas semanais.

GAB	1	C	2	C

✦ VINTE E CINCO PALAVRAS POR MINUTO: PAUSA PARA O OPERADOR

Art. 228. Os operadores não poderão trabalhar, de modo ininterrupto, na transmissão manual, bem como na recepção visual, auditiva, com escrita manual ou datilográfica, quando a velocidade for superior a 25 (vinte e cinco) palavras por minuto.

1. COMENTÁRIOS

Considerando-se o caráter penoso e até mesmo extenuante das atividades dos operadores, em quaisquer das modalidades descritas neste artigo, o legislador impôs o limite de 25 (vinte e cinco) palavras por minuto para o trabalho ininterrupto. A doutrina vê razoabilidade neste limite (Russomano, Comentários, Vol. I, 1993, p. 244 e Martins, Comentários, 2010, p. 233).

O artigo ora comentado não prevê qual seria o tempo de paralisação do trabalho. Para Russomano, a referência ao trabalho ininterrupto remete o intérprete ao horário variável, com jornada de 7 horas, do art. 229, abaixo. O intervalo, portanto, seria aquele disciplinado no art. 229, *caput*.

Para Sergio Pinto Martins, a regra do art. 228 se aplica aos empregados com jornada de 6 horas, do art. 227 (Comentários, 2010, p. 233). Alice Monteiro de Barros, com apoio em Amaro Barreto, caminha no mesmo sentido, defendendo que: "A jornada dos operadores é a especial de 6 horas, exatamente por ser desgastante. O art. 228 da CLT apenas se lhe impõe a interrupção, para refazimento das energias. E na omissão do texto legal sobre qual seria esta interrupção, aplica-se, subsidiariamente, aquela prevista no art. 72 da CLT (Contratos e Regulamentações Especiais, jan-2008, p. 510).

Estamos com Martins e Barros. A regra deste artigo é aplicável aos trabalhadores com jornada de 6 horas do art. 227 da CLT. Como este intervalo tem por fim evitar a ocorrência de lesões, diante do esforço repetitivo da atividade, sua natureza é a mesma daquele previsto no art. 72 da CLT, que merece aplicação subsidiária diante da omissão do art. 228: 10 minutos de intervalo a cada 90 minutos de trabalho. O intervalo do art. 229, abaixo, só é aplicável aos trabalhadores com jornada variável (vide comentários ao referido artigo).

✦ EMPREGADOS SUJEITOS A HORÁRIOS VARIÁVEIS

Art. 229. Para os empregados sujeitos a horários variáveis, fica estabelecida a duração máxima de 7 (sete) horas diárias de trabalho e 17 (dezessete) horas de folga, deduzindo-se deste tempo 20 (vinte) minutos para descanso, de cada um dos empregados, sempre que se verificar um esforço contínuo de mais de 3 (três) horas.

§ 1º – São considerados empregados sujeitos a horários variáveis, além dos operadores, cujas funções exijam classificação distinta, os que pertençam a seções de técnica, telefones, revisão, expedição, entrega e balcão.

§ 2º – Quanto à execução e remuneração aos domingos, feriados e dias santos de guarda e às prorrogações de expediente, o trabalho dos empregados a que se refere o parágrafo anterior será regido pelo que se contém no § 1º do art. 227 desta Seção.

1. COMENTÁRIOS

1.1. Jornadas Variáveis: 7 horas por dia e 36 horas por semana

A expressão "horários variáveis" (art. 229) não é muito precisa, mas parece indicar um contraste com a jornada de seis horas contínuas do art. 227 da CLT (Russomano, Comentários, Vol. I, 1993, p. 244). Assim, os telefonistas e similares se submetem a dois diferentes regimes de duração do trabalho: a) jornada de seis horas ou duração semanal de trinta e seis horas, conforme o contrato de trabalho, sujeito o empregado à disciplina dos artigos 227 e 228 da CLT; ou b) horário variável deste artigo, com jornadas de diferentes durações, mas com limite diário de sete horas de trabalho, intervalo intrajornada de 20 minutos, a cada três horas de trabalho, e interjornadas de 17 horas.

O empregado de horário variável também se submete ao limite semanal de 36 horas, não obstante o limite diário de 7 horas (neste sentido: Martins, Comentários, 2010, p. 234,

Sussekind-Maranhão-Vianna, Instituições, Vol. II, 1987, p. 947 e Moraes Filho-Moraes, Introdução, 1995, p. 483). Aderimos a esta opinião.

Alice Monteiros de Barros, em sentido contrário, entende que o trabalhador com jornada variável poderá atingir o limite de 42 horas por semana, como resultado de 7 horas por dia em 6 dias na semana (Contratos e Regulamentações Especiais, jan-2008, p. 510).

O critério legal para que se possa permitir a jornada flexível, com horários variáveis em cada dia da semana, leva em consideração tanto a atividade empresarial (empresas de telefonia, telegrafia, radiotelefonia e radiotelegrafia), como a atividade contínua do empregado mesmo fora destas empresas.

Defendendo o critério somente com base na atividade do empregado, desprezando a área de atuação da empresa, Carrion explica que "o art. 229 não permite a contratação em horários variáveis, a critério do empregador, mas prevê "esforço contínuo ou não" do empregado diante da circunstância de ser ininterrupta ou não a solicitação que se lhe demanda." (Comentários, 2010, p. 234).

1.2. Intervalos intrajornada e interjornadas

O intervalo intrajornada de 20 minutos, a cada 3 horas de esforço contínuo, é do tipo remunerado, considerado tempo à disposição do empregador, pois se computa na duração do trabalho, à semelhança do intervalo previsto no art. 72 da CLT (neste sentido: Godinho, Curso, jan-2009, p. 860, Sussekind-Maranhão-Vianna, Instituições, Vol. II, 1987, p. 947 e Moraes Filho-Moraes, Introdução, 1995, p. 483).

Além desta pausa de 20 minutos, estes trabalhadores também gozam de intervalo intrajornada do art. 71 da CLT para repouso e alimentação (não remunerado pelo empregador).

A folga de 17 horas é definida como intervalo interjornadas, sendo inaplicável, portanto, a regra geral do art. 66 da CLT, prevendo 11 horas entre uma jornada e outra, pois ambas as normas (art. 66 e 229) têm a mesma finalidade. Todavia, esta folga não deve ser englobada pelo repouso semanal, tendo o empregado direito ao gozo de ambos: 17 horas de intervalo interjornadas, acrescido do intervalo de 24 horas quando o empregado chegar ao final da semana de trabalho (vide comentários ao art. 66).

2. QUESTÕES DE CONCURSOS

01. (TRT – 1ª REGIÃO/JUIZ DO TRABALHO/2008/ADAPTADA) Analise a proposição abaixo e julgue, a seguir, a resposta correta com relação à duração do trabalho: para os empregados sujeitos a horários variáveis em empresa que explora o serviço de telefonia, a duração máxima de trabalho será de 7 (sete) horas diárias e 17 (dezessete) horas de folga, deduzindo-se deste tempo 20 (vinte) minutos para descanso, de cada um dos empregados, sempre que se verificar um esforço contínuo de mais de 3 (três) horas.

GAB	1	C

✦ ESCALAS DE SERVIÇO

Art. 230. A direção das empresas deverá organizar as turmas de empregados, para a execução dos seus serviços, de maneira que prevaleça sempre o revezamento entre os que exercem a mesma função, quer em escalas diurnas, quer em noturnas.

§ 1º – Aos empregados que exerçam a mesma função será permitida, entre si, a troca de turmas, desde que isso não importe em prejuízo dos serviços, cujo chefe ou encarregado resolverá sobre a oportunidade ou possibilidade dessa medida, dentro das prescrições desta Seção.

✦ HORÁRIO PARA REFEIÇÃO

§ 2º – As empresas não poderão organizar horários que obriguem os empregados a fazer a refeição do almoço antes das 10 (dez) e depois das 13 (treze) horas e a de jantar antes das 16 (dezesseis) e depois das 19:30 (dezenove e trinta) horas.

1. COMENTÁRIOS

1.1. Escalas de serviço

A regra deste artigo não significa que os trabalhadores cumprirão turnos ininterruptos de revezamento, mas que devem ser ao menos observadas escalas de trabalho. Os turnos ininterruptos, como explicamos nos comentários ao art. 58 desta CLT, são identificados pelo constante revezamento de horário a que são submetidos os empregados. Mesmo que a atividade do empregador seja ininterrupta, como ocorre nos serviços de telefonia, somente a constante variação do horário de turno do empregado atrairá a exigência de jornada de 6 horas (7º, XIV, da CF), salvo negociação coletiva em contrário ou disposição contratual onde o empregado tenha jornada inferior. Os turnos noturnos devem observar o pagamento do respectivo adicional (art. 73 da CLT), inclusive quanto ao cálculo das horas extras (OJ nº 97 da SBDI-1/TST). Também terá direito à ficção da hora noturna reduzida, conforme art. 73, § 1º, da CLT.

1.2. Horário para refeição

A determinação do parágrafo 2º, impondo o horário em que deve ser concedido o intervalo, é de tal maneira salutar que deveria ser regra geral, propondo-se, assim, a alteração do art. 71 da CLT. Explica-se: o empregado, segundo a regra geral do art. 71, tem direito ao intervalo intrajornada, mas a falta de fixação do seu momento de gozo pode levar o empregador a concedê-lo muito tardiamente, próximo ao fim do labor diário, despindo de eficácia a regra protetiva (tais críticas foram feitas nos comentários ao art. 71 desta CLT). Parece ser este também o entendimento do Ministério do Trabalho ao estabelecer os requisitos para a redução do intervalo previsto no art. 71 da CLT, conforme Portaria MTE nº 1.095/2010 – DOU: 20.05.2010, artigo 1º, § 2º: "Os instrumentos coletivos que estabeleçam a possibilidade de redução deverão especificar o período do intervalo intrajornada."

Sobre os efeitos da supressão ou redução do intervalo vide comentários ao art. 71 e também a S. 437 do TST. Em sentido contrário: Martins, entendendo se tratar de mera infração administrativa, pois o descumprimento do horário não importa em labor extraordinário (Comentários, 2010, p. 235).

2. SÚMULAS E ORIENTAÇÕES JURISPRUDENCIAIS

Vide art. 71.

✦ EXCLUSÃO DO PESSOAL DE NAVIOS E AERONAVES

Art. 231. As disposições desta Seção não abrangem o trabalho dos operadores de radiotelegrafia embarcados em navios ou aeronaves.

1. COMENTÁRIOS

Os operadores de radiotelegrafia em navios e aeronaves estão sujeitos à tutela especial prevista na Convenção Radiotelegráfica Internacional de Washington (neste sentido a doutrina é praticamente unânime: Alice Monteiro de Barros, Contratos e Regulamentações Especiais, jan-2008, p. 511, Carrion, Comentários, 2010, p. 234-235, Martins, Comentários, 2010, p. 235-236, Russomano, Vol. I, 1993, p. 246 e Sussekind-Maranhão-Vianna, Instituições, Vol. II, 1987, p. 948).

Martins lembra que os radiotelegrafistas de aeronaves são considerados aeronautas, sujeitando-se às regras do DL nº 18, de 28.8.66 (Comentários, 2010, p. 236).

Os operadores telegrafistas em estações ferroviárias também não se sujeitam às disposições dos artigos 227 a 231, estando sujeitos à jornada de 6 horas por força do art. 246 da CLT (neste sentido: Sussekind-Maranhão-Vianna, Instituições, Vol. II, 1987, p. 948 e Martins, Comentários, 2010, p. 236).

SEÇÃO III – DOS MÚSICOS PROFISSIONAIS

✦ JORNADA

Art. 232. Será de seis horas a duração de trabalho dos músicos em teatro e congêneres.

Parágrafo único. Toda vez que o trabalho contínuo em espetáculo ultrapassar de seis horas, o tempo de duração excedente será pago com um acréscimo de 25 % (vinte e cinco por cento) sobre o salário da hora normal.

✦ HORAS EXTRAS

Art. 233. A duração normal de trabalho dos músicos profissionais poderá ser elevada até oito horas diárias, observados os preceitos gerais sobre duração do trabalho.

1. COMENTÁRIOS

As disposições dos artigos 232 e 233, referentes aos músicos profissionais, foram tacitamente revogadas pela Lei nº 3.857, de 22.12.1960, que instituiu a Ordem dos Músicos do Brasil e disciplinou integralmente a matéria relativa à jornada de trabalho (neste sentido: Russomano, Vol. I, 1993, p. 246 e Martins, Comentários, 2010, p. 236).

Alice Monteiro de Barros (Contratos e Regulamentações Especiais, jan-2008, p. 394) lembra que, diferentemente da legislação anterior – Decreto nº 5.492, de 16.7.1928, a nova lei não faz qualquer distinção entre o músico profissional e o artista músico. Sendo assim, prossegue a autora, há possibilidade de coexistência da Lei nº 3.857/1060 (músicos) com a Lei nº 6.533/1978, esta última disciplinando os trabalhos dos artistas em geral e, por isso mesmo, de aplicação supletiva na omissão da norma específica dos músicos.

A jornada dos músicos, computando-se o período de ensaio, não poderá exceder de 5 (cinco) horas, excetuados os casos previstos nos artigos 41 e 48 da Lei do Músico. A jornada poderá ser estender até 6 (seis) horas, nos estabelecimentos de diversões públicas, tais como boates, salões de dança e congêneres, sendo a hora extra acrescida de adicional de 50%. Por motivo de força maior a jornada poderá se estender até 7 (sete) horas e também nos festejos populares e de interesse nacional, com pagamento dobrado das horas extras nestas circunstâncias (art. 42, II, da Lei do Músico).

O intervalo intrajornada será de pelo menos 1 hora e não será computado como de serviço efetivo (art. 41, § 2º, da Lei do Músico), mas os demais intervalos previstos nesta legislação serão computados como de serviço efetivo e, consequentemente, remunerados pelo empregador.

A cada período de 6 (seis) dias de trabalho haverá um repouso obrigatório de um dia.

Os músicos que prestam serviços em empresas de navegação têm horário especial, de acordo com o art. 45 da Lei do Músico.

SEÇÃO IV – DOS OPERADORES CINEMATOGRÁFICOS

✦ JORNADA DOS OPERADORES E AUXILIARES

Art. 234. A duração normal do trabalho dos operadores cinematográficos e seus ajudantes não excederá de seis horas diárias, assim distribuídas:

a) 5 (cinco) horas consecutivas de trabalho em cabina, durante o funcionamento cinematográfico;

b) 1 (um) período suplementar, até o máximo de 1 (uma) hora para limpeza, lubrificação dos aparelhos de projeção, ou revisão de filmes.

Parágrafo único. Mediante remuneração adicional de 25% (vinte e cinco por cento) sobre o salário da hora normal e observado um intervalo de 2 (duas) horas para folga, entre o período a que se refere a alínea "b" deste artigo e o trabalho em cabina de que trata a alínea "a", poderá o trabalho dos operadores cinematográficos e seus ajudantes ter a duração prorrogada por 2 (duas) horas diárias, para exibições extraordinárias.

1. COMENTÁRIOS

A jornada reduzida deste artigo atende às peculiaridades da atividade do operador cinematográfico, preservando sua saúde diante do desgaste natural deste serviço ininterrupto. O desgaste físico é agravado pelo ambiente refrigerado das cabinas de transmissão, além da pressão psicológica pela constante tensão a que está submetido o operador e seu eventual auxiliar (Sussekind-Maranhão-Vianna, Instituições, Vol. II, 1987, p. 942). O desgaste também é fruto de trabalho em constante variação de iluminação, pois ora se trabalha no claro, ora no escuro (Martins, Comentários, 2010, p. 237).

A jornada mista deste artigo, sendo 5 (cinco) horas para a projeção e 1(uma) hora para manutenção do equipamento e revisão dos filmes, não pode ser descumprida. Ou seja, se o empregador se utilizar das 6 (seis) horas exclusivamente para projeção, no lugar de usar da última hora para limpeza e manutenção do equipamento, ficará sujeito ao pagamento de 1 hora extraordinária, acrescida do adicional constitucional de 50% (art. 7º, XVI, da CF). Não foi recepcionado o adicional de 25% pela Constituição Federal de 1988. Além deste pagamento, o empregador também poderá sofrer multa administrativa, pois a sobrejornada do operador cinematográfico só pode ocorrer para exibições extraordinárias.

As horas excedentes ao período normal devem observar a conjugação dos seguintes requisitos: (a) exibições extraordinárias e (b) intervalo de 2 (duas) horas antecedendo o início do labor extraordinário. Este intervalo é do tipo não remunerado e não se computa no tempo de serviço do empregado; tem a mesma finalidade do intervalo de 15 (quinze) minutos antes do início da sobrejornada da mulher (art. 384) e do menor (art. 413, § único). Godinho não cuida diretamente do intervalo do operador cinematográfico, mas classifica como não remunerado o intervalo de 15 minutos para o início das horas extras da mulher e do menor (Curso, jan-2009, p. 860).

A Portaria nº 30, de 7.2.1958, cuida das normas técnicas sobre cabina de proteção de cinema, como lembra Russomano (Comentários, Vol. I, 1993, p. 247). Sérgio Pinto Martins destaca que esta regulamentação exige que as cabinas mantenham ar condicionado, com sistema de exaustão para promover a remoção dos resíduos que a operação cinematográfica expele no ar, como aerodispersóides tóxicos produzidos pelo arco voltaico (Comentários, 2010, p. 237).

2. QUESTÕES DE CONCURSOS

01. (TRT – 1ª REGIÃO/JUIZ DO TRABALHO/2008/ADAPTADA) Analise a proposição abaixo e julgue, a seguir, a resposta correta com relação à duração do trabalho: o trabalho dos operadores cinematográficos terá duração normal de 5 (cinco) horas na cabine de projeção, ao passo que para os ajudantes deles a duração do trabalho será de 6 (seis) horas, sendo uma destinada à lubrificação dos aparelhos de projeção.

02. (TRT – 2ª REGIÃO/JUIZ DO TRABALHO/2009/ADAPTADO) A duração normal do trabalho dos operadores cinematográficos e dos ascensoristas não excederá 6 (seis) horas diárias.

03. (MPT/PROCURADOR/2007) Complete com a opção CORRETA. Os operadores cinematográficos estão sujeitos a __ horas consecutivas de trabalho em cabina, durante o funcionamento cinematográfico:

a) 4;

b) 5;

c) 6;

d) 7;

e) não respondida.

04. (TRT 15 – Juiz do Trabalho Substituto 15ª região/2012/ADAPTADA) Assinale a alternativa incorreta: a duração normal do trabalho dos operadores cinematográficos não excederá de 5h 00 diárias.

GAB	1	E	2	C	3	B	4	C

✦ **SOBREJORNADA – REQUISITOS**

Art. 235. Nos estabelecimentos cujo funcionamento normal seja noturno, será facultado aos operadores cinematográficos e seus ajudantes, mediante acordo ou contrato coletivo de trabalho e com um acréscimo de 25% (vinte e cinco por cento) sobre o salário da hora normal, executar o trabalho em sessões diurnas extraordinárias e, cumulativamente, nas noturnas, desde que isso se verifique até 3 (três) vezes por semana e entre as sessões diurnas e as noturnas haja o intervalo de 1 (uma) hora, no mínimo, de descanso.

§ 1º – A duração de trabalho cumulativo a que alude o presente artigo não poderá exceder de 10 (dez) horas.

§ 2º – Em seguida a cada período de trabalho haverá um intervalo de repouso no mínimo de 12 (doze) horas.

1. COMENTÁRIOS

Este artigo permite que nos estabelecimentos de exibição noturna o operador acumule a jornada de trabalho destinada à exibição diurna, sendo considerada esta como labor extraordinário. O texto legal foi inspirado numa época em que a exibição diurna, aqui incluído o período da tarde, era circunstância excepcionalíssima, daí sua qualificação como serviço extraordinário. Atualmente é muito comum o início das sessões nos cinemas por volta das 11 ou 12 horas, particularmente em sábados, domingos e feriados, mas isto não significa que foi revogada esta norma de proteção.

A jornada extraordinária deve observar os seguintes requisitos:

a) autorização por meio de negociação coletiva (acordo ou convenção coletiva de trabalho);

b) pagamento das horas extras (jornada diurna) com adicional de 50%, sem autorização para a compensação diante da omissão do artigo 235;

c) sobrejornada somente em 3 (três) dias na semana;

d) o somatório das jornadas diurna e noturna não poderá exceder de 10 (dez) horas; e) intervalo mínimo de 1 (uma) hora entre as sessões diurna e noturna (não remunerado) e

f) intervalo de 12 horas ao final de cada dia de jornada cumulada, antes do início da jornada do dia seguinte (este intervalo dispensa aquele do art. 66 da CLT, de 11 horas interjornadas).

▸SEÇÃO IV-A – DO SERVIÇO DO MOTORISTA PROFISSIONAL EMPREGADO

Redação dos artigos 235-A a 235-G, pela Lei nº 13.103, de 2.3.2015 (DOU de 3.3.2015), salvo os dispositivos que ainda permanecem sob a redação da Lei nº 12.619, de 30.04.2012 (DOU de 2.5.2012), expressamente destacados a seguir.

O art. 235-H foi revogado pela Lei nº 13.103, de 2.3.2015.

✦ **MOTORISTA PROFISSIONAL EMPREGADO**

Art. 235-A. Os preceitos especiais desta Seção aplicam-se ao motorista profissional empregado:

I – de transporte rodoviário coletivo de passageiros;

II – de transporte rodoviário de cargas.

1. COMENTÁRIOS

Pertinente a inclusão desta Seção no Capitulo I, do Título III, que cuida das normas especiais de tutela do trabalho, em particular sobre a duração do trabalho e condições especiais para a execução do serviço de motorista. As peculiaridades desta atividade profissional bem justificam o tratamento legal específico.

Incialmente esta Seção foi introduzida pela Lei nº 12.619, de 30.04.2012. A atual redação desta Seção foi obra da Lei nº 13.103, de 2.3.2015, que expressamente frisou que a norma se aplica ao motorista profissional empregado. Portanto, o regramento específico exclui os motoristas não profissionais, como também os profissionais autônomos ou eventuais.

✦ **DEVERES DO MOTORISTA EMPREGADO**

Art. 235-B. São deveres do motorista profissional empregado:

I – estar atento às condições de segurança do veículo;(Incluído pela Lei nº 12.619, de 30.04. 2012)

II – conduzir o veículo com perícia, prudência, zelo e com observância aos princípios de direção defensiva;(Incluído pela Lei nº 12.619, de 30.04. 2012)

III – respeitar a legislação de trânsito e, em especial, as normas relativas ao tempo de direção e de descanso controlado e registrado na forma do previsto no art. 67-E da Lei nº 9.503, de 23 de setembro de 1997 – Código de Trânsito Brasileiro;

IV – zelar pela carga transportada e pelo veículo;(Incluído pela Lei nº 12.619, de 30.04. 2012)

V – colocar-se à disposição dos órgãos públicos de fiscalização na via pública;(Incluído pela Lei nº 12.619, de 30.04. 2012)

VI – (VETADO);

VII – submeter-se a exames toxicológicos com janela de detecção mínima de 90 (noventa) dias e a programa de controle de uso de droga e de bebida alcoólica, instituído pelo empregador, com sua ampla ciência, pelo menos uma vez a cada 2 (dois) anos e 6 (seis) meses, podendo ser utilizado para esse fim o exame obrigatório previsto na Lei nº 9.503, de 23 de setembro de 1997 – Código de Trânsito Brasileiro, desde que realizado nos últimos 60 (sessenta) dias.

Parágrafo único. A recusa do empregado em submeter-se ao teste ou ao programa de controle de uso de droga e de bebida alcoólica previstos no inciso VII será considerada infração disciplinar, passível de penalização nos termos da lei.

1. COMENTÁRIOS

Os deveres insertos nos incisos I a V do art. 235-B não trazem qualquer novidade, pois dizem respeito às atribuições funcionais de qualquer motorista. O efeito, portanto, é meramente didático.

A discutível inovação está na redação do inciso VII e seu parágrafo único.

Exigir-se do motorista a submissão a testes e programas de controles de uso de droga e bebida alcoólica representa uma invasão de sua privacidade. O uso ou não de drogas, lícitas ou ilícitas, dizem respeito à intimidade do motorista. A recusa, desde que justificada, não pode representar ato de insubordinação, como quer o § único citado, quando se refere à infração disciplinar do motorista.

A nosso ver só se pode exigir tal teste do motorista caso este apresente sinais aparentes de uso de bebidas alcoólicas ou drogas nocivas. O mesmo se diga quanto aos programas que a empresa possa oferecer a seus empregados. Nada lhe pode ser imposto.

Basta se imaginar um motorista profissional que siga determinada religião cujos dogmas considerem o uso de bebidas ou drogas uma enorme transgressão aos preceitos religiosos. Tal empregado pode se recusar a participar de programas ou testes. Noutra situação podemos imaginar um empregado exemplar, com mais de 10 anos de casa, e 30 de profissão, tendo que se submeter a tal tipo de exame, simplesmente porque o novo supervisor da empresa quer demonstrar sua competência. A violação aos valores que integram a personalidade do indivíduo trabalhador é patente.

✦ **JORNADA REGULAR E PRORROGADA**

Art. 235-C. A jornada diária de trabalho do motorista profissional será de 8 (oito) horas, admitindo-se a sua prorrogação por até 2 (duas) horas extraordinárias ou, mediante previsão em convenção ou acordo coletivo, por até 4 (quatro) horas extraordinárias.

1. COMENTÁRIOS

O texto comente uma impropriedade terminológica, aliás, que também aparece em outras leis trabalhistas. A expressão "Jornada diária", utilizada no *caput* deste artigo, é pleonástica.

O termo "jornada" diz respeito ao tempo gasto no desempenho pelo empregado de seu trabalho durante um dia. Logo, é incorreto dizer: jornada diária. A palavra "jornada" tem origem no francês *journée*, "o trabalho ou o trajeto feito num dia", do latim *diurnum*, "feito durante o dia", de *dies*, "dia".

A regra acima deve ser interpretada conforme o art. 7º, XIII, da CF, que prevê "duração do trabalho normal não superior a oito horas diárias e quarenta e quatro semanais, facultada a compensação de horários e a redução da jornada, mediante acordo ou convenção coletiva de trabalho". Portanto, a negociação coletiva que vier a estabelecer a jornada do motorista não poderá fugir do padrão constitucional.

O texto anterior permitia a prorrogação da jornada por até duas horas, de acordo com a regra geral do art. 59 da CLT. A norma então vigente, e com a redação da Lei nº 12.619/2012, comportava duas interpretações. Na primeira, se podia crer que o legislador simplesmente repetiu o padrão já existente para prorrogação da jornada, o que me parecia inútil.

Na segunda, que acreditamos ser a mais condizente com o espírito de uma legislação especial, a intenção da regra foi **dispensar o acordo individual ou coletivo para a prorrogação da jornada por duas horas.** O empregador, segundo este dispositivo, estaria autorizado a exigir de seu empregado motorista o exercício de horas extras limitadas a duas diárias, sem acordo individual ou coletivo.

A regra atual não deixa dúvidas, pois exige, expressamente, a negociação coletiva que autorize a prorrogação da jornada por até 4 horas extraordinárias por dia. Ao que nos parece, a prorrogação até 2 horas, a contrário senso, está dispensada da formalidade do acordo individual ou coletivo.

É importante dizer que o regime de trabalho além da jornada de 8 horas é extraordinário, eventual, esporádico. A regra do art. 235-C não permite a prorrogação constante da jornada, dia após dia. Interpretação em sentido contrário representaria direta afronta ao princípio protetor e, em especial, ao arcabouço legal de limitação à duração do trabalho previsto na Constituição (art. 7º, IX, XIII, XIV, XV e XVI).

✦ TEMPO À DISPOSIÇÃO DO EMPREGADOR

§ 1º Será considerado como trabalho efetivo o tempo em que o motorista empregado estiver à disposição do empregador, excluídos os intervalos para refeição, repouso e descanso e o tempo de espera.

1. COMENTÁRIOS

A regra repete o critério do art. 4º, da CLT, para considerar tempo de serviço efetivo aquele à disposição do empregador.

Quanto aos intervalos para refeição, repouso e descanso este parágrafo não trouxe qualquer novidade, pois já não eram considerados como tempo de serviço efetivo (vide comentários aos artigos 71 e 72 da CLT).

O tempo de "espera" é definido no § 8º, e remunerado na forma do § 9º, a seguir comentados.

✦ INTERVALO INTRAJORNADA

§ 2º Será assegurado ao motorista profissional empregado intervalo mínimo de 1 (uma) hora para refeição, podendo esse período coincidir com o tempo de parada obrigatória na condução do veículo estabelecido pela Lei nº 9.503, de 23 de setembro de 1997 – Código de Trânsito Brasileiro, exceto quando se tratar do motorista profissional enquadrado no § 5º do art. 71 desta Consolidação.

1. COMENTÁRIOS

O art. 235-C fixou a jornada do motorista em 8 horas. Consequentemente, este tempo de trabalho atrai o intervalo mínimo de 1 hora, que o art. 235-C, parágrafo segundo permitiu que coincidisse com o horário de parada obrigatória, exceto para o motorista empregado, cujo regramento do intervalo está disciplinado no art. 71, § 5º, da CLT, a cuja leitura nos reportamos.

O art. 11, § 1º, da lei nº 13.103/2015, prevê que:

> Art. 11. Atos do órgão competente da União ou, conforme o caso, de autoridade do ente da federação com circunscrição sobre a via publicarão a relação de trechos das vias públicas que disponham de pontos de parada ou de locais de descanso adequados para o cumprimento desta Lei.
>
> § 1º – A primeira relação dos trechos das vias referidas no *caput* será publicada no prazo de até 180 (cento e oitenta) dias a contar da data da publicação desta Lei.

Tanto o § 2º, ora comentado, como o § 3º que segue, têm o início de sua vigência sujeitos à condição suspensiva, pois só começarão a vigorar "a partir da data da publicação dos atos de que trata o art. 11, para os trechos das vias deles constantes", conforme prevê o art. 12, inciso I, da Lei nº 13.103/2015.

De qualquer forma, prevê o art. 14 da Lei nº 13.103 que "decorrido o prazo de 3 (três) anos a contar da publicação desta Lei, os seus efeitos dar-se-ão para todas as vias, independentemente da publicação dos atos de que trata o art. 11 ou de suas revisões.".

✦ **INTERVALOS INTERJORNADAS**

§ 3º – Dentro do período de 24 (vinte e quatro) horas, são asseguradas 11 (onze) horas de descanso, sendo facultados o seu fracionamento e a coincidência com os períodos de parada obrigatória na condução do veículo estabelecida pela Lei nº 9.503, de 23 de setembro de 1997 – Código de Trânsito Brasileiro, garantidos o mínimo de 8 (oito) horas ininterruptas no primeiro período e o gozo do remanescente dentro das 16 (dezesseis) horas seguintes ao fim do primeiro período.

1. COMENTÁRIOS

O intervalo especial de 11 horas foi criado, em tese, para os motoristas de transporte de carga, que passam horas a fio nas estradas. A regra não é compatível com o trabalho dos motoristas de transporte de passageiros, particularmente em centros urbanos, pois não trabalham 24 horas contínuas. Caso trabalhem com esta extensão de jornada terão direito ao mesmo intervalo dos motoristas de estradas.

Este intervalo substitui o gozo daquele de 11 horas – interjornadas –, previsto no art. 66 da CLT.

✦ **VIAGENS DE LONGA DISTÂNCIA**

§ 4º – Nas viagens de longa distância, assim consideradas aquelas em que o motorista profissional empregado permanece fora da base da empresa, matriz ou filial e de sua residência por mais de 24 (vinte e quatro) horas, o repouso diário pode ser feito no veículo ou em alojamento do empregador, do contratante do transporte, do embarcador ou do destinatário ou em outro local que ofereça condições adequadas.

1. COMENTÁRIOS

Trata-se de mais uma norma de difícil fiscalização. Como se pode fiscalizar o repouso diário dentro do veículo? Como poderia o Auditor Fiscal do Trabalho abordar um veículo estacionado em um posto de gasolina para exigir que seu condutor permitisse o ingresso em seu interior para fins de fiscalização.

O repouso diário a que se refere este parágrafo é o intervalo de 11 horas, interjornadas, após 24 horas de trabalho ininterrupto a que se refere o § 3º deste artigo.

Sobre as viagens de longa distância leia-se o art. 235-D, da CLT.

✦ **ADICIONAL DE HORAS EXTRAS**

§ 5º – As horas consideradas extraordinárias serão pagas com o acréscimo estabelecido na Constituição Federal ou compensadas na forma do § 2º do art. 59 desta Consolidação.

1. COMENTÁRIOS

Esta disposição legal é totalmente dispensável, pois só repete o óbvio: o respeito ao adicional constitucional de 50% (art. 7º, XVI, da CF), e a possibilidade de compensação do serviço extraordinário, regulado pelo art. 59, § 2º da CLT, a cujos comentários nos reportamos.

✦ **TRABALHO NOTURNO**

§ 6º – À hora de trabalho noturno aplica-se o disposto no art. 73 desta Consolidação.

1. COMENTÁRIOS

Mais uma regra desnecessária. O silêncio do legislador teria o mesmo efeito de atrair a aplicação do art. 73 da CLT quanto ao trabalho noturno.

§ 7º – (VETADO).

✦ TEMPO DE ESPERA

§ 8º – São considerados tempo de espera as horas em que o motorista profissional empregado ficar aguardando carga ou descarga do veículo nas dependências do embarcador ou do destinatário e o período gasto com a fiscalização da mercadoria transportada em barreiras fiscais ou alfandegárias, não sendo computados como jornada de trabalho e nem como horas extraordinárias.

§ 9º – As horas relativas ao tempo de espera serão indenizadas na proporção de 30% (trinta por cento) do salário-hora normal.

§ 10. Em nenhuma hipótese, o tempo de espera do motorista empregado prejudicará o direito ao recebimento da remuneração correspondente ao salário-base diário.

§ 11. Quando a espera de que trata o § 8º for superior a 2 (duas) horas ininterruptas e for exigida a permanência do motorista empregado junto ao veículo, caso o local ofereça condições adequadas, o tempo será considerado como de repouso para os fins do intervalo de que tratam os §§ 2º e 3º, sem prejuízo do disposto no § 9º.

§ 12. Durante o tempo de espera, o motorista poderá realizar movimentações necessárias do veículo, as quais não serão consideradas como parte da jornada de trabalho, ficando garantido, porém, o gozo do descanso de 8 (oito) horas ininterruptas aludido no § 3º

1. COMENTÁRIOS

A flexibilização imposta pelo **§ 8º** é extremamente prejudicial aos motoristas. A espera pela vez de carregar ou descarregar a mercadoria pode demorar horas em algumas localidades onde as filas de caminhões são intermináveis. Como este tempo de espera não é computado na jornada de trabalho, poderá ocorrer de a espera ser até mesmo superior à jornada do empregado.

O § 9º manda indenizar o período de espera na base de 30% do valor da hora normal, ou seja, o empregado só receberá 30% do que receberia se estivesse trabalhando. Não se trata, portanto, de hora extraordinária remunerada. Diante da natureza indenizatória do tempo de espera, não haverá repercussão em outras parcelas contratuais. A regra contrariou a jurisprudência do TST sobre o tema, em particular a S. 437 desta corte.

O tempo de espera não exclui e tampouco substitui a obrigação de remuneração do horário normal de trabalho, como quis frisar **o § 10º** deste artigo. A regra também é supérflua, mas, nesse caso, tem o efeito didático de explicar ao empregador que o tempo de espera é pago à parte do tempo que o motorista está conduzindo o veículo.

O § 11 permite que o tempo de espera que alcance 2 horas ininterruptas seja considerado como intervalo para repouso e alimentação, mas somente caso o veículo tenha condições de permitir este repouso. Trata-se de mais uma regra de difícil fiscalização.

O § 12, de certa forma, descaracteriza o tempo de espera, pois o motorista poderá realizar manobras com o veículo, mas, ainda assim, o legislador só remunera este período na base de 30% do valor da hora normal.

✦ JORNADA FLEXÍVEL

§ 13. Salvo previsão contratual, a jornada de trabalho do motorista empregado não tem horário fixo de início, de final ou de intervalos.

1. COMENTÁRIOS

A jornada flexível prevista no § 13 permite que o empregador distribua as horas de trabalho e os intervalos ao longo da jornada. Trata-se de disposição legal que adapta o controle da jornada às peculiaridades da atividade do motorista.

✦ REGISTROS DO TRABALHO EXTERNO

§ 14. O empregado é responsável pela guarda, preservação e exatidão das informações contidas nas anotações em diário de bordo, papeleta ou ficha de trabalho externo, ou no registrador instantâneo inalterável de velocidade e tempo, ou nos rastreadores ou sistemas e meios eletrônicos, instalados nos veículos, normatizados pelo Contran, até que o veículo seja entregue à empresa.

§ 15. Os dados referidos no § 14 poderão ser enviados a distância, a critério do empregador, facultando-se a anexação do documento original posteriormente.

1. COMENTÁRIOS

Esta disposição legal é de natureza híbrida. Ao mesmo tempo em que prevê a responsabilidade do empregado motorista pelos equipamentos que controlam o deslocamento do veículo, prevê o empregado também é responsável pela "exatidão das informações contidas nas anotações em diário de bordo, papeleta ou ficha de trabalho externo." Portanto, os controles de horário do trabalho externo são de responsabilidade exclusiva do empregado.

Essa disposição legal permite alguma forma de controle da atividade externa, de forma que o empregado deixa de ser enquadrar na exceção legal do art. 62, I, da CLT.

Todas as fichas de controle externo são facilmente aceitas como meio de prova, ainda que as informações sejam transmitidas eletronicamente para o empregador.

✦ DA PROTEÇÃO LEGAL AO AJUDANTE

§ 16. Aplicam-se as disposições deste artigo ao ajudante empregado nas operações em que acompanhe o motorista.

1. COMENTÁRIOS

A regra deste artigo se aplica ao ajudante de motorista nos transportes de carga, como também ao cobrador, que é responsável por receber os pagamentos das passagens e que, portanto, está presente em todo o momento da atividade do motorista. O cobrador tem as mesmas peculiaridades do trabalho do motorista, sendo que sua jornada se estende um pouco mais porque é responsável pela prestação de contas após a última viagem.

✦ TRATORISTAS

§ 17. O disposto no *caput* deste artigo aplica-se também aos operadores de automotores destinados a puxar ou a arrastar maquinaria de qualquer natureza ou a executar trabalhos de construção ou pavimentação e aos operadores de tratores, colheitadeiras, autopropelidos e demais aparelhos automotores destinados a puxar ou a arrastar maquinaria agrícola ou a executar trabalhos agrícolas." (incluído pela Lei nº 13.154, de 30.07.2015).

1. COMENTÁRIOS

O disposto no § 17 pretende estender aos operadores de máquinas ou tratores as disposições legais do art. 235-C aplicáveis aos motoristas. A inovação legal é de todo criticável, pois a disciplina que se pretendeu estender aos motoristas de trator foi criada para o motorista de passageiros ou de carga, atendendo às peculiaridades deste tipo de transporte, totalmente destinto da realidade dos tratoristas.

✦ **VIAGENS DE LONGA DISTÂNCIA**

Art. 235-D. Nas viagens de longa distância com duração superior a 7 (sete) dias, o repouso semanal será de 24 (vinte e quatro) horas por semana ou fração trabalhada, sem prejuízo do intervalo de repouso diário de 11 (onze) horas, totalizando 35 (trinta e cinco) horas, usufruído no retorno do motorista à base (matriz ou filial) ou ao seu domicílio, salvo se a empresa oferecer condições adequadas para o efetivo gozo do referido repouso.

I – revogado;

II – revogado;

III – revogado.

1. COMENTÁRIOS

O tratamento legal deste dispositivo e seus parágrafos diz respeito, exclusivamente, às viagens de longa distancia, excluindo-se, portanto, outras regras especiais de trabalho dos motoristas, salvo quando esta norma for omissa.

O *caput* do art. 235-D diz respeito ao Repouso Semanal Remunerado, cujo regramento está inserido na Lei nº 605/49. Neste particular e quanto a outras regras também aplicáveis ao motorista, quanto ao repouso semanal, nos reportamos aos comentários ao art. 67 da CLT.

✦ **FRACIONAMENTO DO REPOUSO SEMANAL**

§ 1º – É permitido o fracionamento do repouso semanal em 2 (dois) períodos, sendo um destes de, no mínimo, 30 (trinta) horas ininterruptas, a serem cumpridos na mesma semana e em continuidade a um período de repouso diário, que deverão ser usufruídos no retorno da viagem.

1. COMENTÁRIOS

O ideal é que o repouso semanal seja contínuo, de no mínimo 35 horas (11 horas de intervalo intrajornada + repouso semanal de 24 horas), mas, não sendo possível seu gozo, pelas peculiaridades da atividade do motorista, o legislador permitiu seu fracionamento, usufruindo o repouso quando do retorno à base ou ao domicílio do empregado. Para implemento desta regra o intervalo mínimo de repouso será de 30 horas para um dos períodos fracionados. O desrespeito ao intervalo mínimo importará em pagamento de indenização, correspondente ao tempo suprimido por aplicação analógica do art. 71, § 4º, da CLT.

✦ **CUMULATIVIDADE DOS DESCANSOS**

§ 2º – A cumulatividade de descansos semanais em viagens de longa distância de que trata o *caput* fica limitada ao número de 3 (três) descansos consecutivos.

1. COMENTÁRIOS

O repouso semanal é devido a cada 7 dias em viagem de longa distância, conforme o *caput* do art. 235-D, da CLT. Todavia, pode ocorrer da viagem ser muito longa, por problemas no percurso, ou pela própria distância da entrega. Nestas hipóteses o legislador proibiu que o acúmulo de repousos semanais passe de três. Assim sendo, o limite de tempo de duração da viagem sem repouso semanal será de 21 dias (3 x 7 dias de viagem = 21). Ao final do 21º dia de viagem, qualquer que seja a condição do trabalho, o empregador está obrigado a permitir o repouso semanal do empregado, mesmo que o local da viagem não seja adequado para o descanso. Nesta situação excepcional, na qual, pela distância, pode não ser possível o retorno à base ou ao domicílio do empregado, o repouso ocorrerá durante o percurso.

✦ **VEÍCULO PARADO APÓS A JORNADA DE TRABALHO**

§ 3º – O motorista empregado, em viagem de longa distância, que ficar com o veículo parado após o cumprimento da jornada normal ou das horas extraordinárias fica dispensado do serviço, exceto se for expressamente autorizada a sua permanência junto ao veículo pelo empregador, hipótese em que o tempo será considerado de espera.

1. COMENTÁRIOS

A regra deste parágrafo permite, ainda que de forma não desejável, que o repouso interjornadas ocorra mesmo que o veículo não esteja no local de destino. O texto legal afirma o que o empregado estará dispensado do serviço após sua jornada normal (de 8 horas) ou após as horas extraordinárias (acordadas ou exigidas pelo empregador, conforme art. 235-C, da CLT).

Portanto, este tempo de dispensa do empregado, ao final de sua jornada, interpretado como repouso, deverá ser de 11 horas, pois é o que corresponde ao repouso diário (art. 235-D, da CLT).

Caso não seja possível o repouso diário, o tempo que for de descanso, mas inferior às 11 horas legais, será descontado quando da oportunidade do empregado gozar do repouso diário. Esta dedução só é viável porque os intervalos e repousos dos motoristas não ocorrem, necessariamente, de forma contínua, como se percebe da interpretação do art. 235-C, § 3º, da CLT.

✦ **INTERVALOS**

§ 4º – Não será considerado como jornada de trabalho, nem ensejará o pagamento de qualquer remuneração, o período em que o motorista empregado ou o ajudante ficarem espontaneamente no veículo usufruindo dos intervalos de repouso.

1. COMENTÁRIOS

O empregado pode escolher repousar dentro do próprio veículo, mesmo quando a empresa disponibilizar outro local adequado. Esta escolha, desde o veículo realmente ofereça condições para um repouso adequado, substitui outro local, atendendo à necessidade de descanso previsto para o motorista.

✦ **DOIS MOTORISTAS NO MESMO VEÍCULO**

§ 5º – Nos casos em que o empregador adotar 2 (dois) motoristas trabalhando no mesmo veículo, o tempo de repouso poderá ser feito com o veículo em movimento, assegurado o repouso mínimo de 6 (seis) horas consecutivas fora do veículo em alojamento externo ou, se na cabine leito, com o veículo estacionado, a cada 72 (setenta e duas) horas.

1. COMENTÁRIOS

Com o veículo em movimento não há propriamente um repouso, pois o motorista continua em seu ambiente de trabalho e sem poder gozar de liberdade para usufruir seu tempo conforme melhor lhe aprouver. Ainda assim o § 5º tratou este tempo como repouso.

Ao menos o texto legal garantiu aos motoristas em revezamento um repouso diário mínimo de 6 horas consecutivas fora do veículo, ou, se houver cabine leito, dentro do próprio veículo estacionado. A nosso ver, este repouso substituiu o intervalo interjornadas, desde que o somatório do tempo de descanso com o veículo em movimento acrescido das 6 horas de descanso fora do veículo, ou com este estacionado, resulte em 11 horas de repouso.

✦ PRORROGAÇÃO DA JORNADA EM SITUAÇÕES EXCEPCIONAIS

§ 6º – Em situações excepcionais de inobservância justificada do limite de jornada de que trata o art. 235-C, devidamente registradas, e desde que não se comprometa a segurança rodoviária, a duração da jornada de trabalho do motorista profissional empregado poderá ser elevada pelo tempo necessário até o veículo chegar a um local seguro ou ao seu destino.

1. COMENTÁRIOS

O art. 235-C, expressamente referido no texto acima, permite a prorrogação da jornada, sem acordo, até 2 horas e, com acordo coletivo ou convenção coletiva, até 4 horas (vide comentários ao artigo pertinente). Sendo assim, a prorrogação da jornada prevista neste § 6º vai além da 4ª hora diária.

A excepcionalidade que justifica a prorrogação além da 4ª hora diária, independentemente de acordo ou convenção coletiva de trabalho, só pode ser a **necessidade imperiosa ou força maior** do art. 61 da CLT. Portanto, todas as características e exigências daquela norma legal se aplicam ao motorista.

✦ INTERVALO NA EMBARCAÇÃO DE TRANSPORTE DE VEÍCULOS

§ 7º – Nos casos em que o motorista tenha que acompanhar o veículo transportado por qualquer meio onde ele siga embarcado e em que o veículo disponha de cabine leito ou a embarcação disponha de alojamento para gozo do intervalo de repouso diário previsto no § 3º do art. 235-C, esse tempo será considerado como tempo de descanso.

1. COMENTÁRIOS

A regra não disse qual seria a consequência caso a embarcação de transporte do veículo não disponha de local adequado para o repouso.

A nosso ver, não havendo local adequado para repouso, o tempo na embarcação será considerado como de serviço efetivo e, caso somado à jornada regular, ultrapasse 8 horas, deverá ser remunerado como período extraordinário, de forma indenizatória(aplicação analógica do art. 71, § 4º, da CLT).

✦ CARGAS VIVAS E PERECÍVEIS

§ 8º – Para o transporte de cargas vivas, perecíveis e especiais em longa distância ou em território estrangeiro poderão ser aplicadas regras conforme a especificidade da operação de transporte realizada, cujas condições de trabalho serão fixadas em convenção ou acordo coletivo de modo a assegurar as adequadas condições de viagem e entrega ao destino final.

1. COMENTÁRIOS

Na falta de estipulação em norma coletiva, conforme exige a regra deste parágrafo, se aplicarão as normas de proteção do trabalho já existentes para o motorista e, permanecendo a omissão, as normas gerais de proteção à duração do trabalho, e assim sucessivamente, observando-se, ainda, o art. 8º da CLT.

✦ **REGRAS EXCLUSIVAS PARA O TRANSPORTE DE PASSAGEIROS**

Art. 235-E. Para o transporte de passageiros, serão observados os seguintes dispositivos:

I – é facultado o fracionamento do intervalo de condução do veículo previsto na Lei nº 9.503, de 23 de setembro de 1997 – Código de Trânsito Brasileiro, em períodos de no mínimo 5 (cinco) minutos;

II – será assegurado ao motorista intervalo mínimo de 1 (uma) hora para refeição, podendo ser fracionado em 2 (dois) períodos e coincidir com o tempo de parada obrigatória na condução do veículo estabelecido pela Lei nº 9.503, de 23 de setembro de 1997 – Código de Trânsito Brasileiro, exceto quando se tratar do motorista profissional enquadrado no § 5º do art. 71 desta Consolidação;

III – nos casos em que o empregador adotar 2 (dois) motoristas no curso da mesma viagem, o descanso poderá ser feito com o veículo em movimento, respeitando-se os horários de jornada de trabalho, assegurado, após 72 (setenta e duas) horas, o repouso em alojamento externo ou, se em poltrona correspondente ao serviço de leito, com o veículo estacionado.

§ 1º a 12 (Revogados pela Lei nº 13.103/2015, sendo que o § 8º já havia sido vetado pela Presidência da República quando da sanção da Lei nº 12.619, de 30.04.2012).

1. COMENTÁRIOS

A regra do inciso I, acima disposta, permite que o empregador fracione o intervalo de 1 a 2 horas do motorista empregado, em diversos intervalos de 5 minutos, conforme art. 71, § 5º da CLT.

O inciso II é regra que não deveria estar na CLT. Seu texto prevê um intervalo contínuo de 1 a 2 horas, mas excepciona aqueles que estão sujeitos ao art. 71, § 5º, da CLT. Na verdade, todos os motoristas empregados em empresas de transporte de passageiros estão sujeitos ao art. 71, § 5º, da CLT, que autoriza o fracionamento do intervalo ao longo da jornada de trabalho. Consequentemente, é inócua e dispensável a previsão do inciso II deste artigo.

A disposição do inciso III trata do repouso dentro do veículo quando este for conduzido por dois motoristas em revezamento. Diante da similitude desta regra com aquela prevista no art. 235-D, § 5º da CLT, os comentários que lhe são pertinentes também aqui se aplicam.

✦ **REVEZAMENTO DE 12 X 36**

Art. 235-F. Convenção e acordo coletivo poderão prever jornada especial de 12 (doze) horas de trabalho por 36 (trinta e seis) horas de descanso para o trabalho do motorista profissional empregado em regime de compensação.

1. COMENTÁRIOS

Este dispositivo legal legitima o turno de 12 x 36, pois há na doutrina quem não o considere turno ininterrupto de revezamento o que, segundo tal tese, afastaria a incidência do art. 7º, XIV, da CF, que permite a fixação de jornada por negociação coletiva superior ao padrão legal.

O texto do art. 235-F da CLT exige a participação do sindicato para fixação do regime de 12x36 ao se referir a acordo ou à Convenção Coletiva de Trabalho.

✦ **REMUNERAÇÃO DO MOTORISTA**

Art. 235-G. É permitida a remuneração do motorista em função da distância percorrida, do tempo de viagem ou da natureza e quantidade de produtos transportados, inclusive mediante oferta de comissão ou qualquer outro tipo de vantagem, desde que essa remuneração ou comissionamento não comprometa a segurança da rodovia e da coletividade ou possibilite a violação das normas previstas nesta Lei.

1. COMENTÁRIOS

Como tem sido a tônica de toda a legislação do motorista esta disposição também se mostra de difícil fiscalização.

De qualquer forma, é salutar que a remuneração do motorista não seja fixada por tarefa ou unidade de obra, mas sim por unidade de tempo, impedindo que o trabalhador, no afã de auferir maiores ganhos, coloque em risco sua segurança, do próprio transporte, e de terceiros. Contudo, a brecha aberta pelo art. 235-G, poderá tornar inócua a proteção, pois será muito difícil provar se a meta de entregas imposta pelo empregador causou ou não riscos à segurança do motorista ou de terceiros.

Art. 235-H. (Revogado pela Lei nº 13.103, de 2.3.2015)

SEÇÃO V – DO SERVIÇO FERROVIÁRIO

DO ENQUADRAMENTO COMO FERROVIÁRIO

Art. 236. No serviço ferroviário. considerado este o de transporte em estradas de ferro abertas ao tráfego público, compreendendo a administração, construção, conservação e remoção das vias férreas e seus edifícios, obras-de-arte, material rodante, instalações complementares e acessórias, bem como o serviço de tráfego, de telegrafia, telefonia e funcionamento de todas as instalações ferroviárias, aplicam-se os preceitos especiais constantes desta Seção.

1. COMENTÁRIOS

Além do enquadramento legal dos trabalhadores deste artigo como ferroviários, a Lei nº 1.652, de 22.7.52 estende a proteção legal aos trabalhadores que explorem carros-restaurantes (art. 1º), ou em associações de ferroviários, como cooperativas, farmácias e sindicatos (art. 2º) (Martins, Comentários, 2010, p. 239 e Amador Paes de Almeida, CLT comentada, 2009, p. 140).

Os ferroviários são somente aqueles que trabalhem em estradas de ferro abertas ao público, ficando excluídos deste enquadramento os trabalhadores em ferrovias de uso privativo de empresas (Amador Paes de Almeida, CLT comentada, 2009, p. 140, Martins, Comentários, 2010, p. 238, Russomano, Comentários, Vol. I, 1993, p. 248 e Carrion, Comentários, 2010, p. 236).

O regime desta Seção só é aplicável às empresas que contratem empregados pelo regime celetista (Súmulas 52 e 67 do TST). Os estatutários estão excluídos do regime especial dos ferroviários previsto nesta CLT.

2. SÚMULAS E ORIENTAÇÕES JURISPRUDENCIAIS

Súmula nº 180/TFR – *25-09-1985 – DJ 08-11-85*

Competência – Processo e Julgamento – Complementação de Proventos da Aposentadoria dos Ferroviários Cedidos a Rede Ferroviária Federal SA

Compete à Justiça Federal processar e julgar pedidos de complementação de proventos da aposentadoria dos ferroviários cedidos a Rede Ferroviária Federal SA. Imprópria a reclamação trabalhista para a espécie.

Súmula nº 52/TST

TEMPO DE SERVIÇO (mantida) – Res. 121/2003, DJ 19, 20 e 21.11.2003

O adicional de tempo de serviço (qüinqüênio) é devido, nas condições estabelecidas no art. 19 da Lei nº 4.345, de 26.06.1964, aos contratados sob o regime da CLT, pela empresa a que se refere a mencionada lei, inclusive para o fim de complementação de aposentadoria.

▸ **Súmula nº 67/TST**

GRATIFICAÇÃO. FERROVIÁRIO (mantida) – Res. 121/2003, DJ 19, 20 e 21.11.2003. Chefe de trem, regido pelo estatuto dos ferroviários (Decreto nº 35.530, de 19.09.1959), não tem direito à gratificação prevista no respectivo art. 110.

▸ **Súmula nº 106/TST**

APOSENTADORIA. FERROVIÁRIO. COMPETÊNCIA (mantida) – Res. 121/2003, DJ 19, 20 e 21.11.2003. É incompetente a Justiça do Trabalho para julgar ação ajuizada em face da Rede Ferroviária Federal, em que ex-empregado desta pleiteie complementação de aposentadoria, elaboração ou alteração de folhas de pagamento de aposentados, se por essas obrigações responde órgão da previdência social.

3. QUESTÕES DE CONCURSOS

01. (TRT 15 – Juiz do Trabalho Substituto 15ª região/ 2012) Sob a ótica das Súmulas do TST, aponte a alternativa incorreta: chefe de trem, regido pelo estatuto dos ferroviários, não tem direito à gratificação prevista no respectivo estatuto.

GAB	1	E

✦ CATEGORIAS DE FERROVIÁRIOS

Art. 237. O pessoal a que se refere o artigo antecedente fica dividido nas seguintes categorias:

a) funcionários de alta administração, chefes e ajudantes de departamentos e seções, engenheiros residentes, chefes de depósitos, inspetores e demais empregados que exercem funções administrativas ou fiscalizadoras;

b) pessoal que trabalhe em lugares ou trechos determinados e cujas tarefas requeiram atenção constante; pessoal de escritório, turmas de conservação e construção da via permanente, oficinas e estações principais, inclusive os respectivos telegrafistas; pessoal de tração, lastro e revistadores;

c) das equipagens de trens em geral;

d) pessoal cujo serviço é de natureza intermitente ou de pouca intensidade, embora com permanência prolongada nos locais de trabalho; vigias e pessoal das estações do interior, inclusive os respectivos telegrafistas.

1. COMENTÁRIOS

As explicações feitas por Sergio Pinto Martins na qualificação das atribuições acima mencionadas são de tal forma didáticas que merecem ser transcritas, com algumas adaptações feitas pelo autor destes comentários: Pessoal de Conservação (art. 236) compreende os truqueiros, os que fazem remoção de entulho, limpeza, capinagem. Alta administração compreende superintendente e diretores (empregados de confiança plena do empregador – art. 62, II, da CLT). Engenheiros residentes são os que moram nas casas no curso da ferrovia. Chefes de departamento são os de estoques, material rodante (Comentários, 2010, p. 239).

✦ TEMPO DE SERVIÇO EFETIVO

Art. 238. Será computado como de trabalho efetivo todo o tempo, em que o empregado estiver à disposição da estrada.(Conforme art. 36, do Decreto-lei nº 5, de 4.4.1966, foi restabelecida a redação original deste artigo).

§ 1º – Nos serviços efetuados pelo pessoal da categoria c, não será considerado como de trabalho efetivo o tempo gasto em viagens do local ou para o local de terminação e início dos mesmos serviços.

§ 2º – Ao pessoal removido ou comissionado fora da sede será contado como de trabalho normal e efetivo o tempo gasto em viagens, sem direito à percepção de horas extraordinárias.

§ 3º – No caso das turmas de conservação da via permanente, o tempo efetivo do trabalho será contado desde a hora da saída da casa da turma até a hora em que cessar o serviço em qualquer ponto compreendido dentro dos limites da respectiva turma. Quando o empregado trabalhar fora dos limites da sua turma, ser-lhe-á também computado como de trabalho efetivo o tempo gasto no percurso da volta a esses limites.

§ 4º – Para o pessoal da equipagem de trens, só será considerado esse trabalho efetivo, depois de chegado ao destino, o tempo em que o ferroviário estiver ocupado ou retido à disposição da Estrada. Quando, entre dois períodos de trabalho, não mediar intervalo superior a uma hora, será essa intervalo computado como de trabalho efetivo.

§ 5º – O tempo concedido para refeição não se computa como de trabalho efetivo, senão para o pessoal da categoria c, quando as refeições forem tomadas em viagem ou nas estações durante as paradas. Esse tempo não será inferior a uma hora, exceto para o pessoal da referida categoria em serviço de trens.

§ 6º – No trabalho das turmas encarregadas da conservação de obras de arte, linhas telegráficas ou telefônicas e edifícios, não será contado, como de trabalho efetivo, o tempo de viagem para o local do serviço, sempre que não exceder de uma hora, seja para ida ou para volta, e a Estrada fornecer os meios de locomoção, computando-se, sempre o tempo excedente a esse limite.

1. COMENTÁRIOS

O *caput* do art. 238 consagra a regra geral do art. 4º da CLT, segundo a qual se considera tempo de serviço efetivo quando o empregado está aguardando ou executando ordens. Esta noção se repete para os ferroviários definidos nos §§ 1º e 2º.

O § 3º, diferindo da regra geral, computa a jornada in itinere para os ferroviários que trabalham na conservação da via permanente e o § 6º só integra o tempo de ida ou de volta quando cada trecho exceder de uma hora, ainda assim restrito às turmas encarregadas da conservação de obras de arte, linhas telegráficas ou telefônicas e edifícios.

O § 5º repete a regra do art. 71 da CLT determinando que o tempo para refeição não seja computado como trabalho efetivo. Consequentemente, não é remunerado pelo empregador. A exceção é feita para o pessoal da categoria "c" (equipagem de trens, art. 237, "c"), cujo tempo de intervalo é considerado como de efetivo exercício quando as refeições ocorrerem no próprio trem em viagem ou nas estações.

2. SÚMULAS E ORIENTAÇÕES JURISPRUDENCIAIS

▸ **Súmula nº 446, do TST. (DEJT, 13.12.2013)**

MAQUINISTA FERROVIÁRIO. INTERVALO INTRAJORNADA. SUPRESSÃO PARCIAL OU TOTAL. HORAS EXTRAS DEVIDAS. COMPATIBILIDADE ENTRE OS Arts. 71, § 4º, E 238, § 5º, DA CLT.

A garantia ao intervalo intrajornada, prevista no art. 71 da CLT, por constituir-se em medida de higiene, saúde e segurança do empregado, é aplicável também ao ferroviário maquinista integrante da categoria "c" (equipagem de trem em geral), não havendo incompatibilidade entre as regras inscritas nos arts. 71, § 4º, e 238, § 5º, da CLT.

3. QUESTÕES DE CONCURSOS

01. (TRT – 1ª REGIÃO/JUIZ DO TRABALHO/2008/ADAPTADA) Julgue:Para o pessoal da equipagem de trens, só será considerado como de trabalho efetivo, depois de chegado ao destino, o tempo em que o ferroviário estiver ocupado ou retido à disposição da Estrada. Quando, entre dois períodos de trabalho, não mediar intervalo superior a uma hora, será esse intervalo computado como de trabalho efetivo.

GAB	1	C

✦ **JORNADA E HORAS EXTRAS**

Art. 239. Para o pessoal da categoria "c", a prorrogação do trabalho independe de acordo ou contrato coletivo, não podendo, entretanto, exceder de 12 (doze) horas, pelo que as empresas organizarão, sempre que possível, os serviços de equipagens de trens com destacamentos nos trechos das linhas de modo a ser observada a duração normal de oito horas de trabalho.

✦ **REPOUSO INTERJORNADAS**

§ 1º – Para o pessoal sujeito ao regime do presente artigo, depois de cada jornada de trabalho haverá um repouso de 10 (dez) horas contínuas, no mínimo, observando-se, outrossim, o descanso semanal.

✦ **AJUDA DE CUSTO**

§ 2º – Para o pessoal da equipagem de trens, a que se refere o presente artigo, quando a empresa não fornecer alimentação, em viagem, e hospedagem, no destino, concederá uma ajuda de custo para atender a tais despesas.

✦ **HORAS NOTURNAS**

§ 3º – As escalas do pessoal abrangido pelo presente artigo serão organizadas de modo que não caiba a qualquer empregado, quinzenalmente, um total de horas de serviço noturno superior às de serviço diurno.

✦ **CADERNETAS ESPECIAIS**

§ 4º – Os períodos de trabalho do pessoal a que alude o presente artigo serão registrados em cadernetas especiais, que ficarão sempre em poder do empregado, de acordo com o modelo aprovado pelo Ministro do Trabalho, Indústria e Comércio.

1. COMENTÁRIOS

A jornada regular do ferroviário é de 8 (oito) horas, conforme o art. 239, sujeitando-se, após a Constituição de 1988, à duração semanal de 44 horas (art. 7º, XIII, da CF).

A prorrogação de jornada depende de negociação coletiva, exceto para o pessoal da categoria "c" (art. 237), como prevê o *caput*, do art. 239; para estes, contudo, a jornada prorrogada não poderá ultrapassar de 12 horas. A lei não fixou limites à jornada extraordinária das demais categorias de ferroviários definidas no art. 237. Fica clara a intenção da norma de inibir o desgaste do ferroviário que trabalha na equipagem dos trens, diminuindo o número de acidentes por excesso de trabalho.

O intervalo interjornadas de 10 (dez) horas previsto no § 1º exclui a aplicação do intervalo de 11 (onze) horas referido no art. 66 da CLT, pois ambos têm a mesma finalidade.

A ajuda de custo prevista no § 2º não tem natureza salarial, uma vez que destinada a repor os gastos com alimentação e hospedagem decorrentes da viagem (vide art. 457, § 2º, desta CLT).

Aplica-se ao ferroviário o regime geral do trabalho noturno do art. 73 da CLT, com a restrição do § 3º deste artigo.

As cadernetas especiais previstas no § 4º, onde serão anotados os períodos especiais de trabalho previstos neste artigo, tiveram seu modelo aprovado pela Portaria nº 3.056/72, do Ministério do Trabalho. A posse da carteira pelo empregado constitui um facilitador de controle de sua jornada de trabalho.

✦ **HORAS EXTRAS POR URGÊNCIA OU ACIDENTE**

Art. 240. Nos casos de urgência ou de acidente, capazes de afetar a segurança ou regularidade do serviço, poderá a duração do trabalho ser excepcionalmente elevada a qualquer número de horas, incumbindo à Estrada zelar pela incolumidade dos seus empregados e pela possibilidade de revezamento de turmas, assegurando ao pessoal um repouso correspondente e comunicando a ocorrência ao Ministério do Trabalho, Indústria e Comércio, dentro de dez dias da sua verificação.

Parágrafo único. Nos casos previstos neste artigo, a recusa, sem causa justificada, por parte de qualquer empregado, à execução de serviço extraordinário será considerada falta grave.

1. COMENTÁRIOS

As horas extras prestadas na forma deste artigo, que atendem a motivo de força maior (art. 501 da CLT), devem ser compensadas e não pagas. Esta interpretação se extrai da expressão "assegurando ao pessoal um repouso correspondente". A intenção da norma, ao evitar o pagamento da jornada extraordinária, é permitir a recuperação da saúde do empregado diante do número excessivo de horas trabalhadas pelos motivos deste artigo. Em sentido contrário ao que defendemos Russomano entende que as horas extras deste serão remuneradas na forma do artigo 241 (Comentários, Vol. I, 1993, p. 252).

A comunicação ao Ministério do Trabalho, no prazo de 10 dias do evento que motivou o labor extraordinário, é obrigação do empregador, sob pena de sofrer sanção administrativa (multa).

A prorrogação prevista no *caput* deste artigo ocorrerá sem limite, mas a razoabilidade deve pautar a extensão da jornada, respeitando-se a integridade física e psíquica do empregado e as peculiaridades de cada indivíduo. O direito não é absoluto e deve observar a resistência humana.

O § único tipifica como falta grave a recusa do empregado em cumprir a jornada extraordinária por motivo de força maior. A penalidade máxima se justifica diante do interesse social na continuidade de serviço essencial de transporte público de passageiros. A menção à expressão "falta grave" (art. 493) e não à justa causa (art. 482) permite a ilação de que os estáveis decenais também poderão ter o contrato rompido por esta recusa (Russomano, Comentários, Vol. I, 1993, p. 252 e Martins, Comentários, 2010, p. 243).

2. QUESTÕES DE CONCURSOS

01. (TRT – 14ª REGIÃO/JUIZ DO TRABALHO/2008/ADAPTADA) A recusa do empregado ferroviário, sem motivo justificado, quanto à execução de serviço extraordinário para atendimento de casos de urgência, capazes de afetar a regularidade dos serviços, será considerada falta grave ensejadora da despedida por justa causa.

02. (TRT – 24ª REGIÃO/JUIZ DO TRABALHO/2006/ADAPTADA) A recusa injustificada de executar serviço extraordinário, em caso de urgência ou de acidentes que afetem a segurança ou regularidade do serviço, tipifica justa causa no serviço ferroviário.

GAB	1	C	2	C

✦ REMUNERAÇÃO DAS HORAS EXTRAS

Art. 241. As horas excedentes das do horário normal de oito horas serão pagas como serviço extraordinário na seguinte base: as duas primeiras com o acréscimo de 25% (vinte e cinco por cento) sobre o salário-hora normal; as duas subseqüentes com um adicional de 50% (cinqüenta por cento) e as restantes com um adicional de 75% (setenta e cinco por cento).

Parágrafo único. Para o pessoal da categoria "c", a primeira hora será majorada de 25% (vinte e cinco por cento), a segunda hora será paga com o acréscimo de 50% (cinqüenta por cento) e as duas subseqüentes com o de 60% (sessenta por cento), salvo caso de negligência comprovada.

1. COMENTÁRIOS

As duas primeiras horas excedentes da jornada normal de 8 horas serão remuneradas com adicional de 50%, pois não foi recepcionado pela CF/88 o adicional de 25% (art. 7º, XVI). As duas horas seguintes serão pagas também com adicional de 50%. O benefício legal, atualmente, só se faz sentir a partir da 5ª hora extra, quando se observará o adicional de 60%. A norma deste artigo acaba por estimular o labor extraordinário, uma vez que torna regra a excessiva jornada.

O estimulo às horas extras também se observa quanto ao pessoal da categoria "c", referido no § único, supra. O tratamento legal, neste caso, respeita o limite de 12 horas para sua jornada (art. 239), razão pela qual a gradação do pagamento da sobrejornada é diferente.

A supressão do pagamento de horas extras no caso de negligência, conforme se lê no § único, para o pessoal da categoria "c", conflita diretamente com a norma do art. 7º, XVI, da CF, que prevê o adicional de 50% para qualquer labor extraordinário.

O empregado negligente pode ter seu contrato de trabalho rompido por justa causa (art. 482), mas não deixará de receber pelo labor extraordinário (neste sentido: Russomano, Comentários, Vol. I, 1993, p. 253 e Martins, Comentários, 2010, p. 244).

✦ FRAÇÕES DE HORA

Art. 242. As frações de meia hora superiores a 10 (dez) minutos serão computadas como meia hora.

1. COMENTÁRIOS

O dispositivo deste artigo é norma protetiva e não pode ser interpretado em desfavor do empregado. Assim, não é razoável a interpretação de que as frações de meia hora inferiores ao tempo de 10 minutos devem ser desprezadas (neste sentido: Russomano, Comentários, Vol. I, 1993, p. 253). A própria regra geral quanto à jornada de trabalho, do art. 58, § 1º da CLT, interpretada em sentido contrário, prevê a remuneração dos serviços que ultrapassarem 5 minutos da jornada regular.

Sergio Pinto Martins (Comentários, 2010, p. 244) lembra que para o marítimo a fração de hora é computada como hora inteira (art. 250, § único, da CLT).

✦ EMPREGADOS DE ESTAÇÕES DE INTERIOR

Art. 243. Para os empregados de estações do interior, cujo serviço for de natureza intermitente ou de pouca intensidade, não se aplicam os preceitos gerais sobre duração do trabalho, sendo-lhes, entretanto, assegurado o repouso contínuo de dez horas, no mínimo, entre dois períodos de trabalho e descanso semanal.

1. COMENTÁRIOS

Intermitente, para os fins deste artigo, é o serviço descontinuo. O serviço não é propriamente eventual, pois se fosse não haveria necessidade de intervalo interjornadas e de repouso semanal. Exatamente porque não se trata de trabalho absolutamente esporádico, que a exclusão deste artigo é discriminatória se comparada com a proteção prevista para os ferroviários e mesmo para os trabalhadores em geral. O afastamento de todos os preceitos sobre duração do trabalho, como prevê o texto legal, importa em não haver remuneração especial para eventual trabalho noturno, ou mesmo previsão de intervalo intrajornada. A discriminação é igual àquela perpetrada pelo art. 62 da CLT, a cujos comentários nos reportamos.

Russomano também vê exagero na restrição legal, afirmando que melhor teria feito o legislador se limitasse a jornada a 10 ou 12 horas, mas sem excluir estes empregados do regime da duração do trabalho (Comentários, Vol. I, 1993, p. 254).

A jurisprudência do TST, consolidada na S. 61, parece aceitar a restrição legal, sem qualquer ressalva.

2. SÚMULAS E ORIENTAÇÕES JURISPRUDENCIAIS

- **Súmula nº 61/TST**

  FERROVIÁRIO (mantida) – Res. 121/2003, DJ 19, 20 e 21.11.2003

  Aos ferroviários que trabalham em estação do interior, assim classificada por autoridade competente, não são devidas horas extras (art. 243 da CLT).

3. QUESTÕES DE CONCURSOS

01. (TRT 8 – Juiz do Trabalho Substituto 8ª região/2012) Segundo as Súmulas do Tribunal Superior do Trabalho, assinale a alternativa CORRETA: aos ferroviários que trabalham em estação do interior, assim classificada por autoridade competente, não são devidas horas extras (art. 243 da CLT). CERTA

02. (TRT 15 – Juiz do Trabalho Substituto 15ª região/ 2012) Sob a ótica das Súmulas do TST, aponte a alternativa incorreta: aos ferroviários que trabalham em estação do interior, assim classificada por autoridade competente, não são devidas horas extras.

GAB	1	C	2	E

✦ **REGIMES ESPECIAIS DE TRABALHO**

Art. 244. As estradas de ferro poderão ter empregados extranumerários, de sobreaviso e de prontidão, para executarem serviços imprevistos ou para substituições de outros empregados que faltem à escala organizada.(Conforme art. 36, do Decreto-lei nº 5, de 4.4.1966, foi restabelecida a redação original deste artigo).

✦ **EXTRANUMERÁRIO**

§ 1º – Considera-se "extranumerário" o empregado não efetivo, candidato à efetivação, que se apresentar normalmente ao serviço, embora só trabalhe quando for necessário. O extranumerário só receberá os dias de trabalho efetivo.

✦ **SOBREAVISO**

§ 2º – Considera-se de "sobreaviso" o empregado efetivo, que permanecer em sua própria casa, aguardando a qualquer momento o chamado para o serviço. Cada escala de "sobreaviso" será, no máximo, de vinte e quatro horas, As horas de "sobreaviso", para todos os efeitos, serão contadas à razão de 1/3 (um terço) do salário normal.

✦ **PRONTIDÃO**

§ 3º – Considera-se de "prontidão" o empregado que ficar nas dependências da estrada, aguardando ordens. A escala de prontidão será, no máximo, de doze horas. As horas de prontidão serão, para todos os efeitos, contadas à razão de 2/3 (dois terços) do salário-hora normal.

✦ **INTERVALO**

§ 4º – Quando, no estabelecimento ou dependência em que se achar o empregado, houver facilidade de alimentação, as doze horas de prontidão, a que se refere o parágrafo anterior, poderão ser contínuas. Quando não existir essa facilidade, depois de seis horas de prontidão, haverá sempre um intervalo de uma hora para cada refeição, que não será, nesse caso, computada como de serviço.

1. COMENTÁRIOS

1.1. Regimes especiais de trabalho

Os profissionais enquadrados neste artigo sejam extranumerários, de sobreaviso ou de prontidão, só trabalham em regime especial para substituição dos empregados efetivos, nas situações descritas em cada um dos parágrafos do art. 244. As condições de trabalho são vantajosas para a empresa, daí porque representam uma inversão do princípio protetor. Russomano os denomina como "de reserva", prontos para entrar em ação em razão de um imprevisto qualquer (Comentários, Vol. I, 1993, p. 255).

1.2. Extranumerário

O extranumerário representa uma exceção à regra geral da contagem do tempo de serviço. Trata-se de disposição especial expressamente autorizada pelo art. 4º da CLT. Na hipótese em questão o trabalhador só recebe pelos dias efetivamente trabalhados, mesmo que se apresente ao serviço diariamente. Como falta habitualidade na prestação de serviços estes trabalhadores não podem ser considerados empregados.

1.3. Sobreaviso

Ao contrário dos extranumerários, os trabalhadores em regime de sobreaviso são empregados que permanecem em suas próprias casas aguardando o chamado do empregador para a execução do serviço. Estes empregados têm a liberdade tolhida, pois não podem deixar a residência enquanto estiverem na escala de sobreaviso. A remuneração de somente 1/3 do salário normal é justificada pelo fato de estar o empregado aguardando o chamado, mas sem ter que trabalhar nesta espera.

Outras categorias profissionais que se enquadrem na situação deste artigo – expectativa do chamado para o serviço no domicilio – podem merecer, por analogia, o mesmo tratamento legal. A analogia, contudo, tem sido menos benéfica para o empregador, pois os empregados passam a receber um adicional de sobreaviso na base de 1/3 sobre a remuneração já percebida, definida como um plus salarial. É o que ocorre com a categoria dos eletricitários, com o respaldo da S. 229 do TST.

Os aeronautas possuem regra própria, pela qual também são remunerados na base de 1/3 sobre o valor do salário normal, nas mesmas condições deste artigo. A diferença está na limitação temporal e no local de sobreaviso, pois o aeronauta não poderá permanecer nesta condição por mais de 12 horas, ficando em local de sua escolha (não necessariamente sua residência), com obrigação de se apresentar no local indicado para a tarefa em no máximo 90 minutos da comunicação de seu empregador (art. 25, da Lei nº 7.183/84). O número de sobreavisos do aeronauta não deverá exceder de 2 (dois) semanais ou 8 (oito) mensais (§ 1º, do art. 25, da Lei nº 7.183/84).

1.3.1. Uso de Bip, Telefone Celular e similares

O uso de Bip, telefone celular, rádio ou similar não impede a locomoção do empregado, dispensando a presença em sua própria residência, podendo estar em qualquer lugar e receber o chamado do empregador. A situação de fato não é análoga à descrição deste artigo, razão pela qual o empregado nestas condições não tem direito, em princípio, a receber qualquer adicional de sobreaviso (neste sentido a Súmula nº 428, I, do TST). Contudo, caso haja prova de que o empregado ficava à disposição do empregador, podendo, a qualquer momento, ser acionado para o serviço, através destes mesmos dispositivos que em princípio não limitam sua locomoção, pode se caracterizar o sobreaviso previsto na norma do art. 244, § 2º, da CLT (neste sentido a S. 428, II, do TST).

Mesmo que não se caracterize o sobreaviso, o empregado que recebe os chamados fora da empresa deve ter este tempo computado como de serviço efetivo. Sendo feitos os contatos fora do horário de trabalho o serviço será considerado como serviço extraordinário e remunerado como tal.

1.4. Prontidão

No regime de prontidão a interferência na liberdade do empregado é ainda maior que no sobreaviso, sendo esta a justificativa para a remuneração superior. Fora da situação especial deste artigo, empregado que é obrigado a aguardar ordens nas dependências do empregador terá este tempo considerado como de efetivo serviço e remunerado normalmente. A remuneração do tempo à disposição somente com 2/3 do valor do salário normal é um beneficio à empresa.

O regime de prontidão, conforme regra do § 4º, acima, será ininterrupto, com duração de 12 horas, quando houver facilidade de alimentação no local do trabalho; não havendo, o plantão será dividido em dois turnos de 6 horas, separados por um intervalo de uma hora, não computado como tempo de serviço, ou seja, não remunerado.

2. SÚMULAS E ORIENTAÇÕES JURISPRUDENCIAIS

▸ **Súmula nº 61/TST**

FERROVIÁRIO (mantida) – Res. 121/2003, DJ 19, 20 e 21.11.2003

Aos ferroviários que trabalham em estação do interior, assim classificada por autoridade competente, não são devidas horas extras (art. 243 da CLT).

▸ **Súmula nº 229/TST**

SOBREAVISO. ELETRICITÁRIOS (nova redação) – Res. 121/2003, DJ 19, 20 e 21.11.2003

Por aplicação analógica do art. 244, § 2º, da CLT, as horas de sobreaviso dos eletricitários são remuneradas à base de 1/3 sobre a totalidade das parcelas de natureza salarial.

▸ **Súmula nº 428/TST**

SOBREAVISO. APLICAÇÃO ANALÓGICA DO Art. 244, § 2º DA CLT (redação alterada na sessão do Tribunal Pleno realizada em 14.09.2012) – Res. 185/2012 – DEJT divulgado em 25, 26 e 27.09.2012

I – O uso de instrumentos telemáticos ou informatizados fornecidos pela empresa ao empregado, por si só, não caracteriza o regime de sobreaviso.

II – Considera-se em sobreaviso o empregado que, à distância e submetido a controle patronal por instrumentos telemáticos ou informatizados, permanecer em regime de plantão ou equivalente, aguardando a qualquer momento o chamado para o serviço durante o período de descanso.

3. INFORMATIVOS DO TST

▸ ***Regime de sobreaviso. Caracterização. Uso do aparelho celular. Submissão à escala de atendimento.***

Na hipótese em que o acórdão turmário, ao transcrever a decisão do Regional, consigna que, no caso, restou caracterizado o regime de sobreaviso, em razão não apenas da utilização do uso do aparelho celular, mas pela constatação de que o empregado permanecia efetivamente à disposição do empregador fora do horário normal de trabalho, pela submissão à escala de atendimento, a SBDI – I, por maioria, não conheceu do recurso de embargos, não vislumbrando contrariedade à Súmula nº 428 do TST, vencido o Ministro Ives Gandra Martins Filho, relator. *In* casu, ressaltou-se também o fato de ter havido confissão do preposto quanto ao estabelecimento do regime de sobreaviso e ao pagamento das horas, ainda que a menor, conforme apurado pelas provas trazidas aos autos. TST-E-ED-RR-3843800-92.2009.5.09.0651, SBDI-I, rel. Min. Ives Gandra Martins Filho, red. p/ acórdão Min. José Roberto Freire Pimenta, 23.8.2012 (**Informativo nº 19**)

4. QUESTÕES DE CONCURSOS

01. **(TRT – 2ª REGIÃO/JUIZ DO TRABALHO/2009/ADAPTADO)** Para o ferroviário, considera-se de "sobreaviso" o trabalhador que ficar nas dependências da estrada de ferro, Aguardando ordens na escala máxima de 12 (doze) horas, sendo que tais horas serão contadas a razão de 2/3 (dois terços) do salário-hora normal.

02. **(PGFN/PROCURADOR DA FAZENDA NACIONAL/ESAF/2007)** No que pertine à jornada de trabalho indique a opção correta.

a) Entre duas jornadas de trabalho deverá existir um período mínimo de descanso de 12(doze) horas consecutivas.

b) Os empregados sujeitos ao regime de tempo parcial poderão prestar horas extraordinárias, desde que não excedam de 2 (duas) diárias, que serão remuneradas, pelo menos, com adicional de 50% (cinqüenta por cento).

c) Entende-se por tempo de sobreaviso o período que integra o tempo de serviço do trabalhador ferroviário no qual permanece em sua residência aguardando a qualquer instante ser convocado a prestar serviço.

d) Os menores de 18 (dezoito) anos não estão proibidos de trabalhar em horário noturno, desde que tal circunstância resulte devidamente anotada em sua Carteira de Trabalho e Previdência Social.

e) A simples insuficiência de transporte público constitui elemento permissivo do pagamento das horas in itinere (tempo de deslocamento).

03. (PG-DF/PROCURADOR/ESAF/2007/ADAPTADA) Considera-se de sobreaviso o empregado que permanecer em local ajustado com seu empregador para eventuais convocações. No caso da CLT, houve a previsão expressa apenas para os ferroviários, que permaneceriam em sua residência aguardando a qualquer momento o chamado para o serviço, com cada escala com no máximo 24 (vinte e quatro) horas.

GAB	1	E	2	C	3	C

✦ DOS CABINEIROS EM ESTAÇÕES DE TRÁFEGO INTENSO

Art. 245. O horário normal de trabalho dos cabineiros nas estações de tráfego intenso não excederá de 8 (oito) horas e deverá ser dividido em 2 (dois) turnos com intervalo não inferior a 1 (uma) hora de repouso, não podendo nenhum turno ter duração superior a 5 (cinco) horas, com um período de descanso entre 2 (duas) jornadas de trabalho de 14 (quatorze) horas consecutivas.

1. COMENTÁRIOS

Os cabineiros em estações de tráfego intenso têm jornada regular de 8 (oito) horas, com uma hora de intervalo intrajornada; este intervalo, destinado a repouso e alimentação, é do tipo não remunerado, tendo a mesma natureza daquele definido no art. 71, da CLT. A regra especial do artigo ora comentado permite que o intervalo ocorra após 5 (cinco) horas de trabalho continuo, diferentemente da previsão para os trabalhadores em geral, que devem gozar do intervalo após 4 (quatro) horas continuas de trabalho (art. 71, § 1º).

O intervalo interjornadas de 14 horas exclui a incidência do intervalo de 11 horas, previsto no art. 66 da CLT, pois ambos possuem a mesma finalidade.

O legislador não reduziu a jornada do cabineiro, mesmo sendo a estação de tráfego intenso, por entender que sua atividade não é extenuante, a ponto de merecer tratamento especial. Também se submeterá à jornada de 8 horas os cabineiros das estações principais, por ausência de disposição legal fixando jornada inferior.

Aos cabineiros em estações de interior, portanto, de menor tráfego de passageiros, não se aplicam as disposições deste artigo e sim do art. 243 consolidado.

✦ TELEGRAFISTAS EM ESTAÇÕES DE TRÁFEGO INTENSO

Art. 246. O horário de trabalho dos operadores telegrafistas nas estações de tráfego intenso não excederá de 6 (seis) horas diárias.

1. COMENTÁRIOS

A jornada de 6 (seis) horas é a mesma a que se submetem os telegrafistas de empresas de telefonia (art. 227). Sendo reduzida a jornada dos operadores em estações de tráfego intenso, igual tratamento será dado aos operadores nas estações principais, por extensão da regra deste artigo, porque nestas o tráfego é ainda maior, justificando a aplicação analógica (neste sentido: Sussekind-Maranhão-Vianna, Instituições, Vol. II, 1987, p. 919).

Atualmente, a comunicação nestas estações é feita com muito mais frequência por telefone, do que por telégrafo. Aos operadores telefonistas em estações de tráfego intenso, a jurisprudência, há muito tempo, vem estendendo a aplicação desta jornada de 6 (seis) horas (Sussekind-Maranhão-Vianna, Instituições, Vol. II, 1987, p. 919).

Russomano afirma que não faltam razões de equidade para se estender a regra deste artigo aos telefonistas (Comentários, Vol. I, 1993, p. 257).

Sergio Pinto Martins também defende a extensão desta regra às telefonistas que operam nas estações de tráfego intenso (Comentários, 2010, p. 248).

✦ CLASSIFICAÇÃO DAS ESTAÇÕES

Art. 247. As estações principais, estações de tráfego intenso e estações do interior serão classificadas para cada empresa pelo Departamento Nacional de Estradas de Ferro.

1. COMENTÁRIOS

A classificação do volume de tráfego das estações, de acordo com a competência administrativa acima definida, é essencial para se definir o enquadramento legal, especificamente quanto à duração do trabalho, de cada categoria de ferroviário. A competência, aqui, não é do Ministério do Trabalho, mas nada obsta que os sindicatos profissionais, questionando o enquadramento feito, defendam, na Justiça do Trabalho, os direitos individuais ou coletivos da categoria. Não se está a defender o controle abstrato do ato administrativo que classifica a empresa, mas sim de discussão, por demanda judicial, dos efeitos concretos do referido ato administrativo.

▸SEÇÃO VI – DAS EQUIPAGENS DAS EMBARCAÇÕES DA MARINHA MERCANTE NACIONAL, DE NAVEGAÇÃO FLUVIAL E LACUSTRE, DO TRÁFEGO NOS PORTOS E DA PESCA

1. COMENTÁRIOS

Marítimo é qualquer pessoa que exerça sua profissão a bordo de embarcação classificada na navegação, seja o trabalho de natureza técnica, manual, intelectual ou de direção. Excluem-se deste conceito e, portanto, da incidência das normas desta Seção, os artistas que executem espetáculos a bordo (art. 2º, I, da Lei nº 6.533, de 24.5.1978); também ficam excluídos os telefonistas, radiotelefonistas, telegrafistas e radiotelegrafistas, que se submetem à jornada de 6 (seis) horas, por aplicação analógica do art. 227 e seguintes da CLT.

Além das inúmeras Convenções Internacionais ratificadas pelo Brasil, aos trabalhadores marítimos também são aplicáveis, em harmonia, as regras desta CLT, e a regulamentação específica sobre trabalho marítimo: Lei nº 9.537/97, Decreto nº 2.596, de 18.05.98 e Instrução Normativa nº 14, de 13.6.1999, do Ministério do Trabalho.

A lei nacional aplicável é aquela em que o navio tiver sua matricula; esta regra, contida no Código de Bustamante (artigos 274 a 281), ratificado pelo Brasil, é chamada de "lei do pavilhão do navio" e só pode ser afastada por razões de ordem pública.

Alice Monteiro de Barros sintetiza a opinião dominante quanto ao tema: "Se, entretanto, o registro do navio traduzir fraude, caracterizada pela bandeira de favor, isto é, viaja sob determinada bandeira, mas a empresa que o explora pertence à nacionalidade diversa, a relação de emprego se estabelece entre o marítimo e este último." Prossegue a autora, defendendo que na hipótese de conflitos de leis trabalhistas no espaço, aplica-se aquela vigente no pais da prestação de serviços e não do local da contratação, conforme S. 207 do TST (Contratos e Regulamentações Especiais, jan-2008, p. 295).

A lei do pavilhão não determina o país e o local de competência para dirimir eventuais conflitos entre o marítimo e o armador, proprietário ou locador da embarcação. Estes conflitos serão dirimidos pela Justiça do Trabalho, de acordo com as normas contidas no art. 651 da CLT (neste sentido: Alice Monteiro de Barros, Contratos e Regulamentações Especiais, jan-2008, p. 295 e Russomano, Comentários, Vol. I, 1993, p. 260).

✦ **JORNADA DE 8(OITO) HORAS**

Art. 248. Entre as horas 0 (zero) e 24 (vinte e quatro) de cada dia civil, o tripulante poderá ser conservado em seu posto durante 8 (oito) horas, quer de modo contínuo, quer de modo intermitente.

§ 1º – A exigência do serviço contínuo ou intermitente ficará a critério do comandante e, neste último caso, nunca por período menor que 1 (uma) hora.

§ 2º – Os serviços de quarto nas máquinas, passadiço, vigilância e outros que, consoante parecer médico, possam prejudicar a saúde do tripulante serão executados por períodos não maiores e com intervalos não menores de 4 (quatro) horas.

1. COMENTÁRIOS

A jornada regular de 8 horas para o pessoal da Marinha Mercante e similares, indicados no preâmbulo desta Seção, deve ser respeitada inclusive quando houver intermitência no trabalho: ou seja, continuo ou intermitente, o trabalho em um dia não poderá ultrapassar 8 (oito) horas. No caso do serviço intermitente, a determinação do comandante da embarcação para o exercício do trabalho será de no mínimo 1 (uma) hora para cada tarefa (§ 1º). A nosso ver, sempre que o comandante submeter qualquer tripulante a tarefa na qual gaste somente fração de hora, o empregado deverá receber pela hora integral (aplicação analógica do § único, do art. 250, da CLT).

Os serviços prejudiciais à saúde, bem como aqueles enumerados no § 2º, não poderão ultrapassar 4 (quatro) horas contínuas e, igualmente, para início do próximo período de serviço, deve-se respeitar um intervalo de 4 (quatro) horas. Este intervalo, destinado ao repouso e alimentação, é do tipo não remunerado. Encerrado este segundo período de 4 (quatro) horas, qualquer outro serviço será considerado como sobrejornada, remunerada ou compensada na forma do artigo seguinte.

2. SÚMULAS E ORIENTAÇÕES JURISPRUDENCIAIS

▸ **Súmula nº 96/TST**

MARÍTIMO (mantida) – Res. 121/2003, DJ 19, 20 e 21.11.2003

A permanência do tripulante a bordo do navio, no período de repouso, além da jornada, não importa presunção de que esteja à disposição do empregador ou em regime de prorrogação de horário, circunstâncias que devem resultar provadas, dada a natureza do serviço.

3. QUESTÕES DE CONCURSOS

01. (TRT – 1ª REGIÃO/JUIZ DO TRABALHO/2008/ADAPTADA) Analise a proposição abaixo e julgue, a seguir, a resposta correta com relação à duração do trabalho: os serviços de quarto nas máquinas, passadiço, vigilância e outros que, consoante parecer médico, possam prejudicar a saúde do tripulante serão executadas em períodos não maiores e com intervalos não menores a 4 (quatro) horas.

GAB	1	C

✦ **HORAS EXTRAORDINÁRIAS E SUAS EXCEÇÕES**

Art. 249. Todo o tempo de serviço efetivo, excedente de 8 (oito) horas, ocupado na forma do artigo anterior, será considerado de trabalho extraordinário, sujeito à compensação a que se refere o art. 250, exceto se se tratar de trabalho executado:

a) em virtude de responsabilidade pessoal do tripulante e no desempenho de funções de direção, sendo consideradas como tais todas aquelas que a bordo se achem constituídas em um único indivíduo com responsabilidade exclusiva e pessoal;

b) na iminência de perigo, para salvaguarda ou defesa da embarcação, dos passageiros, ou da carga, a juízo exclusivo do comandante ou do responsável pela segurança a bordo;

c) por motivo de manobras ou fainas gerais que reclamem a presença, em seus postos, de todo o pessoal de bordo;

d) na navegação lacustre e fluvial, quando se destina ao abastecimento do navio ou embarcação de combustível e rancho, ou por efeito das contingências da natureza da navegação, na transposição de passos ou pontos difíceis, inclusive operações de alívio ou transbordo de carga, para obtenção de calado menor para essa transposição.

✦ **TRABALHO EM DOMINGOS E FERIADOS**

§ 1º – O trabalho executado aos domingos e feriados será considerado extraordinário, salvo se se destinar:

a) ao serviço de quartos e vigilância, movimentação das máquinas e aparelhos de bordo, limpeza e higiene da embarcação, preparo de alimentação da equipagem e dos passageiros, serviço pessoal destes e, bem assim, aos socorros de urgência ao navio ou ao pessoal;

b) ao fim da navegação ou das manobras para a entrada ou saída de portos, atracação, desatracação, embarque ou desembarque de carga e passageiros.

✦ **LIMITE DE HORAS EXTRAS**

§ 2º – Não excederá de 30 (trinta) horas semanais o serviço extraordinário prestado para o tráfego nos portos.

1. COMENTÁRIOS

A regra geral do trabalho extraordinário dos marítimos privilegia a compensação no lugar da remuneração do serviço extraordinário. Esta é a conclusão a que se chega da interpretação da expressão: "trabalho extraordinário, sujeito à compensação a que se refere o art. 250", extraída do art. 249, *caput*. A remuneração das horas extras, acrescidas do adicional constitucional de 50% (art. 7º, XVI, da CF), só ocorrerá quando não for possível a compensação. Saad vê inconstitucionalidade no art. 249, *caput*, quando impõe a compensação no lugar da remuneração das horas extraordinárias, por afronta à norma do art. 7º, XVI, da CF (CLT Comentada, 2009, p. 413).

Lembre-se que, diante da condição de embarcadiço, sempre presente no estabelecimento do empregador (navio), não se permite a confusão da compensação com os intervalos de repouso, que devem ser respeitados: interjornadas – art. 66 da CLT e intersemanal – Lei nº 605/49. Esta também é a orientação do TST, na S. 96, tratando de tema semelhante.

As exceções nas quais o trabalho extraordinário do marítimo não será compensado, nem remunerado, descritas nas alíneas "a", "b" e "c", do art. 249, se baseiam numa inversão da assunção de riscos pelo empregador, colidindo frontalmente com o princípio da proteção ao empregado. Observe-se que a CLT, cuidando dos empregados em geral, determina a remuneração das horas extras até mesmo por motivo de força maior (art. 61, §§ 2º e 3º). As restrições impostas por este artigo são inconstitucionais por afrontarem o art. 7º, XVI, da CF, que exige a retribuição ao trabalho extraordinário em qualquer condição.

Ressalte-se, por respeito ao leitor, que a doutrina, tratando das exceções previstas nas alíneas "a", "b" e "c", somente considera que o legislador foi muito rigoroso, mas não aponta a inconstitucionalidade que defendemos (Alice Monteiro de Barros, Contratos e Regulamentações Especiais, jan-2008, p. 292; Russomano, Comentários, Vol. I, 1993, p. 262; Martins, Comentários, 2010, p. 251 e Saad, Comentários, 2009, p. 412).

O texto do § 1º, que considera o trabalho nos domingos como jornada extraordinária, e estabelece exceções ao seu pagamento, é da redação original da CLT, como também é todo este artigo. Ainda não vigorava, por ocasião da promulgação da CLT, a Lei nº 605/49, que regulamentou o repouso e o trabalho em domingos e feriados, revogando o § 1º ora comentado. A Lei do Repouso determina o pagamento dobrado do trabalho nestes dias, salvo na hipótese de compensação (art. 9º, da Lei nº 605/49 c/c S. 146 do TST). Sobre o repouso vide comentários ao art. 67 desta CLT.

O § 2º mais uma vez foi muito rigoroso com o empregado, mas não há, neste caso, qualquer inconstitucionalidade. A norma referida no parágrafo praticamente autoriza 30 horas extras semanais, desde que regularmente compensadas ou pagas. Somente a partir deste limite considera-se infração administrativa, sujeitando o empregador às sanções da fiscalização do Trabalho (Portaria nº 210, de 30.04.99 e Instrução Normativa nº 19, de 27.9.2000, da Secretaria de Inspeção do Trabalho/MTE, regulamentam a fiscalização do trabalho marítimo).

2. QUESTÕES DE CONCURSOS

01. (TRT – 16ª REGIÃO/JUIZ DO TRABALHO/2006/ADAPTADA) A permanência do tripulante a bordo do navio, no período de repouso, além da jornada, importa presunção de que esteja à disposição do empregador ou em regime de prorrogação de horário.

GAB	1	E

✦ COMPENSAÇÃO DE HORAS EXTRAS

Art. 250. As horas de trabalho extraordinário serão compensadas, segundo a conveniência do serviço, por descanso em período equivalente no dia seguinte ou no subseqüente dentro das do trabalho normal, ou no fim da viagem, ou pelo pagamento do salário correspondente.

Parágrafo único. As horas extraordinárias de trabalho são indivisíveis, computando-se a fração de hora como hora inteira.

1. COMENTÁRIOS

Os limites à compensação do trabalho marítimo não são os mesmos que do trabalhador não embarcado (vide comentários ao art. 59 da CLT). Não há imposição de compensação na mesma semana ou ao longo de 1 ano, como no banco de horas; também não se exige acordo escrito para a compensação. As peculiaridades do trabalho marítimo inspiraram o legislador a traduzir uma norma totalmente flexível, permitindo a compensação conforme a vontade do empregador.

A única vantagem prevista neste artigo para o empregado diz respeito ao cômputo de fração de hora trabalhada como uma hora inteira. O benefício é maior do que aquele atribuído ao ferroviário no art. 242, e inexistente para os trabalhadores de outras profissões.

2. QUESTÕES DE CONCURSOS

01. (MPT – Procurador do Trabalho/2009) Analise as seguintes assertivas sobre o trabalho aquaviário: as horas extraordinárias de trabalho dos aquaviários somente podem ser computadas em fração de trinta minutos, computando-se como tal período todo o labor que exceda em mais de cinco minutos.

GAB	1	E

✦ **LIVROS DE OCORRÊNCIAS E DE ANOTAÇÃO DE HORAS EXTRAS**

Art. 251. Em cada embarcação haverá um livro em que serão anotadas as horas extraordinárias de trabalho de cada tripulante, e outro, do qual constarão, devidamente circunstanciadas, as transgressões dos mesmos tripulantes.

Parágrafo único. Os livros de que trata este artigo obedecerão a modelos organizados pelo Ministério do Trabalho, Indústria e Comércio, serão escriturados em dia pelo comandante da embarcação e ficam sujeitos às formalidades instituídas para os livros de registro de empregados em geral.

1. COMENTÁRIOS

Os dois livros são de guarda obrigatória: um para registro das horas extraordinárias e outro para anotação das ocorrências a bordo. Nada obsta que o livro de anotação de horas extras seja substituído por um registro mecânico ou eletrônico, desde que observem as instruções expedidas pelo Ministério do Trabalho (vide comentários ao art. 74 da CLT).

Os livros serão escriturados pelo comandante da embarcação, sem qualquer interferência, conferência ou assinatura pelos tripulantes. O valor probante destas anotações é de eficácia relativa.

✦ **RECURSO ADMINISTRATIVO DE TRIPULANTE**

Art. 252. Qualquer tripulante que se julgue prejudicado por ordem emanada de superior hierárquico poderá interpor recurso, em termos, perante a Delegacia do Trabalho Marítimo, por intermédio do respectivo comandante, o qual deverá encaminhá-lo com a respectiva informação dentro de 5 (cinco) dias, contados de sua chegada ao porto.

1. COMENTÁRIOS

A Delegacia do Trabalho Marítimo, bem como seu respectivo Conselho Superior, foram extintas pela Lei nº 7.731, de 14.2.1989, art. 1º, III, alínea "d". As antigas atribuições destas Delegacias são hoje da competência dos órgãos regionais do Ministério do Trabalho e Emprego. Qualquer recurso administrativo do empregado embarcado deve ser dirigido a estes órgãos. Nada impede, todavia, que os empregados não esgotem a esfera administrativa e busquem, diretamente, a tutela jurisdicional do Estado (art. 5º, XXXV, da CF).

▸**SEÇÃO VII – DOS SERVIÇOS FRIGORÍFICOS**

Art. 253. Para os empregados que trabalham no interior das câmaras frigoríficas e para os que movimentam mercadorias do ambiente quente ou normal para o frio e vice-versa, depois de 1 (uma) hora e 40 (quarenta) minutos de trabalho contínuo, será assegurado um período de 20 (vinte) minutos de repouso, computado esse intervalo como de trabalho efetivo.

Parágrafo único. Considera-se artificialmente frio, para os fins do presente artigo, o que for inferior, nas primeira, segunda e terceira zonas climáticas do mapa oficial do Ministério do Trabalho, Indústria e Comércio, a 15º (quinze graus), na quarta zona a 12º (doze graus), e nas quinta, sexta e sétima zonas a 10º (dez graus).

1. COMENTÁRIOS

O trabalho no interior de câmaras frigoríficas é prejudicial não só pelo frio, mas pela constante movimentação para fora das câmaras e vice-versa, como é comum neste tipo de atividade.

Como forma de compensar o desgaste desta atividade, estes trabalhadores têm direito ao adicional de insalubridade em grau médio, de acordo com a Portaria nº 3214/78, do Ministério do Trabalho, que aprovou a Norma Regulamentar nº 15 do MT (vide comentários ao art. 190 desta CLT).

Para a percepção do adicional de insalubridade é indispensável que o empregado tenha sua condição de trabalho definida como insalubre por laudo perícial, além do enquadramento da atividade como prejudicial à saúde segundo a NR 15, acima referida (vide comentários aos artigos 189 e 195 desta CLT).

2. SÚMULAS E ORIENTAÇÕES JURISPRUDENCIAIS

▸ **Súmula nº 438/TST**

INTERVALO PARA RECUPERAÇÃO TÉRMICA DO EMPREGADO. AMBIENTE ARTIFICIALMENTE FRIO. HORAS EXTRAS. Art. 253 DA CLT. APLICAÇÃO ANALÓGICA – Res. 185/2012, DEJT divulgado em 25, 26 e 27.09.2012

O empregado submetido a trabalho contínuo em ambiente artificialmente frio, nos termos do parágrafo único do art. 253 da CLT, ainda que não labore em câmara frigorífica, tem direito ao intervalo intrajornada previsto no *caput* do art. 253 da CLT.

3. QUESTÕES DE CONCURSOS

01. (TRT – 1ª REGIÃO/JUIZ DO TRABALHO/2008/ADAPTADA) Julgue: Para os empregados que trabalham no interior das câmaras frigoríficas e para os que movimentam mercadorias do ambiente quente ou normal para o frio e vice-versa, depois de uma hora e trinta minutos de trabalho contínuo, será assegurado um período de quinze minutos de repouso, computado esse intervalo como de trabalho efetivo.

02. (CRF-SP/ADVOGADO/VUNESP/2009) Para os empregados que trabalham no interior das câmaras frigoríficas, será assegurado

a) um intervalo de dez minutos a cada noventa minutos trabalhados.

b) um período de vinte minutos de repouso depois de uma hora e quarenta minutos de trabalho contínuo, não se computando esse intervalo como de trabalho efetivo.

c) um intervalo de quinze minutos a cada uma hora e quarenta minutos de trabalho contínuo.

d) um período de vinte minutos de repouso depois de uma hora e quarenta minutos de trabalho contínuo, computando – se esse intervalo como de trabalho efetivo.

e) uma jornada normal de 6 (seis) horas diárias, com 30 minutos de intervalo para repouso, não se computando esse intervalo como de trabalho efetivo.

03. (FCC – Juiz do Trabalho Substituto 4ª região/ 2012) Nos termos da CLT e da jurisprudência sumulada do TST, é obrigatória a concessão de intervalo intrajornada de 20 minutos a cada 1 hora e 40 minutos de trabalho contínuo, computados na jornada, aos empregados que trabalham no interior de câmaras frigoríficas.

GAB	1	E	2	D	3	C

Art. 254 ao Art. 292 (Revogados pela Lei nº 8.630, de 25.2.1993)

1. COMENTÁRIOS

Os artigos 254 a 284 cuidavam, originariamente, dos serviços de Estiva, compondo a Seção VIII, do Capítulo I, sobre disposições especiais quanto à duração do trabalho. Os artigos 285 a 292 regulavam os serviços de capatazia nos portos, compondo a Seção IX, do Capítulo I, já referido. Todos estes artigos foram Revogados pela Lei de Modernização dos Portos, nº 8.630, de 25.12.1993, que passou a regular, inteiramente, o trabalho portuário. Esta lei também foi integralmente e expressamente revogada pelo art. 76, da Lei nº 12.815, de 5.6.2013, que passou a regular o trabalho nos Portos.

▸SEÇÃO X – DO TRABALHO EM MINAS DE SUBSOLO

✦ JORNADA DO MINEIRO

Art. 293. A duração normal do trabalho efetivo para os empregados em minas no subsolo não excederá de 6 (seis) horas diárias ou de 36 (trinta e seis) semanais.

1. COMENTÁRIOS

A Convenção nº 46 da OIT prevê jornada de 7 a 8 horas para o trabalho em minas de subsolo. A legislação nacional, como se vê, foi bem mais benéfica, impondo jornada de 6 horas. A duração semanal de 36 horas conduz à conclusão de que se está preservando um dia para o repouso semanal, como exige a Constituição Federal, art. 7º, XV.

Além da garantia do repouso semanal, estes trabalhadores se sujeitam ao regime legal de duração do trabalho da CLT, com as peculiaridades do trabalho noturno (art. 73) e direito aos intervalos intra e interjornadas, respectivamente, artigos 71 e 66.

2. QUESTÕES DE CONCURSOS

01. (TRT – 14ª REGIÃO/JUIZ DO TRABALHO/2005/ADAPTADA) A jornada normal de trabalho dos empregados em minas de subsolo não poderá exceder a sete horas diárias, assegurada uma pausa de quinze minutos para cada período de três horas consecutivas de trabalho, a qual será computada na duração normal de trabalho efetivo.

02. (TRT 8 – Juiz do Trabalho Substituto 8ª região/ 2012) Considerando as normas de proteção dos regimes especiais de trabalho, assinale a alternativa INCORRETA: constitui norma de proteção do empregado, a limitação da duração normal do trabalho em 06 (seis) horas diárias ou 36 (trinta e seis) horas semanais, aos que laboram, de forma efetiva, em minas de subsolo.

03. (MPT – Procurador do Trabalho/2012) Sabe-se que há estreita relação entre o estabelecimento da jornada laboral e a segurança e a saúde no trabalho. Assentada essa premissa, assinale a alternativa que contém a afirmação CORRETA: a duração normal do trabalho efetivo em minas de subsolo não excederá seis horas diárias e trinta e seis horas semanais, e a cada período de três horas consecutivas de trabalho será concedida uma pausa de quinze minutos para repouso, computada na duração da jornada de trabalho.

GAB	1	E	2	E	3	C

✦ DESLOCAMENTO ENTRE A BOCA E O INTERIOR DA MINA

Art. 294. O tempo despendido pelo empregado da boca da mina ao local do trabalho e vice-versa será computado para o efeito de pagamento do salário.

1. COMENTÁRIOS

Diante da profundidade das minas, o tempo de deslocamento entre a boca (entrada) e o local de trabalho não poderia ser desprezado pelo legislador, e não o foi. Este deslocamento, que conta como tempo de serviço efetivo, será remunerado. Caso a jornada de 6 (seis) horas se encerre ainda no interior da mina, o tempo de deslocamento até a saída (boca) será computado como jornada extraordinária, acrescida do adicional de 50% (art. 7º, XVI, da CF).

2. QUESTÕES DE CONCURSOS

01. (TRT 8 – Juiz do Trabalho Substituto 8ª região/ 2012) Considerando as normas de proteção dos regimes especiais de trabalho, assinale a alternativa INCORRETA: o tempo despendido pelo empregado da boca da mina ao local de trabalho e vice – versa será computado para o efeito de pagamento do salário.

GAB	1	E

✦ HORAS EXTRAORDINÁRIAS

Art. 295. A duração normal do trabalho efetivo no subsolo poderá ser elevada até 8 (oito) horas diárias ou 48 (quarenta e oito) semanais, mediante acordo escrito entre empregado e empregador ou contrato coletivo de trabalho, sujeita essa prorrogação à prévia licença da autoridade competente em matéria de higiene do trabalho.

Parágrafo único. A duração normal do trabalho efetivo no subsolo poderá ser inferior a 6 (seis) horas diárias, por determinação da autoridade de que trata este artigo, tendo em vista condições locais de insalubridade e os métodos e processos do trabalho adotado.

✦ **ADICIONAL DE HORAS EXTRAS**

Art. 296. A remuneração da hora prorrogada será no mínimo de 25% (vinte e cinco por cento) superior à da hora normal e deverá constar do acordo ou contrato coletivo de trabalho.

1. COMENTÁRIOS

O módulo semanal que deve ser respeitado na prorrogação da jornada é de 44 horas, e não 48, diante da norma constitucional do art. 7º, XIII, que mudou os parâmetros do trabalho semanal.

O dispositivo do art. 295 condiciona a validade da prorrogação ao acordo escrito ou negociação coletiva (acordo ou convenção coletiva de trabalho), sujeitando-a, ainda, à licença prévia do Ministério do Trabalho. O acordo individual, considerando-se que a atividade é insalubre, não é mais aceito, diante da necessidade de intervenção sindical (art. 7º, XIII, da CF).

A autorização prévia do Ministério do Trabalho para prorrogação da jornada em subsolo é requisito essencial para a validade do ato, mesmo que já exista norma coletiva prevendo a majoração da jornada. Esta é também a posição do TST, que levou, inclusive, ao cancelamento da S. 349 do TST. Sobre os efeitos deste cancelamento nos reportamos aos comentários ao art. 60 da CLT.

Não há mais a necessidade do acordo ou da convenção coletiva estabelecerem o adicional de remuneração das horas extras, como exige o art. 296. Mesmo que a norma coletiva não mencione qualquer adicional, ainda assim será devido o percentual de 50% sobre a hora normal, conforme previsão do art. 7º, XVI, da CF. Não foi recepcionado pela Constituição de 1988 o adicional de horas extras de 25%, previsto no texto do art. 296 da CLT.

2. QUESTÕES DE CONCURSOS

01. (TRT – 1ª REGIÃO/JUIZ DO TRABALHO/2008/ADAPTADA) Analise a proposição abaixo e julgue, a seguir, a resposta correta com relação à duração do trabalho: a duração normal do trabalho efetivo em minas no subsolo poderá ser superior a 8 (oito) horas diárias, mediante acordo coletivo de trabalho, observado o limite semanal de 40 (quarenta) horas.

GAB	1	E

✦ **ALIMENTAÇÃO OBRIGATÓRIA**

Art. 297. Ao empregado no subsolo será fornecida, pelas empresas exploradoras de minas, alimentação adequada à natureza do trabalho, de acordo com as instruções estabelecidas pelo Serviço de Alimentação da Previdência Social e aprovadas pelo Ministério do Trabalho, Indústria e Comércio.

1. COMENTÁRIOS

As empresas exploradoras de minas têm obrigação de fornecer alimentação adequada aos mineiros. Não se trata de retribuição ao trabalho, mas sim de imposição legal, razão pela qual tal alimentação é despida de natureza salarial (neste sentido: Saad, CLT Comentada, 2009, p. 430 e Martins, Comentários, 2010, p. 257).

O órgão do Ministério do Trabalho e Emprego, atualmente responsável pela aprovação das normas sobre alimentação referidas neste artigo, é a Secretaria de Segurança e Saúde no Trabalho.

✦ **INTERVALO INTRAJORNADA**

Art. 298. Em cada período de 3 (três) horas consecutivas de trabalho, será obrigatória uma pausa de 15 (quinze) minutos para repouso, a qual será computada na duração normal de trabalho efetivo.

1. COMENTÁRIOS

A pausa de 15 minutos a cada 3 horas consecutivas de trabalho foi prevista para evitar maiores danos à saúde do mineiro, não excluindo o direito ao intervalo para repouso e alimentação do art. 71 da CLT. Esta conclusão é facilmente extraída das características deste intervalo: remunerado pelo empregador e integrando a duração do trabalho, exatamente como a pausa prevista no art. 72 da CLT, destinada aos serviços de mecanografia, a fim de evitar lesões por esforços repetitivos.

Diante da similitude deste intervalo com aquele regulado no art. 72 da CLT, a sua não concessão importará em pagamento do tempo trabalhado como serviço extraordinário, mesmo que não haja acréscimo ao final da jornada. Esta interpretação, contudo, é divergente na doutrina. O entendimento dominante é no sentido de remuneração como horas extras somente quando excedida a jornada de trabalho. Não excedida a jornada, pagar-se-á o tempo de intervalo não concedido com base no valor da hora normal (vide comentários ao art. 72 desta CLT).

2. QUESTÕES DE CONCURSOS

01. (MPT/PROCURADOR DO TRABALHO/2007) Complete com a opção CORRETA. Em relação ao trabalho em minas no subsolo, em cada período de _______ consecutivas de trabalho, será obrigatória uma pausa de _____ minutos para repouso, a qual será computada na duração normal de trabalho efetivo.

a) 1 hora e quarenta minutos; 20;

b) 2 horas; 20;

c) 3 horas; 15;

d) 3 horas; 20;

e) Não respondida

02. (TRT – 14ª REGIÃO/JUIZ DO TRABALHO/2006/ADAPTADA) No trabalho nas minas de subsolo, em cada período de 03 (três) horas consecutivas de trabalho, será obrigatório um intervalo de 15 (quinze) minutos para repouso, o qual será computado na duração normal do trabalho efetivo.

GAB	1	C	2	C

✦ OCORRÊNCIAS COMPROMETEDORAS À SAÚDE

Art. 299. Quando nos trabalhos de subsolo ocorrer acontecimentos que possam comprometer a vida ou saúde do empregado, deverá a empresa comunicar o fato imediatamente à autoridade regional do trabalho, do Ministério do Trabalho, Indústria e Comércio.

1. COMENTÁRIOS

A preocupação com a saúde do trabalhador nas minas de subsolo é constante na doutrina brasileira e internacional. Os órgãos estatais responsáveis pela fiscalização do trabalho e os organismos internacionais, ao cuidarem deste tema, não deixaram de lado os males à saúde causados por esta atividade.

A Convenção nº 176, adotada pela OIT em 1995, bem como a Recomendação nº 183 do mesmo órgão, cuidam das regras de segurança em minas locais, de superfície ou subterrâneas, prevendo, inclusive, a responsabilidade dos empregadores quanto à manutenção do meio ambiente de trabalho nestes locais.

As autoridades regionais responsáveis pela fiscalização deste tipo de trabalho, destinatárias da comunicação prevista neste artigo, são as Superintendências Regionais do Trabalho e Emprego, nova denominação das Delegacias Regionais do Trabalho (sobre a Inspeção do Trabalho vide comentários ao art. 156).

A NR 22, aprovada pela Portaria nº 3.214/78, trata do trabalho nos subterrâneos.

✦ TRANSFERÊNCIA PARA O TRABALHO EM SUPERFÍCIE

Art. 300. Sempre que, por motivo de saúde, for necessária a transferência do empregado, a juízo da autoridade competente em matéria da segurança e da medicina do trabalho, dos serviços no subsolo para os de superfície, é a empresa obrigada a realizar essa transferência, assegurando ao transferido a remuneração atribuída ao trabalhador de superfície em serviço equivalente, respeitada a capacidade profissional do interessado.(Redação da Lei nº 2.924, de 21.10.1956)

Parágrafo único. No caso de recusa do empregado em atender a essa transferência, será ouvida a autoridade competente em matéria de higiene e segurança do trabalho, que decidirá a respeito.(Redação da Lei nº 2.924, de 21.10.1956)

1. COMENTÁRIOS

Não se pode considerar alteração prejudicial ao trabalhador, do ponto de vista de sua saúde, a transferência para o trabalho em superfície, deixando o trabalho subterrâneo. Esta mudança, que se insere no jus variandi do empregador, não pode prejudicar o empregado financeiramente, impedindo a norma comentada a redução salarial (art. 468 da CLT c/c art. 7º, VI, da CF).

A nosso ver o dispositivo legal concede autorização especial para manutenção do adicional salarial de insalubridade. Não há dúvidas quanto à natureza salarial deste adicional. Assim, mesmo que a mudança para a superfície importe em alteração ou supressão do agente insalubre, o empregado transferido não poderá deixar de receber o adicional respectivo. Insista-se que se trata de exceção à regra, pois em outras categorias, sem a proteção legal deste artigo, o trabalhador que deixa de sofrer com o agente insalubre para de receber o adicional respectivo.

A recusa do empregado em aceitar a transferência pode caracterizar justa causa, disciplinada no art. 482, "h", da CLT (insubordinação).

✦ VEDAÇÃO PARA MENORES E MULHERES

Art. 301. O trabalho no subsolo somente será permitido a homens, com idade compreendida entre 21 (vinte e um) e 50 (cinqüenta) anos, assegurada a transferência para a superfície nos termos previstos no artigo anterior.

1. COMENTÁRIOS

A proibição do trabalho insalubre para o menor de 18 anos, conforme norma do art. 7º, XXXIII da CF, recebeu tratamento ainda mais rigoroso neste artigo, tendo a norma proibido o trabalho no subsolo até o trabalhador completar 21 anos. A vedação do trabalho do homem maior de 50 anos está de acordo com o pensamento da época.

A doutrina interpreta que a vedação não mais persiste quanto à mulher, diante do princípio da não discriminação de gênero, consagrado nos artigos 5º, I e 7º, XXX, ambos da CF (neste sentido: Alice Monteiro de Barros, Contratos e Regulamentações Especiais, jan-2008, p. 345; Saad, CLT Comentada, 2009, p. 430 e Martins, Comentários, 2010, p. 260, ainda que este último só fundamente sua afirmação com base no art. 5º, I, da CF).

Alice, na obra citada, destaca, em reforço à tese da inconstitucionalidade, que o art. 387 da CLT, que continha tal restrição, foi Revogado pela Lei nº 7.855/89. Leia-se o teor do artigo revogado: "Art. 387 – É proibido o trabalho da mulher: a) nos subterrâneos, nas minerações em subsolo, nas pedreiras e obras, de construção pública ou particular."

SEÇÃO XI – DOS JORNALISTAS PROFISSIONAIS

✦ **JORNALISTAS E EMPRESAS JORNALISTICAS**

Art. 302. Os dispositivos da presente Seção se aplicam aos que nas empresas jornalísticas prestem serviços como jornalistas, revisores, fotógrafos, ou na ilustração, com as exceções nela previstas.

§ 1º – Entende-se como jornalista o trabalhador intelectual cuja função se estende desde a busca de informações até a redação de notícias e artigos e a organização, orientação e direção desse trabalho.

§ 2º – Consideram-se empresas jornalísticas, para os fins desta Seção, aquelas que têm a seu cargo a edição de jornais, revistas, boletins e periódicos, ou a distribuição de noticiário, e, ainda, a radiodifusão em suas seções destinadas à transmissão de notícias e comentários.

1. COMENTÁRIOS

1.1. Enquadramento legal: jornalista e empresa jornalística

O texto legal entende como jornalista o trabalho intelectual prestado especificamente para empresas jornalísticas. Estas, por sua vez, abrangem desde jornais até pequenos periódicos, passando pela radiodifusão. A redação legal só se referiu aos veículos de comunicação de sua época, pois o texto é original da CLT, de 1943, daí porque não há referência à TV, nem às novas mídias propagadas na rede mundial de computadores, inclusive em versões de jornais exclusivamente publicados on line. Nestes veículos não mencionados na CLT também são identificados os jornalistas referidos neste artigo.

O Decreto-lei nº 972, de 17.10.1969 (DOU, de 21.10.1969), que dispõe sobre o exercício da profissão de jornalista, revogou, tacitamente, o § 1º, supra, pois passou a tratar integralmente da qualificação e atividades do jornalista, como se observa do inteiro do teor do art. 2º e suas alíneas, a seguir transcrito: "art. 2º. A profissão de jornalista compreende, privativamente, o exercício habitual e remunerado de qualquer das seguintes atividades: a) redação, condensação, titulação, interpretação, correção ou coordenação de matéria a ser divulgada, contenha ou não comentário; b) comentário ou crônica, pelo rádio ou pela televisão; c) entrevista, inquérito ou reportagem, escrita ou falada; d) planejamento, organização, direção e eventual execução de serviços técnicos de jornalismo, como os de arquivo, ilustração ou distribuição gráfica de matéria a ser divulgada; e) planejamento, organização e administração técnica dos serviços de que trata a alínea " a "; f) ensino de técnicas de jornalismo; g) coleta de notícias ou informações e seu preparo para divulgação; h) revisão de originais de matéria jornalística, com vistas à correção redacional e a adequação da linguagem; i) organização e conservação de arquivo jornalístico, e pesquisa dos respectivos dados para a elaboração de notícias; j) execução da distribuição gráfica de texto, fotografia ou ilustração de caráter jornalístico, para fins de divulgação; l) execução de desenhos artísticos ou técnicos de caráter jornalístico."

De outro lado, em caráter complementar, e sem o efeito revogatório do dispositivo do art. 302, § 2º, supra, o artigo 3º do referido Decreto-lei ampliou o conceito de empresa jornalística, como se observa do seu inteiro teor, a seguir transcrito:

> "Art. 3º. Considera-se empresa jornalística, para os efeitos deste Decreto-Lei, aquela que tenha como atividade a edição de jornal ou revista, ou a distribuição de noticiário, com funcionamento efetivo idoneidade financeira e registro legal.
>
> § 1º – Equipara-se a empresa jornalística a seção ou serviço de empresa de radiodifusão, televisão ou divulgação cinematográfica, ou de agência de publicidade, onde sejam exercidas as atividades previstas no artigo 2º.

§ 2º – O órgão da administração pública direta ou autárquica que mantiver jornalista sob vínculo de direito público prestará, para fins de registro, a declaração de exercício profissional ou de cumprimento de estágio.

§ 3º – A empresa não-jornalística sob cuja responsabilidade se editar publicação destinada a circulação externa, promoverá o cumprimento desta lei relativamente aos jornalistas que contratar, observado, porém, o que determina o artigo 8º, § 4º (este é o teor do art. 8, § 4º: O exercício da atividade prevista no artigo 3º, § 3º, não constituirá prova suficiente de permanência na profissão se a publicação e seu responsável não tiverem registro legal.).

1.2. Jornalista e Radialista

O jornalista distingue-se do radialista, pois o primeiro exerce papel ativo na construção da notícia, elaborando as matérias e interpretando os fatos, ou seja, criando a matéria jornalística, já o segundo divulga a notícia sem participar da elaboração dos textos (crônicas, artigos, etc.). A distinção é sutil e corre-se o risco do radialista exercer o papel de jornalista, mas, ainda assim, só será enquadrado como tal se preencher os requisitos para seu registro profissional, com exceção da exigência de diploma, ora dispensado por decisão do STF, como se lê nos comentários ao artigo 311 da CLT, no tópico pertinente ao registro profissional.

Alice Monteiro de Barros (Contratos e Regulamentações Especiais, jan-2008, p. 270) compara as atribuições de jornalista e radialista, inclusive os fundamentos legais – 302, § 1º, da CLT, para o jornalista, e art. 4º, § 2º, da Lei nº 6.615/78 c/c Decreto nº 84.134/79, inciso II, alínea “f”, n, 5, para o radialista.

Valentin Carrion, Comentários, 2010, p. 265, lembra que radialista é o empregado de empresa de radiodifusão que presta seus serviços na administração, produção ou atividade técnica (L. 6615/78).

✦ JORNADA REGULAR

Art. 303. A duração normal do trabalho dos empregados compreendidos nesta Seção não deverá exceder de 5 (cinco) horas, tanto de dia como à noite.

1. COMENTÁRIOS

A jornada regular de 5 horas será aplicável a todo jornalista que trabalhe em empresa jornalística ou em empresas que não tenham esta finalidade, mas que realizem serviços jornalísticos destinados à divulgação externa (art. 3º, § 3º, do DL 972/69, referido acima).

Considerando-se como pedra de toque a divulgação externa do material produzido, Sergio Pinto Martins, Comentários, 2010, p. 263, afirma que o jornalista profissional que só trabalhe na redação interna, para empresa não jornalística, não pode ser enquadrado na previsão deste artigo. Concordamos com o autor. Contudo, se a redação for interna, mas para empresa jornalística, fica atraída a jornada deste artigo.

A jurisprudência do TST, nos termos da OJ nº 407 da SBDI-1/TST, firmou entendimento contrário ao que defendemos acima.

Para o TST, exercendo o empregado função típica de jornalista, qualquer que seja o ramo de atividade da empresa, terá direito à jornada reduzida do art. 303. Diante desta posição da jurisprudência trabalhista, jornalistas responsáveis por informativos impressos de indústrias, lojas, etc, se submeterão à jornada de 5 horas. Ainda que este autor reconheça a força da jurisprudência do TST, acredita que esta interpretação se afastou da intenção legal, ou seja, do DL nº 972/69, art. 3º, § 3º. Não me parece que o texto legal mereça interpretação tão extensiva.

Há divergência doutrinária quanto ao regime legal do trabalho noturno.

Uma corrente nega o pagamento do adicional noturno previsto no art. 73 da CLT, diante da omissão deste artigo, mas entende aplicável a hora noturna de 52'30" (neste sentido: Sussekind-Maranhão-Vianna, Instituições, Vol. II, 1987, p. 923 e Saad, CLT Comentada, 2009, sendo que este último não se opõe, expressamente, ao pagamento do adicional).

Uma segunda corrente defende a aplicação integral do regime de trabalho noturno, com direito a adicional, hora reduzida e horário noturno, pois a regra do art. 303, supra, não prevê tal exclusão, sendo prejudicial ao jornalista o tratamento diferenciado (Martins, Comentários, 2010, p. 263). Valentin Carrion também adere à aplicação plena do regime de proteção ao trabalho noturno, quando faz expressa referência ao artigo 73 consolidado, mas não tece maiores comentários a respeito (Comentários, 2010, p. 266). Adamovich também concorda com a aplicação plena do art. 73 da CLT (Comentários, 2009, p. 303).

Aderimos à tese da aplicação plena do art. 73 da CLT ao jornalista, acrescentando aos argumentos acima o fato da Constituição Federal de 1988, em seu art. 7º, IX, ter determinado a remuneração do trabalho noturno de forma superior ao diurno, sem qualquer exceção.

2. SÚMULAS E ORIENTAÇÕES JURISPRUDENCIAIS

OJ-SDI1-407

JORNALISTA. EMPRESA NÃO JORNALÍSTICA. JORNADA DE TRABALHO REDUZIDA. ARTS. 302 E 303 DA CLT. (DEJT divulgado em 22, 25 e 26.10.2010)

O jornalista que exerce funções típicas de sua profissão, independentemente do ramo de atividade do empregador, tem direito à jornada reduzida prevista no artigo 303 da CLT.

3. QUESTÕES DE CONCURSOS

01. (TRT – 2ª REGIÃO/JUIZ DO TRABALHO/2009/ADAPTADA) A duração normal do trabalho dos jornalistas profissionais empregados não excederá de 7 (sete) horas de dia e 5 (cinco) horas à noite.

02. (TRT – 3ª REGIÃO/JUIZ DO TRABALHO SUBSTITUTO/2009/ADAPTADA) A carga horária semanal do jornalista profissional, por força do 303 da CLT, é da ordem de 30 (trinta) horas, sendo o quociente de divisão mensal de 150.

03. (TRT – 24ª REGIÃO/JUIZ DO TRABALHO/2006/ADAPTADA) Ao empregado jornalista profissional a duração normal do trabalho não deverá exceder de 5 (cinco) horas, tanto de dia quanto à noite.

04. (TRT 3 – Juiz do Trabalho Substituto 3ª região/ 2012) A respeito da duração do trabalho, leia as afirmações abaixo e, em seguida, assinale a alternativa correta, de acordo com a jurisprudência cristalizada do Tribunal Superior do Trabalho: o jornalista que exerce funções típicas de sua profissão, independentemente do ramo de atividade do empregador, tem direito à jornada legal reduzida de 5 horas.

GAB	1	E	2	C	3	C	4	C

✦ HORAS EXTRAORDINÁRIAS

Art. 304. Poderá a duração normal do trabalho ser elevada a 7 (sete) horas, mediante acordo escrito, em que se estipule aumento de ordenado, correspondente ao excesso do tempo de trabalho, em que se fixe um intervalo destinado a repouso ou a refeição.

Parágrafo único. Para atender a motivos de força maior, poderá o empregado prestar serviços por mais tempo do que aquele permitido nesta Seção. Em tais casos, porém, o excesso deve ser comunicado à Divisão de Fiscalização do Departamento Nacional do Trabalho ou às Delegacias Regionais do Ministério do Trabalho, Indústria e Comércio, dentro de 5 (cinco) dias, com a indicação expressa dos seus motivos.

Art. 305. As horas de serviço extraordinário, quer as prestadas em virtude de acordo, quer as que derivam das causas previstas no Parágrafo único do artigo anterior, não poderão ser remuneradas com quantia inferior à que resulta do quociente da divisão da importância do salário mensal por 150 (cento e cinqüenta) para os mensalistas, e do salário diário por 5 (cinco) para os diaristas, acrescido de, pelo menos, 25% (vinte e cinco por cento).

Art. 306. Os dispositivos dos arts. 303, 304 e 305 não se aplicam àqueles que exercem as funções de redator-chefe, secretário, subsecretário, chefe e subchefe de revisão, chefe de oficina, de ilustração e chefe de portaria.

Parágrafo único. Não se aplicam, do mesmo modo, os artigos acima referidos aos que se ocuparem unicamente em serviços externos.

1. COMENTÁRIOS

O regime legal de sobrejornada do jornalista envolve três aspectos fundamentais: **a)** as horas extras que ocorrem sem motivo especial só estão autorizadas por acordo escrito entre empregado e empregador, e, ainda assim, limitadas a 2 (duas) por dia; **b)** as horas extras por motivo de força maior ocorrerão independentemente de acordo, mas o empregador fica obrigado a informar ao Ministério do Trabalho, em 5 dias da ocorrência do fato, os motivos que justifiquem a prorrogação da jornada; **c)** em qualquer hipótese as horas extras devem ser remuneradas com o adicional de 50% (art. 7º, XVI, da CF), uma vez que o adicional de 25%, previsto no art. 305, não mais prevalece.

O legislador não estabeleceu limites para jornada extraordinária por motivos de força maior. Diante da omissão, aplicar-se-ão, por analogia, os mesmos critérios do art. 61 da CLT, que não prevê limites para a prorrogação por motivo de força maior, mas deve ser respeitada a resistência humana e observado o bom senso por parte do empregador (vide comentários ao art. 61 da CLT).

O divisor mensal para cálculo da hora extraordinária é de 150 horas. Para se chegar ao valor de uma hora de trabalho basta que se divida o salário mensal por 150 (salário/150 = 1 hora). Para o valor da hora extraordinária se deve acrescentar no valor encontrado o adicional de 50% (salário/150 = 1 hora + 50%).

As pessoas que exercem função de confiança ou executam atividades externas, não se sujeitam à proteção dos artigos 304 a 305, conforme previsão do art. 306. A referência ao serviço externo teve clara inspiração na exclusão do art. 62, I, da CLT, a cujos comentários nos reportamos, pois a situação é idêntica. O mesmo não se pode dizer quanto aos ocupantes de função de confiança. Os cargos mencionados no art. 306 são de coordenação ou chefia eminentemente técnica e seus ocupantes não detêm o poder de mando que caracteriza o empregado da confiança plena do empregador, destinatário da norma do art. 62, II, da CLT. Existe uma aproximação muito maior dos chefes do art. 306, com aqueles depositários da confiança especial do empregador, destinatários da norma do art. 224, § 2º, da CLT (bancários), cujos comentários recomendamos ao leitor.

2. QUESTÕES DE CONCURSOS

01. (MPT/PROCURADOR DO TRABALHO/2007) Complete com a opção CORRETA. Poderá a duração normal do trabalho do jornalista ser elevada a ______ horas, mediante acordo escrito, em que se estipule aumento de ordenado, correspondente ao excesso de tempo de trabalho, em que se fixe um intervalo destinado a repouso ou a refeição.

a) 7 horas.
b) 8 horas.
c) 10 horas.
d) 12 horas.
e) Não respondida.

02. (TRT 8 – Juiz do Trabalho Substituto 8ª região/ 2012) Considerando as normas de proteção dos regimes especiais de trabalho, assinale a alternativa INCORRETA: a duração normal de trabalho dos empregados jornalistas profissionais poderá ser elevada a 8 (oito) horas diárias, mediante acordo coletivo de trabalho em que se estipule aumento de ordenado, correspondente ao excesso do tempo de trabalho e a fixação de um intervalo destinado ao repouso.

GAB	1	A	2	C

✦ REPOUSO SEMANAL

Art. 307. A cada 6 (seis) dias de trabalho efetivo corresponderá 1 (um) dia de descanso obrigatório, que coincidirá com o domingo, salvo acordo escrito em contrário, no qual será expressamente estipulado o dia em que se deve verificar o descanso.

1. COMENTÁRIOS

A obrigatoriedade do descanso semanal no domingo não foi recepcionada pela CF, que em seu art. 7º, XV, cuida do repouso "preferencialmente" nos domingos. Pelo menos uma vez a cada sete semanas o repouso semanal deve coincidir, ai sim obrigatoriamente, com o domingo (Portaria do Ministério do Trabalho nº 417, de 10.06.66, com a redação alterada pela Portaria MTPS nº 509, de 15.06.67).

Sergio Pinto Martins, Comentários, 2010, p. 266, entende que o repouso obrigatório no domingo prevalece mesmo diante da norma constitucional, em razão deste dispositivo ser mais benéfico. Não temos como concordar com o ilustre autor, pois o princípio da norma mais benéfica não pode se sobrepor à expressa disposição constitucional em sentido oposto.

✦ INTERVALO INTERJORNADAS

Art. 308. Em seguida a cada período diário de trabalho haverá um intervalo mínimo de 10 (dez) horas, destinado ao repouso.

Art. 309. Será computado como de trabalho efetivo o tempo em que o empregado estiver à disposição do empregador.

Art. 310. (Revogado pelo Decreto-Lei nº 972, de 17.10.1969)

1. COMENTÁRIOS

O intervalo de 10 horas, interjornadas, previsto no art. 308, tem a mesma finalidade daquele referido no art. 66 da CLT, que prevê o lapso de 11 horas entre o fim de uma jornada e o início da jornada seguinte. Deve ser respeitada a norma especial do jornalista, mesmo sendo menos benéfica que a regra geral, até porque nos demais aspectos a duração do trabalho desta categoria é recheada de privilégios.

A regra do art. 309, com algumas pequenas variações, é repetição desnecessária do art. 4º da CLT. Neste último a única diferença é a menção expressa de que o tempo em que o empregado está aguardando ordens também é considerado de serviço efetivo. A norma do art. 309 não exclui esta possibilidade, pois o empregado, estando à disposição do empregador, também estará aguardando ordens (neste sentido: Martins, Comentários, 2010, p. 266). Valentin Carrion (Comentários, 2010, p. 267) também não fez qualquer distinção entre os dois dispositivos legais, tanto que nos comentários ao art. 309 da CLT se restringiu a fazer remissão ao art. 4º da CLT.

2. QUESTÕES DE CONCURSOS

01. (TRT 15 – Juiz do Trabalho Substituto 15ª região/ 2012) Relativamente aos intervalos interjornadas é correto afirmar: o intervalo interjornadas mínimo legal para o jornalista é de 10h00.

GAB	1	C

✦ EXIGÊNCIAS PARA O REGISTRO PROFISSIONAL

Art. 311. Para o registro de que trata o artigo anterior, deve o requerente exibir os seguintes documentos:

a) prova de nacionalidade brasileira;

b) folha corrida;

c) prova de que não responde a processo ou não sofreu condenação por crime contra a segurança nacional (Suprimida pelo Decreto-lei nº 8.305, de 06.12.1945).

d) carteira de trabalho e previdência social.

§ 1º – Aos profissionais devidamente registrados será feita a necessária declaração na carteira de trabalho e previdência social.

§ 2º – Aos novos empregados será concedido o prazo de 60 dias para a apresentação da carteira de trabalho e previdência social, fazendo-se o registro condicionado a essa apresentação e expedindo-se um certificado provisório para aquele período.

1. COMENTÁRIOS

1.1. Registro profissional e exigência de diploma: a posição do STF

O Decreto-lei nº 972/69, em seu art. 4º, exige o registro profissional para o exercício da atividade de jornalista, como se observa da redação a seguir, houve revogação tácita do art. 311 da CLT: "art. 4º. O exercício da profissão de jornalista requer prévio registro no órgão regional competente do Ministério do Trabalho e Previdência Social que se fará mediante a apresentação de: I – prova de nacionalidade brasileira; II – folha corrida; III – carteira profissional; IV – declaração de cumprimento de estágio em empresa jornalística; V – diploma de curso superior de jornalismo, oficial ou reconhecido registrado no Ministério da Educação e Cultura ou em instituição por este credenciada, para as funções relacionadas de " a " a " g " no artigo 6º." § 1º O estágio de que trata o item IV será disciplinado em regulamento, devendo compreender período de trabalho não inferior a um ano precedido de registro no mesmo órgão a que se refere este artigo. § 2º O aluno do último ano de curso de jornalismo poderá ser contratado como estagiário, na forma do parágrafo anterior em qualquer das funções enumeradas no artigo 6º. § 3º O regulamento disporá ainda sobre o registro especial de: **a)** colaborador, assim entendido aquele que exerça, habitual e remuneradamente atividade jornalística, sem relação de emprego; **b)** funcionário público titular de cargo cujas atribuições legais coincidam com as do artigo 2º; **c)** provisionados na forma do artigo 12. § 4º O registro de que tratam as alíneas " a " e " b " do parágrafo anterior não implica o reconhecimento de quaisquer direitos que decorram da condição de empregado, nem, no caso da alínea " b ", os resultantes do exercício privado e autônomo da profissão.

O Plenário do E. STF, em decisão datada de 17.06.2009, proferida nos autos do (RE) 511961, na esteira do voto do Ministro Relator, Gilmar Mendes, decidiu que o inciso V, do art. 4º do Decreto-lei acima destacado, é inconstitucional, vencido somente o Ministro Marco Aurélio.

"Destacou o Relator que o artigo 4º, inciso V, do Decreto-Lei 972/1969, baixado durante o regime militar, não foi recepcionado pela Constituição Federal (CF) de 1988 e que as exigências nele contidas ferem a liberdade de imprensa e contrariam o direito à livre manifestação do pensamento inscrita no artigo 13 da Convenção Americana dos Direitos Humanos, também conhecida como Pacto de San Jose da Costa Rica. A maioria, vencido o ministro Marco Aurélio, acompanhou o voto do presidente da Corte e relator do RE, ministro Gilmar Mendes, que votou pela inconstitucionalidade do dispositivo do DL 972. Para Gilmar Mendes, "o jornalismo e a liberdade de expressão são atividades que estão imbricadas por sua própria natureza e não podem ser pensados e tratados de forma separada", disse. "O jornalismo é a própria manifestação e difusão do pensamento e da informação de forma contínua, profissional e remunerada", afirmou o relator. O RE foi interposto pelo Ministério Público Federal (MPF) e pelo Sindicato das Empresas de Rádio e Televisão do Estado de São Paulo (Sertesp) contra acórdão do Tribunal Regional Federal da 3ª Região que afirmou a necessidade do diploma, contrariando uma decisão da 16ª Vara Cível Federal em São Paulo, numa ação civil pública. No RE, o Ministério Público e o Sertesp sustentam que o Decreto-Lei 972/69, que estabelece as regras para exercício da profissão – inclusive o diploma –, não foi recepcionado pela Constituição de 1988. Além disso, o artigo 4º, que estabelece a obrigatoriedade de registro dos profissionais da imprensa no Ministério do Trabalho, teria sido revogado pelo artigo 13 da Convenção Americana de Direitos Humanos de 1969, mais conhecida como Pacto de San Jose da Costa Rica, ao qual o Brasil aderiu em 1992. Tal artigo garante a liberdade de pensamento e de expressão como direito fundamental do homem." (http://www.stf.jus.br/portal/cms/verNotíciaDetalhe.asp?idConteudo=109717 capturado em 05.06.2010).

✦ **REGISTRO DOS DIRETORES-PROPRIETÁRIOS**

Art. 312. O registro dos diretores-proprietários de jornais será feito, no Distrito Federal e nos Estados, e independentemente da exigência constante do art. 311, letra "d", da presente seção.

§ 1º – A prova de profissão, apresentada pelo diretor-proprietário juntamente com os demais documentos exigidos, consistirá em uma certidão, fornecida nos Estados e Território do Acre, pelas Juntas Comerciais ou Cartórios, e, no Distrito Federal, pela seção competente do Departamento Nacional de Indústria e Comércio, do Ministério do Trabalho, Indústria e Comércio.

§ 2º – Aos diretores-proprietários regularmente inscritos será fornecido um certificado do qual deverão constar o livro e a folha em que houver sido feito o registro.

1. COMENTÁRIOS

Este artigo foi tacitamente derrogado pelo DL 972/69, em seu art. 5º, que passou a cuidar integramente do registro dos diretores-proprietários, como se percebe da transcrição que segue:

"Art. 5º. Haverá, ainda, no mesmo órgão, a que se refere o artigo anterior, o registro dos diretores de empresas jornalísticas que, não sendo jornalistas, respondam pelas respectivas publicações. § 1º Para esse registro, serão exigidos: I – prova de nacionalidade brasileira; II – folha corrida; III – prova de registro civil ou comercial da empresa jornalística, com o inteiro teor do seu ato constitutivo; IV – prova do depósito do título da publicação ou da agência de notícias no órgão competente do Ministério da Indústria e do Comércio; V – para empresa já existente na data deste Decreto-Lei, conforme o caso: **a)** trinta exemplares do jornal; **b)** doze exemplares da revista; **c)** trinta recortes ou cópia de noticiário com datas diferentes e prova de sua divulgação. § 2º Tratando-se de empresa nova, o registro será provisório com validade por dois anos, tornando-se definitivo após o cumprimento do disposto no item V. § 3º Não será admitida a renovação de registro provisório nem a prorrogação do prazo de sua validade. § 4º Na hipótese do § 3º do artigo 3º, será obrigatório o registro especial do responsável pela publicação, na forma do presente artigo para efeitos do § 4º do artigo 8º.

✦ **JORNALISTAS SEM CARÁTER PROFISSIONAL**

Art. 313. Aqueles que, sem caráter profissional, exercerem atividades jornalísticas, visando fins culturais, científicos ou religiosos, poderão promover sua inscrição como jornalistas, na forma desta seção.

§ 1º – As repartições competentes do Ministério do Trabalho, Indústria e Comércio manterão, para os fins do artigo anterior, um registro especial, anexo ao dos jornalistas profissionais, nele inscrevendo os que satisfaçam os requisitos das alíneas "a", "b" e "c" do artigo 311 e apresentem prova do exercício de atividade jornalística não profissional, o que poderá ser feito por meio de atestado de associação cultural, científica ou religiosa idônea.

§ 2º – O pedido de registro será submetido a despacho do ministro que, em cada caso, apreciará o valor da prova oferecida.

§ 3º – O registro de que trata o presente artigo tem caráter puramente declaratório e não implica no reconhecimento de direitos que decorrem do exercício remunerado e profissional do jornalismo.

1. COMENTÁRIOS

Aqueles que exerçam a atividade de jornalismo sem caráter profissional, ou seja, sem o requisito da onerosidade, pois não têm a intenção de receber salário pelo serviço prestado, poderão inscrever-se como jornalistas, mediante registro especial no Ministério do Trabalho. O texto deste artigo exige que o trabalhador preencha os requisitos do art. 311 e suas alíneas para fazer jus ao registro profissional, mas atualmente tais exigências constam do art. 4º do DL 972/69, conforme comentários acima feitos.

Art. 314. (Revogado pelo Decreto-Lei nº 972, de 17.10.1969)

✦ **ESCOLAS DE JORNALISMO**

Art. 315. O Governo Federal, de acordo com os governos estaduais, promoverá a criação de escolas de preparação ao jornalismo, destinadas à formação dos profissionais da imprensa.

1. COMENTÁRIOS

O DL nº 5480, de 13.5.1943 instituiu o curso de jornalismo no ensino superior, mas não se pode esquecer que STF, atualmente, dispensa o diploma de jornalista para o exercício da profissão, como se lê nos comentários ao art. 311 desta CLT.

✦ **ATRASO DE SALÁRIOS: SUSPENSÃO DAS ATIVIDADES DA EMPRESA**

Art. 316. A empresa jornalística que deixar de pagar pontualmente, e na forma acordada, os salários devidos a seus empregados, terá suspenso o seu funcionamento, até que se efetue o pagamento devido.

Parágrafo único. Para os efeitos do cumprimento deste artigo deverão os prejudicados reclamar contra a falta de pagamento perante a autoridade competente e, proferida a condenação, desde que a empresa não a cumpra, ou, em caso de recurso, não deposite o valor da indenização, a autoridade que proferir a condenação oficiará à autoridade competente, para a suspensão da circulação do jornal. Em igual pena de suspensão incorrerá a empresa que deixar de recolher as contribuições devidas às instituições de previdência social.

1. COMENTÁRIOS

A previsão de suspensão das atividades da empresa, por não pagamento de salários ou não recolhimento das contribuições ao INSS, é abusiva e viola inúmeros princípios constitucionais. O STF, através da S. 70, reforça a tese do abuso. Destaque-se que há violação ao devido processo legal, porque a empresa sofrerá a suspensão de suas atividades como resultado de um processo que discute dívidas trabalhistas ou tributárias, sem que possa opor qualquer defesa quanto à paralisação dos serviços em si.

Sergio Pinto Martins – Comentários, 2010, p. 269 –, argumenta que a medida extrema prevista neste artigo fere o direito de propriedade (art. 5º, XXII, CF), viola o devido processo legal (art. 5º, LIV, CF), descumpre o princípio de que ninguém será processado senão pela autoridade competente (art. 5º, LIII, CF) e da ampla defesa e do contraditório (art. 5º, LV, CF). No mesmo sentido: Adamovich, Comentários, 2009, p. 125.

A empresa que não cumpre suas obrigações legais e contratuais quanto aos salários poderá sofrer ação judicial na Justiça do Trabalho e, após sentença condenatória, o empregado, ou seu sindicato como substituto processual, cobrará os devidos valores, mas sem interferência no funcionamento da empresa. Aliás, a manutenção do empreendimento é essencial para que o empregador possa saldar suas dívidas.

2. SÚMULAS E ORIENTAÇÕES JURISPRUDENCIAIS

▸ **Súmula nº 70/STF – Data da Aprovação: 13/12/1963**

É inadmissível a interdição de estabelecimento como meio coercitivo para cobrança de tributo.

▸**SEÇÃO XII – DOS PROFESSORES**

✦ **HABILITAÇÃO LEGAL E REGISTRO DE PROFESSOR**

Art. 317. O exercício remunerado do magistério, em estabelecimentos particulares de ensino, exigirá apenas habilitação legal e registro no Ministério da Educação.(Redação da Lei nº 7.855, de 24.10.1989)

§ 1º – Far-se-á o registro de que trata este artigo uma vez que o interessado apresente os documentos seguintes:

a) certificado de habilitação para o exercício do magistério, expedido pelo Ministério da Educação, ou pela competente autoridade estadual ou municipal;

b) carteira de identidade;

c) folha-corrida;

d) atestado, firmado por pessoa idônea, de que não responde a processo nem sofreu condenação por crime de natureza infamante;

e) atestado de que não sofre de doença contagiosa, passado por autoridade sanitária competente.

§ 2º – Dos estrangeiros serão exigidos, além dos documentos indicados nas alíneas a, c e e do parágrafo anterior, estes outros:

a) carteira de identidade de estrangeiro;

b) atestado de bons antecedentes, passado por autoridade polícial competente.

§ 3º – Tratando-se de membros de congregação religiosa, será dispensada a apresentação de documentos indicados nas alíneas c e d do § 1º e, quando estrangeiros, será o documento referido na alínea b do § 1º substituído por atestado do bispo diocesano ou de autoridade equivalente.

1. COMENTÁRIOS

1.1. Qualificação profissional e dispensa de registro no Ministério do Trabalho

O *caput* deste artigo teve sua redação determinada pela Lei nº 7.855, de 24.10.1989, em seu art. 1º. Na nova redação foi suprimida a necessidade de registro no Ministério do Trabalho como requisito para o exercício da atividade profissional de professor. Com a modificação do *caput*, os parágrafos do art. 317 foram tacitamente derrogados (assim também entendem: Adamovich, Comentários, 2009, p. 126; Martins, Comentários, 2010, p. 317-318 e Francisco Antonio de Oliveira, Comentários, março-2005 p. 253). Confira-se o teor da antiga redação do *caput* do art. 317: "O exercício remunerado do magistério em estabelecimentos particulares de ensino exigirá, além das condições de habilitação estabelecidas pela competente legislação, o registro no Ministério do Trabalho, Indústria e Comércio, que será feito, no Distrito Federal, no Departamento Nacional do Trabalho e, nos Estados e no Território do Acre, nos respectivos órgãos regionais.".

A qualificação profissional que se exige do professor é de nível superior, em curso de licenciatura, de graduação plena, em universidades e institutos superiores de educação, admitida, como formação mínima para o exercício do magistério na educação infantil e nas quatro primeiras séries do ensino fundamental, a oferecida em nível médio, na modalidade Normal (art. 62, da Lei nº 9394/96).

Não obstante os requisitos legais, o empregador que se aproveitar dos serviços de profissional sem habilitação legal, não poderá ser beneficiado por sua má-fé ou por sua falta de diligência em exigir a documentação necessária; nestes casos deve ser reconhecido o profissional como professor, no caso concreto, com os direitos previstos nesta seção (neste sentido: Alice Monteiro de Barros, Contratos e Regulamentações Especiais, jan-2008, p. 410 e Martins, Comentários, 2010, p. 271).

1.2. Cursos livres: desnecessidade de habilitação legal

São requisitos para o exercício da atividade profissional de professor a qualificação própria e o registro no Ministério da Educação, como vimos acima. Aos professores de cursos livres, como os preparatórios para vestibulares e concursos, ou de formação profissional como de idiomas e informática, não se exige habilitação especial, sendo, portanto, dispensado o registro no Ministério da Educação (interpretação dos artigos 62 e 66 da Lei nº 9394/96).

A ausência de habilitação específica para os professores de cursos livres, bastando o conhecimento técnico, não afasta as disposições especiais da CLT. A doutrina vem entendendo ser possível o enquadramento destes profissionais nas disposições dos artigos 317 a 322 desta seção, uma vez que contribuem para a educação lato sensu (neste sentido: Alice Monteiro de Barros, Contratos e Regulamentações Especiais, jan-2008, p. 409; Martins, Comentários, 2010, p. 272 e Garcia, Curso, 2008, p. 243).

Os instrutores de academias de ginástica, clubes recreativos e entidades congêneres, não são enquadrados como professores para os fins deste artigo e os subsequentes. Só será enquadrado como professor quando o profissional ministrar aulas ou orientar a prática esportiva no clube ou academia conveniada à instituição de ensino, como atividade integrante da disciplina constante da grade curricular, denominada "educação física". Alice Monteiro de Barros, Contratos e Regulamentações Especiais, jan-2008, p. 417, concorda com esta tese e ainda cita o art. 26, § 3º, da Lei nº 9.394/96 em prol do que defende.

2. INFORMATIVOS DO TST

- ***Atividade Docente. Instrutora de informática. Curso profissionalizante. Reconhecimento da condição de professora. Princípio da primazia da realidade.***

Tendo em conta o princípio da primazia da realidade que rege as normas de Direito do Trabalho, a empregada contratada para o exercício da atividade de instrutora de informática, em estabelecimento que oferece cursos profissionalizantes, tem direito ao reconhecimento da condição de professora e à percepção das parcelas trabalhistas próprias dessa categoria. As exigências formais previstas no art. 317 da CLT são dirigidas aos estabelecimentos particulares de ensino. Assim, a SBDI-I, por unanimidade, conheceu dos embargos, por divergência jurisprudencial, e, no mérito, negou-lhes provimento. TST-E-ED-RR-6800-19.2007.5.04.0016, SBDI-I, rel. Min. João Oreste Dalazen, 11.4.2013 (Informativo nº 42)

- ***Instrutora de idiomas. Atividade docente. Enquadramento na categoria profissional dos professores, ainda que ausentes as formalidades do art. 317 da CLT. Possibilidade.***

Sendo incontroverso o desempenho de atividade docente na condição de instrutora de inglês em curso de idiomas, não há como afastar o enquadramento da reclamante na categoria dos professores, ainda que ausentes as formalidades a que se refere o art. 317 da CLT. Assim, por maioria, a SBDI-I, em sua composição plena, conheceu dos embargos interpostos antes da vigência da Lei nº 11.496/2007, por violação do art. 317 da CLT, vencidos os Ministros Renato de Lacerda Paiva, relator, Dora Maria da Costa, João Oreste Dalazen, Antônio José de Barros Levenhagen, Brito Pereira e Carlos Alberto Reis de Paula, e, no mérito, também por maioria, deu-lhes provimento para declarar aplicáveis à reclamante as normas coletivas da categoria dos professores e determinar o retorno dos autos à vara de origem para que analise o restante do mérito, como entender de direito. Vencido o Ministro Ives Gandra Martins Filho, que conhecia do recurso, por divergência jurisrudencial, e, no mérito, negava-lhe provimento. TST-E-RR-8000-71.2003.5.10.0004, SBDI-I, rel. Min. Renato de Lacerda Paiva, red. p/ acórdão Min. José Roberto Freire Pimenta, 23.5.2013. (**Informativo nº 48**)

✦ **JORNADA DE TRABALHO**

Art. 318. O professor poderá lecionar em um mesmo estabelecimento por mais de um turno, desde que não ultrapasse a jornada de trabalho semanal estabelecida legalmente, assegurado e não computado o intervalo para refeição. (Redação da pela lei nº 13.415, de 2017)

1. COMENTÁRIOS

1.1. Jornada de Trabalho: 8 (oito) horas

Na redação anterior do art. 318 da CLT, que vigorava desde a redação original da CLT, se lia que: "Num mesmo estabelecimento de ensino não poderá o professor dar, por dia, mais de 4 (quatro) aulas consecutivas, nem mais de 6 (seis), intercaladas.". Os limites da jornada do professor eram estabelecidos por número de aulas.

No bojo da reforma nas diretrizes e bases da educação nacional, a Lei nº 13.415, de 16.02.2017 alterou o artigo 318 da CLT e promoveu, por consequência, uma mudança radical na histórica proteção jurídica a qual eram submetidos os professores. A jornada de 4 (quatro) aulas consecutivas, ou 6 (seis) intercaladas, em um só dia, que constituía um regime especial frente à jornada regular dos demais trabalhadores, desapareceu. A mudança, a meu ver, foi sorrateira, como tantas que ocorrem em nossa legislação, particularmente porque esta alteração sequer constava no texto da MP nº 746, de 22.09.2016, que fora convertida na Lei nº 13.415, de 16.02.2017.

A partir da vigência do novel art. 318 da CLT o professor passa a se submeter à mesma jornada dos demais empregados (8 horas por dia), salvo negociação coletiva estabelecendo condição mais favorável.

Conforme art. 21 da Lei nº 13.414/2017, a atual redação do art. 318 entra em vigor na data da publicação da lei, ocorrida no DOU de 17.2.2017.

A alteração legislativa tem efeito imediato nos contratos de trabalho em curso. Contudo, as jornadas de trabalho fixadas anteriormente à alteração legal, por força de contrato de trabalho, em condição expressa ou tacitamente estabelecida, merecem ser respeitadas. Logo, qualquer alteração contratual deve observar a bilateralidade da vontade e a ausência de prejuízo para empregado, conforme preceito do art. 468 da CLT.

1.2. "Janelas".

A lei não prevê como tempo de serviço efetivo as "janelas" – denominação dos intervalos entre os tempos de aula – nem o tempo gasto fora do trabalho com a preparação das atividades em sala de aula. Algumas normas coletivas tendem a incluir estes períodos como de serviço efetivo e, ultrapassando o limite deste artigo, remunerá-los como horas extras. O Precedente Normativo nº 31 do TST, que representa a jurisprudência iterativa da SDC, prevê a remuneração das "janelas" no limite de 1 hora diária para cada professor, por unidade de ensino. Não havendo norma coletiva, estes períodos não serão remunerados pelo empregador.

1.3. Salário mínimo de professor e jornada legal

Salário mínimo é a contraprestação básica pelo trabalho despendido, levando-se em consideração a jornada de 8 (oito) horas e duração semanal de 44 (quarenta e quatro) horas, prevista no art. 7º, XIII, da CF. O TST pacificou o entendimento de que o salário mínimo pode ser proporcional ao tempo à disposição do empregador, quando houver contrato de trabalho estabelecendo jornada inferior ao padrão constitucional (OJ nº 358 da SBDI-1/TST).

O entendimento consagrado pelo TST – através da OJ nº 358 – não se aplica, todavia, para as jornadas especiais, fixadas legalmente. Para estes trabalhadores, como era exemplo o professor, antes da alteração do art. 318 da CLT, o salário mínimo remunerava a jornada fixada pela norma específica que lhe concedia proteção especial, como ocorria na redação original da regra da CLT. Portanto, trabalhando o professor 4 (quatro) ou 6 (seis) horas por dia, sua remuneração não poderia ser inferior ao mínimo legal ou ao piso salarial da categoria (neste sentido a OJ nº 393 da SBDI-1/TST).

Entretanto, diante da atual redação do art. 318 da CLT, é perfeitamente possível a aplicação ao professor do entendimento consagrado na OJ nº 358 da SDI-1/TST, pagando-se ao empregado o salário-mínimo proporcional à sua jornada de trabalho. A OJ nº 393 da SDI-1/TST perdeu sua eficácia.

1.4. Redução do número de horas de aula

A assunção dos riscos do empreendimento é um dos principais traços distintivos da relação de trabalho autônomo se comparada ao trabalho subordinado. O empregador assume os riscos do negócio, colhendo os lucros e dividendos pelo sucesso de sua empreitada e, em contrapartida, sofrerá os prejuízos inerentes aos riscos que assumiu.

A jurisprudência do TST, contudo, invertendo a lógica do direito do trabalho, passou a admitir como lícita alteração contratual que consista na redução do número de horas-aula expressamente pactuadas com o empregado, desde que haja uma redução do número de alunos referentes aos cursos em que o professor ministra suas aulas (OJ. 244 da SBDI-1/TST). O teor da OJ citada, na verdade, considera até mesmo que não houve alteração contratual, pois não ocorreu mudança do valor da hora-aula.

O professor não é chamado a interferir na condução dos negócios de seu empregador, não podendo lhe ser transferida a responsabilidade pelo sucesso ou fracasso de suas escolhas, mas o TST impõe ao professor uma redução salarial como se o decréscimo do número de alunos decorresse de suas atitudes. Fossem suas aulas a causa da evasão estudantil, prontamente o empregador promoveria sua dispensa, talvez até por justa causa. A posição do TST consolida uma enorme insegurança contratual, pois o professor, no curso do ano letivo, pode ter reduzida sua remuneração, bastando que o empregador comprove a redução do número de alunos. Também é este o entendimento consagrado no PN nº 78 da SDC/TST.

Francisco Antonio de Oliveira entende que só há transferência do risco do empreendimento para o empregado, se a redução do número de horas-aula ocorrer no mesmo ano letivo em que estabelecida a jornada do professor. A redução, no ano letivo seguinte, é peculiaridade do ensino e atende igualmente ao interesse do professor que precisa adequar sua carga horária aos diversos estabelecimentos em que ministra suas aulas (Comentários, março-2005, p. 324).

1.5. A controvérsia da hora-aula

A legislação trabalhista é omissa quanto ao número de minutos de cada hora de aula, a doutrina costuma se referir à regulamentação do Ministério da Educação.

Sergio Pinto Martins menciona a Portaria nº 204/45 do Ministério da Educação e Cultura que limita em 50 minutos a hora-aula durante o dia e 40 minutos a hora-aula noturna, nos estabelecimentos ensino médio e superior; nos demais, menciona o autor, a hora-aula é de 60 minutos. Martins também se baseia na lei nº 4.024/61 e nos Pareceres CFE de números 459/85 e 28/92 para justificar a hora-aula de 50 minutos acima mencionada (Comentários, 2010, p. 273).

Alice Monteiro de Barros (Contratos e Regulamentações Especiais, jan-2008, p. 422) se refere à Portaria nº 522, de 23.5.1952, do Ministério da Educação, que fixa em 50 minutos a duração das aulas diurnas e 40 minutos a das aulas noturnas, para os estabelecimentos de ensino médio e superior, sendo de 60 minutos nos demais níveis da educação formal.

Eduardo Gabriel Saad (CLT Comentada, 2009, p. 438) também defende a hora-aula noturna de 40 minutos, porque os alunos deste turno, que normalmente trabalham durante o dia, não têm condições de suportar, com aproveitamento, longos períodos de estudo. Saad, contudo, não apoia sua tese em nenhum ato do Ministério da Educação.

A doutrina acima destacada parte de premissa equivocada. Os atos normativos do Ministério da Educação, acima mencionados, demonstram o posicionamento acerca da hora-aula antes da Lei de Diretrizes e Bases da Educação no Brasil (Lei nº 9.394/96). Depois dela, o Ministério da Educação passou a afirmar que as instituições de ensino têm autonomia para distribuir a carga horária de ensino e que a hora-aula destinada ao cumprimento da grade curricular teria tempo normal de 60 minutos.

Estão revogadas, mesmo antes da LDB, as Portarias antes mencionadas. Como o critério de hora-aula estabelecido para fins educacionais, sempre foi utilizado pela doutrina para justificar a remuneração da hora-aula do professor, uma vez alterado o critério para 60 minutos esta deve ser a consideração atual.

O trabalho noturno, por força da regra geral do art. 73 da CLT, terá sua hora reduzida para 52′30″, e respeitado o direito ao adicional respectivo.

Confira-se, logo a seguir, trecho de parecer do Ministério da Educação, extraído de http://www.reitoria.ufsc.br/estagio/legislacao/Parecer-n08-004CNCEB.pdf, em 3.3.2010. No voto do relator percebe-se que o atual padrão de hora-aula, para fins de ensino, é de 60 minutos. Como toda a doutrina trabalhista baseia a hora-aula do professor nos parâmetros de hora-aula fixados para fins de educação, o parecer serve de sustentação para nossa conclusão: a hora-aula do professor é calculada em 60 minutos.

> VOTO DO RELATOR
>
> A Lei de Diretrizes e Bases da Educação Nacional estabelece a distinção entre hora e hora – aula. A hora é uma indicação precisa da vigésima quarta parte do dia, calculada com referência a dois períodos de 12 horas ou a um período único de 24 horas e se remete aos acordos internacionais celebrados pelo Brasil, pelos quais a hora é constituída por 60 minutos.
>
> O direito dos estudantes é o de ter as horas legalmente apontadas dentro do ordenamento jurídico como o mínimo para assegurar um padrão de qualidade no ensino e um elemento de igualdade no país. Já a hora-aula é o padrão estabelecido pelo projeto pedagógico da escola, a fim de distribuir o conjunto dos componentes curriculares em um tempo didaticamente aproveitável pelos estudantes, dentro do respeito ao conjunto de horas determinado para a Educação Básica, para a Educação Profissional e para a Educação Superior.
>
> Responda-se, pois, ao CEFET/GO que não se pode "considerar uma aula de 45 minutos igual a uma hora" que é de 60 minutos.
>
> Assim, quando o CEFET/GO pergunta se uma disciplina de 60 horas deverá ter 60 aulas de 45 minutos ou 80 de 45 minutos, a resposta é a que se segue.
>
> A LDB estabelece que no Ensino Fundamental e no Ensino Médio, o efetivo trabalho letivo se constitui de 800 horas por ano de 60 minutos, de 2.400 horas de 60 minutos para o Ensino Médio e da carga horária mínima das habilitações por área na Educação Profissional. Esse é um direito dos estudantes. Ao mesmo tempo, a LDB estabelece que a duração da hora-aula das disciplinas é da competência do projeto pedagógico do estabelecimento. O total do número de horas destinado a cada disciplina também é de competência do projeto pedagógico. No caso da pergunta do CEFET/GO, que manifesta a decisão de dedicar um mínimo de 60 horas para uma disciplina, modulando-a em aulas de 45 minutos, o mínimo de aulas a ser ministrado deverá ser o de 80 aulas.
>
> Brasília(DF), 08 de março de 2004.
>
> Conselheiro Carlos Roberto Jamil Cury – Relator
>
> III – DECISÃO DA CÂMARA
>
> A Câmara de Educação Básica aprova por unanimidade o voto do Relator.
>
> Sala das Sessões, em 08 de março de 2004.Conselheiro Francisco Aparecido Cordão – Presidente. Conselheiro Nelio Marco Vincenzo Bizzo – Vice-Presidente.

2. SÚMULAS E ORIENTAÇÕES JURISPRUDENCIAIS

- **OJ 206 SBDI-1/TST**

PROFESSOR. HORAS EXTRAS. ADICIONAL DE 50%. Inserida em 08.11.00

Excedida a jornada máxima (art. 318 da CLT), as horas excedentes devem ser remuneradas com o adicional de, no mínimo, 50% (art. 7º, XVI, CF/1988).

- **OJ 244 SBDI-1/TST**

PROFESSOR. REDUÇÃO DA CARGA HORÁRIA. POSSIBILIDADE. Inserida em 20.06.01

A redução da carga horária do professor, em virtude da diminuição do número de alunos, não constitui alteração contratual, uma vez que não implica redução do valor da hora-aula.

- **OJ-SDI1-393/TST**

PROFESSOR. JORNADA DE TRABALHO ESPECIAL. Art. 318 DA CLT. SALÁRIO MÍNIMO. PROPORCIONALIDADE. (DEJT divulgado em 09, 10 e 11.06.2010)

A contraprestação mensal devida ao professor, que trabalha no limite máximo da jornada prevista no art. 318 da CLT, é de um salário mínimo integral, não se cogitando do pagamento proporcional em relação a jornada prevista no art. 7º, XIII, da Constituição Federal.

- **PN-31/TST**

PROFESSOR (JANELAS) (positivo)

Os tempos vagos (janelas) em que o professor ficar à disposição do curso serão remunerados como aula, no limite de 1 (uma) hora diária por unidade.

- **PN-78/TST**

PROFESSOR. REDUÇÃO SALARIAL NÃO CONFIGURADA (negativo) Não configura redução salarial ilegal a diminuição de carga horária motivada por inevitável supressão de aulas eventuais ou de turmas.

3. QUESTÕES DE CONCURSOS

01. (FCC – Juiz do Trabalho Substituto 11ª região/ 2012) No que diz respeito à jornada especial da categoria dos professores, é correto afirmar: em um mesmo estabelecimento de ensino não poderá o professor, por dia, dar mais de três aulas consecutivas, nem mais de seis intercaladas.

02. (AGU/ADVOGADO DA UNIÃO/CESPE/2009/ADAPTADA) Maria, professora de matemática que trabalha exclusivamente para uma instituição de ensino particular, ministra, pela manhã, 5 aulas a partir de 7 h 30 min, de segunda a sexta-feira, tendo cada aula a duração de 50 minutos; após 3 horas-aula, a professora tem 15 minutos de intervalo e, em seguida, ministra mais 2 aulas. Nessa situação hipotética, a referida professora tem direito à percepção de horas extras, dada a extrapolação da jornada máxima legal.

GAB	1	E	2	C

✦ TRABALHO AOS DOMINGOS

Art. 319. Aos professores é vedado, aos domingos, a regência de aulas e o trabalho em exames.

1. COMENTÁRIOS

É vedado o trabalho aos domingos, mas este ocorrendo, em caráter excepcional, a Lei nº 605/49 regerá sua compensação ou pagamento dobrado. De qualquer sorte, o repouso em domingos não é mais obrigatório e sim facultativo, desde que preservado outro dia da semana para o descanso remunerado (vide comentários ao art. 67 desta CLT).

O texto da CLT não cuidou da remuneração do repouso que só foi regulamentando pela Lei nº 605/49. O salário do professor é fixado por hora-aula, mesmo que a periodicidade do pagamento seja mensal. Assim, a remuneração da hora-aula não inclui o repouso e este deve ser pago em separado, à razão de 1/6 das horas recebidas no mês (neste sentido: Martins, Comentários, 2010, p. 275 e Saad, CLT Comentada, 2009, p. 437). Também assim a S. 351 do TST.

2. SÚMULAS E ORIENTAÇÕES JURISPRUDENCIAIS

- **Súmula nº 351/TST**

PROFESSOR. REPOUSO SEMANAL REMUNERADO. Art. 7º, § 2º, DA LEI Nº 605, DE 05.01.1949 E Art. 320 DA CLT (mantida) – Res. 121/2003, DJ 19, 20 e 21.11.2003

O professor que recebe salário mensal à base de hora-aula tem direito ao acréscimo de 1/6 a título de repouso semanal remunerado, considerando-se para esse fim o mês de quatro semanas e meia.

3. QUESTÕES DE CONCURSOS

01. **(TRT 8 – Juiz do Trabalho Substituto 8ª região/ 2012)** Considerando as normas de proteção dos regimes especiais de trabalho, assinale a alternativa INCORRETA: aos professores é vedada, aos domingos, a regência de aulas e o trabalho em exames.

02. **(FCC – Juiz do Trabalho Substituto 11ª região/ 2012)** No que diz respeito à jornada especial da categoria dos professores, é correto afirmar: Aos professores é vedado, aos domingos, a regência de aulas, assim como o trabalho em exames.

GAB	1	E	2	C

✦ REMUNERAÇÃO E AUSÊNCIAS

Art. 320. A remuneração dos professores será fixada pelo número de aulas semanais, na conformidade dos horários.

§ 1º – O pagamento far-se-á mensalmente, considerando-se para este efeito cada mês constituído de quatro semanas e meia.

§ 2º – Vencido cada mês, será descontada, na remuneração dos professores, a importância correspondente ao número de aulas a que tiverem faltado.

§ 3º – Não serão descontadas, no decurso de 9 (nove) dias, as faltas verificadas por motivo de gala ou de luto em conseqüência de falecimento do cônjuge, do pai ou mãe, ou de filho.

1. COMENTÁRIOS

A hora-aula é o critério de fixação do salário do professor. A lei não permite que a periodicidade da remuneração seja diária, semanal ou quinzenal, pois determina, em caráter imperativo, o pagamento mensal (§ 1º). Para tanto, constituiu o mês com quatro semanas e meia que é a média, pouco importando, portanto, que o mês vigente de pagamento tenha cinco semanas ou quatro. O salário do professor será o resultado da seguinte operação: valor da hora-aula x número de aulas semanais x 4,5.

Igual critério se observará para fins de desconto (§ 2º). Ou seja, a falta num mês de 4 semanas ou de 5 semanas terá como base de cálculo, para fins de desconto, a média de 4,5. O critério é sempre o mesmo, não importando o mês vigente.

O § 3º traz tão somente dois exemplos de interrupção contratual: licença gala (casamento) e licença nojo (falecimento de pessoa da família), mas isto não exclui as demais hipóteses de paralisação do serviço sem prejuízo do salário, aplicando-se aos professores todos os motivos do art. 473 da CLT, além de outros previstos em lei. Diz-se que houve discriminação com relação ao demais trabalhadores, pois estes só podem se ausentar por dois dias em razão de falecimento de parente próximo ou de dependente (473, I) e três dias por ocasião das bodas (art. 473, II). Ocorreu, portanto, violação ao princípio da igualdade. Só o falecimento de cônjuge, pai, mãe e filho permitem o afastamento do professor por 9 (nove) dias. Quanto aos demais ascendentes e descendentes, bem como os dependentes do professor, o afastamento, sem prejuízo do salário, será de dois dias, conforme art. 473, I.

2. SÚMULAS E ORIENTAÇÕES JURISPRUDENCIAIS

Vide art. 318

3. QUESTÕES DE CONCURSOS

01. (TRT – 9ª REGIÃO/JUIZ DO TRABALHO/2009/ADAPTADA) O casamento do professor interrompe o respectivo contrato de trabalho por 9 dias.

02. (TRT – 3ª REGIÃO/JUIZ DO TRABALHO SUBSTITUTO/2009/ADAPTADA) A redução da carga horária do professor, em virtude da diminuição do número de alunos, não constitui alteração contratual, uma vez que não implica na redução do valor da hora-aula, conforme entendimento cristalizado pelo c. TST.

03. (TRT – 3ª REGIÃO/JUIZ DO TRABALHO/2008/ADAPTADA) É situação de suspensão do contrato de trabalho o afastamento do professor no decurso de 9 dias por motivo de gala ou de luto em consequência de falecimento do cônjuge, do pai ou mãe, ou de filho.

04. (TRT 14 – Juiz do Trabalho Substituto 14ª região/ 2012) Assinale a única alternativa correta: professor que recebe salário mensal à base de hora-aula tem direito ao acréscimo de 1/6 a título de repouso semanal remunerado, considerando-se para esse fim o mês de quatro semanas e meia.

GAB	1	C	2	C	3	E	4	C

✦ AULAS EXCEDENTES

Art. 321. Sempre que o estabelecimento de ensino tiver necessidade de aumentar o número de aulas marcado nos horários, remunerará o professor, findo cada mês, com uma importância correspondente ao número de aulas excedentes.

1. COMENTÁRIOS

As horas excedentes, mencionadas neste artigo, serão remuneradas como extraordinárias, sendo acrescidas do adicional de 50%, conforme previsão do art. 7º, XVI, da CF (neste sentido a OJ nº 206 da SBDI-1/TST). Ultrapassadas 8 (oito) horas por dia, conforme jornada definida no art. 318, haverá pagamento de horas extraordinárias. A janela (intervalo entre as aulas) não é considerada tempo de serviço efetivo, mas há forte tendência jurisprudencial para que o empregador remunere estes intervalos e, se excedentes aos limites do art. 318, sejam estes períodos considerados como sobrejornada, com o pagamento do respectivo adicional (vide PN nº 31, da SDC/TST).

2. SÚMULAS E ORIENTAÇÕES JURISPRUDENCIAIS

Vide art. 318.

✦ EXAMES E FÉRIAS ESCOLARES: INTERRUPÇÃO CONTRATUAL

Art. 322. No período de exames e no de férias escolares, é assegurado aos professores o pagamento, na mesma periodicidade contratual, da remuneração por eles percebida, na conformidade dos horários, durante o período de aulas.(Redação da Lei nº 9.013, de 30.3.1995)

§ 1º – Não se exigirá dos professores, no período de exames, a prestação de mais de 8 (oito) horas de trabalho diário, salvo mediante o pagamento complementar de cada hora excedente pelo preço correspondente ao de uma aula.

§ 2º – No período de férias, não se poderá exigir dos professores outro serviço senão o relacionado com a realização de exames.

§ 3º – Na hipótese de dispensa sem justa causa, ao término do ano letivo ou no curso das férias escolares, é assegurado ao professor o pagamento a que se refere o *caput* deste artigo.(Incluído pela Lei nº 9.013, de 30.3.1995)

1. COMENTÁRIOS

1.1. Férias escolares e trabalho do professor

As férias dos professores não se confundem com as escolares; estas ocorrem no Brasil no mês de julho e no recesso que se inicia em dezembro e se estende pelos meses de janeiro e meados de fevereiro do ano seguinte, conforme a organização de cada instituição de ensino. Os colégios bilíngues, que procuram adaptar seus alunos à rotina e calendário dos países que representam, às vezes possuem férias em julho maiores que as do fim de ano, exatamente para melhor aproveitamento das estações do ano onde a temperatura é mais elevada na Europa e nos Estados Unidos, por exemplo.

Durante os períodos de férias escolares os professores estão à disposição da Instituição de Ensino, ainda que só possam executar serviços relacionados à realização de exames, aqui incluídas eventuais aulas de recuperação dos alunos. Francisco Antonio de Oliveira (Comentários, março-2005, p. 324) lembra que nestes períodos o professor poderá ser convocado para realização de trabalhos de planejamento, recuperação de alunos, exames, etc. Por estas razões que o período de férias escolares é remunerado ao professor (S. 10 do TST).

As atividades no período de férias escolares não são diretamente vinculadas ao ministério de aulas, salvo as de recuperação. Predominam neste período o planejamento para o ano seguinte, além da aplicação dos exames. Por estas razões a jornada é diferente daquela prevista no art. 318, pois o professor poderá trabalhar até 8 (oito) horas diárias sem que se considere excesso de jornada (§ 1º, do art. 322).

1.2. Férias do Professor

As férias dos professores são um direito individual que podem coincidir tanto com as férias escolares de julho, como com aquelas de dezembro/janeiro, mas observado o direito ao gozo de 30 dias (art. 130, I, da CLT), ou na proporção dos demais incisos do art. 130, conforme o número de ausências, com acréscimo de 1/3 (art. 7º, XVII, da CF). As disposições referentes à regra geral das férias, inseridas nos artigos 129 e seguintes da CLT, são aplicáveis aos professores. Não há possibilidade, contudo, de conversão de 1/3 das férias em abono pecuniário, pois o professor não terá como trabalhar os 10 dias de férias que foram "vendidas", considerando-se a coincidência com as férias escolares (neste sentido: Carrion, Comentários, 2010, p. 271 e Martins, Comentários, 2010, p. 282).

1.3. Dispensa ao término do ano letivo

A organização pessoal do professor, quando distribui sua carga horária disponível às instituições de ensino, ocorre sempre no final de cada ano letivo, quando a parte pedagógica organiza a carga horária de acordo com a proposta educacional do ano seguinte. No ensino universitário, onde prevalece o sistema de créditos, também é natural que esta organização ocorra a cada semestre.

A dispensa do professor, ao término do ano letivo, ou no curso das férias escolares do fim do ano, quando as instituições de ensino já planejaram ou estão planejando a distribuição de carga horária do ano seguinte, inviabiliza que este consiga outra colocação, causando-lhe enorme prejuízo financeiro. A fim de que o professor possa ter mais tempo para conseguir outro emprego, fará jus à remuneração de todo o período de férias escolares (S. 10 do TST e art. 322, § 3º, da CLT).

Ocorrendo aviso prévio coincidindo com o período de férias escolares, o empregado terá direito à remuneração dobrada, ou seja, pelo recesso escolar e pelo aviso prévio (neste sentido: Martins, Comentários, 2010, p. 282). Entendimento em sentido contrário importaria em burla da proteção legal.

Caso a dispensa ocorra no meio do ano letivo, ainda que antes do início do segundo semestre em instituição universitária, o professor não fará jus à remuneração das férias escolares do meio do ano. Difícil será conseguir outro emprego na segunda parte do ano letivo, mas o legislador não enxergou esta possibilidade, pois só previu a indenização das férias escolares quando da dispensa ao término do ano letivo. Nada obsta que negociação coletiva estabeleça a extensão da regra legal da CLT também para a dispensa no meio do ano.

2. SÚMULAS E ORIENTAÇÕES JURISPRUDENCIAIS

Súmula nº 10/TST – Res. 121/2003, DJ 19, 20 e 21.11.2003

PROFESSOR. DISPENSA SEM JUSTA CAUSA. TÉRMINO DO ANO LETIVO OU NO CURSO DE FÉRIAS ESCOLARES. AVISO PRÉVIO (redação alterada em sessão do Tribunal Pleno realizada em 14.09.2012) – Res. 185/2012 – DEJT divulgado em 25, 26 e 27.09.2012

O direito aos salários do período de férias escolares assegurado aos professores (art. 322, *caput* e § 3º, da CLT) não exclui o direito ao aviso prévio, na hipótese de dispensa sem justa causa ao término do ano letivo ou no curso das férias escolares.

3. QUESTÕES DE CONCURSOS

01. **(FCC – Juiz do Trabalho Substituto 11ª região/ 2012)** No que diz respeito à jornada especial da categoria dos professores, é correto afirmar: nos termos da Consolidação das Leis do Trabalho, no período de férias escolares poder-se-á exigir dos professores apenas a realização de exames e de aulas de reforço escolar.

02. **(SERPRO/ANALISTA/CESPE/2008/ADAPTADA)** Aos professores é assegurado o pagamento de salários mesmo no período de férias escolares.

03. **(TRT – 14ª REGIÃO/JUIZ DO TRABALHO/2008/ADAPTADA)** No período de exames escolares, não se exigirá dos professores a prestação de mais de oito horas de trabalho diário, exceto se houver pagamento complementar de cada hora excedente pelo valor equivalente ao de uma aula.

GAB	1	E	2	C	3	C

✦ REMUNERAÇÃO DIGNA E PONTUAL

Art. 323. Não será permitido o funcionamento do estabelecimento particular de ensino que não remunere condignamente os seus professores, ou não lhes pague pontualmente a remuneração de cada mês.

Parágrafo único. Compete ao Ministério da Educação e Saúde fixar os critérios para a determinação da condigna remuneração devida aos professores bem como assegurar a execução do preceito estabelecido no presente artigo.

1. COMENTÁRIOS

A fiscalização do trabalho, responsável pelo cumprimento da legislação trabalhista, pode impor multas sucessivas pelo pagamento impontual do salário, mas não há como impedir o funcionamento da instituição de ensino.

Sergio Pinto Martins chega a dizer que a ambiguidade da expressão "remuneração condigna", prevista no § único, torna inútil a regra, propondo sua revogação (Comentários, 2010, p. 283).

Eduardo Henrique Raymundo Von Adamovich, Comentários, 2009, p. 130, não vê na norma inconstitucionalidade, afirmando que a liberdade de iniciativa e o direito de propriedade já nascem limitados; a primeira, pela equivalência com o valor social do trabalho e o segundo pela necessidade de se observar sua função social (CF, artigos 1º, VI e 170, III). Contudo, o autor também alega que a norma carece de regulamentação, particularmente diante da necessidade de proteção dos interesses dos estudantes na conclusão do curso.

O Ministério da Educação não tem mais qualquer ingerência na fixação da remuneração dos professores, condigna ou não. A remuneração dos trabalhadores de instituições privadas de ensino é fixada por negociação coletiva ou, frustrada a composição, por acórdão normativo da Justiça do Trabalho, provocada esta jurisdição pela vontade comum dos sindicatos envolvidos no conflito (art. 114, §§ 1º e 2º da CF e CLT, art. 856 e seguintes).

Art. 324. Revogado pela Lei nº 7.855, de 24.10.1989.

SEÇÃO XIII – DOS QUÍMICOS

✦ PROFISSÃO DE QUÍMICO: REQUISITOS

Art. 325. É livre o exercício da profissão de químico em todo o território da República, observadas as condições de capacidade técnica e outras exigências previstas na presente Seção:

a) aos possuidores de diploma de químico, químico industrial, químico industrial agrícola ou engenheiro químico, concedido, no Brasil, por escola oficial ou oficialmente reconhecida;

b) aos diplomados em química por instituto estrangeiro de ensino superior, que tenham, de acordo com a lei e a partir de 14 de julho de 1934, revalidado os seus diplomas;

c) aos que, ao tempo da publicação do Decreto nº 24.693 de 12 de julho de 1934, se achavam no exercício efetivo de função pública ou particular, para a qual seja exigida a qualidade de químico, e que tenham requerido o respectivo registro até a extinção do prazo fixado pelo Decreto-Lei nº 2.298, de 10 de junho de 1940.

§ 1º – Aos profissionais incluídos na alínea "c" deste artigo, se dará, para os efeitos da presente Seção, a denominação de "licenciados".

§ 2º – O livre exercício da profissão de que trata o presente artigo só é permitido a estrangeiros, quando compreendidos:

a) nas alíneas "a" e "b", independentemente de revalidação do diploma, se exerciam, legitimamente, na República, a profissão de químico em a data da promulgação da Constituição de 1934;

b) na alínea "b", se a seu favor militar a existência de reciprocidade internacional, admitida em lei, para o reconhecimento dos respectivos diplomas;

c) na alínea "c", satisfeitas as condições nela estabelecidas.

§ 3º – O livre exercício da profissão a brasileiros naturalizados está subordinado à prévia prestação do serviço militar, no Brasil.

§ 4º – Só aos brasileiros natos é permitida a revalidação dos diplomas de químicos, expedidos por institutos estrangeiros de ensino superior.

1. COMENTÁRIOS

Além dos profissionais descritos neste artigo, a Lei nº 2.800, de 18.5.1956, em seu artigo 20, também inclui os técnicos em química e repete a referência aos bacharéis em química.

O art. 325 foi instituído em momento histórico de transição para o Brasil, de nação eminentemente agrícola, para industrial. Justificável, portanto, para a época, esta extensa regulamentação dos profissionais químicos, particularmente porque muitos eram práticos, sem diploma, necessitando de amparo para aceitação profissional.

O dispositivo legal fez questão de acolher tanto os químicos diplomados, como os sem diplomas, mas que já exerciam a função, qualificando-os de licenciados (§ 1º, supra).

A preocupação do dispositivo legal – § 2º e 4º – de preservação do mercado de trabalho para brasileiros, construiu restrições absolutamente inconstitucionais, afrontando a plena liberdade de exercício profissional; é inadmissível qualquer discriminação por critério de nacionalidade (art. 5º, XIII, da CF). Os parágrafos acima mencionados não foram recepcionados pela nova ordem constitucional, no tocante aos critérios distintivos inaceitáveis (neste sentido: Carrion, Comentários, 2010, p. 281-282 e Amador Paes de Almeida, CLT comentada, 2009, p. 158).

Sergio Pinto Martins, Comentários, 2010, p. 285, corroborando a tese da inconstitucionalidade, acrescenta que a Constituição não permite sequer a distinção entre brasileiros natos e naturalizados (art. 19, III), nem tampouco, por força de lei (art. 12, § 2º). A própria Constituição estabeleceu as hipóteses de cargos privativos de brasileiros natos (art. 12, § 3º).

✦ CTPS DE QUÍMICO: SUBSTITUIÇÃO PELA CARTEIRA PROFISSIONAL

Art. 326. Todo aquele que exercer ou pretender exercer as funções de químico é obrigado ao uso de Carteira de Trabalho e Previdência Social, devendo os profissionais que se encontrarem nas condições das alíneas "a" e "b" do art. 325, registrar os seus diplomas de acordo com a legislação vigente.

§ 1º – A requisição de Carteira de Trabalho e Previdência Social para uso dos químicos, além do disposto no capítulo "Da Identificação Profissional", somente será processada mediante apresentação dos seguintes documentos que provem:

a) ser o requerente brasileiro, nato ou naturalizado, ou estrangeiro;

b) estar, se for brasileiro, de posse dos direitos civis e políticos;

c) ter diploma de químico, químico industrial, químico industrial agrícola ou engenheiro químico, expedido por escola superior oficial ou oficializada;

d) ter, se diplomado no estrangeiro, o respectivo diploma revalidado nos termos da lei;

e) haver, o que for brasileiro naturalizado, prestado serviço militar no Brasil;

f) achar-se o estrangeiro, ao ser promulgada a Constituição de 1934, exercendo legitimamente, na República, a profissão de químico, ou concorrer a seu favor a existência de reciprocidade internacional, admitida em lei, para o reconhecimento dos diplomas dessa especialidade.

§ 2º – A requisição de que trata o parágrafo anterior deve ser acompanhada:

a) do diploma devidamente autenticado no caso da alínea "b" do artigo precedente, e com as firmas reconhecidas no país de origem e na Secretaria de Estado das Relações Exteriores, ou da respectiva certidão, bem como do título de revalidação, ou certidão respectiva, de acordo com a legislação em vigor;

b) do certificado ou atestado comprobatório de se achar o requerente na hipótese da alínea "c" do referido artigo, ao tempo da publicação do Decreto nº 24.693 de 12 de julho de 1934, no exercício efetivo de função pública, ou particular, para a qual seja exigida a qualidade de químico, devendo esses documentos ser autenticados pelo Delegado Regional do Trabalho, quando se referirem a requerentes moradores nas capitais dos Estados, ou coletor federal, no caso de residirem os interessados nos municípios do interior;

c) de 3 (três) exemplares de fotografia exigida pelo art. 329 e de 1 (uma) folha com as declarações que devem ser lançadas na Carteira de Trabalho e Previdência Social de conformidade com o disposto nas alíneas do mesmo artigo e seu Parágrafo único.

§ 3º – Reconhecida a validade dos documentos apresentados, o Serviço de Identificação Profissional do Departamento Nacional do Trabalho, no Distrito Federal, ou os órgãos regionais do Ministério do Trabalho, Indústria e Comércio, nos Estados e no Território do Acre, registrarão, em livros próprios, os documentos a que se refere a alínea "c" do § 1º e, juntamente com a Carteira de Trabalho e Previdência Social emitida, os devolverão ao interessado.

1. COMENTÁRIOS

O art. 326, § 1º, faz referência à emissão de CTPS para uso dos químicos, o que se traduz em uma Carteira de Trabalho especificamente confeccionada para estes profissionais. Esta CTPS especial não existe mais. As exigências feitas neste artigo podem ser mantidas para a carteira profissional do químico, cuja emissão é de responsabilidade do respectivo Conselho Regional de Química (art. 15, da Lei nº 2800/56). Contudo, somente o Conselho Regional de Química, atendendo igualmente à regulamentação específica do Conselho Federal de Química, poderá fazer as exigências previstas neste artigo ou até mesmo criar outras.

✦ DA COBRANÇA DE EMOLUMENTOS

Art. 327. Além dos emolumentos fixados no Capítulo "Da Identificação Profissional", o registro do diploma fica sujeito à taxa de Cr$ 30,00 (trinta cruzeiros).

1. COMENTÁRIOS

A identificação profissional (carteira profissional de químico) será emitida pelo Conselho Regional de Química, que regulamentará a cobrança da taxa específica para tanto, tendo sido derrogada a disposição deste artigo pela Lei nº 2800/56, art. 26.

✦ DOCUMENTOS PARA EXERCÍCIO DA PROFISSÃO

Art. 328. Só poderão ser admitidos a registro os diplomas, certificados de diplomas, cartas e outros títulos, bem como atestados e certificados que estiverem na devida forma e cujas firmas hajam sido regularmente reconhecidas por tabelião público e, sendo estrangeiros, pela Secretaria do Estado das Relações Exteriores, acompanhados estes últimos da respectiva tradução, feita por intérprete comercial brasileiro.

Parágrafo único. O Departamento Nacional do Trabalho e as Delegacias Regionais do Ministério do Trabalho, Industria e Comercio, nos Estados, publicarão, periodicamente, a lista dos químicos registrados na forma desta Seção.

Art. 329. A cada inscrito, e como documento comprobatório do registro, será fornecida pelo Departamento Nacional do Trabalho, no Distrito Federal, ou pelas Delegacias Regionais, nos Estados e no Território do Acre, uma Carteira de Trabalho e Previdência Social numerada, que, além da fotografia, medindo 3 (três) por 4 (quatro) centímetros, tirada de frente, com a cabeça descoberta, e das impressões do polegar, conterá as declarações seguintes:

a) o nome por extenso;

b) a nacionalidade e, se estrangeiro, a circunstância de ser ou não naturalizado;

c) a data e lugar do nascimento;

d) a denominação da escola em que houver feito o curso;

e) a data da expedição do diploma e o número do registro no Ministério do Trabalho, Industria e Comercio;

f) a data da revalidação do diploma, se de instituto estrangeiro;

g) a especificação, inclusive data, de outro título ou títulos de habilitação;

h) a assinatura do inscrito.

Parágrafo único. A carteira destinada aos profissionais a que se refere o § 1º do art. 325 deverá, em vez das declarações indicadas nas alíneas "d", "e" e "f" deste artigo, e além do título – licenciado – posto em destaque, conter a menção do título de nomeação ou admissão e respectiva data, se funcionário público, ou do atestado relativo ao exercício, na qualidade de químico, de um cargo em empresa particular, com designação desta e da data inicial do exercício.

Art. 330. A carteira profissional, expedida nos termos desta seção, é obrigatória para o exercício da profissão, substitui em todos os casos o diploma ou título e servirá de carteira de identidade.(Redação do Decreto-Lei nº 5.922, de 1943)

Art. 331. Nenhuma autoridade poderá receber impostos relativos ao exercício profissional de químico, senão à vista da prova de que o interessado se acha registrado de acordo com a presente Seção, e essa prova será também exigida para a realização de concursos periciais e todos os outros atos oficiais que exijam capacidade técnica de químico.

1. COMENTÁRIOS

Os dispositivos dos artigos 328 a 331, que cuidam do registro do diploma e emissão da carteira profissional – condições para o exercício da profissão de químico –, não são mais de atribuição do Ministério do Trabalho e sim do conselho que regulamenta a profissão. O § único, do artigo 328, foi derrogado tacitamente pela Lei nº 2.800/56, especificamente pelos artigos 8, "e" e 13, "d". O parágrafo único do art. 329 também foi derrogado tacitamente pela Lei nº 2.800/56, especificamente pelos artigos 13 e 15 (Hins, CLT Interpretada, 2009, p. 218-219).

Não mais se exige que a fotografia para emissão da CTPS seja com a cabeça descoberta como menciona o art. 329, *caput*. Este requisito foi suprimido pela Lei nº 8.260/91 que alterou a redação do art. 16 da CLT (Martins, Comentários, 2010, p. 288).

As anuidades pagas ao conselho profissional para exercício da profissão de químico serão fixadas pelos próprios conselhos, sem interferência do Estado (artigos 21 a 31 da Lei nº 2.800/56). Nada obsta que, para ingresso em cargos públicos destinados aos químicos, se exija a apresentação da carteira profissional, como já está acontecendo em certos concursos.

✦ EXERCÍCIO ILEGAL DA PROFISSÃO

Art. 332. Quem, mediante anúncios, placas, cartões comerciais ou outros meios capazes de ser identificados, se propuser ao exercício da química, em qualquer dos seus ramos, sem que esteja devidamente registrado, fica sujeito às penalidades aplicáveis ao exercício ilegal da profissão.

Art. 333. Os profissionais a que se referem os dispositivos anteriores só poderão exercer legalmente as funções de químicos depois de satisfazerem as obrigações constantes do art. 330 desta Seção.

1. COMENTÁRIOS

O dispositivo do art. 332 cuida da preservação da atividade de químico somente por profissional habilitado. Além do registro profissional, o art. 25 da Lei nº 2800/56 também exige, para o regular exercício da profissão, o pagamento da anuidade. Portanto, profissional que não preencha estes requisitos, mas divulgue seus serviços por qualquer meio de comunicação, incorre em exercício ilegal da profissão, cujo tipo se encontra capitulado no art. 47 da Lei de Contravenções Penais (DL 3.688/41), nos seguintes termos: "Exercer profissão ou atividade econômica ou anunciar que a exerce, sem preencher as condições a que por lei está subordinado o seu exercício". Pena: prisão simples de 15 (quinze) dias a 3 (três) meses, ou multa.

A referência no art. 333, às disposições do art. 330 da CLT, diz respeito à possibilidade da carteira profissional substituir a carteira de identidade. Esta possibilidade continua a vigorar, mas só o conselho profissional tem competência para regulamentar as formalidades de emissão da referida carteira da profissão.

✦ ATIVIDADES CONCERNENTES À PROFISSÃO DE QUÍMICO

Art. 334. O exercício da profissão de químico compreende:

a) a fabricação de produtos e subprodutos químicos em seus diversos graus de pureza;

b) a análise química, a elaboração de pareceres, atestados e projetos de especialidade e sua execução, perícia civil ou judiciária sobre essa matéria, a direção e a responsabilidade de laboratórios ou departamentos químicos, de indústria e empresas comerciais;

c) o magistério nas cadeiras de química dos cursos superiores especializados em química;

d) a engenharia química.

§ 1º – Aos químicos, químicos industriais e químicos industriais agrícolas que estejam nas condições estabelecidas no art. 325, alíneas "a" e "b", compete o exercício das atividades definidas nos itens "a", "b" e "c" deste artigo, sendo privativa dos engenheiros químicos a do item "d".

§ 2º – Aos que estiverem nas condições do art. 325, alíneas "a" e "b", compete, como aos diplomados em medicina ou farmácia, as atividades definidas no art. 2º, alíneas "d", "e" e "f" do Decreto nº 20.377, de 8 de setembro de 1931, cabendo aos agrônomos e engenheiros agrônomos as que se acham especificadas no art. 6º, alínea "h", do Decreto nº 23.196, de 12 de outubro de 1933.

1. COMENTÁRIOS

As disposições deste artigo, que explicitam, de forma detalhada, as atividades inerentes à profissão de químico, são complementadas pela Lei nº 2800/56 e pelo Decreto nº 85.877/81. Como lembra Saad (CLT Comentada, 2009, p. 443), o Decreto Lei nº 85.877, de 7.4.81, discorre, extensamente, sobre as atividades do químico: "Direção, supervisão, programação, coordenação, orientação e responsabilidade técnica no âmbito das suas atividades; assistência, consultoria, formulações, elaboração de orçamentos, divulgação e comercialização relacionadas com a atividade de químico; ensaios e pesquisas em geral, pesquisas e desenvolvimento de métodos e produtos; análises química e físicoquímica, químico-biológica, fitoquímica, bromatológica, químico-toxicológica, sanitária e legal, padronização e controle de qualidade – eis algumas atribuições que o Decreto confere ao referido profissional.

Dispõe o citado diploma legal que suas normas abrangem o exercício da profissão de químico, no serviço público da União, dos Estados, Distrito Federal, Territórios, Municípios e respectivos órgãos da administração indireta, bem como nas entidades particulares.

2. QUESTÕES DE CONCURSOS

01. (CRF-SP/ADVOGADO/VUNESP/2009) Aos químicos, químicos industriais e químicos industriais agrícolas, possuidores dos respectivos diplomas concedidos, no Brasil, por escola oficial ou oficialmente reconhecida, compete o exercício das seguintes atividades, exceto:

a) fabricação de produtos e subprodutos químicos em seus diversos graus de pureza.

b) análise química, elaboração de pareceres, atestados e projetos de especialidade e sua execução.

c) engenharia química.

d) perícia civil ou judiciária sobre essa matéria.

e) magistério nas cadeiras de química dos cursos superiores especializados em química.

GAB	1	C

✦ OBRIGATORIEDADE DA ADMISSÃO DE QUÍMICOS

Art. 335. É obrigatória a admissão de químicos nos seguintes tipos de indústria:

a) de fabricação de produtos químicos;

b) que mantenham laboratório de controle químico;

c) de fabricação de produtos industriais que são obtidos por meio de reações químicas dirigidas, tais como: cimento, açúcar e álcool, vidro, curtume, massas plásticas artificiais, explosivos, derivados de carvão ou de petróleo, refinação de óleos vegetais ou minerais, sabão, celulose e derivados.

1. COMENTÁRIOS

A obrigatoriedade da contratação de químicos nas atividades empresariais, enumerados no presente artigo, justifica-se por duas razões: uma, de ordem técnica, pois garante que os produtos fabricados atenderão a rígidos padrões de segurança na fabricação; outra, de ordem social, com o intuito de preservação do interesse do consumidor, que receberá um produto fabricado com mais atenção a critérios técnicos.

O art. 8º, da Lei nº 2.800/56 atribuiu ao Conselho Federal de Química competência para tratar das empresas onde o químico seria indispensável. O conselho, por sua vez, editou a Resolução nº 3, de 12.11.1957. Para alguns esta resolução é ilegal, pois ampliou o rol de exigências previsto em lei. Saad já defendeu a ilegalidade desta resolução, mas, em edições recentes de sua obra, passou a interpretar o tema sob outro enfoque, como segue nestes comentários: "Meditando melhor sobre o assunto e sempre fiel ao princípio de que ninguém deve fazer ou deixar de fazer alguma coisa senão em virtude de lei, verificamos que o artigo em epígrafe encerra, nas suas alíneas "a", "b" e "c", três critérios para a identificação das indústrias obrigadas a admitir químicos. Na alínea "c" há uma relação de indústrias (cimento, açúcar, álcool, vidro, curtume, etc.) que não é taxativa, mas exemplificativa. O que importa, no caso, é averiguar se a empresa fabrica produtos industriais obtidos por meio de reações químicas dirigidas; se fabrica produtos químicos ou se mantém laboratório de controle químico. Se a atividade industrial se encaixar num desses critérios, tem ela de admitir químico. Em conclusão, os setores industriais, arrolados na Resolução Normativa nº 3, do CFQ, que não atenderem aos critérios supracitados, ficam desobrigados da admissão de químico. O mesmo dizemos em relação ao Dec. nº 85.877, de 7 de abril de 1981, que no art. 2º apresenta novo elenco de atividades industriais em que é obrigatória a presença do químico." (Saad, CLT Comentada, 2009, p. 444)

Assim, o mestre Saad propõe que seja ignorado o ponto da resolução que extrapole o critério legal. Concordamos, na íntegra, com esta proposição.

O químico exigido para estas empresas não precisa ser empregado (Martins, Comentários, 2010, p. 290 e Saad, CLT Comentada, 2009, p. 444).

2. QUESTÕES DE CONCURSOS

01. (TRT – 1ª REGIÃO/JUIZ DO TRABALHO/2008/ADAPTADA) Julgue: É obrigatória a admissão de químicos nas empresas de fabricação de produtos industriais de cimento, sabão, açúcar e álcool.

GAB	1	C

✦ CARGOS PÚBLICOS: EXIGÊNCIA DA QUALIFICAÇÃO DE QUÍMICO

Art. 336. No preenchimento de cargos públicos, para os quais se faz mister a qualidade de químico, ressalvadas as especializações referidas no § 2º do art. 334, a partir da data da publicação do Decreto nº 24.693, de 12 de julho de 1934, requer-se, como condição essencial, que os candidatos previamente hajam satisfeito as exigências do art. 333 desta Seção.

1. COMENTÁRIOS

Para o preenchimento de cargos públicos, como os empregos privados, sempre que a atividade envolver conhecimento técnico em química, exigirá a qualificação própria mencionadas nos artigos 330 e 333, a cujos comentários nos reportamos.

✦ LAUDOS TÉCNICOS: FÉ PÚBLICA

Art. 337. Fazem fé pública os certificados de análises químicas, pareceres, atestados, laudos de perícias e projetos relativos a essa especialidade, assinados por profissionais que satisfaçam as condições estabelecidas nas alíneas "a" e "b" do art. 325.

1. COMENTÁRIOS

A referência ao art. 325, "a" e "b" restringe a fé pública dos laudos aos peritos diplomados, excluídos os práticos, que o art. 325, § 1º chama de licenciados. A nosso ver o simples fato dos documentos serem emitidos por profissional qualificado não configura a fé pública prevista na norma; a presunção de veracidade dos laudos, que é característica da fé pública, decorreria dos mesmos terem sido elaborados por servidor público, ou por técnico no exercício de função pública, como ocorre com os peritos na Justiça do Trabalho.

A fé pública mencionada neste artigo merece ser interpretada como sendo uma verdade técnica, ou seja, o documento elaborado pelo químico tem presunção de veracidade quanto aos elementos técnicos mencionadas no atestado, laudo, projeto ou parecer, e não quanto aos fatos que foram objeto de sua análise. Este entendimento é corroborado pela exclusão dos "licenciados".

Quisesse o texto legal atribuir presunção de veracidade quanto aos fatos apurados, e não quanto aos aspectos técnicos, teria incluído entre os profissionais que detêm a fé pública também os licenciados.

✦ **ENSINO DE QUÍMICA: HABILITAÇÃO**

Art. 338. É facultado aos químicos que satisfizerem as condições constantes do art. 325, alíneas "a" e "b", o ensino da especialidade a que se dedicarem, nas escolas superiores, oficiais ou oficializadas.

Parágrafo único. Na hipótese de concurso para o provimento de cargo ou emprego público, os químicos a que este artigo se refere terão preferência, em igualdade de condições.

1. COMENTÁRIOS

A regra permite que os químicos diplomados exerçam o magistério em instituições de ensino superior, na rede de ensino pública ou privada. A referência ao ensino superior faz presumir que a autorização se estende ao ensino médio, inclusive em cursos de qualificação técnica, bem como em cursos livres de aperfeiçoamento profissional. Há quem entenda que a regra deste artigo, que se repete no art. 334, "c", dispensaria qualquer outra qualificação para o exercício do magistério superior (neste sentido: Hins, CLT Interpretada, 2009, p. 224). Não é este, contudo, o nosso ponto de vista.

O Ministério da Educação exige que as Instituições de Ensino Superior, gradativamente, incluam no seu quadro de professores profissionais com títulos de pós-graduação estrito senso, ou seja, mestrado e doutorado, até que 50% do seu corpo docente detenha estes títulos. Sendo assim, caso a instituição de ensino não tenha mais vaga, nos percentuais disciplinados pelo Ministério da Educação, para professores sem titulação de pós-graduação, os químicos referidos neste artigo não poderão exercer o magistério superior. A exigência de titulação também se estende ao magistério em cursos de pós-graduação lato sensu, guardadas as proporções estabelecidas pelo MEC, permitindo percentuais de profissionais sem título de mestrado ou doutorado.

O § único deste artigo estabelece que os químicos de que trata a norma terão preferência, quando em igualdade de condições com outros candidatos do concurso público, para o ingresso em Instituição de Ensino Superior. A discriminação é duplamente inconstitucional. O art. 37, II, da CF, exige a realização de concurso para ingresso em cargo ou emprego público; o concurso cuidará de provas e títulos, sendo estes os critérios que definirão eventual desempate, nada mais. Em segundo lugar, mas não menos importante, o art. 5º, XIII, ao estabelecer que é livre o exercício profissional, só ressalvou o conhecimento técnico exigido por lei; portanto, dois profissionais com igual qualificação deverão ser distinguidos por critérios técnicos tão somente.

✦ **QUÍMICO RESPONSÁVEL**

Art. 339. O nome do químico responsável pela fabricação dos produtos de uma fábrica, usina ou laboratório deverá figurar nos respectivos rótulos, faturas e anúncios, compreendida entre estes últimos a legenda impressa em cartas e sobrecartas.

1. COMENTÁRIOS

O nome do químico responsável em todos os materiais de informação ou divulgação dos produtos, sejam os rótulos ou anúncios, tem o objetivo de indicar o responsável técnico. O consumidor, contudo, não precisa desta informação para atribuir qualquer responsabilidade ao fabricante ou ao fornecedor do produto, diante de eventual defeito aparente ou vício oculto. Neste sentido o art. 12 da Lei nº 8.078/90 (CDC), a seguir transcrito: "O fabricante, o produtor, o construtor, nacional ou estrangeiro, e o importador respondem, independentemente da existência de culpa, pela reparação dos danos causados aos consumidores por defeitos decorrentes de projeto, fabricação, construção, montagem, fórmulas, manipulação, apresentação ou acondicionamento de seus produtos, bem como por informações insuficientes ou inadequadas sobre sua utilização e riscos.".

✦ **PERÍCIAS EM FÁBRICAS: QUÍMICO HABILITADO**

Art. 340. Somente os químicos habilitados, nos termos do art. 325, alíneas "a" e "b", poderão ser nomeados ex officio para os exames periciais de fábricas, laboratórios e usinas e de produtos aí fabricados.

Parágrafo único. Não se acham compreendidos no artigo anterior os produtos farmacêuticos e os laboratórios de produtos farmacêuticos.

✦ **ATIVIDADES COMPLEMENTARES: CONHECIMENTO DE QUÍMICA**

Art. 341. Cabe aos químicos habilitados, conforme estabelece o art. 325, alíneas "a" e "b", a execução de todos os serviços que, não especificados no presente regulamento, exijam por sua natureza o conhecimento de química.

1. COMENTÁRIOS

Além dos químicos habilitados, referidos no art. 340 da CLT, a Lei nº 2.800/56 reconhece os bacharéis e técnicos em química (art. 20), sendo que este último com as seguintes restrições, dispostas no § 2º, do referido artigo 20:

a) análises químicas aplicadas à indústria;

b) aplicação de processos de tecnologia química na fabricação de produtos, subprodutos e derivados, observada a especialização do respectivo diploma;

c) responsabilidade técnica, em virtude de necessidades locais e a critérios do Conselho Regional de Química da jurisdição, de fábrica de pequena capacidade que se enquadre dentro da respectiva competência e especialização.

Para os engenheiros químicos exercerem a função de químicos exige-se o registro no Conselho Regional de Química, independentemente do registro no Conselho Regional de Engenharia e Arquitetura (art. 22 da referida Lei.).

A resolução nº 123/90, do Conselho Federal de Química, estabelece, ainda, em seu art. 1º: "É atribuição exclusiva dos profissionais da Química a execução de todas as atividades científicas e técnicas que, por sua natureza, exijam o conhecimento de Química e de Engenharia Química e que não estejam explicitadas em Lei como atividades afins ou privativas de outras profissões".

A referida resolução prevê, em seu art. 2º, o seguinte:

Estão naturalmente abrangidas no art. 341 da CLT como atividades afins as dos químicos, aquelas que, por sua natureza, exijam o conhecimento de Química e que estejam explicitadas em Lei como atividades não-privativas de outras profissões.

✦ **FISCALIZAÇÃO DO EXERCÍCIO DA PROFISSÃO**

Art. 342. A fiscalização do exercício da profissão de químico incumbe ao Departamento Nacional do Trabalho no Distrito Federal e às autoridades regionais do Ministério do Trabalho, nos Estados e Território do Acre.

1. COMENTÁRIOS

A fiscalização do exercício profissional da atividade do químico passou a ser do Conselho Federal de Química, nos termos do art. 1º da Lei nº 2800/56, que derrogou, tacitamente, a atribuição anteriormente conferida ao Ministério do Trabalho.

✦ ATRIBUIÇÕES DOS ÓRGÃOS DE FISCALIZAÇÃO

Art. 343. São atribuições dos órgãos de fiscalização:

a) examinar os documentos exigidos para o registro profissional de que trata o art. 326 e seus §§ 1º e 2º e o art. 327, proceder à respectiva inscrição e indeferir o pedido dos interessados que não satisfizerem as exigências desta Seção;

b) registrar as comunicações e contratos, a que aludem o art. 350 e seus parágrafos, e dar as respectivas baixas;

c) verificar o exato cumprimento das disposições desta Seção, realizando as investigações que forem necessárias, bem como o exame dos arquivos, livros de escrituração, folhas de pagamento, contratos e outros documentos de uso de firmas ou empresas industriais ou comerciais, em cujos serviços tome parte 1 (um) ou mais profissionais que desempenhem função para a qual se deva exigir a qualidade de químico.

1. COMENTÁRIOS

Este dispositivo também foi derrogado pela Lei nº 2.800/56, considerando que ao CFQ foi atribuída a função de fiscalização. Neste sentido os artigos 1º e 13 da referida lei

✦ SINDICATOS: ÓRGÃOS AUXILIARES NA FISCALIZAÇÃO DA PROFISSÃO

Art. 344. Aos sindicatos de químicos devidamente reconhecidos é facultado auxiliar a fiscalização, no tocante à observação da alínea "c" do artigo anterior.

1. COMENTÁRIOS

A função de colaboração do sindicato, na fiscalização da atividade profissional do químico, foi repetida no art. 13, "g", da Lei nº 2.800/56, a seguir transcrito: "As atribuições dos Conselhos Regionais de Química são as seguintes: g) admitir a colaboração dos sindicatos e associações profissionais nos casos das matérias das letras anteriores;". Entre estas "letras anteriores", mencionadas no art. 13, "g", da referida lei, está a letra "c", assim descrita: "fiscalizar o exercício da profissão, impedindo e punindo as infrações à lei, bem como enviando às autoridades competentes relatórios documentados sobre fatos que apuraram e cuja solução não seja de sua alçada;". Portanto, os sindicatos exercem atividade de fiscalização, em colaboração e sob a tutela do Conselho Federal de Química, que, por sua vez, conta com a colaboração dos Conselhos Regionais de Química nesta atribuição.

Sergio Pinto Martins, Comentários, 2010, p. 292/293, não vê como o sindicato poderia entrar nas empresas para verificar livros de escrituração, folhas de pagamentos, contratos e outros documentos; neste aspecto concordamos com o autor, mas os representantes sindicais podem muito bem auxiliar na fiscalização no próprio ambiente de trabalho, observando o dia a dia da atividade do químico. O que também não parece razoável é a tutela exercida pelo Conselho Federal de Química sobre os sindicatos, pois amesquinha, sobremaneira, o papel relevante que lhes foi atribuído pela CF, art. 8º, III.

✦ **FALSIFICAÇÃO DE DOCUMENTOS**

Art. 345. Verificando-se, pelo Ministério do Trabalho, Indústria e Comércio, serem falsos os diplomas ou outros títulos dessa natureza, atestados, certificados e quaisquer documentos exibidos para os fins de que trata esta Seção, incorrerão os seus autores e cúmplices nas penalidades estabelecidas em lei.

Parágrafo único. A falsificação de diploma ou outros quaisquer títulos, uma vez verificada, será imediatamente comunicada ao Serviço de Identificação Profissional, do Departamento Nacional do Trabalho, remetendo-se-lhe os documentos falsificados, para instauração do processo que no caso couber.

1. COMENTÁRIOS

Nada pode impedir a atuação do Ministério do Trabalho, mas a matéria deste artigo, que diz respeito a diplomas falsos e outros documentos mencionados nesta Seção, interessa diretamente ao Conselho Federal de Química, sendo sua a atribuição de fiscalizar o exercício da atividade profissional (art. 15, da Lei nº 2.800/56).

A alteração de diploma em suas características originais, ou mesmo a confecção de um diploma falso, é tipificado como crime de falsidade material, capitulado no art. 297 do CP (sobre este tipo penal e sua comparação com crimes semelhantes vide comentários ao art. 49 desta CLT).

Sendo o diploma falsificado referente à instituição de ensino privada, a competência para apuração do ilícito será da Justiça Estadual, conforme S. 104 do STJ; sendo o diploma adulterado oriundo de instituição de ensino pública, a competência para processamento e julgamento da demanda será da Justiça Federal, conforme já se manifestou o STF, como consta de seu Informativo de nº 541. Destaque-se o seguinte trecho do julgamento da suprema corte, constante do referido informativo: "Compete à Justiça Federal processar e julgar ação penal relativa a crime de falsificação de documento público e uso de documento falso (CP, artigos 297 e 304, respectivamente), quando a falsificação incide sobre documentos federais." (Távora e Araújo, CPP para Concursos, 2010, p. 116).

2. SÚMULAS E ORIENTAÇÕES JURISPRUDENCIAIS

▸ **Súmula 104/STJ, 19/05/1994**

Ementa. COMPETE À JUSTIÇA ESTADUAL O PROCESSO E JULGAMENTO DOS CRIMES DE FALSIFICAÇÃO E USO DE DOCUMENTO FALSO RELATIVO À ESTABELECIMENTO PARTICULAR DE ENSINO.

✦ **FALTAS PRATICADAS PELO QUÍMICO**

Art. 346. Será suspenso do exercício de suas funções, independentemente de outras penas em que possa incorrer, o químico, inclusive o licenciado, que incidir em alguma das seguintes faltas:

a) revelar improbidade profissional, dar falso testemunho, quebrar o sigilo profissional e promover falsificações, referentes à prática de atos de que trata esta Seção;

b) concorrer com seus conhecimentos científicos para a prática de crime ou atentado contra a pátria, a ordem social ou a saúde pública;

c) deixar, no prazo marcado nesta Seção, de requerer a revalidação e registro do diploma estrangeiro, ou o seu registro profissional no Ministério do Trabalho

Parágrafo único. O tempo de suspensão a que alude este artigo variará entre 1 (um) mês e 1 (um) ano, a critério do Departamento Nacional do Trabalho, após processo regular, ressalvada a ação da justiça pública.

1. COMENTÁRIOS

O dispositivo cuida de faltas praticadas no exercício da profissão, e não no contrato de trabalho, não são hipóteses de justa causa. A norma dispõe que: "será suspenso do exercício de suas funções" e não a expressão: "terá o contrato rompido por justa causa". A aplicação ou não destas faltas como motivos para suspensão do direito de exercer a profissão de químico é, obviamente, de seu conselho profissional (art. 15, da Lei nº 2.800/56).

O processo administrativo que apurar, no âmbito interno do conselho profissional, as faltas mencionadas neste artigo, não poderá prescindir de respeito aos princípios da ampla defesa e contraditório, inclusive com contratação de advogado pelo indiciado.

Laura Bittencourt Hins, em sentido contrário ao defendido pela doutrina majoritária, entende que as faltas deste artigo representam hipótese de justa causa tipificada fora do art. 482 da CLT (CLT Interpretada, 2009, p. 227).

Claro está que os fatos narrados neste artigo podem motivar o rompimento do contrato do trabalho, mas, para configuração da justa causa, será preciso enquadrá-los nos tipos descritos no art. 482 da CLT. Assim, por exemplo, a improbidade profissional e quebra de sigilo, ambas referidas na alínea "a", do art. 346, poderão ser tipificadas no art. 482 da CLT, respectivamente nas alíneas "a" (improbidade) e "e" (violação de segredo da empresa).

✦ EXERCÍCIO ILEGAL DA PROFISSÃO

Art. 347. Aqueles que exercerem a profissão de químico sem ter preenchido as condições do art. 325 e suas alíneas, nem promovido o seu registro, nos termos do art. 326, incorrerão na multa de 200 cruzeiros a 5.000 cruzeiros, que será elevada ao dobro, no caso de reincidência.

1. COMENTÁRIOS

O não preenchimento dos requisitos descritos no art. 325 da CLT, configura exercício ilegal da profissão, cujas consequências já foram objeto de comentários nos artigos 332 e 333, aos quais nos reportamos.

A Lei Federal nº 8.383, de 30.12.1991, art. 1º, fixou a UFIR (Unidade Fiscal de Referência), como fator de cobrança de multas na esfera federal. O art. 2º, § 1º, da referida lei, atribuiu ao Ministério da Fazenda a competência para divulgar o valor mensal da UFIR.

A Portaria nº 290, de 11.04.1997, do MTb, que regulamenta a aplicação e cobrança de multas trabalhistas, fixa o mínimo de 37,8285 UFIR's e máximo de 3.782,8472 UFIR's, conforme a variação prevista neste artigo, podendo ser dobrada na hipótese de reincidência.

✦ CASSAÇÃO DO REGISTRO DO LICENCIADO

Art. 348. Aos licenciados a que alude o § 1º do art. 325 poderão, por ato do Departamento Nacional do Trabalho, sujeito à aprovação do Ministro, ser cassadas as garantias asseguradas por esta Seção, desde que interrompam, por motivo de falta prevista no art. 346, a função pública ou particular em que se encontravam por ocasião da publicação do Decreto nº 24.693, de 12 de julho de 1934.

1. COMENTÁRIOS

A aplicação de qualquer punição aos licenciados, como prevê este artigo, é vinculada à determinação dos Conselhos Regionais de Química, como prevê o art. 15, da Lei nº 2.800/56.

Sergio Pinto Martins (Comentários, 2010, p. 294) lembra, ainda, que o Decreto nº 24.693, de 12.7.1934, foi revogado pelo Decreto s/nº de 10.5.1991.

✦ **QUÍMICOS ESTRANGEIROS**

Art. 349. O número de químicos estrangeiros a serviço de particulares, empresas ou companhias não poderá exceder de 1/3 (um terço) aos dos profissionais brasileiros compreendidos nos respectivos quadros.

1. COMENTÁRIOS

A discriminação prevista neste artigo, não obstante a intenção de preservação do mercado nacional, não pode prevalecer diante da norma constitucional do art. 5º, XIII, da CF, impedindo que a nacionalidade seja critério de distinção para exercício de qualquer profissão (neste sentido nos reportamos aos comentários ao art. 325 desta CLT).

✦ **DIREÇÃO TÉCNICA**

Art. 350. O químico que assumir a direção técnica ou cargo de químico de qualquer usina, fábrica, ou laboratório industrial ou de análise deverá, dentro de 24 (vinte e quatro) horas e por escrito, comunicar essa ocorrência ao órgão fiscalizador, contraindo, desde essa data, a responsabilidade da parte técnica referente à sua profissão, assim como a responsabilidade técnica dos produtos manufaturados.

§ 1º – Firmando-se contrato entre o químico e o proprietário da usina fábrica, ou laboratório, será esse documento apresentado, dentro do prazo de 30 (trinta) dias, para registro, ao órgão fiscalizador.

§ 2º – Comunicação idêntica à de que trata a primeira parte deste artigo fará o químico quando deixar a direção técnica ou o cargo de químico, em cujo exercício se encontrava, a fim de ressalvar a sua responsabilidade e fazer-se o cancelamento do contrato. Em caso de falência do estabelecimento, a comunicação será feita pela firma proprietária.

1. COMENTÁRIOS

A necessidade expressa neste artigo, – de o químico informar ao órgão fiscalizador quando ingressa e quando se retira da direção técnica da empresa –, é importante para fixação de sua responsabilidade. O artigo não indica qual é o órgão fiscalizador, mas diante do que dispõe a Lei nº 2.800/56, só podemos concluir que este órgão é o Conselho Regional de Química. Neste sentido confira-se o art. 15 da referida lei: "Todas as atribuições estabelecidas no decreto-lei nº 5.452, de 1 de maio de 1943 – Consolidação das Leis do Trabalho – referentes ao registro, à fiscalização e à imposição de penalidades, quanto ao exercício da profissão de químico, passam a ser de competência dos Conselhos Regionais de Química."

▸**SEÇÃO XIV – DAS PENALIDADES**

✦ **DA APLICAÇÃO DAS MULTAS**

Art. 351. Os infratores dos dispositivos do presente Capítulo incorrerão na multa de cinquenta a cinco mil cruzeiros, segundo a natureza da infração, sua extensão e a intenção de quem a praticou, aplicada em dobro no caso de reincidência, oposição à fiscalização ou desacato à autoridade.

Parágrafo único. São competentes para impor penalidades as autoridades de primeira instância incumbidas da fiscalização dos preceitos constantes do presente Capítulo.

1. COMENTÁRIOS

Multas por infração à legislação do trabalho serão sempre aplicadas pelos órgãos de fiscalização do Ministério do Trabalho, através de seus Auditores Fiscais, que detêm diretamente a atribuição de fiscalização e eventual autuação das empresas.

A Lei Federal nº 8.383, de 30.12.1991, art. 1º, fixou a UFIR (Unidade Fiscal de Referência), como fator de cobrança de multas na esfera federal. O art. 2º, § 1º, da referida lei, atribuiu ao Ministério da Fazenda competência para divulgar o valor mensal da UFIR.

A Portaria nº 290, de 11.04.1997, do MTb, que regulamenta a aplicação e cobrança de multas trabalhistas, fixa o mínimo de 302,6277 UFIR's para as empresas com até 10 (dez) empregados e valor máximo de 1.513,1388 UFIR's para as empresas com mais de 100 (cem) empregados, conforme variação prevista neste artigo, podendo ser dobrada na hipótese de reincidência.

▸CAPÍTULO II – DA NACIONALIZAÇÃO DO TRABALHO

▸SEÇÃO I – DA PROPORCIONALIDADE DE EMPREGADOS BRASILEIROS

✦ EMPREGADOS BRASILEIROS

Art. 352. As empresas, individuais ou coletivas, que explorem serviços públicos dados em concessão, ou que exerçam atividades industriais ou comerciais, são obrigadas a manter, no quadro do seu pessoal, quando composto de 3 (três) ou mais empregados, uma proporção de brasileiros não inferior à estabelecida no presente Capítulo.

§ 1º – Sob a denominação geral de atividades industriais e comerciais compreende-se, além de outras que venham a ser determinadas em portaria do Ministro do Trabalho, Industria e Comercio, as exercidas:

a) nos estabelecimentos industriais em geral;

b) nos serviços de comunicações, de transportes terrestres, marítimos, fluviais, lacustres e aéreos;

c) nas garagens, oficinas de reparos e postos de abastecimento de automóveis e nas cocheiras;

d) na indústria da pesca;

e) nos estabelecimentos comerciais em geral;

f) nos escritórios comerciais em geral;

g) nos estabelecimentos bancários, ou de economia coletiva, nas empresas de seguros e nas de capitalização;

h) nos estabelecimentos jornalísticos, de publicidade e de radiodifusão;

i) nos estabelecimentos de ensino remunerado, excluídos os que neles trabalhem por força de voto religioso;

j) nas drogarias e farmácias;

k) nos salões de barbeiro ou cabeleireiro e de beleza;

l) nos estabelecimentos de diversões públicas, excluídos os elencos teatrais, e nos clubes esportivos;

m) nos hotéis, restaurantes, bares e estabelecimentos congêneres;

n) nos estabelecimentos hospitalares e fisioterápicos cujos serviços sejam remunerados, excluídos os que neles trabalhem por força de voto religioso;

o) nas empresas de mineração;

§ 2º – Não se acham sujeitas às obrigações da proporcionalidade as indústrias rurais, as que, em zona agrícola, se destinem ao beneficiamento ou transformação de produtos da região e as atividades industriais de natureza extrativa, salvo a mineração.

1. COMENTÁRIOS

1.1. Inconstitucionalidade da proporcionalidade

A doutrina trabalhista dominante entende que os dispositivos desta Seção, iniciados no presente artigo, não foram recepcionados pela Constituição Republicana de 1988.

A inconstitucionalidade está centrada, principalmente, em três argumentos: **a)** o primeiro, pelo fato do art. 5º, *caput*, da CF, estabelecer igualdade perante a lei, entre brasileiros e estrangeiros residentes no país; **b)** o segundo, porque especificamente quanto à liberdade de exercício profissional, o art. 5º, XIII, da CF, permite que o legislador trace as qualificações para o exercício de cada profissão, mas sem autorizar distinções pelo critério de nacionalidade; **c)** o terceiro, que me parece ser o mais eloquente argumento, diz respeito à mudança de paradigma na atual Constituição; isto porque a Constituição de 1946 admitia, expressamente, a porcentagem, por meio de lei, para brasileiros nos serviços públicos dados em concessão, como também na indústria e no comércio (art. 157, XI); tal exceção foi repetida nos textos da Constituição de 1967 (art. 158, XII) e na EC nº 1/69 (art. 165, II). Contudo, a Constituição de 1988, ao prever a liberdade de exercício profissional (art. 5º, XIII), não cuidou de excepcionar qualquer proporcionalidade entre brasileiros e estrangeiros, ressalvando, tão somente, a qualificação para o exercício da profissão, esta sim reservada à lei ordinária. Consequentemente, as distinções feitas pelos dispositivos desta Seção seriam inconstitucionais e, portanto, inaplicáveis no atual ordenamento jurídico brasileiro. Expressam esta opinião, entre outros, Sergio Pinto Martins (Comentários, 2010, p. 297-298), Eduardo Gabriel Saad (CLT Comentada, 2009, p. 447 – 448) e Eduardo Henrique Raymundo von Adamovich (Comentários, 2009, p. 143).

Mesmo antes da Constituição de 1988, os artigos 352 a 371 da CLT já estariam revogados pelos efeitos derrogatórios da ratificação da Convenção nº 111 da OIT, aprovada pelo Decreto Legislativo nº 104, de 24.11.64 e promulgado pelo Decreto do Executivo nº 62.150, de 19.1.68. Tal Convenção não admite a discriminação quanto ao emprego por critério de nacionalidade. A revogação da legislação nacional pela Convenção nº 111 é defendida por Sergio Pinto Martins (Comentários, 2010, p. 298). Eduardo Gabriel Saad (CLT Comentada, 2009, p. 447-448) comunga deste entendimento, mas prefere afirmar que a CLT conflitava com a Convenção nº 111 da OIT, sem mencionar expressamente o efeito derrogatório pelo diploma internacional; conclui que, com a Constituição de 1988, o conflito entre as normas desapareceu, como resultado da não recepção dos dispositivos desta Seção.

Em sentido contrário, defendendo a plena vigência dos dispositivos desta Consolidação, não vendo qualquer inconstitucionalidade na proporcionalidade de empregados brasileiros, temos Francisco Antonio de Oliveira (Comentários, 2005, p. 266-267). O autor faz uma análise retrospectiva das Constituições anteriores, afirmando que sempre foi da nossa tradição tal distinção, preservando o emprego dos nacionais. Diante do silêncio da Constituição de 1988, afirma o autor que art. 5º, XIII, tratando do assunto de maneira geral, não teria provocado a revogação dos artigos 352 a 371, como também do art. 349. Conclui o mestre: "são normas de proteção ao trabalhador nacional que devem ser prestigiadas".

Russomano (Comentários, Vol. I, 1993, p. 318-319) não analisa a questão sob o prisma constitucional, sequer mencionando a evolução do tratamento do tema nas diversas Constituições; mesmo diante desta omissão, defende a reserva de mercado a trabalhadores brasileiros, se posicionando contrariamente à abertura de nossas fronteiras de forma indiscriminada, fato que causaria, segundo o autor, riscos à segurança econômica de milhares e milhares de obreiros nascidos no Brasil. Termina afirmando que a proteção legal não é xenófoba, mas apenas impede que as empresas que exercem suas atividades no Brasil admitam número exagerado de estrangeiros.

✦ ESTRANGEIROS COM MESMOS DIREITOS

Art. 353. Equiparam-se aos brasileiros, para os fins deste Capítulo, ressalvado o exercício de profissões reservadas aos brasileiros natos ou aos brasileiros em geral, os estrangeiros que, residindo no País há mais de dez anos, tenham cônjuge ou filho brasileiro, e os portugueses.(Redação da Lei nº 6.651, de 23.5.1979)

1. COMENTÁRIOS

A Constituição da República, art. 19, III, proíbe a distinção entre brasileiros, sendo inconstitucional o tratamento legal que faz qualquer reserva de trabalho aos brasileiros natos. As únicas ressalvas aos brasileiros natos foram feitas no próprio texto constitucional, conforme dispõe o art. 12, § 2º, da CF.

A Constituição Federal prevê quatro hipóteses de distinção entre brasileiros natos e naturalizados, como destacam Dirley da Cunha Júnior e Marcelo Novelino (Constituição da República Federativa do Brasil, 2010, p. 158-159). A primeira, impedindo ao brasileiro naturalizado ocupar qualquer cargo que esteja na linha sucessória do Presidente da República (art. 12, § 3º, I a IV) e, por segurança nacional, que ocupe cargos em posição estratégica (art. 12, § 3º, V a VII). A segunda, no Conselho da República, órgão de consulta do Presidente, onde são reservados seis assentos a brasileiros natos (art. 89, VIII). A terceira, permitindo que o brasileiro naturalizado só seja proprietário de empresa jornalística se tiver adquirido a nacionalidade brasileira há mais de dez anos (art. 222). A quarta, não autorizando, em hipótese alguma, a extradição de brasileiro nato (art. 5º, LI).

A Constituição não faz a exigência de residência no Brasil por mais de dez anos, nem de ser casado com brasileiro ou ter filho nacional, para fins de equiparação entre brasileiros e estrangeiros, como pretende este artigo. Tais requisitos são, consequentemente, inconstitucionais.

Os portugueses com residência permanente no Brasil são equiparados aos nacionais (art. 12, § 1º, da CF). Explicam Cunha Jr. e Novelino, Constituição, 2010, p. 158, que a equiparação é conhecida como quase nacionalidade, pois apesar de manter sua nacionalidade de origem, o português é equiparado ao brasileiro naturalizado; para tanto, prosseguem os autores, é indispensável reciprocidade de tratamento por Portugal e requerimento do súdito português interessado.

2. SÚMULAS E ORIENTAÇÕES JURISPRUDENCIAIS

- **Súmula nº 1/STF – Data da Aprovação: 13/12/1963**

  É vedada a expulsão de estrangeiro casado com brasileira, ou que tenha filho brasileiro dependente da economia paterna.

✦ PROPORÇÃO DE EMPREGADOS BRASILEIROS

Art. 354. A proporcionalidade será de 2/3 (dois terços) de empregados brasileiros, podendo, entretanto, ser fixada proporcionalidade inferior, em atenção às circunstâncias especiais de cada atividade, mediante ato do Poder Executivo, e depois de devidamente apurada pelo Departamento Nacional do Trabalho e pelo Serviço de Estatística de Previdência e Trabalho a insuficiência do número de brasileiros na atividade de que se tratar.

Parágrafo único. A proporcionalidade é obrigatória não só em relação à totalidade do quadro de empregados, com as exceções desta Lei, como ainda em relação à correspondente folha de salários.

Art. 355. Consideram-se como estabelecimentos autônomos, para os efeitos da proporcionalidade a ser observada, as sucursais, filiais e agências em que trabalhem 3 (três) ou mais empregados.

Art. 356. Sempre que uma empresa ou indivíduo explore atividades sujeitas a proporcionalidades diferentes, observar-se-á, em relação a cada uma delas, a que lhe corresponder.

✦ EXCLUSÃO DA PROPORCIONALIDADE – FUNÇÕES ESPECIALIZADAS

Art. 357. Não se compreendem na proporcionalidade os empregados que exerçam funções técnicas especializadas, desde que, a juízo do Ministério do Trabalho, Indústria e Comércio, haja falta de trabalhadores nacionais.

1. COMENTÁRIOS

Consideramos inconstitucional esta reserva de 2/3 das vagas para empregados brasileiros, conforme comentários ao artigo 352, acima. Igualmente inconstitucional, por via de consequência, a operacionalização desta proporção, conforme artigos 354 a 357.

✦ **ISONOMIA SALARIAL ENTRE ESTRANGEIROS E BRASILEIROS**

Art. 358. Nenhuma empresa, ainda que não sujeita à proporcionalidade, poderá pagar a brasileiro que exerça função análoga, a juízo do Ministério do Trabalho, Indústria e Comércio, à que é exercida por estrangeiro a seu serviço, salário inferior ao deste, excetuando-se os casos seguintes:

✦ **EXCEÇÕES À ISONOMIA SALARIAL**

a) quando, nos estabelecimentos que não tenham quadros de empregados organizados em carreira, o brasileiro contar menos de 2 (dois) anos de serviço, e o estrangeiro mais de 2 (dois) anos;

b) quando, mediante aprovação do Ministério do Trabalho, Indústria e Comercio, houver quadro organizado em carreira em que seja garantido o acesso por antigüidade;

c) quando o brasileiro for aprendiz, ajudante ou servente, e não o for o estrangeiro;

d) quando a remuneração resultar de maior produção, para os que trabalham à comissão ou por tarefa.

Parágrafo único. Nos casos de falta ou cessação de serviço, a dispensa do empregado estrangeiro deve preceder à de brasileiro que exerça função análoga.

1. COMENTÁRIOS

O artigo sob comentário, independentemente da inconstitucionalidade da reserva de 2/3 dos postos de trabalho para brasileiros, impede a discriminação salarial entre estrangeiros e brasileiros. A intenção da norma foi impedir que aqueles fossem mais bem remunerados que estes, mesmo trabalhando em igualdade de condições e exercendo as mesmas tarefas.

O artigo preserva os princípios da igualdade de tratamento (art. 5º, *caput*, da CF), e isonomia salarial (art. 460 da CLT). Contudo, discrimina o estrangeiro quando propõe a equiparação do brasileiro àquele e não o contrário; sob este prisma a norma é inconstitucional (neste sentido: Martins, Comentários, 2010, p. 302).

As exceções ao tratamento isonômico – alíneas "a" a "d" – são, em verdade, situações em que os empregados não estão em igualdade de condições, sendo justificáveis, portanto, o tratamento salarial diferenciado. As referências a quadro de carreira, tempo de serviço (alínea "a") e produtividade (alínea "b"), são abordadas nos comentários ao art. 461 da CLT, aos quais nos reportamos. Quanto à remuneração do aprendiz (alínea "b") leiam-se os comentários ao art. 428, § 2º, da CLT.

O § único do art. 458, estabelecendo precedência na dispensa do estrangeiro, protegendo o emprego do nacional, viola o art. 5º, *caput* e XIII, da CF, incorrendo, também, em inconstitucionalidade.

2. SÚMULAS E ORIENTAÇÕES JURISPRUDENCIAIS

▸ **Súmula nº 6, I/TST**

EQUIPARAÇÃO SALARIAL. ART. 461 DA CLT (redação do item VI alterada) – Res. 198/2015, republicada em razão de erro material – DEJT divulgado em 12, 15 e 16.06.2015

I – Para os fins previstos no § 2º do art. 461 da CLT, só é válido o quadro de pessoal organizado em carreira quando homologado pelo Ministério do Trabalho, excluindo-se, apenas, dessa exigência o quadro de carreira das entidades de direito público da administração direta, autárquica e fundacional aprovado por ato administrativo da autoridade competente. (ex-Súmula nº 06 – alterada pela Res. 104/2000, DJ 20.12.2000)

II – Para efeito de equiparação de salários em caso de trabalho igual, conta-se o tempo de serviço na função e não no emprego. (ex-Súmula nº 135 – RA 102/1982, DJ 11.10.1982 e DJ 15.10.1982)

III – A equiparação salarial só é possível se o empregado e o paradigma exercerem a mesma função, desempenhando as mesmas tarefas, não importando se os cargos têm, ou não, a mesma denominação. (ex-OJ da SBDI-1 nº 328 – DJ 09.12.2003)

IV – É desnecessário que, ao tempo da reclamação sobre equiparação salarial, reclamante e paradigma estejam a serviço do estabelecimento, desde que o pedido se relacione com situação pretérita. (ex-Súmula nº 22 – RA 57/1970, DO-GB 27.11.1970)

V – A cessão de empregados não exclui a equiparação salarial, embora exercida a função em órgão governamental estranho à cedente, se esta responde pelos salários do paradigma e do reclamante. (ex-Súmula nº 111 – RA 102/1980, DJ 25.09.1980)

VI – Presentes os pressupostos do art. 461 da CLT, é irrelevante a circunstância de que o desnível salarial tenha origem em decisão judicial que beneficiou o paradigma, exceto: a) se decorrente de vantagem pessoal ou de tese jurídica superada pela jurisprudência de Corte Superior; b) na hipótese de equiparação salarial em cadeia, suscitada em defesa, se o empregador produzir prova do alegado fato modificativo, impeditivo ou extintivo do direito à equiparação salarial em relação ao paradigma remoto, considerada irrelevante, para esse efeito, a existência de diferença de tempo de serviço na função superior a dois anos entre o reclamante e os empregados paradigmas componentes da cadeia equiparatória, à exceção do paradigma imediato.

VII – Desde que atendidos os requisitos do art. 461 da CLT, é possível a equiparação salarial de trabalho intelectual, que pode ser avaliado por sua perfeição técnica, cuja aferição terá critérios objetivos. (ex-OJ da SBDI-1 nº 298 – DJ 11.08.2003)

VIII – É do empregador o ônus da prova do fato impeditivo, modificativo ou extintivo da equiparação salarial. (ex-Súmula nº 68 – RA 9/1977, DJ 11.02.1977)

IX – Na ação de equiparação salarial, a prescrição é parcial e só alcança as diferenças salariais vencidas no período de 5 (cinco) anos que precedeu o ajuizamento. (ex-Súmula nº 274 – alterada pela Res. 121/2003, DJ 21.11.2003)

X – O conceito de "mesma localidade" de que trata o art. 461 da CLT refere-se, em princípio, ao mesmo município, ou a municípios distintos que, comprovadamente, pertençam à mesma região metropolitana. (ex-OJ da SBDI-1 nº 252 – inserida em 13.03.2002)

3. QUESTÕES DE CONCURSOS

01. (FCC – Juiz do Trabalho Substituto 4ª região/ 2012) Nenhuma empresa, ainda que não sujeita às regras de proporcionalidade de empregados brasileiros e estrangeiros, poderá pagar a brasileiro salário inferior ao do estrangeiro, a seu serviço,

a) nos estabelecimentos que não tenham quadros de empregados organizados em carreira e o brasileiro contar menos de 2 (dois) anos de serviço, e o estrangeiro mais de 2 (dois) anos.

b) quando o brasileiro exercer função análoga à do estrangeiro.

c) quando o brasileiro for aprendiz, ajudante ou servente, e não o for o estrangeiro.

d) quando a remuneração resultar de maior produção, para os que trabalham por comissão ou por tarefa.

e) quando houver quadro organizado em carreira, devidamente aprovado, em que seja garantido o acesso por antiguidade.

GAB	1	B

▸SEÇÃO II – DAS RELAÇÕES ANUAIS DE EMPREGADOS

✦ ADMISSÃO DE ESTRANGEIRO

Art. 359. Nenhuma empresa poderá admitir a seu serviço empregado estrangeiro sem que este exiba a carteira de identidade de estrangeiro devidamente anotada.

Parágrafo único. A empresa é obrigada a assentar no registro de empregados os dados referentes à nacionalidade de qualquer empregado estrangeiro e o número da respectiva carteira de identidade.

1. COMENTÁRIOS

A Lei nº 6.815, de 19.8.1980, denominada de Estatuto do Estrangeiro, cuida, em seu art. 4º, da emissão de visto para ingresso do estrangeiro no Brasil. O art. 5º da lei delegou ao regulamento competência para disciplinar os requisitos de concessão do visto. O Presidente da República aprovou o Regulamento da lei por meio do Decreto nº 86.715, de 10.12.1981. O referido decreto trata do visto permanente para o estrangeiro, que tiver contrato de trabalho visado pelo Ministério do Trabalho (art. 27, VII). Portanto, o estrangeiro que quiser trabalhar no Brasil, além do referido contrato de trabalho com visto do Ministério do Trabalho, ou órgão ao qual for delegada esta atribuição, deverá ter visto permanente, concedido no exterior pelas Missões Diplomáticas e Repartições Consulares (art. 2º do decreto).

O visto temporário só autoriza o trabalho dos profissionais especificados no art. 22 do regulamento, quais sejam: cientista, professor, técnico ou profissional de outra categoria, sob o regime de contrato ou a serviço do governo brasileiro (art. 22, V), correspondente de jornal, revista, rádio, televisão ou agência de notícias estrangeira (art. 22, VI).

Sobre a CTPS do estrangeiro, inclusive os casos de trabalhadores asilados (que receberam asilo no Brasil), portanto, sem o competente visto de permanência, vide comentários ao art. 16 desta CLT.

Sobre o trabalho do fronteiriço, que dispensa qualquer visto, vide comentários aos artigos 365 e 366.

2. QUESTÕES DE CONCURSOS

01. (FCC – Juiz do Trabalho Substituto 11ª região/ 2012) Sobre a validade do contrato de trabalho, considere: o trabalho executado por estrangeiro sem autorização administrativa para prestação de serviços é exemplo de trabalho irregular.

GAB	1	C

✦ RELATÓRIO ANUAL DE EMPREGADOS

Art. 360. Toda empresa compreendida na enumeração do art. 352, § 1º, deste Capítulo, qualquer que seja o número de seus empregados, deve apresentar anualmente às repartições competentes do Ministério do Trabalho, de 2 de maio a 30 de junho, uma relação, em três vias, de todos os seus empregados, segundo o modelo que for expedido.

§ 1º – As relações terão, na primeira via, o selo de três cruzeiros pela folha inicial e dois cruzeiros por folha excedente, além do selo do Fundo de Educação, e nelas será assinalada, em tinta vermelha, a modificação havida com referência à última relação apresentada. Se se tratar de nova empresa, a relação, encimada pelos dizeres – Primeira Relação – deverá ser feita dentro de 30 (trinta) dias de seu registro no Departamento Nacional da Indústria e Comércio ou repartições competentes.

§ 2º – A entrega das relações far-se-á diretamente às repartições competentes do Ministério do Trabalho, Industria e Comercio, ou, onde não as houver, às Coletorias Federais, que as remeterão desde logo àquelas repartições. A entrega operar-se-á contra recibo especial, cuja exibição é obrigatória, em caso de fiscalização, enquanto não for devolvida ao empregador a via autenticada da declaração.

§ 3º – Quando não houver empregado far-se-á declaração negativa.

✦ FISCALIZAÇÃO DA RELAÇÃO ANUAL

Art. 361. Apurando-se, das relações apresentadas, qualquer infração, será concedido ao infrator o prazo de 10 (dez) dias para defesa, seguindo-se o despacho pela autoridade competente.

Art. 362. As repartições às quais competir a fiscalização do disposto no presente Capítulo manterão fichário especial de empresas, do qual constem as anotações referentes ao respectivo cumprimento, e fornecerão aos interessados as certidões de quitação que se tornarem necessárias, no prazo de 30 (trinta) dias, contados da data do pedido.(Redação do *caput e §§ 1º a 3º* pelo Decreto-lei nº 229, de 28.2.1967)

§ 1º – As certidões de quitação farão prova até 30 de setembro do ano seguinte àquele a que se referiram e estarão sujeitas à taxa correspondente a 1/10 (um décimo do salário-mínimo regional. Sem elas nenhum fornecimento ou contrato poderá ser feito com o Governo da União, dos Estados ou Municípios, ou com as instituições paraestatais a eles subordinadas, nem será renovada autorização a empresa estrangeira para funcionar no País. (Redação dada pelo Decreto-lei nº 229, de 28.2.1967) *(Extinta a cobrança da taxa referida neste parágrafo, conforme art.1º, III, da Lei nº 8.522, de 11.12.1992)*

§ 2º – A primeira via da relação, depois de considerada pela repartição fiscalizadora, será remetida anualmente ao Departamento Nacional de Mão de Obra (DNMO), como subsídio ao estudo das condições de mercado de trabalho, de um modo geral, e, em particular, no que se refere à mão de obra qualificada.

§ 3º – A segunda via da relação será remetida pela repartição competente ao Serviço de Estatística da Previdência e Trabalho e a terceira via devolvida à empresa, devidamente autenticada.

1. COMENTÁRIOS

A relação anual de 2/3 de empregados brasileiros, apontada como uma das mais antigas tradições do direito do trabalho (que reputamos inconstitucional como já demonstrado nos dispositivos acima), foi dispensada por meio da Portaria do Ministério do Trabalho nº 3.558, de 3.10.1979. A referida portaria dispôs que: "a Relação Anual de Informações Sociais (RAIS)" supre as informações contidas na relação de 2/3 e que, por isso, a norma do art. 360 da Consolidação fica satisfeita pela pura e simples apresentação daquele documento (RAIS), instituído pelo Decreto nº 76.900, de 23.12.1975, onde são comunicados todos os dados relativos aos empregados (Russomano, Comentários, Vol. I, 1993, p. 332).

O Decreto nº 97.936/89 criou o Cadastro Nacional do Trabalhador e extinguiu a RAIS, a comunicação de admissões e dispensas, a relação de empregados e a relação de salários de contribuição. O art. 4º do referido decreto instituiu, em substituição, o Documento de Informações Sociais (DIS) (Martins, Comentários, 2010, p. 304).

As microempresas e empresas de pequeno porte devem apresentar a Relação Anual de Empregados e Relação Anual de Informações Sociais – RAIS, além do Cadastro Geral de Empregados e Desempregados (CAGED), previstos no art. 52, IV, da LC nº 123/2006, denominado Estatuto da Micro e Pequena Empresa.

A fiscalização da apresentação e manutenção dos documentos acima ficará a cargo do Ministério do Trabalho.

SEÇÃO III – DAS PENALIDADES

✦ **APLICAÇÃO DAS MULTAS**

Art. 363. O processo das infrações do presente Capítulo obedecerá ao disposto no Título "Do Processo de Multas Administrativas", no que lhe for aplicável, com observância dos modelos de auto a serem expedidos.

Art. 364. As infrações do presente Capítulo serão punidas com a multa de cem a dez mil cruzeiros.

✦ **CASSAÇÃO DE CONCESSÃO OU AUTORIZAÇÃO DE EMPRESA ESTRANGEIRA**

Parágrafo único. Em se tratando de empresa concessionária de serviço público, ou de sociedade estrangeira autorizada a funcionar no País, se a infratora, depois de multada, não atender afinal ao cumprimento do texto infringido poderá ser-lhe cassada a concessão ou autorização.

1. COMENTÁRIOS

As infrações à legislação do trabalho, entre estas as mencionadas nesta Seção, serão objeto de fiscalização pelos Auditores Fiscais do Trabalho, sujeitando-se as autuações aos procedimentos definidos pelo Ministério do Trabalho, através da Secretaria de Inspeção.

A multa referida no art. 364 não é mais definida em cruzeiros. A Lei Federal nº 8.383, de 30.12.1991, art. 1º, fixou a UFIR (Unidade Fiscal de Referência), como fator de cobrança de multas na esfera federal. O art. 2º, § 1º, da referida lei, atribuiu ao Ministério da Fazenda competência para divulgar o valor mensal da UFIR.

A Portaria nº 290, de 11.04.1997, do MTb, que regulamenta a aplicação e cobrança de multas trabalhistas, fixa o mínimo de 605,2555 UFIR's para as empresas com até 10 (dez) empregados e valor máximo de 3.026,2777 UFIR's para as empresas com mais de 100 (cem) empregados, conforme variação prevista no artigo 364.

SEÇÃO IV – DISPOSIÇÕES GERAIS

✦ **LEGISLAÇÃO ESPECIAL: RESSALVA**

Art. 365. O presente Capítulo não derroga as restrições vigentes quanto às exigências de nacionalidade brasileira para o exercício de determinadas profissões nem as que vigoram para as faixas de fronteiras, na conformidade da respectiva legislação.

✦ **DOCUMENTO DE RESIDÊNCIA NO PAÍS**

Art. 366. Enquanto não for expedida a carteira a que se refere o art. 359 deste Capítulo, valerá, a título precário, como documento hábil, uma certidão, passada pelo serviço competente do Registro de Estrangeiros, provando que o empregado requereu sua permanência no País.

1. COMENTÁRIOS

O trabalho a título subordinado só é possível pelo estrangeiro com visto permanente, ressalvadas as exceções do art. 22, do Decreto nº 86. 715, de 10.12.1981, conforme comentários ao art. 359, acima. Além destas exceções, o art. 21 da Lei nº 6.815/80 autoriza o trabalho do fronteiriço, independentemente de visto permanente, ou mesmo temporário.

Dispõe o art. 21, que ao natural de país limítrofe, domiciliado em cidade contígua ao território nacional, respeitados os interesses da segurança nacional, poder-se-á permitir a entrada nos municípios fronteiriços a seu respectivo país, desde que apresente prova de identidade.

Ao estrangeiro, referido neste artigo, que pretenda exercer atividade remunerada ou frequentar estabelecimento de ensino naqueles municípios, será fornecido documento especial que o identifique e caracterize a sua condição, e, ainda, Carteira de Trabalho e Previdência Social, quando for o caso (art. 21, § 1º). Os documentos referidos no parágrafo primeiro do art. 21 não conferem o direito de residência no Brasil, nem autorizam o afastamento dos limites territoriais daqueles municípios, como dispõe o § 2º, do art. 21, da lei referida.

Sobre a CTPS do fronteiriço, vide comentários ao art. 16 desta CLT.

✦ **REDUÇÃO DA PROPORCIONALIDADE POR ATO DO MINISTÉRIO DO TRABALHO**

Art. 367. A redução a que se refere o art. 354, enquanto o Serviço de Estatística da Previdência e Trabalho não dispuser dos dados estatísticos necessários à fixação da proporcionalidade conveniente para cada atividade, poderá ser feita por ato do Ministro do Trabalho, Indústria e Comércio, mediante representação fundamentada da associação sindical.

Parágrafo único. O Serviço de Estatística da Previdência e Trabalho deverá promover, e manter em dia, estudos necessários aos fins do presente Capítulo.

1. COMENTÁRIOS

Sergio Pinto Martins, Comentários, 2010, p. 308, lembra que o Serviço de Estatística mencionado neste artigo foi substituído pela Secretaria do Trabalho, por meio do Decreto nº 69.014, de 4.8.1971. A redução de proporcionalidade mencionada neste artigo está condicionada à vigência da reserva de 2/3 de empregados brasileiros, cuja inconstitucionalidade já foi defendida nos comentários ao artigo 352 desta CLT.

▸SEÇÃO V – DAS DISPOSIÇÕES ESPECIAIS SOBRE A NACIONALIZAÇÃO DA MARINHA MERCANTE

✦ DA RESERVA DE 2/3 AOS BRASILEIROS NA MARINHA MERCANTE

Art. 368. O comando de navio mercante nacional só poderá ser exercido por brasileiro nato.

Art. 369. A tripulação de navio ou embarcação nacional será constituída, pelo menos, de 2/3 (dois terços) de brasileiros natos.(Redação da Lei nº 5.683, de 21.7.1971)

Parágrafo único. O disposto neste artigo não se aplica aos navios nacionais de pesca, sujeitos a legislação específica. (Incluído pela Lei nº 5.683, de 21.7.1971)

✦ RELAÇÃO DE TRIPULANTES

Art. 370. As empresas de navegação organizarão as relações dos tripulantes das respectivas embarcações, enviando-as no prazo a que se refere a Seção II deste Capítulo à Delegacia do Trabalho Marítimo onde as mesmas tiverem sede.

Parágrafo único. As relações a que alude o presente artigo obedecerão, na discriminação hierárquica e funcional do pessoal embarcadiço, ao quadro aprovado pelo regulamento das Capitanias dos Portos.

✦ APLICAÇÃO DESTA SEÇÃO A OUTRAS ATIVIDADES

Art. 371. A presente Seção é também aplicável aos serviços de navegação fluvial e lacustre e à praticagem nas barras, portos, rios, lagos e canais.

1. COMENTÁRIOS

Por razões de soberania ou de segurança nacional a Constituição da República expressamente ressalvou as hipóteses de reserva de cargos a brasileiros natos. Não há espaço para a lei ordinária fazer qualquer distinção entre os brasileiros, ou entre estes e os estrangeiros. São inconstitucionais os artigos 368 a 371, que visam estabelecer a reserva de vagas a trabalhadores brasileiros. Sobre os fundamentos da inconstitucionalidade vide comentários aos artigos 352 e 353 desta CLT.

▸CAPÍTULO III – DA PROTEÇÃO DO TRABALHO DA MULHER

▸SEÇÃO I – DA DURAÇÃO, CONDIÇÕES DO TRABALHO E DA DISCRIMINAÇÃO CONTRA A MULHER

(Redação do título da seção I pela Lei nº 9.799, de 26.5.1999)

✦ REGRAS GERAIS SÃO APLICÁVEIS AO TRABALHO FEMININO

Art. 372. Os preceitos que regulam o trabalho masculino são aplicáveis ao trabalho feminino, naquilo em que não colidirem com a proteção especial instituída por este Capítulo.

1. COMENTÁRIOS

1.1. Fundamentos históricos da limitação do trabalho feminino (e do menor)

A revolução industrial – segunda metade do século XVIII – é considerada o marco histórico de origem do que hoje conhecemos como Direito do Trabalho. A industrialização dos meios de produção resultou no rompimento com as corporações de ofício, nas quais prevalecia o trabalho artesanal. As referidas corporações, onde os mestres ensinavam as profissões a seus discípulos (companheiros), com predominância do trabalho manual, foram substituídas pelo uso da máquina e pelo trabalho em linhas de produção em série.

Com o incremento das linhas de montagem – retratadas fielmente no clássico filme "Tempos Modernos", em conhecida interpretação de Charles Chaplin – a mão de obra passou a ser explorada de maneira desmedida, provocando o nascimento da classe operária. Retrato deste momento histórico são os movimentos de reivindicação de trabalhadores na Inglaterra, em particular para limitação da extensa jornada de trabalho, ilustrados pelas seguintes palavras de ordem: "eight hours to work, eight hours to play, eight hours to sleep, eight shillings a day" (oito horas para trabalhar, oito horas para o lazer, oito horas para dormir (descansar), oito "shillings" (moeda inglesa) por dia).

Além do excesso de jornada, outros motivos foram decisivos na formação das normas de proteção do trabalhador, em particular aquelas destinadas à limitação da duração do trabalho da mulher e do menor; entre estes fatores destacam-se a exploração do trabalho infantil e da mulher, mais dóceis e mal remunerados, a admissão de trabalhador motivada tão só por questões econômicas – de mercado –, a indiferença quanto à saúde dos trabalhadores – resultando em inúmeras doenças e acidentes de trabalho (Rodrigues Pinto, Tratado, junho-2007, p. 33).

O advento da máquina, ao mesmo tempo em que diminuiu o esforço físico, permitindo o acesso da mulher ao mercado de trabalho, também expôs a fragilidade do regime de proteção ao trabalho feminino, bem como do menor.

1.2. Proteção do trabalho feminino na atualidade

Aparentemente, os motivos históricos que levaram ao tratamento singular do trabalho feminino, identificados com a exploração de mão de obra mal remunerada, desapareceram nos dias atuais. Só aparentemente. O trabalho da mulher, mesmo quando os resultados são superiores aos do homem, é, em média, pior remunerado que o daquele. São raros os exemplos de mulheres que ocupam altos postos em empresas e, ainda assim, tendo que mostrar um esforço muito superior ao do homem nas mesmas condições. Subsistem, portanto, as razões históricas que levaram o ordenamento jurídico à proteção da mulher, só alterando-se a "roupagem" dos atos discriminatórios.

Sendo assim, os dispositivos deste Capítulo que conduzirem à proteção do trabalho feminino, com vistas à diminuição das desigualdades apontadas, devem ser interpretados como instrumentos de otimização do preceito de igualdade entre homens e mulheres, estampado no art. 5º, I, da CF. Esta também é a opinião da Cunha Jr. e Novelino, quando afirmam que: "Este dispositivo (art. 5º, I, da CF) deve ser interpretado no sentido de que a lei infraconstitucional não pode estabelecer diferenças de tratamento, salvo se for com a finalidade de atenuar os desníveis existentes. É o caso, por exemplo, da lei que estabelece normas protetivas do mercado de trabalho da mulher, mediante incentivos específicos, nos termos do art. 7º, XX, da Constituição (Constituição para Concursos, 2010, p. 29).

2. QUESTÕES DE CONCURSOS

01. (MPT – Procurador do Trabalho/2009) Analise as afirmações abaixo: as medidas especiais tomadas para assegurar a igualdade entre grupos raciais ou étnicos e entre homens e mulheres no Brasil tem fundamento em duas convenções internacionais da Organização das Nações Unidas: Eliminação de todas as formas de discriminação racial e Eliminação de todas as formas de discriminação contra a mulher. O programa nacional de ações afirmativas no âmbito da administração pública federal, que garante a realização de metas percentuais de participação de afro-brasileiros, mulheres e pessoas com deficiência no preenchimento de cargos em comissão, é um exemplo dessas medidas.

02. (SÃO PAULO TURISMO/ADVOGADO/CAIPIMES/2007/ADAPTADA) A Constituição Federal equiparou o trabalho da mulher e do homem, assim, qualquer restrição e exigência decorrente de proteção especial, pode caracterizar descumprimento do princípio da isonomia.

03. (TRT – 8ª REGIÃO/JUIZ DO TRABALHO/2007/ADAPTADA) O capítulo da Consolidação das Leis do Trabalho que trata da proteção ao trabalho da mulher foi inteiramente revogado pela disposição constitucional que assegura a igualdade entre homens e mulheres, em direitos e obrigações.

GAB	1	C	2	E	3	E

Parágrafo único. (Revogado pela Lei nº 13.467, de 13.07.2017).

1. COMENTÁRIOS

O § único do art. 372, revogado pela Lei nº 13.467, de 13.07.2017, previa a não incidência das regras de proteção do trabalho da mulher quando esta trabalhasse para pessoas de sua família, como esposo, pai, mãe, tutor ou filho.

A intenção do texto legal foi traduzir a ideia de que se tratava de um micro empreendimento, sem a contribuição de pessoas alheias à unidade familiar.

Sergio Pinto Martins, Comentários, 2010, p. 310-311, criticava a exclusão legal, afirmando que a "mulher não é mais coisa, que não tinha direito algum".

Não custa lembrar que este dispositivo era da redação original da CLT (1943), quando ainda vigorava a norma do art. 446 consolidado, que permitia a intervenção paterna, ou do marido, no trabalho da mulher, tutelando-a tal qual o menor, ou seja, sendo tratada como agente relativamente capaz. Esta realidade começou a ser alterada com a aprovação do Estatuto da Mulher Casada (Lei nº 4.121, de 27.8.62) e, definitivamente, com a igualdade proclamada pela Constituição Republicana de 1988 (art. 5º, I).

A exceção destinada a excluir as microempresas familiares só incidiria, a meu ver, quando os membros da família trabalhassem em regime de colaboração, com fim comum, sobressaindo a affectio societatis no lugar da subordinação. Esta era a melhor interpretação desta norma. Nos casos de "oficina familiar" ficava afastada a incidência de todo o capítulo de proteção do trabalho da mulher, como as demais disposições da CLT, pois não haveria vínculo de emprego.

Em sentido contrário, quando havia vínculo de emprego e sendo subordinada a pessoa de sexo feminino, não haveria como se negar a aplicação da proteção especial ao trabalho da mulher (neste sentido: Martins, Comentários, 2010, p. 311; Carrion, Comentários, 2010, p. 372 e Francisco Antonio de Oliveira, Comentários, 2005, p. 276). Entendimento em contrário levaria à absurda conclusão de que a mulher, empregada em oficina familiar, não teria direito, por exemplo, à licença-maternidade (art. 392, da CLT).

Todas as ponderações acima levaram à revogação da norma.

2. QUESTÕES DE CONCURSOS

01. (TRT – 8ª REGIÃO/JUIZ DO TRABALHO/2007/ADAPTADA) Os dispositivos legais celetistas que instituem proteção especial ao trabalho da mulher não se aplicam ao trabalho nas oficinas em que sirvam exclusivamente pessoas de sua família e caso esteja sob a direção do esposo.

GAB	1	C

✦ JORNADA DE TRABALHO DA MULHER: 8 (OITO) HORAS

Art. 373. A duração normal de trabalho da mulher será de 8 (oito) horas diárias, exceto nos casos para os quais for fixada duração inferior.

1. COMENTÁRIOS

A norma deste artigo enfatiza o respeito às jornadas especiais previstas para o trabalhador em geral, independentemente do sexo, como nas hipóteses dos bancários, professores, telefonistas, etc.

Não há, atualmente, texto legal reduzindo a jornada da mulher. Tal redução, se ocorresse, deveria ser plenamente justificada pelo legislador, considerando-se não haver, em princípio, motivação especial para tratamento diferenciado do homem.

Nada obsta que o contrato de trabalho estabeleça jornada inferior, como fruto do ajuste de vontades. Contudo, cláusula contratual fixando a redução da jornada não poderia ter como fundamento o trabalho feminino, e sim uma condição especial do ambiente de trabalho, da atividade prestada pela mulher, do fim empresarial ou, propriamente, um benefício alcançado pela empregada.

A definição contratual de jornada inferior à legal, simplesmente centrada no gênero feminino, representaria afronta ao art. 5º, I, da CF, que estampa o princípio da igualdade entre homens e mulheres (sobre a interpretação deste princípio, vide comentários ao art. 372, *caput*, acima).

✦ **PROTEÇÃO CONTRA ATITUDES QUE RESTRINGEM O TRABALHO FEMININO**

Art. 373-A. Ressalvadas as disposições legais destinadas a corrigir as distorções que afetam o acesso da mulher ao mercado de trabalho e certas especificidades estabelecidas nos acordos trabalhistas, é vedado: (Incluído o *caput*, incisos I a VI e § único pela Lei nº 9.799, de 26.5.1999)

✦ **ANÚNCIO DE EMPREGO**

I – publicar ou fazer publicar anúncio de emprego no qual haja referência ao sexo, à idade, à cor ou situação familiar, salvo quando a natureza da atividade a ser exercida, pública e notoriamente, assim o exigir;

✦ **IDADE, SEXO, COR, SITUAÇÃO FAMILIAR OU ESTADO DE GRAVIDEZ**

II – recusar emprego, promoção ou motivar a dispensa do trabalho em razão de sexo, idade, cor, situação familiar ou estado de gravidez, salvo quando a natureza da atividade seja notória e publicamente incompatível;

✦ **REMUNERAÇÃO**

III – considerar o sexo, a idade, a cor ou situação familiar como variável determinante para fins de remuneração, formação profissional e oportunidades de ascensão profissional;

✦ **ATESTADO DE ESTERILIDADE**

IV – exigir atestado ou exame, de qualquer natureza, para comprovação de esterilidade ou gravidez, na admissão ou permanência no emprego;

✦ **CONCURSOS PÚBLICOS**

V – impedir o acesso ou adotar critérios subjetivos para deferimento de inscrição ou aprovação em concursos, em empresas privadas, em razão de sexo, idade, cor, situação familiar ou estado de gravidez;

✦ **REVISTA ÍNTIMA**

VI – proceder o empregador ou preposto a revistas íntimas nas empregadas ou funcionárias.

Parágrafo único. O disposto neste artigo não obsta a adoção de medidas temporárias que visem ao estabelecimento das políticas de igualdade entre homens e mulheres, em particular as que se destinam a corrigir as distorções que afetam a formação profissional, o acesso ao emprego e as condições gerais de trabalho da mulher.

1. COMENTÁRIOS

1.1. *Caput*

A CF, em seu 7º, XX, prevê "proteção do mercado de trabalho da mulher, mediante incentivos específicos, nos termos da lei". As disposições legais e os "acordos trabalhistas" – na verdade normas coletivas – deveriam prever regras que reduzissem as desigualdades até hoje existentes entre homem e mulher; normas concedendo incentivos fiscais para contratação de mulheres, particularmente aquelas com menor formação cultural, seriam um grande avanço para minorar as distorções.

1.2. Anúncio de emprego

Anúncio de jornal, de televisão ou por qualquer outro meio de divulgação da vaga de emprego, não pode fazer distinção quanto ao sexo, sob pena de afronta ao princípio da igualdade de gênero, descrito no art. 5º, I, da CF. A distinção só é possível quando o sexo for característica essencial para o exercício da atividade, como, por exemplo, vigilante mulher que cuida das áreas internas de um estabelecimento, especificamente destinadas à guarda de material pessoal ou banheiros.

1.3. Idade, sexo, cor, situação familiar ou estado de gravidez

A regra do inciso II, introduzida pela Lei nº 9.799, de 26.5.1999, mais uma vez confere efetividade ao princípio da igualdade. A Lei nº 9.029, de 13.4.1995, criminalizou as condutas previstas neste artigo e outras práticas discriminatórias (art. 2º), fixando pena de detenção de um a dois anos e multa. O art. 1º, da referida lei, tipifica as condutas, entre estas a discriminação de gênero; além da sanção penal, há imposição de multa de até 10 vezes o valor do maior salário pago pelo empregador, bem como vedação de concessão de empréstimos por bancos oficiais (art. 3º, I e II).

Para efeitos trabalhistas, a Lei nº 9.029/95, sem prejuízo das sanções acima referidas, permite que o empregado(a), alvo de discriminação no ato de dispensa, opte por pretender a reintegração ao emprego, com o pagamento dos salários e vantagens do afastamento (art. 4º, I), ou recebimento em dobro da remuneração do período de afastamento, mas sem a reintegração (art. 4º, II). Ressalte-se que a opção pela indenização é uma alternativa legal, não dependendo do preenchimento dos requisitos previstos no art. 496 da CLT.

O texto do art. 4º, I, usava, em sua redação original o vocábulo "readmissão", mas faz expressa menção ao "ressarcimento integral de todo do período de afastamento, mediante pagamento das remunerações devidas". Percebe-se claramente o erro: onde se lê readmissão, leia-se reintegração, fenômeno jurídico que explica o retorno ao emprego com efeitos pecuniários retroativos ao ato demissional nulo. Esta erronia foi corrigida na atual redação do inciso imposta pela Lei nº 13.146, de 6.7.2015, a saber: "I – a reintegração com ressarcimento integral de todo o período de afastamento, mediante pagamento das remunerações devidas, corrigidas monetariamente e acrescidas de juros legais;".

Independentemente da sanção penal e da responsabilidade trabalhista, os atos discriminatórios são geradores de dano extrapatrimonial, uma vez que violam valores íntimos do indivíduo-trabalhador, tais como moral e honra. Consequentemente, há possibilidade de ser compensado o dano sofrido através do pagamento de indenização, em ação de responsabilidade civil, ajuizada na Justiça do Trabalho.

1.4. Remuneração

O princípio da igualdade salarial, independentemente do sexo, já figura, desde 1919, no preâmbulo da Constituição da OIT. A Convenção nº 100, de 1951, da OIT, seguida da Convenção nº 111 e da Recomendação nº 90, ambas de 1958, consagraram o princípio da igualdade de gênero no tocante ao acesso ao emprego e à remuneração. Mesma proteção também se vê no Tratado de Roma, em seu art. 119 (Haddock Lobo, Trabalho e Doutrina, junho-1996).

A Constituição da República de 1988 inseriu igual norma de proteção em seu art. 7º, XXX, vedando distinção salarial por motivo de sexo, idade, cor ou estado civil.

1.5. Atestado de esterilidade

A redação do inciso IV foi antecipada pela regra do art. 2º, I, da Lei nº 9.029/95, que tipifica como crime a seguinte conduta discriminatória: "exigência de teste, exame, perícia, laudo, atestado, declaração ou qualquer outro procedimento relativo à esterilização ou a estado de gravidez;". As sanções e consequências diante desta exigência ilegal constam dos comentários ao inciso II, acima.

1.6. Concursos públicos

A Constituição da República, de 1988, consagrando os princípios da moralidade e transparência na Administração Pública, exigiu, como requisito de ocupação de cargo ou emprego público, a realização prévia de concurso público (art. 37, II). Para fins de acesso à Administração, os concursos só podem considerar o conhecimento técnico (provas) e a qualificação profissional (títulos). Outras exigências, alheias a estes propósitos, são consideradas violação à norma constitucional.

Não é comum a realização de concursos em empresas privadas, salvo para acesso a empregos em empresas públicas e sociedades de economia mista, ambas integrantes da Administração Indireta, mas com natureza jurídica de direito privado (art. 173, II e § 2º da CF).

As empresas privadas, sem nenhuma interferência de patrimônio público, não necessitam realizar concurso público para preenchimento de qualquer emprego, mas, uma vez se valendo deste processo seletivo de ingresso, não poderão ignorar o princípio da igualdade. A livre iniciativa, que constitui um dos fundamentos da República Federativa do Brasil (art. 1º, IV), tem sua atuação balizada pelo valor social do trabalho, que merece ser respeitado com o mínimo de humanidade, onde a transparência no processo seletivo se inclui.

1.7. Revista intima

A revista dos empregados, sem submissão a procedimento vexatório, de maneira individualizada, respeitando-se as peculiaridades de cada gênero, se insere no poder de direção e comando do empregador. Para ser considerada como exercício regular de um direito, a revista deve ocorrer sem abusos, sem contato físico e, principalmente, sem exposição ou menção a qualquer parte intima.

A inviolabilidade à intimidade da pessoa – art. 5º, X, da CF – se impõe como limite ao poder empregatício, de forma que o administrador ou qualquer preposto seu deve se abster de proceder a revistas íntimas, devendo, conforme o caso, se valer de mecanismos tecnológicos de vigilância.

A falta de respeito com a pessoa do trabalhador, diante de eventual atitude patronal de revista abusiva, tem levado a Justiça do Trabalho a impor indenizações compensatórias, por invasão da esfera intima e humana do trabalhador.

2. INFORMATIVOS DO TST

▸ ***Dano moral. Indenização indevida. Revista visual de bolsas, sacolas ou mochilas. Inexistência de ofensa à honra e à dignidade do empregado. Poder diretivo e de fiscalização do empregador.***

A revista visual em bolsas, sacolas ou mochilas, realizada de modo impessoal e indiscriminado, sem contato físico ou exposição do trabalhador a situação constrangedora, decorre do poder diretivo e fiscalizador do empregador e, por isso, não possui caráter ilícito e não gera, por si só, violação à intimidade, à dignidade e à honra, a ponto de ensejar o pagamento de indenização a título de dano moral ao empregado. Com base nessa premissa, a SBDI-I, por unanimidade, conheceu do recurso de embargos, por divergência jurisprudencial, e, no mérito, por maioria, negou-lhe provimento. Vencidos os Ministros Delaíde Miranda Arantes e Augusto César Leite de Carvalho. TST-E – RR-306140-53.2003.5.09.0015, SBDI-I, rel. Min. Brito Pereira, 22.3.2012. (Informativo nº 3)

- ***Revista impessoal e indiscriminada de bolsas dos empregados. Dano moral. Não configuração. Indenização indevida.***

A inspeção de bolsas, sacolas e outros pertences de empregados, desde que realizada de maneira generalizada e sem a adoção de qualquer procedimento que denote abuso do direto do empregador de zelar pelo próprio patrimônio, é lícita, pois não importa em ofensa à intimidade, à vida privada, à honra ou à imagem dos trabalhadores. Na espécie, não obstante a revista em bolsa da reclamante, muitas vezes, fosse realizada por seguranças do sexo masculino, restou consignada a inexistência de contato físico, e que a inspeção era impessoal, englobando todos os empregados, não se podendo presumir, portanto, dano ou abalo moral apto a ensejar o pagamento de indenização. Com esse entendimento, a SBDI-I, por unanimidade, conheceu dos embargos por divergência jurisprudencial e, no mérito, por maioria, negou-lhes provimento. Vencidos os Ministros José Roberto Freire Pimenta, que não admitia revista masculina em bolsa feminina, e Augusto César Leite de Carvalho e Delaide Miranda Arantes, que não admitiam qualquer revista. TST-E-ED-RR-477040-40.2001.5.09.0015, SBDI-I, rel. Min. Renato de Lacerda Paiva, 9.8.2012 (**Informativo nº 17**)

3. QUESTÕES DE CONCURSOS

01. (OAB-SP/136º EXAME DE ORDEM/CESPE/2008) Com relação ao trabalho da mulher, a lei permite ao empregador

a) recusar emprego em razão de situação familiar da mulher trabalhadora.

b) exigir atestado de gravidez, para fins de admissão ou permanência no emprego.

c) considerar o sexo como variável determinante para fins de ascensão profissional.

d) publicar anúncio de emprego em que haja referência a determinado sexo para o desempenho de atividade que sabidamente assim o exija.

02. (TRT – 3ª REGIÃO/JUIZ DO TRABALHO/2008/ADAPTADA) Ressalvadas as disposições legais destinadas a corrigir as distorções que afetam o acesso da mulher ao mercado de trabalho e certas especificidades estabelecidas nos acordos trabalhistas, é vedado proceder o empregador ou preposto a revistas íntimas nas empregadas ou funcionárias.

03. (TRT – 3ª REGIÃO/JUIZ DO TRABALHO/2008/ADAPTADA) Constitui crime a exigência de teste, exame, perícia, laudo, atestado, declaração ou qualquer outro procedimento relativo à esterilização ou a estado de gravidez.

04. (TRT – 8ª REGIÃO/JUIZ DO TRABALHO/2007/ADAPTADA) É vedado considerar o sexo, a idade, a cor ou situação familiar como variável determinante para fins de remuneração, formação profissional e oportunidades de ascensão profissional, bem como recusar emprego, promoção ou motivar a dispensa do trabalho em razão de sexo, idade, cor, situação familiar ou estado de gravidez, salvo quando a natureza da atividade a ser exercida for notória e publicamente incompatível.

05. (TRT – 9ª REGIÃO/JUIZ DO TRABALHO/2006) Ressalvadas as disposições legais destinadas a corrigir as distorções que afetam o acesso da mulher ao mercado de trabalho e certas especificidades estabelecidas nos acordos coletivos trabalhistas, é vedado:

I. Publicar ou fazer publicar anúncio de emprego no qual haja referência ao sexo, à idade, à cor ou situação familiar, salvo quando a natureza da atividade a ser exercida, pública e notoriamente, assim o exigir.

II. Recusar emprego, promoção ou motivar a dispensa do trabalho em razão de sexo, idade, cor, situação familiar ou estado de gravidez, salvo quando a natureza da atividade seja notória e publicamente incompatível.

III. Considerar o sexo, a idade, a cor ou situação familiar como variável determinante para fins de remuneração, formação profissional e oportunidades de ascensão profissional.

IV. Exigir atestado ou exame, de qualquer natureza, para comprovação de esterilidade ou gravidez, na admissão ou permanência no emprego, bem como proceder o empregador ou preposto a revistas íntimas nas empregadas ou funcionárias. Com base nas proposições acima, indique a alternativa correta:

a) somente a assertiva I está correta.

b) somente as assertivas II, III e IV estão corretas.
c) somente as assertivas I, II e III estão corretas.
d) somente as assertivas I, II e IV estão corretas.
e) todas as assertivas estão corretas

GAB	1	D	2	C	3	C	4	C	5	E

Art. 374. Revogado pela Lei nº 7.855, de 24.10.1989

Art. 375. Revogado pela Lei nº 7.855, de 24.10.1989

Art. 376. Revogado pela Lei nº 10.244, de 27.6.2001

✦ **MEDIDAS DE PROTEÇÃO AO TRABALHO FEMININO**

Art. 377. A adoção de medidas de proteção ao trabalho das mulheres é considerada de ordem pública, não justificando, em hipótese alguma, a redução de salário.

1. COMENTÁRIOS

As normas de proteção ao trabalho feminino são, em ultima instância, instrumentos de preservação da própria família, principal célula da sociedade. Por esta razão, as normas deste capítulo são qualificadas como de ordem pública absoluta (Martins, Comentários, 2010, p. 315), não sujeitas a negociação ou modificação pela vontade dos contratantes, diante da indisponibilidade dos direitos tutelados.

A CLT, e não só as regras deste capítulo, é composta, em sua maioria, por normas imperativas, de observância obrigatória, sendo minoria as normas dispositivas, que poderiam sofrer interferência pelo ajuste de vontades dos sujeitos contratantes – empregado e empregador (neste sentido: Godinho, Curso, jan-2009, p. 186).

2. QUESTÕES DE CONCURSOS

01. (TRT – 11ª REGIÃO/JUIZ DO TRABALHO/FCC/2008/ADAPTADA) A adoção de medidas de proteção ao trabalho das mulheres é considerada de ordem pública, justificando, em certas situações, a redução de salário.

GAB	1	E

Art. 378. Revogado pela Lei nº 7.855, de 24.10.1989

1. COMENTÁRIOS

A redação deste artigo 378, revogado pela Lei nº 7.855/89, cuidava da CTPS da mulher que, assim como outras Carteiras de Trabalho Especiais, deixaram de existir. Vide comentários ao art. 16 da CLT, sob os tipos de Carteira de Trabalho ainda existentes.

▸SEÇÃO II – DO TRABALHO NOTURNO

Art. 379 e 380. Revogados pela Lei nº 7.855, de 24.10.1989.

✦ **ADICIONAL NOTURNO E HORA NOTURNA**

Art. 381. O trabalho noturno das mulheres terá salário superior ao diurno.

§ 1º – Para os fins desse artigo, os salários serão acrescidos de uma percentagem adicional de 20% (vinte por cento) no mínimo.

§ 2º – Cada hora do período noturno de trabalho das mulheres terá 52 (cinqüenta e dois) minutos e 30 (trinta) segundos.

1. COMENTÁRIOS

Os artigos 379 e 380, ambos Revogados pela Lei nº 7.855/89, cuidavam da proibição do trabalho noturno feminino, estabelecendo as seguintes exceções: serviços de telefonia, radiotelefonia e radiotelegrafia, serviços de enfermagem, hotéis, restaurantes, bares e congêneres e, em qualquer atividade, as mulheres que exercessem cargos de direção.

O art. 381 traça os requisitos da hora noturna exatamente da mesma forma que o art. 73 da CLT, aplicável aos homens. Reportamo-nos aos comentários feitos ao art. 73 da CLT.

Alice Monteiro de Barros, Contratos e Regulamentações Especiais, jan-2008, p. 350, defende que permanece a proibição de trabalho noturno para as empregadas no ciclo gravídico puerperal, durante 16 semanas, sendo 8 semanas antes do parto (Convenção nº 171 da OIT), mesmo diante da revogação dos artigos 379 e 380.

Não é esta nossa opinião. A Convenção nº 171 teve sua vigência internacional em 4.1.1995, mas no Brasil só foi ratificada pelo Decreto Legislativo nº 270, de 13 de novembro de 2002 e promulgada pelo Decreto do Executivo nº 5.005, de 8.3.2004 (DOU, 9.3.2004), quando iniciou sua vigência no Brasil. A revogação dos artigos 379 e 380, em 1989, em nada interferiu na integração ao Brasil da Convenção nº 171 da OIT e, neste ponto, concordamos com a autora, pois este tratado internacional trouxe vida nova ao tema do trabalho noturno.

Por outro lado, não se pode dizer que o art. 7º da referida Convenção, que cuida do trabalho noturno feminino, estabeleça propriamente uma proibição de execução deste trabalho pela mulher. Em abono ao que defendemos, transcrevemos, a seguir, o inteiro teor do artigo referido, que acompanha a publicação do Decreto Presidencial de promulgação do diploma internacional no Brasil. Confira-se o teor do referido artigo:

"Convenção nº 171 da OIT, Artigo 7.

> 1. Deverão ser adotadas medidas para assegurar que existe uma alternativa do trabalho noturno para as trabalhadoras que, a falta dessa alternativa, teriam que realizar esse trabalho:
>
> a) antes e depois do parto, durante o período de, pelo menos, dezesseis semanas, das quais oito, pelo menos, deverão ser tomadas antes da data estimada para o parto;
>
> b) com prévia apresentação de certificado médico indicando que isso é necessário para a saúde da mãe ou do filho, por outros períodos compreendidos;
>
> i) durante a gravidez;
>
> ii) durante um lapso determinado além do período posterior ao parto estabelecido em conformidade com o item a) do presente parágrafo, cuja duração será determinada pela autoridade competente e prévia consulta junto às organizações mais representativas dos empregadores e de trabalhadores.".

2. QUESTÕES DE CONCURSOS

01. (SENADO FEDERAL/ADVOGADO/FGV/2008/ADAPTADA) O trabalho noturno da mulher é permitido, sendo devido o adicional noturno de 25% (vinte e cinco por cento) no mínimo.

02. (TRT – 11ª REGIÃO/JUIZ DO TRABALHO/FCC/2008/ADAPTADA) O trabalho noturno das mulheres será remunerado com adicional de, no mínimo, 25%, mas não se lhe aplica a hora noturna reduzida de 52′ e 30′.

GAB	1	E	2	E

SEÇÃO III – DOS PERÍODOS DE DESCANSO

✦ **INTERVALO INTERJORNADAS: 11 (ONZE) HORAS**

Art. 382. Entre 2 (duas) jornadas de trabalho, haverá um intervalo de 11(onze) horas consecutivas, no mínimo, destinado ao repouso.

1. COMENTÁRIOS

Este artigo repete exatamente a norma do art. 66 da CLT, a cuja leitura nos reportamos.

✦ **INTERVALO INTRAJORNADA: 1 (UMA) A 2 (DUAS) HORAS**

Art. 383. Durante a jornada de trabalho, será concedido à empregada um período para refeição e repouso não inferior a 1 (uma) hora nem superior a 2 (duas) horas, salvo a hipótese prevista no art. 71, § 3º.

1. COMENTÁRIOS

Este artigo conduz à concessão de intervalo de uma a duas horas, independentemente da jornada cumprida ser de 4 (quatro), 6 (seis) ou 8 (oito) horas. A norma, aparentemente, é mais benéfica que a destinada ao intervalo dos homens, uma vez que o art. 71, *caput*, da CLT, só prevê a paralisação de 1 (uma) a 2 (duas) horas para jornadas superiores a 6 (seis) horas. O benefício para a mulher, contudo, é meramente aparente. O intervalo para alimentação previsto neste artigo é do tipo não remunerado, portanto, não integra a jornada da empregada; por esta razão, uma empregada que trabalhasse, por exemplo, em jornada de 4 horas, estaria obrigada a dispor de mais uma hora do seu tempo para se fazer respeitar a norma deste artigo. A regra especial, como se nota, não promove uma proteção especial, mas sim uma discriminação em face do homem.

Mauricio Godinho Delgado, Curso, jan-2009, p. 864, expressamente afirma que a norma do art. 383 é inconstitucional, pois se está "diante de regra discriminatória e redutora do mercado de trabalho da mulher (art. 5º, *caput*, e inciso I, CF/88; art. 7º, XX, CF/88)".

Sergio Pinto Martins não vê neste artigo uma exigência de intervalo de uma ou duas horas para jornada de 4 horas. Como diz o autor: "trabalhando a mulher mais de quatro horas e menos de seis horas, terá um intervalo de 15 minutos" (Comentários, 2010, p. 317).

Art. 384. (Revogado pela Lei nº 13.467, de 13.07.2017).

1. COMENTÁRIOS

Este artigo foi revogado pela Lei nº 13.467, de 13.07.2017.

Transcrevemos, a seguir, os comentários anteriormente feitos ao artigo, quando este ainda estava em vigor.

> "A previsão de intervalo de 15 (quinze) minutos antes do início da sobrejornada feminina viola o princípio da igualdade entre homens e mulheres. Aliás, a norma do art. 384 não traz qualquer benefício à mulher. Muito pelo contrário. O intervalo é do tipo não remunerado, e o tempo que a empregada é obrigada a aguardar é muito curto para que possa executar alguma tarefa de caráter pessoal, ou mesmo

se afastar do estabelecimento do empregador. Ademais, a regra celetista contraria o disposto nos artigos 5º, *caput* e I, 7º, XXX, da CF, além de poder prejudicar o acesso da mulher ao mercado de trabalho.

A tese da inconstitucionalidade deste artigo, por violação ao princípio da igualdade de gênero, é defendida, entre outros, por Sergio Pinto Martins (Comentários, 2010, p. 317), Gustavo Felipe Barbosa Garcia (Curso, 2008, p. 876) e Alice Monteiro de Barros (Contratos e Regulamentações Especiais, jan-2008, p. 353-354). Esta última chega a afirmar que a revogação expressa do art. 376, que previa restrições ao labor extraordinário para a mulher, impôs a revogação tácita da regra especial do art. 384.

A jurisprudência do TST, em sentido oposto ao defendido pela doutrina, decidiu que a norma do art. 384 não afronta a Constituição de 1988 (IINN-RR-1540/2005-046-12-00.5, Relator Ministro Ives Gandra, j. 17.11.2008). O Incidente de Inconstitucionalidade foi citado por Sergio Pinto Martins (Comentários, 2010, p. 317), mesmo o autor se posicionando em sentido contrário à decisão do TST.

No mesmo sentido da decisão do TST, e não identificando afronta ao princípio da igualdade: Adamovich, Comentários, 2009, p. 150, que inclusive defende a possibilidade de se estender o benefício aos homens.".

✦ REPOUSO SEMANAL: 24 (VINTE E QUATRO) HORAS

Art. 385. O descanso semanal será de 24 (vinte e quatro) horas consecutivas e coincidirá no todo ou em parte com o domingo, salvo motivo de conveniência pública ou necessidade imperiosa de serviço, a juízo da autoridade competente, na forma das disposições gerais, caso em que recairá em outro dia.

Parágrafo único. Observar-se-ão, igualmente, os preceitos da legislação geral sobre a proibição de trabalho nos feriados civis e religiosos.

1. COMENTÁRIOS

Reportamo-nos aos comentários feitos ao art. 67 da CLT, que regula o repouso semanal.

✦ TRABALHO AOS DOMINGOS: ESCALA DE REVEZAMENTO

Art. 386. Havendo trabalho aos domingos, será organizada uma escala de revezamento quinzenal, que favoreça o repouso dominical.

1. COMENTÁRIOS

Este artigo prevê revezamento quinzenal para o trabalho aos domingos. Segundo esta norma, as mulheres só poderiam trabalhar em domingos alternados.

Mozart. Victor Russomano, Comentários, Vol. I, 1993, p. 345, explica que "pelo alto papel da mulher dentro do lar e pela natureza tradicional do descanso naquele dia, deu-se-lhe esta prerrogativa." Logo se percebe que o autor não identifica qualquer inconstitucionalidade desta norma.

Sérgio Pinto Martins, Comentários, 2010, p. 318, entende que o tratamento legal é discriminatório com relação ao homem, propondo que o critério deste artigo lhe fosse estendido, concluindo, contudo, pela aplicação da norma, mesmo na vigência da Constituição de 1988.

Amauri Mascaro Nascimento, Curso, 2010, p. 901, identifica o direito ao revezamento quinzenal no trabalho dominical, sem opor qualquer objeção ao critério legal.

Francisco Antonio de Oliveira, Comentários, 2005, p. 281-282, também não opõe resistência ao critério deste artigo.

Como se percebe da farta doutrina acima colacionada, mesmo aqueles que enxergavam alguma inconstitucionalidade no tratamento diferenciado conferido à mulher, não opuseram qualquer restrição ao tratamento mais benéfico quanto ao trabalho nos domingos. A opinião majoritária, pela plena vigência da norma deste artigo, se justifica pelo enorme papel da mulher na manutenção dos laços familiares, mister quando se trata do domingo, dia especial da semana reservado para a família.

2. QUESTÕES DE CONCURSOS

01. (TRT – 17ª REGIÃO/ANALISTA JUDICIÁRIO/CESPE/2009/ADAPTADA) Na hipótese de trabalho da mulher aos domingos, é obrigatória uma escala de revezamento quinzenal que favoreça o repouso dominical, garantindo à mulher pelo menos uma folga aos domingos a cada 15 dias.

02. (TRT – 11ª REGIÃO/JUIZ DO TRABALHO/FCC/2008/ADAPTADA) Conforme prevê a CLT, para o trabalho aos domingos, autorizado por motivo de conveniência pública ou necessidade imperiosa de serviço, deve ser organizada uma escala de revezamento, que favoreça o repouso dominical a cada quatro semanas.

GAB	1	C	2	E

▸SEÇÃO IV – DOS MÉTODOS E LOCAIS DE TRABALHO

Art. 387. Revogado pela Lei nº 7.855, de 24.10.1989.

✦ **REDUÇÃO DE RESTRIÇÕES: ATO DO MINISTRO DO TRABALHO**

Art. 388. Em virtude de exame e parecer da autoridade competente, o Ministro do Trabalho, Indústria e Comércio poderá estabelecer derrogações totais ou parciais às proibições a que alude o artigo anterior, quando tiver desaparecido, nos serviços considerados perigosos ou insalubres, todo e qualquer caráter perigoso ou prejudicial mediante a aplicação de novos métodos de trabalho ou pelo emprego de medidas de ordem preventiva.

1. COMENTÁRIOS

O art. 387, revogado pela Lei nº 7.855/89, tinha a seguinte redação: "É proibido o trabalho da mulher: **a)** nos subterrâneos, nas minerações em subsolo, nas pedreiras e obras, de construção pública ou particular; **b)** nas atividades perigosas ou insalubres, especificadas nos quadros para este fim aprovados.".

A regra do art. 388 cuida de exceções às proibições do art. 387. A derrogação expressa do art. 387 conduz à derrogação tácita do art. 388.

✦ **AMBIENTE DE TRABALHO FEMININO**

Art. 389. Toda empresa é obrigada:(Redação do *caput* pelo Decreto-lei nº 229, de 28.2.1967, que também incluiu os incisos I a IV e parágrafos 1º e 2º)

✦ **AMBIENTE ADEQUADO E SEGURO**

I – a prover os estabelecimentos de medidas concernentes à higienização dos métodos e locais de trabalho, tais como ventilação e iluminação e outros que se fizerem necessários à segurança e ao conforto das mulheres, a critério da autoridade competente;

✦ **MOBILIÁRIO**

II – a instalar bebedouros, lavatórios, aparelhos sanitários; dispor de cadeiras ou bancos, em número suficiente, que permitam às mulheres trabalhar sem grande esgotamento físico;

✦ **VESTIÁRIOS**

III – a instalar vestiários com armários individuais privativos das mulheres, exceto os estabelecimentos comerciais, escritórios, bancos e atividades afins, em que não seja exigida a troca de roupa e outros, a critério da autoridade competente em matéria de segurança e higiene do trabalho, admitindo-se como suficientes as gavetas ou escaninhos, onde possam as empregadas guardar seus pertences;

✦ **EQUIPAMENTOS DE PROTEÇÃO INDIVIDUAL**

IV – a fornecer, gratuitamente, a juízo da autoridade competente, os recursos de proteção individual, tais como óculos, máscaras, luvas e roupas especiais, para a defesa dos olhos, do aparelho respiratório e da pele, de acordo com a natureza do trabalho.

✦ **SALA ESPECIAL DE GUARDA DOS FILHOS**

§ 1º – Os estabelecimentos em que trabalharem pelo menos 30 (trinta) mulheres com mais de 16 (dezesseis) anos de idade terão local apropriado onde seja permitido às empregadas guardar sob vigilância e assistência os seus filhos no período da amamentação.

✦ **CRECHES**

§ 2º – A exigência do § 1º poderá ser suprida por meio de creches distritais mantidas, diretamente ou mediante convênios, com outras entidades públicas ou privadas, pelas próprias empresas, em regime comunitário, ou a cargo do SESI, do SESC, da LBA ou de entidades sindicais.

1. COMENTÁRIOS

Sobre o meio ambiente de trabalho de homens e mulheres, e seu enfoque no campo dos direitos fundamentais, vide comentários ao art. 154 e seguintes da CLT. Especificamente quanto ao EPI, vide comentários aos artigos 166 e 167 da CLT.

O art. 7º, XXV, da CF, com a redação da EC nº 53/2006, prevê assistência gratuita aos filhos e dependentes, desde o nascimento até cinco anos de idade, em creches e pré-escolas. Este é um dever do Estado, mas não se pode negar o papel do empregador, diante da função social da empresa, em colaborar com a concretização desta assistência ampla à infância, particularmente nos primeiros meses de vida. Por estas razões, pode se afirmar que as regras dos §§ 1º e 2º foram recepcionadas pela CF/88.

A Portaria nº 3.296/86, do Ministério do Trabalho, com redação da Portaria nº 670/97, prevê a substituição das creches pelo reembolso dos gastos com creche, nos primeiros seis meses de vida da criança, em condições, prazos e valores a serem fixados em negociação coletiva. Como se trata de simples reembolso, o valor pago não tem natureza salarial, na forma do art. 458, § 2º, II, da CLT (Garcia, 2008, p. 877).

Sergio Pinto Martins, Comentários, 2010, p. 321, destaca que o local adequado para guarda dos filhos, que estão na idade de amamentação, pressupõe contratação de pessoal para vigilância destes bebês. Acrescento que este pessoal precisa ter qualificação específica para a função, não podendo ser substituídos pelos empregados da atividade regular do empregador.

✦ **EMPREGO DE FORÇA MUSCULAR FEMININA**

Art. 390. Ao empregador é vedado empregar a mulher em serviço que demande o emprego de força muscular superior a 20 (vinte) quilos para o trabalho continuo, ou 25 (vinte e cinco) quilos para o trabalho ocasional.

Parágrafo único. Não está compreendida na determinação deste artigo a remoção de material feita por impulsao ou tração de vagonetes sobre trilhos, de carros de mão ou quaisquer aparelhos mecânicos.

1. COMENTÁRIOS

Alguns autores defendem que o tratamento diferenciado da mulher só se justificaria pelas peculiaridades da sua condição feminina, como na regra deste artigo, ou pelo estado de gravidez, protegido em diversos dispositivos deste Capítulo. Não é esta nossa opinião, nem parece ser a da maioria da doutrina. Como já defendemos anteriormente, estão recepcionados pela Constituição de 1988 todos os dispositivos infraconstitucionais que, ao estabelecerem tratamento diferenciado entre homem e mulher, procurem promover a redução das desigualdades e concretizar o princípio da igualdade de gênero (art. 5º, I, da CF). Ocorrendo o contrário, ou seja, servindo a regra especial para prejudicar o acesso e a manutenção do emprego feminino, haverá afronta à igualdade prevista no texto constitucional.

A diferença de força física é uma característica que merece tratamento desigual entre mulher e homem. O emprego de força muscular masculina é bem maior, daí porque os limites do art. 198 da CLT são mais elevados para o homem (vide comentários a este dispositivo).

2. QUESTÕES DE CONCURSOS

01. (DPU/DEFENSOR PÚBLICO FEDERAL/CESPE/2010) Ao empregador é vedado empregar mulheres em serviço que demande o emprego de força muscular superior a 20 quilos, ainda que o trabalho seja ocasional, não estando compreendida, em tal vedação, a remoção de material feita por impulsão ou tração de vagonetes sobre trilhos, de carros de mão ou por quaisquer aparelhos mecânicos.

02. (TRT – 3ª REGIÃO/JUIZ DO TRABALHO SUBSTITUTO/2009/ADAPTADA) Ao empregador é vedado empregar a mulher em serviço que demande o emprego de força muscular superior a vinte quilos, para o trabalho contínuo, ou vinte e cinco quilos para o trabalho ocasional, salvo se a remoção do material for realizada por impulsão ou tração de vagonetes sobre trilhos, de carros de mão ou quaisquer aparelhos mecânicos.

03. (SENADO FEDERAL/ADVOGADO/FGV/2008/ADAPTADA) Ao empregador é vedado utilizar a empregada em atividades que impliquem o emprego de força muscular igual ou superior a 20 (vinte) quilos para o trabalho contínuo.

04. (INVESTE RIO – Advogado/2011) De forma a garantir a igualdade substancial, a Constituição e a legislação trabalhista possuem diversos dispositivos sobre a proteção da maternidade e da mulher. Acerca do tema, é correto afirmar que:

a) não será considerada falta ao serviço, para fins de concessão de férias, a ausência da empregada durante o licenciamento compulsório por motivo de maternidade ou aborto;

b) a mulher terá direito à licença-maternidade, sem prejuízo do emprego e do salário, com a duração de 180 (cento e oitenta) dias;

c) o empregador deve prestar assistência gratuita aos filhos e dependentes dos empregados desde o nascimento até 3 (três) anos de idade em creches e pré-escolas;

d) o benefício da licença-maternidade aplica-se à mulher que adota menor, mas não àquela que obtém a guarda judicial para fins de adoção;

e) é garantida à empregada, durante a gravidez, sem prejuízo do salário e demais direitos, a transferência de função, de forma definitiva, quando as condições de saúde o exigirem.

05. (TRT 19 – Juiz do Trabalho Substituto 19ª região/ 2012) À luz da dicção da lei, assinale a alternativa incorreta: ao empregador é vedado empregar a mulher em serviço que demande o emprego de força muscular superior a 20 (vinte) quilos para o trabalho continuo, ou 25 (vinte e cinco) quilos para o trabalho ocasional. Não está compreendida nesse comando legal a remoção de material feita por impulsão ou tração de vagonetes sobre trilhos, de carros de mão ou quaisquer aparelhos mecânicos.

GAB	1	E	2	C	3	C	4	C	5	E

Art. 390-A. (VETADO). (Incluído pela Lei nº 9.799, de 1999)

✦ **FORMAÇÃO DO TRABALHO FEMININO**

Art. 390-B. As vagas dos cursos de formação de mão de obra, ministrados por instituições governamentais, pelos próprios empregadores ou por qualquer órgão de ensino profissionalizante, serão oferecidas aos empregados de ambos os sexos.(Incluído pela Lei nº 9.799, de 26.05. 1999)

Art. 390-C. As empresas com mais de cem empregados, de ambos os sexos, deverão manter programas especiais de incentivos e aperfeiçoamento profissional da mão de obra.(Incluído pela Lei nº 9.799, de 26.05. 1999)

Art. 390-D. (VETADO). (Incluído pela Lei nº 9.799, de 1999)

Art. 390-E. A pessoa jurídica poderá associar-se a entidade de formação profissional, sociedades civis, sociedades cooperativas, órgãos e entidades públicas ou entidades sindicais, bem como firmar convênios para o desenvolvimento de ações conjuntas, visando à execução de projetos relativos ao incentivo ao trabalho da mulher.(Incluído pela Lei nº 9.799, de 26.05. 1999)

1. COMENTÁRIOS

As normas contidas nos dispositivos dos artigos 390-B, C e E tentam estimular a formação profissional das mulheres e também dos homens. Não há, nas normas acima, qualquer sanção pela não implementação de programas de treinamento, nem tampouco as regras estabeleceram prazos para o início destes cursos de qualificação. Os dispositivos legais não possuem poder coercitivo, sendo normas meramente programáticas.

Além da falta de coercitividade das normas referidas, o art. 390-E ainda promove uma discriminação, pois só permite que empregadores pessoas jurídicas façam convênios para a execução de programas de incentivo ao trabalho da mulher, deixando de fora os empregadores pessoas físicas.

Saad (CLT Comentada, 2009, p. 458) critica o art. 390-E dizendo se tratar de "norma de marketing eleitoral".

A Lei nº 9.799/99 foi sancionada com veto aos artigos 390-A e D. O primeiro – art. 390-A – reconhecia a nulidade da dispensa, diante de ação com fundamento na violação do princípio da igualdade entre homens e mulheres. O dispositivo foi vetado, por entender o Presidente da República que a norma regulamentava uma proteção genérica ao emprego, violando o art. 7º, I, da CF, que não albergou a estabilidade como regra. Além do mais, representaria um estimulo a ações deste tipo. O segundo – art. 390-D – foi vetado por ser mera transcrição do art. 4º, da Lei nº 9.029/95, que já permite ao empregado, vitima de discriminação no ato de dispensa, optar entre a reintegração ao emprego ou a percepção de indenização em dobro dos salários devidos no período de afastamento. A LC nº 95/98, que fixa as regras de elaboração de normas jurídicas, veda o tratamento do mesmo tema por duas leis distintas. (http://www.planalto.gov.br/ccivil_03/LEIS/Mensagem_Veto/1999/VEP673-99-L9799.pdf, consultado em 21.6.10).

2. QUESTÕES DE CONCURSOS

01. (JUIZ DO TRABALHO/TRT – 1ª REGIÃO/2006/ADAPTADA) As vagas dos cursos de formação de mão-de-obra, ministrados pelos empregadores ou por qualquer órgão de ensino profissionalizante por eles contratados, serão reservadas em 50% (cinqüenta por cento) para as mulheres.

GAB	1	E

SEÇÃO V – DA PROTEÇÃO À MATERNIDADE

✦ **PROTEÇÃO À GRAVIDEZ E AO CASAMENTO**

Art. 391. Não constitui justo motivo para a rescisão do contrato de trabalho da mulher o fato de haver contraído matrimônio ou de encontrar-se em estado de gravidez.

Parágrafo único. Não serão permitidos em regulamentos de qualquer natureza contratos coletivos ou individuais de trabalho, restrições ao direito da mulher ao seu emprego, por motivo de casamento ou de gravidez.

1. COMENTÁRIOS

1.1. Proibições ao empregador, legislador e sindicatos

A proteção do casamento, prevista nesta norma, é, na verdade, uma intenção legal de proteger o emprego feminino de uma futura discriminação por conta da gravidez; o texto legal, da redação original da CLT (1943), retrata a visão social de uma época. O legislador relaciona gravidez com casamento. Esta a razão do dispositivo mencionar ambos os acontecimentos. A tutela jurídica, em ultima análise, se destina à mulher grávida e ao nascituro e não ao casamento isoladamente considerado.

A rejeição a qualquer prática discriminatória quanto à gravidez se dirige ao empregador, que fica proibido de editar regulamentos ou de negociar cláusulas contratuais que contrariem a proteção legal; ao legislador, no mesmo sentido, e aos sindicatos na fixação de normas coletivas. A referência, no texto legal, a contratos coletivos, significa menção aos documentos frutos da negociação coletiva (Convenção e Acordo Coletivo de Trabalho) ou mesmo como resultado da intervenção estatal, suscitada pelos sindicatos (Sentenças Normativas).

1.2. Proteção contra a despedida sem justa causa

No plano infraconstitucional, além da regra do artigo ora comentado, o Brasil ratificou a Convenção nº 103/52 da OIT, que cuida da proteção à maternidade.

A proteção ao emprego da mulher grávida levou o legislador constituinte, antes mesmo da regulamentação geral quanto à dispensa de todo e qualquer empregado (art. 7º, I, da CF), a proibir a despedida arbitrária ou sem justa causa da mulher, desde a confirmação da gravidez até cinco meses após o parto (art. 10, II, "b", do ADCT/CF/88).

A **doméstica**, inicialmente excluída desta garantia (interpretação sistemática do art. 7º, § único e artigo 10, II, "b", da ADCT, ambos da CF), hoje tem a mesma proteção da empregada não doméstica, inicialmente conforme previsão do Art. 4º – A, da Lei nº 5.859/72 e atualmente pela redação do art. 25, § único, da LC nº 150/2015, que passou a tratar do tema.

A expressão: "**confirmação da gravidez**" é interpretada pela doutrina majoritária como sendo o momento da concepção. Na ocasião em que o exame médico-laboratorial estabelecer, de forma aproximada, o tempo de vida do feto, a garantia de emprego da gestante será contada a partir da concepção, que coincide com o termo inicial da proteção constitucional.

Mesmo que empregado e empregador desconhecessem o estado de gravidez na ocasião da rescisão contratual, a garantia de emprego tem que ser respeitada, devendo o empregador reconsiderar a manifestação unilateral de vontade que resultou na dispensa da empregada, restabelecendo o contrato de trabalho com efeitos retroativos à dispensa nula. A responsabilidade do empregador pela manutenção do emprego é objetiva e independente de sua culpa, sendo **irrelevante que tenha dispensado a empregada sem conhecimento do seu estado de gravidez (TST, S. 244, I).**

Há manutenção do emprego mesmo quando a gravidez ocorre no curso do aviso prévio. Esta afirmação bem exemplifica a responsabilidade objetiva do empregador. O aviso prévio, que integra o tempo de serviço para todos os efeitos legais (art. 487, § 1º, da CLT), faz parte do contrato de trabalho (**OJ nº 82 da SBDI-1/TST**), ainda que seja substituído pela indenização do período correspondente (aviso prévio indenizado). Consequentemente, é nula a despedida da gestante que só ficou grávida no período do aviso prévio ou de projeção legal do prazo do aviso prévio indenizado.

A interpretação doutrinária e jurisprudencial ganhou ainda mais força com a atual legislação do doméstico, LC nº 150/2015, que prevê em seu art. 25, § único: "A confirmação do estado de gravidez durante o curso do contrato de trabalho, ainda que durante o prazo do aviso prévio trabalhado ou indenizado, garante à empregada gestante a estabilidade provisória prevista na alínea "b" do inciso II do art. 10 do Ato das Disposições Constitucionais Transitórias.".

1.2.1. Demanda ajuizada após o termo final da garantia: abuso de direito: doutrina x jurisprudência

A clara intenção da norma constitucional é a proteção ao emprego e não o pagamento de indenização pelo período de garantia provisória. A indenização pelo período de estabilidade, que é medida substitutiva, só ocorrerá quando o conflito entre empregador e empregada gerar um grau de animosidade que torne incompatível o restabelecimento do contrato de trabalho (CLT, art. 496).

Para a empregada dispensada ter direito à tutela constitucional, diante da omissão do empregador em restabelecer o contrato voluntariamente, deve mover demanda, na Justiça do Trabalho, ainda no prazo de estabilidade. Só se pode considerar que a gestante agiu de boa-fé, exercendo legitimamente o direito de ação, se esta demandar em face do empregador antes do termo final de sua garantia no emprego, ou seja, até 5 (cinco) meses após o parto.

Aguardando o término da garantia de emprego – cujo prazo não é pequeno – e só demandando em face do empregador após tal prazo, sem nenhuma justificativa plausível, presume-se que a empregada exerceu de forma abusiva seu direito de ação. Assim prevê o art. 187 do Código Civil: "Também comete ato ilícito o titular de um direito que, ao exercê-lo, excede manifestamente os limites impostos pelo seu fim econômico ou social, pela boa-fé ou pelos bons costumes."

O ato abusivo praticado pela empregada, que só busca a tutela do Estado-juiz para obter vantagem econômica, é rechaçado pela Justiça do Trabalho, lhe negando o direito aos salários correspondentes ao período da estabilidade provisória, aos quais faria jus se a demanda fosse ajuizada na vigência de sua garantia de emprego.

O **uso abusivo do direito de ação**, quando a empregada pretende receber somente a indenização pelo período de estabilidade provisória, diante de sua omissão em pleitear, oportunamente, a reintegração ao emprego, deve receber uma só resposta do Judiciário: a **improcedência** (neste sentido: Martins, Comentários, 2010, p. 327 e Alice Monteiro de Barros, Contratos e Regulamentações Especiais, jan-2008, p. 379-380).

Situação absolutamente diversa resulta da demora na prestação jurisdicional. Tendo a empregada pleiteada a reintegração do emprego quando ainda vigente sua estabilidade provisória, mas se exaurindo o prazo desta garantia antes do provimento judicial ser acolhido, é devido à reclamante o pagamento dos salários e demais vantagens, desde a dispensa nula até o termo final da garantia (**S. 244, II do TST**).

Contrariamente ao defendido pela doutrina, o TST editou a **OJ nº 399 da SBDI-1/TST**, entendendo que basta ser ajuizada a demanda dentro do prazo prescricional, mesmo após o término da estabilidade provisória, sem que tal ato represente abuso de direito.

1.2.2. Gestação e contrato a termo

A intenção da norma constitucional, como também da disciplina do presente artigo, é proteger o rompimento do contrato por prazo indeterminado, na vigência da garantia no emprego.

Dissemos na edição anterior que: "em hipótese alguma a garantia de emprego da gestante irá prevalecer no período de experiência". Baseamos nossa afirmação na redação então vigente da S. 244, III, do TST. Neste tipo de contratação, que é exceção à regra geral, a empregada tinha total ciência do início e fim do contrato, não podendo subsistir a garantia de emprego como causa de prorrogação do contrato a termo que, não obstante a gravidez, se expirará, naturalmente, no prazo estipulado para seu fim (no máximo 90 dias, conforme art. 445, § único, da CLT).

Salvo regras especiais, como a cláusula de experiência (§ único, do art. 445, da CLT), o prazo do contrato a termo será de até 2 (dois) anos – art. 445, *caput*. Além da observância do prazo, a validade do contrato a termo, que é exceção à contratação por prazo indeterminado, está vinculada à observância dos motivos de transitoriedade, definidos no art. 443, §§ 1º e 2º, da CLT.

Já dizíamos desde a primeira edição da nossa CLT que:

> "A nosso ver, é compatível a garantia de emprego da gestante com um contrato de trabalho de 2 (dois) anos, começando e terminando a estabilidade provisória dentro do prazo do contrato a termo; nesta hipótese, contudo, fica vedado ao empregador rescindir antecipadamente o contrato a termo (art. 479 da CLT), mesmo diante da fixação de cláusula contratual assecuratória do direito recíproco de rescisão antecipada, como possibilita o art. 481 da CLT. No mesmo sentido, quanto ao respeito do prazo do contrato, é a opinião de Raymundo Antonio Carneiro Pinto (Súmulas, maio-2008, p. 213). A tese que defendemos, contudo, é minoritária na doutrina. **A maioria entende não prevalecer esta ou outra garantia de emprego durante os contratos a termo.**"

A posição que sempre defendemos, ainda que minoritária na doutrina, restou vitoriosa na jurisprudência, como se percebe da atual redação da **S. 244, III, do TST.**

Independentemente do que foi dito acima, os sujeitos do contrato de trabalho, por expresso ajuste de vontades, podem estabelecer cláusula excluindo o período de licença-maternidade da contagem do tempo de serviço no contrato a termo (art. 472, § 2º, da CLT); se tal fato ocorrer, provocará a prorrogação do termo final do contrato por prazo determinado.

1.3. Guarda Judicial: garantia do emprego no falecimento da genitora

A Lei Complementar nº 146, de 25.6.2014 (DOU de 26.6.2014, edição extra), que entrou em vigor na data de sua publicação, prevê, em seu art. 1º: "O direito prescrito na alínea *b* do inciso II do art. 10 do Ato das Disposições Constitucionais Transitórias, nos casos em que ocorrer o falecimento da genitora, será assegurado a quem detiver a guarda do seu filho.".

Portanto, aquele que assumir a guarda judicial da criança, seja o pai em guarda exclusiva, ou qualquer outra pessoa, terá todos os direitos inerentes à estabilidade constitucional.

A nosso ver, independentemente da decisão judicial que conceder a guarda, o pai, automaticamente, gozará da estabilidade no emprego prevista no art. 10, II, "b", da CF, a partir do falecimento da genitora. Caso assim não se entendesse, até que viesse a decisão sobre a guarda, muito provavelmente o tempo de estabilidade já teria se exaurido, e nenhuma proteção teria sido estendida ao pai.

No mesmo sentido em que defendemos se posiciona o professor Gustavo Felipe Barbosa Garcia:

A guarda é de titularidade dos pais (art. 22 da Lei 8.069/1990). Por isso, ocorrendo o falecimento da mãe, automaticamente a guarda passa a ser exercida, em regra, apenas pelo pai, situação que só pode ser modificada por meio de decisão judicial, nos casos que justifiquem a colocação em família substituta (art. 28 da Lei 8.069/1990). (http://www.conjur.com.br/2014-jul-23/estabilidade-quem-guarda-bebe-orfao-traz-justica-social, capturado em 4.8.2014).

Tendo em vista que a guarda é de titularidade dos pais, eventual obstáculo oferecido pelo empregador quanto à transferência da estabilidade para o pai, gerará direito de ação na Justiça do Trabalho, pois a guarda exclusiva do pai se opera de pleno direito com o falecimento da mãe, independentemente de decisão judicial na esfera cível.

De qualquer forma, seja quanto ao pai, ou quanto a qualquer outro que conseguir a guarda judicial, o direito à garantia no emprego retroagirá à data do falecimento da mãe, deduzindo-se o lapso temporal já decorrido enquanto a genitora estava viva. A proteção, que se inicia com a confirmação da gravidez (concepção) prosseguirá até 5 (cinco) meses após o parto, conforme art. 10, II, "b", do ADCT/CF/88.

Na hipótese de aquisição da guarda judicial por decisão judicial, somente após o final do prazo da garantia o empregado tutor, que por ventura tiver sido despedido, terá assegurado o direito ao salário e demais direitos pertinentes ao período da estabilidade, conforme **Súmula 244, II, do TST.**

2. SÚMULAS E ORIENTAÇÕES JURISPRUDENCIAIS

- **Súmula nº 244/TST** - *Res. 129/2005, DJ 20, 22 e 25.04.2005*

GESTANTE. ESTABILIDADE PROVISÓRIA (redação do item III alterada na sessão do Tribunal Pleno realizada em 14.09.2012) - Res. 185/2012 - DEJT divulgado em 25, 26 e 27.09.2012

I - O desconhecimento do estado gravídico pelo empregador não afasta o direito ao pagamento da indenização decorrente da estabilidade (art. 10, II, "b" do ADCT).

II - A garantia de emprego à gestante só autoriza a reintegração se esta se der durante o período de estabilidade. Do contrário, a garantia restringe-se aos salários e demais direitos correspondentes ao período de estabilidade.

III. A empregada gestante tem direito à estabilidade provisória prevista no art. 10, inciso II, alínea "b", do Ato das Disposições Constitucionais Transitórias, mesmo na hipótese de admissão mediante contrato por tempo determinado.

- **OJ-SDI1-399**

ESTABILIDADE PROVISÓRIA. AÇÃO TRABALHISTA AJUIZADA APÓS O TÉRMINO DO PERÍODO DE GARANTIA NO EMPREGO. ABUSO DO EXERCÍCIO DO DIREITO DE AÇÃO. NÃO CONFIGURAÇÃO. INDENIZAÇÃO DEVIDA. (DEJT divulgado em 02, 03 e 04.08.2010)

O ajuizamento de ação trabalhista após decorrido o período de garantia de emprego não configura abuso do exercício do direito de ação, pois este está submetido apenas ao prazo prescricional inscrito no art. 7º, XXIX, da CF/1988, sendo devida a indenização desde a dispensa até a data do término do período estabilitário.

- **OJ 30, SDC - TST - Inserida em 19.08.1998**

ESTABILIDADE DA GESTANTE. RENÚNCIA OU TRANSAÇÃO DE DIREITOS CONSTITUCIONAIS. IMPOSSIBILIDADE.

Nos termos do art. 10, II, "a", do ADCT, a proteção à maternidade foi erigida à hierarquia constitucional, pois retirou do âmbito do direito potestativo do empregador a possibilidade de despedir arbitrariamente a empregada em estado gravídico. Portanto, a teor do artigo 9º da CLT, torna-se nula de pleno direito a cláusula que estabelece a possibilidade de renúncia ou transação, pela gestante, das garantias referentes à manutenção do emprego e salário. (ROAR – 14/2004-000-12-00.0)

3. INFORMATIVOS DO TST

- ***AR. Gestante. Estabilidade provisória. Art. 10, II, "b", do ADCT. Fechamento do estabelecimento. Transferência para outra localidade. Recusa da empregada. Justa causa. Não caracterização.***

Levando em consideração que a garantia no emprego da empregada gestante prevista no art. 10, II, "b", do ADCT não está condicionada à existência de atividades regulares na empresa, e visa, em último caso, proteger não apenas a empregada, mas também o bem-estar do nascituro, a recusa da obreira em ser transferida para outra localidade em razão do fechamento da filial em que trabalhava não pode ser tida como justa causa a obstaculizar a percepção das verbas devidas em decorrência da estabilidade. Com esse entendimento, a SBDI-II, decidiu, por unanimidade, conhecer do recurso ordinário e, no mérito, dar-lhe provimento para, reconhecida a afronta ao art. 10, II, "b", do ADCT, desconstituir em parte o acórdão do regional e, em juízo rescisório, determinar o retorno dos autos à Vara do Trabalho de origem para que, afastada a justa causa que fora imposta pelas instâncias ordinárias, aprecie os pedidos postulados na reclamação trabalhista, como entender de direito. TST-RO-298-04.2010.5.15.0000, SBDI-II, rel. Min. Guilherme Augusto Caputo Bastos. 10.4.2012. (Informativo nº 5)

- ***Empregada doméstica gestante. Despedida antes da vigência da Lei nº 11.234/06. Estabilidade provisória (art. 10, II, "b", do ADCT). Possibilidade.***

Possui direito à estabilidade provisória, de que trata o art. 10, II, "b", do ADCT, a empregada doméstica gestante despedida antes da vigência da Lei nº 11.234/06, a qual reconheceu expressamente tal direito. O fato de a estabilidade genérica do artigo 7º, I, da CF não ter sido assegurada às empregas domésticas não tem o condão de afastar a pretensão relativa à garantia provisória concedida às demais gestantes, pois aquelas se encontram na mesma situação de qualquer outra trabalhadora em estado gravídico. Ademais, conforme salientado pelo Ministro João Oreste Dalazen, o STF vem entendendo, reiteradamente, que o comprometimento do Brasil no plano internacional quanto à proteção à maternidade e ao nascituro, independentemente da natureza do vínculo profissional estabelecido entre a gestante e o destinatário da prestação de serviços, remonta à ratificação da Convenção nº 103 da OIT, ocorrida em 18.06.1965, e concerne não apenas à garantia à licença-maternidade, mas também à estabilidade provisória prevista no art. 10, II, "b", do ADCT. Com esse posicionamento, a SBDI-I, em sua composição plena, decidiu, pelo voto prevalente da Presidência, conhecer dos embargos, por divergência jurisprudencial, e, no mérito, negar-lhes provimento, mantendo o acórdão da Turma, que restabeleceu a sentença que julgou procedente o pedido de estabilidade à empregada doméstica gestante, condenando a reclamada ao pagamento da indenização respectiva. Vencidos os Ministros Renato de Lacerda Paiva, Antônio José de Barros Levenhagen, Ives Gandra Martins Filho, Brito Pereira, Maria Cristina Irigoyen Peduzzi, Aloysio Corrêa da Veiga e Dora Maria da Costa. TST-E-ED-RR-5112200-31.2002.5.02.0900, SBDI-I, rel. Min. Horácio Raymundo de Senna Pires, 13.12.2012. (Informativo nº 34)

4. QUESTÕES DE CONCURSOS

01. (FCC – TRT 12 – Analista Judiciário/2010) A respeito da estabilidade da empregada gestante, considere:

I. A garantia de emprego à gestante só autoriza a reintegração se esta se der durante o período de estabilidade.

II. De acordo com o Ato das Disposições Transitórias da Constituição Federal brasileira, é vedada a dispensa da empregada gestante desde a confirmação da gravidez até seis meses após o parto.

III. Em regra, há direito da empregada gestante à estabilidade provisória na hipótese de admissão mediante contrato de experiência, visto que há uma relação de emprego legalmente constituída.

IV. O desconhecimento do estado gravídico pelo empregador não afasta o direito ao pagamento da indenização decorrente da estabilidade.

Está correto o que consta APENAS em

a) I, II e III.

b) I e IV.

c) III e IV.

d) I, III e IV.

e) I e III.

02. (FCC – TRT 14 – Analista Judiciário/2011) Karina e Mariana residem no pensionato de Ester, local em que dormem e realizam as suas refeições, já que Gabriela, proprietária do pensionato, contratou Abigail para exercer as funções de cozinheira. Jaqueline reside em uma república estudantil que possui como funcionária Helena, responsável pela limpeza da república, além de cozinhar para os estudantes moradores. Abigail e Helena estão grávidas. Neste caso,

a) nenhuma das empregadas são domésticas, mas ambas terão direito a estabilidade provisória decorrente da gestação.

b) ambas são empregadas domésticas e terão direito a estabilidade provisória decorrente da gestação.

c) somente Helena é empregada doméstica, mas ambas terão direito a estabilidade provisória decorrente da gestação.

d) somente Abigail é empregada doméstica, mas ambas terão direito a estabilidade provisória decorrente da gestação.

e) ambas são empregadas domésticas, mas não terão direito a estabilidade provisória decorrente da gestação.

03. (MPT – Procurador do Trabalho/2013) Em relação ao trabalho da mulher, analise os itens abaixo:

I. A Lei Maria da Penha assegura à mulher vítima de abuso, mediante provimento judicial, a manutenção do vínculo de emprego, quando necessário o afastamento do local de trabalho, por até seis meses.

II. Consoante jurisprudência sumulada do TST a empregada gestante em contrato de experiência tem direito à estabilidade.

III. Pelo texto da legislação trabalhista consolidada o aborto, criminoso ou não, dá à empregada direito a duas semanas de repouso remuneradas.

IV. A empregada que oportunamente requer a licença maternidade de 180 dias, tendo a empresa aderido ao Programa Empresa Cidadã, não pode exercer atividade remunerada no período de prorrogação, a não ser em contrato de trabalho anteriormente firmado, sob pena de perda do direito à prorrogação.

Marque a alternativa CORRETA:

a) todas as assertivas estão corretas;

b) apenas as assertivas II, III e IV estão corretas;

c) apenas as assertivas I, II e III estão corretas;

d) apenas as assertivas I, II e IV estão corretas;

e) não respondida.

04. (FCC – Analista Judiciário – Oficial de Justiça Avaliador – TRT 2/2014) Em relação à estabilidade, considere:

I. A estabilidade no emprego para as gestantes é assegurada às empregadas urbanas, rurais e domésticas.

II. A estabilidade do dirigente sindical abrange apenas os empregados eleitos como titulares.

III. O empregado eleito para cargo da CIPA tem estabilidade no emprego, desde o registro da candidatura, até um ano após o término do mandato.

IV. O período de estabilidade da gestante vai desde a confirmação da gravidez, até cinco meses após o parto.

Está correto o que se afirma APENAS em

a) I e II.

b) I, III e IV.

c) II e III.

d) II, III e IV.

e) I e IV.

GAB	1	B	2	C	3	D	4	B

✦ ESTABILIDADE DA GESTANTE NO AVISO PRÉVIO

Art. 391-A. A confirmação do estado de gravidez advindo no curso do contrato de trabalho, ainda que durante o prazo do aviso prévio trabalhado ou indenizado, garante à empregada gestante a estabilidade provisória prevista na alínea b do inciso II do art. 10 do Ato das Disposições Constitucionais Transitórias. (Incluído pela Lei nº 12.812, de 16.5.2013).

Parágrafo único. O disposto no *caput* deste artigo aplica-se ao empregado adotante ao qual tenha sido concedida guarda provisória para fins de adoção. (Inserido pela Lei nº 13.509, de 22.11.2017)

1. COMENTÁRIOS

A Lei nº 12.812, de 16.05.2013, publicada no DOU em 16.05.2013, com texto retificado em 20.5.2013, começou a viger nesta última data, conforme previsão do art. 2º da lei referida.

Com a inovação legal, ficou expresso que a garantia de emprego da gestante prevalece inclusive no período de aviso prévio, mesmo que concedido de forma indenizada. Tal interpretação está de acordo com o art. 487, § 1º, da CLT, que prevê a integração do aviso prévio, trabalhado ou indenizado, ao tempo de serviço para todos os fins legais.

A jurisprudência do TST já previa inclusive que a data de baixa na CTPS deveria levar em consideração a projeção do prazo do aviso prévio indenizado, conforme OJ nº 82, da SBDI-1.

Interpretando a OJ nº 82, a jurisprudência da mais alta corte trabalhista, mesmo antes da inclusão do art. 391-A no texto da CLT, já vinha estendendo a garantia de emprego ao período de projeção do prazo do aviso prévio indenizado, como se observa dos acórdãos a seguir transcritos.

O § único, inserido no art. 391-A, estende a garantia de emprego ao empregado (ou empregada) adotante, ainda que com guarda provisória. Promove-se, com esta regra, total proteção ao adotante.

Portanto, a regra do art. 391-A, da CLT, nada mais fez do que ratificar a posição já firmada na jurisprudência do TST.

> **AGRAVO DE INSTRUMENTO EM RECURSO DE REVISTA. ESTABILIDADE DA GESTANTE. CONCEPÇÃO NO CURSO DO AVISO-PRÉVIO INDENIZADO.**
>
> Esta Corte, interpretando o art. 10, inciso II, alínea-b-, do Ato das Disposições Constitucionais Transitórias, editou a Súmula nº 244, item I, do TST, segundo a qual – o desconhecimento do estado gravídico pelo empregador não afasta o direito ao pagamento da indenização decorrente da estabilidade (art. 10, inciso II, alínea 'b', do ADCT)-. Logo, é condição essencial para que seja assegurada a estabilidade à reclamante o fato de a gravidez ter ocorrido durante o transcurso do contrato de trabalho, não sendo exigido o conhecimento da gravidez pela empregadora. No caso, extrai-se do acórdão regional que a concepção ocorreu na vigência do contrato de trabalho, considerando a projeção do aviso-prévio indenizado. Na esteira da Orientação Jurisprudencial nº 82 da SBDI-1 desta Corte, – a data de saída a ser anotada na CTPS deve corresponder à do término do prazo do aviso prévio, ainda que indenizado – e, nos termos do artigo 487, § 1º, da CLT, o aviso-prévio, ainda que indenizado, integra o contrato de trabalho para todos os efeitos. Logo, a gravidez ocorrida nesse período não afasta o direito da reclamante à estabilidade provisória prevista no artigo 10, inciso II, alínea – b-, do ADCT.
>
> **Agravo de instrumento desprovido.**
>
> Processo: Ag-AIRR – 440-90.2011.5.23.0051 Data de Julgamento: 25/06/2013, Relator Ministro: José Roberto Freire Pimenta, 2ª Turma, Data de Publicação: DEJT 01/07/2013.
>
> **GESTANTE. CONCEPÇÃO NO PERÍODO DE AVISO-PRÉVIO INDENIZADO. DIREITO À GARANTIA PROVISÓRIA DE EMPREGO.** 1. O direito de a empregada gestante manter-se no emprego, sem prejuízo dos salários, com consequente restrição ao direito de resilição unilateral do contrato sem justa causa pelo empregador, sob pena de sujeitar-se às reparações legais, nasce com a concepção e projeta-se até cinco meses após o parto. Trata-se de garantia constitucional,

prevista no artigo 10, II, b, do Ato das Disposições Constitucionais Transitórias, cujo escopo é não somente proteger a gestante, mas assegurar o bem-estar do nascituro, erigindo-se em genuíno direito fundamental. O interesse em assegurar a vida desde seu estágio inicial é da sociedade, cumprindo ao Estado outorgar ao nascituro proteção ampla e eficaz. A condição para a empregada auferir a garantia erigida no texto constitucional é que a concepção ocorra no curso do contrato de trabalho. 2. Consoante entendimento consagrado na Orientação Jurisprudencial nº 82 da SBDI-I desta Corte superior, – a data de saída a ser anotada na CTPS deve corresponder à do término do prazo do aviso-prévio, ainda que indenizado-. Tal entendimento decorre da melhor exegese do disposto no artigo 487 da Consolidação das Leis do Trabalho, extraindo-se do referido texto legal que durante o período do aviso-prévio, ainda que indenizado, o contrato de emprego encontra-se vigente. 3. Nesse sentido, a Lei nº 12.812, de 16 de maio de 2013, que acresceu o artigo 391-A a Consolidação das Leis do Trabalho segundo o qual – a confirmação do estado de gravidez advindo no curso do contrato de trabalho, ainda que durante o prazo do aviso prévio trabalhado ou indenizado, garante à empregada gestante a estabilidade provisória prevista na alínea b do inciso II do art. 10 do Ato das Disposições Constitucionais Transitórias-. 4. Confirmada que a concepção ocorreu na vigência do contrato de trabalho, considerando a projeção do aviso-prévio indenizado tem jus a empregada à garantia provisória de emprego prevista no texto constitucional. 5. Recurso de revista conhecido e provido.

Processo: RR – 896-84.2010.5.02.0075 Data de Julgamento: 26/06/2013, Relator Ministro: Lelio Bentes Corrêa, 1ª Turma, Data de Publicação: DEJT 05/07/2013.

2. SÚMULAS E ORIENTAÇÕES JURISPRUDENCIAIS.

▸ **OJ nº 82 da SDI-I**

Aviso-prévio. Baixa na CTPS. (inserida em 28.04.1997).

A data de saída a ser anotada na CTPS deve corresponder à do término do prazo do aviso prévio, ainda que indenizado.

✦ **LICENÇA-MATERNIDADE**

Art. 392. A empregada gestante tem direito à licença-maternidade de 120 (cento e vinte) dias, sem prejuízo do emprego e do salário.(Redação do *caput e §§ 1º a 3º* pela Lei nº 10.421, 15.4.2002)

✦ **INÍCIO DO AFASTAMENTO**

§ 1º – A empregada deve, mediante atestado médico, notificar o seu empregador da data do início do afastamento do emprego, que poderá ocorrer entre o 28º (vigésimo oitavo) dia antes do parto e ocorrência deste.

✦ **AUMENTO DO PERÍODO DE REPOUSO: ATESTADO MÉDICO**

§ 2º – Os períodos de repouso, antes e depois do parto, poderão ser aumentados de 2 (duas) semanas cada um, mediante atestado médico.

✦ **PARTO ANTECIPADO: 120 DIAS DE LICENÇA**

§ 3º – Em caso de parto antecipado, a mulher terá direito aos 120 (cento e vinte) dias previstos neste artigo.

✦ **PRIVILÉGIOS DURANTE A GRAVIDEZ**

§ 4º – É garantido à empregada, durante a gravidez, sem prejuízo do salário e demais direitos:(Redação da Lei nº 9.799, de 26.5.1999)

I – transferência de função, quando as condições de saúde o exigirem, assegurada a retomada da função anteriormente exercida, logo após o retorno ao trabalho;(Redação da Lei nº 9.799, de 26.5.1999)

II – dispensa do horário de trabalho pelo tempo necessário para a realização de, no mínimo, seis consultas médicas e demais exames complementares.(Redação da Lei nº 9.799, de 26.5.1999)

§ 5º – Vetado pela Lei nº 10.421, de 2002

Art. 392-A. À empregada que adotar ou obtiver guarda judicial para fins de adoção de criança ou adolescente será concedida licença-maternidade nos termos do art. 392 desta Lei. (Inserido pela Lei nº 13.509, de 22.11.2017)

1. COMENTÁRIOS

1.1. Licença-maternidade

1.1.1 Licença-maternidade é distinta da garantia no emprego

O afastamento para fins de licença-maternidade não se confunde com a garantia provisória no emprego. A licença se caracteriza por um afastamento remunerado pelo empregador, pelo prazo legal, atualmente definido como de 120 dias (art. 7º, XVIII, da CF), que ocorre, normalmente, dentro do período de garantia provisória, que só termina 5 (cinco) meses após o parto (art. 10, II, "b", do ADCT/CF/88). Terminada a licença, a empregada retornará imediatamente ao trabalho, salvo razão médica que justifique sua ausência, devidamente comprovada por atestado ou laudo médico.

1.1.2 Pagamento durante o período de licença: responsabilidade do empregador. Interrupção ou Suspensão Contratual?

O pagamento da remuneração da empregada durante os 120 dias de licença-maternidade é de responsabilidade do empregador. Contudo, o valor integral pago à empregada é abatido das contribuições previdenciárias devidas pelo empregador, incidentes sobre sua folha de pagamento, até alcançar as retribuições pagas à gestante (ar. 72, § 1º, da Lei nº 8.213/91). Esta compensação faz com que a doutrina divirja ao definir a natureza jurídica deste afastamento: interrupção ou suspensão do contrato de trabalho? Para os que entendem que o empregador não pagou a remuneração, mas tão-só antecipou o benefício previdenciário, o fenômeno será definido como suspensão contratual, pois durante o afastamento a empregada não recebeu salário, mas um benefício do INSS; aos que entendem que houve pagamento pelo empregador, com natureza de salário, ainda que integralmente compensado pelas obrigações tributárias junto ao INSS, a hipótese é de interrupção contratual. Seja qual for o entendimento, a interrupção ou suspensão serão definidas como atípicas, pois guardam características de ambos os institutos jurídicos em debate.

A maioria da doutrina define o afastamento decorrente da licença-maternidade como interrupção do contrato de trabalho. Mauricio Godinho Delgado (Curso, jan-2009, p. 992), para justificar o entendimento predominante, explica que as principais características da interrupção se mantêm durante a licença, como, por exemplo, a contagem do tempo de serviço para todos os fins contratuais (gratificações, décimo-terceiros salários, férias, etc.). O regulamento do FGTS, Decreto nº 99.685/90, em seu art. 28, exige, inclusive, o recolhimento das contribuições mensais durante o afastamento da gestante. Prossegue o mestre, explicando que a ordem jurídica preservou o direito de compensação por parte do empregador para não sobrecarregá-lo, e também para não restringir o mercado de trabalho da mulher; este benefício ao empregador não retira do fenômeno a sua natureza de interrupção contratual. Tal entendimento é sustentado, entre outros, por Amauri Mascaro Nascimento, Arnaldo Sussekind, Ivan Dias Rodrigues Alves e Christovão Piragibe Tostes Malta, todos citados por Mauricio Godinho Delgado, também aderindo, ele próprio, a esta tese (Curso, jan-2009, p. 992).

A empregada doméstica receberá o salário-maternidade diretamente da Previdência Social (interpretação dos artigos 72 e 73, da Lei nº 8.213/91), mas este fato, por si só, não altera a discussão acima aventada, quanto ao entendimento predominante na doutrina de definir seu afastamento, por ocasião da licença, como interrupção do contrato de trabalho. As mesmas razões que conduzem ao entendimento dominante são também aceitas para a doméstica.

A trabalhadora avulsa e a autônoma, por não possuírem empregadores, também recebem o salário-maternidade diretamente da Previdência Social (art. 73, da Lei nº 8.213/91).

1.1.3 O salário-maternidade: carência e valor do benefício

O salário-maternidade – retribuição devida à gestante durante os 120 dias de sua licença-maternidade (art. 71, da Lei nº 8.212/91) –, será equivalente à sua remuneração mensal no momento da concessão do benefício (art. 72, da Lei nº 8.213/91), que representa pagamento mais abrangente que o salário (art. 457 da CLT). Para as seguradas da Previdência Social que recebam remuneração variável de seu empregador – comissões, por exemplo –, o valor do benefício corresponderá à média dos seis últimos meses de trabalho (art. 393, da CLT).

O pagamento do benefício independe do número de contribuições ao INSS, bastando que a gestante seja segurada da previdência social. O art. 11, I, "a", da Lei nº 8213/91, dispõe que a empregada é segurada obrigatória da Previdência Social; ou seja, não há carência para a concessão do benefício de salário-maternidade para a segurada empregada, incluída a doméstica (art. 26, VI, da Lei nº 8.213/91).

1.1.3.1. Decisão do STF: benefício não é limitado ao teto da Previdência Social

O benefício também não será limitado ao teto da Previdência Social, pois, caso contrário, o empregador não seria ressarcido integralmente dos salários pagos à gestante. O teto é respeitado para outros benefícios previdenciários, mas não para o salário-maternidade (art. 72, § 1º, da Lei nº 8.213/91 c/c art. 94, do Decreto nº 3.048/99). Entender-se em sentido contrário representaria transferência da responsabilidade pelo pagamento ao empregador, com imediatos reflexos na restrição do mercado de trabalho da mulher, pois sua prestação de serviços se tornaria mais onerosa que a do homem.

A tentativa de limitação deste benefício ao teto da Previdência foi objeto do art. 14 da EC nº 20/98. O STF, contudo, concedeu medida liminar na ADIn nº 1.946-5, Relator Ministro Sydney Sanches, DJU I de 10.5.99, p. 30, suspendendo a eficácia do art. 14 da EC nº 20/98. Entendeu o Relator que esta limitação ao teto da Previdência Social contraria o art. 7º, XVIII, da CF, que prevê o direito à licença-maternidade, sem prejuízo do emprego e do salário. No mérito da ADIn referida, o plenário do STF referendou o julgamento liminar, decidindo pela possibilidade do salário-maternidade ser superior ao teto, pois, do contrário, haveria discriminação que a Constituição buscou combater, quando proibiu a diferença de salários, de exercício de funções e de critérios de admissão, por motivo de sexo (art. 7º, XXX, da CF/88), proibição que, em substância, é um desdobramento do princípio da igualdade de direitos, entre homens e mulheres (DJU 1, de 16.5.2003, p. 90), in Martins, Direito da Seguridade Social, 2007, p. 384.

1.1.4 Prorrogação da licença-maternidade por 60 dias

A Lei nº 11.770, de 9.9.2008 instituiu o programa Empresa Cidadã, destinado a prorrogar por 60 (sessenta) dias a licença-maternidade de que trata o art. 7º, XVIII, da CF (art. 1º).

As pessoas jurídicas tributadas com base no lucro real poderão deduzir o imposto devido, em cada período de apuração, pelo valor integral pago à empregada em razão da prorrogação da licença-maternidade (art. 5º, da Lei nº 11.770/2008). Desta forma, ficam excluídas as pessoas jurídicas tributadas com base no lucro presumido, que representam um contingente considerável de empregadores; diz-se que estão excluídas, pois não se acredita que estas empresas venham aderir ao programa, sem que tenham qualquer contrapartida.

Para fazer jus ao benefício, que será pago nos mesmos valores e critérios do salário-maternidade (art. 3º da Lei nº 11.770/2008), a empregada deverá requerer a prorrogação de sua licença até o final do primeiro mês após o parto (art. 1º, § 1º, da Lei nº 11.770); a prorrogação terá seu início imediatamente após o gozo da licença-maternidade prevista no art. 7º, XVIII, da CF e *caput* do art. 392, desta CLT.

A intenção do programa é garantir que a mãe permaneça mais tempo próxima à criança nos primeiros meses de vida, aumentando, inclusive, o período de amamentação; por esta razão fica vedado à empregada exercer qualquer atividade remunerada neste período e a criança não poderá ser mantida em creche ou similar (art. 4º, *caput,* da Lei nº 11.770). Descumprindo a gestante estas obrigações, a empregada perderá o direito à manutenção da prorrogação (art. 4º, § único da Lei 11.770).

Caso a prorrogação já tenha terminado e, posteriormente, o empregador apurar que a empregada desrespeitou as condições previstas no art. 4º da lei, terá o direito de descontar o salário pago indevidamente, observando-se, para tanto, o limite mensal de 30% do valor líquido do salário do empregado, por aplicação analógica do art. 2º, § 2º, da Lei nº 10.820/2003 c/c art. 2º, do Decreto nº 4.840/2003 (vide comentários ao art. 462 da CLT).

1.2. Início do afastamento

Antes da Lei nº 10.421, de 15.4.2002, que deu nova redação ao § 1º do art. 392, à gestante era vedado o trabalho 28 dias antes e 92 depois do parto, completando-se, assim, o período de 120 dias da licença-gestante. A regra antiga estava distante da realidade social. Com a evolução tecnológica, a medicina e os meios diagnósticos puderam observar enormes avanços, a ponto de se acompanhar com clareza o estado de saúde da gestante e do feto. Desta forma, tornou-se desnecessária e desatualizada a vedação legal de trabalho 28 dias antes do parto. Com a nova regra, o momento de afastamento do trabalho passa a ser uma decisão da gestante. Para esta, na maioria dos casos, é mais interessante se afastar do emprego somente para dar à luz e, ato contínuo, iniciar sua licença-maternidade, ficando mais tempo junto ao bebê.

1.3. Aumento do período de repouso: atestado médico

O Decreto nº 3.048/1999 (Regulamento da Previdência Social), em seu art. 93, § 3º, prevê pagamento de salário-maternidade pelo afastamento previsto neste artigo, tratando-o, assim, como prorrogação da licença-maternidade. Este é, portanto, o entendimento dominante.

Não obstante o entendimento que vigora no âmbito previdenciário, pensamos de maneira diferente. O parágrafo segundo, ora comentado, menciona período de repouso mediante atestado médico; portanto, este período de afastamento, decorrente de ordem médica, não pode interferir nos 120 dias de licença-maternidade, que permanecem íntegros. O afastamento em virtude da licença tem a finalidade de proporcionar a integração da mulher com seu filho, e razões médicas não poderiam ser consideradas como licença-maternidade.

Os afastamentos recomendados pelo médico, a nosso ver, não mereciam ser tratados como licença-maternidade prorrogada, mas sim como uma licença médica. Como estes afastamentos não ultrapassam 15 dias, a hipótese seria de interrupção do contrato de trabalho, sendo do empregador a responsabilidade por este pagamento, sem qualquer ressarcimento ou compensação junto ao INSS (art. 59, da Lei nº 8.213/91). Este não é, como vimos acima, o entendimento majoritário.

1.4. Parto antecipado: 120 dias de licença

O parto antecipado, seja por causas naturais, ou por razões de ordem médica, em nada modifica a finalidade da licença-maternidade de manter a mãe junto de seu filho nos primeiros meses de vida. O direito aos 120 dias de afastamento não é alterado, mas somente a previsão de nascimento do bebê. Portanto, o salário-maternidade será pago normalmente (art. 93, § 4º, do Regulamento da Previdência, aprovado pelo Decreto nº 3.048/1999).

Diante da finalidade da licença, não concordamos com sua concessão na hipótese do natimorto. Neste caso e por equiparação à circunstância do aborto não criminoso (art. 395), o afastamento da gestante, sem prejuízo do salário, será de somente 2 (duas) semanas. Este período se destina à recuperação física e mental da saúde da mulher. Se no caso do aborto, onde a violência física e psíquica é tamanha, o legislador só prevê o afastamento por 2 (duas) semanas, não vemos como haja lugar para, casuisticamente, ser concedida licença de 120 dias na hipótese do natimorto. Não podemos nos afastar da finalidade da licença que, se perde, com o nascimento sem vida. Sergio Pinto Martins (Comentários, 2010, p. 330), em sentido contrário ao que defendemos, entende ser devida a licença no caso de natimorto, para fins de recuperação da saúde da empregada.

Destaque-se que o próprio Regulamento da Previdência, Decreto nº 3.048/99, não prevê pagamento de salário-maternidade na hipótese de natimorto, mas expressamente o prevê para o aborto não criminoso (art. 93, § 5º). O ato altruísta do empregador de conceder a licença-maternidade de 120 dias no caso de natimorto, esbarrará na falta de previsão normativa para obter a compensação deste pagamento junto à Previdência Social.

Nada obsta que, por ordem médica, este afastamento de 2 (duas) semanas seja prorrogado, constituindo-se até mesmo, se for o caso, o auxílio-doença (art. 59, da Lei nº 8.213/91), mas sem concessão de licença-maternidade.

1.5. Privilégios durante a gravidez

A mudança de função não pode resultar em prejuízo para o salário, como bem expressou o § 4º. A razão para a alteração da função é provisória, ou seja, a gravidez, que impediu a empregada de exercer naturalmente suas atribuições. A empregada não pode se recusar à mudança de função quando a ordem médica for expressa. Esta alteração se insere no jus variandi do empregador e independe da concordância da empregada (exceção ao art. 468 da CLT). A omissão do empregador em alterar a função pode gerar sua responsabilização quanto a eventuais danos causados à gestante ou mesmo ao feto.

As seis consultas referidas no § 4º, II, que permitem o afastamento da empregada sem prejuízo do salário, é hipótese de interrupção contratual. O número de vezes previsto na legislação é mínimo, podendo ser ampliado caso o acompanhamento da gravidez demandar maior número de consultas, diante de necessidade médica.

2. SÚMULAS E ORIENTAÇÕES JURISPRUDENCIAIS

- **OJ 44 SBDI-1/TST**

GESTANTE. SALÁRIO MATERNIDADE. Inserida em 13.09.94

É devido o salário maternidade, de 120 dias, desde a promulgação da CF/1988, ficando a cargo do empregador o pagamento do período acrescido pela Carta.

3. QUESTÕES DE CONCURSOS

01. (TRT – 17ª REGIÃO/ANALISTA JUDICIÁRIO/CESPE/2009/ADAPTADA) A mulher gestante adquire estabilidade a partir do momento em que comunicar ao seu empregador o estado gravídico.

02. (ECT – Analista de Correios – Advogado/2011) Considere que uma trabalhadora tenha firmado contrato de experiência de noventa dias no dia 5/5/2011 e que, no dia 20/6/2011, ela apresente ao seu empregador documento médico atestando gravidez de quatro semanas. Nessa situação hipotética, a trabalhadora não será detentora de estabilidade, podendo o empregador dispensá-la ao término do contrato de experiência.

03. (FCC – Analista Judiciário – Área Administrativa – TRT 15/2013) Helena é empregada da empresa "ZZZ Ltda" e, na última segunda-feira, descobriu que está grávida. Para ter conhecimento de seus direitos, procurou sua amiga Natália, advogada recém-formada. Natália lhe informou que, dentre outros, de acordo com a Consolidação das Leis do Trabalho, Helena terá direito

a) a licença-maternidade de cento e oitenta dias corridos.

b) a dispensa do horário de trabalho pelo tempo necessário para a realização de, no mínimo, seis consultas médicas e demais exames complementares.

c) ao aumento do período de repouso, antes e depois do parto de três semanas cada um, mediante atestado médico.

d) a deixar o serviço quinze minutos antes do término da jornada de trabalho, sem prejuízo do salário, nas três primeiras semanas após o retorno da licença – maternidade.

e) a iniciar sua jornada de trabalho trinta minutos antes do horário previsto, sem prejuízo do salário, nas duas primeiras semanas após o retorno da licença – maternidade.

04. (FCC – Analista Judiciário – Oficial de Justiça Avaliador – TRT 2/2014) Entre as medidas de proteção ao trabalho da mulher, especificamente em relação à proteção à gravidez e à maternidade, a licença-maternidade constitui-se em importante garantia. Sobre ela é INCORRETO afirmar:

a) Em caso de parto antecipado, a mulher terá direito aos 120 dias de licença.

b) Os períodos de repouso, antes e depois do parto, poderão ser aumentados em quatro semanas cada um, mediante atestado médico.

c) A empregada deve, mediante atestado médico, notificar o seu empregador da data do início do afastamento do emprego, que poderá ocorrer entre o 28º dia antes do parto e a ocorrência deste.

d) É garantido à empregada, durante a gravidez, sem prejuízo do salário e demais direitos, transferência de função, quando as condições de saúde o exigirem, assegurada a retomada da função anteriormente exercida, logo após o retorno ao trabalho.

e) Durante a gravidez, a empregada tem direito a dispensa do horário de trabalho pelo tempo necessário para a realização de, no mínimo, seis consultas médicas e demais exames complementares.

GAB	1	E	2	C	3	B	4	B

✦ MÃE ADOTANTE: LICENÇA-MATERNIDADE

Art. 392-A. À empregada que adotar ou obtiver guarda judicial para fins de adoção de criança será concedida licença-maternidade nos termos do art. 392. (redação da Lei nº 12.873, de 24.10.2013).

§ 1º a 3º (Revogados pela Lei nº 12.010, de 3.8.2009)

§ 4º – A licença-maternidade só será concedida mediante apresentação do termo judicial de guarda à adotante ou guardiã.(Incluído pela Lei nº 10.421, 15.4.2002)

§ 5º – A adoção ou guarda judicial conjunta ensejará a concessão de licença-maternidade a apenas um dos adotantes ou guardiães, empregado ou empregada. (Introduzido pela Lei nº 12.873, de 24.10.2013).

1. COMENTÁRIOS

Todos os comentários feitos quanto à licença-maternidade, no art. 392, também se aplicam às disposições deste artigo, com a ressalva de que o salário-maternidade devido à mãe adotante, nas condições ora estabelecidas, será pago diretamente pela Previdência Social, cabendo à segurada fazer o requerimento (art. 71-A e § 1º, da Lei nº 8.213/91). O valor do salário-maternidade da mãe adotante será regido pelas disposições do art. 73, da Lei nº 8.213/91 e art. 93-A, do Regulamento, Decreto nº 3.048/99, que não prevê qualquer participação do empregador.

A prorrogação por 60 (sessenta) dias do período de licença-maternidade, conforme prevê o Programa Empresa Cidadã, também se aplicará à mãe adotante ou a que obtiver guarda para fins de adoção, nos mesmos moldes do benefício previsto para a mãe biológica (art. 1º, § 2º, da Lei nº 11.770/2008). Sobre os requisitos de concessão deste benefício nos reportamos aos comentários ao art. 392 da CLT.

O texto do § 5º, inserido no art. 392-A pela Lei nº 12.873, de 24.10.2013 (DOU de 25.10.2013), começou a vigorar na data de sua publicação, conforme previsão do art. 63, inciso III, da lei citada. A inserção desta regra visa evitar que a previdência social conceda licença em duplicidade, ou seja, para os dois membros do casal adotante.

No mesmo sentido o art. 71-A, § 2º, da Lei nº 8.213/91, também incluído pela Lei nº 12.873/2013: "Ressalvado o pagamento do salário-maternidade à mãe biológica e o disposto no art. 71-B, não poderá ser concedido o benefício a mais de um segurado, decorrente do mesmo processo de adoção ou guarda, ainda que os cônjuges ou companheiros estejam submetidos a Regime Próprio de Previdência Social.".

A prorrogação por 60 (sessenta) dias do período de licença-maternidade, conforme prevê o Programa Empresa Cidadã, também se aplicará à mãe adotante ou a que obtiver guarda para fins de adoção, nos mesmos moldes do benefício previsto para a mãe biológica (art. 1º, § 2º, da Lei nº 11.770/2008). Sobre os requisitos de concessão deste benefício nos reportamos aos comentários ao art. 392 da CLT.

✦ MORTE DA GENITORA

Art. 392-B – Em caso de morte da genitora, é assegurado ao cônjuge ou companheiro empregado o gozo de licença por todo o período da licença-maternidade ou pelo tempo restante a que teria direito a mãe, exceto no caso de falecimento do filho ou de seu abandono. (incluído pela Lei nº 12.873, de 24.10.2013).

1. COMENTÁRIOS.

O art. 71-B, da Lei nº 8.213/91, trata da mesma forma o falecimento de cônjuge ou companheiro (a): "No caso de falecimento da segurada ou segurado que fizer jus ao recebimento do salário-maternidade, o benefício será pago, por todo o período ou pelo tempo restante a que teria direito, ao cônjuge ou companheiro sobrevivente que tenha a qualidade de segurado, exceto no caso do falecimento do filho ou de seu abandono, observadas as normas aplicáveis ao salário-maternidade.".

Para continuar a cuidar do filho, o cônjuge sobrevivente, mesmo não tendo o papel de amamentar, prossegue afastado do emprego, usufruindo do restante da licença a que teria direito o cônjuge falecido.

Tanto a regra do art. 392-B, da CLT, como a do art. 71-B, da Lei nº 8.213/91, só passaram a viger 90 dias após a data da publicação da Lei nº 12.873, de 24.10.2013, DOU de 25.10.2013. Portanto, a vigência de ambas tem como marco o dia 25.01.2014.

✦ **EMPREGADO ADOTANTE**

Art. 392-C. Aplica-se, no que couber, o disposto no art. 392-A e 392-B ao empregado que adotar ou obtiver guarda judicial para fins de adoção. (incluído pela Lei nº 12.873, de 24.10.2013).

1. COMENTÁRIOS.

O art. 392-C da CLT promove a equiparação plena entre a mulher e o homem adotante. Pela primeira vez um texto legal não faz distinção entre sexos neste assunto. Com esta regra a licença-maternidade passa a assumir um novo papel. Desvínculou-se de sua finalidade original – de lactação do bebê –, entendendo-se agora que o período de afastamento do emprego é indispensável para a adaptação da criança adotada, e vice-versa, independentemente de sua idade.

O texto do art. 392-C da CLT ao fazer expressa referência ao "empregado", no gênero masculino, acaba por conceder ao homem a licença-maternidade tal qual a mãe genitora ou adotante.

Não custa lembrar que mesmo havendo dois homens adotando a mesma criança, o benefício será concedido somente a um deles (§ 5º, do art. 392-A, da CLT).

Parece correto afirmar que o outro cônjuge, não beneficiário da licença-maternidade, terá direito à licença-paternidade, da mesma forma que ocorre com o casal heterossexual.

2. QUESTÕES DE CONCURSOS

1. **(TRT – 3ª REGIÃO/JUIZ DO TRABALHO SUBSTITUTO/2009/ADAPTADA)** O período de licença maternidade à empregada que adota ou obtém guarda judicial para fins de adoção de criança de dois anos de idade será de noventa dias.

2. **(TRT – 11ª REGIÃO/JUIZ DO TRABALHO/2008/FCC/ADAPTADA)** Nos termos da lei, o direito à licença-maternidade, para os casos de adoção e guarda judicial, não depende de apresentação do termo judicial de guarda à adotante ou guardiã.

GAB	1	E	2	E

✦ **PAGAMENTO DE SALÁRIOS DURANTE A LICENÇA**

Art. 393. Durante o período a que se refere o art. 392, a mulher terá direito ao salário integral e, quando variável, calculado de acordo com a média dos 6 (seis) últimos meses de trabalho, bem como os direitos e vantagens adquiridos, sendo-lhe ainda facultado reverter à função que anteriormente ocupava.(Redação do Decreto-lei nº 229, de 28.2.1967)

1. COMENTÁRIOS

Vide comentários ao art. 392, particularmente quanto à exigência de salário integral pela Previdência Social, conforme decisão do STF e a OJ nº 44 da SBDI-1/TST.

2. SÚMULAS E ORIENTAÇÕES JURISPRUDENCIAIS

Ver artigo 392.

✦ **ROMPIMENTO DO CONTRATO POR ORDEM MÉDICA**

Art. 394. Mediante atestado médico, à mulher grávida é facultado romper o compromisso resultante de qualquer contrato de trabalho, desde que este seja prejudicial à gestação.

✦ **ATIVIDADE INSALUBRE E AFASTAMENTO DA GESTANTE**

Art. 394-A. A empregada gestante será afastada, enquanto durar a gestação, de quaisquer atividades, operações ou locais insalubres e exercerá suas atividades em local salubre, excluído, nesse caso, o pagamento de adicional de insalubridade. (Redação dada pela Medida Provisória nº 808, de 2017)

(Incisos I a III revogados pela MPV nº 808, de 14.11.2017)

§ 1º (VETADO) (Redação dada pela Lei nº 13.467, de 2017)

✦ **TRABALHO DA GESTANTE EM LOCAL INSALUBRE**

§ 2º O exercício de atividades e operações insalubres em grau médio ou mínimo, pela gestante, somente será permitido quando ela, voluntariamente, apresentar atestado de saúde, emitido por médico de sua confiança, do sistema privado ou público de saúde, que autorize a sua permanência no exercício de suas atividades. (Redação dada pela Medida Provisória nº 808, de 2017)

✦ **AFASTAMENTO DURANTE A LACTAÇÃO**

§ 3º A empregada lactante será afastada de atividades e operações consideradas insalubres em qualquer grau quando apresentar atestado de saúde emitido por médico de sua confiança, do sistema privado ou público de saúde, que recomende o afastamento durante a lactação. (Redação dada pela Medida Provisória nº 808, de 2017)

1. COMENTÁRIOS

1.1. Atividade insalubre e afastamento da gestante

Dispensável dizer o quanto certas atividades insalubres podem trazer prejuízos para a saúde da gestante e, consequentemente, à vida do nascituro, como no exemplo das profissionais que trabalham realizando radiografias com equipamentos que emitem radiação. Por esta razão, não poderia o legislador ter condicionado o afastamento da mulher à concessão de atestado médico, como fez o art. 394-A, II e III, com a redação da Lei nº 13.467/2017.

O texto anterior do art. 394-A, introduzido na CLT pela Lei nº 13.287, de 11.05.2016, pouco mais de um ano antes da reforma trabalhista da Lei nº 13.467, de 13.07.2017, tinha a seguinte redação: "A empregada gestante ou lactante será afastada, enquanto durar a gestação e a lactação, de quaisquer atividades, operações ou locais insalubres, devendo exercer suas atividades em local salubre.". Havia, como se nota, uma imposição de afastamento da gestante ou da lactante do local ou atividade insalubre e sem qualquer faculdade de escolha da empregada, ou mesmo autorização de seu médico. Esta redação, anterior à reforma trabalhista, estava muito mais de acordo com os princípios de Direito do Trabalho.

> A redação do § 2º, conforme MPV nº 808/2017, não chega a resgatar o texto anterior à reforma trabalhista, que seria o mais adequado, de acordo com as normas internacionais e nacionais de proteção ao trabalho da mulher e da maternidade. Todavia, ao menos ocorreu uma inversão da lógica nefasta da reforma, que permitia o trabalho da mulher em atividade insalubre, salvo autorização médica para afastamento.
>
> Na redação da MP nº 808/2017 o imperativo legal de proibição do trabalho em condições insalubres retornou à redação do art. 394-A. Ainda permanece a autorização do médico, sendo que, de acordo com a redação do § 2º, trata-se de um requisito para a mulher, voluntariamente, trabalhar em atividade insalubre, e não

o contrário. A norma jurídica, tal qual redigida, permite a submissão da mulher à vontade do empregador, com atestados médicos que podem ser providenciados por este último, diante do temor da perda do emprego, particularmente em momento tão delicado de sua vida profissional.

Por fim, um toque de crueldade no § 3º. A lactante pode trabalhar em atividade insalubre, salvo autorização do seu médico em sentido contrário. Mais uma vez a porta da fraude está aberta às escancaras.

1.2. Erro de redação no art. 394-A

A Lei nº 13.467, de 13.07.2017 cometeu uma impropriedade técnica, pois faz menção a um parágrafo primeiro (......), para depois redigir o parágrafo segundo. Contudo, o art. 394-A, que foi introduzido na CLT pela Lei nº 13.287, de 11.05.2016, não contém qualquer parágrafo. Havia, na lei originária, um § único, mas que fora vetado pelo Presidente da República. Logo, o texto sancionado não continha qualquer parágrafo. Portanto, enquanto não corrigido esse erro, devemos ignorar a menção ao parágrafo primeiro, que não existe.

1.3. Remuneração no afastamento

Com a redação da MPV nº 808/2017 não há mais pagamento de adicional de insalubridade durante a gestação, salvo se, obviamente, houver trabalho nestas condições (art. 394-A, *caput* e § 2º). Não se pode falar em redução salarial, neste caso, pois o adicional é um pagamento feito para o trabalho em condições que agravam a saúde do empregada. O ideal do Direito do Trabalho é exatamente a supressão destes adicionais. Todavia, há perda salarial considerável à gestante ou à lactante, especialmente em momento no qual seus gastos são acrescidos em razão da maternidade. A solução anterior à MP nº 808/2017, que obrigava o empregador ao pagamento do adicional, com a devida compensação junto ao INSS, era mais adequada.

Destaque-se que a supressão do pagamento do adicional de insalubridade só ocorrerá durante a gestação (art. 394-A, *caput*) e não pelo período de amamentação (§ 3º do art. 394-A). Desta forma, a empregada, durante o período de lactação, mesmo que não esteja em gozo de auxílio--maternidade, terá sua remuneração integrada pelo adicional, ainda que afastada do trabalho. O adicional de insalubridade será calculado inclusive para pagamento dos dois intervalos de meia hora cada um, durante cada jornada de trabalho, para fins de amamentação, que são suportados pelo empregador (art. 396 da CLT).

O pagamento da remuneração da empregada durante o período de afastamento é de responsabilidade do empregador (art. 394-A, § 2º). Contudo, o valor integral pago à empregada é abatido das contribuições previdenciárias devidas pelo empregador, incidentes sobre sua folha de pagamento, até alcançar as retribuições pagas à gestante. O tratamento legal conferido ao afastamento é igual à licença-maternidade.

A doutrina diverge ao definir a natureza jurídica da licença-maternidade: interrupção ou suspensão do contrato de trabalho? Para os que entendem que o empregador não pagou a remuneração, mas tão-só antecipou o benefício previdenciário, o fenômeno será definido como suspensão contratual, pois durante o afastamento a empregada não recebeu salário, mas um benefício do INSS; aos que entendem que houve pagamento pelo empregador, com natureza de salário, ainda que integralmente compensado pelas obrigações tributárias junto ao INSS, a hipótese é de interrupção contratual. Seja qual for o entendimento, a interrupção ou suspensão serão definidas como atípicas, pois guardam características de ambos os institutos jurídicos em debate.

A maioria da doutrina define o afastamento decorrente da licença-maternidade como interrupção do contrato de trabalho. Mauricio Godinho Delgado (Curso, jan-2009, p. 992), para justificar o entendimento predominante, explica que as principais características da interrupção se mantêm durante a licença, como, por exemplo, a contagem do tempo de serviço para todos os fins contratuais (gratificações, décimo-terceiros salários, férias, etc.). O regulamento do FGTS, Decreto nº 99.685/90, em seu art. 28, exige, inclusive, o recolhimento das contribuições mensais durante o afastamento da gestante. Prossegue o mestre, explicando que a ordem jurídica preservou o direito de compensação por parte do empregador para não sobrecarregá-lo, e também para não restringir o mercado de trabalho da mulher; este benefício ao empregador não retira do fenômeno a sua natureza de interrupção contratual. Tal entendimento é sustentado, entre outros, por Amauri Mascaro Nascimento, Arnaldo Sussekind, Ivan Dias Rodrigues Alves e Christovão Piragibe Tostes Malta, todos citados por Mauricio Godinho Delgado, também aderindo, ele próprio, a esta tese (Curso, jan-2009, p. 992).

Pelas razões acima expostas e pela similitude entre o afastamento da gestante em atividade insalubre e a licença-maternidade adotamos a tese de que ambos são definidos como interrupção do contrato de trabalho.

2. QUESTÕES DE CONCURSOS

01. (TRT – 8ª REGIÃO/JUIZ DO TRABALHO/2007/ADAPTADA) A mulher tem o direito de rescindir o compromisso resultante de contrato de trabalho, desde que este seja prejudicial à gestação e independentemente da apresentação de atestado médico, garantido-lhe direito à indenização.

02. (TRT 19 – JUIZ DO TRABALHO SUBSTITUTO 19ª REGIÃO/ 2012) À luz da dicção da lei, assinale a alternativa incorreta: Mediante atestado médico, à mulher grávida é facultado romper o compromisso resultante de qualquer contrato de trabalho, desde que este seja prejudicial à gestação.

03. (FCC – Técnico Judiciário – Área Administrativa – TRT 11/2017) Lucila, em razão da abertura involuntária do colo do útero, de forma prematura, comprovada por atestado médico oficial, sofreu um aborto na segunda semana de gestação. Neste caso, o contrato de trabalho de Lucila será

a) interrompido e ela terá direito a dez dias de repouso.
b) suspenso e ela terá direito a duas semanas de repouso.
c) interrompido e ela terá direito a duas semanas de repouso.
d) suspenso e ela terá direito a quinze dias de repouso.
e) suspenso e ela terá direito a uma semana de repouso.

04. (Vunesp – Procurador Jurídico – Câmara Mogi das Cruzes – SP/2017) A empregada gestante

a) pode trabalhar em atividade ou local insalubre, desde que lhe sejam fornecidos os equipamentos de proteção individual.
b) não pode trabalhar em atividade considerada perigosa.
c) pode se afastar do trabalho para a realização de, no mínimo, 5 (cinco) consultas médicas.
d) tem o direito de rescindir o contrato de trabalho que seja prejudicial à gestação, mediante atestado médico.
e) não possui estabilidade provisória na hipótese de contrato por prazo determinado.

GAB	1	E	2	E	3	C	4	D

✦ ABORTO NÃO CRIMINOSO: AFASTAMENTO

Art. 395. Em caso de aborto não criminoso, comprovado por atestado médico oficial, a mulher terá um repouso remunerado de 2 (duas) semanas, ficando-lhe assegurado o direito de retornar à função que ocupava antes de seu afastamento.

1. COMENTÁRIOS

O aborto referido neste artigo é expressamente determinado por razões médicas. A interrupção da gestação, decorrente de ato médico, ocorre para preservação da vida materna e por esta razão não sofre o profissional imputação penal, pois sua conduta não é típica. Sendo legitimo o motivo da interrupção da gravidez, o repouso remunerado é de responsabilidade do empregador, sendo hipótese de interrupção do Contrato de Trabalho (neste sentido: Saad, CLT Comentada, 2009, p. 468 e Russomano, Comentários, Vol. 1, 1993, p. 355).

Não obstante a interrupção contratual, o pagamento feito pelo empregador sofrerá a mesma compensação a que já nos referimos quanto à licença-maternidade (art. 392, da CLT), pois o Regulamento da Previdência Social prevê o pagamento de salário-maternidade nesta circunstância (art. 93, § 5º, do Decreto nº 3.048/1999).

2. QUESTÕES DE CONCURSOS

01. (SERPRO/ANALISTA – PERÍCIA EM CÁLCULO/CESPE/2008/ADAPTADA) Em caso de aborto não criminoso, comprovado por atestado médico, a mulher terá direito a repouso remunerado por duas semanas.

02. (FCC – TRT 23 – ANALISTA JUDICIÁRIO/2011/ADAPTADA) Margarida e Hortência são empregadas da empresa FLOR. Hoje, na empresa, aconteceram dois fatos que foram motivos de muita tristeza e também de alegria. Margarida sofreu um aborto espontâneo e perdeu o filho que esperava. Já Hortência se casou com seu noivo, também empregado da empresa. Nestes casos, Margarida e Hortência terão os respectivos contratos de trabalho: interrompidos, sendo que Margarida poderá deixar de comparecer ao emprego por duas semanas e Hortência por até 3 dias consecutivos.

GAB	1	C	2	C

✦ INTERVALO PARA AMAMENTAÇÃO

Art. 396. Para amamentar o próprio filho, inclusive se advindo de adoção, até que este complete 6 (seis) meses de idade, a mulher terá direito, durante a jornada de trabalho, a 2 (dois) descansos especiais, de meia hora cada um. (Redação de acordo com a Lei nº 13.509, de 22.11.2017)

§ 1º Quando o exigir a saúde do filho, o período de 6 (seis) meses poderá ser dilatado, a critério da autoridade competente. (Renumerado para § 1º, pela Lei nº 13.467, de 13.07.2017).

§ 2º Os horários dos descansos previstos no *caput* deste artigo deverão ser definidos em acordo individual entre a mulher e o empregador. (Incluído pela Lei nº 13.467, de 13.07.2017).

1. COMENTÁRIOS

O intervalo previsto neste artigo complementa a tutela legal que rege a licença-maternidade. Ultrapassados os 120 dias de licença, ou os 60 dias de sua prorrogação, ainda permanece a necessidade de amamentação do bebê, que está na fase de lactação. A previsão de intervalo especial não poderá causar qualquer prejuízo ao salário e nem provocar aumento da jornada. Trata-se de intervalo remunerado pelo empregador e não deduzido da duração normal do trabalho.

A Lei nº 13.509, de 22.11.2017, equiparou o filho adotado, para os fins de lactação, ao filho gerado. O período de amamentação não muda se o bebê é adotado ou criado por quem o gerou. O dispositivo do art. 396, *caput*, portanto, destaca a importância da amamentação, seja por leite materno, seja por qualquer outro substitutivo alimentar recomendado pelo médico. Contudo, o intervalo deve ser destinado à amamentação (ou alimentação substitutiva desta fase), não podendo ser substituído por indenização.

O texto se refere à mulher, mas se aplica também ao homem adotante, desde que o bebê esteja no período de lactação. A supressão deste intervalo por ato do empregador importará em pagamento do tempo suprimido pelo mesmo valor da hora normal de trabalho, sem acréscimo de 50%; isto porque se trata de intervalo cuja não concessão em nada altera a duração do trabalho (vide comentários ao art. 72 da CLT, tratando de intervalo análogo).

O texto do § 2º supriu a omissão da regra originária, que não definia o momento do intervalo. O acordo individual que irá definir o horário deve levar em conta, predominantemente, os interesses da lactante, sob pena de nulidade da cláusula infringente desta garantia.

2. QUESTÕES DE CONCURSOS

01. (TRT – 5ª REGIÃO/TÉCNICO JUDICIÁRIO/CESPE/2008/ADAPTADA) Durante a jornada de trabalho, a mulher tem direito a dois descansos especiais, de meia hora cada um, para amamentar seu filho, até que este complete 6 meses de vida.

02. (SENADO FEDERAL/ADVOGADO/FGV/2008/ADAPTADA) Para amamentar o próprio filho até que complete 6 (seis) meses, a mãe terá direito a três intervalos especiais, de meia hora cada um.

03. (FCC – TRT 12 – Analista Judiciário/2010) Ao término de sua licença maternidade, Joana retornou ao seu emprego. Considerando que seu filho tem cinco meses de idade e que está sendo amamentado, de acordo com a Consolidação das Leis do Trabalho, em regra, Joana terá direito, durante a jornada de trabalho, a

a) dois descansos especiais, de quarenta e cinco minutos cada um, até que seu filho complete seis meses de idade.

b) um descanso especial, de quarenta e cinco minutos, até que seu filho complete seis meses de idade.

c) dois descansos especiais, de meia hora cada um, até que seu filho complete doze meses de idade.

d) um descanso especial, de quarenta e cinco minutos, até que seu filho complete doze meses de idade.

e) dois descansos especiais, de meia hora cada um, até que seu filho complete seis meses de idade.

04. (FCC – Analista Judiciário – Área Judiciária – TRT 15/2013) Luciana, empregada da empresa "DRF Ltda." retornou do período de licença-maternidade em razão de ter dado à luz a sua primeira filha, Valentina. Luciana ainda está amamentando Valentina e com seu retorno ao trabalho está preocupada com a referida amamentação. Conversando com sua vizinha e amiga, Felícia, advogada, a mesma, informou Luciana, que a Consolidação das Leis do Trabalho,

a) resguarda a amamentação até Valentina completar 6 meses de idade, período em que Luciana terá direito, durante a jornada de trabalho, a 2 (dois) descansos especiais, de meia hora cada um.

b) resguarda a amamentação até Valentina completar 8 meses de idade, período em que Luciana terá direito, durante a jornada de trabalho, a 3 (três) descansos especiais, de quinze minutos cada um.

c) não resguarda a amamentação, devendo Luciana amamentar sua filha no período de intervalo intra – jornada regular.

d) resguarda a amamentação até Valentina completar 8 meses de idade, devendo Luciana amamentar sua filha no período de intervalo intrajornada regular, que de acordo com o referido diploma legal, poderá ser estendido em até vinte minutos diários.

e) resguarda a amamentação até Valentina completar 6 meses de idade, podendo Luciana atrasar o início da sua jornada de trabalho bem como o período de intervalo intrajornada em até trinta minutos diários.

GAB	1	C	2	E	3	E	4	A

✦ ESCOLAS INFANTIS

Art. 397. O SESI, o SESC, a LBA e outras entidades públicas destinadas à assistência à infância manterão ou subvencionarão, de acordo com suas possibilidades financeiras, escolas maternais e jardins de infância, distribuídos nas zonas de maior densidade de trabalhadores, destinados especialmente aos filhos das mulheres empregadas. (Redação do Decreto-lei nº 229, de 28.2.1967)

Art. 398. Revogado pelo Decreto-Lei nº 229, de 28.2.1967

✦ **ESTIMULO À INSTITUIÇÃO DE CRECHES**

Art. 399. O Ministro do Trabalho conferirá diploma de benemerência aos empregadores que se distinguirem pela organização e manutenção de creches e de instituições de proteção aos menores em idade pré-escolar, desde que tais serviços se recomendem por sua generosidade e pela eficiência das respectivas instalações.

1. COMENTÁRIOS

As normas contidas nos artigos 397 e 399 não são dotadas de coercitividade, mas não se lhes pode negar o caráter de estimulo à instituição de creches e instituições similares.

✦ **SALA DE AMAMENTAÇÃO**

Art. 400. Os locais destinados à guarda dos filhos das operárias durante o período da amamentação deverão possuir, no mínimo, um berçário, uma saleta de amamentação, uma cozinha dietética e uma instalação sanitária.

1. COMENTÁRIOS

Reportamos-nos aos comentários ao art. 389, que cuida das instalações adequadas às trabalhadoras e ao ambiente de trabalho feminino. Destaque-se que o PN nº 22 do TST enfatiza a exigência deste artigo, como também do art. 389, § 1º, que trata do mesmo assunto.

2. SÚMULAS E ORIENTAÇÕES JURISPRUDENCIAIS

▸ **TST-PN-22 CRECHE (positivo)**

Determina-se a instalação de local destinado à guarda de crianças em idade de amamentação, quando existentes na empresa mais de 30 (trinta) mulheres maiores de 16 (dezesseis) anos, facultado o convênio com creches.

▸SEÇÃO VI – DAS PENALIDADES

✦ **VALOR DA MULTA**

Art. 401. Pela infração de qualquer dispositivo deste Capítulo, será imposta ao empregador a multa de cem a mil cruzeiros, aplicada, nesta Capital, pela autoridade competente de 1ª instância do Departamento Nacional do Trabalho, e, nos Estados e Território do Acre, pelas autoridades competentes do Ministério do Trabalho, Indústria e Comercio ou por aquelas que exerçam funções delegadas.

1. COMENTÁRIOS

A fiscalização do trabalho e, na hipótese de infração à legislação trabalhista, a autuação do empregador, é incumbência do Ministério do Trabalho e, no âmbito regional, das Superintendências Regionais do Trabalho. Não existe mais o Departamento Nacional do Trabalho.

✦ **PENALIDADE EM GRAU MÁXIMO**

§ 1º – A penalidade será sempre aplicada no grau máximo:

a) se ficar apurado o emprego de artifício ou simulação para fraudar a aplicação dos dispositivos deste Capítulo;

b) nos casos de reincidência.

§ 2º – O processo na verificação das infrações, bem como na aplicação e cobrança das multas, será o previsto no título "Do Processo de Multas Administrativas", observadas as disposições deste artigo.

1. COMENTÁRIOS

A Lei Federal nº 8.383, de 30.12.1991, art. 1º, fixou a UFIR (Unidade Fiscal de Referência), como fator de cobrança de multas na esfera federal. O art. 2º, § 1º, da referida lei, atribuiu ao Ministério da Fazenda competência para divulgar o valor mensal da UFIR.

A Portaria nº 290, de 11.04.1997, do MTb, que regulamenta a aplicação e cobrança de multas trabalhistas, fixa o mínimo de 60,5255 UFIR's para as empresas com até 10 (dez) empregados e valor máximo de 302,6277 UFIR's para as empresas com mais de 100 (cem) empregados, conforme variação prevista neste artigo. Dentro do número de empregadas de cada empresa, a multa será aplicada em seu critério máximo, ou seja, sem qualquer redutor, nas hipóteses previstas no § 1º, supra.

Art. 401-A e Art. 401-B. Vetados.

A Lei nº 9.799, de 26.5.1999, que promoveu diversas alterações na tutela legal do trabalho feminino, sofreu veto a estes artigos.

CAPÍTULO IV – DA PROTEÇÃO DO TRABALHO DO MENOR

SEÇÃO I – DISPOSIÇÕES GERAIS

✦ IDADE DO MENOR

Art. 402. Considera-se menor para os efeitos desta Consolidação o trabalhador de quatorze até dezoito anos. (Redação dada pela Lei nº 10.097, de 19.12.2000)

1. COMENTÁRIOS

1.1. Tutela do trabalho do menor

Os fundamentos históricos para a tutela do trabalho do menor são identificados juntamente à proteção do trabalho feminino. Não raro os autores cuidam do tema de forma conjunta, como por exemplo: Orlando Gomes e Elson Gottschalk, in Curso de Direito do Trabalho, Capítulo 24, 1996. Também tomamos este caminho e reportamos o leitor à leitura do histórico feito nos comentários ao art. 372 da CLT, em acréscimo ao que trataremos a seguir.

Além da necessária proteção diante da condição de hipossuficiência frente ao adulto e ao homem, como abordamos nos comentários ao art. 372, o menor merece cuidados especiais pela peculiaridade do trabalho não poder prejudicar sua formação física, moral e psíquica, ainda em desenvolvimento. O ambiente de trabalho, que exige a convivência constante com adultos de diversas formações socioculturais, impôs ao legislador uma intervenção maior quanto ao conteúdo do contrato do menor, tutelando a prestação de serviços de forma que a responsabilidade com estes cuidados fosse dividida com seu empregador. Esta é a tônica dos artigos que compõem este capítulo.

1.2. Evolução histórica

Da mesma forma que a tutela legal do trabalho da mulher, os cuidados com o trabalho do menor remontam aos países da Europa, com destaque para a Inglaterra do século XIX, especificamente com o chamado "Ato da Moral e da Saúde" ("Moral and Health Act"), destinado aos trabalhadores da indústria de lã e do algodão, proibindo o trabalho noturno do menor e limitando sua jornada em 12 horas.

As iniciativas de limitação do trabalho do menor, sempre perpassando pela discussão da idade mínima para o trabalho e os limites de sua duração, seguiram por toda a Europa, merecendo destaque os seguintes marcos: França, em 1874, jornada de 12 horas para o menor de 16 anos e de 6 horas para os menores entre 10 e 12 anos; Alemanha, em 1835 e 1839, jornada de 10 horas para os menores entre 9 e 16 anos; Itália, em 1886 e 1902, com destaque para esta última que, além de proibir o trabalho noturno para o menor de 15 anos, limitou o trabalho dos menores entre 12 e 15 anos a 11 horas (Alice Monteiro de Barros, Contratos e Regulamentações Especiais, jan-2008, p. 305-307).

Afora as restrições impostas pela Lei das Índias, o Brasil foi o primeiro país da América Latina a estabelecer limites ao trabalho do menor. Inicialmente com disposições meramente formais, descumpridas na prática, por falta de regulamentação e fiscalização, como são exemplos as de 1891, Decreto nº 1.313 e o Decreto Municipal do Rio de Janeiro, de nº 1.801, em 11 de agosto de 1917.

O primeiro estatuto jurídico a realmente interferir neste quadro de exploração da mão de obra infantil no Brasil foi o Código de Menores, aprovado pelo Decreto nº 17.943-A, de 12.10.1927. Neste código o Capítulo IX, especificamente sobre o trabalho de menores, proibiu o trabalho noturno aos menores de 18 anos e qualquer trabalho para os menores de 12 anos, restrição esta que perdurou por muitos anos, até a redação da EC nº 20/98, que fixou a idade mínima para o trabalho em 14 anos, mesmo assim na condição de aprendiz (Sussekind-Maranhão-Vianna, Instituições, Vol. II, 1987, p. 875-878).

1.3. O trabalho do menor nas Constituições do Brasil

As Constituições de 1824 e 1891 foram omissas quanto ao trabalho do menor, até porque, como vimos acima, as primeiras efetivas iniciativas brasileiras neste campo de tutela foram posteriores a estas datas.

A Constituição de 1934 proibiu qualquer trabalho aos menores de 14 anos, o noturno ao menor de 16 anos, nas indústrias insalubres ao menor de 18 anos e a diferença salarial por motivo de idade (art. 121, § 1º, "d").

As Constituições de 1937 (art. 137, "k") e 1946 (art. 157, II e IX) repetiram as mesmas disposições da Constituição de 1934, mesmo com matrizes políticas absolutamente distintas, a primeira, fruto de um regime de exceção, e a segunda, com viés democrático.

A Constituição de 1967, mais uma vez em um regime autoritário, provocou um retrocesso quanto à tutela do menor, permitindo o trabalho a partir dos 12 anos, mas mantendo a proibição quanto ao trabalho noturno e em indústrias insalubres aos menores de 18 anos (art. 158, X). A EC nº 1, de 1969, especificamente no art. 165, X, resultado do endurecimento político provocado pelo Ato Institucional nº 5, de 1968, manteve as mesmas disposições da Constituição de 1967.

A Constituição de 1988, fruto de um amplo processo de redemocratização do país, denominada de "Constituição Cidadã", ampliou a proibição de trabalho insalubre que antes era restrita à indústria, para toda e qualquer atividade (art. 7º, XXXIII). Na mesma norma previu a proibição para qualquer trabalho perigoso e noturno ao menor de 18 anos e a vedação à distinção salarial por motivo de idade no art. 7º, XXX. O principal avanço foi representado pelo retorno à idade mínima de 14 anos para o trabalho do menor, ressalvada a condição de aprendiz aos 12 anos (art.. 7º, XXXIII).

1.4. Vedação de trabalho ao menor de 16 anos: EC nº 20, 16.12.1998

A EC nº 20/98 promoveu mudança efetiva da alteração de idade de trabalho do menor para 16 anos, salvo na condição de aprendiz aos 14 anos, alterando o art. 7º, XXXIII, da CF. Defende o mestre Sussekind (Direito Constitucional, 1999, p. 272) que a nova idade mínima se aplica inclusive ao trabalho autônomo, avulso e eventual, não se restringindo aos limites do contrato de emprego. Concordamos com o autor, pois as normas do art. 7º, da CF, compõem o rol de direitos sociais do trabalhador, de natureza fundamental, dignificando o trabalho em sua plenitude e não se limitando ao trabalho subordinado. As normas específicas do trabalho subordinado são aquelas que dizem respeito, expressamente, ao contrato de emprego, como as que regem o pagamento de horas extras e aviso prévio, nos incisos XVI e XXI, do art. 7º, respectivamente.

A alteração do limite mínimo para o trabalho não foi aclamada por toda a doutrina. A favor da alteração, Alice Monteiro de Barros, in Contratos e Regulamentações Especiais, jan-2008, p. 312-313, afirmou que a EC nº 20 permitiu a ratificação pelo Brasil da Convenção nº 138 da OIT, importante arma contra o trabalho infanto-juvenil. Isto porque o limite de idade fixado pela Constituição em 14 anos conflitava com a idade mínima exigida naquele instrumento internacional, na opinião da autora.

Em sentido contrário à ampliação da idade promovida pela EC nº 20/98 se posiciona Arnaldo Sussekind, in Direito Constitucional, 1999, p. 270-271. Segundo o autor, a mudança para a idade de 14 anos, conforme o texto original do art. 7º, XXXIII, da CF, estava de acordo com a realidade social brasileira e não conflitava com o teor da Convenção nº 138, diferentemente do que sustenta Alice Monteiro de Barros.

As lições do autor, com as quais concordamos inteiramente, merecem ser destacadas: "Releva ponderar, neste passo, que a mais recente Convenção da OIT sobre o tema (n. 138), fixou em quinze anos a idade mínima para o trabalho, facultando, todavia, ao país cuja economia e meios de educação estejam insuficientemente desenvolvidos, que este limite seja de quatorze anos. Este, sem dúvida, é o caso do Brasil, o qual, paradoxalmente, e ao contrário do que se verifica em países plenamente desenvolvidos, estabeleceu a idade mínima para o trabalho em dezesseis anos, só admitindo contrato de aprendizagem a partir de quatorze anos (Direito Constitucional, 1999, p. 271).

Não obstante as críticas acima formuladas à alteração da idade do menor, forçoso reconhecer o caráter imperativo da EC nº 20/98, de eficácia imediata e com efeito revogatório (ou de não recepção) de toda a legislação infraconstitucional anterior.

Destaque-se que a atual redação do artigo ora comentado é datada de 19.12.2000, já adaptada à EC nº 20/98, pela Lei nº 10.097/2000.

1.4.1 Contratos de trabalho em curso quando da promulgação da EC nº 20/98

Na ocasião da promulgação da referida emenda, os contratos de trabalho em curso, com menores admitidos em idades inferiores à delimitada na alteração constitucional, se extinguiriam de imediato, mas sem prejuízo do pagamento da respectiva indenização (Sussekind, Direito Constitucional, 1999 e Alice Monteiro de Barros, Contratos e Regulamentações Especiais, jan-2008, p. 313). Alice oferecia, à época, outra alternativa ao empregador: a convolação do contrato para aprendizagem, obviamente se isto fosse concretamente possível.

2. QUESTÕES DE CONCURSOS

01. (TRT – 17ª REGIÃO/TÉCNICO JUDICIÁRIO/CESPE/2009/ADAPTADA) Considera-se menor, para os efeitos da Consolidação das Leis do Trabalho (CLT), o trabalhador com idade entre 14 e 18 anos.

02. (TRT 15 – Juiz do Trabalho Substituto 15ª região/ 2012) Aponte a alternativa incorreta, tomando-se por base Jurisprudência consolidada no C. TST: os empregados menores de 18 anos não podem ser discriminados em cláusula de norma coletiva que fixa salário mínimo profissional para a categoria.

GAB	1	C	2	E

✦ TRABALHO EM OFICINAS FAMILIARES

Parágrafo único. O trabalho do menor reger-se-á pelas disposições do presente Capítulo, exceto no serviço em oficinas em que trabalhem exclusivamente pessoas da família do menor e esteja este sob a direção do pai, mãe ou tutor, observado, entretanto, o disposto nos arts. 404, 405 e na Seção II. (Redação do Decreto-lei nº 229, de 28.2.1967)

1. COMENTÁRIOS

A regra só se aplica quando não há vínculo de emprego entre o menor e seus familiares e estes trabalham em regime de colaboração. Ocorrendo a subordinação inerente à relação de emprego, a orientação deste artigo é inaplicável. Esta é a mesma conclusão a que chegamos ao comentarmos o art. 372, § único da CLT, tutelando o trabalho da mulher em oficinas familiares.

✦ PROIBIÇÃO DE TRABALHO AO MENOR DE 16 ANOS, SALVO APRENDIZ AOS 14 ANOS

Art. 403. É proibido qualquer trabalho a menores de dezesseis anos de idade, salvo na condição de aprendiz, a partir dos quatorze anos.(Redação dada pela Lei nº 10.097, de 19.12.2000)

✦ PROIBIÇÃO DE TRABALHO PREJUDICIAL À FORMAÇÃO DO MENOR

Parágrafo único. O trabalho do menor não poderá ser realizado em locais prejudiciais à sua formação, ao seu desenvolvimento físico, psíquico, moral e social e em horários e locais que não permitam a freqüência à escola.(Redação determinada pela Lei nº 10.097, de 19.12.2000)

a) Revogada pela Lei nº 10.097, de 19.12.2000

b) Revogada pela Lei nº 10.097, de 19.12.2000

1. COMENTÁRIOS

1.1. Trabalho proibido: reconhecimento do contrato de trabalho

A prestação de serviços em caráter subordinado, com inobservância da proibição deste artigo, não pode ter como consequência a desproteção aos direitos trabalhistas do empregado. O trabalho do menor em idade ou em condições expressamente vedadas pela legislação, importa em imediato desfazimento da relação jurídica laboral, mas com aproveitamento dos atos praticados até este momento. Esta impossibilidade de manutenção do vínculo de emprego do menor de 16 anos, salvo na condição de aprendiz, importa em reconhecimento do contrato de trabalho com todos os direitos daí decorrentes, inclusive as verbas resilitórias.

Em sentido contrário, sustentando opinião minoritária, Alice Monteiro de Barros, Contratos e Regulamentações Especiais, jan-2008, p. 315, defende que a retribuição ao menor, absolutamente incapaz, com menos de 14 anos, deverá tomar como parâmetro aquela que seria paga a quem exercesse o serviço como autônomo, com amparo nos artigos 593 e 606, do Código Civil.

A aplicação da teoria trabalhista das nulidades, que impõe o reconhecimento dos vícios contratuais somente com efeitos ex nunc, justifica a validade do contrato de trabalho até o momento da declaração da nulidade. O empregador não se beneficiará da contratação feita com um menor absolutamente incapaz. Muito pelo contrário. A prestação de serviços subordinada de um menor, com menos de 14 anos ou entre 14 e 16 anos sem as características da aprendizagem, resulta em reconhecimento do contrato de emprego, com todos os direitos daí decorrentes, sem prejuízo das consequências administrativas (multas) e penais aplicáveis ao caso concreto.

Em contraponto à clássica teoria civilista, a teoria trabalhista das nulidades tem como características: **a)** a impossibilidade de restituição da mão de obra despendida pelo empregado e, consequentemente, a inviabilidade de retorno dos contratantes ao status quo ante (situação fático-jurídica anterior); **b)** o reconhecimento dos direitos trabalhistas ao empregado como única forma de se retribuir sua prestação de serviços, evitando-se o enriquecimento sem causa do empregador; **c)** a prevalência atribuída pela ordem jurídica ao valor-trabalho, inclusive na Constituição da República (Godinho, Curso, jan-2009, p. 478-479).

Amauri Mascaro Nascimento nos lembra que é praticamente unânime a doutrina trabalhista no sentido de que a teoria civil das invalidades deve sofrer adaptações em sua aplicação no contrato de trabalho. (Curso, 2010, p. 605). O autor adere às razões acima elencadas por Mauricio Godinho Delgado e acrescenta que o princípio da conservação do contrato de trabalho também é fundamento para se amenizar o rigor da tese civilista.

1.2. Emancipação legal: relação de emprego com economia própria

A norma do art. 5º, § único, V, do Código Civil, trata de hipótese de emancipação legal, ou seja, que não depende de ato de vontade de seus representantes legais para ser atingida. Esta norma, no que interessa especificamente ao nosso estudo, prevê a emancipação do menor que, com 16 anos, mantenha relação de emprego com economia própria.

Quanto à previsão do referido artigo civilista, a doutrina se divide entre aqueles que entendem a norma inaplicável para fins jurídico-trabalhistas e os que, entendo-a como compatíveis com a ordem jurídico-trabalhista, buscam interpretar o alcance da expressão "economia própria" e os efeitos da emancipação na relação contratual de emprego.

Entre os que afastam a incidência da norma civilista, merece destaque Mauricio Godinho Delgado, que se manifesta nos seguintes termos: "...a diretriz civilista não invade o Direito do Trabalho na seara em que este estabeleça regras imperativas específicas, em decorrência de fundamentos e objetivos próprios." (Curso, jan-2009, p. 471).

Taisa Maria Macena de Lima, corroborando, ao menos em parte, a tese esposada por Godinho, sustenta que devem prevalecer as normas trabalhistas, conclusão que extrai a partir da discussão quanto à prescrição para o menor emancipado legalmente; diz a autora: "A Teoria Geral do Direito, em caso de conflito entre os critérios cronológico e da especialidade, manda que seja aplicado o critério da especialidade, de modo que a norma geral mais recente (Código Civil) não revoga norma especial mais antiga (CLT), in Atos e Negócios Jurídicos, set-2003, p. 70.

A maioria da doutrina, contudo, defende a aplicação da inovação civilista ao direito do trabalho, considerando como emancipado o menor que, a partir dos 16 anos, tenha relação de emprego com economia própria. Entre os defensores desta tese, Alexandre Agra Belmonte, Instituições Civis no Direito do Trabalho, 2009, p. 83, explica que o "fato da existência da relação de emprego a partir dos 16 anos, automaticamente emancipará o menor se lhe proporcionar economia própria, ou seja, o gerenciamento econômico da própria vida (art. 5º, par. único, V). O que não exclui a intervenção do responsável na assistência à contratação que possibilitará ao menor obter a emancipação legal.".

Prevalece a interpretação de que a expressão "economia própria" significa ter condições financeiras de se manter com seus recursos, como explicou Belmonte, acompanhado por Saad, in CLT Comentada, 2009, p. 472 e Amauri Mascaro Nascimento, in Curso, 2010, p. 891.

Também sobre o alcance da expressão "economia própria", Marcos Ehrhardt Jr. lembra que "a lei permite a emancipação se existir estabelecimento civil ou comercial, ou ainda relação de emprego, desde que, em função de qualquer deles, o menor tenha economia própria (Direito Civil, Vol. I, 2009, p. 150). Percebe-se, portanto, que o emprego deve proporcionar ao menor um salário suficiente ao seu próprio sustento, da mesma forma como proporcionaria o exercício de atividade comercial.

Ainda sobre a expressão "economia própria", explica Fabio de Oliveira Azevedo: "Não significa que o menor que trabalhar, sendo remunerado com um salário mínimo, estará automaticamente emancipado. A expressão "economia própria" é um conceito jurídico indeterminado. É uma regra que contém um conteúdo semântico intencionalmente aberto e impreciso, exatamente para propiciar ao empregador uma flexibilidade na solução do caso concreto." (Direito Civil, 2010, p. 173).

Vólia Bomfim Cassar (Direito do Trabalho, 2009, p. 434-435) e Edilton Meireles (O Novo Código Civil, março-2003, p. 15) sustentam que a emancipação legal se consegue com qualquer emprego, sendo este o padrão fixado pela Constituição para atender ao sustento da família (art. 7º, IV, da CF). Só faltará economia própria quando o empregado for contratado para receber menos que o mínimo e, nestas condições, por ausência do pressuposto fático, não ocorrerá emancipação (Edilton, março-2003, p. 15). Esta não é, contudo, a opinião da maioria, quanto ao alcance da expressão "economia própria", como visto acima.

Admitida como majoritária a possibilidade de aplicação da regra legal da emancipação legal do menor nas relações jurídico-trabalhistas, forçoso concluir que "uma vez ocorrida a hipótese de antecipação dos efeitos da maioridade pelo estabelecimento civil ou comercial, ou pela existência de relação de emprego, tem-se configurada situação irreversível, que uma vez alcançada, garante ao menor a capacidade civil plena, ainda que o fator que a desencadeou deixe de existir (Marcos Ehrhardt, Direito Civil, Vol. I, 2009, p. 151).

Exatamente pela irreversibilidade da emancipação legal, não se admite que esta ocorra na hipótese de relações temporárias de trabalho. Neste sentido explica Fabio de Oliveira Azevedo: "... prestigiando a finalidade do instituto, é preciso que haja uma intenção de continuidade na relação de trabalho, não sendo aptos para emancipar os empregos temporários, como são frequentes, por exemplo, os de vendedoras de lojas em shoppings centers no final de cada ano, pouco importando que sejam remunerados com vultosas quantias." (Direito Civil, 2010, p. 173).

1.3. O trabalho educativo do ECA e a menoridade trabalhista

À luz do art. 68 do Estatuto da Criança e do Adolescente – ECA, o trabalho educativo é conceituado como atividade laboral na qual as exigências pedagógicas relativas ao desenvolvimento pessoal do educando prevalecem sobre o aspecto produtivo. Neste ponto, o trabalho educativo previsto no ECA está plenamente de acordo com os princípios que regem o trabalho do aprendiz. Não obstante este aspecto educacional, nenhuma norma deste Estatuto, como qualquer outra que se destine ao trabalho do menor, pode contrariar o estatuído no art. 7º, XXXIII, da CF, quanto à idade ali estabelecida. Por este motivo, não foram recepcionadas pela Constituição da República as referências feitas pela Lei nº 8.069/90 (ECA), quanto à idade de 12 anos para o trabalho ou qualquer outra abaixo de 14 anos, como se vê nos artigos 2º, 60, 64 e 68, do ECA (neste sentido: Godinho, Curso, jan-2009, p. 731 e Martins, Comentários, 2010, p. 341).

2. QUESTÕES DE CONCURSOS

01. (MTE/AUDITOR FISCAL DO TRABALHO/ESAF/2010/ADPTADO) O menor de 18 anos, conforme previsto na Constituição, não pode, em razão da sua incapacidade, prestar serviços, nem receber por eles, em período noturno ou em circunstâncias perigosas ou insalubres.

02. (FURNAS/DIREITO 3/FUNRIO/2009/ADAPTADA) 1. Com relação ao trabalho do menor é correto afirmar que

a) a menores de quatorze anos de idade é proibido qualquer trabalho, salvo na condição de aprendiz, a partir dos doze anos.

b) é proibido qualquer trabalho a menores de dezesseis anos de idade, salvo na condição de aprendiz, a partir dos quatorze anos.

03. (TRT – 5ª REGIÃO/ANALISTA JUDICIÁRIO/CESPE/2008/ADAPTADA) Considera-se menor, para efeitos da legislação trabalhista, o trabalhador de 16 a 18 anos de idade.

04. (CGE-PB/AUDITOR DE CONTAS PÚBLICAS/CESPE/2008/ADAPTADA) Salvo na condição de aprendiz, para o qual é exigida a idade mínima de 14 anos, é proibida a admissão de menor de 16 anos como empregado em qualquer trabalho.

05. (MPT/PRODURADOR DO TRABALHO/2007/ADAPTADA) O trabalho realizado pelo menor de 16 anos é proibido, salvo na condição de aprendiz, a partir dos 14 anos. Assim, o contrato firmado nestas circunstâncias é nulo, mas produz todos os efeitos trabalhistas, a fim de impedir o enriquecimento ilícito do empregador.

06. (TRT – 5ª REGIÃO/JUIZ DO TRABALHO/2005/ADAPTADA) JOANA ALCÂNTARA, menor, 13 anos, trabalhou, com a permissão dos pais, como doméstica, de 20-12-2003 a 20-1-2004, no Município de Guaratuba-PR, para INÊS HONN e família. Despedida sem justa causa, não tem direitos às verbas rescisórias, nem aos salários, em face da nulidade absoluta do contrato de trabalho. A nulidade, na presente situação, gera efeitos retroativos.

GAB	1	E	2	B	3	E	4	C	5	C	6	E

✦ PROIBIÇÃO DE TRABALHO NOTURNO

Art. 404. Ao menor de 18 (dezoito) anos é vedado o trabalho noturno, considerado este o que for executado no período compreendido entre as 22 (vinte e duas) e as 5 (cinco) horas.

1. COMENTÁRIOS

Apesar da proibição deste artigo, também repetida na Constituição (art. 7º, XXXIII), havendo trabalho entre 22h 00min e 05h 00min, ao menor serão reconhecidos todos os direitos quanto às peculiaridades do trabalho noturno (art. 73 da CLT), diante da violação à norma de ordem pública. Não havendo possibilidade de se corrigir o vício, alterando-se o horário do menor para o dia, o contrato de trabalho deverá ser rompido imediatamente, mas sem prejuízo do pagamento das indenizações daí decorrentes, tal qual a despedida sem justa causa.

Recomenda-se a leitura dos comentários ao art. 73 da CLT.

2. INFORMATIVOS DO TST

▸ ***Acordo em dissídio coletivo. Cláusula que proíbe o trabalho noturno, perigoso e insalubre aos menores de 14 anos. Norma que sugere a autorização de trabalho em desconformidade com o art. 7º, XXXIII, da CF. Impossibilidade de homologação pelo poder Judiciário.***

Não é passível de homologação pelo Poder Judiciário, a cláusula de acordo em dissídio coletivo que, de forma transversa, sugere a possibilidade do trabalho noturno, perigoso ou insalubre aos maiores de quatorze anos, tendo em vista o disposto no inciso XXXIII do art. 7º da Constituição da República, que expressamente proíbe o trabalho noturno, perigoso ou insalubre aos menores de dezoito anos, e no art. 3º da Convenção nº 138 da

OIT, ratificada pelo Brasil em 28.6.2001, o qual estabelece idade mínima de dezoito anos para a realização de atividade que possa prejudicar a saúde, a segurança e a moral do jovem. Com esse entendimento, a SDC, por unanimidade, deu provimento ao recurso ordinário interposto pelo Ministério Público do Trabalho da 4ª Região para excluir a Cláusula 38 – Trabalho Noturno e Insalubre, que dispunha ser proibido o trabalho noturno, perigoso ou insalubre apenas aos menores de quatorze anos. TST-RO-386700-55.2009.5.04.0000, SDC, rel. Min. Kátia Arruda, 13.5.2013. (**Informativo nº 46**)

3. QUESTÕES DE CONCURSOS

01. **(TRT – 17ª REGIÃO/ANALISTA JUDICIÁRIO/CESPE/2009)** Um empregado com 17 anos de idade pode desenvolver sua jornada de trabalho no período noturno, desde que não exista prejuízo para suas atividades escolares.

02. **(FURNAS/DIREITO 3/FUNRIO/2009/ADAPTADA) É vedado ao menor de 18 (dezoito) anos o trabalho noturno, considerado este o que for executado no período compreendido entre as 23 (vinte e três) e as 5 (cinco)** horas.

03. **(EXAME DA OAB/2009.1/ADAPTADA)** Excepcionalmente, é permitido o trabalho noturno de menores de 18 anos de idade, mas, em nenhuma hipótese, é admitido o trabalho de menores de 16 anos de idade.

04. **(TRT – 5ª REGIÃO/ANALISTA JUDICIÁRIO/CESPE/2008/ADAPTADA)**Ao menor de 18 anos de idade é vedado o trabalho noturno.

05. **(FUNDAC-PB/ADVOGADO/CESPE/2008)**A Empresa Alfa e Ômega contratou Alfredo, com 17 anos de idade, para trabalhar como vigia noturno. A empregadora justificou a contratação no período noturno alegando que, dessa forma, não haveria choque com o horário escolar de Alfredo. Na situação hipotética acima apresentada, o contrato

a) é válido, desde que tenha havido aceitação de Alfredo.
b) é válido, pois não prejudica as atividades escolares de Alfredo.
c) não é válido, pois menores de 18 anos não podem trabalhar, em nenhuma hipótese.
d) não é válido, pois a Constituição Federal veda o trabalho de menores de 18 anos em jornada noturna.

GAB	1	E	2	E	3	E	4	C	5	D

✦ PROIBIÇÃO EM TRABALHOS PERIGOSOS, INSALUBRES E PREJUDICIAIS À MORAL

Art. 405. Ao menor não será permitido o trabalho:(Redação dada pelo Decreto-lei nº 229, de 28.2.1967)

I – nos locais e serviços perigosos ou insalubres, constantes de quadro para esse fim aprovado pelo Diretor Geral do Departamento de Segurança e Higiene do Trabalho;

II – em locais ou serviços prejudiciais à sua moralidade.

§ 1º – Revogado pela Lei 10.097, de 19.12.2000

§ 2º – O trabalho exercido nas ruas, praças e outros logradouros dependerá de prévia autorização do Juiz de Menores, ao qual cabe verificar se a ocupação é indispensável à sua própria subsistência ou à de seus pais, avós ou irmãos e se dessa ocupação não poderá advir prejuízo à sua formação moral.

§ 3º – Considera-se prejudicial à moralidade do menor o trabalho:

a) prestado de qualquer modo, em teatros de revista, cinemas, boates, cassinos, cabarés, dancings e estabelecimentos análogos;

b) em empresas circenses, em funções de acrobata, saltimbanco, ginasta e outras semelhantes;

c) de produção, composição, entrega ou venda de escritos, impressos, cartazes, desenhos, gravuras, pinturas, emblemas, imagens e quaisquer outros objetos que possam, a juízo da autoridade competente, prejudicar sua formação moral;

d) consistente na venda, a varejo, de bebidas alcoólicas.

§ 4º – Nas localidades em que existirem, oficialmente reconhecidas, instituições destinadas ao amparo dos menores jornaleiros, só aos que se encontrem sob o patrocínio dessas entidades será outorgada a autorização do trabalho a que alude o § 2º.

§ 5º – Aplica-se ao menor o disposto no art. 390 e seu Parágrafo único.

✦ **AUTORIZAÇÃO JUDICIAL PARA TRABALHAR**

Art. 406. O Juiz de Menores poderá autorizar ao menor o trabalho a que se referem as letras "a" e "b" do § 3º do art. 405:(Redação dada pelo Decreto-lei nº 229, de 28.2.1967)

I – desde que a representação tenha fim educativo ou a peça de que participe não possa ser prejudicial à sua formação moral;

II – desde que se certifique ser a ocupação do menor indispensável à própria subsistência ou à de seus pais, avós ou irmãos e não advir nenhum prejuízo à sua formação moral.

1. COMENTÁRIOS

A proibição de trabalho e em ambientes que prejudiquem a formação moral, física e psíquica do trabalhador menor, são as justificativas deste artigo. A Lei nº 8.069/90, em seu artigo 67, também veda o trabalho do menor em locais que prejudiquem seu desenvolvimento físico, psíquico, moral e social, bem como os horários e locais que impeçam a frequência escolar.

Não é propriamente o local que irá definir o grau de prejudicialidade à formação do menor, mas sim as atividades ali exercidas e o ambiente de trabalho. Como lembra Sergio Pinto Martins, em cinemas pode-se complementar a formação educacional do menor (Comentários, 2010, p. 344).

Parece-nos que não havendo qualquer prejuízo para a formação moral, psicológica ou física do menor, deve ser interpretada de forma relativa a proibição deste artigo.

O Juiz de Menores referido no art. 405, § 2º, é o atual Juiz da Infância e da Juventude, denominação instituída pelo ECA. A autorização pode ser concedida para trabalho com vínculo de emprego ou não. Trata-se de procedimento de jurisdição voluntária, cuja competência atribuída ao Juiz da Infância e da Juventude tem a função de tutelar o interesse do menor.

A autorização para trabalho do menor (art. 406), nas condições deste artigo, não dependerá somente da necessidade de subsistência da família ou fim educativo da apresentação/espetáculo, como prevê a literalidade da norma referida. Tal autorização também poderá ser concedida se o trabalho em peças ou espetáculos tiver um fim profissional que não conflite com sua formação moral (artistas).

2. QUESTÕES DE CONCURSOS

01. (FURNAS/DIREITO 3/FUNRIO/2009/ADAPTADA) Ao menor será permitido o trabalho nos locais e serviços perigosos ou insalubres.

02. (FURNAS/DIREITO 3/FUNRIO/2009/ADAPTADA) o trabalho exercido nas ruas, praças e outros logradouros não dependerá de prévia autorização do juiz de menores, ao qual, entretanto, cabe verificar se a ocupação é indispensável à sua própria subsistência ou à de seus pais, avós ou irmãos e se dessa ocupação não poderá advir prejuízo à sua formação moral.

03. (TRT – 5ª REGIÃO/ANALISTA JUDICIÁRIO/CESPE/2008/ADAPTADA) Ao menor não será permitido o trabalho nos locais perigosos ou insalubres.

04. (TRT – 11ª REGIÃO/JUIZ DO TRABALHO SUBSTITUTO/2007/ADAPTADA) Considera-se prejudicial à moralidade do menor o trabalho, em empresas circenses, em funções de acrobata, saltimbanco, ginasta e outras semelhantes.

05. (TRT – 8ª REGIÃO/JUIZ DO TRABALHO/2007/ADAPTADA) Nas hipóteses permitidas, o trabalho exercido nas ruas, praças e outros logradouros, dependerá de prévia autorização do JUIZ DO TRABALHO, ao qual cabe verificar se a ocupação é indispensável à sua própria subsistência ou à de seus pais, avós ou irmãos e se dessa ocupação não poderá advir prejuízo à sua formação moral.

06. (CREMESP – Advogado/2011) Nos termos da CLT, o trabalho do menor não poderá ser realizado em locais prejudiciais à sua formação, ao seu desenvolvimento físico, psíquico, moral e social e em horários e locais que não permitam a frequência à escola. Também é correto afirmar, segundo a CLT, que

a) ao menor de 18 (dezoito) anos é vedado o trabalho noturno, salvo prévia autorização do Ministério Público do Trabalho.

b) ao responsável legal do menor é obrigatório pleitear a extinção do contrato de trabalho, desde que o serviço possa acarretar para ele prejuízos de ordem física ou moral.

c) não há restrições à atividade de menores como jornaleiros.

d) o trabalho do menor exercido nas ruas, praças e outros logradouros dependerá de prévia autorização do Juiz Competente, ao qual cabe verificar se a ocupação é indispensável à sua própria subsistência ou à de seus pais, avós ou irmãos e se dessa ocupação não poderá advir prejuízo à sua formação moral.

e) para maior segurança do trabalho e garantia da saúde, será priorizado que os menores gozem dos períodos de repouso nos locais de trabalho.

GAB	1	E	2	E	3	C	4	C	5	E	6	D

✦ **TRABALHO PREJUDICIAL AO MENOR: MUDANÇA DE FUNÇÃO**

Art. 407. Verificado pela autoridade competente que o trabalho executado pelo menor é prejudicial à sua saúde, ao seu desenvolvimento físico ou a sua moralidade, poderá ela obrigá-lo a abandonar o serviço, devendo a respectiva empresa, quando for o caso, proporcionar ao menor todas as facilidades para mudar de funções.(Redação dada pelo Decreto-lei nº 229, de 28.2.1967)

Parágrafo único. Quando a empresa não tomar as medidas possíveis e recomendadas pela autoridade competente para que o menor mude de função, configurar-se-á a rescisão do contrato de trabalho, na forma do art. 483.

✦ **RESCISÃO CONTRATUAL POR INTERVENÇÃO DO RESPONSÁVEL**

Art. 408. Ao responsável legal do menor é facultado pleitear a extinção do contrato de trabalho, desde que o serviço possa acarretar para ele prejuízos de ordem física ou moral.(Redação dada pelo Decreto-lei nº 229, de 28.2.1967)

1. COMENTÁRIOS

1.1. Competência do Juiz da Infância e da Juventude ou do Juiz do Trabalho?

A autoridade competente referida no art. 407 é o Juiz da Infância e da Juventude, ou, na falta deste, o juiz competente de acordo com as normas de organização judiciária local, como estabelece a Lei nº 8.069/90, art. 146.

O texto dos arts. 407 e 408 datam de 1967 e o Estatuto da Criança e do Adolescente – ECA, de 1990, momento histórico em que a Justiça do Trabalho apreciava – quase que exclusivamente – conflitos decorrentes das relações de emprego; este quadro foi profundamente alterado com a promulgação da EC nº 45, de 2004.

Penso que, diante da necessidade de rompimento do contrato de trabalho em condições prejudiciais à formação ou à saúde do menor, a competência não será do Juízo da Infância e da Juventude, mas sim do Juiz do Trabalho, órgão de primeiro grau de jurisdição da Justiça do Trabalho. A doutrina, contudo, é muito escassa quanto ao tema. A única manifestação que encontramos no mesmo sentido em que defendemos veio da lavra de Adamovich, ao afirmar que após a EC 45/2004, alargando a competência da Justiça do Trabalho, "parece no mínimo duvidoso, por mais específica que seja a competência do Juiz da Infância e da

Juventude, que ela tenha sido mantida intocada em tema de relações de trabalho de adolescentes (Comentários, 2009, p. 161)". Entendimento em sentido contrário, a nosso ver, importa em usurpação da competência constitucionalmente atribuída à Justiça do Trabalho, conforme art. 114, I, da CF.

1.2. Culpa do empregador: rescisão indireta do contrato de trabalho

A rescisão contratual prevista no art. 407 depende de intervenção judicial. A decisão judicial não impõe o "abandono do emprego", mas sim a rescisão contratual, que ocorre por culpa do empregador, na forma do art. 483 da CLT, como bem se refere o § único, do artigo 407. O menor fará jus à respectiva indenização, decorrente da rescisão indireta do contrato de trabalho (verbas resilitórias). Russomano, in Comentários, Vol. I, 1993, p. 366, também entende que a hipótese é de "despedida indireta", com base nas alíneas "a", "b" e "c", do art. 483 da CLT.

O art. 416 da CLT também espera do empregador uma postura ativa no sentido de alterar as condições de trabalho, quando constatada pelo juiz a inadequação do ambiente para o menor.

Não se exige o trânsito em julgado da decisão judicial para que surta seus efeitos no contrato de trabalho. A violação de norma de ordem pública, que demandou a atuação do Estado-juiz, tem eficácia imediata na relação de emprego. A intervenção do Judiciário, contudo, dependerá de iniciativa do menor, devidamente assistido, ou mesmo do seu responsável na tutela de seus interesses (art. 408, acima), respeitando-se o princípio da inércia.

O Ministério Público do Trabalho, considerando o interesse individual indisponível em conflito (art. 127, *caput*, da CF), além do interesse público identificado pela violação da ordem jurídica de tutela do menor, também poderá postular a rescisão indireta do contrato de trabalho (art. 83, V, da LC nº 75/93).

2. QUESTÕES DE CONCURSO

01. (MPT – Procurador do Trabalho/2013) Considerando-se o texto constitucional e a jurisprudência uniforme do TST, analise as proposições abaixo:

I. Diante da inexistência de previsão legal específica, o contrato de empreitada de construção civil entre o dono da obra e o empreiteiro não enseja responsabilidade solidária ou subsidiária nas obrigações trabalhistas contraídas pelo empreiteiro, salvo sendo o dono da obra uma construtora ou incorporadora.

II. Possui natureza indenizatória a parcela prevista no art. 71, § 4°, da CLT, com redação introduzida pela Lei n° 8.923/1994, quando não concedido ou reduzido pelo empregador o intervalo mínimo intrajornada para repouso e alimentação.

III. É dever dos responsáveis legais de menores, pais, mães, ou tutores, afastá-los de empregos que diminuam consideravelmente o seu tempo de estudo, reduzam o tempo de repouso necessário à sua saúde e constituição física, ou prejudiquem a sua educação moral.

IV. A indenização por frutos percebidos pela posse de má-fé mostra-se compatível com o Direito do Trabalho, sendo devida no caso de inadimplemento de verbas trabalhistas.

Marque a alternativa CORRETA:

a) apenas as assertivas I, III e IV estão corretas;
b) apenas as assertivas I e III estão corretas;
c) apenas as assertivas II e IV estão corretas;
d) todas as assertivas estão incorretas;
e) Não respondida.

GAB	1	B

✦ **PROIBIÇÃO DOS PERÍODOS DE REPOUSO NOS LOCAIS DE TRABALHO**

Art. 409. Para maior segurança do trabalho e garantia da saúde dos menores, a autoridade fiscalizadora poderá proibir-lhes o gozo dos períodos de repouso nos locais de trabalho.

1. COMENTÁRIOS

Trata-se de medida de proteção à integridade física e moral do menor. No intervalo para repouso e alimentação o empregador perde a vigilância sobre seus empregados. Corre-se o risco, portanto, do menor circular em setores do estabelecimento perigosos à sua incolumidade física, aumentando as possibilidades de acidentes. Ao mesmo tempo, o ambiente mais descontraído no intervalo, pode permitir ao menor acesso a relacionamentos prejudiciais à sua formação moral, quando inadequados à sua idade.

2. QUESTÕES DE CONCURSOS

01. (TRT – 11ª REGIÃO/JUIZ DO TRABALHO SUBSTITUTO/2007/ADAPTADA) Para maior segurança do trabalho e garantia da saúde dos menores, a autoridade fiscalizadora poderá proibir-lhes o gozo dos períodos de repouso nos locais de trabalho.

GAB	1	C

✦ **ATIVIDADE INSALUBRE E PERIGOSA: SUSPENSÃO DAS PROIBIÇÕES**

Art. 410. O Ministro do Trabalho poderá derrogar qualquer proibição decorrente do quadro a que se refere a alínea "a" do art. 405 quando se certificar haver desaparecido, parcial ou totalmente, o caráter perigoso ou insalubre, que determinou a proibição.

1. COMENTÁRIOS

O artigo 7º, XXXIII, da CF, proíbe qualquer trabalho em condições insalubres ou perigosas, sem estabelecer exceções. A possibilidade do Ministério do Trabalho permitir o trabalho do menor nestas condições, como prevê este dispositivo legal, não foi recepcionada pela CF/88.

A única exceção que poderá permitir o trabalho nas condições deste artigo, diz respeito à formação profissional do aprendiz, especificamente vinculado ao contrato de aprendizagem; nesta hipótese, contudo, não haverá qualquer alteração no quadro de atividades insalubres, mas sim autorização para trabalho nestas atividades.

▸SEÇÃO II – DA DURAÇÃO DO TRABALHO

✦ **APLICAÇÃO DAS REGRAS GERAIS SOBRE DURAÇÃO DO TRABALHO**

Art. 411. A duração do trabalho do menor regular-se-á pelas disposições legais relativas à duração do trabalho em geral, com as restrições estabelecidas neste Capítulo.

1. COMENTÁRIOS

O menor, em regra, se submete à jornada de 8 horas, com duração semanal do trabalho de 44 horas, conforme art. 7º, XIII, da CF e 58 da CLT. Os regimes especiais de jornada, estabelecidos em lei ou normas coletivas, também se aplicam ao menor.

A jornada do aprendiz foi fixada em 6 horas, conforme art. 432, *caput*, da CLT.

O regime de sobrejornada está previsto nos artigos 413 e 414, a seguir.

✦ **INTERVALO INTERJORNADAS**

Art. 412. Após cada período de trabalho efetivo, quer contínuo, quer dividido em 2 (dois) turnos, haverá um intervalo de repouso, não inferior a 11(onze) horas.

1. COMENTÁRIOS

A doutrina é uníssona em afirmar a inutilidade deste artigo, mera repetição do intervalo interjornadas previsto no art. 66 da CLT. A referência, no art. 411, da aplicação ao menor do regime geral de duração do trabalho, já é suficiente para atrair a regra do art. 66 (neste sentido: Russomano, Comentários, Vol. I, 1993, p. 368; Martins, Comentários, 2010, p. 347 e Adamovich, Comentários, 2009, p. 163).

✦ **PRORROGAÇÃO DA JORNADA DO MENOR**

Art. 413. É vedado prorrogar a duração normal diária do trabalho do menor, salvo:(Redação dada pelo Decreto-lei nº 229, de 28.2.1967)

I – até mais 2 (duas) horas, independentemente de acréscimo salarial, mediante convenção ou acordo coletivo nos termos do Título VI desta Consolidação, desde que o excesso de horas em um dia seja compensado pela diminuição em outro, de modo a ser observado o limite máximo de 48 (quarenta e oito) horas semanais ou outro inferior legalmente fixado;

II – excepcionalmente, por motivo de força maior, até o máximo de 12 (doze) horas, com acréscimo salarial de, pelo menos, 25% (vinte e cinco por cento) sobre a hora normal e desde que o trabalho do menor seja imprescindível ao funcionamento do estabelecimento.

Parágrafo único. Aplica-se à prorrogação do trabalho do menor o disposto no art. 375, no Parágrafo único do art. 376, no art. 378 e no art. 384 desta Consolidação.

1. COMENTÁRIOS

O regime geral de trabalho do menor veda o labor extraordinário, com as exceções deste artigo. A intenção da norma é permitir que o trabalho possa se compatibilizar com o estudo do menor.

O texto legal só prevê duas exceções à regra geral: I) acordo de compensação e (II) força maior.

Na hipótese do inciso I, o acordo coletivo autorizará o excesso de jornada por duas horas diárias, com compensação na mesma semana. Portanto, são duas as diferenças para a prorrogação da jornada do adulto: a primeira, porque o acordo deve ser necessariamente coletivo, não se admitindo compensação por acordo individual; a segunda, porque a compensação deve ocorrer na mesma semana, sendo inaplicável a regra do art. 59, § 2º, que permite a compensação no período de um ano.

A referência, no texto do inciso I, à duração semanal de 48 horas deve ser entendida como 44 horas, diante do art. 7º, XIII, da CF.

Russomano explica que o texto anterior ao DL 229/67, que mudou a redação do artigo, era mais rigoroso. E realmente era, como se lê na transcrição da redação original, a seguir:

> "Art. 413. É vedado prorrogar a duração normal do trabalho dos menores de 18 anos, salvo, excepcionalmente:
>
> a) quando, por motivo de força maior, que não possa ser impedido ou previsto, o trabalho do menor for imprescindível ao funcionamento normal do estabelecimento;
>
> b) quando, em circunstâncias particularmente graves, o interesse público o exigir;
>
> c) quando se tratar de prevenir a perda de matérias primas ou de substâncias perecíveis."

A mudança de inclinação legal foi muito clara, abrindo espaço para a negociação coletiva permitir a prorrogação de jornada. Por este motivo que se considera isolado o entendimento de Sergio Pinto Martins só permitindo a prorrogação de jornada do menor pelos motivos excepcionais do art. 61 da CLT (Comentários, 2010, p. 347).

O acordo coletivo irá determinar as circunstâncias de ocorrência da prorrogação da jornada, que não fica vinculada à necessidade imperiosa do art. 61 da CLT (Godinho, Curso, jan-2009, p. 830; Alice Monteiro de Barros, Contratos e Regulamentações Especiais, jan-2008, p. 321; Francisco Antonio de Oliveira, Comentários, 2005, p. 306 e Russomano, Comentários, Vol. I, 1993, p. 369).

O inciso II permite a prorrogação por motivo de força maior, desde que seja pago ao menor o adicional que atualmente é de 50% sobre o valor da hora normal (art. 7º, XVI, da CF). Observa-se a diferença de tratamento legal, pois o art. 61, § 2º não prevê adicional de horas extras para o maior de 18 anos por motivo de força maior (nos comentários ao art. 61 defendemos que a regra se tornou incompatível com a CF/88). Também há diferença quanto à extensão da prorrogação da jornada, pois na força maior do adulto não há limites, salvo a razoabilidade; no tratamento legal conferido ao menor o limite é de 12 horas por dia, mesma previsão do art. 61, § 2º para a prorrogação do adulto por necessidade imperiosa.

Sobre o conceito de força maior vide art. 501 da CLT.

Os artigos 375 e 378 foram revogados pela Lei nº 7.855/89. O art. 376, por sua vez, foi revogado pela Lei nº 10.244/2001. Só resta, portanto, a referência ao art. 384, que cuida do intervalo de 15 minutos antes do início da sobrejornada da mulher, e, por expressa remissão do parágrafo único, também aplicável ao menor.

Destaque-se, ao defendermos a inconstitucionalidade do art. 384, por ferir o princípio da igualdade entre homens e mulheres, isso não significa dizer que a norma deixa de se aplicar ao menor. Resta saber se o intervalo de mais 15 minutos, ao final da jornada, antes do início da jornada extraordinária, realmente representa norma de proteção ao menor. Entendemos que não, e os motivos são os mesmos já mencionados quanto à mulher, nos reportando aos comentários ao art. 384 da CLT.

2. QUESTÕES DE CONCURSOS

01. (TRT – 24ª REGIÃO/JUIZ DO TRABALHO/2007) Nos termos da CLT, em tema de prorrogação do trabalho do menor com idade entre 16 anos e 18 anos, assinale Verdadeira (V) ou Falsa (F) e, a seguir, a alternativa que exprime a seqüência CORRETA:

i) É autorizada a prorrogação do trabalho do menor até duas horas diárias em regime de compensação, mediante acordo individual firmado com o empregador com a assistência dos pais.

II. Na hipótese de força maior e desde que o serviço do menor seja imprescindível ao funcionamento do estabelecimento é autorizada a prorrogação por mais de 12 (doze) horas, devendo o fato ser comunicado à autoridade competente em 48 (quarenta e oito) horas.

III. Em caso de prorrogação do horário normal, será obrigatório um descanso de 15 (quinze) minutos no mínimo, antes do início do período extraordinário do trabalho.

IV. Quando o menor de 18 (dezoito) anos for empregado em mais de um estabelecimento, as horas de trabalho em cada um serão totalizadas.

a) V, V, F, V.
b) F, F, V, F.
c) F, F, V, V.
d) F, V, F, F.
e) V, F, V, V.

GAB	1	C

✦ **SOMATÓRIO DAS JORNADAS EM EMPREGOS DIFERENTES**

Art. 414. Quando o menor de 18 (dezoito) anos for empregado em mais de um estabelecimento, as horas de trabalho em cada um serão totalizadas.

1. COMENTÁRIOS

Onde se lê mais de um estabelecimento, leia-se mais de um empregador. A intenção da norma é impedir que o menor trabalhe mais de 8 horas por dia. Tendo mais de um empregador terá que distribuir sua carga horária, de forma que não sejam ultrapassados os limites diários ou semanais à duração do trabalho, somados os dois empregos (neste sentido: Alice Monteiro de Barros, Contratos e Regulamentações Especiais, jan-2008, p. 321; Saad, CLT Comentada, 2009, p. 479; Martins, Comentários, 2010, p. 348 e Russomano, Comentários, Vol. I, 1993, p. 371).

A norma é de difícil fiscalização, mas é ônus do empregador se informar quanto à jornada do menor em outro emprego, uma vez que não pode alegar desconhecer a existência de outro contrato de trabalho, seja porque o fato é notório, seja porque visualizou outra anotação na CTPS no momento da admissão. Por estas razões, concordamos com Eduardo Gabriel Saad, in CLT Comentada, 2009, p. 479, quando obriga o empregador que admitiu o menor em último lugar a reduzir sua jornada para atingir o limite legal. Entendemos que se o menor trabalhar em dois empregos, sem a redução da referida jornada, fará jus ao pagamento de horas extras, devidas pelo último empregador.

2. QUESTÕES DE CONCURSOS

01. (MTE/AUDITOR FISCAL DO TRABALHO/ESAF/2006/ADAPTADA) para apuração da Jornada de trabalho do menor somam-se as horas de trabalho nos diferentes empregos que tiver.

GAB	1	C

▸SEÇÃO III – DA ADMISSÃO EM EMPREGO E DA CARTEIRA DE TRABALHO E PREVIDÊNCIA SOCIAL

✦ **DA CARTEIRA DE TRABALHO DO MENOR – DERROGADO TACITAMENTE**

Art. 415. Haverá a Carteira de Trabalho e Previdência Social para todos os menores de 18 anos, sem distinção do sexo, empregados em empresas ou estabelecimentos de fins econômicos e daqueles que lhes forem equiparados.

Parágrafo único. A carteira obedecerá ao modelo que o Ministério do Trabalho, Indústria e Comércio adotar e será emitida no Distrito Federal, pelo Departamento Nacional, do Trabalho e, nos Estados, pelas Delegacias Regionais do referido Ministério.

✦ **EXIGÊNCIA PARA ADMISSÃO – DERROGADO TACITAMENTE**

Art. 416. Os menores de 18 anos só poderão ser admitidos, como empregados, nas empresas ou estabelecimentos de fins econômicos e naqueles que lhes forem equiparados, quando possuidores da carteira a que se refere o artigo anterior, salvo a hipótese do art. 422.

✦ **REQUISITOS PARA EMISSÃO DA CTPS – DERROGADO TACITAMENTE**

Art. 417. A emissão da carteira será feita o pedido do menor, mediante a exibição dos seguintes documentos:(Redação dada pelo Decreto-lei nº 229, de 28.2.1967)

I – certidão de idade ou documento legal que a substitua;

II – autorização do pai, mãe ou responsável legal;

III – autorização do Juiz de Menores, nos casos dos artigos 405, § 2º, e 406;

IV – atestado médico de capacidade física e mental;

V – atestado de vacinação;

VI – prova de saber ler, escrever e contar;

VII – duas fotografias de frente, com as dimensões de 0,04m x 0,03m.

Parágrafo único. Os documentos exigidos por este artigo serão fornecidos gratuitamente.

Art. 418. Revogado pela Lei nº 7.855, de 24.10.1989.

1. COMENTÁRIOS

O Decreto-lei nº 926, de 10.10.1969, alterou diversos dispositivos referentes à identificação do menor, mas não revogou, expressamente, os artigos 415 a 417. A revogação foi tácita, porque o art. 1º, do referido decreto-lei, substituiu a Carteira de Trabalho do Menor, pela Carteira de Trabalho e Previdência Social, como se observa na redação ora transcrita:

> "Art. 1º Fica instituída a Carteira de Trabalho e Previdência Social, que substituirá a Carteira Profissional, a Carteira de Trabalho do Menor e a Carteira Profissional do Trabalhador Rural.
>
> Parágrafo único. Entendem-se como concernentes à Carteira de Trabalho e Previdência Social, as referências da Consolidação das Leis do Trabalho Decreto-lei nº 5.452 de 1 de maio de 1943) e do Estatuto do Trabalhador Rural (Lei nº 4.214, de 2 de março de 1963) à Carteira Profissional, à Carteira de Trabalho do Menor e à Carteira do Trabalhador Rural."

Os requisitos para emissão da CTPS do menor, referidos originariamente no art. 417, hoje constam do art. 16 da CLT e são os mesmos exigidos para o maior de 18 anos.

✦ CONCLUSÃO DO ENSINO FUNDAMENTAL – DERROGADO TACITAMENTE

Art. 419. A prova de saber ler, escrever e contar, a que se refere a alínea "f" do art. 417 será feita mediante certificado de conclusão de curso primário. Na falta deste, a autoridade incumbida de verificar a validade dos documentos submeterá o menor ou mandará submetê-lo, por pessoa idônea, a exame elementar que constará de leitura de quinze linhas, com explicação do sentido, de ditado, nunca excedente de dez linhas, e cálculo sobre as quatro operações fundamentais de aritmética. Verificada a alfabetização do menor, será emitida a carteira.

§ 1º – Se o menor for analfabeto ou não estiver devidamente alfabetizado, a carteira só será emitida pelo prazo de um ano, mediante a apresentação de um certificado ou atestado de matrícula e frequência em escola primária.

§ 2º – A autoridade fiscalizadora, na hipótese do parágrafo anterior, poderá renovar o prazo nele fixado, cabendo-lhe, em caso de não renovar tal prazo, cassar a carteira expedida.

§ 3º – Dispensar-se-á a prova de saber ler, escrever e contar, se não houver escola primária dentro do raio de dois quilômetros da sede do estabelecimento em que trabalhe o menor e não ocorrer a hipótese prevista no Parágrafo único do art. 427. Instalada que seja a escola, proceder-se-á como nos parágrafos anteriores.

✦ CTPS EM PODER DO MENOR – DERROGADO TACITAMENTE

Art. 420. A carteira, devidamente anotada, permanecerá em poder do menor, devendo, entretanto, constar do Registro de empregados os dados correspondentes.(Redação dada pelo Decreto-lei nº 229, de 28.2.1967)

Parágrafo único. Ocorrendo falta de anotação por parte da empresa, independentemente do procedimento fiscal previsto no § 2º do art. 29, cabe ao representante legal do menor, ao agente da inspeção do trabalho, ao órgão do Ministério Público do Trabalho ou ao Sindicato, dar início ao processo de reclamação, de acordo com o estabelecido no Título II, Capítulo I, Seção V.

✦ **EMISSÃO GRATUITA – DERROGADO TACITAMENTE**

Art. 421. A carteira será emitida, gratuitamente, aplicando-se à emissão de novas vias o disposto nos artigos 21 e seus parágrafos e no artigo 22.(Redação dada pelo Decreto-lei nº 229, de 28.2.1967)

✦ **DISPENSA DE CTPS – DERROGADO TACITAMENTE**

Art. 422. Nas localidades em que não houver serviço de emissão de carteiras poderão os empregadores admitir menores como empregados, independentemente de apresentação de carteiras, desde que exibam os documentos referidos nas alíneas "a", "d" e "f" do art. 417. Esses documentos ficarão em poder do empregador e, instalado o serviço de emissão de carteiras, serão entregues à repartição emissora, para os efeitos do § 2º do referido artigo.

✦ **ANOTAÇÕES INDEVIDAS – DERROGADO TACITAMENTE**

Art. 423. O empregador não poderá fazer outras anotações na carteira de trabalho e previdência social além das referentes ao salário, data da admissão, férias e saída.

1. COMENTÁRIOS

Os dispositivos contidos nos artigos 419 a 423 da CLT tratam da Carteira de Trabalho do menor: emissão, posse, anotações, dispensa e proibições. Os artigos foram revogados tacitamente pelo Decreto-lei nº 926/69. Posteriormente, as leis números 5.686, de 03.08.1971, 7.855, de 24.10.1989 e 10.270, de 29.8.2001, só para citar as mais importantes, provocaram inúmeras alterações na disciplina do Título II, Capítulo I, da CLT, que trata da Identificação Profissional. Estas normas, disciplinadas no art. 13 e seguintes da CLT, se aplicam ao menor. Reporto me aos comentários ali constantes.

▸SEÇÃO IV – DOS DEVERES DOS RESPONSÁVEIS LEGAIS DE MENORES E DOS EMPREGADORES DA APRENDIZAGEM

✦ **EMPREGO SEM PREJUÍZO DO ESTUDO**

Art. 424. É dever dos responsáveis legais de menores, pais, mães, ou tutores, afastá-los de empregos que diminuam consideravelmente o seu tempo de estudo, reduzam o tempo de repouso necessário à sua saúde e constituição física, ou prejudiquem a sua educação moral.

1. COMENTÁRIOS

A intervenção do responsável, nas hipóteses deste artigo, provocando a extinção do contrato de trabalho do menor aprendiz, é um dever cuja omissão pode resultar em multa ao responsável (art. 434).

A CLT, no art. 437, revogado pela Lei nº 10.097, de 19.12.2000, previa a possibilidade do responsável perder a tutela do menor (pátrio poder). Obviamente, o dispositivo não poderia estar numa norma da CLT. A revogação foi tardia. A perda ou suspensão do "poder familiar" (atual denominação para pátrio poder) está prevista nos arts. 1.635 a 1638 do Código Civil/2002 e 155/seguintes do ECA (Lei nº 8.069/90).

Caso o afastamento seja motivado por culpa do empregador, que submeta o empregado à jornada excessiva, prejudicando seus estudos, ou permitindo, no trabalho, acesso a informações ou convivências que prejudiquem sua formação moral, o pedido do responsável será considerado como despedida indireta (neste sentido: Saad, CLT Comentada, 2009, p. 480 e Adamovich, Comentários, 2009, p. 167).

A competência para apreciação do pedido formulado pelo responsável do menor é da Justiça do Trabalho, pois se trata de pretensão de rompimento do contrato de trabalho do aprendiz (art. 114, I, da CF).

✦ **CUIDADOS COM O AMBIENTE DE TRABALHO**

Art. 425. Os empregadores de menores de 18 (dezoito) anos são obrigados a velar pela observância, nos seus estabelecimentos ou empresas, dos bons costumes e da decência pública, bem como das regras da segurança e da medicina do trabalho.

1. COMENTÁRIOS

Bons Costumes são representados pela reiteração de determinado hábito ou conduta, aceitas normalmente pelo homem médio, dotadas de certo benefício ao individuo ou ao grupo social em que está inserido. Decência pública significa o conjunto de atitudes dignas, de acordo com o padrão moral de cada sociedade, mais uma vez considerando-se o homem médio.

A doutrina entende desnecessário este dispositivo, pois tais condutas, bem como a observância das normas de segurança e saúde no trabalho, dizem respeito a todos os empregadores, e não só àqueles que contratam aprendizes.

Mozart. Victor Russomano, in Comentários, Vol. I, 1993, p. 425-426, além de propagar a inutilidade da norma, critica a falta de sistemática da CLT, que repete dispositivos sobre o mesmo tema, gerando redundâncias e até contradições. No caso desta norma, o autor entende que se justapõe à do art. 405, opinião que ratificamos.

Eduardo Gabriel Saad, in CLT Comentada, 2009, p. 480, também afirmando que as preocupações apontadas neste artigo são atinentes a todo tipo de atividade empresarial, destaca que "o empregador deve ter cuidados especiais com o clima moral de sua empresa, quando nela labutarem menores de 18 anos".

✦ **FACILITAÇÕES PARA DEIXAR O SERVIÇO PREJUDICIAL AO MENOR**

Art. 426. É dever do empregador, na hipótese do art. 407, proporcionar ao menor todas as facilidades para mudar de serviço.

1. COMENTÁRIOS

Vide comentários ao art. 407.

✦ **COMPATIBILIDADE COM A FREQUÊNCIA ÀS AULAS**

Art. 427. O empregador, cuja empresa ou estabelecimento ocupar menores, será obrigado a conceder-lhes o tempo que for necessário para a freqüência às aulas.

Parágrafo único. Os estabelecimentos situados em lugar onde a escola estiver a maior distância que dois quilômetros, e que ocuparem, permanentemente, mais de trinta menores analfabetos, de 14 (quatorze) a 18 (dezoito) anos, serão obrigados a manter local apropriado em que lhes seja ministrada a instrução primária.

1. COMENTÁRIOS

Esta norma complementa o conteúdo do art. 424 da CLT. Caso o afastamento decorra de condição pessoal do menor, como por exemplo, na hipótese de não conseguir acompanhar o ritmo da escola, concomitantemente ao trabalho, a iniciativa do responsável em retirá-lo do emprego se equipara a um pedido de demissão; por outro lado, se a culpa é do empregador, que não compatibiliza o emprego com o horário ou as atividades escolares, impondo ao menor jornadas excessivas e desgastantes, não permitindo o afastamento por ocasião de provas, etc, a iniciativa do responsável pelo menor será equiparada à rescisão indireta, fazendo jus o empregado à respectiva indenização. Saad considera esta última situação análoga à do § único, do art. 407 da CLT (CLT Comentada, 2009, p. 480).

2. QUESTÕES DE CONCURSOS

01. (TRT – 24ª REGIÃO/JUIZ DO TRABALHO/2006/ADAPTADA) O empregador, cuja empresa ou estabelecimento ocupar menores, será obrigado a conceder-lhes o tempo que for necessário para a freqüência às aulas.

GAB	1	C

✦ CONTRATO DE APRENDIZAGEM: CONCEITO

Art. 428. Contrato de aprendizagem é o contrato de trabalho especial, ajustado por escrito e por prazo determinado, em que o empregador se compromete a assegurar ao maior de 14 (quatorze) e menor de 24 (vinte e quatro) anos inscrito em programa de aprendizagem formação técnico-profissional metódica, compatível com o seu desenvolvimento físico, moral e psicológico, e o aprendiz, a executar com zelo e diligência as tarefas necessárias a essa formação.(Redação dada pela Lei nº 11.180, de 23.09.2005)

✦ REQUISITOS DO CONTRATO DE APRENDIZAGEM

§ 1º – A validade do contrato de aprendizagem pressupõe anotação na Carteira de Trabalho e Previdência Social, matrícula e freqüência do aprendiz na escola, caso não haja concluído o ensino médio, e inscrição em programa de aprendizagem desenvolvido sob orientação de entidade qualificada em formação técnico-profissional metódica.(Redação dada pela Lei nº 11.788, de 25.09.2008)

§ 2º – Ao aprendiz, salvo condição mais favorável, será garantido o salário mínimo hora. (Redação dada pela Lei nº 13.420, de 13.03.2017)

§ 3º – O contrato de aprendizagem não poderá ser estipulado por mais de 2 (dois) anos, exceto quando se tratar de aprendiz portador de deficiência.(Redação dada pela Lei nº 11.788, de 25.09.2008)

§ 4º – A formação técnico-profissional a que se refere o *caput* deste artigo caracteriza-se por atividades teóricas e práticas, metodicamente organizadas em tarefas de complexidade progressiva desenvolvidas no ambiente de trabalho.(Incluído pela Lei nº 10.097, de 19.12.2000)

§ 5º – A idade máxima prevista no *caput* deste artigo não se aplica a aprendizes portadores de deficiência. (Redação dada pela Lei nº 11.180, de 23.09.2005)

§ 6º Para os fins do contrato de aprendizagem, a comprovação da escolaridade de aprendiz com deficiência deve considerar, sobretudo, as habilidades e competências relacionadas com a profissionalização. (Redação da Lei nº 13.146, de 6.7.2015)

§ 7º – Nas localidades onde não houver oferta de ensino médio para o cumprimento do disposto no § 1° deste artigo, a contratação do aprendiz poderá ocorrer sem a freqüência à escola, desde que ele já tenha concluído o ensino fundamental.(Redação dada pela Lei nº 11.788, de 25.09.2008)

§ 8º Para o aprendiz com deficiência com 18 (dezoito) anos ou mais, a validade do contrato de aprendizagem pressupõe anotação na CTPS e matrícula e frequência em programa de aprendizagem desenvolvido sob orientação de entidade qualificada em formação técnico-profissional metódica." (incluído o parágrafo pela Lei nº 13.146, de 6.7.2015)

1. COMENTÁRIOS

A redação atribuída ao *caput* deste artigo, inicialmente pela Lei nº 10.097/2000 e atualmente pela Lei nº 11.180/2005, consagrou o entendimento dominante na doutrina, que o enquadrava como contrato de trabalho de natureza especial. Diz-se de natureza especial pela necessidade de se compatibilizar o binômio trabalho-aprendizagem, de forma que um não prejudique o desenvolvimento do outro.

Como o aprendizado não estava condicionado, necessariamente, às situações transitórias do art. 443, §§ 1º e 2º, da CLT, permaneceu a divergência doutrinária quanto ao prazo do contrato, só pacificada pela Lei nº 11.788/2008, que inseriu o § 3º, limitando o tempo de aprendizagem ao prazo de 2 anos, exceto para o aprendiz portador de deficiência.

Antes da alteração legal, parte da doutrina sustentava que na aprendizagem facultativa o contrato seria por prazo indeterminado, mas sendo obrigatória, o contrato seria por prazo determinado (esta era a linha de argumentação de Délio Maranhão, segundo Alice Monteiro de Barros, Contratos e Regulamentações Especiais, jan-2008, p. 329).

A idade ampliada para 24 anos permite que a aprendizagem alcance um espectro maior de estudantes, mas não se pode deixar de observar as normas especiais de tutela aos menores de 18 anos. Além disso, a idade máxima não se aplica aos portadores de deficiência (§ 5º).

Além de se tratar de contrato especial e por prazo determinado, pode-se dizer que a aprendizagem se estabelece de forma solene, pois sua validade está condicionada à assinatura da CTPS, bem como de matricula e frequência na instituição de ensino conveniada, responsável pela educação formal do aprendiz. Descumpridas estas formalidades, o contrato passará a vigorar sem determinação de prazo.

A norma do § 2º, do art. 428, prevê que se observe o salário hora mínimo para o aprendiz, conforme redação da Lei nº 10.097/2000. Esta lei revogou, expressamente, o art. 80 da CLT, que permitia o pagamento de salário inferior ao mínimo para o aprendiz (meio salário mínimo até a metade do contrato e 2/3 do salário mínimo no restante do tempo). Mesmo antes da revogação expressa, a doutrina já interpretava que a norma do art. 80 não havia sido recepcionada pela CF de 1988, conforme art. 7º, XXX, que não permite discriminação salarial por razão de idade (Martins, Comentários, 2010, p. 356).

O referido § 2º sofreu nova alteração, desta vez pela Lei nº 13.420, de 13.03.2017. A redação anterior garantia o salário mínimo hora para o "menor" aprendiz. Neste texto estava excluído o aprendiz com 18 anos ou mais. Na atual redação esta discriminação foi resolvida pois o salário mínimo hora é garantido para todo e qualquer aprendiz, e não só ao menor de 18 anos.

2. QUESTÕES DE CONCURSOS

01. **(AGU/PROCURADOR FEDERAL/CESPE/2010)** Ao menor aprendiz que trabalha em jornada de seis horas é garantido o salário mínimo mensal.

02. **(TRT – 3ª REGIÃO/JUIZ DO TRABALHO/2009).** Sobre a aprendizagem, leia as afirmações abaixo e, em seguida, assinale a alternativa correta:

I. O Direito do Trabalho Brasileiro somente admite a aprendizagem, nos termos da lei, a partir dos 14 anos, porque essa é a idade a partir da qual é permitida a formação profissional, e até os 22 anos.

II. São compromissos do aprendiz executar, com zelo e diligência, as tarefas necessárias à sua formação técnico-profissional.

III. A desconformidade da aprendizagem com a lei implica vínculo de emprego do aprendiz com o tomador de serviços.

IV. O aprendiz deverá receber bolsa ou outra forma de contraprestação que venha a ser acordada, sendo compulsória sua concessão, bem como a do auxílio-transporte.

V. Quando o aprendiz é portador de deficiência, a aprendizagem poderá ultrapassar o prazo legal, desde que não supere o período máximo de dois anos.

a) Somente uma alternativa está correta.
b) Somente duas afirmativas estão corretas.
c) Somente três afirmativas estão corretas
d) Somente quatro afirmativas estão corretas
e) Todas as afirmativas estão corretas.

03. (MPT/PROCURADOR DO TRABALHO/2010/ADAPTADA) O contrato de aprendizagem é o contrato de trabalho especial, ajustado por escrito e por prazo determinado, que não poderá ser estipulado por mais de dois anos, com exceção dos contratos firmados com aprendiz com deficiência. Contrato de aprendizagem válido pressupõe a anotação na Carteira de Trabalho e Previdência Social, a matrícula e a freqüência do aprendiz na escola, caso não haja concluído o ensino médio, e a inscrição em programa de aprendizagem desenvolvido sob orientação de entidade qualificada em formação técnico-profissional metódica.

04. (MPT/PROCURADOR DO TRABALHO/2010/ADAPTADA) O contrato de aprendizagem compromete o empregador a assegurar formação técnico-profissional metódica, compatível com o desenvolvimento físico, moral e psicológico do aprendiz.

05. (MPT/PROCURADOR DO TRABALHO/2009/ADAPTADA) A validade do contrato de aprendizagem pressupõe anotação na Carteira de Trabalho e Previdência Social, matrícula e freqüência do aprendiz na escola, caso não haja concluído o ensino médio, e inscrição em programa de aprendizagem desenvolvido sob orientação de entidade qualificada em formação técnico-profissional metódica;

06. (ECT – Analista de Correios – Advogado/2011) Atualmente, aquele que contratar menor aprendiz de quinze anos de idade não terá a obrigação de pagar-lhe o salário mínimo mensal.

07. (MPT – Procurador do Trabalho/2012) Leia e analise o item a seguir: o limite de 24 anos de idade para a celebração de contrato de aprendizagem não se aplica à pessoa com deficiência.

08. (MPT – Procurador do Trabalho/2013) Sobre o trabalho da criança ou adolescente, é INCORRETO afirmar que:

a) A emancipação civil do adolescente entre 16 e 18 anos de idade não elide as normas de proteção ao trabalho do adolescente, como a vedação do trabalho noturno.
b) As férias não podem ser fracionadas e, no caso do estudante menor de 18 anos, devem coincidir com as férias escolares.
c) O prazo máximo do contrato de aprendizagem não pode exceder dois anos, exceto no caso do aprendiz com deficiência, desde que não ultrapassada a idade máxima de 24 anos de idade.
d) a menoridade para fins trabalhistas é fator impeditivo da prescrição.
e) não respondida.

GAB	1	E	2	B	3	C	4	C	5	C	6	C	7	C	8	C

✦ EXIGÊNCIA DE FORMAÇÃO PROFISSIONAL: SERVIÇO NACIONAL DE APRENDIZAGEM

Art. 429. Os estabelecimentos de qualquer natureza são obrigados a empregar e matricular nos cursos dos Serviços Nacionais de Aprendizagem número de aprendizes equivalente a cinco por cento, no mínimo, e quinze por cento, no máximo, dos trabalhadores existentes em cada estabelecimento, cujas funções demandem formação profissional.(Redação dada pela Lei nº 10.097, de 19.12.2000)

a) Revogada pela Lei nº 10.097, de 19.12.2000;

b) Revogada pela Lei nº 10.097, de 19.12.2000.

§ 1º-A – O limite fixado neste artigo não se aplica quando o empregador for entidade sem fins lucrativos, que tenha por objetivo a educação profissional.

§ 1º – As frações de unidade, no cálculo da percentagem de que trata o *caput*, darão lugar à admissão de um aprendiz.

§ 2º – Os estabelecimentos de que trata o *caput* ofertarão vagas de aprendizes a adolescentes usuários do Sistema Nacional de Atendimento Socioeducativo (Sinase) nas condições a serem dispostas em instrumentos de cooperação celebrados entre os estabelecimentos e os gestores dos Sistemas de Atendimento Socioeducativo locais.(Incluído pela Lei nº 12.594, de 18.01.2012)

1. COMENTÁRIOS

A exigência de contratação e formação profissional do aprendiz, matriculando-o em cursos mantidos pelos Serviços Nacionais de Aprendizagem, se aplica a todo tipo de empregador, mesmo àqueles que não exerçam atividade econômica. O percentual a que estão obrigados os empregadores (5 a 15%) foi fixado por estabelecimento, e não por empresa.

Estão excluídas da obrigação deste artigo: a) a empresa cuja finalidade social seja a assistência ao adolescente e sua formação profissional, sem intuito lucrativo, como descrito no art. 430, II; b) as micro e pequenas empresas, por expressa disposição do art. 51, III, da LC nº 123/2006.

O DL nº 4.048, de 22.1.1942, que criou o Serviço Nacional de Aprendizagem dos Industriários (SENAI), já havia lhe atribuído o encargo de organizar e administrar, em todo o país, escolas de aprendizagem nesta área de atividade. A alteração deste artigo só serviu para ampliar esta obrigação para as demais escolas, como o SESC e o SENAC.

Discute-se a aplicação das exigências deste artigo para as sociedades de economia mista e empresas públicas. Defendemos que a obrigação de contratar e submeter os aprendizes à qualificação profissional também se estende a estas empresas, que possuem natureza jurídica de direito privado (art. 173, II e § 2º, da CF).

A Lei nº 12.594, de 18.01.2012 (DOU 19.01.2012), incluiu o § 2º na redação deste artigo. O objetivo da norma foi obrigar o oferecimento de vagas a adolescentes usuários do SINASE. A implementação da regra depende da assinatura de convênios entre os estabelecimentos referido no *caput*, do art. 429, e os gestores do SINASE.

2. QUESTÕES DE CONCURSOS

01. (TRT 8 – Juiz do Trabalho Substituto 8ª região/ 2012) Assinale a alternativa INCORRETA: os estabelecimentos de qualquer natureza são obrigados a empregar e matricular, nos cursos dos Serviços Nacionais de Aprendizagem, número de aprendizes equivalente a cinco por cento, no mínimo, e quinze por cento, no máximo, dos trabalhadores existentes em cada estabelecimento, cujas funções demandem formação profissional, não se aplicando tal exigência quando o empregador for entidade sem fins lucrativos, que tenha por objetivo a educação profissional.

GAB	1	E

✦ FORMAÇÃO POR ENTIDADES CONGÊNERES AO SERVIÇO NACIONAL DE APRENDIZAGEM

Art. 430. Na hipótese de os Serviços Nacionais de Aprendizagem não oferecerem cursos ou vagas suficientes para atender à demanda dos estabelecimentos, esta poderá ser suprida por outras entidades qualificadas em formação técnico-profissional metódica, a saber:(Redação dada pela Lei nº 10.097, de 19.12.2000)

I – Escolas Técnicas de Educação;

II – entidades sem fins lucrativos, que tenham por objetivo a assistência ao adolescente e à educação profissional, registradas no Conselho Municipal dos Direitos da Criança e do Adolescente.

III – entidades de prática desportiva das diversas modalidades filiadas ao Sistema Nacional do Desporto e aos Sistemas de Desporto dos Estados, do Distrito Federal e dos Municípios. (Incluído pela Lei nº 13.420, de 13.03.2017)

§ 1º – As entidades mencionadas neste artigo deverão contar com estrutura adequada ao desenvolvimento dos programas de aprendizagem, de forma a manter a qualidade do processo de ensino, bem como acompanhar e avaliar os resultados.

§ 2º – Aos aprendizes que concluírem os cursos de aprendizagem, com aproveitamento, será concedido certificado de qualificação profissional.

§ 3º O Ministério do Trabalho fixará normas para avaliação da competência das entidades mencionadas nos incisos II e III deste artigo. (Redação dada pela Lei nº 13.420, de 13.03.2017)

§ 4º As entidades mencionadas nos incisos II e III deste artigo deverão cadastrar seus cursos, turmas e aprendizes matriculados no Ministério do Trabalho. (Incluído pela Lei nº 13.420, de 13.03.2017)

§ 5º As entidades mencionadas neste artigo poderão firmar parcerias entre si para o desenvolvimento dos programas de aprendizagem, conforme regulamento. (Incluído pela Lei nº 13.420, de 13.03.2017)

1. COMENTÁRIOS

Não obstante o amplo alcance dos Serviços Nacionais de Aprendizagem, distribuídos por áreas de atuação em SENAI, SENAC, SENAR (Lei nº 8.315/91) e SENAT (Lei nº 8.706/93), nem sempre é possível que suas unidades e especialidades alcancem todas as regiões do país, em todas as áreas do conhecimento, particularmente nas localidades de menor expressão demográfica e econômica. Por estas razões, o legislador prevê que Escolas Técnicas de Educação, entidades sem fins lucrativos ou de prática desportiva, que estejam aptas a prover a formação e qualificação profissional do aprendiz, exerçam, em caráter supletivo, a função dos Serviços Nacionais de Aprendizagem. Para as entidades sem finalidade lucrativa, o legislador exigiu o registro no Conselho Municipal dos Direitos da Criança e do Adolescente, exatamente para permitir a fiscalização de suas atividades, impedindo desvios na finalidade de formar o aprendiz.

Para contratação das escolas técnicas ou entidades previstas neste artigo, o empregador deverá observar a regulamentação do Ministério do Trabalho. A contratação destas escolas ou entidades, quando, na localidade, os Serviços Nacionais de Aprendizagem já oferecerem os cursos pretendidos pela empresa, em vagas suficientes, importará em infração trabalhista, sujeita a multa, na forma prevista no art. 434 e seguintes.

Para as entidades de prática desportiva, exige-se que estejam vinculadas aos Sistema do Desporto, no Brasil, nos Estados, Distrito Federal e Municípios.

✦ CONTRATAÇÃO DO APRENDIZ

Art. 431. A contratação do aprendiz poderá ser efetivada pela empresa onde se realizará a aprendizagem ou pelas entidades mencionadas nos incisos II e III do art. 430, caso em que não gera vínculo de emprego com a empresa tomadora dos serviços. (Redação dada pela Lei nº 13.420, de 13.03.2017)

a) Revogada pela Lei nº 10.097, de 19.12.2000;

b) Revogada pela Lei nº 10.097, de 19.12.2000;

c) Revogada pela Lei nº 10.097, de 19.12.2000.

Parágrafo único. Aos candidatos rejeitados pela seleção profissional deverá ser dada, tanto quanto possível, orientação profissional para ingresso em atividade mais adequada às qualidades e aptidões que tiverem demonstrado.

1. COMENTÁRIOS

As entidades mencionadas nos incisos II e III do art. 430 da CLT substituem as instituições de formação, como SENAI e SESI. Essa é a razão pela qual não há vínculo de emprego com as mesmas.

A fim de se evitar que a contratação do aprendiz se transforme em instrumento de fraude, mascarando-se contratos de trabalho sem qualquer finalidade de aprendizado, a fiscalização do trabalho deve estar atenta; da mesma a forma a Justiça do Trabalho, quando suscitada a resolver tais controvérsias, observando, se for o caso, o reconhecimento do vínculo de emprego sem as peculiaridades do contrato de trabalho especial do aprendiz.

A contratação do empregado aprendiz, diretamente pela empresa, tem como contrapartida benefícios ao empregador, como a redução para 2% do recolhimento a título de FGTS (art. 15, § 7º, da Lei nº 8.036/90, acrescentado este parágrafo pela Lei nº 10.097/2000). Além disso, o empregador se aproveita da mão de obra do aprendiz no curso de sua formação e tem a vantagem de inserir o profissional no contexto de sua empresa, assimilando sua metodologia de trabalho desde o início.

✦ **JORNADA DO APRENDIZ: VEDAÇÃO À PRORROGAÇÃO E COMPENSAÇÃO**

Art. 432. A duração do trabalho do aprendiz não excederá de seis horas diárias, sendo vedadas a prorrogação e a compensação de jornada.(Redação da Lei nº 10.097, de 19.12.2000)

§ 1º – O limite previsto neste artigo poderá ser de até oito horas diárias para os aprendizes que já tiverem completado o ensino fundamental, se nelas forem computadas as horas destinadas à aprendizagem teórica.

§ 2º – Revogado pela Lei nº 10.097, de 19.12.2000.

1. COMENTÁRIOS

Ao aprendiz, mesmo que maior de 18 anos, não é permitida qualquer prorrogação de jornada, inclusive se observados os motivos do art. 61 da CLT. A única exceção, contida no § 1º, acima, autoriza a extensão da jornada para oito horas, caso o aprendiz já tenha concluído o ensino fundamental. O texto deste artigo é ainda mais restritivo que a norma do art. 413, pois este último ainda permite a prorrogação da jornada do menor, não aprendiz, por motivo de força maior ou por força de negociação coletiva (acordo ou convenção coletiva de trabalho).

Há quem interprete como inconstitucional a possibilidade de prorrogação, de 6 para 8 horas, do contrato do aprendiz que já tenha concluído o ensino fundamental. Sustenta parte da doutrina que a Constituição da República, ao assegurar a escolaridade a todos os adolescentes, não exclui o ensino médio e até o reafirma no art. 208, II (neste sentido: Alice Monteiro de Barros, Contratos e Regulamentações Especiais, jan-2008, p. 332 e Ricardo Tadeu Marques da Fonseca, a Reforma do Instituto da Aprendizagem, março-2001). Desta forma, permitir-se, por força da regra do art. 432, § 1º, a prorrogação de jornada do aprendiz, antes da conclusão do ensino médio, seria inconstitucional. Aderimos a esta tese.

Interessante indagação envolve a seguinte questão: a prorrogação da jornada do aprendiz, ultrapassando o limite excepcional de 8 horas, importa em nulidade do contrato de aprendizagem?

Sérgio Pinto Martins, in Comentários, 2010, p. 363, entende que a prorrogação de jornada, desde que mantida a aprendizagem e o prazo do contrato por prazo determinado, importa em mera infração administrativa, incorrendo o contratante na multa prevista no art. 434 da CLT.

Além da multa do art. 434 da CLT, a prorrogação da jornada do aprendiz sujeitará o empregador ao pagamento das horas extraordinárias, com adicional de, no mínimo, 50%.

2. QUESTÕES DE CONCURSOS

01. (TRT – 16ª REGIÃO/ANALISTA JUDICIÁRIO/FCC/2009) Considere as seguintes assertivas a respeito do contrato de aprendizagem:

I. No Contrato de aprendizagem o empregador se compromete a assegurar ao maior de 14 e menor de 24 anos inscrito em programa de aprendizagem, formação técnico-profissional metódica.

II. O contrato de aprendizagem não poderá ser estipulado por mais de três anos, exceto quando se tratar de aprendiz portador de deficiência.

III. É obrigatório empregar e matricular nos cursos dos Serviços Nacionais de Aprendizagem número de aprendizes equivalente a no mínimo dez por cento dos trabalhadores existentes em cada estabelecimento.

IV. A duração do trabalho do aprendiz não excederá de seis horas diárias, sendo vedadas a prorrogação e a compensação de jornada.

É correto o que se afirma APENAS em

a) I e IV

b) I e III.

c) I, II e III.

d) II e IV.

e) II, III e IV

02. (TRT - 9ª REGIÃO/JUIZ DO TRABALHO/2006/ADAPTADA) No contrato de trabalho do aprendiz é vedada a prorrogação de jornada, sendo permitida, no entanto a compensação de jornada.

03. (FCC – Juiz do Trabalho Substituto 11ª região/ 2012) Conforme normas contidas na Consolidação das Leis do Trabalho sobre o trabalho do aprendiz, é correto afirmar que

a) o contrato de aprendizagem é o contrato de trabalho especial, ajustado por escrito e por prazo determinado, em que o empregador se compromete a assegurar ao maior de 12 e menor de 21 anos, inscrito em programa de aprendizagem, formação técnico – profissional metódica, compatível com o seu desenvolvimento físico, moral e psicológico, e o aprendiz, a executar com zelo e diligência as tarefas necessárias a essa formação.

b) o contrato de aprendizagem extinguir-se-á no seu termo, não podendo ser rescindido antecipadamente por desempenho insuficiente ou inadaptação do aprendiz, mas somente por falta disciplinar grave.

c) o contrato de aprendizagem não poderá ser estipulado por mais de 2 anos, exceto quando se tratar de aprendiz portador de deficiência.

d) a contratação do aprendiz poderá ser efetivada pela empresa onde se realizará a aprendizagem ou por entidades sem fins lucrativos, que tenham por objetivo a assistência ao adolescente e a educação profissional, registradas no Conselho Municipal dos Direitos da Criança e do Adolescente, sempre gerando vínculo de emprego com a empresa tomadora dos serviços.

e) a duração do trabalho do aprendiz não excederá de 4 horas diárias, sendo vedadas a prorrogação e a compensação de jornada.

GAB	1	A	2	E	3	C

✦ TÉRMINO DO CONTRATO DO APRENDIZ

Art. 433. O contrato de aprendizagem extinguir-se-á no seu termo ou quando o aprendiz completar 24 (vinte e quatro) anos, ressalvada a hipótese prevista no § 5º do art. 428 desta Consolidação, ou ainda antecipadamente nas seguintes hipóteses:(Redação dada pela Lei nº 11.180, de 23.09.2005)

a) Revogada pela Lei nº 10.097, de 19.12.2000;

b) Revogada pela Lei nº 10.097, de 19.12.2000.

I – desempenho insuficiente ou inadaptação do aprendiz, salvo para o aprendiz com deficiência quando desprovido de recursos de acessibilidade, de tecnologias assistivas e de apoio necessário ao desempenho de suas atividades; (Redação da Lei nº 13.146, de 6.7.2015).

II – falta disciplinar grave; (Incluído pela Lei nº 10.097, de 19.12.2000)

III – ausência injustificada à escola que implique perda do ano letivo; ou (Incluído pela Lei nº 10.097, de 19.12.2000)

IV – a pedido do aprendiz. (Incluído pela Lei nº 10.097, de 19.12.2000)

Parágrafo único. Revogado pela Lei nº 10.097, de 19.12.2000.

§ 2º – Não se aplica o disposto nos arts. 479 e 480 desta Consolidação às hipóteses de extinção do contrato mencionadas neste artigo (Incluído pela Lei nº 10.097, de 19.12.2000)

1. COMENTÁRIOS

1.1. Extinção normal do contrato do aprendiz

O artigo acima prevê duas hipóteses de extinção normal do contrato a termo: quando este atingir o prazo estipulado ou quando o empregado alcançar a idade limite, mesmo não tendo concluído a aprendizagem (24 anos, salvo para o portador de deficiência, conforme art. 428, § 5º). Nestas hipóteses, só serão devidas ao empregado as seguintes parcelas: levantamento do FGTS, pagamento de 13º salário e férias do período contatado.

1.2. Justa causa e Pedido de Demissão

Os incisos I a III do art. 433 cuidam de hipóteses de rompimento antecipado do contrato do aprendiz por justa causa. As hipóteses dos incisos I e III são faltas contratuais específicas do aprendiz. A hipótese do inciso II se refere às condutas descritas no art. 482 da CLT, e ainda que não haja remissão expressa a este dispositivo, deve ser levado em conta na interpretação da justa causa do aprendiz (neste sentido: Godinho, Curso, jan-2009, p. 1108 e 1109, e Adamovich, Comentários, 2009, p. 171).

Antes da redação da Lei nº 10.097/2000, a justa causa do aprendiz era tratada no art. 432, nos seguintes termos:

> "Art. 432 – Os aprendizes são obrigados à freqüência do curso de aprendizagem em que estejam matriculados. § 1º – O aprendiz que faltar aos trabalhos escolares do curso de aprendizagem em que estiver matriculado, sem justificação aceitável, perderá o salário dos dias em que se der a falta. § 2º – A falta reiterada no cumprimento do dever de que trata este artigo, ou a falta de razoável aproveitamento, será considerada justa causa para dispensa do aprendiz."

A comparação da transcrição acima, do então art. 432 da CLT, com a redação do atual art. 433, demonstra que foi suprimida a referência à "justa causa" no texto atual. A Lei nº 10.097/2000, em seu art. 1º, revogou expressamente o § 2º do art. 432, acima transcrito. Diante deste fato, parte da doutrina defende que as faltas escolares e o desempenho insuficiente do aprendiz deixaram de ser motivo de justa causa. Neste sentido a opinião de Alice Monteiro de Barros, in Contratos e Regulamentações Especiais, jan-2008, p. 333, ao afirmar que estes motivos "autorizam apenas a cessação antecipada do contrato, mas sem justa causa". Da mesma opinião comunga Sergio Pinto Martins, in Comentários, 2010, p. 365. Também é esta a nossa opinião.

Com a alteração promovida pela Lei nº 13.146, de 6.7.2015 no inciso I do art. 433 reforça-se nossa opinião. Isto se diz porque o texto legal repete o "desempenho insuficiente", ressalva a hipótese do aprendiz com deficiência, mas não usa a expressão "justa causa".

A hipótese do inciso IV, de manifestação de vontade do aprendiz com o intuito de desfazer o contrato de trabalho, caracteriza pedido de demissão.

A rescisão antecipada do contrato a termo do aprendiz, nas hipóteses dos incisos I, III e IV, não obrigará ao pagamento das indenizações previstas nos artigos 479 e 480 da CLT. Tal exclusão cria a seguinte figura jurídica: extinção antecipada de contrato a termo sem indenização.

2. QUESTÕES DE CONCURSOS

01. (TRT – 7ª REGIÃO/TÉCNICO JUDICIÁRIO/FCC/2009/ADAPTADA) O contrato de aprendizagem extinguir-se-á no seu termo ou quando o aprendiz completar dezoito anos, ou ainda antecipadamente quando houver desempenho insuficiente ou inadaptação do aprendiz.

02. (TRT – 16ª REGIÃO/JUIZ DO TRABALHO/2006/ADAPTADA) O contrato de aprendizagem extinguir-se-á no seu termo ou quando o aprendiz completar 24 (vinte e quatro) anos, exceto quando se tratar de aprendizes portadores de deficiência.

03. (TRT – 14ª REGIÃO/JUIZ DO TRABALHO/2005/ADAPTADA) A rescisão antecipada do contrato de aprendizagem poderá ser efetivada a pedido do aprendiz, cabendo-lhe indenizar o empregador dos prejuízos causados em face da ruptura antes da expiração do prazo contratado.

04. (Procurador do Município de Londrina/PR/2011) No que se refere à dispensa por justa causa, marque V para as afirmativas verdadeiras e F para as falsas:

( ) A desídia é o tipo de falta grave que, na maioria das vezes, consiste na repetição de pequenas faltas leves, que se vão acumulando até culminar na dispensa do empregado. Isto não quer dizer que uma só falta não possa configurar desídia.

( ) Na aplicação da justa causa, devem ser observados os hábitos de linguagem no local de trabalho, origem territorial do empregado, ambiente onde a expressão é usada, a forma e o modo em que as palavras foram pronunciadas, grau de educação do empregado e outros elementos que se fizerem necessários.

( ) A falta reiterada do menor aprendiz sem motivo justificado não constitui justa causa para a rescisão contratual.

A sequência está correta em:

a) F, F, F
b) V, V, V
c) V, V, F
d) V, F, F
e) V, F, V

GAB	1	E	2	C	3	E	4	C

SEÇÃO V – DAS PENALIDADES

✦ **DAS MULTAS**

Art. 434. Os infratores das disposições deste Capítulo ficam sujeitos à multa de valor igual a 1 (um) salário mínimo regional, aplicada tantas vezes quantos forem os menores empregados em desacordo com a lei, não podendo, todavia, a soma das multas exceder a 5 (cinco) vezes o salário-mínimo, salvo no caso de reincidência em que esse total poderá ser elevado ao dobro.(Redação do Decreto-lei nº 229, de 28.2.1967)

Art. 435. Fica sujeita à multa de valor igual a 1 (um) salário-mínimo regional e ao pagamento da emissão de nova via a empresa que fizer na Carteira de Trabalho e Previdência Social anotação não prevista em lei. (Redação do Decreto-lei nº 229, de 28.2.1967)

Art. 436. Revogado pela Lei 10.097, de 19.12.2000.

Art. 437. Revogado pela Lei 10.097, de 19.12.2000.

Art. 438. São competentes para impor as penalidades previstas neste Capítulo:

a) no Distrito Federal, a autoridade de 1ª instância do Departamento Nacional do Trabalho;

b) nos Estados e Território do Acre, os delegados regionais do Ministério do Trabalho, Industria e Comercio ou os funcionários por eles designados para tal fim.

Parágrafo único. O processo, na verificação das infrações, bem como na aplicação e cobrança das multas, será o previsto no título "Do Processo de Multas Administrativas", observadas as disposições deste artigo.

1. COMENTÁRIOS

A Lei Federal nº 8.383, de 30.12.1991, art. 1º, fixou a UFIR (Unidade Fiscal de Referência), como fator de cobrança de multas na esfera federal. O art. 2º, § 1º, da referida lei, atribuiu ao Ministério da Fazenda a competência para divulgar o valor mensal da UFIR.

A Portaria nº 290, de 11.04.1997, do MTb, que regulamenta a aplicação e cobrança de multas trabalhistas, fixa a multa de 378,2847 UFIR's, por menor irregular, até o máximo de 1.891,4236 UFIR's, quando o infrator for primário e dobrado esse máximo na reincidência.

▸SEÇÃO VI – DISPOSIÇÕES FINAIS

✦ RESCISÃO CONTRATUAL: ASSISTÊNCIA DO RESPONSÁVEL

Art. 439. É lícito ao menor firmar recibo pelo pagamento dos salários. Tratando-se, porém, de rescisão do contrato de trabalho, é vedado ao menor de 18 (dezoito) anos dar, sem assistência dos seus responsáveis legais, quitação ao empregador pelo recebimento da indenização que lhe for devida.

1. COMENTÁRIOS

O menor de 18 anos ainda não adquiriu capacidade plena para a prática dos atos trabalhistas. Contudo, o legislador só exigiu a assistência no momento da rescisão contratual, não fazendo a mesma exigência para a contratação e quanto a atos no curso do contrato de trabalho, como, por exemplo, para firmar recibos salariais, de férias e outros. O menor pode tomar a iniciativa de romper o contrato de trabalho sem a assistência de seu representante legal, mas para conceder quitação quanto ao pagamento das verbas resilitórias depende de assistência.

A maioria da doutrina condiciona a validade da quitação das verbas resilitórias do menor à presença de seu representante legal, que também deve assinar o recibo de quitação (TRCT). Como explica Francisco Antonio de Oliveira, sintetizando o pensamento majoritário: “Em sendo o ato ad solemnitatis, a quitação feita pelo órgão de classe não terá nenhum valor sem a presença do responsável legal” (Comentários, março-2005, p. 316).

O pagamento feito com a assistência do sindicato, ou por órgão regional do Ministério do Trabalho, na forma do art. 477, § 1º, da CLT, não supre a falta do representante legal para a maioria da doutrina. Como dito, a assistência do representante garante a livre manifestação de vontade do menor, já a homologação coíbe a ocorrência de fraudes no ato de quitação, como, por exemplo, assinatura de documento em branco.

Ao contrário do que afirma a maioria, me parece que a assistência do representante legal, neste caso, é requisito de mera prova e não da essência (da substância) do ato, como quer a doutrina. A falta de assistência não torna nulo o ato. Reconhecendo o empregado menor ter recebido os valores devidos pela rescisão, e não se vislumbrando nesta manifestação de vontade qualquer vício, a quitação será considerada válida, mesmo sem a assistência do representante legal; a presença deste é exigência legal para garantir a livre manifestação de vontade, como também ocorre em todos os atos da vida civil do menor; demonstrado que o menor, de forma livre e consciente, reconhece ter recebido todas as verbas resilitórias, não se pode considerar que a falta de assistência torne nula a quitação, obrigando o devedor a repetir o pagamento.

2. QUESTÕES DE CONCURSOS

01. (EXAME DA OAB/2009.1/ADAPTADA) É vedado ao menor empregado firmar recibos legais pelo pagamento dos salários sem que esteja assistido pelos seus representantes.

02. (TRT – 9ª REGIÃO/JUIZ DO TRABALHO/2009/ADAPTADA) O trabalhador menor de 18 anos, aprendiz ou não, muito embora possa, sozinho, firmar recibos de pagamentos salariais vencidos ao longo do contrato de emprego, quando da rescisão contratual, independentemente do tempo de serviço, necessita da assistência de seu responsável legal.

03. (ECT – Analista de Correios – Advogado/2011) Menor com dezesseis anos de idade que trabalhe, por exemplo, como balconista em uma panificadora pode firmar recibo de pagamento mensal. Entretanto, em caso de extinção de seu contrato, se ele ainda for menor de idade, não poderá dar quitação das verbas rescisórias sem assistência de seu responsável legal.

04. (MPT – Procurador do Trabalho/2012/ADAPTADA) Leia e analise o item a seguir: o empregado com idade entre 16 e 18 anos não precisa de assistência para firmar contrato de trabalho, porque a emissão da CTPS pressupõe a apresentação de declaração expressa dos pais ou responsáveis; também pode assinar recibos sem assistência, inclusive o de quitação final do contrato de trabalho.

GAB	1	E	2	C	3	C	4	E

✦ PRESCRIÇÃO: SUSPENSÃO DA CONTAGEM DO PRAZO

Art. 440. Contra os menores de 18 (dezoito) anos não corre nenhum prazo de prescrição.

1. COMENTÁRIOS

O art. 10, § único, da Lei do Rural (Lei nº 5.889/73) repete norma idêntica a deste artigo.

A regra celetista é mais benéfica que a norma de direito civil, especificamente do art. 198, I, do CC; a norma civilista prevê que não corre prescrição para os incapazes arrolados no art. 3º, ou seja, os absolutamente incapazes. Entre estes está o menor de 16 anos (art. 3º, I, do CC). Assim, para o direito civil, o menor, entre 16 e 18 anos, sofre os efeitos da prescrição. A regra civilista, menos protetiva, é inaplicável para o menor empregado, mas incide normalmente na relação de trabalho sem vínculo de emprego.

O benefício da regra da CLT só se aplica ao menor empregado e não ao menor herdeiro ou sucessor do empregado, na hipótese de falecimento deste. Para o menor sucessor se aplica a regra do art. 198, I, do CC, acima citada. Ainda que assim não fosse, a prescrição iniciada contra o empregado, ainda vivo, correrá também para o sucessor, mesmo se for menor, por força do art. 196 do CC (neste sentido também entende Sérgio Pinto Martins, Comentários, 2010, p. 367).

2. QUESTÕES DE CONCURSOS

01. (EXAME DA OAB/2009.1/ADAPTADA) Não corre nenhum prazo prescricional contra os menores de 18 anos de idade.

02. (TRT – 23ª REGIÃO/JUIZ DO TRABALHO/2006/ADAPTADA) um trabalhador urbano, menor de 17 (dezessete) anos, pode pleitear os seus direitos, perante a Justiça do Trabalho, depois do prazo de 2 (dois) anos da extinção do contrato de trabalho.

03. (MTE/AUDITOR FISCAL DO TRABALHO/ESAF/2006/ADAPTADA) Contra menores de dezoito anos não corre nenhum prazo de prescrição.

04. (TRT – 8ª REGIÃO/JUIZ DO TRABALHO/2005) João Pequeno, de dezessete anos de idade, foi empregado da Panificadora "Esquina do Pão" pelo período de 1º.04.2005 até 31.7.2005, ocasião em que foi dispensado sem justa causa, com aviso prévio indenizado e sem ter recebido corretamente as horas extraordinárias trabalhadas. Em razão da prescrição, o autor poderá ajuizar a correspondente ação até?

a) 31.7.2007.

b) 1.8.2007.

c) 31.7.2010.

d) Não fluirá a prescrição, em se tratando de menor de 18 (dezoito) anos.

e) Não fluirá a prescrição, pois o contrato de trabalho deverá ser declarado nulo, em se tratando de trabalho de menor de 18 (dezoito) anos.

GAB	1	C	2	E	3	C	4	D

✦ **REVISÃO DO QUADRO DE PROIBIÇÕES**

Art. 441. O quadro a que se refere o item I do art. 405 será revisto bienalmente.(Redação dada pelo Decreto-lei nº 229, de 28.2.1967)

1. COMENTÁRIOS

O quadro mencionado no art. 405, I, diz respeito à descrição das atividades insalubres e perigosas, que cuida das proibições para o trabalho do menor.

▸TÍTULO IV – DO CONTRATO INDIVIDUAL DO TRABALHO

▸CAPÍTULO I – DISPOSIÇÕES GERAIS

✦ **CONCEITO**

Art. 442. Contrato individual de trabalho é o acordo tácito ou expresso, correspondente à relação de emprego.

1. COMENTÁRIOS

1.1. Definição

O legislador se utiliza de uma expressão muito mais ampla do que o próprio objeto do contrato de trabalho. Trabalho é designação abrangente que se refere a toda relação jurídica cujo objeto é uma obrigação de fazer. Já o contrato de trabalho diz somente respeito à atividade do empregado. Daí porque procede a crítica segundo a qual o nome mais adequado seria "contrato de emprego", que melhor indica o objeto deste tipo de pacto. Portanto, contrato de trabalho é o negócio jurídico no qual sobressai o ajuste de vontades, onde uma pessoa física põe sua mão de obra à disposição de outra pessoa física ou jurídica, ou ente sem personalidade, de forma pessoal, não eventual, onerosa e subordinada, sem determinação de prazo ou por prazo determinado.

1.2. Natureza Jurídica do Contrato de Trabalho

A expressão "acordo tácito ou expresso" junto à "relação de emprego" resulta em contradição, só explicada pela necessidade de se contemporizarem duas correntes teóricas antagônicas, ambas buscando influenciar a redação legal, a saber: contratualistas e acontratualistas.

Para os contratualistas a manifestação de vontade, livre e consciente, é elemento essencial à formação do contrato de trabalho. A vontade existe ainda que para o empregado aderir ou rejeitar, no todo ou em parte, as condições contratuais muitas vezes impostas pelo empregador, diante de sua superioridade econômica.

Segundo os acontratualistas, a prestação de serviços, independentemente da manifestação de vontade, é o traço característico da relação de emprego.

Duas teorias acontratualistas se sobressaem: a teoria da relação de trabalho e a institucionalista. Para a primeira, a relação empregatícia seria uma situação jurídica objetiva, cristalizada entre trabalhador e empregador, para a prestação de serviços subordinados, independentemente do ato ou causa de sua origem e detonação (Mario de La Cueva). A prestação de serviços, portanto, seria o elemento essencial e gerador de direitos e obrigações na ordem jurídica (Godinho, Curso, jan-2009, p. 294). Para a segunda, a empresa como instituição, a qual o empregado se integra e colabora com sua mão de obra, se impõe objetivamente a um certo conjunto de pessoas e cuja permanência e desenvolvimento não se submetem à vontade particular de seus membros componentes. (Godinho, Curso, jan-2009, p. 296).

Os autores da CLT tentaram temperar o conceito de contrato de trabalho a partir das duas teorias acima expostas, mas o resultado traduzido no texto legal, atualmente interpretado, tem sobrelevado o aspecto da manifestação de vontade, consagrando a teoria contratualista. Neste sentido, inclusive, a doutrina majoritária.

1.3. Características do Contrato de Trabalho

1.3.1. Consensualidade

Observado que o contrato de trabalho decorre do ajuste de vontades entre empregado e empregador, inevitável sua definição como um negócio jurídico consensual. A manifestação de vontade livre e consciente, como elemento essencial do contrato de trabalho, permite esta conclusão. A existência de normas de ordem pública, que aderem automaticamente ao contrato de trabalho, limitando a manifestação de vontade de empregado e empregador, não descaracterizam sua consensualidade. A imperatividade das normas que garantem o mínimo necessário para a manutenção da dignidade humana do trabalhador, impostas pelo Estado, através da lei, é da própria índole do direito do trabalho. São exemplos destas normas as que impõem o salário mínimo, as que preservam as condições de segurança no trabalho e as que impedem a negociação quanto aos intervalos de descanso.

1.3.2. Negócio Jurídico de Direito Privado

Os interesses jurídicos que são objeto do contrato de trabalho o caracterizam como de direito privado. Mesmo quando o contratante é o Estado, este não pratica atos de império, mas sim de gestão, negociando com o empregado sem as prerrogativas inerentes às pessoas de direito público.

1.3.3. Sinalagmático

O contrato de trabalho é composto por cláusulas contratuais recíprocas e que se equivalem juridicamente. Esta retributividade é analisada em seu conjunto e não cláusula a cláusula. Não fosse assim, o desequilíbrio inerente a alguns fenômenos contratuais trabalhistas, como a interrupção contratual (salário sem trabalho), descaracterizaria o sinalágma.

1.3.4. Intuito personae

O contrato de trabalho é personalíssimo quanto à figura do empregado. A obrigação de trabalhar é assumida por um individuo especificamente considerado, mesmo que este não possua qualidades especiais. Considerando-se a continuidade do contrato de trabalho, eventual substituição da mão de obra resulta em novo vínculo de emprego, de caráter temporário, com o substituto. A novação subjetiva (modificação de sujeito do contrato) só é permitida quanto ao empregador, ainda assim quando não caracterizar fraude ou violação a interesses trabalhistas (vide comentários ao art. 10 da CLT).

1.3.5. Trato Sucessivo

O contrato de trabalho é mantido com relações de "débito e crédito" permanentes. As obrigações e direitos de ambos os sujeitos da relação de emprego se repetem, continuamente, durante a vigência do contrato.

1.3.6. Contrato de Atividade

Quanto ao objeto do contrato de trabalho, a obrigação principal assumida pelo empregado consiste num facere (fazer), numa atividade humana. Este fazer se distingue dos demais tipos de contratos de atividade. Como explica Otavio Bueno Magano: "Sucede que ele não é o único contrato de atividade, pois convive ao lado do mandato, do depósito, da empreitada e de outros, pertencentes ao mesmo gênero. Deles, contudo, se distingue por corresponder a uma facienda necessitas, em que a atividade não constitui apenas uma prestação obrigacional, mas a prestação principal." (Godinho, Curso, jan-2009, p. 466). O fazer, portanto, é o núcleo da relação de emprego, sua essência, o objeto do contrato de trabalho. O ajuste de vontades dá origem ao contrato de trabalho, mas este não se aperfeiçoa sem o trabalho.

1.3.7. Onerosidade

Vide comentários ao artigo 3º desta CLT.

1.3.8. Alteridade

Trata-se de uma característica inerente ao próprio conceito de empregador e identificada pela ideia da assunção dos riscos da empresa. O prestador de serviços não se responsabiliza pelo resultado de seu trabalho, nem assume os riscos do negócio, sujeitando-se, outrossim, às ordens do empregador, diante do vínculo subordinado.

1.3.9. Contrato Complexo

Esta característica, destacada por Mauricio Godinho Delgado, in Curso, jan-2009, p. 467, diz respeito à possibilidade do contrato de trabalho se associar a outros contratos que lhe são acessórios. São exemplos destes pactos acessórios: o depósito de instrumentos de trabalho, comodato de imóvel residencial, mandato, etc. Em regra, a extinção do contrato de trabalho gerará o fim do contrato acessório. Nada obsta, contudo, que os sujeitos do contrato acessório, não mais empregado e empregador, mantenham o vínculo jurídico, mesmo após a extinção do contrato de trabalho, como por exemplo, o comodato ou mesmo um pacto de locação de imóvel.

1.4. Requisitos do Contrato de Trabalho

1.4.1. Elementos essenciais do contrato de trabalho

O contrato de trabalho, como espécie de negócio juridico, só se configura validamente se observados seus elementos essenciais (ou jurídico-formais), a saber: capacidade dos agentes, objeto lícito e possível e forma prescrita ou não defesa em lei (CC, artigo 104, I a III). Mauricio Godinho Delgado acrescenta a estes elementos tradicionais a higidez da manifestação de vontade, que também chama de "consenso válido" (Curso, jan-2009, p. 469). Os elementos essenciais (ou jurídico-formais) são requisitos de validade do contrato, enquanto os elementos fáticos configuram a relação de emprego (prestação de serviços, de caráter pessoal, onerosa, não eventual e sob dependência).

1.4.1.1 Capacidade dos agentes (partes ou sujeitos)

O empregador será pessoa jurídica, que, portanto, é agente capaz. Sendo pessoa física também terá capacidade plena, mesmo sendo este menor de 18 anos, pois o próprio exercício da empresa já é causa de emancipação legal (art. 5º, V, CC). A importância do exame da capacidade da parte diz respeito à figura do empregado.

Quanto às condições de trabalho do menor de 18 anos, restrições e efeitos de sua contratação, nos reportamos aos artigos 402 e seguintes da CLT e ao art. 793, também da CLT, este último cuidando do instituto da assistência.

1.4.1.2 Objeto lícito

O objeto do contrato de trabalho é a prestação de serviços pelo empregado, pela qual este dever ser dignamente remunerado, ou seja, recebendo ao menos o salário-mínimo. A licitude do trabalho, como elemento essencial de validade do contrato, impede que o empregado trabalhe em atividade ilícita, como aquela descrita na OJ nº 199 da SDI-1/TST, que não reconhece o contrato de trabalho quando a prestação de serviços for aproveitada no "jogo do bicho".

A doutrina trabalhista interpreta que o objeto ilícito da prestação de serviços do empregado gerará nulidade, na medida da consciência e da contribuição do trabalhador com a ilicitude da atividade. Sendo assim, uma faxineira de uma casa clandestina de exploração de jogo ilegal, teria um contrato absolutamente válido, pois seu trabalho não contribuiu para o núcleo da atividade ilegal.

Da mesma forma, empregado motorista ou motociclista que trabalhe em empresa de transporte de valores – que se utilize de pacotes lacrados –, desconhecendo o conteúdo destes pacotes, não pode ter seu contrato de trabalho negado caso se descubra, posteriormente à sua prestação de serviços, que transportava, em verdade, drogas ilícitas, pois lhe faltou a consciência quanto ao objeto transportado.

1.4.1.3 Forma prescrita ou não defesa em lei

O contrato de trabalho é consensual e informal. Portanto, para sua configuração basta a livre manifestação de vontade, não se exigindo, em regra, formalidades previstas em lei. A redação do art. 442, supra, permite que o contrato de trabalho se configure tacitamente, ou seja, pela simples tolerância na prestação de serviços não eventuais, com caráter oneroso e pessoal, tendo o tomador dos serviços a faculdade de exercer seu poder de direção e comando. A forma escrita só é elemento essencial de validade de alguns contratos a termo (a prazo), como, por exemplo, na hipótese do trabalhador temporário (Lei nº 6.019/74).

A formalidade também aparece em algumas cláusulas contratuais, para evitar fraudes e tutelar os interesses do empregado. São exemplos deste tipo de tutela, exigindo maiores formalidades na prática do ato: **a)** o "contrato escrito celebrado entre as partes, com testemunhas e notificação obrigatória ao respectivo sindicato de trabalhadores rurais", para retirar a natureza salarial da cessão, pelo empregador, de moradia e de sua infraestrutura básica, assim como bens destinados à produção para a subsistência do trabalhador rural e de sua família" (art. 9º, § 5º da Lei nº 5.889/73); **b)** assistência do responsável legal de menor para assinatura de recibo de quitação das verbas rescisórias (art. 439 da CLT); **c)** forma escrita (recibo) como prova de pagamento de salários de todos os empregados, maiores ou menores de 18 anos (art. 464 da CLT).

A formalidade do contrato não pode servir de obstáculo ao reconhecimento de direitos trabalhistas, mesmo quando o empregador deixar de observar a forma prevista em lei. Diretriz contrária a esta ideia se observa na temática do concurso público. A ausência de realização de concurso, mesmo quando a Administração contrata trabalhadores em caráter permanente, impede o reconhecimento do vínculo de emprego, ainda que presentes todos os pressupostos fáticos de configuração do emprego. O interesse social, traduzido na exigência do concurso público, conferindo legitimidade e moralidade ao ato administrativo que gerou a contratação, se sobrepõe ao interesse particular, deixando de ser reconhecido o contrato de trabalho. Ainda assim, diante da impossibilidade de se restituir o trabalhador ao status quo ante (situação jurídica anterior à contratação), por ser inviável a devolução da mão de obra despendida, a jurisprudência atribui alguns efeitos a este ato nulo praticado pela Administração, a saber: pagamento dos salários como contraprestação ao trabalho e recolhimentos ao FGTS (S. 363 do TST).

1.4.1.4 Manifestação de vontade livre: dirigismo contratual

Vide comentários ao artigo 444.

1.4.2 Elementos naturais do contrato de trabalho

São elementos naturais do contrato de trabalho aqueles que tendem a aparecer em sua estrutura e dinâmicas do dia a dia, ainda que não sejam essenciais à configuração ou validade do contrato de trabalho. Surge como elemento natural, por excelência, a jornada de trabalho. (Godinho, Curso, jan-2009, p. 476). Mesmo quando o contrato de trabalho não contém cláusula específica quanto à jornada, o regramento legal aderirá automaticamente à relação contratual. Também transparecem como elementos naturais do contrato de trabalho: o salário e os intervalos intrajornadas.

1.4.3 Elementos acidentais do contrato de trabalho: condição, termo e modo (ou encargo)

São características comuns à condição e ao termo o fato de ambos influenciarem o negócio jurídico trabalhista quanto à sua eficácia e não no que diz respeito à sua validade. Esta, outrossim, é regulada pelos elementos essenciais do contrato de trabalho, acima tratados.

A condição é evento futuro e incerto quanto à sua realização, enquanto o termo é evento futuro e certo quanto a seu acontecimento, ainda que possa ser incerto quanto ao momento (termo incerto).

1.4.4 Classificações da condição

A cláusula contratual que subordina o início dos efeitos do contrato à sua ocorrência é denominada condição suspensiva. Em sentido contrário, quando o contrato surte efeitos naturalmente até o implemento da condição lhe retirar os efeitos, é denominada condição resolutiva. Esta última pode ainda ser classificada em expressa ou tácita; a primeira se opera de pleno direito, sem depender de interpelação judicial e a segunda depende da referida interpelação para surtir efeitos (CC, art. 474).

A condição resolutiva expressa acarreta a rescisão de pleno direito do contrato de trabalho quando ocorrer o inadimplemento da prestação prevista em lei ou no próprio contrato. São exemplos de condição resolutiva expressa: **a)** a cessação do contrato de trabalho quando o empregado que estava prestando serviço militar obrigatório não manifestar seu interesse em retornar no prazo de 30 dias a contar da baixa da obrigação militar (CLT, art. 472, § 1º); **b)** a rescisão do contrato de trabalho do substituto quando do retorno do empregado substituído, em razão da cessação de sua aposentadoria por invalidez (CLT, art. 475, § 2º). Este segundo exemplo é citado tanto por Godinho, in Curso, jan-2009, p. 477, como por Belmonte, in Instituições, 2009, p. 149.

Subentende-se em todo contrato bilateral, como o de trabalho, uma cláusula resolutiva tácita, por força da qual a inexecução de uma parte dá à outra o direito de pedir a rescisão do contrato. No direito comum tal resolução se opera ope judicis (por meio de sentença judicial). (Délio Maranhão, Direito do Trabalho, 1993, p. 234).

A condição resolutiva tácita se tornará de rara incidência no direito do trabalho caso seja levado a efeito, no campo trabalhista, o requisito imposto pela regra civilista da interpelação judicial (CC, art. 474). Vemos como exemplo desta condição a necessidade de Inquérito Judicial para rompimento do contrato de trabalho do estável decenal por falta grave (art. 494 e 853 da CLT) e do dirigente sindical (STF, S. 197 e TST, S. 379), conforme referências no art. 543 da CLT. O empregado não estável também só pode obter o rompimento do contrato, por culpa do empregador, pela via judicial (rescisão indireta, art. 483 da CLT), sendo, portanto, mais uma hipótese de condição resolutiva tácita. A resolução do contrato, em ambos os casos, só ocorrerá com a sentença judicial de natureza constitutiva negativa.

Alexandre Agra Belmonte lembra que, além da classificação acima, as "condições materializadas através das cláusulas autolimitativas da vontade", podem ser ainda classificadas em casuais, mistas, simplesmente potestativas, puramente potestativas e captatórias. As permitidas em lei são as causais, as mistas e as simplesmente potestativas (Instituições, 2009, p. 148).

Prossegue o autor explicando que as condições causais "dependem do acaso, de um fato alheio à vontade do sujeito" (2009, p. 149). Cito como exemplo: o recebimento de uma gratificação ao vendedor condicionada ao sucesso das vendas de toda a equipe na qual se insere o empregado.

A condição potestativa depende da vontade do sujeito, sendo simplesmente potestativa aquela que "somente de forma relativa subordina o evento ao arbítrio de uma das partes." (2009, p. 150). Exemplo: o empregador só pagará a participação nos lucros quando terminar o balanço semestral.

A condição potestativa ou potestativa pura (vedada pelo direito) é aquela que vincula a realização do evento ao arbítrio exclusivo de uma das partes. Exemplos: **a)** o empregador só pagará participação nos lucros se sobrar algum dinheiro após a retirada de pro labore pelos sócios; **b)** a jurisprudência trabalhista resolveu atribuir eficácia à cláusula de acordo coletivo que condicionava o reajuste salarial à vontade do empregador em negociar, tornando-a condição potestativa pura. Neste sentido a OJ-SDI1T-26 BANERJ. PLANO BRESSER. ACORDO COLETIVO DE TRABALHO DE 91. NÃO É NORMA PROGRAMÁTICA (DJ 09.12.2003) É de eficácia plena e imediata o "caput" da cláusula 5ª do Acordo Coletivo de Trabalho de 1991/1992 celebrado pelo Banerj contemplando o pagamento de diferenças salariais do Plano Bresser, sendo devido o percentual de 26,06% nos meses de janeiro a agosto de 1992, inclusive.

As condições mistas são aquelas que "dependem, simultaneamente, da vontade de uma das partes e de fato de terceiro ou outro fator alheio à vontade do sujeito." (Belmonte, Instituições, 2009, p. 150). É mista porque resulta da mistura da condição casual com a potestativa. Exemplo: o empregador só fornecerá novas ferramentas a seus empregados quando o fabricante substituir as antigas. Neste exemplo a condição é válida, uma vez que a mistura envolveu uma condição simplesmente potestativa (permitida) com a casual.

A condição captatória condiciona "a instituição de herdeiro, ou legatário, a que este disponha, também por testamento, em benefício do testador ou terceiro: faz-se, na verdade, buscando a captação em proveito próprio, e retirando de outrem a liberdade de disposição. É nula a disposição (art. 1900, I, do Código Civil)." (2009, p. 151). Pela própria explicação se percebe a falta de interesse direto com a relação de trabalho.

1.4.4.1. Espécies de termo

A certeza da realização do evento é a principal característica do "termo" e seu traço distintivo com a condição, cujo acontecimento não se pode assegurar. Existem termos com prazo definido, podendo ser determinada a data do acontecimento. Exemplo: contrato de experiência, pois mesmo quando ocorre sua prorrogação automática, sabe-se ao certo quando terminará. Este tipo de evento se denomina "termo certo".

Quando o acontecimento, ainda que certo quanto à sua realização, é incerto quanto ao momento em que ocorrerá se classifica como "termo incerto". Exemplo: o contrato de safra, cujo fim só se pode estimar, pois dependente da variação e da sazonalidade da atividade agrária, sujeitando-se seu termo final às condições climáticas, de terreno, de plantio, etc.

O termo pode ainda ser classificado em inicial ou final. Será inicial quanto à data estabelecendo o começo dos efeitos do ato ou de um negócio jurídico e será final quando for definida a data do término dos efeitos. Exemplo: o contrato do trabalhador temporário, espécie de contrato por prazo determinado, começa e termina em datas previamente estabelecidas.

Quanto à eficácia do ato, pode-se dizer que o termo é suspensivo quando o evento certo suspende a eficácia do ato até seu implemento. Exemplo: o contrato de experiência só se iniciará na data "x". O termo é resolutivo quando a eficácia do negócio jurídico trabalhista só terminar com seu advento. Exemplo: o empregador firma com seus empregados acordo individual de prorrogação de jornada somente até o natal.

1.4.4.2. Modo ou Encargo

O ato subordinado a encargo é eficaz e, diante de sua natureza obrigacional, a não ocorrência do evento acarreta o desfazimento do negócio. O encargo não é a obrigação em si, mas o modo como o sujeito se obrigou a cumprir a prestação.

Como explica Belmonte: "é um ônus imposto a uma liberalidade, por exemplo, o empréstimo de um imóvel ao empregado João, para nele permanecer e enquanto tomar conta do bem;". Prossegue o autor, distinguindo-o da condição: "a diferença entre o encargo e a condição é que nesta existe incerteza quanto à realização do evento, deixando o ato de produzir efeitos se a condição se realizar (condição resolutiva) ou passando a produzi-los, se ela vier a se verificar (condição suspensiva), enquanto no encargo é ele uma obrigação que depende da realização de um ato material, existindo incerteza apenas quanto ao momento e podendo o negócio ser desfeito, por inadimplemento, se o encargo não for realizado." (Instituições, 2009, p. 152).

1.5. Vícios do contrato de trabalho

Sobre a prática de atos nulos e seus efeitos na configuração do contrato de trabalho vide comentários aos artigos 9º e 403 da CLT.

2. SÚMULAS E ORIENTAÇÕES JURISPRUDENCIAIS

▸ **Súmula nº 129/TST**

CONTRATO DE TRABALHO. GRUPO ECONÔMICO (mantida) – Res. 121/2003, DJ 19, 20 e 21.11.2003

A prestação de serviços a mais de uma empresa do mesmo grupo econômico, durante a mesma jornada de trabalho, não caracteriza a coexistência de mais de um contrato de trabalho, salvo ajuste em contrário.

- **Súmula nº 363/TST**

CONTRATO NULO. EFEITOS (nova redação) – Res. 121/2003, DJ 19, 20 e 21.11.2003

A contratação de servidor público, após a CF/1988, sem prévia aprovação em concurso público, encontra óbice no respectivo art. 37, II e § 2º, somente lhe conferindo direito ao pagamento da contraprestação pactuada, em relação ao número de horas trabalhadas, respeitado o valor da hora do salário mínimo, e dos valores referentes aos depósitos do FGTS.

- **Súmula nº 386/TST**

POLÍCIAL MILITAR. RECONHECIMENTO DE VÍNCULO EMPREGATÍCIO COM EMPRESA PRIVADA (conversão da Orientação Jurisprudencial nº 167 da SBDI-1) – Res. 129/2005, DJ 20, 22 e 25.04.2005

Preenchidos os requisitos do art. 3º da CLT, é legítimo o reconhecimento de relação de emprego entre polícial militar e empresa privada, independentemente do eventual cabimento de penalidade disciplinar prevista no Estatuto do Polícial Militar. (ex-OJ nº 167 da SBDI-1 – inserida em 26.03.1999)

- **Súmula 430 – TST**

ADMINISTRAÇÃO PÚBLICA INDIRETA. CONTRATAÇÃO. AUSÊNCIA DE CONCURSO PÚBLICO. NULIDADE. ULTERIOR PRIVATIZAÇÃO. CONVALIDAÇÃO. INSUBSISTÊNCIA DO VÍCIO – Res. 177/2012, DEJT divulgado em 13, 14 e 15.02.2012

Convalidam-se os efeitos do contrato de trabalho que, considerado nulo por ausência de concurso público, quando celebrado originalmente com ente da Administração Pública Indireta, continua a existir após a sua privatização.

- **OJ-SDI1-199/TST**

JOGO DO BICHO. CONTRATO DE TRABALHO.. NULIDADE. OBJETO ILÍCITO (título alterado e inserido dispositivo) – DEJT divulgado em 16, 17 e 18.11.2010

É nulo o contrato de trabalho celebrado para o desempenho de atividade inerente à prática do jogo do bicho, ante a ilicitude de seu objeto, o que subtrai o requisito de validade para a formação do ato jurídico.

2. INFORMATIVOS DO TST

- ***Ação Civil Pública. Contratação de motociclistas para transporte de mercadorias por meio de cooperativa. Presença dos elementos caracterizadores do vínculo de emprego. Terceirização ilícita. Condenação de não fazer. Proporcionalidade.***

A SBDI-I considerou desproporcional a determinação de que empresa se abstenha de contratar serviço de entregas domiciliares, mediante empresa interposta, quando a declaração de ilicitude da terceirização tem por fundamento a constatação de fraude na contratação de empregados por intermédio de cooperativa. Ressaltou-se que, no caso, a ilicitude da terceirização não estava relacionada diretamente com a atividade de transporte de mercadorias, a qual não se confunde com a atividade-fim da empresa, que é a comercialização e manipulação de produtos farmacêuticos, mas com a presença dos elementos caracterizadores do vínculo de emprego. Com esse entendimento, a Subseção, por unanimidade, conheceu do recurso de embargos, por divergência jurisprudencial e, no mérito, deu-lhes provimento parcial para restringir a condenação de não fazer atribuída à ré à determinação de se abster da prática do procedimento fraudatório evidenciado nos autos, sob pena de multa diária no valor duzentos reais, a contar do trânsito em julgado da decisão, a ser convertida em favor do Fundo de Amparo ao Trabalhador. TST-E-ED-RR-152800-16. 2001.5.03.0019, SBDI-I, rel. Min. Aloysio Corrêa da Veiga, 12.12.2013 (Informativo nº 70)

- ***Estabilidade provisória do art. 55 da Lei 5.764/71. Membro de Conselho de Administração de Cooperativa. Exercício de funções diretivas.***

O membro de Conselho de Administração de sociedade cooperativa faz jus à estabilidade provisória de que trata o art. 55 da Lei nº 5.764/71, desde que exerça também funções diretivas. Com esse entendimento, a SB-DI-I, por unani midade, conheceu dos embargos, por divergência jurisprudencial e, no mérito, por maioria, deu-lhes provimento para restabelecer a decisão do TRT que, mantendo a sentença, reconheceu a estabilidade pretendida pelo reclamante. Vencidos os Ministros Renato de Lacerda Paiva e Maria Cristina Irigoyen Peduzzi. TST-E-RR-1409976-74.2004.5.01.0900, SBDI-I, rel. Min. Lelio Bentes Côrrea, 28.2.2013 (Informativo nº 38)

3. QUESTÕES DE CONCURSOS

01. (FUNDAC-PB/ADVOGADO/CESPE/2008) A Empresa Mar Grande Ltda. convidou Antônio para trabalhar como auxiliar de serviços gerais. Ficaram acertadas previamente as condições de horário, salário e chefia. Porém, não foi anotada a carteira de trabalho de Antônio. A partir dessa situação hipotética, assinale a opção correta.

a) Constituem prova da existência do contrato de trabalho as anotações na carteira de trabalho, sem as quais não poderá ser caracterizado o vínculo.

b) Antônio não poderá pleitear o vínculo com a Empresa Mar Grande, pois foi omisso e sequer assinou um contrato de trabalho com a empresa.

c) A CLT admite a existência de contrato tácito ou expresso, de forma que Antônio pode buscar o reconhecimento do vínculo, independentemente de anotações na carteira de trabalho, desde que prove a existência de subordinação, pagamento de salário e permanência.

d) Para que a empresa Mar Grande seja vitoriosa em eventual ação judicial movida por Antônio, pleiteando vínculo empregatício, basta que alegue a negativa do fornecimento da carteira de trabalho por parte de Antônio para as devidas anotações.

02. (TRT 2 – Juiz do Trabalho Substituto 2ª região/ 2012) Em relação aos institutos da renúncia e transação no Direito Individual do Trabalho, conforme jurisprudência sumulada do TST, é INCORRETO afirmar que: em razão da possibilidade da realização de atos contratuais trabalhistas de forma tácita, nos moldes do artigo 442 da CLT, a transação sobre a modalidade de cumprimento de jornada em regime de compensação pode ser pactuado tacitamente, não se exigindo a forma escrita.

03. (TRT 14 – Juiz do Trabalho Substituto 14ª região/ 2012) Analise as assertivas abaixo e após marque a única alternativa correta: como o contrato de emprego pode ser tácito, a existência de prestação de serviços, mesmo sem qualquer formalização, pode autorizar a configuração de vínculo de emprego, desde que presentes os elementos fático-jurídicos previstos na CLT.

04. (FCC – Analista Judiciário – Área Administrativa – TRT 5/2013) A Consolidação das Leis do Trabalho – CLT prevê requisitos indispensáveis para configuração do contrato individual de trabalho, que é o acordo tácito ou expresso, correspondente a uma relação de emprego. Assim, conforme normas legais, NÃO é requisito da relação de emprego:

a) exclusividade na prestação dos serviços.

b) não eventualidade dos serviços.

c) onerosidade dos serviços prestados.

d) prestação pessoal dos serviços.

e) subordinação jurídica do empregado ao empregador.

05. (FCC – Analista Judiciário – Área Judiciária – TRT 5/2013) Os salários devem ser pagos ao empregado, independentemente da empresa ter auferido lucros ou prejuízos, uma vez que os riscos da atividade econômica pertencem única e exclusivamente ao empregador. Tal assertiva baseia-se no requisito caracterizador da relação de emprego denominado

a) pessoalidade.

b) alteridade.

c) não eventualidade.

d) onerosidade.

e) subordinação.

GAB	1	C	2	C	3	C	4	A	5	B

✦ **COOPERATIVA DE TRABALHO: INEXISTÊNCIA DE VÍNCULO DE EMPREGO**

Parágrafo único. Qualquer que seja o ramo de atividade da sociedade cooperativa, não existe vínculo empregatício entre ela e seus associados, nem entre estes e os tomadores de serviços daquela. (Incluído pela Lei nº 8.949, de 9.12.1994)

1. COMENTÁRIOS

1.1. Efeitos da Lei nº 12.690/2012

A Lei nº 12.690/2012 teve a intenção inicial de revogar o § único do art. 442 da CLT. Contudo, o art. 30 que promovia tal revogação foi vetado, pelas seguintes razões: “O dispositivo da

CLT que se pretende revogar disciplina a matéria de forma ampla e suficiente, sendo desnecessária regra específica para as cooperativas de trabalho." A lei foi sancionada com este veto. Portanto, o art. 442, § único da CLT continua íntegro. Curiosamente, o texto sancionado contém a seguinte contradição: a lei nova regulamenta as cooperativas de trabalho, mas seu artigo 30 foi vetado por se entender que não havia qualquer necessidade de regulamentação das cooperativas de trabalho. Ora! Vetasse então a Presidente da República toda a Lei!

A mens legis da CLT foi reproduzida na redação do artigo 4º da Lei nº 12.690/2012, in verbis: "A Cooperativa de Trabalho pode ser: I – de produção, quando constituída por sócios que contribuem com trabalho para a produção em comum de bens e a cooperativa detém, a qualquer título, os meios de produção; e II – de serviço, quando constituída por sócios para a prestação de serviços especializados a terceiros, sem a presença dos pressupostos da relação de emprego.".

O regramento anterior sobre cooperativa, incluída a Lei nº 5.764, de 16.12.71, também não foi revogado. Muito pelo contrário. O art. 1º, da Lei nº 12.690/2012 assim dispõe: "A Cooperativa de Trabalho é regulada por esta Lei e, no que com ela não colidir, pelas Leis nos 5.764, de 16 de dezembro de 1971, e 10.406, de 10 de janeiro de 2002 – Código Civil.". Em verdade, as leis aqui citadas tratam sobre cooperativas de forma geral, enquanto a Lei nº 12.690/2012 cuida somente das cooperativas de trabalho.

Conforme o código civil, as sociedades são classificadas em não personalizadas, e personalizadas, estas se subclassificando em empresária e simples, de acordo com o objeto de sua atividade. Como explica Marcos Ehrhardt Jr., com apoio em Fábio Ulhoa Coelho, a distinção entre simples e empresárias depende da forma de organização da exploração da atividade econômica, ou seja, "o modo de explorar o seu modo social". Prossegue o autor: "Considera-se empresária a sociedade quando em sua atuação são articulados os fatores de produção que caracterizam a atividade empresarial: capital, mão de obra, insumo e tecnologia, mediante um dos modelos definidos pelo Código Civil, nos arts. 966 a 982, a saber: sociedade em nome coletivo, em comandita simples, em comandita por ações, limitada ou autônoma." (Direito Civil, vol. I, 2009, p. 272).

As sociedades simples (artigos 997 a 1.038) exploram atividades econômicas de natureza intelectual, sejam científicas, literárias ou artísticas. Normalmente são constituídas por profissionais liberais que atuam numa mesma área (sociedades uniprofissionais) ou por prestadores de serviços técnicos. Ensina Ehrhardt Jr: "Estas pessoas jurídicas não empreendem atividade empresarial, pois o trabalho, ainda que realizado de modo profissional e habitual, é prestado diretamente por um dos sócios, razão pela qual sua criação exige apenas o registro no Cartório do Registro Civil de Pessoas Jurídicas e não no do Registro Público de Empresas Mercantis. (2009, p. 273).

A atuação de seus membros ocorre sem empresariedade, pois não existe intermediação de fatores de produção, diferente da sociedade empresária.

Pelos motivos acima, as cooperativas, entre estas as de trabalho ou de serviço, que interessam ao nosso estudo, são definidas no código civil como sociedades simples (art. 982, § único).

Sem conflitos com as disposições do Código Civil, o art. 3º, da Lei nº 5.764, de 16.12.71, estabelece que: "celebram contrato de "sociedade" cooperativa as pessoas que reciprocamente se obrigam a contribuir com bens ou serviços para o exercício de uma atividade econômica, de proveito comum, sem objetivo de lucro." (grifei).

As normas específicas do código civil quanto à cooperativa (artigos 1093 a 1096) não são disposições gerais e naquilo em que conflitarem com a Lei nº 5.764/71, devem prevalecer, diante da regra da revogação tácita (art. 2º, § 1º, da LINB).

As pessoas reunidas em cooperativa têm a intenção de unir forças com o intuito de aumentar o resultado de seu trabalho, conseguindo melhor estrutura administrativa de apoio, maior quantidade de clientes, garantindo, com esta união, um incremento na remuneração de cada um de seus integrantes, proporcionalmente ao número de quotas de cada cooperado. Trata-se aqui de sua dupla qualidade, a de atender aos clientes e aos próprios cooperados.

1.2. Características da cooperativa: ausência de vínculo de emprego

A intenção legal foi somente a de resgatar o cooperativismo, sem que se possa falar em qualquer inovação, pois se existe uma associação de pessoas com interesse comum, sem que um explore a prestação de serviços do outro com o objetivo de lucro, jamais poderia haver vínculo de emprego. Esta intenção já aparecia claramente no art. 90 da Lei nº 5.764/71: "qualquer que seja o tipo de cooperativa, não existe vínculo de emprego entre ela e seus associados." A cooperativa, para bem exercer sua função, terá empregados de apoio administrativo, como por exemplo, os recepcionistas e operadores de radiotelefonia de cooperativas de táxi, que ficam em sua sede recebendo ligações dos clientes e repassando as chamadas para os taxistas. Quanto a estes trabalhadores a cooperativa responderá como empregador (art. 91 da Lei nº 5.764/71 e art. 2º, § 1º, da CLT).

Para que a cooperativa não sirva como instrumento de fraude, mascarando verdadeiro contrato de emprego, é imprescindível que sejam respeitados os princípios do cooperativismo, quais sejam, interesses conjugados com fim comum, ausência de finalidade lucrativa, deliberação coletiva pelos cooperados, livre adesão, retorno e repartição das sobras, impossibilidade de transferência das quotas para terceiros (mesmo por sucessão hereditária), só para citar os mais destacados.

Lei nº 12.690/2012, em seu art. 3º, deu destaque aos princípios do cooperativismo: "Art. 3º. A Cooperativa de Trabalho rege-se pelos seguintes princípios e valores: I – adesão voluntária e livre; II – gestão democrática; III – participação econômica dos membros; IV – autonomia e independência; V – educação, formação e informação; VI – Inter cooperação; VII – interesse pela comunidade; VIII – preservação dos direitos sociais, do valor social do trabalho e da livre iniciativa; IX – não precarização do trabalho; X – respeito às decisões de assembleia, observado o disposto nesta Lei; XI – participação na gestão em todos os níveis de decisão de acordo com o previsto em lei e no Estatuto Social.".

A não precarização do trabalho, preconizada no inciso IX, acima transcrito, é materializada na vedação de uso da cooperativa para intermediação de mão de obra, como se percebe da redação de seu art. 5º: "A Cooperativa de Trabalho não pode ser utilizada para intermediação de mão de obra subordinada.".

O próprio objeto social da cooperativa pode indicar sua intenção de servir de instrumento de fraude, como naquelas cuja finalidade, que envolve desde serviços de assessoramento em informática, passando por área de educação e segurança, até marketing, sem qualquer conexão entre as atividades e seus sujeitos, sem que se possa aferir o fim comum. A previsão legal segundo a qual a cooperativa pode exercer qualquer tipo de atividade (art. 90, da Lei nº 5.764) não representa autorização para a inclusão em seu objeto social de atividades profissionais absolutamente desconexas.

Observado os princípios acima delineados, que caracterizam uma verdadeira cooperativa de trabalho, nada obsta que a sociedade simples legitimamente constituída seja utilizada na terceirização de atividades-meio do tomador de serviços (S. 331, III, do TST), ou mesmo executando serviços ligados à própria finalidade do negócio, desde que realmente não haja ingerência do contratante a ponto de subordinar os cooperados, tornando-os empregados. Esta possibilidade, que já defendíamos desde a primeira edição de nossa CLT, ficou bem clara na redação do art. 4º, II, da Lei nº 12.690/12, se referindo à prestação de serviços especializados a terceiros. Esta é a restrição para a prestação de serviços pela cooperativa: os serviços devem ser especializados.

O art. 7º, caput, da CF não restringe os direitos sociais que prevê em seus incisos aos trabalhadores subordinados. Muito pelo contrário, pois o inciso XXXIV do art. 7º prevê a equiparação dos trabalhadores com vínculo empregatício permanente aos trabalhadores avulsos.

A extensão de direitos aos trabalhadores cooperados, mesmo diante da ausência de vínculo de emprego, foi promovida pelo art. 7º, da Lei nº 12.690/12, conforme transcrição a seguir.

> Art. 7º A Cooperativa de Trabalho deve garantir aos sócios os seguintes direitos, além de outros que a Assembleia Geral venha a instituir:
>
> I – retiradas não inferiores ao piso da categoria profissional e, na ausência deste, não inferiores ao salário mínimo, calculadas de forma proporcional às horas trabalhadas ou às atividades desenvolvidas;
>
> II. – duração do trabalho normal não superior a 8 (oito) horas diárias e 44 (quarenta e quatro) horas semanais, exceto quando a atividade, por sua natureza, demandar a prestação de trabalho por meio de plantões ou escalas, facultada a compensação de horários;
>
> III – repouso semanal remunerado, preferencialmente aos domingos;
>
> IV – repouso anual remunerado;
>
> V – retirada para o trabalho noturno superior à do diurno;
>
> VI – adicional sobre a retirada para as atividades insalubres ou perigosas;
>
> VII – seguro de acidente de trabalho.
>
> § 1º – Não se aplica o disposto nos incisos III e IV do caput deste artigo nos casos em que as operações entre o sócio e a cooperativa sejam eventuais, salvo decisão assemblear em contrário.
>
> § 2º – A Cooperativa de Trabalho buscará meios, inclusive mediante provisionamento de recursos, com base em critérios que devem ser aprovados em Assembleia Geral, para assegurar os direitos previstos nos incisos I, III, IV, V, VI e VII do caput deste artigo e outros que a Assembleia Geral venha a instituir.

1.3. Dirigente de Cooperativa de Empregados

O artigo 55 da Lei nº 5764/71 estabelece que os empregados de empresas que sejam eleitos diretores de sociedades cooperativas pelos mesmos criadas gozarão das garantias asseguradas aos dirigentes sindicais pelo art. 543 da CLT. O empregado, portanto, não perdendo esta qualidade, passa a dirigir sociedade cooperativa criada por empregados.

A Lei nº 5.764 não fixa o número de dirigentes da cooperativa, deixando liberdade para o estatuto fazê-lo. Tampouco o art. 55 da citada lei faz referência ao art. 522 da CLT a ponto de se considerar que houve remissão ao número de 7 (sete) dirigentes previstos para a entidade sindical.

A S. 369, II, do TST, só prevê estabilidade aos 7 (sete) dirigentes sindicais mencionados no art. 522 da CLT. Cabe ao intérprete saber se esta restrição também se estenderia aos dirigentes de cooperativas de empregados. Entendemos que a restrição imposta pela jurisprudência ao caso particular dos dirigentes sindicais não se estende aos dirigentes de cooperativa de empregados. Portanto, todos os diretores da cooperativa terão direito à garantia de emprego prevista no art. 543, § 3º, da CLT (no mesmo sentido: Martins, Direito do Trabalho, 2009, p. 426, que, no entanto, ressalta que eventuais abusos, elegendo-se número exagerado de dirigentes, deverá ser coibida pelo Judiciário; contra, defendendo a mesma restrição dos dirigentes sindicais: Vólia Bomfim Cassar, Direito do Trabalho, 2009, p. 933).

O entendimento dominante é o de que essa garantia provisória de emprego se destina apenas aos diretores de cooperativas criadas pelos empregados, não alcançando os suplentes, nem os membros do Conselho Fiscal. Isto porque o texto do art. 543, par. 3º, da CLT, aplicável diante da remissão feita pelo art. 55 da Lei 5.764/71, é norma que deve ser interpretada restritivamente. Neste sentido a OJ nº 365, do TST e, quanto ao dirigente de cooperativa, a OJ 253, da SBDI-1/TST.

Também diante da expressa remissão feita no art. 55 da Lei 5.764 ao art. 543 da CLT, o dirigente de cooperativa de empregados só fará jus à garantia de emprego se comunicar seu empregador no prazo de 24 (vinte e quatro) horas do registro da candidatura e, se for eleito, da sua eleição e posse, ou se a comunicação for feita no curso do mandato (art. 543, § 5º da CLT c/c S. 369, I, do TST).

Da mesma forma, o diretor de cooperativa só poderá ser dispensado se o empregador ajuizar inquérito para apuração de falta grave, conforme se exige para o dirigente sindical (CLT, art. 543, § 3º e S. 379 do TST).

O dirigente de cooperativa terá seu tempo de mandato previsto no estatuto da sociedade cooperativa (art. 21, V, da Lei nº 5.764), mas não podendo ser superior a quatro anos (art. 47 da mesma lei). Quanto ao dirigente sindical, nem a lei ordinária (art. 543, par. 3º, da CLT), nem a Constituição da República (art. 8º, VIII), definiram o tempo do mandato, só fixando que a proteção se estenderá até 01 ano após o término do mesmo.

2. SÚMULAS E ORIENTAÇÕES JURISPRUDENCIAIS

- **Súmula nº 331, II – TST**

CONTRATO DE PRESTAÇÃO DE SERVIÇOS. LEGALIDADE (nova redação do item IV e inseridos os itens V e VI à redação) – Res. 174/2011, DEJT divulgado em 27, 30 e 31.05.2011 (...)

II – A contratação irregular de trabalhador, mediante empresa interposta, não gera vínculo de emprego com os órgãos da Administração Pública direta, indireta ou fundacional (art. 37, II, da CF/1988).

- **OJ 321 SBDI-1/TST**

VÍNCULO EMPREGATÍCIO COM A ADMINISTRAÇÃO PÚBLICA. PERÍODO ANTERIOR À CF/1988. (nova redação, DJ 20.04.2005)

Salvo os casos de trabalho temporário e de serviço de vigilância, previstos nas Leis nºs 6.019, de 03.01.74, e 7.102, de 20.06.83, é ilegal a contratação de trabalhadores por empresa interposta, formando-se o vínculo empregatício diretamente com o tomador dos serviços, inclusive ente público, em relação ao período anterior à vigência da CF/88.

▸ **OJ-SDI1-253/TST**

ESTABILIDADE PROVISÓRIA. COOPERATIVA. LEI Nº 5.764/71. CONSELHO FISCAL. SUPLENTE. NÃO ASSEGURADA (inserida em 13.03.2002)

O art. 55 da Lei nº 5.764/71 assegura a garantia de emprego apenas aos empregados eleitos diretores de Cooperativas, não abrangendo os membros suplentes.

3. QUESTÕES DE CONCURSOS

01. (TRIBUNAL REGINAL DA 9ª REGIÃO/ANALISTA JUDICIÁRIO/CESPE/2007) A CLT autoriza a formação de cooperativas destinadas a prestação de serviços. Não há vínculo de emprego entre elas e seus associados ou entre estes e os tomadores da mão-de-obra, exceto quando a associação for mera simulação ou resultar em fraude aos direitos trabalhistas.

02. (FCC – Juiz do Trabalho Substituto 11ª região/ 2012) Sobre as relações de trabalho lato sensu, considere: O princípio da dupla qualidade informa que o trabalhador filiado tem de ser, ao mesmo tempo, em sua cooperativa, 'cooperado' e 'cliente', auferindo as vantagens dessa duplicidade de situações, ou seja, deve haver a prestação direta de serviços aos associados cooperados, conforme expressa previsão legal.

GAB	1	C	2	C

✦ **EXPERIÊNCIA PRÉVIA**

Art. 442-A. Para fins de contratação, o empregador não exigirá do candidato a emprego comprovação de experiência prévia por tempo superior a 6 (seis) meses no mesmo tipo de atividade.(Incluído pela Lei nº 11.644, de 10.03.2008).

1. COMENTÁRIOS

Observa-se no Brasil uma enorme dificuldade do jovem conseguir ocupar uma vaga no mercado de trabalho. Esta norma visa tutelar o interesse desta camada etária da população, impedindo o empregador de exigir experiência superior a 6 (seis) meses. A regra admite exceções à medida que se exige mais experiência para certas funções especificas: advogados, gerentes, etc. No sentido destas exceções destaca o texto constitucional, em seu art. 5º, XIII: "é livre o exercício de qualquer trabalho, ofício ou profissão, atendidas as qualificações profissionais que a lei estabelecer;". A exceção, contudo, não pode se transformar em regra geral, frustrando-se, assim, a intenção legal.

O cuidado com o potencial empregado, com pouca experiência ou inexperiente, por força da Lei nº 11.644/2008 (alterando o art. 442 original), buscou materializar o princípio da igualdade, previsto no art. 5º, I, da CF: "Todos são iguais perante a lei, sem distinção de qualquer natureza...".

Também foi detalhada, com a alteração legal, a proteção geral contida no art. 1º, da Lei nº 9.029/95: "Fica proibida qualquer prática discriminatória e limitativa para efeito de acesso à relação de emprego, ou sua manutenção, por motivo de idade, ressalvadas, neste caso, as hipóteses de proteção ao menor previstas no inciso XXXIII do art. 7º da Constituição Federal.".

A proteção legal foi ampliada com a redação conferida ao art. 1º da Lei nº 9.029/95 pelo Estatuto do Deficiente (Lei nº 13.146, de 6.7.2015), nos seguintes termos: "Art. 1º É proibida a adoção de qualquer prática discriminatória e limitativa para efeito de acesso à relação de trabalho, ou de sua manutenção, por motivo de sexo, origem, raça, cor, estado civil, situação familiar, deficiência, reabilitação profissional, idade, entre outros, ressalvadas, nesse caso, as hipóteses de proteção à criança e ao adolescente previstas no inciso XXXIII do art. 7º da Constituição Federal." (NR)

2. QUESTÕES DE CONCURSO

01. (FCC – Analista Judiciário – Área Administrativa – TRT 2/2014) De acordo com a previsão legal, para fins de contratação, o empregador não poderá exigir do empregado comprovação de experiência prévia no mesmo tipo de atividade por tempo superior a

a) 3 meses.

b) 4 meses.

c) 6 meses.

d) 1 ano.

e) 8 meses.

GAB	1	C

✦ TRABALHADOR AUTÔNOMO

Art. 442-B. A contratação do autônomo, cumpridas por este todas as formalidades legais, de forma contínua ou não, afasta a qualidade de empregado prevista no art. 3º desta Consolidação. (Redação da MPV nº 808, de 14.11.2017)

§ 1º É vedada a celebração de cláusula de exclusividade no contrato previsto no *caput*. (Incluído pela Medida Provisória nº 808, de 2017)

§ 2º Não caracteriza a qualidade de empregado prevista no art. 3º o fato de o autônomo prestar serviços a apenas um tomador de serviços. (Incluído pela Medida Provisória nº 808, de 2017)

§ 3º O autônomo poderá prestar serviços de qualquer natureza a outros tomadores de serviços que exerçam ou não a mesma atividade econômica, sob qualquer modalidade de contrato de trabalho, inclusive como autônomo. (Incluído pela Medida Provisória nº 808, de 2017)

§ 4º Fica garantida ao autônomo a possibilidade de recusa de realizar atividade demandada pelo contratante, garantida a aplicação de cláusula de penalidade prevista em contrato. (Incluído pela Medida Provisória nº 808, de 2017)

§ 5º Motoristas, representantes comerciais, corretores de imóveis, parceiros, e trabalhadores de outras categorias profissionais reguladas por leis específicas relacionadas a atividades compatíveis com o contrato autônomo, desde que cumpridos os requisitos do *caput*, não possuirão a qualidade de empregado prevista o art. 3º. (Incluído pela Medida Provisória nº 808, de 2017)

§ 6º Presente a subordinação jurídica, será reconhecido o vínculo empregatício. (Incluído pela Medida Provisória nº 808, de 2017)

§ 7º O disposto no *caput* se aplica ao autônomo, ainda que exerça atividade relacionada ao negócio da empresa contratante. (Incluído pela Medida Provisória nº 808, de 2017)

1. COMENTÁRIOS

O dispositivo do art. 442-B, inserido na CLT pela reforma trabalhista, é mais uma regra que demonstra o total desconhecimento de preceitos básicos de Direito do Trabalho. A regra deixa de enfatizar a principal distinção entre o trabalhador autônomo e o empregado.

O núcleo da relação de emprego é a subordinação jurídica, que torna o empregado dependente de seu empregador, estando vinculado ao mesmo pelo contrato de trabalho e protegido pelas normas trabalhistas de ordem pública.

É exatamente a ausência de subordinação que define o trabalhador autônomo. A ausência deste pressuposto ou requisito da relação de emprego impede a formalização do contrato de trabalho, e o exclui da proteção do direito do trabalho.

O autônomo muitas vezes trabalha com pessoalidade, onerosidade, não eventualidade, fixando-se a um só tomador de serviços, mas, ainda assim, não se sujeita ao poder diretivo de seu cliente, deixando de estar sob sua órbita de comando. Seu contrato de prestação de serviços pode até lhe exigir exclusividade, mas, se o autônomo mantiver sua liberdade quanto à recusa de ordens que não lhe convêm e, principalmente, se assumir os riscos de sua própria atividade, não poderá ser considerado empregado.

Mauricio Godinho Delgado, In: BARROS Alice Monteiro de (Coord.), Curso de direito do trabalho: estudos em memória de Célio Goyatá. São Paulo: LTr, 1994, v. I, p. 259, assim conceitua o autônomo: "aquele que exerce, habitualmente e por conta própria, atividade profissional remunerada, explorando, assim, em proveito próprio, sua força de trabalho mesma.".

O autônomo é o prestador de serviços que mais se aproxima da figura jurídica de empregado, pois as distinções acima postas, de forma didática, nem sempre são de fácil percepção no dia a dia das relações de trabalho.

A MPV nº 808, de 14.11.2017 tenta, com alterações do texto legal, prever o impossível – caracterização, ou não, do vínculo de emprego.

Presença, ou não, de exclusividade na prestação de serviços, não é suficiente para caracterizar, ou não, o vínculo de emprego (art. 442-B, da CLT). O mesmo se diga quanto às demais alterações introduzidas pela MPV nº 808/2017, que incluiu os parágrafos 1º a 7º no referido artigo. Perda de tempo. Gasto desnecessário de dinheiro público para cunhar normas que em nada contribuem para os questionamentos acerca da existência ou configuração do vínculo de emprego. Nada pode superar a primazia da realidade. Portanto, presentes os requisitos do art. 3º da CLT haverá vínculo de emprego. Simples assim.

✦ FORMA DO CONTRATO DE TRABALHO

Art. 443. O contrato individual de trabalho poderá ser acordado tácita ou expressamente, verbalmente ou por escrito, por prazo determinado ou indeterminado, ou para prestação de trabalho intermitente. (Redação da Lei nº 13.467, de 13.07.2017).

✦ CONCEITO DE CONTRATO POR PRAZO DETERMINADO

§ 1º – Considera-se como de prazo determinado o contrato de trabalho cuja vigência dependa de termo prefixado ou da execução de serviços especificados ou ainda da realização de certo acontecimento suscetível de previsão aproximada.(Parágrafo único renumerado pelo Decreto-lei nº 229, de 28.2.1967)

✦ MODALIDADES DE CONTRATAÇÃO POR PRAZO DETERMINADO

§ 2º – O contrato por prazo determinado só será válido em se tratando: (Incluído pelo Decreto-lei nº 229, de 28.2.1967)

a) de serviço cuja natureza ou transitoriedade justifique a predeterminação do prazo;

b) de atividades empresariais de caráter transitório;

de contrato de experiência.

✦ TRABALHO INTERMITENTE

§ 3º – Considera-se como intermitente o contrato de trabalho no qual a prestação de serviços, com subordinação, não é contínua, ocorrendo com alternância de períodos de prestação de serviços e de inatividade, determinados em horas, dias ou meses, independentemente do tipo de atividade do empregado e do empregador, exceto para os aeronautas, regidos por legislação própria.(Incluído pela Lei nº 13.467, de 13.07.2017).

1. COMENTÁRIOS

1.1. Forma de contrato de trabalho

O contrato de trabalho é do tipo consensual, não sendo a forma um elemento essencial para sua configuração. A dispensa de forma especial permite que o contrato se configure expressa ou tacitamente (por mera tolerância da atividade do empregado). Sobre a forma do contrato de trabalho vide comentários ao art. 442, caput.

Esta informalidade é permitida especialmente nos contratos por prazo indeterminado, quais sejam aqueles onde só é possível a definição do momento de seu início e não do fim. Esta modalidade de contratação materializa o princípio da continuidade da relação de emprego, consagrado pela doutrina e pela jurisprudência (S. 212 do TST).

1.2. Conceito de contrato por prazo determinado

O contrato por prazo determinado pode ser estabelecido verbalmente ou por escrito, mas não de forma tácita (por simples tolerância da prestação de serviços). O pacto verbal pode muito bem ser expresso, quando os contratantes, de maneira clara, se obrigam a cumprir o contrato de trabalho por prazo determinado. É o exemplo de um contrato de safra pactuado verbalmente. A grande dificuldade do pacto verbal é a prova. A CTPS é o meio probatório do contrato escrito, mas se estipulado verbalmente admitir-se-á qualquer tipo de prova, particularmente a testemunhal.

Qualquer que seja a modalidade de contrato a termo, especificadas no § 2º, o traço principal que o configura será sempre a transitoriedade. Portanto, nos contratos por prazo determinado não basta o consenso entre os contratantes, pois também é necessário o preenchimento das circunstâncias legais que o justifiquem.

O contrato a termo só assumirá forma escrita quando a lei assim o exigir, como são exemplos o contrato do trabalhador temporário (Lei nº 6.019/74), do artista (Lei nº 6.533/78) e do atleta profissional (Lei nº 9.615/98).

1.3. Modalidades de contrato por prazo determinado

Os contratos por prazo determinado se apresentam em número representativo no direito brasileiro. Valentin Carrion, in Comentários, 2010, p. 319, distingue as circunstâncias que justificam a contratação por prazo determinado: I) contrato de estimulo a novos empregos (Lei nº 9.601/98); II) (a) transitoriedade do trabalho objeto do ajuste (§ 2º, "a", do art. 443), (b) da atividade empresarial (§ 2º, "b"), (c) em razão de um contrato sujeito à prova, referindo-se à experiência (§ 2º, "c"); ou (d) determinação legal: técnico estrangeiro, residente no exterior, admitido para trabalho especializados no Brasil, em caráter transitório (DL 691/69), o contrato de safra (art. 14, da Lei nº 5.889/73) e de obra certa com construtor (Lei nº 2.956/56).

A LC nº 150/2015, criou em seu art. 4º, II, o contrato por prazo determinado no âmbito doméstico, "para atender necessidades familiares de natureza transitória e para substituição temporária de empregado doméstico com contrato de trabalho interrompido ou suspenso."

O conceito de transitoriedade do contrato determinado doméstico está previsto no § único, do art. 4º, in verbis: "No caso do inciso II deste artigo, a duração do contrato de trabalho é limitada ao término do evento que motivou a contratação, obedecido o limite máximo de 2 (dois) anos.".

O destaque feito para a Lei nº 9.601/98 se justifica pelo fato desta norma ter representado uma quebra de paradigma, no tocante ao critério da transitoriedade do trabalho para a contratação por prazo determinado. Como se observa do teor do art. 1º da Lei nº 9.601/98: "As convenções e os acordos coletivos de trabalho poderão instituir contrato de trabalho por prazo determinado, de que trata o art. 443 da Consolidação das Leis do Trabalho – CLT, independentemente das condições estabelecidas em seu § 2º, em qualquer atividade desenvolvida pela empresa ou estabelecimento, para admissões que representem acréscimo no número de empregados."

As atividades empresariais de caráter transitório (§ 2º, "b") dizem respeito àquelas que exploram determinado nicho de negócio que só acontece em determinadas épocas do ano ou cujo evento só ocorrerá uma única vez. São exemplos as empresas criadas para explorar a exposição de produtos em determinada exposição ou congresso. A continuidade da atividade empresarial após o motivo que determinou sua existência e, consequentemente, a contratação por prazo determinado, desconfigura a exceção legal, passando o empregado a ter direito ao contrato por prazo indeterminado. Segundo esta lógica, uma empresa criada para explorar feiras e congressos diversos, mesmo que cada evento tenha duração especifica, não pode ser considerada atividade transitória para os fins de contratação de empregado por prazo determinado.

1.4. da cláusula de experiência

O objeto (principal) do contrato de trabalho é a prestação de serviços pessoal, não eventual, onerosa, subordinada e sob o risco do empregador. A experiência é, em si mesma, uma cláusula do contrato de trabalho, não possuindo objeto autônomo, desvinculado daquele (neste sentido: Prunes, Contrato, 2001, p. 18 e Thibau de Almeida, Curso, Vol. I, 1994, p. 494/495).

A cláusula de experiência, inserta na quase totalidade dos contratos por prazo indeterminado, é faculdade das partes, particularmente do empregador. A finalidade da cláusula de experiência é permitir que no prazo previsto no art. 445, § único, os sujeitos do contrato de trabalho se conheçam e se testem reciprocamente, podendo ser rescindindo a seu fim, sem pagamento de indenização por qualquer das partes.

A doutrina já admitia a cláusula de experiência no contrato doméstico, e agora a LC nº 150/2015 passou a prever expressamente no art. 4º, I, e também no art. 5º, a seguir transcrito: "Art. 5º O contrato de experiência não poderá exceder 90 (noventa) dias. § 1º O contrato de experiência poderá ser prorrogado 1 (uma) vez, desde que a soma dos 2 (dois) períodos não ultrapasse 90 (noventa) dias. § 2º O contrato de experiência que, havendo continuidade do serviço, não for prorrogado após o decurso de seu prazo previamente estabelecido ou que ultrapassar o período de 90 (noventa) dias passará a vigorar como contrato de trabalho por prazo indeterminado."

Esta finalidade da experiência faz com que muitos autores o denominem contrato de prova, como lembra Süssekind, in Curso, 2010, p. 272, ainda que o próprio reconheça tratar-se de contrato sujeito a termo (prazo) e não à condição (aprovação na experiência). Esta nomenclatura – contrato de prova – atende à corrente doutrinária que atribui à experiência a natureza de condição resolutiva, de forma que o empregador teria que demonstrar que o empregado não passou por sua "provação", a fim de deixar de indenizá-lo.

O prazo de 90 dias da cláusula de experiência, definido no art. 445, § único, da CLT, fez com que prevalecesse a tese da natureza jurídica de contrato a termo ou com prazo determinado (Carrion, Comentários, 2010, p. 325: "Prevalece o entendimento de que o contrato de prova, na legislação brasileira, é um contrato por tempo determinado."). Preferimos dizer que se trata de cláusula contratual que fixa o termo do período de experiência e não um contrato de experiência. Não se trata, portanto, de contrato de prova ou sujeito à condição resolutiva, mas sim de uma cláusula fixando um prazo (termo certo) ao fim do qual o contrato de trabalho passará a vigorar sem determinação de prazo ou se extinguirá naturalmente, sem direito à indenização de parte a parte, sem que seus sujeitos necessitem se manifestar neste sentido.

Há quem defenda a impossibilidade de renovação da cláusula de experiência quando o empregado volta a trabalhar para o mesmo empregador, na mesma função, pois não poderia ser submetido à nova experimentação. Caso o empregador lhe imponha esta condição, segundo esta tese, a cláusula seria considerada nula e o contrato de trabalho vigoraria sem determinação de prazo desde o início, ignorando-se, assim, o período de experiência equivocadamente imposto. A tese é juridicamente sustentável, pois os sujeitos não mais precisam se conhecer e se experimentar reciprocamente. Contudo, a experiência será exigível se o contrato anterior já tiver ocorrido há tempo suficiente, que justifique ao empregador pôr em dúvida se o empregado ainda está apto para exercer as funções, particularmente se no interregno tiver ocorrido mudança técnica considerável em suas atividades.

1.5. O Contrato Intermitente: prazo determinado ou indeterminado

A Lei nº 13.467, de 13.07.2017, inseriu no art. 443, *caput,* como uma das formas de contratação, o trabalho intermitente. O § 3º do referido art. 443 conceituou o trabalho intermitente. A lei não deixou claro se o contrato de trabalho intermitente ocorreria somente por prazo indeterminado, que é a regra, ou também por prazo determinado. O paradigma do modelo português, previsto no Código de Trabalho no art. 157º, nº 2, proíbe, expressamente, o trabalho intermitente na contratação a termo. Assim está regido o referido artigo: "O contrato de trabalho intermitente não pode ser celebrado a termo resolutivo ou em regime de trabalho temporário." O legislador brasileiro não teve o mesmo cuidado.

O trabalho intermitente, por sua própria imprevisibilidade, é compatível com a contratação sem prazo. Quanto a isto não há dúvida. Todavia, nada obsta, a nosso ver, que determinada empresa, cuja atividade não tenha como característica a intermitência da necessidade de mão de obra, passe, por circunstâncias econômicas, de mercado, ou quaisquer outras, por um período de intermitência. Nestas hipóteses fará uma contratação a termo, na modalidade de intermitência. O contrato intermitente é regulado no art. 452-A, da CLT, a cujos comentários nos reportamos.

2. SÚMULAS E ORIENTAÇÕES JURISPRUDENCIAIS

▸ **Súmula nº 163/TST**

AVISO PRÉVIO. CONTRATO DE EXPERIÊNCIA (mantida) – Res. 121/2003, DJ 19, 20 e 21.11.2003

Cabe aviso prévio nas rescisões antecipadas dos contratos de experiência, na forma do art. 481 da CLT (ex-Prejulgado nº 42).

▸ **Súmula nº 188/TST**

CONTRATO DE TRABALHO. EXPERIÊNCIA. PRORROGAÇÃO (mantida) – Res. 121/2003, DJ 19, 20 e 21.11.2003

O contrato de experiência pode ser prorrogado, respeitado o limite máximo de 90 (noventa) dias.

Súmula nº 212/TST

DESPEDIMENTO. ÔNUS DA PROVA (mantida) – Res. 121/2003, DJ 19, 20 e 21.11.2003 O ônus de provar o término do contrato de trabalho, quando negados a prestação de serviço e o despedimento, é do empregador, pois o princípio da continuidade da relação de emprego constitui presunção favorável ao empregado.

3. INFORMATIVOS DO TST

Contrato de experiência firmado com a empresa tomadora de serviços após o término do contrato temporário. Invalidade.

O contrato de experiência previsto no art. 443, § 2º, "c", da CLT é uma modalidade de contrato de trabalho por prazo determinado que corresponde a uma fase probatória, por meio da qual as partes observarão a existência de efetivo interesse no prosseguimento do contrato de trabalho. Assim, na hipótese em que o reclamante já prestou serviços para a reclamada na condição de trabalhador temporário, ainda que por apenas 47 dias, é inválida a sua subsequente contratação a título de experiência, porquanto a prestação de serviços anterior já cumpriu a finalidade para qual instituída essa modalidade de contrato. Com esse entendimento, a SBDI-I, por unanimidade, conheceu dos embargos da reclamada, por divergência jurisprudencial, e, no mérito, negou-lhes provimento. TST-E – RR-184500-06.2009.5.02.0262,SBDI – rel.Min.BritoPereira,24.10.2013(**Informativonº64**)

4. QUESTÕES DE CONCURSOS

01. (TRT – 17ª REGIÃO/ANALISTA ADMINISTRATIVO/CESPE/2009) Os contratos de trabalho têm prazo indeterminado ou determinado. Para este, observam-se os seguintes requisitos: serviço cuja natureza ou transitoriedade justifique a determinação do prazo; atividades empresariais de caráter transitório; ou contrato de experiência.

02. (TRT – 17ª REGIÃO/ANALISTA ADMINISTRATIVO/CESPE/2009) O limite máximo para a duração de um contrato de experiência é de 90 dias.

03. (JUIZ DO TRABALHO/TRT – 3ª REGIÃO/2009). A respeito dos contratos a termo ou de curto prazo, leia as afirmações abaixo e, em seguida, assinale a alternativa correta:

I. O contrato de curto prazo rural é um contrato a termo que pode ser celebrado por até dois meses, prorrogáveis por mais dois, para o exercício de atividades de natureza temporária por empregador pessoa física.

II. A admissão mediante contrato de experiência não constitui óbice à aquisição da estabilidade provisória da empregada gestante, visto que a proteção da maternidade deve prevalecer em face do término inicialmente previsto para o contrato.

III. O contrato de experiência pode ser prorrogado, respeitado o limite máximo de três meses.

IV. A Lei 9601 criou um novo tipo de contrato de trabalho por prazo determinado, instituído mediante convenção ou acordo coletivo ou individual, independentemente das condições estabelecidas na CLT, em qualquer atividade desenvolvida pela empresa ou estabelecimento, para admissões que representem acréscimo no número de empregados.

V. Existe permissão legal para predeterminação de prazo, por exemplo, em hipótese de substituição de empregado permanente em gozo de férias ou em licença previdenciária.

a) Somente uma afirmativa está correta.

b) Somente duas afirmativas estão corretas.

c) Somente três afirmativas estão corretas.

d) Somente quatro afirmativas estão corretas.

e) Todas as afirmativas estão corretas.

04. (JUIZ DO TRABALHO/TRT – 3ª REGIÃO/2009). Ainda a respeito dos contratos a termo, leia as afirmações abaixo e, em seguida, assinale a alternativa correta:

I. O contrato por obra certa é uma modalidade de contrato a termo, em que um empregador pessoa física contrata empregado para realização de obra ou serviço certo.

II. O contrato de experiência não se confunde com o período de experiência, que ocorreria no primeiro ano de contrato empregatício.

III. A regra da acessio temporis não incide em casos de ruptura do contrato precedente por cumprimento de seu termo final prefixado.

IV. Regra geral, inexistindo pactuação em contrário efetuada pelas partes, o tempo de afastamento decorrente de suspensão contratual será computado na contagem do prazo para a respectiva terminação.

V. O empregado que, sem justa causa, se desligar do contrato antes do termo será obrigado a indenizar o empregador, pela metade, do valor da remuneração a que teria direito até o termo do contrato.

a) Somente uma afirmativa está correta.

b) Somente duas afirmativas estão corretas.

c) Somente três afirmativas estão corretas.

d) Somente quatro afirmativas estão corretas.

e) Todas as afirmativas estão corretas.

05. (MPT/PROCURADOR DO TRABALHO/2010/ADAPTADA) O contrato por prazo determinado só é válido em se tratando de: serviço cuja natureza ou transitoriedade justifique a predeterminação do prazo; atividades empresariais de caráter transitório; contrato de experiência.

06. (Prefeitura Municipal de Americana – Procurador Jurídico/2011) Analise as proposições abaixo e assinale a opção correta.

I. O contrato de trabalho, que pressupõe a existência de uma relação de emprego, para ser validamente aceito deve preservar necessariamente a regularidade dos elementos essenciais e naturais a ele inerentes.

II. Os contratos de trabalho que possuem como objeto a prestação de serviços vedados por lei encontram-se eivados de nulidade. As consequências advindas dessa nulidade, no entanto, serão diferentes, conforme for a intensidade do interesse público violado pelo ajuste.

III. O trabalho executado por menor com idade de dezesseis anos é causa de nulidade do respectivo contrato de trabalho. Não sendo ilícito o objeto desse contrato, ao trabalhador são assegurados todos os direitos inerentes ao referido contrato.

IV. O contrato de trabalho celebrado com empresa pública após o advento da Constituição Federal, sem prévia seleção por meio de certame público é, à luz da jurisprudência predominante no âmbito do Tribunal Superior do Trabalho, considerado nulo. Os depósitos do FGTS, realizados pelo empregador, no entanto, poderão ser levantados pelo trabalhador.

a) Há somente uma proposição verdadeira.

b) Há apenas duas proposições verdadeiras.

c) Há apenas três proposições verdadeiras.

d) Todas as proposições são verdadeiras.

07. (Prefeitura Municipal de Valinhos/RN – Advogado/2011) São espécies de contrato de trabalho, exceto:

a) Contrato por safra.

b) Contrato por obra certa.

c) Contrato de Obra marítima.

d) Contrato por temporada.

e) Contrato por obra certa.

08. (ECT – Analista de Correios – Advogado/2011) A duração máxima do contrato por prazo determinado, destinado a serviço cuja natureza ou transitoriedade justifique a predeterminação do prazo, é de noventa dias.

09. (FCC – Analista Judiciário – Oficial de Justiça Avaliador – TRT 5/2013) O contrato individual de trabalho é a pactuação que se ajusta entre as partes e que corresponde à relação de emprego. Sobre tal pacto laboral, é correto afirmar que

a) o contrato de trabalho cuja vigência dependa de termo prefixado ou da execução de serviços especificados ou ainda da realização de certo acontecimento suscetível de previsão aproximada, será considerado como de prazo determinado.

b) o contrato por prazo determinado na modalidade de experiência poderá ter duração máxima de 120 (cento de vinte) dias.

c) o contrato de trabalho por prazo determinado em se tratando de atividades empresariais de caráter transitório não poderá ser estipulado por mais de 6 (seis) meses.

d) o contrato de experiência que for prorrogado, ainda que dentro do seu prazo máximo previsto em lei, passará a vigorar sem determinação de prazo.

e) as relações contratuais de trabalho podem ser objeto de livre estipulação das partes interessadas, sem qualquer limitação, em razão dos princípios da boa-fé e da liberdade contratual.

10. (FCC – Técnico Judiciário – Área Administrativa – TRT 24/2017) Relativamente ao contrato de trabalho, segundo a legislação,

a) considera-se como de prazo determinado o contrato de trabalho cuja vigência dependa de termo prefixado ou da execução de serviços especificados ou ainda da realização de certo acontecimento suscetível de previsão aproximada.

b) não se admite que o contrato individual de trabalho seja acordado de maneira tácita, mas apenas de maneira expressa, verbalmente ou por escrito e por prazo determinado ou indeterminado.

c) considera-se por prazo indeterminado todo contrato que suceder, dentro de 8 meses, a outro contrato por prazo determinado, inclusive se a expiração deste dependeu da execução de serviços especializados ou da realização de certos acontecimentos.

d) para fins de contratação, o empregador não exigirá do candidato a emprego comprovação de experiência prévia por tempo superior a 1 ano no mesmo tipo de atividade.

e) o contrato de experiência não poderá exceder de 3 meses.

GAB	1	C	2	C	3	A	4	B	5	C	6	B	7	C	8	E	9	A	10	A

✦ RESTRIÇÕES À LIVRE ESTIPULAÇÃO DOS SUJEITOS CONTRATANTES

Art. 444. As relações contratuais de trabalho podem ser objeto de livre estipulação das partes interessadas em tudo quanto não contravenha às disposições de proteção ao trabalho, aos contratos coletivos que lhes sejam aplicáveis e às decisões das autoridades competentes.

Parágrafo único. A livre estipulação a que se refere o caput deste artigo aplica-se às hipóteses previstas no art. 611-A desta Consolidação, com a mesma eficácia legal e preponderância sobre os instrumentos coletivos, no caso de empregado portador de diploma de nível superior e que perceba salário mensal igual ou superior a duas vezes o limite máximo dos benefícios do Regime Geral de Previdência Social.(Incluído pela Lei n° 13.467, de 13.07.2017).

1. COMENTÁRIOS

As normas de proteção ao trabalho tutelam a vontade do empregado, aderindo automaticamente ao contrato de trabalho, e impedindo que haja negociação sobre as mesmas. O contrato mínimo legal – representado por um conjunto de normas irrenunciáveis – deve ser observado pelos contratantes, mesmo quando estes não manifestem, expressamente, tal intenção.

A liberdade de contratação com a amplitude que predominou nos códigos jurídicos, com reflexos nas relações contratuais, vem sofrendo, no direito comum, a exemplo do que sempre aconteceu no direito do trabalho, limitações pela ação do Estado. Estas limitações são representadas por imposições legais sobre o conteúdo de alguns contratos. A este fenômeno juridico se convencionou chamar "**dirigismo contratual**". Amauri Mascaro Nascimento o conceitua como uma "política jurídica destinada a restringir a autonomia negocial na determinação dos efeitos do contrato." (Curso, 2010, p. 611). Destaca o autor que a decadência da autonomia de vontade e o dirigismo contratual são peculiares a mais de um ramo do direito, embora na gênese do direito do trabalho já estivesse presente, o que não ocorreu nos demais setores onde hoje aparece (Curso, 2010, p. 612).

Estes destaques se fazem necessários para se perceber que a interferência do Estado, tutelando a manifestação de vontade do empregado, sempre que em seu prejuízo (CLT, art. 468), não é uma característica isolada do direito do trabalho. É certo que em outros ramos do direito as razões que impõem o dirigismo contratual não são diferentes das que se observam no direito do trabalho: tutelar o sujeito do contrato quando sua situação de hipossuficiência jurídica não permitir sua livre manifestação de vontade, como ocorre, por exemplo, nos contratos de adesão em relações de consumo.

A manifestação de vontade só pode ser considerada livre, na esfera trabalhista, quando o empregado estiver em condições de exprimir, ausente de medos, coações ou pressões de seu empregador, suas verdadeiras intenções quanto ao conteúdo do contrato de trabalho; isto só será possível com a intervenção do Estado, legislando e tutelando a vontade do empregado, limitando esta manifestação de vontade quanto a **direitos considerados mínimos para a garantia da dignidade humana do trabalhador (saúde, segurança, salário-mínimo**, etc).

O critério de livre manifestação de vontade do § único do art. 444, conforme redação da Lei nº 13.467, de 13.07.2017, é fictício. Acreditar que o empregado, só porque recebe um salário superior à média nacional, está livre das pressões inerentes à relação de emprego, é absolutamente fora da realidade. O empregado, qualquer que seja seu salário, só estará exercendo livremente seu poder de contratar e negociar o conteúdo do contrato de trabalho, quando puder, efetivamente, interferir na formação das cláusulas contratuais, livre de qualquer influência empresarial. Isso só ocorre quando há participação do sindicato de classe, pois esse sim possui autonomia de vontade para, de forma livre e consciente, negociar os direitos dos empregados, inclusive em questões judiciais e administrativas, conforme previsão do art. 8º, III, CF.

2. SÚMULAS E ORIENTAÇÕES JURISPRUDENCIAIS

▸ **Súmula nº 51, I/TST**

NORMA REGULAMENTAR. VANTAGENS E OPÇÃO PELO NOVO REGULAMENTO. Art. 468 DA CLT (incorporada a Orientação Jurisprudencial nº 163 da SBDI-1) – Res. 129/2005, DJ 20, 22 e 25.04.2005

I – As cláusulas regulamentares, que revoguem ou alterem vantagens deferidas anteriormente, só atingirão os trabalhadores admitidos após a revogação ou alteração do regulamento. (ex-Súmula nº 51 – RA 41/1973, DJ 14.06.1973)

3. QUESTÕES DE CONCURSO

01. (FCC – Técnico Judiciário – Área Administrativa – TRT 5/2013) A Consolidação das Leis do Trabalho apresenta regras que classificam e apresentam características dos contratos individuais de trabalho, segundo as quais é correto afirmar que

a) o empregador poderá exigir do candidato a emprego comprovação de experiência prévia por tempo superior a 6 (seis) meses no mesmo tipo de atividade, para fins de contratação.

b) a mudança na propriedade ou na estrutura jurídica da empresa afetará os contratos de trabalho dos respectivos empregados, criando novas regras contratuais a partir dessas mudanças.

c) o contrato por prazo determinado só será válido em se tratando de contrato de experiência pelo prazo máximo de (120) cento e vinte dias.

d) as relações contratuais de trabalho podem ser objeto de livre estipulação das partes interessadas em tudo quanto não contravenha às disposições de proteção ao trabalho, aos contratos coletivos que lhes sejam aplicáveis e às decisões das autoridades competentes.

e) o contrato de trabalho por prazo determinado poderá, tácita ou expressamente, ser prorrogado até três vezes, sem que passe a vigorar por prazo indeterminado.

GAB	1	D

✦ PRAZO DE 2 (DOIS) ANOS PARA O CONTRATO A TERMO

Art. 445. O contrato de trabalho por prazo determinado não poderá ser estipulado por mais de 2 (dois) anos, observada a regra do art. 451.(Redação do Decreto-lei nº 229, de 28.2.1967)

✦ PRAZO DO CONTRATO DE EXPERIÊNCIA: 90 (NOVENTA) DIAS

Parágrafo único. O contrato de experiência não poderá exceder de 90 (noventa) dias.(Incluído pelo Decreto-lei nº 229, de 28.2.1967)

1. COMENTÁRIOS

1.1. Prorrogação do contrato dentro do prazo de 2 anos

O contrato de trabalho a termo ou por prazo determinado, como é mais conhecido, tem duração máxima de 2 anos, salvo quando a lei estabelecer, de forma expressa, prazo inferior, como é o exemplo do contrato (cláusula) de experiência, acima mencionado.

A permissão para prorrogação do contrato a termo por apenas uma vez (art. 451) não autoriza que sua duração possa se estender a 4 anos (dois anos prorrogados por mais dois). O limite é de dois anos e a prorrogação ocorrerá dentro deste lapso temporal. Este é o entendimento da maioria da doutrina (neste sentido: Russomano, Vol. I, 1993, p. 399, Martins, Comentários, 2010, p. 382, Sussekind, Curso, 2010, p. 265, F. A. de Oliveira, Comentários, 2005, p. 366 e Godinho, Curso, jan-2009, p. 497/498).

A jurisprudência também interpreta que a prorrogação do contrato só pode acontecer dentro do seu prazo máximo, como se observa da S. 188 do TST, que cuida do contrato de experiência.

Assim, caso o contrato seja fixado por 6 meses, por exemplo, e as partes resolvam prorrogá-lo por mais 2 meses, este encontrará seu termo final em 8 meses, sem outra possibilidade de extensão. Não precisa ser atingido, obrigatoriamente, o limite de 2 anos. As regras dos artigos 445 e 451 devem ser assim interpretadas, sistematicamente. Em outra hipótese, caso o contrato seja firmado, desde o início, com prazo de 2 anos, não haverá possibilidade de prorrogação, diante da limitação imposta pelo art. 451, caput.

1.2. Posição isolada: contrato a termo pode atingir 4 anos

Por ser amplamente propagada, merece menção a opinião de Valentin Carrion, in Comentários, 2010, p. 325, defendendo tese isolada: "O contrato a termo, se for uma das hipóteses autorizadas por lei (art. 443, § 2º, da CLT), pode ser prorrogado uma vez (art. 451), alcançando 4 anos; 2 no primeiro contrato, prorrogado por mais 2. "Contudo, o próprio autor ressalva que "Sussekind e Amauri entendem que o limite total seria de 2 anos...".

Mesmo diante da redação original do texto do art. 445, prevendo duração de 4 anos para o contrato por prazo determinado, o STF editou a S. 195 de sua jurisprudência uniforme: "contrato de trabalho para obra certa, ou de prazo determinado, transforma-se em contrato de prazo indeterminado, quando prorrogado por mais de 4 (quatro) anos." Ou seja, o próprio STF entendia que o contrato de trabalho a termo não poderia ultrapassar os 4 (quatro) anos, prazo máximo desta modalidade de contratação, atualmente de 2 (dois) anos, por meio do DL 229/67, que alterou o art. 445 da CLT.

1.3. Exceção da Lei nº 9.601/98

A Lei nº 9.601/98, que instituiu o denominado "contrato provisório", com o propósito de estimulo à criação de novos empregos (art. 1º, caput), expressamente exclui a possibilidade de aplicação do art. 451 da CLT, conforme redação do art. 1º, II, § 2º da referida lei. Sendo assim, pelo tempo de duração do contrato provisório (dois anos) não há limite à prorrogação. Esta previsão legal causa enorme instabilidade no emprego, permitindo, em tese, que um contrato provisório firmado com base na referida lei atinja até mesmo 23 prorrogações; para que este fato ocorra, basta que o contrato seja firmado, inicialmente, por 30 dias e seja prorrogado a cada mês, atingindo seu termo final (2 anos) após 23 prorrogações. O dispositivo legal acima citado provoca discriminação no âmbito do estabelecimento empresarial, ferindo o princípio da isonomia de tratamento, considerando que outros empregados, nas mesmas funções e condições contratuais, também admitidos por prazo determinado, mas sem sujeição às regras desta lei especial, não se submeterão a tamanha insegurança.

2. SÚMULAS E ORIENTAÇÕES JURISPRUDENCIAIS

- **Súmula nº 195/STF**
  CONTRATO DE TRABALHO PARA OBRA CERTA, OU DE PRAZO DETERMINADO, TRANSFORMA-SE EM CONTRATO DE PRAZO INDETERMINADO, QUANDO PRORROGADO POR MAIS DE QUATRO ANOS.

- **Súmula nº 188/TST**
  CONTRATO DE TRABALHO. EXPERIÊNCIA. PRORROGAÇÃO (mantida) – Res. 121/2003, DJ 19, 20 e 21.11.2003

  O contrato de experiência pode ser prorrogado, respeitado o limite máximo de 90 (noventa) dias.

3. INFORMATIVOS DO TST

- ***Cesta básica. Exclusão de empregados em contrato de experiência. Impossibilidade.***
  A exclusão dos trabalhadores em contrato de experiência do pagamento de cesta básica não se coaduna com o princípio consagrado pelo art. 3º, IV, parte final, da Constituição da República, que veda qualquer forma de discriminação na promoção do bem de todos. Com base nesse entendimento, a SDC, por unanimidade, deu parcial provimento ao recurso ordinário do sindicato da categoria profissional, suscitante do dissídio de natureza econômica, para deferir a "Cláusula Oitava – Cesta básica" conforme a redação proposta pelo sindicato suscitado, porém incluindo os empregados em contrato de experiência. TST-RO-20260-19.2010.5.04.0000, SDC, Min. Kátia Magalhães Arruda, 9.10.2012 (**Informativo nº 25**)

4. QUESTÕES DE CONCURSOS

01. (BACEN/PROCURADOR/CESPE/2009) A respeito dos contratos individuais de trabalho, julgue os itens a seguir.

I. Os contratos de trabalho podem ser verbais.

II. É vedada a prorrogação de contratos de experiência.

III. A CLT fixa o prazo máximo de dois anos para os contratos a prazo determinado em geral.

IV. As garantias constitucionais de estabilidade especial no emprego alcançam os contratos a prazo determinado.

Estão certos apenas os itens

a) I e II.

b) I e III.

c) III e IV.

d) I, II e IV.

e) II, III e IV.

02. (FCC – TRT 6 – Analista Judiciário/2012) A Consolidação das Leis do Trabalho estipula que o contrato de trabalho poderá ser ajustado por prazo determina indeterminado. Conforme previsão legal, em relação à duração é INCORRETO afirmar:

a) O contrato por prazo determinado nas modalidades de serviço cuja natureza ou transitoriedade justifique predeterminação do prazo e de atividades empresariais de caráter transitório não poderá ser estipulado por m 2 (dois) anos.

b) Considera-se como de prazo determinado o contrato de trabalho cuja vigência dependa de termo prefixado execução de serviços especificados ou ainda da realização de certo acontecimento suscetível de previsão aproximada.

c) O contrato por prazo determinado só será válido em se tratando: de serviço cuja natureza ou transitoriedade justifique predeterminação do prazo; de atividades empresariais de caráter transitório; de contrato de experiência.

d) O contrato de experiência não poderá exceder de 90 (noventa) dias e poderá ser prorrogado por até três vez 30 (trinta) dias cada uma, sem que passe a vigorar sem determinação de prazo, por respeitar-se o limite máximo previsto anteriormente.

e) Considera-se por prazo indeterminado todo contrato que suceder, dentro de 6 (seis) meses, a outro contrato por determinado, salvo se a expiração deste dependeu da execução de serviços especializados ou da realização de acontecimentos.

03. (TRT – 2ª REGIÃO/JUIZ DO TRABALHO/2009/ADAPTADO) À luz da CLT, o contrato a termo somente será válido em se tratando de serviços cuja natureza ou transitoriedade justifique a predeterminação do prazo; de atividades empresariais de caráter transitório ou de contrato de experiência; sendo que os dois primeiros não poderão ser estipulados por mais de 2 (dois) anos e o último não poderá ultrapassar 90 (noventa) dias.

04. (MPT/PROCURADOR DO TRABALHO/2010/ADAPTADA) O contrato por prazo determinado não poderá ser estipulado por mais de dois anos. Se, no entanto, sofrer prorrogação será considerado sem determinação de prazo. O contrato de experiência não poderá exceder de cento e oitenta dias.

GAB	1	B	2	D	3	C	4	E

Art. 446. Revogado pela Lei nº 7.855, de 24.10.1989.

✦ **CONDIÇÃO ESSENCIAL DE VALIDADE: ADERÊNCIA AO CONTRATO VERBAL**

Art. 447. Na falta de acordo ou prova sobre condição essencial ao contrato verbal, esta se presume existente, como se a tivessem estatuído os interessados na conformidade dos preceitos jurídicos adequados à sua legitimidade.

1. COMENTÁRIOS

Este dispositivo deve ser interpretado em sintonia com a regra descrita no art. 456 da CLT. Na omissão quanto à prova do contrato de trabalho, presume-se que em seu conteúdo estarão inseridas todas as obrigações e direitos que decorrem do próprio exercício da função. Só não serão presumidas as condições contratuais especiais. A obrigação que se presume assumida pelo empregado não pode abranger disposições ilegais, contrária aos bons costumes ou alheias às funções exercidas normalmente pelo empregado.

2. SÚMULAS E ORIENTAÇÕES JURISPRUDENCIAIS

▸ **Súmula nº 12/TST**

CARTEIRA PROFISSIONAL (mantida) – Res. 121/2003, DJ 19, 20 e 21.11.2003

As anotações apostas pelo empregador na carteira profissional do empregado não geram presunção "juris et de jure", mas apenas "juris tantum".

✦ **SUCESSÃO DE EMPREGADORES**

Art. 448. A mudança na propriedade ou na estrutura jurídica da empresa não afetará os contratos de trabalho dos respectivos empregados.

1. COMENTÁRIOS

Vide comentários ao art. 10 da CLT.

2. QUESTÕES DE CONCURSOS

01. (TRT – 18ª REGIÃO/ANALISTA ADMINISTRATIVO/FCC/2008) Mariana, empregada doméstica, labora para a família Sócrates, que está se mudando para os Estados Unidos. A família Sócrates vendeu sua mansão para a família Demóstenes com toda a mobília e utensílios domésticos. Neste caso, Mariana

a) terá rescindido o seu contrato de trabalho com a família Sócrates sem justa causa, podendo a família Demóstenes, caso queira, celebrar novo contrato de trabalho.

b) não terá rescindido o seu contrato de trabalho, havendo sucessão de empregadores, respondendo a família Demóstenes subsidiariamente pelas obrigações trabalhistas.

c) não terá rescindido o seu contrato de trabalho, havendo sucessão de empregadores, respondendo a família Demóstenes solidariamente pelas obrigações trabalhistas.

d) terá o seu contrato de trabalho suspenso por expressa determinação legal neste sentido.

e) não terá rescindido o seu contrato de trabalho, havendo sucessão de empregadores, mas a família Demóstenes não responderá pelas obrigações trabalhistas até a sucessão.

02. (PGE – SC/PROCURADOR DO ESTADO/FEPESE/2009) Decorrentes do Contrato de Trabalho, sobre os direitos dos empregados, assinale a alternativa correta:

a) São afetados quando se altera a estrutura jurídica da empresa de sociedade limitada para sociedade anônima.

b) Não são afetados pela mudança de propriedade da empresa e nem pela alteração da sua estrutura jurídica

c) Devem adaptar-se às contingências da mudança de propriedade da empresa, até mesmo com redução salarial, desde que com cláusula de garantia efetiva e expressa de continuidade do emprego.

d) São afetados quando há mudança de empresa individual para sociedade limitada ou quando se altera o quadro dirigente de uma sociedade anônima.

e) Não são afetados pela alteração de sua estrutura jurídica, salvo quando se tratar de empresa pública ou órgão da Administração Pública Direta e Indireta. Para eles há permissão de reduzir direitos adquiridos dos empregados.

03. (FCC – TRT 6 – Analista Judiciário/2012) Por razões de interesse econômico, os proprietários da empresa Tetra Serviços Ltda. transferiram o negócio para terceiros. Houve alteração da razão social, mas não ocorreu alteração de endereço, do ramo de atividades, nem de equipamentos. Manteve-se o mesmo quadro de empregados. Tal situação caracterizou a sucessão de empregadores. Neste caso, quanto aos contratos de trabalho dos empregados da empresa sucedida,

a) os contratos de trabalho se manterão inalterados e seguirão seu curso normal.

b) a transferência de obrigações depende das condições em que a sucessão foi pactuada.

c) as obrigações anteriores recairão sobre a empresa sucedida, e as posteriores sobre a sucessora.

d) todas as cláusulas e condições estabelecidas no contrato de trabalho deverão ser repactuadas entre os empregados e o novo empregador.

e) serão automaticamente extintos, fazendo surgir novas relações contratuais.

04. (FCC – Analista Judiciário – Área Judiciária – TRT 5/2013) Os sócios proprietários da panificadora Sonhos do Olimpo transferiram a totalidade de suas cotas sociais para terceiros. Após a mudança de propriedade, os contratos de trabalhos dos empregados da empresa

a) se encerram automaticamente, cabendo aos antigos proprietários o pagamento das verbas rescisórias.

b) se encerram automaticamente, cabendo aos novos proprietários o pagamento das verbas rescisórias.

c) não se alteram, visto que a mudança na propriedade ou na estrutura jurídica da empresa não afetará os contratos de trabalho dos respectivos empregados.

d) se mantém apenas pelo prazo de dois anos, período em que os antigos proprietários respondem pelos contratos dos empregados de sua época.

e) se encerram após dois anos, cabendo solidariamente aos antigos e aos novos proprietários o pagamento das verbas rescisórias.

05. (FCC – Analista Judiciário – Oficial de Justiça Avaliador – TRT 24/2017) Em razão de problemas de saúde os sócios proprietários da empresa Celestial Peças e Componentes Eletrônicos transferiram todas as suas cotas sociais para seus sobrinhos. Houve alteração da razão social da empresa, mas permaneceram explorando o mesmo ramo de atividades, sem alteração de endereço e com a utilização dos mesmos maquinários e empregados. A situação caracterizou a sucessão de empregadores. Nesse sentido, em relação aos contratos de trabalho dos empregados da empresa sucedida,

a) as obrigações anteriores à alteração recairão sobre a empresa sucedida, e as posteriores sobre a sucessora.

b) as cláusulas e condições estabelecidas no contrato de trabalho deverão ser repactuadas entre os empregados e o novo empregador, com participação do ente sindical.

c) a mudança na propriedade da empresa não afetará os contratos de trabalho dos respectivos empregados.

d) a transferência de obrigações dependerá das condições em que a sucessão foi pactuada entre as partes.

e) os contratos de trabalho serão extintos, devendo haver novos registros em carteira profissional em razão das novas relações contratuais.

GAB	1	A	2	B	3	A	4	C	5	C

✦ **RESPONSABILIDADE PELOS EMPREGADOS DA SUCEDIDA**

Art. 448-A. Caracterizada a sucessão empresarial ou de empregadores prevista nos arts. 10 e 448 desta Consolidação, as obrigações trabalhistas, inclusive as contraídas à época em que os empregados trabalhavam para a empresa sucedida, são de responsabilidade do sucessor.(Incluído pela Lei n° 13.467, de 13.07.2017).

✦ **FRAUDE NA SUCESSÃO – RESPONSABILIDADE DO SUCEDIDO**

Parágrafo único. A empresa sucedida responderá solidariamente com a sucessora quando ficar comprovada fraude na transferência.(Incluído pela Lei n° 13.467, de 13.07.2017).

1. COMENTÁRIOS

O art. 448-A da CLT supera uma arraigada discussão acerca da responsabilidade do sucessor quanto aos créditos dos empregados da empresa sucedida, na hipótese destes empregados não chegarem a trabalhar para o sucessor. Diante da polêmica criada especialmente pela OJ nº 225, II, da SDI-I, do TST, que parte da doutrina entendia aplicável a qualquer hipótese de sucessão, a redação do art. 448-A da CLT dissipou a controvérsia, exigindo a responsabilidade do sucessor inclusive quanto aos contratos dos empregados que não foram por este aprOveitados. Sobre a polêmica referida, ora resolvida pelo texto legal, vide comentários ao art. 10 da CLT.

A responsabilização do sucedido na hipótese de fraude, referida no § único, supra, já era aplicada pela jurisprudência trabalhista, como se vê na OJ nº 411 da SDI-1/TST.

✦ **FALÊNCIA E CONTRATO DE TRABALHO**

Art. 449. Os direitos oriundos da existência do contrato de trabalho subsistirão em caso de falência, concordata ou dissolução da empresa.

✦ **PRIVILÉGIO DO CRÉDITO TRABALHISTA**

§ 1º – Na falência constituirão créditos privilegiados a totalidade dos salários devidos ao empregado e a totalidade das indenizações a que tiver direito.(Redação dada pela Lei nº 6.449, de 14.10.1977)

✦ **CONCORDATA**

§ 2º – Havendo concordata na falência, será facultado aos contratantes tornar sem efeito a rescisão do contrato de trabalho e conseqüente indenização, desde que o empregador pague, no mínimo, a metade dos salários que seriam devidos ao empregado durante o interregno.

1. COMENTÁRIOS

1.1. Falência e contrato de trabalho

A concordata não mais existe diante da nova Lei de Recuperação e Falência, de nº 11.101/2005. Para alguns houve a substituição deste instituto pelo da recuperação judicial (Saad, Comentários, 2009, p. 532 e Martins, Comentários, 2010, p. 390). Diante da recuperação judicial ou da falência os contratos bilaterais são mantidos, entre estes os contratos de trabalho (art. 117 da LRF).

A decisão de manter ou não os contratos bilaterais fica a cargo do administrador judicial. Contudo, na prática, é comum o administrador tomar a iniciativa de extinção dos contratos de trabalho diante da falência. Esta manifestação de vontade do empregador, mesmo que justificada pela falência, não desobriga ao pagamento das verbas resilitórias típicas da dispensa sem justa causa. O empregado também receberá suas verbas resilitórias normalmente na hipótese de extinção da empresa. Numa ou noutra hipótese, os pagamentos pelo falido seguirão a ordem preferencial descrita na Lei de Recuperação e Falência (neste sentido: Amauri Mascaro Nascimento, in Falências, Revista LTr, 69-08, p. 907, após defender a manutenção dos contratos de trabalho diante da falência, explica que "...se a empresa cessar a sua atividade, os contratos de trabalho também estão findos com o encerramento da mesma, tendo o empregado direito às verbas rescisórias e demais créditos trabalhistas que serão, segundo o seu valor, classificados como créditos privilegiados ou quirografários."

Vide, ainda, artigos 652 e 768 da CLT que estabelecem preferência quanto ao andamento dos processos.

1.2. Privilégio do crédito trabalhista

Atualmente, os privilégios dos créditos decorrentes dos contratos de trabalho estão disciplinados na Lei de Recuperação e Falência – LRF, de nº 11.101, de 09.02.2005, especificamente nos artigos 83, I e VI, "c" e 151. Diante da falência, os créditos trabalhistas dos empregados ficam assim classificados: **a**) superprivilegiados: créditos de caráter estritamente salarial, vencidos três meses antes da decretação da falência, que precedem à ordem disposta no art. 83 da LRF, limitados a 5 salários-mínimos por trabalhador que serão pagos tão logo haja disponibilidade de caixa (art. 151 da LRF); **b**) créditos concursais com privilégio: decorrentes da legislação trabalhista e de acidentes de trabalho, que serão pagos antes dos demais credores, mas com limitação de 150 salários-mínimos por trabalhador (art. 83, I, da LRF); **c**) créditos concursais sem privilégio: são créditos quirografários, pagos sem qualquer privilégio, decorrentes do saldo dos valores derivados da legislação do trabalho que excederem o limite de 150 salários-mínimos (art. 83, VI, "c", da LRF).

Sérgio Pinto Martins, in Comentários, 2010, p. 389, defende a tese da inconstitucionalidade do critério do privilégio levando em conta número de salários-mínimos. Para o autor há afronta ao art. 7º, IV, do CF, que veda o uso do salário-mínimo como parâmetro para qualquer fim. Este entendimento foi inclusive consagrado pela aprovação da SV nº 4 do STF.

Ainda segundo Martins, ocorreu a derrogação tácita do art. 449, § 1º da CLT pela LRF. Concordamos com o autor. A legislação trabalhista, neste particular, restou derrogada. O dispositivo do art. 148 da CLT, contudo, resta íntegro, pois só cuida de atribuir natureza salarial às férias devidas pelo falido.

Quaisquer críticas quanto à inconstitucionalidade da LRF, quando limitou os privilégios dos créditos trabalhistas devidos por ocasião de falência, foram superadas pela posição do STF em favor do critério da LRF (vide comentários ao art. 10 da CLT, inclusive com citações do histórico julgamento).

1.3. Concordata

Diante dos novos critérios de privilégios dos créditos trabalhistas e de não mais existir a concordata na nova Lei de Recuperação e Falência, entendemos que ocorreu derrogação tácita do § 2º, do art. 449, pela Lei nº 11.101/2005. Também defende esta tese: Adamovich, Comentários, 2009, p. 184.

2. SÚMULAS E ORIENTAÇÕES JURISPRUDENCIAIS

▸ **Súmula nº 173/TST**

SALÁRIO. EMPRESA. CESSAÇÃO DE ATIVIDADES (mantida) – Res. 121/2003, DJ 19, 20 e 21.11.2003

Extinto, automaticamente, o vínculo empregatício com a cessação das atividades da empresa, os salários só são devidos até a data da extinção (ex-Prejulgado nº 53).

3. QUESTÕES DE CONCURSOS

01. (AFEAM/JURÍDICA/FUNCAB/2009) No que se refere ao contrato individual de trabalho, assinale a alternativa correta.

a) O contrato individual de trabalho somente poderá ser acordado expressamente, tendo sempre prazo determinado.

b) O contrato de experiência não poderá exceder de 120 (cento e vinte) dias.

c) A mudança na propriedade ou na estrutura jurídica da empresa sempre provocará alterações nos contratos de trabalho dos respectivos empregados.

d) Os direitos oriundos da existência do contrato de trabalho subsistem em caso de falência ou dissolução da empresa.

e) O empregado chamado a ocupar, em comissão, interinamente, ou em substituição eventual ou temporária, cargo diverso do que exercer na empresa, perde o direito a contagem do tempo naquele serviço.

02. (TRT 19 – Juiz do Trabalho Substituto 19ª região/ 2012) A respeito do trabalho temporário e à luz do ordenamento jurídico vigente, assinale a alternativa incorreta: no caso de falência da empresa de trabalho temporário, é correto afirmar que a empresa tomadora ou cliente é responsável pelo recolhimento das contribuições previdenciárias, no tocante ao tempo em que o trabalhador esteve sob suas ordens. Expressamente, a lei fixa essa responsabilidade como de caráter solidário.

GAB	1	D	2	E

✦ **SUBSTITUIÇÃO TEMPORÁRIA: RETORNO AO CARGO ANTERIOR**

Art. 450. Ao empregado chamado a ocupar, em comissão, interinamente, ou em substituição eventual ou temporária, cargo diverso do que exercer na empresa, serão garantidas a contagem do tempo naquele serviço, bem como volta ao cargo anterior.

1. COMENTÁRIOS

Tratando da substituição temporária ou interina, este artigo traduziu em seu texto só uma das consequenciais naturais desta substituição, decorrente da bilateralidade do contrato de trabalho: a contagem do tempo de serviço. Contudo, o tema mais importante, que diz respeito à remuneração do substituto, não foi tratado no artigo. Durante o exercício da função em comissão o empregado receberá exatamente o mesmo salário do substituído, à exceção somente daquelas que são inerentes à pessoa do substituído e não ao cargo em si. Este foi entendimento consagrado na S. 159 do TST.

O retorno ao cargo anteriormente ocupado, deixando o empregado o exercício da função em comissão, se insere no jus variandi do empregador, sendo válida a alteração contratual neste sentido. Somente a ocupação do cargo pelo substituto por 10 (dez) anos, deixando de ser temporária, portanto, resultará na estabilidade financeira no cargo, ainda que não se tenha como evitar a reversão do empregado à função de origem (S. 372 do TST).

2. SÚMULAS E ORIENTAÇÕES JURISPRUDENCIAIS

▶ **Súmula nº 159/TST**

SUBSTITUIÇÃO DE CARÁTER NÃO EVENTUAL E VACÂNCIA DO CARGO (incorporada a Orientação Jurisprudencial nº 112 da SBDI-1) – Res. 129/2005, DJ 20, 22 e 25.04.2005

I – Enquanto perdurar a substituição que não tenha caráter meramente eventual, inclusive nas férias, o empregado substituto fará jus ao salário contratual do substituído. (ex-Súmula nº 159 – alterada pela Res. 121/2003, DJ 21.11.2003)

II – Vago o cargo em definitivo, o empregado que passa a ocupá-lo não tem direito a salário igual ao do antecessor. (ex-OJ nº 112 da SBDI-1 – inserida em 01.10.1997)

▶ **Súmula nº 372/TST**

GRATIFICAÇÃO DE FUNÇÃO. SUPRESSÃO OU REDUÇÃO. LIMITES (conversão das Orientações Jurisprudenciais nos 45 e 303 da SBDI-1) – Res. 129/2005, DJ 20, 22 e 25.04.2005

I – Percebida a gratificação de função por dez ou mais anos pelo empregado, se o empregador, sem justo motivo, revertê-lo a seu cargo efetivo, não poderá retirar-lhe a gratificação tendo em vista o princípio da estabilidade financeira. (ex-OJ nº 45 da SBDI-1 – inserida em 25.11.1996)

II – Mantido o empregado no exercício da função comissionada, não pode o empregador reduzir o valor da gratificação. (ex-OJ nº 303 da SBDI-1 – DJ 11.08.2003)

3. QUESTÕES DE CONCURSOS

01. (MTE/AUDITOR FISCAL DO TRABALHO/ESAF/2010/ADPTADO) É possível reconhecer-se a condição de empregado, com cômputo do tempo de serviço, ao eleito para ocupar cargo de diretor quando, a despeito da nova posição ocupada na estrutura hierárquica da empresa, ainda se fizerem presentes os traços característicos da subordinação jurídica.

02. (FCC – Juiz do Trabalho Substituto 20ª região/ 2012) Quanto à existência de vínculo empregatício, é correto afirmar que: a substituição eventual do empregado por outro, autorizada pelo empregador, afasta o reconhecimento do vínculo empregatício, mesmo quando presentes os demais requisitos dos artigos 2º e 3º da CLT.

GAB	1	C	2	E

✦ **PRORROGAÇÃO DO CONTRATO A TERMO: EFEITO**

Art. 451. O contrato de trabalho por prazo determinado que, tácita ou expressamente, for prorrogado mais de uma vez passará a vigorar sem determinação de prazo.

1. COMENTÁRIOS

A interpretação deste artigo deve ser feita em sintonia com o art. 445, a cujos comentários remetemos o leitor.

A prorrogação do contrato a termo pode ser tácita ou expressa, mas como explica Mauricio Godinho Delgado, in Curso, jan-2009, p. 498: "Contudo, a hipótese de sua ocorrência (prorrogação) deve constar do conteúdo contratual originário (30 dias, prorrogáveis, automaticamente, por mais 60, por exemplo), sob pena de ser necessária uma manifestação expressa das partes nesta direção (assinatura de um adendo contratual, por exemplo).".

Não há qualquer obrigação de que a prorrogação seja por igual período da estipulação inicial (30 dias não precisam ser prorrogados por iguais 30 dias). Caso não haja previsão expressa quanto ao tempo de prorrogação, mas somente cláusula genérica de que o contrato a termo se prorrogará automaticamente, presume-se que a extensão se dará por igual período.

A prorrogação por mais de uma vez do contrato a termo o transforma em contrato por prazo indeterminado (ou sem determinação de prazo, como prefiro dizer). Consequentemente, o empregado passará a fazer jus ao aviso prévio e a receber a indenização (ou multa) de 40% sobre o FGTS, devida na dispensa sem justa causa.

2. SÚMULAS E ORIENTAÇÕES JURISPRUDENCIAIS

Ver art. 445.

3. QUESTÕES DE CONCURSOS

01. (TRT – 2ª REGIÃO/JUIZ DO TRABALHO/2009/ADAPTADO) Nos pactos por prazo determinado não poderá haver mais de uma prorrogação, sempre por prazo idêntico ao do contrato inicial, sob pena de passar a reger-se pelas normas dos contratos por prazo indeterminado.

GAB	1	E

✦ INTERVALO ENTRE OS CONTRATOS A TERMO: 6 (SEIS) MESES

Art. 452. Considera-se por prazo indeterminado todo contrato que suceder, dentro de 6 (seis) meses, a outro contrato por prazo determinado, salvo se a expiração deste dependeu da execução de serviços especializados ou da realização de certos acontecimentos.

1. COMENTÁRIOS

Toda a lógica do contrato a termo visa atender necessidades temporárias de contratação (salvo as exceções previstas nos comentários ao art. 443, § 2º, da CLT). Partindo-se da premissa da prestação de serviços transitória, não teria sentido que logo após o término do contrato por prazo determinado outro fosse pactuado, também a termo. Tal atitude demonstraria, claramente, que o empregador tinha necessidade de contratação permanente do empregado e não transitória. A regra deste artigo é muito eficaz para coibir a fraude no uso do contrato a termo para substituição de mão de obra regular e permanente. Somente o trabalho temporário realizado nos moldes da Lei nº 6.019/74, art. 2º, pode substituir a mão de obra permanente do empregado, mas, ainda assim, a necessidade será transitória, não fugindo ao objeto da contratação a prazo: "trabalho temporário é aquele prestado por pessoa física a uma empresa, para atender à necessidade transitória de substituição de seu pessoal regular e permanente ou a acréscimo extraordinário de serviços." (art. 2º, citada lei).

Entre as modalidades de contratação a termo, existem aquelas onde o fim do contrato é suscetível de previsão aproximada (art. 443, § 1º), que a doutrina denomina termo incerto (sobre este tema e os demais elementos acidentais do contrato de trabalho, vide comentários ao art. 442). Nestas hipóteses de termo, como é exemplo o contrato de safra, cujo final da colheita depende de fatores externos imprevisíveis (sol, chuva, enchentes, etc), os contratos de trabalho por prazo determinado, sucessivos, podem não respeitar o intervalo de seis meses entre um e outro. Igualmente, quando o final do contrato depender de serviço especializado, como o conserto de uma máquina, ou o final de uma consultoria, também poderão ocorrer contratos sucessivos sem respeitar o intervalo de seis meses. Penso que tais exceções devem ser orientadas pelo toque da imprevisibilidade. Sendo possível ao empregador vislumbrar a demora no término dos serviços, deverá estender o contrato pelo tempo suficiente para a conclusão dos trabalhos, sem precisar se valer de um novo contrato, sem ser observado o prazo de seis meses de intervalo.

2. QUESTÕES DE CONCURSOS

01. (TRT – 18ª REGIÃO/ANALISTA JUDICIÁRIO/FCC/2008) A empresa de propaganda Azul prorrogou duas vezes o contrato de trabalho por prazo determinado de seu empregado Tício, dentro do período de dois anos. A empresa de propaganda Amarela celebrou segundo contrato pelo prazo determinado de um ano com Zeus, após oito meses da extinção do contrato celebrado anteriormente. Neste caso, de acordo com a Consolidação das Leis do Trabalho,

a) nenhum dos contratos de trabalho serão prorrogados por prazo indeterminado
b) os contratos de trabalho de Tício e de Zeus serão prorrogados por prazo indeterminado.
c) somente o contrato de trabalho de Zeus será prorrogado por prazo indeterminado.
d) somente o contrato de trabalho de Tício será prorrogado por prazo indeterminado.
e) o contrato de trabalho de Tício será prorrogado por mais dois anos e o contrato de Zeus será prorrogado por prazo indeterminado.

02. (TRT 21 – Juiz do Trabalho Substituto 21ª região/ 2012) A respeito da duração do contrato de trabalho é correto afirmar: sempre que um contrato por prazo determinado for sucedido por outro, antes de transcorrido o prazo semestral previsto no art. 452 da CLT, sofrerá modificação objetiva, tornando-se um pacto indeterminado.

GAB	1	D	2	E

✦ **CONTRATO DE TRABALHO INTERMITENTE**

Art. 452-A. O contrato de trabalho intermitente deve ser celebrado por escrito e registrado na CTPS, ainda que previsto acordo coletivo de trabalho ou convenção coletiva, e conterá: (Redação dada pela Medida Provisória nº 808, de 2017)

I – identificação, assinatura e domicílio ou sede das partes; (Incluído pela Medida Provisória nº 808, de 2017)

II – valor da hora ou do dia de trabalho, que não poderá ser inferior ao valor horário ou diário do salário mínimo, assegurada a remuneração do trabalho noturno superior à do diurno e observado o disposto no § 12; e (Incluído pela Medida Provisória nº 808, de 2017)

III – o local e o prazo para o pagamento da remuneração. (Incluído pela Medida Provisória nº 808, de 2017)

✦ **CONVOCAÇÃO PARA O TRABALHO – 3 DIAS DE ANTECEDÊNCIA**

§ 1º O empregador convocará, por qualquer meio de comunicação eficaz, para a prestação de serviços, informando qual será a jornada, com, pelo menos, três dias corridos de antecedência.

✦ **RESPOSTA DO EMPREGADO – 24 HORAS**

§ 2º Recebida a convocação, o empregado terá o prazo de vinte e quatro horas para responder ao chamado, presumindo-se, no silêncio, a recusa. (Redação da MPV nº 808, de 14.11.2017).

✦ **RECUSA DA OFERTA – MANUTENÇÃO DA SUBORDINAÇÃO**

§ 3º A recusa da oferta não descaracteriza a subordinação para fins do contrato de trabalho intermitente.

✦ **ACEITE DO EMPREGADO E MULTA POR NÃO COMPARECIMENTO**

§ 4º (Revogado pela MPV nº 808, de 14.11.2017)

✦ **PERÍODO DE INATIVIDADE – AUTORIZADO O TRABALHO PARA OUTRO TOMADOR**

§ 5º (Revogado pela MPV nº 808, de 14.11.2017)

✦ **VERBAS DEVIDAS AO FINAL DE CADA PRESTAÇÃO DE SERVIÇOS**

§ 6º Na data acordada para o pagamento, observado o disposto no § 11, o empregado receberá, de imediato, as seguintes parcelas: (Redação da Medida Provisória nº 808, de 14.11.2017)

I – remuneração;

II – férias proporcionais com acréscimo de um terço;

III – décimo terceiro salário proporcional;

IV – repouso semanal remunerado; e

V – adicionais legais.

(Incisos I a V com redação da Lei nº 13.467/2017)

✦ RECIBO DE PAGAMENTO

§ 7º O recibo de pagamento deverá conter a discriminação dos valores pagos relativos a cada uma das parcelas referidas no § 6º deste artigo.

✦ CONTRIBUIÇÕES PREVIDENCIÁRIAS E FGTS

§ 8º (Revogado pela MPV nº 808, de 14.11.2017)

✦ FÉRIAS – PROIBIÇÃO DE PRESTAÇÃO DE SERVIÇOS AO MESMO EMPREGADOR

§ 9º A cada doze meses, o empregado adquire direito a usufruir, nos doze meses subsequentes, um mês de férias, período no qual não poderá ser convocado para prestar serviços pelo mesmo empregador.

✦ FÉRIAS PARTIDAS

§ 10. O empregado, mediante prévio acordo com o empregador, poderá usufruir suas férias em até três períodos, nos termos dos § 1º e § 2º do art. 134. (Incluído pela Medida Provisória nº 808, de 2017)

✦ PAGAMENTO MENSAL

§ 11. Na hipótese de o período de convocação exceder um mês, o pagamento das parcelas a que se referem o § 6º não poderá ser estipulado por período superior a um mês, contado a partir do primeiro dia do período de prestação de serviço. (Incluído pela Medida Provisória nº 808, de 2017)

✦ ISONOMIA REMUNERATÓRIA

§ 12. O valor previsto no inciso II do *caput* não será inferior àquele devido aos demais empregados do estabelecimento que exerçam a mesma função. (Incluído pela Medida Provisória nº 808, de 2017)

✦ AUXILIO-DOENÇA DESDE O 1º DIA DE AFASTAMENTO

§ 13. Para os fins do disposto neste artigo, o auxílio-doença será devido ao segurado da Previdência Social a partir da data do início da incapacidade, vedada a aplicação do disposto § 3º do art. 60 da Lei nº 8.213, de 1991. (Incluído pela Medida Provisória nº 808, de 2017)

✦ SALÁRIO-MATERNIDADE

§ 14. O salário maternidade será pago diretamente pela Previdência Social, nos termos do disposto no § 3º do art. 72 da Lei nº 8.213, de 1991. (Incluído pela Medida Provisória nº 808, de 2017)

✦ PRESTAÇÃO DE SERVIÇOS SUPRE AS COMUNICAÇÕES

§ 15. Constatada a prestação dos serviços pelo empregado, estarão satisfeitos os prazos previstos nos § 1º e § 2º. (Incluído pela Medida Provisória nº 808, de 2017)

✦ CONTEÚDO DO CONTRATO INTERMITENTE

Art. 452-B. É facultado às partes convencionar por meio do contrato de trabalho intermitente: (Incluído pela Medida Provisória nº 808, de 2017)

I – locais de prestação de serviços; (Incluído pela Medida Provisória nº 808, de 2017)

II – turnos para os quais o empregado será convocado para prestar serviços; (Incluído pela Medida Provisória nº 808, de 2017)

III – formas e instrumentos de convocação e de resposta para a prestação de serviços; (Incluído pela Medida Provisória nº 808, de 2017)

IV – formato de reparação recíproca na hipótese de cancelamento de serviços previamente agendados nos termos dos § 1º e § 2º do art. 452-A. (Incluído pela Medida Provisória nº 808, de 2017)

✦ PERÍODO DE INATIVIDADE

Art. 452-C. Para fins do disposto no § 3º do art. 443, considera-se período de inatividade o intervalo temporal distinto daquele para o qual o empregado intermitente haja sido convocado e tenha prestado serviços nos termos do § 1º do art. 452-A. (Incluído pela Medida Provisória nº 808, de 2017)

§ 1º Durante o período de inatividade, o empregado poderá prestar serviços de qualquer natureza a outros tomadores de serviço, que exerçam ou não a mesma atividade econômica, utilizando contrato de trabalho intermitente ou outra modalidade de contrato de trabalho. (Incluído pela Medida Provisória nº 808, de 2017)

§ 2º No contrato de trabalho intermitente, o período de inatividade não será considerado tempo à disposição do empregador e não será remunerado, hipótese em que restará descaracterizado o contrato de trabalho intermitente caso haja remuneração por tempo à disposição no período de inatividade. (Incluído pela Medida Provisória nº 808, de 2017)

✦ EXTINÇÃO DO CONTRATO POR INÉRCIA

Art. 452-D. Decorrido o prazo de um ano sem qualquer convocação do empregado pelo empregador, contado a partir da data da celebração do contrato, da última convocação ou do último dia de prestação de serviços, o que for mais recente, será considerado rescindido de pleno direito o contrato de trabalho intermitente. (Incluído pela Medida Provisória nº 808, de 2017)

✦ VERBAS RESCISÓRIAS

Art. 452-E. Ressalvadas as hipóteses a que se referem os art. 482 e art. 483, na hipótese de extinção do contrato de trabalho intermitente serão devidas as seguintes verbas rescisórias: (Incluído pela Medida Provisória nº 808, de 2017)

I – pela metade: (Incluído pela Medida Provisória nº 808, de 2017)

a) o aviso prévio indenizado, calculado conforme o art. 452-F; e (Incluído pela Medida Provisória nº 808, de 2017)

b) a indenização sobre o saldo do Fundo de Garantia do Tempo de Serviço - FGTS, prevista no § 1º do art. 18 da Lei nº 8.036, de 11 de maio de 1990; e (Incluído pela Medida Provisória nº 808, de 2017)

II – na integralidade, as demais verbas trabalhistas. (Incluído pela Medida Provisória nº 808, de 2017)

§ 1º A extinção de contrato de trabalho intermitente permite a movimentação da conta vinculada do trabalhador no FGTS na forma do inciso I-A do art. 20 da Lei nº 8.036, de 1990, limitada a até oitenta por cento do valor dos depósitos. (Incluído pela Medida Provisória nº 808, de 2017)

§ 2º A extinção do contrato de trabalho intermitente a que se refere este artigo não autoriza o ingresso no Programa de Seguro-Desemprego. (Incluído pela Medida Provisória nº 808, de 2017)

✦ CÁLCULO DE VERBAS E AVISO PRÉVIO

Art. 452-F. As verbas rescisórias e o aviso prévio serão calculados com base na média dos valores recebidos pelo empregado no curso do contrato de trabalho intermitente. (Incluído pela Medida Provisória nº 808, de 2017)

§ 1º No cálculo da média a que se refere o *caput*, serão considerados apenas os meses durante os quais o empregado tenha recebido parcelas remuneratórias no intervalo dos últimos doze meses ou o período de vigência do contrato de trabalho intermitente, se este for inferior. (Incluído pela Medida Provisória nº 808, de 2017)

§ 2º O aviso prévio será necessariamente indenizado, nos termos dos § 1º e § 2º do art. 487. (Incluído pela Medida Provisória nº 808, de 2017)

✦ PROIBIÇÃO PROVISÓRIA DE CONTRATAÇÃO

Art. 452-G. Até 31 de dezembro de 2020, o empregado registrado por meio de contrato de trabalho por prazo indeterminado demitido não poderá prestar serviços para o mesmo empregador por meio de contrato de trabalho intermitente pelo prazo de dezoito meses, contado da data da demissão do empregado. (Incluído pela Medida Provisória nº 808, de 2017)

✦ FGTS E CONTRIBUIÇÕES PREVIDENCIÁRIAS

Art. 452-H. No contrato de trabalho intermitente, o empregador efetuará o recolhimento das contribuições previdenciárias próprias e do empregado e o depósito do FGTS com base nos valores pagos no período mensal e fornecerá ao empregado comprovante do cumprimento dessas obrigações, observado o disposto no art. 911-A. (Incluído pela Medida Provisória nº 808, de 2017)

1. COMENTÁRIOS

O contrato de trabalho intermitente rompe um dos paradigmas tradicionais do Direito do Trabalho. Antes da reforma trabalhista, o tempo que o empregado estava à disposição do empregador, trabalhando ou aguardando ordens, era considerado tempo de serviço efetivo, nos termos do art. 4º da CLT, e como tal deveria ser remunerado.

No contrato de trabalho intermitente, introduzido pela Lei nº 13.467, de 13.07.2017, há manutenção do vinculo de emprego, mas só há previsão de remuneração pelo tempo efetivamente trabalhado. Desta forma, o empregado descontinuado poderá trabalhar uma vez na semana, por algumas horas, mas na semana seguinte não trabalhar nada A legislação, neste particular, foi extremamente omissa.

A experiência legislativa não é nova no mundo do trabalho. Contudo, o modelo brasileiro, diferente de outros países, não opôs qualquer restrição quanto ao tipo de atividade, natureza ou tempo do serviço, limitando-se a excluir a categoria dos aeronautas, o que só se justifica por razões de ordem política, e não jurídica. Muitas outras categoriais e/ou atividades poderiam igualmente ter sido excepcionadas, mas não o foram. Poderia o legislador ter imposto alguma remuneração pelo período de inatividade, ter exigido um número mínimo de convocações por semana, ter limitado as atividades sujeitas a este tipo de contrato de trabalho, entre outros detalhes, mas preferiu, de acordo com o espirito da reforma trabalhista, deixar todo esse campo livre para a negociação entre empregado e empregador, se é que se pode dizer que há negociação viável por parte do prestador do serviço.

Paulo Roberto Fernandes, em excelente artigo no qual analisa o contrato intermitente brasileiro à luz de outros ordenamentos jurídicos, nos dá noticia de que no direito alemão existe a necessidade de acordo para fixação da jornada, que está limitada a 10 horas no silêncio dos contratantes; no direito italiano, a iniciativa visou a ampliar a oferta de emprego para trabalhadores menores de 25 e maiores de 55 anos, por isso foi limitada a esta faixa etária, além de exigir a negociação coletiva para sua formalização, dentre outras restrições; no direito português, a empresa deve exercer atividade descontínua, o que justificaria este tipo de contratação; nos Estados Unidos o chamamento do trabalhador ocorre com pouca antecedência, e não há uma exigência do número mínimo de horas para cada contratação, levando alguns estados americanos a exigir um pagamento mínimo pelo período de inatividade.[1]

No modelo brasileiro o contrato intermitente tende a gerar enorme insegurança na relação jurídica mantida entre as partes, pois os contratantes não sabem quando poderão contar um com o outro, nem tampouco quando haverá algum tipo de remuneração. Por outro lado, o trabalhador eventual, que não teve um contrato de prestação de serviços formalizado, poderá alegar posteriormente, em juízo, que desde o início manteve com o tomador de serviços um contrato de emprego intermitente, mas que não foi expressamente reconhecido por seu empregador. Entre o trabalho subordinado e o eventual há uma linha muito tênue. O diferenciador entre estas duas modalidades de trabalho – habitualidade da prestação de serviços – foi rompido com o contrato intermitente de trabalho. Incumbirá à jurisprudência definir qual a habitualidade necessária para transformar o trabalhador eventual em intermitente, e vice-versa.

---

1 http://ostrabalhistas.com.br/figura-do-contrato-de-trabalho intermitente-do-pl-no-6-7872016-reforma-trabalhista-luz-do-direito-comparado/#sdfootnote20sym, capturado em 03.08.2017)

A nosso ver, o direito português foi a inspiração do contrato de trabalho intermitente no Brasil, como se percebe da interpretação dos artigos 157 a 160, do Código do Trabalho de Portugal, e da semelhança com a regra brasileira. Desta forma, a legislação estrangeira poderá servir de parâmetro para suprir as omissões da regulamentação brasileira, particularmente na interpretação de seu aspecto mais lacunoso que diz respeito ao número de dias ou horas de trabalho que possam distinguir a intermitência, da eventualidade. A legislação de Portugal, introduzida em 2009 naquele país, foi muito mais detalhista, apesar dos poucos artigos que regulam o tema. Como exemplo do que se está a afirmar, segue o texto do art. 158º, 1), "b", do Código do Trabalho de Portugal: "1 – O contrato de trabalho intermitente está sujeito a forma escrita e deve conter: b) Indicação do número anual de horas de trabalho, ou do número anual de dias de trabalho a tempo completo.".

Afastados os aspectos nefastos desta modalidade contratual, esta poderá, outrossim, ser útil para a formalização de atividades realmente intermitentes, como são exemplos os garçons que só trabalham em fins de semana, quando ocorre aumento significativo da demanda. Normalmente estes trabalhadores não têm o vinculo de emprego reconhecido por seu empregador, o que poderá ser corrigido com o contrato de trabalho intermitente.

O ***caput* do art. 452-A** previa, antes da MPV nº 808/2017 alterá-lo, que não podia haver distinção de salário entre o trabalhador sujeito à jornada regular e o empregado intermitente, cujo salário é calculado à base do salário-mínimo hora. Esta regra respeita o princípio da não discriminação entre trabalhadores na mesma função. A fixação de salário-mínimo hora já havia sido objeto da jurisprudência do TST, conforme OJ 358 SBDI: "I – Havendo contratação para cumprimento de jornada reduzida, inferior à previsão constitucional de oito horas diárias ou quarenta e quatro semanais, é lícito o pagamento do piso salarial ou do salário mínimo proporcional ao tempo trabalhado.".

A regra do art. 452-A foi alterada, suprimindo-se seu caráter isonômico, mas reaparece no § 12º, inserido pela MPV nº 808/2017. Todavia, nesta alteração, o § 12 somente salienta a isonomia salarial entre aqueles que exercem a mesma função. Suprimiu-se a referência, outrora existente no art. 452-A, de isonomia "aos demais empregados do estabelecimento que exerçam a mesma função em contrato intermitente ou não.".

A mudança, a meu ver proposital, pode levar à ideia de que só existe isonomia entre contratos de igual natureza. Assim, trabalhadores com contratos intermitentes mereceriam mesmo tratamento que outros trabalhadores com contrato intermitente, e não com os demais empregados, vinculados por contratos de prazo indeterminado de natureza não intermitente. A interpretação, repita-se, que a regra deixa transparecer, criaria duas categorias de empregados, nas mesmas funções. Tal interpretação, a meu ver, não se sustenta diante do princípio isonômico vinculado somente à função, consagrado nos artigos 460 e 461, ambos da CLT.

A convocação para o trabalho, na forma do **§ 1º**, não obriga a aceitação do chamado para o serviço. Isso significa que o empregado estará livre para aceitar o convite de outro tomador de serviços, ou fazer com o seu tempo o que lhe parecer mais vantajoso. Os limites de recusa ou aceitação são um campo livre para a combinação no contrato de emprego, que poderá, por exemplo, prever um limite de recusas ou um mínimo de vezes por semana que o empregado deverá, necessariamente, ser convocado, reduzindo-se, assim, o grau de instabilidade desta modalidade contratual.

A recusa da oferta de trabalho por parte do empregado não é motivo para rompimento culposo do contrato de trabalho, que admite até mesmo a manifestação tácita de recusa pelo silêncio do empregado em dar a resposta no prazo de 24 horas do convite (§ 2º). A não aceitação do convite mantém hígido o contrato de emprego, sem que o silêncio possa ser considerado abandono, como se percebe da redação do § 3º.

A multa prevista no § 4º do art. 452-A é um dos temas mais polêmicos da alteração legal promovida pela reforma trabalhista, que introduziu o trabalho intermitente na CLT. Contudo, não nos parece ter havido qualquer violação a princípios de Direito do Trabalho. Pelo contrário. O tratamento isonômico, que impõe o pagamento da multa tanto para empregado quanto para empregador, é mais uma proteção contra os abusos do poder diretivo patronal. O empregado dificilmente deixará de comparecer após ter aceito o chamado. Ademais, o texto do § 4º faz a ressalva do "justo motivo" para ausência do empregado, ou para que o empregador descumpra a oferta de trabalho. De qualquer forma, o empregado poderá compensar sua ausência, com mais um dia de trabalho, conforme previsão do § 4º.

A regra do § 4º foi revogada pela MPV nº 808/2017. Portanto, a multa deixou de ser obrigatória, mas poderá, todavia, ser uma cláusula do contrato de trabalho intermitente, como prevê o art. 452-B, inciso IV, também inserido na CLT pela MPV nº 808/2017.

A regra do § 5º, introduzida pela Lei nº 13.467/2017 (reforma trabalhista) permitia o trabalho a outros tomadores de serviço no período de inatividade, mas isso não significava autorização para trabalhar para concorrentes, tampouco o desrespeito aos intervalos legais, intra e interjornadas. O trabalho para outro tomador só poderia ocorrer nos períodos de inatividade, assim entendidos como aqueles em que o empregado poderia estar trabalhando para o empregador, mas não foi chamado, ou não aceitou o chamamento.

A disposição do § 5º foi revogada pela MPV nº 808/2017. O período de inatividade passou a ser regulado pelo art. 452-C, que fora introduzido na CLT pela MP referida. Ficou autorizada, expressamente, pela referida norma, o trabalho, no período de inatividade, para empresas da mesma atividade econômica, portanto, possíveis concorrentes.

O § 6º, que enumera as parcelas devidas ao final de cada período de prestação de serviços, se omitiu, a meu ver deliberadamente, acerca do aviso prévio (art. 487 da CLT) e da indenização de 40% prevista no art. 18, § 2º, da Lei nº 8.036/90 (FGTS). Estas duas parcelas são devidas quando da dispensa sem justa causa nos contratos por prazo indeterminado. A lei não quis incluí-las. São parcelas típicas da rescisão contratual do modelo tradicional de contratação e, portanto, incompatíveis com o contrato intermitente. Incluí-las, onerando o empregador, seria ignorar a vontade da lei.

O art. 452-E, incluído pela MPV nº 808/2017, introduziu o pagamento, pela metade, do aviso prévio (sempre indenizado, conforme art. 452-F, § 2º) e de 20% sobre os depósitos feitos na conta vinculada do FGTS, a titulo de indenização compensatória pelas dispensa sem justa causa.

O texto do § 6º exige o pagamento imediato das referidas parcelas que enumera em seus incisos .

O § 7º prevê a discriminação de cada parcela no "recibo de pagamento". Há omissão quanto à periodicidade do pagamento destas parcelas e da emissão do recibo. Portanto, só se pode concluir que o "final de cada período", onde se prevê o "pagamento imediato" das parcelas referidas é o final de cada mês, ou melhor, o 5º dia útil do mês subsequente, conforme regra do art. 459, § 1º, da CLT.

A conclusão quanto à obrigatoriedade de pagamento mensal das parcelas enumeradas no § 6º, inclusive quanto ao 13º e férias proporcionais ao tempo trabalhado, foi explicitada, de forma clara, no § 11, introduzido no art. 452-A, pela MPV nº 808/2017.

Considerando que o salário, as férias e o 13º terão pagamento imediato, quando ocorrer a rescisão contratual somente restarão, a quitar, os pagamentos correspondentes ao aviso prévio (pela metade) e à indenização de 20% sobre os depósitos do FGTS. A nosso ver tais verbas (aviso prévio e indenização de 20%) serão devidas inclusive quanto da extinção do contrato intermitente por inatividade de um ano (art. 452-D), tendo em vista que o art. 452-E só ressalvou a justa causa (art. 482 da CLT) e a rescisão indireta (art. 483, da CLT), como fatos impeditivos do pagamento das referidas verbas resilitórias típicas.

O recolhimento das contribuições previdenciárias e do FGTS só serão feitos nos meses de efetivo trabalho, quando então haverá pagamento (art. 452-H, da CLT, introduzido pela MPV nº 808/2017). Quanto ao FGTS, o art. 15, da Lei nº 8.036/90 (FGTS), prevê:

> "Art. 15. Para os fins previstos nesta lei, todos os empregadores ficam obrigados a depositar, até o dia 7 (sete) de cada mês, em conta bancária vinculada, a importância correspondente a 8 (oito) por cento da remuneração paga ou devida, no mês anterior, a cada trabalhador, incluídas na remuneração as parcelas de que tratam os arts. 457 e 458 da CLT e a gratificação de Natal a que se refere a Lei nº 4.090, de 13 de julho de 1962, com as modificações da Lei nº 4.749, de 12 de agosto de 1965.".

Quanto às contribuições previdenciárias devidas pelo empregador, a Lei nº 8.212/91, art. 22, I, prevê:

> "I – vinte por cento sobre o total das remunerações pagas, devidas ou creditadas a qualquer título, durante o mês, aos segurados empregados e trabalhadores avulsos que lhe prestem serviços, destinadas a retribuir o trabalho, qualquer que seja a sua forma, inclusive as gorjetas, os ganhos habituais sob a forma de utilidades e os adiantamentos decorrentes de reajuste salarial, quer pelos serviços efetivamente prestados, quer pelo tempo à disposição do empregador ou tomador de serviços, nos termos da lei ou do contrato ou, ainda, de convenção ou acordo coletivo de trabalho ou sentença normativa. (Redação dada pela Lei nº 9.876, de 1999).".

Quanto a ambas as obrigações, a Lei nº 13.189, de 19.11.2015, que instituiu o Programa de Seguro Emprego, prevê, em seu artigo 9º, o seguinte:

> Art. 9º A compensação pecuniária integra as parcelas remuneratórias para efeito do disposto no inciso I do art. 22 e no § 8º do art. 28 da Lei no 8.212, de 24 de julho de 1991, e do disposto no art. 15 da Lei nº 8.036, de 11 de maio de 1990.

Não obstante as disposições acima, quanto ao FGTS e contribuições previdenciárias, a MPV nº 808/2017, introduziu o art. 911-A, na CLT, com o seguinte teor:

> Art. 911-A. O empregador efetuará o recolhimento das contribuições previdenciárias próprias e do trabalhador e o depósito do FGTS com base nos valores pagos

no período mensal e fornecerá ao empregado comprovante do cumprimento dessas obrigações. (Incluído pela Medida Provisória nº 808, de 2017)

§ 1º Os segurados enquadrados como empregados que, no somatório de remunerações auferidas de um ou mais empregadores no período de um mês, independentemente do tipo de contrato de trabalho, receberem remuneração inferior ao salário mínimo mensal, poderão recolher ao Regime Geral de Previdência Social a diferença entre a remuneração recebida e o valor do salário mínimo mensal, em que incidirá a mesma alíquota aplicada à contribuição do trabalhador retida pelo empregador. (Incluído pela Medida Provisória nº 808, de 2017)

§ 2º Na hipótese de não ser feito o recolhimento complementar previsto no § 1º, o mês em que a remuneração total recebida pelo segurado de um ou mais empregadores for menor que o salário mínimo mensal não será considerado para fins de aquisição e manutenção de qualidade de segurado do Regime Geral de Previdência Social nem para cumprimento dos períodos de carência para concessão dos benefícios previdenciários. (Incluído pela Medida Provisória nº 808, de 2017)

A regra do caput do art. 911-A não traz qualquer inovação. Todavia, a regra do § 1º que impõe ao empregado o ônus de complementar a contribuição previdenciária, sob pena de perder a qualidade de segurado obrigatório do regime previdenciário, conforme § 2º, aponta flagrante inconstitucionalidade. Há, neste caso, tratamento discriminatório, que fere o princípio da isonomia, em sua vertente de equidade na forma de participação do custeio da previdência social, consagrado no art. 194, V, da CF. A contribuição exclusivamente por parte do empregado, ainda que de forma complementar, fere a equidade na forma de participação do custeio da previdência e impede o acesso do empregado ao direito à previdência social, em sentido amplo, consagrado no art. 6º, da CF, no rol dos direitos sociais.

O objeto das férias é, indubitavelmente, o descanso do empregado, além da convivência com sua família, amigos, lazer, enfim, um período de inatividade. O **§ 9º** só proíbe o empregado de trabalhar para o mesmo empregador durante suas férias, presumindo-se, assim, que poderá trabalhar para qualquer outro tomador de serviços, de forma subordinada ou não. O artigo 138 da CLT, a cujos comentários nos reportamos, proíbe que o empregado trabalhe para outro empregador no período de suas férias. O empregado que descumprir a regra pode ser dispensado por justa causa. Parece-nos que o art. 138 da CLT não é aplicável ao contrato intermitente, diante da redação do texto do **§ 9º**.

✦ SOMA DE PERÍODOS DESCONTÍNUOS E APOSENTADORIA VOLUNTÁRIA

Art. 453. No tempo de serviço do empregado, quando readmitido, serão computados os períodos, ainda que não contínuos, em que tiver trabalhado anteriormente na empresa, salvo se houver sido despedido por falta grave, recebido indenização legal ou se aposentado espontaneamente.(Redação pela Lei nº 6.204, de 29.4.1975)

§ 1º – Na aposentadoria espontânea de empregados das empresas públicas e sociedades de economia mista é permitida sua readmissão desde que atendidos aos requisitos constantes do art. 37, inciso XVI, da Constituição, e condicionada à prestação de concurso público.(Incluído pela Lei nº 9.528, de 10.12.1997) – ADIN 1.770-4 considerou a regra inconstitucional.

§ 2º – O ato de concessão de benefício de aposentadoria a empregado que não tiver completado 35 (trinta e cinco) anos de serviço, se homem, ou trinta, se mulher, importa em extinção do vínculo empregatício. (Incluído pela Lei nº 9.528, de 10.12.1997) – ADIN 1.721-3 considerou a regra inconstitucional..

1. COMENTÁRIOS

1.1. Soma dos períodos descontínuos: *acessio temporis*

A norma do caput do art. 453 consagra a figura jurídica chamada de acessio temporis, que numa tradução livre representaria a ideia de acesso no tempo, no sentido de conexão entre dois períodos contratuais. Exatamente esta a intenção da regra legal quando prevê a contagem do tempo de serviço do empregado que anteriormente trabalhou para o mesmo empregador. A norma tinha uma importância muito grande quando predominava no direito nacional o regime da estabilidade, pois o empregado que trabalhasse em períodos descontínuos para o mesmo empregador poderia adquirir estabilidade no emprego, desde que alcançasse 10 (dez) anos de prestação de serviços, ainda que intercalados (art. 492 da CLT).

A soma dos períodos de trabalho descontínuos não serve somente para aquisição de estabilidade. Como explica Russomano, in Comentários, Vol. I, 1993, p. 409, "...os períodos são somados, quer para fins de estabilidade, quer para fins de indenização, quer para qualquer outro fim da lei trabalhista.". Segundo esta ótica, caso o regulamento empresarial, ou norma coletiva, contenha cláusula garantindo determinado direito ao empregado que contar com 5 (cinco) anos de trabalho para a mesma empresa, por exemplo, o empregador não poderá lhe negar o direito se os períodos de trabalho forem descontínuos. A norma do art. 453, portanto, tem resgatada sua atualidade para a aplicação de direitos decorrentes de fontes autônomas: acordos, convenções coletivas, sentenças normativas e regulamentos empresariais, prevendo gratificações, prêmios, bonificações, etc, desde que a concessão tenha como pressuposto fático o "tempo de casa".

A própria norma prevê as circunstâncias sob as quais o tempo anterior não será somado ao tempo atual para fins trabalhistas: a) quando o empregado receber indenização pela rescisão contratual do contrato de trabalho anterior ou b) tiver se aposentado voluntariamente e retornar ao mesmo empregador após a jubilação. Ao receber indenização quando do fim do primeiro contrato de trabalho o empregado é compensado pela perda do emprego, razão pela qual não se beneficiará da contagem do tempo de serviço referente a este contrato específico, caso venha a ser readmitido na empresa. Quanto aos efeitos do segundo motivo – aposentadoria voluntária – os comentários serão feitos logo a seguir.

1.2. Aposentadoria voluntária: efeitos no contrato de trabalho

Os efeitos da aposentadoria voluntária ou espontânea no contrato de trabalho sempre foram regulados pela legislação trabalhista em interpretação sistemática com a lei previdenciária.

Arion Sayão Romita, in Extinção do Contrato de Trabalho por Força de Aposentadoria, 1998, p. 373/377, faz um histórico da evolução da legislação previdenciária, que descrevemos a seguir.

A Lei Orgânica da Previdência Social (Lei nº 3.807, de 26.8.1960) silenciava sobre a obrigatoriedade ou não do desligamento do empregado para concessão do benefício previdenciário de aposentadoria. Tal omissão foi suprida pelo Decreto-lei nº 66, de 21.11.1966, cujo art. 9º acrescentou o § 7º ao art. 32 da Lei nº 3.807, segundo o qual a aposentadoria por tempo de serviço seria devida a contar da data do comprovado desligamento do emprego ou efetivo afastamento da atividade. A Lei nº 5.890, de 8.6.1973, introduziu mudanças na legislação previdenciária, em seu art. 10, § 3º, mas sem mudar a diretriz anterior, exigindo o desligamento do empregado para o requerimento de aposentadoria (incisos I e II da norma referida).

Na vigência da Lei nº 5.890, foi alterada a redação do art. 453 da CLT, pela Lei nº 6.204, de 29.4.1975, que acrescentou ao dispositivo celetista sua parte final: "...ou se aposentado espontaneamente", impedindo que o tempo anterior à aposentadoria fosse computado quando da readmissão do empregado na mesma empresa. Com esta alteração no art. 453 perdeu eficácia a S. 21 do TST, que tinha o seguinte teor: "O empregado aposentado tem direito ao cômputo do tempo anterior à aposentadoria, se permanecer a serviço da empresa ou a ela retornar." Esta súmula foi cancelada pela Resolução nº 30/94, do TST, DJ, 12, 16 e 18.5.1994.

A interpretação de todos os dispositivos legais acima mencionados conduzia à conclusão de que a aposentadoria voluntária era causa de extinção do contrato de trabalho.

Com o advento da Lei nº 6.887, de 10.12.1980, que deu nova redação à Lei Previdenciária nº 3.807/60, alterando seu art. 5º, § 3º, bem como do art. 10, § 3º, da Lei nº 5890, de 8.6.1973, passou a ser possível o requerimento de aposentadoria independentemente do pedido de desligamento do emprego, ainda que o texto legal comportasse, à época, forte cizânia doutrinária.

A Lei nº 6.850, de 4.11.1981, em seu art. 3º, retornou com a exigência da extinção do contrato de trabalho para concessão da aposentadoria.

Sobreveio a Lei nº 8.213/91, que institui o plano de benefícios da previdência social, declarando que a aposentadoria por tempo de serviço terá seu início da mesma forma que a aposentadoria por idade (art. 54).

O art. 49, da Lei nº 8.213, ao tratar da aposentadoria por idade, dispôs em seu inciso I, "b", que a aposentadoria seria devida "da data do requerimento, quando não houver desligamento do emprego...". Nunca, até esta lei, uma norma previdenciária foi tão clara em permitir a aposentadoria sem que fosse necessária a extinção do contrato de emprego.

Esta mudança de paradigma foi brevemente interrompida pela MP nº 381, que alterava o art. 49 da Lei nº 8.213, exigindo, novamente, a extinção do contrato de trabalho para a aposentadoria; esta diretriz foi seguida pelas MP's 408, de 6.1.1994 e 446, de 9.3.1994, mas nenhuma delas foi aprovada pelo Congresso Nacional. Voltou a vigorar, portanto, a redação original do art. 49, I, "b", permitindo a convivência da aposentadoria com o contrato de trabalho.

Com o advento da Lei nº 9.528, 11.12.1997, o art. 453 recebeu dois novos parágrafos, sendo que o § 2º declara, de forma expressa, que a aposentadoria conduz ao rompimento do contrato de trabalho, derrogando, tacitamente, o art. 49, I, "b", da Lei nº 8.213/91, lei de mesma hierarquia.

Esta nova realidade legal levou o TST a editar sua OJ nº 177 da SDI-1, com o seguinte teor: "OJ-SDI1-177 APOSENTADORIA ESPONTÂNEA. EFEITOS: A aposentadoria espontânea extingue o contrato de trabalho, mesmo quando o empregado continua a trabalhar na empresa após a concessão do benefício previdenciário. Assim sendo, indevida a multa de 40% do FGTS em relação ao período anterior à aposentadoria.", de 8.11.2000.

Em 28.10.2003, o Tribunal Pleno decidiu, por maioria, manter o entendimento contido na Orientação Jurisprudencial nº 177, de que a aposentadoria espontânea extingue o contrato de trabalho, mesmo quando o empregado continuava a trabalhar na empresa.

1.3. Aposentadoria espontânea e a posição do STF

O parágrafo primeiro do art. 453, introduzido pela Lei nº 9.528/97, passou a permitir que o empregado fosse readmitido em empresa pública ou sociedade de economia mista, após sua aposentadoria voluntária, desde que se submetesse a novo concurso público. O E. STF declarou a inconstitucionalidade do referido artigo, em julgamento do Tribunal Pleno, acolhendo a pretensão formulada na ADI nº 1770/DF, Relator Ministro Joaquim Barbosa, DJ nº 1.12.2006. Com este julgamento, tornou-se inviável o retorno ao serviço público para a mesma entidade pela qual se aposentou, além de consolidar-se o entendimento de que aposentadoria não seria mais causa de extinção do contrato de emprego.

Estes julgamentos levaram ao cancelamento da OJ nº 177 da SDI-1/TST, DJ 30.10.2006.

Adequando o TST sua jurisprudência ao entendimento do STF, editou a OJ nº 361 da SDI-1/TST, afirmando que a aposentadoria espontânea não é causa da extinção do contrato de trabalho, DJ 20, 21 e 23.05.2008.

O E. STF, apreciando a inconstitucionalidade do art. 3º, da MP nº 1.596-14/97, convertida na Lei nº 9.528/97, que adicionou ao art. 453 um parágrafo segundo, julgou procedente a pretensão formulada na ADI nº 1.721/DF, conforme julgamento do Tribunal Pleno, Relator Ministro Carlos Britto, DJ 17.8.2007. Segundo este julgamento, restabeleceu-se o entendimento do art. 49, I, "b", da Lei nº 8.213/91, deixando de ser a aposentadoria causa de extinção do contrato de trabalho.

Os referidos julgamentos, declarando a inconstitucionalidade dos §§ 1º e 2º do art. 453, da CLT, foram divulgados no Informativo nº 444 do STF, cujo teor é transcrito a seguir:

> "O Tribunal, por maioria, julgou procedente pedido formulado em ação direta ajuizada pelo Partido Democrático Trabalhista – PDT e pelo Partido Comunista do Brasil – PC do B para declarar a inconstitucionalidade do § 1º do art. 453 da Consolidação das Leis do Trabalho – CLT, que estabelece que, na aposentadoria espontânea de empregados das empresas públicas e sociedades de economia mista, é permitida sua readmissão, desde que atendidos aos requisitos constantes do art. 37, XVI, da CF, e condicionada à prestação de concurso público. Na linha do que decidido no julgamento da cautelar, entendeu-se que o dispositivo impugnado é inconstitucional, sob o ponto de vista de qualquer das duas posições adotadas acerca do alcance da vedação de acumulação de proventos e de vencimentos: em relação a que sustenta que a referida vedação abrange, também, os empregados aposentados de empresas públicas e sociedades de economia mista, por permitir, sem restrição, a readmissão destes por concurso público, com a acumulação de remuneração de aposentadoria e salários em qualquer caso; e quanto a que exclui esses empregados dessa vedação, por pressupor a extinção do vínculo empregatício como conseqüência da aposentadoria espontânea, ensejando, dessa forma, a despedida arbitrária ou sem justa causa, sem indenização. Vencido, em parte, o Min. Marco Aurélio que, reportando-se aos fundamentos expendidos no caso anterior quanto à constitucionalidade da extinção do vínculo empregatício em decorrência da aposentadoria espontânea, julgava parcialmente procedente o pedido para declarar a inconstitucionalidade apenas da expressão "desde que atendidos aos requisitos constantes do art. 37, inciso XVI, da Constituição", contida no dispositivo impugnado, ao fundamento de que o aludido inciso XVI do art. 37 da CF não se estende aos empregos públicos. ADI 1770/DF, rel. Min. Joaquim Barbosa, 11.10.2006. (ADI-1770)"
>
> "O Tribunal, por maioria, julgou procedente pedido formulado em ação direta ajuizada pelo Partido dos Trabalhadores – PT, pelo Partido Democrático Trabalhista – PDT e pelo Partido Comunista do Brasil – PC do B para declarar a inconstitucionalidade do § 2º do art. 453 da CLT – adicionado pelo art. 3º da Medida Provisória 1.596-14/97, convertida na Lei 9.528/97 –, que estabelece que o ato de concessão de benefício de aposentadoria a empregado que não tiver

completado trinta e cinco anos de serviço, se homem, ou trinta, se mulher, importa em extinção do vínculo empregatício. Entendeu-se que a norma impugnada é inconstitucional por instituir modalidade de despedida arbitrária ou sem justa causa, sem indenização (CF, art. 7º, I), desconsiderando a própria eventual vontade do empregador de permanecer com seu empregado, bem como o fato de que o direito à aposentadoria previdenciária, uma vez objetivamente constituído, se dá na relação jurídica entre o segurado do Sistema Geral de Previdência e o INSS, portanto às expensas de um sistema atuarial-financeiro gerido por este. Vencido o Min. Marco Aurélio que julgava improcedente o pedido, reputando razoável o dispositivo analisado, tendo em conta a situação concreta tanto do mercado de trabalho, desequilibrado pela oferta excessiva de mão-de-obra e a escassez de emprego, quanto da previdência social, agravada pela assunção de aposentadorias precoces. Precedente citado: RE 449420/PR (DJU de 14.10.2005). ADI 1721/DF, rel. Min. Carlos Britto, 11.10.2006."(ADI 1721)

2. SÚMULAS E ORIENTAÇÕES JURISPRUDENCIAIS

▸ **Súmula nº 215/STF**

CONTA-SE A FAVOR DE EMPREGADO READMITIDO O TEMPO DE SERVIÇO ANTERIOR, SALVO SE HOUVER SIDO DESPEDIDO POR FALTA GRAVE OU TIVER RECEBIDO A INDENIZAÇÃO LEGAL.

▸ **Súmula nº 138/TST**

READMISSÃO (mantida) – Res. 121/2003, DJ 19, 20 e 21.11.2003

Em caso de readmissão, conta-se a favor do empregado o período de serviço anterior, encerrado com a saída espontânea (ex-Prejulgado nº 9).

▸ **Súmula nº 156/TST**

PRESCRIÇÃO. PRAZO (mantida) – Res. 121/2003, DJ 19, 20 e 21.11.2003

Da extinção do último contrato começa a fluir o prazo prescricional do direito de ação em que se objetiva a soma de períodos descontínuos de trabalho (ex-Prejulgado nº 31).

Histórico:

▸ **OJ-SDI1-361/TST**

APOSENTADORIA ESPONTÂNEA. UNICIDADE DO CONTRATO DE TRABALHO. MULTA DE 40% DO FGTS SOBRE TODO O PERÍODO (DJ 20, 21 e 23.05.2008)

A aposentadoria espontânea não é causa de extinção do contrato de trabalho se o empregado permanece prestando serviços ao empregador após a jubilação. Assim, por ocasião da sua dispensa imotivada, o empregado tem direito à multa de 40% do FGTS sobre a totalidade dos depósitos efetuados no curso do pacto laboral.

3. INFORMATIVOS DO TST

▸ **Arguição de inconstitucionalidade. Trabalhador portuário avulso. Art. 27, § 3º, da Lei nº 8.630/93. Aposentadoria espontânea. Manutenção da inscrição junto ao OGMO.**

O Tribunal Pleno decidiu, por maioria de votos, rejeitar a arguição de inconstitucionalidade do art. 27, § 3º, da Lei nº 8.630/93 e, conferindo-lhe interpretação conforme a Constituição Federal, declarar que a aposentadoria espontânea do trabalhador avulso não implica o cancelamento da inscrição no cadastro e registro do trabalhador portuário junto ao Órgão de Gestão de Mão-de-Obra – OGMO. Invocou-se, na hipótese, o princípio da isonomia, especificamente previsto no art. 7º, XXXIV, da CF, e os fundamentos adotados pelo STF ao declarar a inconstitucionalidade do § 2º do art. 453 da CLT com relação aos empregados com vínculo de emprego permanente (ADI 1721/DF), para sustentar que os princípios constitucionais ali enumerados, a saber, o valor social do trabalho, a existência digna e a busca do pleno emprego e o primado do trabalho, alcançam igualmente os trabalhadores avulsos, de modo que a aposentadoria espontânea, da mesma forma que não extingue automaticamente o vínculo de emprego, também não cancela a inscrição dos trabalhadores avulsos perante o OGMO. Vencidos os Ministros Aloysio Corrêa da Veiga, Antônio José de Barros Levenhagen, Brito Pereira, Maria Cristina Irigoyen Peduzzi, Maria de Assis Calsing, Renato de Lacerda Paiva, Lelio Bentes Corrêa, Alberto Luiz Bresciani de Fontan Pereira, Dora Maria da Costa e João Oreste Dalazen, que não conferiam a interpretação conforme a Constituição. Vencido, ainda, por fundamento diverso, o Ministro Luiz Philippe Vieira de Mello Filho. ArgInc-395400-83.2009.5.09.0322, Tribunal Pleno, rel. Min. Pedro Paulo Teixeira Manus, 15.10.2012. (Informativo nº 26)

4. QUESTÕES DE CONCURSOS

01. (FURNAS/DIREITO 3/FUNRIO/2009) Péricles Gones, empregado da Indústria Metalúrgica Suriname, desde 25/04/1969, época em que optou pelo fundo de garantia por tempo de serviço, requer sua aposentadoria voluntária, em 25/04/2004, permanecendo no emprego. Em 25/05/2008, foi o mesmo dispensado, sem justa causa, pela Indústria Metalúrgica Suriname, sendo que a mesma somente efetuou o pagamento de multa, incidente sobre o saldo do fundo de garantia por tempo de serviço, em relação ao período entre 25/04/2004 e 25/05/2008, por entender que, com a aposentadoria voluntária, havia sido extinto o contrato de trabalho. Em relação aos fatos narrados é correto afirmar que a aposentadoria

a) espontânea é causa de extinção do contrato de trabalho, mesmo que o empregado permanece prestando serviços ao empregador após a jubilação. Assim, por ocasião da sua dispensa imotivada, o empregado não tem direito à multa do FGTS sobre a totalidade dos depósitos efetuados no curso do pacto laboral.

b) espontânea não é causa de extinção do contrato de trabalho se o empregado permanece prestando serviços ao empregador após a jubilação. Entretanto, por ocasião da sua dispensa imotivada, o empregado não tem direito à multa do FGTS sobre a totalidade dos depósitos efetuados no curso do pacto laboral.

c) espontânea é causa de extinção do contrato de trabalho, mesmo que o empregado permanece prestando serviços ao empregador após a jubilação. Assim, por ocasião da sua dispensa imotivada, o empregado tem direito à multa do FGTS sobre o período anterior a concessão de sua aposentadoria voluntária.

d) voluntária, sem a comunicação ao empregador, permanecendo o empregado prestando serviços é causa ensejadora de demissão, por justa causa, do mesmo, haja vista estar configurada a improbidade, uma vez que o empregado passa a perceber vencimentos de duas fontes e ainda enseja em prejuízo para o empregador, na medida em que este permanece obrigado em relação a previdência social, pelo fato de o empregador permanecer laborando.

e) espontânea não é causa de extinção do contrato de trabalho se o empregado permanece prestando serviços ao empregador após a jubilação. Assim, por ocasião da sua dispensa imotivada, o empregado tem direito à multa do FGTS sobre a totalidade dos depósitos efetuados no curso do pacto laboral.

02. (TRT 15 – Juiz do Trabalho Substituto 15ª região/ 2012) Assinale a alternativa correta, a respeito da aposentadoria espontânea.

a) A aposentadoria espontânea, extingue o contrato de trabalho; mesmo quando o empregado continua a trabalhar na empresa após a concessão do benefício previdenciário. Assim sendo, indevida a multa de 40% do FGTS em relação ao período anterior à aposentadoria.

b) A aposentadoria espontânea extingue o contrato de trabalho, a não ser que o empregado continue a trabalhar na mesma empresa após a concessão do benefício por parte da Previdência Social.

c) O ato de concessão de benefício de aposentadoria a empregado que não tiver completado 35 anos de serviço, se homem, ou trinta, se mulher, importa em extinção do vínculo empregatício.

d) Na aposentadoria espontânea de empregados das empresas públicas e sociedades de economia mista é permitida sua readmissão desde que atendidos aos requisitos constantes do art. 37, inciso XVI, da Constituição, e condicionada à prestação de concurso público.

e) O parágrafo 2°, do art. 453 da CLT, introduzido pela Lei nº 9.528/97, criou modalidade de despedida arbitrária ou sem justa causa, sem indenização, o que não poderia ser feito sem ofensa ao disposto no art. 10 do Ato das Disposições Constitucionais Transitórias, que prevê a multa de 40% sobre o FGTS. Com tais fundamentos, o C. STF declarou inconstitucional o referido parágrafo 2° do art. 453 consolidado.

GAB	1	E	2	E

✦ INVENÇÃO E CONTRATO DE TRABALHO

Art. 454. Na vigência do contrato de trabalho, as invenções do empregado, quando decorrentes de sua contribuição pessoal e da instalação ou equipamento fornecidos pelo empregador, serão de propriedade comum, em partes iguais, salvo se o contrato de trabalho tiver por objeto, implícita ou explicitamente, pesquisa científica.

Parágrafo único. Ao empregador caberá a exploração do invento, ficando obrigado a promovê-la no prazo de um ano da data da concessão da patente, sob pena de reverter em favor do empregado da plena propriedade desse invento.

1. COMENTÁRIOS

Os direitos intelectuais, também chamados de direitos derivados da propriedade intelectual, são aqueles que se relacionam à autoria e utilização de obra decorrente da produção mental da pessoa. São vantagens jurídicas concernentes aos interesses morais e materiais resultantes de qualquer produção científica, literária ou artística. Como explica Godinho, in Curso, jan-2009, p. 570, são direitos universalmente consagrados, constando, inclusive, da Declaração Universal de Direitos do Homem, de 10.12.1948: "Todo homem tem direito à proteção dos interesses morais e materiais decorrentes de qualquer produção científica, literária ou artística da qual seja autor." (art. 27.2).

A Constituição da República consagra tais direitos imateriais no art. 5º, XXVII, XXVIII e XXIX.

No que diz respeito à relação de emprego e tais direitos intelectuais, conexos ao contrato de trabalho, os direitos de empregado e empregador sobre as invenções resultado do trabalho, são regulados, sistematicamente, pelas Leis nº 5.772/71 e 9.279/96, esta última expressamente alterando o art. 454 da CLT. Como explica Mauricio Godinho Delgado, in Curso, jan-2009, p. 571: "...em face do necessário período de transição a ser vivenciado pelas situações sóciojurídicas concretas, o exame do tratamento normativo acerca dos direitos da propriedade intelectual do empregado deve ser feito mediante o contraponto dos dois diplomas legais em enfoque.".

A partir das normas legais acima referidas, o resultado da atividade intelectual envolve o exame de três circunstâncias, muito bem apreciadas por Godinho, in Curso, jan-2009, p. 572/574, a saber: a) o trabalho intelectual como objeto do contrato de trabalho; b) trabalho intelectual sem relação com o contrato de trabalho; c) trabalho intelectual favorecido por circunstâncias contratuais.

Na primeira hipótese (a), – trabalho intelectual como objeto do contrato de trabalho –, tanto o texto da Lei nº 5.772/71, como da Lei nº 9.279/96, mantêm a mesma diretriz: a invenção objeto do contrato de emprego, mesmo que decorra de trabalho de um único empregado, é de propriedade do empregador (art. 40, da Lei nº 5.772/71 e 88, da Lei nº 9.279/96).

A propriedade da invenção pelo empregador não retira do empregado a autoria pela mesma (art. 40, § 4º, da Lei de Propriedade Industrial – 9.279/96). A única inovação na nova lei diz respeito à possibilidade prevista em seu art. 89, do empregador conceder ao empregado, autor do invento ou aperfeiçoamento, participação nos ganhos econômicos decorrentes da exploração da patente. A lei teve o cuidado de retirar a natureza salarial de tal retribuição, regra que estimula sua contínua aplicação no âmbito do contrato de emprego (§ único, do art. 89).

Na segunda hipótese (b), – trabalho intelectual sem relação com o contrato de trabalho –, a propriedade da invenção, aperfeiçoamento ou modelo de utilidade, fruto do trabalho, será exclusivamente do empregado (art. 41, da Lei nº 5.772/71 e 90, da Lei nº 9.279/96).

Na terceira hipótese (c), – trabalho intelectual favorecido por circunstâncias contratuais –, onde a invenção não é objeto do contrato de trabalho, mas o empregador proporciona meios que facilitam seu desenvolvimento, é a que mais pode gerar controvérsias, pois se insere numa zona intermediária. Esta é exatamente a hipótese do art. 454 da CLT.

Os dois textos normativos multicitados, bem como o art. 454 da CLT, seguem a mesma diretriz: a propriedade da invenção ou modelo será comum, em partes iguais, de empregador e empregado, garantido ao empregador o direito exclusivo de exploração da patente (art. 40, da Lei nº 5.772/71 e 91, da Lei nº 9.279/96). Caso o empregador não explore a invenção, no prazo de 1 ano da data de concessão da patente, o direito de exploração se reverte ao empregado coproprietário da patente (§ único, do art. 454).

Na hipótese (c) será garantida ao empregado a justa remuneração pela exploração da invenção, modelo ou patente, sem natureza salarial (art. 89, § único, da Lei nº 9.279); diferentemente do que ocorre na hipótese (b), quando a remuneração ao empregado dependerá de um ajuste expresso de vontades entre os sujeitos do contrato de trabalho, aqui nesta hipótese (c) a remuneração ao empregado é obrigatória (art. 91, § 2º, da Lei nº 9.279).

O art. 454 ressalva o contrato de trabalho que tiver por objeto a pesquisa científica. Nesta circunstância o empregado não se tornará co-proprietário da invenção, pois a pesquisa representa objeto do contrato, recaindo a circunstância na hipótese (a), acima tratada.

2. QUESTÕES DE CONCURSOS

01. (TRT – 3ª REGIÃO/JUIZ DO TRABALHO SUBSTITUTO/2009) Assinale a assertiva ("a" a "e") correta em relação aos enunciados de I a V, observadas a legislação pertinente e a consolidação jurisprudencial do c. TST:

I. Salvo prova em contrário, consideram-se desenvolvidos na vigência do contrato de trabalho, pertencendo, portanto, exclusivamente ao empregador, a invenção ou o modelo de utilidade, cuja patente seja requerida pelo empregado até 1 (um) ano após a extinção do vínculo de emprego, se, na vigência do contrato de trabalho, tiver prestado serviços no Brasil, tendo como objeto a pesquisa ou atividade inventiva, ou que esta seja resultado da natureza dos serviços para o qual fora contratado.

II. Constitui faculdade do empregador, quando titular da patente, a concessão ao empregado, autor do invento ou de aperfeiçoamento, de participação nas vantagens econômicas decorrentes da exploração da patente.

III. A propriedade de invenção ou de modelo de utilidade será comum, em partes iguais, quando resultar da contribuição pessoal do empregado e de recursos, dados, meios, materiais, instalações ou equipamentos do empregador, ressalvada expressa disposição contratual em contrário.

IV. Nos casos da propriedade comum de invenção ou modelo de utilidade, a exploração do objeto da patente, na falta de acordo, deverá ser iniciada pelo empregador dentro do prazo de um ano, contado da data de sua concessão, sob pena de passar à exclusiva propriedade do empregado a titularidade da patente, ressalvadas as hipóteses de falta de exploração por razões legítimas.

V. Havendo por parte do empregador a concessão de participação do empregado inventor nos benefícios oriundos da exploração econômica da patente da invenção ou aperfeiçoamento por ele realizados, tal participação não se incorpora, a qualquer título que seja, ao salário do empregado, ainda que habitualmente concedida.

a) somente um enunciado é verdadeiro

b) somente dois enunciados são verdadeiros

c) somente três enunciados são verdadeiros

d) somente quatro enunciados são verdadeiros

e) todos os enunciados são verdadeiros

02. (TRT 8 – Juiz do Trabalho Substituto 8ª região/ 2012) Assinale a alternativa CORRETA: a invenção e o modelo de utilidade pertencem exclusivamente ao empregador quando decorrerem de contrato de trabalho cuja execução ocorra no Brasil e que tenha por objeto a pesquisa ou a atividade inventiva, ou resulte esta da natureza dos serviços para os quais foi o empregado contratado, percebendo este, salvo ajuste em contrário, como retribuição pelo trabalho, tão somente o salário ajustado.

GAB	1	E	2	C

✦ SUBEMPREITADA: RESPONSABILIDADE DO EMPREITEIRO PRINCIPAL

Art. 455. Nos contratos de subempreitada responderá o subempreiteiro pelas obrigações derivadas do contrato de trabalho que celebrar, cabendo, todavia, aos empregados, o direito de reclamação contra o empreiteiro principal pelo inadimplemento daquelas obrigações por parte do primeiro.

✦ AÇÃO REGRESSIVA CONTRA O SUBEMPREITEIRO

Parágrafo único. Ao empreiteiro principal fica ressalvada, nos termos da lei civil, ação regressiva contra o subempreiteiro e a retenção de importâncias a este devidas, para a garantia das obrigações previstas neste artigo.

1. COMENTÁRIOS

1.1. Responsabilidade subsidiária do empreiteiro principal

Sempre que o empreiteiro principal resolver terceirizar o objeto de sua atividade, que consiste na empreitada, surge a figura da subempreitada. Como explica Russomano, in Comentários, Vol. I, 1993, p. 418, "a subempreitada é conhecida como contrato de marchandage e o subempreiteiro é o marchandeur. Exige-se, por isso, para a subempreitada, a reunião de três partes contratantes: a) o empreiteiro principal; b) o marchandeur; c) os operários os artífices que executam o trabalho (Hirosê Pimpão, das Relações de Emprego no Direito do Trabalho, p. 98).".

A definição da responsabilidade do empreiteiro principal, diante do inadimplemento das obrigações do subempreiteiro, não é tema dos mais pacíficos na doutrina. Mauricio Godinho Delgado, in Curso, jan-2009, p. 451, explica que doutrina e jurisprudência tendiam a considerar a responsabilidade do art. 455 da CLT como solidária, mas atualmente, a partir da S. 331, IV, do TST, "engloba-se também a situação-tipo aventada pelo art. 455 da CLT, no cenário jurídico geral da terceirização, passando-se a considerar como subsidiária a responsabilidade do empreiteiro principal, em casos de subempreitada.".

No mesmo sentido é a opinião de Sergio Pinto Martins, in Comentários, 2010, p. 403, enfatizando que o art. 455 da CLT não representaria autorização legal para demanda direta em face do empreiteiro principal, pois a norma não cuida de solidariedade. Também assim Saad, que defende a responsabilidade subsidiária do empreiteiro principal (CLT comentada, 2009, p. 557).

A doutrina tradicional sempre viu na redação do art. 455 da CLT a possibilidade de autorização legal de responsabilidade solidária, como se percebe das lições de Russomano, Vol. I, 1993, p. 418/419; F.A. de Oliveira, Comentários, 2005, p. 378 e Délio Maranhão, Direito do Trabalho, p. 185. Como se vê, o tema não é pacifico, mas a corrente indicada por Godinho, defendendo a responsabilidade subsidiária, tende a prevalecer.

1.2. Formação de litisconsórcio passivo: subempreiteiro e empreiteiro principal

Mauricio Godinho Delgado, na fonte citada, defende ser necessária a formação de litisconsórcio passivo entre empreiteiro principal e subempreiteiro, permitindo-se, assim, a defesa do empreiteiro principal diante das alegações do empregado de inadimplemento das obrigações pelo subempreiteiro. Explica o autor que a presença de ambos no polo passivo é exigência sedimentada na S. 331, IV, do TST (Curso, jan-2009, p. 451). A necessidade de formação do litisconsórcio é defendida, além do próprio Godinho, pela maioria da doutrina (Saad, CLT comentada, 2009, p. 557, Francisco Antonio de Oliveira, Comentários, 2005, p. 332 e Russomano, Comentários, Vol. I, 1993, p. 419).

Sergio Pinto Martins, em sentido contrário da doutrina majoritária, muito embora entenda ser necessário, antes da responsabilização do empreiteiro principal, o inadimplemento das obrigações cobradas em face do subempreiteiro, dispensa a formação do litisconsórcio passivo que, em sua visão, é facultativo (Comentários, 2010, p. 403).

Também entendemos que a hipótese legal é de responsabilidade subsidiária, mas aderimos ao pensamento de Martins, dispensando a formação de litisconsórcio passivo, que só ocorrerá por vontade do autor (litisconsórcio passivo facultativo).

A S. 331, IV, do TST, cuidando das hipóteses de terceirização típicas, exige a presença do tomador de serviços e das empresas terceirizadas, pois o litisconsórcio é indispensável para aferição da culpa in eligendo e in vigilando, que fundamenta a responsabilidade subsidiária do tomador dos serviços. Mesmo nestas hipóteses, o litisconsórcio passivo não é necessário, mas uma condição para o credor cobrar do tomador dos serviços os créditos devidos pelo empregador, empresa prestadora de serviços, no mesmo processo. Fosse um litisconsórcio passivo necessário, a validade da relação jurídica processual, e a eficácia da sentença, dependeria da citação de todos os litisconsortes necessários (art. 47 do CPC/73 e art. 114 do CPC/2015), o que não é o caso.

Na hipótese de subempreitada, a responsabilização do empreiteiro principal decorre do inadimplemento das obrigações pelo subempreiteiro, diante da culpa presumida pelo simples descumprimento das obrigações pelo empregador (subempreiteiro). Desnecessária, portanto, a formação de litisconsórcio passivo, facultando-se ao empreiteiro principal a ação de regresso em face do subempreiteiro, como prevê o art. 455, § único.

A ausência do subempreiteiro no polo passivo não impede que o empreiteiro principal, acionado diretamente, produza sua defesa para contrariar a presunção de sua culpa. Ainda que a participação do subempreiteiro no processo possa facilitar a defesa do empreiteiro principal, não se trata de hipótese de litisconsórcio passivo necessário.

1.3. Dono da obra: ausência de responsabilidade

A jurisprudência trabalhista negou a responsabilidade do dono da obra, por entender que este não exerce atividade profissional de construção, não podendo ser equiparado ao empreiteiro principal, pois não terceiriza qualquer serviço ou atividade. Este é o entendimento consagrado pela OJ nº 191 da SBDI-1/TST.

Concordamos com a tese consagrada pela jurisprudência. Não se pode atribuir ao simples contratante, destinatário da obra contratada, responsabilidade pelo inadimplemento das obrigações trabalhistas por parte do empreiteiro contratado e seus empregados. O cliente, que contratou a empreitada, não concorreu, sequer indiretamente, para o inadimplemento das obrigações do empreiteiro empregador. O dono da obra pode até exercer atividade empresarial, mas o objeto de seu negócio não guarda qualquer relação com o objeto do contrato de empreitada. Não se trata de terceirização de qualquer tipo de serviço, mas sim de um contrato de resultado: obra certa, tendo o empreiteiro total responsabilidade por seus atos, sem que se possa transferir ao cliente alguma parcela de tal responsabilidade.

1.4. Ação regressiva contra o subempreiteiro

A ação de regresso do empreiteiro principal em face do subempreiteiro não pode ser movida no próprio processo no qual o empregado cobra seus direitos. Tal atitude representaria aceitação da figura processual da denunciação da lide, fundamentada no direito de regresso (art. 70, III, do CPC/73 e 125, II, do CPC/2015), na Justiça do Trabalho. Aceitação desta modalidade de intervenção de terceiros provocaria a apreciação de lide reflexa, entre empreiteiro principal e subempreiteiro, que não se insere na competência material prevista no art. 114, da CF (em sentido contrário: F.A. de Oliveira defende a competência material da Justiça do Trabalho e a competência funcional do juiz da ação principal, in Comentários, 2005, p. 378).

O não cabimento da denunciação da lide já foi tema pacifico na jurisprudência trabalhista, tendo o TST editado a OJ nº 227 da SBDI-1, considerando incompatível com o processo do trabalho tal modalidade de intervenção de terceiro. Contudo, após o advento da EC nº 45/2004, o TST resolveu cancelar a OJ (DJ 22.11.2005), deixando abertas as portas da interpretação jurisprudencial.

A ação de regresso será ajuizada pelo empreiteiro principal, em face do subempreiteiro, na Justiça Comum Estadual, com fundamento na teoria da responsabilidade civil (arts. 186 e 927 do Código Civil).

2. SÚMULAS E ORIENTAÇÕES JURISPRUDENCIAIS

- **Súmula nº 331, IV/TST**

CONTRATO DE PRESTAÇÃO DE SERVIÇOS. LEGALIDADE (nova redação do item IV e inseridos os itens V e VI à redação) – Res. 174/2011, DEJT divulgado em 27, 30 e 31.05.2011

(...)

IV – O inadimplemento das obrigações trabalhistas, por parte do empregador, implica a responsabilidade subsidiária do tomador dos serviços quanto àquelas obrigações, desde que haja participado da relação processual e conste também do título executivo judicial.

- **OJ-SDI1-191/TST.**

CONTRATO DE EMPREITADA. DONO DA OBRA DE CONSTRUÇÃO CIVIL. RESPONSABILIDADE (nova redação) – Res. 175/2011, DEJT divulgado em 27, 30 e 31.05.2011 Diante da inexistência de previsão legal específica, o contrato de empreitada de construção civil entre o dono da obra e o empreiteiro não enseja responsabilidade solidária ou subsidiária nas obrigações trabalhistas contraídas pelo empreiteiro, salvo sendo o dono da obra uma empresa construtora ou incorporadora.

3. INFORMATIVOS DO TST

- **Terceirização ilícita. Configuração. Empregado contratado por empresa especializada em vigilância e transporte de valores. Exercício de atividades tipicamen te bancárias. Reconhecimento do vínculo de emprego. Súmula nº 331, I, do TST.**

Configura terceirização ilícita a utilização por instituição financeira de empregados contratados por empresa especializada em vigilância e transporte de valores para a prestação de serviços diários de tesouraria, *in casu*, o recebimento, abertura, conferência de conteúdo e encaminhamento de envelopes recolhidos em caixas eletrônicos, na medida em que tais atribuições se relacionam com a atividade fim dos bancos. Adotando essa premissa, a SBDI-1, por unanimidade, conheceu do recurso de embargo por contrariedade à Súmula nº 331, I, do TST e, no mérito, deu-lhe provimento para restabelecer a sentença que reconheceu o vínculo de emprego diretamente com o banco-reclamado. TST-E-RR-2600-75.2008.5.03.0140, SBDI-I, rel. Min. Augusto César Leite de Carvalho, 6.9.2012. (**Informativo nº 21**)

- **Terceirização. Cláusula convencional que veda a intermediação de mão de obra por condomínios e edifícios. Validade.**

É válida a cláusula convencional que veda a contratação de empresas prestadoras de serviços por condomínios e edifícios para o fornecimento de mão de obra para atuar nas funções relacionadas à atividade fim, discriminadas na norma coletiva como de zelador, vigia, porteiro, jardineiro, faxineiro, ascensorista, garagista, manobrista e foguista. Na espécie, destacou-se que o ajuste agregou vantagem à categoria profissional, na medida em que valorizou a contratação direta de empregados, em detrimento da prática da terceirização. Com esse posicionamento, a SDC, por unanimidade, conheceu do recurso ordinário e, no mérito, por maioria, julgou improcedente o pedido de declaração de nulidade da referida cláusula. Vencido o relator, Ministro Walmir Oliveira da Costa. TST-RO-116000-32.2009.5.15.0000, SDC, rel. Min. Walmir Oliveira da Costa, red. p/ acórdão Min. Márcio Eurico Vitral Amaro, 4.9.2012 (**Informativo nº 21**)

- **Empresa concessionária de energia elétrica. Agente de cobrança, leiturista e eletricista. Terceirização. Impossibilidade. Funções ligadas à atividade-fim da empresa.**

A atuação de empregado terceirizado em atividade-fim de empresa de concessão de serviços públicos enseja o reconhecimento do vínculo empregatício direto com a concessionária, pois a Lei nº 8.987/95 (Lei das Concessões Públicas) não autoriza a terceirização ampla e irrestrita, pois não tem o condão de afastar o princípio constitucional do trabalho. No caso concreto, as funções desempenhadas pelo reclamante – agente de cobrança, leiturista e eletricista – se enquadram nas atividades-fim da tomadora de serviço, porque essenciais à distribuição e à comercialização de energia. Com base nesse entendimento, a SBDI-I, por unanimidade, conheceu dos embargos da reclamada, por divergência jurisprudencial, e, no mérito, por maioria, negou-lhes provimento. (**Informativo nº 54**)

- **Contrato de empreitada. Fornecimento de mão-de-obra especializada em montagem e manutenção industrial para a construção de um pátio de madeiras. Obra certa. Construção civil. Aplicação da Orientação Jurisprudencial nº 191 da SBDI-I. Responsabilidade da dona da obra. Não configuração.**

Na hipótese em que firmado contrato para empreitada, tendo como objeto o fornecimento de mão-de-obra especializada em montagem e manutenção industrial no canteiro de obras da Klabin S.A. para a construção de um pátio de madeiras, a SBDI-I, por maioria, conheceu dos embargos da empresa por má aplicação da Orientação Jurisprudencial nº 191 da SBDI-I e, no mérito, deu-lhes provimento para afastar a responsabilidade da reclamada pelos débitos trabalhistas, excluindo-a do polo passivo da ação. Prevaleceu o entendimento de que o contrato envolve construção civil, não havendo falar em inaplicabilidade da Orientação Jurisprudencial nº 191 da SBDI-I, pois não se trata de terceirização de serviços, mas de empreitada para obra certa, a afastar, portanto, a responsabilidade da dona da obra. Vencidos os Ministros José Roberto Freire Pimenta, Lelio Bentes Corrêa, Augusto César Leite de Carvalho e Delaíde Miranda Arantes. TST-E-ED-RR-23300-59.2009.5.04.0221, SBDI-I, rel. Min. Aloysio Côrrea da Veiga, 15.8.2013 (**Informativo nº 55**)

- **Transporte ferroviário. Manutenção de vagões e locomotivas. Atividade-fim. Impossibilidade de terceirização. Intermediação ilícita de mão de obra. Reconhecimento de vínculo de emprego direto com o tomador do serviço. Interpretação sistemática dos arts. 25 da Lei nº 8.987/95 e 94, II, da Lei nº 9.472/97.**

A manutenção de vagões e locomotivas é atividade-fim das empresas concessionárias de transporte ferroviário, razão pela qual a terceirização desse serviço caracteriza intermediação ilegal da mão de obra, acarretando vínculo empregatício direto com o tomador do serviço. Ademais, a interpretação sistemática dos arts. 25 da Lei nº 8.987/95 e 94, II, da Lei nº 9.472/97 não permite concluir que o legislador conferiu às concessionárias de serviço público a possibilidade de terceirizar suas atividades de forma ampla e irrestrita. Com esses fundamentos, e reiterando a jurisprudência firmada na Corte, a SBDI-I, por unanimidade, conheceu do recurso de embargos da reclamada, por divergência jurisprudencial, e, no mérito, por maioria, negou-lhe provimento, vencido o Ministro Brito Pereira. Ressalvaram entendimento os Ministros Aloysio Corrêa da Veiga, relator, e Dora Maria da Costa. TST-E-ED-ED-RR-3500-75.2008.5.03.0005, SBDI-I, rel. Min. Aloysio Corrêa da Veiga, 7.11.2013 (**Informativo nº 65**)

4. QUESTÕES DE CONCURSOS

01. (TRT – 1ª REGIÃO/JUIZ DO TRABALHO/2008) Com relação ao contrato individual de trabalho é correto dizer:

a) O contrato por prazo determinado é aquele cuja vigência depende de termo pré-fixado ou da execução de serviços especificados ou ainda da realização de certo acontecimento suscetível de previsão aproximada.

b) As relações contratuais podem ser objeto de livre estipulação pelas partes, desde que não contravenham às disposições de proteção ao trabalho e às decisões das autoridades competentes.

c) O contrato de trabalho por prazo determinado não poderá ser estipulado, no total, por mais de 2 (dois) anos.

d) A invenção e o modelo de utilidade pertencem exclusivamente ao empregador, quando decorrerem do contrato de trabalho, cuja contratação tenha se dado no Brasil e que tenha por objeto a pesquisa ou a atividade inventiva.

e) Nos contratos de subempreitada responderá o subempreiteiro pelas obrigações derivadas do contrato de trabalho que celebrar, cabendo, todavia, aos empregados, o direito de reclamação contra o empreiteiro principal, como responsável subsidiário pelo inadimplemento daquelas obrigações por parte do primeiro.

02. (TRT – 9ª REGIÃO/ANALISTA JUDICIÁRIO/CESPE/2007) O dono de obra é, em qualquer caso, responsável direta ou solidariamente pelos trabalhadores que tenham prestado serviços para a sua construção, ainda que esses trabalhadores tenham sido contratados por empreiteiros, quando estes inadimplirem o contrato com os respectivos empregados ou ajudantes.

03. (FCC – Juiz do Trabalho Substituto 11ª região/ 2012) Em relação às situações de responsabilização empresarial, nos termos da lei ou da jurisprudência sumulada do TST, é correto afirmar: nos contratos de subempreitada responderá o subempreiteiro pelas obrigações derivadas do contrato de trabalho que celebrar, não cabendo qualquer responsabilidade do empreiteiro principal pelo inadimple – mento daquelas obrigações por parte do primeiro.

GAB	1	A	2	E	3	E

✦ PROVA DO CONTRATO DE TRABALHO

Art. 456. A prova do contrato individual do trabalho será feita pelas anotações constantes da carteira profissional ou por instrumento escrito e suprida por todos os meios permitidos em direito.

Parágrafo único. A falta de prova ou inexistindo cláusula expressa e tal respeito, entender-se-á que o empregado se obrigou a todo e qualquer serviço compatível com a sua condição pessoal.

1. COMENTÁRIOS

A interpretação de artigo deve ser feita em sintonia com o art. 447 da CLT.

A anotação na CTPS é o meio hábil de demonstração da existência do contrato de trabalho. Tal anotação, que será feita em 48 horas do recebimento do documento pelo empregador (art. 29, caput, da CLT), possui presunção relativa de veracidade, admitindo-se, portanto, prova em contrário (vide comentários ao art. 29 da CLT).

Na ausência de tal anotação, qualquer meio idôneo de prova (art. 332, do CPC/73 e art. 369, do CPC/2015) pode demonstrar a existência do contrato de trabalho.

É inaplicável na esfera trabalhista a regra do art. 227 do Código Civil, que veda a prova exclusivamente testemunhal para demonstração de contratos que ultrapassem o valor de 10 salários-mínimos. A própria redação do art. 456 ora comentado, que permite o uso de todos os meios de prova para suprir a falta de anotação do contrato de trabalho na CTPS, é suficiente para afastar a aplicação da regra civilista (no mesmo sentido: Saad, CLT comentada, 2009, p. 561).

2. SÚMULAS E ORIENTAÇÕES JURISPRUDENCIAIS

▸ **Súmula nº 12/TST**

CARTEIRA PROFISSIONAL (mantida) – Res. 121/2003, DJ 19, 20 e 21.11.2003

As anotações apostas pelo empregador na carteira profissional do empregado não geram presunção "juris et de jure", mas apenas "juris tantum".

▸ **Súmula nº 223/TFR – *13-08-1986 – DJ 21-08-86***

Empregado – Desvio Funcional – Direito a Diferença Salarial – Quadro de Pessoal Organizado em Carreira

O empregado, durante o desvio funcional, tem direito a diferença salarial, ainda que o empregador possua quadro de pessoal organizado em carreira.

✦ LOGOMARCAS NO UNIFORME

Art. 456-A. Cabe ao empregador definir o padrão de vestimenta no meio ambiente laboral, sendo lícita a inclusão no uniforme de logomarcas da própria empresa ou de empresas parceiras e de outros itens de identificação relacionados à atividade desempenhada. (Incluído pela Lei nº 13.467, de 13.07.2017).

Parágrafo único. A higienização do uniforme é de responsabilidade do trabalhador, salvo nas hipóteses em que forem necessários procedimentos ou produtos diferentes dos utilizados para a higienização das vestimentas de uso comum.(Incluído pela Lei nº 13.467, de 13.07.2017).

1. COMENTÁRIOS

A autorização para inclusão de logomarcas no uniforme da empresa, dela própria ou de terceiros, parceiros, tem o objetivo de coibir inúmeras demandas ajuizadas na Justiça do Trabalho postulando indenização por dano extrapatrimonial em razão do uso desses uniformes, tão usual em supermercados, farmácias, lojas de departamentos, entre outros ramos.

Nunca vislumbrei dano moral simplesmente pelo uso do uniforme. Tanto assim que não costumo acolher tais pleitos, no exercício de minha atividade como magistrado, salvo quanto a uniformes ou acessórios vexatórios, ou, ainda, violadores da liberdade de religião ou de culto, ou, por fim, quando verdadeiramente havia uma invasão da esfera íntima do empregado. Cito, como exemplo, determinada rede de *fast food,* que obrigava seus empregados a usar um chapéu imitando uma cabeça de touro, com dois chifres, no ambiente de uma grande cidade, como o Rio de Janeiro, em atitude claramente vexaminosa.

Como exemplo de que já não enxergava dano moral pelo simples uso do uniforme com logomarcas, transcrevo, a seguir, trecho de uma de tantas sentenças abordando esta temática, por mim proferida há quase 15 anos, nos autos do processo nº 1457/03, na então 14ª Junta de Conciliação e Julgamento do Rio de Janeiro:

> "DANO MORAL – "HOMENS PLACA"
>
> O direito nacional identificou, normativamente, a independência do dano extrapatrimonial, caracterizado pela violação a valores que integram a personalidade do individuo (honra, imagem, moral, etc.). A indenização devida diante da violação de tais valores atende a uma dupla finalidade: didático-punitiva, pois visa coibir a repetição de tais abusos e compensatória, já que não há possibilidade de reparação do dano, ao menos os "sofrimentos da alma" são minorados pela indenização. Contudo, a fim de que seja evitada a banalização deste valioso instrumento de tutela de direitos constitucionalmente previstos, é indispensável que o Judiciário possa distinguir entre um simples incômodo e uma grave violação à integridade moral do indivíduo-trabalhador.
>
> No caso dos autos, o autor pretende receber indenização pelo fato de utilizar camisa de clientes do réu, fazendo propagandas de produtos dos mesmos. A testemunha de fl. 373 comprova o uso obrigatório de tais camisas, a exemplo daquelas fornecidas pelo fabricante do produto "Omo". Não vê este Juízo qualquer violação aos valores acima referidos, particularmente considerando-se a atividade do réu (um supermercado) e as atribuições da autora.
>
> Por todo o exposto, indefere-se o pedido.".

Não obstante minha posição pessoal, acima manifestada, e agora reproduzida no texto legal, a jurisprudência do TST, que neste particular tinha posição diametralmente oposta à minha, deverá ser revista. O acórdão a seguir, da lavra do Ministro Godinho Delgado, demonstra o que dissemos:

> AGRAVO DE INSTRUMENTO. RECURSO DE REVISTA. PROCESSO SOB A ÉGIDE DA LEI 13.015/2014. 1. INDENIZAÇÃO POR DANO MORAL. DIREITO DE IMAGEM. UTILIZAÇÃO DE UNIFORME COM LOGOMARCAS DE FORNECEDORES. PROPAGANDA INDEVIDA. ART. 20 DO CÓDIGO CIVIL. 2. VALOR ARBITRADO. CRITÉRIOS DA PROPORCIONALIDADE E DA RAZOABILIDADE OBSERVADOS. 3. HORAS EXTRAS. VALIDADE DOS CARTÕES DE PONTO. AUSÊNCIA DE PREQUESTIONAMENTO. SÚMULA 297/TST. A conquista e afirmação da dignidade da pessoa humana não mais podem se restringir à sua liberdade e intangibilidade física e psíquica, envolvendo, naturalmente, também a conquista e afirmação de sua individualidade no meio econômico e social, com repercussões positivas conexas no plano cultural – o que se faz, de maneira geral, considerado o conjunto mais amplo e diversificado das pessoas, mediante o trabalho e, particularmente, o emprego. O direito à indenização por dano moral encontra amparo no art. 5º,

> V e X, da Constituição da República e no art. 186 do CCB/2002, bem como nos princípios basilares da nova ordem constitucional, mormente naqueles que dizem respeito à proteção da dignidade humana, da inviolabilidade (física e psíquica) do direito à vida, do bem-estar individual (e social), da segurança física e psíquica do indivíduo, além da valorização do trabalho humano. O patrimônio moral da pessoa humana envolve todos esses bens imateriais, consubstanciados, pela Constituição, em princípios fundamentais. Afrontado esse patrimônio moral, em seu conjunto ou em parte relevante, cabe a indenização por dano moral, deflagrada pela Constituição de 1988. Na hipótese, extrai-se da decisão recorrida que houve o uso da imagem do Reclamante sem a sua autorização e com manifesta finalidade comercial, uma vez que, na condição de empregado, estava obrigado a vestir uniforme que estampava as logomarcas de produtos comercializados pela Reclamada. Agregou o TRT, outrossim, que "restou comprovado, por meio da prova oral, que o Reclamante tinha que se fantasiar em determinadas ocasiões como na época de festa junina e Natal". Com efeito, esta Corte vem adotando entendimento no sentido de que a utilização de camisetas com logotipos de marcas de produtos comercializados pela Reclamada, sem a anuência do empregado ou compensação pecuniária, fere seu direito de imagem, de forma a configurar abuso do poder diretivo do empregador, ensejando, portanto, direito à indenização, com fulcro nos art. 20 ("direito de imagem"), 187 ("abuso de direito") e 927 ("ato ilícito") do CCB/2002. Outrossim, para que se pudesse chegar a conclusão fática diversa, necessário seria o revolvimento do conjunto probatório constante dos autos, propósito insuscetível de ser alcançado nesta fase processual, diante do óbice da Súmula 126/TST. Agravo de instrumento desprovido.
>
> Processo: AIRR – 96-57.2015.5.03.0009 Data de Julgamento: 28/06/2017, Relator Ministro: Mauricio Godinho Delgado, 3ª Turma, Data de Publicação: DEJT 03/07/2017.

Absurda, desproporcional e incompatível com a realidade atual exigir-se dos empregados a responsabilidade pela higienização dos uniformes da empresa, como previsto no § único, do art. 456-A. Já vislumbro, no dia a dia da relação de emprego, abusos de chefes imediatos advertindo empregados que não estejam com o uniforme bem passado, limpo, etc. Imagino, inclusive, descontos abusivos nos salários com o intuito de reposição de uniformes que possam se estragar em lavagem, na residência do empregado, fato recorrente nos lares em todo o Brasil. O bom-senso deverá nortear esse assunto, extremamente belicoso, e que não contou com a devida sensibilidade do legislador.

A posição do TST quanto à higienização dos uniformes, todavia, é exatamente a retratada no texto do § único, do art. 456-A. Para o TST, só haverá necessidade de responsabilização do empregador se a higienização envolver cuidados especiais, que escapam daqueles cuidados comuns de limpeza das roupas do dia a dia. Uma das premissas deste posicionamento é de que a concessão de uniforme, pelo empregador, é um benefício, pois evita o desgaste das roupas pessoais do empregado. Ademais, para esta posição, a limpeza e o asseio são cuidados comuns a todos os empregados, sendo destes a responsabilidade por sua higiene pessoal, aí incluído os uniformes.

Colham-se os seguintes acórdãos do TST, corroborando o que acima foi dito:

> "RECURSO DE REVISTA INTERPOSTO NA VIGÊNCIA DA LEI Nº 13.015/2014. 1. INDENIZAÇÃO PELA LAVAGEM DE UNIFORME. NECESSIDADE DE HIGIENIZAÇÃO APARTADA. O Regional asseverou que o empregado (Operador de Máquinas Pesadas) para o exercício de suas atividades utiliza-se de uniforme, pois está exposto a detritos, barro e até mesmo óleo e, por

conseguinte, tal vestuário constitui instrumento de trabalho, o que se incluiu nos custos do negócio e, portanto, de responsabilidade do empregador. Assim, condenou o reclamado ao pagamento de R$ 50,00 (cinquenta reais), a título de indenização pelas despesas relativas à higienização do uniforme e acrescentou: "valor que entendo adequado à satisfação dos gastos efetuados pelo empregado com a compra de produtos de limpeza e o pagamento de água e energia elétrica." (fl. 718). Incólumes os artigos 37, caput, da Constituição Federal e 2º da CLT, pois como bem asseverou o Regional o uniforme era instrumento de trabalho do reclamante, exposto a detritos, barro e até mesmo óleo e, por conseguinte, tal vestuário constitui custo do negócio e, assim, é de responsabilidade do empregador a sua higienização. Recurso de revista não conhecido. [...] Processo: RR-923-94.2014.5.04.0811. Data de Julgamento: 10/05/2017, Relatora Ministra: Maria Helena Mallmann, 2ª Turma, Data de Publicação: DEJT 19/05/2017.".

"RECURSO DE REVISTA EM FACE DE DECISÃO PUBLICADA ANTES DA VIGÊNCIA DA LEI Nº 13.015/2014. [...] LAVAGEM DE UNIFORMES. RESPONSABILIDADE. INDENIZAÇÃO. Nos casos em que seja obrigatória a utilização de vestimentas que não se enquadrem no rol daquelas usualmente adotadas no cotidiano, específicas para determinadas atividades, e que ainda requeiram um manuseio e cuidado especiais para sua lavagem, a responsabilidade pelas despesas decorrentes de sua higienização correrá por conta do empregador. Em tal situação, o gasto qualificado como extraordinário deverá ser considerado como despesa decorrente do negócio e, por consequência, ônus da empresa. Contudo, o quadro fático-probatório delineado no acórdão regional demonstra que a reclamante realizava a lavagem de seu uniforme em sua própria residência, tendo sido indenizado apenas pela utilização de água, sabão em pó, eletricidade e pelo tempo dispendido no ato de lavar. Nesse contexto, presume-se (presunção hominis) que os gastos despendidos pelo empregado para o procedimento de lavagem do seu uniforme não ultrapassavam o limite do considerado como cuidado necessário e habitual/ordinário, empregado dia-dia por qualquer trabalhador que preze por sua higiene pessoal. Recurso de revista de que se conhece e a que se dá provimento. [...] Processo: RR-651-96.2011.5.04.0232. Data de Julgamento: 08/03/2017, Relator Ministro: Cláudio Mascarenhas Brandão, 7ª Turma, Data de Publicação: DEJT 17/03/2017.".

"[...] LAVAGEM DE UNIFORME. I – A jurisprudência desta Corte firmou entendimento no sentido de que, nas hipóteses em que o uso do uniforme é obrigatório e o asseio adequado atende primariamente ao interesse da empresa, em razão da natureza da atividade econômica, as despesas realizadas com a lavagem das vestimentas devem ficar a cargo do empregador. Precedentes da SBDI-I/TST. II – Vale frisar que, patenteado pelo Regional que o uniforme, no caso concreto, "necessita de higienização diferenciada, demandando lavagem individualizada e com maior frequência do que as vestimentas comuns", o acolhimento da tese recursal no sentido de que "o uniforme da recorrida não requer lavagem especial", encontra óbice no teor da Súmula 126/TST, que veda o revolvimento dos fatos e provas dos autos em sede extraordinária. III – Nesse contexto, não se divisa a propalada vulneração ao artigo 2º da CLT, mas, ao revés, a sua escorreita aplicação pelo Colegiado local. IV – O aresto colacionado desserve ao fim colimado, pois é inespecífico à luz da Súmula 296, I, do TST, por não contemplar a premissa fática norteadora da decisão impugnada, relativa a necessidade de lavagem especial do uniforme. V – Recurso não conhecido. [...] Processo: RR-21101-61.2013.5.04.0791. Data de Julgamento: 22/02/2017, Relator Ministro: Antonio José de Barros Levenhagen, 5ª Turma, Data de Publicação: DEJT 24/02/2017.".

"[...] INDENIZAÇÃO POR LAVAGEM DE UNIFORME. O pagamento da indenização material à empregada pela limpeza do uniforme somente tem cabimento quando a utilização desse uniforme no ambiente de trabalho for obrigatória, as vestimentas exigidas não sejam aquelas usualmente adotadas no cotidiano e o processo de higienização do fardamento for peculiar e divergir das roupas de uso comum do empregado. No caso, não restou explicitado no acórdão regional se o processo de higienização do uniforme era peculiar e divergia daquele observado para a lavagem das roupas de uso comum da reclamante. Desse modo, o conhecimento do recurso de revista que foi interposto, no tópico, apenas com fulcro no art. 896, "a", da CLT, encontra óbice na Súmula nº 126 do TST. Recurso de revista não conhecido. [...] Processo: RR-297-31.2012.5.09.0965. Data de Julgamento: 24/08/2016, Relator Ministro: Luiz Philippe Vieira de Mello Filho, 7ª Turma, Data de Publicação: DEJT 26/08/2016.".

"AGRAVO DE INSTRUMENTO EM RECURSO DE REVISTA INTERPOSTO PELAS RECLAMADAS. 1. [...] 3. UNIFORME. DESPESAS COM LAVAGEM. RESSARCIMENTO AO EMPREGADO. PRECEDENTES. ÓBICE DO ART. 896, § 7º, DA CLT E SÚMULA Nº 333 DO C. TST. O entendimento desta C. Corte Superior é no sentido de que o empregador deve ressarcir as despesas com lavagem de uniforme nos casos em que a atividade empresarial exija higienização diferenciada, como no caso da indústria alimentícia, ou em que a função contratual exponha o empregado a resíduos e dejetos mais abundantes que o comum. No caso, o E. Regional registrou que a Reclamada era empresa de laticínio e que a própria função e natureza do trabalho exigiam do Reclamante a correta higienização do uniforme, a qual era realizada às expensas do empregado. Desse modo, o ressarcimento deferido está de acordo com a jurisprudência atual, iterativa e notória desta C. Corte Superior, o que inviabiliza o processamento do recurso de revista, nos termos do art. 896, § 7º, da CLT e da Súmula nº 333 deste Tribunal. Agravo de instrumento de que se conhece e a que se nega provimento. (TST-AIRR-627-37.2012.5.04.0522, Relatora Desembargadora Convocada Jane Granzoto Torres da Silva, 8ª Turma, DEJT 05/12/2014).".

CAPÍTULO II – DA REMUNERAÇÃO

✦ CONCEITO DE REMUNERAÇÃO

Art. 457. Compreendem-se na remuneração do empregado, para todos os efeitos legais, além do salário devido e pago diretamente pelo empregador, como contraprestação do serviço, as gorjetas que receber. (Redação da Lei nº 1.999, de 1.10.1953)

✦ COMPONENTES DO SALÁRIO

§ 1º – Integram o salário a importância fixa estipulada, as gratificações legais e de função e as comissões pagas pelo empregador. (Redação da MPV nº 808, de 14.11.2017).

✦ PARCELAS NÃO INTEGRANTES DO SALÁRIO

§ 2º – As importâncias, ainda que habituais, pagas a título de ajuda de custo, limitadas a cinquenta por cento da remuneração mensal, o auxílio-alimentação, vedado o seu pagamento em dinheiro, as diárias para viagem e os prêmios não integram a remuneração do empregado, não se incorporam ao contrato de trabalho e não constituem base de incidência de encargo trabalhista e previdenciário. (Redação da MPV nº 808, de 14.11.2017)

✦ CONCEITO DE GORJETA

§ 3º Considera-se gorjeta não só a importância espontaneamente dada pelo cliente ao empregado, como também o valor cobrado pela empresa, como serviço ou adicional, a qualquer título, e destinado à distribuição aos empregados. (Redação dada pela Lei nº 13.419, de 13.03.2017)

✦ PRÊMIOS

§ 4º Consideram-se prêmios as liberalidades concedidas pelo empregador em forma de bens, serviços ou valor em dinheiro a empregado ou a grupo de empregados, em razão de desempenho superior ao ordinariamente esperado no exercício de suas atividades. (Redação da Lei nº 13.467, de 13.07.2017)

✦ **CRITÉRIO DE RATEIO E DISTRIBUIÇÃO DA GORJETA**

§ 5º Inexistindo previsão em convenção ou acordo coletivo de trabalho, os critérios de rateio e distribuição da gorjeta e os percentuais de retenção previstos nos §§ 6º e 7º deste artigo serão definidos em assembleia geral dos trabalhadores, na forma do art. 612 desta Consolidação. (Incluído pela Lei nº 13.419, de 2017)

✦ **GORJETA COBRADA NA CONTA – CRITÉRIOS E RETENÇÕES**

§ 6º As empresas que cobrarem a gorjeta de que trata o § 3º deverão: (Incluído pela Lei nº 13.419, de 2017)

I – para as empresas inscritas em regime de tributação federal diferenciado, lançá-la na respectiva nota de consumo, facultada a retenção de até 20% (vinte por cento) da arrecadação correspondente, mediante previsão em convenção ou acordo coletivo de trabalho, para custear os encargos sociais, previdenciários e trabalhistas derivados da sua integração à remuneração dos empregados, devendo o valor remanescente ser revertido integralmente em favor do trabalhador; (Incluído pela Lei nº 13.419, de 2017)

II – para as empresas não inscritas em regime de tributação federal diferenciado, lançá-la na respectiva nota de consumo, facultada a retenção de até 33% (trinta e três por cento) da arrecadação correspondente, mediante previsão em convenção ou acordo coletivo de trabalho, para custear os encargos sociais, previdenciários e trabalhistas derivados da sua integração à remuneração dos empregados, devendo o valor remanescente ser revertido integralmente em favor do trabalhador; (Incluído pela Lei nº 13.419, de 2017)

III – anotar na Carteira de Trabalho e Previdência Social e no contracheque de seus empregados o salário contratual fixo e o percentual percebido a título de gorjeta. (Incluído pela Lei nº 13.419, de 2017)

✦ **GORJETA ESPONTÂNEA**

§ 7º A gorjeta, quando entregue pelo consumidor diretamente ao empregado, terá seus critérios definidos em convenção ou acordo coletivo de trabalho, facultada a retenção nos parâmetros do § 6º deste artigo. (Incluído pela Lei nº 13.419, de 2017)

✦ **ANOTAÇÃO NA CTPS – MÉDIA DAS GORJETAS**

§ 8º As empresas deverão anotar na Carteira de Trabalho e Previdência Social de seus empregados o salário fixo e a média dos valores das gorjetas referente aos últimos doze meses. (Incluído pela Lei nº 13.419, de 2017)

✦ **INCORPORAÇÃO DA GORJETA**

§ 9º Cessada pela empresa a cobrança da gorjeta de que trata o § 3º deste artigo, desde que cobrada por mais de doze meses, essa se incorporará ao salário do empregado, tendo como base a média dos últimos doze meses, salvo o estabelecido em convenção ou acordo coletivo de trabalho. (Incluído pela Lei nº 13.419, de 2017)

✦ **COMISSÃO DE EMPREGADOS**

§ 10. Para empresas com mais de sessenta empregados, será constituída comissão de empregados, mediante previsão em convenção ou acordo coletivo de trabalho, para acompanhamento e fiscalização da regularidade da cobrança e distribuição da gorjeta de que trata o § 3º deste artigo, cujos representantes serão eleitos em assembleia geral convocada para esse fim pelo sindicato laboral e gozarão de garantia de emprego vinculada ao desempenho das funções para que foram eleitos, e, para as demais empresas, será constituída comissão intersindical para o referido fim. (Incluído pela Lei nº 13.419, de 2017)

✦ **MULTA REVERTIDA AO EMPREGADO**

§ 11. Comprovado o descumprimento do disposto nos §§ 4º, 6º, 7º e 9º deste artigo, o empregador pagará ao trabalhador prejudicado, a título de multa, o valor correspondente a 1/30 (um trinta avos) da média da gorjeta por dia de atraso, limitada ao piso da categoria, assegurados em qualquer hipótese o contraditório e a ampla defesa, observadas as seguintes regras: (Incluído pela Lei nº 13.419, de 2017)

I – a limitação prevista neste parágrafo será triplicada caso o empregador seja reincidente; (Incluído pela Lei nº 13.419, de 2017)

II – considera-se reincidente o empregador que, durante o período de doze meses, descumpre o disposto nos §§ 4º, 6º, 7º e 9º deste artigo por mais de sessenta dias. (Incluído pela Lei nº 13.419, de 2017)

✦ **RATEIO DA GORJETA – NORMA COLETIVA**

§ 12. A gorjeta a que se refere o § 3º não constitui receita própria dos empregadores, destina-se aos trabalhadores e será distribuída segundo os critérios de custeio e de rateio definidos em convenção coletiva ou acordo coletivo de trabalho. (Incluído pela Medida Provisória nº 808, de 2017)

✦ RATEIO DA GORJETA - ASSEMBLEIA

§ 13. Se inexistir previsão em convenção coletiva ou acordo coletivo de trabalho, os critérios de rateio e distribuição da gorjeta e os percentuais de retenção previstos nos § 14 e § 15 serão definidos em assembleia geral dos trabalhadores, na forma estabelecida no art. 612. (Incluído pela Medida Provisória nº 808, de 2017)

✦ REGISTRO DAS GORJETAS

§ 14. As empresas que cobrarem a gorjeta de que trata o § 3º deverão: (Incluído pela Medida Provisória nº 808, de 2017)

I – quando inscritas em regime de tributação federal diferenciado, lançá-la na respectiva nota de consumo, facultada a retenção de até vinte por cento da arrecadação correspondente, mediante previsão em convenção coletiva ou acordo coletivo de trabalho, para custear os encargos sociais, previdenciários e trabalhistas derivados da sua integração à remuneração dos empregados, hipótese em que o valor remanescente deverá ser revertido integralmente em favor do trabalhador; (Incluído pela Medida Provisória nº 808, de 2017)

II – quando não inscritas em regime de tributação federal diferenciado, lançá-la na respectiva nota de consumo, facultada a retenção de até trinta e três por cento da arrecadação correspondente, mediante previsão em convenção coletiva ou acordo coletivo de trabalho, para custear os encargos sociais, previdenciários e trabalhistas derivados da sua integração à remuneração dos empregados, hipótese em que o valor remanescente deverá ser revertido integralmente em favor do trabalhador; e (Incluído pela Medida Provisória nº 808, de 2017)

III – anotar na CTPS e no contracheque de seus empregados o salário contratual fixo e o percentual percebido a título de gorjeta. (Incluído pela Medida Provisória nº 808, de 2017)

✦ GORJETA ESPONTÂNEA – CRITÉRIOS

§ 15. A gorjeta, quando entregue pelo consumidor diretamente ao empregado, terá seus critérios definidos em convenção coletiva ou acordo coletivo de trabalho, facultada a retenção nos parâmetros estabelecidos no § 14. (Incluído pela Medida Provisória nº 808, de 2017)

✦ ANOTAÇÃO NA CTPS

§ 16. As empresas anotarão na CTPS de seus empregados o salário fixo e a média dos valores das gorjetas referente aos últimos doze meses. (Incluído pela Medida Provisória nº 808, de 2017)

✦ INCORPORAÇÃO DA GORJETA

§ 17. Cessada pela empresa a cobrança da gorjeta de que trata o § 3º, desde que cobrada por mais de doze meses, essa se incorporará ao salário do empregado, a qual terá como base a média dos últimos doze meses, sem prejuízo do estabelecido em convenção coletiva ou acordo coletivo de trabalho. (Incluído pela Medida Provisória nº 808, de 2017)

✦ EMPRESAS COM MAIS DE 60 EMPREGADOS

§ 18. Para empresas com mais de sessenta empregados, será constituída comissão de empregados, mediante previsão em convenção coletiva ou acordo coletivo de trabalho, para acompanhamento e fiscalização da regularidade da cobrança e distribuição da gorjeta de que trata o § 3º, cujos representantes serão eleitos em assembleia geral convocada para esse fim pelo sindicato laboral e gozarão de garantia de emprego vinculada ao desempenho das funções para que foram eleitos, e, para as demais empresas, será constituída comissão intersindical para o referido fim. (Incluído pela Medida Provisória nº 808, de 2017)

✦ MULTA REVERTIDA AO EMPREGADO

§ 19. Comprovado o descumprimento ao disposto nos § 12, § 14, § 15 e § 17, o empregador pagará ao trabalhador prejudicado, a título de multa, o valor correspondente a um trinta avos da média da gorjeta por dia de atraso, limitada ao piso da categoria, assegurados, em qualquer hipótese, o princípio do contraditório e da ampla defesa. (Incluído pela Medida Provisória nº 808, de 2017)

§ 20. A limitação prevista no § 19 será triplicada na hipótese de reincidência do empregador. (Incluído pela Medida Provisória nº 808, de 2017)

§ 21. Considera-se reincidente o empregador que, durante o período de doze meses, descumprir o disposto nos § 12, § 14, § 15 e § 17 por período superior a sessenta dias. (Incluído pela Medida Provisória nº 808, de 2017)

✦ **PRÊMIO – PERIODICIDADE**

§ 22. Consideram-se prêmios as liberalidades concedidas pelo empregador, até duas vezes ao ano, em forma de bens, serviços ou valor em dinheiro, a empregado, grupo de empregados ou terceiros vinculados à sua atividade econômica em razão de desempenho superior ao ordinariamente esperado no exercício de suas atividades. (Incluído pela Medida Provisória nº 808, de 2017)

✦ **ENCARGOS TRIBUTÁRIOS**

§ 23. Incidem o imposto sobre a renda e quaisquer outros encargos tributários sobre as parcelas referidas neste artigo, exceto aquelas expressamente isentas em lei específica. (Incluído pela Medida Provisória nº 808, de 2017)

1. COMENTÁRIOS

1.1. Remuneração e salário

O legislador pretendeu fazer uma distinção entre salário, como contraprestação ao trabalho, pago diretamente pelo empregador, e remuneração, onde se integram os pagamentos oriundos de terceiros, ou seja, a gorjeta. Com esta estrutura bipartite: salário e remuneração, que não existe no direito estrangeiro, procurou o legislador retirar a natureza salarial da gorjeta; esta estrutura, criação infeliz do legislador pátrio, traz a falsa impressão de que existem outros pagamentos que advém de terceiros, além da gorjeta, o que não é verdade. Existem, outrossim, inúmeros pagamentos feitos ao empregado, pelo empregador, que não se inserem no conceito de salário, diante de sua natureza indenizatória.

A escolha do legislador, estabelecendo a distinção vista no caput, do art. 457, resultou na formação de duas correntes: a primeira, de viés subjetivista, toma por base a fonte da qual provém o pagamento: sendo salário aquele oriundo do empregador e remuneração o conjunto de pagamentos feitos por terceiros; a segunda, não analisa a regra do art. 457 sob o prisma da fonte pagadora, mas quanto à amplitude dos dois institutos, apontando remuneração como gênero e salário como espécie ou, ainda, reconhecendo a possibilidade de utilização dos dois vocábulos como sinônimos. (Amauri, Teoria Jurídica do Salário, 1997, p. 71).

1.2. Teorias jurídicas sobre o salário

O conceito legal adotou a concepção objetivista, definindo salário como contraprestação ao trabalho, ignorando as circunstâncias em que não há trabalho, mas ainda assim é devido o salário.

A teoria da contraprestação do trabalho, traduzida no texto do art. 457, levou em consideração a correspondência absoluta entre trabalho e salário, mas falha ao não explicar a natureza jurídica dos pagamentos salariais onde não há trabalho.

A CLT, em seu art. 4º, adotou a teoria da disponibilidade, que representou um significativo avanço quanto à teoria da contraprestação do trabalho. Evoluiu-se para ser considerada a obrigação de pagar salário não só nos momentos de prestação de serviços, mas também naqueles em que o empregado está aguardando ordens, pondo sua mão de obra à disposição do empregador, mesmo não executando qualquer serviço. Ainda assim, esta teoria só considerou salário o tempo à disposição do empregador, não explicando a natureza jurídica dos pagamentos feitos nas interrupções contratuais.

Já a teoria da contraprestação do contrato de trabalho ampliou os fundamentos de retribuição para abranger circunstâncias onde o empregado sequer está à disposição do empregador, como nos descansos obrigatórios, a exemplo do repouso semanal, férias, etc; a teoria abrange também paralisações nos serviços do empregado nas quais seu trabalho é proibido, mas permanece a obrigação de pagar salário, como na interrupção contratual por motivo de doença nos primeiros 15 dias de afastamento. A aplicação desta teoria, que é a mais aceita para explicar os fenômenos de interrupção do contrato de trabalho, não justifica considerar todos os pagamentos feitos ao empregado como salário; a retribuição pelo contrato de trabalho possui, predominantemente, natureza salarial, mas existem outros pagamentos, também decorrentes do contrato, que têm natureza indenizatória, como os exemplos da ajuda de custo e diárias para viagem.

Como explica Amauri Mascaro Nascimento, in Teoria Jurídica do Salário, 1997, p. 111: "Ampliou-se o pressuposto do pagamento do salário que não se restringiu à contraprestação ou à disponibilidade, passando a abranger, também, as paralisações remuneradas do trabalho, com o que a doutrina direcionou-se numa diretriz excessivamente larga, a da correspondência entre salário e contrato de trabalho para afirmar que aquele é o conjunto de pagamentos efetuados neste. É fácil desde logo ver que nem todos os pagamentos a que o empregador está obrigado, como as indenizações, podem ser enquadrados no conceito de salário, o que prejudica a amplitude da teoria."

Os argumentos trazidos por Amauri, e acima alinhados, justificam a critica feita à teoria que define salário como o conjunto de percepções econômicas do trabalhador, pois a amplitude da tese também acaba por abranger parcelas que não possuem vinculação com o contrato de trabalho, e até mesmo benefícios sociais, como salário-família, seguro-desemprego e outros.

Diante das teorias acima, e da normatização do tema no direito nacional, adotamos o conceito construído por Amauri Mascaro Nascimento (1997, p. 122), considerando salário como o conjunto de prestações econômicas do trabalhador, em contraprestação ao trabalho, por sua disponibilidade e nas interrupções e intervalos remunerados pelo empregador", excluindo-se as prestações com natureza de indenização, as vantagens assistenciais e gastos destinados à capacitação profissional do trabalhador.

A conceituação do professor Amauri Mascaro Nascimento, cunhada há muitos anos, adequa-se sob medida às alterações promovidas pela Lei nº 13.467, de 13.07.2017, pois diversas parcelas, antes consideradas salariais, foram excluídas do conceito de salário, tanto na definição de indenização (como é exemplo a diária para a viagem, independentemente do valor), ou como vantagem assistencial (na hipótese do auxílio-alimentação, desde que não seja pago em dinheiro).

1.3. Componentes do salário

1.3.1. Complexo salarial

O rol do art. 457, § 1º, da CLT, com a redação da Lei nº 1.999, de 1.10.1953, tinha a seguinte redação: "Integram o salário não só a importância fixa estipulada, como também as comissões, percentagens, gratificações ajustadas, diárias para viagens e abonos pagos pelo empregador".

Percebe-se, claramente, que o rol não era taxativo ("como também" é a expressão que nos leva a esta conclusão). A força atrativa do salário tendia a inserir em sua abrangência toda e qualquer parcela, ainda que não arroladas no texto do § 1º, desde que de índole retributiva pelo trabalho, ou em razão da vigência do contrato de trabalho, excluídas as parcelas de natureza indenizatória e as gorjetas.

A restrição da atual redação do art. 457, § 1º, da CLT nos conduz a uma mudança paradigmática. A expressão "como também" desapareceu. Não estou a afirmar que somente será considerado salário a importância fixa (salário base), as gratificações legais e de função (a MPV nº 808/2017 incluiu a gratificação de função), além das comissões, pois outras parcelas, previstas também em lei, igualmente possuem natureza salarial, uma vez que retributivas ao trabalho do empregado, como são exemplos os adicionais noturno (art. 73, *caput*, da CLT), de periculosidade (art. 193, § 1º da CLT) e de horas extras (art. 59, § 1º, da CLT), ainda que estejam sujeitos à regra da condicionalidade, podendo ser suprimidos sempre que cessarem sua causa.

Acresça-se que, mesmo diante da restrição do texto do art. 457, § 1º da CLT, não se pode excluir a natureza salarial de outras parcelas que, também fixadas por lei, atribuam a qualquer pagamento natureza salarial.

Por outro lado, a fixação de qualquer parcela no contrato de trabalho, sem que se lhe atribua natureza salarial, atrai a conclusão de que se trata de título com natureza indenizatória, ou, mesmo, remuneratória, mas sem o epíteto de salário. A lógica da remuneração, como já foi dito, se inverteu. Consequentemente, o que não for expressamente acordado como salário, mas pago ao empregado por força do contrato de trabalho, do costume, por norma coletiva, ou em razão de qualquer outra fonte formal de direito do trabalho, não será, em princípio, parcela salarial.

Todavia, ainda é possível que algum pagamento, ajustado tácita ou expressamente, possa ser enquadrado no conceito de salário, desde que preenchidas as características que o padronizam. Contudo, passa a ser do empregado o ônus de demonstrar a natureza salarial da parcela ajustada, diante da nova premissa de que, fora do que disposto em lei, os pagamentos feitos ao empregado, por força do contrato ou do costume, não ostentam, em princípio, natureza salarial.

Antes da Lei nº 13.467, de 13.07.2017, fazíamos a seguinte distinção entre salário base e os demais componentes salariais:

> "O salário-base, tratado a seguir, é representado pela parte fixa, distinguindo-se dos demais componentes do complexo salarial, chamados de complementos salariais (comissões, percentagens, gratificações ajustadas, diárias para viagens, abonos pagos pelo empregador). Estes complementos, que possuem estrita natureza salarial, distinguem-se do salário-base por suas características próprias, destacadas por Amauri Mascaro Nascimento (Teoria, 1997, p. 70): **a)** acessoriedade, pois não podem ser a forma exclusiva de pagamento, à exceção da comissão, como veremos logo abaixo; **b)** periodicidade específica, pois ao contrário do salário-base, podem ser atribuídos em intervalos maiores, não necessariamente mensais; **c)** prulinormatividade diante da origem nas mais diversas fontes, como acordos, convenções coletivas, sentenças normativas, regulamentos de empresa, usos e costumes e do próprio contrato individual de trabalho; **d)** multicausalidade, que torna impossível uma enumeração taxativa, como por exemplos os adicionais legais (insalubridade, noturno, horas extras), gratificações (por produtividade, assiduidade, etc); **e)** condicionalidade, pois são obrigações sob condição, permitindo sua supressão, decorrente do desaparecimento de sua causa.

A quantidade de complementos salariais foi reduzida substancialmente (somente comissões e gratificações legais), mas a maioria das características acima postas ainda se aplicam, a saber: **a) acessoriedade**, pois nenhum empregado pode ser remunerado somente à base de gratificações legais, mas pode sê-lo exclusivamente a base de comissões (empregado comissionista puro); **b) periodicidade específica**, pois ao contrário do salário-base, as gratificações legais e comissões podem ser atribuídas em intervalos maiores, não necessariamente mensais; **c) prulinormatividade,** diante da origem nas mais diversas fontes, como acordos, convenções coletivas, sentenças normativas, regulamentos de empresa, usos e costumes e do próprio contrato individual de trabalho; as gratificações são fixadas por lei, mas nada impede que as demais fontes normativas tratem de outros aspectos de seu pagamento, como periodicidade e repercussões, desde que não colidam com o texto legal que as instituiu; **d) multicausalidade**, que torna impossível uma enumeração taxativa, como por exemplos os adicionais legais (insalubridade, noturno, horas extras); **e) condicionalidade**, pois são obrigações sob condição, permitindo sua supressão, decorrente do desaparecimento de sua causa.

Quanto a este último aspecto (condicionalidade), destaca Amauri (1997, p. 70): "Há complementos salariais mensais e com habitualidade tal que o empregado passa a contar com os mesmos para seus gastos normais e contínuos. Nesse caso, o aspecto econômico tem prevalecido no sentido de promover a comunicação dos efeitos do salário-base para cálculos que deste resultam e, mais ainda, incorporação e perda de condicionalidade." É o caso da gratificação pelo exercício da função de confiança referida no art. 62, II e § único da CLT.

1.3.2. Salário-base

A parcela fixa, chamada de "salário-base" é a parte principal do conjunto de percepções econômicas do empregador. O núcleo do conceito de salário-base esta na noção de "obrigação principal", independentemente da forma de pactuação do salário. Tanto é salário-base aquele fixado por unidade de tempo como aquele fixado por produção (vide art. 78 da CLT sobre estas formas de fixação do salário).

Como explica Amauri Mascaro Nascimento: "...a adoção do conceito de salário-base é associada à noção de salário regular, normal, periódico, portanto a obrigação salarial principal". Só não concordamos com a afirmação do ilustre mestre paulista de que também compõem o salário-base as comissões do vendedor que ganha apenas estas (Teoria, 1997, p. 64), pois não foi a vontade do legislador, como se observa do texto do § 1º, do art. 457, ora comentado.

1.3.3. Comissões

As comissões são pagamentos feitos aos empregados em razão da venda de um produto ou da execução de um serviço. Vendedores de loja e montadores de móveis na residência dos compradores são dois exemplos de trabalhadores que podem ser remunerados à base de comissões. Nada obsta que o empregado receba somente as comissões, sem ter qualquer parcela fixa que retribua o seu trabalho; são os chamados comissionistas puros. Para estes o empregador tem a obrigação de garantir o salário-mínimo (art. 7º, VII, da CF), sempre que as comissões não forem suficientes a atingir tal valor. Nestes casos, o empregador não está obrigado a pagar o salário-mínimo integral, mas somente complementar a diferença.

Na falta sobre o percentual fixado a título de comissão, deve ser pago ao empregado o valor que o costume local ordinariamente prevê, levando-se em consideração as condições econômicas do empregador, o tipo de atividade e as peculiaridades dos produtos vendidos ou serviços executados (art. 460 da CLT). A ausência de fixação do percentual de comissão pode gerar enorme controvérsia quanto a seu valor, de forma que não é recomendável tal omissão.

O direito à comissão surge quando realizada a transação, ou seja, o negócio de compra e venda, independentemente do fato do cliente pagar ou não o preço ajustado (vide comentários ao art. 466 da CLT).

Alguns autores não fazem distinção entre comissões e percentagens, como é o caso de Sussekind (Curso, 2010, p. 132/134); outros, contudo, fazem clara diferenciação. Sérgio Pinto Martins, in Comentários, 2010, p. 407, explica que a comissão refere-se a um valor determinado, como por exemplo: R$5,00 por cada produto vendido, já a percentagem incide sobre as vendas em percentual, e não em valores (2% sobre as vendas, por exemplo). Mesma distinção é feita por Castellões, quando afirma que "a percentagem não se confunde com a comissão, eis que esta última pode ser avençada em bases não percentuais, mas em valor fixo por unidade ou quantidade vendida." (Curso, Vol II, 1994, p. 73).

A distinção entre percentagens e comissões tinha importância jurídica quando o texto legal referia-se a ambas no § 1º do art. 457 da CLT. Com a redação da Lei nº 13.467, de 13.07.2017, o mesmo parágrafo deixou de fazer menção à percentagem. A nosso ver, após a alteração legislativa, o pagamento em comissão ou em percentagem terá o mesmo tratamento legal.

1.3.4. Gratificações salariais

Em sentido próprio, gratificação é uma liberalidade do empregador, paga ocasionalmente, como bonificação ao empregado. Esta não tem natureza salarial.

Após a reforma trabalhista, somente passa a ser considerada como salário a gratificação prevista em lei, como é exemplo a gratificação por exercício de função de confiança (art. 62, II, § único, da CLT). As gratificações ajustadas, tácita ou expressamente, mas sem previsão legal, ainda que habituais, deixam de ter natureza salarial, salvo se a prática tiver por objetivo mascarar o pagamento de parcela fixa do salário (salário base), ou de comissões.

A MPV nº 808, de 14.11.2017, incluiu a gratificação de função como salário, alterando o texto do art. 457, § 1º, da CLT. A gratificação pelo exercício de função de confiança já estava prevista em lei. Portanto, tal gratificação não é atingida pela Medida Provisória referida, pois já era definida como salário na visão da reforma trabalhista. Todavia, diante do imperativo da MPV nº 808, de 14.11.2017, toda e qualquer gratificação de função, prevista ou não em lei, passa a assumir natureza salarial.

Dizíamos antes da reforma trabalhista implementada pela Lei nº 13.467, de 13.07.2017, que:

> "O que torna a gratificação salário é seu ajuste, expresso, quando prevista expressamente no contrato individual, acordo coletivo, convenção coletiva, sentença normativa, regulamento empresarial ou qualquer outra fonte normativa; e tácito, quando a repetição no tempo torna obrigatório seu pagamento, integrando-a ao salário como complemento salarial.
>
> Como destaca Arnaldo Süssekind, a dificuldade atinente à conceituação da gratificação como salário, consiste na aferição, em cada caso, "da existência ou não de um contrato pelo qual a empresa obrigue-se a concedê-la em determinadas épocas e condições. Se existe esta obrigação, a gratificação é salário; caso contrário, representará uma liberalidade do empregador." (Curso, 2010, p. 435).
>
> Não existe um critério legal que preveja com qual periodicidade a gratificação, tacitamente ajustada, se tornará salário. A doutrina oferece dois critérios distintos para apuração destas controvérsias: um de índole subjetiva, outro de caráter objetivo. Explica Sussekind, in Curso, 2010, p. 436, que pelo critério subjetivo"cumpre aferir qual a intenção do empregador no que tange às gratificações concedidas. Se elas são conferidas por ato arbitrário do patrão, com o característico de liberalidade, não será possível imprimir-lhe o caráter obrigacional contra a vontade de quem as concede."

Para o critério objetivo, prossegue Sussekind (2010, p. 436), "haverá ajuste tácito sempre que a conduta do empregador, independentemente de sua intenção, transformar a gratificação numa remuneração adicional de caráter normal, com a qual passa a contar o empregado. A habitualidade, a periodicidade, e a uniformidade com que são concedidas as gratificações, estabelecem a presunção de que o patrão contraiu a obrigação de conferi-las desde que configuradas as condições a que costuma subordinar o seu pagamento." Sussekind afirma que o critério objetivo prevalece no direito nacional, inclusive na jurisprudência, como se percebe da redação da S. 152 do TST.".

1.4. Parcelas de natureza indenizatória

1.4.1 Abonos pagos pelo empregador

Explicava **Amauri Mascaro Nascimento, antes da atual redação do art. 457, §§ 1º e 2º** que "em nosso Direito, abono é um adiantamento salarial, uma antecipação do pagamento de salários, eventual, não continuado, para atender a determinadas situações de perda do poder aquisitivo do salário." (Teoria, 1997, p. 231). Percebe-se, com este conceito, que abono é um pagamento de natureza emergencial, circunstancial e, portanto, com tendência a ser provisório, salvo se a fonte normativa que o instituir determinar sua incorporação, em definitivo, ao salário. Em regra, passado o momento que motivou sua concessão, o abono desaparecerá, e não mais comporá o complexo salarial. Os abonos tanto podem ser fixados pelo ajuste de vontades, individual ou coletivamente, como por lei, regulamento empresarial ou sentença normativa. Nada obsta que o empregador o conceda mesmo sem qualquer ajuste expresso, por ato de sua vontade; a ausência de ajuste, contudo, não retira do abono sua natureza salarial.

Após o plano de estabilização da economia, de 1994, os abonos salariais previstos em lei, no direito brasileiro, tornaram-se incomuns, e tendem a desaparecer.

As considerações acima feitas continuam atuais quanto ao conceito de abono e suas características, mas com uma ressalva: com o advento da Lei nº 13.467, de 13.07.2017 não se trata mais de parcela salarial, mas sim indenizatória, conforme redação do art. 457, § 2º, da CLT.

Trata-se de instituto jurídico em extinção, pois sem muito viés prático e sua incidência, cada vez mais rara, demonstra seu desuso.

A MPV nº 808, de 14.11.2017, alterou mais uma vez o art. 457, § 2º, da CLT, e suprimiu a referência ao "abono". Tal mudança poderá significar, para alguns, o resgate da natureza salarial do abono. A nosso ver, não foi esta a intenção da Medida Provisória referida, pois, como dito acima, o abono perdeu sua utilidade prática e há tempos não é utilizado nas relações de trabalho. Parece-me que a Medida Provisória só quis retirar do texto legal a menção ao abono, confirmando seu desuso. Nada além disso. Contudo, da forma como foi feita a mudança, ambas as posições doutrinárias poderão ser aceitas. Mais uma dúvida, portanto, provocada pela falta de técnica na redação do texto legal.

1.4.2. Ajuda de custo e diárias para a viagem

Antes da edição da MPV nº 808, de 14.11.2017, fizemos as seguintes ponderações quanto à ajuda de custo:

> "A ajuda de custo é parcela de natureza indenizatória, paga pelo empregador para ressarcir o empregado com gastos no trabalho. Qualquer que seja seu valor não terá natureza salarial, pois não é paga como retribuição ao trabalho, mas sim com o intuito de ressarcir o empregado. Mesmo quando a ajuda de custo tem um valor fixo, com periodicidade mensal, não será salário.

> A fim de se evitar qualquer tipo de fraude, a ajuda de custo deve ser paga em contraprestação aos gastos com as atividades do empregado, que comprovará ao empregador as despesas feitas. Não importa o montante que se pague a tal título. O valor da ajuda de custo pode ser até mesmo maior do que o salário, desde que haja correspondência com os gastos feitos no trabalho, na execução normal das atividades do empregado. A ajuda de custo repõe o combustível gasto pelo empregado, as despesas com fotocópias de documentos, com reposição de material utilizado nas tarefas diárias, e outras despesas típicas da execução do serviço. Só para exemplificar a ideia de que ajuda de custo é assim tipificada pela sua natureza, e não pelo seu valor, um empregado que mantenha um cartão de crédito corporativo, sem limite de gastos, considerando-se que sua função é recepcionar e acompanhar todos os fornecedores da empresa na qual trabalha, custeando as despesas de hospedagem, alimentação e demais necessidades dos mesmos, tais valores gastos, por mais elevados que sejam, não possuem natureza salarial."

Todas a argumentação acima demonstra o quão desnecessária foi a alteração do art. 457, § 2º, da CLT, pela MPV nº 808, de 14.11.2017, que limitou em 50% a fixação da ajuda de custo. A intenção, sabe-se, foi evitar a fraude, que poderia ocorrer com a transformação de parcelas salariais em ajuda de custo. Contudo, mesmo dentro do limite de 50%, caso não tenha natureza de reposição ou indenização de gastos com o trabalho, ainda que assuma a nomenclatura de ajuda de custo, a parcela será, em verdade, salário.

As diárias para viagem são pagamentos feitos pelo empregador ao empregado, de caráter habitual ou eventual, com vistas ao custeio de viagens, inerentes ou não à função exercida na empresa.

As diárias são pagamentos complessivos (ou seja, um só valor englobando todas as despesas), enquanto a ajuda de custo exige a discriminação exata dos gastos; as diárias não sofrem controle do empregador, enquanto a ajuda de custo é estritamente controlada por recibos; as diárias são destinadas às despesas com viagem tão somente, enquanto a ajuda de custo visa ressarcir uma despesa especificamente indicada, mas em qualquer circunstância; as diárias para viagem são pagas em valores fixos, estimadas de acordo com o gasto médio despendido em viagens, e podem até mesmo aparecer, rotineiramente, no recibo de pagamento em rubrica própria; a ajuda de custo, porque visa ressarcir os gastos comprovados, tem valores variáveis, vinculados a estes gastos.

Antes da Lei nº 13.467, de 13.07.2017, o então § 2º do art. 457, já alterado, criava, artificialmente, a seguinte regra: "Não se incluem nos salários as ajudas de custo, assim como as diárias para viagem que não excedam de 50% (cinquenta por cento) do salário percebido pelo empregado." Diz-se artificialmente pois sempre foi muito difícil, na prática, definir quais parcelas seriam ou não consideradas como salário para definição deste percentual de 50%. Tamanha dificuldade no estabelecimento dos limites do que podia ou não ser considerado salário levou o TST à aprovação da S. 101 de sua jurisprudência. A referida Súmula, depois da Lei nº13.467, de 13.07.2017, merece ser cancelada, pois as diárias, não importando o valor, perderam sua natureza salarial.

1.4.3. Prêmios

Os prêmios são pagamentos prometidos pelo empregador como incentivo à produtividade. Assemelham-se às gueltas (incentivos pagos por terceiros, como por exemplo fornecedores) para aumentar a venda de determinado produto, sendo que os prêmios são pagos pelo próprio empregador.

Antes da Lei nº 13.467, de 13.07.2017, dizíamos que sendo objeto de ajuste entre empregado e empregador e tendo pagamento regular (habitual), os prêmios assumiam natureza salarial.

Quando o pagamento fosse sazonal, como ocorre nas campanhas de estímulo às vendas, de forma que não se possa definir a habitualidade, teria natureza somente remuneratória. Atualmente não importa mais a habitualidade, pois o prêmio não poderá ser considerado salário, desde que seja efetivamente prêmio.

Antes da reforma trabalhista, dizia Mauricio Godinho Delgado, Curso, 2009, p. 696:

> "no período em que for pago com habitualidade o prêmio deverá produzir os reflexos em FGTS, aviso prévio, 13º salário, férias etc. (Súmula 209 do STF), compondo também o correspondente salário de contribuição (efeito expansionista circular dos salários)."

O autor lembrava que se tratava de espécie de salário condição, cujo pagamento está vinculado ao implemento da meta ou objetivo estabelecido pelo empregador. Não é mais salário, mas a condição se mantém. Assim, a cláusula unilateral instituidora do prêmio não pode ser suprimida, mas nem sempre o direito será alcançado. Portanto, atingida a meta, ou objetivo, o prêmio será pago. Mesmo que nem sempre seja atingida a meta, o empregador, uma vez instituído o prêmio, não pode mais suprimir esta possibilidade de ganho pelo empregado, salvo se, quando do início de sua fixação, tenha deixado claro seu caráter provisório.

Alice Monteiro de Barros, Curso, 2008, p. 299, na mesma esteira de Godinho, afirma que a natureza salarial do prêmio está condicionada à sua habitualidade e que seu cancelamento gera alteração contratual lesiva ao empregado. O prêmio deixou de ser salário, com a Lei nº 13.467, de 13.07.2017, mas sua supressão, quando mantida a condição que o gerou, continua a ser alteração contratual ilícita.

A saudosa autora mineira distingue o prêmio de outras parcelas semelhantes: não é gratificação, porque esta depende de fatos externos à vontade do empregado (exemplo: gratificação de função); não é participação nos lucros, porque o recebimento do prêmio só está condicionado ao desempenho do empregado (prêmio individual), ou de sua equipe (prêmio coletivo), e não ao lucro da empresa.

Conclui-se que o prêmio é parcela paga em razão do contrato de trabalho, pelo empregador, mas que não possui natureza salarial, diante do imperativo legal, independentemente de sua habitualidade, mas não pode ser suprimido do contrato de trabalho se mantida a condição que o gerou; classifica-se em prêmio individual e coletivo, conforme os objetivos sejam do empregado ou de uma coletividade do qual faz parte.

Não obstante todas as ponderações acima, a MPV nº 808, de 14.11.2017, resolveu limitar o pagamento do prêmio a duas vezes ao ano, na forma do § 22, do art. 457 da CLT. Ocorreu, assim, enorme interferência nos estímulos que o empregador poderia dar à produtividade dos empregados, com esta indesejável limitação. Desta forma, e diante da esdrúxula alteração legal, um prêmio mensal pelo atingimento de metas, que estaria dentro das possibilidades do empregador, deixará de ser oferecido, pois poderá onerar, sobremaneira, a folha de pagamento, com reflexos em outras parcelas, diante da natureza salarial que assumirá pela repetição do pagamento.

1.4.4. Auxílio-alimentação

A interpretação do tema deve ser feita de forma conjunta com o art. 458 da CLT, que cuida de salário *in natura*.

O salário pode ser fixado parte em dinheiro (pelo menos 30%, conforme art. 82, § único, da CLT), parte em utilidades (70%, observas as proporções definidas para cada parcela *in natura*, conforme regra do art. 458 da CLT).

O art. 457, § 2º da CLT, de acordo com a redação da Lei nº 13.467, de 13.07.2017 trata do auxílio-alimentação, que se distingue, totalmente, do salário-utilidade referido no art. 458 da CLT.

O auxilio-alimentação é o fornecimento de alimentação sob a forma de *tíquete* ou similar. Antes da reforma trabalhista, qualquer fornecimento de *tíquete*, ou mesmo de alimentação em restaurante da empresa, estabelecimentos conveniados, etc., mas que não atendessem às rígidas especificações da Lei nº 6.321/76 (Plano de Alimentação do Trabalhador – PAT), seria considerado salário. Neste sentido, inclusive, a jurisprudência do TST (vide Súmula nº 241 e Orientações Jurisprudenciais da SDI-1 nº 133 e 413).

Com a reforma trabalhista, qualquer que seja a forma de concessão do auxilio-alimentação, tíquete, restaurante, empresa conveniada, lanche fornecido pela empresa, café da manhã, mesmo sem atender às especificações do PAT, não se lhe pode mais atribuir natureza salarial. A única vedação é o pagamento em dinheiro, pois, desta forma, se constituirá em retribuição pelo trabalho, podendo ser definido como salário. Mesmo assim, a meu ver, trata-se de presunção relativa de veracidade, pois a concessão de dinheiro para alimentação, desde que seja demonstrada claramente esta intenção, representa mera infração administrativa, não transmudando a alimentação em salário. A prova desta intenção, contudo, é ônus que se atribui ao empregador que descumprir a vedação de pagamento em dinheiro da verba destinada à alimentação.

1.5. Conceito de gorjeta e suas repercussões

1.5.1. Conceito de gorjeta

Os pagamentos feitos por terceiros ao empregado, como retribuição a um serviço que foi prestado ao cliente do empregador, é qualificado como gorjeta. O legislador abrangeu tanto as gorjetas espontaneamente concedidas pelos clientes, como aquelas compulsoriamente incluídas na conta. O cliente não está obrigado a pagar tais adicionais incluídos na conta, mas, se o fizer, sua natureza de gorjeta é inegável.

A nosso ver a imposição de pagamento de gorjeta, incluída como adicional na conta, a descaracterizaria como tal, mas a vontade do legislador de não fazer tal distinção supera nosso inconformismo que, de toda sorte, fica aqui registrado. Aliás, semelhante ressalva faz o mestre Pinho Pedreira, na apresentação de sua clássica obra: "A Gorjeta", 1994, igualmente registrando que a discussão restou superada pela inclusão do § 3º no art. 457, ora comentado.

A inclusão de adicionais nas contas como gorjeta, e não como salário, como propunha Pinho Pedreira, também consta da redação da S. 354 do TST, pondo uma pá de cal na discussão.

A gorjeta se distingue da gratificação do ponto de vista do agente que a concede: a gratificação é bonificação paga pelo empregador ao empregado e possui natureza salarial, desde que prevista em lei; a gorjeta é paga por terceiro, também em bonificação ao empregado, mas não tem natureza de salário, ainda que componha a remuneração paga ao empregado. O terceiro, aqui definido como cliente, não possui qualquer vínculo contratual com o empregado e este é o maior traço distintivo da gorjeta.

O fato de muitas vezes os empregados combinarem com seus empregadores cláusula contratual prevendo o pagamento de parcela oriunda de terceiro (a gorjeta), não lhe atribui natureza salarial. Ao definirmos a natureza jurídica do salário como sendo as retribuições devidas pelo empregador em razão do contrato de trabalho, lembramos a critica da doutrina de que nem todos os pagamentos vindos do empregador são salário; também aqui afirmamos que nem toda remuneração auferida pelo empregado é salário, pois a gorjeta, que advém de terceiro, não se insere no complexo salarial.

1.5.2. Anotação da Gorjeta na CTPS

A gorjeta, mesmo não sendo salário, terá sua estimativa – previsão aproximada do valor a ser recebido – fixada na CTPS pela média (art. 29, § 1º, da CLT). Na hipótese da gorjeta cobrada na conta, a anotação na CTPS será pelo valor real recebido, e não mera estimativa (art. 457, § 6º, III, da CLT). Quando a gorjeta for espontaneamente paga pelo cliente ao empregado, a média a ser anotada na CTPS se refere aos 12 últimos meses trabalhados (art. 457, § 8º da CLT). Assim, a cada doze meses deve ser feita nova anotação.

Contudo, havendo anotação da média de gorjetas na CTPS passa a ser do empregado o ônus de demonstrar que a estimativa anotada não corresponde à realidade (CLT, art. 818 e CPC/73, art. 333, I e CPC/2015, art. 373, I).

1.5.3. Repercussões da Gorjeta

Como a gorjeta não se insere no complexo salarial, está justificada a redação da S. 354 do TST, que não a considera para o cálculo de aviso prévio, adicional noturno, horas extras e repouso semanal remunerado.

Sobre tais exclusões, explica Sergio Pinto Martins: "Não haverá integração nos dsr's, pois, se o pagamento é mensal, já engloba aqueles valores (§ 2º do art. 7º, da Lei nº 605/49), além do que faz parte da remuneração e não é calculada sobre o salário; no aviso prévio, pois este é calculado sobre o salário do mês de rescisão e não sobre a remuneração. Também não integrará: o adicional noturno, que é calculado sobre a hora diurna; o adicional de insalubridade que tem por base o salário-mínimo; o adicional de periculosidade que emprega o salário contratual do empregado no seu cômputo e não a remuneração; horas extras, que são calculadas sobre a hora normal."

A aceitação das restrições feitas pela S. 354 não é unânime. Colham-se as críticas de Francisco Antonio de Oliveira sobre o tema: "Em verdade cria-se uma "remuneração atípica", excepcionando-a para o pagamento do aviso prévio, do adicional noturno, horas extras e repouso semanal remunerado, do que se pode concluir que integrará para os cálculos de férias, 13º salário e dos depósitos fundiários. Melhor seria que o "milagre" fosse feito por inteiro, alijando-se a incidência na sua totalidade, retirando-lhe a natureza salarial." (Comentários às Súmulas do TST, out-2005, p. 866).

1.5.4. Distribuição das Gorjetas

Sempre residiu fundada polêmica quanto ao destinatário da gorjeta. Destina-se ao empregado, sim, mas quais empregados do estabelecimento fariam jus a tal rubrica. Houve quem defendesse que somente os garçons teriam direito, outros diziam que seria destinada a todos os empregados. Alguns defendiam, ainda, uma distribuição das gorjetas em percentuais proporcionais à contribuição de cada setor do negócio (de forma que o pessoal que trabalha no salão ganhasse mais do que aqueles da cozinha, por exemplo). A Lei nº 13.419, de 13.03.2017 não resolveu estas dúvidas, mas depositou na negociação coletiva a esperança de resolvê-las, pois, conforme previsão do § 4º, do art. 457, todos esses critérios serão definidos em convenção ou acordo coletivo e, na falta destes, em assembleia geral dos trabalhadores (§ 5º, do art. 457).

Na falta de critério para distribuição das gorjetas, por ausência de quaisquer das fontes acima referidas, todos os empregados do estabelecimento deverão recebê-las, em igual proporção, independentemente de onde trabalhem.

1.5.5. Supressão da Gorjeta

A gorjeta, paga de forma espontânea pelo cliente ou cobrada na conta, não poderá ser suprimida se recebida por 12 meses ou mais. Neste caso, decidindo o empregador por sua supressão, estará obrigado a incorporar à remuneração do empregado o valor recebido a título de gorjeta, pela média dos últimos doze meses (art. 457, § 9º, da CLT).

A lógica é diferente daquela fixada pela jurisprudência do TST para supressão das horas extras habitualmente prestadas. Para a supressão das horas extras a jurisprudência exige o pagamento de uma indenização correspondente à média das horas recebidas nos últimos 12 meses (S. 291, do TST). A gorjeta, ao contrário das horas extras, não pode ser suprimida.

1.5.6. Garantia de Emprego do Representante dos Empregados

As empresas com mais de 60 empregados terão uma comissão de empregados eleitos em assembleia, convocada pelo sindicato da categoria profissional (art. 457, § 10º, da CLT). O texto legal informa que os representantes fiscalizarão a cobrança e distribuição das gorjetas previstas no § 3º do art. 457, gozando, para tal fim, de garantia de emprego. Contudo, em nenhum momento o legislador definiu o número de membros desta comissão e tampouco o tempo de mandato e de garantia de emprego. Tudo será definido em Convenção ou Acordo Coletivo de Trabalho, conforme previsão do § 10º, do art. 457.

Todavia, mesmo diante da autonomia privada coletiva, que norteará a negociação criadora da comissão de empregados, o número de membros da comissão, o mandato e a garantia de emprego não poderão ultrapassar os limites já definidos para o dirigente sindical, conforme art. 522 da CLT (7 dirigentes e seus suplentes), art. 543, § 3º da CLT e art. 8º, VIII, da CF (garantia de emprego durante o mandato e um ano após). Não seria razoável que os membros de uma comissão, com um objetivo especifico dentro da empresa, tivessem uma garantia superior ao dirigente sindical que detém a ampla representação da categoria para diversos fins.

1.5.7. Pagamento de Multa

O art. 457, § 11, da CLT, impôs o pagamento de severa multa pelo empregador descumpridor dos critérios de retenção e pagamento de gorjetas. O legislador teve o cuidado de limitar a multa ao piso salarial da categoria, evitando o enriquecimento sem causa do empregado, na hipótese de multas que, sendo diárias, ultrapassariam o valor principal, caso não existisse esse limitador.

1.5.8. A MPV Nº 808, De 14.11.2017

A MPV nº 808, de 14.11.2017, inseriu os §§ 12 a 21, no art. 457 da CLT, especificamente para tratar das gorjetas. A Medida Provisória, lamentavelmente, olvidou-se da profunda alteração que já havia sido implementada na CLT, quanto à gorjeta, pela Lei nº 13.419, de 13.03.2017, exatamente quatro meses antes da reforma trabalhista.

Diante desta desatenção do legislador – para dizer o mínimo – praticamente todos os dispositivos já introduzidos na CLT, foram repetidos por essa Medida Provisória.

2. SÚMULAS E ORIENTAÇÕES JURISPRUDENCIAIS

▸ **Súmula nº 207/STF**

AS GRATIFICAÇÕES HABITUAIS, INCLUSIVE A DE NATAL, CONSIDERAM-SE TACITAMENTE CONVENCIONADAS, INTEGRANDO O SALÁRIO.

▸ **Súmula nº 209/STF**

O SALÁRIO-PRODUÇÃO, COMO OUTRAS MODALIDADES DE SALÁRIO-PRÊMIO, É DEVIDO, DESDE QUE VERIFICADA A CONDIÇÃO A QUE ESTIVER SUBORDINADO, E NÃO PODE SER SUPRIMIDO UNILATERALMENTE, PELO EMPREGADOR, QUANDO PAGO COM HABITUALIDADE.

▸ **Súmula nº 459/STF**

NO CÁLCULO DA INDENIZAÇÃO POR DESPEDIDA INJUSTA, INCLUEM-SE OS ADICIONAIS, OU GRATIFICAÇÕES, QUE, PELA HABITUALIDADE, SE TENHAM INCORPORADO AO SALÁRIO.

▸ **Súmula nº 52/TST**

TEMPO DE SERVIÇO (mantida) – Res. 121/2003, DJ 19, 20 e 21.11.2003

O adicional de tempo de serviço (qüinqüênio) é devido, nas condições estabelecidas no art. 19 da Lei nº 4.345, de 26.06.1964, aos contratados sob o regime da CLT, pela empresa a que se refere a mencionada lei, inclusive para o fim de complementação de aposentadoria.

▸ **Súmula nº 91/TST**

SALÁRIO COMPLESSIVO (mantida) – Res. 121/2003, DJ 19, 20 e 21.11.2003

Nula é a cláusula contratual que fixa determinada importância ou percentagem para atender englobadamente vários direitos legais ou contratuais do trabalhador.

▸ **Súmula nº 101/TST**

DIÁRIAS DE VIAGEM. SALÁRIO (incorporada a Orientação Jurisprudencial nº 292 da SBDI-1) – Res. 129/2005, DJ 20, 22 e 25.04.2005

Integram o salário, pelo seu valor total e para efeitos indenizatórios, as diárias de viagem que excedam a 50% (cinqüenta por cento) do salário do empregado, enquanto perdurarem as viagens. (primeira parte – ex-Súmula nº 101 – RA 65/1980, DJ 18.06.1980; segunda parte – ex-OJ nº 292 da SBDI-1 – inserida em 11.08.2003)

▸ **Súmula nº 115/TST**

HORAS EXTRAS. GRATIFICAÇÕES SEMESTRAIS (nova redação) – Res. 121/2003, DJ 19, 20 e 21.11.2003

O valor das horas extras habituais integra a remuneração do trabalhador para o cálculo das gratificações semestrais.

▸ **Súmula nº 152/TST**

GRATIFICAÇÃO. AJUSTE TÁCITO (mantida) Res.121/2003, DJ 19, 20 e 21.11.2003

O fato de constar do recibo de pagamento de gratificação o caráter de liberalidade não basta, por si só, para excluir a existência de ajuste tácito (ex-Prejulgado nº 25).

▸ **Súmula nº 202/TST**

GRATIFICAÇÃO POR TEMPO DE SERVIÇO. COMPENSAÇÃO (mantida) – Res. 121/2003, DJ 19, 20 e 21.11.2003

Existindo, ao mesmo tempo, gratificação por tempo de serviço outorgada pelo empregador e outra da mesma natureza prevista em acordo coletivo, convenção coletiva ou sentença normativa, o empregado tem direito a receber, exclusivamente, a que lhe seja mais benéfica.

▸ **Súmula nº 203/TST**

GRATIFICAÇÃO POR TEMPO DE SERVIÇO. NATUREZA SALARIAL (mantida) – Res. 121/2003, DJ 19, 20 e 21.11.2003

A gratificação por tempo de serviço integra o salário para todos os efeitos legais.

▸ **Súmula nº 225/TST**

REPOUSO SEMANAL. CÁLCULO. GRATIFICAÇÕES POR TEMPO DE SERVIÇO E PRODUTIVIDADE (mantida) – Res. 121/2003, DJ 19, 20 e 21.11.2003

As gratificações por tempo de serviço e produtividade, pagas mensalmente, não repercutem no cálculo do repouso semanal remunerado.

▸ **Súmula nº 253/TST**

GRATIFICAÇÃO SEMESTRAL. REPERCUSSÕES (nova redação) – Res. 121/2003, DJ 19, 20 e 21.11.2003

A gratificação semestral não repercute no cálculo das horas extras, das férias e do aviso prévio, ainda que indenizados. Repercute, contudo, pelo seu duodécimo na indenização por antigüidade e na gratificação natalina.

▸ **Súmula nº 318/TST**

DIÁRIAS. BASE DE CÁLCULO PARA SUA INTEGRAÇÃO NO SALÁRIO (mantida) – Res. 121/2003, DJ 19, 20 e 21.11.2003

Tratando-se de empregado mensalista, a integração das diárias no salário deve ser feita tomando-se por base o salário mensal por ele percebido e não o valor do dia de salário, somente sendo devida a referida integração quando o valor das diárias, no mês, for superior à metade do salário mensal.

▸ **Súmula nº 354/TST**

GORJETAS. NATUREZA JURÍDICA. REPERCUSSÕES (mantida) – Res. 121/2003, DJ 19, 20 e 21.11.2003

As gorjetas, cobradas pelo empregador na nota de serviço ou oferecidas espontaneamente pelos clientes, integram a remuneração do empregado, não servindo de base de cálculo para as parcelas de aviso-prévio, adicional noturno, horas extras e repouso semanal remunerado.

▸ **OJ 43 TRANSITÓRIA SBDI-1/TST**

SUDS. GRATIFICAÇÃO. CONVÊNIO DA UNIÃO COM ESTADO. NATUREZA SALARIAL ENQUANTO PAGA.(conversão da Orientação Jurisprudencial nº 168 da SBDI-1, DJ 20.04.2005)

A parcela denominada "Complementação SUDS" paga aos servidores em virtude de convênio entre o Estado e a União Federal tem natureza salarial, enquanto paga, pelo que repercute nos demais créditos trabalhistas do empregado. (ex-OJ nº 168 da SBDI-1 – inserida em 26.03.99)

3. QUESTÕES DE CONCURSOS

01. (TRT – 15ª REGIÃO/ANALISTA JUDICIÁRIO/FCC/2009) Com relação à remuneração é INCORRETO afirmar:

a) Não se incluem nos salários as ajudas de custo, por expressa determinação legal.

b) A gratificação por tempo de serviço integra o salário para todos os efeitos legais.

c) Os abonos pagos pelo empregador e as gratificações ajustadas integram o salário do obreiro.

d) As gorjetas recebidas pelo empregado servem de base de cálculo para as parcelas do aviso prévio e horas extras.

e) Não se incluem nos salários as diárias para viagem que não excedam de 50% do salário percebido pelo empregado.

02. (TRT – 16ª REGIÃO/ANALISTA JUDICIÁRIO/FCC/2009) Robson e Roberval são garçons de restaurantes diferentes. Robson recebe gorjeta cobrada pela sua empregadora na nota de serviço e Roberval recebe apenas gorjetas ofertadas pelos clientes. Neste caso, as gorjetas de

a) Robson, apenas, integram o seu salário servindo de base de cálculo para as horas extras.

b) Robson, apenas, integram o seu salário, não servindo de base de cálculo para o adicional noturno.

c) Robson e Roberval integram os respectivos salários, servindo de base de cálculo, dentre outras verbas, para o aviso prévio.

d) Robson e Roberval integram os respectivos salários, servindo de base de cálculo, dentre outras verbas, para as horas extras.

e) Robson e Roberval integram os respectivos salários, não servindo de base de cálculo para o adicional noturno.

03. (TRT – 2ª REGIÃO/JUIZ DO TRABALHO/2009/ADAPTADO) Em tese, as parcelas denominadas "diárias para viagem" e "ajuda de custo" possuem natureza indenizatória, mas o legislador criou um critério objetivo de identificação da natureza jurídica destas figuras ao determinar que terão natureza salarial e comporão a remuneração do trabalhador as "diárias para viagem" e "ajuda de custo" que não excedam 50% (cinqüenta por cento) do salário percebido pelo empregado.

04. (TRT – 2ª REGIÃO/JUIZ DO TRABALHO/2009/ADAPTADO) Compreende-se no conceito jurídico da gorjeta a importância espontaneamente dada pelo cliente ao empregado do restaurante, como aquela que for cobrada na nota de serviço e integrarão a remuneração do empregado, exceto para cálculo de férias indenizadas com 1/3, horas extras, adicional noturno, dsr´s e aviso prévio.

05. (TRT – 3ª REGIÃO/JUIZ DO TRABALHO SUBSTITUTO/2009/ADAPTADA) As gorjetas, sejam cobradas pelo empregador na nota fiscal ou oferecidas espontaneamente pelos clientes, integram a remuneração do empregado, como sumulado pelo c. TST, em sintonia com o caput do art. 457 da CLT.

06. (Prefeitura Municipal de Valinhos/RN – Advogado/2011) Salário é a retribuição pelo trabalho prestado paga diretamente pelo empregador. Já remuneração é mais amplo. Identifique a alternativa incorreta para possibilidades legais de remuneração:

a) salário-base

b) bônus ou prêmios

c) comissões

d) gratificações

e) anuênios

07. (FCC – TRT 6 – Analista Judiciário/2012) Em relação ao salário e remuneração do empregado, conforme previsão da Consolidação das Leis do Trabalho é INCORRETO afirmar:

a) O transporte destinado ao deslocamento para o trabalho e retorno, em percurso servido ou não por transporte público é considerada utilidade sem natureza salarial.

b) O pagamento do salário, qualquer que seja a modalidade do trabalho, não deve ser estipulado por período superior a 1 (um) mês, salvo no que concerne a comissões, percentagens e gratificações.

c) Para efeitos de cálculo de remuneração, considera-se gorjeta somente aquela que for cobrada pela empresa ao cliente, como adicional nas contas, a qualquer título, e destinada à distribuição aos empregados, não sendo considerada a importância espontaneamente dada pelo cliente ao empregado.

d) Quando o pagamento houver sido estipulado por mês, deverá ser efetuado, o mais tardar, até o quinto dia útil do mês subsequente ao vencido.

e) Os uniformes utilizados pelos vendedores de lojas de departamento para facilitar a sua identificação pelo cliente se constituem em utilidades concedidas pelo empregador sem natureza salarial.

08. (FCC – TRT 20 – Analista Judiciário/2011) Magali, Kátia e Cíntia são empregadas da empresa "Dourada". Todas as empregadas realizam viagens de trabalho. Magali recebe diária de viagem que excede em 52% o valor de seu salário. Kátia recebe diária de viagem que excede em 33% o valor de seu salário e Cíntia recebe diária de viagem que excede em 61% o valor de seu salário. Nestes casos,

a) integram o salário, pelo seu valor total, mas sem efeitos indenizatórios, as diárias de viagens recebidas apenas por Cíntia.

b) não integram o salário para todos os efeitos as diárias de viagens recebidas por todas as empregadas tendo em vista que diárias de viagens são retribuições pagas.

c) integram o salário, pelo seu valor total e para efeitos indenizatórios, as diárias de viagens recebidas apenas por Cíntia.

d) integram o salário, pelo seu valor total e para efeitos indenizatórios, as diárias de viagens recebidas apenas por Kátia.

e) integram o salário, pelo seu valor total e para efeitos indenizatórios, as diárias de viagens recebidas apenas por Magali e Cíntia.

09. (MPT – Procurador do Trabalho/2012) Assinale a alternativa CORRETA:

a) Conforme entendimento uniformizado do Tribunal Superior do Trabalho, as gorjetas integram a remuneração do trabalhador para todos os efeitos legais, pela sua média anual, servindo de base de cálculo para a remuneração do repouso semanal remunerado, das férias acrescidas do terço, do 13° salário, do aviso prévio e do FGTS.

b) Tem caráter retributivo o bem ou serviço fornecido em atendimento de dever legal do empregador, como por exemplo, os equipamentos de proteção e os uniformes de uso obrigatório na empresa, que devem ter o valor estimado considerado na remuneração de férias e décimo terceiro salários.

c) O salário complessivo é vedado pelo ordenamento laboral pátrio, entre outros motivos, porque ao atender englobadamente vários direitos legais ou contratuais do trabalhador, como salário – base, adicional de insalubridades e horas extras, facilita fraudes, dificultando ao trabalhador a verificação da correção do pagamento das diferentes parcelas.

d) A participação nos lucros e resultados pode ser paga até quatro vezes no mesmo ano civil e considera para sua fixação os índices de produtividade, qualidade ou lucratividade da empresa, assim como os programas de metas, resultados e prazos, pactuados previamente.

e) Não respondida.

10. (FCC – Analista Judiciário – Área Judiciária – TRT 15/2013) Milena, Miranda e Gustavo são irmãos e empregados de empresas distintas. Além do salário mensal, Milena recebe gratificação por tempo de serviço paga mensalmente; Miranda recebe gratificação por produtividade pagas mensalmente e Gustavo recebe gorjetas mensalmente cobradas pelo empregador na nota de serviços. Nestes casos, de acordo com o entendimento Sumulado do Tribunal Superior do Trabalho,

a) as gratificações recebidas por Milena e Miranda e as gorjetas recebidas por Gustavo não repercutem no cálculo do repouso semanal remunerado.

b) as gratificações recebidas por Milena e Miranda e as gorjetas recebidas por Gustavo repercutem no cálculo do repouso semanal remunerado.

c) apenas a gratificação recebida por Milena repercute no cálculo do repouso semanal remunerado.

d) apenas as gorjetas recebidas por Gustavo não repercutem no cálculo do repouso semanal remunerado.

e) apenas a gratificação recebida por Miranda repercute no cálculo do repouso semanal remunerado.

11. (FCC – Analista Judiciário – Área Administrativa – TRT 2/2014) De acordo com previsão legal, NÃO integram o salário do empregado

a) comissões.

b) percentagens.

c) diárias para viagem que não excedam 50% do salário percebido pelo empregado.

d) gratificações ajustadas.

e) abonos pagos pelo empregador.

12. (IADES – Analista I – Advogado – CRF – DF/2017) Tendo em vista a Consolidação das Leis do Trabalho no que se refere à remuneração, assinale a alternativa correta.

a) O pagamento do salário, qualquer que seja a modalidade do trabalho, não deve ser estipulado por período superior a 45 dias.

b) Compreendem-se na remuneração do empregado, para todos os efeitos legais, além do salário devido e pago diretamente pelo empregador como contraprestação do serviço, as gorjetas que receber.

c) Considera-se gorjeta apenas a importância espontaneamente dada pelo cliente ao empregado.

d) Não integram o salário as diárias para viagens e abonos pagos pelo empregador.

e) Não se compreendem no salário a alimentação, a habitação, o vestuário ou outras prestações in natura que a empresa fornecer habitualmente ao empregado.

GAB	1	D	2	E	3	D	4	E	5	E	6	B	7	C	8	E	9	C	10	A	11	C	12	B

✦ SALÁRIO IN NATURA

Art. 458. Além do pagamento em dinheiro, compreende-se no salário, para todos os efeitos legais, a alimentação, habitação, vestuário ou outras prestações "in natura" que a empresa, por força do contrato ou do costume, fornecer habitualmente ao empregado. Em caso algum será permitido o pagamento com bebidas alcoólicas ou drogas nocivas.(Redação dada pelo Decreto-lei nº 229, de 28.2.1967)

✦ PERCENTUAIS DO SALÁRIO IN NATURA

§ 1º – Os valores atribuídos às prestações "in natura" deverão ser justos e razoáveis, não podendo exceder, em cada caso, os dos percentuais das parcelas componentes do salário-mínimo (arts. 81 e 82).(Incluído pelo Decreto-lei nº 229, de 28.2.1967)

✦ **UTILIDADES QUE NÃO SÃO SALÁRIO**

§ 2º – Para os efeitos previstos neste artigo, não serão consideradas como salário as seguintes utilidades concedidas pelo empregador:(Redação dada pela Lei nº 10.243, de 19.6.2001)

I – vestuários, equipamentos e outros acessórios fornecidos aos empregados e utilizados no local de trabalho, para a prestação do serviço;

II – educação, em estabelecimento de ensino próprio ou de terceiros, compreendendo os valores relativos a matrícula, mensalidade, anuidade, livros e material didático;

III – transporte destinado ao deslocamento para o trabalho e retorno, em percurso servido ou não por transporte público;

IV – assistência médica, hospitalar e odontológica, prestada diretamente ou mediante seguro-saúde;

V – seguros de vida e de acidentes pessoais;

VI – previdência privada;

VII – Vetado pela Lei nº 10.243, de 19.6.2001.

VIII – o valor correspondente ao vale-cultura. (Incluído pela Lei nº 12.761, de 2012)

✦ **HABITAÇÃO E ALIMENTAÇÃO**

§ 3º – A habitação e a alimentação fornecidas como salário-utilidade deverão atender aos fins a que se destinam e não poderão exceder, respectivamente, a 25% (vinte e cinco por cento) e 20% (vinte por cento) do salário-contratual. (Incluído pela Lei nº 8.860, de 24.3.1994)

✦ **HABITAÇÃO COLETIVA**

§ 4º – Tratando-se de habitação coletiva, o valor do salário-utilidade a ela correspondente será obtido mediante a divisão do justo valor da habitação pelo número de coabitantes, vedada, em qualquer hipótese, a utilização da mesma unidade residencial por mais de uma família. (Incluído pela Lei nº 8.860, de 24.3.1994)

✦ **DESPESAS MÉDICAS**

§ 5º O valor relativo à assistência prestada por serviço médico ou odontológico, próprio ou não, inclusive o reembolso de despesas com medicamentos, óculos, aparelhos ortopédicos, próteses, órteses, despesas médico-hospitalares e outras similares, mesmo quando concedido em diferentes modalidades de planos e coberturas, não integram o salário do empregado para qualquer efeito nem o salário de contribuição, para efeitos do previsto na alínea q do § 9º do art. 28 da Lei nº 8.212, de 24 de julho de 1991. (Incluído pela Lei nº 13.467, de 13.07.2017).

1. COMENTÁRIOS

1.1. Salário in natura

A expressão salário "in natura", utilizada pelo próprio texto legal, não escapa à critica de José Martins Catharino, citado por Julio Bernardo do Carmo (Curso, Vol. II, 1994, p. 27), quando afirma que, salvo quanto ao conteúdo do art. 506 da CLT, os pagamentos ditos "in natura" são quase sempre fornecidas em produtos, e não no seu estado natural, daí porque é mais correta a expressão "salário-utilidade". Doutrina e jurisprudência se utilizam, indistintamente, das duas expressões, como sinônimas.

Para que a utilidade fornecida pelo empregador seja considerada salário, basta se observar se decorre do contrato de trabalho, como um benefício, uma retribuição ao trabalho (pelo trabalho); em sentido oposto, para que não tenha natureza salarial, deve ser fornecida como instrumento para realização do serviço ou para apoio no trabalho (para o trabalho).

A doutrina aponta, ainda, outros critérios para a caracterização do salário-utilidade, a saber: **a)** fornecimento gratuito do bem ou com pagamento de valor irrisório, descontado no salário, na vã tentativa de descaracterizar seu uso gratuito; **b)** seu caráter geral de fornecimento, sendo oferecida, indistintamente, a todos os empregados ou a grupo de empregados que se encontrem nas mesmas condições; **c**) ajuste expresso ou tácito, desde que haja periodicidade no fornecimento da utilidade.

Sistematizando-se as características acima, a utilidade, para ser considerada salário, deve ser fornecida indistintamente aos empregados em geral, em retribuição ao trabalho, habitualmente, de forma gratuita, mediante ajuste tácito ou expresso.

A expressão "outras prestações in natura" deixa claro que o rol legal tem natureza meramente exemplificativa, admitindo-se como salário qualquer bem fornecido em razão do contrato de trabalho, com as características acima referidas.

A vedação de integração ao salário de drogas nocivas, engloba tanto aquelas proibidas por lei, como as toleradas socialmente (bebidas, cigarro, etc). O fornecimento de tais drogas, de forma habitual, gratuita e geral aos empregados, não configurará salário, mesmo diante da vantagem econômica com seu fornecimento, pois deixa o empregado de gastar parte de seu salário para manter o vício.

1.2. Percentuais do salário *in natura*

1.2.1. Trabalhador urbano

O texto do § 1º indica dois critérios para apuração do valor da utilidade para os empregados que percebem mais do que um salário-mínimo: **a**) a razoabilidade dos valores atribuídos às utilidades; **b**) os percentuais das parcelas que compõem o salário-mínimo: 30% em dinheiro e 70% in natura (arts. 81 e 82 da CLT).

A redação deste dispositivo legal é de 1967, conforme Decreto-lei nº 229, de 28 de fevereiro. Nesta época não existiam outros critérios para fixação das parcelas in natura, daí porque à referência aos componentes do salário-mínimo, conforme interpretação feita pela Portaria nº 19/52 (vide comentários ao art. 82 da CLT). Todavia, a referência aos componentes do salário-mínimo violava o critério da razoabilidade, previsto igualmente no texto do art. 458, § 1º. Basta imaginarmos a hipótese de empregado que recebia, como parcela do salário, uma habitação ampla em área nobre de sua cidade. O empregador, não obstante o enorme valor deste benefício, só poderia considerar o valor de tal benefício com base no salário-mínimo e assim estabelecer a composição salarial. A título de exemplo, considerando-se que a Portaria nº 19/52 fixou, para o Rio de Janeiro, o percentual de 25% sobre o salário-mínimo a título de habitação, a moradia ampla em área nobre da cidade, como acima mencionado, levaria em consideração somente o salário-mínimo, ignorando-se o real valor da utilidade.

Atribuindo razoabilidade à fixação dos critérios das parcelas in natura, para os empregados que recebem mais do que mínimo legal, o TST editou a S. 258, que em sua redação original (DJ, de 31.10.1986), passou a prever que "os percentuais fixados em lei relativos ao salário in natura apenas pertinem às hipóteses em que o empregado percebe salário mínimo, apurando-se, nas demais, o real valor da utilidade." A redação desta súmula permanece quase inalterada, até hoje, só tendo sido substituída a expressão "apenas se referem" por "apenas pertinem", na redação vigente, sem qualquer mudança de conteúdo (Resolução Administrativa n 121/2003, do C. TST).

Contudo, após a aprovação da S. 258 do TST, sobreveio a alteração promovida no art. 458 da CLT, pela Lei nº 8.860, de 24.3.1994, introduzindo os parágrafos 3º e 4º, fixando os percentuais de utilidade a título de habitação e alimentação em 25% e 20%, respectivamente, e incidentes sobre o salário contratual.

A aplicação do critério do "real valor da utilidade" para apuração dos benefícios concedidos pelo empregador, por força do contrato de trabalho, com natureza salarial, passou a admitir que, ao menos quanto à habitação e à alimentação, existem critérios legais.

O critério do "real valor da utilidade" continua a valer para outras prestações in natura, mas não para habitação e alimentação que devem respeitar os percentuais de 25% e 20%, respectivamente, sobre o salário contratual (neste sentido: Alice Monteiro de Barros, Curso, fev-2009, p. 753, Godinho, Curso, jan-2009, p. 679/680 e Marcio Túlio Viana, Curso, Vol. II, 1994, p. 38).

1.2.2. Trabalhador rural

O trabalhador rural, diante das peculiaridades das condições de sua atividade (no campo, distante dos olhos de todos e dos agentes de vigilância social), tem maiores restrições quanto à concessão de salário-utilidade, bem destacadas por Mauricio Godinho Delgado, in Curso, jan-2009, p. 680/682, a saber: **a)** rol taxativo de possibilidades de concessão de utilidades, diferentemente do trabalhador urbano, que possui um rol exemplificativo, como se percebe da redação do art. 458, caput, da CLT; para o rural são possíveis as seguintes utilidades: moradia, 20%, e alimentação, 25%; **b)** o salário-utilidade do rural incide somente sobre o salário-mínimo, independentemente do valor do salário percebido pelo trabalhador (art. 9º, caput, da Lei nº 5.889/73); **c)** as utilidades deverão ser previamente autorizadas, sob pena de nulidade (art. 9º, § 1º, da Lei nº 5.889/73; **d)** possibilidade de concessão de habitação e suprimentos para o plantio de subsistência, desde que observados os requisitos legais, a saber: "A cessão pelo empregador, de moradia e de sua infraestrutura básica, assim, como, bens destinados à produção para sua subsistência e de sua família, não integram o salário do trabalhador rural, desde que caracterizados como tais, em contrato escrito celebrado entre as partes, com testemunhas e notificação obrigatória ao respectivo sindicato de trabalhadores rurais." (art. 9º, § 5º, da Lei nº 5.889/73, incluído pela Lei nº 9.300, de 29/08/96)

1.3. Utilidades que não são salário

A concessão de benefícios pelo empregador, por força do contrato ou do costume, assumindo, portanto, natureza salarial, sofreu enorme estimulo com as exclusões promovidas pelos incisos I a VIII do § 2º, do art. 458. Antes desta alteração do texto pelas Leis nº 10.243, de 19.06.2001 (que incluiu os incisos I a VII) e 12.761, de 27.12.2012 (que inclui o inciso VIII), os empregadores eram onerados com a concessão de tais benefícios, desestimulando a contribuição da empresa para a melhoria da condição social dos trabalhadores como propõe o art. 7º, caput, da CF.

No caso do inciso VIII, que instituiu o vale-cultura, a Lei nº 12.761/2012 tem a clara intenção de estimular o acesso a programas de cultura, conforme prevê seu art. 2º: "O Programa de Cultura do Trabalhador tem os seguintes objetivos: I – possibilitar o acesso e a fruição dos produtos e serviços culturais; II – estimular a visitação a estabelecimentos culturais e artísticos; e III – incentivar o acesso a eventos e espetáculos culturais e artísticos.".

A concessão do vale-cultura é obrigatório para o trabalhador que perceba até 5 salários-mínimos por mês (art. 7º da referida lei), no valor de R$50,00 por mês (art. 8º, da lei citada). O art. 8º, § 1º da Lei nº 12.761/2012 permite o desconto de até 10% do valor do vale, ou seja, até R$5,00 por mês. A não ocorrência do desconto não retira a natureza indenizatória do benefício.

O rol de benefícios do § 2º tem natureza taxativa, uma vez que cuida de exceções à regra geral, qual seja, de que a concessão de utilidades, de forma gratuita e habitual possui natureza salarial. Outras leis, fora da CLT, poderão, da mesma forma, excluir a natureza salarial de outras parcelas porventura concedidas.

A Lei nº 13.467, de 13.07.2017, inseriu o § 5º no art. 458 para ampliar o rol de prestações in natura que não possuem natureza salarial. O § 2º do art. 458 já havia previsto que assistência médica não tem natureza salarial. O texto do § 5º passou a incluir neste rol as despesas médicas de diferentes origens, inclusive os gastos com óculos.

A negociação coletiva também tem sido um eficaz instrumento de estimulo à concessão de benefícios aos empregados, retirando dos mesmos sua natureza salarial, conforme normas expressas em Acordos e Convenções Coletivas de Trabalho. Tal qual a lei, a norma coletiva necessita, de forma clara e inequívoca, retirar a natureza salarial do benefício que venha a prever. Caso contrário, a parcela, mesmo que prevista em fonte autônoma, possuirá natureza salarial.

1.4. Habitação e alimentação

Vide comentários acima, neste mesmo artigo, no tópico "percentuais do salário in natura".

1.5. Habitação coletiva

A fixação do valor da concessão de moradia, como salário-utilidade, deve atender ao critério da razoabilidade, como se observa da redação do próprio § 1º, acima. Assim, é justo que o valor da habitação coletiva, tenha seu real valor de mercado, apurado na divisão entre os co-moradores. Trata-se de instituto útil para economia de custos de empresas que deslocam significativo número de empregados de suas cidades de origem, por considerável tempo, sendo necessária a concessão desta moradia. A vedação do uso de uma só moradia por famílias diferentes respeita a dignidade humana do trabalhador, sua intimidade e privacidade, além de contribuir para a boa convivência em família.

2. SÚMULAS E ORIENTAÇÕES JURISPRUDENCIAIS

Súmula nº 241/TST

SALÁRIO-UTILIDADE. ALIMENTAÇÃO (mantida) – Res. 121/2003, DJ 19, 20 e 21.11.2003

O vale para refeição, fornecido por força do contrato de trabalho, tem caráter salarial, integrando a remuneração do empregado, para todos os efeitos legais.

Súmula nº 258/TST

SALÁRIO-UTILIDADE. PERCENTUAIS (nova redação) – Res. 121/2003, DJ 19, 20 e 21.11.2003 Os percentuais fixados em lei relativos ao salário "in natura" apenas se referem às hipóteses em que o empregado percebe salário mínimo, apurando-se, nas demais, o real valor da utilidade.

Súmula nº 367/TST

UTILIDADES "IN NATURA". HABITAÇÃO. ENERGIA ELÉTRICA. VEÍCULO. CIGARRO. NÃO INTEGRAÇÃO AO SALÁRIO (conversão das Orientações Jurisprudenciais nºs 24, 131 e 246 da SBDI-1) – Res. 129/2005, DJ 20, 22 e 25.04.2005

I – A habitação, a energia elétrica e veículo fornecidos pelo empregador ao empregado, quando indispensáveis para a realização do trabalho, não têm natureza salarial, ainda que, no caso de veículo, seja ele utilizado pelo empregado também em atividades particulares. (ex-Ojs da SBDI-1 nºs 131 – inserida em 20.04.1998 e ratificada pelo Tribunal Pleno em 07.12.2000 – e 246 – inserida em 20.06.2001)

II – O cigarro não se considera salário utilidade em face de sua nocividade à saúde. (ex-OJ nº 24 da SBDI-1 – inserida em 29.03.1996)

▸ **OJ 133 SBDI-1/TST**

AJUDA ALIMENTAÇÃO. PAT. LEI Nº 6.321/76. NÃO INTEGRAÇÃO AO SALÁRIO. Inserida em 27.11.98 A ajuda alimentação fornecida por empresa participante do programa de alimentação ao trabalhador, instituído pela Lei nº 6.321/76, não tem caráter salarial. Portanto, não integra o salário para nenhum efeito legal.

▸ **OJ 413 da SDI-1 – TST**

AUXÍLIO-ALIMENTAÇÃO. ALTERAÇÃO DA NATUREZA JURÍDICA. NORMA COLETIVA OU ADESÃO AO PAT. (DEJT divulgado em 14, 15 e 16.02.2012)

A pactuação em norma coletiva conferindo caráter indenizatório à verba "auxílio-alimentação" ou a adesão posterior do empregador ao Programa de Alimentação do Trabalhador – PAT – não altera a natureza salarial da parcela, instituída anteriormente, para aqueles empregados que, habitualmente, já percebiam o benefício, a teor das Súmulas nos 51, I, e 241 do TST.

3. QUESTÕES DE CONCURSOS

01. (TRT – 15ª REGIÃO/ANALISTA ADMINISTRATIVO/FCC/2009) Amanda, Ana e Arlete trabalham em empresas diferentes. Além do salário, Amanda recebe assistência médica, prestada mediante seguro-saúde; Ana possui seguro de vida e de acidentes pessoais e Arlete possui previdência privada. Considerando que todas as utilidades são concedidas pelas empresas empregadoras sem ônus para as empregadas, não serão consideradas como salário

a) nenhuma das utilidades fornecidas.

b) a utilidade fornecida somente para Amanda.

c) a utilidade fornecida somente para Ana.

d) as utilidades fornecidas somente para Amanda e Ana.

e) as utilidades fornecidas somente para Ana e Arlete.

02. (TRT – 17ª REGIÃO/ANALISTA JUDICIÁRIO/CESPE/2009) A totalidade do salário pode ser paga em utilidades, que são prestações in natura que a empresa fornece habitualmente aos empregados por força do contrato de trabalho.

03. (FCC – TRT 4 – Analista Judiciário/2011) Habitação, energia elétrica e veículo fornecidos pelo empregador ao empregado, quando indispensáveis para a realização do trabalho,

a) têm natureza salarial havendo súmula do Tribunal Superior do Trabalho neste sentido.

b) têm natureza salarial, havendo dispositivo expresso na Constituição Federal.

c) não têm natureza salarial, ainda que, no caso de veículo, seja ele utilizado pelo empregado também em atividades particulares.

d) não têm natureza salarial, exceto se, no caso de veículo, ele seja utilizado pelo empregado também em atividades particulares.

e) têm natureza salarial, havendo súmula do Supremo Tribunal Federal neste sentido.

04. (FCC – TRT 11 – Analista Judiciário/2012) A empresa Gama Participações fornece a seu gerente João alguns benefícios, além do pagamento em dinheiro relativo ao salário. das utilidades fornecidas pela empresa ao empregado sob a forma de benefícios, constituem salário in natura

a) matrícula e mensalidade de curso universitário.

b) vestuário utilizado no local de trabalho para a prestação de serviços.

c) transporte destinado ao deslocamento para o trabalho e retorno.

d) seguro de vida e acidentes pessoais.

e) aluguel de apartamento decorrente do contrato ou do costume.

05. (TRT – 19ª REGIÃO/ANALISTA ADMINISTRATIVO/FCC/2008) A empresa urbana X fornece habitação como salário utilidade para Denise, sua empregada. A habitação fornecida pela empresa equivale a 15% de seu salário contratual. A empresa urbana Y fornece alimentação como salário utilidade para Joaquim, seu empregado. Essa alimentação equivale a 25% de seu salário contratual. Neste caso, de acordo com a Consolidação das Leis do Trabalho (CLT),

a) é vedada a concessão de habitação e alimentação como utilidade, seja qual for o percentual.

b) a alimentação fornecida respeita o limite máximo permitido, mas a habitação ultrapassa o limite legal.

c) ambas as utilidades respeitam o limite máximo permitido.

d) ambas as utilidades ultrapassam o limite máximo permitido.

e) a habitação fornecida respeita o limite máximo permitido, mas a alimentação ultrapassa o limite legal.

06. (TRT – 2ª REGIÃO/JUIZ DO TRABALHO/2009/ADAPTADO) Os uniformes utilizados pelos vendedores de lojas de departamento para facilitar a sua identificação pelo cliente se constituem em utilidades concedidas pelo empregador sem natureza salarial.

07. (TRT – 2ª REGIÃO/JUIZ DO TRABALHO/2009/ADAPTADO) O ônibus fretado fornecido pelo empregador ao trabalhador para o seu deslocamento para o trabalho e retorno não terá natureza salarial desde que o percurso não seja servido por transporte público.

08. (ECT – Analista de Correios – Advogado/2011) Se o empregador fornecer ao empregado educação em ensino superior, pagando matrícula, mensalidades e material didático, os valores relativos a tais pagamentos serão considerados integrantes do salário do empregado beneficiado.

09. (TRT 4 – Técnico Judiciário – Área Administrativa/2011) Camila labora no supermercado X, a quem a sua empregadora pretende pagar parte do salário contratual através de produtos alimentícios. De acordo com a Consolidação das Leis do Trabalho, em se tratando de salário in natura, o percentual legal permitido para alimentação fornecida como salário-utilidade não poderá exceder

a) 10% do salário contratual.

b) 15% do salário contratual.

c) 20% do salário contratual.

d) 25% do salário contratual.

e) 35% do salário contratual.

10. (FCC – Analista Judiciário – Área Administrativa – TRT 5/2013) Considera-se salário a contraprestação paga pelo empregador ao trabalhador em razão dos serviços prestados, podendo ser paga uma parte em dinheiro e outra em prestações in natura. Conforme previsto em lei, serão consideradas como salário as seguintes utilidades concedidas pelo empregador:

a) vestuários e uniformes utilizados no local de trabalho para prestação dos serviços.

b) matrícula e mensalidade de faculdade cursada pelo empregado.

c) assistência médica e odontológica mediante seguro de saúde.

d) seguro de vida e de acidentes pessoais.

e) aluguel de casa utilizada pelo empregado como vantagem pela prestação dos serviços.

11. (FCC – Analista Judiciário – Área Administrativa – TRT 15/2013) Doralice é empregada da Faculdade "XZ" exercendo a função de auxiliar administrativo. Além do salário mensal de Doralice a faculdade lhe dá como utilidade o curso de Administração de Empresas, fornecendo matrícula, as mensalidades, bem como livros e material didático. Neste caso,

a) apenas as mensalidades são consideradas como salário.

b) todas as utilidades fornecidas pela Faculdade são consideradas como salário.

c) apenas os livros e o material didático são considerados como salário.

d) apenas a matrícula e as mensalidades são consideradas como salário.

e) todas as utilidades fornecidas pela Faculdade não são consideradas como salário.

12. (FCC – Analista Judiciário – Área Judiciária – TRT 2/2014) Considerando os dispositivos legais relativos à remuneração, é correto afirmar que

a) a gorjeta corresponde apenas ao valor cobrado pela empresa ao cliente, como adicional nas contas, a qualquer título, destinada a distribuição aos empregados.

b) não se incluem nos salários as diárias para viagem que excedam 50% do salário percebido pelo empregado.

c) o pagamento do salário, qualquer que seja a modalidade do trabalho, não deve ser estipulado por período superior a um mês, inclusive no que concerne a percentagens e gratificações.

d) não é considerada como salário a utilidade correspondente à educação em estabelecimento de ensino de terceiros, incluindo os valores relativos à matrícula, mensalidade, anuidade, livro e material didático.

e) na falta de estipulação do salário ou não havendo prova sobre a importância ajustada, o empregado deverá notificar previamente o empregador requerendo a fixação do salário sob pena de requerer judicialmente o arbitramento do respectivo valor.

13. (FCC – Analista Judiciário – Oficial de Justiça Avaliador – TRT 24/2017) A empresa Asas Indomáveis S/A contratou o Benício como instrutor regional de aviação. Ajustou um valor a ser pago em dinheiro, além de prestações mensais in natura. Nesse sentido, serão compreendidas no salário para todos os efeitos legais, aquelas fornecidas a título de

a) uniformes utilizados no local de trabalho, para a prestação dos serviços.

b) aluguel de apartamento de moradia do trabalhador, cujo valor corresponde a 20% do salário contratual.

c) seguros de vida e de acidentes pessoais.

d) automóvel destinado ao deslocamento do trabalhador para o trabalho e retorno.

e) assistência odontológica, prestada mediante seguro-saúde.

GAB	01	A	2	E	3	C	4	E	5	E	6	C	7	E	8	E	9	C	10	E	11	E	12	D	13	B

✦ **ÉPOCA PRÓPRIA DE PAGAMENTO DO SALÁRIO**

Art. 459. O pagamento do salário, qualquer que seja a modalidade do trabalho, não deve ser estipulado por período superior a 1 (um) mês, salvo no que concerne a comissões, percentagens e gratificações.

§ 1º – Quando o pagamento houver sido estipulado por mês, deverá ser efetuado, o mais tardar, até o quinto dia útil do mês subsequente ao vencido.(Redação dada pela Lei nº 7.855, de 24.10.1989)

1. COMENTÁRIOS

A periodicidade no pagamento é uma das características do salário. Considerando-se seu caráter alimentar e a dificuldade de poupança por parte do empregado, a Convenção nº 95 da OIT prevê que o pagamento do salário será feito em intervalos regulares (art. 12.1). O Brasil ratificou a referida Convenção, através do Decreto-legislativo nº 24, de 29.5.56, e tornou público o ato por meio do Decreto do Executivo nº 41.721, de 22.6.1957.

A periodicidade mensal referida neste artigo só encontra exceções nos pagamentos que dependam do implemento de determinada condição, que pode não ocorrer mensalmente; são exemplos destes pagamentos as comissões, percentagens e gratificações referidas no ***caput***, cujo rol é meramente exemplificativo. As parcelas fixas do salário, como o salário-base, não podem ser pagas fora da periodicidade mensal, pois não dependem de qualquer condição.

O **§ 1º**, introduzido pela Lei nº 7.859/89, alterou o prazo legal de pagamento dos salários – antes prevista no § único –, do 10º dia útil para o 5º dia útil do mês subseqüente ao vencido. A alteração teve o objetivo de reduzir a perda do poder aquisitivo do salário em época na qual o Brasil observava altos índices de inflação (que chegou a 84,32% no mês março de 1990).

A nosso ver caso o empregador mantenha o hábito de pagar antes do 5º dia útil, mesmo que não assuma tal compromisso através de cláusula contratual escrita, este novo prazo de pagamento é considerada condição contratual tácita, e não poderá mais ser alterado, sob a cominação de se constituir alteração contratual *in pejus*, que é vedada pela regra do art. 468 da CLT (princípio da inalterabilidade contratual em prejuízo do empregado).

Nosso entendimento, contudo, não é corroborado pela jurisprudência do TST, que não vê qualquer problema na alteração do prazo de pagamento, deste que respeitado o 5º dia útil do mês subsequente (neste sentido a **OJ nº 159 da SDI-1/TST**).

Este conhecimento foi exigido no seguinte concurso público para ingresso no Cargo de Juiz do Trabalho Substituto:

*** DISCURSIVA:**

↳ **(TRT/14R/Juiz/2013) Determinada empresa efetuava o pagamento dos seus empregados no dia 25 de cada mês. Posteriormente, por ato unilateral, a empresa alterou a data de pagamento para o dia 30. Pode-se identificar uma alteração contratual ilícita?**

Para fins de pagamento prevalece o entendimento de que **o sábado é dia útil e deve ser incluído no prazo de 5 dias úteis previsto em lei.** A Instrução Normativa nº 1, de 7.11.89, do Secretário de Relações de Trabalho, só exclui da contagem deste prazo os dias de feriados e os domingos, incluindo, expressamente, o sábado (art. 1º, I, da IN nº 1/89). Exige também, em seu art. 1º, II, que o dinheiro deva estar disponível ao empregado o mais tardar até o 5º dia útil.

Caso a empresa não exerça regularmente atividade nos dias de sábado e não se utilize de sistema eletrônico que permita o depósito automático dos salários nesses dias, parece razoável que deva antecipar o pagamento para sexta-feira quando o sábado for o 5º dia útil, pois a prorrogação para segunda importará em descumprimento do termo legal.

O dispositivo deste § 1º também é utilizado como critério para incidência da mora *solvendi*. Cumprindo o empregador o prazo de 5 dias úteis, não haverá mora na prestação e, consequentemente, não incidirá correção monetária; ultrapassado este prazo, que é uma concessão para o empregador, conta-se a correção monetária a partir do 1º dia útil do mês subsequente ao vencido, conforme critério estabelecido pela **S. 381 do TST**. Esta correção, calculada com base na TRD, ou em índice que vier a substituí-lo, não incidirá automaticamente nos salários em atraso, dependendo da iniciativa da parte em propor a respectiva ação.

Os juros de mora, que representam acréscimo pecuniário no capital, incidirão a partir da propositura da ação e não do vencimento da obrigação, como no art. 459, da CLT.

Quanto aos juros de mora de débitos trabalhistas a Lei nº 8.177/91 dispõe, em seu art. 39, que sua incidência se dará desde o ajuizamento, na base de 1% ao mês.

2. SÚMULAS E ORIENTAÇÕES JURISPRUDENCIAIS

▸ **Súmula nº 381/TST**

CORREÇÃO MONETÁRIA. SALÁRIO. Art. 459 DA CLT (conversão da Orientação Jurisprudencial nº 124 da SBDI-1) – Res. 129/2005, DJ 20, 22 e 25.04.2005

O pagamento dos salários até o 5º dia útil do mês subseqüente ao vencido não está sujeito à correção monetária. Se essa data limite for ultrapassada, incidirá o índice da correção monetária do mês subseqüente ao da prestação dos serviços, a partir do dia 1º. (ex-OJ nº 124 da SBDI-1 – inserida em 20.04.1998).

▸ **Súmula nº 439/TST**

DANOS MORAIS. JUROS DE MORA E ATUALIZAÇÃO MONETÁRIA. TERMO INICIAL – Res. 185/2012, DEJT divulgado em 25, 26 e 27.09.2012

Nas condenações por dano moral, a atualização monetária é devida a partir da data da decisão de arbitramento ou de alteração do valor. Os juros incidem desde o ajuizamento da ação, nos termos do art. 883 da CLT.

▸ **OJ 159 SBDI-1/TST**

Data de pagamento. Salários. Alteração. Diante da inexistência de previsão expressa em contrato ou em instrumento normativo, a alteração de data de pagamento pelo empregador não viola o art. 468, desde que observado o parágrafo único, do art. 459, ambos da CLT.

▸ **OJ 302 SBDI-1/TST**

FGTS. ÍNDICE DE CORREÇÃO. DÉBITOS TRABALHISTAS. DJ 11.08.03

Os créditos referentes ao FGTS, decorrentes de condenação judicial, serão corrigidos pelos mesmos índices aplicáveis aos débitos trabalhistas.

- **OJ-SDI1-400**

  IMPOSTO DE RENDA. BASE DE CÁLCULO. JUROS DE MORA. NÃO INTEGRAÇÃO. Art. 404 DO CÓDIGO CIVIL BRASILEIRO. (DEJT divulgado em 02, 03 e 04.08.2010)

  Os juros de mora decorrentes do inadimplemento de obrigação de pagamento em dinheiro não integram a base de cálculo do imposto de renda, independentemente da natureza jurídica da obrigação inadimplida, ante o cunho indenizatório conferido pelo art. 404 do Código Civil de 2002 aos juros de mora.

- **OJ-TP-7 (Tribunal Pleno)**

  JUROS DE MORA. CONDENAÇÃO DA FAZENDA PÚBLICA. (nova redação) – Res. 175/2011, DEJT divulgado em 27, 30 e 31.05.2011 I – Nas condenações impostas à Fazenda Pública, incidem juros de mora segundo os seguintes critérios**: a)** 1% (um por cento) ao mês, até agosto de 2001, nos termos do § 1º do art. 39 da Lei nº 8.177, de 1.03.1991**; b)** 0,5% (meio por cento) ao mês, de setembro de 2001 a junho de 2009, conforme determina o art. 1º – F da Lei nº 9.494, de 10.09.1997, introduzido pela Medida Provisória nº 2.180-35, de 24.08.2001; II – A partir de 30 de junho de 2009, atualizam-se os débitos trabalhistas da Fazenda Pública, mediante a incidência dos índices oficiais de remuneração básica e juros aplicados à caderneta de poupança, por força do art. 5º da Lei nº 11.960, de 29.06.2009. III – A adequação do montante da condenação deve observar essa limitação legal, ainda que em sede de precatório.

3. INFORMATIVOS DO TST

- ***Imposto de Renda. Indenização por danos morais. Não incidência. Art. 46, § 1º,I, da Lei nº 8.541/92. Má aplicação da Súmula nº 368, II, do TST.***

  Com base no art. 46, § 1º, I, da Lei nº 8.541/92, que evidencia a impossibilidade de se enquadrarem no conceito de "rendimento", a que alude o art. 43, I, do CTN, os valores auferidos a título de indenização por danos morais, visto não resultarem do capital ou do trabalho, decidiu a SBDI-I, por maioria, vencidos os Ministros Dora Maria da Costa e Brito Pereira, conhecer do recurso de embargos por má-aplicação da Súmula nº 368, II, do TST e, no mérito, ainda por maioria, dar-lhe provimento para excluir a incidência do Imposto de renda sobre a indenização por danos morais, vencidos, em parte, os Ministros Renato de Lacerda Paiva, Aloysio Corrêa da Veiga e Alberto Luiz Bresciani de Fontan Pereira. TST-E-RR-75300 – 94.2007.5.03.0104, SBDI-I, rel. Min. Lelio Bentes Corrêa, 9.8.2012 (**Informativo nº 17**)

- **Juros de mora. Marco inicial. Primeira reclamação trabalhista, ainda que extinta sem resolução de mérito.** O marco inicial para o cômputo dos juros de mora é o ajuizamento da primeira reclamação trabalhista, mesmo que ajuizada pelo sindicato e julgada extinta sem resolução do mérito por ilegitimidade ativa ad causam. Nos termos das Súmulas nºs 268 e 3591 do TST, a reclamação, mesmo arquivada, interrompe a prescrição e constitui o devedor em mora. De outra sorte, ainda que, no caso, a sentença exequenda não tenha esclarecido a partir do ajuizamento de qual demanda incidiriam os juros, não há falar em ofensa à coisa julgada (art. 5º, XXXVI, da CF), pois o TRT, ao haver determinado o pagamento dos juros de mora a partir da primeira ação, e não da segunda, apenas interpretou o título executivo judicial da forma que entendeu mais adequada. Com esses fundamentos, a SBDI-I, por maioria, conheceu do recurso de embargos do reclamado, por divergência jurisprudencial e, no mérito, negou-lhes provimento. Vencido o Ministro Brito Pereira. TST-E-RR-749200-84.2002.5.09.0002, SBDI-I, rel. Min. Alexandre de Souza Agra Belmonte, 20.6.2013 (**Informativo nº 52)**

4. QUESTÕES DE CONCURSOS

01. (TRT – 2ª REGIÃO/JUIZ DO TRABALHO/2009/ADAPTADO) As comissões não podem ser pagas em período superior a um mês, ainda que mediante acordo bilateral.

02. (TRT 3 – Juiz do Trabalho Substituto 3ª região/ 2012) Acerca dos juros e correção monetária, leia as afirmações abaixo e, em seguida, assinale a alternativa correta, de acordo com a lei e a jurisprudência cristalizada do Tribunal Superior do Trabalho: o pagamento dos salários até o 5° dia útil do mês subsequente ao vencido não está sujeito à correção monetária. Se essa data limite for ultrapassada, incidirá o índice da correção monetária do mês subsequente ao da prestação dos serviços, a partir do dia 1°.

03. (FCC – Analista Judiciário – Área Judiciária – TRT 5/2013) O salário é a contraprestação que remunera os serviços prestados pelo empregado ao empregador, sendo INCORRETO afirmar a seu respeito que

a) o menor de 18 anos poderá firmar recibo de pagamento de salários sem a assistência dos pais ou representantes legais.

b) o pagamento do salário, comissão, percentagens e gratificações, qualquer que seja a modalidade do trabalho, não deve ser estipulado por período superior a 1 (um) mês.

c) o pagamento salarial estipulado por mês deverá ocorrer, o mais tardar, até o quinto dia útil do mês subsequente ao vencido.

d) a prestação, em espécie, do salário será paga em moeda corrente do país, considerando-se como não realizado se for pago em outra moeda.

e) não se incluem nos salários as ajudas de custo, assim como as diárias para viagem que não excedam de 50% (cinquenta por cento) do salário percebido pelo empregado.

GAB	1	E	2	C	3	B

✦ **SALÁRIO EQUITATIVO**

Art. 460. Na falta de estipulação do salário ou não havendo prova sobre a importância ajustada, o empregado terá direito a perceber salário igual ao daquela que, na mesma empresa, fizer serviço equivalente ou do que for habitualmente pago para serviço semelhante.

1. COMENTÁRIOS

A regra deste artigo é supletiva e, portanto, terá aplicabilidade quando da falta de estipulação quanto ao salário ou falta de prova quanto ao valor combinado. Trata-se de norma protetiva, pois impede que o empregador lance mão de pagar o salário-mínimo ou o piso salarial da categoria, na falta de estipulação do salário contratual, mesmo sabendo que o salário pago para a função, no mercado de trabalho, seja bem superior ao mínimo.

A norma sofre influência do princípio da isonomia, impedindo que trabalhadores em iguais condições sejam remunerados com salários diferentes.

Existindo na empresa função semelhante, será pago o salário desta função; não havendo, observar-se-á o que costumeiramente se pagava na empresa para esta função ou, na omissão, o valor de mercado, de acordo com sua complexidade e o porte do empregador.

Para aplicação da "equivalência salarial" (expressão utilizada por Sergio Pinto Martins, in Comentários, 2010, p. 435), prevista neste artigo, a lei impõe duas condições alternativas: a falta de estipulação do salário ou, mesmo tendo sido fixado, ausência de prova do seu montante.

2. INFORMATIVOS DO TST

▸ **Desvio de função. Caracterização. Pessoal escalonado em funções específicas em organograma de cargos e salários. Ausência de detalhamento das atribuições de cada cargo. Comprovação da modificação das atividades do empregado sem o respectivo aumento salarial. Princípios da igualdade e da primazia da realidade. Prevalência.**

A ausência de quadro de carreira ou a existência de pessoal escalonado em funções específicas em organograma de cargos e salários, mas sem que haja o detalhamento das atribuições de cada cargo, não têm o condão de obstar o deferimento de diferenças salariais com base no desvio de função, impedindo apenas o pleito de reenquadramento. No caso, deve prevalecer os princípios da igualdade e da primazia da realidade, sendo imprescindível, tão somente, a comprovação da modificação das atribuições originalmente conferida ao empregado, destinando-o a atividades mais qualificadas sem o respectivo acréscimo salarial. Com esses fundamentos, a SBDI-I, por unanimidade, conheceu dos embargos do reclamante, por divergência jurisprudencial, e, no mérito, deu-lhes provimento, para, reconhecendo o desvio de função, julgar procedente o pedido de diferenças salariais. Ressalvou entendimento o Ministro Renato de Lacerda Paiva. TST-E-RR-39000-14.2009.5.04.0015, SBDI-I, rel. Min. Augusto César Leite de Carvalho, 17.10.2013 (Informativo nº 63)

3. QUESTÕES DE CONCURSOS

01. (TRT – 9ª REGIÃO/ANALISTA JUDICIÁRIO/CESPE/2007) Na falta de expressa estipulação do salário ou não havendo prova sobre a importância ajustada, o empregado terá direito a perceber salário igual ao daquele que, ao mesmo empregador, fizer serviço equivalente, ou do que for habitualmente pago para serviço semelhante.

GAB	1	C

✦ EQUIPARAÇÃO SALARIAL

Art. 461. Sendo idêntica a função, a todo trabalho de igual valor, prestado ao mesmo empregador, no mesmo estabelecimento empresarial, corresponderá igual salário, sem distinção de sexo, etnia, nacionalidade ou idade. (Redação da Lei n° 13.467, de 13.07.2017).

✦ PRODUTIVIDADE, PERFEIÇÃO TÉCNICA E TEMPO NA FUNÇÃO

§ 1º – Trabalho de igual valor, para os fins deste Capítulo, será o que for feito com igual produtividade e com a mesma perfeição técnica, entre pessoas cuja diferença de tempo de serviço para o mesmo empregador não seja superior a quatro anos e a diferença de tempo na função não seja superior a dois anos. (Redação da Lei n° 13.467, de 13.07.2017).

✦ QUADRO DE CARREIRA ORGANIZADO

§ 2º – Os dispositivos deste artigo não prevalecerão quando o empregador tiver pessoal organizado em quadro de carreira ou adotar, por meio de norma interna da empresa ou de negociação coletiva, plano de cargos e salários, dispensada qualquer forma de homologação ou registro em órgão público. (Redação da Lei n° 13.467, de 13.07.2017).

✦ PROMOÇÃO POR ANTIGUIDADE E MERECIMENTO

§ 3º – No caso do § 2º deste artigo, as promoções poderão ser feitas por merecimento e por antiguidade, ou por apenas um destes critérios, dentro de cada categoria profissional.(Redação da Lei n° 13.467, de 13.07.2017).

✦ TRABALHADOR READAPTADO

§ 4º – O trabalhador readaptado em nova função por motivo de deficiência física ou mental atestada pelo órgão competente da Previdência Social não servirá de paradigma para fins de equiparação salarial. (Incluído pela Lei nº 5.798, de 31.8.1972)

✦ VEDAÇÃO A PARADIGMAS REMOTOS

§ 5º A equiparação salarial só será possível entre empregados contemporâneos no cargo ou na função, ficando vedada a indicação de paradigmas remotos, ainda que o paradigma contemporâneo tenha obtido a vantagem em ação judicial própria.(Incluído pela Lei n° 13.467, de 13.07.2017).

✦ MULTA POR DISCRIMINAÇÃO

§ 6º No caso de comprovada discriminação por motivo de sexo ou etnia, o juízo determinará, além do pagamento das diferenças salariais devidas, multa, em favor do empregado discriminado, no valor de 50% (cinquenta por cento) do limite máximo dos benefícios do Regime Geral de Previdência Social.(Incluído pela Lei n° 13.467, de 13.07.2017).

1. COMENTÁRIOS

1.1. Equiparação salarial

Este artigo consagra, ao mesmo tempo, o princípio isonômico, por prever, em norma geral, a igualdade de tratamento jurídico proclamada no art. 7º, XXX, da CF e, de forma específica, também sofre influência do princípio antidiscriminatório, que proíbe diferenciação salarial entre empregados que exercem a mesma função.

Quanto à sutil **diferença entre os princípios da isonomia e da não discriminação**, ambos previstos neste artigo, Mauricio Godinho Delgado, *in* Curso, jan-2009, p. 719/721, explica que o primeiro (isonomia) é mais amplo, impreciso e até pretensioso, "buscando igualizar o tratamento jurídico a pessoas ou situações que tenham relevante ponto de contato entre si." Outra norma que sofreu influência deste princípio se encontra no art. 460, acima. O segundo (não discriminação) é princípio de resistência, de proteção, denegatório de conduta que considera gravemente censurável. Daí porque entendemos que a regra geral do art. 461 abrange ambos os princípios, mas, com predominância para a antidiscriminação.

O legislador exige que o trabalho igual seja prestado para o **mesmo empregador** e na **mesma localidade**.

Trabalhar para o **mesmo empregador** é, sem dúvida, o critério que não traz qualquer polêmica, salvo quanto à figura do grupo econômico. Para aqueles que entendem que a regra do art. 2º, § 2º, da CLT, que cuida de grupo econômico, também consagra a tese do empregador único, seria possível a equiparação salarial entre empregados de empresas diferentes, mas que compõem o mesmo grupo econômico. A doutrina é divergente quanto a esta possibilidade, ainda que a jurisprudência consagre a figura jurídica do empregador único, como se depreende da S. 129 do TST (vide comentários ao art. 2º, § 2º, desta CLT, quanto ao grupo econômico, especialmente após as alterações promovidas pela Lei nº 13.467, de 13.07.2017).

O **critério da localidade** sofreu grande transformação na jurisprudência, evoluindo da noção de município (mais restrita), para a de região metropolitana (mais ampla), conforme **S. 6, item X, do TST**. Empregados de uma mesma região metropolitana, trabalhando para o mesmo empregador em municípios distintos, com base nesta interpretação, podiam ser equiparados, desde que preenchidos os demais requisitos legais. O conceito de região metropolitana é vago e passível de criticas. Ainda assim é mais justo que o critério do município. Consideram-se pertencentes à mesma região metropolitana os municípios que possuem fatores sociais, políticos e econômicos semelhantes, numa mesma região geográfica. Segundo estes critérios, municípios limítrofes, fronteiriços, mas em Estados diferentes do país, podem ser considerados como mesma região metropolitana.

A Lei nº 13.467, de 13.07.2017, alterou o *caput,* do art. 461, e suprimiu o critério de localidade, que constava da CLT desde sua redação original de 1943. A equiparação salarial, com a alteração legal, só passa a ser possível entre empregados de um mesmo estabelecimento. Portanto, nem mesmo empregados de uma mesma empresa, mas de estabelecimentos diferentes, poderão ser equiparados. Trata-se, a meu ver, de um enorme retrocesso; porta aberta à discriminação, como também à fraude. Basta imaginarmos dois empregados trabalhando em dois estabelecimentos de uma mesma empresa, no mesmo bairro, distantes por algumas poucas ruas, mas com salários diferentes, simplesmente por esta injusta imposição legal.

O critério da localidade, sem dúvida, dá margem a diversas interpretações, mas nenhuma delas poderia vislumbrar a criatividade retrógrada do legislador, impondo tamanha restrição ao princípio da isonomia salarial.

A segunda alteração promovida no *caput* do art. 461, também pela Lei nº 13.467, de 13.07.2017, foi a inclusão da "etnia" entre os motivos que não podem levar a qualquer discriminação. O rol legal sempre foi meramente exemplificativo. Consequentemente, a etnia, como também estado civil, religião, ou qualquer outra característica pessoal não pode, e nunca pôde, ser causa de discriminação salarial. A inclusão da "etnia" decorreu muito mais de uma ação afirmativa, do que propriamente de omissão do texto legal.1.2. Produtividade, perfeição técnica e tempo na função

O **parágrafo 1º** explicita a noção de "trabalho de igual valor" referida no *caput* do artigo em análise. Trata-se de trabalho com igual produtividade e mesma perfeição técnica e que, portanto, deve ser retribuído com o mesmo salário. Em regra, os critérios deste artigo não se aplicam aos trabalhadores intelectuais; todavia, ocorrendo elementos objetivos que permitam a comparação entre trabalhadores intelectuais ou artistas, também serão aproveitados os critérios desta norma, quais sejam: produtividade e perfeição técnica (neste sentido a **Súmula nº 6, item VII, do TST**)

O legislador, desde a redação original da CLT, levou em consideração a experiência na função como critério que pode rejeitar a equiparação salarial. Nega-se o pleito equiparatório quando o paradigma, o modelo a quem se pretende equiparar, exerce a função há mais de 2 (dois) anos que o empregado pretensamente discriminado. Não há aqui discriminação, pois segundo o critério legal o empregado mais antigo deve receber maior salário.

O tempo de serviço sempre foi contado na função exercida e não no emprego, uma vez que tempo de casa não representa, necessariamente, experiência na função (**S. 6, item II, do TST**).

Com a Lei nº 13.467, de 13.07.2017, o § 1º do art. 461 foi alterado para também levar em consideração o tempo de casa, superior a 4 anos, como obstáculo à equiparação salarial. Com o advento desta lei, a equiparação salarial passa a ter dois critérios temporais: diferença na função, superior a 2 anos, e diferença de tempo no emprego, superior a 4 anos. Preenchido um dos dois obstáculos temporais, não haverá possibilidade de equiparação. Como exemplo, se um empregado foi admitido em 10.04.2013, e outro empregado foi admitido em 20.04.2017, não poderão ser equiparados, qualquer que seja a função exercida, pois o obstáculo temporal do tempo de serviço para o mesmo empregador impedirá a equiparação. Noutra situação, se os empregados não possuem diferença no emprego superior a quatro anos, já se pode passar a apreciar o tempo na função. Caso não exerçam a função com diferença de tempo de serviço superior a dois anos, não haverá, ao menos no critério temporal, qualquer obstáculo.

Também não importa a nomenclatura do cargo, mas sim o que concretamente o empregado executa no dia a dia da prestação de serviços, ou seja, sua efetiva função (**S. 6, item III, do TST**).

1.3. Quadro de Carreira e Plano de Cargos e Salários como obstáculos à equiparação salarial

Os parágrafos 2º e 3º tratam de dois obstáculos à equiparação salarial: a) quadro de carreira organizado; b) com a redação da Lei nº 13.467, de 13.07.2017, o plano de cargos e salários, que passou a ser obstáculo.

A existência do quadro de carreira, por si só, não representa obstáculo à equiparação salarial. É preciso que os critérios do quadro de carreira sejam efetivamente respeitados.

O plano de cargos e salários constitui, normalmente, um descritivo dos cargos e funções, com suas respectivas atribuições. Via de regra, o plano de cargos e salários não define os critérios ou requisitos para promoções, razão pela qual não consigo vislumbrar como poderia servir de obstáculo à equiparação salarial, mas esta foi a vontade da Lei nº 13.467, de 13.07.2017, na redação atribuída ao § 1º do art. 461 da CLT, contrariamente à previsão da OJ nº 418 da SDI-1/TST.

As promoções podem ocorrer tanto por antiguidade quanto por merecimento, conforme a redação do § 1º, imposta pela Lei nº 13.467, de 13.07.2017, que dispensou a alternância desses critérios como requisito de validade do quadro de carreira (neste particular, merece ser revista a OJ nº 418 da SDI-1/TST, que exigia a alternância dos critérios). O merecimento, por sua vez, deve se pautar por elementos objetivos, como pontualidade, assiduidade, aperfeiçoamento profissional por meio de cursos, etc.

A necessidade de homologação do quadro de carreira pelo Ministério do Trabalho foi suprimida com a redação da Lei nº 13.467, de 13.07.2017. Sempre entendemos que este requisito era dispensável, conforme demonstramos nos comentários feitos ao art. 461, desde a primeira edição desta obra, que passamos a transcrever:

> "A estes requisitos substanciais se une outro meramente formal, mas que tem sido prestigiado pela jurisprudência: a necessidade de homologação do quadro de carreira organizado (**S. 6, item I, do TST**). Este requisito formal não traz qualquer segurança de observância dos critérios de promoção. A rigor, nem mesmo sob o aspecto formal este requisito é eficaz. O Ministério do Trabalho, através de seus órgãos regionais, não faz qualquer juízo de valor quanto à existência dos elementos essenciais. Não ocorre, efetivamente, qualquer "homologação", mas sim um "depósito" do quadro de carreira, recebendo o empregador a chancela do Ministério do Trabalho. O ato é automático, inútil, e representa um resquício do intervencionismo do Ministério do Trabalho nas relações individuais e coletivas de trabalho."

1.4. Reenquadramento

A existência de quadro de carreira organizado representa obstáculo à equiparação salarial, mas não ao pedido de reenquadramento, quando o empregado se sentir preterido em eventual promoção ou quando discordar da forma como o empregador interpretou os critérios do quadro de carreira (neste sentido as **Súmulas 19 e 127 do C. TST**).

Em sentido oposto ao da orientação das Súmulas 19 e 127 está a **OJ nº 125 da SBDI-1/TST**, que entende não ser devido o pedido de novo enquadramento por "simples desvio funcional", sendo devido ao empregado "apenas as diferenças salariais respectivas". O aparente confronto entre as súmulas referidas e a OJ nº 125 se resolve pela ideia de que esta última se refere a um desvio provisório, precário e sem os demais requisitos do quadro de carreira, daí ser negado ao empregado o direito ao reenquadramento.

Sobre o entendimento da OJ nº 125 já se manifestou F.A. de Oliveira, nos seguintes termos: "É que neste caso existirão exigências objetivas e subjetivas para que o trabalhador possa ser enquadrado como ocupante de determinado cargo ou função. E o simples desvio não seria molde a fixá-lo na função sem que atendesse às exigências estatutárias. Todavia, temos para nós que o desvio de função haverá de ser sempre precário, variando o tempo de conformidade com as necessidades da empresa. O desvio com *animus* definitivo descaracterizaria o simples desvio que pressupõe a precariedade da alteração." (Comentários aos Precedentes Normativos e às Orientações Jurisprudenciais do TST, julho-2004, p. 280).

1.5. Trabalhador readaptado

O paradigma, que serve de modelo para fins de equiparação salarial, é identificado como o empregado que, não obstante o exercício de idêntica função, ganhe salário superior a outro colega nas mesmas condições. O preceito legal do art. 461, da CLT, que se inspirou no princípio da não discriminação, impede este tipo de prática na empresa e norteia os pedidos de equiparação salarial.

Na hipótese de empregado readaptado o empregador não está promovendo diferenciações ilegítimas, mas sim dignificando a pessoa do trabalhador, aproveitando-o em nova função, sem prejuízo do salário anteriormente recebido. O empregado, diante destas circunstâncias, pode vir a receber salário superior, sem discriminação quanto aos demais empregados que exerçam idêntica função, mas sim por respeito ao princípio da irredutibilidade salarial. O exercício de determinada função pelo empregado readaptado não decorre única e exclusivamente da vontade dos sujeitos da relação de emprego, senão pela realidade que se impõe ao empregador, exigindo seu aproveitamento em outras atividades.

1.6. Equiparação salarial na Administração Pública

O legislador constituinte, atento ao princípio da moralidade, inscreveu a regra do art. 37, II, na Constituição Federal. A referida regra exige a realização de concurso público para ingresso em cargo ou emprego público. Portanto, a contratação de empregados por entes públicos, na Administração Direta (União, Estados, Municípios e Distrito Federal), como na Indireta (fundações, autarquias e quais outras pessoas jurídicas com natureza de direito público), passou a depender da realização de concurso público.

Pode-se dizer, com base nas mesmas premissas acima postas, que o desvio funcional que leve o empregado público a exercer funções diferentes da que foi contratado, representa, indiretamente, violação à exigência constitucional antes referida, como também a do art. 37, XIII, da CF, que consagra a proibição de equiparação remuneratória entre servidores públicos.

Assim sendo, o empregado público desviado de função na administração direta ou indireta, desde que trabalhando para **pessoa jurídica de direito público**, não fará jus a qualquer direito decorrente desta irregularidade, em especial a equiparação salarial e diferenças daí decorrentes (neste sentido a **OJ nº 297, da SDI-1/TST**).

A *contrario sensu*, considerando-se que as **empresas públicas e sociedades de economia mista** ostentam natureza jurídica de direito privado (art. 173, § 1º, inciso II, da CF), equiparando-se, portanto, às empresas privadas em geral, as vedações impostas pelos artigos 37, II e XIII da CF a elas não se aplicam. Consequentemente, tais empresas, mesmo que realizem concurso público para admissão de seus empregados, como medida moralizadora e eficiente, o regime jurídico de direito privado continua inalterado. da mesma forma, a sujeição plena ao regime da CLT, atrai a incidência de seu art. 461 e, consequentemente, do direito à equiparação salarial entre empregados que exerçam a mesma função, ainda que contratados para funções diversas (neste sentido a **Súmula nº 455, do TST**).

1.7. Vedação a paradigmas remotos

A inclusão do § 5º no art. 461, pela Lei nº 13.467, de 13.07.2017, teve como propósito exigir que as diferenças salariais, entre o modelo e o empregado que pretenda a equiparação, sejam originadas exclusivamente do tratamento mais benéfico conferido àquele, em detrimento deste. Pretendeu-se impedir a equiparação em cadeia, assim entendida como a diferença salarial oriunda de uma equiparação recebida, anteriormente, pelo empregado que ora é indicado como modelo. O texto legal contraria, frontalmente, esse entendimento, consagrado na Súmula 6, VI, do TST, que neste particular merece ser modificada.

1.8. Multa pela discriminação

O § 6º, inserido no art. 461, criou uma multa aplicável quando a discrepância salarial for originada em razões de gênero ou de etnia. Não há motivos para que a lei tenha restringido a multa somente a esses motivos de discriminação. De toda sorte, não se pode ampliar a sanção para, por analogia, se estender a aplicação da multa para outras espécies de atos discriminatórios, pois norma punitiva só pode ser interpretada restritivamente.

2. SÚMULAS E ORIENTAÇÕES JURISPRUDENCIAIS

▸ **Súmula nº 202/STF**

NA EQUIPARAÇÃO DE SALÁRIO, EM CASO DE TRABALHO IGUAL, TOMA-SE EM CONTA O TEMPO DE SERVIÇO NA FUNÇÃO, E NÃO NO EMPREGO.

▸ **Súmula nº 223/TFR** – *13-08-1986 – DJ 21-08-86*

Empregado – Desvio Funcional – Direito a Diferença Salarial – Quadro de Pessoal Organizado em Carreira

O empregado, durante o desvio funcional, tem direito a diferença salarial, ainda que o empregador possua quadro de pessoal organizado em carreira.

▸ **Súmula nº 6/TST**

EQUIPARAÇÃO SALARIAL. ART. 461 DA CLT (redação do item VI alterada) – Res. 198/2015, republicada em razão de erro material – DEJT divulgado em 12, 15 e 16.06.2015

I – Para os fins previstos no § 2º do art. 461 da CLT, só é válido o quadro de pessoal organizado em carreira quando homologado pelo Ministério do Trabalho, excluindo-se, apenas, dessa exigência o quadro de carreira das entidades de direito público da administração direta, autárquica e fundacional aprovado por ato administrativo da autoridade competente. (ex-Súmula nº 06 – alterada pela Res. 104/2000, DJ 20.12.2000)

II – Para efeito de equiparação de salários em caso de trabalho igual, conta-se o tempo de serviço na função e não no emprego. (ex-Súmula nº 135 – RA 102/1982, DJ 11.10.1982 e DJ 15.10.1982)

III – A equiparação salarial só é possível se o empregado e o paradigma exercerem a mesma função, desempenhando as mesmas tarefas, não importando se os cargos têm, ou não, a mesma denominação. (ex-OJ da SBDI-1 nº 328 – DJ 09.12.2003)

IV – É desnecessário que, ao tempo da reclamação sobre equiparação salarial, reclamante e paradigma estejam a serviço do estabelecimento, desde que o pedido se relacione com situação pretérita. (ex-Súmula nº 22 – RA 57/1970, DO-GB 27.11.1970)

V – A cessão de empregados não exclui a equiparação salarial, embora exercida a função em órgão governamental estranho à cedente, se esta responde pelos salários do paradigma e do reclamante. (ex-Súmula nº 111 – RA 102/1980, DJ 25.09.1980)

VI – Presentes os pressupostos do art. 461 da CLT, é irrelevante a circunstância de que o desnível salarial tenha origem em decisão judicial que beneficiou o paradigma, exceto: a) se decorrente de vantagem pessoal ou de tese jurídica superada pela jurisprudência de Corte Superior; b) na hipótese de equiparação salarial em cadeia, suscitada em defesa, se o empregador produzir prova do alegado fato modificativo, impeditivo ou extintivo do direito à equiparação salarial em relação ao paradigma remoto, considerada irrelevante, para esse efeito, a existência de diferença de tempo de serviço na função superior a dois anos entre o reclamante e os empregados paradigmas componentes da cadeia equiparatória, à exceção do paradigma imediato.

VII – Desde que atendidos os requisitos do art. 461 da CLT, é possível a equiparação salarial de trabalho intelectual, que pode ser avaliado por sua perfeição técnica, cuja aferição terá critérios objetivos. (ex-OJ da SBDI-1 nº 298 – DJ 11.08.2003)

VIII – É do empregador o ônus da prova do fato impeditivo, modificativo ou extintivo da equiparação salarial. (ex-Súmula nº 68 – RA 9/1977, DJ 11.02.1977)

▸ **Súmula nº 19/TST**

QUADRO DE CARREIRA (mantida) – Res. 121/2003, DJ 19, 20 e 21.11.2003

A Justiça do Trabalho é competente para apreciar reclamação de empregado que tenha por objeto direito fundado em quadro de carreira.

▸ **Súmula nº 127/TST**

QUADRO DE CARREIRA (mantida) – Res. 121/2003, DJ 19, 20 e 21.11.2003

Quadro de pessoal organizado em carreira, aprovado pelo órgão competente, excluída a hipótese de equiparação salarial, não obsta reclamação fundada em preterição, enquadramento ou reclassificação.

▸ **Súmula nº 275, I/TST**

PRESCRIÇÃO. DESVIO DE FUNÇÃO E REENQUADRAMENTO (incorporada a Orientação Jurisprudencial nº 144 da SBDI-1) – Res. 129/2005, DJ 20, 22 e 25.04.2005

I – Na ação que objetive corrigir desvio funcional, a prescrição só alcança as diferenças salariais vencidas no período de 5 (cinco) anos que precedeu o ajuizamento. (ex-Súmula nº 275 – alterada pela Res. 121/2003, DJ 21.11.2003)

▸ **Súmula nº 455 – TST**

EQUIPARAÇÃO SALARIAL. SOCIEDADE DE ECONOMIA MISTA. ART. 37, XIII, DA CF/1988. POSSIBILIDADE. (conversão da Orientação Jurisprudencial nº 353 da SBDI-1 com nova redação) – Res. 194/2014, DEJT divulgado em 21, 22 e 23.05.2014.

À sociedade de economia mista não se aplica a vedação à equiparação prevista no art. 37, XIII, da CF/1988, pois, ao admitir empregados sob o regime da CLT, equipara-se a empregador privado, conforme disposto no art. 173, § 1º, II, da CF/1988.

- **OJ 125 SBDI-1/TST**

DESVIO DE FUNÇÃO. QUADRO DE CARREIRA. (alterado em 13.03.02)

O simples desvio funcional do empregado não gera direito a novo enquadramento, mas apenas às diferenças salariais respectivas, mesmo que o desvio de função haja iniciado antes da vigência da CF/1988.

- **OJ 296 SBDI-1/TST**

EQUIPARAÇÃO SALARIAL. ATENDENTE E AUXILIAR DE ENFERMAGEM. IMPOSSIBILIDADE. DJ 11.08.03

Sendo regulamentada a profissão de auxiliar de enfermagem, cujo exercício pressupõe habilitação técnica, realizada pelo Conselho Regional de Enfermagem, impossível a equiparação salarial do simples atendente com o auxiliar de enfermagem.

- **OJ 297 SBDI-1/TST**

EQUIPARAÇÃO SALARIAL. SERVIDOR PÚBLICO DA ADMINISTRAÇÃO DIRETA, AUTÁRQUICA E FUNDACIONAL. Art. 37, XIII, DA CF/1988. DJ 11.08.03

O art. 37, inciso XIII, da CF/1988, veda a equiparação de qualquer natureza para o efeito de remuneração do pessoal do serviço público, sendo juridicamente impossível a aplicação da norma infraconstitucional prevista no art. 461 da CLT quando se pleiteia equiparação salarial entre servidores públicos, independentemente de terem sido contratados pela CLT.

- **OJ 383 SBDI-1/TST**

TERCEIRIZAÇÃO. EMPREGADOS DA EMPRESA PRESTADORA DE SERVIÇOS E DA TOMADORA. ISONOMIA. Art. 12, "A", DA LEI Nº 6.019, DE 03.01.1974 (mantida) – Res. 175/2011, DEJT divulgado em 27, 30 e 31.05.2011 A contratação irregular de trabalhador, mediante empresa interposta, não gera vínculo de emprego com ente da Administração Pública, não afastando, contudo, pelo princípio da isonomia, o direito dos empregados terceirizados às mesmas verbas trabalhistas legais e normativas asseguradas àqueles contratados pelo tomador dos serviços, desde que presente a igualdade de funções. Aplicação analógica do art. 12, "a", da Lei nº 6.019, de 03.01.1974.

- **OJ 418 da SDI-1/TST**

EQUIPARAÇÃO SALARIAL. PLANO DE CARGOS E SALÁRIOS. APROVAÇÃO POR INSTRUMENTO COLETIVO. AUSÊNCIA DE ALTERNÂNCIA DE CRITÉRIOS DE PROMOÇÃO POR ANTIGUIDADE E MERECIMENTO. (DEJT divulgado em 12, 13 e 16.04.2012)

Não constitui óbice à equiparação salarial a existência de plano de cargos e salários que, referendado por norma coletiva, prevê critério de promoção apenas por merecimento ou antiguidade, não atendendo, portanto, o requisito de alternância dos critérios, previsto no art. 461, § 2º, da CLT.

3. INFORMATIVOS DO TST

- ***Desvio de função. Empregado público que exerce atividade típica de servidor público estatutário. Regimes jurídicos distintos. Diferenças salariais. Devidas. Aplicação do princípio da isonomia. Orientação Jurisprudencial nº 125 da SBDI-I.***

Não obstante o art. 37, II, da CF impeça a admissão e o reenquadramento no serviço público sem prévia aprovação em concurso público e o inciso XIII do mesmo dispositivo constitucional vede a equiparação de quaisquer espécies remuneratórias, para efeito de remuneração de pessoal do serviço público, havendo identidade entre as atividades realizadas por servidor público estatutário e aquelas exercidas por empregado público em flagrante desvio de função, é devido o pagamento das diferenças salariais respectivas, sob pena de enriquecimento ilícito da Administração Pública. Inteligência da Orientação Jurisprudencial nº 125 da SBDI-I e observância do critério da isonomia. Na espécie, o reclamante fora contratado pelo SERPRO para o cargo de auxiliar de informática, tendo exercido as funções de Técnico do Tesouro Nacional ao prestar serviços na Secretaria da Receita Federal. Com esse entendimento, a SBDI-I, em sua composição plena, por unanimidade, conheceu dos embargos interpostos pelo SERPRO, por má aplicação da Orientação Jurisprudencial nº 125 da SBDI-I, e, no mérito, por maioria, negou-lhes provimento. Vencidos os Ministros Ives Gandra Martins Filho, relator, Antonio José de Barros Levenhagen, Brito Pereira, Renato de Lacerda Paiva e Guilherme Augusto Caputo Bastos, que davam provimento ao recurso para restabelecer a sentença que concluiu pela impossibilidade de deferimento das diferenças salariais quando o trabalhador laborou em desvio de função em regimes jurídicos diversos, em razão do disposto no art. 37, XIII, da CF. TST-E-ED-RR-210900-27.2000.5.09.0020, SBDI-I, rel. Min. Ives Gandra da Silva Martins Filho, red. p/ acórdão Min. João Oreste Dalazen, 22.5.2014 (**Informativo nº 83**)

- ***Desvio de função. Caracterização. Pessoal escalonado em funções específicas em organograma de cargos e salários. Ausência de detalhamento das atribuições de cada cargo. Comprovação da modificação das atividades do empregado sem o respectivo aumento salarial. Princípios da igualdade e da primazia da realidade. Prevalência.***

A ausência de quadro de carreira ou a existência de pessoal escalonado em funções específicas em organograma de cargos e salários, mas sem que haja o detalhamento das atribuições de cada cargo, não têm o condão de obstar o deferimento de diferenças salariais com base no desvio de função, impedindo apenas o pleito de reenquadramento. No caso, deve prevalecer os princípios da igualdade e da primazia da realidade, sendo imprescindível, tão somente, a comprovação da modificação das atribuições originalmente conferida ao empregado, destinando-o a atividades mais qualificadas sem o respectivo acréscimo salarial. Com esses fundamentos, a SBDI-I, por unanimidade, conheceu dos embargos do reclamante, por divergência jurisprudencial, e, no mérito, deu-lhes provimento, para, reconhecendo o desvio de função, julgar procedente o pedido de diferenças salariais. Ressalvou entendimento o Ministro Renato de Lacerda Paiva. TST – E-RR-39000-14.2009.5.04.0015, SBDI-I, rel. Min. Augusto César Leite de Carvalho, 17.10.2013 (**Informativo nº 63**)

4. QUESTÕES DE CONCURSOS

01. (DPU/DEFENSOR PÚBLICO FEDERAL/CESPE/2010) Julgue os itens seguintes no que diz respeito à equiparação salarial.

I. A cessão de empregados a órgão governamental estranho ao órgão cedente, ainda que este responda pelos salários do paradigma e do reclamante, exclui o direito à equiparação salarial.

II. São vedadas a vinculação ou a equiparação de quaisquer espécies remuneratórias para o efeito de remuneração de pessoal do serviço público, excetuando-se a dos empregados públicos, por serem estes regidos pela CLT.

03. (AGU/PROCURADOR FEDERAL/CESPE/2010) Dois trabalhadores que exercem funções idênticas, trabalho de igual valor, e prestam serviços ao mesmo empregador, em municípios distintos, mas integrantes de uma mesma REGIÃO metropolitana, não fazem jus à equiparação salarial, pois não laboram na mesma localidade.

04. (AGU/PROCURADOR FEDERAL/CESPE/2010) Para efeito de equiparação de salários em caso de trabalho igual, conta-se o tempo de serviço na função, e não no emprego.

05. (TRT – 16ª REGIÃO/ANALISTA ADMINISTRATIVO/FCC/2009) João e Pedro foram contratados na mesma data para laborar na empresa X na função de auxiliar de escritório. João e Pedro desempenhavam as mesmas tarefas com igual produtividade. João foi demitido sem justa causa há seis meses. Em razão da demissão de João, Pedro descobriu que João recebia o dobro de seu salário e resolveu ajuizar uma reclamação trabalhista em face de sua empregadora. Neste caso, considerando que João possui 30 anos e Pedro 35 anos, bem como que Pedro é Italiano e João brasileiro, Pedro

a) poderá utilizar de João como paradigma desde que seu pedido esteja relacionado a situação presente.

b) não poderá utilizar de João como paradigma, uma vez que o mesmo possui nacionalidade diferente.

c) não poderá utilizar de João como paradigma, uma vez que o mesmo não se encontra mais laborando na empresa.

d) poderá utilizar de João como paradigma desde que seu pedido esteja relacionado a situação pretérita.

e) não poderá utilizar de João como paradigma, uma vez que os dois não possuem a mesma idade, o que se presume experiências diferentes.

07. (TRT – 2ª REGIÃO/JUIZ DO TRABALHO/2009) Conforme entendimento sumulado do TST, em matéria de equiparação salarial, não está certo afirmar que:

a) Somente é válido o quadro de pessoal organizado em carreira quando homologado pelo Ministério do Trabalho, para os fins previstos no parágrafo 2° do artigo 461 da CLT, exceto para as entidades de direito público da administração direta, autárquica e fundacional quando aprovado por ato administrativo da autoridade competente.

b) Considera-se o tempo de serviço do empregado na empresa para efeito de equiparação de salários em caso de trabalho de igual valor.

c) Não é necessário que, ao tempo da reclamação sobre equiparação salarial, reclamante e paradigma estejam a serviço do estabelecimento, desde que o pedido se relacione a situação pretérita.

d) O fato de que o desnível salarial tenha origem em decisão judicial que beneficiou o paradigma é irrelevante, desde que preenchidos os requisitos do artigo 461 da CLT, salvo se decorrente de vantagem pessoal.

e) É conceito legal de "mesma localidade" refere-se ao mesmo município, ou a municípios distintos que, comprovadamente, pertençam à mesma REGIÃO metropolitana.

08. (TRT – 3ª REGIÃO/JUIZ DO TRABALHO SUBSTITUTO/2009) Assinale a assertiva ("a" a "e") correta em relação aos enunciados de I a V, observada consolidação jurisprudencial do c. TST:

I. Em face das peculiaridades do trabalho intelectual, não é possível obter-se equiparação salarial em razão da impossibilidade de se mensurar a produtividade e a perfeição técnica da capacidade intelectual, como sumulado entendimento do E. TST.

II. A cessão de empregado não exclui a equiparação salarial, embora exercida a função em órgão estranho à cedente, se esta responde pelos salários do paradigma e do autor, de acordo com entendimento consolidado do c. TST.

III. O simples desvio funcional do empregado não gera direito a novo enquadramento, mas apenas às diferenças salariais respectivas, independentemente da data de início do desvio de função, sendo este entendimento cristalizado em orientação jurisprudencial do TST.

IV. Presentes os pressupostos do art. 461 da CLT, é irrelevante a circunstância de que o desnível salarial tenha origem em decisão judicial que beneficiou o paradigma, exceto se decorrente de tese jurídica superada pela jurisprudência da Corte Superior ou se oriunda de vantagem pessoal.

V. o conceito de "mesma localidade" de que trata o art. 461 da CLT refere-se ao mesmo município, ou a municípios distintos que, comprovadamente, pertençam à mesma região metropolitana, conforme entendimento consolidado pela Superior Corte Trabalhista.

a) somente um enunciado é verdadeiro
b) somente dois enunciados são verdadeiros
c) somente três enunciados são verdadeiros
d) somente quatro enunciados são verdadeiros
e) todos os enunciados são verdadeiros

08. (ECT – Analista de Correios – Advogado/2011) Se, em obediência a negociação em acordo coletivo de trabalho, determinado empregador fornecer cesta básica aos seus empregados, ao término da vigência desse instrumento coletivo, não será possível cancelar o fornecimento do citado benefício, que passará a integrar os contratos de trabalho.

09. (CONFEF – Advogado/2011) De acordo com a Consolidação das Leis do Trabalho (CLT), Súmulas e Orientações Jurisprudenciais do TST, é correto afirmar:

a) É desnecessário que, ao tempo da reclamação sobre equiparação salarial, reclamante e paradigma estejam a serviço do estabelecimento, mesmo que o pedido não se relacione com situação pretérita.
b) Para efeito de equiparação de salários em caso de trabalho igual, conta-se o tempo de serviço no emprego.
c) Não é possível a equiparação salarial de trabalho intelectual.
d) A cessão de empregados não exclui a equiparação salarial, embora exercida a função em órgão governamental estranho à cedente, se esta responde pelos salários do paradigma e do reclamante.

10. (COCEL – Advogado Junior/2011) Considere as seguintes afirmativas:

1) Consoante a jurisprudência predominante, é desnecessário que, ao tempo da reclamação sobre equiparação salarial, reclamante e paradigma estejam a serviço do estabelecimento, desde que o pedido se relacione com situação pretérita.
2) De acordo com a jurisprudência predominante, presentes os pressupostos do art. 461 da CLT, é irrelevante a circunstância de que o desnível salarial tenha origem em decisão judicial que beneficiou o paradigma, exceto se decorrente de vantagem pessoal ou de tese jurídica superada pela jurisprudência de Corte Superior.
3) Conforme a jurisprudência do TST, para os fins previstos no § 2º do art. 461 da CLT, só é válido o quadro de pessoal organizado em carreira quando homologado pelo Ministério do Trabalho, excluindo-se, apenas, dessa exigência o quadro de carreira das entidades de direito público da administração direta, autárquica e fundacional aprovado por ato administrativo da autoridade competente.
4) Segundo o TST, o conceito de mesma localidade enunciado no art. 461 da CLT diz respeito à mesma célula empresarial, sendo vedada a equiparação com paradigma lotado em estabelecimento diverso do paragonado.

Assinale a alternativa correta.

a) Somente a afirmativa 3 é verdadeira.
b) Somente as afirmativas 1, 2 e 4 são verdadeiras.
c) Somente as afirmativas 1 e 4 são verdadeiras.
d) Somente as afirmativas 2 e 3 são verdadeiras.
e) Somente as afirmativas 1, 2 e 3 são verdadeiras.

11. **(FCC – TRT 11 – Analista Judiciário/2012)** O empregado João prestou serviços para a empresa Alfa na unidade fabril do município de São Paulo por cinco anos, ingressando como ajudante geral. Após seis meses de sua admissão, passou a exercer as funções de operador de empilhadeira, embora continuasse registrado como auxiliar de produção. Mário ingressou na empresa Alfa um ano antes de João, trabalhando na unidade fabril do município de Osasco, que pertence à mesma região metropolitana de São Paulo. Mário sempre exerceu as funções de operador de empilhadeira e recebeu salário superior aquele percebido por João, em razão de possuir maior experiência no mercado de trabalho, conforme se verifica pelas ocupações anteriores anotadas em sua Carteira de Trabalho. Conforme previsão legal e entendimento sumulado do TST, no caso em análise, encontram-se presentes os requisitos para a equiparação salarial entre João e Mário, devendo haver a condenação da empresa Alfa por diferenças salariais?

a) Não, uma vez que os cargos não têm a mesma denominação.

b) Não, porque o paradigma é mais experiente que o postulante na prestação de serviços nas funções de operador de empilhadeira.

c) Sim, porque ambos exerceram as mesmas funções e tarefas, independentemente da nomenclatura do cargo, não havendo diferença de 2 anos no exercício da mesma função.

d) Não, porque postulante e paradigma trabalharam na mesma localidade, mas em municípios distintos.

e) Sim, porque independente do local da prestação dos serviços e do tempo de diferença nas funções, trabalhando para a mesma empresa, na mesma função o salário deve ser igual.

12. **(FCC – Analista Judiciário – Oficial de Justiça Avaliador – TRT 15/2013)** Marta, Carla e Isabelle são empregadas do salão de cabelereiro "NBN Ltda.". Marta e Isabelle foram contratadas em Janeiro de 2007 e Carla em Junho de 2007 para exercerem a função de auxiliar de cabeleireiro. Em Janeiro de 2008, Marta passou a exercer a função de cabelereira tendo sido retificada a sua carteira de trabalho, bem como o seu salário que passou a ser de R$ 3.500,00. Em Fevereiro de 2009, Carla também passou a exercer as funções de cabelereira, exercendo tarefas exatamente iguais as funções de Marta, com a mesma perfeição técnica, mas a sua carteira de trabalho não foi retificada no tocante a função, apesar do salário de Carla ter alterado para R$ 2.800,00. Isabelle, somente em Março de 2012 passou a exercer as funções de cabelereira, exercendo também tarefas exatamente iguais as de Marta e Carla e com a mesma perfeição técnica, tendo sido retificada a sua carteira de trabalho, e alterado o seu salário para R$ 2.500,00. Neste caso, no tocante a equiparação salarial, considerando que o referido salão não possui quadro organizado em carreira,

a) somente Isabelle possui o direito a equiparação salarial com Carla.

b) Carla e Isabelle possuem direito a equiparação salarial com Marta.

c) não há direito a equiparação salarial entre nenhuma das empregadas.

d) somente Isabelle possui o direito a equiparação salarial com Marta.

e) somente Carla possui direito a equiparação salarial com Marta.

13. **(Cespe – Analista Judiciário – Área Judiciária – TRT 17/2013)** No que se refere à remuneração do empregado, julgue o item a seguir.

Considere que um empregado tenha sido designado para substituir sua chefa durante o período de licença-maternidade. Durante esse período, esse empregado recebeu o mesmo salário da chefa substituída. No entanto, ao final do prazo da licença, a chefa pediu demissão, tendo o empregado sido convidado a assumir a chefia de forma definitiva, porém com a remuneração menor que recebia anteriormente à substituição temporária. Nessa situação, é correto afirmar que a substituição definitiva do cargo não obriga a empresa a pagar salário igual ao do seu antecessor.

14. **(FCC – Analista Judiciário – Área Judiciária – TRT 2/2014)** Como decorrência do princípio constitucional da não discriminação salarial (art. 7º, XXX e XXXI da CF), a garantia da isonomia salarial fundamenta-se na ideia básica de que a todo trabalho de igual valor deve corresponder salário igual. Para caracterização do trabalho de igual valor, gerando o direito à equiparação salarial, é necessário que sejam preenchidos concomitantemente alguns requisitos, entre os quais NÃO se inclui

a) trabalho para o mesmo empregador.

b) trabalho na mesma localidade.

c) mesma produtividade.

d) mesma perfeição técnica.

e) existência de quadro organizado de carreira.

15. **(IADES – Analista I – Advogado – CRF – DF/2017)** Tendo em vista as Súmulas do Tribunal Superior do Trabalho no que se refere à equiparação salarial, assinale a alternativa correta.

a) Para efeito de equiparação de salários em caso de trabalho igual, conta-se o tempo de serviço no emprego e não na função.

b) A equiparação salarial só é possível se o empregado e o paradigma exercerem a mesma função, desempenhando as mesmas tarefas, sendo necessário que os cargos tenham a mesma denominação.

c) Para os fins previstos no parágrafo 2º do artigo 461 da Consolidação das Leis do Trabalho (CLT), só é válido o quadro de pessoal organizado em carreira quando homologado pelo Ministério do Trabalho, excluindo-se dessa exigência apenas o quadro de carreira das entidades de direito público da administração direta, autárquica e fundacional aprovado por ato administrativo da autoridade competente.

d) É necessário que, ao tempo da reclamação a respeito da equiparação salarial, reclamante e paradigma estejam a serviço do estabelecimento, desde que o pedido se relacione com situação pretérita.

e) O conceito de mesma localidade de que trata o artigo 461 da CLT refere-se, em princípio, ao mesmo município ou a municípios distintos, mesmo que pertençam a regiões metropolitanas diferentes.

GAB	1	E	2	E	3	E	4	C	5	D	6	E	7	B	8	E
	9	D	10	E	11	C	12	E	13	C	14	E	15	C	–	

✦ **DESCONTOS NO SALÁRIO**

Art. 462. Ao empregador é vedado efetuar qualquer desconto nos salários do empregado, salvo quando este resultar de adiantamentos, de dispositivos de lei ou de contrato coletivo.

✦ **DANOS CAUSADOS PELO EMPREGADO**

§ 1º – Em caso de dano causado pelo empregado, o desconto será lícito, desde que esta possibilidade tenha sido acordada ou na ocorrência de dolo do empregado.(Parágrafo único renumerado pelo Decreto-lei nº 229, de 28.2.1967)

✦ **"TRUCK SYSTEM"**

§ 2º – É vedado à empresa que mantiver armazém para venda de mercadorias aos empregados ou serviços estimados a proporcionar-lhes prestações "in natura" exercer qualquer coação ou induzimento no sentido de que os empregados se utilizem do armazém ou dos serviços. (Incluído pelo Decreto-lei nº 229, de 28.2.1967)

§ 3º – Sempre que não for possível o acesso dos empregados a armazéns ou serviços não mantidos pela Empresa, é lícito à autoridade competente determinar a adoção de medidas adequadas, visando a que as mercadorias sejam vendidas e os serviços prestados a preços razoáveis, sem intuito de lucro e sempre em benefício dos empregados. (Incluído pelo Decreto-lei nº 229, de 28.2.1967)

§ 4º – Observado o disposto neste Capítulo, é vedado às empresas limitar, por qualquer forma, a liberdade dos empregados de dispor do seu salário. (Incluído pelo Decreto-lei nº 229, de 28.2.1967)

1. COMENTÁRIOS

1.1. Intangibilidade e irredutibilidade salarial

A proibição de descontos no salário do empregado é sustentada pelo princípio da intangibilidade salarial. Este princípio é mais específico que o da irredutibilidade salarial.

A irredutibilidade é corolário do princípio da inalterabilidade contratual lesiva (CLT, art. 468), e impede que o empregador, ou mesmo o legislador, promovam atos com vistas à redução do valor nominal do salário, com a única exceção da negociação coletiva (art. 7º, VI, da CF).

A intangibilidade restringe as possibilidades de uso indevido do salário, protegendo-o contra descontos ilegais ou abusivos praticados pelo empregador, ou por terceiros estranhos à relação de emprego (instituições financeiras, agentes de crédito, sindicatos, etc.).

A intangibilidade protege o salário até mesmo contra decisões judiciais, não podendo ser objeto de constrição, arresto, sequestro ou qualquer medida inominada que impeça o acesso do empregado a seu uso e gozo (art. 649, IV, do CPC/73 e art. 833, IV, do CPC/2015, nesta nova regra até o limite de 50 salários mínimos).

As exceções à impenhorabilidade do salário são as seguintes: a) prestação alimentícia (art. 649, § 2º, do CPC/73 e art. 833, § 2º, do CPC/2015); e b) crédito concedido para aquisição do próprio bem (art. 649, § 1º do CPC/73 e art. 833, § 1º, do CPC/2015).

1.2. Descontos válidos

O caput deste artigo enumera algumas hipóteses onde o desconto é permitido: adiantamentos, previsão em lei ou contrato coletivo. O rol é meramente exemplificativo, tanto que o próprio § 1º cuida de mais uma hipótese, a de dano causado pelo empregado. Acrescentem-se, ainda, os descontos decorrentes de decisão judicial e aqueles autorizados pelo empregado para fazer face a benefícios em seu favor ou de sua família (quanto a esta última modalidade de desconto a S. 342 do TST enumera diversas possibilidades).

1.2.1. Adiantamento salarial

O adiantamento salarial é praxe no direito do trabalho e decorre tanto da vontade do empregado, como de iniciativa do empregador. Os adiantamentos podem ser regularmente previstos ou eventuais; é exemplo da primeira hipótese, o pagamento de salário praticado em duas parcelas, sendo uma na primeira quinzena e a outra ao fim do mês; é exemplo da segunda hipótese, o requerimento de pagamento antecipado de parte do salário feita pelo próprio empregado. Para esta segunda hipótese a solicitação depende da concordância do empregador, que não está obrigado a alterar a periodicidade combinada no contrato de trabalho. O empregador pode ou não conceder o adiantamento eventual, também chamado, vulgarmente, de "vale".

1.2.2. Descontos previstos em lei

Os descontos previstos em lei independem de previsão no contrato de trabalho e se apresentam em duas modalidades: **a)** decorrentes de obrigações legalmente impostas, que normalmente dizem respeito a impostos e contribuições obrigatórias; **b)** dependentes da manifestação de vontade de ao menos uma das partes contratantes.

São exemplos de descontos decorrentes de obrigações legais: **a)** as retenções a título de Imposto sobre a Renda; **b)** as Contribuições Previdenciárias (art. 30, I, "a", da Lei nº 8.212/91); **c)** a Contribuição Sindical (até a promulgação da Lei nº 13.467, de 13.07.2017, que a tornou facultativa, na redação imposta ao art. 578 da CLT).

São exemplos de descontos que dependem da iniciativa de ao menos um dos contratantes: **a)** compensação entre dívidas de natureza trabalhista, liquidas, vencidas e exigíveis no limite de um salário, feitas pelo empregador na rescisão contratual (art. 477, § 5º, da CLT); **b)** do aviso prévio quando este não for cumprido pelo empregado, na forma do art. 487, § 2º, da CLT; **c)** de até 6% do salário para custeio do vale-transporte (art. 5º, § único, da Lei nº 7.418/85 c/c art. 9º, I, do Decreto nº 95.247/67); **d)** de até 20% para custeio da alimentação fornecida pelo empregador (art. 2º, I, do Decreto nº 5/91); **e)** prestações para aquisição de unidade habitacional, com autorização do empregado (art. 1º, da Lei nº 5.725/71); **f)** autorização do empregado para desconto em folha de pagamento, de contrato de empréstimo concedido por instituição financeira, no limite de 35% do salário (art. 1º, § 1º, art. 2º, § 2º da Lei 10.820/03; **g)** faltas injustificadas ao trabalho (art. 473, da CLT, interpretado em sentido inverso, ou seja, a *contrario sensu*); **h)** suspensão disciplinar do empregado de até 30 dias (art. 474 da CLT); i) multa pecuniária prevista como sanção para o atleta profissional de futebol, autorizando-se desconto no seu salário de até 40% (art. 48 da Lei nº 9.615/98 e art. 15, § 1º, da Lei nº 6.354/1976); esta norma, por ser restritiva, não comporta interpretação analógica e não pode ser estendida para outras profissões. j) desconto de 20% no salário do doméstico, por acordo escrito entre empregado e empregador, para fazer face a gastos com planos de assistência médico-hospitalar e odontológica, de seguro e de previdência privada, conforme art. 18, § 1º, da LC nº 150/2015."

1.2.3. Descontos decorrentes de decisão judicial

A maioria da doutrina aponta o desconto decorrente de pensão alimentícia como exemplo de autorização legal, mas nos parece que se trata de autorização judicial, tanto que a determinação pode ser provisória, quando assim a decisão determinar (defendendo que a pensão alimentícia é espécie de desconto autorizado por lei: Godinho, Curso, jan-2009, p. 715, Martins, Comentários, 2010, p. 436 e Carrion, Comentários, 2010, p. 370).

Assim como a pensão decorre de autorização judicial, dependem de sentença transitada em julgado a cobrança de custas judiciais e condenação criminal pecuniária de multa. A doutrina indica estas espécies de desconto como autorizadas por lei. Mais uma vez nos parece que a fonte é a decisão judicial. Descontos autorizados por lei ocorrem independentemente de decisão ou determinação judicial, automaticamente, por imposição legal ou por iniciativa de ao menos um dos contratantes, o que não é o caso destes tipos de descontos.

Ademais, empregado que responde à execução de cobrança de custas ou condenação pecuniária criminal pode se opor ao desconto determinado em folha de pagamento, considerando-se que tais descontos não se inserem nas exceções à cláusula legal da impenhorabilidade do salário, como vimos acima (art. 649, IV, § 1º e 2º, do CPC/73 e art. 833, §§ 1º e 2º, do CPC/2015). Sendo assim, não se pode falar em possibilidade de penhora nestes casos e, consequentemente, de descontos legítimos pelo empregador.

1.2.4. Descontos decorrentes de negociação coletiva

A denominação "Contrato Coletivo", prevista no art. 462, *caput,* se refere aos **Acordos e Convenções Coletivas de Trabalho** que, firmados com a participação das entidades sindicais de trabalhadores, podem prever descontos salariais com causas específicas; são exemplos: os descontos sindicais, como as contribuições assistenciais (que visam ressarcir os gastos com a negociação coletiva) e confederativas (art. 8º, IV, da CF). Tais contribuições são obrigatórias somente **aos associados do sindicato**, como veremos a seguir.

O custeio do sistema sindical brasileiro é feito por meio de pelo menos **quatro tipos de receitas,** consagradas no ordenamento jurídico, a saber: **a) contribuição sindical**, prevista em lei e amparada constitucionalmente (CLT, arts. 578 a 610 e CF, art. 8º, IV); **b) contribuição confederativa**, com previsão constitucional e necessidade de aprovação em assembleia da categoria (art. 8º, IV, da CF), ainda assim devida somente aos associados do sindicado (PN nº 119, da SDC/TST, S. 666, do STF e Súmula Vinculante nº 40 do STF); **c) mensalidade associativa**, exigível daqueles que tomarem a iniciativa de se associarem ao sindicato; **d) a contribuição assistencial**, em regra devida quando da assinatura da Convenção ou Acordo Coletivo de Trabalho, com a finalidade ressarcir a entidade sindical dos gastos com a negociação coletiva, dependente, outrossim, de aprovação em assembleia da categoria. Quanta a esta última, encontra previsão genérica no art. 513, "e", da CLT, e só pode ser imposta aos associados do sindicato, (Godinho, Curso, jan-2009, p. 1233).

1.2.5. Os descontos decorrentes de danos causados pelo empregado

Tais descontos poderão ocorrer em duas circunstâncias específicas: **a)** provocados por dolo do empregado: vontade livre e consciente de causar dano ao patrimônio material ou mesmo imaterial do empregador; os danos à imagem da empresa, decorrentes de atos como divulgação pública de fatos mentirosos, que maculem sua reputação, com intenção deliberada do empregado de causar tal prejuízo, também podem ser objeto de descontos nos salários do empregado, desde que seja possível a mensuração do dano, além da possibilidade do contrato de trabalho ser rompido pela prática de justa causa (art. 482, "k", da CLT); **b)** danos causados por culpa do empregado, sejam por imprudência, negligência ou imperícia, só podem ser objeto de desconto diante de prévia disposição no contrato de trabalho.

A OJ nº 251 do TST entende que "é licito o desconto salarial referente à devolução de cheques sem fundos, quando o frentista não observar as recomendações previstas em instrumento coletivo."

Valentin Carrion faz importante observação no que tange aos descontos causados por culpa do empregado: "Dano causado pelo empregado é descontável; seria iníquo, entretanto, que todos os danos culposos causados assim o fossem em trabalhos em que habitualmente ocorrem pelo manuseio e que integrem o risco normal do empreendimento. Aí se exige, por isso, dolo ou culpa grave." (Comentários, 2010, p. 371/372).

1.2.6. Descontos autorizados pelo empregado

Interpretando a regra do art. 462 da CLT, o TST, através da S. 342, passou a permitir descontos autorizados por escrito pelo empregado, mesmo que não previstos em lei, desde que para fazer face a custeio de benefícios ao próprio ou a pessoas de sua família; a interpretação judicial preserva, portanto, o princípio da intangibilidade do salário. O traço distintivo deste desconto é a ausência de autorização legal, daí ser imprescindível a manifestação de vontade dos contratantes.

Dois são os requisitos para este tipo de desconto: **a)** autorização por escrito do empregado, podendo a forma escrita ser suprida por outros meios probatórios que demonstrem a manifestação inequívoca de vontade do empregado; **b)** que o desconto proporcione um benefício ao empregado ou à sua família.

Valentin Carrion entende nula a autorização concedida pelo empregado no início do contrato de trabalho, diante da presunção de coação. O autor, contudo, se curva ao entendimento predominante e afirma: "Todavia, curvamo-nos ao entendimento do col. TST, ainda mais que, geralmente, os valores são ínfimos se comparados aos benefícios advindos." (Comentários, 2010, p. 371).

São exemplos de descontos autorizados pelo empregado: **a)** todos os benefícios arrolados na S. 342 do TST; **b)** outros benefícios que possam ser criados pela vontade dos sujeitos contratantes.

1.3. "Truck system"

O sistema de troca, ou "truck sistem", consiste na retribuição ao trabalho somente com bens, sem qualquer pagamento em dinheiro. No Brasil chegou a ser chamado de sistema de barracão, quando o empregado trabalhava em troca de alimentação e moradia.

Alice Monteiro de Barros, in Curso, 2009, p. 821, também retrata que "este sistema retributivo consiste no pagamento do salário por meio de vales, bônus ou equivalentes capazes de propiciar a aquisição de mercadorias pelo empregado em estabelecimentos do empregador ou de terceiros.".

Sobre este regime de pagamento, vedado no ordenamento jurídico brasileiro, já se referiram Orlando Gomes e Elson Gottschalk: "A proibição de pagamento total in natura constitui uma das mais importantes medidas de proteção do salário contra os abusos do empregador. Seu objetivo é impedir o conhecido truck sistem em uma de suas mais frequentes modalidades. Fornecendo ao empregado gêneros de primeira necessidade, o empregador eximia-se de qualquer pagamento in pecunia com o que tornava mais intensa a dependência econômica do empregado, a ponto de reduzi-lo à condição de servo. Entre nós, o pagamento há de se em dinheiro, pelo menos em parte." (Curso, 1996, p. 256).

2. SÚMULAS E ORIENTAÇÕES JURISPRUDENCIAIS

▸ **Súmula nº 342/TST**

DESCONTOS SALARIAIS. Art. 462 DA CLT (mantida) – Res. 121/2003, DJ 19, 20 e 21.11.2003 Descontos salariais efetuados pelo empregador, com a autorização prévia e por escrito do empregado, para ser integrado em planos de assistência odontológica, médico-hospitalar, de seguro, de previdência privada, ou de entidade cooperativa, cultural ou recreativo-associativa de seus trabalhadores, em seu benefício e de seus dependentes, não afrontam o disposto no art. 462 da CLT, salvo se ficar demonstrada a existência de coação ou de outro defeito que vicie o ato jurídico.

▸ **Súmula nº 368/TST**

DESCONTOS PREVIDENCIÁRIOS. IMPOSTO DE RENDA. COMPETÊNCIA. RESPONSABILIDADE PELO RECOLHIMENTO. FORMA DE CÁLCULO. FATO GERADOR (aglutinada a parte final da Orientação Jurisprudencial nº 363 da SBDI-I à redação do item II e incluídos os itens IV, V e VI em sessão do Tribunal Pleno realizada em 26.06.2017) – Res. 219/2017, republicada em razão de erro material – DEJT divulgado em 12, 13 e 14.07.2017

I – A Justiça do Trabalho é competente para determinar o recolhimento das contribuições fiscais. A competência da Justiça do Trabalho, quanto à execução das contribuições previdenciárias, limita-se às sentenças condenatórias em pecúnia que proferir e aos valores, objeto de acordo homologado, que integrem o salário de contribuição. (ex-OJ nº 141 da SBDI-1 – inserida em 27.11.1998).

II – É do empregador a responsabilidade pelo recolhimento das contribuições previdenciárias e fiscais, resultantes de crédito do empregado oriundo de condenação judicial. A culpa do empregador pelo inadimplemento das verbas remuneratórias, contudo, não exime a responsabilidade do empregado pelos pagamentos do imposto de renda devido e da contribuição previdenciária que recaia sobre sua quota-parte. (ex-OJ nº 363 da SBDI-1, parte final)

III – Os descontos previdenciários relativos à contribuição do empregado, no caso de ações trabalhistas, devem ser calculados mês a mês, de conformidade com o art. 276, § 4º, do Decreto n º 3.048/1999 que regulamentou a Lei nº 8.212/1991, aplicando-se as alíquotas previstas no art. 198, observado o limite máximo do salário de contribuição (ex-OJs nºs 32 e 228 da SBDI-1 – inseridas, respectivamente, em 14.03.1994 e 20.06.2001).

IV – Considera-se fato gerador das contribuições previdenciárias decorrentes de créditos trabalhistas reconhecidos ou homologados em juízo, para os serviços prestados até 4.3.2009, inclusive, o efetivo pagamento das verbas, configurando-se a mora a partir do dia dois do mês seguinte ao da liquidação (art. 276, "caput", do Decreto nº 3.048/1999). Eficácia não retroativa da alteração legislativa promovida pela Medida Provisória nº 449/2008, posteriormente convertida na Lei nº 11.941/2009, que deu nova redação ao art. 43 da Lei nº 8.212/91.

V – Para o labor realizado a partir de 5.3.2009, considera-se fato gerador das contribuições previdenciárias decorrentes de créditos trabalhistas reconhecidos ou homologados em juízo a data da efetiva prestação dos serviços. Sobre as contribuições previdenciárias não recolhidas a partir da prestação dos serviços incidem juros de mora e, uma vez apurados os créditos previdenciários, aplica-se multa a partir do exaurimento do prazo de citação para pagamento, se descumprida a obrigação, observado o limite legal de 20% (art. 61, § 2º, da Lei nº 9.430/96).

VI – O imposto de renda decorrente de crédito do empregado recebido acumuladamente deve ser calculado sobre o montante dos rendimentos pagos, mediante a utilização de tabela progressiva resultante da multiplicação da quantidade de meses a que se refiram os rendimentos pelos valores constantes da tabela progressiva mensal correspondente ao mês do recebimento ou crédito, nos termos do art. 12-A da Lei nº 7.713, de 22/12/1988, com a redação conferida pela Lei nº 13.149/2015, observado o procedimento previsto nas Instruções Normativas da Receita Federal do Brasil.

▸ **OJ 251 SBDI-1/TST**

DESCONTOS. FRENTISTA. CHEQUES SEM FUNDOS. Inserida em 13.03.02

É lícito o desconto salarial referente à devolução de cheques sem fundos, quando o frentista não observar as recomendações previstas em instrumento coletivo.

3. QUESTÕES DE CONCURSOS

01. (TRT – 16ª REGIÃO/ANALISTA JUDICIÁRIO/FCC/2009) Joana é frentista do Posto Amarelo e ao receber um cheque de Douglas, deixou de observar as recomendações previstas em instrumento normativo. Considerando que o cheque foi devolvido sem provisão de fundos, neste caso, sua empregadora

a) poderá descontar até 30% do valor do cheque porque os outros 70% fazem parte dos riscos do empreendimento.

b) poderá descontar o valor do cheque, havendo orientação jurisprudencial do TST neste sentido.

c) não poderá descontar o cheque do empregado.

d) só poderá descontar o cheque se Joana concordar expressamente mediante termo escrito e assinado por uma testemunha.

e) só poderá descontar 50% do valor do cheque porque os outros 50% fazem parte dos riscos do empreendimento.

02. (MTE/AUDITOR FISCAL DO TRABALHO/ESAF/2010/ADAPTADA) De acordo com a jurisprudência do Tribunal Superior do Trabalho, é ilícito o desconto salarial do trabalhador frentista, referente à devolução de cheques sem fundos, ainda quando deixa de observar as recomendações prevista sem instrumento coletivo, tendo em vista que o desconto descaracterizaria a alteridade própria da figura do empregador.

03. (Prefeitura Municipal de Valinhos/RN – Advogado/2011) Ao empregador é vedado efetuar qualquer desconto nos salários do empregado, salvo quando este resultar de adiantamentos, de dispositivos de lei ou convenção coletiva. Marque a afirmativa errada:

a) Em caso de dano causado pelo empregado, o desconto será lícito, desde que esta possibilidade tenha sido acordada ou na ocorrência de dolo do empregado.

b) É vedado à empresa que mantiver armazém para venda de mercadorias aos empregados ou serviços destinados a proporcionar-lhes prestações in natura exercer qualquer coação ou induzimento no sentido de que os empregados se utilizem do armazém ou dos serviços.

c) Sempre que não for possível o acesso dos empregados a armazém ou serviços não mantidos pela empresa, é lícito à autoridade competente determinar a adoção de medidas adequadas, visando a que as mercadorias sejam vendidas e os serviços prestados a preços razoáveis, sem intuito de lucro e sempre em benefício dos empregados.

d) Observado o disposto neste Capítulo, é vedado às empresas limitar, por qualquer forma, a liberdade dos empregados de dispor do seu salário.

e) Nenhuma das respostas anteriores

04. (TRT 14 – Juiz do Trabalho Substituto 14ª região/ 2012) Ainda sobre os temas da remuneração e do salário e da proteção ao salário, assinale a única alternativa correta: descontos salariais efetuados pelo empregador, com a autorização prévia e por escrito do empregado, para ser integrado em planos de assistência odontológica, médico-hospitalar, de seguro, de previdência privada, ou de entidade cooperativa, cultural ou recreativo-associativa de seus trabalhadores, em seu benefício e de seus dependentes, não afrontam o disposto no art. 462 da CLT, salvo se ficar demonstrada a existência de coação ou de outro defeito que vicie o ato jurídico.

05. (TRT 21 – Juiz do Trabalho Substituto 21ª região/ 2012) A empresa LOJAS VESTE BEM comercializa confecções no varejo e criou um cartão de crédito próprio para propiciar aos seus clientes o pagamento parcelado das compras efetuadas exclusivamente nas suas lojas, mediante parcelamento. Aos empregados da empresa é oferecido este cartão de crédito, para pagamento parcelado nas mesmas condições oferecidas aos clientes em geral. No contrato individual de trabalho, consta cláusula específica, autorizando a empresa a descontar o valor das compras efetuadas com o cartão VESTE BEM nos salários dos empregados, sem limite de desconto. A prática adotada pela empresa é:

a) lícita, pois o Tribunal Superior do Trabalho firmou sua jurisprudência no sentido de que não viola o art. 462 da CLT a realização, pelas empresas, de descontos nos salários dos empregados, para integrá-los em planos de assistência odontológica, médico-hospitalar, de seguro, de previdência privada, ou de entidade cooperativa, cultural ou recreativa associativa, sendo possível, por interpretação analógica, considerar-se lícitas outras espécies de descontos;

b) ilícita, pois a jurisprudência pacificada do TST, ao considerar lícitos determinados tipos de descontos, refere-se à contratação coletiva, pelas empresas, em favor de seus empregados, de planos de assistência médico-hospitalar, odontológica, seguros e previdência privada, benefícios culturais e recreativos, adquiridos de terceiros e não do próprio empregador;

c) ilícita, pois a autorização de desconto foi firmada concomitantemente com a assinatura do contrato de trabalho, e deve-se presumir o vício de consentimento, conforme já assentado na jurisprudência pacificada do TST;

d) lícita, pois a autorização de desconto foi dada pelo empregado, sem vício de consentimento, e não há proibição específica, na CLT, de que o empregador não possa efetuar descontos dessa natureza nos salários, já que o produto foi comprado espontaneamente pelo empregado;

e) lícita, desde que o valor do desconto não ultrapasse 70% (setenta por cento), do valor da remuneração do trabalhador.

GAB	1	B	2	E	3	E	4	C	5	B

✦ **PAGAMENTO EM MOEDA CORRENTE**

Art. 463. A prestação, em espécie, do salário será paga em moeda corrente do País.

Parágrafo único. O pagamento do salário realizado com inobservância deste artigo considera-se como não feito.

1. COMENTÁRIOS

A parcela em espécie do salário, que deve ser paga em moeda nacional, corresponde ao percentual de 30%, ao menos, do salário (vide art. 458, § 1º, que faz expressa remissão aos arts. 81 e 82, todos da CLT).

A previsão legal está em consonância com a Convenção nº 95 da OIT, ratificada pelo DL nº 24, de 29.5.56 e promulgada pelo Decreto nº 41.721, de 25.6.57, estabelecendo que o salário deve ser pago em moeda de curso forçado (art. 3.1).

A obrigação de pagamento em moeda corrente serve para permitir imediato acesso ao salário pago pelo empregador. Desta forma, consideram-se em atraso pagamentos feitos com cheques de outra praça, diante da demora na sua compensação, tornando indisponível o salário; também provocam mora os depósitos feitos em conta-corrente, mas não se permitindo que o empregado compareça à instituição bancária em horário que possibilite o saque do numerário.

Como se percebe dos comentários acima, a disposição do parágrafo único: – "considera-se como não feito"-, foi rigorosa demais e seu conteúdo merece interpretação restritiva. A finalidade da norma não coincide com a literalidade de seu texto. Pagamentos feitos sem a observância dos requisitos deste artigo não se consideram como "não feitos", mas podem reputar ao empregador os encargos da mora. Sendo a falta cometida repetidamente pode ocasionar a rescisão indireta do contrato de trabalho, ou seja, o rompimento contratual por culpa do empregador (art. 483, "d", da CLT).

Quanto ao pagamento através de depósito em conta-bancária, e seus requisitos, observe-se o teor da regulamentação do Ministério do Trabalho, conforme Portaria nº 3.281/84, a seguir transcrita.

> "A Portaria nº 3.281, de 7.12.1984, do Ministro de Estado do Trabalho, no uso das atribuições que lhe confere o art. 913 da Consolidação da Leis do trabalho, e Considerando que os arts. 145, 463 e 465 da Consolidação das Leis do Trabalho objetivam proteger os interesses imediatos do trabalhador quando do pagamento de seus salários e férias, a fim de que possa dispor de todo o seu tempo após o término do horário de trabalho, para atividades desvinculadas dos interesses empresariais; considerando que o pagamento do salário em cheque não contraria a lei federal; considerando que a utilização de cheque constitui um dos imperativos da vida moderna; considerando, ainda, que se torna imprescindível a adaptação da lei à evolução tecnológica, desde que não contrarie os princípios que a inspiraram, resolve:
>
> Art. 1º As empresas situadas em perímetro urbano poderão efetuar o pagamento dos salários e da remuneração das férias através de conta bancária, aberta para esse

fim em nome de cada empregado e com o consentimento deste, em estabelecimento de crédito próximo ao local de trabalho, ou em cheque emitido diretamente pelo empregador em favor do empregado, salvo se o trabalhador for analfabeto, quando o pagamento somente poderá ser efetuado em dinheiro. Parágrafo único. As condições de funcionamento do sistema previsto neste artigo serão estipuladas em convênio entre a empresa e o estabelecimento de crédito, de modo a que o empregado possa utilizar a importância depositada de conformidade com o disposto nos arts. 145, 459, parágrafo único, e 465, todos da Consolidação das Leis do Trabalho.

Art. 2º Os pagamentos efetuados na forma do art. 1º obrigam o empregador a assegurar ao empregado: **a)** horário que permita o desconto imediato do cheque; **b)** transporte, caso o acesso ao estabelecimento de crédito exija a utilização do mesmo; **c)** condição que impeça qualquer atraso no recebimento dos salários e da remuneração das férias.

Art. 3º Esta Portaria entrará em vigor na data de sua publicação, revogadas as disposições em contrário."

2. QUESTÕES DE CONCURSOS

01. (TRT 8 – Juiz do Trabalho Substituto 8ª região/ 2012) Considerando os critérios legais de pagamento de salário quanto ao tempo, ao lugar e aos meios, assinale a alternativa CORRETA: O pagamento de salário deve se dar em moeda nacional, podendo parte desse pagamento ser realizado em bens e serviços, previstos em lei.

GAB	1	C

✦ PROVA DE PAGAMENTO DO SALÁRIO

Art. 464. O pagamento do salário deverá ser efetuado contra recibo, assinado pelo empregado; em se tratando de analfabeto, mediante sua impressão digital, ou, não sendo esta possível, a seu rogo.

1. COMENTÁRIOS

Demonstra-se o pagamento de salário mediante prova documental; esta é a intenção do art. 464, impedindo que o empregador que efetivou seu pagamento se valha de outros meios de prova a que tenha acesso, particularmente a testemunhal. Este meio de prova, ainda que muito presente nos processos trabalhistas, não pode ser admitido para a demonstração de quitação de salário, diante da expressa disposição deste artigo.

A doutrina autoriza a prova testemunhal para demonstração de pagamento de salários ao doméstico, pois o art. 7º, "a", da CLT, exclui a aplicação do art. 464. Parece-nos que tal entendimento é também autorizado pela simplicidade da relação doméstica, onde é muito comum a omissão do empregador quanto à formalidade de assinatura de recibos, o que não significa, necessariamente, ausência de pagamento de salários.

A aplicação ou não de prova testemunhal para a prova de pagamento de salários do doméstico deve ser aferida pelo juiz no caso concreto, com o fim de se evitar abusos pelo empregador. Percebendo o juiz que os recibos quanto à retribuição mensal foram devidamente emitidos, mas não o foram os de férias e 13º salário, deve impedir a prova testemunhal, se valendo das regras de experiência comum, subministradas pela observação do que ordinariamente acontece (art. 335 do CPC/73 e art. 375, do CPC/2015). Na experiência da praxe trabalhista, o que ordinariamente acontece é a não concessão de férias e/ou 13º salário, daí a ausência de recibos. Nada obsta, contudo, que o empregado, em interrogatório ou depoimento pessoal, confesse o recebimento de 13º salário e/ou recebimento/concessão das férias.

2. QUESTÕES DE CONCURSOS

01. (FCC – TRT 14 – Analista Judiciário/2011/ADAPTADA) A respeito das provas, considere a seguinte assertiva: O recibo de pagamento que contém assinatura do empregado, mas menciona valor de salário que o empregado efetivamente não recebeu, contém falsidade ideológica e não serve como prova.

GAB	1	C

Parágrafo único. Terá força de recibo o comprovante de depósito em conta bancária, aberta para esse fim em nome de cada empregado, com o consentimento deste, em estabelecimento de crédito próximo ao local de trabalho.(Parágrafo incluído pela Lei nº 9.528, de 10.12.1997)

1. COMENTÁRIOS

A Portaria nº 3.281/84, cujo artigo 1º foi transcrito nos comentários ao art. 463 da CLT, ao mesmo em tempo que autoriza o depósito de salário em conta bancária, ou seu pagamento em cheque, veda, expressamente, o uso desta modalidade quanto ao analfabeto. Com a inclusão do § único no art. 464, introduzido pela Lei nº 9.528/97, foi inserida na própria CLT a autorização para depósito em conta bancária, mas sem qualquer menção ao analfabeto. Diante da omissão, deve ser aplicada a vedação contida no art. 1º da Portaria nº 3.281/84, proibindo, expressamente, o depósito em conta bancária para o analfabeto, cujo pagamento deve ser feito somente em dinheiro e com as exigências do caput, do art. 464.

✦ PAGAMENTO EM DIA ÚTIL

Art. 465. O pagamento dos salários será efetuado em dia útil e no local do trabalho, dentro do horário do serviço ou imediatamente após o encerramento deste, salvo quando efetuado por depósito em conta bancária, observado o disposto no artigo anterior.(Redação da Lei nº 9.528, de 10.12.1997)

1. COMENTÁRIOS

A disposição ora contida no art. 465 já havia sido objeto de normatização pelo Ministério do Trabalho, antes mesmo da redação conferida pela Lei nº 9.528/97 a este artigo. Sobre estes aspectos da regulamentação administrativa, vide comentários ao art. 459, § único, da CLT e, em complemento, leia-se os comentários ao art. 463 da CLT.

✦ COMISSÕES E PERCENTAGENS: VENCIMENTO

Art. 466. O pagamento de comissões e percentagens só é exigível depois de ultimada a transação a que se referem.

§ 1º – Nas transações realizadas por prestações sucessivas, é exigível o pagamento das percentagens e comissões que lhes disserem respeito proporcionalmente à respectiva liquidação.

§ 2º – A cessação das relações de trabalho não prejudica a percepção das comissões e percentagens devidas na forma estabelecida por este artigo.

1. COMENTÁRIOS

1.1. Exigibilidade da comissão quando "ultimada a transação"

Dispõe o caput do art. 466 que o pagamento das comissões e percentagens só é exigível depois de "ultimada a transação". Esta expressão, posta em destaque, sempre foi objeto de muita crítica na doutrina. Para alguns significava a conclusão do negócio, com a aceitação da proposta e outros pressupunham sua completa execução, inclusive com o pagamento do preço, como explica Alice Monteiro de Barros (Curso, fev-2009, p. 763).

Tal divergência foi pacificada com o advento da Lei nº 3.207, de 18.7.1957, em seu art. 3º, ao dispor que a transação é considerada aceita se o empregador não recusar a proposta por escrito, dentro de 10 dias para as vendas no Estado, e em 90 dias para as vendas feitas para fora do Estado ou para o Exterior. Ainda que os prazos pareçam muito longos para os dias atuais, este é o padrão legal.

Sendo assim, não recusada pelo empregador a proposta, considera-se ultimada a transação e devida a comissão ao empregado, mesmo que o comprador não cumpra sua parte e deixe de pagar o preço combinado. Entendimento em sentido contrário importaria em transferência do risco do negócio para empregado, transformando-o, outrossim, em trabalhador autônomo.

No mesmo sentido é a opinião de Russomano (Comentários, Vol. I, 1993, p. 479), disposta a seguir: "Se, posteriormente, por motivo alheio à vontade do empregado, o empregador deixa de cumprir o compromisso de entrega da mercadoria; se a mercadoria enviada sofre extravio; se, chegando ao destino, é recusada pelo comprador; se, aceita pelo comprador, este deixa de pagar o preço – é claro que o empregado não pode ficar sem receber o que é seu. Caso contrário, ele estaria correndo, juntamente com o empresário, os riscos do negócio, que são atribuídos, exclusivamente, à empresa (art. 2º).".

1.2. Insolvência do comprador

A mesma Lei nº 3.207, em seu art. 7º, admitiu uma hipótese na qual a comissão ou percentagem deixa de ser devida ao empregado, qual seja, a insolvência do comprador; sendo autorizado, inclusive, o estorno daquelas comissões ou percentagens já pagas ao empregado. Insolvência possui sentido inequívoco no direito e representa a total impossibilidade do devedor em cumprir as obrigações legais, bem como aquelas assumidas contratualmente. É preciso que se esclareça, portanto, que o inadimplemento por parte do comprador não justifica a supressão das comissões, mas somente a insolvência; esta, não precisa de declaração judicial, mas recai sobre o empregador, quando instado ao pagamento das comissões, o ônus de demonstrar a condição de insolvência do comprador.

1.2.1. Cláusula star del credere

Esta cláusula é comumente inserida nos contratos de comissão, estabelecendo que o comissário (vendedor) fica constituído responsável solidário diante do inadimplemento do comprador; a doutrina proíbe a aplicação desta cláusula nos contratos de emprego. A responsabilidade solidária do vendedor só seria possível diante de expressa disposição contratual que, sendo vendedor-empregado, importaria em transferência do risco do negócio.

1.3. Venda a prazo: exigibilidade das comissões

Em se tratando de transação cujo pagamento do preço é feito em parcelas (prestações), as comissões ou percentagens serão devidas ao vencimento de cada prestação, como prevê o § 1º, do art. 466.

O art. 5º, § 1º, da Lei nº 3.207/57 contém disposição no mesmo sentido: "Nas transações em que a empresa se obrigar por prestações sucessivas, o pagamento das comissões e percentagens será exigível de acordo com a ordem de recebimento das mesmas".

Diante destas regras, caso o empregador antecipe, de uma só vez, o pagamento das comissões ao empregado, fica autorizado seu estorno se o comprador, ao longo das prestações, tornar-se inadimplente; o desconto das comissões, nesta hipótese, será proporcional às prestações não pagas pelo comprador. Em sentido contrário, Alice Monteiro de Barros (Curso, fev-2009, p. 765/766) defende que o empregado só perderá o direito às comissões nas vendas a prazo se tiver agido com dolo ou má-fé na transação; do contrário, defende a autora que terá direito às comissões integrais, não obstante o inadimplemento do comprador. Ressalvada a opinião da autora, esta não é, contudo, a intenção da lei.

2. QUESTÕES DE CONCURSOS

01. (TRT – 1ª REGIÃO/JUIZ DO TRABALHO/2008) A respeito da forma de pagamento da remuneração, assinale a resposta incorreta:

a) terá força de recibo o comprovante de depósito em conta bancária, aberta para esse fim, em nome de cada empregado, com o consentimento deste, em estabelecimento próximo ao local de trabalho.

b) o salário será pago em moeda corrente do país.

c) salário-base do contrato será obrigatoriamente estipulado em moeda nacional, mas o adicional devido ao empregado transferido para trabalhar no exterior poderá ser pago, todo ou em parte, em moeda estrangeira.

d) o empregado contratado no Brasil, enquanto estiver prestando serviços no estrangeiro, poderá converter e remeter para o local de trabalho, no todo ou em parte, os valores correspondentes à remuneração paga em moeda nacional.

e) o pagamento de comissões é devido pela venda realizada, não cabendo o direito de estornar os valores em caso de insolvência do comprador, por ser do empregador o risco do negócio.

02. (TRT – 2ª REGIÃO/JUIZ DO TRABALHO/2009/ADAPTADO) É permitido ao empregado exigir o pagamento de comissões e percentagens antes mesmo de ultimada a transação que lhe deu origem.

03. (PGE-AL/PROCURADOR DO ESTADO/CESPE/2009) Umberto, trabalhador de determinada empresa, tinha como remuneração parte fixa mais percentual sobre serviços realizados, comissões por hora trabalhada. Após cerca de dois anos de trabalho, a empresa alterou a forma de remuneração para parte fixa mais percentual por comissões em vendas. Com respeito a essa situação hipotética, assinale a opção correta.

a) Nenhuma alteração poderia ser efetivada, mesmo que dela resultasse melhor remuneração para Umberto.

b) A alteração em apreço só será legal se houver assistência do sindicato obreiro mediante acordo coletivo.

c) Umberto será credor de comissões mesmo que estas resultem de transação ultimada após a extinção do contrato de trabalho.

d) O autor será credor de comissões somente quando a transação a que se refiram for ultimada antes da extinção do contrato de trabalho.

e) Umberto não será credor de comissões após extinção do contrato de trabalho, caso tenha havido alteração na composição societária da empresa.

04. (TRT 8 – Juiz do Trabalho Substituto 8ª região/ 2012) Assinale a alternativa INCORRETA: o representante comercial adquire o direito às comissões quando do pagamento dos pedidos ou propostas, devendo esse pagamento, nos termos da legislação aplicável, ser efetuado até o dia 15 do mês subsequente ao da liquidação da fatura, acompanhada das respectivas cópias das notas fiscais.

GAB	1	E	2	E	3	C	4	E

✦ VERBAS RESILITÓRIAS: MULTA POR ATRASO

Art. 467. Em caso de rescisão de contrato de trabalho, havendo controvérsia sobre o montante das verbas rescisórias, o empregador é obrigado a pagar ao trabalhador, à data do comparecimento à Justiça do Trabalho, a parte incontroversa dessas verbas, sob pena de pagá-las acrescidas de cinquenta por cento". (Redação dada pela Lei nº 10.272, de 5.9.2001)

Parágrafo único. (Suprimido pela Lei nº 10.272, de 5.9.2001).

1. COMENTÁRIOS

1.1. Requisitos para incidência da multa

O art. 467, em sua redação original, cuidava de multa de 100% sobre os salários incontroversos (a tal dobra salarial). Com a alteração implementada pela Lei nº 10.272/2001, o dispositivo passou a punir o empregador inadimplente com multa de 50% sobre as verbas rescisórias incontroversas.

O texto original também continha a seguinte disposição: "Em caso de rescisão do contrato de trabalho, motivada pelo empregador ou pelo empregado, ...". Esta referência à iniciativa da rescisão desapareceu na atual redação do artigo, gerando a conclusão de que não importando o motivo da rescisão contratual, será devida a multa, desde que presentes os requisitos legais.

A norma legal cuida de dois requisitos para aplicação da multa: **a)** ausência de controvérsia quanto às verbas resilitórias; **b)** não pagamento das verbas resilitórias quando do primeiro comparecimento em juízo do empregador.

Quanto ao primeiro requisito, não basta que o réu ofereça uma defesa vazia, sem qualquer fundamento ou, mesmo que bem sustentada, deixe de fazer qualquer esforço para demonstrar sua tese (no mesmo sentido: Martins, Comentários, 2010, p. 446). A controvérsia, que justifica o não pagamento da multa, há de ser fundada e devidamente demonstrada. Mesmo quando o empregador nega a existência de vínculo de emprego, mas as provas produzidas em juízo conduzem à sua configuração, não se pode dizer que a controvérsia foi fundada; todavia, fazendo o empregador total esforço probatório para demonstrar sua tese, que não resulta vitoriosa, deve, por conseguinte, ser desobrigado do pagamento da multa. A incidência, ou não, da multa, com base no requisito da "controvérsia", deve ser apreciada segundo o prudente arbítrio do juiz, em cada caso.

Quanto ao segundo requisito, de não pagamento quando do primeiro comparecimento em juízo, não é justificável qualquer prorrogação do prazo por dificuldades financeiras, pois é do empregador o risco do negócio.

1.2. Falência e Recuperação Judicial

Não é devida a multa pela empresa falida, pois a massa falida não tem autorização para pagar, na Justiça do Trabalho, as verbas resilitórias devidas. Tal pagamento é feito no juízo universal da falência e, ainda assim, atendendo à ordem de privilégios prevista na Lei nº 11.101/2005 (vide comentários ao art. 148 da CLT, onde discorremos sobre os privilégios dos créditos trabalhistas).

A não aplicação da multa do art. 467 ao falido é também o entendimento do TST, conforme S. 388 de sua jurisprudência uniforme.

As empresas em recuperação judicial também não sofrerão a incidência da multa. O deferimento do processamento da recuperação judicial provoca imediata suspensão dos processos que demandem quantia líquida, como é caso da pretensão de pagamento de verbas resilitórias (art. 6º, caput, e 53, III, da Lei de Recuperação e Falência, de nº 11.101, de 9.2.2005). Estando suspenso o processo também estará a possibilidade de pagamento das verbas resilitórias em audiência e, consequentemente, a exigibilidade da multa.

Todavia, ultrapassado o prazo de suspensão de 180 dias, o processo seguirá normalmente, podendo se exigir o pagamento da multa quando o empregador não quitar as verbas resilitórias na audiência designada. A partir do deferimento do processo de recuperação e, no prazo improrrogável de 60 dias, será elaborado o plano de recuperação, conforme art. 53, caput, da LRF. Neste plano, portanto, deverá estar previsto o pagamento das verbas resilitórias, observada a ordem preferencial dos créditos trabalhistas.

Sendo o empregador demandado em face de dívida ilíquida, ou seja, não havendo discriminação de valores quanto às verbas resilitórias devidas, parece-nos que não haverá suspensão do processo até a apuração do valor devido (art. 6º, § 1º, da LRF). Sendo assim, demandando o empregado pelo pagamento de verbas resilitórias cujos valores não foram discriminados, como ocorre no procedimento ordinário trabalhista, não haverá suspensão do processo, sendo exigível, portanto, a multa.

As teses quanto à não incidência da multa na recuperação judicial e na falência, que ora defendemos, não são pacíficas na doutrina (por exemplo, Marcelo Papaléo de Souza, 2006, p. 254, defende que a multa do art. 467 é devida até mesmo na falência).

1.3. Entes públicos: incidência da multa

A redação original do art. 467 da CLT não fazia qualquer exclusão quanto à natureza jurídica do empregador. Fosse Pessoa Jurídica de Direito Privado ou de Direito Público, da Administração Direta ou Indireta, se contratasse empregados e, portanto, com submissão ao regime da CLT, estaria sujeito à multa prevista neste artigo (sobre os diversos regimes de trabalho junto à Administração Pública vide comentários ao art. 7º, "c" e "d", da CLT).

A MP nº 2.180-35, de 2001, cuja primeira edição foi antes da alteração promovida no caput do art. 467, passou a excluir as pessoas jurídicas de direito público da aplicação da multa. Doutrina e jurisprudência tecem severas críticas à alteração, alegando que a discriminação promove uma diferenciação entre empregados privados e públicos, desprotegendo estes últimos.

Mauricio Godinho Delgado (Curso, jan-2009, p. 1051), lembra que a fixação de privilégios estatais é possível na ordem jurídica, mas não podem desrespeitar o princípio da proporcionalidade, como na hipótese do privilégio inserido pela MP nº 2.180-35.

Francisco Antonio de Oliveira afirma que a regra inserida pela MP nº 2.180-35 há de encontrar resistência em sede trabalhista, pois falta razoabilidade na exclusão dos entes públicos que, inclusive, desmerece a própria sobrevivência da família (Comentários, 2005, p. 396/397).

A jurisprudência trabalhista, consolidada pela OJ nº 238 da SBDI-1/TST, afirma que o ente público ao celebrar contratos de emprego não pratica atos de império, sujeitando-se, portanto, à multa do art. 477 da CLT; pela similitude de tratamento, este entendimento pode se estendido à multa do art. 467.

1.4. Alcance da expressão "verbas rescisórias"

Não é unívoco o alcance da expressão "verbas rescisórias". Para alguns significa o pagamento de todas as verbas que constam do Termo de Rescisão do Contrato de Trabalho (TRCT). Para outros, aos quais fazemos coro, a multa só é devida sobre as verbas que realmente decorram do ato de rescisão contratual, merecendo o nome de rescisórias ou resilitórias.

Sergio Pinto Martins faz um detalhado rol destas verbas: saldo de salários, aviso prévio, férias vencidas e proporcionais acrescidas de 1/3, 13º salário, indenização por tempo de serviço (art. 477, 478 e 497 da CLT), indenização adicional do art. 9º, da Lei nº 7.238/84, indenização do art. 479 da CLT e indenização de 20% (culpa recíproca) ou 40% (dispensa sem justa causa) sobre o FGTS (Comentários, 2010, p. 446).

1.5. Condenação da multa *ex officio*

Mesmo não sendo o entendimento predominante na jurisprudência, vozes de peso na doutrina defendem a possibilidade da aplicação da multa do art. 467 da CLT independentemente de pedido.

Sérgio Pinto Martins afirma que "pode o art. 467 da CLT ser aplicado de ofício isto é, sem provocação, pois é norma de ordem pública, um comando dirigido ao juiz e não à parte, além do que o trabalhador necessita das verbas rescisórias para fazer face às despesas que irá ter no período de desemprego." O próprio autor, reconhecendo a divergência sobre o assunto, recomenda que o pedido de condenação na multa conste da Petição Inicial (Comentários, 2010, p. 447).

Valentin Carrion também afirma que "a condenação independe de requerimento na petição inicial, podendo ser pleiteada até o julgamento." (Comentários, 2010, p. 377). O autor, de certa forma, exige que o pedido seja formulado, ainda que elasteça a oportunidade de fazê-lo.

Sem sombra de dúvidas, Wagner Giglio é o autor que com mais veemência defende a aplicação da multa do art. 467 ex officio, fundamentando na existência do princípio da extrapetição em sede trabalhista. Explica o autor: "O direito positivo já contém alguns preceitos autorizando que o julgador conceda mais do que o pleiteado, ou coisa diversa daquela que foi pedida. E a jurisprudência vem acolhendo e ampliando as hipóteses de ultra e extra petição. Caso típico de ultrapetição é a disposição do art. 467 da CLT. (...) Mais do que autorizado, o julgador fica constrangido a assim proceder, pois a doutrina entende que este preceito é de ordem pública, dirigido ao magistrado, determinando como deve proceder, haja ou não pedido expresso de acréscimo de 50% na condenação, na peça vestibular." (Direito Processual do Trabalho, 2007, p. 87).

2. SÚMULAS E ORIENTAÇÕES JURISPRUDENCIAIS

▸ **Súmula nº 69/TST**

RESCISÃO DO CONTRATO (nova redação) – Res. 121/2003, DJ 19, 20 e 21.11.2003

A partir da Lei nº 10.272, de 05.09.2001, havendo rescisão do contrato de trabalho e sendo revel e confesso quanto à matéria de fato, deve ser o empregador condenado ao pagamento das verbas rescisórias, não quitadas na primeira audiência, com acréscimo de 50% (cinqüenta por cento).

▸ **Súmula nº 388/TST**

MASSA FALIDA. ARTS. 467 E 477 DA CLT. INAPLICABILIDADE (conversão das Orientações Jurisprudenciais nºs 201 e 314 da SBDI-1) – Res. 129/2005, DJ 20, 22 e 25.04.2005

A Massa Falida não se sujeita à penalidade do art. 467 e nem à multa do § 8º do art. 477, ambos da CLT. (ex-Ojs da SBDI-1 nºs 201 – DJ 11.08.2003 – e 314 – DJ 08.11.2000)

▸ **OJ-SDI1-238/TST**

MULTA. Art. 477 DA CLT. PESSOA JURÍDICA DE DIREITO PÚBLICO. APLICÁVEL (inserido dispositivo) – DJ 20.04.2005

Submete-se à multa do artigo 477 da CLT a pessoa jurídica de direito público que não observa o prazo para pagamento das verbas rescisórias, pois nivela-se a qualquer particular, em direitos e obrigações, despojando-se do "jus imperii" ao celebrar um contrato de emprego.

3. QUESTÕES DE CONCURSOS

01. (PGE-AL/PROCURADOR DO ESTADO/CESPE/2009) Acerca da situação de um trabalhador que seja imotivadamente demitido por seu empregador sem o respectivo pagamento das parcelas resilitórias de estilo, assinale a opção correta, levando em conta os precisos termos da lei, os enunciados e as orientações jurisprudenciais do TST.

a) A parte incontroversa dos salários somente poderá ser paga em audiência.

b) Se for postulada judicialmente apenas a paga dos salários vencidos, a parte incontroversa, caso não haja a quitação, merecerá condenação em dobro quando da sentença.

c) Mesmo sendo da iniciativa obreira o término contratual, é cabível o acréscimo previsto no art. 467 da CLT.

d) Será devida a multa prevista no art. 477 da CLT se não houver pagamento das verbas incontroversas na primeira audiência.

e) A multa prevista no art. 467 será devida por pagamento intempestivo da rescisão.

02. (TRT – 11ª REGIÃO/JUIZ DO TRABALHO SUBSTITUTO/FCC/2007/ADAPTADA) O pagamento da parte incontroversa das verbas rescisórias deve ser efetuado pelo empregador na data de seu comparecimento à Justiça do Trabalho, em razão de ação proposta pelo empregado, sob pena de acréscimo de 50% nas parcelas de natureza salarial.

GAB	1	C	2	E

CAPÍTULO III – DA ALTERAÇÃO

✦ INALTERABILIDADE DAS CONDIÇÕES CONTRATUAIS

Art. 468. Nos contratos individuais de trabalho só é lícita a alteração das respectivas condições por mútuo consentimento, e ainda assim desde que não resultem, direta ou indiretamente, prejuízos ao empregado, sob pena de nulidade da cláusula infringente desta garantia.

§ 1º. Não se considera alteração unilateral a determinação do empregador para que o respectivo empregado reverta ao cargo efetivo, anteriormente ocupado, deixando o exercício de função de confiança. (Renumerado para § 1º pela Lei nº 13.467, de 13.07.2017).

§ 2º A alteração de que trata o § 1º deste artigo, com ou sem justo motivo, não assegura ao empregado o direito à manutenção do pagamento da gratificação correspondente, que não será incorporada, independentemente do tempo de exercício da respectiva função.(Incluído pela Lei nº 13.467, de 13.07.2017).

1. COMENTÁRIOS

1.1. Requisitos para a alteração contratual

(Vide comentários ao art. 444 da CLT, onde cuidei dos limites à manifestação de vontade, em acréscimo aos comentários ora feitos neste artigo).

A norma deste artigo é inspirada no princípio da inalterabilidade contratual lesiva, que impede modificação das condições ou cláusulas contratuais que prejudiquem o empregado. Este princípio, tipicamente trabalhista, tem origem no princípio civilista da inalterabilidade contratual, como explica Mauricio Godinho Delgado, Curso, jan-2009, p. 928. A alteração das condições contratuais também é chamada de novação objetiva.

A norma inserida neste artigo estabelece, além do requisito da impossibilidade de alteração contratual in pejus, a necessidade de mútuo consentimento para sua validade. Em verdade, a consensualidade é um requisito secundário, pois mesmo que a alteração receba concordância do empregado, será considerada nula sempre que em prejuízo para o empregado.

Explica Russomano, in Comentários, Vol. I, 1993, p. 483, que o dispositivo legal "parte do pressuposto de que há erro e coação sempre que o empregado concorda com uma alteração contrária aos seus interesses. E por dois motivos: **a)** porque a situação econômica instável do trabalhador é convite a que lhe imponham condições novas, nem sempre justas; **b)** porque, no fundo, o comum é que ninguém vá concordar, livremente, com algo que lhe trará prejuízos." Prossegue o mestre: "Mesmo quando o prejuízo não foi previsto, nem pelo empregado, nem pelo empregador; quando é remoto – ainda assim gera nulidade da cláusula. O dispositivo é largo no seu enunciado." (...) Presume-se a existência do vício de consentimento. Sem dúvida, é uma particularidade do Direito do Trabalho, porque, em princípio, os vícios de consentimento não se presumem, provam-se.".

A apreciação do prejuízo é apurada em concreto. Aparentemente, uma mudança nas condições do contrato de trabalho pode resultar em prejuízo para o empregado, mas, quando apurada a alteração em todos os seus matizes, observar-se-á a ausência de prejuízo direto ou indireto. Cite-se como exemplo a redução do intervalo de um empregado que gozava de duas horas para almoço, cuja alteração contratual, de iniciativa do próprio empregado, aparenta lhe ser prejudicial e, portanto, nula; todavia, analisado o requerimento em sua inteireza, observa-se que a redução do intervalo para uma hora objetivou a redução da jornada ao final, permitindo ao empregado matricular-se em curso superior noturno de seu interesse. Houve benefício indireto e não prejuízo. Contudo, a presunção de vício de vontade é desfavorável ao empregador, recaindo sobre este o ônus de demonstrar que a alteração proporcionou tal beneficio ao empregado, daí porque é recomendável que se revista de todos os cuidados, guardando o empregador as provas necessárias à validade do ato.

Não obstante a rigidez da inalterabilidade contratual trabalhista, inspirada na regra pacta sunt servanda (os contratos devem ser respeitados), mantendo com o empregador os riscos do negócio, a legislação trabalhista pendeu, em alguns momentos históricos, a permitir a alteração contratual, inspirando-se na cláusula *rebus sic stantibus* que, em regra, é afastada pelo Direito do Trabalho. Godinho, Curso, jan-2009, p. 929, cita como exemplo, a norma do art. 503 da CLT, permitindo a redução salarial em casos de prejuízos comprovados do empregador. O dispositivo legal não foi recepcionado pela Constituição da República, que em seu art. 7º, VI, fixou a regra da irredutibilidade do salário, ressalvando sua redução somente por negociação coletiva.

1.2. Exceções à regra da inalterabilidade: *jus variandi*

1.2.1. Conceito e classificação do jus variandi

O empregado tem o direito de se opor às alterações contratuais que lhe sejam prejudiciais, como manifestação do seu legitimo direito de resistência (jus resistentiae). Todavia, este direito vem sendo mitigado, diante do medo de perda do emprego, por não regulamentada a norma geral de proteção inscrita no art. 7º, I, da CF (a jurisprudência majoritária insiste em não conceder efeito imediato a esta norma constitucional quanto aos contratos individuais de trabalho).

Ao direito de resistência do empregado se opõem as possibilidades expressamente previstas em lei, de o empregador modificar as condições do contrato de trabalho, denominadas pelo direito do trabalho de *jus variandi*.

A doutrina classifica o ***jus variandi*** em normal e excepcional, também chamados de ordinário, ou extraordinário (esta última classificação, que adotamos, é atribuída a Márcio Túlio Viana, 1996, p. 247/248, e também em diversos pontos de sua obra: Direito de Resistência).

O *jus variandi* ordinário é interpretado como sendo a possibilidade do empregador, unilateralmente, alterar aspectos secundários do contrato de trabalho, não regulados por norma jurídica heterônoma (lei e sentença normativa) ou autônoma (Convenções, Acordos Coletivos, Contrato Individual e Regulamento Empresarial). O exercício deste direito pelo empregador não gera qualquer prejuízo para o empregado.

O *jus variandi* extraordinário consiste nas exceções, expressas em lei ou na ordem jurídica como um todo, claramente identificadas, nas quais é autorizado ao empregador alterar o contrato de trabalho em prejuízo para o empregado, mas nem por isso são consideradas ilícitas, muito pelo contrário.

1.2.2. Hipóteses de jus variandi extraordinário

Russomano (Comentários, Vol. I, 1993, p. 484/486) classifica as alterações permitidas em três espécies: I – Relativas à função; II – Relativas ao salário; III – Relativas ao lugar da prestação de serviço. Acrescentamos a estas a alteração relativa ao horário.

Quanto à primeira (função), o § 1º, do art. 468, autoriza ao empregador a reversão do empregado para sua função de origem, deixando o exercício da função de confiança, com perda salarial da respectiva gratificação inerente à função. Antes da Lei nº 13.467, de 13.07.2017, que inseriu o § 2º no art. 468, esta perda não era observada quando o empregado tivesse exercido a função de confiança por pelo menos 10 anos, hipótese em que não perderia a gratificação paga pelo seu exercício. Isto não significava que o empregador estava impedido de exercer seu jus variandi, retirando o empregado da função (neste sentido a S. 372 do TST, prevendo a manutenção da gratificação após 10 anos de exercício da função de confiança). A Súmula nº 372, I, do TST, que consagrou entendimento contrário ao texto legal, deverá ser revista.

Pensamos, com Alice Monteiro de Barros (Curso, 2009, p. 851), que não se insere no jus variandi a promoção do empregado. Ato de promoção é bilateral e, portanto, depende da concordância do empregado. A promoção, que normalmente envolve majoração salarial, importa em assunção de responsabilidades que o empregado pode não se sentir capaz de assumir, ou mesmo em ônus para sua vida pessoal que pode escolher não sofrer; não custa lembrar que a promoção para exercício de função de confiança do art. 62, II, da CLT resulta em trabalho sem limites de horário, conforme pensamento majoritário da doutrina.

Quanto à segunda (salário), a irredutibilidade salarial, como corolário do princípio da inalterabilidade contratual lesiva, impede que o empregador promova atos com vistas à redução do valor nominal do salário, com a única exceção da negociação coletiva (art. 7º, VI, da CF). Portanto, o jus variandi do empregador restou limitado pela norma constitucional referida, não sendo recepcionada qualquer outra possibilidade por norma infraconstitucional heterônoma que preveja redução salarial, por qualquer motivo, como é exemplo o art. 503 da CLT.

Quanto à terceira (prestação de serviço), nos reportamos aos comentários aos artigos 469 e 470 da CLT.

Quanto à quarta (duração do trabalho), nos reportamos aos comentários ao capítulo da duração do trabalho, que se inicia no art. 58 da CLT. No que diz respeito ao trabalho noturno (art. 73 da CLT), se insere no jus variandi do empregador a possibilidade de transferência para o horário diurno (S. 265 do TST), mesmo com perda do adicional noturno. Esta alteração, mesmo com prejuízo para o salário do empregado, visa proteger sua saúde, bem jurídico de valor mais elevado que o patrimônio material.

Merece destaque, ainda, a supressão ou alteração de direitos previstos em regulamento empresarial. Este, como fonte autônoma de direito do trabalho, tem o poder de integrar suas disposições aos contratos de trabalho, não podendo mais sofrer alteração por ajuste de vontades. As alterações nestes regulamentos que também representarem novação (mudança) das condições contratuais, só podem ocorrer em benefício do empregado. A alteração do regulamento em prejuízo das condições anteriormente fixadas só é valida para os empregados admitidos após a modificação (S. 51 do TST).

No que diz respeito aos planos de previdência complementar, criados, mantidos, patrocinados ou vinculados à empresa, a Súmula nº 288 do TST também autoriza alterações contratuais, como se pode observar da leitura de seu texto, transcrito, abaixo, nos destaques da jurisprudência.

2. SÚMULAS E ORIENTAÇÕES JURISPRUDENCIAIS

▸ **Súmula nº 222/TFR – *13-08-1986 – DJ 21-08-86***

Prorrogação da Jornada Diária de Trabalho – Alteração Unilateral do Contrato – Limite de Horário Semanal Avençado

A prorrogação da jornada diária de trabalho não constitui alteração unilateral do contrato, desde que mantido o limite de horário semanal avençado.

▸ **Súmula nº 51/TST**

NORMA REGULAMENTAR. VANTAGENS E OPÇÃO PELO NOVO REGULAMENTO. Art. 468 DA CLT (incorporada a Orientação Jurisprudencial nº 163 da SBDI-1) – Res. 129/2005, DJ 20, 22 e 25.04.2005

I – As cláusulas regulamentares, que revoguem ou alterem vantagens deferidas anteriormente, só atingirão os trabalhadores admitidos após a revogação ou alteração do regulamento. (ex-Súmula nº 51 – RA 41/1973, DJ 14.06.1973)

II – Havendo a coexistência de dois regulamentos da empresa, a opção do empregado por um deles tem efeito jurídico de renúncia às regras do sistema do outro. (ex-OJ nº 163 da SBDI-1 – inserida em 26.03.1999)

▸ **Súmula nº 87/TST**

PREVIDÊNCIA PRIVADA (mantida) – Res. 121/2003, DJ 19, 20 e 21.11.2003

Se o empregado, ou seu beneficiário, já recebeu da instituição previdenciária privada, criada pela empresa, vantagem equivalente, é cabível a dedução de seu valor do benefício a que faz jus por norma regulamentar anterior.

▸ **Súmula nº 92/TST**

APOSENTADORIA (mantida) – Res. 121/2003, DJ 19, 20 e 21.11.2003

O direito à complementação de aposentadoria, criado pela empresa, com requisitos próprios, não se altera pela instituição de benefício previdenciário por órgão oficial.

▸ **Súmula nº 97/TST**

APOSENTADORIA. COMPLEMENTAÇÃO (mantida) – Res. 121/2003, DJ 19, 20 e 21.11.2003

Instituída complementação de aposentadoria por ato da empresa, expressamente dependente de regulamentação, as condições desta devem ser observadas como parte integrante da norma.

▸ **Súmula nº 152/TST**

GRATIFICAÇÃO. AJUSTE TÁCITO(mantida) Res.121/2003, DJ 19, 20 e 21.11.2003

O fato de constar do recibo de pagamento de gratificação o caráter de liberalidade não basta, por si só, para excluir a existência de ajuste tácito (ex-Prejulgado nº 25).

▸ **Súmula nº 186/TST**

LICENÇA-PRÊMIO. CONVERSÃO EM PECÚNIA. REGULAMENTO DA EMPRESA (nova redação) – Res. 121/2003, DJ 19, 20 e 21.11.2003

A licença-prêmio, na vigência do contrato de trabalho, não pode ser convertida em pecúnia, salvo se expressamente admitida a conversão no regulamento da empresa.

▸ **Súmula nº 265/TST**

ADICIONAL NOTURNO. ALTERAÇÃO DE TURNO DE TRABALHO. POSSIBILIDADE DE SUPRESSÃO (mantida) – Res. 121/2003, DJ 19, 20 e 21.11.2003

A transferência para o período diurno de trabalho implica a perda do direito ao adicional noturno.

- **Súmula nº 288/TST**

COMPLEMENTAÇÃO DOS PROVENTOS DA APOSENTADORIA (nova redação para o item I e acrescidos os itens III e IV em decorrência do julgamento do processo TST-E-ED-RR-235-20.2010.5.20.0006 pelo Tribunal Pleno em 12.04.2016) – Res. 207/2016, DEJT divulgado em 18, 19 e 20.04.2016

I – A complementação dos proventos de aposentadoria, instituída, regulamentada e paga diretamente pelo empregador, sem vínculo com as entidades de previdência privada fechada, é regida pelas normas em vigor na data de admissão do empregado, ressalvadas as alterações que forem mais benéficas (art. 468 da CLT).

II – Na hipótese de coexistência de dois regulamentos de planos de previdência complementar, instituídos pelo empregador ou por entidade de previdência privada, a opção do beneficiário por um deles tem efeito jurídico de renúncia às regras do outro.

III – Após a entrada em vigor das Leis Complementares nºs 108 e 109, de 29/05/2001, reger-se-á a complementação dos proventos de aposentadoria pelas normas vigentes na data da implementação dos requisitos para obtenção do benefício, ressalvados o direito adquirido do participante que anteriormente implementara os requisitos para o benefício e o direito acumulado do empregado que até então não preenchera tais requisitos.

IV – O entendimento da primeira parte do item III aplica-se aos processos em curso no Tribunal Superior do Trabalho em que, em 12/04/2016, ainda não haja sido proferida decisão de mérito por suas Turmas e Seções.

- **Súmula nº 372/TST**

GRATIFICAÇÃO DE FUNÇÃO. SUPRESSÃO OU REDUÇÃO. LIMITES (conversão das Orientações Jurisprudenciais nos 45 e 303 da SBDI-1) – Res. 129/2005, DJ 20, 22 e 25.04.2005

I – Percebida a gratificação de função por dez ou mais anos pelo empregado, se o empregador, sem justo motivo, revertê-lo a seu cargo efetivo, não poderá retirar-lhe a gratificação tendo em vista o princípio da estabilidade financeira. (ex-OJ nº 45 da SBDI-1 – inserida em 25.11.1996)

II – Mantido o empregado no exercício da função comissionada, não pode o empregador reduzir o valor da gratificação. (ex-OJ nº 303 da SBDI-1 – DJ 11.08.2003)

- **Súmula nº 391, II/TST**

PETROLEIROS. LEI Nº 5.811/1972. TURNO ININTERRUPTO DE REVEZAMENTO. HORAS EXTRAS E ALTERAÇÃO DA JORNADA PARA HORÁRIO FIXO (conversão das Orientações Jurisprudenciais nºs 240 e 333 da SBDI-1) – Res. 129/2005, DJ 20, 22 e 25.04.2005

I – (...)

II – A previsão contida no art. 10 da Lei nº 5.811/1972, possibilitando a mudança do regime de revezamento para horário fixo, constitui alteração lícita, não violando os arts. 468 da CLT e 7º, VI, da CF/1988. (ex-OJ nº 333 da SBDI-1 – DJ 09.12.2003)

- **OJ SDI1-308/TST**

JORNADA DE TRABALHO. ALTERAÇÃO. RETORNO À JORNADA INICIALMENTE CONTRATADA. SERVIDOR PÚBLICO. DJ 11.08.03 O retorno do servidor público (administração direta, autárquica e fundacional) à jornada inicialmente contratada não se insere nas vedações do art. 468 da CLT, sendo a sua jornada definida em lei e no contrato de trabalho firmado entre as partes.

3. INFORMATIVOS DO TST

- **Gratificação de função. Exercício por mais de dez anos. Períodos descontínuos. Aplicação da Súmula nº 372, I, do TST. Princípio da estabilidade financeira.**

O exercício de cargo de confiança em períodos descontínuos, mas que perfizeram um período superior a dez anos, não afasta, por si só, o reconhecimento do direito à estabilidade financeira abraçada pela Súmula nº 372, I, do TST. Cabe ao julgador, diante do quadro fático delineado nos autos, decidir sobre a licitude da exclusão da gratificação de função percebida, à luz do princípio da estabilidade financeira. Assim, na hipótese, o fato de o empregado ter exercido funções distintas ao longo de doze anos, percebendo gratificações de valores variados, e ter um decurso de quase dois anos ininterruptos sem percepção de função, não afasta o direito à incorporação da gratificação. Com esse entendimento, a SBDI-I, por maioria, conheceu dos embargos, por divergência jurisprudencial, vencido o Ministro João Oreste Dalazen, e, no mérito, ainda por maioria, vencidos os Ministros Ives Gandra Martins Filho e Maria Cristina Peduzzi, deu provimento ao recurso para restabelecer amplamente a decisão do TRT, no particular. TST-E-RR-124740-57.2003.5.01.0071, SBDI I, rel. Min. Lelio Bentes Corrêa, 3.5.2012. (**Informativo nº 7**)

▸ **Gratificação de função percebida por mais de dez anos. Incorporação a menor. Prescrição parcial. Súmula nº 294 do TST.**

A incorporação a menor de gratificação de função percebida por mais de dez anos consiste em ato lesivo sucessivo, cuja omissão no pagamento integral se renova mês a mês, a determinar a incidência da prescrição parcial (Súmula nº 294 do TST) que não atinge o fundo do direito, mas apenas as parcelas anteriores a cinco anos do ajuizamento da ação. Com base nesse entendimento, a SBDI-I, por maioria, conheceu dos embargos por divergência jurisprudencial e, no mérito, deu-lhes provimento para afastar a prescrição total e determinar o retorno dos autos à Turma de origem a fim de que prossiga no julgamento do mérito, como entender de direito. Vencidos os Ministros Ives Gandra Martins Filho, Renato de Lacerda Paiva e Maria Cristina Irigoyen Peduzzi. TST-E-ED-RR-24200-91.2009.5. 09.0095, SBDI-I, rel. Min. Aloysio Corrêa da Veiga, 2.8.2012 (**Informativo nº 16**)

▸ **Gratificação de função percebida por dez ou mais anos. Reversão ao cargo efetivo. Incorporação devida. Pagamento a menor. Prescrição parcial.**

A prescrição aplicável à hipótese, em que se postula o pagamento de diferenças salariais decorrentes do pagamento a menor da gratificação de função incorporada em decorrência do exercício por dez ou mais anos de cargo/função de confiança, é a parcial. Na espécie, prevaleceu o entendimento de que a reclamada, ao destituir o empregado da função de confiança e aplicar norma interna da empresa, que previa somente o pagamento em percentuais escalonados, variáveis conforme o tempo de exercício da função, afrontou o princípio constitucional da irredutibilidade salarial, previsto no art. 7º, VI, da CF, e da estabilidade financeira, consoante o preconizado na Súmula nº 372 do TST. Assim, tem-se que a lesão resultante do pagamento parcial da gratificação incorporada pelo empregado se renova mês a mês, porquanto ostenta natureza continuada, não havendo que falar em alteração contratual a atrair a incidência da Súmula nº 294 do TST. Com esse entendimento, a SBDI-I, por unanimidade, conheceu dos embargos, por divergência jurisprudencial, e, no mérito, por maioria, deu-lhes provimento para afastar a prescrição total, determinando o retorno dos autos ao TRT da 3ª Região para que prossiga no julgamento do recurso ordinário interposto pela reclamada, como entender de direito. Vencidos os Ministros Brito Pereira, Milton de Moura França, João Oreste Dalazen, Ives Gandra Martins Filho, Maria Cristina Irigoyen Peduzzi e Renato de Lacerda Paiva. TST-E-RR-87300-36.2006.5.03.0016, SBDI-I, rel. Min. Lelio Bentes Corrêa, 16.8.2012 (**Informativo nº 18**)

▸ **Adesão a novo plano de benefício previdenciário. Efeitos. Renúncia às regras do plano anterior. Incidência da Súmula n º 51, II, do TST.**

Aplica-se o item II da Súmula nº 51 do TST aos casos em que se discute os efeitos da adesão a novo plano de benefício previdenciário oferecido por entidade de previdência privada, pois a finalidade última do referido verbete é resguardar o ato jurídico perfeito que se aperfeiçoa com a livre adesão às vantagens de um plano mediante a renúncia ao regulamento de complementação de aposentadoria anterior, sendo indiferente o fato de a opção referir-se a plano de previdência privada ou a regulamento de empresa. Com esses fundamentos, a SBDI-I, em sua composição plena, conheceu dos embargos da reclamante, por divergência jurisprudencial, e, no mérito, por maioria, negou-lhes provimento, mantendo o entendimento adotado pela Turma no sentido de que a opção da empregada pelo BRTPREV/2002 implicou renúncia às regras do plano anterior. Vencidos os Ministros José Roberto Freire Pimenta, João Oreste Dalazen, Renato de Lacerda Paiva e Delaíde Miranda Arantes. TST-E – RR-140500-24.2008.5.04.0027, SBDI-I, rel. Min. Aloysio Corrêa da Veiga, 18.4.2013 (**Informativo nº 43**)

▸ **Gratificação de função percebida por 9 anos e 6 meses. Supressão. Natureza obstativa do direito do empregado. Princípio da boa-fé objetiva. Ônus probatório do empregador. Incidência da Súmula nº 372, I, do TST.**

Não obstante a Súmula nº 372, I, do TST ter estabelecido o marco temporal de dez anos para fazer incidir o princípio da estabilidade financeira, no caso em que o empregado foi destituído da função de confiança após nove anos e seis meses de exercício, sem justificativa razoável, presume-se que a supressão da gratificação foi obstativa do direito do reclamante, cabendo ao empregador o ônus de comprovar os motivos da reversão do empregado ao posto efetivo após tão longo período de tempo. Com esses fundamentos, e pautada no princípio da boa-fé objetiva, a SBDI-I, por unanimidade, conheceu dos embargos da reclamada, por divergência jurisprudencial, e, no mérito, por maioria, negou-lhes provimento, mantendo a decisão que determinara a incorporação da gratificação de função. Vencido o Ministro Brito Pereira. TST-D-RR-67900-04.2007.5.15.0069, SBDI-I, rel. Min. Luiz Philippe Vieira de Mello Filho, 21.11.13 (**Informativo nº 67**)

▸ **Gratificação de função exercida por dez ou mais anos. Redução em razão de transferência a pedido. Possibilidade. Justo motivo. Configuração. Súmula nº 372, I do TST.**

Não há falar em aplicação do princípio da irredutibilidade salarial no caso em que o empregado, não obstante tenha exercido o cargo de confiança de gerente geral de agência bancária por mais de dez anos, solicitou transferência para localidade diversa, tendo havido a correlata designação para exercer outra função comissionada de menor valor. A Súmula nº 372, I, do TST, ao assegurar a estabilidade financeira, exige a reversão ao cargo efetivo e a ausência de justo motivo para a supressão ou a redução da gratificação de função, o que não ocorreu na hipótese, eis que o empregado foi designado para outra função de confiança e sua transferência ocorreu a pedido, ou seja, por motivo estranho à vontade do empregador. Com esses fundamentos, a SBDI-I, por unanimidade, conheceu dos embargos, por contrariedade à Súmula nº 372, I, do TST, e por divergência jurisprudencial, e, no mérito, por maioria, deu-lhes provimento para julgar improcedente o pedido de diferenças de gratificação de função e reflexos. Vencido o Ministro Aloysio Corrêa da Veiga. TST-E-ED-RR-361-55.2010.5.03.0067, SB – DI-I, rel. Min. João Oreste Dalazen, 15.5.2014 (**Informativo nº 82**)

4. QUESTÕES DE CONCURSOS

01. (JUIZ DO TRABALHO/TRT - 3ª REGIÃO/2009). Leia as afirmações abaixo e, em seguida, assinale a alternativa correta, a respeito do cargo de confiança trabalhista:

I. Para a caracterização do "gerente" excluído do regime da duração do trabalho na dicção legal, é necessário que a diferença salarial em favor do cargo de confiança não seja inferior a 40% do salário cabível ao respectivo cargo efetivo.

II. A última alteração legislativa produzida na conceituação do "gerente" excluído do regime da duração do trabalho suprimiu o requisito anterior da investidura de mandato.

III. Apesar do silêncio legal, a doutrina e a jurisprudência não têm admitido a reversão, ou seja, o rebaixamento ao cargo anteriormente ocupado, em virtude do princípio da irredutibilidade salarial.

IV. Segundo a orientação jurisprudencial do Tribunal Superior do Trabalho, o empregado exercente de cargo de confiança tem direito ao adicional de transferência, desde que ela seja definitiva.

V. Na forma da jurisprudência sumulada do Tribunal Superior do Trabalho, a transferência do empregado exercente de cargo de confiança pode ocorrer independentemente de necessidade do serviço.

a) Somente uma afirmativa está correta.

b) Somente duas afirmativas estão corretas.

c) Somente três afirmativas estão corretas.

d) Somente quatro afirmativas estão corretas.

e) Todas as afirmativas estão corretas.

03. (MPT/PROCURADOR DO TRABALHO/2010/ADAPTADA) A transferência para o período diurno de trabalho não implica a perda do direito ao adicional noturno, sob pena de ocorrer redução salarial.

04. (Fundação Casa – Analista Administrativo/Advogado/2011) Empregado alega alteração contratual ilegal, pois a empresa na qual exerce a função de auxiliar de departamento o transferiu, unilateralmente, do horário noturno para o diurno, com supressão do pagamento do adicional noturno.

Conforme entendimento sumulado do Tribunal Superior do Trabalho, é correto afirmar que

a) é possível a transferência do horário noturno para o diurno com a supressão do pagamento do adicional noturno.

b) não é possível suprimir o pagamento do adicional noturno pago com habitualidade, entendida esta quando o serviço perdurar por mais de um ano.

c) o adicional noturno pago com habitualidade pode ser suprimido, desde que o empregador pague ao empregado indenização proporcional ao tempo de serviço prestado no horário noturno.

d) não é possível a transferência do horário noturno para o diurno com supressão do pagamento do respectivo adicional, ainda que seja pago sem habitualidade, pois fica incorporado ao patrimônio do empregado.

e) a transferência do horário noturno para o diurno, com supressão no pagamento do adicional noturno, só será possível se houver prévia negociação coletiva autorizando.

05. (FCC – TRT 4 – Analista Judiciário/2011) José, empregado da empresa X, há onze anos atrás, passou a exercer o cargo B, recebendo gratificação pela função exercida. Sem justo motivo, sua empregadora pretende revertê-lo para o seu cargo efetivo. Neste caso, a empresa X

a) poderá retirar-lhe a gratificação devendo indenizar José no valor da gratificação suprimida multiplicada por seis.

b) poderá retirar-lhe a gratificação, tendo em vista que José não exercerá mais a função pela qual recebe a gratificação.

c) só poderá retirar-lhe a gratificação se autorizado pelo sindicato da categoria, bem como indenizar José em um salário mínimo por ano de exercício da função.

d) poderá retirar-lhe a gratificação devendo indenizar José no valor da gratificação suprimida multiplicada por onze.

e) não poderá retirar-lhe a gratificação tendo em vista o princípio da estabilidade financeira.

06. (TRT 2 – Juiz do Trabalho Substituto 2ª região/ 2012) Em relação aos institutos da alteração, suspensão e interrupção do contrato de trabalho, nos termos da Consolidação das Leis do Trabalho, é correto afirmar que: não se considera alteração unilateral a determinação do empregador para que o respectivo empregado reverta ao cargo efetivo, anteriormente ocupado, deixando o exercício de função de confiança.

07. (TRT 3 – Juiz do Trabalho Substituto 3ª região/ 2012) Acerca da alteração do contrato de trabalho, leia as afirmações abaixo e, em seguida, assinale a alternativa correta, de acordo com a jurisprudência cristalizada do Tribunal Superior do Trabalho:

I. As cláusulas regulamentares, que revoguem ou alterem vantagens deferidas anteriormente, só atingirão os trabalhadores admitidos após a revogação ou alteração do regulamento, salvo se mais benéficas aos demais empregados.

II. Havendo a coexistência de dois ou mais regulamentos da empresa, a opção do empregado por um deles tem efeito jurídico de renúncia às regras do sistema do outro, salvo se lhe forem mais prejudiciais.

III. A redução da carga horária do professor, em virtude da diminuição do número de alunos, constitui alteração contratual, uma vez que implica redução do valor da remuneração mensal.

IV. O retorno do servidor público celetista (administração direta, autárquica e fundacional) à jornada inicialmente contratada não é lícito, sendo a sua jornada definida em lei e no contrato de trabalho firmado entre as partes.

V. A transferência para o período diurno de trabalho implica a perda do direito ao adicional noturno.

a) Somente as afirmativas III e V estão corretas.

b) Somente as afirmativas I, II e V estão corretas.

c) Somente as afirmativas I, III e V estão corretas.

d) Somente as afirmativas I, II, III e IV estão corretas.

e) Somente a afirmativa V está correta.

08. (FCC – Analista Judiciário – Área Administrativa – TRT 5/2013) Por força de disposições contidas na CLT, as condições ajustadas entre as partes nos contratos individuais de trabalho

a) podem ser alteradas de maneira unilateral pelo empregador, ainda que resulte dessa modificação prejuízo indireto ao trabalhador, diante do poder de direção do empregador.

b) não podem ser alteradas em nenhuma hipótese diante do princípio da continuidade do contrato de trabalho.

c) podem ser alteradas por mútuo consentimento, e ainda assim, desde que não causem prejuízos diretos ou indiretos ao empregado.

d) podem ser alterados por mútuo consentimento mesmo que causem prejuízos apenas indiretos ao empregado.

e) não podem ser alteradas em relação ao local de trabalho e a reversão de cargo de confiança sem a participação do sindicato dos trabalhadores.

09. (FCC – Analista Judiciário – Área Administrativa – TRT 15/2013) Dorival, empregado da empresa "AAA Ltda", recebeu ordens de seu superior hierárquico, para retornar ao cargo efetivo anteriormente ocupado, deixando o exercício da função de confiança, que estava exercendo. Neste caso, esta modificação unilateral do contrato de trabalho é

a) vedada, uma vez que é exigido para qualquer alteração no contrato de trabalho previsão expressa em Convenção Coletiva de Trabalho ou Acordo coletivo e ainda assim desde que não resultem, direta ou indiretamente, prejuízos ao empregado.

b) vedada, uma vez que é exigido para qualquer alteração no contrato de trabalho mútuo consentimento, e ainda assim desde que não resultem, direta ou indiretamente, prejuízos ao empregado.

c) vedada, uma vez que é exigido para qualquer alteração no contrato de trabalho no mínimo previsão expressa em Convenção Coletiva de Trabalho.

d) possível, desde que esta alteração seja homologada no sindicato da categoria, comprovando-se a inexistência de prejuízo ao empregado.

e) possível, havendo dispositivo expresso na Consolidação das Leis do Trabalho.

10. (IADES – Analista I – Advogado – CRF – DF/2017) Tendo em vista a Consolidação das Leis do Trabalho no que se refere ao assunto contrato individual de trabalho, assinale a alternativa correta.

a) Mesmo em caso de necessidade de serviço, o empregador não poderá transferir o empregado para localidade diversa da que resultar do contrato.

b) As despesas resultantes da transferência correrão por conta do empregado.

c) Ao empregador é permitido transferir o empregado, mesmo sem a anuência deste, para localidade diversa da que resultar do contrato, não se considerando transferência a que não acarretar necessariamente a mudança do domicílio dos empregados.

d) Nos contratos individuais de trabalho, só é lícita a alteração das respectivas condições por mútuo consentimento e, ainda assim, desde que não resultem, direta ou indiretamente, prejuízos ao empregado, sob pena de nulidade da cláusula infringente dessa garantia.

e) Considera-se alteração unilateral a determinação do empregador para que o respectivo empregado retorne ao cargo efetivo anteriormente ocupado, deixando o exercício de função de confiança.

11. (FCC – Técnico Judiciário – Área Administrativa – TRT 24/2017) As alterações do contrato de trabalho são disciplinadas na Consolidação das Leis do Trabalho e a preocupação do legislador centrou-se nos aspectos das vontades das partes, da natureza da alteração e dos efeitos que esta gerará para determinar se será válida ou não. Em razão disso, excluem-se naturalmente da análise da legalidade as alterações obrigatórias, que são imperativamente impostas por lei ou por normas coletivas. No tocante às alterações do contrato de trabalho, estabelece a legislação vigente:

a) Nos contratos individuais de trabalho só é lícita a alteração das respectivas condições por mútuo consentimento, mesmo que resultem, direta ou indiretamente, prejuízos ao empregado.

b) Não se considera alteração unilateral a determinação do empregador para que o respectivo empregado reverta ao cargo efetivo, anteriormente ocupado, deixando o exercício de função de confiança.

c) É ilícita a transferência quando ocorrer extinção do estabelecimento em que trabalhar o empregado.

d) Mesmo que não haja necessidade de serviço o empregador poderá transferir o empregado para localidade diversa da que resultar do contrato, mas, nesse caso, ficará obrigado a um pagamento suplementar, sempre superior a 25% dos salários que o empregado percebia naquela localidade, enquanto durar essa situação.

e) É vedada, em qualquer hipótese, a transferência de empregados que exerçam cargo de confiança.

GAB	1	B	2	B	3	E	4	A	5	E	6	C	7	E	8	C	9	E	10	D	11	B

✦ **TRANSFERÊNCIA DO EMPREGADO**

Art. 469. Ao empregador é vedado transferir o empregado, sem a sua anuência, para localidade diversa da que resultar do contrato, não se considerando transferência a que não acarretar necessariamente a mudança do seu domicílio.

✦ **CARGO DE CONFIANÇA E DISPOSIÇÃO CONTRATUAL**

§ 1º – Não estão compreendidos na proibição deste artigo: os empregados que exerçam cargo de confiança e aqueles cujos contratos tenham como condição, implícita ou explícita, a transferência, quando esta decorra de real necessidade de serviço.(Redação da Lei nº 6.203, de 17.4.1975)

✦ **EXTINÇÃO DO ESTABELECIMENTO**

§ 2º – É lícita a transferência quando ocorrer extinção do estabelecimento em que trabalhar o empregado.

✦ **ADICIONAL NAS TRANSFERÊNCIAS PROVISÓRIAS**

§ 3º – Em caso de necessidade de serviço o empregador poderá transferir o empregado para localidade diversa da que resultar do contrato, não obstante as restrições do artigo anterior, mas, nesse caso, ficará obrigado a um pagamento suplementar, nunca inferior a 25% (vinte e cinco por cento) dos salários que o empregado percebia naquela localidade, enquanto durar essa situação. (Parágrafo incluído pela Lei nº 6.203, de 17.4.1975)

1. COMENTÁRIOS

1.1. Transferência do empregado

O dispositivo deste artigo cuida somente das transferências que ocorram dentro do Brasil. A transferência de trabalhadores para o exterior é disciplinada pela Lei nº 7.064, de 6.12.1982. A referida lei, em seu art. 4º, dispõe que o adicional de transferência será fixado mediante "ajuste escrito" entre empregado e empregador.

Na falta do ajuste, aplica-se subsidiariamente o percentual de 25% previsto no § 3º, do art. 469, da CLT, desde que a legislação do país de destino não estabeleça percentual mais favorável. O art. 3º, II, da referida lei garante "a aplicação da legislação brasileira de proteção ao trabalho, naquilo que não for incompatível com o disposto nesta lei, quando mais favorável do que a legislação territorial, no conjunto de normas e em relação a cada matéria.".

A transferência é espécie de alteração contratual e, como tal, depende da concordância do empregado, que pode pretender em juízo sua reversão liminar, quando abusiva, diante da previsão do art. 659, IX, da CLT.

Só se considera transferido o empregado, quando a alteração da localidade da prestação de serviços causar, necessariamente, a mudança de seu domicilio. Não se considera transferência o ato unilateral do empregador que provoque meros transtornos ou incômodos ao empregado, sempre que for possível manter-se no mesmo domicilio do início do contrato de trabalho. Sendo assim, a simples alteração do local de prestação de serviços, como a mudança do empregado de uma filial para a outra, dentro do mesmo município, não se constitui transferência, sendo, portanto, permitida.

Não é a noção geográfica de município que irá definir se ocorreu ou não a transferência. Esta se caracteriza pela necessidade de troca de domicilio, provocadas pela distância ou mesmo pelas dificuldades de transporte, que impossibilitem a observância das obrigações contratuais anteriormente previstas, podendo ocorrer pela mudança dentro do município ou para fora deste.

1.2. Cargo de confiança e disposição contratual

A transferência é qualificada como alteração contratual, mas nas exceções do § 1º independem da concordância do empregado, pois se insere nas possibilidades do empregador alterar o contrato unilateralmente (jus variandi). Portanto, o empregado será removido, mesmo que não seja de sua vontade.

A regra do § 1º decorreu da alteração legal implementada pela Lei nº 6.203, de 17.4.1975. Conforme explica Rodrigues Pinto (Tratado, junho-2007, p. 487/489), a alteração legal acompanhou a jurisprudência da época, que coibia abusos na transferência disciplinada com base na "cláusula contratual", tanto na implícita como na explicita, autorizando a remoção do empregado sem sua concordância.

Diante da alteração legal, exigindo a real necessidade de serviço para pressuposto da transferência, surgiram duas correntes interpretativas do novo texto: **a)** a primeira, restringindo a exigência legal da "necessidade do serviço" aos empregados submetidos à condição contratual, implícita ou expressa, autorizando a transferência, exatamente como previa a jurisprudência da época (defendem esta tese: Martins, Comentários, 2010, p. 457 e Cássio Mesquita Barros Jr, Transferência, 1980, p. 180); **b)** a segunda, de que o texto legal teria se sensibilizado pelo entendimento cristalizado pela jurisprudência (S. 43 do TST), tendo estendido a exigência da real necessidade de serviço também para os empregados ocupantes de cargo de confiança (defende esta tese: F.A. de Oliveira, Comentários às Sumulas do TST, out-2005, p. 144, citando outros autores no mesmo sentido, e Godinho, Curso, jan-2009, p. 961). Esta segunda tese é a que vem prevalecendo na interpretação da exigência de real necessidade de serviço.

Conclusão: para a validade da transferência dos empregados referidos nesta norma, sem sua concordância, o empregador precisa demonstrar a real necessidade de serviço na localidade para a qual pretende removê-lo. Considera-se abusiva a transferência e, portanto, ilegal, caso o empregador não demonstre a real necessidade do serviço do empregado. A transferência abusiva do empregado ocupante de cargo de confiança, ou que tenha como condição contratual esta possibilidade, também pode ser revertida liminarmente, por decisão judicial, na forma do art. 659, IX, da CLT.

Valetin Carrion explica que "por real necessidade de serviço entenda-se a possibilidade de a empresa desenvolver a atividade a contento, sem o concurso do empregado que transfere". (Comentários, 2010, p. 388).

Arnaldo Sussekind dá o seguinte exemplo: "Um servente não deve ser transferido contra a sua vontade, pois em qualquer cidade fácil será contratar trabalhador para este mister". (Curso, 2010, p. 339).

1.3. Extinção do estabelecimento

Trata a norma do § 2º de exercício legitimo e extraordinário do jus variandi do empregador. O empregado que se negar à transferência na hipótese do § 2º, poderá ter o contrato de trabalho rompido por prática de justa causa, consubstanciada na regra do art. 482, "h", da CLT.

Sussekind explica que a regra foi instituída na preservação da empresa "evitando que seu patrimônio seja sensivelmente afetado pela subtração das indenizações resultantes da despedida dos empregados de estabelecimento extinto. Pressupõe, por isso mesmo, que a extinção de um dos estabelecimentos da empresa corresponda a um interesse legitimo da sua economia." O autor considera abuso a extinção arbitrária do estabelecimento, ou seja, não motivada por razões econômicas. (Curso, 2010, p. 340).

O empregado estável pode optar entre concordar com a transferência ou, recusando-a, receber indenização dobrada pela extinção do estabelecimento (art. 492 da CLT). Exceção feita para extinção do estabelecimento por motivo de força maior, pois, neste caso, a indenização só será devida pela metade de seu valor (art. 502 da CLT).

O dirigente sindical, como não pode ser transferido (art. 543, § 1º, da CLT), também fará jus à indenização correspondente a seu período de garantia no emprego (vide comentários ao art. 543 da CLT).

Sergio Pinto Martins equipara à extinção do estabelecimento o término da obra de construção civil, autorizando a transferência do empregado para outra obra sem a sua concordância (Comentários, 2010, p. 459).

1.4. Adicional nas transferências provisórias

A transferência disciplinada pelo parágrafo 3º, considerada provisória, também não depende da concordância do empregado. A interpretação quanto à transitoriedade da transferência surge da seguinte expressão: "enquanto durar essa situação", que consta do final do parágrafo ora comentado.

São dois os requisitos da transferência provisória: **a)** pagamento de adicional salarial de 25%, enquanto perdurar a transferência; **b)** demonstração da real necessidade do serviço.

Entende-se provisória a transferência mesmo quando não for clara esta intenção entre os sujeitos do contrato de trabalho, desde haja o retorno à localidade de origem. A definição da transferência como definitiva ou provisória não está ligada ao tempo em que o empregado permanece transferido, mas sim à estabilidade ou não da transferência. Como explica Martins, Comentários, 2010, p. 460: "A lei não fixa o prazo da transferência provisória. Dessa forma, cada caso em concreto terá que ser verificado para que se possa analisar se a transferência é realmente provisória ou definitiva."

A jurisprudência exige o pagamento do adicional mesmo para os ocupantes de cargo de confiança, ou que se sujeitem à cláusula contratual de transferência, desde que seja provisória (neste sentido a OJ nº 113, da SBDI-1/TST).

Valentin Carrion, em posição minoritária, defende o pagamento do adicional também para as transferências definitivas, considerando-se o natural aumento de despesas dos empregados transferidos (moradia, escola, etc.). (Comentários, 2010, p. 389).

2. SÚMULAS E ORIENTAÇÕES JURISPRUDENCIAIS

▸ **Súmula nº 221/STF**

A transferência de estabelecimento, ou a sua extinção parcial, por motivo que não seja de força maior, não justifica a transferência de empregado estável.

▸ **Súmula nº 43/TST**

TRANSFERÊNCIA (mantida) – Res. 121/2003, DJ 19, 20 e 21.11.2003

Presume-se abusiva a transferência de que trata o § 1º do art. 469 da CLT, sem comprovação da necessidade do serviço.

▸ **OJ 113 SBDI-1/TST**

ADICIONAL DE TRANSFERÊNCIA. CARGO DE CONFIANÇA OU PREVISÃO CONTRATUAL DE TRANSFERÊNCIA. DEVIDO. DESDE QUE A TRANSFERÊNCIA SEJA PROVISÓRIA. Inserida em 20.11.97

O fato de o empregado exercer cargo de confiança ou a existência de previsão de transferência no contrato de trabalho não exclui o direito ao adicional. O pressuposto legal apto a legitimar a percepção do mencionado adicional é a transferência provisória.

3. QUESTÕES DE CONCURSOS

01. (AGU/PROCURADOR FEDERAL/CESPE/2010) Presume-se abusiva a transferência de empregado que exerça cargo de confiança, sem a devida comprovação da necessidade do serviço.

02. (MTE/AUDITOR FISCAL DO TRABALHO/ESAF/2010/ADAPTADA) O trabalhador transferido, por ato unilateral do empregador, para local mais distante de sua residência, tem direito a suplemento salarial correspondente ao acréscimo da despesa de transporte.

03. (TRT 2 – Juiz do Trabalho Substituto 2ª região/ 2012) Com base na lei e no entendimento sumulado do TST, assinale a alternativa INCORRETA:

a) A transferência para o período diurno de trabalho implica a perda do direito ao adicional noturno.

b) Não será considerada como transferência a alteração do local de trabalho que não acarrete necessariamente a mudança do domicílio do trabalhador.

c) Por necessidade de serviço será permitida a transferência do empregado para localidade diversa daquela prevista no contrato, ficando o empregador sujeito a um pagamento suplementar não inferior a 25% dos salários do empregado, enquanto durar a transferência.

d) A supressão, pelo empregador, do serviço extraordinário prestado com habitualidade, durante pelo menos 1 (um) ano, não assegura ao empregado o direito à indenização, visto que a prorrogação de jornada é situação prejudicial ao trabalhador.

e) É lícita a transferência quando ocorrer extinção do estabelecimento em que trabalhar o empregado.

04. (TRT 21 – Juiz do Trabalho Substituto 21ª região/ 2012) Considerando o entendimento pacificado pelo TST e STF, e a legislação consolidada a respeito do assunto, assinale a alternativa correta:

I. não será devido o adicional de transferência ao empregado cujo contrato de trabalho possui expressa previsão de possibilidade de transferência a título provisório;

II. empregado transferido para local mais distante de sua residência não fará jus a qualquer suplemento salarial, desde que não haja necessidade de mudança de domicílio;

III. é licita a transferência do empregado estável quando ocorrer a extinção, ainda que parcial, do estabelecimento;

IV. será lícita a alteração do contrato de trabalho desde que haja consentimento das partes e não cause prejuízos de ordem financeira ao empregado;

V. é abusiva toda transferência para localidade diversa da prevista no contrato de trabalho, exceto nos casos de exercício de cargo de confiança ou extinção do estabelecimento.

a) nenhuma assertiva está correta;

b) apenas a assertiva I está correta;

c) apenas as assertivas II e III estão corretas;

d) apenas as assertivas I e IV estão corretas;

e) apenas as assertivas II e V estão corretas;

05. (FCC – Analista Judiciário – Área Judiciária – TRT 5/2013) O princípio da inalterabilidade contratual lesiva está fundamentado na regra segundo a qual os contratos devem ser cumpridos.

Nessa seara, observadas as normas contidas na Consolidação das Leis do Trabalho, é INCORRETO afirmar que

a) é lícita a alteração das condições do contrato de trabalho por mútuo consentimento, e ainda assim desde que não resultem, direta ou indiretamente, prejuízos ao empregado.

b) não se considera transferência a alteração do local de trabalho que não acarretar necessariamente a mudança no domicílio do empregado.

c) é licita a transferência de local de trabalho quando ocorrer extinção do estabelecimento em que trabalhar o empregado.

d) é lícita a determinação do empregador para que seu empregado volte ao cargo efetivo que ocupava anteriormente, deixando de exercer função de confiança.

e) o empregador poderá transferir o empregado para localidade diversa da contratada, pagando adicional de transferência de 20% (vinte por cento) do salário, correndo por conta do trabalhador as despesas resultantes da transferência.

06. (FCC – Analista Judiciário – Área Administrativa – TRT 2/2014) No tocante a alteração do contrato de trabalho, considere:

I. É lícita a transferência do empregado quando ocorrer a extinção do estabelecimento em que trabalhar.

II. Não se considera transferência a que não acarretar necessariamente mudança de domicílio do empregado.

III. Não se considera alteração unilateral do contrato de trabalho a determinação do empregador para que o respectivo empregado reverta ao cargo efetivo, anteriormente ocupado, deixando o exercício de função de confiança.

IV. As despesas resultantes da transferência correrão por conta do empregador.

Está correto o que consta em

a) I e IV, apenas.

b) I, II, III e IV.

c) I e II, apenas.

d) II, III e IV, apenas.

e) I, II e III, apenas.

07. (FCC – Analista Judiciário – Oficial de Justiça Avaliador – TRT 24/2017) Hefesto trabalhou por 3 anos na empresa Netuno Equipamentos Náuticos em sua matriz situada no município do Rio de Janeiro, quando foi transferido para a filial da empresa na cidade de Santos, para exercer as mesmas funções em substituição a empregado que sofreu acidente de trabalho. Permaneceu em Santos por 5 meses, retornando para a matriz, na cidade do Rio de Janeiro. Nesta situação, a transferência será considerada regular

a) independentemente do consentimento do trabalhador, em razão do poder diretivo do empregador.
b) caso houvesse necessidade do serviço, ficando o empregador obrigado a um pagamento suplementar, nunca inferior a 25% dos salários do trabalhador, enquanto durar a transferência.
c) se Hefesto exercesse um cargo de confiança, ainda que a alteração não tenha decorrido de real necessidade de serviço.
d) para os empregados cujos contratos tenham como condição, implícita ou explícita, a transferência, ainda que esta não tenha decorrido de real necessidade de serviço.
e) independente da necessidade do serviço, desde que ocorra de forma definitiva e haja o pagamento de adicional de transferência de, no mínimo, 15% do salário do trabalhador.

08. (FCC – Analista Judiciário – Área Administrativa – TRT 11/2017) No tocante à alteração do contrato de trabalho, considere:

I. Empregado transferido, por ato unilateral do empregador, para local mais distante de sua residência, tem direito a suplemento salarial correspondente ao acréscimo da despesa de transporte.
II. Considera-se alteração unilateral a determinação do empregador para que o respectivo empregado reverta ao cargo efetivo, anteriormente ocupado, deixando o exercício de função de confiança.
III. Ao empregador é vedado transferir o empregado com a mudança de seu domicílio, sem a sua anuência, para localidade diversa da que resultar do contrato. Esta proibição estende-se para os empregados que exerçam cargo de confiança.
IV. Não é licita a transferência quando ocorrer extinção do estabelecimento em que trabalhar o empregado, devendo ocorrer a rescisão contratual ante a previsão expressa da Consolidação das Leis do Trabalho.

Está correto o que se afirma APENAS em

a) I, III e IV.
b) II.
c) I, II e III.
d) I.
e) II, III e IV.

GAB	1	C	2	C	3	D	4	A	5	E	6	B	07	B	08	D

✦ DESPESAS COM A TRANSFERÊNCIA

Art. 470. As despesas resultantes da transferência correrão por conta do empregador. (Redação da Lei nº 6.203, de 17.4.1975)

1. COMENTÁRIOS

O custeio das despesas com o deslocamento do empregado e de sua família, para outra localidade, é obrigação do empregador, tanto nas transferências provisórias como nas definitivas.

Valentin Carrion exige que o numerário correspondente aos gastos com a transferência deva ser colocado à disposição do empregado antes de sua viagem (Comentários, 2010, p. 389). Ainda que concordemos com tal exigência, não constitui ilegalidade o ressarcimento das despesas após a comprovação dos gastos, de forma que o empregador saiba exatamente o valor do reembolso.

O pagamento das despesas tem clara natureza indenizatória e não se confunde com o adicional de transferência. Este é devido, como parcela salarial, enquanto o empregado permanecer transferido (vide § 3º, do art. 469). O custeio das despesas não se integra ao salário, diante de sua natureza indenizatória, e só é devido por ocasião da transferência e no retorno do empregado.

A mudança do empregado para localidade que não resulte em alteração necessária do seu domicilio obriga o empregador somente ao custeio da diferença quanto ao vale-transporte. A S. 29 do TST dispõe que o empregado tem direito ao "suplemento salarial correspondente ao acréscimo da despesa de transporte." Não obstante a impropriedade da locução utilizada: "suplemento salarial", a parte final cuida de esclarecer que não se trata de parcela salarial, quando dispõe: "correspondente ao acréscimo da despesa de transporte". A súmula referida foi aprovada pela Resolução Administrativa nº 57, de 1970, quando ainda não existia regulamentação quanto ao vale-transporte. Atualmente, basta que o empregado, quando da mudança de local de trabalho, requeira a alteração do valor do seu vale-transporte.

2. SÚMULAS E ORIENTAÇÕES JURISPRUDENCIAIS

- **Súmula nº 29/TST**

TRANSFERÊNCIA (mantida) – Res. 121/2003, DJ 19, 20 e 21.11.2003

Empregado transferido, por ato unilateral do empregador, para local mais distante de sua residência, tem direito a suplemento salarial correspondente ao acréscimo da despesa de transporte.

3. QUESTÕES DE CONCURSOS

01. (TRT 14 – Juiz do Trabalho Substituto 14ª região/ 2012) Analise as assertivas abaixo e após marque a única alternativa correta: pagando o empregador o adicional de 25%, as despesas resultantes da transferência correrão por conta do empregado.

GAB	1	E

CAPÍTULO IV – DA SUSPENSÃO E DA INTERRUPÇÃO

✦ OBRIGAÇÕES CONTRATUAIS

Art. 471. Ao empregado afastado do emprego, são asseguradas, por ocasião de sua volta, todas as vantagens que, em sua ausência, tenham sido atribuídas à categoria a que pertencia na empresa.

1. COMENTÁRIOS

A redação deste dispositivo é muito mais abrangente do que seu real alcance. Cumpre ao intérprete, portanto, interpretá-lo restritivamente, pois não são garantidas, em quaisquer circunstâncias, as vantagens da categoria quando do retorno do empregado. O direito ou não à vantagem, prevista em norma coletiva (acordo, convenção ou sentença normativa), dependerá do teor da norma. Em princípio, são garantidas todas as vantagens ao empregado cujo contrato de trabalho foi interrompido, como na hipótese de férias. Quanto ao contrato de trabalho suspenso, as vantagens lhe serão ou não atribuídas, conforme o tipo de afastamento.

Na suspensão, como na interrupção, o contrato de trabalho continua vigorando, mas as obrigações principais não são exigíveis, ou só são exigíveis em parte. É elemento comum aos dois fenômenos contratuais a suspensão da principal obrigação do empregado: o trabalho.

Na interrupção permanece a obrigação de pagar salário, mesmo não havendo trabalho, bem como a contagem do tempo de serviço para fins do contrato de trabalho. Na suspensão contratual o empregador não tem obrigação de suportar o pagamento de salário, e o tempo de afastamento não é computado para fins contratuais; em alguns casos esta segunda característica é relativizada, como no acidente de trabalho e serviço militar, que são hipóteses de suspensão contratual, mas com contagem do tempo de afastamento para fins do contrato de trabalho. O acidente só se torna suspensão contratual a partir do 16º dia de afastamento, mas o serviço militar desde o início se caracteriza como suspensão. Sobre os efeitos destes afastamentos na contagem do tempo de serviço vide comentários ao art. 472, a seguir, e 4º, § único, desta CLT.

2. QUESTÕES DE CONCURSOS

01. (AFEAM/JURÍDICA/FUNCAB/2009/ADAPTADA) Ao empregado, afastado do emprego, são asseguradas, por ocasião de sua volta, todas as vantagens que, em sua ausência, tenham sido atribuídas à categoria a que pertencia na empresa.

GAB	1	C

✦ SERVIÇO MILITAR OU OUTRO ENCARGO PÚBLICO

Art. 472. O afastamento do empregado em virtude das exigências do serviço militar, ou de outro encargo público, não constituirá motivo para alteração ou rescisão do contrato de trabalho por parte do empregador.

§ 1º – Para que o empregado tenha direito a voltar a exercer o cargo do qual se afastou em virtude de exigências do serviço militar ou de encargo público, é indispensável que notifique o empregador dessa intenção, por telegrama ou carta registrada, dentro do prazo máximo de 30 (trinta) dias, contados da data em que se verificar a respectiva baixa ou a terminação do encargo a que estava obrigado.

✦ CONTRATOS A TERMO: CONTAGEM DO TEMPO DE SERVIÇO

§ 2º – Nos contratos por prazo determinado, o tempo de afastamento, se assim acordarem as partes interessadas, não será computado na contagem do prazo para a respectiva terminação.

✦ MOTIVO DE SEGURANÇA NACIONAL

§ 3º – Ocorrendo motivo relevante de interesse para a segurança nacional, poderá a autoridade competente solicitar o afastamento do empregado do serviço ou do local de trabalho, sem que se configure a suspensão do contrato de trabalho.(Incluído pelo Decreto-lei nº 3, de 27.1.1966)

§ 4º – O afastamento a que se refere o parágrafo anterior será solicitado pela autoridade competente diretamente ao empregador, em representação fundamentada com audiência da Procuradoria Regional do Trabalho, que providenciará desde logo a instauração do competente inquérito administrativo.(Incluído pelo Decreto-lei nº 3, de 27.1.1966)

§ 5º – Durante os primeiros 90 (noventa) dias desse afastamento, o empregado continuará percebendo sua remuneração.(Incluído pelo Decreto-lei nº 3, de 27.1.1966)

1. COMENTÁRIOS

1.1 Serviço militar ou outro encargo público

O serviço militar obrigatório é hipótese de suspensão atípica, pois embora não haja pagamento de salário (art. 60, § 1º, da Lei nº 4.375, de 17.8.64), permanece a obrigação de recolher o FGTS durante o afastamento (art. 28, I, do Decreto nº 99.684/90 – regulamento do FGTS), além da contagem do tempo de serviço para fins do contrato de trabalho (art. 4º, § único, da CLT).

A proibição de alteração contratual em prejuízo do empregado, prevista no art. 468 da CLT, se estende ao período de suspensão motivada por serviço militar. A proibição de rescisão contratual, referida no caput, do art. 472, é obstáculo em toda e qualquer hipótese de suspensão contratual. Na suspensão, como na interrupção, as partes ficam impedidas de resilir o contrato de trabalho (despedida e pedido de demissão), mas nada impede o rompimento do contrato de trabalho por justa causa, bastando que a falta possa ser cometida fora da empresa, como acontece em algumas hipóteses arroladas no art. 482 da CLT.

O afastamento previsto no artigo ora comentado diz respeito ao serviço militar obrigatório, que é hipótese de suspensão contratual, e não ao serviço militar voluntário, como o das mulheres. Penso, diante da omissão da norma do art. 472, que as mulheres que tenham intenção de prestar serviço militar terão que pedir demissão do emprego.

Valentin Carrion (Comentários, 2010, p. 394) e Francisco Antonio de Oliveira (Comentários, 2005, p. 410) lembram hipóteses de serviço militar que são caracterizadas como interrupção contratual, pois são abonadas as faltas: exercícios ou manobras de reservistas convocados, exercícios de apresentação das reservas ou cerimônia cívica do Dia do Reservista, conforme art. 60, § 4º, da Lei nº 4.375/64, com a redação do DL nº 715/69.

A expressão legal: "outro encargo público", referida no caput do art. 472, significa que existem outras espécies de afastamento que também resguardam o emprego por ocasião da volta do empregado; todavia, não significa que tais afastamentos sejam também definidos como suspensão contratual; por exemplo, os dias abonados quando o empregado comparecer como mesário em dia de eleição ou como jurado no Tribunal do Júri (art. 441, do CPP), são hipóteses de encargos públicos caracterizados como interrupção contratual.

Vide comentários ao art. 132 da CLT, quanto ao direito às férias do empregado que se afasta para prestar serviço militar.

1.2. Contratos a termo: contagem do tempo de serviço

Interpretada a *contrario sensu*, a regra do § 2º deste artigo estabelece que eventual afastamento do empregado, por motivo de suspensão ou interrupção, não prorroga os contratos por prazo determinado, salvo se os contratantes dispuserem em sentido contrário (neste sentido: Alice Monteiro de Barros, Curso, fev-2009, p. 884, Francisco Antonio de Oliveira, Comentários, 2005, p. 411/412 e Sérgio Pinto Martins, Comentários, 2010, p. 465).

Nós sempre defendemos que nem mesmo o advento de acidente do trabalho teria o condão de prorrogar o contrato a termo. Caso o empregado venha sofrer acidente, faltando, por exemplo, 40 dias para terminar o prazo do contrato de trabalho, nos primeiros 15 dias de afastamento o empregador pagará os salários (interrupção contratual) e nos 25 dias restantes o empregado gozará de benefício previdenciário (suspensão contratual), se encerrando o contrato, normalmente, nos 20 dias restantes, mesmo que continue o empregado afastado para fins previdenciários.

Mauricio Godinho Delgado, Curso, jan-2009, p. 1008, defende que o término do contrato de trabalho deveria ser prorrogado ao menos até findar a causa suspensiva ou interruptiva do contrato.

O entendimento do Ministro Godinho, contrário ao nosso, acabou prevalecendo na jurisprudência do TST, diante da atual redação da **Súmula nº 378, III, do TST,** de acordo com a Res. 185/2012 – DEJT divulgado em 25, 26 e 27.09.2012, com o seguinte teor: "O empregado submetido a contrato de trabalho por tempo determinado goza da garantia provisória de emprego decorrente de acidente de trabalho prevista no art. 118 da Lei nº 8.213/91.".

1.3. Motivo de segurança nacional

O motivo de segurança nacional (§ 3º), na visão do Decreto-lei nº 3, de 27.1.1966, que justificava esta violência que consistia no afastamento do empregado, estava diretamente ligado a eventual envolvimento político deste último, contrário ao regime militar instaurado de maneira autoritária em 1964.

Os §§ 3º a 5º, a nosso ver, não foram recepcionados pela Constituição da República. Também assim se posiciona Gustavo Felipe Barbosa Garcia, explicando que: "No atual regime de Estado Democrático de Direito, não mais vigora a doutrina da segurança nacional, substituída pela preservação do interesse público e social, sem afrontar a dignidade da pessoa humana e os diferentes direitos de ordem fundamental. Cabe destacar que a atual "segurança pública", conforme previsão do art. 144 da Constituição de 1988, também não se confunde com a antiga sistemática da "segurança nacional", que se tornou incompatível com o atual regime político, fundado na democracia e no pluralismo (art. 1º, da CF/88). Assim, defende-se que as vetustas disposições dos §§ 3º, 4º e 5º do art. 472 da CLT encontram-se revogadas, por manifesta incompatibilidade com a ordem constitucional em vigor." (Curso, 2008, p. 504).

Segundo Sergio Pinto Martins, Comentários, 2010, p. 466, a Lei nº 8.630/93, em seu art. 76, revogou o Decreto-lei nº 3, de 27.1,1966 que introduziu os §§ 3º a 5º no art. 472, cuidando do afastamento por motivo de segurança nacional. Por esta razão o autor entende que foram também revogados estes parágrafos na CLT.

Ainda que se admita, por hipótese, que os dispositivos referidos vigoram em nosso ordenamento jurídico, merece menção o fato de que a interrupção contratual referida no § 5º só permanecerá por 90 dias. Segundo Russomano, Comentários, Vol. I, 1993, p. 499, este é o prazo para que se termine o inquérito administrativo que apura os atos atentatórios à segurança nacional do qual o empregado é acusado. O referido autor chega a afirmar, na mesma obra, que não concluído o inquérito neste prazo, o empregado deve retornar ao serviço. Exatamente no mesmo sentido opina Sergio Pinto Martins, Comentários, 2010, p. 466.

Concluído o inquérito administrativo pela prática de atos atentatórios à segurança nacional, o contrato de trabalho será desconstituído por justa causa (Martins, Comentários, 2010, p. 466 e Russomano, Comentários, Vol. I, 1993, p. 499). Sobre esta hipótese de justa causa vide comentários ao art. 482, § único.

2. QUESTÕES DE CONCURSOS

01. **(AGU/PROCURADOR FEDERAL/CESPE/2010)** O empregado afastado em virtude das exigências do serviço militar deve notificar seu empregador acerca do retorno às atividades no prazo máximo de dez dias contados da data em que se verificar a respectiva baixa.

02. **(TRT – 15ª REGIÃO/ANALISTA JUDICIÁRIO/FCC/2009)** Denis labora para a empresa W na função de segurança. Ontem, recebeu comunicação do Exército Brasileiro, informando – o de que deverá se apresentar na próxima segunda – feira para desempenhar o serviço militar obrigatório. Neste caso, o contrato de trabalho de Denis será:

a) suspenso, devendo o mesmo intimar a empresa W dentro de quinze dias da "baixa" sobre a sua intenção de retorno ao cargo empregatício original.

b) interrompido, devendo o mesmo intimar a empresa W dentro de trinta dias da "baixa" sobre a sua intenção de retorno ao cargo empregatício original.

c) suspenso, devendo o mesmo intimar a empresa W dentro de trinta dias da "baixa" sobre a sua intenção de retorno ao cargo empregatício original.

d) interrompido, devendo o mesmo intimar a empresa W dentro de quinze dias da "baixa" sobre a sua intenção de retorno ao cargo empregatício original.

e) extinto, devendo a empresa W efetuar o pagamento de todas as verbas rescisórias relativas a uma dispensa sem justa causa.

03. **(FCC – TRT 9 – Analista Judiciário/2010)** Joana está gozando regularmente de suas férias. João não está trabalhando neste domingo tendo em vista que laborou regularmente nos demais dias da semana. Vitório está ausente de seus serviços em razão do nascimento de seu filho. Moisés foi eleito para o cargo de diretor não permanecendo a subordinação jurídica inerente à relação de emprego e Jair está afastado de seu emprego para exercer cargo público não obrigatório. Nestes casos, consideram-se suspensos APENAS os contratos de trabalho de

a) Joana, Moisés e Jair.

b) Joana, João e Vitório.

c) Joana e Moisés.
d) Moisés e Jair.
e) Vitório e Jair.

GAB	1	E	2	C	3	D

✦ HIPÓTESES DE INTERRUPÇÃO

Art. 473. O empregado poderá deixar de comparecer ao serviço sem prejuízo do salário:(Redação do Decreto-lei nº 229, de 28.2.1967)

✦ FALECIMENTO DE PARENTES

I – até 2 (dois) dias consecutivos, em caso de falecimento do cônjuge, ascendente, descendente, irmão ou pessoa que, declarada em sua carteira de trabalho e previdência social, viva sob sua dependência econômica;

✦ CASAMENTO

II – até 3 (três) dias consecutivos, em virtude de casamento;

✦ NASCIMENTO DE FILHO

III – por um dia, em caso de nascimento de filho no decorrer da primeira semana;

✦ DOAÇÃO DE SANGUE

IV – por um dia, em cada 12 (doze) meses de trabalho, em caso de doação voluntária de sangue devidamente comprovada;

✦ ALISTAMENTO ELEITORAL

V – até 2 (dois) dias consecutivos ou não, para o fim de se alistar eleitor, nos termos da lei respectiva.

✦ SERVIÇO MILITAR

VI – no período de tempo em que tiver de cumprir as exigências do Serviço Militar referidas na letra "c" do art. 65 da Lei nº 4.375, de 17 de agosto de 1964 (Lei do Serviço Militar). (Incluído pelo Decreto-lei nº 757, de 12.8.1969)

✦ EXAMES VESTIBULARES

VII – nos dias em que estiver comprovadamente realizando provas de exame vestibular para ingresso em estabelecimento de ensino superior. (Inciso incluído pela Lei nº 9.471, de 14.7.1997)

✦ COMPARECIMENTO EM JUÍZO

VIII – pelo tempo que se fizer necessário, quando tiver que comparecer a juízo. (Incluído pela Lei nº 9.853, de 27.10.1999)

✦ EVENTO INTERNACIONAL DE DIRIGENTE SINDICAL

IX – pelo tempo que se fizer necessário, quando, na qualidade de representante de entidade sindical, estiver participando de reunião oficial de organismo internacional do qual o Brasil seja membro. (Incluído pela Lei nº 11.304, de 11.05.2006)

X – até 2 (dois) dias para acompanhar consultas médicas e exames complementares durante o período de gravidez de sua esposa ou companheira; (Incluído dada pela Lei nº 13.257, de 8.3.2016)

XI – por 1 (um) dia por ano para acompanhar filho de até 6 (seis) anos em consulta médica. (Incluído dada pela Lei nº 13.257, de 8.3.2016)

1. COMENTÁRIOS

1.1. Hipóteses de interrupção

Todas as hipóteses do art. 473 da CLT dizem respeito ao fenômeno da interrupção contratual. Contudo, existem outras hipóteses de interrupção não previstas neste artigo, ou mesmo na CLT. O rol deste artigo não é taxativo, e sempre que uma norma, onde quer esteja, permitir o pagamento de salário sem o correspondente trabalho, estará tratando de interrupção contratual. São hipóteses de interrupção contratual, além das previstas neste artigo: o repouso semanal remunerado (Lei nº 605/49), as férias (art. 130 da CLT), o afastamento do professor nas hipóteses do art. 320, § 3º, da CLT, o comparecimento em juízo como testemunha (art. 822 da CLT), aborto não criminoso (art. 395 da CLT), os primeiros 15 dias de acidente do trabalho (art. 59, da Lei nº 8.213/91) e por doença, a licença-maternidade (art. 392 da CLT), licença-paternidade (art. 10, II, § 1º, do ADCT/CF/88), algumas prestações de serviço militar (vide comentários ao art. 472 da CLT) e tantas outras que possam ser previstas em lei, ou mesmo por outras fontes (sentenças normativas, acordos, convenções coletivas e regulamentos de empresa).

1.2. Falecimentos de parentes

Na hipótese de falecimento de parente ou dependente, do inciso I, chamada de licença nojo, só se pode interpretar que o afastamento de 2 dias ali previsto diz respeito aos dias imediatamente seguintes ao falecimento; estes dias são utilizados pelo empregado para a "guarda dos mortos", para o luto e para se recuperar psicologicamente. A lei não autoriza a ausência no dia do falecimento, mas é praxe o empregador dispensar este dia, considerando-se que são parentes ou dependentes muito próximos do empregado. A contagem do afastamento se faz em dias corridos, mesmo que se inicie num final de semana. A anotação da condição de dependente deve constar da CTPS, nos termos do art. 40, II, da CLT.

O art. 16 da Lei nº 8.213/91 indica os dependentes referido no inciso I, supra: cônjuge, companheira, companheiro, filho não emancipado menor de 21 anos ou inválido além desta idade; o irmão não emancipado menor de 21 anos ou acima desta idade se inválido; o enteado e o menor sob a tutela do empregado equiparam-se a filho (art. 16, § 2º, da Lei nº 8.213/91).

1.3. Casamento

O inciso II cuida da licença gala, destinada às bodas, nos dias seguintes à celebração do casamento. Para algumas religiões, como a judaica, os nubentes passam vários dias em festa. Na tradição católica a celebração só se realiza em um dia e os outros dois de afastamento autorizados por lei podem ser utilizados para a viagem de núpcias. O próprio dia da união civil não é dispensado, ainda que, na prática, o empregador acabe também liberando este dia. O casamento religioso terá efeito civil (art. 226, § 3º, da CF). Também tem a proteção do Estado a união estável entre homem e mulher (art. 226, § 4º, da CF). Todavia, a união estável não possui um dia específico para celebração. Aliás, sua caracterização depende de convivência com status definitivo, razão pela qual é inaplicável o afastamento de 3 dias.

Ainda que não haja expressa previsão constitucional, muito se tem debatido quanto à extensão dos direitos acima previstos para as uniões homoafetivas (entre pessoas do mesmo sexo). Esta tendência se baseia em respeito a princípios constitucionais da dignidade da pessoa humana e do pluralismo (art. 1º, III a V da CF), a promoção do bem de todos sem preconceito (CF, art. 3º, IV), o princípio da isonomia (art. 5º, da CF), além da própria diretriz mencionada no preâmbulo da Constituição, no qual a liberdade e igualdade são consideradas como valores supremos para a construção de uma sociedade fraterna, pluralista e sem preconceitos (Dirley Cunha e Marcelo Novelino, Constituição, 2010, p. 744).

Uma vez reconhecida, judicialmente, a união homoafetiva, os empregados poderão pleitear em seus empregos o direito ao afastamento previsto neste inciso.

1.4. Nascimento de filho

O afastamento do inciso III é denominado licença-paternidade. Este um dia, previsto na norma, era destinado ao registro civil da criança. Com o advento da Constituição da República o repouso passou a ser de 5 dias, como estabelece o art. 7º, XIX e art. 10, § 1º, do ADCT/CF/88. Os cinco dias são posteriores ao nascimento; isto porque se o afastamento por um dia ocorria ao longo da semana, os cinco dias previstos na norma constitucional devem ser interpretados da mesma forma. Caso não seja liberado do trabalho no dia do nascimento de seu filho, o empregado deverá trabalhar neste dia. Querendo se ausentar sem a concordância do empregador, pode se valer de um dos seus cinco dias de seu afastamento previstos no art. 10, § 1º, do ADCT/CF/88.

A licença também é devida ao pai adotante, casado ou solteiro, pois tanto o pai, quanto a mãe, pode exercer o poder familiar, que veio a substituir o pátrio poder.

A legislação trabalhista já promoveu ampla equiparação entre a mãe biológica e adotiva, mas falta fazê-lo quanto ao homem; enquanto não ocorrer a equiparação formal, cabe ao intérprete tal função.

1.5. Doação de sangue

A norma do inciso IV estimula a doação de sangue, mas ao mesmo tempo tem o cuidado de prevenir o comércio de sangue por doadores. Sabe-se que existem práticas ilegais, muitas vezes utilizadas por bancos de sangue, de fazer algum pagamento para fins de doação. O abono de somente um dia a cada 12 meses demonstra a cautela do legislador. Caso se descubra que a doação não foi gratuita, o empregado poderá ser descontado do dia de trabalho, sem prejuízo de outras sanções que lhe possam ser aplicadas.

1.6. Alistamento eleitoral

O art. 48 da Lei nº 4.737, de 15.7.1965 (Código Eleitoral) é mais abrangente que a norma do inciso V, pois permite a ausência do empregado, com pagamento de dois dias, para fins de alistamento ou para requerer transferência. Entendemos que estas ausências devem ser autorizadas, também, quando da necessidade de segunda via do título eleitoral, que exige o comparecimento do empregado em sua zona eleitoral.

1.7. Serviço militar

Dispõe o art. 65, "c" da Lei n, 4.375/64, que constituem deveres do Reservista: "apresentar-se, anualmente, no local e data que forem fixados, para fins de exercício de apresentação das reservas ou cerimônia cívica do Dia do Reservista;". Como se percebe do texto legal, não se trata do serviço militar inicial a que se sujeitam os homens, prestado por classes constituídas de brasileiros nascidos entre 1º de janeiro e 31 de dezembro, no ano em que completarem 19 (dezenove) anos de idade, conforme art. 3º da referida lei.

Dispõe ainda o art. 60, § 4º, da referida lei, que todo convocado matriculado em Órgão de Formação de Reserva que seja obrigado a faltar a suas atividades civis, por força de exercício ou manobras, terá suas faltas abonadas para todos os efeitos.

1.8. Exames vestibulares

A previsão de abono dos dias faltosos quando o empregado estiver prestando exame vestibular, não se estende às provas de ingresso em instituições de ensino fundamental ou médio, concursos públicos ou similares. Sendo assim, o empregador que abonar o dia em que o empregado estiver realizando qualquer outro tipo de exame, que não será o vestibular, não fica obrigado a continuar tal prática quando o empregado realizar outra prova. Todavia, se dispensar do trabalho qualquer empregado para realização de exame que não seja vestibular, fica obrigado a estender este tratamento para outros empregados nas mesmas condições, de acordo com o princípio da isonomia.

1.9. Comparecimento em juízo

A CLT, desde sua redação original, já continha previsão que abonava o dia de ausência para comparecimento como testemunha (art. 822 da CLT), mas antes da inclusão deste inciso era omissa quanto ao comparecimento de empregado como parte.

A jurisprudência trabalhista, antes da inclusão do inciso VIII, construiu a tese de que as horas despendidas para comparecimento em juízo como parte, não podem ser objeto de desconto no salário (S. 155 da TST). A súmula faz menção ao "comparecimento necessário". Passível de críticas a expressão utilizada pela jurisprudência, pois todo comparecimento da parte em juízo é, em princípio, obrigatório, como dispõe o art. 843 da CLT, cuja ausência gera as consequências previstas no art. 844.

O texto legal, incluído pela Lei nº 9.853, de 27.10.1999, seguiu o norte da jurisprudência, só dispensando o tempo necessário ao comparecimento como parte, que dificilmente ultrapassa mais de um período de trabalho (manhã ou tarde). Portanto, o empregado não está liberado o dia inteiro, mas sim o tempo necessário a participar da audiência. Tal diretriz, ainda que não conste expressamente do texto que cuida da ausência da testemunha (art. 822 da CLT), também a esta se aplica, pois a dispensa diz respeito ao tempo gasto na audiência e não a todo o dia de trabalho. Esta interpretação é a que melhor traduz a intenção da norma.

Não importa para dispensa do empregado se o comparecimento em juízo resultou ou não em depoimento pessoal. Em razão do procedimento uno da audiência trabalhista, na maioria das vezes a parte só fica sabendo que não prestará depoimento pessoal no próprio dia do comparecimento em juízo e pelas mais diversas circunstâncias.

Inclui-se no tempo gasto o deslocamento de ida e volta à audiência (também assim Sergio Pinto Martins, Comentários, 2010, p. 472).

O CPC, no seu art. 419, § único, contém disposição semelhante à CLT, liberando a testemunha para comparecimento em juízo, nos seguintes termos: "o depoimento prestado em juízo é considerado serviço público. A testemunha, quando sujeita ao regime da legislação trabalhista, não sofre, por comparecer à audiência, perda de salário nem desconto do tempo de serviço." No mesmo sentido o art. 463, § único, do CPC/2015.

1.10. Evento internacional de dirigente sindical

A participação de dirigente sindical em evento internacional deve estar relacionada à atividade sindical ou de outras de interesse dos trabalhadores. Também serão abonadas as horas de ida e volta, pois, em se tratando de evento internacional, o dispêndio no deslocamento pode ser até mesmo maior que aquele gasto na participação do evento.

A norma do inciso IX, introduzida pela Lei nº 11.304/2006, está de acordo com o princípio da liberdade sindical, na vertente liberdade associativa, prevista no direito nacional, ao menos em parte, pela Constituição de 1988, art. 8º.

1.11. Licença para acompanhar cônjuge.

O inciso X, do art. 473, inserido pela Lei nº 13.257, de 8.3.2016 está plenamente de acordo com o reconhecimento, em nosso ordenamento jurídico, da união entre pessoas do mesmo sexo. O texto legal se refere a esposa e companheira, sem fazer qualquer menção a cônjuge ou companheiro.

Ainda que não haja expressa previsão constitucional, muito se tem debatido quanto à extensão dos direitos acima previstos para as uniões homoafetivas (entre pessoas do mesmo sexo). Esta tendência se baseia em respeito a princípios constitucionais da dignidade da pessoa humana e do pluralismo (art. 1º, III a V da CF), a promoção do bem de todos sem preconceito (CF, art. 3º, IV), o princípio da isonomia (art. 5º, da CF), além da própria diretriz mencionada no preâmbulo da Constituição, no qual a liberdade e igualdade são consideradas como valores supremos para a construção de uma sociedade fraterna, pluralista e sem preconceitos (Dirley Cunha e Marcelo Novelino, Constituição, 2010, p. 744).

No sentido acima, o E. STF, em histórico julgamento realizado nos dias 4 e 5 de maio de 2011, no julgamento das ADI 4277 DF e ADPF 132/RJ, de relatoria do Ministro Ayres Britto, reconheceu a união homoafetiva, com os seguintes fundamentos:

> "A norma constante do art. 1.723 do Código Civil brasileiro ("É reconhecida como entidade familiar a união estável entre o homem e a mulher, configurada na convivência pública, contínua e duradoura e estabelecida com o objetivo de constituição de família") não obsta que a união de pessoas do mesmo sexo possa ser reconhecida como entidade familiar apta a merecer proteção estatal. Essa foi a conclusão da Corte Suprema ao julgar procedente pedido formulado em duas ações diretas de inconstitucionalidade ajuizadas, respectivamente, pelo Procurador-Geral da República e pelo Governador do Estado do Rio de Janeiro. Prevaleceu o voto do Ministro Ayres Britto, relator, que deu interpretação conforme a Constituição Federal ao art. 1.723 do Código Civil para dele excluir qualquer significado que impeça o reconhecimento da união contínua, pública e duradoura entre pessoas do mesmo sexo como entidade familiar, entendida esta como sinônimo perfeito de família. O relator asseverou que esse reconhecimento deve ser feito de acordo com as mesmas regras e com as mesmas conseqüências da união estável heteroafetiva. Enfatizou que a Constituição veda, expressamente, o preconceito em razão do sexo ou da natural diferença entre a mulher e o homem, o que nivela o fato de ser homem ou de ser mulher às contingências da origem social e geográfica das pessoas, da idade, da cor da pele e da raça, na acepção de que nenhum desses fatores acidentais ou fortuitos se coloca como causa de merecimento ou de desmerecimento intrínseco de quem quer que seja. Afirmou que essa vedação também se dá relativamente à possibilidade da concreta utilização da sexualidade, havendo um direito constitucional líquido e certo à isonomia entre homem e mulher: a) de não sofrer discriminação pelo fato em si da contraposta conformação anátomo-fisiológica; b) de fazer ou deixar de fazer uso da respectiva sexualidade; e c) de, nas situações de uso emparceirado da sexualidade, fazê-lo com pessoas adultas do mesmo sexo, ou não.
>
> Em seguida disse haver direito a uma concreta liberdade da mais ampla extensão decorrente do silêncio intencional da Constituição quanto ao tema do emprego da sexualidade humana. Explicou que essa total ausência de previsão normativo-constitucional referente à fruição da preferência sexual possibilita a incidência da regra de que "tudo aquilo que não estiver juridicamente proibido, ou obrigado, está juridicamente permitido" (Constituição, artigo 5º, inciso II) e de que o

emprego da sexualidade humana diz respeito à intimidade e à vida privada, as quais são direito da personalidade. Reportou-se, ainda, ao § 1º do artigo 5º da Constituição, como âncora normativa. Aduziu que essa liberdade para dispor da própria sexualidade está incluída no rol dos direitos fundamentais do indivíduo, sendo direta emanação do princípio da dignidade da pessoa humana e até mesmo cláusula pétrea. Frisou que esse direito de explorar os potenciais da própria sexualidade é exercitável tanto no plano da intimidade (absenteísmo sexual e onanismo) quanto da privacidade (intercurso sexual). Ao levar em conta todos esses aspectos, indagou se a Constituição sonegaria aos parceiros homoafetivos, em estado de prolongada ou estabilizada união – realidade há muito constatada empiricamente no plano dos fatos –, o mesmo regime jurídico protetivo conferido aos casais heteroafetivos em idêntica situação. Após mencionar que a família deve servir de norte interpretativo para as figuras jurídicas do casamento civil, da união estável, do planejamento familiar e da adoção, o relator registrou que a diretriz da formação dessa instituição é o não-atrelamento da formação da família a casais heteroafetivos ou a qualquer formalidade cartorária, celebração civil ou liturgia religiosa. Reputou que família é, por natureza ou no plano dos fatos, vocacionalmente amorosa, parental e protetora dos respectivos membros, constituindo-se, no espaço ideal das mais duradouras, afetivas, solidárias ou espiritualizadas relações humanas de índole privada, o que a credencia como base da sociedade (Constituição, artigo 226, caput). Desse modo, anotou que se deveria extrair do sistema a proposição de que a isonomia entre casais heteroafetivos e pares homoafetivos somente ganha plenitude de sentido se desembocar no igual direito subjetivo à formação de uma autonomizada família, entendida como núcleo doméstico independente de qualquer outro e constituído, em regra, com as mesmas notas factuais da visibilidade, continuidade e durabilidade (Constituição, artigo 226, § 3º: "Para efeito da proteção do Estado, é reconhecida a união estável entre o homem e a mulher como entidade familiar, devendo a lei facilitar sua conversão em casamento"). Mencionou, ainda, as espécies de família constitucionalmente previstas (artigo 226, §§ 1º a 4º), a saber, a constituída pelo casamento e pela união estável, bem como a monoparental. Por fim, ressaltou que a solução apresentada dá concreção aos princípios da dignidade da pessoa humana, da igualdade, da liberdade, da proteção das minorias, da não-discriminação e outros.".

1.12. Ausência para acompanhar filho em consulta médica

Atualmente não se fala mais em pátrio poder ou poder marital. Ambos os cônjuges exercem o poder familiar. Consequentemente, a regra do inciso XI, do art. 473, introduzida pela Lei nº 13.257, de 8.3.2016, deve ser interpretada no sentido de se permitir que ambos os cônjuges possam comparecem em consulta médica, ao mesmo tempo, ainda que trabalhem na mesma empresa.

2. SÚMULAS E ORIENTAÇÕES JURISPRUDENCIAIS

Súmula nº 15/TST

ATESTADO MÉDICO (mantida) – Res. 121/2003, DJ 19, 20 e 21.11.2003

A justificação da ausência do empregado motivada por doença, para a percepção do salário-enfermidade e da remuneração do repouso semanal, deve observar a ordem preferencial dos atestados médicos estabelecida em lei.

Súmula nº 155/TST

AUSÊNCIA AO SERVIÇO (mantida) – Res. 121/2003, DJ 19, 20 e 21.11.2003

As horas em que o empregado falta ao serviço para comparecimento necessário, como parte, à Justiça do Trabalho não serão descontadas de seus salários (ex-Prejulgado nº 30).

3. QUESTÕES DE CONCURSOS

01. (MTE/AUDITOR FISCAL DO TRABALHO/ESAF/2010/ADPTADO) O afastamento do empregado nos dias em que estiver comprovadamente realizando provas de exame vestibular para ingresso em estabelecimento de ensino superior ou quando tiver que comparecer em juízo gera a interrupção do contrato de trabalho.

02. (TRT – 15ª REGIÃO/ANALISTA ADMINISTRATIVO/FCC/2009) Considere as seguintes hipóteses:

I. O período entre o afastamento e o retorno do trabalhador ao emprego em razão do cancelamento de aposentadoria por invalidez.

II. O período em que o empregado ficou afastado do emprego em prisão aguardando julgamento da justiça comum em razão da prática de crime.

III. A ausência do empregado no dia 1º de maio em razão do feriado do dia do trabalho.

IV. O afastamento do empregado para participar de atividade do Conselho Curador do FGTS.

São hipóteses de suspensão do contrato de trabalho as indicadas SOMENTE em

a) I, III e IV.

b) I e II.

c) I, II e IV.

d) III e IV.

e) II e III.

03. (TRT – 17ª REGIÃO/ANALISTA JUDICIÁRIO/CESPE/2009) Ocorre a suspensão do contrato de trabalho quando o empregado fica afastado e não recebe o salário, normalmente sem que seja contado o período de afastamento como tempo de serviço. Um exemplo de suspensão do contrato de trabalho é a licença paternidade.

04. (TRT – 2ª REGIÃO/JUIZ DO TRABALHO/2009) São considerados motivos justificados para abono de faltas ao serviço, sem prejuízo do salário ou aplicação de outra punição:

a) O afastamento por 03 (três) dias consecutivos, em caso de falecimento de cônjuge, ascendente, descendente e irmão.

b) O afastamento por 01 (um) dia a cada 06 (seis) meses de trabalho, em caso de doação voluntaria de sangue devidamente comprovada.

c) O afastamento nos dias em que estiver comprovadamente realizando provas de exame vestibular para ingresso em estabelecimento de ensino superior.

d) As horas em que o empregado compareceu como parte na Justiça do Trabalho, limitado ao período de 05 (cinco) horas visto que, nos termos do artigo 813 da CLT as audiências não poderão ultrapassar este tempo.

e) O tempo em que o empregado, na qualidade representante de entidade sindical, estiver participando de reunião oficial da Organização Internacional do Trabalho – OIT, desde que não exceda 30 (trinta) dias.

05. (FCC – TRT 4 – Analista Judiciário/2011) Trata-se de hipótese de interrupção do contrato de trabalho

a) o período de afastamento para desempenho de encargo público como, por exemplo, cargo público eletivo.

b) o período de suspensão disciplinar não relevada pelo empregador ou cancelada pela Justiça do Trabalho.

c) a participação em greve, sem recebimento de salário.

d) a ausência ao trabalho dos representantes dos trabalhadores no Conselho Curador do Fundo de Garantia por tempo de serviço, decorrentes de atividades desse órgão.

e) a ausência por motivo de licença sem remuneração concedida pelo empregador tendo em vista a existência de motivo plausível.

06. (FCC – TRT 24 – Analista Judiciário/2011/ADAPTADA) O empregado que, na qualidade de representante de entidade sindical, estiver participando de reunião oficial de organismo internacional do qual o Brasil seja membro, terá o seu contrato de trabalho: suspenso pelo tempo em que a reunião se realizar, não compreendendo a viagem de ida até o local onde será realizada a reunião e a de volta.

07. (FCC – Analista Judiciário – Área Administrativa – TRT 15/2013) Liliana, Sheila e Ana são empregadas da empresa "CCC Ltda". Na última semana Liliana se ausentou de seu serviço por um dia para prestar exame de vestibular para ingresso na Faculdade "A"; Sheila está ausente há cinco dias, tendo em vista que participa na qualidade de jurada de julgamento perante o Tribunal do Júri de São Paulo. Hoje Ana está gozando de seu intervalo semanal remunerado. Nestes casos, ocorreu a

a) interrupção apenas do contrato de trabalho de Ana.

b) suspensão de todos os contratos de trabalho.
c) interrupção de todos os contratos de trabalho.
d) suspensão apenas do contrato de trabalho de Ana.
e) suspensão apenas do contrato de trabalho de Liliana e Ana.

08. (FCC – Analista Judiciário – Área Judiciária – TRT 15/2013) Flávia, empregada da empresa "KKK Ltda." foi eleita diretora, com poderes de direção plenos, ou seja, não permanecendo a subordinação jurídica inerente à relação de emprego. Em razão da eleição, Flávia se dirigiu ao setor que trabalhava para contar a notícia aos seus colegas de trabalho, mas não conseguiu contar a notícia para sua secretária Larissa que está de férias e para a copeira Luísa, que não compareceu ao serviço porque se casou ontem. No tocante a suspensão e interrupção do contrato de trabalho, nas hipóteses descritas

a) os contratos de trabalho de Flávia, Larissa e Luísa foram suspensos.
b) o contrato de trabalho de Flávia foi interrompido e os contratos de Larissa e Luísa estão suspensos.
c) o contrato de trabalho de Flávia está suspenso e os contratos de Larissa e Luísa foram interrompidos.
d) os contratos de trabalho de Flávia, Larissa e Luísa foram interrompidos.
e) os contratos de trabalho de Flávia e Luísa foram interrompidos e contrato de Larissa foi suspenso.

09. (FCC – Técnico Judiciário – Área Administrativa – TRT 15/2013) Fabiana, empregada da empresa "KLJ Ltda.", sofreu acidente doméstico queimando-se na cozinha, e em razão das queimaduras, terá que se ausentar do serviço por treze dias. Enquanto Fabiana enfrentava uma situação difícil, seu irmão, Caio, empregado da empresa "DGR Ltda." presenciava o nascimento do seu filho e está gozando de licença-paternidade. Doralice, amiga dos irmãos, e também empregada da empresa "KLJ Ltda.", está de férias e em razão de suas férias visitará os irmãos para prestar seu apoio. Nestes casos, a ausência de Fabiana, a licença-paternidade de Caio e as férias de Doralice configuram

a) suspensão, interrupção e suspensão do contrato de trabalho, respectivamente.
b) interrupção do contrato de trabalho.
c) suspensão do contrato de trabalho.
d) suspensão, interrupção e interrupção do contrato de trabalho, respectivamente.
e) interrupção, suspensão e suspensão do contrato de trabalho, respectivamente.

10. (FCC – Analista Judiciário – Área Administrativa – TRT 11/2017) Considere as hipóteses abaixo.

I. Luciana casou-se na última terça-feira deixando de comparecer no seu emprego por três dias consecutivos.
II. Dorivaldo deixou de comparecer no seu emprego por dois dias consecutivos em razão do falecimento de seu irmão.
III. Gildete está de férias.
IV. Simone está em gozo de seu repouso semanal remunerado.

Tratam-se de hipóteses de interrupção do contrato de trabalho as indicadas em

a) II, III e IV, apenas.
b) I, II e III, apenas.
c) I, III e IV, apenas.
d) I e II, apenas.
e) I, II, III e IV.

GAB	1	C	2	B	3	E	4	C	5	D	6	F	7	C	8	C	9	B	10	E

✦ RESCISÃO INDIRETA – SUSPENSÃO POR MAIS DE 30 DIAS

Art. 474. A suspensão do empregado por mais de 30 (trinta) dias consecutivos importa na rescisão injusta do contrato de trabalho.

1. COMENTÁRIOS

A suspensão do empregado é uma das medidas disciplinares previstas para as faltas contratuais praticadas pelo empregado. As outras punições são a advertência, que decorre da praxe trabalhista, pois não tem previsão legal, e a dispensa por justa causa, disciplinada, predominantemente, pelo art. 482 da CLT.

A suspensão, como exercício do poder disciplinar do empregador, deve ser utilizada com prudência. O legislador, através da norma contida neste artigo, criou ao menos um critério objetivo para sua aplicação: o limite temporal de 30 dias. A punição que ultrapassar este limite presume-se abusiva. Diante da desproporcionalidade no uso do poder disciplinar, o empregador acaba por cometer uma falta grave, daí porque autorizada a rescisão indireta do contrato de trabalho. A rescisão ou despedida indireta só é viável se o empregado tomar a iniciativa de demandar, em juízo, contra seu empregador, o que é pouco provável de acontecer, seja em razão do temor reverencial, seja pelo receio da perda do emprego. Caso proponha a demanda, a presunção lhe é favorável e receberá as verbas resilitórias, bastando, para tanto, provar que a suspensão ultrapassou 30 dias.

Considerando-se que na suspensão disciplinar o empregador deixa de pagar os salários, o limite de 30 dias já é, a nosso ver, exagerado (no mesmo sentido: F. A. de Oliveira, Comentários, março-2005, p. 413).

A mesma ponderação e princípios aplicados à justa causa também se estendem à suspensão. Segundo o entendimento majoritário sobre o tema, o julgador não pode dosar a suspensão; em juízo só cabe a sua confirmação ou anulação. Valentin Carrion se posiciona neste sentido, ainda que reconheça a polêmica sobre a (im)possibilidade do juiz dosar a penalidade aplicada pelo empregador, Comentários, 2010, p. 397). Também pela impossibilidade do juiz dosar a punição: F.A. de Oliveira, Comentários, março-2005, p. 413.

2. SÚMULAS E ORIENTAÇÕES JURISPRUDENCIAIS

- **Súmula nº 77/TST**

PUNIÇÃO (mantida) - Res. 121/2003, DJ 19, 20 e 21.11.2003

Nula é a punição de empregado se não precedida de inquérito ou sindicância internos a que se obrigou a empresa por norma regulamentar.

3. QUESTÕES DE CONCURSOS

01. (MTE/AUDITOR FISCAL DO TRABALHO/ESAF/2010/ADPTADO) A suspensão do empregado por prazo superior a 30 dias consecutivos, fundamentada em punição disciplinar, não prejudica a fluência do contrato de trabalho.

02. (FCC – TRT 8 – Analista Judiciário/2010) Bruno, empregado da empresa AS, através de contrato individual de trabalho por prazo indeterminado, recebeu suspensão disciplinar pelo prazo de noventa dias consecutivos. Neste caso,

a) considera-se que houve rescisão do contrato de trabalho por culpa da empresa AS, sendo devida dentre outras verbas, o aviso prévio.

b) considera-se que houve rescisão do contrato de trabalho por culpa da empresa AS, não sendo devido o aviso prévio em razão da suspensão disciplinar.

c) considera-se que houve rescisão do contrato de trabalho por culpa de Bruno, não sendo devido o aviso prévio em razão da suspensão disciplinar.

d) considera-se que houve rescisão do contrato de trabalho por culpa recíproca, sendo devido, dentre outras verbas, o aviso prévio.

e) considera-se que houve rescisão do contrato de trabalho por culpa recíproca, não sendo devido o aviso prévio em razão da suspensão disciplinar.

03. (TRT 8 – Juiz do Trabalho Substituto 8ª região/ 2012) Assinale a alternativa CORRETA: o poder disciplinar funda-se, a rigor, no próprio contrato, podendo ser exercido pelo empregador de forma discricionária, o que justifica que a punição seja sempre dosada, podendo o empregador escolher a penalidade disciplinar ou mesmo o número de dias de suspensão, admitindo a CLT a possibilidade de aplicar suspensão disciplinar ao empregado por mais de 30 (trinta) dias consecutivos.

04. (Cespe – Analista Judiciário – Área Judiciária – TRT 17/2013) Julgue o próximo item, relativo aos direitos trabalhistas.

A suspensão que ultrapassar o prazo de trinta dias consecutivos é considerada rescisão injusta do contrato de trabalho por culpa do empregador, portanto são devidas, ao empregado, as verbas rescisórias normais.

05. (FCC – Analista Judiciário – Área Judiciária – TRT 11/2017) A empresa de calçados Chão Azul Ltda. rescindiu o contrato de trabalho com justa causa da empregada Lívia que estava afastada do emprego gozando de auxílio doença previdenciário. Na última perícia médica Lívia teve alta do INSS, mas transcorridos cinquenta e cinco dias, ela não retornou ao trabalho e não justificou o motivo de não retornar. Neste caso, de acordo com entendimento sumulado do TST, a empresa

a) agiu corretamente, uma vez que Lívia possuía o prazo de quinze dias após a cessação do benefício previdenciário para retornar ao trabalho ou justificar o motivo de não o fazer.

b) agiu corretamente, uma vez que Lívia possuía o prazo de trinta dias após a cessação do benefício previdenciário para retornar ao trabalho ou justificar o motivo de não o fazer.

c) não agiu corretamente, uma vez que Lívia possui o prazo de sessenta dias após a cessação do benefício previdenciário para retornar ao trabalho ou justificar o motivo de não o fazer, não havendo transcorrido, ainda este lapso temporal.

d) não agiu corretamente, uma vez que Lívia possui o prazo de noventa dias após a cessação do benefício previdenciário para retornar ao trabalho ou justificar o motivo de não o fazer, não havendo transcorrido, ainda este lapso temporal.

e) não agiu corretamente, neste caso, em razão do gozo do benefício previdenciário, independentemente do lapso temporal, não se configura a hipótese de abandono de emprego, sendo vedada a dispensa com justa causa.

GAB	1	E	2	A	3	E	4	C	5	B

✦ APOSENTADORIA POR INVALIDEZ

Art. 475. O empregado que for aposentado por invalidez terá suspenso o seu contrato de trabalho durante o prazo fixado pelas leis de previdência social para a efetivação do benefício.

§ 1º – Recuperando o empregado a capacidade de trabalho e sendo a aposentadoria cancelada, ser-lhe-á assegurado o direito à função que ocupava ao tempo da aposentadoria, facultado, porém, ao empregador, o direito de indenizá-lo por rescisão do contrato de trabalho, nos termos dos arts. 477 e 478, salvo na hipótese de ser ele portador de estabilidade, quando a indenização deverá ser paga na forma do art. 497. (Redação dada pela Lei nº 4.824, de 5.11.1965)

§ 2º – Se o empregador houver admitido substituto para o aposentado, poderá rescindir, com este, o respectivo contrato de trabalho sem indenização, desde que tenha havido ciência inequívoca da interinidade ao ser celebrado o contrato.

1. COMENTÁRIOS

1.1. Aposentadoria por invalidez: provisoriedade do benefício

Para fins trabalhistas, o legislador classificou a aposentadoria por invalidez como suspensão contratual, não estando o empregador obrigado ao pagamento de salário no prazo da suspensão, nem a contar o tempo de serviço para fins do contrato de trabalho. Contudo, o prazo de suspensão do contrato de trabalho, diante da aposentadoria por invalidez, estará sempre vinculado às leis previdenciárias, conforme regra descrita no caput deste artigo.

Em razão da atual legislação previdenciária, que regulamenta a concessão da aposentadoria por invalidez, particularmente da regra do art. 42, da Lei nº 8.213/91, o benefício será concedido enquanto perdurar a incapacidade para o trabalho, não existindo mais a limitação temporal de 5 anos prevista na legislação anterior.

Na legislação anterior, era pacifico o entendimento de que atingido o prazo de 5 anos a aposentadoria por invalidez tornava-se definitiva; nesta hipótese, a suspensão era convolada, automaticamente, em extinção do contrato de trabalho, com pagamento ao empregado das verbas resilitórias, salvo o aviso prévio e a indenização de 40% sobre o FGTS, pois ausente a culpa do empregador ou sua iniciativa na terminação do contrato de trabalho.

Sobre o tema explicam Carlos Alberto Pereira de Castro e João Batista Lazzari: "A concessão de aposentadoria por invalidez dependerá da verificação da condição de incapacidade mediante exame médico-pericial a cargo da Previdência Social, podendo o segurado, a suas expensas, fazer-se acompanhar de médico de sua confiança – § 1º, do art. 42, da Lei nº 8.213/91 " (Manual, 2008, p. 543).

No mesmo sentido Valentin Carrion: "Inexiste no direito positivo atual a aposentadoria definitiva por invalidez; a qualquer tempo, mesmo após 5 anos (prazo do direito anterior), pode ser cancelada, caso readquira a capacidade laborativa". (Comentários, 2010, p. 398).

1.2. Retorno do empregado aposentado e seu substituto

Mesmo após o prazo de 5 anos, previsto no direito anterior, a aposentadoria por invalidez pode ser cancelada, desde que recupere o empregado sua capacidade de trabalho, atestada por laudo médico oficial, em uma das perícias periódicas a que se obriga o segurado por força da natureza de seu benefício previdenciário.

Recuperada a capacidade de trabalho do aposentado, este não tem direito subjetivo ao retorno, pois a legislação atribuiu ao empregador obrigação alternativa. Conforme previsão do § 1º deste artigo, o empregador pode optar entre o restabelecimento do contrato de trabalho do ex-aposentado, ou sua dispensa com pagamento das indenizações previstas em lei (aviso prévio, FGTS e indenização de 40%). Sendo o empregado portador de estabilidade definitiva (decenal), fará jus à indenização dobrada, na forma do art. 497 da CLT.

O empregado contratado como substituto do aposentado, desde que seja inequívoca a ciência do motivo da contratação, tem o término do contrato sujeito a condição resolutiva, qual seja, o fim da aposentadoria do substituído. Nesta hipótese não será devida indenização ao substituto, recebendo este, ao final do contrato de trabalho, somente seu 13º salário incompleto (proporcional), as férias proporcionais e eventual saldo salarial, a depender da data da extinção do pacto.

2. SÚMULAS E ORIENTAÇÕES JURISPRUDENCIAIS

▸ **Súmula nº 217/STF**

TEM DIREITO DE RETORNAR AO EMPREGO, OU SER INDENIZADO EM CASO DE RECUSA DO EMPREGADOR, O APOSENTADO QUE RECUPERA A CAPACIDADE DE TRABALHO DENTRO DE CINCO ANOS, A CONTAR DA APOSENTADORIA, QUE SE TORNA DEFINITIVA APÓS ESSE PRAZO.

▸ **Súmula nº 160/TST**

APOSENTADORIA POR INVALIDEZ (mantida) – Res. 121/2003, DJ 19, 20 e 21.11.2003

Cancelada a aposentadoria por invalidez, mesmo após cinco anos, o trabalhador terá direito de retornar ao emprego, facultado, porém, ao empregador, indenizá-lo na forma da lei (ex-Prejulgado nº 37).

▸ **Súmula nº 440/TST**

AUXÍLIO-DOENÇA ACIDENTÁRIO. APOSENTADORIA POR INVALIDEZ. SUSPENSÃO DO CONTRATO DE TRABALHO. RECONHECIMENTO DO DIREITO À MANUTENÇÃO DE PLANO DE SAÚDE OU DE ASSISTÊNCIA MÉDICA – Res. 185/2012, DEJT divulgado em 25, 26 e 27.09.2012

Assegura-se o direito à manutenção de plano de saúde ou de assistência médica oferecido pela empresa ao empregado, não obstante suspenso o contrato de trabalho em virtude de auxílio-doença acidentário ou de aposentadoria por invalidez.

3. INFORMATIVOS DO TST

- ***Aposentadoria por invalidez decorrente de acidente de trabalho. Suspensão do contrato de trabalho. Recolhimento do FGTS. Indevido. Art. 15, § 5º, da Lei nº 8.036/90. Não incidência.***

Tendo em conta que a aposentadoria por invalidez suspende o contrato de trabalho, conforme dicção do art. 475 da CLT, é indevido o recolhimento do FGTS no período em que o empregado estiver no gozo desse benefício previdenciário, ainda que o afastamento tenha decorrido de acidente de trabalho. Com esse entendimento, a SBDI-I, em sua composição plena, por maioria, negou provimento ao recurso de embargos, vencidos os Ministros Renato de Lacerda Paiva, Lelio Bentes Corrêa, José Roberto Freire Pimenta e Delaíde Miranda Arantes. Ressaltou o Ministro relator que o art. 15, § 5º, da Lei nº 8.036/90, ao determinar que a licença por acidente de trabalho será causa de interrupção do contrato de trabalho, com obrigatoriedade de recolhimento do FGTS, estabeleceu situação excepcional que não admite interpretação ampliativa para abarcar a aposentadoria por invalidez decorrente de acidente de trabalho. TST-EEDRR-133900-84.2009.5.03.0057, SBDI-I, rel. Min. Horácio Raymundo de Senna Pires, 24.5.2012. **(Informativo nº 10)**

4. QUESTÕES DE CONCURSOS

01. (AGU/PROCURADOR FEDERAL/CESPE/2010) No caso de recuperação da capacidade de trabalho e cancelamento de aposentadoria de empregado afastado por invalidez, pode o empregador rescindir o contrato com empregado admitido para substituir o empregado aposentado, sem incorrer em indenização rescisória, se, no momento da celebração do contrato, tiver restado inequívoca a ciência da interinidade.

02. (MTE/AUDITOR FISCAL DO TRABALHO/ESAF/2010/ADPTADO) A partir do afastamento do serviço para tratamento de saúde, em face de doença ou de acidente, independentemente de guardar relação de causalidade com os serviços prestados, o empregado tem o respectivo contrato de trabalho suspenso.

03. (EXAME DA ORDEM/OAB/CESPE/2008.2) A denominada aposentadoria por invalidez é, em relação ao contrato de trabalho, causa de

a) suspensão.
b) Interrupção
c) Prorrogação
d) Rescisão

04. (TRT 3 – Juiz do Trabalho Substituto 3ª região/ 2012) Nos termos da lei, é obrigatório o depósito do FGTS, salvo em se tratando de:

a) afastamento para prestação do serviço militar obrigatório.
b) licença por acidente do trabalho.
c) aposentadoria por invalidez
d) licença maternidade
e) férias gozadas

05. (TRT 19 – Juiz do Trabalho Substituto 19ª região/ 2012/ADAPTADA) À luz do quanto cristalizado na jurisprudência do TST, assinale a alternativa correta: a suspensão do contrato de trabalho, em virtude da percepção do auxílio-doença ou da aposentadoria por invalidez, impede a fluência da prescrição quinquenal, caso haja absoluta impossibilidade de acesso ao Judiciário.

06. (FCC – Técnico Judiciário – Área Administrativa – TRT 5/2013) Em algumas situações, os contratos de trabalho podem ser considerados interrompidos, em outras, suspensos. Haverá suspensão em se tratando de

a) férias anuais.
b) licença remunerada por duas semanas em caso de aborto não criminoso.
c) aposentadoria por invalidez.
d) auxílio doença até o 15° dia.
e) licença-paternidade.

07. (FCC – Analista Judiciário – Área Judiciária – TRT 24/2017) Sócrates foi aposentado por invalidez pelo INSS após ter trabalhado por dez anos na empresa Deuses Imortais. Em razão desse fato o plano de saúde do trabalhador foi cancelado pela empregadora uma vez que ela arcava integralmente com os respectivos custos. Nesta situação, conforme legislação aplicável e entendimento sumulado pelo Tribunal Superior do Trabalho,

a) a opção pela manutenção do plano de saúde constitui uma faculdade da empregadora, mas não há obrigação legal neste sentido.

b) há determinação legal para que a empregadora mantenha o plano de saúde pelo prazo mínimo de 12 meses, quando então ocorreria o término da estabilidade do trabalhador.

c) o plano de saúde deve ser mantido pela empregadora porque o contrato de trabalho está suspenso diante da aposentadoria por invalidez.

d) a empregadora atuou de forma correta uma vez que com a aposentadoria por invalidez houve a ruptura do contrato de trabalho, não ensejando mais nenhuma obrigação contratual.

e) a aposentadoria por invalidez interrompe o contrato de trabalho pelo prazo de 24 meses, razão pela qual o plano de saúde deve ser mantido até o término deste prazo.

GAB	1	C	2	E	3	A	4	C	5	C	6	C	7	C

✦ **AUXÍLIO-DOENÇA**

Art. 476. Em caso de seguro-doença ou auxílio-enfermidade, o empregado é considerado em licença não remunerada, durante o prazo desse benefício.

1. COMENTÁRIOS

Os termos "seguro-doença" e "auxílio-enfermidade" denotam a concessão de benefícios previdenciários. Atualmente estas locuções são representadas pelo benefício de auxílio-doença, previsto na Lei nº 8.213/91, artigos 59 a 63 e Decreto nº 3.048/99, artigos 71 a 80.

O afastamento por doença é interpretado em dois momentos: (a) até o 30º dia, como hipótese de interrupção contratual, cujo pagamento é suportado pelo empregador; (b) a partir do 31º dia, como hipótese de suspensão contratual, pois não é devido salário, passando o empregado à qualidade de beneficiário da Previdência Social, recebendo, portanto, o correspondente benefício de auxílio-doença (art. 60, I, da Lei 8.213/91, de acordo com a MP nº 664/2014).

2. INFORMATIVOS DO TST

▸ ***MS. Antecipação dos efeitos da tutela. Art. 273 do CPC. Possibilidade. Cessação de benefício previdenciário. Retorno ao trabalho obstado pelo empregador. Restabelecimento dos salários. Manutenção do plano de saúde. Valor social do trabalho. Princípio da dignidade da pessoa humana.***

Constatada a aptidão para o trabalho, ante a cessação de benefício previdenciário em virtude de recuperação da capacidade laboral atestada por perícia médica do INSS, compete ao empregador, enquanto responsável pelo risco da atividade empresarial, receber o trabalhador, ofertando-lhe as funções antes executadas ou outras compatíveis com as limitações adquiridas. Com esses fundamentos, a SBDI-II, concluindo que a decisão que antecipou os efeitos da tutela para obrigar a reclamada a restabelecer o pagamento dos salários, bem como manter o plano de saúde do empregado, está, de fato, amparada nos pressupostos que autorizam o deferimento das medidas liminares *inaudita altera pars*, consoante o art. 273 do CPC, conheceu do recurso ordinário em mandado de segurança e, no mérito, negou-lhe provimento. No caso, ressaltou-se que a concessão da tutela antecipada é medida que se impõe como forma de garantir o valor social do trabalho e a dignidade da pessoa humana, pois o empregado, já sem a percepção do auxílio-doença, ficaria também sem os salários, ante a tentativa da empresa de, mediante a emissão do Atestado de Saúde Ocupacional (ASO) declarando-o inapto para as atividades que desempenhava, obstar o seu retorno ao serviço. TST-RO-33-65.2011.5.15.0000, SBDI-II, rel. Min. Alberto Luiz Bresciani de Fontan Pereira, 3.4.2012. (**Informativo nº 4**)

3. QUESTÕES DE CONCURSOS

1. **(MPT – Procurador do Trabalho/2012)** Leia e analise a que segue à luz da jurisprudência uniformizada do Tribunal Superior do Trabalho e legislação do trabalho: o empregado que, após o término de auxílio-doença não acidentário, retornou ao trabalho na empresa e foi despedido, pode, provando que é portador de doença profissional que guarda relação de causalidade com a execução do contrato de emprego, reclamar o seu direito à estabilidade.

2. **(FCC – Analista Judiciário – Oficial de Justiça Avaliador – TRT 24/2017) Urano teve o seu contrato de trabalho suspenso em razão de licença por gozo do benefício previdenciário de auxílio-doença previdenciário comum (código B-31).** Neste período de suspensão do contrato, o empregado terá direito

a) aos depósitos do FGTS durante a paralisação dos serviços.

b) ao pagamento dos salários pelo empregador do período de afastamento.

c) a computar o tempo de afastamento para todos os efeitos legais.

d) às vantagens ocorridas na sua ausência que tenham sido atribuídas à categoria que pertencia.

e) à prorrogação do final do contrato por prazo determinado, mesmo que não tenha havido prévio acordo com o empregador.

GAB	1	C	2	D

✦ QUALIFICAÇÃO PROFISSIONAL: PRAZO

Art. 476-A. O contrato de trabalho poderá ser suspenso, por um período de dois a cinco meses, para participação do empregado em curso ou programa de qualificação profissional oferecido pelo empregador, com duração equivalente à suspensão contratual, mediante previsão em convenção ou acordo coletivo de trabalho e aquiescência formal do empregado, observado o disposto no art. 471 desta Consolidação. (Incluído pela Medida Provisória nº 2.164-41, de 24.08.2001)

✦ NEGOCIAÇÃO COLETIVA: EXIGÊNCIA PARA A SUSPENSÃO

§ 1º – Após a autorização concedida por intermédio de convenção ou acordo coletivo, o empregador deverá notificar o respectivo sindicato, com antecedência mínima de quinze dias da suspensão contratual.

✦ RENOVAÇÃO DA SUSPENSÃO

§ 2º – O contrato de trabalho não poderá ser suspenso em conformidade com o disposto no caput deste artigo mais de uma vez no período de dezesseis meses.

✦ AJUDA COMPENSATÓRIA

§ 3º – O empregador poderá conceder ao empregado ajuda compensatória mensal, sem natureza salarial, durante o período de suspensão contratual nos termos do caput deste artigo, com valor a ser definido em convenção ou acordo coletivo.

✦ DIREITO AOS BENEFÍCIOS

§ 4º – Durante o período de suspensão contratual para participação em curso ou programa de qualificação profissional, o empregado fará jus aos benefícios voluntariamente concedidos pelo empregador.

✦ RESCISÃO CONTRATUAL

§ 5º – Se ocorrer a dispensa do empregado no transcurso do período de suspensão contratual ou nos três meses subseqüentes ao seu retorno ao trabalho, o empregador pagará ao empregado, além das parcelas indenizatórias previstas na legislação em vigor, multa a ser estabelecida em convenção ou acordo coletivo, sendo de, no mínimo, cem por cento sobre o valor da última remuneração mensal anterior à suspensão do contrato.

✦ DESCARACTERIZAÇÃO DA SUSPENSÃO

§ 6º – Se durante a suspensão do contrato não for ministrado o curso ou programa de qualificação profissional, ou o empregado permanecer trabalhando para o empregador, ficará descaracterizada a suspensão, sujeitando o empregador ao pagamento imediato dos salários e dos encargos sociais referentes ao período, às penalidades cabíveis previstas na legislação em vigor, bem como às sanções previstas em convenção ou acordo coletivo.

✦ PRORROGAÇÃO DO PRAZO DE CINCO MESES

§ 7º – O prazo limite fixado no caput poderá ser prorrogado mediante convenção ou acordo coletivo de trabalho e aquiescência formal do empregado, desde que o empregador arque com o ônus correspondente ao valor da bolsa de qualificação profissional, no respectivo período.

1. COMENTÁRIOS

1.1. Qualificação profissional

A instituição de programa de qualificação profissional, introduzido no art. 476 por intermédio da MP nº 2.164-41, de 2001, trouxe para o direito positivo, ainda que em caráter provisório (MP), nova modalidade de suspensão contratual. Trata-se de suspensão, pois, ainda que seja feito algum pagamento ao empregado, sob a forma de auxílio ou bolsa de estudos, este retribuição não terá natureza salarial, como se observa da redação do § 3º, acima, também acrescentado pela MP antes mencionada.

A doutrina explica que a inovação prevê o aproveitamento de momentos de crise empresarial, ou baixa demanda do setor; substitui-se a dispensa do empregado, por sua qualificação profissional. A MP não condiciona a qualificação profissional à crise, mas o provável é que a empresa se aproveite de momentos de baixa demanda para, suspendendo o contrato de trabalho, proporcionar ao empregado reciclagem e aperfeiçoamento profissional.

Gustavo Felipe Barbosa Garcia, com apoio em Sergio Pinto Martins, lembra que a linha seguida pela Medida Provisória foi a mesma do direito estrangeiro, denominada "lay off". Segundo o autor, a expressão em inglês representa a paralisação temporária do trabalho, com remuneração pelo afastamento, mantendo-se os trabalhadores ao invés de dispensá-los, aguardando o reaquecimento das atividades as quais a empresa está vinculada. (Curso, 2008, p. 507).

A expressa remissão ao art. 471 da CLT garante ao empregado, quando finda a qualificação profissional prevista neste artigo, o retorno ao emprego, com todos os direitos que foram atribuídos à sua categoria ou aos demais empregados da sua empresa.

O caput deste artigo condiciona a validade da suspensão a dois requisitos formais: previsão em convenção e acordo coletivo e aquiescência formal do empregado, que, a nosso ver, deve ser necessariamente escrita, pois se trata de condição especial desta modalidade de suspensão.

Os efeitos da suspensão no contrato de trabalho serão disciplinados pela negociação coletiva, salvo as regras já estabelecidas neste artigo e seus parágrafos, como o prazo de dois a cinco meses, a renovação da suspensão, obrigações dos contratantes, etc. Nada obsta, assim, que o acordo ou a convenção coletiva estendam à suspensão características da interrupção contratual, como a contagem do tempo de serviço ou a manutenção de recolhimento do FGTS que, em princípio, não são previstos na suspensão contratual.

Como ensina Godinho, Curso, jan-2009, p. 1003, "o principal efeito da suspensão do contrato – sustação ampla das recíprocas obrigações contratuais durante o período suspensivo – também ocorre, é claro, na hipótese regulada pelo art. 476-A, da CLT," com as peculiaridades previstas no próprio artigo.

1.2. Negociação coletiva: exigência para a suspensão

A suspensão contratual para qualificação profissional não é valida se firmada em acordo escrito entre empregado e empregador. O § 1º exigiu, expressamente, a intervenção sindical que resultará na assinatura de acordo coletivo, específico para a empresa que negocia os termos da qualificação profissional, ou de Convenção Coletiva de Trabalho, prevendo as condições gerais para aplicação da suspensão.

Não bastasse a negociação coletiva, a empresa também deverá notificar o sindicato profissional a cada suspensão que venha a promover. A ausência desta notificação não gera nulidade, nem retira a eficácia do ato. Trata-se, em verdade, de instrumento para controle pelo sindicato quanto à aplicação correta do instituto da suspensão contratual para qualificação, evitando a ocorrência de falsos motivos, criados pelo empregador para se ver livre do pagamento do salário e demais encargos.

1.3. Renovação da suspensão

A suspensão do contrato de trabalho pode ocorrer com o mínimo de dois meses e o máximo de cinco, conforme prevê o § 2º. A norma se inspira no critério geral de prorrogação dos contratos a termo, previsto no art. 451 da CLT: somente é aceita uma prorrogação da suspensão do contrato para qualificação profissional no prazo de 16 meses. O artigo 451 é regramento aplicável para regular os efeitos da prorrogação, em caráter supletivo, diante de eventual omissão da norma coletiva que instituir a suspensão para qualificação profissional. Assim sendo, prorrogada por mais de uma vez a suspensão, no prazo de dezesseis meses, passará a paralisação a ser interpretada como interrupção contratual que é a regra. Este resultado (interrupção contratual) também é previsto no § 6º deste artigo, mas por outra circunstância.

1.4. Ajuda compensatória

O vocábulo "poderá", utilizado no texto do § 3º, indica que a concessão de ajuda compensatória mensal, pelo empregador, é facultativa, cujo valor será definido em negociação coletiva. Como não possui natureza salarial, nada impede que o valor seja inferior ao salário-mínimo, ainda que não seja recomendável.

Além da ajuda prevista no § 3º, o Estado concederá ao empregado uma "bolsa de qualificação profissional", que seguirá os mesmos critérios para concessão do seguro-desemprego, salvo quanto à rescisão contratual e será custeada pelo Fundo de Amparo ao Trabalhador – FAT (art. 3-A, da Lei nº 7.998/90, com redação da MP nº 2.164-41, de 2001).

1.5. Direito aos benefícios

O dispositivo do § 4º ameniza os efeitos da suspensão contratual, permitindo que o empregador conceda outros benefícios ao empregado afastado. Quanto a tais benefícios, afirma Mauricio Godinho Delgado, Curso, jan-2009, p. 1004/1005, que não possuem natureza salarial. Lembra o autor que, além da ajuda compensatória mensal, prevista no § 3º, o empregador também pode conceder ao empregado afastado os benefícios de alimentação previstos no PAT – Programa de Alimentação do Trabalhador, nos termos do art. 3º, § 3º, da Lei nº 6.321/76, limitada esta extensão ao período de cinco meses de qualificação profissional. Este benefício também não terá natureza salarial (OJ nº 133 da SBDI-1/TST).

1.6. Rescisão contratual

A regra do § 5º não cria, propriamente, uma hipótese de garantia no emprego, mas aumenta as penalizações sobre o empregador que quiser romper o contrato suspenso ou três meses após o retorno do empregado. A multa pela rescisão contratual no período de suspensão, que será prevista em norma coletiva, será cumulada com as verbas rescisórias típicas da dispensa, tais como aviso prévio e indenização de 40% sobre o FGTS. A nosso ver, mesmo que ocorra o curso de formação, mas sem a paralisação da prestação de serviços, estará descaracterizada a suspensão.

Ocorrendo a rescisão contratual no curso da suspensão, o empregado terá descontado dos valores de seu seguro-desemprego o que tiver recebido a título de bolsa de qualificação profissional (art. 8º-B, da Lei nº 7.998/90). Igualmente, se o empregado estiver recebendo a bolsa no momento da rescisão contratual o pagamento será suspenso (art. 7º-A, da Lei nº 7.998/90).

1.7. Descaracterização da suspensão

A ausência de qualificação profissional no período de suspensão, ou a exigência de trabalho durante o prazo de suspensão contratual, descaracterizará o instituto. Dispõe o § 6º que o contrato de trabalho será considerado interrompido. Esta regra é salutar, pois evita que este instrumento de qualificação profissional seja utilizado para fraudar as obrigações típicas de um contrato de trabalho. Transformada a suspensão em interrupção, serão devidos salários e todos os benefícios inerentes a este fenômeno contratual, como contribuição ao FGTS e retenções previdenciárias.

1.8. Prorrogação do prazo de cinco meses

O texto do § 7º permite a prorrogação da suspensão para além dos cinco meses previstos no art. 476-A. Durante a prorrogação o empregado não fará mais jus à bolsa de qualificação custeada pelo Estado, nos termos da Lei nº 7.998/90, art. 3-A. O pagamento do auxílio ficará sob o encargo do empregador, mas isto não torna a retribuição um salário; o pagamento tem a finalidade de ajuda de custo e não de contraprestação pelo trabalho que continua suspenso.

2. QUESTÕES DE CONCURSOS

01. (OAB-SP/137º EXAME DA ORDEM/CESPE/2009) Assinale a opção correta acerca da suspensão do contrato de trabalho para que o empregado participe de curso ou programa de qualificação profissional:

a) A suspensão do contrato para tal fim poderá ocorrer por um período mínimo de um e de, no máximo, seis meses.

b) O empregado, mesmo não prestando serviços, continua a receber salário por ser tal suspensão considerada benefício que visa ao aprimoramento do profissional em favor do empregador.

c) Se o empregado for dispensado durante a suspensão do contrato ou nos três meses subsequentes ao seu retorno ao trabalho, terá direito ao percebimento de multa convencional cujo valor será, no mínimo, igual ao montante da última remuneração mensal anterior à suspensão.

d) Não se exige previsão em acordo ou convenção coletiva para a realização de curso de qualificação profissional.

02. (MPT/PROCURADOR DO TRABALHO/2009/ADAPTADA) O contrato de trabalho poderá ser suspenso para qualificação profissional dos empregados, sempre que for necessário e a qualquer tempo.

03. (ECT – Analista de Correios – Advogado/2011) Considere a seguinte situação hipotética. Márcia concordou formalmente com a suspensão de seu contrato de trabalho, por período de quatro meses, para participar de um curso de qualificação profissional oferecido pelo seu empregador. O instrumento coletivo de trabalho que rege a categoria profissional de Márcia autoriza o afastamento de empregados para tal fim. Nessa situação hipotética, o empregador não terá a obrigação de pagar, durante todo o tempo de duração do curso, os salários de Márcia.

GAB	1	C	2	E	3	C

CAPÍTULO V – DA RESCISÃO

✦ **PAGAMENTO DAS VERBAS RESCISÓRIAS**

Art. 477. Na extinção do contrato de trabalho, o empregador deverá proceder à anotação na Carteira de Trabalho e Previdência Social, comunicar a dispensa aos órgãos competentes e realizar o pagamento das verbas rescisórias no prazo e na forma estabelecidos neste artigo. (Redação da Lei nº 13.467, de 13.07.2017).

✦ **HOMOLOGAÇÃO DA RESCISÃO CONTRATUAL: EMPREGADO COM MAIS DE UM ANO**

§ 1º – (Revogado pela Lei nº 13.467, de 13.07.2017).

✦ **EFICÁCIA DA QUITAÇÃO**

§ 2º – O instrumento de rescisão ou recibo de quitação, qualquer que seja a causa ou forma de dissolução do contrato, deve ter especificada a natureza de cada parcela paga ao empregado e discriminado o seu valor, sendo válida a quitação, apenas, relativamente às mesmas parcelas.

✦ **ÓRGÃOS APTOS À HOMOLOGAÇÃO**

§ 3º – (Revogado pela Lei nº 13.467, de 13.07.2017).

✦ **PAGAMENTO EM DINHEIRO OU CHEQUE**

§ 4º – O pagamento a que fizer jus o empregado será efetuado: (Redação da Lei nº 13.467, de 13.07.2017).

I – em dinheiro, depósito bancário ou cheque visado, conforme acordem as partes; ou

II – em dinheiro ou depósito bancário quando o empregado for analfabeto.

✦ **COMPENSAÇÃO**

§ 5º – Qualquer compensação no pagamento de que trata o parágrafo anterior não poderá exceder o equivalente a um mês de remuneração do empregado.

✦ **PRAZOS PARA PAGAMENTO**

§ 6º – A entrega ao empregado de documentos que comprovem a comunicação da extinção contratual aos órgãos competentes bem como o pagamento dos valores constantes do instrumento de rescisão ou recibo de quitação deverão ser efetuados até dez dias contados a partir do término do contrato. (Redação da Lei nº 13.467, de 13.07.2017).

a) (Revogado pela Lei nº 13.467, de 13.07.2017).

b) (Revogado pela Lei nº 13.467, de 13.07.2017).

✦ **GRATUIDADE DA HOMOLOGAÇÃO**

§ 7º – (Revogado pela Lei nº 13.467, de 13.07.2017).

✦ **MULTA POR ATRASO**

§ 8º – A inobservância do disposto no § 6º deste artigo sujeitará o infrator à multa de 160 BTN, por trabalhador, bem assim ao pagamento da multa a favor do empregado, em valor equivalente ao seu salário, devidamente corrigido pelo índice de variação do BTN, salvo quando, comprovadamente, o trabalhador der causa à mora.(Incluído pela Lei nº 7.855, de 24.10.1989)

§ 9º – Vetado pela Lei nº 7.855, de 24.10.1989.

✦ **BAIXA NA CTPS**

§ 10. A anotação da extinção do contrato na Carteira de Trabalho e Previdência Social é documento hábil para requerer o benefício do seguro-desemprego e a movimentação da conta vinculada no Fundo de Garantia do Tempo de Serviço, nas hipóteses legais, desde que a comunicação prevista no caput deste artigo tenha sido realizada.(Incluído pela Lei nº 13.467, de 13.07.2017).

1. COMENTÁRIOS

1.1. Indenização do empregado estável

A redação original deste artigo cuidava somente da indenização pela dispensa do empregado estável. O caput do art. 477, combinado com o art. 478 da CLT, prevê o pagamento de uma remuneração, a título de indenização, por cada ano trabalhado pelo empregado. Somente com a redação da Lei nº 5.584/70 foram introduzidas no texto do art. 477 diversos parágrafos regulamentando a homologação da rescisão contratual. Com a Lei nº 13.467, de 13.07.2017, o art. 477 foi totalmente adaptado para tratar tão somente de regras para quitação da rescisão contratual.

Com a introdução do FGTS, pela Lei nº 5.107/66, o regime da estabilidade deixou de ser o único a regular as rescisões contratuais. A adesão ao FGTS, como opção pelo empregado, surgiu para, aos poucos, substituir o regime da estabilidade. A opção do empregado sempre foi a única forma de adesão ao novo regime instituído por lei, mas como esta manifestação de vontade ocorria no curso do contrato de trabalho, com empregados que ainda não haviam atingido a estabilidade decenal (10 anos de emprego), eram raros os casos de livre adesão; sempre existia o risco da perda do emprego, que acabava pressionando os empregados a aderirem ao FGTS.

Por mais que a opção trouxesse prejuízos econômicos ao empregado, a jurisprudência trabalhista firmou o entendimento de que os dois regimes – estabilidade e FGTS – se equivalem juridicamente (TST, S. 98).

Com a promulgação da Constituição da República, em 5.10.88, o regime do FGTS deixou de ser uma opção e se tornou obrigatório (art. 7º, III, da CF). Os empregados que se tornaram estáveis antes da Constituição de 1988, por terem trabalhado 10 anos para o mesmo empregador sem opção pelo FGTS, tiveram preservado o direito à estabilidade no emprego. Da mesma forma, os empregados que trabalharam alguns anos no regime da estabilidade, não chegando a atingir os 10 anos, terão direito à indenização mista: parte pelo regime da estabilidade e parte pelo regime do FGTS, obrigatório após a promulgação da Constituição de 1988. Acompanhemos o seguinte exemplo: empregado admitido em 3.9.1982, sem ter optado pelo FGTS, trabalhou seis anos completos até 5.10.1988; a partir daí passou a ser regido pelo FGTS, tendo sido despedido em 20.4.2010. Por ocasião da dispensa, este empregado fará jus a 6 remunerações, pelo regime da estabilidade, além do levantamento dos depósitos do FGTS desde a promulgação da Constituição de 1988 até a rescisão contratual, acrescidos da indenização de 40%.

O artigo 7º, inciso I, da CF, prevê proteção contra a despedida arbitrária ou sem justa causa, nos termos e limites de lei complementar. Esta lei, mesmo após tantos anos da promulgação da Constituição Federal de 1988, ainda não foi editada. Enquanto não regulamentada a norma do art. 7º, I, a indenização pela dispensa no regime do FGTS foi aumentada para 40% (art. 10, I, do ADCT/CF/88). Quando o regime do FGTS era opcional, a Lei nº 5.107/66, em seu art. 6º, caput e § 1º, previa uma indenização de 10% sobre o montante devido a título de FGTS. Atualmente, a previsão da indenização de 40% está inscrita na Lei nº 8.036/90 (FGTS), no seu artigo 18, § 1º.

Modernamente se busca atribuir ampla efetividade às normas constitucionais, inclusive a esta inscrita no art. 7º, I. A possibilidade de se atribuir eficácia imediata à norma do art. 7º, I, que protege a despedida arbitrária, esbarra, todavia, na ausência de parâmetros para a concretização desta garantia. Como dizer que um empregado não pode ser dispensado sem justa causa? Como podem ser criados obstáculos à sua dispensa? Parece-nos que a forma de se compatibilizar a ausência de regulamentação legal, com a proteção geral inscrita na norma constitucional, é dizer que o empregador não possui ampla liberdade de dispensar. O exercício do direito de resillir o contrato de trabalho deve ser praticado com bom senso, sem abusos e sem uso indiscriminado. A despedida abusiva, além de ser coibida pela Lei nº 9.029/95, é nula e garante ao empregado o direito à reintegração ao emprego.

No sentido em que defendemos, explica Mauricio Godinho Delgado que a interpretação majoritária tende a negar eficácia imediata ao dispositivo constitucional do art. 7º, I, da CF, mas revela o autor que o "texto máximo repele a dispensa arbitrária, que seria aquela efetivada sem o suporte de uma fundamentação minimamente relevante". (Curso, jan-2009, p. 1029).

1.2. Homologação da rescisão contratual: empregado com mais de um ano

O § 1º do art. 477 tratava das rescisões contratuais que se sujeitavam à homologação no sindicato da categorial profissional ou no Ministério do Trabalho. O referido parágrafo foi revogado pela Lei nº 13.467, de 13.07.2017. A partir desta lei, as rescisões contratuais não precisarão mais da chancela de qualquer órgão.

Mantivemos, a seguir, os comentários ao artigo revogado, tão somente para fins de estudo:

> "Lembra Carrion que a expressão legal "mais de um ano", "tem sido ignorada para levar-se em consideração o espaço de um ano, simplesmente; na verdade serão suficientes 11 meses e o cômputo do aviso prévio para que incida a exigência legal." O autor também destaca que o ato administrativo exige a presença física do empregado e, em caso de morte, de seus beneficiários habilitados para tanto, nos termos do IN nº 3/2002 e 12/2009, ambas do MTE/SRT (Comentários, 2010, p. 413).
>
> A exigência do § 1º não se aplica aos empregados da União, Estados, Municípios, Fundações e Autarquias Públicas, cujo Termo de Rescisão Contratual possui presunção de validade, dispensada a homologação, conforme art. 1º, I, do DL nº 779/69.
>
> As rescisões contratuais dos empregados de sociedades de economia mista e empresas públicas se sujeitam às exigências deste § 1º.
>
> Também não se aplica a necessidade de homologação aos domésticos, diante da expressa exclusão da CLT, art. 7º, "a", bem como pelo disposto na IN nº 3/2002, art. 3º, com a redação da IN SRT/MTE 4/2006 (neste sentido: Garcia, 2008, p. 981).
>
> A regra do § 1º, que condiciona a validade do pedido de demissão ou recibo de quitação da rescisão (TRCT) à homologação do referido ato, não merece ser interpretada literalmente.
>
> A homologação exigida neste parágrafo poder se dar, à escolha do empregador, alternativamente, no sindicato ou no órgão local do Ministério do Trabalho. Não há uma preferência para o sindicato profissional como quis o legislador no art. 500 da CLT. A preferência só existirá se norma coletiva assim estabelecer.
>
> Para os contratos de trabalho com mais de um ano de vigência a homologação não é requisito da essência do ato, mas sim de mera prova de seu acontecimento. Sendo assim, a ausência de homologação não torna nulo ou inválido o ato de pagamento, desde que o empregador consiga demonstrar que o empregado recebeu os valores rescisórios.
>
> Para que o empregador demonstre que quitou as verbas rescisórias, mesmo sem a homologação da rescisão contratual, é preciso prova contundente do pagamento, como depósito em conta-corrente do empregado ou cópia do cheque administrativo emitido pelo banco. Não se admite a simples assinatura do TRCT ou testemunhas que digam ter presenciado o pagamento em dinheiro.
>
> Interpretação diferente se refere ao pedido de demissão do estável, na forma do art. 500 da CLT, para quem a homologação da rescisão contratual é essencial para a validade do ato.
>
> Sergio Pinto Martins é ainda mais rigoroso na interpretação da norma do art. 477 da CLT, quando afirma, em seus Comentários, 2010, p. 487, que "...não tem nenhum valor o fato do empregado ter assinado termo de quitação não homologado, a não ser que confirme o seu recebimento em juízo".
>
> Quanto à assistência na rescisão contratual do menor vide art. 439 da CLT.".

1.3. Eficácia da quitação

A regra do § 2º concede validade à quitação relativamente às parcelas consignadas no Termo de Rescisão do Contrato de Trabalho (TRCT). O alcance desta regra já foi menos rigoroso, quando ainda vigorava em nossa jurisprudência a S. nº 41 do TST, com o seguinte teor: "A quitação, nas hipóteses dos §§ 1º e 2º do art. 477 da CLT concerne exclusivamente aos valores discriminados no documento respectivo.". Esta direção da jurisprudência trabalhista foi revista pela S. 330 do TST, conforme a Resolução nº 22/1993, do C. TST. A S. 330 do TST passou a interpretar que a quitação conferida no ato de rescisão contratual diz respeito às "parcelas" e não aos "valores" pagos. Esta nova interpretação dá margem a verdadeiras renúncias no ato de quitação, bastando, para tanto, que se confira um valor aleatório a qualquer parcela discriminada no TRCT, como por exemplo, horas extras.

O art. 18, § 3º, da Lei nº 8.036/90, exime o empregador somente quanto aos valores discriminados no TRCT, inclusive quanto à indenização ou multa de 40%, mas tal interpretação não pode se estender a todas as verbas resilitórias, diante da redação do art. 477, § 2º.

1.4. Órgãos aptos à homologação

Até sua revogação pela Lei nº 13.467, de 13.07.2017, o § 3º cuidava dos órgãos e entidades aptos a homologar as rescisões contratuais. Mantivemos, para fins de estudo, os comentários anteriores sobre esta regra, a seguir:

> "O texto do § 3º não impõe uma ordem na substituição dos órgãos próprios para o ato de assistência na homologação. Na ausência de órgão local do Ministério do Trabalho ou de delegacia regional do sindicato da categoria do empregado, tanto pode o empregador comparecer perante o Ministério Público ou Defensor. A única ordem é estabelecida quanto ao Juiz de Paz que fica por último. O texto legal não faz menção ao Ministério Público do Trabalho, pois a CLT, quando se refere a este órgão, se utiliza da ultrapassada expressão "Procuradoria da Justiça do Trabalho", como na referência feita no art. 793 da CLT. Não obstante a omissão do texto legal, será válida a homologação procedida na presença de Procurador do Trabalho.".

1.5. Pagamento em dinheiro, cheque ou depósito bancário

Antes da Lei nº 13.467, de 13.07.2017, já dizíamos o que segue, nas edições anteriores desta obra:

> "O dispositivo do § 4º merece ser interpretado na atualidade. É muito comum o empregador fazer depósito na conta-corrente do empregado, dos valores relativos às verbas resilitórias, comprovando o pagamento, posteriormente, no ato de homologação. Tal prática funciona como equivalente ao pagamento em dinheiro ou cheque visado e merece ser prestigiada, pois torna os valores disponíveis antes mesmo da homologação.".

O legislador acolheu exatamente o que dizíamos, pois passou a autorizar, o que era óbvio, o depósito em conta-bancária como meio de pagamento da rescisão contratual, além do pagamento em dinheiro e cheque visado, que já estavam autorizados.

1.6. Compensação

Ultrapassado o limite de compensação do § 5º, fixado no valor de uma remuneração devida ao empregado, o empregador deverá ajuizar demanda, em face do ex-empregado, na Justiça do Trabalho, para cobrar o valor que entender devido. Caso o empregador seja acionado, em juízo, por alguma obrigação não adimplida, poderá apresentar reconvenção para cobrança da dívida trabalhista do empregado que exceda ao valor objeto de compensação na rescisão. Em síntese: a compensação deve ocorrer entre dívidas de mesma natureza, ou seja, dívidas trabalhistas, conforme S. 18 do TST e no limite de uma remuneração do empregado. Sobre a compensação aplicável na Justiça do Trabalho, ou seja, em juízo, o réu deverá arguir a prejudicial na oportunidade de sua defesa (CLT, art. 767 e S. 48 do TST).

Esta estreita limitação ao valor de uma remuneração só é aplicável à compensação que ocorre na rescisão contratual. Fora deste momento, as dívidas de natureza trabalhista são compensáveis independentemente do valor que alcançarem. Neste sentido Russomano, Comentáros, Vol. I, 1993, p. 519: "Quando se tratar de matéria que escape ao âmbito deste dispositivo (por exemplo, compensação do salário devido com adiantamentos feitos pelo empregador) a restrição não poderá se admitida e, em consequência, os créditos e débitos serão compensados com a amplitude autorizada pelos fatos e pelas provas, desde que tenham natureza trabalhista, como se declara, expressamente, na Súmula nº 18."

Não se admite compensação de dívidas de natureza civil, como as decorrentes de contrato de empréstimo entre empregado e empregador. Esta também é a interpretação do Código Civil, quando exige que as dívidas sejam líquidas, vencidas, de coisas fungíveis (art. 369) e entre duas prestações de mesmo gênero e qualidade (art. 370). Bem fungível é aquele substituível por outro de mesma espécie, qualidade e quantidade (art. 85, do Código Civil).

Sobre a compensação de dívidas cíveis explica Alice Monteiro de Barros: "... o empregador não poderá efetuar nenhuma compensação com o salário, pois dívidas de natureza civil não se compensam com créditos trabalhistas. Resta, portanto, ao empregador cobrar o direito na área civil." (Curso, fev-2009, p. 828).

No mesmo sentido Francisco Antonio de Oliveira ao interpretar a S. 18 do TST: "No processo do trabalho a compensação é gizada a débitos trabalhistas. E salutar foi a preocupação da Súmula, posto que, sendo o salário de natureza alimentar, a compensação nos moldes comuns poderia trazer conseqüências danosas para o empregado e seus familiares." (Comentários às Súmulas do TST, out-2005, p. 93).

A Lei nº 10.802/2003, em sua redação primitiva permitia a retenção no salário de até 30% de seu valor mensal, decorrente de empréstimo bancário feito pelo empregado, com intermediação de seu empregador, incidentes sobre as parcelas mencionadas no art. 1º, § 1º e art. 2º, § 2º da Lei 10.802/03 c/c art. 2º, §§ 1º e 2º, do Decreto nº 4.840, de 17.9.2003, que definem a margem consignável de desconto.

Dizíamos, em razão da redação primitiva desta lei que:

> "Contudo, esta legislação não altera o limite de uma remuneração para fins de compensação na rescisão contratual. A dispensa do empregado não é justificativa para compensação na rescisão de todas as parcelas vincendas do empréstimo, pois se trata de dívida de natureza civil. Para estas dívidas, de natureza não trabalhista, mesmo como pacto acessório à relação de emprego, não se admite a compensação na rescisão, nem no valor de um salário. Neste sentido a orientação da Lei nº 10.820/2003, ao dispor em seu art. 13: "Em caso de rescisão do contrato de trabalho do empregado antes do término da amortização do empréstimo, ressalvada disposição contratual em contrário, serão mantidos os prazos e encargos originalmente previstos, cabendo ao mutuário efetuar o pagamento mensal das prestações diretamente à instituição consignatária."

Todavia, a atual redação da Lei nº 10.820, conforme a Lei nº 13.172, de 21.10.2015, permite a compensação do empréstimo nas verbas rescisórias, com as seguintes peculiaridades:

"Art. 1º Os empregados regidos pela Consolidação das Leis do Trabalho – CLT, aprovada pelo Decreto-Lei nº 5.452, de 1º de maio de 1943, poderão autorizar, de forma irrevogável e irretratável, o desconto em folha de pagamento ou na sua remuneração disponível dos valores referentes ao pagamento de empréstimos, financiamentos, cartões de crédito e operações de arrendamento mercantil concedidos por instituições financeiras e sociedades de arrendamento mercantil, quando previsto nos respectivos contratos.

§ 1º O desconto mencionado neste artigo também poderá incidir sobre verbas rescisórias devidas pelo empregador, se assim previsto no respectivo contrato de empréstimo, financiamento, cartão de crédito ou arrendamento mercantil, até o limite de 35% (trinta e cinco por cento), sendo 5% (cinco por cento) destinados exclusivamente para:

I – a amortização de despesas contraídas por meio de cartão de crédito; ou

II – a utilização com a finalidade de saque por meio do cartão de crédito.".

1.7. Prazos para pagamento

A regra do § 6º estabelecia prazos para pagamento das verbas resilitórias, conforme a modalidade de aviso prévio: **a)** até o primeiro dia útil após o término do aviso prévio trabalhado; **b)** até 10 dias corridos contados do aviso prévio indenizado.

Com a redação da Lei nº 13.467, de 13.07.2017 o prazo passou a ser de 10 dias contados a partir do término do contrato de trabalho, qualquer que seja a modalidade de aviso prévio. Pois bem, o prazo foi ampliado para a hipótese de aviso prévio trabalhado, mas nada mudou para o aviso prévio indenizado, pois o prazo era de 10 dias.

Em qualquer das duas hipóteses, o prazo para homologação da rescisão contratual conta-se com a exclusão do dia da notificação do aviso prévio e inclusão do dia final do prazo (OJ nº 162 da SBDI-1/TST).

A este prazo também se submetem os entes públicos. A jurisprudência trabalhista, consolidada pela OJ nº 238 da SBDI-1/TST, afirma que o ente público ao celebrar contratos de emprego não pratica atos de império, sujeitando-se, portanto, à multa do art. 477 da CLT.

A redução do número de dias trabalhados no aviso prévio, previsto no art. 488, § único, da CLT, não altera a contagem do artigo 477, supra. A redução legal é uma faculdade atribuída ao empregado para que consiga outra colocação no mercado de trabalho. Este benefício não reflete nos prazos para cumprimento de obrigações trabalhistas.

O "aviso prévio trabalhado em casa", prática extremamente condenável pela jurisprudência, representa burla ao instituto jurídico referido e à sua finalidade. A jurisprudência do TST, portanto, através da OJ nº 14, da SBDI-1, concede a esta burla o mesmo efeito do aviso prévio indenizado, contando-se o prazo para pagamento das verbas resilitórias conforme art. 477, § 6º.

Duas divergências pairavam sobre o alcance da regra do § 6º. A primeira, que desapareceu com a dispensa de homologação da rescisão, dizia respeito à possibilidade de incidência da multa quando o pagamento era tempestivo, mas a homologação da rescisão contratual ocorria após o prazo legal. A jurisprudência vinha entendendo que ocorria mora nestes casos, pois o empregado só tinha acesso à indenização de 40% sobre o FGTS após a homologação. A segunda, que ainda prevalece mesmo após a reforma da Lei nº 13.467, de 13.07.2017, diz respeito ao pagamento da multa na hipótese de quitação incompleta das verbas rescisórias. Não nos parece ser esta a *mens legis* (intenção da lei). A multa foi criada com a intenção de evitar a mora no pagamento das verbas resilitórias. Eventual pagamento incompleto não dá ensejo, segundo a jurisprudência, à multa referida, conforme demonstra o acórdão que segue:

> "RECURSO DE REVISTA. MULTA DO ART. 477 DA CLT. PAGAMENTO TEMPESTIVO DAS VERBAS RESCISÓRIAS. DIFERENÇAS SALARIAIS RECONHECIDAS EM JUÍZO. INDEVIDA. 1. A Corte de origem deu provimento ao recurso ordinário da reclamante para condenar a reclamada ao pagamento da multa prevista no art. 477, § 8º da CLT. Adotou o entendimento de que, "muito embora a citada multa decorra do atraso no pagamento das parcelas rescisórias, a interpretação do mencionado artigo não deve se limitar ao descumprimento pelo empregador do prazo estipulado para quitação dos haveres trabalhistas, devendo ser aplicada também na hipótese do pagamento das parcelas ter sido efetuado a menor, já que pagamento a menor não representa quitação das parcelas". Assim, "ante o reconhecimento em juízo de parcelas devidas", considerou "cabível a aplicação da multa em comento". 2. O fato gerador da multa prevista no § 8º do art. 477 da CLT é a não observância do prazo para o pagamento das verbas rescisórias, previsto no § 6º do mesmo preceito – ressalvada a hipótese em que o empregado der causa à mora. 3. Assim, o reconhecimento judicial da existência de diferenças de verbas rescisórias, quando tempestivamente pagos os valores incontroversos, não autoriza a cominação da referida penalidade. Precedentes da SDI-I e desta Turma.
>
> Processo: RR – 112800-36.2009.5.17.0008 Data de Julgamento: 02/08/2017, Relator Ministro: Hugo Carlos Scheuermann, 1ª Turma, Data de Publicação: DEJT 04/08/2017.".

A S. 388 do TST entende inaplicável a multa à massa falida. Francisco Antonio de Oliveira mostra preocupação com este posicionamento da jurisprudência, afirmando que "o caminho protecionista às avessas tomado pela mais alta corte trabalhista é preocupante." Prossegue o autor: "É possível que o próximo passo seja a eliminação dos 40% sobre o FGTS..." (Comentários, 2005, p. 419).

Em boa hora o TST cancelou a OJ n, OJ 351 SBDI-1, conforme Resolução nº 163/2009, DJe divulgado em 23, 24 e 25.11.2009. A referida OJ tinha a seguinte redação: MULTA. Art. 477, § 8º, DA CLT. VERBAS RESCISÓRIAS RECONHECIDAS EM JUÍZO. Incabível a multa prevista no art. 477, § 8º, da CLT, quando houver fundada controvérsia quanto à existência da obrigação cujo inadimplemento gerou a multa. A orientação causava muitas dúvidas em sua aplicação, tendo recebido, até então, duras críticas da doutrina.

Quase 7 anos após o cancelamento da OJ nº 351, o TST, por meio da Res. 209/2016, DEJT divulgado em 01, 02 e 03.06.2016, aprovou a Súmula nº 462 de sua jurisprudência, com o seguinte teor: "A circunstância de a relação de emprego ter sido reconhecida apenas em juízo não tem o condão de afastar a incidência da multa prevista no art. 477, § 8º, da CLT. A referida multa não será devida apenas quando, comprovadamente, o empregado der causa à mora no pagamento das verbas rescisórias.".

1.8. Multa por atraso

A multa de 160 BTN (atualmente de 160 UFIR´S) é destinada à União. A multa no valor de um salário do empregado é destinada ao próprio empregado, sendo ambas devidas pelo empregador que incorrer em mora.

A multa destinada ao empregado é equivalente ao valor do seu salário. Como se trata de uma sanção, há quem entenda que corresponde somente ao salário base, definido no art. 457, § 1º, da CLT como sendo a importância fixa estipulada.

1.9. Anotação de baixa na CTPS

A chancela do sindicato da categoria profissional, ou do órgão local do Ministério do Trabalho, no ato de homologação da rescisão contratual, tinha como um de seus efeitos conferir ao TRCT o poder de liberar o FGTS, e, como consequência, o Seguro-Desemprego. Diante da supressão do ato de homologação, por força da Lei nº 13.467, de 13.07.2017, a simples baixa na CTPS, acompanhada da comunicação da rescisão contratual pelo empregador, aos órgãos competentes, passaram a ter, pela regra do § 10º, do art. 477, o poder de liberar o FGTS e o seguro-desemprego. Todavia, a ausência de comunicação pelo empregador impedirá a liberação dos valores referidos, ainda que a CTPS esteja com a respectiva baixa. Isto ocorre porque a baixa na CTPS só prova que ocorreu o fim do contrato de trabalho, mas não se pode supor o motivo da rescisão contratual tão só por conta desta anotação.

2. SÚMULAS E ORIENTAÇÕES JURISPRUDENCIAIS

- **Súmula nº 18/TST**

COMPENSAÇÃO (mantida) – Res. 121/2003, DJ 19, 20 e 21.11.2003 A compensação, na Justiça do Trabalho, está restrita a dívidas de natureza trabalhista. Histórico: Redação original – RA 28/1969, DO-GB 21.08.1969

- **Súmula nº 48/TST**

COMPENSAÇÃO (mantida) – Res. 121/2003, DJ 19, 20 e 21.11.2003 A compensação só poderá ser argüida com a contestação.

- **Súmula nº 98/TST**

FGTS. INDENIZAÇÃO. EQUIVALÊNCIA. COMPATIBILIDADE (incorporada a Orientação jurisprudencial nº 299 da SBDI-1) – Res. 129/2005, DJ 20, 22 e 25.04.2005

I – A equivalência entre os regimes do Fundo de Garantia do Tempo de Serviço e da estabilidade prevista na CLT é meramente jurídica e não econômica, sendo indevidos valores a título de reposição de diferenças. (ex-Súmula nº 98 – RA 57/1980, DJ 06.06.1980)

II – A estabilidade contratual ou a derivada de regulamento de empresa são compatíveis com o regime do FGTS. Diversamente ocorre com a estabilidade legal (decenal, art. 492 da CLT), que é renunciada com a opção pelo FGTS. (ex-OJ nº 299 da SBDI-1 – DJ 11.08.2003)

- **Súmula nº 330/TST**

QUITAÇÃO. VALIDADE (mantida) – Res. 121/2003, DJ 19, 20 e 21.11.2003

A quitação passada pelo empregado, com assistência de entidade sindical de sua categoria, ao empregador, com observância dos requisitos exigidos nos parágrafos do art. 477 da CLT, tem eficácia liberatória em relação às parcelas expressamente consignadas no recibo, salvo se oposta ressalva expressa e especificada ao valor dado à parcela ou parcelas impugnadas.

I – A quitação não abrange parcelas não consignadas no recibo de quitação e, conseqüentemente, seus reflexos em outras parcelas, ainda que estas constem desse recibo.

II – Quanto a direitos que deveriam ter sido satisfeitos durante a vigência do contrato de trabalho, a quitação é válida em relação ao período expressamente consignado no recibo de quitação.

- **Súmula nº 388/TST**

MASSA FALIDA. ARTS. 467 E 477 DA CLT. INAPLICABILIDADE (conversão das Orientações Jurisprudenciais nºs 201 e 314 da SBDI-1) – Res. 129/2005, DJ 20, 22 e 25.04.2005

A Massa Falida não se sujeita à penalidade do art. 467 e nem à multa do § 8º do art. 477, ambos da CLT. (ex-Ojs da SBDI-1 nºs 201 – DJ 11.08.2003 – e 314 – DJ 08.11.2000)

Súmula nº 462/TST.

Multa do art. 477, § 8º, da CLT. incidência. Reconhecimento judicial da relação de emprego – Res. 209/2016, DEJT divulgado em 01, 02 e 03.06.2016

A circunstância de a relação de emprego ter sido reconhecida apenas em juízo não tem o condão de afastar a incidência da multa prevista no art. 477, § 8º, da CLT. A referida multa não será devida apenas quando, comprovadamente, o empregado der causa à mora no pagamento das verbas rescisórias.

- **OJ-SDI1-14/TST**

AVISO PRÉVIO CUMPRIDO EM CASA. VERBAS RESCISÓRIAS. PRAZO PARA PAGAMENTO (título alterado e inserido dispositivo) – DJ 20.04.2005

Em caso de aviso prévio cumprido em casa, o prazo para pagamento das verbas rescisórias é até o décimo dia da notificação de despedida.

- **OJ-SDI1-162/TST**

MULTA. Art. 477 DA CLT. CONTAGEM DO PRAZO. APLICÁVEL O Art. 132 DO CÓDIGO CIVIL DE 2002 (atualizada a legislação e inserido dispositivo) – DJ 20.04.2005

A contagem do prazo para quitação das verbas decorrentes da rescisão contratual prevista no artigo 477 da CLT exclui necessariamente o dia da notificação da demissão e inclui o dia do vencimento, em obediência ao disposto no artigo 132 do Código Civil de 2002 (artigo 125 do Código Civil de 1916).

- **OJ-SDI1-238/TST**

MULTA. Art. 477 DA CLT. PESSOA JURÍDICA DE DIREITO PÚBLICO. APLICÁVEL (inserido dispositivo) – DJ 20.04.2005

Submete-se à multa do artigo 477 da CLT a pessoa jurídica de direito público que não observa o prazo para pagamento das verbas rescisórias, pois nivela-se a qualquer particular, em direitos e obrigações, despojando-se do "jus imperii" ao celebrar um contrato de emprego.

- **OJ 16 – SDC/TST**

TAXA DE HOMOLOGAÇÃO DE RESCISÃO CONTRATUAL. ILEGALIDADE.

Inserida em 27.03.1998

É contrária ao espírito da lei (art. 477, § 7º, da CLT) e da função precípua do Sindicato a cláusula coletiva que estabelece taxa para homologação de rescisão contratual, a ser paga pela empresa a favor do sindicato profissional.

3. QUESTÕES DE CONCURSOS

01. (TRT – 1ª REGIÃO/JUIZ DO TRABALHO/2008) Assinale a opção incorreta:

a) pedido de demissão ou recibo de quitação de rescisão do contrato de trabalho, firmado por empregado com mais de 1 (um) ano de serviço, só será válido quando feito com assistência do respectivo Sindicato ou perante autoridade do Ministério do Trabalho.

b) quando não existir na localidade Sindicato ou autoridade do Ministério do Trabalho, a assistência para validade do pedido de demissão ou recibo de quitação de rescisão do contrato de trabalho, firmado por empregado com mais de 1 (um) ano de serviço, será prestada pelo representante do Ministério Público ou, onde houver, pelo Defensor Público e, na falta destes, pelo Juiz de Paz.

c) instrumento de rescisão ou recibo de quitação, qualquer que seja a causa ou forma de dissolução do contrato, deve ter especificada a natureza de cada parcela paga ao empregado e discriminado o seu valor, sendo válida a quitação, apenas, relativamente às mesmas parcelas.

d) qualquer compensação no pagamento das parcelas do instrumento de rescisão ou recibo de quitação não poderá exceder o equivalente a um mês de salário do empregado.

e) ato de assistência na rescisão contratual será sem ônus para o trabalhador e o empregador.

02. (FCC – TRT 8 – Analista Judiciário/2010) Bruna recebeu aviso prévio de sua empregadora, a empresa B, informando-a da rescisão imotivada de seu contrato de trabalho. Bruna optou em não trabalhar nos últimos sete dias corridos de seu aviso. Considerando que no mês do aviso prévio não há feriados, bem como que o último dia laborado por Bruna foi dia 10, uma quarta-feira, a empresa B deverá saldar as verbas rescisórias até o próximo dia

a) 11.

b) 18.

c) 20.

d) 19.

e) 17.

03. (TRT 15 – Juiz do Trabalho Substituto 15ª região/ 2012) Considerando-se as disposições legais bem como a jurisprudência dominante no E. TST, especialmente Súmula 380 e, tendo em vista que determinada pessoa física foi admitida como empregado da empresa "X" em 16.10.2004, contrato este rescindido sem justa causa em 31.12.2011, analise as assertivas a seguir:

I. Na hipótese de rescisão a pedido, com dispensa de cumprimento do aviso prévio, as rescisórias deveriam ser pagas até 10.02.2012.

II. No caso de injusta dispensa, a homologação da rescisão deveria ocorrer, no máximo, até 10.02.2012.

III. Na hipótese de dispensa sem justa causa, com cumprimento do aviso prévio, as rescisórias deveriam ser pagas até 10.02.2012.

IV. Em qualquer hipótese de motivação rescisória, o mero pagamento das verbas devidas na ruptura, dez dias após o último dia trabalhado, sempre elide a possibilidade de incidência da multa do art. 477, § 8°, da CLT.

V. No caso de injusta dispensa, independente da data da homologação, as verbas rescisórias deveriam ser pagas até o dia 11.02.2012.

Agora, responda:

a) Estão corretas apenas as proposições I e II.
b) Estão incorretas apenas as proposições II, III e IV.
c) Estão corretas apenas as proposições II, e IV.
d) Está correta apenas a proposição IV.
e) Todas as proposições estão incorretas.

04. (ESAF – MTE – Auditor-Fiscal do Trabalho/2010) Marque a opção correta.

a) Em face do princípio da autonomia da vontade, constatando o trabalhador, após a homologação da rescisão contratual, a existência de diferenças da indenização compensatória de 40% sobre o FGTS, em razão de depósitos insuficientes do período contratual, estará impedido de postulá-las, acaso tenha conferido ao empregador ampla quitação na transação extrajudicial realizada para adesão ao plano de demissão voluntária.

b) O pedido de demissão ou recibo de quitação de rescisão, do contrato de trabalho, firmado por empregado com mais de 1 (um) ano de serviço, só será válido quando feito com a assistência do respectivo Sindicato ou perante a autoridade do Ministério do Trabalho e Previdência Social, salvo no caso em que o documento seja confeccionado e assinado perante comissão instituída pela empresa, e formada por representantes dos trabalhadores e da empregadora.

c) A multa por atraso no pagamento das verbas rescisórias incide mesmo nos casos em que a rescisão contratual tenha-se operado por prática de justa causa pelo trabalhador.

d) O pagamento das parcelas constante do instrumento de rescisão ou recibo de quitação deverá ser efetuado em até um dia útil nas hipóteses de término do contrato a prazo e de pedido de demissão, com dispensa do aviso prévio.

e) Conforme previsão legal pertinente ao tema, no caso de trabalhador analfabeto, o pagamento das verbas rescisórias poderá ser realizado em dinheiro ou cheque, acaso o ato seja acompanhado por duas testemunhas, caso contrário, deverá ser feito apenas em espécie.

GAB	1	D	2	B	3	E	4	C

✦ DESNECESSIDADE DE NEGOCIAÇÃO PRÉVIA PARA A DISPENSA

Art. 477-A. As dispensas imotivadas individuais, plúrimas ou coletivas equiparam-se para todos os fins, não havendo necessidade de autorização prévia de entidade sindical ou de celebração de convenção coletiva ou acordo coletivo de trabalho para sua efetivação.(Incluído pela Lei n° 13.467, de 13.07.2017).

1. COMENTÁRIOS

1.1. Despedida sem justa causa individual

O direito brasileiro ainda não conta com efetiva proteção à despedida sem justa causa, como proclamado no art. 7º, I, da CF. Até que seja regulamentada a referida norma constitucional, os empregadores têm ampla liberdade de tomar a iniciativa de dispensa de seus empregados, sem justa causa. Só há restrição, ainda assim relativa, para a dispensa coletiva, que examinaremos a seguir, e para os empregados portadores de estabilidade ou garantia no emprego.

Modernamente se busca atribuir ampla efetividade às normas constitucionais, inclusive a esta inscrita no art. 7º, I. A possibilidade de se atribuir eficácia imediata a esta norma, que protege a despedida arbitrária, esbarra, todavia, na ausência de parâmetros para a concretização desta garantia. Como dizer que um empregado não pode ser dispensado sem justa causa? Como podem ser criados obstáculos à sua dispensa? Parece-nos que a forma de se compatibilizar a ausência de regulamentação legal, com a proteção geral inscrita na norma constitucional, é dizer que o empregador não possui ampla liberdade de dispensar. O exercício do direito de resillir o contrato de trabalho deve ser praticado com bom senso, sem abusos e sem uso indiscriminado. A despedida abusiva, além de ser coibida pela Lei nº 9.029/1995, é nula e garante ao empregado o direito à reintegração ao emprego.

No sentido em que defendemos, explica Mauricio Godinho Delgado que a interpretação majoritária tende a negar eficácia imediata ao dispositivo do art. 7º, I, da CF, mas revela o autor que o "texto máximo repele a dispensa arbitrária, que seria aquela efetivada sem o suporte de uma fundamentação minimamente relevante".

1.2. Despedida sem justa causa coletiva

O art. 7º, I, da CF, ainda sem regulamentação, tem permitido certa liberdade na despedida individual, afastados os abusos, que tornariam a dispensa nula.

Todavia, nas dispensas coletivas não se pode opor a falta de regulamentação do art. 7º, I, da CF, inserido nos rol de direitos individuais dos trabalhadores, pois os direitos coletivos, outrossm, estão dispostos no art. 8º. Com supedâneo nesta última norma constitucional citada, em especial no inciso VI: "é obrigatória a participação dos sindicatos nas negociações coletivas de trabalho;", algumas decisões da Justiça do Trabalho vêm entendendo que é nula a dispensa coletiva que não seja precedida de negociação com o sindicato (neste sentido decisão do TST RO DC 309/2009-000-15-00.4, acórdão da lavra do Min. Mauricio Godinho Delgado).

O julgamento acima referido, da mais alta corte trabalhista, chegou ao STF, que, em decisão plenária, pelo voto do Min. Marco Aurélio, reconheceu a repercussão geral da matéria, conforme a seguir ementado:

Contrato de Trabalho. Rompimento. Negociação coletiva. Exigência na origem. Recurso Extraordinário. Repercussão geral verificada. Possui repercussão geral controvérsia acerca da necessidade de prévia negociação coletiva com o sindicato dos trabalhadores para dispensa dos empregados em massa (STF, ARE 647.651, rel. Min. Marco Aurélio. DJe 30-4-2013).

Considerada nula a dispensa coletiva, por carência de negociação prévia com o sindicato, os empregados dispensados terão restabelecido seus contratos de emprego, com efeitos ex tunc.

A Lei nº 13.467, de 13.07.2017, interferiu no cenário acima exposto, passando a dizer que a negociação coletiva é dispensável para a dispensa coletiva, equiparando-a à dispensa individual. Portanto, para as dispensas ocorridas após sua vigência, a tese de necessidade de negociação coletiva prévia, como requisito para as dispensas coletivas, não será mais acolhida.

✦ PLANO DE DEMISSÃO VOLUNTÁRIA – ABRANGÊNCIA DA QUITAÇÃO

Art. 477-B. Plano de Demissão Voluntária ou Incentivada, para dispensa individual, plúrima ou coletiva, previsto em convenção coletiva ou acordo coletivo de trabalho, enseja quitação plena e irrevogável dos direitos decorrentes da relação empregatícia, salvo disposição em contrário estipulada entre as partes. (Incluído pela Lei nº 13.467, de 13.07.2017).

1. COMENTÁRIOS

O distrato resulta da manifestação bilateral e concordante dos sujeitos da relação de emprego com o objetivo de desfazer, de comum acordo, o contrato de trabalho. Não havia, até a Lei nº 13.467, de 13.07.2017, previsão legal para o distrato na legislação brasileira, mas a doutrina admitia, ao menos em tese, tal possibilidade de cessação do contrato de trabalho.

O art. 484-A, da CLT, admite o distrato. Resta saber se o Plano de Demissão voluntária se equipara ao distrato.

Godinho,Curso, p. 1042, discorrendo sobre o tema antes da Lei nº 13.467, de 13.07.2017, afirmava que "do ponto de vista técnico-jurídico é praticamente inviável a realização do distrato trabalhista", por violação aos princípios de direito do trabalho; todavia, o próprio autor reconhece que a vontade dos contratantes em desfazer o contrato de trabalho, de comum acordo, não pode ser ignorada, mas seus efeitos se equivalem a uma dispensa sem justa causa.

De forma diferente pensa Sérgio Pinto Martins, Direito do Trabalho, p. 410, também em opinião antes da reforma trabalhista, acredita ser possível as partes negociarem as verbas decorrentes do distrato, só mantendo preservados os direitos relativos às férias e salários.

No nosso Curso de Direito do Trabalho, 2016. p. 291, dissemos que: "A rigor, do ponto de vista prático, a experiência mais próxima que se conhece do distrato é adesão de empregado a planos de demissão voluntária, conhecidos pela sigla PDV.".

A jurisprudência do TST, por meio da OJ 356 da SDI1, impede a transação dos direitos trabalhistas típicos neste negócio jurídico. Também é restrita a quitação decorrente do distrato, como se observa da OJ 270 da SDI1 do TST. Diante da ampla quitação promovida pelo texto do art. 477-B, a jurisprudência deve ser revista.

2. SÚMULAS E ORIENTAÇÕES JURISPRUDÊNCIAIS

- **OJ 356 da SDI1 do TST:**
  PROGRAMA DE INCENTIVO À DEMISSÃO VOLUNTÁRIA (PDV). CRÉDITOS TRABALHISTAS RECONHECIDOS EM JUÍZO. COMPENSAÇÃO. IMPOSSIBILIDADE. Os créditos tipicamente trabalhistas reconhecidos em juízo não são suscetíveis de compensação com a indenização paga em decorrência de adesão do trabalhador a Programa de Incentivo à Demissão Voluntária (PDV).

- **OJ 270 da SDI1 do TST:**
  PROGRAMA DE INCENTIVO À DEMISSÃO VOLUNTÁRIA. TRANSAÇÃO EXTRAJUDICIAL. PARCELAS ORIUNDAS DO EXTINTO CONTRATO DE TRABALHO. EFEITOS. A transação extrajudicial que importa rescisão do contrato de trabalho ante a adesão do empregado a plano de demissão voluntária implica quitação exclusivamente das parcelas e valores constantes do recibo.

✦ CÁLCULO DA INDENIZAÇÃO DO ESTÁVEL

Art. 478. A indenização devida pela rescisão de contrato por prazo indeterminado será de 1 (um) mês de remuneração por ano de serviço efetivo, ou por ano e fração igual ou superior a 6 (seis) meses.

§ 1º – O primeiro ano de duração do contrato por prazo indeterminado é considerado como período de experiência, e, antes que se complete, nenhuma indenização será devida.

§ 2º – Se o salário for pago por dia, o cálculo da indenização terá por base 25 (vinte e cinco) dias.

§ 3º – Se pago por hora, a indenização apurar-se-á na base de 200 (duzentas) horas por mês.

§ 4º – Para os empregados que trabalhem a comissão ou que tenham direito a percentagens, a indenização será calculada pela média das comissões ou percentagens percebidas nos últimos 12 (doze) meses de serviço.(Redação do Decreto-lei nº 229, de 28.2.1967)

§ 5º – Para os empregados que trabalhem por tarefa ou serviço feito, a indenização será calculada na base média do tempo costumeiramente gasto pelo interessado para realização de seu serviço, calculando-se o valor do que seria feito durante 30 (trinta) dias.

1. COMENTÁRIOS

A indenização prevista neste artigo, para os empregados garantidos com estabilidade definitiva (decenal), só se aplica àqueles que não fizeram opção pelo FGTS, na vigência da Lei nº 5.107/66 e nem opção retroativa, prevista no art. 14, § 4º, da Lei nº 8.036/90. Sobre estabilidade e FGTS vide comentários ao art. 477 da CLT.

Como bem destaca Carrion, Comentários, 2010, p. 423, o termo remuneração, que é bem mais abrangente que salário, engloba todos os pagamentos recebidos pelo empregado, à exceção das indenizações. A remuneração tida como base para a indenização será calculada pela média dos 12 meses que antecedem a despedida do empregado. Incluem-se no cálculo da remuneração as parcelas salariais mencionadas nos artigos 457 e 458 da CLT e outras que se adequem às definições legais.

Nenhuma indenização será devida aos estáveis no primeiro ano de contrato por prazo indeterminado referidos no § 1º, que é considerado período de experiência. Contudo, aviso prévio, férias e 13º salário são devidos inclusive no primeiro ano de experiência.

2. SÚMULAS E ORIENTAÇÕES JURISPRUDENCIAIS

- **Súmula nº 207/STF – *Data da Aprovação: 13/12/1963***

As gratificações habituais, inclusive a de natal, consideram-se tacitamente convencionadas, integrando o salário.

- **Súmula nº 24/TST**

SERVIÇO EXTRAORDINÁRIO (mantida) – Res. 121/2003, DJ 19, 20 e 21.11.2003

Insere-se no cálculo da indenização por antigüidade o salário relativo a serviço extraordinário, desde que habitualmente prestado.

- **Súmula nº 60/TST**

ADICIONAL NOTURNO. INTEGRAÇÃO NO SALÁRIO E PRORROGAÇÃO EM HORÁRIO DIURNO (incorporada a Orientação Jurisprudencial nº 6 da SBDI-1) – Res. 129/2005, DJ 20, 22 e 25.04.2005

I – O adicional noturno, pago com habitualidade, integra o salário do empregado para todos os efeitos. (ex-Súmula nº 60 – RA 105/1974, DJ 24.10.1974)

II – Cumprida integralmente a jornada no período noturno e prorrogada esta, devido é também o adicional quanto às horas prorrogadas. Exegese do art. 73, § 5º, da CLT. (ex-OJ nº 6 da SBDI-1 – inserida em 25.11.1996)

- **Súmula nº 132/TST**

ADICIONAL DE PERICULOSIDADE. INTEGRAÇÃO (incorporadas as Orientações Jurisprudenciais nºs 174 e 267 da SBDI-1)-Res. 129/2005, DJ 20, 22 e 25.04.2005

I – O adicional de periculosidade, pago em caráter permanente, integra o cálculo de indenização e de horas extras (ex-Prejulgado nº 3). (ex-Súmula nº 132 – RA 102/1982, DJ 11.10.1982/DJ 15.10.1982 – e ex-OJ nº 267 da SBDI-1 – inserida em 27.09.2002)

II – Durante as horas de sobreaviso, o empregado não se encontra em condições de risco, razão pela qual é incabível a integração do adicional de periculosidade sobre as mencionadas horas. (ex-OJ nº 174 da SBDI-1 – inserida em 08.11.2000)

- **Súmula nº 148/TST**

GRATIFICAÇÃO NATALINA (mantida) – Res. 121/2003, DJ 19, 20 e 21.11.2003

É computável a gratificação de Natal para efeito de cálculo de indenização (ex-Prejulgado nº 20).

3. QUESTÕES DE CONCURSOS

01. (OAB/EXAME DA ORDEM/CESPE/2009.2) Com base no entendimento do TST acerca da rescisão do contrato de trabalho, assinale a opção correta.

a) O empregado que rescinde antecipadamente o contrato por prazo determinado não está obrigado a indenizar o empregador.

b) A pessoa jurídica de direito público que não observa o prazo para pagamento das verbas rescisórias não se submete à multa prevista no art. 477 da CLT.

c) Nas rescisões antecipadas dos contratos de experiência que contenham cláusula assecuratória do direito recíproco de rescisão antes de seu término, não cabe aviso prévio.

d) A indenização de empregado que trabalha por comissão deve ser calculada com base na média das comissões recebidas nos últimos doze meses de serviço.

GAB	1	D

✦ **ROMPIMENTO ANTECIPADO DE CONTRATO A TERMO**

Art. 479. Nos contratos que tenham termo estipulado, o empregador que, sem justa causa, despedir o empregado será obrigado a pagar-lhe, a título de indenização, e por metade, a remuneração a que teria direito até o termo do contrato.

Parágrafo único. Para a execução do que dispõe o presente artigo, o cálculo da parte variável ou incerta dos salários será feito de acordo com o prescrito para o cálculo da indenização referente à rescisão dos contratos por prazo indeterminado.

Art. 480. Havendo termo estipulado, o empregado não se poderá desligar do contrato, sem justa causa, sob pena de ser obrigado a indenizar o empregador dos prejuízos que desse fato lhe resultarem.

§ 1º – A indenização, porém, não poderá exceder àquela a que teria direito o empregado em idênticas condições.(Renumerado do parágrafo único pelo Decreto-lei nº 6.353, de 20.3.1944)

Art. 481. Aos contratos por prazo determinado, que contiverem cláusula assecuratória do direito recíproco de rescisão antes de expirado o termo ajustado, aplicam-se, caso seja exercido tal direito por qualquer das partes, os princípios que regem a rescisão dos contratos por prazo indeterminado.

1. COMENTÁRIOS

As regras dos artigos 479 a 481 da CLT tratam das indenizações devidas no rompimento antecipada do contrato a termo (sobre esta modalidade de contratação vide comentários ao art. 443, §§ 1º e 2º da CLT).

O art. 479 da CLT trata da indenização quando as partes não ajustaram o direito de rescisão antecipada, mas esta acaba acontecendo. O art. 481 cuida da indenização quando as partes resolveram prever, de forma expressa, a possibilidade de rescisão antecipada do contrato de trabalho a termo. Nas duas hipóteses haverá, ainda, o pagamento de férias e 13º salário, ainda que proporcionais, pelo tempo de contrato até a rescisão.

Não há dúvida quanto a ser devido o aviso prévio na hipótese de rescisão disciplinada pelo art. 481, com já definiu a S. 163 do TST, pondo fim a antigo dissenso doutrinário sobre o assunto.

A divergência prevalece, contudo, no tocante ao rompimento antecipado não previsto no contrato de trabalho, conforme art. 479 da CLT. Parece-nos que não será devido o aviso prévio nesta última hipótese, porque o regramento legal não se coaduna com os rompimentos dos contratos por prazo indeterminado. O aviso prévio é devido na hipótese do art. 481, pois a indenização deve ser a mesma que dos contratos por prazo indeterminado, o que não ocorre na regra do art. 479. Entendendo que o aviso prévio só é cabível para o rompimento antecipado previsto no art. 481: Raymundo Pinto (Comentários, 2008, p. 163) e Gustavo F. B. Garcia (Curso, 2008, p. 600).

A redação do art. 480, § 1º, impõe ao empregado o pagamento da mesma indenização devida pelo empregador, caso tome a iniciativa de romper o contrato a termo, ou seja, ½ dos salários devidos até o final do prazo estipulado. Tomando o empregado a mesma iniciativa de rompimento na hipótese do art. 481, sua manifestação de vontade será interpretada como pedido de demissão, não fazendo jus, portanto, ao aviso prévio, levantamento de FGTS e indenização de 40%, só tendo direito ao 13º salário e férias do período trabalhado. Percebe-se que a hipótese do art. 481 é muito mais vantajosa para o empregado, pois este não terá que indenizar o empregador, só deixando de receber indenização.

2. SÚMULAS E ORIENTAÇÕES JURISPRUDENCIAIS

- **Súmula nº 125/TST**

CONTRATO DE TRABALHO. Art. 479 DA CLT (mantida) – Res. 121/2003, DJ 19, 20 e 21.11.2003

O art. 479 da CLT aplica-se ao trabalhador optante pelo FGTS admitido mediante contrato por prazo determinado, nos termos do art. 30, § 3º, do Decreto nº 59.820, de 20.12.1966.

- **Súmula nº 163/TST**

AVISO PRÉVIO. CONTRATO DE EXPERIÊNCIA (mantida) – Res. 121/2003, DJ 19, 20 e 21.11.2003

Cabe aviso prévio nas rescisões antecipadas dos contratos de experiência, na forma do art. 481 da CLT (ex-Prejulgado nº 42).

3. QUESTÕES DE CONCURSOS

01. (PREFEITURA MUNICIPAL DE RECIFE/PROCURADOR JUDICIAL/FCC/2008) Nos contratos de trabalho a termo, em regra, a extinção contratual em face da dispensa antecipada e imotivada pelo empregador gerará ao empregado o direito de receber

a) apenas indenização no valor dos salários que seriam devidos pelo período restante do contrato acrescidos da metade.

b) apenas indenização no importe da metade dos salários que seriam devidos pelo período restante do contrato.

c) apenas 13º salário proporcional, férias proporcionais acrescidas de 1/3 e indenização no importe da metade dos salários que seriam devidos pelo período restante do contrato.

d) 13º salário proporcional, férias proporcionais acrescidas de 1/3, liberação do FGTS acrescido de 40%, indenização no valor dos salários que seriam devidos pelo período restante do contrato acrescidos da metade.

e) 13 o salário proporcional, férias proporcionais acrescidas de 1/3, liberação do FGTS acrescido de 40%, indenização no importe da metade dos salários que seriam devidos pelo período restante do contrato.

02. (JUIZ DO TRABALHO/TRT – 3ª REGIÃO/2009). João foi admitido pela Drogaria Remédio Legal por meio de contrato por prazo determinado de 90 dias, com cláusula assecuratória do direito recíproco de rescisão antecipada. Ao final de 15 dias, o empregador resolveu exercer seu direito de por fim ao contrato. João deverá receber, diante da ruptura, os direitos:

a) decorrentes da ruptura de um contrato de trabalho por prazo determinado.

b) decorrentes da ruptura de um contrato de trabalho por prazo indeterminado.

c) decorrentes da ruptura de um contrato de trabalho por prazo indeterminado, salvo com relação à multa de 40% do FGTS.

d) decorrentes da ruptura de um contrato de trabalho por prazo determinado, salvo com relação ao saque do FGTS.

e) decorrentes da indenização integral da remuneração a que teria direito até o termo do contrato.

03. (TRT – 17ª REGIÃO/TECNICO JUDICIÁRIO/CESPE/2009) A concessão do aviso prévio somente é cabível nos contratos a prazo indeterminado.

04. (TRT – 3ª REGIÃO/JUIZ DO TRABALHO SUBSTITUTO/2009/ADAPTADA) Na ruptura contratual antecipada em contrato de experiência é devido o aviso prévio, na forma do art. 481 da CLT.

05. (Prefeitura Municipal de Valinhos/RN – Advogado/2011) É assegurado a todo empregado, não existindo prazo estipulado para a terminação do respectivo contrato, e quando não haja ele dado motivo para cessação das relações de trabalho, o direto de haver do empregador uma indenização, paga na base da maior remuneração que tenha percebido na mesma empresa. Face a afirmativa acima, marque a alternativa errada:

a) O instrumento de rescisão ou recibo de quitação, qualquer que seja a causa ou forma de dissolução do contrato, deve ter especificada a natureza de cada parcela paga ao empregado e discriminado o seu valor, sendo válida a quitação, apenas, relativamente às mesmas parcelas.

b) O pedido de demissão ou recibo de quitação de rescisão, do contrato de trabalho, firmado por empregado com mais de 1 (um) ano de serviço, só será válido quando feito com a assistência do respectivo Sindicato e perante a autoridade do Ministério do Trabalho e Previdência Social.

c) Quando não existir na localidade nenhum dos órgãos previstos neste artigo, a assistência será prestada pelo Represente do Ministério Público ou, onde houver, pelo Defensor Público e, na falta ou impedimento deste, pelo Juiz de Paz.

d) O pagamento a que fizer jus o empregado será efetuado no ato da homologação da rescisão do contrato de trabalho, em dinheiro ou em cheque visado, conforme acordem as partes, salvo se o empregado for analfabeto, quando o pagamento somente poderá ser feito em dinheiro.

e) Qualquer compensação no pagamento de que trata o parágrafo anterior não poderá exceder o equivalente a um mês de remuneração do empregado.

06. (TRT 14 – Juiz do Trabalho Substituto 14ª região/ 2012) Analise as assertivas abaixo e após marque a única alternativa correta:

I. Nos contratos por prazo determinado, havendo extinção normal, ou extinção em seu termo final regular, o trabalhador tem direito ao levantamento do FGTS, ao 13° proporcional e às férias proporcionais, acrescidas de 1/3.

II. Nos contratos por prazo determinado, havendo extinção anormal, ou seja, antecipada por vontade das partes, se a iniciativa for do empregador, em pacto sem cláusula assecuratória do direito recíproco de rescisão antecipada, o trabalhador terá direito ao levantamento do FGTS, ao 13° salário proporcional, às férias proporcionais, acrescidas do 1/3, e à indenização prevista no art. 479 da CLT.

III. Nos contratos por prazo determinado, havendo extinção anormal, ou seja, antecipada por vontade das partes, se a iniciativa for do empregador, em pacto com cláusula assecuratória do direito recíproco de rescisão antecipada, o trabalhador terá direito ao aviso prévio, ao 13° salário proporcional, às férias proporcionais, com o 1/3, e ao levantamento do FGTS, acrescido de 40%.

IV. Nas hipóteses de prazo determinado, havendo antecipação por pedido de demissão do trabalhador em contratos sem cláusula assecuratória, esse terá direito ao 13° salário, às férias, com o 1/3 e haverá possibilidade de que venha a indenizar o empregador no que concerne aos prejuízos que da ruptura decorrerem.

a) Apenas o item I é falso.

b) Apenas o item II é falso.

c) Apenas o item III é falso.

d) Apenas o item IV é falso.

e) Todos os itens são verdadeiros.

07. (TRT 2 – Juiz do Trabalho Substituto 2ª região/ 2012) Em relação à rescisão do contrato individual de trabalho, nos termos da Consolidação das Leis do Trabalho e do entendimento sumulado do TST é correto afirmar que: nos contratos que tenham termo estipulado, o empregador que, sem justa causa, despedir o empregado será obrigado a pagar-lhe, a título de indenização, e por metade, a remuneração a que teria direito até o termo do contrato.

08. (FCC – TRT 9 – Analista Judiciário/2010) João celebrou contrato de experiência de 60 dias com a empresa SOL sem cláusula assecuratória do direito recíproco de rescisão. Durante o referido contrato, João, insatisfeito com suas tarefas diárias, requereu a rescisão antecipada deste contrato. Neste caso, considerando que não há justa causa presente na rescisão, de acordo com a Consolidação das Leis do Trabalho, João

a) será obrigado a indenizar a empresa SOL dos prejuízos decorrentes desta rescisão, limitados a 80% da remuneração que João teria direito até o termino do contrato.

b) será obrigado a indenizar a empresa SOL dos prejuízos decorrentes desta rescisão, limitados à remuneração total a que João teria direito até o término do contrato.

c) não terá que indenizar a empresa SOL, tendo em vista que a rescisão antecipada a requerimento do empregado é permitida pela legislação competente.

d) será obrigado a indenizar a empresa SOL no montante fixo e estipulado pela Consolidação das Leis do Trabalho de três salários mínimos vigentes na data da rescisão.

e) será obrigado a indenizar a empresa SOL dos prejuízos decorrentes desta rescisão, limitados à metade da remuneração a que João teria direito até o término do contrato.

GAB	1	E	2	B	3	E	4	C	5	B	6	B	7	C	8	E

✦ **JUSTA CAUSA: INFRAÇÕES PRATICADAS PELO EMPREGADO**

Art. 482. Constituem justa causa para rescisão do contrato de trabalho pelo empregador:

1. COMENTÁRIOS

1.1. Justa Causa e Falta Grave

A doutrina costuma distinguir justa causa e falta grave, ainda que alguns apontem as duas expressões como sinônimas. Majoritariamente, a distinção é aceita. Entende-se por justa causa a conduta dolosa ou culposa do empregado não estável que justifique o rompimento do contrato de trabalho, sem direito à indenização. Já a falta grave é uma justa causa de superior intensidade, que justifica o rompimento culposo do empregado estável, atendendo-se às formalidades legais.

Do ponto de vista formal, a distinção está no modus operandi do rompimento do contrato de trabalho. A justa causa, aplicada aos não estáveis, ocorre independentemente de procedimento judicial, bastando que a atitude do empregado se enquadre em um dos tipos trabalhistas do art. 482 da CLT. A falta grave, praticada pelos estáveis, suficiente ao rompimento culposo do contrato de trabalho, só pode ser apurada mediante o procedimento de Inquérito previsto nos arts. 853 a 855, da CLT. A referência à falta grave no art. 499, § 1º, quando quis a lei tratar dos estáveis, e justa causa, no art. 499, § 2º, na menção aos não estáveis, reforça a distinção formal entre os dois institutos jurídicos. A terminologia falta grave também é utilizada para o dirigente sindical, diante da expressa menção ao termo no art. 543, § 3º, da CLT e art. 8º, VIII, da CRFB/88; tanto assim, que a jurisprudência estendeu ao dirigente sindical o requisito do Inquérito para rompimento de seu contrato de trabalho por falta grave (S. 379 do TST).

Do ponto de vista substancial, a distinção está na intensidade. Para o reconhecimento da falta grave, além do procedimento do Inquérito, é necessário que o ato culposo seja intensamente grave, quer por sua natureza, quer por sua repetição. Sobre esta diferenciação substancial merece destaque a citação feita por Valentin Carrion, do saudoso Dorval Lacerda: "para resolução do contrato de trabalho do estável exige-se falta grave, ou seja, uma justa causa de superior intensidade" (Godinho, Curso, jan-2009, p. 1090).

Não obstante a distinção teórica entre os dois institutos, parece-nos que, do ponto de vista prático, a jurisprudência não vem prestigiando esta dicotomia, cuidando de tratar falta grave e justa causa como sinônimos. Aliás, parte da doutrina também não vê interesse na distinção, tratando os institutos como sinônimos ou equivalentes (neste sentido: Délio Maranhão e Eduardo Gabriel Saad, ambos citados por Godinho, Curso, jan-2009, p. 1090).

1.2. Critérios de aplicação das penalidades

Os autores costumam apontar um número variável de requisitos para apuração do ato faltoso que resulta em justa causa.

Dorval Lacerda relaciona os seguintes: previsão legal, prejuízo ao denunciante, veracidade, atualidade, gravidade, vínculo etiológico e conexidade com o serviço (apud Wagner Giglio, 1981, p. 21).

Mozart. Victor Russomano explica que três elementos configuram a justa causa: gravidade, atualidade e imediação entre a falta e a rescisão (Comentários, Vol. I, 1993, p. 557).

Wagner Giglio entende que a gravidade da falta é o único requisito, sendo todos os demais "fatores externos, importantes, mas estranhos à infração em si mesma." (Justa Causa, 1981, p. 21).

A doutrina classifica os requisitos acima a partir de dois critérios básicos de aplicação das penalidades: um subjetivo e outro objetivo. Mauricio Godinho Delgado, Curso, jan-2009, p. 1091, ainda acrescenta um terceiro critério, que chama de circunstancial. A classificação utilizada por Godinho, além de adequada, se aproxima da exaustão, por isso passamos a adotá-la.

1.2.1. Requisitos ou elementos objetivos

Quanto aos requisitos ou elementos objetivos de aplicação da falta grave, Godinho indica a gravidade e a tipicidade (Curso, 2009, p. 1092 e 1093).

A tipicidade significa a adequação da prática faltosa do empregado a um dos tipos taxativamente previstos na legislação trabalhista, pois não se admite justa causa ou falta grave que não esteja prevista em lei. Os tipos trabalhistas não indicam condutas rígidas como na esfera penal. A referência a expressões genéricas tais como "mau procedimento" ou "incontinência de conduta", confirma a plasticidade dos tipos da justa causa trabalhista. Ainda assim, a ação ou omissão do empregado precisa estar enquadrada em um dos padrões arrolados na legislação, seja no artigo ora comentado, seja em qualquer outro previsto em lei; confira-se as outras justas causas arroladas nos comentários ao § único deste art. 482.

A gravidade é identificada pela falta com tal grau de intensidade que resulte na quebra de confiança depositada no empregado. A falta que fundamenta a justa causa, portanto, não é aquela relevável, que se sujeita ao perdão do empregador, ou objeto de punições menos severas como a advertência ou a suspensão.

1.2.2. Requisitos ouelementos subjetivos

Consistem na intenção do trabalhador, quando se observa sua vontade livre e consciente de praticar a falta (dolo), ou a ação/omissão decorrente de sua culpa, sob a forma de negligência, imprudência ou imperícia. A apuração desta culpa é feita em concreto, levando-se em consideração as condições em que o fato/ato ocorreu, além dos antecedentes do empregado (faltas contratuais anteriores, tempo no emprego, etc.), sua situação pessoal no momento da falta (problemas pessoais, de família, etc.) e sua condição pessoal (grau de cultura, posição na empresa, etc.).

Nem sempre se pode atribuir a culpa ao empregado, mesmo que este tenha cometido algum erro; a imperícia, por exemplo, pode ser resultado de falta de formação técnica oferecida pelo empregador, que deverá assumir a responsabilidade pelo equívoco.

A justa causa só será reconhecida quando o ato faltoso for grave (elemento objetivo) e decorrer de culpa exclusiva do empregado (elemento subjetivo).

1.2.3. Elementos ou Requisitos Circunstanciais

Estes elementos dizem respeito ao uso do poder disciplinar no caso concreto. Como dito anteriormente, a classificação como "circunstanciais", que é muito adequada, é atribuída a Mauricio Godinho Delgado, Curso, jan-2009, p. 1094. Passemos a enumerá-los, destacando que, apesar de adotarmos a classificação de Godinho, nem sempre seguimos as explicações feitas pelo renomado autor.

a) Nexo Causal: a punição aplicada deve estar relacionada diretamente com a falta ocorrida. Este requisito facilita o direito de defesa do empregado e, quanto ao aspecto didático da punição, permite uma reavaliação, pelo próprio empregado, de sua conduta pessoal. Este requisito condiciona outros como a imediatidade, que impede ao empregador a aplicação de uma punição sobre fato já passado.

Wagner Giglio, discorrendo sobre este requisito, identifica na doutrina uma série de outras denominações. Como explica o autor: "O neologismo do título "determinância" indica aquilo que os autores denominam de "caráter determinante do ato faltoso", "relação causa-efeito entre o ato faltoso e despedimento" ou "vínculo etiológico". Forjamos a expressão "determinância" por amor à síntese. A prática faltosa deve ser, realmente, a causa efetiva do despedimento, deve ser consequência do ato faltoso. E isso porque é vedado ao empregador valer-se de uma infração qualquer para se livrar do empregado que seria despedido, por outros motivos, mesmo que nenhuma falta houvesse praticado." (Justa Causa, 1981, p. 29).

b) Adequação ou proporcionalidade: alguns autores distinguem adequação de proporcionalidade, mas prefiro utilizar os dois vocábulos como sinônimos. Adequação ou proporcionalidade significa a escolha correta da punição para a falta praticada, sem abusos ou uso desproporcional do poder disciplinar. Para que seja respeitada a proporcionalidade entre a falta e a punição, indispensável seja levado em consideração o caso concreto, as condições pessoais do empregado e o momento da ocorrência da falta.

Segundo o entendimento majoritário sobre o tema, o julgador não pode dosar a suspensão; em juízo só cabe a sua confirmação ou anulação. Valentin Carrion se posiciona neste sentido, ainda que reconheça a polêmica sobre a (im)possibilidade do juiz dosar a penalidade aplicada pelo empregador, Comentários, 2010, p. 397 e 430). Também pela impossibilidade do juiz dosar a punição: F.A. de Oliveira, Comentários, março-2005, p. 413.

c) Imediatidade: a aplicação da punição deve ocorrer logo após o empregador tomar conhecimento da falta praticada pelo empregado. A imediatidade significa uma pronta resposta do empregador ao ato faltoso do empregado. A inércia configura perdão tácito e, consequentemente, resulta na impossibilidade de punição quanto à falta que aconteceu no passado. Caso a apuração da falta demandar a instauração de procedimento interno de auditoria, ou similar, considera-se respeitada a imediatidade se o empregador não tardar em tomar a iniciativa de iniciar o procedimento investigatório. Mesmo que a punição só aconteça seis meses após a apuração da falta, por exemplo, ainda assim se considera respeitada a imediatidade, pois a iniciativa investigatória do empregador impede que se considere ter ocorrido perdão tácito.

d) Non bis in idem: cada falta somente pode ser punida uma única vez. Mesmo que faltas diferentes ocorram simultaneamente, o empregado só poderá sofrer uma única punição. Pensemos na hipótese de um empregado que, ao mesmo tempo, pratica ofensa física contra um colega de trabalho e ofensa moral contra seu gerente, no momento em que este repreendia o ofensor.

A simultaneidade da faltas não permite que o empregador aplique duas punições, ao mesmo tempo. Godinho denomina este requisito de singularidade punitiva (Curso, jan-2009, p. 1096).

e) Não discriminação: o empregador não pode se utilizar de pesos diferentes para aplicar a punição quanto à mesma falta, sob pena de ferir o princípio geral da não discriminação. Salvo quanto à função exercida pelo empregado, particularmente de confiança, exigir do mesmo uma conduta diferente dos demais empregados, quando então o tratamento diferenciado na aplicação da punição não pode ser considerado ato discriminatório; o empregado ocupante da função de confiança que pratica conduta faltosa pode e, a nosso ver, deve ser punido de forma mais severa que os demais empregados. da mesma forma, os antecedentes de cada empregado envolvido no ato faltoso podem interferir na aplicação da punição, como no exemplo daquele que nunca faltou ao trabalho e foi advertido, em contraposição ao empregado desidioso, que faltou diversas vezes, e nesta última falta, após diversas advertências, acabou sendo suspenso.

f) Caráter pedagógico: doutrina e jurisprudência vêm substituindo o caráter punitivo do poder disciplinar por uma postura mais pedagógica na aplicação da punição. O poder disciplinar, no lugar de se valer somente de reprimendas à conduta do empregado, passa a ter o papel de alinhar o faltoso com a política empresarial, para que este possa se reintegrar ao ambiente corporativo. Tal postura exige do empregador tolerância quanto a faltas leves, como atrasos e descumprimento de normas internas como uso do crachá, esclarecendo o empregado da importância do cumprimento das normas como instrumento de boa convivência. Somente após a ambientação deste empregado e não atendendo às solicitações do empregador é que este passará ao segundo momento, mais enérgico, consistindo na aplicação de punições, tais como advertências e, por fim, a justa causa.

✦ **DESONESTIDADE**

a) ato de improbidade;

1. COMENTÁRIOS

A desonestidade do empregado, por si só, não conduz à caracterização da improbidade prevista neste tipo trabalhista. Para que seja considerado como tal, o ato ímprobo (desonesto) deve causar prejuízo patrimonial ao empregador. Esta é a forma de se distinguir o ato de improbidade do tipo genérico de mau procedimento. Como explica Russomano, Comentários, Vol. I, 1993, p. 558: "A improbidade é um estado pessoal e íntimo. Está no jogo das intenções individuais. Nessa fase é impossível prová-la. Por isso, a lei não estipulou como justa causa a improbidade em si mesma, mas os atos que revelem as condições subjetivas do trabalhador ímprobo."

Defendem que o ato de improbidade só se caracteriza diante do dano sofrido pelo empregador, entre outros, Mauricio Godinho Delgado, Curso, jan-2009, p. 1098; Wagner Giglio, Justa Causa, 1981, p. 56. Este último explica que se reservou o "conceito trabalhista de improbidade, por exclusão, somente para as manifestações desonestas do empregado que constituam atentado ao patrimônio ou, mais exatamente, a bens materiais."

Giglio admite, ainda, que o ato de improbidade se caracterize quando o empregado praticar um atentado contra o patrimônio do colega de trabalho. Também deixa claro que danos ao patrimônio imaterial do empregador possam ser tipificados como ato de improbidade (Justa Causa, 1981, p. 57/58). Portanto, o furto de bens pessoais de colegas de trabalho e ofensas à boa fama da empresa, espalhando o empregado informações nocivas à imagem desta, desde que, concretamente, estes atos representem prejuízo ao bom nome do empregador, podem ser caracterizados como improbidade.

Partindo-se destas premissas, o arrependimento eficaz do empregado ao restituir ao empregador, no mesmo dia, sem que este perceba, o numerário que havia subtraído do caixa da empresa, impede que se caracterize o ato de improbidade, pois nenhuma redução patrimonial causou ao empregador. Nada obsta, por outro lado, que seja dispensado por justa causa, pela prática de mau procedimento.

2. INFORMATIVOS DO TST

- ***Dano moral. Configuração. Imputação de ato de improbidade. Descaracterização da justa causa em juízo.*** A descaracterização da despedida por justa causa em juízo, quando imputado ato de improbidade ao empregado (alínea "a" do art. 482 da CLT), gera direito a indenização por dano moral porquanto se verifica ofensa à honra subjetiva do trabalhador. Com esse entendimento a SBDI-I, por unanimidade, conheceu dos embargos, por divergência jurisprudencial, e, no mérito, por maioria, negou-lhes provimento, vencidos os Ministros Ives Gandra Martins Filho, relator, Brito Pereira e Maria Cristina Peduzzi. Na espécie, consignou-se que a falta (entrega de mercadoria a clientes sem receber o respectivo pagamento, em desacordo com as normas internas da empresa) não foi suficientemente grave para ensejar a imputação de ato de improbidade, principalmente em razão de o empregado, uma vez detectado o desfalque, ter ressarcido a empresa, não gerando qualquer dano patrimonial ao empregador. TST-E – RR-20500-90.2003.5.07.0025, SBDI-I, rel. Min. Ives Gandra da Silva Martins Filho, red. p/ acórdão Min. José Roberto Freire Pimenta, 3.5.2012. (**Informativo nº 7**)

- ***Justa causa. Ato de improbidade. Descaracterização em juízo. Dano moral. Não configuração.*** É indevido o pagamento de indenização por danos morais se o trabalhador não produzir prova do prejuízo moral sofrido em razão da dispensa por justa causa fundada em imputação de ato de improbidade, quando descaracterizado em juízo. A despedida em tais circunstâncias não constitui prática de ato ilícito por parte do empregador, e se ele agiu de boa-fé, não dando publicidade ao fato, não imputando, de forma leviana, o ato ao trabalhador, e não abusando do direito de dispensa, não há de se falar em abalo à honorabilidade do empregado apta a configurar dano moral. Ademais, o sistema jurídico brasileiro adota, como regra, a teoria da responsabilidade subjetiva, sendo indevida a indenização quando não configurada a culpa. Com base nesse entendimento, a SBDI-I, por maioria, não conheceu do recurso de embargos no tema, vencidos os Ministros Lelio Bentes Corrêa, relator, Luiz Philippe Vieira de Mello Filho, Augusto César Leite de Carvalho, José Roberto Freire Pimenta e Delaíde Miranda Arantes. TST-E-RR-774061-06.2001.5.02.0023, SBDI-I, rel. Min. Lelio Bentes Corrêa, red. p/ acórdão Min. João Oreste Dalazen, 4.10.2012. (**Informativo nº 24**)

- ***Dano Moral. Caracterização. Dispensa por justa causa fundada em ato de improbidade. Desconstituição em juízo. Dano presumível. Indenização devida.*** A desconstituição em juízo da justa causa fundada em ato de improbidade imputado ao empregado pelo empregador enseja o pagamento de indenização por danos morais, tendo em vista que o prejuízo moral é presumível, ou seja, a prova do dano decorre da existência do próprio fato lesivo. Com esse entendimento, a SBDI-I, por unanimidade, conheceu dos embargos, por divergência jurisprudencial, e, no mérito, por maioria, deu-lhes provimento para condenar o reclamado ao pagamento de indenização por danos morais, no valor de quinze mil reais. Vencidos os Ministros João Oreste Dalazen, Carlos Alberto Reis de Paula, Brito Pereira, Dora Maria da Costa, os quais entendiam que a atribuição de ato de improbidade, por si só, não configura dano moral, e o Ministro Aloysio Corrêa da Veiga, em relação ao valor da indenização. TST-E-RR-164300-14.2009.5.18.0009, SBDI-1, rel. Min. Renato de Lacerda Paiva, 12.12.2013 (**Informativo nº 70**)

3. QUESTÕES DE CONCURSO

01. **(TRT – 5ª REGIÃO/ANALISTA JUDICIÁRIO/CESPE/2009)** Considere a seguinte situação hipotética. Antônio, auxiliar de serviços gerais de determinado supermercado, foi flagrado subtraindo a quantia de R$ 1.000,00 de um dos caixas do estabelecimento. Nessa situação, Antônio praticou um ato de improbidade, o que constitui justa causa para a rescisão do contrato.

02. **(TRT 14 – Técnico Judiciário – Área Administrativa/2011)** Tales, empregado da empresa Bom Garfo, falsificou atestado médico para justificar suas faltas e consequentemente não ter desconto em sua remuneração. Neste caso, Tales cometeu falta grave passível de demissão por justa causa, uma vez que praticou ato de

a) desídia.

b) incontinência de conduta.
c) improbidade.
d) indisciplina.
e) insubordinação.

03. **(FCC – TRT 4 – Analista Judiciário/2011)** Zacarias, empregado do Esporte Clube Bola Branca, subornou Mário e Diego, empregados jogadores do time de futebol do Esporte Clube Lago Azul, para que os mesmos apresentassem um péssimo desempenho e o time Bola Branca vencesse a partida. A Diretoria do Lago Azul descobriu o ocorrido e pretende dispensar seus empregados com justa causa, tendo em vista a prática de

a) desídia.
b) incontinência de conduta.
c) insubordinação.
d) ato de improbidade.
e) indisciplina.

GAB	1	C	2	C	3	D

✦ INCONTINÊNCIA DE CONDUTA E MAU PROCEDIMENTO: DOIS TIPOS DISTINTOS

b) incontinência de conduta ou mau procedimento;

1. COMENTÁRIOS

A regra desta alínea "b" contém dois tipos trabalhistas distintos: incontinência de conduta e mau procedimento. A conjunção coordenativa alternativa "ou", utilizada no texto legal, traduz esta ideia. Além da interpretação literal do texto, a doutrina conceitua as duas condutas como distintas, apesar de próximas no seu conteúdo.

A doutrina, de forma unânime, associa incontinência de conduta a um comportamento sexual desregrado que, pela sua própria natureza, pode ocorrer dentro ou fora do trabalho.

Vinculando a incontinência de conduta ao comportamento sexual: Lamarca, Bento Faria e Valentin Carrion, Comentários, 2010, p. 431, este último citando os demais; Sérgio Pinto Martins, Comentários, 2010, p. 511; Russomano, Comentários, Vol. I, 1993, p. 559, Wagner Giglio, Justa Causa, 1981, p. 80 e Mauricio Godinho Delgado, Curso, jan-2009, p. 1098. A citação exaustiva serve para confirmar a afirmação inicial de que a doutrina é unânime no mesmo sentido.

Modernamente é possível se configurar o comportamento sexual desregrado pelo uso constante de pornografia na rede mundial de computadores, ou na frequência a casas de prostituição, ou similares.

Este tipo trabalhista, sem sombra de dúvidas, sofreu forte influência de uma sociedade conservadora, dentro do contexto social de sua aprovação, considerando-se que sua previsão data da redação original da CLT (1943).

Entendo que o tipo trabalhista da incontinência de conduta, no tocante ao comportamento sexual do empregado, só pode ser considerado para a justa causa se interferir no ambiente de trabalho, na produtividade da empresa e na convivência com os colegas. Neste sentido a opinião de Mauricio Godinho Delgado, Curso, jan-2009, p. 1098, com apoio na doutrina de Dorval Lacerda e Antonio Lamarca, ambos no mesmo sentido.

O mau procedimento é definido por alguns como "conduta culposa do empregado que atinja a moral, sob o ponto de vista geral, excluído o sexual, prejudicando o ambiente laborativo ou as obrigações contratuais do obreiro." (Godinho, Curso, jan-2009, p. 1098).

Não obstante a conceituação de Mauricio Godinho Delgado, o tipo trabalhista do mau procedimento é muito mais amplo do que proposto pelo autor, não se vinculando ao aspecto somente moral. Como explica Valentin Carrion, Comentários, 2010, p. 431: "A figura do mau procedimento é tão ampla que poderia abranger todas as outras e, na prática, serve para focalizar qualquer ato do empregado que, pela sua gravidade, impossibilite a continuação do vínculo, desde que não acolhido precisamente nas demais figuras, nem excluído por algumas delas ao dar exato limite a determinada conduta."

Outro elemento que distingue os dois tipos trabalhistas tratados nesta alínea "b" diz respeito à repetição da falta. A incontinência de conduta, como é caracterizada por uma vida sexual desregrada, não pode ser retratada num único ato; o mau procedimento, ao contrário, pode ser caracterizado a partir de uma única prática faltosa do empregado, desde que com a gravidade necessária para tanto. Citando um exemplo: um vigilante responsável pela guarda de um depósito de mercadorias não comparece ao trabalho, sem qualquer justificativa, facilitando, com sua ausência, a ação de criminosos; esta única falta ao trabalho, diante de sua gravidade, poderá ser tipificada como mau procedimento.

2. QUESTÕES DE CONCURSO

01. (MPT – Procurador do Trabalho/2009) Analise o item a seguir: não há previsão explícita de assédio sexual na CLT, mas pode ser enquadrado na hipótese: pelo empregador, na demissão por justa causa de empregado que pratica o ato, quando ele (o empregado) incorre em incontinência de conduta ou mau procedimento e, ato lesivo da honra ou da boa fama praticado no serviço contra qualquer pessoa.

GAB	1	C

✦ NEGOCIAÇÃO HABITUAL: CONCORRÊNCIA

c) negociação habitual por conta própria ou alheia sem permissão do empregador, e quando constituir ato de concorrência à empresa para a qual trabalha o empregado, ou for prejudicial ao serviço;

1. COMENTÁRIOS

O núcleo deste tipo trabalhista exige que a prática do empregado represente concorrência a seu empregador. Esta concorrência é caracterizada por uma conduta continuada que cause prejuízos ao empregador ou ao serviço oferecido da empresa. Não se caracteriza por um ato isolado de concorrência.

A simples atitude do empregado-vendedor oferecer a clientes diversos dos do empregador produtos que, em princípio, não oferecem concorrência direta, também podem ser considerada negociação habitual, diante da parte final desta alínea: "ou for prejudicial ao serviço". Neste sentido Valentin Carrion, Comentários, 2010, p. 431: "Ocorre, também, quando o empregado utiliza seu tempo de serviço na venda de produtos próprios, em evidente prejuízo ao seu trabalho e de colegas.".

A concordância do empregador, tácita ou expressa, quanto aos atos de concorrência do empregado, exclui a possibilidade da justa causa (neste sentido: Russomano, Comentários, Vol. I, 1993, p. 560).

2. QUESTÕES DE CONCURSO

01. (FCC – Analista Judiciário – Oficial de Justiça Avaliador – TRT 5/2013) As modalidades e regras sobre ruptura ou rescisão contratual estão previstas na legislação trabalhista, sendo INCORRETO afirmar a esse respeito que

a) o pedido de demissão ou recibo de quitação de rescisão do contrato de trabalho, firmado por empregado com mais de 1 (um) ano de serviço, só será válido quando feito com a assistência do respectivo Sindicato ou perante a autoridade do Ministério do Trabalho.

b) qualquer compensação no pagamento de verbas rescisórias não poderá exceder o equivalente a 1 (um) mês de remuneração do empregado.

c) nos contratos que tenham termo estipulado, o empregador que, sem justa causa, despedir o empregado será obrigado a pagar-lhe, a título de indenização, e por metade, a remuneração a que teria direito até o termo do contrato.

d) a negociação habitual por conta própria ou alheia sem permissão do empregador e quando for prejudicial ao serviço não se constitui em justa causa para rescisão do contrato de trabalho pelo empregador, mas apenas causa de aplicação de multa ao empregado.

e) havendo culpa recíproca no ato que determinou a rescisão do contrato de trabalho, o tribunal de trabalho reduzirá a indenização à que seria devida em caso de culpa exclusiva do empregador, por metade.

02. (FCC – Técnico Judiciário – Área Administrativa – TRT 24/2017) O contrato de trabalho cumpre um ciclo existencial: nasce em determinado momento e chega ao seu final, extinguindo-se por vários motivos. No tocante à rescisão do contrato de trabalho, modalidades e indenização devida,

a) o pagamento das parcelas constantes do instrumento de rescisão ou recibo de quitação deverá ser efetuado, em qualquer caso, até o décimo dia, contado da data da notificação da demissão.

b) não há necessidade de o instrumento de rescisão ou recibo de quitação, no caso de pedido de demissão e dispensa por justa causa, ter especificada a natureza e discriminado o valor de cada parcela paga ao empregado.

c) havendo culpa recíproca no ato que determinou a rescisão do contrato de trabalho, a indenização devida ao empregado poderá ser reduzida até o limite de 1/3 daquela que seria devida em caso de culpa exclusiva do empregador.

d) o empregado poderá considerar rescindido o contrato e pleitear a devida indenização quando, em qualquer hipótese, o empregador reduzir o seu trabalho, mesmo que essa redução não afete sensivelmente a importância dos salários.

e) constituem justa causa para rescisão do contrato de trabalho pelo empregador, entre outras, a negociação habitual por conta própria ou alheia sem permissão do empregador, e quando constituir ato de concorrência à empresa para a qual trabalha o empregado, ou for prejudicial ao serviço.

GAB	1	D	2	E

✦ **CONDENAÇÃO CRIMINAL**

d) condenação criminal do empregado, passada em julgado, caso não tenha havido suspensão da execução da pena;

1. COMENTÁRIOS

A condenação criminal que tipifica a justa causa deve impor ao empregado privações à sua liberdade, de forma que torne impraticável seu comparecimento ao trabalho. Portanto, havendo suspensão do cumprimento da pena imposta pela sentença (sursis), o comparecimento do empregado torna-se possível e não haverá justa causa pelo tipo trabalhista de condenação criminal. A depender do ilícito penal cometido pelo empregado, a justa causa poderá operar-se por outro tipo trabalhista, como por exemplo, pela prática de mau procedimento (alínea "b", do art. 482).

Como explica Wagner Giglio: "o empregado condenado criminalmente não pode trabalhar e a prestação de serviços é sua principal obrigação; assim, a falta de fornecimento de trabalho constituiria infração contratual (ou ato faltoso) do empregado, da qual derivaria a justa causa." (Justa Causa, 1981, p. 110).

Valentin Carrion, Comentários, 2010, p. 432, lembra que a condenação criminal transitada em julgado dispensa o inquérito judicial para o estável de que trata o art. 494 da CLT.

Situação delicada, que não vem recebendo o devido cuidado da doutrina, diz respeito à prisão cautelar (preventiva, em flagrante ou domiciliar), que impossibilite o comparecimento do empregado por 30 dias (se a privação por inferior a 30 dias a finalidade da lei desaconselha a rescisão, conforme Gomes-Gottschalk e Délio Maranhão, ambos citados por Carrion, Comentários, 2010, p. 432).

A nosso ver, somente a sentença condenatória transitada em julgado permite a rescisão contratual por justa causa. Qualquer outro tipo de prisão cautelar, arbitrária ou legitima, não pode fundamentar a justa causa, pois falta o elemento subjetivo, consistente no dolo ou culpa do empregado em querer deixar de comparecer. O legislador criou o critério objetivo do transito em julgado da sentença condenatória exatamente para consolidar a ideia da culpa do empregado na ausência ao emprego. Basta imaginarmos a hipótese de uma prisão cautelar que, pela morosidade do Judiciário, ultrapasse o prazo de 30 dias, impedindo o comparecimento do empregado. Seria puni-lo duplamente considerar que houve justa causa.

Independentemente da justa causa, a legitimidade ou não da prisão cautelar pode ser considerada pelo empregador para a tomada de decisão quanto ao pagamento ou não do período em que empregado esteve afastado. Claro que não haverá interferência em seara que foge à competência trabalhista. Tendo o empregador, ou o juízo, elementos suficientes, oriundos da esfera penal, para considerar que foi legítima a determinação de prisão determinada pela autoridade competente, o afastamento será considerado suspensão contratual e nenhuma parcela salarial será devida ao empregado. Conduzindo as informações à conclusão em sentido oposto, o empregador deve considerar interrompido o contrato de trabalho e pagar o salário pelo período de afastamento.

Mauricio Godinho Delgado, Curso, jan-2009, p. 1100, tratando da prisão provisória, explica que: "...a prisão meramente provisória não extingue o contrato, embora inviabilize seu cumprimento pelo empregado; em consequência, ocorre aqui suspensão do pacto empregatício (art. 472, caput, e § 1º, combinado com art. 483, § 1º, ab initio, CLT).".

2. QUESTÕES DE CONCURSO

01. (TRT – 5ª REGIÃO/ANALISTA JUDICIÁRIO/CESPE/2009) A condenação criminal de um empregado constitui motivo para a rescisão do contrato de trabalho por justa causa.

02. (TRT 8 – Juiz do Trabalho Substituto 8ª região/ 2012/ADAPTADA) Analise a alternativa a seguir: a lei não considera, como hipótese para dispensa por justa causa do trabalhador doméstico, a condenação criminal do empregado, passada em julgado, caso não tenha havido suspensão da execução da pena.

03. (MPT – Procurador do Trabalho/2013) A partir das normas constitucionais e legais, além da jurisprudência consolidada do TST e do STF analise as assertivas:

I. Não será considerada falta ao serviço, para efeito de cálculo dos dias de férias do empregado, a ausência durante a suspensão preventiva para responder a inquérito administrativo ou de prisão preventiva.

II. Considera-se em sobreaviso o empregado que, à distância e submetido a controle patronal por instrumentos telemáticos ou informatizados, permanecer em regime de plantão ou equivalente, aguardando a qualquer momento o chamado para o serviço durante o período de descanso.

III. O pagamento dos salários até o 5° dia útil do mês subsequente ao vencido não está sujeito à correção monetária. Se essa data limite for ultrapassada, incidirá o índice da correção monetária do mês subsequente ao da prestação dos serviços, a partir do dia 1°.

IV. Percebida a gratificação de função por dez ou mais anos pelo empregado, se o empregador, revertê-lo a seu cargo efetivo, não poderá retirar-lhe a gratificação tendo em vista o princípio da estabilidade financeira.

Assinale a alternativa CORRETA:

a) apenas as assertivas II e IV estão erradas;

b) apenas as assertivas I e III estão erradas;

c) apenas as assertivas I e IV estão erradas;

d) todas as assertivas estão corretas;

e) Não respondida.

GAB	1	E	2	E	3	C

✦ **DESÍDIA**

e) desídia no desempenho das respectivas funções;

1. COMENTÁRIOS

A desídia se configura como infração grave trabalhista, pois se deduz sua caracterização por atitudes desleixadas do empregado e pela falta de zelo com suas atribuições. A doutrina costuma presumir esta falta de cuidado, de zelo, pelos atrasos e ausências reiteradas. Como diz Godinho, Curso, jan-2009, p. 1100, trata-se de empregado negligente, relapso e culposamente improdutivo. A forma mais comum de desídia decorre de faltas e atrasos reiterados do empregado.

Normalmente, só após a gradação das penalidades, com o uso de advertências e suspensões, é possível a aplicação desta justa causa. Excepcionalmente, um só ato, culposamente grave, pode gerar o rompimento do contrato de trabalho por desídia, mas esta hipótese é muito rara. É preciso que este ato isolado seja de tal forma grave que o desleixo do empregado venha a provocar a desídia.

2. INFORMATIVOS DO TST

▸ ***Dispensa por justa causa. Desídia. Art. 482, "e", da CLT. Princípios da proporcionalidade e da gradação da pena. Inobservância. Falta grave afastada.***

Para a caracterização da desídia de que trata o art. 482, "e", da CLT, faz-se necessária a habitualidade das faltas cometidas pelo empregado, bem como a aplicação de penalidades gradativas, até culminar na dispensa por justa causa. Os princípios da proporcionalidade e da gradação da pena devem ser observados, pois as punições revestem-se de caráter pedagógico, visando o ajuste do empregado às normas da empresa. Nesse contexto, se o empregador não observa a necessária gradação da pena, apressando-se em romper o contrato de trabalho por justa causa, frustra o sentido didático da penalidade, dando azo à desqualificação da resolução contratual em razão do excessivo rigor no exercício do poder diretivo da empresa. Com esse entendimento, a SBDI-I, por unanimidade, conheceu dos embargos interpostos pela reclamada, por divergência jurisprudencial, e, no mérito, negou-lhes provimento. TST-E-E – D-RR-21100-72.2009.5.14.0004, SBDI-I, rel. Min. Luiz Philippe Vieira de Mello Filho, 10.4.2014 (**Informativo nº 79**)

3. QUESTÕES DE CONCURSO

01. (BACEN/PROCURADOR/CESPE/2009) Considere que um empregado tenha faltado, sem apresentar justificativa,12 dias consecutivos ao seu trabalho e que, após a ausência, tenha se reapresentado normalmente para dar continuidade ao trabalho. Nessa situação, justifica-se a rescisão por justa causa, em decorrência de

a) abandono de emprego.

b) incontinênciade conduta.

c) insubordinação.

d) ato de improbidade.

e) desídia no desempenho de suas funções.

02. (FCC – TRT 6 – Analista Judiciário/2012) Venus trabalha há quatro meses na Clínica Médica Celta, exercendo as funções de secretária-recepcionista. Durante esse período, a empregada faltou por 25 dias alternados, sem apresentar justificativa legal para estas ausências. Nos dias em que compareceu ao trabalho, Venus frequentemente chegou com alguns minutos de atraso, bem como se esqueceu de agendar duas consultas, sofrendo advertências verbais e por escrito, além de duas suspensões. Nesta situação, a atitude da empregada enseja a rescisão do contrato por justa causa por

a) desídia no desempenho das funções.

b) abandono de emprego.

c) ato de insubordinação.

d) ato de indisciplina.

e) ato de improbidade.

03. (FCC – Analista Judiciário – Área Judiciária – TRT 24/2017) Diana frequentemente chegava atrasada no início de sua jornada de trabalho, atingia produção bem inferior àquela realizada pelos colegas de sua equipe, além de apresentar um número elevado de faltas injustificadas. Por tais razões, a empregada foi advertida, verbalmente e por escrito, além de receber suspensão disciplinar por 2 dias. Na situação apresentada, Diana cometeu falta grave que ensejaria a dispensa por justa causa na modalidade de

a) incontinência de conduta.

b) ato de insubordinação.

c) atitude de indisciplina.

d) ato de improbidade.

e) desídia no desempenho das funções.

GAB	1	E	2	A	3	E

✦ **EMBRIAGUEZ**

f) embriaguez habitual ou em serviço;

1. COMENTÁRIOS

Nesta alínea "f" o legislador cuidou de duas condutas distintas, ainda que ambas envolvam o uso de bebidas alcoólicas, quais sejam: embriaguez habitual ou em serviço.

A embriaguez habitual vem sendo tratada como doença, assim reconhecida pela Organização Mundial de Saúde (OMS), de forma que sua tipificação como falta grave perdeu a atualidade. Não se está a dizer que o tipo trabalhista não é mais aplicável, mas antes da justa causa o empregador precisa permitir que o empregado se recupere, e até mesmo seu encaminhamento ao INSS para gozo de auxílio – doença. Após estas etapas, e insistindo o empregado em manter-se costumeiramente embriagado, inevitável será o rompimento do contrato de trabalho por justa causa.

A embriaguez habitual só se insere no tipo trabalhista de justa causa se o estado etílico do empregado de alguma forma interferir no seu ambiente de trabalho ou prejudicar suas funções. Tendo o empregado hábito de se embriagar depois do serviço, diariamente, mas sem que compareça ao trabalho embriagado e nem em estado etílico que prejudique sua atividade, não se poderá dizer que há motivo para justa causa.

O art. 4º, II, do Código Civil, estabelece que o "ébrio habitual" é relativamente incapaz. Esta norma tem influência na esfera trabalhista não para o efeito de descaracterizar a justa causa, pois a CLT tem regra própria, mas serve para demonstrar o novo status jurídico do alcoólico, impedindo que sofra discriminação por seu estado de saúde.

A embriaguez em serviço, por outro lado, não depende de prática repetida de manter-se embriagado. Basta que o empregado compareça uma única vez em serviço em estado etílico aparente, prejudicando suas atribuições e passando uma péssima imagem no ambiente de trabalho. Claro que, por se tratar de ato isolado, pode o empregador, atento ao caráter pedagógico do poder disciplinar, aplicar uma penalidade mais branda ao empregado. Esta possibilidade, contudo, ficará ao arbítrio do empregador, avaliando o caso concreto, a função exercida pelo empregado, as razões da embriaguez (datas festivas, falecimento de pessoa da família, etc) e o impacto deste evento no ambiente de trabalho.

O conceito de embriaguez definido pela Associação Médica Britânica e citado por Almeida Júnior, auxilia na aplicação deste tipo trabalhista: "A palavra embriaguez será usada para significar que o indivíduo está de tal forma influenciado pelo álcool, que perdeu o governo de suas faculdades ao ponto de tornar-se incapaz de executar com prudência o trabalho a que se consagre no momento." (in Wagner Giglio, Justa Causa, 1981, p. 151).

O empregado, desde que maior de 18 anos, tem liberdade para ingerir bebidas alcoólicas durante o intervalo para almoço. Este intervalo, como se deduz da regra do art. 71, § 2º, da CLT, não é computado na duração do trabalho, portanto, o empregado não pode ser considerado "em serviço" para a prática de justa causa. Claro que ao ingerir quantidade de bebida suficiente a interferir no seu estado natural e prejudicar o trabalho, poderá incorrer em justa causa.

Tanto no caso de embriaguez habitual, como em serviço, a doutrina entende que uso de entorpecentes se equivale ao álcool para a configuração da justa causa (neste sentido: Giglio, Justa Causa, 1981, p. 151; Godinho, Curso, jan-2009, p. 1101 e Martins, Comentários, 2010, p. 515).

✦ VIOLAÇÃO DE SEGREDO

g) violação de segredo da empresa;

1. COMENTÁRIOS

Ao conceituar segredo, elemento fundamental para o entendimento do tipo trabalhista de "violação de segredo" da empresa, Wagner Giglio assim o define: "segredo de empresa é tudo que sendo referente à produção ou negócio e do conhecimento de poucos, não deve, pela vontade de seus detentores, ser violado." (Justa Causa, 1981, p. 172).

Deste conceito extraem-se dois importantes elementos na caracterização do tipo trabalhista, um objetivo, que diz respeito à natureza do segredo, pois envolve assuntos importantes ao negócio do empregador; outro subjetivo, pois se exige que o empregador deixe clara sua intenção de manutenção do segredo. Só há dever de se manter o sigilo quando ficar explícito para o empregado que o tema não pode ser objeto de divulgação fora daquele pequeno círculo de conhecedores do segredo. Não há, portanto, justa causa, se o empregado não tinha a obrigação de manter o assunto em segredo.

Mesmo que o segredo tenha chegado ao conhecimento do empregado acidentalmente, mas sendo inequívoca a intenção do empregador de guardar sigilo, o empregado que divulgar o segredo incorrerá em justa causa (neste sentido: Russomano, Comentários, Vol. I, 1993, p. 562).

A justa causa se caracteriza pela violação do segredo, mesmo que não se observe prejuízo imediato ao empregador. Neste sentido o conceito de Amauri Mascaro Nascimento: "é a divulgação não autorizada de patentes de invenção, métodos de execução, fórmulas, escrita comercial e, enfim, de todo fato, ato ou coisa que, de uso ou conhecimento exclusivo da empresa, não possa ou não deva ser tornado público, sob pena de causar prejuízo remoto, provável ou imediato à empresa." (in Godinho, Curso, jan-2009, p. 1101-1102).

2. QUESTÕES DE CONCURSO

01. (FCC – TRT 8 – Analista Judiciário/2010) A clínica particular H verificou a sobra de medicamentos no final da jornada de trabalho. Aberta sindicância administrativa foi constatado que a empregada, Fábia, não ministrou todos os remédios que deveria, sendo-lhe aplicada a penalidade de suspensão. No mês seguinte, foi novamente constatada sobra de medicamento, e igualmente apurado em sindicância que a empregada Fábia deixou de ministrar os remédios prescritos, sendo que desta vez de forma dolosa. Neste caso, Fábia praticou conduta configuradora de

a) insubordinação.

b) incontinência de conduta.

c) ato de improbidade.

d) violação de segredo.

e) desídia.

02. (AOCP – Advogado – EBSERH/2017) Qual das alternativas a seguir NÃO constitui razão para a dispensa justificada do empregado, conforme artigo 482 da CLT?

a) Desídia no desempenho das respectivas funções.

b) Violação de segredo da empresa.

c) Execução de serviços superiores às suas forças, contrários aos bons costumes ou alheios ao contrato.

d) Ato de improbidade.

e) Incontinência de conduta ou mau procedimento.

GAB	1	E	2	C

✦ **INDISCIPLINA E INSUBORDINAÇÃO**

h) ato de indisciplina ou de insubordinação;

1. COMENTÁRIOS

Esta alínea "h" trata de dois tipos trabalhistas que possuem um ponto em comum: a desobediência do empregado.

O ato de indisciplina deriva do descumprimento de ordem regulamentar, geral, destinada a um grupo de empregados nas mesmas condições ou a todos os empregados de um estabelecimento ou empresa. O ato de indisciplina pode resultar de desobediência a regras previstas em lei, acordos e convenções coletivas, regulamentos empresariais ou mesmo às disposições do contrato de trabalho. A ausência de uso de equipamentos de segurança, de uniforme ou o descumprimento de circular interna prevendo rotinas de trabalho, são exemplos de faltas que podem ser tipificadas como atos de indisciplina, desde que com intensidade suficiente para configuração da justa causa. Atento ao aspecto pedagógico do poder disciplinar, o empregador deverá se utilizar das gradações da pena, permitindo a ressocialização do empregado, somente se utilizando da justa causa como último recurso.

O ato de insubordinação se caracteriza pela desobediência à ordem direta, tendo como destinatário um só empregado ou grupo de empregados. São exemplos as ordens conferidas a um grupo de empregados para anteciparem a previsão de manutenção de determinado equipamento ou de que não se esqueçam de desligar as luzes ao final do expediente. A ordem pode ter como destinatário empregado específico, como, por exemplo, a determinação para pendurar o crachá em volta do pescoço ou para ajeitar o uniforme. Nos comentários ao art. 158 da CLT apontamos outro exemplo de insubordinação, comparando-o com o ato de indisciplina.

2. QUESTÕES DE CONCURSO

01. (TRT – 2ª REGIÃO/ANALISTA ADMINISTRATIVO/FCC/2008) (ADAPTADA) Com relação à extinção do contrato individual de trabalho em razão da prática, pelo empregado, de ato considerado falta grave caracterizador da justa causa da respectiva rescisão, é correto afirmar: a insubordinação está relacionada ao descumprimento de ordens gerais de serviço.

02. (FCC – TRT 6 – Analista Judiciário/2012) Venus trabalha há quatro meses na Clínica Médica Celta, exercendo as funções de secretária-recepcionista. Durante esse período, a empregada faltou por 25 dias alternados, sem apresentar justificativa legal para estas ausências. Nos dias em que compareceu ao trabalho, Venus frequentemente chegou com alguns minutos de atraso, bem como se esqueceu de agendar duas consultas, sofrendo advertências verbais e por escrito, além de duas suspensões. Nesta situação, a atitude da empregada enseja a rescisão do contrato por justa causa por

a) desídia no desempenho das funções.
b) abandono de emprego.
c) ato de insubordinação.
d) ato de indisciplina.
e) ato de improbidade.

03. (TRT 14 – Juiz do Trabalho Substituto 14ª região/ 2012) Analise as assertivas abaixo e após marque a única alternativa correta:

I. Se o empregado, após iniciar uma discussão com um dos sócios da empresa, quando em serviço, sentindo-se ofendido, desfere um chute no veículo do empregador, enseja o reconhecimento, contra si, da prática de justa causa.
II. São passíveis de justa causa os atos de indisciplina e de insubordinação, no primeiro caso correspondendo ao desrespeito a normas gerais do empregador e, no segundo, de ordens específicas emanadas do superior hierárquico.
III. Nos casos de ato de improbidade comprovadamente praticado pelo empregado, em razão da sua gravidade, inclusive porque pode representar a prática de ilícito penal, são irrelevantes os aspectos relacionados a eventual perdão tácito do empregador.
IV. Acaso o empregador adote, em norma interna, a fixação de hipóteses para a demissão por justa causa, indicando a exaustão da disciplina, acaba por limitar previamente o seu próprio poder disciplinar, todavia, segundo entendimento dominante no âmbito do Tribunal Superior do Trabalho, acaso o trabalhador pratique falta prevista em lei, notadamente no art. 482 da CLT, porém, não elencada no normativo interno, ainda assim poderá sofrer a punição máxima da demissão justificada.

a) Apenas os itens I e II são verdadeiros.
b) Apenas os itens II e III são verdadeiros.
c) Apenas os itens III e IV são verdadeiros.
d) Apenas os itens I e III são verdadeiros.
e) Apenas os itens II e IV são verdadeiros.

04. (FCC – Técnico Judiciário – Área Administrativa – TRT 15/2013) Solange, empregada da empresa "WSA Ltda.", trouxe seu animal de estimação, uma pequena iguana, no ambiente de trabalho contrariando o regulamento interno da empresa que proíbe expressamente a entrada de animais no interior do estabelecimento empregador. Devidamente advertida, Solange, trouxe novamente sua pequena iguana para o seu ambiente de trabalho. Diante da reincidência, Solange foi dispensada por justa causa tendo em vista a prática de ato de

a) indisciplina.
b) desídia.
c) insubordinação restrita.
d) incontinência de conduta.
e) improbidade.

GAB	1	E	2	A	3	A	4	A

✦ ABANDONO DE EMPREGO

i) abandono de emprego;

1. COMENTÁRIOS

A configuração desta justa causa depende da conjugação de dois elementos: um objetivo, que consiste no afastamento do trabalho e outro subjetivo, baseado na inequívoca intenção do empregado em abandonar o emprego. Quanto a este último elemento ou requisito, Sérgio Pinto Martins, Comentários, 2010, p. 520, repudia o equívoco da expressão animus abandonandi, que não existe, pois o ânimo de abandonar quer dizer animus dereliquendi.

Quanto ao elemento objetivo, – deixar de trabalhar –, a jurisprudência do TST, através da S. nº 32, fixou o entendimento de que ausência ao trabalho pelo período de 30 dias configura abandono de emprego, desde que o empregado, neste lapso temporal, não justifique o motivo de sua ausência. Este prazo de 30 dias foi fixado pela jurisprudência em analogia aos artigos 474 e 853 da CLT (neste sentido: Giglio, Justa Causa, 1981, p. 219 e Martins, Comentários, 2010, p. 520). Francisco Antonio de Oliveira cita somente o art. 474 como fonte analógica do prazo de 30 dias (Comentários às Súmulas, 2005, p. 120).

Mauricio Godinho Delgado, Curso, jan-2009, p. 1103, se refere à S. 32 do C. TST, mas aponta como fonte analógica do prazo de 30 dias o art. 472, § 1º, da CLT, mas na referência a esta fonte normativa é voz isolada na doutrina.

Quanto ao elemento subjetivo, – intenção de abandonar – é do empregador o ônus da prova, na forma do art. 818 da CLT c/c art. 333, I, do CPC/73 e art. 373, I, do CPC/2015, pois o princípio da continuidade da relação de emprego constitui presunção favorável ao empregado (neste sentido a S. 212 do C. TST.). A presunção se inverte, passando a ser do empregado o ônus da prova, quando este faltar, sem justificativa, por 30 dias; nesta hipótese o empregado deverá demonstrar que não teve intenção de abandonar o emprego (neste sentido: Carrion, Comentários, 2010, p. 434).

O prazo de 30 dias fixado pela jurisprudência conduz somente a uma presunção e não precisa ser observado se o empregado, pela prática de outros atos (como ser admitido em outro emprego), deixar clara sua intenção de não retornar. Sob outra mirada, pode ser que o empregado fique ausente por 30 dias ou mais, sem que tenha intenção de abandonar o emprego, como no exemplo de internação em um Centro de Tratamento Intensivo, sem que algum parente tenha a iniciativa de contatar o empregador. O empregado não teve intenção de abandonar o emprego e, nesta hipótese, deverá o empregador reconsiderar a dispensa por justa causa.

Não se confunde abandono de emprego, com abandono de serviço, pois neste o empregado deixa de comparecer por um dia ou mais, sem atingir o lapso de 30 dias. Tais ausências podem resultar em justa causa por mau procedimento ou desídia, mas não por abandono de emprego.

2. SÚMULAS E ORIENTAÇÕES JURISPRUDENCIAIS

▸ **Súmula nº 32/TST**

ABANDONO DE EMPREGO (nova redação) – Res. 121/2003, DJ 19, 20 e 21.11.2003

Presume-se o abandono de emprego se o trabalhador não retornar ao serviço no prazo de 30 (trinta) dias após a cessação do benefício previdenciário nem justificar o motivo de não o fazer.

▸ **Súmula nº 62/TST**

ABANDONO DE EMPREGO (mantida) – Res. 121/2003, DJ 19, 20 e 21.11.2003

O prazo de decadência do direito do empregador de ajuizar inquérito em face do empregado que incorre em abandono de emprego é contado a partir do momento em que o empregado pretendeu seu retorno ao serviço.

▸ **Súmula nº 73/TST**

DESPEDIDA. JUSTA CAUSA (nova redação) – Res. 121/2003, DJ 19, 20 e 21.11.2003

A ocorrência de justa causa, salvo a de abandono de emprego, no decurso do prazo do aviso prévio dado pelo empregador, retira do empregado qualquer direito às verbas rescisórias de natureza indenizatória.

▸ **Súmula nº 212**

DESPEDIMENTO. ÔNUS DA PROVA (mantida) – Res. 121/2003, DJ 19, 20 e 21.11.2003

O ônus de provar o término do contrato de trabalho, quando negados a prestação de serviço e o despedimento, é do empregador, pois o princípio da continuidade da relação de emprego constitui presunção favorável ao empregado.

3. QUESTÕES DE CONCURSO

01. **(FMS – Advogado/2011)**João, empregado havia 12 anos da empresa TNT, decidiu não mais prestar os seus serviços para seu empregador. Adotou essa atitude sem fazer qualquer comunicação e, tão logo tomou conhecimento de que a empresa TNB procurava empregado para contratar, depositou o seu currículo e logrou obter um emprego na nova empresa. Diante deste caso, pode-se afirmar ser o ato de João a hipótese de:

a) distrato.

b) rescisão.

c) resolução.

d) dispensa sem justa causa do empregado.

e) resilição.

02. **(TRT 15 – Juiz do Trabalho Substituto 15ª região/ 2012)** A reclamante, admitida em 20/08/09, recebeu auxílio doença previdenciário no período de 10/03/11 a 10/10/11. Ao retornar ao serviço, no dia 11/10/11, foi orientada pelo empregador a aguardar em casa. Foi dispensada sob alegação de abandono de emprego em 20/10/11. A reclamante requereu sua reintegração no emprego, alegando ser portadora de doença ocupacional, bem como a condenação da reclamada ao pagamento dos salários, férias + 1/3 e 13º salários do período de 10/03/11 até a reintegração. O laudo médico do Perito Judicial concluiu pela ausência do nexo causal entre a patologia havida pela reclamante e seu labor prestado à empresa reclamada. É correto afirmar que a reclamante:

a) Tem direito aos salários a partir de 10/03/11.

b) Tem direito à reintegração, uma vez que o contrato de trabalho estava suspenso.

c) Tem direito ao FGTS do período de suspensão do contrato de trabalho.

d) Não tem direito à reintegração, eis que não configurada a doença ocupacional, devendo ser considerada dispensada sem justa causa, pela ausência do animus abandonandi.

e) Tem direito às férias integrais do período aquisitivo de 20/08/10 a 19/08/11 e proporcionais de 20/08/11 a 20/10/11, ambas acrescidas de um terço.

03. **(MPT – Procurador do Trabalho/2008)** Analise a assertiva a seguir: o empregado que cometer falta grave no curso do aviso prévio não fará jus ao restante do aviso, além de perder o direito às verbas rescisórias de natureza indenizatória, salvo no caso de abandono de emprego.

GAB	1	C	2	D	3	C

✦ OFENSAS FÍSICAS E MORAIS CONTRA OUTROS EMPREGADOS

j) ato lesivo da honra ou da boa fama praticado no serviço contra qualquer pessoa, ou ofensas físicas, nas mesmas condições, salvo em caso de legítima defesa, própria ou de outrem;

1. COMENTÁRIOS

O texto desta alínea "j" cuida de ofensas físicas e morais praticadas contra o colega de trabalho, no estabelecimento empresarial ou fora deste, quando em serviço. No tempo destinado ao intervalo intrajornada o empregado não pode praticar a falta, mas poderá nas horas in itinere, referidas no art. 58, § 2º, da CLT. Também será possível sua prática no tempo gasto no vestiário ou destinado à marcação do ponto (art. 58, § 1º da CLT).

Não há necessidade de configuração dos tipos penais de injúria, calúnia ou difamação, em se tratando da ofensa moral; basta que o empregado, por qualquer meio, provoque ofensas a qualquer pessoa no trabalho.

A ofensa ensejadora da justa causa pode ser praticada contra um colega, visitante ou mesmo um cliente. Qualquer pessoa que estiver no serviço.

Parece-nos possível a caracterização desta justa causa quando o empregado, através de jornal, cartaz, panfleto, e-mail ou qualquer outro meio, tornar pública informação ofensiva à honra de colega de trabalho. Caso o empregado obtenha a informação comprometedora da honra de colega ou outra pessoa no próprio local do serviço, mas divulgue o fato fora do horário de expediente, ainda assim terá praticado justa causa.

Também incorrerá em justa causa o empregado que praticar a ofensa nas imediações da empresa, como, por exemplo, na rua de acesso ao estabelecimento ou no ponto de ônibus próximo. Para tanto, basta que a agressão esteja relacionada a fatos decorrentes do ambiente de trabalho.

O ato pode ser considerado grave mesmo sem ter provocado qualquer lesão, pois o ato de agredir que é punido com justa causa e não o resultado da agressão.

A legitima defesa é excludente da justa causa, mas o empregado deve se utilizar de meios moderados para repelir a injusta agressão; o excesso de força na legitima defesa poderá motivar a justa causa que, nesta hipótese, será aplicada a ambos, agressor e agredido.

2. QUESTÕES DE CONCURSO

01. (MPT – Procurador do Trabalho/2009) Analise o item a seguir: não há previsão explícita de assédio sexual na CLT mas, pode ser enquadrado na hipótese: pelo empregador, na demissão por justa causa de empregado que pratica o ato, quando ele (o empregado) incorre em incontinência de conduta ou mau procedimento e, ato lesivo da honra ou da boa fama praticado no serviço contra qualquer pessoa.

GAB	1	C

✦ OFENSAS FÍSICAS E MORAIS CONTRA O EMPREGADOR

k) ato lesivo da honra ou da boa fama ou ofensas físicas praticadas contra o empregador e superiores hierárquicos, salvo em caso de legítima defesa, própria ou de outrem;

1. COMENTÁRIOS

Todas as considerações feitas ao tipo trabalhista da alínea "j", que também cuida da ofensa moral ou física, se estendem a esta alínea "k".

O tipo trabalhista da alínea "j" se refere à ofensa contra qualquer pessoa, o que já abrangeria o empregador e seus prepostos. Portanto, desnecessária a distinção feita na alínea "k" quanto à ofensa dirigida ao empregador.

Só há justificativa legal para a distinção quando se trata da ofensa moral praticada contra o empregador. A imagem do empregador também compõe seu patrimônio e atitudes do empregado que manchem o bom nome da empresa são prejudiciais aos negócios, justificando este tratamento em separado.

Como explica Wagner Giglio: "...as ofensas à boa fama da empresa encontram fundamento no dever de lealdade dos empregados, que têm por obrigação cooperar para o bom nome da empregadora, prejudicado pelas ofensas. Não seria possível manter um empregado detrator que colaborasse para difamar a empresa." (Justa Causa, 1981, p. 266).

2. QUESTÕES DE CONCURSO

01. (TRT 19 – Juiz do Trabalho Substituto 19ª região/2012/ADAPTADA) À luz da dicção da CLT e da jurisprudência cristalizada pelo TST, analise o item a seguir: são apontados como fatos que constituem justa causa para rescisão do contrato de trabalho pelo empregador, entre outros: ato lesivo da honra ou da boa fama ou ofensas físicas, desde que praticadas contra o empregador e superiores hierárquicos, salvo em caso de legítima defesa, própria ou de outrem; abandono de emprego; violação de segredo da empresa; ato de indisciplina ou de insubordinação; condenação criminal do empregado, passada em julgado, caso não tenha havido suspensão da execução da pena.

GAB	1	C

✦ **PRÁTICA HABITUAL DE JOGOS DE AZAR**

l) prática constante de jogos de azar.

1. COMENTÁRIOS

"O jogo, segundo Gaston Arexy, consiste em "uma convenção pela qual uma ou várias pessoas procuram reciprocamente obter um ganho determinado, dependendo seja da destreza, seja da prática dos jogadores, seja somente da sorte ou azar." (apud Wagner Giglio, Justa Causa, 1981, p. 291-292).

O jogo de azar, único proscrito pelo direito, é aquele em que o resultado depende predominantemente da sorte. A habilidade dos jogadores, nos jogos de azar, é elemento secundário para se atingir o resultado. Os jogadores não participam do resultado, mas apostam sobre ele. São exemplos destes jogos: a roleta e a loteria. Não se pode dizer que o carteado seja jogo de azar, pois a habilidade do jogador pode suplantar a falta de sorte.

O legislador, ao prever o tipo trabalhista desta alínea "l", só quis punir a prática constante de jogos de azar, por acreditar que esta conduta mina a confiança depositada no empregado.

Alguns autores não distinguem se o jogo de azar visa a obtenção de lucro ou não, entendendo que sua prática, qualquer que seja a modalidade, incorre em justa causa. Esta é a opinião de Sergio Pinto Martins, Comentários, 2010, p. 523. O autor também critica o texto legal afirmando que "A expressão é pleonástica, pois a prática envolve costume, uma constância no desenvolvimento da atividade. A falta grave ocorre quando o empregado continuamente pratica jogos de azar.". É pertinente a crítica do autor, mas ao menos o tom enfático do texto legal serve para evidenciar que não se pretende punir o jogador eventual.

Outros, como Wagner Giglio, afirmam que é necessário o intuito do lucro, isto é, "o escopo de ganhar um bem economicamente apreciável." (Justa Causa, 1981, p. 293).

Na atualidade, onde o Estado passou a autorizar e até a proporcionar uma gama variada de jogos de azar (loterias oficiais passaram a ser mais uma fonte de arrecadação), ganhou relevância a discussão entre jogos vedados ou não por lei para a caracterização da justa causa.

Uma primeira linha de interpretação não faz qualquer distinção entre jogo ilegal ou não, mantendo a tradição da CLT quanto aos efeitos maléficos dos jogos de azar. Entre estes, Sérgio Pinto Martins, Comentários, 2010, p. 523; Wagner Giglio, Justa Causa, 1981, p. 294 e Russomano, Vol. I, 1993, p. 564. Este último, assim resume a preocupação do legislador: "O trabalhador que joga tem um convite permanente à desonestidade. Mesmo que daí não advenham, de imediato, prejuízos para o empregador, os riscos são tantos, tantas são as probabilidades que esses prejuízos se concretizem, que o empregador, precavidamente, poderá dispensar o jogador habitual."

Uma segunda linha de argumentação defende que a justa causa só ocorrerá nos jogos ilegais; entre estes está Amauri Mascaro Nascimento, afirmando que "São jogos de azar apenas aqueles assim descritos pela legislação contravencional em vigor no país. Ex: jogo do bicho, rifas não autorizadas, apostas em corridas de cavalos fora de local autorizado, etc.". (in Godinho, Curso, jan-2009, p. 1105).

Existe, ainda, uma terceira linha de interpretação, proposta por Mauricio Godinho Delgado, que busca relativizar o rigor legal. O autor não nega que a prática de jogos de azar, em regra, tende a afetar o ambiente de prestação de serviços, mesmo sendo lícitos os jogos. Todavia, entende que sua prática só pode resultar em justa causa se for potencialmente lesiva ao ambiente de trabalho. Nas palavras de seu magistério: "...a prática constante de jogos de azar, mesmo proibidos em lei, porém realizados a léguas de distância do ambiente laborativo, sem possibilidade de afetação deste ambiente, embora se trate de contravenção penal, que possa conduzir à punição estatal do empregado, não autoriza o rompimento do pacto por justa causa, regra geral." (Curso, jan-2009, p. 1106).

✦ **PERDA DE HABILITAÇÃO OU DE OUTRO REQUISITO PROFISSIONAL**

m) perda da habilitação ou dos requisitos estabelecidos em lei para o exercício da profissão, em decorrência de conduta dolosa do empregado.(Incluído pela Lei nº 13.467, de 13.07.2017).

1. COMENTÁRIOS

A perda de habilitação, ou de qualquer outro requisito para exercício de determinada profissão, como, por exemplo, a autorização do Conselho de Regulamentação Profissional, para os médicos, advogados, psicólogos, etc., só pode ser considerada justa causa se o empregado der causa, deliberadamente, à inabilitação profissional. A inadimplência no pagamento das taxas e contribuições para os referidos órgãos, provocando a suspensão da habilitação profissional, ou até mesmo sua perda, é um exemplo de culpa do empregado que não pode gerar a justa causa prevista nesta alínea.

Caso a perda da habilitação seja decorrente da culpa do empregado, impedindo a continuidade do contrato de trabalho, por impossibilidade do exercício da profissão, a rescisão contratual dar-se-á sem justa causa, equiparada a pedido de demissão, considerando que o empregador não pode arcar com os ônus da atitude do empregado.

✦ **ATOS ATENTATÓRIOS À SEGURANÇA NACIONAL**

Parágrafo único. Constitui igualmente justa causa para dispensa de empregado a prática, devidamente comprovada em inquérito administrativo, de atos atentatórios à segurança nacional. (Incluído pelo Decreto-lei nº 3, de 27.1.1966)

1. COMENTÁRIOS

1.1. Inconstitucionalidade da regra legal

A justa causa por atos atentatórios à segurança nacional foi inserida no nosso ordenamento jurídico por meio do Decreto-lei nº 3, de 27.1.1966, após o golpe militar de 1964. Teve por escopo disciplinar "as relações jurídicas do pessoal que integra o sistema de atividades portuárias", coibindo os atos subversivos contrários ao regime recentemente implantado. O dispositivo legal, como se vê, foi estabelecido para disciplinar uma situação excepcional e envolvendo a atividade portuária. Contudo, como foi incluído no texto da CLT, acabou abrangendo toda e qualquer categoria profissional.

De qualquer forma, a medida excepcional decretada em 1966 não resistiu ao tempo, deixando de ser recepcionada pela nova ordem constitucional. Sobre os motivos da inconstitucionalidade do Decreto-lei nº 3/1966, vide comentários ao art. 472, §§ 3º a 5º da CLT.

1.2. Outras justas causas

Além dos motivos elencados no art. 482, Valentin Carrion, Comentários, 2010, p. 437, cita outras hipóteses de justa causa, a saber: a) ferroviário, que recusa prorrogação horária (art. 240); b) aprendiz que não frequenta ou não aproveita o curso (art.. 432); c) bancário que acumula dívidas (art. 508), revogado pela Lei nº 12.347, de 10.12.2010; d) grevista que pratica excessos (art. 722 e seguintes e Lei nº 7.783/89, arts. 14 e 15); e) não observância de normas de segurança no trabalho (art. 158); f) faltas passíveis de pena de demissão para o empregado público (Lei nº 8.027/90); g) declaração falsa ou uso indevido do vale-transporte (Decreto nº 95.247/87, art. 7º, § 3º); f) hipóteses previstas para o doméstico, conforme art. 27, da LC nº 150/2015.

2. QUESTÕES DE CONCURSO

01. (BACEN/PROCURADOR/CESPE/2009/ADAPTADA) O empregado demitido por justa causa perde o direito a receber 13º salário proporcional.

GAB	1	C

✦ RESCISÃO INDIRETA: INFRAÇÕES PRATICADAS PELO EMPREGADOR

Art. 483. O empregado poderá considerar rescindido o contrato e pleitear a devida indenização quando:

1. COMENTÁRIOS

A rigor, os requisitos objetivos, subjetivos e circunstanciais referentes à justa causa obreira, também se aplicam à rescisão indireta por culpa do empregador. Como não se trata de exercício de poder disciplinar pelo empregado, algumas adaptações precisam ser feitas.

Quantos aos requisitos objetivos, aplicam-se tanto a tipicidade como a apuração da gravidade da falta. No que tange à gravidade, a jurisprudência vem se afastando da ideia de que qualquer falta contratual ensejaria a resolução contratual, exigindo-se, portanto, o prejuízo iminente ao empregado. Exemplificativamente, a Justiça do Trabalho não vem acolhendo pedido de rescisão indireta com base no não recolhimento do FGTS, por falta de prejuízo imediato ao empregado que ainda está trabalhando.

Os requisitos subjetivos também precisam de adaptação. Não se analisa a ocorrência de dolo ou culpa do empregador quanto à falta praticada. Para sua configuração basta o ato de vontade na prática do ato faltoso, sem que se analise a intenção. Ademais, os atos praticados pelos prepostos do empregador, gerentes e outros ocupantes de funções de confiança, são atribuídos ao próprio empresário, independentemente deste ter ou não conferido poderes específicos para a prática do ato considerado faltoso. O risco do negócio, atribuído ao empregador, lhe transfere a responsabilidade.

Não há apuração da falta em concreto, considerando-se as condições econômicas da empresa ou o histórico de bom pagador do empregador. A análise da falta é feita em abstrato, pouco importando as características de cada empregador ou as circunstâncias da falta. Fatores econômicos, políticos e sociais, transitórios ou permanentes, não são relevantes para a apreciação da rescisão indireta.

No que tange aos requisitos circunstanciais, são afastados, de imediato, todos aqueles que dizem respeito ao exercício do poder disciplinar do empregador, quais sejam: non bis in idem, não discriminação e o caráter pedagógico da aplicação da punição (para informações sobre estes requisitos, aplicáveis somente às faltas praticadas pelo empregado, vide comentários ao art. 482).

A imediatidade na apuração da falta é atenuada na rescisão indireta. A situação de subordinação do empregado limita sua pronta atuação na apuração da falta empresarial. A ausência de iniciativa do empregado não resulta em perdão tácito ao empregador, mesmo que este pratique sucessivas infrações contratuais. O temor quanto à perda do emprego, diante da peculiaridade de que a rescisão indireta só ocorre por decisão judicial, justifica a tardia iniciativa do empregado. Ocorrerá perdão tácito, excepcionalmente, se uma única falta empresarial, isolada, só for objeto de manifestação do empregado muito depois de sua ocorrência. O tempo que deve ser observado entre a falta e a iniciativa do empregado só poderá ser estabelecido de acordo com as circunstâncias do caso concreto e, ai sim, levando-se em consideração todos os fatores que, em tese, funcionaram como inibidores de sua iniciativa.

O nexo causal entre a falta e a rescisão, a proporcionalidade e a adequação são requisitos circunstanciais que se aplicam à rescisão indireta. Sobre estes requisitos vide comentários ao art. 482.

2. INFORMATIVOS DO TST

- ***Ação rescisória. Sociedade de economia mista. Demissão imotivada. Impossibilidade. Reintegração do empregado. Submissão aos princípios previstos no art. 37, caput, da CF. Regulamento interno. Necessidade de motivação. Adesão ao contrato de trabalho. Súmula nº 51 do TST.***

  O STF, nos autos do RE nº 589998, estabeleceu que os empregados de sociedades de economia mista e de empresas públicas admitidos por concurso público somente poderão ser demitidos mediante a motivação do ato de dispensa, porquanto necessária a observação dos princípios constitucionais que regem a administração pública direta e indireta, previstos no art. 37, *caput*, da CF. Ademais, verificada, no caso, a existência de dispositivo de norma interna do Banestado prevendo a obrigatoriedade da motivação para dispensa de empregados, tal cláusula adere ao contrato de trabalho, impossibilitando a dispensa imotivada a teor do preconizado pela Súmula nº 51 do TST. Com esses fundamentos, e não vislumbrando violação ao art. 173, § 1º, da CF, a SBDI-II, à unanimidade, negou provimento ao recurso ordinário por meio do qual se buscava reformar a decisão do TRT da 9ª Região que, ao julgar improcedente a ação rescisória, manteve o acórdão que determinou a reintegração do empregado do Banestado demitido imotivadamente. TST-RO-219-22.2012.5.09.0000, SBDI-II, rel. Min. Cláudio Mascarenhas Brandão, 15.10.2013 (Informativo nº 63)

3. QUESTÕES DE CONCURSO

01. **(FCC – Juiz do Trabalho Substituto 4ª região/2012)** Conforme a lei e a jurisprudência dominante do Tribunal Superior do Trabalho, em caso de rescisão do contrato de trabalho por dispensa indireta, é devido ao empregado o pagamento do saldo salarial, aviso prévio, férias vencidas e proporcionais, acrescidas do adicional constitucional, 13º salário, não sendo possível o saque dos depósitos do FGTS, dentre outros direitos.

GAB	1	E

✦ SERVIÇOS NÃO TOLERADOS PELO EMPREGADO

a) forem exigidos serviços superiores às suas forças, defesos por lei, contrários aos bons costumes, ou alheios ao contrato;

1. COMENTÁRIOS

1.1. Serviços superiores às forças físicas e "intelectuais"

Serviços superiores às forças são aqueles além dos limites físicos de cada empregado. Na análise deste critério, o legislador fixou parâmetros objetivos, levando em consideração a natureza feminina (artigo 390) e do menor (art. 405, § 5º), quando comparado ao homem adulto (artigo

198). Estes limites de emprego da força física poderão ser reduzidos por negociação coletiva, ou pelas dificuldades pessoais de cada empregado. Fora da hipótese de emprego de força nos artigos acima destacados, o juiz deve apreciar, no caso concreto, se houve abuso do empregador, exigindo do empregado serviços superiores às suas forças.

A doutrina entende que a norma desta aliena "a" também veda a exigência de serviços superiores às forças intelectuais do empregado, além das físicas mencionadas no texto legal (neste sentido: Godinho, Curso, jan-2009, p. 1121 e Martins, Comentários, 2010, p. 525). Portanto, a atribuição de tarefas incompatíveis com a capacidade intelectual ou formação educacional do empregado também pode motivar a rescisão indireta.

1.2. Ordens ou serviços ilegais

Os serviços ou ordens ilegais podem ser objeto de resistência pelo empregado, mas sua inércia quanto ao cumprimento da ordem, ou mesmo a execução do serviço ilegal, não importa em perdão tácito. Como explica Wagner Giglio, Justa Causa, 1981, p. 331, "basta a ordem, ainda que não cumprida, para caracterizar a justa causa, embora esta não se desfigure pelo cumprimento.". Não haverá convalidação da ilegalidade pela tolerância do empregado. Sabe-se que a iniciativa obreira na rescisão indireta fica tolida pela sujeição ao empregador, máxime pelo temor da perda do emprego.

Quanto a este tipo trabalhista específico, a doutrina consagrou o entendimento de que serviços ilegais, aqui, devem ser interpretados no sentido de que "podem configurar crime ou contravenção penal." (Giglio, Justa Causa, 1981, p. 333). Lamarca, citado por Giglio na obra referida (p. 333), esclarece que a ilegalidade deve "residir no serviço em si", citando o exemplo do ourives que manda o empregado substituir a pedra preciosa por uma falsa jóia.

1.3. Serviços ou ordens contrários aos bons costumes

O costume, como fonte de direito, se traduz na reiteração de determinado hábito com aceitação social. Explica Saad que "trabalho contrário aos bons costumes é aquele que ofende a moral pública, como a venda de impressos da classe "pornô" a menores." (CLT Comentada, 2009, p. 658). O conceito de moral pública não é jurídico, pois pertence à sociologia. Tal noção varia de acordo com a região e o momento histórico. O que é contrário aos bons costumes no interior do país, pode não ser num grande centro urbano. O que no passado era tipo como desonroso ou imoral, hoje goza de maior aceitação social.

Trata-se de hipótese de justa causa muito rara na prática, particularmente diante do aspecto subjetivo da avaliação do ato "contrário aos bons costumes". Giglio cita a seguinte situação: "Nas casas de tolerância, as mulheres que ali exercem a prostituição afrontam os bons costumes, mas as serventes, os porteiros, cozinheiros e garções que ali prestam serviços, não. Justa causa, para estes últimos elementos, existiria se uma servente de hotel recebesse ordem para exercer o comércio amoroso com um dos hóspedes." (Justa Causa, 1981, p. 335).

1.4. Serviços alheios ao contrato de trabalho

O contrato de trabalho rege as relações entre empregado e empregador, com as limitações impostas pela legislação trabalhista. Nas omissões do contrato de trabalho aparecem as maiores dificuldades de interpretação quanto ao que pode ou não ser exigido do empregado, particularmente diante da informalidade que o caracteriza. O empregado só se obriga a serviços compatíveis com sua função (neste sentido o art. 447 e 456, § único, ambos da CLT). Fora deste parâmetro, que diz respeito à natureza das ordens que são direcionadas ao empregado, há espaço para a rescisão indireta do contrato de trabalho. Pequenos desvios nas atribuições inicialmente pactuadas não ensejam resolução contratual por culpa do empregador. O distanciamento entre o que foi combinado e as determinações do empregador precisa ser relevante a ponto de configurar uma falta grave. Exemplificativamente, exigir de um secretário, eventualmente, que se pague uma conta pessoal, é um desvio que não importa em resolução contratual, salvo se o empregador tornar a excepcionalidade uma prática.

2. QUESTÕES DE CONCURSO

01. (TRT 19 – Juiz do Trabalho Substituto 19ª região/2012/ADAPTADA) À luz da dicção da CLT e da jurisprudência cristalizada pelo TST, analise o item a seguir: O empregado poderá considerar rescindido o contrato e pleitear a devida indenização, entre outras hipóteses, quando: praticar o empregador ou seus prepostos, contra ele ou pessoas de sua família, ato lesivo da honra e boa fama; correr perigo manifesto de mal considerável; forem exigidos serviços superiores às suas forças, defesos por lei, contrários aos bons costumes, ou alheios ao contrato; o empregador reduzir o seu trabalho, sendo este por peça ou tarefa, de forma a afetar sensivelmente a importância dos salários.

GAB	1	C

✦ RIGOR EXCESSIVO

b) for tratado pelo empregador ou por seus superiores hierárquicos com rigor excessivo;

1. COMENTÁRIOS

A noção de rigor excessivo não é absoluta, mas relativa. Leva-se em consideração o padrão médio da sociedade e também o contexto empresarial. O que não se admite é o tratamento discriminatório. O empregador, portanto, pode ser rigoroso com seus empregados, dentro de um padrão social de razoabilidade, sem que isto resulte em resolução contratual.

Valentin Carrion, Comentários, 2010, p. 438, assim define o tipo trabalhista desta alínea: "repreensões ou medidas disciplinares que por falta de fundamento, repetição injustificada ou desproporção com o ato do empregado evidenciem perseguição ou intolerância; implicância ao dar ordens ou a exigência anormal em sua execução.".

O rigor excessivo como prática empresarial para estimular o cumprimento de metas, expondo ao ridículo aqueles que não acompanham o padrão da empresa, ignorando o capital humano e as peculiaridades de cada indivíduo, pode configurar o que vem sendo chamado de "assédio moral organizacional". Esta modalidade de assédio, além de ensejar a rescisão indireta do contrato de trabalho, também é passível de condenação judicial por dano moral.

✦ PERIGO MANIFESTO

c) correr perigo manifesto de mal considerável;

1. COMENTÁRIOS

O tipo trabalhista desta alínea é composto por dois elementos fundamentais: a existência de um perigo iminente, ou seja, que esteja próximo de acontecer, e o risco de que o empregado sofra um mal considerável. Submeter o empregado a situações de risco que podem ser evitadas, porque desnecessárias, ensejam a rescisão contratual por culpa do empregador.

Não se trata do risco normal referente a algumas atividades, como no caso dos eletricistas, frentistas e pilotos de aeronaves. O risco que enseja rescisão indireta do contrato de trabalho é tido por anormal (neste sentido: Godinho, Curso, jan-2009, p. 1122; Dorval Lacerda, apud Carrion, Comentários, 2010, p. 438 e Martins, Comentários, 2010, p. 526). São exemplos destes riscos anormais, o trabalho sem o uso de EPI (Equipamento de Proteção Individual), a execução de serviços em localidades perigosas como encostas de morros assoreados ou em comunidades dominadas por facções criminosas.

2. QUESTÕES DE CONCURSO

01. (MPU/ANALISTA ADMINISTRATIVO/FCC/2007) O empregado pode considerar rescindido seu contrato de trabalho e exigir a indenização devida quando o empregador

a) deixar de fornecer os equipamentos de proteção individual imprescindíveis ao tipo de trabalho executado.

b) exigir que cumpra o regulamento da empresa.

c) conceder férias no período que melhor atenda aos interesses da empresa.

d) determinar a transferência do local de trabalho em razão de mudança de endereço da empresa.

e) determinar sua reversão ao cargo anteriormente ocupado, após deixar o exercício de cargo de confiança.

GAB	1	A

✦ DESCUMPRIMENTO DE OBRIGAÇÕES PELO EMPREGADOR

d) não cumprir o empregador as obrigações do contrato;

1. COMENTÁRIOS

Este é o tipo trabalhista mais comum e também o de maior abrangência. Por mais que a falta contratual do empregador seja apreciada em abstrato, não se pode ignorar que somente a falta grave pode ensejar a rescisão indireta do contrato de trabalho, assim entendida aquela que ocasionar um dano ao empregado. A ausência de recolhimentos à Previdência Social é um bom exemplo, pois deixa o empregado desamparado quanto à proteção oferecida pelo Estado, ressalvados os benefícios previdenciários que dispensam qualquer carência. A falta de anotação da CTPS ou o não recolhimento do FGTS não ensejam prejuízo imediato, não gerando direito à rescisão indireta.

A mora salarial contumaz, que ocorre na inadimplência de pagamento de salários por 3 (três) meses (art. 2º, § 1º, do DL nº 368/68), é a principal causa de resolução contratual, pois o empregador deixa de cumprir sua obrigação primária. O pagamento dos salários atrasados em audiência não elide a moral salarial que dá ensejo à rescisão indireta do contrato de trabalho (S. 13 do TST). O atraso reiterado no pagamento de salários, mesmo sem acumular três meses, também poderá ensejar a rescisão indireta. A impontualidade do empregador provoca uma enorme instabilidade ao empregado, que deixa de cumprir seus compromissos.

Além das cláusulas expressamente previstas no contrato de trabalho, existem aquelas que aderem automaticamente à relação de emprego, mesmo não estando previstas, como a exigência de se observar o salário-mínimo. O descumprimento destas normas mínimas de amparo ao trabalhador, que integram o chamado contrato mínimo legal, também dá margem à resolução contratual por culpa do empregador.

2. SÚMULAS E ORIENTAÇÕES JURISPRUDENCIAIS

▸ **Súmula nº 13/TST**

MORA (mantida) – Res. 121/2003, DJ 19, 20 e 21.11.2003

O só pagamento dos salários atrasados em audiência não ilide a mora capaz de determinar a rescisão do contrato de trabalho.

2. QUESTÕES DE CONCURSO

01. (MPT – Procurador do Trabalho/2007) Trabalhadores foram atraídos por falsas promessas para laborarem em outro estado da federação. Durante o período (alguns por 5 meses, outros por 14 meses) em que permaneceram no local da prestação de serviços, cerceados da liberdade de ir e vir, os trabalhadores operaram em condições degradantes, sem pagamento dos salários. Diante desses fatos, podemos afirmar que:

I. trata-se de hipótese de rescisão indireta e, por essa razão, o empregado resgatado com mais de um ano de serviço deverá receber, a título de verbas rescisórias: salários de todo período; aviso prévio; gratificações natalinas; férias vencidas e proporcionais, acrescidas do terço constitucional; FGTS de todo o período, acrescido da indenização de 40%;

II. por caracterizar justa causa cometida pelo empregador, o empregado libertado com menos de um ano de serviço terá direito apenas a receber a título de verbas rescisórias: salários de todo período; aviso prévio; 13° salário proporcional; FGTS de todo o período, acrescido da indenização de 40%;

III. alguns trabalhadores afirmaram que, no ato da contratação, consentiram com o deslocamento até o local da prestação de serviços. Para esses, não estão presentes os elementos caracterizadores do trabalho em condição análoga à de escravo;

IV. o trabalhador identificado como submetido a regime de trabalho em condições análogas à de escravo, em decorrência de ação de fiscalização do grupo móvel, será dessa situação resgatado e terá direito a seis parcelas de seguro-desemprego no valor de um salário mínimo cada.

Assinale a alternativa CORRETA:

a) apenas uma das assertivas está correta;

b) apenas duas das assertivas estão corretas;

c) apenas três das assertivas estão corretas;

d) todas as assertivas estão corretas;

e) não respondida.

GAB	1	A

✦ **OFENSA MORAL E ASSÉDIO SEXUAL**

e) praticar o empregador ou seus prepostos, contra ele ou pessoas de sua família, ato lesivo da honra e boa fama;

1. COMENTÁRIOS

Não se exige a "boa fama" do empregado para que este possa ser ofendido. Mesmo os empregados que não gozam de boa reputação social, têm o direito à despedida indireta na hipótese de sofrerem ofensa moral.

A ofensa pode ocorrer dentro ou fora do serviço, tanto que as pessoas da família do empregado são também destinatárias da proteção legal. Tal qual ocorre com a justa causa disciplinada no art. 482, letras "j" e "k", não há necessidade da conduta do empregador preencher os tipos penais de injúria, calúnia ou difamação. Na esfera trabalhista basta a ofensa, desde que com gravidade suficiente a ensejar o rompimento culposo do contrato de trabalho.

A relação de emprego, por ser interpessoal, ainda que pautada pelo profissionalismo, é passível de gerar pequenos desentendimentos, que não provocam, necessariamente, a resolução contratual por culpa do empregador. O uso do poder disciplinar para humilhar e subjugar o empregado, com palavras ofensivas e mesmo de baixo calão, ai sim enseja rescisão ou despedida indireta.

O tipo trabalhista desta alínea "e" vem sendo utilizado pela doutrina para enquadramento da conduta definida como assédio sexual. O tipo penal está definido no art. 216-A, do Código Penal, e serve de orientação para a conceituação do assédio em sede trabalhista. É o seguinte o teor da norma penal: "Constranger alguém com o intuito de obter vantagem ou favorecimento sexual, prevalecendo-se o agente da sua condição de superior hierárquico ou ascendência inerentes ao exercício de emprego, cargo ou função."

Segundo Rogério Sanches, "a depender do posicionamento adotado, a tentativa poderá ou não ser admitida. Se apenas um ato de assédio for o bastante, admite-se o conatus (tentativa), ainda que de difícil configuração. Considerando o delito como habitual, obviamente, não será possível a tentativa." (Código Penal para Concursos, 2010, p. 396).

Independentemente da polêmica na esfera penal, em sede trabalhista basta um único ato tentado, uma investida isolada do empregador ou gerente, mesmo que frustrada, para configurar a resolução contratual por sua culpa.

A atitude do empregador em tomar qualquer iniciativa, ainda que isolada, na tentativa de obter favorecimento sexual, valendo-se de sua posição hierárquica, é intolerável. Mesmo que o empregado assediado aceite o convite para um encontro pessoal, este fato, por si só, não é capaz de desfazer o assédio sexual. A concordância do empregado, em princípio, é fruto do temor da perda do emprego ou de perseguição no trabalho. Portanto, aceitando o empregado a investida do empregador, a este ainda incumbe demonstrar que foi livre e consciente a manifestação de vontade do empregado, sob pena de se configurar o assédio sexual.

2. QUESTÕES DE CONCURSO

01. (TRT DA 9ª REGIÃO/TÉCNICO JUDICIÁRIO/CESPE/2007) Quando houver prática, pela outra parte, de ato lesivo à honra, tanto o empregador quanto o empregado podem considerar rescindido o contrato de trabalho.

GAB	1	C

✦ **OFENSA FÍSICA**

f) o empregador ou seus prepostos ofenderem-no fisicamente, salvo em caso de legítima defesa, própria ou de outrem;

1. COMENTÁRIOS

Qualquer tipo de contato físico é vedado na relação de emprego, salvo se inerente à atividade exercida pelo empregado (como no exemplo do atleta profissional de futebol). A agressão física, por si só, ainda que de natureza leve, é totalmente incompatível com a continuidade do contrato de emprego. O laço de respeito e de confiança se desfaz com a agressão.

A ofensa praticada por prepostos, como gerentes e superiores hierárquicos, é de responsabilidade do empregador. Neste sentido a norma do art. 932, III, do Código Civil: "São também responsáveis pela reparação civil: III – o empregador ou comitente, por seus empregados, serviçais e prepostos, no exercício do trabalho que lhes competir, ou em razão dele;". Portanto, a atitude do superior autoriza a rescisão indireta do contrato, sendo também passível de indenização por danos morais, através de reclamação trabalhista a ser proposta na Justiça do Trabalho. Nada obsta, como é muito comum no dia a dia do Judiciário, que o empregado cumule os pedidos de rescisão indireta e indenização por dano moral.

O uso de força física pelo empregador ou superior hierárquico, com o intuito de impedir ou fazer cessar agressões praticadas contra qualquer empregado, é excludente de ilicitude, desde que utilizados os meios moderados para repelir a injusta agressão. O excesso do empregador na defesa da integridade física de qualquer empregado, ou de sua própria, também dá ensejo à rescisão indireta do contrato de trabalho. Nesta hipótese, a solução mais consentânea com o caso concreto será a rescisão contratual por culpa recíproca, diante da culpa do empregado agressor e do empregador que se excedeu na legitima defesa. Em analogia ao Código Penal, que afirma não haver ilicitude na legitima defesa (art. 23, II, do CP), podemos afirmar que não haverá motivo para rescisão indireta.

✦ REDUÇÃO DO SALÁRIO

g) o empregador reduzir o seu trabalho, sendo este por peça ou tarefa, de forma a afetar sensivelmente a importância dos salários.

1. COMENTÁRIOS

Sobre as formas de fixação do salário, por unidade de obra (peça) ou tarefa vide comentários ao art. 78 da CLT.

Como a remuneração deste tipo de salário está vinculada à produção, a redução do trabalho oferecido pelo empregador importará em alteração contratual prejudicial ao empregado. Note-se que a regra não pune o empregador pelos desníveis na produção, imposição natural da queda na demanda pelos produtos ou serviços da empresa. Somente é punível, com a rescisão indireta, a redução sensível do trabalho do empregado por iniciativa do empregador, seu ato de vontade em alterar o contrato de trabalho, resultando em perda salarial considerável.

Mauricio Godinho Delgado, Curso, jan-2009, p. 1124, lembra que a Lei dos Vendedores Empregados impõe limites que impedem a redução salarial. Prevê o art. 2º, §§ 1º e 2º, da Lei nº 3.207/57 que o empregador pode reduzir a zona de trabalho do empregado vendedor, mas mantendo a média remuneratória dos últimos 12 meses.

2. QUESTÕES DE CONCURSO

01. (FCC – Técnico Judiciário – Área Administrativa – TRT 5/2013) Diana é empregada da empresa Colapso Produções, exercendo as funções de oficial produtora e recebendo seu salário calculado por tarefa realizada. Em razão de crise financeira por que passa a empresa, nos últimos quatro meses, houve redução do seu trabalho de forma a afetar sensivelmente a importância dos seus salários. Nessa situação, cabe à trabalhadora

a) pedir demissão, sem ter que cumprir aviso prévio trabalhado e receber as verbas rescisórias cabíveis a essa modalidade rescisória.

b) postular a rescisão ou despedida indireta do contrato por falta grave cometida pelo empregador e receber as verbas rescisórias cabíveis na modalidade dispensa sem justa causa.

c) ajuizar ação para receber as diferenças salariais, mas não pode pedir rescisão ou despedida indireta do contrato.

d) requerer a rescisão do contrato por motivo de culpa recíproca, recebendo pela metade a indenização cabível.

e) pedir judicialmente a rescisão ou despedida indireta do contrato, devendo obrigatoriamente permanecer no serviço até o final da decisão do processo.

GAB	1	B

✦ **SUSPENSÃO DO TRABALHO PARA CUMPRIMENTO DE OBRIGAÇÃO LEGAL**

§ 1º – O empregado poderá suspender a prestação dos serviços ou rescindir o contrato, quando tiver de desempenhar obrigações legais, incompatíveis com a continuação do serviço.

1. COMENTÁRIOS

Obrigações legais incompatíveis com a continuidade do emprego são aquelas assumidas por iniciativa do empregado, como exercício de mandato eleitoral, ou outras que este não pode se escusar a cumprir, como comparecer como jurado no Tribunal do Júri (art. 441 do CPP). Claro que, diante da imposição legal, a própria legislação disciplinará sobre a possibilidade de pagamento de salários. Nada dispondo a lei a respeito, o desempenho de obrigação legal, que não depende da vontade do empregado, deverá ser remunerado, tratando-se de hipótese de interrupção contratual. São exemplos: o comparecimento como testemunhal (art. 822, da CLT) e o serviço como mesário no período eleitoral.

Quando a obrigação legal decorrer de iniciativa do empregado, como a candidatura a cargo eletivo incompatível com a continuidade do contrato de trabalho, será hipótese de suspensão contratual.

A opção pela suspensão ou extinção do contrato de trabalho é faculdade do empregado, sem que o empregador possa interferir, razão pela qual é definida como direito potestativo (sujeição do empregador à situação jurídica contra a qual não pode se opor). Escolhendo o empregado a suspensão do contrato de trabalho não haverá pagamento de salário enquanto durar a obrigação legal, mas ficará garantido o emprego ao final do desempenho desta obrigação. Optando o empregado pela rescisão contratual, a doutrina interpreta o ato como pedido de demissão, mas sem necessidade de conceder aviso prévio ao empregador diante da premente necessidade de cumprir a obrigação legal (pela dispensa do aviso prévio nesta hipótese: Godinho, Curso, jan-2009, p. 1130 e Carrion, Comentários, 2010, p.440).

✦ **MORTE DO EMPREGADOR PESSOA FÍSICA**

§ 2º – No caso de morte do empregador constituído em empresa individual, é facultado ao empregado rescindir o contrato de trabalho.

1. COMENTÁRIOS

Este dispositivo deve ser interpretado em sintonia com o artigo 485 da CLT, que cuida de morte do empregador com extinção da empresa.

A morte do empregador pessoa física, empresa unipessoal, conforme previsão deste § 2º, pressupõe a continuidade dos negócios por outras pessoas interessadas na atividade, como, por exemplo, na sucessão por herdeiros do empregador. A situação do art. 485 pressupõe o fim da empresa, não havendo sucessão por qualquer herdeiro ou terceiro interessado na continuidade do negócio.

Não concordando o empregado com a sucessão ocorrida, pela natureza pessoal do vínculo que mantinha com o proprietário falecido, poderá tomar a iniciativa de romper o contrato de trabalho, sendo tal ato considerado pedido de demissão. Da mesma forma que o § 1º, do art. 483, supra, a doutrina dispensa o empregado de conceder aviso prévio e pagamento de indenização prevista no art. 480, quando se tratar, nesta última hipótese, de contrato a termo (neste sentido: Carrion, Comentários, 2010, p. 439/440; Godinho, Curso, jan-2009, p. 1131 e Martins, Comentários, 2010, p. 528).

✦ **AUTORIZAÇÃO PARA NÃO TRABALHAR**

§ 3º – Nas hipóteses das letras "d" e "g", poderá o empregado pleitear a rescisão de seu contrato de trabalho e o pagamento das respectivas indenizações, permanecendo ou não no serviço até final decisão do processo.(Incluído pela Lei nº 4.825, de 5.11.1965)

1. COMENTÁRIOS

1.1. Circunstâncias em que o empregado pode deixar de trabalhar

O § 3º só prevê duas hipóteses em que o empregado pode escolher não trabalhar enquanto espera o julgamento do pedido de rescisão indireta: "d" descumprimento das obrigações do contrato e "g" redução do trabalho, quando o salário for fixado por produção.

Quanto às demais hipóteses arroladas no art. 483, alíneas "a", "b", "c", "e" e "f", existem, pelo menos, três teses: **a)** o empregado deverá, necessariamente, deixar de trabalhar, pleiteando a resolução do contrato de trabalho; **b)** o empregado deverá permanecer trabalhando, pois não tem a opção de deixar o emprego; **c)** o empregado, no caso concreto, poderá optar entre deixar ou não o trabalho, diante da omissão do texto legal.

A primeira interpretação (a) – deixar de trabalhar – é sustentada pela maioria da doutrina. Defende esta corrente que o legislador escolheu quais seriam as hipóteses menos graves, que não impedem a permanência no emprego (alienas "d" e "g" do art. 483), exigindo-se nas demais, mais intensas, que o empregado, ao postular a resolução contratual em juízo, deixe de trabalhar, pois as circunstâncias das faltas contratuais não permitem sua manutenção no emprego.

Arnaldo Süssekind, Curso, 2010, p. 360, como adepto desta linha interpretativa, explica que: "O art. 483, no seu § 3º, esclarece que nas hipóteses previstas nas alíneas "d" e "g" o empregado poderá pleitear na Justiça do Trabalho a resolução do contrato com os consectários legais "permanecendo ou não no serviço até final decisão do processo". A contrário senso induz-se que, nos demais casos, a gravidade da falta patronal não justifica a permanência do empregado, que pleiteia a resolução do seu contrato.".

No mesmo sentido Saad: "Nos demais casos de despedida indireta previstos no artigo sob estudo tem o empregado de afastar-se do serviço para fazer as supracitadas postulações porque se presume que a falta cometida pelo empregado (ou por seus prepostos) tem a natureza daquelas que não permitem o prosseguimento da prestação de serviços." (CLT comentada, 2009, p. 661).

Também pela necessidade de parar de trabalhar nas demais faltas opinam Alice Monteiro de Barros, Curso, fev-2009, p. 2010: "...deverá se afastar do serviço, comunicando o fato na petição inicial."; Sergio Pinto Martins, Comentários, 2010, p. 528:"Nas hipóteses das alienas a, b, c e e f do art. 483 da CLT, entender-se-ia que o empregado deveria afastar-se do emprego e propor a ação com as reparações respectivas, sob pena de ser caracterizado o perdão da falta."; e Russomano, Vol. I, 1993, p. 575: "Se, entre as numerosas formas de despedida indireta, em duas, apenas em duas, é licito ao empregado continuar no emprego enquanto tramita, em juízo, sua reclamação, essas duas hipóteses constituem exceção à regra geral, isto é, à regra de que o trabalhador indiretamente despedido deve deixar o emprego, para somente depois ajuizar a ação cabível contra o empregador.".

A segunda linha de interpretação (b) – permanecer trabalhando, é defendida por Evaristo de Moraes Filho e Antonio Carlos Flores de Moraes, Introdução, 1995, p. 383: "Apesar da gravidade das faltas enumeradas, o empregado terá que continuar em serviço para pleitear a rescisão contratual, com exceção dos casos previstos nas letras d e g.".

A terceira linha de interpretação (c) – o empregado, no caso concreto, poderá optar entre deixar ou não o trabalho, é defendia por Valentin Carrion, Comentários, 2010, p. 440, Francisco Antonio de Oliveira, Comentários, 1995, p. 456/457 e Mauricio Godinho Delgado, Curso, jan-2009, p. 1127/1128.

Explica Valentin Carrion que "O texto introduzido no § 3º não significa que somente nos casos das letras "d" e "g" seja permitido ao empregado continuar trabalhando após ajuizar reclamação que visa ao reconhecimento judicial da justa causa; nestes casos a lei expressamente permite; nos demais, cada situação será livremente apreciada pelo julgador; outra conclusão levaria ao absurdo de obrigar-se o empregado a demitir-se, e arcar com os riscos de não conseguir carrear aos autos a prova esperada, muitas vezes testemunhal, tão imprevisível.".

Diz Francisco Antonio: "Assim, preferível que se deixe ao alvedrio do empregado afastar-se ou não. Ele, somente ele, poderá, vivenciando a realidade, dizer se conseguirá ou não permanecer trabalhando." "...A análise fria do dispositivo levará ao inusitado de, ao invés de proteger o empregado, obrigá-lo a aceitar injunções do empregador para não perder o emprego.".

Ensina Mauricio Godinho Delgado que "o trabalhador que alegue a prática de grave transgressão empresarial, propondo ação com pedido de rescisão indireta, pode escolher entre afastar-se ou não do emprego, qualquer que seja a motivação tipificada para a ruptura contratual (alienas "a" até "g" do art. 483 da CLT). É evidente que sua escolha pela permanência no trabalho pode influir, negativamente, na avaliação que o juiz fará sobre a infração grave que imputa ao empregador;".

Mesmo não sendo majoritária, preferimos esta terceira linha de interpretação que, diga-se, é a mais aceita no dia a dia da Justiça do Trabalho. Só o empregado poderá, no caso concreto, aferir se seu afastamento facilitará a produção da prova necessária à rescisão indireta; somente o caso concreto poderá trazer elementos para sua escolha e, ainda, para decidir se suportará o tempo de demora do processo sem receber os salários pelo período de afastamento.

1.2. Efeitos da Sentença no pedido de rescisão indireta

Estando o empregado afastado do emprego e diante do pedido de rescisão indireta, três situações podem ocorrer: **a)** o juiz acolhe o pedido de rescisão indireta e considera rompido o contrato na data em que o empregado deixou de trabalhar, com efeitos pecuniários daí decorrentes; **b)** o juízo julga improcedente o pedido de despedida indireta e, consequentemente, interpreta a iniciativa do empregado como pedido de demissão, na data de seu afastamento; **c)** o juízo, julgando improcedente o pedido rescisão indireta, considera que houve abandono de emprego na data em que deixou de trabalhar. Esta última opção não me parece razoável, considerando-se que o empregado nunca teve intenção de abandonar o emprego, faltando o elemento subjetivo na configuração desta modalidade de justa causa (neste sentido: Godinho, Curso, jan-2009, p. 1129, indicando que não haverá justa causa diante do exercício regular de uma prerrogativa assegurada pela ordem jurídica).

Em se tratando de empregado estável, o período em que o empregado ficou afastado será considerado de suspensão contratual, e este terá o direito de retornar ao emprego quando do trânsito em julgado da sentença que julgou improcedente o pedido de rescisão indireta.

Continuando o empregado a trabalhar, as hipóteses acima oferecidas também ocorrerão, com o detalhe de que incumbirá ao juízo fixar a data de término do contrato de trabalho. Como explica Godinho, Curso, jan-2009, p. 1128: "...a data extintiva do pacto será fixada pela sentença, seja com base no dia da publicação da decisão judicial, seja com suporte no trânsito em julgado do decisum, seja por outro critério específico eleito pelo julgador.".

Sergio Pinto Martins, Comentários, 2010, p. 528, afirma que, "caso o empregado continue trabalhando, a sentença deverá fixar a data em que se considerará o contrato rescindido, que deveria ocorrer no seu trânsito em julgado ou não data em que a ação foi proposta, se houver pedido neste sentido.".

2. QUESTÕES DE CONCURSO

01. (TRT – 3ª REGIÃO/JUIZ DO TRABALHO/2009) (ADAPTADA). Na hipótese de resolução do contrato de trabalho, motivada por justa causa patronal, não são devidas ao empregado as seguintes verbas rescisórias: aviso prévio, com sua projeção contratual, indenização de 40% sobre o FGTS e indenização adicional prevista na Lei nº 7.238/84.

GAB	1	E

✦ CULPA RECIPROCA

Art. 484. Havendo culpa recíproca no ato que determinou a rescisão do contrato de trabalho, o tribunal de trabalho reduzirá a indenização à que seria devida em caso de culpa exclusiva do empregador, por metade.

1. COMENTÁRIOS

Ocorre culpa recíproca quando empregado e empregador, simultaneamente, praticam faltas graves, tipificadas, respectivamente, nos artigos 482 e 483 da CLT.

Para a configuração da culpa recíproca, além da simultaneidade, deve haver nexo de causalidade entre as faltas, sendo desprezível o fato das condutas não possuírem a mesma intensidade. Basta que ambas sejam de tal forma grave, preenchendo cada qual algum tipo especifico de justa causa.

O excesso praticado pelo empregador ao repelir injusta agressão física praticada por empregado é exemplo de ato faltoso recíproco, motivando a rescisão contratual na forma deste artigo.

O texto legal, ao dispor que a indenização será devida pela metade, está se referindo àquela devida aos estáveis decenais, no valor de 1 (um) mês de remuneração por cada ano de trabalho (arts. 478 e 492 da CLT).

Passando a ser obrigatório o regime do FGTS, a indenização antes prevista para o estável foi substituída pelo pagamento de 40% sobre o FGTS ao empregado não estável (art. 18, da Lei nº 8.036/90), garantido o direito à indenização do art. 478 para aqueles que ainda são estáveis.

Com a culpa recíproca só é devida metade da indenização do art. 478 para os estáveis e 20% sobre o valor devido a título de FGTS para os não estáveis (art. 18, § 2º, da Lei nº 8.036/90).

Também só é devido metade do aviso prévio, das férias proporcionais e do aviso prévio para estáveis e não estáveis, conforme entendimento da S. 14 do TST.

2. SÚMULAS E ORIENTAÇÕES JURISPRUDENCIAIS

▸ **Súmula nº 14/TST**

CULPA RECÍPROCA (nova redação) – Res. 121/2003, DJ 19, 20 e 21.11.2003

Reconhecida a culpa recíproca na rescisão do contrato de trabalho (art. 484 da CLT), o empregado tem direito a 50% (cinqüenta por cento) do valor do aviso prévio, do décimo terceiro salário e das férias proporcionais.

3. INFORMATIVOS DO TST

- **FGTS. Alvará judicial. Autorização para o levantamento dos depósitos do FGTS e da multa de 20% estabelecida em convenção coletiva que previu a rescisão contratual por culpa recíproca.**

A SBDI-I, em sua composição plena, por unanimidade, conheceu dos embargos da Caixa Econômica Federal – CEF, e, no mérito, por maioria, negou-lhes provimento, confirmando a decisão que autorizou, mediante alvará judicial, o levantamento dos depósitos de FGTS e da multa de 20% oriunda de cláusula de convenção coletiva de trabalho denominada "incentivo à continuidade do contrato de trabalho", por meio da qual as empresas que sucederam outras na prestação do mesmo serviço, em razão de nova licitação, se obrigaram a contratar os empregados da empresa sucedida, e se estabeleceu, de antemão, a existência de culpa recíproca a autorizar o pagamento de apenas 20% sobre os depósitos de FGTS, a título de multa, no momento da rescisão contratual. Na hipótese, a CEF recusou-se a liberar as verbas pretendidas, ao argumento de que, nos termos do art. 18, § 2º, da Lei nº 8.036/90, a culpa recíproca e a consequente redução da multa do FGTS de 40% para 20% somente pode ser reconhecida pela Justiça do Trabalho, não se admitindo a ocorrência de tal modalidade de dispensa com esteio em cláusula de instrumento coletivo. Prevaleceu o entendimento de que, a par da discussão sobre a validade da cláusula da convenção coletiva que reduz a multa do FGTS, os depósitos efetuados durante o período de contratação são incontroversos, não havendo, portanto, motivos que justifiquem a retenção dos valores. Vencidos o Ministro Lelio Bentes Corrêa, que dava provimento ao recurso da CEF para julgar improcedente o pedido de levantamento dos depósitos, e, quanto à fundamentação, os Ministros Augusto César Leite de Carvalho, relator, João Oreste Dalazen, Brito Pereira, Maria Cristina Irigoyen Peduzzi, Lelio Bentes Corrêa, Delaíde Miranda Arantes e Alexandre Agra Belmonte. TST-E-RR-7000-10.2006.5.10.0011, SBDI-I, rel. Min. Augusto César Leite de Carvalho, red. p/ acórdão Min. Luiz Philippe Vieira de Mello Filho, 26.9.2013 (Informativo nº 60)

4. QUESTÕES DE CONCURSOS

01. (TRT – 18ª REGIÃO/ANALISTA ADMINISTRATIVO/FCC/2008) O contrato de trabalho de Ana foi extinto com o reconhecimento da culpa recíproca entre as partes pela Justiça do Trabalho. O contrato de trabalho de João foi extinto por força maior, também reconhecida pela Justiça do Trabalho. Nesses casos, com relação ao FGTS, a empresa empregadora de Ana e a de João pagarão multa de

a) 40% do valor dos depósitos, sendo permitido que ambos saquem a conta vinculada.

b) 20% e 40%, respectivamente, mas somente Ana poderá sacar a conta vinculada.

c) 40% e 20%, respectivamente, sendo permitido que ambos saquem a conta vinculada.

d) 20% do valor dos depósitos, sendo permitido que ambos saquem a conta vinculada.

e) 20% e 40%, respectivamente, mas somente João poderá sacar a conta vinculada.

02. (TRT – 3ª REGIÃO/JUIZ DO TRABALHO SUBSTITUTO/2009/ADAPTADA) Na modalidade de ruptura contratual por culpa recíproca, o c. TST firmou súmula afirmando que em tal hipótese, o empregado não terá direito ao aviso prévio, às férias proporcionais e à gratificação natalina do ano respectivo.

03. (Porto de Santos – Especialista portuário II/Advogado/2011) ADAPTADA Sobre a rescisão do contrato de trabalho: havendo culpa recíproca no ato que determinou a rescisão do contrato de trabalho, não será devida indenização.

04. (FCC – Juiz do Trabalho Substituto 4ª região/2012) Conforme a lei e a jurisprudência dominante do Tribunal Superior do Trabalho, em caso de rescisão do contrato de trabalho por culpa recíproca, é devido ao empregado o pagamento do período de aviso prévio integral, além de 50% do 13º salário e das férias vencidas e proporcionais, acrescidas de adicional constitucional, dentre outros direitos.

05. (FCC – Analista Judiciário – Oficial de Justiça Avaliador – TRT 15/2013) A empresa "SAZ Ltda." rescindiu o contrato de trabalho de Patrícia com justa causa, alegando que a mesma praticou uma falta grave tipificadora desta espécie de rescisão contratual. A empregada, indignada, ajuizou reclamação trabalhista requerendo o reconhecimento da dispensa sem justa causa ou alternativamente o reconhecimento da dispensa por culpa recíproca. O magistrado reconheceu a rescisão contratual por culpa recíproca de ambas as partes. A empresa e Patrícia não recorreram e a decisão transitou em julgado. Neste caso, Patrícia receberá, além de outras verbas devidas,

a) na sua integralidade as férias proporcionais e décimo terceiro salário proporcional.

b) a multa do FGTS na proporção de 40% com a devida liberação, além do aviso prévio integral.

c) a multa do FGTS na proporção de 20% com a devida liberação, além de metade do aviso prévio, das férias proporcionais e do décimo terceiro proporcional.

d) o aviso prévio integral e a liberação do FGTS, sem o pagamento da correspondente multa.

e) a multa do FGTS na proporção de 20% com a devida liberação, além do aviso prévio na sua integralidade.

06. (Cespe – Analista Judiciário – Área Administrativa – TRT 17/2013) Julgue o item a seguir, relativo aos direitos trabalhistas.

O empregado fará jus ao recebimento de 50% dos valores relativos ao aviso prévio, ao décimo terceiro salário e às férias proporcionais quando for reconhecida a rescisão do contrato de trabalho por culpa recíproca.

GAB	1	D	2	C	3	E	4	E	5	C	6	C

✦ **DISTRATO DO CONTRATO DE TRABALHO**

Art. 484-A. O contrato de trabalho poderá ser extinto por acordo entre empregado e empregador, caso em que serão devidas as seguintes verbas trabalhistas: (Incluído pela Lei nº 13.467, de 13.07.2017).

I – por metade: (Incluído pela Lei nº 13.467, de 13.07.2017).

a) o aviso prévio, se indenizado; e

b) a indenização sobre o saldo do Fundo de Garantia do Tempo de Serviço, prevista no § 1º do art. 18 da Lei nº 8.036, de 11 de maio de 1990;

II – na integralidade, as demais verbas trabalhistas. (Incluído pela Lei nº 13.467, de 13.07.2017).

§ 1º A extinção do contrato prevista no caput deste artigo permite a movimentação da conta vinculada do trabalhador no Fundo de Garantia do Tempo de Serviço na forma do inciso I-A do art. 20 da Lei nº 8.036, de 11 de maio de 1990, limitada até 80% (oitenta por cento) do valor dos depósitos.

§ 2º A extinção do contrato por acordo prevista no caput deste artigo não autoriza o ingresso no Programa de Seguro-Desemprego.

1. COMENTÁRIOS

A rescisão contratual por distrato, finalmente reconhecida pela legislação, já era admitida por parte da doutrina, como demonstramos nos comentários ao art. 477-B, da CLT. A resilição bilateral confere espaço para negociação restrita das verbas rescisórias, tendo em vista que o texto legal especifica, de forma pormenorizada, as verbas devidas nesta modalidade de rescisão contratual.

O empregado, portanto, fará jus ao aviso prévio, por metade, se indenizado. De onde se deduz que sendo trabalhado o aviso, fará jus à integralidade de sua remuneração, como contraprestação aos serviços prestados; ½ da indenização prevista no art. 18, § 1º, da Lei nº 8.036/90, portanto, de 20 % incidentes sobre os valores devidos a título de FGTS.

Os demais valores: décimo-terceiro salário e férias são devidos na integralidade.

A lei permitiu que as partes negociassem o montante do levantamento do FGTS, impondo um limite de 80% dos depósitos. A restrição legal está distante da realidade, uma vez que o empregador não tem qualquer interesse em impedir que o empregado tenha acesso à integralidade do FGTS. A restrição a 80% do FGTS poderá representar um desestimulo a esta modalidade de rescisão contratual.

Não é devido o seguro-desemprego, porque, originalmente, a Lei 7.998, de 11.01.1990, que instituiu o referido seguro, só previa sua concessão para a hipótese de dispensa sem justa causa, até porque, não existia, legalmente, o distrato contratual. Todavia, a Lei nº 13.467, de 13.07.2017, que cuidou da reforma trabalhista, poderia ter autorizado a concessão de seguro-desemprego, ainda que em menor número de parcelas que para os empregados dispensados sem justa causa. Provavelmente os empregados irão preferir firmar acordos informais com seus empregadores, simulando dispensas sem justa causa, do que aderir a um distrato que impede o acesso ao seguro-desemprego. O distrato só será efetivo quando o empregado tiver outro emprego em vista. Aliás, a nosso ver, parece ser esta a intenção legal: facilitar o rompimento do contrato de trabalho no interesse legítimo de ambos os contratantes.

✦ MORTE DO EMPREGADOR: EXTINÇÃO DA ATIVIDADE

Art. 485. Quando cessar a atividade da empresa, por morte do empregador, os empregados terão direito, conforme o caso, à indenização a que se referem os art. 477 e 497.

1. COMENTÁRIOS

O texto se refere à morte do empregador pessoa física, pois se fosse o empregador uma empresa, a morte de um dos sócios, em princípio, em nada interferiria na continuidade de suas atividades.

A circunstância deste artigo é distinta daquela mencionada no art. 483, § 2º, na qual não ocorre o encerramento da atividade empresarial.

A regra do artigo ora comentado pressupõe o fim da atividade empresarial, não havendo sucessão por qualquer herdeiro ou terceiro interessado na continuidade do negócio.

A responsabilidade integral atribuída ao empregador, bem retratada neste artigo, sequer exclui o evento morte. Subsiste o pagamento da indenização integral aos empregados, de forma simples se não estável (art. 477 da CLT), e em dobro se estável (art. 497 da CLT). A referência da CLT ao estável diz respeito à estabilidade definitiva e não aos portadores de garantia no emprego, como a gestante e o dirigente sindical.

Os portadores de garantia no emprego, diante da extinção do contrato pela morte do empregador pessoa física, receberão a mesma indenização dos não estáveis, acrescido do pagamento dos salários referentes ao período de estabilidade que ainda não se exauriu.

Atualmente, aos não estáveis, são devidos os seguintes direitos: aviso prévio, 13º e férias, FGTS e indenização de 40% sobre o FGTS. Aos estáveis: o aviso prévio, 13º e férias, e indenização do art. 478 da CLT. Os que tiverem parte do tempo de emprego regido pela estabilidade e parte no sistema do FGTS, receberão indenização mista (vide comentários ao art. 477 da CLT).

2. SÚMULAS E ORIENTAÇÕES JURISPRUDENCIAIS

▸ **Súmula nº 44/TST**

AVISO PRÉVIO (mantida) – Res. 121/2003, DJ 19, 20 e 21.11.2003

A cessação da atividade da empresa, com o pagamento da indenização, simples ou em dobro, não exclui, por si só, o direito do empregado ao aviso prévio.

3. QUESTÕES DE CONCURSOS

01. (TRT – 17ª REGIÃO/ANALISTA JUDICIÁRIO/CESPE/2009) O falecimento do empregado extingue automaticamente o contrato de trabalho. O aviso prévio é exemplo de direito intransferível aos herdeiros.

02. (SERPRO/ADVOGADO/CESPE/2008) A morte do empregador pessoa física, necessariamente, acarreta a extinção do contrato de trabalho com os empregados.

03. (FCC – Juiz do Trabalho Substituto 4ª região/ 2012) Conforme a lei e a jurisprudência dominante do Tribunal Superior do Trabalho, em caso de rescisão do contrato de trabalho por morte do empregador em caso de encerramento das atividades da empresa, é devido ao empregado o pagamento do saldo salarial, aviso prévio, 13º salário, férias vencidas e proporcionais acrescidas do adicional constitucional, dentre outros direitos.

04. (FCC – Analista Judiciário – Área Judiciária – TRT 2/2014) Em relação às hipóteses de rescisão do contrato de trabalho por prazo indeterminado, considere:

I. O pedido de demissão caracteriza-se como ato de iniciativa do empregado, praticado com a intenção de extinguir o contrato.

II. Havendo culpa recíproca no ato que determinou a rescisão do contrato, será devida a mesma indenização que seria devida em caso de culpa exclusiva do empregador.

III. No caso de prática de falta grave pelo empregador, poderá o empregado pleitear a rescisão do seu contrato e o pagamento das respectivas indenizações, sendo-lhe facultado, em qualquer hipótese, permanecer ou não no serviço até final da decisão do processo.

IV. A morte do empregador pessoa física leva à extinção do contrato de trabalho, salvo se o empregado, por ocasião do falecimento do empregador, tiver mais de dez anos de serviço para o mesmo.

Está INCORRETO o que consta APENAS em

a) I, II e IV.
b) II, III e IV.
c) II e III.
d) I e IV.
e) III e IV.

GAB	1	C	2	E	3	C	4	B

✦ **FACTUM PRINCIPIS: RESPONSABILIDADE DO ESTADO**

Art. 486. No caso de paralisação temporária ou definitiva do trabalho, motivada por ato de autoridade municipal, estadual ou federal, ou pela promulgação de lei ou resolução que impossibilite a continuação da atividade, prevalecerá o pagamento da indenização, que ficará a cargo do governo responsável.(Redação dada pela Lei nº 1.530, de 26.12.1951)

1. COMENTÁRIOS

O factum principis trabalhista é definido como ato de império da administração pública, interferindo na iniciativa privada, provocando a paralisação temporária ou definitiva da atividade empresarial. O fato do príncipe pode, ainda, impedir o exercício de toda uma atividade (proibição de fabricação de armas de fogo, por exemplo), quando decorrer de um ato normativo geral (lei em sentido amplo).

O fato do príncipe é tido pela doutrina trabalhista como espécie de força maior (neste sentido Carrion, Comentários, 2010, p. 444 e Russomano, Comentários, Vol. I, 1993, p. 578). É requisito da configuração da força maior a ausência de vontade do empregador na ocorrência do evento, mas no direito do trabalho fica mantida a responsabilidade do empregador quanto ao pagamento da indenização (art. 502 da CLT).

No factum principis o legislador resolveu retirar do empregador a responsabilidade pelo pagamento da indenização, conferindo um tratamento diferente da força maior típica.

O pagamento da indenização, como se percebe do texto legal, será de responsabilidade do ente da federação responsável pela edição do ato normativo ou da lei, ou seja, o Município, o Estado ou a União, conforme a origem do ato, mas só será devida se a extinção da empresa decorrer do fato do príncipe.

A indenização referida no texto legal é aquela do art. 478 (um mês de remuneração por cada ano de serviço) para os ainda estáveis (vide comentários ao art. 477 da CLT). Para os não estáveis, a indenização devida pelo Estado será de 40% sobre o FGTS, conforme art. 18, § 1º, da Lei nº 8.036/90.

2. QUESTÕES DE CONCURSOS

01. (SERPRO/ADVOGADO/CESPE/2008) Ocorre o fato do príncipe em matéria trabalhista quando há paralisação temporária ou definitiva do trabalho da empresa por ato de autoridade pública municipal, estadual ou federal, ou pela promulgação de lei ou resolução que impossibilite a continuação da atividade.

GAB	1	C

✦ INTERVENÇÃO DO ENTE PÚBLICO

§ 1º – Sempre que o empregador invocar em sua defesa o preceito do presente artigo, o tribunal do trabalho competente notificará a pessoa de direito público apontada como responsável pela paralisação do trabalho, para que, no prazo de 30 (trinta) dias, alegue o que entender devido, passando a figurar no processo como chamada à autoria.(Incluído pelo Decreto-lei nº 6.110, de 16.12.1943)

§ 2º – Sempre que a parte interessada, firmada em documento hábil, invocar defesa baseada na disposição deste artigo e indicar qual o juiz competente, será ouvida a parte contrária, para, dentro de 3 (três) dias, falar sobre essa alegação.(Redação da Lei nº 1.530, de 26.12.1951)

✦ INCOMPETÊNCIA DA JUSTIÇA DO TRABALHO

§ 3º – Verificada qual a autoridade responsável, a Junta de Conciliação ou Juiz dar-se-á por incompetente, remetendo os autos ao Juiz Privativo da Fazenda, perante o qual correrá o feito nos termos previstos no processo comum.(Redação da Lei nº 1.530, de 26.12.1951)

1. COMENTÁRIOS

1.1. Natureza da intervenção e formação do litisconsórcio

Decidindo o juiz pela intervenção do ente público, este passará a figurar no processo como "chamado à autoria". Sobre o alcance desta expressão e seu distanciamento das figuras de intervenção de terceiro do CPC, vale a crítica de Francisco Antonio de Oliveira, Comentários, 2005, p. 459: "Melhor seria que fosse usada a expressão "chamada à responsabilidade", uma vez que a hipótese não se encaixa em nenhuma das intervenções de terceiros previstas no CPC (arts. 56/80).".

No mesmo sentido Coqueijo Costa, Direito Judiciário, 1978, p. 169: "Há uma figura específica trabalhista de intervenção coacta de terceiro que deriva do factum principis e que não se enquadra nos casos previstos sob essa rubrica no CPC.".

E de fato não se identifica a intervenção trabalhista com nenhuma das hipóteses do CPC. A figura que mais se aproxima da modalidade de intervenção fundada em factum principis, é a denunciação da lide, disciplinada no art. 70, III, do CPC/73 e art. 125, II, do CPC/2015. A distinção reside no fato de que na denunciação disciplinada no CPC o denunciante é condenado e resolve seu direito de regresso, no mesmo processo, em face do denunciado. Na figura do art. 486, o "denunciante" (empregador) aponta o ente público responsável e, tendo sucesso na indicação, não sofrerá qualquer condenação, passando o Estado a ser o único responsável (sucessão processual).

Tampouco é verdadeira a afirmação, às vezes encontrada na doutrina, de que a figura processual do art. 486 existia no CPC de 1939, que serviu de inspiração à regra celetista. A coincidência entre o instituto celetista e o CPC de 1939, especificamente no art. 95, é somente de nomenclatura. Como explica Manoel Antonio Teixeira Filho, Curso, Vol. I, 2009, p. 347: "...o instituto do chamamento à autoria, regulado pelo CPC de 1939, estava umbilicalmente ligado à evicção, de cujos riscos visava se resguardar a parte que procedia ao chamamento. O factum principis, que está na substância do art. 486, da CLT, não pressupõe a evicção (perda de direito real por força de decisão judicial), e sim o pagamento de indenização, diretamente, aos trabalhadores, pelo Poder Público que deu causa à paralisação, temporária ou definitiva, dos trabalhos."

Portanto, a intervenção do ente público, decorrente da alegação de factum principis, é de natureza sui generis, não se enquadrando em qualquer modalidade de intervenção nominada no CPC.

1.2. Procedimento da intervenção e competência

A intervenção do ente público decorre da alegação do réu, acionado como pretenso devedor do pagamento da indenização decorrente da extinção contratual. A decisão quanto à existência do fato do príncipe, logo depois de ouvir o autor em 3 (três) dias (§ 2º, do art. 486), só se baseia em prova documental. Não se admite maior dilação probatória neste momento.

Como explica Wagner Giglio: "...se o juiz se convencer de que há indícios da configuração da espécie, após ouvir a parte contrária no tríduo (três dias), notificará a autoridade de direito público para oferecer sua defesa no prazo de 30 dias." (Direito Processual, 2007, p. 153). Não se convencendo o juízo diante da prova documental produzida, ou em sua ausência, rejeitará, de plano, a participação do ente público. Tal decisão, acolhendo ou rejeitando a intervenção, é de natureza interlocutória e, portanto, irrecorrível de imediato, conforme art. 893, § 1º, da CLT.

Há quem entenda tratar-se de litisconsórcio passivo necessário (art. 47 do CPC/73 e art. 114 do CPC/2015) entre o empregador e o ente público. A tese, contudo, não prevalece na doutrina. Fosse necessário o litisconsórcio, o juízo trabalhista, sob pena de ineficácia de sua sentença, deveria, de ofício, determinar a intervenção do ente público, independentemente da alegação do empregador. A intervenção sui generis prevista neste artigo só nasce da iniciativa do réu e não do autor ou do juízo, de ofício. Como seria possível um litisconsórcio passivo necessário em que o autor não estaria obrigado a propor a demanda em face do ente público e do empregador?

Valentin Carrion, defendendo posição mais radical, sequer entende que o ente público figura como parte: "...a Fazenda Pública chamada à autoria não é ré na jurisdição laboral, mas ente convidado (e não citado) a manifestar-se sobre o ponto debatido;" (Comentários, 2010, p. 444/445). Seguindo-se a premissa da tese do autor, as manifestações da autoridade em 30 (trinta) dias sequer poderiam ser recebidas como defesa, mas como simples informações, a exemplo do que ocorre no Mandado de Segurança. A tese, ainda que sedutora, não é majoritária. O ente público não forma um litisconsórcio necessário com o empregador, mas a intervenção motivada em factum principis poderá resultar em sua condenação, no juízo competente; portanto, inegável sua qualidade de parte no processo do trabalho, figurando no polo passivo da relação processual.

Tendo o ente público integrado a relação processual trabalhista, o juiz do trabalho decidirá quanto à responsabilidade pelo pagamento da indenização. Decidindo que a responsabilidade é do ente público se declarará incompetente, determinando a remessa dos autos ao juízo competente. Em sentido contrário, entendendo que a responsabilidade é do empregador, rejeitando a tese do fato do príncipe, manterá o processo na Justiça do Trabalho, com exclusão do ente público.

Dificilmente o autor irá propor demanda buscando receber somente a indenização de 40% sobre o FGTS, ou, se estável, o valor de uma remuneração por cada ano trabalhado. Normalmente haverá cumulação de pedidos, incluindo-se na Petição Inicial as demais parcelas decorrentes da extinção do pacto, devidas, em tese, pelo empregador, e não pelo ente público, vg, aviso prévio, férias, 13º salário e a entrega do TRCT para levantamento do FGTS. Portanto, percebendo o juízo a ocorrência de factum principis e diante da cumulação de pedidos, não terá como enviar o processo para a Justiça Federal (União como responsável) ou Estadual (Município ou Estado como responsáveis), pois o ente público só será responsável pela indenização e não pelas demais parcelas. A única saída que se mostra plausível é a exclusão do ente público do processo, prosseguindo a reclamação em face do empregador quanto às parcelas por este devidas. O empregado, posteriormente, poderá renovar a demanda em face do ente público no juízo competente, sem prejuízo quanto a seu direito à indenização, pois foi interrompida a prescrição (art. 219 do CPC/73: "A citação..., ainda quando ordenada por juiz incompetente, constitui em mora o devedor e interrompe a prescrição."). No mesmo sentido do art. 240, § 1º, do CPC/2015:

> Art. 240. A citação válida, ainda quando ordenada por juízo incompetente, induz litispendência, torna litigiosa a coisa e constitui em mora o devedor, ressalvado o disposto nos arts. 397 e 398 da Lei nº 10.406, de 10 de janeiro de 2002 (Código Civil). § 1º A interrupção da prescrição, operada pelo despacho que ordena a citação, ainda que proferido por juízo incompetente, retroagirá à data de propositura da ação.

A decisão que exclui o ente público ou que determina a remessa dos autos ao juízo competente, conforme as duas hipóteses acima aventadas, é interlocutória, mas recorrível. Entende a doutrina que é terminativa do feito na Justiça do Trabalho, pois encerra a jurisdição trabalhista. Assim, por analogia ao art. 799, § 2º, da CLT c/c a S. 214 do TST, a decisão é impugnável por Recurso Ordinário (neste sentido: Carrion, Comentários, 2010, p. 444, Teixeira Filho, Curso, vol. I, 2009, p. 349 e Martins, Comentários, 2010, p. 534).

Mesmo após a EC 45/2004, ampliando consideravelmente a competência da Justiça do Trabalho (art. 114 e seus incisos, da CF/88), a doutrina majoritária vem interpretando que a Justiça do Trabalho continua incompetente para a condenação do ente público em razão do factum principis (neste sentido: Martins, Comentários, 2010, p. 534, Carrion, Comentários, 2010, p. 445, Garcia, Intervenção de Terceiros, 2008, p. 79 e Giglio, Direito Processual, 2007, p. 153).

▸CAPÍTULO VI – DO AVISO PRÉVIO

✦ **AVISO PRÉVIO: CABIMENTO**

Art. 487. Não havendo prazo estipulado, a parte que, sem justo motivo, quiser rescindir o contrato deverá avisar a outra da sua resolução com a antecedência mínima de:

I – oito dias, se o pagamento for efetuado por semana ou tempo inferior;(Redação da Lei nº 1.530, de 26.12.1951)

II – trinta dias aos que perceberem por quinzena ou mês, ou que tenham mais de 12 (doze) meses de serviço na empresa.(Redação da Lei nº 1.530, de 26.12.1951)

1. COMENTÁRIOS

1.1 Cabimento e natureza jurídica

O aviso **só é devido nos contratos por prazo indeterminado**, como se extrai da expressão: "não havendo prazo estipulado", utilizada pelo art. 487. Não faz sentido conceder-se aviso, de 30 dias, num contrato de trabalho que, desde o início, já se sabia da data de seu fim, como ocorre nos contratos por prazo determinado.

Russomano destaca que alguns julgamentos se "inclinam a admitir aviso prévio naqueles contratos por prazo determinado cuja duração é prevista com precisão relativa. Por exemplo: construção de uma casa." (Comentários, Vol. I, 1993, p. 587). Tal possibilidade, contudo, não tem aceitação doutrinária. Os contratos por prazo determinado também são aqueles cujo fim é suscetível de previsão aproximada ou que dependam da realização de certos acontecimentos (art. 443, § 1º, da CLT).

A relativa insegurança quanto à data exata do término do contrato a termo, como na hipótese acima, não retira a previsibilidade aproximada do fim do contrato, afastando, portanto, a necessidade de aviso prévio (neste sentido, afirma Rodrigues Pinto, Tratado, 2007, p. 591: "... mesmo não precisando o dia da extinção, o contratante sabe que o contrato irá extinguir-se e é capaz de calcular a época, de modo a não poder considerar-se surpreendido por ela.").

Também **não se exige forma especial** para a comunicação do aviso prévio, ainda que seja recomendável a forma escrita (neste sentido: Nascimento, Curso, 2010, p. 1152).

O aviso prévio consiste numa manifestação unilateral de vontade, que não depende de aceitação da outra parte. Pode ser definido como **declaração receptícia de vontade, de natureza constitutiva e com efeitos *ex nunc*.** Declaração receptícia, pois só depende da vontade de um dos sujeitos, não admitindo a oposição do outro. De natureza constitutiva, pois rompe o contrato de emprego. Com efeitos *ex nunc*, porque não tem eficácia para o passado e sim para o futuro, para frente.

A doutrina aponta sua **natureza multidimensional ou tridimensional** que se traduz: **a)** na declaração de vontade no sentido de romper o contrato de trabalho; **b)** na fixação de prazo para término do contrato; **c)** no pagamento do período de aviso prévio, seja através de retribuição pelo trabalho, seja sob a forma de indenização pelo período correspondente ao aviso quando este não for cumprido. Defendem a natureza tridimensional do aviso prévio, entre outros autores: Godinho, Curso, jan-2009, p. 1080 e Martins, Comentários, 2010, p. 538.

1.1.1. Prazo do Aviso Prévio: 30 a 90 dias

A Lei n.12.506, de 11.10.2011, DOU de 13.10.2011, foi sancionada com o seguinte teor:

> "Art. 1º O aviso prévio, de que trata o Capítulo VI do Título IV da Consolidação das Leis do Trabalho – CLT, aprovada pelo Decreto-Lei nº 5.452, de 1º de maio de 1943, será concedido na proporção de 30 (trinta) dias aos empregados que contem até 1 (um) ano de serviço na mesma empresa.
>
> **Parágrafo único.** Ao aviso prévio previsto neste artigo serão acrescidos 3 (três) dias por ano de serviço prestado na mesma empresa, até o máximo de 60 (sessenta) dias, perfazendo um total de até 90 (noventa) dias.
>
> Art. 2º Esta Lei entra em vigor na data de sua publicação.".

1.2. Regulamentação do art. 7º, XXI, da CF

Como se percebe, não houve revogação expressa de qualquer dispositivo da CLT, mas ocorreu, outrossim, revogação tácita do art. 487, I e II, cujos incisos previam prazo inferior ao ora estabelecido para o aviso prévio. Estes incisos, na verdade, não haviam sido recepcionados pela CF/88, art. 7º, XXI, que fixou o prazo do aviso prévio em, no mínimo, 30 dias.

A nova regra, contudo, trouxe efetividade ao referido comando constitucional que, segundo entendimento doutrinário predominante, entendia não ser autoaplicável a norma do art. 7º, XXI, da CF, que cuida do aviso prévio proporcional ao tempo de serviço. Explicava Gustavo Felipe Barbosa Garcia, tratando do tema antes de sua regulamentação legal, que: "Na realidade, não é a integralidade do inciso XXI do art. 7º, uma norma de eficácia limitada, mas apenas a previsão, específica, de aviso prévio proporcional ao tempo de serviço. Isto porque o prazo mínimo, de 30 dias quanto ao aviso prévio, apresenta-se plenamente eficaz e autoaplicável." (Curso, 2008, p. 599).

A doutrina, de forma praticamente uníssona, **sempre defendeu a necessidade de regulamentação do art. 7º, XXI, da CF**, para que sua efetividade, além do mínimo de 30 dias, se fizesse sentir nos contratos de emprego. No sentido da necessidade de regulamentação: Godinho, Curso, janeiro de 2009, p. 24: "A proporcionalidade da duração do aviso ao tempo de serviço, mencionada no art. 7º, XXI, da Constituição, tem sido considerada pela jurisprudência regra jurídica sem eficácia imediata, enquanto não regulada em lei."; Saad, CLT Comentada, 2009, p. 669: "Trata-se de norma constitucional parcialmente autoaplicável. É-o no ponto que determina o mínimo de duração do aviso: 30 dias."; Rodrigues Pinto, Tratado, junho-2007, p. 592: "...a proporcionalidade a ser estabelecida depende de lei complementar ou ordinária, ainda não promulgada, estamos vivendo, conjunturalmente, sob o critério da duração mínima de trinta dias, salvo disposição mais favorável ao empregado em instrumento normativo de produção profissional ou em contrato individual."; Alice Monteiro de Barros, Curso, fev-2009, p. 957: "A duração do aviso prévio será, no mínimo, de 30 dias, havendo previsão constitucional para aviso prévio proporcional ao tempo de serviço (art. 7º, XXI). Acontece que a matéria não é autoaplicável, dependendo de regulamentação..."; e Süssekind, Curso, 2010, p. 365: "...a eficácia da norma dependerá de lei que irá fixar esta proporcionalidade. Contudo, convenções e acordos coletivos podem e têm (sobretudo os acordos entre o sindicato dos trabalhadores e empresa) estipulado a progressão do aviso prévio em função do tempo de serviço dos empregados.".

A extensa lista de autores serve para justificar a tese de que antes da regulamentação legal, a norma do art. 7º, XXI, da CF, não possuía eficácia plena; exatamente por esta razão, não se pode admitir eficácia retroativa à Lei nº 12.506/2011, para atingir os contratos de trabalho já findos, como vêm defendendo alguns. Se toda a doutrina propagava a necessidade de regulamentação da norma constitucional, retirando-lhe sua eficácia plena, como se pode agora, diante da lei regulamentadora, querer-lhe atribuir efeito retroativo? A lei não pode retroagir para atingir o ato jurídico perfeito, causando insegurança jurídica qualquer intepretação em sentido contrário. Não se pode sustentar sua retroatividade com supedâneo no princípio da norma mais favorável, pois este só incide na dúvida entre duas regras potencialmente aplicáveis à mesma situação de fato, o que, obviamente, não é o caso.

Irany Ferrari e Melchíades Martins, Revista Ltr, nov. 2011, p. 1297, defendem igual posição afirmando que o legislador constituinte transferiu para o legislador infraconstitucional a regulamentação da norma do art. 7º, XXI, da CF, que só ocorreu com a Lei nº 12.506/2011, razão pela qual não admitem efeito retroativo à citada lei.

Não se está aqui a ignorar a existência da teoria da eficácia horizontal dos direitos fundamentais, que permitiria a efetivação na relação de emprego de todos os direitos assim definidos no art. 7º da CF, entre estes aquele previsto no inciso XXI. Contudo, também não se pode negar que esta tese não logrou êxito em convencer a doutrina majoritária, nem tampouco a jurisprudência do TST, que editou a OJ. nº 84, da SDI-1, em sentido contrário (a OJ referida foi cancelada, pela Res. 186/2012, DEJT divulgado em 25, 26 e 27.09.2012, em razão da promulgação da Lei nº 12.506, que regulamentou a norma constitucional antes referida). Assim, admitir-se a eficácia retroativa da regulamentação legal, sob o fundamento de que o direito já estava consagrado na Constituição, com eficácia plena, seria contrariar o que restou sedimentado antes da promulgação da Lei nº 12.506. A doutrina deve atuar na interpretação desta norma com coerência, e a jurisprudência com a responsabilidade de quem exerce a função pacificadora dos conflitos de interesse, particularmente em temas de tamanha repercussão e importância como o que ora tratamos.

A impossibilidade de retroação do direito fundamental consagrado no art. 7º, XXI, longe de negar-lhe efetividade, atende às aspirações do Estado Democrático de Direito, pois respeita a vontade da lei que, somente agora, permitiu a concretização do aviso prévio proporcional. A interpretação retroativa tenderia a substituir a vontade da lei pela do juiz, tumultuando a distribuição de funções prevista constitucionalmente. A atuação da jurisprudência, antes da vigência da Lei nº 12.506, buscando aplicar, com critérios razoáveis, a proporcionalidade do aviso, era perfeitamente aceitável, mas não agora que o tema já esta regulamentado. Interpretação diversa representaria criticável ativismo judicial, gerador de insegurança e prejudicando a previsibilidade que deve pautar a jurisprudência, diante de seu escopo de pacificação social.

Estevão Mallet, Revista LTr, 75-11, p. 1313, justifica a irretroatividade da lei nova por respeito ao ato jurídico perfeito, invocando, entre outros argumentos a regra do art. 912 da CLT.

1.3. Omissões da Lei nº 12.506/2011

1.3.1. Eficácia da lei nova nos contratos em curso

A lei entrou em vigor na data de sua publicação, como proclamou seu art. 2º, ou seja, começou a viger em 13.10.2011. Consequentemente, passou a incidir imediatamente sobre os contratos de trabalho em curso, mas, a nosso ver, não quanto àqueles contratos onde a notificação de aviso prévio já foi emitida pelo empregador. Mesmo que o empregado esteja trabalhando no prazo do aviso prévio, a lei nova não incidirá, pois o fim do contrato já havia sido definido por termo prefixado, diante da declaração de vontade manifestada antes da vigência da lei que modificou seu prazo para até 90 dias. Neste sentido, Süssekind, Curso, 2010, 365: "O aviso prévio tem, portanto, natureza potestativa e receptiva, gerando seus efeitos ao final do prazo decorrido a partir da formalização da comunicação, com a correspondente ciência da parte a quem se dirige. Dai porque o prazo fluído integra sempre o tempo de serviço do empregado, ainda que a despedida verifica-se sem o aviso prévio ou o empregador pague antecipadamente os correspondentes salários e dispense a prestação de serviços (art. 487, § 1º, da CLT). A resilição do contrato só se efetiva no tempo previsto para o aviso prévio devido.".

Estevão Mallet, Revista LTr, 75-11, p. 1317, lembra, inclusive, que o próprio **Ministério do Trabalho**, no Memorando Circular nº 10/2011, de 27.10.2011, itens 10 e 11, da Secretaria de Relações de Trabalho, **nega a eficácia da lei nova aos avisos prévios dados antes de 13.10.2011**, exatamente nos termos em que defendemos acima.

A eficácia imediata da nova lei do aviso prévio aos contratos de trabalho em curso, sem retroatividade quanto às notificações de dispensa já expedidas, conforme defendemos acima, foi confirmada pela aprovação da S. 441 do TST.

1.3.2. Aviso Prévio concedido pelo empregado no pedido de demissão

A ampliação do prazo do aviso prévio não alterou a finalidade do instituto. Quando concedido pelo empregado objetiva permitir que o empregador substitua a mão de obra perdida, ou mesmo redistribua o serviço entre os demais; a alteração do prazo do aviso prévio não atinge esta modalidade de terminação do contrato de trabalho. A intenção da norma constitucional, agora regulamentada, foi dificultar a despedida, tornando-a mais onerosa, com o intuito de proteger o empregado, daí porque **a ampliação do prazo para até 90 dias só se aplica aos avisos concedidos pelos empregadores.** No mesmo sentido em que defendemos opina Arnaldo Süssekind, Curso, 2010, p. 365: "Para compensar a abolição, como regra, do direito à estabilidade no serviço. É um meio de proteger o empregado mais antigo, tornando mais onerosa sua despedida, tal como ocorre em diversos países.". De forma explícita quanto à interpretação da Lei nº 12.506, Ferrari e Martins, Revista LTr, 75-11, p. 1298: "...se o empregado solicitar demissão, o empregador só poderá exigir o cumprimento do aviso prévio de 30 dias, pouco importa se o empregado tenha um ano ou mais de serviço."

Este conhecimento foi exigido no seguinte concurso público para ingresso no Cargo de Juiz do Trabalho Substituto:

*** DISCURSIVA:**

↳ **(TRT/2R/Juiz/2012) Na hipótese de pedido de demissão, o empregado deve conceder ao empregador o aviso prévio proporcional previsto no art. 1º da Lei 12.506/2011?**

1.3.3. Contratos com duração inferior a dois anos

Outro tema que suscita dúvidas diz respeito à contagem do aviso prévio nos contratos de trabalho com duração superior a um ano, mas inferior a dois anos. A norma do § único, do art. 1º, da Lei nº 12.506/2011, estabelece que *"serão acrescidos 3 (três) dias por ano de serviço prestado na mesma empresa..."*. A dúvida surge quanto ao ano incompleto. Consigo prever **duas alternativas para a omissão da norma: na primeira**, o empregado não teria direito a qualquer acréscimo quanto ao ano incompleto, numa interpretação literal do artigo citado; **na segunda**, que achamos consentânea com o espírito da inovação e com os princípios de direito do trabalho, o empregado receberá o aviso proporcionalmente aos meses trabalhados. Assim, caso tenha trabalhado 1 (um) ano e 6 (seis) meses numa empresa, terá direito a 30 dias de aviso prévio – correspondentes ao primeiro ano trabalhado –, e 1,5 dia pelo período incompleto de seis meses. Trata-se da mesma regra aplicada para o período incompleto de férias na rescisão contratual (art. 146, § único, da CLT).

1.3.4. Empregados Domésticos e Entidades sem fins lucrativos

O texto do art. 1º, da Lei nº 12.506/2011, prevê que "será concedido na proporção de 30 (trinta) dias aos empregados que contem até 1 (um) ano de serviço na mesma empresa." O § único, por sua vez, também prevê que: "... serão acrescidos 3 (três) dias por ano de serviço prestado na mesma empresa, até o máximo de 60 (sessenta) dias, perfazendo um total de até 90 (noventa) dias.".

Antes da LC nº 150/2015, que trouxe nova regulamentação à relação de emprego no âmbito doméstico, defendíamos que a referência à empresa, e não a empregador, tinha nítida intenção de não estender o aviso prévio proporcional ao trabalhador doméstico.

Em sentido contrário, defendendo a proporcionalidade do aviso prévio ao doméstico, Irany Ferrari e Melchíades Martins, Revista LTr, 75-11, p. 1303, argumentando que a Constituição da República, através da norma contida no art. 7º, igualou os trabalhadores rurais e domésticos aos urbanos. Não obstante minha posição pessoal em sentido contrário, **vinha prevalecendo na doutrina esta última opinião**, tendo em vista o cenário atual de valorização do trabalho doméstico e de concretização da melhoria da condição social destes trabalhadores, proclamada no art. 7º, *caput*, da CF.

A Lei Complementar 150/2015 encerrou a polêmica, como se lê no texto do art. 23, §§ 1º e 2º, a seguir transcritos:

> "Art. 23. Não havendo prazo estipulado no contrato, a parte que, sem justo motivo, quiser rescindi-lo deverá avisar a outra de sua intenção.
>
> § 1º O aviso prévio será concedido na proporção de 30 (trinta) dias ao empregado que conte com até 1 (um) ano de serviço para o mesmo empregador.
>
> § 2º Ao aviso prévio previsto neste artigo, devido ao empregado, serão acrescidos 3 (três) dias por ano de serviço prestado para o mesmo empregador, até o máximo de 60 (sessenta) dias, perfazendo um total de até 90 (noventa) dias.".

Este conhecimento foi exigido no seguinte concurso público para ingresso no Cargo de Juiz do Trabalho Substituto:

*** DISCURSIVA:**

↳ **(TRT/2R/Juiz/2012) A Lei 12.506/2011 (aviso prévio proporcional) é aplicável aos empregados rurais e domésticos?**

No que diz respeito às entidades sem fins lucrativos, a interpretação é outra. O art. 2º, § 1º, da CLT, equipara as entidades sem fins lucrativos à empresa, para fins trabalhistas (vide comentários ao artigo pertinente). Portanto, da mesma forma que as empresas se sujeitam à regulamentação do aviso prévio proporcional, as entidades sem fins lucrativos também estão abrangidas pela Lei nº 12.506.

Consequentemente, o aviso prévio proporcional ao tempo de serviço **se aplica às dispensas sem justa causa promovidas pelas entidades sem fins lucrativos.**

1.3.5. Redução da jornada ou do número de dias trabalhados.

Vide comentários ao art. 488 da CLT.

2. SÚMULAS E ORIENTAÇÕES JURISPRUDENCIAIS

- **Súmula nº 441/TST**

AVISO PRÉVIO. PROPORCIONALIDADE – Res. 185/2012, DEJT divulgado em 25, 26 e 27.09.2012.
O direito ao aviso prévio proporcional ao tempo de serviço somente é assegurado nas rescisões de contrato de trabalho ocorridas a partir da publicação da Lei nº 12.506, em 13 de outubro de 2011.

3. INFORMATIVOS DO TST

- ***Ação anulatória. Convenção coletiva de trabalho. Cláusula que prevê a dispensa da concessão do aviso prévio no caso de o trabalhador ser contratado pela nova prestadora de serviços. Nulidade.***

É nula a cláusula de convenção coletiva de trabalho que dispensa as empresas que perderem os contratos de prestação de serviços de conceder e indenizar o aviso prévio, desde que o trabalhador seja imediatamente contratado pela nova prestadora de serviços. Com esse entendimento, a SDC, por maioria, deu provimento ao recurso ordinário do Ministério Público do Trabalho da 17ª Região para declarar a nulidade da cláusula 34ª da convenção coletiva de trabalho firmada entre o Sindicato dos Empregados de Empresas de Segurança e Vigilância do Estado do Espírito Santo, o Sindicato dos Empregados nas Empresas de Transportes de Valores, Escolta Armada, Ronda Motorizada, Monitoramento Eletrônico e Via Satélite, Agentes de Segurança Pessoal e Patrimonial, Segurança e Vigilância em Geral da Região Metropolitana de Vitória no Estado do Espírito Santo (SINDSEG/GV/ES) e o Sindicato das Empresas de Segurança Privada no Estado do Espírito Santo (SINDESP/ES). No caso, considerou a Seção que a referida cláusula contraria o disposto na Súmula nº 276 do TST e no Precedente

Normativo nº 24 da SDC. Vencidos os Ministros Fernando Eizo Ono, relator, Márcio Eurico Vitral Amaro e Maria Cristina Irigoyen Peduzzi, que negavam provimento ao recurso, no tópico, ao fundamento de que a renúncia do direito ao aviso prévio possibilitou a preservação de um bem de maior valia para o trabalhador, qual seja a imediata colocação em novo posto de trabalho. TST-RO-100-78.2008.5.17.0000, SDC, rel. Min. Fernando Eizo Ono, 11.12.2012 (Informativo nº 34)

4. QUESTÕES DE CONCURSO

01. (MPT – Procurador do Trabalho/2012/ADAPTADA) Sobre o aviso prévio, considerando a jurisprudência uniformizada do Tribunal Superior do Trabalho e a legislação do trabalho, assinale a alternativa CORRETA: o aviso prévio será concedido na proporção de 30 (trinta) dias aos empregados que contêm até 1 (um) ano de serviço na mesma empresa, com acréscimo de 3 (três) dias por ano de serviço prestado na mesma empresa, até o máximo de 60 (sessenta) dias, perfazendo um total de até 90 (noventa) dias.

02. (FCC – Técnico Judiciário – Área Administrativa – TRT 5/2013) A CLT regulamenta o instituto do aviso prévio, que

a) é um ato bilateral, ou seja, só é válido se houver o aceite da outra parte, mas apresenta prazos distintos e formalidades diversas em relação à figura de quem comunica a intenção de rescisão contratual.

b) é um ato meramente unilateral, visto que se trata de comunicação que o empregador deve fazer ao empregado no sentido de que o contrato será rescindido, não sendo aplicado ao empregado que pretende pedir demissão.

c) a falta de aviso prévio por parte do empregador dá ao empregado o direito aos salários correspondentes ao prazo de aviso, garantida sempre a integração desse período no tempo de serviço.

d) o valor das horas extraordinárias habituais não integra o aviso prévio indenizado, salvo se houver uma convenção coletiva de trabalho estipulando essa hipótese.

e) dado o aviso prévio, a rescisão torna-se efetiva depois de expirado o prazo, não cabendo reconsideração do ato, mesmo que essa ocorra na fluência do prazo.

GAB	1	C	2	C

✦ **AVISO PRÉVIO INDENIZADO**

§ 1º – A falta do aviso prévio por parte do empregador dá ao empregado o direito aos salários correspondentes ao prazo do aviso, garantida sempre a integração desse período no seu tempo de serviço.

✦ **AUSÊNCIA DE AVISO PELO EMPREGADO: DESCONTO DO SALÁRIO**

§ 2º – A falta de aviso prévio por parte do empregado dá ao empregador o direito de descontar os salários correspondentes ao prazo respectivo.

1. COMENTÁRIOS

1.1. Aviso Prévio Indenizado e desconto do aviso não concedido

O aviso prévio, como obrigação legal do empregador e também do empregado, determina o final do contrato de trabalho, mesmo quando indenizado. Quando trabalhado, não há necessidade de qualquer ficção jurídica para se concluir que o contrato de trabalho só terminará no fim do aviso prévio. Quando indenizado, o direito do trabalho propõe uma ficção que consiste na projeção do prazo do aviso prévio no tempo de serviço do empregado para todos os fins, exatamente como se o empregado tivesse trabalhado este período. Exemplificativamente, um empregado dispensado no dia 30.4.2010, sem cumprimento do aviso prévio (que lhe será indenizado no momento de quitação das verbas rescisórias), terá o contrato de trabalho projetado para 30.5.2010. A data a ser anotada na CTPS do empregado corresponde àquela do aviso prévio projetado, qual seja: 30.5.2010 (neste sentido a OJ nº 82 da SBDI-1/TST). A projeção poderá atingir até 90 dias, conforme previsão do art. 1º, § único, da Lei nº 12.406/2011.

O empregador não tem escolha entre conceder o aviso prévio de forma indenizada ou trabalhada. Não se trata de obrigação alternativa na qual o devedor se desonera cumprindo uma das prestações à sua disposição (art. 252 do CC). Só existe uma prestação, que consiste na notificação à outra parte, com a antecedência prevista em lei, da intenção de romper o contrato de trabalho. Não sendo cumprida esta única prestação, a parte omissa pagará à outra uma indenização correspondente ao aviso não cumprido. Serve de exemplo de obrigação alternativa, para firmar a explicação acima, a faculdade atribuída ao empregador entre manter uma sala especial para a guarda dos filhos de suas empregadas ou fazer um convênio com creches para o mesmo fim (art. 389, §§ 1º e 2º, da CLT).

No caso do empregado, o pagamento da indenização ocorre mediante desconto em suas verbas resilitórias, no valor corresponde ao aviso prévio que este não concedeu a seu empregador (§ 2º acima).O desconto ficará restrito ao limite de 30 dias, mesmo que tenha trabalhado mais de um ano. Como dito acima, há uma quebra na bilateralidade do aviso prévio com o advento da Lei nº 12.406, pois seu objetivo foi tornar mais onerosa a despedida, como forma de tornar efetiva a norma do art. 7º, I, da CF, de proibição da dispensa arbitrária ou sem justa causa, regulamentando o aviso prévio proporcional ao tempo de serviço (art. 7º, XXI, da CF). Ainda que se admita outra intepretação, autorizando o desconto do aviso prévio de mais de 30 dias de aviso prévio não concedido pelo empregado, haveria frontal descumprimento da norma do art. 477, § 5º, da CLT, que limita a compensação na rescisão ao valor de uma remuneração do empregado (vide comentários ao artigo referido).

A indenização do período correspondente ao aviso é devida porque há dano. Ao empregado, pois não terá o prazo previsto em lei para obter novo emprego. Quanto mais tempo na empresa, mas dificuldade terá em se recolocar no mercado de trabalho, daí porque a indenização deve ser calculada proporcionalmente a seu tempo de casa, na forma do art. 1º, § único, da Lei nº 12.506/2011. No caso do empregador, a indenização pelo aviso que não lhe foi concedido pelo empregado, no pedido de demissão, fica limitada a 30 dias, pelos motivos acima expostos. Ademais, o empregador tem mais facilidade de reposição da mão de obra perdida, pois detém uma enorme oferta de trabalhadores sem emprego, razão pela qual seu dano é menor e tarifado pelo prazo de 30 dias.

1.2. Aviso Prévio trabalhado em casa

Vide comentários ao art. 477, § 6º da CLT.

1.3. Aviso Prévio Indenizado: natureza salarial ou indenizatória?

A doutrina trabalhista não é unânime quanto à natureza do aviso prévio indenizado. Os que lhe atribuem caráter salarial partem da premissa de que a indenização paga pelo empregador não retira a natureza alimentar do aviso. Há uma substituição da retribuição do aviso trabalhado pela indenização paga, mas, excepcionalmente, atribui-se caráter salarial a esta indenização (neste sentido: Carrion, Comentários, 2010, p. 448 e Süssekind, Curso, 2010, p. 364-365).

A Previdência Social passou a admitir a natureza salarial do aviso prévio indenizado com o advento do Decreto nº 6.727, de 12.01.2009, que revogou o art. 214, § 9º, V, "f" do Regulamento da Previdência (Decreto nº 3048/99). O dispositivo revogado expressamente excluía a incidência de contribuição previdenciária, confirmando a natureza indenizatória desta modalidade de aviso. Com sua revogação, passou-se a interpretar que a Previdência Social também reconhece a natureza salarial do aviso prévio indenizado. Há quem entenda, todavia, que a ausência de previsão do aviso indenizado como parcela do salário de contribuição (art. 28, I, da Lei nº 8.212/91), impede a incidência de contribuição previdenciária sobre tal parcela. Aderimos a esta tese. O

Decreto tem poder regulamentar. A base de incidência das contribuições só pode ser extraída do que estabelece a Lei nº 8.212/91 que, no particular, é omissa quanto ao aviso prévio indenizado. A incidência ou não de contribuição previdenciária não repercute, necessariamente, na definição da natureza trabalhista do instituto do aviso prévio.

Os que negam natureza salarial ao aviso indenizado alegam que se a parcela deixou de ser adimplida por meio de labor, perdeu a natureza de salário (neste sentido: Mauricio Godinho Delgado, Curso, jan-2009, p. 1081 e Martins, Comentários, 2010, p. 543). Todavia, não nos convencem tais argumentos, particularmente quando se percebe que a jurisprudência do TST, através da S. 305, determina que se recolha FGTS sobre o aviso prévio indenizado; somente salário sofre incidência de FGTS. Forçoso, portanto, concluirmos por sua natureza salarial. Ademais, a CLT contém inúmeras hipóteses de salário sem contraprestação de serviços (art. 473). Não se pode retirar a natureza de salário do aviso indenizado pelo simples fato de não ser pago em retribuição ao trabalho.

1.4. Outras hipóteses: rescisão antecipada dos contratos a termo, justa causa, culpa recíproca, extinção da empresa/estabelecimento, força maior, *factum principis*, morte do empregado, do empregador pessoa física e falência da empresa

Nos contratos a termo, sem cláusula assecuratória de direito recíproco de rescisão antecipada, a indenização a ser paga será regida pelos artigos 479 e 480 da CLT, sem exigência de aviso prévio. Quando existir previsão contratual de rescisão antecipada do contrato a termo, o aviso prévio será devido, além da indenização prevista no art. 481 da CLT (vide comentários aos artigos 479 a 481).

Rompendo-se o contrato de trabalho por culpa do empregado não haverá pagamento de aviso prévio. Não seria razoável se exigir do empregador a notificação prévia do empregado para rompimento do contrato quando o próprio deu causa à sua extinção. Em sentido contrário, a falta praticada pelo empregador confere ao empregado o direito ao recebimento do aviso prévio (§ 4º, a seguir).

Na culpa recíproca só é devido metade do aviso prévio (S. 14 do TST). Este entendimento é consentâneo com a rescisão contratual que decorreu de culpa de ambos os sujeitos do contrato (empregado e empregador). Não era justa a posição da jurisprudência que, antes da alteração promovida na Súmula 14 do TST, pela Res. 121/2003, DJ 19, 20 e 21.11.2003, negava ao empregado o direito ao aviso na culpa recíproca.

A extinção da empresa ou estabelecimento também confere ao empregado o direito ao aviso prévio que, pelo rompimento abrupto do contrato de trabalho, será sempre indenizado (neste sentido: Godinho, Curso, jan-2009, p. 1082 e Carrion, Comentários, 2010, p. 450). Mantida no direito do trabalho a teoria do risco do empregador pela condução do negócio, a extinção da empresa ou do estabelecimento, salvo por motivo de força maior, será sempre causa de pagamento de aviso prévio (neste sentido a S. 44 do TST).

Alice Monteiro de Barros, Curso, fev-2009, p. 959, explica que a força maior, cujo elemento central do conceito consiste na imprevisibilidade do acontecimento, é incompatível com o aviso prévio. Entendimento em contrário, prossegue a autora, desconfiguraria o conceito de força maior. A ausência de conhecimento antecipado do evento, na força maior, torna impossível a concessão do aviso prévio. Alice sustenta sua tese na doutrina de Hirose Pimpão, Martins Neto e Russomano, todos citados pela autora.

No mesmo sentido defende o Ministro Carlos Alberto Reis de Paula, em trabalho publicado quando ainda ocupava o cargo de Juiz Presidente da 16ª Junta de Conciliação e Julgamento de Belo Horizonte/MG, confirmando a incompatibilidade do instituto do aviso prévio com a imprevisibilidade inerente à força maior. (Curso, Vol. II, 1994, p. 497-498).

Parte da doutrina define o factum principis como modalidade de força maior (Carrion, Comentários, 2010, p. 444; Russomano, Comentários, Vol. I, 1993, p. 578 e Alice Monteiro de Barros, Curso, 2009, p. 959). Para esta corrente o tratamento doutrinário seria o mesmo da força maior, não sendo devido o aviso prévio na extinção do negócio motivada por fato do príncipe.

Para outros, considerando-se que no factum principis a indenização decorrente da extinção da empresa ficará a cargo do governo responsável (art. 486), e tendo o aviso prévio, nesta hipótese, feição indenizatória, o governo também suportaria seu pagamento (neste sentido: Reis de Paula, Curso, Vol. II, 1994, p. 498).

Optamos, contudo, por uma terceira vertente interpretativa. O empregador deverá ser responsabilizado pelo aviso prévio, pois a norma do art. 486, que atribui ao Estado a responsabilidade pelo pagamento da indenização, deve ser interpretada restritivamente, não incluindo em seu alcance o aviso prévio indenizado (no mesmo sentido Francisco Antonio de Oliveira, Comentários às Súmulas do TST, out-2005, p. 148).

A morte do empregado também se insere na regra geral de responsabilidade do empregador que não pode subtrair do trabalhador o pagamento do aviso prévio, considerando-se a ausência de culpa quanto ao rompimento do contrato de trabalho (art. 487, caput, da CLT). Alice Monteiro de Barros, Curso, fev-2009, p. 959, nega tal direito ao empregado, argumentando que a extinção decorreu de circunstância alheia à vontade das partes.

Quanto à morte do empregador pessoa física nos reportamos aos comentários feitos aos artigos 485 e 483 § 2º, ambos da CLT.

A falência da empresa também será causa de pagamento do aviso prévio, desde que ocorra extinção do contrato de trabalho. Em princípio os contratos bilaterais, sendo exemplo destes o contrato de trabalho, não se extinguem naturalmente pela falência, como se percebe da norma do art. 117, da Lei nº 11.101 de 2005. Sobre os efeitos da falência no contrato de trabalho vide comentários ao art. 449 da CLT.

2. SÚMULAS E ORIENTAÇÕES JURISPRUDÊNCIAS

▸ **Súmula nº 14/TST**

CULPA RECÍPROCA (nova redação) – Res. 121/2003, DJ 19, 20 e 21.11.2003

Reconhecida a culpa recíproca na rescisão do contrato de trabalho (art. 484 da CLT), o empregado tem direito a 50% (cinqüenta por cento) do valor do aviso prévio, do décimo terceiro salário e das férias proporcionais.

▸ **Súmula nº 44/TST**

AVISO PRÉVIO (mantida) – Res. 121/2003, DJ 19, 20 e 21.11.2003

A cessação da atividade da empresa, com o pagamento da indenização, simples ou em dobro, não exclui, por si só, o direito do empregado ao aviso prévio.

▸ **Súmula nº 163/TST**

AVISO PRÉVIO. CONTRATO DE EXPERIÊNCIA (mantida) – Res. 121/2003, DJ 19, 20 e 21.11.2003

Cabe aviso prévio nas rescisões antecipadas dos contratos de experiência, na forma do art. 481 da CLT (ex-Prejulgado nº 42).

- **Súmula nº 182/TST**

AVISO PRÉVIO. INDENIZAÇÃO COMPENSATÓRIA. LEI Nº 6.708, DE 30.10.1979 (mantida) – Res. 121/2003, DJ 19, 20 e 21.11.2003

O tempo do aviso prévio, mesmo indenizado, conta-se para efeito da indenização adicional prevista no art. 9º da Lei nº 6.708, de 30.10.1979.

- **Súmula nº 253/TST**

GRATIFICAÇÃO SEMESTRAL. REPERCUSSÕES (nova redação) – Res. 121/2003, DJ 19, 20 e 21.11.2003

A gratificação semestral não repercute no cálculo das horas extras, das férias e do aviso prévio, ainda que indenizados. Repercute, contudo, pelo seu duodécimo na indenização por antigüidade e na gratificação natalina.

- **Súmula nº 276/TST**

AVISO PRÉVIO. RENÚNCIA PELO EMPREGADO (mantida) – Res. 121/2003, DJ 19, 20 e 21.11.2003. O direito ao aviso prévio é irrenunciável pelo empregado. O pedido de dispensa de cumprimento não exime o empregador de pagar o respectivo valor, salvo comprovação de haver o prestador dos serviços obtido novo emprego.

- **Súmula nº 305/TST**

FUNDO DE GARANTIA DO TEMPO DE SERVIÇO. INCIDÊNCIA SOBRE O AVISO PRÉVIO (mantida) – Res. 121/2003, DJ 19, 20 e 21.11.2003

O pagamento relativo ao período de aviso prévio, trabalhado ou não, está sujeito a contribuição para o FGTS.

- **Súmula nº 348/TST**

AVISO PRÉVIO. CONCESSÃO NA FLUÊNCIA DA GARANTIA DE EMPREGO. INVALIDADE (mantida) – Res. 121/2003, DJ 19, 20 e 21.11.2003

É inválida a concessão do aviso prévio na fluência da garantia de emprego, ante a incompatibilidade dos dois institutos.

- **Súmula nº 354/TST**

GORJETAS. NATUREZA JURÍDICA. REPERCUSSÕES (mantida) – Res. 121/2003, DJ 19, 20 e 21.11.2003

As gorjetas, cobradas pelo empregador na nota de serviço ou oferecidas espontaneamente pelos clientes, integram a remuneração do empregado, não servindo de base de cálculo para as parcelas de aviso-prévio, adicional noturno, horas extras e repouso semanal remunerado.

- **Súmula nº 371/TST**

AVISO PRÉVIO INDENIZADO. EFEITOS. SUPERVENIÊNCIA DE AUXÍLIO-DOENÇA NO CURSO DESTE (conversão das Orientações Jurisprudenciais nºs 40 e 135 da SBDI-1) – Res. 129/2005, DJ 20, 22 e 25.04.2005

A projeção do contrato de trabalho para o futuro, pela concessão do aviso prévio indenizado, tem efeitos limitados às vantagens econômicas obtidas no período de pré-aviso, ou seja, salários, reflexos e verbas rescisórias. No caso de concessão de auxílio-doença no curso do aviso prévio, todavia, só se concretizam os efeitos da dispensa depois de expirado o benefício previdenciário. (ex-OJs nºs 40 e 135 da SBDI-1 – inseridas, respectivamente, em 28.11.1995 e 27.11.1998)

- **Súmula nº 380/TST**

AVISO PRÉVIO. INÍCIO DA CONTAGEM. Art. 132 DO CÓDIGO CIVIL DE 2002 (conversão da Orientação Jurisprudencial nº 122 da SBDI-1) – Res. 129/2005, DJ 20, 22 e 25.04.2005

Aplica-se a regra prevista no "caput" do art. 132 do Código Civil de 2002 à contagem do prazo do aviso prévio, excluindo-se o dia do começo e incluindo o do vencimento. (ex-OJ nº 122 da SBDI-1 – inserida em 20.04.1998)

- **OJ-SDI1-82/TST AVISO PRÉVIO. BAIXA NA CTPS (inserida em 28.04.1997)**

A data de saída a ser anotada na CTPS deve corresponder à do término do prazo do aviso prévio, ainda que indenizado.

- **OJ 367 SBDI-1/TST**

AVISO PRÉVIO DE 60 DIAS. ELASTECIMENTO POR NORMA COLETIVA. PROJEÇÃO. REFLEXOS NAS PARCELAS TRABALHISTAS.

O prazo de aviso prévio de 60 dias, concedido por meio de norma coletiva que silencia sobre alcance de seus efeitos jurídicos, computa-se integralmente como tempo de serviço, nos termos do § 1º do art. 487 da CLT, repercutindo nas verbas rescisórias.

✦ SALÁRIO VARIÁVEL: CÁLCULO DO AVISO PRÉVIO

§ 3º – Em se tratando de salário pago na base de tarefa, o cálculo, para os efeitos dos parágrafos anteriores, será feito de acordo com a média dos últimos 12 (doze) meses de serviço.

1. COMENTÁRIOS

O salário correspondente ao aviso prévio será compatível com os pagamentos feitos até o momento da rescisão. Sendo variável a remuneração, o cálculo do aviso prévio deve levar em consideração a média dos últimos doze meses.

A alusão legal a uma modalidade de salário variável (salário-tarefa) não pode excluir outras formas de remuneração variável, como aquela fixada por unidade de obra ou peça. Portanto, a regra deste parágrafo se aplica tanto ao empregado que recebe por produção (unidade de peça ou obra), como para os que são remunerados por tarefa. Para melhor compreensão destas formas de fixação do salário vide comentários ao art. 78 da CLT.

A média deve ser feita com base no percentual de produção e não pelo valor do salário em si, pois este sofre perda de poder aquisitivo ao longo de 12 meses. Exemplificativamente, o cálculo do aviso prévio do empregado que seja remunerado por unidade de peças produzidas, deve levar em consideração a média das peças feitas nos últimos 12 meses, convertida em reais no momento da rescisão contratual. Desta forma não haverá perda salarial para o empregado.

✦ DESPEDIDA INDIRETA

§ 4º – É devido o aviso prévio na despedida indireta.(Parágrafo incluído pela Lei nº 7.108, de 5.7.1983)

1. COMENTÁRIOS

O texto original da CLT não continha este parágrafo § 4º, que só foi incluído pela Lei nº 7.108, de 5.7.1983. Antes desta regra a situação imposta ao empregado que postulava a rescisão indireta era extremamente injusta. O contrato de trabalho rompido por culpa do empregador não proporcionava ao empregado um integral ressarcimento das verbas devidas. Ou seja, ocorria a rescisão indireta, mas o empregado não era indenizado pelo aviso prévio.

Com a introdução deste § 4º no art. 487, a S. 31 do TST, que negava ao empregado o direito ao aviso prévio na rescisão indireta, foi devidamente cancelada pela Resolução nº 31/94 do C. TST, DJ de 12.5.1994. Considerando-se que a alteração legal ocorreu em 5.7.1983, o TST tardou em proceder ao referido cancelamento.

✦ HORAS EXTRAS INTEGRAM O AVISO PRÉVIO

§ 5º – O valor das horas extraordinárias habituais integra o aviso prévio indenizado.

(Parágrafo incluído pela Lei nº 10.218, de 11.4.2001)

1. COMENTÁRIOS

Este § 5º, incluído pela Lei nº 10.280, de 11.4.2001, reproduziu o entendimento que havia se consagrado na jurisprudência trabalhista de que as parcelas de natureza salarial são computadas no cálculo do aviso prévio, pois a remuneração do salário neste período não pode ter valor diferente do que foi pago ao longo do contrato de trabalho. O cálculo das horas extras, que incidirão no aviso prévio, levará em consideração a média dos 12 meses imediatamente anteriores à notificação do aviso. Além das horas extras, os adicionais legais, como insalubridade e periculosidade, também integram o cálculo do aviso prévio.

2. QUESTÕES DE CONCURSO

01. (TRT – 15ª REGIÃO/TÉCNICO JUDICIÁRIO/FCC/2009) Com relação ao aviso prévio é INCORRETO afirmar:

a) A data de saída a ser anotada na CTPS deve corresponder à do término do prazo do aviso prévio, ainda que indenizado.

b) Não é devido o aviso prévio na despedida indireta.

c) A falta de aviso prévio por parte do empregado dá ao empregador o direito de descontar os salários correspondentes ao prazo respectivo.

d) O valor das horas extras habituais integra o aviso prévio indenizado.

e) A falta do aviso prévio do empregador dá ao empregado o direito aos salários do período correspondente.

02. (TRT – 18ª REGIÃO/ANALISTA JUDICIÁRIO/FCC/2008) Com relação ao aviso prévio, é certo que

a) a parte que, sem justo motivo, quiser rescindir contrato individual de trabalho, deverá avisar a outra da sua resolução com a antecedência mínima de dez dias, se o pagamento for efetuado semanalmente.

b) o aviso prévio, nos contratos de trabalho com prazo determinado, será de dez dias corridos, contados a partir do último dia contratual pré-fixado.

c) a cessação da atividade da empresa, com o pagamento da indenização, simples ou em dobro, não exclui, por si só, o direito do empregado ao aviso prévio.

d) não é devido o aviso prévio, na despedida indireta, por expressa disposição legal

e) o empregado que, durante o prazo do aviso prévio, cometer falta considerada pela lei como justa para a rescisão, não perde o direito ao restante do respectivo prazo.

03. (TRT – 2ª REGIÃO/JUIZ DO TRABALHO/2009/ADAPTADO) Quanto ao instituto do aviso prévio, assinale a alternativa que está correta:

a) O período do aviso prévio será oito dias, se o pagamento for efetuado por semana ou tempo inferior, e de trinta dias aos que perceberem por quinzena ou mês.

b) O direito ao aviso prévio é irrenunciável pelo empregado, sendo devido o seu pagamento, ainda que haja comprovação de que o prestador dos serviços obteve novo emprego.

c) O aviso prévio, proporcional ao tempo de serviço, sendo no mínimo de trinta dias, é devido também na hipótese de rescisão indireta.

d) A falta de aviso prévio por parte do empregado dá ao empregador o direito de descontar os salários correspondentes ao prazo respectivo, desde que assim ajustado no contrato de trabalho.

GAB	1	B	2	C	3	C

✦ REAJUSTE SALARIAL NO CURSO DO AVISO PRÉVIO

§ 6º – O reajustamento salarial coletivo, determinado no curso do aviso prévio, beneficia o empregado pré-avisado da despedida, mesmo que tenha recebido antecipadamente os salários correspondentes ao período do aviso, que integra seu tempo de serviço para todos os efeitos legais.(Parágrafo incluído pela Lei nº 10.218, de 11.4.2001)

1. COMENTÁRIOS

Traduzindo-se o teor da norma, pode-se dizer que o empregado dispensado em 10.3.2010, com aviso prévio indenizado, terá direito ao reajuste salarial ocorrido no mês seguinte, vigente a partir de 1.4.2010, mesmo quando não está mais trabalhando para a empresa; isto porque a projeção do prazo do aviso prévio, por exemplo, por 30 dias, produz efeitos no contrato de trabalho até 9.4.2010, alcançando o reajuste referido.

O empregado dispensado no mês que antecede sua data-base tem direito de receber uma indenização correspondente ao valor do seu salário (art. 9º, da Lei nº 6.708, de 30.10.1979 e art. 9º, da Lei nº 7.238 de 28.10.1984). O pagamento desta indenização não exclui o direito ao reajuste salarial a que tiver direito na data-base, no mês seguinte à sua dispensa, diante da projeção legal do aviso prévio (neste sentido a S. 314 do C. TST).

2. SÚMULAS E ORIENTAÇÕES JURISPRUDENCIAIS

▸ **Súmula nº 314 – TST**

INDENIZAÇÃO ADICIONAL. VERBAS RESCISÓRIAS. SALÁRIO CORRIGIDO (mantida) – Res. 121/2003, DJ 19, 20 e 21.11.2003

Se ocorrer a rescisão contratual no período de 30 (trinta) dias que antecede à data-base, observado a Súmula nº 182 do TST, o pagamento das verbas rescisórias com o salário já corrigido não afasta o direito à indenização adicional prevista nas Leis nºs 6.708, de 30.10.1979 e 7.238, de 28.10.1984.

✦ **REDUÇÃO DO TRABALHO NO AVISO PRÉVIO**

Art. 488. O horário normal de trabalho do empregado, durante o prazo do aviso, e se a rescisão tiver sido promovida pelo empregador, será reduzido de 2 (duas) horas diárias, sem prejuízo do salário integral.

Parágrafo único. É facultado ao empregado trabalhar sem a redução das 2 (duas) horas diárias previstas neste artigo, caso em que poderá faltar ao serviço, sem prejuízo do salário integral, por 1 (um) dia, na hipótese do inciso I, e por 7 (sete) dias corridos, na hipótese do inciso II do art. 487 desta Consolidação.(Incluído pela Lei nº 7.093, de 25.4.1983)

1. COMENTÁRIOS

Aqui temos mais um exemplo de obrigação alternativa. O empregado, dispensado sem justa causa, adimplirá a obrigação de cumprir o aviso prévio seja reduzindo seu labor em duas horas por dia, seja deixando de trabalhar nos sete últimos dias corridos. Caso opte por esta segunda alternativa, o prazo para homologação da rescisão contratual não se alterará, devendo o empregador proceder a quitação somente ao final do aviso prévio (vide comentários ao art. 477, § 6º, da CLT).

A redução do tempo de aviso prévio tem a finalidade de proporcionar ao empregado a busca de outro emprego, tanto que a norma só se aplica ao aviso concedido pelo empregador na despedida. Sendo assim, é ilegal a substituição desta redução pelo pagamento de horas extras (neste sentido a S. 230 do TST). Caso o empregador cometa esta ilegalidade, continuará obrigado ao pagamento integral do aviso prévio, sem direito à compensação das horas extras, como forma de indenização por ter frustrado a aplicação de regra de proteção ao empregado.

2. SÚMULAS E ORIENTAÇÕES JURISPRUDENCIAIS

▸ **Súmula nº 230/TST**

AVISO PRÉVIO. SUBSTITUIÇÃO PELO PAGAMENTO DAS HORAS REDUZIDAS DA JORNADA DE TRABALHO (mantida) – Res. 121/2003, DJ 19, 20 e 21.11.2003

É ilegal substituir o período que se reduz da jornada de trabalho, no aviso prévio, pelo pagamento das horas correspondentes.

3. QUESTÕES DE CONCURSOS

01. (TRT – 5ª REGIÃO/ANALISTA JUDICIÁRIO/CESPE/2008) Durante o aviso prévio, se a rescisão do contrato de trabalho tiver sido promovida pelo empregador, será assegurada ao empregado a redução de duas horas diárias em sua jornada de trabalho, sem prejuízo ao recebimento do salário integral.

02. (TRT – 19ª REGIÃO/ANALISTA JUDICIÁRIO/FCC/2008) Considere as assertivas abaixo a respeito do aviso prévio.

I.. O direito ao aviso prévio é irrenunciável pelo empregado. O pedido de dispensa do seu cumprimento não exime o empregador de pagar o valor respectivo, salvo comprovação de haver o prestador dos serviços obtido novo emprego.

II. Em regra, o valor das horas extraordinárias habituais integra o aviso prévio indenizado.

III. É válida a substituição, pelo empregador, das duas horas legais de redução diária da jornada, durante o prazo do aviso prévio trabalhado pelo correspondente pagamento de duas horas extras.

IV. Eventual reajuste normativo concedido no período de fluência do aviso prévio não se incorpora no patrimônio trabalhista do empregado.

É correto o que se afirma APENAS em

a) I e II.

b) II e III.

c) I, II e III.

d) I e IV.

e) III e IV.

03. (PM RECIFE/PROCURADOR JUDICIAL/FCC/2008) Maria foi dispensada imotivadamente pela empresa em que laborava. Durante o período de seu aviso prévio a empresa ao invés de reduzir o seu horário de trabalho em duas horas diárias, conforme previsto na Consolidação das Leis do Trabalho, optou em pagar essas horas como horas extras. Neste caso, a substituição

a) é válida, desde que a empresa remunere as duas horas extras diárias com acréscimo de no mínimo 70%.

b) não é válida e a empresa deverá pagar novo aviso prévio acrescido de 50% de seu valor.

c) é válida, desde que a empresa remunere as duas horas extras diárias com acréscimo de 100%.

d) é válida, desde que a empresa remunere as duas horas extras diárias com acréscimo de no mínimo 50%.

e) não é válida e a empresa deverá pagar novo aviso prévio.

04. (TRT – 2ª REGIÃO/JUIZ DO TRABALHO/2009/ADAPTADO) É facultado ao empregado trabalhar sem a redução da jornada diária durante o período do aviso prévio, caso em que poderá faltar ao serviço, sem prejuízo do salário integral, por 5 (cinco) dias corridos.

05. (TRT 2 – Juiz do Trabalho Substituto 2ª região/ 2012) Em relação à rescisão do contrato individual de trabalho, nos termos da Consolidação das Leis do Trabalho e do entendimento sumulado do TST é correto afirmar que: é lícito substituir o período que se reduz da jornada de trabalho, no aviso prévio, pelo pagamento das horas correspondentes como extraordinárias com o devido adicional.

06. (Cespe – Analista Judiciário – Área Judiciária – TRT 17/2013) No que concerne à relação de emprego, julgue o próximo item.

Em caso de aviso prévio trabalhado, a jornada de trabalho do empregado deve ser reduzida em duas horas diárias ou o empregador deve liberar o empregado do trabalho por sete dias seguidos. No entanto, é cabível a negociação entre as partes para substituição do período de jornada reduzida pelo pagamento das horas correspondentes.

07. (FCC – Analista Judiciário – Área Judiciária – TRT 24/2017) Em relação ao instituto jurídico do aviso prévio, nos termos das normas contidas na Consolidação das Leis do Trabalho e da jurisprudência sumulada do Tribunal Superior do Trabalho,

a) havendo aplicação da dispensa do empregado por justa causa em razão de desídia no desempenho de suas funções deverá ser concedido aviso prévio.

b) em caso de despedida indireta e rescisão por culpa recíproca não é devido o aviso prévio.

c) o pagamento relativo ao período de aviso prévio trabalhado está sujeito à contribuição para o FGTS, o que não ocorre quando o mesmo for indenizado.

d) o horário normal de trabalho do empregado, durante o prazo do aviso, será reduzido em duas horas diárias, sem prejuízo do salário integral, independentemente de quem tenha promovido a rescisão.

e) é incorreto substituir o período que se reduz da jornada de trabalho, no aviso prévio, pelo pagamento das horas correspondentes.

GAB	1	C	2	A	3	E	4	E	5	E	6	E	7	E

✦ **RECONSIDERAÇÃO DO AVISO PRÉVIO**

Art. 489. Dado o aviso prévio, a rescisão torna-se efetiva depois de expirado o respectivo prazo, mas, se a parte notificante reconsiderar o ato, antes de seu termo, à outra parte é facultado aceitar ou não a reconsideração.

Parágrafo único. Caso seja aceita a reconsideração ou continuando a prestação depois de expirado o prazo, o contrato continuará a vigorar, como se o aviso prévio não tivesse sido dado.

1. COMENTÁRIOS

O aviso prévio, conforme conceito descrito nos comentários ao art. 487 da CLT, é definido como declaração receptícia de vontade, que surte seus efeitos independentemente da aquiescência (concordância) da outra parte. Todavia, manifestada a intenção de romper o contrato por uma das partes, a reconsideração dos efeitos desta declaração depende da concordância da outra parte, tornando-a, portanto, um ato bilateral.

O parágrafo único do art. 489 nos conduz à conclusão de que a concordância com a reconsideração do aviso prévio pode ser tácita, bastando que o empregado continue a trabalhar após o prazo do aviso prévio que foi reconsiderado pelo empregador.

Entendemos que se o empregador só tomou conhecimento da gravidez da empregada após a concessão do aviso prévio, a reconsideração da dispensa, e do aviso, por parte do empregador, independe de concordância da empregada, diante do interesse social de preservação do emprego da gestante e da proteção ao nascituro (quem está prestes a nascer).

2. QUESTÕES DE CONCURSOS

01. (TRT 2 – Juiz do Trabalho Substituto 2ª região/ 2012) Em relação à rescisão do contrato individual de trabalho, nos termos da Consolidação das Leis do Trabalho e do entendimento sumulado do TST é correto afirmar que: dado o aviso prévio, a rescisão torna-se efetiva depois de expirado o respectivo prazo, mas, se a parte notificante reconsiderar o ato, antes de seu termo, à outra parte é obrigada a aceitar a reconsideração.

✦ **RESCISÃO INDIRETA NO CURSO DO AVISO PRÉVIO**

Art. 490. O empregador que, durante o prazo do aviso prévio dado ao empregado, praticar ato que justifique a rescisão imediata do contrato, sujeita-se ao pagamento da remuneração correspondente ao prazo do referido aviso, sem prejuízo da indenização que for devida.

✦ **JUSTA CAUSA NO CURSO DO AVISO PRÉVIO**

Art. 491. O empregado que, durante o prazo do aviso prévio, cometer qualquer das faltas consideradas pela lei como justas para a rescisão, perde o direito ao restante do respectivo prazo.

1. COMENTÁRIOS

As regras dos artigos 490 e 491 só ratificam a intenção do art. 487, § 1º, ao determinar a integração do tempo do aviso prévio ao contrato de trabalho para todos os efeitos legais. Sendo o aviso prévio parte do contrato de trabalho, seus sujeitos também poderão praticar infrações contratuais em seu curso.

O empregado concederá o aviso prévio quando pedir demissão, mas a ocorrência de falta grave praticada pelo empregador, durante este aviso, faculta ao empregado formular pedido de rescisão indireta do contrato de trabalho. A rescisão indireta, todavia, só se opera pela via judicial, cabendo ao empregado mover a respectiva demanda, logo após a falta praticada pelo empregador. Nesta hipótese, fica o empregado desobrigado de cumprir o restante do aviso prévio e, confirmando-se quaisquer das faltas enumeradas no art. 483 da CLT, fará jus ao pagamento do salário do restante do aviso prévio, das férias e 13º salários, além do levantamento do FGTS e indenização de 40%. Sendo estável será devida indenização na forma dos artigos 477, 478 e 497 da CLT.

O empregador poderá romper o contrato de trabalho pela justa causa praticada pelo empregado no curso do aviso prévio, desde que a falta esteja tipificada em qualquer das alíneas do art. 482 da CLT ou em outros tipos trabalhistas descritos em lei. Nesta hipótese o empregado não perderá somente o restante do salário do aviso prévio, mas também a indenização a que teria direito pela dispensa sem justa causa, conforme verbas acima descritas (neste sentido a S. 73 do TST).

2. SÚMULAS E ORIENTAÇÕES JURISPRUDENCIAIS

- **Súmula nº 73/TST**
  DESPEDIDA. JUSTA CAUSA (nova redação) – Res. 121/2003, DJ 19, 20 e 21.11.2003
  A ocorrência de justa causa, salvo a de abandono de emprego, no decurso do prazo do aviso prévio dado pelo empregador, retira do empregado qualquer direito às verbas rescisórias de natureza indenizatória.

3. QUESTÕES DE CONCURSOS

01. (TRT – 7ª REGIÃO/ANALISTA JUDICIÁRIO/FCC/2009) A ocorrência de justa causa no decorrer do prazo do aviso prévio dado pelo empregador:

a) não retira do empregado qualquer direito às verbas rescisórias de natureza indenizatória, salvo na hipótese de abandono de emprego.

b) não retira do empregado qualquer direito às verbas rescisórias de natureza indenizatória, inclusive na hipótese de abandono de emprego.

c) retira do empregado qualquer direito às verbas rescisórias de natureza indenizatória, salvo na hipótese de abandono de emprego.

d) retira do empregado qualquer direito às verbas rescisórias de natureza indenizatória, inclusive na hipótese de abandono de emprego.

e) retira do empregado o direito apenas de algumas verbas rescisórias de natureza indenizatória especificadas em lei, salvo na hipótese de abandono de emprego.

02. (TRT – 7ª REGIÃO/TÉCNICO JUDICIÁRIO/FCC/2009) Com relação ao aviso prévio, considere as assertivas abaixo.

I. Não havendo prazo estipulado, a parte que, sem justo motivo, quiser rescindir o contrato de trabalho, deverá avisar a outra parte da sua resolução com a antecedência mínima de quinze dias, se o pagamento for efetuado por semana ou tempo inferior.

II. A falta de aviso prévio por parte do empregado dá ao empregador o direito de descontar os salários correspondentes ao prazo respectivo.

III. O empregado que, durante o prazo do aviso prévio, cometer qualquer das faltas consideradas pela lei como justas para a rescisão do contrato de trabalho, perde o direito ao restante do respectivo prazo.

IV. O aviso prévio não é devido na despedida indireta.

É correto o que se afirma APENAS em:

a) III e IV.

b) I e IV.

c) I e IV.

d) II e III.

e) I e II.

GAB	1	C	2	D

▸CAPÍTULO VII – DA ESTABILIDADE

✦ ESTABILIDADE DECENAL

Art. 492. O empregado que contar mais de 10 (dez) anos de serviço na mesma empresa não poderá ser despedido senão por motivo de falta grave ou circunstância de força maior, devidamente comprovadas.

Parágrafo único. Considera-se como de serviço todo o tempo em que o empregado esteja à disposição do empregador.

1. COMENTÁRIOS

1.1. Estabilidade relativa e absoluta

São normas de estabilidade, em sentido amplo, todas aquelas que têm como objetivo evitar ou restringir a extinção do contrato de trabalho em qualquer de suas modalidades. Em sentido mais restrito, "a estabilidade é um óbice oposto à livre despedida do trabalhador por ato unilateral do empresário." (Russomano, A Estabilidade, 1970, p. 13).

É nesta acepção mais restrita que a estabilidade pode ser subdividida em relativa ou imprópria e absoluta ou própria.

Na estabilidade relativa, ou imprópria, a despedida é meramente dificultada pela obrigação do empregador de indenizar. É o caso do empregado regido pelas regras da estabilidade, mas que ainda não alcançou 10 anos de emprego. Diz-se que é imprópria a estabilidade neste período, pois não há uma vedação absoluta à dispensa, mas sim um ônus previsto para esta iniciativa patronal, que consiste no pagamento de indenização. Somente no período de experiência (12 primeiros meses) nenhuma indenização será devida.

Na estabilidade absoluta, ou própria, há uma total impossibilidade de rompimento do contrato por iniciativa do empregador, mesmo que este esteja disposto a pagar indenização, ressalvada, somente, a prática de falta grave pelo empregado. É a hipótese do empregado que, antes da Constituição de 1988, completou dez anos de emprego, sem ter optado pelo regime do FGTS instituído pela Lei nº 5.107/66.

Russomano não concorda com a classificação adotada pela doutrina. Nas palavras do mestre: "Aquilo que nós chamamos de estabilidade e que, correntemente, a doutrina designa por estabilidade absoluta ou própria, não possui graus: É o direito do trabalhador de permanecer no emprego, mesmo contra a vontade do empresário, enquanto inexistir causa relevante que justifique sua despedida. A estabilidade, pois, é negação, não apenas de direito, mas também de fato, da prerrogativa patronal de despedir imotivadamente. Dentro desse conceito e na exata medida do termo, toda estabilidade é absoluta e, quando não o for, não será estabilidade." (A Estabilidade, 1970, p. 14).

Portanto, o termo estabilidade absoluta, como quer boa parte da doutrina, designa o obstáculo à despedida imotivada do empregado que completar 10 anos de emprego. A estabilidade relativa, que ocorre antes dos 10 anos completados, não impede a despedida, mas a onera com pagamento de indenização, devida pelo empregador na despedida imotivada.

Diante da conceituação acima, não se deve utilizar o termo "estabilidade relativa" para designar garantias temporárias, como a da gestante e do dirigente sindical. A estas a jurisprudência destinou a denominação "estabilidade provisória", diante de sua limitação temporal, ainda que a doutrina prefira o nome "garantia no emprego".

Os períodos descontínuos em que o empregado tiver trabalhado na mesma empresa são somados para fins de aquisição de estabilidade, salvo se o empregado cometer falta grave, receber indenização legal ou se aposentar espontaneamente (art. 453 da CLT).

1.2. Estabilidade e FGTS

Sobre a substituição do regime da estabilidade pelo do FGTS vide comentários ao art. 477 da CLT.

1.3. Transação da Estabilidade

O empregado estável ou que tenha trabalhado parte do contrato no regime da estabilidade pode transacionar com seu empregador o direito à sua indenização. Tal transação deve ser revestida das mesmas formalidades previstas para o pedido de demissão do estável (art. 500 da CLT), a fim de ser preservada a livre manifestação de vontade do empregado.

A jurisprudência firmou em 60% o valor mínimo da indenização a ser recebida pelo empregado (TST, S. 54). Este mínimo representa uma intervenção do Estado-juiz na liberdade de manifestação dos sujeitos do contrato quanto à transação da estabilidade. A tutela do Estado, fixando este patamar mínimo, preserva a justa indenização à estabilidade garantida pelo empregado. Sem este pagamento não se pode falar em renúncia à estabilidade.

O mesmo percentual está atualmente previsto no art. 14, § 2º, da Lei nº 8.036/90 (FGTS). Esta norma permite ao empregado a transação do tempo de serviço anterior à sua opção pelo regime do FGTS (se o fez antes de 1988). Também permite a transação do tempo trabalhado pelo regime da estabilidade até Constituição de 1988, quando o empregado não optou pelo FGTS, mas passou a ser regido por este regime, obrigatoriamente, com a promulgação da Constituição (vide comentários ao art. 477 da CLT).

1.4. Opção retroativa pelo FGTS

O regime do FGTS foi instituído, como opção à estabilidade, pela Lei nº 5.107/66. Os empregados que não optaram imediatamente pelo regime do FGTS, teriam a possibilidade de fazê-lo no prazo de 365 dias da vigência da lei, perante a Justiça do Trabalho, em típico procedimento de jurisdição voluntária (art. 1º, § 3º, da Lei nº 5.107/66).

O direito à opção retroativa pelo FGTS, foi renovado na Lei nº 8.036/90, que prevê em seu art. 14, § 4º: "Os trabalhadores poderão, a qualquer momento, optar pelo FGTS com efeito retroativo a 1º de janeiro de 1967 ou à data de sua opção quanto posterior àquela.".

Fazendo a opção retroativa, que importa em recolhimento de FGTS pelo empregador, o empregado perde o direito à estabilidade, se a possuía, ou perde o direito à indenização do período de estabilidade se não completou 10 anos sob este regime até a promulgação da Constituição de 1988.

A opção retroativa não se aplica ao trabalhador rural, pois este só passou a ter direito ao FGTS a partir de 1.1.1990, quando o regime já era obrigatório a todos os empregados, salvo os estáveis. A vedação à opção retroativa pelo rurícola está expressa no texto do art. 4º, do Decreto nº 99.684, que regulamenta o FGTS.

2. SÚMULAS E ORIENTAÇÕES JURISPRUDENCIAIS

▸ **Súmula nº 54/TST**

OPTANTE (mantida) – Res. 121/2003, DJ 19, 20 e 21.11.2001

Rescindindo por acordo seu contrato de trabalho, o empregado estável optante tem direito ao mínimo de 60% (sessenta por cento) do total da indenização em dobro, calculada sobre o maior salário percebido no emprego. Se houver recebido menos do que esse total, qualquer que tenha sido a forma de transação, assegura-se-lhe a complementação até aquele limite.

▸ **Súmula nº 98/TST**

FGTS. INDENIZAÇÃO. EQUIVALÊNCIA. COMPATIBILIDADE (incorporada a Orientação jurisprudencial nº 299 da SBDI-1) – Res. 129/2005, DJ 20, 22 e 25.04.2005

I – A equivalência entre os regimes do Fundo de Garantia do Tempo de Serviço e da estabilidade prevista na CLT é meramente jurídica e não econômica, sendo indevidos valores a título de reposição de diferenças. (ex-Súmula nº 98 – RA 57/1980, DJ 06.06.1980)

II – A estabilidade contratual ou a derivada de regulamento de empresa são compatíveis com o regime do FGTS. Diversamente ocorre com a estabilidade legal (decenal, art. 492 da CLT), que é renunciada com a opção pelo FGTS. (ex-OJ nº 299 da SBDI-1 – DJ 11.08.2003)

3. INFORMATIVOS DO TST

▸ ***Estabilidade pré-aposentadoria. Dispensa a quatro meses e onze dias de completar o prazo para a aquisição da estabilidade. Abuso de direito. Configuração. Invalidade da conduta do empregador.***

É inválida a dispensa do trabalhador a quatro meses e onze dias de completar o prazo estipulado para a aquisição da estabilidade pré-aposentadoria, porquanto configurado o abuso do direito potestativo do empregador que buscou frustrar o adimplemento de condição prevista em norma coletiva, mediante a qual fora garantida a estabilidade no emprego nos vinte quatros meses que antecedem a jubilação. Com esse entendimento, a SBDI-I, por unanimidade, conheceu dos embargos do reclamado, por divergência jurisprudencial, e, no mérito, negou-lhes provimento, mantendo a decisão da Turma que, com base no art. 129 do CC, reconheceu o direito da reclamante à estabilidade provisória e, convertendo-a em indenização, condenou o empregador ao pagamento dos salários com os devidos reajustes e com todas as parcelas que o compunham, décimos terceiros, férias acrescidas do terço constitucional, auxílio-alimentação e depósitos do FGTS, em relação ao período da estabilidade. TST-E-ED-RR-133300-84.2007.5.01.0511, SBDI-I, rel. Min. Dora Maria da Costa, 22.8.2013 (Informativo nº 56)

✦ **FALTA GRAVE**

Art. 493. Constitui falta grave a prática de qualquer dos fatos a que se refere o art. 482, quando por sua repetição ou natureza representem séria violação dos deveres e obrigações do empregado.

1. COMENTÁRIOS

Sobre a distinção entre a falta grave, deste artigo, e a justa causa, vide comentários ao art. 482 da CLT. Traçada a distinção, todos os comentários feitos ao art. 482 se aplicam ao estável decenal, com a ressalva de que seu contrato de trabalho só pode se rompido mediante o ajuizamento de Inquérito previsto no art. 853 a 855 da CLT, conforme referência do art. 494, a seguir comentado.

✦ **NECESSIDADE DE INQUÉRITO**

Art. 494. O empregado acusado de falta grave poderá ser suspenso de suas funções, mas a sua despedida só se tornará efetiva após o inquérito em que se verifique a procedência da acusação.

✦ **SUSPENSÃO DO CONTRATO DE TRABALHO DURANTE O INQUÉRITO**

Parágrafo único. A suspensão, no caso deste artigo, perdurará até a decisão final do processo.

✦ **REINTEGRAÇÃO AO EMPREGO**

Art. 495. Reconhecida a inexistência de falta grave praticada pelo empregado, fica o empregador obrigado a readmiti-lo no serviço e a pagar-lhe os salários a que teria direito no período da suspensão.

1. COMENTÁRIOS

O empregador que tiver a intenção de rescindir o contrato de trabalho do empregado estável poderá suspendê-lo pelo prazo de 30 dias (art. 853), propondo, neste intervalo, o

Inquérito Judicial para apuração da falta grave. A suspensão do empregado é facultativa e tem a finalidade de impedir sua interferência na colheita das provas que virão a fundamentar o inquérito.

Durante a suspensão contratual não haverá pagamento de salários e tal condição perdurará até a solução definitiva do inquérito, ou seja, até o trânsito em julgado da sentença.

A procedência do pedido de desconstituição do contrato de trabalho, diante do reconhecimento da falta grave, provocará, de pleno direito, o rompimento do contrato de trabalho (sentença constitutiva negativa). Nesta hipótese não serão devidos salários ao empregado pelo período de suspensão, nem pagamento de qualquer indenização ao final do processo (também não está autorizado o levantamento do FGTS para os não estáveis). O aviso prévio, as férias e 13º salários proporcionais não serão devidos, conforme artigos 487, caput (aviso), 147 (férias), ambos da CLT, e art. 3º, da Lei nº 4.090/62 (13º salário).

A improcedência do pedido de desconstituição da relação jurídica de emprego mantém o contrato íntegro, tendo o empregado direito à reintegração no emprego. Nesta hipótese, automaticamente e independentemente de pedido do empregado, serão devidos os salários do período de suspensão, acrescido dos reajustes salariais, dos juros e correção monetária desde o ajuizamento da ação (Lei nº 8.177/91, art. 39, § 1º), além das vantagens obtidas pela categoria durante seu afastamento.

Negando-se o empregador a reintegrar o empregado, o juiz, de ofício ou a requerimento, fixará multa-diária (astreintes), até que seja cumprida a obrigação de fazer (art. 729, da CLT).

O texto legal usa o vocábulo "readmissão" (readmiti-lo), mas se deve ler "reintegração", pois só nesta é devido o pagamento dos salários do período de afastamento, como prevê a norma do art. 495.

Diante da natural demora no resultado definitivo deste tipo de demanda, a doutrina majoritária admite que o empregado preste serviços para outro empregador, mesmo com caráter subordinado, pois não existe outro meio de manter sua subsistência a não ser seu trabalho. O trabalho para outro empregador não desonera o primeiro empregador, que ajuizou o inquérito, do pagamento dos salários na hipótese de não ser reconhecida a falta grave (neste sentido: Russomano, Comentários, Vol. I, 1993, p. 600; Martins, Comentários, 2010, p. 555 e Carrion, Comentários, 2010, p. 461).

Caso a Justiça do Trabalho reconheça a culpa recíproca os salários do período de afastamento não serão devidos (Carrion, Comentários, 2010, p. 461).

2. SÚMULAS E ORIENTAÇÕES JURISPRUDENCIAIS

- **Súmula nº 403/STF – Data da Aprovação: 03/04/1964**

  É de decadência o prazo de trinta dias para instauração do inquérito judicial, a contar da suspensão, por falta grave, de empregado estável.

- **Súmula nº 62/TST**

  ABANDONO DE EMPREGO (mantida) – Res. 121/2003, DJ 19, 20 e 21.11.2003

  O prazo de decadência do direito do empregador de ajuizar inquérito em face do empregado que incorre em abandono de emprego é contado a partir do momento em que o empregado pretendeu seu retorno ao serviço.

3. QUESTÕES DE CONCURSOS

01. (DPU/DEFENSOR PÚBLICO FEDERAL/CESPE/2010) Para efeito de mandado de segurança, constitui direito líquido e certo do empregador a suspensão do empregado, ainda que este seja detentor de estabilidade sindical, até a decisão final do inquérito em que se apure falta grave a ele imputada.

02. (TRT – 5ª REGIÃO/ANALISTA JUDICIÁRIO/CESPE/2008) A jurisprudência considera ser prescricional o prazo de 30 dias para a instauração de inquérito judicial para apuração de falta grave de empregado estável, prazo este que se conta a partir da suspensão do trabalhador.

03. (TRT 14 – Juiz do Trabalho Substituto 14ª região/ 2012). É decadencial o prazo de 30 (trinta) dias que o empregador tem para instauração de inquérito judicial para apuração de falta grave de empregado estável, contados da suspensão deste último.

04. (FCC – TRT 12 – Analista Judiciário/2010) Havendo suspensão do empregado estável e posteriormente ajuizamento de inquérito judicial para apuração de falta grave, se o pedido formulado na referida ação for julgado improcedente, o empregador ficará obrigado a reintegrar o empregado e pagar-lhe os salários e demais vantagens concernentes a todo o período de afastamento.

GAB	1	C	2	E	3	C	4	C

✦ **CONVERSÃO DA REINTEGRAÇÃO EM INDENIZAÇÃO**

Art. 496. Quando a reintegração do empregado estável for desaconselhável, dado o grau de incompatibilidade resultante do dissídio, especialmente quando for o empregador pessoa física, o tribunal do trabalho poderá converter aquela obrigação em indenização devida nos termos do artigo seguinte.

1. COMENTÁRIOS

A improcedência da pretensão formulada no Inquérito leva à reintegração imediata do empregado, com pagamento dos salários e demais vantagens do período de afastamento.

A regra deste artigo prevê que o grau de animosidade, entre empregado em empregador, diante do inquérito ajuizado, atribui ao julgador o arbítrio de converter a obrigação de fazer (reintegrar) em dar (pagar a indenização), considerando-se a impossibilidade de manutenção do vínculo de emprego. Trata-se de norma dirigida ao julgador que independe de pedido da parte (neste sentido: Russomano, Comentários, Vol. I, 1993, p. 601; Sussekind, Curso, 2010, p. 409; Carrion, Comentários, 2010, p. 463 e Martins, Comentários, 2010, p. 555).

Esta norma, junto com aquela inscrita no art. 467 da CLT, autoriza a aplicação, no processo do trabalho, do princípio da ultra ou extrapetição, que permite ao juiz, nestes casos excepcionais, julgar além ou fora do pedido (vide comentários ao art. 467, no tópico da aplicação da multa "ex officio".).

A jurisprudência do TST (S. 396, II) abona a possibilidade da conversão da obrigação de fazer em dar, sem haver pedido neste sentido, sequer considerando que há julgamento ultra ou extrapetita.

A indenização devida na hipótese de improcedência do inquérito corresponderá ao pagamento dobrado dos salários do período de afastamento, na forma do art. 497 da CLT. Em se tratando de portador de estabilidade provisória (garantida no emprego), como a gestante, dirigente sindical, cipeiro e etc., são devidos os salários do período de afastamento, mas sem qualquer dobra. A conversão da obrigação de reintegrar em pagamento dobrado deve ser interpretada restritivamente, não se permitindo a aplicação analógica para as garantias de emprego acima exemplificadas (neste sentido: Martins, Comentários, 2010, p. 556). Russomano, Vol. I, 1993, p. 601, adverte que a conversão em indenização é medida extrema e excepcional. A falta de prudência do juiz poderá incentivar uma verdadeira indústria de indenizações duplas.

A indenização dobrada é devida até a primeira sentença proferida na causa, conforme S. 28 do TST. A jurisprudência do TST foi uniformizada a partir dos inquéritos para apuração de falta grave julgados improcedentes, mas nada obsta que se adote a mesma interpretação para os portadores de garantia de emprego injustamente dispensados. Nestes casos, como ocorre com os estáveis, a conversão da reintegração em indenização simples (sem dobra), corresponderá aos salários e demais vantagens da categoria até a primeira decisão que determinou a conversão (sentença), independentemente de seu trânsito em julgado. Fica ressalvada a hipótese da estabilidade se exaurir antes da sentença, circunstância na qual a indenização será limitada ao fim do período estabilitário e não ao primeiro julgamento que determinou a conversão (S. 396, I, do TST).

2. SÚMULAS E ORIENTAÇÕES JURISPRUDENCIAIS

- **Súmula nº 28/TST**

INDENIZAÇÃO (nova redação) – Res. 121/2003, DJ 19, 20 e 21.11.2003

No caso de se converter a reintegração em indenização dobrada, o direito aos salários é assegurado até a data da primeira decisão que determinou essa conversão.

- **Súmula nº 396/TST**

ESTABILIDADE PROVISÓRIA. PEDIDO DE REINTEGRAÇÃO. CONCESSÃO DO SALÁRIO RELATIVO AO PERÍODO DE ESTABILIDADE JÁ EXAURIDO. INEXISTÊNCIA DE JULGAMENTO "EXTRA PETITA" (conversão das Orientações Jurisprudenciais nºs 106 e 116 da SBDI-1) – Res. 129/2005, DJ 20, 22 e 25.04.2005

I – Exaurido o período de estabilidade, são devidos ao empregado apenas os salários do período compreendido entre a data da despedida e o final do período de estabilidade, não lhe sendo assegurada a reintegração no emprego. (ex-OJ nº 116 da SBDI-1 – inserida em 01.10.1997)

II – Não há nulidade por julgamento "extra petita" da decisão que deferir salário quando o pedido for de reintegração, dados os termos do art. 496 da CLT. (ex-OJ nº 106 da SBDI-1 – inserida em 20.11.1997)

✦ EXTINÇÃO DA EMPRESA: INDENIZAÇÃO DOBRADA

Art. 497. Extinguindo-se a empresa, sem a ocorrência de motivo de força maior, ao empregado estável despedido é garantida a indenização por rescisão do contrato por prazo indeterminado, paga em dobro.

✦ FECHAMENTO DO ESTABELECIMENTO: INDENIZAÇÃO DOBRADA

Art. 498. Em caso de fechamento do estabelecimento, filial ou agência, ou supressão necessária de atividade, sem ocorrência de motivo de força maior, é assegurado aos empregados estáveis, que ali exerçam suas funções, direito à indenização, na forma do artigo anterior.

1. COMENTÁRIOS

A extinção da empresa ou do estabelecimento, sem motivo de força maior, não exime o empregador da responsabilidade pelo pagamento da indenização ao empregado. Presume-se que a extinção deve ser atribuída à vontade do empregador, seja por sua má-administração, seja porque decidiu encerrar o negócio. O motivo não precisa ser comprovado, pois basta a extinção da empresa ou estabelecimento, uma vez que o risco do negócio é inerente à caracterização da figura do empregador (art. 2º, da CLT).

Na extinção do estabelecimento o empregado poderá aceitar a transferência para outra filial da empresa, mas não está obrigado a fazê-lo. Sua recusa não pode ser considerada resistência injusta, sendo inviável qualquer punição, ou mesmo justa causa.

Arnaldo Sussekind, Curso, 2010, p. 407, entende que a mudança para outra unidade empresarial que não importe em alteração do domicilio do empregado, não se caracterizando como transferência (art. 469), independente de acordo com o trabalhador. A nosso ver esta é a melhor interpretação do texto legal. Parece-nos que a norma quis impedir a transferência do empregado, assim entendida aquela alteração do local de trabalho que provoque, necessariamente, a mudança de domicilio do empregado.

Oferecido ao empregado emprego em outra filial, mas na mesma localidade, sem alteração de suas condições contratuais, a recusa do empregado pode ser interpretada como resistência indevida, passível de justa causa. Carrion, Comentários, 2010, p. 465, afirma que "o reaproveitamento do empregado em outra função, inadequada ou em outra localidade, não pode ser imposto.". A contrário senso, o autor parece admitir que a mudança do empregado para outra filial, nas mesmas condições contratuais e na mesma localidade, ocorrerá independentemente de sua aquiescência.

A Súmula nº 369, IV, prevê a extinção da garantia no emprego, quando extinta a atividade empresarial na base territorial do sindicato; não exercendo mais a empresa suas atividades, não haverá razão para o exercício da atividade sindical do empregado estável, razão pela qual se extingue seu contrato de trabalho. Entendemos que subsiste o direito de indenização ao empregado pelos salários devidos até o fim de sua estabilidade provisória (vide comentários ao art. 543, § 3º, da CLT).

A força maior, excludente de responsabilidade em outros ramos do direito, não exonera o empregador do pagamento de indenização, quando esta for o motivo da extinção da atividade empresarial ou do estabelecimento. Sobre a indenização também na força maior, vide comentários ao artigo 502 da CLT.

2. SÚMULAS E ORIENTAÇÕES JURISPRUDENCIAIS

- **Súmula nº 173/TST**

  SALÁRIO. EMPRESA. CESSAÇÃO DE ATIVIDADES (mantida) – Res. 121/2003, DJ 19, 20 e 21.11.2003

  Extinto, automaticamente, o vínculo empregatício com a cessação das atividades da empresa, os salários só são devidos até a data da extinção (ex-Prejulgado nº 53).

✦ CARGO DE CONFIANÇA; AUSÊNCIA DE ESTABILIDADE

Art. 499. Não haverá estabilidade no exercício dos cargos de diretoria, gerência ou outros de confiança imediata do empregador, ressalvado o cômputo do tempo de serviço para todos os efeitos legais.

§ 1º – Ao empregado garantido pela estabilidade que deixar de exercer cargo de confiança, é assegurada, salvo no caso de falta grave, a reversão ao cargo efetivo que haja anteriormente ocupado.

§ 2º – Ao empregado despedido sem justa causa, que só tenha exercido cargo de confiança e que contar mais de 10 (dez) anos de serviço na mesma empresa, é garantida a indenização proporcional ao tempo de serviço nos termos dos arts. 477 e 478.

✦ DESPEDIDA OBSTATIVA: DIREITO À INDENIZAÇÃO

§ 3º – A despedida que se verificar com o fim de obstar ao empregado a aquisição de estabilidade sujeitará o empregador a pagamento em dobro da indenização prescrita nos arts. 477 e 478.

✦ PEDIDO DE DEMISSÃO DO ESTÁVEL: HOMOLOGAÇÃO

Art. 500. O pedido de demissão do empregado estável só será válido quando feito com a assistência do respectivo Sindicato e, se não o houver, perante autoridade local competente do Ministério do Trabalho e Previdência Social ou da Justiça do Trabalho.(Revigorado com nova redação, pela Lei nº 5.584, de 26.6.1970)

1. COMENTÁRIOS

O texto do art. 499, acima, cuida de hipóteses em que não se adquirirá estabilidade, não obstante alcancem os ocupantes de função de confiança 10 anos na mesma empresa. Os ocupantes de função de confiança imediata do empregador, como o gerente e diretor empregado, são aqueles depositários da máxima fidúcia do empregador; representam-no em sua ausência e falam em seu nome com os demais empregados. São aqueles definidos na excludente do art. 62, II, da CLT.

O empregado eleito diretor de S/A tem seu contrato de trabalho suspenso durante seu mandato, conforme entendimento consagrado na S. 269 do TST. O tempo do exercício deste mandato não será considerado para fins de estabilidade.

Deixando o exercício da função de confiança, poderá ser revertido ao cargo de origem.

O texto do § 2º não prevê obstáculo à dispensa, mas somente obrigação de pagamento da indenização, por isto a hipótese é definida como estabilidade relativa (sobre a distinção quanto à estabilidade definitiva vide comentários ao art. 492 da CLT). Este ônus consiste no pagamento de indenização de um salário por cada ano trabalhado, de forma simples, sem qualquer dobra, mesmo com 10 anos de emprego. O cálculo da indenização de forma simples se deduz da referência aos artigos 477 e 478 da CLT (no mesmo sentido: Carrion, Comentários, 2010, p. 467).

A regra do § 3º representava um meio de coerção para impedir que o empregador obstasse o implemento dos requisitos da estabilidade, despedindo o empregado às vésperas deste completar 10 anos de emprego. A jurisprudência firmou o entendimento de que é obstativa à estabilidade a dispensa do empregado com 9 anos de emprego (este foi, durante muitos anos, o entendimento da S. 26 do TST, cancelada pela Resolução n.121/2003, do TST, DJ 19, 20 e 21.11.2003). O cancelamento da súmula não decorreu de mudança da jurisprudência, mas sim da falta de atualidade do tema, considerando-se que nenhum trabalhador, admitido após a Constituição de 1988, poderá adquirir estabilidade no emprego. A tese, contudo, continua aceita para as garantias no emprego, tendo inclusive amparo no art. 129 do CC/2002: "Reputa-se verificada, quanto aos efeitos jurídicos, a condição cujo implemento for maliciosamente obstado pela parte a quem desfavorecer, considerando-se, ao contrário, não verificada a condição maliciosamente levada a efeito por aquele a quem aproveita o seu implemento.".

A homologação do pedido de demissão do estável, pelos entes indicados no caput do art. 500, é requisito essencial para a validade do ato.

Da redação do texto se deduz que há uma preferência para a homologação pelo órgão sindical, que só ocorrerá no Ministério ou Justiça do Trabalho quando inexistir o sindicato na localidade (Martins, Comentários, 2010, p. 561).

Tal interpretação impede o acesso à justiça. Caso o empregado escolha o judiciário trabalhista para homologar seu pedido de demissão, não será extinto o processo sob a alegação de que deveria comparecer em seu sindicato para tal fim. Neste sentido: Carrion, Comentários, 2010, p. 468: "Sempre se entendeu que a Justiça do Trabalho é competente mesmo que exista sindicato na localidade". Também defende esta tese Francisco Antonio de Oliveira, Comentários, 2005: "...se a ordem não for obedecida, ainda que exista sindicato na base territorial, o ato será perfeitamente válido. De resto, os atos emanados pelos órgãos judiciários, ainda que em jurisdição voluntária, têm eficácia superior.". "É anulável a homologação, judicial ou não, como todo ato de jurisdição voluntária (art. 486).".(...) "A via judicial é a reclamação trabalhista.". (Carrion, Comentários, 2010, p. 468).

2. SÚMULAS E ORIENTAÇÕES JURISPRUDENCIAIS

▸ **Súmula nº 220/STF**

A indenização devida a empregado estável, que não é readmitido, ao cessar sua aposentadoria, deve ser paga em dobro.

▸ **Súmula nº 403/STF**

É de decadência o prazo de trinta dias para instauração do inquérito judicial, a contar da suspensão, por falta grave, de empregado estável.

▸ **Súmula nº 28/TST**

INDENIZAÇÃO (nova redação) – Res. 121/2003, DJ 19, 20 e 21.11.2003

No caso de se converter a reintegração em indenização dobrada, o direito aos salários é assegurado até a data da primeira decisão que determinou essa conversão.

▸ **Súmula nº 77/TST**

PUNIÇÃO (mantida) – Res. 121/2003, DJ 19, 20 e 21.11.2003

Nula é a punição de empregado se não precedida de inquérito ou sindicância internos a que se obrigou a empresa por norma regulamentar.

3. INFORMATIVOS DO TST

▸ **Estabilidade provisória. Dirigente sindical. Função de confiança. Incompatibilidade. Art. 499 da CLT.**

Não é garantida a estabilidade sindical de que trata o art. 8º, VIII, da CF a trabalhador contratado, única e exclusivamente, para o exercício de cargo de confiança. A função de livre nomeação e exoneração, por revestir-se de caráter precário e alicerçar-se no elemento fidúcia, constitui fator impeditivo à aquisição da estabilidade, conforme o disposto no art. 499 da CLT, afigurando-se, portanto, incompatível com a garantia constitucional e com a possibilidade de reintegração ao emprego. Assim sendo, é inviável, ainda, a conver-são do período estabilitário em indenização, na medida em que a Súmula nº 396 do TST pressupõe a existência de estabilidade provisória para fins de concessão de indenização correspondente ao valor dos salários relativos ao período. Com esse posicionamento, a SBDI-I decidiu, à unanimidade, conhecer dos embargos interpostos pelo reclamado, por divergência jurisprudencial, e, no mérito, por maioria, dar-lhes provimento para restabelecer a sentença que julgou improcedente o pedido de reintegração e reflexos decorrentes. Vencidos os Ministros Alexandre de Souza Agra Belmonte, Lelio Bentes Corrêa, Augusto César Leite de Carvalho, José Roberto Freire Pimenta e Hugo Carlos Scheuermann, que negavam provimento aos embargos, mantendo, portanto, a decisão da Turma que dera parcial provimento ao recurso de revista para converter o direito à reintegração em indenização, computando-se, para esse efeito, o tempo restante de estabilidade com salário condizente com o cargo efetivo de salário mais elevado na organização da empresa, conforme se apurar em liquidação de sentença. TST-E-ED--RR-112700-89.2008.5.22.0004, SBDI-I, rel. Min. Márcio Eurico Vitral Amaro, 15.5.2014 (Informativo nº 82)

▸**CAPÍTULO VIII – DA FORÇA MAIOR**

✦ **CONCEITO DE FORÇA MAIOR**

Art. 501. Entende-se como força maior todo acontecimento inevitável, em relação à vontade do empregador, e para a realização do qual este não concorreu, direta ou indiretamente.

✦ **IMPREVIDÊNCIA DO EMPREGADOR: EXCLUDENTE DE FORÇA MAIOR**

§ 1º – A imprevidência do empregador exclui a razão de força maior.

§ 2º – À ocorrência do motivo de força maior que não afetar substancialmente, nem for suscetível de afetar, em tais condições, a situação econômica e financeira da empresa não se aplicam as restrições desta Lei referentes ao disposto neste Capítulo.

1. COMENTÁRIOS

1.1. Conceito de força maior

O conceito de força maior previsto neste artigo abrangeu a noção de caso fortuito e será representada por qualquer acontecimento, natural ou decorrente de fato de terceiros, para o qual o empregador não concorreu, nem teria como prever ou evitar. O Código Civil também parece ter aproximado os dois institutos jurídicos, como se percebe da regra a seguir transcrita: "Art. 393. O devedor não responde pelos prejuízos resultantes de caso fortuito ou força maior, se expressamente não se houver por eles responsabilizado. Parágrafo único. O caso fortuito ou de força maior verifica-se no fato necessário, cujos efeitos não eram possível evitar ou impedir.".

Para demonstrar que o conceito trabalhista não distinguiu força maior de caso fortuito, nos valemos da insuspeita opinião de Sérgio Cavalieri Filho, para quem: "A imprevisibilidade, portanto, é o elemento indispensável para a caracterização do caso fortuito, enquanto a inevitabilidade o é da força maior." (Programa, 2010, p. 68). São elementos constitutivos da força maior trabalhista tanto a inevitabilidade (art. 501), quanto a imprevisibilidade do evento.

A doutrina trabalhista também não tem dúvidas de que o conceito de força maior deste artigo abrangeu o caso fortuito, pelos mesmos motivos que acima expusemos (neste sentido: Martins, Comentários, 2010, p. 562 e Carrion, Comentários, 2010, p. 470).

Cavalieri Filho afirma que o art. 393, § único do CC praticamente considera sinônimas as expressões caso fortuito e força maior, ainda que a doutrina distinga os dois fenômenos. Razão assiste, portanto, a Eduardo Gabriel Saad, quando afirma que "Cotejando-se os conceitos de força maior da lei civil e da CLT, de pronto se verifica que são idênticos; distinguem-se, apenas, nos seus efeitos. A primeira desobriga o devedor da obrigação contratual; a segunda manda pagar ao empregado metade da indenização prevista em lei." (Comentários, 2009, p. 686).

1.2. Imprevidência do empregador: excludente de força maior

A imprevidência do empregador exclui a força maior e lhe impõe a responsabilidade sobre seus efeitos. A falta de manutenção do estabelecimento empresarial, que resulta em incêndio por este motivo, é citado por Sergio Pinto Martins, Comentários, 2010, p. 562, como exemplo de imprevidência.

O desleixo do empregador só será relevante quando for determinante para a exclusão da força maior. Assim, se era inevitável a ocorrência do fato, mesmo que tivesse sido previdente o empregador, seu descaso não será excludente de força maior.

2. QUESTÕES DE CONCURSOS

01. (TRT – 1ª REGIÃO/JUIZ DO TRABALHO/2008) Com relação às causas de extinção do contrato de trabalho, assinale a proposição correta:

I. pedido de demissão, devidamente homologado pelo órgão competente;

II. dispensa por justa causa, em caso da prática do ato de insubordinação;

III. rescisão indireta do contrato, quando o empregado correr perigo manifesto de mal considerável;

IV. dispensa por justa causa, pelos empregados em geral, em razão da falta contumaz de pagamento de dívidas legalmente exigíveis;

V. sempre que ocorrer motivo de força maior para extinção do estabelecimento

a) as proposições I, II e V estão corretas;

b) todas as proposições estão corretas;

c) as proposições I, II e IV estão erradas;

d) as proposições IV e V estão erradas;

e) as proposições III, IV e V estão erradas.

02. (TRT – 3ª REGIÃO/JUIZ DO TRABALHO SUBSTITUTO/2009/ADAPTADA) Encerrado o contrato de trabalho em razão de força maior que extingue a empresa empregadora, impõe – se ao empregado a percepção de multa sobre o saldo do FGTS pela metade (20%), sendo que as demais verbas rescisórias são pagas integralmente, inclusive aviso prévio.

GAB	1	D	2	C

✦ **EXTINÇÃO DA EMPRESA OU ESTABELECIMENTO: INDENIZAÇÃO**

Art. 502. Ocorrendo motivo de força maior que determine a extinção da empresa, ou de um dos estabelecimentos em que trabalhe o empregado, é assegurada a este, quando despedido, uma indenização na forma seguinte:

I – sendo estável, nos termos dos arts. 477 e 478;

II – não tendo direito à estabilidade, metade da que seria devida em caso de rescisão sem justa causa;

III – havendo contrato por prazo determinado, aquela a que se refere o art. 479 desta Lei, reduzida igualmente à metade.

1. COMENTÁRIOS

A discussão que envolve a imprevidência do empregador como fator determinante para exclusão do motivo de força maior, ganha relevo quanto à indenização; esta será reduzida à metade na extinção da empresa por motivo de força maior, tanto para os estáveis quanto aos não estáveis.

A teoria do risco inerente ao negócio não retira a responsabilidade do empregador nem mesmo quanto ao motivo de força maior. Sendo estável o empregado, a extinção da empresa motivada por acontecimento inevitável e imprevisível impõe ao empregador o pagamento de indenização de forma simples, e não dobrada, como se deduz da remissão aos artigos 477 e 478 e não ao art. 497.

Ao não estável será paga metade das verbas devidas pela dispensa sem justa causa, ou seja, 20% da indenização sobre o FGTS. Para aqueles que não conseguiram adquirir a estabilidade, mas possuem tempo trabalhado neste regime, será ainda devida metade da indenização prevista nos artigos 477 e 478 da CLT.

Na rescisão antecipada do contrato a termo, por motivo de força maior, também será devida metade da indenização referida no art. 479 da CLT. Havendo cláusula assecuratória do direito recíproco de rescisão antecipada, na forma do art. 481 da CLT, a indenização será paga na mesma razão que a devida para os não estáveis, como acima referido.

2. SÚMULAS E ORIENTAÇÕES JURISPRUDENCIAIS

▸ **Súmula nº 221/STF**

A transferência de estabelecimento, ou a sua extinção parcial, por motivo que não seja de força maior, não justifica a transferência de empregado estável.

3. QUESTÕES DE CONCURSOS

01. (FCC – Juiz do Trabalho Substituto 20ª região/ 2012) A conta vinculada do trabalhador no FGTS poderá ser movimentada, dentre outras hipóteses, na despedida sem justa causa, inclusive a indireta, e na por justa causa, culpa recíproca e por força maior.

02. (TRT 19 – Juiz do Trabalho Substituto 19ª região/2012/ADAPTADA) À luz da dicção da lei, analise o item que segue: na hipótese de despedida pelo empregador sem justa causa, depositará este, na conta vinculada do trabalhador no FGTS, importância igual a 40% (quarenta por cento) do montante de todos os depósitos realizados na conta vinculada durante a vigência do contrato de trabalho, atualizados monetariamente e acrescidos dos respectivos juros. Quando ocorrer despedida por culpa recíproca ou força maior, reconhecida pela Justiça do Trabalho, esse percentual será de 20% (vinte por cento).

GAB	1	C	2	C

✦ REDUÇÃO SALARIAL

Art. 503. É lícita, em caso de força maior ou prejuízos devidamente comprovados, a redução geral dos salários dos empregados da empresa, proporcionalmente aos salários de cada um, não podendo, entretanto, ser superior a 25% (vinte e cinco por cento), respeitado, em qualquer caso, o salário mínimo da região.

Parágrafo único. Cessados os efeitos decorrentes do motivo de força maior, é garantido o restabelecimento dos salários reduzidos.

1. COMENTÁRIOS

O princípio da irredutibilidade salarial, como corolário da regra da inalterabilidade contratual lesiva (art. 468 da CLT), impede que o empregador promova atos com vistas à redução do valor nominal do salário, com a única exceção da negociação coletiva (art. 7º, VI, da CF). Portanto, o jus variandi do empregador restou limitado pela norma constitucional referida, não sendo recepcionada qualquer outra possibilidade por norma infraconstitucional heterônoma que preveja redução salarial, por qualquer motivo, tampouco pelas razões de força maior deste artigo (neste sentido: Martins, Comentários, 2010, p. 564 e Carrion, Comentários, 2010, p. 471).

Mauricio Godinho Delgado, Curso, jan-2009, p. 957, defende que a Constituição da República recepcionou a norma deste artigo, que servirá de limites à livre negociação coletiva para redução salarial; assim, segundo o autor, continua a vigorar a necessidade de demonstração do motivo de força maior que justifique a redução ou prejuízos devidamente comprovados (art. 503) ou, pelo menos, conjuntura econômica adversa (Lei nº 4.923/1965). Propõe, ainda com base neste artigo, que a redução deva observar o limite de 25% do salário, não podendo haver redução abaixo do salário-mínimo nacionalmente unificado.

Alice Monteiro de Barros, Curso, fev-2009, p. 858, cita farta doutrina negando vigência à norma do art. 503 ora comentada, por incompatibilidade com a exigência da negociação coletiva para redução salarial, prevista no art. 7º, VI, da CF. Contudo, a autora não vê incompatibilidade entre o art. 2º, da Lei nº 4.923, de 23.12.1965, também citado por Godinho, com a regra constitucional. Explica a professora mineira que: "a redução (prevista na referida lei) se processa mediante acordo com o sindicato, quando motivos ligados à conjuntura econômica o autorizem, ficando também reduzida a jornada; todavia, no que se refere ao percentual de redução e ao período em que persistirá, entendemos que a matéria deverá ficar a cargo da negociação em convenção ou acordo coletivo.".

Com ressalvas para os entendimentos de Godinho e Alice, a maioria da doutrina entende que a norma do art. 503 não foi recepcionada pela CF/1988. Neste sentido, além de Valentin Carrion e Sergio Pinto Martins, acima citados, também defendem a inconstitucionalidade da norma Amauri Mascaro Nascimento, Arnaldo Sussekind e Délio Maranhão, apud Alice Monteiro de Barros, Curso, fev-2009, p. 858.

2. QUESTÕES DE CONCURSO

01. (AOCP – Advogado – EBSERH/2017) Funcionário da empresa X foi contratado para exercer as funções de auxiliar de serviços gerais, com registro em carteira de trabalho no valor de R$ 1.500,00 (mil e quinhentos reais) mensais pela jornada de 44 horas semanais. Entretanto, após seis meses, foi informado por seu supervisor que, em virtude da crise pela qual passa o país e sem qualquer acordo ou convenção coletiva, seu salário passará para R$ 1.000,00 (mil reais) mensais, mantida a mesma carga horária. Diante dessa situação, a empresa

a) agiu de forma legal e honesta com o funcionário ao optar por reduzir seu salário, em vez de dispensá-lo.

b) está correta, pois a redução salarial é permitida por lei, desde que haja motivo que a justifique, independente de acordo ou convenção coletiva.

c) agiu inadequadamente, pois o salário só poderá ser reduzido se houver previsão em convenção ou acordo coletivo.

d) está correta, pois o funcionário tem somente seis meses de contrato de trabalho.

e) não está correta, pois a redução de salário deve ser feita por lei, independente de previsão em convenção ou acordo coletivo.

GAB	1	C

✦ FALSA ALEGAÇÃO DE FORÇA MAIOR

Art. 504. Comprovada a falsa alegação do motivo de força maior, é garantida a reintegração aos empregados estáveis, e aos não-estáveis o complemento da indenização já percebida, assegurado a ambos o pagamento da remuneração atrasada.

1. COMENTÁRIOS

A falsa alegação de força maior permite que o empregado receba a indenização integral, devida por força da extinção da empresa, se não for estável e seja reintegrado, se estável. O texto legal, desta vez, se utilizou do termo certo, – reintegração –, e não repetiu o equivoco do art. 495 da CLT, – readmissão.

Para evitar o enriquecimento sem causa, os valores recebidos pelo estável a título de indenização serão compensados com os salários que lhe são devidos, desde a dispensa considerada nula até a efetiva reintegração.

▸CAPÍTULO IX – DISPOSIÇÕES ESPECIAIS

✦ TRABALHADORES RURAIS: DISPOSITIVOS APLICÁVEIS

Art. 505. São aplicáveis aos trabalhadores rurais os dispositivos constantes dos Capítulos I, II e VI do presente Título.

1. COMENTÁRIOS

O art. 7º, "b", da CLT, exclui, como regra geral, a aplicação da CLT aos rurícolas. Este artigo cuida, por exceção, de estender ao trabalhador rural os artigos 442 a 456 (Capítulo I – Do Contrato Individual do Trabalho), 457 a 467 (Capítulo II – da Remuneração) e 487 a 491 (Capítulo VI – do Aviso Prévio). Apesar de não se encontrarem nesta inclusão, os artigos 76 (salário-mínimo) e 129, § único (férias), ambos da redação original da CLT, se referem, expressamente, ao trabalhador rural.

A contrario sensu, estão excluídos os capítulos III (alteração do contrato de trabalho), IV (suspensão e interrupção do contrato de trabalho), V (da rescisão) e VIII (da força maior).

Posteriormente, a Lei nº 5.889/73 concedeu autonomia à regulamentação do trabalho rural, atribuindo-lhe direitos não assegurados pela CLT, como adicional noturno (art. 7º, § único), observância de normas de segurança e higiene no trabalho (art. 13) e indenização ao término do contrato de safra (art. 14). O art. 4º, do Decreto nº 73.626, de 12.2.1974, que regulamentou a Lei nº 5.889/73, estendeu ao trabalhador rural praticamente todos os direitos da CLT.

Por fim, a Constituição da República, em seu art. 7º, caput, promoveu tratamento isonômico entre trabalhadores urbanos e rurais. Tal regra não impede diferenciações motivadas pelas peculiaridades da realidade rural. Sobre estas adaptações e peculiaridades dos direitos do trabalhador rural vide comentários ao art. 7º, "b", da CLT.

2. SÚMULAS E ORIENTAÇÕES JURISPRUDENCIAIS

▶ **Súmula nº 344/TST**

SALÁRIO-FAMÍLIA. TRABALHADOR RURAL (mantida) – Res. 121/2003, DJ 19, 20 e 21.11.2003
O salário-família é devido aos trabalhadores rurais somente após a vigência da Lei nº 8.213, de 24.07.1991.

✦ **SALÁRIO IN NATURA NO CONTRATO DE TRABALHO AGRÍCOLA**

Art. 506. No contrato de trabalho agrícola é lícito o acordo que estabelecer a remuneração in natura, contanto que seja de produtos obtidos pela exploração do negócio e não exceda de 1/3 (um terço) do salário total do empregado.

1. COMENTÁRIOS

Este dispositivo foi superado pelo Estatuto do Trabalhador Rural, de 1963. O estatuto veio a ser Revogado pela Lei nº 5.889/73, que, por sua vez, regulou integralmente a matéria relativa ao salário in natura, em seu art. 9º, alterado pela Lei nº 9.300/96. A revogação deste dispositivo da CLT é praticamente unânime na doutrina (neste sentido: Saad, CLT Comentada, 2009, p. 690; Russomano, Comentários, Vol. I, 1993, p. 615; Martins, Comentários, 2010, p. 506 e Carrion, Comentários, 2010, p. 471).

Alice Monteiro de Barros não menciona expressamente a revogação, mas ao cuidar do salário in natura do rurícola sequer menciona este artigo da CLT, se limitando a interpretar a norma da Lei nº 5.889/73 (Contratos, jan-2008, p. 476/479).

✦ **EXCLUSÃO DOS EMPREGADOS DE PROFISSIONAIS LIBERAIS**

Art. 507. As disposições do Capítulo VII do presente Título não serão aplicáveis aos empregados em consultórios ou escritórios de profissionais liberais.

1. COMENTÁRIOS

O capítulo VII trata de aquisição de estabilidade (art. 492 a 500). Como bem lembra Carrion, Comentários, 2010, p. 472, a generalização do regime do FGTS, com a Constituição de 1988 (art. 7º, III) tornou superado este dispositivo. Não há mais como qualquer empregado adquirir estabilidade.

O motivo da exclusão, segundo aponta Godinho, Curso, jan-2009, p. 1145, é a intensa fidúcia (confiança) inerente a este tipo de contrato de trabalho. A confiança do empregador dispensaria a aquisição da estabilidade. Também são alinhados argumentos no sentido de que a estabilidade, em consultórios e escritórios, seria um ônus demasiado a ser suportado pelo empregador em eventual dispensa.

De qualquer forma, a exclusão não afasta a indenização prevista nos artigos 477 e 478, no valor de uma remuneração por cada ano de trabalho. Só não se aplicará o pagamento dobrado da indenização, pois esta só é devida aos estáveis (art. 497 da CLT).

Russomano, Comentários, Vol. I, 1993, p. 615, qualifica de odiosa a discriminação. De fato, a CLT é contraditória, pois identifica estes escritórios como empregadores (art. 2º, § 1º,), mas exclui seus empregados da proteção da estabilidade.

A doutrina faz veementes críticas a esta discriminação. Alguns tentam contornar o rigor da exclusão alegando que não se aplica aos grandes escritórios e consultórios (neste sentido: Tostes Malta e Eduardo Cossermelli, apud Russomano, Comentários, Vol. I, 1993, p. 615).

✦ **ARBITRAGEM EM CONFLITOS INDIVIDUAIS**

Art. 507-A. Nos contratos individuais de trabalho cuja remuneração seja superior a duas vezes o limite máximo estabelecido para os benefícios do Regime Geral de Previdência Social, poderá ser pactuada cláusula compromissória de arbitragem, desde que por iniciativa do empregado ou mediante a sua concordância expressa, nos termos previstos na Lei nº 9.307, de 23 de setembro de 1996.(Incluído pela Lei nº 13.467, de 13.07.2017).

1. COMENTÁRIOS

1.1. Conceito e natureza jurídica da arbitragem

A arbitragem é método de heterocomposição dos conflitos de interesse, através do qual os sujeitos elegem, de forma livre e autônoma, um árbitro ou Tribunal Arbitral, órgão privado de solução de conflitos, renunciando à jurisdição estatal.

A doutrina discute a natureza jurídica da arbitragem.

Alguns autores entendem que a arbitragem, método de heterecomposição cuja solução do conflito importa em decisão do árbitro, com natureza de sentença, é espécie de jurisdição não estatal e, portanto, não se classifica como equivalente jurisdicional. Neste sentido: Fredie Didier, Curso, Vol. 1, 2012, p. 104. Não adotamos este posicionamento. Para nós a arbitragem é um equivalente jurisdicional, alternativa à jurisdição típica.

A jurisdição é função exercida pelo Estado. A existência de mecanismos de solução de conflitos fora do Estado não é, a nosso ver, típica manifestação da jurisdição. A jurisdição é indelegável, e só pode ser exercida por juiz investido pelo Estado, após aprovação em concurso público de provas e títulos (art. 93, I, da CF). O juiz natural, definido por regras prévias de competência, é uma das garantias do Estado democrático. O árbitro é um técnico escolhido pelas partes, que renunciam às garantias da jurisdição para obterem uma solução mais adequada ao conflito ou mais célere.

Como explica Marinoni, Curso, Vol. 1, p. 150: "Como a arbitragem se funda no princípio da autonomia de vontade, e a sua própria lei teve o simples intuito de regular uma forma de manifestação de vontade, é claro que a opção pelo árbitro implica em abrir mão de uma série de garantias e, assim, em uma escolha entre duas formas distintas de resolução de conflitos.".

1.2. Cláusula Compromissória e Compromisso Arbitral

A arbitragem em sede coletiva possui total aplicação na área trabalhista, com expressa menção no texto constitucional (art. 114, § 2º, da CF). A arbitragem acerca de conflitos individuais sempre foi de discutível aplicação em âmbito trabalhista, tanto que o texto do art. 507-A, da CLT, introduziu-a de forma tímida neste contexto, estabelecendo limites para sua implementação.

A escolha da arbitragem pode se dar por cláusula compromissória ou compromisso arbitral. A cláusula compromissória é o ajuste contratual prévio nos qual os sujeitos resolvem estabelecer que futuros conflitos sejam resolvidos pela via arbitral. O compromisso arbitral é ajuste de vontades que incide sobre um conflito já existente, inclusive com ação judicial em curso, submetendo sua solução à via arbitral. O art. 507-A optou pela primeira via.

Sobre o tema, colham-se os ensinamentos de Humberto Dalla, Direito Processual Civil, Vol. I, 2016, p. 881 e seguintes, a seguir transcritos:

> "Institui uma obrigação de fazer, isto é, de instaurar um procedimento arbitral quando do cumprimento do contrato incorrer em litígio. A lei, porém, prevê duas situações distintas: uma, que o compromisso tenha disciplinado a matéria (cláusula compromissória cheia) ou quando tenha sido omisso a respeito (cláusula compromissória vazia).
>
> Será cheia quando estiverem determinados todos os elementos essenciais para a instituição da arbitragem, que poderá se vincular às regras de algum órgão institucional ou entidade especializada, disciplinar no contrato suas regras ou, ainda, sem previsão específica, seguir a disciplina procedimental do art. 7º da Lei da Arbitragem.
>
> Sendo a cláusula compromissória cheia, não será necessária a elaboração do compromisso arbitral, de que trata o art. 9º. Explica-se: não se foge à exigência legal do compromisso, mas apenas se percebe que suas disposições já constam na cláusula compromissória cheia.
>
> Será vazia quando tais elementos não estão contemplados, ficando sua estipulação diferida para o momento em que a arbitragem efetivamente se mostre necessária.
>
> No caso de cláusula compromissória vazia, uma vez nascida a controvérsia, as partes deverão cumprir a cláusula compromissória, firmando o compromisso arbitral. Caso uma das partes se recuse a firmar tal compromisso, a outra parte terá de buscar o Poder Judiciário para suprimento de vontade.
>
> A cláusula compromissória é autônoma em relação ao contrato em que se encontra inserta. Trata-se, na verdade, de subcontrato ou contrato acessório, que se reveste de autonomia em relação ao vínculo principal, de forma que a nulidade deste não importa na nulidade daquela.".

1.3. Arbitragem em conflitos individuais trabalhistas

O legislador, na redação do art. 507-A da CLT, entendeu por admitir a arbitragem individual para os conflitos acima de um valor determinado, que, para o ano de 2017, se inicia em R$11.062,62, que corresponde a duas vezes o valor do teto dos benefícios da previdência (R$5.531,31, conforme Portaria Interministerial nº 9, de 13.01.2017, DOU de 16.01.2017). A meu ver o critério do legislador é falho, pois parte da premissa que os empregados que recebam tal valor têm autonomia de vontade suficiente para propor ou concordar com uma cláusula compromissória, renunciando à Jurisdição Estatal. Não me parece que o salário percebido seja o melhor critério.

Todos os empregados, em tese, poderiam ter acesso à arbitragem, desde que lhes fossem garantidos um árbitro justo, imparcial e cuja nomeação atendesse a critérios técnicos. O texto legal erra ao permitir a arbitragem, mas não delimitar os parâmetros para sua realização. Sabidamente, a escolha dos árbitros e os critérios da arbitragem são os temas de maior controvérsia quando da solução do caso concreto. O empregado, ao assinar uma cláusula compromissória vazia, como acima explicitado, terá muita dificuldade em estabelecer os critérios da arbitragem. Ao contrário, caso assine uma cláusula compromissória cheia, já definindo, previamente, todos os critérios da arbitragem, provavelmente terá sido compelido, por seu empregador, a aceitar os critérios impostos por este último. Enxergo duas soluções viáveis para esse impasse: a) as normas coletivas terão um papel fundamental na instituição da arbitragem, com criação de órgãos, normas e critérios de sua atuação; ou b) os critérios da arbitragem acabarão por ser definidos pelo Juiz do Trabalho, provocado a tanto por um dos interessados ou até mesmo por ambos.

✦ TERMO DE QUITAÇÃO ANUAL

Art. 507-B. É facultado a empregados e empregadores, na vigência ou não do contrato de emprego, firmar o termo de quitação anual de obrigações trabalhistas, perante o sindicato dos empregados da categoria. (Incluído pela Lei nº 13.467, de 13.07.2017).

Parágrafo único. O termo discriminará as obrigações de dar e fazer cumpridas mensalmente e dele constará a quitação anual dada pelo empregado, com eficácia liberatória das parcelas nele especificadas. (Incluído pela Lei nº 13.467, de 13.07.2017).

COMENTÁRIOS

O termo de quitação, firmado junto ao sindicato, foi a alternativa encontrada pelo legislador em substituição à homologação feita no ato de homologação da rescisão contratual, cuja eficácia era muito restrita, conforme demonstram os comentários ao art. 477, § 2º, da CLT, que não foi tocado pela Lei nº 13.467, de 13.07.2017. No termo de quitação anual o legislador pretende dar maior segurança à quitação das obrigações, mas, para tanto, terá se apresentar, junto com seu empregado, no sindicato da categoria profissional deste, para pessoalmente, haja a quitação das obrigações devidas por seu empregador.

Parece-nos que esta quitação deve observar a mesma ótica e limites das renuncias possíveis por parte do empregado na vigência do contrato de trabalho. Esta quitação, no curso da relação de emprego, com assistência débil de um sindicato fragilizado, sem sua principal fonte de custeio (contribuição sindical), deve ser vista com a mesma tutela jurídica que o direito do trabalho confere à renúncia.

O Direito do Trabalho é composto de normas de índole imperativa, de ordem pública, como aquelas que tratam de higiene e segurança do trabalhador. Quanto a essas normas, que integram a relação de emprego, formando um núcleo rígido, não há lugar para renúncia, transação ou quitação por parte do empregado. Quanto às cláusulas dispositivas, assim consideradas aquelas em que se permite a manifestação de vontade dos contratantes, pode haver renúncia ou transação, e, portanto, a quitação prevista no art. 507-B, desde que devidamente manifestada, sem qualquer vício, será válida. O regime desta quitação não difere, a meu ver, da eficácia liberatória da quitação feita na homologação da rescisão contratual, nos sindicatos, quando esta ainda era exigível.

As palavras do saudoso Arnaldo Sussekind são o norte do alcance e da eficácia desta quitação:

> "...inócua seria a proteção ao trabalho se se desse validade à renúncia ocorrida durante a execução do contrato de trabalho, seja pertinente a direito adquirido, seja alusiva a direito futuro. Se o direito resulta de norma de ordem pública, sua aplicação não pode ceder ao arbítrio das partes, pois, se assim fosse, a função do Direito do Trabalho seria totalmente estéril. Se nasceu da livre manifestação de vontade dos contratantes, deve ser presumido o vício de consentimento do empregado, sempre que não possui legitimo interesse no resultado do ato pelo qual abre mão do direito ajustado." (Instituições, Vol. 1, 22ª ed., 2005, páginas 215, 216).

O texto do § único dispõe sobre a eficácia liberatória das parcelas especificadas no termo de quitação. Como dito, este alcance já fora delimitado pelo TST, na Súmula 330, a cujo respeito nos reportamos aos comentários ao art. 477 da CLT.

✦ JUSTA CAUSA DO BANCÁRIO: ENDÍVIDAMENTO

Art. 508. ~~Considera-se justa causa, para efeito de rescisão de contrato de trabalho do empregado bancário, a falta contumaz de pagamento de dívidas legalmente exigíveis.~~ (Revogado pela Lei nº 12.347, de 10.12.2010).

1. COMENTÁRIOS

Este artigo foi revogado pela Lei nº 12.347, de 10.12.2010. A revogação da norma acompanhou as críticas feitas pela doutrina quanto à sua questionável vigência após a Constituição Federal de 1988. Não obstante a revogação expressa do art. 508, mantivemos os comentários para fins de estudo do instituto da justa causa. Confira-se, portanto, a seguir, os argumentos da doutrina quanto à regra do já revogado art. 508.

A regra deste artigo criava uma hipótese de justa causa somente para os bancários. Para os que defendiam a vigência da norma, mesmo após a Constituição de 1988, a falta se configurava pelo preenchimento de dois requisitos objetivos: **a)** falta contumaz: atraso reiterado no pagamento das dívidas do empregado; **b)** legalidade das dívidas: não se aplicando quanto às dívidas ilegais, como as oriundas de jogo ou empréstimo contraído de agiotas.

Claro que a falta não se caracterizaria se o desregramento da vida pessoal do bancário decorresse de fato superveniente à sua vontade e que onerasse, inesperadamente, suas despesas, como doenças na família, roubo em sua residência, etc.

Alguns autores justificavam a regra deste artigo com o argumento de que o banco, como instituição de crédito, depende do conceito de que gozam seus empregados. Russomano, Comentários, Vol. I, 1993, p. 616, criticava esta fundamentação dizendo que o conceito da instituição não depende da conduta particular de seus empregados. Não obstante as críticas, Russomano estava entre aqueles que não negavam vigência à norma deste artigo (Comentários, p. 617).

Godinho, Curso, jan-2009, p. 1109, no mesmo sentido que Russomano, afirmava que o texto legal deve ser interpretado restritivamente, sob pena de ser inválido, por não recebido pela Constituição de 1988 (art. 1º, III; art. 3º, I e IV; art. 5º, caput, e incisos V e X). Nesta interpretação restritiva só poderia ser considerada a justa causa do bancário "nas restritas situações em que, por decorrência da estratégica posição funcional do empregado na empresa bancária, posição contratualmente ajustada, sua conduta econômica pessoal de flagrante inadimplência em face das dívidas legalmente exigíveis possa comprometer a própria imagem da instituição financeira para a qual labora e representa, ainda que informalmente." (Curso, p. 1109/1110). Portanto, somente os empregados que ocupassem funções estratégicas dentro do banco se sujeitariam a esta justa causa.

Art. 509. Revogado pela Lei nº 6.533, de 24.5.1978.

✦ MULTA TRABALHISTA

Art. 510. Pela infração das proibições constantes deste Título, será imposta à empresa a multa de valor igual a 1 (um) salário mínimo regional, elevada ao dobro, no caso de reincidência, sem prejuízo das demais cominações legais.(Redação da Lei nº 5.562, de 12.12.1968)

1. COMENTÁRIOS

A Lei Federal nº 8.383, de 30.12.1991, art. 1º, fixou a UFIR (Unidade Fiscal de Referência), como fator de cobrança de multas na esfera federal. O art. 2º, § 1º, da referida lei, atribuiu ao Ministério da Fazenda a competência para divulgar o valor mensal da UFIR.

A Portaria nº 290, de 11.04.1997, do MTb, que regulamenta a aplicação e cobrança de multas trabalhistas, determina a cobrança de 378,2847 UFIR's para as infrações às regras do Título IV, do Contrato Individual do Trabalho, Capítulos I a IX (art. 442 a 508), podendo ser dobrada na hipótese de reincidência.

▸TÍTULO IV-A – DA REPRESENTAÇÃO DOS EMPREGADOS

(Incluído pela Lei nº 13.467, de 13.07.2017)

✦ DA COMISSÃO DE EMPREGADOS

Art. 510-A. Nas empresas com mais de duzentos empregados, é assegurada a eleição de uma comissão para representá-los, com a finalidade de promover-lhes o entendimento direto com os empregadores.

§ 1º A comissão será composta:

I – nas empresas com mais de duzentos e até três mil empregados, por três membros;

II – nas empresas com mais de três mil e até cinco mil empregados, por cinco membros;

III – nas empresas com mais de cinco mil empregados, por sete membros.

§ 2º No caso de a empresa possuir empregados em vários Estados da Federação e no Distrito Federal, será assegurada a eleição de uma comissão de representantes dos empregados por Estado ou no Distrito Federal, na mesma forma estabelecida no § 1º deste artigo.'

✦ ATRIBUIÇÕES DA COMISSÃO

Art. 510-B. A comissão de representantes dos empregados terá as seguintes atribuições:

I – representar os empregados perante a administração da empresa;

II – aprimorar o relacionamento entre a empresa e seus empregados com base nos princípios da boa-fé e do respeito mútuo;

III – promover o diálogo e o entendimento no ambiente de trabalho com o fim de prevenir conflitos;

IV – buscar soluções para os conflitos decorrentes da relação de trabalho, de forma rápida e eficaz, visando à efetiva aplicação das normas legais e contratuais;

V – assegurar tratamento justo e imparcial aos empregados, impedindo qualquer forma de discriminação por motivo de sexo, idade, religião, opinião política ou atuação sindical;

VI – encaminhar reivindicações específicas dos empregados de seu âmbito de representação;

VII – acompanhar o cumprimento das leis trabalhistas, previdenciárias e das convenções coletivas e acordos coletivos de trabalho.

§ 1º As decisões da comissão de representantes dos empregados serão sempre colegiadas, observada a maioria simples.

§ 2º A comissão organizará sua atuação de forma independente.

✦ DO PROCEDIMENTO DA ELEIÇÃO

Art. 510-C. A eleição será convocada, com antecedência mínima de trinta dias, contados do término do mandato anterior, por meio de edital que deverá ser fixado na empresa, com ampla publicidade, para inscrição de candidatura.

§ 1º Será formada comissão eleitoral, integrada por cinco empregados, não candidatos, para a organização e o acompanhamento do processo eleitoral, vedada a interferência da empresa e do sindicato da categoria.

§ 2º Os empregados da empresa poderão candidatar-se, exceto aqueles com contrato de trabalho por prazo determinado, com contrato suspenso ou que estejam em período de aviso prévio, ainda que indenizado.

§ 3º Serão eleitos membros da comissão de representantes dos empregados os candidatos mais votados, em votação secreta, vedado o voto por representação.

§ 4º A comissão tomará posse no primeiro dia útil seguinte à eleição ou ao término do mandato anterior.

§ 5º Se não houver candidatos suficientes, a comissão de representantes dos empregados poderá ser formada com número de membros inferior ao previsto no art. 510-A desta Consolidação.

§ 6º Se não houver registro de candidatura, será lavrada ata e convocada nova eleição no prazo de um ano.'

✦ DO MANDATO E DA GARANTIA DE EMPREGO DOS REPRESENTANTES

Art. 510-D. O mandato dos membros da comissão de representantes dos empregados será de um ano.

§ 1º O membro que houver exercido a função de representante dos empregados na comissão não poderá ser candidato nos dois períodos subsequentes.

§ 2º O mandato de membro de comissão de representantes dos empregados não implica suspensão ou interrupção do contrato de trabalho, devendo o empregado permanecer no exercício de suas funções.

§ 3º Desde o registro da candidatura até um ano após o fim do mandato, o membro da comissão de representantes dos empregados não poderá sofrer despedida arbitrária, entendendo-se como tal a que não se fundar em motivo disciplinar, técnico, econômico ou financeiro.

§ 4º Os documentos referentes ao processo eleitoral devem ser emitidos em duas vias, as quais permanecerão sob a guarda dos empregados e da empresa pelo prazo de cinco anos, à disposição para consulta de qualquer trabalhador interessado, do Ministério Público do Trabalho e do Ministério do Trabalho.

✦ PARTICIPAÇÃO DO SINDICATO

Art. 510-E. A comissão de representantes dos empregados não substituirá a função do sindicato de defender os direitos e os interesses coletivos ou individuais da categoria, inclusive em questões judiciais ou administrativas, hipótese em que será obrigatória a participação dos sindicatos em negociações coletivas de trabalho, nos termos do incisos III e VI do caput do art. 8º da Constituição. (Incluído pela Medida Provisória nº 808, de 14.11. 2017)

1. COMENTÁRIOS

1.1. O paralelismo do sistema de representação por empresas

O sistema de organização sindical brasileiro, previsto na CLT a partir do título V, logo a seguir a este título IV-A, criado pela reforma trabalhista, é baseado na organização dos sindicatos por categoria, profissional e econômica, respectivamente.

A Constituição da República recepcionou o sistema de representação sindical por categorias (art. 8º, II), atribuindo ao sindicato da categoria profissional, menor entidade sindical de representação desse sistema, a defesa dos interesses individuais e coletivos da categoria, inclusive para atuação judicial, como substituto processual (art. 8º, III, da CF). Para garantir esta representação dos sindicatos, inseriu na CF, art. 8º, VIII, a proteção dos representantes dos empregados, antes só prevista na legislação infraconstitucional (art. 543, § 3º, da CLT).

Percebe-se, assim, que a escolha do legislador constituinte originário foi a de entregar aos sindicatos a representação de suas categorias, considerando-se que os dispositivos acima citados foram originariamente introduzidos no texto constitucional.

A reforma trabalhista implementada pela Lei nº 13.467, de 13.07.2017, ao criar este título IV-A da CLT, pretende instituir, paralelamente à representação por sindicatos, a representação por comissão de empresa.

Ciente das dificuldades políticas de enfrentar uma reforma sindical, já tentada tantas vezes, sempre com enorme frustração, o legislador resolveu criar um sistema paralelo de representação, que sequer tangencia os problemas enfrentados pela falta de legitimidade política dos sindicatos, diante do claro enfraquecimento destes, por razões que fogem a este trabalho. As demandas dos trabalhadores, há muito tempo, deixaram de ser o principal foco de atuação dos sindicatos das categorias profissionais. O mesmo se diga das demandas das empresas e dos empresários quanto aos sindicatos das categorias econômicas.

A "falência" do sistema de organização sindical brasileiro, com o distanciamento dos sindicatos de seus representados, se mostrou muito clara quando da falta de resistência quanto à reforma trabalhista, diante do frágil poder de aglutinação dos empregados e das empresas, por seus sindicatos. A reforma foi imposta pelo legislativo, sem o devido aprofundamento de debate que tão profundas e importantes mudanças mereceriam ter.

Todo o contexto acima posto não significa que a as empresas, e suas comissões, possuem legitimidade jurídica para assumir o papel de representação atribuído, constitucionalmente, aos sindicatos. Consequentemente, qualquer supressão ou redução da atuação dos sindicatos, em especial na negociação coletiva que resultar em modificação de direitos dos empregados, promovidas por este Título introduzido na CLT, ter-se-á como inconstitucional.

A MPV nº 808, de 14.11.2017, parece ter vislumbrado a inconstitucionalidade acima referida, e repetida inúmeras vezes nos comentários que seguem abaixo. Não por outra razão, inseriu na CLT o art. 510-E, ratificando o texto do art. 8º, incisos III e VI, da CF, lembrando ao intérprete que o texto ordinário não pode suprimir a participação dos sindicatos em questões coletivas, como preconizam as normas acima citadas.

1.2. Formação da comissão de empresa

O **art. 510-A** prevê a criação da comissão de empregados, de forma facultativa, nas empresas com mais de 200 (duzentos) empregados. Não se consegue perceber a razão pela qual o legislador criou este marco. O critério se apresenta, a nosso ver, absolutamente aleatório. Ademais, a esmagadora maioria da mão de obra no Brasil está distribuída em empresas com menos de 200 empregados. Sendo assim, não há como prever qual o grau de intensidade de colaboração destas comissões de empresa para a melhoria das relações de trabalho.

As empresas com esta quantidade de empregados costumam ser as que mais cedem empregados para a representação sindical. Portanto, parece-me que a única intenção do legislador, com a redação deste artigo, foi esvaziar a atuação do sindicato, buscando enfraquecer a base do sindicato profissional, mantendo os representantes dentro da própria empresa, impedindo o nascimento de novas lideranças sindicais. A certeza desta intenção é ratificada no **art. 510-A, § 2º**, que permite a criação de comissões em Estados diferentes da Federação, sem qualquer grau de relacionamento com sindicato local, buscando criar uma espécie de identidade uniforme de representação da empresa em todo o território nacional, com clara e intencional fragmentação da representação dos empregados.

1.3. Atuação da Comissão de Empresa

O **art. 510-B** arrola, mesmo que de forma exemplificativa, as atribuições da comissão de empresa. O objetivo do legislador da reforma trabalhista aparece, de forma luminosa, logo no primeiro inciso deste artigo: "representar os empregados perante a administração da empresa". Essa representação por empresa, como mecanismo de enfraquecimento da representação sindical, é claramente inconstitucional, por expressa afronta ao art. 8º, III, da CF, que garante aos sindicatos o monopólio de representação dos empregados, observada a área de abrangência da cada sindicato, conforme seus estatutos, e o registro no órgão competente (art. 8º, I e II, da CF).

Consequentemente, a atuação da comissão de empresa só poderá ser interpretada de forma colaborativa e complementar à atuação do sindicato, não tendo qualquer valor jurídico eventual acordo, transação, termo de quitação ou similar, assinado diretamente pela comissão ou pelo empregado com a assistência desta última.

1.4. Da eleição e do mandato

O art. **510-C** disciplina de forma pormenorizada o procedimento de eleição dos membros da comissão de empresa, contrariando a liberdade de organização consagrada no art. 8º, *caput*, da CF. O cuidado em detalhar este procedimento atende estritamente ao interesse da empresa em controlar o processo eleitoral e, mais uma vez, limitar o nascimento de lideranças de empregados. Esta intenção fica bem clara na regra do art. **510-D, § 1º**, que impede a reeleição e, o que é mais importante, veda que o membro da comissão seja candidato nas duas legislaturas seguintes. É clara a intenção de impedir a aglutinação dos trabalhadores em torno de uma liderança.

O curto mandato de somente um ano (art. **510-D**, da CLT) dificulta o papel das lideranças e, consequentemente, de organizaçaõ dos trabalhadores no ambiente de trabalho. A interferência na organização dos trabalhadores é tão intensa que o texto legal, no art. **510-D, § 4º**, prevê que a documentação do processo eleitoral ficará à disposição para consulta de qualquer trabalhador, do Ministério do Trabalho e do Ministério Público do Trabalho. Não há qualquer menção ao sindicato. Esta norma, mesmo que tenha esta intenção, não pode impedir o acesso do sindicato ao processo eleitoral, pois isso representa afronta à sua função constitucional preconizada no art. 8º, III, da CF.

1.5. Da garantia de emprego

O art. **510-D, § 3º**, prevê a garantia de emprego do membro da comissão de empresa, que começa em sua candidatura e termina 1 ano após o fim do seu mandato. A despedida tem a mesma proteção do membro da CIPA, razão pela qual nos reportamos aos comentários do art. 165 da CLT. Em acréscimo aos comentários ao art. 165, deve-se destacar, mais uma vez, a intenção da lei em prejudicar a organização dos trabalhadores. A proteção prevista para o membro da CIPA, como também para o empregado membro da comissão de empresa, é a mais frágil das garantias especiais previstas no ordenamento jurídico-trabalhista, pois os motivos técnico, econômico e financeiro, ampliam, consideravelmente, as possibilidades de despedida. Os demais representantes de empregados, como, por exemplo, o dirigente sindical, para citar o mais importante, só podem ser despedidos por motivo disciplinar (justa causa). No caso do dirigente sindical, a proteção é ainda mais rígida, pois a falta grave deve ser apurada em inquérito (Súmula nº 379 do TST).

TÍTULO V – DA ORGANIZAÇÃO SINDICAL

CAPÍTULO I – DA INSTITUIÇÃO SINDICAL

SEÇÃO I – DA ASSOCIAÇÃO EM SINDICATO

✦ NOÇÃO DE CATEGORIA

Art. 511. É lícita a associação para fins de estudo, defesa e coordenação dos seus interesses econômicos ou profissionais de todos os que, como empregadores, empregados, agentes ou trabalhadores autônomos ou profissionais liberais exerçam, respectivamente, a mesma atividade ou profissão ou atividades ou profissões similares ou conexas.

✦ CATEGORIA ECONÔMICA

§ 1º – A solidariedade de interesses econômicos dos que empreendem atividades idênticas, similares ou conexas, constitui o vínculo social básico que se denomina categoria econômica.

✦ **CATEGORIA PROFISSIONAL**

§ 2º – A similitude de condições de vida oriunda da profissão ou trabalho em comum, em situação de emprego na mesma atividade econômica ou em atividades econômicas similares ou conexas, compõe a expressão social elementar compreendida como categoria profissional.

✦ **CATEGORIA PROFISSIONAL DIFERENCIADA**

§ 3º – Categoria profissional diferenciada é a que se forma dos empregados que exerçam profissões ou funções diferenciadas por força de estatuto profissional especial ou em consequência de condições de vida singulares.

§ 4º – Os limites de identidade, similaridade ou conexidade fixam as dimensões dentro das quais a categoria econômica ou profissional é homogênea e a associação é natural.

1. COMENTÁRIOS

1.1. Enquadramento por categoria e a CF/88

A Constituição da República de 1988 consagrou o princípio da liberdade sindical, mas não em todas suas vertentes. Está presente no art. 8º, caput, da CF, a liberdade de associação profissional ou sindical, sem intervenção do Estado, mas com respeito à unicidade sindical (inciso II, do art. 8º), que exige um só sindicato, em cada categoria profissional ou econômica, na base territorial mínima de um Município (vide comentários ao art. 516 da CLT).

A norma constitucional do art. 8º, portanto, não permite a organização sindical ampla, pois limita a constituição dos sindicatos à noção de categoria, recepcionando, assim, a regra contida no art. 511 da CLT. Portanto, a organização sindical brasileira continua a observar o critério de divisão por categorias, pelo menos até que o Brasil ratifique a Convenção nº 87 da OIT. A referida convenção consagra o princípio da pluralidade sindical, independentemente da noção de categoria.

Valentin Carrion, Comentários, 2010, p. 477 e Sergio Pinto Martins, Comentários, 2010, p. 573, também defendem a recepção deste art. 511 pela Constituição de 1988, que acatou o enquadramento por categoria, conforme inscrito no art. 8º, II. Ambos os autores citam o precedente do STF no MS nº 21.305.1-DF, j. 17.10.91 neste sentido.

Ainda que o modelo sindical por categoria tenha sido recepcionado pela Constituição da República, não escapa à critica da doutrina, sintetizada nas lições de Mauricio Godinho Delgado, Curso, jan-2009, p. 1221, defendendo como o melhor modelo de organização o de sindicato por ramo ou segmento empresarial, como por exemplos, sindicatos do segmento industrial, do segmento financeiro, do seguimento comercial, etc. Segundo o autor, este tipo de modelo amplia a força de aglutinação dos sindicatos, favorece o solidarismo, evita o isolamento das conquistas por categoria, em suma: "permite o mais perfeito cumprimento do princípio da real equivalência entre os contratantes coletivos." (jan-2009, p. 1221).

1.2. Categoria Econômica e Categoria Profissional

O elemento básico da noção de categoria econômica diz respeito à reunião de empresas que exerçam a mesma atividade econômica, atividades similares ou conexas.

A similitude de interesses que constitui o conceito de categoria não pode ser interpretada de maneira ampla. Portanto, permite-se a reunião, na mesma categoria econômica, por exemplo, de hotéis e restaurantes, atividades similares, em feliz exemplo trazido por Sergio Pinto Martins, Comentários, 2010, p. 571. É o mesmo autor quem faz a distinção com as atividades conexas.

Explica Martins que são conexas as atividades que, não sendo semelhantes, complementam-se, como as várias existentes na construção civil: alvenaria, hidráulica, esquadrias, pastilhas, pintura, parte elétrica, etc. (Comentários, p. 571).

A Comissão de Enquadramento Sindical, órgão do Ministério do Trabalho responsável pelo amplo quadro de distribuição das categorias, econômica e profissional, não mais existe, tendo sido extinta após a CF/88. Contudo, a herança de distribuição das categorias deixada por esta comissão, conforme quadro referido no art. 577 da CLT, ainda é utilizada como parâmetro de enquadramento sindical.

No que diz respeito à formação de novas categorias, surgidas a partir da alteração da realidade econômico-produtiva, sempre em constante evolução, caberá ao Ministério do Trabalho observar a possibilidade de enquadramento sugerido, ao receber o pedido de registro do novo sindicato. As categorias que constituam novas atividades se organizarão livremente, mas o registro de seus respectivos sindicatos seguirá os critérios de enquadramento já previstos na CLT, especificamente neste art. 511.

Como se observa da regra do § 2º, a noção de categoria profissional seguirá o critério da atividade econômica exercida pelo empregador; contudo, tendo o empregador mais de uma atividade econômica, a organização sindical de trabalhadores será constituída de acordo com a atividade preponderante na empresa. Conforme a síntese de Russomano, Comentários, Vol. II, 1993, p. 623: "É importante assinalar-se que o enquadramento dos Sindicatos gira, portanto, em torno do princípio de que em função da categoria econômica se cria a categoria profissional".

1.3. Categoria Profissional Diferenciada

A regra geral de enquadramento sindical de cada empregado segue a atividade econômica preponderante do empregador. Assim, metalúrgico é aquele que trabalha em empresa metalúrgica e bancário é o empregado de banco, casas bancárias e similares. Este enquadramento, contudo, não leva em consideração as chamadas categorias profissionais diferenciadas, que se formam em razão de: (a) existência de estatuto profissional próprio ou (b) condição de vida singular.

As empresas que mantêm empregados que se enquadrem em categorias profissionais diferenciadas devem observar o estatuto normativo próprio destas categorias. Assim, numa indústria metalúrgica, as secretárias, os ascensoristas, os médicos, como exemplos de categorias diferenciadas, terão seus reajustes salariais e direitos específicos com base nas regras de suas próprias categorias. Contudo, a jurisprudência do TST (S. 374), exige, para observância das normas previstas em instrumento coletivo, que o sindicato representativo da categoria econômica da empresa tenha participado da negociação.

O Ministério do Trabalho, através de sua comissão de enquadramento sindical, estabelecia quais eram as profissões ou categorias que poderiam ser qualificadas como de vida singular, tendo como referência a norma do art. 511, § 3º, da CLT. O quadro referido no art. 577 da CLT, cuidando do enquadramento sindical, previa esta e outras disposições. Com a extinção da Comissão de Enquadramento Sindical, órgão do Ministério do Trabalho responsável por tal enquadramento, após a CF/88, nenhuma outra categoria, além daquelas já estabelecidas, foram definidas como diferenciadas pelo motivo de condição de vida singular. Em sentido contrário, a definição pela existência de estatuto profissional especial continua criando novas categorias diferenciadas, mesmo após a CF/88. São exemplos destas novas categorias: o advogado e o fisioterapeuta.

2. SÚMULAS E ORIENTAÇÕES JURISPRUDENCIAIS

- **Súmula nº 196/STF**

AINDA QUE EXERÇA ATIVIDADE RURAL, O EMPREGADO DE EMPRESA INDUSTRIAL OU COMERCIAL É CLASSIFICADO DE ACORDO COM A CATEGORIA DO EMPREGADOR.

- **Súmula nº 374/TST**

NORMA COLETIVA. CATEGORIA DIFERENCIADA. ABRANGÊNCIA (conversão da Orientação Jurisprudencial nº 55 da SBDI-1) – Res. 129/2005, DJ 20, 22 e 25.04.2005

Empregado integrante de categoria profissional diferenciada não tem o direito de haver de seu empregador vantagens previstas em instrumento coletivo no qual a empresa não foi representada por órgão de classe de sua categoria. (ex-OJ nº 55 da SBDI-1 – inserida em 25.11.1996)

- **OJ 9 – SDC/TST**

ENQUADRAMENTO SINDICAL. INCOMPETÊNCIA MATERIAL DA JUSTIÇA DO TRABALHO. (Inserida em 27.03.1998)

O dissídio coletivo não é meio próprio para o Sindicato vir a obter o reconhecimento de que a categoria que representa é diferenciada, pois esta matéria – enquadramento sindical – envolve a interpretação de norma genérica, notadamente do art. 577 da CLT.

3. INFORMATIVOS DO TST

- ***Dissídio coletivo. Greve. Petrobras S/A. Contrato de prestação de serviços de construção civil. Ilegitimidade do Sindipetro/ES para liderar movimento grevista na qualidade de representante dos empregados da empresa terceirizada. Art. 511, §§ 1º e 2º, da CLT.***

Nos termos do art. 511, §§ 1º e 2º, da CLT, a vinculação sindical dos empregados, ainda que terceirizados, deve ser definida pela atividade preponderante da empresa prestadora de serviços, porquanto a categoria profissional a qual pertence o trabalhador deve corresponder à categoria econômica a qual se vincula o empregador. Com esse fundamento, a SDC, por maioria, deu provimento ao recurso ordinário em dissídio coletivo de greve interposto pela PROEN Projetos Engenharia Comércio e Montagens Ltda., para declarar a abusividade da greve deflagrada por seus empregados sob a liderança do Sindicato dos Trabalhadores na Indústria de Exploração, Perfuração, Extração e Produção de Petróleo nos Municípios de São Mateus, Linhares, Conceição da Barra e Jaguaré no Estado do Espírito Santo (Sindipetro/ES), e, em consequência, excluir da decisão normativa recorrida as obrigações impostas à PROEN. Na espécie, reconheceu-se que, à época da greve em questão, a empregadora, por força de contrato de prestação de serviços com a Petrobras S/A, atuava, de forma preponderante, no ramo da construção civil e não na exploração ou extração de petróleo. Nessa perspectiva, afastou-se a legitimidade do Sindipetro/ES por ausência de paralelismo entre a categoria profissional por este representada e a categoria econômica da empresa prestadora de serviços, em observância ao princípio constitucional da unicidade sindical e tendo em vista a existência de sindicato representante dos trabalhadores da construção civil na mesma base territorial, qual seja, o Sindicato dos Trabalhadores na Indústria da Construção Civil, Terraplenagem, Estradas, Pontes e Construção de Montagem de Linhares, Rio Bananal, Jaguaré, Colatina e São Gabriel da Palha (Sintracon Linhares/ES). Vencidos os Ministros Maurício Godinho Delgado, Katia Magalhães Arruda e Maria de Assis Calsing. TST-RO-42600 – 28.2009.5.17.0000, SDC, rel. Min. Fernando Eizo Ono, 9.9.2013 (Informativo nº 58)

4. QUESTÕES DE CONCURSOS

01. (FHS-ES/PROCURADOR/CESPE/2009) A respeito do direito do trabalho, julgue: Os sindicatos têm natureza pública, pois são constituídos como pessoa jurídica de direito público.

02. (MPT/PROCURADOR DO TRABALHO/2010/ADAPTADA) A propósito da associação sindical é correto afirmar que os limites de identidade, similaridade ou conexidade, fixam as dimensões dentro das quais a categoria econômica ou profissional é homogênea e a associação natural;

03. (Fundação Casa – Analista Administrativo/Advogado/2011) A Consolidação das Leis do Trabalho trata da Organização Sindical, prevendo a seguinte regra:

a) a solidariedade de interesses econômicos dos que empreendem atividades idênticas, similares ou conexas, constitui o vínculo social básico que se denomina categoria profissional.

b) a similitude de condições de vida oriunda da profissão ou trabalho em comum, em situação de emprego na mesma atividade econômica ou em atividades econômicas similares ou conexas, compõe a expressão social elementar compreendida como categoria econômica.

c) categoria profissional diferenciada é a que se forma dos empregados que exerçam profissões ou funções diferenciadas por força de estatuto profissional especial ou em consequência de condições de vida singulares.
d) os limites de identidade, similaridade ou conexidade fixam as dimensões dentro das quais a categoria econômica ou profissional é homogênea e a associação é natural, mas o Poder Executivo poderá interferir para vedar a fusão de dois Sindicatos com abrangência municipal.
e) os limites de identidade, similaridade ou conexidade não são instrumentos para dimensionar a categoria profissional homogênea. A fixação depende do enquadramento ministerial.

04. (TRT 3 – Juiz do Trabalho Substituto 3ª região/2012). A respeito do enquadramento na categoria profissional, leia as afirmações abaixo e, em seguida, assinale a alternativa correta, de acordo com a jurisprudência consolidada do Tribunal Superior do Trabalho: não se beneficiam do regime legal relativo aos bancários os empregados de estabelecimento de crédito pertencentes a categorias profissionais diferenciadas.

05. (FCC – Juiz do Trabalho Substituto 4ª região/ 2012) Empregado integrante de categoria profissional diferenciada

a) é reconhecido como tal por decisão judicial quando houver similitude de condições de vida oriunda da profissão ou trabalho em comum.
b) pode ser reconhecido como tal por dissídio coletivo, quando o Sindicato pretender a interpretação de norma relativa ao enquadramento sindical.
c) beneficia-se do regime legal relativo aos bancários quando trabalhar para um estabelecimento de crédito.
d) tem o direito de haver de seu empregador vantagens previstas em instrumento coletivo desde que a empresa para a qual trabalha tenha sido representada por órgão de classe de sua categoria.
e) eleito dirigente sindical goza de estabilidade na empresa independentemente do exercício de atividade pertinente à categoria profissional do sindicato para o qual foi eleito dirigente.

06. (FCC – Analista Judiciário – Área Judiciária – TRT 2/2014) São critérios previstos pelo ordenamento jurídico para formação, respectivamente, das categorias econômicas, profissionais e profissionais diferenciadas:

a) Similitude de condições de vida oriunda da profissão ou trabalho em comum, em situação de emprego na mesma atividade econômica ou em atividades econômicas similares ou conexas; solidariedade de interesses econômicos dos que empreendem atividades idênticas, similares ou conexas; e exercício de profissões ou funções diferenciadas por força de estatuto profissional especial ou em consequência de condições de vida singulares.
b) Homogeneidade de representação perante as autoridades administrativas, na defesa dos interesses econômicos; solidariedade de interesses e similitude de condições de vida decorrentes de estatuto profissional próprio; e exercício de profissões ou funções diferenciadas por força de estatuto profissional especial ou em consequência de condições de vida singulares.
c) Solidariedade de interesses econômicos dos que empreendem atividades idênticas, similares ou conexas; similitude de condições de vida oriunda da profissão ou trabalho em comum, em situação de emprego na mesma atividade econômica ou em atividades econômicas similares ou conexas; e exercício de profissões ou funções diferenciadas por força de estatuto profissional especial ou em consequência de condições de vida singulares.
d) Exercício de profissões ou funções diferenciadas por força de estatuto profissional especial ou em consequência de condições de vida singulares; similitude de condições de vida oriunda da profissão ou trabalho em comum, em situação de emprego na mesma atividade econômica ou em atividades econômicas similares ou conexas; e solidariedade de interesses econômicos dos que empreendem atividades idênticas, similares ou conexas.
e) Solidariedade de interesses econômicos dos que empreendem atividades idênticas, similares ou conexas; exercício de profissões ou funções diferenciadas por força de estatuto profissional especial ou em consequência de condições de vida singulares; e similitude de condições de vida oriunda da profissão ou trabalho em comum, em situação de emprego na mesma atividade econômica ou em atividades econômicas similares ou conexas.

GAB	1	E	2	C	3	C	4	C	5	D	6	C

✦ ASSOCIAÇÕES

Art. 512. Somente as associações profissionais constituídas para os fins e na forma do artigo anterior e registradas de acordo com o art. 558 poderão ser reconhecidas como Sindicatos e investidas nas prerrogativas definidas nesta Lei.

1. COMENTÁRIOS

As associações profissionais, antes da CF prever a liberdade sindical (art. 8º), eram o embrião do sindicato, que não se constituiria antes desta fase prévia, preliminar, de formação da associação. O Ministério do Trabalho, após a CF, tem realizado o registro das entidades sindicais sem terem sido constituídas anteriormente como associações. O entendimento de que a norma do art. 512 ora comentada não foi recepcionada pelo art. 8º, da CF/88, que garante a liberdade de organização sindical, é pacifico na doutrina (neste sentido: Martins, Comentários, 2010, p. 575; Saad, CLT Comentada, 2009, p. 701; Russomano, Comentários, Vol. II, 1993, p. 625 e Carrion, Comentários, 2010, p. 476).

✦ **SINDICATOS: PRERROGATIVAS**

Art. 513. São prerrogativas dos sindicatos:

a) representar, perante as autoridades administrativas e judiciárias os interesses gerais da respectiva categoria ou profissão liberal ou interesses individuais dos associados relativos á atividade ou profissão exercida;

b) celebrar contratos coletivos de trabalho;

c) eleger ou designar os representantes da respectiva categoria ou profissão liberal;

d) colaborar com o Estado, como órgãos técnicos e consultivos, no estudo e solução dos problemas que se relacionam com a respectiva categoria ou profissão liberal;

e) impor contribuições a todos aqueles que participam das categorias econômicas ou profissionais ou das profissões liberais representadas.

Parágrafo único. Os sindicatos de empregados terão, outrossim, a prerrogativa de fundar e manter agências de colocação.

1. COMENTÁRIOS

A representação dos sindicatos, garantida na **alínea "a"** deste artigo, foi consideravelmente ampliada pela Constituição de 1988, art. 8º, III, interpretando como autorização "legal" para a substituição processual dos interesses da categoria, e não só dos associados, mesmo nas questões individuais (sobre a substituição processual pelo sindicato vide comentários aos arts. 195, § 2º e 872, § único, ambos da CLT).

A prerrogativa legal de **celebração de contratos coletivos** (**alínea "b"**) é interpretada como autorização para negociação coletiva. O termo "contrato coletivo" se afastou de seu sentido original e hoje serve para designar os instrumentos normativos denominados acordos e convenções coletivas de trabalho (arts. 611 a 625 da CLT).

A autonomia relativa que os sindicatos tinham para eleição de seus dirigentes, como se observa da extensa regulamentação do **procedimento eleitoral** (art.. 529 a 532), após a Constituição de 1988 passou a ser respeitada de forma plena. Até então, a prerrogativa da **alínea "c"** deste artigo, sofria intensa interferência estatal. Ainda assim, o art. 8º, VII, ao cuidar do direito do aposentado, filiado, votar e ser votado, promoveu interferência indesejável na liberdade de organização sindical.

A **colaboração com Estado**, prevista na **alínea "d"**, deve ser interpretada, após a CF/88, com outro enfoque. Na visão que vigorava quando da aprovação da CLT, a participação do sindicato, em colaboração com o Estado, era vista como forma de se fiscalizar suas atividades e, indiretamente, lhe retirar a autonomia e liberdade de atuação. Após a CF/88, esta alínea deve ser interpretada como uma elevação da função do sindicato, reconhecendo seu valor social na tutela dos interesses da categoria, podendo contribuir na formação e na melhoria das condições de vida dos trabalhadores e no relacionamento com a empresa.

A possibilidade de **criação de receitas, por iniciativa do sindicato**, conforme prevê a **alínea "e"** deste artigo, não pode desrespeitar o princípio da liberdade de associação, conforme art. 8º,

V, da CF, "ninguém será obrigado a se filiar nem a se manter filiado pelo sindicato.". Portanto, qualquer fixação de contribuição, por iniciativa sindical, **não poderá gerar discriminações**, impondo diferenciações entre associados e não associados; quanto a este último, qualquer cobrança fica condicionada à sua manifestação de vontade.

O custeio do sistema sindical brasileiro é feito por meio de pelo menos **quatro tipos de receitas**, consagradas no ordenamento jurídico, a saber:

a) contribuição sindical, de natureza facultativa, prevista em lei e amparada constitucionalmente (CLT, arts. 578 a 610 e CF, art. 8º, IV);

b) contribuição confederativa, com previsão constitucional e necessidade de aprovação em assembleia da categoria (art. 8º, IV, da CF), ainda assim devida somente aos associados do sindicado (**PN nº 119, da SDC/TST, S. 666, do STF e Súmula Vinculante nº 40**);

c) **mensalidade associativa**, exigível daqueles que tomarem a iniciativa de se associar ao sindicato;

d) a contribuição assistencial, em regra devida quando da assinatura da Convenção ou Acordo Coletivo de Trabalho, com a finalidade ressarcir a entidade sindical dos gastos com a negociação coletiva, dependente, outrossim, de aprovação em assembleia da categoria. Quanto a esta última, só pode ser imposta **aos associados** do sindicato (Godinho, Curso, jan-2009, p. 1233).

Das contribuições acima enumeradas somente a mensalidade associativa pode ser definida exclusivamente na forma dos estatutos do sindicato, aliás, como em qualquer entidade associativa. As demais, acima previstas, dependerão de outros requisitos, a saber: **a) previsão legal e autorização do empregado**, para a contribuição sindical; **b) autorização de assembleia da categoria**, para as contribuições confederativas e assistenciais, ambas exigíveis dos associados, mas a cobrança aos não associados, nos mesmos valores, fica condicionada à não oposição dos próprios.

O E. STF já pacificou o entendimento quanto à obrigatoriedade da contribuição sindical e a necessidade de assembleia da categoria para as demais, salvo a taxa associativa que é definida pelos estatutos da entidade sindical. A contribuição sindical deixou de ser obrigatória, com a redação da Lei nº nº 13.467, de 13.07.2017, imposta ao art. 578 da CLT.

> "A contribuição assistencial visa a custear as atividades assistenciais dos sindicatos, principalmente no curso de negociações coletivas. A contribuição confederativa destina-se ao financiamento do sistema confederativo de representação sindical patronal ou obreira. Destas, somente a segunda encontra previsão na CF (art. 8º, IV), que confere à assembleia geral a atribuição para criá-la. Este dispositivo constitucional garantiu a sobrevivência da contribuição sindical, prevista na CLT. Questão pacificada nesta Corte, no sentido de que somente a contribuição sindical prevista na CLT, por ter caráter parafiscal, é exigível de toda a categoria independente de filiação." (**RE 224.885-AgR**, Rel. Min. Ellen Gracie, julgamento em 8-6-2004, Segunda Turma, *DJ* de 6-8-2004.)".

2. SÚMULAS E ORIENTAÇÕES JURISPRUDENCIAIS

▶ **STF, SÚMULA VINCULANTE nº 40**

A CONTRIBUIÇÃO CONFEDERATIVA DE QUE TRATA O ART. 8º, IV, DA CONSTITUIÇÃO FEDERAL, SÓ É EXIGÍVEL DOS FILIADOS AO SINDICATO RESPECTIVO.

- **STF, Súmula nº 666**

A contribuição confederativa de que trata o art. 8º, IV, da Constituição, só é exigível dos filiados ao sindicato respectivo. Data: 24.9.2003

- **TST/PN-119**

CONTRIBUIÇÕES SINDICAIS – INOBSERVÂNCIA DE PRECEITOS CONSTITUCIONAIS – (nova redação dada pela SDC em sessão de 02.06.1998 – homologação Res. 82/1998, DJ 20.08.1998) "A Constituição da República, em seus arts. 5º, XX e 8º, V, assegura o direito de livre associação e sindicalização. É ofensiva a essa modalidade de liberdade cláusula constante de acordo, convenção coletiva ou sentença normativa estabelecendo contribuição em favor de entidade sindical a título de taxa para custeio do sistema confederativo, assistencial, revigoramento ou fortalecimento sindical e outras da mesma espécie, obrigando trabalhadores não sindicalizados. Sendo nulas as estipulações que inobservem tal restrição, tornam-se passíveis de devolução os valores irregularmente descontados."

3. QUESTÕES DE CONCURSOS

01. (FHS-ES/PROCURADOR/CESPE/2009) A respeito do direito do trabalho, julgue: O estado, por intermédio do ministério do trabalho, possui o direito de interferir e intervir nas atividades de um sindicato.

02. (TRT – 3ª REGIÃO/JUIZ DO TRABALHO SUBSTITUTO/2009/ADAPTADA) Constitui prerrogativa da entidade sindical profissional representar seus associados titulares de créditos derivados da legislação do trabalho ou decorrentes de acidente de trabalho que não comparecerem, pessoalmente ou por procurador, à assembleia geral de credores prevista na legislação que regulamenta a recuperação judicial, a extrajudicial, falência do empresário e da sociedade empresária, desde que apresente ao administrador judicial, até dez dias antes da assembleia, a relação dos associados que pretende representar.

03. (TRT 19 – Juiz do Trabalho Substituto 19ª região/2012/ADAPTADA) De acordo com a legislação e o entendimento da jurisprudência pacífica, analise o item a seguir: os sindicatos representativos de categorias econômicas ou profissionais e as empresas, inclusive as que não tenham representação sindical, quando provocados, não podem recusar-se à negociação coletiva.

GAB	1	E	2	C	3	C

✦ SINDICATOS: DEVERES

Art. 514. São deveres dos sindicatos:

a) colaborar com os poderes públicos no desenvolvimento da solidariedade social;

b) manter serviços de assistência judiciária para os associados;

c) promover a conciliação nos dissídios de trabalho.

d) sempre que possível, e de acordo com as suas possibilidades, manter no seu quadro de pessoal, em convênio com entidades assistenciais ou por conta própria, um assistente social com as atribuições específicas de promover a cooperação operacional na empresa e a integração profissional na Classe. (Incluída pela Lei nº 6.200, de 16.4.1975)

Parágrafo único. Os sindicatos de empregados terão, outrossim, o dever de:

a) promover a fundação de cooperativas de consumo e de crédito;

b) fundar e manter escolas de alfabetização e pré-vocacionais.

1. COMENTÁRIOS

A colaboração dos sindicatos, no sentido da alínea "a" deste artigo, não pode ser mais interpretada como cooptação pelos órgãos públicos; este dispositivo e outros tantos previstos neste Título V, destinado a regular a Organização Sindical, tinham por objetivo atrelar o sindicato aos interesses do Estado, com ampla interferência na liberdade sindical. Na atualidade, esta colaboração dos sindicatos com o Estado só pode ser vista no interesse da categoria que representam. São exemplos desta colaboração com o Estado o auxílio na fiscalização quanto à observância de normas da categoria, o serviço de homologação das rescisões contratuais, a participação em negociação coletiva com vistas à formação de acordos e convenções.

A assistência judiciária prevista na alínea "b" será necessariamente gratuita, tanto a associados quanto para não associados (art. 18, da Lei nº 5.584/70). O empregado terá direito à assistência judiciária desde que sua remuneração não ultrapasse 2 (dois) salários-mínimos ou, ganhando acima deste patamar, não esteja em condições de arcar com as despesas processuais sem o prejuízo do seu sustento ou de sua família (art. 14, § 1º, da Lei nº 5.584/70). Para prestar tal assistência o sindicato recebe a receita obrigatória da contribuição sindical, de associados e não associados; dentre as finalidades desta contribuição está a de prestar este tipo de assistência (art. 592).

A promoção da conciliação, prevista na alínea "c", não é função somente dos sindicatos, mas também de todos os órgãos do Judiciário Trabalhista (art. 764, da CLT). O sindicato teve a função conciliatória aperfeiçoada a partir da Lei nº 9.958/2000, que institui as Comissões de Conciliação Prévia, prevendo intensa participação dos entes sindicais (art. 625-A e seguintes da CLT).

A assistência social, prevista na alínea "d", é dever do Estado. Tal assistência foge às atribuições do sindicato e enfatiza o papel de colaboração que o legislador, à época, exigia da entidade sindical. A norma, de qualquer forma, não é imperativa, pois usa a expressão "sempre que possível". Muitos sindicatos prestam diversas formas de assistência, como colônias de férias, serviços médicos e dentários, mas a presença de uma assistente social à disposição dos associados é algo muito raro de se observar.

2. QUESTÕES DE CONCURSOS

01. (FCC – Juiz do Trabalho Substituto 20ª região/ 2012) São deveres dos Sindicatos de empregados e empregadores, dentre outros,

a) colaborar com os poderes públicos no desenvolvimento da solidariedade social e promover a fundação de cooperativas de consumo e de crédito.

b) manter serviços de assistência judiciária para os associados e fundar e manter escolas de alfabetização e pré-vocacionais.

c) celebrar convenções coletivas de trabalho e eleger ou designar os representantes da respectiva categoria ou profissão liberal.

d) promover a conciliação nos dissídios de trabalho e sempre que possível, e de acordo com as suas possibilidades, manter no seu Quadro de Pessoal, em convênio com entidades assistenciais ou por conta própria, um assistente social com as atribuições específicas de promover a cooperação operacional na empresa e a integração profissional na Classe.

e) colaborar com o Estado, como órgãos técnicos e consultivos, no estudo e solução dos problemas que se relacionam com a respectiva categoria ou profissão liberal e impor contribuições a todos aqueles que participam das categorias econômicas ou profissionais ou das profissões liberais representadas.

GAB	1	D

▸SEÇÃO II – DO RECONHECIMENTO E INVESTIDURA SINDICAL

✦ REQUISITOS PARA RECONHECIMENTO DO SINDICATO

Art. 515. As associações profissionais deverão satisfazer os seguintes requisitos para serem reconhecidas como sindicatos:

a) reunião de um terço, no mínimo, de empresas legalmente constituídas, sob a forma individual ou de sociedade, se se tratar de associação de empregadores; ou de um terço dos que integrem a mesma categoria ou exerçam a mesma profissão liberal se se tratar de associação de empregados ou de trabalhadores ou agentes autônomos ou de profissão liberal;

b) duração de 3 (três) anos para o mandato da diretoria;(Redação do Decreto-lei nº 771, de 19.8.1969)

c) exercício do cargo de presidente por brasileiro nato, e dos demais cargos de administração e representação por brasileiros.

Parágrafo único. O ministro do Trabalho, Indústria, e Comércio poderá, excepcionalmente, reconhecer como sindicato a associação cujo número de associados seja inferior ao terço a que se refere a alínea a.

1. COMENTÁRIOS

Este artigo não foi recepcionado pela CF/88, art. 8º, pois interfere na liberdade de organização sindical. Ademais, o Ministério do Trabalho não reconhece ou deixa de reconhecer o sindicato, sendo responsável, tão somente, pelo registro da entidade (vide comentários ao art. 518). A regra deste artigo, como também a do art. 512, são exigências de uma época em que a associação, para se tornar sindicato, e receber a outorga do Estado (Carta Sindical), precisava preencher os requisitos legais. As exigências não mais persistem após a CF/88.

Sérgio Pinto Martins, Comentários, 2010, p. 579, entende que o mandato de três anos, previsto na alínea "b" deste artigo, vincula o estatuto do sindicato que, segundo o autor, não poderá fixar prazo maior ou menor. A nosso ver, razão não assiste ao ilustre autor. A determinação do prazo do mandato será prevista exclusivamente nos estatutos da entidade sindical. A fixação legal de tal prazo configura interferência na administração do sindicato e, consequentemente, na liberdade sindical consagrada no art. 8º, da CF (no mesmo sentido: Russomano, Comentários, Vol. II, 1993, p. 629/630 e Carrion, Comentários, 2010, p. 487).

A exigência do mandato de três anos pode funcionar, no máximo, como regra suplementar, para coibir abusos por parte de sindicato cujo estatuto estabeleça mandato com previsão exagerada, como, por exemplo, superior ao do Presidente da República, ou, ainda, regras que permitam reeleições sucessivas na administração do sindicato, perpetuando seus dirigentes no poder. De qualquer forma, tais abusos só serão apurados pelo Judiciário, quando suscitado a anular as referidas cláusulas estatutárias.

A restrição dos cargos de administração do sindicato a brasileiros natos (alínea "c") também não foi recepcionada pela CF, art. 5º, caput e especialmente pelo art. 12, § 2º, que proíbe a discriminação entre brasileiros natos e naturalizados, salvo as hipóteses excepcionadas pela própria Constituição, que não fez menção aos cargos de dirigente sindical (sobre os cargos privativos de brasileiros natos vide comentários ao art. 353 da CLT).

✦ UNICIDADE SINDICAL

Art. 516. Não será reconhecido mais de um Sindicato representativo da mesma categoria econômica ou profissional, ou profissão liberal, em uma dada base territorial.

1. COMENTÁRIOS

Este artigo não foi recepcionado pela Constituição de 1988 no que tange ao reconhecimento do sindicato pelo Estado, mas o critério da unicidade sindical, previsto na norma, foi repetido no art. 8º, II, da CF. Segundo a norma constitucional, é vedada a criação de mais de um sindicato, representando a mesma categoria profissional ou econômica, na mesma base territorial mínima de um município. Portanto, observada esta regra, os sindicatos poderão se organizar livremente.

O **Ministério do Trabalho** não interferirá na liberdade de organização, mas ao receber o registro do sindicato, **poderá aferir o respeito à unicidade sindical e até negar o registro se não observado o critério do art. 8º, II, da CF.** Neste sentido o teor da **S. 677 do STF**: "Até que lei venha a dispor a respeito, cabe ao Ministério do Trabalho proceder ao registro das entidades sindicais e zelar pela observância do princípio da unicidade. (DJ de 9/10/2003, p. 4; DJ de 10/10/2003, p. 4; DJ de 13/10/2003, p. 4)".

Os julgados a seguir demonstram como o **STF** vem preservando a unicidade sindical:

> "Liberdade e unicidade sindical: competência para o registro de entidades sindicais (CF, art. 8º, I e II): recepção, pela CF/1988, da competência do Ministério do Trabalho para o registro. Esse registro é que propicia verificar se a unicidade sindical, limitação constitucional ao princípio da liberdade sindical, estaria sendo observada ou não, já que o Ministério do Trabalho é detentor das informações respectivas." (RE 222.285-AgR, Rel. Min. Carlos Velloso, julgamento em 26-2-2002, Segunda Turma, *DJ* de 22-3-2002.) No mesmo sentido: MI 144, Rel. Min. Sepúlveda Pertence, julgamento em 3-8-1992, Plenário, *DJ* de 28-5-1993."

> "O princípio da unicidade sindical, previsto no art. 8º, II, da CF, é a mais importante das limitações constitucionais à liberdade sindical." (RE 310.811-AgR, Rel. Min. Ellen Gracie, julgamento em 12-5-2009, Segunda Turma, *DJE* de 5-6-2009.)

A unicidade sindical não torna um sindicato, anteriormente registrado, o único representante da categoria, naquela base territorial, para sempre. É possível o desmembramento de sindicatos, respeitado o critério da unicidade, quando resultar em criação de novos sindicatos em base territorial inferior ao do sindicato mais antigo. Mais uma vez o **STF** corrobora esta tese, como se observa no julgado a seguir.

> "Sindicato: unicidade e desmembramento. O princípio da unicidade sindical (CF, art. 8º, II) não garante por si só ao sindicato a intangibilidade de sua base territorial; ao contrário, a jurisprudência do STF está consolidada no sentido da legitimidade constitucional do desmembramento territorial de um sindicato para constituir outro, por deliberação dos partícipes da fundação deste, desde que o território de ambos não se reduza a área inferior à de um Município (*v.g.*, MS 21.080, Rezek, *DJ* de 1º-10-1993; RE 191.231, Pertence, *DJ* de 6-8-1999; RE 153.534, Velloso, *DJ* de 11-6-1999; AgRgRE 207.910, Maurício, *DJ* de 4-12-1998; RE 207.780, Galvão, *DJ* de 17-10-1997; RE 180.222, Galvão, *DJ* de 29-8-2000). No caso, o Tribunal *a quo* assentou que não houve superposição sindical total, mas apenas um desmembramento que originou novas organizações sindicais regionais cuja área de atuação é menor do que a do agravante, o que não ofende a garantia constitucional da unicidade." (**RE 154.250-AgR**, Rel. Min. Sepúlveda Pertence, julgamento em **15-5-2007**, Primeira Turma, *DJ* de 8-6-2007.)".

Este conhecimento foi exigido no seguinte concurso público para ingresso no Cargo de Juiz do Trabalho Substituto:

✱ DISCURSIVA:

↳ **(TRT/3R/Juiz/2012) Determinada sociedade empresária admite a pluralidade sindical, firmando vários instrumentos coletivos em seu âmbito de atuação. Podemos pensar em validar tal situação jurídica? O princípio da unicidade é cogente? Qual sua natureza jurídica?**

Ler, em complemento, os comentários ao art. 511 da CLT.

2. QUESTÕES DE CONCURSOS

01. (TRT 3 – Juiz do Trabalho Substituto 3ª região/ 2012) A respeito da liberdade sindical, leia as afirmações abaixo e, em seguida, assinale a alternativa correta: embora a Constituição de 1988 tenha consagrado a liberdade de associação profissional ou sindical, manteve a unicidade sindical na mesma base territorial, que será definida pelos trabalhadores ou empregadores interessados, não podendo ser inferior à área de um Distrito Municipal.

GAB	1	E

✦ BASE TERRITORIAL DO SINDICATO

Art. 517. Os sindicatos poderão ser distritais, municipais, intermunicipais, estaduais e interestaduais. Excepcionalmente, e atendendo às peculiaridades de determinadas categorias ou profissões, o ministro do Trabalho, Indústria e Comércio poderá autorizar o reconhecimento de sindicatos nacionais.

§ 1º – O ministro do Trabalho, Indústria e Comércio, outorgará e delimitará a base territorial do sindicato.

§ 2º – Dentro da base territorial que lhe for determinada é facultado ao sindicato instituir delegacias ou secções para melhor proteção dos associados e da categoria econômica ou profissional ou profissão liberal representada.

1. COMENTÁRIOS

A base territorial mínima do sindicato, prevista na CF/88, art. 8º, II, corresponde ao território de um município. Não foi recepcionada a norma do art. 517 da CLT, que permite a formação de sindicatos distritais. É possível até mesmo a existência de sindicatos nacionais, como prevê este artigo, mas não a criação de sindicatos menores que a área de um município; estes sindicatos, como quaisquer outros, se organizarão livremente, mas sem a outorga do Estado para tanto. O Ministério do Trabalho atentará tão só para o respeito à unicidade sindical, quando solicitado o registro da entidade sindical (sobre a unicidade vide comentários ao art. 516).

2. INFORMATIVOS DO TST

▸ ***Ação anulatória. Acordos coletivos de trabalho celebrados com sindicatos nacionais. Impossibilidade de aplicação em base territorial onde exista sindicato local representante da categoria profissional. Princípio constitucional da uni – cidade sindical.***

Em observância ao **princípio da unicidade sindical**, não se aplicam acordos coletivos de trabalho celebrados com sindicatos nacionais à determinada base territorial onde exista sindicato local regularmente constituído e com legítima representatividade da categoria. Na espécie, apesar de existir sindicato de trabalhadores no transporte marítimo com atuação no Estado do Paraná, a empresa, por considerar necessária a uniformização das condições de trabalho nos locais de sua atuação, deixou de celebrar com ele negociação coletiva para firmar acordos coletivos com os sindicatos nacionais de condutores da marinha mercante, de marinheiros e moços e de mestres e contramestres, os quais foram declarados nulos pelo TRT de origem, ao fundamento de que a referida prática violou o art. 8º, II, da CF. Nesse contexto, a SDC, à unanimidade, reputando insuficiente o motivo declarado pela empresa, negou provimento aos recursos ordinários. TST-RO-2742-75.2010.5.09.0000, SDC, rel. Min. Márcio Eurico Vitral Amaro, 15.10.2013 (Informativo nº 63)

✦ PEDIDO DE RECONHECIMENTO DO SINDICATO

Art. 518. O pedido de reconhecimento será dirigido ao ministro do Trabalho, Indústria e Comércio, instruído com exemplar ou cópia autenticada dos estatutos da associação.

§ 1º – Os estatutos deverão conter:

a) a denominação e a sede da associação;

b) a categoria econômica ou profissional ou a profissão liberal cuja representação é requerida;

c) a afirmação de que a associação agirá como órgão de colaboração com os poderes públicos e as demais associações no sentido da solidariedade social e da subordinação dos interesses econômicos ou profissionais ao interesse nacional;

d) as atribuições, o processo eleitoral e das votações, os casos de perda de mandato e de substituição dos administradores;

e) o modo de constituição e administração do patrimônio social e o destino que lhe será dado no caso de dissolução;

f) as condições em que se dissolverá associação.

§ 2º – O processo de reconhecimento será regulado em instruções baixadas pelo ministro do Trabalho, Indústria e Comércio.

✦ INVESTIDURA SINDICAL

Art. 519. A investidura sindical será conferida sempre à associação profissional mais representativa, a juízo do Ministro do Trabalho, constituindo elementos para essa apreciação, entre outros:

a) o número de associados;

b) os serviços sociais fundados e mantidos;

c) o valor do patrimônio.

✦ RECONHECIMENTO COMO SINDICATO

Art. 520. Reconhecida como sindicato a associação profissional, ser-lhe-á expedida carta de reconhecimento, assinada pelo ministro do Trabalho, Indústria e Comércio, na qual será especificada a representação econômica ou profissional conferida e mencionada a base territorial outorgada.

Parágrafo único. O reconhecimento investe a associação nas prerrogativas do art. 513 e a obriga aos deveres do art. 514, cujo inadimplemento a sujeitará às sanções desta lei.

1. COMENTÁRIOS

Dispõe o art. 8º, I, da CF: "I – a lei não poderá exigir autorização do Estado para a fundação de sindicato, ressalvado o registro no órgão competente, vedadas ao Poder Público a interferência e a intervenção na organização sindical".

Ao consagrar o princípio da liberdade sindical, a Constituição retirou do Estado o poder de outorga da Carta Sindical, como autorização para funcionamento do sindicato. Portanto, as normas dos artigos 518 a 520, criadas como exigência para constituição do sindicato, não foram recepcionadas pela CF/88.

A própria norma constitucional, – art. 8º, I –, ressalvou a necessidade de registro do sindicato no órgão competente, como requisito para sua existência jurídica. Registro não se confunde com autorização do Estado. O registro consiste no simples depósito dos estatutos do sindicato no Ministério do Trabalho. O único juízo que este órgão poderá fazer, no que tange ao registro do sindicato, diz respeito à verificação do respeito à unicidade sindical. Neste sentido a S. 677 do STF: "Até que lei venha a dispor a respeito, cabe ao Ministério do Trabalho proceder ao registro das entidades sindicais e zelar pela observância do princípio da unicidade. (DJ de 9/10/2003, p. 4; DJ de 10/10/2003, p. 4; DJ de 13/10/2003, p. 4)".

Para registro da entidade sindical, os interessados deverão cumprir as exigências da Portaria do MTE nº 186, de 10.4.2008 (DOU de 14.4.2008), que revogou a Portaria 343, de 4.5.2000, disponível em www.mte.gov.br.

A doutrina diverge quanto à necessidade ou não de duplo registro: no Ministério do Trabalho e no Registro Civil de Pessoas Jurídicas. O STF, não interferindo nesta polêmica, enxerga como indispensável ao menos o registro no Ministério do Trabalho. Neste sentido a seguinte decisão:

> "Liberdade e unicidade sindical e competência para o registro de entidades sindicais (CF, art. 8º, I e II): recepção em termos, da competência do Ministério do Trabalho, sem prejuízo da possibilidade de a lei vir a criar regime diverso. O que é inerente à nova concepção constitucional positiva de liberdade sindical é, não a inexistência de registro público – o qual é reclamado, no sistema brasileiro, para o aperfeiçoamento da constituição de toda e qualquer pessoa jurídica de direito privado –, mas, a teor do art. 8º, I, do Texto Fundamental, 'que a lei não poderá exigir autorização do Estado para a fundação de sindicato': o decisivo, para que se resguardem as liberdades constitucionais de associação civil ou de associação sindical, é, pois, que se trate efetivamente de simples registro – ato vinculado, subordinado apenas à verificação de pressupostos legais –, e não de autorização ou de reconhecimento discricionários. (...) O temor compreensível – subjacente à manifestação dos que se opõem à solução –, de que o hábito vicioso dos tempos passados tenda a persistir, na tentativa, consciente ou não, de fazer da competência para o ato formal e vinculado do registro, pretexto para a sobrevivência do controle ministerial asfixiante sobre a organização sindical, que a Constituição quer proscrever – enquanto não optar o legislador por disciplina nova do registro sindical, – há de ser obviado pelo controle jurisdicional da ilegalidade e do abuso de poder, incluída a omissão ou o retardamento indevidos da autoridade competente." (MI 144, Rel. Min. Sepúlveda Pertence, julgamento em 3-8-1992, Plenário, DJ de 28-5-1993). No mesmo sentido: RE 222.285-AgR, Rel. Min. Carlos Velloso, julgamento em 26-2-2002, Segunda Turma, DJ de 22-3-2002.

2. INFORMATIVOS DO TST

Sindicato e organização de cooperativas. Não vinculação a determinada atividade econômica. Legitimidade ad processum. Orientação Jurisprudencial nº 15 da SDC.

Nos termos da Orientação Jurisprudencial nº 15 da SDC, a comprovação da legitimidade *ad processum* da entidade sindical se faz por seu registro no órgão competente do Ministério do Trabalho e Emprego e, sendo incontroverso que o Sindicato e Organização das Cooperativas do Estado do Rio Grande do Sul – OCERGS atende à referida diretriz, válida é a convenção coletiva firmada por ele com sindicato profissional. Ademais, as cooperativas, em virtude de sua natureza peculiar e, sobretudo, em razão da ausência de fins lucrativos, que as diferem de outros setores econômicos, envolvem interesses comuns que justificam associação específica, não havendo falar em ilegitimidade da OCERGS simplesmente pelo fato de englobar as cooperativas em geral, validamente existentes em sua base territorial, sem representação vinculada a uma atividade econômica específica. Com esses fundamentos, a SDC, por maioria, conheceu e negou provimento a recurso ordinário interposto por sindicato patronal que pedia o reconhecimento da ilegitimidade passiva *ad causam* da OCERGS, vencidos os Ministros Márcio Eurico Vitral Amaro, Mauricio Godinho Delgado e Kátia Magalhães Arruda. TST-RO-12542-68.2010.5.04.0000, SDC, rel. Min. Maria de Assis Calsing, 10.6.2013 (Informativo nº 50)

3. QUESTÕES DE CONCURSOS

01. (FCC – TRT 14 – Analista Judiciário/2011) Considere as seguintes assertivas:

I. As organizações de trabalhadores e de entidades patronais estão sujeitas à suspensão por via administrativa.

II. Os trabalhadores e as entidades patronais, sem distinção de qualquer espécie, têm o direito, sem autorização prévia, de constituírem organizações da sua escolha.

III. As organizações de trabalhadores e de entidades patronais têm o direito de elaborar os seus estatutos e regulamentos administrativos, mas devem submetê-los a registro em órgão público para a análise da legalidade e adequação aos interesses nacionais.

De acordo com a Convenção na 87 da Organização Internacional do Trabalho, está correto o que se afirma APENAS em

a) I.
b) II.
c) III.
d) I e II.
e) II e III.

GAB	1	B

✦ **CONDIÇÕES DE FUNCIONAMENTO DO SINDICATO**

Art. 521. São condições para o funcionamento do Sindicato:

a) proibição de qualquer propaganda de doutrinas incompatíveis com as instituições e os interesses da Nação, bem como de candidaturas a cargos eletivos estranhos ao sindicato.(Redação dada pelo Decreto-lei nº 9.502, de 23.7.1946)

b) proibição de exercício de cargo eletivo cumulativamente com o de emprego remunerado pelo sindicato ou por entidade sindical de grau superior;

c) gratuidade do exercício dos cargos eletivos.

d) proibição de quaisquer atividades não compreendidas nas finalidades mencionadas no art. 511, inclusive as de caráter político-partidário;(Incluída pelo Decreto-lei nº 9.502, de 23.7.1946)

e) proibição de cessão gratuita ou remunerada da respectiva sede a entidade de índole político-partidária. (Incluída pelo Decreto-lei nº 9.502, de 23.7.1946)

Parágrafo único. Quando, para o exercício de mandato, tiver o associado de sindicato de empregados, de trabalhadores autônomos ou de profissionais liberais de se afastar do seu trabalho, poderá ser-lhe arbitrada pela assembleia geral uma gratificação nunca excedente da importância de sua remuneração na profissão respectiva.

1. COMENTÁRIOS

Não pode a lei interferir na organização e administração sindical (art. 8º, I, da CF). As condições de funcionamento do sindicato, que compreendem a remuneração ou não do cargo de dirigente, finalidades da instituição, uso de sua sede, são previstas no estatuto da entidade. O sindicato é órgão político, mas não no sentido partidário. A tomada de decisões político-partidárias por parte da diretoria, desde que autorizada em assembleia e com vinculação aos interesses da categoria, não representa afastamento dos fins institucionais do sindicato.

Nada obsta, também, que a sede da entidade seja cedida, a título gratuito ou oneroso, para realização de outras atividades, de cunho político ou não, desde que não haja proibição no estatuto da entidade sindical. Sergio Pinto Martins, Comentários, 2010, p. 583, em sentido contrário, entende que continua em vigor a norma da alínea "d" deste artigo, que proíbe a atividade político-partidária pelo sindicato.

▸**SEÇÃO III – DA ADMINISTRAÇÃO DO SINDICATO**

✦ **DIRETORIA E CONSELHO FISCAL DO SINDICATO**

Art. 522. A administração do sindicato será exercida por uma diretoria constituída no máximo de sete e no mínimo de três membros e de um Conselho Fiscal composto de três membros, eleitos esses órgãos pela Assembleia Geral.

§ 1º – A diretoria elegerá, dentre os seus membros, o presidente do sindicato.

§ 2º – A competência do Conselho Fiscal é limitada à fiscalização da gestão financeira do sindicato.

§ 3º – Constituirão atribuição exclusiva da Diretoria do Sindicato e dos Delegados Sindicais, a que se refere o art. 523, a representação e a defesa dos interesses da entidade perante os poderes públicos e as empresas, salvo mandatário com poderes outorgados por procuração da Diretoria, ou associado investido em representação prevista em lei.(Incluído pelo Decreto-lei nº 9.502, de 23.7.1946)

1. COMENTÁRIOS

Sobre a vigência deste dispositivo, mesmo após a Constituição de 1988, duas correntes doutrinárias dominaram o debate.

A primeira, defendendo a não recepção (ou revogação) do art. 511 diante da norma do art. 8º, I, da CF, que não permite a interferência do Estado na organização sindical; assim, para os defensores desta corrente, a limitação de dirigentes sindicais ao quantitativo deste artigo, em número máximo de 7 diretores e 3 membros do Conselho Fiscal, não teria sido recepcionada pela CF/88.

A segunda, que acabou prevalecendo na jurisprudência do TST, conforme S. 369, II (prevendo garantia de emprego somente para os 7 dirigentes e seus suplentes), não vê interferência na organização sindical, quando é o legislador, e não o executivo, que estabelece a limitação do número de dirigentes. A limitação ao número máximo de 7 dirigentes (e seus suplentes), segundo esta corrente, não fere o princípio da razoabilidade e evita abusos de constituição de diretorias numerosas tão só para ampliar o número de empregados garantidos no emprego (art. 543, § 3º, da CLT e art. 8º, VIII, da CF). No mesmo sentido já decidiu o E. STF, como se observa da ementa a seguir transcrita.

> "É dizer, estabelece a Constituição estabilidade para os dirigentes sindicais. Seria possível, então, à lei disciplinar a matéria, em termos de número de dirigentes sindicais? Penso que sim. Caso contrário, podendo o sindicato estabelecer o número de dirigentes, poderia estabelecer número excessivo, com a finalidade de conceder-lhes a estabilidade sindical do art. 8º, VIII, da CF, e art. 543, § 3º, CLT." (RE 193.345, voto do Rel. Min. Carlos Velloso, julgamento em 13-4-1999, Segunda Turma, DJ de 28-5-1999.) No mesmo sentido: AI 735.158-AgR, Rel. Min. Cármen Lúcia, julgamento em 9-6-2009, Primeira Turma, DJE de 7-8-2009."

Sérgio Pinto Martins, Comentários, 2010, p. 585, adepto desta tese, ainda acrescenta que a fixação do número de dirigentes exclusivamente ao arbítrio do sindicato, configura ato ilícito; neste sentido a norma do art. 122 do Código Civil: "Art. 122. São lícitas, em geral, todas as condições não contrárias à lei, à ordem pública ou aos bons costumes; entre as condições defesas se incluem as que privarem de todo efeito o negócio jurídico, ou o sujeitarem ao puro arbítrio de uma das partes.". As condições desta natureza são qualificadas como potestativas puras e são vedadas pelo direito brasileiro.

A jurisprudência do TST, OJ nº 365 da SBDI-1, firmou o entendimento de que os membros do Conselho Fiscal não são destinatários da garantia de emprego prevista na CLT, art. 543, § 3º e na Constituição da República, art. 8º, VIII.

2. SÚMULAS E ORIENTAÇÕES JURISPRUDENCIAIS

Ver art. 543 da CLT.

3. QUESTÕES DE CONCURSOS

01. (AGU/ADVOGADO DA UNIÃO/CESPE/2009) Suponha que Plínio seja eleito diretor esportivo do Sindicato dos Empregados em Estabelecimentos de Ensino de São Paulo. Nessa situação hipotética, caso Plínio seja o 15º diretor da entidade, ele não será detentor de estabilidade sindical.

02. (TRT 8 – Juiz do Trabalho Substituto 8ª região/ 2012) De acordo com a jurisprudência dominante do TST, é CORRETO afirmar que: o art. 522 da CLT, que limita a sete o número de dirigentes sindicais, foi recepcionado pela Constituição Federal, de modo que, a estabilidade a que alude o art. 543, § 3º, da CLT, fica limitada a sete dirigentes sindicais e a igual número de suplentes.

GAB	1	C	2	C

✦ DELEGADOS SINDICAIS

Art. 523. Os Delegados Sindicais destinados à direção das delegacias ou seções instituídas na forma estabelecida no § 2º do art. 517 serão designados pela diretoria dentre os associados radicados no território da correspondente delegacia.

1. COMENTÁRIOS

Tanto a CLT (art. 543, § 3º), quanto a Constituição da República (art. 8º, VIII) só preveem a proteção ao representante sindical eleito; a legitimidade do dirigente sindical, que chega ao cargo pela via da eleição, também atrai os olhos de seu empregador, deixando-o vulnerável a eventuais pressões por parte deste. Por estas razões o sistema jurídico-trabalhista prevê a garantia de emprego ao dirigente sindical.

O delegado sindical, ao contrário do dirigente, é designado pela diretoria eleita. Não passa, portanto, pelo crivo do voto de seus pares, razão pela qual não está sujeito às mesmas pressões que o dirigente sindical. Sem eleição, o delegado não será destinatário da proteção legal, não tendo direito a qualquer garantia no emprego, conforme interpreta aOJ nº 369da SBDI-1/TST. A *contrario sensu* e com base nas mesmas premissas, pode-se estender a garantia de emprego ao delegado sindical que se submeta ao mesmo processo eleitoral que o dirigente sindical (no mesmo sentido: Carrion, Comentários, 2010, p. 498).

2. SÚMULAS E ORIENTAÇÕES JURISPRUDENCIAIS

▸ **TST/OJ-SDI1-369.** ESTABILIDADE PROVISÓRIA. DELEGADO SINDICAL. INAPLICÁVEL (DEJT divulgado em 03, 04 e 05.12.2008). O delegado sindical não é beneficiário da estabilidade provisória prevista no art. 8º, VIII, da CF/1988, a qual é dirigida, exclusivamente, àqueles que exerçam ou ocupem cargos de direção nos sindicatos, submetidos a processo eletivo.

3. QUESTÕES DE CONCURSOS

01. (TRT 14 – Juiz do Trabalho Substituto 14ª região/ 2012) Analise as assertivas abaixo e após marque a única alternativa correta: o delegado sindical não é beneficiário da estabilidade provisória prevista no art. 8°, VIII, da CF/1988, a qual é dirigida, tão somente, àqueles que exerçam ou ocupem cargos de direção nos sindicatos, submetidos a processo eletivo.

GAB	1	C

✦ DELIBERAÇÕES DA ASSEMBLEIA GERAL: ESCRUTÍNIO SECRETO

Art. 524. Serão sempre tomadas por escrutínio secreto, na forma estatutária, as deliberações da Assembleia Geral concernentes aos seguintes assuntos:(Redação da Lei nº 2.693, de 23.12.1955)

a) eleição de associado para representação da respectiva categoria prevista em lei;(Redação dada pelo Decreto-lei nº 9.502, de 23.7.1946)

b) tomada e aprovação de contas da diretoria;(Redação dada pelo Decreto-lei nº 9.502, de 23.7.1946)

c) aplicação do patrimônio;(Redação dada pelo Decreto-lei nº 9.502, de 23.7.1946)

d) julgamento dos atos da Diretoria, relativos a penalidades impostas a associados;(Redação dada pelo Decreto-lei nº 9.502, de 23.7.1946)

e) pronunciamento sobre relações ou dissídio de trabalho. Neste caso, as deliberações da assembleia Geral só serão consideradas válidas quando ela tiver sido especialmente convocada para esse fim, de acordo com as disposições dos estatutos da entidade sindical. O quorum para validade da assembleia será de metade mais um dos associados quites; não obtido esse quorum em primeira convocação, reunir-se-á a assembleia em segunda convocação com os presentes, considerando-se aprovadas as deliberações que obtiverem 2/3 (dois terços) dos votos.(Incluída pela Lei nº 2.693, de 23.12.1955)

§ 1º – A eleição para cargos de diretoria e conselho fiscal será realizada por escrutínio secreto, durante 6 (seis) horas contínuas, pelo menos, na sede do Sindicato, na de suas delegacias e seções e nos principais locais de trabalho, onde funcionarão as mesas coletoras designadas pelos Delegados Regionais do Trabalho. (Redação dada pelo Decreto-lei nº 9.502, de 23.7.1946)

§ 2º – Concomitantemente ao término do prazo estipulado para a votação, instalar-se-á, em Assembleia Eleitoral pública e permanente, na sede do Sindicato, a mesa apuradora, para a qual serão enviadas, imediatamente, pelos presidentes das mesas coletoras, as urnas receptoras e as atas respectivas. Será facultada a designação de mesa apuradora supletiva sempre que as peculiaridades ou conveniências do pleito a exigirem. (Redação dada pelo Decreto-lei nº 9.502, de 23.7.1946)

§ 3º – A mesa apuradora será presidida por membro do Ministério Público do Trabalho ou pessoa de notória idoneidade, designado pelo Procurador-Geral da Justiça do Trabalho ou Procuradores Regionais. (Redação dada pelo Decreto-lei nº 9.502, de 23.7.1946)

§ 4º – O pleito só será válido na hipótese de participarem da votação mais de 2/3 (dois terços) dos associados com capacidade para votar. Não obtido esse coeficiente, será realizada nova eleição dentro de 15 (quinze) dias, a qual terá validade se nela tomarem parte mais de 50% (cinqüenta por cento) dos referidos associados. Na hipótese de não ter sido alcançado, na segunda votação, o coeficiente exigido, será realizado o terceiro e último pleito, cuja validade dependerá do voto de mais de 40% (quarenta por cento) dos aludidos associados, proclamando o Presidente da mesa apuradora em qualquer dessas hipóteses os eleitos, os quais serão empossados automaticamente na data do término do mandato expirante, não tendo efeito suspensivo os protestos ou recursos oferecidos na conformidade da lei.(Redação da Lei nº 2.693, de 23.12.1955)

§ 5º – Não sendo atingido o coeficiente legal para eleição, o Ministério do Trabalho declarará a vacância da administração, a partir do término do mandato dos membros em exercício, e designará administrador para o Sindicato, realizando-se novas eleições dentro de 6 (seis) meses.(Incluído pelo Decreto-lei nº 9.502, de 23.7.1946)

1. COMENTÁRIOS

A interferência nos procedimentos de deliberação do sindicato, como a determinação de observância de escrutínio secreto e quorum de votação, são resquícios da estreita relação do Estado com o ente sindical. Não são mais admitidas tais ingerências, desde que a Constituição de 1988 previu as garantias de liberdade sindical e não intervenção do Estado (art. 8º, I, da CF). As regras deste artigo 524 não foram recepcionadas pela CF/88 (neste sentido: Carrion, Comentários, 2010, p. 489 e Russomano, Comentários, Vol. II, 1993, p. 638/639).

José Augusto Rodrigues Pinto, Tratado, junho-2007, p. 739, sintetiza a opinião da maioria da doutrina pela não recepção desta norma diante da Constituição de 1988: "A propósito da atividade eleitoral da Assembleia Geral, a liberdade de organização e de administração alcançada com as novas normas constitucionais de 1988, afastando os dispositivos de controle do art. 524 e seguintes da Consolidação, abriu caminho para a simplificação do respectivo processo, de cuja complexidade legal se queixava a maioria dos estudiosos do sindicalismo em nosso direito positivo.".

Alguns autores entendem que o quorum de associados para as deliberações da assembleia, nos temas previstos neste artigo, foi recepcionado pela CF/88. Saad, CLT Comentada, 2009, p. 720, afirma que a preservação do quorum legal não ofende a liberdade sindical; pelo contrário, "são cuidados válidos do legislador para que, no regime de sindicato único, as facetas da liberdade sindical, referentes a direitos dos associados, não sejam violentadas."

Sergio Pinto Martins, Comentários, 2010, p. 588, também defende a manutenção do quorum legal, sem ofensa ao princípio da liberdade sindical, estando de acordo com o princípio da legalidade. Para o autor, entre os "dissídios de trabalho" referidos na alínea "e" do art. 524, está a substituição processual, que também deverá observar o quorum deste artigo.

Qualquer que seja a posição que se adote, a assembleia geral sobre greve observa norma própria do art. 4º, da Lei nº 7.783/89, não se aplicando a regra geral deste artigo.

✦ **PROIBIÇÃO DE INTERFERÊNCIAS EXTERNAS**

Art. 525. É vedada a pessoas físicas ou jurídicas, estranhas ao Sindicato, qualquer interferência na sua administração ou nos seus serviços.(Incluído pelo Decreto-lei nº 9.502, de 23.7.1946)

Parágrafo único. Estão excluídos dessa proibição:

a) os delegados do Ministério do Trabalho, especialmente designados pelo ministro ou por quem o represente;

b) os que, como empregados, exerçam cargos no sindicato mediante autorização da assembleia Geral.

✦ **EMPREGADOS DOS SINDICATOS**

Art. 526. Os empregados do sindicato serão nomeados pela diretoria respectiva ad referendum, da assembleia Geral, não podendo recair tal nomeação nos que estiverem nas condições previstas nos itens II, IV, V, VI, VII e VIII do art. 530 e, na hipótese de o nomeador haver sido dirigente sindical, também nas do item I do mesmo artigo.

Parágrafo único. Revogado pela Lei nº 11.295, de 2006

§ 2º – Aplicam-se ao empregado de entidade sindical os preceitos das leis de proteção do trabalho e de previdência social, inclusive o direito de associação em sindicato.(Incluído pela Lei nº 11.295, de 2006)

✦ **LIVRO DE REGISTRO**

Art. 527. Na sede de cada sindicato haverá um livro de registro, autenticado pelo funcionário competente do Ministério do Trabalho, e do qual deverão constar:

a) tratando-se de sindicato de empregadores; a firma, individual ou coletiva, ou a denominação das empresas e sua sede, o nome, idade, estado civil, nacionalidade e residência dos respectivos sócios ou, em se tratando de sociedade por ações, dos diretores, bem como a indicação desses dados quanto ao sócio ou diretor que representar a empresa no sindicato;

b) tratando-se de sindicato de empregados ou de agentes ou trabalhadores autônomos ou de profissionais liberais, além do nome, idade, estado civil, nacionalidade, profissão ou função e residência de cada associado, o estabelecimento ou lugar onde exerce a sua profissão ou função, o número e a série da respectiva carteira profissional e o número da inscrição na instituição de previdência a que pertencer.

✦ **INTERVENÇÃO DO MINISTRO DO TRABALHO**

Art. 528. Ocorrendo dissídio ou circunstâncias que perturbem o funcionamento de entidade sindical ou motivos relevantes de segurança nacional, o Ministro do Trabalho e Previdência Social poderá nela intervir, por intermédio de Delegado ou de Junta Interventora, com atribuições para administrá-la e executar ou propor as medidas necessárias para normalizar-lhe o funcionamento.(Redação dada pelo Decreto-lei nº 3, de 27.1.1966)

1. COMENTÁRIOS

As regras dos artigos 525 a 528 interferem na organização sindical e, consequentemente, não foram recepcionadas pelo art. 8º, I, da CF.

A única exceção é feita ao § 2º do art. 526, que garante a proteção da legislação do trabalho e o direito de associação aos empregados do sindicato; trata-se de regra introduzida pela Lei nº 11.295, de 2006, já sobre a égide da CF/88. A citada lei, ao mesmo tempo, revogou o § único do art. 526, que expressamente proibia o direito de associação dos empregados de sindicato. Mesmo antes da revogação expressa do § único, a doutrina já interpretava a não recepção da norma pela Constituição de 1988, que garantia a liberdade de associação em sindicato.

Sergio Pinto Martins, Comentários, 2010, p. 591, defende que a norma do art. 528, além da não recepção pelo art. 8º, I, da CF, foi revogada expressamente. Segundo o autor, a Lei nº

8.630/93, art. 76, revogou a Decreto-Lei nº 3, de 27.1.1966, revogando, também, o art. 528, que teve a redação determinada pelo referido decreto-lei.

SEÇÃO IV – DAS ELEIÇÕES SINDICAIS

✦ REQUISITOS PARA A ELEIÇÃO

Art. 529. São condições para o exercício do direito do voto como para a investidura em cargo de administração ou representação econômica ou profissional:

a) ter o associado mais de seis meses de inscrição no Quadro Social e mais de 2 (dois) anos de exercício da atividade ou da profissão;(Redação do Decreto-lei nº 8.080, 11.10.1945)

b) ser maior de 18 (dezoito) anos;

c) estar no gozo dos direitos sindicais.

Parágrafo único. É obrigatório aos associados o voto nas eleições sindicais. (Incluído pelo Decreto-lei nº 229, de 28.2.1967)

✦ EMPREGADOS NÃO ELEGÍVEIS

Art. 530. Não podem ser eleitos para cargos administrativos ou de representação econômica ou profissional, nem permanecer no exercício desses cargos:(Redação do Decreto-lei nº 229, de 28.2.1967)

I – os que não tiverem definitivamente aprovadas as suas contas de exercício em cargos de administração;

II – os que houverem lesado o patrimônio de qualquer entidade sindical;

III – os que não estiverem, desde dois (2) anos antes, pelo menos, no exercício efetivo da atividade ou da profissão dentro da base territorial do sindicato, ou no desempenho de representação econômica ou profissional;

IV – os que tiverem sido condenados por crime doloso enquanto persistirem os efeitos da pena;

V – os que não estiverem no gozo de seus direitos políticos;

VII – má conduta, devidamente comprovada;(Incluído pelo Decreto-lei nº 507, de 18.3.1969)

VIII – Revogado pela Lei nº 8.865, de 29.3.1994.

✦ ELEIÇÕES PARA A DIRETORIA E CONSELHO FISCAL

Art. 531. Nas eleições para cargos de diretoria e do conselho fiscal serão considerados eleitos os candidatos que obtiverem maioria absoluta de votos em relação ao total dos associados eleitores.

§ 1º – Não concorrendo à primeira convocação maioria absoluta de eleitores, ou não obtendo nenhum dos candidatos essa maioria, proceder-se-á à nova convocação para dia posterior, sendo então considerados eleitos os candidatos que obtiverem maioria dos eleitores presentes.

§ 2º – Havendo somente uma chapa registrada para as eleições, poderá a assembleia em última convocação ser realizada duas horas após à primeira convocação desde que do edital respectivo conste essa advertência.

§ 3º – Concorrendo mais de uma chapa poderá o Ministério do Trabalho designar o presidente da sessão eleitoral, desde que o requeiram os associados que encabeçarem as respectivas chapas.(Redação do Decreto-lei nº 8.080, 11.10.1945)

§ 4º – O Ministro do Trabalho, Indústria e Comércio expedirá instruções regulando o processo das eleições.

✦ PROCEDIMENTO ELEITORAL

Art. 532. As eleições para a renovação da Diretoria e do Conselho Fiscal deverão ser procedidas dentro do prazo máximo de 60 (sessenta) dias e mínimo de 30 (trinta) dias, antes do término do mandato dos dirigentes em exercício.(Redação dada pelo Decreto-lei nº 8.080, 11.10.1945)

§ 1º – Não havendo protesto na ata da assembleia eleitoral ou recurso interposto por algum dos candidatos, dentro de 15 dias a contar da data das eleições, a posse da diretoria eleita independerá, da aprovação das, eleições pelo Ministério do Trabalho, Indústria e Comercio.

§ 2º – Competirá à diretoria em exercício, dentro de 30 dias da realização das eleições e não tendo havido recurso, dar publicidade ao resultado do pleito, fazendo comunicação ao órgão local do Ministério do Trabalho, da relação dos eleitos, com os dados pessoais de cada um e a designação da função que vai exercer.

§ 3º – Havendo protesto na ata da assembleia eleitoral ou recurso interposto dentro de 15 dias da realização das eleições, competirá a diretoria em exercício encaminhar, devidamente instruído, o processo eleitoral ao órgão local do Ministério do Trabalho, que o encaminhará para decisão do Ministro de Estado. Nesta hipótese, permanecerão na administração até despacho final do processo a diretoria e o conselho fiscal que se encontrarem em exercício.

§ 4º – Não se verificando as hipóteses previstas no parágrafo anterior, a posse da nova diretoria deverá se verificar dentro de 30 dias subsequentes ao término do mandato da anterior.

§ 5º – Ao assumir o cargo, o eleito prestará, por escrito e solenemente, o compromisso de respeitar, no exercício do mandato, a Constituição, as leis vigentes e os estatutos da entidade.(Incluído pelo Decreto-lei nº 229, de 28.2.1967)

1. COMENTÁRIOS

É clara a interferência das regras instituídas pelos artigos 529 a 532 na organização sindical. A liberdade prevista no art. 8º, I, não permite tamanha ingerência no procedimento eleitoral das entidades sindicais que, após CF/88, será exclusivamente regido pelos estatutos do sindicato.

Eventuais abusos poderão ser levados ao Judiciário Trabalhista, conforme competência instituída no art. 114, III, da Constituição da República, com redação da EC nº 45/2004. A S. nº 4 do STJ, que atribuía tal competência à Justiça Comum Estadual, foi superada pela EC 45/2004 (A referida súmula tem a seguinte redação: Compete à Justiça Estadual julgar a causa decorrente do processo eleitoral sindical.).

2. QUESTÕES DE CONCURSOS

01. (TRT 21 – Juiz do Trabalho Substituto 21ª região/ 2012) Um dos princípios jurídicos do direito coletivo do trabalho é o da interveniência sindical na negociação coletiva. A respeito desse princípio e seus desdobramentos, é correto afirmar: segundo esse princípio, a participação dos sindicatos de trabalhadores é indispensável nas negociações coletivas, sujeitando-se, contudo, ao atendimento das regras atinentes à comprovação da legalidade da constituição do sindicato e legitimidade da sua atuação, representada pela regular eleição da diretoria e discussão, em assembleia geral, das matérias que serão objeto da negociação coletiva.

GAB	1	C

SEÇÃO V – DAS ASSOCIAÇÕES SINDICAIS DE GRAU SUPERIOR

✦ FEDERAÇÕES E CONFEDERAÇÕES

Art. 533. Constituem associações sindicais de grau superior as federações e confederações organizadas nos termos desta Lei.

✦ CONSTITUIÇÃO DA FEDERAÇÃO: MÍNIMO DE 5 SINDICATOS

Art. 534. É facultado aos sindicatos, quando em número não inferior a 5 (cinco), desde que representem a maioria absoluta de um grupo de atividades ou profissões idênticas, similares ou conexas, organizarem-se em federação.(Redação da Lei nº 3.265, de 22.9.1957)

§ 1º – Se já existir federação no grupo de atividades ou profissões em que deva ser constituída a nova entidade, a criação desta não poderá reduzir a menos de 5 (cinco) o número de sindicatos que àquela devam continuar filiados.

§ 2º As federações serão constituídas por Estados, podendo o Ministro do Trabalho, Industria e Comercio autorizar a constituição de Federações interestaduais ou nacionais.

§ 3º – É permitido a qualquer federação, para o fim de lhes coordenar os interesses, agrupar os sindicatos de determinado município ou região a ela filiados; mas a união não terá direito de representação das atividades ou profissões agrupadas.

✦ **CONSTITUIÇÃO DAS CONFEDERAÇÕES: MÍNIMO DE 3 FEDERAÇÕES**

Art. 535. As Confederações organizar-se-ão com o mínimo de 3 (três) federações e terão sede na Capital da República.

§ 1º – As confederações formadas por federações de sindicatos de empregadores denominar-se-ão: Confederação Nacional da Indústria, Confederação Nacional do Comércio, Confederação Nacional de Transportes Marítimos, Fluviais e Aéreos, Confederação Nacional de Transportes Terrestres, Confederação Nacional de Comunicações e Publicidade, Confederação Nacional das Empresas de Crédito e Confederação Nacional de Educação e Cultura.

§ 2º – As confederações formadas por federações de sindicatos de empregados terão a denominação de: Confederação Nacional dos Trabalhadores na Indústria, Confederação Nacional dos Trabalhadores no Comércio, Confederação Nacional dos Trabalhadores em Transportes Marítimos, Fluviais e Aéreos, Confederação Nacional dos Trabalhadores em Transportes Terrestres, Confederação Nacional dos Trabalhadores em Comunicações e Publicidade, Confederação Nacional dos Trabalhadores nas Empresas de Crédito e Confederação Nacional dos Trabalhadores em Estabelecimentos de Educação e Cultura.

§ 3º – Denominar-se-á Confederação Nacional das Profissões Liberais a reunião das respectivas federações.

§ 4º – As associações sindicais de grau superior da Agricultura e Pecuária serão organizadas na conformidade do que dispuser a lei que regular a sindicalização dessas atividades ou profissões.

Art. 536. Revogado pelo Decreto-Lei nº 229, de 28.2.1967.

1. COMENTÁRIOS

Não obstante a liberdade de organização sindical proclamada na Constituição de 1988, conforme previsão do art. 8º, a doutrina vem interpretando que os dispositivos dos artigos 534 e 535 foram recepcionados pela nova ordem constitucional. Destaque-se que a norma do art. 8º, IV, da CF, expressamente menciona o "...sistema confederativo da representação sindical respectiva...", recepcionando, portanto, as disposições da CLT.

Também pela vigência das normas da CLT é a opinião de José Augusto Rodrigues Pinto, Tratado, junho-2007, p. 698, afirmando que as associações de grau superior "continuam sendo constituídas a partir do pressuposto das coalizões de sindicatos (cinco, no mínimo, para formar as federações) ou de federações (três, no mínimo, para formar as confederações), sempre da mesma categoria, consoante disposto nos arts. 534 e 535 da Consolidação.".

No mesmo sentido opina Eduardo Gabriel Saad, CLT Comentada, p. 728/730, que inclusive cita o Enunciado nº 32 da 1ª Jornada de Direito Material e Processual na Justiça do Trabalho, realizada no TST, Brasília, em 23.11.2007, nos seguintes termos:

> Entidades sindicais de grau superior. Requisitos para sua constituição. Arts. 534 E 535 da CLT. Manutenção desses requisitos para a permanência do registro junto ao ministério do trabalho e emprego.
>
> A permanência do número mínimo de entidades filiadas consubstancia-se condição sine qua non para a existência das entidades de grau superior.

O STF, da mesma forma, também se refere ao sistema confederativo, como se observa do julgado a seguir:

> "A contribuição assistencial visa a custear as atividades assistenciais dos sindicatos, principalmente no curso de negociações coletivas. A contribuição confederativa destina-se ao financiamento do sistema confederativo de representação sindical patronal ou obreira. Destas, somente a segunda encontra previsão na CF (art.

8º, IV), que confere à assembleia geral a atribuição para criá-la. Este dispositivo constitucional garantiu a sobrevivência da contribuição sindical, prevista na CLT. Questão pacificada nesta Corte, no sentido de que somente a contribuição sindical prevista na CLT, por ter caráter parafiscal, é exigível de toda a categoria independente de filiação." (RE 224.885-AgR, Rel. Min. Ellen Gracie, julgamento em 8-6-2004, Segunda Turma, DJ de 6-8-2004".

2. SÚMULAS E ORIENTAÇÕES JURISPRUDENCIAIS

▸ **Súmula nº 156/TFR – 21-05-1984 – DJ 08-06-84**

Sindicatos de Atividades Econômicas ou Profissionais Idênticas, ou Categoria Econômica Especifica – Organização em Federações

Sindicatos representativos de atividades econômicas ou profissionais idênticas, ou categoria econômica especifica, podem organizar-se em federações.

3. QUESTÕES DE CONCURSOS

01. (OAB-SP/137º EXAME DA ORDEM/CESPE/2009) Segundo a CLT, as federações

a) são entidades sindicais de grau superior que atuam em âmbito nacional.

b) são entidades sindicais compostas de, ao menos, cinco sindicatos que representem a maioria absoluta de um grupo de atividades ou profissões idênticas, sejam elas similares ou conexas.

c) têm como órgãos internos a diretoria e o conselho de representantes, apenas.

d) têm o seu presidente escolhido entre os seus membros, sendo ele eleito pelo conselho de representantes.

02. (TRT – 3ª REGIÃO/JUIZ DO TRABALHO SUBSTITUTO/2009/ADAPTADA) As confederações organizar-se-ão com o mínimo de três federações, tendo como órgãos de administração a diretoria, conselho de representantes e conselho fiscal. Sua criação não é obrigatória, competindo aos interessados deliberar sobre tanto.

03. (TRT 14 – Juiz do Trabalho Substituto 14ª região/ 2012) Observando temas de Direito Coletivo do Trabalho, analise as assertivas abaixo e após marque a única alternativa correta: a federação só pode formar-se pela união voluntária de, no mínimo, cinco sindicatos representativos de determinada categoria.

GAB	1	B	2	C	3	C

✦ PEDIDO DE RECONHECIMENTO DA FEDERAÇÃO

Art. 537. O pedido de reconhecimento de uma federação será dirigido ao ministro do Trabalho, Indústria e Comércio, acompanhado de um exemplar dos respectivos estatutos e das cópias autenticadas das atas da assembleia de cada sindicato ou federação que autorizar a filiação.

§ 1º – A organização das federações e confederações obedecerá às exigências contidas nas alíneas b e c do art. 515.

§ 2º – A carta de reconhecimento das federações será expedida pelo ministro do Trabalho, Indústria e Comércio, na qual será especificada a coordenação econômica ou profissional conferida e mencionada a base territorial outorgada.

§ 3º – O reconhecimento das confederações será feito por decreto do Presidente da República.

✦ ADMINISTRAÇÃO DAS FEDERAÇÕES E CONFEDERAÇÕES

Art. 538. A administração das federações e confederações será exercida pelos seguintes órgãos:(Redação da Lei nº 2.693, de 23.12.1955)

a) Diretoria;

b) Conselho de Representantes;

c) Conselho Fiscal.

§ 1º – A Diretoria será constituída no mínimo de 3 (três) membros e de 3 (três) membros se comporá o Conselho Fiscal, os quais serão eleitos pelo Conselho de Representantes com mandato por 3 (três) anos. (Redação do Decreto-lei nº 771, de 19.8.1969)

§ 2º – Só poderão ser eleitos os integrantes dos grupos das federações ou dos planos das confederações, respectivamente.

§ 3º – O Presidente da federação ou confederação será escolhido dentre os seus membros, pela Diretoria.

§ 4º – O Conselho de Representantes será formado pelas delegações dos Sindicatos ou das Federações filiadas, constituída cada delegação de 2 (dois) membros, com mandato por 3 (três) anos, cabendo 1 (um) voto a cada delegação.(Redação do Decreto-lei nº 771, de 19.8.1969)

§ 5º – A competência do Conselho Fiscal é limitada à fiscalização da gestão financeira.

1. COMENTÁRIOS

No que diz respeito ao reconhecimento das entidades sindicais superiores pelo Ministério do Trabalho e sua administração, as regras da CLT, respectivamente artigos 537 e 538, não foram recepcionadas pela Constituição de 1988, especificamente pelo art. 8º, I.

✦ APLICAÇÃO DAS REGRAS DOS SINDICATOS

Art. 539. Para a constituição e administração das Federações serão observadas, no que for aplicável, as disposições das Seções II e III do presente Capítulo.

1. COMENTÁRIOS

As Seções II e III da CLT, mencionadas no art. 539, aplicáveis às Federações e Confederações, dizem respeito, respectivamente, ao Reconhecimento e Investidura Sindical (art. 515 a 521) e Administração do Sindicato (art. 522 a 528). Reportamo-nos aos comentários feitos aos referidos artigos, também aplicáveis às entidades superiores.

▸SEÇÃO VI – DOS DIREITOS DOS EXERCENTES DE ATIVIDADES OU PROFISSÕES E DOS SINDICALIZADOS

✦ DIREITO DE SE ASSOCIAR A SINDICATO

Art. 540. A toda empresa, ou indivíduo que exerçam respectivamente atividade ou profissão, desde que satisfaçam as exigências desta lei, assiste o direito de ser admitido no sindicato da respectiva categoria.

§ 1º – Perderá os direitos de associado o sindicalizado que, por qualquer motivo, deixar o exercício de atividade ou de profissão.

§ 2º – Os associados de Sindicatos de empregados, de agentes ou trabalhadores autônomos e de profissões liberais que forem aposentados, estiverem em desemprego ou falta de trabalho ou tiverem sido convocados para prestação de serviço militar não perderão os respectivos direitos sindicais e ficarão isentos de qualquer contribuição, não podendo, entretanto, exercer cargo de administração sindical ou de representação econômica ou profissional.

✦ ASSOCIAÇÃO A SINDICATO NA LOCALIDADE MAIS PRÓXIMA

Art. 541. Os que exercerem determinada atividade ou profissão onde não haja Sindicato da respectiva categoria, ou de atividade ou profissão similar ou conexa, poderão filiar-se a Sindicato de profissão idêntica, similar ou conexa, existente na localidade mais próxima.

Parágrafo único. O disposto neste artigo se aplica aos Sindicatos em relação às respectivas federações, na conformidade do Quadro de Atividades e Profissões a que se refere o art. 577.

✦ RECURSO AO MINISTÉRIO DO TRABALHO

Art. 542. De todo o ato lesivo de direitos ou contrário a esta lei, emanado da Diretoria, do Conselho ou da assembleia Geral da entidade sindical, poderá qualquer exercente de atividade ou profissão recorrer, dentro de 30 dias, para a autoridade competente do Ministério do Trabalho.

1. COMENTÁRIOS

As regras dos artigos 540 a 542 limitam o direito de associação; cuidam, por exemplo, da perda da qualidade de associado (art. 540), direito de filiação a sindicato de atividade similar ou conexa (art. 541) e recurso ao Ministério do Trabalho quanto a atos praticados pelos órgãos decisórios do sindicato. Como se percebe dos temas tratados nos referidos artigos, não houve recepção pela Constituição da República, diante da direta interferência na liberdade sindical consagrada no art. 8º, I, da CF/88.

✦ **ESTABILIDADE PROVISÓRIA DO DIRIGENTE SINDICAL**

Art. 543. O empregado eleito para cargo de administração sindical ou representação profissional, inclusive junto a órgão de deliberação coletiva, não poderá ser impedido do exercício de suas funções, nem transferido para lugar ou mister que lhe dificulte ou torne impossível o desempenho das suas atribuições sindicais. (Redação do Decreto-lei nº 229, de 28.2.1967)

✦ **PERDA DE MANDATO NA TRANSFERÊNCIA**

§ 1º – O empregado perderá o mandato se a transferência for por ele solicitada ou voluntariamente aceita.

✦ **ATIVIDADE SINDICAL: LICENÇA NÃO REMUNERADA**

§ 2º – Considera-se de licença não remunerada, salvo assentimento da empresa ou cláusula contratual, o tempo em que o empregado se ausentar do trabalho no desempenho das funções a que se refere este artigo.

✦ **GARANTIA NO EMPREGO E FALTA GRAVE**

§ 3º – Fica vedada a dispensa do empregado sindicalizado ou associado, a partir do momento do registro de sua candidatura a cargo de direção ou representação de entidade sindical ou de associação profissional, até 1 (um) ano após o final do seu mandato, caso seja eleito inclusive como suplente, salvo se cometer falta grave devidamente apurada nos termos desta Consolidação.(Redação da Lei nº 7.543, de 2.10.1986)

✦ **ELEIÇÃO: REQUISITO DA GARANTIA NO EMPREGO**

§ 4º – Considera-se cargo de direção ou de representação sindical aquele cujo exercício ou indicação decorre de eleição prevista em lei.(Redação da Lei nº 7.223, de 2.10.1984)

✦ **COMUNICAÇÃO POR ESCRITO AO EMPREGADOR**

§ 5º – Para os fins deste artigo, a entidade sindical comunicará por escrito à empresa, dentro de 24 (vinte e quatro) horas, o dia e a hora do registro da candidatura do seu empregado e, em igual prazo, sua eleição e posse, fornecendo, outrossim, a este, comprovante no mesmo sentido. O Ministério do Trabalho e Previdência Social fará no mesmo prazo a comunicação no caso da designação referida no final do § 4º.

✦ **OBSTÁCULOS AO EXERCÍCIO DA ATIVIDADE: PENALIDADE**

§ 6º – A empresa que, por qualquer modo, procurar impedir que o empregado se associe a sindicato, organize associação profissional ou sindical ou exerça os direitos inerentes à condição de sindicalizado fica sujeita à penalidade prevista na letra a do art. 553, sem prejuízo da reparação a que tiver direito o empregado.

1. COMENTÁRIOS

1.1. Perda do mandato na transferência

Considera-se transferência a mudança de localidade que importe, necessariamente, na alteração de domicilio pelo empregado (art. 469, da CLT). A transferência é espécie de alteração contratual e, como tal, depende da concordância do empregado, pois é ato bilateral. A transferência do dirigente sindical o afasta de sua base de representação, sendo, portanto, vedada pela norma do art. 543, caput. A concordância do empregado com a transferência importará em perda do mandato, como prevê o § 1º. Com a perda do mandato, o emprego não estará mais protegido.

1.2. Atividade sindical: licença não remunerada

O exercício de mandato sindical não é causa de interrupção do contrato de trabalho. A regra geral, inscrita no parágrafo segundo, é de não pagamento de salário com o tempo gasto em atividade sindical, que é considerado em licença não remunerada. Normalmente as Convenções Coletivas da categoria preveem o afastamento remunerado do dirigente sindical (ao menos do Presidente da entidade). Na ausência de disposição em norma coletiva, ou de acordo individual entre empregado e empregador, o abono do dia faltoso ou a remuneração do período de afastamento, é faculdade do empregador.

O fato de não haver remuneração pelo tempo destinado à atividade sindical, não significa que a ausência do dirigente representa falta contratual. A norma deste parágrafo autoriza a ausência, só não obriga o empregador a remunerar este afastamento.

1.3. Garantia no emprego e falta grave

1.3.1. Garantia no emprego somente para os dirigentes e seus suplentes

A Convenção nº 98 da OIT (1949), ratificada pelo Brasil, prevê que os trabalhadores deverão gozar de adequada proteção quanto a quaisquer atos atentatórios à liberdade sindical em matéria de emprego (art. 1º). A proteção, conforme o art. 2º da referida Convenção, deve impedir a dispensa, bem como a liberdade de filiação e o exercício da atividade sindical.

A Lei nº 5.107/66 (FGTS), em seu art. 22, já previa a garantia de emprego ao empregado sindicalizado, desde o registro de sua candidatura ao cargo de direção, inclusive como suplente, até o final de seu mandato, caso eleito, ressalvada a dispensa pela prática de falta grave.

A Lei nº 5.911/73 conferiu a atual redação ao § 3º do art. 543 da CLT, ampliando a garantia para um ano após o final do mandato. Esta mesma proteção foi repetida pelo art. 8º, VIII, da CF.

A garantia destinada ao dirigente sindical está restrita aos 7 membros da diretoria e seus suplentes, como já interpretou o TST, através da S. 369, II. Exatamente por ausência de similitude com a atividade do dirigente, os membros do Conselho Fiscal também não gozam de garantia (OJ nº 365 da SBDI-1/TST), e tampouco os delegados sindicais, pois estes são nomeados pela diretoria eleita (OJ nº 369 da SBDI-1/TST). Mais comentários sobre estas restrições foram feitos nos artigos 522 e 523 desta CLT.

1.3.2. Exigência do Inquérito para apuração de falta grave

O rompimento do contrato de trabalho do empregado com garantia sindical, sem direito a qualquer indenização, só ocorrerá diante do cometimento de falta grave, "devidamente apurada nos termos desta consolidação" (§ 3º, supra). O termo falta grave só é utilizado na CLT para os estáveis decenais (CLT, art. 494) e para os dirigentes sindicais (CLT, art. 543, § 3º). Sobre a distinção entre falta grave e justa causa vide comentários ao art. 482 da CLT.

O modus operandi de apuração da falta grave para os estáveis decenais, como para o dirigente sindical, é o mesmo, qual seja, através do Inquérito para apuração de falta grave disciplinado nos artigos 853 a 855 da CLT (neste sentido a S. 379 do TST).

1.3.3. Dirigente de Cooperativa

O dirigente de cooperativa criada por empregados goza das mesmas garantias do dirigente sindical. Sobre o tema vide nossos comentários ao § único do art. 442 da CLT.

1.3.4. Extinção da empresa: fim da estabilidade

A extinção da empresa ou mesmo do estabelecimento empresarial na localidade onde o dirigente exerce seu mandato importa em perda de estabilidade (S. 369, V, do TST). No mesmo sentido a posição do E. STF, conforme acórdão a seguir transcrito:

> "A garantia constitucional assegurada ao empregado enquanto no cumprimento de mandato sindical (CF, art. 8º, VIII) não se destina a ele propriamente dito, ex intuitu personae, mas sim à representação sindical de que se investe, que deixa de existir, entretanto, se extinta a empresa empregadora." (RE 222.334, Rel. Min. Maurício Corrêa, julgamento em 30-10-2001, Segunda Turma, DJ de 8-3-2002.)"

Tais entendimentos deixam claro que a extinção da empresa impõe o fim da estabilidade, mas não cremos que isto ocorra sem ônus para o empregador. Defendemos a tese de que nesta hipótese o empregador deverá indenizar o empregado, com pagamento correspondente aos salários devidos até o fim de sua estabilidade, por aplicação analógica dos artigos 497 e 498 da CLT, mas sem pagamento dobrado, pois tal sanção é devida somente para os estáveis decenais (a favor desta tese: Godinho, Curso, jan-2009, p. 1158 e contra, negando qualquer indenização pela estabilidade: Martins, Comentários, 2010, p. 608).

1.3.5. Candidatura no aviso prévio

Não será possível a aquisição da garantia de emprego quando o empregado se candidatar ao cargo no prazo do aviso prévio trabalhado ou indenizado (S. 369, V, do TST). Tal previsão impede o abuso do empregado em se candidatar quando já sabedor que seu contrato de trabalho está no fim. Tal diretriz está de acordo com a jurisprudência do TST que nega o direito à garantia no emprego no curso de contratos a termo, como de experiência, temporário, ou por qualquer outra razão de transitoriedade da atividade ou do serviço.

1.3.6. Dirigente de entidade patronal: posição do STF

A Constituição da República, ao garantir estabilidade provisória ao empregado que se candidatar ao cargo de direção ou representação sindical (art. 8º, VIII), não fez distinção se o sindicato representa a categoria profissional (empregados) ou se representa a categoria econômica (empregadores). A doutrina, majoritariamente, restringe a aplicação da norma constitucional somente ao empregado eleito para representar o sindicato profissional, pois neste caso sua tarefa poderá gerar conflitos com seu empregador, necessitando, portanto, da proteção legal.

O entendimento doutrinário majoritário de que a garantia de emprego só se aplica ao dirigente do sindicato profissional, é defendida, por exemplo, por Arnaldo Süssekind, Evaristo de Moraes, Amauri Mascaro Nascimento, Arion Romita e José Martins Catharino, todos citados por Eduardo Gabriel Saad, que também adere a esta tese (CLT Comentada, 2009, p. 734).

Não obstante as manifestações da doutrina majoritária, o E. STF já se manifestou no sentido de que a garantia prevista no art. 8º, VIII, da CF, também atinge o empregado eleito para representar seu empregador no sindicato da categoria econômica, normalmente um diretor ou ocupante de cargo de confiança. Segue a decisão do E. STF:

> "Interpretação restritiva do inciso VIII do art. 8º da CF: impossibilidade. Inexistência de norma legal ou constitucional que estabeleça distinção entre o dirigente sindical patronal e o dos trabalhadores. Não perde a condição de empregado o trabalhador que, malgrado ocupe cargo de confiança na empresa empregadora, exerça mandato sindical como representante da categoria econômica. Representante sindical patronal. Dispensa no curso do mandato. Indenização e consectários legais devidos desde a data da despedida até um ano após o final do mandato." (RE 217.355, Rel. Min. Maurício Corrêa, julgamento em 29-8-2000, Segunda Turma, DJ de 2-2-2001.)".

Pensamos que a decisão do E. STF só deve prevalecer nas hipóteses em que se observa uma mudança substancial na direção da sociedade empresarial, de forma que o empregado deixe de ser da confiança máxima do empregador e, com isso, passe a ter o emprego ameaçado; a sucessão empresarial ou mudança radical na direção do negócio provavelmente colocará em risco o emprego de alguém que era depositário da máxima confiança da antiga diretoria.

1.4. Eleição: requisito da garantia no emprego

A eleição é requisito essencial para aquisição de estabilidade provisória. O dirigente sindical, porque eleito, demonstra ascendência sobre seus pares, poder de mobilização e aglutinação de trabalhadores. Por estas razões o empregado eleito, para ficar imune às pressões que possa sofrer de seu empregador, necessita da garantia no emprego. O processo eleitoral é, definitivamente, pressuposto legal da garantia de emprego, inclusive diante do teor da norma constitucional do art. 8º, VIII, da CF.

Exatamente porque não se submetem ao crivo da votação que os delegados sindicais não possuem a mesma garantia do dirigente eleito (vide comentários ao art. 523 da CLT).

Já os membros do Conselho Fiscal, mesmo tendo sido submetidos ao processo eleitoral, não são portadores de garantia no emprego por não exercerem cargo de direção (vide comentários ao art. 522 da CLT).

1.5. Comunicação por escrito ao empregador

A comunicação ao empregador, no prazo e forma deste § 5º, é requisito essencial para a aquisição da estabilidade provisória do dirigente sindical (neste sentido a S. 369, I, do TST). A intenção da norma é tão só de dar ciência ao empregador da candidatura e da eleição; portanto, a comunicação feita pelo sindicato ou mesmo pelo empregado candidato e também na hipótese de eleição, atende à exigência legal.

A norma deste § 5º restou recepcionada pela Constituição Federal, sendo compatível com a regra do art. 8º, VIII, da CF, como já interpretou o E. STF, como demonstra o seguinte julgado:

> "A formalidade prevista no art. 543, § 5º, da CLT – ciência do empregador da candidatura do empregado – não se mostrou incompatível com a norma do inciso VIII do art. 8º da CF, isto diante do princípio da razoabilidade." (RE 224.667, Rel. Min. Marco Aurélio, julgamento em 13-4-1999, Segunda Turma, DJ de 4-6-1999.)".

A estabilidade provisória não se constitui com a comunicação ao empregador, mas sim pelo ato de inscrição da candidatura e sua eventual eleição. A ausência de comunicação, contudo, obsta o conhecimento pelo empregador e torna insubsistente a garantia no emprego.

Mesmo sem ter havido comunicação ao empregador, mas demonstrando o empregado que aquele tomou ciência inequívoca da candidatura ou da eleição, estará mantida a garantia no emprego; é o caso, vg, de ampla divulgação na mídia quanto à eleição do dirigente sindical, de forma que o empregador não poderia alegar desconhecer o fato.

1.6. Obstáculos ao exercício da atividade: penalidade

O empregador não pode impedir a sindicalização do empregado e tampouco sua participação no movimento sindical. Tais condutas, como quais outras que representem interferência na liberdade sindical (art. 8º da CF), são passíveis de multa, na forma do art. 553, sem prejuízo de ações indenizatórias por parte do empregado prejudicado. As ações também poderão ser movidas pelo sindicato, como substituto da categoria, em razão da violação a interesse coletivo, qual seja, o direito de associação. da mesma forma o Ministério Público do Trabalho terá legitimidade para tutelar, em juízo, os mesmos direitos coletivos. A reparação por estas práticas antisindicais será buscada na Justiça do Trabalho, diante do disposto no art. 114, III, da CF.

2. SÚMULAS E ORIENTAÇÕES JURISPRUDENCIAIS

- **Súmula nº 197/STF – Data da Aprovação: 13/12/1963**

O empregado com representação sindical só pode ser despedido mediante inquérito em que se apure falta grave.

- **Súmula nº 369/TST**

DIRIGENTE SINDICAL. ESTABILIDADE PROVISÓRIA (redação do item I alterada na sessão do Tribunal Pleno realizada em 14.09.2012) – Res. 185/2012 – DEJT divulgado em 25, 26 e 27.09.2012

I – É assegurada a estabilidade provisória ao empregado dirigente sindical, ainda que a comunicação do registro da candidatura ou da eleição e da posse seja realizada fora do prazo previsto no art. 543, § 5º, da CLT, desde que a ciência ao empregador, por qualquer meio, ocorra na vigência do contrato de trabalho.

II – O art. 522 da CLT foi recepcionado pela Constituição Federal de 1988. Fica limitada, assim, a estabilidade a que alude o art. 543, § 3º, da CLT a sete dirigentes sindicais e igual número de suplentes.

III – O empregado de categoria diferenciada eleito dirigente sindical só goza de estabilidade se exercer na empresa atividade pertinente à categoria profissional do sindicato para o qual foi eleito dirigente. (ex-OJ nº 145 da SBDI-1 – inserida em 27.11.1998)

IV – Havendo extinção da atividade empresarial no âmbito da base territorial do sindicato, não há razão para subsistir a estabilidade. (ex-OJ nº 86 da SBDI-1 – inserida em 28.04.1997)

V – O registro da candidatura do empregado a cargo de dirigente sindical durante o período de aviso prévio, ainda que indenizado, não lhe assegura a estabilidade, visto que inaplicável a regra do § 3º do art. 543 da Consolidação das Leis do Trabalho. (ex-OJ nº 35 da SBDI-1 – inserida em 14.03.1994)

- **Súmula nº 379/TST**

DIRIGENTE SINDICAL. DESPEDIDA. FALTA GRAVE. INQUÉRITO JUDICIAL. NECESSIDADE (conversão da Orientação Jurisprudencial nº 114 da SBDI-1) – Res. 129/2005, DJ 20, 22 e 25.04.2005

O dirigente sindical somente poderá ser dispensado por falta grave mediante a apuração em inquérito judicial, inteligência dos arts. 494 e 543, § 3º, da CLT. (ex-OJ nº 114 da SBDI-1 – inserida em 20.11.1997)

- **TST/OJ-SDI1-365**

ESTABILIDADE PROVISÓRIA. MEMBRO DE CONSELHO FISCAL DE SINDICATO. INEXISTÊNCIA (DJ 20, 21 e 23.05.2008)

Membro de conselho fiscal de sindicato não tem direito à estabilidade prevista nos arts. 543, § 3º, da CLT e 8º, VIII, da CF/1988, porquanto não representa ou atua na defesa de direitos da categoria respectiva, tendo sua competência limitada à fiscalização da gestão financeira do sindicato (art. 522, § 2º, da CLT).

- **TST/OJ-SDI1-369**

ESTABILIDADE PROVISÓRIA. DELEGADO SINDICAL. INAPLICÁVEL (DEJT divulgado em 03, 04 e 05.12.2008)

O delegado sindical não é beneficiário da estabilidade provisória prevista no art. 8º, VIII, da CF/1988, a qual é dirigida, exclusivamente, àqueles que exerçam ou ocupem cargos de direção nos sindicatos, submetidos a processo eletivo.

3. INFORMATIVOS DO TST

- ***Estabilidade provisória. Representante sindical e suplente eleitos para o Conselho de Representantes de federação ou confederação. Incidência dos arts. 8º, VIII, da CF e 543, § 3º, da CLT.***

A diretriz da Orientação Jurisprudencial nº 369 da SBDI-I, que diz respeito a delegado sindical junto a empresas, não se aplica ao representante sindical eleito, e ao seu suplente, junto ao Conselho de Representantes de federação ou confederação (art. 538, "b", da CLT), uma vez que estes últimos gozam da estabilidade provisória disposta no inciso VIII do art. 8º da CF e no § 3º do art. 543 da CLT. Ademais, não há falar na incidência do limite quantitativo previsto no art. 522 da CLT e na Súmula nº 369, II, do TST, visto que aplicável tão somente aos cargos da Diretoria e do Conselho Fiscal da entidade sindical, pois o Conselho de Representantes dispõe de número fixo de membros de cada sindicato ou federação, quais sejam dois titulares e dois suplentes (CLT, art. 538, §

4º). Com esse entendimento, a SBDI-I, por maioria, conheceu e deu provimento aos embargos para restabelecer a decisão do TRT que reconheceu a estabilidade pleiteada e determinou a reintegração do reclamante com pagamento dos salários do período do afastamento. Vencida a Ministra Maria Cristina Irigoyen Peduzzi. TST-E-ED-RR-125600-83.2003.5.10.0014, SBDI-I, rel. Min. Delaíde Miranda Arantes, 22.3.2012. (Informativo nº 3)

4. QUESTÕES DE CONCURSOS

01. (AGU/PROCURADOR FEDERAL/CESPE/2010) A ausência de comunicação escrita à empresa pela entidade sindical, dando ciência da candidatura a cargo de direção sindical de empregado por ela contratado, não afasta o direito à estabilidade provisória, já que pode ser suprida por outros meios de prova.

02. (AGU/PROCURADOR FEDERAL/CESPE/2010) O trabalhador que se candidatar a cargo integrante do conselho fiscal de entidade sindical não poderá ser dispensado a partir do momento do registro de sua candidatura, até um ano após o final do seu mandato, mesmo que seja eleito como suplente. Se cometer falta grave devidamente apurada nos termos da Consolidação das Leis do Trabalho, o trabalhador perde esse direito.

03. (TRT – 15ª REGIÃO/ANALISTA JUDICIÁRIO/FCC/2009) Salvo se cometer falta grave, é vedada a dispensa do empregado sindicalizado a partir

a) do registro de sua candidatura a cargo de direção ou representação de entidade sindical até um ano após o final de seu mandato, caso seja eleito, exceto como suplente.

b) da data da posse em cargo de direção ou representação de entidade sindical até um ano após o final de seu mandato, inclusive se eleito como suplente.

c) do registro de sua candidatura a cargo de direção ou representação de entidade sindical até um ano após o final de seu mandato, caso seja eleito, inclusive como suplente.

d) do registro de sua candidatura a cargo de direção ou representação de entidade sindical até seis meses após o final de seu mandato, caso seja eleito, exceto como suplente.

e) da data da posse em cargo de direção ou representação de entidade sindical até um ano após o final de seu mandato, exceto se eleito como suplente.

04. (TRT 14ª/JUIZ DO TRABALHO SUBSTITUTO/2008/ADAPTADA) O empregado de categoria diferenciada eleito dirigente sindical gozará da respectiva estabilidade, independentemente de exercer na empresa atividade pertinente à categoria profissional do sindicato para o qual foi eleito dirigente.

05. (MPT/PROCURADOR DO TRABALHO/2010/ADAPTADA) Nos termos da legislação vigente o empregado perderá o mandato se a seu pedido for transferido para município distinto da base territorial do sindicato;

06. (TRT – 3ª REGIÃO/JUIZ DO TRABALHO SUBSTITUTO/2009/ADAPTADA) Incorre em multa a empresa que, por qualquer modo, procure impedir que o empregado se associe a sindicato, organize associação profissional ou sindical ou exerça os direitos inerentes à condição de sindicalizado, sem prejuízo da reparação ao lesado.

07. (BDMG – Advogado/2011) Marque a alternativa FALSA:

O empregado eleito para o cargo de administração sindical ou representação profissional, inclusive junto a órgão de deliberação coletiva, NAO:

a) Poderá ser impedido do exercício de suas funções.

b) Poderá ser dispensado a partir do momento do registro de sua candidatura a cargo de direção ou representação em entidade sindical ou de associação profissional, até 1 (um) ano após o final do seu mandato, caso seja eleito, inclusive como suplente, salvo se cometer falta grave devidamente apurada nos termos da CLT.

c) Poderá ser transferido para lugar ou mister que lhe dificulte ou torne impossível o desempenho das suas atribuições sindicais.

d) Perderá o mandato se transferido pela empresa com aceitação voluntária ou por solicitação própria.

08. (FCC – TRT 8 – Analista Judiciário/2010) Joaquim, empregado da empresa J, registrou no sindicato competente a sua candidatura para dirigente sindical. De acordo com a Consolidação das Leis do Trabalho (CLT), o sindicato deverá comunicar a empresa J deste registro no prazo de

a) dez dias.

b) 48 horas.

c) cinco dias.

d) 24 horas.

e) quinze dias.

09. (TRT 15 – Juiz do Trabalho Substituto 15ª região/ 2012) O art. 522 da CLT prevê que a administração do sindicato será exercida por uma diretoria constituída no máximo de sete e no mínimo de três membros e de um Conselho Fiscal composto de três membros, eleitos esses órgãos pela Assembleia Geral. Já o art. 543 consolidado prescreve garantias para o dirigente sindical. Sobre o tema analise as questões que seguem, e responda com base no entendimento jurisprudencial sumulado do C. TST.

I. O art. 522 da CLT não foi recepcionado pela Constituição Federal de 1988. Não fica limitada, assim, a estabilidade a que alude o art. 543, § 3°, da CLT a sete dirigentes sindicais e igual número de suplentes.

II. O empregado de categoria diferenciada eleito dirigente sindical goza de estabilidade, mesmo se exercer na empresa atividade diversa à categoria profissional do sindicato para o qual foi eleito dirigente.

III. Havendo extinção da atividade empresarial no âmbito da base territorial do sindicato, não há razão para subsistir a Estabilidade.

IV. O registro da candidatura do empregado a cargo de dirigente Sindical durante o período de aviso prévio, ainda que indenizado, assegura-lhe a estabilidade, visto que aplicável a regra do § 3° do art. 543 da Consolidação das Leis do Trabalho.

a) Estão corretas somente as afirmações I, II e IV.

b) Estão corretas somente as afirmações II, III e IV.

c) Está correta somente a afirmação III.

d) Está correta somente a afirmação IV.

e) Todas as afirmações estão erradas.

10. (FCC – Analista Judiciário – Oficial de Justiça Avaliador – TRT 24/2017) Ícaro trabalha no Hotel Sossego como analista do setor de recursos humanos, filiado ao sindicato de sua categoria profissional.

Registrou-se como candidato a dirigente sindical para o biênio 2016/2017 e foi vitorioso. Com fundamento na legislação e no entendimento sumulado do Tribunal Superior do Trabalho, em relação à estabilidade provisória e ao exercício na função de dirigente sindical,

a) a estabilidade de Ícaro fica assegurada a partir do momento do registro de sua candidatura a cargo de direção de entidade sindical, até dois anos após o final do seu mandato.

b) caso houvesse a extinção da atividade empresarial no âmbito da base territorial do sindicato, não haveria razão para subsistir a estabilidade.

c) a estabilidade estaria assegurada a Ícaro ainda que ele estivesse cumprindo aviso prévio por ocasião do registro de sua candidatura.

d) o empregado eleito para cargo de representação profissional, não poderá ser impedido do exercício de suas funções, mas poderá ser transferido para qualquer filial da empresa ainda que lhe dificulte o desempenho das suas atribuições sindicais.

e) se Ícaro pertencesse à categoria diferenciada e fosse eleito dirigente sindical gozaria de estabilidade ainda que não exercesse na empresa atividade pertinente à categoria profissional do sindicato para o qual foi eleito dirigente.

11. (FCC – Analista Judiciário – Oficial de Justiça Avaliador – TRT 11/2017) De acordo com o entendimento Sumulado do TST, no tocante à estabilidade do dirigente sindical, considere:

I. Não é assegurada a estabilidade provisória ao empregado dirigente sindical, se a comunicação do registro da candidatura ou da eleição e da posse tenha sido realizada fora do prazo legal previsto na CLT, mesmo que a ciência do empregador ocorra na vigência do contrato de trabalho.

II. Havendo extinção da atividade empresarial no âmbito da base territorial do sindicato, não subsistirá a estabilidade.

III. O registro da candidatura do empregado a cargo de dirigente sindical durante o período de aviso prévio, ainda que indenizado, não lhe assegura a estabilidade.

Está correto o que se afirma APENAS em

a) I e II.

b) II e III.

c) I e III.

d) II.

e) III.

GAB	1	E	2	E	3	C	4	E	5	C	6	C	7	D	8	D	9	C	10	B	11	B

✦ **PREFERÊNCIAS PARA O SINDICALIZADO**

Art. 544. É livre a associação profissional ou sindical, mas ao empregado sindicalizado é assegurada, em igualdade de condições, preferência:(Redação do Decreto-lei nº 229, de 28.2.1967)

I – para a admissão nos trabalhos de empresa que explore serviços públicos ou mantenha contrato com os poderes públicos;

II – para ingresso em funções públicas ou assemelhadas, em caso de cessação coletiva de trabalho, por motivo de fechamento de estabelecimento;

III – nas concorrências para aquisição de casa própria, pelo Plano Nacional de Habitação ou por intermédio de quaisquer instituições públicas;

IV – nos loteamentos urbanos ou rurais, promovidos pela União, por seus órgãos de administração direta ou indireta ou sociedades de economia mista;

V – na locação ou compra de imóveis, de propriedade de pessoa de direito público ou sociedade de economia mista, quando sob ação de despêjo em tramitação judicial;

VI – na concessão de empréstimos simples concedidos pelas agências financeiras do Governo ou a ele vinculadas;

VII – na aquisição de automóveis, outros veículos e instrumentos relativos ao exercício da profissão, quando financiados pelas autarquias sociedades de economia mista ou agências financeiras do Governo;

VIII – Revogado pela Lei nº 8.630, de 25.2.1993.

IX – na concessão de bolsas de estudo para si ou para seus filhos, obedecida a legislação que regule a matéria.

1. COMENTÁRIOS

As normas deste artigo são definidas como cláusulas de preferência. São cláusulas que visam atrair trabalhadores e empregadores para a vida sindical. Estas cláusulas diferenciam-se das cláusulas de exclusão, não previstas no direito nacional, e que impedem a contratação de trabalhadores não sindicalizados e impõem a dispensa daqueles que abandonem o sindicato (Russomano, Comentários, Vol. II, 1993, p. 660).

A norma deste artigo é inconstitucional, pois faz diferença entre associados e não associados, violando o art. 8º, V, da CF. Sérgio Pinto Martins, que propõe a revogação da norma, como já ocorreu com aquela anteriormente contida no inciso VIII, vê afronta ao princípio da igualdade previsto no art. 5º da Constituição da República (Comentários, 2010, p. 609).

Sobre a proibição de distinção entre associados e não associados, interpretando a norma do art. 8º, V, da CF, já se pronunciou o E. STF, conforme julgado que segue:

> "Art. 2º, IV, a, b e c, da Lei 10.779/2003. Filiação à colônia de pescadores para habilitação ao seguro-desemprego (...). Viola os princípios constitucionais da liberdade de associação (art. 5º, XX) e da liberdade sindical (art. 8º, V), ambos em sua dimensão negativa, a norma legal que condiciona, ainda que indiretamente, o recebimento do benefício do seguro-desemprego à filiação do interessado a colônia de pescadores de sua região." (ADI 3.464, Rel. Min. Menezes Direito, julgamento em 29-10-2008, Plenário, DJE de 6-3-2009.)".

✦ **CONTRIBUIÇÕES AO SINDICATO: AUTORIZAÇÃO PARA DESCONTO NO SALÁRIO**

Art. 545. Os empregadores ficam obrigados a descontar da folha de pagamento dos seus empregados, desde que por eles devidamente autorizados, as contribuições devidas ao sindicato, quando por este notificados.(Redação da Lei nº 13.467, de 13.07.2017).

1. COMENTÁRIOS

O princípio da intangibilidade salarial, traduzido na redação do art. 462 da CLT, impede descontos salariais abusivos ou não autorizados por lei ou pelo empregado (neste sentido a S. 342 do TST). Diante deste princípio, que também influenciou a redação deste artigo, nem mesmo a contribuição sindical pode ser descontada do salário sem autorização do empregado.

Antes da reforma trabalhista, implementada pela Lei nº 13.467, de 13.07.2017, a contribuição sindical era compulsoriamente imposta pelo art. 578 da CLT. Após a alteração do referido artigo e constituindo como facultativa a contribuição sindical, é natural que o art. 545 da CLT exija a autorização do empregado para qualquer tipo de desconto destinado ao custeio do sistema sindical, inclusive a contribuição sindical.

Todas as contribuições destinadas ao custeio do sistema sindical, seja a contribuição sindical, sejam aprovadas em assembleia da categoria, sejam aquelas decorrentes de filiação à entidade sindical, dependem de autorização do empregado para desconto em folha de pagamento. Sobre o rol de contribuições pertinentes ao custeio do sistema sindical, composto de sindicatos, federações e confederações, remetemos o intérprete à leitura do art. 513, alínea "e" e os comentários respectivos.

✦ RECOLHIMENTO DA CONTRIBUIÇÃO À ENTIDADE SINDICAL

Parágrafo único. O recolhimento à entidade sindical beneficiária do importe descontado deverá ser feito até o décimo dia subseqüente ao do desconto, sob pena de juros de mora no valor de 10% (dez por cento) sobre o montante retido, sem prejuízo da multa prevista no art. 553 e das cominações penais relativas à apropriação indébita. (Incluído pelo Decreto-lei nº 925, de 10.10.1969)

1. COMENTÁRIOS

Autorizado o desconto no salário do empregado, o atraso no repasse à entidade sindical importará na multa prevista no § único do art. 545. A multa, no valor de 10% sobre a contribuição retida, não impede que norma coletiva ou decisão em assembleia fixe outra forma de sanção, sem prejuízo da previsão legal.

Diante da ampliação de competência implementada pela EC nº 45/2004, alterando a redação do art. 114 da CF, a competência para cobrança tanto da contribuição, quanto da multa, passou a ser da Justiça do Trabalho. Mesmo antes da alteração da norma constitucional, já se entendia pela competência da Justiça do Trabalho diante da norma contida no art. 1º da Lei nº 8.984/95, mas exclusivamente quanto às contribuições firmadas em norma coletiva.

2. SÚMULAS E ORIENTAÇÕES JURISPRUDENCIAIS

▸ **TST/Súmula nº 342**

DESCONTOS SALARIAIS. Art. 462 DA CLT (mantida) – Res. 121/2003, DJ 19, 20 e 21.11.2003

Descontos salariais efetuados pelo empregador, com a autorização prévia e por escrito do empregado, para ser integrado em planos de assistência odontológica, médico-hospitalar, de seguro, de previdência privada, ou de entidade cooperativa, cultural ou recreativo-associativa de seus trabalhadores, em seu benefício e de seus dependentes, não afrontam o disposto no art. 462 da CLT, salvo se ficar demonstrada a existência de coação ou de outro defeito que vicie o ato jurídico. Histórico: Redação original – Res. 47/1995, DJ 20, 24 e 25.04.1995

✦ **EMPRESAS SINDICALIZADAS: PREFERÊNCIAS**

Art. 546. Às empresas sindicalizadas é assegurada preferência, em igualdade de condições, nas concorrências para exploração de serviços públicos, bem como nas concorrências para fornecimento às repartições federais, estaduais e municipais e às entidades paraestatais.

✦ **REPRESENTAÇÃO DA CATEGORIA ECONÔMICA: PREFERÊNCIAS**

Art. 547. É exigida a qualidade de sindicalizado para o exercício de qualquer função representativa de categoria econômica ou profissional, em órgão oficial de deliberação coletiva, bem como para o gozo de favores ou isenções tributárias, salvo em se tratando de atividades não econômicas.

Parágrafo único. Antes da posse ou exercício das funções a que alude o artigo anterior ou de concessão dos favores será indispensável comprovar a sindicalização, ou oferecer prova, mediante certidão negativa no Departamento Nacional do Trabalho, no Distrito Federal, ou da autoridade regional do Ministério do Trabalho, nos Estados e no Território do Acre, de que não existe sindicato no local onde o interessado exerce a respectiva atividade ou profissão.

1. COMENTÁRIOS

Ambos os dispositivos (arts. 546 e 547) cuidam de preferências para aqueles que ostentam a condição de sindicalizados. A preferência para o sindicalizado promove discriminação frente ao não sindicalizado e viola a regra do art. 8º, V, da CF. Sobre estas cláusulas de preferência vide comentários ao art. 544 desta CLT.

▸SEÇÃO VII – DA GESTÃO FINANCEIRA DO SINDICATO E SUA FISCALIZAÇÃO

✦ **PATRIMÔNIO DO SINDICATO**

Art. 548. Constituem o patrimônio das associações sindicais:

a) as contribuições devidas aos Sindicatos pelos que participem das categorias econômicas ou profissionais ou das profissões liberais representadas pelas referidas entidades, sob a denominação de imposto sindical, pagas e arrecadadas na forma do Capítulo III deste Título;

b) as contribuições dos associados, na forma estabelecida nos estatutos ou pelas assembleias Gerais;

c) os bens e valores adquiridos e as rendas produzidas pelos mesmos;

d) as doações e legados;

e) as multas e outras rendas eventuais.

✦ **RECEITAS DO SINDICATO: VINCULAÇÃO À LEI E AOS ESTATUTOS DA ENTIDADE**

Art. 549. A receita dos sindicatos, federações e confederações só poderá ter aplicação na forma prevista nos respectivos orçamentos anuais, obedecidas as disposições estabelecidas na lei e nos seus estatutos. (Redação da Lei nº 6.386, de 9.12.1976)

✦ **ALIENAÇÃO DE BENS: REQUISITOS**

§ 1º – Para alienação, locação ou aquisição de bens imóveis, ficam as entidades sindicais obrigadas a realizar avaliação prévia pela Caixa Econômica Federal ou pelo Banco Nacional da Habitação ou, ainda, por qualquer outra organização legalmente habilitada a tal fim.

§ 2º – Os bens imóveis das entidades sindicais não serão alienados sem a prévia autorização das respectivas assembleias gerais, reunidas com a presença da maioria absoluta dos associados com direito a voto ou dos Conselhos de Representantes com a maioria absoluta dos seus membros.

§ 3º – Caso não seja obtido o quorum estabelecido no parágrafo anterior, a matéria poderá ser decidida em nova assembleia geral, reunida com qualquer número de associados com direito a voto, após o transcurso de 10 (dez) dias da primeira convocação.

§ 4º – Nas hipóteses previstas no § 2º e 3º a decisão somente terá validade se adotada pelo mínimo de 2/3 (dois terços) dos presentes, em escrutínio secreto.

§ 5º – da deliberação da assembleia geral, concernente à alienação de bens imóveis, caberá recurso voluntário, dentro do prazo de 15 (quinze) dias, ao Ministro do Trabalho, com efeito suspensivo.

§ 6º – A venda do imóvel será efetuada pela diretoria da entidade, após a decisão da assembleia Geral ou do Conselho de Representantes, mediante concorrência pública, com edital publicado no Diário oficial da União e na imprensa diária, com antecedência mínima de 30 (trinta) dias da data de sua realização.

§ 7º – Os recursos destinados ao pagamento total ou parcelado dos bens imóveis adquiridos serão consignados, obrigatoriamente, nos orçamentos anuais das entidades sindicais.

✦ ORÇAMENTO DAS ENTIDADES SINDICAIS

Art. 550. Os orçamentos das entidades sindicais serão aprovados, em escrutínio secreto, pelas respectivas aAssembleias Gerais ou Conselho de Representantes, até 30 (trinta) dias antes do início do exercício financeiro a que se referem, e conterão a discriminação da receita e da despesa, na forma das instruções e modelos expedidos pelo Ministério do Trabalho.(Redação da Lei nº 6.386, de 9.12.1976)

§ 1º – Os orçamentos, após a aprovação prevista no presente artigo, serão publicados, em resumo, no prazo de 30 (trinta) dias, contados da data da realização da respectiva assembleia Geral ou da reunião do Conselho de Representantes, que os aprovou, observada a seguinte sistemática:

a) no Diário oficial da União – Seção I – Parte II, os orçamentos das confederações, federações e sindicatos de base interestadual ou nacional;

b) no órgão de imprensa oficial do Estado ou Território ou jornal de grande circulação local, os orçamentos das federações estaduais e sindicatos distritais municipais, intermunicipais e estaduais.

§ 2º – As dotações orçamentárias que se apresentarem insuficientes para o atendimento das despesas, ou não incluídas nos orçamentos correntes, poderão ser ajustadas ao fluxo dos gastos, mediante a abertura de créditos adicionais solicitados pela Diretoria da entidade às respectivas assembleias Gerais ou Conselhos de Representantes, cujos atos concessórios serão publicados até o último dia do exercício correspondente, obedecida a mesma sistemática prevista no parágrafo anterior.

§ 3º – Os créditos adicionais classificam-se em:

a) suplementares, os destinados a reforçar dotações alocadas no orçamento; e

b) especiais, os destinados a incluir dotações no orçamento, a fim de fazer face às despesas para as quais não se tenha consignado crédito específico.

§ 4º – A abertura dos créditos adicionais depende da existência de receita para sua compensação, considerando-se, para esse efeito, desde que não comprometidos:

a) o superavit financeiro apurado em balanço do exercício anterior;

b) o excesso de arrecadação, assim entendido o saldo positivo da diferença entre a renda prevista e a realizada, tendo-se em conta, ainda, a tendência do exercício; e

c) a resultante da anulação parcial ou total de dotações alocadas no orçamento ou de créditos adicionais abertos no exercício.

§ 5º – Para efeito orçamentário e contábil sindical, o exercício financeiro coincidirá com o ano civil, a ele pertencendo todas as receitas arrecadadas e as despesas compromissadas.

✦ OPERAÇÕES FINANCEIRAS E REGISTROS CONTÁBEIS

Art. 551. Todas as operações de ordem financeira e patrimonial serão evidenciadas pelos registros contábeis das entidades sindicais, executados sob a responsabilidade de contabilista legalmente habilitado, em conformidade com o plano de contas e as instruções baixadas pelo Ministério do Trabalho.(Redação da Lei nº 6.386, de 9.12.1976)

§ 1º – A escrituração contábil a que se refere este artigo será baseada em documentos de receita e despesa, que ficarão arquivados nos serviços de contabilidade, à disposição dos órgãos responsáveis pelo acompanhamento administrativo e da fiscalização financeira da própria entidade, ou do controle que poderá ser exercido pelos órgãos da União, em face da legislação específica.

§ 2º – Os documentos comprobatórios dos atos de receita e despesa, a que se refere o parágrafo anterior, poderão ser incinerados, após decorridos 5 (cinco) anos da data de quitação das contas pelo órgão competente.

§ 3º – É obrigatório o uso do livro Diário, encadernado, como folhas seguida e tipograficamente numeradas, para a escrituração, pelo método das partidas dobradas, diretamente ou por reprodução, dos atos ou operações que modifiquem ou venham a modificar a situação patrimonial da entidade, o qual conterá, respectivamente, na primeira e na última páginas, os termos de abertura e de encerramento.

§ 4º – A entidade sindical que se utilizar de sistema mecânico ou eletrônico para sua escrituração contábil, poderá substituir o Diário e os livros facultativos ou auxiliares por fichas ou formulários contínuos, cujos lançamentos deverão satisfazer a todos os requisitos e normas de escrituração exigidos com relação aos livros mercantis, inclusive no que respeita a termos de abertura e de encerramento e numeração sequencial e tipográfica.

§ 5º – Na escrituração por processos de fichas ou formulários contínuos, a entidade adotará livro próprio para inscrição do balanço patrimonial e da demonstração do resultado do exercício, o qual conterá os mesmos requisitos exigidos para os livros de escrituração.

§ 6º – Os livros e fichas ou formulários contínuos serão obrigatoriamente submetidos a registro e autenticação das Delegacias Regionais do Trabalho localizadas na base territorial da entidade.

§ 7º – As entidades sindicais manterão registro específico dos bens de qualquer natureza, de sua propriedade, em livros ou fichas próprias, que atenderão às mesmas formalidades exigidas para o livro Diário, inclusive no que se refere ao registro e autenticação da Delegacia Regional do Trabalho local.

§ 8º – As contas dos administradores das entidades sindicais serão aprovadas, em escrutínio secreto, pelas respectivas assembleias Gerais ou Conselhos de Representantes, com prévio parecer do Conselho Fiscal, cabendo ao Ministro do Trabalho estabelecer prazos e procedimentos para a sua elaboração e destinação.

1. COMENTÁRIOS

A Constituição da República acolheu o princípio da liberdade sindical e não intervenção do Estado na norma do art. 8º, I. Diante da impossibilidade de ingerência na organização e funcionamento do sindicato, com ressalva somente para a exigência de registro no órgão próprio e o respeito à unicidade sindical, os dispositivos dos artigos 548 a 551 não foram recepcionados pela CF/88 (no mesmo sentido: Adamovich, 2009, p. 300).

A única norma que ainda mantém sua validade diante da Constituição de 1988 está inserida no art. 548, "a", da CLT, que menciona a contribuição sindical, ressalvada no próprio texto constitucional no art. 8º, IV.

Valentin Carrion, Comentários, 2010, p. 552, lembra que as entidades sindicais estavam sujeitas à auditoria externa do Ministério do Trabalho, conforme DL nº 772/69, razão pela qual se justificava tamanha regulação da administração financeira das entidades sindicais. Diante da liberdade sindical consagrada na Constituição de 1988 não se pode mais falar em tal interferência do Ministério do Trabalho. A única fiscalização que o MT exerce sobre o sindicato diz respeito ao cumprimento de normas trabalhistas quanto aos empregados da entidade sindical.

2. QUESTÕES DE CONCURSOS

01. (TRT – 3ª REGIÃO/JUIZ DO TRABALHO SUBSTITUTO/2009/ADAPTADA) Constituem fontes de custeio das entidades sindicais profissionais as contribuições sindicais, as contribuições associativas e aquelas destinadas ao custeio do sistema confederativo da representação sindical respectiva.

02. (FCC – Juiz do Trabalho Substituto 4ª região/ 2012) O orçamento das entidades sindicais

a) é aprovado pelo Presidente e sua Diretoria, independentemente de Assembleia Geral, e deverá ser público e evidenciado pelos registros contábeis, executados sob a responsabilidade de contabilista legalmente habilitado.

b) é aprovado pelo Conselho Fiscal, desde que autorizado pelo Presidente.

c) é aprovado em escrutínio secreto, pelas respectivas Assembleias Gerais ou Conselho de Representantes, até 30 (trinta) dias antes do início do exercício financeiro a que se refere.

d) é aprovado em Assembleia Geral, especialmente convocada para este fim, até 60 (sessenta) dias antes do início do exercício financeiro a que se refere.

e) independe de aprovação, desde que seja publicado no prazo de 60 (sessenta) dias antes do início do exercício financeiro a que se refere.

GAB	1	C	2	C

✦ PECULATO: MALVERSAÇÃO OU DILAPIDAÇÃO DO PATRIMÔNIO

Art. 552. Os atos que importem em malversação ou dilapidação do patrimônio das associações ou entidades sindicais ficam equiparados ao crime de peculato julgado e punido na conformidade da legislação penal.(Redação do Decreto-lei nº 925, de 10.10.1969)

1. COMENTÁRIOS

O uso indevido do patrimônio sindical, como malversação ou dilapidação dos bens de propriedade da entidade, foi equiparado ao crime de peculato, nos termos do art. 552 da CLT.

O crime de peculato está definido no art. 312 do CP, nos seguintes termos: "Apropriar-se o funcionário público de dinheiro, valor ou qualquer outro bem móvel, público ou particular, de que tem a posse em razão do cargo, ou desviá-lo em proveito próprio ou alheio: pena – reclusão de dois a doze anos, e multa."

Dispõe o § 1º do art. 312 que: "Aplica-se a mesma pena, se o funcionário público, embora não tendo a posse do dinheiro, valor ou bem, o subtrai, ou concorre para que seja subtraído, em proveito próprio ou alheio, valendo-se de facilidade que lhe proporciona a qualidade de funcionário.".

O § 2º do art. 312 cuida da hipótese de peculato sob a modalidade culposa, nos seguintes termos: "Se o funcionário concorre culposamente para o crime de outrem: pena – detenção, de três meses a um ano.".

O § 3º do art. 312 trata da extinção de punibilidade ou redução da pena, nos seguintes termos: "No caso do parágrafo anterior, a reparação do dano, se precede à sentença irrecorrível, extingue a punibilidade; se lhe é posterior, reduz de metade a pena imposta.".

Percebe-se, portanto, que houve a equiparação do dirigente sindical a servidor público para os fins da prática do crime de peculato. Parece-nos que não só o dirigente, mas qualquer pessoa que esteja na administração do sindicato, seja por delegação da diretoria, seja como empregado qualificado da entidade sindical, responderá por peculato.

Sergio Pinto Martins, Comentários, 2010, p. 619, afirma que o crime está mais próximo de furto ou apropriação indébita, uma vez que o sindicato não exerce mais função delegada da administração pública, não se podendo estender ao dirigente sindical crime tipo de funcionário público.

No mesmo sentido é a opinião de Francisco Antonio de Oliveira, Comentários, 2005, p. 517/518, afirmando que "antes da Carta Magna, o sindicato tinha personalidade jurídica de direito público, situação que não mais persiste (art. 8º, I, CF), sendo hoje de direito privado. O fato de o sindicato em determinados momentos exercer função pública, a exemplo do que acontece com as instituições filantópicas, v.g. hospitais, instituições de caridade, etc., não lhe retira a natureza privada."

Conclui o autor que "a Nova Carta Política deu ampla autonomia aos sindicatos retirando qualquer ingerência do Estado desprestigiando o enquadramento dos dirigentes no crime de peculato.".

O E. Tribunal de Justiça de Santa Catarina, 1ª Câmara, Ap. 30.688, Rel. Des. Cláudio Marques, pub. 8.3.95, julgando acusação de crime de peculato que recaía sobre o Presidente e Tesoureiro de determinada entidade sindical, decidiu pela não recepção do art. 522 da CLT pela Constituição de 1988 e afirmou que "nos dias atuais o sindicalista não pode mais ser equiparado ao funcionário ou servidor público, condição do sujeito ativo do delito de peculato. Aplicação do art. 2º e § único do CP – advento de lei mais favorável que o beneficia" (COAD-juris 18/95, p. 281-282, Ementa 69.291, in F.A. Oliveira, 2005, p. 518).

Não obstante as considerações acima, no sentido de que o art. 522 da CLT não teria sido recepcionado pela CF/88, o E. STJ, em julgamento datado de 13.12.2004, parece ter acolhido plenamente a vigência da regra da CLT, ao definir a competência para julgamento de ação penal fundada no peculato por equiparação do art. 522, como se percebe da transcrição da ementa a seguir:

> "PENAL. CONFLITO DE COMPETÊNCIA. PECULATO POR EQUIPARAÇÃO. Art. 552 DA CLT. ENTIDADE SINDICAL. INEXISTÊNCIA DE OFENSA A BENS, SERVIÇOS OU INTERESSE DA UNIÃO. COMPETÊNCIA DA JUSTIÇA ESTADUAL. 1. Os atos que importem em malversação ou dilapidação do patrimônio das associações ou entidades sindicais ficam equiparados ao crime de peculato julgado e punido na conformidade da legislação penal. 2. Não é pelo fato de encontrar-se a tipificação do crime de peculato inserida no Título dos Crimes Contra a Administração da Justiça, no Código Penal, que haverá a incidência da regra constitucional que define a competência da Justiça Federal. 3. O simples fato da necessidade de registro dos sindicatos no Ministério do Trabalho não aponta o mínimo interesse da União na ação penal para o processo e o julgamento dos crimes contra eles praticados. 4. Inexiste ofensa a bens, serviços ou interesse da União, de suas entidades autárquicas ou empresas públicas, restando afastada a competência da Justiça Federal. 5. Conflito conhecido para declarar a competência do Juízo de Direito da 1ª Vara Criminal da Comarca de Ituverava/SP, suscitado. (CC 31.354/SP, Rel. Ministro ARNALDO ESTEVES LIMA, TERCEIRA SEÇÃO, julgado em 13/12/2004, DJ 01/02/2005, p. 403)

▸SEÇÃO VIII – DAS PENALIDADES

✦ PENALIDADES

Art. 553. As infrações ao disposto neste Capítulo serão punidas, segundo o seu caráter e a sua gravidade, com as seguintes penalidades:

a) multa de Cr$ 100 (cem cruzeiros) e 5.000 (cinco mil cruzeiros), dobrada na reincidência;

b) suspensão de diretores por prazo não superior a 30 (trinta) dias;

c) destituição de diretores ou de membros de conselho;

d) fechamento de Sindicato, Federação ou Confederação por prazo nunca superior a 6 (seis) meses;

e) cassação da carta de reconhecimento.

f) multa de 1/30 (um trinta avos) do salário mínimo regional, aplicável ao associado que deixar de cumprir sem causa justificada, o disposto no Parágrafo único do artigo 529.(Incluída pelo Decreto-lei nº 229, de 28.2.1967)

✦ PENALIDADES AOS ADMINISTRADORES

§ 1º – A imposição de penalidades aos administradores não exclui a aplicação das que este artigo prevê para a associação.(Parágrafo único renumerado pelo Decreto-lei nº 925, de 10.10.1969)

✦ AFASTAMENTO PREVENTIVO DOS DIRIGENTES SINDICAIS

§ 2º – Poderá o Ministro do Trabalho e Previdência Social determinar o afastamento preventivo de cargo ou representação sindicais de seus exercentes, com fundamento em elementos constantes de denúncia formalizada que constituam indício veemente ou início de prova bastante do fato e da autoria denunciados. (Incluído pelo Decreto-lei nº 925, de 10.10.1969)

✦ NOMEAÇÃO DE DELEGADO

Art. 554. Destituída a administração na hipótese da alínea c do artigo anterior, o ministro do Trabalho, Indústria e Comércio nomeará um delegado para dirigir a associação e proceder, dentro do prazo de 90 dias, em assembleia geral por ele convocada e presidida; à eleição dos novos diretores e membros do Conselho Fiscal.

✦ CASSAÇÃO DO RECONHECIMENTO SINDICAL

Art. 555. A pena de cassação da carta de reconhecimento será imposta à entidade sindical:

a) que deixar de satisfazer as condições de constituição e funcionamento estabelecidas nesta Lei;

b) que se recusar ao cumprimento de ato do Presidente da República, no uso da faculdade conferida pelo art. 536;

c) que criar obstáculos à execução da política econômica adotada pelo Governo.(Redação do Decreto-lei nº 8.080, 11.10.1945)

✦ DISSOLUÇÃO DO SINDICATO

Art. 556. A cassação da carta de reconhecimento da entidade sindical não importará no cancelamento de seu registro, nem, consequentemente, a sua dissolução, que se processará de acordo com as disposições da lei que regulam a dissolução das associações civis.

✦ INCORPORAÇÃO DOS BENS AO PATRIMÔNIO DA UNIÃO

Parágrafo único. No caso de dissolução, por se achar a associação incursa nas leis que definem crimes contra a personalidade internacional, a estrutura e a segurança do Estado e a ordem política e social, os seus bens, pagas as dívidas decorrentes das suas responsabilidades, serão incorporados ao patrimônio da União e aplicados em obras de assistência social.

✦ RESPONSÁVEIS PELA APLICAÇÃO DAS PENALIDADES

Art. 557. As penalidades de que trata o art. 553 serão impostas:

a) as das alíneas a e b, pelo diretor geral do Departamento Nacional do Trabalho, com recurso para o ministro de Estado;

b) as demais, pelo ministro de Estado.

§ 1º – Quando se trata de associações de grau superior, as penalidades serão impostas pelo ministro de Estado, salvo se a pena for da cassação da carta de reconhecimento de confederação, caso em que a pena será imposta pelo Presidente da República.

§ 2º – Nenhuma pena será imposta sem que seja assegurada defesa ao acusado.

1. COMENTÁRIOS

As penalidades previstas nos artigos 553 a 557 da CLT interferem diretamente na administração das entidades sindicais. Portanto, somente os estatutos destas entidades podem disciplinar as sanções decorrentes das atitudes dos dirigentes e demais condutores do movimento sindical, preservado o controle judicial destes atos na hipótese de abusos.

A única ressalva feita quanto às penalidades diz respeito à multa prevista no art. 553, "a", da CLT, pois o art. 19 da Lei nº 5.584/70 faz remissão a este artigo na hipótese dos dirigentes sindicais não concederem a assistência judiciária prevista no art. 14 da mesma lei. Os sindicatos estão obrigados à prestação desta assistência judiciária, para associados ou não associados. A omissão injustificada desta obrigação legal importará na multa prevista no art. 553, "a", da CLT, sem prejuízo de ações indenizatórias por eventuais danos causados pelo sindicato.

A doutrina, de uma forma geral, defende que os dispositivos dos artigos 553 a 557 não foram recepcionadas pela Constituição de 1988, art. 8º, inciso I, mas com a ressalva para a multa do art. 553, "a", diante da remissão da Lei nº 5.584/70 (neste sentido: Carrion, Comentários, 2010, p. 509; Martins, Comentários, 2010, p. 620 e Francisco Antonio de Oliveira, Comentários, 2005, p. 521).

A Lei Federal nº 8.383, de 30.12.1991, art. 1º, fixou a UFIR (Unidade Fiscal de Referência), como fator de cobrança de multas na esfera federal. O art. 2º, § 1º, da referida lei, atribuiu ao Ministério da Fazenda competência para divulgar o valor mensal da UFIR.

A Portaria nº 290, de 11.04.1997, do MTb, que regulamenta a aplicação e cobrança de multas trabalhistas, é omissa quanto às infrações aos artigos da seção VII da CLT, que regulamenta a gestão financeira dos sindicatos (arts. 548 a 552), exatamente por entender que não cumpre ao Ministério do Trabalho exercer qualquer fiscalização quanto à administração financeira da entidade sindical.

Todavia, a não concessão de assistência judiciária pelo sindicato importa em descumprimento de uma de suas finalidades, expressamente referida no art. 592, I, da CLT. Para o descumprimento deste artigo a Portaria nº 290/1997, do Mtb, fixou multa que varia de 7,5657 UFIR's (mínima) a 7.565,6943 UFIR's (máxima).

SEÇÃO IX – DISPOSIÇÕES GERAIS

✦ REGISTRO E PRERROGATIVAS DAS ASSOCIAÇÕES

Art. 558. São obrigadas ao registro todas as associações profissionais constituídas por atividades ou profissões idênticas, similares ou conexas, de acordo com o art. 511 e na conformidade do Quadro de Atividades e Profissões a que alude o Capítulo II deste Título. As associações profissionais registradas nos termos deste artigo poderão representar, perante as autoridades administrativas e judiciárias, os interesses individuais dos associados relativos à sua atividade ou profissão, sendo-lhes também extensivas as prerrogativas contidas na alínea "d" e no Parágrafo único do art. 513.

§ 1º – O registro a que se refere o presente artigo competirá às Delegacias Regionais do Ministério do Trabalho e Previdência Social ou às repartições autorizadas em virtude da lei. (Redação do Decreto-lei nº 925, de 10.10.1969)

✦ REGISTRO DE ASSOCIAÇÕES: REQUERIMENTO

§ 2º – O registro das associações far-se-á mediante requerimento, acompanhado da cópia autêntica dos estatutos e da declaração do número de associados, do patrimônio e dos serviços sociais organizados.

§ 3º – As alterações dos estatutos das associações profissionais não entrarão em vigor sem aprovação da autoridade que houver concedido o respectivo registro.

✦ REGISTRO EXCEPCIONAL: PRESIDENTE DA REPÚBLICA

Art. 559. O Presidente da República, excepcionalmente e mediante proposta do Ministro do Trabalho, fundada em razões de utilidade pública, poderá conceder, por decreto, às associações civis constituídas para a defesa e coordenação de interesses econômicos e profissionais e não obrigadas ao registro previsto no artigo anterior, a prerrogativa da alínea "d" do art. 513 deste Capítulo.

1. COMENTÁRIOS

As associações não são mais consideradas como embrião da formação do sindicato. Por esta razão o registro de qualquer associação de trabalhador que não seja o sindicato não será feito no Ministério do Trabalho. O Estado, ao aferir o requerimento de registro da entidade sindical, por sua vez, não tem qualquer poder de interferência quanto aos estatutos, desde que observada a unicidade sindical (vide comentários aos artigos 515 a 520 da CLT, em particular este último).

✦ TRANSMISSÃO DE BENS

Art. 560. Não se reputará transmissão de bens, para efeitos fiscais, a incorporação do patrimônio de uma associação profissional ao da entidade sindical, ou das entidades aludidas entre si.

1. COMENTÁRIOS

O art. 150, VI, "c" da CF, prevê imunidade tributária sobre o patrimônio das entidades sindicais. Resguarda a fraude, a incorporação do patrimônio de uma entidade sindical por outra preserva a mesma imunidade tributária. Contudo, tal benefício não se aplica mais às associações sindicais, pois estas deixaram de compor a estrutura sindical formada por sindicatos, federações e confederações.

A imunidade tributária das entidades sindicais alcança inclusive o IPTU das propriedades alugadas a terceiros, "desde que o valor dos aluguéis seja aplicado nas atividades essenciais de tais entidades." (STF, S. 724).

2. SÚMULAS E ORIENTAÇÕES JURISPRUDENCIAIS

- **STF/Súmula nº 724**

Ainda quando alugado a terceiros, permanece imune ao IPTU o imóvel pertencente a qualquer das entidades referidas pelo art. 150, VI, c, da Constituição, desde que o valor dos aluguéis seja aplicado nas atividades essenciais de tais entidades (DJ de 9/12/2003, p. 1; DJ de 10/12/2003, p. 1; DJ de 11/12/2003, p. 1.).

✦ DENOMINAÇÃO DE "SINDICATO"

Art. 561. A denominação "sindicato" é privativa das associações profissionais de primeiro grau, reconhecidas na forma desta Lei.

✦ DENOMINAÇÃO DE "FEDERAÇÃO" E "CONFEDERAÇÃO"

Art. 562. As expressões "federação" e "confederação", seguidas da designação de uma atividade econômica ou profissional, constituem denominações privativas das entidades sindicais de grau superior.

1. COMENTÁRIOS

O art. 8º, em diversos de seus incisos, faz menção ao "sindicato", reconhecendo-o como entidade sindical de primeiro grau. O art. 8º, II, da CF, se refere à vedação de criação de mais de uma organização sindical, na mesma categoria econômica ou profissional, em qualquer grau, no mesmo município. A menção à expressão "em qualquer grau" denota o reconhecimento de uma organização sindical em diversos níveis. No mesmo sentido o art. 8º, IV, quando se refere ao custeio do sistema confederativo de representação sindical. Portanto, as denominações "sindicatos", "federações" e "confederações" foram recepcionadas pela Constituição de 1988. Sobre as federações e confederações vide comentários aos artigos 533 a 535 da CLT.

Art. 563. (Revogado pelo Decreto-lei nº 925, de 10.10.1969)

✦ VEDAÇÃO AO EXERCÍCIO DE ATIVIDADE ECONÔMICA

Art. 564. Às entidades sindicais, sendo-lhes peculiar e essencial a atribuição representativa e coordenadora das correspondentes categorias ou profissões, é vedado, direta ou indiretamente, o exercício de atividade econômica.

1. COMENTÁRIOS

A proibição de exercício de atividade econômica pelo sindicato é compatível com a imunidade tributária que o art. 150, VI, "c", da Constituição de 1988, confere ao "patrimônio, renda ou serviços" das entidades sindicais. A Constituição, com tal imunidade, reconhece a função social do sindicato na defesa dos interesses individuais e coletivos da categoria (art. 8º, III, da CF). O afastamento da função institucional do sindicato importaria em violação de ambas as normas constitucionais acima citadas. A proibição do art. 564, portanto, continua a prevalecer mesmo após a Constituição da República de 1988.

✦ **PROIBIÇÃO DE FILIAÇÃO A ORGANIZAÇÕES INTERNACIONAIS**

Art. 565. As entidades sindicais reconhecidas nos termos desta Lei não poderão filiar-se a organizações internacionais, nem com elas manter relações, sem prévia licença concedida por decreto do Presidente da República.(Redação da Lei nº 2.802, de 18.6.1956)

1. COMENTÁRIOS

Pode-se dizer que a vedação deste artigo bem representa a intenção do Estado em exercer total controle sobre a atividade sindical, compatível com o regime político autoritário vigente quando de sua aprovação. A norma não foi recepcionada pela liberdade proclamada no art. 8º, I, da CF.

✦ **PROIBIÇÃO DE FILIAÇÃO POR SERVIDORES**

Art. 566. Não podem sindicalizar-se os servidores do Estado e os das instituições paraestatais.

Parágrafo único. Excluem-se da proibição constante deste artigo os empregados das sociedades de economia mista, da Caixa Econômica Federal e das fundações criadas ou mantidas pelo Poder Público da União, dos Estados e Municípios.(Redação da Lei nº 7.449, de 20.12.1985)

1. COMENTÁRIOS

O art. 37, VI, da CF garante a todos os servidores, independentemente do regime jurídico, celetista ou estatutário, o direito à livre associação sindical, que será exercido nos parâmetros do art. 8º da Constituição.

Não foi recepcionada pela Constituição da República de 1988 a proibição prevista neste artigo da CLT.

Até o direito de greve, conforme art. 37, VII, da CF, é garantido aos servidores, mesmo não tendo sido promulgada a "lei específica" referida na norma constitucional. Como explicam Dirley Cunha e Marcelo Novelino: "Entendemos que a norma do art. 37, VII, da Constituição, é de eficácia contida e, nos termos do § 1º do art. 5º, de aplicabilidade imediata, podendo o direito nela consagrado ser exercido independentemente de lei reguladora. Assim, a lei que a norma em tela faz menção só é indispensável para a fixação dos limites do exercício do direito, não para o próprio desfrute deste (Constituição para Concursos, 2010, p. 266). Aplica-se aos servidores, no que couber, a Lei nº 7.783/89, que dispõe sobre o exercício do direito de greve nas empresas privadas (Cunha-Novelino, p. 266).

Art. 567 ao Art. 569 – (Revogado pelo Decreto-Lei nº 229, de 28.2.1967)

▸CAPÍTULO II – DO ENQUADRAMENTO SINDICAL

✦ **ENQUADRAMENTO POR CATEGORIA**

Art. 570. Os sindicatos constituir-se-ão, normalmente, por categorias econômicas ou profissionais, específicas, na conformidade da discriminação do quadro das atividades e profissões a que se refere o art. 577 ou segundo as subdivisões que, sob proposta da Comissão do Enquadramento Sindical, de que trata o art. 576, forem criadas pelo ministro do Trabalho, Indústria e Comércio.

✦ **REUNIÃO DE CATEGORIAS SIMILARES OU CONEXAS**

Parágrafo único. Quando os exercentes de quaisquer atividades ou profissões se constituírem, seja pelo número reduzido, seja pela natureza mesma dessas atividades ou profissões, seja pelas afinidades existentes entre elas, em condições tais que não se possam sindicalizar eficientemente pelo critério de especificidade de categoria, é-lhes permitido sindicalizar-se pelo critério de categorias similares ou conexas, entendendo-se como tais as que se acham compreendidas nos limites de cada grupo constante do Quadro de Atividades e Profissões.

1. COMENTÁRIOS

Sobre o enquadramento por categorias, econômica e profissional, inclusive sobre a noção de categorias similares ou conexas, vide comentários ao art. 511 da CLT.

2. INFORMATIVOS DO TST

- ***Dissídio coletivo ajuizado pelo Sindicato dos Aeroviários de Guarulhos perante o Sindicato Nacional das Empresas Prestadoras de Serviços Auxiliares de Transporte Aéreo – Sineata. Ilegitimidade passiva ad causam. Superveniência de sindicato profissional específico.***

Os aeroviários que trabalham em empresas aéreas, em terra, não devem ser confundidos com os trabalhadores em empresas auxiliares ao transpor te aéreo, se houver, na base territorial, sindicato específico aos últimos. No caso vertente, os empregados nos serviços auxiliares passaram a ser representados, no Município de Guarulhos/SP, a partir de 2007, pelo Sindicato dos Trabalhadores em Empresas Prestadoras de Serviços Auxiliares de Transportes Aéreos do Estado de São Paulo – Sinteata, correspondente profissional ao Sindicato Nacional das Empresas Prestadoras de Serviços Auxiliares de Transporte Aéreo – Sineata, fazendo cessar, portanto, a representação do Sindicato dos Aeroviários de Guarulhos, no tocante aos trabalhadores em empresas prestadoras de serviços auxiliares de transportes, até então legitimamente exercida por esse sindicato profissional mais antigo, sem qualquer distinção entre os aeroviários em empresas aéreas ou em empresas prestadoras de serviços auxiliares de transporte aéreo. Assim, configurada a superveniência de sindicato profissional específico, nos termos do art. 570 da CLT, a SDC, por maioria, negou provimento ao recurso ordinário do suscitante, mantendo, ainda que por fundamento diverso, a ilegitimidade passiva *ad causam* do Sineata para figurar no dissídio coletivo ajuizado pelo Sindicato dos Aeroviários de Garulhos. Vencidos os Ministros Márcio Eurico Vitral Amaro, Mauricio Godinho Delgado e Maria de Assis Calsing. TST-RO-7724-30.2010.5.02.0000, SDC, rel. Min. Fernando Eizo Ono, 9.9.2013 (**Informativo nº 58**)

✦ SEPARAÇÃO DO SINDICATO DE ORIGEM

Art. 571. Qualquer das atividades ou profissões concentradas na forma do Parágrafo único do artigo anterior poderá dissociar-se do sindicato principal, formando um sindicato específico, desde que o novo sindicato, a juízo da Comissão do Enquadramento Sindical, ofereça possibilidade de vida associativa regular e de ação sindical eficiente.

1. COMENTÁRIOS

A lei não exigirá autorização do Estado para a fundação de sindicato (art. 8º, I, da CF). Esta regra também vale para o desmembramento de sindicatos, com a criação de uma nova entidade sindical. A Comissão de Enquadramento Sindical foi extinta após a CF/88. A apreciação de registro de novo sindicato, por desmembramento ou por criação de nova categoria, observará os critérios estabelecidos na Portaria do MTE nº 186, de 10.4.2008 (DOU de 14.4.2008).

✦ DENOMINAÇÃO DOS SINDICATOS DE CATEGORIAS SIMILARES OU CONEXAS

Art. 572. Os sindicatos que se constituírem por categorias similares ou conexas, nos termos do Parágrafo único do art. 570, adotarão denominação em que fiquem, tanto como possível, explicitamente mencionadas as atividades ou profissões concentradas, de conformidade com o quadro das atividades e profissões, ou se se tratar de subdivisões, de acordo com o que determinar a Comissão do Enquadramento Sindical.

Parágrafo único. Ocorrendo a hipótese do artigo anterior, o Sindicato principal terá a denominação alterada, eliminando-se-lhe a designação relativa à atividade ou profissão dissociada.

1. COMENTÁRIOS

Na reunião de sindicatos constituídos por união de categorias similares ou conexas, estes adotarão uma denominação que consiga abarcar, de forma clara, as atividades ou profissões exercidas, mas sem qualquer avaliação da Comissão de Enquadramento, diante de sua extinção após a CF/88.

A denominação escolhida não pode deixar dúvida quanto à profissão ou atividade. Neste sentido, inclusive, o enunciado nº 30 da 1ª Jornada de Direito Material e Processual na Justiça do Trabalho, TST, Brasília, 23.11.2007, a seguir transcrito:

> "ENTIDADE SINDICAL. DENOMINAÇÃO. RESULTADO DE SUA REAL REPRESENTATIVIDADE. Art. 572 DA CONSOLIDAÇÃO DAS LEIS DO TRABALHO. EXPLICITAÇÃO DA CATEGORIA E BASE TERRITORIAL. da inteligência do artigo 572 da CLT decorre a exigência de que as entidades sindicais, em sua denominação, explicitem a categoria e a base territorial que realmente representam, para assegurar o direito difuso de informação.".

Como se percebe da interpretação do enunciado, a explicitação do nome do sindicato, em correspondência com a profissão ou atividade exercida, é preceito que deve ser observado em toda denominação de entidade sindical, em qualquer grau, e não só na hipótese de reunião de categorias similares ou conexas.

✦ ORGANIZAÇÃO DOS SINDICATOS EM FEDERAÇÕES

Art. 573. O agrupamento dos Sindicatos em Federações obedecerá às mesmas regras que as estabelecidas neste Capítulo para o agrupamento das atividades e profissões em Sindicatos.

Parágrafo único. As Federações de Sindicatos de profissões liberais poderão ser organizadas independentemente do grupo básico da Confederação, sempre que as respectivas profissões se acharem submetidas, por disposições de lei, a um único regulamento. (Parágrafo 1º renumerado pelo Decreto-lei nº 229, de 28.2.1967)

1. COMENTÁRIOS

Sobre as regras de enquadramento, por categoria econômica e profissional, também aplicável à organização das Federações, vide comentários aos artigos 534 e 535 da CLT e, como complemento, também os comentários ao art. 511.

✦ ORGANIZAÇÃO DAS EMPRESAS INDUSTRIAIS DE TIPO ARTESANAL

Art. 574. Dentro da mesma base territorial, as empresas industriais do tipo artesanal poderão constituir entidades sindicais, de primeiro e segundo graus, distintas das associações sindicais das empresas congêneres, de tipo diferente.

Parágrafo único. Compete à Comissão de Enquadramento Sindical definir, de modo genérico, com a aprovação do ministro do Trabalho, Indústria e Comércio, a dimensão e os demais característicos das empresas industriais de tipo artesanal.

1. COMENTÁRIOS

A intenção da norma do art. 574, de permitir que as indústrias artesanais se organizassem separadamente, bem atendia às peculiaridades destas pequenas corporações, com interesses bem distintos de grandes grupos empresariais e seus trabalhadores. Contudo, a aferição desta organização entre pequenas empresas era definida pela Comissão de Enquadramento Sindical que, tendo sido extinta, deixou sem eficácia a norma deste artigo, que, de toda sorte, não foi recepcionada pelo art. 8º, II, da CF.

A Constituição de sindicatos de pequenas e microempresas esbarra, como visto, no princípio da unicidade sindical.

✦ REVISÃO DO QUADRO DE ATIVIDADES E PROFISSÕES

Art. 575. O quadro de atividades e profissões será revisto de dois em dois anos, por proposta da Comissão do Enquadramento Sindical, para o fim de ajustá-lo às condições da estrutura econômica e profissional do país.

§ 1º – Antes de proceder à revisão do Quadro, a Comissão deverá solicitar sugestões às entidades sindicais e às associações profissionais.

§ 2º – A proposta de revisão será submetida à aprovação do Ministro do Trabalho, Indústria e Comercio.

✦ CONSTITUIÇÃO DA COMISSÃO DE ENQUADRAMENTO SINDICAL

Art. 576. A Comissão do Enquadramento Sindical será constituída pelo Diretor-Geral do Departamento Nacional do Trabalho, que a presidirá, e pelos seguintes membros:(Redação da Lei nº 5.819, de 6.11.1972)

I – 2 (dois) representantes do Departamento Nacional do Trabalho;

II – 1 (um) representante do Departamento Nacional de Mão-de-Obra;

III – 1 (um) representante do Instituto Nacional de Tecnologia, do Ministério da Indústria e do Comércio;

IV – 1 (um) representante do Instituto Nacional de Colonização e Reforma Agrária, do Ministério da Agricultura;

V – 1 (um) representante do Ministério dos Transportes;

VI – 2 (dois) representantes das categorias econômicas; e

VII – 2 (dois) representantes das categorias profissionais.

§ 1º – Os membros da CES serão designados pelo Ministro do Trabalho e Previdência Social, mediante. (Incluído pelo Decreto-lei nº 229, de 28.2.1967)

a) indicação dos titulares das Pastas, quanto aos representantes dos outros Ministérios;

b) indicação do respectivo Diretor Geral, quanto ao do DNMO;

c) eleição pelas respectivas Confederações, em conjunto, quanto aos representantes das categorias econômicas e profissionais, de acordo com as instruções que forem expedidas pelo Ministro do Trabalho e Previdência Social.

§ 2º – Cada Membro terá um suplente designado juntamente com o titular.(Incluído pelo Decreto-lei nº 229, de 28.2.1967)

§ 3º – Será de 3 (três) anos o mandato dos representantes das categorias econômica e profissional. (Redação do Decreto-lei nº 925, de 10.10.1969)

§ 4º – Os integrantes da Comissão perceberão a gratificação de presença que for estabelecida por decreto executivo.(Incluído pelo Decreto-lei nº 229, de 28.2.1967)

§ 5º – Em suas faltas ou impedimentos o Diretor-Geral do DNT será substituído na presidência pelo Diretor substituto do Departamento ou pelo representante deste na Comissão, nesta ordem.(Redação do Decreto-lei nº 506, de 18.3.1969)

§ 6º – Além das atribuições fixadas no presente Capítulo e concernentes ao enquadramento sindical, individual ou coletivo, e à classificação das atividades e profissões, competirá também à CES resolver, com recurso para o Ministro do Trabalho e Previdência Social, todas as dúvidas e controvérsias concernentes à organização sindical. (Incluído pelo Decreto-lei nº 229, de 28.2.1967)

1. COMENTÁRIOS

Os artigos 575 e 576 cuidam, respectivamente, das atividades e da constituição da Comissão de Enquadramento Sindical, que deixou de existir a partir da Constituição da República de 1988, em razão da consagração dos princípios da liberdade sindical e não interferência do Estado na organização sindical (artigo 8º, incisos I e II, da CF).

✦ PLANO BÁSICO DE ENQUADRAMENTO SINDICAL

Art. 577. O Quadro de Atividades e Profissões em vigor fixará o plano básico do enquadramento sindical.

1. COMENTÁRIOS

O sistema de enquadramento por categorias, econômica e profissional, inspirado no paralelismo do direito italiano da época, foi recepcionado pela CF/88, como demonstramos nos comentários ao art. 511 da CLT, ao qual remetemos o leitor. Consequemente, o quadro de atividades e profissões criado pela Comissão de Enquadramento Sindical ainda está em vigor (neste sentido: Martins, Comentários, 2010, p. 632, Carrion, Comentários, 2010, p. 512 e Süssekind, Curso, 2010, p. 555).

Todos os autores acima citados fazem questão de citar o julgamento da Suprema Corte que, na esteira do voto do Ministro Marco Aurélio, entendeu recepcionadas pelo art. 8º, II, da Constituição da República, as normas dos artigos 511 e 570 da CLT (STF, Pleno, RMS nº 21.305-1).

Süssekind chega a afirmar que "as normas legais pertinentes são não somente compatíveis com o Estatuto Fundamental, mas necessárias ao funcionamento do sistema sindical por ele adotado." (Curso, 2010, p. 555).

Valentin Carrion, Comentários, 2010, p. 515, em sentido contrário, afirma que o quadro de atividades e profissões só serve como modelo, pois não é obrigatório.

2. SÚMULAS E ORIENTAÇÕES JURISPRUDENCIAIS

▸ **Súmula nº 196/STF**

Ainda que exerça atividade rural, o empregado de empresa industrial ou comercial é classificado de acordo com a categoria do empregador.

▸ **OJ 9 – SDC/TST**

ENQUADRAMENTO SINDICAL. INCOMPETÊNCIA MATERIAL DA JUSTIÇA DO TRABALHO. (Inserida em 27.03.1998)

O dissídio coletivo não é meio próprio para o Sindicato vir a obter o reconhecimento de que a categoria que representa é diferenciada, pois esta matéria – enquadramento sindical – envolve a interpretação de norma genérica, notadamente do art. 577 da CLT.

▸CAPÍTULO III – DA CONTRIBUIÇÃO SINDICAL

▸SEÇÃO I – DA FIXAÇÃO E DO RECOLHIMENTO DO IMPOSTO SINDICAL

✦ DA CONTRIBUIÇÃO SINDICAL: NATUREZA JURÍDICA E PREVISÃO CONSTITUCIONAL

Art. 578. As contribuições devidas aos sindicatos pelos participantes das categorias econômicas ou profissionais ou das profissões liberais representadas pelas referidas entidades serão, sob a denominação de contribuição sindical, pagas, recolhidas e aplicadas na forma estabelecida neste Capítulo, desde que prévia e expressamente autorizadas.(Redação da Lei nº 13.467, de 13.07.2017).

1. COMENTÁRIOS

Atualmente, a contribuição sindical está prevista no art. 149 da CF, como espécie de contribuição social de interesse das categorias profissionais e econômicas. A doutrina aponta para sua natureza tributária, como explica José Eduardo Soares de Melo: "Essas contribuições – inseridas no capítulo próprio do sistema tributário nacional – têm natureza tributária, devendo observar o seu peculiar regime jurídico, demandando obediência aos postulados da irretroatividade e anterioridade, vedação de efeito confiscatório e uniformidade de tributação." (Curso, 2003, p. 77).

A redação original do art. 578 da CLT impunha o pagamento da contribuição sindical, independentemente da vontade de empregado. O texto original se referia a "imposto sindical" e assim permaneceu até a redação imposta pela Lei nº 13.467, de 13.07.2017, que tornou facultativa a contribuição, condicionando sua cobrança à autorização prévia e expressa do empregado.

Não obstante a natureza tributária da contribuição sindical, o STF firmou entendimento de que sua instituição não depende de lei complementar, conforme precedente que segue:

"O STF fixou entendimento no sentido da dispensabilidade de lei complementar para a criação das contribuições de intervenção no domínio econômico e de interesse das categorias profissionais." (AI 739.715-AgR, Rel. Min. Eros Grau, julgamento em 26-5-2009, Segunda Turma, DJE de 19-6-2009.)

Considerando-se a desnecessidade de lei complementar para tratar da contribuição sindical, está perfeitamente de acordo com a Constituição da República a instituição do tributo conforme regulado nesta CLT. A regra do art. 578 consolidado foi recepcionada, neste particular, pelo art. 8º, IV, da CF, que ressalvou, expressamente, a contribuição prevista em lei. No caso, este artigo da CLT, e os demais que regulamentam a contribuição sindical. Mais uma vez o STF teve a última palavra sobre o tema, também pacificando o entendimento segundo o qual a CLT, que regulamenta a contribuição sindical, foi recepcionada pela CF, conforme julgamento que segue:

"A recepção pela ordem constitucional vigente da contribuição sindical compulsória, prevista no art. 578, CLT, e exigível de todos os integrantes da categoria, independentemente de sua filiação ao sindicato, resulta do art. 8º, IV, in fine, da Constituição; não obsta à recepção a proclamação, no caput do art. 8º, do princípio da liberdade sindical, que há de ser compreendido a partir dos termos em que a Lei Fundamental a positivou, nos quais a unicidade (art. 8º, II) e a própria contribuição sindical de natureza tributária (art. 8º, IV) – marcas características do modelo corporativista resistente –, dão a medida da sua relatividade (cf. MI 144, Pertence, RTJ 147/868, 874); nem impede a recepção questionada a falta da lei complementar prevista no art. 146, III, CF, à qual alude o art. 149, à vista do disposto no art. 34, § 3º e § 4º, das Disposições Transitórias (cf. RE 146.733, Moreira Alves, RTJ 146/684, 694)." (RE 180.745, Rel. Min. Sepúlveda Pertence, julgamento em 24-3-1998, Primeira Turma, DJ de 8-5-1998.)".

As microempresas e empresas de pequeno porte estavam dispensadas do recolhimento destas contribuições para o sindicato patronal, mesmo antes da Lei nº 13.467, de 13.07.2017 torná-la facultativa para todos os empregados. O próprio STF entendeu que não fere o art. 8º da Constituição a isenção fiscal estabelecida pelo Estatuto da Micro e Pequena Empresa; o Plenário da Corte Suprema fixou ainda o precedente de que a isenção abrange a contribuição sindical, como se percebe dos destaques na decisão que segue.

"O Tribunal, por maioria, julgou improcedente pedido formulado em ação direta de inconstitucionalidade ajuizada pela Confederação Nacional do Comércio – CNC contra o art. 13, § 3º, da Lei Complementar 123/2006, que concede isenção às microempresas e empresas de pequeno porte optantes do Simples Nacional – Supersimples, quanto ao pagamento das contribuições instituídas pela União, inclusive aquelas devidas às entidades privadas de serviço social e de formação profissional vinculadas ao sistema sindical (CF, art. 240) – v. Informativo 524. Afastou-se, inicialmente, a alegada ofensa ao art. 150, § 6º, da CF. Após registrar haver pertinência entre a isenção e o tema geral que foi objeto da Lei Complementar 123/2006, e que a contribuição sindical é tributo cuja instituição está na esfera de competência da União (CF, artigos 8º, IV, 149 e 240), considerou-se não ser estranha à lei destinada a instituir o Estatuto Nacional da Microempresa e da Empresa de Pequeno Porte a matéria relativa à tributação destas mesmas entidades. Asseverou-se que dispor sobre o assunto, de maneira global, seria insuficiente para ocultar ou escamotear o igualmente relevante tema da exoneração tributária. (...) Em seguida, repeliu-se o argumento de violação ao art. 8º da CF. Não obstante reputando ser relevante a alegação acerca do risco de enfraquecimento das entidades de representação patronal no campo das relações do trabalho, considerou-se o fato de que o benefício fiscal contestado não seria novo, e reportou-se ao julgamento da ADI 2.006 MC/DF (DJU de 1º-12-2000), em que se fixara orientação no sentido de que a finalidade extrafiscal da isenção da contribuição sindical patronal prevalecia, em termos, sobre a autonomia e a liberdade sindical. Ponderou-se, ademais, ser necessário observar o trânsito da situação a que estariam atualmente submetidas as microempresas e empresas de pequeno porte, para o quadro incentivado pela exoneração, de modo a confirmar se a influência da norma impugnada seria ou não perniciosa. No ponto, aduziu-se que, se o objetivo previsto com a concessão do benefício for obtido – fomento da pequena empresa – duas conseqüências advirão, em maior ou menor grau: o fortalecimento de tais empresas, que poderão passar à condição de empresas de maior porte e, portanto, superar a faixa de isenção, e o incentivo à regularização das empresas ditas informais melhorará o perfil dos consumidores, o que será benéfico às atividades das empresas comerciais de maior porte. Enfatizou-se que a competência para instituir as contribuições de interesse de categorias profissionais ou econômicas seria da União, nada impedindo que tais tributos também atendessem à função extrafiscal estabelecida nos termos da CF, e que a circunstância de o tributo ser parafiscal não modificaria o quadro. Salientou-se que, se a política econômica pede por sacrifícios proporcionais em matéria de arrecadação – como forma de estímulo e desenvolvimento das atividades das micro e pequenas empresas, bem como do aumento das condições propícias à oferta de empregos –, as entidades parafiscais não poderiam alegar uma espécie de titularidade absoluta ou de direito adquirido ao valor potencialmente arrecadável com o tributo. Concluiu-se que situação diversa se configuraria se a exoneração fosse tão intensa a ponto de forçar situação de grave e irreversível desequilíbrio, apta a inviabilizar completamente a atuação da entidade paraestatal, sendo, mesmo em tais casos, indispensável questionar se a entidade paraestatal não teria, ou não deveria ter, outras fontes de custeio." (ADI 4.033, Rel. Min. Joaquim Barbosa, julgamento em 15-9-2010, Plenário, Informativo 600.)" No mesmo sentido:ADI 2.006-MC, Rel. Min. Maurício Corrêa, julgamento em 1-7-1999, Plenário, DJ de 1º-12-2000.)

Todo o entendimento acima exposto, definindo a natureza tributária da contribuição sindical, baseia-se, entre outras razões, no seu caráter compulsório. Deixando a contribuição sindical de ser obrigatória, pela Lei nº 13.467, de 13.07.2017, não se pode mais atribuir à mesma a natureza tributária de outrora, uma vez que "a compulsoriedade constitui elemento essencial do tributo, consubstanciada numa obrigação de dar dinheiro ao Erário." (José Eduardo Soares de Melo, Curso, 2003, p. 44).

Com a EC nº 45/2004 ficou superado o entendimento da S. 222 do STJ, que fixava a competência da Justiça Estadual para processar as ações de cobrança relativas à contribuição sindical. A competência, atualmente, é da Justiça do Trabalho, conforme interpretação que se extrai da parte final do III, do art. 114 da CF.

2. SÚMULAS E ORIENTAÇÕES JURISPRUDENCIAIS

- **STF, SÚMULA VINCULANTE nº 40**

A CONTRIBUIÇÃO CONFEDERATIVA DE QUE TRATA O ART. 8º, IV, DA CONSTITUIÇÃO FEDERAL, SÓ É EXIGÍVEL DOS FILIADOS AO SINDICATO RESPECTIVO.

- **Súmula nº 666/STF – Data do julgamento: 24/09/2003**

A contribuição confederativa de que trata o art. 8º, IV, da constituição, só é exigível dos filiados ao sindicato respectivo.

3. QUESTÕES DE CONCURSOS

01. (TRT 3 – Juiz do Trabalho Substituto 3ª região/ 2012) A respeito da liberdade sindical, leia as afirmações abaixo e, em seguida, assinale a alternativa correta: o antigo imposto sindical, atualmente denominado contribuição sindical, apesar de derivar do sistema sindical corporativista e de ter natureza parafiscal, foi preservado pela Constituição da República de 1988.

GAB	1	C

✦ **SUJEITOS PASSIVOS DA CONTRIBUIÇÃO**

Art. 579. O desconto da contribuição sindical está condicionado à autorização prévia e expressa dos que participarem de uma determinada categoria econômica ou profissional, ou de uma profissão liberal, em favor do sindicato representativo da mesma categoria ou profissão ou, inexistindo este, na conformidade do disposto no art. 591 desta Consolidação.(Redação da Lei nº 13.467, de 13.07.2017).

1. COMENTÁRIOS

A contribuição sindical, que se tornou facultativa com a Lei nº 13.467, de 13.07.2017, é devida pelo simples enquadramento na categoria, mas em se tratando de categoria profissional, como o valor é calculado com base no salário, só será devida se o trabalhador estiver empregado; sem emprego o trabalhador continua a fazer parte da categoria, mas deixa de ser sujeito passivo do tributo. Estas e outras considerações acerca da contribuição sindical ainda são pertinentes porque as obrigações de pagamento persistem até a leia acima referida entrar em vigor.

A empresa deixa de recolher a contribuição se estiver inativa, desde que tal informação conste nos órgãos próprios de registro da sociedade. A paralisação das atividades de forma irregular, ou seja, sem comunicação aos órgãos de registro, mantém com o empregador a obrigação da contribuição sindical.

Há quem entenda que a empresa também deixa de contribuir quando não tiver empregados (neste sentido Acórdão do TRT da 3ª Região, 1ª Turma, RO nº 01720-2006-104-03-00-3, Relatora Desembargadora Deoclécia Amorelli Dias, DJ MG 3.8.2007, in Saad, CLT Comentada, 2009, p. 760). Não comungamos desta opinião, pois o cálculo da contribuição sindical do empregador toma por base o capital social da empresa (art. 580, III, da CLT), sendo irrelevante o número de empregados ou mesmo a inexistência destes.

2. INFORMATIVOS DO TST

▸ ***Contribuição sindical rural. Notificação pessoal do sujeito passivo. Necessidade.***

A cobrança da contribuição sindical rural pressupõe regular lançamento da constituição do crédito tributário e a consequente notificação do sujeito passivo (art. 145 do CTN), de modo que apenas a publicação de editais, mesmo em jornais de grande circulação, não se revela suficiente em razão das dificuldades de acesso aos meios de comunicação do contribuinte que vive na área rural. Com esses fundamentos, a SBDI-I, por unanimidade, conheceu dos embargos da reclamada, por divergência jurisprudencial, e, no mérito, negou-lhes provimento, mantendo a extinção do processo sem resolução do mérito por carência de ação, pois a ausência de notificação pessoal do devedor torna o crédito tributário inexistente. TST-E – RR-913-57.2010.5.05.0651, SBDI-I, rel. Min. Brito Pereira, 3.10.2013. **(Informativo nº 61)**

✦ **CÁLCULO DA CONTRIBUIÇÃO SINDICAL**

Art. 580. A contribuição sindical será recolhida, de uma só vez, anualmente, e consistirá:(Redação dada pela Lei nº 6.386, de 9.12.1976)

✦ **CONTRIBUIÇÃO DOS EMPREGADOS**

I – Na importância correspondente à remuneração de um dia de trabalho, para os empregados, qualquer que seja a forma da referida remuneração;

✦ **CONTRIBUIÇÃO DOS AUTÔNOMOS E PROFISSIONAIS LIBERAIS**

II – para os agentes ou trabalhadores autônomos e para os profissionais liberais, numa importância correspondente a 30% (trinta por cento) do maior valor-de-referência fixado pelo Poder Executivo, vigente à época em que é devida a contribuição sindical, arredondada para Cr$ 1,00 (um cruzeiro) a fração porventura existente;(Redação da Lei nº 7.047, de 1º.12.1982)

✦ **CONTRIBUIÇÃO DOS EMPREGADORES**

III – para os empregadores, numa importância proporcional ao capital social da firma ou empresa, registrado nas respectivas Juntas Comerciais ou órgãos equivalentes, mediante a aplicação de alíquotas, conforme a seguinte tabela progressiva:(Redação da Lei nº 7.047, de 1º.12.1982)

✦ **VALOR DA CONTRIBUIÇÃO DO EMPREGADOR**

§ 1º – A contribuição sindical prevista na tabela constante do item III deste artigo corresponderá à soma da aplicação das alíquotas sobre a porção do capital distribuído em cada classe, observados os respectivos limites.

§ 2º – Para efeito do cálculo de que trata a tabela progressiva inserta no item III deste artigo, considerar-se-á o valor de referência fixado pelo Poder Executivo, vigente à data de competência da contribuição, arredondando-se para Cr$1,00 (um cruzeiro) a fração porventura existente.

§ 3º – É fixada em 60% (sessenta por cento) do maior valor-de-referência, a que alude o parágrafo anterior, a contribuição mínima devida pelos empregadores, independentemente do capital social da firma ou empresa, ficando, do mesmo modo, estabelecido o capital equivalente a 800.000 (oitocentas mil) vezes o maior valor-de-referência, para efeito do cálculo da contribuição máxima, respeitada a Tabela progressiva constante do item III.(Redação da Lei nº 7.047, de 1º.12.1982)

✦ **AUTÔNOMOS E LIBERAIS ORGANIZADOS EM FIRMA**

§ 4º – Os agentes ou trabalhadores autônomos e os profissionais liberais, organizados em firma ou empresa, com capital social registrado, recolherão a contribuição sindical de acordo com a tabela progressiva a que se refere o item III.

✦ **CONTRIBUIÇÃO SOBRE A MOVIMENTAÇÃO FINANCEIRA**

§ 5º – As entidades ou instituições que não estejam obrigadas ao registro de capital social, considerarão, como capital, para efeito do cálculo de que trata a tabela progressiva constante do item III deste artigo, o valor resultante da aplicação do percentual de 40% (quarenta por cento) sobre o movimento econômico registrado no exercício imediatamente anterior, do que darão conhecimento à respectiva entidade sindical ou à Delegacia Regional do Trabalho, observados os limites estabelecidos no § 3º deste artigo.

✦ **INSTITUIÇÕES SEM FINS LUCRATIVOS: EXCLUSÃO**

§ 6º – Excluem-se da regra do § 5º as entidades ou instituições que comprovarem, através de requerimento dirigido ao Ministério do Trabalho, que não exercem atividade econômica com fins lucrativos.

1. COMENTÁRIOS

A contribuição é devida uma única vez por ano, seja por empregados, trabalhadores autônomos e profissionais liberais ou empregadores, na forma deste artigo.

O cálculo da contribuição do empregado é feito com base na remuneração de um dia de trabalho e conforme os critérios do art. 582 da CLT.

A contribuição devida pelos autônomos, profissionais liberais e empregadores tinha por base o "maior valor de referência" (MVR), que foi extinto. A Lei nº 8.177, de 1.3.1991, em seu art. 3º, extinguiu o MVR. A Lei nº 8.383, de 30.12.1991, por sua vez, institui a UFIR como indexador de tributos e contribuições, passando a ser a referência para o cálculo também da contribuição sindical. Portanto, onde se lê, por exemplo, 150 vezes o Maior Valor de Referência (MVR), leia-se 150 UFIR's.

As instituições sem finalidade lucrativa, mesmo que seus estatutos sejam expressos neste sentido, só obterão a isenção de contribuição sindical após requerimento expresso ao Ministério do Trabalho, provando tal condição.

2. QUESTÕES DE CONCURSOS

01. (TRT – 1ª REGIÃO/JUIZ DO TRABALHO/2008/ADAPTADA) Com relação à contribuição sindical: a contribuição sindical será recolhida, de uma só vez, anualmente, e consistirá na importância correspondente a um dia de salário, para os empregados, qualquer que seja a forma de remuneração.

02. (TRT 14 – Juiz do Trabalho Substituto 14ª região/ 2012) Analise as assertivas abaixo e após marque a única alternativa correta:

a) Da importância da arrecadação da contribuição sindical serão feitos os seguintes créditos pela Caixa Econômica Federal, para os empregadores: 5% para a confederação correspondente, 10% para a central sindical, 15% para a federação, 60% para o sindicato respectivo e 10% para a "Conta Especial Emprego e Salário".

b) O recolhimento da contribuição sindical dos empregadores efetuar-se-á no mês de dezembro de cada ano, ou, para os que venham a estabelecer-se após aquele mês, 30 dias após a data do requerimento às repartições do registro ou da licença para o exercício da respectiva atividade.

c) O recolhimento da contribuição sindical referente aos empregados e trabalhadores avulsos será efetuado no mês de abril de cada ano, e o relativo aos agentes ou trabalhadores autônomos e profissionais liberais realizar-se-á no mês de fevereiro.

d) É vedado aos profissionais liberais optar pelo pagamento da contribuição sindical unicamente à entidade sindical representativa da respectiva profissão, ainda que a exerça, efetivamente, na firma ou empresa e como tal sejam nelas registrados.

e) A contribuição sindical será recolhida, de forma parcelada, anualmente, e consistirá na importância correspondente à remuneração de 1 dia de trabalho, para os empregados, qualquer que seja a forma da referida remuneração.

GAB	1	E	2	C

✦ **CÁLCULO DA CONTRIBUIÇÃO NA FILIAL**

Art. 581. Para os fins do item III do artigo anterior, as empresas atribuirão parte do respectivo capital às suas sucursais, filiais ou agências, desde que localizadas fora da base territorial da entidade sindical representativa da atividade econômica do estabelecimento principal, na proporção das correspondentes operações econômicas, fazendo a devida comunicação às Delegacias Regionais do Trabalho, conforme localidade da sede da empresa, sucursais, filiais ou agências. (Redação da Lei nº 6.386, de 9.12.1976)

✦ **CRITÉRIO DA ATIVIDADE PREPONDERANTE**

§ 1ºQuando a empresa realizar diversas atividades econômicas, sem que nenhuma delas seja preponderante, cada uma dessas atividades será incorporada à respectiva categoria econômica, sendo a contribuição sindical devida à entidade sindical representativa da mesma categoria, procedendo-se, em relação às correspondentes sucursais, agências ou filiais, na forma do presente artigo.

✦ **CONCEITO DE ATIVIDADE PREPONDERANTE**

§ 2º – Entende-se por atividade preponderante a que caracterizar a unidade de produto, operação ou objetivo final, para cuja obtenção todas as demais atividades convirjam, exclusivamente em regime de conexão funcional.

1. COMENTÁRIOS

O cálculo da contribuição devida pelo empregador levar em conta o capital social da empresa, numa escalar progressiva, como se percebe da redação do inciso III, do art. 580. A regra do art. 581, caput, permite que parte do capital da empresa seja atribuído à filial para fins de cálculo da contribuição sindical, desde que esta filial não esteja na base territorial da sede, pois, neste caso, o cálculo da contribuição recairá exclusivamente sobre o estabelecimento principal.

A atividade econômica preponderante determinará a entidade sindical empresarial que receberá o recolhimento da contribuição sindical. Na dificuldade de se estabelecer a atividade preponderante, cada uma das atividades exercidas pela empresa gerará uma contribuição especifica para cada um dos sindicatos representativos destas categorias (§ 1º do art. 581).

Para que se possa definir a atividade econômica preponderante da empresa leva-se em consideração o produto final, sendo todas as demais atividades consideradas conexas ou acessórias (§ 2º do art. 581).

✦ **DESCONTO NO SALÁRIO: MÊS DE MARÇO**

Art. 582. Os empregadores são obrigados a descontar da folha de pagamento de seus empregados relativa ao mês de março de cada ano a contribuição sindical dos empregados que autorizaram prévia e expressamente o seu recolhimento aos respectivos sindicatos.(Redação da Lei n° 13.467, de 13.07.2017).

✦ **CÁLCULO DE UM DIA DE TRABALHO**

§ 1º – Considera-se um dia de trabalho, para efeito de determinação da importância a que alude o item I do Art. 580, o equivalente (Redação da Lei nº 6.386, de 9.12.1976):

a) a uma jornada normal de trabalho, se o pagamento ao empregado for feito por unidade de tempo;

b) a 1/30 (um trinta avos) da quantia percebida no mês anterior, se a remuneração for paga por tarefa, empreitada ou comissão.

✦ **CÁLCULO COM BASE NO SALÁRIO DE CONTRIBUIÇÃO AO INSS**

§ 2º – Quando o salário for pago em utilidades, ou nos casos em que o empregado receba, habitualmente, gorjetas, a contribuição sindical corresponderá a 1/30 (um trinta avos) da importância que tiver servido de base, no mês de janeiro, para a contribuição do empregado à Previdência Social. (Redação da Lei nº 6.386, de 9.12.1976)

1. COMENTÁRIOS

Conforme a regra do art. 462 da CLT são legítimos os descontos nos salários previstos em lei. Esta é exatamente a hipótese da contribuição sindical, cujo desconto, além da previsão legal, passou a depender da autorização prévia e expressa do empregado, nos termos da Lei nº 13.467, de 13.07.2017.

A contribuição autorizada pelo empregado corresponde à remuneração de um dia de trabalho, descontada do pagamento do mês de março de cada ano. O conceito de remuneração é mais amplo que o de salário e abrange o conjunto de pagamentos feitos ao empregado, em retribuição a seu trabalho, oriundo do empregador (salário) ou de terceiros (gorjeta). O desconto da contribuição sindical, portanto, incidirá sobre todas as parcelas remuneratórias.

Na hipótese do empregado receber somente gorjetas, sem pagamento de salário, o critério do § 2º, acima, também será utilizado no cálculo da contribuição sindical.

Sobre os conceitos de pagamento por unidade de tempo e tarefa, referidos no § 1º do art. 582, vide comentários ao art. 78 da CLT.

✦ **RECOLHIMENTO DA CONTRIBUIÇÃO SINDICAL DOS EMPREGADOS**

Art. 583. O recolhimento da contribuição sindical referente aos empregados e trabalhadores avulsos será efetuado no mês de abril de cada ano, e o relativo aos agentes ou trabalhadores autônomos e profissionais liberais realizar-se-á no mês de fevereiro, observada a exigência de autorização prévia e expressa prevista no art. 579 desta Consolidação. (Redação da Lei n° 13.467, de 13.07.2017).

§ 1º – O recolhimento obedecerá ao sistema de guias, de acordo com as instruções expedidas pelo Ministro do Trabalho. (Incluído pela Lei nº 6.386, de 9.12.1976).

§ 2º – O comprovante de depósito da contribuição sindical será remetido ao respectivo Sindicato; na falta deste, à correspondente entidade sindical de grau superior, e, se for o caso, ao Ministério do Trabalho. (Incluído pela Lei nº 6.386, de 9.12.1976).

1. COMENTÁRIOS

O art. 582 cuida do desconto no salário dos empregados. Já o art. 583 trata da forma e ocasião de recolhimento dos valores descontados aos cofres das entidades sindicais de trabalhadores. O recolhimento ao sindicato é feito no mês de abril de cada ano quanto aos empregados e avulsos, e no mês de fevereiro no caso de autônomos e profissionais liberais.

Caso o empregado tenha sido admitido em janeiro, fevereiro ou março, ainda assim sofrerá o desconto no seu salário, desde que o autorize. Na hipótese do empregado ser admitido após o mês de março sofrerá o desconto no mês subsequente à sua admissão (art. 602, da CLT), também mediante sua autorização, com recolhimento ao sindicato no mês seguinte.

✦ **CONTRIBUIÇÃO DOS AUTÔNOMOS**

Art. 584. Servirá de base para o pagamento da contribuição sindical, pelos agentes ou trabalhadores autônomos e profissionais liberais, a lista de contribuintes organizada pelos respectivos sindicatos e, na falta destes, pelas federações ou confederações coordenadoras da categoria.(Redação da Lei nº 6.386, de 9.12.1976)

1. COMENTÁRIOS

Os autônomos e os profissionais liberais são trabalhadores que atuam por sua conta e risco, recebendo remuneração somente pelos serviços que prestam, atuando sozinhos ou com o auxílio de prepostos. A distinção entre ambos reside no fato de que o profissional liberal tem sua atividade regulamentada e o autônomo não. Nos dois casos os sindicatos têm a responsabilidade de relacionar os contribuintes, ou seja, os trabalhadores.

✦ **PROFISSIONAIS LIBERAIS**

Art. 585. Os profissionais liberais poderão optar pelo pagamento da contribuição sindical unicamente à entidade sindical representativa da respectiva profissão, desde que a exerça, efetivamente, na firma ou empresa e como tal sejam nelas registrados.(Redação da Lei nº 6.386, de 9.12.1976)

Parágrafo único. Na hipótese referida neste artigo, à vista da manifestação do contribuinte e da exibição da prova de quitação da contribuição, dada por sindicato de profissionais liberais, o empregador deixará de efetuar, no salário do contribuinte, o desconto a que se refere o Art. 582.

1. COMENTÁRIOS

Os profissionais liberais, exatamente porque têm sua atividade regulamentada por lei, possuem sindicato específico de representação, mas sem a exclusão da representação pelo sindicato da empresa onde trabalham. Como existem dois sindicatos que representam, concorrentemente, os interesses dos profissionais liberais, cabe ao próprio trabalhador optar onde fará o recolhimento de sua contribuição sindical. Cite-se, como exemplo, a hipótese de um Psicólogo que trabalhe no departamento de recursos humanos de determinada empresa. Contudo, caso não exerça na empresa a profissão de Psicólogo não terá tal opção.

Em apoio a estas conclusões, observe-se o que o dispõe a Lei nº 7.316, de 28.5.1985, art. 1º: "Nas ações individuais e coletivas de competência da Justiça do Trabalho, as entidades sindicais que integram a Confederação Nacional dos Profissionais Liberais terão o mesmo poder de representação dos trabalhadores empregados atribuído, pela legislação em vigor, aos sindicatos representativos das categoriais profissionais diferenciadas.".

Optando o empregado por recolher a contribuição ao sindicato de profissionais liberais, será seu o ônus de demonstrar ao empregador que efetuou o recolhimento, a fim de não ser onerado com um segundo desconto destinado ao sindicato da categoria profissional que representa os empregados da atividade econômica preponderante na empresa.

O art. 46, da Lei nº 8.906/94 prevê uma disposição especial para os advogados, isentando-os do recolhimento da contribuição sindical caso estejam quites com a anuidade cobrada pela OAB para o exercício da atividade profissional, muito antes da Lei nº 13.467, de 13.07.2017 ter alterado o art. 578 da CLT, tornado-a facultativa para todos os empregados. Discute-se se ocorreu revogação tácita do art. 585 da CLT pela norma do art. 46 do Estatuto da Advocacia. Parece-nos que sim. A Lei nº 8.906/94 é norma especial para o advogado e posterior à CLT, portanto, com efeito derrogatório da norma anterior (no mesmo sentido: Sergio Pinto Martins, Comentários, 2010, p. 642).

Antes da Lei nº 13.467, de 13.07.201, para que o advogado ficasse isento da contribuição sindical não era necessário que estivesse exercendo, na empresa, a função de advogado. Admitir-se este critério seria dar vida à regra do art. 585 da CLT que, como dissemos, foi derrogada. A Lei nº 8.906/94 só estabeleceu um requisito para a isenção da contribuição sindical: a regular quitação da anuidade. Qualquer outra exigência extrapolaria os limites da norma especial dos advogados.

✦ **RECOLHIMENTO NOS BANCOS OFICIAIS**

Art. 586. A contribuição sindical será recolhida, nos meses fixados no presente Capítulo, à Caixa Econômica Federal ao Banco do Brasil S. A. ou aos estabelecimentos bancários nacionais integrantes do sistema de arrecadação dos tributos federais, os quais, de acordo com instruções expedidas pelo Conselho Monetário Nacional, repassarão à Caixa Econômica Federal as importâncias arrecadadas.(Redação da Lei nº 6.386, de 9.12.1976)

§ 1º – Integrarão a rede arrecadadora as Caixas Econômicas Estaduais, nas localidades onde inexistam os estabelecimentos previstos no caput deste artigo.

§ 2º – Tratando-se de empregador, agentes ou trabalhadores autônomos ou profissionais liberais o recolhimento será efetuado pelos próprios, diretamente ao estabelecimento arrecadador.

§ 3º – A contribuição sindical devida pelos empregados e trabalhadores avulsos será recolhida pelo empregador e pelo sindicato, respectivamente.

1. COMENTÁRIOS

A CEF é a instituição bancária centralizadora dos depósitos do FGTS, como também é responsável, junto com outras entidades, da gestão dos recursos destinados ao FGTS. O depósito poderá ser feito em outros bancos, mas será transferido posteriormente para a CEF. Na prática os empregadores e trabalhadores preferem efetuar os depósitos diretamente na CEF, pois o banco conta com uma extensa e abrangente rede de agências.

✦ **CONTRIBUIÇÃO SINDICAL DOS EMPREGADORES: ÉPOCA PRÓPRIA**

Art. 587. Os empregadores que optarem pelo recolhimento da contribuição sindical deverão fazê-lo no mês de janeiro de cada ano, ou, para os que venham a se estabelecer após o referido mês, na ocasião em que requererem às repartições o registro ou a licença para o exercício da respectiva atividade.(Redação da Lei n° 13.467, de 13.07.2017).

1. COMENTÁRIOS

As contribuições autorizadas pelo empregador, e calculadas na forma do art. 580, inciso III, serão recolhidas aos cofres da entidade sindical da categoria econômica do empregador no mês de janeiro de cada ano. Na hipótese da empresa ser constituída após o mês de janeiro, a época própria para o recolhimento será o mês de seu registro. Nos anos seguintes a empresa passará a observar a época própria de recolhimento, ou seja, o mês de janeiro.

✦ **CONTA PRÓPRIA NA CEF**

Art. 588. A Caixa Econômica Federal manterá conta corrente intitulada "Depósitos da Arrecadação da Contribuição Sindical", em nome de cada uma das entidades sindicais beneficiadas, cabendo ao Ministério do Trabalho cientificá-la das ocorrências pertinentes à vida administrativa dessas entidades.(Redação da Lei nº 6.386, de 9.12.1976)

§ 1º – Os saques na conta corrente referida no caput deste artigo far-se-ão mediante ordem bancária ou cheque com as assinaturas conjuntas do presidente e do tesoureiro da entidade sindical.

§ 2º – A Caixa Econômica Federal remeterá, mensalmente, a cada entidade sindical, um extrato da respectiva conta corrente, e, quando solicitado, aos órgãos do Ministério do Trabalho.

1. COMENTÁRIOS

A CEF manterá conta específica destinada ao recolhimento das contribuições sindicais, seja de entidades de categoria econômica, seja de categoria profissional. Contudo, ao Ministério do Trabalho não cabe mais a obrigação de cientificar a CEF quanto às ocorrências da vida administrativa destas entidades. Tal interferência do Ministério do Trabalho é incompatível com a liberdade preconizada no art. 8º, I, da CF (no mesmo sentido: Russomano, Vol. II, 1993, p. 688).

✦ DISTRIBUIÇÃO DA CONTRIBUIÇÃO SINDICAL

Art. 589. da importância da arrecadação da contribuição sindical serão feitos os seguintes créditos pela Caixa Econômica Federal, na forma das instruções que forem expedidas pelo Ministro do Trabalho:(Redação da Lei nº 6.386, de 9.12.1976)

I – para os empregadores:

a) 5% (cinco por cento) para a confederação correspondente;

b) 15% (quinze por cento) para a federação;

c) 60% (sessenta por cento) para o sindicato respectivo; e

d) 20% (vinte por cento) para a 'Conta Especial Emprego e Salário';

II – para os trabalhadores:

a) 5% (cinco por cento) para a confederação correspondente;

b) 10% (dez por cento) para a central sindical;

c) 15% (quinze por cento) para a federação;

d) 60% (sessenta por cento) para o sindicato respectivo; e

e) 10% (dez por cento) para a 'Conta Especial Emprego e Salário';

III – (Revogado pela Lei nº 11.648, de 2008)

IV – (Revogado pela Lei nº 11.648, de 2008)

✦ INDICAÇÃO DA CENTRAL SINDICAL PELO SINDICATO

§ 1º – O sindicato de trabalhadores indicará ao Ministério do Trabalho e Emprego a central sindical a que estiver filiado como beneficiária da respectiva contribuição sindical, para fins de destinação dos créditos previstos neste artigo.(Redação dada pela Lei nº 11.648, de 31.03.2008)

✦ REQUISITOS DA CENTRAL SINDICAL

§ 2º – A central sindical a que se refere a alínea b do inciso II do caput deste artigo deverá atender aos requisitos de representatividade previstos na legislação específica sobre a matéria.(Redação dada pela Lei nº 11.648, de 31.03.2008)

1. COMENTÁRIOS

A distribuição prevista neste artigo visa ao custeio das entidades sindicais em todos os seus níveis: sindicatos, federações e confederações; a Lei nº 11.648/2008 incluiu entre os destinatários desta contribuição as centrais sindicais indicadas pelos sindicatos de trabalhadores, conforme os §§ 1º e 2º do art. 589, novidade introduzida pela referida lei.

O fato das centrais sindicais passarem a receber a contribuição sindical não significa que a organização sindical ganhou mais um nível, como se a central fosse uma entidade superior à confederação. Muito pelo contrário. A Lei nº 11.648/2008 consolidou um longo processo de reconhecimento destas centrais, mas sem alteração jurídica da estrutura sindical vertical, que continua a ser composta somente pelas entidades sindicais de 1º grau (sindicatos), de 2º grau (federações) e 3º grau (confederações), cada qual com sua atribuição específica. As centrais sindicais, cuja liberdade de organização encontra amparo no art. 8º, da CF, podem receber como filiados, conforme seus estatutos, entidades de quaisquer graus, e sem a necessidade de vinculação a categorias.

Para que a central sindical possa receber sua quota da contribuição sindical (10%), deve preencher os requisitos do art. 2º da Lei nº 11.648/2008, a saber: I) filiação de, no mínimo, 100 sindicatos distribuídos nas cinco regiões do país; II) filiação em pelo menos três regiões do país, de, no mínimo, 20 sindicatos em cada uma; III) filiação de sindicatos em, no mínimo, 5 setores de atividade econômica; e IV) filiação de sindicatos que representem, no mínimo, 7% do total de empregados sindicalizados em âmbito nacional. O legislador não está, com estas imposições, interferindo na organização sindical, mas sim determinando que, para recebimento da contribuição sindical, a central deverá preencher os requisitos expressos na lei.

O E. STF já dá sinais de que a destinação da contribuição sindical às centrais sindicais por força de lei não é inconstitucional. Também ganha força a tese de que o reconhecimento das centrais sindicais, pela Lei nº 11.648/2008, não altera a estrutura sindical da CLT. Esta foi a posição manifestada por diversos ministros no julgamento da ADI nº 4067, ainda não concluído. Transcrevemos a seguir os argumentos trazidos por alguns ministros da corte suprema:

> "O Tribunal retomou julgamento de ação direta de inconstitucionalidade proposta pelo Partido Democratas – DEM contra os artigos 1º, II, e 3º, da Lei 11.648/2008, bem como os artigos 589, II, b e seus §§ 1º e 2º e 593 da CLT, na redação dada pela referida lei, a qual dispõe sobre o reconhecimento formal das centrais sindicais para os fins que especifica, e dá outras providências – v. Informativos 552 e 577. O Min. Joaquim Barbosa, relator, reiterou o voto que proferira anteriormente, rememorando os fundamentos expendidos no ponto relativo à possibilidade de as centrais sindicais serem sujeitos ativos da contribuição social. O Min. Marco Aurélio, por sua vez, tendo em conta que a interpretação conforme dada ao art. 1º, caput, e inciso II, e ao art. 3º, da Lei 11.648/2008, seria apenas no sentido de a representação pelas centrais não excluírem a representação pelas entidades que estão na pirâmide sindical, reajustou seu voto, para aderir à posição externada pelos Ministros Cármen Lúcia e Eros Grau. Explicou o Min. Marco Aurélio que, no voto que proferira, já estava embutida essa visão, ou seja, o fato de não se afastar do campo da representação nos diversos órgãos aquelas entidades que integram a pirâmide sindical. Acrescentou que, no tocante à contribuição, não se teria na Carta da República preceito algum que, interpretado e aplicado, levasse à exclusão das centrais quanto ao rateio dessa mesma contribuição. Após, pediu vista dos autos o Min. Ayres Britto. ADI 4067/DF, rel. Min. Joaquim Barbosa, 10.3.2010. (ADI-4067)" (INFO/STF nº 578).

2. QUESTÕES DE CONCURSOS

01. (Fundação Casa – Analista Administrativo/Advogado/2011) da importância da arrecadação da contribuição sindical dos trabalhadores serão feitos os seguintes créditos:

a) 5% para a confederação; 10% para a central sindical; 15% para a federação; 60% para o sindicato e 10% para a 'Conta Especial Emprego e Salário'.

b) 5% para a confederação; 5% para a central sindical; 15% para a federação; 60% para o sindicato e 15% para a 'Conta Especial Emprego e Salário'.

c) 10% para a confederação; 10% para a central sindical; 10% para a federação; 60% para o sindicato e 10% para a 'Conta Especial Emprego e Salário'.

d) 5% para a confederação; 10% para a central sindical; 10% para a federação; 60% para o sindicato e 15% para a 'Conta Especial Emprego e Salário'.

e) 15% para a confederação; 10% para a central sindical; 15% para a federação; 50% para o sindicato e 10% para a 'Conta Especial Emprego e Salário'.

02. (TRT 19 - Juiz do Trabalho Substituto 19ª região/ 2012) Assinale a alternativa correta, de acordo com a legislação e o entendimento da jurisprudência pacífica: as Centrais Sindicais, apesar de existentes no mundo dos fatos, inexiste no mundo jurídico, porquanto não há, até o momento, previsão legal de sua formação.

GAB	1	A	2	E

✦ INEXISTÊNCIA DE ENTIDADES SINDICAIS E RECOLHIMENTO DA CONTRIBUIÇÃO

Art. 590. Inexistindo confederação, o percentual previsto no art. 589 desta Consolidação caberá à federação representativa do grupo.(Redação dada pela Lei nº 11.648, de 31.03.2008)

§ 1º - (Revogado pela Lei nº 11.648, de 2008)

§ 2º - (Revogado pela Lei nº 11.648, de 2008)

§ 3º - Não havendo sindicato, nem entidade sindical de grau superior ou central sindical, a contribuição sindical será creditada, integralmente, à 'Conta Especial Emprego e Salário'.(Redação dada pela Lei nº 11.648, de 31.03.2008)

§ 4º - Não havendo indicação de central sindical, na forma do § 1° do art. 589 desta Consolidação, os percentuais que lhe caberiam serão destinados à 'Conta Especial Emprego e Salário'.(Redação dada pela Lei nº 11.648, de 31.03.2008)

Art. 591. Inexistindo sindicato, os percentuais previstos na alínea c do inciso I e na alínea d do inciso II do caput do art. 589 desta Consolidação serão creditados à federação correspondente à mesma categoria econômica ou profissional.(Redação dada pela Lei nº 11.648, de 31.03.2008)

Parágrafo único. Na hipótese do caput deste artigo, os percentuais previstos nas alíneas a e b do inciso I e nas alíneas a e c do inciso II do caput do art. 589 desta Consolidação caberão à confederação.

1. COMENTÁRIOS

Não existindo sindicato na categoria profissional ou econômica, a contribuição sindical a este devida será destinada à Federação respectiva (art. 591).

A cota de recolhimento da contribuição sindical devida às confederações será destinada à federação quando não existir a confederação respectiva (art. 590).

Não havendo entidade sindical, em qualquer nível, os percentuais previstos para custeio da estrutura sindical serão destinados à conta emprego e salário (art. 590, § 3º).

Existindo sindicato da categoria profissional, mas não tendo este indicado qualquer central sindical para receber sua cota da contribuição sindical, o valor devido também será destinado à conta emprego e salário (art. 590, § 4º).

Os valores constantes da conta emprego e salário serão utilizados pelo Estado para custeio do seguro-desemprego, além de fomento a programas de formação de trabalhadores.

▸SEÇÃO II – DA APLICAÇÃO DO IMPOSTO SINDICAL

✦ APLICAÇÃO DA CONTRIBUIÇÃO SINDICAL PELOS SINDICATOS

Art. 592. A contribuição sindical, além das despesas vinculadas à sua arrecadação, recolhimento e controle, será aplicada pelos sindicatos, na conformidade dos respectivos estatutos, usando aos seguintes objetivos:(Redação da Lei nº 6.386, de 9.12.1976)

I – Sindicatos de empregadores e de agentes autônomos:

a) assistência técnica e jurídica;

b) assistência médica, dentária, hospitalar e farmacêutica;

c) realização de estudos econômicos e financeiros;

d) agências de colocação;

e) cooperativas;

f) bibliotecas;

g) creches;

h) congressos e conferências;

i) medidas de divulgação comercial e industrial no País, e no estrangeiro, bem como em outras tendentes a incentivar e aperfeiçoar a produção nacional.

Art. 593. As percentagens atribuídas às entidades sindicais de grau superior e às centrais sindicais serão aplicadas de conformidade com o que dispuserem os respectivos conselhos de representantes ou estatutos. (Redação dada pela Lei nº 11.648, de 2008)

Art. 594 – O "Fundo Social Sindical" será gerido e aplicado pela Comissão do Imposto Sindical em objetivos que atendam aos interesses gerais da organização sindical nacional ou à assistência social aos trabalhadores. (Redação dada pelo Decreto-lei nº 9.615, de 20.8.1946)

1. COMENTÁRIOS

Admitindo-se a natureza tributária da contribuição sindical, como defendemos nos comentários ao art. 578, a destinação da contribuição decorre, naturalmente, do princípio da reserva legal em matéria de tributos (art. 150, I, da CF). Segundo tal princípio, somente a lei pode atribuir e alterar a destinação de um tributo. Seguindo esta premissa, as finalidades definidas no art. 592 para uso da contribuição pelos sindicatos não ferem os princípios da liberdade e não intervenção do Estado na organização sindical, ambos preconizados no art. 8º, caput e inciso I, da CF.

Situação diferente ocorre com a contribuição destinada às entidades sindicais de grau superior e as centrais sindicais. A norma do art. 593 delega ao conselho de representantes, órgão da federação, conforme art. 538, e aos estatutos das centrais sindicais, a definição da destinação da contribuição sindical, conforme redação da Lei nº 11.648/2008. Esta norma, em sua atual redação, fere o princípio da reserva legal, pois só a lei pode definir a aplicação de um tributo (art. 150, I, da CF). A constitucionalidade da regra do art. 593 está sendo questionada pela ADI 4067/DF, rel. Min. Joaquim Barbosa, 10.3.2010, cujo julgamento ainda não foi concluído (INFO/STF nº 578).

As demais contribuições que custeiam o sistema sindical terão sua destinação definida de acordo com a vontade dos atores sociais (sindicatos e associados em assembleia, conforme o tipo de contribuição). O leque de finalidades previsto no art. 592 é tão amplo que sequer se pode afirmar que existe algum outro propósito sindical que estaria fora do rol legal.

SEÇÃO III – DA COMISSÃO DO IMPOSTO SINDICAL

Art. 595 a 597. (Revogados pela Lei nº 4.589, de 11.12.1964)

1. COMENTÁRIOS

A previsão do art. 593 da CLT decorre, naturalmente, da redistribuição da contribuição sindical prevista na Lei nº 11.648/2008, atribuindo uma parcela de sua receita para as Centrais

Sindicais. Assim sendo, as entidades mencionadas no referido artigo passam a ser responsáveis pela forma como serão distribuídos os valores devidos às Centrais Sindicais e às entidades sindicais de grau superior (Federações e Confederações).

▸SEÇÃO IV – DAS PENALIDADES

▸MULTAS POR INFRAÇÕES AO TÍTULO V

Art. 598. Sem prejuízo da ação criminal e das penalidades previstas no art. 553, serão aplicadas multas de Cr$ 10,00 (dez cruzeiros) a Cr$ 10.000,00 (dez mil cruzeiros) pelas infrações deste Capítulo impostas no Distrito Federal pela autoridade competente de 1ª instância do Departamento Nacional do Trabalho e nos Estados e no Território do Acre pelas autoridades regionais do Ministério do Trabalho, Indústria e Comercio.

Parágrafo único. A gradação da multa atenderá à natureza da infração e às condições sociais e econômicas do infrator.

1. COMENTÁRIOS

A previsão de multa em cruzeiros não mais prevalece. Tampouco existem as autoridades previstas no artigo, mas continua a ser atribuição do Ministério do Trabalho, através de seus auditores federais, a fiscalização das normas relativas ao trabalho, em particular as infrações constantes do título V da CLT, artigos arts. 511 a 593. As condutas previstas em muitos destes artigos não foram recepcionadas pela CF, art. 8º, I, diante da impossibilidade de intervenção do Estado na organização sindical.

Para aqueles artigos que ainda subsistem, mesmo após a Constituição Federal, observando-se os comentários feitos em cada um destes, deve ser atendida a Lei Federal nº 8.383, de 30.12.1991, que em seu art. 1º fixou a UFIR (Unidade Fiscal de Referência), como fator de cobrança de multas na esfera federal. O art. 2º, § 1º, da referida lei, atribuiu ao Ministério da Fazenda competência para divulgar o valor mensal da UFIR.

A Portaria nº 290, de 11.04.1997, do MTb, que regulamenta a aplicação e cobrança de multas trabalhistas, estabeleceu a sanção em 1.513,1388 UFIR's para as multas em valores fixos; para as multas variáveis a Portaria prevê um mínimo de 605,2555 UFIR's (de 0 a 10 empregados) até atingir o percentual máximo de 3.026,2777 UFIR's, para acima de 100 empregados.

✦ PROFISSIONAL LIBERAL: SUSPENSÃO DO EXERCÍCIO PROFISSIONAL

Art. 599. Para os profissionais liberais, a penalidade consistirá na suspensão do exercício profissional, até a necessária quitação, e será aplicada pelos órgãos públicos ou autárquicos disciplinadores das respectivas profissões mediante comunicação das autoridades fiscalizadoras.

1. COMENTÁRIOS

Os profissionais liberais que não cumprirem as disposições que lhe são aplicáveis, dentro do Título V desta CLT, sofrerão as sanções do art. 599 e não do art. 598. As duas normas se excluem. Interpretação diferente importaria em se admitir uma dupla punição pela mesma infração legal, o que não é razoável.

A penalidade de suspensão do exercício profissional não representa qualquer interferência nos órgãos de fiscalização da profissão, pois o artigo atribuiu aos próprios órgãos a aplicação da sanção.

✦ **MULTA PELO ATRASO NA CONTRIBUIÇÃO SINDICAL**

Art. 600. O recolhimento da contribuição sindical efetuado fora do prazo referido neste Capítulo, quando espontâneo, será acrescido da multa de 10% (dez por cento), nos 30 (trinta) primeiros dias, com o adicional de 2% (dois por cento) por mês subseqüente de atraso, além de juros de mora de 1 % (um por cento) ao mês e correção monetária, ficando, nesse caso, o infrator, isento de outra penalidade.(Redação da Lei nº 6.181, de 11.12.1974)

§ 1º – O montante das cominações previstas neste artigo reverterá sucessivamente:

a) ao Sindicato respectivo;

b) à Federação respectiva, na ausência de Sindicato;

c) à Confederação respectiva, inexistindo Federação.

§ 2º – Na falta de Sindicato ou entidade de grau superior, o montante a que alude o parágrafo precedente reverterá à conta "Emprego e Salário".

1. COMENTÁRIOS

A cobrança da contribuição sindical, administrativamente, já deve incluir as multas previstas neste artigo. Na omissão dos devedores, os valores serão cobrados na Justiça do Trabalho, diante da competência atribuída a este órgão pelo art. 114, III, da CF.

A contribuição sindical será rateada entre todas as pessoas indicadas no art. 589, mas as multas pela mora serão revertidas exclusivamente ao sindicato, como prevê o § 1º, do art. 600.

2. SÚMULAS E ORIENTAÇÕES JURISPRUDENCIAIS

▸ **Súmula 432 – TST.** CONTRIBUIÇÃO SINDICAL RURAL. AÇÃO DE COBRANÇA. PENALIDADE POR ATRASO NO RECOLHIMENTO. INAPLICABILIDADE DO Art. 600 DA CLT. INCIDÊNCIA DO Art. 2º DA LEI Nº 8.022/1990 – Res. 177/2012, DEJT divulgado em 13, 14 e 15.02.2012. O recolhimento a destempo da contribuição sindical rural não acarreta a aplicação da multa progressiva prevista no art. 600 da CLT, em decorrência da sua revogação tácita pela Lei nº 8.022, de 12 de abril de 1990.

3. QUESTÕES DE CONCURSOS

01. (TRT – 1ª REGIÃO/JUIZ DO TRABALHO/2008/ADAPTADA) Com relação à contribuição sindical: o recolhimento da contribuição sindical efetuado fora do prazo, quando espontâneo, será acrescido de multa de 2% (dois por cento) a de 10% (dez por cento), em caso de reincidência, independentemente da correção monetária e dos juros de 1% (um por cento) ao mês.

GAB	1	E

▸**SEÇÃO V – DISPOSIÇÕES GERAIS**

Art. 601. (Revogado pela Lei nº 13.467, de 13.07.2017).

1. COMENTÁRIOS

Este artigo, revogado pela Lei nº 13.467, de 13.07.2017, exigia a prova, no ato de admissão, do pagamento da contribuição sindical, a qual o texto legal se referia como "imposto sindical". A regra era compatível com a contribuição sindical obrigatória, prevista no art. 578 da CLT. A interpretação do art. 601 deveria ser feita em consonância com os artigos 582 e 583 da CLT que determinam, respectivamente, o desconto de um dia de remuneração no mês de março e o recolhimento ao sindicato no mês de abril. Portanto, só se exigiria do empregado a apresentação da CTPS, na qual consta o recibo de quitação da contribuição sindical, se este for admitido após o mês de março; antes desta data não é exigível a contribuição e, consequentemente, será inútil a apresentação da CTPS com este fim.

Como a contribuição sindical se tornou facultativa, conforme se extrai da redação dos artigos 578 e 579 da CLT, de acordo com a Lei nº 13.467, de 13.07.2017, não seria mais razoável se exigir do empregado qualquer prova de quitação da mesma, como fazia o art. 601 da CLT, agora revogado.

A anotação na CTPS, no campo próprio destinado ao recolhimento da contribuição sindical, só tem eficácia relativa, pois a efetiva prova diz respeito ao recibo bancário. Contudo, este tipo de prova não se pode exigir do empregado, pois não é sua a responsabilidade pela quitação da contribuição, mas de seu antigo empregador, como se percebe da redação dos artigos 592 e 593 da CLT.

2. QUESTÕES DE CONCURSOS

01. (TRT - 1ª REGIÃO/JUIZ DO TRABALHO/2008/ADAPTADA) Com relação à contribuição sindical: no ato da admissão de qualquer empregado, dele exigirá o empregador a apresentação da prova de quitação da contribuição sindical.

GAB	1	C

✦ EMPREGADO QUE NÃO ESTIVER TRABALHANDO

Art. 602. Os empregados que não estiverem trabalhando no mês destinado ao desconto da contribuição sindical e que venham a autorizar prévia e expressamente o recolhimento serão descontados no primeiro mês subsequente ao do reinício do trabalho.(Redação da Lei nº 13.467, de 13.07.2017).

Parágrafo único. De igual forma se procederá com os empregados que forem admitidos depois daquela data e que não tenham trabalhado anteriormente nem apresentado a respectiva quitação.

1. COMENTÁRIOS

O afastamento mencionado no *caput* deste artigo, que impede o recolhimento da contribuição, é identificado como suspensão contratual, que se caracteriza pela ausência de salário, como são exemplos o auxílio doença ou acidente de trabalho, ambos a partir do 31º dia de ausência, conforme a redação imposta pela MP nº 664, de 30.12.2014 ao art. 60, I, da Lei nº 8.213, de 24.07.1991 (Lei Previdenciária).

Como não há obrigação do empregador em manter o pagamento de salário, fica impossibilitado de reter um dia de remuneração a título de contribuição sindical. Retornando o empregado a receber salário, cessado o benefício ou outra causa de suspensão contratual, o desconto será feito no mês subsequente ao retorno.

2. QUESTÕES DE CONCURSOS

01. (TRT - 1ª REGIÃO/JUIZ DO TRABALHO/2008/ADAPTADA) Com relação à contribuição sindical: os empregados que não estiverem trabalhando no mês destinado ao desconto da contribuição sindical não serão descontados até o ano subseqüente, ficando suspensa a utilização dos serviços do sindicato.

GAB	1	E

✦ EXIBIÇÃO DOS LIVROS À FISCALIZAÇÃO

Art. 603. Os empregadores são obrigados a prestar aos encarregados da fiscalização os esclarecimentos necessários ao desempenho de sua missão e a exibir-lhes, quando exigidos, na parte relativa ao pagamento de empregados, os seus livros, folhas de pagamento e outros documentos comprobatórios desses pagamentos, sob pena da multa cabível.

Art. 604. (Revogado pela Lei nº 13.467, de 13.07.2017)

1. COMENTÁRIOS

Os artigos 603 e 604 tratam do mesmo assunto: o poder do Estado de fiscalização do cumprimento de obrigações trabalhistas e o dever do particular de colaborar com a atividade do Estado. Tanto os empregadores como os profissionais liberais e autônomos estão obrigados a exibir os documentos exigidos pela fiscalização do trabalho. O art. 604 tratava da prova de quitação da contribuição sindical, sob a cominação de multa, sem prejuízo de outras sanções aplicáveis. A regra foi revogada porque a contribuição sindical se tornou facultativa, conforme artigos 578 e 579 da CLT.

✦ DIVULGAÇÃO DOS RECOLHIMENTOS ÀS ENTIDADES SINDICAIS

Art. 605. As entidades sindicais são obrigadas a promover a publicação de editais concernentes ao recolhimento do imposto sindical, durante 3 (três) dias, nos jornais de maior circulação local e até 10 (dez) dias da data fixada para depósito bancário.

1. COMENTÁRIOS

Quando da época própria de recolhimento da contribuição sindical os sindicatos deverão promover ampla divulgação, por edital, em jornais de maior circulação local, a fim de que os sujeitos passivos (empresas, profissionais liberais e autônomos), tenham efetiva ciência do valor devido. Neste sentido já decidiu o STJ, em acórdão assim ementado: "A publicação de editais, em conformidade com o art. 605 da CLT, deve proceder ao recolhimento da contribuição sindical, em respeito ao princípio da publicidade dos atos administrativos e da não-surpresa do contribuinte" (RESP nº 816709/PR, Rel. Ministro Castro Meira, DJ 15.08.2006).

Publicado o edital em jornal de grande circulação, por 3 dias, contados da data em que deveria ter sido feito o recolhimento da contribuição sindical, o sindicato terá preenchido requisito essencial para a cobrança judicial da contribuição.

✦ COBRANÇA DA CONTRIBUIÇÃO SINDICAL

Art. 606. Às entidades sindicais cabe, em caso de falta de pagamento da contribuição sindical, promover a respectiva cobrança judicial, mediante ação executiva, valendo como título de dívida a certidão expedida pelas autoridades regionais do Ministério do Trabalho e Previdência Social. (Redação do Decreto-lei nº 925, de 10.10.1969)

§ 1º – O Ministro do Trabalho, Indústria e Comércio baixará as instruções regulando a expedição das certidões a que se refere o presente artigo das quais deverá constar a individualização de contribuinte, a indicação do débito e a designação da entidade a favor da qual será recolhida a importância de imposto, de acordo com o respectivo enquadramento sindical.

§ 2º – Para os fins da cobrança judicial do imposto sindical, são extensivos às entidades sindicais, com exceção do foro especial, os privilégios da Fazenda Pública, para cobrança da dívida ativa.

1. COMENTÁRIOS

Após a publicação do edital previsto no art. 605 e mantido o inadimplemento quanto à contribuição sindical, o sindicato autor estará legitimado a cobrar, em juízo, a respectiva contribuição.

A cobrança da contribuição sindical se faz por meio de ação executiva, fundada na certidão expedida pelo Ministério do Trabalho, com os requisitos do § 1º do art. 606. Tal certidão tem eficácia de título executivo extrajudicial, acrescendo-se mais um título ao rol do art. 876 da CLT.

Após a Constituição de 1988 e diante da liberdade sindical preconizada no art. 8º, I, da CF, a jurisprudência vem acolhendo dois tipos de procedimento de cobrança. No primeiro, o sindicato se vale do título executivo emitido pelo Ministério do Trabalho, promovendo ação de execução. No segundo, diante do inadimplemento do devedor, o sindicato promoverá a cobrança através de ação de conhecimento, onde a execução só ocorrerá após a formação do título executivo judicial, ou seja, com a sentença condenatória. Nas duas hipóteses a cobrança judicial deve ser precedida pelo edital referido no art. 605.

Qualquer que seja o procedimento adotado, está pacificado o entendimento da competência da Justiça do Trabalho para apreciar a cobrança, por força do art. 114, III, da CF. Está superada a S. 222 do STJ que atribuía tal competência à Justiça Comum. Neste sentido já se consolidou a própria Jurisprudência do STJ, a partir do julgamento do Conflito de Competência nº 48.891/ PR, Relator Ministro Castro Meira, DJ de 1.8.2005.

✦ QUITAÇÃO DA CONTRIBUIÇÃO: REQUISITO PARA CONCORRÊNCIAS PÚBLICAS

Art. 607. É considerado como documento essencial ao comparecimento às concorrências públicas ou administrativas e para o fornecimento às repartições paraestatais ou autárquicas a prova da quitação do respectivo imposto sindical e a de recolhimento do imposto sindical, descontado dos respectivos empregados.

1. COMENTÁRIOS

Eduardo Gabriel Saad, CLT Comentada, 2009, p. 773, nos lembra que a Lei de Licitações (Lei nº 8.666/93), em seus artigos 28 e 29, não faz mais qualquer exigência da prova de quitação das contribuições sindicais como requisito para participação no procedimento licitatório. Defende o autor, portanto, que a regra do art. 607 da CLT foi tacitamente derrogada pela Lei nº 8.666/93.

Mesmo que se admita não ter havido derrogação do art. 607 pela Lei nº 8.666/83, ainda assim é inconstitucional a exigência de quitação de contribuição sindical, como requisito para participação em concorrências públicas. O art. 37, XXI, da CF, somente permite que a lei faça "exigências de qualificação técnica e econômica indispensáveis à garantia do cumprimento das obrigações" assumidas pelo contratado. Quaisquer outras que escapem a este objetivo, como a regularidade de quitação da contribuição sindical (art. 607 da CLT), extrapolam os parâmetros da norma constitucional.

No mesmo sentido é a opinião de Di Pietro, ao afirmar que: "não parece mais exigível, a partir da Constituição de 1988 (art. 37, XXI), a documentação relativa à regularidade jurídico-fiscal, pois isto exorbita do que está previsto na Constituição." (Direito Administrativo, 2010, p. 392).

✦ QUITAÇÃO DA CONTRIBUIÇÃO SINDICAL: REQUISITO PARA EXERCÍCIO DA ATIVIDADE

Art. 608. As repartições federais, estaduais ou municipais não concederão registro ou licenças para funcionamento ou renovação de atividades aos estabelecimentos de empregadores e aos escritórios ou congêneres dos agentes ou trabalhadores autônomos e profissionais liberais, nem concederão alvarás de licença ou localização, sem que sejam exibidas as provas de quitação do imposto sindical, na forma do artigo anterior.

Parágrafo único. A não observância do disposto neste artigo acarretará, de pleno direito, a nulidade dos atos nele referidos, bem como dos mencionados no artigo 607. (Parágrafo incluído pela Lei nº 6.386, de 9.12.1976)

1. COMENTÁRIOS

Diferentemente do que ocorre com a regra do art. 607, não se vislumbra qualquer inconstitucionalidade na exigência do art. 608. Muito pelo contrário. A norma do art. 170, § único da CF prevê que: "É assegurado a todos o livre exercício de qualquer atividade econômica, independentemente de autorização dos órgãos públicos, salvo nos casos previstos em lei." Portanto, a exigência de quitação das contribuições sindicais para regular exercício da profissão ou da atividade empresarial encontra amparo constitucional (no mesmo sentido: Saad, CLT Comentada, 2009, p. 773).

✦ **CONTRIBUIÇÃO SINDICAL: ISENÇÃO DE TAXAS PARA O RECOLHIMENTO**

Art. 609. O recolhimento da contribuição sindical e todos os lançamentos e movimentos nas contas respectivas são isentos de selos e taxas federais, estaduais ou municipais.

1. COMENTÁRIOS

A regra do art. 609 está em consonância com o art. 150, VI, "c" da CF, que prevê imunidade tributária sobre o patrimônio, rendas ou serviços das entidades sindicais de trabalhadores. A isenção de taxas públicas não obsta a cobrança de tarifas bancárias pelas instituições depositárias das contribuições sindicais, como a CEF.

▸**INTERPRETAÇÃO DAS NORMAS DO CAPÍTULO V**

Art. 610. As dúvidas no cumprimento deste Capítulo serão resolvidas pelo Diretor-Geral do Departamento Nacional do Trabalho, que expedirá as instruções que se tornarem necessárias à sua execução. (Redação da Lei nº 4.589, de 11.12.1964)

1. COMENTÁRIOS

O Ministério do Trabalho tem competência para expedir instruções acerca de normas de fiscalização, segurança do trabalho e outros temas, conforme delegação expressa da própria CLT. Nada obsta, assim, que expeça normas orientando o cumprimento destas matérias, mas em nada poderá interferir na organização sindical, nem exorbitar ao estreito limite regulamentar.

▸**TÍTULO VI – CONVENÇÕES COLETIVAS DE TRABALHO**

(todo o título VI com redação do Decreto-lei nº 229, de 28.2.1967)

✦ **CONCEITO DE CONVENÇÃO COLETIVA DE TRABALHO**

Art. 611. Convenção Coletiva de Trabalho é o acordo de caráter normativo, pelo qual dois ou mais sindicatos representativos de categorias econômicas e profissionais estipulam condições de trabalho aplicáveis, no âmbito das respectivas representações, às relações individuais de trabalho.

✦ **CONCEITO DE ACORDO COLETIVO DE TRABALHO**

§ 1º – É facultado aos sindicatos representativos de categorias profissionais celebrar Acordos Coletivos com uma ou mais empresas da correspondente categoria econômica, que estipulem condições de trabalho, aplicáveis no âmbito da empresa ou das acordantes respectivas relações de trabalho.

✦ **FEDERAÇÕES E CONFEDERAÇÕES: AUSÊNCIA DE SINDICATO**

§ 2º – As Federações e, na falta desta, as Confederações representativas de categorias econômicas ou profissionais poderão celebrar convenções coletivas de trabalho para reger as relações das categorias a elas vinculadas, inorganizadas em sindicatos, no âmbito de suas representações.

1. COMENTÁRIOS

O preciso conceito estabelecido no caput do art. 611 reforça a natureza jurídica tipicamente trabalhista da Convenção Coletiva de Trabalho. Este instrumento normativo é lei em sentido material, ainda que seja, do ponto de vista formal, um negócio jurídico, espécie de ato jurídico, determinado pelo ajuste de vontades.

Na feliz definição de Délio Maranhão, in Direito do Trabalho, 1993, p. 335, a Convenção consiste num "ato jurídico, próprio do Direito do Trabalho, de natureza, ao mesmo tempo, normativa e contratual: um contrato-ato-regra.". Contrato, posto que decorre de um ajuste de vontades dos sindicatos. Ato, pois se trata de manifestação de vontades com vistas à consecução de efeitos jurídicos. Regra, porque estabelece normas de conduta a serem observadas no âmbito da categoria pertinente à representação dos sindicatos que firmaram o ajuste.

No mesmo sentido se pronuncia José Augusto Rodrigues Pinto, in Direito Sindical e Coletivo do Trabalho, 2002, p. 232, sustentando que a Convenção Coletiva de Trabalho tem natureza jurídica complexa, mesclando elementos de contrato e de norma.

As normas previstas na Convenção agem direta e imediatamente nos contratos individuais de trabalho em curso, vinculando empregado e empregador, independentemente da vontade destes.

O Acordo Coletivo de Trabalho, referido no § 1º do art. 611, tem a mesma natureza e finalidade da Convenção Coletiva. Distingue-se da Convenção quanto à abrangência. O Acordo gera normas que vinculam empregador (empresa ou empresas) e o sindicato e não toda a categoria. Trata-se de instrumento com finalidade de atender às peculiaridades de cada empresa, não observadas adequadamente na Convenção.

Numa mesma empresa incidem as normas previstas tanto na Convenção quanto no Acordo. Considerando-se que os dois instrumentos normativos podem regular o mesmo tema, como por exemplo, horas extras, irá prevalecer no contrato de trabalho a cláusula negociada que for mais favorável ao empregado. Sobre os critérios de interpretação da norma mais favorável remetemos o leitor aos comentários ao art. 620 da CLT.

A fim de que a categoria profissional não fique desprotegida, a norma do § 2º do art. 611 permite que as entidades sindicais de grau superior assumam o papel de assinatura da Convenção Coletiva, na inexistência dos sindicatos que representem as categorias profissional e econômica. A norma referida está em consonância com a regra descrita no art. 617, § 1º, da CLT, que autoriza às entidades sindicais superiores assumirem a negociação coletiva quando da recusa dos sindicatos.

2. INFORMATIVOS DO TST

- ***Representatividade sindical. Contec. Legitimidade para celebrar acordo coleti vo com o Banco do Brasil S.A.***
O fato de o Banco do Brasil S.A. ser uma instituição financeira que possui agências em todo o País e quadro de carreira organizado em âmbito nacional, aliado ao disposto no art. 611, § 2º, da CLT, que autoriza as federações ou confederações a celebrarem convenções coletivas para regerem as relações de trabalho no âmbito de suas representações, confere à Confederação Nacional dos Trabalhadores nas Empresas de Crédito (Contec) legitimidade para celebrar acordo coletivo com o referido banco. Diante desse entendimento, a SBDI-I, por unanimidade, não conheceu dos embargos, mantendo decisão turmária que desproveu o recurso de revista ao fundamento de que não merece reparo a decisão do TRT que julgara aplicável à espécie as normas estabelecidas com a Contec. TST-E-ED-RR-96000-27.2000.5.15.0032, SBDI-I, rel. Min. Brito Pereira, 10.5.2012. **(Informativo nº 8)**

3. QUESTÕES DE CONCURSOS

01. (AGU/ADVOGADO DA UNIÃO/CESPE/2009) O Sindicato dos Empregados em Empresas de Processamento de Dados do Distrito Federal firmou instrumento coletivo de trabalho com a Empresa SVTD Informática, que tem 98 empregados. O referido instrumento tem cinco cláusulas, entre as quais se incluem a previsão de aviso prévio de 60 dias para empregados com mais de 45 anos de idade dispensados sem justa causa e o adicional de horas extras correspondente a 100%. Em relação a essa situação hipotética, é correto afirmar que o instrumento coletivo firmado constitui convenção coletiva de trabalho, cujo prazo máximo de vigência é de dois anos.

02. (TST/ANALISTA ADMINISTRATIVO/CESPE/2008) As convenções coletivas de trabalho são bastante utilizadas na solução de conflitos, por prescreverem as condições que regerão os contratos individuais na organização envolvida. A convenção coletiva envolve um processo prévio de negociações. Na atual conjuntura brasileira, os sindicatos de trabalhadores preferem dividir suas bases na atividade industrial, como meio de fortalecimento de seu poder reivindicatório, e negociar isoladamente com cada empresa, independentemente de seu porte.

03. (TRT – 3ª REGIÃO/JUIZ DO TRABALHO SUBSTITUTO/2009/ADAPTADA) As categorias econômicas ou profissionais inorganizadas em sindicatos poderão, para efeitos de negociação coletiva, constituir comissões de negociação para representá-las, podendo tais comissões, firmar instrumentos normativos de trabalho, aplicáveis às respectivas bases.

04. (MPT/PROCURADOR DO TRABALHO/2009) Analise as proposições abaixo:

I. é facultado aos sindicatos representativos de categorias profissionais celebrar Convenções Coletivas de Trabalho com uma ou mais empresas da correspondente categoria econômica;

II. as Convenções Coletivas de Trabalho são aplicadas às relações individuais de trabalho no âmbito da representação dos sindicatos convenentes;

III. as normas coletivas são aplicadas apenas aos trabalhadores sindicalizados, membros da categoria profissional representada pelo sindicato obreiro, em respeito à liberdade de filiar ou desfiliar a sindicato, conforme consagrado pela Constituição da República;

Assinale a alternativa CORRETA:

a) todas as assertivas são corretas;

b) apenas as assertivas II e III são corretas;

c) apenas as assertivas I e III são incorretas;

d) apenas a assertiva I é incorreta;

e) não respondida.

05. (FCC – TRT 11 – Analista Judiciário/2012) Em relação ao direito coletivo do trabalho é correto afirmar que

a) Convenção Coletiva de Trabalho é o acordo de caráter normativo, pelo qual dois ou mais Sindicatos representativos de categorias econômicas e profissionais estipulam condições de trabalho aplicáveis, no âmbito das respectivas representações, às relações individuais do trabalho.

b) a solidariedade de interesses econômicos dos que empreendem atividades idênticas, similares ou conexas, constitui o vínculo social básico denominado categoria profissional diferenciada.

c) somente os Sindicatos poderão celebrar convenções coletivas de trabalho para reger as relações das categorias a elas vinculadas, inorganizadas em Sindicatos, no âmbito de suas representações.

d) as condições estabelecidas em Acordo Coletivo de Trabalho prevalecerão sobre as estipuladas em Convenção Coletiva de Trabalho.

e) não será permitido estipular duração de Convenção Coletiva de Trabalho ou Acordo Coletivo de Trabalho superior a um ano.

06. (FCC – Juiz do Trabalho Substituto 11ª região/ 2012) Em se tratando de negociação coletiva, convenção coletiva do trabalho e acordo coletivo, considere:

I. A convenção coletiva distingue-se da negociação coletiva, já que a primeira significa a estipulação de condições de trabalho e a segunda o processo que conduz à mesma estipulação.

II. A convenção coletiva do trabalho conterá facultativamente disposições sobre o processo de sua prorrogação e de revisão total ou parcial de seus dispositivos.

III. As federações e, na falta destas, as confederações representativas de categorias econômicas ou profissionais poderão celebrar convenções coletivas de trabalho para reger relações de categorias a elas vinculadas, inorganizadas em sindicatos, no âmbito de suas representações.

IV. As convenções coletivas estabelecem cláusulas normativas, negociais e de garantia, firmadas por dois ou mais sindicatos representativos de categorias econômicas e profissionais.

V. Com a previsão do inciso VI do art. 8º da CF/88, que estabelece a obrigatoriedade da participação dos sindicatos nas negociações coletivas, os acordos coletivos deixaram de ser firmados diretamente com as empresas, como previsto no § 1º do art. 611 da CLT.

Está correto o que se afirma APENAS em

a) I e III.
b) I e V.
c) II e IV.
d) I, III e IV.
e) II, IV e V.

07. (IADES – Analista I – Advogado – CRF – DF/2017) Considerando a Consolidação das Leis do Trabalho, assinale a alternativa correta a respeito de condições de trabalho.

a) Convenção coletiva de trabalho é o acordo de caráter normativo pelo qual dois ou mais sindicatos representativos de categorias econômicas e profissionais estipulam condições de trabalho aplicáveis, no âmbito das respectivas representações, às relações individuais de trabalho.
b) É proibido aos sindicatos representativos de categorias profissionais celebrar acordos coletivos, com uma ou mais empresas da correspondente categoria econômica, que estipulem condições de trabalho aplicáveis no âmbito da empresa ou das acordantes respectivas relações de trabalho.
c) O regime especial de seis horas de trabalho não se aplica aos empregados de portaria e de limpeza, tais como porteiros, telefonistas de mesa, contínuos e serventes.
d) Em caso de dissídio coletivo que tenha por motivo novas condições de trabalho e no qual figure como parte apenas uma fração de empregados de uma empresa, não poderá o tribunal competente estender tais condições de trabalho aos demais empregados da empresa.
e) A decisão a respeito de novas condições de trabalho não poderá, em nenhum caso, ser estendida a todos os empregados da mesma categoria profissional compreendida na jurisdição do tribunal.

GAB	1	E	2	E	3	E	4	C	5	A	6	D	7	A

✦ NORMAS COLETIVAS PREVALECEM SOBRE A LEI

Art. 611-A. A convenção coletiva e o acordo coletivo de trabalho, observados os incisos III e VI do **caput** do art. 8º da Constituição, têm prevalência sobre a lei quando, entre outros, dispuserem sobre: (*caput* com redação da MPV nº 808, de 14.11.2017).

I – pacto quanto à jornada de trabalho, observados os limites constitucionais;

II – banco de horas anual;

III – intervalo intrajornada, respeitado o limite mínimo de trinta minutos para jornadas superiores a seis horas;

IV – adesão ao Programa Seguro-Emprego (PSE), de que trata a Lei nº 13.189, de 19 de novembro de 2015;

V – plano de cargos, salários e funções compatíveis com a condição pessoal do empregado, bem como identificação dos cargos que se enquadram como funções de confiança;

VI – regulamento empresarial;

VII – representante dos trabalhadores no local de trabalho;

VIII – teletrabalho, regime de sobreaviso, e trabalho intermitente;

IX – remuneração por produtividade, incluídas as gorjetas percebidas pelo empregado, e remuneração por desempenho individual;

X – modalidade de registro de jornada de trabalho;

XI – troca do dia de feriado;

XII – enquadramento do grau de insalubridade e prorrogação de jornada em locais insalubres, incluída a possibilidade de contratação de perícia, afastada a licença prévia das autoridades competentes do Ministério do Trabalho, desde que respeitadas, na integralidade, as normas de saúde, higiene e segurança do trabalho previstas em lei ou em normas regulamentadoras do Ministério do Trabalho; (Redação da Medida Provisória nº 808, de 14.11.2017);

XIII – (Revogado pela Medida Provisória nº 808, de 14.11.2017)

XIV – prêmios de incentivo em bens ou serviços, eventualmente concedidos em programas de incentivo;

XV – participação nos lucros ou resultados da empresa.

§ 1º No exame da convenção coletiva ou do acordo coletivo de trabalho, a Justiça do Trabalho observará o disposto no § 3º do art. 8º desta Consolidação.

§ 2º A inexistência de expressa indicação de contrapartidas recíprocas em convenção coletiva ou acordo coletivo de trabalho não ensejará sua nulidade por não caracterizar um vício do negócio jurídico.

§ 3º Se for pactuada cláusula que reduza o salário ou a jornada, a convenção coletiva ou o acordo coletivo de trabalho deverão prever a proteção dos empregados contra dispensa imotivada durante o prazo de vigência do instrumento coletivo.

§ 4º Na hipótese de procedência de ação anulatória de cláusula de convenção coletiva ou de acordo coletivo de trabalho, quando houver a cláusula compensatória, esta deverá ser igualmente anulada, sem repetição do indébito.

§ 5º Os sindicatos subscritores de convenção coletiva ou de acordo coletivo de trabalho participarão, como litisconsortes necessários, em ação coletiva, que tenha como objeto a anulação de cláusulas desses instrumentos, vedada a apreciação por ação individual (Redação da MPV nº 808, de 14.11.2017)

✦ RESTRIÇÕES À NEGOCIAÇÃO COLETIVA

Art. 611-B. Constituem objeto ilícito de convenção coletiva ou de acordo coletivo de trabalho, exclusivamente, a supressão ou a redução dos seguintes direitos (Inserido pela Lei n° 13.467, de 13.07.2017).:

I – normas de identificação profissional, inclusive as anotações na Carteira de Trabalho e Previdência Social;

II – seguro-desemprego, em caso de desemprego involuntário;

III – valor dos depósitos mensais e da indenização rescisória do Fundo de Garantia do Tempo de Serviço (FGTS);

IV – salário mínimo;

V – valor nominal do décimo terceiro salário;

VI – remuneração do trabalho noturno superior à do diurno;

VII – proteção do salário na forma da lei, constituindo crime sua retenção dolosa;

VIII – salário-família;

IX – repouso semanal remunerado;

X – remuneração do serviço extraordinário superior, no mínimo, em 50% (cinquenta por cento) à do normal;

XI – número de dias de férias devidas ao empregado;

XII – gozo de férias anuais remuneradas com, pelo menos, um terço a mais do que o salário normal;

XIII – licença-maternidade com a duração mínima de cento e vinte dias;

XIV – licença-paternidade nos termos fixados em lei;

XV – proteção do mercado de trabalho da mulher, mediante incentivos específicos, nos termos da lei;

XVI – aviso prévio proporcional ao tempo de serviço, sendo no mínimo de trinta dias, nos termos da lei;

XVII – normas de saúde, higiene e segurança do trabalho previstas em lei ou em normas regulamentadoras do Ministério do Trabalho;

XVIII – adicional de remuneração para as atividades penosas, insalubres ou perigosas;

XIX – aposentadoria;

XX – seguro contra acidentes de trabalho, a cargo do empregador;

XXI – ação, quanto aos créditos resultantes das relações de trabalho, com prazo prescricional de cinco anos para os trabalhadores urbanos e rurais, até o limite de dois anos após a extinção do contrato de trabalho;

XXII – proibição de qualquer discriminação no tocante a salário e critérios de admissão do trabalhador com deficiência;

XXIII – proibição de trabalho noturno, perigoso ou insalubre a menores de dezoito anos e de qualquer trabalho a menores de dezesseis anos, salvo na condição de aprendiz, a partir de quatorze anos;

XXIV – medidas de proteção legal de crianças e adolescentes;

XXV – igualdade de direitos entre o trabalhador com vínculo empregatício permanente e o trabalhador avulso;

XXVI – liberdade de associação profissional ou sindical do trabalhador, inclusive o direito de não sofrer, sem sua expressa e prévia anuência, qualquer cobrança ou desconto salarial estabelecidos em convenção coletiva ou acordo coletivo de trabalho;

XXVII – direito de greve, competindo aos trabalhadores decidir sobre a oportunidade de exercê-lo e sobre os interesses que devam por meio dele defender;

XXVIII – definição legal sobre os serviços ou atividades essenciais e disposições legais sobre o atendimento das necessidades inadiáveis da comunidade em caso de greve;

XXIX – tributos e outros créditos de terceiros;

XXX – as disposições previstas nos arts. 373-A, 390, 392, 392-A, 394, 394-A, 395, 396 e 400 desta Consolidação.

Parágrafo único. Regras sobre duração do trabalho e intervalos não são consideradas como normas de saúde, higiene e segurança do trabalho para os fins do disposto neste artigo.

1. COMENTÁRIOS

1.1. Autonomia privada coletiva e restrições à negociação

As convenções e acordos coletivos de trabalho, fruto da negociação coletiva da qual são agentes os sindicatos e empresas, não sofrem, aparentemente, qualquer restrição, estando afastado, em princípio, o dirigismo contratual inerente ao contrato individual de trabalho. A assertiva, contudo, não é absoluta. Os entes coletivos possuem, em tese, autonomia de vontade, já que os representantes dos empregados, que estão à frente da direção do sindicato profissional, não sofrem as pressões na mesma proporção que os empregados representados. Não por outras razões são estes representantes detentores de garantia no emprego (art. 543, § 3º, da CLT).

Contudo, a chamada autonomia privada coletiva não é infensa às limitações impostas pelo Estado, em particular a Constituição da República, quanto aos limites da negociação coletiva. Prevalece o entendimento de que os sindicatos não podem negociar com objetivo de fixar cláusulas visando reduzir direitos, à exceção daquelas hipóteses delimitadas pela própria Constituição da República, quais sejam: **redução de salário e flexibilização da jornada de trabalho** (CRFB/88, art. 7°, VI, XIII e XIV).

Resta saber se a negociação coletiva só poderá flexibilizar direitos trabalhistas dentro destes limites. Quanto a esta indagação, a resposta é positiva e nos valemos do escólio de Arnaldo Sussekind para sustentar a afirmação: "A Constituição vigente consagrou a tese da flexibilização em apenas três hipóteses, embora duas delas tenham grande aplicação nas relações de trabalho, porquanto concernem a salário (art. 7°, VI) e à compensação de jornadas de trabalho (art. cit., XIII). (Direito Constitucional do Trabalho. Rio de Janeiro: Renovar, 1999, p. 280).

Sobre as hipóteses taxativamente previstas na Constituição, os ensinamentos de Mauricio Godinho Delgado, sobre o **princípio da adequação setorial negociada**, são por demais pertinentes. O princípio, como a seguir demonstrado, não conflita com a rigidez das hipóteses previstas na Constituição, mas apresenta alternativa viável para sua interpretação, utilizando-se do grau de disponibilidade do direito como critério para preservar a proteção ao empregado e, ao mesmo tempo, ampliar a atuação do ente coletivo em negociação.

Colha-se, a seguir, a lição do ilustre ministro do TST:

> "Pelo princípio da adequação setorial negociada as normas autônomas jus coletivas construídas para incidirem sobre certa comunidade econômico-profissional podem prevalecer sobre o padrão geral heterônomo justrabalhista desde que respeitados certos critérios objetivamente fixados. São dois esses critérios autorizativos: **a)** quando as normas autônomas juscoletivas implementam um padrão setorial de direitos superior ao padrão geral oriundo da legislação heterônoma aplicável; **b) quando as normas autônomas juscoletivas transacionam setorialmente parcelas trabalhistas de indisponibilidade apenas relativa (e não de indisponibilidade absoluta)**.". (grifamos)

E prossegue o I. Jurista, explicando que não incide o princípio da adequação setorial negociada em se tratando de direitos que constituem um patamar civilizatório mínimo, identificados por três grupos diferentes de normas trabalhistas heterônomas, a saber:

> "as normas constitucionais em geral; as normas de tratados e convenções internacionais vigorantes no plano interno brasileiro (art. 5º, § 2º, da CF/88); as normas infraconstitucionais que asseguram patamares de cidadania ao indivíduo que labora (**preceitos relativos à segurança no trabalho, normas concernentes a bases salariais mínimas, normas de identificação profissional, dispositivos antidiscriminatórios**, etc.)." (grifamos) (Curso, 2003, p. 1311/1313).

1.2. Inconstitucionalidade das normas dos artigos 611-A e B

As disposições do **art. 611-A** tendentes a flexibilizar direitos que escapem do patamar civilizatório mínimo acima definido, são **flagrantemente inconstitucionais** e, neste aspecto, merecem ser assim reconhecidas, no caso concreto, quando o Juiz do Trabalho for instado a decidir determinado conflito que se baseie em norma coletiva que tenha extrapolado os limites de flexibilização definidos constitucionalmente, da forma como ora se propõe.

Destaque-se que o § único, do art. 611-A, exatamente para tentar escapar às restrições impostas constitucionalmente à negociação coletiva, entre estas as cláusulas tendentes a reduzir ou suprimir preceitos relativos à segurança e saúde do trabalhador, prevê que as normas sobre duração do trabalho, e até mesmo intervalo, não se inserem entre as de saúde, higiene e segurança do trabalho para os fins de negociação coletiva.

Não existem acordos coletivos ou convenção coletivas sem a participação dos sindicatos. Portanto, pareceu-me de todo despicienda a inclusão do trecho "observados os incisos III e VI do *caput* do art. 8º da Constituição", no texto do art. 611-A, *caput*, da CLT, pela MPV nº 808, de 14.11.2017.

Igualmente **inconstitucional** se mostra a regra do **art. 611-B**, que aponta a ilegalidade das cláusulas coletivas que atinjam os direitos constantes dos incisos que arrola. A inconstitucionalidade reside na restrição imposta pelo texto legal ao prever que "exclusivamente" constituem objeto ilícito a negociação coletiva que suprimir ou reduzir os direitos que enumera. Não existe espaço legal para tamanha restrição. A interpretação deve ocorrer no sentido inverso. A Constituição da República, de forma bem clara, estabeleceu os limites da flexibilização de direitos trabalhistas. Consequentemente, presumem-se ilegais e inconstitucionais quaisquer cláusulas coletivas, objeto de negociação, tendentes a reduzir ou suprimir qualquer direito além dos claramente definidos pela Constituição da República, conforme acima explicitado.

Da mesma forma, são inconstitucionais as restrições impostas ao acesso à justiça, limitando o conteúdo do julgamento. Há nestas normas (§§ 1º, 2º, 4º e 5º, do art. 611-A) violação ao princípio da inafastabilidade de lesão ou ameaça a direito da apreciação do Poder Judiciário, como prevê o art. 5º, XXXV, da CF.

2. QUESTÕES DE CONCURSOS

01. (FCC – Técnico Judiciário – Área Administrativa – TRT 24/2017) A Constituição Federal de 1988 prevê expressamente uma série de disposições normativas trabalhistas que, segundo a doutrina, pode ser considerada como patamar mínimo civilizatório do trabalhador. Entre outros direitos trabalhistas, a Constituição Federal de 1988 prevê, expressamente, o direito

a) ao adicional de sobreaviso e de prontidão e a redução dos riscos inerentes ao trabalho, por meio de normas de saúde, higiene e segurança.

b) ao adicional de horas extras e observância da proporcionalidade para contratação de empregado estrangeiro.

c) ao seguro-desemprego, em caso de desemprego voluntário ou não, e gozo de intervalo para refeição e descanso na forma da lei.

d) à proteção do mercado de trabalho da mulher, mediante incentivos específicos, nos termos da lei, e ao aviso prévio proporcional ao tempo de serviço, sendo no mínimo de trinta dias, conforme previsão legal.

e) ao intervalo intrajornada e interjornada.

GAB	1	D

✦ QUORUM PARA APROVAÇÃO DE CONVENÇÃO E ACORDO

Art. 612. Os sindicatos só poderão celebrar Convenções ou Acordos Coletivos de Trabalho, por deliberação de assembleia Geral especialmente convocada para esse fim, consoante o disposto nos respectivos Estatutos, dependendo a validade da mesma do comparecimento e votação, em primeira convocação, de 2/3 (dois terços) dos associados da entidade, se se tratar de Convenção, e dos interessados, no caso de Acordo, e, em segunda, de 1/3 (um terço) dos mesmos.

Parágrafo único. O "quorum" de comparecimento e votação será de 1/8 (um oitavo) dos associados em segunda convocação, nas entidades sindicais que tenham mais de 5.000 (cinco mil) associados.

1. COMENTÁRIOS

A norma deste artigo traduz contundente interferência na liberdade de organização sindical, impondo a observância de quorum, diga-se de passagem, de difícil configuração, para aprovação de Acordos e Convenções Coletivas de Trabalho. A regra não foi recepcionada pelo art. 8º, I, da CF.

No sentido da não recepção da norma da CLT diante da liberdade sindical proclamada na Constituição Federal se manifestam, dentre outros, Mauricio Godinho Delgado, Curso, jan-2009, p. 1268 e José Augusto Rodrigues Pinto, Direito Sindical, 2002, p. 234 e 235.

Para a doutrina a deliberação sobre a aprovação ou não da Convenção Coletiva deve ocorrer em Assembleia, órgão máximo de deliberação dos sindicatos, mas na forma e quorum estabelecidos pelos estatutos e não pela lei.

A jurisprudência do TST já entendeu pela vigência da exigência de quorum, como previsto neste artigo, mas, felizmente, recuou e propôs o cancelamento da OJ's nº 13 e 21 da SDC, cujo teor é transcrito a seguir, tão somente para fins de estudo:

> OJ-SDC-13 LEGITIMAÇÃO DA ENTIDADE SINDICAL. assembleia DELIBERATIVA. "QUORUM" DE VALIDADE. Art. 612 DA CLT (CANCELADA) – DJ 24.11.2003 Mesmo após a promulgação da Constituição Federal de 1988, subordina-se a validade da assembleia de trabalhadores que legitima a atuação da entidade

sindical respectiva em favor de seus interesses à observância do "quorum" estabelecido no art. 612 da CLT. Histórico: Redação original – Inserida em 27.03.1998

OJ-SDC-21 ILEGITIMIDADE "AD CAUSAM" DO SINDICATO. AUSÊNCIA DE INDICAÇÃO DO TOTAL DE ASSOCIADOS DA ENTIDADE SINDICAL. INSUFICIÊNCIA DE "QUORUM" (Art. 612 DA CLT) (CANCELADA) – DJ 02.12.2003

2. QUESTÕES DE CONCURSOS

01. (TRT – 15ª REGIÃO/TECNICO JUDICIÁRIO/FCC/2009) Os Sindicatos só poderão celebrar Convenções Coletivas de Trabalho, por deliberação de Assembleia Geral especialmente convocada para esse fim, consoante o disposto nos respectivos Estatutos, dependendo a validade desta do comparecimento e votação, em

a) primeira convocação, de dois terços dos associados da entidade e, em segunda, de metade dos membros.
b) primeira convocação, de dois terços dos associados da entidade e, em segunda, de um terço dos membros.
c) convocação única, de dois terços dos associados da entidade.
d) convocação única, da maioria absoluta dos associados da entidade.
e) primeira convocação, de dois terços dos associados da entidade e, em segunda, de metade dos membros, além do Presidente, Vice-Presidente e Diretor Administrativo.

02. (TRT – 3ª REGIÃO/JUIZ DO TRABALHO SUBSTITUTO/2009/ADAPTADA) Para que as entidades sindicais celebrem acordos e convenções coletivas de trabalho, não é imprescindível a autorização dos respectivos representados e interessados.

03. (TRT 3 – Juiz do Trabalho Substituto 3ª região/ 2012) Leia as afirmações abaixo e, em seguida, assinale a alternativa correta: segundo a jurisprudência consolidada da Seção de Dissídios Coletivos do Tribunal Superior do Trabalho, mesmo após a promulgação da Constituição Federal de 1988, subordina-se a validade da assembleia de trabalhadores que legitima a atuação da entidade sindical respectiva em favor de seus interesses à observância do "quorum" estabelecido no art. 612 da CLT.

GAB	1	B	2	E	3	E

✦ CONTEÚDO DAS CONVENÇÕES E ACORDOS

Art. 613. As Convenções e os Acordos deverão conter obrigatoriamente:

I – Designação dos Sindicatos convenentes ou dos Sindicatos e empresas acordantes;

II – Prazo de vigência;

III – Categorias ou classes de trabalhadores abrangidas pelos respectivos dispositivos;

IV – Condições ajustadas para reger as relações individuais de trabalho durante sua vigência;

V – Normas para a conciliação das divergências sugeridas entre os convenentes por motivos da aplicação de seus dispositivos;

VI – Disposições sobre o processo de sua prorrogação e de revisão total ou parcial de seus dispositivos;

VII – Direitos e deveres dos empregados e empresas;

VIII – Penalidades para os Sindicatos convenentes, os empregados e as empresas em caso de violação de seus dispositivos.

Parágrafo único. As convenções e os Acordos serão celebrados por escrito, sem emendas nem rasuras, em tantas vias quantos forem os Sindicatos convenentes ou as empresas acordantes, além de uma destinada a registro.

1. COMENTÁRIOS

A regra do art. 613 estabelece uma série de aspectos formais que devem conter as Convenções e Acordos Coletivos, como por exemplo, normas sobre conciliação de divergência e prazo de vigência. Ainda que todas as disposições da norma sejam muito úteis para a interpretação e alcance das Convenções e Acordos, representam afronta à liberdade sindical preconizada no art. 8º, I, da CF.

Os sindicatos vêm observando as disposições deste artigo em caráter subsidiário, como uma espécie de roteiro do conteúdo da Convenção ou do Acordo, ainda que, repita-se, a norma não tenha mais qualquer obrigatoriedade (neste sentido: Rodrigues Pinto, Direito Sindical, 2002, p. 234-235).

O conteúdo da Convenção Coletiva de Trabalho, bem como do Acordo Coletivo, observa a classificação quanto à natureza das cláusulas convencionadas. A mais aceita é aquela proposta por Alonso Garcia e adotada, entre outros, por Ruprecht, Relações Coletivas de Trabalho, 1995, p. 419; Godinho, Curso, jan-2009, p. 1270/1271 e Rodrigues Pinto, Direito Sindical, 2002, p. 235.

Segundo Alonso Garcia, apud Ruprech, 1995, p. 419, as cláusulas de um ajuste coletivo se classificam em obrigacionais, que ligam os sujeitos pactuantes da convenção, do mesmo modo que as cláusulas de um contrato obrigam suas partes, v.g., a obrigação de permitir ao dirigente sindical o acesso aos locais de trabalho em datas e horários definidos no ajuste; normativas, que são as que fixam as condições nas quais devem ser celebrados os contratos individuais de trabalho, v.g., cláusula que prevê adicional de horas extras superior ao legal; e de garantia, cuja finalidade é assegurar o cumprimento e a eficácia das anteriores, v.g., cláusulas sobre a vigência, multas e denúncia da Convenção ou do Acordo.

2. QUESTÕES DE CONCURSOS

01. (TRT – 18ª REGIÃO/ANALISTA ADMINISTRATIVO/FCC/2008) Quanto às Convenções Coletivas de Trabalho, analise:

I. Os Sindicatos poderão celebrar Convenções Coletivas de Trabalho independentemente de deliberação em assembleia Geral especialmente convocada para esse fim.

II. O processo de prorrogação, revisão, denúncia ou revogação total ou parcial de Convenção Coletiva de Trabalho ficará subordinado, em qualquer caso, à aprovação de assembleia Geral dos Sindicatos convenentes.

III. As Convenções Coletivas de Trabalho deverão conter obrigatoriamente normas para a conciliação das divergências sugeridas entre os convenentes por motivos da aplicação de seus dispositivos.

IV. As Convenções Coletivas de Trabalho serão celebradas por escrito, sem emendas nem rasuras, em tantas vias quantos forem os Sindicatos convenentes ou as empresas acordantes, além de uma destinada a registro.

De acordo com a Consolidação das Leis do Trabalho, está correto o que consta APENAS em

a) II, III e IV.

b) I, II e III.

c) I e III.

d) I e IV.

e) II e IV.

GAB	1	A

✦ **DEPÓSITO DOS INSTRUMENTOS NORMATIVOS**

Art. 614. Os Sindicatos convenentes ou as empresas acordantes promoverão, conjunta ou separadamente, dentro de 8 (oito) dias da assinatura da Convenção ou Acordo, o depósito de uma via do mesmo, para fins de registro e arquivo, no Departamento Nacional do Trabalho, em se tratando de instrumento de caráter nacional ou interestadual, ou nos órgãos regionais do Ministério do Trabalho e Previdência Social, nos demais casos.

✦ **INÍCIO DA VIGÊNCIA DA NORMA COLETIVA**

§ 1º – As Convenções e os Acordos entrarão em vigor 3 (três) dias após a data da entrega dos mesmos no órgão referido neste artigo.

✦ **DIVULGAÇÃO DAS NORMAS COLETIVAS**

§ 2º – Cópias autênticas das Convenções e dos Acordos deverão ser afixados de modo visível, pelos Sindicatos convenentes, nas respectivas sedes e nos estabelecimentos das empresas compreendidas no seu campo de aplicação, dentro de 5 (cinco) dias da data do depósito previsto neste artigo.

✦ **VIGÊNCIA: DOIS ANOS**

§ 3º – Não será permitido estipular duração de convenção coletiva ou acordo coletivo de trabalho superior a dois anos, sendo vedada a ultratividade.(Redação da Lei nº 13.467, de 13.07.2017).

1. COMENTÁRIOS

1.1. Depósito da norma coletiva e início da vigência

O dispositivo ora comentado trata do início da vigência e prazo de duração das normas coletivas. Para tanto, o art. 614, caput exige que os sindicatos ou empresas acordantes, no prazo de 8 dias da assinatura do instrumento normativo, façam um depósito no órgão próprio do Ministério do Trabalho, para fins de registro e divulgação do documento firmado.

A Convenção ou Acordo só passará a vigorar 3 dias úteis após o depósito referido no caput do art. 614, conforme disposição expressa do § 1º da mesma norma.

Rodrigues Pinto, Direito Sindical, 2002, p. 237-238, se opõe, veementemente, ao depósito no Ministério do Trabalho como condição de eficácia da norma coletiva; entende o autor que nenhuma formalidade se pode antepor à eficácia da norma coletiva senão o ajuste de vontades. Para o ilustre jurista a norma da CLT afronta o princípio da não interferência do Estado na atividade sindical (art. 8º, I, da CF).

Não obstante o brilho da opinião de Rodrigues Pinto e seus judiciosos argumentos, a jurisprudência do TST, estampada na OJ nº 34 da SDC, não vê incompatibilidade entre a exigência de depósito e a liberdade prevista na Constituição da República. Confira-se o teor do precedente jurisprudencial:

> "OJ-SDC-34 ACORDO EXTRAJUDICIAL. HOMOLOGAÇÃO. JUSTIÇA DO TRABALHO. PRESCINDIBILIDADE (INSERIDA EM 07.12.1998) É desnecessária a homologação, por Tribunal Trabalhista, do acordo extrajudicialmente celebrado, sendo suficiente, para que surta efeitos, sua formalização perante o Ministério do Trabalho (art. 614 da CLT e art. 7º, inciso XXVI, da Constituição Federal)."

Independentemente da controvérsia quanto ao início de vigência da norma coletiva, o depósito feito no Ministério do Trabalho, que vem até mesmo disponibilizando em sítios na Internet o teor dos documentos assinados, atende à intenção do § 2ºdo art. 614.

Os sindicatos, da mesma forma que o Ministério do Trabalho, têm procurado disponibilizar na Internet o conteúdo dos acordos e convenções formalizados. Esta forma de divulgação atende plenamente à exigência do art. 614, § 2º. Ressalte-se, por oportuno, que a ausência de divulgação da norma não a torna inválida, ainda que prejudique seu conhecimento pela categoria, principal interessada quanto á cláusulas normativas.

1.2. Prazo de validade da norma coletiva

Sobre a vigência das normas coletivas a doutrina se divide em três vertentes interpretativas quanto à possibilidade, ou não, de incorporação, em definitivo, ao contrato de trabalho, dos direitos previstos na norma coletiva, mesmo após o fim de sua vigência. Mauricio Godinho Delgado, Curso, jan-2009, p. 1281-1283, sintetiza estas três correntes, como se descreverá a seguir.

A primeira, defende a aderência irrestrita aos contratos de trabalho, afirmando que os direitos previstos nas normas coletivas ingressam para sempre nos contratos, não mais podendo ser suprimidos; esta corrente se baseia no princípio da inalterabilidade in pejus das condições contratuais (art. 468 da CLT).

A segunda, define o prazo de vigência do direito individual de acordo com tempo de duração da norma coletiva; suprimida a cláusula, a regra também desaparece do contrato individual de trabalho.

A terceira, entendida por Godinho como a mais acertada, defende uma posição intermediária; segundo esta corrente os dispositivos das cláusulas coletivas vigorariam até que outra negociação coletiva expressamente os revogasse. No silêncio da negociação, de forma que o teor da cláusula coletiva não fosse repetido no novo ajuste, vigoraria a norma anteriormente ajustada, até que, de forma explícita, alguma norma coletiva o revogasse. Esta vertente interpretativa já foi adotada pelo legislador, conforme o teor do art. 1º, § 1º, da Lei nº 8542/92: "as cláusulas dos acordos, convenções ou contratos coletivos de trabalho integram os contratos individuais de trabalho e somente poderão ser reduzidas ou suprimidas por posterior acordo, convenção ou contrato coletivo de trabalho". Esta norma foi revogada pela MP nº 1053, de 30.6.1995 que, após diversas reedições, foi convertida na Lei nº 10.192/2001, que em seu art. 18 revogou o § 1º da Lei nº 8542/92. Contudo, a redação atribuída ao art. 614, § 3º, da CLT, pela Lei nº 13.467, de 13.07.2017, passou a impedir esta corrente de interpretação. Diante da atual redação do texto legal, a S. 277 do TST, que passou a consagrar essa tese, deverá ser alterada, para se adequar à atual redação do texto legal.

Consequentemente, a segunda corrente interpretativa acima exposta passará a prevalecer na doutrina e, provavelmente, também na jurisprudência dominante.

Sobre a vigência das sentenças normativas vide art. 867 e os comentários pertinentes.

2. SÚMULAS E ORIENTAÇÕES JURISPRUDENCIAIS

- **Súmula nº 277/TST**

CONVENÇÃO COLETIVA DE TRABALHO OU ACORDO COLETIVO DE TRABALHO. EFICÁCIA. ULTRATIVIDADE (redação alterada na sessão do Tribunal Pleno realizada em 14.09.2012) – Res. 185/2012 – DEJT divulgado em 25, 26 e 27.09.2012

As cláusulas normativas dos acordos coletivos ou convenções coletivas integram os contratos individuais de trabalho e somente poderão ser modificadas ou suprimidas mediante negociação coletiva de trabalho.

- **OJ 41 – SBDI-1/TST**

ESTABILIDADE. INSTRUMENTO NORMATIVO. VIGÊNCIA. EFICÁCIA. Inserida em 25.11.96

Preenchidos todos os pressupostos para a aquisição de estabilidade decorrente de acidente ou doença profissional, ainda durante a vigência do instrumento normativo, goza o empregado de estabilidade mesmo após o término da vigência deste.

- **OJ 322 – SBDI-1/TST**

ACORDO COLETIVO DE TRABALHO. CLÁUSULA DE TERMO ADITIVO PRORROGANDO O ACORDO PARA PRAZO INDETERMINADO. INVÁLIDA. DJ 09.12.2003

Nos termos do art. 614, § 3º, da CLT, é de 2 anos o prazo máximo de vigência dos acordos e das convenções coletivas. Assim sendo, é inválida, naquilo que ultrapassa o prazo total de 2 anos, a cláusula de termo aditivo que prorroga a vigência do instrumento coletivo originário por prazo indeterminado.

▸ **OJ 34 – SDC/TST**

ACORDO EXTRAJUDICIAL. HOMOLOGAÇÃO. JUSTIÇA DO TRABALHO. PRESCINDIBILIDADE. Inserida em 07.12.1998

É desnecessária a homologação, por Tribunal Trabalhista, do acordo extrajudicialmente celebrado, sendo suficiente, para que surta efeitos, sua formalização perante o Ministério do Trabalho (art. 614 da CLT e art. 7º, inciso XXVI, da Constituição Federal).

3. QUESTÕES DE CONCURSOS

01. (TRT – 15ª REGIÃO/ANALISTA ADMINISTRATIVO/FCC/2009) Considere as seguintes assertivas a respeito das Convenções Coletivas de Trabalho:

I. As Federações e na sua falta as Confederações poderão celebrar Convenções Coletivas de Trabalho para reger as relações das categorias a elas vinculadas, ainda que organizadas em sindicatos.

II. As Convenções Coletivas de Trabalho podem ser consideradas negócios jurídicos de caráter normativo, possuindo efeitos erga omnes.

III. Em Convenção Coletiva de Trabalho é facultativa a cláusula de penalidades para os sindicatos convenentes, os empregados e as empresas em caso de violação de seus dispositivos.

IV. Não será permitido estipular duração de Convenção Coletiva de Trabalho superior a dois anos. Está correto o que se afirma SOMENTE em

a) I, II e IV.

b) III e IV.

c) II e IV.

d) I, II e III.

e) II, III e IV.

02. (EXAME DA ORDEM 2009.1/OAB/CESPE/2009) No que concerne às convenções coletivas de trabalho, assinale a opção correta.

a) Acordo coletivo é o negócio jurídico pelo qual dois ou mais sindicatos representativos de categorias econômicas e profissionais estipulam condições de trabalho aplicáveis, no âmbito das respectivas representações, às relações individuais do trabalho.

b) Para ter validade, a convenção coletiva de trabalho deve ser, obrigatoriamente, homologada pela autoridade competente.

c) Não é lícito estipular duração de validade superior a dois anos para a convenção coletiva de trabalho.

d) É facultada a celebração verbal de acordo coletivo de trabalho, desde que presentes, ao menos, duas testemunhas.

03. (MPT/PROCURADOR DO TRABALHO/2010/ADAPTADA) As convenções e os acordos coletivos de trabalho só entrarão em vigor três dias após a data da entrega dos respectivos instrumentos no órgão competente, para recebê-los em depósito, do Ministério do Trabalho e Emprego;

04. (TRT – 3ª REGIÃO/JUIZ DO TRABALHO SUBSTITUTO/2009/ADAPTADA) As convenções e acordos coletivos de trabalho entrarão em vigor três dias após seu depósito perante o órgão competente do Ministério do Trabalho.

05. (Instituto de Pesquisas Tecnológicas – Advogado/2011) Nos termos da CLT, não é permitido estipular duração de Convenção ou Acordo Coletivo de Trabalho superior a

a) 2 anos.

b) 1 ano.

c) 3 anos.

d) 4 anos.

e) 5 anos.

GAB	1	C	2	C	3	C	4	C	5	A

✦ **PRORROGAÇÃO, REVISÃO, DENÚNCIA E REVOGAÇÃO**

Art. 615. O processo de prorrogação, revisão, denúncia ou revogação total ou parcial de Convenção ou Acordo ficará subordinado, em qualquer caso, à aprovação de assembleia Geral dos Sindicatos convenentes ou partes acordantes, com observância do disposto no art. 612.

§ 1º – O instrumento de prorrogação, revisão, denúncia ou revogação de Convenção ou Acordo será depositado para fins de registro e arquivamento, na repartição em que o mesmo originariamente foi depositado observado o disposto no art. 614.

§ 2º – As modificações introduzidas em Convenção ou Acordo, por força de revisão ou de revogação parcial de suas cláusulas, passarão a vigorar 3 (três) dias após a realização do depósito previsto no § 1º.

1. COMENTÁRIOS

A prorrogação corresponde ao ato de vontade das partes acordantes de estenderem a vigência e o teor da norma coletiva, exatamente como ajustado anteriormente.

A revisão da norma ocorrerá diante das mudanças no estado de fato ou direito que resultaram em sua formação. Sustenta-se na cláusula rebus sic stantibus (perduram as normas enquanto "as coisas permanecerem como estão").

A **denúncia** é a manifestação de vontade com o intuito de evitar a prorrogação automática das cláusulas coletivas. De acordo com a atual redação da Súmula 277 do TST (**Res. 185/2012 – DEJT divulgado em 25, 26 e 27.09.2012**), a cláusula normativa não denunciada passa a vigor sem determinação de prazo. Vide comentários ao art. 614 da CLT, no tópico relativo ao prazo de validade da norma coletiva.

A revogação diz respeito à manifestação bilateral de vontades dos contratantes com a intenção de encerrar o ajuste antes de seu termo final

Somente a negociação coletiva irá determinar os critérios de prorrogação, revisão, denúncia ou revogação total/parcial das cláusulas da Convenção ou do Acordo. A aprovação ou não destas modificações nos convênios coletivos pela assembleia da categoria é decisão que só os sindicatos poderão tomar, conforme seus estatutos, sendo inadmissível a interferência legal sobre estes assuntos.

Quanto ao início da vigência das alterações promovidas por vontade dos sindicatos ou empresas o próprio artigo faz remissão ao art. 614, a cujos comentários nos reportamos, inclusive quanto ao quorum de aprovação destas alterações.

2. QUESTÕES DE CONCURSOS

01. (TRT – 16ª REGIÃO/ANALISTA JUDICIÁRIO/FCC/2009) Em relação às Convenções Coletivas de Trabalho, é certo que

a) o prazo máximo de vigência da norma coletiva é de três anos, havendo expressa determinação legal neste sentido.

b) para a celebração de Convenção Coletiva de Trabalho é necessário o comparecimento e votação, em primeira convocação, de 2/3 dos associados da entidade em assembleia especialmente convocada para esse fim.

c) as partes convenentes poderão revogar parcialmente, a convenção antes do termo final estipulado, independentemente de autorizadas por assembleia.

d) as Convenções Coletivas de Trabalho não poderão ser revistas antes do prazo pré-estipulado, podendo apenas ocorrer revogação parcial.

e) segundo a CLT é facultado as Convenções Coletivas de Trabalho conter penalidades para os sindicatos convenentes em caso de violação de seus dispositivos.

02. (CRF-SP/ADVOGADO/VUNESP/2009) As convenções coletivas e os acordos coletivos de trabalho

a) entrarão em vigor trinta dias após a data do depósito dos mesmos no órgão competente do Ministério do Trabalho e Emprego.

b) não poderão ter o prazo de vigência estipulado por período superior a três anos.

c) terão o processo de prorrogação, revisão, denúncia ou revogação total subordinado à aprovação de assembleia geral dos sindicatos convenentes ou partes acordantes.

d) integram, ao lado da arbitragem e da mediação, as formas de composição dos conflitos individuais de trabalho.

e) conterão, facultativamente, normas para a conciliação das divergências sugeridas entre os convenentes por motivos da aplicação de seus dispositivos.

03. (FCC – Juiz do Trabalho Substituto 20ª região/ 2012) As convenções coletivas de trabalho não podem ser prorrogadas, revistas, denunciadas ou revogadas total ou parcialmente.

04. (FCC – Técnico Judiciário – Área Administrativa – TRT 15/2013) Considere as seguintes assertivas a respeito das Convenção Coletivas de Trabalho e sobre os Acordos Coletivos de Trabalho:

I. A Convenção Coletiva de Trabalho é um negócio jurídico de caráter normativo.

II. O Acordo Coletivo de Trabalho é celebrado entre Sindicatos de categorias profissionais e uma ou mais empresas da correspondente categoria para estipular condições de trabalho aplicáveis no âmbito da empresa ou empresas acordantes.

III. As Convenções Coletivas de Trabalho podem ser estipuladas com o prazo máximo de duração de um ano.

IV. É vedada a prorrogação total ou parcial de Convenção Coletiva de Trabalho, em razão da necessidade de atenção ao quórum de votação mínimo deste instrumento.

Está correto o que se afirma APENAS em

a) II e IV.

b) I e II.

c) I, II e III.

d) II, III e IV.

e) I e III.

GAB	1	B	2	C	3	E	4	B

✦ **NEGOCIAÇÃO COLETIVA OBRIGATÓRIA**

Art. 616. Os Sindicatos representativos de categorias econômicas ou profissionais e as empresas, inclusive as que não tenham representação sindical, quando provocados, não podem recusar-se à negociação coletiva.

✦ **RECUSA À NEGOCIAÇÃO: CONVOCAÇÃO COMPULSÓRIA**

§ 1º – Verificando-se recusa à negociação coletiva, cabe aos Sindicatos ou empresas interessadas dar ciência do fato, conforme o caso, ao Departamento Nacional do Trabalho ou aos órgãos regionais do Ministério do Trabalho e Previdência Social, para convocação compulsória dos Sindicatos ou empresas recalcitrantes.

✦ **NEGOCIAÇÃO FRUSTRADA: DISSÍDIO COLETIVO**

§ 2º – No caso de persistir a recusa à negociação coletiva, pelo desatendimento às convocações feitas pelo Departamento Nacional do Trabalho ou órgãos regionais do Ministério de Trabalho e Previdência Social, ou se malograr a negociação entabulada, é facultada aos Sindicatos ou empresas interessadas a instauração de dissídio coletivo.

✦ **PRAZO PARA AJUIZAMENTO DO DISSIDIO COLETIVO**

§ 3º – Havendo convenção, acordo ou sentença normativa em vigor, o dissídio coletivo deverá ser instaurado dentro dos 60 (sessenta) dias anteriores ao respectivo termo final, para que o novo instrumento possa ter vigência no dia imediato a esse termo

✦ **NEGOCIAÇÃO COLETIVA: REQUISITO DO DISSÍDIO COLETIVO**

§ 4º – Nenhum processo de dissídio coletivo de natureza econômica será admitido sem antes se esgotarem as medidas relativas à formalização da Convenção ou Acordo correspondente.

1. COMENTÁRIOS

1.1. Autonomia privada coletiva e restrições à negociação

Remetemos o leitor aos comentários aos artigos 611-A e B da CLT, em tópico que cuida exatamente desta temática.

1.2. Negociação coletiva obrigatória

Considerando-se as necessidades da negociação coletiva, tendo em vista a impossibilidade do legislador atender a todas as demandas sociais, os sindicatos não podem se recusar à negociação.

A regra do § 1º do art. 616 permite a interferência do Ministério do Trabalho obrigando o sindicato recalcitrante a participar da negociação. A recusa ao chamamento do Ministério do Trabalho, contudo, não impõe qualquer sanção ao sindicato que se nega. Não pode o órgão do Estado impor sua vontade obrigando qualquer sindicato a negociar. Aceita a interferência do Ministério do Trabalho, contudo, este passará a atuar como órgão de mediação, tentando estimular uma solução negociada.

Frustrado o acordo e antes do ajuizamento do dissídio coletivo as partes poderão eleger árbitros (art. 114, § 1º, da CF). A arbitragem coletiva, tal qual a individual, é regulada pela Lei nº 9.307/96, cabendo ao árbitro proferir sentença arbitral solucionando o conflito coletivo. A sentença proferida pelo árbitro terá a mesma natureza do acórdão normativo proferido pela Justiça do Trabalho (art. 31 da Lei nº 9.307/96). A arbitragem raramente é utilizada em negociação coletiva, ainda que seja jurídica cabível. O Ministério Público do Trabalho também pode assumir o papel de árbitro, como prevê o art. 83, XI, da LC nº 75/93. Neste caso, o procurador do trabalho que for indicado como árbitro funcionará como juiz da causa (art. 18, da Lei nº 9307/96).

A negociação coletiva é pressuposto do ajuizamento do dissídio coletivo (art. 616, § 4º c/c art. 114, §§ 1º e 2º, da CF/88). Frustrado o acordo e não optando as partes pela arbitragem, será ajuizado dissídio coletivo, de comum acordo entre os sindicatos, para que o Judiciário Trabalhista crie a norma que não foi construída por negociação (sobre dissídio coletivo vide comentários ao artigo 856 e seguintes da CLT).

✦ **PARTICIPAÇÃO DAS ENTIDADES SINDICAIS NA NEGOCIAÇÃO COLETIVA**

Art. 617. Os empregados de uma ou mais empresas que decidirem celebrar Acordo Coletivo de Trabalho com as respectivas empresas darão ciência de sua resolução, por escrito, ao Sindicato representativo da categoria profissional, que terá o prazo de 8 (oito) dias para assumir a direção dos entendimentos entre os interessados, devendo igual procedimento ser observado pelas empresas interessadas com relação ao Sindicato da respectiva categoria econômica.

✦ **NEGOCIAÇÃO SEM PARTICIPAÇÃO DE ENTIDADES SINDICAIS**

§ 1º – Expirado o prazo de 8 (oito) dias sem que o Sindicato tenha se desincumbido do encargo recebido, poderão os interessados dar conhecimento do fato à Federação a que estiver vinculado o Sindicato e, em falta dessa, à correspondente Confederação, para que, no mesmo prazo, assuma a direção dos entendimentos. Esgotado esse prazo, poderão os interessados prosseguir diretamente na negociação coletiva até final.

✦ **ASSEMBLEIA PARA APROVAÇÃO DO ACORDO**

§ 2º – Para o fim de deliberar sobre o Acordo, a entidade sindical convocará assembleia geral dos diretamente interessados, sindicalizados ou não, nos termos do art. 612.

1. COMENTÁRIOS

O dispositivo do art. 617 permite aos próprios empregados, diretamente interessados, tomarem a iniciativa da negociação coletiva. A regra não confronta a obrigatoriedade de participação do sindicato nas negociações coletivas (art. 8º, VI, da CF/88), porque dá oportunidade ao ente sindical de assumir as negociações. Somente diante da recusa de todas as entidades sindicais (sindicato, federação e confederação) que o grupo de empregados seguirá negociando diretamente com a empresa (§ 1º, do art. 617).

Mesmo procedimento será observado quando a empresa quiser negociar diretamente com o sindicato da categoria profissional. Somente na recusa do sindicato representante da categoria econômica é que a empresa poderá assumir, diretamente, as negociações com o sindicato profissional.

A regra do § 2º do art. 617 dispõe que o sindicato irá convocar assembleia dos diretamente interessados na elaboração do acordo. A convocação só ocorrerá, obviamente, na hipótese em que o sindicato quis assumir a direção das negociações. Caso tenha se recusado, os próprios interessados irão convocar a assembleia ou, sendo reduzido o número de empregados, decidirão entre eles mesmos se concordam com a proposta da empresa.

Chegando a negociação a um acordo, este será assinado entre o grupo de empregados e a empresa, sem a participação do ente sindical.

2. INFORMATIVOS DO TST

▸ ***Negociação coletiva sem a participação do sindicato. Art. 617 da CLT. Recusa em negociar não comprovada. Invalidade do acordo firmado. Art. 8º, VI, da CF.***

Não obstante o 617 da CLT tenha sido recepcionado pela Constituição Federal de 1988, sua aplicação está restrita às excepcionais hipóteses em que houver comprovada recusa do sindicato em proceder à negociação, pois, nos termos do art. 8º, VI, da CF, a participação obrigatória do sindicato na negociação coletiva de trabalho é preceito de observância inafastável. Assim, não havendo nos autos a prova de que o sindicato se recusou a negociar, mas, ao revés, registrada a autoproclamação de membros de comissão de quatro empregados, sem a necessária segurança de que se tratava de iniciativa efetiva dos obreiros e sem ao menos convidar o sindicato para participar dos debates, não há como validar a negociação empreendida diretamente com os trabalhadores. Com esses fundamentos, a SDC, por unanimidade, negou provimento ao recurso ordinário da empresa, mantendo a improcedência do pedido de declaração de validade e eficácia de acordo de jornada de trabalho firmado diretamente com a comissão de empregados. Vencido parcialmente o Ministro Ives Gandra Martins Filho, quanto à legitimidade da comissão de empregados. TST-RO-8281-17.2010.5.02.0000, SDC, rel. Min. Márcio Eurico Vitral Amaro, 12.8.2013 (Informativo nº 54)

✦ **EMPRESAS SEM ENQUADRAMENTO SINDICAL**

Art. 618. As empresas e instituições que não estiverem incluídas no enquadramento sindical a que se refere o art. 577 desta Consolidação poderão celebrar Acordos Coletivos de Trabalho com os Sindicatos representativos dos respectivos empregados, nos termos deste Título.

1. COMENTÁRIOS

Conforme afirmamos nos comentários ao art. 577, o enquadramento sindical por categorias, profissional e econômica, foi recepcionado pela Constituição da República de 1988, preservando o princípio da unicidade sindical (art. 8º, II, da CF). Portanto, na hipótese de empresa que exerça atividade nova, não enquadrada em qualquer categoria já definida, poderá negociar com o sindicato representativo da categoria profissional que represente a maioria dos trabalhadores da empresa e, na sua falta, com a federação ou confederação respectiva.

✦ **CLÁUSULAS COLETIVAS VERSUS CLÁUSULAS INDIVIDUAIS**

Art. 619. Nenhuma disposição de contrato individual de trabalho que contrarie normas de Convenção ou Acordo Coletivo de Trabalho poderá prevalecer na execução do mesmo, sendo considerada nula de pleno direito.

✦ **PREVALÊNCIA DO ACORDO COLETIVO SOBRE A CONVENÇÃO COLETIVA**

Art. 620. As condições estabelecidas em acordo coletivo de trabalho sempre prevalecerão sobre as estipuladas em convenção coletiva de trabalho.(Redação da Lei nº 13.467, de 13.07.2017).

1. COMENTÁRIOS

Até a redação da Lei nº 13.467, de 13.07.2017, as regras dos artigos 619 e 620 consagravam o princípio trabalhista da aplicação da norma mais favorável. Segundo este princípio, comparando-se mais de uma norma jurídica potencialmente aplicável a determinados empregados, como, por exemplo, o Acordo e a Convenção Coletiva, prevalecerá aquela que se mostrar mais favorável aos interesses dos empregados.

Na interpretação do princípio da norma mais favorável se deve ter em conta a coletividade dos trabalhadores a quem a norma se aplica no caso concreto. Para se definir qual norma jurídica se apresenta mais favorável, o direito do trabalho fixou algumas regras (ou técnicas), a saber:

a) Teoria da Acumulação (ou atomista): Segundo esta técnica, dois estatutos jurídicos são comparados quanto a cada cláusula ou artigo, extraindo-se o que há de melhor em cada um deles. Assim, comparando-se, por exemplo, a Convenção Coletiva de Trabalho e o Acordo Coletivo, pode-se encontrar na Convenção uma cláusula mais benéfica disciplinando o adicional de horas extras e no Acordo uma norma mais favorável quanto ao adicional noturno. Observa-se que se perde a noção de conjunto na comparação isolada dos temas, desprezando-se o contexto em que cada instrumento normativo foi aprovado. Particularmente se considerarmos que a origem destas fontes autônomas é a negociação coletiva, ignora-se, na teoria atomista, a vontade dos sujeitos envolvidos na formação deste negócio jurídico, quais sejam, os sindicatos e empresas.

b) Teoria do Conglobamento (ou do conjunto): Nesta teoria as normas jurídicas potencialmente aplicáveis são comparadas no seu conjunto. A análise de dois estatutos jurídicos, como o cotejo entre uma lei e a convenção coletiva de trabalho, pode por vezes gerar um resultado arbitrário, já que a lei, acima citada, foi constituída para ser aplicada em toda uma comunidade, ao passo que a convenção coletiva incide somente em uma categoria profissional. A apreciação global dos dois instrumentos normativos, ainda que seja tese bem aceita, não é a mais indicada para o caso brasileiro.

c) Teoria do Conglobamento por Instituto (ou Teoria da Incidibilidade dos Institutos): Esta teoria supera as criticas anteriores, uma vez que a comparação entre dois estatutos jurídicos é feita pelo conjunto de matérias. Não são analisadas cláusulas isoladas (como na teoria atomista), o diploma normativo como um todo, como na teoria do conglobamento. Nesta teoria a análise observa o conjunto de cláusulas que se refere a um mesmo instituto jurídico-trabalhista. A comparação é feita entre temas, como duração do trabalho, férias, salário, etc.

Esta é a teoria mais aceita no direito nacional, ao ponto de ter sido consagrada pelo próprio legislador, como se lê no art. 3º, da Lei nº 7.064/82, a seguir transcrito: "...a aplicação da legislação brasileira de proteção ao trabalho, naquilo em que não for incompatível com esta lei, quando mais favorável do que a legislação territorial, no conjunto de normas com relação a cada matéria." (grifei).

O princípio da aplicação da norma mais favorável, um dos princípios basilares do Direito do Trabalho, não só no Brasil, continua a incidir no direito brasileiro, mas não mais para o cotejo entre Convenção e Acordo Coletivo do Trabalho, pois quis a lei que prevalecesse o Acordo sobre a Convenção, atendendo ao critério da especificidade. Ainda que não concordemos com a opção legislativa, não há como se ignorar a imperatividade do texto legal.

Todavia, norma de Acordo Coletivo que venha a suprimir ou reduzir direitos já previstos em Convenção Coletiva de Trabalho, fora dos limites de flexibilização previstos constitucionalmente (**redução de salário e flexibilização da jornada de trabalho, conforme** CRFB/88, art. 7°, VI, XIII e XIV), tende a levar à interpretação de inconstitucionalidade da regra prevista no Acordo Coletivo, que deixará de ser aplicada, restando, assim, a aplicação da norma da Convenção Coletiva.

2. INFORMATIVOS DO TST

▸ ***Ação anulatória. Acordo coletivo de trabalho que contém norma menos favorável que aquela prevista em convenção coletiva vigente no mesmo período. Art. 620 da CLT. Nulidade afastada.***

O confronto entre duas cláusulas dispondo sobre a mesma vantagem constante tanto de acordo quanto de convenção coletiva vigentes no mesmo período não enseja a anulação da norma menos favorável, mas apenas a sua inaplicabilidade ao caso concreto, conforme dicção do art. 620 da CLT. O reconhecimento de que a convenção coletiva deve ser aplicada em detrimento do acordo coletivo, quando aquela for mais favorável, não implica a declaração da nulidade do acordo, pois, para tanto, seria necessária a constatação de irregularidades de ordem formal ou material a afrontar o ordenamento jurídico. Com esse entendimento, a SDC, por unanimidade, deu provimento ao recurso ordinário para, afastando a nulidade das cláusulas terceiras dos acordos coletivos 2007/2008 e 2008/2009, firmados entre os réus, julgar improcedente a ação anulatória. Entendeu-se, outrossim, que a improcedência da presente ação não interfere na pretensão de aplicação da norma mais favorável aos empregados, a qual deve ser discutida em ação judicial própria. TST-RO-2643-24.2010.5.12.0000, SDC, rel. Min. Kátia Magalhães Arruda,13.8.2012 (Informativo nº 17)

▸ ***Banespa. Instituição bancária com quadro de pessoal organizado em nível nacional. Prevalência de acordo coletivo de trabalho de âmbito nacional sobre convenção coletiva de trabalho de âmbito regional. Princípio do conglobamento. Representatividade da Contec.***

Na hipótese de conflito entre convenção coletiva de trabalho de âmbito regional, firmada pelo Sindicato dos Bancários de Belo Horizonte e a Federação Nacional dos Bancos – Fenaban, e acordo coletivo de trabalho de âmbito nacional, celebrado entre o Banespa e a Confederação Nacional dos Trabalhadores nas Empresas de Crédito – Contec, deve prevalecer o acordo de abrangência nacional, por ser o empregador instituição bancária com quadro de pessoal organizado em nível nacional, e por ser mais benéfico à categoria profissional como um todo, em face do princípio do conglobamento. Ademais, não obstante a Orientação Jurisprudencial Transitória nº 68 da SBDI-I se refira a período diverso daquele abrangido pelos instrumentos coletivos questionados, extrai-se do verbete a autoridade da Contec para representar os interesses dos empregados do Banespa em negociações coletivas. *In casu*, pleiteou-se o pagamento de diferenças de complementação de aposentadoria decorrentes da inobservância de cláusula de reajuste salarial de 8,5% prevista na CCT 2004/2005 firmado pelo Sindicato local e a Fenaban no período em que os empregados do Banco Banespa encontravam-se jungidos pelo ACT 2004/2006 celebrado com a Contec. Com esse entendimento, a SBDI-I decidiu, por maioria, vencidos os Ministros Renato de Lacerda Paiva, Lelio Bentes Corrêa, Luiz Philippe Vieira de Mello Filho e José Roberto Freire Pimenta, conhecer dos embargos do banco reclamado, por divergência jurisprudencial, e, no mérito, ainda por maioria, vencidos os Ministros Augusto César Leite de Carvalho, Renato de Lacerda Paiva, Lelio Bentes Corrêa, Luiz Philippe Vieira de Mello Filho e José Roberto Freire Pimenta, dar-lhes provimento para julgar improcedente a demanda. TST-E-RR-125300-63.2005.5.03.0009, SBDI-I, rel. Min. Delaíde Miranda Arantes, 29.8.2013 (Informativo nº 57)

3. QUESTÕES DE CONCURSOS

01. **(MPU/ANALISTA PROCESSUAL/FCC/2007) Vigendo Convenção Coletiva que fixa jornada de 6 (seis) horas e sendo celebrado Acordo Coletivo reduzindo referida jornada em 15 (quinze)** minutos, os empregados das empresas que subscreverem o Acordo deverão trabalhar, por dia,

a) 5h45m, pela aplicação dos princípios da irrenunciabilidade de direitos e primazia da realidade.

b) 5h45m, pela aplicação do princípio da norma mais benéfica ao trabalhador.

c) 6h, uma vez que as condições estabelecidas na Convenção Coletiva prevalecem sobre as do Acordo Coletivo por força da hierarquia das normas.

d) 6h, uma vez que as condições estabelecidas em Convenção Coletiva se destinam a toda a categoria profissional, não se admitindo que os empregados de determinadas empresas sejam excepcionados.

e) 8h, jornada fixada na Constituição Federal, que não pode ser derrogada por norma de hierarquia inferior.

02. (TRT14ª/JUIZ DO TRABALHO SUBSTITUTO/2005/ADAPTADA) Havendo conflito entre normas de convenção e de acordo coletivo, com vigências simultâneas, que atinjam o mesmo grupo de trabalhadores, devem prevalecer as regras do acordo coletivo, visto que de caráter especial em relação à convenção, que tem caráter geral.

03. (FCC – Analista Judiciário – Área Judiciária – TRT 5/2013) O artigo 620 da Consolidação das Leis do Trabalho prevê que as condições estabelecidas em Convenção Coletiva de Trabalho, quando mais favoráveis, prevalecerão sobre as estipuladas em Acordo Coletivo de Trabalho. Tal dispositivo consagra o princípio da

a) continuidade da relação de emprego.

b) primazia da realidade sobre a forma.

c) imperatividade das normas trabalhistas.

d) norma mais favorável ao empregado.

e) irrenunciabilidade de direitos.

GAB	1	B	2	E	3	D

✦ PARTICIPAÇÃO NOS LUCROS

Art. 621. As Convenções e os Acordos poderão incluir entre suas cláusulas disposição sobre a constituição e funcionamento de comissões mistas de consulta e colaboração, no plano da empresa e sobre participação nos lucros. Estas disposições mencionarão a forma de constituição, o modo de funcionamento e as atribuições das comissões, assim como o plano de participação, quando for o caso.

1. COMENTÁRIOS

A regra deste artigo permite a criação de comissões na empresa, conforme previsão em Convenção ou Acordo Coletivo de Trabalho. A comissão poderá existir mesmo não estando prevista no instrumento normativo. A ideia da norma é a constituição de comissões paritárias, com representação dos empregados e empregadores, tal qual a comissão de conciliação prévia (art. 625-A, da CLT), mas com finalidade distinta. Esta é a ilação que se extrai da expressão "comissões mistas".

As comissões de empresa atenderão aos propósitos previstos neste artigo, sem prejuízo de outras destinações que lhe possam ser atribuídas, funcionando como órgão consultivo quanto às relações entre empregado e empregador, em especial quanto à participação nos lucros da empresa.

Sobre o assunto dispôs o art. 7º, XI, da CF, conferindo o seguinte direito aos trabalhadores urbanos e rurais: "participação nos lucros, ou resultados, desvinculada da remuneração, e, excepcionalmente, participação na gestão da empresa, conforme definido em lei;". A Lei nº 10.101, de 19.12.2000 ratificou o papel das comissões de empresa na fixação da participação nos lucros (art. 2º, I), mas determinou a inclusão de um representante do sindicato da categoria profissional; a lei também permitiu que o empregador negociasse diretamente com o sindicato, conforme sua opção, esvaziando o papel da comissão de empresa (art. 2º, II, da Lei nº 10.101/2000). Na prática as empresas têm preferido negociar diretamente com o sindicato, pois o tema da participação nos lucros perdeu o papel de destaque e se tornou somente mais uma cláusula da negociação coletiva.

A participação nos lucros e resultados da empresa é desvinculada da remuneração; significa dizer que não tem natureza salarial e seu pagamento está vinculado à manutenção da cláusula da negociação coletiva. Portanto, não chegando as partes a qualquer acordo, não está o empregador obrigado ao pagamento de parcela dos lucros. Além da norma constitucional acima citada, o art. 3º, da Lei nº 10.101/2000 confirma a ausência de natureza salarial da participação nos lucros, que sequer sofre incidência de encargos trabalhistas. Advirta-se que se a participação for paga sem a interferência da comissão mista ou do sindicato terá natureza salarial, sendo definida como gratificação (art. 457, § 1º, da CLT).

✦ **MULTAS NORMATIVAS**

Art. 622. Os empregados e as empresas que celebrarem contratos individuais de trabalho, estabelecendo condições contrárias ao que tiver sido ajustado em Convenção ou Acordo que lhes for aplicável, serão passíveis da multa neles fixada.

Parágrafo único. A multa a ser imposta ao empregado não poderá exceder da metade daquela que, nas mesmas condições seja estipulada para a empresa.

1. COMENTÁRIOS

Utilizando-se da classificação de Alonso Garcia, apud Ruprech, 1995, p. 419, a multa convencionada para coibir o descumprimento das cláusulas obrigacionais e normativas, é espécie de cláusula de garantia, cuja finalidade é assegurar o cumprimento e a eficácia das anteriores (mais detalhes sobre esta classificação encontram-se nos comentários ao art. 613 da CLT).

A multa não pode ser abusiva, nem proporcionará o enriquecimento imotivado (sem causa). Sua estipulação deve ser orientada pela razoabilidade. Por se tratar de norma que impõe uma sanção, deve ser interpretada restritivamente.

Na dúvida quanto a seu alcance, o intérprete deve buscar o resultado que melhor garanta o cumprimento da norma coletiva. Para tanto se observará a teoria geral do direito civil. Neste sentido é opinião de Christiano Cassetari, referindo-se expressamente ao art. 622 da CLT, ora comentado: "Como se trata de cláusula penal que garantirá o cumprimento de cláusula contratual em convenção coletiva de trabalho, deverão ser aplicadas todas as regras descritas no Código Civil." (Multa Contratual, 2009, p. 209).

Seguindo exatamente a ótica do direito civil, a multa fixada com o objetivo de compelir o devedor ao cumprimento da cláusula da convenção coletiva é classificada como cláusula penal moratória. Para esta modalidade de cláusula admite-se que o juiz possa reduzi-la, quando se mostrar excessiva, adequando-a ao valor da obrigação principal, ou seja, da cláusula da convenção coletiva; também será possível sua redução proporcional, quando parte da cláusula prevista na convenção coletiva for cumprida (neste sentido os artigos 412 e 413 do Código Civil).

Em 2011 tivemos a oportunidade de participar da V Jornada de Direito Civil, organizada pelo Conselho da Justiça Federal, como representante da Justiça do Trabalho, juntamente com outros três colegas de diferentes regiões. Na oportunidade, propus a aplicação do art. 413 do Código Civil às Convenções Coletivas de Trabalho, que resultou na aprovação do enunciado nº 428 do Conselho da Justiça Federal, cujo teor segue transcrito:

> "Art. 413 (do Código Civil). As multas previstas nos acordos e convenções coletivas de trabalho, cominadas para impedir o descumprimento das disposições normativas constantes desses instrumentos, em razão da negociação coletiva dos sindicatos e empresas, têm natureza de cláusula penal e, portanto, podem ser reduzidas pelo Juiz do Trabalho quando cumprida parcialmente a cláusula ajustada ou quando se tornarem excessivas para o fim proposto, nos termos do art. 413 do Código Civil."

2. SÚMULAS E ORIENTAÇÕES JURISPRUDENCIAIS

▸ **OJ 54 – SBDI-1/TST**

MULTA. CLÁUSULA PENAL. VALOR SUPERIOR AO PRINCIPAL. (título alterado, inserido dispositivo e atualizada a legislação, DJ 20.04.2005)

O valor da multa estipulada em cláusula penal, ainda que diária, não poderá ser superior à obrigação principal corrigida, em virtude da aplicação do artigo 412 do Código Civil de 2002 (art. 920 do Código Civil de 1916).

3. QUESTÕES DE CONCURSOS

01. (FCC – TRT 9 – Analista Judiciário/2010) Determinado acordo coletivo previu multa normativa para o descumprimento de obrigação prevista em lei, tratando – se de mera repetição de texto legal. Neste caso, a multa normativa

a) não é aplicável, tendo em vista que está prevista em acordo coletivo e não em convenção coletiva.

b) não é aplicável, tendo em vista a vedação legal existente.

c) é aplicável.

d) não é aplicável, tendo em vista a aplicação do princípio da norma mais favorável.

e) não é aplicável, tendo em vista a aplicação do Princípio da Proteção.

GAB	1	C

✦ **RESTRIÇÕES À NEGOCIAÇÃO COLETIVA**

Art. 623. Será nula de pleno direito disposição de Convenção ou Acordo que, direta ou indiretamente, contrarie proibição ou norma disciplinadora da política econômico-financeira do Governo ou concernente à política salarial vigente, não produzindo quaisquer efeitos perante autoridades e repartições públicas, inclusive para fins de revisão de preços e tarifas de mercadorias e serviços. (Redação determinada pelo Decreto-lei nº 229, de 28.2.1967)

✦ **DECLARAÇÃO DE NULIDADE DA CLÁUSULA: JUSTIÇA DO TRABALHO**

Parágrafo único. Na hipótese deste artigo, a nulidade será declarada, de ofício ou mediante representação, pelo Ministro do Trabalho e Previdência Social, ou pela Justiça do Trabalho em processo submetido ao seu julgamento.

✦ **CLÁUSULA DE REAJUSTE SALARIAL: ELEVAÇÃO DE TARIFAS PÚBLICAS**

Art. 624. A vigência de cláusula de aumento ou reajuste salarial, que implique elevação de tarifas ou de preços sujeitos à fixação por autoridade pública ou repartição governamental, dependerá de prévia audiência dessa autoridade ou repartição e sua expressa declaração no tocante à possibilidade de elevação da tarifa ou do preço e quanto ao valor dessa elevação.

1. COMENTÁRIOS

1.1. Incompatibilidade com a Constituição de 1988

As normas dos artigos 623 e 624 resguardam a política salarial e mais genericamente a política econômico-financeira do Governo. Tinham importância, portanto, quando o Estado legislava sobre o assunto, impondo reajustes automáticos frente à inflação, por meio de diversas normas que se sucediam. As regras destes artigos tinham conteúdo prático enquanto o Estado cuidava de política salarial. Atualmente e desde a Lei nº 8.880/94, que consolidou o Plano de Estabilização Econômica (Plano Real), prevalece a negociação coletiva e não há mais intervenção do Estado estabelecendo reajustes automáticos dos salários. Única ressalva é feita para salário mínimo, cujo reajuste ocorre anualmente, mas decorrente de aprovação de lei e não automaticamente.

Para nós, ambas as normas (art. 623 e 624) não vigoram desde a Constituição de 1988, que privilegiou a negociação coletiva (art. 7º, XXVI, da CF), sem qualquer restrição. Quanto à regra do art. 624 não há controvérsias quanto ao fato de que a autoridade não pode interferir na negociação coletiva, mesmo que traga como conseqüência o aumento das tarifas públicas.

Quanto à norma do art. 623, contudo, ainda existem vozes que defendem sua sobrevivência mesmo diante da liberdade consagrada pela Constituição de 1988.

Sergio Pinto Martins, Comentários, 2010, p. 687, afirma que não há incompatibilidade com a Constituição de 1988 e insiste na aplicação da proibição do art. 623 da CLT por se tratar de norma de ordem pública, que prevalece sobre a autonomia privada coletiva.

Eduardo Gabriel Saad, CLT Comentada, 2009, p. 803, também não enxerga incompatibilidade do art. 623 com a Constituição de 1988, ainda que reconheça que a nulidade da cláusula da Convenção ou do Acordo só será reconhecida por demanda proposta pelo Ministério Público do Trabalho, denominada ação anulatória de cláusula coletiva, de competência da Justiça do Trabalho.

1.2. Competência funcional da ação anulatória de cláusula coletiva

Não há norma legal dispondo sobre qual órgão trabalhista seria competente para apreciação da ação anulatória, 1º ou 2º grau de jurisdição.

Boa parte da doutrina atribui a competência ao 2º grau de Jurisdição (TRT), por analogia à regra do art. 678 da CLT. Pelas mesmas razões e sendo a norma coletiva mais abrangente que a competência do TRT, será a demanda apreciada pela SDC/TST. Neste sentido, inclusive, define o próprio Regimento Interno do TST em seu art. 70, I, "c". Defendem esta tese, entre outros, Bezerra Leite, Ministério Público do Trabalho, 2006, p. 319-320 e Marcos Neves Fava, Curso, 2009, p. 768-769.

Em sentido contrário, defendendo a competência do primeiro grau de jurisdição (juiz do trabalho), inclusive com apoio na regra do art. 114, III, c/c incisos I, II, IX e §§ 2º e 3º, todos da CF/88, está Mauro Schiavi, Manual, 2008, p. 939, afirmando que "se cabe ao primeiro grau de jurisdição decidir sobre questões de representação sindical e também controvérsias sobre sindicatos entre si e entre empregadores e sindicato, nos parece fora de dúvida que todas as ações anulatórias de normas convencionais devem ser julgadas pelo primeiro grau de jurisdição da Justiça do Trabalho.".

No mesmo sentido Sergio Pinto Martins, ainda que reconheça ser minoritária a tese, tanto na doutrina como na jurisprudência. Explica o autor que quando a Constituição e a lei não dispuserem onde uma ação deve ser proposta, aplica-se a regra geral que deve ser ajuizada na primeira instância." (Trabalho e Doutrina, Vol. 13, 1997, p. 41).

2. INFORMATIVOS DO TST

- ***Ação de ressarcimento por danos materiais cumulada com obrigação de fazer. Hipótese não prevista no art. 70, I, do RITST. Incompetência funcional da SDC.***

A SDC não tem competência funcional para o julgamento de ação de ressarcimento por danos materiais, cumulada com obrigação de fazer, ajuizada pelo Sindicato dos Trabalhadores no Combate às Endemias e Saúde Preventiva no Estado do Rio de Janeiro contra a Fundação Nacional de Saúde – Funasa, pois o que se pretende é o pagamento de verbas trabalhistas decorrentes do descumprimento de normas legais e constitucionais, e não o pronunciamento do Poder Judiciário acerca do estabelecimento de normas para regulamentar as condições de trabalho da categoria profissional. Assim, afastando-se o caso concreto de qualquer das hipóteses descritas no art. 70, I, do RITST, e não sendo possível a remessa dos autos ao juízo competente, em razão da aplicação analógica do item II da Orientação Jurisprudencial nº 130 da SBDI-II, a SDC, por unanimidade, extinguiu o processo, sem resolução de mérito, nos termos do art. 113 c/c 267, IV, do CPC. TST-RTOrd-553-37.2014.5.00.0000, SDC, rel. Min. Mauricio Godinho Delgado, 8.4.2014 (Informativo nº 79)

3. QUESTÕES DE CONCURSOS

01. (TRT – 1ª REGIÃO/JUIZ DO TRABALHO/2008) No que se refere aos acordos e às convenções coletivas de trabalho, assinale a proposição correta:

I. Convenção Coletiva de Trabalho é o acordo de caráter normativo, pelo qual dois ou mais Sindicatos representativos de categorias econômicas e profissionais estipulam condições de trabalho aplicáveis, no âmbito das respectivas representações, às relações individuais de trabalho.

II. Será nula de pleno direito disposição de Convenção ou Acordo que, direta ou indiretamente, contrarie proibição ou norma disciplinadora da política econômico-financeira do Governo ou concernente à política salarial vigente, não produzindo quaisquer efeitos perante autoridades e repartições públicas, inclusive para fins de revisão de preços e tarifas de mercadorias e serviços.

III. Nas entidades sindicais que tenham mais de 5.000 (cinco mil) associados, o quórum de comparecimento e votação, em assembleia convocada para celebração de Convenções ou de Acordos Coletivos de Trabalho, será de 1/8 (um oitavo) dos associados em segunda convocação.

IV. O processo de prorrogação, revisão, denúncia ou revogação total ou parcial de Convenção ou Acordo, se não houver qualquer manifestação em contrário, não dependerá de nova aprovação de assembleia Geral dos Sindicatos convenentes ou partes acordantes, devendo apenas ser dada ampla divulgação do fato no âmbito da categoria.

V. Cópias das Convenções e dos Acordos deverão ser divulgadas, eletronicamente, pelos Sindicatos convenentes, em seus sítios na rede mundial de computadores e, por escrito, nas respectivas sedes e nos estabelecimentos das empresas compreendidas no seu campo de aplicação, dentro de 48 (quarenta e oito) horas da data do depósito previsto perante a Delegacia Regional do Trabalho.

a) os itens I, II e III estão corretos.
b) os itens II, IV e V estão errados.
c) os itens I, II e IV estão corretos.
d) todos os itens estão errados.
e) somente o item I está correto.

GAB	1	A

✦ **COMPETÊNCIA DA JUSTIÇA DO TRABALHO**

Art. 625. As controvérsias resultantes da aplicação de Convenção ou de Acordo celebrado nos termos deste Título serão dirimidas pela Justiça do Trabalho.

1. COMENTÁRIOS

A redação deste dispositivo, de 1967, somente pretendia atribuir aos órgãos de primeiro grau de jurisdição a interpretação das normas coletivas no caso concreto e quanto ao contrato individual de trabalho.

O texto legal, na atualidade, ganhou outra dimensão. Insere-se na competência da Justiça do Trabalho, desde a aprovação da Lei nº 8.984/94, a apreciação de conflitos baseados em Acordos e Convenções Coletivas quando os litigantes forem dois sindicatos (categoria profissional versus categoria econômica), ou, ainda, as demandas ajuizadas pelo sindicato profissional em face de empregadores (art. 1º da Lei referida).

Com a EC 45/2004, o art. 114, III, da CF passou a abranger também conflitos entre o sindicato da categoria econômica e as empresas que representa.

Todas estas demandas serão apreciadas pelo Juiz do Trabalho, órgão de primeiro grau de jurisdição trabalhista.

▸TÍTULO VI-A – DAS COMISSÕES DE CONCILIAÇÃO PRÉVIA

(Todo o título VI-A incluído pela Lei nº 9.958, de 12.1.2000)

✦ CRIAÇÃO DAS COMISSÕES DE CONCILIAÇÃO PRÉVIA (CCP)

Art. 625-A. As empresas e os sindicatos podem instituir Comissões de Conciliação Prévia, de composição paritária, com representante dos empregados e dos empregadores, com a atribuição de tentar conciliar os conflitos individuais do trabalho.

Parágrafo único. As Comissões referidas no caput deste artigo poderão ser constituídas por grupos de empresas ou ter caráter intersindical.

1. COMENTÁRIOS

O Estado moderno tem assumido sua dificuldade em monopolizar todas as formas de composição de conflitos. Por esta razão tem privilegiado equivalentes jurisdicionais, com função pacificadora, entre as quais a arbitragem e a mediação. As comissões de conciliação prévia previstas neste artigo funcionam como órgão de mediação, pois estimulam que empregados e empregadores cheguem a uma solução negociada do conflito.

É faculdade dos sindicatos e empresas constituírem comissões de conciliação prévia. Constituídas, empregado e empregador poderão se utilizar do órgão para composição de conflitos de natureza individual. A legislação brasileira escolheu atribuir a função de composição a órgão exclusivamente privado, sem interferência do Estado. Em alguns países a comissão é tripartite, com participação dos empregados, empregadores e Estado. No caso brasileiro o Estado não integra a comissão, mas fiscaliza sua atividade, por intermédio dos Auditores Fiscais do Trabalho e, definitivamente, corrige eventuais distorções através do Judiciário, quando provocada a jurisdição trabalhista.

O § único deste artigo permitiu que sindicatos se reunissem para formação de comissão intersindical, sem qualquer vinculação à noção de categoria. Podem reunir-se, na mesma comissão, sindicatos de diversas categorias, como metalúrgicos e bancários. da mesma forma, empresas de atividades diferentes também poderão se reunir para criar a comissão.

2. QUESTÕES DE CONCURSOS

01. (TRT – 9ª REGIÃO/TÉCNICO JUDICIÁRIO/CESPE/2007) As comissões de conciliação prévia apenas podem ser instituídas com a intervenção do sindicato da categoria profissional.

02. (TRT 15 – Juiz do Trabalho Substituto 15ª região/ 2012) Relativamente às Comissões de Conciliação Prévia, analise as assertivas abaixo e, após, responda. As Comissões de Conciliação Prévia não poderão ser constituídas por grupos de empresas ou ter caráter intersindical.

GAB	1	E	2	C

✦ COMPOSIÇÃO DA CCP NO ÂMBITO DA EMPRESA

Art. 625-B. A Comissão instituída no âmbito da empresa será composta de, no mínimo, dois e, no máximo, dez membros, e observará as seguintes normas:

I – a metade de seus membros será indicada pelo empregador e a outra metade eleita pelos empregados, em escrutínio secreto, fiscalizado pelo sindicato da categoria profissional;

II – haverá na Comissão tantos suplentes quantos forem os representantes titulares;

III – o mandato dos seus membros, titulares e suplentes, é de um ano, permitida uma recondução.

✦ **GARANTIA DE EMPREGO AO REPRESENTANTE DOS EMPREGADOS**

§ 1º – É vedada a dispensa dos representantes dos empregados membros da Comissão de Conciliação Prévia, titulares e suplentes, até um ano após o final do mandato, salvo se cometerem falta grave, nos termos da lei.

✦ **TEMPO DE ATUAÇÃO: INTERRUPÇÃO CONTRATUAL**

§ 2º – O representante dos empregados desenvolverá seu trabalho normal na empresa afastando-se de suas atividades apenas quando convocado para atuar como conciliador, sendo computado como tempo de trabalho efetivo o despendido nessa atividade.

1. COMENTÁRIOS

A Comissão constituída no âmbito da empresa, sempre de composição paritária, observará a indicação do empregador para seus representantes e a eleição para o representante dos empregados (inciso I).

O art. 625-B dispõe que a comissão terá no mínimo 2 membros. Contudo, a interpretação literal de seu texto não pode prevalecer, pois o inciso II determina que haja tantos suplentes quantos forem os representantes titulares. Portanto, a comissão será constituída, no mínimo, de 4 membros, sendo 1 representante dos empregadores, 1 dos empregados, e 2 membros suplentes. A escolha dos suplentes observará o mesmo critério dos titulares, ou seja, indicação para o representante do empregador e eleição para o representante dos empregados.

O mandato é de um ano permitida uma única recondução (inciso III). O termo "recondução" não prima pela técnica. Só o representante do empregador, que é indicado, pode ser reconduzido. O representante do empregado pode ser reeleito e não reconduzido.

O § 1º cuida da garantia de emprego do representante eleito pelos empregados. O dispositivo está inserido no contexto da norma que regulamenta somente a comissão da empresa (art. 625-B), mas a doutrina faz uma interpretação extensiva, entendendo que o texto legal quis atribuir tal garantia também para os representantes dos empregados na Comissão constituída no sindicato ou intersindical. O sistema de garantia é uno e não faria qualquer sentido interpretar-se a proteção somente para o representante dos empregados na empresa e excluir o representante eleito para participar da Comissão no sindicato. A doutrina, como dito, não faz esta distinção, preservando a garantia no emprego em ambos os casos: Godinho, Curso, jan-2009, p. 1156; Garcia, Curso, 2008, p. 638-639; Nascimento, Iniciação, 2009, p. 395 e Martins, Comentários, 2010, p. 690.

Sergio Pinto Martins, Comentários, 2010, p. 690, defende posição restritiva da estabilidade provisória prevista no § 1º deste artigo, afirmando que o texto legal só garante o emprego a partir da posse e não da candidatura. Tal posição é praticamente isolada na doutrina.

A interpretação do texto do § 1º deve ser teleológica, preservando a finalidade da garantia no emprego, e não meramente literal da norma. Negar ao dirigente a garantia desde sua candidatura representaria um desestimulo à participação dos empregados, frustrando a própria razão de ser da Comissão, que exige composição paritária (neste sentido: Alice Monteiro de Barros, Curso, 2009, p. 995 e Gustavo F. B. Garcia, Curso, 2008, p. 639).

A garantia no emprego, portanto, se inicia com a candidatura do empregado ao cargo de representante na CCP, e não somente com sua eleição.

A menção ao termo falta grave, ao final do § 1º, não significa que o representante dos empregados só poderá ser dispensado mediante Inquérito, tal qual o dirigente sindical. A falta grave referida no texto legal é interpretada como justa causa disciplinada no art. 482 da CLT, dispensada a formalidade prevista no art. 494 da CLT, que só é extensiva ao dirigente sindical, conforme S. 379 do TST. Em sentido contrário, exigindo o Inquérito para apurar a falta grave do representante dos empregados na CCP: Gustavo F. B. Garcia, Curso, 2008, p. 639. A posição do autor, contudo, é minoritária.

O tempo dedicado pelo representante dos empregados na CCP é contado como tempo de serviço (§ 2º). Portanto, é hipótese de interrupção contratual, sendo devido o pagamento integral de seu salário, sem qualquer desconto por suas participações na CCP. O empregador só está obrigado a remunerar o tempo gasto na atuação como conciliador. Eventuais reuniões burocráticas da Comissão, onde seja exigida a presença do empregado, devem ocorrer fora de seu horário de trabalho, pois não são cobertas pela regra do § 2º.

2. QUESTÕES DE CONCURSOS

01. (TRT – 20ª REGIÃO/ANALISTA JUDICIÁRIO/FCC/2006) De acordo com a Consolidação das Leis do Trabalho, em relação às Comissões de Conciliação Prévia é correto afirmar que:

a) o mandato dos membros da Comissão de Conciliação Prévia instituída no âmbito da empresa é de 2 anos, permitida duas reconduções.

b) a Comissão de Conciliação Prévia instituída no âmbito da empresa será composta de, no mínimo, dois e, no máximo, dez membros.

c) o termo de conciliação não é título executivo extrajudicial, mas terá eficácia liberatória geral, inclusive quanto às parcelas expressamente ressalvadas.

d) um terço dos membros da Comissão de Conciliação Prévia instituída no âmbito da empresa será indicada pelos empregados.

e) a Comissão de Conciliação Prévia instituída no âmbito da empresa terá como representantes suplentes o dobro do número de representantes titulares.

02. (TRT – 3ª REGIÃO/JUIZ DO TRABALHO SUBSTITUTO/2009/ADAPTADA) É vedada a dispensa de todos membros das Comissões de Conciliação Prévia, titulares e suplentes, até um ano após o final do mandato, salvo se cometerem falta grave, nos termos da lei.

03. (FCC – TRT 9 – Analista Judiciário/2010) De acordo com a Consolidação das Leis do Trabalho, as Comissões de Conciliação Prévia

a) instituídas no âmbito da empresa terão 1/3 de seus membros indicados pelo empregador, em escrutínio, secreto, fiscalizado pelo sindicato da categoria profissional.

b) instituídas no âmbito da empresa serão compostas de, no mínimo, dois e, no máximo, dez membros, com mandato de um ano, permitida uma recondução.

c) têm prazo de quinze dias para a realização da sessão de tentativa de conciliação, a partir da provocação do interessado.

d) devem possuir caráter intersindical, sendo vedada a constituição por grupos de empresas.

e) são órgãos administrativos cujo objetivo é a tentativa de conciliação entre empregados e empregadores, sendo que o seu termo de conciliação não possui caráter de título executivo extrajudicial.

04. (TRT 15 – Juiz do Trabalho Substituto 15ª região/ 2012) Relativamente às Comissões de Conciliação Prévia, analise as assertivas abaixo e, após, responda. Comissão instituída no âmbito da empresa será composta pelos números de dois a dez membros, respectivamente mínimo e máximo. Haverá tantos suplentes quantos forem os titulares.

05. (FCC – Analista Judiciário – Oficial de Justiça Avaliador – TRT 2/2014) Em relação à Comissão de Conciliação Prévia, é correto afirmar:

a) Como forma de assegurar o funcionamento ininterrupto da Comissão instituída no âmbito da empresa, há previsão de dois suplentes para cada membro titular.

b) A Comissão instituída no âmbito do sindicato terá sua constituição e normas de funcionamento definidas no estatuto do sindicato.

c) A Comissão instituída no âmbito da empresa será composta de, no mínimo, dois e, no máximo, quinze membros.

d) O mandado dos membros da Comissão instituída no âmbito da empresa, titulares e suplentes, é de um ano, permitida uma recondução.

e) Na Comissão instituída no âmbito da empresa, o representante dos empregados ficará afastado de suas atividades normais, atuando apenas como conciliador durante todo o período do mandato.

GAB	1	B	2	E	3	B	4	C	5	D

✦ **COMPOSIÇÃO DA CCP NO ÂMBITO DO SINDICATO**

Art. 625-C. A Comissão instituída no âmbito do sindicato terá sua constituição e normas de funcionamento definidas em convenção ou acordo coletivo.

1. COMENTÁRIOS

A Comissão constituída no âmbito do sindicato, como não poderia deixar de ser, terá suas normas de composição e funcionamento regidas pela Convenção ou Acordo Coletivo. A regra deste artigo preserva a autonomia do sindicato, respeitando o princípio da não interferência do Estado (art. 8º, I, da CF).

A composição da Comissão no sindicato não pode descumprir a regra geral da paridade de representação, estabelecida no art. 625-A, da CLT. Também não poderá se afastar de sua função, qual seja a de solucionar os conflitos individuais pela conciliação. Contudo, o número de membros da Comissão não será regido pelo art. 625-B.

A Convenção Coletiva poderá prever, por exemplo, regras de custeio para funcionamento da CCP, provisão de assistência judiciária para os empregados sem condições financeiras, etc.

✦ **OBRIGATORIEDADE DE COMPARECIMENTO: INCONSTITUCIONALIDADE**

Art. 625-D. Qualquer demanda de natureza trabalhista será submetida à Comissão de Conciliação Prévia se, na localidade da prestação de serviços, houver sido instituída a Comissão no âmbito da empresa ou do sindicato da categoria.

✦ **DEMANDA ESCRITA OU RECLAMAÇÃO VERBAL**

§ 1º – A demanda será formulada por escrito ou reduzida a tempo por qualquer dos membros da Comissão, sendo entregue cópia datada e assinada pelo membro aos interessados.

✦ **CERTIDÃO DA CONCILIAÇÃO FRUSTRADA**

§ 2º – Não prosperando a conciliação, será fornecida ao empregado e ao empregador declaração da tentativa conciliatória frustrada com a descrição de seu objeto, firmada pelos membros da Comissão, que devera ser juntada à eventual reclamação trabalhista.

✦ **MOTIVO RELEVANTE PARA NÃO COMPARECIMENTO**

§ 3º – Em caso de motivo relevante que impossibilite a observância do procedimento previsto no caput deste artigo, será a circunstância declarada na petição da ação intentada perante a Justiça do Trabalho.

✦ **PREVENÇÃO**

§ 4º – Caso exista, na mesma localidade e para a mesma categoria, Comissão de empresa e Comissão sindical, o interessado optará por uma delas para submeter a sua demanda, sendo competente aquela que primeiro conhecer do pedido.

1. COMENTÁRIOS

A regra do art. 625-D, que sempre obrigou empregados e empregadores ao comparecimento à CCP, foi declarada inconstitucional pelo STF, por entender violado o princípio de acesso à justiça. Confira-se, a seguir, o histórico julgamento da Suprema Corte, que considerou facultativo o comparecimento à CCP:

> "No inciso XXXV do art. 5º, previu-se que 'a lei não excluirá da apreciação do Poder Judiciário lesão ou ameaça a direito'. Poder-se-ia partir para a distinção, colocando-se, em planos diversos, a exclusão propriamente dita e a condição de esgotar-se, antes do ingresso em juízo, uma determinada fase. Todavia, a interpretação sistemática da Lei Fundamental direciona a ter-se o preceito com outro alcance, o que é reforçado pelo dado histórico, ante a disciplina pretérita. O próprio legislador constituinte de 1988 limitou a condição de ter-se o exaurimento da fase administrativa, para chegar-se à formalização de pleito no Judiciário. Fê-lo no tocante ao desporto, (...) no § 1º do art. 217 (...). Vale dizer que, sob o ângulo constitucional, o livre acesso ao Judiciário sofre uma mitigação e, aí, consubstanciando o preceito respectivo exceção, cabe tão só o empréstimo de interpretação estrita. Destarte, a necessidade de esgotamento da fase administrativa está jungida ao desporto e, mesmo assim, tratando-se de controvérsia a envolver disciplina e competições, sendo que a chamada justiça desportiva há de atuar dentro do prazo máximo de sessenta dias, contados da formalização do processo, proferindo, então, decisão final – § 2º do art. 217 da CF. Também tem-se aberta exceção ao princípio do livre acesso no campo das questões trabalhistas. Entrementes, a norma que versa sobre o tema está limitada aos chamados dissídios coletivos, às ações coletivas, no que se previu, no § 2º do art. 114 da CF (...). Constata-se, no entanto, que não se chegou a exigir, em si, a tentativa de solução da pendência, contentando-se a norma com a simples recusa de participação em negociação ou envolvimento em arbitragem. (...) Os dispositivos atacados não chegam, de forma clara, precisa, direta, a revelar o obrigatório esgotamento da fase administrativa. É certo, versam sobre a atividade a ser desenvolvida pela Comissão de Conciliação Prévia, aludindo, até mesmo, à juntada do documento que venha a ser elaborado, no caso de insucesso na tentativa de conciliação, à petição inicial da ação trabalhista. Dispensável é esforço maior para atribuir-se ao que se contém no novo art. 625-D interpretação conforme o texto constitucional. Faço-o para assentar que as normas inseridas em nossa ordem jurídica pelo artigo 1º da Lei 9.958/2000, mais precisamente pelo novo preceito da Consolidação das Leis do Trabalho, dele decorrente – art. 625-D –, não encerram obrigatória a fase administrativa, continuando os titulares de direito substancial a terem o acesso imediato ao Judiciário, desprezando a fase que é a revelada pela atuação da Comissão de Conciliação Prévia." (ADI 2.139-MC e ADI 2.160-MC, voto do Rel. p/o ac. Min. Marco Aurélio, julgamento em 13-5-2009, Plenário, DJE de 23-10-2009.)

Os §§ 1º a 4º regulam o procedimento inicial na CCP, que podemos chamar de fase postulatória.

A demanda, como prevê o § 1º, pode ser formulada verbalmente ou por escrito. Sendo verbal, será reduzida a termo por qualquer dos membros da Comissão, ou por alguém por eles designado. A CCP poderá aproveitar, subsidiariamente, os requisitos da Petição Inicial descritos no art. 840 da CLT. Contudo, as sanções previstas nos artigos 731 e 732 da CLT não são aplicáveis ao procedimento da CCP.

A certidão de tentativa conciliatória frustrada, referida no § 2º, será fornecida a empregados e empregadores que comparecerem à CCP. O documento pode ou não ser juntado a eventual Reclamação Trabalhista. Não é mais requisito da Petição Inicial sua apresentação em juízo, pois o STF considerou inconstitucional a obrigatoriedade de comparecimento à CCP (art. 625-D).

Por ser considerado facultativo o comparecimento à CCP, não se exige mais que o Reclamante, em sua Petição Inicial, declare o motivo relevante pelo qual não compareceu ao órgão conciliatório. A regra do § 3º, portanto, perdeu sua eficácia diante da decisão do E. STF, acima destacada.

A norma do § 4º repete regra de prevenção adotada na Justiça do Trabalho. A Comissão que primeiro receber o pedido será competente para entabular a conciliação. Diferentemente do que ocorre na esfera da Justiça Comum, não é a citação válida que torna prevento o juízo trabalhista, mas sim a própria propositura da demanda. Os efeitos que o processo civil atribui à citação (art. 219 do CPC/73 e art. 240, § 1º, do CPC/2015), são previstos, no processo do trabalho, para o próprio ato de ajuizamento da ação.

Não obstante as considerações sobre a prevenção, nos parece inútil a regra do § 4º. Como a intenção da CCP é conciliar o conflito, caso o demandante não se sinta seguro para comparecer à CCP que foi considerada preventa, simplesmente se ausentará, sem qualquer conseqüência processual, frustrando a conciliação. A solução mais eficaz será as partes chegarem a um consenso quanto a qual Comissão deve conduzir a tentativa de conciliação.

2. QUESTÕES DE CONCURSOS

01. (CRF-SP/ADVOGADO/VUNESP/2009) No tocante à Comissão de Conciliação Prévia, prevista na CLT, é incorreto afirmar que

a) a demanda será formulada por escrito ou reduzida a termo por qualquer dos membros da Comissão, que entregará cópia datada e assinada aos interessados.

b) frustrada a conciliação, será fornecida ao empregado e ao empregador declaração da tentativa conciliatória frustrada com a descrição de seu objeto, firmada pelos membros da Comissão.

c) caso exista, na mesma localidade e para a mesma categoria, Comissão de empresa e Comissão sindical, o empregado deverá submeter sua demanda à primeira, salvo os casos de impedimento ou suspeição.

d) aceita a conciliação, será lavrado termo assinado pelo empregado, pelo empregador ou seu preposto e pelos membros da Comissão, fornecendo-se cópia às partes.

02. (TRT – 18ª REGIÃO/JUIZ DO TRABALHO SUBSTITUTO/2006) Acerca das Comissões de Conciliação Prévia, é correto afirmar:

a) Caso exista, na mesma localidade e para a mesma categoria, comissão de empresa e comissão sindical, o interessado optará por uma delas para submeter a sua demanda, sendo competente aquela que primeiro conhecer do pedido.

b) O prazo prescricional será interrompido a partir da provocação da Comissão de Conciliação Prévia, recomeçando a fluir inteiramente a partir da tentativa frustrada de conciliação ou do esgotamento do prazo de 10 dias previsto no artigo 625-F da Consolidação das Leis do Trabalho.

c) O número máximo de integrantes da Comissão de Conciliação Prévia instituída no

d) O mandato dos membros da Comissão de Conciliação Prévia instituída no âmbito do sindicato, titulares ou suplentes, é de um ano, permitida uma recondução.

e) O termo de conciliação lavrado pelas Comissões de Conciliação Prévia é título executivo e sempre terá eficácia liberatória geral.

GAB	1	C	2	A

✦ **TERMO DE CONCILIAÇÃO**

Art. 625-E. Aceita a conciliação, será lavrado termo assinado pelo empregado, pelo empregador ou seu preposto e pelos membros da Comissão, fornecendo-se cópia às partes.

▸EFICÁCIA LIBERATÓRIA: TÍTULO EXECUTIVO EXTRAJUDICIAL

Parágrafo único. O termo de conciliação é título executivo extrajudicial e terá eficácia liberatória geral, exceto quanto às parcelas expressamente ressalvadas.

1. COMENTÁRIOS

1.1. Constitucionalidade do § único, do art. 625-E

O comparecimento à CCP tornou-se facultativo, como demonstrado nos comentários ao art. 625-D, da CLT. Contudo, o E. STF, no mesmo processo que considerou inconstitucional a obrigatoriedade de comparecimento à CCP (ADI nº 2160-5), decidiu sobre o pedido de declaração de inconstitucionalidade do art. 625-E, § único.

O STF resolveu, por maioria, não conhecer do pedido de declaração de inconstitucionalidade do art. 625-E, da CLT, vencido o Ministro Relator, entendendo que o referido artigo não foi expressamente impugnado na ADI (Plenário do STF, 30.6.2000). Diante desta decisão plenária, a Suprema Corte não enfrentou a inconstitucionalidade do art. 625-E, § único, da CLT, que permanece íntegro.

Merecem registro os argumentos do Ministro Marco Aurélio, a seguir descritos, que havia negado a liminar em cautelar na ADI antes referida, ainda que, ao final, fosse considerado voto vencido.

Assim dispôs o Ministro Marco Aurélio em seu voto quanto à decisão liminar em cautelar na ADI 2160 – MC/DF: "Está-se diante da norma que visa não só a segurança jurídica, mas, uma vez lavrado o termo de conciliação, a ter-se a plena eficácia deste, afastando-se a necessidade de um processo de cognição para chegar-se, após prolação de sentença, à execução forçada. Tanto o empréstimo de eficácia executiva extrajudicial ao citado termo, como também o de documento liberatório são harmônicos com as balizas constitucionais. Trata-se de previsão das mais razoáveis, quer considerada a circunstância de o documento lavrado contar com a manifestação dos envolvidos, quer, também, pelo fato de, em se cuidando de quitação, liberar aquele se mostrou, na relação jurídica, compelido a observar um certo direito." (Pleno do STF, 30.6.2000).

1.2. Eficácia liberatória da transação: boa-fé contratual

Independentemente da discussão sobre a constitucionalidade do dispositivo legal, a expressão "eficácia liberatória geral", utilizada pela norma ora comentada, deve ser interpretada em consonância que com o princípio da boa-fé contratual.

Sobre o tema já tivemos a oportunidade de apreciar prejudicial de mérito arguida na defesa, em juízo, como se demonstrará a seguir:

> "Pretende o réu que seja resolvido o mérito, na forma do art. 269, III, do CPC, diante de acordo firmado na Comissão de Conciliação Prévia, buscando atrair a regra do art. 625-E, § único, da CLT. Qualquer negócio jurídico, e a transação não é exceção, deve se orientar pelo princípio da boa-fé e por sua função social. A boa-fé está na clareza de intenções, manifestada, objetivamente, por atos concretos que demonstrem não haver desequilíbrio no ajuste de vontades, com excessiva oneração de um dos sujeitos. A função social deste ajuste, especificamente tratado, é a prevenção de litígios judiciais, desafogando o Judiciário. O desequilíbrio antes referido é exatamente a razão para que o ajuste não prevaleça no caso concreto. Não se pode falar em respeito à boa-fé na transação quando um empregado, com mais de 06 anos de casa, recebendo remuneração média de R$1.500,00, firma transação para quitar as verbas resilitórias pela imoral quantia de R$1.000,00 (fl. 13). Sendo assim, afasta-se a prejudicial argüida, por desrespeito ao princípio da boa-fé contratual." (53ª VT/RJ, Proc. nº 675/2006).

1.2.1. Quitação Geral: posição do TST

Não obstante nossa tese, acima exposta, quanto à relativização dos efeitos da quitação feita na CCP, o TST vem atribuindo ao termo de quitação, sem ressalva, eficácia liberatória geral. Esta posição foi divulgada no INFO nº 22 de sua jurisprudência, in verbis:

Comissão de conciliação prévia. Acordo firmado sem ressalvas. Eficácia liberatória geral. Reafirmando posicionamento da Corte no sentido de possuir eficácia liberatória geral, quanto ao contrato de trabalho, o acordo firmado perante a comissão de conciliação prévia, quando inexistentes ressalvas, a SBDI-I, por maioria, negou provimento ao agravo e manteve a decisão que negou seguimento aos embargos. Vencidos os Ministros José Roberto Freire Pimenta e Delaíde Miranda Arantes, que davam provimento ao agravo para restabelecer a decisão do Regional, ao fundamento de que, na hipótese, o termo de conciliação firmado pelas partes diante da comissão de conciliação prévia se deu em substituição ao procedimento homologatório regular, em desvio de finalidade, inviabilizando, portanto, a eficácia liberatória pretendida. TST-Ag-E-RR-131240-28.2008.5.03.0098, SBDI-1, rel. Min. Ives Gandra Martins Filho, 20.9.2012.

1.3. Execução fundada em título executivo extrajudicial

A Lei nº 9.958 de 2000, ao inserir a letra "E" no art. 625, incluiu mais um título executivo extrajudicial no rol da CLT. O descumprimento das obrigações reconhecidas pelo empregador na CCP, permitirá ao empregado, ou vice-versa, promover ação executiva, imediatamente e independentemente de qualquer outra medida.

Proposta a ação de execução fundada em título extrajudicial, por iniciativa do empregado, o devedor inadimplente será citado para pagamento ou garantia do juízo, no prazo de 48 horas, sob pena de penhora, nos termos do art. 880 da CLT.

2. INFORMATIVOS DO TST

- ***Comissão de conciliação prévia. Acordo firmado sem ressalvas. Eficácia liberatória geral.***

  Reafirmando posicionamento da Corte no sentido de possuir eficácia liberatória geral, quanto ao contrato de trabalho, o acordo firmado perante a comissão de conciliação prévia, quando inexistentes ressalvas, a SBDI-I, por maioria, negou provimento ao agravo e manteve a decisão que negou seguimento aos embargos. Vencidos os Ministros José Roberto Freire Pimenta e Delaíde Miranda Arantes, que davam provimento ao agravo para restabelecer a decisão do Regional, ao fundamento de que, na hipótese, o termo de conciliação firmado pelas partes diante da comissão de conciliação prévia se deu em substituição ao procedimento homologatório regular, em desvio de finalidade, inviabilizando, portanto, a eficácia liberatória pretendida. TST-Ag-E-RR-131240-28.2008.5.03.0098, SBDI-1, rel. Min. Ives Gandra Martins Filho, 20.9.2012 (Informativo nº 22)

- ***Comissão de Conciliação Prévia. Acordo firmado sem ressalvas. Eficácia liberatória geral. Parágrafo único do art. 625-E da CLT.***

  Nos termos do parágrafo único do art. 625-E da CLT, o termo de conciliação, lavrado perante a Comissão de Conciliação Prévia regularmente constituída, possui eficácia liberatória geral, exceto quanto às parcelas ressalvadas expressamente. Em outras palavras, não há limitação dos efeitos liberatórios do acordo firmado sem ressalvas, pois o termo de conciliação constitui título executivo extrajudicial, com força de coisa julgada entre as partes, equivalendo a uma transação e abrangendo todas as parcelas oriundas do vínculo de emprego. Com esse posicionamento, a SBDI-I, em sua composição plena, por unanimidade, conheceu dos embargos, por divergência jurisprudencial, e, no mérito, pelo voto prevalente da Presidência, deu-lhes provimento para julgar extinto o processo sem resolução de mérito, na forma do art. 267, IV, do CPC. Vencidos os Ministros Horácio Raymundo de Senna Pires, Rosa Maria Weber, Lelio Bentes Corrêa, Luiz Philippe Vieira de Melo Filho, Augusto César Leite de Carvalho, José Roberto Freire Pimenta e Delaíde Miranda Arantes, por entenderem que a quitação passada perante a Comissão de Conciliação Prévia não pode abranger parcela não inserida no correlato recibo. TST-E-RR-17400-43.2006.5.01.0073, SBDI I, rel. Min. Aloysio Corrêa da Veiga, 8.11.2012 (Informativo nº 29)

- ***Comissão de Conciliação Prévia. Termo de quitação. Eficácia liberatória. Diferenças em complementação de aposentadoria. Não abrangência.***

  A eficácia liberatória geral do termo de quitação referente a acordo firmado perante a Comissão de Conciliação Prévia (art. 625-E, parágrafo único, da CLT) possui abrangência limitada às verbas trabalhistas propriamente ditas, não alcançando eventuais diferenças de complementação de aposentadoria. Com esse entendimento, a SBDI-I, por unanimidade, conheceu dos embargos, por divergência jurisprudencial, e, no mérito, deu-lhes parcial provimento para, afastada a quitação do termo de conciliação quanto aos reflexos das horas extras e do desvio de função sobre a complementação de aposentadoria, determinar o retorno dos autos à Vara do Trabalho, para que prossiga no julgamento do feito como entender de direito. Ressaltou-se, no caso, que a complementação de aposentadoria, embora decorrente do contrato de trabalho, não possui natureza trabalhista. Ademais, não se pode estender os efeitos da transação firmada na CCP a entidade de previdência privada, por se tratar de terceiro que não participou do negócio jurídico. TST-E-RR-141300-03.2009.5.03.0138, SBDI-I, rel. Min. Renato de Lacerda Paiva, 6.12.2012 (Informativo nº 33)

3. QUESTÕES DE CONCURSOS

01. (TRT – 23ª REGIÃO/ANALISTA JUDICIÁRIO/FCC/2007) Com relação às Comissões de Conciliação Prévia, de acordo com a Lei nº 9958/2000 é correto afirmar:

a) As Comissões de Conciliação Prévia instituídas no âmbito do sindicato terão sua constituição e normas de funcionamento definidas em lei ordinária específica para cada Comissão.

b) As Comissões de Conciliação Prévia têm prazo improrrogável de 90 dias para a realização da sessão de tentativa de conciliação a partir da provocação do interessado.

c) A Comissão de Conciliação Prévia instituída no âmbito da empresa será composta de, no mínimo, dois e, no máximo, dez membros.

d) Caso exista, na mesma localidade e para a mesma categoria, Comissão de Empresa e Comissão Sindical, o interessado obrigatoriamente deverá submeter a sua demanda na Comissão Sindical.

e) Em regra, o termo de conciliação das Comissões de Conciliação Prévia não é título executivo extrajudicial. não possuindo eficácia liberatória geral, por expressa determinação legal.

02. (MPT/PROCURADOR DO TRABALHO/2009) Em relação às Comissões de Conciliação Prévia, analise as assertivas abaixo:

I. as empresas e os sindicatos podem constituir Comissões de Conciliação Prévia, de composição paritária, com representantes dos empregados e dos empregadores, com a atribuição de tentar conciliar os conflitos individuais do trabalho;

II. as Comissões de Conciliação Prévia não poderão ser constituídas por grupos de empresas ou ter caráter intersindical;

III. a Comissão instituída no âmbito da empresa será composta de, no mínimo, quatro e, no máximo doze membros. A Comissão instituída no âmbito do sindicato terá sua constituição e normas de funcionamento definidas no seu estatuto social;

IV. o termo de conciliação é título executivo extrajudicial e terá eficácia liberatória geral, exceto quanto às parcelas expressamente ressalvadas.

De acordo com as assertivas acima, pode-se afirmar que:

a) todas as assertivas estão corretas;

b) apenas a assertiva I está correta;

c) apenas as assertivas III e IV estão incorretas;

d) apenas as assertivas II e III estão incorretas;

e) não respondida.

03. (TRT 15 – Juiz do Trabalho Substituto 15ª região/2012) Relativamente às Comissões de Conciliação Prévia, analise as assertivas abaixo e, após, responda. Aquelas comissões porventura instituídas no âmbito do sindicato terão sua constituição e normas de funcionamento definidas no seu estatuto social. O termo de conciliação é título executivo extrajudicial e terá eficácia liberatória geral, exceto quanto às parcelas expressamente ressalvadas.

GAB	1	C	2	D	3	E

✦ **PRAZO PARA CONCILIAÇÃO: 10 DIAS**

Art. 625-F. As Comissões de Conciliação Prévia têm prazo de dez dias para a realização da sessão de tentativa de conciliação a partir da provocação do interessado.

Parágrafo único. Esgotado o prazo sem a realização da sessão, será fornecida, no último dia do prazo, a declaração a que se refere o § 2º do art. 625-D.

1. COMENTÁRIOS

O prazo de 10 dias, previsto na norma ora comentada, é o tempo que o legislador entendeu razoável para a tentativa de conciliação. Começará a contar da provocação da CCP. A partir daí a Comissão terá 10 dias para notificar a outra parte, marcar a sessão de conciliação e propor o acordo aos presentes. Não comparecendo o suscitado à sessão de conciliação, ter-se-á por frustrada a conciliação, conferindo-se a certidão ao interessado. Comparecendo e não conciliando, da mesma forma será fornecida a certidão.

A regra deste artigo perdeu sua importância, pois a certidão oferecida não terá qualquer efeito prático, a não ser o de provar a suspensão da prescrição (art. 625-G, da CLT). A apresentação do documento em juízo, como exigido no art. 625-D, § 2º, deixou de ser obrigatória, como também deixou de ser o próprio comparecimento à CCP, como demonstrado nos comentários ao art. 625-D, acima.

2. QUESTÕES DE CONCURSOS

01. (TRT – 8ª REGIÃO/JUIZ DO TRABALHO SUBSTITUTO/2007) É correto afirmar a respeito das Comissões de Conciliação Prévia:

a) As Comissões poderão ser constituídas por grupos de empresas ou ter caráter intrasindical.

b) A ausência do empregado de seu trabalho normal, com convocação para atuar como conciliador, tem característica de suspensão do pacto laboral, sendo computado como tempo de trabalho efetivo o despendido nessa atividade.

c) A Comissão instituída no âmbito do sindicato não terá sua constituição e normas de funcionamento definidas no estatuto daquele.

d) As empresas e os sindicatos devem instituir Comissões de Conciliação Prévia, de composição paritária, com a atribuição de conciliar os conflitos individuais do trabalho.

e) As Comissões de Conciliação Prévia têm prazo de quinze dias para a realização da sessão de conciliação a partir da provocação do interessado.

02. (TRT – 17ª REGIÃO/ANALISTA JUDICIÁRIO/FCC/2004) As Comissões de Conciliação Prévia:

a) podem ser instituídas no âmbito da empresa ou Sindicato e tanto num quanto noutro caso, serão compostas de, no mínimo seis e, no máximo doze membros.

b) possuem membros titulares e suplentes, aos quais é garantido o emprego até um ano após o término do mandato.

c) têm prazo de dez dias para a realização de sessão de tentativa de conciliação, a partir da provocação do interessado.

d) têm a atribuição de tentar conciliar os conflitos individuais e coletivos do trabalho, bem como apurar falta grave cometida por empregado estável.

e) podem se negar a lavrar o termo de conciliação, devendo fornecer a declaração respectiva.

GAB	1	C	2	C

✦ **SUSPENSÃO DA PRESCRIÇÃO**

Art. 625-G. O prazo prescricional será suspenso a partir da provocação da Comissão de Conciliação Prévia, recomeçando a fluir, pelo que lhe resta, a partir da tentativa frustrada de conciliação ou do esgotamento do prazo previsto no art. 625-F.

1. COMENTÁRIOS

O comparecimento à CCP não é mais obrigatório, como exige a regra do art. 625-D, da CLT. Mesmo sendo facultativo o comparecimento, uma vez se utilizando as partes do procedimento administrativo conciliatório, o prazo prescricional ficará suspenso, por 10 dias, tempo destinado por lei para encerramento da tentativa de conciliação (art. 625-F, da CLT).

A suspensão é fenômeno que paralisa o prazo, contando-se, posteriormente, pelo que sobrar. O mesmo prazo que a parte tinha quando ingressou na Comissão, terá ao término da fase conciliatória, sem qualquer prejuízo para o ajuizamento da ação na Justiça do Trabalho, se frustrada a composição extrajudicial.

A título de exemplo, imaginemos a hipótese de um empregado que provocou a CCP para solucionar um conflito relativo às horas extras trabalhadas e não pagas. A demanda apresentada pelo empregado, na CCP, foi datada de 1.12.2010. Considerando-se, também hipoteticamente, que o prazo para a ação judicial terminaria em 3.12.2010, tendo em vista dispensa do empregado em 3.12.2008 (art. 7º, XXIX, da CF). O empregado, neste caso, manteria integro seu restante de prazo, por ter procurado a CCP. Este é o efeito da suspensão.

Tendo suscitado a CCP em 1.12.2010, os conciliadores teriam até 11.12.2010 para realizar a conciliação (prazo de 10 dias previsto no art. 625-F, da CLT). Frustrada a composição, as partes receberam a certidão de tentativa conciliatória frustrada, no mesmo dia 11.12.2010. Como o empregado procurou a CCP quando faltavam 3 dias para terminar o prazo prescricional da ação, incluído o dia 1.12.2010, terá de volta os mesmos três dias para propor sua ação, quando deixar a CCP. Assim, tendo recebido a certidão de conciliação frustrada em 11.12.2010, poderá propor sua Reclamação Trabalhista até 14.12.2010, ou seja, nos mesmos três dias que tinha direito quando procurou a CCP.

O exemplo, como é hipotético, ignorou eventuais finais de semana ou feriados. Para contagem destes prazos e de qualquer outro na CCP, incide a regra do art. 775 da CLT, que determina a exclusão do dia do começo e a inclusão do dia de vencimento.

2. QUESTÕES DE CONCURSOS

01. (TRT – 9ª REGIÃO/TÉCNICO JUDICIÁRIO/CESPE/2007) O prazo prescricional será interrompido a partir da provocação da comissão de conciliação prévia pelo trabalhador interessado, recomeçando a fluir, pelo que sobejar, a partir da tentativa frustrada de conciliação ou do esgotamento do prazo de dez dias para a realização da sessão de tentativa de conciliação.

GAB	1	E

✦ NÚCLEOS DE CONCILIAÇÃO PRÉVIA

Art. 625-H. Aplicam-se aos Núcleos Intersindicais de Conciliação Trabalhista em funcionamento ou que vierem a ser criados, no que couber, as disposições previstas neste Título, desde que observados os princípios da paridade e da negociação coletiva na sua constituição.

1. COMENTÁRIOS

O legislador não ignorou as experiências já consagradas pela prática, como é exemplo o Núcleo Intersindical de Conciliação Trabalhista Rural de Patrocínio, MG – NINTER, em funcionamento há vários anos e com profícuos resultados, quando da aprovação da Lei nº 9.958/2000. A experiência deste órgão, conduzido pelas mãos de um juiz idealista, Antônio Gomes de Vasconcelos, demonstrou que o sucesso não alcançado pelas Comissões de Conciliação Prévia, salvo honrosas exceções, tem por principal motivo a ausência do Estado nestes órgãos. A experiência do Núcleo de Conciliação de Patrocínio, de composição tripartite, com a presença do Estado, representado pelo próprio juiz da localidade onde ocorriam as conciliações, além dos representantes de empregados e empregadores, conferiu a legitimidade que faltou à CCP.

A vantagem do modelo tripartite também está na possibilidade de conversão do procedimento conciliatório em arbitral, com livre manifestação de vontade dos participantes, diante da presença do Estado garantindo esta liberdade. Sobre estes e outros dados quanto ao modelo tripartite, confira-se: Vasconcelos, Sindicatos na Administração da Justiça, Trabalho e Doutrina, Vol. 14, set-1997, p. 14-28.

▸TÍTULO VII – DO PROCESSO DE MULTAS ADMINISTRATIVAS

▸CAPÍTULO I – DA FISCALIZAÇÃO, DA AUTUAÇÃO E DA IMPOSIÇÃO DE MULTAS

✦ COMPETÊNCIA DO MINISTÉRIO DO TRABALHO

Art. 626. Incumbe às autoridades competentes do Ministério do Trabalho, ou àquelas que exerçam funções delegadas, a fiscalização do fiel cumprimento das normas de proteção ao trabalho.

Parágrafo único. Os fiscais do Instituto Nacional de Seguridade Social e das entidades paraestatais em geral dependentes do Ministério do Trabalho, serão competentes para a fiscalização a que se refere o presente artigo, na forma das instruções que forem expedidas pelo Ministro do Trabalho.

1. COMENTÁRIOS

O art. 21, XXIV, da Constituição da República atribui competência à União Federal para organizar, manter e executar o serviço de fiscalização do trabalho. Tal função é desempenhada a partir dos órgãos da Administração Pública, em particular pelo Ministério do Trabalho, atualmente denominado Ministério do Trabalho e Emprego. Dentro da estrutura administrativa do Ministério do Trabalho o órgão responsável, em âmbito nacional, por tais atribuições, é a Secretaria de Inspeção do Trabalho. Acerca das atividades da Secretaria de Inspeção do Trabalho e da descentralização em âmbito regional da fiscalização do trabalho vide comentários ao art. 48 da CLT.

Os agentes da fiscalização são os Auditores Fiscais do Trabalho. A Lei nº 10.593, de 6.6.2002, que organizou a carreira, dispôs, no seu art. 10, que são transformados em cargo de Auditor-Fiscal do Trabalho, na Carreira Auditoria-Fiscal do Trabalho, os seguintes cargos efetivos do quadro permanente do Ministério do Trabalho e Emprego: I – Fiscal do Trabalho; II – Assistente Social, encarregado da fiscalização do trabalho da mulher e do menor; III – Engenheiros e Arquitetos, com a especialização prevista na Lei nº 7.410, de 27 de novembro de 1985, encarregados da fiscalização da segurança no trabalho; IV – Médico do Trabalho, encarregado da fiscalização das condições de salubridade do ambiente do trabalho.

Quanto às atividades da fiscalização do trabalho dispõe o art. 11 da Lei nº 10.593, de 6.6.2002 que os ocupantes do cargo de Auditor-Fiscal do Trabalho têm por atribuições assegurar, em todo o território nacional: I – o cumprimento de disposições legais e regulamentares, inclusive as relacionadas à segurança e à medicina do trabalho, no âmbito das relações de trabalho e de emprego; II – a verificação dos registros em Carteira de Trabalho e Previdência Social – CTPS, visando a redução dos índices de informalidade; III – a verificação do recolhimento do Fundo de Garantia do Tempo de Serviço – FGTS, objetivando maximizar os índices de arrecadação; IV – o cumprimento de acordos, convenções e contratos coletivos de trabalho celebrados entre empregados e empregadores; V – o respeito aos acordos, tratados e convenções internacionais dos quais o Brasil seja signatário; VI – a lavratura de auto de apreensão e guarda de documentos, materiais, livros e assemelhados, para verificação da existência de fraude e irregularidades, bem como o exame da contabilidade das empresas, não se lhes aplicando o disposto nos arts. 17 e 18 do Código Comercial.

✦ DUPLA VISITA DOS FISCAIS

Art. 627. A fim de promover a instrução dos responsáveis no cumprimento das leis de proteção do trabalho, a fiscalização deverá observar o critério de dupla visita nos seguintes casos:

a) quando ocorrer promulgação ou expedição de novas leis, regulamentos ou instruções ministeriais, sendo que, com relação exclusivamente a esses atos, será feita apenas a instrução dos responsáveis;

b) em se realizando a primeira inspeção dos estabelecimentos ou dos locais de trabalho, recentemente inaugurados ou empreendidos.

1. COMENTÁRIOS

A regra deste artigo impõe à fiscalização do trabalho, através de seus agentes, uma prática de orientação, antes da punição. Este procedimento é chamado de "dupla visita". Na primeira, os Auditores Fiscais simplesmente orientam quanto ao procedimento a ser seguido pela empresa. Somente na segunda visita poderá ocorrer a autuação do infrator, ainda assim se não for oferecida à fiscalização qualquer justificativa para a irregularidade encontrada.

Segundo as alíneas "a" e "b" do art. 627, o critério da "dupla visita" será observado quando do advento de novas leis ou procedimentos administrativos e na primeira inspeção realizada nos estabelecimentos recentemente inaugurados.

Este procedimento atende à Convenção nº 81 da OIT, que dispõe que a fiscalização do trabalho deverá dar assessoria aos empregados e empregadores sobre a maneira mais efetiva de cumprirem as disposições legais.

Ronald Sharp Jr. e Luiz Marcelo Góis, in Ação Fiscalizadora e Processo Administrativo--Trabalhista, 2007, p. 36-37, lembram que o Regulamento de Inspeção do Trabalho, em seu artigo 23, § 1º, pacificou o entendimento do que seria considerado como "novas leis" ou "novo estabelecimento", fixando o prazo de 90 dias. Após este prazo, prosseguem os autores, não haverá mais a necessidade da "dupla visita", podendo o Auditor-Fiscal do Trabalho, já na primeira inspeção, proceder à autuação da empresa diante do descumprimento de normas ou regulamentos em matéria do trabalho.

O caráter de orientação da ação fiscalizadora é ainda mais destacado quanto às micro e pequenas empresas. Segundo o art. 55, caput, da Lei Complementar nº 123/2006, a ação fiscal dirigida a estas empresas será eminentemente orientadora, desde que a atividade nelas desenvolvidas comporte grau de risco compatível com este procedimento (Sharp-Góis, 2007, p. 37).

2. QUESTÕES DE CONCURSOS

01. (MTE/AUDITOR FISCAL DO TRABALHO/ESAF/2006) Compete ao Auditor-Fiscal do Trabalho, no exercício de suas atribuições, exceto:

a) lavrar termo de compromisso decorrente de procedimento especial de inspeção.

b) ministrar orientações, dar informações e conselhos técnicos às pessoas sujeitas à inspeção do trabalho.

c) exibir a credencial no momento da fiscalização ou após a verificação quando considerar que a identificação prejudicará a eficácia da fiscalização.

d) observar o critério da dupla visita quando se tratar de estabelecimento que tenha causado embaraço à fiscalização.

e) apreender, mediante termo, documentos, inclusive quando mantidos em meio magnético ou eletrônico, que constituam prova material de infração.

02. (ESAF – MTE – Auditor-Fiscal do Trabalho/2010) Assinale a opção incorreta. Os Auditores-Fiscais do Trabalho têm o dever de orientar e advertir as pessoas sujeitas à inspeção do trabalho e os trabalhadores quanto ao cumprimento da legislação trabalhista, e observarão o critério da dupla visita quando se tratar de primeira inspeção nos estabelecimentos ou locais de trabalho recentemente inaugurados.

GAB	1	D	2	E

✦ PROCEDIMENTO ESPECIAL DE FISCALIZAÇÃO

Art. 627-A. Poderá ser instaurado procedimento especial para a ação fiscal, objetivando a orientação sobre o cumprimento das leis de proteção ao trabalho, bem como a prevenção e o saneamento de infrações à legislação mediante Termo de Compromisso, na forma a ser disciplinada no Regulamento da Inspeção do Trabalho.(Incluído pela Medida Provisória nº 2.164-41, de 24.08.2001)

1. COMENTÁRIOS

Com vistas a uma atividade preventiva da fiscalização do trabalho, muito mais importante que a função repressiva, caracterizada pela autuação da empresa, que é último recurso, o Regulamento de Inspeção do Trabalho poderá cuidar de procedimento especial com este fim de orientação, com particular destaque para a observância das leis de proteção ao trabalho. Inserem-se neste rol de leis de proteção todas aquelas que visam estabelecer condições mínimas de trabalho, resguardando a dignidade humana do trabalhador. São exemplos as normas relativas a garantir o repouso (intervalos, descanso semanal e férias), a segurança no ambiente de trabalho, o salário mínimo, etc.

O Regulamento de Inspeção do Trabalho (RIT), aprovado pelo Decreto nº 4.552, de 27.12.2002, dispôs em seu art. 27 e seguintes, sobre o procedimento especial referido na norma do art. 627-A.

Sobre este regramento especial, esclarecem Sharp e Góis (2007, p. 38): "Tal procedimento, iniciado a partir da realização de uma Mesa de Entendimentos, provocada justificadamente pelo auditor-fiscal do trabalho, tem por objetivo persuadir o empregador a se adequar às normas trabalhistas, assinando um termo de compromisso para a regularização de determinada situação considerada irregular pela fiscalização. Este procedimento deve ser concluído no prazo de 30 dias, contados da primeira reunião, prorrogáveis apenas uma vez.". Terminada a negociação e assinado o termo de compromisso, o empregador terá o prazo de 120 dias para se adequar às normas trabalhistas. Não cumprindo o termo de compromisso, o empregador sofrerá ação fiscalizadora e será autuado.

2. QUESTÕES DE CONCURSOS

01. (ESAF – MTE – Auditor-Fiscal do Trabalho/2010) Assinale a opção incorreta. O processo especial para ação fiscal poderá ser instaurado de imediato pelo Auditor-Fiscal do Trabalho, independentemente de anuência da chefia imediata, quando concluir pela ocorrência de motivo grave ou relevante que impossibilite ou dificulte o cumprimento da legislação trabalhista por pessoas ou setor econômico sujeito à inspeção do trabalho.

GAB	1	E

✦ **VIOLAÇÃO DE PRECEITO LEGAL: OBRIGATORIEDADE DE AUTUAÇÃO**

Art. 628. Salvo o disposto nos arts. 627 e 627-A, a toda verificação em que o Auditor-Fiscal do Trabalho concluir pela existência de violação de preceito legal deve corresponder, sob pena de responsabilidade administrativa, a lavratura de auto de infração. (Incluído pela Medida Provisória nº 2.164-41, de 2001)

✦ **LIVRO DE INSPEÇÃO DO TRABALHO**

§ 1º – Ficam as empresas obrigadas a possuir o livro intitulado "Inspeção do Trabalho", cujo modelo será aprovado por portaria Ministerial. (Incluído pelo Decreto-lei nº 229, de 28.2.1967)

✦ **ANOTAÇÕES NO LIVRO DE INSPEÇÃO**

§ 2º – Nesse livro, registrará o agente da inspeção sua visita ao estabelecimento, declarando a data e a hora do início e término da mesma, bem como o resultado da inspeção, nele consignando, se for o caso, todas as irregularidades verificadas e as exigências feitas, com os respectivos prazos para seu atendimento, e, ainda, de modo legível, os elementos de sua identificação funcional. (Incluído pelo Decreto-lei nº 229, de 28.2.1967)

✦ **MÁ-FÉ DO AGENTE NA ANOTAÇÃO DO LIVRO**

§ 3º – Comprovada má-fé do agente da inspeção, quanto à omissão ou lançamento de qualquer elemento no livro, responderá ele por falta grave no cumprimento do dever, ficando passível, desde logo, da pena de suspensão até 30 (trinta) dias, instaurando-se, obrigatoriamente, em caso de reincidência, inquérito administrativo. (Incluído pelo Decreto-lei nº 229, de 28.2.1967)

✦ **FALTA GRAVE**

§ 4º – A lavratura de autos contra empresas fictícias e de endereços inexistentes, assim como a apresentação de falsos relatórios, constituem falta grave, punível na forma do § 3º.(Incluído pelo Decreto-lei nº 229, de 28.2.1967)

1. COMENTÁRIOS

A ação fiscalizadora, excepcionando-se as hipóteses dos artigos 627 e 627-A, não pode ser leniente, aliviando a empresa infratora, deixando de lhe aplicar as sanções cabíveis. A atividade de fiscalização do Estado, exercida por seus agentes, deve ser pautada pelo princípio da legalidade. Desta forma, os Auditores Fiscais, servidores da Administração, poderão sofrer punições administrativas caso se omitam no cumprimento de suas funções, sem prejuízo de apuração na esfera penal de eventual ilícito cometido.

No caso da violação do dever funcional do agente, que retarda ou se omite em autuar empresa infratora, ter ocorrido em seu próprio proveito, para satisfazer interesse ou sentimento pessoal, sua conduta, independentemente do resultado, poderá ser tipificada como crime de prevaricação, com pena de detenção de três meses a um ano e multa (CP, art. 319). Para tanto, exige-se a vontade livre e consciente do Auditor-Fiscal em auferir vantagem diante de sua conduta.

O § 1º, supra, cuida da necessidade de a empresa manter livro de inspeção do trabalho, onde o Auditor-Fiscal está obrigado a proceder todas as anotações referentes às suas inspeções, justificativas, etc. As anotações no livro estão discriminadas no § 2º, acima. A Portaria nº 3.158, 18.5.1971, dispõe sobre a obrigatoriedade do livro de inspeção do trabalho.

As pequenas e micro empresas estão dispensadas de manter livro de inspeção do trabalho, conforme dispõe o art. 51, IV, da Lei Complementar nº 123, 14.12.2006.

A má-fé do Auditor-Fiscal na anotação do livro de inspeção, prevista no § 3º, acima, trata de atitude do agente com clara intenção de prejudicar a empresa, distorcendo a realidade dos fatos, fazendo, portanto, anotação falsa. A anotação do que realmente ocorreu, ainda que se utilize o fiscal de expressões rudes ou inadequadas, não caracteriza a má-fé.

O dispositivo do § 3º prevê a punição de 30 dias de suspensão para o agente infrator. Sendo o Auditor-Fiscal servidor público federal, se sujeita ao Regimento Disciplinar previsto na Lei nº 8.112/90. A referida lei, em seu art. 127, II, cuida da penalidade de suspensão e condiciona sua aplicação às regras dos artigos 129 e 130 da lei referida.

A nosso ver, o § 3º, do art. 628 da CLT foi tacitamente revogado no que diz respeito à aplicação da penalidade de suspensão, integralmente regulada pela Lei nº 8.112/90. No mesmo sentido, a Lei nº 8.112/90 também regula o procedimento administrativo disciplinar, no art. 143 e seguintes, tratando especificamente do inquérito no art. 153 e seguintes. Mais uma vez houve revogação tácita da exigência do § 3º de abertura de inquérito na hipótese de reincidência da conduta do Auditor-Fiscal.

Da mesma forma, as condutas descritas no § 4º só se sujeitarão ao regime disciplinar da Lei nº 8.112/90, sendo inócua a remissão ao § 3º sobre este aspecto.

2. QUESTÕES DE CONCURSOS

01. (ESAF – MTE – Auditor-Fiscal do Trabalho/2010) Acerca da inspeção do trabalho e do processo de multas administrativas, é correto afirmar: comprovada a má-fé do agente de inspeção, quanto à omissão ou lançamento de qualquer elemento no livro empresarial "Inspeção do Trabalho", responderá ele por falta grave no cumprimento do dever, ficando passível, desde logo, da pena de advertência, instaurando-se, facultativamente, em caso de reincidência, inquérito administrativo, a depender da discricionariedade do Delegado do Trabalho.

GAB	1	E

✦ **AUTO DE INFRAÇÃO**

Art. 629. O auto de infração será lavrado em duplicata, nos termos dos modelos e instruções expedidos, sendo uma via entregue ao infrator, contra recibo, ou ao mesmo enviada, dentro de 10 (dez) dias da lavratura, sob pena de responsabilidade, em registro postal, com franquia e recibo de volta.(Incluído pelo Decreto-lei nº 229, de 28.2.1967)

✦ **DISPENSA DA ASSINATURA DO INFRATOR**

§ 1º – O auto não terá o seu valor probante condicionado à assinatura do infrator ou de testemunhas, e será lavrado no local da inspeção, salvo havendo motivo justificado que será declarado no próprio auto, quando então deverá ser lavrado no prazo de 24 (vinte e quatro) horas, sob pena de responsabilidade.

✦ **IRRETRATABILIDADE DO AUTO DE INFRAÇÃO**

§ 2º – Lavrado o auto de infração, não poderá ele ser inutilizado, nem sustado o curso do respectivo processo, devendo o agente da inspeção apresentá-lo à autoridade competente, mesmo se incidir em erro.

✦ **DEFESA DO INFRATOR: PRAZO DE 10 DIAS**

§ 3º – O infrator terá, para apresentar defesa, o prazo de 10 (dez) dias contados do recebimento do auto.

✦ **REGISTRO DO AUTO DE INFRAÇÃO**

§ 4º – O auto de infração será registrado com a indicação sumária de seus elementos característicos, em livro próprio que deverá existir em cada órgão fiscalizador, de modo a assegurar o controle do seu processamento.

1. COMENTÁRIOS

O artigo ora comentado regula o procedimento de autuação da empresa infratora. A fim de se materializar a atitude do fiscal e proporcionar ao infrator ampla defesa, o principal requisito da ação fiscalizadora de autuação está na fundamentação da multa aplicada.

A ausência de fundamentação, ou a fundamentação incorreta, incompatível com a conduta descrita no auto, prejudica a defesa daquele que é apontado como infrator e nulifica o ato de infração.

A ausência de quaisquer das formalidades do auto de infração, acima descritas, é passível de gerar a nulidade do procedimento administrativo.

Dispõe o art. 1º, da Portaria nº 148/1996, que o processo administrativo se inicia pelo auto de infração, lavrado pela autoridade competente, que, em se tratando de infrações jurídico-trabalhistas, é o Auditor-Fiscal do Trabalho. Consequentemente, o Auto de Infração defeituoso torna nulo o procedimento administrativo desde o início.

Os defeitos do Auto de Infração podem ser supridos, conforme dispõe o art. 10, da Portaria nº 148/1996, do Ministério do Trabalho: "a omissão ou incorreção no Auto de Infração não acarretará sua nulidade quando do processo constarem elementos suficientes para aplicação da falta". Trata-se do princípio da instrumentalidade das formas aplicável em sede administrativa (neste sentido: Sharp-Góis, 2007, p. 51).

Eduardo Gabriel Saad, in CLT Comentada, 2009, p. 829, nos apresenta um rol de irregularidades que podem tornar nulo o Auto de Infração: "As nulidades mais comuns do auto de infração são as seguintes: "a) ser o mesmo lavrado por autoridade incompetente; **b**) ser o auto lavrado em data diversa daquela em que se constatou a infração; **c**) errônea designação da razão social, sociedade, firma ou do empregador; **d**) não consignar, no auto de infração, os nomes de empregados encontrados, no exercício de atividade em desacordo com os preceitos legais, quando for o caso; **e**) erro de capitulação, quando os fatos infringentes da lei não se acham descritos no auto de modo inequívoco, desde que a capitulação não possa ser devidamente corrigida pela autoridade competente, em despacho saneador e assinado prazo à autuada para apresentar nova defesa, a fim de sanar a nulidade; **f**) não consignação do Termo de Registro de Inspeção no livro próprio pelo Agente ou Agentes que procederem à visita." ("Inspeção do Trabalho", de Carlos Pereira Nogueira e Guilherme C. Zulhke, Edições Trabalhistas, 1979, págs. 43-44).".

2. QUESTÕES DE CONCURSOS

01. (ESAF – MTE – Auditor-Fiscal do Trabalho/2010) Acerca da inspeção do trabalho e do processo de multas administrativas, é correto afirmar: o auto de infração terá seu valor probante condicionado à assinatura de duas testemunhas ou do infrator e será obrigatoriamente lavrado no local da inspeção.

02. (ESAF – MTE – Auditor-Fiscal do Trabalho/2006) Quanto ao processo de aplicação de multa administrativa, é correto afirmar que: o prazo para defesa é de 10(dez) dias, quando o autuado reside no mesmo local em que estabelecida a autoridade.

GAB	1	E	2	C

✦ IDENTIFICAÇÃO DO AUDITOR-FISCAL

Art. 630. Nenhum agente da inspeção poderá exercer as atribuições do seu cargo sem exibir a carteira de identidade fiscal, devidamente autenticada, fornecida pela autoridade competente.(Incluído pelo Decreto-lei nº 229, de 28.2.1967)

§ 1º – É proibida a outorga de identidade fiscal a quem não esteja autorizado, em razão do cargo ou função, a exercer ou praticar, no âmbito da legislação trabalhista, atos de fiscalização.

§ 2º – A credencial a que se refere este artigo deverá ser devolvida para inutilização, sob as penas da lei, em casos de provimentos em outro cargo público, exoneração ou demissão, bem como nos de licenciamento por prazo superior a 60 (sessenta) dias e de suspensão do exercício do cargo.

✦ **LIVRE ACESSO DO AGENTE AO ESTABELECIMENTO**

§ 3º – O agente da inspeção terá livre acesso a todas as dependências dos estabelecimentos sujeitos ao regime da legislação, sendo as empresas, por seus dirigentes ou prepostos, obrigadas a prestar-lhes os esclarecimentos necessários ao desempenho de suas atribuições legais e a exibir-lhe, quando exigidos, quaisquer documentos que digam respeito ao fiel cumprimento das normas de proteção ao trabalho.

✦ **DOCUMENTOS SUJEITOS À INSPEÇÃO**

§ 4º – Os documentos sujeitos à inspeção deverão permanecer, sob as penas da lei nos locais de trabalho, somente se admitindo, por exceção, a critério da autoridade competente, sejam os mesmos apresentados em dia e hora previamente fixados pelo agente da inspeção.

✦ **PASSE LIVRE PARA O AUDITOR-FISCAL**

§ 5º – No território do exercício de sua função, o agente da inspeção gozará de passe livre nas empresas de transportes, públicas ou privadas, mediante a apresentação da carteira de identidade fiscal.

✦ **RESISTÊNCIA E EMBARAÇO**

§ 6º – A inobservância do disposto nos §§ 3º, 4º e 5º configurará resistência ou embaraço à fiscalização e justificará a lavratura do respectivo auto de infração, cominada a multa de valor igual a meio (1/2) salário mínimo regional até 5 (cinco) vezes esse valor, levando-se em conta, além das circunstâncias atenuantes ou agravantes, a situação econômico-financeira do infrator e os meios a seu alcance para cumprir a lei. (Incluído pelo Decreto-lei nº 229, de 28.2.1967).

✦ **DIVULGAÇÃO DA LISTA DE AGENTES**

§ 7º – Para o efeito do disposto no § 5º, a autoridade competente divulgará em janeiro e julho, de cada ano, a relação dos agentes da inspeção titulares da carteira de identidade fiscal.

✦ **AJUDA DAS AUTORIDADES POLÍCIAIS**

§ 8º – As autoridades polícias, quando solicitadas, deverão prestar aos agentes da inspeção a assistência de que necessitarem para o fiel cumprimento de suas atribuições legais.

1. COMENTÁRIOS

O art. 630, acima, exige que Auditor-Fiscal do Trabalho se identifique, devidamente, no momento de sua ação fiscal. A identificação significa a exibição do documento específico de Auditor-Fiscal, expedido pela autoridade competente.

Para melhor exercer seu mister, os Auditores-Fiscais têm livre acesso aos estabelecimentos e gratuidade no transporte, exclusivamente quando no exercício da função.

No exercício da função e sendo necessário os agentes da fiscalização poderão solicitar auxílio polícial.

Todos os documentos relativos à fiscalização do trabalho, como fichas de registro, quadro de horário, controles de horário, guias de recolhimento de FGTS, etc., deverão ser exibidos ao Auditor, quando solicitado por este. A recusa em fazê-lo caracteriza o embargo ou embaraço referido no § 6º, supra, sujeitando o infrator à multa ali prevista.

A multa não é mais fixada em salários-mínimos, mas em UFIR's. Os percentuais e as variações da multa referida no art. 630, § 6º, bem como a influência quanto ao número de empregados e as condições econômicas do infrator, estão regulados na Portaria nº 290, de 11.4.1997, do Ministério do Trabalho.

2. QUESTÕES DE CONCURSOS

01. (ESAF – MTE – Auditor-Fiscal do Trabalho/2006/ADAPTADA) Compete ao Auditor-Fiscal do Trabalho, no exercício de suas atribuições: exibir a credencial no momento da fiscalização ou após a verificação quando considerar que a identificação prejudicará a eficácia da fiscalização.

GAB	1	C

✦ COMUNICAÇÃO DE INFRAÇÕES AO MINISTÉRIO DO TRABALHO

Art. 631. Qualquer funcionário público federal, estadual ou municipal, ou representante legal de associação sindical, poderá comunicar à autoridade competente do Ministério do Trabalho as infrações que verificar.

Parágrafo único. De posse dessa comunicação, a autoridade competente procederá desde logo às necessárias diligências, lavrando os autos de que haja mister.

1. COMENTÁRIOS

As entidades sindicais não possuem poder de fiscalização, que é inerente ao Estado, mas poderão colaborar com denúncias e informações atinentes às irregularidades cometidas pelos empregadores. O servidor, mais até do que o dirigente sindical, tem a obrigação de informar às autoridades competentes em matéria do trabalho as infrações ou indícios de que estejam ocorrendo irregularidades em qualquer estabelecimento.

O Juiz do Trabalho também poderá expedir ofícios ao Ministério do Trabalho quando, diante de provas colhidas em processo judicial, constatar a ocorrência de infrações à ordem jurídico-trabalhista.

A competência atribuída à Justiça do Trabalho para proceder à execução das multas trabalhistas, conforme art. 114, VII, não dispensa o procedimento administrativo fiscal, que se inicia com a lavratura do Auto de Infração, pelo Auditor-Fiscal, e termina com a extração de Certidão da Dívida Ativa (CDA), que fundamenta o procedimento judicial de execução fiscal. Portanto, o Juiz do Trabalho não pode, de ofício, impor a multa trabalhista como consequência do descumprimento de regras de proteção ao trabalho.

✦ PROVAS REQUERIDAS PELO AUTUADO

Art. 632. Poderá o autuado requerer a audiência de testemunhas e as diligências que lhe parecerem necessárias à elucidação do processo, cabendo, porém, à autoridade, julgar da necessidade de tais provas.

1. COMENTÁRIOS

A produção de provas no procedimento administrativo, quando requerida pelo autuado no prazo de 10 dias para sua defesa (629, § 3º), atende ao princípio da ampla defesa, inscrito no art. 5º, LV, da CF.

A autoridade competente referida no artigo é o Superintendente Regional do Trabalho (antigo Delegado Regional do Trabalho). Esta autoridade poderá, em decisão fundamentada (art. 93, IX, da CF), negar a produção de provas que entender meramente protelatórias ou, ainda, desnecessárias.

A autoridade diretora do processo administrativo deverá se valer de seu prudente arbítrio na apreciação do requerimento de produção de provas. Na dúvida, deverá deferir a dilação probatória, evitando a ocorrência de nulidades (neste sentido: F.A. de Oliveira, Comentários, 2005, p. 558-559).

2. QUESTÕES DE CONCURSOS

01. (ESAF – MTE – Auditor-Fiscal do Trabalho/2010) Uma vez lavrado o auto de infração, poderá o autuado requerer a audiência de testemunhas e as diligências que entender necessárias à elucidação do processo, não podendo a autoridade competente indeferir as provas requeridas.

GAB	1	E

✦ **PRORROGAÇÃO DO PRAZO PARA DEFESA E RECURSO**

Art. 633. Os prazos para defesa ou recurso poderão ser prorrogados de acordo com despacho expresso da autoridade competente, quando o autuado residir em localidade diversa daquela onde se achar essa autoridade.

1. COMENTÁRIOS

O dispositivo deste artigo contém um critério objetivo que orienta a atuação da autoridade administrativa, justificando a prorrogação do prazo para defesa (10 dias a contar do recebimento do AI – art. 629, § 3º) ou do recurso (10 dias a contar da intimação sobre a multa – art. 636), quando o autuado residir em localidade diversa da que se achar a autoridade, ou seja, o Superintende Regional do Trabalho.

O Auditor-Fiscal do Trabalho não é a autoridade competente, pois é um agente da fiscalização.

A devolução do prazo será de competência do Superintende Regional do Trabalho (antigo Delegado Regional do Trabalho). O motivo deste artigo 633 para a prorrogação dos prazos é só um exemplo e a autoridade poderá, diante de outras razões relevantes, como a greve no serviço público, prorrogar ou mesmo restituir os prazos de defesa e/ou recurso (em sentido contrário, Sergio Pinto Martins, Comentários, 2010, p. 703, entendendo não ser possível a prorrogação do prazo fora da hipótese do art. 633, da CLT).

✦ **IMPOSIÇÃO DAS MULTAS: AUTORIDADE COMPETENTE**

Art. 634. Na falta de disposição especial, a imposição das multas incumbe às autoridades regionais competentes em matéria de trabalho, na forma estabelecida por este Título.

✦ **INFRAÇÕES PENAIS**

§ 1º. A aplicação da multa não eximirá o infrator da responsabilidade em que incorrer por infração das leis penais. (§ único convertido em § 1º pela Lei nº 13.467, de 13.07.2017).

§ 2º Os valores das multas administrativas expressos em moeda corrente serão reajustados anualmente pela Taxa Referencial (TR), divulgada pelo Banco Central do Brasil, ou pelo índice que vier a substituí-lo. (Inserido pela Lei nº 13.467, de 13.07.2017).

1. COMENTÁRIOS

A autoridade regional, referida neste artigo como competente para imposição das multas trabalhistas, é o Superintendente Regional do Trabalho e Emprego (antigo Delegado Regional do Trabalho).

A aplicação de multa trabalhista não exclui a possibilidade de punição na esfera penal.

O art. 203 do Código Penal dispõe sobre a frustração de direito trabalhista, nos seguintes termos: "Frustrar, mediante fraude ou violência, direito assegurado pela legislação do trabalho: Pena – detenção de um ano a dois anos, e multa, além da pena correspondente à violência." O § 2º cuida do agravamento da pena de 1/6 a 1/3 se a vítima for menor de 18 anos, idosa, gestante, indígena ou portadora de deficiência física ou mental.

Discorre Rogério Sanches Cunha, in Código Penal para Concursos, 2010, p. 382, sobre o tipo penal do art. 203 do CP: "Trata-se de crime de ação múltipla. Pune-se aquele que frustrar (obstar, impedir a concretização), mediante fraude (qualquer meio apto a iludir) ou violência (física), direito assegurado pela legislação do trabalho. Não haverá o crime quando o agente empregar ameaça (caso em que responderá pelo art. 147 do CP – Ameaçar alguém, por palavra, escrito ou gesto, ou qualquer outro meio simbólico, de causar-lhe mal injusto e grave: pena – detenção, de um a seis meses de multa. § único: somente se procede mediante representação). Há, porém, decisões, admito a ameaça como possível modus operandi do delito (nesse sentido: RT 378/308).".

Afirma, ainda, o autor, que se as vítimas aceitaram, livre e conscientemente, a situação que lhes foi imposta, não ocorrerá o ilícito previsto no art. 203 do CP (Sanches Cunha, 2010, p. 382).

O Código Penal trata dos crimes contra a organização do trabalho, na parte especial, título IV, arts. 197 a 207.

Conforme ensinamentos de Mirabete (Manual de Direito Penal; Parte Especial, 22ª ed., São Paulo: Atlas, 2004, vol. 2, p. 383), "nos termos do art. 109, inciso VI, da nova CF, e Lei nº 5.010/66, compete à Justiça Federal o processo dos crimes contra a organização do trabalho. Entretanto, já se decidiu no STF, em face do art. 125, VI, da antiga CF, que firmava tal competência, serem da competência da Justiça Federal apenas os crimes que ofendem o sistema de órgãos e instituições que preservam, coletivamente, os direitos e os deveres dos trabalhadores (RT 540/415 e 416; JSTJ 20/184). Estão excluídos da justiça especial, portanto, os crimes que atingem apenas determinado empregado (RTJ 94/1218; JSTJ 18/2001, 26/227; RT 557/340, 587/327)" apud Andreucci, Direito Penal do Trabalho, 2009, p. 177.

A regra do § 2º do art. 634 da CLT, com a redação da Lei nº 13.467, de 13.07.2017, aplica-se somente às multas trabalhistas fixadas em moeda corrente. As demais multas, que utilizem outros parâmetros, como, por exemplo, aquela prevista no art. 201 da CLT, que se refere a valor de referência, devem observar a Lei Federal nº 8.383, de 30.12.1991, art. 1º, que fixou a UFIR (Unidade Fiscal de Referência), como fator de cobrança de multas na esfera federal. O art. 2º, § 1º, da referida lei, atribuiu ao Ministério da Fazenda competência para divulgar o valor mensal da UFIR.

2. QUESTÕES DE CONCURSOS

01. (ESAF – MTE – Auditor-Fiscal do Trabalho/2006) Quanto ao processo de aplicação de multa administrativa, é correto afirmar que: o pagamento da multa exime o infrator de outras penalidades.

GAB	1	E

▸CAPÍTULO II – DOS RECURSOS

✦ **RECURSOS DE MULTAS**

Art. 635. De toda decisão que impuser multa por infração das leis e disposições reguladoras do trabalho, e não havendo forma especial de processo caberá recurso para o Diretor-Geral Departamento ou Serviço do Ministério do Trabalho e Previdência Social, que for competente na matéria.(Incluído pelo Decreto-lei nº 229, de 28.2.1967)

✦ **FUNDAMENTAÇÃO DAS DECISÕES**

Parágrafo único. As decisões serão sempre fundamentadas.

✦ **RECURSO: PRAZO DE 10 DIAS**

Art. 636. Os recursos devem ser interpostos no prazo de 10 (dez) dias, contados do recebimento da notificação, perante a autoridade que houver imposto a multa, a qual, depois de os informar, encaminhá-los-á à autoridade de instância superior.(Incluído pelo Decreto-lei nº 229, de 28.2.1967)

✦ **PROVA DO DEPÓSITO: INCONSTITUCIONALIDADE**

§ 1º – O recurso só terá seguimento se o interessado o instruir com a prova do depósito da multa.

✦ **INTIMAÇÃO POR EDITAL**

§ 2º – A notificação somente será realizada por meio de edital, publicada no órgão oficial, quando o infrator estiver em lugar incerto e não sabido.

✦ **PRAZO DE 10 DIAS PARA O DEPÓSITO DA MULTA**

§ 3º – A notificação de que trata este artigo fixará igualmente o prazo de 10 (dez) dias para que o infrator recolha o valor da multa, sob pena de cobrança executiva.

✦ **GUIAS DE DEPÓSITO DA MULTA**

§ 4º – As guias de depósito ou recolhimento serão emitidas em 3 (três) vias e o recolhimento da multa deverá proceder-se dentro de 5 (cinco) dias às repartições federais competentes, que escriturarão a receita a crédito do Ministério do Trabalho e Previdência Social.

✦ **AVERBAÇÃO DO PROCESSO**

§ 5º – A segunda via da guia do recolhimento será devolvida pelo infrator à repartição que a emitiu, até o sexto dia depois de sua expedição, para a averbação no processo.

✦ **REDUÇÃO DA MULTA EM 50%**

§ 6º – A multa será reduzida de 50% (cinqüenta por cento) se o infrator, renunciando ao recurso, a recolher ao Tesouro Nacional dentro do prazo de 10 (dez) dias contados do recebimento da notificação ou da publicação do edital.

✦ **EXPEDIÇÃO DA GUIA DE DEPÓSITO**

§ 7º – Para a expedição da guia, no caso do § 6º, deverá o infrator juntar a notificação com a prova da data do seu recebimento, ou a folha do órgão oficial que publicou o edital.

1. COMENTÁRIOS

Contra a lavratura do Auto de Infração cabe a defesa do autuado, no prazo de 10 dias, conforme o art. 629, § 3º, acima.

Recusados os argumentos da defesa do autuado, o Superintende Regional do Trabalho, em decisão fundamentada, confirmará a ação da fiscalização do trabalho, considerando o Auto de Infração subsistente. Desta decisão do Superintendente Regional do Trabalho o infrator poderá apresentar recurso à instância administrativa superior (art. 635 da CLT).

O recurso será apresentado no prazo de 10 dias da intimação, por via postal, da decisão que indeferiu os argumentos de defesa contra o Auto de Infração (art. 636, caput, da CLT). O infrator será intimado por edital, acerca de decisão do Superintendente Regional, sempre que estiver em lugar incerto e não sabido (art. 636, § 2º).

Não é mais exigível o depósito prévio da multa como pressuposto para recebimento do recurso administrativo, como dispõe o art. 636, §§ 1º, 3º, 4º e 5º. Tanto a jurisprudência do TST, S. 424, como a do STF, SV nº 21, entenderam inconstitucional a exigência do depósito prévio da multa, por prejudicarem a defesa do autuado, em afronta ao art. 5º, LV, da CF.

A inconstitucionalidade do depósito prévio para o recurso em nada prejudica a regra dos §§ 6º e 7º do art. 636, que concede uma redução da multa em 50%, na hipótese do infrator não oferecer recurso, concordando com a ação da fiscalização.

2. SÚMULAS E ORIENTAÇÕES JURISPRUDENCIAIS

▸ **STF/SV nº 21**

É INCONSTITUCIONAL A EXIGÊNCIA DE DEPÓSITO OU ARROLAMENTO PRÉVIOS DE DINHEIRO OU BENS PARA ADMISSIBILIDADE DE RECURSO ADMINISTRATIVO.

- **Súmula nº 424/TST**

RECURSO ADMINISTRATIVO. PRESSUPOSTO DE ADMISSIBILIDADE. DEPÓSITO PRÉVIO DA MULTA ADMINISTRATIVA. NÃO RECEPÇÃO PELA CONSTITUIÇÃO FEDERAL DO PARÁGRAFO 1º DO ARTIGO 636 DA CLT. (16.11.2009)

O parágrafo 1º do art. 636 da CLT, que estabelece a exigência de prova do depósito prévio do valor da multa cominada em razão de autuação administrativa como pressuposto de admissibilidade de recurso administrativo, não foi recepcionado pela Constituição Federal de 1988, ante a sua incompatibilidade com o inciso LV do art. 5º.

3. QUESTÕES DE CONCURSOS

01. (ESAF – MTE – Auditor-Fiscal do Trabalho/2010/ADAPTADA) De acordo com a jurisprudência do Supremo Tribunal Federal e do Tribunal Superior do Trabalho, o seguimento do recurso interposto contra decisão que impuser multa por infração da legislação trabalhista dependerá de o interessado instruí-lo com a prova do depósito do valor da penalidade.

02. (TRT 2 – Juiz do Trabalho Substituto 2ª região/ 2012) Com base na jurisprudência sumulada do Tribunal Superior do Trabalho, análise a afirmativa que segue: a exigência de depósito prévio do valor da multa cominada em razão de atuação administrativa é pressuposto de admissibilidade de recurso administrativo, de acordo com o parágrafo 1º, do artigo 636 da CLT.

GAB	1	E	2	E

✦ **RECURSO "EX OFFICIO"**

Art. 637. De todas as decisões que proferirem em processos de infração das leis de proteção ao trabalho e que impliquem arquivamento destes, observado o disposto no Parágrafo único do art. 635, deverão as autoridades prolatoras recorrer de ofício para a autoridade competente de instância superior.(Incluído pelo Decreto-lei nº 229, de 28.2.1967)

✦ **AVOCATÓRIA PELO MINISTRO DO TRABALHO**

Art. 638. Ao Ministro do Trabalho, Indústria e Comércio é facultado avocar ao seu exame e decisão, dentro de 90 (noventa) dias do despacho final do assunto, ou no curso do processo, as questões referentes à fiscalização dos preceitos estabelecidos nesta Consolidação.

1. COMENTÁRIOS

Os artigos 637 e 638 cuidam, respectivamente, do recurso ex officio (reexame necessário) e de avocatória pelo Ministro do Trabalho. Ambos os procedimentos ainda são admitidos pela doutrina (neste sentido: Gustavo F. B. Garcia, 2008, p. 974-975; Russomano, Vol. II, 1993, p. 727 e Martins, Comentários, 2010, p. 706).

O **reexame necessário (art. 637)** ocorrerá sempre que **for arquivado o procedimento administrativo que apura a infração**. A referência ao art. 635 nos conduz à necessidade de fundamentação da decisão de arquivamento, mas, ainda assim, a autoridade regional deverá remeter os autos à instância superior, em Brasília, para uma das Secretarias vinculadas ao Ministério do Trabalho, conforme o Regimento Interno deste Ministério. O reexame necessário ou recurso *ex officio* **se justifica pela perda de arrecadação pela Fazenda Nacional**, em aparente prejuízo para o erário, razão pela qual o legislador determina a remessa dos autos à instância superior para reapreciação. São os mesmos fundamentos, ainda que criticáveis, para a subsistência do reexame necessário em processos judiciais, como se vê no DL nº 779/69 e CPC/73, art. 475 (atual art. 496, do CPC/2015).

O art. 638 prevê a avocatória, que consiste na faculdade do Ministro do Trabalho requisitar o processo administrativo, retirando-o da instância julgadora. A avocação pelo Ministro do Trabalho pode ocorrer no curso do processo, mesmo antes do julgamento pelo Superintendente Regional do Trabalho quanto à defesa do autuado, ou no final do processo, quando a decisão já foi tomada por esta autoridade. A avocatória não se confunde com o recurso voluntário previsto no art. 636, acima. A requisição dos autos pelo Ministro do Trabalho não impede que o autuado apresente seu recurso, desde observado o prazo e as formalidades previstas no art. 636, com as observações feitas nos nossos comentários.

CAPÍTULO III – DO DEPÓSITO, DA INSCRIÇÃO E DA COBRANÇA

✦ **CONVERSÃO DO DEPÓSITO EM PAGAMENTO**

Art. 639. Não sendo provido o recurso, o depósito se converterá em pagamento.

1. COMENTÁRIOS

Como o depósito para recorrer não é mais exigível, este artigo perdeu seu interesse prático. Sobre a inconstitucionalidade do depósito prévio para fins de recurso vide comentários ao art. 636 da CLT.

✦ **COBRANÇA AMIGÁVEL**

Art. 640. É facultado às Delegacias Regionais do Trabalho, na conformidade de instruções expedidas pelo Ministro de Estado, promover a cobrança amigável das multas antes encaminhamento dos processos à cobrança executiva.(Incluído pelo Decreto-lei nº 229, de 28.2.1967)

1. COMENTÁRIOS

Os atos praticados pela Administração Pública gozam de presunção de legitimidade e autoexecutoriedade. Não obstante estas presunções, a Fazenda Pública não pode prescindir do procedimento administrativo fiscal para cobrança de seus créditos, de natureza tributária ou não. Sendo assim, a **cobrança amigável** de multa trabalhista, por meio de notificações postais enviadas aos devedores, **não tem força coercitiva** suficiente para impor o pagamento. Por isso se chama procedimento "amigável". Seu sucesso depende da vontade do infrator em adimplir voluntariamente o valor da multa que lhe é cobrada. Trata-se de procedimento salutar e que deveria ser estimulado como alternativa à cobrança judicial. Na prática, contudo, não vem se mostrando muito eficaz.

✦ **INSCRIÇÃO DA DÍVIDA**

Art. 641. Não comparecendo o infrator, ou não depositando a importância da multa ou penalidade, far-se-á a competente inscrição em livro especial, existente nas repartições das quais se tiver originado a multa ou penalidade, ou de onde tenha provindo a reclamação que a determinou, sendo extraída cópia autêntica dessa inscrição e enviada às autoridades competentes para a respectiva cobrança judicial, valendo tal instrumento como título de dívida líquida e certa.

✦ **COBRANÇA JUDICIAL DA DÍVIDA ATIVA**

Art. 642. A cobrança judicial das multas impostas pelas autoridades administrativas do trabalho obedecerá ao disposto na legislação aplicável à cobrança da dívida ativa da União, sendo promovida, no Distrito Federal e nas capitais dos Estados em que funcionarem Tribunais Regionais do Trabalho, pela Procuradoria da Justiça do Trabalho, e, nas demais localidades, pelo Ministério Público Estadual, nos termos do Decreto-Lei nº 960, de 17 de dezembro de 1938.

✦ **COBRANÇA NO ESTADO DE SÃO PAULO**

Parágrafo único. No Estado de São Paulo a cobrança continuará a cargo da Procuradoria do Departamento Estadual do Trabalho, na forma do convênio em vigor.

1. COMENTÁRIOS

1.1. Competência e procedimento da execução de multas trabalhistas

Encerrado todo o procedimento administrativo de questionamento da multa (artigo 629 a 638 da CLT) e não tendo sucesso a cobrança "amigável" de seu valor (art. 640 da CLT), far-se-á a inscrição na dívida ativa da União, para posterior cobrança judicial, nos termos dos artigos 641 e 642 da CLT.

A cobrança judicial, conforme prevê o próprio art. 642, supra, observará a legislação que rege a cobrança em juízo da dívida ativa da União. Atualmente a Lei nº 6.830/80, com suas diversas alterações, é o regramento básico desta cobrança.

O art. 114, VII, com redação da EC 45/2004, atribuiu competência à Justiça do Trabalho para apreciação desta ação de execução fiscal de multas trabalhistas. A ação será proposta pelo órgão judicial de representação da União, com base em certidão da dívida ativa, que constitui título executivo extrajudicial. A pretensão executiva será apreciada pelo órgão de primeiro grau de jurisdição da Justiça do Trabalho (Juiz do Trabalho), observado o procedimento da Lei nº 6.830/80.

O **TST**, diante da ampliação de competência decorrente da EC 45/2004, regulamentou o procedimento a ser observado na Justiça do Trabalho. A **Instrução Normativa nº 27, de 16.2.2005**, determinou, especificamente no art. 1º, que: "As ações ajuizadas na Justiça do Trabalho tramitarão pelo rito ordinário ou sumaríssimo, conforme previsto na Consolidação das Leis do Trabalho, excepcionando-se, apenas, as que, por disciplina legal expressa, estejam sujeitas a rito especial, tais como o Mandado de Segurança, *Habeas Corpus, Habeas Data,* Ação Rescisória, Ação Cautelar e Ação de Consignação em Pagamento.".

Ainda que a instrução normativa não tenha feito expressa menção à execução fiscal na Justiça do Trabalho, não há dúvidas que o procedimento de cobrança de multas observará a Lei nº 6.830/80, pois se trata de procedimento especial. Ademais, a enumeração da IN nº 27/2005 é meramente exemplificativa, pois, caso não fosse, teria excluído diversos outros procedimentos especiais aplicáveis na Justiça do Trabalho, como é exemplo a ação monitória (art. 1102-A, do CPC/73 e art. 700, do CPC/2015).

No tocante à **sistemática recursal**, o procedimento a ser observado é o da CLT, como dispôs o art. 2º da referida instrução normativa: "A sistemática recursal a ser observada é a prevista na Consolidação das Leis do Trabalho, inclusive no tocante à nomenclatura, alçada, aos prazos e às exigências.".

Diante do que dispõe a IN 27/2005, o recurso cabível das decisões definitivas na execução é o Agravo de Petição, na forma do art. 897, "a", da CLT, com as peculiaridades inerentes à Fazenda Pública ao recorrer, v.g., prazo em dobro, isenção de despesas e depósito recursal.

A **execução fiscal observará** o seguinte **procedimento**: **a)** a petição inicial da ação de execução será instruída com a certidão da dívida ativa (art. 6º, da Lei nº 6.830/90 – LEF); **b)** O Juiz do Trabalho despachará a petição inicial e, estando em termos (apta a produzir efeitos), determinará a citação do executado para, no prazo de 5 dias, pagar a dívida ou garantir a execução (arts. 7º a 9º, da LEF); **c)** não ocorrendo o pagamento, nem a garantia do juízo, proceder-se-á a penhora dos bens do executado (art. 11, da LEF); **d)** garantido o juízo, o executado poderá oferecer embargos no prazo de 30 dias (art. 16, da LEF), dando-se oportunidade à Fazenda Pública para impugnação em igual prazo (art. 17, da LEF); **e)** julgados os embargos e não sendo interposto

Agravo de Petição (art. 897, "a", da CLT c/c art. 2º, da IN nº 27/2005, do C. TST), os bens penhorados serão expropriados (venda em juízo) em favor da União (artigo 21 a 24 da LEF).

O art. 1º da LEF determina que se aplique o Código de Processo Civil subsidiariamente à execução fiscal. Na Justiça do Trabalho se observará, na aplicação subsidiária, em primeiro lugar, as regras da CLT, para só depois se aplicar o CPC.

1.2. Prescrição da ação executiva e prescrição intercorrente

Todos os créditos devidos à União constituem sua dívida ativa, independentemente de assumirem natureza tributária. As multas trabalhistas não têm natureza tributária, mas a cobrança judicial nos termos da Lei nº 6.830/80 atrai a incidência do **prazo prescricional de 5 anos**, conforme art. 174 do CTN: "A ação para cobrança do crédito tributário prescreve em 5 (cinco anos), contados da data da sua constituição definitiva. Parágrafo único: a prescrição se interrompe: I – pelo despacho do juiz que ordenar a citação em execução fiscal;". Continuamos a defender esta posição mesmo após a Lei nº 13.467, de 13.07.2017, introduzir a regra do art. 11-A, na CLT, cuidando do prazo de 2 anos para reconhecimento da prescrição intercorrente. A referência aos dois anos é uma clara alusão ao art. 7º, XXIX, da CF, que cuida de créditos trabalhistas, e não tributários.

O art. 8º, § 2º da LEF possui disposição idêntica a da atual redação do art. 174 do CTN, acima transcrita, como se observa a seguir: "O despacho do juiz, que ordenar a citação, interrompe a prescrição.".

Não obstante a literalidade do texto da LEF, corroborado pelo CTN, para a **interrupção da prescrição** não basta o despacho de citação. O credor, ou seja, a União, deverá diligenciar para que a citação efetivamente ocorra nos prazos referidos no art. 219, §§ 2º e 3º do CPC/73 (art. 240, §§ 1º a 3º, do CPC/2015).

A regra processual civil (art. 219, § 1º a 3º, do CPC/73), de aplicação subsidiária por força do art. 1º da LEF, dispõe que a citação ocorra, no máximo, em 100 (cem) dias do despacho que a ordenou. Esta dilação legal não existe mais no CPC/2015. Assim, por força da regra do art. 240, § 2º, do CPC/2015, o autor deve diligenciar para que a citação ocorra em 10 dias. O legislador teve o cuidado de excluir a responsabilidade do autor quando a demora for culpa do serviço judiciário (CPC/2015, art. 240, § 3º).

O processo do trabalho, fonte subsidiária na execução fiscal trabalhista, não possui qualquer norma a respeito, daí porque incide a regra processual civil.

Não sendo procedida a citação no prazo legal, não se terá por interrompida a prescrição (art. 219, § 4º, do CPC/73 e art. 240, § 2º, do CPC/2015) .

A aplicação subsidiária do art. 219 do CPC/73, na fase de execução, foi objeto de expressa autorização pelo art. 617 do mesmo código: "A propositura da execução, deferida pelo juiz, interrompe a prescrição, mas a citação do devedor deve ser feita com observância do disposto no art. 219.".

A doutrina civilista não tem dúvidas quanto à necessidade de que se proceda a citação do executado no prazo do art. 219 do CPC/73, e agora no prazo do art. 240, § 2º, do CPC/2015, para que ocorra a interrupção da prescrição para a Fazenda Pública no procedimento de execução fiscal (neste sentido: Hugo de Brito Machado, José da Silva Pacheco e Leandro Paulsen, in Direito Processual Tributário, 2007, p. 271).

Diante do fim da execução de ofício no processo do trabalho, com exceção para o jus postulandi (art. 878 da CLT, com Redação da Lei nº 13.467, de 13.07.2017), observar-se-á a mesma sistemática do CPC, ou seja, também não será efetivada a citação.

Para que seja evitada a ocorrência de prescrição, poderá a União requerer que se proceda a citação por edital quando o réu estiver em lugar incerto e não sabido (art. 8º, III e IV, da LEF).

Citado o devedor, mas não localizados seus bens no prazo de 1 ano, o juiz ordenará o arquivamento dos autos (art. 40, § 3º da LEF). Decorrido o prazo de 5 (cinco) anos da decisão que ordenar o arquivamento, o juiz poderá reconhecer, ouvida a União, a **prescrição intercorrente**, ou seja, a perda da exigibilidade da pretensão executiva no curso de um processo (art. 40, § 4º, da LEF). Será dispensada a manifestação da União quando a cobrança envolver valor inferior ao mínimo fixado por ato do Ministro da Fazenda (art. 40, § 5º, da LEF).

Definitivamente constituído o crédito da União, ou seja, terminado o procedimento administrativo referido nos artigos 629 a 638, começa a fluir o prazo prescricional de 5 (cinco) anos para cobrança das multas trabalhistas. Quanto ao termo final do procedimento administrativo já decidiu o STF que: "decorrido o prazo para interposição do recurso administrativo, sem que ela tenha ocorrido, ou decidido o recurso administrativo interposto pelo contribuinte, há a constituição definitiva do crédito tributário a que alude o art. 174 (CTN), começando a fluir, daí, o prazo da prescrição da pretensão do fisco (ERE nº 94.462-SP, Pleno, Relator Ministro Moreira Alves, DJ 17.12.82), in Rocha Lopes, Processo Judicial Tributário, 2007, p. 199.

A cobrança amigável, prevista no art. 640 da CLT, não interrompe nem suspende a prescrição da pretensão da União.

Não observando a União o prazo prescricional para cobrança das multas trabalhistas o juiz do trabalho poderá, de ofício, **reconhecer a prescrição,** sequer havendo necessidade de citação do executado. Aqui se trata de aplicação de norma especial (a LEF), afastando-se a polêmica quanto ao cabimento ou não do reconhecimento da prescrição de ofício pelo CPC. No sentido em que defendemos se manifesta Leonardo José Carneiro da Cunha, antes da aprovação do CPC/2015, citando o posicionamento do **STJ**, consubstanciado na **Súmula 409** de sua jurisprudência: "Em execução fiscal, a prescrição ocorrida antes da propositura da ação pode ser decretada de ofício." (Fazenda Pública em Juízo, 2010, p. 399-400).

Este conhecimento foi exigido no seguinte concurso público para ingresso no Cargo de Juiz do Trabalho Substituto:

✱ DISCURSIVA:

↳ **(TRT/2R/Juiz/2013) Responda objetivamente: (a) Na ação de execução por multa administrativa decorrente de infração de dispositivo contido na Consolidação das Leis do Trabalho aforada pela União Federal (Fazenda Nacional) contra empresa privada, é cabível a aplicação de prescrição intercorrente? (b) Em caso afirmativo, em que prazo? (c) Fundamente as respostas anteriores, com a incidência ou não de regramentos legais correspondentes à prescrição.**

▸TÍTULO VII-A DA PROVA DA INEXISTÊNCIA DE DÉBITOS TRABALHISTAS

(Título VII-A inserido pela Lei nº 12.440, de 07.07.2011)

Art. 642-A. É instituída a Certidão Negativa de Débitos Trabalhistas (CNDT), expedida gratuita e eletronicamente, para comprovar a inexistência de débitos inadimplidos perante a Justiça do Trabalho.

§ 1º O interessado não obterá a certidão quando em seu nome constar:

I – o inadimplemento de obrigações estabelecidas em sentença condenatória transitada em julgado proferida pela Justiça do Trabalho ou em acordos judiciais trabalhistas, inclusive no concernente aos recolhimentos previdenciários, a honorários, a custas, a emolumentos ou a recolhimentos determinados em lei; ou

II – o inadimplemento de obrigações decorrentes de execução de acordos firmados perante o Ministério Público do Trabalho ou Comissão de Conciliação Prévia.

§ 2º – Verificada a existência de débitos garantidos por penhora suficiente ou com exigibilidade suspensa, será expedida Certidão Positiva de Débitos Trabalhistas em nome do interessado com os mesmos efeitos da CNDT.

§ 3º – A CNDT certificará a empresa em relação a todos os seus estabelecimentos, agências e filiais.

§ 4º – O prazo de validade da CNDT é de 180 (cento e oitenta) dias, contado da data de sua emissão.

1. COMENTÁRIOS

A Lei nº 12.440, de 7.7.2011, DOU de 8.7.2011, instituiu o Título VII-A na CLT, na sequência do Título VII, que cuida do "Processo de Multas Administrativas". O art. 4º da referida lei fixou o prazo de 180 dias, a contar da publicação no DOU, para que a norma começasse a vigorar.

O Título VII-A introduziu na CLT o art. 642-A, acima, instituindo a Certidão Negativa de Débitos Trabalhistas (CNDT). A referida certidão credencia a empresa executada a participar de licitações públicas. Sem a certidão, a empresa não preencherá o requisito de regularidade trabalhista, ficando impedida de participar de licitações, conforme redação do art. 27, IV, da Lei nº 8.666, de 21.6.1993 (Lei de Licitações e Contratos), também alterada pela Lei nº 12.440/2011.

O TST, através de seu Órgão Especial, editou a Resolução Administrativa nº 1470/2011, de 24.08.2011, regulamentando a Lei nº 12.440/2011. Diferentemente do que era minha expectativa, o próprio TST resolveu centralizar o controle das certidões, requeridas e expedidas, preferencialmente por meio eletrônico. Contudo, permite que tais certidões também sejam requeridas através dos sítios eletrônicos do Conselho Superior da Justiça do Trabalho e dos Tribunais Regionais do Trabalho (art. 4º, § 1º, da Resolução 1470/2011, com a redação do Ato TST.GP nº 001/2012, de 02.01.2012.)

A certidão será negada ao executado pelo inadimplemento de obrigações fixadas nos títulos judiciais e extrajudiciais referidos no art. 642-A, § 1º, I e II, cuja eficácia executiva também está reconhecida no art. 876 da CLT. A nosso ver, o descumprimento de outros títulos extrajudiciais, possivelmente admitidos na Justiça do Trabalho, também poderá ensejar a emissão desta certidão (vide comentários ao art. 876 sobre o rol de títulos judiciais e extrajudiciais).

O inadimplemento da empresa, diante das obrigações fixadas em quaisquer dos títulos acima referidos, terá como termo inicial a citação do executado para cumprir a obrigação ou garantir o juízo, conforme regramento do art. 880 da CLT. Citado o executado, e não cumprida a obrigação no prazo de 48 horas, ou não garantido o juízo, a empresa passa a ter uma inscrição negativa em sua certidão. Antes da inclusão do executado no Banco Nacional de Devedores Trabalhistas, o juiz deve emitir a ordem de bloqueio on line. Somente depois de frustrado o bloqueio é que será incluído o devedor no referido cadastro (art. 1º, § 1º-A, da Resolução 1470/2011, com a redação do Ato TST.GP nº 001/2012, de 02.01.2012.). Ademais, o juiz precisará, após o bloqueio frustrado, aguardar o prazo de 45 dias previsto no art. 883-A, introduzido pela Lei nº 13.467, de 13.07.2017, antes de incluir o nome do devedor no BNDT.

Quando a sentença condenatória for de obrigação de fazer, não fazer ou de entrega de coisa certa, a inclusão do devedor no BNDT ocorrerá logo após a fluência do prazo de 45 dias, referido no art. 883-A, da CLT, mantendo-se inerte o executado o TST, deverá alterar o art. 1º, § 1º, da Resolução 1470/2011, com a redação do Ato TST.GP nº 001/2012, de 02.01.2012, cujo entendimento é anterior à Lei nº 13.467, de 13.07.2017, e, consequentemente, não previa o prazo de 45 dias.

Perceba-se que a garantia do juízo, mesmo que seja pela nomeação de bens à penhora, evita a inscrição negativa da empresa, como se pode deduzir do § 2º, do art. 642-A. Na verdade, trata-se de certidão positiva (porque a dívida existe), mas com efeitos negativos (pois o executado não se nega a quitá-la). Esta também é a interpretação conferida pelo TST ao texto legal, por meio da Resolução nº 1470/2011, art. 1º, § 2º. Claro que a nomeação de bens, por si só, não tem eficácia jurídica, antes de ser aceita pelo juízo, observando-se, neste particular, a ordem do art. 655 do CPC/73 (atual art. 835, do CPC/2015), como exige o art. 882 da CLT. Decidindo o juiz quanto à nomeação e recusando-a, a inscrição negativa será feita de imediato.

A garantia parcial do juízo, com bens que não cubram todo o valor devido, incluindo as despesas processuais, não é suficiente para inibir a inscrição negativa na certidão. da mesma forma, o pagamento parcial da dívida também não impede a certidão negativa. No mesmo sentido a Resolução nº 1470/2011, art. 1º, § 2º.

A decisão do juiz que determina a inscrição negativa é interlocutória e, portanto, irrecorrível de imediato, nos termos do art. 893, § 1º, da CLT, aplicável a esta fase do procedimento. O Agravo de Petição não é meio hábil para impugnar esta decisão, pois a parte poderá, ainda nos embargos à execução, atacar a decisão que determinou a inscrição do executado. Somente após a decisão dos embargos o tema será submetido à apreciação do Tribunal Regional, por meio do Agravo de Petição disciplinado no art. 897, "a", da CLT.

Nada obsta, contudo, o uso de Mandado de Segurança para atacar a decisão de inscrição negativa, diante da demonstração de imediato prejuízo à empresa, considerando-se que esteja na iminência de participar de procedimento licitatório, cuja certidão negativa é documento indispensável, como demonstramos acima. Nesta hipótese o MS será apreciado pelo Tribunal Regional do Trabalho respectivo.

A certidão, válida para todos os estabelecimentos da empresa, será um enorme estímulo para a quitação imediata das dívidas trabalhistas.

▸TÍTULO VIII – DA JUSTIÇA DO TRABALHO

▸CAPÍTULO I – INTRODUÇÃO

✦ COMPETÊNCIA DA JUSTIÇA DO TRABALHO

Art. 643. Os dissídios, oriundos das relações entre empregados e empregadores bem como de trabalhadores avulsos e seus tomadores de serviços, em atividades reguladas na legislação social, serão dirimidos pela Justiça do Trabalho, de acordo com o presente Título e na forma estabelecida pelo processo judiciário do trabalho.(Redação da Lei nº 7.494, de 17.6.1986)

§ 1º – As questões concernentes à Previdência Social serão decididas pelos órgãos e autoridades previstos no Capítulo V deste Título e na legislação sobre seguro social.

§ 2º – As questões referentes a acidentes do trabalho continuam sujeitas a justiça ordinária, na forma do Decreto nº 24.637, de 10 de julho de 1934, e legislação subseqüente.

§ 3º – A Justiça do Trabalho é competente, ainda, para processar e julgar as ações entre trabalhadores portuários e os operadores portuários ou o Órgão Gestor de Mão-de-Obra – OGMO decorrentes da relação de trabalho.(Incluído pela Medida Provisória nº 2.164-41, de 2001)

1. COMENTÁRIOS

1.1. Jurisdição e Critérios de Competência

A Teoria Geral do Processo assenta-se sobre três pilares: jurisdição, ação e processo. Jurisdição é a função; ação é o direito de exigir do Estado o exercício da jurisdição; e o processo é o meio, o instrumento através do qual se exerce a jurisdição (Leonardo Greco, Instituições, Vol. I, 2009, p. 65).

A jurisdição é função preponderantemente estatal, exercida por um órgão independente e imparcial, que atua na justa composição da lide, ou na proteção de interesses particulares (Greco, 2009, p. 65).

O Estado não tem mais o monopólio da jurisdição, daí porque são reconhecidos métodos alternativos de solução dos conflitos de interesse, denominados equivalentes jurisdicionais, dos quais são exemplos a mediação (Comissão de Conciliação Prévia) e a arbitragem (de restrita aplicação no processo do trabalho).

Todo órgão judicial é dotado de jurisdição, mas cada qual nos limites e na medida de sua competência. "Essa parcela de jurisdição que cabe, segundos critérios legais, a cada órgão jurisdicional individualmente é a competência" (Greco, 2009, p. 129).

O direito processual brasileiro adotou a teoria da tríplice repartição da competência (Adolf Wach), baseada na divisão pelos seguintes critérios: competência objetiva, que se subdivide em outros três: em razão da matéria, da pessoa e do valor; competência funcional e competência territorial. O Código de Processo Civil, contudo, influenciado pela doutrina de Giuseppe Chiovenda, que adaptou a teoria de Adolf Wach (alemão) à realidade italiana, só subdividiu a competência objetiva em duas subespécies (matéria e valor), omitindo-se quanto à competência em razão da pessoa. Esta subespécie, contudo, foi adotada, expressamente, pela Constituição Federal de 1988, como é exemplo a competência da Justiça Federal, definida em razão da natureza jurídica dos entes públicos (qualidade da pessoa), como se percebe da redação do art. 109, I, da CF.

1.2. Competência dos órgãos com jurisdição trabalhista

Quanto ao critério objetivo, acima referido, só interessa à jurisdição trabalhista a subespécie que determina a competência em razão da matéria, definida no art. 114 da CF. Não há qualquer conflito cuja competência da Justiça do Trabalho seja definida em razão da qualidade atribuída à pessoa. Tampouco existem órgãos com jurisdição trabalhista cuja competência originária seja definida em razão do valor atribuído à causa. O valor, no processo do trabalho, só tem importância para fixar o rito procedimental a ser seguido na Justiça do Trabalho, não servindo para definir a competência (vide comentários ao art. 852-A, da CLT).

Os critérios de fixação de competência funcional e territorial também têm aplicação no processo do trabalho. Define-se como competência funcional o conjunto de atribuições, fixadas por lei ou pela Constituição da República, para cada órgão jurisdicional. Segundo este critério, cada órgão de jurisdição trabalhista tem sua competência previamente determinada. O juiz do trabalho assumiu a competência antes definida para a Junta de Conciliação e Julgamento, conforme arts. 652 a 659 da CLT, além de outras competências determinadas pelo art. 114 da Constituição. O Tribunal Regional do Trabalho, órgão de segundo grau de jurisdição trabalhista, tem sua competência funcional definida pelos arts. 674 a 683 da CLT. O Tribunal Superior do Trabalho, órgão de terceiro grau de jurisdição trabalhista, tem sua competência definida nos artigos 702 a 709 da CLT. A competência territorial dos órgãos de primeiro grau de jurisdição está delimitada pelas regras do art. 651 e seus parágrafos da CLT.

1.3. A ampliação de competência: EC nº 20/98

Com a extinção dos juízes classistas, pela EC nº 24/1999, estava aberta a porta para a ampliação da competência da Justiça do Trabalho, para que pudesse compor, com mais abrangência, os conflitos decorrentes do trabalho.

A mudança de rumos também foi influenciada por um aspecto político envolvendo a arrecadação do Estado. Um ano antes da promulgação da EC nº 24/99, que extingui a representação classista, o judiciário trabalhista recebia sua primeira competência tributária, com a EC nº 20/98, alterando a redação do artigo art. 114 da CRFB/88, que na ocasião passou a ter o seguinte teor:

> "Art. 114. Compete à Justiça do Trabalho processar e julgar:
>
> (...)
>
> § 3º Compete ainda à Justiça do Trabalho executar, de ofício, as contribuições sociais previstas no art. 195, I, a, e II, e seus acréscimos legais, decorrentes das sentenças que proferir. (Incluído pela Emenda Constitucional nº 20, de 1998)"

As contribuições sociais previstas pelo art. 195, I, a, e II, e seus acréscimos legais são, em essência, devidas à previdência social, como fruto do trabalho. Lê-se no dispositivo mencionado, a seguir transcrito, que:

> "Art. 195. A seguridade social será financiada por toda a sociedade, de forma direta e indireta, nos termos da lei, mediante recursos provenientes dos orçamentos da União, dos Estados, do Distrito Federal e dos Municípios, e das seguintes contribuições sociais:
>
> I. do empregador, da empresa e da entidade a ela equiparada na forma da lei, incidentes sobre: (Redação determinada pela Emenda Constitucional nº 20, de 1998)
>
> a) a folha de salários e demais rendimentos do trabalho pagos ou creditados, a qualquer título, à pessoa física que lhe preste serviço, mesmo sem vínculo empregatício; (Incluído pela Emenda Constitucional nº 20, de 1998)
>
> II. do trabalhador e dos demais segurados da previdência social, não incidindo contribuição sobre aposentadoria e pensão concedidas pelo regime geral de previdência social de que trata o art. 201; (Redação determinada pela Emenda Constitucional nº 20, de 1998)".

A previdência social, neste um ano de competência trabalhista de execução, de oficio, de contribuições previdenciárias, ou seja, de dezembro de 98 (EC nº 20) a dezembro de 99 (EC nº 24), percebeu um aumento enorme de arrecadação, que se repetiu no ano seguinte, até culminar com mais de um bilhão de reais arrecadados pela Justiça do Trabalho no ano de 2006 (dados extraídos do site www.tst.gov.br, em 17.04.2007).

1.4. O novo eixo de competência: EC 45/2004

Com a EC 45/04 a Justiça do Trabalho, de uma vez por todas, viu o eixo de sua competência alterar-se de vez. Deixou de ter foco exclusivo na relação de emprego, para, alterado o art. 114

da CRFB/88, ter que dirimir todos os conflitos decorrentes da relação de trabalho (inciso I, do art. 114). Além disso, entre outras tantas novas competências, passou a ter amplo controle dos atos praticados pela fiscalização do trabalho (inciso VII, do art. 114), o que inclui a cobrança das multas aplicadas pelos Auditores Fiscais do Trabalho e outras medidas decorrentes da atuação do órgão de fiscalização.

Certo é que a Justiça do Trabalho perdeu seu enfoque estritamente social, do ponto de vista de tutela do trabalhador, e passa a assumir um papel diferente dentro da política de arrecadação do Estado. Passamos a conviver, assim, com duas espécies de conflito: do trabalhador em face do seu tomador de serviços (empregador ou não) e do Estado em face de seus contribuintes, na cobrança de tributos incidentes sobre a atividade destes, relacionada ao trabalho humano. O desafio imposto por estes novos ventos estará no equilíbrio entre a competência de cobrança de tributos e a sua função social de controle dos conflitos do trabalho, tradicionalmente decididos sob o manto do princípio protetor.

Não só o Direito do Trabalho é norteado pelo Princípio Protetor. Sua presença é marcante também no Processo do Trabalho. O Estado, seja pela atuação legislativa, seja pela Jurisprudência Trabalhista, estabelece, frequentemente, tratamento desigual entre os sujeitos do processo, na intenção de diminuir o "fosso" que os separa e tentar promover, substancialmente, a igualdade entre ambos. São exemplos da influência do princípio da proteção ao empregado, no processo do trabalho: **a)** a assistência judiciária prevista tão só para o empregado (art. 14, da Lei nº 5.584/70); **b)** as consequências mais severas para a ausência do réu, via-de-regra empregador (CLT, artigo 844); **c)** a não aplicação de dispositivos do processo civil que prejudiquem o acesso à justiça pelo empregado (CPC, art. 268, caput, segunda parte; o CPC/2015 tem disposição semelhante, porém aperfeiçoada, no art. 486, § 1º); **d)** competência territorial fixada para atender aos interesses do empregado (CLT, art. 651, parágrafos 1º a 3º); **d)** inversão do ônus probatório por força da jurisprudência (TST, Súmulas 212 e 338).

O Judiciário Trabalhista não poderá estender o princípio protetor às demandas fiscais ou de multas trabalhistas, nem tampouco deve olvidar-se de sua função precípua e se transformar em órgão de arrecadação do Estado, pura e simplesmente. O tempo, senhor da razão, haverá de ajustar estas duas atividades do Judiciário Trabalhista.

1.5. A competência em razão da matéria: art. 114, da CF

1.5.1. Relação de Trabalho: art. 114, I, da CF

O art. 114, I, da CF, prevê a competência da Justiça do Trabalho para apreciar "as ações oriundas da relação de trabalho". O alcance da expressão "relação de trabalho" não deixa dúvidas que a competência trabalhista foi ampliada. Considera-se relação de trabalho qualquer relação jurídica cujo objeto seja uma obrigação de fazer.

Na interpretação da norma constitucional e do próprio alcance da expressão "relação de trabalho" que, em última análise, representa o objeto da Justiça do Trabalho, é o ponto mais tormentoso da ampliação de competência atribuída ao texto do art. 114 pela EC 45/2004.

A doutrina trabalhista dividiu-se entre aqueles que buscam uma interpretação mais ampla do texto constitucional e os que propõem uma visão mais reducionista.

O único ponto pacífico na interpretação do art. 114, I, diz respeito à exclusão das pessoas jurídicas prestadoras de serviços. A regra constitucional quis abranger somente as pessoas físicas que prestam serviços e cujo pagamento por este trabalho não tenha sido devidamente remunerado. Neste sentido, a 3ª Turma do TST, nos autos do RR nº 1466/2006-066-23-00.2, acompanhando o voto do Ministro Relator Alberto Bresciani, negou a competência da Justiça do Trabalho para apreciar ação de representante comercial típico, exatamente porque constituído como pessoa jurídica, referendando, portanto, a interpretação de que somente as pessoas físicas têm o amparo da Justiça do Trabalho.

Segundo a tese reducionista, que também adotamos, seriam submetidos à competência da Justiça do Trabalho os conflitos que se aproximam da relação de emprego quanto à sua natureza, faltando alguns elementos para que seja o trabalhador considerado um empregado. Para esta tese, a EC 45/2004 quis trazer para o âmbito da Justiça do Trabalho aqueles prestadores de serviço que historicamente não tinham direito a qualquer proteção, muitos dos quais se posicionando numa situação jurídica ainda inferior a do empregado. Exemplos deste tipo de trabalhador são: o doméstico diarista, o eventual (biscateiro), o bóia-fria (para alguns, eventual, para outros, espécie de avulso) e o trabalhador autônomo. A nosso ver esta tese vem se mostrando vencedora na jurisprudência do TST, resgatando-se, assim, a função social da Justiça do Trabalho, reaproximando-a do julgamento dos conflitos entre prestadores de serviço hipossuficientes e seus tomadores de serviços.

A tese reducionista já foi adotada em acórdão da 1ª Turma do TST, RR nº 1110/2007-075-02-00.5, na esteira do voto do Relator, Ministro Lélio Bentes. Segundo o relator, a ampliação de competência da Justiça do Trabalho visa abranger os trabalhadores do mercado informal "prestando serviços sem vínculo contratual com um empregador e sem gozar de proteção legal". Essa é a parcela do público original que estava fora do leque constitucional e que a ampliação de competência visa abranger. O Relator cita os seguintes exemplos: trabalho autônomo equiparável ao de operário ou artífice e o trabalho com "autonomia meramente nominal", tais como prestadores de serviços eventuais em domicilio e o "chapas" de caminhões.

Jorge Luiz Souto Maior, após tecer duras críticas à ampliação da competência da Justiça do Trabalho, com receio da perda do foco no principal "cliente" do Judiciário Trabalhista: o empregado, propôs uma interpretação do art. 114, I, da CF, para atrair "os conflitos entre o capital e o trabalho, atingindo, a partir de agora, outras formas de exploração de mão de obra que se foram criando ao longo dos anos e que não se incluem, por qualquer razão, no padrão jurídico da CLT." (Nova Competência da Justiça do Trabalho, jan-2005, p. 188). O autor, na obra citada (jan-2005, p. 188), faz referência aos seguintes tipos de conflito agora da competência da Justiça do Trabalho: representante comercial (autônomo), o trabalhador autônomo, cujo trabalho é explorado economicamente por outrem (um médico e o Hospital; um advogado e o escritório de advocacia; um escritor e o jornal); o trabalhador autônomo que presta serviços e que constitui uma atividade empresarial precária (o encanador; o jardineiro; o pequeno empreiteiro etc.).

Mauricio Godinho Delgado, também criticando a face negativa da reforma, que afasta a Justiça do Trabalho de sua função precípua, alega que o volume de trabalhadores autônomos nas economias capitalistas não justifica a mudança de competência proposta pela EC 45/2004. Explica o autor que: "Pelos dados europeus de fins dos anos 80 e meados da década de 1990, tomando-se como parâmetro Alemanha e França, verifica-se não existir sequer 15% de trabalhadores que não sejam reais empregados ou servidores públicos, consideradas suas populações ocupadas." (Nova Competência da Justiça do Trabalho, jan-2005, p. 297).

Pelo que foi acima exposto, percebe-se o acerto da jurisprudência trabalhista em sua tendência de interpretar de forma restritiva o alcance da regra do art. 114, I, da CF.

O STJ, também referendando a tese reducionista, afastou da competência da Justiça do Trabalho os profissionais liberais. Este é o teor da S. 363 de sua jurisprudência: "Compete à Justiça Estadual processar e julgar a ação de cobrança ajuizada por profissional liberal contra cliente".

Interpretado o entendimento do STJ a contrário senso, restaria à Justiça do Trabalho a apreciação de demandas do trabalhador autônomo, desde que este não exerça profissão regulamentada, pois, nesta circunstância, sua demanda deve ser apreciada pela Justiça Comum Estadual.

Segundo a tese ampliativa, a Justiça do Trabalho seria competente para apreciar todos os conflitos que envolvam prestação de serviços de pessoas físicas, mesmo que sem qualquer traço de hipossuficiência do trabalhador. Exemplo de tal abrangência se manifesta na opinião de Edilton Meireles, propondo interpretação para abranger os conflitos entre o paciente e seu médico, inclusive eventual indenização por erro médico; da mesma forma, deduz o autor que também seria competente a Justiça do Trabalho para apreciar a cobrança dos honorários do advogado ou mesmo ação do cliente buscando indenizações pela atividade profissional de seu advogado (Nova Competência da Justiça do Trabalho, jan-2005, p. 67). Esta interpretação, que não vem sendo prestigiada pela jurisprudência do TST, traz o inconveniente de atrair para a Justiça do Trabalho demandas que envolvam relação de consumo.

O TST já deu claros sinais de que não é da competência da Justiça do Trabalho julgar demandas que envolvam relação de consumo. Neste sentido decidiu a 1ª Turma do TST, AIRR 95/2006-005-18-40.3. O Relator, Ministro Walmir Oliveira da Costa, estabeleceu que a relação entre um advogado e seu cliente é de consumo e não de trabalho. Por isso entendeu que a ação de cobrança entre o advogado e seu cliente deve ser ajuizada na Justiça Comum. Assim dispôs o voto: "A ação de cobrança de honorários advocatícios ajuizada por profissional liberal contra cliente decorre de relação de consumo regulada pelo Código de Defesa do Consumidor (Lei nº 8.078/90), tipo de prestação de serviços autônomo em que o fornecedor mantém o poder de direção sobre a própria atividade, não se inserindo, portanto, na competência material da Justiça do Trabalho equacionar o conflito".

1.5.2. Servidor Público: art. 114, I, da CF

Dispôs o art. 114, I, conforme redação da Emenda Constitucional nº 45, de 2004, que compete à Justiça do Trabalho julgar "as ações oriundas da relação de trabalho, abrangidos os entes de direito público externo e da administração pública direta e indireta da União, dos Estados, do Distrito Federal e dos Municípios".

Os servidores que mantiverem regime de emprego com a Administração Pública, sujeitos, portanto, à CLT, terão seus conflitos apreciados pela Justiça do Trabalho. Estão excluídos da interpretação do art. 114, I, os servidores estatutários, regidos por estatuto jurídico próprio e não pela CLT, ocupantes de cargos públicos efetivos e não de empregos públicos.

Neste sentido o Ministro Nelson Jobim, do E. STF, concedeu liminar na ADI 3395-6, DJU 04.02.2005, fazendo interpretação conforme a Constituição para afastar qualquer entendimento com base no art. 114, I, da CF, que insira na competência da Justiça do Trabalho o julgamento de lides envolvendo servidores estatutários e os entes públicos; este entendimento foi referendado pelo Pleno do STF, conforme acórdão publicado o DJU, em 10.11.2006).

Também estão afastadas da competência da Justiça do Trabalho as lides envolvendo as contratações especiais por excepcional interesse público, na forma do art. 37, IX, da CF, ou sob a veste de qualquer outro regime jurídico administrativo, conforme já decidiu o E. STF.

Confira-se a jurisprudência do STF conferindo o exato alcance da norma do art. 114, I, da CF, limitando a competência da Justiça do Trabalho somente para julgamento de servidores públicos com vínculo celetista:

> "Servidores públicos. Regime temporário. Justiça do Trabalho. Incompetência. No julgamento da ADI nº 3.395/DF-MC, este Supremo Tribunal suspendeu toda e qualquer interpretação do inciso I do art. 114 da CF (na redação da EC 45/2004) que inserisse, na competência da Justiça do Trabalho, a apreciação de causas instauradas entre o Poder Público e seus servidores, a ele vinculados por típica relação de ordem estatutária ou de caráter jurídico-administrativo. As contratações temporárias para suprir os serviços públicos estão no âmbito de relação jurídico-administrativa, sendo competente para dirimir os conflitos a Justiça comum e não a Justiça especializada." (Rcl 4.872, Rel. p/o ac. Min. Menezes Direito, julgamento em 21-8-2008, Plenário, DJE de 7-11-2008.) No mesmo sentido: Rcl 7.157-AgR, Rel. Min. Dias Toffoli, julgamento em 17-2-2010, Plenário, DJE de 19-3-2010; Rcl 4.045-MC-AgR, Rel. Min. Cezar Peluso, julgamento em 14-10-2009, Plenário, DJE de 19-3-2010; Rcl 5.924-AgR, Rcl 7.066-AgR e Rcl 7.115-AgR, Rel. Min. Eros Grau, julgamento em 23-9-2009, Plenário, DJE de 23-10-2009; Rcl 7.028-AgR e Rcl 7.234-AgR, Rel. Min. Ellen Gracie, julgamento em 16-9-2009, Plenário, DJE de 16-10-2009; Rcl 6.568, Rel. Min. Eros Grau, julgamento em 21-5-2009, Plenário, DJE de 25-9-2009; Rcl 4.489-AgR, Rcl 4.012-AgR e Rcl 4.054-AgR, Rel. p/o ac. Min. Carmen Lúcia, julgamento em 21-8-2008, Plenário, DJE de 21-11-2008; Rcl 5.381, Rel. Min. Ayres Britto, julgamento em 17-3-2008, Plenário, DJE de 8-8-2008."
>
> "Ação proposta por servidor público contratado sem concurso, embora estável nos termos do art. 19 do ADCT da CF vigente. (...) Inexistência de ofensa ao acórdão da ADI 3.395. (...) Se a petição inicial de reclamação trabalhista reconhece a natureza trabalhista da relação jurídica em que funda o pedido, o feito é da competência da Justiça do Trabalho." (Rcl 7.415-AgR, Rel. Min. Cezar Peluso, julgamento em 4-2-2010, Plenário, DJE de 9-4-2010.)
>
> "Não ofende a autoridade do acórdão proferido na ADI 3.395, a decisão de juízo trabalhista que reconhece sua competência para processar execução que compreende verbas oriundas de vínculo trabalhista e de relação estatutária ulterior." (Rcl 7.450-AgR, Rel. Min. Cezar Peluso, julgamento em 8-10-2009, Plenário, DJE de 9-4-2010.)
>
> A Jurisprudência do TST já se posicionou em sentido contrário, mas resolveu cancelar a OJ nº 205 da SDI-1, adequando-se ao posicionamento do STF. Este era o teor da OJ cancelada: COMPETÊNCIA MATERIAL. JUSTIÇA DO TRABALHO. ENTE PÚBLICO. CONTRATAÇÃO IRREGULAR. REGIME ESPECIAL. DESVIRTUAMENTO. I – Inscreve-se na competência material da Justiça do Trabalho dirimir dissídio individual entre trabalhador e ente público se há controvérsia acerca do vínculo empregatício. II – A simples presença de lei que disciplina a contratação por tempo determinado para atender a necessidade temporária de excepcional interesse público (art. 37, inciso IX, da CRFB/88) não é o bastante para deslocar a competência da Justiça do Trabalho se se alega desvirtuamento em tal contratação, mediante a prestação de serviços à Administração para atendimento de necessidade permanente e não para acudir a situação transitória e emergencial. (Cancelada pela Res. 156/2009, DJ divulgado em 27, 28 e 29.04.2009).

1.5.3 Conflitos com Estados estrangeiros e organismos internacionais: art. 114, I, da CF. Imunidade de Jurisdição

Os art. 114, I, da CF passou a prever a competência da Justiça do Trabalho para apreciar "as ações oriundas da relação de trabalho, abrangidos os entes de direito público externo". Estão incluídas nesta competência, portanto, os Estados estrangeiros, assim como os organismos internacionais que ostentem natureza de direito público externo, como é o caso da ONU (Organização das Nações Unidas).

Os Estados estrangeiros possuem imunidade de jurisdição em razão de tradicional regra de direito consuetudinário (costumeiro) internacional, não se sujeitando, portanto, à jurisdição nacional, a não ser que renunciem, expressamente, a esta imunidade. Tal interpretação tem por base o princípio traduzido nos brocados "par in paren non habet judicium" ou "par in paren non habet imperium" (entre iguais não há jurisdição).

O princípio da imunidade de jurisdição foi expressamente reconhecido nas Convenções de Viena de 1961, quanto aos agentes diplomáticos, e a na de 1962, quanto aos agentes consulares. Ambos esses atos internacionais, devidamente assinados pelo Brasil, foram aprovados por decretos legislativos, ratificados e depois promulgados, respectivamente, pelos Decretos 56.435/65 e 61.078/67.

Portanto, no plano jurídico, podemos afirmar que a imunidade de jurisdição dos Estados estrangeiros decorre do direito costumeiro internacional, enquanto a imunidade dos agentes diplomáticos deriva de atos normativos, devidamente ratificados pelo Brasil.

Diante destas premissas, o histórico julgamento do STF, nos autos do processo nº 9.696-3(SP), tendo como partes Genny de Oliveira (viúva de ex-empregado) vs. Embaixada da República Democrática Alemã, Rel., Ministro Sidney Sanches, Voto: Min. Francisco Resek, reconheceu a inexistência de imunidade para apreciação de demanda trabalhista, com base na relativização da regra da imunidade no plano internacional. Os fundamentos do Acórdão, na esteira do voto do Ministro Resek, citaram diversos diplomas internacionais que vinham demonstrando a mudança de enfoque quanto à imunidade de jurisdição dos Estados estrangeiros. São exemplos destes fundamentos: **a)** a CONVENÇÃO EUROPÉIA DE 1972, não admitindo a imunidade quanto às ações trabalhistas e indenizatórias; **b)** THE FOREIGN SOVEREINING IMMUNITIES ACT DE 1976 – EUA, não admitindo a imunidade nas ações de responsabilidade civil; **c)** THE STATE IMMUNITIES ACT – 1978 – Inglaterra, não admitindo a imunidade quanto às demandas trabalhistas e de responsabilidade civil; **d)** No mesmo sentido as LEIS DE SINGAPURA, 1979; ESPANHA, 1980; PAQUISTÃO, 1981; CANADÁ, 1982 e AUSTRÁLIA, 1985.

Todos os fundamentos acima sustentaram a mudança da jurisprudência do STF, passando a permitir demanda trabalhista em face de Estado estrangeiro, independentemente de sua renúncia expressa à imunidade.

No que tange aos organismos internacionais a imunidade também decorre de atos normativos (normas, tratados), e não com base no direito costumeiro. Tais atos normativos, portanto, precisam ser respeitados pelo Brasil, sempre que afastarem a jurisdição nacional. Neste sentido a Ministra Ellen Gracie, em brilhante voto como relatora no RE nº 578543/MT, 7.5.2009 e RE 597368/MT, transcrito no Informativo nº 545 do STF, enfatiza que a jurisprudência da Suprema Corte sempre se inclinou pelo reconhecimento dos atos internacionais que conferirem imunidade de jurisdição aos organismos internacionais.

Lembrou a Ministra, com esteio em julgamentos anteriores, que o E. STF não temperou a imunidade de jurisdição quanto às demandas trabalhistas no que diz respeito aos organismos internacionais. Ficou assentado na jurisprudência da Suprema Corte que os organismos internacionais necessitam renunciar, expressamente, à imunidade constantes dos atos normativos internacionais, reconhecido pelo Brasil, a fim de que possam se submeter à jurisdição nacional, mesmo em demandas oriundas da relação de trabalho.

Confira-se o teor de alguns julgamentos citados pela Ministra relatora:

> "Ação Rescisória fundada no art. 798, I, c, e II, do Código de Processo Civil, contra acórdão do Supremo Tribunal Federal que admitiu reclamação trabalhista, formulada contra o Comitê Intergovernamental para Migrações Européias, ao qual não se reconheceu imunidade de jurisdição, por depender de acordo com o Governo do Brasil.
>
> II. Procedência com base no primeiro fundamento, porque o acordo em questão, cuja falta admitiu o acórdão, já vigorava então." (Ação Rescisória 909, de relatoria do eminente Ministro Carlos Thompson Flores, acórdão publicado em 12.06.1974".

Já na Apelação Cível 9.703, de relatoria do eminente Ministro Djaci Falcão e julgada em 28.09.1988 (DJ de 27.10.1989), esta Corte reconheceu, por unanimidade, a imunidade da Organização de Aviação Civil Internacional à jurisdição da Justiça do Trabalho brasileira.

Verificou-se, naquela oportunidade, ser aquele organismo uma das agências especializadas do Sistema das Nações Unidas, da qual o Brasil é parte.

Demonstrou o eminente relator, Ministro Djaci Falcão, que o Brasil, ao assinar o Acordo Básico de Assistência com a ONU e suas Agências Especializadas, promulgado pelo Decreto 59.298/66, havia se comprometido a aplicar àquela organização a Convenção sobre Privilégios e Imunidades das Agências Especializadas, promulgada pelo Decreto 52.288/63, que reza, em seu art. 3º, 4ª Seção, que "as agências especializada, seus bens e ativo, onde estiverem localizados e qualquer que seja o seu depositário, gozarão de imunidade de todas as formas de processo legal, exceto na medida em que, em qualquer caso determinado houverem expressamente renunciado à sua imunidade. Fica entendido, porém, que nenhuma renúncia de imunidade se estenderá a qualquer medida de execução".

Vê-se, portanto, que o exame já realizado pelo Supremo Tribunal Federal no que concerne à imunidade de jurisdição dos organismos internacionais não guarda qualquer relação com a matéria da imunidade jurisdicional dos Estados estrangeiros, pois, naquela primeira hipótese, o que prevalece não é a verificação da prática de atos de império ou de gestão e da possibilidade de afastamento de norma consuetudinária internacional, mas sim a averiguação da existência de tratados regularmente celebrados por meio dos quais o Brasil tenha se comprometido, no plano internacional, a garantir a imunidade de jurisdição à organização de que se tornou participante (neste sentido, inclusive, a posição do TST, consubstanciada na OJ nº 416, da SDI-1).

1.5.4. Conflitos de Greve: art. 114, II, da CF

A Constituição da República, na norma do art. 114, II, atribui competência à Justiça do Trabalho para apreciar "as ações que envolvam o exercício do direito de greve". Estas ações incluem os dissídios coletivos, de competência do segundo grau de jurisdição trabalhista (TRT´s), de conciliação e julgamento pelas Seções de Dissídios Coletivos (SDC/TRT), ou, onde esta não existir, pelo próprio Tribunal Pleno (art. 678, I, "a", da CLT).

Abrange, ainda, a competência para apreciação de ações possessórias decorrentes do exercício de direito de greve, mais propriamente os interditos proibitórios. O alcance da regra constitucional foi confirmado pela SV nº 23 do STF, que dispõe: "A Justiça do Trabalho é competente para processar e julgar ação possessória ajuizada em decorrência do exercício do direito de greve pelos trabalhadores da iniciativa privada.".

O interdito proibitório busca do Judiciário Trabalhista tutela de natureza inibitória, que visa preservar a posse, quando a greve de iniciativa espontânea ou organizada por sindicato, estiver na iminência de provocar esbulho ou turbação na posse. Trata-se, portanto, de tutela de natureza preventiva.

Ocorre esbulho quando há perda total da posse, como na hipótese de ocupação do estabelecimento empresarial, como forma de pressão pelos grevistas. Há turbação quando mantida a posse do bem, mas com limitações, como no exemplo de grevistas que fazem piquetes na porta de agências bancárias, dificultando, e às vezes impedindo, o ingresso de trabalhadores e mesmo dos próprios prepostos do empregador.

O interdito proibitório, previsto no art. 932 do CPC/73 (art. 567 do CPC/2015), segue o rito dos artigos 920 a 931 do CPC/73 (artigos 560 a 566 do CPC/2015), por expressa remissão do art. 933 do CPC/73 (art. 568 do CPC/2015). Estas regras têm aplicação subsidiária no processo do trabalho (CLT, art. 769).

O interdito proibitório, como qualquer espécie de ação possessória, é ação de conhecimento e, diante desta natureza, se insere na competência do juízo de primeiro grau de jurisdição, ou seja, do juiz do trabalho.

1.5.5. Representação Sindical: art. 114, III, da CF

A liberdade sindical proporcionada pela regra do art. 8º, da CF, provocou um aumento significativo no número de sindicatos fundados após a Constituição. Diante de eventual conflito, com um sindicato interferindo na base de representação de outro, a Justiça do Trabalho será competente para apreciar estas demandas. Neste sentido o art. 114, III, da CF: "as ações sobre representação sindical, entre sindicatos, entre sindicatos e trabalhadores, e entre sindicatos e empregadores;". No alcance da regra constitucional também se insere a competência da Justiça do Trabalho para apreciar qualquer demanda que envolva a negativa de registro da entidade sindical pelo Ministério do Trabalho, inclusive envolvendo o respeito à unicidade sindical.

A expressão "ações sobre representação sindical" é interpretada no sentido de se obter do texto constitucional sua máxima efetividade. Portanto, insere-se neste tipo de ação: **a)** o julgamento de demandas envolvendo as eleições sindicais; **b)** as ações indenizatórias decorrentes da atitude de um sindicato que cause prejuízos à imagem ou mesmo ao patrimônio de outro sindicato; **c)** as ações de uma empresa em face do sindicato que a representa e vice-versa; **d)** as ações dos empregados em face de seus sindicatos e vice-versa; **e)** as demandas dos sindicatos em face das empresas, quando estas não respeitem a representação dos trabalhadores.

Manoel Antonio Teixeira Filho, corroborando o extenso alcance das ações de representação sindical, inclui neste contexto interpretativo as demandas que envolvam federações e confederações sindicais; o autor exemplifica com alguns tipos de demandas inseridas na competência do art. 114, III, da CF: **a)** a representação da categoria; **b)** o recebimento de contribuições sindicais em geral; **c)** as disputas internas entre dirigentes sindicais; **d)** anulação de assembleias sindicais ou de eleições sindicais (Breves Comentários, abril-2005, p. 180-181).

Todos estes conflitos, sendo ações de conhecimento, umas de natureza declaratória (reconhecimento da representação sindical), outras condenatórias (cobrança de contribuição assistencial, indenizatórias, etc.), são todos de competência do primeiro grau de jurisdição.

A jurisprudência do E. STF vem confirmando a competência da Justiça do Trabalho, como demonstram os acórdãos a seguir transcritos:

> "Conflito negativo de competência. STJ. TST. Contribuição sindical. EC 45/2004. A discussão relativa à legitimidade do sindicato para receber a contribuição sindical representa matéria funcional à atuação sindical, enquadrando-se, diante da nova Redação determinada pela EC 45/2004 ao art. 114, III, da CF, na competência da Justiça do Trabalho. Tratando-se de competência absoluta, em razão da matéria, produz efeitos imediatos, a partir da publicação da referida emenda, atingindo os processos em curso, incidindo o teor do art. 87 do CCP. Aplica-se, portanto, o posicionamento adotado no CC 7.204-1/MG, Pleno, Rel. Min. Ayres Britto, DJ de 9-12-2005, que definiu a existência de sentença de mérito na Justiça comum estadual, proferida antes da vigência da EC 45/2004, como fator determinante para fixar a competência da Justiça comum, daí a razão pela qual mantém-se a competência do STJ (...)." (CC 7.456, Rel. Min. Menezes Direito, julgamento em 7-4-2008, Plenário, DJE de 20-6-2008.)
>
> "Ante o disposto no art. 1º da Lei 8.984/1995, à Justiça do Trabalho já competia julgar ação de sindicato de categoria econômica contra empregador, visando à contribuição assistencial estabelecida em contrato coletivo. (...) A competência da Justiça do Trabalho para processar e julgar ações sobre representação sindical, entre sindicatos, entre sindicatos e trabalhadores e entre sindicatos e empregadores – inciso III do art. 114 da CF, com a redação da Emenda 45, de 2004 –, abrange demandas propostas por sindicato de categoria econômica contra empregador, objetivando o reconhecimento do direito à contribuição assistencial." (CC 7.221, Rel. Min. Marco Aurélio, julgamento em 1º-7-2006, Plenário, DJ de 25-8-2006.) No mesmo sentido: AI 404.656-AgR, Rel. Min. Ellen Gracie, julgamento em 25-8-2009, Segunda Turma, DJE de 18-9-2009.

1.5.6. Mandado de Segurança, habeas corpus e habeas data: art. 114, IV, da CF

O art. 114, IV, da CF, inseriu na competência da Justiça do Trabalho a apreciação de "mandados de segurança, habeas corpus e habeas data, quando o ato questionado envolver matéria sujeita à sua jurisdição;".

A competência da Justiça do Trabalho para julgamento de mandado de segurança não é novidade, pois este remédio sempre foi amplamente utilizado para atacar as decisões interlocutórias de Juízes e Desembargadores do Trabalho, quando o ato questionado violava direito líquido e certo da parte. A novidade, quanto ao Mandado de Segurança, está no uso do remédio para questionar os atos da fiscalização do trabalho, como por exemplo, os Autos de Infração impostos pelos Auditores Fiscais do Trabalho (art. 114, VII, da CF). O Mandado de Segurança, antes uma ação de competência originária dos Tribunais, quando questionava somente decisões interlocutórias, após a EC nº 45/2004 também será apreciado pelo juiz do trabalho para atacar os atos da fiscalização do trabalho e quais outros atos de autoridade sujeitos ao controle jurisdição da Justiça do Trabalho.

O habeas corpus na Justiça do Trabalho sempre serviu para prevenir ou reparar constrangimento ao direito de liberdade do depositário infiel, diante da possibilidade de sua prisão civil, como meio de coerção para restituição do bem penhorado ou de seu valor (art. 5º, LXVII, da CF). A Justiça do Trabalho acolheu este remédio constitucional quando a prisão era determinada pelo juiz do trabalho, inclusive com previsão do procedimento no âmbito do próprio TST, quando o ato questionado chegasse até este grau de jurisdição ou fosse de sua competência originária (art. 190 e seguintes do Regimento Interno do TST).

A jurisprudência do STF, contudo, não acolhia o julgamento de habeas corpus na Justiça do Trabalho quanto à prisão do depositário infiel, mesmo antes da EC nº 45/2004, como se percebe da ementa a seguir transcrita:

> "Habeas corpus contra decreto de prisão civil de Juiz do Trabalho: coação atribuída ao TRT: coexistência de acórdãos diversos para o MESMO caso, emanados de tribunais de idêntica hierarquia (STJ e TST): validade do acórdão do STJ, no caso, dado que as impetrações foram julgadas antes da EC 45/2004. Até a edição da EC 45/2004, firme a jurisprudência do Tribunal em que, sendo o habeas corpus uma ação de natureza penal, a competência para o seu julgamento 'será sempre de juízo criminal, ainda que a questão material subjacente seja de natureza civil, como no caso de infidelidade de depositário, em execução de sentença'; e, por isso, quando se imputa coação a Juiz do Trabalho de 1º Grau, compete ao TRF o seu julgamento, dado que a Justiça do Trabalho não possui competência criminal (v.g., CC 6.979, 15-8-1991, Velloso, RTJ 111/794; HC 68.687, Segunda Turma, 20-8-1991, Velloso, DJ de 4-10-1991.)" (HC 85.096, Rel. Min. Sepúlveda Pertence, julgamento em 28-6-2005, Primeira Turma, DJ de 14-10-2005.)"

Aprovada pelo STF a SV nº 25, considerando "ilícita a prisão de depositário infiel, qualquer que seja a modalidade de depósito", passou a ser insubsistente a determinação de prisão do depositário infiel como meio de coerção.

Com o advento da EC nº 45/2004 foi questionada a possível competência criminal da Justiça do Trabalho, por força do art. 114, IV, da CF, quando se refere expressamente ao julgamento de habeas corpus. O E. STF, contudo, acolheu liminar requerida na ADI 3.684-MC, para afastar qualquer interpretação da norma constitucional referida que atribua à Justiça do Trabalho competência penal, cuja ementa tem o seguinte teor:

> "Competência criminal. Justiça do Trabalho. Ações penais. Processo e julgamento. Jurisdição penal genérica. Inexistência. Interpretação conforme dada ao art. 114, I, IV e IX, da CF, acrescidos pela EC 45/2004. Ação direta de inconstitucionalidade. Liminar deferida, com efeito, ex tunc. O disposto no art. 114, I, IV e IX, da CF, acrescidos pela EC 45, não atribui à Justiça do Trabalho competência para processar e julgar ações penais." (ADI 3.684-MC, Rel. Min. Cezar Peluso, julgamento em 1º-2-2007, Plenário, DJE de 3-8-2007).

Ante o acima exposto, questiona-se qual seria o uso do habeas corpus na Justiça do Trabalho.

Apreciando-se o remédio não como ação penal, mas como tutela constitucional do direito de liberdade, é possível se vislumbrar sua impetração junto ao primeiro grau de jurisdição para questionar atos da fiscalização do trabalho que, por supostas razões de segurança no trabalho, fechem o estabelecimento empresarial. A nosso ver, este seria um bom exemplo do uso desta ação constitucional.

A doutrina aponta outros exemplos do uso do habeas corpus na Justiça do Trabalho, como o ato de autoridade polícial que resulta na prisão de trabalhadores no exercício do direito de greve, de competência do juiz do trabalho (Lélio Bentes, 2005, p. 306).

Mauro Schiavi, após citar farta doutrina na esfera penal sustentando a possibilidade de habeas corpus quando o constrangimento ao direito de liberdade emanar de ato de particular, defende a aplicação desta tese também na Justiça do Trabalho. O autor, com apoio em Edilton Meireles, cita o exemplo do empregador que restringe o direito de liberdade do empregado, mantendo-o no local de trabalho diante de sua participação em movimento grevista (Manual, 2008, p. 947).

O habeas data também compõe o rol de ações constitucionais de tutela das liberdades, sendo seu uso específico para tutelar o direito à informação, preservado constitucionalmente pelo art. 5º, XIV, da CF, nos seguintes termos: "é assegurado a todos o acesso à informação e resguardado o sigilo da fonte, quando necessário ao exercício profissional".

A norma constitucional do art. 5º, LXXII, da CF, é dotada de efetividade imediata e prevê o habeas data com os seguintes propósitos: "a) para assegurar o conhecimento de informações relativas à pessoa do impetrante, constantes de registros ou bancos de dados de entidades governamentais ou de caráter público; **b)** para a retificação de dados, quando não se prefira fazê-lo por processo sigiloso, judicial ou administrativo;".

A previsão constitucional teve seu alcance ampliado pela norma do art. 7º, III, da Lei nº 9.507/97, destinando o habeas data "para a anotação nos assentamentos do interessado, de contestação ou explicação sobre dado verdadeiro mas justificável e que esteja sob pendência judicial ou amigável". Sobre esta norma, manifesta-se Cássio Scarpinella Bueno, Ações Constitucionais, 2006, p. 49, afirmando que: "Este alargamento do objeto/garantia constitucional não viola o comando, o alcance e a amplitude do art. 5º, LXXII, da Constituição Federal. Justamente porque é ampliativo do direito e da garantia minimamente estabelecida no Texto maior.".

O art. 1º, § único da Lei nº 9.507/97, considera "de caráter público todo registro ou banco de dados contendo informações que sejam ou que possam ser transmitidas a terceiros ou que não sejam de uso privativo do órgão ou entidade produtora ou depositária das informações.".

O habeas data tem uso, portanto, para obtenção de informações, retificação das mesmas, ou anotação em cadastro público, observado o conceito deste cadastro.

O requerimento administrativo deve anteceder ao uso do remédio constitucional. Somente quando a autoridade indeferir o requerimento, no prazo de 48 horas de sua formulação, nasce o direito ao habeas data (art. 2º, da Lei nº 9.507/97).

Na Justiça do Trabalho podem ser indicados os seguintes exemplos de seu cabimento: **a)** pelo empregador, na hipótese de negativa de informações pelo Ministério do Trabalho, quanto a dados de um processo administrativo no qual esteja sofrendo penalidade administrativa (Bezerra Leite, Curso, 2007, p. 1142); **b)** contra informação errônea constante nos cadastros do Ministério do Trabalho, que deverá ser notificado na qualidade de impetrado, para informar dados da pessoa de determinado fazendeiro em relação à autuação de crime de trabalho forçado (Dallegrave, Primeiras Linhas, 2005, p. 209); **c)** para obtenção de informação constante de processo na Justiça do Trabalho que tramita em segredo de justiça; **d)** com o intuito de obter informações constantes de quadros de carreira depositados no Ministério do Trabalho (art. 461, § 2º, da CLT c/c S. 6, item I, do TST), para fazer prova em processo na Justiça do Trabalho.

O empregador público, atuando na gestão de sociedade de economia mista ou empresa pública, não pratica ato de autoridade quando nega informações a seu empregado. Falta ao administrador público legitimidade passiva para figurar no habeas data, bem como o caráter público da informação negada.Neste sentido já se posicionou o Supremo Tribunal Federal, conforme ementa que segue transcrita:

> "Habeas data. Ilegitimidade passiva do Banco do Brasil S/A para a revelação, a ex-empregada, do conteúdo da ficha de pessoal, por não se tratar, no caso, de registro de caráter público, nem atuar o impetrado na condição de entidade Governamental (Constituição, art. 5º, LXXII, a, e art. 173, § 1º, texto original.)." (RE 165.304, Rel. Min. Octavio Gallotti, julgamento em 19-10-2000, Plenário, DJ de 15-12-2000.)

A competência para julgamento está prevista no art. 20, da Lei nº 9.507/97, que não contempla a Justiça do Trabalho, diante da data de promulgação desta norma (anterior à EC nº 45/2004). Diante dos parâmetros referidos na citada lei, podem ser traçados os seguintes critérios para fixação de competência do habeas data na Justiça do Trabalho: **a**) ao TST, contra atos do próprio tribunal; **b**) aos Tribunais Regionais do Trabalho, contra atos do próprio Tribunal ou de juiz de Vara do Trabalho; e c) aos Juízes do Trabalho (Varas do Trabalho), contra atos de entidades governamentais ou de caráter público, excetuados os casos de competência dos tribunais superiores (Cleber Lúcio de Almeida, Direito Processual do Trabalho, 2009, p. 1096).

1.5.7. Conflitos de Competência: art. 114, V, da CF

Vide comentários à Seção VII, Capítulo I, Título X, da CLT, artigos 803 a 811.

1.5.8. Ações de Indenização por dano moral e patrimonial: art. 114, VI, da CF

Ampliada a competência da Justiça do Trabalho para apreciar as ações indenizatórias decorrentes da relação trabalho, imediatamente surgiu o questionamento se a regra abrangeria os danos decorrentes do acidente de trabalho. Inicialmente, influenciado por sua própria jurisprudência, o STF pendeu para manter sob a égide da Justiça Comum o julgamento destas ações indenizatórias decorrentes do acidente do trabalho. Posteriormente, após intensa atuação da Anamatra – Associação Nacional dos Magistrados da Justiça do Trabalho, inclusive intervindo como amicus curiae (amigo da corte), o STF reviu seu entendimento, passando a interpretar que a norma do art. 114, VI, da CF, inclui as demandas decorrentes do acidente do trabalho, proposta por empregados em face de seus empregadores. Finalmente, foi aprovada a SV nº 22, do STF, a seguir transcrita:

> "A Justiça do Trabalho é competente para processar e julgar as ações de indenização por danos morais e patrimoniais decorrentes de acidente de trabalho propostas por empregado contra empregador, inclusive aquelas que ainda não possuíam sentença de mérito em primeiro grau quando da promulgação da Emenda Constitucional 45/2004."

A competência atribuída à Justiça do Trabalho envolve, inclusive, demandas movidas por viúvas ou dependentes de ex-empregados, falecidos em razão de acidente de trabalho. Neste sentido firmou-se a jurisprudência do STF, conforme ementa a seguir transcrita:

> "A competência para julgar ações de indenização por danos morais e materiais decorrentes de acidente de trabalho, após a edição da EC 45/2004, é da Justiça do Trabalho. (...) O ajuizamento da ação de indenização pelos sucessores não altera

> a competência da Justiça especializada. A transferência do direito patrimonial em decorrência do óbito do empregado é irrelevante." (CC 7.545, Rel. Min. Eros Grau, julgamento em 3-6-2009, Plenário, DJE de 14-8-2009.) No mesmo sentido: RE 482.797-ED, Rel. Min. Ricardo Lewandowski, julgamento em 13-5-2008, Primeira Turma, DJE de 27-6-2008; RE 509.353-ED, Rel. Min. Sepúlveda Pertence, julgamento em 25-6-2007, Primeira Turma, DJ de 17-8-2007;RE 503.278-AgR, Rel. Min. Ayres Britto, julgamento em 26-4-2007, Primeira Turma, DJ de 3-8-2007.

Definida pelo STF a competência da Justiça do Trabalho quanto às ações movidas por viúvas e dependentes, o STJ cancelou sua S. 366, que atribuía à Justiça Estadual a apreciação destes conflitos (o cancelamento da súmula foi publicado no DJ 22.09.2009).

Todavia, dirigida a demanda em face do INSS, quando este se nega a reconhecer o acidente de trabalho e, consequentemente, a conceder o benefício previdenciário correspondente, a competência para a ação respectiva continua a ser da Justiça Comum Estadual, conforme regra do art. 109, I, da CF, interpretada a *contrario sensu*.

A Súmula Vinculante nº 22 do STF, além de fixar a competência da Justiça do Trabalho, também delimitou a incidência da norma constitucional quanto aos processos em curso, determinando que sejam remetidos para a Justiça do Trabalho aqueles que "ainda não possuíam sentença de mérito em primeiro grau quando da promulgação da Emenda Constitucional 45/2004".

A *contrario sensu*, os processos que já possuíam sentença de mérito, mesmo que não transitada em julgado, continuarão sendo processados na Justiça Estadual. Esta é a interpretação que deve ser atribuída ao art. 87 do CPC/73, a seguir transcrito:

> Determina-se a competência no momento em que a ação é proposta. São irrelevantes as modificações do estado de fato ou de direito ocorridas posteriormente, salvo quando suprimirem o órgão judiciário ou alterarem a competência em razão da matéria ou da hierarquia.

A regra se repete no CPC/2015, eu seu artigo 43, com uma pequena alteração:

> Determina-se a competência no momento do registro ou da distribuição da petição inicial, sendo irrelevantes as modificações do estado de fato ou de direito ocorridas posteriormente, salvo quando suprimirem órgão judiciário ou alterarem a competência absoluta.

No mesmo sentido é a interpretação do STJ, conforme S. 367 de sua jurisprudência uniforme, a seguir transcrita: "a competência estabelecida pela EC nº 45/2004 não alcança os processos já sentenciados" (Dje, 30.3.2009).

As ações indenizatórias referidas no texto constitucional são de competência do primeiro grau de jurisdição (juiz da vara do trabalho).

1.5.9. Ações relativas às penalidades administrativas impostas pelo Ministério do Trabalho: art. 114, VII, da CF

Dispõe o art. 114, VII, da CF, que compete à Justiça do Trabalho apreciar: "as ações relativas às penalidades administrativas impostas aos empregadores pelos órgãos de fiscalização das relações de trabalho".

As "ações", referidas no texto constitucional, incluem: **a)** as execuções fiscais as multas trabalhistas impostas pelos órgãos de fiscalização do trabalho (sobre este tema, vide comentários ao art. 642 da CLT); **b)** os mandados de segurança contra os atos da fiscalização do trabalho; **c)** as ações anulatórias de débitos fiscais, quando já inscrita a multa como dívida ativa da União (art. 38, da Lei nº 6.830/80 – LEF); **d)** as ações de repetição de indébito, quando o empregador proceder ao recolhimento indevido de multa que lhe foi imposta (ou em duplicidade), pretendendo na vara do trabalho a restituição do valor que lhe é devido; **e)**ação declaratória, fundada no art. 4º, I, do CPC/73 (art. 20 do CPC/2015), buscando o reconhecimento pelo juiz do trabalho da inexistência de relação obrigacional tributária; esta última ação terá pleno cabimento quando a fiscalização do trabalho, ainda na fase de cobrança amigável da multa (art. 640 da CLT), não aceitar a justificava do empregador provando que já recolheu a multa que lhe está sendo cobrada. A procedência da ação declaratória obsta a execução fiscal da multa.

1.5.10. Execução das contribuições previdenciárias: art. 114, VIII, da CF

A competência da Justiça do Trabalho para a execução, de ofício, das contribuições previdenciárias das sentenças que proferir, iníciou-se com a inclusão de um § 3º, no art. 114, pela EC nº 20/98. Sua redação é idêntica à norma do art. 114, VIII, da CF, que só reposicionou o antigo § 3, e continuou a atribuir à Justiça do Trabalho competência para: "a execução, de ofício, das contribuições sociais previstas no art. 195, I, a, e II, e seus acréscimos legais, decorrentes das sentenças que proferir;".

As contribuições sociais citadas no texto constitucional são as contribuições previdenciárias devidas à União, por empregador e empregado, como decorrência do trabalho.

As "sentenças" referidas no art. 114, VIII, da CF compreendem os acordos judiciais, homologados pelo juiz do trabalho, pois têm eficácia de decisão irrecorrível (CLT, art. 831, § único). Os acordos firmados nas Comissões de Conciliação Prévia possuem eficácia executiva (art. 625-E, § único, da CLT), mas como títulos extrajudiciais não são hábeis a sustentar a execução de contribuições previdenciárias na Justiça do Trabalho, mesmo que prevejam o pagamento de parcelas salariais, como 13º salário, saldo salarial, etc.

A competência da Justiça do Trabalho, especificamente dos juízes do trabalho (1º grau), para execução, de oficio, das contribuições previdenciárias, é residual, pois só decorre das sentenças condenatórias de créditos trabalhistas. A cobrança de contribuição previdenciária é consequência direta da condenação em parcelas do contrato de trabalho.

As sentenças declaratórias de reconhecimento de vínculo de emprego não constituem título hábil à execução das contribuições previdenciárias pelo juiz do trabalho, se não houve qualquer condenação de parcela trabalhista. Tampouco existe competência do órgão de primeiro grau de jurisdição trabalhista para apreciar pedidos de condenação do empregador somente de contribuições previdenciárias incidentes sobre parcelas já pagas no curso do contrato de trabalho. Não sendo postulada qualquer parcela trabalhista o processo será extinto, sem resolução de mérito, por ausência de competência material da Justiça do Trabalho para apreciar somente pedido de condenação de contribuições previdenciárias.

O entendimento acima exposto foi consolidado na jurisprudência do TST pela S. 368, I: "A Justiça do Trabalho é competente para determinar o recolhimento das contribuições fiscais. A competência da Justiça do Trabalho, quanto à execução das contribuições previdenciárias, limita-se às sentenças condenatórias em pecúnia que proferir e aos valores, objeto de acordo homologado, que integrem o salário-de-contribuição.".

O entendimento consolidado pela jurisprudência do TST foi confirmando pela Corte Suprema, no julgamento do RE nº 569.056, Relator Ministro Menezes Direito, transcrito a seguir:

> "Recurso extraordinário. Repercussão geral reconhecida. Competência da Justiça do Trabalho. Alcance do art. 114, VIII, da CF. A competência da Justiça do Trabalho prevista no art. 114, VIII, da CF, alcança apenas a execução das contribuições previdenciárias relativas ao objeto da condenação constante das sentenças que proferir." (RE 569.056, Rel. Min. Menezes Direito, julgamento em 11-9-2008, Plenário, DJE de 12-12-2008.)"

No mesmo sentido: AI 760.826-AgR, Rel. Min. Eros Grau, julgamento em 15-12-2009, Segunda Turma, DJE de 12-2-2010; AI 757.321-AgR, Rel. Min. Cármen Lúcia, julgamento em 20-10-2009, Primeira Turma, DJE de 6-8-2010; RE 560.930-AgR, Rel. Min. Marco Aurélio, julgamento em 28-10-2008, Primeira Turma, DJE de 20-2-2009.

1.5.11. Outras controvérsias: art. 114, IX, da CF

A norma do art. 114, IX, da CF, permite que o legislador ordinário atribua à Justiça do Trabalho "outras controvérsias decorrentes da relação de trabalho, na forma da lei". O texto constitucional prevê dois limitadores para a ampliação da competência trabalhista: **a)** que as novas controvérsias tenham ligação com a relação de trabalho; **b)** que sejam fixadas por lei.

Sobre a norma do art. 114, IX, da CF, M.A. Teixeira Filho não vê interesse prático, pois estas "outras controvérsias" já estariam contidas na amplitude do art. 114, I, da CF, que se refere às relações de trabalho (Breves Comentários, abril-2005, p. 198).

Não nos parece que seja inútil o inciso IX, do art. 114, particularmente diante de tantas dúvidas quanto ao alcance da expressão relações de trabalho, contida no art. 114, I, e acima comentado.

Com a possibilidade aberta pelo inciso IX, do art. 114, o legislador infraconstitucional poderá melhor explicitar o alcance do art. 114, I, sem que esta atuação permita a restrição de seu conceito. O legislador também poderá atribuir "outras controvérsias" que a jurisprudência não enxergou como inserida no título geral de "relações de trabalho", como é o caso da competência penal ou, ainda, da execução, de ofício, das multas decorrentes das infrações trabalhistas reconhecidas nas sentenças proferidas pelos juízes do trabalho, independentemente de iniciativa da União.

Amauri Mascaro Nascimento assim interpreta a norma do art. 114, IX, da CF: "E por outras controvérsias decorrentes da relação de trabalho, na forma da lei, o que nos parece viável entender é que, diante da ampliação do quadro da competência para toda relação de trabalho e tendo em vista a amplitude deste quadro, poderá o legislador, a seu critério, ampliar, ainda mais, a competência do Judiciário Trabalhista, por exemplo, no futuro, para previdência complementar ou oficial." (A competência..., 2005, p. 36).

No mesmo sentido que defende o professor Amauri, já se manifestou o E. STF, conforme ementa a seguir transcrita:

> "O inciso IX do art. 114 da CF apenas outorgou ao legislador ordinário a faculdade de submeter à competência da Justiça laboral outras controvérsias, além daquelas taxativamente estabelecidas nos incisos anteriores, desde que decorrentes da relação de trabalho. O texto constitucional não o obrigou a fazê-lo, deixando ao seu alvedrio a avaliação das hipóteses em que se afigure conveniente o julgamento pela Justiça do Trabalho, à luz das peculiaridades das situações que pretende regrar." (RE 583.955, Rel. Min. Ricardo Lewandowski, julgamento em 28-5-2009, Plenário, DJE de 28-8-2009.)

2. SÚMULAS E ORIENTAÇÕES JURISPRUDENCIAIS

- **STF/SV nº 22**

A JUSTIÇA DO TRABALHO É COMPETENTE PARA PROCESSAR E JULGAR AS AÇÕES DE INDENIZAÇÃO POR DANOS MORAIS E PATRIMONIAIS DECORRENTES DE ACIDENTE DE TRABALHO PROPOSTAS POR EMPREGADO CONTRA EMPREGADOR, INCLUSIVE AQUELAS QUE AINDA NÃO POSSUÍAM SENTENÇA DE MÉRITO EM PRIMEIRO GRAU QUANDO DA PROMULGAÇÃO DA EMENDA CONSTITUCIONAL Nº 45/04.

- **STF/SV nº 23**

A JUSTIÇA DO TRABALHO É COMPETENTE PARA PROCESSAR E JULGAR AÇÃO POSSESSÓRIA AJUIZADA EM DECORRÊNCIA DO EXERCÍCIO DO DIREITO DE GREVE PELOS TRABALHADORES DA INICIATIVA PRIVADA.

- **STF/SÚM. 433**

É COMPETENTE O TRIBUNAL REGIONAL DO TRABALHO PARA JULGAR MANDADO DE SEGURANÇA CONTRA ATO DE SEU PRESIDENTE EM EXECUÇÃO DE SENTENÇA TRABALHISTA. Fonte de Publicação DJ de 6/7/1964, p. 2183; DJ de 7/7/1964, p. 2199; DJ de 8/7/1964, p. 2239.

- **STF/SÚM 736**

COMPETE À JUSTIÇA DO TRABALHO JULGAR AS AÇÕES QUE TENHAM COMO CAUSA DE PEDIR O DESCUMPRIMENTO DE NORMAS TRABALHISTAS RELATIVAS À SEGURANÇA, HIGIENE E SAÚDE DOS TRABALHADORES. Fonte de Publicação DJ de 9/12/2003, p. 2; DJ de 10/12/2003, p. 3; DJ de 11/12/2003, p. 3.

- **SÚM-10/STJ 26/09/1990, DJ 01/10/1990**

INSTALADA A JUNTA DE CONCILIAÇÃO E JULGAMENTO, CESSA A COMPETÊNCIA DO JUIZ DE DIREITO EM MATÉRIA TRABALHISTA, INCLUSIVE PARA A EXECUÇÃO DAS SENTENÇAS POR ELE PROFERIDAS.

- **Súmula nº 15/STJ – *08/11/1990 – DJ 14.11.1990***

Competência – Acidente do Trabalho

Compete à Justiça Estadual processar e julgar os litígios decorrentes de acidente do trabalho.

- **Súmula nº 89/STJ 21/10/1993 DJ17/02/1995**

A AÇÃO ACIDENTARIA PRESCINDE DO EXAURIMENTO DA VIA ADMINISTRATIVA.

- **Súmula nº 97/STJ – *03/03/1994 – DJ 10.03.1994***

Competência – Reclamação de Servidor Público – Vantagens Trabalhistas – Processo e Julgamento

Compete à Justiça do Trabalho processar e julgar reclamação de servidor público relativamente a vantagens trabalhistas anteriores à instituição do regime jurídico único.

- **Súmula nº 137/STJ – *11/05/1995 – DJ 22.05.1995***

Competência – Processo e Julgamento – Servidor Público Municipal – Direitos Relativos ao Vínculo Estatutário

Compete à Justiça Comum Estadual processar e julgar ação de servidor público municipal, pleiteando direitos relativos ao vínculo estatutário.

- **Súmula nº 170/STJ – *23/10/1996 – DJ 31.10.1996***

Competência – Juízo – Cumulação de Pedidos – Trabalhistas e Estatutário

Compete ao juízo onde for intentada a ação de acumulação de pedidos, trabalhistas e estatutário, decidi-la nos limites da sua jurisdição, sem prejuízo do ajuizamento de nova causa, com pedido remanescente, no juízo próprio.

- **Súmula nº 173/STJ – 23/10/1996 – DJ 31.10.1996**

Competência – Pedido de Reintegração em Cargo Público Federal – Processo e Julgamento

Compete à Justiça Federal processar e julgar o pedido de reintegração em cargo público federal, ainda que o servidor tenha sido dispensado antes da instituição do Regime Jurídico Único.

- **STJ S/218 – 10/02/1999 DJ 24/02/1999**

Compete à Justiça dos Estados processar e julgar ação de servidor estadual decorrente de direitos e vantagens estatutárias no exercício de cargo em comissão.

- **STJ S/349 – 11/06/2008, DJE 19/06/2008**

Compete à Justiça Federal ou aos juízes com competência delegada o julgamento das execuções fiscais de contribuições devidas pelo empregador ao FGTS.

- **STJ S/367 – 19/11/2008, DJE 26/11/2008**

A competência estabelecida pela EC nº 45/2004 não alcança os processos já sentenciados.

- **Súmula nº 19/TST**

QUADRO DE CARREIRA (mantida) – Res. 121/2003, DJ 19, 20 e 21.11.2003

A Justiça do Trabalho é competente para apreciar reclamação de empregado que tenha por objeto direito fundado em quadro de carreira.

- **Súmula nº 176/TST**

FUNDO DE GARANTIA. LEVANTAMENTO DO DEPÓSITO (cancelada) – Res. 130/2005, DJ 13.05.2005

A Justiça do Trabalho só tem competência para autorizar o levantamento do depósito do Fundo de Garantia do Tempo de Serviço na ocorrência de dissídio entre empregado e empregador.

- **Súmula nº 189/TST**

GREVE. COMPETÊNCIA DA JUSTIÇA DO TRABALHO. ABUSIVIDADE (nova redação) – Res. 121/2003, DJ 19, 20 e 21.11.2003

A Justiça do Trabalho é competente para declarar a abusividade, ou não, da greve.

- **Súmula 389 – TST**

SEGURO-DESEMPREGO. COMPETÊNCIA DA JUSTIÇA DO TRABALHO. DIREITO À INDENIZAÇÃO POR NÃO LIBERAÇÃO DE GUIAS (conversão das Orientações Jurisprudenciais nºs 210 e 211 da SBDI-1) – Res. 129/2005, DJ 20, 22 e 25.04.2005

I – Inscreve-se na competência material da Justiça do Trabalho a lide entre empregado e empregador tendo por objeto indenização pelo não-fornecimento das guias do seguro-desemprego. (ex-OJ nº 210 da SBDI-1 – inserida em 08.11.2000)

II – O não-fornecimento pelo empregador da guia necessária para o recebimento do seguro-desemprego dá origem ao direito à indenização. (ex-OJ nº 211 da SB-DI-1 – inserida em 08.11.2000)

- **Súmula nº 392 do TST**

DANO MORAL E MATERIAL. RELAÇÃO DE TRABALHO. COMPETÊNCIA DA JUSTIÇA DO TRABALHO (redação alterada em sessão do Tribunal Pleno realizada em 27.10.2015) – Res. 200/2015, DEJT divulgado em 29.10.2015 e 03 e 04.11.2015

Nos termos do art. 114, inc. VI, da Constituição da República, a Justiça do Trabalho é competente para processar e julgar ações de indenização por dano moral e material, decorrentes da relação de trabalho, inclusive as oriundas de acidente de trabalho e doenças a ele equiparadas, ainda que propostas pelos dependentes ou sucessores do trabalhador falecido.

- **OJ 26 SBDI-1/TST**

COMPETÊNCIA DA JUSTIÇA DO TRABALHO. COMPLEMENTAÇÃO DE PENSÃO REQUERIDA POR VIÚVA DE EX-EMPREGADO. Inserida em 01.02.1995 (inserido dispositivo, DJ 20.04.2005)

A Justiça do Trabalho é competente para apreciar pedido de complementação de pensão postulada por viúva de ex-empregado, por se tratar de pedido que deriva do contrato de trabalho.

- **OJ 138 SBDI-1/TST**

COMPETÊNCIA RESIDUAL. REGIME JURÍDICO ÚNICO. LIMITAÇÃO DA EXECUÇÃO. (nova redação em decorrência da incorporação da Orientação Jurisprudencial nº 249 da SBDI-1, DJ 20.04.2005) Compete à Justiça do Trabalho julgar pedidos de direitos e vantagens previstos na legislação trabalhista referente a período anterior à Lei nº 8.112/90, mesmo que a ação tenha sido ajuizada após a edição da referida lei. A superveniência de regime estatutário em substituição ao celetista, mesmo após a sentença, limita a execução ao período celetista. (1ª parte – ex-OJ nº 138 da SBDI-1 – inserida em 27.11.98; 2ª parte – ex-OJ nº 249 – inserida em 13.03.02)

- **OJ nº 416 SDI-1/TST**

IMUNIDADE DE JURISDIÇÃO. ORGANIZAÇÃO OU ORGANISMO INTERNACIONAL. (DEJT divulgado em 14, 15 e 16.02.2012) (mantida conforme julgamento do processo TST-E-RR-61600-41.2003.5.23.0005 pelo Tribunal Pleno em 23.05.2016)

As organizações ou organismos internacionais gozam de imunidade absoluta de jurisdição quando amparados por norma internacional incorporada ao ordenamento jurídico brasileiro, não se lhes aplicando a regra do Direito Consuetudinário relativa à natureza dos atos praticados. Excepcionalmente, prevalecerá a jurisdição brasileira na hipótese de renúncia expressa à cláusula de imunidade jurisdicional.

3. INFORMATIVOS DO TST

▸ ***Servidor público. Relação de caráter estatutário. Pedidos relativos ao recolhimento do FGTS e à anotação da CTPS. Incompetência da Justiça do Trabalho.***

Não obstante os pedidos de recolhimento do FGTS e de anotação da CTPS sejam estranhos ao regime jurídico estatutário, é incompetente a Justiça do Trabalho para julgar demandas entre a Administração Pública e seus servidores, em razão da natureza administrativa do vínculo. Na espécie, respaldada em farta jurisprudência tanto do STF como do próprio TST, a SBDI-I, por unanimidade, conheceu dos embargos, e, no mérito, negou-lhes provimento, mantendo a decisão da Terceira Turma, que conhecera da revista por violação do art. 114 da CF e, no mérito, dera-lhe provimento para determinar a remessa dos autos à origem, a fim de providenciar seu envio à Justiça Comum. TST-E-RR-124000-42.2008.5.22.0103, SBDI-I, rel. Min. Brito Pereira, 19.4.2012. (Informativo nº 06)

▸ ***Empregado público admitido antes da Constituição Federal de 1988. Ausência de submissão a concurso público. Lei municipal instituidora de Regime Jurídico Único. Impossibilidade de alteração automática do regime celetista para o estatutário. Art. 37, II, da CF. Violação. Competência material da Justiça do Trabalho.***

A existência de lei municipal instituidora de Regime Jurídico Único, de natureza administrativa, por si só, não transmuda automaticamente o vínculo jurídico estabelecido entre as partes, de celetista para estatutário, na hipótese de o empregado, admitido antes do advento da Constituição Federal de 1988, não ter se submetido a concurso público. Entendimento em sentido contrário afronta o disposto no art. 37, II, da CF. Com esses fundamentos, e citando a jurisprudência da Corte e do STF, a SBDI-I, à unanimidade, conheceu dos embargos do reclamado, por divergência jurisprudencial e, no mérito, negou-lhes provimento, mantendo a decisão turmária que conheceu do recurso de revista da reclamante por violação do inciso II do art. 37 da Constituição e, no mérito, deu-lhe provimento para, em razão da permanência da reclamante no regime da CLT, reconhecer a competência material da Justiça do Trabalho para julgar o feito e determinar o retorno dos autos ao Regional a fim de que julgue o recurso ordinário do reclamado como entender de direito. TST-E-RR-300-25.2010.5.13.0001, SBDI-I, rel. Min. João Oreste Dalazen, 28.11.2013 (Informativo nº 68)

▸ ***Imunidade de Jurisdição. Organização ou Organismo Internacional. Orientação Jurisprudencial nº 416 da SBDI-I. Matéria suspensa para apreciação do Tribunal Pleno.***

A SBDI-I, em sua composição plena, decidiu, por unanimidade, suspender a proclamação do resultado do julgamento do processo em que se discute se as organizações ou os organismos internacionais gozam de imunidade absoluta de jurisdição e, nos termos do art. 158, § 1º, do RITST, remeter os autos ao Tribunal Pleno para revisão, se for o caso, da Orientação Jurisprudencial nº 416 da SBDI-I. Na hipótese, os Ministros Luiz Philippe Vieira de Mello Filho, relator, Dora Maria da Costa, Antônio José de Barros Levenhagen, João Batista Brito Pereira, Renato de Lacerda Paiva, Lelio Bentes Corrêa e Aloysio Corrêa da Veiga votaram no sentido de não conhecer do recurso de embargos, ao passo que os Ministros Ives Gandra Martins Filho, Alberto Luiz Bresciani de Fontan Pereira, Augusto César Leite de Carvalho, José Roberto Freire Pimenta, Delaíde Miranda Arantes, Maria Cristina Irigoyen Peduzzi e João Oreste Dalazen conheciam dos embargos por divergência jurisprudencial, inclinando-se a decidir contrariamente à Orientação Jurisprudencial nº 416 da SBDI-I. TST-E – RR-61600-41.2003.5.23.0005, SBDI-I, rel. Min. Luiz Philippe Vieira de Mello Filho, 13.12.2012. (Informativo nº34)

▸ ***Honorários advocatícios. Ação de cobrança. Natureza civil. Incompetência da Justiça do Trabalho.***

A Justiça do Trabalho não é competente para julgar ação de cobrança de honorários advocatícios, pois se refere a contrato de prestação de serviços, relação de índole eminentemente civil, não guardando nenhuma pertinência com a relação de trabalho de que trata o art. 114, I, da CF. Com esse entendimento, a SBDI-I, por unanimidade, conheceu dos embargos por divergência jurisprudencial e, no mérito, por maioria, deu-lhes provimento para restabelecer a decisão proferida pelo TRT, mediante a qual se acolhera a preliminar de incompetência material desta Justiça do Trabalho, e, anulando os atos decisórios praticados no processo, determinar a remessa dos autos à Justiça Comum Estadual, para que prossiga no feito como entender de direito. Na espécie, ressaltou o Ministro relator ser razoável "cometer a Justiça comum a tarefa de dirimir controvérsia relativa à prestação de serviços levada a cabo por profissional autônomo que, senhor dos meios e das condições da prestação contratada, coloca-se em patamar de igualdade (senão de vantagem) em relação àquele que o contrata. Tal seria o caso típico dos profissionais da engenharia, advocacia, arquitetura e medicina que exercem seus misteres de forma autônoma, mediante utilização de meios próprios e em seu próprio favor." Vencidos os Ministros Ives Gandra Martins Filho e Delaíde Miranda Arantes. TST-E-RR-48900-38.2008.5.15.0051, SBDI-I, rel. Min. Lelio Bentes Corrêa, 30.8.2012 (informativo nº 20)

▸ ***Complementação de aposentadoria. Competência. STF-RE nº 586.453. Sentença prolatada antes de 20.02.2013 que decidiu pela incompetência da Justiça do Trabalho. Ausência de decisão de mérito. Competência da Justiça comum.***

O STF, nos autos do processo RE nº 586.453, decidiu que as demandas relativas à complementação de aposentadoria são da competência da Justiça comum, mas determinou que os efeitos dessa decisão, com repercussão geral, fossem modulados a fim de se manter a competência da Justiça do Trabalho nas situações em que já houvesse sido proferida decisão de mérito até a data daquele julgamento (20.2.2013). Assim, tendo em conta que a sentença, mantida pelo TRT, que declarou a incompetência da Justiça do Trabalho para o julgamento de reclamatória relativa a diferenças de complementação de aposentadoria não pode ser considerada decisão de mérito, a SBDI-I, por unanimidade, conheceu dos embargos interpostos pela reclamada, por divergência jurisprudencial, e, no mérito, por maioria, deu-lhes provimento para restabelecer a referida sentença e determinar a remessa dos autos à Justiça comum. Vencidos os Ministros João Oreste Dalazen, Luiz Philippe Vieira de Mello Filho, Delaíde Miranda Arantes e Brito Pereira, os quais negavam provimento aos embargos por entenderem que a decisão da Suprema Corte limitou a competência residual da Justiça do Trabalho aos casos em que houver sentença proferida até 20.2.2013, seja ela de mérito ou não. TST-E-ED-ED-ED-RR-1011-92.2011.5.03.0059,

SBDI-I, rel. Min. Renato de Lacerda Paiva, 3.4.2014 (Informativo nº 78)

▸ ***AR. Incompetência da Justiça do Trabalho. Cancelamento de ato administrativo que constitui crédito tributário.***

A SBDI-II, em face do disposto nos arts. 109 e 114 da Constituição Federal, concluiu pela incompetência da Justiça do Trabalho para determinar o cancelamento de ato administrativo que constitui crédito tributário. Registrou, ainda, ser o decurso do prazo para interposição do recurso cabível suficiente para a comprovação do trânsito em julgado, tendo em vista a peculiaridade da sentença rescindenda, que, por meio de decisão interlocutória, pôs fim à relação tributária afeta à União, terceira estranha à lide e autora da ação rescisória. Com esses fundamentos, a Subseção, por unanimidade, negou provimento ao recurso ordinário, mantendo o acórdão do Tribunal a quo, em que se julgou procedente a ação rescisória para desconstituir a decisão rescindenda no tocante à determinação do cancelamento de inscrição em dívida ativa da União. TST-RO-187 – 96.2010.5.05.0000, SBDI-II, rel. Min. Pedro Paulo Manus, 26.6.2012. (informativo nº 15)

▸ ***Nulidade de cláusulas de norma coletiva reconhecida pelo Juízo de primeiro grau. Incompetência. Não configuração. Pedido mediato.***

A SBDI-II, por unanimidade, conheceu do recurso ordinário, e, no mérito, por maioria, negou-lhe provimento, mantendo a decisão do TRT, que denegou a segurança por entender incabível, em sede de mandado de segurança, a arguição de incompetência da autoridade coatora (Juiz da 5ª Vara do Trabalho de Niterói-RJ), que, nos autos da reclamação trabalhista, antecipou os efeitos da tutela para, reconhecendo a nulidade de cláusulas de norma coletiva, determinar o retorno dos trabalhadores à antiga jornada e o pagamento das horas extraordinárias, com os devidos reflexos. Prevaleceu o entendimento de que, no caso, a anulação das cláusulas do acordo coletivo é pedido mediato, incidental, não havendo falar, portanto, em competência do Tribunal Regional, pois o pleito imediato é o pagamento de horas extraordinárias e o retorno à jornada anterior, os quais estão afetos à cognição do juízo de primeiro grau. A competência seria do TRT apenas se a discussão em torno da legalidade, ou não, das cláusulas impugnadas fosse genérica, de efeitos abstratos, sem a concretude da pretensão de horas extraordinárias formulada em ação individual. Vencido o Ministro Guilherme Augusto Caputo Bastos, relator. TST-RO-566700-68.2008.5.01.0000, SBDI-II, rel. Min. Guilherme Augusto Caputo Bastos, red. p/ acórdão Min. Luiz Philippe Vieira de Mello Filho, 30.10.2012 (Informativo nº 28)

4. QUESTÕES DE CONCURSOS

01. **(TRT 8ª REGIÃO/JUIZ DO TRABALHO SUBSTITUTO/2008/ADAPTADA)** A dicção da CLT atribuiu, expressamente, competência às Varas do Trabalho para julgar as ações entre trabalhadores portuários, sindicatos e os operadores portuários ou o Órgão Gestor de Mão-de-Obra – OGMO decorrentes da relação de trabalho.

02. **(TRIBUNAL SUPERIOR DO TRABALHO/ANALISTA JUDICIÁRIO/CESPE/2008)** Compete à Justiça do Trabalho processar e julgar as ações de indenização por dano patrimonial decorrentes da relação de trabalho, nelas incluídas as ações nas quais o empregado pleiteia do empregador o pagamento de indenização material decorrente de acidente do trabalho.

03. **(PGE/RO – Procurador do Estado Substituto/2011).**Compete à Justiça do Trabalho processar e julgar, EXCETO:

a) as ações possessórias que decorram do exercício do direito de greve.

b) as ações indenizatórias decorrentes de acidente do trabalho que decorram da relação de trabalho contra o empregador e/ou Instituto Nacional do Seguro Social (INSS).

c) os dissídios resultantes de contratos de empreitadas em que o empreiteiro seja operário ou artífice.

d) as ações sobre representação sindical, entre sindicatos, entre sindicatos e trabalhadores, e entre sindicatos e empregadores.

e) as ações relativas às penalidades administrativas impostas aos empregadores pelos órgãos de fiscalização das relações de trabalho.

04. (MPT – Procurador do Trabalho/2012) A respeito da competência material da Justiça do Trabalho, é CORRETO afirmar que:

a) Foi ampliada pela Emenda Constitucional n° 45/2004, assegurando à Justiça do Trabalho competência para julgar os crimes contra a organização do trabalho.

b) Compete à Justiça do Trabalho julgar as ações sobre representação sindical entre sindicatos, mas não entre sindicatos e trabalhadores e muito menos entre sindicatos e empregadores.

c) A Justiça do Trabalho tornou-se competente para o julgamento de todas as matérias relativas à execução das contribuições previdenciárias não recolhidas pelo empregador em face da relação laboral.

d) Cabe à Justiça do Trabalho julgar as ações relativas às penalidades administrativas impostas aos empregadores pelos órgãos de fiscalização das relações de trabalho.

e) Não respondida.

05. (TRT 3 – Juiz do Trabalho Substituto 3ª região/ 2012) Leia as afirmativas abaixo e assinale a alternativa correta: a competência originária funcional para julgar mandado de segurança será do Juiz do Trabalho, se a autoridade tida como coatora for Auditor Fiscal do Trabalho no seu exercício de sua atividade de aplicar penalidades como órgão de fiscalização de relações de trabalho aos empregadores; a competência originária funcional para julgar mandado de segurança será do Tribunal Regional do Trabalho, se a autoridade tida como coatora for Juiz do Trabalho ou Juiz de Direito investido na jurisdição trabalhista; a competência originária para julgar mandado de segurança funcional será também do Tribunal Regional do Trabalho para julgar ato tido como ilegal e abusivo de Desembargador do Tribunal Regional do Trabalho e a competência originária funcional para julgar mandado de segurança será do Tribunal Superior do Trabalho, se o ato impugnado for de Ministro do Tribunal Superior do Trabalho.

06. (TRT 2 – Juiz do Trabalho Substituto 2ª região/2014) No que concerne à competência, aponte a alternativa incorreta:

a) Caso sejam distribuídas duas ações conexas em separado, estará prevento o juiz que despachou em primeiro lugar, desde que tenham a mesma competência territorial.

b) Caso sejam distribuídas duas ações conexas em separado, estará prevento o juiz cuja citação válida foi realizada em primeiro lugar, desde que tenham diferentes competências territoriais.

c) A incompetência de foro "racione loci" é matéria de contestação. Por se tratar de incompetência relativa o momento para arguição dessa exceção, é, portanto, o da resposta ao pedido do reclamante.

d) Tratando-se de atleta profissional a Justiça Desportiva terá competência para conhecer e julgar as causas relativas a direito de arena, salários e indenizações.

e) Não compete à Justiça do Trabalho decidir sobre contribuições previdenciárias oriundas de sentenças declaratórias de vínculo de emprego.

07. (TRT 3 – Juiz do Trabalho Substituto 3ª região/2014) Um servidor público admitido sob o regime da CLT em 03.10.1980, teve seu vínculo transformado para o regime estatutário, por força da Lei nº 8.112, de 11.12.1990. Ingressou com ação perante a Justiça do Trabalho em 19.12.1993, com vínculo ainda vigente, reivindicando horas extras de todo o período. Nos exatos termos das súmulas e orientações jurisprudenciais da SBDI-1 do TST, é correto afirmar:

a) A Justiça do Trabalho é incompetente para examinar o feito.

b) A Justiça do Trabalho é competente para examinar o feito quanto às parcelas do período regido pela CLT, operando-se a prescrição total.

c) A Justiça do Trabalho é competente para examinar as pretensões de todo o período, operando-se a prescrição apenas das verbas anteriores a 19.12.1988.

d) A Justiça do Trabalho é competente para examinar as parcelas do período regido pela CLT, operando-se a prescrição apenas das verbas anteriores a 19.12.1988.

e) A Justiça do Trabalho é competente para examinar as pretensões de todo o período, não se operando qualquer prescrição.

08. (FCC – Técnico Judiciário – Área Administrativa – TRT 24/2017) A Constituição Federal de 1988 dispõe expressamente sobre a competência material da Justiça do Trabalho e, entre essas disposições, NÃO prevê a competência da Justiça do Trabalho para processar e julgar

a) as ações sobre representação sindical, entre sindicatos, entre sindicatos e trabalhadores, e entre sindicatos e empregadores.

b) os mandados de segurança, habeas corpus e habeas data, quando o ato questionado envolver matéria sujeita à sua jurisdição.

c) as ações de indenização por dano moral ou patrimonial, decorrentes da relação de trabalho.

d) as ações relativas às penalidades administrativas impostas aos empregadores pelos órgãos de fiscalização das relações de trabalho.

e) os crimes contra a organização do trabalho e as causas acidentárias em face do Instituto Nacional do Seguro Social.

09. (FCC – Analista Judiciário – Oficial de Justiça Avaliador – TRT 24/2017) A Constituição Federal do Brasil e a Consolidação das Leis do Trabalho instituíram regras sobre organização e competência da Justiça do Trabalho e dos órgãos que a compõem. Em observância a tais normas,

a) é competência da Justiça do Trabalho a apreciação de ação proposta por empresa para anulação de penalidade imposta em auto de infração lavrado por auditor fiscal do trabalho, por inobservância da cota de contratação de pessoas com deficiência.

b) o Supremo Tribunal Federal, em sede de ação direta de inconstitucionalidade, interpretou ser da competência da Justiça do Trabalho a apreciação de demandas entre o Poder Público e seus servidores, a ele vinculados por típica relação de ordem estatutária ou de caráter jurídico-administrativo.

c) o Tribunal Superior do Trabalho compor-se-á de dezessete Ministros, escolhidos dentre brasileiros com mais de trinta anos e menos de sessenta e cinco anos, de notável saber jurídico e reputação ilibada, nomeados pelo Presidente da República após aprovação pela maioria simples do Senado Federal.

d) os Tribunais Regionais do Trabalho compõem-se de, no mínimo, nove juízes, recrutados exclusivamente na respectiva região, e nomeados pelo Presidente da República dentre brasileiros com mais de trinta e menos de sessenta e cinco anos.

e) a Justiça do Trabalho passou a ser competente para julgar as ações de indenização por dano moral decorrentes da relação de emprego somente a partir da Emenda Constitucional no 45/2004, visto que o texto original da Constituição Federal de 1988 e a jurisprudência do Tribunal Superior do Trabalho não admitiam o processamento de tais ações na Justiça Especializada.

GAB	1	E	2	C	3	B	4	D	5	C	6	D	7	B	8	E	9	A

✦ ÓRGÃOS DA JUSTIÇA DO TRABALHO

Art. 644. São órgãos da Justiça do Trabalho:

a) o Tribunal Superior do Trabalho;

b) os Tribunais Regionais do Trabalho;

c) as Juntas de Conciliação e Julgamento ou os Juízos de Direito.

1. COMENTÁRIO

1.1. Evolução da Justiça do Trabalho

1.1.1. Conflitos do Trabalho – fase embrionária

Os conflitos decorrentes da locação de serviços eram inicialmente dirimidos pela Justiça Comum Estadual, de acordo com as leis civis e processuais pertinentes a esta área do direito. Exemplos destes diplomas legais foram as Leis de 13 de setembro de 1830, 11 de outubro de

1837, bem como o Decreto de 15 de março de 1842 que estabeleceram o rito sumaríssimo para as causas derivantes dos contratos de locação de serviços. No mesmo sentido e em momento histórico posterior, o Regulamento nº 737, de 25.11.1850, previa o rito sumário para as ações resultantes do contrato de trabalho. (Campos Batalha, 1985, p. 166).

O primeiro organismo de composição de conflitos de direito do trabalho, ainda num país eminentemente ruralista, foi instituído com a participação do juiz de direito local e a presença de leigos, trabalhadores e fazendeiros, no ano de 1922, pela lei paulista nº 1.869, de 10 de outubro.

Com a revolução de 30 o país passou a conviver com intensa produção legislativa na área do trabalho, diante do início da mudança de eixo produtivo para a área urbano-industrial, motivando a criação do que pode ser considerado o embrião da Justiça do Trabalho: as Juntas de Conciliação e Julgamento e Comissões Mistas de Conciliação em 1932, criadas pelo Decreto nº 22.132, de 25 de novembro, ainda como órgãos administrativos. Tanto umas quanto outras proferiam juízo arbitral, se frustrada a conciliação, sem que a decisão pudesse ser executada pelo próprio órgão.

A Constituição Federal de 1934, especificamente no art. 122, § único, faz expressa referência aos Tribunais do Trabalho e às Comissões de Conciliação, mas não os integra ao Poder Judiciário. As Comissões, como os Tribunais, mantiveram a representação de classe, paritária, com membros eleitos juízes leigos) e com juízes togados de livre nomeação e exoneração. Estes últimos eram escolhidos na sociedade entre pessoas de experiência e notoriedade intelectual. As sentenças destes órgãos, adstritos à esfera administrativa, permaneciam sem poder de execução direta, e precisavam da intervenção do Judiciário (Justiça Comum) para serem cumpridas. Os juízes não tinham qualquer independência de julgamento, podendo o Ministro do Trabalho revogar suas decisões através de avocatórias, "espécie de recurso com finalidades amplas e larguíssimo prazo de interposição". (Campos Batalha, 1985, p. 167).

1.2. Autonomia da Justiça do Trabalho: 1939

A Justiça do Trabalho, como órgão sistematicamente organizado para solução dos conflitos decorrentes da relação de emprego, foi instituída pelo Decreto-lei nº 1.237, de 02.05.1939 e o respectivo regulamento aprovado pelo Decreto nº 6.596, de 12.12.1940, que só entrou em vigor em 1.5.1941. Os juízes, contudo, permaneciam sem as prerrogativas da magistratura.

O Decreto-lei nº 5.452, de 01.05.43, aprovou a CLT, que representou, na esfera do trabalho, a primeira unificação de normas materiais e processuais. Dos onze títulos em que se divide a CLT, três se dedicam ao processo (Títulos VIII, IX e X). Considerando-se que o Título VIII trata principalmente da Organização e Competência dos Órgãos da Justiça do Trabalho e o Título IX somente do Ministério Público do Trabalho, restou o Título X para regular o mecanismo processual propriamente dito. Este último título se subdivide em oito capítulos. Ainda como órgão administrativo, as decisões da Justiça do Trabalho continuavam sem exequibilidade direta, carecendo da ação de execução na esfera cível. Neste sentido previa o art. 764, § 2º, da CLT.

O ano de 1946 marca a integração da Justiça do Trabalho ao Poder Judiciário, conforme art. 94, V, da Constituição Republicana. É de se destacar que o Decreto-lei nº 9.797, de 09.09.46, pouco antes da promulgação da Constituição Federal de 1946, conferiu ao Juiz do Trabalho garantias inerentes à magistratura, como a vitaliciedade, inamovibilidade e irredutibilidade de vencimentos (Chaves, Curso, 2009, p. 141). Também pelo DL nº 9797/46 o ingresso na carreira da magistratura passou a respeitar o concurso público.

Amauri Mascaro interpreta que o Decreto-Lei acima referido organizou a Justiça do Trabalho como órgão do Poder Judiciário, organização esta elevada ao plano constitucional com a Constituição de 1946 (Curso, 2008, p. 55). Não conseguimos ver, após cuidadosa leitura do referido Decreto, a integração da Justiça do Trabalho como órgão do Poder Judiciário, como quer o professor Amauri. Pensamos que o Decreto referido somente melhor organizou a Justiça do Trabalho, mas não a integrou ao Poder Judiciário.

A partir da Constituição de 1946, portanto, a Justiça do Trabalho passa a ser vista como órgão autônomo e independente, seja quanto ao Poder Executivo, seja quanto à histórica dependência da Justiça Comum Estadual para execução de suas sentenças, tidas como laudos arbitrais até então (neste sentido a criticável redação do art. 764, § 2º, da CLT: "Não havendo acordo, o juízo conciliatório converter-se-á obrigatoriamente em arbitral, proferindo decisão na forma prescrita neste Título.").

Esta independência da Justiça do Trabalho se consolidou com a Constituição de 1967 e a EC nº 01/69, passando as decisões a se submeterem somente às instancias próprias trabalhistas (JCJ's, TRT's e TST), ressalvando-se a competência do STF quando se observava violação à Constituição Federal, pela interposição do Recurso Extraordinário no momento oportuno.

1.3. A Constituição Federal de 1988

A Constituição de 1988 se tornou conhecida como Constituição Cidadã, entre outros motivos, por alçar à categoria de norma constitucional diversos direitos e garantias fundamentais, particularmente no art. 5º e seus incisos. Da mesma forma que constitucionalizou estas garantias, também arquitetou um arcabouço de normas processuais, que compõem o devido processo legal, com o fito de efetivar a aplicação de tais direitos, merecendo destaque a consagração dos princípios da ampla defesa (art. 5º, LV), inafastabilidade da jurisdição (art. 5º, XXXV), vedação a juízo e tribunal de exceção (art. 5º, XXXVII) e amplo acesso à justiça por meio da gratuidade (art. 5º, XXXIV).

A Constituição Cidadã também ficou conhecida por proteger diversos direitos trabalhistas, no art. 7º, que para muitos constitucionalistas compõem o núcleo rígido inalterável por Emenda Constitucional a que ser refere o art. 60, par. 4º, especificamente no inciso IV.

Além da maior proteção conferida aos direitos trabalhistas, a Constituição de 1988 também conferiu ampla liberdade de atuação aos entes sindicais, além de reconhecê-los como legítimos representantes das categorias profissional e econômica (vide art. 8º e seus incisos).

Neste panorama a Constituição abarcou norma imperativa prevendo a criação de um Tribunal Regional do Trabalho para cada Estado da Federação e no Distrito Federal (art. 112 em sua redação original). Esta norma foi o marco de ampliação e regionalização do Judiciário Trabalhista que permitiu tornar mais efetivo o princípio constitucional de acesso à justiça.

1.4. Extinção dos Juízes Classistas: mudança de rumos

Com um Tribunal do Trabalho por Estado a Justiça do Trabalho tornou-se o ramo do Judiciário mais procurado pelo cidadão. Com seu procedimento simples, privilegiando a oralidade e a concentração de atos em audiência, passou a receber um número cada vez maior de demandas, mostrando toda a confiança depositada neste órgão. A Justiça do Trabalho, desde a promulgação da Constituição de 1988 e no intervalo de 10 anos passou de 1.044.469 recebidos em 1988 a 2.475.630 (1998), segundo dados extraídos do sitio do TST (www.tst.gov.br), capturados em 17.04.2007.

A quantidade crescente de demandas veio aliada ao aumento de complexidade das matérias submetidas à apreciação do Judiciário Trabalhista, como decorrência das mudanças ocorridas no mundo do trabalho. Terceirização, flexibilização e precarização dos direitos trabalhistas, novas formas de produção e organização do trabalho, são alguns exemplos dos fenômenos que justificam a complexidade dos conflitos nesta área, atingindo seu ápice na década de 90. Estes conflitos passaram a exigir um judiciário diferente, com a profissionalização do magistrado, não havendo mais lugar para a presença dos Juízes Classistas (inicialmente chamados de vogais, como se observa da denominação referida na própria CLT, artigo 647 e seguintes). O modelo de Justiça para o qual a participação do Juiz Classista se fez necessário, não mais existia. Junte-se a estes argumentos a distorção da função dos juízes leigos que, ao longo do tempo, passaram a funcionar como órgãos auxiliares da justiça, praticando atos inerentes a servidores (a exemplo do pregão que dá início à audiência), particularmente no primeiro grau de jurisdição. Nos Tribunais o papel de revisão das decisões cada vez mais era delegado a servidores, conhecedores (ou não) do direito.

Diante destes fatores, os movimentos sociais, capitaneados pela Associação Nacional dos Magistrados do Trabalho (ANAMATRA) e pela Ordem dos Advogados do Brasil (OAB), não tardaram em provocar o Congresso Nacional a promover a mudança desejada, qual seja, a extinção da representação classista. A extinção veio com a promulgação da EC nº 24/99, deixando todos os órgãos do Judiciário Trabalhista de prever a participação do juiz leigo (classista). Com esta alteração os órgãos julgadores da Justiça do Trabalho passaram a ser compostos somente de juízes togados, que ingressaram nos cargos por concurso público.

1.5. Estrutura atual da Justiça do Trabalho

A Justiça do Trabalho, a partir da EC nº 24/1999, deixou de ser composta por juízes classistas em todos os graus de jurisdição. Sua composição atual está definida no art. 111 da CF, a seguir transcrito: "são órgãos da Justiça do Trabalho: I – o Tribunal Superior do Trabalho; II – os Tribunais Regionais do Trabalho; III – Juízes do Trabalho. (Redação determinada pela Emenda Constitucional nº 24, de 1999)".

2. QUESTÕES DE CONCURSOS

01. (TRIBUNAL SUPERIOR DO TRABALHO/ANALISTA JUDICIÁRIO/CESPE/2008) São órgãos da Justiça do Trabalho: o Tribunal Superior do Trabalho (TST) e os tribunais regionais do trabalho (TRTs), que detêm competências originárias ou recursais, e os juízes do trabalho, integrantes do primeiro grau de jurisdição trabalhista, que processam e julgam as causas não-previstas na competência originária dos referidos tribunais.

02. (TRT 19 – Juiz do Trabalho Substituto 19ª região/ 2012) À luz da literalidade da Constituição Federal, assinale a alternativa incorreta: são órgãos da Justiça do Trabalho: o Tribunal Superior do Trabalho, os Tribunais Regionais do Trabalho e os Juízes do Trabalho.

GAB	1	C	2	E

✦ SERVIÇO RELEVANTE E OBRIGATÓRIO

Art. 645. O serviço da Justiça do Trabalho é relevante e obrigatório, ninguém dele podendo eximir-se, salvo motivo justificado.

1. COMENTÁRIOS

A norma deste artigo tinha relevância quando o serviço da Justiça do Trabalho ainda era prestado mediante colaboração, considerando-se que não estava integrada ao Poder Judiciário quando da redação deste artigo. Como explica Russomano, Comentários, Vol. II, 1993, p. 739, a finalidade do dispositivo era valorizar o serviço da Justiça do Trabalho, estimulando seu exercício.

Integrada a Justiça do Trabalho ao Poder Judiciário em 1946 (vide comentários ao art. 644, supra), não haveria mais motivo para se estimular a prestação do serviço judiciário, uma vez que sua relevância decorre da inafastabilidade da apreciação de lesão pelo Juiz ou Tribunal do Trabalho.

✦ REGIME DE MÚTUA COLABORAÇÃO

Art. 646. Os órgãos da Justiça do Trabalho funcionarão perfeitamente coordenados, em regime de mútua colaboração, sob a orientação do Presidente do Tribunal Superior do Trabalho.

1. COMENTÁRIOS

O regime de mútua colaboração, conforme mencionado no texto do artigo, só fazia sentido quando a Justiça do Trabalho integrava o Poder Executivo. Atualmente, os critérios de competência delimitaram a atividade de cada órgão jurisdicional, em todos os graus.

Da mesma forma, a referência à orientação do Presidente do TST, como se este fosse o responsável direto pela condução de todas as atividades do Judiciário Trabalhista, é mais um resquício da fase administrativa da Justiça do Trabalho, só rompida em 1946.

A estrutura da Justiça do Trabalho está prevista no art. 111 da CF e cada órgão de jurisdição, do primeiro (juiz do trabalho) ao último grau (TST), tem suas atribuições fixadas pela Constituição e pela lei. Não se nega a importância da figura do Presidente do TST na condução dos trabalhos deste órgão, bem como, junto a seus pares, das diretrizes administrativas da Justiça do Trabalho, mas seu papel não é mais o de orientar os demais órgãos do Judiciário Trabalhista.

A colaboração referida no texto deste artigo só pode ser interpretada, na atualidade, no que diz respeito às atividades administrativas dos órgãos do Judiciário.

▸CAPÍTULO II – DAS JUNTAS DE CONCILIAÇÃO E JULGAMENTO

▸SEÇÃO I – DA COMPOSIÇÃO E FUNCIONAMENTO

✦ ÓRGÃO DE PRIMEIRO GRAU DE JURISDIÇÃO: COMPOSIÇÃO

Art. 647. Cada Junta de Conciliação e Julgamento terá a seguinte composição: (Redação do Decreto-lei nº 9.797, de 9.9.1946)

a) um juiz do trabalho, que será seu Presidente;

b) dois vogais, sendo um representante dos empregadores e outro dos empregados.

Parágrafo único. Haverá um suplente para cada vogal.

✦ COMPATIBILIDADE ENTRE OS CLASSISTAS

Art. 648. São incompatíveis entre si, para os trabalhos da mesma Junta, os parentes consangüíneos e afins até o terceiro grau civil.

Parágrafo único. A incompatibilidade resolve-se a favor do primeiro vogal designado ou empossado, ou por sorteio, se a designação ou posse for da mesma data.

1. COMENTÁRIOS

A regra deste artigo não foi recepcionada pela EC nº 24/1999, que extinguiu a representação classista e transformou em órgão singular o juízo de primeiro grau de jurisdição, conforme artigos 111 e 116 da CF.

Este artigo da CLT estabelecia expressa proibição para que parentes atuassem na mesma Junta de Conciliação e Julgamento. A Junta era um órgão colegiado, composta pelo Juiz Presidente, togado, e dois Juízes Classistas, temporários, que em primeiro grau eram conhecidos, inicialmente, pela denominação de vogais.

SEÇÃO II – DA JURISDIÇÃO E COMPETÊNCIA DAS JUNTAS

✦ COMPETÊNCIA FUNCIONAL DO JUIZ DO TRABALHO

Art. 649. As Juntas poderão conciliar, instruir ou julgar com qualquer número, sendo, porém, indispensável a presença do Presidente, cujo voto prevalecerá em caso de empate. (Redação do Decreto-Lei nº 8.737, de 1946)

§ 1º – No julgamento de embargos deverão estar presentes todos os membros da Junta.

§ 2º – Na execução e na liquidação das decisões funciona apenas o Presidente.

✦ COMPETÊNCIA DA VARA DO TRABALHO

Art. 650. A jurisdição de cada Junta de Conciliação e Julgamento abrange todo o território da Comarca em que tem sede, só podendo ser estendida ou restringida por lei federal.(Redação da Lei nº 5.442, 24.5.1968)

Parágrafo único. As leis locais de Organização Judiciária não influirão sobre a competência de Juntas de Conciliação e Julgamento já criadas até que lei federal assim determine.

1. COMENTÁRIOS

Na atual composição da Justiça do Trabalho o primeiro grau de jurisdição trabalhista é integrado somente pelo Juiz do Trabalho (art. 111, III, da CF). Não há que se confundir Juiz do Trabalho, órgão jurisdicional, com Vara do Trabalho, unidade jurisdicional na qual pode atuar mais de um Juiz do Trabalho, como ocorre quando há auxílio ao Juiz titular por um Juiz Substituto. Fosse a Vara do Trabalho o órgão jurisdicional, não haveria a possibilidade de atuação de mais de um juiz por Vara.

O equívoco muitas vezes cometido pela doutrina é reforçado pela redação do art. 116 da CF: "Nas Varas do Trabalho, a jurisdição será exercida por um juiz singular (Conforme Emenda Constitucional nº 24/1999)". A menção a juiz singular serviu somente para deixar fora de dúvida que não existia mais órgão colegiado em primeiro grau de jurisdição (as chamadas Juntas de Conciliação e Julgamento). O objetivo não foi dizer que a Vara do Trabalho é o órgão jurisdicional. Fosse a Vara o órgão de jurisdição estaria referida na composição da Justiça do Trabalho, no art. 111 da CF. Contudo, ali se lê que o "Juiz do Trabalho" é o órgão, junto com "TRT" e "TST".

Todas as referências aos Juízes Vogais e Classistas, feitas na CLT, não foram recepcionadas pela Constituição da República, com as alterações da EC nº 24/1999, que, ao extinguir os juízes leigos, constituiu nova composição da Justiça do Trabalho, somente com juízes togados, conforme art. 111 da CF. da mesma forma, as referências à Junta de Conciliação e Julgamento devem ser interpretadas como Vara do Trabalho, ocupada tão somente pelo Juiz do Trabalho.

Dispõe o art. 112 da CF que: "A lei criará varas da Justiça do Trabalho, podendo, nas comarcas não abrangidas por sua jurisdição, atribuí-la aos Juízes de Direito, com recurso para o respectivo Tribunal Regional do Trabalho. (Redação pela Emenda Constitucional nº 45/2004)".

A Lei referida no art. 112 da CF é federal, de iniciativa do TST, após sugestão do respectivo Tribunal Regional, observada a regra do art. 93, XIII, da CF: "o número de juízes na unidade jurisdicional será proporcional à efetiva demanda judicial e à respectiva população; (Incluído pela Emenda Constitucional nº 45/2004)".

Instalada a Vara do Trabalho, cessa a jurisdição do Juiz de Direito para as demandas de competência da Justiça do Trabalho, inclusive quanto aos processos em curso. Neste sentido a S. nº 10 do STJ: "Instalada Junta de Conciliação e Julgamento, cessa a competência do Juiz de Direito em matéria trabalhista, inclusive para a execução das sentenças por ele proferidas." Numa interpretação atual desta Súmula leia-se "Vara do Trabalho", onde se lê "Junta de Conciliação e Julgamento".

A Lei Federal nº 10.770, de 21.11.2003, em seu art. 28, passou a permitir que os próprios Tribunais Regionais do Trabalho, por ato interno, possam alterar e estabelecer a jurisdição das Varas do Trabalho a ele vinculadas, bem como transferir a sede do Juízo de primeiro grau, tudo de acordo com as necessidades locais, a fim de melhor atender à prestação jurisdicional.

O Juiz do Trabalho, único órgão jurisdicional de 1º grau, atua em todos os procedimentos de sua competência, não fazendo mais sentido a distinção proposta pelo art. 649 da CLT quanto a atos do colegiado e do juiz singular.

Sobre a competência dos Juízes do Trabalho no julgamento dos conflitos submetidos à apreciação da Justiça do Trabalho, vide comentários ao art. 643 da CLT.

2. QUESTÕES DE CONCURSOS

01. (TRT – 6ª REGIÃO/JUIZ DO TRABALHO SUBSTITUTO/2010/ADAPTADA) A jurisdição de cada Vara do Trabalho abrange todo o território da Comarca, não podendo ser estendida ou restringida.

02. (TRT 3 – Juiz do Trabalho Substituto 3ª região/ 2012/ADAPTADA) Leia as afirmativas abaixo e assinale a alternativa correta: a competência originária funcional para julgar mandado de segurança será do Juiz do Trabalho, se a autoridade tida como coatora for Auditor Fiscal do Trabalho no seu exercício de sua atividade de aplicar penalidades como órgão de fiscalização de relações de trabalho aos empregadores.

GAB	1	E	2	C

✦ COMPETÊNCIA TERRITORIAL DAS VARAS DO TRABALHO

Art. 651. A competência das Juntas de Conciliação e Julgamento é determinada pela localidade onde o empregado, reclamante ou reclamado, prestar serviços ao empregador, ainda que tenha sido contratado noutro local ou no estrangeiro.

✦ AGENTE OU VIAJANTE COMERCIAL

§ 1º – Quando for parte de dissídio agente ou viajante comercial, a competência será da Junta da localidade em que a empresa tenha agência ou filial e a esta o empregado esteja subordinado e, na falta, será competente a Junta da localização em que o empregado tenha domicílio ou a localidade mais próxima. (Redação da Lei nº 9.851, de 27.10.1999)

✦ CONFLITOS OCORRIDOS EM FILIAL NO ESTRANGEIRO

§ 2º – A competência das Juntas de Conciliação e Julgamento, estabelecida neste artigo, estende-se aos dissídios ocorridos em agência ou filial no estrangeiro, desde que o empregado seja brasileiro e não haja convenção internacional dispondo em contrário.

✦ FORO FACULTATIVO: LOCAL DO CONTRATO OU DA PRESTAÇÃO DE SERVIÇOS

§ 3º – Em se tratando de empregador que promova realização de atividades fora do lugar do contrato de trabalho, é assegurado ao empregado apresentar reclamação no foro da celebração do contrato ou no da prestação dos respectivos serviços.

1. COMENTÁRIOS

1.1. Regra geral: art. 651, *caput*, local da prestação de serviços

O art. 651, caput, fixou a regra geral de competência territorial, definida pela localidade onde o empregado prestou ou ainda presta serviços. A intenção do legislador foi permitir que os empregados pudessem mover suas ações no local de mais fácil acesso às provas, ou seja, próximo ao ambiente de trabalho. Assim explica Campos Batalha: "Tendo em consideração a qualidade do empregado, que dificilmente se pode locomover para o domicilio do empregador a fim de, aí, intentar a reclamação e acompanhá-la, bem como as facilidades de provas que devem ser concedidas ao empregado, alvo do amparo e proteção das leis trabalhistas, estabeleceu-se, tradicionalmente, a competência do foro do local do trabalho, pouco importando o domicilio o a residência das partes." (1985, p. 252-253). Estes fundamentos são repetidos por Bezerra Leite, Curso, 2007, p. 266 e Mauro Schiavi, Manual, 2008, p. 208.

Exatamente diante do espírito da norma, que visa promover o amplo acesso à justiça pelo empregado, que o TST, em julgamento unânime de sua 1ª Turma, já permitiu que o empregado ajuizasse ação fora do seu local de trabalho. O precedente jurisprudencial referido surgiu de uma ação proposta no foro do domicilio do empregado aposentado. A Turma, acompanhando o voto do Relator, da lavra do Ministro Lélio Bentes, não viu qualquer prejuízo que gerasse a nulidade do processo, até porque a matéria em conflito era meramente de direito. O julgamento tomou por base as próprias exceções da norma do art. 651 da CLT, descritas nos §§ 1º a 3º (RR 744914-2001.3).

O entendimento adotado no julgamento acima referido também encontra amparo doutrinário. Renato Saraiva, Curso, 2008, p. 122, defende que a norma constitucional consagradora do amplo acesso à justiça (art. 5º, XXXV, da CF), deve se sobrepor à regra do art. 651 da CLT, quando o local de prestação de serviços for de tal forma distante que inviabilize a propositura da ação, hipótese em que deverá prevalecer o foro do domicilio do empregado. Também é esta a posição de Gérson Marques: "O apego arraigado ao art. 651, da CLT, pode, em alguns casos, conduzir à denegação de Justiça, mediante o negatório acesso ao Judiciário, princípio este insculpido no art. 5º, XXXV, da CF." (apud Schiavi, Manual, 2008, p. 208).

Penso que o Juiz do Trabalho, no caso concreto, deverá temperar a aplicação da regra do art. 651, caput, permitindo a propositura da ação no foro do domicilio do empregado, sempre que a regra do local da prestação de serviços impedir, ou tornar muito oneroso, o acesso à justiça. Parece-me, contudo, que não se trata de uma possibilidade de escolha aleatória do empregado. O reclamante, alegando dificuldade de acesso ao local de prestação de serviços, deverá demonstrar esta afirmação. Não basta o simples ajuizamento da demanda no local de seu domicilio para a fixação da competência da vara do trabalho desta localidade.

Existindo mais de um local de prestação de serviços a doutrina pacificou o entendimento de que a ação deverá ser proposta no último local onde o empregado trabalhou (neste sentido: Bezerra Leite, Curso, 2007, p. 267; Carrion, Comentários, 2010, p. 550 e Martins, Comentários, 2010, p. 715).

Mauro Schiavi, Manual, 2008, p. 209-210, defende entendimento minoritário, apontando para a possibilidade do empregado mover a demanda em quaisquer dos locais em que trabalhou, estando prevento o juízo em que a reclamação for proposta em primeiro lugar. A nosso ver, esta possibilidade causa insegurança quanto à fixação de competência, pois o critério deixa de ser apriorístico, sem definição, com a devida antecedência, quanto ao foro competente. O empregador só saberá o foro competente quando da propositura da demanda. Antes disso, não terá a menor ideia de onde irá se defender. Quando forem inúmeros os locais onde o empregado trabalhou a insegurança tende a aumentar.

1.2. Exceção (1): art. 651, § 1º, agente ou viajante comercial

A regra do § 1º, na redação original da CLT, previa a competência do domicilio do empregador, salvo se o empregado estivesse subordinado à filial, quando deveria propor a ação no local da filial. A redação atual do § 1º, determinada pela Lei nº 9.851, de 27.10.1999, inverteu esta lógica e ainda incluiu a regra do domicilio do empregado como última possibilidade. Portanto, o empregado proporá sua demanda na localidade da filial e, na sua ausência, ou, não estando a esta subordinado, prevalecerá o foro do seu domicílio e não havendo Juiz do Trabalho nesta última localidade, restará ao empregado procurar a localidade mais próxima.

A mudança de enfoque, proposta pela alteração do texto legal, permite a ilação de que a intenção foi facilitar o acesso do empregado à Justiça do Trabalho. Sendo assim, a regra do § 1º não representa proibição de propositura da ação no domicilio do empregador, quando esta escolha for feita pelo empregado e, assim, lhe favorecer o acesso à justiça.

A disposição legal é destinada somente ao viajante comercial que, diante das peculiaridades de sua atividade, não possui um só local de prestação de serviços, o que dificultaria a definição da competência territorial. Portanto, o critério não pode ser estendido a outros trabalhadores. Exceção feita ao representante comercial autônomo que, admitida a competência material da Justiça do Trabalho para apreciar sua demanda (tema assaz polêmico, como demonstramos nos comentários ao art. 643 da CLT), deverá prevalecer, quanto à fixação de competência territorial, a regra do § 1º, ora comentada (no mesmo sentido: Mauro Schiavi, Manual, 2008, p. 210).

1.3. Exceção (2): art. 651, § 2º, conflitos ocorridos no estrangeiro

A regra do § 2º fixa a jurisdição nacional, antes mesmo de cuidar da localidade onde, no Brasil, deverá ser proposta ação. Esta interpretação se extrai da expressão: "A competência das Juntas de Conciliação e Julgamento, estabelecida neste artigo, estende-se aos dissídios ocorridos em agência ou filial no estrangeiro...". Em razão do princípio da territorialidade, segundo o qual as normas processuais só vigoram no território nacional, respeitando-se a soberania de outros países, o texto do § 2º prevê a exclusão da competência brasileira se houver Convenção Internacional dispondo em contrário. A nosso ver, o texto legal fixa regra de competência concorrente, pois permite que a ação seja proposta no Estrangeiro, se assim dispuser Convenção Internacional em contrário. Claro está que esta possibilidade está adstrita à ratificação da Convenção pelo Brasil.

Athos Gusmão Carneiro, tratando da competência internacional concorrente, explica que: "Casos existem nos quais a Justiça brasileira se considera competente para julgar uma demanda, mas não exclui a possibilidade de a dita causa ser julgada por Justiça estrangeira. Nestes casos, se a demanda vier a ser proposta e julgada fora do Brasil, a sentença do juiz estrangeiro poderá ser cumprida no Brasil, evidentemente depois de homologada pelo Superior Tribunal de Justiça." (Jurisdição e Competência, 2005, p. 73).

Para a incidência da regra do § 2º se exige que empregado seja brasileiro. Como a lei não fez qualquer outra exigência, pode ser brasileiro nato ou naturalizado. Os portugueses domiciliados no Brasil também se beneficiam da regra do § 2º, do art. 651, diante do que prevê o art. 12, § 1º, da CF, a seguir transcrito: "Aos portugueses com residência permanente no País, se houver reciprocidade em favor de brasileiros, serão atribuídos os direitos inerentes ao brasileiro, salvo os casos previstos nesta Constituição.".

A norma do § 2º não dispôs em qual localidade, no Brasil, será proposta a demanda. A doutrina pacificou o entendimento de que a ação será proposta onde a empresa, no Brasil, esteja domiciliada, ou seja, no endereço de sua sede. Deduz-se que se o conflito interessa à Jurisdição brasileira, sem que o empregado tenha trabalhado no Brasil, é porque a sede da empresa está fixada em território brasileiro e, por esta razão, estende-se a jurisdição nacional para abranger os conflitos ocorridos "em agência ou filial no estrangeiro". É dizer: filial no estrangeiro, de empresa com sede no Brasil. Não se exige que a empresa seja nacional, mas somente que tenha sua sede no Brasil.

Também é possível a aplicação da regra do § 2º se a empresa não tem sede no Brasil, mas tem filial no território brasileiro, circunstância que permite ao empregado brasileiro propor a ação no Brasil, citando a empresa no endereço desta filial. Esta interpretação extrai-se da regra do art. 88, I, do CPC/73, que trata de competência internacional concorrente, tal qual a norma ora comentada da CLT, e dispõe: "É competente a autoridade judiciária brasileira, quando o réu for domiciliado no Brasil". Parágrafo único. Para o fim disposto no nº I, reputa-se domiciliada no Brasil a pessoa jurídica estrangeira que aqui tiver agência, filial ou sucursal." (no mesmo sentido: Carrion, Comentários, 2010, p. 572-573 e Mauro Schiavi, Manual, 2008, p. 212, ambos defendendo a possibilidade de ação no endereço da filial).

A mesma regra de competência é reproduzida no CPC/2015, no seu artigo 21, nos seguintes termos:

> Art. 21. Compete à autoridade judiciária brasileira processar e julgar as ações em que: I – o réu, qualquer que seja a sua nacionalidade, estiver domiciliado no Brasil; II – no Brasil tiver de ser cumprida a obrigação; III – o fundamento seja fato ocorrido ou ato praticado no Brasil. Parágrafo único. Para o fim do disposto no inciso I, considera-se domiciliada no Brasil a pessoa jurídica estrangeira que nele tiver agência, filial ou sucursal.

A Pessoa Jurídica estrangeira será citada no endereço da filial situada no Brasil, na pessoa de seu gerente, conforme disposto no art. 12, VIII e § 3º do CPC/73 (art. 75, X, do CPC/2015). Penso que a regra geral de citação por via postal (art. 841 da CLT) pode ser aplicada, mesmo para o ato de chamamento da empresa estrangeira com filial no Brasil, sendo desnecessária a citação na pessoa do gerente da filial, como prevê o CPC.

Arnaldo Süssekind lembra que se o empregado tem domicilio no exterior e escolher propor a ação fora do Brasil, no local de sua prestação de serviços, deve ser respeitada sua decisão. Como explica o mestre, há um direito de opção entre a jurisdição nacional e a estrangeira (apud Carrion, Comentários, 2010, p. 573). Concordamos com esta faculdade, até porque a norma do art. 651, § 2º, da CLT trata de hipótese de competência concorrente, como já explicamos acima.

1.4. Exceção (3): art. 651, § 3º, foro do contrato ou da prestação de serviços

O § 3º permite a interpretação de que o empregado tem a faculdade de propor a ação no local da celebração do contrato ou, conforme sua escolha, no local onde presta ou prestou serviços.

Caso tenha trabalhado em mais de uma localidade, a escolha recairá entre o foro da celebração do contrato e o último local de prestação de serviços, conforme fundamentos trazidos nos comentários ao art. 651, caput, acima.

Não se exige que o empregado tenha trabalhado no local da celebração do contrato de trabalho para atrair a competência para esta localidade. Considera-se contratação, para os fins descritos no art. 651, § 3º, a simples seleção feita por empresa de colocação de mão de obra ou, ainda, a intermediação de terceiros que arregimentam trabalhadores para depois transferi-los para localidades distantes, como acontece no meio rural, figura esta denominada de "gato". A intenção da norma é proteger o acesso à justiça pelo empregado, que será muito mais facilitado se este puder propor a ação no local onde foi selecionado, escolhido, convidado, etc., mesmo que o contrato de trabalho só seja formalmente assinado no local da prestação de serviços.

Campos Batalha, Tratado, 1985, p. 254, cita o exemplo dos empregados de empresas teatrais ou circenses, cuja atividade é, por vezes, desenvolvida fora do local do contrato; cita, ainda, o autor, o exemplo dos empregadores que contratam, em determinada localidade, pessoal destinado à indústria extrativa nos seringais.

Não obstante o que acima expusemos, parte da doutrina propõe uma interpretação restritiva da regra do § 3º, para limitar sua aplicação somente às atividades transitórias, eventuais e temporárias.

Esta é a opinião de Valentin Carrion, Comentários, 2010, p. 575, quando explica que a exceção deve ser interpretada em consonância com o caput, de forma que a opção entre o local da contração e o da realização dos serviços deve ocorrer nas raras hipóteses nas quais o empregador desenvolve seu trabalho em locais incertos, eventuais e transitórios, como é o caso das atividades circenses, artísticas, feiras, exposições, promoções, etc.

Sergio Pinto Martins, Comentários, 2010, p. 718-719, também segue, tal qual Carrion, a linha restritiva de interpretação do § 3º. Dessa forma, diz o autor que a regra só deve ser utilizada nos casos em que o empregador exerce suas atividades em locais incertos, transitórios ou eventuais. Cita o autor os seguintes exemplos: motorista de transporte de passageiros que, eventualmente, mude de linha, empregados de limpeza e construção civil que prestam serviços eventuais, incertos e transitórios, os trabalhadores em empresas de auditorias, reflorestamento, feiras, exposições, atividades circenses e similares.

Pensamos que a regra do § 3º, do art. 651, não merece interpretação restritiva e deve servir de ferramenta a promover o amplo acesso à justiça pelo empregado, sempre que a realização de serviços fora do lugar do contrato de trabalho, mesmo em caráter permanente, prejudicar, dificultar ou inviabilizar sua reclamação trabalhista. A escolha de onde propor a reclamação não pode ser objeto de questionamentos quanto à transitoriedade ou não da prestação de serviços, bastando que estes se realizem fora do local onde o empregado foi contratado.

Neste sentido é a opinião de Bezerra Leite, Curso, 2007, p. 271: "Parece-nos, no entanto, que a interpretação teleológica do § 3º do art. 651 da CLT autoriza uma opção legal para o empregado de empresa que realiza atividades em locais diversos da contratação do obreiro, pouco importando se a título permanente ou esporádico, ajuizar a ação no foro da contratação ou no da prestação de serviço."

1.5. Prorrogação da Competência

O momento da resposta do réu é a oportunidade para se arguir eventual incompetência em razão do lugar, sob a forma de exceção (art. 799, caput, da CLT). Não arguida a exceção de incompetência territorial, oportunamente, o juízo relativamente incompetente se torna competente. A este fenômeno se dá o nome de "prorrogação" ou "convalidação da competência". Neste sentido o art. 114 do CPC/73: "Prorrogar-se-á a competência se dela o juiz não declinar na forma do parágrafo único do art. 112 desta Lei ou o réu não opuser exceção declinatória nos casos e prazos legais. (Redação dada pela Lei nº 11.280, de 2006)". Regra similar foi mantida no CPC/2015, na forma do art. 65: "Prorrogar-se-á a competência relativa se o réu não alegar a incompetência em preliminar de contestação.".

A distinção está na simplificação. Na nova regra a competência relativa deve ser arguida na própria contestação, conforme prevê o art. 337, II, do CPC/2015.

A incompetência em razão do lugar, por ser relativa, não pode, em regra, ser reconhecida de ofício pelo juiz (S. 33 do STJ), dependendo, portanto, de arguição da parte a quem interessar que seja processada a demanda no juízo competente. A única exceção a esta regra diz respeito à nulidade do foro de eleição, cujo tema será tratado a seguir.

1.6. Foro de eleição

As partes poderão escolher a localidade onde o conflito será resolvido, desde que o ajuste de vontades ocorra sob a forma escrita e especificamente para cada negócio jurídico (art. 111, caput e § 1º do CPC/73 e artigo 63, *caput*, e § 1º, do CPC/2015)

A maioria da doutrina entende ser inaplicável o foro de eleição no processo do trabalho. Os que assim defendem, partem da premissa segundo a qual a competência territorial, fixada pela lei trabalhista, é inderrogável pelo ajuste de vontades, considerando-se que as regras do art. 651 e seus parágrafos privilegiam os interesses do empregado de acesso à justiça. O próprio TST, por meio da IN nº 39/2016, art. 2º, inciso I, entende pela inaplicabilidade do foro de eleição no processo do trabalho.

Carlos Henrique Bezerra Leite, Curso, 2007, p. 273, assim resume a posição majoritária: "Nos domínios do processo do trabalho não é facultado às partes da relação empregatícia instituir cláusula prevendo o foro de eleição, pois as regras de competência da Justiça do Trabalho são de ordem pública e, portanto, inderrogáveis pela vontade das partes.".

No mesmo sentido Mauro Schiavi, Manual, 2008, p. 213, para quem "o foro de eleição é incompatível com o Processo do Trabalho, considerando-se a hipossuficiência do reclamante, bem como eventual estado de subordinação do empregado ao aceitar eventual localidade para propositura de demanda trabalhista.".

Wagner Giglio, Direito Processual, 2007, p. 170, lembra que "a cláusula estipulando foro de eleição não era e não é aceita no processo trabalhista, não apenas porque careceria de autenticidade no contrato de prestação de serviço (o trabalhador, para conseguir uma ocupação remunerada, aceitaria praticamente qualquer cláusula), mas também porque se atrita com as disposições do art. 651 da CLT, que fixam competência das Varas de forma exaustiva, abrangendo, por extensão, a nosso ver, os prestadores de serviço não subordinados.".

Ousamos discordar da corrente majoritária. Para nós o foro de eleição é perfeitamente compatível com a relação de emprego, onde se poderá ajustar cláusula elegendo o foro competente para dirimir os conflitos decorrentes desta relação jurídica e, da mesma forma, na relação de trabalho não subordinado.

A nosso ver as premissas que sustentam a tese majoritária são equivocadas. Há uma inversão da presunção de validade do ato e de sua intenção. Para a validade do foro de eleição, basta que a cláusula contratual seja mais favorável ao empregado do que as disposições do art. 651 da CLT. Imaginemos uma hipótese em que o foro de eleição, em cláusula escrita no contrato de trabalho, fixa o domicilio do empregado para exame de qualquer conflito decorrente desta relação de emprego específica. Indaga-se: onde estaria a nulidade desta cláusula contratual? Qual seria o prejuízo para empregado? Em que momento sua hipossuficiência lhe prejudicou na eleição do foro?

É inegável que o empregado se encontra fragilizado na escolha do foro de eleição, diante de seu grau de hipossuficiência, mas esta situação de inferioridade jurídica não é suficiente para se presumir que toda cláusula contratual modificando o foro legal é nula. Há que se interpretar a cláusula no sentido da facilitação do acesso à Justiça do Trabalho pelo empregado. Atingindo esta finalidade a cláusula será reconhecida como válida. Este exame é feito nos próprios autos da reclamação trabalhista na qual se discutem os direitos do contrato de emprego, ou da relação de trabalho não subordinado, em decisão incidental.

O controle de validade da cláusula contratual do foro de eleição independe de arguição das partes, considerando-se a natureza de contrato de adesão do pacto de emprego, atraindo, portanto a regra do art. 112, § único, do CPC/73:"A nulidade da cláusula de eleição de foro, em contrato de adesão, pode ser declarada de ofício pelo juiz, que declinará de competência para o juízo de domicílio do réu. (Incluído pela Lei nº 11.280, de 2006)".

Sobre a natureza de adesão do contrato de trabalho já se manifestou Godinho, Curso, jan-2009, p. 475, ao dizer que o contrato empregatício é um enfático contrato de adesão, para cujo conteúdo a vontade obreira pouco contribui. A livre manifestação de vontade dá-se mais no tocante ao momento de adesão ao pacto do que no de definição de suas cláusulas, conforme famosa observação de Riva Sanseverino.

No CPC/2015, art. 63, § 3º, a abusividade da cláusula de eleição de foro será reconhecida pelo juiz, de oficio, em qualquer negócio jurídico, e não somente nos contratos de adesão.

A regra do art. 112, § único do CPC/73 (art. 63, § 3º, do CPC/2015), de aplicação no processo do trabalho, só merece uma adaptação: o juiz do trabalho, reconhecendo a nulidade da cláusula de eleição de foro, diante de seu prejuízo ao acesso à justiça pelo empregado, declinará de competência para o juízo do local da prestação de serviços, regra geral de fixação de competência territorial no processo do trabalho, assim como o domicilio do réu é a regra geral do processo civil (neste sentido: Mauro Schiavi, Manual, 2008, p. 214).

A decisão que reconhece a nulidade da cláusula de eleição de foro é irrecorrível de imediato (art. 893, § 1º, da CLT), salvo se o Juiz do Trabalho, ao declinar de sua competência em favor do local da prestação de serviços, determinar a remessa dos autos para outro Tribunal Regional do Trabalho (neste sentido a S. 214, "c", do TST).

Diante das considerações acima, são os seguintes os requisitos da cláusula de eleição de foro:

a) forma escrita e especifica para cada contrato de trabalho ou de prestação de serviços sem vínculo de emprego (art. 111, caput e § 1º, do CPC/73, que corresponde ao art. 63, *caput*, e § 1º, do CPC/2015); **b)** a escolha do foro deve ser mais benéfica ao empregado, segundo o juízo do próprio, considerando-se como parâmetro as regras de competência do art. 651 da CLT.

2. SÚMULAS E ORIENTAÇÕES JURISPRUDENCIAIS

▸ **Súmula nº 33/STJ**

A incompetência relativa não pode ser declarada de ofício.

▸ **Súmula nº 214/TST**

DECISÃO INTERLOCUTÓRIA. IRRECORRIBILIDADE (nova redação) – Res. 127/2005, DJ 14, 15 e 16.03.2005

Na Justiça do Trabalho, nos termos do art. 893, § 1º, da CLT, as decisões interlocutórias não ensejam recurso imediato, salvo nas hipóteses de decisão: **a)** de Tribunal Regional do Trabalho contrária à Súmula ou Orientação Jurisprudencial do Tribunal Superior do Trabalho; **b)** suscetível de impugnação mediante recurso para o mesmo Tribunal; **c)** que acolhe exceção de incompetência territorial, com a remessa dos autos para Tribunal Regional distinto daquele a que se vincula o juízo excepcionado, consoante o disposto no art. 799, § 2º, da CLT.

3. QUESTÕES DE CONCURSOS

01. (TRT – 6ª REGIÃO/JUIZ DO TRABALHO SUBSTITUTO/2010/ADAPTADA) A regra geral de fixação da competência exratione loci, na Justiça do Trabalho, é determinada pela localidade onde o empregado, reclamante ou reclamado, prestar serviços ao empregador, ainda que tenha sido contratado noutro local ou no estrangeiro.

02. (TRT – 19ª REGIÃO/ANALISTA JUDICIÁRIO/FCC/2008) De acordo com a CLT, com relação à competência em razão do lugar, não estando o empregado viajante comercial subordinado a agência ou filial, mas à matriz da empresa empregadora será competente para apreciar reclamação trabalhista a Vara

a) onde está localizada a matriz ou qualquer uma das agências ou filiais da empresa.

b) do local da última prestação de serviços realizada pelo reclamante.

c) do domicílio do reclamante, apenas.

d) do local da primeira prestação de serviços realizada pelo reclamante.

e) do domicílio do empregado ou a localidade mais próxima.

03. (TRT – 19ª REGIÃO/TECNICO JUDICIÁRIO/FCC/2008) Márcio laborava para a empresa XWZ na função de auxillar administrativo, tendo sido dispensado sem justa causa. A empresa empregadora não efetuou corretamente o pagamento das verbas rescisórias, Márcio pretende ingressar com a respectiva reclamação trabalhista. Dessa forma, considerando que Márcio foi dispensado quando laborava em União dos Palmares; que a matriz da empresa XWZ fica na cidade de Maceió; que Márcio foi contratado na filial da empresa em Atalaia e que exerceu suas atividades em Arapiraca nos 2 primeiros anos de sua contratação, de acordo com a CLT, Márcio deverá ingressar com a reclamatória em

a) Atalaia ou Maceió.

b) União dos Palmares.

c) Maceió

d) Atalaia.

e) União dos Palmares, Maceió ou Arapiraca.

04. (FCC – TRT 6 – Analista Judiciário/2012) Zeus, com domicílio em Recife, passou por seleção e foi contratado na cidade de Salvador, sede da empresa XPTO Empreendimentos, para a função de assistente contábil. Durante todo o seu contrato Joaquim trabalhou no município de Fortaleza, sendo dispensado após dois anos de contrato, sem receber suas verbas rescisórias. Conforme regras da Consolidação das Leis do Trabalho relativas à competência territorial para propositura de ação trabalhista, Zeus deve propor a reclamatória trabalhista para receber seus haveres em

a) qualquer dos três municípios, porque depende do foro de eleição.

b) Recife, porque é o domicílio do autor.

c) Salvador, porque é o local da sua contratação.

d) Salvador, porque é a sede do réu.

e) Fortaleza, porque é o local da prestação dos serviços.

05. (TRT 2 – Juiz do Trabalho Substituto 2ª região/ 2012) Analise as proposições quanto à competência territorial da Justiça do Trabalho, nos termos da Consolidação das Leis do Trabalho.

I. A competência das Varas é determinada pela localidade onde o empregado, reclamante ou reclamado, prestar serviços ao empregador, salvo se contratado noutro local ou no estrangeiro.

II. Quando for parte no dissídio agente ou viajante comercial, a competência será da Vara da localidade em que a empresa tenha agência ou filial e a esta o empregado esteja subordinado.

III. Quando for parte no dissídio agente ou viajante comercial, a competência será da Vara da localidade em que o empregado tenha domicílio ou a localidade mais próxima, se não houver agência ou filial a que o empregado esteja subordinado.

IV. A competência das Varas do Trabalho estende-se aos dissídios ocorridos em agência ou filial no estrangeiro, desde que o empregado seja brasileiro e não haja convenção internacional dispondo em contrário.

V. Em se tratando de empregador que promova realização de atividades fora do lugar do contrato de trabalho, o empregado deverá apresentar reclamação no local de execução de suas atividades.

Estão corretas apenas as proposições:

a) I, II e III.

b) I, III e IV.

c) II, III e IV.

d) I, III e V.

e) II, IV e V.

06. (FCC – Analista Judiciário – Área Judiciária – TRT 24/2017) Asclépio, residente e domiciliado em Manaus, participou de processo seletivo e foi contratado na cidade de Brasília, onde se localiza a sede da empresa Orfheu Informática S/A, para trabalhar como programador, na filial da empresa no Município de Campo Grande. No contrato de trabalho as partes convencionaram como foro de eleição a comarca de São Paulo. Após dois anos de contrato, Asclépio foi dispensado por justa causa sem receber nenhuma verba rescisória, retornando para Manaus. Não concordando com o motivo da sua rescisão, o trabalhador resolveu ajuizar reclamação trabalhista em face da sua ex-empregadora.

Conforme a regra de competência territorial prevista na lei trabalhista a ação deverá ser proposta na Vara do Trabalho de

a) Brasília, por ser a sede da empresa reclamada.

b) Brasília, por ser o local da contratação.

c) Manaus, local de seu domicílio.

d) Campo Grande, local da prestação dos serviços.

e) São Paulo, foro de eleição contratual.

07. (FCC – Analista Judiciário – Oficial de Justiça Avaliador – TRT 24/2017) A empresa Olimpos Construções S/A, com sede em Brasília, contratou empregado brasileiro através de sua sucursal em São Paulo, para gerenciar as obras existentes na Turquia, lugar onde prestou serviços durante dois anos. Rescindido o contrato o empregado retorna ao Brasil, pretendendo acionar o seu empregador em razão de créditos trabalhistas que entende devidos.

Nessa situação, conforme regra prevista na Consolidação das Leis do Trabalho,

a) é incompetente a autoridade judiciária brasileira, para conhecer da reclamação trabalhista, que deveria ser ajuizada na Turquia, local da prestação dos serviços.

b) se houver foro de eleição expressamente previsto no contrato, será este o competente para conhecer da reclamação trabalhista.

c) será competente para conhecer da ação trabalhista o foro de opção contratual do empregado, podendo ser o da contratação, da prestação de serviços ou o da demissão.

d) a autoridade judiciária brasileira é incompetente, devendo a ação ser proposta no País em que o empregado foi contratado.

e) a autoridade judiciária trabalhista brasileira é competente para conhecer da reclamação trabalhista, salvo se houver Convenção Internacional dispondo em contrário.

GAB	1	C	2	E	3	B	4	E	5	C	6	D	7	E

✦ **COMPETÊNCIA FUNCIONAL DA VARA DO TRABALHO**

Art. 652. Compete às Juntas de Conciliação e Julgamento:

a) conciliar e julgar:

I – os dissídios em que se pretenda o reconhecimento da estabilidade de empregado;

II – os dissídios concernentes a remuneração, férias e indenizações por motivo de rescisão do contrato individual de trabalho;

III – os dissídios resultantes de contratos de empreitadas em que o empreiteiro seja operário ou artífice;

IV – os demais dissídios concernentes ao contrato individual de trabalho;

b) processar e julgar os inquéritos para apuração de falta grave;

c) julgar os embargos opostos às suas próprias decisões;

d) impor multas e demais penalidades relativas aos atos de sua competência; (Redação do Decreto-lei nº 6.353, de 20.3.1944)

e) (Alínea suprimida pelo Decreto-lei nº 6.353, de 20.3.1944)

f) decidir quanto à homologação de acordo extrajudicial em matéria de competência da Justiça do Trabalho. (Inserida pela Lei nº 13.467, de 13.07.2017).

V – as ações entre trabalhadores portuários e os operadores portuários ou o Órgão Gestor de Mão-de-Obra – OGMO decorrentes da relação de trabalho;(Incluído pela Medida Provisória nº 2.164-41, de 24.08.2001)

✦ **PREFERÊNCIAS: FALÊNCIA E PAGAMENTO DE SALÁRIOS**

Parágrafo único. Terão preferência para julgamento os dissídios sobre pagamento de salário e aqueles que derivarem da falência do empregador, podendo o Presidente da Junta, a pedido do interessado, constituir processo em separado, sempre que a reclamação também versar sobre outros assuntos.

1. COMENTÁRIOS

O órgão de primeiro grau de jurisdição é competente para apreciação de todas as demandas individuais, propostas por trabalhador com ou sem vínculo de emprego, bem como aquelas de interesse dos tomadores de serviço, conforme os limites definidos no art. 114 da CF e bem explicitados nos comentários ao art. 643 da CLT.

A competência ampliada pela EC nº 45/2004 para apreciar as "relações de trabalho", não mais restrita às "relações de emprego" (art. 114, I, da CF), inclui todas as hipóteses do art. 652, "a", incisos I a V.

O Inquérito referido na alínea "b", do art. 652, é necessário para a desconstituição da relação de emprego do estável (art. 494 da CLT) e do dirigente sindical (art. 543, da CLT c/c S. 379 do TST), cujo procedimento está disciplinado no art. 853 a 855 da CLT.

Os embargos referidos na alínea "c" não existem mais. As sentenças proferidas em processos de alçada exclusiva do primeiro grau (ações de até 2 salários-mínimos, conforme art. 2º, da Lei nº 5584/70), eram passíveis de embargos infringentes, conforme previa o art. 894 da CLT, em sua antiga redação e eram julgados pela própria Junta de Conciliação e Julgamento. O art. 894 foi alterado pela Lei nº 5.442/68, deixando de prever tais embargos, razão pela qual a alínea "c" do art. 652 da CLT foi tacitamente revogada (neste sentido: Martins, Comentários, 2010, p. 722).

As multas referidas na alínea "d" ora têm a natureza de astreintes, visando compelir o devedor ao cumprimento da obrigação, como no caso das férias, do art. 137, § 2º, da CLT, ora têm natureza de sanção, impostas pelo descumprimento de alguma obrigação legal, como na hipótese da testemunha que se recusa a depor, sem motivo justificado (art. 730 da CLT), ou de empregador que impede o comparecimento da testemunha (art. 729, 1º, da CLT).

A Lei nº 13.467, de 13.07.2017, introduziu na Justiça do Trabalho o procedimento de jurisdição voluntária de homologação de acordo extrajudicial, conforme artigo 855-B a 855-E, da CLT. A mesma lei inseriu a alínea "f", no art. 652 da CLT, atribuindo competência funcional ao órgão de primeiro grau de jurisdição trabalhista (Juiz do Trabalho) para decidir sobre a homologação de acordo extrajudicial. Mesmo que não existisse a referida alínea, a competência para esse procedimento ainda assim seria do primeiro grau de jurisdição, a quem compete apreciar, originariamente, todas as demandas que chegam ao Judiciário. É, por assim dizer, a porta de entrada do Poder Judiciário.

O Juiz do Trabalho está obrigado a apreciar todas as demandas que lhe são propostas, em razão do princípio constitucional da inafastabilidade da jurisdição, mas isso não o obriga a homologar os acordos que lhe são apresentados, conforme entendimento pacificado pelo TST, na Súmula 418 de sua jurisprudência.

A preferência para julgamento, referida no § único não se confunde com preferência para processamento desde o início da causa. As ações que versem sobre pagamento de salários terão preferência somente para julgamento. As demandas em face de empresa falida têm preferência mais ampla, que abrange todo o procedimento, por força da imposição do art. 768 da CLT, que assim dispõe.

É comum que os pedidos sobre salários sejam cumulados com outros, como férias, aviso prévio, etc., razão pela qual se exige o requerimento da parte para desmembramento dos pedidos de preferência, que correrão em processo apartado. Tal requerimento não é comum na Justiça do Trabalho.

Em verdade, o juiz autor destes comentários, desde 1998 na magistratura, nunca apreciou tal requerimento de processamento em apartado de demandas relativas a salários. Isto porque perdeu interesse a aplicação deste dispositivo, à medida que a possibilidade da tutela antecipada foi generalizada em nosso sistema processual (art. 273 do CPC/73).

No lugar do desmembramento, a parte, ou seu advogado, poderá requerer a antecipação de tutela quanto aos salários não pagos, o que representaria um julgamento com preferência, sem necessidade de desmembramento do processo, que só atrasaria o procedimento. Outra solução seria a parte propor duas demandas, uma com o pedido de salários e outra com os demais pedidos. Diante de eventual requerimento do réu para reunião das demandas conexas, haveria indeferimento do juízo por conta da necessidade do procedimento de preferência da demanda envolvendo somente salários.

2. QUESTÕES DE CONCURSOS

01. **(BACEN/PROCURADOR/CESPE/2009)** O sindicato representante de uma categoria funcional realizou processo eleitoral para a escolha de nova diretoria. Duas chapas inscreveram-se para concorrer ao pleito. Após a eleição, a chapa vencida constatou diversas irregularidades, e a comissão eleitoral, ignorando esses fatos, proclamou o resultado das eleições: declarou a outra chapa vencedora. Nessa situação hipotética, caso a chapa derrotada, ou algum candidato, tenha interesse em mover ação judicial para questionar a validade dessa eleição, deve mover a competente ação na justiça

a) federal.

b) comum estadual.

c) eleitoral.

d) do trabalho.

e) militar.

02. (TRT – 1ª REGIÃO/JUIZ DO TRABALHO/2008) Assinale a resposta errada:

a) Compete à Justiça do Trabalho apreciar litígios resultantes de contrato de empreitada em que o empreiteiro seja operário ou artífice;

b) Juízes de Direito podem ser investidos da jurisdição trabalhista.

c) As ações decorrentes de acidente do trabalho se processam perante a Justiça Estadual.

d) As cobranças de débito previdenciário, resultantes de sentença proferidas pelas Varas do Trabalho, são executadas pela Justiça Federal.

e) É de competência da Justiça do Trabalho processar e julgar ações movidas por representante comercial contra as empresas representadas.

03. (TRT – 17ª REGIÃO/ANALISTA JUDICIÁRIO/CESPE/2009) As varas do trabalho são competentes para julgar dissídio coletivo de trabalho em que se busca reajuste salarial.

04. (MPT – Procurador do Trabalho/2012) A respeito da competência material da Justiça do Trabalho, é CORRETO afirmar que:

a) Foi ampliada pela Emenda Constitucional nº 45/2004, assegurando à Justiça do Trabalho competência para julgar os crimes contra a organização do trabalho.

b) Compete à Justiça do Trabalho julgar as ações sobre representação sindical entre sindicatos, mas não entre sindicatos e trabalhadores e muito menos entre sindicatos e empregadores.

c) A Justiça do Trabalho tornou-se competente para o julgamento de todas as matérias relativas à execução das contribuições previdenciárias não recolhidas pelo empregador em face da relação laboral.

d) Cabe à Justiça do Trabalho julgar as ações relativas às penalidades administrativas impostas aos empregadores pelos órgãos de fiscalização das relações de trabalho.

e) Não respondida.

GAB	1	D	2	D	3	E	4	D

✦ COMPETÊNCIA FUNCIONAL DAS VARAS DO TRABALHO

Art. 653. Compete, ainda, às Juntas de Conciliação e Julgamento:

a) requisitar às autoridades competentes a realização das diligências necessárias ao esclarecimento dos feitos sob sua apreciação, representando contra aquelas que não atenderem a tais requisições;

b) realizar as diligências e praticar os atos processuais ordenados pelos Tribunais Regionais do Trabalho ou pelo Tribunal Superior do Trabalho;

c) julgar as suspeições arguidas contra os seus membros;

d) julgar as exceções de incompetência que lhes forem opostas;

e) expedir precatórias e cumprir as que lhes forem deprecadas;

f) exercer, em geral, no interesse da Justiça do Trabalho, quaisquer outras atribuições que decorram da sua jurisdição.

1. COMENTÁRIOS

O Juiz do Trabalho tem amplo poder instrutório, tendo sua iniciativa orientada pelo princípio do inquisitório, que amplifica seus poderes, conforme disposição expressa no art. 765 da CLT. A recusa dos órgãos ou agentes em colaborar com a instrução da causa, como na hipótese de requisição de informações ou envio de documentos ao juízo, pode gerar, além da representação prevista na alínea "a", a multa prescrita no § único, do art. 14 do o CPC/73, que corresponde ao art. 77 do CPC/2015.

Os órgãos de segundo (TRT) e terceiro grau de jurisdição (TST) não possuem instrumental para a prática de atos instrutórios e de execução. Por esta razão o Juiz do Trabalho, órgão de primeiro grau de jurisdição, cumpre tais atos, emanados das instâncias superiores, conforme previsão da alínea "b" deste artigo. São exemplos destes atos: instrução processual em ação rescisória, incluídas as provas testemunhais, o cumprimento de decisões liminares em mandados de segurança e outras medidas de urgência determinadas pelos Tribunais e a audiência de conciliação em dissídios coletivos na hipótese do art. 866 da CLT.

Os atos instrutórios e de execução determinados pelos Tribunais serão cumpridos pelo Juiz do Trabalho por meio de Carta de Ordem, conforme os procedimentos previstos no art. 201 e seguintes do CPC/73 (art. 260 e seguintes do CPC/2015).

As suspeições arguidas quanto ao Juiz do Trabalho não são mais julgadas pelo primeiro grau, como prevê alínea "c" deste artigo. Antes da supressão dos Juízes Classistas pela a EC nº 24/1999, as suspeições eram opostas em face de um dos Juízes do Colegiado que compunha a Junta de Conciliação e Julgamento e julgadas pelos demais juízes insuspeitos. Atualmente a exceção de suspeição será processada pelo juiz de primeiro grau, mas julgada no TRT, pelo órgão jurisdicional determinado em seu regimento interno. Aplica-se, subsidiariamente, a regra do art. 313 do CPC/73 (art. 146, § 1º, do CPC/2015). Quanto à adaptação deste procedimento à Justiça do Trabalho vide comentários ao art. 802 da CLT.

O Juiz do Trabalho continua a julgar as suspeições opostas quanto aos órgãos auxiliares (serventuários, peritos e intérpretes) e membros do MPT, cujos motivos são os mesmos da suspeição do Juiz (art. 801 da CLT). Diante da omissão da CLT, aplica-se o procedimento do art. 138 do CPC/73 (art. 148 do CPC/2015), com as adaptações ao processo do trabalho (vide, mais uma vez, os comentários o art. 802 da CLT).

A expressão "exceções de incompetência" consta na CLT desde sua redação original, e deve ser interpretada em sentido amplo, como menção a ambas as formas de defesa indireta processual. Portanto, as exceções de incompetência referida na alínea "d" dizem respeito tanto às arguições de incompetência territorial (art. 651 da CLT), quanto à preliminar de incompetência absoluta prevista no art. 301, II, do CPC/73 (art. 337, II, do CPC/2015). Sobre o procedimento da exceção de incompetência vide comentários aos arts. 799 e 800 da CLT.

O Juiz do Trabalho não possui competência territorial que abranja todas as localidades ao mesmo tempo. Necessita, portanto, da colaboração de outros juízos com competência territorial distinta, para prática dos atos que são adstritos à sua localidade. Para a realização destes atos os juízos se valem da Carta Precatória, referida na alínea "e", conforme procedimento dos artigos 202 a 212 do CPC/73 (art. 260 e seguintes do CPC/2015, de aplicação subsidiária ao processo do trabalho.

As outras atribuições que decorrem da jurisdição da Justiça do Trabalho, referidas na alínea "f", dizem respeito aos atos de sua competência, conforme norma do art. 114 da CF c/c art. 643 da CLT, a cujos comentários nos reportamos.

2. QUESTÕES DE CONCURSO

01. (TRT 2 – Juiz do Trabalho Substituto 2ª região/2014) Em matéria de resposta do réu, aponte a alternativa correta:

a) Pode-se arguir por meio de exceção o impedimento ou suspeição do servidor público.

b) A exceção de incompetência absoluta dispensa a forma de exceção e deve ser formulada em peça própria, separada da defesa.

c) O entendimento do Tribunal Superior do Trabalho não admite, em hipótese alguma, reconvenção em ações submetidas ao procedimento sumaríssimo.

d) Na contestação o réu somente se defende pelo mérito, através da defesa direta ou indireta.

e) As exceções de suspeição ou incompetência, por força das disposições da CLT, não importarão em suspensão do feito.

02. **(TRT 8 – Juiz do Trabalho Substituto 8ª região/2014)** NÃO compete às Varas do Trabalho:

a) Conciliar e julgar os dissídios em que se pretenda o reconhecimento da estabilidade de empregado.

b) Processar e julgar os inquéritos para apuração de falta grave.

c) Julgar os embargos de declaração opostos às suas próprias decisões.

d) As ações entre trabalhadores portuários e os operadores portuários ou o Órgão Gestor de Mão-de-Obra – OGMO decorrentes da relação de trabalho.

e) Julgar as suspeições arguidas contra os seus juízes titulares ou substitutos.

GAB	1	A	2	E

▸SEÇÃO III – DOS PRESIDENTES DAS JUNTAS

✦ INGRESSO COMO JUIZ DO TRABALHO SUBSTITUTO

Art. 654. O ingresso na magistratura do trabalho far-se-á para o cargo de juiz do trabalho substituto. As nomeações subsequentes por promoção, alternadamente, por antiguidade e merecimento.(Redação dada pelo Decreto-lei nº 229, de 28.2.1967)

✦ SUPLENTE DE JUIZ DO TRABALHO

§ 1º – Nas 7ª e 8ª Regiões da Justiça do Trabalho, nas localidades fora das respectivas sedes, haverá suplentes de juiz do trabalho Presidente de Junta, sem direito a acesso, nomeados pelo Presidente da República, dentre brasileiros, bacharéis em direito, de reconhecida idoneidade moral, especializados em direito do trabalho, pelo período de 2 (dois) anos, podendo ser reconduzidos.

✦ VENCIMENTO DO SUPLENTF

§ 2º – Os suplentes de juiz do trabalho receberão, quando em exercício, vencimentos iguais aos dos juízes que substituírem.

✦ CONCURSO PÚBLICO

§ 3º – Os juízes substitutos serão nomeados após aprovação em concurso público de provas e títulos realizado perante o Tribunal Regional do Trabalho da Região, válido por 2 (dois) anos e prorrogável, a critério do mesmo órgão, por igual período, uma só vez, e organizado de acordo com as instruções expedidas pelo Tribunal Superior do Trabalho.(Redação dada pela Lei nº 6.087, de 16.7.1974)

✦ REQUISITOS PARA O CARGO

§ 4º – Os candidatos inscritos só serão admitidos ao concurso após apreciação prévia, pelo Tribunal Regional do Trabalho da respectiva Região, dos seguintes requisitos:

a) idade maior de 25 (vinte e cinco) anos e menor de 45 (quarenta e cinco) anos;

b) idoneidade para o exercício das funções.

✦ PREENCHIMENTO DOS CARGOS POR REGIÃO

§ 5º – O preenchimento dos cargos do Presidente de Junta, vagos ou criadas por lei, será feito dentro de cada Região:

a) pela remoção de outro Presidente, prevalecendo a antiguidade no cargo, caso haja mais de um pedido, desde que a remoção tenha sido requerida, dentro de quinze dias, contados da abertura da vaga, ao Presidente do Tribunal Regional, a quem caberá expedir o respectivo ato.(Redação dada pela Lei nº 6.090, de 16.7.1974)

b) pela promoção de substituto, cuja aceitação será facultativa, obedecido o critério alternado de antiguidade e merecimento. (Redação determinada pelo Decreto-lei nº 229, de 28.2.1967)

✦ POSSE DOS JUÍZES DO TRABALHO

§ 6º – Os juízes do trabalho, Presidentes de Junta, juízes substitutos e suplentes de juiz tomarão posse perante o Presidente do Tribunal da respectiva Região. Nos Estados que não forem sede de Tribunal Regional do Trabalho, a posse dar-se-á perante o Presidente do Tribunal de Justiça, que remeterá o termo ao Presidente do Tribunal Regional da jurisdição do empossado. Nos Territórios a posse dar-se-á perante o Presidente do Tribunal Regional do Trabalho da respectiva Região.

1. COMENTÁRIOS

O ingresso na carreira da magistratura do trabalho se dá no cargo de Juiz do Trabalho Substituto, após aprovação em concurso de provas e títulos, com a presença da Ordem dos Advogados do Brasil. O concurso será realizado pelo próprio Tribunal Regional do Trabalho (art. 96, I, "c", da CF), que poderá, como vem ocorrendo com alguns Tribunais, delegar a organização para entidades privadas.

Não há mais o limite mínimo de idade para o ingresso no cargo, resguardada somente a experiência profissional de 3 anos após a conclusão do concurso de direito. Neste sentido dispõe o art. 93, I, da CF: "ingresso na carreira, cujo cargo inicial será o de juiz substituto, mediante concurso público de provas e títulos, com a participação da Ordem dos Advogados do Brasil em todas as fases, exigindo-se do bacharel em direito, no mínimo, três anos de atividade jurídica e obedecendo-se, nas nomeações, à ordem de classificação;".

O tempo de estágio acadêmico na faculdade, antes da conclusão do curso de Direito, não é considerado para fins do art. 93, I, da CF. Neste sentido a interpretação do CNJ, através da Resolução nº 75/2009, que considera atividade jurídica: **a)** aquela exercida com exclusividade pelo bacharel em direito; **b)** o exclusivo exercício de advocacia, inclusive voluntária, mediante a participação anual mínima em 5 atos privativos de advogado (art. 1º, da Lei nº 8.906/94), em causas ou questões distintas; **c)** o exercício de cargos, empregos ou funções, inclusive de magistério superior, que exija a utilização preponderante de conhecimento jurídico; **d)** o exercício da função de conciliador junto a tribunais judiciais, juizados especiais, varas especiais, anexos de juizados especiais ou de varas judiciais, no mínimo por 16 horas mensais e durante um ano; **e)** o exercício da atividade de mediação ou de arbitragem na composição de litígios. (Cairo Júnior, 2010, p. 106).

O exercício de atividade que não seja privativa de bacharel em direito será comprovada mediante certidão do órgão competente, que será apreciada pela Comissão de Concurso, para aferir sua validade, inclusive quanto à preponderância de atividade jurídica (art. 59, § 2º, da Resolução nº 75/2009 do CNJ).

A remuneração do magistrado também tem previsão constitucional, sendo denominada subsídio, conforme art. 93, V, da CF, a seguir transcrito: "o subsídio dos Ministros dos Tribunais Superiores corresponderá a noventa e cinco por cento do subsídio mensal fixado para os Ministros do Supremo Tribunal Federal e os subsídios dos demais magistrados serão fixados em lei e escalonados, em nível federal e estadual, conforme as respectivas categorias da estrutura judiciária nacional, não podendo a diferença entre uma e outra ser superior a dez por cento ou inferior a cinco por cento, nem exceder a noventa e cinco por cento do subsídio mensal dos Ministros dos Tribunais Superiores, obedecido, em qualquer caso, o disposto nos arts. 37, XI, e 39, § 4º;"

As disposições referentes às promoções dos magistrados estão descritas no art. 93 e incisos da CF.

✦ POSSE DOS JUÍZES TITULARES E SUBSTITUTOS: EXCEÇÕES

Art. 655. Os Presidentes e os Presidentes substitutos tomarão posse do cargo perante o Presidente do Tribunal Regional da respectiva jurisdição.(Redação dada pelo Decreto-Lei nº 8.737, de 1946)

§ 1º – Nos Estados em que não houver sede de Tribunais a posse dar-se-á perante o Presidente do Tribunal de Apelação, que remeterá o respectivo termo ao Presidente do Tribunal Regional da Jurisdição do empossado.

§ 2º – Nos Territórios a posse dar-se-á perante o Juiz de Direito da capital, que procederá na forma prevista no § 1º.

1. COMENTÁRIOS

Em razão da alteração do art. 654, § 6º, pelo Decreto-Lei nº 229/67, o art. 655 da CLT está revogado tacitamente, pois seu texto é incompatível com a atual redação do referido § 6º (neste sentido: F.A. de Oliveira, Comentários, 2005, p. 579; Martins, Comentários, 2010, p. 726; Saad, CLT Comentada, 2009, p. 890 e Costa-Ferrari-Martins, CLT-LTr, 2010, p. 106).

✦ DESIGNAÇÃO DO JUIZ DO TRABALHO SUBSTITUTO

Art. 656. O Juiz do Trabalho Substituto, sempre que não estiver substituindo o Juiz-Presidente de Junta, poderá ser designado para atuar nas Juntas de Conciliação e Julgamento.(Redação dada pela Lei nº 8.432, 11.6.1992)

§ 1º – Para o fim mencionado no caput deste artigo, o território da Região poderá ser dividido em zonas, compreendendo a jurisdição de uma ou mais Juntas, a juízo do Tribunal Regional do Trabalho respectivo.

§ 2º – A designação referida no caput deste artigo será de atribuição do Juiz-Presidente do Tribunal Regional do Trabalho ou, não havendo disposição regimental específica, de quem este indicar.

§ 3º – Os Juízes do Trabalho Substitutos, quando designados ou estiverem substituindo os Juízes Presidentes de Juntas, perceberão os vencimentos destes.

§ 4º – O Juiz-Presidente do Tribunal Regional do Trabalho ou, não havendo disposição regimental específica, que este indicar, fará a lotação e a movimentação dos Juízes Substitutos entre as diferentes zonas da Região na hipótese de terem sido criadas na forma do § 1º deste artigo.

✦ VENCIMENTOS DOS JUÍZES

Art. 657. Os Presidentes de Junta e os Presidentes Substitutos perceberão os vencimentos fixados em lei.(Redação dada pelo Decreto-Lei nº 8.737, de 1946)

1. COMENTÁRIOS

A designação do Juiz Substituto observará o procedimento interno de cada Tribunal Regional do Trabalho e, na omissão, a designação observará a determinação do Presidente do Tribunal (art. 656, § 2º, da CLT). Normalmente os regimentos internos dos Tribunais conferem tal atribuição aos desembargadores corregedores.

A divisão em zonas, dentro do próprio Tribunal, como permite o § 1º, do art. 656, não altera a competência de cada Vara do Trabalho, servindo tão só para facilitar o deslocamento do Juiz Substituto, que fica adstrito à sua zona, não sendo surpreendido com uma designação de urgência para uma localidade distante daquela a que está vinculado. A vinculação é meramente administrativa, podendo ser alterada no interesse da administração do Tribunal, para melhor atender à Jurisdição.

Os Juízes Substitutos perceberão os mesmos vencimentos dos titulares quando em auxílio ou no exercício da titularidade, como se percebe da referência no art. 656, § 3º, da CLT.

2. SÚMULAS E ORIENTAÇÕES JURISPRUDENCIAIS

▸ **Súmula nº 478/STF – Data da Aprovação: 03/12/1969**
O provimento em cargos de Juízes substitutos do trabalho, deve ser feito independentemente de lista tríplice, na ordem de classificação dos candidatos.

✦ **DEVERES DOS JUÍZES**

Art. 658. São deveres precípuos dos Presidentes das Juntas, além dos que decorram do exercício de sua função:(Redação dada pelo Decreto-lei nº 8.737, 19.1.1946)

a) manter perfeita conduta pública e privada;

b) abster-se de atender a solicitações ou recomendações relativamente aos feitos que hajam sido ou tenham de ser submetidos à sua apreciação;

c) residir dentro dos limites de sua jurisdição, não podendo ausentar-se sem licença do Presidente do Tribunal Regional;

d) despachar e praticar todos os atos decorrentes de suas funções, dentro dos prazos estabelecidos, sujeitando-se ao desconto correspondente a 1 (um) dia de vencimento para cada dia de retardamento.

1. COMENTÁRIOS

O dever referido na alínea "a" deste artigo, referente à conduta perfeita na vida pública e privada não merece ser interpretado literalmente. Ninguém é perfeito, e não teria como sê-lo o magistrado. Sua conduta deve ser compatível com o cargo que ocupa, nem mais, nem menos. Sem arroubos, exageros ou tratamento diferenciado. A exigência quanto à conduta do magistrado também consta da Lei Orgânica da Magistratura Nacional – LOMAN (LC nº 35/1979), em seu artigo 35, VIII, com o mesmo rigor exagerado da norma da CLT, exigindo do magistrado "conduta irrepreensível na vida pública e particular.".

O magistrado não deve se deixar influenciar por qualquer pedido, informação, solicitação ou outro fator externo ao processo (alínea "b"). Seu julgamento deve ser independente e pautado pela prova dos autos (princípio da persuasão racional).

A exigência do Juiz do Trabalho residir nos limites de sua jurisdição, conforme alínea "c", foi repetida na LOMAN, art. 35, V, excepcionada pela possibilidade de poder residir fora da comarca, conforme autorização da autoridade a que estiver subordinado. O inciso VIII, do art. 93, da CF, repetiu a exceção da LOMAN, mas a autorização não fica mais adstrita à vontade "do órgão disciplinar a que estiver vinculado" o magistrado, como previa a LOMAN, mas sim à permissão concedida pelo "Tribunal", órgão colegiado.

Continua a vigorar a previsão da alínea "c" quanto à necessidade de autorização do Tribunal para o magistrado se ausentar de sua jurisdição. Entenda-se tal ausência como afastamento que prejudique a atividade jurisdicional.

A CLT é omissa quanto aos prazos para o juiz despachar (alínea "d"), atraindo a aplicação subsidiária do CPC. Os despachos, assim entendidos os atos do juiz sem conteúdo decisório, como a juntada e a vista obrigatória, serão praticados no prazo de 2 (dois) dias a contar da conclusão dos autos ao juiz (art. 189, I, do CPC/73). O CPC/2015, art. 226, I, prevê 5 (cinco) dias para os despachos.

As sentenças e as decisões interlocutórias serão praticadas no prazo de 10 dias, conforme o art. 189, II, do CPC/73, sempre que tais atos não forem cumpridos na própria audiência, pois nesta se concentra a maioria das decisões e sentenças, diante do princípio da oralidade inerente ao processo do trabalho.

O CPC/2015, prevê o prazo de **10 dias para as decisões interlocutórias** (art. 226, II) e **30 dias para as sentenças** (art. 226, III). Estes prazos também se aplicarão ao processo do trabalho quando as decisões e sentenças forem tomadas fora da audiência.

A doutrina classifica os prazos para o juiz como "impróprios", pois o descumprimento dos mesmos não traz qualquer consequência processual. De fato não há consequência para o processo, mas não significa dizer que o magistrado não será responsabilizado pelo excesso de prazo, e até mesmo substituído, por ordem do Tribunal (art. 235, § 3º, do CPC/2015)

O magistrado que exceder os prazos, poderá sofrer representação à autoridade responsável (Corregedor ou Presidente do Tribunal, conforme o Regimento Interno), proposta pelo Ministério Público ou quaisquer das partes, como prevê o art. 198 do CPC/73 (art. 235 do CPC/2015). O Tribunal apurará a responsabilidade do magistrado, que poderá ser punido nos termos da LOMAN, art. 42 e seguintes c/c Resolução nº 30/2007, do Conselho Nacional de Justiça (CNJ).

A penalidade de perda de vencimentos, conforme os dias de atraso quanto aos prazos previstos para a prática de atos pelo magistrado, referida na alínea "d" deste artigo, viola o princípio da irredutibilidade de seu subsidio, previsto no art. 95, III, da CF.

✦ COMPETÊNCIAS JURISDICIONAIS E ADMINISTRATIVAS DO JUIZ DO TRABALHO

Art. 659. Competem privativamente aos Presidentes das Juntas, além das que lhes forem conferidas neste Título e das decorrentes de seu cargo, as seguintes atribuições:

I – presidir às audiências das Juntas;

II – executar as suas próprias decisões, as proferidas pela Junta e aquelas cuja execução lhes for deprecada;

III – dar posse aos vogais nomeados para a Junta, ao Secretário e aos demais funcionários da Secretaria;

IV – convocar os suplentes dos vogais, no impedimento destes;

V – representar ao Presidente do Tribunal Regional da respectiva jurisdição, no caso de falta de qualquer vogal a 3 (três) reuniões consecutivas, sem motivo justificado, para os fins do art. 727;

VI – despachar os recursos interpostos pelas partes, fundamentando a decisão recorrida antes da remessa ao Tribunal Regional, ou submetendo-os à decisão da Junta, no caso do art. 894;

VII – assinar as folhas de pagamento dos membros e funcionários da Junta;

VIII – apresentar ao Presidente do Tribunal Regional, até 15 de fevereiro de cada ano, o relatório dos trabalhos do ano anterior;

IX – conceder medida liminar, até decisão final do processo, em reclamações trabalhistas que visem a tornar sem efeito transferência disciplinada pelos parágrafos do artigo 469 desta Consolidação.(Incluído pela Lei nº 6.203, de 17.4.1975)

X – conceder medida liminar, até decisão final do processo, em reclamações trabalhistas que visem reintegrar no emprego dirigente sindical afastado, suspenso ou dispensado pelo empregador.(Incluído pela Lei nº 9.270, de 17.04.1996)

1. COMENTÁRIOS

O art. 659, caput, faz menção à competência privativa do Juiz do Presidente da JCJ. A distinção não faz mais sentido, pois desde a EC nº 24/1999, que extinguiu a representação classista, todos os atos de competência funcional do primeiro grau de jurisdição são praticados somente pelo Juiz do Trabalho. Pela mesma razão os incisos III, IV e V, que fazem menção aos vogais, não têm mais aplicação prática, por não recepcionados pela EC nº 24/1999.

Ao Juiz do Trabalho, titular ou substituto, incumbe dirigir as audiências (inciso I), tratando as partes com urbanidade, mas sem deixar de manter a ordem, valendo-se, se for necessário, do seu poder de polícia, determinando que se retirem aqueles que estiverem atrapalhando o bom andamento dos trabalhos (art. 816 da CLT).

Compete ao juiz que proferiu a sentença, ou homologou o acordo, a execução dos títulos judiciais (inciso II), quando não cumpridos voluntariamente pelo devedor (art. 877 da CLT). A competência para execução do título extrajudicial segue a regra do art. 651 da CLT, conforme disposição, neste sentido, do art. 877-A, da CLT.

Insere-se na competência funcional do Juiz do Trabalho, órgão de primeiro grau de jurisdição, fazer o primeiro exame de admissibilidade dos recursos destinados ao Tribunal, v.g., Recurso Ordinário, Agravo de Instrumento e Agravo de Petição. A decisão que examina o recurso que segue ao Tribunal, chamada de "despacho" pelo inciso VI, supra, deve ser fundamentada, como exige o art. 93, IX, da CF.

Não existem mais os embargos infringentes às sentenças das então Juntas de Conciliação e Julgamento, conforme explicamos nos comentários ao art. 652, alínea "c", da CLT. Estes embargos estavam previstos no art. 894 da CLT. Daí porque a menção feita ao art. 894, pelo inciso VI, supra, não faz mais qualquer sentido.

O Juiz do Trabalho é responsável pela fiscalização do trabalho de seus servidores, com o auxílio do diretor de secretaria, mas a obrigação de assinar a folha de pagamento, referida no inciso VII, já não se insere entre suas atribuições, tendo sido transferida para os setores administrativos dos Tribunais, que processam a folha por meios eletrônicos.

Permanece, todavia, a obrigação de apresentar um relatório à administração do Tribunal quanto aos trabalhados da secretaria e do próprio Juiz. Só não se observa mais o prazo previsto no inciso VIII, pois o juiz, bem como seu diretor de secretaria, apresentam estes relatórios mensalmente à administração do Tribunal.

As liminares referidas nos incisos IX e X deste artigo têm a natureza de antecipação de tutela, razão pela qual atraem os meios de efetivação do direito previstos no art. 461 do CPC/73 (art. 536 do CPC/2015), aplicáveis às obrigações de fazer referidas nos incisos IX e X, do art. 659.

Sobre o tema já tivemos a oportunidade de produzir artigo doutrinário sob o título: "A nova disciplina da tutela antecipada e processo do trabalho", LTr, ano 67, volume 10, outubro de 2003, págs. 1171 a 1175. O referido artigo foi selecionado para fazer parte da bibliografia compilada pelo Senado Federal para subsidiar os trabalhos da Comissão de Juristas para elaboração do novo Código de Processo Civil[1].

Os trechos do artigo, referentes aos incisos IX e X do art. 659 da CLT, são a seguir transcritos:

> "Após o aprofundamento da discussão sobre o instituto da tutela antecipada, com advento do novel texto do art. 273 do CPC, não faltaram vozes a defender que o direito processual do trabalho, antes mesmo da Lei nº 8.952/94, que dá redação ao art. 273 acima citado, já previa a concessão de antecipação de tutela pela redação do art. 659, IX, da CLT, cujo inciso fora acrescentado pela Lei nº 6.203, de 17.04.75, atribuindo ao Juiz do Trabalho competência para "conceder medida liminar, até decisão final do processo em reclamações trabalhistas que visem a tornar sem efeito transferência disciplinada pelos parágrafos do art. 469 desta consolidação.".

A redação do dispositivo da CLT, acima destacado, trata de tutela específica de obrigação de fazer, espécie do gênero tutela antecipada (Dinamarco), hoje disciplinada pelo art. 461, § 1º, do CPC/73 **(art. 499 do CPC/2015)**. Colha-se a lição de Jorge Pinheiro Castelo sobre o tema: "o

1. www.senado.gov.br/sf/senado/novocpc/pdf/Arquivo_Completo_Bibliografia_PC.pdf)

velho inciso IX do art. 659 da CLT (com a redação dada pela lei 6.203/75) revela que o sistema processual trabalhista já indicava o princípio que veio a se consolidar na reforma do Código de Processo Civil, no sentido de que a conversão da tutela específica em indenização deva situar-se no campo das exceções." (Tutela Antecipada no Processo do Trabalho. Vol. II. São Paulo: LTr, 1999, p. 140).".

Igual natureza – de tutela antecipada específica – pode ser atribuída à regra disciplinada pelo inciso X, do mesmo art. 659, atraindo, portanto, a incidência dos dispositivos legais postos à disposição do juiz para efetivação da obrigação de fazer, objeto da antecipação de tutela, previstos no art. 461 do CPC/73 **(art. 497 do CPC/2015)**.

Assim, a imposição de multa por tempo de atraso, busca e apreensão, remoção de pessoas e coisas, desfazimento de obras e impedimento de atividade nociva, se necessário com requisição de força polícial (§ 5º do art. 461, **do CPC/73 que correspondente ao § 1º do art. 536, do CPC/2015**), são instrumentos postos à disposição da antecipação de tutela em obrigações de dar, de entrega de coisa (art. 461-A do CPC), como também das obrigações de fazer, todas com aplicação no processo do trabalho.

A tutela antecipada prevista nos incisos IX e X do art. 659 da CLT só é aplicável às hipóteses ali previstas. Para outros casos, v.g., a reintegração no emprego de portadores de estabilidade provisória, como os representantes dos empregados na CIPA e a gestante, aplicar-se-ão subsidiariamente as regras dos artigos 273 e 461, ambos do CPC/73 **(artigos 294, 300, 497 e 536, do CPC/2015)**.

SEÇÃO IV – DOS VOGAIS DAS JUNTAS

Art. 660. Os vogais das Juntas são designados pelo Presidente do Tribunal Regional da respectiva jurisdição.

Art. 661. Para o exercício da função de vogal da Junta ou suplente deste são exigidos os seguintes requisitos:

a) ser brasileiro;(Redação dada pelo Decreto-lei nº 229, de 28.2.1967)

b) ter reconhecida idoneidade moral;

c) ser maior de 25 (vinte e cinco) anos e ter menos de 70 (setenta) anos; (Redação dada pelo Decreto-lei nº 229, de 28.2.1967)

d) estar no gozo dos direitos civis e políticos;

e) estar quite com o serviço militar;

f) contar mais de 2 (dois) anos de efetivo exercício na profissão e ser sindicalizado.

Parágrafo único. A prova da qualidade profissional a que se refere a alínea "f" deste artigo é feita mediante declaração do respectivo Sindicato.

Art. 662. A escolha dos vogais das Juntas e seus suplentes far-se-á dentre os nomes constantes das listas que, para esse efeito, forem encaminhadas pelas associações sindicais de primeiro grau ao Presidente do Tribunal Regional.

§ 1º – Para esse fim, cada Sindicato de empregadores e de empregados, com base territorial extensiva à área de jurisdição da Junta, no todo ou em parte, procederá, na ocasião determinada pelo Presidente do Tribunal Regional, à escolha de 3 (três) nomes que comporão a lista, aplicando-se à eleição o disposto no art. 524 e seus §§ 1º a 3º.

§ 2º – Recebidas as listas pelo Presidente do Tribunal Regional, designará este, dentro de cinco dias, os nomes dos vogais e dos respectivos suplentes, expedindo para cada um deles um título, mediante a apresentação do qual será empossado.

§ 3º – Dentro de quinze dias, contados da data da posse, pode ser contestada a investidura do vogal ou do suplente, por qualquer interessado, sem efeito suspensivo, por meio de representação escrita, dirigida ao Presidente do Tribunal Regional.

§ 4º – Recebida a contestação, o Presidente do Tribunal designará imediatamente relator, o qual, se houver necessidade de ouvir testemunhas ou de proceder a quaisquer diligências, providenciará para que tudo se realize com a maior brevidade, submetendo, por fim, a contestação ao parecer do Tribunal, na primeira sessão.(Redação dada pela Lei nº 2.244, de 23.6.1954)

§ 5º – Se o Tribunal julgar procedente a contestação, o Presidente providenciará a designação de novo vogal ou suplente.(Redação dada pelo Decreto-lei nº 229, de 28.2.1967)

§ 6º – Em falta de indicação pelos Sindicatos, de nomes para representantes das respectivas categorias profissionais e econômicas nas Juntas de Conciliação e Julgamento, ou nas localidades onde não existirem Sindicatos, serão esses representantes livremente designados pelo Presidente do Tribunal Regional do Trabalho, observados os requisitos exigidos para o exercício da função.(Parágrafo incluído pelo Decreto-lei nº 229, de 28.2.1967)

Art. 663. A investidura dos vogais das Juntas e seus suplentes é de 3 (três) anos, podendo, entretanto, ser dispensado, a pedido, aquele que tiver servido, sem interrupção, durante metade desse período.(Redação dada pela Lei nº 2.244, de 23.6.1954)

§ 1º – Na hipótese da dispensa do vogal a que alude este artigo, assim como nos casos de impedimento, morte ou renúncia, sua substituição far-se-á pelo suplente, mediante convocação do Presidente da Junta.

§ 2º – Na falta do suplente, por impedimento, morte ou renúncia serão designados novo vogal e o respectivo suplente, dentre os nomes constantes das listas a que se refere o art. 662, servindo os designados até o fim do período.

Art. 664. Os vogais das Juntas e seus suplentes tomam posse perante o Presidente da Junta em que têm de funcionar.

Art. 665. Enquanto durar sua investidura, gozam os vogais das Juntas e seus suplentes das prerrogativas asseguradas aos jurados.

Art. 666. Por audiência a que comparecerem, até o máximo de 20 (vinte) por mês, os vogais das Juntas e seus suplentes perceberão a gratificação fixada em lei.

Art. 667. São prerrogativas dos vogais das Juntas, além das referidas no art. 665:

a) tomar parte nas reuniões do Tribunal a que pertençam;

b) aconselhar às partes a conciliação;

c) votar no julgamento dos feitos e nas matérias de ordem interna do Tribunal, submetidas às suas deliberações;

d) pedir vista dos processos pelo prazo de 24 (vinte e quatro) horas;

e) formular, por intermédio do Presidente, aos litigantes, testemunhas e peritos, as perguntas que quiserem fazer, para esclarecimento do caso.

1. COMENTÁRIOS

Os artigos 660 a 667 tratam dos vogais das Juntas, antigos representantes das categorias econômicas e profissionais, eleitos por seus pares para integrarem a Justiça do Trabalho. Faziam parte do órgão de primeiro grau de jurisdição – a Junta de Conciliação e Julgamento – presidida por um Juiz Togado (Juiz do Trabalho), chamado de Juiz Presidente Junta de Conciliação e Julgamento. Os vogais, que depois passaram a ser chamados de Juízes Classistas, exerciam um mandato e, portanto, eram juízes leigos temporários.

Após a EC nº 24/1999, que extinguiu a representação classista em todos os graus de jurisdição na Justiça do Trabalho, todas as disposições legais da CLT quanto aos vogais e classistas não têm mais qualquer aplicação prática, não tendo sido recepcionados pela referida emenda constitucional.

▸CAPÍTULO III – DOS JUÍZOS DE DIREITO

✦ JUIZ DE DIREITO INVESTIDO DE JURISDIÇÃO TRABALHISTA

Art. 668. Nas localidades não compreendidas na jurisdição das Juntas de Conciliação e Julgamento, os Juízos de Direito são os órgãos de administração da Justiça do Trabalho, com a jurisdição que lhes for determinada pela lei de organização judiciária local.

✦ FIXAÇÃO DE COMPETÊNCIA ENTRE OS JUÍZES DE DIREITO

Art. 669. A competência dos Juízos de Direito, quando investidos na administração da Justiça do Trabalho, é a mesma das Juntas de Conciliação e Julgamento, na forma da Seção II do Capítulo II.

§ 1º – Nas localidades onde houver mais de um Juízo de Direito a competência é determinada, entre os Juízes do Cível, por distribuição ou pela divisão judiciária local, na conformidade da lei de organização respectiva.

§ 2º – Quando o critério de competência da lei de organização judiciária for diverso do previsto no parágrafo anterior, será competente o Juiz do Cível mais antigo.

1. COMENTÁRIOS

Havendo mais de um Juiz de Direito, a competência para julgar as causas de competência da Justiça do Trabalho ficará com o juiz cível mais antigo, salvo se o Código de Organização Judiciária do Tribunal de Justiça respectivo contiver previsão diferente.

Os recursos contra os atos jurisdicionais praticados pelo Juiz de Direito serão interpostos conforme as leis processuais do trabalho e julgados pelo TRT.

Neste sentido o art. 112 da CF: "A lei criará varas da Justiça do Trabalho, podendo, nas comarcas não abrangidas por sua jurisdição, atribuí-la aos Juízes de Direito, com recurso para o respectivo Tribunal Regional do Trabalho. (Redação pela Emenda Constitucional nº 45/2004)".

A Lei referida no art. 112 da CF é federal, de iniciativa do TST, após sugestão do respectivo Tribunal Regional, observada a regra do art. 93, XIII, da CF: "o número de juízes na unidade jurisdicional será proporcional à efetiva demanda judicial e à respectiva população; (Incluído pela Emenda Constitucional nº 45/2004)".

Instalada a Vara do Trabalho, cessa a jurisdição do Juiz de Direito para as demandas de competência da Justiça do Trabalho, inclusive quanto aos processos em curso. Neste sentido a S. nº 10 do STJ: "Instalada Junta de Conciliação e Julgamento, cessa a competência do Juiz de Direito em matéria trabalhista, inclusive para a execução das sentenças por ele proferidas." Numa interpretação atual desta Súmula leia-se "Vara do Trabalho", onde se lê "Junta de Conciliação e Julgamento".

O conflito entre os Juízes de Direito, onde se discute quem será o competente para a matéria trabalhista, será dirimido pelo Tribunal de Justiça, de acordo com as regras de competência previstas no Código de Organização Judiciária Local. Já os conflitos de competência entre o Juiz do Trabalho e o Juiz de Direito investido de jurisdição trabalhista, será dirimido pelo TRT da região onde estiverem situados os dois juízos, conforme disposto no art. 114, V, da CF: Art. 114. Compete à Justiça do Trabalho processar e julgar: "os conflitos de competência entre órgãos com jurisdição trabalhista, ressalvado o disposto no art. 102, I, o; (Incluído pela Emenda Constitucional nº 45, de 2004)". Mesmo antes da EC nº 45/2004, este já era o entendimento da jurisprudência, conforme dispõe a S. 180 do STJ.

2. SÚMULAS E ORIENTAÇÕES JURISPRUDENCIAIS

▸ **Súmula nº 10/STJ** – ***26/09/1990 – DJ 01.10.1990***
Varas do Trabalho – Competência – Juiz de Direito

Instalada a Junta de Conciliação e Julgamento, cessa a competência do Juiz de Direito em matéria trabalhista, inclusive para a execução das sentenças por ele proferidas.

- **Súmula nº 3/STJ – *08/05/1990 – DJ 18.05.1990***

Conflito de Competência – Juiz Estadual – Juiz Federal – Jurisdição Federal

Compete ao Tribunal Regional Federal dirimir conflito de competência verificado, na respectiva Região, entre Juiz Federal e Juiz Estadual investido de jurisdição federal.

- **Súmula nº 59/STJ – *08/10/1992 – DJ 14.10.1992***

Conflito de Competência – Trânsito em Julgado

Não há conflito de competência se já existe sentença com trânsito em julgado, proferida por um dos juízos conflitantes.

- **Súmula nº 180 STJ**

Na lide trabalhista, compete ao tribunal regional do trabalho dirimir conflito de competência verificado, na respectiva região, entre juiz estadual e junta de conciliação e julgamento.

CAPÍTULO IV – DOS TRIBUNAIS REGIONAIS DO TRABALHO

SEÇÃO I – DA COMPOSIÇÃO E DO FUNCIONAMENTO

✦ COMPOSIÇÃO DOS TRIBUNAIS REGIONAIS DO TRABALHO

Art. 670. Os Tribunais Regionais das 1ª e 2ª Regiões compor-se-ão de onze juízes togados, vitalícios, e de seis juízes classistas, temporários; os da 3ª e 4ª Regiões, de oito juízes togados, vitalícios, e de quatro classistas, temporários; os da 5ª e 6ª Regiões, de sete juízes togados, vitalícios e de dois classistas, temporários; os da 7ª e 8ª Regiões, de seis juízes togados, vitalícios, e de dois classistas, temporários, todos nomeados pelo Presidente da República.(Redação dada pela Lei nº 5.442, 24.5.1968)

(Vide Leis nºs: 6.241, de 1975, que criou a 9ª Região; 6.635, de 1979, que alterou a composição do Tribunal da 2ª Região; 6.904, de 1981, que alterou a composição dos Tribunais da 1ª, 2ª, 4ª e 5ª Regiões; 6.915, de 1981, que criou a 11ª Região; 6.927, de 1981, que criou a 10ª Região; 6.928, de 1981, que criou a 12ª Região; 7.119, de 1983, que alterou a composição dos Tribunais da 1ª, 2ª, 3ª, 4ª e 6ª Regiões; 7.324, de 1985, que criou a 13ª Região; 7.325, de 1985, que alterou a composição dos Tribunais da 5ª, 6ª, 8ª, 9ª e 10ª Regiões; 7.523, de 1986, que criou a 14ª Região; 7.520, de 1986, que criou a 15ª Região; 7.671, de 1988, que criou a 16ª Região; 7.842, de 1989, que alterou a composição da 12ª Região; 7.872, de 1989, que criou a 17ª Região; 7.873, de 1989, que criou a 18ª Região; 8.219, de 1991, que criou a 19ª Região; 8.233, de 1991, que criou a 20ª; 8.215, de 1991, que criou a 21ª Região; 8.221, de 1991, que criou a 22ª Região; 8.430, de 1992, que criou a 23ª Região; 8.431, de 1992, que criou a 24ª Região. 7.911, de 1989, que alterou a composição da 4ª Região; 7.962, de 1989, que alterou a redação do inciso VII do art. 33 da Lei 7.729, 1989; 8.217, de 1991, que alterou a composição da 8ª Região; 8.471, de 1992, que alterou a composição da 6ª Região; 8.473, de 1992, que alterou a composição da 15ª Região; 8.474, de 1992, que alterou a composição da 10ª Região; 8.480, de 1992, que alterou a composição da 2ª Região; 8.491, de 1992, que alterou a composição da 4ª Região; 8.492, de 1992, que alterou a composição da 9ª Região; 8.493, de 1992, que alterou a composição da 5ª Região; 8.497, de 1992, que alterou a composição do TRT da 3ª Região; 8.531, de 1992, que alterou a composição do TRT da 1ª Região; 8.621, de 1993, que alterou a composição do TRT da 12ª Região; 8.947, de 1994, que alterou a composição do TRT da 8ª Região.)

§ 1º – Há um primeiro suplente e um segundo suplente para o presidente e um suplente para cada vogal. (Incluído pelo Decreto-lei nº 9.398, de 21.6.1946) (Vide Decreto-Lei nº 9.519, de 1946)

✦ QUINTO CONSTITUCIONAL

§ 2º – Nos Tribunais Regionais constituídos de seis ou mais juízes togados, e menos de onze, um deles será escolhido dentre advogados, um dentre membros do Ministério Público da União junto à Justiça do Trabalho e os demais dentre juízes do Trabalho Presidente de Junta da respectiva Região, na forma prevista no parágrafo anterior.(Redação dada pela Lei nº 5.442, de 24.5.1968)

§ 3º – (VETADO)

✦ JUÍZES CLASSISTAS

§ 4º – Os juízes classistas referidos neste artigo representarão, paritariamente, empregadores e empregados. (Parágrafo incluído pela Lei nº 5.442, de 24.5.1968)

✦ SUPLENTES DE CLASSISTAS

§ 5º – Haverá um suplente para cada Juiz classista.

✦ **CONVOCAÇÃO DE JUÍZES DO TRABALHO**

§ 6º – Os Tribunais Regionais, no respectivo regimento interno, disporão sobre a substituição de seus juízes, observados, na convocação de juízes inferiores, os critérios de livre escolha e antiguidade, alternadamente.

✦ **ELEIÇÃO NO TRT**

§ 7º – Dentre os seus juízes togados, os Tribunais Regionais elegerão os respectivos Presidente e Vice-Presidente, assim como os Presidentes de Turmas, onde as houver.

✦ **DIVISÃO EM TURMAS**

§ 8º – Os Tribunais Regionais da 1ª e 2ª Regiões dividir-se-ão em Turmas, facultada essa divisão aos constituídos de pelo menos, doze juízes. Cada turma se comporá de três juízes togados e dois classistas, um representante dos empregados e outro dos empregadores.

1. COMENTÁRIOS

A redação original do art. 112 da CF determinava a criação de um Tribunal Regional do Trabalho em cada Estado e um no Distrito Federal. Não existe mais tal exigência no art. 112, conforme a EC nº 45/2004, e nem em qualquer outro artigo da Constituição. Esta alteração da regra constitucional atendeu à realidade da Justiça do Trabalho, pois, de fato, nem todos os Estados necessitam de um Tribunal Regional do Trabalho, considerando-se o movimento processual. Por esta razão alguns Estados brasileiros não possuem Tribunal Regional do Trabalho único: Tocantis, Acre, Amapá e Roraima. Por outro lado, o Estado de São Paulo possui dois Tribunais Regionais do Trabalho, da 2ª Região, com sede na cidade de São Paulo e o da 15ª Região, com sede na cidade de Campinas.

Atualmente são 24 Tribunais Regionais do Trabalho distribuídos entre os Estados da Federação, sendo que a jurisdição de Tocantis é abrangida pelo TRT da 10ª Região, com sede em Brasília; Acre é abrangido pela 14ª Região, com sede em Porto Velho; Amapá é abrangido pela 8ª Região, com sede em Belém e Roraima é abrangido pela 11ª Região, com sede em Manaus.

No lugar de um Tribunal Regional do Trabalho em cada Estado (antiga redação do art. 112 da CF), o art. 115, § 2º, da CF, passou a prever a descentralização dos Tribunais Regionais do Trabalho, que poderão criar Câmaras Regionais, "a fim de assegurar o pleno acesso do jurisdicionado à justiça em todas as fases do processo.". Nada impede, portanto, que o Tribunal Regional do Trabalho da 10ª Região, com sede em Brasília, crie uma Câmara Regional com sede no Estado de Tocantis, facilitando o acesso dos jurisdicionados.

Os Tribunais Regionais do Trabalho compõem-se de, no mínimo, sete juízes, recrutados, quando possível, na respectiva região, e nomeados pelo Presidente da República dentre brasileiros com mais de trinta e menos de sessenta e cinco anos (art. 115, caput, da CF).

Um quinto dos integrantes do Tribunal será recrutado dentre advogados com mais de dez anos de efetiva atividade profissional e membros do Ministério Público do Trabalho com mais de dez anos de efetivo exercício, observado o disposto no art. 94, da CF. (art. 115, I, da CF).

Dispõe o art. 94 da CF: "Um quinto dos lugares dos Tribunais Regionais Federais, dos Tribunais dos Estados, e do Distrito Federal e Territórios será composto de membros, do Ministério Público, com mais de dez anos de carreira, e de advogados de notório saber jurídico e de reputação ilibada, com mais de dez anos de efetiva atividade profissional, indicados em lista sêxtupla pelos órgãos de representação das respectivas classes. Parágrafo único. Recebidas as indicações, o tribunal formará lista tríplice, enviando-a ao Poder Executivo, que, nos vinte dias subseqüentes, escolherá um de seus integrantes para nomeação.".

Os demais integrantes do Tribunal são oriundos da carreira da magistratura, mediante promoção de juízes do trabalho por antiguidade e merecimento, alternadamente. (art. 115, II, da CF).

2. QUESTÕES DE CONCURSOS

01. (TRT – 9ª REGIÃO/ANALISTA JUDICIÁRIO/CESPE/2007) Os tribunais do trabalho são compostos por juízes togados e juízes classistas. Estes últimos representam as categorias econômicas e profissionais, em representação paritária.

02. (TRT – 9ª REGIÃO/ANALISTA JUDICIÁRIO/CESPE/2007) Os TRTs, que têm sua criação definida por lei, compõem-se de, no mínimo, sete juízes, garantida a representação de um quinto dentre advogados e membros do Ministério Público do Trabalho.

03. (MPT – Procurador do Trabalho/2007) No que diz respeito à organização da Justiça do Trabalho: os Tribunais Regionais do Trabalho instalarão a Justiça Itinerante, com a realização de audiências e demais funções de atividade jurisdicional, nos limites territoriais da respectiva jurisdição, servindo-se de equipamentos públicos e comunitários.

GAB	1	E	2	C	3	C

✦ INCOMPATIBILIDADE ENTRE PARENTES

Art. 671. Para os trabalhos dos Tribunais Regionais existe a mesma incompatibilidade prevista no art. 648, sendo idêntica a forma de sua resolução.

1. COMENTÁRIOS

A regra deste artigo foi tacitamente revogada pela Lei Complementar nº 35/1979 (LOMAN), art. 128, que trata da proibição para que parentes componham o mesmo órgão colegiado. Proibição esta que também existe na CLT, no art. 648, que cuidava das então Juntas de Conciliação e Julgamento.

O art. 128, caput, da LOMAN, cuida da proibição de comporem a mesma Turma, Câmara ou Seção, os parentes consanguíneos ou afins, em linha reta ou colateral, até o 3º grau civil. A proibição, segundo a regra referida, se estende aos cônjuges.

Quanto à participação no Tribunal Pleno ou Órgão Especial, o § único, do art. 128, resolve da seguinte forma: "o primeiro dos membros mutuamente impedidos, que votar, excluirá a participação do outro no julgamento.".

✦ QUORUM PARA DELIBERAÇÃO

Art. 672. Os Tribunais Regionais, em sua composição plena, deliberarão com a presença, além do Presidente, da metade e mais um, do número de seus juízes, dos quais, no mínimo, um representante dos empregados e outro dos empregadores.(Redação dada pela Lei nº 5.442, de 24.5.1968)

✦ DELIBERAÇÃO NAS TURMAS

§ 1º – As Turmas somente poderão deliberar presentes, pelo menos, três dos seus juízes, entre eles os dois classistas. Para a integração desse quorum, poderá o Presidente de uma Turma convocar juízes de outra, da classe a que pertencer o ausente ou impedido.

✦ DECLARAÇÃO DE INCONSTITUCIONALIDADE

§ 2º – Nos Tribunais Regionais, as decisões tomar-se-ão pelo voto da maioria dos juízes presentes, ressalvada, no Tribunal Pleno, a hipótese de declaração de inconstitucionalidade de lei ou ato do poder público (artigo 111 da Constituição).

✦ **VOTO DO PRESIDENTE DO TRT**

§ 3º – O Presidente do Tribunal Regional, excetuada a hipótese de declaração de inconstitucionalidade de lei ou ato do poder público, somente terá voto de desempate. Nas sessões administrativas, o Presidente votará como os demais juízes, cabendo-lhe, ainda, o voto de qualidade. (Parágrafo incluído pela Lei nº 5.442, de 24.5.1968)

✦ **EMPATE NO JULGAMENTO**

§ 4º – No julgamento de recursos contra decisão ou despacho do Presidente, do Vice-Presidente ou de Relator, ocorrendo empate, prevalecerá a decisão ou despacho recorrido.

✦ **ORDEM DAS SESSÕES**

Art. 673. A ordem das sessões dos Tribunais Regionais será estabelecida no respectivo Regimento Interno.

1. COMENTÁRIOS

As disposições que dizem respeito ao quorum de funcionamento no Tribunal Pleno e em suas Turmas (art. 672, §§ 1º a 4º) só serão observadas se não houver previsão sobre o tema no Regimento Interno do Tribunal, pois havendo, há de prevalecer o regimento. Não se está a ignorar, com esta opinião, a hierarquia das normas, pois a própria Constituição da República, em seu art. 96, I, "a", a seguir transcrito, prevê a supremacia das normas internas dos Tribunais para tratar sobre o funcionamento de seus órgãos: "Art. 96. Compete privativamente: I – aos tribunais: a) eleger seus órgãos diretivos e elaborar seus regimentos internos, com observância das normas de processo e das garantias processuais das partes, dispondo sobre a competência e o funcionamento dos respectivos órgãos jurisdicionais e administrativos;".

No que diz respeito ao § 2º, do art. 672, a declaração de inconstitucionalidade de lei ou ato normativo, pelo Tribunal Pleno, a menção ao art. 111 da CF da Constituição de 1967, corresponde, na atual Constituição, ao art. 97, a seguir transcrito: "Somente pelo voto da maioria absoluta de seus membros ou dos membros do respectivo órgão especial poderão os tribunais declarar a inconstitucionalidade de lei ou ato normativo do Poder Público.". Portanto, o art. 673, § 2º, da CLT, não pode ser considerado recepcionado pela Constituição de 1988, porque esta exige o voto da maioria absoluta para a declaração de inconstitucionalidade de lei ou ato normativo (metade mais um do número dos membros do Tribunal Pleno ou do Órgão Especial) e o art. 673, § 2º, só prevê maioria simples, ou seja, metade mais um dos presentes à sessão.

A constituição do Órgão Especial, que poderá exercer as funções atribuídas ao Tribunal Pleno, depende da iniciativa regimental, mas deverá observar, qualquer que seja sua composição, a disposição constitucional do art. 93, XI, da CF, a seguir transcrito: "nos tribunais com número superior a vinte e cinco julgadores, poderá ser constituído órgão especial, com o mínimo de onze e o máximo de vinte e cinco membros, para o exercício das atribuições administrativas e jurisdicionais delegadas da competência do tribunal pleno, provendo-se metade das vagas por antiguidade e a outra metade por eleição pelo tribunal pleno; (Redação dada pela Emenda Constitucional nº 45, de 2004)".

O reconhecimento da inconstitucionalidade de lei, em controle difuso pelos Tribunais, observará o seguinte procedimento:

a) podem tomar a iniciativa da arguição de inconstitucionalidade: as partes, o Ministério Público do Trabalho, o próprio Relator, de oficio, ou os desembargadores que compõem o julgamento da Turma ou Seção Especializada;

b) se a arguição não for feita na presença do Ministério Público, este deve ter vista dos autos;

c) a arguição suspenderá o julgamento, pronunciando-se a Turma ou Seção Especializada quanto ao seu cabimento, antes da remessa dos autos ao Pleno ou Órgão especial (art. 480 do CPC/73 e art. 949 do CPC/2015);

d) rejeitada a arguição, em decisão irrecorrível (Marinoni-Mitidiero, Comentários, 2008, p. 487), prosseguirá o julgamento de mérito da Turma ou Seção Especializada); uma das causas da rejeição diz respeito à arguição de incidente sobre tema já pacificado pelo órgão plenário ou pelo próprio Supremo Tribunal Federal (art. 481, § único, do CPC/73 e art. 949 do CPC/2015);

e) acolhida a arguição, que pode ser decidida por maioria simples dos presentes ao julgamento da Turma ou Seção Especializada (Barbosa Moreira, Comentários, 2002, p. 41), o processo, quanto ao objeto do Recurso, continuará suspenso, remetendo-se, após, os autos ao Pleno ou Órgão Especial para deliberação sobre a inconstitucionalidade da lei ou ato normativo oriundo do Poder Público (art. 481 do CPC/73 e art. 949, II, do CPC/2015);

f) O Tribunal Pleno ou Órgão Especial, recebendo os autos do incidente, só reconhecerá a inconstitucionalidade pelo voto da maioria absoluta dos membros do órgão que estiver examinando a lei ou ato normativo; não basta que a maioria absoluta participe do julgamento, mas sim que esta maioria também reconheça, em voto expresso, a inconstitucionalidade (neste sentido: Barbosa Moreira, Comentários, p. 47-48); a decisão do órgão plenário está restrita ao julgamento da inconstitucionalidade, sendo estranha ao debate qualquer outra questão (Marioni-Mitidieiro, op. cit., 2008, p. 488);

g) a decisão do órgão plenário tem efeito vinculante à Turma ou Seção, que, ao retomar o julgamento do caso concreto, só pode tratar de aspectos que envolvam a cognição (prova) ou à matéria de direito, mas excluída a inconstitucionalidade; como explica Barbosa Moreira, idem, p. 48: "...a solução dada à prejudicial incorpora-se no julgamento do recurso ou da causa como premissa inafastável";

h) o julgamento da inconstitucionalidade pelo órgão plenário é irrecorrível, mas retomado o julgamento na Turma ou Seção, após a apreciação da inconstitucionalidade pelo órgão plenário, o acórdão definitivo do órgão fracionário pode ser atacado por Recurso de Revista, antes da matéria chegar ao STF por Recurso Extraordinário (neste sentido a S. 513 do STF); i) o órgão fracionário (Turma ou Seção Especializada) não pode afastar a aplicação de uma norma, por inconstitucional, sem antes submeter o incidente ao Plenário (neste sentido a SV nº 10 do STF).

2. SÚMULAS E ORIENTAÇÕES JURISPRUDENCIAIS

▸ **Súmula Vinculante nº 10 – STF**

Viola a cláusula de reserva de plenário (cf, artigo 97) a decisão de órgão fracionário de tribunal que, embora não declare expressamente a inconstitucionalidade de lei ou ato normativo do poder público, afasta sua incidência, no todo ou em parte.

▸ **Súmula nº 513 – STF**

A decisão que enseja a interposição de recurso ordinário ou extraordinário não é a do plenário, que resolve o incidente de inconstitucionalidade, mas a do órgão (câmaras, grupos ou turmas) que completa o julgamento do feito.

▸SEÇÃO II – DA JURISDIÇÃO E COMPETÊNCIA

✦ **TRIBUNAIS REGIONAIS DO TRABALHO POR REGIÃO**

Art. 674. Para efeito da jurisdição dos Tribunais Regionais, o território nacional é dividido nas oito regiões seguintes:(Redação dada pela Lei nº 5.839, de 5.12.1972)

1ª Região – Estados da Guanabara, Rio de Janeiro e Espírito Santo;

2ª Região – Estados de São Paulo, Paraná e Mato Grosso;

3ª Região – Estados de Minas Gerais e Goiás e Distrito Federal;

4ª Região – Estados do Rio Grande do Sul e Santa Catarina;

5ª Região – Estados da Bahia e Sergipe;

6ª Região – Estados de Alagoas, Pernambuco, Paraíba e Rio Grande do Norte;

7ª Região – Estados do Ceará, Piauí e Maranhão;

8ª Região – Estados do Amazonas, Pará, Acre e Territórios Federais do Amapá, Rondônia e Roraima.

Parágrafo único. Os tribunais têm sede nas cidades: Rio de Janeiro (1ª Região), São Paulo (2ª Região), Belo Horizonte (3ª Região), Porto Alegre (4ª Região), Salvador (5ª Região), Recife (6ª Região), Fortaleza (7ª Região) e Belém (8ª Região).

(Vide Leis nºs: 6.241, de 1975, que criou a 9ª Região; 6.915, de 1981, que criou a 11ª Região; 6.927, de 1981, que criou a 10ª Região; 6.928, de 1981, que criou a 12ª Região; 7.324, de 1985, que criou a 13ª Região; 7.523, de 1986, que criou a 14ª Região; 7.520, de 1986, que criou a 15ª Região; 7.671, de 1988, que criou a 16ª Região; 7.872, de 1989, que criou a 17ª Região; 7.873, de 1989, que criou a 18ª Região; 8.219, de 1991, que criou a 19ª Região; 8.233, de 1991, que criou a 20ª; 8.215, de 1991, que criou a 21ª Região; 8.221, de 1991, que criou a 22ª Região; 8.430, de 1992, que criou a 23ª Região; 8.431, de 1992 e Leis Complementares nºs: 20, de 1974, que unificou os Estados da Guanabara e Rio de Janeiro; 31, de 1977, que criou o Estado de Mato Grosso de Sul, pelo desmembramento do Estado de Mato Grosso; 41, de 1981, que criou o Estado de Rondônia)

Art. 675. (Revogado pela Lei nº 5.442, de 24.5.1968)

1. COMENTÁRIOS

Inicialmente a Justiça do Trabalho, no segundo grau de jurisdição, era distribuído em 8ª Regiões, como se percebe da redação original do art. 674 da CLT. As leis acima referidas foram criando outras regiões e, atualmente, existem 24 Tribunais Regionais do Trabalho (vide comentários ao art. 670 da CLT).

2. QUESTÕES DE CONCURSOS

01. (TRT – 6ª REGIÃO/JUIZ DO TRABALHO SUBSTITUTO/2010/ADAPTADA) Para efeito de Jurisdição dos Tribunais Regionais, o território nacional é dividido em 20 regiões.

02. (TRIBUNAL SUPERIOR DO TRABALHO/ANALISTA JUDICIÁRIO/CESPE/2008) A Justiça do Trabalho, atualmente, é dividida em vinte e quatro Regiões, cada qual possuindo um TRT e tantas varas do trabalho quantas criadas por lei, nas quais exercem sua jurisdição os juízes do trabalho, segundo os limites de competência territorial próprios. Os TRTs podem funcionar descentralizadamente, constituindo câmaras regionais, e instalar juízos itinerantes, observados os limites territoriais da respectiva jurisdição a que estão vinculados.

GAB	1	E	2	C

✦ COMPETÊNCIA PARA ALTERAR O NÚMERO DE REGIÕES

Art. 676. O número de regiões, a jurisdição e a categoria dos Tribunais Regionais, estabelecidos nos artigos anteriores, somente podem ser alterados pelo Presidente da República.

1. COMENTÁRIOS

Este artigo não foi recepcionado pela Constituição da República de 1946, que passou a prever que somente a lei tem competência para criação e alteração da jurisdição dos Tribunais Regionais do Trabalho. Esta exigência foi repetida no art. 113 da CF, a seguir transcrito: Art. 113. A lei disporá sobre a constituição, investidura, jurisdição, competência, garantias e condições de exercício dos órgãos da Justiça do Trabalho. (Redação dada pela Emenda Constitucional nº 24, de 1999). A redação original do dispositivo constitucional também exigia a lei para criação e alteração da jurisdição dos Tribunais, sendo que fazia menção também aos Juízes Classistas, que foram suprimidos pela EC nº 24/1999.

A lei referida no art. 113 da CF é de iniciativa do TST, conforme dispõe o art. 96, II, "c" e "d", da CF, a seguir transcrito: "art. 96. Compete privativamente: II – ao Supremo Tribunal Federal, aos Tribunais Superiores e aos Tribunais de Justiça propor ao Poder Legislativo respectivo, observado o disposto no art. 169: **c)** a criação ou extinção dos tribunais inferiores; **d)** a alteração da organização e da divisão judiciárias;".

2. QUESTÕES DE CONCURSOS

01. (TRT 19 – Juiz do Trabalho Substituto 19ª região/ 2012) À luz da literalidade da Constituição Federal, assinale a alternativa incorreta: os Tribunais Regionais do Trabalho instalarão a justiça itinerante, com a realização de audiências e demais funções de atividade jurisdicional, nos limites territoriais da respectiva jurisdição, servindo-se de equipamentos próprios.

GAB	1	E

✦ COMPETÊNCIA TERRITORIAL

Art. 677. A competência dos Tribunais Regionais determina-se pela forma indicada no art. 651 e seus parágrafos e, nos casos de dissídio coletivo, pelo local onde este ocorrer.

1. COMENTÁRIOS

A referência ao art. 651 da CLT atrai a regra geral de fixação de competência territorial pelo local da prestação de serviços. Portanto, os recursos interpostos das decisões e sentenças proferidas pelas Varas do Trabalho serão julgados pelo TRT da Região que abranja estas mesmas Varas.

Em verdade à lei que cria o TRT já delimita sua competência territorial, servindo a regra deste art. 677, predominantemente, para direcionar os dissídios coletivos, que são ações de competência originária dos Tribunais Regionais.

Sendo o conflito coletivo superior área de um TRT, como acontece nas negociações conjuntas, entre sindicatos que representam categorias em Estados diferentes da Federação, o dissídio coletivo, desde que frustrada a negociação, será proposto no TST, conforme competência prevista no art. 702, I, "b" e "c" da CLT.

As mesmas regras serão observadas para julgamento das ações anulatórias de normas coletivas. Sobre esta ação, me reporto aos comentários ao art. 624 da CLT.

2. QUESTÕES DE CONCURSOS

01. (TRT DA 16ª REGIÃO/ANALISTA ADMINISTRATIVO/FCC/2009) Nos conflitos coletivos o critério adotado para a fixação da competência é o

a) do valor monetário negociado no conflito.

b) da extensão territorial do conflito.

c) da base territorial dos sindicatos.

d) do local onde funciona a sede da Confederação da categoria envolvida no conflito.

e) do local onde funciona a sede da Federação da categoria envolvida no conflito.

02. (TRT – 9ª REGIÃO/ANALISTA JUDICIÁRIO/CESPE/2007) TRT tem competência para apreciar os dissídios coletivos que envolvam as categorias no âmbito da respectiva região, e o TST, aqueles que ultrapassem os limites de competência de algum tribunal regional ou que possuam caráter nacional.

GAB	1	B	2	C

✦ COMPETÊNCIA FUNCIONAL

Art. 678. Aos Tribunais Regionais, quando divididos em Turmas, compete: (Redação dada pela Lei nº 5.442, de 24.5.1968)

✦ DO TRIBUNAL PLENO

I – ao Tribunal Pleno, especialmente:

a) processar, conciliar e julgar originariamente os dissídios coletivos;

b) processar e julgar originariamente:

1) as revisões de sentenças normativas;

2) a extensão das decisões proferidas em dissídios coletivos;

3) os mandados de segurança;

4) as impugnações à investidura de vogais e seus suplentes nas Juntas de Conciliação e Julgamento;

c) processar e julgar em última instância:

1) os recursos das multas impostas pelas Turmas;

2) as ações rescisórias das decisões das Juntas de Conciliação e Julgamento, dos Juízes de Direito investidos na jurisdição trabalhista, das Turmas e de seus próprios acórdãos;

3) os conflitos de jurisdição entre as suas Turmas, os Juízes de Direito investidos na jurisdição trabalhista, as Juntas de Conciliação e Julgamento, ou entre aqueles e estas;

d) julgar em única ou última instâncias:

1) os processos e os recursos de natureza administrativa atinentes aos seus serviços auxiliares e respectivos servidores;

2) as reclamações contra atos administrativos de seu Presidente ou de qualquer de seus membros, assim como dos juízes de primeira instância e de seus funcionários.

✦ DAS TURMAS

II – às Turmas:

a) julgar os recursos ordinários previstos no art. 895, alínea a;

b) julgar os agravos de petição e de instrumento, estes de decisões denegatórias de recursos de sua alçada;

c) impor multas e demais penalidades relativas e atos de sua competência jurisdicional, e julgar os recursos interpostos das decisões das Juntas dos Juízes de Direito que as impuserem.

Parágrafo único. das decisões das Turmas não caberá recurso para o Tribunal Pleno, exceto no caso do item I, alínea "c", inciso 1, deste artigo.

1. COMENTÁRIOS

O art. 96, I, da CF, prevê a competência privativa dos Tribunais para "elaborar seus regimentos internos, com observância das normas de processo e das garantias processuais das partes, dispondo sobre a competência e o funcionamento dos respectivos órgãos jurisdicionais e administrativos". Diante desta regra, os Tribunais podem estabelecer, mediante aprovação de normas internas, a competência de seus órgãos diferentemente do que prevê a lei ordinária, descrita no art. 678 da CLT.

A maioria dos Tribunais Regionais do Trabalho possui Seção de Dissídio Coletivo, com a competência prevista no art. 678, I, "a" e "b".

As competências previstas nas alienas "c" e "d" do art. 678 podem ser atribuídas à Seção de Dissídios Individuais e ao Órgão Especial, respectivamente, conforme a organização judiciária de cada Tribunal Regional do Trabalho.

Nos Tribunais organizados em Turmas estes são os órgãos de revisão das decisões e sentenças proferidas pelos Juízes do Trabalho, nas Varas do Trabalho. Caso não haja disposição em sentido contrário nos Regimentos Internos dos Tribunais, as Turmas apreciarão os Recursos Ordinários, os Agravos de Instrumento e de Petição (art. 678, II, alíneas "a" e "b"), além de outros incidentes previstos em cada Regimento Interno.

2. QUESTÕES DE CONCURSOS

01. (TRT – 17ª REGIÃO/ANALISTA JUDICIÁRIO/CESPE/2009) Em todos os TRTs existentes no país, compete ao tribunal pleno o julgamento dos dissídios coletivos.

02. (PROCURADORIA GERAL DO ESTADO-ES/PROCURADOR DO ESTADO/CESPE/2008) Com a previsão expressa da competência para o julgamento de mandados de segurança quando o ato questionado envolver matéria sujeita à jurisdição trabalhista, haverá julgamento de recursos em mandados de segurança na subseção especializada do TST (SBDI-2) e também nas turmas desse tribunal.

03. (TRT – 3ª REGIÃO/JUIZ DO TRABALHO SUBSTITUTO/2008) Um juiz de Vara do Trabalho de cidade do interior do Estado recebeu para despachar, pela primeira vez em sua carreira de magistrado trabalhista, os autos de um mandado de segurança impetrado por uma empresa contra ato de Subdelegado do Trabalho da mesma cidade que exigia depósito de multa aplicada à empresa por infração à legislação do trabalho para interposição de recurso administrativo. Primeiramente, o juiz consultou a CLT e deparou com o art. 678, inciso I, letra "b", nº 3, que dispõe que "Aos Tribunais Regionais, quando divididos em Turmas, compete: I – ao Tribunal Pleno, especialmente: **b)** processar e julgar originariamente: 3) os mandados de segurança". Antes de resolver remeter os autos do mandado de segurança para o TRT, o juiz pesquisou ainda o conteúdo de outras normas legais e constitucionais vigentes. Após esta pesquisa, como o juiz deveria proceder? Assinale a alternativa correta:

a) processar e julgar o mandado de segurança.

b) declarar-se incompetente e remeter o mandado de segurança mesmo para o TRT.

c) declarar-se incompetente e remeter o mandado de segurança para uma das Varas do Trabalho da Capital do Estado.

d) declarar-se incompetente e remeter o mandado de segurança para um juiz federal de 1º Grau.

e) declarar-se incompetente e remeter o mandado de segurança para o TRF.

04. (TRT – 15ª REGIÃO/ANALISTA JUDICIÁRIO/FCC/2009) Considere:

I. Julgar os agravos de petição.

II. Impor multas e demais penalidades relativas a atos de sua competência jurisdicional.

III. Processar e julgar originariamente os dissídios coletivos.

IV. Processar e julgar em última instância as ações rescisórias das Varas do Trabalho.

De acordo com a Consolidação das Leis do Trabalho compete ao Tribunal Pleno, quando o Tribunal Regional for dividido em Turmas, as funções indicadas somente em:

a) I e IV

b) I e III

c) III e IV

d) I, II, III

e) II, III e IV

05. (TRT – 9ª REGIÃO/ANALISTA JUDICIÁRIO/CESPE/2007) Os TRTs são competentes para processar e julgar os mandados de segurança impetrados contra atos dos juízes do trabalho da respectiva jurisdição, assim como as ações rescisórias contra as sentenças que forem por estes proferidas ou contra os acórdãos oriundos do próprio tribunal.

GAB	1	E	2	C	3	A	4	C	5	C

✦ DOS TRIBUNAIS NÃO DIVIDIDOS EM TURMAS

Art. 679. Aos Tribunais Regionais não divididos em Turmas, compete o julgamento das matérias a que se refere o artigo anterior, exceto a de que trata o inciso I da alínea c do Item I, como os conflitos de jurisdição entre Turmas. (Redação dada pela Lei nº 5.442, de 24.5.1968)

1. COMENTÁRIOS

É pertinente a crítica de Sergio Pinto Martins, Comentários, 2010, p. 747, ao afirmar que redação do art. 679 já se deduz que nos Tribunais não divididos em Turmas, a competência jurisdicional e administrativa será concentrada no Tribunal Pleno (todos os desembargadores reunidos em sessão). O art. 679, ora comentado, é totalmente desnecessário.

✦ COMPETÊNCIA FUNCIONAL DOS TRIBUNAIS REGIONAIS

Art. 680. Compete, ainda, aos Tribunais Regionais, ou suas Turmas: (Restabelecido com nova redação pela Lei nº 5.442, de 24.5.1968)

a) determinar às Juntas e aos Juízes de Direito a realização dos atos processuais e diligências necessárias ao julgamento dos feitos sob sua apreciação;

b) fiscalizar o comprimento de suas próprias decisões;

c) declarar a nulidade dos atos praticados com infração de suas decisões;

d) julgar as suspeições arguidas contra seus membros;

e) julgar as exceções de incompetência que lhes forem opostas;

f) requisitar às autoridades competentes as diligências necessárias ao esclarecimento dos feitos sob apreciação, representando contra aquelas que não atenderem a tais requisições;

g) exercer, em geral, no interesse da Justiça do Trabalho, as demais atribuições que decorram de sua Jurisdição.

1. COMENTÁRIOS

Este artigo repete o equívoco também cometido pela CLT ao tratar da competência dos Juízes do Trabalho e do TST. O erro diz respeito à separação da competência funcional em artigos distintos, sem qualquer critério. Melhor seria que a competência deste artigo estivesse inserida no art. 678 da CLT.

Sergio Pinto Martins, Comentários, 2010, p. 748 e Eduardo Gabriel Saad, CLT Comentada, 2009, p. 898, fazem a mesma crítica quanto à redação da alínea "c" deste artigo, afirmando que a declaração de nulidade depende de arguição da parte e que, portanto, não pode ser reconhecida de ofício. Discordamos da crítica. Sendo absoluta a nulidade, nada obsta e até se exige seu reconhecimento de ofício (neste sentido o art. 795, § 1º, da CLT).

A exceção de suspeição do Juiz do Trabalho, órgão de primeiro grau de jurisdição, também é de competência do TRT, conforme já explicamos nos comentários ao art. 653, "c", da CLT.

As demais atribuições de competência do TRT, como referido na alínea "g" deste artigo, serão definidas conforme o Regimento Interno de cada Tribunal.

2. QUESTÕES DE CONCURSOS

01. (MPT – Procurador do Trabalho/2012) O Ministério Público do Trabalho ajuizou ação anulatória de cláusula de acordo coletivo de trabalho, relativa à jornada de trabalho dos trabalhadores portuários avulsos, por considerar ilegal e abusiva a previsão de intervalo de 6 (seis) horas entre duas jornadas, violando a legislação pertinente que prescreve o intervalo interjornada de, no mínimo, 11 (onze) horas. Diante da situação descrita, é INCORRETO afirmar que: conforme entendimento do Tribunal Superior do Trabalho, a competência funcional para análise e julgamento da ação anulatória de cláusula de acordo ou convenção coletiva de trabalho proposta pelo Ministério Público do Trabalho é originária dos tribunais trabalhistas, os quais possuem competência para modificar, criar, ou extinguir condições de trabalho, por força do seu poder normativo.

02. (FCC – Juiz do Trabalho Substituto 18ª região/2014) Com relação à competência no Processo do Trabalho:

a) É de competência funcional dos Tribunais Regionais ou suas Turmas, dentre outras, julgar as suspeições arguidas contra seus membros e fiscalizar o cumprimento de suas próprias decisões.

b) Havendo competência da Justiça do Trabalho brasileira para julgar os dissídios havidos entre empregados brasileiros e estrangeiros transferidos para prestarem serviços no exterior, a legislação aplicável à relação jurídica trabalhista será regida pelas leis vigentes no país da prestação de serviço e não por aquelas do local da contratação.

c) Não é de competência funcional, hierárquica ou interna das Varas do Trabalho, impor multas e demais penalidades relativas aos atos de sua competência.

d) É de competência funcional dos Tribunais Regionais do Trabalho não divididos em Turmas, entre outras, processar e julgar em única ou última instância a extensão das decisões proferidas em dissídios coletivos e as ações rescisórias das decisões das Varas do Trabalho.

e) A Justiça do Trabalho brasileira possui competência para dirimir controvérsias decorrentes da relação de trabalho quando o empregado seja estrangeiro ou brasileiro e trabalhe para empresa brasileira no exterior, desde que não haja convenção internacional dispondo em contrário.

GAB	1	E	2	A

▸SEÇÃO III – DOS PRESIDENTES DOS TRIBUNAIS REGIONAIS

✦ POSSE DO PRESIDENTE E VICE-PRESIDENTE DO TRT

Art. 681. Os Presidentes e Vice-Presidentes dos Tribunais Regionais do Trabalho tomarão posse perante os respectivos Tribunais.(Redação dada pela Lei nº 6.320, de 5.4.1976)

1. COMENTÁRIOS

Na redação anterior deste dispositivo, de acordo com o Decreto-Lei nº 9.797, de 9.9.1946, os Presidentes dos Regionais tomavam posse no cargo perante o Presidente da República e os Vice-Presidentes perante o Presidente empossado, no próprio Tribunal Regional.

A inclusão da Justiça do Trabalho no quadro do Poder Judiciário Federal, em 1946, fez com que a norma acima perdesse seu sentido tradicional, até que, por força Lei nº 6.320, de 5.4.1976, fosse alterado o dispositivo deste artigo 681 para consolidar o que já havia se tornado uma prática, a posse do Presidente e Vice perante o próprio Tribunal Regional (Russomano, Comentários, Vol. II, 1993, p. 775).

Os demais integrantes da administração do Tribunal, como o Corregedor e, em alguns Tribunais, os Presidentes das Seções Especializadas, tomam posse na mesma ocasião que o Presidente e Vice-Presidente da Corte Regional. Alguns Tribunais também elegem os Diretores da Escola Judicial, que tomam posse da mesma forma que os demais integrantes da administração.

✦ **COMPETÊNCIA FUNCIONAL E ATRIBUIÇÕES ADMINISTRATIVAS**

Art. 682. Competem privativamente aos Presidentes dos Tribunais Regionais, além das que forem conferidas neste e no título e das decorrentes do seu cargo, as seguintes atribuições: (Redação dada pelo Decreto-lei nº 8.737, de 19.1.1946)

I – (Revogado pela Lei nº 5.442, de 24.5.1968):

II – designar os vogais das Juntas e seus suplentes;

III – dar posse aos Presidentes de Juntas e Presidentes Substitutos, aos vogais e suplentes e funcionários do próprio Tribunal e conceder férias e licenças aos mesmos e aos vogais e suplentes das Juntas;

IV – presidir às sessões do Tribunal;

V – presidir às audiências de conciliação nos dissídios coletivos;

VI – executar suas próprias decisões e as proferidas pelo Tribunal;

VII – convocar suplentes dos vogais do Tribunal, nos impedimentos destes;

VIII – representar ao Presidente do Tribunal Superior do Trabalho contra os Presidentes e os vogais, nos casos previstos no art. 727 e seu Parágrafo único;

IX – despachar os recursos interpostos pelas partes;

X – requisitar às autoridades competentes, nos casos de dissídio coletivo, a força necessária, sempre que houver ameaça de perturbação da ordem;

XI – exercer correição, pelo menos uma vez por ano, sobre as Juntas, ou parcialmente sempre que se fizer necessário, e solicitá-la, quando julgar conveniente, ao Presidente do Tribunal de Apelação relativamente aos Juízes de Direito investidos na administração da Justiça do Trabalho;

XII – distribuir os feitos, designando os vogais que os devem relatar;

XIII – designar, dentre os funcionários do Tribunal e das Juntas existentes em uma mesma localidade, o que deve exercer a função de distribuidor;

XIV – assinar as folhas de pagamento dos vogais e servidores do Tribunal.

§ 1º – Na falta ou impedimento do Presidente da Junta e do substituto da mesma localidade, é facultado ao Presidente do Tribunal Regional designar substituto de outra localidade, observada a ordem de antiguidade entre os substitutos desimpedidos.

§ 2º – Na falta ou impedimento do Juiz classista da Junta e do respectivo suplente, é facultado ao Presidente do Tribunal Regional designar suplente de outra Junta, respeitada a categoria profissional ou econômica do representante e a ordem de antiguidade dos suplentes desimpedidos.

§ 3º – Na falta ou impedimento de qualquer Juiz representante classista e seu respectivo suplente, é facultado ao Presidente do Tribunal Regional designar um dos Juízes classistas de Junta de Conciliação e Julgamento para funcionar nas sessões do Tribunal, respeitada a categoria profissional ou econômica do representante.

1. COMENTÁRIOS

O inciso I, revogado, atribuía competência ao Presidente do TRT para o julgamento de Agravos (Martins, Comentários, 2010, p. 750).

Todas as referências aos vogais e classistas, acima feitas, devem ser ignoradas, diante da extinção da representação classista pela EC nº 24/1999.

As referências feitas aos "Presidentes das Juntas", nos incisos deste artigo, devem ser lidas, atualmente, como "Juízes do Trabalho".

Todas as atribuições do Presidente do TRT podem ser objeto de delegação a seu Vice, conforme previsão no Regimento Interno de cada Tribunal.

Os despachos referidos no inciso IX, são decisões de admissibilidade dos recursos de competência do TST, que antes de chegarem a este órgão, têm seu cabimento examinado pelo Regional, mais propriamente por seu Presidente. Passam por este juízo de admissibilidade os Recursos de Revista e Agravos de Instrumento.

A função correicional pode ser ordinária, pelo menos uma vez no ano, compreendendo a fiscalização dos órgãos do Tribunal e a este vinculados – varas do trabalho e suas serventias –, e extraordinária (ou parcial), destinada a corrigir um problema específico, de índole administrativa, em determinado processo, secretaria do Tribunal, vara ou serventia, quando provocado o Tribunal ou por iniciativa da autoridade competente. Estas correições, previstas no inciso XI deste artigo, são atualmente exercidas pelo Corregedor e, somente na falta deste, pelo Presidente do Tribunal Regional do Trabalho, conforme o Regimento Interno de cada Tribunal.

A designação de servidor para funcionar como distribuidor (inciso XIII) em muitos Tribunais é substituída por um Juiz do Trabalho, eleito por seus pares ou mesmo indicado pelo Presidente. A indicação de um Juiz para ocupar o cargo não dispensa a composição de servidores, no órgão denominado distribuidor, para concederem o devido apoio à atividade de distribuição dos feitos.

O Presidente do Tribunal não assina mais a folha de pagamento de seus funcionários (inciso XIV), pois já existem órgãos administrativos que assumem esta função, processando-a por meio eletrônico e disponibilizando o pagamento em contas bancárias. Todavia, a responsabilidade administrativa quanto a estes pagamentos continua a ser do Presidente do Tribunal Regional do Trabalho.

2. QUESTÕES DE CONCURSOS

01. (FCC – Analista Judiciário – Oficial de Justiça Avaliador – TRT 24/2017) Dentre os serviços auxiliares da Justiça do Trabalho descritos na Consolidação das Leis do Trabalho há o órgão denominado distribuidor nas localidades em que exista mais de uma Vara do Trabalho. A designação dos distribuidores se dará pelo

a) Presidente do Tribunal Superior do Trabalho, dentre os funcionários do Tribunal Regional do Trabalho, existentes na mesma localidade, e diretamente subordinados ao mesmo Presidente.

b) Presidente do Tribunal Regional do Trabalho, dentre os funcionários das Varas do Trabalho, existentes na mesma localidade, e diretamente subordinados ao Juiz mais antigo de cada comarca.

c) Presidente do Tribunal Regional do Trabalho, dentre os funcionários das Varas do Trabalho e do Tribunal Regional do Trabalho, existentes na mesma localidade, e diretamente subordinados ao mesmo Presidente.

d) Juiz Titular mais antigo do Fórum, dentre os funcionários das Varas do Trabalho existentes na mesma localidade, e diretamente subordinados a este Juiz.

e) Juiz Diretor do Fórum dentre os funcionários das Varas do Trabalho existentes na mesma localidade, e diretamente subordinados ao Presidente do Tribunal Regional do Trabalho.

GAB	1	C

✦ SUBSTITUIÇÃO DO PRESIDENTE

Art. 683. Na falta ou impedimento dos Presidentes dos Tribunais Regionais, e como auxiliares destes, sempre que necessário, funcionarão seus substitutos.(Redação dada pelo Decreto-lei nº 8.737, de 19.1.1946)

§ 1º – Nos casos de férias, por 30 (trinta) dias, licença, morte ou renúncia, a convocação competirá diretamente ao Presidente do Tribunal Superior do Trabalho.

§ 2º – Nos demais casos, mediante convocação do próprio Presidente do Tribunal ou comunicação do secretário deste, o Presidente Substituto assumirá imediatamente o exercício, ciente o Presidente do Tribunal Superior do Trabalho.

1. COMENTÁRIOS

Não existe mais a figura do Presidente Substituto prevista neste artigo. Na ausência do Presidente responderá seu Vice, ambos eleitos pelos desembargadores que compõem o Tribunal Pleno, para administrarem o TRT pelo prazo previsto no Regimento Interno, normalmente fixado o mandato em 2 anos.

▸SEÇÃO IV – DOS JUÍZES REPRESENTANTES CLASSISTAS DOS TRIBUNAIS REGIONAIS

Art. 684. Os Juízes representantes classistas dos Tribunais Regionais são designados pelo Presidente da República.

Parágrafo único. Aos Juízes representantes classistas dos empregados e dos empregadores, nos Tribunais Regionais, aplicam-se as disposições do art. 661.(Parágrafo 1º renumerado para parágrafo único pela Lei nº 5.442, de 24.5.1968)

Art. 685. A escolha dos vogais e suplentes dos Tribunais Regionais, representantes dos empregadores e empregados, é feita dentre os nomes constantes das listas para esse fim encaminhadas ao Presidente do Tribunal Superior do Trabalho pelas associações sindicais de grau superior com sede nas respectivas Regiões.

§ 1º – Para o efeito deste artigo, o Conselho de Representantes de cada associação sindical de grau superior, na ocasião determinada pelo Presidente do Tribunal Superior do Trabalho, organizará, por maioria de votos, uma lista de 3 (três) nomes.

§ 2º – O Presidente do Tribunal Superior do Trabalho submeterá os nomes constantes das listas ao Presidente da República, por intermédio do Ministro da Justiça e Negócios Interiores. (Redação dada pela Lei nº 2.244, de 23.6.1954)

Art. 686. (Suprimido pelo Decreto-Lei nº 9.797, de 9.9.1946)

Art. 687. Os vogais dos Tribunais Regionais tomam posse perante o respectivo Presidente.

Art. 688. Aos juízes representantes classistas dos Tribunais Regionais aplicam-se as disposições do art. 663, sendo a nova escolha feita dentre os nomes constantes das listas a que se refere o art. 685, ou na forma indicada no art. 686 e, bem assim, as dos arts. 665 e 667.

Art. 689. Por sessão a que comparecerem, até o máximo de quinze por mes, perceberão os Juízes representantes classistas e suplentes dos Tribunais Regionais a gratificação fixada em lei. (Redação dada pelo Decreto-lei nº 8.737, de 19.1.1946)

Parágrafo único. Os Juízes representantes classistas que retiverem processos além dos prazos estabelecidos no Regimento Interno dos Tribunais Regionais sofrerão automaticamente, na gratificação mensal a que teriam direito, desconto equivalente a 1/30 (um trinta avos) por processo retido.

1. COMENTÁRIOS

Os artigos 684 a 689 não foram recepcionados pela atual redação do art. 115 da CF, que deixou de prever juízes leigos no TRT. Os Juízes Classistas foram extintos pela EC nº 24/1999, conferindo nova conformação à Justiça do Trabalho, que passou a ser composta somente por magistrados de carreira, em todos os seus graus, que ingressam como substitutos, sendo posteriormente promovidos a juízes titulares de varas do trabalho para, finalmente, ocuparem uma vaga, por promoção, no Tribunal Regional do Trabalho. Sobre a carreira de magistrado vide comentários ao art. 654 da CLT.

A única presença de desembargadores que não ingressaram no TRT como magistrado de carreira diz respeito ao quinto constitucional, preservado pelo art. 115, I, da CF, prevendo a participação de advogados e membros do Ministério Público do Trabalho nos Tribunais.

▸CAPÍTULO V – DO TRIBUNAL SUPERIOR DO TRABALHO

▸SEÇÃO I – DISPOSIÇÕES PRELIMINARES

✦ **TST: 3º GRAU – JURISDIÇÃO EM TODO O TERRITÓRIO NACIONAL**

Art. 690. O Tribunal Superior do Trabalho, com sede na Capital da República e jurisdição em todo o território nacional, é a instância suprema da Justiça do Trabalho.(Redação dada pela Lei nº 2.244, de 23.6.1954)

✦ **TRIBUNAL PLENO OU EM TURMAS**

Parágrafo único. O Tribunal funciona na plenitude de sua composição ou dividido em Turmas, com observância da paridade de representação de empregados e empregadores.

Arts. 691 e 692 – (Suprimidos pelo Decreto-lei nº 8.737, de 19.1.1946)

1. COMENTÁRIOS

O Tribunal Superior do Trabalho representa o terceiro grau de jurisdição da Justiça do Trabalho, em substituição ao antigo Conselho Nacional do Trabalho, órgão do Executivo, extinto em 1946. Tem sede na capital da República, atualmente em Brasília, cuja composição, funcionamento e competência, têm previsão legal e no seu próprio Regimento. A Lei nº 7.701/88 é a principal fonte normativa quanto a estes temas, pois reorganizou o TST após e em razão da Constituição de 1988.

As Emendas Constitucionais 24/1999 e 45/2004 também tiverem um importante papel ao alterarem a composição, funcionamento e a competência da Justiça do Trabalho, incluído o TST, tendo influência direta nos artigos a seguir comentados.

▸SEÇÃO II – DA COMPOSIÇÃO E FUNCIONAMENTO DO TRIBUNAL SUPERIOR DO TRABALHO

✦ **COMPOSIÇÃO DO TST**

Art. 693. O Tribunal Superior do Trabalho compõe-se de dezessete juízes com a denominação de Ministros, sendo:(Redação dada pela Lei nº 5.442, de 24.5.1968)

a) onze togados e vitalícios, nomeados pelo Presidente da República, depois de aprovada a escolha pelo Senado Federal, dentre brasileiros natos, maiores de trinta e cinco anos, de notável saber jurídico e reputação ilibada;

b) seis classistas, com mandato de três anos, em representação paritária dos empregadores e dos empregados, nomeados pelo Presidente da República de conformidade com o disposto nos §§ 2º e 3º deste artigo.

§ 1º – Dentre os Juízes Togados do Tribunal Superior do Trabalho, alheios aos interesses profissionais, serão eleitos o Presidente, o Vice-Presidente e o corregedor, além dos Presidentes das turmas na forma estabelecida em seu regimento interno.

✦ **ESCOLHA DOS MINISTROS**

Art. 694. Os juízes togados escolher-se-ão: sete, dentre magistrados da Justiça do Trabalho, dois, dentre advogados no efetivo exercício da profissão, e dois, dentre membros do Ministério Público da União junto à Justiça do Trabalho.(Restabelecido com nova redação dada pela Lei nº 5.442, de 24.5.1968)

1. COMENTÁRIOS

1.1. Escolha e ingresso dos Ministros

O art. 111-A da CF prevê a composição do TST, nos seguintes termos: "vinte e sete Ministros, escolhidos dentre brasileiros com mais de trinta e cinco e menos de sessenta e cinco anos, nomeados pelo Presidente da República após aprovação pela maioria absoluta do Senado Federal, sendo: (Incluído pela Emenda Constitucional nº 45, de 2004) – I um quinto dentre advogados com mais de dez anos de efetiva atividade profissional e membros do Ministério Público do Trabalho com mais de dez anos de efetivo exercício, observado o disposto no art. 94 da CF; II – os demais dentre juízes dos Tribunais Regionais do Trabalho, oriundos da magistratura da carreira, indicados pelo próprio Tribunal Superior.".

Diante da previsão do quinto constitucional e considerando-se o número impar de Ministros do TST (27), seis vagas serão destinadas a advogados e membros do Ministério Público do Trabalho. Este arredondamento, para cima, do número de vagas, impede uma redução da participação dos integrantes do quinto (1/5 de 27 representa, matematicamente, 5,4, que na aproximação em números absolutos estaria mais próximo de 5 do que de 6). Defende este número de vagas, por exemplo, Luciano Chaves, Curso, 2009, p. 150.

1.2. Composição, funcionamento e competência dos órgãos do TST

São órgãos do TST, o Tribunal Pleno, Órgão Especial, Seção Especializada em Dissídios Coletivos, Seção Especializada em Dissídios Individuais, dividida em duas subseções e 8 Turmas (art. 59, RITST).

O Tribunal Pleno é o órgão máximo de deliberação do TST, contando com todos os seus 27 Ministros, estando entre suas principais atribuições: a eleição da administração do Tribunal, a aprovação de emendas regimentais, a criação, cancelamento e revisão de suas Súmulas e a declaração de inconstitucionalidade de lei ou ato normativo em controle difuso (art. 62 do RITST).

A Lei nº 13.467, de 13.07.2017 alterou o art. 702, I, inserindo a alínea "f", que estabelece inúmeros requisitos para criação e alteração de Súmulas do TST. A nosso ver, qualquer lei que especifique, de forma detalhada, como deve proceder o Tribunal, em quaisquer de seus órgãos, no processamento de incidentes internos, é flagrantemente inconstitucional. Isto porque, a regra referida afronta a competência privativa dos Tribunais, nos termos do art. 96, I, "a", da CF:

> "eleger seus órgãos diretivos e elaborar seus regimentos internos, com observância das normas de processo e das garantias processuais das partes, dispondo sobre a competência e o funcionamento dos respectivos órgãos jurisdicionais e administrativos;".

O funcionamento de qualquer órgão administrativo ou jurisdicional do TST só pode observar o Regimento Interno do próprio Tribunal, sem interferência externa nesta competência legislativa extraordinária, desde que com observância das normas processuais fundamentais. Assim, norma externa que determina como o Tribunal deve proceder para criar ou modificar suas Súmulas, que são atos internos, ainda que com efeitos externos, afronta a competência legislativa do Tribunal, que lhe é privativa, conforme a regra constitucional acima transcrita.

Igualmente inconstitucionais, pelas mesmas razões acima postas, os §§ 3º e 4º do art. 702.

Como se percebe da competência do órgão, desde a descentralização do TST concretizada pela Lei nº 7.701/88, o Tribunal Pleno foi praticamente esvaziado de suas funções judicantes.

Considerando-se que o art. 93, XI, da CF, permite aos Tribunais a criação de Órgão Especial quando a Corte tiver mais de 25 membros, a Resolução Administrativa nº 1.276/2007, do TST, instituiu o referido órgão, que passou a contar com 14 Ministros, sendo 7 mais antigos e os outros 7 eleitos (art. 63 do RITST). O Órgão Especial tem competência em matéria judiciária e administrativa. Estão entre suas principais atribuições jurisdicionais: julgar as reclamações destinadas à preservação da competência do TST, os mandados de segurança contra os atos dos Ministros da Corte, julgar os recursos referentes às decisões dos TRT's quanto a Precatórios e do Ministro Corregedor em Reclamação Correicional (art. 69 do RITST).

A Seção Especializada em Dissídios Coletivos (SDC) é composta por 9 Ministros, sendo o Presidente, o Vice-Presidente do Tribunal, o Corregedor-Geral da Justiça do Trabalho e mais seis Ministros (art. 64 do RITST). Compete à SDC: I – originariamente: **a)** julgar os dissídios coletivos de natureza econômica e jurídica, de sua competência, ou rever suas próprias sentenças normativas, nos casos previstos em lei; **b)** homologar as conciliações firmadas nos dissídios coletivos; **c)** julgar as ações anulatórias de acordos e convenções coletivas; **d)** julgar as ações rescisórias propostas contra suas sentenças normativas; **e)** julgar os agravos regimentais contra despachos ou decisões não definitivas, proferidos pelo Presidente do Tribunal, ou por qualquer dos Ministros integrantes da Seção Especializada em Dissídios Coletivos; **f)** julgar os conflitos de competência entre Tribunais Regionais do Trabalho em processos de dissídio coletivo; **g)** processar e julgar as medidas cautelares incidentais nos processos de dissídio coletivo; e h) processar e julgar as ações em matéria de greve, quando o conflito exceder a jurisdição de Tribunal Regional do Trabalho. II – em última instância, julgar: **a)** os recursos ordinários interpostos contra as decisões proferidas pelos Tribunais Regionais do Trabalho em dissídios coletivos de natureza econômica ou jurídica; **b)** os recursos ordinários interpostos contra decisões proferidas pelos Tribunais Regionais do Trabalho em ações rescisórias e mandados de segurança pertinentes a dissídios coletivos e a direito sindical e em ações anulatórias de acordos e convenções coletivas; **c)** os embargos infringentes interpostos contra decisão não unânime proferida em processo de dissídio coletivo de sua competência originária, salvo se a decisão embargada estiver em consonância com precedente normativo do Tribunal Superior do Trabalho, ou com Súmula de sua jurisprudência predominante; e d) os agravos de instrumento interpostos contra despacho denegatório de recurso ordinário nos processos de sua competência (art. 70 do RITST).

A Seção Especializada em Dissídios Individuais (SDI) é composta de vinte e um Ministros, sendo: o Presidente e o Vice-Presidente do Tribunal, o Corregedor-Geral da Justiça do Trabalho e mais dezoito Ministros, e funciona em composição plena ou dividida em duas subseções para julgamento dos processos de sua competência. O quorum exigido para o funcionamento da Seção de Dissídios Individuais plena é de onze Ministros, mas as deliberações só poderão ocorrer pelo voto da maioria absoluta dos integrantes da Seção (art. 65 do RITST). Compete à SDI, em composição plena, julgar, em caráter de urgência e com preferência na pauta, os processos nos quais tenha sido estabelecida, na votação, divergência entre as Subseções I e II da Seção Especializada em Dissídios Individuais, quanto à aplicação de dispositivo de lei federal ou da Constituição da República (art. 71, RITST).

Integram a Subseção I Especializada em Dissídios Individuais quatorze Ministros: o Presidente e o Vice-Presidente do Tribunal, o Corregedor-Geral da Justiça do Trabalho e mais onze Ministros, preferencialmente os Presidentes de Turma, sendo exigida a presença de, no mínimo, oito Ministros para o seu funcionamento. Haverá pelo menos um e no máximo dois integrantes de cada Turma na composição da Subseção I Especializada em Dissídios Individuais. Compete à SDI-1: (a) julgar os embargos interpostos contra decisões divergentes das Turmas, ou destas que divirjam de decisão da Seção de Dissídios Individuais, de Orientação Jurisprudencial ou de Súmula; e (b) julgar os agravos e os agravos regimentais interpostos contra despacho exarado em processos de sua competência. (art. 71, RITST)

Integram a Subseção II da Seção Especializada em Dissídios Individuais o Presidente e o Vice-Presidente do Tribunal, o Corregedor-Geral da Justiça do Trabalho e mais sete Ministros, sendo exigida a presença de, no mínimo, seis Ministros para o seu funcionamento. Compete à SDI-2: (a) originariamente: 1. julgar as ações rescisórias propostas contra suas decisões, as da Subseção I e as das Turmas do Tribunal; 2. julgar os mandados de segurança contra os atos praticados pelo Presidente do Tribunal, ou por qualquer dos Ministros integrantes da Seção Especializada em Dissídios Individuais, nos processos de sua competência; 3. julgar as ações cautelares; e 4. julgar os habeas corpus. b) em única instância: 1. julgar os agravos e os agravos regimentais interpostos contra despacho exarado em processos de sua competência; e 2. julgar os conflitos de competência entre Tribunais Regionais e os que envolvam Juízes de Direito investidos da jurisdição trabalhista e Varas do Trabalho em processos de dissídios individuais. c) em última instância: 1. julgar os recursos ordinários interpostos contra decisões dos Tribunais Regionais em processos de dissídio individual de sua competência originária; e 2. julgar os agravos de instrumento interpostos contra despacho denegatório de recurso ordinário em processos de sua competência. (art. 71, RITST).

O TST é integrado por 8 Turmas, que são os órgãos que concentram maior atividade judicante. As Turmas são constituídas, cada uma, por três Ministros, sendo presididas pelo Ministro mais antigo integrante do Colegiado. Para os julgamentos nas Turmas é necessária a presença de três Magistrados (art. 66, RITST). Compete a cada uma das Turmas julgar: I – os recursos de revista interpostos contra decisão dos Tribunais Regionais do Trabalho, nos casos previstos em lei; II – os agravos de instrumento dos despachos de Presidente de Tribunal Regional que denegarem seguimento a recurso de revista; III – os agravos e os agravos regimentais interpostos contra despacho exarado em processos de sua competência; e IV – os recursos ordinários em ação cautelar, quando a competência para julgamento do recurso do processo principal for atribuída à Turma. (art. 72, RITST).

O art. 111-A, § 2º, incisos I e II criou duas novas instituições que funcionam junto ao TST, mas sem que componham o órgão jurisdicional, são elas: **a)** a Escola Nacional de Formação e Aperfeiçoamento de Magistrados do Trabalho (ENAMAT), cabendo-lhe, dentre outras funções, regulamentar os cursos oficiais para ingresso e promoção na carreira; **b)** o Conselho Superior da Justiça do Trabalho (CSJT), cabendo-lhe exercer, na forma da lei, a supervisão administrativa, orçamentária, financeira e patrimonial da Justiça do Trabalho de primeiro e segundo graus, como órgão central do sistema, cujas decisões terão efeito vinculante.

A Resolução Administrativa do TST nº 1140/2006, de 1.6.2006, instituiu a Escola Nacional de Formação e Aperfeiçoamento de Magistrados do Trabalho (ENAMAT), órgão de formação e promoção de conhecimento no âmbito da Magistratura do Trabalho nas áreas de conhecimento afins.

A ENAMAT é dirigida por um Diretor e um Vice-Diretor, ambos Ministros do Tribunal Superior do Trabalho, eleitos por seus pares, para mandato de 2 (dois) anos, permitida uma recondução (art. 3º da Resolução). A Escola conta, ainda, com um Conselho Consultivo, integrado pelos membros da Direção da Escola e por 3 (três) Ministros do TST e 2 (dois) membros de direção de Escolas Regionais de Magistratura Trabalhista e um Juiz Titular de Vara do Trabalho, todos escolhidos pelo Tribunal Superior do Trabalho (art. 3º, § 1º da Resolução).

O art. 2º da Resolução 1140/2006 estabeleceu os seguintes objetivos da Escola: I – Implantar o concurso público de ingresso na magistratura trabalhista de âmbito nacional; II – Organizar, em âmbito nacional, curso de formação inicial para os juízes do trabalho aprovados em concurso, com a finalidade de lhes dar o conhecimento teórico e prático para o exercício da magistratura, e coordenar os cursos complementares ministrados pelas Escolas Regionais da Magistratura do Trabalho com finalidade similar; III – Regulamentar e coordenar os cursos de formação continuada e aperfeiçoamento de magistrados, com vistas ao vitaliciamento e à promoção na carreira, ministrados pelas Escolas Regionais; IV – Promover seminários, encontros regionais, nacionais e internacionais para debate das questões mais relevantes para o exercício da magistratura; V – Promover o estudo e a pesquisa no campo do Direito e do Processo do Trabalho, visando ao aperfeiçoamento da prestação jurisdicional; VI – Propiciar o intercâmbio com Escolas da Magistratura nacionais e estrangeiras, bem como com instituições internacionais congêneres e VII – Organizar cursos de formação de formadores.

A EC nº 45/2004, em seu art. 6º, permitiu a imediata implantação, por ato interno do próprio TST, do Conselho Superior da Justiça do Trabalho (CSJT), até que o projeto de lei para sua regulamentação, de iniciativa do TST, seja encaminhado ao Congresso Nacional. A Resolução Administrativa nº 1.064/2005 (DJ de 25.5.2005) aprovou o Regimento Interno do CSJT.

O Conselho Superior da Justiça do Trabalho (CSJT) funciona junto ao Tribunal Superior do Trabalho, com atuação em todo o território nacional, cabendo-lhe a supervisão administrativa, orçamentária, financeira e patrimonial da Justiça do Trabalho de primeiro e segundo graus, como órgão central do sistema. As decisões do Conselho são vinculantes e de observância obrigatória no âmbito da Justiça do Trabalho de primeiro e segundo graus. (art. 1º e § único, do RICSJT).

Compõem o CSJT: I – o Presidente e o Vice-Presidente do Tribunal Superior do Trabalho, e o Corregedor-Geral da Justiça do Trabalho, como membros natos; II – três Ministros do Tribunal Superior do Trabalho, eleitos pelo Tribunal Pleno, e III – cinco Presidentes de Tribunais Regionais do Trabalho, eleito cada um deles por região geográfica do País. Os mandatos dos membros natos do Conselho, inclusive os dos respectivos suplentes, coincidirão com os mandatos dos cargos de direção do Tribunal Superior do Trabalho. Os Ministros eleitos para compor o Conselho cumprirão mandato de dois anos, vedada a recondução. (art. 2º, do RICSJT).

Compete ao CSJT:

a) expedir normas gerais de procedimento relacionadas com os sistemas de informática, recursos humanos, planejamento e orçamento, administração financeira, material e patrimônio e de controle interno da Justiça do Trabalho de primeiro e segundo graus, ou normas que se refiram a sistemas relativos a outras atividades auxiliares comuns que necessitem de coordenação central;

b) supervisionar e fiscalizar os serviços responsáveis pelas atividades de informática, recursos humanos, planejamento e orçamento, administração financeira, material e patrimônio, controle interno, além de outros serviços encarregados de atividades comuns sob coordenação do órgão central;

c) apreciar, de ofício ou a requerimento de qualquer interessado, as decisões administrativas dos Tribunais que contrariem as normas legais ou as expedidas com base no inciso II;

d) examinar, de ofício ou a requerimento de qualquer interessado, a legalidade das nomeações para os cargos efetivos e em comissão e funções comissionadas;

e) propor ao Tribunal Superior do Trabalho alteração das legislações trabalhista e processual;

f) encaminhar ao TST: f.1) planos plurianuais, propostas orçamentárias e pedidos de créditos adicionais formulados pelos Tribunais Regionais do Trabalho; f.2) propostas de criação ou extinção de Tribunais Regionais do Trabalho e de alteração do número de seus membros; f.3) c) propostas de criação de Varas do Trabalho; f.4) propostas de criação ou extinção de cargos e funções gratificadas das Secretarias dos Tribunais Regionais do Trabalho e de fixação de vencimentos e vantagens dos magistrados e servidores da Justiça do Trabalho de primeiro e segundo graus; f.5) e) propostas de alteração da organização e divisão judiciárias, e f.6) projeto de lei sobre o Regimento de Custas da Justiça do Trabalho;

g) apreciar matérias administrativas, de ofício ou encaminhadas pelos Tribunais Regionais do Trabalho, em razão de sua relevância, que extrapolem o interesse individual de magistrados ou servidores da Justiça do Trabalho de primeiro e segundo graus, com o propósito de uniformização;

h) designar comissões permanentes e/ou temporárias para exame de matéria relevante, bem como para o desenvolvimento de estudos que visem à elaboração de manuais sobre atividades de apoio judiciário na Justiça do Trabalho, podendo ser indicados para compô-las magistrados e/ ou servidores da Justiça do Trabalho, com a aquiescência do Presidente do respectivo Tribunal;

i) realizar auditorias nos Tribunais Regionais do Trabalho;

j) deliberar sobre as demais matérias administrativas encaminhadas pelo Presidente, em razão da sua relevância (art. 5º, do RICSJT).

2. QUESTÕES DE CONCURSOS

01. (TRT – 17ª REGIÃO/ANALISTA JUDICIÁRIO/CESPE/2009) Os TRTs compõem-se de, no mínimo, oito juízes, recrutados, quando possível, na respectiva região e nomeados pelo presidente da República entre brasileiros com mais de trinta e menos de 65 anos de idade.

02. (TRT – 17ª REGIÃO/TÉCNICO JUDICIÁRIO/CESPE/2009) Um quinto dos lugares no Tribunal Superior do Trabalho e nos tribunais regionais do trabalho será composto de membros do Ministério Público com mais de cinco anos de carreira e de advogados, também com mais de cinco anos de carreira, indicados em lista tríplice pelos órgãos de representação das respectivas classes.

03. (TRIBUNAL SUPERIOR DO TRABALHO/ANALISTA JUDICIÁRIO/CESPE/2008) O Tribunal Superior do Trabalho (TST) é composto por ministros escolhidos entre brasileiros com mais de trinta e cinco anos e menos de sessenta e cinco anos de idade, nomeados pelo presidente da República após aprovados pela maioria absoluta do Senado Federal. A Constituição Federal vigente prevê que 21 (vinte e um) dos ministros sejam necessariamente oriundos da magistratura de carreira, indicados pelo TST ao presidente da República dentre juízes de tribunais regionais do trabalho; três dentre advogados com mais de dez anos de efetiva atividade profissional e três dentre membros do Ministério Público do Trabalho com mais de dez anos de efetivo exercício, estes últimos seis a partir de listas tríplices encaminhadas ao presidente da República pelo TST, depois de reduzidas as listas sêxtuplas encaminhadas pelos órgãos de classe das respectivas corporações.

GAB	1	E	2	E	3	C

Art. 695. (Suprimido pelo Decreto-lei nº 9.797, de 9.9.1946)

✦ SUBSTITUIÇÃO DO MINISTRO

Art. 696. Importará em renúncia o não comparecimento do membro do Conselho, sem motivo justificado, a mais de três sessões ordinárias consecutivas. (Redação dada pelo Decreto-lei nº 8.737, de 19.1.1946)

§ 1º – Ocorrendo a hipótese prevista neste artigo o Presidente do Tribunal comunicará imediatamente o fato ao Ministro da Justiça, a fim de que seja feita a substituição do juiz renunciante, sem prejuízo das sanções cabíveis. (Incluído pela Lei nº 2.244, de 23.6.1954)

§ 2º – Para os efeitos do parágrafo anterior, a designação do substituto será feita dentre os nomes constantes das listas de que trata o 2º do art. 693. (Incluído pela Lei nº 2.244, de 23.6.1954)

1. COMENTÁRIOS

Este dispositivo tinha razão de ser quando a Justiça do Trabalho era um órgão do Poder Executivo, e os membros do Conselho Nacional do Trabalho, órgão de terceiro grau desta justiça, podiam ser destituídos do cargo, pois não lhe eram asseguradas as garantias da magistratura, entre estas a vitaliciedade.

Não existe a possibilidade de substituição do Ministro pelos motivos acima descritos. Neste sentido o art. 95, I, da CF, a seguir transcrito: "Art. 95. Os juízes gozam das seguintes garantias: I – vitaliciedade, que, no primeiro grau, só será adquirida após dois anos de exercício, dependendo a perda do cargo, nesse período, de deliberação do tribunal a que o juiz estiver vinculado, e, nos demais casos, de sentença judicial transitada em julgado;".

✦ **CONVOCAÇÃO DE DESEMBARGADORES**

Art. 697. Em caso de licença, superior a trinta dias, ou de vacância, enquanto não for preenchido o cargo, os Ministros do Tribunal poderão ser substituídos mediante convocação de Juízes, de igual categoria, de qualquer dos Tribunais Regionais do Trabalho, na forma que dispuser o Regimento do Tribunal Superior do Trabalho. (Redação dada pela Lei nº 6.289, de 11.12.1975)

1. COMENTÁRIOS

O Regimento Interno do TST regula a convocação de Juiz dos Tribunais Regionais do Trabalho, na ausência por mais de 30 dias dos Ministros do TST, nos artigos transcritos a seguir:

> "Art. 17. Nas ausências temporárias, por período superior a trinta dias, e, nos afastamentos definitivos, os Ministros serão substituídos por Juízes de Tribunal Regional do Trabalho, escolhidos pelo Órgão Especial, mediante escrutínio secreto e pelo voto da maioria absoluta dos seus membros.
>
> Art. 18. O Presidente do Tribunal poderá, em caso de urgência, e quando inviável a imediata reunião do Órgão Especial, ad referendum deste, convocar Juiz de Tribunal Regional do Trabalho, para a substituição de Ministro afastado.
>
> Art. 19. Na sessão do Órgão Especial que decidir a convocação, os Ministros deverão ter cópias das nominatas dos Juízes que compõem os Tribunais Regionais do Trabalho, para orientar-se na escolha."

Art. 698 – (Suprimido pelo Decreto-lei nº 8.737, de 19.1.1946)

✦ **FUNCIONAMENTO DO TRIBUNAL PLENO: QUORUM**

Art. 699. O Tribunal Superior do Trabalho não poderá deliberar, na plenitude de sua composição, senão com a presença de pelo menos nove de seus juízes, além do Presidente. (Redação dada pela Lei nº 2.244, de 23.6.1954)

1. COMENTÁRIOS

Compete privativamente ao TST elaborar seu regimento interno e determinar a competência e funcionamento de seus órgãos (art. 96, I, "a", da CF). Sendo assim, a norma do art. 62 do Regimento Interno do TST, que estabelece o quorum de funcionamento do Tribunal Pleno, prevalece sobre a norma deste art. 699.

O art. 62, § 1º, do RITST exige a presença de, no mínimo, quatorze Ministros, para funcionamento do Tribunal Pleno, sendo necessária maioria absoluta quando a deliberação tratar de: I – escolha dos nomes que integrarão a lista destinada ao preenchimento de vaga de Ministro do Tribunal, observado o disposto no art. 4º, § 2º, II; II – aprovação de Emenda Regimental; III – eleição dos Ministros para os cargos de direção do Tribunal;IV – aprovação, revisão ou cancelamento de Súmula ou de Precedente Normativo; e V – declaração de inconstitucionalidade de lei ou de ato normativo do poder público.

Será tomada por dois terços dos votos dos Ministros do Órgão Especial a deliberação preliminar referente à existência de relevante interesse público que fundamenta a proposta de edição de Súmula, dispensadas as exigências regimentais, nos termos previstos no Regimento Interno do TST. (art. 62, § 2º, do RITST).

✦ **COMPOSIÇÃO E FUNCIONAMENTO DAS TURMAS**

Parágrafo único. As turmas do Tribunal, compostas de 5 (cinco) juízes, só poderão deliberar com a presença de pelo menos, três de seus membros, além do respectivo Presidente, cabendo também a este funcionar como relator ou revisor nos feitos que lhe forem distribuídos conforme estabelecer o regimento interno.

1. COMENTÁRIOS

O TST é integrado por 8 Turmas, constituídas, cada uma, por três Ministros, sendo presididas pelo Ministro mais antigo integrante do Colegiado. Para os julgamentos nas Turmas é necessária a presença de três Magistrados (art. 66, RITST).

✦ **SESSÕES EXTRAORDINÁRIAS**

Art. 700. O Tribunal reunir-se-á em dias previamente fixados pelo Presidente, o qual poderá, sempre que for necessário, convocar sessões extraordinárias.(Redação dada pelo Decreto-lei nº 8.737, de 19.1.1946)

✦ **HORÁRIO DAS SESSÕES**

Art. 701. As sessões do Tribunal serão públicas e começarão às 14 (quatorze) horas, terminando às 17 (dezessete) horas, mas poderão ser prorrogadas pelo Presidente em caso de manifesta necessidade.(Redação dada pelo Decreto-lei nº 8.737, de 19.1.1946)

✦ **COMUNICAÇÃO DAS SESSÕES EXTRAORDINÁRIAS**

§ 1º - As sessões extraordinárias do Tribunal só se realizarão quando forem comunicadas aos seus membros com 24 (vinte e quatro) horas, no mínimo, de antecedência.

✦ **SESSÕES SECRETAS: EXCEÇÃO**

§ 2º - Nas sessões do Tribunal, os debates poderão tornar-se secretos, desde que, por motivo de interesse público, assim resolva a maioria de seus membros.

1. COMENTÁRIOS

Durante o período de férias, o Presidente do Tribunal, ou o seu substituto, poderá convocar, com antecedência de quarenta e oito horas, sessão extraordinária para julgamento de ações de dissídio coletivo, mandado de segurança e ação declaratória alusiva a greve e que requeiram apreciação urgente (art. 20 do RITST). Portanto, não prevalece a antecedência de 24 horas prevista no art. 701, § 1º, supra.

O horário de expediente no Tribunal Superior do Trabalho será estabelecido por Resolução Administrativa, aprovada pelo Órgão Especial, por iniciativa do seu Presidente. (art. 288 do RITST). O horário para as sessões no TST, previsto no art. 701, supra, não há de prevalecer, pois a matéria é restrita a o regimento interno do próprio Tribunal (art. 96, I, "a", da CF).

As sessões secretas (art. 701, § 2º) poderão ocorrer quando o interesse público assim o exigir (art. 93, IX, da CF), mas não em decisões administrativas dos tribunais, pois estas "serão motivadas e em sessão pública, sendo as disciplinares tomadas pelo voto da maioria absoluta de seus membros; (Redação dada pela Emenda Constitucional nº 45, de 2004).", conforme art. 93, X, da CF.

SEÇÃO III – DA COMPETÊNCIA DO TRIBUNAL PLENO

✦ COMPETÊNCIA DO TRIBUNAL PLENO

Art. 702. Ao Tribunal Pleno compete:(Redação dada pela Lei nº 2.244, de 23.6.1954)

I – em única instância:

a) decidir sobre matéria constitucional, quando arguido, para invalidar lei ou ato do poder público;

b) conciliar e julgar os dissídios coletivos que excedam a jurisdição dos Tribunais Regionais do Trabalho, bem como estender ou rever suas próprias decisões normativas, nos casos previstos em lei;

c) homologar os acordos celebrados em dissídios de que trata a alínea anterior;

d) julgar os agravos dos despachos do Presidente, nos casos previstos em lei;

e) julgar as suspeições arguidas contra o Presidente e demais juízes do Tribunal, nos feitos pendentes de sua decisão;

f) estabelecer ou alterar súmulas e outros enunciados de jurisprudência uniforme, pelo voto de pelo menos dois terços de seus membros, caso a mesma matéria já tenha sido decidida de forma idêntica por unanimidade em, no mínimo, dois terços das turmas em pelo menos dez sessões diferentes em cada uma delas, podendo, ainda, por maioria de dois terços de seus membros, restringir os efeitos daquela declaração ou decidir que ela só tenha eficácia a partir de sua publicação no Diário Oficial (Redação da Lei n° 13.467, de 13.07.2017).

g) aprovar tabelas de custas e emolumentos, nos termos da lei;

h) elaborar o Regimento Interno do Tribunal e exercer as atribuições administrativas previstas em lei, ou decorrentes da Constituição Federal.

II – em última instância:

a) julgar os recursos ordinários das decisões proferidas pelos Tribunais Regionais em processos de sua competência originária;

b) julgar os embargos opostos às decisões de que tratam as alíneas "b" e "c" do inciso I deste artigo;

c) julgar embargos das decisões das Turmas, quando estas divirjam entre si ou de decisão proferida pelo próprio Tribunal Pleno, ou que forem contrárias à letra de lei federal; (Redação dada pelo Decreto-lei nº 229, de 28.2.1967)

d) julgar os agravos de despachos denegatórios dos Presidentes de turmas, em matéria de embargos na forma estabelecida no regimento interno;

e) julgar os embargos de declaração opostos aos seus acórdãos.

§ 1º – Quando adotada pela maioria de dois terços dos juízes do Tribunal Pleno, a decisão proferida nos embargos de que trata o inciso II, alínea "c", deste artigo, terá força de prejulgado, nos termos dos §§ 2º e 3º, do art. 902.

✦ COMPETÊNCIA DAS TURMAS

§ 2º – É da competência de cada uma das turmas do Tribunal:

a) julgar, em única instância, os conflitos de jurisdição entre Tribunais Regionais do Trabalho e os que se suscitarem entre Juízes de Direito ou Juntas de Conciliação e Julgamento de regiões diferentes;

b) julgar, em última instância, os recursos de revista interpostos de decisões dos Tribunais Regionais e das Juntas de Conciliação e Julgamento ou Juízes de Direito, nos casos previstos em lei;

c) julgar os agravos de instrumento dos despachos que denegarem a interposição de recursos ordinários ou de revista;

d) julgar os embargos de declaração opostos aos seus acórdãos;

e) julgar as habilitações incidentes e arguições de falsidade, suspeição e outras nos casos pendentes de sua decisão.

§ 3º As sessões de julgamento sobre estabelecimento ou alteração de súmulas e outros enunciados de jurisprudência deverão ser públicas, divulgadas com, no mínimo, trinta dias de antecedência, e deverão possibilitar a sustentação oral pelo Procurador-Geral do Trabalho, pelo Conselho Federal da Ordem dos Advogados do Brasil, pelo Advogado-Geral da União e por confederações sindicais ou entidades de classe de âmbito nacional.(Inserido pela Lei n° 13.467, de 13.07.2017).

§ 4º O estabelecimento ou a alteração de súmulas e outros enunciados de jurisprudência pelos Tribunais Regionais do Trabalho deverão observar o disposto na alínea f do inciso I e no § 3º deste artigo, com rol equivalente de legitimados para sustentação oral, observada a abrangência de sua circunscrição judiciária. (Inserido pela Lei n° 13.467, de 13.07.2017).

1. COMENTÁRIOS

Sobre a competência do Tribunal Pleno e das Turmas do TST reporto-me aos comentários ao artigo 694 da CLT.

▸SEÇÃO IV – DA COMPETÊNCIA DA CÂMARA DE JUSTIÇA DO TRABALHO

Artigos 703 a 705. (Suprimidos pelo Decreto-lei nº 8.737, de 19.1.1946)

▸SEÇÃO V – DA COMPETÊNCIA DA CÂMARA DE PREVIDÊNCIA SOCIAL

Art. 706. (Suprimido pelo Decreto-lei nº 8.737, de 19.1.1946)

▸SEÇÃO VI – DAS ATRIBUIÇÕES DO PRESIDENTE DO TRIBUNAL SUPERIOR DO TRABALHO

✦ COMPETÊNCIA DO PRESIDENTE DO TST

Art. 707. Compete ao Presidente do Tribunal:(Redação dada pelo Decreto-lei nº 8.737, de 19.1.1946)

a) presidir às sessões do Tribunal, fixando os dias para a realização das sessões ordinárias e convocando as extraordinárias;

b) superintender todos os serviços do Tribunal;

c) expedir instruções e adotar as providências necessárias para o bom funcionamento do Tribunal e dos demais órgãos da Justiça do Trabalho;

d) fazer cumprir as decisões originárias do Tribunal, determinando aos Tribunais Regionais e aos demais órgãos da Justiça do Trabalho a realização dos atos processuais e das diligências necessárias;

e) submeter ao Tribunal os processos em que tenha de deliberar e designar, na forma do Regimento Interno, os respectivos relatores;

f) despachar os recursos interpostos pelas partes e os demais papéis em que deva deliberar;

g) determinar as alterações que se fizerem necessárias na lotação do pessoal da Justiça do Trabalho, fazendo remoções ex officio de servidores entre os Tribunais Regionais, Juntas de Conciliação e Julgamento e outros órgãos, bem como conceder as requeridas que julgar convenientes ao serviço, respeitada a lotação de cada órgão;

h) conceder licenças e férias aos servidores do Tribunal, bem como impor-lhes as penas disciplinares que excederem da alçada das demais autoridades;

i) dar posse e conceder licença aos membros do Tribunal, bem como conceder licenças e férias aos Presidentes dos Tribunais Regionais;

j) apresentar ao Ministro do Trabalho, até 31 de março de cada ano, o relatório das atividades do Tribunal e dos demais órgãos da Justiça do Trabalho.

Parágrafo único. O Presidente terá 1 (um) secretário por ele designado dentre os funcionários lotados no Tribunal, e será auxiliado por servidores designados nas mesmas condições.

1. COMENTÁRIOS

Compete privativamente ao TST elaborar seu regimento interno e determinar a competência e funcionamento de seus órgãos (art. 96, I, "a", da CF).

O art. 35 do RITST dispõe sobre a competência do Presidente. Diante da predominância de suas atividades administrativas, restam-lhe poucas funções judicantes quando no exercício de seu mandato, como, por exemplos: **a)** despachar as desistências dos recursos e das ações, quando se referirem a processo pendente de distribuição na Corte, bem como os demais incidentes processuais suscitados; **b)** decidir os efeitos suspensivos, os pedidos de suspensão de segurança e de suspensão de decisão proferida em ação cautelar inominada e em tutela antecipada, assim como despachar os documentos e os expedientes que lhe sejam submetidos, inclusive as cartas previstas em lei; **c)** decidir, durante as férias e feriados, os pedidos de liminar em mandado de segurança, em ação cautelar e sobre outras medidas que reclamem urgência.

▸SEÇÃO VII – DAS ATRIBUIÇÕES DO VICE-PRESIDENTE

✦ COMPETÊNCIA DO VICE-PRESIDENTE DO TST

Art. 708. Compete ao Vice-Presidente do Tribunal:(Redação dada pela Lei nº 2.244, de 23.6.1954)

a) substituir o Presidente e o Corregedor em suas faltas e impedimentos;

b) Suprimida pela Lei nº 2.244, de 23.6.1954.

Parágrafo único. Na ausência do Presidente e do Vice-Presidente, será o Tribunal presidido pelo Juiz togado mais antigo, ou pelo mais idoso quando igual a antiguidade.

1. COMENTÁRIOS

Compete privativamente ao TST elaborar seu regimento interno e determinar a competência e funcionamento de seus órgãos (art. 96, I, "a", da CF).

Prevê o art. 36 do RI TST que compete ao Vice-Presidente: I – substituir o Presidente e o Corregedor-Geral da Justiça do Trabalho nas férias, ausências e impedimentos; II – cumprir as delegações do Presidente; III – compor, como Conselheiro, a Comissão de Jurisprudência e de Precedentes Normativos, cabendo-lhe propor a elaboração, o cancelamento ou a reforma de Súmulas ou de Orientações Jurisprudenciais da Seção de Dissídios Individuais ou dos Precedentes da Seção de Dissídios Coletivos, bem como propor orientação jurisprudencial administrativa do Órgão Especial; IV – designar e presidir audiências de conciliação e instrução de dissídio coletivo de competência originária do Tribunal; V – exercer o juízo de admissibilidade dos recursos extraordinários; VI – examinar os incidentes surgidos após a interposição de recurso extraordinário; e VII – apreciar ação cautelar incidental a recurso extraordinário.

O Vice-Presidente participa das sessões dos órgãos judicantes do Tribunal, exceto de Turma, não concorrendo à distribuição de processos, conforme art. 37 do RITST.

▸SEÇÃO VIII – DAS ATRIBUIÇÕES DO CORREGEDOR

✦ COMPETÊNCIA DO CORREGEDOR

Art. 709. Compete ao Corregedor, eleito dentre os Ministros togados do Tribunal Superior do Trabalho:(Redação dada pelo Decreto-lei nº 229, de 28.2.1967)

I – Exercer funções de inspeção e correição permanente com relação aos Tribunais Regionais e seus Presidentes;

II – Decidir reclamações contra os atos atentatórios da boa ordem processual praticados pelos Tribunais Regionais e seus Presidentes, quando inexistir recurso específico;

III – (Revogado pela Lei nº 5.442, de 24.5.1968)

§ 1º – das decisões proferidas pelo Corregedor, nos casos do artigo, caberá o agravo regimental, para o Tribunal Pleno.

§ 2º – O Corregedor não integrará as Turmas do Tribunal, mas participará, com voto, das sessões do Tribunal Pleno, quando não se encontrar em correição ou em férias, embora não relate nem revise processos, cabendo-lhe, outrossim, votar em incidente de inconstitucionalidade, nos processos administrativos e nos feitos em que estiver vinculado por visto anterior à sua posse na Corregedoria. (Redação dada pela Lei nº 7.121, de 8.9.1983)

1. COMENTÁRIOS

Compete privativamente ao TST elaborar seu regimento interno e determinar a competência e funcionamento de seus órgãos (art. 96, I, "a", da CF). Sendo assim as regras do art. 709 da CLT não foram recepcionadas pelas disposições do Regimento Interno do TST.

A competência do Corregedor-Geral da Justiça do Trabalho será definida no Regimento Interno da Corregedoria-Geral da Justiça do Trabalho, conforme determina o art. 39 do RITST.

Das decisões proferidas pelo Corregedor-Geral da Justiça do Trabalho caberá agravo regimental para o Órgão Especial, incumbindo-lhe determinar sua inclusão em pauta, como dispõe o art. 40 do RITST.

O Corregedor-Geral da Justiça do Trabalho não concorre à distribuição de processos, participando, quando não estiver ausente em função corregedora, das sessões dos órgãos judicantes da Corte, exceto de Turmas, com direito a voto (art. 38 do RITST).

As principais funções do Corregedor-Geral consistem em exercer o controle administrativo sobre os atos dos Ministros do TST e seus Servidores e, da mesma forma, quanto aos Tribunais Regionais do Trabalho. O Corregedor-Geral não exerce tal fiscalização quanto aos Juízes do Trabalho e órgãos a estes vinculados, sendo esta atribuição do Corregedor do Tribunal Regional do Trabalho.

O Ministro exerce, ordinariamente, a fiscalização quanto aos órgãos e autoridades acima indicadas, conforme cronograma previamente divulgado e, extraordinariamente, quando suscitado ou, por sua própria iniciativa, perceber a necessidade de sua atuação.

2. QUESTÕES DE CONCURSOS

01. (MPT – Procurador do Trabalho/2012) O Ministério Público do Trabalho ajuizou ação anulatória de cláusula de acordo coletivo de trabalho, relativa à jornada de trabalho dos trabalhadores portuários avulsos, por considerar ilegal e abusiva a previsão de intervalo de 6 (seis) horas entre duas jornadas, violando a legislação pertinente que prescreve o intervalo interjornada de, no mínimo, 11 (onze) horas. Diante da situação descrita, é INCORRETO afirmar que: Segundo a jurisprudência uniformizada do Tribunal Superior do Trabalho, configura-se erro grosseiro, que obsta a aplicação do princípio da fungibilidade recursal, a interposição por uma das partes de agravo inominado ou agravo regimental contra o julgamento colegiado na ação anulatória, quando cabível o recurso ordinário ao Tribunal Superior do Trabalho.

GAB	1	E

▸CAPÍTULO VI – DOS SERVIÇOS AUXILIARES DA JUSTIÇA DO TRABALHO

▸SEÇÃO I – DA SECRETARIA DAS JUNTAS DE CONCILIAÇÃO E JULGAMENTO

✦ SECRETARIA DA VARA DO TRABALHO

Art. 710. Cada Junta terá 1 (uma) secretaria, sob a direção de funcionário que o Presidente designar, para exercer a função de secretário, e que receberá, além dos vencimentos correspondentes ao seu padrão, a gratificação de função fixada em lei.(Redação dada pelo Decreto-lei nº 8.737, de 19.1.1946)

✦ COMPETÊNCIA DA SECRETARIA DA VARA

Art. 711. Compete à secretaria das Juntas:

a) o recebimento, a autuação, o andamento, a guarda e a conservação dos processos e outros papéis que lhe forem encaminhados;

b) a manutenção do protocolo de entrada e saída dos processos e demais papéis;

c) o registro das decisões;

d) a informação, às partes interessadas e seus procuradores, do andamento dos respectivos processos, cuja consulta lhes facilitará;

e) a abertura de vista dos processos às partes, na própria secretaria;

f) a contagem das custas devidas pelas partes, nos respectivos processos;

g) o fornecimento de certidões sobre o que constar dos livros ou do arquivamento da secretaria;

h) a realização das penhoras e demais diligências processuais;

i) o desempenho dos demais trabalhos que lhe forem cometidos pelo Presidente da Junta, para melhor execução dos serviços que lhe estão afetos.

✦ COMPETÊNCIA DO DIRETOR DE SECRETARIA

Art. 712. Compete especialmente aos secretários das Juntas de Conciliação e Julgamento: (Redação dada pelo Decreto-lei nº 8.737, de 19.1.1946)

a) superintender os trabalhos da secretaria, velando pela boa ordem do serviço;

b) cumprir e fazer cumprir as ordens emanadas do Presidente e das autoridades superiores;

c) submeter a despacho e assinatura do Presidente o expediente e os papéis que devam ser por ele despachados e assinados;

d) abrir a correspondência oficial dirigida à Junta e ao seu Presidente, a cuja deliberação será submetida;

e) tomar por termo as reclamações verbais nos casos de dissídios individuais;

f) promover o rápido andamento dos processos, especialmente na fase de execução, e a pronta realização dos atos e diligências deprecadas pelas autoridades superiores;

g) secretariar as audiências da Junta, lavrando as respectivas atas;

h) subscrever as certidões e os termos processuais;

i) dar aos litigantes ciência das reclamações e demais atos processuais de que devam ter conhecimento, assinando as respectivas notificações;

j) executar os demais trabalhos que lhe forem atribuídos pelo Presidente da Junta.

Parágrafo único. Os serventuários que, sem motivo justificado, não realizarem os atos, dentro dos prazos fixados, serão descontados em seus vencimentos, em tantos dias quantos os do excesso.

1. COMENTÁRIOS

Os artigos 710 a 712 da CLT dizem respeito à atividade da secretaria da Vara do Trabalho (e não Junta), órgão administrativo dirigido pelo Diretor de Secretaria (e não chefe de secretaria).

A forma de designação do Diretor de Secretaria não pode mais ser tratada pelo art. 710 da CLT, pois a regulamentação é da competência privativa de cada Tribunal (art. 96, I, "a", da CF). da mesma forma as atribuições previstas nos artigos 711 a 712 também escapam ao exame legal.

Os serventuários das Varas do Trabalho são servidores da Justiça do Trabalho, que ingressam por concurso público, e recebem seus vencimentos de acordo com política remuneratória dos servidores públicos civis da União. O regime próprio destes servidores é o estatutário, atualmente regulamentado pela Lei nº 8.112/90.

2. QUESTÕES DE CONCURSOS

01. (TRT – 17ª REGIÃO/ANALISTA JUDICIÁRIO/CESPE/2009) A secretaria da vara do trabalho é responsável pela contagem das custas devidas pelas partes, em seus respectivos processos.

02. (TRT – 17ª REGIÃO/ANALISTA JUDICIÁRIO/CESPE/2009) A realização das penhoras e demais diligências processuais não está entre as atribuições da secretaria da vara do trabalho.

03. (TRT – 17ª REGIÃO/TÉCNICO JUDICIÁRIO/CESPE/2009) Os serventuários que, sem motivo justificado, não realizarem os atos dentro dos prazos fixados serão descontados em seus vencimentos, em tantos dias quantos os do excesso.

04. (FCC – Juiz do Trabalho Substituto 4ª região/ 2012) Nos termos da CLT, compete à Secretaria das Varas do Trabalho:

a) a distribuição, pela ordem rigorosa de entrada, e sucessivamente a cada Vara, dos feitos que, para esse fim, lhe forem apresentados pelos interessados.

b) a informação, às partes interessadas e seus procuradores, do andamento dos respectivos processos, cuja consulta lhes facilitará.

c) a organização e a manutenção de um fichário de jurisprudência do Tribunal, para consulta dos interessados.

d) a realização dos atos decorrentes da execução dos julgados das Varas do Trabalho.

e) o recolhimento das custas processuais devidas pelas partes.

GAB	1	C	2	E	3	C	4	B

SEÇÃO II – DOS DISTRIBUIDORES

✦ NECESSIDADE DO DISTRIBUIDOR

Art. 713. Nas localidades em que existir mais de uma Junta de Conciliação e Julgamento haverá um distribuidor.

✦ COMPETÊNCIA DO DISTRIBUIDOR

Art. 714. Compete ao distribuidor:

a) a distribuição, pela ordem rigorosa de entrada, e sucessivamente a cada Junta, dos feitos que, para esse fim, lhe forem apresentados pelos interessados;

b) o fornecimento, aos interessados, do recibo correspondente a cada feito distribuído;

c) a manutenção de 2 (dois) fichários dos feitos distribuídos, sendo um organizado pelos nomes dos reclamantes e o outro dos reclamados, ambos por ordem alfabética;

d) o fornecimento a qualquer pessoa que o solicite, verbalmente ou por certidão, de informações sobre os feitos distribuídos;

e) a baixa na distribuição dos feitos, quando isto lhe for determinado pelos Presidentes das Juntas, formando, com as fichas correspondentes, fichários à parte, cujos dados poderão ser consultados pelos interessados, mas não serão mencionados em certidões.

✦ DESIGNAÇÃO DO DISTRIBUIDOR

Art. 715. Os distribuidores são designados pelo Presidente do Tribunal Regional dentre os funcionários das Juntas e do Tribunal Regional, existentes na mesma localidade, e ao mesmo Presidente diretamente subordinados.

1. COMENTÁRIOS

A distribuição de ações só é necessária quando, na localidade, houver mais de um juiz com a mesma competência territorial. Pela distribuição se define a competência do juízo, que passa a ser considerado prevento para apreciar a demanda até o final do processo (art. 87 do CPC/73, que corresponde ao art. 43 do CPC/2015).

Havendo arquivamento da reclamação, por ausência do reclamante (art. 844, da CLT), ou por qualquer motivo ocorrer a extinção do processo, o juízo que processou a reclamação continua prevento na hipótese de ser renovada a demanda. Neste sentido a aplicação subsidiária da regra do art. 253, II, do CPC/73, a seguir transcrito: "Art. 253. Distribuir-se-ão por dependência as causas de qualquer natureza: (Redação dada pela Lei nº 10.358, de 27.12.2001). II – quando, tendo sido extinto o processo, sem julgamento de mérito, for reiterado o pedido, ainda que em litisconsórcio com outros autores ou que sejam parcialmente alterados os réus da demanda; (Redação dada pela Lei nº 11.280, de 2006)".

No CPC/2015 a regra se encontra no art. 286, nos seguintes termos:

> Art. 286. Serão distribuídas por dependência as causas de qualquer natureza:
>
> I – quando se relacionarem, por conexão ou continência, com outra já ajuizada;
>
> II – quando, tendo sido extinto o processo sem resolução de mérito, for reiterado o pedido, ainda que em litisconsórcio com outros autores ou que sejam parcialmente alterados os réus da demanda;
>
> III – quando houver ajuizamento de ações nos termos do art. 55, § 3º, ao juízo prevento.
>
> Parágrafo único. Havendo intervenção de terceiro, reconvenção ou outra hipótese de ampliação objetiva do processo, o juiz, de ofício, mandará proceder à respectiva anotação pelo distribuidor.

As atribuições do art. 714, supra, são ainda observadas na Justiça do Trabalho, com as devidas atualizações temporais. Não existem mais os fichários de feitos distribuídos (alínea "c") e tampouco é fornecido, em regra, o recibo da distribuição (alínea "b"). O registro eletrônico substituiu os fichários e a cópia apresentada pela parte, devidamente protocolada, substituiu o recibo.

A designação do distribuidor, art. 715, supra, observará o que determina o Regimento Interno de cada Tribunal, sendo matéria de sua competência privativa.

2. QUESTÕES DE CONCURSOS

01. (TRT – 17ª REGIÃO/ANALISTA JUDICIÁRIO/CESPE/2009) Em todas as localidades onde existe vara do trabalho há um distribuidor, o qual deve fazer a distribuição segundo a ordem rigorosa de entrada.

02. (TRT – 17ª REGIÃO/TÉCNICO JUDICIÁRIO/CESPE/2009) Os distribuidores são designados pelo titular da vara do trabalho.

03. (FCC – Juiz do Trabalho Substituto 4ª região/ 2012) Nos termos da CLT, compete à Secretaria das Varas do Trabalho: a distribuição, pela ordem rigorosa de entrada, e sucessivamente a cada Vara, dos feitos que, para esse fim, lhe forem apresentados pelos interessados.

04. (TRT 15 – Juiz do Trabalho Substituto 15ª região/ 2012) Aponte a alternativa correta: A distribuição das reclamações será feita entre Varas do Trabalho, ou os Juízes de Direito do Cível, pela ordem rigorosa de sua apresentação ao distribuidor, quando houver.

GAB	1	E	2	E	3	E	4	C

▸SEÇÃO III – DO CARTÓRIO DOS JUÍZOS DE DIREITO

✦ ATRIBUIÇÃO DOS CARTÓRIOS

Art. 716. Os cartórios dos Juízos de Direito, investidos na administração da Justiça do Trabalho, têm, para esse fim, as mesmas atribuições e obrigações conferidas na Seção I às secretarias das Juntas de Conciliação e Julgamento.

✦ DISTRIBUIÇÃO DAS RECLAMAÇÕES

Parágrafo único. Nos Juízos em que houver mais de um cartório, far-se-á entre eles a distribuição alternada e sucessiva das reclamações.

✦ ESCRIVÃES: ATRIBUIÇÕES DO DIRETOR DE SECRETARIA

Art. 717. Aos escrivães dos Juízos de Direito, investidos na administração da Justiça do Trabalho, competem especialmente as atribuições e obrigações dos secretários das Juntas; e aos demais funcionários dos cartórios, as que couberem nas respectivas funções, dentre as que competem às secretarias das Juntas, enumeradas no art. 711.

1. COMENTÁRIOS

São cada vez mais raros os Juízos de Direito investidos de jurisdição trabalhista. Quando os Juízes de Direito mantiverem competência trabalhista, pela ausência de varas do trabalho na localidade, as regras de distribuição a serem observadas são as mesmas da Justiça do Trabalho. Quanto à fixação de competência quando houver mais de um Juiz de Direito, vide comentários ao art. 669 da CLT.

▸SEÇÃO IV – DAS SECRETARIAS DOS TRIBUNAIS REGIONAIS

✦ OS DIRETORES NOS TRIBUNAIS

Art. 718. Cada Tribunal Regional tem 1 (uma) secretaria, sob a direção do funcionário designado para exercer a função de secretário, com a gratificação de função fixada em lei.(Redação dada pelo Decreto-lei nº 8.737, de 19.1.1946)

✦ ATRIBUIÇÕES DAS SECRETARIAS DOS TRIBUNAIS

Art. 719. Competem à Secretaria dos Tribunais, além das atribuições estabelecidas no art. 711, para a secretaria das Juntas, mais as seguintes:

a) a conclusão dos processos ao Presidente e sua remessa, depois de despachados, aos respectivos relatores;

b) a organização e a manutenção de um fichário de jurisprudência do Tribunal, para consulta dos interessados.

Parágrafo único. No regimento interno dos Tribunais Regionais serão estabelecidas as demais atribuições, o funcionamento e a ordem dos trabalhos de suas secretarias.

✦ ATRIBUIÇÕES DOS DIRETORES DOS TRIBUNAIS

Art. 720. Competem aos secretários dos Tribunais Regionais as mesmas atribuições conferidas no art. 712 aos secretários das Juntas, além das que lhes forem fixadas no regimento interno dos Tribunais.

1. COMENTÁRIOS

A composição, funcionamento e atribuições das secretarias dos Tribunais é matéria privativa a ser definida por cada um deles (art. 96, I, "a", da CF). Os artigos 718 a 720 não podem interferir nesta competência.

▸SEÇÃO V – DOS OFICIAIS DE JUSTIÇA

✦ **ATRIBUIÇÕES DOS OFICIAIS DE JUSTIÇA**

Art. 721. Incumbe aos Oficiais de Justiça e Oficiais de Justiça Avaliadores da Justiça do Trabalho a realização dos atos decorrentes da execução dos julgados das Juntas de Conciliação e Julgamento e dos Tribunais Regionais do Trabalho, que lhes forem cometidos pelos respectivos Presidentes.(Redação dada pela Lei nº 5.442, de 24.5.1968)

✦ **DISTRIBUIÇÃO DOS EXPEDIENTES**

§ 1º – Para efeito de distribuição dos referidos atos, cada Oficial de Justiça ou Oficial de Justiça Avaliador funcionará perante uma Junta de Conciliação e Julgamento, salvo quando da existência, nos Tribunais Regionais do Trabalho, de órgão específico, destinado à distribuição de mandados judiciais.

✦ **PRAZO PARA CUMPRIMENTO DO ATO PELO OFICIAL: 9 DIAS**

§ 2º – Nas localidades onde houver mais de uma Junta, respeitado o disposto no parágrafo anterior, a atribuição para o cumprimento do ato deprecado ao Oficial de Justiça ou Oficial de Justiça Avaliador será transferida a outro Oficial, sempre que, após o decurso de 9 (nove) dias, sem razões que o justifiquem, não tiver sido cumprido o ato, sujeitando-se o serventuário às penalidades da lei.

✦ **PRAZO PARA AVALIAÇÃO: REMISSÃO AO ART. 888 DA CLT**

§ 3º – No caso de avaliação, terá o Oficial de Justiça Avaliador, para cumprimento do ato, o prazo previsto no art. 888.

✦ **EXECUÇÃO DOS ATOS DETERMINADOS PELO TRT**

§ 4º – É facultado aos Presidentes dos Tribunais Regionais do Trabalho cometer a qualquer Oficial de Justiça ou Oficial de Justiça Avaliador a realização dos atos de execução das decisões desses Tribunais.

✦ **OFICIAL DE JUSTIÇA DESIGNADO**

§ 5º – Na falta ou impedimento do Oficial de Justiça ou Oficial de Justiça Avaliador, o Presidente da Junta poderá atribuir a realização do ato a qualquer serventuário.

1. COMENTÁRIOS

A atuação dos oficiais de justiça, na Justiça do Trabalho, em regra, restringe-se à prática de atos de execução, como a citação por mandado (art. 880 da CLT), penhora e avaliação dos bens do devedor sujeitos à constrição. Na fase de conhecimento, antes de proferida a sentença, a atuação do oficial de justiça só ocorre excepcionalmente, como na intimação da testemunha que, intimada por notificação postal, não comparecer (art. 825, § único, da CLT).

A frustração da citação do réu para responder à reclamação, no início do processo, provoca o ato de citação por edital, como dispõe o art. 841, § 1º, da CLT. Na prática, contudo, os juizes acabam determinando a intervenção do oficial quando frustrada a citação por via postal, para que o mesmo proceda este ato, por mandado, ainda que não seja esta a previsão legal, pois este procedimento termina por ser mais efetivo que a citação presumida, feita por edital.

Diante da omissão da CLT quanto ao rol de atividades do oficial de justiça, aplicam-se, subsidiariamente, os artigos 143 e 144 do CPC/73, no que for compatível com o procedimento trabalhista.

Prevêm os arts. 143 e 144 do CPC/73, a seguir transcritos: "art. 143. Incumbe ao oficial de justiça: I – fazer pessoalmente as citações, prisões, penhoras, arrestos e mais diligências próprias do seu ofício, certificando no mandado o ocorrido, com menção de lugar, dia e hora. A diligência, sempre que possível, realizar-se-á na presença de duas testemunhas; II – executar as ordens do juiz a que estiver subordinado; III – entregar, em cartório, o mandado, logo depois de cumprido; IV – estar presente às audiências e coadjuvar o juiz na manutenção da ordem.

V – efetuar avaliações. (Incluído pela Lei nº 11.382, de 2006). Art. 144. O escrivão e o oficial de justiça são civilmente responsáveis: I – quando, sem justo motivo, se recusarem a cumprir, dentro do prazo, os atos que lhes impõe a lei, ou os que o juiz, a que estão subordinados, lhes comete; II – quando praticarem ato nulo com dolo ou culpa.".

No CPC/2015 a previsão se encontra nos artigos 154 e 155, nos seguintes termos:

> Art. 154. Incumbe ao oficial de justiça:
>
> I – fazer pessoalmente citações, prisões, penhoras, arrestos e demais diligências próprias do seu ofício, sempre que possível na presença de 2 (duas) testemunhas, certificando no mandado o ocorrido, com menção ao lugar, ao dia e à hora;
>
> II – executar as ordens do juiz a que estiver subordinado;
>
> III – entregar o mandado em cartório após seu cumprimento;
>
> IV – auxiliar o juiz na manutenção da ordem;
>
> V – efetuar avaliações, quando for o caso;
>
> VI – certificar, em mandado, proposta de autocomposição apresentada por qualquer das partes, na ocasião de realização de ato de comunicação que lhe couber.
>
> Parágrafo único. Certificada a proposta de autocomposição prevista no inciso VI, o juiz ordenará a intimação da parte contrária para manifestar-se, no prazo de 5 (cinco) dias, sem prejuízo do andamento regular do processo, entendendo-se o silêncio como recusa.
>
> Art. 155. O escrivão, o chefe de secretaria e o oficial de justiça são responsáveis, civil e regressivamente, quando:
>
> I – sem justo motivo, se recusarem a cumprir no prazo os atos impostos pela lei ou pelo juiz a que estão subordinados;
>
> II – praticarem ato nulo com dolo ou culpa.

O prazo de 9 dias para cumprimento de qualquer ato pelo oficial de justiça (§ 2º) conta-se do momento em que lhe for determinada, pessoalmente, a diligência. Este prazo, mostrando-se insuficiente no caso concreto, em certidão fundamentada do oficial, poderá ser restituído ou ampliado pela autoridade que determinou a diligência. O prazo de 9 dias só não se aplicará na hipótese de avaliação dos bens penhorados, sendo aplicável o prazo do art. 888, § 3º, da CLT.

A remissão feita pelo § 3º ao art. 888 da CLT, fixando prazo de 10 dias para cumprimento da diligência, diz respeito somente ao ato de avaliação do bem penhorado. Normalmente, na prática, o oficial de justiça realiza a penhora e avaliação num mesmo ato, certificando o cumprimento da diligência de uma só vez. Consequentemente, o prazo de 10 dias, previsto no art. 888 da CLT, § 3º, acabará sendo utilizado para as duas diligências: penhora e avaliação dos bens do devedor (vide comentários aos artigos 886 a 888 da CLT).

Os atos de execução determinados pelos Tribunais (§ 4º) serão cumpridos pelo Juiz do Trabalho (art. 653, "b", da CLT), por meio de Carta de Ordem, conforme os procedimentos previstos no art. 201 e seguintes do CPC/73 (art. 260 e seguintes do CPC/2015), a cuja execução poderá competir ao oficial de justiça, se assim lhe for determinado.

O servidor indicado na falta ou impedimento do oficial de justiça (§ 5º) exerce função delegada e provisória, sem direito aos vencimentos do oficial, mas com as prerrogativas inerentes a este função, v.g., requisição de auxílio de força policial. A indicação é precária e não pode perdurar em caráter definitivo.

2. QUESTÕES DE CONCURSOS

01. (TRT – 17ª REGIÃO/ANALISTA JUDICIÁRIO/CESPE/2009) Caso inexista órgão específico destinado à distribuição de mandados judiciais no âmbito dos TRTs, nas localidades onde há mais de uma vara, a atribuição para o cumprimento do ato deprecado ao oficial de justiça ou ao oficial de justiça avaliador deve ser transferida a outro oficial, sempre que, após o decurso de nove dias, sem razões que o justifiquem, não tenha sido cumprido o ato, sujeitando-se o serventuário às penalidades da lei.

02. (TRT – 17ª REGIÃO/ANALISTA JUDICIÁRIO/CESPE/2009) Na falta ou no impedimento do oficial de justiça ou do oficial de justiça avaliador, o juiz da vara pode atribuir a realização do ato a qualquer serventuário.

03. (TRT – 17ª REGIÃO/TÉCNICO JUDICIÁRIO/CESPE/2009) No caso de avaliação, o oficial de justiça avaliador tem, para cumprimento do ato, o prazo de cinco dias. Concluída a avaliação no aludido prazo, contados da data da nomeação do avaliador, deve seguir-se a arrematação, que é anunciada por edital afixado na sede do juízo ou tribunal e publicado no jornal local, se houver, com a antecedência de vinte dias.

04. (TRT 8 – Juiz do Trabalho Substituto 8ª região/ 2012) Considerando a estrutura decisória sobre questões trabalhistas, vigente no ordenamento jurídico brasileiro, bem como a estrutura institucional essencial à função jurisdicional do Estado na defesa da ordem jurídica, do regime democrático e dos interesses sociais e individuais indisponíveis, incluindo seus atos, termos e prazos processuais, marque a alternativa INCORRETA: os serviços auxiliares da Justiça do Trabalho compõem-se dos seguintes órgãos: de 1 (uma) secretaria, por Vara do Trabalho, sob a direção de funcionário que o Presidente designar, para exercer a função de chefe de secretaria, e que receberá, além dos vencimentos correspondentes ao seu padrão, a gratificação de função fixada em lei; de um distribuidor nas localidades em que existir mais de uma Vara do Trabalho; de 1 (uma) secretaria por Tribunal Regional, sob a direção do funcionário designado para exercer a função de secretário, com a gratificação de função fixada em lei; e dos Oficiais de Justiça Avaliadores, que são incumbidos da realização dos atos decorrentes da execução dos julgados das Varas do Trabalho e dos Tribunais Regionais do Trabalho que lhes forem cometidos pelos respectivos Presidentes.

05. (TRT 8 – Juiz do Trabalho Substituto 8ª região/2014) Sobre a arrematação, é CORRETO afirmar que:

a) No caso de arrematação a prazo, os pagamentos feitos pelo arrematante pertencerão ao exequente até o limite de seu crédito, e os subsequentes ao executado, por isso sendo, neste último caso, defeso ao Juiz trabalhista, de ofício, promover abandamento do crédito subsequente para outros processos em execução nos quais ainda não haja garantia do Juízo pelo mesmo devedor.

b) O exequente, se vier a arrematar os bens, não estará obrigado a exibir o preço; mas, se o valor dos bens exceder o seu crédito, depositará, dentro de 3 (três) dias, a diferença, sob pena de ser tornada sem efeito a arrematação e perderá, em benefício da execução, o sinal e, neste caso, os bens serão levados a nova praça ou leilão à custa do exequente.

c) Se a praça ou o leilão for de diversos bens e houver mais de um lançador, será preferido aquele que se propuser a arrematá-los englobadamente, oferecendo para os que não tiverem licitante preço igual ao da avaliação e para os demais o de maior lanço.

d) Assinado o auto pelo juiz, pelo arrematante e pelo serventuário da justiça ou leiloeiro, a arrematação considerar-se-á perfeita, acabada e irretratável, ainda que venham a ser julgados procedentes os embargos do executado, sendo precluso o requerimento do arrematante, nos 05 dias subsequentes, para torná-la sem efeito, sob a alegação de existência de ônus real ou de gravame no edital.

e) Quando não fora requerida a adjudicação, é possível a venda antecipada do bem penhorado, com dispensa do edital de hasta pública, desde que o valor dos bens penhorados não exceder 30 (trinta) vezes o valor do salário mínimo vigente na data da avaliação.

GAB	1	C	2	C	3	E	4	E	5	C

▸**CAPÍTULO VII – DAS PENALIDADES**

▸**SEÇÃO I – DO "LOCK-OUT" E DA GREVE**

✦ **PARALISAÇÃO DE EMPREGADORES: PUNIÇÃO**

Art. 722. Os empregadores que, individual ou coletivamente, suspenderem os trabalhos dos seus estabelecimentos, sem prévia autorização do Tribunal competente, ou que violarem, ou se recusarem a cumprir decisão proferida em dissídio coletivo, incorrerão nas seguintes penalidades:

a) multa de cinco mil cruzeiros a cinquenta mil cruzeiros; (Vide Leis nºs 6.986, de 1982 e 6.205, de 1975)

b) perda do cargo de representação profissional em cujo desempenho estiverem;

c) suspensão, pelo prazo de 2 (dois) a 5 (cinco) anos, do direito de serem eleitos para cargos de representação profissional.

§ 1º – Se o empregador for pessoa jurídica, as penas previstas nas alíneas "b" e "c" incidirão sobre os administradores responsáveis.

§ 2º – Se o empregador for concessionário de serviço público, as penas serão aplicadas em dobro. Nesse caso, se o concessionário for pessoa jurídica o Presidente do Tribunal que houver proferido a decisão poderá, sem prejuízo do cumprimento desta e da aplicação das penalidades cabíveis, ordenar o afastamento dos administradores responsáveis, sob pena de ser cassada a concessão.

§ 3º – Sem prejuízo das sanções cominadas neste artigo, os empregadores ficarão obrigados a pagar os salários devidos aos seus empregados, durante o tempo de suspensão do trabalho.

Arts. 723 a 725. (Revogados pela Lei nº 9.842, de 7.10.1999)

1. COMENTÁRIOS

A paralisação das atividades da empresa por iniciativa do próprio empregador é conhecida no direito do trabalho pela expressão de origem inglesa "lockout". Tal atitude patronal funciona como mecanismo de pressão para atendimento de reivindicações dos empregadores frente ao poder público ou como estratégia de inviabilizar o atendimento das reivindicações dos trabalhadores.

No passado, quando da vigência da Constituição Federal de 1937, havia expressa menção ao "lockout", em seu art. 139, segunda parte, que proibia sua prática por se tratar de recurso anti-social, nocivo ao trabalho e ao capital e incompatível com os superiores interesses da produção nacional (Martins, Comentários, 2010, p. 771).

A Constituição da República de 1988, em seu art. 9º, assegura o direito de greve aos trabalhadores em geral, mas é omissa quanto ao "lockout". A Lei de Greve, de caráter infraconstitucional, veda, expressamente, a prática quando o objetivo for frustrar a negociação com os empregados ou dificultar o atendimento de suas reivindicações (art. 17, da Lei nº 7.783/89).

Valentin Carrion, Comentários, 2010, p. 610, lembra que na Espanha se reconhece o "lockout", mesmo que com certo pudor, e o Tribunal Constitucional o aceita como defesa (do patrimônio ou das instalações da empresa), mas não como meio de esvaziar ou impedir o direito de greve dos trabalhadores.

Os artigos 723 a 725, revogados pela Lei nº 9.842/99, restringiam, sobremaneira, o exercício de greve pelos trabalhadores, sob a justificativa de regulamentar sua prática. Atualmente a Lei nº 7.783/89 regulamenta o exercício do direito de greve garantido a todos os trabalhadores no plano constitucional (art. 9º, da CF).

O direito de greve é extensivo aos servidores públicos, da administração direta ou direta, conforme garantido pela norma do art. 37, VII, da CF. A Lei nº 7.783/89, que garante aos trabalhadores o exercício do direito de greve, é aplicável aos servidores públicos, lhes sendo aplicáveis a Lei de Greve acima citada, enquanto não aprovada a lei específica para o exercício desse direito. Neste sentido se posicionou ou STF, em julgamento de Mandado de Injunção, MI 708, Rel. Min. Gilmar Mendes, julgamento em 25-10-2007, Plenário, DJE de 31-10-2008, a seguir transcrito:

"Mandado de injunção. Garantia fundamental (CF, art. 5º, LXXI). Direito de greve dos servidores públicos civis (CF, art. 37, VII). Evolução do tema na jurisprudência do STF. Definição dos parâmetros de competência constitucional para apreciação no âmbito da Justiça Federal e da Justiça estadual até a edição da legislação específica pertinente, nos termos do art. 37, VII, da CF. Em observância aos ditames da segurança jurídica e à evolução jurisprudencial na interpretação da omissão legislativa sobre o direito de greve dos servidores públicos civis, fixação do prazo de sessenta dias para que o Congresso Nacional legisle sobre a matéria. Mandado de injunção deferido para determinar a aplicação das Leis 7.701/1988 e 7.783/1989. Sinais de evolução da garantia fundamental do mandado de injunção na jurisprudência do STF. (...) O mandado de injunção e o direito de greve dos servidores públicos civis na jurisprudência do STF. (...) Direito de greve dos servidores públicos civis. Hipótese de omissão legislativa inconstitucional. Mora judicial, por diversas vezes, declarada pelo Plenário do STF. Riscos de consolidação de típica omissão judicial quanto à matéria. A experiência do direito comparado. Legitimidade de adoção de alternativas normativas e institucionais de superação da situação de omissão. (...) Apesar das modificações implementadas pela EC 19/1998 quanto à modificação da reserva legal de lei complementar para a de lei ordinária específica (CF, art. 37, VII), observa-se que o direito de greve dos servidores públicos civis continua sem receber tratamento legislativo minimamente satisfatório para garantir o exercício dessa prerrogativa em consonância com imperativos constitucionais. Tendo em vista as imperiosas balizas jurídico-políticas que demandam a concretização do direito de greve a todos os trabalhadores, o STF não pode se abster de reconhecer que, assim como o controle judicial deve incidir sobre a atividade do legislador, é possível que a Corte Constitucional atue também nos casos de inatividade ou omissão do Legislativo. A mora legislativa em questão já foi, por diversas vezes, declarada na ordem constitucional brasileira. Por esse motivo, a permanência dessa situação de ausência de regulamentação do direito de greve dos servidores públicos civis passa a invocar, para si, os riscos de consolidação de uma típica omissão judicial. Na experiência do direito comparado (em especial, na Alemanha e na Itália), admite-se que o Poder Judiciário adote medidas normativas como alternativa legítima de superação de omissões inconstitucionais, sem que a proteção judicial efetiva a direitos fundamentais se configure como ofensa ao modelo de separação de poderes (CF, art. 2º). Direito de greve dos servidores públicos civis. Regulamentação da lei de greve dos trabalhadores em geral (Lei 7.783/1989). Fixação de parâmetros de controle judicial do exercício do direito de greve pelo legislador infraconstitucional. (...) Considerada a omissão legislativa alegada na espécie, seria o caso de se acolher a pretensão, tão somente no sentido de que se aplique a Lei 7.783/1989 enquanto a omissão não for devidamente regulamentada por lei específica para os servidores públicos civis (CF, art. 37, VII). Em razão dos imperativos da continuidade dos serviços públicos, contudo, não se pode afastar que, de acordo com as peculiaridades de cada caso concreto e mediante solicitação de entidade ou órgão legítimo, seja facultado ao tribunal competente impor a observância a regime de greve mais severo em razão de tratar-se de 'serviços ou atividades essenciais', nos termos do regime fixado pelos arts. 9º a 11 da Lei 7.783/1989. Isso ocorre porque não se pode deixar de cogitar dos riscos decorrentes das possibilidades de que a regulação dos serviços públicos que tenham características afins a esses 'serviços ou atividades essenciais' seja menos severa que a disciplina dispensada aos serviços privados ditos 'essenciais'. O sistema de judicialização do direito de greve dos servidores públicos civis está aberto para que outras atividades sejam submetidas a idêntico regime. Pela complexidade e variedade dos serviços públicos e atividades estratégicas típicas do Estado, há outros serviços públicos, cuja essencialidade não está contemplada pelo rol dos arts. 9º a 11 da Lei 7.783/1989. Para os fins desta decisão, a enunciação do regime fixado pelos arts. 9º a 11 da Lei 7.783/1989 é apenas exemplificativa (numerus apertus). O processamento e o julgamento de eventuais dissídios de greve que envolvam servidores públicos civis devem obedecer ao modelo de competências e atribuições aplicável aos trabalhadores em geral (celetistas), nos termos da regulamentação da Lei 7.783/1989. A aplicação complementar da Lei 7.701/1988 visa à judicialização dos conflitos que envolvam os servidores públicos civis no contexto do atendimento de atividades relacionadas a necessidades inadiáveis da comunidade que, se não atendidas, coloquem 'em perigo iminente a sobrevivência, a saúde ou a segurança da população' (Lei 7.783/1989, parágrafo único, art. 11). Pendência do julgamento de mérito da ADI 3.395/DF, Rel. Min. Cezar Peluso, na qual se discute a competência constitucional para a apreciação das 'ações oriundas da relação de trabalho, abrangidos os entes de direito público externo e da administração pública direta e indireta da União, dos Estados, do Distrito Federal e dos Municípios' (CF, art. 114, I, na redação conferida pela EC 45/2004). Diante da singularidade do debate constitucional do direito de greve dos servidores públicos civis, sob pena de injustificada e inadmissível negativa de prestação jurisdicional nos âmbitos federal, estadual e municipal, devem-se fixar também os parâmetros institucionais e constitucionais de definição de competência, provisória e ampliativa, para a apreciação de dissídios de greve instaurados entre o Poder Público e os servidores públicos civis. No plano procedimental, afigura-se recomendável aplicar ao caso concreto a disciplina da Lei 7.701/1988 (que versa sobre especialização das turmas dos Tribunais do Trabalho em processos coletivos), no que tange à competência para apreciar e julgar eventuais conflitos judiciais referentes à greve de servidores públicos que sejam suscitados até o momento de colmatação legislativa específica da lacuna ora declarada, nos termos do inciso VII do art. 37 da CF. A adequação e a necessidade da definição dessas questões de organização e procedimento dizem respeito a elementos de fixação de competência constitucional de modo a assegurar, a um só tempo, a possibilidade e, sobretudo, os limites ao exercício do direito constitucional de greve dos servidores públicos, e a continuidade na prestação dos serviços públicos. Ao adotar essa medida, este Tribunal passa a assegurar o direito de greve constitucionalmente garantido no art. 37, VII, da CF, sem desconsiderar a garantia da continuidade de prestação de serviços públicos um elemento fundamental para a preservação do interesse público em áreas que são extremamente demandadas pela sociedade. Definição dos parâmetros de competência constitucional para apreciação do tema no âmbito da Justiça Federal e da Justiça estadual até a edição da legislação específica pertinente, nos termos do art. 37, VII, da CF. (...) Em razão da evolução jurisprudencial sobre o tema da interpretação da omissão legislativa do direito de greve dos servidores públicos civis e em respeito aos ditames de segurança jurídica, fixa-se o prazo de sessenta dias para que o Congresso Nacional legisle sobre a matéria. Mandado de injunção conhecido e, no mérito, deferido para, nos termos acima especificados, determinar a aplicação das Leis 7.701/1988 e 7.783/1989 aos conflitos e às ações judiciais que envolvam a interpretação do direito de greve dos servidores públicos civis." (MI 708, Rel. Min. Gilmar Mendes, julgamento em 25-10-2007, Plenário, DJE de 31-10-2008.)

No mesmo sentido: MI 712, Rel. Min. Eros Grau, julgamento em 25-10-2007, Plenário, DJE de 31-10-2008. Vide: ADI 3.235, Rel. p/o ac. Min. Gilmar Mendes, julgamento em 4-2-2010, Plenário, DJE de 12-3-2010; Rcl 6.568, Rel. Min. Eros Grau, julgamento em 21-5-2009, Plenário, DJE de 25-9-2009; RE 226.966, Rel. p/o ac. Min. Cármen Lúcia, julgamento em 11-11-2008, Primeira Turma, DJE de 21-8-2009.

2. SÚMULAS E ORIENTAÇÕES JURISPRUDENCIAIS

- **Súmula nº 316/STF – *Data da Aprovação: 13/12/1963***

A simples adesão à greve não constitui falta grave.

- **Súmula nº 189/TST**

GREVE. COMPETÊNCIA DA JUSTIÇA DO TRABALHO. ABUSIVIDADE (nova redação) – Res. 121/2003, DJ 19, 20 e 21.11.2003

A Justiça do Trabalho é competente para declarar a abusividade, ou não, da greve.

- **SDC/PN-29**

DA SDC. GREVE. COMPETÊNCIA DOS TRIBUNAIS PARA DECLARÁ-LA ABUSIVA (positivo)

Compete aos Tribunais do Trabalho decidir sobre o abuso do direito de greve.

- **OJ-SDC-5**

DISSÍDIO COLETIVO. PESSOA JURÍDICA DE DIREITO PÚBLICO. POSSIBILIDADE JURÍDICA. CLÁUSULA DE NATUREZA SOCIAL (redação alterada na sessão do Tribunal Pleno realizada em 14.09.2012) – Res. 186/2012, DEJT divulgado em 25, 26 e 27.09.2012

Em face de pessoa jurídica de direito público que mantenha empregados, cabe dissídio coletivo exclusivamente para apreciação de cláusulas de natureza social. Inteligência da Convenção nº 151 da Organização Internacional do Trabalho, ratificada pelo Decreto Legislativo nº 206/2010.

- **OJ-SDC-10**

GREVE ABUSIVA NÃO GERA EFEITOS (INSERIDA EM 27.03.1998)

É incompatível com a declaração de abusividade de movimento grevista o estabelecimento de quaisquer vantagens ou garantias a seus partícipes, que assumiram os riscos inerentes à utilização do instrumento de pressão máximo.

- **OJ-SDC-11**

GREVE. IMPRESCINDIBILIDADE DE TENTATIVA DIRETA E PACÍFICA DA SOLUÇÃO DO CONFLITO. ETAPA NEGOCIAL PRÉVIA (INSERIDA EM 27.03.1998)

É abusiva a greve levada a efeito sem que as partes hajam tentado, direta e pacificamente, solucionar o conflito que lhe constitui o objeto.

- **OJ-SDC-12**

GREVE. QUALIFICAÇÃO JURÍDICA. ILEGITIMIDADE ATIVA "AD CAUSAM" DO SINDICATO PROFISSIONAL QUE DEFLAGRA O MOVIMENTO (cancelada) – Res. 166/2010, DEJT divulgado em 30.04.2010 e 03 e 04.05.2010

Não se legitima o Sindicato profissional a requerer judicialmente a qualificação legal de movimento paredista que ele próprio fomentou.

- **OJ-SDC-38**

GREVE. SERVIÇOS ESSENCIAIS. GARANTIA DAS NECESSIDADES INADIÁVEIS DA POPULAÇÃO USUÁRIA. FATOR DETERMINANTE DA QUALIFICAÇÃO JURÍDICA DO MOVIMENTO (INSERIDA EM 07.12.1998)

É abusiva a greve que se realiza em setores que a lei define como sendo essenciais à comunidade, se não é assegurado o atendimento básico das necessidades inadiáveis dos usuários do serviço, na forma prevista na Lei nº 7.783/89.

3. INFORMATIVOS DO TST

- ***DC. Greve. Trabalhadores portuários avulsos. "Lockout". Não configuração.***

As normas que regem o chamado "lockout" (arts. 722 da CLT e 17 da Lei nº 7.789/83) possuem natureza proibitiva e punitiva, não admitindo interpretação extensiva ou aplicação por analogia. Assim, tendo em conta que as referidas disposições de lei têm por destinatário inequívoco o empregador – a quem é vedado fechar de forma arbitrária o estabelecimento ou praticar ato injusto visando à paralisação total ou parcial das atividades, obstando o ingresso dos empregados na unidade produtiva com a finalidade de enfraquecer pleitos coletivos –, não se pode aplicá-las à relação entre o trabalhador portuário avulso e os operadores portuários, porque inexistente a figura do empregador. Ainda que assim não fosse, a interpretação extensiva do disposto nos arts. 722 da CLT e 17 da Lei nº 7.789/83 exigiria, na hipótese, que o ato praticado pelos operadores portuários, qual seja o de deixar de requisitar, a partir de 14.3.2005, Encarregados de Turma de Capatazia, pudesse ser enquadrado como conduta arbitrária e temporária a gerar pressão sobre os trabalhadores avulsos com a finalidade de frustrar negociação coletiva em curso. Todavia, infere-se dos autos que, até a data em que praticado o ato que se busca equiparar ao "lockout", não havia negociação em curso ou conflito entre as partes. Ademais, a intenção dos operadores portuários foi a de substituir definitivamente os trabalhadores avulsos por aqueles com vínculo empregatício (arts. 16 e 26 da Lei nº 8.630/93), não restando preenchido o requisito da temporalidade. E ainda que a referida substituição decorresse de retaliação pelo renovado ajuizamento de ações de cumprimento objetivando o pagamento de passivos trabalhistas, conforme alegado pelo sindicato suscitante, não se vislumbra o intuito de frustrar negociações ou arrefecer reivindicações da categoria. Com esse entendimento, a SDC, por unanimidade, negou provimento ao recurso ordinário, no tópico. TST-RO-2006900-13.2005.5.02.0000, SDC, rel. Min. Fernando Eizo Ono, 13.11.2012.(Informativo nº 30)

4. QUESTÕES DE CONCURSOS

01. (MPT – Procurador do Trabalho/2008) Sobre o exercício do direito de greve:

I. é assegurado o direito de greve, competindo aos trabalhadores decidir a oportunidade de exercê-lo e sobre os interesses que devam por meio dele defender e, para o seu exercício nas atividades consideradas essenciais, o sindicato deverá comunicar a empresa com antecedência mínima de 48 horas e à população no prazo de 72 horas;

II. o "lockout' é a paralisação das atividades pelo empregador, constitucionalmente garantido, para que seja respeitado o princípio da igualdade;

III. não havendo acordo, é vedado ao empregador, enquanto perdurar a greve, a contratação direta de outros trabalhadores para a manutenção dos equipamentos essenciais;

Assinale a alternativa CORRETA:

a) todas as assertivas são incorretas;

b) apenas as assertivas II e III são corretas;

c) apenas as assertivas I e III são incorretas;

d) apenas a assertiva III é correta;

e) não respondida.

02. (MPT – Procurador do Trabalho/2008) Assinale a alternativa INCORRETA:

a) o Direito Coletivo do Trabalho estrutura-se em torno dos seres coletivos trabalhistas, atuando na resolução dos conflitos coletivos no âmbito das relações laborais;

b) são conflitos coletivos trabalhistas aqueles que atingem comunidades especificas de trabalhadores e empregadores ou tomadores de serviços, quer no âmbito restrito do estabelecimento ou empresa, quer em âmbito mais largo, envolvendo a categoria ou, até mesmo, comunidade obreira mais ampla;

c) a resolução dos conflitos coletivos de trabalho está concentrada na autocomposição, sendo possível, eventualmente, a utilização de técnicas de autotutela, como a greve e o "lockout", por exemplo;

d) a fórmula autocompositiva da negociação trabalhista pode receber certos impulsos e estímulos, caracterizados por mecanismos de autotutela, como a greve, ou auxiliares, como a mediação. Entretanto, a presença desses diferentes mecanismos não desnatura a autocomposição realizada, que se celebra autonomamente pelas partes, ainda que sob certa pressão social verificada ao longo da dinâmica negocial;

e) não respondida.

GAB	1	A	2	C

▸SEÇÃO II – DAS PENALIDADES CONTRA OS MEMBROS DA JUSTIÇA DO TRABALHO

✦ RECUSA DE VOGAL

Art. 726. Aquele que recusar o exercício da função de vogal de Junta de Conciliação e Julgamento ou de Tribunal Regional, sem motivo justificado, incorrerá nas seguintes penas:

a) sendo representante de empregadores, multa de Cr$ 100,00 (cem cruzeiros) a Cr$ 1.000,00 (mil cruzeiros) e suspensão do direito de representação profissional por 2 (dois) a 5 (cinco) anos;

b) sendo representante de empregados, multa de Cr$ 100,00 (cem cruzeiros) e suspensão do direito de representação profissional por 2 (dois) a 5 (cinco) anos.

✦ FALTAS DE VOGAIS

Art. 727. Os vogais das Juntas de Conciliação e Julgamento, ou dos Tribunais Regionais, que faltarem a 3 (três) reuniões ou sessões consecutivas, sem motivo justificado, perderão o cargo, além de incorrerem nas penas do artigo anterior.

1. COMENTÁRIOS

Os dispositivos dos artigos 726 e 727, caput, não foram recepcionados pela EC nº 24/1999, que extinguiu a representação classista em todos os graus de jurisdição da Justiça do Trabalho, como se percebe da atual redação do art. 111 da CF.

✦ AUSÊNCIA DE JUÍZES DO TRABALHO

Parágrafo único. Se a falta for de Presidente, incorrerá ele na pena de perda do cargo, além da perda dos vencimentos correspondentes aos dias em que tiver faltado às audiências ou sessões consecutivas.

1. COMENTÁRIOS

A ausência injustificada do Juiz do Trabalho é objeto de apuração e eventual punição por procedimento administrativo de iniciativa da Corregedoria do Tribunal, sempre se garantindo a ampla defesa do magistrado. A perda do cargo não poderá ocorrer em razão de suas ausências, diante do que dispõe o art. 95, I, da CF, a seguir transcrito: "Art. 95. Os juízes gozam das seguintes garantias: I – vitaliciedade, que, no primeiro grau, só será adquirida após dois anos de exercício, dependendo a perda do cargo, nesse período, de deliberação do tribunal a que o juiz estiver vinculado, e, nos demais casos, de sentença judicial transitada em julgado;".

✦ DOS CRIMES CONTRA A ADMINISTRAÇÃO PÚBLICA

Art. 728. Aos Presidentes, membros, juízes, vogais, e funcionários auxiliares da Justiça do Trabalho, aplica-se o disposto no Título XI do Código Penal.

1. COMENTÁRIOS

O Código Penal cuida dos Crimes contra a Administração Pública nos artigos 312 a 359. Além da punição penal, o juiz se sujeita ao regime disciplinar dos artigos 40 a 48 da Lei Complementar nº 35/1979. Independentemente da sanção criminal que possa vir a sofrer o magistrado, a perda do cargo só ocorrerá em processo autônomo e após a sentença transitar em julgado (art. 95, I, da CF).

▸SEÇÃO III – DE OUTRAS PENALIDADES

✦ PUNIÇÕES AO EMPREGADOR

Art. 729. O empregador que deixar de cumprir decisão passada em julgado sobre a readmissão ou reintegração de empregado, além do pagamento dos salários deste, incorrerá na multa de 3/5 a 3 valores de referência por dia, até que seja cumprida a decisão.

§ 1º – O empregador que impedir ou tentar impedir que empregado seu sirva como vogal em Tribunal de Trabalho, ou que perante este preste depoimento, incorrerá na multa Cr$ 500,00 (quinhentos cruzeiros) a Cr$ 5.000,00 (cinco mil cruzeiros). (Vide Leis nºs 6.986, de 1982 e 6.205, de 1975).

§ 2º – Na mesma pena do parágrafo anterior incorrerá o empregador que dispensar seu empregado pelo fato de haver servido como vogal ou prestado depoimento como testemunha, sem prejuízo da indenização que a lei estabeleça.

1. COMENTÁRIOS

A multa referida no art. 729 da CLT tem a natureza de astreintes, meio de coerção para compelir o devedor ao cumprimento de obrigação de fazer. O valor mencionado no caput foi alterado para 30 a 300 valores de referência regionais. Como este critério não existe mais, o juiz deve se valer do seu prudente arbítrio para a fixação da multa-diária, até o cumprimento da obrigação. Por analogia pode ser aplicado o critério da Lei Federal nº 8.383, de 30.12.1991, art. 1º, que fixou a UFIR (Unidade Fiscal de Referência), como fator de cobrança de multas na esfera federal.

É permitida a cominação da multa de ofício, em reclamação trabalhista, independentemente de requerimento da parte neste sentido. A fixação da multa ex officio está autorizada pela regra deste artigo, muito antes do CPC/73 estabelecer tal possibilidade no art. 461, § 4º. Só não pode ser mais fixada em salários-mínimos, diante da expressa vedação do art. 7º, IV, da CRFB/88 c/c SV nº 4, do E. STF (vide comentários ao art. 76).

Na execução de sentença, caso o valor da multa se torne ineficaz ao fim a que se propõe, por ser muito baixo, ou se torne excessivo, ultrapassando até mesmo o valor da obrigação principal, poderá ser alterada pelo juiz, de ofício, ou a requerimento da parte (art. 461, § 6º, do CPC/73 e art. 537, § 1º, inciso I, do CPC/2015).

✦ MULTA À TESTEMUNHA AUSENTE

Art. 730. Aqueles que se recusarem a depor como testemunhas, sem motivo justificado, incorrerão na multa de Cr$ 50,00 (cinquenta cruzeiros) a Cr$ 500,00 (quinhentos cruzeiros). (Vide Leis nºs 6.986, de 1982 e 6.205, de 1975).

1. COMENTÁRIOS

O critério do valor de referência não existe mais. A Lei Federal nº 8.383, de 30.12.1991, art. 1º, fixou a UFIR (Unidade Fiscal de Referência), como fator de cobrança de multas na esfera federal. O art. 2º, § 1º, da referida lei, atribuiu ao Ministério da Fazenda a competência para divulgar o valor mensal da UFIR. Por analogia às multas trabalhistas, impostas pelo descumprimento das leis do trabalho (Portaria do MT nº 290/97), o juiz pode se valer da UFIR para punir a testemunha ausente.

A sanção à testemunha só é aplicável se, depois de intimada, se recusar, sem justificativa, a comparecer (artigos 825, § único, da CLT, no procedimento ordinário, e 852 – H, § 3º, da CLT, no procedimento sumaríssimo).

As justificativas estão descritas no artigo 406 do CPC/73, a seguir transcrito: "A testemunha não é obrigada a depor de fatos: I – que lhe acarretem grave dano, bem como ao seu cônjuge e aos seus parentes consangüíneos ou afins, em linha reta, ou na colateral em segundo grau; II – a cujo respeito, por estado ou profissão, deva guardar sigilo.".

A disposição se repete no art. 448 do CPC/2015: "A testemunha não é obrigada a depor sobre fatos: I – que lhe acarretem grave dano, bem como ao seu cônjuge ou companheiro e aos seus parentes consanguíneos ou afins, em linha reta ou colateral, até o terceiro grau; II – a cujo respeito, por estado ou profissão, deva guardar sigilo.

Outros motivos relevantes, como doença, viagem em missão oficial do governo, convocação militar, etc., também podem justificar a ausência da testemunha e eximi-la da cobrança da multa.

A justificativa legal da testemunha para deixar de depor não significa que esta possa ignorar a intimação para comparecer em juízo. Recebendo-a e tendo motivo para não comparecer, deve justificar, por escrito, ao juiz da causa.

2. QUESTÕES DE CONCURSOS

01. (TRT 8ª REGIÃO/JUIZ DO TRABALHO SUBSTITUTO/2008/ADAPTADA) A CLT estabelece penalidade pecuniária para a pessoa que se recusa a prestar depoimento como testemunha, bem como prevê a imposição de multa para o empregador que se recusa a cumprir decisão da Justiça do Trabalho, relativa à reintegração ou readmissão de empregado. O empregador que dispensar o empregado por ter prestado depoimento como testemunha em processo trabalhista também será apenado com multa prevista na CLT.

GAB	1	C

✦ **PEREMPÇÃO TRABALHISTA: RECLAMAÇÃO VERBAL NÃO REDUZIDA À TERMO**

Art. 731. Aquele que, tendo apresentado ao distribuidor reclamação verbal, não se apresentar, no prazo estabelecido no Parágrafo único do art. 786, à Junta ou Juízo para fazê-lo tomar por termo, incorrerá na pena de perda, pelo prazo de 6 (seis) meses, do direito de reclamar perante a Justiça do Trabalho.

✦ **DUPLO ARQUIVAMENTO POR AUSÊNCIA**

Art. 732. Na mesma pena do artigo anterior incorrerá o reclamante que, por 2 (duas) vezes seguidas, der causa ao arquivamento de que trata o art. 844.

1. COMENTÁRIOS

1.1. Sanção processual: 6 meses sem propor qualquer ação

Os dispositivos dos artigos 731 a 732 da CLT devem ser interpretados sistematicamente, pois dizem respeito à mesma sanção processual, ainda que por causas distintas, como se percebe da redação dos artigos referidos.

O primeiro motivo, do art. 731, diz respeito ao não cumprimento do prazo de 5 dias (art. 786) para o reclamante comparecer, espontaneamente, na sede do Juízo para o qual foi distribuída sua reclamação verbal, a fim de reduzi-la a termo na secretaria da Vara.

O segundo motivo, do art. 732, prevê a sanção quando o reclamante der causa a dois arquivamentos consecutivos do processo, por sua ausência à audiência, e não por qualquer outro motivo. Esta conclusão se extrai da remissão feita ao art. 844 da CLT, que trata somente de arquivamento por ausência do reclamante.

A doutrina amplamente majoritária vê na redação do art. 731 a punição de perda do direito de propor qualquer reclamação, em face de qualquer empregador, pelo prazo de 6 meses. O empregado, portanto, não poderá comparecer à Justiça do Trabalho como reclamante, pelo prazo de 6 meses.

Neste sentido é a opinião expressa por Bezerra Leite, Curso, 2007, p. 467; "...fica impedido de ajuizar qualquer ação pelo prazo de seis meses."; Sérgio Pinto Martins, Comentários, 2010, p. 778-779: "...o reclamante não poderá apresentar qualquer reclamação trabalhista dentro do prazo de seis meses."; Rodrigues Pinto, Processo Trabalhista de Conhecimento, 2005, p. 395: "...não se limita à proibição de repetir-se a ação contra o mesmo réu, mas perante a Justiça do Trabalho, o que interdita o exercício de qualquer ação trabalhista, no prazo fixado; Giglio, Direito Processual do Trabalho, 2007, p. 201: "...a lei não especifica a que tipo de reclamação ela se refere, entendemos que se estende a todo e qualquer tipo. Em suma: a penalidade consiste na proibição de mover ação na Justiça do Trabalho, seja qual for o teor da reclamação."; Cleber Lúcio de Almeida, Direito Processual do Trabalho, 2009, p. 484: "O autor, no caso dos dois arquivamentos, fica impedido, por seis meses, de reclamar perante a Justiça do Trabalho contra qualquer tomador de seus serviços." e Russomano, Vol. II, 1993, p. 823: "Em um caso (art. 731) e no outro (art. 732), a pena imposta ao reclamante é a mesma: suspensão do direito de reclamar, pelo prazo de seis meses, a qualquer título e contra quem quer que seja.".

Mozart. Victor Russomano, ob. cit, p. 823, é mais radical e chega a afirmar que: "verificados dois arquivamentos sucessivos, embora em reclamações distintas, o empregado será passível da penalidade mencionada em lei, pois o que se pretende punir é a incúria do trabalhador, verificada e comprovada em qualquer das duas hipóteses.".

Em sentido contrário, sustentando posição minoritária, restritiva, Isis de Almeida, Manual, 2º Vol., 2002, p. 62, faz severas críticas à doutrina que lê de forma ampla a punição do art. 731, e defende que o empregado só "fica impedido de ajuizar uma terceira reclamação contra o mesmo reclamado, durante o prazo de seis meses...".

O prazo para propor a terceira reclamação trabalhista, após o decurso dos seis meses de proibição, contar-se-á do trânsito em julgado da sentença de arquivamento da 2ª reclamação (neste sentido: F.A. de Oliveira, Comentários, 2005, p. 733; Martins, Comentários, 2010, p. 778-779 e Rodrigues Pinto, Processo Trabalhista de Conhecimento, 2005, p. 396).

Há quem entenda que o prazo é contado da data do arquivamento da 2ª reclamação e não do seu trânsito em julgado (neste sentido: Isis de Almeida, Manual, 2º Vol., 2002, p. 62). Não concordamos com esta segunda linha de interpretação, pois somente com o trânsito em julgado da 2ª reclamação ter-se-á a certeza quanto ao termo inicial da punição de afastamento do judiciário por seis meses.

A reclamação trabalhista, ainda que arquivada, interrompe a prescrição (S. 268 do TST). Desta forma o reclamante não terá prejuízos quanto à tutela do seu direito. Contudo, a segunda ação proposta, se arquivada, não terá o mesmo efeito, pois a interrupção da prescrição se opera apenas uma vez. Neste sentido a previsão do art. 202, V, do Código Civil, a seguir transcrito: "Art. 202. A interrupção da prescrição, que somente poderá ocorrer uma vez, dar-se-á: (...) V – por qualquer ato judicial que constitua em mora o devedor;".

1.2. Inconstitucionalidade da proibição?

A restrição ao Judiciário, diante da proibição, ainda que temporária, de se mover qualquer ação na Justiça do Trabalho, conforme artigos 731 e 732 da CLT, representa, segundo boa parte da doutrina, violação à regra da inafastabilidade da jurisdição e, consequentemente, ofensa direta ao art. 5º, XXXV, da CF, ao dispor que "a lei não excluirá da apreciação do Poder Judiciário lesão ou ameaça a direito;".

Defendem a inconstitucionalidade dos artigos 731 e 732 da CLT, entre outros, Rodrigues Pinto, Processo Trabalhista de Conhecimento, 2005, p. 395; Bezerra Leite, Curso, 2007, p. 467 e M.A. Teixeira Filho, Curso, Vol. II, 2009, p. 1175, lembrando este último autor que a Constituição de 1937, em cuja vigência surgiu a CLT, não continha a proibição do art. 150, § 4º da Constituição de 1967, repetida no art. 5º, XXXV da CF/88 e acima transcrita.

Não nos parece que haja inconstitucionalidade nas sanções do arts. 731 e 732 da CLT. O direito subjetivo do exercício da ação é livre, mas não é absoluto. Como explica Sergio Pinto Martins, Comentários, 2010, p. 731-732: "o impedimento é temporário e decorre da negligência do próprio empregado.".

Russomano, Comentários, Vol. II, 1993, p. 823, discorrendo sobre a regra do art. 731, destaca que a atitude do autor negligente traz grandes prejuízos à Justiça que "recebeu seu pedido, fixou a competência – por distribuição – do órgão judiciário, este preparou tudo para concretizar no termo a realidade da reclamatória. E depois de toda essa atividade, exigindo despesas e gastos de tempo, o interessado deixa de se apresentar ou se apresenta tardiamente.".

No mesmo sentido Saad, CLT Comentada, 2009, p. 927, que não vê inconstitucionalidade na proibição legal, pois o "legislador tem o dever de prever alguma sanção àquele que, na defesa do seu direito de ação da Justiça, se conduz com indiferença.". Finalmente, F.A. de Oliveira,

Comentários, 2005, p. 628, não vê qualquer razão na alegada inconstitucionalidade, pois o impedimento é temporário e não é vedado ao legislador dispor onde a Constituição não proíbe.

Também não vemos inconstitucionalidade na proibição dos artigos 731 e 732 da CLT. A punição só aplicável diante da atitude negligente do reclamante, que abusou do exercício do direito de ação e, assim sendo, viu-se afastado do Judiciário. A vedação de acesso, por tempo determinado, não fere o art. 5º, XXXV, da CF e não é excessiva. Por fim, atende ao princípio constitucional da duração razoável do processo, uma vez que a atitude de um só reclamante atenta contra a celeridade que poderia ser proporcionada pelo juiz aos demais demandantes.

1.3. Aplicação da perempção prevista no processo civil

A perempção é uma sanção imposta ao autor que, por abandono do processo (CPC/73, art. 267, inciso III e CPC/2015, art. 485, V), tiver dado causa à sua extinção por três vezes, por sua negligência em praticar os atos que lhe competiam, impedindo-o de intentar novamente a ação (CPC/73, art. 268, § único e CPC/2015, art. 486, § 3º).

A perempção, instituto típico do processo civil, impõe à parte um ônus de não mais poder renovar a demanda. A vedação é definitiva. A proibição do art. 731 da CLT, em comparação, é de caráter temporário. No processo civil, a sanção atinge a ação específica na qual o autor foi negligente. No processo do trabalho, em razão da interpretação ampla que prevalece quanto à regra do art. 731 da CLT, a proibição impede o reclamante de demandar na Justiça do Trabalho quanto a qualquer tema e em face de qualquer empregador, pelo prazo de seis meses. Percebe-se, portanto, que são institutos distintos.

A nosso ver, nada impede a aplicação ao processo do trabalho da perempção prevista no processo civil. Diante da negligência do reclamante, dando causa, por três vezes, ao arquivamento do processo, por não ter praticado os atos que lhe competiam, em cada uma das oportunidades. Para tanto, se exige que o ato a ser praticado seja de única e exclusiva responsabilidade do reclamante, como a juntada de um documento que só o próprio tem posse. Ademais, tal qual o processo civil, a perempção só ocorrerá quando, a cada vez que abandonar o processo por 30 dias, o juiz proceder à intimação da parte, pessoalmente, para impulsionar o feito (art. 267, III e § 1º, do CPC/73 e art. 485, § 1º, do CPC/2015).

A transferência do instituto processual da perempção do processo civil para o processo do trabalho não é pacífica. Aqueles que defendem sua incompatibilidade com o processo do trabalho, interpretam a sanção do art. 731 como típica "perempção provisória" ou "temporária", afastando a aplicação do instituto processual civil, por falta de omissão de norma na CLT regulando a negligência do reclamante (interpretação do art. 769 da CLT). Pela rejeição da perempção do processo civil opinam: Bezerra Leite, Curso, 2007, p. 319; Isis de Almeida, Manual, 2º Vol., 2002, p. 61-62, que usa a denominação "perempção temporária"; e Renato Saraiva, Curso, 2008, p. 305, usando a expressão "perempção provisória".

Por outro lado, existem aqueles que defendem a aplicação da perempção do processo civil, em harmonia com as regras dos artigos 731 e 732 da CLT, tese a qual aderimos acima. Francisco Antonio de Oliveira, Comentários, 2005, p. 627, embora afirme que o tema é pouco explorado na doutrina e de rara incidência no processo do trabalho, não vê óbice em sua aplicação; nas palavras do autor: "...embora difícil, a hipótese não é impossível.". Saad, CLT Comentada, 2009, p. 927, afirma que o autor, negligente por três vezes, está renunciando ao direito. "É algo parecido com renúncia tácita", explica. Sérgio Pinto Martins, Comentários, 2010, p. 779, é contundente:

"Os artigos 731 e 732 da CLT não se confundem com a perempção, pois as regras daqueles artigos são temporárias, não definitivas. Há omissão da CLT quanto à perempção, sendo o caso de aplicar o CPC (art. 769 da CLT).".

1.4. Recolhimento das custas: art. 268 do CPC/73 (art. 486, § 2º, do CPC/2015)

Diante da extinção do processo, o reclamante será condenado nas custas, calculadas sobre o valor atribuído à reclamação (art. 789, II, da CLT). Parte da doutrina trabalhista insistia na comprovação do recolhimento das custas do processo arquivado para que pudesse o reclamante renovar a demanda em juízo. A tese endossava a aplicação do art. 268, caput, do CPC/73, ao processo do trabalho: "Art. 268. Salvo o disposto no art. 267, V, a extinção do processo não obsta a que o autor intente de novo a ação. A petição inicial, todavia, não será despachada sem a prova do pagamento ou do depósito das custas e dos honorários de advogado.". Defendem esta tese, dentre outros, Russomano, Comentários, Vol. II, 1993, p. 823.

A posição sempre foi minoritária na doutrina trabalhista e agora também não é aceita pela jurisprudência, diante da aprovação da OJ nº 409 da SBDI-1/TST que referendou a sistemática da CLT (art. 789), quanto à cobrança das custas no processo do trabalho, tratando de tema análogo.

2. SÚMULAS E ORIENTAÇÕES JURISPRUDENCIAIS

- **Súmula nº 268/TST**

PRESCRIÇÃO. INTERRUPÇÃO. AÇÃO TRABALHISTA ARQUIVADA (nova redação) – Res. 121/2003, DJ 19, 20 e 21.11.2003

A ação trabalhista, ainda que arquivada, interrompe a prescrição somente em relação aos pedidos idênticos.

- **OJ-SDI1-409 – Res. 209/2016 – DEJT divulgado em 01, 02 e 03.06.2016**

MULTA POR LITIGÂNCIA DE MÁ-FÉ. RECOLHIMENTO. PRESSUPOSTO RECURSAL. INEXIGIBILIDADE. (nova redação em decorrência do CPC de 2015) – Res. 209/2016 – DEJT divulgado em 01, 02 e 03.06.2016

O recolhimento do valor da multa imposta como sanção por litigância de má-fé (art. 81 do CPC de 2015 – art. 18 do CPC de 1973) não é pressuposto objetivo para interposição dos recursos de natureza trabalhista.

3. QUESTÕES DE CONCURSOS

01. (MINISTÉRIO PÚBLICO DO TRABALHO/PROCURADOR/2006/ADAPTADA) Se o reclamante der causa a dois arquivamentos, ficará proibido de mover reclamação na Justiça do Trabalho pelo prazo de um ano.

02. (TRT 2 – Juiz do Trabalho Substituto 2ª região/ 2012) É sabido que o sistema jurídico pátrio não pode tolerar condutas que importem afronta à boa marcha processual e ao próprio conteúdo ético do processo. Nessa seara, conforme regras contidas na Consolidação das Leis do Trabalho pertinentes ao tema, é INCORRETO afirmar: incorrerá na pena de perda, pelo prazo de seis meses, do direito de reclamar perante a Justiça do Trabalho, o reclamante que por duas vezes seguidas der causa à extinção do feito por arquivamento, desistência ou inépcia da petição inicial.

03. (FCC – Analista Judiciário – Área Judiciária – Oficial de Justiça – TRT 16/2014) Solange ajuizou reclamação trabalhista contra sua ex – empregadora empresa XYZ Ltda., sendo que deixou de comparecer na data da audiência designada, ocasionando o arquivamento do feito. Ingressou com nova reclamação trabalhista, idêntica à primeira, sendo que na audiência e perante o juiz, desistiu expressamente do feito, com a concordância da empresa. Solange

a) deverá aguardar um ano para propor nova ação.

b) deverá aguardar seis meses para propor nova ação.

c) não necessitará aguardar nenhum prazo, podendo ingressar imediatamente com nova ação.

d) deverá requerer autorização expressa ao juiz para ingressar com nova ação.

e) não poderá mais ingressar com nova ação.

GAB	1	E	2	C	3	C

▸MULTAS PARA INFRAÇÕES AO TÍTULO VIII: ART. 643 AO 735

Art. 733. As infrações de disposições deste Título, para as quais não haja penalidades cominadas, serão punidas com a multa de Cr$ 50,00 (cinquenta cruzeiros) a Cr$ 5.000,00 (cinco mil cruzeiros), elevada ao dobro na reincidência. (Vide Leis nºs 6.986, de 1982 e 6.205, de 1975).

1. COMENTÁRIOS

O critério referido no caput deste artigo não existe mais. O juiz deve se valer do seu prudente arbítrio para a fixação da multa. Por analogia pode ser aplicado o critério da Lei Federal nº 8.383, de 30.12.1991, art. 1º, que fixou a UFIR (Unidade Fiscal de Referência), como fator de cobrança de multas na esfera federal.

▸CAPÍTULO VIII – DISPOSIÇÕES GERAIS

Art. 734. (Revogado pelo Decreto-lei nº 72, de 21.11.66)

✦ INFORMAÇÕES REQUISITADAS PELA JUSTIÇA DO TRABALHO E PELO MPT

Art. 735. As repartições públicas e as associações sindicais são obrigadas a fornecer aos Juízes e Tribunais do Trabalho e à Procuradoria da Justiça do Trabalho as informações e os dados necessários à instrução e ao julgamento dos feitos submetidos à sua apreciação.

Parágrafo único. A recusa de informações ou dados a que se refere este artigo, por parte de funcionários públicos, importa na aplicação das penalidades previstas pelo Estatuto dos Funcionários Públicos por desobediência.

1. COMENTÁRIOS

Todos os órgãos públicos têm a obrigação de fornecer informações ao Judiciário, bem como ao Ministério Público do Trabalho, nos limites da necessidade de cada processo judicial. Tal obrigação também se estende às empresas privadas e associações sindicais. Estas últimas, em razão do múnus público inerente à função que exercem, deveriam ter ainda mais interesse em fornecer as informações ao Judiciário e ao MPT, mas, na prática, não é o que ocorre.

O art. 14, § único, do CPC/73 (art. 77, § 2º, do CPC/2015), é um instrumento muito eficaz, como meio de coerção para que terceiros colaborem com o processo judicial. A omissão em fornecer as informações para o processo ou o ato de criar embaraços para que os dados cheguem a juízo, podem ser objeto da multa de até 20% sobre o valor da causa, prevista no artigo citado, a ser revertida em favor da União. Sobre este meio de coerção já nos manifestamos em artigo publicado sobre o título: "A nova redação do art. 14 do CPC – "Contempt of Court". In: Revista da Escola da Magistratura da Justiça do Trabalho. Ano 03. Nº 04, Rio de Janeiro: 2002, págs. 225/236, cujo trecho pertinente é a seguir transcrito:

> "Quando o embaraço ao cumprimento de provimento judicial, referido na norma (art. 14, do CPC), for provocado por servidor público, a sanção, de caráter pecuniário, recairá sobre o ente a que estiver vinculado (Estado, Município, Fundação e Autarquia), sem prejuízo da ação regressiva em face do servidor (art. 37, par. 6º, da CRFB/88). Os professores Luiz Rodrigues Wambier e Teresa Arruda Alvim Wambier chegam a afirmar que neste caso o servidor público será diretamente responsabilizado por sua conduta (Comentários à 2a Fase da Reforma, 2002, pág. 30)."

Ainda que não concordemos com a imposição direta da multa ao servidor, inegável a possibilidade de sua responsabilização no âmbito administrativo, conforme regime disciplinar previsto no Estatuto jurídico a que estiver vinculado.

▸TÍTULO IX – DO MINISTÉRIO PÚBLICO DO TRABALHO

▸CAPÍTULO I – DISPOSIÇÕES GERAIS

✦ FUNÇÃO INSTITUCIONAL DO MINISTÉRIO PÚBLICO DO TRABALHO

Art. 736. O Ministério Público do Trabalho é constituído por agentes diretos do Poder Executivo, tendo por função zelar pela exata observância da Constituição Federal, das leis e demais atos emanados dos poderes públicos, na esfera de suas atribuições.

Parágrafo único. Para o exercício de suas funções, o Ministério Público do Trabalho reger-se-á pelo que estatui esta Consolidação e, na falta de disposição expressa, pelas normas que regem o Ministério Público Federal.

1. COMENTÁRIOS

1.1. Autonomia e Função Institucional

O Ministério Público do Trabalho não compõe mais o Poder Executivo, como prevê esta norma. A autonomia funcional, administrativa e financeira que assumiu, a partir da Constituição de 1988, o desprendeu totalmente do Poder Executivo e de qualquer outro Poder da República. Neste sentido o art. 127, § 2º, da CF, a seguir transcrito: "Ao Ministério Público é assegurada autonomia funcional e administrativa, podendo, observado o disposto no art. 169, propor ao Poder Legislativo a criação e extinção de seus cargos e serviços auxiliares, provendo-os por concurso público de provas ou de provas e títulos, a política remuneratória e os planos de carreira; a lei disporá sobre sua organização e funcionamento.".

O Ministério Público do Trabalho, como instituição do Ministério Público da União, tem como função institucional a defesa da ordem da ordem jurídica, do regime democrático e dos interesses sociais e individuais indisponíveis (art. 127, caput, da CF).

Como destaca Bezerra Leite, Ministério Público do Trabalho, 2006, p. 118, "os artigos 127 e 129 da Constituição consagram exemplos gerais das duas formas de atuação do Ministério Público. Já os artigos 83 e 84 da Lei Complementar nº 75/93 delimitam as formas específicas de atuação do Ministério Público do Trabalho.".

Dispõe o art. 129 da CF: São funções institucionais do Ministério Público: I – promover, privativamente, a ação penal pública, na forma da lei; II – zelar pelo efetivo respeito dos Poderes Públicos e dos serviços de relevância pública aos direitos assegurados nesta Constituição, promovendo as medidas necessárias a sua garantia; III – promover o inquérito civil e a ação civil pública, para a proteção do patrimônio público e social, do meio ambiente e de outros interesses difusos e coletivos; IV – promover a ação de inconstitucionalidade ou representação para fins de intervenção da União e dos Estados, nos casos previstos nesta Constituição; V – defender judicialmente os direitos e interesses das populações indígenas; VI – expedir notificações nos procedimentos administrativos de sua competência, requisitando informações e documentos para instruí-los, na forma da lei complementar respectiva; VII – exercer o controle externo da atividade policial, na forma da lei complementar mencionada no artigo anterior; VIII – requisitar diligências investigatórias e a instauração de inquérito policial, indicados os fundamentos jurídicos de suas manifestações processuais; IX – exercer outras funções que lhe forem conferidas, desde que compatíveis com sua finalidade, sendo-lhe vedada a representação judicial e a consultoria jurídica de entidades públicas.

1.2. Atuação do Ministério Público do Trabalho

1.2.1. Como órgão agente

A doutrina destaca, com apoio na LC nº 75/93, as seguintes ações que podem ser propostas pelo MPT, sem prejuízo de qualquer outra medida processual que o membro do MPT entender pertinente: **a**) ação civil pública, para tutela dos interesses coletivos (lato sensu); **b**) a ação civil coletiva, para buscar a indenização pelos danos causados à coletividade ou ao indivíduo-trabalhador; **c**) a ação anulatória de norma coletiva, quando esta ofender a ordem jurídica; **d**) a ação rescisória, na hipótese do art. 487, III, do CPC/73 (art. 967, III, do CPC/2015; **e**) o dissídio coletivo no caso de greve em atividades essenciais; **f**) como substituto processual (parte) ou como órgão agente (curador à lide), pois a doutrina é divergente, na hipótese do art. 793 da CLT.

1.2.2. Como órgão interveniente (custos legis, fiscal da lei)

O MPT atua como fiscal da lei, nas hipóteses expressamente mencionadas a seguir, e em outras nas quais o integrante do parquet vislumbrar interesse público que motive sua intervenção: **a**) manifestar-se em qualquer fase do processo trabalhista, acolhendo solicitação do juiz ou por sua iniciativa, quando entender existente interesse público que justifique a intervenção; **b**) recorrer das decisões da Justiça do Trabalho, quando entender necessário, tanto nos processos em que for parte, como naqueles em que oficiar como fiscal da lei, bem como pedir revisão dos Enunciados da Súmula de Jurisprudência do Tribunal Superior do Trabalho; **c**) funcionar nas sessões dos Tribunais Trabalhistas, manifestando-se verbalmente sobre a matéria em debate, sempre que entender necessário, sendo-lhe assegurado o direito de vista dos processos em julgamento, podendo solicitar as requisições e diligências que julgar convenientes; **d**) promover ou participar da instrução e conciliação em dissídios decorrentes da paralisação de serviços de qualquer natureza, oficiando obrigatoriamente nos processos, manifestando sua concordância ou discordância, em eventuais acordos firmados antes da homologação, resguardado o direito de recorrer em caso de violação à lei e à Constituição Federal; e e) atuar como árbitro, se assim for solicitado pelas partes, nos dissídios de competência da Justiça do Trabalho (LC nº 75/93, artigo 83, II, VI, VII, IX e XI).

Hipótese muito criticada pela doutrina diz respeito à intervenção obrigatória "em todos os feitos nos segundo e terceiro graus de jurisdição da Justiça do Trabalho, quando a parte for pessoa jurídica de Direito Público, Estado estrangeiro ou organismo internacional." (art. 83, XIII, da LC nº 75/93).

Explica Bezerra Leite, Ministério Público do Trabalho, 2006, p. 127, que o Ministério Público do Trabalho não é mais representante judicial de pessoas jurídicas de direito público (art. 129, IX, da CF), razão pela qual a intervenção nos processos onde estas pessoas figurem como parte deverá ser orientada pelo interesse público. O insigne professor propõe a aplicação do critério do art. 82 do CPC/73, de forma a se estabelecer um parâmetro objetivo para a atuação do MPT.

Dispõe o art. 82, do CPC/73: "Compete ao Ministério Público intervir: I – nas causas em que há interesses de incapazes; II – nas causas concernentes ao estado da pessoa, pátrio poder, tutela, curatela, interdição, casamento, declaração de ausência e disposições de última vontade; III – nas ações que envolvam litígios coletivos pela posse da terra rural e nas demais causas em que há interesse público evidenciado pela natureza da lide ou qualidade da parte. (Redação dada pela Lei nº 9.415, de 23.12.1996)".

O CPC/2015 contém disposição semelhante no art. 178: "O Ministério Público será intimado para, no prazo de 30 (trinta) dias, intervir como fiscal da ordem jurídica nas hipóteses previstas em lei ou na Constituição Federal e nos processos que envolvam: I – interesse público ou social; II – interesse de incapaz; III – litígios coletivos pela posse de terra rural ou urbana. Parágrafo único. A participação da Fazenda Pública não configura, por si só, hipótese de intervenção do Ministério Público.".

Com base no CPC/73, art. 82, em interpretação sistemática com a LC nº 75/93, Bezerra Leite (2006, p. 127) propõe as seguintes formas de atuação do MPT, como custos legis: **a)** nos dissídios individuais em que figurem, como partes ou interessados, crianças, adolescentes, incapazes e índios; **b)** nas ações civis públicas, quando não ajuizadas pelo Ministério Público (Lei nº 7.347/85, art. 5º, § 1º); **c)** nos mandados de segurança, individuais ou coletivos; **d)** nos dissídios coletivos em caso de greve que possa acarretar lesão ao interesse público; **d)** nas ações de competência originárias dos Tribunais, quando houver previsão regimental expressa neste sentido; **e)** nos pedidos de seqüestro formulados nos procedimentos relativos aos precatórios (CPC/73, art. 731); **f)** nas demais hipóteses nas quais o MPT entender relevante sua intervenção ou que o Juiz solicitar a presença do parquet.

1.2.2.1. O réu revel citado por edital

Prevê o art. 9º, II, do CPC/73: "O juiz dará curador especial: II – ao réu preso, bem como ao revel citado por edital ou com hora certa.".

A disposição legal se repete no CPC/2015, no artigo 72, inciso II: "O juiz nomeará curador especial ao: "II – réu preso revel, bem como ao réu revel citado por edital ou com hora certa, enquanto não for constituído advogado.".

Não obstante a jurisprudência não acate a participação do MPT na hipótese do réu revel citado por edital, a doutrina é divergente. Para os que defendem a intervenção do MPT, a CLT é omissa, reclamando a aplicação subsidiária do CPC (entre estes: Tostes Malta, Wagner Giglio e Ives Gandra Martins, apud Bezerra Leite, MPT, 2006, p. 121).

Defendem a inaplicabilidade do dispositivo em questão, entre outros, Coqueijo Costa, Douglas Alencar e o próprio Bezerra Leite, que cita os dois primeiros (2006, p. 121). Segundo estes, não há lacuna na CLT. O art. 841, § 1º, da CLT, ao determinar a citação por edital, quando frustrada a notificação postal, não quis prever (diferente de haver omissão), a participação do MPT. Ademais, acrescentam Douglas e Bezerra Leite, a figura de curador de ausentes não existe na Justiça do Trabalho, cuja hipótese de curatela, somente para os menores, está expressamente prevista no art. 793 da CLT.

Carlos Henrique Bezerra Leite (2006, p. 122) afirma, ainda, que não existem interesses indisponíveis do empregador que justifiquem a intervenção do MPT. Com base nestes argumentos, aderimos à tese de que não há a figura do curador de ausentes, prevista no CPC, estando a participação do Ministério Público, como curador, restrita às seguintes hipóteses: **a)** menor sem representante legal (art. 793 da CLT); **b)** causas nas quais existam interesses indígenas (CF, art. 129, V).

1.2.3. Atuação Extrajudicial

No âmbito administrativo, compete ao MPT, entre outras atribuições que decorrerem de sua própria iniciativa: **a)** participação, como instituição observadora, na forma e nas condições estabelecidas em ato do Procurador-Geral da República, em qualquer órgão da administração pública direta, indireta ou fundacional da União, que tenha atribuições correlatas às funções da Instituição (art. 6º, § 1º, da LC nº 75/93); **b)** instaurar inquérito civil e outros procedimentos administrativos, sempre que cabíveis, para assegurar a observância dos direitos sociais dos trabalhadores; requisitar à autoridade administrativa federal competente, dos órgãos de proteção ao trabalho, a instauração de procedimentos administrativos, podendo acompanhá-los e produzir provas; ser cientificado pessoalmente das decisões proferidas pela Justiça do Trabalho, nas causas em que o órgão tenha intervido ou emitido parecer escrito; exercer outras atribuições que lhe forem conferidas por lei, desde que compatíveis com sua finalidade (LC 75/93, art. 84, II a V).

Além das atribuições acima referidas, o MPT tem assumido um papel de articulador social, orientando a comunidade por meio de audiências, públicas, palestras, workshop´s, reuniões setoriais, etc., visando a defender, de forma mediata o cumprimento efetivo da ordem jurídica (Bezerra Leite, 2006, p. 138).

2. SÚMULAS E ORIENTAÇÕES JURISPRUDENCIAIS

- **Súmula nº 99/STJ**

O Ministério Público tem legitimidade para recorrer no processo em que oficiou como fiscal da lei, ainda que não haja recurso da parte.

- **Súmula nº 189/STJ**

É desnecessária a intervenção do ministério público nas execuções fiscais.

- **Súmula nº 226/STJ**

O Ministério Público tem legitimidade para recorrer na ação de acidente do trabalho, ainda que o segurado esteja assistido por advogado.

- **Súmula nº 100/TST**

AÇÃO RESCISÓRIA. DECADÊNCIA (incorporadas as Orientações Jurisprudenciais nºs 13, 16, 79, 102, 104, 122 e 145 da SBDI-2) – Res. 137/2005, DJ 22, 23 e 24.08.2005

VI – Na hipótese de colusão das partes, o prazo decadencial da ação rescisória somente começa a fluir para o Ministério Público, que não interveio no processo principal, a partir do momento em que tem ciência da fraude. (ex-OJ nº 122 da SBDI-2 – DJ 11.08.2003)

- **Súmula nº 407/TST**

AÇÃO RESCISÓRIA. MINISTÉRIO PÚBLICO. LEGITI-MIDADE "AD CAUSAM" PREVISTA NO ART. 967, III, "A", "B" E "C" DO CPC DE 2015. ART. 487, III, "A" E "B", DO CPC DE 1973. HIPÓTESES MERAMENTE EXEMPLIFICATIVAS (nova redação em decorrência do CPC de 2015) – Res. 208/2016, DEJT divulgado em 22, 25 e 26.04.2016

A legitimidade "ad causam" do Ministério Público para propor ação rescisória, ainda que não tenha sido parte no processo que deu origem à decisão rescindenda, não está limitada às alíneas "a", "b" e "c" do inciso III do art. 967 do CPC de 2015 (art. 487, III, "a" e "b", do CPC de 1973), uma vez que traduzem hipóteses meramente exemplificativas

- **OJ-SDI1T-20**

AGRAVO DE INSTRUMENTO. MINISTÉRIO PÚBLICO. PRESSUPOSTOS EXTRÍNSECOS (inserida em 13.02.2001)

Para aferição da tempestividade do AI interposto pelo Ministério Público, desnecessário o traslado da certidão de publicação do despacho agravado, bastando a juntada da cópia da intimação pessoal na qual conste a respectiva data de recebimento (Lei Complementar nº 75/93, art. 84, IV).

- **OJ-SDI1-130**

PRESCRIÇÃO. MINISTÉRIO PÚBLICO. ARGUIÇÃO. "CUSTOS LEGIS". ILEGITIMIDADE (atualizada em decorrência do CPC de 2015) – Res. 209/2016 – DEJT divulgado em 01, 02 e 03.06.2016

Ao exarar o parecer na remessa de ofício, na qualidade de "custos legis", o Ministério Público não tem legitimidade para arguir a prescrição em favor de entidade de direito público, em matéria de direito patrimonial.

▸ **OJ-SDI1-237**

MINISTÉRIO PÚBLICO DO TRABALHO. ILEGITIMIDADE PARA RECORRER. SOCIEDADE DE ECONOMIA MISTA. EMPRESA PÚBLICA (incorporada a Orientação Jurisprudencial nº 338 da SBDI-I) – Res. 210/2016, DEJT divulgado em 30.06, 1º e 04.07.2016

I – O Ministério Público do Trabalho não tem legitimidade para recorrer na defesa de interesse patrimonial privado, ainda que de empresas públicas e sociedades de economia mista.

II – Há legitimidade do Ministério Público do Trabalho para recorrer de decisão que declara a existência de vínculo empregatício com sociedade de economia mista ou empresa pública, após a Constituição Federal de 1988, sem a prévia aprovação em concurso público, pois é matéria de ordem pública.

▸ **OJ-SDI1-350**

MINISTÉRIO PÚBLICO DO TRABALHO. NULIDADE DO CONTRATO DE TRABALHO NÃO SUSCITADA PELO ENTE PÚBLICO NO MOMENTO DA DEFESA. ARGÜIÇÃO EM PARECER. POSSIBILIDADE (alterada em decorrência do julgamento do processo TST IUJERR 526538/1999.2) – Res. 162/2009, DEJT divulgado em 23, 24 e 25.11.2009

O Ministério Público do Trabalho pode arguir, em parecer, na primeira vez que tenha de se manifestar no processo, a nulidade do contrato de trabalho em favor de ente público, ainda que a parte não a tenha suscitado, a qual será apreciada, sendo vedada, no entanto, qualquer dilação probatória.

3. INFORMATIVOS DO TST

▸ ***Ministério Público do Trabalho. Ação civil coletiva. Legitimidade ativa. Supressão de pagamento ou dispensa com intuito punitivo e discriminatório. Direitos individuais homogêneos. Garantia de acesso ao Judiciário.***

O Ministério Público do Trabalho tem legitimidade para ajuizar ação civil coletiva em face de empregador que, com intuito punitivo e discriminatório, suprime o pagamento de adicionais e gratificações ou dispensa empregados que ajuizaram reclamação trabalhista e não aderiram a acordo judicial, ainda que a postulação envolva sanções de caráter pecuniário. Trata-se, com efeito, da tutela de direitos individuais homogêneos, sendo cabível a defesa coletiva para facilitar o acesso à Justiça, conferindo uniformidade e relevância às decisões judiciais nos conflitos de massa. Ademais, a pretensão ostenta interesse social relevante, não só para a categoria dos empregados atingidos, mas também para todos os trabalhadores, na medida em que visa assegurar a garantia fundamental de acesso ao Judiciário sem discriminações ou retaliações. Com base nessas premissas e citando precedentes da própria Corte e do STF, a SBDI-I, por unanimidade, conheceu dos embargos, por divergência jurisprudencial e, no mérito, deu-lhes provimento para, reformando o acórdão que extinguira o feito sem resolução de mérito, declarar a legitimidade ativa do Parquet e determinar o retorno dos autos à Turma de origem para julgar o recurso de revista da primeira reclamada como entender de direito. TST-E-ED-RR-197400-58.2003.5.19.0003, SBDI-I, Min. Augusto César Leite de Carvalho, 21.6.2012. (Informativo nº 14)

✦ **COMPOSIÇÃO DO MPT**

Art. 737. O Ministério Público do Trabalho compõe-se da Procuradoria da Justiça do Trabalho e da Procuradoria da Previdência Social aquela funcionando como órgão de coordenação entre a Justiça do Trabalho e o Ministério do Trabalho, ambas diretamente subordinadas ao Ministro de Estado.(Redação dada pelo Decreto-lei nº 8.737, de 19.1.1946)

1. COMENTÁRIOS

A Procuradoria da Previdência Social, não integra mais o Ministério Público do Trabalho. Segundo o art. 85, da LC nº 75/93 (Lei Orgânica do Ministério Público da União – LOMPU), são os seguintes os órgãos que compõem o MPT: Art. 85. São órgãos do Ministério Público do Trabalho: I – o Procurador-Geral do Trabalho; II – o Colégio de Procuradores do Trabalho; III – o Conselho Superior do Ministério Público do Trabalho; IV – a Câmara de Coordenação e Revisão do Ministério Público do Trabalho; V – a Corregedoria do Ministério Público do Trabalho; VI – os Subprocuradores-Gerais do Trabalho; VII – os Procuradores Regionais do Trabalho; VIII – os Procuradores do Trabalho.

Não há mais subordinação ao Ministério do Trabalho, diante da autonomia atribuída ao Ministério Público a partir da Constituição de 1988, art. 127, § 2º, da CF.

✦ **REMUNERAÇÃO DOS PROCURADORES**

Art. 738. Os procuradores, além dos vencimentos fixados na tabela constante do decreto-lei nº 2.874, de 16 de dezembro de 1940, continuarão a perceber a percentagem de 8%, por motivo de cobrança da dívida ativa da União ou de multas impostas pelas autoridades administrativas e judiciárias do trabalho e da previdência social.

Parágrafo único. Essa percentagem será calculada sobre as somas efetivamente arrecadadas e rateada de acordo com as instruções expedidas pelos respectivos procuradores gerais.

1. COMENTÁRIOS

Os procuradores do trabalho ou qualquer outro membro do Ministério Público do Trabalho não têm mais sua remuneração vinculada à arrecadação da União, como referido neste artigo. A política remuneratória do Ministério Público do Trabalho, como integrante do Ministério Público da União, será objeto de lei própria, de iniciativa do próprio Ministério Público, como prevê o art. 127, § 2º, da CF.

✦ **AUSÊNCIA DE CONTROLE DE HORÁRIO**

Art. 739. Não estão sujeitos a ponto os Procuradores-Gerais e os Procuradores.

1. COMENTÁRIOS

Os Membros do Ministério Público continuam a não ter qualquer vinculação a controle de horário, mesmo porque não estão subordinados ao cumprimento de jornada de trabalho. Para Bezerra Leite, Ministério Público do Trabalho, 2006, p. 118 e Saad, Comentários, 2009, p. 929, somente o art. 739, ora comentado, não teria sido revogado pela LC nº 75/93. Todos os demais da CLT relativos ao Ministério Público do Trabalho (artigos 736 a 738 e 740 a 754) teriam sido revogados pela LOMPU, acima citada. Não se pode negar razão aos renomados autores, mas por aspectos didáticos, preferimos comentar passo a passo os artigos da CLT, para demonstrar a revogação referida.

2. QUESTÕES DE CONCURSOS

01. (TRT – 6ª REGIÃO/JUIZ DO TRABALHO SUBSTITUTO/2010) A Lei Complementar nº 75/93, que dispõe sobre a organização, atribuições e o estatuto do Ministério Público do Trabalho, fixou, no artigo 83, IV, a competência para propositura das ações de declaração de nulidade de cláusulas de Contrato, Acordo Coletivo ou Convenção Coletiva que viole as liberdades individuais coletivas ou os direitos individuais indisponíveis dos trabalhadores. Considerada tal previsão, assinale a alternativa CORRETA:

a) O Ministério Público do Trabalho detém competência privativa para ajuizamento de Ação Anulatória de cláusula coletiva.

b) Empregados não associados do sindicato, individualmente nominados, formando uma coalizão, têm legitimidade ativa concorrente para o ajuizamento de Ação Anulatória de cláusula coletiva que obriga a todos os trabalhadores a pagarem a denominada contribuição sindical.

c) A jurisdição originária em matéria coletiva é atribuição dos Tribunais vedado às Varas do Trabalho conhecer questões que versam sobre nulidade de cláusula de contrato individual de trabalho.

d) É incabível Ação Civil Pública nos casos de Acordos Coletivos devidamente registrados no Ministério do Trabalho.

e) Cabe ao Ministério Público do Trabalho, no uso de suas atribuições funcionais, atuar nas negociações coletivas de interesse de grupo de trabalhadores à margem da representado sindical.

02. (AGU/ADVOGADO DA UNIÃO/CESPE/2009) O Ministério Público não tem legitimidade para recorrer na defesa de interesse de empresas públicas e sociedades de economia mista.

03. (TRT – 3ª REGIÃO/JUIZ DO TRABALHO/2009) – A respeito das atribuições do Ministério Público do Trabalho, leia as afirmações abaixo e, em seguida, assinale a alternativa correta:

I. Segundo a jurisprudência consolidada do Tribunal Superior do Trabalho, o Ministério Público do Trabalho não tem legitimidade para recorrer na defesa de interesse patrimonial privado, inclusive de empresas públicas e sociedades de economia mista. Esta regra, contudo, não se aplica quando se trata de decisão que declara a existência de vínculo empregatício com sociedade de economia mista, após a CF/88, sem a prévia aprovação em concurso público.

II. As funções do Ministério Público só podem ser exercidas por integrantes da carreira, que deverão residir na comarca da respectiva lotação, salvo autorização do chefe da instituição ou, por delegação, do procurador regional.

III. Os Subprocuradores-Gerais do Trabalho serão designados para oficiar junto ao Tribunal Superior do Trabalho e nos ofícios na Câmara de Coordenação e Revisão, cabendo-lhes exercer, privativamente, as funções de Corregedor-Geral do Ministério Público do Trabalho.

IV. Entre as atribuições do Ministério Público está a de propor as ações cabíveis para declaração de nulidade de cláusula de contrato, acordo coletivo ou convenção coletiva que viole as liberdades individuais ou coletivas ou os direitos individuais indisponíveis dos trabalhadores.

V. Por expressa disposição legal, não estão sujeitos a ponto os procuradores-gerais e os procuradores do trabalho.

a) Somente uma afirmativa está correta.

b) Somente duas afirmativas estão corretas.

c) Somente três afirmativas estão corretas.

d) Somente quatro afirmativas estão corretas.

e) Todas as afirmativas estão corretas.

04. (TRT – 1ª REGIÃO/JUIZ DO TRABALHO/2008) Com relação ao Ministério Público do Trabalho, assinale a resposta correta:

a) o acesso à carreira de procurador se dá mediante concurso a nível regional, organizado pelas Procuradorias Regionais do Trabalho.

b) pode atuar como árbitro, se assim determinar o Tribunal Regional do Trabalho, quando da ocorrência de greve.

c) cabe-lhe promover mandado de injunção, quando a competência for da Justiça do Trabalho.

d) compete impetrar mandado de segurança contra ato de dispensa de menor por iniciativa da autoridade de fiscalização.

e) pode instaurar inquérito civil público para apurar irregularidades de contratações celebradas, em qualquer nível, pela administração pública.

GAB	1	B	2	E	3	D	4	C

▸CAPÍTULO II – DA PROCURADORIA DA JUSTIÇA DO TRABALHO

▸SEÇÃO I – DA ORGANIZAÇÃO

✦ ORGANIZAÇÃO DO MINISTÉRIO PÚBLICO DO TRABALHO – MPT

Art. 740. A Procuradoria da Justiça do Trabalho compreende:

a) 1 (uma) Procuradoria-Geral, que funcionará junto ao Tribunal Superior do Trabalho;

b) 8 (oito) Procuradorias Regionais, que funcionarão junto aos Tribunais Regionais do Trabalho.

(Vide Leis nºs: 6.241, de 1975, que criou a 9ª Região; 6.915, de 1981, que criou a 11ª Região; 6.927, de 1981, que criou a 10ª Região; 6.928, de 1981, que criou a 12ª Região; 7.324, de 1985, que criou a 13ª Região; 7.520, de 1986, que criou a 15ª Região; 7.523, de 1986, que criou a 14ª Região da Justiça do Trabalho e o Respectivo Tribunal Regional do Trabalho; 7.671, de 1988, que criou a 16ª Região; 7.872, de 1989, que criou a 17ª Região; 7.873, de 1989, que criou a 18ª Região; 8.219, de 1991, que criou a 19ª Região; 8.233, de 1991, que criou a 20ª; 8.215, de 1991, que criou a 21ª Região; 8.221, de 1991, que criou o Tribunal Regional do Trabalho da 22ª. Região; 8.466, de 1992, que criou a Procuradoria Regional do Trabalho da 22ª Região da Justiça do Trabalho; 8.469, de 1992, que criou a Procuradoria Regional do Trabalho da 23ª Região da Justiça do Trabalho e 8.470, de 1992, que criou a Procuradoria Regional do Trabalho da 24ª Região da Justiça do Trabalho.)

✦ **SUBORDINAÇÃO AO PROCURADOR GERAL**

Art. 741. As Procuradorias Regionais são subordinadas diretamente ao procurador-geral.

✦ **PROCURADOR-GERAL E PROCURADOR-REGIONAL**

Art. 742. A Procuradoria-Geral é constituída de 1 (um) procurador-geral e de procuradores.

Parágrafo único. As Procuradorias Regionais compõem-se de 1 (um) procurador regional, auxiliado, quando necessário, por procuradores adjuntos.

✦ **SUBSTITUTOS NA DIREÇÃO DOS ÓRGÃOS REGIONAIS**

Art. 743. Haverá, nas Procuradorias Regionais, substitutos de procurador adjunto ou, quando não houver este cargo, de procurador regional, designados previamente por decreto do Presidente da República, sem ônus para os cofres públicos.

§ 1º – O substituto tomará posse perante o respectivo procurador regional, que será a autoridade competente para convocá-lo.

§ 2º – O procurador regional será substituído em suas faltas e impedimentos pelo procurador adjunto, quando houver, e, havendo mais de um, pelo que for por ele designado.

§ 3º – O procurador adjunto será substituído, em suas faltas e impedimentos, pelo respectivo procurador substituto.

§ 4º – Será dispensado, automaticamente, o substituto que não atender à convocação, salvo motivo de doença, devidamente comprovada.

§ 5º – Nenhum direito ou vantagem terá o substituto além do vencimento do cargo do substituído e somente durante o seu impedimento legal.

✦ **PROCURADOR-GERAL: REQUISITOS PARA O CARGO**

Art. 744. A nomeação do procurador-geral deverá recair em bacharel em ciências jurídicas e sociais, que tenha exercido, por 5 (cinco) ou mais anos, cargo de magistratura ou de Ministério Público, ou a advocacia.

1. COMENTÁRIOS

O Ministério Público do Trabalho é chefiado pelo Procurador-Geral do Trabalho, nomeado pelo Procurador-Geral da República, dentre integrantes da instituição, com mais de trinta e cinco anos de idade e de cinco anos na carreira, integrante de lista tríplice escolhida mediante voto plurinominal, facultativo e secreto, pelo Colégio de Procuradores para um mandato de dois anos, permitida uma recondução, observado o mesmo processo. (art. 88 da LC 75/93). Está revogado, portanto, o art. 742 da CLT.

Não existe mais a figura do substituto previsto no art. 743 da CLT. O Procurador-Geral do Trabalho designará, dentre os Subprocuradores-Gerais do Trabalho, o Vice-Procurador-Geral do Trabalho, que o substituirá em seus impedimentos. Em caso de vacância, exercerá o cargo o Vice-Presidente do Conselho Superior, até o seu provimento definitivo. (art. 89 da LC 75/93).

Compete ao Procurador-Geral do Trabalho exercer as funções atribuídas ao Ministério Público do Trabalho junto ao Plenário do Tribunal Superior do Trabalho, propondo as ações cabíveis e manifestando-se nos processos de sua competência (art. 90 da LC 75/93).

No âmbito regional a atuação dos Procuradores do Trabalho e dos Procuradores Regionais do Trabalho, será coordenada pelo Chefe da Procuradoria Regional do Trabalho de cada Estado.

Os Procuradores Regionais do Trabalho, lotados nos ofícios das Procuradorias Regionais do Trabalho nos Estados e no Distrito Federal, serão designados para oficiar junto aos Tribunais Regionais do Trabalho (artigos 110 e 111 da LC nº 75/93). Os Procuradores do Trabalho atuam em primeiro e segundo grau de jurisdição, como fiscal da lei ou como autor de ações que lhe são privativas.

2. QUESTÕES DE CONCURSOS

01. **(FCC – TRT 12 – Analista Judiciário/2010)** O Procurador-Geral do Trabalho será nomeado pelo Procurador-Geral da República, dentre integrantes da instituição, com mais de trinta e cinco anos de idade e de cinco anos na carreira, integrante de lista tríplice escolhida mediante voto plurinominal, facultativo e secreto, pelo Colégio de Procuradores. Não ocorrendo número suficiente de candidatos com mais de cinco anos na carreira,

a) o Procurador-Geral da República deverá fornecer ao Colégio de Procuradores prazo improrrogável de 120 dias para a elaboração de lista que contenha três candidatos habilitados, independentemente do tempo de carreira.

b) deverá ser apresentada lista com dois nomes, sendo que o Procurador-Geral da República deverá optar por um deles, tendo em vista a obrigatoriedade da presença do requisito anos de carreira.

c) poderá concorrer à lista tríplice quem contar mais de dois anos na carreira.

d) poderá concorrer à lista tríplice quem contar mais de doze meses na carreira.

e) o Procurador-Geral da República deverá fornecer ao Colégio de Procuradores prazo improrrogável de 90 dias para a elaboração de lista que contenha três candidatos habilitados, independentemente do tipo de carreira.

GAB	1	C

✦ INGRESSO NA CARREIRA E PRERROGATIVAS

Art. 745. Para a nomeação dos demais procuradores, atender-se-á aos mesmos requisitos estabelecidos no artigo anterior, reduzido a 2 (dois) anos, no mínimo, o tempo de exercício.

1. COMENTÁRIOS

1.1. Ingresso na Carreira

O ingresso na carreira do Ministério Público far-se-á mediante concurso público de provas e títulos, assegurada a participação da Ordem dos Advogados do Brasil em sua realização, exigindo-se do bacharel em direito, no mínimo, três anos de atividade jurídica e observando-se, nas nomeações, a ordem de classificação. Aplica-se ao Ministério Público, no que couber, o disposto no art. 93, da CF. (art. 129, §§ 3º e 4º da CF).

Da mesma forma que ocorre com a carreira da magistratura, também se exigem três anos de atividade jurídica do bacharel em direito, para ingresso no cargo de procurador do trabalho, inicial da carreira do Ministério Público do Trabalho. A Resolução nº 4 do Conselho Nacional do Ministério Público (CNMP), de 20.2.2006, em seu art. 1º, considera atividade jurídica o exercício de atividade profissional de advogado, com participação mínima em 5 atos privativos de advogado por ano; o exercício de cargo, emprego ou função pública, inclusive de magistério superior, que exija a utilização preponderante de conhecimentos jurídicos; o exercício da função de conciliador em Juizados Especiais, mediação e arbitragem, com o mínimo de 16 horas mensais; o art. 2º da referida resolução considera atividade jurídica a conclusão de curso de pós-graduação em direito.

1.2. Prerrogativas

Os membros do Ministério Público da União gozam das seguintes garantias: I – vitaliciedade, após dois anos de efetivo exercício, não podendo perder o cargo senão por sentença judicial transitada em julgado; II – inamovibilidade, salvo por motivo de interesse público, mediante decisão do Conselho Superior, por voto de dois terços de seus membros, assegurada ampla defesa. (art. 17, da LC nº 75/93).

Além das garantias acima previstas, os Membros do Ministério Público do Trabalho gozam das seguintes prerrogativas:

I – **institucionais**: **a)** sentar-se no mesmo plano e imediatamente à direita dos juízes singulares ou presidentes dos órgãos judiciários perante os quais oficiem, seja como autor da ação ao fiscal da lei (art. 22, § único, da Consolidação de Provimentos da Corregedoria Geral da Justiça do Trabalho); **b)** usar vestes talares; **c)** ter ingresso e trânsito livres, em razão de serviço, em qualquer recinto público ou privado, respeitada a garantia constitucional da inviolabilidade do domicílio; **d)** a prioridade em qualquer serviço de transporte ou comunicação, público ou privado, no território nacional, quando em serviço de caráter urgente; **e)** o porte de arma, independentemente de autorização; **f)** carteira de identidade especial;

II – **processuais**: do Procurador-Geral da República, ser processado e julgado, nos crimes comuns, pelo Supremo Tribunal Federal e pelo Senado Federal, nos crimes de responsabilidade; **b)** do membro do Ministério Público da União que oficie perante tribunais, ser processado e julgado, nos crimes comuns e de responsabilidade, pelo Superior Tribunal de Justiça; **c)** do membro do Ministério Público da União que oficie perante juízos de primeira instância, ser processado e julgado, nos crimes comuns e de responsabilidade, pelos Tribunais Regionais Federais, ressalvada a competência da Justiça Eleitoral; **d)** ser preso ou detido somente por ordem escrita do tribunal competente ou em razão de flagrante de crime inafiançável, caso em que a autoridade fará imediata comunicação àquele tribunal e ao Procurador-Geral da República, sob pena de responsabilidade; **e)** ser recolhido à prisão especial ou à sala especial de Estado-Maior, com direito a privacidade e à disposição do tribunal competente para o julgamento, quando sujeito a prisão antes da decisão final; e a dependência separada no estabelecimento em que tiver de ser cumprida a pena; **f)** não ser indiciado em inquérito policial, salvo quando, no curso de investigação, houver indício da prática de infração penal por membro do Ministério Público da União, a autoridade policial, civil ou militar, remeterá imediatamente os autos ao Procurador-Geral da República, que designará membro do Ministério Público para prosseguimento da apuração do fato; **g)** ser ouvido, como testemunhas, em dia, hora e local previamente ajustados com o magistrado ou a autoridade competente; **h)** receber intimação pessoalmente nos autos em qualquer processo e grau de jurisdição nos feitos em que tiver que oficiar. (art. 18, da LC nº 75/93).

2. QUESTÕES DE CONCURSOS

01. (TRT 14 – Juiz do Trabalho Substituto 14ª região/ 2012) Sobre o Ministério Público do Trabalho, analise as afirmativas a seguir e escolha a única alternativa correta:

I. Os membros do Ministério Público do Trabalho pertencem a um só órgão, sob a direção de uma única chefia. Em razão do princípio da indivisibilidade, seus membros podem ser substituídos uns pelos outros, segundo a forma estabelecida em lei.

II. Os procuradores do trabalho são efetivos a partir da posse iniciando a carreira no cargo de procurador do trabalho substituto.

III. Compete ao Ministério Público do Trabalho recorrer das decisões da Justiça do Trabalho, quando entender necessário, tanto nos processos em que for parte, como naqueles em que oficiar como fiscal da lei, bem como pedir revisão dos Enunciados da Súmula de Jurisprudência do Tribunal Superior do Trabalho.

IV. O Ministério Público do Trabalho pode atuar extrajudicialmente e tem utilizado como instrumentos desta atuação o inquérito civil público e o termo de ajuste de conduta.

a) Estão corretas apenas as afirmações I, II e IV.

b) Estão corretas apenas as afirmações I, III e IV.

c) Estão corretas apenas as afirmações I, II e III.

d) Estão corretas apenas as afirmações II, III e IV.

e) Estão corretas apenas as afirmações II e IV.

GAB	1	B

▸SEÇÃO II – DA COMPETÊNCIA DA PROCURADORIA-GERAL

✦ COMPETÊNCIA DA PROCURADORIA-GERAL

Art. 746. Compete à Procuradoria-Geral da Justiça do Trabalho:(Redação dada pelo Decreto-lei nº 8.737, de 19.1.1946)

a) oficiar, por escrito, em todos os processos e questões de trabalho de competência do Tribunal Superior do Trabalho;

b) funcionar nas sessões do mesmo Tribunal, opinando verbalmente sobre a matéria em debate e solicitando as requisições e diligências que julgar convenientes, sendo-lhe assegurado o direito de vista do processo em julgamento sempre que for suscitada questão nova, não examinada no parecer exarado;

c) requerer prorrogação das sessões do Tribunal, quando essa medida for necessária para que se ultime o julgamento;

d) exarar, por intermédio do procurador-geral, o seu "ciente" nos acórdãos do Tribunal;

e) proceder às diligências e inquéritos solicitados pelo Tribunal;

f) recorrer das decisões do Tribunal, nos casos previstos em lei;

g) promover, perante o Juízo competente, a cobrança executiva das multas impostas pelas autoridades administrativas e judiciárias do trabalho;

h) representar às autoridades competentes contra os que não cumprirem as decisões do Tribunal;

i) prestar às autoridades do Ministério do Trabalho as informações que lhe forem solicitadas sobre os dissídios submetidos à apreciação do Tribunal e encaminhar aos órgãos competentes cópia autenticada das decisões que por eles devam ser atendidas ou cumpridas;

j) requisitar, de quaisquer autoridades, inquéritos, exames periciais, diligências, certidões e esclarecimentos que se tornem necessários no desempenho de suas atribuições;

l) defender a jurisdição dos órgãos da Justiça do Trabalho;

m) suscitar conflitos de jurisdição.

1. COMENTÁRIOS

O art. 746 foi integralmente revogado pela LC nº 75/93. As atribuições do Procurador Geral do Trabalho estão descritas no art. 91 da LC nº 75/93. Vide comentários artigo 748 da CLT.

▸SEÇÃO III – DA COMPETÊNCIA DAS PROCURADORIAS REGIONAIS

✦ COMPETÊNCIA DA PROCURADORIA REGIONAL DO TRABALHO

Art. 747. Compete às Procuradorias Regionais exercer, dentro da jurisdição do Tribunal Regional respectivo, as atribuições indicadas na Seção anterior.

1. COMENTÁRIOS

Os Procuradores Regionais do Trabalho serão designados para oficiar junto aos Tribunais Regionais do Trabalho nos Estados.

Os Procuradores do Trabalho serão designados para funcionar junto aos Tribunais Regionais do Trabalho e, na forma das leis processuais, nos litígios trabalhistas que envolvam, especialmente, interesses de menores e incapazes. A designação de Procurador do Trabalho para oficiar em órgãos jurisdicionais diferentes dos previstos para a categoria dependerá de autorização do Conselho Superior. Os Procuradores do Trabalho serão lotados nos ofícios nas Procuradorias Regionais do Trabalho nos Estados e no Distrito Federal. (arts. 110 a 113 da LC nº 75/93).

▸SEÇÃO IV – DAS ATRIBUIÇÕES DO PROCURADOR-GERAL

✦ ATRIBUIÇÕES DO PROCURADOR-GERAL

Art. 748. Como chefe da Procuradoria-Geral da Justiça do Trabalho, incumbe ao procurador-geral:(Redação dada pelo Decreto-lei nº 8.737, de 19.1.1946)

a) dirigir os serviços da Procuradoria-Geral, orientar e fiscalizar as Procuradorias Regionais, expedindo as necessárias instruções;

b) funcionar nas sessões do Tribunal Superior do Trabalho, pessoalmente ou por intermédio do procurador que designar;

c) exarar o seu "ciente" nos acórdãos do Tribunal;

d) designar o procurador que o substitua nas faltas e impedimentos e o chefe da secretaria da Procuradoria;

e) apresentar, até o dia 31 de março, ao Ministro do Trabalho, relatório dos trabalhos da Procuradoria-Geral no ano anterior, com as observações e sugestões que julgar convenientes;

f) conceder férias aos procuradores e demais funcionários que sirvam na Procuradoria e impor-lhes penas disciplinares, observada, quanto aos procuradores, a legislação em vigor para o Ministério Público Federal;

g) funcionar em Juízo, em primeira instancia, ou designar os procuradores que o devam fazer;

h) admitir e dispensar o pessoal extranumerário da secretaria e prorrogar o expediente remunerado dos funcionários e extranumerários.

1. COMENTÁRIOS

As atribuições do Procurador Geral estão hoje integralmente reguladas pela LC nº 75/93, art. 91.

São atribuições do Procurador-Geral do Trabalho: I – representar o Ministério Público do Trabalho; II – integrar, como membro nato, e presidir o Colégio de Procuradores do Trabalho, o Conselho Superior do Ministério Público do Trabalho e a Comissão de Concurso; III – nomear o Corregedor-Geral do Ministério Público do Trabalho, segundo lista tríplice formada pelo Conselho Superior; IV – designar um dos membros e o Coordenador da Câmara de Coordenação e Revisão do Ministério Público do Trabalho; V – designar, observados os critérios da lei e os estabelecidos pelo Conselho Superior, os ofícios em que exercerão suas funções os membros do Ministério Público do Trabalho; VI – designar o Chefe da Procuradoria Regional do Trabalho dentre os Procuradores Regionais do Trabalho lotados na respectiva Procuradoria Regional; VII – decidir, em grau de recurso, os conflitos de atribuição entre os órgãos do Ministério Público do Trabalho; VIII – determinar a abertura de correição, sindicância ou inquérito administrativo; IX – determinar a instauração de inquérito ou processo administrativo contra servidores dos serviços auxiliares; X – decidir processo disciplinar contra membro da carreira ou servidor dos serviços auxiliares, aplicando as sanções que sejam de sua competência; XI – decidir, atendendo a necessidade do serviço, sobre: **a)** remoção a pedido ou por permuta; **b)** alteração parcial da lista bienal de designações; XII – autorizar o afastamento de membros do Ministério Público do Trabalho, ouvido o Conselho Superior, nos casos previstos em lei; XIII – dar posse aos membros do Ministério Público do Trabalho; XIV – designar membro do Ministério Público do Trabalho para: **a)** funcionar nos órgãos em que a participação da Instituição seja legalmente prevista, ouvido o Conselho Superior; **b)** integrar comissões técnicas ou científicas, relacionadas às funções da Instituição, ouvido o Conselho Superior; **c)** assegurar a continuidade dos serviços, em caso de vacância, afastamento temporário, ausência, impedimento ou suspeição do titular, na inexistência ou falta do substituto designado; XV – homologar, ouvido o Conselho Superior, o resultado do concurso para ingresso na carreira; XVI – fazer publicar aviso de existência de vaga, na lotação e na relação bienal de designações; XVII – propor ao Procurador-Geral da República, ouvido o Conselho Superior, a criação e extinção de cargos da carreira e dos ofícios em que devam ser exercidas suas funções; XVIII – elaborar a proposta orçamentária do Ministério Público do Trabalho, submetendo-a, para aprovação, ao Conselho Superior; XIX – encaminhar ao Procurador-Geral da República a proposta orçamentária do Ministério Público do Trabalho, após sua aprovação pelo Conselho Superior; XX – organizar a prestação de contas do exercício anterior, encaminhando-a ao Procurador-Geral da República; XXI – praticar atos de gestão administrativa, financeira e de pessoal; XXII – elaborar o relatório de atividades do Ministério Público do Trabalho; XXIII – coordenar as atividades do Ministério Público do Trabalho; XXIV – exercer outras atribuições previstas em lei (art. 91, da LC 75/93).

▸SEÇÃO V – DAS ATRIBUIÇÕES DOS PROCURADORES

✦ ATRIBUIÇÕES DOS SUBPROCURADORES-GERAIS DO TRABALHO

Art. 749. Incumbe aos procuradores com exercício na Procuradoria-Geral:(Redação dada pelo Decreto-lei nº 8.737, de 19.1.1946)

a) funcionar, por designação do procurador-geral, nas sessões do Tribunal Superior do Trabalho;

b) desempenhar os demais encargos que lhes forem atribuídos pelo procurador-geral.

Parágrafo único. Aos procuradores é facultado, nos processos em que oficiarem, requerer ao procurador-geral as diligências e investigações necessárias.

1. COMENTÁRIOS

Os membros do Ministério Público que funcionam junto ao TST, como dispõe o art. 749, são os subprocuradores-gerais do trabalho, como prevê o art. 117 da LC nº 75/93.

▸SEÇÃO VI – DAS ATRIBUIÇÕES DOS PROCURADORES REGIONAIS

✦ ATRIBUIÇÕES DO PROCURADOR-CHEFE DA PROCURADORIA REGIONAL

Art. 750. Incumbe aos procuradores regionais:(Redaçao dada pelo Decreto-lei nº 8.737, de 19.1.1946)

a) dirigir os serviços da respectiva Procuradoria;

b) funcionar nas sessões do Tribunal Regional, pessoalmente ou por intermédio do procurador adjunto que designar;

c) apresentar, semestralmente, ao procurador-geral, um relatório das atividades da respectiva Procuradoria, bem como dados e informações sobre a administração da Justiça do Trabalho na respectiva região;

d) requerer e acompanhar perante as autoridades administrativas ou judiciárias as diligências necessárias à execução das medidas e providências ordenadas pelo procurador-geral;

e) prestar ao procurador-geral as informações necessárias sobre os feitos em andamento e consultá-lo nos casos de dúvidas;

f) funcionar em juízo, na sede do respectivo Tribunal Regional;

g) exarar o seu "ciente" nos acórdãos do Tribunal;

h) designar o procurador que o substitua nas faltas e impedimentos e o secretário da Procuradoria.

✦ ATRIBUIÇÕES DOS PROCURADORES ADJUNTOS

Art. 751. Incumbe aos procuradores adjuntos das Procuradorias Regionais:(Redação dada pelo Decreto-lei nº 8.737, de 19.1.1946)

a) funcionar por designação do procurador regional, nas sessões do Tribunal Regional;

b) desempenhar os demais encargos que lhes forem atribuídos pelo procurador regional.

1. COMENTÁRIOS

Os Procuradores Regionais referidos no art. 750, ora comentado, são os atuais Procuradores-chefes das Procuradorias Regionais dos Estados. Estes, além de exercerem a coordenação administrativa do órgão, também podem ser responsáveis, por delegação do Procurador Geral do Trabalho, conforme art. 92, II, da LC nº 75/93.

A figura do Procurador-Adjunto, referida no art. 751 da CLT, não existe mais. Contudo, o Procurador-chefe da Procuradoria Regional do Trabalho poderá designar um substituto para responder em suas ausências.

▸SEÇÃO VII – DA SECRETARIA

✦ **SECRETARIA DA PROCURADORIA-GERAL**

Art. 752. A secretaria da Procuradoria-Geral funcionará sob a direção de um chefe designado pelo procurador-geral e terá o pessoal designado pelo Ministro do Trabalho.(Redação dada pelo Decreto-lei nº 8.737, de 19.1.1946)

✦ **ATRIBUIÇÕES DA SECRETARIA**

Art. 753. Compete à secretaria:

a) receber, registrar e encaminhar os processos ou papéis entrados;

b) classificar e arquivar os pareceres e outros papéis;

c) prestar informações sobre os processos ou papéis sujeitos à apreciação da Procuradoria;

d) executar o expediente da Procuradoria;

e) providenciar sobre o suprimento do material necessário;

f) desempenhar os demais trabalhos que lhes forem cometidos pelo procurador-geral, para melhor execução dos serviços a seu cargo.

✦ **ATRIBUIÇÕES DA PROCURADORIA REGIONAL: PESSOAL DE APOIO**

Art. 754. Nas Procuradorias Regionais, os trabalhos a que se refere o artigo anterior serão executados pelos funcionários para esse fim designados.

1. COMENTÁRIOS

Os artigos 752 a 754 dizem respeito ao pessoal de apoio administrativo à atuação dos Procuradores do Trabalho. Diante da autonomia administrativa e financeira que assumiu o Ministério Público após a Constituição de 1988, estes dispositivos não foram recepcionados (art. 127, § 2º, da CF/88).

Neste sentido o art. 22 da LC nº 75/93: "Ao Ministério Público da União é assegurada autonomia funcional, administrativa e financeira, cabendo-lhe: I – propor ao Poder Legislativo a criação e extinção de seus cargos e serviços auxiliares, bem como a fixação dos vencimentos de seus membros e servidores; II – prover os cargos de suas carreiras e dos serviços auxiliares; III – organizar os serviços auxiliares;".

2. INFORMATIVOS DO TST

▸ **Ministério Público do Trabalho. Ação civil coletiva. Legitimidade ativa. Supressão de pagamento ou dispensa com intuito punitivo e discriminatório. Direitos individuais homogêneos. Garantia de acesso ao Judiciário.**

O Ministério Público do Trabalho tem legitimidade para ajuizar ação civil coletiva em face de empregador que, com intuito punitivo e discriminatório, suprime o pagamento de adicionais e gratificações ou dispensa empregados que ajuizaram reclamação trabalhista e não aderiram a acordo judicial, ainda que a postulação envolva sanções de caráter pecuniário. Trata-se, com efeito, da tutela de direitos individuais homogêneos, sendo cabível a defesa coletiva para facilitar o acesso à Justiça, conferindo uniformidade e relevância às decisões judiciais nos conflitos de massa. Ademais, a pretensão ostenta interesse social relevante, não só para a categoria dos empregados atingidos, mas também para todos os trabalhadores, na medida em que visa assegurar a garantia fundamental de acesso ao Judiciário sem discriminações ou retaliações. Com base nessas premissas e citando precedentes da própria Corte e do STF, a SBDI-I, por unanimidade, conheceu dos embargos, por divergência jurisprudencial e, no mérito, deu-lhes provimento para, reformando o acórdão que extinguira o feito sem resolução de mérito, declarar a legitimidade ativa do *Parquet* e determinar o retorno dos autos à Turma de origem para julgar o recurso de revista da primeira reclamada como entender de direito. TST-E-ED-RR-197400-58.2003.5.19.0003, SBDI-I, Min. Augusto César Leite de Carvalho, 21.6.2012. (Informativo nº 14)

▸CAPÍTULO III – DA PROCURADORIA DE PREVIDÊNCIA SOCIAL

Arts. 755 a 762. Seções I a V, que compõem este capítulo III, foram tacitamente revogados pelo DL nº 72, de 21.11.1966.

▸TÍTULO X – DO PROCESSO JUDICIÁRIO DO TRABALHO

▸CAPÍTULO I – DISPOSIÇÕES PRELIMINARES

✦ EFICÁCIA TERRITORIAL DA LEI PROCESSUAL

Art. 763. O processo da Justiça do Trabalho, no que concerne aos dissídios individuais e coletivos e à aplicação de penalidades, reger-se-á, em todo o território nacional, pelas normas estabelecidas neste Título.

1. COMENTÁRIOS

A norma deste artigo consagra o princípio da territorialidade, segundo o qual a eficácia das regras processuais está restrita ao território nacional. Este princípio também influenciou o processo civil, como se percebe da redação do artigo 1.211 do CPC/73, a seguir transcrito: "Este Código regerá o processo civil em todo o território brasileiro. Ao entrar em vigor, suas disposições aplicar-se-ão desde logo aos processos pendentes.".

O princípio da territorialidade se faz presente, inclusive, na atuação da Jurisdição, identificada como poder-dever-função do Estado na composição dos conflitos de interesse. A jurisdição é exercida no território nacional.

De acordo com a aplicação do princípio, prevê o art. 1º, do CPC/73, a seguir transcrito: "A jurisdição civil, contenciosa e voluntária, é exercida pelos juízes, em todo o território nacional, conforme as disposições que este Código estabelece."

A disposição é reproduzida no **art. 16 do CPC/2015**, nos seguintes termos: "A jurisdição civil é exercida pelos juízes e pelos tribunais em todo o território nacional, conforme as disposições deste Código.

A territorialidade da lei processual se sustenta em duas razões: uma de ordem política, considerando-se que a interferência da lei brasileira em outro país resultaria em desrespeito à soberania do Estado; outra de ordem prática, porque as leis são adequadas à realidade de cada país, considerando-se a extensão do território e as condições socioeconômicas de cada Estado soberano. Exemplo do respeito a esta soberania se percebe na redação do art. 651, § 2º, da CLT, que atrai para a justiça nacional a apreciação de conflitos que ocorreram no estrangeiro, somente quando não houver Convenção Internacional dispondo em contrário (vide comentários ao artigo referido).

Exatamente porque a lei processual tem vigência em todo o território nacional se trata de norma federal, cuja produção é de competência privativa da União, como se percebe da redação do art. 22, I, da CF: "Compete privativamente à União legislar sobre: I – direito civil, comercial, penal, processual, eleitoral, agrário, marítimo, aeronáutico, espacial e do trabalho;".

✦ **CONCILIAÇÃO OBRIGATÓRIA**

Art. 764. Os dissídios individuais ou coletivos submetidos à apreciação da Justiça do Trabalho serão sempre sujeitos à conciliação.

§ 1º – Para os efeitos deste artigo, os juízes e Tribunais do Trabalho empregarão sempre os seus bons ofícios e persuasão no sentido de uma solução conciliatória dos conflitos.

§ 2º – Não havendo acordo, o juízo conciliatório converter-se-á obrigatoriamente em arbitral, proferindo decisão na forma prescrita neste Título.

§ 3º – É lícito às partes celebrar acordo que ponha termo ao processo, ainda mesmo depois de encerrado o juízo conciliatório.

1. COMENTÁRIOS

1.1. Importância da conciliação

A conciliação é um dos princípios mais importantes do processo do trabalho, tanto que a CLT o prestigiou nos seguintes artigos, além deste que ora se comenta: 831, 846, 847, 850, 852-E, 862 e 863. Não custa lembrar que originariamente o nome do órgão de primeiro grau de jurisdição era "Junta de Conciliação e Julgamento". A busca de uma solução conciliatória do conflito será sempre perseguida pelo Juiz do Trabalho, que deve tentar dissuadir as partes a continuar com a contenda, empregando todos os meios que estiverem à sua disposição. Persuadir não significa obrigar, mas o juiz tem o dever de orientar as partes quanto à possibilidade de sucesso ou insucesso da demanda, a fim de estarem seguras quanto às bases da conciliação. A solução pela conciliação, hoje tão propagada no processo moderno, vem estimulando o Estado a criar mecanismos extrajudiciais para atingir tal objetivo, como é exemplo a Comissão de Conciliação Prévia que, infelizmente, não tem alcançado bons resultados (vide comentários ao art. 625-A, D e E, da CLT).

O TST, por meio da IN nº 39/2016 do TST, em seu artigo 14, prevê que:

> "Não se aplica ao Processo do Trabalho o art. 165 do CPC, salvo nos conflitos coletivos de natureza econômica (Constituição Federal, art. 114, §§ 1º e 2º).".

O TST, portanto, afasta a possibilidade das audiências de conciliação e mediação em dissídios individuais, só ressalvando o uso das mesmas nos dissídios coletivos de natureza econômica.

1.2. Efeitos da conciliação

Vide comentários ao art. 831, § único da CLT.

1.3. Transação é diferente de conciliação

A doutrina trabalhista, tradicionalmente, distingue a conciliação da transação. O principal ponto de distinção está na iniciativa quanto à solução por acordo: na transação a iniciativa é das partes, e na conciliação o juiz toma a iniciativa. Não significa dizer que o juiz deve homologar, cegamente, a vontade das partes na transação. Seu papel como agente do Estado o obriga a inquirir sobre as bases da transação, questionar quanto ao interesse das partes, proteger a livre manifestação de vontade dos transatores e frustrar o fim ilegítimo que se possa pretender com tal ato, como ocorrem nas "lides simuladas", criadas com o intuito de se conseguir a quitação geral quanto ao contrato de trabalho. A negativa do juiz em homologar a transação que considera em desacordo com a ordem jurídica ou lesiva aos interesses de um dos litigantes se insere em seu poder discricionário, como já consolidou a jurisprudência do TST, na Súmula nº 418.

Neste sentido é a síntese de Eduardo Gabriel Saad, CLT Comentada, 2009, p. 981: "Há quem veja, na obrigatoriedade da conciliação em nosso processo trabalhista, o traço que a distingue da transação prevista no art. 840, do Código Civil de 2002. Admitimos a existência desse traço distintivo, mas, indo na esteira de Couture, devemos assinalar que a conciliação pode assumir uma das três formas seguintes: a) a renúncia da pretensão; **b)** o reconhecimento da pretensão; e c) a transação. Como vemos, a conciliação se reveste de mais duas formas além da transação, circunstância que mais acentua a diferença entre esses dois processos de solução de litígios trabalhistas. Há um ponto afim entre ambos os institutos: só se aperfeiçoam com o acordo de vontades. Todavia, na conciliação de que trata o presente artigo, a iniciativa da composição de interesses é do juiz.

Francisco Antonio de Oliveira, Comentários, 2005, p. 641, também diferencia a transação da conciliação: "A diferença estrutural que se registra entre elas está em que a transação é um ato jurídico entabulado e acertado pelas partes, fora ou dentro do juízo, mas da exclusiva iniciativa das partes, enquanto a conciliação é um ato processual da iniciativa do juiz, seguindo-se o acordo de vontades, mas como consequência do poder de iniciativa do magistrado.". Este autor vai além e afirma que a transação pressupõe a existência de res dubia, ou seja, de incerteza quanto ao direito perseguido, mas a conciliação tem "âmbito maior de operosidade, podendo situar-se ou não em âmbito da res dubia, é o que a prática nos ensina, muito embora se afirme que o crédito trabalhista seja irrenunciável." (2005, p. 640).

Concordamos com F. A. de Oliveira. De fato, a conciliação, ato que só ocorre em juízo, possui uma abrangência maior que a transação, pois ocorrerá mesmo na certeza do direito. Contudo, não se pode negar que mesmo em juízo existem direitos irrenunciáveis, consequentemente não passíveis sequer de conciliação. Sobre os limites à autonomia de vontade das partes para renunciar ou transacionar nos reportamos aos comentários ao art. 444 da CLT.

1.4. Natureza jurisdicional da conciliação trabalhista

A iniciativa do julgador quanto à conciliação confirma a natureza jurisdicional deste ato processual, diante das diversas correntes doutrinárias sobre assunto. Explica José Isidoro Somaré que existem três teorias para explicar a natureza jurídica da conciliação: **a)** como ato jurisdicional (Goldschimidt); **b)** como ato intermediário, posto entre o ato administrativo e o jurisdicional (Calamandrei); **c)** como ato administrativo, embora distinto, por sua peculiaridade, dos demais atos administrativos (Chiovenda); o autor conclui, ao final, pela natureza jurisdicional da conciliação trabalhista (apud Russomano, Comentários, Vol. II, 1993, p. 845).

Sergio Pinto Martins, Comentários, 2010, p. 791, corrobora a tese da natureza jurisdicional da conciliação, sustentando que o ato é celebrado perante o juiz e depende de sua homologação, diante da provocação da tutela jurisdicional.

1.4.1. Função Social como limite para a liberdade contratual

A liberdade de contratar será exercida em razão e nos limites da função social do contrato (art. 421, do CC). A liberdade contratual diz respeito à possibilidade de se escolher o conteúdo do contrato e, no caso trabalhista, está limitada não só por sua função social, mas também pelas normas imperativas que aderem automaticamente ao contrato, como a que estabelece o salário-mínimo. A visão de que a liberdade contratual é exercida não em razão da função social, mas sim em decorrência da autonomia privada (Fabio Azevedo, Direito Civil, 2009, p. 111), não pode prevalecer no direito do trabalho. Neste ramo do direito privado não há autonomia privada, salvo no direito coletivo onde os contratantes são os sindicatos e empresas. O Estado tutela os interesses do empregado contratante, impondo cláusulas mínimas de observância obrigatória entre empregado e empregador.

Concordamos com Fabio Azevedo (2009, p. 414) quando afirma que a função social "estaria relacionada à causa do contrato, isto é, à observância de uma função que passa a ser o seu elemento interno, sua função, constituindo seu conteúdo.". A ausência de função social da transação, como espécie de negócio jurídico processual, levaria ao reconhecimento de sua nulidade, como no exemplo de empregado que recebe valor ínfimo para quitar todos os direitos do contrato de trabalho. A transação, no exemplo citado, em nada contribuirá para a melhoria da condição social do trabalhador.

1.5. Momentos processuais da conciliação

A conciliação trabalhista pode ocorrer a qualquer tempo, mesmo depois de proferida a sentença. Neste sentido a lição de Saad, in CLT Comentada, 2009, p. 981-982: "A admissibilidade do acordo entre os litigantes, após o encerramento do Juízo conciliatório, é assegurada pelo § 3º, do artigo acima transcrito. É lícita a transação "post rem judicatam", porque, como já advertia Ulpiano, ainda aí existe "res dubia", eis que a sentença é suscetível de reforma na instância superior. Pensamos que a autocomposição de interesses das partes pode verificar-se até depois de a sentença se haver tornado irrecorrível, porque assim se evitam os riscos e os dissabores peculiares à execução da sentença. Na hipótese – segundo João Monteiro, apoiado em Paulo – não há transação, mas doação do credor ao devedor ("Teoria do Processo Civil", 2º vol., págs. 772 e 773, 6ª ed.).".

Mesmo podendo ocorrer a qualquer tempo, é imperativo que se observem as tentativas de conciliação nas duas oportunidades nas quais a CLT prevê, obrigatoriamente, que o juiz a proponha, sob pena de nulidade. A conciliação deve ser proposta no início da audiência (art. 846) e, se frustrada a composição, deve ser renovada a intenção no final da audiência, logo após as razões finais orais e antes da sentença (art. 850). Estes são os momentos previstos para a proposta de conciliação no procedimento ordinário.

Doutrina e jurisprudência têm entendido que a segunda proposta de conciliação supre a ausência da primeira. Neste sentido: Martins, Comentários, 2010, p. 792 e Rodrigues Pinto, Processo, 2005, p. 440, esclarecendo este último autor que "a jurisprudência trabalhista evoluiu, com bom senso, no sentido de considerar simples irregularidade a omissão da primeira tentativa, desde que efetivada a segunda.".

Contudo, a omissão quanto à segunda tentativa torna inexorável a declaração de nulidade do processo, "exatamente pela subtração dos elementos concretos à avaliação dos dissidentes para rever sua postura inicial não conciliatória." (Rodrigues Pinto, 2005, p. 440).

No procedimento sumaríssimo e no do dissídio coletivo a CLT só prevê, obrigatoriamente, uma tentativa de conciliação, sempre no início da audiência, conforme regra contida nos artigos 852-E e 862, respectivamente. Segundo a previsão legal, o juiz não terá uma segunda oportunidade para propor o acordo, não podendo, assim, se olvidar de fazê-lo no início da audiência ou da sessão de conciliação no TRT. Fica resguardada, contudo, a possibilidade das partes chegarem a um acordo, que poderá ser submetido à homologação do juízo a qualquer tempo.

2. SÚMULAS E ORIENTAÇÕES JURISPRUDENCIAIS

Súmula nº 418/TST

MANDADO DE SEGURANÇA VISANDO À HOMOLOGAÇÃO DE ACORDO (nova redação em decorrência do CPC de 2015) – Res. 217/2017, DEJT divulgado em 20, 24 e 25.04.2017

A homologação de acordo constitui faculdade do juiz, inexistindo direito líquido e certo tutelável pela via do mandado de segurança.

3. QUESTÕES DE CONCURSOS

01. (PGE-SC/PROCURADOR DO ESTADO/FEPESE/2009) A conciliação é um objetivo a ser perseguido por todo o Poder Judiciário brasileiro e, na Justiça do Trabalho, é cabível a qualquer momento.

02. (TRT – 17ª REGIÃO/TÉCNICO JUDICIÁRIO/CESPE/2009) Nos dissídios individuais ou coletivos submetidos à apreciação da justiça do trabalho, são, na medida do possível, formuladas pelo juízo propostas de conciliação.

03. (TRT – 17ª REGIÃO/TÉCNICO JUDICIÁRIO/CESPE/2009) Inexistindo acordo, o juízo conciliatório converte-se obrigatoriamente em arbitral e profere decisão na forma prescrita no título Do Processo Judiciário do Trabalho, da CLT.

04. (FCC – TRT 6 – Analista Judiciário/2012/ADAPTADA) Os dissídios individuais ou coletivos submetidos à apreciação da Justiça do Trabalho serão sempre sujeitos à conciliação.

05. (MPT – Procurador do Trabalho/2009) Assinale a alternativa CORRETA: No processo do trabalho, a conciliação pode se realizar a qualquer tempo e grau de jurisdição, salvo na fase de execução.

GAB	1	C	2	E	3	C	4	C	5	E

✦ PODER PROBATÓRIO DO JUIZ

Art. 765. Os Juízos e Tribunais do Trabalho terão ampla liberdade na direção do processo e velarão pelo andamento rápido das causas, podendo determinar qualquer diligência necessária ao esclarecimento delas.

1. COMENTÁRIOS

O processo sempre se preocupou com a busca da verdade, particularmente na Justiça do Trabalho onde os conflitos dizem respeito, predominantemente, a demandas com objeto de natureza alimentar. Por esta razão, mais ainda que no processo civil, o Juiz do Trabalho detém ampla iniciativa quanto à condução dos atos processuais, principalmente no campo probatório. Ao conjunto de mecanismos processuais que conferem ao Juiz do Trabalho maior iniciativa no processo, seja quanto às provas, seja no tocante a qualquer diligência necessária à efetivação do direito, é denominado de princípio do inquisitório.

Em contraponto ao inquisitório está o princípio dispositivo, segundo o qual a marcha do processo e, consequentemente, seu resultado, depende mais da iniciativa das partes do que de uma atitude pró-ativa do juiz.

No processo civil o princípio dispositivo tem cedido espaço ao inquisitório, principalmente depois das sucessivas reformas na legislação processual. Especialmente no campo probatório o processo civil também é influenciado pelo princípio inquisitório ou inquisitivo.

O artigo art. 382 do CPC/73, literalmente reproduzido no art. 421 do CPC/2015, é um excelente exemplo do inquisitório: "O juiz pode, de ofício, ordenar à parte a exibição parcial dos livros e dos documentos, extraindo-se deles a suma que interessar ao litígio, bem como reproduções autenticadas.”,

2. QUESTÕES DE CONCURSOS

01. (TRT – 6ª REGIÃO/ANALISTA JUDICIÁRIO/FCC/2006) Na direção do processo, os Juízes e os Tribunais do Trabalho:

a) deverão, obrigatoriamente, aplicar as Súmulas de Jurisprudência e Orientações Normativas do Tribunal Superior do Trabalho, velando pelo rápido andamento das causas.
b) terão ampla liberdade, podendo determinar, apenas, as diligências previamente requeridas pelas partes.
c) terão ampla liberdade, porém, deverão ouvir, previamente, o Ministério Público do Trabalho, quando se tratar de determinar diligência não requerida pelas partes.
d) terão ampla liberdade, podendo determinar quaisquer diligências que entenderem necessárias.
e) deverão, em qualquer hipótese, homologar acordo que ponha termo ao processo, velando pelo rápido andamento das causas.

02. (TRT 24 – Técnico Judiciário – Área Administrativa/2011) De acordo com a Consolidação das Leis do Trabalho, os Juízos e Tribunais do Trabalho terão ampla liberdade na direção do processo e velarão pelo andamento rápido das causas, podendo determinar qualquer diligência necessária ao esclarecimento delas. Este dispositivo retrata especificamente o princípio

a) da instrumentalidade.
b) dispositivo.
c) da estabilidade da lide.
d) inquisitivo.
e) da perpetuatio jurisdictionis.

03. (TRT 2 – Juiz do Trabalho Substituto 2ª região/ 2012) Tendo por base as frases abaixo e a sua respectiva sequência, aponte a alternativa correta em relação aos princípios probatórios: (1) O juiz como diretor do processo é quem colhe direta e imediatamente a prova; (2) O juiz tem ampla liberdade na condução do processo, na busca dos elementos probatórios que formem o seu convencimento; (3) O juiz pode de ofício interrogar os litigantes.

a) Princípio da imediação; princípio da imediação; princípio do contraditório.
b) Princípio do livre convencimento; princípio da persuasão racional; princípio da oralidade.
c) Princípio da oralidade; princípio da imediação; princípio da oralidade.
d) Princípio da imediação; princípio da busca da verdade real; princípio da imediação.
e) Princípio da aquisição da processual; princípio da busca da verdade real; princípio do contraditório.

GAB	1	D	2	D	3	D

✦ DISSÍDIO SOBRE SALÁRIOS: JULGAMENTO COM EQUIDADE

Art. 766. Nos dissídios sobre estipulação de salários, serão estabelecidas condições que, assegurando justos salários aos trabalhadores, permitam também justa retribuição às empresas interessadas.

1. COMENTÁRIOS

A norma contida no art. 766 trata do **princípio da equidade**. A regra orienta tanto o julgamento dos dissídios coletivos de natureza econômica, onde pode ser fixado o valor de um piso salarial, abstratamente, para ser observado por toda a categoria suscitante do conflito, como também o dissídio individual, quando, no caso concreto, o Juiz do Trabalho tiver que estipular o valor do salário contratual, diante da omissão dos contratantes, aplicando a norma do art. 460 da CLT.

Sobre o julgamento baseado no princípio da equidade já tivemos a oportunidade de nos manifestar em outra obra, nos seguintes termos:

> “Via de regra a decisão se baseia em lei, ato normativo ou interpretação jurisprudencial, ainda que esta última não seja considerada fonte formal do direito.

Somente por exceção se admite o julgamento por equidade, ou seja, a composição do conflito com base em princípios de justiça no ideal de atribuir a cada um o que é seu por direito (CPC, art. 127).

Parece contraditório que o ordenamento jurídico sobreponha o legal ao justo, como se a lei melhor representasse o ideal de justiça. Em verdade, a lei processual civil preferiu não correr o risco de julgamentos segundo critérios arbitrários, balizando, portanto, as regras de aplicação da lei ao caso concreto. Isto não impede, todavia, que o juiz continue a ser equânime na aplicação da lei, no tratamento das partes e, principalmente, na apreciação da prova. Tanto é verdadeira a afirmação que não exclui o legislador a equidade como regra de interpretação das próprias leis que sustentam as decisões (CLT, art. 8º c/c CRFB, art. 93, IX).

O nosso direito, em diversas oportunidades, admite o julgamento por equidade. Citem-se, como exemplos, a autorização do art. 1.109 do CPC, quanto aos procedimentos de jurisdição voluntária e da Lei nº 9.307/95, regulando a arbitragem. No processo do trabalho, o julgamento em ação sujeita ao rito sumaríssimo (art. 852, I, § 1º, CLT) e em dissídio coletivo (CRFB/88, art. 114, § 2º), também representam exemplos de "julgamento por equidade." (Magistratura, 2008, p. 169-170).

Este conhecimento foi exigido no seguinte concurso público para ingresso no Cargo de Juiz do Trabalho Substituto:

*** DISCURSIVA:**

↳ **(TRT/18R/Juiz/2012) À luz da equidade (julgamento equânime), é permitido ao Juiz do Trabalho deixar de aplicar o direito legislado literalmente e dar a solução que lhe pareça mais justa e condizente com os fins sociais a que a lei se dirige e às exigências do bem com um, por exemplo, em circunstâncias específicas, absolvendo um empregador hipossuficiente, em face de um empregado técnico de alto nível de formação profissional?**

2. QUESTÕES DE CONCURSOS

01. (TRT – 17ª REGIÃO/ANALISTA JUDICIÁRIO/CESPE/2009) Nos dissídios a respeito da estipulação de salários, são estabelecidas condições que, assegurando justos salários aos trabalhadores, permitem também justa retribuição às empresas interessadas.

GAB	1	C

✦ COMPENSAÇÃO E RETENÇÃO: MATÉRIA DE DEFESA

Art. 767. A compensação, ou retenção, só poderá ser argüida como matéria de defesa.

1. COMENTÁRIOS

A compensação e a retenção são matérias de defesa, portanto, preclui a oportunidade de serem arguidas se não forem alegadas em audiência, no momento de apresentação da contestação (art. 847 da CLT). Ao Juiz do Trabalho é vedado reconhecê-las de oficio.

A compensação só ocorrerá entre dívidas de natureza trabalhista (S. 18 do TST). Portanto, quanto às dívidas não trabalhistas, mesmo que decorram do contrato de trabalho, como pactos acessórios, a exemplo de alugueres atrasados da moradia ocupada em razão do contrato de trabalho, ou dívidas contraídas pelos empregados em caixas de assistência mantidas pelo empregador, este deverá se valer da reconvenção (ação manejada pelo réu em face do autor, no mesmo processo). Russomano, Vol. II, 1993, p. 848, defendendo opinião minoritária, sustenta o não cabimento da reconvenção no processo do trabalho, sob os seguintes argumentos: "A lei, no art. 767, taxativamente, admitiu, no processo trabalhista, apenas, a retenção e a compensação. Omitindo a reconvenção, é claro que a quis excluir.". O próprio autor, contudo, reconhece que a orientação majoritária admite seu cabimento.

O limite da compensação alegada na defesa não é o valor de uma remuneração mensal do empregado, como prevê a norma do art. 477, § 5º, da CLT. Esta restrição só é aplicável na rescisão contratual e não para a alegação de defesa em juízo (sobre o tema nos reportamos aos comentários ao referido artigo).

Valentin Carrion afirma que seria letra morta o art. 767 da CLT caso se exigisse a compensação tal qual o Código Civil, art. 369 (entre dívidas líquidas, vencidas e de coisas fungíveis). Explica o autor que os direitos pleiteados pelo empregado na Justiça do Trabalho habitualmente só se tornam líquidos após a sentença; ao empregador, portanto, se deve permitir o mesmo direito, ou seja, o de arguir a compensação de dívidas ilíquidas em sua defesa (Comentários, 2010, p. 638). Aderimos à manifestação de Carrion, pois mais adequada à praxe forense trabalhista.

Na doutrina, mais uma vez está com Carrion, Comentários, 2010, p. 638, a orientação quanto ao sentido do vocábulo retenção, utilizado no art. 767: "O vocábulo retenção, no texto supra, tampouco está no sentido civilista de não devolução da coisa alheia (benfeitorias do possuidor, depositário, locação etc.), mas de retenção do pagamento (não pago o 13º porque o empregado não cumpriu o aviso prévio), como, talvez, impropriamente, usa o CC, art. 319, se o credor não dá recibo.".

Saad, CLT Comentada, 2009, p. 986, também parece negar o sentido civilista ao vocábulo "retenção": "Pela retenção, o credor quer garantir-se do pagamento de seu crédito, quando existir, ou do cumprimento de uma obrigação. Em alguns casos, tem o empregador o direito de reter o salário – ou parte dele – como no caso de o empregado que se desliga do serviço sem dar aviso prévio."

A nosso ver a retenção, como matéria de defesa, admite ser interpretada nos dois sentidos: **a)** no sentido possessório, como no direito de retenção das ferramentas de trabalho do empregador, pelo empregado, até que lhe sejam pagas as verbas resilitórias; **b)** no sentido de retenção do pagamento, até que o empregado cumpra sua obrigação, como no exemplo do aviso prévio, acima citado; outro exemplo deste segundo sentido é visto no caso do empregado porteiro de edifício que se recusa a desocupar o imóvel que lhe foi cedido, mesmo após sua despedida, tendo o empregador o direito de reter as verbas resilitórias até que este se retire do imóvel.

2. SÚMULAS E ORIENTAÇÕES JURISPRUDENCIAIS

- **Súmula nº 18/TST**

  COMPENSAÇÃO (mantida) – Res. 121/2003, DJ 19, 20 e 21.11.2003

  A compensação, na Justiça do Trabalho, está restrita a dívidas de natureza trabalhista.

- **Súmula nº 48/TST**

  COMPENSAÇÃO (mantida) – Res. 121/2003, DJ 19, 20 e 21.11.2003

  A compensação só poderá ser argüida com a contestação.

3. QUESTÕES DE CONCURSOS

01. (TRT – 16ª REGIÃO/TÉCNICO JUDICIÁRIO/FCC/2009) A compensação

a) pode ser determinada pelo juiz de ofício se a dívida for constatada na fase da execução da sentença.

b) pode ser alegada pelo reclamante na inicial, quando tratar-se de dívida de natureza comercial.

c) pode ocorrer com dívida de natureza civil, desde que entre as mesmas partes.

d) só pode ser argüida na contestação, jamais no curso do processo ou na fase recursal.
e) consiste no direito do reclamado reter alguma quantia do reclamante, até que a dívida deste seja quitada.

02. (TRT – 2ª REGIÃO/TÉCNICO JUDICIÁRIO/FCC/2008) Numa reclamação trabalhista, o crédito do reclamado é superior ao do reclamante. Nesse caso,

a) o reclamado só poderá apresentar reconvenção se a diferença for superior a um mês de salário do empregado e se tiver ocorrido rescisão do contrato de trabalho.
b) o juiz pode determinar ao reclamante que devolva a diferença ao reclamado, independentemente de reconvenção.
c) o reclamado só poderá pleitear seu crédito em ação própria, pois, no processo trabalhista, não há reconvenção.
d) o reclamado pode apresentar reconvenção, se o crédito for oriundo da relação de emprego e houver conexão.
e) o reclamado pode, em contestação, pedir a compensação dos créditos e a devolução do que entende devido, sendo que o reclamante pode apresentar reconvenção.

03. (TRT 3 – Juiz do Trabalho Substituto 3ª região/ 2012) Leia as afirmativas abaixo e assinale a alternativa correta: a compensação, a dedução e a retenção são matérias de defesa do reclamado, sendo que a compensação deve ser alegada somente pelo reclamado (no caso do montante pedido pelo reclamante ser igual aos valores a serem compensados pelo reclamado), já a dedução e a retenção podem ser alegadas pelo reclamado e também proclamadas de ofício pelo Poder Judiciário.

04. (TRT 8 – Juiz do Trabalho Substituto 8ª região/2014) Em relação ao Processo Judiciário do Trabalho, assinale a alternativa INCORRETA, conforme disposto na CLT:

a) Os dissídios individuais ou coletivos submetidos à apreciação da Justiça do Trabalho serão sempre sujeitos à conciliação.
b) Os Juízos e Tribunais do Trabalho terão ampla liberdade na direção do processo e velarão pelo andamento rápido das causas, podendo determinar qualquer diligência necessária ao esclarecimento delas.
c) A compensação, ou retenção, poderá ser deduzida até as razões finais.
d) É lícito às partes celebrar acordo que ponha termo ao processo, ainda mesmo depois de encerrado o juízo conciliatório.
e) Nos casos omissos, o direito processual comum será fonte subsidiária do direito processual do trabalho, exceto naquilo em que for incompatível com as normas deste Título.

GAB	1	D	2	D	4	E	5	C

✦ **PREFERÊNCIA NA TRAMITAÇÃO: FALÊNCIA**

Art. 768. Terá preferência em todas as fases processuais o dissídio cuja decisão tiver de ser executada perante o Juízo da falência.

1. COMENTÁRIOS

A regra deste artigo exige que o juiz dê preferência para a prática de todos os atos processuais, sendo mais abrangente que a preferência somente para julgamento, prevista no art. 652, § único, da CLT. A preferência, contudo, só prevalecerá quanto às demandas nas quais o falido for réu e não autor. Esta interpretação se extrai tanto da regra do art. 652, § único, como do artigo ora comentado. A intenção de ambas as normas é agilizar a formação do título judicial trabalhista (sentença) a fim de que o empregado possa, o quanto antes, se habilitar junto ao juízo falimentar.

O artigo 768 reafirma a competência do juízo universal da falência para execução dos créditos trabalhistas.

O E. STF, no julgamento do RE nº 583955/RJ, Rel. Min. Ricardo Lewandowski, 28.5.2009, divulgado no INFO nº 548/STF, definiu a competência do Juízo Universal da Falência para apreciação de todos os processos que demandam quantias líquidas. Mantiveram-se na competência da Justiça do Trabalho os processos somente até o momento da liquidação da sentença condenatória. Constituído de maneira líquida o crédito trabalhista, a competência para o cumprimento da sentença transferir-se-á ao Juízo da Falência (interpretação da Lei 11.101/2005, art. 6º, §§ 1º, 2º e 7º).

2. QUESTÕES DE CONCURSOS

01. (TRT – 6ª REGIÃO/ANALISTA JUDICIÁRIO/FCC/2006) Terão preferência as reclamações trabalhistas

a) cujo objeto for o pagamento de salários e as que decorrerem da falência do empregador.
b) cujo objeto forem as condições de trabalho e a aquelas em que for parte o menor.
c) em que se pretender o reconhecimento do vínculo de emprego e aquelas em que for parte o menor.
d) em que se pretender o reconhecimento da estabilidade do empregado
e) em que for parte o menor ou o analfabeto.

02. (TRT 14 – Juiz do Trabalho Substituto 14ª região/ 2012) De acordo com a CLT escolha a alternativa correta: terá preferência em todas as fases processuais o dissídio cuja decisão tiver de ser executada perante o Juízo da falência.

GAB	1	A	2	C

✦ SUBSIDIARIEDADE DO DIREITO PROCESSUAL COMUM

Art. 769. Nos casos omissos, o direito processual comum será fonte subsidiária do direito processual do trabalho, exceto naquilo em que for incompatível com as normas deste Título.

1. COMENTÁRIOS

A aplicação subsidiária do direito processual comum, incluídas todas as normas processuais, e não só o CPC, depende da conjugação de dois requisitos: a) omissão da legislação processual do trabalho; **b)** compatibilidade da norma pretensamente aplicável com o sistema processual trabalhista, assim entendido como o conjunto de regras e princípios de processo do trabalho.

O Código de Processo Civil reúne a grande maioria das normas de direito processual. É natural, portanto, que seja a principal fonte de aplicação subsidiária.

O CPC/2015 prevê, em seu art. 15, que:

> Na ausência de normas que regulem processos eleitorais, trabalhistas ou administrativos, as disposições deste Código lhes serão aplicadas supletiva e subsidiariamente.

A regra do art. 15 não revogou do art. 769 da CLT. Neste sentido, inclusive, a IN nº 39/2016, do TST, ao dispor:

> "Considerando que as normas dos arts. 769 e 889 da CLT não foram revogadas pelo art. 15 do CPC de 2015, em face do que estatui o art. 2º, § 2º da Lei de Introdução às Normas do Direito Brasileiro".

A omissão, tradicionalmente, é interpretada como ausência de norma processual trabalhista. Contudo, também existem lacunas ontológicas e axiológicas, além das normativas. Sobre todas estas espécies de lacunas vide comentários ao art. 8º, § único, da CLT.

Portanto, se nega aplicação da regra processual comum quando não houver omissão ou, mesmo que haja, se sua aplicação resultar em conflito com o sistema processual do trabalho. Este conflito nem sempre se percebe de uma observação direta das normas e princípios de processo do trabalho, senão após serem interpretadas de acordo com o sistema processual.

Exemplo da interpretação que gera incompatibilidade da regra processual comum diz respeito à **citação por hora certa**, prevista nos artigos 227 a 229 do CPC/73 (art. 252 a 254 do CPC/2015).

Parcela da doutrina trabalhista interpreta a omissão da CLT quanto à citação por hora certa como uma escolha pela citação por edital, tanto na fase de conhecimento (artigos 841, § 1º, da CLT), como na execução (art. 880, § 3º, da CLT). A omissão, portanto, representou uma opção do legislador por uma espécie de citação presumida (edital), afastando, indiretamente, a outra espécie (hora certa), dispensando, portanto, a aplicação subsidiária do direito processual comum. Frise-se, todavia, que alguns autores aceitam a aplicação da citação por hora certa no processo do trabalho, entre estes, Valentin Carrion, Comentários, 2010, p. 769.

Outro exemplo diz respeito aos embargos de declaração. A CLT, no art. 897-A, não trata das hipóteses de seu cabimento, mas sim das possibilidades de efeito modificativo da sentença pela via dos embargos de declaração. Portanto, a omissão da CLT atrai a aplicação subsidiária do art. 535 do CPC/73 (art. 1.022 do CPC/2015), que cuida das hipóteses de cabimento do referido remédio recursal.

Os exemplos acima dizem respeito à aplicação subsidiária do Código de Processo Civil. Temática inserida na CLT desde sua redação original.

A aplicação supletiva, – que é expressão nova no contexto normativo do processo do trabalho –, ocorrerá diante da existência de norma trabalhista que possa regular o conflito, mas que, de alguma forma, se mostre incompleta ou insuficiente. Neste caso, a omissão atrairá a incidência de regra processual civil, cedendo espaço, em primeiro lugar, para a aplicação do Código de Processo Civil Brasileiro.

O art. 825, § único da CLT, por exemplo, cuida da intimação da testemunha, mas não explica a forma e prazo para apresentação do rol de testemunhas, carecendo, por conseguinte, da aplicação supletiva, ainda que parcialmente, do art. 357, § 4º, do CPC/2015, que prevê prazo de 15 (quinze) dias antes da audiência para oferecimento do rol. Diz-se parcialmente, porque o momento para apresentação do rol de testemunhas, se antes ou depois da audiência, é tema assaz polêmico na doutrina processual trabalhista (vide comentários ao art. 825).

Numa visão menos dogmática, poder-se-ia falar em aplicação supletiva do CPC por omissão ontológica da CLT (a norma existe, mas se tornou desatualizada para atender à realidade atual), ou axiológica (a norma existe, mas sua interpretação gera um resultado injusto, não querido, não desejado pelo direito).

Assim, haveria omissão ontológica do art. 852 da CLT ao exigir que a parte seja intimada da sentença em audiência. A *ratio legis* se sustentava na necessidade de participação de todos os membros da Junta de Conciliação e Julgamento, que então compunham o órgão colegiado de primeiro grau. A EC nª 24/99, que extinguiu a presença do juiz leigo (classista), tornou o órgão de primeira instância um juízo monocrático, composto só pelo Juiz do Trabalho (art. 111, III, da CF). Portanto, para suprir a omissão ontológica, poder-se-ia intimar a parte por notificação postal, fora da audiência, ou, em se tratando de parte assistida por advogado, por seu intermédio.

Igualmente, se poderia falar em omissão axiológica na interpretação do art. 847 da CLT, quando dispõe que a defesa será apresentada em 20 minutos. Esta regra não pode afastar a possibilidade de apresentação de defesa escrita, entregue na data da audiência, ou, em se tratando de processo eletrônico, digitalizada e apresentada no sistema do Processo Judicial Eletrônico

(Pje), antes da audiência. Negar a defesa sob a forma escrita, além de absurdo, seria interpretar a norma de maneira injusta. É cabível aqui, diante da omissão da regra do art. 847, toda e qualquer norma do CPC que trate da forma da contestação, desde que compatível com os princípios e o sistema processual do trabalho.

2. QUESTÕES DE CONCURSOS

01. (TRT – 16ª REGIÃO/JUIZ DO TRABALHO/2006) A aplicação subsidiária do direito processual comum requer:

a) A omissão da legislação processual trabalhista.

b) A conveniência e a oportunidade de cada caso concreto.

c) A omissão da lei processual trabalhista e a compatibilidade com os princípios do processo do trabalho.

d) A omissão da legislação processual trabalhista, a incompatibilidade com os princípios do processo do trabalho e o pedido do interessado.

e) O pedido do interessado, a conveniência e a oportunidade de cada caso concreto.

02. (FCC – TRT 6 – Analista Judiciário/2012/ADAPTADA) Nos casos omissos, o direito processual comum será fonte subsidiária do direito processual do trabalho, exceto naquilo em que for incompatível com as normas processuais do trabalho contidas na CLT.

03. (TRT 8 – Juiz do Trabalho Substituto 8ª região/ 2012) Assinale a alternativa CORRETA: a ação monitória, admitida no processo do trabalho, por aplicação subsidiária, como autoriza o art. 769 da CLT, deverá ser proposta conforme as regras do Código de Processo Civil, não prevalecendo as regras de competência estabelecidas no art. 651 da CLT.

04. (FCC – Analista Judiciário – Oficial de Justiça Avaliador – TRT 24/2017) O advogado da empresa Vênus de Millus Produções Artísticas apresentou uma reconvenção na audiência UNA em que a reclamada foi notificada para apresentação de sua contestação em reclamação trabalhista. Provocado a se manifestar sobre a peça processual apresentada pela empresa ré, o advogado do reclamante Hércules impugnou a juntada da reconvenção sem justificar o motivo. Conforme teoria dos princípios gerais do Processo do Trabalho,

a) não se admite em ação trabalhista nenhuma medida processual que não tenha previsão expressa contida na Consolidação das Leis do Trabalho e que seja contrária ao trabalhador.

b) caberia a medida desde que houvesse concordância da parte contrária e que a mesma fosse apresentada antes da data da audiência para possibilitar o contraditório.

c) embora haja omissão da norma processual trabalhista em relação à reconvenção, há súmula do Tribunal Superior do Trabalho interpretando pela sua absoluta incompatibilidade com o direito processual do trabalho.

d) nos casos omissos, o direito processual comum será fonte subsidiária do direito processual do trabalho, exceto naquilo em que for incompatível com as normas contidas na Consolidação das Leis do Trabalho.

e) não caberia tal medida nesta fase processual porque somente é possível aplicar supletivamente norma do Código Processual Civil que não esteja prevista na lei trabalhista na fase de execução.

GAB	1	C	2	C	3	E	4	D

▸CAPÍTULO II – DO PROCESSO EM GERAL

▸SEÇÃO I – DOS ATOS, TERMOS E PRAZOS PROCESSUAIS

✦ DIA E HORÁRIO DOS ATOS PROCESSUAIS

Art. 770. Os atos processuais serão públicos salvo quando o contrário determinar o interesse social, e realizar-se-ão nos dias úteis das 6 (seis) às 20 (vinte) horas.

✦ PENHORA EM DOMINGOS E FERIADOS

Parágrafo único. A penhora poderá realizar-se em domingo ou dia feriado, mediante autorização expressa do juiz ou presidente.

1. COMENTÁRIOS

1.1. Atos processuais: conceito e classificação

Atos processuais são manifestações de vontade oriundas das partes, do juiz e seus órgãos auxiliares, objetivando a produção de efeitos no processo, gerando sua formação, modificação ou extinção.

A publicidade é característica inerente ao ato processual (art. 93, IX, da CF), só se admitindo sua restrição quando "a defesa da intimidade ou o interesse social o exigirem." (art. 5º, LV, da CF). A segurança dos atos processuais depende, em boa medida, de sua publicidade.

No mesmo sentido da norma constitucional é a regra do art. 155 do CPC/73, aplicável ao processo do trabalho com as devidas adaptações: "Os atos processuais são públicos. Correm, todavia, em segredo de justiça os processos: I – em que o exigir o interesse público; (...) Parágrafo único. O direito de consultar os autos e de pedir certidões de seus atos é restrito às partes e a seus procuradores. O terceiro, que demonstrar interesse jurídico, pode requerer ao juiz certidão do dispositivo da sentença, bem como de inventário e partilha resultante do desquite.".

A regra foi reproduzida, com algumas alterações, no art. 189 do CPC/2015, *in verbis:* "Art. 189. Os atos processuais são públicos, todavia tramitam em segredo de justiça os processos: I – em que o exija o interesse público ou social; II – que versem sobre casamento, separação de corpos, divórcio, separação, união estável, filiação, alimentos e guarda de crianças e adolescentes; III – em que constem dados protegidos pelo direito constitucional à intimidade; IV – que versem sobre arbitragem, inclusive sobre cumprimento de carta arbitral, desde que a confidencialidade estipulada na arbitragem seja comprovada perante o juízo. § 1º O direito de consultar os autos de processo que tramite em segredo de justiça e de pedir certidões de seus atos é restrito às partes e aos seus procuradores. § 2º O terceiro que demonstrar interesse jurídico pode requerer ao juiz certidão do dispositivo da sentença, bem como de inventário e de partilha resultantes de divórcio ou separação.".

O processo também admite a formação de negócios jurídicos. São negócios jurídicos processuais as manifestações de vontade destinadas à realização de um efeito, um resultado no processo. Distingue-se, portanto, o ato processual, do negócio processual, porque naquele os efeitos estão previstos em lei (ex: desistência da demanda, cujo ato leva à extinção do processo), e neste as partes podem determinar o resultado ou o efeito. A vontade, nestes atos, é tão só um instrumento para se atingir o fim querido pelas partes (ex: suspensão do processo por ajuste de vontades ou distribuição do ônus da prova de forma diferente da previsão legal). O cabimento desta categoria jurídica é controvertido na doutrina. Segundo os que negam sua existência, os atos de vontade manifestados pelas partes produzem apenas os efeitos previstos em lei (Câmara, Lições, Vol. I, 2007, p. 248).

Os atos processuais classificam-se pelo critério subjetivo, de quem os pratica, e objetivo, conforme a finalidade que se almeja.

Os atos das partes, segundo o critério acima, são classificados em postulatórios (requerimentos e pretensões), dispositivos (declarações de vontade unilaterais e bilaterais), instrutórios (de convencimento do julgador) e real ou de evento físico (ato material do processo, como é exemplo o pagamento de custas) (Câmara, Lições, Vol. I, 2007, p. 249-250).

Os atos do órgão jurisdicional, também segundo o critério proposto, se subdividem em atos do juízo e de seus órgãos auxiliares. Os atos do juiz são classificados em decisórios (decisões interlocutórias e sentenças, art. 162, § 1º e 2º, do CPC/73 e 203 do CPC/2015, que os denomina "pronunciamentos do juiz") e sem conteúdo decisório (despachos, art. 162, § 3º, do CPC/73 e 203, § 3º, do CPC/2015).

Os **atos do órgão auxiliar** são classificados em atos de mera movimentação (meramente ordinatórios, como a juntada e a vista obrigatória, CPC/73, art. 162, § 4º e CPC/2015, art. 203, § 4º) e de execução, decorrente do cumprimento de determinações do juízo, como a extração de peças e a expedição de mandados.

Existem atos jurídicos que embora não sejam praticados por nenhum dos sujeitos acima indicados, têm influência no processo; a esta categoria se denomina "**atos do processo**". São exemplos: as informações prestadas por gerentes de bancos, em resposta a ofício, os depoimentos de testemunhas e intérpretes em juízo.

1.2. Tempo de realização dos atos processuais

Os atos processuais, quanto ao momento de sua realização, são classificados em ordinários e excepcionais (ou extraordinários).

São ordinários os atos que devem ser praticados nos dias úteis, de 6 (seis) às 20 (vinte) horas, ou no horário de expediente forense previsto para a prática do ato, como nas petições nos protocolos integrados ao Tribunal, que possuem horário diferenciado. Neste sentido, serve de norte a regra do art. 172, § 3º, do CPC/73: "Quando o ato tiver que ser praticado em determinado prazo, por meio de petição, esta deverá ser apresentada no protocolo, dentro do horário de expediente, nos termos da lei de organização judiciária local. (Parágrafo acrescentado pela Lei nº 8.952, de 13.12.1994)". Esta regra foi reproduzida no CPC/2015, art. 212, § 3º, com poucas alterações: "Quando o ato tiver de ser praticado por meio de petição em autos não eletrônicos, essa deverá ser protocolada no horário de funcionamento do fórum ou tribunal, conforme o disposto na lei de organização judiciária local.".

Quanto aos atos que devam ser praticados internamente, como a entrega de petição em protocolo, o Tribunal tem autonomia para determinar um horário diferente do previsto no art. 770. Esta autorização decorre da competência privativa dos Tribunais para organização o funcionamento de seus órgãos (art. 96, I, "a", da CF). Contudo, para a prática de atos externos, como leilões que ocorram fora da sede do Juízo, ou mesmo a penhora, deve ser respeitado o horário previsto no art. 770, supra (no mesmo sentido: Neves-Freire, CPC para Concursos, 2010, p. 204, interpretando a regra do art. 172, do CPC/73, que é praticamente idêntica ao art. 770 da CLT).

Os atos praticados por meio de "fac-símile", ou similar, tiveram regulamentação pela Lei nº 9.800/99, de aplicação ao processo do trabalho.

Quanto aos atos praticados por meios eletrônicos, a Lei nº 11.419/2006, em seu art. 3º, § único, considera tempestivas as petições eletrônicas transmitidas até às 24 horas do seu último dia. Esta regra especial se aplica plenamente ao processo do trabalho, considerando que o art. 770 da CLT não prevê a prática de atos por meios eletrônicos. A omissão autoriza a incidência da regra ora citada. A prática destes atos foi regulamentada pelo TST por meio da Instrução Normativa nº 30, aprovada pela Resolução nº 140, de 13.9.2007.

São excepcionais, ou extraordinários, os atos processuais praticados em dias de feriado, recesso forense e finais de semana ou em dias úteis, fora do horário previsto no art. 770, supra. A prática dos atos excepcionais está vinculada à autorização expressa do juízo competente. O § único, do art. 770, supra, só se refere à penhora, mas a indicação deste ato processual é somente um exemplo, aplicando-se a regra para todo o qualquer ato extraordinário.

No mesmo sentido da CLT dispõe a norma do art. 172, § 2º, do CPC/73, a seguir transcrito: "A citação e a penhora poderão, em casos excepcionais, e mediante autorização expressa do juiz, realizar-se em domingos e feriados, ou nos dias úteis, fora do horário estabelecido neste artigo, observado o disposto no art. 5º, inciso Xl, da Constituição Federal. (Redação dada pela Lei nº 8.952, de 13.12.1994)".

O CPC/2015 inovou em seu artigo 212, § 2º, dispensando a autorização do juiz para a prática de atos extraordinários, ou seja, que se realizam nos feriados, recessos e finais de semana, ou em dias úteis fora do horário regular. Confira-se o teor da regra: "Independentemente de autorização judicial, as citações, intimações e penhoras poderão realizar-se no período de férias forenses, onde as houver, e nos feriados ou dias úteis fora do horário estabelecido neste artigo, observado o disposto no art. 5º, inciso XI, da Constituição Federal.".

2. SÚMULAS E ORIENTAÇÕES JURISPRUDENCIAIS

Ver artigo 775.

3. QUESTÕES DE CONCURSOS

01. (TRT – 17ª REGIÃO/ANALISTA JUDICIÁRIO/CESPE/2009) Os atos processuais serão públicos, salvo quando o contrário determinar o interesse social, e devem ser realizados nos dias úteis, nunca antes das oito horas, sendo possível sua extensão até as vinte horas.

02. (FCC – TRT 6 – Analista Judiciário/2012/ADAPTADA) Em relação aos atos, termos e prazos processuais, a Consolidação das Leis do Trabalho prevê que: os atos processuais serão públicos salvo quando o contrário determinar o interesse social, e realizar-se-ão nos dias úteis das 6 (seis) às 20 (vinte) horas.

03. (FCC – TRT 6 – Analista Judiciário/2012/ADAPTADA) Em relação aos atos, termos e prazos processuais, a Consolidação das Leis do Trabalho prevê que: a penhora poderá realizar-se em domingo ou dia feriado, prescindindo de autorização judicial.

GAB	1	E	2	C	3	E

✦ FORMA DOS ATOS PROCESSUAIS

Art. 771. Os atos e termos processuais poderão ser escritos a tinta, datilografados ou a carimbo.

1. COMENTÁRIOS

O ato processual foi tratado no art. 770, supra. O conceito de termo processual, referido no art. 771, nos é trazido por Saad, CLT Comentada, 2009, p. 992: "Termo processual é, nada mais, nada menos, que a reprodução do ato processual. Não é, como pensam alguns, uma espécie de ato processual, mas apenas a forma pela qual este último se exterioriza.". Esta exteriorização do ato processual é admitida pelos modos descritos no art. 771 que, aos poucos, tendem a ser substituídos por meios eletrônicos.

O processo eletrônico já é uma realidade em muitos Tribunais do país. Na Justiça Federal, onde predomina a matéria de direito, alguns processos já estão tramitando exclusivamente por meios eletrônicos. Aos poucos as dificuldades materiais de concretização deste ideal serão ultrapassadas e se tornará realidade, em todo o território nacional. Os tribunais, no âmbito da respectiva jurisdição, poderão disciplinar a prática e a comunicação oficial dos atos processuais por meios eletrônicos, atendidos os requisitos de autenticidade, integridade, validade jurídica e interoperabilidade da Infra-Estrutura de Chaves Públicas Brasileira – ICP – Brasil.

No âmbito da Justiça do Trabalho, a processo eletrônico já foi regulamentado pelo TST, por meio da Instrução Normativa nº 30, aprovada pela Resolução nº 140, de 13.9.2007. Atualmente, a Resolução do CSJT, nº 185, de 24.03.2017, é o mais importante e abrangente instrumento normativo sobe o tema.

2. QUESTÕES DE CONCURSOS

01. (TRT - 22ª REGIÃO/JUIZ DO TRABALHO/2006/ADAPTADA) Os atos e termos processuais poderão ser escritos a tinta, datilografados ou a carimbo, segundo a Consolidação das Leis do Trabalho. Tal disposição, porém, não obsta que seja acompanhado o progresso técnico e adotadas outras formas e documentação, a exemplo da digitação. É compatível com o processo do trabalho a transmissão de petições escritas, inclusive peças recursais, através de fac-símile ou outro similar, devendo a transmissão ser recebida no prazo para prática do ato processual e os originais chegarem até cinco dias do termo final desse prazo, para que haja tempestividade. O juiz deve aguardar a chegada dos originais, para que possa praticar os atos de sua competência, não podendo agir somente à vista da transmissão.

02. (TRT 4 - Técnico Judiciário - Área Administrativa/2011) Termo Processual é a

a) publicação em diário oficial dos atos processuais.

b) reprodução gráfica dos atos processuais.

c) assinatura digital do magistrado em determinados atos processuais.

d) assinatura dos serventuários e magistrados nos atos processuais.

e) documentação jurídica que acompanha as iniciais, defesas e recursos.

GAB	1	E	2	B

✦ ASSINATURA DAS PARTES

Art. 772. Os atos e termos processuais, que devam ser assinados pelas partes interessadas, quando estas, por motivo justificado, não possam fazê-lo, serão firmados a rogo, na presença de 2 (duas) testemunhas, sempre que não houver procurador legalmente constituído.

1. COMENTÁRIOS

A regra deste artigo é totalmente desnecessária e desatualizada. Os atos processuais normalmente são extraídos com cópias às partes, ou disponibilizado seu inteiro teor pela Internet, nos sítios das próprias varas e secretarias dos Tribunais. Dizer que o termo processual, que é a materialização do ato processual, precisa ser assinado pela parte, ou, na sua impossibilidade, por duas testemunhas, é atribuir enorme desconfiança aos juízes e servidores responsáveis pela formalização destes atos. Como afirma Sergio Pinto Martins, Comentários, 2010, p. 798, "a assinatura do juiz torna o termo válido, sendo dispensável a assinatura das partes".

De qualquer forma, a assinatura das testemunhas é plenamente substituível pela do advogado que assiste a parte.

✦ TERMO: MOVIMENTAÇÃO DOS PROCESSOS.

Art. 773. Os termos relativos ao movimento dos processos constarão de simples notas, datadas e rubricadas pelos secretários ou escrivães.

1. COMENTÁRIOS

As "simples notas" que configuram os termos de movimentação processual dizem respeito às etapas do procedimento de responsabilidade do servidor. São exemplos: os carimbos de juntada de petições, de abertura de conclusão ao juiz, de remessa ao contador, etc. Muitos destes termos foram padronizados com textos prontos, arquivados no computador do servidor (ou na rede do órgão jurisdicional) para posterior uso.

O CPC/73, nos arts. 168 e 169, caput, contém regra semelhante à trabalhista, com a seguinte redação: "Art. 168. Os termos de juntada, vista, conclusão e outros semelhantes constarão de notas datadas e rubricadas pelo escrivão. Art. 169. Os atos e termos do processo serão datilografados ou escritos com tinta escura e indelével, assinando-os as pessoas que neles intervieram. Quando estas não puderem ou não quiserem firmá-los, o escrivão certificará, nos autos, a ocorrência.".

O CPC/2015 reproduziu regra semelhante nos artigos 208 e 209, *caput*: "Art. 208. Os termos de juntada, vista, conclusão e outros semelhantes constarão de notas datadas e rubricadas pelo escrivão ou pelo chefe de secretaria. Art. 209. Os atos e os termos do processo serão assinados pelas pessoas que neles intervierem, todavia, quando essas não puderem ou não quiserem firmá-los, o escrivão ou o chefe de secretaria certificará a ocorrência.".

A restrição quanto às abreviaturas, contida no art. 169 § único do CPC/73 de forma ampla: "É vedado usar abreviaturas", não foi repetida no CPC/2015, que contém uma única restrição, em seu artigo 272, § 3º, quanto às publicações dos atos no órgão oficial: "A grafia dos nomes das partes não deve conter abreviaturas.".

Na omissão da CLT, aplica-se o art. 171 do CPC/73:" Não se admitem, nos atos e termos, espaços em branco, bem como entrelinhas, emendas ou rasuras, salvo se aqueles forem inutilizados e estas expressamente ressalvadas.".

A regra foi repetida no artigo 211 do CPC/2015: "Não se admitem nos atos e termos processuais espaços em branco, salvo os que forem inutilizados, assim como entrelinhas, emendas ou rasuras, exceto quando expressamente ressalvadas.'.

A informatização do processo, tão logo seja totalmente implementada, dispensará a assinatura destes termos. A certificação de autenticidade de quem realizou o termo processual, no processo eletrônico, será feita por meio de senha e assinatura eletrônica, ambas reconhecidas pelo próprio Tribunal. Neste sentido as regras dos §§ 2º e 3º, do art. 169 do CPC/73, de aplicação subsidiária ao processo do trabalho:

> " § 2º Quando se tratar de processo total ou parcialmente eletrônico, os atos processuais praticados na presença do juiz poderão ser produzidos e armazenados de modo integralmente digital em arquivo eletrônico inviolável, na forma da lei, mediante registro em termo que será assinado digitalmente pelo juiz e pelo escrivão ou chefe de secretaria, bem como pelos advogados das partes. (Incluído pela Lei nº 11.419, de 2006).
>
> § 3º No caso do § 2º deste artigo, eventuais contradições na transcrição deverão ser suscitadas oralmente no momento da realização do ato, sob pena de preclusão, devendo o juiz decidir de plano, registrando-se a alegação e a decisão no termo. (Incluído pela Lei nº 11.419, de 2006).".

No **CPC/2015** estas regras estão reproduzidas nos **§§ 1º e 2º, do art. 209**: " § 1º Quando se tratar de processo total ou parcialmente documentado em autos eletrônicos, os atos processuais praticados na presença do juiz poderão ser produzidos e armazenados de modo integralmente digital em arquivo eletrônico inviolável, na forma da lei, mediante registro em termo, que será assinado digitalmente pelo juiz e pelo escrivão ou chefe de secretaria, bem como pelos advogados das partes. § 2º Na hipótese do § 1º, eventuais contradições na transcrição deverão ser suscitadas oralmente no momento de realização do ato, sob pena de preclusão, devendo o juiz decidir de plano e ordenar o registro, no termo, da alegação e da decisão.".

✦ **INTIMAÇÃO: INÍCIO DO PRAZO**

Art. 774. Salvo disposição em contrário, os prazos previstos neste Título contam-se, conforme o caso, a partir da data em que for feita pessoalmente, ou recebida a notificação, daquela em que for publicado o edital no jornal oficial ou no que publicar o expediente da Justiça do Trabalho, ou, ainda, daquela em que for afixado o edital na sede da Junta, Juízo ou Tribunal.(Redação dada pela Lei nº 2.244, de 23.6.1954)

✦ **PRAZO DE 48 HORAS PARA DEVOLUÇÃO DA NOTIFICAÇÃO**

Parágrafo único. Tratando-se de notificação postal, no caso de não ser encontrado o destinatário ou no de recusa de recebimento, o Correio ficará obrigado, sob pena de responsabilidade do servidor, a devolvê-la, no prazo de 48 (quarenta e oito) horas, ao Tribunal de origem. (Incluído pelo Decreto-lei nº 8.737, de 19.1.1946)

1. COMENTÁRIOS

O sentido específico do vocábulo "notificação", não foi respeitado pelo legislador na redação do art. 774, da CLT.

A nomenclatura, utilizada no caput do art. 774, se refere tanto à citação, quanto à intimação.

Citação é o ato pelo qual se chama a juízo o réu ou o interessado a fim de se defender (CPC/73, art. 213). O CPC/2015 foi mais preciso quanto ao conceito de citação, descrito no artigo 238: "Citação é o ato pelo qual são convocados o réu, o executado ou o interessado para integrar a relação processual.". A citação na fase de conhecimento é praticada, no processo do trabalho, na forma do art. 841 da CLT.

Intimação é o ato pelo qual se dá ciência a alguém dos atos e termos do processo, para que faça ou deixe de fazer alguma coisa (CPC/73, art. 234). O CPC/2015, no art. 269, simplificou o conceito: "Intimação é o ato pelo qual se dá ciência a alguém dos atos e dos termos do processo.".

Dia de início de prazo (data da ciência do ato) é diferente do dia de início da contagem (1º dia útil após a ciência do ato processual, conforme art. 775, da CLT, logo a seguir comentado). A S. 262, I, do TST, bem interpretou esta distinção: "I – Intimada ou notificada a parte no sábado, o início do prazo se dará no primeiro dia útil imediato e a contagem, no subsequente". Explico: no sábado, normalmente não há expediente burocrático nas empresas ou escritórios de advocacia; também não é muito fácil as pessoas físicas serem localizadas nestes dias. Assim, a Súmula prorrogou o dia de início do prazo para o primeiro dia útil após o sábado, quando, provavelmente, a parte tomará ciência da intimação ou citação postal, que foi entregue anteriormente ao porteiro ou responsável pelas correspondências. Já a contagem do prazo, que flui um dia após a ciência, é disciplinada pela regra do art. 775, da CLT.

Portanto, início do prazo é o dia da ciência da intimação ou citação, que não é computado no prazo, e início da contagem do prazo é o primeiro dia em que começa a fluir o tempo previsto em lei, ou fixado pelo juiz, para a prática do ato processual (neste sentido: Carrion, Comentários, 2010, p. 643; Martins, Comentários, 2010, p. 801 e Bezerra Leite, Curso, 2007, p. 346-347).

No processo civil a regra é diferente, porque o início do prazo (ciência do ato processual) só ocorre quando da juntada do aviso de recebimento ou do mandado aos autos, como prevê o art. 241 do CPC/73 (art. 231, I e II, do CPC/2015).

No processo do trabalho o início do prazo (ciência do ato processual) ocorre quando da prática da citação ou intimação, independentemente da data de juntada do aviso de recebimento ou do mandado aos autos (no mesmo sentido: Cairo Jr., Curso, 2010, p. 269; Bezerra Leite,

Curso, 2007, p. 346; Martins, Comentários, 2010, p. 800 e Carrion, Comentários, 2010, p. 643). Referenda esta ideia a OJ nº 146 da SBDI-2/TST.

A notificação postal deve, obrigatoriamente, ter um aviso de recebimento (registro postal com franquia, na redação do art. 841, § 1º da CLT). Não sendo localizado o destinatário ou quando este opuser embaraços ao recebimento da notificação postal, os correios devem devolvê-la, em 48 horas, à secretaria da Vara. A redação do § único, do art. 774 deu origem à Súmula 16 do TST, abaixo transcrita. A presunção de que a notificação foi cumprida, quando não devolvida ao Juízo em 48 horas, é de eficácia relativa, pois admite prova em contrário. O destinatário tem o ônus de provar que não recebeu a notificação postal, ou que a recebeu fora do prazo determinado para a prática do ato processual. Não se trata de uma prova de fácil acesso, pois o fato é negativo. Recai sobre o destinatário, segundo a S. 16 do TST, um ônus probatório por demais excessivo. O juiz não pode ser rígido quanto à prova produzida pelo destinatário, sob pena de tornar impossível a demonstração do fato alegado. A certeza quanto ao ato de intimação ou, com maior importância, da citação, é imprescindível para a segurança do processo. Na dúvida, o juiz deve determinar a renovação do ato processual.

O início e a contagem dos prazos que seguem à sentença são regidos pelo art. 852 da CLT, a cujos comentários nos reportamos.

Quanto ao processo eletrônico, o termo inicial da contagem do prazo, a partir da intimação, segue as regras dos artigos 4º e 5º da Lei nº 11.419/2006. O art. 4º prevê a criação, no âmbito dos Tribunais, de Diários de Justiça eletrônicos, locais onde serão publicados os atos processuais. Os DJe estão situados nos sítios dos próprios Tribunais, sempre respeitando a extensão "jus.br.". O TST já criou o seu Diário de Justiça Eletrônico (www.tst.jus.br) e muitos Tribunais Regionais do Trabalho também já concretizaram a regra legal. A Lei nº 11.419/2006 considera realizado o ato de intimação (início do prazo) no dia em que o intimando efetuar a consulta eletrônica ao teor da intimação (art. 5º, § 1º). Para que o dia da consulta não fique vinculado exclusivamente à vontade do destinatário, considera-se intimada a parte após o decurso de 10 dias do envio da comunicação eletrônica (art. 5º, § 3º, da Lei nº 11.419).

2. SÚMULAS E ORIENTAÇÕES JURISPRUDENCIAIS

Ver artigo 775.

3. QUESTÕES DE CONCURSOS

01. (TRT – 17ª REGIÃO/ANALISTA JUDICIÁRIO/CESPE/2009) Segundo entendimento do TST, tendo sido intimada ou notificada a parte no sábado, o início do prazo se dará no primeiro dia útil imediato e a contagem, no subseqüente.

02. (TRT – 17ª REGIÃO/ANALISTA JUDICIÁRIO/CESPE/2009) Presume-se recebida a notificação 72 horas depois de sua postagem. O não recebimento ou a entrega após o decurso desse prazo constitui ônus de prova do destinatário.

03. (TRT – 23ª REGIÃO/ANALISTA JUDICIÁRIO/FCC/2007/ADAPTADA) Tratando-se de notificação postal, no caso de recusa de recebimento, o Correio ficará obrigado, sob pena de responsabilidade do servidor, a devolvê-la, no prazo de 5 dias, ao Tribunal de origem.

04. (FCC – Juiz do Trabalho Substituto 20ª região/ 2012/ADAPTADA) De acordo com o entendimento adotado pelo Tribunal Superior do Trabalho, é CORRETO afirmar: havendo pedido expresso de que as intimações e publicações sejam realizadas exclusivamente em nome de determinado advogado, a comunicação em nome de outro profissional constituído nos autos é nula, salvo se constatada a inexistência de prejuízo.

GAB	1	C	2	E	3	E	4	C

✦ **CONTAGEM DO PRAZO EM DIAS ÚTEIS**

Art. 775. Os prazos estabelecidos neste Título serão contados em dias úteis, com exclusão do dia do começo e inclusão do dia do vencimento.(Redação da Lei n° 13.467, de 13.07.2017).

✦ **PRORROGAÇÃO DOS PRAZOS**

§ 1º Os prazos podem ser prorrogados, pelo tempo estritamente necessário, nas seguintes hipóteses:(Redação da Lei n° 13.467, de 13.07.2017, que alterou o texto anterior, convertendo o § único em § 1º).

I – quando o juízo entender necessário;

II – em virtude de força maior, devidamente comprovada.

✦ **PODERES DO JUIZ**

§ 2º Ao juízo incumbe dilatar os prazos processuais e alterar a ordem de produção dos meios de prova, adequando-os às necessidades do conflito de modo a conferir maior efetividade à tutela do direito.(Redação da Lei n° 13.467, de 13.07.2017).

✦ **RECESSO FORENSE**

Art. 775-A. Suspende-se o curso do prazo processual nos dias compreendidos entre 20 de dezembro e 20 de janeiro, inclusive.

§ 1º Ressalvadas as férias individuais e os feriados instituídos por lei, os juízes, os membros do Ministério Público, da Defensoria Pública e da Advocacia Pública e os auxiliares da Justiça exercerão suas atribuições durante o período previsto no caput deste artigo.

§ 2º Durante a suspensão do prazo, não se realizarão audiências nem sessões de julgamento. (Artigo e parágrafos inseridos pela Lei nº 13.545, de 19.12.2017 (DOU de 20.12.2017)).

1. COMENTÁRIOS

1.1. Contagem do prazo

O art. 774, como vimos acima, regula o início do prazo (cientificação da parte). O art. 775, ora comentado, disciplina o início e o fim da contagem do prazo, ou seja, os dias necessários ao cumprimento do ato processual. O dia da intimação ou citação, conforme regra do art. 775, é excluído da contagem do prazo, pois este só começará a fluir no primeiro dia útil a partir do ato de cientificação.

Intimada a parte na segunda-feira, o prazo começará na terça-feira. Intimada a parte na sexta, o prazo só começará na segunda feira (S. 1 do TST). Notificada a parte no sábado, por via postal, prorroga-se o início do prazo (ciência) para a segunda-feira, sendo o início da contagem somente na terça (**S. 262, I, do TST**, a cujos comentários nos reportamos ao art. 774, supra).

O mesmo efeito que finais de semana e feriados provocam no início do prazo e sua contagem, também são vistos no final do prazo. Assim, recaindo o último dia do prazo no final de semana, em feriado ou dia de não funcionamento do Judiciário, prorroga-se o termo final para o primeiro dia útil imediato. A redação do art. 775, no então vigente § único, que vigorava antes da reforma trabalhista, fazia expressa referência à prorrogação do prazo, para o primeiro dia útil seguinte, quando este recaísse em feriados e fins de semana. Após a reforma, o art. 775 não faz mais esta menção, mas isso não quer dizer que houve uma mudança da regra. Muito pelo contrário. O texto do § 1º permite ao juiz, em seu inciso I, a prorrogação do prazo quando este entender necessário, como a seguir será abordado.

1.1.1. Contagem do prazo em dias úteis.

A redação do *caput,* do art. 775, pela Lei nº 13.467, de 13.07.2017, acompanhou o CPC de 2015, art. 219, no mesmo sentido: "Na contagem de prazo em dias, estabelecido por lei ou pelo juiz, computar-se-ão somente os dias úteis.".

A mudança foi radical, pois o art. 178 do CPC/73 previa exatamente o oposto: "O prazo, estabelecido pela lei ou pelo juiz, é contínuo, não se interrompendo nos feriados.".

A disposição do *caput,* do art. 775, anteriormente à reforma trabalhista, também se referia aos prazos "contínuos e irreleváveis", o que desautorizava, segundo a maioria da doutrina, a aplicação da regra do CPC, de contagem do prazo em dias úteis.

O TST, nos termos da IN nº 39/2016, art. 2º, III, entendeu inaplicável a nova regra ao processo do trabalho. Portanto, acabou prevalecendo a interpretação de que o art. 775 da CLT é norma suficiente para afastar a aplicação subsidiária do CPC. Estas posições, contudo, foram superadas pela atual redação do *caput,* do art. 775.

1.2. Recesso Forense: suspensão dos prazos

No processo do trabalho a jurisprudência já pacificou o entendimento de que o recesso forense tem a natureza jurídica de férias e, como tal, suspende a contagem do prazo (TST, S. 262, II c/c CPC/73, art. 179).

Assim dispõe o art. 179, do CPC/73: "A superveniência de férias suspenderá o curso do prazo; o que lhe sobejar recomeçará a correr do primeiro dia útil seguinte ao termo das férias.".

O CPC/2015, em seu artigo 220, é ainda mais claro: "Suspende-se o curso do prazo processual nos dias compreendidos entre 20 de dezembro e 20 de janeiro, inclusive.".

O entendimento, já pacificado pela jurisprudência, resultou na inclusão, na CLT, do art. 775-A, pela Lei nº 13.545, de 19.12.2017 (DOU de 20.12.2017). A referida lei entrou em vigou na data de sua publicação, conforme previsão de seu artigo 2º. Portanto, a regra do art. 775-A, já pode se aplicou ao recesso iniciado no dia 20.12.2017.

Iniciado um prazo antes do recesso, o tempo que restar quando o Tribunal retornar às suas atividades regulares, voltará a ser contado de onde parou, ou seja, desde o início do recesso.

A Justiça do Trabalho, antes da previsão do art. 220 do CPC/2015, e do art. 775-A, da CLT aderiu à tese que havia sido adotada pela jurisprudência do extinto Tribunal Federal de Recursos (TFR), em sua Súmula 105: "Aos prazos em curso no período compreendido entre 20 de dezembro e 6 de janeiro, na Justiça Federal, aplica-se a regra do art. 179 do Código de Processo Civil.".

O período de recesso de cada Tribunal Regional do Trabalho é disciplinado conforme seu Regimento Interno, pois o art. 96, I, "a", fixou a competência privativa dos Tribunais para disciplinar o funcionamento de seus órgãos. Tem sido utilizado pelos Tribunais do Trabalho o critério da Lei Federal nº 5.010, de 30.5.1966, que em seu art. 62, I, fixou o recesso entre os dias vinte de dezembro e seis de janeiro. Todavia, com a entrada em vigor do CPC/2015, o recesso forense deve observar o período previsto no art. 220, inclusive para a Justiça do Trabalho. Com a regra do art. 775-A, da CLT, se tornou dispensável a referência ao CPC, a partir de 20.12.2017.

O Regimento Interno do STF, art. 105, § 1º, determina a suspensão dos prazos durante os períodos de férias e recesso ("...os prazos começam e continuam a fluir no dia de reabertura do expediente."). Redação idêntica possui o Regimento Interno do STJ, art. 106, § 1º.

Antes da disposição do CPC/2015, ainda havia divergência no processo civil quanto à natureza jurídica do recesso e, por conseguinte, quanto aos prazos processos. Neves-Freire, 2010, p. 209, defendem a aplicação do art. 179 do CPC/73 ao recesso forense. Em sentido contrário, Marinoni-Mitidiero, CPC Comentado, 2008, p. 204, afirmam que "O art. 179, do CPC/73, não foi recepcionado pela Emenda Constitucional nº 45, de 2004, haja vista a inexistência de férias forenses em todos os juízos cíveis (art. 93, XII, CRFB).".

Não me parece que a EC nº 45/2004 tenha terminado com o recesso forense. O art. 93, XII, da CF, com a redação da EC 45/2004, só acabou com as férias coletivas dos Tribunais, o que é muito diferente. Exige a norma constitucional referida que a atividade do Judiciário seja continua; portanto, mantido um regime de plantão para os atos urgentes, nenhuma inconstitucionalidade se pode atribuir ao recesso forense, pois a atividade jurisdicional não terá sido interrompida.

Pondo fim à discussão, o CPC/2015, em seu artigo 220, §§ 1º e 2º, complementa que: " § 1º Ressalvadas as férias individuais e os feriados instituídos por lei, os juízes, os membros do Ministério Público, da Defensoria Pública e da Advocacia Pública e os auxiliares da Justiça exercerão suas atribuições durante o período previsto no caput. § 2º Durante a suspensão do prazo, não se realizarão audiências nem sessões de julgamento.". A referida regra foi reproduzida, praticamente integralmente, na redação do art. 775-A, da CLT.

A nosso ver, contudo, remanesce a seguinte questão: os prazos processuais estão suspensos durante o recesso (art. 220, caput, do CPC/2015 e art. 775-A, da CLT); está vedada a realização de audiências e sessões neste período (art. 220, § 2º, do CPC/2015 e art. 775-A, § 2º, da CLT); portanto, quais serão as "atribuições" que os juízes e desembargadores exercerão normalmente, como diz o art. 220, § 1º, do CPC/2015 e art. 775-A, § 1º, da CLT. A interpretação que me parece razoável é estabelecer um regime de plantão dos juízes e desembargadores durante o recesso, para atender às medidas de urgência, pois quaisquer outros pronunciamentos judiciais não podem ser praticados neste período.

Situação diferente diz respeito aos servidores do Judiciário que poderão, durante o recesso, praticar atos internos, de natureza administrativa-processual, como arquivamento de autos de processos findos, renumeração de autos, desentranhamento de peças já determinadas antes do recesso, etc.

1.3. Prorrogação do prazo

O art. 775 prevê que os prazos processuais poderão ser prorrogados "quando o juiz entender" ou "em virtude de força maior, devidamente comprovada". Cabe ao artigo a seguinte interpretação: os prazos dilatórios podem ser prorrogados pelo juiz, sem maiores justificativas, mas para a prorrogação dos peremptórios é indispensável a motivação de força maior.

Prazos dilatórios são aqueles que podem ser reduzidos ou prorrogados por convenção entre as partes (art. 181 do CPC/73), daí porque o juiz está autorizado a modificá-los, mesmo sem requerimento das partes, como é exemplo o prazo para manifestação sobre documentos, determinado pelo juízo.

No CPC/2015 o juiz continua autorizado a prorrogar os prazos dilatórios, como prevê o artigo 437, § 2º: "Poderá o juiz, a requerimento da parte, dilatar o prazo para manifestação sobre a prova documental produzida, levando em consideração a quantidade e a complexidade da documentação.".

Não há no CPC/2015, todavia, autorização para reduzir os prazos dilatórios, como claramente estava disposto no CPC/73, art. 181. Esta afirmação é corroborada pela norma do art. 139, VI, do CPC/2015: "Art. 139. O juiz dirigirá o processo conforme as disposições deste Código, incumbindo-lhe: VI – dilatar os prazos processuais e alterar a ordem de produção dos meios de prova, adequando-os às necessidades do conflito de modo a conferir maior efetividade à tutela do direito;".

Prazos peremptórios são aqueles que não podem ser reduzidos ou prorrogados por acordo entre as partes (art. 182 do CPC/73), como é exemplo o prazo recursal. O CPC/2015, art. 222, § 1º, modificou a disciplina dos prazos peremptórios, vedado somente a redução, mas não a ampliação dos mesmos: "Ao juiz é vedado reduzir prazos peremptórios sem anuência das partes.". Parece ter sido essa, igualmente, a intenção do legislador, diante da atual redação do art. 775, § 1º e seus incisos.

Consequentemente, tanto os prazos dilatórios quanto os peremptórios podem ser prorrogados, ainda que se possa exigir, para esta última espécie, justificativa específica quanto ao motivo da prorrogação, em respeito ao devido processo legal.

Aplica-se ao processo do trabalho, por omissão a respeito do tema, a regra do art. 180 do CPC/73, a seguir transcrita: "Suspende-se também o curso do prazo por obstáculo criado pela parte ou ocorrendo qualquer das hipóteses do art. 265, I e III; casos em que o prazo será restituído por tempo igual ao que faltava para a sua complementação.".

O CPC/2015, art. 221, contém disposição praticamente idêntica: "Suspende-se o curso do prazo por obstáculo criado em detrimento da parte ou ocorrendo qualquer das hipóteses do art. 313, devendo o prazo ser restituído por tempo igual ao que faltava para sua complementação.".

1.4. Litisconsórcio: procuradores distintos

Não é aplicável ao processo do trabalho a regra especial quanto ao litisconsórcio, prevista no art. 191 do CPC/73: "Quando os litisconsortes tiverem diferentes procuradores, ser-lhes-ão contados em dobro os prazos para contestar, para recorrer e, de modo geral, para falar nos autos." O CPC/2015, art. 229, contém disposição semelhante: "Os litisconsortes que tiverem diferentes procuradores, de escritórios de advocacia distintos, terão prazos contados em dobro para todas as suas manifestações, em qualquer juízo ou tribunal, independentemente de requerimento."

A OJ nº 310 da SBDI-1/TST sustenta a inaplicabilidade do art. 191 do CPC/73 (atual 229, caput e §§ 1º e 2º, do CPC/2015) sob o fundamento de que o benefício viola o princípio da celeridade. Também acho que a norma do CPC é inaplicável, mas não pelo motivo indicado na OJ citada. Dizer que a regra especial de prazo viola o princípio da celeridade é afirmar, indiretamente, que o processo civil não se apoia no mesmo princípio, o que é inadmissível. Vejo que a regra processual civil é inaplicável ao processo do trabalho porque é incompatível com o procedimento da CLT.

Os atos processuais na Justiça do Trabalho se concentram na audiência, sendo raras as oportunidades em que são praticados fora deste momento. Seguindo-se rigorosamente o procedimento trabalhista, seja no rito ordinário, sumário ou sumaríssimo, não haverá sequer necessidade de se praticar qualquer ato fora da audiência, salvo se ocorrer seu adiamento. Sendo assim, os advogados contratados pelas partes terão as mesmas oportunidades de defenderem os interesses de seus clientes na audiência. Sempre que o ato processual for praticado, na fase de conhecimento, fora da audiência, não vejo porque se deva negar aplicação ao dispositivo do art. 191 do CPC/73 (CPC/2015, art. 229).

Nossa interpretação é corroborada pela regra do art. 229, § 2º do CPC/2015, que não aplica o prazo em dobro aos processos eletrônicos. Nestes processos, da mesma forma que na audiência trabalhista, advogados diferentes podem ter acesso aos autos ao mesmo tempo, não se justificando, portanto, o prazo em dobro.

1.5. Fazenda Pública e Ministério Público do Trabalho

O Decreto-Lei nº 779/69, em seu artigo 1º, II, prevê o prazo em quádruplo para a contestação pelas Pessoas Jurídicas de Direito Público (União, Estados, Municípios, Distrito Federal, Autarquias e Fundações Públicas). A doutrina interpreta o prazo do art. 841, da CLT, de 5 (cinco) dias, como sendo destinado à preparação da defesa a ser apresentada em audiência. Portanto, a Fazenda Pública terá o prazo de 20 dias para preparar sua defesa (Bezerra Leite, Curso, 2007, p. 345 e Cordeiro, Curso, 2009, p. 540).

Como o artigo 900 da CLT prevê que a notificação do recorrido deve observar o mesmo prazo que o recorrente teve para apresentar suas razões, forçoso é concluir que a Fazenda terá prazo de 20 dias para contrarrazoar (neste sentido: Rodrigues Pinto, Processo, 2005, p. 225). A Fazenda também terá prazo em dobro para recorrer (DL nº 779/69, art. 1º, III).

Quanto ao prazo da Fazenda no que diz respeito aos embargos à execução, nos reportamos aos comentários ao art. 884, da CLT.

O Ministério Público do Trabalho, segundo o art. 188 do CPC/73, tem prazo em quádruplo para contestar e em dobro para recorrer. Defendem a aplicação subsidiária deste dispositivo ao processo do trabalho: Mauro Schiavi, Manual, 2008, p. 299-300 e Bezerra Leite, Curso, 2007, p. 345, sendo que este último sustenta que os prazos são aplicáveis na atuação do Ministério Público tanto como parte (órgão agente), como na qualidade de fiscal da lei (custos legis).

Todavia, o CPC/2015 não reproduziu estas regras processuais. Somente há previsão de prazo em dobro para o Ministério Público se manifestar nos autos, conforme art. 180.

1.6. Alteração da ordem probatória

Utilizando-se da pior técnica legislativa possível, o legislador incluiu, em uma norma que trata estritamente de cumprimento de prazo processual, a alusão ao poder de juiz para alterar a ordem natural dos meios probatórios, com vistas à efetivamente do processo (art. 775, § 2, da CLT). A norma referida enfatiza o poder do juiz na condução do processo, e está de acordo com seu amplo poder instrutório, consagrado no art. 765 da CLT, desde sua redação original. A regra de alteração da ordem de produção das provas não pode ferir o contraditório. Consequentemente, a decisão não pode surpreender a parte. Ocorrendo, por exemplo, em audiência, deve permitir que a parte surpreendida com a alteração da ordem das provas, possa se manifestar, ali mesmo na audiência, ou, se necessário for, em prazo a ser fixado pelo juiz (aplicação analógica do art. 818, § 1º, da CLT). O juiz, exemplificativamente, poderá, em audiência, colher inicialmente o depoimento da testemunha indicada pelo réu, para demonstrar a justa causa por este alegada, antes de ouvir aquelas trazidas pelo autor, ainda que o objeto litigioso seja mais amplo do que somente verbas rescisórias. Atento à efetividade do processo, o juiz, neste exemplo, pode perceber que a justa causa é o ponto nodal do conflito e, ainda que existam outros temas na lide posta em juízo, começar a instrução probatória por este aspecto da controvérsia. Esta decisão também poderá ser negociada com as partes, em contraditório participativo, que, intuitivamente faz parte do processo do trabalho, muito antes de sua previsão na lei processual civil (art. 357, §§ 2º e 3º, do CPC/2015).

2. SÚMULAS E ORIENTAÇÕES JURISPRUDENCIAIS

▸ **Súmula nº 310/STF** – *Data da Aprovação: 13/12/1963*

Quando a intimação tiver lugar na sexta-feira, ou a publicação com efeito de intimação for feita nesse dia, o prazo judicial terá início na segunda-feira imediata, salvo se não houver expediente, caso em que começará no primeiro dia útil que se seguir.

▸ **Súmula nº 1/TST**

PRAZO JUDICIAL (mantida) – *Res. 121/2003, DJ 19, 20 e 21.11.2003.*

Quando a intimação tiver lugar na sexta-feira, ou a publicação com efeito de intimação for feita nesse dia, o prazo judicial será contado da segunda-feira imediata, inclusive, salvo se não houver expediente, caso em que fluirá no dia útil que se seguir.

▸ **Súmula nº 16/TST**

NOTIFICAÇÃO (nova redação) – Res. 121/2003, DJ 19, 20 e 21.11.2003

Presume-se recebida a notificação 48 (quarenta e oito) horas depois de sua postagem. O seu não-recebimento ou a entrega após o decurso desse prazo constitui ônus de prova do destinatário.

▸ **Súmula nº 262/TST**

PRAZO JUDICIAL. NOTIFICAÇÃO OU INTIMAÇÃO EM SÁBADO. RECESSO FORENSE (redação do item II alterada na sessão do Tribunal Pleno realizada em 19.05.2014) – Res. 194/2014, DEJT divulgado em 21, 22 e 23.05.2014

I – Intimada ou notificada a parte no sábado, o início do prazo se dará no primeiro dia útil imediato e a contagem, no subseqüente. (ex-Súmula nº 262 – Res. 10/1986, DJ 31.10.1986)

II – O recesso forense e as férias coletivas dos Ministros do Tribunal Superior do Trabalho suspendem os prazos recursais. (ex-OJ nº 209 da SBDI-1 – inserida em 08.11.2000)

▸ **Súmula nº 385/TST**

FERIADO LOCAL. AUSÊNCIA DE EXPEDIENTE FORENSE. PRAZO RECURSAL. PRORROGAÇÃO. COMPROVAÇÃO. NECESSIDADE. ATO ADMINISTRATIVO DO JUÍZO "A QUO" (redação alterada na sessão do Tribunal Pleno realizada em 14.09.2012) – Res. 185/2012 – DEJT divulgado em 25, 26 e 27.09.2012

I – Incumbe à parte o ônus de provar, quando da interposição do recurso, a existência de feriado local que autorize a prorrogação do prazo recursal.

II – Na hipótese de feriado forense, incumbirá à autoridade que proferir a decisão de admissibilidade certificar o expediente nos autos.

III – Na hipótese do inciso II, admite-se a reconsideração da análise da tempestividade do recurso, mediante prova documental superveniente, em Agravo Regimental, Agravo de Instrumento ou Embargos de Declaração.

▸ **Súmula nº 387/TST**

RECURSO. FAC-SÍMILE. LEI Nº 9.800/1999 (atualizada em decorrência do CPC de 2015) – Res. 208/2016, DEJT divulgado em 22, 25 e 26.04.2016

I – A Lei nº 9.800, de 26.05.1999, é aplicável somente a recursos interpostos após o início de sua vigência. (ex-OJ nº 194 da SBDI-I – inserida em 08.11.2000)

II – A contagem do quinquídio para apresentação dos originais de recurso interposto por intermédio de fac-símile começa a fluir do dia subsequente ao término do prazo recursal, nos termos do art. 2º da Lei nº 9.800, de 26.05.1999, e não do dia seguinte à interposição do recurso, se esta se deu antes do termo final do prazo. (ex-OJ nº 337 da SBDI-I – primeira parte – DJ 04.05.2004)

III – Não se tratando a juntada dos originais de ato que dependa de notificação, pois a parte, ao interpor o recurso, já tem ciência de seu ônus processual, não se aplica a regra do art. 224 do CPC de 2015 (art. 184 do CPC de 1973) quanto ao "dies a quo", podendo coincidir com sábado, domingo ou feriado. (ex-OJ nº 337 da SBDI-I – "in fine" – DJ 04.05.2004)

IV – A autorização para utilização do fac-símile, constante do art. 1º da Lei nº 9.800, de 26.05.1999, somente alcança as hipóteses em que o documento é dirigido diretamente ao órgão jurisdicional, não se aplicando à transmissão ocorrida entre particulares.

- **OJ-SDI1-310**

LITISCONSORTES. PROCURADORES DISTINTOS. PRAZO EM DOBRO. ART. 229, CAPUT E §§ 1º E 2º, DO CPC DE 2015. ART. 191 DO CPC DE 1973. INAPLICÁVEL AO PROCESSO DO TRABALHO (atualizada em decorrência do CPC de 2015) – Res. 208/2016, DEJT divulgado em 22, 25 e 26.04.2016

Inaplicável ao processo do trabalho a norma contida no art. 229, caput e §§ 1º e 2º, do CPC de 2015 (art. 191 do CPC de 1973), em razão de incompatibilidade com a celeridade que lhe é inerente.

- **OJ-SDI2-146/TST**

AÇÃO RESCISÓRIA. INÍCIO DO PRAZO PARA APRESENTAÇÃO DA CONTESTAÇÃO. Art. 774 DA CLT (DJ 10.11.2004)

A contestação apresentada em sede de ação rescisória obedece à regra relativa à contagem de prazo constante do art. 774 da CLT, sendo inaplicável o art. 241 do CPC.

3. INFORMATIVOS DO TST

- ***Peticionamento por meio eletrônico (E-DOC). Sistema indisponível na data do termo final do prazo recursal. Comprovação da indisponibilidade mediante prova documental superveniente. Possibilidade. Incidência do item III da Súmula nº 385 do TST.***

Deve a Turma examinar, sob pena de cerceio do direito de defesa da parte, a prova de indisponibilidade do sistema de peticionamento eletrônico (E-DOC), apresentada em momento processual subsequente àquele em que o sistema ficou inoperante. Na hipótese, ante a decretação da intempestividade dos embargos declaratórios opostos pelo sistema E-DOC um dia após o termo final do prazo, e também protocolados no âmbito do TST no primeiro dia útil seguinte, a parte opôs novos declaratórios com a informação e a juntada do boletim de indisponibilidade do sistema ocorrida no último dia do prazo recursal. Assim, não tendo o órgão do Judiciário certificado nos autos a inoperância do sistema, tal como se procede no caso de feriado forense, deve o julgador reanalisar os requisitos inerentes ao prazo recursal, em face da apresentação de prova documental superveniente em sede de embargos de declaração, conforme preconiza o item III da Súmula nº 385 do TST. Com esse entendimento, a SBDI-I, à unanimidade, conheceu do recurso de embargos interposto pelo reclamante, por divergência jurisprudencial, e, no mérito, deu-lhe provimento para determinar o retorno dos autos à Turma de origem, para que prossiga no exame dos primeiros embargos de declaração, afastada a intempestividade. TST-E-ED-ED-RR-1940-61.2010.5.06.0000, SBDI-I, rel. Min. Luiz Philippe Vieira de Mello Filho, 3.4.2014 (Informativo nº 78)

- ***Suspensão de prazo recursal. Ato de Tribunal Regional. Retomada da contagem. Inclusão de feriados e fins de semana.***

Tratando-se de suspensão de prazo recursal pré-estabelecida, fundada em ato de Tribunal Regional, é desnecessária a intimação da parte para a retomada da contagem do prazo, a qual ocorre imediatamente, independentemente de recair em feriado ou final de semana, prorrogando-se somente o termo final para o primeiro dia útil subsequente. Com esse entendimento, o Órgão Especial, por maioria, não conheceu do recurso ordinário da União, por intempestivo. No caso dos autos, após as suspensões operadas pelo TRT, a contagem dos dois dias remanescentes do prazo foi reiniciada no dia 14/01/2012, sábado, findando-se no domingo, dia 15/01/2012, de modo que o termo final foi prorrogado para o primeiro dia útil seguinte, qual seja, 16/01/2012, segunda-feira. Todavia, o recurso foi protocolado somente no dia 17/01/2012, terça-feira, estando intempestivo, portanto. Vencidos os Ministros João Oreste Dalazen, Alexandre Agra Belmonte, Brito Pereira e Delaíde Miranda Arantes. TST-ReeNec e RO-29300-82.2005.5.01.0000, Órgão Especial, rel. Min. Hugo Carlos Scheuermann, 3.6.2013. (Informativo nº 49)

- ***Embargos. Interposição por meio do sistema E-DOC. Assinatura digital firmada por advogado diverso do subscritor do recurso. Existência de instrumento de mandato outorgado para ambos os causídicos. Irregularidade de representação. Não configuração.***

É regular a representação na hipótese em que o recurso interposto por meio do sistema E-DOC vem subscrito por advogado diverso daquele que procedeu à assinatura digital, desde que haja nos autos instrumento de mandato habilitando ambos os causídicos. Ademais, em atenção ao princípio da existência concreta, segundo o qual nas relações virtuais predomina aquilo que verdadeiramente ocorre e não aquilo que é estipulado, tem-se que, se aposto nome de advogado diverso daquele que assinou digitalmente o recurso, o efetivo subscritor do apelo é aquele cuja chave de assinatura foi registrada, responsabilizando-se pela petição entregue, desde que devidamente constituído nos autos. Com base nessa premissa, a SBDI-I, por unanimidade, examinando questão de ordem em relação à representação processual, conheceu dos embargos porque cumpridos os requisitos extrínsecos de admissibilidade. Na espécie, ressaltou-se que o STJ adota entendimento em outro sentido, em razão da existência de norma expressa a exigir identidade entre o titular do certificado digital usado para assinar o documento e o nome do advogado indicado como autor da petição (arts. 1º, § 2º, III, e 18 da Lei nº 11.419/06 c/c arts. 18, § 1º e 21, I, da Resolução nº 1, de 10/2/10, do STJ). TST-E-RR-236600-63.2009.5.15.0071, SBDI-I, rel. Min. Aloysio Corrêa da Veiga. 12.4.2012. (informativo nº 5)

4. QUESTÕES DE CONCURSOS

01. (TRT – 17ª REGIÃO/ANALISTA JUDICIÁRIO/CESPE/2009) Considerando que os prazos estabelecidos no título de atos, termos e prazos processuais contam-se com exclusão do dia do começo e inclusão do dia do vencimento e são contínuos e irreleváveis, somente podendo ser prorrogados pelo tempo estritamente necessário pelo juiz ou tribunal ou em virtude de força maior devidamente comprovada, é certo que o recesso forense e as férias coletivas dos ministros não suspendem os prazos recursais.

02. (TRT – 18ª REGIÃO/ANALISTA JUDICIÁRIO/FCC/2008) Com relação aos prazos processuais, é certo que

a) as férias coletivas dos Ministros do Tribunal Superior do Trabalho, em regra, não suspendem e nem interrompem os prazos recursais.

b) os prazos que se vencerem em domingo ou dia feriado terminarão na primeira sexta-feira que anteceder o vencimento.

c) os prazos processuais são, em regra, contínuos e relaváveis, podendo ser prorrogado pelo juiz quando houver necessidade em virtude de força maior.

d) os prazos processuais contam-se com inclusão do dia do começo e exclusão do dia do vencimento.

e) o início do prazo, intimada ou notificada a parte no sábado, dar-se-á no primeiro dia útil imediato e a contagem no subseqüente.

03. (TRT 14 – Técnico Judiciário – Área Administrativa/2011) Helena, advogada recém formada, está com dúvidas a respeito da contagem dos prazos processuais e, sendo assim, solicitou ajuda ao seu irmão, Venâncio, advogado sênior de uma empresa multinacional. Venâncio respondeu para Helena que os prazos processuais, em regra,

a) contam-se com a exclusão do dia do começo e inclusão do dia do vencimento e são contínuos e irreleváveis.

b) que se vencerem em sábado, domingo ou dia feriado, terminarão no último dia útil que anteceder o dia sem expediente forense.

c) são pré estabelecidos pela legislação, como por exemplo, o prazo para devolução de notificaçao postal que é de cinco dias.

d) são contínuos, mas releváveis, tendo em vista que não há preclusão consumativa na justiça do trabalho.

e) são contínuos, mas releváveis, tendo em vista que não há preclusão terminativa na justiça do trabalho.

04. (FCC – TRT 6 – Analista Judiciário/2012/ADAPTADA) Em relação aos atos, termos e prazos processuais, a Consolidação das Leis do Trabalho prevê que: os prazos que vencerem na sexta, sábado, domingo ou feriado, terminarão no primeiro dia útil seguinte.

05. (FCC – TRT 6 – Analista Judiciário/2012/ADAPTADA) Em relação aos atos, termos e prazos processuais, a Consolidação das Leis do Trabalho prevê que: os prazos processuais contam-se com inclusão do dia do começo e exclusão do dia do vencimento.

06. (TRT 23 – Juiz do Trabalho Substituto 23ª região/ 2014) Assinale a alternativa CORRETA, consoante sumulado pelo TST:

a) Notificada a parte no sábado, o início da contagem do prazo se dará no primeiro dia útil imediato.

b) O recesso forense e as férias coletivas dos Ministros do Tribunal Superior do Trabalho interrompem os prazos recursais.

c) Compete à Justiça do Trabalho a execução, de ofício, da contribuição referente ao Seguro de Acidente de Trabalho, que tem natureza de contribuição para a seguridade social.

d) É incabível a condenação no pagamento de honorários advocatícios em ação rescisória no processo do trabalho.

e) Todas as assertivas estão incorretas.

07. (FCC – Analista Judiciário – Área Judiciária – TRT 24/2017) A empresa Minerva & Atena Cia do Saber foi acionada em reclamatória trabalhista e recebeu a notificação da sentença por oficial de justiça em um sábado. Segundo as regras da Consolidação das Leis do Trabalho e a jurisprudência sumulada do Tribunal Superior de Trabalho, para recurso, considerando não haver feriado naquele mês, o início do prazo e o início da contagem, serão, respectivamente,

a) na segunda-feira.
b) segunda-feira e terça-feira.
c) no sábado.
d) sábado e segunda-feira.
e) sábado e terça-feira.

GAB	1	E	2	E	3	A	4	E	5	E	6	C	7	B

✦ **CERTIDÃO DE VENCIMENTO DE PRAZOS**

Art. 776. O vencimento dos prazos será certificado nos processos pelos escrivães ou secretários.

1. COMENTÁRIOS

Diretor de secretaria é a atual denominação dos secretários referidos neste artigo. Ao ocupante deste cargo e ao escrivão no cível, quanto ao Juiz de Direito investido de jurisdição trabalhista, incumbem a certificação do cumprimento dos atos processuais pelas partes, pelos próprios servidores e pelo Juiz. Na atualidade o diretor de secretaria é responsável pelos relatórios mensais enviados à Corregedoria Regional dos Tribunais, retratando toda a movimentação dos atos processuais na Vara do Trabalho. Na secretaria das Turmas ou dos Gabinetes dos Desembargadores a atribuição será de quem o Regimento Interno determinar (art. 96, I, "a", da CF, que atribui competência privativa aos Tribunais para regular o funcionamento de seus órgãos).

As sentenças, na Justiça do Trabalho, são proferidas em audiência (art. 852 da CLT). A prática, contudo, vem tornando quase letra morta a formalidade legal, pois as sentenças são elaboradas, em sua grande maioria, nos gabinetes dos juízes ou em suas residências; nesse caso devem ser observados os prazos do CPC/73, art. 189 (CPC/2015, art. 226).

✦ **AUTOS DOS PROCESSOS: FORMAÇÃO**

Art. 777. Os requerimentos e documentos apresentados, os atos e termos processuais, as petições ou razões de recursos e quaisquer outros papéis referentes aos feitos formarão os autos dos processos, os quais ficarão sob a responsabilidade dos escrivães ou secretários.

1. COMENTÁRIOS

Os secretários são, atualmente, os diretores de secretaria. Os escrivães, no cível, atuam quando o Juiz de Direito estiver investido de jurisdição trabalhista, pela inexistência de Juiz do Trabalho na localidade.

Os autos do processo constituem o meio físico onde são registradas todas as etapas do procedimento. Num futuro não distante, todas as fases do procedimento serão registradas de forma eletrônica, armazenadas em discos rígidos no computador, ou em memórias virtuais ou, ainda, em qualquer outro meio que vier a substituir as ferramentas hoje existentes. O fato é que ainda não se pode dispensar o meio físico de registro dos atos processuais.

Os autos não são de responsabilidade exclusiva dos diretores de secretaria, pois todos os partícipes do processo, enquanto estiverem em poder dos autos, terão total responsabilidade sobre os mesmos. Os juízes quando transportam os autos para suas residências, os advogados quando fazem carga dos mesmos e os guardam em seus escritórios, os peritos ao retirarem os autos para cumprimento de diligências, etc.

✦ RETIRADA DOS AUTOS

Art. 778. Os autos dos processos da Justiça do Trabalho, não poderão sair dos cartórios ou secretarias, salvo se solicitados por advogados regularmente constituídos por qualquer das partes, ou quando tiverem de ser remetidos aos órgãos competentes, em caso de recurso ou requisição.(Redação dada pela Lei nº 6.598, de 1º.12.1978)

1. COMENTÁRIOS

Os autos do processo são remetidos ao órgão do Ministério Público, podendo ser retirados por peritos, assistentes técnicos das partes e outros órgãos auxiliares. A norma deste artigo, que só permite a retirada dos autos por advogado regularmente constituído, já havia sido revogada, tacitamente, pelo Estatuto da OAB, Lei nº 4.215/63. O atual estatuto, no mesmo sentido, mantém a possibilidade do advogado retirar os autos de processo findo, mesmo sem procuração, pelo prazo de 10 dias (art. 7º, XVI, da Lei nº 8.906/94, Estatuto da OAB).

O art. 37 do CPC/73 (art. 104, do CPC/2015) permite ao advogado atuar sem procuração para a prática de atos urgentes, inclusive retirando os autos se isso for necessário para atender à realização do ato. Neste caso, contudo, estará obrigado a juntar aos autos o instrumento de mandato no prazo de 15 dias e a ratificar os atos praticados, sob a consequência de serem considerados como inexistentes (art. 37, caput, e § único do CPC/73; o art. 104, § 2º, do CPC/2015 diz que o ato não ratificado pelo advogado será tido como ineficaz).

O estagiário também poderá retirar os autos do processo, mas somente se estiver regularmente constituído para tanto, tendo recebido poderes do advogado, ou quando o cliente outorgar poderes ao advogado e ao estagiário conjuntamente (art. 3º, § 2º, da Lei nº 8.906/94).

Quando o prazo para a prática do ato processual for comum às partes, será permita uma rápida retirada pelos advogados de cada parte, que poderão providenciar, pelo prazo de 1 (uma) hora, fotocópia das peças do processo (CPC/73, art. 40, § 2º). Este procedimento é chamado por alguns de "carga rápida" (neste sentido: Neves-Freire, 2010, p. 40).

O **CPC/2015, art. 107, §§ 2º e 3º**, possui previsão semelhante: " § 2º Sendo o prazo comum às partes, os procuradores poderão retirar os autos somente em conjunto ou mediante prévio ajuste, por petição nos autos. § 3º Na hipótese do § 2º, é lícito ao procurador retirar os autos para obtenção de cópias, pelo prazo de 2 (duas) a 6 (seis) horas, independentemente de ajuste e sem prejuízo da continuidade do prazo.".

O advogado que retirar os autos e não restituí-los no prazo determinado pelo juiz poderá perder o direito de vista dos autos fora da secretaria, caso não restitua os autos, tendo sido intimado para tanto no prazo de 24 horas (art. 196 do CPC/73; **o art. 234, § 2º, do CPC/2015 ampliou o prazo para 3 (três) dias, e fixou multa de meio salário mínimo pela não devolução dos autos**).

Percebida essa atitude o juiz poderá oficiar à Seccional da OAB responsável por fiscalizar a atividade profissional do advogado, que, em procedimento disciplinar, poderá impor a multa prevista no art. 196, caput, do CPC/73 (metade de um salário-mínimo). A multa somente será imposta pela OAB e não pelo juiz (neste sentido: STJ, 1ª T., Resp 1.063.330, Min. Denise Arruda, j 5.11.09, DJ 2.12.09, in Theotonio Negrão, 2010, p. 292).

Independentemente da multa prevista no CPC/73, art. 196, o advogado se sujeita às regras da Lei nº 8.906/94, passível, portanto, de sofrer sanção disciplinar, a ser aplicada pela Ordem dos Advogados do Brasil da Seccional a que o mesmo estiver vinculado, diante da retenção abusiva dos autos do processo (art. 34, XXII, da Lei nº 8.906/94). Segundo o mesmo estatuto legal, a sanção prevista para a referida infração administrativa varia de 30 (trinta) dias a 12 (doze) meses de suspensão da atividade profissional (art. 37, parágrafo primeiro, do Estatuto da OAB). Há também a possibilidade da multa em pecúnia, cumulada com a suspensão, caso exista alguma circunstância agravante apurada pela OAB (art. 39 do Estatuto).

Como o advogado fica impedido de exercer o mandato neste período de suspensão (art. 42 do Estatuto), o processo deverá ser suspenso (CPC/73, art. 265, I e art. 313, I, do CPC/2015), para que outro profissional seja constituído pela parte, ou poderá a mesma valer-se do jus postulandi, na forma do art. 791, da CLT, atuando por conta própria até a cessação da suspensão do seu advogado.

2. QUESTÕES DE CONCURSOS

01. (PGE-AL/PROCURADOR DO ESTADO/CESPE/2009) Um trabalhador pretende interpor, na justiça do trabalho, determinada demanda, que será firmada apenas por ele, sem a participação de advogado. Nessa situação,

a) poderá o autor ingressar com tal demanda, mas não, retirar os autos do cartório.

b) o autor somente poderá ingressar com tal demanda na Comissão de Conciliação Prévia (CCP)

c) poderá o autor ingressar com tal demanda e ter vista dos autos fora do cartório, retirando-os.

d) por ser escrita, a reclamação deverá ser apresentada em três vias.

e) as custas incidentes na demanda deverão ser pagas no ingresso da demanda, exceto se esta estiver sob o pálio da justiça gratuita.

02. (TRT – 8ª REGIÃO/JUIZ DO TRABALHO/2006/ADAPTADA) Os autos dos processos da Justiça do Trabalho só poderão sair dos cartórios ou secretarias, se solicitados por advogado habilitado por uma das partes ou quando tiverem de ser remetidos aos órgãos competentes em caso de recurso.

GAB	1	A	2	E

✦ CONSULTA DOS AUTOS

Art. 779. As partes, ou seus procuradores, poderão consultar, com ampla liberdade, os processos nos cartórios ou secretarias.

1. COMENTÁRIOS

A consulta a autos de processo é pública, salvo segredo de justiça ou quando o interesse social assim determinar, condições estas dependentes de decisão do juiz (art. 93, IX, da CF). Como decorrência da publicidade dos atos processuais, não só as partes e seus advogados terão acesso aos autos dos processos, mas qualquer pessoa interessada, desde que os consultem na secretaria do juízo, sem direito à retirada mediante carga.

2. QUESTÕES DE CONCURSOS

01. (TRT – 24ª REGIÃO/TÉCNICO JUDICIÁRIO/FCC/2008/ADAPTADA) De acordo com o Decreto Lei nº 5452/43, com relação aos processos na Justiça do Trabalho é correto afirmar que as partes ou seus procuradores não poderão consultar, com ampla liberdade, os processos nos cartórios ou secretarias.

GAB	1	E

✦ **DESENTRANHAMENTO DE DOCUMENTOS**

Art. 780. Os documentos juntos aos autos poderão ser desentranhados somente depois de findo o processo, ficando traslado.

1. COMENTÁRIOS

A norma merece interpretação extensiva. Os documentos também poderão ser retirados mesmo com o processo em curso, como, por exemplo, nas circunstâncias de: **a**) juntada intempestiva; **b**) documentos que não tiverem relação com o objeto litigioso; **c**) documentos sem autenticação, impugnados e considerados irregulares pelo juízo; **d**) substituição de documentos originais por fotocópias, quando autorizado pelo juízo.

Depois de findo o processo o desentranhamento dos documentos depende de decisão do juiz, pois não pode ser considerado mero ato ordinatório.

2. QUESTÕES DE CONCURSOS

01. (TRT – 8ª REGIÃO/JUIZ DO TRABALHO/2006/ADAPTADA) Os documentos juntos aos autos poderão ser desentranhados a qualquer momento, desde que fique o traslado.

GAB	1	E

✦ **CERTIDÃO DOS PROCESSOS**

Art. 781. As partes poderão requerer certidões dos processos em curso ou arquivados, as quais serão lavradas pelos escrivães ou secretários.

✦ **SEGREDO DE JUSTIÇA: AUTORIZAÇÃO DO JUIZ**

Parágrafo único. As certidões dos processos que correrem em segredo de justiça dependerão de despacho do juiz ou presidente.

1. COMENTÁRIOS

Os secretários são, atualmente, os diretores de secretaria. Os escrivães, no cível, atuam quando o Juiz de Direito estiver investido de jurisdição trabalhista, pela inexistência de Juiz do Trabalho na localidade.

A certidão é ato privativo do diretor de secretaria e, na sua ausência ou impedimento, de seu substituto (Diretor-assistente), sendo lavrada independentemente de despacho da autoridade. Somente haverá necessidade de despacho (decisão), quando o processo estiver submetido a segredo de justiça, condição esta constante, de forma clara, na capa dos autos.

2. QUESTÕES DE CONCURSOS

01. (TRT – 24ª REGIÃO/TÉCNICO JUDICIÁRIO/FCC/2008/ADAPTADA) De acordo com o Decreto Lei nº 5452/43, com relação aos processos na Justiça do Trabalho é correto afirmar que as certidões dos processos não dependem de despacho do juiz, inclusive dos processos que correrem em segredo de justiça.

02. (TRT 23 – Juiz do Trabalho Substituto 23ª região/ 2014) Assinale a alternativa correta:

I. No processo do trabalho os prazos contam-se com exclusão do dia do começo e inclusão do dia do vencimento, e são contínuos e irreleváveis, podendo, entretanto, ser prorrogados, em até dez dias, em virtude de força maior devidamente comprovada.

II. A lei poderá restringir a publicidade dos atos processuais, dentre outras hipóteses, quando a defesa da intimidade ou o interesse social assim o exigirem.

III. Segundo a CLT, apenas são isentos de custas os beneficiários da justiça gratuita, a União, os Estados, os Municípios, e respectivas autarquias e fundações públicas federais, estaduais ou municipais, que não explorem atividade econômica.

IV. As partes podem requerer certidões de processos em curso ou arquivados, dependendo, nos processos que correm em segredo de justiça, de despacho do juiz.

a) Somente a assertiva I está correta.

b) Apenas as assertivas I, III e IV estão corretas.

c) Apenas as assertivas I e II e IV estão corretas.

d) Apenas as assertivas II e III estão corretas.

e) Somente a assertiva IV está correta.

GAB	1	E	2	E

✦ **ISENÇÃO POSTAL**

Art. 782. São isentos de selo as reclamações, representações, requerimentos, atos e processos relativos à Justiça do Trabalho.

1. COMENTÁRIOS

O art. 5º, XXXIV, “a”, assegura a todos o direito de petição, independentemente de pagamento de taxas. Esta norma, longe de ser meramente programática, condiciona o legislador e o juiz, obrigando ambos e em particular este último a efetivar o acesso à justiça, concedendo a gratuidade sempre que necessário. No processo do trabalho a gratuidade para ingresso da ação já é regra.

De qualquer forma, a norma do art. 782 perdeu interesse prático, pela inexistência de selo federal nos atos administrativos e nos processos em geral, em face da legislação vigente (Russomano, Comentários, Vol. II, 1993, p. 856).

▸SEÇÃO II – DA DISTRIBUIÇÃO

✦ **ORDEM DE APRESENTAÇÃO AO DISTRIBUIDOR**

Art. 783. A distribuição das reclamações será feita entre as Juntas de Conciliação e Julgamento, ou os Juízes de Direito do Cível, nos casos previstos no art. 669, § 1º, pela ordem rigorosa de sua apresentação ao distribuidor, quando o houver.

1. COMENTÁRIOS

A distribuição só é obrigatória quando, na localidade, houver mais de um juiz com mesma competência territorial (sobre o tema já cuidamos no art. 715 da CLT).

2. QUESTÕES DE CONCURSOS

01. (TRT – 3ª REGIÃO/ANALISTA JUDICIÁRIO/FCC/2009) A distribuição dos processos, em cidades onde haja mais do que uma unidade judiciária com a mesma competência, deve obedecer, segundo a Consolidação das Leis do Trabalho,

a) à proporção quantitativa e à adequação qualitativa de processos a cada unidade.

b) aos critérios de igualdade quantitativa e qualitativa entre as unidades judiciárias.

c) à ordem aleatória de entrada, observando-se a igualdade de tipos de ação para cada vara.

d) à ordem aleatória de entrada, desde que, ao final de um ano, todas as unidades tenham o mesmo número de processos distribuídos.

e) à ordem rigorosa de entrada.

02. **(TRT – 17ª REGIÃO/ANALISTA JUDICIÁRIO/CESPE/2009)** Em todas as localidades onde existe vara do trabalho há um distribuidor, o qual deve fazer a distribuição segundo a ordem rigorosa de entrada.

GAB	1	E	2	E

✦ **REGISTRO EM LIVRO PRÓPRIO**

Art. 784. As reclamações serão registradas em livro próprio, rubricado em todas as folhas pela autoridade a que estiver subordinado o distribuidor.

✦ **RECIBO DA DISTRIBUIÇÃO**

Art. 785. O distribuidor fornecerá ao interessado um recibo do qual constarão, essencialmente, o nome do reclamante e do reclamado, a data da distribuição, o objeto da reclamação e a Junta ou o Juízo a que coube a distribuição.

1. COMENTÁRIOS

Vide comentários ao art. 715.

✦ **DISTRIBUIÇÃO DA RECLAMAÇÃO VERBAL**

Art. 786. A reclamação verbal será distribuída antes de sua redução a termo.

Parágrafo único. Distribuída a reclamação verbal, o reclamante deverá, salvo motivo de força maior, apresentar-se no prazo de 5 (cinco) dias, ao cartório ou à secretaria, para reduzi-la a termo, sob a pena estabelecida no art. 731.

1. COMENTÁRIOS

A reclamação verbal, feita no distribuidor trabalhista, não pode ser confundida com a petição inicial que dá início ao procedimento, ainda que àquele ato possam ser atribuídos alguns efeitos da petição inicial, como, por exemplo, a interrupção da prescrição. O ato verbal somente será convertido em termo (forma escrita), quando o reclamante comparecer, espontaneamente, no prazo de 5 dias, na sede do juízo para o qual foi distribuída sua reclamação verbal, com o intuito de reduzi-la a termo (vide art. 731 e seus comentários).

O acesso à justiça é consideravelmente ampliado diante desta possibilidade de ser feita a reclamação verbal, valendo à pena os riscos corridos pela parte, diante da ausência de advogado neste ato processual.

2. QUESTÕES DE CONCURSOS

01. **(TRT – 17ª REGIÃO/ANALISTA JUDICIÁRIO/CESPE/2009)** A reclamação verbal deve ser distribuída antes de sua redução a termo. Distribuída a reclamação verbal, o reclamante deve, salvo motivo de força maior, apresentar-se no prazo de cinco dias, ao cartório ou à secretaria, para reduzi-la a termo, sob pena de perempção.

02. **(TRT – 3ª REGIÃO/TÉCNICO JUDICIÁRIO/FCC/2005/ADAPTADA)** As reclamações verbais

a) não poderão ser acompanhadas de documentos.

b) serão admitidas apenas se o trabalhador for analfabeto.

c) serão objeto de distribuição à parte.

d) serão distribuídas antes de sua redução a termo.

e) terão preferência sobre as demais.

03. **(TRT 24 – Técnico Judiciário – Área Administrativa/2011)** De acordo com a Consolidação das Leis do Trabalho, a reclamação trabalhista verbal será distribuída

a) em vinte e quatro horas após a sua redução a termo.

b) em quarenta e oito horas após a sua redução a termo.

c) dentro do prazo de quinze dias após a sua redução a termo.

d) antes de sua redução a termo.

e) dentro do prazo de cinco dias após a sua redução a termo.

04. (FCC – Analista Judiciário – Área Judiciária – Oficial de Justiça – TRT 16/2014) Sobre a teoria geral do processo do trabalho,

a) o agravo de petição é um recurso próprio do processo do trabalho, cabível das decisões proferidas nas execuções, cujo prazo é de cinco dias da garantia do Juízo.

b) as custas processuais serão recolhidas ao final, fixadas em 1% (hum por cento) do valor dado à causa, quando a ação for julgada improcedente.

c) na audiência, o empregador poderá fazer-se substituir pelo preposto, que tenha conhecimento dos fatos e cuja declaração não obrigará o proponente.

d) aberta a audiência, o juiz receberá a defesa e proporá a conciliação, sendo que no caso de insucesso, passará à instrução processual.

e) distribuída a reclamação trabalhista verbal, deverá o reclamante comparecer à secretaria ou ao cartório para reduzi-la a termo no prazo de cinco dias, em regra.

GAB	1	E	2	D	3	D	4	E

✦ **RECLAMAÇÃO ESCRITA: DUAS VIAS E ACOMPANHADA DE DOCUMENTOS**

Art. 787. A reclamação escrita deverá ser formulada em 2 (duas) vias e desde logo acompanhada dos documentos em que se fundar.

✦ **DISTRIBUIÇÃO DA RECLAMAÇÃO ESCRITA**

Art. 788. Feita a distribuição, a reclamação será remetida pelo distribuidor à Junta ou Juízo competente, acompanhada do bilhete de distribuição.

1. COMENTÁRIOS

A formalidade quanto ao número de vias da reclamação escrita prevalece até hoje. Uma das vias da petição será a peça inicial do processo e a segunda via será remetida ao réu, junto com a notificação inicial para comparecimento à audiência (CLT, art. 841). Formando-se um litisconsórcio passivo, o número de vias da petição inicial será correspondente à quantidade de réus.

A parte final do art. 787 ("desde logo acompanhada dos documentos em que se fundar") é, no meu ponto de vista, um dos dispositivos legais mais descumpridos em Juízo, seja pelas partes, ou pelo próprio juiz. Fosse cumprida, rigorosamente, a regra legal, o reclamante teria que instruir sua petição inicial com todos os documentos que fundamentassem seus pedidos, estando preclusa a oportunidade de produção desta prova após este momento, exceção feita somente para o documento novo. Russomano, Comentários, Vol. II, 1993, p. 859, apesar de sustentar exatamente a posição que ora adotamos, afirma que, na prática, se vem admitido a juntada de documentos enquanto não encerrada a instrução processual.

Esta permissividade da jurisprudência trabalhista se fundamenta na redação do art. 845 da CLT, cuja interpretação literal permite que todas as provas sejam produzidas em audiência, não excluindo, segundo este entendimento, a prova documental. Compatibilizando a norma do art. 787 da CLT, com o art. 845, são esclarecedoras as lições de Rodrigues Pinto, Processo, 2005, p. 484: "...a regra do art. 845 precisa, hoje, ser interpretada no sentido de que a prova documental, como todas as demais admissíveis, deve ser produzida ou indicada com as postulações da parte (inicial e defesa) e, se superveniente, na primeira oportunidade que tiver a parte para falar em audiência.".

Diante da falta de sistemática da CLT ao tratar sobre o tema da produção de prova documental, Bezerra Leite, Curso, 2007, p. 550, propõe a aplicação subsidiária do CPC e afirma que os documentos devem acompanhar a Inicial (art. 787) e a defesa (CPC/73, art. 396 e CPC/2015, art. 434); o descumprimento desta regra, prossegue o autor, resultará nas seguintes consequências: **a**) encerramento da instrução, sem adiamento da audiência para produção de prova documental, salvo se a parte provar motivo relevante ou se o documento tiver o objetivo de se contrapor a fatos alegados pela outra parte; **b**) desconsideração do documento juntado fora do momento oportuno; **c**) a preclusão.

Sergio Pinto Martins, Comentários, 2010, p. 807, também vê preclusão na juntada de documentos após a inicial, salvo se o réu assim permitir ou se for determinado pelo juízo, que possui amplo poder probatório (art. 765 da CLT).

Como foi demonstrado acima, doutrina e jurisprudência estão em descompasso, pois esta tem permitido a produção de prova documental enquanto não encerrada a instrução processual, já aquela tem buscado o respeito ao art. 787 da CLT, só autorizando a juntada de documentos, após a apresentação da Inicial, por motivos relevantes, como força maior, ou sendo documento novo, cujo conceito está contido no art. 397 do CPC/73: "É lícito às partes, em qualquer tempo, juntar aos autos documentos novos, quando destinados a fazer prova de fatos ocorridos depois dos articulados, ou para contrapô-los aos que foram produzidos nos autos.". O CPC/2015 reproduz integramente este conceito em seu artigo 435, sem qualquer alteração.

A reclamação verbal não segue a regra do art. 787, podendo o reclamante, após sua distribuição e redução a termo, apresentar a documentação que entender devida na própria audiência.

A distribuição da reclamação escrita, prevista no art. 788, supra, segue os mesmos critérios da distribuição da reclamação verbal. Reporto-me, quanto à distribuição, aos comentários feitos ao artigo 715 da CLT.

2. SÚMULAS E ORIENTAÇÕES JURISPRUDENCIAIS

- **Súmula nº 8/TST**

JUNTADA DE DOCUMENTO (mantida) – Res. 121/2003, DJ 19, 20 e 21.11.2003

A juntada de documentos na fase recursal só se justifica quando provado o justo impedimento para sua oportuna apresentação ou se referir a fato posterior à sentença.

- **Súmula nº 263/TST**

PETIÇÃO INICIAL. INDEFERIMENTO. INSTRUÇÃO OBRIGATÓRIA DEFICIENTE (alterada em decorrência do CPC de 2015) – Res. 208/2016, DEJT divulgado em 22, 25 e 26.04.2016

Salvo nas hipóteses do art. 330 do CPC de 2015 (art. 295 do CPC de 1973), o indeferimento da petição inicial, por encontrar-se desacompanhada de documento indispensável à propositura da ação ou não preencher outro requisito legal, somente é cabível se, após intimada para suprir a irregularidade em 15 (quinze) dias, mediante indicação precisa do que deve ser corrigido ou completado, a parte não o fizer (art. 321 do CPC de 2015).

3. QUESTÕES DE CONCURSOS

01. (TRT – 17ª REGIÃO/ANALISTA JUDICIÁRIO/CESPE/2009) Feita a distribuição, a reclamação deve ser remetida pelo distribuidor à vara ou ao juízo competente, acompanhada do bilhete de distribuição.

GAB	1	C

▸SEÇÃO III – DAS CUSTAS E EMOLUMENTOS

✦ VALOR DAS CUSTAS

Art. 789. Nos dissídios individuais e nos dissídios coletivos do trabalho, nas ações e procedimentos de competência da Justiça do Trabalho, bem como nas demandas propostas perante a Justiça Estadual, no exercício da jurisdição trabalhista, as custas relativas ao processo de conhecimento incidirão à base de 2% (dois por cento), observado o mínimo de R$ 10,64 (dez reais e sessenta e quatro centavos) e o máximo de quatro vezes o limite máximo dos benefícios do Regime Geral de Previdência Social, e serão calculadas: (Redação da Lei nº 13.467, de 13.07.2017).

✦ ACORDO OU CONDENAÇÃO

I – quando houver acordo ou condenação, sobre o respectivo valor;

✦ EXTINÇÃO DO PROCESSO E IMPROCEDÊNCIA

II – quando houver extinção do processo, sem julgamento do mérito, ou julgado totalmente improcedente o pedido, sobre o valor da causa;

✦ PROCEDÊNCIA DO PEDIDO

III – no caso de procedência do pedido formulado em ação declaratória e em ação constitutiva, sobre o valor da causa;

✦ VALOR INDETERMINADO

IV – quando o valor for indeterminado, sobre o que o juiz fixar.

✦ ÔNUS E PRAZO PARA PAGAMENTO

§ 1º – As custas serão pagas pelo vencido, após o trânsito em julgado da decisão. No caso de recurso, as custas serão pagas e comprovado o recolhimento dentro do prazo recursal.

✦ ARBITRAMENTO PELO JUIZ

§ 2º – Não sendo líquida a condenação, o juízo arbitrar-lhe-á o valor e fixará o montante das custas processuais.

✦ ACORDO: CUSTAS RATEADAS

§ 3º – Sempre que houver acordo, se de outra forma não for convencionado, o pagamento das custas caberá em partes iguais aos litigantes.

✦ DISSÍDIO COLETIVO: SOLIDARIEDADE

§ 4º – Nos dissídios coletivos, as partes vencidas responderão solidariamente pelo pagamento das custas, calculadas sobre o valor arbitrado na decisão, ou pelo Presidente do Tribunal.

1. COMENTÁRIOS

1.1. Custas: natureza e instituição

As custas são espécie de despesa processual obrigatória. Têm natureza jurídica de taxa judiciária, espécie de tributo, pois são valores pagos ao Estado, em decorrência da prestação de um serviço público especifico: a prestação jurisdicional (neste sentido: Bezerra Leite, Curso, 2007, p. 602).

Sergio Pinto Martins, Comentários, 2010, p. 809, corrobora a natureza tributária das custas, conceituando-a como taxa, na espécie de "taxa de serviços", em razão dos serviços específicos e divisíveis efetivamente prestados pelo Estado (CTN, art. 77).

José Augusto Rodrigues Pinto, Processo, 2005, p. 293-294, afirma que custa processual é o pagamento devido ao serventuário, pela prática de ato processual próprio de sua atribuição funcional e taxa judiciária é a despesa obrigatória feita pela retribuição ao Estado pela efetiva prestação de serviço publico. Contudo, o próprio autor reconhece que há manifesta tendência para englobar num só conceito a custa e a taxa judiciária, tendência esta absorvida pelo próprio legislador, quando chamou de custas as despesas processuais obrigatórias, tanto no processo de conhecimento (art. 789, da CLT), quanto na execução de sentença (art. 789-A, da CLT).

A União tem competência para instituir a taxa judiciária pela utilização efetiva ou potencial de serviço público específico, prestados ao contribuinte ou postos à sua disposição (CF, art. 145, II).

A Instituição e modificação do valor das custas, por iniciativa da União, se fazem por meio de lei, pois o art. 150, I, da CF, consagrou o princípio da reserva legal. Segundo o princípio da anterioridade, não se pode cobrar tributos no mesmo exercício financeiro em que haja sido publicada a lei que os instituiu ou aumentou. Com o advento da EC nº 42, de 19.12.2003, também ficou proibido cobrar tributos, observada a regra do exercício financeiro do ano seguinte, antes de 90 dias da data da publicação da lei que o instituiu (art. 150, III, "b", da CF). Como exemplo, caso seja instituído um tributo no final de mês de dezembro para só vigorar no ano seguinte (princípio da anterioridade), ainda assim deve se aguardar 90 dias para a cobrança do tributo. A norma legal que altere somente o prazo de recolhimento da obrigação tributária não se sujeita ao princípio da anterioridade (STF, S. 669).

1.2. Recolhimento e cálculo das custas

O acesso gratuito à Justiça do Trabalho determina que as custas sejam pagas somente ao final, pela parte vencida, ou, na hipótese de interposição de recurso, no prazo recursal (art. 789, § 1º).

O art. 789, caput, estabelece o percentual de 2%, a título de custas, a incidir sobre os valores determinados nos incisos I a IV.

As custas são calculadas: **a)** em partes iguais, na hipótese de acordo, sobre o valor ajustado e havendo condenação sobre o valor desta, fixado na sentença (inciso I); **b)** na extinção do processo, sem resolução de mérito, e na improcedência do pedido, pelo valor atribuído à causa na Inicial (inciso II); **c)** as ações declaratórias e constitutivas, por suas naturezas, não ensejam qualquer condenação, razão pela qual as custas também serão calculadas sobre o valor atribuído à causa na Inicial (inciso III). d) a regra do inciso IV, que obriga o juiz a fixar o valor da condenação, quando este for indeterminado, é complementar ao inciso I; isto ocorre com bastante frequência nas demandas trabalhistas sujeitas a rito ordinário (valor superior a 40 salários-mínimos), considerando-se que nestas causas o pedido inicial costuma ser ilíquido.

O TST, através da IN nº 20/2002, de 24.9.2002, regulamentou o recolhimento das custas. Seu recolhimento deve ser feito mediante DARF, em 4 (quatro) vias, conforme item I, da IN nº 20/2002. É ônus da parte zelar pela exatidão do recolhimento, bem como requerer sua juntada aos autos no prazo legal (IN nº 20/2002, item III). O recolhimento por meio eletrônico também é admitido, conforme item VII da referida Instrução Normativa (no mesmo sentido a OJ nº 158, da SDI-1/TST). Merece destaque, ainda, a OJ nº 27 da SDC/TST, que impõe à própria parte o ônus de diligenciar pelo correto recolhimento das custas.

A partir de 1º de janeiro de 2011, o recolhimento das custas passou a ser disciplinado pelo Ato Conjunto nº 21/2010, do TST e CSJT, de 7.12.2010, que cuidou das seguintes disposições: "Art. 1º A partir de 1º de janeiro de 2011, o pagamento das custas e dos emolumentos no âmbito da Justiça do Trabalho deverá ser realizado, exclusivamente, mediante Guia de Recolhimento da União – GRU Judicial, sendo ônus da parte interessada efetuar seu correto preenchimento. Art. 2º A emissão da GRU Judicial deverá ser realizada por meio do sítio da Secretaria do Tesouro Nacional na internet (www.stn.fazenda.gov.br), ou em Aplicativo Local instalado no Tribunal, devendo o recolhimento ser efetuado exclusivamente no Banco do Brasil ou na Caixa Econômica

Federal. § 1º O preenchimento da GRU Judicial deverá obedecer às orientações contidas no Anexo I. PODER JUDICIÁRIO JUSTIÇA DO TRABALHO CONSELHO SUPERIOR DA JUSTIÇA DO TRABALHO D:\trabalho\ascs\21 – GRU judicial v.2.docx. § 2º O pagamento poderá ser feito em dinheiro em ambas as instituições financeiras ou em cheque somente no Banco do Brasil. Art. 3º Na emissão da GRU Judicial serão utilizados os seguintes códigos de recolhimento: 18740-2 – STN-CUSTAS JUDICIAIS (CAIXA/BB) e 18770-4 – STN-EMOLUMENTOS (CAIXA/BB). Art. 4º Até 31 de dezembro de 2010, serão válidos tanto os recolhimentos efetuados por meio de Documento de Arrecadação de Receitas Federais – DARF, em conformidade com as regras previstas na Instrução Normativa n.º 20 do Tribunal Superior do Trabalho, de 24 de setembro de 2002, quanto os realizados de acordo com as diretrizes estabelecidas por este Ato. Art. 5º Este Ato entra em vigor na data de sua publicação.".

Tendo em vista a importância do valor atribuído à causa, na Inicial, para fixação das custas, o juiz pode exercer franco poder de controle sobre o que for arbitrado pela parte autora. O valor atribuído pelo reclamante deve corresponder, ainda que aproximadamente, à apreciação econômica dos pedidos formulados (neste sentido o art. 258 do CPC/73: "A toda causa será atribuído um valor certo, ainda que não tenha conteúdo econômico imediato." O CPC/2015, art. 291, no mesmo caminho: "A toda causa será atribuído valor certo, ainda que não tenha conteúdo econômico imediatamente aferível.).

Devem ser coibidos abusos de estimativa do valor da causa com o objetivo de mascarar o real valor econômico da demanda. A S. 71 do TST, ao afirmar que o valor dado à causa, quando não impugnado, é inalterável no curso do processo, está se referido à impossibilidade de modificação pelas partes, mas não pelo juízo. Neste sentido a interpretação de F. A. de Oliveira, Comentários à Súmulas do TST, 2005, p. 205: "...o juiz deverá intervir de ofício, para corrigir os defeitos da estimação, com isso fixando acertadamente a competência e determinando a forma do processo.".

Qualquer que seja o resultado do processo, o caput, do art. 789, isenta de pagamento aquele que passar a dever, a título de custas, valor inferior a R$10,64. A isenção se justifica, pois o inadimplemento deste valor ínfimo não compensa sua cobrança judicial, uma vez que os gastos do Estado serão bem superiores ao próprio objeto da execução.

1.3. Sucumbência recíproca: custas rateadas?

Nas hipóteses dos incisos I a IV do art. 789 da CLT não se percebe a solução quanto à sucumbência recíproca, ou seja, quando reclamante e reclamado forem ambos sucumbentes. O texto do inciso I só menciona que as custas serão calculadas sobre o valor da condenação. O § 1º, acima, dispõe que o ônus do recolhimento é do vencido, ao final, mas não menciona qualquer proporção para pagamento por ambas as partes quando a sucumbência for recíproca.

Diante da cumulação de pedidos, muito comum nas demandas trabalhistas, é bem possível que tanto autor quanto réu sejam vencedores em alguns pedidos e derrotados em outros.

Não obstante a omissão da CLT quanto à sucumbência recíproca, não se aplica ao processo do trabalho, quando em litígio direitos do contrato de trabalho, a regra do art. 21 do CPC, a seguir transcrita: "Se cada litigante for em parte vencedor e vencido, serão recíproca e proporcionalmente distribuídos e compensados entre eles os honorários e as despesas.".

A regra foi reproduzida no **CPC/2015, art. 86**, da mesma forma inaplicável aos conflitos oriundos do contrato de trabalho, com a seguinte redação: "Se cada litigante for, em parte, vencedor e vencido, serão proporcionalmente distribuídas entre eles as despesas.

A doutrina trabalhista sempre entendeu que a omissão do art. 789 quanto ao pagamento das custas na sucumbência recíproca, obrigaria ao empregador, normalmente réu, o recolhimento integral das custas calculadas sobre o valor da condenação. Neste sentido a opinião de Sérgio Pinto Martins, Comentários, 2010, p. 811: "Na hipótese do julgamento do pedido ter sido rejeitado em parte, quem paga as custas é a empresa, que foi vencida, ainda que em parte. No processo do trabalho não existe proporcionalidade no pagamento das custas, se autor e réu decaírem de suas argumentações, como ocorre no processo civil. A regra é das custas serem pagas pelo vencido.".

No mesmo sentido se posiciona Russomano, Comentários, Vol. II, 1993, p. 862: "Quanto a causa for julgada parcialmente procedente, mesmo assim prevalece o preceito de que o vencido deve pagar as custas.". No mesmo diapasão é a lição de Carrion, Comentários, 2010, p. 654: "... desde que qualquer parcela seja acolhida pela sentença, o reclamante não as pagará (as custas), mesmo que sejam improcedentes todas as demais parcelas pleiteadas.". Segue a mesma opinião Bezerra Leite, Curso, 2007, p. 604.

Nas lides decorrentes da relação de trabalho não vejo obstáculo para aplicação da regra de sucumbência recíproca prevista no CPC (no mesmo sentido: Bezerra Leite, Curso, 2007, p. 604 e Carrion, Comentários, 2010, p. 654).

O TST, ao aprovar a IN nº 27/2005, autoriza a aplicação subsidiaria da regra de sucumbência recíproca do art. 21 do CPC/73 (art. 86 do CPC/2015), como se percebe da redação do art. 3º, § 3º, da Instrução referida: "Salvo nas lides decorrentes da relação de emprego, é aplicável o princípio da sucumbência recíproca, relativamente às custas.". A interpretação, a meu ver, deve ser extensiva. Onde se lê custas, leia-se "todas as despesas processuais".

1.4. das demandas coletivas

O art. 789, § 4º prevê a condenação solidária dos vencidos quanto às custas processuais nos dissídios coletivos. O texto legal não distingue a natureza do dissídio coletivo, razão pela qual a regra deve ser aplicada aos dissídios de natureza econômica, que fixam regras abstratas para a categoria, como aos de natureza jurídica, que interpretam normas de interesse da categoria. Em ambos os casos não há condenação, pois tais dissídios possuem natureza constitutiva e declaratória, respectivamente. O valor das custas, portanto, será calculado sobre o valor fixado pela Seção de Dissídios Coletivos, ou pelo Tribunal, no Acórdão Normativo.

A solidariedade prevista na norma da CLT diz respeito aos litisconsortes (dois ou mais sindicatos que figurem em um dos polos do dissídio coletivo). A norma não autoriza, portanto, a aplicação da regra da sucumbência recíproca quando suscitante e suscitado forem ambos sucumbentes, o que, diga-se de passagem, é muito comum em dissídios coletivos de natureza econômica (no mesmo sentido: Bezerra Leite, 2007, p.605).

A ação é composta de diversas cláusulas e o Tribunal, com base no princípio da equidade, acolhe ou rejeita as postulações, uma a uma, do sindicato, ou sindicatos suscitantes. Os vencidos se responsabilizarão, solidariamente, pelas custas processuais, mas quanto à sucumbência recíproca, explica Rodrigues Pinto, Processo, 2005, p. 320: "...o legislador trabalhista manteve seu silêncio eloquente sobre os efeitos da sucumbência recíproca, de tal maneira que sendo vencida também a representação profissional, as empresas serão solidárias na responsabilidade por toda a despesa.".

Nas demais ações coletivas lato sensu (ação civil pública, ação civil coletiva, etc.), inclusive naquelas em que o sindicato ou MPT atuarem na defesa de interesses individuais homogêneos, sustenta Bezerra Leite, Curso, 2007, p. 605, que há regramento específico quanto às despesas processuais. Para o autor, se aplica ao processo do trabalho a regra do art. 18 da Lei da Ação Civil Pública (Lei nº 7347/85), com a redação do art. 116 do CDC, que veda a condenação da "associação autora, salvo comprovada má-fé, em honorários de advogado, custas e despesas processuais.".

No mesmo sentido defende Adamovich, Sistema da Ação Civil Pública, 2005, p. 463: "Em ação civil pública trabalhista, por conseguinte, não serão devidas custas pela entidade autora, mesmo após a sentença, salvo, é claro, a hipótese de litigância de má-fé. O demandado, todavia, quando sucumbente e ainda que em parte, pagará a totalidade das custas, calculadas, conforme a espécie de sentença, de acordo com os incisos do art. 789, da CLT.".

2. SÚMULAS E ORIENTAÇÕES JURISPRUDENCIAIS

Súmula nº 669/STF

Norma legal que altera o prazo de recolhimento da obrigação tributária não se sujeita ao princípio da anterioridade.

Súmula nº 25/TST

CUSTAS PROCESSUAIS. INVERSÃO DO ÔNUS DA SUCUMBÊNCIA. (alterada a Súmula e incorporadas as Orientações Jurisprudenciais nºs 104 e 186 da SBDI-1) – Res. 197/2015 – DEJT divulgado em 14, 15 e 18.05.2015

I – A parte vencedora na primeira instância, se vencida na segunda, está obrigada, independentemente de intimação, a pagar as custas fixadas na sentença originária, das quais ficara isenta a parte então vencida;

II – No caso de inversão do ônus da sucumbência em segundo grau, sem acréscimo ou atualização do valor das custas e se estas já foram devidamente recolhidas, descabe um novo pagamento pela parte vencida, ao recorrer. Deverá ao final, se sucumbente, reembolsar a quantia; (ex-OJ nº 186 da SBDI-I)

III – Não caracteriza deserção a hipótese em que, acrescido o valor da condenação, não houve fixação ou cálculo do valor devido a título de custas e tampouco intimação da parte para o preparo do recurso, devendo ser as custas pagas ao final; (ex-OJ nº 104 da SBDI-I)

IV – O reembolso das custas à parte vencedora faz-se necessário mesmo na hipótese em que a parte vencida for pessoa isenta do seu pagamento, nos termos do art. 790-A, parágrafo único, da CLT.

Súmula nº 36/TST

CUSTAS (mantida) – Res. 121/2003, DJ 19, 20 e 21.11.2003

Nas ações plúrimas, as custas incidem sobre o respectivo valor global.

Súmula nº 53/TST

CUSTAS (mantida) – Res. 121/2003, DJ 19, 20 e 21.11.2003

O prazo para pagamento das custas, no caso de recurso, é contado da intimação do cálculo.

Súmula nº 71/TST

ALÇADA (mantida) – Res. 121/2003, DJ 19, 20 e 21.11.2003

A alçada é fixada pelo valor dado à causa na data de seu ajuizamento, desde que não impugnado, sendo inalterável no curso do processo.

Súmula nº 86/TST

DESERÇÃO. MASSA FALIDA. EMPRESA EM LIQUIDAÇÃO EXTRAJUDICIAL (incorporada a Orientação Jurisprudencial nº 31 da SBDI-1) – Res. 129/2005, DJ 20, 22 e 25.04.2005

Não ocorre deserção de recurso da massa falida por falta de pagamento de custas ou de depósito do valor da condenação. Esse privilégio, todavia, não se aplica à empresa em liquidação extrajudicial.

OJ 33 SBDI-1/TST

DESERÇÃO. CUSTAS. CARIMBO DO BANCO. VALIDADE.Inserida em 25.11.1996

O carimbo do banco recebedor na guia de comprovação do recolhimento das custas supre a ausência de autenticação mecânica.

OJ 158 SBDI-1/TST

CUSTAS. COMPROVAÇÃO DE RECOLHIMENTO. DARF ELETRÔNICO. VALIDADE. Inserida em 26.03.99 O denominado "DARF ELETRÔNICO" é válido para comprovar o recolhimento de custas por entidades da administração pública federal, emitido conforme a IN-SRF 162, de 04.11.88.

No caso de inversão do ônus da sucumbência em segundo grau, sem acréscimo ou atualização do valor das custas e se estas já foram devidamente recolhidas, descabe um novo pagamento pela parte vencida, ao recorrer. Deverá ao final, se sucumbente, ressarcir a quantia.

- **OJ-SDI2-88/TST**

MANDADO DE SEGURANÇA. VALOR DA CAUSA. CUSTAS PROCESSUAIS. CABIMENTO (inserida em 13.03.2002)

Incabível a impetração de mandado de segurança contra ato judicial que, de ofício, arbitrou novo valor à causa, acarretando a majoração das custas processuais, uma vez que cabia à parte, após recolher as custas, calculadas com base no valor dado à causa na inicial, interpor recurso ordinário e, posteriormente, agravo de instrumento no caso de o recurso ser considerado deserto.

- **OJ-SDI2-148/TST**

CUSTAS. MANDADO DE SEGURANÇA. RECURSO ORDINÁRIO. EXIGÊNCIA DO PAGAMENTO (conversão da Orientação Jurisprudencial nº 29 da SBDI-1) – Res. 129/2005, DJ 20.04.2005

É responsabilidade da parte, para interpor recurso ordinário em mandado de segurança, a comprovação do recolhimento das custas processuais no prazo recursal, sob pena de deserção. (ex-OJ nº 29 – inserida em 20.09.2000)

- **OJ-SDI1T-53**

CUSTAS. EMBARGOS DE TERCEIRO. INTERPOSTOS ANTERIORMENTE À LEI Nº 10.537/2002. INEXIGÊNCIA DE RECOLHIMENTO PARA A INTERPOSIÇÃO DE AGRAVO DE PETIÇÃO (conversão da Orientação Jurisprudencial nº 291 da SBDI-1) – DJ 20.04.2005

Tratando-se de embargos de terceiro, incidentes em execução, ajuizados anteriormente à Lei nº 10.537/2002, incabível a exigência do recolhimento de custas para a interposição de agravo de petição por falta de previsão legal. (ex-OJ nº 291 da SBDI-1 – inserida em 11.08.03)

- **OJ SDC-27**

CUSTAS. AUSÊNCIA DE INTIMAÇÃO. DESERÇÃO. CARACTERIZAÇÃO (INSERIDA EM 19.08.1998)

A deserção se impõe mesmo não tendo havido intimação, pois incumbe à parte, na defesa do próprio interesse, obter os cálculos necessários para efetivar o preparo.

3. INFORMATIVOS DO TST

- ***MS. Custas processuais. Valor não fixado. Ausência de recolhimento. Deserção. Não configuração. Aplicação analógica da Orientação Jurisprudencial nº 104 da SBDI-I.***

Em sede de mandado de segurança, o recolhimento das custas processuais para fins de preparo do recurso ordinário somente é exigível quando expressamente fixadas, e a parte devidamente intimada a recolhê-las, nos termos da Orientação Jurisprudencial nº 104 da SBDI-I, aplicada por analogia. Com esse entendimento, a SBDI-II conheceu do recurso ordinário, vencido o Ministro relator que dele não conhecia por ausência de preparo. Na espécie, ressaltou-se que a Presidência do TRT, ao exarar despacho de admissibilidade do recurso ordinário, concedeu à parte recorrente os benefícios da justiça gratuita, dispensando-a do preparo recursal. Ademais, não há falar em incidência da Orientação Jurisprudencial nº 148 da SBDI-II, porquanto pressupõe a fixação de custas pelo juiz. Em seguida, o julgamento foi suspenso para apreciação do mérito. TST-RO-451-48.2010.5.11.0000, SBDI-II, rel. Min. Guilherme Augusto Caputo Bastos 23.10.2012 (Informativo nº 27)

- ***Custas processuais fixadas* ex vi legis*. Ausência de recolhimento. Deserção configurada. Art. 789, II, da CLT.***

A ausência de especificação do valor das custas processuais, fixadas *ex vi legis*, em sede de mandado de segurança, não afasta a obrigação do recolhimento prévio do preparo quando da interposição do recurso ordinário. Com esse posicionamento, decidiu a SBDI-II, à unanimidade, negar provimento ao agravo de instrumento para manter a decisão agravada que reconheceu a deserção do recurso. Destacou-se, na hipótese, o caráter cogente do art. 789, II, da CLT, que estipula a incidência das custas à base de 2% sobre o valor da causa quando a ação for julgada improcedente, bem como o entendimento consubstanciado na Orientação Jurisprudencial nº 148 da SBDI-II, que confere à parte a responsabilidade pelo recolhimento das custas, sob pena de deserção. TST-AIRO-1144-47.2011.5.02.0000, SBDI-II, rel. Min. Hugo Carlos Scheuermann, 19.11.2013 (Informativo nº 67).

4. QUESTÕES DE CONCURSOS

01. **(TRT – 1ª REGIÃO/JUIZ DO TRABALHO/2008/ADAPTADA)** As custas deverão ser recolhidas sempre ao final da execução, salvo no caso de recurso, quando serão pagas e comprovado o recolhimento no prazo de cinco dias.

02. **(TRT – 3ª REGIÃO/JUIZ DO TRABALHO/2009/ADAPTADA)** Nos dissídios coletivos, as partes vencidas responderão solidariamente pelo pagamento das custas processuais, calculadas sobre o valor arbitrado na decisão, ou pelo presidente do Tribunal.

03. **(TRT – 17ª REGIÃO/ANALISTA JUDICIÁRIO/CESPE/2009)** Nos dissídios coletivos, as partes respondem solidariamente pelo pagamento das custas, calculadas sobre o valor arbitrado na decisão ou pelo presidente do tribunal.

04. **(TRT 14 – Técnico Judiciário – Área Administrativa/2011)** Fernanda ajuizou reclamação trabalhista em face da empresa "Amiga" que foi julgada parcialmente procedente. Neste caso, em regra, as custas processuais caberão à

a) empresa Amiga e a Fernanda, em 0,5% para cada uma.
b) empresa Amiga e a Fernanda, em 1% para cada uma.
c) empresa Amiga, no importe de 2% sobre o valor da condenação.
d) empresa Amiga, no importe de 1% sobre o valor da condenação.
e) Fernanda no importe de 1% sobre o valor da condenação.

05. **(FCC – TRT 6 – Analista Judiciário/2012/ADAPTADA)** As custas serão pagas pelo vencido, após o trânsito em julgado da decisão, sendo que no caso de recurso, as custas serão pagas e será comprovado o recolhimento dentro do prazo recursal.

06. **(FCC – TRT 6 – Analista Judiciário/2012/ADAPTADA)** Nos dissídios individuais e nas ações e procedimentos de competência da Justiça do Trabalho, as custas relativas ao processo de conhecimento incidirão à base de 2% (dois por cento), observado o mínimo de R$ 10,64 e serão calculadas quando houver acordo ou condenação, sobre o respectivo valor.

07. **(FCC – TRT 14 – Analista Judiciário/2011)** Magda ajuizou reclamação trabalhista em face da empresa QI com valor da causa de R$ 80.000,00. No curso da reclamação trabalhista as partes se compuseram amigavelmente e a empresa QI comprometeu-se a pagar a importância de R$ 50.000,00 a Magda. De acordo com a Consolidação das Leis do Trabalho, se de outra forma não dispuserem as partes, a empresa QI pagará a título de custas, o valor de R$ 500,00.

08. **(TRT 8 – Juiz do Trabalho Substituto 8ª região/2014)** De acordo com a CLT, qual hipótese NÃO corresponde à verdade em relação à fixação de custas:

a) Nos dissídios individuais e nos dissídios coletivos do trabalho, nas ações e procedimentos de competência da Justiça do Trabalho, bem como nas demandas propostas perante a Justiça Estadual, no exercício da jurisdição trabalhista, as custas relativas ao processo de conhecimento incidirão à base de 2% (dois por cento), observado o mínimo de R$ 10,64 (dez reais e sessenta e quatro centavos).
b) As custas serão calculadas, quando houver acordo ou condenação, sobre o respectivo valor.
c) As custas serão calculadas, quando houver extinção do processo, sem resolução do mérito, ou julgado totalmente improcedente o pedido, sobre o valor da causa.
d) As custas serão calculadas, no caso de procedência do pedido formulado em ação declaratória e em ação constitutiva, sobre o valor da causa.
e) As custas serão pagas pelo vencido, após o trânsito em julgado da decisão. No caso de interposição de qualquer recurso, as custas serão pagas e comprovado o recolhimento dentro do prazo recursal.

09. **(FCC – Analista Judiciário – Área Administrativa – TRT 16/2014)** Antonio ajuizou reclamação trabalhista contra sua ex-empregadora, a empresa Luz e Harmonia Ltda., pleiteando o pagamento de verbas rescisórias, não pagas, dando à causa o valor de R$ 40.000,00. Em audiência, as partes se compuseram amigavelmente, obrigando-se a empresa a pagar o valor de R$ 15.000,00 ao autor, mediante acordo homologado pelo Juiz. Segundo a Consolidação das Leis do Trabalho – CLT, as custas processuais serão

a) de R$ 400,00.
b) de R$ 800,00.
c) de R$ 150,00.
d) de R$ 300,00.
e) nulas, tendo em vista que no processo do trabalho vige o princípio da hipossuficiência do reclamante.

10. **(FCC – Técnico Judiciário – Área Administrativa – TRT 24/2017)** No tocante às custas processuais, a Consolidação das Leis do Trabalho estabelece que

a) o pagamento das custas, sempre que houver acordo, caberá à Reclamada, pois deu causa ao processo.
b) as custas serão, em qualquer caso, pagas pelo vencido, antes do trânsito em julgado da decisão.

c) no processo de execução são devidas custas, de responsabilidade do executado ou do exequente, conforme o caso, sendo pagas após a liquidação de sentença.

d) não sendo líquida a condenação, o juízo arbitrar-lhe-á o valor e fixará o montante das custas processuais.

e) apenas nos dissídios individuais, no exercício da jurisdição trabalhista, as custas relativas ao processo de conhecimento incidirão à base de 1%, sem observância de importância mínima.

GAB	1	E	2	C	3	E	4	C	5	C	6	C	7	C	8	E	9	D	10	D

✦ CUSTAS NA EXECUÇÃO: ÔNUS DO EXECUTADO

Art. 789-A. No processo de execução são devidas custas, sempre de responsabilidade do executado e pagas ao final, de conformidade com a seguinte tabela:(Incluído pela Lei nº 10.537, de 27.8.2002)

I – autos de arrematação, de adjudicação e de remição: 5% (cinco por cento) sobre o respectivo valor, até o máximo de R$ 1.915,38 (um mil, novecentos e quinze reais e trinta e oito centavos);

II – atos dos oficiais de justiça, por diligência certificada:

a) em zona urbana: R$ 11,06 (onze reais e seis centavos);

b) em zona rural: R$ 22,13 (vinte e dois reais e treze centavos);

III – agravo de instrumento: R$ 44,26 (quarenta e quatro reais e vinte e seis centavos);

(Incluído pela Lei nº 10.537, de 27.8.2002)

IV – agravo de petição: R$ 44,26 (quarenta e quatro reais e vinte e seis centavos);

V – embargos à execução, embargos de terceiro e embargos à arrematação: R$ 44,26 (quarenta e quatro reais e vinte e seis centavos);

VI – recurso de revista: R$ 55,35 (cinqüenta e cinco reais e trinta e cinco centavos);

VII – impugnação à sentença de liquidação: R$ 55,35 (cinqüenta e cinco reais e trinta e cinco centavos);

VIII – despesa de armazenagem em depósito judicial – por dia: 0,1% (um décimo por cento) do valor da avaliação;

IX – cálculos de liquidação realizados pelo contador do juízo – sobre o valor liquidado: 0,5% (cinco décimos por cento) até o limite de R$ 638,46 (seiscentos e trinta e oito reais e quarenta e seis centavos).

1. COMENTÁRIOS

As custas no processo do trabalho eram disciplinadas tão só na sentença, para pagamento ao final ou, quando da interposição de recurso, no prazo recursal. Com o advento da Lei nº 10.537/2002 alterou-se a disciplina das custas, passando o art. 789-A a prever um valor determinado para cada ato processual da execução, mantida, contudo, a regra de pagamento somente ao final do processo, sem que se possa exigir seu recolhimento como pressuposto de admissibilidade dos recursos na execução (no mesmo sentido: Bezerra Leite, Curso, 2007, p. 606).

Também defendendo o pagamento das custas somente ao final do processo, explica Rodrigues Pinto: “Talvez tenha sido intenção do legislador, seguindo o antiquado critério de conta de custas, encarecer as despesas obrigatórias na execução, sobretudo na área dos recursos, decerto para desestimular discuti-la. Mas, deixando a exigibilidade do pagamento para o final, os possíveis efeitos da intenção ficaram frustrados, pelo menos em parte.” (Processo Trabalhista de Conhecimento, 2005, p. 323).

No mesmo caminho Sergio Pinto Martins, Comentários, 2010, p. 815: “O executado não terá de pagar as custas para recorrer na execução, pois o art. 789-A da CLT é expresso no sentido de que elas devem ser pagas ao final.”.

O critério fixado pelo legislador, de tabelar cada ato processual, além de antiquado, corre o risco de se tornar ineficaz pela desatualização, ou mesmo por não coibir recursos protelatórios, diante de sua exigibilidade somente ao final. Sergio Pinto Martins, Comentários, 2010, p. 815 e Rodrigues Pinto, Processo, 2005, p. 323-324, ao criticarem a escolha do legislador, sugerem que melhor teria feito se mantivesse o critério de percentual incidente sobre o valor da causa, como dispõe o art. 789, caput, para a fase de conhecimento.

Os valores fixados no art. 789-A e seus incisos, a depender do montante da execução, são irrisórios. Mesmo abstraindo-se do valor da execução e considerando-se somente a natureza de taxa judiciária das custas, os valores fixados na lei não representam uma justa retribuição pelo serviço judiciário prestado.

A lei não estabeleceu cálculo de custas para eventuais embargos no TST ou recurso extraordinário, originados de discussões da execução, razão pela qual não se pode cobras custas quanto a estes atos processuais, sob pena de violação ao princípio da legalidade tributária (neste sentido: Martins, Comentários, 2010, p. 816).

2. QUESTÕES DE CONCURSOS

01. (TRT – 8ª REGIÃO/JUIZ DO TRABALHO/2008/ADPTADA) Nos dissídios individuais e nos dissídios coletivos do trabalho, nas ações e procedimentos de competência da Justiça do Trabalho, bem como nas demandas propostas perante a Justiça Estadual, no exercício da jurisdição trabalhista, as custas relativas ao processo de conhecimento incidirão à base de 2% (dois por cento), observado o mínimo de R$ 10,64 (dez reais e sessenta e quatro centavos). No processo de execução, as custas e emolumentos estão sempre à cargo do executado, sendo que o valor das custas em embargos à execução, embargos de terceiro e embargos à arrematação será sempre de R$ 44,26 (quarenta e quatro reais e vinte e seis centavos).

02. (FCC – TRT 6 – Analista Judiciário/2012/ADAPTADA) Os municípios e respectivas autarquias e fundações públicas que não explorem atividade econômica não estão isentos do pagamento de custas caso sejam vencidos na demanda trabalhista.

03. (FCC – TRT 9 – Analista Judiciário/2010) Na reclamação trabalhista X, a autarquia municipal Flor foi vencida e condenada em primeira instância ao pagamento do valor líquido de R$ 70.000,00. Na reclamação trabalhista Y, a fundação pública federal Terra, que não explora atividade econômica, também foi vencida e condenada em primeira instância ao pagamento do valor líquido de R$ 90.000,00. Nestes casos, de acordo com a Consolidação das Leis do Trabalho, tanto a autarquia municipal Flor como a fundação pública federal Terra são isentas do pagamento de custas.

GAB	1	E	2	E	3	C

✦ EMOLUMENTOS: ÔNUS DO REQUERENTE

Art. 789-B. Os emolumentos serão suportados pelo Requerente, nos valores fixados na seguinte tabela:

I – autenticação de traslado de peças mediante cópia reprográfica apresentada pelas partes – por folha: R$ 0,55 (cinqüenta e cinco centavos de real);

II – fotocópia de peças – por folha: R$ 0,28 (vinte e oito centavos de real);

III – autenticação de peças – por folha: R$ 0,55 (cinqüenta e cinco centavos de real);

IV – cartas de sentença, de adjudicação, de remição e de arrematação – por folha: R$ 0,55 (cinqüenta e cinco centavos de real);

V – certidões – por folha: R$ 5,53 (cinco reais e cinqüenta e três centavos).

1. COMENTÁRIOS

Emolumento, como espécie de despesa processual obrigatória, tem a natureza de ressarcimento de despesas com atos específicos, eminentemente administrativos, como se percebe da enumeração dos incisos I a V, do art. 789-B, acima.

O pagamento desta despesa pode ser atribuído a quem não é parte no processo, bastando o recolhimento dos valores respectivos aos atos requeridos.

Sergio Pinto Martins, Comentários, 2010, p. 816, defende, com apoio em julgamento do STF (ADI nº 1298-3/ES, Rel Ministro Celso Mello, j. 30.6.95, DJ 1.8.95, p. 21617), que os emolumentos têm natureza tributária, na subespécie taxa.

2. SÚMULAS E ORIENTAÇÕES JURISPRUDENCIAIS

- **OJ-SDI2-91 – TST**

MANDADO DE SEGURANÇA. AUTENTICAÇÃO DE CÓPIAS PELAS SECRETARIAS DOS TRIBUNAIS REGIONAIS DO TRABALHO. REQUERIMENTO INDEFERIDO. Art. 789, § 9º, DA CLT (inserida em 27.05.2002)

Não sendo a parte beneficiária da assistência judiciária gratuita, inexiste direito líquido e certo à autenticação, pelas Secretarias dos Tribunais, de peças extraídas do processo principal, para formação do agravo de instrumento.

✦ **FORMA DE PAGAMENTO: INSTRUÇÕES DO TST**

Art. 790. Nas Varas do Trabalho, nos Juízos de Direito, nos Tribunais e no Tribunal Superior do Trabalho, a forma de pagamento das custas e emolumentos obedecerá às instruções que serão expedidas pelo Tribunal Superior do Trabalho. (Redação dada pela Lei nº 10.537, de 27.8.2002)

✦ **SOLIDARIEDADE DO SINDICATO**

§ 1º – Tratando-se de empregado que não tenha obtido o benefício da justiça gratuita, ou isenção de custas, o sindicato que houver intervindo no processo responderá solidariamente pelo pagamento das custas devidas.

✦ **EXECUÇÃO DAS CUSTAS**

§ 2º – No caso de não-pagamento das custas, far-se-á execução da respectiva importância, segundo o procedimento estabelecido no Capítulo V deste Título.

✦ **GRATUIDADE DE JUSTIÇA**

§ 3º – É facultado aos juízes, órgãos julgadores e presidentes dos tribunais do trabalho de qualquer instância conceder, a requerimento ou de ofício, o benefício da justiça gratuita, inclusive quanto a traslados e instrumentos, àqueles que perceberem salário igual ou inferior a 40% (quarenta por cento) do limite máximo dos benefícios do Regime Geral de Previdência Social.(Redação da Lei n° 13.467, de 13.07.2017).

✦ **PROVA DA INSUFICIÊNCIA DE RECURSOS**

§ 4º O benefício da justiça gratuita será concedido à parte que comprovar insuficiência de recursos para o pagamento das custas do processo.(Incluído pela Lei n° 13.467, de 13.07.2017).

1. COMENTÁRIOS

1.1. Gratuidade de Justiça ao empregado

O art. 790, caput, acima, atribuiu ao TST a regulamentação do recolhimento das custas e emolumentos, mas não a dispensa ou majoração de seu valor. O TST aprovou a Instrução Normativa nº 20/2002, regulamentando o recolhimento das custas (vide comentários ao art. 789 da CLT).

O § 1º, do art. 789, prevê a responsabilidade solidária do sindicato pelo pagamento das custas, salvo se o empregado assistido for beneficiário da gratuidade de justiça.

A cobrança das custas, sempre fixadas na sentença, será feita na forma do Capítulo V, art. 876 e seguintes, conforme determina o art. 789, § 2º, da CLT.

A gratuidade de justiça prevista no art. 789, § 3º, se aplica aos empregados que recebam dentro dos limites fixados no art. 790, § 3º. Ocorreu, com a redação imposta pela Lei nº 13.467, de 13.07.2017, uma mudança radical na disciplina legal da gratuidade. Antes da referida lei, o empregado que recebesse até 2 salários-mínimos ou percebendo acima deste valor não pudesse arcar com as despesas processuais, sem o prejuízo do próprio sustento ou de sua família, teria acesso à gratuidade de justiça. Tampouco se exigia a prova do estado de hipossuficiência financeira, bastando mera afirmação da parte, ou de seu advogado, declarando tal estado de necessidade (neste sentido o art. 105 do CPC/2015, que exige poder especial para que o advogado preste tal declaração)..

Na atual redação do art. 790, a concessão da gratuidade de justiça depende de dois requisitos cumulativamente considerados: **a**) a percepção de salário dentro do limite previsto no § 3º; **b**) comprovação de insuficiência de recursos, conforme prevê o § 4º. Portanto, não basta mais a simples declaração de insuficiência de recursos, pois é preciso a prova desse estado de penúria. Para tanto, os juízes poderão, de acordo com seu prudente arbítrio, exigir as mais diferentes provas, como, por exemplo, declaração de Imposto de Renda, Certidões de Bens, etc. A depender do tipo de exigência, pode ficar muito difícil a demonstração desta condição pelo empregado, com evidente prejuízo para o acesso à justiça.

Penso que o simples fato de estar desempregado pode não ser suficiente para a concessão da gratuidade, pois o empregado pode possuir outras fontes de renda, sempre recaindo sobre o próprio o ônus de provar sua situação financeira.

A gratuidade, que pode tanto ser concedida de ofício, ou a requerimento da parte, abrange todas as despesas obrigatórias, dispensando o recolhimento de custas (art. 789), o pagamento de honorários periciais (art. 790-B) e emolumentos (art. 789-B). Esta interpretação é ratificada pelo texto do art. 790-B, § 4º, da CLT.

1.1.1. Assistência Judiciária e Justiça Gratuita

Justiça gratuita é diferente de assistência judiciária. Aquela diz respeito à dispensa das despesas processuais obrigatórias e esta trata do acesso à assistência jurídica, que consiste na possibilidade de defesa por advogado sem qualquer ônus (neste sentido: Rodrigues Pinto, Processo, 2005, p. 304). No processo do trabalho a assistência judiciária é prevista pela Lei nº 5.584/70, art. 14, sendo prestada pelo sindicato da categoria profissional. A fim de ressarcir o sindicato que presta esta assistência judiciária, sem qualquer ônus ao empregado, o art. 16 da referida lei prevê a possibilidade de condenação, na Justiça do Trabalho, em honorários de sucumbência, no percentual de 15%.

Para que o empregado tenha direito à assistência judiciária prestada pelo sindicato da categoria profissional, que significa ter acesso a um advogado e o apoio do sindicato, o requisito exigido ainda é a percepção de até dois salários-mínimos ou, percebendo acima disso, que faça pessoalmente, ou por procurador habilitado, a declaração de sua condição econômica. Todavia, para que o empregado, assistido por seu sindicato de classe, possa, em juízo, ser dispensado do recolhimento das custas e demais despesas processuais, deve preencher os requisitos do art. 790, §§ 3º e 4º, da CLT.

1.2. Gratuidade de Justiça ao empregador

Há quem defenda a possibilidade de concessão de justiça gratuita para o empregador. Entre estes, Rodrigues Pinto, em obra escrita antes da Lei nº 13.467, de 13.07.2017 (2005, p. 309-310), justifica que a legislação trabalhista é omissa quanto à gratuidade ao empregador, só prevendo o benefício ao empregado (art. 790, § 3º, da CLT). Diante da omissão da CLT, estava autorizada a aplicação subsidiária do art. 1º, da Lei nº 1.060/50, que prevê o benefício "aos necessitados", aplicável ao empregador pessoa física, como à pessoa jurídica.

A tese defendida pelo ilustre jurista, ainda que sustentável juridicamente, sempre foi minoritária, mas ganhou força diante da Resolução nº 35/2007, do CSJT, que regulava, no âmbito da Justiça do Trabalho, a antecipação de honorários periciais e seu pagamento quando concedida à parte os benefícios da gratuidade de justiça. A referida resolução previa a possibilidade de concessão de justiça gratuita para empregador pessoa física, dependendo da prova da sua situação de carência que inviabilizasse a assunção dos ônus decorrentes da demanda judicial (art. 2º, § 1º, da Resolução nº 35/2007, do CSJT). A Resolução nº 35/2007 foi revogada pela de nº 66/2010, mas manteve disposição idêntica, também em seu art. 2º, § 1º.

Com o advento da Lei nº 13.467, de 13.07.2017, o empregador passa a ter acesso à Justiça Gratuita, da mesma forma que o empregado, como se percebe da regra do § 4º, que não faz qualquer distinção entre empregador e empregado. A regra da gratuidade para o empregador se estende, inclusive, ao depósito recursal, como se lê no art. 899, § 10º, da CLT. A decisão que negar ou conceder a gratuidade, por ser interlocutória, não sofre recurso imediato, conforme regra do art. 893, § 1º, da CLT.

Dissemos na edição anterior de nossa CLT Comentada, editada antes da Lei nº 13.467, de 13.07.2017, que: "Cremos que o Conselho Superior da Justiça do Trabalho, ao criar hipótese de concessão de gratuidade de justiça não prevista no art. 790, § 3º, da CLT, está invadindo a reserva legal, exorbitando em suas atribuições de supervisão administrativa e financeira dos órgãos da Justiça do Trabalho de 1º e 2º graus de jurisdição, conforme art. 111-A, § 2º, inciso II da CF.".

Com a atual redação do § 4º, do art. 790 da CLT, a Resolução 66/2010 deixou de ser ilegal, quando prevê a gratuidade para empregador no art. 2º, § 1º. De toda sorte, se tornou desnecessária a previsão da referida resolução, tendo em vista a expressa previsão legal, acima citada, quanto à gratuidade.

2. SÚMULAS E ORIENTAÇÕES JURISPRUDENCIAIS

▸ **Súmula nº 223/STF**

Concedida isenção de custas ao empregado, por elas não responde o sindicato que o representa em juízo.

▸ **OJ-SDI1-269**

JUSTIÇA GRATUITA. REQUERIMENTO DE ISENÇÃO DE DESPESAS PROCESSUAIS. MOMENTO OPORTUNO (inserido item II em decorrência do CPC de 2015) – Res. 219/2017, DEJT divulgado em 28, 29 e 30.06.2017 – republicada – DEJT divulgado em 12, 13 e 14.07.2017

I – O benefício da justiça gratuita pode ser requerido em qualquer tempo ou grau de jurisdição, desde que, na fase recursal, seja o requerimento formulado no prazo alusivo ao recurso;

II – Indeferido o requerimento de justiça gratuita formulado na fase recursal, cumpre ao relator fixar prazo para que o recorrente efetue o preparo (art. 99, § 7º, do CPC de 2015)

3. INFORMATIVOS DO TST

▸ ***Sindicato. Substituto processual. Requerimento de assistência judiciária gratuita. Ausência de comprovação de insuficiência de recursos. Não concessão.***

O ordenamento jurídico, ao tempo que determina ao sindicato a manutenção de serviço de assistência judiciária aos seus associados (art. 514, "b", da CLT, art. 14 da Lei nº 5.584/70 e art. 8º, III, da CF), oferece receitas para a consecução desse objetivo, oriundas da contribuição sindical obrigatória (art. 8º, IV, da CF e arts. 578 a 670 da CLT), das mensalidades dos associados e, eventualmente, das contribuições assistenciais. Desse modo, a concessão de assistência judiciária gratuita ao sindicato que atua na condição de substituto processual depende da demonstração de impossibilidade financeira de arcar com a responsabilidade legal, não sendo bastante a juntada de declaração de hipossuficiência dos substituídos. Com esse fundamento, a SBDI-I, por unanimidade, conheceu dos embargos, por divergência jurisprudencial, e, no mérito, por maioria, deu-lhes provimento para restabelecer a decisão do Regional que indeferiu o pedido de assistência judiciária gratuita ao sindicato. Vencidos os Ministros José Roberto Freire Pimenta, Lelio Bentes Corrêa, Augusto César Leite de Carvalho e Delaíde Miranda Arantes. TST-E-ED-RR-25100-77.2009.5.09.0094, SBDI-I, rel. Min. Alberto Luiz Bresciani de Fontan Pereira,16.5.2013 (Informativo nº 47)

- ***Honorários advocatícios. Demanda proposta por herdeiros de empregado acidentado falecido. Deferimento condicionado à observância da Súmula nº 219 do TST e da Orientação Jurisprudencial nº 305 da SBDI-1.*** Na Justiça do Trabalho, o deferimento de honorários advocatícios condiciona-se à comprovação de insuficiência econômica e de assistência sindical, requisitos estabelecidos na Súmula nº 219 do TST e na Orientação Jurisprudencial nº 305 da SBDI-I, ainda que a ação de indenização por danos materiais e morais seja proposta por herdeiros de trabalhador falecido em decorrência de acidente de trabalho. Com esse entendimento, a SBDI-I, por unanimidade, conheceu de embargos por divergência jurisprudencial e, no mérito, por maioria, negou-lhes provimento. Vencidos os Ministros Horácio Raymundo de Senna Pires, relator, Ives Gandra Martins Filho e Delaíde Miranda Arantes, que conheciam e davam provimento ao recurso para, aplicando o entendimento consagrado na parte final do item III da Súmula nº 219 do TST, condenar a reclamada ao pagamento de honorários advocatícios pela mera sucumbência, por não se tratar de demanda de empregado. TST-E-ED-RR-25300-43.2008.5.03.0076, SBDI-I, rel. Min. Horácio Raymundo de Senna Pires, red. p/ acórdão Min. Renato de Lacerda Paiva, 22.3.2012. (informativo nº 3)

- ***Honorários advocatícios. Deferimento. Empregado falecido. Demanda proposta pelos sucessores em nome próprio. Não aplicação dos requisitos da Lei nº 5.584/70. Incidência da parte final da IN nº 27/2005 do TST.*** Nos autos de ação em que a viúva e os filhos de empregado falecido em acidente do trabalho postulam, em nome próprio, indenização por dano moral e material, o deferimento de honorários advocatícios não depende do preenchimento dos requisitos da Lei nº 5.584/70, pois os dependentes do **de cujus** não são filiados a sindicato. Incide, na hipótese, o art. 5º da Instrução Normativa nº 27/2005 do TST. Assim, não vislumbrando contrariedade à Orientação Jurisprudencial nº 305 da SBDI-I e às Súmulas nºs 219 e 329 do TST, a SBDI-I, por maioria, não conheceu dos embargos da reclamada, vencidos os Ministros Dora Maria da Costa, Antônio José de Barros Levenhagen e Renato de Lacerda Paiva. TST-E-ED-RR-9955100-27.2006.5.09.0015, SBDI-I, rel. Min. Brito Pereira, 20.6.2013. (Informativo nº 52)

- ***MS. Decisão que indefere liberação dos honorários advocatícios enquanto não individualizado e quitado o crédito de cada um dos substituídos. Direito líquido e certo do advogado.*** Fere direito líquido e certo da advogada do sindicato a decisão proferida em sede de execução definitiva que indeferiu o pedido de expedição de guia para liberação dos honorários advocatícios enquanto não individualizado e quitado o crédito de cada um dos 2.200 substituídos. Entendeu o redator que os referidos honorários, por possuírem natureza alimentar, são parcelas autônomas que não precisam aguardar o pagamento de todos os substituídos para serem liberados. Com esse entendimento, a SBDI-II, por maioria, conheceu do recurso ordinário e, no mérito, deu-lhe provimento para conceder a segurança. Vencida a Juíza Convocada Maria Doralice Novaes, relatora, e a Ministra Maria Cristina Peduzzi. TST-RO-575-85.2010.5.09.0000, SBDI-II, rel. Juíza Convocada Maria Doralice Novaes, red. p/ acórdão Min. Luiz Philippe Vieira de Mello Filho, 29.5.2012. (informativo nº 11)

- ***Ação de indenização ajuizada na Justiça comum antes da EC 45/04. Honorários advocatícios. Mera sucumbência. Violação do art. 20 do CPC. Aplicação da Súmula nº 83 do TST. Decisão rescindenda anterior à edição da Orientação Jurisprudencial nº 421 da SBDI-I.*** No caso em que a decisão rescindenda foi prolata em data anterior à edição da Orientação Jurisprudencial nº 421 da SBDI-I, segundo a qual são devidos honorários advocatícios por mera sucumbência na hipótese de a ação de indenização decorrente de acidente de trabalho ter sido ajuizada na Justiça comum antes da Emenda Constitucional nº 45/04, mostra-se inviável o exame da violação do *caput* do art. 20 do CPC, em razão do óbice contido na Súmula nº 83 do TST. Ressalte-se que o fato de à época da prolação da decisão que se pretende rescindir já estar em vigor a Instrução Normativa nº 27/05 não afasta a incidência da Súmula nº 83 do TST, pois esta, explicitamente, se refere à inclusão da matéria em verbete jurisprudencial e não em instrução normativa. Ademais, não obstante o exame da indenização por acidente de trabalho atrair a aplicação de normas previstas no Direito Civil, é inegável que, no caso concreto, a lide decorre de relação de emprego, sendo, portanto, inaplicável o princípio da mera sucumbência previsto no art. 5º da IN nº 27/05. Com esses fundamentos, a SBDI-II, por unanimidade, conheceu parcialmente do recurso ordinário, e, no mérito, por maioria, negou-lhe provimento. Vencidos os Ministros Hugo Carlos Scheuermann, relator, e Cláudio Mascarenhas Brandão. TST-RO-7381-97.2011.5.02.0000, SBDI-II, rel. Min. Hugo Carlos Scheuermann, red. p/ acórdão Min. Emmanoel Pereira, 13.5.2014 (Informativo nº 82)

4. QUESTÕES DE CONCURSOS

01. (TRT – 3ª REGIÃO/JUIZ DO TRABALHO/2009/ADPTADA) Alguns doutrinadores reconhecem ser o princípio da proteção peculiar ao processo do trabalho, em virtude, por exemplo, da assistência judiciária gratuita, que é fornecida, desde que preenchidas as condições legais, ao empregado, mas não ao empregador.

02. (TRT – 17ª REGIÃO/ANALISTA JUDICIÁRIO/CESPE/2009) Nas varas do trabalho, nos juízos de direito, nos tribunais e no TST, a forma de pagamento das custas e dos emolumentos obedece às instruções expedidas pelo STF.

03. (TRT – 1ª REGIÃO/JUIZ DO TRABALHO/2008/ADAPTADA) Tratando-se de empregado que não tenha obtido o benefício da justiça gratuita, ou isenção de custas, o sindicato que houver intervindo no processo responderá solidariamente pelo pagamento das custas devidas.

04. (TRT – 8ª REGIÃO/JUIZ DO TRABALHO/2008/ADPTADA) É facultado aos juízes, órgãos julgadores e presidentes dos tribunais do trabalho de qualquer instância conceder, a requerimento ou de ofício, o benefício da justiça gratuita, inclusive quanto a traslados e instrumentos, àqueles que perceberem salário igual ou inferior ao dobro do mínimo legal, ou declararem, sob as penas da lei, que não estão em condições de pagar as custas do processo sem prejuízo do sustento próprio ou de sua família. Tratando-se de empregado que não tenha obtido o benefício da justiça gratuita, ou isenção de custas, o sindicato que houver intervindo no processo responderá de modo solidário pelo pagamento das custas devidas.

GAB	1	E	2	E	3	C	4	C

✦ **ISENTOS DE PAGAMENTO**

Art. 790-A. São isentos do pagamento de custas, além dos beneficiários de justiça gratuita: (Incluído pela Lei nº 10.537, de 27.8.2002)

✦ **ENTES PÚBLICOS**

I – a União, os Estados, o Distrito Federal, os Municípios e respectivas autarquias e fundações públicas federais, estaduais ou municipais que não explorem atividade econômica;

✦ **MPT**

II – o Ministério Público do Trabalho.

Parágrafo único. A isenção prevista neste artigo não alcança as entidades fiscalizadoras do exercício profissional, nem exime as pessoas jurídicas referidas no inciso I da obrigação de reembolsar as despesas judiciais realizadas pela parte vencedora.

1. COMENTÁRIOS

1.1. Pessoas Isentas

A isenção decorre da vontade do legislador de dispor sobre a liberação de pagamento das custas. A gratuidade, por sua vez, depende de decisão judicial concedendo o benefício. A isenção tem eficácia plena, independentemente de intervenção judicial, já a gratuidade depende da análise do julgador, a partir da declaração de necessidade firmada pela parte ou por seu procurador em juízo. A isenção, portanto, preexiste a um processo, ao passo que a gratuidade só pode ser requerida diante da existência de um objeto litigioso.

O art. 790-A concedeu isenção de custas aos entes públicos (inciso I) e ao MPT (inciso II), com a redação da Lei nº 10.537/2002.

Sergio Pinto Martins, Comentários, 2010, p. 820 e Bebber, Recursos, 2009, p. 151, defendem que as missões diplomáticas e repartições consulares estão isentas de custas por força das Convenções de Viena de 1961 e 1963. Sérgio Pinto Martins, na mesma obra, também afirma que as autarquias e fundações públicas distritais não estão isentas de custas, pois a isenção é interpretada literalmente e o art. 790-A, inciso I, não as incluiu.

A Empresa Brasileira de Correios e Telégrafos e o Hospital das Clinicas de Porto Alegre, embora sejam empresas públicas, receberam da lei equiparação à Fazenda Pública para fins processuais, conforme preveem as Leis nº 509/69 e 5.604/70, respectivamente; portanto, ambos estão isentas de custas processuais (neste sentido: Bebber, Recursos, 2009, p. 151).

Além das custas, os entes públicos estão também isentos de emolumentos, conforme interpretação feita pelo TST, na IN nº 27/2005, art. 4º.

A isenção de custas ao MPT, prevista no inciso II, acima, já tinha precedente na norma que cuida de dispensa de preparo para o recurso (art. 511, § 1º, do CPC/73). O inciso II, do art. 790-A é mais abrangente, e inclui toda espécie de custas.

1.2. Entes de Fiscalização Profissional – isenção

O § único, do art. 790-A, promoveu uma discriminação injustificada ao excluir da isenção de despesas os entes de fiscalização profissional, como por exemplos a OAB e o CREA. Estas entidades possuem natureza autárquica e, consequentemente, deveriam gozar da mesma isenção de outras autarquias. Bebber, Recursos, 2009, p. 139, explica que, segundo o entendimento do STF (ADI nº 1.717/DF), os conselhos de fiscalização profissional são entes autárquicos dotados de personalidade jurídica de direito público, que não exploram atividade econômica e desempenham função delegada pelo poder público, razão pela qual gozam das mesmas prerrogativas da Fazenda Pública.

Saad, CLT Comentada, 2009, p. 1013 e Martins, Comentários, 2010, p. 821, defendem a inconstitucionalidade do § único, supra, diante da discriminação da referida norma entre entidades com mesma natureza autárquica. Também acreditamos que o § único, do art. 790-A, é inconstitucional, devendo o julgador, no caso concreto, promover a equiparação legal e, consequentemente, deixar de cobras as custas do processo.

2. SÚMULAS E ORIENTAÇÕES JURISPRUDENCIAIS

- **Súmula nº 86/TST**

DESERÇÃO. MASSA FALIDA. EMPRESA EM LIQUIDAÇÃO EXTRAJUDICIAL (incorporada a Orientação Jurisprudencial nº 31 da SBDI-1) Res. 129/2005, DJ 20, 22 e 25.04.2005

Não ocorre deserção de recurso da massa falida por falta de pagamento de custas ou de depósito do valor da condenação. Esse privilégio, todavia, não se aplica à empresa em liquidação extrajudicial. (primeira parte – ex-Súmula nº 86 – RA 69/78, DJ 26.09.1978; segunda parte – ex-OJ nº 31 da SBDI-1 – inserida em 14.03.1994)

- **Súmula nº 170/TST**

SOCIEDADE DE ECONOMIA MISTA. CUSTAS (mantida) – Res. 121/2003, DJ 19, 20 e 21.11.2003

Os privilégios e isenções no foro da Justiça do Trabalho não abrangem as sociedades de economia mista, ainda que gozassem desses benefícios anteriormente ao Decreto-Lei nº 779, de 21.08.1969 (ex-Prejulgado nº 50).

- **OJ-SDI1-247**

SERVIDOR PÚBLICO. CELETISTA CONCURSADO. DESPEDIDA IMOTIVADA. EMPRESA PÚBLICA OU SOCIEDADE DE ECONOMIA MISTA. POSSIBILIDADE. I – A despedida de empregados de empresa pública e de sociedade de economia mista, mesmo admitidos por concurso público, independe de ato motivado para sua validade; II – A validade do ato de despedida do empregado da Empresa Brasileira de Correios e Telégrafos (ECT) está condicionada à motivação, por gozar a empresa do mesmo tratamento destinado à Fazenda Pública em relação à imunidade tributária e à execução por precatório, além das prerrogativas de foro, prazos e custas processuais.

- **OJ-SDI1-389**

MULTA PREVISTA NO Art. 557, § 2º, DO CPC. RECOLHIMENTO. PRESSUPOSTO RECURSAL. PESSOA JURÍDICA DE DIREITO PÚBLICO. EXIGIBILIDADE. (DEJT divulgado em 09, 10 e 11.06.2010)

Está a parte obrigada, sob pena de deserção, a recolher a multa aplicada com fundamento no § 2º do art. 557 do CPC, ainda que pessoa jurídica de direito público.

- **OJ-SDI1-382**

JUROS DE MORA. Art. 1º-F DA LEI Nº 9.494, DE 10.09.1997. INAPLICABILIDADE À FAZENDA PÚBLICA QUANDO CONDENADA SUBSIDIARIAMENTE (DEJT divulgado em 19, 20 e 22.04.2010)

A Fazenda Pública, quando condenada subsidiariamente pelas obrigações trabalhistas devidas pela empregadora principal, não se beneficia da limitação dos juros, prevista no art. 1º-F da Lei nº 9.494, de 10.09.1997

3. INFORMATIVOS DO TST

- ***Conselho de fiscalização do exercício profissional. Natureza jurídica. Autarquia. Privilégios do Decreto-Lei nº 779/69. Aplicação.***

Os conselhos de fiscalização do exercício profissional constituem autarquias especiais instituídas pelo Estado para a consecução de um fim de interesse público, qual seja, fiscalizar o exercício das profissões correspondentes. Sendo assim, a eles se aplicam os privilégios de que trata o Decreto-Lei nº 779/69, inclusive no que diz respeito à dispensa de recolhimento de custas processuais e de depósito recursal e à concessão de prazo em dobro para recorrer. Com esse entendimento, a SBDI-I, por unanimidade, conheceu dos embargos, por divergência jurisprudencial e, no mérito, por maioria, negou-lhes provimento. Vencidos os Ministros Renato de Lacerda Paiva, José Roberto Freire Pimenta e Alexandre de Souza Agra Belmonte. TST-E-RR-26500-89.2009.5.04.0022, SBDI-I, rel. Min. João Oreste Dalazen, 25.4.2013. (Informativo nº44)

4. QUESTÕES DE CONCURSOS

01. **(TRT - 18ª REGIÃO/ANALISTA JUDICIÁRIO/FCC/2008/ADAPTADA)** Entidades fiscalizadoras do exercício profissional, como, por exemplo, a Ordem dos Advogados do Brasil, estão isentas do pagamento das custas.

02. **(TRT 24 – Técnico Judiciário – Área Administrativa/2011)** Para a Consolidação das Leis do Trabalho, NÃO há isenção do pagamento de custas para

a) o sindicato dos empregados.

b) os Municípios.

c) as fundações públicas federais que não explorem atividade econômica.

d) as fundações públicas municipais que não explorem atividade econômica.

e) o Ministério Público do Trabalho.

03. **(TRT 2 – Juiz do Trabalho Substituto 2ª região/2014)** É correto afirmar que a União, entidades autárquicas, fundações de direito público, Estados e Municípios terão como privilégios:

a) Prazo de quinze dias para contestar ações ordinárias e pagamento do preparo após o trânsito em julgado da decisão.

b) Prazo em dobro para contestar ações ordinárias e isenção de preparo.

c) Prazo em quádruplo para a designação da audiência em que deverá apresentar defesa e isenção de preparo.

d) Prazo em quádruplo para a designação da audiência em que deverá apresentar defesa e pagamento do preparo após o trânsito em julgado da decisão.

e) Prazo de quinze dias para designação da audiência em que deverá apresentar defesa e pagamento do preparo após o trânsito em julgado da decisão.

GAB	1	E	2	A	3	C

✦ HONORÁRIOS PERICIAIS: RESPONSABILIDADE E GRATUIDADE DE JUSTIÇA

Art. 790-B. A responsabilidade pelo pagamento dos honorários periciais é da parte sucumbente na pretensão objeto da perícia, ainda que beneficiária da justiça gratuita.(Redação da Lei n° 13.467, de 13.07.2017).

✦ VALOR LIMITE DOS HONORÁRIOS PERICIAIS

§ 1º Ao fixar o valor dos honorários periciais, o juízo deverá respeitar o limite máximo estabelecido pelo Conselho Superior da Justiça do Trabalho.(Inserido pela Lei n° 13.467, de 13.07.2017)

✦ PARCELAMENTO DOS HONORÁRIOS PERICIAIS

§ 2º O juízo poderá deferir parcelamento dos honorários periciais.(Inserido pela Lei n° 13.467, de 13.07.2017)

✦ VEDAÇÃO AO ADIANTAMENTO DE HONORÁRIOS

§ 3º O juízo não poderá exigir adiantamento de valores para realização de perícias.(Inserido pela Lei nº 13.467, de 13.07.2017)

✦ **PAGAMENTO PELA UNIÃO EM ÚLTIMO CASO**

§ 4º Somente no caso em que o beneficiário da justiça gratuita não tenha obtido em juízo créditos capazes de suportar a despesa referida no caput, ainda que em outro processo, a União responderá pelo encargo. (Inserido pela Lei nº 13.467, de 13.07.2017)

1. COMENTÁRIOS

1.1. Responsabilidade pelo pagamento dos honorários periciais

A regra do art. 33 do CPC/73, que impõe o pagamento dos honorários periciais por quem requereu a prova ou, pelo autor, se a prova for determinada de ofício pelo juiz, não se aplica ao processo do trabalho, diante de norma expressa a regulamentar o pagamento dos honorários periciais, conforme art. 790-B, ora comentado.

A parte sucumbente, desde que não seja beneficiária da gratuidade de justiça, deve pagar os honorários ao final do processo quando, só então, ter-se-á a certeza da sucumbência. Entenda-se como final do processo o momento da liquidação definitiva do título executivo, judicial ou extrajudicial, com a inclusão dos honorários pericias nesta dívida.

O vencido pagará os honorários junto com o crédito do exequente, salvo se o juiz, independentemente da forma de pagamento do crédito trabalhista, autorizar o parcelamento dos honorários periciais, conforme art.790-B, § 2º, da CLT.

O art. 790-B, § 3º, impede que se exija da parte o adiantamento dos honorários periciais, inclusive para despesas que o perito possa vir a realizar para cumprir seu encargo. Portanto, carece de juridicidade, diante da atual redação do § 3º, a regra do art. 2º, § 2º, da Resolução nº 66, de 10.06.2010, do CSJT, que, em sentido contrário ao texto legal, permite a antecipação dos honorários do perito, nos seguintes termos:

> "O pagamento dos honorários poderá ser antecipado, para despesas iniciais, em valor máximo equivalente a R$ 350,00 (trezentos e cinqüenta reais), efetuando-se o pagamento do saldo remanescente após o trânsito em julgado da decisão, se a parte for beneficiária de justiça gratuita.".

A resolução provavelmente será alterada quanto a esse aspecto.

A regra do CPC/2015, art. 95, semelhante à do CPC/73, é inaplicável pelas mesmas razões ("Cada parte adiantará a remuneração do assistente técnico que houver indicado, sendo a do perito adiantada pela parte que houver requerido a perícia ou rateada quando a perícia for determinada de ofício ou requerida por ambas as partes.").

Todavia, a CLT é omissa quanto ao pagamento dos honorários do assistente técnico, profissional contratado pela parte para auxiliar no esclarecimento dos fatos, atuando juntamente com o perito nomeado pelo juízo.

Diante da omissão legal, é aplicável a regra do art. 33 do CPC/73 (art. 95 do CPC/2015), neste particular, ao prever que cada parte arcará com os ônus do assistente técnico que houver indicado (no mesmo sentido a **S. 341 do TST**).

1.2. Fixação dos honorários periciais

Não existe previsão legal para o valor mínimo dos honorários periciais, mas a CLT, em seu art. 790, § 1º, prevê que o limite máximo é o fixado pelo CSJT, que, no art. 3º, da Resolução nº 66/2010, estabeleceu o seguinte:

> "Art. 3º Em caso de concessão do benefício da justiça gratuita, o valor dos honorários periciais, observado o limite de R$ 1.000,00 (um mil reais), será fixado pelo juiz, atendidos: I – a complexidade da matéria; II – o grau de zelo profissional; III – o lugar e o tempo exigidos para a prestação do serviço; IV – as peculiaridades regionais.
>
> Parágrafo único. A fixação dos honorários periciais, em valor maior do que o limite estabelecido neste artigo, deverá ser devidamente fundamentada.".

O valor acima referido diz respeito à pericia realizada em demanda individual, ou seja, trata-se da remuneração do trabalho envolvendo um só reclamante. Parece-nos que, havendo litisconsórcio, que multiplique a quantidade de trabalho pelo número de interessados, o valor também deverá se adequar. O mesmo se diga quanto à liquidação de ações coletivas, envolvendo número significativo de empregados. O valor, portanto, deve ser compatível com o trabalho realizado pelo perito, para que não haja desinteresse do mesmo, o que prejudicaria a qualidade de seu laudo e, por consequência, a efetividade do processo.

1.3. Impugnação dos honorários fixados

A lei processual trabalhista não prevê em que momento a parte pode se insurgir quanto ao valor dos honorários estimados pelo perito. Na Justiça do Trabalho não é habitual o juiz fixar os honorários sem escutar, antes, o perito, que só o estimará após a apresentação dos quesitos pelas partes, que servirão de parâmetro para definir o valor do seu trabalho. Contudo, se o juiz fixar os honorários, em audiência, no mesmo momento em que designar a pericia, sem antes ter ouvido o profissional, a parte deverá impugnar os honorários fixados na oportunidade de apresentação dos quesitos, ou, se tiver elementos para se insurgir de imediato, poderá fazê-lo na própria audiência. Todavia, se os honorários forem estimados pelo perito somente após a quesitação pelas partes, o que é mais usual, deverão ter a oportunidade para falar sobre esta estimativa. Neste sentido o art. 465, § 3º, do CPC:

> "As partes serão intimadas da proposta de honorários para, querendo, manifestar-se no prazo comum de 5 (cinco) dias, após o que o juiz arbitrará o valor, intimando-se as partes para os fins do art. 95.".

Não é comum o juiz dar oportunidade para manifestação sobre a estimativa de honorários, mas as partes, por sua vez, acabam impugnando o valor estimado na primeira oportunidade em que são instadas a falar nos autos, a fim de evitar a preclusão, conforme previsão do art. 794, da CLT.1.4. Honorários periciais e gratuidade de justiça

Antes da Lei nº 10.537/2002 incluir a dispensa dos honorários periciais para os beneficiários da gratuidade de justiça, algumas decisões da Justiça do Trabalho cobravam os honorários referidos mesmo dos juridicamente pobres. Quando assim o faziam, os julgamentos contrariavam a norma do art. 3º, da Lei nº 1.060/50, aplicada subsidiariamente, que incluía a dispensa dos honorários periciais no benefício da assistência judiciária. Após a inclusão desta letra "B" no art. 790, tornou-se desnecessária a referência à Lei nº 1.060/50 neste particular.

A redação do art. 790-B, da CLT, é praticamente idêntica a da antiga S. 236 do TST, que foi cancelada após seu texto ter sido absorvido pelo artigo ora comentado. Este era o teor da

Súmula cancelada: "HONORÁRIOS PERICIAIS. RESPONSABILIDADE (cancelada) – Res. 121/2003, DJ 19, 20 e 21.11.2003. A responsabilidade pelo pagamento dos honorários periciais é da parte sucumbente na pretensão relativa ao objeto da perícia.".

Com o advento da Lei nº 13.467, de 13.07.2017, ocorreu um retrocesso quanto à gratuidade de justiça e o pagamento dos honorários periciais. A atual redação do art. 790-B, *caput*, exige o pagamento dos honorários periciais, ao final, mesmo pelo beneficiário da gratuidade de justiça. A obrigação da parte sucumbente, quanto aos honorários periciais estende-se, inclusive, ao crédito obtido em outro processo (§ 4º, do art. 790-B). Somente quando não existir qualquer crédito do sucumbente, em juízo, a União suportará o pagamento dos honorários periciais (§ 4º já referido).

O Conselho Superior da Justiça do Trabalho editou a Instrução Normativa nº 27, cujo art. 6º praticamente repete o texto da CLT, sem dizer com quem ficará a responsabilidade por remunerar o trabalho do perito judicial.

A Resolução nº 35/2007, do Conselho Superior da Justiça do Trabalho – CSJT, suprindo a omissão, estabeleceu que a União é responsável pelo pagamento dos honorários de perito quando a parte sucumbente no objeto da perícia for beneficiária da assistência judiciária gratuita, observado o procedimento disposto nos arts. 1º, 2º e 5º da referida resolução (no mesmo sentido a OJ nº 387, da SBDI-1/TST).

A referida resolução foi revogada pela de nº **66/2010**, de 10.6.2010, do CSJT, que manteve os mesmos parâmetros da Resolução nº 35/2007, mas incluiu a possibilidade de custeio pela União das despesas com Intérpretes e Tradutores, fixando, em anexo à mesma, uma tabela destes honorários. No esteio da Resolução 66/2010 o TST cancelou a OJ nº 387, da SDI-1, e editou, em seu lugar, a **Súmula nº 457** de sua jurisprudência uniforme, conforme a **Res. 194/2014, DEJT divulgado em 21, 22 e 23.05.2014.**

Segundo **o procedimento da Resolução 66/2010**, nas causas em que a parte receber o benefício da **gratuidade de justiça: a) a fixação dos honorários não pode ultrapassar o valor de R$1.000,00** (art. 3º), salvo decisão fundamentada do juízo (art. 3º, § único); **b)** o pagamento dos honorários pelo juridicamente pobre pode ser antecipado para despesas iniciais, em valor máximo não excedente de R$350,00, efetuando-se a quitação do saldo remanescente pela União, após o trânsito em julgado da decisão que os fixou (art. 2º, § 2º); **c)** o pagamento dos honorários ao perito, tradutor ou intérprete, após o trânsito em julgado da decisão que os fixou (art. 2º, III), será feito mediante requisição do juiz da causa ao Presidente do Tribunal, disponibilizando-os, posteriormente, em conta bancária indicada pelo perito, tradutor o intérprete, já deduzidos imposto de renda e contribuições previdenciárias (art. 5º); **d)** o pagamento fica condicionado à existência de disponibilidade orçamentária (ainda que a resolução não diga isto expressamente, não se pode prever situação diferente); **e)** havendo reversão dos ônus sucumbenciais, caberá ao reclamado ressarcir à União o valor adiantado, através de Guia de Recolhimento à União, em código destinado ao Fundo de assistência judiciária a pessoas carentes, sob pena de execução (art. 2º, § 3º).

A **Resolução nº 78/2011 alterou o art. 3º da Resolução 66/2010**, mas somente para delegar aos Tribunais Regionais do Trabalho, por meio de atos regulamentares, a fixação de honorários periciais, de intérprete ou tradutor, sempre observado o limite previsto no *caput,* do art. 3º da Resolução 66/2010. A fixação de valores superiores a tais limites, por meio de tais atos regulamentares, deverá ser devidamente fundamentada.

Por fim, a Resolução nº 115, de 28.09.2012, alterou o art. 6º da Resolução 66/2010, quanto aos requisitos da requisição do crédito do perito, direcionada ao Presidente do TRT, nos seguintes termos:

> "As requisições deverão indicar, obrigatoriamente: o número do processo e o nome das partes; o valor dos honorários, especificando se de adiantamento ou se finais; o número da conta bancária para crédito; natureza e característica da atividade desempenhada pelo auxiliar do Juízo; declaração expressa de reconhecimento, pelo Juiz, do direito à justiça gratuita; certidão do trânsito em julgado e da sucumbência na perícia, se for o caso; e o endereço, telefone e inscrição no INSS do perito, tradutor ou intérprete.".

Parece-nos que após a Lei nº 13.467, de 13.07.2017, a Resolução 66/2010 terá que ser novamente alterada para constar na requisição a informação de que não existem créditos devidos ao beneficiário da gratuidade de justiça, no processo onde ocorreu sua sucumbência ou em qualquer outro, suficientes ao pagamento dos honorários do Perito, para que só então a União assuma tal ônus.

Nos eventuais créditos existentes em outros processos, o juízo, primeiramente, deve determinar o pagamento dos honorários periciais para, só então, determinar o pagamento do crédito à parte, empregado ou empregador. Os créditos dos peritos têm igual natureza salarial que os da parte. Ademais, ambos têm privilégio sobre os créditos tributários. Assim, no cotejo entre o crédito do beneficiário da gratuidade e o pagamento dos honorários periciais, o perito, que ostenta a mesma qualidade de credor e com igual privilégio que a parte, deve receber em primeiro lugar.

2. SÚMULAS E ORIENTAÇÕES JURISPRUDENCIAIS

- **Súmula nº 341/TST**

HONORÁRIOS DO ASSISTENTE TÉCNICO (mantida) – Res. 121/2003, DJ 19, 20 e 21.11.2003

A indicação do perito assistente é faculdade da parte, a qual deve responder pelos respectivos honorários, ainda que vencedora no objeto da perícia.

- **Súmula nº 457/TST**

HONORÁRIOS PERICIAIS. BENEFICIÁRIO DA JUSTIÇA GRATUITA. RESPONSABILIDADE DA UNIÃO PELO PAGAMENTO. RESOLUÇÃO Nº 66/2010 DO CSJT. OBSERVÂNCIA. (conversão da Orientação Jurisprudencial nº 387 da SBDI-1 com nova redação) – Res. 194/2014, DEJT divulgado em 21, 22 e 23.05.2014

A União é responsável pelo pagamento dos honorários de perito quando a parte sucumbente no objeto da perícia for beneficiária da assistência judiciária gratuita, observado o procedimento disposto nos arts. 1º, 2º e 5º da Resolução nº 66/2010 do Conselho Superior da Justiça do Trabalho – CSJT.

3. QUESTÕES DE CONCURSOS

01. (TRT – 17ª REGIÃO/ANALISTA JUDICIÁRIO/CESPE/2009) A responsabilidade pelo pagamento dos honorários periciais é da parte sucumbente na demanda, salvo se beneficiária de justiça gratuita.

02. (TRT 21 – Juiz do Trabalho Substituto 21ª região/ 2012) Durante a instrução processual, o Juiz do Trabalho designou perícia médica para aferir a existência e a extensão de sequelas decorrentes de acidente de trabalho, que constitui a causa de pedir da pretensão do autor. No mesmo ato de designação da perícia, o Juiz determinou que a empresa-ré procedesse ao depósito, em cinco dias, da quantia de R$ 1.200,00, a título de antecipação de honorários periciais, sob pena de multa. A partir desse caso hipotético, e tendo em vista a jurisprudência pacificada do Tribunal Superior do Trabalho, marque a alternativa correta:

a) não há base legal para se exigir do réu a antecipação do valor dos honorários periciais;

b) é encargo do réu a antecipação dos honorários, mas a jurisprudência tem considerado que o valor máximo de antecipação pelo réu deve ser equivalente a R$ 1.000,00, salvo se o Juiz do Trabalho fundamentar de outra forma;

c) constitui ônus do réu a antecipação dos honorários periciais;

d) é incompatível com o processo do trabalho essa exigência, salvo se a empresa não comprovar, na sua contestação, a emissão da Comunicação de Acidente de Trabalho – CAT;

e) é possível se exigir do réu a antecipação dos honorários periciais, mas a multa diária é considerada desproporcional pela jurisprudência pacificada do Tribunal Superior do Trabalho.

GAB	1	E	2	A

SEÇÃO IV – DAS PARTES E DOS PROCURADORES

✦ JUS POSTULANDI DAS PARTES

Art. 791. Os empregados e os empregadores poderão reclamar pessoalmente perante a Justiça do Trabalho e acompanhar as suas reclamações até o final.

§ 1º – Nos dissídios individuais os empregados e empregadores poderão fazer-se representar por intermédio do sindicato, advogado, solicitador, ou provisionado, inscrito na Ordem dos Advogados do Brasil.

§ 2º – Nos dissídios coletivos é facultada aos interessados a assistência por advogado.

§ 3º – A constituição de procurador com poderes para o foro em geral poderá ser efetivada, mediante simples registro em ata de audiência, a requerimento verbal do advogado interessado, com anuência da parte representada.(Incluído pela Lei nº 12.437, de 6.7.2011)

1. COMENTÁRIOS

1.1. *Jus postulandi* e o Estatuto da Advocacia

Entende-se por capacidade postulatória a possibilidade de se exercitar, em juízo, o direito de petição, seja propondo ações, seja se defendendo das ações propostas, praticando todos os atos processuais inerentes ao exercício deste direito. No processo civil tal capacidade é atribuída, em regra, ao advogado (art. 36, do CPC/73 (art. 103, do CPC/2015) c/c art. 1º, I, da Lei nº 8.906/94), regularmente inscrito na OAB e em pleno exercício da profissão (arts. 3º e 4º, da Lei nº 8.906/94).

Na Justiça do Trabalho, tradicionalmente, o *jus postulandi* (capacidade postulatória) sempre foi atribuído à própria parte. A participação de advogado era interpretada como facultativa, sujeita à opção da parte, como se percebe da redação dos §§ 1º e 2º, do art. 791.

O antigo estatuto da OAB, Lei nº 4.215/63, em seu art. 68, estabeleceu que o advogado é indispensável à administração da justiça, mas não teve força revogatória do art. 791 da CLT, mesmo sendo norma posterior, porque a regra da CLT é especial, se comparada ao Estatuto que é lei geral.

Com o advento da Constituição de 1988, o art. 133 passou a dispor, expressamente, que o advogado é indispensável à administração da Justiça, repetindo o teor da norma já existente na legislação infraconstitucional (art. 68, da Lei nº 4.215). Com esta norma alçada à categoria de constitucional, não faltaram vozes a defender que o art. 791 da CLT não havia sido recepcionado pela Constituição da República de 1988. O STF não tardou a afastar este entendimento, em análise incidental do tema, quando da apreciação de *habeas corpus*, interpretando que o art. 791 da CLT continuava a vigorar na vigência da Constituição de 1988 (STF – Pleno, HC 67.30-2 PR, Rel. Ministro Moreira Alves, j. 12.12.1989, DJU I, 6.4.90. p. 2.626). Neste julgamento o Ministro Celso de Mello interpretou o sentido institucional da indispensabilidade do advogado como uma referência à presença dos advogados na composição dos Tribunais, na figura do quinto constitucional (neste sentido: Martins, Comentários, 2010, p. 823).

Após a Constituição de 1988 foi aprovado, pela Lei nº 8.806/94, o Estatuto da Advocacia e da OAB. O novo Estatuto, em seu art. 1º, I, estabeleceu ser privativa de advogado a postulação a todo e qualquer órgão do Poder Judiciário, excepcionando, somente, a impetração de *habeas corpus*, conforme seu § 1º. O corporativismo exacerbado do Estatuto, que não excluiu a Justiça do Trabalho e tampouco os Juizados Especiais, foi objeto de contundentes criticas doutrinárias quando de sua aprovação, como lembra Valentin Carrion, Comentários, 2010, p. 663.

O STF (ADI nº 1.127-8), instado a se pronunciar sobre a inconstitucionalidade de diversos dispositivos da Lei nº 8.906/94, em especial seu art. 1º, suspendeu sua eficácia, conforme julgamento liminar proferido pelo Tribunal Pleno, em 28.9.1994, fazendo com que a exigência de advogado não abrangesse a Justiça do Trabalho, os Juizados Especiais e a Justiça de Paz. Em 17.4.2006, o Tribunal Pleno, por unanimidade, confirmou o julgamento liminar, declarando inconstitucional a expressão "qualquer". Ou seja, o advogado deixou de ser obrigatório na postulação a "qualquer" órgão do Poder Judiciário, como está na redação do art. 1º, I, da Lei nº 8.906/94.

Diante do **julgamento do E. STF**, o **jus postulandi** da parte, na Justiça do Trabalho, **permaneceu tal qual redigido no art. 791, § 1º**.

1.2. Restrições ao jus postulandi da parte: S. 425 do TST

A doutrina trabalhista, criticando a amplitude do alcance da capacidade postulatória da parte, tendia a impedir seu uso no recurso extraordinário, restringindo a participação da parte, sem advogado, aos atos processuais praticados somente no âmbito da Justiça do Trabalho (neste sentido: Rodrigues Pinto, Recursos, 2006, p. 59 e Bezerra Leite, 2007, p. 376). A jurisprudência, contudo, passou a adotar tendência ainda mais restritiva, impedindo o acesso ao TST, nos Recursos de Revista e Embargos, quando a parte estivesse sem a assistência de advogado; segundo esta tese, tais recursos, sendo extremamente técnicos, não permitiam que o leigo, que não detém o conhecimento jurídico, pudesse manejá-los; ademais, acrescentavam alguns, a intenção do *jus postulandi* da parte sempre foi promover o amplo acesso à justiça, que era alcançado com o ajuizamento da demanda e eventual revisão da sentença pela via do Recurso Ordinário.

A tese restritiva do *jus postulandi* da parte acabou prevalecendo na jurisprudência trabalhista.

A partir de precedente da SDI-1/TST (E-AIRR e RR 85581/03-900.02.00-5), de 13.10.2009, a jurisprudência passou a restringir a presença da parte, sem advogado, no âmbito dos processos que chegam ao TST. Finalmente, através da Resolução nº 165/2010, DEJT divulgado em 30.04.2010, 03 e 04.05.2010, o TST editou a **Súmula nº 425**, exigindo a **assistência por advogado nos Recursos ao TST**: Recurso Ordinário, decorrente do julgamento das ações de competência originária dos TRT's, Recurso de Revista e de Embargos, além dos Agravos de Instrumento que ataquem decisões denegatórias de seguimento destes recursos. A referida súmula também passou a exigir o advogado **em algumas ações** especiais, tais como ação rescisória, ação cautelar e mandado de segurança. A nosso ver, **o rol de ações enumerado pela súmula é meramente exemplificativo**, sendo possível a interpretação de que o advogado é indispensável em todas as ações que observem rito especial, a exemplo da Consignação em Pagamento e da Ação Monitória, ambas não mencionadas pela S. 425 do TST.

1.3. *Jus postulandi* e conflitos decorrentes da relação de trabalho

Com o advento da EC nº 45/2004, ampliou-se consideravelmente a competência da Justiça do Trabalho, conforme atual redação de seu art. 114. A partir da chamada "Reforma do Judiciário", diversos procedimentos até então distantes da realidade do Juiz do Trabalho e das Cortes Trabalhistas, passaram a fazer parte do dia a dia da jurisdição especial. São exemplos destas demandas que seguem rito especial: o Mandado de Segurança, em primeiro grau de jurisdição, e a ação de execução fiscal para cobrança de multa trabalhista (para mais detalhes, vide comentários aos artigos 642 e 643, ambos da CLT).

Diante desta nova realidade, o TST editou a **Instrução Normativa nº 27/2005**, que passou a dispor em seu **art. 5º**: "Exceto nas lides decorrentes da relação de emprego, **os honorários advocatícios são devidos pela mera sucumbência.**". Extraem-se **duas ilações** desta regra: **a) nas lides decorrentes da relação de emprego não houve qualquer mudança quanto às regras de sucumbência**, sendo inaplicável o art. 20 do CPC; nos julgamentos dos conflitos decorrentes dos contratos de trabalho, ainda segundo esta interpretação, os honorários de sucumbência só seriam devidos na hipótese legal de empregado hipossuficiente, assistido por seu sindicato de classe (arts. 14 e 16 da Lei nº 5.584/70 e **Súmulas 219 e 329, ambas do TST**); **b) nas lides oriundas da relação de trabalho é aplicável o art. 20 do CPC/73 (art. 85, do CPC/2015)**, que impõe ao sucumbente o pagamento dos honorários advocatícios ao vencedor; prevendo a Instrução Normativa o pagamento de honorários, está, implicitamente, exigindo a presença de advogado neste tipo de conflito (Bezerra Leite, Curso, 2007, p. 376-377). O E. TST, na atual redação da **S. 219**, implementada pela **Res. 204/2016, DEJT divulgado em 17, 18 e 21.03.2016**, no texto do **item III**, para expressamente admitir a condenação em honorários nas lides que não derivem dos contratos de emprego.

Cleber Lúcio de Almeida, Direito Processual, 2009, p. 356, interpreta que a IN nº 27/2005, ao instituir a aplicação da regra de sucumbência do art. 20 do CPC/73, dificulta o acesso à justiça, pois a torna mais onerosa para o empregado, particularmente em razão da possibilidade de sua condenação em honorários advocatícios se for derrotado no litígio.

Parece-nos, mesmo diante do risco de condenação do empregado em honorários advocatícios, que nas demandas decorrentes da relação de trabalho a participação de advogado tende a concretizar o ideal de acesso à justiça, à medida que, somente com assistência técnica, o empregado tem reais condições de litigar em igualdade com seu empregador. A presença de advogado se mostra ainda mais importante se considerarmos que em muitas demandas oriundas da relação de trabalho o acesso à prova se mostrará mais difícil, tornando indispensável o papel do profissional de direito no uso das técnicas procedimentais que o leigo não tem acesso.

1.4. Mandato *apud* acta, Mandato Tácito e regularização do mandato

A menção expressa ao "procurador", no texto do § 3º, acrescido ao art. 791, pela Lei nº 12.437, de 6.7.2011, DOU de 7.7.2011, mantém a tendência de restrição do *jus postulandi* da parte, como acima abordado. A constituição de procurador pela parte é faculdade, mas a CLT, através do § 3º, simplificou o procedimento de constituição do advogado. Em princípio, a indicação do advogado, com seu nome na ata de audiência, **só o habilita para a prática do foro em geral,** com os poderes da cláusula *ad judicia,* ou seja, para todos os atos do processo, salvo os especiais descritos no art. 38, *caput,* do CPC: "*receber citação inicial, confessar, reconhecer a procedência do pedido, transigir, desistir, renunciar ao direito sobre que se funda a ação, receber, dar quitação e firmar compromisso*".

O **CPC/2015, art. 105**, amplia os poderes especiais que exigem outorga expressa: "A procuração geral para o foro, outorgada por instrumento público ou particular assinado pela parte, habilita o advogado a praticar todos os atos do processo, exceto receber citação, confessar, reconhecer a procedência do pedido, transigir, desistir, renunciar ao direito sobre o qual se funda a ação, receber, dar quitação, firmar compromisso e **assinar declaração de hipossuficiência econômica**, que devem constar de cláusula específica.

A constituição do advogado na própria audiência, por seu requerimento verbal, e com anuência do cliente, como prevê o § 3º, do art. 791, caracteriza mandato expresso, **denominado apud acta**. Situação diferente é a do mandato tácito, que se configura pela simples presença do advogado em audiência, sem qualquer necessidade de manifestação da parte, ou do próprio advogado. A jurisprudência trabalhista consagrou o mandato tácito na S. 164, do TST. A referida súmula foi cancelada pela Res. 210/2016, DEJT divulgado em 30.06, 1º e 04.07.2016. Todavia, o cancelamento não se deu em razão da mudança de posição jurisprudencial quanto ao mandato tácito (a Súmula 383 do TST continua a fazer expressa menção ao mandato tácito). A razão do cancelamento foi a adequação ao CPC/2015. A primeira parte da Súmula 164 ("O não-cumprimento das determinações dos §§ 1º e 2º do art. 5º da Lei nº 8.906, de 04.07.1994 e do art. 37, parágrafo único, do Código de Processo Civil importa o não-conhecimento de recurso, por inexistente..." representava afronta ao artigo 76 do CPC/2015, que exige a concessão de prazo para a regularização da representação processual, como se percebe, *in verbis:*

> "Art. 76. Verificada a incapacidade processual ou a irregularidade da representação da parte, o juiz suspenderá o processo e designará prazo razoável para que seja sanado o vício.
>
> § 1º Descumprida a determinação, caso o processo esteja na instância originária:
>
> I – o processo será extinto, se a providência couber ao autor;
>
> II – o réu será considerado revel, se a providência lhe couber;
>
> III – o terceiro será considerado revel ou excluído do processo, dependendo do polo em que se encontre.
>
> § 2º Descumprida a determinação em fase recursal perante tribunal de justiça, tribunal regional federal ou tribunal superior, o relator:
>
> I – não conhecerá do recurso, se a providência couber ao recorrente;
>
> II – determinará o desentranhamento das contrarrazões, se a providência couber ao recorrido."

O TST, na redação da S. 383 do TST, já de acordo com CPC/2015, entendeu que o "prazo razoável" para regularização da representação na fase recursal é de 05 (cinco) dias.Em ambos os tipos de mandato (expresso e tácito) os advogados só recebem os poderes da cláusula *ad judicia*. Contudo, nada obsta que no mandato *apud acta*, previsto no § 3º, o cliente também conceda a seu advogado os poderes especiais acima descritos.

O **mandato apud acta**, por ser expresso, **permite o substabelecimento**, com ou sem reserva de poderes, o que não é admissível no mandato tácito, segundo a jurisprudência do TST, consolidada na OJ nº 200, da SBDI-1.

1.5. Advogado constituído e intimação pessoal

O advogado constituído por mandato escrito, através de procuração, tem o direito de receber as intimações processuais em seu próprio nome, salvo se renunciar expressamente a tal prerrogativa.

Sobre esse tema, dizíamos na edição anterior destes comentários, que:

> "A intimação em nome do advogado é garantia de preservação do contraditório e da ampla defesa. Quando a procuração indicar mais de um advogado, a secretaria não está obrigada à intimação de todos. Todavia, havendo requerimento expresso para que a intimação observe o nome de um dos advogados, há nulidade se o juízo proceder de forma diversa (neste sentido a **S. 427 do TST**).".

Essas premissas, todavia, não atendem mais à realidade do processo eletrônico, no qual o próprio advogado se habilita, no sistema do PJe, por ato voluntário, sem interferência dos servidores ou juízes. Assim, não se pode atribuir ao Judiciário, especialmente aos serviços de secretaria das Varas e Tribunais, a responsabilidade por eventual erro no destinatário da intimação, uma vez que o cadastramento do advogado não é ato de cartório, mas sim, como dito, do próprio advogado.

Acertada, consequentemente, a posição tomada pelo TST na IN nº 39/2016, em seu artigo 16, nos seguintes termos:

> "Para efeito de aplicação do § 5º do art. 272 do CPC, não é causa de nulidade processual a intimação realizada na pessoa de advogado regularmente habilitado nos autos, ainda que conste pedido expresso para que as comunicações dos atos processuais sejam feitas em nome de outro advogado, se o profissional indicado não se encontra previamente cadastrado no Sistema de Processo Judicial Eletrônico, impedindo a serventia judicial de atender ao requerimento de envio da intimação direcionada. A decretação de nulidade não pode ser acolhida em favor da parte que lhe deu causa (CPC, art. 276)."

Essa posição do TST provavelmente provocará o cancelamento da Súmula nº 427 do TST, que foi ultrapassada pela posição da IN nº 39/2016, acima exposta.

2. SÚMULAS E ORIENTAÇÕES JURISPRUDENCIAIS

- **Súmula nº 219/TST**

HONORÁRIOS ADVOCATÍCIOS. CABIMENTO (alterada a redação do item I e acrescidos os itens IV a VI na sessão do Tribunal Pleno realizada em 15.03.2016) – Res. 204/2016, DEJT divulgado em 17, 18 e 21.03.2016

I – Na Justiça do Trabalho, a condenação ao pagamento de honorários advocatícios não decorre pura e simplesmente da sucumbência, devendo a parte, concomitantemente: a) estar assistida por sindicato da categoria profissional; b) comprovar a percepção de salário inferior ao dobro do salário mínimo ou encontrar-se em situação econômica que não lhe permita demandar sem prejuízo do próprio sustento ou da respectiva família. (art.14, § 1º, da Lei nº 5.584/1970). (ex-OJ nº 305da SBDI-I).

II – É cabível a condenação ao pagamento de honorários advocatícios em ação rescisória no processo trabalhista.

III – São devidos os honorários advocatícios nas causas em que o ente sindical figure como substituto processual e nas lides que não derivem da relação de emprego.

IV – Na ação rescisória e nas lides que não derivem de relação de emprego, a responsabilidade pelo pagamento dos honorários advocatícios da sucumbência submete-se à disciplina do Código de Processo Civil (arts. 85, 86, 87 e 90).

V – Em caso de assistência judiciária sindical, revogado o art. 11 da Lei nº 1060/50 (CPC de 2015, art. 1072, inc. III), os honorários advocatícios assistenciais são devidos entre o mínimo de dez e o máximo de vinte por cento sobre o valor da condenação, do proveito econômico obtido ou, não sendo possível mensurá-lo, sobre o valor atualizado da causa (CPC de 2015, art. 85, § 2º).

VI – Nas causas em que a Fazenda Pública for parte, aplicar-se-ão os percentuais específicos de honorários advocatícios contemplados no Código de Processo Civil.

- **Súmula nº 329/TST**

HONORÁRIOS ADVOCATÍCIOS. Art. 133 DA CF/1988 (mantida) – Res. 121/2003, DJ 19, 20 e 21.11.2003

Mesmo após a promulgação da CF/1988, permanece válido o entendimento consubstanciado na Súmula nº 219 do Tribunal Superior do Trabalho.

▸ **Súmula nº 383/TST**

RECURSO. MANDATO. IRREGULARIDADE DE REPRESENTAÇÃO. CPC DE 2015, ARTS. 104 E 76, § 2º (nova redação em decorrência do CPC de 2015) – Res. 210/2016, DEJT divulgado em 30.06, 1º e 04.07.2016

I – É inadmissível recurso firmado por advogado sem procuração juntada aos autos até o momento da sua interposição, salvo mandato tácito. Em caráter excepcional (art. 104 do CPC de 2015), admite-se que o advogado, independentemente de intimação, exiba a procuração no prazo de 5 (cinco) dias após a interposição do recurso, prorrogável por igual período mediante despacho do juiz. Caso não a exiba, considera-se ineficaz o ato praticado e não se conhece do recurso.

II – Verificada a irregularidade de representação da parte em fase recursal, em procuração ou substabelecimento já constante dos autos, o relator ou o órgão competente para julgamento do recurso designará prazo de 5 (cinco) dias para que seja sanado o vício. Descumprida a determinação, o relator não conhecerá do recurso, se a providência couber ao recorrente, ou determinará o desentranhamento das contrarrazões, se a providência couber ao recorrido (art. 76, § 2º, do CPC de 2015).

▸ **Súmula nº 395/TST**

MANDATO E SUBSTABELECIMENTO. CONDIÇÕES DE VALIDADE (nova redação dos itens I e II e acrescido o item V em decorrência do CPC de 2015) – Res. 211/2016, DEJT divulgado em 24, 25 e 26.08.2016

I – Válido é o instrumento de mandato com prazo determinado que contém cláusula estabelecendo a prevalência dos poderes para atuar até o final da demanda (§ 4º do art. 105 do CPC de 2015). (ex – OJ nº 312 da SBDI-1 – DJ 11.08.2003)

II – Se há previsão, no instrumento de mandato, de prazo para sua juntada, o mandato só tem validade se anexado ao processo o respectivo instrumento no aludido prazo. (ex-OJ nº 313 da SBDI-1 – DJ 11.08.2003)

III – São válidos os atos praticados pelo substabelecido, ainda que não haja, no mandato, poderes expressos para substabelecer (art. 667, e parágrafos, do Código Civil de 2002). (ex-OJ nº 108 da SBDI-1 – inserida em 01.10.1997)

IV – Configura-se a irregularidade de representação se o substabelecimento é anterior à outorga passada ao substabelecente. (ex-OJ nº 330 da SBDI-1 – DJ 09.12.2003)

V – Verificada a irregularidade de representação nas hipóteses dos itens II e IV, deve o juiz suspender o processo e designar prazo razoável para que seja sanado o vício, ainda que em instância recursal (art. 76 do CPC de 2015)

▸ **Súmula nº 425/TST**

JUS POSTULANDI NA JUSTIÇA DO TRABALHO. ALCANCE – Res. 165/2010, DEJT divulgado em 30.04.2010 e 03 e 04.05.2010

O *jus postulandi* das partes, estabelecido no art. 791 da CLT, limita-se às Varas do Trabalho e aos Tribunais Regionais do Trabalho, não alcançando a ação rescisória, a ação cautelar, o mandado de segurança e os recursos de competência do Tribunal Superior do Trabalho.

▸ **Súmula nº 436/TST**

REPRESENTAÇÃO PROCESSUAL. PROCURADOR DA UNIÃO, ESTADOS, MUNICÍPIOS E DISTRITO FEDERAL, SUAS AUTARQUIAS E FUNDAÇÕES PÚBLICAS. JUNTADA DE INSTRUMENTO DE MANDATO (conversão da Orientação Jurisprudencial nº 52 da SBDI-I e inserção do item II à redação) – Res. 185/2012, DEJT divulgado em 25, 26 e 27.09.2012

I – A União, Estados, Municípios e Distrito Federal, suas autarquias e fundações públicas, quando representadas em juízo, ativa e passivamente, por seus procuradores, estão dispensadas da juntada de instrumento de mandato e de comprovação do ato de nomeação.

II – Para os efeitos do item anterior, é essencial que o signatário ao menos declare-se exercente do cargo de procurador, não bastando a indicação do número de inscrição na Ordem dos Advogados do Brasil.

▸ **Súmula nº 456 – TST**

REPRESENTAÇÃO. PESSOA JURÍDICA. PROCURAÇÃO. INVALIDADE. IDENTIFICAÇÃO DO OUTORGANTE E DE SEU REPRESENTANTE. (inseridos os itens II e III em decorrência do CPC de 2015) – Res. 211/2016, DEJT divulgado em 24, 25 e 26.08.2016

I – É inválido o instrumento de mandato firmado em nome de pessoa jurídica que não contenha, pelo menos, o nome do outorgante e do signatário da procuração, pois estes dados constituem elementos que os individualizam.

II – Verificada a irregularidade de representação da parte na instância originária, o juiz designará prazo de 5 (cinco) dias para que seja sanado o vício. Descumprida a determinação, extinguirá o processo, sem resolução de mérito, se a providência couber ao reclamante, ou considerará revel o reclamado, se a providência lhe couber (art. 76, § 1º, do CPC de 2015).

III – Caso a irregularidade de representação da parte seja constatada em fase recursal, o relator designará prazo de 5 (cinco) dias para que seja sanado o vício. Descumprida a determinação, o relator não conhecerá do recurso, se a providência couber ao recorrente, ou determinará o desentranhamento das contrarrazões, se a providência couber ao recorrido (art. 76, § 2º, do CPC de2015).

- **OJ-SDI1-200/TST**

MANDATO TÁCITO. SUBSTABELECIMENTO INVÁLIDO (inserido dispositivo) – DJ 20.04.2005

É inválido o substabelecimento de advogado investido de mandato tácito.

- **OJ-SDI1-255/TST**

MANDATO. CONTRATO SOCIAL. DESNECESSÁRIA A JUNTADA (atualizada em decorrência do CPC de 2015) – Res. 208/2016, DEJT divulgado em 22, 25 e 26.04.2016

O art. 75, inciso VIII, do CPC de 2015 (art. 12, VI, do CPC de 1973) não determina a exibição dos estatutos da empresa em juízo como condição de validade do instrumento de mandato outorgado ao seu procurador, salvo se houver impugnação da parte contrária.

- **OJ-SDI1-286/TST**

AGRAVO DE INSTRUMENTO. TRASLADO. MANDATO TÁCITO. ATA DE AUDIÊNCIA. CONFIGURAÇÃO (alterada) – Res. 167/2010, DEJT divulgado em 30.04.2010 e 03 e 04.05.2010

I – A juntada da ata de audiência, em que consignada a presença do advogado, desde que não estivesse atuando com mandato expresso, torna dispensável a procuração deste, porque demonstrada a existência de mandato tácito.

II – Configurada a existência de mandato tácito fica suprida a irregularidade detectada no mandato expresso.

- **OJ-SDI1-348/TST**

HONORÁRIOS ADVOCATÍCIOS. BASE DE CÁLCULO. VALOR LÍQUIDO. LEI Nº 1.060, DE 05.02.1950 (DJ **25.04.2007**)

Os honorários advocatícios, arbitrados nos termos do art. 11, § 1º, da Lei nº 1.060, de 05.02.1950, devem incidir sobre o valor líquido da condenação, apurado na fase de liquidação de sentença, sem a dedução dos descontos fiscais e previdenciários.

- **OJ-SDI1-349/TST**

MANDATO. JUNTADA DE NOVA PROCURAÇÃO. AUSÊNCIA DE RESSALVA. EFEITOS (DJ 25.04.2007) A juntada de nova procuração aos autos, sem ressalva de poderes conferidos ao antigo patrono, implica revogação tácita do mandato anterior.

- **OJ-SDI1-371/TST**

IRREGULARIDADE DE REPRESENTAÇÃO. SUBSTABELECIMENTO NÃO DATADO. INAPLICABILIDADE DO ART. 654, § 1º, DO CÓDIGO CIVIL (atualizada em decorrência do CPC de 2015) – Res. 208/2016, DEJT divulgado em 22, 25 e 26.04.2016

Não caracteriza a irregularidade de representação a ausência da data da outorga de poderes, pois, no mandato judicial, ao contrário do mandato civil, não é condição de validade do negócio jurídico. Assim, a data a ser considerada é aquela em que o instrumento for juntado aos autos, conforme preceitua o art. 409, IV, do CPC de 2015 (art. 370, IV, do CPC de 1973). Inaplicável o art. 654, § 1º, do Código Civil.

3. INFORMATIVOS DO TST

- ***"Jus postulandi". Recurso de competência do Tribunal Superior do Trabalho. Impossibilidade. Aplicação da Súmula nº 425 do TST.***

Reiterando posicionamento da Corte, consubstanciado na Súmula nº 425, no sentido de que o "jus postulandi", estabelecido no art. 791 da CLT, se limita às Varas do Trabalho e aos Tribunais Regionais do Trabalho, não alcançando os recursos de competência do Tribunal Superior do Trabalho, a SBDI-I, à unanimidade, conheceu dos embargos por contrariedade à Súmula nº 425 do TST e, no mérito, deu-lhes provimento para anular o acórdão referente ao julgamento dos primeiros embargos de declaração em agravo de instrumento, subscritos pessoalmente pela reclamante. Consequentemente, decidiu-se anular os acórdãos seguintes e restabelecer a decisão da Turma, por meio da qual se negou provimento ao agravo de instrumento da trabalhadora, subscrito por advogado devidamente constituído, ante os termos da Súmula nº 214 do TST. Des tacou o Ministro relator que à época em que julgados os primeiros embargos de declaração da reclamante, a matéria em debate já estava pacificada pelo Pleno do TST, não se admitindo o fundamento turmário de que a questão da inaplicabilidade do "jus postulandi" aos recursos de competência do TST seria controvertida e admissível. TST-E-ED-ED-RR-148341-64.1998.5.05.0004, SBDI-I, rel. Min. José Roberto Freire Pimenta, 4.10.2012 (Informativo nº 24)

▸ ***Instrumento de mandato. Vedação ou limitação explícita ao poder de substabelecer. Irregularidade de representação. Não configuração. Súmula nº 395, III, do TST.***

O substabelecimento outorgado produz efeitos regulares ainda que haja vedação ou limitação explícita no instrumento de mandato em relação a esse poder. Assim, não há falar em irregularidade de representação na hipótese em que a advogada, individualmente, substabeleceu ao subscritor do recurso ordinário, não obstante a procuração estabelecesse que os outorgados deveriam atuar conjuntamente. Nos termos do art. 667 do CC, a irregularidade no substabelecimento é questão atinente ao contrato de mandato, gerando efeitos somente entre as partes contratantes. Noutro giro, o item III da Súmula nº 395 do TST, ao consignar que "são válidos os atos praticados pelo substabelecido, ainda que não haja, no mandato, poderes expressos para substabelecer", trata não apenas da hipótese em que não exista no instrumento outorgado a delegação de poderes para substabelecer, mas também daquela em que haja expressa proibição ou restrição desses poderes. Com esses fundamentos, a SBDI-I, por maioria, vencido em parte o Ministro Alexandre Agra Belmonte, conheceu dos embargos das empresas reclamadas, por contrariedade à Súmula nº 395, III, do TST, e, no mérito, por unanimidade, deu-lhes provimento para afastar a irregularidade de representação e, por conseguinte, determinar o retorno dos autos ao TRT de origem, a fim de que prossiga no julgamento do recurso ordinário dos reclamados como entender de direito. Ressalvou entendimento o Ministro João Oreste Dalazen. TST-E-ED-ARR-99100-36.2009.5.18.0211, SBDI-I, rel. Min. Dora Maria da Costa, 24.10.2013. (Informativo nº 64)

▸ ***Irregularidade de representação processual. Configuração. Existência nos autos de mandato expresso regular e válido. Impossibilidade de caracterização de mandato tácito. Orientação Jurisprudencial nº 286 da SBDI-I. Não incidência.***

O comparecimento do advogado subscritor do recurso de revista nas audiências inaugural e de instrução realizadas perante a Vara do Trabalho de origem não é suficiente para regularizar a representação processual quando há nos autos mandato expresso regular e válido. No caso, não há falar em incidência da Orientação Jurisprudencial nº 286 da SBDI-I, porquanto o verbete admite mandato tácito apenas quando ausente a procuração ou quando detectados vícios intrínsecos no mandato expresso. Na espécie, restou consignado que embora a advogada que tenha dado início à cadeia de substabelecimentos que transmitiu poderes aos subscritores do recurso de revista constasse como outorgada na procuração, o termo de substabelecimento por ela firmado tem data anterior ao mandato que a legitimou. Desse modo, embora um dos advogados subscritores da revista tenha comparecido às audiências realizadas na Vara do Trabalho de origem, não se pode falar em configuração de mandato tácito porque havia procuração regular e válida, com substabelecimento inválido. Assim, SBDI-I, pelo voto prevalente da Presidência, decidiu não conhecer do recurso de embargos do reclamado, vencidos os Ministros Aloysio Corrêa da Veiga, Brito Pereira, Dora Maria da Costa, José Roberto Freire Pimenta e Alexandre de Souza Agra Belmonte. SBDI-I, rel. Min. Augusto César Leite de Carvalho, 14.11.2013. (Informativo nº 66).

4. QUESTÕES DE CONCURSOS

01. (TRT – 6ª REGIÃO/JUIZ DO TRABALHO SUBSTITUTO/2010) Assinale a alternativa CORRETA em relação ao *jus postulandi* na Justiça do Trabalho:

a) O jus postulandi refere-se à capacidade postulatória.

b) Ao considerar o advogado essencial ao funcionamento da justiça, a Constituição Federal de 1988 derrogou as normas processuais que possibilitavam o exercício do jus postulandi na Justiça do Trabalho.

c) Em razão do disposto na letra 'b', o Tribunal Superior do Trabalho cancelou as Súmulas que não admitiam a condenação em honorários advocatícios.

d) A jurisprudência sumulada do Tribunal Superior do Trabalho admite o jus postulandi apenas nos dissídios individuais submetidos ao rito sumaríssimo.

e) A jurisprudência sumulada do Tribunal Superior do Trabalho não admite o jus postulandi quando da interposição do Recurso de Revista.

02. (AGU/PROCURADOR FEDERAL/CESPE/2010) O percentual limite de honorários advocatícios no processo do trabalho é de 15% sobre o líquido apurado na execução da sentença.

03. (AGU/PROCURADOR FEDERAL/CESPE/2010) Na justiça do trabalho, o deferimento de honorários advocatícios sujeita-se à constatação da ocorrência de assistência por sindicato.

04. (TRT – 8ª REGIÃO/JUIZ DO TRABALHO/2007/ADAPTADA) O jus postulandi não é prerrogativa exclusiva da Justiça Laboral. Quando da interposição de recurso extraordinário, em processo trabalhista, o referido instituto não é aplicado.

05. (TRT 24 – Técnico Judiciário – Área Administrativa/2011) A União, Estados, Municípios e Distrito Federal, suas autarquias e fundações públicas, quando representados em juízo, ativa e passivamente, por seus procuradores,

a) devem juntar aos autos instrumento de mandato, sendo, porém, concedido pela legislação prazo de quinze dias a contar da prática do primeiro ato processual.

b) devem juntar aos autos instrumento de mandato, sendo, porém, concedido pela legislação prazo de trinta dias a contar da prática do primeiro ato processual.

c) estão dispensados da juntada de instrumento de mandato.

d) estão dispensados da juntada de instrumento de mandato, se juntarem obrigatoriamente documento público oficial de comprovação do exercício do cargo público.

e) devem juntar aos autos instrumento de mandato, sendo, porém, concedido pela legislação prazo de quinze dias a contar da intimação pessoal.

06. (FCC – TRT 6 – Analista Judiciário/2012/ADAPTADA) Com base nas regras do processo do trabalho aplicáveis as partes e procuradores, a substituição e representação processuais, é correto afirmar: A constituição de procurador com poderes para o foro em geral somente poderá ser efetivada, mediante instrumento de procuração, não valendo o simples registro em ata de audiência, a requerimento verbal do advogado interessado, com anuência da parte representada.

07. (FCC – TRT 4 – Analista Judiciário/2011) Considere as seguintes assertivas a respeito da representação:

I. É inadmissível em instância recursal, o oferecimento tardio de procuração, ainda que mediante protesto por posterior juntada, já que a interposição de recurso não pode ser reputada ato urgente.

II. Nas Reclamatórias Plúrimas os empregados não poderão fazer-se representar pelo Sindicato de sua categoria, tendo em vista que não se trata de dissídio coletivo, mas sim de dissídio individual com diversos reclamantes.

II. É válido o instrumento de mandato com prazo determinado que contém cláusula estabelecendo a prevalência dos poderes para atuar até o final da demanda.

III. Não configura irregularidade de representação o fato do substabelecimento ser anterior à outorga passada ao substabelecente, tratando-se de mera irregularidade formal.

Está correto o que se afirma SOMENTE em:

a) I e III.

b) I, II e III.

c) II, III e IV.

d) I e IV.

e) I, III e IV.

08. (FCC – TRT 14 – Analista Judiciário/2011) A procuração apud acta é o mandato

a) com vigência previamente estipulada.

b) passado a advogado dativo para fins específicos e determinados logo após a intimação da reclamada.

c) passado em audiência perante o Juiz do Trabalho.

d) para fins genéricos com permissão expressa para substabelecer.

e) para fins genéricos que veda expressamente o substabelecimento.

09. (FCC – Técnico Judiciário – Área Administrativa – TRT 24/2017) Quanto às partes e procuradores que figuram no Processo do Trabalho, a Consolidação das Leis do Trabalho estabelece:

a) A constituição de procurador com poderes para o foro em geral poderá ser efetivada, mediante simples registro em ata de audiência, a requerimento verbal do advogado interessado, com anuência da parte representada.

b) Nos dissídios coletivos, é obrigatória aos interessados a assistência por advogado.

c) No processo do trabalho não é admitida a acumulação de várias reclamações em um mesmo processo, ainda que haja identidade de matéria e se tratem de empregados da mesma empresa ou estabelecimento.

d) Os empregadores não poderão reclamar pessoalmente perante a Justiça do Trabalho e acompanhar as suas reclamações até o final.

e) A reclamação trabalhista do menor de 21 anos será feita por seus representantes legais e, na falta destes, apenas pelo sindicato ou curador nomeado em juiz.

10. (FCC – Analista Judiciário – Oficial de Justiça Avaliador – TRT 11/2017) Considere:

I. Recurso Ordinário ao Tribunal Regional do Trabalho da 11ª Região.

II. Ação rescisória.

III. Mandado de segurança.

IV. Agravo de Petição ao Tribunal Regional do Trabalho da 11ª Região.

De acordo com o entendimento Sumulado do TST, o jus postulandi das partes estabelecido no artigo 791 da CLT, alcança os indicados APENAS em

a) I, III e IV.
b) I e IV.
c) II e III.
d) I, II e IV.
e) I e III.

GAB	1	E	2	C	3	E	4	C	5	C	6	E	7	A	8	C	9	A	10	B

✦ **HONORÁRIOS DE SUCUMBÊNCIA**

Art. 791-A. Ao advogado, ainda que atue em causa própria, serão devidos honorários de sucumbência, fixados entre o mínimo de 5% (cinco por cento) e o máximo de 15% (quinze por cento) sobre o valor que resultar da liquidação da sentença, do proveito econômico obtido ou, não sendo possível mensurá-lo, sobre o valor atualizado da causa.(Inserido pela Lei n° 13.467, de 13.07.2017).

✦ **FAZENDA PÚBLICA E SINDICATO**

§ 1º Os honorários são devidos também nas ações contra a Fazenda Pública e nas ações em que a parte estiver assistida ou substituída pelo sindicato de sua categoria.(Inserido pela Lei n° 13.467, de 13.07.2017).

✦ **CRITÉRIOS PARA FIXAÇÃO DOS HONORÁRIOS**

§ 2º Ao fixar os honorários, o juízo observará:(Inserido pela Lei n° 13.467, de 13.07.2017).

I – o grau de zelo do profissional;

II – o lugar de prestação do serviço;

III – a natureza e a importância da causa;

IV – o trabalho realizado pelo advogado e o tempo exigido para o seu serviço

✦ **SUCUMBÊNCIA RECÍPROCA**

§ 3º Na hipótese de procedência parcial, o juízo arbitrará honorários de sucumbência recíproca, vedada a compensação entre os honorários.(Inserido pela Lei n° 13.467, de 13.07.2017).

✦ **GRATUIDADE DE JUSTIÇA**

§ 4º Vencido o beneficiário da justiça gratuita, desde que não tenha obtido em juízo, ainda que em outro processo, créditos capazes de suportar a despesa, as obrigações decorrentes de sua sucumbência ficarão sob condição suspensiva de exigibilidade e somente poderão ser executadas se, nos dois anos subsequentes ao trânsito em julgado da decisão que as certificou, o credor demonstrar que deixou de existir a situação de insuficiência de recursos que justificou a concessão de gratuidade, extinguindo-se, passado esse prazo, tais obrigações do beneficiário.(Inserido pela Lei n° 13.467, de 13.07.2017).

✦ **HONORÁRIOS NA RECONVENÇÃO**

§ 5º São devidos honorários de sucumbência na reconvenção.(Inserido pela Lei n° 13.467, de 13.07.2017).

1. COMENTÁRIOS

1.1. Honorários de Sucumbência: destinatários e percentual

A regra do art. 791-A, introduzida na CLT pela Lei nº 13.467, de 13.07.2017, rompe o paradigma de concessão de honorários de sucumbência somente para o empregado assistido por seu sindicato. Até o advento da lei referida, somente eram devidos honorários de sucumbência nas causas patrocinadas pelo sindicato e, ainda assim, desde que os empregados por este assistidos fossem hipossuficientes, conforme entendimento consagrado na Súmula nº 219, I, do TST.

O monopólio dos honorários somente na assistência sindical não correspondia mais à realidade atual. Quando instituída a assistência pelo sindicato, a advocacia na área trabalhista era incipiente. Observe-se que a Lei nº 5.584, de 26.06.1970, que normatizou a assistência judiciária na Justiça do Trabalho, permitia até a atuação do estudante de direito do 4º ano, conforme previsão do art. 15 da referida lei, com expressa autorização do art. 72, do então vigente Estatuto da Advocacia,

Lei nº 4.215, de 27.04.1963. Os Estagiários do 4º e 5º ano de direito eram designados pela diretoria do sindicato da categoria profissional para atuar nas causas trabalhistas.

Percebe-se clara identificação entre o texto do art. 791-A, da CLT e o art. 85, do CPC, que cuida dos honorários advocatícios. Alguns trechos foram inteiramente reproduzidos na regra trabalhista, com certa dose de preconceito, é claro, no que diz respeito ao percentual reduzido devido aos advogados trabalhistas, se comparada à regra processual civil.

O art. 791-A da CLT estende aos escritórios e advogados particulares o que antes só era privilégio dos sindicatos. O percentual de 5 a 15 %, incidente sobre o valor atualizado da condenação, é devido ao advogado, e não à parte (art. 85, § 14, do CPC reafirma essa ideia). No que diz respeito à assistência sindical os honorários são devidos ao sindicato-assistente, ou substituto processual, conforme regra especial, prevista no art. 16, da Lei nº 5.584/70: " "Os honorários do advogado pagos pelo vencido reverterão em favor do Sindicato assistente.". A atuação como substituto processual da categoria também legitima a percepção de honorários pelo sindicato, conforme regra do art. 791-A, § 1º, da CLT.

Caso o sindicato da categoria profissional contrate escritórios de advocacia ou advogado autônomo para atuar na defesa dos interesses dos empregados, deverá estabelecer, em contrato, o partilhamento dos honorários de sucumbência sindical com o profissional ou a pessoa jurídica contratada.

O percentual de honorários advocatícios, de 5 a 15%, em que pese inferiores ao previsto no CPC, passa a ser, definitivamente, a regra geral de honorários de sucumbência trabalhista. Por outro lado, o CPC, art. 85, § 3º, reduz o percentual dos honorários devidos pela Fazenda Pública vencida, à medida que aumenta o valor da condenação. A CLT, no art. 791-A, § 1º, não teve a mesma condescendência com a Fazenda Pública, pois não faz distinção quanto aos honorários, que são devidos na mesma proporção dos demais réus.

O art. 791-A, da CLT, supriu o vazio legislativo decorrente da revogação do art. 11, da Lei nº 1.060/50, que fixava o percentual de honorários na assistência judiciária sindical. O TST havia entendido pela aplicação do CPC, diante da omissão legal, agora superada pela regra do art, 791-A, da CLT. Confira-se o teor da Súmula 219, V, que deverá ser alterada:

> "V – Em caso de assistência judiciária sindical, revogado o art. 11 da Lei nº 1060/50 (CPC de 2015, art. 1072, inc. III), os honorários advocatícios assistenciais são devidos entre o mínimo de dez e o máximo de vinte por cento sobre o valor da condenação, do proveito econômico obtido ou, não sendo possível mensurá-lo, sobre o valor atualizado da causa (CPC de 2015, art. 85, § 2º).".

1.2. Advogado empregado e honorários sucumbenciais

O art. 21, da Lei nº 8.906/94, prevê que: "Nas causas em que for parte o empregador, ou pessoa por este representada, os honorários de sucumbência são devidos aos advogados empregados."

O transcrito dispositivo, dentre outros, foi impugnado pela ADI nº 1194-4, julgada pelo STF em 20/05/99, cujo acórdão foi ementada nos seguintes termos:

> (...) O art. 21 e seu parágrafo único da Lei nº 8.906/1994 deve ser interpretado no sentido da preservação da liberdade contratual quanto à destinação dos honorários de sucumbência fixados judicialmente. 5. Pela interpretação conforme conferida ao art. 21 e seu parágrafo único, declara-se inconstitucional o § 3º do art. 24 da Lei nº 8.906/1994, segundo o qual "é nula qualquer disposição, cláusula, regulamento ou convenção individual ou coletiva que retire do advogado o direito ao recebimento dos honorários de sucumbência". 6. Ação direta de inconstitucionalidade conhecida

em parte e, nessa parte, julgada parcialmente procedente para dar interpretação conforme ao art. 21 e seu parágrafo único e declarar a inconstitucionalidade do § 3º do art. 24, todos da Lei nº 8.906/1994. (STF, Tribunal Pleno, Relator Min. Maurício Corrêa, Relator(a) p/ Acórdão: Min. Cármen Lúcia, Julgamento: 20/05/2009).

O E. STF, como se nota da decisão acima, reconheceu a disponibilidade do direito quanto aos honorários de sucumbência, admitindo-se transação entre empregado e empregador. No silêncio dos contratantes, contudo, a verba honorária de sucumbência será destinada ao advogado empregado, sem participação do seu empregador, diante da redação do art. 21 do Estatuto da Advocacia, acima transcrito.

O fato dos honorários sucumbenciais decorrerem da atuação do advogado empregado, não significa que a verba tenha natureza salarial. Tal pagamento está condicionado ao sucesso da atuação na causa e, caso fosse considerado salário, o pagamento da contraprestação ao trabalho estaria sempre sujeito a condição, cujo resultado está longe de somente depender da boa participação do advogado. O TST firmou entendimento no sentido em que defendemos, definindo a natureza indenizatória da verba honorária paga ao advogado empregado, como demonstram as ementas a seguir transcritas:

> "RECURSO DE EMBARGOS INTERPOSTO SOB A ÉGIDE DA LEI nº 11.496/2007. HONORÁRIOS ADVOCATÍCIOS DE SUCUMBÊNCIA. EMPREGADO ADVOGADO. NATUREZA JURÍDICA. 1. Consoante abalizada doutrina, 'salário é o conjunto de parcelas contraprestativas pagas periodicamente e diretamente pelo empregador ao empregado em função do contrato de trabalho', independentemente da sorte do empreendimento patronal (cf. Mauricio Godinho Delgado, in: Curso de Direito do Trabalho). Não observadas as características essenciais atinentes ao salário, conclui-se que os honorários sucumbenciais não se revestem de caráter salarial. Esse também é o entendimento que se extrai do artigo 14 do Regulamento Geral do Estatuto da Advocacia. 2. Recurso de embargos a que se nega provimento' (E-ED-RR-230-51.2010.5.02.0021, Rel. Min. Lelio Bentes Corrêa, SDI-1, DEJT 2/2/2015.)

> "HONORÁRIOS DE SUCUMBÊNCIA. NATUREZA JURÍDICA. Trata-se de verba paga por terceiros ao empregado advogado, em virtude do exercício da advocacia; tais honorários não são provenientes propriamente da relação de emprego, ainda que repassados pelo empregador. Nesse sentido, o Regulamento Geral do Estatuto da Advocacia e da OAB dispõe que os honorários de sucumbência não integram o salário ou a remuneração. Tal disposição vai ao encontro da jurisprudência desta c. Corte Superior, a qual vem firmando o entendimento de que esses honorários não possuem natureza salarial. É indevida, portanto, sua integração na base de cálculo das horas extraordinárias. Recurso de revista conhecido por divergência jurisprudencial e provido." (ARR – 1854700-65.2006.5.09.0008, Rel. Mini. Alexandre de Souza Agra Belmonte, 3ª Turma, DEJT 29/04/2016.)

> "HONORÁRIOS ADVOCATÍCIOS CONTRATUAIS. NATUREZA JURÍDICA. Esta Corte tem entendido que os honorários previstos em norma regulamentar e repassados por rateio, a cargo da ADVOCEF, entre os empregados advogados da CEF, em decorrência dos honorários sucumbenciais, não possuem natureza salarial. Precedentes. Recurso de Revista de que se conhece e a que se dá provimento." (RR – 2302-64.2013.5.03.0025, Relator Ministro: João Batista Brito Pereira, 5ª Turma, DEJT 05/08/2016.)

> "6. RECURSO DE REVISTA DA RECLAMANTE. 1. ADVOGADO EMPREGADO. HONORÁRIOS DE SUCUMBÊNCIA. NATUREZA JURÍDICA

INDENIZATÓRIA. NÃO CONHECIMENTO. A verba repassada, por rateio, entre os empregados advogados, em decorrência dos honorários sucumbenciais, não possui natureza jurídica salarial, mas indenizatória, sendo, portanto, indevida a sua integração em outras parcelas. Precedentes. Incidência dos óbices do artigo 896, § 7º, da CLT e da Súmula nº333. Recurso de revista de que não se conhece." (AIRR e RR – 1132700-36.2002.5.09.0014, Rel. Min. Guilherme Augusto Caputo Bastos, 5ª Turma, DEJT 06/11/2015.)

"HONORÁRIOS DE SUCUMBÊNCIA. ADVOGADO EMPREGADO. NATUREZA JURÍDICA INDENIZATÓRIA. ART. 14 DO REGULAMENTO GERAL DA ADVOCACIA E DA OAB. A previsão regulamentar autorizando o repasse de valores decorrentes de honorários sucumbenciais aos empregados da CEF, em sistema de rateio, não é capaz de descaracterizar a natureza jurídica indenizatória da verba, a qual não é inerente ao contrato de trabalho, mas ao exercício da advocacia. Há de prevalecer o disposto no art. 14 do Regulamento Geral do Estatuto da Advocacia e da OAB, no sentido de que os honorários de sucumbência, por decorrerem do exercício da advocacia e só acidentalmente da relação de emprego, não integram o salário ou a remuneração, não podendo, assim, ser considerados para efeitos trabalhistas ou previdenciários. Recurso de revista conhecido e provido" (RR-230-51.2010.5.02.0021, Rel. Min. Aloysio Corrêa da Veiga, 6ª Turma, DEJT 30/05/2014.)

1.3. Honorários na sucumbência recíproca

No que diz respeito à disciplina das custas processuais, a normatização continua omissa quanto à sucumbência recíproca (art. 789, da CLT). O mesmo não ocorreu, todavia, quanto aos honorários advocatícios. A Lei nº 13.467, de 13.07.2017 estatuiu a regra do § 3º, do art. 791-A, prevendo a sucumbência recíproca, e a competência do juiz para fixar os honorários, de parte a parte.

O art. 85 do CPC disciplina o tema praticamente de forma exaustiva (aliás chama atenção o fato do mais extenso artigo do CPC ser exatamente o que trata dos honorários advocatícios). A referida regra, em seu § 14, prevê a mesma vedação à compensação entre honorários, tratada no § 3º do art. 791-A, da CLT, além de enfatizar a natureza alimentar da verba honorária, "com os mesmos privilégios dos créditos oriundos da legislação do trabalho".

Procedência parcial é o resultado mais comum nos julgamentos da Justiça do Trabalho. Muita controvérsia haverá sobre o tema. Tome-se como exemplo um empregado que postule pagamento de horas extras e equiparação salarial, ambos os pedidos na mesma petição inicial. O empregado, diante da exigência de pedido líquido (art. 840, § 1º, da CLT), estima, com base na jornada de 8:00 às 19:00 horas, que seu pedido tem apreciação econômica de R$10.000,00. Todavia, no momento do julgamento, o juiz só foi convencido de cumprimento da jornada de 8:00 às 18:00 horas, condenando o réu ao pagamento de horas extras relativamente a esta jornada, no montante de R$8.000,00. Indaga-se: terá havido sucumbência do autor, além, é óbvio, da do réu? A resposta, a nosso sentir, é afirmativa. Neste caso, no momento da liquidação de sentença, deverá ser deduzido do crédito do reclamante o valor correspondente à sua sucumbência. No exemplo citado, os honorários devidos ao advogado do réu incidirão sobre os R$2.000,00, que é a diferença entre o pedido e o êxito obtido pelo reclamante. Ainda exemplificativamente: o autor foi sucumbente em R$2.000,000, o juiz, por hipótese, fixou os honorários devidos ao réu em 10%, portanto, no valor de R$200,00. Consequentemente, o montante final devido ao autor será o valor de R$7.800,00, já deduzida a verba honorária do advogado do réu.

Isso muda tudo na ótica da atuação do advogado na Justiça do Trabalho. Os advogados de empresa, por exemplo, poderão definir seus honorários de acordo com o êxito de redução da sucumbência, que fica muito mais clara a partir da reforma trabalhista.

Por outro lado, os reclamantes e seus advogados terão enorme responsabilidade em sua atuação, com o risco do autor ficar devedor na Justiça do Trabalho.

Existirão aqueles, entre os quais não me incluo, que só identificarão a sucumbência parcial se o autor não for vencedor no tema proposto. Portanto, no exemplo acima, o autor postulou horas extras, não provou toda a jornada, mas foi vitorioso quanto a este tema, logo, nesta ótica, não haverá sucumbência do empregado. No mesmo exemplo, o pedido de equiparação salarial não foi bem sucedido e o autor não provou ter direito à equiparação, conforme o ônus que lhe competia. Consequentemente, foi derrotado integralmente quanto ao tema, pois não provou a equiparação. Assim, ter-se-á, no somatório dos pedidos – horas extras e equiparação salarial – a sucumbência parcial do autor. Como dito, não concordamos com esta visão da sucumbência parcial.

1.4. Honorários e Gratuidade de Justiça

A redação do § 4º, do art. 791-A, da CLT, é praticamente uma reprodução do texto correspondente no CPC, especificamente o art. 98, § 3º, a seguir transcrito para facilitar a comparação com o texto trabalhista:

> "Vencido o beneficiário, as obrigações decorrentes de sua sucumbência ficarão sob condição suspensiva de exigibilidade e somente poderão ser executadas se, nos 5 (cinco) anos subsequentes ao trânsito em julgado da decisão que as certificou, o credor demonstrar que deixou de existir a situação de insuficiência de recursos que justificou a concessão de gratuidade, extinguindo-se, passado esse prazo, tais obrigações do beneficiário.".

São duas as adaptações contidas na regra trabalhista: a primeira, diz respeito ao prazo em que fica extinta a obrigação decorrente da sucumbência – 2 anos – na esfera trabalhista, tendo como evidente fonte desta regra o prazo prescricional de 2 anos para o ajuizamento da ação (art. 11, da CLT). Na prescrição, o decurso do prazo não extingue a obrigação, mas a torna inexigível. Na regra da gratuidade, tanto na trabalhista como na correlata do processo civil, o decurso do prazo extingue a obrigação do sucumbente beneficiário da gratuidade de justiça. A segunda adaptação do texto do art. 791, § 4º, torna a regra trabalhista mais severa que a do processo civil, pois somente haverá suspensão de exigibilidade da obrigação do sucumbente e, posteriormente, a extinção da obrigação, se este provar que "não tenha obtido em juízo, ainda que em outro processo, créditos capazes de suportar a despesa...". Portanto, a obrigação de pagamento de honorários se estende a créditos do beneficiário da gratuidade obtidos em outros processos.

Da mesma forma que aconteceu no processo civil, o regramento trabalhista impõe intensa proteção ao crédito dos honorários, parecendo estar mais preocupado com o acessório do que com o principal.

1.5. Honorários na reconvenção

A reconvenção é uma ação do réu em face do autor, com pretensão própria, conexa com a ação principal ou com fundamento da defesa (CPC. Art. 343). É natural, portanto, que haja condenação em honorários de sucumbência diante da pretensão formulada em reconvenção. Há inversão dos polos originais da relação processual, tornando-se o autor da ação, réu na reconvenção, reconvinte e reconvindo, respectivamente, autor e réu da reconvenção. A regra da CLT, que trata dos honorários na reconvenção, corresponde ao art. 85, § 1º, do CPC/2015. Sobre a reconvenção e sua aplicação ao processo do trabalho, nos reportamos aos comentários aos art. 799 e 802 da CLT.

Art. 792. (Revogado pela Lei nº 13.467, de 13.07.2017).

1. COMENTÁRIOS

1.1. Menor de 18 anos

O texto do art. 792 da CLT, revogado pela Lei nº 13.467, de 13.07.2017, dizia que "Os maiores de 18 (dezoito) e menores de 21 (vinte e um) anos e as mulheres casadas poderão pleitear perante a Justiça do Trabalho sem a assistência de seus pais, tutores ou maridos.".

A falta de atualidade de norma já justificava sua revogação parcial há muito tempo. Digo parcial, porque mereceria ter sido mantido o regramento quanto ao menor, só adaptando o texto para ignorar a menção aos 21 anos que já foi a idade da maioridade civil, na vigência do Código Civil de 1916, conforme art. 6º, I: "São incapazes relativamente a certos atos (art. 147, nº I), ou à maneira de os exercer: I – Os maiores de 16 e os menores de 21 anos.".

1.2. A mulher

A mulher casada era definida pelo art. 6º, II, do Código Civil de 1916, como relativamente incapaz, época em que dependia da assistência de seu marido para exercer os atos da vida civil em geral. Como o texto do art. 792 era da redação original da CLT, até sua revogação, a possibilidade da mulher casada propor ação trabalhista sem assistência de seu marido já representou um avanço para a época, como assinalam Russomano, Vol. II, 1993, p. 870 e Martins, Comentários, 2010, p. 826; este último autor destaca, ainda, que a partir do Estatuto da Mulher Casada (Lei nº 4.121, de 27.8.62), não mais se pôde atribuir qualquer incapacidade à mulher, tendo sido revogadas as disposições legais que exigiam autorização do marido para a prática dos atos da vida civil.

1.3. Emancipação legal: relação de emprego com economia própria

Sobre o tema nos reportamos aos comentários feitos ao art. 403 da CLT, em tópico específico.

✦ **REPRESENTAÇÃO E CURATELA DOS MENORES DE 18 ANOS**

Art. 793. A reclamação trabalhista do menor de 18 anos será feita por seus representantes legais e, na falta destes, pela Procuradoria da Justiça do Trabalho, pelo sindicato, pelo Ministério Público estadual ou curador nomeado em juízo.(Redação dada pela Lei nº 10.288, de 20.09.2001)

COMENTÁRIOS

1.1. Menor de 18 anos: assistência e não representação

A **capacidade de ser parte**, também denominada capacidade de direito, é atribuída a toda pessoa física e às pessoas jurídicas que registraram seus atos constitutivos nos órgãos próprios. Portanto, a capacidade de ser parte é relacionada a todos aqueles que detêm personalidade, física ou jurídica. Sendo assim, mesmo os menores de 18 anos têm capacidade para ser parte.

A **capacidade de estar em juízo**, também identificada como capacidade de gozo, de exercício, de fato, ou, ainda, como legitimatio ad processum, só os plenamente capazes detêm (CPC/73, art. 7º e CPC/2015, art. 70). São plenamente capazes aqueles que podem exercer livremente os atos da vida civil. Os menores de 18 anos, sendo parte na Justiça do Trabalho, só poderão estar em juízo devidamente assistidos por seus representantes legais, como forma de se garantir a livre manifestação de vontade na prática dos atos processuais (art. 8º, do CPC/73 e art. 71, do CPC/2015).

A **maioria da doutrina** defende que os **menores de 16 anos**, ao postularem na Justiça do Trabalho, **devem estar devidamente representados, e não assistidos**, considerando que são absolutamente incapazes, nos termos do art. 3º, I, do Código Civil/2002 (neste sentido: Cleber Lúcio de Almeida, Direito Processual, 2009, p. 381; Bezerra Leite, Curso, 2007, p. 381; Renato Saraiva, Curso, 2008, p. 225; Mauro Schiavi, Manual, 2008, p. 230-232 e Martins, Comentários, 2010, p. 826).

Ousamos divergir da interpretação majoritária.

A CLT, quanto ao menor, impõe pouquíssimas restrições à sua manifestação de vontade para a prática de atos inerentes ao contrato de trabalho. Não se exige sequer a assistência ao menor na assinatura de recibos salariais, marcação de controles de horário, ou mesmo em punições como advertências e suspensões. A CLT exige, no máximo, a assistência do representante legal no ato de rescisão contratual (art. 439), mesmo assim para dar validade ao recibo e não ao ato de rescisão em si, que é anterior e praticado pelo menor sem qualquer assistência.

As restrições ao trabalho do menor são impostas por lei e pela Constituição (proibição de trabalho noturno, insalubre e perigoso, como exemplos), independentemente da manifestação de sua vontade ou de seu representante legal. Portanto, se o menor, entre 14 e 18 anos, tem liberdade para praticar a maioria dos atos do contrato de trabalho, não se pode suprimir sua manifestação de vontade em juízo, substituindo-a pela de seu representante legal.

Não se trata de representação do menor, na Justiça do Trabalho, e sim de assistência.

No sentido em que defendemos é a opinião de Wagner Giglio e Cláudia Corrêa, Direito Processual, 2007, p. 124: "Ora, se pode manter contrato de trabalho, com todas as conseqüências dele derivadas, o menor entre 14 e 18 anos deve ser tido como relativamente capaz, ou apenas parcialmente incapaz, vez que a capacidade plena só é atingida aos 18 anos, e a incapacidade total só existe até os 14. Não se justifica, assim sendo, a discriminação, no Direito do Trabalho, entre "tipos" de capacidade de menores, distinguindo-se o tratamento dado ao maior de 14 anos, menor de 16, porém menor de 18 anos. Via de consequência, entendemos que o menor, dos 14 aos 18 anos, é assistido, em juízo, e não representado por responsável legal.".

Valentin Carrion, Comentários, 2010, p. 670-671, é da mesma opinião que Giglio e Corrêa: "No processo do trabalho, entende-se que o legislador fez uma só distinção: maior ou menor de 18 anos; este é sempre assistido.".

Fazemos somente uma ressalva, o menor de 14 anos, a quem a Constituição Federal proíbe qualquer trabalho, mesmo na condição de aprendiz (art. 7º, XXXIII, da CF, conforme EC nº 20/98), só estará em juízo mediante representação. Isto porque, seguindo a mesma linha acima defendida, se a Constituição não lhe permitiu contratar (trabalhar), entendeu que sua condição, nesta idade, é de absolutamente incapaz.

1.2. Curatela de menores

O dispositivo do art. 793 da CLT trata, além da representação dos menores de 18 anos, da hipótese de curatela destes menores, tanto que a atuação daqueles indicados no artigo só ocorrerá na falta do representante legal; falta não significa ausência. Tendo o menor representante legal, mas diante de sua ausência no processo, o procedimento só irá prosseguir quando o representante do menor passar a prestar a assistência necessária e suprir a deficiência de vontade do assistido; somente quando não existir representante legal, ou houver algum sério impedimento à sua atuação, ocorrerá a curatela do menor na forma deste artigo.

A redação original deste artigo só previa a assistência pelo Ministério Público do Trabalho. Somente nas localidades onde não existisse atuação deste órgão, o que era muito comum à época, o juiz nomearia curador à lide. A Lei nº 10.288/2001 alterou a redação do artigo para incluir o Ministério Público Estadual e o sindicato.

Considerando-se a função institucional atribuída por lei ao MPT, atuando na tutela dos interesses dos incapazes, não parece haver dúvida de que na ausência do representante legal, o juiz intimará, em primeiro lugar, o MPT para assumir como curador do menor. Não havendo atuação do órgão do Ministério Público do Trabalho na localidade, o Juiz do Trabalho, atento à celeridade inerente ao procedimento trabalhista, poderá nomear quaisquer dos demais entes indicados na norma, observando aquele que melhor atenda aos interesses do menor; a doutrina majoritária só exige que o Ministério Público do Trabalho seja o primeiro a atuar, quando na ausência do representante legal; quanto aos demais indicados, não há uma ordem rígida determinada pelo texto legal.

Adotam a ordem legal, com o MPT em primeiro lugar, entre outros autores, Bezerra Leite, Curso, 2007, p. 382; Carrion, Comentários, 2010, p. 671 e Mauro Schiavi, Manual, 2008, p. 233, sendo que este último faz uma pequena inversão, colocando o Ministério Público Estadual na frente do sindicato. Francisco Antonio de Oliveira, Comentários, 2005, p. 673, também propõe que o MPT assuma a assistência em primeiro lugar, mas em sua falta, não segue rigorosamente a ordem legal.

Sergio Pinto Martins, Comentários, 2010, p. 827, defendendo opinião minoritária, entende que a assistência pode ser prestada, alternativamente, por quaisquer dos entes indicados no art. 793. Wagner Giglio e Cláudia Corrêa, Direito Processual, 2007, p. 125 também defendem que a disposição legal não estabelece uma ordem preferencial, pois somente cita aqueles que poderão atuar na falta do representante legal.

Tema assaz polêmico diz respeito à presença do Ministério Público como fiscal da lei (custos legis), quando o menor, em juízo, está assistido por seu representante legal. Sobre o assunto, defendemos a participação do MPT como custos legis, mesmo havendo representante legal do menor, conforme argumentos expendidos nos comentários ao art. 736 da CLT, no tópico: "Atuação do Ministério Público do Trabalho".

2. QUESTÕES DE CONCURSOS

01. (TRT – 2ª REGIÃO/TÉCNICO JUDICIÁRIO/FCC/2008/ADAPTADA) A reclamação trabalhista do menor de 16 anos, na falta de seus representantes legais, poderá ser feita por outro empregado maior que pertença à mesma profissão.

02. (FCC – TRT 6 – Analista Judiciário/2012/ADAPTADA) Com base nas regras do processo do trabalho aplicáveis as partes e procuradores, a substituição e representação processuais, é correto afirmar: a reclamação trabalhista do menor de 18 anos será feita apenas pela Procuradoria da Justiça do Trabalho ou pelo sindicato.

03. (TRT 15 – Juiz do Trabalho Substituto 15ª região/ 2012) Analise as assertivas abaixo e responda: a reclamação trabalhista do menor de 18 anos será ajuizada por seus representantes legais e, na falta destes, pela Procuradoria da Justiça do Trabalho, pelo sindicato, pelo Ministério Público estadual ou curador nomeado em juízo.

GAB	1	E	2	E	3	C

SEÇÃO IV-A – DA RESPONSABILIDADE POR DANO PROCESSUAL

(Seção IV-A inserida na CLT pela da Lei nº 13.467, de 13.07.2017).

✦ PERDAS E DANOS NA LITIGÂNCIA DE MÁ-FÉ

Art. 793-A. Responde por perdas e danos aquele que litigar de má-fé como reclamante, reclamado ou interveniente.(Inserido pela Lei nº 13.467, de 13.07.2017).

✦ HIPÓTESES DE MÁ-FÉ PROCESSUAL

Art. 793-B. Considera-se litigante de má-fé aquele que:(Inserido pela Lei nº 13.467, de 13.07.2017).

I – deduzir pretensão ou defesa contra texto expresso de lei ou fato incontroverso;

II – alterar a verdade dos fatos;

III – usar do processo para conseguir objetivo ilegal;

IV – opuser resistência injustificada ao andamento do processo;

V – proceder de modo temerário em qualquer incidente ou ato do processo;

VI – provocar incidente manifestamente infundado;

VII – interpuser recurso com intuito manifestamente protelatório.'

✦ MULTA E INDENIZAÇÃO POR LITIGÂNCIA DE MÁ-FÉ

Art. 793-C. De ofício ou a requerimento, o juízo condenará o litigante de má-fé a pagar multa, que deverá ser superior a 1% (um por cento) e inferior a 10% (dez por cento) do valor corrigido da causa, a indenizar a parte contrária pelos prejuízos que esta sofreu e a arcar com os honorários advocatícios e com todas as despesas que efetuou.(Inserido pela Lei nº 13.467, de 13.07.2017).

✦ CONDENAÇÃO ISOLADA OU SOLIDÁRIA DOS LITIGANTES DE MÁ-FÉ

§ 1º Quando forem dois ou mais os litigantes de má-fé, o juízo condenará cada um na proporção de seu respectivo interesse na causa ou solidariamente aqueles que se coligaram para lesar a parte contrária. (Inserido pela Lei nº 13.467, de 13.07.2017).

✦ VALOR DA CAUSA IRRISÓRIO OU INESTIMÁVEL

§ 2º Quando o valor da causa for irrisório ou inestimável, a multa poderá ser fixada em até duas vezes o limite máximo dos benefícios do Regime Geral de Previdência Social.(Inserido pela Lei nº 13.467, de 13.07.2017).

✦ VALOR DA INDENIZAÇÃO POR LITIGÂNCIA DE MÁ-FÉ

§ 3º O valor da indenização será fixado pelo juízo ou, caso não seja possível mensurá-lo, liquidado por arbitramento ou pelo procedimento comum, nos próprios autos.(Inserido pela Lei nº 13.467, de 13.07.2017).

✦ LITIGÂNCIA DE MÁ-FÉ DA TESTEMUNHA

Art. 793-D. Aplica-se a multa prevista no art. 793-C desta Consolidação à testemunha que intencionalmente alterar a verdade dos fatos ou omitir fatos essenciais ao julgamento da causa.(Inserido pela Lei nº 13.467, de 13.07.2017).

Parágrafo único. A execução da multa prevista neste artigo dar-se-á nos mesmos autos.(Inserido pela Lei nº 13.467, de 13.07.2017).

1. COMENTÁRIOS

A Lei nº 13.467, de 13.07. 2017, introduziu a Seção IV-A na CLT, inaugurando, no texto celetista, a normatização acerca do dano processual, na redação do art. 793-A a D, da CLT. As normas referidas são inspiradas com o conteúdo ético do processo, que sempre influenciou o direito processual, mas também com o dever de colaboração das partes e de todos aqueles que, de alguma forma, participam do processo.

Há, nos artigos acima referidos, uma nítida independência entre a multa por litigância de má-fe e a indenização por eventuais danos que uma das partes tiver sofrido, diante da atitude da outra parte, ou até mesmo da testemunha (art. 793-D, da CLT). A incidência da multa, a ser aplicada pelo juiz, de ofício ou a requerimento, depende somente da conduta do litigante, ou da testemunha, se enquadrar em um dos padrões dos incisos do art. 793-B, da CLT. Já a indenização depende de prova dos danos efetivamente sofridos, além do nexo de causalidade com a conduta da parte, tudo a se apurado nos próprios autos do processo onde se constatou a litigância de má-fé (art. 793-C, § 3º, da CLT).

A possibilidade de condenação solidária de todos que praticaram o dano, conforme art. 793-C, § 1º, não inclui o advogado, que é procurador da parte, não é sujeito do processo e tampouco testemunha. A conduta do advogado será apurada em processo próprio, por ação autônoma, cuja legitimidade é de quem se sentir lesado por sua atuação. A jurisprudência do TST é pacifica quanto à impossibilidade de condenação solidária do advogado juntamente com a parte, como se percebe na ementa a seguir destacada:

> **RECURSO DE REVISTA. LITIGÂNCIA DE MÁ-FÉ – CONDENAÇÃO SOLIDÁRIA DOS PROCURADORES DO AUTOR.** A Corte Regional concluiu pela condenação solidária dos patronos do autor ao pagamento da multa por litigância de má-fé, aplicada pelo MM. Juiz e ratificada pela Corte Regional. No entanto, a atual, notória e iterativa jurisprudência do Tribunal Superior do Trabalho caminha no sentido de que é indevida a condenação solidária do procurador da parte ao pagamento de multa por litigância de má-fé, por força do disposto no art. 32, parágrafo único, da Lei nº 8.906/94, devendo ser demandado perante o Juízo competente e em ação própria. Precedentes. (Recurso de revista conhecido por afronta ao art. 32, parágrafo único, da Lei nº 8.906/94 e provido. Processo: RR – 186-68.2013.5.03.0160 Data de Julgamento: 29/06/2016, Relator Ministro: Alexandre de Souza Agra Belmonte, 3ª Turma, Data de Publicação: DEJT 01/07/2016.).

A normatização do dano processual ora previsto na CLT é muito parecida com as normas correspondentes no CPC, art. 79 e seguintes, inclusive quanto à redução do teto da multa por litigância de má-fé, que na vigência do CPC/73, art. 18, § 2º, era de 20%. Esta redução diminui a efetividade que o poder de coerção da multa pode ter sobre a parte, ou sobre a testemunha.

O alcance da multa por litigância de má-fé sobre a testemunha é uma importante e bem-vinda novidade na lei processual trabalhista. Assemelha-se ao *contempt of court*, introduzido no ordenamento processual civil em 2001, com a Lei nº 10.358, de 27.12.2001, que deu nova redação ao art. 14, do CPC/73. Respeitar a corte é inerente ao próprio papel da parte, que pretende obter do Judiciário uma resposta adequada, de acordo com tempo necessário, e efetiva.

▸SEÇÃO V – DAS NULIDADES

1. COMENTÁRIOS

Antes de tratarmos, de forma pontual, de cada artigo da CLT que cuida do tema das nulidades, vale destacar a dificuldade da doutrina quanto ao assunto, já antevendo, portanto, o caminho árduo que também iremos trilhar em nossos breves, mas cuidadosos comentários aos artigos 794 a 798 da CLT. Bem se aplica, aqui, a advertência que antecedeu aos comentários feitos por Moniz de Aragão ao Capítulo V (das nulidades, arts. 243 a 250 do CPC/73), que integra o Título V do Código de Processo Civil (dos atos processuais). Diz o autor: "É este um dos mais árduos capítulos do Código. Tanto faz que seja encarado por um outro de seus ângulos, as dificuldades são grandes e pouco variam. Complexo para o legislador, que tem de elaborá-lo, e para o magistrado, que tem de aplicá-lo. Penoso para uma das partes, que vê perdido seu esforço, e para a outra, que poderá sofrer os efeitos de um ato indevido." (Comentários, 1998, p. 258).

O estudo das nulidades não recebeu, na CLT, um tratamento especialmente diferente de sua origem, o processo civil. Por isso, de forma distinta do que temos demonstrado em outros artigos dos nossos comentários, nesta Seção V, destinada ao estudo das nulidades, serão menos frequentes as referências à doutrina processual trabalhista. Optamos pela consulta direta aos autores de processo civil, que não só exploraram o tema com mais acuidade, como também têm apresentado, em alguns casos, uma visão atual do assunto, propondo críticas à doutrina clássica, como são exemplos os estudos de Leonardo Greco (Instituições) e Fredie Didier Jr. (Curso).

✦ PREJUÍZO

Art. 794. Nos processos sujeitos à apreciação da Justiça do Trabalho só haverá nulidade quando resultar dos atos inquinados manifesto prejuízo às partes litigantes.

1. COMENTÁRIOS

Não chego a afirmar que o processo é "o reino da forma", como pensava Carnelutti, mas não se pode negar a importância da forma na condução dos atos processuais e na previsibilidade do procedimento. Todavia, a forma não é um fim em si mesmo, senão um instrumento para se atingir o resultado útil do processo, ou seja, a prestação jurisdicional definitiva, pacificando os conflitos intersubjetivos de interesses e restabelecendo a paz social.

A regra deste artigo, semelhante àquela contida no artigo 249, § 1º do CPC/73 (art. 282, § 1º, do CPC/2015), consagra o princípio do prejuízo, também denominado, por alguns, de princípio da transcendência (Coqueijo Costa, Direito Judiciário do Trabalho, 1978, p. 348; Mauro Schiavi, Manual, 2008, p. 307 e Teresa Arruda Alvim Wambier, Nulidades, 2004, p. 179).

Não há consenso quanto à definição do que seja prejuízo processual. Segundo as premissas acima postas, Calmon de Passos identifica a existência de prejuízo quando ocorrer perda de faculdades processuais que possam influir no resultado útil do processo (Cabral, p. 57-58). O prejuízo deve ser devidamente demonstrado pela parte, pois, em princípio, diz respeito às nulidades relativas; essas, como se demonstrará a seguir, dependem de arguição da parte, segundo entendimento predominante da doutrina.

A jurisprudência, como também boa parte da doutrina, liga o princípio do prejuízo ao contraditório, relacionando-o, quase que indissociavelmente, ao desrespeito à ampla defesa, conforme dispõem José Roberto dos Santos Bedaque e Ada Pellegrini Grinover, ambos citados por Antonio do Passo Cabral, in Nulidades no Processo Moderno, 2009, p. 58. No processo do trabalho, o exemplo mais comum de interesse ou prejuízo percebido pela parte, que, como regra, depende de sua arguição, diz respeito ao indeferimento de prova testemunhal, em audiência, impedindo a demonstração do fato controvertido e podendo prejudicar "os fins de "justiça do processo", para nos valermos de uma expressão de Calmon de Passos, apud Moniz de Aragão, in Comentários, 1998, p. 260.

Parte considerável da doutrina entende inaplicável o princípio do prejuízo quanto às nulidades absolutas, porque nestas o juízo estaria obrigado a reconhecer o vício, de ofício, independentemente de se observar o prejuízo sofrido pela parte. Como explica Moniz de Aragão, em comentários ao art. 249, do CPC/73, que consagra o princípio do prejuízo: "...o princípio do prejuízo somente se aplica à nulidade em detrimento do interesse da parte. Se o vício não atinge o desta e sim o interesse público, é evidente que não incide a regra, mas a correção se impõe." (Comentários, Vol. II, 1998, p. 291). No mesmo sentido Galeno Lacerda: "A excludente de falta de prejuízo é inaplicável aos casos de nulidade absoluta." (Despacho Saneador, 1953, p. 131).

Em sentido contrário, defende Fredie Didier a existência de prejuízo na ocorrência de qualquer defeito processual, pouco importando se a nulidade é absoluta ou relativa. Nas palavras do autor: "Há prejuízo sempre que o defeito impedir o ato de atingir sua finalidade. Em qualquer caso. Sempre – mesmo quando se trate de nulidade cominada em lei, como aquela decorrente da constatação de que uma decisão fora proferida por juízo absolutamente incompetente (art. 113, § 2º, CPC/73), ou as chamadas nulidades absolutas.". (Curso, Vol. I, 2009, p. 261). Concordamos com o autor, particularmente porque no processo do trabalho existem inúmeras atividades da jurisdição que não dependem de iniciativa da parte. Assim, se observará o prejuízo sempre que o ato processual não atingir sua finalidade, pouco importando tratar-se de violação à norma de ordem pública ou não.

2. INFORMATIVOS DO TST

- ***Erro na indicação do nome da parte. Ausência de prejuízo à parte contrária. Existência de outros elementos de identificação. Erro material. Configuração.***

  Não há falar em ilegitimidade recursal na hipótese em que o erro na indicação do nome da parte recorrente não causou prejuízo à parte adversa (art. 794, CLT), nem impediu a análise do recurso de revista, eis que o feito pode ser identificado por outros elementos constantes dos autos, corretamente nominados. Na hipótese, não obstante tenha constado na folha de rosto e nas razões do apelo o nome da empresa JBS S/A, as circunstâncias e os elementos dos autos (número do processo, nome do reclamante, comprovante de depósito recursal e guia GRU Judicial) permitiam apreender que o correto nome da recorrente era S/A Fábrica de Produtos Alimentícios Vigor. Com esse entendimento, e vislumbrando a ocorrência, tão somente, de erro material, a SBDI-I, por unanimidade, conheceu dos embargos interpostos pelo reclamante, por divergência jurisprudencial, e, no mérito, por maioria, negou-lhes provimento. Vencidos os Ministros Lelio Bentes Corrêa, Aloysio Corrêa da Veiga e Antonio José de Barros Levenhagen, que davam provimento aos embargos para restabelecer a decisão do Regional, a qual denegara seguimento ao recurso de revista por ilegitimidade recursal da JBS S/A. TST-E-RR-652000-90.2009.5.09.0662, SBDI-I, rel. Min. Augusto César Leite de Carvalho, 10.4.2014 (Informativo nº 79)

3. QUESTÕES DE CONCURSOS

01. (TRT – 1ª REGIÃO/ANALISTA JUDICIÁRIO/CESPE/2008) Com respeito a nulidades, assinale a opção correta.

a) No processo do trabalho, o princípio da transcendência é inspirado no sistema francês pas de nullité sans grief.

b) Em sede de recurso de revista, o TST pode reconhecer, de ofício, nulidade absoluta, ocorrida nas instâncias ordinárias, ainda que não tenha sido prequestionada no TRT.

c) O princípio do interesse significa que a nulidade do ato não prejudicará senão os posteriores que dele dependem ou sejam conseqüência.

d) Pode-se decretar a nulidade a favor de quem deu causa ao vício processual.

e) O princípio da convalidação se aplica tanto às nulidades relativas quanto às absolutas.

02. (FCC – TRT 11 – Analista Judiciário/2012/ADAPTADA) Nos processos sujeitos à apreciação da Justiça do Trabalho, a nulidade só será declarada quando resultar dos atos inquinados manifesto prejuízo às partes litigantes.

03. (FCC – TRT 14 – Analista Judiciário/2011) Com relação às nulidades, o princípio da transcendência é aquele que prevê que

a) deverão ser declaradas ex officio as nulidades fundadas em incompetência de foro, sendo considerados nulos os atos decisórios.

b) o juiz, quando a lei prescrever determinada forma, sem cominação de nulidade, considerará válido o ato se, realizado de outro modo, lhe alcançar a finalidade.

c) anulado o ato reputam-se de nenhum efeito todos os subsequentes, que dele dependam.

d) a nulidade de uma parte do ato prejudicará as outras, mesmo que dela sejam independentes.

e) só haverá nulidade nos processos sujeitos à apreciação da Justiça do Trabalho quando resultar dos atos inquinados manifesto prejuízo às partes litigantes.

GAB	1	A	2	C	3	E

✦ **OPORTUNIDADE**

Art. 795. As nulidades não serão declaradas senão mediante provocação das partes, as quais deverão argüi-las à primeira vez em que tiverem de falar em audiência ou nos autos.

✦ **DECLARAÇÃO DE OFICIO: NULIDADE ABSOLUTA**

§ 1º – Deverá, entretanto, ser declarada ex officio a nulidade fundada em incompetência de foro. Nesse caso, serão considerados nulos os atos decisórios.

✦ **REMESSA DOS AUTOS AO JUÍZO COMPETENTE**

§ 2º – O juiz ou Tribunal que se julgar incompetente determinará, na mesma ocasião, que se faça remessa do processo, com urgência, à autoridade competente, fundamentando sua decisão.

1. COMENTÁRIOS

1.1. Arguição da nulidade: momento próprio e procedimento

O texto do art. 795 da CLT consagra na lei processual trabalhista o princípio da preclusão ou da convalidação do ato nulo (Martins, Comentários, 2010, p. 828; Bezerra Leite, Curso, 2007, p. 360-361 e Mauro Schiavi, Manual, 2008, p. 309). Melhor dizer princípio da convalidação do ato relativamente nulo, pois o absolutamente nulo não se sujeita à preclusão, nem se convalida, pois seu defeito é insanável, como demonstraremos a seguir.

O **momento** determinado para a parte arguir a nulidade, como no exemplo do cerceio de defesa pelo indeferimento de determinada prova, é a primeira oportunidade prevista no procedimento para se manifestar, em audiência ou nos autos (art. 795, *caput*). A parte não deve "roubar a palavra", ou provocar desordem na audiência procurando apontar a nulidade; o momento oportuno significa esperar a sua vez de se manifestar. Em audiência, onde se concentram muitos atos processuais, caso a atitude do juízo gere alguma nulidade na instrução processual, por exemplo, a parte deve aguardar sua vez de inquirir a testemunha, ou de fazer perguntas à outra parte, em depoimento pessoal, para poder arguir a nulidade. Se no início da audiência o juiz não fizer a proposta de conciliação, a parte poderá chamar sua atenção e sugerir que seja feita a proposta, ou registrar em ata seu inconformismo pela negativa. Estes são exemplos de que como deve ser manifestada a insatisfação da parte.

O inconformismo manifestado pela parte, em audiência, figura processual que a praxe convencionou chamar de **"protesto"**, não tem natureza de recurso; trata-se, outrossim, de simples iniciativa da parte para evitar a preclusão lógica, pois sua omissão há de ser interpretada como uma concordância tácita quanto ao ato processual aparentemente nulo.

O "protesto" em audiência na Justiça do Trabalho é semelhante ao agravo oral que estava previsto para as decisões tomadas em audiência no processo civil (art. 523, § 3º, do CPC/73), mas com este nunca se confundiu.

No agravo oral do processo civil, espécie de agravo retido, eram expostas, sucintamente, as razões do agravante, e registradas na ata de audiência.

No processo do trabalho basta a manifestação de inconformismo, sem a necessidade de qualquer justificativa, nada obstando, contudo, que o juiz registre na ata as sucintas razões requeridas pela parte inconformada. Todavia, a recusa do juiz em registrar as razões do inconformismo não configura arbitrariedade, pois como diretor do processo, deve zelar pelo bom andamento do procedimento, indeferindo requerimentos inúteis ou desnecessários.

O instrumento jurídico do agravo oral foi suprimido do CPC/2015.

1.1.1. Reconhecimento da nulidade e remessa ao juízo competente

A **remessa dos autos ao juízo competente**, quando reconhecida a nulidade absoluta fundada na incompetência em razão da matéria, ou funcional (art. 795, § 2º), só ocorrerá quando existir **somente um pedido no processo**; na hipótese de **cumulação de pedidos** haverá um impedimento procedimental para a remessa dos autos, pois devem permanecer no juízo competente, trabalhista, os demais pedidos. Nesta circunstância, a **solução** encontrada na prática cinge-se a **excluir do processo o pedido**, ou pedidos, que o juízo não tenha competência para apreciar, prosseguindo o processo com os demais. Esta decisão se equivale a uma sentença terminativa, portanto, sem exame de mérito, nada impedindo que a parte, oportunamente, renove sua pretensão no juízo competente e mediante o procedimento adequado.

Diante desta equiparação à sentença, a **decisão que resolve excluir do processo algum pedido é atacável por Recurso Ordinário**, na forma do art. 895, I, da CLT. Da mesma forma, também é recorrível, na Justiça do Trabalho, a decisão que acolhe a arguição de incompetência e determina a remessa dos autos à Justiça Comum, pois, apesar de não haver extinção do processo, se está frente a uma verdadeira sentença. Neste sentido a interpretação de Francisco Antonio de Oliveira, Comentários às Súmulas do TST, 2005, p. 591, exatamente quando aborda a S. 214 do TST: "As decisões indevidamente ditas interlocutórias, que tenham força terminativa do processo na Região ou no ramo jurisdicional, são classificadas na técnica do processo civil como sentenças apeláveis, deixando para as interlocutórias propriamente ditas o núcleo decisório dos incidentes que obstam o andamento do processo, agraváveis no cível, e irrecorríveis em sede trabalhista."

No mesmo diapasão é a opinião de Manoel Antonio Teixeira Filho, Sentença, 1994, p. 200-201: "Se, por exemplo, for arguida a incompetência *ratione materiae* do órgão de primeiro grau da Justiça do Trabalho e essa alegação vier a ser acolhida, de modo a implicar a remessa dos autos para a Justiça Comum, o ato da Junta (atual Vara), aqui será não uma decisão interlocutória, mas sentença, que, por ser "terminativa do feito" (CLT, art. 799, § 2º), será recorrível. Se a alegação de incompetência fosse rechaçada, teríamos uma situação característica de decisão interlocutória, e, como tal, irrecorrível de maneira autônoma.".

Estas conclusões são ratificadas pelo atual estágio da lei processual civil que não mais conceitua sentença como o ato que põe fim ao processo, mas sim como ato processual que resolve ou não o mérito da causa (art. 162, do CPC/73).

Neste sentido a doutrina: "Vale ressaltar que após a reforma do CPC/73, a sentença passou a ser conceituada pelo conteúdo (art. 267 e 269 do CPC/73), não se tratando mais do ato que extingue ou que põe termo ao processo." (Neves-Freire, CPC, 2010, p. 198).

O CPC/2015 reposicionou o conceito de sentença como ato que põe fim ao módulo processual de conhecimento, ou o ato que extingue a execução, como se percebe da redação do art. 203, § 1º, do CPC/2015, a seguir transcrito:

> Art. 203. Os pronunciamentos do juiz consistirão em sentenças, decisões interlocutórias e despachos.
>
> § 1º Ressalvadas as disposições expressas dos procedimentos especiais, sentença é o pronunciamento por meio do qual o juiz, com fundamento nos arts. 485 e 487, põe fim à fase cognitiva do procedimento comum, bem como extingue a execução.

1.2. Nulidade absoluta, relativa e anulabilidade

A regra do art. 795 acolhe a lição da doutrina clássica distinguindo as nulidades absolutas das relativas, e exigindo a arguição da parte para o reconhecimento das relativas (*caput,* do art. 795) e a possibilidade do juiz declarar, de ofício, as absolutas (§ 1º, do art. 795). **A referência no texto do § 1º à "incompetência de foro" significa incompetência em razão da matéria, ou seja, de natureza absoluta**. O intérprete não pode confundir a "incompetência de foro", prevista no § 1º, com a incompetência territorial. Como explica Russomano, em comentários ao art. 795 da CLT: "E não faltam comentaristas que, com acerto, sustentam que a declaração *ex officio* da nulidade somente é possível quando ela decorrer de incompetência *absoluta* de foro (*ratione personae* e *ratione materiae*)." (Comentários, Vol. II, 1993, p. 873). No mesmo sentido: Martins, Comentários, 2010, p. 829. Só fazemos uma ressalva aos comentários de Russomano e Sergio Pinto Martins: a qualidade atribuída à pessoa não é critério de fixação de competência na Justiça do Trabalho, restando, somente, a **competência em razão da matéria e funcional** (hierárquica), como passiveis de **reconhecimento de oficio** (neste sentido: Coqueijo Costa, Direito Judiciário, 1978, p. 353). Sobre o tema nos reportamos aos comentários ao art. 643 da CLT, no tópico: "competência dos órgãos com jurisdição trabalhista".

O texto do art. 795 e seu § 1º peca ao não distinguir nulidade relativa de anulabilidade, como tem feito a doutrina majoritária (neste sentido: Alexandre Câmara, Lições, Vol. I, 2009, p. 246, explicando que a classificação é aceita pela maioria da doutrina).

Galena Lacerda, *in* Despacho Saneador, 1953, p. 72, cuidou de estabelecer este critério amplamente difundido de distinção das **nulidades em absolutas, relativas e anulabilidades**: "O que caracteriza o sistema das nulidades processuais é que elas se distinguem em razão da **natureza da norma violada**, em seu aspecto teleológico. Se nela prevalecem fins ditados pelo interesse público, a violação provoca a nulidade absoluta, insanável do ato." Sendo exemplo a incompetência absoluta prevista no art. 795, § 1º, da CLT.

Se, ao contrário, a norma, de preferência, protege o interesse privado da parte, estar-se-á na presença de nulidade relativa e anulabilidade. Quanto a estas duas últimas modalidades de vício processual (nulidade relativa e anulabilidade), e ainda segundo Galeno Lacerda, a distinção também repousa na natureza da norma desrespeitada pelo ato que a infrinja. Se prevalecer na norma o **interesse processual da parte, mas contendo uma prescrição cogente**, o ato processual viciado determinaria uma **nulidade relativa** (exemplo: a competência territorial protege o acesso à justiça, definindo critérios que facilitem à parte o ingresso da ação e a defesa em juízo, podendo esta renunciar ao critério legal, entendendo que não lhe beneficia, bastando, para tanto, que deixe de arguir, em juízo, a incompetência em razão do lugar; o juízo relativamente incompetente se prorrogará, tornando-se competente).

Na **anulabilidade** a ofensa ocorrerá, igualmente, quanto a uma norma que tutele **interesse privado** da parte no processo, porém, neste caso, regulado em **preceito de natureza dispositiva**, a respeito do qual o interessado seja livre para transigir ou renunciar (exemplo: é possível a distribuição do ônus da prova de maneira diferente da previsão legal, desde que não se provoque um desequilíbrio exagerado na atribuição excessiva a uma das partes, conforme prevê o art. 373, § 3º, inciso II, do CPC/2015; este desequilíbrio depende exclusivamente da arguição da parte). O TST, por meio da IN nº 39/2016, art. 2º, VII, entendeu incompatível esta regra com o processo do trabalho.

Segundo Alexandre Câmara, Lições, Vol. I, 2009, p. 247, a nulidade absoluta é vício insanável, reconhecida de ofício, ou mediante requerimento das partes, a qualquer tempo; a relativa, que decorre da violação de norma de cogente, instituída na tutela de interesse particular, é vício sanável, que tanto pode ser reconhecida de ofício, como pela própria parte; a anulabilidade, que se constitui quando ocorrer violação à norma de ordem dispositiva, não pode ser reconhecida de ofício pelo juiz, dependendo sempre de provocação.

Leonardo Greco, Instituições, 2009, p. 388, faz **duras críticas ao critério de fixação das nulidades segundo a natureza da norma violada**, entendendo que nesta teoria os parâmetros distintivos das nulidades são muito imprecisos e subjetivos, dando margem a arbitrariedades e soluções discrepantes adotadas casuisticamente. Ademais, prossegue o autor, a doutrina vem apontando certas situações que não se amoldam às categorias propostas, como nos casos de inexistência do ato processual, mera irregularidade, ineficácia ou simples erro material. O autor, por fim, nega a existência da categoria jurídica denominada de "anulabilidade", entendendo incompatível a transposição da teoria das nulidades do direito material para o processual (2009, p. 396).

Explica Leonardo Greco que no direito material o ato nulo já nasce defeituoso, esta a razão pela qual a declaração de sua nulidade, a posteriori, tem efeitos retroativos; o ato anulável não nasce defeituoso, ao contrário, ele é válido, até que se reconheça o vício que o tornou nulo a partir de então, preservando-se os efeitos já operados pelo ato.

O processo, por ser uma cadeia de atos sucessivos, não permite que o reconhecimento de um defeito só tenha efeitos ex nunc, ou seja, daí em diante. O exemplo oferecido pelo autor, da parte que pratica um ato sob coação, para o direito civil geraria apenas a anulação do ato, com efeitos daí em diante, mas para o direito processual a eficácia será ex tunc, pois a coação, quando reconhecida, retroage para alcançar todos os atos que tiverem relação com este defeito. Conclui o autor: "**O ato processual, desde seu nascedouro, ou é nulo ou é válido; ele não pode ser anulável**, porque, se assim o fosse, estar-se-ia desmentindo a interdependência dos atos processuais." (2009, p. 397). Esta tese só é excepcionada quanto aos defeitos que ocorrerem no fim do processo, como no exemplo do vício contido na formação da coisa julgada material; nestas hipóteses o autor defende a possibilidade do ato ser considerado anulável, pois o reconhecimento do vício em ato processual só praticado no final do processo em nada prejudicará os atos anteriores, tendo, portanto, eficácia somente *ex nunc*, fazendo desaparecer a coisa julgada, na hipótese de sucesso da ação rescisória.

Negando, como regra, a categoria da anulabilidade do ato processual, Leonardo Greco distingue, todavia, as nulidades absolutas das relativas. Quanto às teorias tradicionais, o autor, mais uma vez, expõe suas críticas: **a)** o critério da expressa cominação legal para determinar a nulidade absoluta é falho, porque o legislador não consegue abranger todas as hipóteses desta categoria de nulidade; **b)** o critério da essencialidade, segundo o qual se distinguem os requisitos essenciais, dos acidentais, recai na imprecisão e casuísmo da definição de cada um deles; **c)** o critério do interesse público ou privado, segundo o qual o descumprimento de norma imperativa (de interesse público) geraria nulidade absoluta é por demais impreciso. (2009, p. 398-400).

Após as críticas, o autor, com suporte na doutrina de *Luigi Paolo Comoglio*, propõe seu critério para identificação das nulidades absolutas e relativas: "Portanto, a nulidade absoluta é insanável (enquanto a relativa é sanável), decretável de ofício a qualquer tempo, independentemente de prejuízo (a relativa, para a maioria da doutrina, depende da existência de prejuízo), atinge requisito do ato imposto de modo imperativo para assegurar proteção de interesse público precisamente determinado, o respeito a direitos fundamentais a observância do devido processo legal, quando indisponíveis pelas partes.". Descreve o autor diversos princípios indisponíveis, cuja inobservância geraria nulidade absoluta: igualdade de oportunidades, delimitação do objeto litigioso, ampla defesa, intervenção do Ministério Público em causas que versem sobre direitos indisponíveis, etc. **Conclui afirmando que na dúvida entre qualificar uma nulidade, se deve optar por considerá-la relativa**, diante do princípio da instrumentalidade das formas e da atual tendência de relativização das nulidades (2009, p. 401-404).

1.3. Ato processual inexistente

A doutrina majoritária evoluiu a partir da distinção feita por Galena Lacerda para identificar uma quarta categoria de vício processual: o ato inexistente. Segundo esta maioria, ter-se-á o ato por inexistente quando lhe faltar a presença de um elemento constitutivo mínimo. São elementos de constituição do ato, a nosso ver: a existência dos sujeitos processuais (partes e juiz), dos objetos imediato (prestação jurisdicional) e mediato (bem da vida que se pretende tutelar) e observância do procedimento legal.

José Carlos Barbosa Moreira, Temas, 5ª Série, 1994, p. 79-82, em artigo doutrinário em que estuda o ato de citação de pessoa falecida, examina, como pressuposto de seu estudo, os três ângulos de enfoque do ato processual (existência, validade e eficácia) e os elementos essenciais para configuração do ato como existente. Explica o mestre que o ato processual existe quando presentes todos os elementos essenciais indicados na lei para a sua constituição. Caso falte algum se estará "diante de algo que, conquanto possa parecer, em maior ou menor grau, com o modelo, não o reproduz. Não fica excluído que algo exista, na acepção vulgar da palavra; juridicamente, no entanto, uma tradição já larguíssima, se bem que não imune a críticas, fala desse algo como de um ato (jurídico, processual) inexistente." O autor, em apoio a esta tese, indica diversas fontes doutrinárias que também consideram inexistente o ato quando faltarem os elementos essenciais de sua constituição. Neste sentido se posicionam: Sérgio Costa, Hélio Tornaghi e Cintra-Grinover-Dinamarco (1994, p. 80).

Prossegue Barbosa Moreira (1994, p. 81) a conceituar o que considera como **elementos essenciais de constituição do ato processual, cuja ausência torna o ato inexistente: a)** sujeito ativo e passivo; **b)** o objeto: a arguição de falsidade incide sobre o documento cuja autenticidade se nega; o recurso, sobre a decisão impugnada; a penhora, sobre o bem que se apreende; **c)** a operação realizada pelo sujeito com relação ao objeto tem índole muito variável. Essa índole ou natureza determina o conteúdo do ato: uma ordem, uma declaração de vontade, um requerimento, uma constrição, etc; **d)** a forma, que é o modo como o ato se manifesta, se exterioriza. Em resumo: são elementos essenciais que constituem o ato processual: sujeitos ativo e passivo, objeto, conteúdo e forma.

Há quem negue efeito jurídico prático à categoria jurídica de atos inexistentes. Neste sentido se manifesta Ovídio Baptista, Curso, Vol. I, 2002, p. 218: "Na verdade, é muito difícil admitir, dada a função preponderantemente instrumental da teoria das nulidades, a categoria dos atos inexistentes em processo civil. A rigor, nem se poderia incluí-los dentre os atos processuais, desde que a inexistência corresponderia a um não-ato, e não a um ato processual viciado." O autor aponta a fragilidade da teoria da inexistência quando critica o art. 37, § único, do CPC/73, que prevê que os atos praticados por advogados sem mandato, quando não ratificados pela juntada da procuração, serão tidos por inexistentes. Diz o autor: "Se o ato pode ser ratificado é porque, na verdade, existira. Se não for ratificado, a inexistência decorrerá, a rigor, da circunstância de não haver a parte, através de procurador, praticado qualquer ato." (2002, p. 218).

As lições de Ovídio Baptista, criticando a teoria do ato inexistente, parecem ainda ligadas à doutrina de Carnelutti, quando este chegava a dizer que o ato inexistente, justamente por não existir, não precisava ser invalidado, nem convalidado; é um não-ato e poderia ser simplesmente ignorado.

Leonardo Greco, Instituições, 2009, p. 390-394, não nega a existência da categoria de ato inexistente, mas critica a dificuldade da doutrina em definir, com parâmetros mais gerais e objetivos, os critérios da inexistência. Neste sentido, repete o mesmo comentário feito por Ovídio Baptista quanto ao art. 37, § único, do CPC/73, e afirma que o ato praticado por advogado sem procuração existiu, mas poderá produzir efeitos "porque violou um princípio absoluto e indisponível do processo, qual seja, o de que ninguém pode postular em juízo sem procuração. Então, prossegue o autor, o que ocorreu, na verdade, foi uma nulidade absoluta, mas a que a lei se refere como inexistência para mostrar que esse é um vício irremediável, insanável e, portanto, gravíssimo, mas não é propriamente um caso de inexistência." (2009, p. 395).

A crítica da doutrina quanto às dificuldades de conceituação do ato inexistente, bem como quanto à redação do art. 37, § único, do CPC/73, ecoou na redação da nova regra do art. 104, § 2º, do CPC/2015:

> Art. 104. O advogado não será admitido a postular em juízo sem procuração, salvo para evitar preclusão, decadência ou prescrição, ou para praticar ato considerado urgente.
>
> § 1º Nas hipóteses previstas no *caput*, o advogado deverá, independentemente de caução, exibir a procuração no prazo de 15 (quinze) dias, prorrogável por igual período por despacho do juiz.
>
> § 2º O ato não ratificado será considerado ineficaz relativamente àquele em cujo nome foi praticado, respondendo o advogado pelas despesas e por perdas e danos.

O art. 104, § 2º, do CPC/2015 atribuiu a qualidade de ineficazes aos atos praticados pelo advogado sem procuração. Não há consenso quanto a esta classificação, mas é patente o avanço do conceito, pois inexistentes, de fato, estes atos não são.

Segundo a premissa de que o **ato inexistente** só deve ser assim considerado em situações excepcionais, Leonardo Greco resume sua **conceituação nos seguintes termos**: "Pode-se dizer que inexistentes são os atos que não existem faticamente, ou que não derivaram de qualquer impulso volitivo do sujeito legitimado, ou aqueles que não chegaram ao seu destinatário. Uma vez reputados inexistentes, tais atos podem e devem ser simplesmente ignorados, pois não admitem convalidação, não dependendo a sua invalidação de um pronunciamento judicial do juiz. São atos que não estão aptos, de maneira alguma, a produzir efeitos válidos." (2009, p. 395).

1.4. Irregularidades, erro material e ineficácia dos atos processuais

A irregularidade é considerada uma categoria de defeito do ato processual, mas cujo vício não afeta, propriamente, um requisito essencial do ato, senão algum requisito meramente útil.

Requisito útil é aquele que melhora a qualidade do ato, se for observado, mas cuja ausência não o torna inválido, porque não interfere em sua finalidade (Greco, 2009, p. 406).

Egaz Moniz de Aragão conceitua as **irregularidades como vícios de menor importância**, que não se incluem em quaisquer das categorias tratadas até aqui; não comprometem o ordenamento jurídico nem o interesse da parte; tampouco comprometem a estrutura do ato a ponto de torná-lo inábil à produção dos efeitos a que é destinado (Comentários, 1998, p. 268).

Frederico Marques classifica as **irregularidades em duas categorias**: (a)**as corrigíveis** e (**b**) **as que dispensam correção ou não a comportam**. As da primeira categoria são reparáveis pelo juiz, de ofício, ou a requerimento, ou até pelo próprio servidor, a depender da natureza do ato praticado; é exemplo deste tipo de irregularidade a ausência de numeração, pelo servidor, das folhas dos autos do processo. As de segunda categoria, que independem de correção ou não a comportam, permanecem como estão, sendo desnecessária qualquer atitude para modificá-la; é exemplo deste tipo de irregularidade a sentença que apresenta relatório padrão e muitas vezes impreciso; também é exemplo, mas do tipo que não comporta qualquer correção, o descumprimento dos prazos pelo juiz (arts. 189, 187, 550 e 564, do CPC/73) *in* Comentários, 1998, p. 268. O uso do *latim*, quando a lei processual exige o idioma nacional e a não assinatura da ata de audiência pelas partes, muito embora todos se fizessem presentes, também são bons exemplos de meras irregularidades processuais.

O **erro material** é um **defeito na confecção do ato, sem qualquer interferência no seu conteúdo** e, tal qual a irregularidade, não representa prejuízo para o resultado útil do processo. A **CLT** se refere a tais erros no **art. 833**, exemplificando com os equívocos de datilografia. Contudo, não pode ser aceita a redação legal quando dispõe que a correção destes defeitos só pode ocorrer até a sentença, pois nem mesmo a formação da coisa julgada material impede que sejam corrigidos, a requerimento ou de ofício pelo juiz. O erro de cálculo também é erro material (Greco, 2009, p. 409), mas assim não se considera quando o equívoco diz respeito ao critério de feitura da conta, fato muito diferente de desvios em operações aritméticas, esses sim, verdadeiros erros de cálculo, porque materiais. Neste sentido Sergio Pinto Martins, Comentários, 2010, p. 872: "Erro de cálculo não é erro no critério utilizado para o cálculo".

Analisado o ato processual no plano da existência e da validade, resta o exame de sua **eficácia**. A ausência de eficácia é, para alguns, uma espécie de defeito do ato jurídico processual. Não concordamos com essa ideia. A necessidade do implemento de determinada **condição ou do termo**, para que o ato surta efeitos, não pode ser considerado um defeito, mas sim uma **característica inerente a este ato específico, é um elemento, ainda que acidental, do próprio ato processual**.

Alexandre Câmara, Lições, Vol. I, p. 250, com apoio em doutrina estrangeira, entende incompatível com o próprio objetivo do ato processual sujeitar sua eficácia a um termo final ou inicial. **Não concordarmos com o autor**. A fixação de termo para que determinado ato comece a surtir efeitos (termo inicial) é, em muitos casos, medida que aperfeiçoa a prática do ato. Como exemplo, cito a hipótese de concessão de antecipação de tutela de reintegração de empregado estável, mas fixando um prazo de 48 horas para incidência da multa por descumprimento da obrigação de fazer; a multa, portanto, só incidirá após as 48 horas da decisão da tutela antecipada, porque entendeu o julgador ser este tempo necessário para que o empregador resolva a burocracia inerente à própria efetivação da tutela.

A condição, como se sabe, é evento futuro e incerto quanto à sua realização e que suspende a eficácia do ato até seu implemento (condição suspensiva) ou extingue os efeitos do ato já praticado (condição resolutiva). É admissível a prática de ato processual sujeito a condição, desde que o evento futuro e incerto seja interno no processo. Não se admite, por causar enorme insegurança, que a condição não tenha qualquer ligação com o processo (neste sentido, por todos, Alexandre Câmara, Lições, Vol. I, 2009, p. 251). São exemplos de atos processuais sujeitos a condição: **a)** a sentença pendente de recurso com efeito suspensivo; **b)** a transação que depende de homologação do juízo; **c)** a desistência da demanda, após oferecida a contestação, cuja homologação pelo Juiz do Trabalho depende de concordância da outra parte.

Este conhecimento foi exigido no seguinte concurso público para ingresso no Cargo de Juiz do Trabalho Substituto:

*** DISCURSIVA:**

↳ **(TRT/3R/Juiz/2009) Explique, diferencie e indique as respectivas consequências do ato processual inexistente, ato processual nulo e ato processual meramente irregular no processo do trabalho.**

2. SÚMULAS E ORIENTAÇÕES JURISPRUDENCIAIS

- **Súmula nº 33/STJ** – 24/10/1991 – DJ 29.10.1991

  Incompetência Relativa – Declaração de Ofício

  A incompetência relativa não pode ser declarada de ofício.

3. QUESTÕES DE CONCURSOS

01. (TRT – 6ª REGIÃO/JUIZ DO TRABALHO SUBSTITUTO/2010/ADAPTADA) A exceção *ratione loci* pode ser arguida pelas partes e pelo Juiz a qualquer momento porque se trata de nulidade processual absoluta.

02. (TRT – 3ª REGIÃO/JUIZ DO TRABALHO/2009) Analise as proposições abaixo e, considerando as disposições contidas na Consolidação das Leis do Trabalho e no Código de Processo Civil, bem como no entendimento jurisprudencial sumulado, assinale a alternativa correta:

I. À luz da teoria civilista, diz – se comumente que a nulidade de ato ocorre quando lhe falta algum requisito que a lei prescreve como necessário para a sua validade.

II. A nulidade relativa somente será declarada se tiver sido oportunamente suscitada.

III. As nulidades não serão declaradas senão mediante provocação das partes, as quais deverão argui-las a primeira vez em que tiverem de falar em audiência ou nos autos, salvo a nulidade fundada em incompetência em razão do lugar, que poderá ser declarada ex officio.

IV. A nulidade do ato prejudicará os atos anteriores e posteriores que dele dependam ou sejam conseqüência.

V. O princípio segundo o qual devem ser aproveitados os efeitos validamente produzidos pelo ato irregular, pode ser aplicado na declaração de nulidade do ato no Direito Processual do Trabalho.

a) São falsas as proposições I, III e IV.

b) São falsas as proposições III e IV.

c) São falsas as proposições I, III, IV e V.

d) Apenas a proposição III é falsa e as demais são verdadeiras.

e) Apenas a proposição IV é falsa e as demais são verdadeiras.

03. (TRT – 17ª REGIÃO/TÉCNICO JUDICIÁRIO/CESPE/2009) A incompetência em razão da matéria é de natureza absoluta e, em assim sendo, deve ser declarada de ofício pelo juiz, independentemente de provocação das partes do processo.

04. (FCC – TRT 11 – Analista Judiciário/2012/ADAPTADA) Nos processos sujeitos à apreciação da Justiça do Trabalho, a nulidade não poderá ser declarada mediante provocação das partes, mas apenas se arguida ex officio pelo Juiz.

05. (TRT 15 – Juiz do Trabalho Substituto 15ª região/ 2012) Analise a proposição a seguir e responda: intimado a manifestar-se quanto ao laudo pericial, primeira oportunidade em que o reclamante teve ciência da realização da perícia no estabelecimento em que trabalhava para averiguação da existência de agentes insalubres requereu a nulidade da prova técnica, cujo resultado foi negativo, eis que não fora previamente intimado de sua realização. O Juiz deverá acolher o requerimento do reclamante, determinando realização de nova perícia com prévia intimação das partes.

06. (FCC – Juiz do Trabalho Substituto 11ª região/ 2012) Em relação às nulidades no processo do trabalho, considere: o princípio da convalidação, albergado pela CLT, só é aplicável às nulidades relativas, que dependem de provocação da parte interessada, não se aplicando às nulidades absolutas ou quando a parte provar legítimo impedimento para a prática do ato.

07. (FCC – Analista Judiciário – Área Judiciária – TRT 24/2017) Urano ingressou com reclamatória trabalhista pretendendo receber adicional de periculosidade e horas extras em face da empresa que trabalha. Na audiência UNA designada foi requerida a prova técnica pericial e a oitiva de testemunhas por carta precatória. O juiz deferiu apenas a realização da prova pericial, encerrando a instrução processual e designando julgamento.

Inconformado, o patrono de Urano pode alegar nulidade processual

a) em qualquer fase do processo, por se tratar de nulidade fundada em incompetência de foro.

b) apenas em grau de recurso, por se tratar de nulidade fundada em incompetência de prerrogativa.

c) em qualquer momento do processo, quando arguida por quem lhe tiver dado causa.

d) no prazo de cinco dias após a realização da audiência, por meio de agravo de instrumento.

e) à primeira vez em que tiver de falar em audiência ou nos autos, em razão do princípio da preclusão.

GAB	1	E	2	B	3	C	4	E	5	C	6	C	7	E

✦ APROVEITAMENTO DOS ATOS PROCESSUAIS

Art. 796. A nulidade não será pronunciada:

a) quando for possível suprir-se a falta ou repetir-se o ato;

b) quando argüida por quem lhe tiver dado causa.

1. COMENTÁRIOS

A regra do artigo 796, "a", foi claramente influenciada pelo princípio da instrumentalidade das formas, também chamado pela doutrina de princípio da finalidade (Mauro Schiavi, Manual, 2008, p. 308). Este princípio também influenciou a redação dos arts. 244 e 249 do CPC/73, que interpretados sistematicamente, têm sentido quase idêntico à regra processual do art. 796, "a", da CLT.

A instrumentalidade também orientou a redação do art. 277 do CPC/2015: "Quando a lei prescrever determinada forma, o juiz considerará válido o ato se, realizado de outro modo, lhe alcançar a finalidade.".

A instrumentalidade das formas impõe ao juiz o aproveitamento dos atos processuais praticados com vícios formais, perfeitamente corrigíveis ou ignoráveis, desde que não causem prejuízos aos litigantes, nem violem o devido processo legal. A título de exemplo, pode-se dizer que não há qualquer prejuízo para a parte, ou para o processo, quando o juiz resolve intimar o devedor, por publicação no Diário de Justiça, para pagar o montante definido na sentença ou, conforme sua escolha, garantir o juízo para depois se defender. O art. 880 da CLT prevê, para o início da execução, a citação do devedor (e não intimação), por mandado (e não por publicação em órgão oficial). Contudo, tendo a publicação atingido o objetivo de cientificar o devedor para praticar o ato processual de sua escolha, sem prejuízo para o contraditório e sua defesa, não há porque ser repetido o ato que dá início à execução.

A instrumentalidade das formas se insere no contexto mais amplo da instrumentalidade do processo, que para não se transformar numa figura retórica, vazia, deve atender à finalidade de pacificação social, dentre os demais escopos do processo. Sobre o tema, colha-se a lição de Dinamarco, Instrumentalidade, 2005, p. 181: "O raciocínio teleológico há de incluir, então, necessariamente, a fixação dos escopos do processo, ou seja, dos propósitos norteadores da sua instituição, e da conduta dos agentes estatais que a utilizam. Assim é que se pode conferir um conteúdo substancial a essa usual assertiva da doutrina (a instrumentalidade), mediante a investigação do escopo, ou escopos em razão dos quais toda ordem jurídica inclui um sistema processual.".

Segundo as premissas acima postas, a instrumentalidade, e num plano menor a instrumentalidade das formas, devem servir de mecanismo para se atingir um resultado útil e justo no processo, atendendo aos princípios do contraditório e da ampla defesa, sempre se desprezando a formalidade como artimanha para provocar atraso, injustiça e retrocesso.

O art. 796, "b", da CLT, cuida do princípio da boa-fé, que no campo processual assume o nome de lealdade.

A regra consagra a máxima de que ninguém pode se valer de sua própria torpeza (no mesmo sentido: Bezerra Leite, Curso, 2007, p. 365). Assim, como exemplo, não poderia a parte suscitar conflito negativo de competência se havia arguido, anteriormente, exceção de incompetência territorial que fora acolhida pelo juízo. É dizer: acreditei que o juízo era incompetente, mas agora, melhor analisando, mudei de ideia. Coqueijo Costa, Direito Judiciário, 1978, p. 355, enxerga na regra ora comentada uma manifestação do princípio da proteção ao empregado.

Não me parece que assim seja, posto que o princípio da lealdade processual também influenciou o processo civil, como se percebe da redação do art. 245 do CPC/73 (no mesmo sentido o art. 276 do CPC/2015).

2. QUESTÕES DE CONCURSOS

01. (TRT – 19ª REGIÃO/TÉCNICO JUDICIÁRIO/FCC/2008/ADAPTADA) A nulidade será pronunciada, mesmo quando argüida por quem lhe tiver dado causa, uma vez que se trata de questão de ordem processual, com interesse público previsto na Carta Magna.

02. (TRT – 8ª REGIÃO/JUIZ DO TRABALHO/2007) No processo do trabalho a nulidade só será pronunciada se causar manifesto prejuízo às partes, devendo ser argüida por quem não lhe houver dado causa na primeira oportunidade que se manifestar nos autos, sob pena de preclusão. Todavia, não será pronunciada se for possível suprir-lhe a falta ou repetir-se o ato.

03. (TRT – 8ª REGIÃO/JUIZ DO TRABALHO/2006/ADAPTADA) Pelo princípio do interesse, a parte tem o ônus de demonstrar o manifesto prejuízo ao seu direito de demandar em juízo, mas somente estará autorizado a argüir a nulidade do ato se, e somente se, não concorreu direta ou indiretamente para a ocorrência da irregularidade.

04. (FCC – TRT 11 – Analista Judiciário/2012/ADAPTADA) Nos processos sujeitos à apreciação da Justiça do Trabalho, a nulidade será pronunciada ainda quando arguida por quem lhe tiver dado causa.

05. (FCC – Juiz do Trabalho Substituto 11ª região/ 2012) Em relação às nulidades no processo do trabalho, considere: o princípio da economia processual está contido na CLT, ao estabelecer que a nulidade não será pronunciada quando for possível suprir-se a falta ou repetir-se o ato.

06. (TRT 23 – Juiz do Trabalho Substituto 23ª região/ 2014) Em uma reclamação trabalhista, o reclamante informou que cumpria jornada de 07hs às 23hs, sem intervalo, de segunda a sábado; requereu o pagamento de horas extras; o reclamado, que apenas possuía dois empregados, em defesa, limitou-se, APENAS, textualmente, a dizer que "o reclamante nunca prestou horas extras". Não foi produzido qualquer meio de prova. Em sentença, o juiz deferiu horas extras e adicional noturno, determinando a dedução dos valores pagos a igual título na forma dos recibos insertos aos autos. O reclamante recorreu, impugnando a sentença por ter determinado a dedução de valores, matéria não suscitada em defesa; o reclamado recorreu, requerendo a nulidade do processo considerando ter sido deferido algo que não fora pedido. Com base neste texto, em cotejo com a lei e os princípios processuais, examine as assertivas abaixo e assinale a alternativa CORRETA

I. O juiz não poderia ter deferido horas extras, já que o reclamante não provou o fato constitutivo da sua pretensão.

II. Ao deferir adicional noturno, o julgador proferiu sentença ultra petita.

III. A irresignação do reclamante não merece acolhida, eis que a dedução de valores envolve norma de ordem pública, que veda o enriquecimento sem causa, devendo ser determinada mesmo de ofício.

IV. Em nome do aproveitamento máximo dos atos processuais, a anulação do processo pretendida pelo reclamado não se justifica, devendo o Tribunal, apenas, excluir da sentença a parcela não requerida.

a) As assertivas I, III e IV estão corretas.

b) As assertivas I, II e IV estão corretas.

c) As assertivas II, III e IV estão corretas.

d) As assertivas III e IV estão corretas.

e) Todas as assertivas estão corretas.

GAB	1	E	2	C	3	C	4	E	5	C	6	D

✦ ALCANCE DAS NULIDADES

Art. 797. O juiz ou Tribunal que pronunciar a nulidade declarará os atos a que ela se estende.

✦ CAUSALIDADE

Art. 798. A nulidade do ato não prejudicará senão os posteriores que dele dependam ou sejam conseqüência.

1. COMENTÁRIOS

No campo do processo, diferentemente do que ocorre no direito material, só haverá nulidade depois de seu reconhecimento em juízo, pois, até então, prevalece a presunção de que o ato processual foi praticado validamente e surtiu seus efeitos. Neste sentido a opinião de Marinoni e Mitidiero, Código, 2008, p. 238: "Não existem nulidades de pleno direito no processo civil, porquanto toda invalidade processual deve ser decretada pelo juiz. Até a manifestação jurisdicional o ato pode ser desconforme a seu modelo legal, mas jamais se pode dizê-lo nulo. Todos os atos processuais são válidos e eficazes até que se decretem suas invalidades.". Esta afirmação da doutrina não é absoluta, pois há quem entenda que o vício classificado como ato inexistente independe de declaração do juízo, sendo, portanto, uma exceção à regra geral. Neste sentido, entre outros, Leonardo Greco, Instituições, 2009, p. 395, conforme explicitado por nós ao comentarmos o art. 795, supra, no tópico referente ao "ato processual inexistente".

Exatamente em razão da regra geral de que as invalidades processuais dependem de declaração do juízo é que o art. 797 prevê que o juiz as reconheça. O CPC/73, no artigo 249, caput, tem regra quase que literalmente idêntica, cuja regra foi mantida no CPC/2015, art. 282.

O art. 798 consagra o princípio da causalidade, segundo o qual a nulidade só contamina os atos que dependam ou sejam consequência daquele considerado nulo. Bezerra Leite, Curso, 2007, p. 365-366, interpreta que a norma prevê o princípio da utilidade, pois permite o máximo aproveitamento dos atos processuais que não sofram reflexos da nulidade.

2. QUESTÕES DE CONCURSOS

01. (SEFAZ-CE/ANALISTA JURÍDICO/ESAF/2007/ADAPTADA) O Juiz ou o Tribunal que pronunciar a nulidade deverá declarar os atos a que ela se estende e, se não o fizer, haverá presunção de que todos os atos praticados no processo deverão ser repetidos, porquanto desprovidos de validade.

02. (TRT – 6ª REGIÃO/JUIZ DO TRABALHO SUBSTITUTO/2010) Sobre as nulidades no processo do trabalho, assinale a alternativa INCORRETA:

a) Nos processos sujeitos à apreciação da Justiça do Trabalho, só haverá nulidade quando resultar dos atos inquinados manifesto prejuízo às partes litigantes.

b) As nulidades não serão declaradas senão mediante a provocação das partes, as quais deverão argüi-las à primeira vez que tiverem que falar em audiência ou nos autos.

c) A nulidade não será pronunciada quando for possível suprir-se a falta ou repetir-se o ato.

d) A nulidade não será pronunciada quando for suscitada por quem lhe tiver dado causa.

e) A nulidade do ato fulminará todos os atos anteriores e posteriores que dele dependam ou sejam conseqüência.

03. (TRT – 19ª REGIÃO/TÉCNICO JUDICIÁRIO/FCC/2008/ADAPTADA) A nulidade do ato não prejudicará senão os posteriores que dele dependam ou sejam conseqüência.

04. (TRT – 9ª REGIÃO/ANALISTA JUDICIÁRIO/CESPE/2007) No processo do trabalho, se considera a nulidade apenas quando do ato questionado resulte manifesto prejuízo à parte que não o praticou, e desde que, não tendo sido argüido por quem lhe haja dado causa, seja possível suprir a falta ou repetir-se o ato, resultando na necessária nulidade do processado, prejudicando não apenas os atos subseqüentes como os anteriores, uma vez que prevalece a contaminação dos atos processuais.

05. (TRT – 8ª REGIÃO/JUIZ DO TRABALHO/2006/ADAPTADA) O princípio da utilidade constitui corolário do princípio da economia processual, quando a CLT diz que "a nulidade do ato não prejudicará senão os posteriores que dele dependem ou sejam conseqüência". Segundo esse princípio, o juiz não deve aproveitar os atos processuais posteriores independentes, na medida em que não sofram reflexos da nulidade.

06. (FCC – TRT 11 – Analista Judiciário/2012/ADAPTADA) Nos processos sujeitos à apreciação da Justiça do Trabalho, a nulidade após declarada não prejudicará senão os atos anteriores ou posteriores que dele dependam, ou sejam consequência.

GAB	1	E	2	E	3	C	4	E	5	E	6	E

SEÇÃO VI – DAS EXCEÇÕES

1. COMENTÁRIOS

A CLT não é um Código, e por esta razão não possui um capítulo especificamente destinado à resposta do réu. Assim sendo, a reconvenção, modalidade de resposta expressamente referida no art. 297 do CPC/73 (art. 343 do CPC/2015), e sequer mencionada na CLT, foi introduzida no processo do trabalho por obra da doutrina e, principalmente, da jurisprudência. Nesta Seção da CLT, que cuida somente das exceções processuais, aproveitaremos para tecer alguns breves comentários sobre a reconvenção, exclusivamente com o propósito de posicionar o leitor quanto a seu uso na Justiça do Trabalho. No que diz respeito à contestação, os comentários feitos nesta Seção deverão ser complementados pela leitura do art. 847 da CLT, que, especificamente, prevê a defesa do réu.

✦ SUSPEIÇÃO E INCOMPETÊNCIA

Art. 799. Nas causas da jurisdição da Justiça do Trabalho, somente podem ser opostas, com suspensão do feito, as exceções de suspeição ou incompetência.(Redação dada pelo Decreto-lei nº 8.737, de 19.1.1946)

✦ PRELIMINARES DE DEFESA

§ 1º – As demais exceções serão alegadas como matéria de defesa.

✦ RECURSO

§ 2º – das decisões sobre exceções de suspeição e incompetência, salvo, quanto a estas, se terminativas do feito, não caberá recurso, podendo, no entanto, as partes alegá-las novamente no recurso que couber da decisão final.

1. COMENTÁRIOS

1.1. Resposta do Réu: modalidades, cabimento e procedimento

O processo do trabalho sempre reconheceu todas as modalidades de resposta previstas no art. 297 do CPC/73, a seguir transcrito: "O réu poderá oferecer, no prazo de 15 (quinze) dias, em petição escrita, dirigida ao juiz da causa, contestação, exceção e reconvenção.".

O CPC/2015, contudo, simplificou o procedimento de arguição da incompetência relativa, que na vigência do CPC/73 ocorria sob a forma de exceção, em peça apartada. Ou seja, não existe mais a exceção de incompetência, pois esta se apresenta, no CPC/2015, art. 337, II, como preliminar de contestação:

> Art. 337. Incumbe ao réu, antes de discutir o mérito, alegar: II – incompetência absoluta e relativa.

A CLT expressamente prevê a exceção, em seu artigo 799, como modalidade de resposta, sendo esta a forma de se arguir a incompetência relativa. Sendo assim, a supressão da exceção promovida pelo CPC/2015 não atingirá o processo do trabalho.

Não se exige, no processo do trabalho, que a resposta do réu seja apresentada sob a forma escrita. Além destas modalidades de resposta (exceção, contestação e reconvenção), admite-se uma quarta modalidade, fora de lugar, prevista no art. 269, II, do CPC/73 (CPC/2015, art. 487, III, "a"), que consiste no reconhecimento, pelo réu, da procedência do pedido formulado pelo autor (por todos, Manoel Antonio Teixeira Filho, Petição Inicial e Resposta do Réu, 1996, p. 147).

A contestação, apresentada em audiência, é prevista sob a forma verbal, sendo oferecida em 20 minutos, como prescreve o art. 847 da CLT, a cujos comentários nos reportamos. Nada obsta sua apresentação sob a forma escrita, como vem sendo feito na praxe forense, mas não é uma formalidade exigida por lei para este ato processual.

1.2. A reconvenção

A reconvenção, apesar de não ter previsão em procedimento trabalhista, é comumente aceita e atualmente é um procedimento habitual na Justiça do Trabalho (por todos, Rodrigues Pinto, Processo, 2005, p. 417 e Giglio-Corrêa, Direito Processual, 2007, p. 208). Só não se exige sua apresentação sob a forma escrita, pois se a reclamação trabalhista poderá ser verbal (art. 840 da CLT), a reconvenção, que é conceituada como uma ação do réu em face do autor, também pode ser oferecida sob a forma oral.

A doutrina tende a interpretar que a "defesa", referida no art. 847 da CLT, abrange todas as modalidades de resposta do réu, incluída a reconvenção, que tem natureza de ação. Por esta razão, todas as respostas possíveis do réu devem ser apresentadas nos 20 minutos reservados para sua defesa (neste sentido: Bezerra Leite, Curso, 2007, p. 521 e Manoel Antonio Teixeira Filho, Petição Inicial e Resposta do Réu, 1996, p. 146). Observe-se, contudo, que na praxe trabalhista a reconvenção tem sido apresentada sob a forma escrita, sendo raríssima sua proposição verbal, relegando esta discussão para o plano das ideias, tendo em vista sua falta de interesse prático.

O procedimento previsto no CPC/73 para a reconvenção, artigos 315 a 318 (CPC/2015, artigo 343), bem como os requisitos para seu cabimento, são perfeitamente aplicáveis ao processo do trabalho, mas com as adaptações necessárias à preservação da oralidade do procedimento na Justiça do Trabalho.

Basta a identidade de matéria referida no art. 842 da CLT para serem admitidas, no mesmo processo, a ação e a reconvenção.

Não há necessidade de apresentação em peças autônomas, como previa o art. 299 do CPC/73 (O CPC/2015, art. 343, permite que a reconvenção seja apresentada na própria contestação), mas nada obsta que seja em peça autônoma, pois não há qualquer irregularidade em tal procedimento, desde que tudo ocorra em audiência.

O Juiz do Trabalho deve ser competente para apreciar a matéria da reconvenção, sob pena desta ação não poder ser oferecida no mesmo processo (neste sentido o art. 292, II, do CPC/73 e art. 327, § 1º, II, do CPC/2015).

Ação e reconvenção devem observar o mesmo rito procedimental. Quando a reclamação for submetida ao rito sumaríssimo, diante do valor atribuído à causa na petição inicial (art. 852-A, da CLT), o réu só poderá se valer da reconvenção se sua demanda for mensurada em até 40 salários-mínimos. No processo do trabalho o rito sumaríssimo é obrigatório, e não opção da parte, razão pela qual o uso de reconvenção não poderá provocar a mudança do rito original, de sumaríssimo para ordinário. É inaplicável, nesta hipótese, a regra do art. 292, § 2º, do CPC/73, a seguir transcrita: "Quando, para cada pedido, corresponder tipo diverso de procedimento, admitir-se-á a cumulação, se o autor empregar o procedimento ordinário.".

O CPC/2015, art. 327, § 2º, no mesmo sentido, é igualmente inaplicável ao processo do trabalho: " § 2º Quando, para cada pedido, corresponder tipo diverso de procedimento, será admitida a cumulação se o autor empregar o procedimento comum, sem prejuízo do emprego das técnicas processuais diferenciadas previstas nos procedimentos especiais a que se sujeitam um ou mais pedidos cumulados, que não forem incompatíveis com as disposições sobre o procedimento comum.

A apresentação da reconvenção, que é oferecida em audiência, junto à contestação, provocará a designação de uma nova audiência, para que seja apresentada defesa à reconvenção e, se possível, instruídas e julgadas nesta oportunidade, como prevê o art. 318 do CPC/73. O CPC/2015 não exige, expressamente, que ação e reconvenção sejam julgadas ao mesmo tempo, mas é provável que assim ocorra.

1.3. As exceções processuais

O processo do trabalho tem suas normas processuais, em sua maioria, influenciadas pelo direito processual vigente na época de sua aprovação. O CPC de 1939, que serviu de inspiração à norma do art. 799 da CLT, previa quatro espécies de exceção: suspeição, incompetência, coisa julgada e litispendência (Russomano, Comentários, Vol. II, 1993, p. 875). As "exceções", referidas no art. 799, devem ser interpretadas, portanto, de acordo com este contexto histórico.

A expressão "exceção", como utilizada no texto celetista, redigida a partir da influência processual de então, tem sentido mais amplo do que o do atual CPC, e abrange outras formas de defesa indireta processual. Algumas são dilatórias, pois postergam o resultado definitivo do processo, como as exceções de suspeição e incompetência territorial. Outras são peremptórias, pois, se acolhidas, provocam a extinção do processo, mas sempre sem resolução de mérito, como as de litispendência, coisa julgada e perempção.

Como explica Carrion, Comentários, 2010, p. 675-676, em sentido amplíssimo as exceções são identificadas como defesas indiretas processuais ou de mérito; em sentido menos amplo, o réu não ataca o mérito, mas só o processo; em sentido restrito e próprio, exceções são somente as processuais, que devem ser arguidas pelo réu, não podendo o juiz conhecê-las de ofício, sem provocação. No sentido restrito, a defesa processual que o juiz conhece de ofício (condições da ação, coisa julgada, litispendência, etc) não é exceção, mas mera objeção. É ainda pertinente a crítica de Carrion (2010, p. 676) quanto ao fato do CPC, tão cioso de sua terminologia científica, não ter adotado o sentido restrito, tecnicamente mais apropriado, para o uso da "exceção". Esta crítica não é mais pertinente diante da atual sistemática do CPC/2015, que suprimiu a exceção, mas não a possibilidade de arguição de incompetência relativa.

Na lição de Barbosa Moreira, O novo..., 2007, p. 42: Somente as três preliminares – incompetência relativa, impedimento e suspeição –, todas de ordem processual, podem ser suscitadas mediante exceção." (...) "No sistema vigente (CPC/73), é impróprio o uso do vocábulo "exceção" para designar as preliminares de litispendência, de coisa julgada, de incompetência absoluta.

Ainda que a CLT tenha se apropriado do sentido mais adequado do termo exceção, o que permitiria seu uso tanto na incompetência relativa, como na preliminar de coisa julgada, só para citarmos dois exemplos, a praxe trabalhista, influenciada pela sistemática do CPC/73, vem se utilizando do termo exceção somente para se referir à incompetência relativa e à suspeição. Não vemos qualquer problema nesta praxe, mas seu uso não pode se tornar um obstáculo à parte que quiser seguir rigorosamente o procedimento da CLT, chamando de "exceção" a arguição de incompetência absoluta, de coisa julgada, litispendência, e outras tantas, abrangidas pelo termo "demais exceções", mencionado no art. 799, § 1º da CLT.

O uso do termo "exceção", para se referir, por exemplo, à arguição de coisa julgada, não significa sua apresentação em peça autônoma, processada em apartada, somente para apreciação deste incidente; a referência legal – art. 799, 1º –, só autoriza que as "demais exceções" (excluídas as exceções de incompetência territorial e suspeição) sejam suscitadas juntamente com a contestação e anteriormente às alegações de mérito. Neste sentido a opinião de Rodrigues Pinto, Processo, 2005, p. 418: "Quando o fundamento da exceção for a incompetência absoluta, seja ela material ou pessoal, parece-nos que deva receber-se como matéria de defesa, a teor da regra do art. 799, § 1º, da CLT." Sobre as matérias que acompanham a defesa, como preliminares, merece aplicação subsidiária o art. 301 do CPC.

Atualmente, portanto, o uso da "exceção", na praxe trabalhista, tem ficado restrito às exceções de incompetência territorial e de suspeição, sendo somente estas que suspendem o processo, como se percebe da leitura do art. 799, caput, da CLT. As "demais exceções" – art. 799, § 1º – são identificadas como preliminares, arguidas com a contestação, como antecedentes ao mérito, e não suspendem o processo.

1.3.1. Recurso da decisão que aprecia as exceções

O art. 799, § 2º, da CLT, repete o princípio consagrado para o processo do trabalho da irrecorribilidade imediata das decisões interlocutórias, como se vê no art. 893, § 1º, da CLT. As decisões que apreciam as exceções de incompetência territorial, ou de suspeição, serão sempre interlocutórias, considerando o conceito do art. 162, § 2º, do CPC/73, a seguir transcrito: "Decisão interlocutória é o ato pelo qual o juiz, no curso do processo, resolve questão incidente."

Na visão do CPC/2015 as decisões baseadas no art. 799, § 2º, da CLT, são ainda mais claramente definidas como interlocutórias, como se lê a seguir, na redação do art. 203, § 2º, do CPC/2015:

> Art. 203. Os pronunciamentos do juiz consistirão em sentenças, decisões interlocutórias e despachos. § 1º Ressalvadas as disposições expressas dos procedimentos

> especiais, sentença é o pronunciamento por meio do qual o juiz, com fundamento nos arts. 485 e 487, põe fim à fase cognitiva do procedimento comum, bem como extingue a execução. § 2º Decisão interlocutória é todo pronunciamento judicial de natureza decisória que não se enquadre no § 1º.

Diante desta natureza, as decisões que apreciam as exceções não sofrem recurso imediato, somente podendo ser impugnadas na oportunidade do Recurso Ordinário em face da sentença. De imediato, contudo, a parte deve oferecer seu protesto, manifestando seu inconformismo, a fim de se evitar que sua omissão seja interpretada como concordância tácita à decisão tomada pelo juízo. Sobre a figura do "protesto" vide comentários ao art. 795, da CLT.

A regra da irrecorribilidade da decisão que aprecia o julgamento da exceção comporta duas exceções.

É recorrível de imediato, ainda que de natureza interlocutória, a decisão que, acolhendo a exceção de incompetência territorial, determina a remessa dos autos para outro TRT (S. 214, "c", do TST). Esta decisão é impugnável por Recurso Ordinário, no exato momento em que proferida, ou seja, o termo inicial da contagem do prazo recursal é o dia seguinte imediato à audiência em que foi prolatada a decisão. Esta posição restritiva da jurisprudência trabalhista é passível de crítica, pois o critério é casuístico. Admitindo-se recurso da decisão que acolhe a exceção de incompetência em razão do lugar, não há razão para só ser aceito na hipótese proposta pela Súmula referida.

A justificativa de que a remessa dos autos para outra região do país dificultaria o deslocamento do empregado e, consequentemente, seu acesso à justiça é perfeitamente aplicável à decisão que determina a remessa dos autos a outro município, no mesmo Estado, porém distante o suficiente da localidade original do conflito, igualmente prejudicando o acesso à Justiça do Trabalho. Nada justifica a distinção feita pelo TST.

São igualmente recorríveis as decisões que acolhem a exceção de incompetência absoluta, como também as de perempção, litispendência, coisa julgada, inépcia e outras arroladas no art. 301 do CPC/73 (CPC/2015, art. 337), com poder para provocar a extinção do processo, sem resolução de mérito.

A expressão – "terminativas do feito" –, utilizada pelo art. 799, § 2º, da CLT, tem duplo sentido, tanto se referindo às sentenças terminativas, que extinguem o processo sem resolução de mérito, diante de algum defeito processual insanável (art. 267, IV e VI, do CPC/73 e artigos 485 e 486 do CPC/2015), quanto para identificar as decisões "terminativas do feito" na Justiça do Trabalho, como menção àquela que acolhe a preliminar de incompetência absoluta e determina a remessa dos autos ao juízo competente, sem, portanto, encerrar o processo. Caberá Recurso Ordinário no prazo de 8 dias da data da prolação de decisão e não quando o juiz proferir a sentença. A possibilidade de recurso desta decisão também é enfatizada pela S. 214, "b", do TST.

Há quem classifique a decisão que aprecia a incompetência absoluta, determinando a remessa dos autos ao juízo competente, como interlocutória recorrível (neste sentido: Sérgio Pinto Martins, Comentários, 2010, p. 833 e Bebber, Recursos, 2009, p. 66); outros preferem classificá-la como sentença terminativa, mesmo sem ter havido extinção do processo, tal qual propõem Manoel Antonio Teixeira Filho, Sentença, 1994, p. 200-201; Francisco Antonio de Oliveira, Comentários às Súmulas do TST, 2005, p. 591 e Valentin Carrion, Comentários, 2010, p. 679. Numa ou outra classificação, é pacifico o entendimento quanto à possibilidade de Recurso Ordinário destas decisões (vide, no mesmo sentido, comentários ao art. 486 da CLT).

2. SÚMULAS E ORIENTAÇÕES JURISPRUDENCIAIS

▸ **Súmula nº 214/TST**

DECISÃO INTERLOCUTÓRIA. IRRECORRIBILIDADE (nova redação) – Res. 127/2005, DJ 14, 15 e 16.03.2005

Na Justiça do Trabalho, nos termos do art. 893, § 1º, da CLT, as decisões interlocutórias não ensejam recurso imediato, salvo nas hipóteses de decisão: **a)** de Tribunal Regional do Trabalho contrária à Súmula ou Orientação Jurisprudencial do Tribunal Superior do Trabalho; **b)** suscetível de impugnação mediante recurso para o mesmo Tribunal; **c)** que acolhe exceção de incompetência territorial, com a remessa dos autos para Tribunal Regional distinto daquele a que se vincula o juízo excepcionado, consoante o disposto no art. 799, § 2º, da CLT.

3. QUESTÕES DE CONCURSOS

01. (TRT – 1ª REGIÃO/JUIZ DO TRABALHO/2008/ADAPTADA) das decisões que acolherem exceções de suspeição e de incompetência caberá recurso ordinário ou agravo de petição, dependendo da fase do processo, cuja interposição se dará no prazo de oito dias.

02. (TRT – 3ª REGIÃO/JUIZ DO TRABALHO SUBSTITUTO/2009/ADAPTADA) A incompetência relativa, a incompetência absoluta, a suspeição e o impedimento são espécies de exceções aplicáveis ao Direito Processual do Trabalho.

03. (TRT – 19ª REGIÃO/TÉCNICO JUDICIÁRIO/FCC/2008)

I. Litispendência.

II. Conexão.

III. Exceção de incompetência relativa do juízo.

IV. Carência de Ação.

V. Exceção de suspeição.

NÃO deverão ser argüidas em contestação a objeções indicadas APENAS em

a) III e V

b) I, II e III;

c) II e III;

d) I, II e V;

e) IV e V.

04. (COCEL – Advogado Junior/2011) Sobre as respostas do réu no Direito Processual do Trabalho, é correto afirmar:

a) A doutrina e a jurisprudência predominantes não admitem a aplicação subsidiária da reconvenção no Direito Processual do Trabalho, porque a afirmam incompatível com as regras e princípios deste ramo do Direito.

b) No âmbito do Direito Processual do Trabalho, o prazo de resposta da Pessoa Jurídica de Direito Público é de 60 dias, eis que há que se contar em quádruplo o prazo de 15 previsto no CPC, aplicável subsidiariamente àquele ramo do Direito.

c) Segundo a legislação vigente, das decisões sobre exceções de suspeição e incompetência, salvo, quanto a estas, se terminativas do feito, não caberá recurso, podendo, no entanto, as partes alegá-las novamente no recurso que couber da decisão final.

d) A contestação deve ser obrigatoriamente escrita, não se admitindo, no Direito Processual do Trabalho, que seja oral, por apego à celeridade e à economia indispensáveis à breve dissolução da lide.

e) No Direito Processual do Trabalho, a única resposta possível é a contestação, arguindo-se, por meio de tal petição, todas as exceções processuais e de mérito em direito admitidas.

05. (TRT 3 – Juiz do Trabalho Substituto 3ª região/ 2012) Leia as afirmativas abaixo e assinale a alternativa correta: são matérias de exceções que suspendem o feito no Direito Processual do Trabalho: a incompetência relativa do Juízo, o impedimento, bem como suspeição do Juízo e a incompetência absoluta material.

06. (TRT 2 – Juiz do Trabalho Substituto 2ª região/2014) No que concerne às defesas do réu no processo trabalhista, aponte a alternativa correta:

a) A compensação poderá ser arguida a qualquer tempo, com fundamento na vedação do princípio do enriquecimento sem causa.

b) Após a contestação poderá o reclamado deduzir novas alegações, que sejam importantes para dirimir o conflito, ainda que não trate de direito superveniente.

c) Se for acolhida a exceção de incompetência absoluta em razão da matéria, esta decisão é recorrível porque terminativa do feito.

d) A contestação no rito sumaríssimo poderá ser protocolizada no prazo de cinco dias, em razão do princípio da celeridade processual.

e) Réu poderá valer-se do protesto para formalizar a defesa, sendo que ambos os institutos possuem a mesma natureza.

07. (FCC – Analista Judiciário – Área Judiciária – TRT 24/2017) Adonis ingressou com reclamação trabalhista no Município de Campo Grande, sendo distribuída para a 2ª Vara do Trabalho. Na audiência UNA a reclamada apresentou exceção de incompetência em razão do lugar, que foi acolhida com a remessa dos autos a uma das Varas do Trabalho de Cuiabá. Em relação à referida decisão,

a) caberá agravo de instrumento.

b) não caberá recurso, por se tratar de decisão interlocutória.

c) caberá mandado de segurança.

d) caberá reclamação correcional.

e) caberá recurso ordinário.

GAB	1	E	2	E	3	A	4	C	5	E	6	C	7	E

✦ EXCEÇÃO DE INCOMPETÊNCIA TERRITORIAL: PROCEDIMENTO

Art. 800. Apresentada exceção de incompetência territorial no prazo de cinco dias a contar da notificação, antes da audiência e em peça que sinalize a existência desta exceção, seguir-se-á o procedimento estabelecido neste artigo.(Redação da Lei nº 13.467, de 13.07.2017).

§ 1º Protocolada a petição, será suspenso o processo e não se realizará a audiência a que se refere o art. 843 desta Consolidação até que se decida a exceção.(Inserido pela Lei nº 13.467, de 13.07.2017).

§ 2º Os autos serão imediatamente conclusos ao juiz, que intimará o reclamante e, se existentes, os litisconsortes, para manifestação no prazo comum de cinco dias.(Inserido pela Lei nº 13.467, de 13.07.2017).

§ 3º Se entender necessária a produção de prova oral, o juízo designará audiência, garantindo o direito de o excipiente e de suas testemunhas serem ouvidos, por carta precatória, no juízo que este houver indicado como competente.(Inserido pela Lei nº 13.467, de 13.07.2017).

§ 4º Decidida a exceção de incompetência territorial, o processo retomará seu curso, com a designação de audiência, a apresentação de defesa e a instrução processual perante o juízo competente.(Inserido pela Lei nº 13.467, de 13.07.2017).

1. COMENTÁRIOS

1.1. Arguição da exceção:

A exceção de incompetência territorial, arguida quando descumpridas as regras de competência previstas no art. 651 da CLT, é oferecida, pelo reclamado, em audiência, na mesma oportunidade em que poderia apresentar as demais modalidades de resposta; contudo, apresentada a exceção, ocorrerá a suspensão do procedimento, sem possibilidade de apresentação da contestação e da reconvenção até a instrução e julgamento do incidente. O processo civil também prevê a suspensão do procedimento, na forma do art. 340, §§ 3º e 4º, do CPC/2015.

A Lei nº 13.467, de 13.07.2017, alterou a redação do art. 800 da CLT, para tratar do procedimento da exceção de incompetência territorial arguida antes da audiência, particularmente diante das especificidades do processo eletrônico. A regra não exige que a arguição da exceção ocorra antes da audiência, mas prevê essa possibilidade.

O procedimento da exceção de incompetência territorial impede a realização da audiência (art. 800, § 1º da CLT), prejudicando a mais importante função da Justiça do Trabalho, destacada em diversos dispositivos legais, que consiste na promoção da solução negociada do litígio, com vistas à conciliação. No procedimento da audiência, a tentativa de conciliação vem antes da apreciação da resposta do réu (art. 846, da CLT). Não sem razão a "defesa", que inclui todas as modalidades de resposta, inclusive a exceção (defesa indireta processual), só é mencionada na CLT, no art. 847, logo depois da tentativa de conciliação frustrada.

É bem verdade que se tiver realmente interesse em conciliar, o réu deixará para arguir a exceção em audiência, como permite o § único, do art. 847 da CLT, também inserido pela Lei nº 13.467, de 13.07.2017. De toda sorte, a possibilidade de acordo não é suprimida, pois será proposta a conciliação pelo juízo competente, tão logo seja resolvido o incidente.

O receio que nos aflige, e creio que a boa parte dos que defendem um processo ético, é o uso deste incidente como expediente procrastinatório. O Judiciário deve estar atento para esta espécie de abuso, combatendo tais atitudes com os mecanismos processuais previstos nos artigos 793-A a D, da CLT, que introduziram na CLT a responsabilidade da parte por dano processual.

A suspensão do processo, efeito automático da arguição da exceção, é qualificada pela doutrina como imprópria, pois o processo não estará totalmente suspenso, uma vez que será processado o incidente da exceção de incompetência territorial. Suspenso estará, outrossim, o procedimento destinado ao julgamento da demanda proposta.

Apresentada a exceção, o réu, autor da exceção, era chamado de excipiente, utilizando-se o processo do trabalho da terminologia utilizada pelo art. 307 do CPC, diante da omissão da CLT. Este dispositivo não foi repetido no CPC/2015, uma vez que todo o procedimento da exceção também desapareceu do CPC/2015. O reclamante, que se torna réu na exceção, era chamado de "exceto", na redação original do art. 800 da CLT, antes da alteração promovida pela Lei nº13.467, de 13.07.2017,ora comentado. Como a CLT não usa mais o temo exceto, pois trata o réu da exceção como reclamante (art. 800, § 2º, da CLT), não obstante tenha se referido ao arguente da exceção como "excipiente" (art. 800, § 3º, da CLT). Nada obsta, portanto, que se continue a usar a terminologia excipiente e exceto.

No processo do trabalho a exceção pode ser apresentada sob a forma escrita, antes da audiência, ou, como é mais comum na praxe trabalhista, oralmente. Na forma escrita deve ser apresentada em apartado, e não na própria contestação, como se percebe do texto do art. 799, caput, da CLT. Alegada a exceção equivocadamente na própria contestação, o juiz poderá recebê-la em atenção ao princípio da fungibilidade, mas a contestação deve ser ignorada, porque enquanto não resolvido o incidente da exceção, não estará definida a competência do juízo para receber a defesa e apreciar a demanda.

1.1.2. Exceção apresentada em cartório: art. 305, § único, do CPC/73 (art. 340, CPC/2015)

A onda de reformas do processo civil introduziu no art. 305 do CPC, um parágrafo único, com o seguinte teor: "Na exceção de incompetência (art. 112), a petição pode ser protocolizada no juízo de domicílio do réu, com requerimento de sua imediata remessa ao juízo que determinou a citação. (Incluído pela Lei nº 11.280, de 2006).".

No CPC/2015, a regra está assim prevista no art. 340: "Havendo alegação de incompetência relativa ou absoluta, a **contestação poderá ser protocolada no foro de domicílio do réu**, fato que será imediatamente comunicado ao juiz da causa, preferencialmente por meio eletrônico.".

Sempre entendemos que a regra era aplicável ao processo do trabalho, desde a primeira edição de nossos comentários à CLT. A norma dá ao réu o poder de escolha: "poderá ser...". Não é obrigatório, portanto, o uso deste procedimento. Mesma faculdade se interpreta da redação do *caput*, do art. 800 da CLT, de acordo com a Lei nº 13.467, de 13.07.2017.

No processo civil o domicilio do réu é a regra geral de fixação de competência territorial, daí a possibilidade de arguição da exceção nesta localidade.

Para aplicação da regra no processo do trabalho, propomos a seguinte adaptação: empregado e empregador poderão apresentar a exceção de incompetência no local de prestação de serviços (art. 651, *caput*, da CLT), ou no seu próprio domicilio, quanto ao empregado, quando muito distante o foro da prestação de serviços. No processo eletrônico esta discussão não tem importância, porque a exceção é apresentada no ambiente virtual.

Antes da atual redação do art. 800 da CLT, escrevemos sobre a adaptação da regra da exceção de incompetência territorial em outras edições de nossos Comentários à CLT. O texto do art. 800, da CLT, de acordo com a Lei nº 13.467, de 13.07.2017, reproduziu nossas ideias, razão pela qual passo a transcrevê-las, exatamente como escritas antes da alteração do texto legal:

> "A CLT não prevê o prazo de arguição da exceção de incompetência territorial em cartório. Diante da omissão, não é aplicável o prazo de 15 dias do art. 305, caput, do CPC/73 (art. 335, ***caput***, do CPC/2015), pois a própria audiência poderá ser marcada antes deste lapso temporal, tornando incompatível a aplicação da regra do CPC. Neste sentido, inclusive, a IN nº 39/2016 do TST, art. 2º, V.
>
> Parece-nos, portanto, que, por analogia à regra do art. 841 da CLT, a exceção deve ser apresentada, em cartório, no prazo de 5 dias do recebimento da notificação para a audiência. Recebida a petição da exceção pelo juiz da causa, este suspenderá o procedimento e abrirá vista dos autos ao exceto, no mesmo prazo de 5 dias (e não de 24 horas, como prevê o art. 800, da CLT, pois feriria o princípio da igualdade das armas). Após este prazo, com ou sem a contestação à exceção, os autos voltariam conclusos para apreciação. Havendo necessidade de produção de prova oral será designada audiência com tal finalidade, e só então julgado o incidente." (CLT para Concursos, 6ª edição, 2016, p. 894)

A aplicação do regramento processual civil antes de sua incorporação ao texto do art. 800 da CLT, nunca foi pacífica na doutrina.

Bezerra Leite, Curso, 2007, p. 491, entende inaplicável a regra ao processo do trabalho, alegando que o momento oportuno para arguição de incompetência territorial é em audiência e não antes de sua realização. Ademais, destacava o autor o fato de que na maioria das causas o empregado é o reclamante, não tendo sentido prático a regra do art. 305, § único, do CPC/73 (CPC/2015, art. 340), que em nada facilitaria seu acesso à justiça, pois a exceção é incidente privativo do réu. O renomado autor não observou que o deslocamento do empregado até o foro da ação, somente para apresentar a exceção de incompetência territorial no dia da audiência, mesmo nas raras hipóteses em que aparece como réu, poderá provocar enorme prejuízo no seu acesso à justiça e, talvez, inviabilizar seu comparecimento à Justiça do Trabalho, tudo dependendo da distância a ser percorrida.

Destaque-se, ainda, que nas ações de consignação em pagamento, muito utilizadas pelo empregador nas rescisões contratuais, o ex-empregado figurará no polo passivo da demanda, justificando-se, assim, a aplicação do art. 305, § único, do CPC/73 (CPC/2015, art. 340).

Luciano Athayde Chaves, in A Recente Reforma..., 2006, p. 145-147, defendendo o cabimento no processo do trabalho da regra do art. 305, § único, do CPC/73 (no mesmo sentido da regra do art. 340 do CPC/2015), não vê incompatibilidade com o procedimento trabalhista e ressalta que a nova norma trará maior economia processual. O autor destaca que a extensão territorial do país poderá dificultar o acesso à justiça tanto do empregado, como do empregador, e se vale do exemplo em que é ajuizado inquérito para apuração de falta grave, na forma do art. 853 da CLT; neste procedimento, como se sabe, o empregado é réu, demonstrando, assim, mas uma hipótese de cabimento da inovação legal, caso o empregado entenda que o juízo onde fora ajuizado o inquérito não é competente em razão do lugar.

A inovação da CLT, no art. 800, repetindo a regra do processo civil, ainda tem o condão de evitar a realização de audiência inútil, cujo único objetivo seria a arguição de incompetência territorial. É bem verdade, como ressalta Bezerra Leite (2007, p. 491), se referindo à regra do processo civil, que o uso de exceção apresentada em cartório prejudicaria a conciliação. Prefiro dizer que só adiará a possibilidade de conciliação, cuja proposta poderá ser feita, oportunamente, no juízo que for considerado competente.

1.2. Contestação e julgamento da exceção de incompetência territorial

Não se utilizando o réu da faculdade prevista no art. 800, *caput*, da CLT, único do CPC/73, a exceção será, portanto, apresentada em audiência, no momento da resposta. O legislador da reforma trabalhista se esqueceu desta possibilidade, devendo, portanto, procedimento da exceção antes da audiência ser também aplicado para a arguição da incompetência na audiência, facultando-se, inclusive, sua arguição oral, conforme prevê o *caput* do art. 847 da CLT. A contestação, nesta hipótese, será oferecida pelo exceto em 5 dias, conforme previsão do § 2º, do art. 800 da CLT, dependo o início desse prazo da intimação do juiz para a manifestação do exceto. Antes da alteração legal, o prazo de 24 horas para manifestação do exceto não podia ser modificado pelo arbítrio das partes, conforme se extraía do vocábulo – "improrrogáveis" –, então contido no texto do art. 800 da CLT.

Os prazos referidos no art. 800 não são mais peremptórios, permitindo-se, portanto, a prorrogação dos mesmos, conforme decisão do juiz, nos termos do art. 775 da CLT. Os prazos referidos, todavia, são imodificáveis pelo ajuste das partes, mas não pelo juiz (neste sentido o art. 775, § 1º, da CLT c/c art. 139, VI e 222, § 1ºdo CPC/2015).

A contestação da exceção, como visto, é apresentada em cartório no prazo de 5 dias; portanto, só admite a forma escrita (neste sentido: Russomano, Comentários, Vol. II, 1993, p. 877). Também é comum o reclamante (exceto) renunciar ao prazo de 5 dias e se manifestar sobre a exceção na própria audiência em que foi arguida, hipótese em que a contestação poderá ser verbal, por analogia ao art. 847 da CLT. Autoriza a contestação verbal da exceção, entre outros, Sergio Pinto Martins, Comentários, 2010, p. 834.

A não arguição da incompetência territorial na forma e momento acima previstos, prorroga a competência do juízo, habilitando-o ao julgamento do conflito (CPC/73, art. 114, que corresponde ao art. 65 do CPC/2015).

Atualmente se admite que o juiz, de oficio, reconheça sua incompetência territorial quando esta for definida por ajuste das partes, em cláusula contratual denominada "foro de eleição" (art. 111, caput e § 1º do CPC/73 e art. 63, *caput* e § 1º, do CPC/2015).

O juízo poderá reconhecer, de oficio, a nulidade da cláusula de foro de eleição, sempre que esta prejudicar o acesso à justiça pelo empregado (art. 112, § único, do CPC/73 e art. 63, § 3º, do CPC/2015). A doutrina majoritária, contrariamente ao que defendemos, entende inaplicável o foro de eleição em sede trabalhista (sobre a nossa posição e da doutrina majoritária vide comentários ao art. 651 da CLT, nos tópicos: "prorrogação da competência" e "foro de eleição".).

Salutar a alteração legal que agora prevê o julgamento da exceção pelo juiz, sem necessidade de designação da audiência para tal fim (art. 800, § 4º, da CLT). Dizia o texto do art. 800 da CLT, em sua redação original, que o julgamento da exceção de incompetência territorial ocorreria "na primeira audiência ou sessão que se seguir" à sua argüição, ou seja, pelo juízo de primeiro grau (art. 653, "d", da CLT). Isto significa que o julgamento ocorria em audiência. Tal procedimento se justificava quando o órgão de primeiro grau de jurisdição era colegiado, necessitando-se da participação de todos os juízes na apreciação do incidente. Atualmente, como o juízo de primeiro grau é monocrático, composto somente pelo Juiz do Trabalho, nada impede que este julgamento ocorra fora da audiência, intimando-se as partes quanto ao resultado, preservando-se, assim, a possibilidade de recurso, conforme o teor da decisão.

Quando o reclamante, exceto, decidir renunciar ao prazo de 5 dias, manifestando-se sobre a exceção na própria audiência em que for arguida, o juiz, apreciando as provas e percebendo que o incidente está em condições de ser julgado, poderá fazê-lo neste momento, sem necessidade de adiamento da audiência.

1.3. Recurso da decisão que resolve a exceção

A decisão que aprecia a exceção, por ser interlocutória, é, em regra, irrecorrível de imediato. Excepcionalmente, admite-se recurso desta decisão, conforme nos manifestamos nos comentários ao art. 799, supra, aos quais nos reportamos.

2. QUESTÕES DE CONCURSOS

01. (TRT – 6ª REGIÃO/JUIZ DO TRABALHO SUBSTITUTO/2010/ADAPTADA) Não há na Consolidação das Leis do Trabalho, ou na legislação esparsa, previsão para o procedimento da exceção ratione loci, razão pela qual a sua análise admite ampla flexibilidade por parte do juiz.

02. (TRT – 23ª REGIÃO/ANALISTA JUDICIÁRIO/FCC/2007/ADAPTADA) Apresentada a exceção de incompetência, abrir-se-á vista dos autos ao exceto, por 5 dias improrrogáveis, devendo a decisão ser proferida na primeira audiência ou sessão que se seguir.

03. (TRT – 24ª REGIÃO/JUIZ DO TRABALHO/2006) JUREMO JUPIRA ajuizou ação trabalhista em Campo Grande em face de FRAGOSO FONTES, alegando ter prestado serviço em fazenda do reclamado localizada no Município de São Gabriel do Oeste. Atribuiu à causa o valor de R$ 50.000,00, tramitando o feito pelo rito ordinário. Na audiência dita de conciliação, o reclamado apresentou apenas exceção de incompetência em razão do lugar, sustentando que o juízo competente seria a Vara do Trabalho de São Gabriel do Oeste, uma vez que a prestação de serviços teria se dado naquele Município. O reclamado deixou de apresentar defesa de mérito. Considerando as disposições da CLT, como deve proceder o juiz?

a) Deve considerar o reclamado revel e confesso quanto à matéria de fato, por aplicação do princípio da concentração da defesa.

b) Deve abrir vista ao excepto por 48 horas para manifestação.

c) Deve abrir vista dos autos ao excepto por 24 horas improrrogáveis.

d) Deve determinar ao excepto que se manifeste impreterivelmente naquela audiência, proferindo imediata decisão, ante o princípio da celeridade, da oralidade e da eventualidade.

e) Deve designar nova audiência dentro de 48 horas, para instrução e julgamento da exceção.

04. (TRT 2 – Juiz do Trabalho Substituto 2ª região/ 2012) Analise as afirmativas seguintes conforme previsões contidas na Consolidação das Leis do Trabalho sobre os prazos no processo do trabalho. Apresentada a exceção de incompetência, abrir-se-á vista dos autos ao exceto, por 24 (vinte e quatro) horas improrrogáveis, devendo a decisão ser proferida na primeira audiência ou sessão que se seguir.

GAB	1	E	2	E	3	C	4	C

✦ **MOTIVOS DA SUSPEIÇÃO**

Art. 801. O juiz, presidente ou vogal, é obrigado a dar-se por suspeito, e pode ser recusado, por algum dos seguintes motivos, em relação à pessoa dos litigantes:

a) inimizade pessoal;

b) amizade íntima;

c) parentesco por consangüinidade ou afinidade até o terceiro grau civil;

d) interesse particular na causa.

✦ **RECUSA DA SUSPEIÇÃO**

Parágrafo único. Se o recusante houver praticado algum ato pelo qual haja consentido na pessoa do juiz, não mais poderá alegar exceção de suspeição, salvo sobrevindo novo motivo. A suspeição não será também admitida, se do processo constar que o recusante deixou de alegá-la anteriormente, quando já a conhecia, ou que, depois de conhecida, aceitou o juiz recusado ou, finalmente, se procurou de propósito o motivo de que ela se originou.

1. COMENTÁRIOS

1.1. Subsidiariedade do direito processual civil

O processo do trabalho só se refere à exceção de suspeição. Isto porque a regra do art. 801, que não distingue suspeição, de impedimento, deixou-se influenciar pelo CPC de 1939, que em seu art. 185 também não fazia esta distinção, como lembram Rodrigues Pinto, Processo, 2005, p. 422 e Bezerra Leite, Curso, 2007, p. 488.

Alguns doutrinadores, no processo civil, ainda na vigência do CPC de 1939, tentavam fazer a distinção entre ambos os institutos, mesmo que o Código não o fizesse, expressamente, em seu art. 185; o mesmo Código de 1939, em seu art. 798, I, apontava o impedimento como causa de rescindibilidade da coisa julgada, após o trânsito em julgado da sentença de mérito, o que já significava, por si só, o reconhecimento da distinção e o maior grau de gravidade do impedimento, que sequer se sanava com a formação da coisa julgada material (neste sentido: Agrícola Barbi, Comentários, Vol. I, 1999, p. 411).

A distinção interpretada pela doutrina, foi consolidada no CPC de 1973 que a adotou, expressamente, cuidando do impedimento no art. 134 e da suspeição, separadamente, no art. 135 (no CPC/2015, respectivamente artigos 144 e 145).

A doutrina trabalhista, de forma majoritária, passou a enxergar omissão na CLT, diante da aprovação do CPC de 1973, clamando pela aplicação subsidiária dos motivos apontados neste Código, tanto para a suspeição, como para o impedimento (neste sentido: Manoel Antonio Teixeira Filho, Petição Inicial e Resposta do Réu, 1996, p. 188 e 204; Bezerra Leite, Curso, 2007, p. 488; Sergio Pinto Martins, Comentários, 2010, p. 834-835 e Valentin Carrion, Comentários, 2010, p. 680-681, que, de forma exagerada, chega a afirmar que o "CPC de 1973 revogou tacitamente o caput do art, 801...".). Não há como a norma subsidiária revogar a principal, que é a CLT, como afirma Carrion, mas tal opinião só enfatiza a necessidade de aplicação do processo civil, diante da clara omissão do processo do trabalho; a omissão não é normativa, pois existe disposição a respeito do tema, ora comentada, mas sim de natureza ontológica, visto que a legislação processual do trabalho se mostrou absolutamente desatualizada diante do atual Código de Processo Civil. Sobre o significado da omissão ontológica vide comentários ao art. 8º, da CLT.

Em sentido contrário, negando a aplicação subsidiária do Código de Processo Civil, por ausência de omissão da CLT, se manifesta Rodrigues Pinto, Processo, 2005, p. 422-423.

1.2. Impedimento e suspeição: distinção

Os motivos que o CPC de 1973, em seu art. 134, apontou para o impedimento, são de caráter objetivo, estando o juiz proibido ("defeso", na redação legal) de praticar qualquer ato no processo; trata-se de matéria de ordem pública, reconhecida de ofício pelo juízo e que não se sujeita a preclusão. Exatamente porque os motivos são objetivos, que não é necessária pesquisa acerca da influência do juiz impedido no resultado do processo (Neves-Freire, CPC, 2010, p. 175). Há uma presunção absoluta de que o juiz impedido interferirá no resultado do processo.

A redação se repete no art. 144, *caput*, do CPC/2015, permitindo-se a mesma conclusão.

O CPC/2015 enumera as seguintes hipótese de impedimento, no art. 144, *in verbis*: "Há impedimento do juiz, sendo-lhe vedado exercer suas funções no processo: I – em que interveio como mandatário da parte, oficiou como perito, funcionou como membro do Ministério Público ou prestou depoimento como testemunha; II – de que conheceu em outro grau de jurisdição, tendo proferido decisão; III – quando nele estiver postulando, como defensor público, advogado ou membro do Ministério Público, seu cônjuge ou companheiro, ou qualquer parente, consanguíneo ou afim, em linha reta ou colateral, até o terceiro grau, inclusive; IV – quando for parte no processo ele próprio, seu cônjuge ou companheiro, ou parente, consanguíneo ou afim, em linha reta ou colateral, até o terceiro grau, inclusive; V – quando for sócio ou membro de direção ou de administração de pessoa jurídica parte no processo; VI – quando for herdeiro presuntivo, donatário ou empregador de qualquer das partes; VII – em que figure como parte instituição de ensino com a qual tenha relação de emprego ou decorrente de contrato de prestação de serviços; VIII – em que figure como parte cliente do escritório de advocacia de seu cônjuge, companheiro ou parente, consanguíneo ou afim, em linha reta ou colateral, até o terceiro grau, inclusive, mesmo que patrocinado por advogado de outro escritório; IX – quando promover ação contra a parte ou seu advogado. § 1º Na hipótese do inciso III, o impedimento só se verifica quando o defensor público, o advogado ou o membro do Ministério Público já integrava o processo antes do início da atividade judicante do juiz. § 2º É vedada a criação de fato superveniente a fim de caracterizar impedimento do juiz. § 3º O impedimento previsto no inciso III também se verifica no caso de mandato conferido a membro de escritório de advocacia que tenha em seus quadros advogado que individualmente ostente a condição nele prevista, mesmo que não intervenha diretamente no processo.".

Ademais, o impedimento é causa tão grave de perda de imparcialidade do juiz que nem mesmo a formação de coisa julgada material sana o vício. A sentença de mérito, transitada em julgada, pode ter a coisa julgada desfeita (desconstituída) pelo uso da Ação Rescisória, conforme o motivo descrito no art. 485, II, do CPC/73 (art. 966, II, do CPC/2015).

As causas de suspeição, enumeradas no CPC/73, em seu art. 135 (CPC/2015, art. 145), são de ordem subjetiva e, ao contrário do impedimento, exigem da parte a prova de interferência do julgador acusado de suspeito quanto ao resultado do processo (Neves-Freire, CPC, 2010, p. 175). Há uma presunção relativa de que o juiz suspeito pode ter interferido no processo, por isso o dever de abstenção do magistrado, previsto no CPC/73, art. 137 (CPC/2015, art. 145), é de natureza relativa (neste sentido: Manoel Antonio Teixeira Filho, Petição Inicial e Resposta do Réu, 1996, p. 204).

Celso Agrícola Barbi, Comentários, Vol. I, 1999, p. 418-419, entende que a presunção de interferência é absoluta, não obstante as causas de suspeição. Penso que as opiniões acima expostas, aparentemente contraditórias, podem ser compatibilizadas, pois o juiz tem o dever de declarar sua suspeição (art. 137, do CPC/73 e 145 do CPC/2015), mas se não o fizer, a parte poderá acusá-lo de suspeito, mas somente até o momento da resposta; só será possível a arguição de suspeição após a resposta se a parte desconhecia o motivo da suspeição e, nesta hipótese, deverá suscitar o incidente tão logo identifique o motivo. De toda forma, transitada em julgada a sentença de mérito, nenhum motivo de suspeição poderá modificá-la, ao contrário do que ocorre com o impedimento (art. 485, II, do CPC/73 e art. 966, II, do CPC/2015).

São as seguintes as causas de suspeição do juiz no CPC/2015, art. 145: "Há suspeição do juiz: I – amigo íntimo ou inimigo de qualquer das partes ou de seus advogados; II – que receber presentes de pessoas que tiverem interesse na causa antes ou depois de iniciado o processo, que aconselhar alguma das partes acerca do objeto da causa ou que subministrar meios para atender às despesas do litígio; III – quando qualquer das partes for sua credora ou devedora, de seu cônjuge ou companheiro ou de parentes destes, em linha reta até o terceiro grau, inclusive; IV – interessado no julgamento do processo em favor de qualquer das partes. § 1º Poderá o juiz declarar-se suspeito por motivo de foro íntimo, sem necessidade de declarar suas razões.".

1.3. Recusa da suspeição

Praticando a parte qualquer ato processual já na presença do magistrado suspeito, mesmo conhecendo o motivo da suspeição, sua atitude é interpretada como consentimento na imparcialidade do magistrado; isto só é possível na suspeição, pois seu caráter subjetivo permite a interpretação de que nem sempre o magistrado suspeito interferirá no resultado do processo.

Noutro sentido, se a parte procurou de propósito provocar a suspeição, como na hipótese de contratação de advogado que, sabidamente, é suspeito para atuar no feito, não será aceita a arguição, devendo ser superada a suspeição; em se tratando de advogado, a parte deve providenciar sua substituição e não o afastamento do juiz (neste sentido o art. 134, § único, do CPC/73 e art. 145, § 2º, I, do CPC/2015).

1.4. Suspeição do advogado, MPT e órgãos auxiliares

A CLT é omissa quanto à possibilidade de suspeição pela atuação do advogado contratado pela parte, por isso aplica-se subsidiariamente o art. 134, IV, do CPC/73, que considera suspeito o advogado que seja cônjuge ou parente do juiz, consanguíneo ou afim, na linha reta ou colateral, até o segundo grau.

O art. 144, III, do CPC/2015, estendeu esta proibição por parentesco até o 3º grau.

Destaque-se que, quanto à suspeição da parte, e não de seu advogado, a CLT, no art. 801, "c", já estende o grau de parentesco até o terceiro grau civil, também por consanguinidade ou afinidade, como motivo de suspeição, tal qual a regra do art. 144, III, do CPC/2015.

A CLT também é omissa quanto à suspeição dos membros do Ministério Público do Trabalho, mais uma vez superada pela aplicação do CPC/73, art. 138 (art. 148, I, do CPC/2015.

O CPC/73 fazia a seguinte distinção: atuando o MPT como órgão interveniente (custos legis) todos os motivos de suspeição lhe eram aplicáveis, mas atuando como parte (órgão agente) só se aplicavam os motivos enumerados nos incisos I a IV do art. 135, tudo por expressa referência no art. 138, I, do CPC/73.

O CPC/2015, art. 148, I, não fez esta distinção e estendeu ao MPT todos os motivos previstos em lei de impedimento e suspeição, pouco importando se atua como órgão agente ou interveniente.

Esta mesma amplitude ocorre no tratamento dos órgãos auxiliares da justiça, pois estes também se sujeitam a todos os motivos de impedimento e suspeição dos artigos 144 e 145 do CPC/2015, por expressa referência do art. 148, II, do CPC/2015.

2. QUESTÕES DE CONCURSOS

01. (PREFEITURA DE RECIFE/PROCURADOR JUDICIAL/FCC/2008/ADAPTADA) O rol de hipóteses de suspeição do magistrado previsto na Consolidação das Leis do Trabalho é taxativo.

02. (TRT – 23ª REGIÃO/ANALISTA JUDICIÁRIO/FCC/2007/ADAPTADA) O juiz é obrigado a dar-se por suspeito, e pode ser recusado, quando tiver parentesco por consangüinidade ou afinidade até o quarto grau civil à pessoa dos litigantes.

03. (TRT – 20ª REGIÃO/TÉCNICO JUDICIÁRIO/FCC/2006/ADAPTADA) O juiz é obrigado a dar-se por suspeito, e pode ser recusado, quando tiver parentesco por consangüinidade ou afinidade até o terceiro grau civil em relação à pessoa dos litigantes.

04. (TRT 3 – Juiz do Trabalho Substituto 3ª região/2014) Nos termos do art. 134 do Código de Processo Civil, está impedido o juiz que:

a) Receber dádivas antes ou depois de iniciado o processo; aconselhar alguma das partes acerca do objeto da causa, ou subministrar meios para atender às despesas do litígio.
b) Conheceu da causa em primeiro grau de jurisdição, tendo-lhe proferido sentença ou decisão.
c) For herdeiro presuntivo, donatário ou empregador de alguma das partes.
d) Todas as opções anteriores.
e) Nenhuma das opções.

GAB	1	E	2	E	3	C	4	B

✦ **PROCEDIMENTO DA SUSPEIÇÃO: AUDIÊNCIA**

Art. 802. Apresentada a exceção de suspeição, o juiz ou Tribunal designará audiência dentro de 48 (quarenta e oito) horas, para instrução e julgamento da exceção.

✦ **JULGAMENTO DA SUSPEIÇÃO**

§ 1º – Nas Juntas de Conciliação e Julgamento e nos Tribunais Regionais, julgada procedente a exceção de suspeição, será logo convocado para a mesma audiência ou sessão, ou para a seguinte, o suplente do membro suspeito, o qual continuará a funcionar no feito até decisão final. Proceder-se-á da mesma maneira quando algum dos membros se declarar suspeito.

✦ **SUBSTITUIÇÃO DE JUIZ DE DIREITO**

§ 2º – Se se tratar de suspeição de Juiz de Direito, será este substituído na forma da organização judiciária local.

1. COMENTÁRIOS

1.1. Exceção de suspeição do magistrado

A exceção de suspeição tem algo de inusitado, qualquer das partes poderá figurar como excipiente, e não apenas o réu, pois é apresentada contra o juiz e não contra a outra parte (Medina-Wambier, Processo, Vol. I, 2009, p. 179). O reclamado apresentará sua exceção de suspeição ao juízo no momento da resposta; o reclamante, neste mesmo momento, também poderá arguir a suspeição do magistrado.

Reconhecendo a suspeição, ou o impedimento, o Juiz do Trabalho comunicará o fato à Corregedoria, que enviará um substituto; se a suspeição ou impedimento recair sobre o substituto, o processo ficará suspenso até o retorno do titular, salvo se o afastamento deste for por período longo, quando então outro juiz será designado. Ocorrendo a suspeição de magistrado que componha o Tribunal, o Regimento Interno regulará o procedimento da suspeição e a forma de sua substituição.

Não há mais possibilidade do próprio Juiz do Trabalho julgar a suspeição, como prevê o art. 802, caput, da CLT e também o art. 653, "c", da CLT. Isto só era possível quando o primeiro grau de jurisdição funcionava como órgão colegiado e, assim sendo, os juízes insuspeitos julgariam o colega acusado de suspeito. Após a EC nº 24/1999, que extinguiu a representação classista, o primeiro grau de jurisdição passou a ser composto tão só pelo Juiz do Trabalho, como prevê o art. 111, III, da CF.

Por esta razão, passou-se a aplicar, em parte, a regra do art. 313 do CPC: "Despachando a petição, o juiz, se reconhecer o impedimento ou a suspeição, ordenará a remessa dos autos ao seu substituto legal; em caso contrário, dentro de 10 (dez) dias, dará as suas razões, acompanhadas de documentos e de rol de testemunhas, se houver, ordenando a remessa dos autos ao tribunal.".

O **CPC/2015, art. 146, § 1º**, possui disposição no mesmo sentido: "Se reconhecer o impedimento ou a suspeição ao receber a petição, o juiz ordenará imediatamente a remessa dos autos a seu substituto legal, caso contrário, determinará a autuação em apartado da petição e, no prazo de 15 (quinze) dias, apresentará suas razões, acompanhadas de documentos e de rol de testemunhas, se houver, ordenando a remessa do incidente ao tribunal.".

Só não é aplicável no processo do trabalho o prazo para o juiz, em cartório, apresentar suas razões, pois estas serão colhidas na própria audiência designada para a instrução do incidente, juntamente com as provas documentais. (art. 802, *caput*, da CLT).

Não há previsão legal de substituição do magistrado acusado de suspeito, durante o processamento do incidente de suspeição. Manoel Antonio Teixeira Filho, Petição Inicial e Resposta do Réu, 1996, p. 239, recomenda o afastamento do magistrado acusado de suspeição ou impedimento.

É unânime o entendimento doutrinário de que o magistrado, acusado de suspeito, se não se afastar do processo, não poderá indeferir a suspeição, cabendo-lhe somente processá-la, instruí-la e determinar sua remessa ao Tribunal para julgamento, por interpretação dos artigos 134 e 135 do CPC/73 (por todos, Medina-Wambier, Processo, Vol. I, 2009, p. 179).

Também me parece que na audiência designada para instrução da causa, conforme previsão do art. 802, caput, da CLT, o Juiz do Trabalho poderá colher a prova documental oferecida pelas partes, como também produzir as suas; contudo, a proximidade do Juiz do Trabalho, acusado de suspeição, com o fato, não lhe permitiria produzir prova oral, particularmente a testemunhal. Sendo assim, caberá ao Juiz do Trabalho colher somente as provas documentais e após remeter os autos ao Tribunal; nesta instância, entendendo o relator necessária a produção de prova testemunhal, ou mesmo tendo interesse no depoimento dos envolvidos, determinará que se colha a prova. Neste sentido é a opinião de Marcato, CPC, 2008, p. 1013: "...entendendo necessária a produção de prova oral, o relator da exceção determinará a realização de audiência, ocasião em que serão inquiridas as testemunhas do excepiente e da autoridade excepta. Em seguida será julgada a exceção.".

Após colhidas todas as provas, as documentais no próprio juízo de primeiro grau, e as orais por iniciativa do Tribunal, o incidente estará maduro para ser julgado; acolhida a exceção, o Tribunal condenará o Juiz nas custas, determinando a remessa dos autos ao seu substituto legal; rejeitada, determinará seu arquivamento (art. 314, do CPC/73 e art. 146, § 4º, do CPC/2015).

A rejeição da exceção extingue a causa de suspensão do processo, que retomará seu curso normal de onde parou.

O CPC/2015, art. 146, § 2º atribuiu ao relator do incidente, no Tribunal, o poder de receber o incidente com efeito suspensivo ou não. Esta faculdade, todavia, é inaplicável ao processo do trabalho, porque a suspensão do processo é automática, e decorre naturalmente da arguição de exceção de suspeição, conforme art. 799, *caput*, da CLT.

1.2. Exceção de Suspeição dos membros do MPT e órgãos auxiliares

O procedimento da exceção de suspeição, prevista no art. 802, acima comentado, só se aplica quando o juiz é acusado de suspeito.

Quando a arguição recair sobre os membros do Ministério Público ou órgãos auxiliares, o processamento se dará na forma prevista no art. 138, §§ 1º e 2º do CPC/73, a seguir transcritos: " § 1°. A parte interessada deverá arguir o impedimento ou a suspeição, em petição fundamentada e devidamente instruída, na primeira oportunidade em que lhe couber falar nos autos; o juiz mandará processar o incidente em separado e sem suspensão da causa, ouvindo o arguido no prazo de 5 (cinco) dias, facultando a prova quando necessária e julgando o pedido. § 2º Nos tribunais caberá ao relator processar e julgar o incidente.". Este procedimento, a nosso ver, pode ser aplicado na Justiça do Trabalho sem necessitar de qualquer adaptação. Havendo necessidade de produção de prova oral, será especificamente destinada audiência para tal finalidade.

O CPC/2015, no art. 148, §§ 1º a 3º, prevê o procedimento nos seguintes termos: " § 1º A parte interessada deverá arguir o impedimento ou a suspeição, em petição fundamentada e devidamente instruída, na primeira oportunidade em que lhe couber falar nos autos. § 2º O juiz mandará processar o incidente em separado e sem suspensão do processo, ouvindo o arguido no prazo de 15 (quinze) dias e facultando a produção de prova, quando necessária. § 3º Nos tribunais, a arguição a que se refere o § 1º será disciplinada pelo regimento interno.

Mesmo no CPC, não há previsão de suspensão do processo pela arguição da suspeição na forma do art. 138 do CPC/73, como também não há no art. 148, § 2º, do CPC/2015; isto se dá porque o Juiz poderá substituir o servidor, o perito ou outro auxiliar, acusado de suspeição ou impedimento, sem prejuízo para o prosseguimento do processo.

Contudo, na hipótese de arguição de suspeição do membro do MPT, penso que a suspensão do processo deva ocorrer, porque não tem o juiz como prosseguir sem resolver este incidente, e tampouco poderá haver a substituição do procurador que atua no feito, sob pena de desrespeito ao princípio do "promotor natural", aplicável em sede trabalhista para o procurador do trabalho. Este princípio centra-se na ideia de que nenhuma autoridade ou poder poderá escolher o Promotor ou Procurador específico para determinada causa, bem como terceiros não poderão interferir no pronunciamento do membro do MP, que se dará livremente (Paulo Cezar Pinheiro Carneiro, apud Bezerra Leite, MPT, 2006, p. 52). Sobre este princípio, Bezerra Leite (2006, p. 52-53) afirma que tem sustentação na interpretação sistemática dos artigos 5º, XXXVI e LIII, 127 e 129, I, da CF, já tendo o STF reconhecido sua existência, conforme julgamento do HC nº 67.759, Rel. Ministro Celso Mello, DJ, 1º.7.93).

2. QUESTÕES DE CONCURSOS

01. (TRT – 23ª REGIÃO/ANALISTA JUDICIÁRIO/FCC/2007/ADAPTADA) Apresentada a exceção de suspeição, o juiz ou Tribunal designará audiência dentro de 10 dias, para instrução e julgamento da exceção.

GAB	1	E

▸SEÇÃO VII – DOS CONFLITOS DE JURISDIÇÃO

✦ ÓRGÃOS ONDE PODE OCORRER O CONFLITO DE COMPETÊNCIA

Art. 803. Os conflitos de jurisdição podem ocorrer entre:

a) Juntas de Conciliação e Julgamento e Juízes de Direito investidos na administração da Justiça do Trabalho;

b) Tribunais Regionais do Trabalho;

c) Juízos e Tribunais do Trabalho e órgãos da Justiça Ordinária;

d) (Revogada pelo Decreto – Lei 8.737, de 19.1.1946)

1. COMENTÁRIOS

A doutrina prefere a denominação "conflito de competência", no lugar de "conflito de jurisdição" (neste sentido: Carrion, Comentários, 2010, p. 807 e Martins, Comentários, 2010, p. 837).

José Augusto Rodrigues Pinto, Processo, 2005, p. 203, explica que a doutrina tradicional denominou-o de conflito de jurisdição, partindo da noção ampla de poder, que é o mesmo para todos os órgãos; neste sentido se alinharam o CPC de 1939 (art. 146) e a CLT, art. 803. A doutrina mais moderna "evoluiu desta denominação para a de conflito de competência, partindo da ideia de que o choque entre órgãos não se origina do exercício do poder jurisdicional, em seu sentido amplo, mas de sua medida ou de seu exercício organizado, que vem a ser a competência. Com essa nova ordem de ideias se alinhou o Código de Processo Civil de 1973 (art. 115).".

Conflito de competência é a denominação mais adequada, na atualidade, para designar o conflito de jurisdição referido na CLT.

A enumeração do art. 802 leva em consideração o conflito entre órgãos no mesmo plano hierárquico: Juiz do trabalho com Juiz de Direito investido de jurisdição trabalhista, Tribunal Regional do Trabalho com Tribunal Regional do Trabalho. Como se vê, é pressuposto da ocorrência do conflito que não haja hierarquia entre os órgãos, pois ocorrendo, resolver-se-á a competência pelo órgão de maior poder. Esta lição é tranquila tanto no processo civil, como no processo do trabalho.

No processo civil, por todos, Didier, Curso, Vol. I, 2009, p. 150: "...não há conflito se entre os juízos houver diferença hierárquica, prevalecendo o posicionamento do juízo hierarquicamente superior, por exemplo: não há conflito entre STF e qualquer outro juízo, entre STJ e TRF/TJ, entre TJ/TRF e juiz estadual/federal a ele vinculado, etc. É possível, porém, que surja conflito entre um tribunal em um juiz a ele não vinculado.".

No processo do trabalho, por todos, Rodrigues Pinto, Processo, 2005, p. 206: "A impossibilidade de ocorrência de conflito de jurisdição entre órgãos de hierarquia diversa está enfatizada tanto por doutrinadores processuais do trabalho (cf. Isis de Almeida), quanto civis.". No mesmo sentido a jurisprudência trabalhista, conforme o teor da S. 420 do TST.

Destaque-se que as hipóteses dos art. 803 da CLT são meramente exemplificativas (neste sentido: Martins, Comentários, 2010, p. 837).

2. SÚMULAS E ORIENTAÇÕES JURISPRUDENCIAIS

▸ **Súmula nº 59/STJ – *08/10/1992 – DJ 14.10.1992***

Conflito de Competência – Trânsito em Julgado

Não há conflito de competência se já existe sentença com trânsito em julgado, proferida por um dos juízos conflitantes.

Súmula nº 420/TST

COMPETÊNCIA FUNCIONAL. CONFLITO NEGATIVO. TRT E VARA DO TRABALHO DE IDÊNTICA REGIÃO. NÃO CONFIGURAÇÃO (conversão da Orientação Jurisprudencial nº 115 da SBDI-2) – Res. 137/2005, DJ 22, 23 e 24.08.2005

Não se configura conflito de competência entre Tribunal Regional do Trabalho e Vara do Trabalho a ele vinculada. (ex-OJ nº 115 da SBDI-2 – DJ 11.08.2003)

3. QUESTÕES DE CONCURSOS

01. (TRT – 9ª REGIÃO/JUIZ DO TRABALHO/2009/ADAPTADA) Quando dois ou mais juízos se derem por incompetentes, dá-se o conflito de competência negativo. Possível é o conflito de competência entre TRT e Vara do Trabalho a ele vinculada, o qual será dirimido pelo TST.

GAB	1	E

✦ ESPÉCIES DE CONFLITO

Art. 804. Dar-se-á conflito de jurisdição:

a) quando ambas as autoridades se considerarem competentes;

b) quando ambas as autoridades se considerarem incompetentes.

1. COMENTÁRIOS

Há conflito positivo quando ambas os juízos se considerarem competentes, como na hipótese da alínea "a" e negativo, na hipótese da alínea "b", quando ambos os juízos se consideram incompetentes. Esta última circunstância é mais comum de ocorrer. Como explica Fredie Didier, Curso, Vol. I, 2009, p. 149: "É muito difícil imaginar um conflito positivo de competência que envolva apenas uma causa. Normalmente o conflito positivo diz respeito à reunião de causas conexas, em que se discute qual o juízo prevento.". No processo do trabalho a prevenção será determinada, de maneira mais simples que o processo civil, pois prevalece o critério de quem propôs a demanda em primeiro lugar, independentemente de quem tenha sido primeiramente citado.

Há quem na doutrina também veja a possibilidade de conflito na aplicação do princípio da identidade física do magistrado, diante da regra do art. 132 do CPC/73, que vincula ao julgamento o juiz que encerrou a instrução da causa (neste sentido: Didier, Curso, Vol. I, 2009, p. 149).

O dispositivo legal não foi reproduzido no CPC/2015, mas esse fato não significa que o princípio da identidade física desapareceu.

A aplicação deste princípio sempre encontrou resistência na redação da S. 136, do TST, finalmente cancelada pela Resolução nº Res. 185/2012, DEJT divulgado em 25, 26 e 27.09.2012, atendendo ao clamor da doutrina trabalhista.

Desde a primeira edição de nossa CLT defendíamos o cancelamento da referida Súmula, conforme comentários que a seguir reproduzimos:

> "No processo do trabalho, mesmo diante de todas as críticas que recaem sobre a S. 136 do TST, esta continua vigorando (Bezerra Leite, Curso, 2007, p. 69). Sendo assim, por não se aplicar o princípio da identidade física do Juiz do Trabalho com a causa, este não estará vinculado a julgar, mesmo tendo encerrado a instrução processual. Não haverá, em tese, possibilidade de ocorrência do conflito referido por Didier. Diz-se em tese porque a inexistência da identidade física do Juiz do Trabalho com a causa estava centrada no fato de que o julgamento do órgão de

primeiro grau ocorria por um colegiado, composto, também, por juízes temporários; a presença dos classistas justificava a impossibilidade de identidade física do juiz com a causa, pois estes poderiam estar presentes na instrução, mas, encerrado seu mandato, não o estariam no julgamento da causa. Suprimida a participação dos classistas, desde a EC nº 24/1999, não há mais razão para a manutenção da Súmula 136 do TST, abrindo espaço para a aplicação do princípio da identidade física do juiz (neste sentido: Raymundo Pinto, Súmulas do TST, 2008, p. 147).

Ademais, a oralidade e a concentração dos atos em audiência trabalhista, clamam pela atração do princípio da identidade física do juiz com a causa na Justiça do Trabalho.

✦ **QUEM PODE SUSCITAR O CONFLITO**

Art. 805. Os conflitos de jurisdição podem ser suscitados:

a) pelos Juízes e Tribunais do Trabalho;

b) pelo procurador-geral e pelos procuradores regionais da Justiça do Trabalho;

c) pela parte interessada, ou o seu representante.

1. COMENTÁRIOS

O rol do art. 805 esgota todos aqueles que podem suscitar o conflito – os Juízes e Tribunais, o Ministério Público do Trabalho e as partes, pessoalmente, ou por seus advogados. No conceito de parte, para esse efeito, também se inclui o assistente, quer o simples, quer o litisconsorcial (neste sentido: Agrícola Barbi, Comentários, Vol. I, 1999, p. 371, com apoio em Pontes de Miranda, Comentários, Vol. II, p. 371).

Ao assistente só será vedado suscitar o conflito se defender interesse divergente do assistido (neste sentido já se manifestou o STF, através da palavra do Ministro Orozimbo Nonato, conforme referido por Campos Batalha, Tratado, 1985, p. 278).

O juiz não pode suscitar o conflito de ofício, quando este se originou de exceção declinatória de foro. Ou seja, acolhida a exceção declinatória de foro e remetido os autos ao juízo aparentemente competente, este não poderá, sem a iniciativa da parte, suscitar conflito negativo de competência, pois isto importaria em se reconhecer, de ofício, a incompetência relativa (Neves-Freire, CPC, 2010, p. 151). Neste sentido se posiciona a jurisprudência trabalhista, nos termos da OJ nº 149, da SBDI-2/TST.

A incompetência relativa só excepcionalmente pode ser reconhecida de ofício, quando houve nulidade de cláusula de eleição de foro, conforme nos manifestamos nos comentários aos arts. 651 e 799 da CLT.

Quando o MPT não suscitar o conflito, deverá ser ouvido, conforme defende Didier, Curso, Vol. I, 2009, p. 150. A nosso ver esta intervenção do MPT, em primeiro grau de jurisdição trabalhista, é inaplicável, pois não se insere entre as hipóteses de sua participação obrigatória. No segundo grau, contudo, o MPT se manifestará no momento do julgamento do conflito (art. 809, II, da CLT).

2. SÚMULAS E ORIENTAÇÕES JURISPRUDENCIAIS

▸ **OJ-SDI2-149/TST**

CONFLITO DE COMPETÊNCIA. INCOMPETÊNCIA TERRITORIAL. HIPÓTESE DO Art. 651, § 3º, DA CLT. IMPOSSIBILIDADE DE DECLARAÇÃO DE OFÍCIO DE INCOMPETÊNCIA RELATIVA. (DEJT divulgado em 03, 04 e 05.12.2008).

Não cabe declaração de ofício de incompetência territorial no caso do uso, pelo trabalhador, da faculdade prevista no art. 651, § 3º, da CLT. Nessa hipótese, resolve-se o conflito pelo reconhecimento da competência do juízo do local onde a ação foi proposta.

3. QUESTÕES DE CONCURSOS

01. (TRT – 8ª REGIÃO/JUIZ DO TRABALHO/2006/ADAPTADA) São legitimados para suscitar conflito de competência os próprios juízes e tribunais do trabalho, o Ministério Público do Trabalho (na condição de agente ou órgão superveniente) ou as partes interessadas, pessoalmente ou por meio de seus procuradores. Se a parte interessada já houver oposto na causa a exceção de incompetência, não impede que suscite o conflito.

02. (TRT 8 – Juiz do Trabalho Substituto 8ª região/ 2012) Sabendo que a jurisdição consiste no poder-dever de prestar a tutela jurisdicional, enquanto a competência se refere à determinação da esfera de atribuição dos órgãos encarregados da função jurisdicional, marque a alternativa CORRETA quanto à concorrência de dois ou mais órgãos judiciários na decisão de uma mesma lide: dar-se-á conflito de jurisdição quando duas autoridades se julgarem competentes para a apreciação de uma mesma lide, desde que a parte interessada tenha oposto na causa exceção de incompetência.

GAB	1	E	2	E

✦ CONFLITO DE COMPETÊNCIA E EXCEÇÃO DE INCOMPETÊNCIA

Art. 806. É vedado à parte interessada suscitar conflitos de jurisdição quando já houver oposto na causa exceção de incompetência.

1. COMENTÁRIOS

Inicialmente, destaque-se que a redação do artigo merece interpretação extensiva, para alcançar também as arguições de incompetência absoluta, e não só as exceções de incompetência territorial. Neste sentido se manifesta Athos Gusmão Carneiro, Jurisdição, 2005, p. 275, interpretando a norma o art. 117 do CPC/73, de mesmo sentido que o art. 806 da CLT.

A doutrina, particularmente no processo civil, diverge da interpretação literal da norma do art. 117 do CPC/73 (o CPC/2015, art. 951, tem idêntica redação), e permite que a parte que suscitou a exceção de incompetência venha a arguir, posteriormente, conflito de competência. Diz a doutrina que só não poderá fazê-lo concomitantemente (neste sentido: Gusmão Carneiro, 2005, p. 806). Há os que negam esta possibilidade, estando preclusa a oportunidade quando da arguição de incompetência em razão do lugar (neste sentido: Nery-Nery, Código, 2002, p. 467, afirmando que há preclusão consumativa para o réu que, tendo suscitado exceção de incompetência territorial, não poderá suscitar, posteriormente, o conflito de competência). Neste assunto, a razão parece estar com Daniel Neves, Manual, 2009, p. 150, que critica a posição de Nery-Nery, nos seguintes termos: "Entendo ser o entendimento equivocado, e se alguma preclusão houvesse (o que não parece ocorrer) seria a lógica, jamais a consumativa, visto que na preclusão consumativa o próprio ato é praticado e não pode ser praticado novamente, o que evidentemente não acontece nesse caso, em que o ato de suscitar o conflito de competência e o de opor exceção declinatória são naturalmente atos diferentes.".

Valentin Carrion, Comentários, 2010, p. 684, também não vê obstáculo a que a parte suscite o conflito, mesmo já tendo oferecido exceção de incompetência, particularmente porque no processo do trabalho a decisão que aprecia a exceção é irrecorrível. Portanto, a decisão sobre a competência do juízo não fica submetida a controle da instância superior, por ser incabível o Agravo, no processo do trabalho, com tal finalidade. Por esta razão o conflito de competência representaria uma oportunidade de apreciação pela instância superior, pois quem o julga é o Tribunal.

De qualquer forma, o conflito de competência não obsta a que parte que não o suscitou, ofereça exceção declinatória de foro (art. 117, § único, do CPC/73 e art. 952, § único, do CPC/2015).

O art. 806 da CLT, ora comentado, preserva o princípio da lealdade, pressuposto do processo moderno. A parte que tem sucesso em sua alegação de exceção de incompetência para, posteriormente, mudando de ideia, suscitar o conflito negativo de competência, sem ter havido qualquer alteração no estado do processo que justifique a súbita mudança de rumo, litiga de má-fé, por ter gerado um atraso desnecessário no julgamento do conflito (CPC/73, art. 17, IV e VI e CPC/2015, art. 80, IV e VI).

2. QUESTÕES DE CONCURSOS

01. (TRT – 14ª REGIÃO/JUIZ DO TRABALHO/2008/ADAPTADA) A parte poderá suscitar conflito de competência, salvo se já houver oposto na causa exceção de incompetência.

02. (IRB/ADVOGADO/ESAF/2006/ADAPTADA) É vedado à parte interessada suscitar conflitos de jurisdição quando já houver oposto na causa exceção de incompetência.

GAB	1	C	2	C

✦ PROVA DO CONFLITO

Art. 807. No ato de suscitar o conflito deverá a parte interessada produzir a prova de existência dele.

1. COMENTÁRIOS

O CPC/73 tem norma semelhante, e mais completa, no art. 118, que estabelece o procedimento da prova do conflito: **a)** quando suscitado pelo juiz, os documentos do conflito acompanharão o "ofício" onde este o está suscitando (art. 118, I e § único, do CPC/73); **b)** quando suscitado pela parte, ou pelo MP, a petição apresentada por estes deverá se fazer acompanhar dos documentos que provam o conflito (art. 118, II e § único, do CPC/73). A oralidade do processo do trabalho permite que, no conflito suscitado em audiência, este possa ser arguido verbalmente.

O CPC/2015 tem procedimento semelhante, em seu art. 953, *in verbis:* O conflito será suscitado ao tribunal:I – pelo juiz, por ofício; II – pela parte e pelo Ministério Público, por petição. Parágrafo único. O ofício e a petição serão instruídos com os documentos necessários à prova do conflito.

As provas que acompanham o incidente têm dupla finalidade: comprovar a existência do conflito e a competência ou incompetência do juízo (Nery-Nery, Código, 2002, p. 468). Esta prova documental consiste nas "certidões comprobatórias extraídas dos autos de onde ele (o conflito) surgiu." (Agrícola Barbi, Comentários, Vol. I, 1999, p. 376).

Sobre o procedimento deste incidente, na Justiça do Trabalho, vide comentários ao art. 809 da CLT.

2. QUESTÕES DE CONCURSOS

01. (IRB/ADVOGADO/ESAF/2006/ADAPTADA) No ato de suscitar o conflito, deverá a parte interessada produzir a prova da existência dele.

02. (TRT 8 – Juiz do Trabalho Substituto 8ª região/ 2012) Sabendo que a jurisdição consiste no poder dever de prestar a tutela jurisdicional, enquanto a competência se refere à determinação da esfera de atribuição dos órgãos encarregados da função jurisdicional, marque a alternativa CORRETA quanto à concorrência de dois ou mais órgãos judiciários na decisão de uma mesma lide: não há necessidade de a parte produzir, no ato em que suscitar o conflito de jurisdição, a prova de sua existência, podendo fazê-lo no curso da instrução processual.

GAB	1	C	2	E

✦ **COMPETÊNCIA PARA SOLUÇÃO DOS CONFLITOS**

Art. 808. Os conflitos de jurisdição de que trata o art. 803 serão resolvidos:

a) pelos Tribunais Regionais, os suscitados entre Juntas e entre Juízos de Direito, ou entre uma e outras, nas respectivas regiões;

b) pelo Tribunal Superior do Trabalho, os suscitados entre Tribunais Regionais, ou entre Juntas e Juízos de Direito sujeitos à jurisdição de Tribunais Regionais diferentes;

c) (Revogado pelo Decreto Lei nº 9.797, de 1946)

d) pelo Supremo Tribunal Federal, os suscitados entre as autoridades da Justiça do Trabalho e as da Justiça Ordinária.

1. COMENTÁRIOS

As regras descritas no art. 808 da CLT, dispondo sobre os órgãos de julgamento dos conflitos de competência, foram substancialmente alteradas pela Constituição de 1988, inclusive pela EC nº 45/2004, no que tange aos conflitos entre órgãos com jurisdição trabalhista (art. 114, V, da CF).

Considerando-se a competência atualmente vigorante, podem ser enumerados os seguintes órgãos para julgamento dos conflitos: **a)** entre Juízes do Trabalho que integram o mesmo Tribunal, pelo TRT (art. 808, "a"); a.1) entre Tribunais Regionais do Trabalho, pelo TST (art. 808, "b", parte, e art. 114, V, da CF); **b)** entre Juiz do Trabalho e Juiz de Direito investido de jurisdição trabalhista, pelo TRT a que estiverem jurisdicionalmente vinculados o Juiz do Trabalho e o Juiz de Direito (S. 180/STJ e art. 114, V, da CF); **c)** entre Juízes do Trabalho vinculados a Tribunais Regionais do Trabalho diferentes, pelo TST (S. 236 do STJ e art. 114, V, da CF); c.1) entre Juiz do Trabalho e outro TRT a que não estiver vinculado o Juiz, pelo TST (art. 114, V, da CF); c.2) entre Juiz de Direito investido de jurisdição trabalhista e TRT diferente daquele a que se sujeitam os recursos de suas decisões, pelo TST (art. 114, V, da CF); **d)** entre Juiz do Trabalho e Juiz Federal ou Estadual, pelo STJ (art. 105, I, "d", da CF; juízes vinculados a estruturas jurisdicionais diferentes); d.1) entre Juiz do Trabalho e TRF ou TJ, pelo STJ (art. 105, I, "d", da CF); **e)** entre o TRT e o TRF ou TJ, pelo STJ (art. 105, I, "d", da CF; conflitos entre Tribunais, salvo quando Tribunal Superior estiver envolvido no conflito, quando então a competência será atraída para o STF, art. 102, I, "o", da CF); e.1) entre o TRT e o STJ, pelo STF (art. 102, I, "o", da CF; a presença do Tribunal Superior atrai o conflito para o STF); **f)** entre o TST e o STJ, pelo STF (art. 102, I, "o", da CF); **g)** entre TRT e Juiz do Trabalho; TRT e TST; STF e outros Tribunais, não há conflito, pois prevalece a posição do Tribunal hierarquicamente superior, conforme entendimento doutrinário pacificado na doutrina processual civil e trabalhista (vide comentários ao art. 803 da CLT).

2. SÚMULAS E ORIENTAÇÕES JURISPRUDENCIAIS

▸ **Súmula nº 3/STJ – *08/05/1990 – DJ 18.05.1990***

Conflito de Competência – Juiz Estadual – Juiz Federal – Jurisdição Federal

Compete ao Tribunal Regional Federal dirimir conflito de competência verificado, na respectiva Região, entre Juiz Federal e Juiz Estadual investido de jurisdição federal.

- **Súmula nº 10/STJ – *26/09/1990 – DJ 01.10.1990***

Varas do Trabalho – Competência – Juiz de Direito

Instalada a Junta de Conciliação e Julgamento, cessa a competência do Juiz de Direito em matéria trabalhista, inclusive para a execução das sentenças por ele proferidas.

- **Súmula nº 180/STJ – *05/02/1997 – DJ 17.02.1997***

Lide Trabalhista – Competência – Conflito de Competência – Juiz Estadual e Junta de Conciliação e Julgamento

Na lide trabalhista, compete ao Tribunal Regional do Trabalho dirimir conflito de competência verificado, na respectiva Região, entre Juiz Estadual e Junta de Conciliação e Julgamento.

- **Súmula nº 236/STJ – *22/03/2000 – DJ 14.04.2000***

Conflito de Competência – Juízes Trabalhistas Vinculados a Tribunais do Trabalho Diversos

Não compete ao Superior Tribunal de Justiça dirimir conflitos de competência entre juízes trabalhistas vinculados a Tribunais do Trabalho diversos.

- **Súmula nº 420/TST**

COMPETÊNCIA FUNCIONAL. CONFLITO NEGATIVO. TRT E VARA DO TRABALHO DE IDÊNTICA REGIÃO. NÃO CONFIGURAÇÃO (conversão da Orientação Jurisprudencial nº 115 da SBDI-2) – Res. 137/2005, DJ 22, 23 e 24.08.2005

Não se configura conflito de competência entre Tribunal Regional do Trabalho e Vara do Trabalho a ele vinculada. (ex-OJ nº 115 da SBDI-2 – DJ 11.08.2003)

Ver, em complemento, as Súmulas e OJ´s transcritas no art. 643 da CLT.

3. QUESTÕES DE CONCURSOS

01. (TRT – 1ª REGIÃO/JUIZ DO TRABALHO/2008/ADAPTADA) Os conflitos de jurisdição suscitados entre as autoridades da Justiça do Trabalho e as da Justiça Ordinária serão resolvidos pelo Supremo Tribunal Federal.

02. (TRT – 5ª REGIÃO/ANALISTA JUDICIÁRIO/CESPE/2008/ADAPTADA) O TST é competente para julgar conflito de competência entre o Superior Tribunal de Justiça e o TRT da 10.ª região, com sede em Brasília.

03. (TRT – 1ª REGIÃO/ANALISTA JUDICIÁRIO/CESPE/2008/ADAPTADA) Compete ao STJ dirimir conflitos de competência entre juízes trabalhistas vinculados a tribunais regionais do trabalho diversos.

04. (OAB/EXAME DA ORDEM/CESPE/2008) Um conflito de competência existente entre um juiz do trabalho e um juiz federal deve ser julgado

a) pelo Tribunal Superior do Trabalho (TST).

b) por um tribunal regional federal.

c) pelo STJ.

d) pelo STF.

05. (TRT 3 – Juiz do Trabalho Substituto 3ª região/ 2012) Leia as afirmativas abaixo e assinale a alternativa correta: o conflito de competência entre um Juiz de Direito investido na jurisdição trabalhista e um Juiz do Trabalho, sendo o Juiz de Direito e o Juiz do Trabalho submetidos à jurisdição de Tribunais Regionais diferentes, deve ser resolvido pelo Tribunal Superior do Trabalho.

06. (TRT 8 – Juiz do Trabalho Substituto 8ª região/2014) Em relação aos conflitos de jurisdição, assinale a alternativa INCORRETA:

a) Os conflitos de jurisdição podem ocorrer entre Tribunais Regionais do Trabalho.

b) Ocorre quando ambas as autoridades se considerarem competentes ou quando ambas as autoridades se considerarem incompetentes.

c) É vedado à parte interessada suscitar conflitos de jurisdição quando já houver oposto na causa exceção de incompetência.

d) Nos conflitos de jurisdição entre as Varas do Trabalho e os Juízos de Direito, os mesmos serão dirimidos pelo Supremo Tribunal Federal, de acordo com o artigo 8 08 da CLT.

e) Os conflitos de jurisdição podem ser suscitados pelos Juízes e Tribunais do Trabalho.

07. (FCC – Juiz do Trabalho Substituto 18ª região/2014) Com relação aos conflitos de competência no Processo do Trabalho:

a) Não ocorrem entre Varas do Trabalho e Juízes de Direito investidos na jurisdição da Justiça do Trabalho.

b) Não se configura conflito de competência entre Tribunal Regional do Trabalho e Vara do Trabalho a ele vinculada.

c) É admitido à parte interessada suscitar conflitos de jurisdição, ainda que já tenha oposto na causa exceção de incompetência.

d) Os conflitos de competência suscitados entre os Tribunais Regionais do Trabalho, ou entre Varas do Trabalho e Juízes de Direito sujeitos à jurisdição de Tribunais Regionais diferentes, serão resolvidos pelo Superior Tribunal de Justiça.

e) Compete ao Superior Tribunal de Justiça julgar os conflitos de competência entre o Tribunal Superior do Trabalho e qualquer outro tribunal, exceto se o conflito se der com outro Tribunal Superior.

GAB	1	E	2	E	3	E	4	C	5	C	6	D	7	B

✦ PROCEDIMENTO DO CONFLITO

Art. 809. Nos conflitos de jurisdição entre as Juntas e os Juízos de Direito observar-se-á o seguinte:

I – o juiz ou presidente mandará extrair dos autos as provas do conflito e, com a sua informação, remeterá o processo assim formado, no mais breve prazo possível, ao Presidente do Tribunal Regional competente;

II – no Tribunal Regional, logo que der entrada o processo, o presidente determinará a distribuição do feito, podendo o relator ordenar imediatamente às Juntas e aos Juízos, nos casos de conflito positivo, que sobrestejam o andamento dos respectivos processos, e solicitar, ao mesmo tempo, quaisquer informações que julgue convenientes. Seguidamente, será ouvida a Procuradoria, após o que o relator submeterá o feito a julgamento na primeira sessão;

III – proferida a decisão, será a mesma comunicada, imediatamente, às autoridades em conflito, prosseguindo no foro julgado competente.

Art. 810. Aos conflitos de jurisdição entre os Tribunais Regionais aplicar-se-ão as normas estabelecidas no artigo anterior.

1. COMENTÁRIOS

Nos conflitos de competência entre Juízes do Trabalho, ou entre estes e Juízes de Direito investidos de jurisdição trabalhista, o Juiz do Trabalho, ou o Juiz de Direito, extrairá dos autos a prova do conflito, remetendo as peças, por ofício, ao Presidente do Tribunal Regional do Trabalho (art. 809, I, da CLT).

No TRT, o Presidente determinará a distribuição do feito, podendo o relator determinar o sobrestamento do processo onde os Juízes do Trabalho ou de Direito suscitaram o conflito positivo, requisitando destes as informações que entender pertinentes (art. 809, II, da CLT).

A manifestação do MPT é obrigatória neste conflito, antes do julgamento do incidente no TRT (art. 809, II, da CLT).

Proferida a decisão sobre o conflito, os juízos suscitantes serão imediatamente informados, retomando-se o julgamento da demanda pelo juízo que resultar competente (art. 809, III, da CLT).

A Instrução Normativa nº 17/TST, de 5.10.2000, com a redação da Resolução nº 131/2005, do TST (DJ, 5.7.05), entendeu aplicável ao processo do trabalho o art. 120 do CPC/73, com as devidas adaptações, dispondo a IN nº 17, item I, o seguinte: "Havendo jurisprudência dominante no Tribunal sobre a questão suscitada, o relator poderá decidir, de plano, o conflito de competência, cabendo agravo, no prazo de 8 dias, para o órgão recursal competente." O art. 120, § único, do CPC/73 prevê o agravo contra decisão do relator no prazo de 5 dias. O art. 1.021 do

CPC/2015 não trata especificamente desta hipótese, mas cuida do cabimento do Agravo Interno contra as decisões monocráticas dos relatores nos Tribunais.

O Regimento Interno de cada Tribunal atuará supletivamente quanto ao procedimento previsto no art. 809 da CLT. Contudo, quanto à definição do órgão competente para julgamento do conflito, dentro dos Tribunais, as normas internas prevalecerão sobre o procedimento da CLT, diante da competência privativa prevista para os Tribunais ditarem as regras de organização e funcionamento de seus órgãos (art. 96, I, "a", da CF).

2. QUESTÕES DE CONCURSOS

01. (TRT – 14ª REGIÃO/JUIZ DO TRABALHO/2006/ADAPTADA) No TST, o Ministro-relator poderá determinar, a requerimento de qualquer das partes ou mesmo de ofício, o sobrestamento do processo, na hipótese de o conflito de competência ser positivo, e, sendo negativo o conflito, poderá designar um dos órgãos para, em caráter provisório, decidir as medidas urgentes.

02. (IRB/ADVOGADO/ESAF/2006) No Tribunal Regional, havendo conflito positivo de jurisdição entre Varas, poderá o relator ordenar que sobrestejam o andamento dos respectivos processos.

GAB	1	C	2	C

✦ COMPETÊNCIA DOS TRIBUNAIS SUPERIORES

Art. 811. Nos conflitos suscitados na Justiça do Trabalho entre as autoridades desta e os órgãos da Justiça Ordinária, o processo do conflito, formado de acordo com o inciso I do art. 809, será remetido diretamente ao presidente do Supremo Tribunal Federal.

Art. 812. (Revogado pelo Decreto Lei 9.797, de 1946).

1. COMENTÁRIOS

A regra prevista no art. 811 da CLT não foi recepcionada pela Constituição da República, conforme artigos 102, I, "o" (competência do STF), 105, I, "d" (competência do STJ) e 114, V (competência do TST).

Sobre a competência para solução dos conflitos envolvendo Tribunais Superiores, nos reportamos às soluções propostas nos comentários ao art. 808, acima.

▸SEÇÃO VIII – DAS AUDIÊNCIAS

✦ LOCAL E HORÁRIO DAS AUDIÊNCIAS

Art. 813. As audiências dos órgãos da Justiça do Trabalho serão públicas e realizar-se-ão na sede do Juízo ou Tribunal em dias úteis previamente fixados, entre 8 (oito) e 18 (dezoito) horas, não podendo ultrapassar 5 (cinco) horas seguidas, salvo quando houver matéria urgente.

§ 1º – Em casos especiais, poderá ser designado outro local para a realização das audiências, mediante edital afixado na sede do Juízo ou Tribunal, com a antecedência mínima de 24 (vinte e quatro) horas.

§ 2º – Sempre que for necessário, poderão ser convocadas audiências extraordinárias, observado o prazo do parágrafo anterior.

1. COMENTÁRIOS

Audiência é o ato de ouvir, de escutar, de atender. Na audiência o juiz escuta os requerimentos das partes e colhe seus depoimentos, bem como das testemunhas, peritos, intérpretes, tradutores e de quem mais se fizer necessário.

Sessão é a realização de diversas audiências sucessivas, referentes a processos distintos (Martins, Comentários, 2010, p. 843). O termo é mais comumente utilizado nos Tribunais, mas nada obsta que o juízo de primeiro grau denomine "sessão" à sucessão de audiências realizadas no mesmo dia.

As audiências serão públicas, salvo se o interesse social ou a preservação da intimidade justificar a realização de audiência sem presença de público, restringindo-se o ato às partes e seus advogados (sobre a publicidade do ato processual vide comentários ao art. 770 da CLT).

As audiências ocorrerão de 8:00 às 18 horas, enquanto os demais atos processuais serão praticados de 6:00 às 20:00 horas, salvo aqueles que, por regulamentação interna do Tribunal, sejam praticados em horário diverso (vide comentários ao art. 770 da CLT).

A referência ao fato de que as audiências não poderão ultrapassar 5 (cinco) horas seguidas diz respeito à sessão (conjunto de audiências) e não a uma única audiência. Qualquer outra interpretação não é razoável, pois escapa à realidade do cotidiano forense, onde não se observa uma só audiência com tamanha duração. A eventualidade de alguma exceção, excepcionalmente observando-se uma audiência tão longa, só justifica a regra geral.

Quando se tratar de matéria urgente, o art. 813, caput, autoriza que as audiências ultrapassem o limite de 5 horas seguidas. A urgência será representada pela necessidade de ser encerrada a instrução processual, preservando-se a unidade da prova, ou mesmo pelo risco do adiamento inviabilizar o retorno de alguma testemunha que esteja prestes a sair do país. Estes, ou outros motivos apreciados pelo juiz, justificam o prosseguimento da sessão após 5 horas seguidas. A mesma urgência também é motivo para prosseguir com a sessão após o horário limite (18:00 horas), desde que iniciada antes deste horário.

As audiências, em regra, realizar-se-ão na sede do juízo (art. 813, caput). O § 1º, do art. 813, autoriza, extraordinariamente, que se realizem audiências fora da sede, desde que avisadas as partes com antecedência, mínima, de 24 horas. À formalidade de edital, para comunicação das partes, podem ser acrescidos outros meios ao alcance do juízo, como a divulgação no site do Tribunal ou mesmo a notificação postal comunicando a mudança do local.

A Constituição da República dispõe em seu art. 115, § 1º: "Os Tribunais Regionais do Trabalho instalarão a justiça itinerante, com a realização de audiências e demais funções de atividade jurisdicional, nos limites territoriais da respectiva jurisdição, servindo-se de equipamentos públicos e comunitários.".

A norma constitucional, que se repete no art. 107, § 2º, para a Justiça Federal, e 125, § 7º, para a Estadual, parece propor uma mudança de postura, deixando de ser extraordinária a realização de audiência fora da sede do juízo.

A disposição do art. 115, que se refere somente aos Tribunais Regionais do Trabalho, pode ser ampliada para o primeiro grau de jurisdição, a fim de autorizar que os Juízes do Trabalho realizem audiência, ordinariamente, fora da sede do Juízo, facilitando o acesso à jurisdição, aproximando o Judiciário do cidadão. Destaque-se que o uso de espaços comunitários, como prevê a norma constitucional, além de baratear a prática, diminui a formalidade do ato processual, considerando-se que as instalações dos Tribunais costumam ser sóbrias e, às vezes, sombrias, não podendo ser considerado um espaço convidativo; em um local menos formal e mais de acordo com a realidade do cidadão comum, longe de prejudicar a realização da justiça, o juiz encontrará um ambiente mais propício à colheita da prova, tornando mais fácil seu papel na busca da verdade real.

2. QUESTÕES DE CONCURSOS

01. (TRT – 8ª REGIÃO/JUIZ DO TRABALHO/2007/ADAPTADA) Em casos especiais, poderá ser designado outro local para a realização das audiências, mediante comunicação no Diário Oficial da União, com antecedência mínima de vinte e quatro horas.

02. (TRT – 24ª REGIÃO/JUIZ DO TRABALHO/2007/ADAPTADA) As audiências dos órgãos da Justiça do Trabalho serão públicas e realizar-se-ão na sede do Juízo ou Tribunal em dias úteis previamente fixados, entre 8 (oito) e 18 (dezoito) horas, não podendo ultrapassar cinco horas seguidas, salvo quando houver matéria urgente. Sempre que for necessário, poderão ser convocadas audiências extraordinárias, observada a antecedência mínima de 24 (vinte e quatro) horas.

GAB	1	E	2	C

✦ COMPARECIMENTO DOS SERVIDORES

Art. 814. Às audiências deverão estar presentes, comparecendo com a necessária antecedência, os escrivães ou secretários. (Redação de acordo com a Lei nº 409, de 25.9.48)

1. COMENTÁRIOS

Não há necessidade de estar presente à audiência o Diretor de Secretaria (antigo Chefe de Secretaria), como prevê a norma do art. 814 da CLT. Para o início da sessão, basta estar presente o secretário de audiências, que proporcionará o devido apoio para realização do ato processual. Deve ser interpretada a norma do art. 814 como exigência de que esteja presente algum servidor para auxiliar o juiz na realização das audiências, qualquer que seja sua função na secretaria, desde que esteja apto a secretariá-lo durante a sessão.

2. QUESTÕES DE CONCURSOS

01. (TRT – 24ª REGIÃO/JUIZ DO TRABALHO/2007/ADAPTADA) Às audiências deverão estar presentes, comparecendo com a necessária antecedência, os escrivães ou chefe de secretaria.

02. (TRT – 24ª REGIÃO/TÉCNICO JUDICIÁRIO/FCC/2006/ADAPTADA) O comparecimento dos escrivães ou secretários às audiências dos órgãos da Justiça do Trabalho é facultativo.

GAB	1	C	2	E

✦ PREGÃO E COMPARECIMENTO DAS PARTES

Art. 815. À hora marcada, o juiz ou presidente declarará aberta a audiência, sendo feita pelo secretário ou escrivão a chamada das partes, testemunhas e demais pessoas que devam comparecer. (Redação de acordo com a Lei nº 409, de 25.9.48)

✦ ATRASO DO JUIZ: TOLERÂNCIA DE 15 MINUTOS

Parágrafo único. Se, até 15 (quinze) minutos após a hora marcada, o juiz ou presidente não houver comparecido, os presentes poderão retirar-se, devendo o ocorrido constar do livro de registro das audiências.

1. COMENTÁRIOS

O pregão – chamamento das partes para tomarem assento à mesa de audiências – é o ato formal que dá início à audiência. O pregão serve para identificar as partes presentes, bem como para tornar público o ato, porque é feito em alto e bom som; todos os presentes, partes e ouvintes, ficam cientes do início da audiência. A realização do pregão garante a publicidade do ato processual e confere segurança ao procedimento, pois se identifica, com clareza, o momento de comparecimento ou ausência das partes. Não respondendo as partes ao pregão, se sujeitarão às consequências da lei, nos termos dos artigos 843 e 844 da CLT.

O pregão é feito pelo servidor designado para secretariar o juiz nas audiências. Em algumas localidades é praxe ser realizado pelo oficial de justiça, ou outro servidor que assume esta função; em algumas regiões o pregão é centralizado em um só setor que o realiza quanto a todas as audiências, das diversas varas, marcadas para o mesmo dia; em outras localidades o próprio juiz realiza o pregão. Não existe, como se pode perceber, um procedimento padrão.

O art. 815, § único, prevê uma tolerância de 15 minutos para início da sessão, ou seja, para a primeira audiência do dia. A tolerância não existe para cada audiência, pois os atrasos ao longo da sessão, provocados, particularmente, pela realização de audiências unas, fogem ao controle do magistrado. Após os 15 minutos de tolerância, as partes podem se retirar, bem como seus advogados, exigindo da secretaria certidão do ocorrido.

O Estatuto da Advocacia e da OAB, Lei nº 8.906/94, art. 7º, XX, prevê que o advogado aguarde por até 30 minutos depois do horário designado para a sessão. Esta regra não prevalece nos processos trabalhistas, pois estes são regidos por norma própria, especial, que prevalece sobre o Estatuto da Advocacia. O CPC/2015, art. 362, III, contém previsão quase idêntica à norma do Estatuto da Advocacia e, pelas mesmas razões já expostas, também não se aplica ao processo do trabalho (neste sentido, inclusive, a IN nº 39/2016, art. 2º, VI).

O livro de registro de audiências não existe mais na maioria das secretarias, tendo sido substituído por um fichário onde ficam arquivadas as cópias dos termos de audiência. Em algumas regiões já há arquivo eletrônico destes registros.

Não há tolerância legal para o atraso da parte à audiência. Tampouco a jurisprudência tolera qualquer atraso da parte (OJ nº 245, da SBDI-1/TST).

2. SÚMULAS E ORIENTAÇÕES JURISPRUDENCIAIS

▸ **OJ-245 SBDI-1/TST**

REVELIA. ATRASO. AUDIÊNCIA. Inserida em 20.06.01

Inexiste previsão legal tolerando atraso no horário de comparecimento da parte na audiência.

3. QUESTÕES DE CONCURSOS

01. (TRT – 19ª REGIÃO/ANALISTA JUDICIÁRIO/FCC/2008) Na audiência designada em Vara do Trabalho compareceram o reclamante e o representante legal da empresa reclamada, ambos com seus respectivos advogados. Porém, após 10 minutos do horário marcado para a audiência, o magistrado ainda não havia chegado ao Fórum. O advogado da reclamada possuía outra audiência, então, aguardou 15 minutos e solicitou que o escrivão certificasse o ocorrido, se ausentando com o seu cliente. Neste caso, de acordo com a CLT,

a) a empresa reclamada deveria ter aguardado no mínimo 45 minutos para se ausentar, tendo em vista que este é o prazo legal, estando sujeita as penalidades da revelia.

b) o magistrado, quando chegar, decretará a revelia e confissão quanto a matéria de fato da empresa reclamada tendo em vista que eles possuíam a obrigação legal de aguardar o magistrado.

c) o magistrado, quando chegar, decretará a revelia e confissão quanto a matéria de direito da empresa reclamada, tendo em vista que eles possuíam a obrigação legal de aguardar o magistrado.

d) a empresa reclamada deveria ter aguardado no mínimo 30 minutos para se ausentar, tendo em vista que este é o prazo legal, estando sujeita às penalidades da revelia.

e) a empresa reclamada não sofrerá qualquer penalidade, tendo em vista ter aguardado o prazo legal.

02. (TRT – 24ª REGIÃO/JUIZ DO TRABALHO/2007/ADAPTADA) À hora marcada, o Juiz ou Presidente declarará aberta a audiência, sendo feita pelo chefe de secretaria ou escrivão a chamada das partes, testemunhas e demais pessoas que devam comparecer.

03. (TRT 21 – Juiz do Trabalho Substituto 21ª região/ 2012) Sobre a audiência trabalhista, é incorreto afirmar: existe previsão legal tolerando atraso de até 15 minutos para o Juiz comparecer à audiência, do horário previamente designado, estendendo-se o mesmo direito às partes, em face do princípio da isonomia de tratamento entre magistrado e jurisdicionado.

04. (FCC – Analista Judiciário – Área Judiciária – Oficial de Justiça – TRT 16/2014) Tendo em vista designação de audiência trabalhista, se até quinze minutos após a hora marcada o juiz não houver comparecido, para sua realização, poderão as partes presentes

a) retirar-se, informando o ocorrido ao Diretor de Secretaria.

b) aguardar a chegada do juiz, requerendo o adiamento e a designação de nova data para realização da audiência, uma vez que as partes não são obrigadas a suportar o atraso ocorrido.

c) retirar-se, informando o ocorrido e consignando seus "protestos" na Ata de Audiência.

d) aguardar a chegada do juiz, requerendo seja realizada a audiência, mas com dilação dos prazos processuais subsequentes, tendo em vista que o juiz deixou de observar norma de ordem pública.

e) retirar-se, lavrando-se o ocorrido no livro de registro das audiências.

GAB	1	E	2	C	3	E	4	E

✦ PODER DE POLÍCIA DO JUIZ: ORDEM NAS AUDIÊNCIAS

Art. 816. O juiz ou presidente manterá a ordem nas audiências, podendo mandar retirar do recinto os assistentes que a perturbarem.

1. COMENTÁRIOS

O Poder de Polícia do magistrado permite que este retire do recinto aqueles que estiverem atrapalhando o bom andamento da sessão. Até mesmo a parte, ou seu advogado, podem ser retirados caso estejam se portando de maneira inadequada, a ponto de inviabilizar a continuidade da audiência. Caso a postura da parte for de tal forma agressiva, ou mesmo de alguma pessoa que estiver assistindo à audiência, desrespeitando a autoridade do magistrado, este poderá proceder à sua prisão, por crime de desacato (art. 331, do CP).

Destaque-se que mesmo o advogado pode cometer desacatado. O § 2º, do art. 7º, da Lei nº 8.906/94, quis tornar o advogado, no exercício de sua função, imune aos crimes de difamação, injúria e desacato. Contudo, o E. STF, no julgamento da ADI nº 1127-8, datado de 26.5.2006, declarou inconstitucional o dispositivo quanto ao "desacato", em ação proposta pela Associação dos Magistrados Brasileiros. Entendeu o STF que a lei, neste particular, extrapolou o permissivo constitucional do art. 133 (neste sentido: Sanches, Código Penal, 2010, p. 567).

O art. 445 do CPC/73 também cuida do poder de polícia do juiz, em audiência, e pode muito bem servir de norte à atuação do Juiz do Trabalho. Prescreve o dispositivo citado: "O juiz exerce o poder de polícia, competindo-lhe: I – manter a ordem e o decoro na audiência; II – ordenar que se retirem da sala da audiência os que se comportarem inconvenientemente; III – requisitar, quando necessário, a força policial.".

O CPC/2015, art. 360, reproduz regra idêntica, nos seguintes termos: "Art. 360. O juiz exerce o poder de polícia, incumbindo-lhe: I – manter a ordem e o decoro na audiência; II – ordenar que se retirem da sala de audiência os que se comportarem inconvenientemente; III – requisitar, quando necessário, força policial;".

2. QUESTÕES DE CONCURSOS

01. (TRT – 8ª REGIÃO/JUIZ DO TRABALHO/2007/ADAPTADA) O juiz ou presidente manterá a ordem nas audiências, devendo mandar retirar do recinto os assistentes que a perturbarem.

GAB	1	E

✦ **REGISTRO DAS AUDIÊNCIAS**

Art. 817. O registro das audiências será feito em livro próprio, constando de cada registro os processos apreciados e a respectiva solução, bem como as ocorrências eventuais.

✦ **CERTIDÕES DAS OCORRÊNCIAS**

Parágrafo único. Do registro das audiências poderão ser fornecidas certidões às pessoas que o requererem.

1. COMENTÁRIOS

O livro de registro de audiências não existe mais na maioria das secretarias, tendo sido substituído por um fichário onde ficam arquivadas as cópias dos termos de audiência. Em algumas regiões já há arquivo eletrônico destes registros.

A certidão requerida pela parte está sujeita ao pagamento de emolumentos, salvo se sua motivação decorrer de culpa, ou iniciativa, do próprio juízo, como no exemplo do atraso para início da audiência (art. 815, § único, da CLT). Sergio Pinto Martins, Comentários, 2010, p. 845, afirma que a parte deverá demonstrar interesse jurídico para requerer a certidão.

▸SEÇÃO IX – DAS PROVAS

✦ **ÔNUS DA PROVA**

Art. 818. O ônus da prova incumbe:(Redação da Lei nº 13.467, de 13.07.2017).

✦ **ÔNUS DO RECLAMANTE**

I – ao reclamante, quanto ao fato constitutivo de seu direito;(Inserido pela Lei nº 13.467, de 13.07.2017)

✦ **ÔNUS DO RECLAMADO**

II – ao reclamado, quanto à existência de fato impeditivo, modificativo ou extintivo do direito do reclamante.(Inserido pela Lei nº 13.467, de 13.07.2017)

✦ **INVERSÃO DO ÔNUS DA PROVA**

§ 1º Nos casos previstos em lei ou diante de peculiaridades da causa relacionadas à impossibilidade ou à excessiva dificuldade de cumprir o encargo nos termos deste artigo ou à maior facilidade de obtenção da prova do fato contrário, poderá o juízo atribuir o ônus da prova de modo diverso, desde que o faça por decisão fundamentada, caso em que deverá dar à parte a oportunidade de se desincumbir do ônus que lhe foi atribuído.(Inserido pela Lei nº 13.467, de 13.07.2017)

✦ **DECISÃO ANTES DA ABERTURA DA INSTRUÇÃO**

§ 2º A decisão referida no § 1º deste artigo deverá ser proferida antes da abertura da instrução e, a requerimento da parte, implicará o adiamento da audiência e possibilitará provar os fatos por qualquer meio em direito admitido.(Inserido pela Lei nº 13.467, de 13.07.2017)

✦ **VEDAÇÃO À PROVA DIABÓLICA**

§ 3º A decisão referida no § 1ºdeste artigo não pode gerar situação em que a desincumbência do encargo pela parte seja impossível ou excessivamente difícil.(Inserido pela Lei nº 13.467, de 13.07.2017)

1. COMENTÁRIOS

1.1. Ônus, obrigação e dever

1.1.1. Ônus é diferente de obrigação

O ônus permite à parte uma escolha, cujas consequências serão suportadas por quem optou por determinada atitude, ou omissão, no processo; **a obrigação impõe que se siga conduta especifica**, cujo descumprimento gera uma sanção que, no caso do processo, está prevista em lei. Não provar, quando se tinha o ônus de fazê-lo, importará em possibilidade de reconhecimento do fato ou do direito alegado pelo adversário. Descumprir a obrigação prevista em lei, como, por exemplo, de comparecer para depor como testemunha, importará em imposição de multa (art. 730 da CLT).

Dissemos, na primeira edição dos Comentários à CLT, que: "...é passível de críticas a referência à "pena de confissão" na S. 74 do TST. A confissão não é pena, mas sim consequência processual decorrente da ausência da parte que estava intimada a depor, como prevê a citada súmula. O descumprimento do ônus processual previsto na Súmula – comparecer para depor – gera a confissão".

O TST reconheceu a redação pouco técnica da Súmula referida, conforme nossa crítica. Com o advento da Resolução nº 175/2011, DEJT divulgado em 27, 30 e 31.05.2011, a S. 74, item I, passou a ter a seguinte redação: "Aplica-se a confissão à parte que, expressamente intimada com aquela cominação, não comparecer à audiência em prosseguimento, na qual deveria depor.". Por unanimidade, o pleno do TST decidiu suprimir o vocábulo "pena" da redação anterior da S. 74 do TST.

1.1.2. Ônus é diferente de dever

Para Pontes de Miranda (Comentários, p. 322) a diferença está em que o dever é em relação a alguém, ainda que seja a sociedade; há relação jurídica entre dois sujeitos, um dos quais é o que deve; a satisfação é do interesse do sujeito ativo; ao passo que ônus é em relação a si mesmo; não há relação entre sujeitos; satisfazer é do interesse do próprio onerado; ele escolhe entre satisfazer, ou não ter a tutela do próprio interesse. Com apoio nestas lições de Pontes de Miranda, Manoel Antonio Teixeira Filho, A Prova, 1997, p. 109, conclui que "inexiste, portanto, um dever de provar, seja em face da parte contrária, seja perante o próprio juiz. Há, sim, mero **ônus**, em virtude do qual **a parte que dele não se desincumbiu corre o risco de não ver acolhida sua pretensão**, que se fundamentava na existência do fato, cuja prova deixou de produzir.". No mesmo sentido é o pensamento de Trueba Urbina, 1971, *apud* Teixeira Filho, 1997, p. 109.

1.2. Aplicação subsidiária do processo civil quanto ao ônus da prova

A regra geral de distribuição do ônus da prova, no processo do trabalho, está prevista no 818 da CLT que, antes da redação da Lei nº 13.467, de 13.07.2017, é insuficiente para regular os ônus probatórios das partes no processo do trabalho.

A **doutrina majoritária, em razão da insuficiência da regra até então inscrita no art. 818, na redação original da CLT,** sempre defendeu a **aplicação subsidiária do art. 333, do CPC/73**, quanto ao ônus da prova (neste sentido: Martins, Comentários, 2010, p. 846; Carrion, Comentários, 2010, p. 690: "a regra de que o ônus pesa sobre quem alega é incompleta, simplista em excesso."; Bezerra Leite, Curso, 2007, p. 531-532; e Mauro Schiavi, Manual, 2008, p. 460).

A posição doutrinária quanto à omissão da CLT foi a mesma quanto ao CPC/2015, somente se alterando a fonte de aplicação subsidiária, que passava a ser o art. 373 do CPC/2015.

Manoel Antonio Teixeira Filho, A Prova, 1997, p. 112-113, defendia, antes da redação da Lei nº 13.467, de 13.07.2017, opinião quase isolada, de que a existência de regra na CLT, art. 818, impede a aplicação subsidiária do processo civil; o autor considerava suficiente a regra celetista para orientar a distribuição probatória na Justiça do Trabalho. Não era o que nos parecia, mas agora, com a redação da Lei nº 13.467, de 13.07.2017, a regra é completa e atualíssima, pronta para a solução dos conflitos trabalhistas contemporâneos.

Mesmo Wagner Giglio e Cláudia Corrêa, Direito Processual, 2007, p. 227, que não viam omissão na CLT, afirmavam, diante da notória inconveniência do art. 818, que a jurisprudência vem aceitando a aplicação subsidiária do art. 333 do CPC/73.

1.3. Ônus subjetivo e objetivo

As regras de distribuição do ônus da prova têm duplo objetivo, ou sentido: primeiramente definem qual parte tem o encargo de provar determinado fato; indaga-se quem deve provar, é o chamando **ônus subjetivo**, ou formal, como prefere Barbosa Moreira (Julgamento e Ônus da Prova, *in* Temas, 2ª série, 1988, p. 74-75). No segundo sentido, já no momento da sentença, o ônus da prova serve ao encadeamento lógico do julgamento das questões de fato, fazendo o juiz pender para uma ou outra parte, conforme tenham ou não resultado provados os fatos que a cada uma delas interessam, é o chamado **ônus objetivo** (Greco, Estudos, 2005, p. 367), ou ônus material, na nomenclatura proposta por Barbosa Moreira (Temas, 2ª série, 1988, p. 74-75).

Em verdade, o ônus da prova como regra de conduta das partes (ônus subjetivo), só tem importância no momento do julgamento e, ainda assim, quando ausentes as provas, pois quando estas são produzidas não interessa quem tinha o ônus subjetivo de provar. Na ausência de prova, aí sim, importa saber quem deveria ter provado e não o fez, para que o juiz, na sentença, possa averiguar os efeitos da omissão da parte que detinha o ônus e suas consequências no resultado do processo.

Sendo assim, a importância da distinção – ônus subjetivo e objetivo – se é que existe, só será observada no momento do julgamento e não durante a conduta das partes no processo. Neste sentido Barbosa Moreira: "o valor normativo das disposições pertinentes à distribuição do *onus probandi* assume real importância na *ausência de prova*: em semelhante hipótese é que o juiz há de indagar a qual dos litigantes competia o ônus, para imputar-lhe as consequências desfavoráveis da lacuna existente no material probatório." (As Presunções, 1ª Série, 2ª ed., 1988, p. 61).

A indagação de quem deve provar determinado fato (ônus subjetivo ou formal) só tem relevância quanto ao tema da inversão do ônus da prova, quando o juiz, na intenção de determinar que alguém prove um fato específico modificando a previsão ordinária de ônus da prova. Nesta hipótese, para que não haja surpresa no momento do julgamento, é essencial que o juiz defina, antecipadamente, a quem incumbe a prova do fato.

É correto afirmar, portanto, que o **tema da distribuição do ônus da prova constitui, no fundo, regra de julgamento e não de conduta das partes ao longo do processo (salvo quanto à inversão probatória determinada pelo juiz); destas regras se vale o juiz para não deixar de julgar, quando ausentes as provas** (vedação do *non liquet*). Colhida a prova, que se desprende de quem a produziu, não há interesse na averiguação da distribuição do ônus probatório (neste sentido: Barbosa Moreira, 1ª série, 1988, p. 61, que cita farta doutrina estrangeira;

Didier-Braga-Oliveira, Curso, Vol. II, 2009, p. 73-76; Câmara, Vol. I, 2009, p. 379-380 e Daniel Neves, Manual, 2009, p. 361-362).

1.4. Fatos constitutivos, impeditivos, modificativos e extintivos

O CPC/73, no art. 333, adotou a teoria de *Carnelutti*, estabelecida no seguinte princípio: "Quem opõe uma pretensão em juízo deve provar os fatos que a sustentam; e quem opõe uma exceção deve, por seu lado, provar os fatos dos quais resulta; em outros termos – quem aciona deve provar o fato ou fatos constitutivos; e quem excetua, o fato ou fatos extintivos, ou a condição ou condições impeditivas ou modificativas." (Amaral Santos, Primeiras Linhas, 2º Vol., 1998, p. 348).

Fato constitutivo é aquele que **gera, cria o direito**; sua prova, portanto, subsidia o processo com um elemento essencial de que o fato realmente ocorreu. É o caso da prova de que se trabalhou até mais tarde, quanto ao pedido de horas extras, ou de que foi admitido em determinada data, para ter anotada a CTPS.

Os fatos extintivos, como as condições impeditivas e modificativas são exceções, definidas como defesas indiretas de mérito, daí porque seu ônus probatório recai sobre o réu (Medina-Wambier, Processo, Vol. I, 2009, p. 208).

O **fato extintivo**, como o próprio nome indica, é suficiente para conduzir, independentemente de qualquer outro, à **extinção da relação jurídica**. Quando a reclamada alega que pagou determinado direito postulado, como décimo terceiro salário, por exemplo, é seu o ônus de provar o fato extintivo da obrigação. No mesmo sentido, quando o réu alega que as horas extras trabalhadas foram pagas ou compensadas, também é seu o ônus probatório, pois foram apresentados dois fatos extintivos que, se demonstrados, extinguirão a obrigação.

O **fato ou condição impeditiva** se mostra no processo como um **obstáculo à pretensão do autor, impedindo que o fato constitutivo produza seus efeitos**. O direito em si não chega a ser objeto de debate, posto que o obstáculo impede que a discussão avance para o tema de fundo. Assim, por exemplo, a alegação do réu de que possui quadro de carreira organizado, funciona como obstáculo ao pleito de equiparação salarial (art. 461 da CLT), impedindo que se discuta se o empregado realmente exerceu a mesma função que o modelo indicado; não se chegará a este debate, pois o fato impeditivo (existência de quadro de carreira) não permitirá que se avance.

O **fato modificativo** é definido como aquele que **altera a relação jurídica deduzida em juízo**. Tendo-se por certa a existência do direito, busca-se somente alterá-lo (Didier-Braga-Oliveira, Curso, Vol. II, 2009, p. 78). Este fato ou condição modificativa normalmente é alegado após o réu reconhecer, ao menos parcialmente, o fato constitutivo do direito do autor. O reclamado, quando assume que o reclamante cumpria jornada extraordinária, mas não na extensão narrada em sua petição inicial, alega fato modificativo, que tem o ônus de provar.

1.5. Inversão do ônus da prova

A doutrina aponta **três tipos de inversão**: convencional, legal e judicial (por todos, Daniel Neves, Manual, 2009, p. 363).

A **convencional** tem por fundamento o **art. 333, § único do CPC/73**, que **permite às partes distribuírem o ônus da prova de maneira diversa do previsto nos incisos do próprio artigo**; existem duas limitações à inversão convencional: **a)** não pode recair sobre direito indisponível e

b) não pode tornar o exercício do direito excessivamente difícil a uma das partes. Nesta espécie de inversão o ônus estará invertido desde que haja acordo entre as partes.

No mesmo sentido do texto de 73 prevê o art. 373, § 3º, I e II, do CPC 2015. O TST, por meio da IN nº 39/2016, art. 2º, VII, entendeu que a distribuição do ônus da prova por convenção entre as partes é inaplicável ao processo do trabalho. A posição do TST, a meu ver, é surpreendente, porque a disposição legal praticamente idêntica, e prevista no art. 333, § único, I e II, do CPC/73, nunca foi apontada como incompatível com o processo do trabalho.

Todavia, diante alteração do art. 818 da CLT, pela Lei nº 13.467, de 13.07.2017, há uma expressa escolha por um procedimento legal de distribuição de ônus da prova, absorvendo conceitos e regras consagradas no processo civil, sem que o texto trabalhista mencionasse a possibilidade de convenção das partes sobre ônus da prova. Assim, diante da atual redação do art. 818, o legislador fez uma escolha política que nos parece ser, diante de seu silêncio, a de afastar a possibilidade de convenção sobre ônus da prova, prevista no art. 373, § 3º, I e II, do CPC/2015.

A **legal depende de expressa previsão normativa** que altere a regra de ônus probatório do CPC, como nos exemplos encontrados no CDC, Lei nº 8.078/90. Há quem entenda que nesta hipótese não haverá inversão, mas sim uma exceção normativa à regra genérica do ônus da prova prevista no art. 333 do CPC, atual artigo 373, do CPC/2015 (neste sentido: Didier-Braga-Oliveira, Curso, Vol. II, 2009, p. 80).

A inversão **judicial** também **depende de lei**, sendo que a **fonte normativa prevê a possibilidade do julgador, no caso concreto, inverter o ônus probatório**, desde que preenchidas as circunstâncias previstas na norma. A doutrina dá o exemplo do art. 6º, VIII, da Lei nº 8.078/90, "quando, a critério do juiz, for verossímil a alegação ou quando for ele hipossuficiente, segundo as regras ordinárias de experiência." (citam este exemplo de inversão probatória *ope iudicis*: Didier-Braga-Oliveira, Curso, Vol. II, 2009, p. 81-82; Daniel Neves, Manual, 2009, p. 364 e Medina-Wambier, Processo, Vol. I, 2009, p. 211).

A regra do art. 818, § 1º, da CLT, consagra, indubitavelmente, hipótese de inversão judicial.

A inversão judicial também tem clara acolhida no art. 373, § 1º, do CPC/2015: " § 1º Nos casos previstos em lei ou diante de peculiaridades da causa relacionadas à impossibilidade ou à excessiva dificuldade de cumprir o encargo nos termos do *caput* ou à maior facilidade de obtenção da prova do fato contrário, poderá o juiz atribuir o ônus da prova de modo diverso, desde que o faça por decisão fundamentada, caso em que deverá dar à parte a oportunidade de se desincumbir do ônus que lhe foi atribuído.

Antes mesmo da Lei nº 13.467, de 13.07.2017 introduzir a inversão probatória na regra processual do art. 818 da CLT, já havia sua aceitação na esfera trabalhista.

No **processo do trabalho** é Bezerra Leite, Curso, 2007, p. 533, quem cita o exemplo de **inversão judicial de ônus da prova** (ainda que não dê esse nome). Diz o autor: "Atualmente, parece-nos não haver mais dúvida sobre o cabimento da inversão do ônus da prova nos domínios do direito processual do trabalho", passando o autor a transcrever, a partir daí, o texto do **art. 852-H, da CLT**.

Não temos dúvidas que o dispositivo citado justifica a inversão do ônus da prova no procedimento sumaríssimo trabalhista, mas não concordamos com a afirmação do autor de que a regra pode ser aplicada, por analogia, ao procedimento ordinário; a uma, porque as regras que regem o rito sumaríssimo foram instituídas para tutelar um bem jurídico específico, que não existe no ordinário, – as demandas de menor valor; a duas, porque não há lugar para interpretação analógica quanto a regras de procedimentos especiais, como nesta hipótese.

Bezerra Leite, Curso, 2007, p. 533, também defende que o art. 6º, VIII, da Lei nº 8.078/90, que permite a inversão do ônus da prova quanto ao hipossuficiente, é regra aplicável ao processo do trabalho; neste ponto não está só, pois Mauro Schiavi, Manual, 2008, p. 462-463, defende idêntica tese.

Não obstante o processo do trabalho também trate de tentar diminuir as desigualdades processuais entre os litigantes, não vejo lugar para aplicação de regra especial que cuida de relações de consumo, como a do art. 6º, VIII, do CDC.

Antes da Lei nº 13.467, de 13.07.2017, a solução mais consentânea com a realidade trabalhista foi proposta, a nosso ver, por Cleber Lúcio de Almeida, Direito Processual, 2009, p. 583-584. O autor defende que o Juiz do Trabalho deve estabelecer presunções favoráveis ao empregado, fundadas nos princípios do direito do trabalho, na exigência de pré-constituição da prova e em regras de experiência; além disso, deve o juiz conceder especial valor à prova favorável ao trabalhador, que se sustenta no princípio de que basta a prova do início do fato que gera seu direito para que o juiz entenda superado o encargo probatório.

Vigora intensa cizânia doutrinária acerca do **momento em que o ônus da prova deve ser invertido pelo Juiz**. Para alguns, como o ônus da prova é regra de julgamento, só deve ser feita sua inversão na sentença e, ainda assim, na ausência de provas efetivamente produzidas; para outros, tese que melhor atende à ampla defesa, o juiz deve definir, no início da instrução probatória, pois a inversão é regra de processo, ao contrário do ônus da prova, que é regra de julgamento (por todos, Didier-Braga-Oliveira, Curso, Vol. II, 2009, p. 82-85, que apresentam um estudo enciclopédico sobre o tema, citando farta doutrina na defesa de ambas as teses). Antes da Lei nº 13.467, de 13.07.2017, opinamos no seguinte sentido:

> "Parece-nos mais de acordo com os princípios que regem o processo moderno que o **juiz defina a inversão do ônus da prova no início da instrução**, dando à parte a quem esta decisão desfavorece a oportunidade de produzir a prova necessária a desconstituir a presunção que decorre desta inversão. Esta postura na condução do processo já ocorre, com frequência, nas lides trabalhistas, onde o juiz define a inversão na audiência, quando não antes, permitindo a prova pela parte a quem a inversão desfavorece." (Consolidação das Leis do Trabalho, 2016, p. 920)

O texto do art. 818, § 2º, acolheu, integralmente, a nossa opinião.

No **processo do trabalho**, pode-se afirmar, independentemente da discussão doutrinária acima posta, que vigora **certa tendência à inversão do ônus da prova na jurisprudência**, sempre que a demonstração do fato se mostra mais difícil para o empregado, ou na existência de princípios ou presunções favoráveis a este; são exemplos de inversão probatória na jurisprudência do TST as **Súmulas 212 e 338 do TST**.

1.5.1. O cancelamento das OJ's 301 e 215 da SBDI-1/TST (Aprovação das Súmulas 460 e 461 do TST)

A OJ nº 301 da SBDI-1/TST, antes apontada como exemplo de inversão probatória, foi cancelada pela Resolução nº 175/2011, DEJT divulgado em 27, 30 e 31.05.2011. Sobre este cancelamento, já em 2001, assim me posicionei:

> "O cancelamento demonstra coerência da Suprema Corte Trabalhista. Sabidamente, com o avanço da informática, ampliou-se consideravelmente o acesso do empregado às informações sobre os depósitos em sua conta vinculada do FGTS, razão pela qual deixou de ter importância a inversão probatória antes definida pela OJ nº 301 da SBDI-1/TST, que atribuía ao empregador o ônus de demonstrar a regularidade dos depósitos no FGTS."

Da forma como acima descrito, para mim estava clara a mudança de posicionamento, deixando de existir a inversão probatória. Contudo, 5 anos após o cancelamento da OJ nº 301, o TST aprovou, por meio da Res. 209/2016, DEJT divulgado em 01, 02 e 03.06.2016, a Súmula nº 461 de sua jurisprudência uniforme, deixando clara a inversão probatória, contrariamente ao que defendemos na oportunidade do cancelamento da OJ nº 301. Neste sentido o teor do S. 461 do TST: "É do empregador o ônus da prova em relação à regularidade dos depósitos do FGTS, pois o pagamento é fato extintivo do direito do autor (art. 373, II, do CPC de 2015).". Mantemos nossa posição doutrinária, achando absolutamente desnecessária tal inversão probatória, mas, por economia processual, passamos a adotar o posicionamento sumulado em nossos julgamentos, a partir de 3.6.2016.

O cancelamento da OJ nº 215 da SBDI-1/TST, igualmente pela Resolução nº 175/2011, conduz a conclusão diametralmente oposta da provocada pelo cancelamento da OJ nº 301. A OJ nº 215 impunha ao empregado o ônus de demonstrar que satisfez, na vigência do contrato de trabalho, os requisitos indispensáveis à obtenção do vale-transporte. Com seu cancelamento, o empregador é quem passa a ter o ônus de demonstrar que o empregado não fazia jus ao vale-transporte. Ou seja, o empregador terá que demonstrar que o empregado não atendeu aos requisitos da Lei nº 7.418/85 e do Decreto nº 95.247, de 17.11.1987, regulamentador do benefício. Por exemplo, o empregador pode demonstrar que concede transporte, estando desonerado de conceder o vale (art. 4º do Regulamento), ou, ainda, que o empregado não lhe entregou, devidamente preenchida, a solicitação de vale-transporte, com os dados do percurso de ida e volta do trabalho, bem como os meios de transporte utilizados para deslocamento (art. 7º, do Regulamento). O cancelamento da OJ nº 215, a meu ver, restabeleceu a igualdade quanto à prova do vale-transporte, pois o empregador tem mais aptidão para produzi-la.

O que dissemos por ocasião do cancelamento da OJ nº 215 da SDI-1/TST, conforme acima exposto, foi finalmente consagrado na jurisprudência do TST, diante da aprovação da Súmula nº 460, – Res. 209/2016, DEJT divulgado em 01, 02 e 03.06.2016, atribuindo ao empregador "o ônus de comprovar que o empregado não satisfaz os requisitos indispensáveis para a concessão do vale-transporte ou não pretenda fazer uso do benefício.".

1.6. Prova diabólica, fato negativo e distribuição dinâmica do ônus da prova

Como bem explica Daniel Neves, Manual, 2009, p. 364, não é difícil a prova de um **fato negativo determinado**, bastando, para tanto a prova de um outro fato, positivo, em contraposição ao negativo. Adaptando para a seara trabalhista o exemplo proposto pelo próprio autor, para que o empregado prove que não agrediu um colega de trabalho, como fato motivador da justa causa, basta provar que estava em outro setor do estabelecimento empresarial, no exato momento da alegada agressão.

O problema, prossegue Daniel Neves, é "o **fato negativo indeterminado** (absolutamente negativo), porque nesse caso é até possível a prova de que a alegação deste fato é falsa, mas é impossível a produção de prova de que ela seja verdadeira." (2009, p. 364). Mais uma vez adaptando o exemplo do autor para a área trabalhista, é impossível para o empregado provar que nunca se atrasou no trabalho, quando o empregador, com até 10 empregados, não estava obrigado a manter controle de horário (art. 74, § 2º, da CLT). Por outro lado, basta que o empregador prove que o empregado se atrasou apenas uma vez, para contradizer a alegação de que nunca houve atraso. A esta total impossibilidade de uma das partes, no caso o empregado, de fazer a prova do fato, particularmente do fato negativo indeterminado, convencionou-se chamar de "prova diabólica".

A **prova diabólica** é aquela impossível ou muito difícil de ser demonstrada pela parte (Didier-Braga-Oliveira, Curso, Vol. II, 2009, p. 89). No processo do trabalho a jurisprudência trabalhista construiu um bom exemplo de prova diabólica, quando atribui ao empregado o ônus de demonstrar que o empregador, na vigência do contrato de trabalho, se recusou a receber a certidão de nascimento, fato constitutivo do direito ao benefício do salário-família (**S. 254/TST**). Como será possível ao empregado demonstrar que o empregador se recusou a receber a certidão? A prova desta recusa é impossível, ou ao menos muito difícil para o empregado; não há documento que confirme a recusa e dificilmente alguma testemunha terá presenciado este momento, pois costuma acontecer no departamento de pessoal da empresa, somente na presença do representante do empregador e do empregado requerente do benefício.

A **solução para o problema da prova do fato negativo indeterminado ou da prova diabólica está, a nosso ver, numa mudança de postura quanto à distribuição do ônus da prova.**

O CPC/73, no art. 333, consagrou a distribuição estática do ônus da prova, definindo quem deve provar, a partir das alegações feitas em juízo. Esta continua a ser, a nosso ver, a regra geral da distribuição do encargo probatório, inclusive com apoio no CPC/2015, art. 373, I e II.

A CLT, na regra do art. 818, I e II, também consagrou a distribuição estática do ônus da prova.

Contudo, a natureza estática desta regra, também é o motivo de sua ineficiência para a solução dos casos onde a distribuição do ônus probatório provoca um enorme desequilíbrio entre os sujeitos do processo.

A saída para os problemas que envolvem as provas difíceis ou impossíveis para uma das partes, é atribuir o encargo probatório à parte que tem mais acesso ao manancial de provas, ou seja, àquele que possuir maior capacidade probatória (art. 818, § 1º, da CLT); no processo do trabalho, via de regra, o empregador é o detentor da maior parte das provas, até porque precisa guardar um número significativo de documentos para atender à fiscalização do trabalho. O empregador mantém, dentre outras provas, aquelas que dizem respeito ao controle de horário (controles de horário), ao ingresso e evolução funcional do empregado (ficha de registro), o regulamento da empresa, plano de carreira, etc. Também quanto à prova testemunhal, o empregador tem mais facilidade de produzi-la em juízo, pois é detentor do poder de direção e comando na relação de emprego.

Sendo assim, no caso concreto e como medida excepcional para a solução dos casos difíceis, o juiz poderá atribuir ao empregador o ônus da prova, adotando a teoria que se convencionou chamar de "**distribuição dinâmica do ônus probatório**", adotada pelo legislador da reforma trabalhista, na redação do art. 818, § 1º, da CLT

Sobre este tema, Alexandre Câmara, Lições, Vol. I, 2009, p. 380, explica que: "Moderna doutrina tem afirmado a possibilidade de uma distribuição dinâmica do ônus da prova, por decisão judicial, **cabendo ao magistrado atribuir o ônus da prova à parte que, no caso**

concreto, revele ter melhores condições de a produzir.". Prossegue o autor, afirmando que a atitude do magistrado, independente de qualquer previsão expressa em lei, e se dá no direito brasileiro por aplicação dos princípios constitucionais que regem o processo, registrando que a distribuição dinâmica do ônus da prova não é regra, mas exceção, podendo o juiz determinar a inversão do ônus probatório, no caso concreto, "sempre que verificar que a parte a quem tal ônus normalmente incumbiria não tem mínimas condições de produzir a prova e a parte adversária tem condições totais de o fazer (em outras palavras, quando a parte contrária tem o domínio da prova) (2009, p. 381).

Manoel Antonio Teixeira Filho, A Prova, 1997, p. 117/118, em posição de vanguarda para a época, defendeu a distribuição dinâmica do ônus da prova, no processo do trabalho. São as seguintes as lições do autor: "Constatada que seja a insuficiência do dispositivo processual trabalhista, competirá ao julgador verificar, no caso concreto, *quem estava apto a produzir* a prova, segundo os meios e condições do que realmente dispunha, pouco importando que se trate de prova positiva ou negativa ou de que o interesse fosse desta ou daquela parte". Prossegue o autor: "Assim, o **princípio da aptidão para a prova**, a que se referira *Porras Lopez* (pág. 53), deve ser eleito como o principal elemento supletivo do processo do trabalho, em cujo âmbito permanecerá em estado de latência, vindo a aflorar sempre que **convocado para dirimir eventuais dificuldades em matéria de ônus da prova...**".

A regra de distribuição probatória do art. 818, § 1º da CLT, consagra a igualdade das partes no processo. O TST, antes mesmo da aprovação da regra celetista, entendeu aplicável a regra de inversão probatória do processo civil, prevista no art. 373, § 1º, do CPC/2015 (neste sentido, inclusive, a IN nº 39/2016 do TST, art. 3º, VII).

Este conhecimento foi exigido no seguinte concurso público para ingresso no Cargo de Juiz do Trabalho Substituto:

✱ DISCURSIVA:

↳ **(TRT/3R/Juiz/2009) Como se distribui o ônus da prova no processo do trabalho, em contraste com o processo civil?**

2. SÚMULAS E ORIENTAÇÕES JURISPRUDENCIAIS

▸ **TST/S. 16**

NOTIFICAÇÃO (nova redação) – Res. 121/2003, DJ 19, 20 e 21.11.2003

Presume-se recebida a notificação 48 (quarenta e oito) horas depois de sua postagem. O seu não-recebimento ou a entrega após o decurso desse prazo constitui ônus de prova do destinatário.

▸ **Súmula nº 6, VIII/TST**

EQUIPARAÇÃO SALARIAL. ART. 461 DA CLT (redação do item VI alterada) – Res. 198/2015, republicada em razão de erro material – DEJT divulgado em 12, 15 e 16.06.2015

VIII – É do empregador o ônus da prova do fato impeditivo, modificativo ou extintivo da equiparação salarial. (ex-Súmula nº 68 – RA 9/1977, DJ 11.02.1977)

▸ **Súmula nº 212/TST**

DESPEDIMENTO. ÔNUS DA PROVA (mantida) – Res. 121/2003, DJ 19, 20 e 21.11.2003

O ônus de provar o término do contrato de trabalho, quando negados a prestação de serviço e o despedimento, é do empregador, pois o princípio da continuidade da relação de emprego constitui presunção favorável ao empregado.

▸ **Súmula nº 254 – TST**

SALÁRIO-FAMÍLIA. TERMO INICIAL DA OBRIGAÇÃO (mantida) – Res. 121/2003, DJ 19, 20 e 21.11.2003

O termo inicial do direito ao salário-família coincide com a prova da filiação. Se feita em juízo, corresponde à data de ajuizamento do pedido, salvo se comprovado que anteriormente o empregador se recusara a receber a respectiva certidão.

Súmula nº 338/TST

JORNADA DE TRABALHO. REGISTRO. ÔNUS DA PROVA (incorporadas as Orientações Jurisprudenciais nºs 234 e 306 da SBDI-1) – Res. 129/2005, DJ 20, 22 e 25.04.2005

I – É ônus do empregador que conta com mais de 10 (dez) empregados o registro da jornada de trabalho na forma do art. 74, § 2º, da CLT. A não-apresentação injustificada dos controles de freqüência gera presunção relativa de veracidade da jornada de trabalho, a qual pode ser elidida por prova em contrário. (ex-Súmula nº 338 – alterada pela Res. 121/2003, DJ 21.11.2003)

II – A presunção de veracidade da jornada de trabalho, ainda que prevista em instrumento normativo, pode ser elidida por prova em contrário. (ex-OJ nº 234 da SBDI-1 – inserida em 20.06.2001)

III – Os cartões de ponto que demonstram horários de entrada e saída uniformes são inválidos como meio de prova, invertendo-se o ônus da prova, relativo às horas extras, que passa a ser do empregador, prevalecendo a jornada da inicial se dele não se desincumbir. (ex-OJ nº 306 da SBDI-1 – DJ 11.08.2003)

Súmula nº 460/TST

VALE-TRANSPORTE. ÔNUS DA PROVA – Res. 209/2016, DEJT divulgado em 01, 02 e 03.06.2016

É do empregador o ônus de comprovar que o empregado não satisfaz os requisitos indispensáveis para a concessão do vale-transporte ou não pretenda fazer uso do benefício.

Súmula nº 461/TST

FGTS. DIFERENÇAS. RECOLHIMENTO. ÔNUS DA PROVA – Res. 209/2016, DEJT divulgado em 01, 02 e 03.06.2016

É do empregador o ônus da prova em relação à regularidade dos depósitos do FGTS, pois o pagamento é fato extintivo do direito do autor (art. 373, II, do CPC de 2015).

TST/OJ-SDI1-233

HORAS EXTRAS. COMPROVAÇÃO DE PARTE DO PERÍODO ALEGADO (nova redação) – DJ 20.04.2005

A decisão que defere horas extras com base em prova oral ou documental não ficará limitada ao tempo por ela abrangido, desde que o julgador fique convencido de que o procedimento questionado superou aquele período.

3. INFORMATIVOS DO TST

Doença ocupacional. Inversão do ônus da prova. Presunção de culpa do empregador. Indenização por danos morais. Devida.

A SBDI-I, por unanimidade, conheceu de embargos, por divergência jurisprudencial e, no mérito, por maioria, negou-lhes provimento, mantendo, ainda que por fundamento diverso, a condenação de empresa do ramo de consultoria em tecnologia da informação ao pagamento de indenização por danos morais à digitadora que fora acometida de doença osteomuscular decorrente de posições forçadas e movimentos repetitivos durante a jornada de trabalho. Na hipótese, a Turma não conheceu do recurso de revista, mantendo decisão do TRT que, tipificando as atribuições da reclamante como atividade de risco, aplicou a teoria da responsabilidade objetiva. Prevaleceu, porém, o entendimento de que, tratando-se de doença ocupacional, há uma inversão do ônus da prova, presumindo-se, portanto, a culpa do empregador pelos danos causados à saúde da trabalhadora. Vencidos os Ministros Ives Gandra Martins Filho, relator, e Brito Pereira, que davam provimento ao recurso para julgar improcedente o pedido de indenização, uma vez que a função de digitadora não pode ser considerada de risco, e não houve demonstração de culpa apta a caracterizar a responsabilidade subjetiva do reclamado; e os Ministros João Oreste Dalazen e Dora Maria da Costa, que davam provimento aos embargos para fixar a premissa da responsabilidade subjetiva e determinar a baixa dos autos ao Tribunal de origem para que nova decisão fosse proferida. Ressalvaram fundamentação o Ministro Augusto César Leite de Carvalho, que negava provimento aos embargos por entender ser hipótese de aplicação da teoria da responsabilidade objetiva, visto que a NR 17 indica os serviços de entrada de dados como atividade de risco, amoldando-se, portanto, ao art. 927, parágrafo único, do Código Civil; e os Ministros Barros Levenhagen, Luiz Philippe Vieira de Mello Filho e Lelio Bentes Corrêa, que entendiam ser incontroversa a culpa da reclamada, pois, adquirida a doença profissional, resta patente a omissão da empresa ao não adotar medidas preventivas. TST-E – RR-80500-83.2007.5.04.0030, SBDI-I, rel. Min. Ives Gandra da Silva Martins Filho, red. p/ o acórdão Min. Renato de Lacerda Paiva, 7.3.2013 (Informativo nº 39)

4. QUESTÕES DE CONCURSOS

01. (TRT – 6ª REGIÃO/JUIZ DO TRABALHO SUBSTITUTO/2010) Com fundamento na lei, na jurisprudência sumulada do Tribunal Superior do Trabalho, analise as assertivas abaixo acerca do ônus da prova em matéria de jornada de trabalho e, depois, assinale a alternativa CORRETA.

I. Contando com mais de dez empregados, é ônus da empresa manter um sistema de registro de jornada de trabalho conforme estabelece o artigo 74, § 2º da Consolidação das Leis do Trabalho.

II. A ausência injustificada dos documentos de controle de jornada no processo gera a presunção relativa de veracidade da jornada declinada na peça vestibular, a qual pode ser elidida mediante produção de prova em contrário.

III. A presunção de veracidade dos documentos de controle de jornada, consagrada em instrumento normativo, não pode ser elidida por prova em contrário.

IV. Os documentos de controle de jornada que revelem marcação inalterada dos horários de entrada e saída não são válidos, invertendo-se o ônus da prova, relativo às horas extras, que passa a ser do empregador, prevalecendo a jornada da inicial se dele não se desincumbir.

V. A aplicação da confissão ficta em desfavor do empregador gera a presunção de veracidade da jornada declinada na inicial, que poderá ser elidida mediante robusta prova documental.

a) Apenas a assertiva I está correta.
b) Apenas a assertiva II está correta.
c) As assertivas I, II, IV e V estão corretas.
d) Apenas a assertiva III está correta.
e) As assertivas I, II e III estão corretas.

02. (TRT – 18ª REGIÃO/ANALISTA JUDICIÁRIO/FCC/2008) Considere as assertivas abaixo a respeito das provas:

I. O ônus de provar o término do contrato de trabalho, quando negados a prestação de serviços e o despedimento, é do empregado.

II. Em regra, a prova da jornada extraordinária é do empregado por tratar-se de fato constitutivo do seu direito.

III. É do empregador o ônus da prova do fato impeditivo, modificativo ou extintivo da equiparação salarial.

IV. O termo inicial do direito ao salário-família coincide com a prova da filiação e, em regra, se feita em juízo, corresponde à data do ajuizamento do pedido.

a) II, III e IV;
b) I, II e III;
c) III e IV;
d) I e IV;
e) I e III

03. (TRT – 8ª REGIÃO/JUIZ DO TRABALHO/2007/ADAPTADA) O reclamante ajuíza reclamação trabalhista visando ao reconhecimento do vínculo de emprego. A reclamada nega a própria prestação de serviços. Neste caso é do empregado o ônus de provar o fato constitutivo do seu direito.

04. (FCC – TRT 8 – Analista Judiciário/2010) A empresa X possui atualmente sete empregados, uma vez que dispensou Maria no semestre passado e João pediu demissão. João ajuizou reclamação trabalhista em face de sua ex-empregadora requerendo, dentre outras verbas, horas extras realizadas e aviso prévio. Neste caso, em regra, o ônus da prova das horas extras e do aviso prévio é

a) da empresa X e de João, respectivamente.
b) de João.
c) da empresa X.
d) de João e da empresa X, respectivamente.
e) de ambas as partes indistintamente.

05. (FCC – TRT 8 – Analista Judiciário/2010) Gabriela adquiriu uma fazenda na Cidade do Sol através de instrumento particular de compra e venda. Após alguns dias descobriu que a fazenda adquirida havia sido arrematada em leilão judicial em razão de dívida trabalhista do ex-proprietário. Neste caso, Gabriela

a) não poderá interpor Embargos de Terceiros, tendo em vista que o bem já foi arrematado em leilão.

b) poderá interpor Embargos de Terceiros até cinco dias depois da arrematação, mas sempre antes da assinatura da respectiva carta.

c) poderá interpor Embargos de Terceiros até dez dias depois da arrematação, mas sempre antes da assinatura da respectiva carta.

d) poderá interpor Embargos de Terceiros até cinco dias depois da arrematação, independentemente da assinatura da respectiva carta.

e) poderá interpor Embargos de Terceiros até dez dias depois da arrematação, independentemente da assinatura da respectiva carta.

06. **(MPT – Procurador do Trabalho/2008)** Acerca das provas no processo do trabalho, analise os itens seguintes: como expressão do princípio da necessidade da prova, o denominado ônus subjetivo está direcionado aos litigantes e envolve o encargo de demonstrar em juízo os fatos controvertidos.

07. **(MPT – Procurador do Trabalho/2008)** Acerca das provas no processo do trabalho, analise os itens seguintes: conjugado ao princípio da comunhão das provas, o ônus objetivo da prova envolve o dever cometido ao juiz de analisar os meios de convicção carreados aos autos, independentemente de quem os tenha produzido, a fim de proferir a decisão.

08. **(FCC – Analista Judiciário – Área Judiciária – TRT 19/2014)** O ônus de provar o término do contrato de trabalho quando negados a prestação de serviço e o despedimento e o ônus de provar fato impeditivo, modificativo ou extintivo da equiparação salarial é do

a) empregador.

b) empregado.

c) empregador e empregado, respectivamente.

d) empregado e empregador, respectivamente.

e) de ambas as partes, tratando-se de ônus comum objetivo.

GAB	1	C	2	A	3	C	4	D	5	B	6	C	7	C	8	A

✦ **INTÉRPRETE: NOMEAÇÃO PELO JUIZ**

Art. 819. O depoimento das partes e testemunhas que não souberem falar a língua nacional será feito por meio de intérprete nomeado pelo juiz ou presidente.

§ 1º – Proceder-se-á da forma indicada neste artigo, quando se tratar de surdo-mudo, ou de mudo que não saiba escrever.

§ 2º – Em ambos os casos de que este artigo trata, as despesas correrão por conta da parte a que interessar o depoimento.

1. COMENTÁRIOS

1.1. Intérprete e Tradutor: funções diferentes

O juiz nomeará intérprete quanto à parte ou testemunha que, tendo de depor em juízo, não souber o idioma nacional. Também poderá nomear intérprete para analisar documento de entendimento duvidoso, redigido em língua estrangeira (art. 151, I, do CPC/73 e art. 162, I, do CPC/2015).

Não há conflito entre a atividade do intérprete e do tradutor juramentado; o tradutor será nomeado pelo juízo para que o documento em idioma estrangeiro, após sua tradução para o vernáculo, seja juntado aos autos (art. 157, do CPC/73 e art. 192, § único, do CPC/2015); o intérprete "trabalha a partir da tradução já realizada." (Marinoni-Mitidiero, CPC, 2008, p. 189).

No mesmo sentido Agrícola Barbi, Comentários, 1999, p. 459, afirma, quanto à atuação do intérprete, o seguinte: "Trata-se de caso em que o documento já está com a tradução exigida pelo art. 157 (CPC/73), mas em que foi suscitada a dúvida sobre a tradução, em alguma parte do texto. Aí o intérprete deve ser um conhecedor da língua em que foi redigido o documento e que virá esclarecer dúvidas deixadas pelo tradutor juramentado.".

Como se percebe, as funções não se confundem. Mesmo sendo ambos órgãos auxiliares do juízo, o tradutor juramentado, cuja profissão é regulamentada pelo Decreto nº 13.609, de 21.10.43, converte para o idioma nacional os documentos confeccionados em idioma estrangeiro e que precisam ser juntados aos autos; o intérprete, diante de dúvida suscitada no processo quanto à tradução feita por tradutor juramentado, será nomeado pelo juízo para dissipar o questionamento.

1.2. Hipóteses de nomeação do Intérprete

O Juiz, mesmo que conheça o idioma nacional da pessoa que prestar depoimento, ou do documento, deverá nomear intérprete, pois só assim poderá preservar a ampla defesa, permitindo a todos, principalmente aos que não conhecem o idioma estrangeiro, o perfeito entendimento dos fatos (neste sentido: Marinoni-Mitidiero, CPC, 2008, p. 153).

Ademais, a nomeação de intérprete permite que somente um sentido seja dado ao documento ou ao depoimento colhido, qual seja, aquela decorrente do trabalho do intérprete; a não nomeação do intérprete prejudicará o entendimento da prova, pois cada um fará a interpretação que bem entender do fato trazido pelo depoimento ou pelo documento (contra, entendendo que o juiz pode dispensar o intérprete quando for conhecedor do idioma estrangeiro: Agrícola Barbi, Comentários, 1999, p. 458).

1.3. Procedimento da tradução: impugnação e pagamento do Intérprete

O intérprete nomeado para converter para o idioma nacional o depoimento colhido em idioma estrangeiro deve estar presente à audiência de instrução, fazendo a tradução simultânea; o juiz não transfere seu poder de direção no processo, cabendo a este a redução a termo do depoimento, ditando a seu secretário de audiência o que deverá constar da ata, a partir da tradução feita pelo intérprete.

Na hipótese do art. 819, § 1º, da CLT o intérprete só será nomeado se o surdo-mudo, ou mudo, não souber escrever; neste caso a função do profissional nomeado pelo juízo será a de traduzir, para redução a termo, a linguagem dos sinais, ou qualquer outra forma, não acessível a todos, de que o depoente se utilizar para se comunicar.

Caso haja impugnação por quaisquer das partes quanto ao teor do depoimento, questionando a tradução feita pelo intérprete, o juiz deverá registrar em ata o ocorrido e, se não puder ser resolvida a impugnação em audiência, nomeará outro intérprete para solucionar a controvérsia.

Não há previsão legal para nomeação de assistente técnico com o intuito de auxiliar a parte, em audiência, no momento em que o intérprete está cumprindo seu ofício; contudo, como a função de intérprete tem natureza equivalente à do perito (Agrícola Barbi, Comentários, 1999, p. 458), nada obsta que o juiz permita, nesta hipótese, a nomeação de assistente para auxiliar a parte. Neste caso, a parte deverá nomear assistente no prazo de 5 (cinco) dias, contados da intimação do despacho de nomeação do intérprete, por aplicação subsidiária e analógica do art. 421, § 1º, inciso I, do CPC/73 (no **CPC/2015, conforme art. 465, § 1º, o prazo é de 15 dias**).

A CLT é omissa quanto a quem pode exercer a função de intérprete, razão pela qual se aplica, subsidiariamente, a norma do art. 152, do CPC/73, a seguir transcrita: "Não pode ser intérprete quem: I – não tiver a livre administração dos seus bens; II – for arrolado como testemunha ou serve como perito no processo; III – estiver inabilitado ao exercício da profissão por sentença penal condenatória, enquanto durar o seu efeito.".

O CPC/2015, art. 163, dispõe sobre o intérprete, nos seguintes termos: Não pode ser intérprete ou tradutor quem: I – não tiver a livre administração de seus bens; II – for arrolado como testemunha ou atuar como perito no processo; III – estiver inabilitado para o exercício da profissão por sentença penal condenatória, enquanto durarem seus efeitos.

O intérprete, como órgão auxiliar do juízo, também se sujeita às regras de suspeição e impedimento, conforme dispõe o art. 138 do CPC/73 (art. 148, II, do CPC/2015) (sobre o tema nos reportamos aos comentários ao art. 801 da CLT).

Diferentemente do que ocorre com o perito (art. 790-B, da CLT), dispõe o art. 819, § 2º, que as despesas correrão por conta da parte a quem o depoimento interessar; a regra legal deve ser interpretada no sentido de que os honorários do intérprete deverão ser adiantados pela parte e depois, ao final, definitivamente pela parte sucumbente (neste sentido: Martins, Comentários, 2010, p. 851). Caso, ao final, a parte sucumbente seja beneficiária da gratuidade de justiça, a União suportará o ressarcimento da parte vencedora que adiantou o pagamento ao intérprete, conforme a resolução nº 66/2010, de 10.6.2010, do CSJT, que manteve os mesmos parâmetros da Resolução nº 35/2007, mas incluiu a possibilidade de custeio pela União das despesas com Intérpretes e Tradutores, fixando, em anexo à mesma, uma tabela destes honorários. Caso a gratuidade de justiça seja deferida antes mesmo do juiz perceber a necessidade do intérprete, sendo este nomeado posteriormente, não se poderá impor ao juridicamente pobre a antecipação de seus honorários, que serão suportados, pela União, ao final, nos termos das Resoluções antes citadas.

2. QUESTÕES DE CONCURSOS

01. (TRT – 15ª REGIÃO/ANALISTA JUDICIÁRIO/FCC/2009) Margarida ajuizou reclamação trabalhista em face de sua ex-empregadora a empresa ALPHA. Na reclamação trabalhista, Margarida pretende ouvir o depoimento testemunhal de Jenyfer, sua colega de trabalho. O problema é que Jenyfer é americana e não fala a língua nacional. O M.M. Juiz que instrui o processo possui total conhecimento e fluência do inglês. Neste caso, o M.M. Juiz

a) deverá nomear tradutor juramentado, sendo que as despesas decorrentes desta tradução correrão inicialmente por conta da empresa ALPHA.

b) deverá tomar o depoimento de Jenyfer, determinando que o termo seja assinado pelas partes e por duas testemunhas presenciais.

c) deverá nomear intérprete, sendo que as despesas decorrentes desta tradução correrão inicialmente por conta da empresa ALPHA.

d) deverá nomear tradutor juramentado, sendo que as despesas decorrentes desta tradução correrão inicialmente por conta da Margarida.

e) deverá nomear intérprete, sendo que as despesas decorrentes correrão inicialmente por conta da Margarida.

02. (TRT – 2ª REGIÃO/ANALISTA JUDICIÁRIO/FCC/2008/ADAPTADA) Se a testemunha não souber falar a língua nacional, será obrigatória a convocação de tradutor público juramentado.

03. (TRT – 23ª REGIÃO/JUIZ DO TRABALHO SUBSTITUTO/2008/ADAPTADA) o depoimento das partes e testemunhas que não souberem falar a língua nacional e quando se tratar de surdo-mudo, ou de mudo que não saiba escrever, será feito por meio de intérprete nomeado pelo juiz, correndo as despesas por conta da parte a que interessar o depoimento.

04. (TRT – 8ª REGIÃO/JUIZ DO TRABALHO/2005) Em audiência que serviria para interrogatório das partes, o Juiz do feito constatou que o autor da demanda, assistido por advogado, era surdo-mudo, alfabetizado. De que maneira deverá proceder o julgador para tomar o depoimento do reclamante?

a) Nomear-lhe curador para que preste o depoimento, em nome do autor.

b) Autorizar o reclamante a indicar representante do sindicato, ou colega integrante da mesma categoria profissional, para que, em nome do autor, preste o depoimento.

c) Designar intérprete.

d) Dispensar o depoimento do reclamante.

e) Tomar o depoimento do autor por escrito.

05. **(FCC – Juiz do Trabalho Substituto 20ª região/ 2012)** Sobre a prova testemunhal no processo do trabalho, é correto afirmar: o depoimento das testemunhas que não souberem falar a língua nacional será feito por meio de intérprete nomeado pelo juiz. Pessoa surda-muda não pode ser testemunha.

GAB	1	E	2	E	3	C	4	E	5	E

✦ **DEPOIMENTOS DAS PARTES E TESTEMUNHAS**

Art. 820. As partes e testemunhas serão inquiridas pelo juiz ou presidente, podendo ser reinquiridas, por seu intermédio, a requerimento dos vogais, das partes, seus representantes ou advogados.

1. COMENTÁRIOS

1.1. Depoimento pessoal e Interrogatório

A redação do art. 820 da CLT, como também do art. 848 da CLT, permite a interpretação de que existe, no processo do trabalho, o interrogatório, privativo do juiz, como o depoimento pessoal, de iniciativa da parte. É minoritária a tese de que não existe o depoimento pessoal no processo do trabalho, até porque a S. 74 do TST consagrou, expressamente, seu cabimento.

Após o interrogatório, portanto, a parte terá o direito, se for do seu interesse, de ouvir a outra parte em depoimento pessoal.

O direito brasileiro, no processo do trabalho como no processo civil, adota o regime presidencialista da audiência, onde as perguntas de iniciativa da parte, quando seu adversário está prestando depoimento pessoal, são dirigidas ao juiz que, ao considerá-la relevante, questionará a outra parte; no direito processual anglo-saxônico a regra é diferente, permitindo-se a pergunta diretamente de uma parte à outra, resguardada a possibilidade do juiz indeferi-las quando impertinentes.

O **interrogatório, por ser privativo do juiz, pode ser múltiplo, pois não há preclusão, considerando-se sua intenção de buscar a verdade. O depoimento da parte, de iniciativa dos litigantes, só ocorre uma vez e na audiência de instrução e seu objetivo é obter a confissão** (o esclarecimento da verdade é secundário para a parte: neste sentido se posiciona Daniel Neves, Manual, 2009, p. 381). Igualmente, Marinoni-Arenhart, Curso, Vol. 2, 2007, p. 308: "Em termos amplos, pode-se dizer que o interrogatório livre é muito mais forma de esclarecimento, de que se vale o juiz para melhor inteirar-se dos fatos do processo, do que propriamente meio de prova. Ao contrário, o depoimento pessoal (ou da parte como parcela da doutrina prefere denominá-lo) tem nítido e específico fim probatório, já que seu objetivo primário é obter a confissão da parte adversa.".

1.2. Depoimento pessoal: quem pode depor?

Podem prestar depoimento pessoal todos que detêm a **qualidade de parte**, como o assistente litisconsorcial, o denunciado à lide, o nomeado à autoria, o chamado ao processo e o opoente (Marinoni-Arenhart, Curso, Vol. 2, 2007, p. 309).

Aquele que confessa (o confitente) deve ter **capacidade plena** (art. 213, *caput*, do CC), não podendo confessar os incapazes ou seus representantes legais. Este é o entendimento majoritário da doutrina (por todos, Daniel Neves, Manual, 2009, p. 382, com apoio de Humberto Theodoro, Luiz Fux e Didier-Braga-Oliveira).

A jurisprudência vem autorizando o depoimento do **representante da pessoa jurídica**, equiparando-o à própria parte, com "o nítido propósito de aceitar, em juízo, a confissão feita por pessoas jurídicas." (Marinoni-Arenhart, Curso, Vol. 2, 2007, p. 310). O processo do trabalho não necessita desta equiparação feita pela jurisprudência no processo civil. A CLT, no art. 843, § 1º, concede ao representante da pessoa jurídica empregadora, chamado de **preposto, amplos poderes, onde se inclui o de confessar.**

O **reclamante** empregado, em juízo, também **se sujeita à confissão**, quando o juiz, após receber a defesa, tiver que adiar a audiência para que a instrução seja realizada em outra ocasião, em razão de algum motivo que impediu seu prosseguimento, como, por exemplo, a ausência da testemunha convidada (neste sentido as **Súmulas 9 e 74, do TST**, interpretadas sistematicamente). Para que se possa considerar a confissão *ficta*, ou presumida, do reclamante ausente, este deverá ser expressamente intimado a comparecer à audiência de instrução, com a cominação de que sua ausência gerará confissão (confira-se o teor da S. 74 do TST, claramente influenciada pelo art. 343, §§ 1º e 2º, do CPC/73).

1.3. Procedimento do depoimento pessoal

A parte que comparecer e se recusar a depor, sem qualquer justificativa, ou se valer de **evasivas** quando indagada sobre os fatos do processo, também será considerada **confessa** (art. 345, do CPC/73 e art. 386 do CPC/2015).

As **escusas para depor** sobre os fatos indagados estão descritas no art. **347 do CPC/73**: "A parte não é obrigada a depor de fatos: I – criminosos ou torpes, que lhe forem imputados; II – a cujo respeito, por estado ou profissão, deva guardar sigilo. Parágrafo único. Esta disposição não se aplica às ações de filiação, de desquite e de anulação de casamento.".

O CPC/2015, art. 388, trata do tema nos seguintes termos: "Art. 388. A parte não é obrigada a depor sobre fatos: I – criminosos ou torpes que lhe forem imputados; II – a cujo respeito, por estado ou profissão, deva guardar sigilo; III – acerca dos quais não possa responder sem desonra própria, de seu cônjuge, de seu companheiro ou de parente em grau sucessível; IV – que coloquem em perigo a vida do depoente ou das pessoas referidas no inciso III. Parágrafo único. Esta disposição não se aplica às ações de estado e de família.

O empregador não poderá indicar preposto que tenha obtido conhecimento dos fatos em razão de sua profissão, como o contador, tão só para frustrar a iniciativa da parte contrária em requerer seu depoimento. Neste caso, o empregador escolherá outro preposto, ou, a manter o que indicou, este será ouvido em depoimento sem o óbice do art. 347, II, do CPC/73 e art. 388, II, do CPC/2015, acima transcritos.

Este conhecimento foi exigido no seguinte concurso público para ingresso no Cargo de Juiz do Trabalho Substituto:

*** DISCURSIVA:**

↳ **(TRT/8R/Juiz/2011) No que concerne à temática probatória: a parte pode recusar-se a depor em Juízo, invocando o princípio de não ser obrigado a produzir prova contra si mesmo? Fundamente.**

O depoente poderá se valer de **breves notas**, para esclarecimento sobre fatos relativos a seu depoimento (art. 346, do CPC/73 e 387, do CPC/2015), como, por exemplo, o empregado que consulta sua CTPS, durante seu depoimento pessoal, para relembrar, de forma precisa, sua data de admissão.

A ordem dos depoimentos pessoais observará o mesmo procedimento para inquirição das testemunhas, **primeiro será ouvido o reclamante e depois o reclamado** (art. 344 c/c art. 413, ambos do CPC/73 e art. 456 do CPC/2015). O juiz velará para que a parte que ainda não depôs não escute o depoimento da outra (CPC/2015, art. 456).

1.4. Depoimento das testemunhas

Todas as pessoas podem depor como testemunhas, desde que não sejam incapazes impedidas ou suspeitas (art. 405 do CPC/73 e art. 447, do CPC/2015). Sobre o depoimento de testemunha nos reportamos aos comentários ao art. 821 a 825, 828 e 829, todos da CLT.

2. SÚMULAS E ORIENTAÇÕES JURISPRUDENCIAIS

- **Súmula nº 9/TST**

  AUSÊNCIA DO RECLAMANTE (mantida) – Res. 121/2003, DJ 19, 20 e 21.11.2003

  A ausência do reclamante, quando adiada a instrução após contestada a ação em audiência, não importa arquivamento do processo.

- **Súmula nº 74/TST**

  CONFISSÃO (atualizada em decorrência do CPC de 2015) – Res. 208/2016, DEJT divulgado em 22, 25 e 26.04.2016

  I – Aplica-se a confissão à parte que, expressamente intimada com aquela cominação, não comparecer à audiência em prosseguimento, na qual deveria depor. (ex-Súmula nº 74 – RA 69/1978, DJ 26.09.1978)

  II – A prova pré-constituída nos autos pode ser levada em conta para confronto com a confissão ficta (arts. 442 e 443, do CPC de 2015 – art. 400, I, do CPC de 1973), não implicando cerceamento de defesa o indeferimento de provas posteriores. (ex-OJ nº 184 da SBDI-I – inserida em 08.11.2000)

  III – A vedação à produção de prova posterior pela parte confessa somente a ela se aplica, não afetando o exercício, pelo magistrado, do poder/dever de conduzir o processo.

3. QUESTÕES DE CONCURSOS

01. (TRT – 8ª REGIÃO/JUIZ DO TRABALHO/2005/ADAPTADA) As partes serão inquiridas pelo Juiz e, por seu intermédio, pelos seus representantes e advogados.

02. (TRT – 1ª REGIÃO/TÉCNICO JUDICIÁRIO/CESPE/2008) Se, em uma reclamação trabalhista, antes de encerrada a instrução, a reclamada solicitar, por meio de seu procurador ou preposto, a reinquirição do reclamante, o juiz

a) deverá atender o requerimento, sob pena de ofensa ao direito à ampla defesa.
b) poderá deferir essa pretensão, caso a entenda pertinente.
c) não poderá deferir o requerimento.
d) só poderá deferir o requerimento após ouvir novamente as testemunhas.
e) só poderá atender o requerimento mediante julgamento de recurso, a ser aviado.

03. (FCC – TRT 9 – Analista Judiciário/2010) De acordo com o artigo 820 da Consolidação das Leis do Trabalho: "as partes e testemunhas serão inquiridas pelo juiz, podendo ser reinquiridas, por seu intermédio, a requerimento das partes, seus representantes ou advogados" e de acordo com o artigo 342 do Código de Processo Civil: "o juiz pode, de ofício, em qualquer estado do processo, determinar o comparecimento pessoal das partes, a fim de interrogá-las sobre os fatos da causa". Nestes artigos, está presente, especificamente o princípio

a) da instrumentalidade ou finalidade.
b) da imparcialidade do juiz.
c) do devido processo legal.
d) da normatização coletiva.
e) da imediatidade ou imediação.

GAB	1	C	2	B	3	E

✦ **NÚMERO DE TESTEMUNHAS**

Art. 821. Cada uma das partes não poderá indicar mais de 3 (três) testemunhas, salvo quando se tratar de inquérito, caso em que esse número poderá ser elevado a 6 (seis).(Redação dada pelo Decreto-lei nº 8.737, de 19.1.1946)

1. COMENTÁRIOS

Este é o número de testemunhas indicado para as demandas sujeitas ao rito ordinário. Quanto ao rito sumário, definido nas demandas de até 2 salários-mínimos, e sumaríssimo, acima de 2 e até 40 salários-mínimos, o número de testemunhas é de duas para cada parte, como se lê no art. 852-H, § 2º, da CLT.

O número de testemunhas não se altera quando há litisconsórcio ativo facultativo, ou seja, reunião de dois ou mais reclamantes para, em conjunto, demandar em face do empregador comum ou do tomador de serviços comum.

A escolha pela formação do litisconsórcio, que será sempre facultativo, importa em renuncia à possibilidade de cada um dos litisconsortes indicar três testemunhas (neste sentido: Carrion, Comentários, 2010, p. 696; Francisco Antonio de Oliveira, Comentários, 2005, p. 825 e Mauro Schiavi, Manual, 2008, p. 510).

Interessante é a posição defendida por parte da doutrina – Wagner Giglio e Cláudia Corrêa, Direito Processual, 2007, p. 239; Carrion, Comentários, 2010, p. 696 e Mauro Schiavi, Manual, 2008, p. 51 –, admitindo que no litisconsórcio passivo cada réu possa indicar três testemunhas. A tese se assenta no fato de que o litisconsórcio passivo não se formou por escolha dos réus e, assim sendo, estes não podem ficar prejudicados em seu direito de defesa.

Tese semelhante defende Russomano, Comentários, Vol. II, 1993, p. 895. O autor aventa a possibilidade de três reclamantes, em litisconsórcio, ajuizarem a demanda, mantido o direito de cada um deles indicar três testemunhas e o empregador, por sua vez, tendo direito a nove. Todas estas teses, por mais sedutoras que pareçam, não conseguem qualquer amparo da jurisprudência.

Também não se aplica ao processo do trabalho a regra do art. 407, § único, do CPC/73 (art. 357, § 6º, do CPC/2015), que permite a apresentação de 10 testemunhas para cada parte, sendo três para cada fato (Martins, Comentários, 2010, p. 851). Em sentido contrário se posiciona Cleber Lúcio de Almeida, Direito Processual, 2009, p. 602, ao afirmar que: "Sendo vários os reclamantes, com pedidos distintos, ao reclamado deve ser assegurada a oitiva do número de testemunhas fixado em lei em relação a cada um dos reclamantes, limitado esse número, no entanto, a dez, aplicando-se à hipótese o disposto no art. 407, parágrafo único, do CPC.".

Pensamos que não se aplica a regra de 10 testemunhas por cada parte, pois a CLT, neste artigo 821, tem regra própria, que exclui a aplicação subsidiária do processo civil; a norma processual trabalhista não se altera pelo simples fato de haver litisconsórcio, ativo ou passivo. Ademais, a permissão de número de testemunhas tão elevado seria incompatível com a celeridade que o procedimento trabalhista exige, seja no rito ordinário, seja no sumário ou sumaríssimo. A jurisprudência trabalhista também corrobora nossa afirmativa.

2. QUESTÕES DE CONCURSOS

01. (TRT – 2ª REGIÃO/ANALISTA JUDICIÁRIO/FCC/2008) A respeito da prova testemunhal, é correto afirmar:

a) Quando se tratar de ação proposta contra vários empregadores, cada reclamado poderá ouvir até 3 (três) testemunhas.

b) Nos dissídios individuais plúrimos, cada um dos reclamantes que propuser a ação conjuntamente poderá ouvir até 3 (três) testemunhas.

c) Se cada uma das partes já tiver ouvido 3 (três) testemunhas, o juiz não pode determinar a oitiva de outras testemunhas referidas.

d) O juiz não pode indeferir inquirição de testemunhas sobre fatos que considerar já provados pela prova testemunhal.

e) Se a testemunha não souber falar a língua nacional, será obrigatória a convocação de tradutor público juramentado.

02. (TRT – 23ª REGIÃO/TÉCNICO JUDICIÁRIO/FCC/2007/ADAPTADA) Em regra, cada uma das partes poderá indicar até três testemunhas, salvo quando se tratar de inquérito, caso em que esse número poderá ser elevado para seis.

03. (TRT 3 – Juiz do Trabalho Substituto 3ª região/ 2012) Leia as afirmativas abaixo e assinale a alternativa correta: o número máximo total de testemunhas no Direito Processual do Trabalho será de quatro, nos processos de rito sumaríssimo, de seis testemunhas, nos processos no rito ordinário e de doze testemunhas, nas ações de inquérito para se apurar falta grave.

GAB	1	A	2	C	3	E

✦ **TESTEMUNHA: ABONO DA FALTA AO TRABALHO**

Art. 822. As testemunhas não poderão sofrer qualquer desconto pelas faltas ao serviço, ocasionadas pelo seu comparecimento para depor, quando devidamente arroladas ou convocadas.

1. COMENTÁRIOS

O simples rol de testemunhas não autoriza o abono do dia de trabalho, pois é indispensável que o empregado tenha comparecido em juízo e, ainda assim, só haverá justificativa para o atraso no trabalho e não, propriamente, para sua ausência, pois o depoimento não demora um dia inteiro (vide comentários ao art. 473, VIII, da CLT).

2. SÚMULAS E ORIENTAÇÕES JURISPRUDENCIAIS

▸ **Súmula nº 155/TST**

AUSÊNCIA AO SERVIÇO (mantida) – Res. 121/2003, DJ 19, 20 e 21.11.2003

As horas em que o empregado falta ao serviço para comparecimento necessário, como parte, à Justiça do Trabalho não serão descontadas de seus salários (ex-Prejulgado nº 30).

3. QUESTÕES DE CONCURSOS

01. (TRT – 8ª REGIÃO/JUIZ DO TRABALHO/2005/ADAPTADA) O ônus de eventual desconto salarial sofrido pela testemunha, em razão de seu comparecimento a juízo, compete a parte sucumbente.

02. (TRT – 23ª REGIÃO/TÉCNICO JUDICIÁRIO/FCC/2007/ADAPTADA) As testemunhas sofrerão desconto pelas faltas ao serviço ocasionadas pelo seu comparecimento para depor quando tiverem sido arroladas para a audiência, mas forem dispensadas em razão de acordo.

GAB	1	E	2	E

✦ **REQUISIÇÃO DE SERVIDOR PÚBLICO**

Art. 823. Se a testemunha for funcionário civil ou militar, e tiver de depor em hora de serviço, será requisitada ao chefe da repartição para comparecer à audiência marcada.

1. COMENTÁRIOS

Nada obsta que o servidor, indicado como testemunha, compareça espontaneamente, a convite da parte, na forma do art. 825, caput, da CLT. A intimação da testemunha, via ofício de requisição do juiz, ao chefe ou diretor da unidade administrativa onde está lotado o servidor, só ocorrerá na hipótese de não comparecimento voluntário. O CPC/73 contém regra idêntica em seu art. 412, § 1º, que mereceu comentário de Marinoni-Mitidiero, 2008, p. 398, também afirmando que a testemunha, não obstante servidora, poderá assumir o compromisso de comparecer independentemente de intimação.

A exigência de requisição do servidor não se aplica aos aposentados, licenciados, em gozo de férias ou afastados por qualquer motivo (Francisco Antonio de Oliveira, Comentários, 2005, p. 695). A finalidade da requisição é impedir qualquer prejuízo à continuidade do serviço público, que não ficará prejudicado quando o servidor não estiver prestando serviços.

As autoridades arroladas no art. 411 do CPC/73 (art. 454, do CPC/2015) serão ouvidas em sua residência ou onde exercem suas funções.

2. QUESTÕES DE CONCURSOS

01. (OAB-RJ/33º EXAME DA ORDEM/CESOE/2007/ADAPTADA) É ônus da parte conduzir a testemunha que pretende ouvir à audiência trabalhista, sem prejuízo de poder requerer sua intimação judicial, caso não compareça. Exclui-se dessa regra a testemunha que seja servidor público ou militar, quando tiver que depor em hora de serviço, pois, nesse caso, o juiz requisitará sua presença ao chefe de sua repartição ou ao comando do corpo em que servir.

02. (FCC – TRT 11 – Analista Judiciário/2012) Carlos, analista judiciário do TRT, é arrolado como testemunha do autor em uma ação reclamatória trabalhista em que deverá depor em horário normal de seu expediente. Nesta situação, Carlos deverá

a) ser conduzido por oficial de justiça à audiência marcada.
b) comparecer espontaneamente à audiência designada.
c) ser ouvido na sua própria repartição.
d) prestar seu depoimento por escrito para posterior juntada aos autos.
e) ser requisitado ao chefe da repartição para comparecer à audiência marcada.

03. (FCC – Analista Judiciário – Oficial de Justiça Avaliador – TRT 24/2017) No final da audiência em que foram ouvidas duas testemunhas de cada parte em uma reclamatória trabalhista com pedido de indenização por danos morais, o magistrado resolveu convocar uma pessoa referida em todos os depoimentos para ser ouvida como testemunha do Juízo. Ocorre que a pessoa referida, de nome Ceres, ocupa a função de técnica administrativa do Tribunal Eleitoral e terá que depor em hora de serviço. No caso, segundo norma contida na Consolidação das Leis do Trabalho, Ceres

a) será requisitada ao chefe da repartição para comparecer à audiência marcada.
b) prestará seu depoimento por escrito, respondendo aos quesitos formulados pelo Juiz, para posterior juntada aos autos.
c) comparecerá espontaneamente à audiência designada e justificará a ausência no serviço mediante atestado.
d) somente está obrigada a comparecer se for conduzida por Oficial de Justiça à audiência designada.
e) será ouvida na sua própria repartição, através de Carta de Ordem, respondendo aos quesitos formulados pelo Juiz.

GAB	1	C	2	E	3	A

✦ TESTEMUNHAS: DEPOIMENTOS ISOLADOS

Art. 824. O juiz ou presidente providenciará para que o depoimento de uma testemunha não seja ouvido pelas demais que tenham de depor no processo.

1. COMENTÁRIOS

A intenção desta norma é impedir que as testemunhas se comuniquem, combinem seus depoimentos ou, de alguma forma, se sintam influenciadas, mesmo sem querer, pelos depoimentos já colhidos em juízo. O CPC/73 possui norma idêntica no art. 413 (e no art. 456 do CPC/2015).

Quando a testemunha residir fora da jurisdição do juízo e, por esta razão, tiver que ser ouvida por Carta Precatória, o juízo deprecante não terá como evitar o acesso ao depoimento da testemunha ouvida no juízo deprecado, ou vice versa, inclusive por outras testemunhas que ainda não foram ouvidas. Será, portanto, uma exceção à regra do art. 824 da CLT.

2. QUESTÕES DE CONCURSOS

01. (TRT – 24ª REGIÃO/JUIZ DO TRABALHO/2007/ADAPTADA) O Juiz ou Presidente providenciará para que o depoimento de uma testemunha não seja ouvido pelas demais que tenham de depor no processo.

GAB	1	C

✦ COMPARECIMENTO VOLUNTÁRIO DAS TESTEMUNHAS

Art. 825. As testemunhas comparecerão a audiência independentemente de notificação ou intimação.

✦ INTIMAÇÃO DAS TESTEMUNHAS AUSENTES

Parágrafo único. As que não comparecerem serão intimadas ex officio ou a requerimento da parte, ficando sujeitas à condução coercitiva, além das penalidades do art. 730, caso, sem motivo justificado, não atendam à intimação.

1. COMENTÁRIOS

É regra, no processo do trabalho, o comparecimento espontâneo das testemunhas, tanto no rito ordinário (art. 825), quanto no sumário e sumaríssimo (art. 852-H, § 2º, da CLT).

Quando convidadas pela parte, as testemunhas não comparecerem, serão intimadas, inicialmente por via postal. Caso não compareçam mesmo quando intimadas pelo juízo, aí sim serão conduzidas coercitivamente, com auxílio do oficial de justiça e sujeitas à multa prevista no art. 730 da CLT. Só não sofrerão multa as testemunhas que justificarem a ausência.

Na praxe forense, o oficial de justiça tem aceitado da testemunha uma espécie de compromisso de que comparecerá, deixando de proceder à sua efetiva condução coercitiva. Trata-se de procedimento condenável, pois representa descumprimento da ordem judicial, além de gerar o risco da audiência não se realizar, por ausência da testemunha que deixar de cumprir o compromisso assumido com o oficial de justiça. Não há, neste procedimento irregular, qualquer garantia de que a testemunha comparecerá.

O art. 825 deve ser interpretado de forma a não se tornar letra morta. A parte tem o dever de convidar a testemunha; sendo frustrada sua iniciativa, só então será intimado o ausente. Neste sentido a lição de Russomano, Comentários, Vol. I, 1993, p. 897: "Quando a testemunha se recusa a aceitar o convite da parte, cabe lugar à intimação, como diz a lei. Significa isso que se a parte não houver providenciado, junto à testemunha, embora infrutiferamente, seu comparecimento, não poderá requerer a intimação. Se não fosse assim, seria inútil o art. 825.". Portanto, sempre que o juiz desconfiar que a parte sequer tomou a iniciativa de convidar a testemunha, não será permitida qualquer intimação ao ausente.

As testemunhas ausentes deverão ser arroladas, para fins de intimação pelo juízo. Contudo, é inaplicável ao processo do trabalho a regra do art. 407 do CPC/73, que exige a apresentação de rol de testemunhas até 10 (dez) dias antes da audiência, ou no prazo fixado pelo juiz. O art. 357, § 4º, do CPC/2015, prevê prazo de 15 (quinze) dias antes da audiência.

No processo do trabalho, constatada a ausência da testemunha convidada, será intimada a partir de rol apresentado após a audiência onde se constatou a ausência. Perceba-se que o §

único do art. 825 não faz qualquer exigência de rol prévio, não tendo base legal tal procedimento adotado por alguns juízes.

No sentido em que defendemos se posiciona a doutrina majoritária: Sergio Pinto Martins, Comentários, 2010, p. 854: "Inexiste rol de testemunhas no processo do trabalho, não se aplicando o art. 407 do CPC/73, visto que as testemunhas deverão comparecer independentemente de intimação (art. 825 da CLT c/c art. 845 da CLT)."; Wagner Giglio e Cláudia Corrêa, Direito Processual, 2007, p. 243: "o comparecimento da testemunha foi regulado de forma diversa da adotada pelo CPC, e por isso a apresentação de rol não se aplica ao processo trabalhista: não há omissão nem compatibilidade." Coqueijo Costa, Direito Judiciário, 1978, p. 317: "O processo do trabalho repele o preceito (art. 407, do CPC/73), porque o artigo 845 da CLT manda que as partes compareçam à audiência acompanhadas de suas testemunhas e apresentem, nesta ocasião, as demais provas." Campos Batalha, Tratado, 1985, p. 516: "Desnecessário é o oferecimento de rol de testemunhas e sua qualificação antes da audiência, contrariamente ao que estabelece o CPC/73, art. 407." e Cleber Lúcio de Almeida, Direito Processual, 2009, p. 597: "...não há que se falar em prévio rol de testemunhas, diante do que estabelecem os arts. 825 e 852-H da CLT, que dispensam a parte de arrolar suas testemunhas e o juiz de ordenar a intimação das testemunhas eventualmente arroladas.".

Caso a parte assuma o compromisso de trazer suas testemunhas voluntariamente, renunciando à sua intimação, a ausência importará em renúncia quanto ao direito de ouvi-las (Carrion, Comentários, 2010, p. 697; Amauri Mascaro, Curso, 2008, p. 559 e Martins, Comentários, 2010, p. 855).

O entendimento se baseia na regra do art. 412, § 1º, do CPC/73: "A parte pode comprometer-se a levar à audiência a testemunha, independentemente de intimação; presumindo-se, caso não compareça, que desistiu de ouvi-la.".

No mesmo sentido o art. 455, § 2º do CPC/2015: "A parte pode comprometer-se a levar a testemunha à audiência, independentemente da intimação de que trata o § 1º, presumindo-se, caso a testemunha não compareça, que a parte desistiu de sua inquirição.".

A CLT não tem previsão quanto à substituição das testemunhas, razão pela qual se aplica a regra do art. 408, do CPC/73, que só permite a substituição das testemunhas por falecimento (inciso I), por enfermidade que a impeça de depor (inciso II) e tendo mudado de residência não for encontrada pelo oficial de justiça (inciso III).

No mesmo sentido o CPC/2015, art. 451: "Depois de apresentado o rol de que tratam os §§ 4º e 5º do art. 357, a parte só pode substituir a testemunha: I – que falecer; II – que, por enfermidade, não estiver em condições de depor; III – que, tendo mudado de residência ou de local de trabalho, não for encontrada.

2. QUESTÕES DE CONCURSOS

01. (TRT – 24ª REGIÃO/JUIZ DO TRABALHO/2007/ADAPTADA) No procedimento ordinário, as testemunhas comparecerão à audiência independentemente de notificação ou intimação. As que não comparecerem serão intimadas, ex-officio ou a requerimento da parte, ficando sujeitas à condução coercitiva, além de sujeitarem-se à imposição de multa, caso, sem motivo justificado, não atendam à intimação.

02. (TRT – 1ª REGIÃO/ANALISTA JUDICIÁRIO/CESPE/2008/ADAPTADA) As partes devem apresentar rol de testemunhas, para que sejam intimadas.

03. (TRT – 1ª REGIÃO/ANALISTA JUDICIÁRIO/CESPE/2008/ADAPTADA) A testemunha que não comparecer será intimada, de ofício ou a requerimento da parte, ficando sujeita à condução coercitiva se a parte provar tê-la convidado.

04. (TRT – 1ª REGIÃO/ANALISTA JUDICIÁRIO/CESPE/2008/ADAPTADA) Em processo trabalhista, a parte pode comprometer-se a levar a testemunha à audiência, independentemente de intimação, presumindo-se, caso a testemunha não compareça, que a parte desistiu de ouvi-la.

05. (FCC – Juiz do Trabalho Substituto 11ª região/ 2012) São considerados requisitos essenciais da petição inicial do dissídio individual trabalhista rito ordinário, conforme norma prevista na Consolidação das Leis do Trabalho: designação da Vara a quem for dirigida, qualificação das partes e rol de testemunhas.

GAB	1	C	2	E	3	E	4	E	5	E

✦ NOMEAÇÃO DE PERITO

Art. 826. É facultado a cada uma das partes apresentar um perito ou técnico.

1. COMENTÁRIOS

Este artigo foi tacitamente revogado pela Lei nº 5.584/70, art. 3º, com a seguinte redação: "Os exames periciais serão realizados por perito único, designado pelo juiz, que fixará o prazo para entrega do laudo.". Não existe mais indicação de um perito por cada parte, facultando-se, contudo, a indicação de assistente técnico, para acompanhamento do trabalho do perito, cujos honorários serão suportados pela parte que o indicou (S. 341 do TST).

O ônus de pagamento dos honorários do perito, diferentemente do assistente técnico, será suportado pela parte sucumbente (art. 790-B, da CLT). Quanto à necessidade de realização da perícia, vide comentários ao art. 195, da CLT.

O juiz determinará o prazo em que o perito entregará o laudo técnico, como dispõe o art. 3º, da Lei nº 5.584/70, acima citado.

A fixação do prazo deve ocorrer no mesmo momento em que o perito foi nomeado, para evitar qualquer dúvida quanto ao início de seu prazo. O CPC, quanto a este aspecto, foi mais claro: "O juiz nomeará perito, fixando de imediato o prazo para entrega do laudo" (art. 421 do CPC/73). No mesmo sentido o artigo 465 do CPC/2015: "Art. 465. O juiz nomeará perito especializado no objeto da perícia e fixará de imediato o prazo para a entrega do laudo."

Apesar destas considerações, na praxe forense não é muito comum se observar a fixação de prazo para o perito concluir o laudo no exato momento de sua nomeação. Havendo omissão do juízo quanto à fixação do prazo para entrega do laudo, nada obsta a aplicação analógica do prazo de 20 dias, previsto no art. 433 do CPC/73 (art. 477, do CPC/2015).

As partes indicam seus assistentes no prazo de 5 dias de quando forem intimadas da nomeação do perito (art. 421, § 1º, I, do CPC/73). **O CPC/2015, art. 465, § 1º, II,** prevê prazo de 15 dias para indicação dos assistentes, tão logo a parte tome ciência da nomeação do perito.

No mesmo prazo poderão apresentar os quesitos (questionamentos) a serem dirimidos pelo perito (art. 421, § 1º, II, do CPC/73 e art. 465, § 1º, III, do CPC/2015). A praxe forense trabalhista tem concedido prazo maior do que o previsto no CPC, e de forma sucessiva, enquanto as normas citadas só preveem o prazo comum; não há qualquer irregularidade nesta prática, muito pelo contrário, pois facilita o acesso aos autos do processo.

As partes serão cientificadas do início da perícia, seja pelo juiz, seja pelo próprio perito (art. 431-A, do CPC/73 e art. 474 do CPC/2015), oportunidade em que poderão comunicar a seus assistentes técnicos, aos quais será facultado o acompanhamento do trabalho do perito.

Os assistentes poderão apresentar seus pareceres, no prazo comum de 10 dias da intimação das partes da conclusão do laudo pericial (art. 433, § único, do CPC/73).

O art. 477, § 1º, do CPC/2015 prevê prazo de 15 dias para os assistentes apresentarem seus pareceres.

Mesmo que a parte não tenha indicado assistente técnico, poderá se valer deste prazo para se manifestar sobre o laudo pericial. A praxe forense tem observado prazo maior e de forma sucessiva, sem qualquer prejuízo para o procedimento.

2. SÚMULAS E ORIENTAÇÕES JURISPRUDENCIAIS

▸ **Súmula nº 341/TST**

HONORÁRIOS DO ASSISTENTE TÉCNICO (mantida) – Res. 121/2003, DJ 19, 20 e 21.11.2003

A indicação do perito assistente é faculdade da parte, a qual deve responder pelos respectivos honorários, ainda que vencedora no objeto da perícia.

3. QUESTÕES DE CONCURSOS

01. (TRT – 15ª REGIÃO/ANALISTA JUDICIÁRIO/FCC/2009/ADAPTADA) A indicação do perito assistente é faculdade da parte, a qual deverá responder pelos respectivos honorários, ainda que vencedora no objeto da perícia.

02. (TRT – 1ª REGIÃO/ANALISTA JUDICIÁRIO/CESPE/2008/ADAPTADA) A indicação do perito assistente é faculdade da parte, que não responde pelos honorários periciais se vencedora no objeto da perícia.

GAB	1	C	2	E

✦ COMPROMISSO E INQUIRIÇÃO DO PERITO

Art. 827. O juiz ou presidente poderá argüir os peritos compromissados ou os técnicos, e rubricará, para ser junto ao processo, o laudo que os primeiros tiverem apresentado.

1. COMENTÁRIOS

O artigo se refere aos "peritos compromissados". No passado era muito comum a intimação do perito, tão logo aceitasse o encargo, para prestar compromisso. As secretarias do juízo mantinham, para tal fim, formulários próprios denominados "termos de compromisso". Trata-se de formalidade inútil que em boa hora foi abandonada. O perito é nomeado pelo juízo, por isso se presume ser profissional de sua confiança que cumprirá escrupulosamente sua função.

O CPC/73, no art. 422, com a redação da Lei nº 8.455/92, dispensou o perito de prestar compromisso. Não se pode dizer que esta norma revogou o art. 827 da CLT, pois a regra subsidiária não teria tal poder, mas, de certa forma, a alteração legal implementada influenciou a praxe forense na Justiça do Trabalho.

O CPC/2015 repetiu a dispensa de compromisso, em seu artigo 466, *caput.*

O perito poderá ser substituído quando não possuir o conhecimento necessário para realização da perícia (art. 195 da CLT c/c art. 424, I, do CPC/73) ou se, não apresentando motivo legítimo, deixar de cumprir o prazo que lhe foi imposto, ficando, neste último caso, sujeito à multa fixada pelo juízo (art. 424, II e § único, do CPC/73).

Os motivos de substituição do perito foram repetitos no art. 468 do CPC/2015: "O perito pode ser substituído quando: I – faltar-lhe conhecimento técnico ou científico; II – sem motivo legítimo, deixar de cumprir o encargo no prazo que lhe foi assinado.".

Ao perito são aplicáveis todos os motivos de suspeição e impedimento, conforme expressa menção no art. 138, III, do CPC/73 (art. 148, II, do CPC/2015). Estes artigos merecem aplicação subsidiária, pois a CLT é omissa no particular. Sobre o procedimento de arguição, processamento e julgamento da suspeição do perito, bem como de outros órgãos auxiliares, vide comentários aos artigos 802 da CLT.

É dispensável a formalidade de assinatura do laudo pelo Juiz do Trabalho, antes de ser acostado aos autos do processo. O laudo pericial é valido sem a assinatura do juiz e nada justifica tal formalidade quando se busca, na atualidade, a implementação de processo eletrônico. A assinatura do juiz é exigida, contudo, no termo de depoimento tomado em juízo, quando, na avaliação do julgador, for pertinente que o perito preste esclarecimentos, pessoalmente, quanto ao laudo técnico apresentado.

2. QUESTÕES DE CONCURSOS

01. (TRT – 1ª REGIÃO/ANALISTA JUDICIÁRIO/CESPE/2008/ADAPTADA) Os assistentes técnicos prestam compromisso e contra eles cabe exceção de suspeição.

02. (TRT – 1ª REGIÃO/ANALISTA JUDICIÁRIO/CESPE/2008/ADAPTADA) O perito nomeado pelo juiz tem de prestar compromisso, não estando, porém, sujeito aos mesmos impedimentos e suspeições dos magistrados.

GAB	1	E	2	E

✦ **QUALIFICAÇÃO E CONTRADITA DA TESTEMUNHA**

Art. 828. Toda testemunha, antes de prestar o compromisso legal, será qualificada, indicando o nome, nacionalidade, profissão, idade, residência, e, quando empregada, o tempo de serviço prestado ao empregador, ficando sujeita, em caso de falsidade, às leis penais.

✦ **RESUMO DOS DEPOIMENTOS**

Parágrafo único. Os depoimentos das testemunhas serão resumidos, por ocasião da audiência, pelo secretário da Junta ou funcionário para esse fim designado, devendo a súmula ser assinada pelo Presidente do Tribunal e pelos depoentes.

1. COMENTÁRIOS

1.1. Contradita da testemunha: momento oportuno

A qualificação da testemunha é formalidade indispensável para a identificação de quem está depondo, até para que possa ser devidamente impugnada, em procedimento denominado "contradita".

A CLT não prevê o momento da contradita da testemunha, razão pela qual se aplica a regra do art. 414 do CPC/73, que permite a contradita logo após a qualificação da testemunha, e antes que esta preste seu compromisso de dizer a verdade (neste sentido: Bezerra Leite, Curso, 2007, p. 549). No mesmo sentido a regra do art. 457, § 1º, do CPC/2015.

A parte a quem o depoimento prejudicar pode produzir provas para demonstrar a contradita, tendo o direito de requerer o adiamento da audiência para realizar a instrução, caso não seja possível o acesso à prova neste momento, salvo se a testemunha foi previamente arrolada, quando então a prova da contradita será feita na própria audiência, sem qualquer adiamento (Amauri Mascaro, Curso, 2008, p. 560).

Wagner Giglio e Cláudia Corrêa, Direito Processual, 2007, p. 242 lembram que a doutrina distingue a contradita, que impede a testemunha de depor, da contestação do depoimento, que é feita a seu término, consistindo em afirmações das partes que possam interferir no seu valor probante; seria o caso de ser contestado o depoimento sob a alegação de que a testemunha não teria presenciado o fato objeto de suas declarações. Quanto à contestação do depoimento, a razão está com a doutrina que afirma que o momento oportuno seriam as razões finais e não o fim do depoimento (neste sentido: Campos Batalha, Tratado, 1985, p. 516-517 e Giglio-Corrêa, Direito Processual, 2007, p. 242).

A contradita poderá ser arguida durante o depoimento, se o motivo para tanto só surgir neste momento, como no caso de declaração da testemunha de que tem ódio de uma das partes (neste sentido: Daniel Neves, Manual, 2009, p. 403 e Marinoni-Mitidiero, Código, 2008, p. 399-400).

1.2. Motivos da contradita

A contradita pode considerar tanto o impedimento e suspeição da testemunha (art. 829 da CLT c/c art. 405, §§ 2º e 3º, do CPC/73 e art. 447, §§ 2º e 3º do CPC/2015), como sua incapacidade (art. 405, § 1º, do CPC/73 e O CPC/2015, art. 447, § 1º)

São incapazes (art. 405, § 1º, do CPC/73): I – o interdito por demência; II – o que, acometido por enfermidade, ou debilidade mental, ao tempo em que ocorreram os fatos, não podia discerni-los; ou, ao tempo em que deve depor, não está habilitado a transmitir as percepções; III – o menor de 16 (dezesseis) anos; IV – o cego e o surdo, quando a ciência do fato depender dos sentidos que lhes faltam.

Sobre o impedimento e a suspeição vide comentários ao art. 829.

O CPC/2015, ao cuidar da capacidade, manteve as mesmas regras do CPC/73, in verbis: art. 447, § 1º São incapazes: I – o interdito por enfermidade ou deficiência mental; II – o que, acometido por enfermidade ou retardamento mental, ao tempo em que ocorreram os fatos, não podia discerni-los, ou, ao tempo em que deve depor, não está habilitado a transmitir as percepções; III – o que tiver menos de 16 (dezesseis) anos; IV – o cego e o surdo, quando a ciência do fato depender dos sentidos que lhes faltam.

A capacidade para depor, que se inicia aos 16 anos, é claramente aplicável ao processo do trabalho, só não tendo tal testemunha como prestar compromisso, considerando-se que não estará sujeita ao crime de falso testemunho, por ser inimputável (Martins, Comentários, 2010, p. 858). Esta condição faz com que alguns autores neguem capacidade à testemunha que não completou 18 anos, impedindo-as de depor.

Neste sentido se manifestam Wagner Giglio e Cláudia Corrêa, Direito Processual, 2007, p. 241: "Quando muito, os maiores de 14 anos e menores de 18 serviriam como informantes, como permite o art. 829 da CLT. No nosso entender, nem isso.".

Corrobora este entendimento Valentin Carrion, Comentários, 2010, p. 700: "O menor de 18 anos não pode ser ouvido como testemunha, porque não é penalmente responsável; pode sê-lo como informante..."

Manoel Antonio Teixeira Filho, A Prova, 1997, p. 309-310, partidário da mesma tese, afirma que a regra do art. 405, § 1º, III, do CPC/73 (art. 447, § 1º, III, do CPC/2015), deve ser interpretada sistematicamente com a do artigo 27, do CP, só permitindo-se o depoimento do maior de 18 anos, que poderá ser responsabilizado pelo crime de falso testemunho.

De toda forma, a testemunha será, na maioria absoluta das vezes, empregada da empresa e, tal condição, caso lhe permita arcar com sua própria subsistência, será causa legal de emancipação, passando a ser agente capaz a partir dos 16 anos, conforme art. 5º, § único, V, do Código Civil (sobre a emancipação legal e seus reflexos no direito do trabalho, vide nossos comentários ao art. 403 da CLT).

O texto do inciso IV, do § 1º, do art. 405 (art. 447, § 1º, IV, do CPC/2015), acima citado, permite a ilação de que os cegos podem depor sobre o que ouviram e os surdos sobre o que viram (Wagner Giglio e Cláudia Corrêa, Direito Processual, 2007, p. 240).

A testemunha pode se recusar a depor sobre fatos que lhe acarretem grave dano, bem como ao seu cônjuge e aos seus parentes consanguíneos ou afins, em linha reta, ou na colateral em segundo grau e a cujo respeito, por estado ou profissão, deva guardar sigilo.

1.3. Falso testemunho

Ultrapassada a contradita, a testemunha prestará seu compromisso de dizer a verdade, advertindo-a a o juiz de que suas declarações falsas são sujeitas ao crime de falso testemunho (art. 342, do Código Penal), de competência da Justiça Federal (S. 165 do STJ).

Existem pelo menos três entendimentos quanto ao momento de consumação do crime de falso testemunho (Costa, O Falso Testemunho, 2003, p. 95-100), a saber: **a)** o primeiro, menos aceito, expressa que o crime se consuma no momento da sentença do processo em que se verificou o falso; a tese se baseia em duas justificativas: só na sentença se constata a relevância jurídica definitiva do falso e a possibilidade de retratação, até a sentença, sem se esclarecer o motivo; esta tese ignora o fato de que a falsidade aparece quando do término do depoimento, havendo probabilidade de dano à administração da justiça a partir daí; **b)** o segundo entendimento, que predomina na doutrina, aceita consumado o crime no momento que a testemunha presta a declaração falsa, nega ou cala a verdade; **c)** o terceiro, sustentado por Luis Regis Prado, com apoio de Fernando José da Costa, que o defende como o mais acertado, considera que o crime só se consuma quanto da assinatura do depoimento; o autor destaca que no Brasil, onde prevalece o regime presidencialista da audiência, cujas perguntas à testemunha são feitas pelo juiz e depois transcrito ou resumido o depoimento conforme sua ordem de ideias, deixa dúvidas quanto ao exato momento da declaração falsa. Concordamos com esta terceira vertente, que se aplica inteiramente ao processo do trabalho, onde o regime presidencialista da audiência é mais contundente do que em qualquer outro ramo do processo; para nós, portanto, o momento da consumação do ilícito de falso testemunho coincide com a assinatura do depoimento pela testemunha, oportunidade na qual estará confirmando sua declaração falsa ou seu silêncio.

1.4. Depoimento da testemunha: redução a termo e declarações

Compromissada, o juiz tomará o depoimento da testemunha, resumindo os fatos por ela trazidos em juízo. Não há necessidade de transcrição do inteiro teor do depoimento da testemunha, como tem ocorrido na praxe da Justiça do Trabalho. No procedimento sumaríssimo se observará a mesma regra (art. 852-F, da CLT), mas no rito sumário, de demandas de até 2 (dois) salários-mínimos, o juiz só está obrigado a transpor para a ata de audiência sua conclusão quanto à matéria de fato (art. 2º, § 3º, da Lei nº 5.584/70). Há quem recomende que o juiz ao menos resuma os depoimentos colhidos no rito sumário, para que não haja perda da prova produzida (Martins, Comentários, 2010, p. 857).

Pelo princípio da imediatidade, que aproxima o Juiz do Trabalho da colheita das provas, particularmente das testemunhais, porque são produzidas em audiência, não se admite a substituição do depoimento por declarações escritas e assinadas; este procedimento frustra a possibilidade do juiz e do adversário de reinquirir a testemunha que não se encontra presente (Carrion, Comentários, 2010, p. 701). As declarações, a nosso ver, serão admitidas como meio de prova, mas como documento, e não como prova testemunhal.

1.5. Perguntas diretas à testemunha (CPC/2015, art. 459)

O regime das audiências, tanto no cível quanto na área trabalhista, sempre foi presidencialista. As perguntas sempre foram dirigidas ao juiz que, aferindo a pertinência das mesmas, de acordo com os fatos controvertidos e os limites da demanda, deferiria ou indeferiria o questionamento, fazendo ele próprio a indagação à testemunha.

A regra do **art. 459 do CPC/2015**, a seguir transcrita, pretende mudar esta realidade: "As perguntas serão formuladas pelas partes diretamente à testemunha, começando pela que a arrolou, não admitindo o juiz aquelas que puderem induzir a resposta, não tiverem relação com as questões de fato objeto da atividade probatória ou importarem repetição de outra já respondida.".

A regra do art. 459 do CPC/2015, contudo, **não se aplica ao processo do trabalho**, pois existe norma própria na CLT, art. 820, que mantém o regime presidencialista na audiência. Assim, nas audiências na Justiça do Trabalho, ou em qualquer órgão com jurisdição trabalhista, as perguntas das partes, ou de seus advogados, serão inicialmente dirigidas ao juiz que, após analisá-las brevemente, fará ou não as indagações à testemunha.

2. SÚMULAS E ORIENTAÇÕES JURISPRUDENCIAIS

- **Súmula nº 165/STJ – *14/08/1996 – DJ 23.08.1996***

  Competência – Falso Testemunho – Processo e Julgamento Trabalhista

  Compete à Justiça Federal processar e julgar crime de falso testemunho cometido no processo trabalhista.

3. QUESTÕES DE CONCURSOS

01. (TRT – 24ª REGIÃO/JUIZ DO TRABALHO/2007/ADAPTADA) Toda testemunha, antes de prestar o compromisso legal, será qualificada, indicando o nome, nacionalidade, profissão, idade, residência, e, quando empregada, o tempo \de serviço prestado ao empregador, ficando sujeita, em caso de falsidade, às leis penais.

02. (TRT – 24ª REGIÃO/JUIZ DO TRABALHO/2005) Ao receber contradita à testemunha, o que deverá fazer o julgador?

a) Rejeitá-la de pronto, pois incabível, no processo do trabalho, a contradição de testemunhas.

b) Acolhê-la de pronto, pois testemunha contraditada é testemunha suspeita.

c) Instruí-la, inclusive oportunizando à parte contrária o direito de se manifestar sobre as razões da contradita.

d) Suspender a audiência, designando-a para uma nova data, a fim de que o Tribunal possa decidir sobre a contradita.

e) Todas as alternativas estão erradas.

03. (FCC – Técnico Judiciário – Área Administrativa – TRT 24/2017) O ônus da prova pode ser assim problematizado: quem deve provar? Em princípio, as partes tem o ônus de provar os fatos jurídicos narrados na petição inicial ou na peça de resistência, bem como os que se sucederem no envolver da relação processual. Quanto às provas no Processo do Trabalho, a Consolidação das Leis do Trabalho estabelece:

a) Qualquer que seja o procedimento, não é permitida a arguição dos peritos compromissados ou dos técnicos, uma vez que o laudo que apresentam já é suficiente como prova.

b) As testemunhas devem, necessariamente, ser previamente intimadas para depor.

c) Toda testemunha, antes de prestar o compromisso legal, será qualificada, indicando o nome, nacionalidade, profissão, idade, residência, e, quando empregada, o tempo de serviço prestado ao empregador, ficando sujeita, em caso de falsidade, às leis penais.

d) Cada uma das partes, no procedimento ordinário e também quando se tratar de inquérito para apuração de falta grave, não poderá indicar mais de 3 testemunhas.

e) A testemunha que for parente até o segundo grau civil, amigo íntimo ou inimigo de qualquer das partes, prestará compromisso, mas o seu depoimento valerá como simples informação.

GAB	1	C	2	C	3	C

✦ IMPEDIMENTO E SUSPEIÇÃO DA TESTEMUNHA

Art. 829. A testemunha que for parente até o terceiro grau civil, amigo íntimo ou inimigo de qualquer das partes, não prestará compromisso, e seu depoimento valerá como simples informação.

1. COMENTÁRIOS

1.1. Aplicação subsidiária do CPC

No que tange ao impedimento e suspeição da testemunha, tal qual ocorre com o juiz (art. 801 da CLT), os motivos do CPC também são aplicáveis, considerando-se que a norma do art. 829, ora comentada, não esgota todas as possibilidades de perda de isenção da testemunha (neste sentido: Bezerra Leite, Curso, 2007, p. 545-546; Francisco Antonio de Oliveira, Comentários, 2005, p. 697-698; Amauri Mascaro, Curso, 2008, p. 557 e Campos Batalha, Tratado, 1985, p. 514-515).

A CLT não fez a distinção que se observa no CPC, diferenciando o impedimento (art. 405, § 2º do CPC/73 e art. 447, § 2º do CPC/2015), da suspeição (art. 405, § 3º do CPC/73 e art. 447, § 3º do CPC/2015). A distinção é relevante, pois as causas de impedimento são muito mais graves que as de suspeição.

1.2 Impedimento

Estão impedidos de depor como testemunha, na forma do art. 405, § 2º, do CPC/73: I – o cônjuge, bem como o ascendente e o descendente em qualquer grau, ou colateral, até o terceiro grau, de alguma das partes, por consangüinidade ou afinidade, salvo se o exigir o interesse público, ou, tratando-se de causa relativa ao estado da pessoa, não se puder obter de outro modo a prova, que o juiz repute necessária ao julgamento do mérito; II – o que é parte na causa; III – o que intervém em nome de uma parte, como o **tutor na causa do menor**, o representante legal da pessoa jurídica, o juiz, o advogado e outros, que assistam ou tenham assistido as partes.

No CPC/2015, o art. 447, § 2º, prevê: " § 2º São impedidos: I – o cônjuge, o companheiro, o ascendente e o descendente em qualquer grau e o colateral, até o terceiro grau, de alguma das partes, por consanguinidade ou afinidade, salvo se o exigir o interesse público ou, tratando-se de causa relativa ao estado da pessoa, não se puder obter de outro modo a prova que o juiz repute necessária ao julgamento do mérito; II – o que é parte na causa; III – o que intervém em nome de uma parte, **como o tutor**, o representante legal da pessoa jurídica, o juiz, o advogado e outros que assistam ou tenham assistido as partes."

A única alteração entre as regras de 73 e de 2015 é de redação, sem qualquer interferência no conteúdo da norma do inciso III, de "tutor na causa do menor", no CPC/73, para "tutor", tão somente, no CPC/2015. Portanto, todas as considerações quanto ao CPC/73 são válidas para o CPC/2015.

Quanto ao parentesco, a CLT não disse de que forma se aplica o 3º grau civil, razão pela qual o impedimento é apurado na linha reta ou colateral, como prevê o art. 405, § 2º, I, do

CPC/73 (art. 447, § 2º, inciso I, do CPC/2015); contudo, a proibição para o ascendente ou descendente em qualquer grau é inaplicável ao processo do trabalho, pois o art. 829 da CLT só impôs tal restrição até o 3º grau civil. Como lembra Sergio Pinto Martins, Comentários, 2010, p. 829, é o caso do pai, avô e bisavô, como também do filho, neto e bisneto, todos ascendentes e descendentes até o 3º grau civil.

Na linha colateral, como na linha reta, o grau de parentesco é contado na forma do art. 1594, do Código Civil: "Contam-se, na linha reta, os graus de parentesco pelo número de gerações, e, na colateral, também pelo número delas, subindo de um dos parentes até ao ascendente comum, e descendo até encontrar o outro parente.".

Portanto, o primo é parente em 4º grau, na linha colateral, não havendo impedimento para depor como testemunha; poderá, conforme o caso, ser considerado suspeito.

A CLT não dispôs que o parente por afinidade está impedido de depor, mas cremos que tal ilação se pode extrair do texto legal do art. 829 (neste sentido: Martins, Comentários, 2010, p. 829, que vê impedimento também nos parentes afins).

A afinidade é apurada na forma do art. 1.595, do Código Civil: "Cada cônjuge ou companheiro é aliado aos parentes do outro pelo vínculo da afinidade. § 1° O parentesco por afinidade limita-se aos ascendentes, aos descendentes e aos irmãos do cônjuge ou companheiro. § 2º Na linha reta, a afinidade não se extingue com a dissolução do casamento ou da união estável.".

Sergio Pinto Martins, Comentários, 2010, p. 858, lembra que são parentes por afinidade, passíveis de suspeição, o sogro, genro, padrasto, cunhado, marido da tia, etc.

Está impedido de testemunhar quem é parte na causa, ou quem intervém em nome da parte. Antonio Carlos Araújo Cintra, Comentários, Vol. IV, 2001, p. 166, esclarece que é da tradição do nosso direito que as declarações da parte, no processo, se façam via depoimento pessoal. Pelas mesmas razões, os que intervêm em nome da parte também estão impedidos de depor como testemunha, principalmente o advogado, cujo conhecimento dos fatos está impregnado pela versão que defende em juízo.

1.3. Suspeição

Diferentemente do que ocorreu quanto ao impedimento, que praticamente não sofreu alteração, o CPC/2015 diminuiu substancialmente os motivos de suspeição. Considerando-se o caráter de subjetividade dos motivos de suspeição, a redução do número de causas torna o processo mais seguro.

São suspeitos para depor como testemunha, além do amigo íntimo ou inimigo das partes, mencionados no art. 829, acima, o condenado por crime de falso testemunho após o trânsito em julgado da sentença (art. 405, § 3º, I, do CPC/73), quem, por seus costumes, não for digno de fé (art. 405, § 3º, II, do CPC/73) e quem tiver interesse no litígio (art. 405, § 3º, IV, do CPC/73).

O CPC/2015 restringiu as causas de suspeição em apenas dois incisos, segundo o art. 447, § 3º: 'I – o inimigo da parte ou o seu amigo íntimo; II – o que tiver interesse no litígio.

O "interesse no litígio" resumiu todas as possibilidades de suspeição do juiz.

A CLT não esclareceu que tipo de inimizade gera a suspeição, como fez com a amizade íntima, caracterizada quando a testemunha mantiver laços de relacionamento que a insira no restrito circulo social da parte, partilhando de sua vida pessoal e, às vezes, de sua intimidade; são raros os amigos íntimos.

O CPC/73, art. 405, § 3º, III, faz referência ao "inimigo capital". Wagner Giglio e Cláudia Corrêa, Direito Processual, 2007, p. 241, explicam que não basta a antipatia pessoal, ou simples desentendimento, para configurar a inimizade exigida para a suspeição. Dizem os autores: "Esta deverá ser profunda, visceral ou, de acordo com a praxe forense, fidagal, isto é, séria a ponto de atingir o fígado, de turvar o equilíbrio emocional necessário à isenção de ânimo a depor.". Costumo dizer que a inimizade que gera suspeição é um sentimento que nenhum ser humano deveria nutrir por outro.

O CPC/2015, como vimos, fala simplesmente em "inimigo da parte". Parece suficiente, a meu ver. Inimigo é inimigo. Desnecessário dizer "inimigo capital".

O CPC/73 fala em condenação por crime de falso testemunho, com sentença penal que já transitou em julgado, pois teria demonstrado desrespeito pela Justiça, não sendo digno de, novamente, prestar depoimento. A condenação retira da pessoa a credibilidade necessária para ser testemunha (neste sentido: Manoel Antonio Teixeira Filho, A Prova, 1997, p. 316). Esta hipótese desapareceu no CPC/2015.

A expressão "o que por seus costumes não for digno de fé", destacada como motivo legal de suspeição no CPC/73, também deixou de existir.

Antes de sua revogação, pelo CPC/2015, o motivo era interpretado dentro do contexto no qual a testemunha estiva inserida.

Tivemos oportunidade de analisar o tema, em outra obra de nossa autoria, quando do questionamento sobre a suspeição de uma testemunha que, por ser prostituta, não seria digna de fé. As considerações que fizemos na oportunidade são a seguir transcritas: "...para que a testemunha (prostituta) não seja considerada digna de fé, de alguma forma seus hábitos têm que interferir no resultado de seu depoimento. Assim, se a testemunha irá depor sobre fatos que não guardam qualquer relação com sua atividade socialmente condenável, nada obsta que o juiz dê ao depoimento a validade que merece. Parece-nos muito menos digno de fé um jogador contumaz, que esteja sempre endividado, para depor em processo onde se discuta ato de improbidade, do que uma prostituta. O valor do depoimento e a ocorrência ou não da suspeição estará diretamente ligado ao objeto da causa. O depoimento de uma prostituta teria valor relativo quanto a eventual litígio envolvendo assédio sexual, diante da visão diferenciada que a mesma tem quanto à atividade sexual. O mesmo não se diga se seu depoimento diz respeito ao exercício de horas extras. Como a análise da suspeição antecede à colheita do depoimento, o juiz, aprioristicamente, considerará os costumes da testemunha somente quando puderem interferir no resultado do depoimento. Esta é a melhor interpretação da norma processual acima destacada. Nas hipóteses em que o juiz considerar a testemunha suspeita nada obsta que seu depoimento seja colhido a título de mera informação (CLT, art. 829)." (Magistratura, 2008, p. 146-147).

O mais polêmico dos incisos do art. 405, § 3º, do CPC/73, que diz respeito ao interesse particular no litígio (inciso IV), foi mantido no CPC/2015, art. 447, § 3º, II.

O tipo legal é por demais subjetivo, dando margem a interpretações casuísticas. Manoel Antonio Teixeira Filho, A Prova, 1997, p. 318, afirma que a parte deve demonstrar o interesse concreto, palpável, conferindo mais objetividade à interpretação do preceito legal.

O fato do empregado demandar em face de seu empregador, por si só, não é motivo de suspeição (neste sentido: a S. 357 do TST). Não obstante a firme posição da jurisprudência, existem vozes na doutrina que buscam equiparar o fato de mover ação à inimizade geradora de suspeição. Partidário desta tese, Carrion, Comentários, 2010, p. 700, afirma que: "A testemunha que está em litígio contra a mesma empresa deve ser equiparada ao inimigo capital da parte; o embate litigioso é mau ambiente para a prudência e isenção de ânimo que se exigem da testemunha; entender de outra forma é estimular as partes à permuta imoral de vantagens em falsidades testemunhais mútuas, mesmo sobre fatos verdadeiros; extremamente fácil: "reclamante de hoje, testemunha de amanhã". Os argumentos de Carrion são relevantes, e devem ser considerados pelo juízo no caso concreto quando se perceber que exista a possibilidade de troca de favores, hipótese na qual é prudente deixar de lado o depoimento.

2. SÚMULAS E ORIENTAÇÕES JURISPRUDENCIAIS

- **Súmula nº 357/TST**

TESTEMUNHA. AÇÃO CONTRA A MESMA RECLAMADA. SUSPEIÇÃO (mantida) Res. 121/2003, DJ 19, 20 e 21.11.2003

Não torna suspeita a testemunha o simples fato de estar litigando ou de ter litigado contra o mesmo empregador.

3. INFORMATIVOS DO TST

- ***Testemunha. Reclamação trabalhista contra o mesmo empregador. Suspeição.Não configuração.***

O simples fato de a testemunha ter arrolado o reclamante para depor em ação trabalhista por ela ajuizada contra o mesmo empregador não é suficiente para caracterizar troca de favores apta a tornar suspeita a testemunha, o que dependeria de expressa comprovação. Assim, reiterando entendimento já expendido em julgados anteriores, a SBDI-I, por maioria, conheceu dos embargos por contrariedade à Súmula nº 357 do TST, vencidos os Ministros Maria Cristina Irigoyen Peduzzi, Renato de Lacerda Paiva e Dora Maria da Costa, e, no mérito, deu-lhes provimento para determinar o retorno dos autos à Vara do Trabalho de origem, a fim de que, reaberta a instrução, seja ouvida a testemunha do autor, na forma legal, e prossiga com o exame do mérito, como entender de direito. No caso, a decisão turmária não conheceu do recurso de revista do reclamante, ao argumento de que, além de a testemunha ter ajuizado ação trabalhista contra a mesma empregadora, ele foi testemunha no processo da testemunha que o arrolou, restando, portanto, configurada a troca de favores. TST-E-ED RR 197040-61.2002.5.02.0381, SBDI-I, rel. Min. José Roberto Freire Pimenta, 23.8.2012 (Informativo nº 19)

4. QUESTÕES DE CONCURSOS

01. (PREFEITURA DE SALVADOR/PROCURADOR DO MUNICÍPIO/CESPE/2008) Quanto à testemunha nos processos trabalhistas, assinale a opção correta.

a) O simples fato de estar a testemunha litigando ou ter litigado contra o mesmo empregador não a torna suspeita.

b) É suspeita a testemunha que litiga contra o mesmo empregador, na hipótese de o objeto e os fatos das demandas serem diversos, por conta do interesse no litígio.

c) O depoimento da testemunha suspeita, por ser parente até terceiro grau civil da parte, não poderá ser aproveitado como simples informação.

d) A testemunha que litigar ou tiver litigado contra o mesmo empregador, em processo cujo objeto seja idêntico, torna-se suspeita.

02. (TRT – 4ª REGIÃO/ANALISTA JUDICIÁRIO/FCC/2006) Vale como simples informação o depoimento da testemunha que

a) preste ou tenha prestado serviços à reclamada.

b) seja inimigo de qualquer uma das partes.

c) seja primo de uma das partes.

d) não tenha presenciado os fatos alegados.

e) tenha entre 16 e 18 anos de idade.

GAB	1	A	2	B

✦ **FORMALIDADE DO DOCUMENTO**

Art. 830. O documento em cópia oferecido para prova poderá ser declarado autêntico pelo próprio advogado, sob sua responsabilidade pessoal. (Redação da Lei nº 11.925, de 2009).

Parágrafo único. Impugnada a autenticidade da cópia, a parte que a produziu será intimada para apresentar cópias devidamente autenticadas ou o original, cabendo ao serventuário competente proceder à conferência e certificar a conformidade entre esses documentos.

1. COMENTÁRIOS

1.1. Formalidade do documento

A declaração de que o documento apresentado em cópia confere com o original só poderá ser feita por advogado, e não por estagiário (neste sentido, Martins, Comentários, 2010, p. 861). Tanto assim que a responsabilidade por declaração falsa é atribuída ao advogado e não ao estagiário.

Independentemente da declaração do advogado, o documento apresentado em cópia sem autenticação, desde que não impugnado, presume-se verdadeiro, particularmente se for comum às partes, como o recibo de pagamento, tendo cada qual como conferir a cópia com o original do qual se tem a posse (neste sentido, a OJ nº 36, da SBDI-1/TST).

1.2. Impugnação do documento

O documento é a prova pré-constituída por natureza, por isso seu valor probante é o mesmo dentro ou fora do processo. A forma do documento apresentado em cópia, contudo, pode ser objeto de impugnação, sempre que a parte suspeitar que não condiga com o original. A impugnação, oportunamente apresentada, não poderá ser genérica, devendo a parte apontar, especificamente, qual ou quais documentos está rejeitando e por quê.

Exigindo o juízo que a parte apresente o documento original, diante da impugnação da cópia apresentada, sua omissão importará em reconhecimento tácito da impugnação, aplicando-se, por analogia, as normas dos artigos 355 e 359 do CPC/73. (artigos 396 e 400 do CPC/2015).

A impugnação de documento, quanto a seus aspectos extrínsecos, formais, externos, diz respeito à maneira como o documento foi confeccionado. O documento pode ser defeituoso, mas nem por isso ser falso, como no caso de rasuras feitas pela própria pessoa que o confeccionou.

Haverá motivo para se considerar o documento materialmente falso quando o vício gerar sua falsidade, seja porque confeccionado para demonstrar um fato que nunca existiu ou para alterar a verdade dos fatos, seja quando modificado o original com as mesmas finalidades (CPC/73, art. 387, § único e CPC/2015, art. 427, § único).

A verificação quanto à veracidade formal do documento, analisando-se seus aspectos externos, e não seu conteúdo, é feita através de perícia, a partir da arguição do incidente de falsidade material, previsto no art. 390 a 395 do CPC/73 (artigos 430 a 433 do CPC/2015).

A falsidade ideológica do documento não é apurada por meio de incidente, pois nenhuma perícia será capaz de constatar a falta de correspondência entre o conteúdo do documento e o fato. Nesta falsidade o documento é formalmente verdadeiro, mas seu conteúdo, como se disse, discrepa da realidade. É a hipótese dos controles de horário de marcação britânica, invariável. O documento é verdadeiro, mas é impossível que não haja qualquer variação de horário dia após dia, mesmo que seja por alguns minutos. A falsidade ideológica, ou seja, quanto ao conteúdo do documento, só será provada por outros meios probantes, como, por exemplo, o depoimento de testemunhas.

A impugnação ideológica do documento (quanto a seu conteúdo) ou no que diz respeito à autenticidade da assinatura (autoria do documento) era feita por meio de incidente de verificação, mencionado no art. 372 do CPC/73 (Marinoni-Mitidiero, Código, 2008, p. 369 e Neves-Freire, CPC, 2010, p. 409). Este incidente seguia o mesmo procedimento do incidente de falsidade material (art. 390 e seguintes do CPC/73 e art. 430 e seguintes do CPC/2015), mas estava limitado à impugnação do conteúdo ou à autenticidade da assinatura do documento.

O incidente de verificação não existe no CPC/2015. Não se faz mas a distinção se a autenticidade é da assinatura ou do próprio documento.

O art. 428 do CPC/2015 resume as hipóteses de falsidade do documento, nos seguintes termos: impugnação de autencidade (art. 428, I) e assinatura em branco que tenha permitido a abusividade no preenchimento do conteúdo (art. 428, II).

Tanto o incidente de verificação, quanto o de falsidade documental, suspendem o procedimento, conforme regra do art. 394 do CPC/73; trata-se de suspensão imprópria, porque só o processo principal fica suspenso, prosseguindo o incidente de apuração da falsidade. A intenção da suspensão é evitar que o julgamento da demanda se baseie em documento declarado, posteriormente, falso. Manoel Antonio Teixeira Filho, A Prova, 1997, p. 291, se manifesta contrariamente à suspensão no processo do trabalho, por incompatível com o princípio da celeridade; o autor só autoriza a suspensão se o documento abranger a satisfação de todas as parcelas postuladas pelo empregado.

O CPC/2015 não afirma, claramente, que a arguição de falsidade suspende o processo, mas, de fato, é isto que ocorre, porque o art. 430 e seguintes cuida exclusivamente do procedimento da arguição, inclusive da designação de perícia, o que denota que a discussão principal fica paralisada até a solução do incidente de falsidade.

A informalidade do processo do trabalho dispensa que o incidente de falsidade seja arguido por meio de petição dirigida ao juiz da causa (art. 391 do CPC/73 e art. 430 do CPC/2015), bastando a alegação oral na própria audiência em que apresentado o documento.

Para o processo do trabalho não faz diferença se o **incidente é arguido durante a instrução processual** (art. 391 do CPC/73), ou **após seu encerramento** (art. 393, do CPC/73), pois a única diferença entre ambos é que, arguido após o encerramento da instrução, na dinâmica do CPC/73, o incidente era processado em apenso aos autos principais (neste sentido, Dinamarco, Instituições, Vol. III, 2001, p. 580). O processo do trabalho não se utiliza destes apensos, não havendo, portanto, distinção sequer formal quanto aos dois procedimentos.

De qualquer forma, a discussão acima não tem mais importância, pois o CPC/2015 não faz esta distinção, apenas dizendo que incidente deve ser resolvido como questão incidental (art. 430, § único, do CPC/2015), portanto, antes da sentença.

O ônus de provar a falsidade do documento era assim tratada no CPC/73: compete a quem arguir o incidente (art. 389, I, do CPC/73), salvo se a falsidade se referir à assinatura do documento, quando o ônus caberá a quem o produziu (art. 389, II, CPC/73). Em ambas as hipóteses, a perícia para apuração da verdade será suportada pela parte sucumbente quanto ao objeto do incidente, ao final do processo (art. 790-B, da CLT).

No CPC/2015, o ônus da prova ficou assim distribuído: **a)** quando se tratar da falsidade do documento (falsidade material) ou de preenchimento abusivo o ônus da prova recai sobre quem arguiu o incidente (art. 429, I, do CPC/2015); **b)** quando se tratar de impugnação à autenticidade do documento, o ônus recairá sobre a parte que produziu o documento (art. 429, II, do CPC/2015).

O julgamento do incidente, na dinâmica do CPC/73, se resolvia na mesma sentença que julgava a demanda em que se baseou o documento e desafiava recurso de apelação no processo civil (neste sentido, Câmara, Lições, Vol. I, 2009, p. 397 e Didier-Braga-Oliveira, Curso, Vol. 2, 2009, p. 198-199).

Para outros, o julgamento do incidente tem natureza de decisão interlocutória e, no processo civil, desafia o recurso de agravo (Amaral Santos, Primeiras Linhas, Vol. 2, p. 417 e Dinamarco, Instituições, Vol. III, 2001, p. 581). Esta última posição me parece mais consentânea com o processo do trabalho, pois a decisão de falsidade documental, como mero incidente, e não como sentença, é compatível com a informalidade do procedimento trabalhista. Ademais, sendo decisão interlocutória, seguirá o regime da irrecorribilidade imediata, só comportando o recurso da solução da falsidade quando do momento da sentença da demanda principal (neste sentido, Manoel Antonio Teixeira Filho, A Prova, 1997, p. 292).

A posição que defendemos (natureza de decisão interlocutória) é reforçada pela redação do art. 430, § único, do CPC/2015: "Art. 430. A falsidade deve ser suscitada na contestação, na réplica ou no prazo de 15 (quinze) dias, contado a partir da intimação da juntada do documento aos autos. Parágrafo único. Uma vez arguida, a falsidade será resolvida como **questão incidental**, salvo se a parte requerer que o juiz a decida como questão principal, nos termos do inciso II do art. 19." (grifamos).

2. SÚMULAS E ORIENTAÇÕES JURISPRUDENCIAIS

- **Súmula nº 8/TST**

JUNTADA DE DOCUMENTO (mantida) – Res. 121/2003, DJ 19, 20 e 21.11.2003

A juntada de documentos na fase recursal só se justifica quando provado o justo impedimento para sua oportuna apresentação ou se referir a fato posterior à sentença.

- **OJ-36 SBDI-1/TST**

INSTRUMENTO NORMATIVO. CÓPIA NÃO AUTENTICADA. DOCUMENTO COMUM ÀS PARTES. VALIDADE. (título alterado e inserido dispositivo, DJ 20.04.2005)

O instrumento normativo em cópia não autenticada possui valor probante, desde que não haja impugnação ao seu conteúdo, eis que se trata de documento comum às partes.

- **OJ-134 SBDI-1/TST**

AUTENTICAÇÃO. PESSOA JURÍDICA DE DIREITO PÚBLICO. DISPENSADA. MEDIDA PROVISÓRIA Nº 1.360, DE 12.03.96. Inserida em 27.11.98

São válidos os documentos apresentados, por pessoa jurídica de direito público, em fotocópia não autenticada, posteriormente à edição da Medida Provisória nº 1.360/96 e suas reedições.

3. QUESTÕES DE CONCURSOS

01. (FCC – TRT 24 – Analista Judiciário/2011) Em determinada reclamação trabalhista Janaina, advogada da reclamante, anexou à petição inicial cópia simples, extraída da internet, de Convenção Coletiva de Trabalho da Categoria. Este documento, de acordo com Orientação Jurisprudencial do Tribunal Superior do Trabalho,

a) não possui valor probante, uma vez que as Convenções Coletivas de Trabalho devem ser anexadas aos autos obrigatoriamente por meio de cópias com carimbo do órgão representativo da categoria em questão.

b) não possui valor probante, pois os instrumentos normativos que acompanham a reclamação ou a contestação devem ser obrigatoriamente cópias autenticadas em razão da relevância jurídica.

c) possui valor probante incontestável, tratando-se de documento comum a ambas as partes e de fácil acesso.

d) não possui valor probante, uma vez que foi extraído da internet e não de órgãos oficiais.

e) possui valor probante, desde que não haja impugnação do seu conteúdo, eis que se trata de documento comum a ambas as partes.

02. (FCC – TRT 8 – Analista Judiciário/2010/ADAPTADA) De acordo com a Lei nº 11.419/06, os documentos produzidos eletronicamente e juntados aos processos eletrônicos com garantia da origem e de seu signatário, na forma estabelecida por esta Lei, serão considerados originais para todos os efeitos legais. Os documentos cuja digitalização seja tecnicamente inviável devido ao grande volume ou por motivo de ilegibilidade deverão ser apresentados ao cartório ou secretaria no prazo de dez dias contados do envio de petição eletrônica comunicando o fato, os quais serão devolvidos à parte após o trânsito em julgado.

GAB	1	E	2	C

SEÇÃO X – DA DECISÃO E SUA EFICÁCIA

✦ SENTENÇA: MOMENTO OPORTUNO

Art. 831. A decisão será proferida depois de rejeitada pelas partes a proposta de conciliação.

✦ ACORDO JUDICIAL: COISA JULGADA

Parágrafo único. No caso de conciliação, o termo que for lavrado valerá como decisão irrecorrível, salvo para a Previdência Social quanto às contribuições que lhe forem devidas. (Redação dada pela Lei nº 10.035, de 2000)

1. COMENTÁRIOS

1.1. A nomenclatura da CLT

A CLT, sempre que usa o termo "decisão", está a se referir à sentença, e não a simples decisão interlocutória. Esta afirmação é comprovada pelo fato de que a decisão, referida neste artigo, diz respeito à solução definitiva do conflito, que ocorre, no processo do trabalho, após a rejeição da segunda e derradeira proposta conciliatória. Outros artigos desta seção (832 a 834) também se utilizam do termo "decisão", referindo-se à sentença. A CLT, quando quis abordar o julgamento de questão incidental, foi expressa ao se referir à "decisão interlocutória", e não somente "decisão", como se percebe da redação do art. 893, § 1º.

1.2. Conceito de sentença

A sentença, após a reforma do CPC, passou a ser conceituada pelo conteúdo, e não pelo critério de extinguir ou não o processo. Como dispõe o art. 162, § 1º, do CPC/73, "Sentença é o ato do juiz que implica alguma das situações previstas no art. 267 e 269 do CPC/73".

É pacífico o entendimento da doutrina no processo civil no sentido de que a alteração promovida no art. 162 do CPC/73, pela Lei nº 11.232/2005, teve por objetivo compatibilizar o conceito de sentença com a noção de processo sincrético, que suprimiu a execução autônoma fundada em título judicial; se a sentença passou a ser cumprida no próprio processo em que foi proferida, não faria mais sentido defini-la como ato do juiz que põe fim ao processo (neste sentido: Daniel Neves, Manual, 2009, p. 425-427; Câmara, Lições, Vol. I., p. 409-411 e Didier-Braga-Oliveira, Curso, Vol. 2, 2009, p. 281).

Com a alteração legal surgiram entendimentos quanto à possibilidade de sentenças parciais de mérito, posto que seu conceito deixou de estar relacionado ao ato final do processo e sim ao conteúdo do julgamento; portanto, segundo esta tese, seria possível a parte oferecer recurso imediato desta sentença parcial, como na apreciação de antecipação de tutela de pedido incontroverso, mesmo que outros pleitos sequer tenham sido instruídos e, portanto, impassíveis de julgamento de mérito.

Daniel Neves, Manual, 2009, p. 427, mesmo ressalvando sua posição pessoal, esclarece que a doutrina majoritária, no receio de que a possibilidade de recurso imediato das sentenças parciais de mérito viessem a tumultuar o procedimento, preferiu concluir que a redação do art. 162, § 1º, do CPC/73, não interferiu, propriamente, no conceito tradicional de sentença. Portanto, para a maioria, sentença continua a ser "o pronunciamento judicial pelo qual o juiz, analisando ou não o mérito da causa, põe fim a uma etapa (cognitiva ou executiva) do procedimento em primeira instância." (Didier-Braga-Oliveira, Curso, Vol. 2, 2009, p. 284).

Esta posição restou vitoriosa na redação do art. 203, § 1º, do CPC/2015, que assim define a sentença: "Art. 203. Os pronunciamentos do juiz consistirão em sentenças, decisões interlocutórias e despachos. § 1º Ressalvadas as disposições expressas dos procedimentos especiais, sentença é o pronunciamento por meio do qual o juiz, com fundamento nos arts. 485 e 487, põe fim à fase cognitiva do procedimento comum, bem como extingue a execução.".

Alexandre Câmara, Lições, Vol. I, p. 411, com apoio nas lições de Barbosa Moreira e Scarpinella Bueno no mesmo sentido, prefere dizer que as alterações da reforma processual não alteraram o conceito de sentença, que "continua a ser definida por um critério topológico", ou seja, como ato final; "A alteração se deu, simplesmente, pelo fato de que, se antes havia uma sentença para "extinguir o processo de conhecimento" e outra sentença para "extinguir o processo de execução", agora essas duas sentenças são proferidas em um só processo, e determinam a extinção, respectivamente, da "fase de conhecimento" e da "fase de execução".

As lições de Alexandre Câmara se adequam, perfeitamente, ao conceito de sentença no processo do trabalho, pois neste ramo do processo, muito antes do propalado sincretismo do processo civil, a sentença só encerrava, desde a redação original da CLT, a fase de conhecimento; a execução, fase que pode ser iniciada de ofício pelo juiz (art. 878 da CLT), não é, e nunca foi, independente do módulo de conhecimento.

1.3. Coisa julgada Material

Como ato estatal, imperativo, o pronunciamento jurisdicional definitivo produz os efeitos que a lei prescreve. Como um desses efeitos está a coisa julgada. Essa é a conclusão que se extrai da redação do art. 467 do CPC/73, in verbis: "denomina-se coisa julgada material a eficácia, que torna imutável e indiscutível a sentença, não mais sujeita a recurso ordinário ou extraordinário".

A coisa julgada, portanto, não é efeito da sentença definitiva, e sim qualidade desse efeito (Marques, Manual, 2001, p. 324).

O conceito traduzido no texto legal, de franca inspiração Liebmaniana, não exprimiu, corretamente, a lição do mestre italiano. Propunha Liebman que a coisa julgada não fosse vista como um efeito da sentença (como dispõe o código), mas sim uma qualidade inerente a todos os efeitos dela, e que aos efeitos se incorpora, a partir de um dado momento (Eficácia, 2006, p. 41). Este momento é o trânsito em julgado da sentença.

Os efeitos da sentença, propriamente ditos, não se confundem com a coisa julgada, pois decorrem do tipo de provimento jurisdicional que se pretende obter, podendo ser de cunho declaratório, constitutivo, condenatório e mandamental, esta última classificação consagrada por Pontes de Miranda. Há quem na doutrina destaque, ainda, o efeito executivo (por todos, Ovidio Baptista, Sentença, 1979, p. 93). Esta é a clara distinção que devemos fazer da qualidade da coisa julgada e seus efeitos.

Para Vicente Greco Filho, Direito Processual, 1994, p. 240, "a coisa julgada material é a imutabilidade dos efeitos que se projetam fora do processo e que impede que nova demanda seja proposta sobre a mesma lide". O ilustre professor paulista destaca, com tal conceito, o chamado efeito negativo da coisa julgada material, que consiste na proibição de que a demanda já definida seja reapreciada por outro juiz.

Humberto Theodoro Junior, Curso, 1997, p. 525, adere ao grupo daqueles que definem a coisa julgada como "qualidade da sentença, assumido em determinado momento processual. Não é efeito da sentença, mas a qualidade dela, representada pela "imutabilidade" do julgado e seus efeitos".

As críticas da doutrina foram acolhidas na redação do art. 502, do CPC/2015, que conceitua a coisa julgada sem a confundir com os efeitos da sentença, nos seguintes termos: "Art. 502. Denomina-se coisa julgada material a autoridade que torna imutável e indiscutível a decisão de mérito não mais sujeita a recurso.".

1.3.1. Sentenças determinativas

A nomenclatura acima destacada, de uso do mestre Amaral Santos, Primeiras Linhas, p. 55, define as sentenças que tratam de relações jurídicas continuativas (a exemplo da ação de alimentos). Há quem afirme que tais sentenças não se sujeitam à formação de coisa julgada material. Ousamos discordar e com apoio em Frederico Marques, que também a denomina sentença rebus sic stantibus(Manual, 2001, p. 343). Não é que a sentença ao decidir relação jurídica continuativa não faça coisa julgada material. Nestas hipóteses mantêm-se imutáveis os efeitos da sentença enquanto permanecerem as mesmas condições de fato ou de direito que motivaram o julgamento. Alteradas tais condições, ou seja, situação posterior ao trânsito em julgado da sentença, esta será modificada. Adapta-se a sentença às alterações ocorridas. A lei processual consagrou este tipo de sentença no art. 471, I, do CPC/73, a seguir transcrito: "Nenhum juiz decidirá novamente as questões já decididas, relativas à mesma lide, salvo: I – se, tratando-se de relação jurídica continuativa, sobreveio modificação no estado de fato ou de direito; caso em que poderá a parte pedir a revisão do que foi estatuído na sentença;".

O CPC/2015, em seu artigo 505, I, possui a mesma redação: "Art. 505. Nenhum juiz decidirá novamente as questões já decididas relativas à mesma lide, salvo: I – se, tratando-se de relação jurídica de trato continuado, sobreveio modificação no estado de fato ou de direito, caso em que poderá a parte pedir a revisão do que foi estatuído na sentença;".

No processo do trabalho são exemplos destas sentenças as que apreciam pedido de adicional de insalubridade, quando os contratos de trabalho estiverem ainda vigorando, e as proferidas em processo de dissídio coletivo de natureza econômica, cuja revisão também tem por fundamento a modificação do estado de fato ou de direito (art. 873/CLT).

A competência para apreciar o pedido de revisão da sentença será do mesmo juízo que proferiu o julgamento. Há quem entenda que o pedido de revisão depende de ação revisional (Martins, Comentários, 2010, p. 831). Ao lado da revisional, Carrion, Comentários, 2010, p. 710, admite a ação de embargos do devedor, movida pelo empregador para questionar o pagamento que merece ser reduzido ou até mesmo suprimido, diante da alteração do estado de fato ou de direito. O empregado deixou de ter direito ao adicional, pois não mais trabalha em ambiente insalubre, por exemplo, devendo, portanto, ser suprimida a parcela objeto da sentença. A nosso ver, uma simples petição ao juízo da execução, sem as formalidades da Petição Inicial, seria suficiente para a apreciação do pedido de modificação.

1.4. Coisa Julgada Formal

1.4.1. Conceito

A imperatividade da coisa julgada depende de sua imutabilidade. Tal qualidade, nos limites do processo, ocorre quando não mais se pode discutir, nos mesmos autos, a res in iudicio deducta(coisa deduzida em juízo). Na ocorrência de tal fenômeno, denominada por muitos como a preclusão máxima do processo, surge a coisa julgada formal (por todos, Dinamarco, Instituições, Vol. III, 2001, p. 297).

Na sempre esclarecedora lição de Moacyr Amaral Santos "a coisa julgada formal consiste no fenômeno da imutabilidade da sentença pela preclusão dos prazos para recursos". (Primeiras Linhas, 3º Vol., 1990, p. 44). Destaca-se, com este conceito, a imutabilidade endoprocessual das questões decididas, com ou sem a formação de coisa julgada material. Portanto, o efeito maior da coisa julgada formal é a impossibilidade da parte recorrer.

1.4.2. Sentenças Terminativas

O CPC/73 enumerou as sentenças que fazem coisa julgada formal no art. 267 (no CPC/2015 as hipóteses estão descritas no art. 485).

Com o trânsito em julgado das sentenças terminativas, a parte não pode mais recorrer. Contudo, a extinção do processo, nas hipóteses do art. 267 do CPC/73 (art. 485, do CPC/2015), não obsta que a ação seja renovada (extingue-se o processo e não o direito subjetivo, como se percebe do art. 486, caput, do CPC/2015), salvo nos casos do § 1º, do art. 486: § 1º No caso de extinção em razão de litispendência e nos casos dos incisos I, IV, VI e VII do art. 485, a propositura da nova ação depende da correção do vício que levou à sentença sem resolução do mérito.

1.4.2.1. Falsas Sentenças Terminativas

Existem casos em que no exame de questões processuais, a exemplo da carência de ação, os julgamentos avançam no tema de mérito e, ainda assim, extinguem o processo sem resolução de mérito. Nestas hipóteses, ainda que a sentença, formalmente, seja fundamentada no art. 267, do CPC/73 (art. 485, do CPC/2015), ocorreu exame de mérito e, consequentemente, formação de coisa julgada material.

Caso típico no processo do trabalho se dá no exame da legitimidade passiva ad causam, em pedidos como de reconhecimento da relação de emprego ou de responsabilização de empresa tomadora dos serviços, na hipótese de terceirização – S. 331, IV, do TST. Decidindo o juiz pela inexistência da relação de emprego ou eximindo o tomador dos serviços de qualquer responsabilidade, a sentença deveria ser de fundo, rejeitando o pedido do autor, com resolução de mérito, na forma do art. 269, I, do CPC/73 (art. 487, I, do CPC/2015).

O julgamento, a nosso ver impróprio, de extinção do processo, sem resolução de mérito, faz nascer sentença teratológica, causando insegurança aos jurisdicionados. Tal sentença, por tudo quanto foi dito, desafia recurso ordinário, a fim de ser evitada a formação de coisa julgada material sobre o tema, independentemente do que consta em seu dispositivo.

Dinamarco, 2001, p. 306, traz exemplo semelhante ao tratar de indicação como réu de pessoa envolvida em ação de indenização por acidente de trânsito. Relata o autor que é hábito tais demandas serem julgadas inadmissíveis por ilegitimidade passiva ad causam, quando a prova revela que o réu já não é dono do veículo. Como se pode notar, é o mesmo defeito presente nos julgamentos da Justiça do Trabalho, como nos exemplos acima mencionados.

1.5. Limites da Coisa Julgada

1.5.1.Limites objetivos

O estudo do tema reside em saber sobre qual das três partes da sentença faz coisa julgada, o relatório, a fundamentação ou o dispositivo. Evidentemente não se cogita do Relatório, restando a controvérsia quanto à fundamentação e o dispositivo (ou conclusão). Dispõe o art. 468 do CPC/73 que: "A sentença, que julgar total ou parcialmente a lide, tem força de lei nos limites da lide e das questões decididas."

O CPC/73 reproduziu o texto do projeto Mortara, elaborado por Carnelutti (Amaral Santos, p. 62). Portanto, com o próprio autor do projeto encontrar-se-á a fixação das expressões "nos limites da lide" e "das questões decididas". Quanto à primeira expressão, a solução não é dotada de controvérsia. Lide, na própria acepção de Carnelutti, é um conflito de interesses qualificado por uma pretensão resistida. Portanto, julgar a lide é atender ao pedido formulado pelo autor, em confronto com a tese do réu.

A segunda expressão destacada do texto legal, contudo, provocou interpretações divergentes na doutrina. A tese de que as questões decididas também estariam sob o manto da coisa julgada não prevaleceu entre nós.

A interpretação combinada do art. 458 do CPC/73, acima transcrito, com o art. 460 do mesmo código, nos conduz a tal conclusão: "Art. 460 – É defeso ao juiz proferir sentença, a favor do autor, de natureza diversa da pedida, bem como condenar o réu em quantidade superior ou em objeto diverso do que lhe foi demandado.".

O pedido limita o julgamento, orienta a definição do conflito e, a partir destes parâmetros, se formará a coisa julgada. As questões, por mais importantes que sejam para o entendimento da pretensão e, consequentemente, da lide, não fazem coisa julgada (CPC/73, art. 469).

Esta visão do CPC/73 mudou radicalmente com o CPC/2015 pois, segundo seu artigo 503, § 1º, a questão prejudicial, decidida incidentalmente no processo, fará coisa julgada quando: 'I – dessa resolução depender o julgamento do mérito; II – a seu respeito tiver havido contraditório prévio e efetivo, não se aplicando no caso de revelia; III – o juízo tiver competência em razão da matéria e da pessoa para resolvê-la como questão principal. § 2º A hipótese do § 1º não se aplica se no processo houver restrições probatórias ou limitações à cognição que impeçam o aprofundamento da análise da questão prejudicial.".

1.5.1.2. Julgamento extrapetita no processo do trabalho

No processo do trabalho Wagner Giglio (Direito Processual, 2007, p. 87)defende a tese de possibilidade de julgamento extra ou ultrapetita, em casos expressos na lei. Cita o autor os artigos 467 e 496, ambos da CLT, como exemplos de julgamento diverso do que foi postulado; a multa de 50%, no caso do primeiro artigo, e conversão da obrigação de fazer em dar, no caso do segundo artigo, independentemente de pedido. Para Giglio a possibilidade de julgamento extrapetita conduz à formação de um princípio ideal do processo do trabalho (da ultrapetição ou da extrapetição). Vide maiores comentários sobre o julgamento extrapetita nos artigos 467 e 496 da CLT.

1.5.2. Limites subjetivos

Limitar a coisa julgada, subjetivamente, representa precisar quais as pessoas alcançadas pela coisa julgada. A doutrina romana traçou um princípio fundamental segundo o qual a coisa julgada atinge somente as partes e não terceiros (res inter alios iudicatas, aliis non praeiudicare).

Savigny tentou aprimorar tal teoria, apontando a extensão dos efeitos da coisa julgada a terceiros, em razão dos laços de representação que tivesse com uma das partes (teoria da representação). Tal teoria, pelo lustro do seu autor, obteve acolhida entre nós, em sua época.

Posteriormente, na Alemanha, Ihering destacou a diferença entre os efeitos diretos e indiretos da coisa julgada que serviu de base à teoria dos efeitos reflexos de Wach, acolhida na Itália por Chiovenda, Carnelutti, entre outros. Segundo esta última teoria, os efeitos reflexos são aqueles não queridos pelas partes, mas inevitáveis, daí atingindo terceiros.

Liebman, por sua vez, elaborou tese que representou um marco (uma fronteira) no estudo da coisa julgada, particularmente de seus limites. Segundo o consagrado mestre italiano, o erro das teorias que até então tratavam sobre o tema estava em considerar a coisa julgada como efeito da sentença e não uma qualidade especial desta que torna imutáveis seus efeitos.

Assim, Liebman passou a distinguir a eficácia natural da sentença, da autoridade da coisa julgada. A eficácia natural vale para todos. A autoridade da coisa julgada só existe interpartes.

A partir da teoria acima exposta, qualificam-se três tipos de terceiros. O terceiro indiferente, que nenhuma relação guarda com a sentença, respeitando somente sua autoridade (erga omnes). Os terceiros interessados praticamente, qualificados como aqueles que sofram prejuízo ou tenham relação econômica com a sentença. O terceiro juridicamente interessado, seja por possuir igual interesse que as partes, seja por participar de relação jurídica material dependente daquela julgada no processo.

A estes limites submeteu-se o código, traduzindo os parâmetros subjetivos da coisa julgada na redação do art. 472 do CPC/73: "A sentença faz coisa julgada às partes entre as quais é dada, não beneficiando, nem prejudicando terceiros. Nas causas relativas ao estado de pessoa, se houverem sido citados no processo, em litisconsórcio necessário, todos os interessados, a sentença produz coisa julgada em relação a terceiros.".

O CPC/2015, art. 506, estabeleceu os limites subjetivos da coisa julgada nos seguintes termos: "Art. 506. A sentença faz coisa julgada às partes entre as quais é dada, não prejudicando terceiros.".

O código sempre serviu de instrumento para tutelar os direitos individuais, daí o alcance dos limites subjetivos da coisa julgada somente interpartes. No direito coletivo, contudo, evoluiu-se para ampliar este limite subjetivo da coisa julgada, atribuindo-se à sentença proferida em processo coletivo eficácia erga omnes, ou seja, além dos sujeitos que litigaram no processo. Neste sentido a norma do art. 103 da Lei nº 8.078/90, de plena aplicação no processo do trabalho, a seguir transcrita: "Nas ações coletivas de que trata este código, a sentença fará coisa julgada: I – erga omnes, exceto se o pedido for julgado improcedente por insuficiência de provas, hipótese em que qualquer legitimado poderá intentar outra ação, com idêntico fundamento valendo-se de nova prova, na hipótese do inciso I do parágrafo único do art. 81; II – ultra partes, mas limitadamente ao grupo, categoria ou classe, salvo improcedência por insuficiência de provas, nos termos do inciso anterior, quando se tratar da hipótese prevista no inciso II do parágrafo único do art. 81; III – erga omnes, apenas no caso de procedência do pedido, para beneficiar todas as vítimas e seus sucessores, na hipótese do inciso III do parágrafo único do art. 81.".

1.6. Acordo Judicial e sua eficácia

A conciliação feita na Justiça do Trabalho tem como qualidade a formação de coisa julgada material, tornando imutáveis os efeitos que emanam deste ato. Exatamente em razão desta coisa julgada, que somente por ação rescisória se desconstitui a conciliação (TST, S. 259). Diferentemente do que ocorre na transação típica, onde as partes manifestam sua vontade e o juiz simplesmente exerce um juízo de homologação, apreciando somente aspectos formais, como capacidade e disponibilidade de interesses, na conciliação homologada na Justiça do Trabalho há enorme interferência do julgador, inclusive no tocante a eventual prejuízo que o empregado possa vir a sofrer com este ato. Sobre o tema, de forma mais detalhada, nos reportamos aos comentários ao art. 764 da CLT.

A coisa julgada formada pela conciliação trabalhista não alcança a União Federal, quanto às contribuições previdenciárias que lhe forem devidas; a União, através de seu órgão de representação processual, poderá se valer de Recurso Ordinário para atacar o termo de conciliação que tem eficácia de sentença, mais cuja coisa julgada não lhe alcança. Considerando-se sua natureza de ente público, o Recurso Ordinário será interposto no prazo de 16 dias (o prazo normal é de 8 dias), a contar da ciência da União quanto ao acordo homologado em juízo.

2. SÚMULAS E ORIENTAÇÕES JURISPRUDENCIAIS

- **Súmula nº 259/TST**

TERMO DE CONCILIAÇÃO. AÇÃO RESCISÓRIA (mantida) – Res. 121/2003, DJ 19, 20 e 21.11.2003

Só por ação rescisória é impugnável o termo de conciliação previsto no parágrafo único do art. 831 da CLT.

- **OJ-SDI1-368**

DESCONTOS PREVIDENCIÁRIOS. ACORDO HOMOLOGADO EM JUÍZO. INEXISTÊNCIA DE VÍNCULO EMPREGATÍCIO. PARCELAS INDENIZATÓRIAS. AUSÊNCIA DE DISCRIMINAÇÃO. Incidência SOBRE O VALOR TOTAL (DEJT divulgado em 03, 04 e 05.12.2008)

É devida a incidência das contribuições para a Previdência Social sobre o valor total do acordo homologado em juízo, independentemente do reconhecimento de vínculo de emprego, desde que não haja discriminação das parcelas sujeitas à incidência da contribuição previdenciária, conforme parágrafo único do art. 43 da Lei nº 8.212, de 24.07.1991, e do art. 195, I, "a", da CF/1988.

- **OJ-SDI1-398**

CONTRIBUIÇÃO PREVIDENCIÁRIA. ACORDO HOMOLOGADO EM JUÍZO SEM RECONHECIMENTO DE VÍNCULO DE EMPREGO. CONTRIBUINTE INDIVIDUAL. RECOLHIMENTO DA ALÍQUOTA DE 20% A CARGO DO TOMADOR E 11% A CARGO DO PRESTADOR DE SERVIÇOS. (DEJT divulgado em 02, 03 e 04.08.2010)

Nos acordos homologados em juízo em que não haja o reconhecimento de vínculo empregatício, é devido o recolhimento da contribuição previdenciária, mediante a alíquota de 20% a cargo do tomador de serviços e de 11% por parte do prestador de serviços, na qualidade de contribuinte individual, sobre o valor total do acordo, respeitado o teto de contribuição. Inteligência do § 4º do art. 30 e do inciso III do art. 22, todos da Lei nº 8.212, de 24.07.1991.

- **OJ-SDI2-132/TST**

AÇÃO RESCISÓRIA. ACORDO HOMOLOGADO. ALCANCE. OFENSA À COISA JULGADA (DJ 04.05.2004)

Acordo celebrado – homologado judicialmente – em que o empregado dá plena e ampla quitação, sem qualquer ressalva, alcança não só o objeto da inicial, como também todas as demais parcelas referentes ao extinto contrato de trabalho, violando a coisa julgada, a propositura de nova reclamação trabalhista.

3. INFORMATIVOS DO TST

- ***Acordo homologado judicialmente. Atraso no pagamento de parcela. Exclusão da cláusula penal fixada em 100%. Ofensa à coisa julgada. Redução da multa para 50% do valor da parcela inadimplida. Possibilidade.***

Ofende a coisa julgada a decisão que afasta a aplicabilidade da cláusula penal (fixada em 100%) por descumprimento de acordo homologado judicialmente, sem que haja lei expressa autorizando a exclusão do direito acordado entre as partes. Todavia, tendo o Regional registrado que a quantia devida era vultosa, que a reclamada estava em local diverso da sede do juízo e que não houve prejuízo ao reclamante, mostra-se razoável e proporcional reduzir a penalidade imposta a 50% do valor da parcela inadimplida no prazo acordado. Com esse entendimento, a SBDI-I, por maioria, vencidos os Ministros Maria Cristina Irigoyen Peduzzi, Renato de Lacerda Paiva e Aloysio Corrêa da Veiga, conheceu dos embargos interpostos antes da Lei nº 11.496/2007, por violação do art. 896, "c", da CLT, uma vez que o recurso de revista do reclamado comportava conhecimento por violação do art. 5º, XXXVI, da CF. No mérito, ainda por maioria, a Subseção deu provimento ao recurso para fixar a cláusula penal em 50% da parcela inadimplida a seu tempo, vencidos parcialmente os Ministros Luiz Philippe Vieira de Mello Filho, Brito Pereira e Dora Maria da Costa, que fixavam o percentual em 10%, e o Ministro Alexandre Agra Belmonte, que o fixava em 100%. TST-E-ED – RR-861100-13.2002.5.12.0900, SBDI-I, rel. Min. Augusto César Leite de Carvalho, 24.10.2013 (Informativo nº 64)

4. QUESTÕES DE CONCURSOS

01. (MPT/PROCURADOR DO TRABALHO/2010) Leia e analise as hipóteses abaixo:

I. O acordo homologado judicialmente tem força de decisão irrecorrível, transitando em julgado na data de sua homologação, na forma da jurisprudência do TST.

II. De acordo com a jurisprudência do Tribunal Superior do Trabalho o acordo ou termo de conciliação homologado judicialmente é equiparado à sentença de mérito, podendo ser impugnado por ação rescisória.

III. O acordo ou termo de conciliação homologado judicialmente não terá eficácia de coisa julgada em relação à Previdência Social quanto às contribuições que lhe forem devidas.

Marque a alternativa CORRETA:

a) todos os itens são corretos;

b) apenas os itens I e II são corretos;

c) apenas os itens I e III são corretos;

d) apenas os itens II e III são corretos;

e) não respondida.

02. (PGE-AL/PROCURADOR DO ESTADO/CESPE/2009) Em determinada demanda trabalhista, durante a instrução do feito, reclamante e reclamado celebraram acordo, tendo havido declaração de que todas as parcelas acordadas seriam de natureza indenizatória. Nessa situação,

a) por ter sido celebrado acordo, a decisão homologatória será irrecorrível

b) a decisão homologatória não mencionará as custas porque não houve parte sucumbente.

c) ocorrendo acordo sobre prestações sucessivas, a execução só poderá ocorrer sobre a impaga, não compreendendo as que lhe sucederem.

d) os termos do acordado poderão ser alvo de recurso a ser aviado pela previdência social.

e) no caso de descumprimento do acordo, a execução do crédito dependerá de iniciativa da parte, não cabendo movimentação de ofício.

03. (PGFN/PROCURADOR DA FAZENDA NACIONAL/ESAF/2006/ADAPTADA) A transação judicial tem eficácia liberatória nos limites da homologação, valendo o termo de conciliação como decisão irrecorrível, salvo para a Previdência Social, quanto às contribuições que lhe forem devidas.

Leia e analise as hipóteses abaixo:

I. O acordo homologado judicialmente tem força de decisão irrecorrível, transitando em julgado na data de sua homologação, na forma da jurisprudência do TST.

II. De acordo com a jurisprudência do Tribunal Superior do Trabalho o acordo ou termo de conciliação homologado judicialmente é equiparado à sentença de mérito, podendo ser impugnado por ação rescisória.

III. O acordo ou termo de conciliação homologado judicialmente não terá eficácia de coisa julgada em relação à Previdência Social quanto às contribuições que lhe forem devidas.

Marque a alternativa CORRETA:

a) todos os itens são corretos;

b) apenas os itens I e II são corretos;

c) apenas os itens I e III são corretos;

d) apenas os itens II e III são corretos;

e) não respondida.

04. (TRT 3 – Juiz do Trabalho Substituto 3ª região/ 2012) Leia as afirmativas abaixo e assinale a alternativa correta: são matérias de exceções que suspendem o feito no Direito Processual do Trabalho: a conciliação na Justiça do Trabalho faz coisa julgada material para as partes, não se admitindo recursos contra ela, mas não faz coisa julgada com relação ao INSS, quanto às contribuições que lhes forem devidas, sendo cabível ação rescisória de plano para discuti-las.

05. (TRT 15 – Juiz do Trabalho Substituto 15ª região/ 2012) Assinale a alternativa incorreta: O acordo homologado pelo Juízo faz coisa julgada entre as partes, somente podendo ser modificado por meio de ação rescisória, salvo em relação à Previdência Social quanto às contribuições que lhe forem devidas.

06. (FCC – Analista Judiciário – Área Judiciária – Oficial de Justiça – TRT 16/2014) Antônio ajuizou reclamação trabalhista contra sua ex-empregadora, sendo que na audiência designada as partes celebraram acordo amigável, devidamente homologado em Juízo, no valor de R$ 10.000,00, a ser pago em cinco parcelas de R$ 2.000,00 cada, com início a partir de dez dias da realização da audiência. Entretanto, no dia seguinte, Antônio se arrependeu, por entender que tinha direito a valor superior ao acordado. Neste caso, Antônio

a) não poderá recorrer da decisão por este motivo.

b) poderá interpor recurso ordinário, contando seu prazo a partir do pagamento da última parcela do acordo.

c) poderá interpor agravo de petição, tendo em vista que está findo o processo de conhecimento.

d) só poderá opor embargos de declaração, contando seu prazo a partir de cinco dias da data da realização da audiência.

e) deverá interpor agravo de instrumento, contando seu prazo a partir do pagamento da primeira parcela do acordo homologado.

07. (FCC – Técnico Judiciário – Área Administrativa – TRT 24/2017) A sentença é um dos atos processuais praticados pelo juiz, por meio do qual entrega às partes a tutela jurisdicional. Uma vez não sujeita a recurso, opera se a denominada coisa julgada. Com relação à sentença e à coisa julgada, a Consolidação das Leis do Trabalho estabelece:

a) As decisões cognitivas ou homologatórias não precisam indicar a natureza jurídica das parcelas constantes da condenação ou do acordo homologado, nem mesmo o limite de responsabilidade de cada parte pelo recolhimento da contribuição previdenciária, se for o caso.

b) Existindo na decisão evidentes erros ou equívocos de escrita, de datilografia ou de cálculo, não poderão os mesmos, em nenhuma hipótese, ser corrigidos.

c) No caso de conciliação, o termo que for lavrado valerá como decisão irrecorrível, salvo para a Previdência Social quanto às contribuições que lhe forem devidas.

d) O acordo celebrado após o trânsito em julgado da sentença ou após a execução da mesma prejudicará os créditos da União.

e) Na decisão não será necessário mencionar as custas que devam ser pagas pela parte vencida, uma vez que se tratam de taxas automaticamente impostas pelo Poder Judiciário.

GAB	1	A	2	D	3	C	4	E	5	E	6	A	7	C

✦ REQUISITOS DA SENTENÇA

Art. 832. da decisão deverão constar o nome das partes, o resumo do pedido e da defesa, a apreciação das provas, os fundamentos da decisão e a respectiva conclusão.

✦ **PRAZO DE CUMPRIMENTO**

§ 1º – Quando a decisão concluir pela procedência do pedido, determinará o prazo e as condições para o seu cumprimento.

✦ **FIXAÇÃO DE CUSTAS**

§ 2º – A decisão mencionará sempre as custas que devam ser pagas pela parte vencida.

✦ **NATUREZA JURÍDICA DAS PARCELAS**

§ 3º – As decisões cognitivas ou homologatórias deverão sempre indicar a natureza jurídica das parcelas constantes da condenação ou do acordo homologado, inclusive o limite de responsabilidade de cada parte pelo recolhimento da contribuição previdenciária, se for o caso.(Incluído pela Lei nº 10.035, de 25.10.2000)

✦ **INTIMAÇÃO DA UNIÃO FEDERAL**

§ 4º – A União será intimada das decisões homologatórias de acordos que contenham parcela indenizatória, na forma do art. 20 da Lei nº 11.033, de 21 de dezembro de 2004, facultada a interposição de recurso relativo aos tributos que lhe forem devidos.(Redação dada pela Lei nº 11.457, de 16.03.2007)

✦ **RECURSO ORDINÁRIO PELA UNIÃO**

§ 5º – Intimada da sentença, a União poderá interpor recurso relativo à discriminação de que trata o § 3º deste artigo.(Redação dada pela Lei nº 11.457, de 16.03.2007)

✦ **ACORDO CELEBRADO E UNIÃO FEDERAL**

§ 6º – O acordo celebrado após o trânsito em julgado da sentença ou após a elaboração dos cálculos de liquidação de sentença não prejudicará os créditos da União.(Redação dada pela Lei nº 11.457, de 16.03.2007)

✦ **DISPENSA DE MANIFESTAÇÃO DA UNIÃO**

§ 7º – O Ministro de Estado da Fazenda poderá, mediante ato fundamentado, dispensar a manifestação da União nas decisões homologatórias de acordo em que o montante da parcela indenizatória envolvida ocasionar perda de escala decorrente da atuação do órgão jurídico.(Redação dada pela Lei nº 11.457, de 16.03.2007)

1. COMENTÁRIOS

1.1. Requisitos essenciais da sentença

O texto do art. 832, *caput*, cuida dos requisitos objetivos e essenciais da sentença; observa-se no texto, com a simplicidade inerente ao processo do trabalho, as três partes formais da sentença: relatório, "nome das partes, o resumo do pedido e da defesa", fundamentação, "a apreciação das provas, os fundamentos da decisão", e o dispositivo ou "conclusão". O CPC/73 possui norma semelhante em seu art. 458 (correspondente ao art. 489 do CPC/2015).

1.1.1. Relatório

O relatório é o momento da sentença onde o juiz convence as partes de que leu os autos, indicando as folhas onde constam os principais incidentes do processo. Trata-se do resumo do conteúdo do processo (Greco, Instituições, Vol. II, 2010, p. 332). A ausência de relatório é mera irregularidade que não torna nulo o ato, nem prejudica o julgamento. Para superar o defeito, basta que o juiz descreva, junto à fundamentação, os incidentes referidos. No procedimento sumaríssimo dispensa-se o relatório (art. 852-I, da CLT); a dispensa se deve ao fato do julgamento ser proferido em audiência e, por esta razão, torna-se desnecessário que o juiz demonstre ter lido os autos do processo. No processo civil a doutrina majoritária entende que a ausência de relatório gera nulidade da sentença, pois há presunção absoluta de que o juiz prestou jurisdição sem conhecer os elementos do processo. A nosso ver, o máximo que se pode admitir, na ausência de relatório, é a existência de nulidade relativa, dependendo de prova pela parte que o juiz realmente não conhecia a demanda e que, portanto, seu julgamento gerou prejuízo (neste sentido: Daniel Neves, Manual, 2009, p. 446).

1.1.2. Fundamentação

A fundamentação é a parte da sentença na qual o juiz demonstrará os argumentos pelos quais acolhe ou rejeita os pedidos das partes, onde analisa as questões processuais, as questões de fato e direito relevantes para a solução da controvérsia. A ausência de fundamentação torna nulo o julgamento, sendo exigência constitucional que todas as decisões sejam fundamentadas (art. 93, IX, da CF). A fundamentação sucinta não torna nula a sentença, desde que seja suficiente para sustentar a conclusão a que chega o julgador. Temas simples merecem argumentações do mesmo nível. Também é nesta parte da sentença que o juiz aplica a lei ao fato trazido à sua apreciação (silogismo).

O art. 489, § 1º a 3º, do CPC/2015, estabeleceu, de forma minuciosa, o que significa decisão fundamentada, definindo os critérios de fundamentação. A IN nº 39/2016, art. 3º, IV, entendeu que a regra se aplica ao processo do trabalho. Por outro lado, a mesma Instrução Normativa, em seu art. 15, demonstrou as adaptações necessárias ao processo do trabalho, no que tange à fundamentação das decisões, nos seguintes termos:

> Art. 15. O atendimento à exigência legal de fundamentação das decisões judiciais (CPC, art. 489, § 1º) no Processo do Trabalho observará o seguinte: **I** – por força dos arts. 332 e 927 do CPC, adaptados ao Processo do Trabalho, para efeito dos incisos V e VI do § 1º do art. 489 considera-se "precedente" apenas: a) acórdão proferido pelo Supremo Tribunal Federal ou pelo Tribunal Superior do Trabalho em julgamento de recursos repetitivos (CLT, art. 896-B; CPC, art. 1046, § 4º); b) entendimento firmado em incidente de resolução de demandas repetitivas ou de assunção de competência; c) decisão do Supremo Tribunal Federal em controle concentrado de constitucionalidade; d) tese jurídica prevalecente em Tribunal Regional do Trabalho e não conflitante com súmula ou orientação jurisprudencial do Tribunal Superior do Trabalho (CLT, art. 896, § 6º); e) decisão do plenário, do órgão especial ou de seção especializada competente para uniformizar a jurisprudência do tribunal a que o juiz estiver vinculado ou do Tribunal Superior do Trabalho. **II** – para os fins do art. 489, § 1º, incisos V e VI do CPC, considerar-se-ão unicamente os precedentes referidos no item anterior, súmulas do Supremo Tribunal Federal, orientação jurisprudencial e súmula do Tribunal Superior do Trabalho, súmula de Tribunal Regional do Trabalho não conflitante com súmula ou orientação jurisprudencial do TST, que contenham explícita referência aos fundamentos determinantes da decisão (ratio decidendi). **III** – não ofende o art. 489, § 1º, inciso IV do CPC a decisão que deixar de apreciar questões cujo exame haja ficado prejudicado em razão da análise anterior de questão subordinante. **IV** – o art. 489, § 1º, IV, do CPC não obriga o juiz ou o Tribunal a enfrentar os fundamentos jurídicos invocados pela parte, quando já tenham sido examinados na formação dos precedentes obrigatórios ou nos fundamentos determinantes de enunciado de súmula. **V** – decisão que aplica a tese jurídica firmada em precedente, nos termos do item I, não precisa enfrentar os fundamentos já analisados na decisão paradigma, sendo suficiente, para fins de atendimento das exigências constantes no art. 489, § 1º, do CPC, a correlação fática e jurídica entre o caso concreto e aquele apreciado no incidente de solução concentrada. **VI** – é ônus da parte, para os fins do disposto no art. 489, § 1º, V e VI, do CPC, identificar os fundamentos determinantes ou demonstrar a existência de distinção no caso em julgamento ou a superação do entendimento, sempre que invocar precedente ou enunciado de súmula.

1.1.3. Dispositivo

O dispositivo é o momento da sentença no qual o juiz afasta ou acolhe as preliminares ou prejudiciais de mérito, responde às pretensões das partes, acolhendo ou rejeitando o

pedido do autor, determinando o efeito da sentença para cada um dos provimentos pretendidos: declaratório, constitutivo, declaratório, mandamental ou executivo (lato ou stricto sensu). Nada obsta que o dispositivo seja indireto; no processo civil, assim se qualifica o dispositivo quando acolhe ou rejeita o pedido do autor, se reportando à Petição Inicial, como no exemplo: julgo procedente o pedido formulado no item "a" da Petição Inicial (Daniel Neves, Manual, 2009, p. 446).

1.1.3.1. Dispositivo indireto e coisa julgada

A motivação da sentença não faz coisa julgada. Neste sentido o art. 469, I, do CPC/73 (art. 504, I, do CPC/2015):

No processo do trabalho é comum o uso do chamado dispositivo indireto, onde se faz remição à fundamentação através do seguinte chavão "na forma da fundamentação supra que este dispositivo passa a integrar". Não vemos nesta técnica qualquer vício processual ou mesmo prejuízo para a jurisdição.

Para os críticos deste tipo de dispositivo (indireto), criado pela necessidade de rápida entrega da prestação jurisdicional, em confronto com o enorme número de causas submetidas à Justiça do Trabalho, valho-me das lições de Enrico Tullio Liebman: "É exato dizer que a coisa julgada se restringe à parte dispositiva da sentença; a essa expressão, todavia, deve-se dar um sentido substancial e não formalista, de modo que abranja não a parte final da sentença, mas também qualquer outro ponto em que tenha o juiz eventualmente provido sobre os pedidos das partes. No mesmo sentido Pontes de Miranda ao afirmar que "Se o motivo dispõe é decisum", in Amaral Santos, p. 66.

Assim, se o Juiz do Trabalho, em sua sentença e no bojo da fundamentação, rejeita ou acolhe, expressamente, os pedidos do autor, está a decidir. Quando o dispositivo, formalmente tratado, faz remição à fundamentação, somente as decisões são incorporadas pela conclusão e não a motivação. Não há qualquer impropriedade formal nesta sentença.

Rodrigues Pinto, Processo, 2005, p. 558-559, também não vê qualquer defeito neste tipo de procedimento, que é muito comum no dia a dia da Justiça do Trabalho.

1.1.3.2. Complementos do dispositivo

A relação jurídica material é resolvida com a sentença, logo após o juiz afastar todos os obstáculos para atingir o julgamento de mérito, rejeitando as preliminares e prejudiciais. O dispositivo é o ponto culminante deste julgamento. Resolvendo o conflito submetido à apreciação do Judiciário, o juiz terá cumprido seu ofício e o dispositivo terá sido o meio de que se valeu para tanto; contudo, alguns dispositivos contêm complementos que não são obrigatórios, pois não fazem parte da relação jurídica material deduzida, nem dos obstáculos opostos pelo réu. Todavia, muitos destes complementos, como critérios de correção monetária ou de dedução de valores já pagos, aperfeiçoam o julgamento, ainda que não se possa dizer que estejam acobertados pela coisa julgada material.

No processo do trabalho alguns destes complementos são exigidos por lei, v.g, prazo de cumprimento da sentença, fixação das custas e determinação da natureza das parcelas, respectivamente, §§ 1º, 2º e 3º do art. 832, ora comentado. Nestes casos, diante da imposição legal, estes complementos compõem a sentença no seu aspecto formal, cuja omissão responderá pela apresentação de embargos de declaração.

1.2. Sentenças ultra, extra e citrapetita

A sentença que julga além do pedido (ultrapetita), aquém do que foi postulado (citrapetita) ou fora do que foi pleiteado (extrapetita), contém vício que compromete a validade do julgamento, pois deixa de observar o princípio da congruência entre pedido e sentença, consagrado pelo art. 460 do CPC/73 (art. 492 do CPC/2015).

O processo do trabalho admite, excepcionalmente, julgamentos ultrapetita (art. 467 da CLT) e até extrapetita (art. 496, da CLT), mas somente nas circunstâncias excepcionais previstas nas normas legais citadas; fora destas hipóteses não se admite julgamento em desacordo com o pedido. Todos estes vícios são passíveis de correção, bastando que se retire do julgamento o que não consta do pedido (ultra e extra) ou se complemente a sentença incompleta (citra). Caso não seja superado o defeito pela via de embargos de declaração, somente a anulação da sentença, através do uso do Recurso Ordinário, corrigirá o vício. Neste aspecto, discordamos da tese de que a sentença citrapetita é anulável e as ultra e extra são reformáveis (Carrion, Comentários, 2010, p. 704).

A conclusão a que chegamos não ignora a teoria dos capítulos de sentença, segundo a qual cada tema da sentença pode comportar um módulo independente; partindo-se desta premissa os vícios poderão ficar isolados em um só módulo ou capítulo da sentença, de forma que o restante do julgamento não estará comprometido; a sentença que não apreciou a pretensão de condenação do réu às horas extras trabalhadas, por exemplo, só é citrapetita neste capítulo específico, permitindo-se ao juiz, na hipótese de declaração de nulidade pelo Tribunal, aproveitar os demais capítulos da sentença não atingidos por sua omissão.

Este autor, no exercício da magistratura, já teve a oportunidade de adotar a teoria dos capítulos de sentença, nos autos do processo nº 1183/98-5, da 10ª VT/RJ, nos seguintes termos:

> "CAPÍTULOS DE SENTENÇA – LIMITES DA NULIDADE IMPOSTOS PELO ACÓRDÃO REGIONAL
>
> O v. Acórdão Regional, nos termos do voto do I. Relator, dispôs que:
>
> "...acolho a preliminar de cerceio de defesa argüida pela Recorrente para, anulando-se a sentença, determinar a baixa dos autos para que se proceda à coleta da prova oral requerida à fl. 286 apenas no tocante à questão das horas extras, com o regular prosseguimento do feito, restando prejudicadas as demais questões suscitadas no presente apelo." (fl. 440). (O destaque não consta do acórdão).
>
> Ao que se extrai dos limites do julgamento, o acórdão regional não apreciou as demais impugnações à sentença, que restaram prejudicadas, só determinando a produção de prova quanto às horas extras. Na visão deste juízo, a sentença, nos demais capítulos, permaneceu intacta, não cabendo aqui qualquer reexame dos temas não contaminados pela nulidade. A sentença, particularmente no processo do trabalho, onde é comum a cumulação de demandas, possui diversos capítulos. No caso sob exame, somente o capítulo referente à jornada de trabalho foi contaminado pela nulidade referida pelo acórdão regional. Neste sentido a opinião do I. processualista Cândido Rangel Dinamarco que, ao explicar o alcance da nulidade da sentença, ilustra a tese exatamente com a hipótese de indeferimento de prova, como no caso dos autos, in verbis:
>
> "...é incorreto anular a sentença inteira só porque o autor haja privado de prova regularmente requerida para a demonstração do valor do prejuízo causado pelo esbulho possessório, sem preservar o capítulo em que a própria ação possessória fora julgada procedente." (Capítulos de Sentença, Malheiros, São Paulo: 2002, pág. 85).

E prossegue o Mestre:

"Se o vício foi prejudicial só no tocante à decisão de uma das parcelas do petitum, e não a este como um todo; ou se ele só porta prejuízo a um dos litisconsortes e não a todos, a anulação integral da sentença transgride a prestigiosa regra pas de nullité sans grief, consagrada no art. 249, par. 1º, do Código de Processo Civil." (op. cit., p. 86).

Em síntese: não podendo este juízo ir além do determinado no acórdão, que por sua vez só anulou o capítulo da sentença referente às horas extras, ainda assim no tocante à jornada cumprida, este será o limite do julgamento do primeiro grau."

2. SÚMULAS E ORIENTAÇÕES JURISPRUDENCIAIS

Súmula nº 187/TST

CORREÇÃO MONETÁRIA. INCIDÊNCIA (mantida) – Res. 121/2003, DJ 19, 20 e 21.11.2003

A correção monetária não incide sobre o débito do trabalhador reclamante.

Súmula nº 200/TST

JUROS DE MORA. INCIDÊNCIA (mantida) – Res. 121/2003, DJ 19, 20 e 21.11.2003

Os juros de mora incidem sobre a importância da condenação já corrigida monetariamente.

Súmula nº 211/TST

JUROS DE MORA E CORREÇÃO MONETÁRIA. INDEPENDÊNCIA DO PEDIDO INICIAL E DO TÍTULO EXECUTIVO JUDICIAL (mantida) – Res. 121/2003, DJ 19, 20 e 21.11.2003

Os juros de mora e a correção monetária incluem-se na liquidação, ainda que omisso o pedido inicial ou a condenação.

Súmula nº 304/TST

CORREÇÃO MONETÁRIA. EMPRESAS EM LIQUIDAÇÃO. Art. 46 DO ADCT/CF (mantida) – Res. 121/2003, DJ 19, 20 e 21.11.2003 e republicada DJ 25.11.2003

Os débitos trabalhistas das entidades submetidas aos regimes de intervenção ou liquidação extrajudicial estão sujeitos a correção monetária desde o respectivo vencimento até seu efetivo pagamento, sem interrupção ou suspensão, não incidindo, entretanto, sobre tais débitos, juros de mora.

Súmula nº 311/TST

BENEFÍCIO PREVIDENCIÁRIO A DEPENDENTE DE EX-EMPREGADO. CORREÇÃO MONETÁRIA. LEGISLAÇÃO APLICÁVEL (mantida) – Res. 121/2003, DJ 19, 20 e 21.11.2003

O cálculo da correção monetária incidente sobre débitos relativos a benefícios previdenciários devidos a dependentes de ex-empregado pelo empregador, ou por entidade de previdência privada a ele vinculada, será o previsto na Lei nº 6.899, de 08.04.1981.

Súmula nº 368/TST

DESCONTOS PREVIDENCIÁRIOS. IMPOSTO DE RENDA. COMPETÊNCIA. RESPONSABILIDADE PELO RECOLHIMENTO. FORMA DE CÁLCULO. FATO GERADOR (aglutinada a parte final da Orientação Jurisprudencial nº 363 da SBDI-I à redação do item II e incluídos os itens IV, V e VI em sessão do Tribunal Pleno realizada em 26.06.2017) – Res. 219/2017, republicada em razão de erro material – DEJT divulgado em 12, 13 e 14.07.2017

I – A Justiça do Trabalho é competente para determinar o recolhimento das contribuições fiscais. A competência da Justiça do Trabalho, quanto à execução das contribuições previdenciárias, limita-se às sentenças condenatórias em pecúnia que proferir e aos valores, objeto de acordo homologado, que integrem o salário de contribuição. (ex-OJ nº 141 da SBDI-1 – inserida em 27.11.1998).

II – É do empregador a responsabilidade pelo recolhimento das contribuições previdenciárias e fiscais, resultantes de crédito do empregado oriundo de condenação judicial. A culpa do empregador pelo inadimplemento das verbas remuneratórias, contudo, não exime a responsabilidade do empregado pelos pagamentos do imposto de renda devido e da contribuição previdenciária que recaia sobre sua quota-parte. (ex-OJ nº 363 da SBDI-1, parte final)

III – Os descontos previdenciários relativos à contribuição do empregado, no caso de ações trabalhistas, devem ser calculados mês a mês, de conformidade com o art. 276, § 4º, do Decreto n º 3.048/1999 que regulamentou a Lei nº 8.212/1991, aplicando-se as alíquotas previstas no art. 198, observado o limite máximo do salário de contribuição (ex-OJs nºs 32 e 228 da SBDI-1 – inseridas, respectivamente, em 14.03.1994 e 20.06.2001).

IV – Considera-se fato gerador das contribuições previdenciárias decorrentes de créditos trabalhistas reconhecidos ou homologados em juízo, para os serviços prestados até 4.3.2009, inclusive, o efetivo pagamento das verbas, configurando-se a mora a partir do dia dois do mês seguinte ao da liquidação (art. 276, "caput", do Decreto nº 3.048/1999). Eficácia não retroativa da alteração legislativa promovida pela Medida Provisória nº 449/2008, posteriormente convertida na Lei nº 11.941/2009, que deu nova redação ao art. 43 da Lei nº 8.212/91.

V – Para o labor realizado a partir de 5.3.2009, considera-se fato gerador das contribuições previdenciárias decorrentes de créditos trabalhistas reconhecidos ou homologados em juízo a data da efetiva prestação dos serviços. Sobre as contribuições previdenciárias não recolhidas a partir da prestação dos serviços incidem juros de mora e, uma vez apurados os créditos previdenciários, aplica-se multa a partir do exaurimento do prazo de citação para pagamento, se descumprida a obrigação, observado o limite legal de 20% (art. 61, § 2º, da Lei nº 9.430/96).

VI – O imposto de renda decorrente de crédito do empregado recebido acumuladamente deve ser calculado sobre o montante dos rendimentos pagos, mediante a utilização de tabela progressiva resultante da multiplicação da quantidade de meses a que se refiram os rendimentos pelos valores constantes da tabela progressiva mensal correspondente ao mês do recebimento ou crédito, nos termos do art. 12-A da Lei nº 7.713, de 22/12/1988, com a redação conferida pela Lei nº 13.149/2015, observado o procedimento previsto nas Instruções Normativas da Receita Federal do Brasil.

▸ **Súmula nº 401/TST**

AÇÃO RESCISÓRIA. DESCONTOS LEGAIS. FASE DE EXECUÇÃO. SENTENÇA EXEQUENDA OMISSA. INEXISTÊNCIA DE OFENSA À COISA JULGADA (conversão da Orientação Jurisprudencial nº 81 da SBDI-2) – Res. 137/2005 – DJ 22, 23 e 24.08.2005 Os descontos previdenciários e fiscais devem ser efetuados pelo juízo executório, ainda que a sentença exequenda tenha sido omissa sobre a questão, dado o caráter de ordem pública ostentado pela norma que os disciplina. A ofensa à coisa julgada somente poderá ser caracterizada na hipótese de o título exeqüendo, expressamente, afastar a dedução dos valores a título de imposto de renda e de contribuição previdenciária. (ex-OJ nº 81 da SBDI-2 – inserida em 13.03.2002)

▸ **OJ-SDI1-376**

CONTRIBUIÇÃO PREVIDENCIÁRIA. ACORDO HOMOLOGADO EM JUÍZO APÓS O TRÂNSITO EM JULGADO DA SENTENÇA CONDENATÓRIA. INCIDÊNCIA SOBRE O VALOR HOMOLOGADO (DEJT divulgado em 19, 20 e 22.04.2010)

É devida a contribuição previdenciária sobre o valor do acordo celebrado e homologado após o trânsito em julgado de decisão judicial, respeitada a proporcionalidade de valores entre as parcelas de natureza salarial e indenizatória deferidas na decisão condenatória e as parcelas objeto do acordo.

3. QUESTÕES DE CONCURSOS

01. (TRT – 1ª REGIÃO/JUIZ DO TRABALHO/2008/ADAPTADA) O INSS será intimado, por mandado ou carta precatória, das decisões homologatórias de acordo que contenham parcela indenizatória, sendo-lhe facultado interpor recurso relativo às contribuições que lhe forem devidas.

02. (TRT – 2ª REGIÃO/ANALISTA JUDICIÁRIO/FCC/2008) A respeito da estrutura da sentença, é INCORRETO afirmar:

a) O relatório deverá indicar o nome das partes, o resumo do pedido e da defesa, bem como das principais ocorrências existentes no processo.

b) Na decisão, o juiz deve indicar a natureza jurídica das parcelas constantes da condenação, inclusive o limite da responsabilidade de cada parte pelo recolhimento da contribuição previdenciária.

c) O juiz deverá decidir tudo que tiver sido alegado pelas partes na inicial e na contestação, mas só poderá decidir além do pedido se o fizer em favor do reclamante.

d) No procedimento sumaríssimo, a sentença mencionará os elementos de convicção do juízo, com resumo dos fatos relevantes ocorridos em audiência, dispensado o relatório.

e) Os juros de mora e a correção monetária devem constar da parte dispositiva da sentença, ainda que o reclamante não tenha feito pedido expresso a respeito na petição inicial.

03. (FCC – Juiz do Trabalho Substituto 20ª região/ 2012) De acordo com o entendimento adotado pelo TST a respeito das contribuições previdenciárias, analise a proposição a seguir: nos acordos homologados em juízo em que não haja o reconhecimento de vínculo empregatício, é devido o recolhimento da contribuição previdenciária, mediante a alíquota de 20% a cargo do tomador de serviços e de 11% por parte do prestador de serviços, na qualidade de contribuinte individual, sobre o valor total do acordo, respeitado o teto de contribuição.

04. (TRT 14 – Juiz do Trabalho Substituto 14ª região/ 2012) Assinale a alternativa correta: A sentença ainda que não preencha os requisitos legais constantes do art. 832 da CLT (sem relatório, fundamentação ou conclusão) não é passível de nulidade, tendo em vista que o princípio do aproveitamento dos atos processuais, relativo às nulidades, autoriza o TRT, em sede de recurso, corrigir as possíveis falhas da sentença, considerando, ainda, os princípios da simplicidade e da celeridade que norteiam o Processo do Trabalho.

05. (TRT 14 – Juiz do Trabalho Substituto 14ª região/ 2012) Assinale a alternativa correta: as decisões cognitivas ou homologatórias deverão sempre indicar a natureza jurídica das parcelas constantes da condenação ou do acordo homologado, inclusive o limite de responsabilidade de cada parte pelo recolhimento da contribuição previdenciária, se for o caso.

06. **(TRT 8 – Juiz do Trabalho Substituto 8ª região/2014)** No que diz respeito às decisões proferidas na Justiça do Trabalho, assinale a alternativa INCORRETA.

a) As decisões cognitivas ou homologatórias deverão sempre indicar a natureza jurídica das parcelas constantes da condenação ou do acordo homologado, inclusive o limite de responsabilidade de cada parte pelo recolhimento da contribuição previdenciária, se for o caso.

b) A União será intimada das decisões homologatórias de acordos que contenham parcela indenizatória, na forma do art. 20 da Lei n° 11.033, de 21 de dezembro de 2004, facultada a interposição de recurso relativo aos tributos que lhe forem devidos. (Redação dada pela Lei n° 11.457, de 2007)

c) É vedado aos órgãos da Justiça do Trabalho conhecer de questões já decididas, excetuados os casos expressamente previstos neste Título e a ação rescisória, que será admitida na forma do disposto no Capítulo IV do Título IX da Lei n° 5.869, de 11 de janeiro de 1973 – Código de Processo Civil, sujeita ao depósito prévio de 15% (quinze por cento) do valor da causa, salvo prova de miserabilidade jurídica do autor.

d) Quando a decisão concluir pela procedência do pedido determinará o prazo e as condições para o seu cumprimento.

e) É devida a contribuição previdenciária sobre o valor do acordo celebrado e homologado após o trânsito em julgado de decisão judicial, respeitada a proporcionalidade de valores entre as parcelas de natureza salarial e indenizatória deferidas na decisão condenatória e as parcelas objeto do acordo.

GAB	1	E	2	C	3	C	4	E	5	C	6	C

✦ ERROS MATERIAIS

Art. 833. Existindo na decisão evidentes erros ou enganos de escrita, de datilografia ou de cálculo, poderão os mesmos, antes da execução, ser corrigidos, ex officio, ou a requerimento dos interessados ou da Procuradoria da Justiça do Trabalho.

1. COMENTÁRIOS

O Código de Processo Civil (1973) possui disposição similar, no art. 463, I (art. 494, I, do CPC/2015), e com o mesmo objetivo, esclarecer que equívocos, definidos como erros materiais, são da natureza humana e não transitam em julgado mesmo que não haja qualquer impugnação ao ocorrido. São erros facilmente perceptíveis, pois discrepam dos demais elementos do julgamento. São os casos, v.g., de nome das partes digitado de forma incompleta, referência a números absurdos ou incompatíveis com a lógica do julgamento (custas de R$10.000,00, em causa cujo valor seja de R$5.000,00), ou menção à folha do processo que não existe (fl. 290, na hipótese de autos de processo com somente 190 folhas).

2. QUESTÕES DE CONCURSOS

01. (TRT 14 – Juiz do Trabalho Substituto 14ª região/ 2012) Assinale a alternativa correta: a sentença não pode ser alterada depois de publicada, uma vez que foi entregue a prestação jurisdicional, pois os erros materiais e eventuais erros de cálculo transitam em julgado, não cabendo exceção, somente por recurso próprio poderá haver correção.

02. (TRT 23 – Juiz do Trabalho Substituto 23ª região/ 2014) Assinale a assertiva CORRETA:

a) Em não comparecendo à audiência testemunha convidada pela parte, poderá o juiz determinar a sua imediata condução coercitiva.

b) Aberta a audiência, não havendo acordo, o reclamado terá vinte minutos para aduzir sua defesa, salvo na hipótese da Fazenda Pública, que, beneficiada pelo prazo em quádruplo para contestar, poderá aduzir a defesa em até oitenta minutos.

c) Existindo na decisão erros ou enganos de escrita, de datilografia ou de cálculo, poderão os mesmos, em qualquer fase do processo, ser corrigidos, de ofício ou a requerimento dos interessados ou da Procuradoria da Justiça do Trabalho.

d) A testemunha que for parente até o quarto grau civil, amigo íntimo ou inimigo de qualquer das partes, não prestará compromisso, e seu depoimento valerá como simples informação.

e) A matéria de defesa, em sede de embargos à execução, será restrita às alegações de cumprimento da decisão ou do acordo, quitação ou prescrição da dívida.

GAB	1	E	2	E

✦ INTIMAÇÃO DA SENTENÇA

Art. 834. Salvo nos casos previstos nesta Consolidação, a publicação das decisões e sua notificação aos litigantes, ou a seus patronos, consideram-se realizadas nas próprias audiências em que forem as mesmas proferidas.

1. COMENTÁRIOS

O procedimento na Justiça do Trabalho concentra seus atos em audiência. Neste momento se realizam as propostas de conciliação, a resposta do réu, a produção da maioria das provas e, como ato final, o julgamento. Como as audiências são públicas, as sentenças ali proferidas são de conhecimento de todos os presentes e, principalmente, das partes, que tomam ciência da sentença na própria audiência.

As sentenças em audiência vêm se tornando exceção na praxe forense, não obstante a previsão legal, ficando restrita, praticamente, às demandas sujeitas aos ritos sumário e sumaríssimo (art. 852-I, § 3º, da CLT).

A complexidade dos conflitos submetidos ao Juiz do Trabalho, nas demandas sujeitas ao rito ordinário, bem como o acúmulo de processos numa mesma sessão, com cerca até 20 audiências diárias em alguns juízos, tornou inviável o julgamento na mesma audiência em que encerrada a instrução processual. Por estas razões, passou a ser comum o juiz encerrar a instrução processual e designar uma audiência tão só com o objetivo de divulgar a sentença. A esta audiência se convencionou chamar de "leitura de sentença". No início, quando o primeiro grau de jurisdição trabalhista era composto por um órgão colegiado – um Juiz Togado, vitalício, e dois Juízes Classistas, temporários –, a audiência se justificava, pois era necessária a participação de todos estes juízes no julgamento. Com a extinção da representação classista, pela EC nº 24/99, o juízo de primeiro grau passou a ser composto tão só pelo Juiz do Trabalho (art. 111, III, da CF), sendo desnecessária a realização de audiência para leitura de sentença. A praxe, contudo, mantém este procedimento, pois a designação de leitura de sentença economiza os atos de intimação das partes para ciência do julgamento; na audiência de instrução e a seu fim, o Juiz do Trabalho dá ciência aos presentes de que na data "x" as partes terão acesso ao julgamento. Na referida "audiência" de leitura de sentença, ninguém estará presente, mas o julgamento estará pronto, devidamente digitado, se possível com cópias às partes, ou, como também vem se tornando praxe, divulgado no site oficial do Tribunal Regional do Trabalho em espaço destinado para tal fim.

Caso a parte não compareça no dia designado para a leitura de sentença, considerar-se-á intimada, sendo dispensada sua notificação ou intimação pelo Diário Oficial (neste sentido a S. 197 do TST).

2. SÚMULAS E ORIENTAÇÕES JURISPRUDENCIAIS

▸ **Súmula nº 197/TST**

PRAZO (mantida) – Res. 121/2003, DJ 19, 20 e 21.11.2003

O prazo para recurso da parte que, intimada, não comparecer à audiência em prosseguimento para a prolação da sentença conta-se de sua publicação.

▸CUMPRIMENTO DO TÍTULO EXECUTIVO

Art. 835. O cumprimento do acordo ou da decisão far-se-á no prazo e condições estabelecidas.

1. COMENTÁRIOS

O cumprimento do acordo ou da sentença se dará no prazo e na forma neles estabelecidos; a desobediência das obrigações reconhecidas ou impostas pelos acordos e sentenças, resulta em cumprimento forçado, pelo juízo competente (art. 877 da CLT); os títulos judiciais que dependerem de liquidação, antes de seu cumprimento, observarão o procedimento do art. 879 da CLT; tornado líquido o título e, consequentemente, exequível, o réu será citado, na forma do art. 880 da CLT, para cumprir sua obrigação; não fazendo, seguir-se-á a execução nos termos dos artigos seguintes ao 880.

✦ AÇÃO RESCISÓRIA

Art. 836. É vedado aos órgãos da Justiça do Trabalho conhecer de questões já decididas, excetuados os casos expressamente previstos neste Título e a ação rescisória, que será admitida na forma do disposto no Capítulo IV do Título IX da Lei nº 5.869, de 11 de janeiro de 1973. Código de Processo Civil, sujeita ao depósito prévio de 20% (vinte por cento) do valor da causa, salvo prova de miserabilidade jurídica do autor.(Redação dada pela Lei nº 11.495, de 22.06.2007)

Parágrafo único. A execução da decisão proferida em ação rescisória far-se-á nos próprios autos da ação que lhe deu origem, e será instruída com o acórdão da rescisória e a respectiva certidão de trânsito em julgado. (Incluído pela Medida provisória nº 2.180-35, de 2001)

1. COMENTÁRIOS

1.1. Natureza jurídica

A única disposição da CLT referente à ação rescisória está contida neste artigo. Todos os demais dispositivos aplicáveis estão previstos no CPC. A IN nº 39/2016, do TST, art. XXVI, entendeu totalmente compatíveis dos dispositivos pertinentes do CPC/2015, artigos 966 a 975.

O direito brasileiro consagrou a possibilidade de desfazimento da coisa julgada, a partir da impugnação à sentença de mérito, em algumas circunstâncias excepcionais, que maculam o julgamento com vícios considerados graves pelo nosso ornamento jurídico; estas hipóteses excepcionais de rescindibilidade da sentença estão previstas no art. 485 do CPC/73 (art. 966, do CPC/2015).

> Didier-Cunha, Curso, Vol. 3, 2009, p. 361, lembram que a ação rescisória é cabível tanto para atacar os vícios que macularam o processo (art. 485, II e IV, por ex., atual 966, II e IV), como por motivos de injustiça da decisão (art. 485, VI e IX, p. ex., atual 966, VI e VIII).

A ação rescisória não é recurso, mas sucedâneo recursal, normalmente denominada "meio autônomo de impugnação". O uso desta ação autônoma cria outra relação jurídica processual, distinta da que resultou na formação da coisa julgada que se pretende desfazer.

Trata-se, portanto, de ação de conhecimento, de natureza constitutiva negativa ou desconstitutiva, pois, com a impugnação da sentença de mérito, extinguir-se-á a relação jurídica material tornada definitiva pela formação da coisa julgada.

1.2. Objeto da ação rescisória: decisões de mérito

A sentença de mérito, que tem aptidão para formação de coisa julgada material, é o objeto da ação rescisória. São os julgamentos definidos no art. 269 do CPC/73 (art. 487 do CPC/2015).

Não se sujeitam à ação rescisória, em princípio, as sentenças que não apreciam o mérito, definidas como "terminativas", a exemplo daquelas que extinguem o processo, por ausência de pressupostos processuais ou condições da ação (art. 267, IV e VI, do CPC/73 e art. 485, IV e VI, do CPC/2015); excepcionalmente, algumas "falsas sentenças terminativas" são rescindíveis (vide comentários ao art. 831 da CLT, no tópico "falsas sentenças terminativas").

A doutrina, no processo civil, vem admitindo o uso de ação rescisória para desconstituir a sentença terminativa que reconhece a existência de coisa julgada, perempção ou litispendência; a sentença com estes fundamentos, ainda que não resolva o mérito, impede a renovação da demanda, daí porque parte da doutrina admite que seja desconstituída pela rescisória.

Daniel Neves, Manual, 2009, p. 683, admite a propositura de ação rescisória nestas hipóteses "sob pena de ser a decisão prevista no art. 267, V, do CPC/73 a mais imutável e indiscutível de todo o sistema...". Didier-Cunha, Curso, Vol. 3, 2009, p. 367, citam alguns autores que admitem ação rescisória na hipótese do art. 267, V, do CPC/73, mas reconhecem que há divergência quanto a seu cabimento.

Esta tese doutrinária foi encampada pelo CPC/2015, art. 966, § 2º, I: " § 2º Nas hipóteses previstas nos incisos do *caput*, será rescindível a decisão transitada em julgado que, embora não seja de mérito, impeça: I – nova propositura da demanda;".

O TST não aceita ação rescisória nestas hipóteses, por ausência de coisa julgada material, entendendo que o pedido de rescindibilidade nestes casos é juridicamente impossível (OJ 150 da SDI2/TST). Esta posição talvez se altere quando da entrada em vigor do CPC/2015, que adotou tese em contrário, como se viu na redação do art. 966, § 2º e inciso I.

As decisões interlocutórias não são objeto da ação rescisória. Como explica Barbosa Moreira, Comentários, Vol. V, 2002, p. 114: "Tampouco é possível rescindir acórdão que julgue recurso contra decisão, interlocutória ou final, de primeiro grau ou de grau superior, sobre matéria estranha ao meritum causae (...), salvo se tratar de causa sujeita a regra especial, a caso subsistente, após a entrada do Código em vigor, que preveja tal agravo ao recurso cabível contra a sentença de mérito".

Bezerra Leite, Curso, 2007, p. 1095, também lembra que as interlocutórias não são rescindíveis, como também não são os julgamentos em procedimento de jurisdição voluntária, por ausência de formação de coisa julgada material.

O que se dever ter como essencial é que a rescindibilidade está vinculada à decisão de mérito, aqui utilizada em sentido amplo, para abranger sentenças, acórdãos e até algumas decisões interlocutórias que possam ter apreciado, em caráter definitivo, o mérito da causa.

Estas decisões interlocutórias que, excepcionalmente, têm aptidão para formação de coisa julgada material são também rescindíveis. Assim já se posicionou Dinamarco, Nova Era, 2003, p. 285-288, em estudo que defende a rescindibilidade de decisão interlocutória que apreciou a arguição de prescrição, antes da sentença. O autor explica que legislador do Código de 1973 não cogitou da existência de decisões interlocutórias de mérito, mas, se ocorrerem, mesmo fora do momento oportuno para apreciação do meritum causae, terão aptidão para formação de coisa julgada, sendo possível a rescisão do julgamento. Nas palavras do autor: "...a decisão interlocutória que solucionar o mérito, ou uma questão de mérito tão relevante como é a prescrição, será uma decisão de mérito e como tal deve ser tratada.".

Em outro trabalho já publicado, tive a oportunidade de defender a possibilidade de formação de coisa julgada material e, por conseguinte, rescindível, de decisão interlocutória que concede tutela antecipada diante de pedido incontroverso, com base no art. 273, § 6º, do CPC/73.

Eis, em síntese, a tese: "Ao se permitir, pela via legal, a antecipação dos efeitos da sentença definitiva, o legislador procurou ganhar em efetividade, ainda que perdesse em certeza e segurança nas relações jurídicas definidas, provisoriamente, pela decisão. Estes os motivos que levaram a lei a atribuir tratamento precário ao provimento antecipatório, conferindo-lhe eficácia até que a sentença definitiva lhe mantivesse ou revogasse os efeitos. Esta provisoriedade, contudo, não se justifica diante do direito evidente, fruto da incontrovérsia dos pedidos formulados pelo autor. A estabilidade da tutela nestas circunstâncias levou Marinoni, in Antecipação de Tutela, p. 350, a propor, antes mesmos da introdução da antecipação genérica no direito nacional, que a incontrovérsia do pedido motivasse julgamento antecipado da lide, nos termos do art. 330 do CPC, e, assim, formasse coisa julgada material." (A estabilização, LTr, nº 4, 2006, págs. 437/445).

O próprio TST já admite ação rescisória de decisões que, mesmo não sendo propriamente sentenças, têm caráter definitivo, como a que extingue a execução (OJ nº 107/SDI2/TST), ou a sentença de liquidação que enfrenta as questões referentes à elaboração da conta (S. 399, II, do TST).

O CPC/2015, art. 966, *caput,* afirma que a decisão de mérito pode ser rescindida, e não distingue a interlocutória, da decisão final.

A ação rescisória pode impugnar toda a decisão de mérito, ou alguns de seus capítulos, quando se observar que o vício só contamina parte da sentença. Este tipo de impugnação é chamado de "ação rescisória parcial" (Didier-Cunha, Curso, Vol. 3, 2009, p. 367). Esta possibilidade foi expressamente consagrada no CPC/2015, art. 966, § 3º.

1.3. Legitimidade

Possuem legitimidade para a propositura de ação rescisória os que foram parte ou sucessores, no processo principal, que resultou na sentença rescindenda (CPC/73, art. 487, I e art. 967, I, do

CPC/2015); o terceiro com interesse jurídico em desconstituir a sentença (CPC/73, art. 487, II e CPC/2015, art. 967, II) e o Ministério Público, mesmo tendo atuado como custos legis (CPC/73, art. 487, III e CPC/2015, art. 967, III).

Quanto ao Ministério Público do Trabalho, sua legitimidade para propositura da ação não está restrita às hipóteses das alíneas "a" e "b", do artigo 487, do CPC/73, respectivamente, ausência de intervenção obrigatória (alínea "a") e sentença fruto de colusão entre as partes (alínea "b"); estas hipóteses são meramente exemplificativas (S. 407 do TST); a ação rescisória, pelo MPT, será proposta sempre que este identificar violação a interesse público ou coletivo. Esta ampliação de possibilidades de ação pelo MPT foi acolhida no CPC/2015, que prevê sua atuação "em outros casos em que se imponha sua atuação" (CPC/2015, art. 967, "c").

O art. 487, do CPC/73 só cuida das hipóteses de legitimidade ativa. A doutrina tem entendido que todos os partícipes da relação processual, na qual foi proferida a sentença que se pretende rescindir, são litisconsortes passivos necessários na ação rescisória (Barbosa Moreira, Comentários, Vol. V, 2002, p. 173 e Didier-Cunha, Curso, Vol. 3, 2009, p. 373). No processo do trabalho, a S. 406, I, do TST, adota a mesma exigência.

1.4. Competência

A ação rescisória é demanda de competência originária dos Tribunais. Transitada em julgada a sentença, ou parte dela, no primeiro grau, a competência será do Tribunal Regional do Trabalho; alguns Regionais são divididos em Seções Especializadas e costumam manter uma destas Seções com competência para apreciação de ação rescisória. Quando o trânsito em julgado ocorrer no Tribunal Regional do Trabalho, pelo julgamento de um de seus órgãos, a competência para apreciar a rescisória também será do TRT, pela seção especializada, ou por outro órgão determinado pelo Tribunal, em seu Regimento Interno. Quando o trânsito ocorre no TST, a competência será do TST, pela Seção de Dissídios Individuais ou de Dissídios Coletivos, conforme o caso (Lei nº 7.701/88, arts. 2º, I, "c", e 3º, I, "a", respectivamente). Para maiores detalhes quanto à competência do TST, vide comentários aos arts. 693 e 694 da CLT.

Na hipótese do Recurso Ordinário não ser conhecido pelo TRT, a sentença terá transitado em julgado no primeiro grau de jurisdição, sendo do TRT a competência da Rescisória; mesma situação ocorre quando o Recurso de Revista não for conhecido pelo TST, sendo do Regional de origem a competência para julgamento da rescisória (neste sentido a S. 192, I, do TST).

Na hipótese do Tribunal Regional do Trabalho apreciar o Recurso Ordinário e reformar a sentença, opera-se o efeito substitutivo da sentença pelo Acórdão Regional, circunstância que atrai para o Regional a competência para julgamento da ação rescisória; também será do Regional a competência se o Recurso apreciado por este órgão for conhecido, mas não for provido. Portanto, o efeito substitutivo ocorrerá tanto na reforma, quanto na confirmação da sentença. Só não ocorre efeito substitutivo quando o Tribunal anular a sentença de primeiro grau, determinando que outra seja proferida. Nesta última hipótese a sentença deixa de existir, devendo outra ser proferida.

O **equívoco quanto ao endereçamento da rescisória**, levando a parte a errar o juízo competente, é causa de indeferimento da Petição Inicial, por Inépcia, provocando a extinção do processo, sem resolução de mérito (OJ nº 70 da SDI2/TST). No processo civil a doutrina admite que o Tribunal, corrigindo o equívoco, remeta os autos ao juízo competente, para que não haja prejuízo à parte, particularmente porque o prazo decadencial não se suspenderá pelo ajuizamento de ação rescisória no juízo absolutamente incompetente (Daniel Neves, Manual, 2009, p. 697, com apoio em Barbosa Moreira e Nelson Nery). O próprio autor, contudo, ressalva que o STJ, tal qual procede o TST, entende pela extinção do processo, sem resolução de mérito, em razão da incompetência absoluta do juízo, sem possibilidade de correção do defeito, de ofício, com a remessa ao juízo competente.

Tanto o STJ quanto o TST terão que rever seus entendimentos diante da expressa disposição do art. 968, § 5º, do CPC/2015 em sentido contrário, como se percebe da transcrição a seguir:

> Art. 968, § 5º. Reconhecida a incompetência do tribunal para julgar a ação rescisória, o autor será intimado para emendar a petição inicial, a fim de adequar o objeto da ação rescisória, quando a decisão apontada como rescindenda:
>
> I – não tiver apreciado o mérito e não se enquadrar na situação prevista no § 2º do art. 966;
>
> II – tiver sido substituída por decisão posterior.

Ao menos nas hipóteses previstas acima, deve ser permitida a emenda na petição inicial da rescisória.

1.5. Cabimento

A CLT não cuida de qualquer hipótese de cabimento da rescisória, sendo aplicáveis ao processo do trabalho todos os motivos do art. 485, do CPC/73, a seguir transcritos: "A sentença de mérito, transitada em julgado, pode ser rescindida quando: I – se verificar que foi dada por prevaricação, concussão ou corrupção do juiz; II – proferida por juiz impedido ou absolutamente incompetente; III – resultar de dolo da parte vencedora em detrimento da parte vencida, ou de colusão entre as partes, a fim de fraudar a lei; IV – ofender a coisa julgada; V – violar literal disposição de lei; Vl – se fundar em prova, cuja falsidade tenha sido apurada em processo criminal ou seja provada na própria ação rescisória; Vll – depois da sentença, o autor obtiver documento novo, cuja existência ignorava, ou de que não pôde fazer uso, capaz, por si só, de lhe assegurar pronunciamento favorável; VIII – houver fundamento para invalidar confissão, desistência ou transação, em que se baseou a sentença; IX – fundada em erro de fato, resultante de atos ou de documentos da causa; § 1º Há erro, quando a sentença admitir um fato inexistente, ou quando considerar inexistente um fato efetivamente ocorrido. § 2º É indispensável, num como noutro caso, que não tenha havido controvérsia, nem pronunciamento judicial sobre o fato.

No **CPC/2015, art. 966**, os motivos de rescindibilidade das decisões de mérito não são tão diferentes que o CPC/73, como se percebe da transcrição a seguir: Art. 966. A decisão de mérito, transitada em julgado, pode ser rescindida quando:

> I – se verificar que foi proferida por força de prevaricação, concussão ou corrupção do juiz;
>
> II – for proferida por juiz impedido ou por juízo absolutamente incompetente;
>
> III – resultar de dolo ou coação da parte vencedora em detrimento da parte vencida ou, ainda, de simulação ou colusão entre as partes, a fim de fraudar a lei;
>
> IV – ofender a coisa julgada;
>
> V – violar manifestamente norma jurídica;
>
> VI – for fundada em prova cuja falsidade tenha sido apurada em processo criminal ou venha a ser demonstrada na própria ação rescisória;

VII – obtiver o autor, posteriormente ao trânsito em julgado, prova nova cuja existência ignorava ou de que não pôde fazer uso, capaz, por si só, de lhe assegurar pronunciamento favorável;

VIII – for fundada em erro de fato verificável do exame dos autos.

§ 1º Há erro de fato quando a decisão rescindenda admitir fato inexistente ou quando considerar inexistente fato efetivamente ocorrido, sendo indispensável, em ambos os casos, que o fato não represente ponto controvertido sobre o qual o juiz deveria ter se pronunciado.

§ 2º Nas hipóteses previstas nos incisos do *caput*, será rescindível a decisão transitada em julgado que, embora não seja de mérito, impeça:

I – nova propositura da demanda; ou

II – admissibilidade do recurso correspondente.

§ 3º A ação rescisória pode ter por objeto apenas 1 (um) capítulo da decisão.

§ 4º Os atos de disposição de direitos, praticados pelas partes ou por outros participantes do processo e homologados pelo juízo, bem como os atos homologatórios praticados no curso da execução, estão sujeitos à anulação, nos termos da lei.

1.6. Procedimento

A ação rescisória pode ser ajuizada contra sentença de mérito, no prazo de 2 anos a contar da última decisão proferida na causa, seja ela de mérito ou não (CPC/73, art. 495 e CPC/2015, art. 975 c/c com S. 100, I, do TST). O prazo é decadencial e, sendo assim, não se suspende nem se interrompe, salvo, no processo do trabalho, nas exceções descritas na S. 100, IX, do TST.

A propositura da ação rescisória, que segue os requisitos formais da Petição Inicial, não suspende a execução da sentença ou acórdão rescindendo (art. 489, do CPC/73 e art. 969 do CPC/2015). No processo do trabalho, o uso de ação cautelar, distribuída por dependência à ação rescisória, é o instrumento hábil a buscar suspender o cumprimento da sentença ou acórdão rescindendo (S. 405, II, do TST).

A Petição Inicial da ação rescisória deve apresentar, necessariamente, dois pedidos – cumulados sucessivamente – de rescisão do julgado e, se acolhido, de novo julgamento (CPC/73, art. 488, I e CPC/2015, art. 968, I). A única exceção a este requisito diz respeito às hipóteses dos incisos II e IV, do art. 485, do CPC/73 (incisos II e IV, do art. 968, do CPC/2015), quando só haverá pedido de rescisão e não de novo julgamento.

O autor da rescisória deverá, ainda, fazer um depósito de 20% sobre o valor da causa, nos termos do art. 836 da CLT; no processo civil este depósito é de 5% sobre o valor da causa (art. 488, II, do CPC/73 e art. 968, II, do CPC/2015). O depósito tem natureza de multa, e será revertido à outra parte na hipótese de julgamento unânime de improcedência do pleito rescisório. As pessoas jurídicas de direito público, o MPT e os que forem beneficiários da gratuidade de justiça estão dispensados de efetuar o depósito.

Não há uma exata correspondência entre o valor da causa na ação rescisória e do processo originário (Barbosa Moreira, Comentários, Vol. V, 2002, p. 179, que cita a jurisprudência dominante no mesmo sentido). Daniel Neves, Manual, 2009, p. 698, informa que este é o entendimento prestigiado pelo STJ, reformulando jurisprudência anterior, que exigia correspondência entre o valor da causa na rescisória e o da ação originária. Tal posição não é unânime. Didier-Cunha, Curso, Vol. 3, 2009, p. 432-434, continuam a defender a apreciação econômica da demanda rescisória de acordo com o bem jurídico que se pretende com a ação; assim, prosseguem os autores, sendo a sentença rescindenda de valor líquido, a estimativa atribuída à causa na rescisória deve acompanhar o montante da sentença condenatória.

O processo do trabalho também exigia tal correspondência, segundo a jurisprudência do TST, OJ nº 147, SDI2; a referida OJ foi cancelada pela Resolução nº 142/2007, DJ 10, 11 e 15.10.2007, demonstrando, no mínimo, que o TST se afastou deste entendimento. Confira-se o teor da OJ cancelada: "O valor da causa, na ação rescisória de sentença de mérito advinda de processo de conhecimento, corresponde ao valor da causa fixado no processo originário, corrigido monetariamente. No caso de se pleitear a rescisão de decisão proferida na fase de execução, o valor da causa deve corresponder ao montante da condenação.".

Qualquer que seja a tese adotada, o depósito na ação rescisória não poderá exceder de 1.000 (mil) salários-mínimos, conforme previsão do art. 968, § 2º, do CPC/2015.

A resposta do réu será apresentada entre 15 e 30 dias, devendo o juiz, no caso concreto, fixar o prazo (art. 491, do CPC/73 e art. 970 do CPC/2015). Há entendimento doutrinário se inclinando por considerar as prerrogativas da Fazenda Pública também neste prazo, de forma que seria contado em quádruplo. Daniel Neves, Manual, 2009, p. 700, indica decisão do STJ neste sentido.

No processo do trabalho, Manoel Antonio Teixeira Filho, Ação Rescisória, 1998, p. 383, defende a prerrogativa da Fazenda; contra, Barbosa Moreira, Comentários, Vol. V, 2002, p. 191, entendendo que a prerrogativa fazendária só é aplicável aos prazos legais, e não aos judiciais, como o do art. 491 do CPC/73. Leonardo Cunha, A Fazenda, 2010, p. 55-58, igualmente se posiciona de forma contrária ao prazo privilegiado da Fazenda Pública para apresentar resposta na rescisória, mas ressalva que o STJ fixou entendimento pela aplicação do prazo em quádruplo.

A ausência de defesa torna o réu revel, pois este é um fato processual que não há como se ignorar; contudo, doutrina e jurisprudência negam a esta omissão do réu, na ação rescisória, o principal efeito material da revelia – a confissão quanto aos fatos narrados na Petição Inicial (no processo do trabalho, Coqueijo Costa, Ação Rescisória, 2002, p. 163; Didier-Cunha, Curso, Vol. 3, 2009, p. 437, no processo civil, e na jurisprudência do TST, a S. 398).

As demais hipóteses de resposta do réu, salvo a exceção de incompetência em razão do lugar, são cabíveis na ação rescisória, v.g., exceção de suspeição, impedimento e reconvenção (no processo civil, por todos, Barbosa Moreira, Comentários, Vol. V, 2002, p. 191-192; no processo do trabalho, por todos, Manoel Antonio Teixeira Filho, Ação Rescisória, 1998, p.391).

Ainda que o CPC/2015 tenha suprimido o incidente de exceção de incompetência relativa, a CLT tem regra própria (art. 799 a 802) prevendo o incidente.

A prova mais comum para fundamentar a ação rescisória é a documental, que deverá instruir sua Inicial, desde sua apresentação, sob pena de indeferimento. Não obstante esta predominância da prova documental, todos os meios probatórios são admissíveis na rescisória. Havendo necessidade de produção de prova oral, o Relator poderá expedir carta de ordem a ser distribuída no primeiro grau de jurisdição, para que se realize a colheita da prova por um Juiz do Trabalho. A carta de ordem será cumprida no prazo de 45 a 90 dias, conforme fixar o Relator da rescisória (CPC/73, art. 492 e CPC/2015, art. 972, que fixou o prazo de 1 a 3 meses).

Concluída a instrução processual as partes terão vistas dos autos, em 10 dias sucessivos, para aduzir razões finais, após o que a demanda será submetida a julgamento (CPC, art. 493 e CPC/2015, art. 973).

A legislação processual é omissa quanto à intervenção do MP, mas a doutrina é quase unís-sona em afirmar a obrigatoriedade de sua intervenção. No processo do trabalho, o Regimento Interno do TST (RI/TST) expressamente prevê vista ao MPT, em seu artigo 216, IV. O art. 218, § único, do mesmo regimento, prevê vista ao MPT exatamente após as razões finais e antes de se abrir conclusão ao relator para dar início ao julgamento.

O julgamento da ação rescisória passa por três juízos, a saber: **a**) admissibilidade; **b**) o rescindente; **c**) o rescisório, que corresponde ao novo julgamento (Didier-Cunha, Curso, Vol. 3, 2009, p. 446). Os dois primeiros são obrigatórios, e constarão de qualquer tipo de rescisória; o terceiro juízo não aparece quando a rescisória se baseia nos incisos II e IV, do art. 485 do CPC/73 (art. 966, II e IV, do CPC/2015).

A ausência de pedido de novo julgamento, por omissa a petição inicial, não pode ser suprida pela iniciativa do julgador; ou seja, o órgão judicial não pode, sem pedido, promover um novo julgamento (Didier-Cunha, Curso, Vol. 3, 2009, p. 447 e Barbosa Moreira, Comentários, Vol. V, 2002, p. 178, destacando este último que "não há como se considerar implícito semelhante pedido, sem infringir a regra do art. 293, do CPC", exigindo a interpretação restritiva dos pedidos; no mesmo sentido o art. 322, § 2º, do CPC/2015).

O TST mudou radicalmente seu entendimento quanto ao cabimento de honorários advocatícios na ação rescisória. Tal mudança foi fruto da Resolução nº 174/2011, que deu nova redação ao item II da S. 219, nos seguintes termos: "II – É cabível a condenação ao pagamento de honorários advocatícios em ação rescisória no processo trabalhista.". Este item manteve-se inalterado na atual redação da Súmula 219, fruto da alteração promovida pela **Resolução 204/2016, do TST, DEJT divulgado em 17, 18 e 21.03.2016.**

Do acórdão proferido em ação rescisória do TRT, cabe Recurso Ordinário para o TST, a ser julgado pela SDI2/TST (CLT, art. 895, II c/c art. 3º, III, "a", da Lei nº 7.701/88 e art. 71 do RITST), salvo quando se tratar de ação rescisória contra acórdão proferido em dissídio coletivo proposto no Regional, cuja competência para apreciar o RO passa a ser da SDC/TST (art. 2º, II, "a", da Lei nº 7.701/88 c/c art. 70, do RITST).

Na hipótese da ação rescisória ingressar diretamente no TST, tendo por objeto a desconstituição de acórdãos das Turmas do TST, ou da própria SDI/TST, seu julgamento ocorrerá na SDI/TST; deste acórdão oriundo da ação de competência originária não caberá qualquer recurso dentro do TST; será oponível, contudo, Recurso Extraordinário ao STF (art. 102, III, da CF c/c art. 266, do RI/TST). Quando a rescisória, de competência originária do TST, tiver por objeto a desconstituição de acórdão normativo, decorrente de dissídio coletivo originário do TST, caberão Embargos para a própria SDC (CLT, art. 894, I e art. 232, do RI/TST).

2. SÚMULAS E ORIENTAÇÕES JURISPRUDENCIAIS

Súmula nº 249/STF

É competente o supremo tribunal federal para a ação rescisória, quando, embora não tendo conhecido do recurso extraordinário, ou havendo negado provimento ao agravo, tiver apreciado a questão federal controvertida.

Súmula nº 252/STF

Na ação rescisória, não estão impedidos juízes que participaram do julgamento rescindendo.

Súmula nº 264/STF

Verifica-se a prescrição intercorrente pela paralisação da ação rescisória por mais de cinco anos.

Súmula nº 343/STF

Não cabe ação rescisória por ofensa a literal disposição de lei, quando a decisão rescindenda se tiver baseado em texto legal de interpretação controvertida nos tribunais.

Súmula nº 514/STF

Admite-se ação rescisória contra sentença transitada em julgado, ainda que contra ela não se tenha esgotado todos os recursos.

Súmula nº 175/STJ

Descabe o depósito prévio nas ações rescisórias propostas pelo INSS.

Súmula nº 401/STJ

O prazo decadencial da ação rescisória só se inicia quando não for cabível qualquer recurso do último pronunciamento judicial.

Súmula nº 83/TST

AÇÃO RESCISÓRIA. MATÉRIA CONTROVERTIDA (incorporada a Orientação Jurisprudencial nº 77 da SBDI-2) – Res. 137/2005, DJ 22, 23 e 24.08.2005

I – Não procede pedido formulado na ação rescisória por violação literal de lei se a decisão rescindenda estiver baseada em texto legal infraconstitucional de interpretação controvertida nos Tribunais. (ex-Súmula nº 83 – alterada pela Res. 121/2003, DJ 21.11.2003)

II – O marco divisor quanto a ser, ou não, controvertida, nos Tribunais, a interpretação dos dispositivos legais citados na ação rescisória é a data da inclusão, na Orientação Jurisprudencial do TST, da matéria discutida. (ex-OJ nº 77 da SBDI-2 – inserida em 13.03.2002)

Súmula nº 99/TST

AÇÃO RESCISÓRIA. DESERÇÃO. PRAZO (incorporada a Orientação Jurisprudencial nº 117 da SBDI-2) – Res. 137/2005, DJ 22, 23 e 24.08.2005 Havendo recurso ordinário em sede de rescisória, o depósito recursal só é exigível quando for julgado procedente o pedido e imposta condenação em pecúnia, devendo este ser efetuado no prazo recursal, no limite e nos termos da legislação vigente, sob pena de deserção. (ex-Súmula nº 99 – alterada pela Res. 110/2002, DJ 15.04.2002 – e ex-OJ nº 117 da SBDI-2 – DJ 11.08.2003)

Súmula nº 100/TST

AÇÃO RESCISÓRIA. DECADÊNCIA (incorporadas as Orientações Jurisprudenciais nºs 13, 16, 79, 102, 104, 122 e 145 da SBDI-2) – Res. 137/2005, DJ 22, 23 e 24.08.2005

I – O prazo de decadência, na ação rescisória, conta-se do dia imediatamente subseqüente ao trânsito em julgado da última decisão proferida na causa, seja de mérito ou não. (ex-Súmula nº 100 – alterada pela Res. 109/2001, DJ 20.04.2001)

II – Havendo recurso parcial no processo principal, o trânsito em julgado dá-se em momentos e em tribunais diferentes, contando-se o prazo decadencial para a ação rescisória do trânsito em julgado de cada decisão, salvo se o recurso tratar de preliminar ou prejudicial que possa tornar insubsistente a decisão recorrida, hipótese em que flui a decadência a partir do trânsito em julgado da decisão que julgar o recurso parcial. (ex-Súmula nº 100 – alterada pela Res. 109/2001, DJ 20.04.2001)

III – Salvo se houver dúvida razoável, a interposição de recurso intempestivo ou a interposição de recurso incabível não protrai o termo inicial do prazo decadencial. (ex-Súmula nº 100 – alterada pela Res. 109/2001, DJ 20.04.2001)

IV – O juízo rescindente não está adstrito à certidão de trânsito em julgado juntada com a ação rescisória, podendo formar sua convicção através de outros elementos dos autos quanto à antecipação ou postergação do "dies a quo" do prazo decadencial. (ex-OJ nº 102 da SBDI-2 – DJ 29.04.03)

V – O acordo homologado judicialmente tem força de decisão irrecorrível, na forma do art. 831 da CLT. Assim sendo, o termo conciliatório transita em julgado na data da sua homologação judicial. (ex-OJ nº 104 da SBDI-2 – DJ 29.04.2003)

VI – Na hipótese de colusão das partes, o prazo decadencial da ação rescisória somente começa a fluir para o Ministério Público, que não interveio no processo principal, a partir do momento em que tem ciência da fraude. (ex-OJ nº 122 da SBDI-2 – DJ 11.08.2003)

VII – Não ofende o princípio do duplo grau de jurisdição a decisão do TST que, após afastar a decadência em sede de recurso ordinário, aprecia desde logo a lide, se a causa versar questão exclusivamente de direito e estiver em condições de imediato julgamento. (ex-OJ nº 79 da SBDI-2 – inserida em 13.03.2002)

VIII – A exceção de incompetência, ainda que oposta no prazo recursal, sem ter sido aviado o recurso próprio, não tem o condão de afastar a consumação da coisa julgada e, assim, postergar o termo inicial do prazo decadencial para a ação rescisória. (ex-OJ nº 16 da SBDI-2 – inserida em 20.09.2000)

IX – Prorroga-se até o primeiro dia útil, imediatamente subseqüente, o prazo decadencial para ajuizamento de ação rescisória quando expira em férias forenses, feriados, finais de semana ou em dia em que não houver expediente forense. Aplicação do art. 775 da CLT. (ex-OJ nº 13 da SBDI-2 – inserida em 20.09.2000)

X – Conta-se o prazo decadencial da ação rescisória, após o decurso do prazo legal previsto para a interposição do recurso extraordinário, apenas quando esgotadas todas as vias recursais ordinárias. (ex-OJ nº 145 da SBDI-2 – DJ 10.11.2004)

Súmula nº 192/TST

AÇÃO RESCISÓRIA. COMPETÊNCIA (atualizada em decorrência do CPC de 2015) – Res. 212/2016, DEJT divulgado em 20, 21 e 22.09.2016

I – Se não houver o conhecimento de recurso de revista ou de embargos, a competência para julgar ação que vise a rescindir a decisão de mérito é do Tribunal Regional do Trabalho, ressalvado o disposto no item II.

II – Acórdão rescindendo do Tribunal Superior do Trabalho que não conhece de recurso de embargos ou de revista, analisando arguição de violação de dispositivo de lei material ou decidindo em consonância com súmula de direito material ou com iterativa, notória e atual jurisprudência de direito material da Seção de Dissídios Individuais (Súmula nº 333), examina o mérito da causa, cabendo ação rescisória da competência do Tribunal Superior do Trabalho. (ex-Súmula nº 192 – alterada pela Res. 121/2003, DJ 21.11.2003)

III – Sob a égide do art. 512 do CPC de 1973, é juridicamente impossível o pedido explícito de desconstituição de sentença quando substituída por acórdão do Tribunal Regional ou superveniente sentença homologatória de acordo que puser fim ao litígio.

IV – Na vigência do CPC de 1973, é manifesta a impossibilidade jurídica do pedido de rescisão de julgado proferido em agravo de instrumento que, limitando-se a aferir o eventual desacerto do juízo negativo de admissibilidade do recurso de revista, não substitui o acórdão regional, na forma do art. 512 do CPC. (ex-OJ nº 105 da SBDI-2 – DJ 29.04.2003)

V – A decisão proferida pela SBDI, em agravo regimental, calcada na Súmula nº 333, substitui acórdão de Turma do TST, porque emite juízo de mérito, comportando, em tese, o corte rescisório. (ex-OJ nº 133 da SBDI-2 – DJ 04.05.2004).

Súmula nº 219/TST

HONORÁRIOS ADVOCATÍCIOS. CABIMENTO (alterada a redação do item I e acrescidos os itens IV a VI na sessão do Tribunal Pleno realizada em 15.03.2016) – Res. 204/2016, DEJT divulgado em 17, 18 e 21.03.2016

I – Na Justiça do Trabalho, a condenação ao pagamento de honorários advocatícios não decorre pura e simplesmente da sucumbência, devendo a parte, concomitantemente: a) estar assistida por sindicato da categoria profissional; b) comprovar a percepção de salário inferior ao dobro do salário mínimo ou encontrar-se em situação econômica que não lhe permita demandar sem prejuízo do próprio sustento ou da respectiva família. (art.14, § 1º, da Lei nº 5.584/1970). (ex-OJ nº 305da SBDI-I).

II – É cabível a condenação ao pagamento de honorários advocatícios em ação rescisória no processo trabalhista.

III – São devidos os honorários advocatícios nas causas em que o ente sindical figure como substituto processual e nas lides que não derivem da relação de emprego.

IV – Na ação rescisória e nas lides que não derivem de relação de emprego, a responsabilidade pelo pagamento dos honorários advocatícios da sucumbência submete-se à disciplina do Código de Processo Civil (arts. 85, 86, 87 e 90).

V – Em caso de assistência judiciária sindical, revogado o art. 11 da Lei nº 1060/50 (CPC de 2015, art. 1072, inc. III), os honorários advocatícios assistenciais são devidos entre o mínimo de dez e o máximo de vinte por cento sobre o valor da condenação, do proveito econômico obtido ou, não sendo possível mensurá-lo, sobre o valor atualizado da causa (CPC de 2015, art. 85, § 2º).

VI – Nas causas em que a Fazenda Pública for parte, aplicar-se-ão os percentuais específicos de honorários advocatícios contemplados no Código de Processo Civil.

Súmula nº 259/TST

TERMO DE CONCILIAÇÃO. AÇÃO RESCISÓRIA (mantida) – Res. 121/2003, DJ 19, 20 e 21.11.2003

Só por ação rescisória é impugnável o termo de conciliação previsto no parágrafo único do art. 831 da CLT.

Súmula nº 298/TST

AÇÃO RESCISÓRIA. VIOLAÇÃO A DISPOSIÇÃO DE LEI. PRONUNCIAMENTO EXPLÍCITO (redação alterada pelo Tribunal Pleno na sessão realizada em 6.2.2012) – Res. 177/2012, DEJT divulgado em 13, 14 e 15.02.2012

I – A conclusão acerca da ocorrência de violação literal a disposição de lei pressupõe pronunciamento explícito, na sentença rescindenda, sobre a matéria veiculada.

II – O pronunciamento explícito exigido em ação rescisória diz respeito à matéria e ao enfoque específico da tese debatida na ação, e não, necessariamente, ao dispositivo legal tido por violado. Basta que o conteúdo da norma reputada violada haja sido abordado na decisão rescindenda para que se considere preenchido o pressuposto.

III – Para efeito de ação rescisória, considera-se pronunciada explicitamente a matéria tratada na sentença quando, examinando remessa de ofício, o Tribunal simplesmente a confirma.

IV – A sentença meramente homologatória, que silencia sobre os motivos de convencimento do juiz, não se mostra rescindível, por ausência de pronunciamento explícito.

V – Não é absoluta a exigência de pronunciamento explícito na ação rescisória, ainda que esta tenha por fundamento violação de dispositivo de lei. Assim, prescindível o pronunciamento explícito quando o vício nasce no próprio julgamento, como se dá com a sentença "extra, citra e ultra petita".

Súmula nº 299/TST

AÇÃO RESCISÓRIA. DECISÃO RESCINDENDA. TRÂNSITO EM JULGADO. COMPROVAÇÃO. EFEITOS (nova redação do item II em decorrência do CPC de 2015) – Res. 211/2016, DEJT divulgado em 24, 25 e 26.08.2016

I – É indispensável ao processamento da ação rescisória a prova do trânsito em julgado da decisão rescindenda. (ex-Súmula nº 299 – Res 8/1989, DJ 14, 18 e 19.04.1989)

II – Verificando o relator que a parte interessada não juntou à inicial o documento comprobatório, abrirá prazo de 15 (quinze) dias para que o faça (art. 321 do CPC de 2015), sob pena de indeferimento.(ex-Súmula nº 299 – Res 8/1989, DJ 14, 18 e 19.04.1989)

III – A comprovação do trânsito em julgado da decisão rescindenda é pressuposto processual indispensável ao tempo do ajuizamento da ação rescisória. Eventual trânsito em julgado posterior ao ajuizamento da ação rescisória não reabilita a ação proposta, na medida em que o ordenamento jurídico não contempla a ação rescisória preventiva. (ex-OJ nº 106 da SBDI-II – DJ 29.04.2003)

IV – O pretenso vício de intimação, posterior à decisão que se pretende rescindir, se efetivamente ocorrido, não permite a formação da coisa julgada material. Assim, a ação rescisória deve ser julgada extinta, sem julgamento do mérito, por carência de ação, por inexistir decisão transitada em julgado a ser rescindida. (ex-OJ nº 96 da SBDI-II – inserida em 27.09.2002)

Súmula nº 303/TST

FAZENDA PÚBLICA. REEXAME NECESSÁRIO (nova redação em decorrência do CPC de 2015) – Res. 211/2016, DEJT divulgado em 24, 25 e 26.08.2016

I – Em dissídio individual, está sujeita ao reexame necessário, mesmo na vigência da Constituição Federal de 1988, decisão contrária à Fazenda Pública, salvo quando a condenação não ultrapassar o valor correspondente a: a) 1.000 (mil) salários mínimos para a União e as respectivas autarquias e fundações de direito público; b) 500 (quinhentos) salários mínimos para os Estados, o Distrito Federal, as respectivas autarquias e fundações de direito público e os Municípios que constituam capitais dos Estados; c) 100 (cem) salários mínimos para todos os demais Municípios e respectivas autarquias e fundações de direito público.

II – Também não se sujeita ao duplo grau de jurisdição a decisão fundada em:

a) súmula ou orientação jurisprudencial do Tribunal Superior do Trabalho;

b) acórdão proferido pelo Supremo Tribunal Federal ou pelo Tribunal Superior do Trabalho em julgamento de recursos repetitivos;

c) entendimento firmado em incidente de resolução de demandas repetitivas ou de assunção de competência;

d) entendimento coincidente com orientação vinculante firmada no âmbito administrativo do próprio ente público, consolidada em manifestação, parecer ou súmula administrativa.

III – Em ação rescisória, a decisão proferida pelo Tribunal Regional do Trabalho está sujeita ao duplo grau de jurisdição obrigatório quando desfavorável ao ente público, exceto nas hipóteses dos incisos anteriores. (ex-OJ nº 71 da SBDI-1 – inserida em 03.06.1996)

IV – Em mandado de segurança, somente cabe reexame necessário se, na relação processual, figurar pessoa jurídica de direito público como parte prejudicada pela concessão da ordem. Tal situação não ocorre na hipótese de figurar no feito como impetrante e terceiro interessado pessoa de direito privado, ressalvada a hipótese de matéria administrativa. (ex-OJs nºs 72 e 73 da SBDI-1 – inseridas, respectivamente, em 25.11.1996 e 03.06.1996)

Súmula nº 365/TST

ALÇADA. AÇÃO RESCISÓRIA E MANDADO DE SEGURANÇA (conversão das Orientações Jurisprudenciais nºs 8 e 10 da SBDI-1) – Res. 129/2005, DJ 20, 22 e 25.04.2005

Não se aplica a alçada em ação rescisória e em mandado de segurança. (ex-OJs nºs 8 e 10 da SBDI-1 – inseridas em 01.02.1995)

Súmula nº 397/TST

AÇÃO RESCISÓRIA. ART. 966, IV, DO CPC DE 2015. ART. 485, IV, DO CPC DE 1973. AÇÃO DE CUMPRIMENTO. OFENSA À COISA JULGADA EMANADA DE SENTENÇA NORMATIVA MODIFICADA EM GRAU DE RECURSO. IN-VIABILIDADE. CABIMENTO DE MANDADO DE SEGU-RANÇA (atualizada em decorrência do CPC de 2015) – Res. 208/2016, DEJT divulgado em 22, 25 e 26.04.2016

Não procede ação rescisória calcada em ofensa à coisa julgada perpetrada por decisão proferida em ação de cumprimento, em face de a sentença normativa, na qual se louvava, ter sido modificada em grau de recurso, porque em dissídio coletivo somente se consubstancia coisa julgada formal. Assim, os meios processuais aptos a atacarem a execução da cláusula reformada são a exceção de pré-executividade e o mandado de segurança, no caso de descumprimento do art. 514 do CPC de 2015 (art. 572 do CPC de 1973). (ex-OJ nº 116 da SBDI-II – DJ 11.08.2003).

Súmula nº 398/TST

AÇÃO RESCISÓRIA. AUSÊNCIA DE DEFESA. INAPLICÁVEIS OS EFEITOS DA REVELIA (alterada em decorrência do CPC de 2015) – Res. 219/2017, DEJT divulgado em 28, 29 e 30.06.2017 – republicada – DEJT divulgado em 12, 13 e 14.07.2017

Na ação rescisória, o que se ataca é a decisão, ato oficial do Estado, acobertado pelo manto da coisa julgada. Assim, e considerando que a coisa julgada envolve questão de ordem pública, a revelia não produz confissão na ação rescisória. (ex-OJ nº 126 da SBDI-2 – DJ 09.12.2003).

Súmula nº 399/TST

AÇÃO RESCISÓRIA. CABIMENTO. SENTENÇA DE MÉRITO. DECISÃO HOMOLOGATÓRIA DE ADJUDICAÇÃO, DE ARREMATAÇÃO E DE CÁLCULOS (conversão das Orientações Jurisprudenciais nºs 44, 45 e 85, primeira parte, da SBDI-2) – Res. 137/2005, DJ 22, 23 e 24.08.2005

I – É incabível ação rescisória para impugnar decisão homologatória de adjudicação ou arrematação. (ex OJs nºs 44 e 45 da SBDI-2 – inseridas em 20.09.2000)

II – A decisão homologatória de cálculos apenas comporta rescisão quando enfrentar as questões envolvidas na elaboração da conta de liquidação, quer solvendo a controvérsia das partes quer explicitando, de ofício, os motivos pelos quais acolheu os cálculos oferecidos por uma das partes ou pelo setor de cálculos, e não contestados pela outra. (ex-OJ nº 85 da SBDI-2 – primeira parte – inserida em 13.03.2002 e alterada em 26.11.2002).

Súmula nº 400/TST

AÇÃO RESCISÓRIA DE AÇÃO RESCISÓRIA. VIOLAÇÃO MANIFESTA DE NORMA JURÍDICA. INDICAÇÃO DA MESMA NORMA JURÍDICA APONTADA NA RESCISÓRIA PRIMITIVA (MESMO DISPOSITIVO DE LEI SOB O CPC DE 1973) (nova redação em decorrência do CPC de 2015) – Res. 208/2016, DEJT divulgado em 22, 25 e 26.04.2016

Em se tratando de rescisória de rescisória, o vício apontado deve nascer na decisão rescindenda, não se admitindo a rediscussão do acerto do julgamento da rescisória anterior. Assim, não procede rescisória calcada no inciso V do art. 966 do CPC de 2015 (art. 485, V, do CPC de 1973) para discussão, por má aplicação da mesma norma jurídica, tida por violada na rescisória anterior, bem como para arguição de questões inerentes à ação rescisória primitiva. (ex-OJ nº 95 da SBDI-II – inserida em 27.09.2002 e alterada DJ 16.04.2004).

Súmula nº 401/TST

AÇÃO RESCISÓRIA. DESCONTOS LEGAIS. FASE DE EXECUÇÃO. SENTENÇA EXEQÜENDA OMISSA. INEXISTÊNCIA DE OFENSA À COISA JULGADA (conversão da Orientação Jurisprudencial nº 81 da SB-DI-2) – Res. 137/2005 – DJ 22, 23 e 24.08.2005

Os descontos previdenciários e fiscais devem ser efetuados pelo juízo executório, ainda que a sentença exeqüenda tenha sido omissa sobre a questão, dado o caráter de ordem pública ostentado pela norma que os disciplina. A ofensa à coisa julgada somente poderá ser caracterizada na hipótese de o título exeqüendo, expressamente, afastar a dedução dos valores a título de imposto de renda e de contribuição previdenciária. (ex-OJ nº 81 da SBDI-2 – inserida em 13.03.2002)

Súmula nº 402/TST

AÇÃO RESCISÓRIA. PROVA NOVA. DISSÍDIO COLETI-VO. SENTENÇA NORMATIVA. (nova redação em decorrência do CPC de 2015) – Res. 217/2017, DEJT divulgado em 20, 24 e 25.04.2017

I – Sob a vigência do CPC de 2015 (art. 966, inciso VII), para efeito de ação rescisória, considera-se prova nova a cronologicamente velha, já existente ao tempo do trânsito em julgado da decisão rescindenda, mas ignorada pelo interessado ou de impossível utilização, à época, no processo.

II – Não é prova nova apta a viabilizar a desconstituição de julgado: a) sentença normativa proferida ou transitada em julgado posteriormente à sentença rescindenda; b) sentença normativa preexistente à sentença rescindenda, mas não exibida no processo principal, em virtude de negligência da parte, quando podia e deveria louvar-se de documento já existente e não ignorado quando emitida a decisão rescindenda. (ex-OJ nº 20 da SBDI-2 – inserida em 20.09.2000).

Súmula nº 403/TST

AÇÃO RESCISÓRIA. DOLO DA PARTE VENCEDORA EM DETRIMENTO DA VENCIDA. Art. 485, III, DO CPC (conversão das Orientações Jurisprudenciais nºs 111 e 125 da SBDI-2) – Res. 137/2005, DJ 22, 23 e 24.08.2005

I – Não caracteriza dolo processual, previsto no art. 485, III, do CPC, o simples fato de a parte vencedora haver silenciado a respeito de fatos contrários a ela,

porque o procedimento, por si só, não constitui ardil do qual resulte cerceamento de defesa e, em consequência, desvie o juiz de uma sentença não-condizente com a verdade. (ex-OJ nº 125 da SBDI-2 – DJ 09.12.2003)

II – Se a decisão rescindenda é homologatória de acordo, não há parte vencedora ou vencida, razão pela qual não é possível a sua desconstituição calcada no inciso III do art. 485 do CPC (dolo da parte vencedora em detrimento da vencida), pois constitui fundamento de rescindibilidade que supõe solução jurisdicional para a lide. (ex-OJ nº 111 da SBDI-2 – DJ 29.04.2003)

Súmula nº 404/TST

AÇÃO RESCISÓRIA. FUNDAMENTO PARA INVALIDAR CONFISSÃO. CONFISSÃO FICTA. INADEQUAÇÃO DO ENQUADRAMENTO NO ART. 485, VIII, DO CPC DE 1973. – Res. 209/2016, DEJT divulgado em 01, 02 e 03.06.2016

O art. 485, VIII, do CPC de 1973, ao tratar do fundamento para invalidar a confissão como hipótese de rescindibilidade da decisão judicial, referia-se à confissão real, fruto de erro, dolo ou coação, e não à confissão ficta resultante de revelia.

Súmula nº 405/TST

AÇÃO RESCISÓRIA. TUTELA PROVISÓRIA (nova redação em decorrência do CPC de 2015) – Res. 208/2016, DEJT di-vulgado em 22, 25 e 26.04.2016

Em face do que dispõem a MP 1.984-22/2000 e o art. 969 do CPC de 2015, é cabível o pedido de tutela provisória formulado na petição inicial de ação rescisória ou na fase recursal, visando a suspender a execução da decisão rescindenda.

Súmula nº 406/TST

AÇÃO RESCISÓRIA. LITISCONSÓRCIO. NECESSÁRIO NO PÓLO PASSIVO E FACULTATIVO NO ATIVO. INEXISTENTE QUANTO AOS SUBSTITUÍDOS PELO SINDICATO (conversão das Orientações Jurisprudenciais nºs 82 e 110 da SBDI-2) – Res. 137/2005, DJ 22, 23 e 24.08.2005

I – O litisconsórcio, na ação rescisória, é necessário em relação ao pólo passivo da demanda, porque supõe uma comunidade de direitos ou de obrigações que não admite solução díspar para os litisconsortes, em face da indivisibilidade do objeto. Já em relação ao pólo ativo, o litisconsórcio é facultativo, uma vez que a aglutinação de autores se faz por conveniência e não pela necessidade decorrente da natureza do litígio, pois não se pode condicionar o exercício do direito individual de um dos litigantes no processo originário à anuência dos demais para re-tomar a lide. (ex-OJ nº 82 da SBDI-2 – inserida em 13.03.2002)

II – O Sindicato, substituto processual e autor da reclamação trabalhista, em cujos autos fora proferida a decisão rescindenda, possui legitimidade para figurar como réu na ação rescisória, sendo descabida a exigência de citação de todos os empregados substituídos, porquanto inexistente litisconsórcio passivo necessário. (ex-OJ nº 110 da SBDI-2 – DJ 29.04.2003)

Súmula nº 407/TST

AÇÃO RESCISÓRIA. MINISTÉRIO PÚBLICO. LEGITI-MIDADE "AD CAUSAM" PREVISTA NO ART. 967, III, "A", "B" E "C" DO CPC DE 2015. ART. 487, III, "A" E "B", DO CPC DE 1973. HIPÓTESES MERAMENTE EXEMPLIFICATIVAS (nova redação em decorrência do CPC de 2015) – Res. 208/2016, DEJT divulgado em 22, 25 e 26.04.2016

A legitimidade "ad causam" do Ministério Público para propor ação rescisória, ainda que não tenha sido parte no processo que deu origem à decisão rescindenda, não está limitada às alíneas "a", "b" e "c" do inciso III do art. 967 do CPC de 2015 (art. 487, III, "a" e "b", do CPC de 1973), uma vez que traduzem hipóteses meramente exemplificativas

Súmula nº 408/TST

AÇÃO RESCISÓRIA. PETIÇÃO INICIAL. CAUSA DE PE-DIR. AUSÊNCIA DE CAPITULAÇÃO OU CAPITULAÇÃO ERRÔNEA NO ART. 966 DO CPC DE 2015. ART. 485 DO CPC DE 1973. PRINCÍPIO "IURA NOVIT CURIA" (nova redação em decorrência do CPC de 2015) – Res. 208/2016, DEJT divulgado em 22, 25 e 26.04.2016

Não padece de inépcia a petição inicial de ação rescisória apenas porque omite a subsunção do fundamento de rescindibilidade no art. 966 do CPC de 2015 (art. 485 do CPC de 1973) ou o capitula erroneamente em um de seus incisos. Contanto que não se afaste dos fatos e fundamentos invocados como causa de pedir, ao Tribunal é lícito emprestar-lhes a adequada qualificação jurídica ("iura novit curia"). No entanto, fundando-se a ação rescisória no art. 966, inciso V, do CPC de 2015 (art. 485, inciso V, do CPC de 1973), é indispensável expressa indicação, na petição inicial da ação rescisória, da norma jurídica manifestamente violada (dispositivo legal violado sob o CPC de 1973), por se tratar de causa de pedir da rescisória, não se aplicando, no caso, o princípio "iura novit curia". (ex-Ojs nºs 32 e 33 da SBDI-II – inseridas em 20.09.2000)

Súmula nº 409/TST

AÇÃO RESCISÓRIA. PRAZO PRESCRICIONAL. TOTAL OU PARCIAL. VIOLAÇÃO DO Art. 7º, XXIX, DA CF/1988. MATÉRIA INFRACONSTITUCIONAL (conversão da Orientação Jurisprudencial nº 119 da SBDI-2) – Res. 137/2005, DJ 22, 23 e 24.08.2005

Não procede ação rescisória calcada em violação do art. 7º, XXIX, da CF/1988 quando a questão envolve discussão sobre a espécie de prazo prescricional aplicável aos créditos trabalhistas, se total ou parcial, porque a matéria tem índole infraconstitucional, construída, na Justiça do Trabalho, no plano jurisprudencial. (ex-OJ nº 119 da SBDI-2 – DJ 11.08.2003)

Súmula nº 410/TST

AÇÃO RESCISÓRIA. REEXAME DE FATOS E PROVAS. INVIABILIDADE (conversão da Orientação Jurisprudencial nº 109 da SBDI-2) – Res. 137/2005 DJ 22, 23 e 24.08.2005

A ação rescisória calcada em violação de lei não admite reexame de fatos e provas do processo que originou a decisão rescindenda. (ex-OJ nº 109 da SBDI-2 – DJ 29.04.2003)

Súmula nº 411/TST

AÇÃO RESCISÓRIA. SENTENÇA DE MÉRITO. DECISÃO DE TRIBUNAL REGIONAL DO TRABALHO EM AGRAVO REGIMENTAL CONFIRMANDO DECISÃO MONOCRÁTICA DO RELATOR QUE, APLICANDO A SÚMULA Nº 83 DO TST, INDEFERIU A PETIÇÃO INICIAL DA AÇÃO RESCISÓRIA. CABIMENTO (conversão da Orientação Jurisprudencial nº 43 da SBDI-2) – Res. 137/2005, DJ 22, 23 e 24.08.2005

Se a decisão recorrida, em agravo regimental, aprecia a matéria na fundamentação, sob o enfoque das Súmulas nºs 83 do TST e 343 do STF, constitui sentença de mérito, ainda que haja resultado no indeferimento da petição inicial e na extinção do processo sem julgamento do mérito. Sujeita-se, assim, à reforma pelo TST, a decisão do Tribunal que, invocando controvérsia na interpretação da lei, indefere a petição inicial de ação rescisória. (ex-OJ nº 43 da SBDI-2 – inserida em 20.09.2000)

Súmula nº 412/TST

AÇÃO RESCISÓRIA. REGÊNCIA PELO CPC DE 1973. SENTENÇA DE MÉRITO. QUESTÃO PROCESSUAL (nova redação em decorrência do CPC de 2015) – Res. 217/2017, DEJT divulgado em 20, 24 e 25.04.2017

Sob a égide do CPC de 1973, pode uma questão processual ser objeto de rescisão desde que consista em pressuposto de validade de uma sentença de mérito. (ex-OJ nº 46 da SBDI-2 – inserida em 20.09.2000).

Súmula nº 413/TST

AÇÃO RESCISÓRIA. SENTENÇA DE MÉRITO. VIOLA-ÇÃO DO ART. 896, "A", DA CLT (nova redação em decorrência do CPC de 2015) – Res. 209/2016, DEJT divulgado em 01, 02 e 03.06.2016

É incabível ação rescisória, por violação do art. 896, "a", da CLT, contra decisão transitada em julgado sob a égide do CPC de 1973 que não conhece de recurso de revista, com base em divergência jurisprudencial, pois não se cuidava de sentença de mérito (art. 485 do CPC de 1973). (ex-OJ nº 47 da SBDI-II – inserida em 20.09.2000).

- **OJ-SDI2-2/TST**

AÇÃO RESCISÓRIA. ADICIONAL DE INSALUBRIDADE. BASE DE CÁLCULO. SALÁRIO MÍNIMO. CABÍVEL (mantida) – Res. 148/2008, DJ 04 e 07.07.2008 – Republicada DJ 08, 09 e 10.07.2008

Viola o art. 192 da CLT decisão que acolhe pedido de adicional de insalubridade com base na remuneração do empregado.

- **OJ-SDI2-4/TST**

AÇÃO RESCISÓRIA. BANCO DO BRASIL. ADICIONAL DE CARÁTER PESSOAL. ACP (inserida em 20.09.2000)

Procede, por ofensa ao art. 5º, inciso XXXVI, da CF/1988, o pedido de rescisão de julgado que acolheu Adicional de Caráter Pessoal em favor de empregado do Banco do Brasil S.A.

- **OJ-SDI2-5/TST**

AÇÃO RESCISÓRIA. BANCO DO BRASIL. AP E ADI. HORAS EXTRAS. SÚMULA Nº 83 DO TST. APLICÁVEL (inserida em 20.09.2000)

Não se acolhe pedido de rescisão de julgado que deferiu a empregado do Banco do Brasil S.A. horas extras após a sexta, não obstante o pagamento dos adicionais AP e ADI, ou AFR quando a decisão rescindenda for anterior à Orientação Jurisprudencial nº 17, da Seção de Dissídios Individuais do TST (07.11.94). Incidência das Súmulas nºs 83 do TST e 343 do STF.

- **OJ-SDI2-6/TST**

AÇÃO RESCISÓRIA. CIPEIRO SUPLENTE. ESTABILIDADE. ADCT DA CF/88, Art. 10, II, "A". SÚMULA Nº 83 DO TST (nova redação) – DJ 22.08.2005

Rescinde-se o julgado que nega estabilidade a membro suplente de CIPA, representante de empregado, por ofensa ao art. 10, II, "a", do ADCT da CF/88, ainda que se cuide de decisão anterior à Súmula nº 339 do TST. Incidência da Súmula nº 83 do TST.

- **OJ-SDI2-7/TST**

AÇÃO RESCISÓRIA. COMPETÊNCIA. CRIAÇÃO DE TRIBUNAL REGIONAL DO TRABALHO. NA OMISSÃO DA LEI, É FIXADA PELO Art. 678, INC. I, "C", ITEM 2, DA CLT (nova redação) – DJ 22.08.2005

A Lei nº 7.872/89 que criou o Tribunal Regional do Trabalho da 17ª Região não fixou a sua competência para apreciar as ações rescisórias de decisões oriundas da 1ª Região, o que decorreu do art. 678, I, "c", item 2, da CLT.

- **OJ-SDI2-8/TST**

AÇÃO RESCISÓRIA. COMPLEMENTAÇÃO DE APOSENTADORIA. BANESPA. SÚMULA Nº 83 DO TST (nova redação) – DJ 22.08.2005

Não se rescinde julgado que acolheu pedido de complementação de aposentadoria integral em favor de empregado do BANESPA, antes da Súmula nº 313 do TST, em virtude da notória controvérsia jurisprudencial então reinante. Incidência da Súmula nº 83 do TST.

- **OJ-SDI2-9/TST**

AÇÃO RESCISÓRIA. CONAB. AVISO DIREH 2/84. SÚMULA Nº 83 DO TST. APLICÁVEL (inserida em 20.09.2000)

Não se rescinde julgado que reconheceu garantia de emprego com base no Aviso DIREH 02/84 da CONAB, antes da Súmula nº 355 do TST, em virtude da notória controvérsia jurisprudencial então reinante. Incidência da Súmula nº 83 do TST.

- **OJ-SDI2-10/TST**

AÇÃO RESCISÓRIA. CONTRATO NULO. ADMINISTRAÇÃO PÚBLICA. EFEITOS. Art. 37, II E § 2º, DA CF/1988 (inserida em 20.09.2000)

Somente por ofensa ao art. 37, II e § 2º, da CF/1988, procede o pedido de rescisão de julgado para considerar nula a contratação, sem concurso público, de servidor, após a CF/1988.

- **OJ-SDI2-11/TST**

AÇÃO RESCISÓRIA. CORREÇÃO MONETÁRIA. LEI Nº 7.596/87. UNIVERSIDADES FEDERAIS. IMPLANTAÇÃO TARDIA DO PLANO DE CLASSIFICAÇÃO DE CARGOS. VIOLAÇÃO DE LEI. SÚMULA Nº 83 DO TST. APLICÁVEL (inserida em 20.09.2000)

Não se rescinde julgado que acolhe pedido de correção monetária decorrente da implantação tardia do Plano de Classificação de Cargos de Universidade Federal previsto na Lei nº 7.596/87, à época em que era controvertida tal matéria na jurisprudência. Incidência da Súmula nº 83 do TST.

OJ-SDI2-12/TST

AÇÃO RESCISÓRIA. DECADÊNCIA. CONSUMAÇÃO ANTES OU DEPOIS DA EDIÇÃO DA MEDIDA PROVI-SÓRIA Nº 1.577/97. AMPLIAÇÃO DO PRAZO – Res. 208/2016, DEJT divulgado em 22, 25 e 26.04.2016

I – A vigência da Medida Provisória nº 1.577/97 e de suas reedições implicou o elastecimento do prazo decadencial para o ajuizamento da ação rescisória a favor dos entes de direito público, autarquias e fundações públicas. Se o biênio decadencial do art. 495 do CPC de 1973 findou após a entrada em vigor da referida medida provisória e até sua suspensão pelo STF em sede liminar de ação direta de inconstitucionalidade (ADIn 1753-2), tem-se como aplicável o prazo decadencial elastecido à rescisória. (ex-OJ nº 17 da SDI-2 – inserida em 20.09.2000)

II – A regra ampliativa do prazo decadencial para a propositura de ação rescisória em favor de pessoa jurídica de direito público não se aplica se, ao tempo em que sobreveio a Medida Provisória nº 1.577/97, já se exaurira o biênio do art. 495 do CPC de 1973. Preservação do direito adquirido da parte à decadência já consumada sob a égide da lei velha. (ex-OJ nº 12 da SDI-2 – inserida em 20.09.2000)

OJ-SDI2-18/TST

AÇÃO RESCISÓRIA. DECADÊNCIA. UNIÃO. LEI COMPLEMENTAR Nº 73/1993, Art. 67. LEI Nº 8.682/1993, Art. 6º (inserida em 20.09.2000)

O art. 67 da Lei Complementar nº 73/1993 interrompeu todos os prazos, inclusive o de decadência, em favor da União no período compreendido entre 14.02.1993 e 14.08.1993.

OJ-SDI2-19/TST

AÇÃO RESCISÓRIA. DESLIGAMENTO INCENTIVADO. IMPOSTO DE RENDA. ABONO PECUNIÁRIO. VIOLAÇÃO DE LEI. SÚMULA Nº 83 DO TST. APLICÁVEL (inserida em 20.09.2000)

Havendo notória controvérsia jurisprudencial acerca da incidência de imposto de renda sobre parcela paga pelo empregador ("abono pecuniário") a título de "desligamento incentivado", improcede pedido de rescisão do julgado. Incidência da Súmula nº 83 do TST.

OJ-SDI2-21/TST

AÇÃO RESCISÓRIA. DUPLO GRAU DE JURISDIÇÃO. TRÂNSITO EM JULGADO. INOBSERVÂNCIA. DECRETO-LEI Nº 779/69, Art. 1º, V. INCABÍVEL (nova redação) – DJ 22.08.2005

É incabível ação rescisória para a desconstituição de sentença não transitada em julgado porque ainda não submetida ao necessário duplo grau de jurisdição, na forma do Decreto-Lei nº 779/69. Determina-se que se oficie ao Presidente do TRT para que proceda à avocatória do processo principal para o reexame da sentença rescindenda.

OJ-SDI2-23/TST

AÇÃO RESCISÓRIA. ESTABILIDADE. PERÍODO PRÉ-ELEITORAL. VIOLAÇÃO DE LEI. SÚMULA Nº 83 DO TST. APLICÁVEL (inserida em 20.09.2000)

Não procede pedido de rescisão de sentença de mérito que assegura ou nega estabilidade pré-eleitoral, quando a decisão rescindenda for anterior à Orientação Jurisprudencial nº 51, da Seção de Dissídios Individuais do TST (25.11.96). Incidência da Súmula nº 83 do TST.

OJ-SDI2-24/TST

AÇÃO RESCISÓRIA. ESTABILIDADE PROVISÓRIA. REINTEGRAÇÃO EM PERÍODO POSTERIOR. DIREITO LIMITADO AOS SALÁRIOS E CONSECTÁRIOS DO PERÍODO DA ESTABILIDADE (inserida em 20.09.2000)

Rescinde-se o julgado que reconhece estabilidade provisória e determina a reintegração de empregado, quando já exaurido o respectivo período de estabilidade. Em juízo rescisório, restringe-se a condenação quanto aos salários e consectários até o termo final da estabilidade.

OJ-SDI2-25/TST

AÇÃO RESCISÓRIA. REGÊNCIA PELO CPC DE 1973. EXPRESSÃO "LEI" DO ART. 485, V, DO CPC DE 1973. NÃO INCLUSÃO DO ACT, CCT, PORTARIA, REGULAMENTO, SÚMULA E ORIENTAÇÃO JURISPRUDENCIAL DE TRIBUNAL. (atualizada em decorrência do CPC de 2015) Res. 212/2016, DEJT divulgado em 20, 21 e 22.09.2016

Não procede pedido de rescisão fundado no art. 485, V, do CPC de 1973 quando se aponta contrariedade à norma de convenção coletiva de trabalho, acordo coletivo de trabalho, portaria do Poder Executivo, regulamento de empresa e súmula ou orientação jurisprudencial de tribunal. (ex-OJ 25 da SDI-2, inserida em 20.09.2000 e ex-OJ 118 da SDI-2, DJ 11.08.2003)

- **OJ-SDI2-26/TST**

AÇÃO RESCISÓRIA. GRATIFICAÇÃO DE NÍVEL SUPERIOR. SUFRAMA (inserida em 20.09.2000)

A extensão da gratificação instituída pela SUFRAMA aos servidores celetistas exercentes de atividade de nível superior não ofende as disposições contidas nos arts. 37, XIII e 39, § 1º, da CF/1988.

- **OJ-SDI2-30/TST**

AÇÃO RESCISÓRIA. MULTA. Art. 920 DO CÓDIGO CIVIL DE 1916 (Art. 412 DO CÓDIGO CIVIL DE 2002) (nova redação em decorrência da incorporação da Orientação Jurisprudencial nº 31 da SBDI-II) – DJ 22.08.2005

Não se acolhe, por violação do art. 920 do Código Civil de 1916 (art. 412 do Código Civil de 2002), pedido de rescisão de julgado que:

a) em processo de conhecimento, impôs condenação ao pagamento de multa, quando a decisão rescindenda for anterior à Orientação Jurisprudencial nº 54 da Subseção I Especializada em Dissídios Individuais do TST (30.05.94), incidindo o óbice da Súmula nº 83 do TST; (ex-OJ nº 30 da SDI-2 inserida em 20.09.2000)

b) em execução, rejeita-se limitação da condenação ao pagamento de multa, por inexistência de violação literal. (ex-OJ nº 31 da SDI-2 – inserida em 20.09.2000)

- **OJ-SDI2-34/TST**

AÇÃO RESCISÓRIA. PLANOS ECONÔMICOS – Res. 208/2016, DEJT divulgado em 22, 25 e 26.04.2016

I – O acolhimento de pedido em ação rescisória de plano econômico, fundada no art. 485, inciso V, do CPC de 1973, pressupõe, necessariamente, expressa invocação na petição inicial de afronta ao art. 5º, inciso XXXVI, da Constituição Federal de 1988. A indicação de ofensa literal a preceito de lei ordinária atrai a incidência da Súmula nº 83 do TST e Súmula nº 343 do STF.

II – Se a decisão rescindenda é posterior à Súmula nº 315 do TST (Res. 07, DJ 22.09.93), inaplicável a Súmula nº 83 do TST.

- **OJ-SDI2-35/TST**

AÇÃO RESCISÓRIA. PLANOS ECONÔMICOS. COISA JULGADA. LIMITAÇÃO À DATA-BASE NA FASE DE EXECUÇÃO (inserida em 20.09.2000)

Não ofende a coisa julgada a limitação à data-base da categoria, na fase executória, da condenação ao pagamento de diferenças salariais decorrentes de planos econômicos, quando a decisão exeqüenda silenciar sobre a limitação, uma vez que a limitação decorre de norma cogente. Apenas quando a sentença exeqüenda houver expressamente afastado a limitação à data-base é que poderá ocorrer ofensa à coisa julgada.

- **OJ-SDI2-38/TST**

AÇÃO RESCISÓRIA. PROFESSOR-ADJUNTO. INGRESSO NO CARGO DE PROFESSOR-TITULAR. EXIGÊNCIA DE CONCURSO PÚBLICO (LEI Nº 7.596/1987, DECRETO Nº 94.664/87 E Art. 206, V, CF/1988) (inserida em 20.09.2000)

A assunção do professor-adjunto ao cargo de professor titular de universidade pública, sem prévia aprovação em concurso público, viola o art. 206, inciso V, da Constituição Federal. Procedência do pedido de rescisão do julgado.

- **OJ-SDI2-39/TST**

AÇÃO RESCISÓRIA. REAJUSTES BIMESTRAIS E QUADRIMESTRAIS. LEI Nº 8.222/1991. SÚMULA Nº 83 DO TST. APLICÁVEL (inserida em 20.09.2000)

Havendo controvérsia jurisprudencial à época, não se rescinde decisão que aprecia a possibilidade de cumulação das antecipações bimestrais e reajustes quadrimestrais de salário previstos na Lei nº 8.222/91. Incidência da Súmula nº 83 do TST.

- **OJ-SDI2-41/TST**

AÇÃO RESCISÓRIA. SENTENÇA "CITRA PETITA". CABIMENTO (inserida em 20.09.2000)

Revelando-se a sentença "citra petita", o vício processual vulnera os arts. 128 e 460 do CPC, tornando-a passível de desconstituição, ainda que não opostos embargos declaratórios.

- **OJ-SDI2-70/TST**

AÇÃO RESCISÓRIA. MANIFESTO E INESCUSÁVEL EQUÍVOCO NO DIRECIONAMENTO. INÉPCIA DA INICIAL. EXTINÇÃO DO PROCESSO (alterada em 26.11.2002)

O manifesto equívoco da parte em ajuizar ação rescisória no TST para desconstituir julgado proferido pelo TRT, ou vice-versa, implica a extinção do processo sem julgamento do mérito por inépcia da inicial.

OJ-SDI2-71/TST

AÇÃO RESCISÓRIA. SALÁRIO PROFISSIONAL. FIXAÇÃO. MÚLTIPLO DE SALÁRIO MÍNIMO. Art. 7º, IV, DA CF/88 (nova redação) – DJ 22.11.2004

A estipulação do salário profissional em múltiplos do salário mínimo não afronta o art. 7º, inciso IV, da Constituição Federal de 1988, só incorrendo em vulneração do referido preceito constitucional a fixação de correção automática do salário pelo reajuste do salário mínimo.

(NOTA: esta orientação ainda não foi cancelada, mas está superada pela SV nº 4/STF, que impede a vinculação ao salário-mínimo para qualquer fim).

OJ-SDI2-76/TST

AÇÃO RESCISÓRIA. AÇÃO PARA SUSPENDER EXECUÇÃO. JUNTADA DE DOCUMENTO INDISPENSÁVEL. POSSIBILIDADE DE ÊXITO NA RESCISÃO DO JULGADO (inserida em 13.03.2002)

É indispensável a instrução da ação cautelar com as provas documentais necessárias à aferição da plausibilidade de êxito na rescisão do julgado. Assim sendo, devem vir junto com a inicial da cautelar as cópias da petição inicial da ação rescisória principal, da decisão rescindenda, da certidão do trânsito em julgado da decisão rescindenda e informação do andamento atualizado da execução.

OJ-SDI2-78/TST

AÇÃO RESCISÓRIA. CUMULAÇÃO SUCESSIVA DE PEDIDOS. RESCISÃO DA SENTENÇA E DO ACÓRDÃO. AÇÃO ÚNICA. ART. 326 DO CPC DE 2015. ART. 289 DO CPC DE 1973 (atualizada em decorrência do CPC de 2015) – Res. 208/2016, DEJT divulgado em 22, 25 e 26.04.2016

É admissível o ajuizamento de uma única ação rescisória contendo mais de um pedido, em ordem sucessiva, de rescisão da sentença e do acórdão. Sendo inviável a tutela jurisdicional de um deles, o julgador está obrigado a apreciar os demais, sob pena de negativa de prestação jurisdicional.

OJ-SDI2-80/TST

AÇÃO RESCISÓRIA. DECADÊNCIA. "DIES A QUO". RECURSO DESERTO. SÚMULA Nº 100 DO TST (inserida em 13.03.2002)

O não-conhecimento do recurso por deserção não antecipa o "dies a quo" do prazo decadencial para o ajuizamento da ação rescisória, atraindo, na contagem do prazo, a aplicação da Súmula nº 100 do TST.

OJ-SDI2-84/TST

AÇÃO RESCISÓRIA. PETIÇÃO INICIAL. AUSÊNCIA DA DECISÃO RESCINDENDA E/OU DA CERTIDÃO DE SEU TRÂNSITO EM JULGADO DEVIDAMENTE AUTENTICADAS. PEÇAS ESSENCIAIS PARA A CONSTITUIÇÃO VÁLIDA E REGULAR DO FEITO. ARGÜIÇÃO DE OFÍCIO. EXTINÇÃO DO PROCESSO SEM JULGAMENTO DO MÉRITO (alterada em 26.11.2002)

A decisão rescindenda e/ou a certidão do seu trânsito em julgado, devidamente autenticadas, à exceção de cópias reprográficas apresentadas por pessoa jurídica de direito público, a teor do art. 24 da Lei nº 10.522/02, são peças essenciais para o julgamento da ação rescisória. Em fase recursal, verificada a ausência de qualquer delas, cumpre ao Relator do recurso ordinário argüir, de ofício, a extinção do processo, sem julgamento do mérito, por falta de pressuposto de constituição e desenvolvimento válido do feito.

OJ-SDI2-97/TST

AÇÃO RESCISÓRIA. VIOLAÇÃO DO Art. 5º, II, LIV E LV, DA CONSTITUIÇÃO FEDERAL. PRINCÍPIOS DA LEGALIDADE, DO DEVIDO PROCESSO LEGAL, DO CONTRADITÓRIO E DA AMPLA DEFESA (nova redação) – DJ 22.08.2005

Orientação Jurisprudencial da SBDI-2 E-27 Os princípios da legalidade, do devido processo legal, do contraditório e da ampla defesa não servem de fundamento para a desconstituição de decisão judicial transitada em julgado, quando se apresentam sob a forma de pedido genérico e desfundamentado, acompanhando dispositivos legais que tratam especificamente da matéria debatida, estes sim, passíveis de fundamentarem a análise do pleito rescisório.

OJ-SDI2-101/TST

AÇÃO RESCISÓRIA. INCISO IV DO ART. 966 DO CPC DE 2015. ART. 485, IV, DO CPC DE 1973. OFENSA A COISA JULGADA. NECESSIDADE DE FIXAÇÃO DE TESE NA DECISÃO RESCINDENDA (atualizada em decorrência do CPC de 2015) – Res. 208/2016, DEJT divulgado em 22, 25 e 26.04.2016

Para viabilizar a desconstituição do julgado pela causa de rescindibilidade do inciso IV do art. 966 do CPC de 2015 (inciso IV do art. 485 do CPC de 1973), é necessário que a decisão rescindenda tenha enfrentado as questões ventiladas na ação rescisória, sob pena de inviabilizar o cotejo com o título executivo judicial tido por desrespeitado, de modo a se poder concluir pela ofensa à coisa julgada.

- **OJ-SDI2-103/TST**

AÇÃO RESCISÓRIA. CONTRADIÇÃO ENTRE FUNDAMENTAÇÃO E PARTE DISPOSITIVA DO JULGADO. CABIMENTO. ERRO DE FATO (DJ 29.04.2003)

É cabível a rescisória para corrigir contradição entre a parte dispositiva do acórdão rescindendo e a sua fundamentação, por erro de fato na retratação do que foi decidido.

- **OJ-SDI2-107/TST**

AÇÃO RESCISÓRIA. DECISÃO RESCINDENDA DE MÉRITO. SENTENÇA DECLARATÓRIA DE EXTINÇÃO DE EXECUÇÃO. SATISFAÇÃO DA OBRIGAÇÃO (atualizada em decorrência do CPC de 2015) – Res. 208/2016, DEJT divulgado em 22, 25 e 26.04.2016

Embora não haja atividade cognitiva, a decisão que declara extinta a execução, nos termos do art. 924, incisos I a IV c/c art. 925 do CPC de 2015 (art. 794 c/c art. 795 do CPC de 1973), extingue a relação processual e a obrigacional, sendo passível de corte rescisório.

- **OJ-SDI2-112/TST**

AÇÃO RESCISÓRIA. VIOLAÇÃO DE LEI. DECISÃO RESCINDENDA POR DUPLO FUNDAMENTO. IMPUGNAÇÃO PARCIAL (DJ 29.04.2003)

Para que a violação da lei dê causa à rescisão de decisão de mérito alicerçada em duplo fundamento, é necessário que o Autor da ação rescisória invoque causas de rescindibilidade que, em tese, possam infirmar a motivação dúplice da decisão rescindenda.

- **OJ-SDI2-123/TST**

AÇÃO RESCISÓRIA. INTERPRETAÇÃO DO SENTIDO E ALCANCE DO TÍTULO EXECUTIVO. INEXISTÊNCIA DE OFENSA À COISA JULGADA (título alterado) – DJ 22.08.2005

O acolhimento da ação rescisória calcada em ofensa à coisa julgada supõe dissonância patente entre as decisões exeqüenda e rescindenda, o que não se verifica quando se faz necessária a interpretação do título executivo judicial para se concluir pela lesão à coisa julgada.

- **OJ-SDI2-124/TST**

AÇÃO RESCISÓRIA. ART. 966, INCISO II, DO CPC DE 2015. ART. 485, INCISO II, DO CPC DE 1973. ARGUIÇÃO DE INCOMPETÊNCIA ABSOLUTA. PREQUESTIONAMENTO INEXIGÍVEL. (atualizada em decorrência do CPC de 2015) – Res. 208/2016, DEJT divulgado em 22, 25 e 26.04.2016

Na hipótese em que a ação rescisória tem como causa de rescindibilidade o inciso II do art. 966 do CPC de 2015 (inciso II do art. 485 do CPC de 1973), a arguição de incompetência absoluta prescinde de prequestionamento.

- **OJ-SDI2-128/TST**

AÇÃO RESCISÓRIA. CONCURSO PÚBLICO ANULADO POSTERIORMENTE. APLICAÇÃO DA SÚMULA Nº 363 DO TST (DJ 09.12.2003)

O certame público posteriormente anulado equivale à contratação realizada sem a observância da exigência contida no art. 37, II, da Constituição Federal de 1988. Assim sendo, aplicam-se à hipótese os efeitos previstos na Súmula nº 363 do TST.

- **OJ-SDI2-131**

AÇÃO RESCISÓRIA. AÇÃO PARA SUSPENDER EXECUÇÃO DA DECISÃO RESCINDENDA. PENDÊNCIA DE TRÂNSITO EM JULGADO DA AÇÃO RESCISÓRIA PRINCIPAL. EFEITOS (DJ 04.05.2004)

A ação cautelar não perde o objeto enquanto ainda estiver pendente o trânsito em julgado da ação rescisória principal, devendo o pedido cautelar ser julgado procedente, mantendo-se os efeitos da liminar eventualmente deferida, no caso de procedência do pedido rescisório ou, por outro lado, improcedente, se o pedido da ação rescisória principal tiver sido julgado improcedente. Orientação Jurisprudencial da SBDI-2 E-36

- **OJ-SDI2-132/TST**

AÇÃO RESCISÓRIA. ACORDO HOMOLOGADO. ALCANCE. OFENSA À COISA JULGADA (DJ 04.05.2004)

Acordo celebrado – homologado judicialmente – em que o empregado dá plena e ampla quitação, sem qualquer ressalva, alcança não só o objeto da inicial, como também todas as demais parcelas referentes ao extinto contrato de trabalho, violando a coisa julgada, a propositura de nova reclamação trabalhista.

- **OJ-SDI2-134/TST**

AÇÃO RESCISÓRIA. DECISÃO RESCINDENDA. PRECLUSÃO DECLARADA. FORMAÇÃO DA COISA JULGADA FORMAL. IMPOSSIBILIDADE JURÍDICA DO PEDIDO (DJ 04.05.2004)

A decisão que conclui estar preclusa a oportunidade de impugnação da sentença de liquidação, por ensejar tão-somente a formação da coisa julgada formal, não é suscetível de rescindibilidade.

- **OJ-SDI2-135/TST**

AÇÃO RESCISÓRIA. VIOLAÇÃO DO Art. 37, "CAPUT", DA CF/1988. NECESSIDADE DE PREQUESTIONAMENTO (DJ 04.05.2004)

A ação rescisória calcada em violação do artigo 37, "caput", da Constituição Federal, por desrespeito ao princípio da legalidade administrativa exige que ao menos o princípio constitucional tenha sido prequestionado na decisão.

- **OJ-SDI2-136/TST**

AÇÃO RESCISÓRIA. ERRO DE FATO. CARACTERIZAÇÃO (atualizada em decorrência do CPC de 2015) – Res. 208/2016, DEJT divulgado em 22, 25 e 26.04.2016

A caracterização do erro de fato como causa de rescindibilidade de decisão judicial transitada em julgado supõe a afirmação categórica e indiscutida de um fato, na decisão rescindenda, que não corresponde à realidade dos autos. O fato afirmado pelo julgador, que pode ensejar ação rescisória calcada no inciso VIII do art. 966 do CPC de 2015 (inciso IX do art. 485 do CPC de 1973), é apenas aquele que se coloca como premissa fática indiscutida de um silogismo argumentativo, não aquele que se apresenta ao final desse mesmo silogismo, como conclusão decorrente das premissas que especificaram as provas oferecidas, para se concluir pela existência do fato. Esta última hipótese é afastada pelo § 1º do art. 966 do CPC de 2015 (§ 2º do art. 485 do CPC de 1973), ao exigir que não tenha havido controvérsia sobre o fato e pronunciamento judicial esmiuçando as provas.

- **OJ-SDI2-146/TST**

AÇÃO RESCISÓRIA. INÍCIO DO PRAZO PARA APRESENTAÇÃO DA CONTESTAÇÃO. ART. 774 DA CLT (atualizada em decorrência do CPC de 2015) – Res. 208/2016, DEJT divulgado em 22, 25 e 26.04.2016

A contestação apresentada em ação rescisória obedece à regra relativa à contagem de prazo constante do art. 774 da CLT, sendo inaplicável o art. 231 do CPC de 2015 (art. 241 do CPC de 1973).

- **OJ-SDI2-150/TST**

AÇÃO RESCISÓRIA. REGÊNCIA PELO CPC DE 1973. DECISÃO RESCINDENDA QUE EXTINGUE O PRO-CESSO SEM RESOLUÇÃO DE MÉRITO POR ACOLHI-MENTO DE COISA JULGADA. CONTEÚDO MERAMENTE PROCESSUAL. IMPOSSIBILIDADE JURÍDICA DO PEDIDO (atualizada em decorrência do CPC de 2015) Res. 212/2016, DEJT divulgado em 20, 21 e 22.09.2016

Reputa-se juridicamente impossível o pedido de corte rescisório de decisão que, reconhecendo a existência de coisa julgada, nos termos do art. 267, V, do CPC de 1973, extingue o processo sem resolução de mérito, o que, ante o seu conteúdo meramente processual, a torna insuscetível de produzir a coisa julgada material.

- **OJ-SDI2-151/TST**

AÇÃO RESCISÓRIA E MANDADO DE SEGURANÇA. PROCURAÇÃO. PODERES ESPECÍFICOS PARA AJUIZAMENTO DE RECLAMAÇÃO TRABALHISTA. IR-REGULARIDADE DE REPRESENTAÇÃO PROCESSUAL. FASE RECURSAL. VÍCIO PROCESSUAL SANÁVEL. (nova redação em decorrência do CPC de 2015) – Res. 211/2016, DEJT divulgado em 24, 25 e 26.08.2016

A procuração outorgada com poderes específicos para ajuizamento de reclamação trabalhista não autoriza a propositura de ação rescisória e mandado de segurança. Constatado, todavia, o defeito de representação processual na fase recursal, cumpre ao relator ou ao tribunal conceder prazo de 5 (cinco) dias para a regularização, nos termos da Súmula nº 383, item II, do TST.

- **OJ-SDI2-152/TST**

AÇÃO RESCISÓRIA E MANDADO DE SEGURANÇA. RECURSO DE REVISTA DE ACÓRDÃO REGIONAL QUE JULGA AÇÃO RESCISÓRIA OU MANDADO DE SEGURANÇA. PRINCÍPIO DA FUNGIBILIDADE. INAPLICABILIDADE. ERRO GROSSEIRO NA INTERPOSIÇÃO DO RECURSO (DEJT divulgado em 03, 04 e 05.12.2008)

A interposição de recurso de revista de decisão definitiva de Tribunal Regional do Trabalho em ação rescisória ou em mandado de segurança, com fundamento em violação legal e divergência jurisprudencial e remissão expressa ao art. 896 da CLT, configura erro grosseiro, insuscetível de autorizar o seu recebimento como recurso ordinário, em face do disposto no art. 895, "b", da CLT.

OJ-SDI2-154/TST

AÇÃO RESCISÓRIA. ACORDO PRÉVIO AO AJUIZAMENTO DA RECLAMAÇÃO. QUITAÇÃO GERAL. LIDE SIMULADA. POSSIBILIDADE DE RESCISÃO DA SENTENÇA HOMOLOGATÓRIA DE ACORDO APENAS SE VERIFICADA A EXISTÊNCIA DE VÍCIO DE CONSENTIMENTO. (DEJT divulgado em 09, 10 e 11.06.2010)

A sentença homologatória de acordo prévio ao ajuizamento de reclamação trabalhista, no qual foi conferida quitação geral do extinto contrato, sujeita-se ao corte rescisório tão somente se verificada a existência de fraude ou vício de consentimento.

OJ nº 157 da SDI-II/TST

AÇÃO RESCISÓRIA. DECISÕES PROFERIDAS EM FASES DISTINTAS DE UMA MESMA AÇÃO. COISA JULGADA. NÃO CONFIGURAÇÃO. (atualizada em decorrência do CPC de 2015) – Res. 208/2016, DEJT divulgado em 22, 25 e 26.04.2016

A ofensa à coisa julgada de que trata o inciso IV do art. 966 do CPC de 2015 (inciso IV do art. 485 do CPC de 1973) refere-se apenas a relações processuais distintas. A invocação de desrespeito à coisa julgada formada no processo de conhecimento, na correspondente fase de execução, somente é possível com base na violação do art. 5º, XXXVI, da Constituição da República.

OJ SDI-II – 158/TST

AÇÃO RESCISÓRIA. DECLARAÇÃO DE NULIDADE DE DECISÃO HOMOLOGATÓRIA DE ACORDO EM RAZÃO DE COLUSÃO (Art. 485, III, DO CPC). MULTA POR LITIGÂNCIA DE MÁ-FÉ. IMPOSSIBILIDADE. (DEJT divulgado em 12, 13 e 16.04.2012)

A declaração de nulidade de decisão homologatória de acordo, em razão da colusão entre as partes (art. 485, III, do CPC), é sanção suficiente em relação ao procedimento adotado, não havendo que ser aplicada a multa por litigância de má-fé.

3. INFORMATIVOS DO TST

Prazo decadencial. Marco inicial. Publicação do acórdão proferido pelo STF reconhecendo a constitucionalidade do art. 71 da Lei nº 8.666/93. Impossibilidade.

A mudança do entendimento que ensejou a alteração da redação da Súmula nº 331, IV, do TST, em razão de decisão proferida pelo STF na ADC nº 16, reconhecendo a constitucionalidade do art. 71, § 1º, da Lei nº 8.666/93, não tem o condão de alterar o marco inicial do prazo decadencial para ajuizamento da ação rescisória, que, nos termos do art. 495 do CPC e do item I da Súmula nº 100 do TST, é de dois anos a contar do dia imediatamente subsequente ao do trânsito em julgado da última decisão proferida na causa. Com base nessa premissa, a SBDI-II, por unanimidade, negou provimento a recurso ordinário, ressaltando que, na espécie, a decisão proferida na ADC nº 16 é posterior ao trânsito em julgado da decisão rescindenda, não havendo que se falar, portanto, em interrupção ou suspensão, diante da natureza do prazo em questão. TST-ReeNec e RO-291 – 59.2011.5.12.0000, SBDI-II, rel. Min. Luiz Philippe Vieira de Mello Filho, 28.2.2012. (informativo nº 1)

AR. Depósito prévio. Fundação pública estadual. Exigibilidade.

As fundações de direito público estaduais não estão isentas do depósito prévio previsto no art. 836 da CLT e na Instrução Normativa no 31/2007, porquanto o art. 488, parágrafo único, do CPC, aplicado subsidiariamente, somente excepciona sua aplicação à União, aos estados, aos municípios e ao Ministério Público, e, com a inovação introduzida pelo art. 24-A da Lei nº 9.028/1995, às autarquias e às fundações instituídas pela União. Com base nessa premissa, e invocando a jurisprudência uníssona da Corte, a SBDI-II, por unanimidade, diante da insuficiência do valor recolhido, extinguiu o processo, sem julgamento do mérito, nos termos do art. 267, IV, do CPC, e determinou a restituição integral do depósito prévio à fundação autora. TST – ReeNec e RO – 20463-78.2010.5.04.0000, SBDI-II, rel. Ministro Luiz Philippe Vieira de Mello Filho, 13.3.2012 (informativo nº 2)

AR. Desconstituição de decisão proferida em embargos de terceiro. Possibilidade jurídica do pedido. Coisa julgada material.

A SBDI-II, por maioria, modificando o entendimento da Subseção, decidiu pela possibilidade jurídica do pedido de corte rescisório de decisão proferida em sede de embargos de terceiro. Prevaleceu o entendimento de que se trata de ação autônoma dirigida à obtenção de uma sentença de mérito que, ao decidir a respeito da legitimidade da penhora incidente sobre bem de terceiro, não obstante seja limitada no plano horizontal (extensão), é de cognição exauriente no plano vertical (profundidade), fazendo, portanto, coisa julgada material. Vencidos os Ministros Pedro Paulo Manus, relator, Antônio José de Barros Levenhagen e Emmanoel Pereira. TST-RO-205800 – 71.2009.5.15.0000, SBDI – II, rel. Min. Pedro Paulo Manus, red. p/ acórdão Min. Alberto Luiz Bresciani de Fontan Pereira, 10.4.2012. (informativo nº 5)

▸ ***AR. Depósito prévio. Ausência. Pedido de expedição da guia de recolhimento. Retificação de ofício do valor dado à causa. Impossibilidade. Ônus da parte. Pressuposto de validade da relação processual.***

O depósito prévio, por se tratar de pressuposto de validade da relação jurídica processual, é ônus da parte, e deve ser recolhido concomitantemente ao ajuizamento da ação rescisória. Assim, não há como chancelar a conduta da autora, que, ao ajuizar a ação rescisória sem a comprovação do respectivo depósito, requereu a expedição da guia de recolhimento, tendo sido prontamente atendida pelo relator da ação no TRT, que retificou de ofício o valor dado à causa e, nos termos do art. 284 do CPC, concedeu prazo para que fosse efetuado o depósito prévio, sob pena de indeferimento da inicial. Com esse entendimento, a SBDI-II, por maioria, julgou extinto o processo sem resolução de mérito, nos termos dos arts. 836 da CLT, 267, IV, e 490, II, do CPC, determinando a restituição integral do depósito prévio à autora, vencidos os Ministros Maria Cristina Irigoyen Peduzzi, Emmanoel Pereira, Guilherme Augusto Caputo Bastos e João Oreste Dalazen, TST – RO – 339-74.2010.5.04.0000, SBDI-II, rel. Des. Conv. Maria Doralice Novaes, 16.10.2012 (Informativo nº 26)

▸ ***Ação rescisória. Não cabimento. Decisão que extingue o feito, sem resolução de mérito, por falta de prévia submissão da demanda à Comissão de Conciliação Prévia. Ausência de decisão de mérito. Súmula nº 412 do TST. Inaplicável.***

A decisão que dá provimento ao recurso de revista para extinguir o feito, sem resolução de mérito, por ausência de pressuposto de constituição e de desenvolvimento válido e regular do processo (art. 267, IV, do CPC), não é passível de rescisão. A Súmula nº 412 do TST, ao estabelecer que uma questão processual pode ser objeto de ação rescisória, exige que tal questão seja pressuposto de validade de uma sentença de mérito, o que não há no caso, uma vez que, ao extinguir o processo sem resolução de mérito, por falta de prévia submissão da demanda à Comissão de Conciliação Prévia – CCP de que trata o art. 625-D da CLT, o órgão prolator da decisão rescindenda não adentrou a matéria de fundo. Com esses fundamentos, a SBDI-II, por maioria, extinguiu o processo sem exame do mérito, em razão de não haver coisa julgada material. Vencido o Ministro Pedro Paulo Manus, relator, que entendia cabível a pretensão rescisória. TST – AR-4494-97.2011.5.00.0000, SBDI-II, rel. Min. Pedro Paulo Manus, red. p/ acórdão Min. Hugo Carlos Scheuermann,12.3.2013 (informativo nº 40)

▸ ***Ação rescisória. Ministério Público do Trabalho. Defesa de interesse público secundário. Ilegitimidade ativa.***

Apesar de restar consolidado que o Ministério Público do Trabalho possui legitimidade ativa para ajuizar ação rescisória em outros casos além daqueles previstos nas alíneas "a" e "b" do art. 487, III do CPC (Súmula nº 407 do TST), a atuação do *Parquet* está restrita à defesa de interesses públicos primários. Assim, no caso em que a ação rescisória foi proposta sob a alegação de ausência de exame, na decisão rescindenda, da prejudicial de prescrição suscitada pela reclamada, não há legitimidade do MPT, pois a pretensão não se confunde com a defesa da completa prestação jurisdicional, mas com a defesa do patrimônio da empresa pública, configurando, portanto, interesse público secundário. Com esse entendimento, a SBDI-II, por unanimidade, conheceu do recurso ordinário e, no mérito, deu-lhe provimento para declarar a ilegitimidade ativa do Ministério Público, extinguindo o processo sem resolução no mérito, nos termos do art. 267, VI, do CPC. SBDI-II, rel. Min. Emmanoel Pereira, 21.5.2013. (Informativo nº 48)

4. QUESTÕES DE CONCURSOS

01. (TRT – 6ª REGIÃO/JUIZ DO TRABALHO SUBSTITUTO/2010) Com relação à jurisprudência sumulada do Tribunal Superior do Trabalho sobre Ação Rescisória, leia as assertivas abaixo e depois assinale a alternativa CORRETA:

I. É cabível pedido liminar em petição inicial de ação rescisória, ou na fase recursal, visando suspender a execução da decisão rescindenda;

II. Não cabe antecipação da tutela em ação rescisória, razão pela qual o pedido nesse sentido será recebido como medida acautelatória.

III. Ação rescisória fundamentada em violação de lei admite reexame de fatos e provas que originaram a decisão rescindenda.

IV. É incabível ação rescisória em face de questão processual, mesmo que seja pressuposto de validade de uma sentença de mérito.

V. Aplicando-se o princípio iura novit curia, não há inépcia da inicial em ação rescisória na hipótese de capitulação equivocada de um dos incisos do artigo 485 do Código de Processo Civil.

a) Apenas a assertiva I está correta.
b) As assertivas I, II e V estão corretas.
c) Apenas a assertiva II está correta.
d) Apenas a assertiva V está correta.
e) Apenas as assertivas III e IV estão corretas.

02. (AGU/ADVOGADO DA UNIÃO/CESPE/2009) Prorroga-se, até o primeiro dia útil imediatamente subsequente, o prazo decadencial para ajuizamento de ação rescisória quando expira em férias forenses, feriados, finais de semana ou em dia em que não haja expediente forense.

03. (AGU/ADVOGADO DA UNIÃO/CESPE/2009) Compete originariamente à Seção Especializada em Dissídios Coletivos do TST julgar as ações rescisórias propostas contra as sentenças normativas desse tribunal.

04. (TRT – 1ª REGIÃO/JUIZ DO TRABALHO/2008/ADAPTADA) A execução da decisão proferida em ação rescisória far-se-á mediante extração de carta de sentença e será instruída com o acórdão da rescisória, da respectiva certidão do trânsito em julgado e dos demais elementos necessários à limitação do decidido.

05. (FCC – TRT 8 – Analista Judiciário/2010) Com relação a Ação Rescisória, considere:

I, A execução da decisão proferida em ação rescisória far-se-á nos próprios autos da ação que lhe deu origem, e será instruída com o acórdão da rescisória e a respectiva certidão de trânsito em julgado.

II. Ao ajuizar ação rescisória o autor desta, em regra, deverá depositar em juízo, previamente, 30% do valor da causa.

III. Declarando o tribunal que a ação rescisória é inadmissível ou improcedente, a importância do depósito recursal reverterá em favor do réu.

IV. Conta-se o prazo decadencial da ação rescisória, após o decurso do prazo legal previsto para a interposição do recurso extraordinário, apenas quando esgotadas todas as vias recursais ordinárias.

Está correto o que se afirma APENAS em

a) I, III e IV.

b) I, II e III.

c) II, III e IV.

d) II e IV.

e) I e III.

06. (TRT 2 – Juiz do Trabalho Substituto 2ª região/ 2012) Quanto à ação rescisória no processo do trabalho à luz das súmulas do Tribunal Superior do Trabalho, é INCORRETO afirmar:

a) Não procede pedido formulado na ação rescisória por violação literal de lei se a decisão rescindenda estiver baseada em texto legal infraconstitucional de interpretação controvertida nos Tribunais.

b) A data da inclusão, na Orientação Jurisprudencial do TST, da matéria discutida é o marco divisor quanto a ser, ou não, controvertida, nos Tribunais, a interpretação dos dispositivos legais citados na ação rescisória.

c) Fundando-se a ação rescisória em violação literal de disposição de lei, não é necessária a expressa indicação, na petição inicial da ação rescisória, do dispositivo legal violado, aplicando-se, no caso, o princípio "iura novit curia".

d) Havendo recurso ordinário em sede de rescisória, o depósito recursal só é exigível quando for julgado procedente o pedido e imposta condenação em pecúnia, devendo este ser efetuado no prazo recursal, no limite e nos termos da legislação vigente, sob pena de deserção.

e) Na hipótese de colusão das partes, o prazo decadencial da ação rescisória somente começa a fluir para o Ministério Público, que não interveio no processo principal, a partir do momento em que tem ciência da fraude.

07. (FCC – Juiz do Trabalho Substituto 20ª região/ 2012) É INCORRETO afirmar: o litisconsórcio, na ação rescisória, é necessário em relação ao polo passivo da demanda, porque supõe uma comunidade de direitos ou de obrigações que não admite solução díspar para os litisconsortes, em face da indivisibilidade do objeto. Já em relação ao polo ativo, o litisconsórcio é facultativo, uma vez que a aglutinação de autores se faz por conveniência e não pela necessidade decorrente da natureza do litígio, pois não se pode condicionar o exercício do direito individual de um dos litigantes no processo originário à anuência dos demais para retomar a lide.

08. (TRT 3 – Juiz do Trabalho Substituto 3ª região/2014) A partir das súmulas do TST é correto afirmar que:

a) Na Justiça do Trabalho, a condenação ao pagamento de honorários advocatícios, nunca superiores a 15% quinze por cento), decorre simplesmente da sucumbência, sendo desnecessária a assistência por sindicato da categoria profissional e a comprovação da percepção de salário inferior ao dobro do salário mínimo ou encontrar-se em situação econômica que não lhe permita demandar sem prejuízo do próprio sustento ou da respectiva família.

b) É cabível a condenação ao pagamento de honorários advocatícios em ação rescisória no processo trabalhista.

c) Não são devidos os honorários advocatícios nas causas em que o ente sindical figure como substituto processual.

d) Não são devidos os honorários advocatícios nas lides que não derivem da relação de emprego.

e) Todas as opções estão incorretas.

09. (TRT 23 – Juiz do Trabalho Substituto 23ª região/ 2014) Com amparo no quanto sumulado pelo Tribunal Superior do Trabalho, indique a alternativa INCORRETA:

a) É incabível ação rescisória para impugnar decisão homologatória de adjudicação ou arrematação.

b) A decisão homologatória de cálculos apenas comporta rescisão quando enfrentar as questões envolvidas na elaboração da conta de liquidação, quer solvendo a controvérsia das partes, quer explicitando, de ofício, os motivos pelos quais acolheu os cálculos oferecidos por uma das partes ou pelo setor de cálculos e não contestados pela outra.

c) A legitimidade ad causam do Ministério Público do Trabalho para propor ação rescisória, ainda que não tenha sido parte no processo que deu origem à decisão rescindenda, não está limitada às alíneas a e b do artigo 487, III, do CPC.

d) A ação rescisória calcada em violação de lei admite reexame de fatos e provas do processo que originou a decisão rescindenda.

e) E incabível ação rescisória, por violação do artigo 896, a, da CLT, contra decisão que não conhece de recurso de revista, com base em divergência jurisprudencial.

10. (FCC – Analista Judiciário – Oficial de Justiça Avaliador – TRT 24/2017) Alguns procedimentos e ações especiais são amplamente aplicados na Justiça do Trabalho. Sobre a ação rescisória e o mandado de segurança no processo do trabalho à luz das súmulas do Tribunal Superior do Trabalho:

a) A ação rescisória tem como um de seus fundamentos a violação literal de disposição de lei, razão pela qual não é necessário que haja a expressa indicação, na petição inicial da ação rescisória, do dispositivo legal violado.

b) Na hipótese de colusão das partes, o prazo decadencial da ação rescisória somente começa a fluir para o Ministério Público, que não interveio no processo principal, a partir do momento em que tem ciência da fraude.

c) A sentença normativa proferida ou transitada em julgado posteriormente à sentença rescindenda é considerado documento novo apto a viabilizar a desconstituição de julgado em ação rescisória.

d) O prosseguimento da execução quanto aos tópicos e valores não especificados no agravo de petição fere direito líquido e certo passível de ajuizamento de mandado de segurança, uma vez que o agravo de petição deve delimitar justificadamente a matéria e os valores objeto de discordância.

e) O jus postulandi conferido às partes pela Consolidação das Leis do Trabalho limita-se às Varas do Trabalho e aos Tribunais Regionais do Trabalho, alcançando inclusive a ação rescisória e o mandado de segurança.

11. (FCC – Analista Judiciário – Área Judiciária – TRT 11/2017) No tocante à Ação Rescisória, considere:

I. Havendo recurso ordinário em sede de rescisória, o depósito recursal só é exigível quando for julgado procedente o pedido e imposta condenação em pecúnia, devendo este ser efetuado no prazo recursal, no limite e nos termos da legislação vigente, sob pena de deserção.

II. Não procede pedido formulado na ação rescisória por violação literal de lei se a decisão rescindenda estiver baseada em texto legal infraconstitucional de interpretação controvertida nos Tribunais.

III. O marco divisor quanto a ser, ou não, controvertida, nos Tribunais, a interpretação dos dispositivos legais citados na ação rescisória é a data da inclusão, na Orientação Jurisprudencial do TST, da matéria discutida.

IV. É absoluta a exigência de pronunciamento explícito na ação rescisória, ainda que esta tenha por fundamento violação de dispositivo de lei. Assim, não é prescindível o pronunciamento explícito quando o vício nasce no próprio julgamento, como se dá com a sentença "extra, cita e ultra petita".

De acordo com o entendimento Sumulado do TST, está correto o que se afirma APENAS em

a) II e III.

b) I, II e IV.

c) I, III e IV.

d) I e II.

e) I, II e III.

GAB	1	B	2	C	3	C	4	E	5	A	6	C	7	E	8	B	9	D	10	B	11	E

▸CAPÍTULO III – DOS DISSÍDIOS INDIVIDUAIS

▸SEÇÃO I – DA FORMA DE RECLAMAÇÃO E DA NOTIFICAÇÃO

✦ APRESENTAÇÃO DA PETIÇÃO INICIAL

Art. 837. Nas localidades em que houver apenas 1 (uma) Junta de Conciliação e Julgamento, ou 1 (um) escrivão do cível, a reclamação será apresentada diretamente à secretaria da Junta, ou ao cartório do Juízo.

1. COMENTÁRIOS

A apresentação da demanda se faz através da petição inicial; no processo do trabalho a demanda pode ser apresentada verbalmente, ou sob a forma escrita, como define o art. 840 da CLT.

Havendo somente um juiz com competência territorial para apreciar o conflito, conforme as regras do art. 651, da CLT, não haverá necessidade de distribuição, bastando seja protocolada a Petição Inicial no juízo competente. Para o professor Sérgio Nogueira, tanto faz a petição ser "protocolada" ou "protocolizada", pois ambas as formas são aceitas.

✦ DISTRIBUIÇÃO DA RECLAMAÇÃO TRABALHISTA

Art. 838. Nas localidades em que houver mais de 1 (uma) Junta ou mais de 1 (um) Juízo, ou escrivão do cível, a reclamação será, preliminarmente, sujeita a distribuição, na forma do disposto no Capítulo II, Seção II, deste Título.

1. COMENTÁRIOS

A distribuição é a forma de se definir a competência, por prevenção, entre dois ou mais juízes com potencialidade para apreciarem a mesma demanda, na mesma localidade. Nas capitais dos Estados e em grandes centros, a Justiça do Trabalho de primeiro grau conta sempre com mais de uma Vara do Trabalho, daí a necessidade da distribuição. Nos Tribunais também ocorre a distribuição dos incidentes e recursos de sua competência, conforme regras definidas em seus Regimentos Internos.

Sobre a distribuição e seus efeitos para o processo do trabalho, vide comentários aos artigos 715, 783 a 786 e, quanto à distribuição dos feitos envolvendo Juízes de Direito, investidos de jurisdição trabalhista, vide art. 669.

2. QUESTÕES DE CONCURSOS

01. (TRT – 4ª REGIÃO/TÉCNICO JUDICIÁRIO/FCC/2006) Existindo mais de uma Vara na mesma localidade, a distribuição dos feitos será realizada pelo

a) Juiz Diretor do Fórum.

b) Juiz Auxiliar das distribuições.

c) Diretor de Secretaria da Vara mais antiga.

d) Secretário da Corregedoria Regional.

e) Distribuidor, nomeado pelo Presidente do Tribunal Regional.

GAB	1	E

✦ LEGITIMIDADE PARA A CAUSA

Art. 839. A reclamação poderá ser apresentada:

a) pelos empregados e empregadores, pessoalmente, ou por seus representantes, e pelos sindicatos de classe;

b) por intermédio das Procuradorias Regionais da Justiça do Trabalho.

1. COMENTÁRIOS

Este artigo é mais um exemplo da falta de sistemática da CLT, pois repete regras já contidas em outros artigos.

O art. 839 confirma a desnecessidade de advogado, referida no art. 791 da CLT. Ao fazer menção à demanda apresentada pelo sindicato, consagra sua substituição processual, garantida pela CF, 1988, art. 8º, III; sobre o tema nos reportamos aos comentários ao art. 195, § 2º, da CLT.

As Procuradorias Regionais da Justiça do Trabalho congregam os órgãos regionais do Ministério Público do Trabalho. Sobre a atuação do MPT, como autor de ações ou fiscal da lei, vide comentários ao art. 736 da CLT.

2. QUESTÕES DE CONCURSOS

01. (TRT – 8ª REGIÃO/ANALISTA JUDICIÁRIO/FCC/2004) A reclamação trabalhista

a) poderá ser escrita ou verbal e apresentada pelos empregados e empregadores, pessoalmente, ou por seus representantes, e pelos sindicatos de classe.

b) poderá ser escrita ou verbal, mas deverá ser apresentada pelos empregados e empregadores, devidamente assistidos por seus respectivos advogados.

c) deverá ser obrigatoriamente escrita e apresentada pelos empregados, assistidos por seus advogados ou sindicatos de classe.

d) deverá ser obrigatoriamente verbal e apresentada pessoalmente pelos empregados, assistidos pelos sindicatos de classe.

e) deverá ser obrigatoriamente escrita e apresentada pelos empregados ou empregadores, pessoalmente ou por seus prepostos.

GAB	1	A

✦ **FORMA DA RECLAMAÇÃO: VERBAL OU ESCRITA**

Art. 840. A reclamação poderá ser escrita ou verbal.

✦ **ESCRITA**

§ 1º Sendo escrita, a reclamação deverá conter a designação do juízo, a qualificação das partes, a breve exposição dos fatos de que resulte o dissídio, o pedido, que deverá ser certo, determinado e com indicação de seu valor, a data e a assinatura do reclamante ou de seu representante.(Redação da Lei nº 13.467, de 13.07.2017).

✦ **VERBAL**

§ 2º Se verbal, a reclamação será reduzida a termo, em duas vias datadas e assinadas pelo escrivão ou secretário, observado, no que couber, o disposto no § 1ºdeste artigo.(Redação da Lei nº 13.467, de 13.07.2017).

§ 3º Os pedidos que não atendam ao disposto no § 1º deste artigo serão julgados extintos sem resolução do mérito.(Inserido pela da Lei nº 13.467, de 13.07.2017).

1. COMENTÁRIOS

1.1. Petição Inicial: requisitos objetivos

A demanda trabalhista se materializa através da Petição Inicial. O processo do trabalho, inspirado no princípio da simplicidade, inerente a este procedimento, permite que a demanda seja apresenta verbalmente (reclamação verbal) ou, como é mais usual, sob a forma escrita (reclamação escrita). Apresentada sob a forma verbal, será posteriormente reduzida a termo, conforme determina o art. 786, § único, da CLT. Sendo escrita, a reclamação observará os requisitos descritos no § 1º, do art. 840, analisados a seguir.

1.1.1. Endereçamento

A indicação do juízo a que se destina a reclamação se chama endereçamento. Significa indicar qual o juiz ou juízo competente para apreciar a demanda proposta. O erro no endereçamento, sendo grosseiro, pode resultar em reconhecimento, de ofício, pelo juiz, do vício formal, com remessa ao juízo competente. Sendo mera irregularidade, como a referência errada ao "Juiz de Direito do Trabalho", nenhum prejuízo trará à fixação de competência.

1.1.2. Qualificação das partes

A CLT não possui qualquer regra orientando a qualificação das partes, razão pela qual se aplica, subsidiariamente, o art. 282, II, do CPC/73, in verbis: "os nomes, prenomes, estado civil, profissão, domicílio e residência do autor e do réu".

O **CPC/2015** alterou a regra quanto à qualificação das partes, como se percebe do **art. 319**: "I – o juízo a que é dirigida; II – os nomes, os prenomes, o estado civil, a existência de união estável, a profissão, o número de inscrição no Cadastro de Pessoas Físicas ou no Cadastro Nacional da Pessoa Jurídica, o endereço eletrônico, o domicílio e a residência do autor e do réu; III – o fato e os fundamentos jurídicos do pedido; IV – o pedido com as suas especificações; V – o valor da causa; VI – as provas com que o autor pretende demonstrar a verdade dos fatos alegados; VII – a opção do autor pela realização ou não de audiência de conciliação ou de mediação. § 1º Caso não disponha das informações previstas no inciso II, poderá o autor, na petição inicial, requerer ao juiz diligências necessárias a sua obtenção. § 2º A petição inicial não será indeferida se, a despeito da falta de informações a que se refere o inciso II, for possível a citação do réu. § 3º A petição inicial não será indeferida pelo não atendimento ao disposto no inciso II deste artigo se a obtenção de tais informações tornar impossível ou excessivamente oneroso o acesso à justiça.".

Quanto ao endereço, a parte não pode deixar de mencionar o CEP. Não custa lembrar que o processo do trabalho elegeu a via postal como forma de comunicação dos atos processuais, inclusive o de citação (CLT, art. 841). A indicação do CEP, ainda que não seja um requisito formal do CPC, se mostra indispensável no processo do trabalho.

1.1.3. Causa de Pedir: exposição dos fatos – teoria da substanciação

Só se exige, no procedimento trabalhista, a breve exposição dos fatos, sendo dispensável, portanto, a fundamentação jurídica; vigora o brocado *iura novit curia* (o juiz conhece o direito). Não basta, todavia, uma simples exposição da relação jurídica, como dizer que trabalhou além da jornada, em uma afirmação genérica e lacônica. É indispensável a individualização do fato constitutivo do direito do autor, chamado de fato jurígeno; trata-se do fato relevante e essencial para o entendimento do direito atingindo, que integra a causa de pedir, ainda que não seja apresentada qualquer fundamentação jurídica. Dizer que o trabalho, regularmente, se estendia até às 19:00, às segundas-feiras, considerando-se que a jornada contratual se encerrava às 18:00 horas, atende ao requisito de individualização do fato relevante.

Os fatos não essenciais, chamados de simples ou acessórios, assim qualificados porque não geram, necessariamente, o direito do autor, por isso não integram a causa de pedir, têm relevância como objeto de prova, pois servem como meio de demonstrar os fatos jurígenos, e deles o juiz pode conhecer de ofício, como dispõe o art. 131 do CPC/73: "O juiz apreciará livremente a prova, atendendo aos fatos e circunstâncias constantes dos autos, ainda **que** não alegados pelas partes; mas deverá indicar, na sentença, os motivos que lhe formaram o convencimento." (Greco, Instituições, Vol. II, 2010. p. 11). O CPC/2015, no art. 371, dispõe de forma semelhante: "O juiz apreciará a prova constante dos autos, independentemente do sujeito que a tiver promovido, e indicará na decisão as razões da formação de seu convencimento.".

Exemplo de fato simples ou acessório consiste na afirmação de que o empregador não permitia ao empregado a marcação de sua correta jornada nos controles de horário; não se trata de fato essencial que deva integrar a Inicial, como causa de pedir, pois a parte pode fazer tal alegação posteriormente ao ajuizamento da demanda, quando tiver vista dos documentos trazidos com a defesa; este fato poderá levar à confirmação de que o empregado cumpria jornada extraordinária, mas tal certeza dependerá, ainda, de prova testemunhal, daí porque a incorreta marcação dos controles é um mero fato acessório. O fato poderá ser trazido na Inicial, mas não é indispensável à composição da causa de pedir.

A falta de fundamentação jurídica não é causa de inépcia da Inicial, diferentemente do ocorre no processo civil, como se percebe do art. 282, III, do CPC/73 (art. 319, III, do CPC/2015), que exige, além dos fatos, os fundamentos jurídicos do pedido. Esta característica da petição inicial no procedimento trabalhista se compatibiliza com a dispensa de advogado; sendo sua presença facultativa (CLT, art. 791), não seria razoável se exigir do leigo a fundamentação jurídica do pedido. A escolha de um advogado, contudo, não altera os requisitos da Petição Inicial, que continua a dispensar a fundamentação jurídica.

A ausência de fundamentação jurídica na Inicial do procedimento trabalhista conduz à seguinte indagação: o processo do trabalho teria adotado a teoria da substanciação? Segundo esta teoria, a causa de pedir é composta pela apresentação dos fatos relevantes (jurígenos), chamada de causa de pedir remota, associada à qualificação jurídica destes mesmos fatos, denominada causa de pedir próxima. O processo civil adotou tal teoria, não restam dúvidas, diante da redação do art. 282, III, do CPC/73 (repetida no art. 389, III, do CPC/2015).

O processo do trabalho, a nosso ver, também adotou a teoria da substanciação, mesmo a lei não exigindo a fundamentação jurídica como requisito da petição inicial; isto não significa negação da teoria, pois o ponto substancial que a caracteriza é a indicação dos fatos constitutivos do direito do autor, restando ao Juiz do Trabalho, diante do seu conhecimento jurídico, fazer o correto enquadramento do fato (iura novit curia).

A importância da individualização do fato, como elemento central da teoria da substanciação, distinguindo-a da teoria da individuação, é suficiente para fundamentar meus argumentos; colha-se, a respeito, a síntese feita por Ricardo Leonel, em sua tese de doutoramento defendida na USP: "...pela teoria da substanciação a demanda deve ser elaborada mediante a descrição dos fatos constitutivos do direito (causa agendi remota), enquanto para a teoria da individuação é necessário que o autor esclareça o direito ou a relação jurídica afirmada (causa agendi próxima). Do ponto de vista da substanciação da demanda, o fato constitutivo é que contribui para sua delimitação; enquanto para o enfoque da individuação é o direito afirmado, isto é, feito valer, que especifica a demanda." (Causa de Pedir, 2006, p. 87). A qualificação jurídica do fato é elemento secundário para a caracterização da demanda, pois o elemento substancial é a indicação precisa do fato e, este sim, é exigido no processo do trabalho.

1.1.4. O pedido

A parte que pretende ver restabelecida a ordem jurídica ou mesmo prevenir lesão a qualquer direito seu, só pode fazê-lo através de postulações ao Judiciário. A esta pretensão formulada em juízo, buscando do Estado a tutela jurisdicional, se dá o nome de pedido imediato (provimento jurisdicional). O pedido imediato terá a mesma natureza do provimento que se pretende obter (provimento condenatório, constitutivo, declaratório, etc.). O bem da vida em si, como o pagamento de férias, ou a reintegração no emprego, constitui o chamado pedido mediato.

O pedido deve ser certo e determinado, sendo exigíveis os dois requisitos, cumulativamente, para o correto entendimento da pretensão formulada em juízo; a conjunção alternativa utilizada no caput do art. 286 do CPC/73 (certo ou determinado) era interpretada pela doutrina como um equívoco do legislador. O equívoco foi corrigido na redação do art. 324, do CPC/2015: "O pedido deve ser determinado.". O texto da CLT, art. 840, § 1º, já foi alterado pela Lei nº 13.467, de 13.07.2017, observando a grafia correta: "o pedido, que deverá ser certo, determinado e com indicação de seu valor..".

A certeza é a definição do que se pede. A determinação é a delimitação, ainda que por aspectos gerais, como gênero e quantidade, quanto ao objeto do pedido. Assim, é certo o pedido de condenação do réu ao pagamento de horas extras, determinado quando se especifica que são duas horas, ou, ainda, duas horas extras noturnas.

A regra trabalhista exige, além da certeza e determinação, também a indicação do valor correspondente. A determinação, na Justiça do Trabalho, portanto, inclui a quantificação de cada pedido formulado. A redação é muito parecida com a regra de liquidez do pedido para as demandas sujeitas ao procedimento sumaríssimo, conforme art. 852-B, I, da CLT: "o pedido deverá ser certo ou determinado e indicará o valor correspondente". Assim, toda a doutrina e jurisprudência já construída para a petição inicial do rito sumaríssimo será aproveitada para a regra do art. 840, § 1º e, por extensão, ao § 2º, da CLT. Neste particular, passa a ser exigência da petição inicial trabalhista a apresentação da memória de cálculo dos valores apresentados, pois a apresentação da conta é a fundamentação dos respectivos valores.

Em algumas circunstâncias, expressamente definidas em lei, admite-se a formulação de pedido genérico, conforme dispõe o art. 286, do CPC/73: "O pedido deve ser certo ou determinado. É lícito, porém, formular pedido genérico: I – nas ações universais, se não puder o autor individuar na petição os bens demandados; II – quando não for possível determinar, de modo definitivo, as consequências do ato ou do fato ilícito; III – quando a determinação do valor da condenação depender de ato que deva ser praticado pelo réu.".

No mesmo sentido a regra do art. 324, do CPC/2015: "O pedido deve ser determinado. § 1º É lícito, porém, formular pedido genérico: I – nas ações universais, se o autor não puder individuar os bens demandados; II – quando não for possível determinar, desde logo, as consequências do ato ou do fato; III – quando a determinação do objeto ou do valor da condenação depender de ato que deva ser praticado pelo réu. § 2º O disposto neste artigo aplica-se à reconvenção.

Constitui universalidade de fato a pluralidade de bens singulares que, pertinentes à mesma pessoa, tenham destinação unitária (art. 90, CC), como os livros de uma biblioteca; constitui universalidade de direito o complexo de relações jurídicas de uma pessoa, dotadas de valor econômico (art. 91, CC), como o espólio, o patrimônio e a herança (neste sentido: Marinoni-Mitidiero, Comentários, 2008, p. 296 e Neves-Freire, CPC, 2010, p. 330). Como se percebe, a hipótese de pedido genérico nas ações universais é de pouca aplicabilidade prática no processo do trabalho.

As demais hipóteses, todavia, são do dia-a-dia da Justiça do Trabalho. As ações indenizatórias são exemplos do inciso II, do art. 286, do CPC/73 (inciso II, do art. 324, do CPC/2015) e demandas que dependam de documentos trazidos pelo réu, como desvio de função, são exemplos do inciso III, do art. 286, do CPC/73 (Inciso III, do art. 324, do CPC/2015).

Alguns pedidos são deduzidos a partir de outras postulações feitas em juízo; o pedido não é formulado expressamente, mas subentende-se a intenção das partes em pedir; são os chamados pedidos implícitos, que se presumem postulados como decorrência lógica do que for deduzido em juízo, como no exemplo da correção monetária e dos juros de mora, consequência natural do pedido de condenação em prestações pecuniárias.

O processo do trabalho adota, em situações excepcionais, a possibilidade do julgamento não se ater estritamente ao pedido, segundo o princípio próprio da ultrapetição. Sobre o tema nos reportamos aos comentários feitos aos artigos 467, 496 e 832 da CLT.

Sobre a cumulação de pedidos vide comentários ao art. 842 da CLT.

1.1.5. Valor da Causa

O rito trabalhista ordinário, inicialmente, não previa atribuição de valor à causa como requisito da Petição Inicial. O valor do pedido poderia ser indeterminado, conforme prevê o art. 2º, caput, da Lei nº 5.584/70: "...o Juiz, antes de passar à instrução da causa, fixar-lhe-á o valor para a determinação da alçada, se este for indeterminado no pedido.".

Depois de instituído o rito sumaríssimo, pela Lei nº 9.957/2000, passou-se a ter a necessidade de fixação de valor da causa, a fim de que se possa definir o rito a ser seguido no procedimento (neste sentido, Amauri Mascaro, Curso, 2008, p. 498; Renato Saraiva, Curso, 2008, p. 319-320; Schiavi, Manual, 2208, p. 355; Rodrigues Pinto, Processo, 2005, p. 372 e Martins, Comentários, 2010, p. 880).

Bezerra Leite, Curso, 2007, p. 442, em sentido contrário, admitia, antes da Lei nº 13.467, de 13.07.2017, que alterou o art. 840 da CLT, a possibilidade de indeterminação de valor da causa no procedimento ordinário, entendendo que o juiz deveria, diante da omissão, fixar seu valor, na forma do art. 2º, da Lei nº 5.584/70, acima transcrito.

Com a Lei nº 13.467, de 13.07.2017, o reclamante passa a ter o ônus de especificar o valor do causa de acordo com o somatório dos valores dos pedidos, tal qual ocorria, até então, somente para o procedimento sumaríssimo. Não se pode mais admitir a estimativa ou arbitramento do valor da causa, pois este deverá ser o exato resultado do somatório de todos os pedidos formulados, considerando-se eventual cumulação dos mesmos.

Tendo em vista a importância do valor atribuído à causa na Inicial, o juiz pode exercer franco poder de controle sobre o que for fixado pela parte autora. O valor atribuído pelo reclamante deve corresponder à apreciação econômica dos pedidos formulados (neste sentido o art. 258 do CPC/73: "A toda causa será atribuído um valor certo, ainda que não tenha conteúdo econômico imediato."). No CPC/2015, no mesmo sentido, leia-se o art. 291: "A toda causa será atribuído valor certo, ainda que não tenha conteúdo econômico imediatamente aferível.".

Devem ser coibidos abusos de apreciação do valor da causa com o objetivo de mascarar o real valor econômico da demanda. Para tanto, os pedidos devem estar acompanhados de cálculos que justifiquem sua formulação. A S. 71 do TST, ao afirmar que o valor dado à causa, quando não impugnado, é inalterável no curso do processo, está se referido à impossibilidade de modificação pelas partes, mas não pelo juiz. Neste sentido a interpretação de

F. A. de Oliveira, Comentários à Súmulas do TST, 2005, p. 205: "...o juiz deverá intervir de ofício, para corrigir os defeitos da estimativa, com isso fixando acertadamente a competência e determinando a forma do processo.".

Também assim o art. 292, § 3º, do CPC/2015, totalmente compatível com o processo do trabalho (IN nº 39/2016 do TST, art. 3º, V), como se percebe da transcrição a seguir:

> Art. 292, § 3º. O juiz corrigirá, de ofício e por arbitramento, o valor da causa quando verificar que não corresponde ao conteúdo patrimonial em discussão ou ao proveito econômico perseguido pelo autor, caso em que se procederá ao recolhimento das custas correspondentes.

1.1.6. Assinatura

O art. 840, acima, diferentemente do processo civil, exige que a própria parte, ou seu representante, assine a Petição Inicial. Esta exigência, no processo eletrônico, será substituída pela assinatura digital. Havendo advogado, seja por escolha da parte (CLT, art. 791), ou quando sua presença for indispensável (S. 425/TST), a Inicial deve indicar o endereço onde o profissional receberá as intimações processuais, bem como sua assinatura, dispensando-se, nesta hipótese, a assinatura da própria parte. Sobre o *jus postulandi* da parte e a exigência de advogado, vide comentários ao art. 791 da CLT.

1.1.7. Requisitos inexistentes na Inicial

No procedimento trabalhista, ordinário, sumário ou sumaríssimo, não constituem requisitos da Inicial: os requerimentos de "citação do réu" e "protesto por provas". O primeiro, pelo fato da citação, no procedimento da CLT, ser ato de mero expediente cartorário, praticada pelo diretor de secretaria, ou alguém por este designado, independentemente de despacho liminar (CLT, art. 841). O segundo, porque as provas são produzidas em audiência, independentemente de protesto ou especificação na Inicial (CLT, art. 845).

1.2. Alteração da Petição Inicial

A Petição Inicial, depois de proposta, pode ser modificada qualitativamente, quando alterados elementos substanciais da demanda, seja objetivamente (pedido e a causa de pedir), seja subjetivamente (mudança das partes). É exemplo de modificação qualitativa da demanda a alteração do pedido de equiparação salarial, para desvio de função; a Inicial também pode ser alterada quantitativamente, quando acrescentados elementos novos na demanda anteriormente proposta, sem modificá-la substancialmente, v.g., alteração da jornada, com reflexos no pedido de condenação ao pagamento de horas extras.

Não se considera alteração da Petição Inicial o acréscimo ou modificação dos fundamentos jurídicos, ou mesmo de circunstâncias não essenciais da demanda, desde que sem efetiva alteração do fato constitutivo, v.g., inclusão de fundamento jurídico para sustentar o pedido de reintegração no emprego, sem alteração do fato (despedida), nem da relação jurídica substancial (garantia no emprego). Neste sentido, Marinoni-Mitidiero, Comentários, 2008, p. 264.

A emenda, em seu sentido amplo, representa toda e qualquer alteração da Inicial, inclusive aditamentos ao pedido. Em sentido estrito, que é o mais adequado, significa alterações de menor importância, sem reflexos na demanda proposta, identificadas pelos erros materiais, de cálculo, modificações de linguagem, de datas ou fatos circunstanciais e até supressão de pedidos que constassem da Inicial por mero equivoco da parte; o uso da informática torna estes equívocos cada vez mais frequentes. A se utilizar do termo emenda para designar alterações qualitativas ou quantitativas da Inicial, devem ser observadas as limitações temporais de tais atos; utilizado o termo para identificar as modificações sem maior importância, poderá ocorrer a qualquer tempo, sem as limitações temporais dirigidas às alterações substanciais.

1.2.1. Momento das alterações da Petição Inicial

A alteração da Petição Inicial, seja na causa de pedir, seja no pedido, representando mudanças quantitativas ou qualitativas na demanda, pode ser feita, no procedimento trabalhista, mesmo depois da citação e antes do oferecimento da contestação, ou findo o prazo de 5 dias sem que seja apresentada a resposta; após este momento estará estabilizada a lide, dependendo a alteração da Inicial da concordância do réu (Rodrigues Pinto, Processo, 2005, p. 374; Mauro Schiavi, Manual, 2008, p. 359 e Cleber Lúcio de Almeida, Direito Processual, 2009, p. 477). Este entendimento, amplamente majoritário na doutrina trabalhista, passou a ser acolhido na própria redação do art. 841, § 3º, da CLT, com a redação da Lei nº 13.467, de 13.07.2017, tendo em vista que os momentos de alteração e desistência do pedido sempre foram o mesmo, conforme doutrina e jurisprudência majoritárias.

Ressalte-se que, no processo do trabalho, sendo a citação ato do diretor de secretaria (art. 841, da CLT), a presença da parte em audiência confirma a regularidade do ato de chamamento do réu. Ocorrendo a modificação da Inicial somente em audiência, e antes da defesa, ao réu será dada oportunidade para alterar sua contestação, ficando prejudicada a realização da audiência.

Em sentido contrário, Bezerra Leite, Curso, 2007, p. 445, antes da Lei nº 13.467, de 13.07.2017, defendia a aplicação do art. 264 do CPC/73 ao processo do trabalho, diante da omissão da CLT quanto ao tema, não permitindo alterações na Inicial após a citação do réu, salvo com sua concordância. Esta posição também é defendida por Campos Batalha, Tratado, 1985, p. 445 e Amauri Mascaro, Curso, 2008, p. 499.

Não obstante a divergência doutrinária, a praxe trabalhista consagrou a tese da possibilidade de alteração da Petição Inicial até o momento da contestação.

1.3. Indeferimento da Petição Inicial

A ausência dos requisitos formais da Petição Inicial (art. 840 da CLT), ou dos documentos indispensáveis à propositura da demanda (art. 787 da CLT), importa em indeferimento da Petição Inicial. No procedimento trabalhista a Inicial não passa por um exame preliminar, denominado "despacho liminar", com vistas à correção de eventual vício formal ou ausência de outro requisito indispensável à produção de seus regulares efeitos, como ocorre no processo civil. O saneamento da Inicial ocorre na própria audiência trabalhista, de oficio pelo juiz, ou provocado pelo réu em arguição preliminar de Inépcia.

Antes da Lei nº 13.467, de 13.07.2017, somente após o saneamento, tendo o juízo concedido prazo de 15 dias para que a parte corrija os defeitos da Inicial, e permanecendo os vícios, poderia ser indeferida a Peça de Ingresso (S. 263 do TST). Contudo, o § 3º do art. 840, introduzido na CLT pela reforma trabalhista, prevê o arquivamento (extinção sem resolução de mérito), quanto aos pedidos que não observem os requisitos do art. 840, § 1º, da CLT. Semelhante disposição já estava prevista na CLT, na redação do art. 852-B, § 1º. Quanto a esse dispositivo legal, "... já se incorporou sólida opinião de ser incabível modificar a inicial, pois isso iria contrariar a determinação de que a audiência seja única e procrastinar a solução do feito.". (Rodrigues Pinto, Processo, 2005, p. 379).

Ao que tudo indica o mesmo entendimento se aplicará para os pedidos que não preencherem os requisitos legais, no rito ordinário. Ou seja, os pedidos ineptos serão extintos, de imediato, prosseguindo-se a demanda quanto aos demais.

Há certa atecnia no texto legal. Não há como se extinguir pedidos. Extingue-se, outrossim, o processo, mas, na hipótese do art. 840, § 3º, o texto se refere à extinção dos pedidos. Melhor dizer: exclusão dos pedidos que não preencherem os requisitos legais.

Este ato processual que i a Petição Inicial, extinguindo o processo sem resolução de mérito, é classificado como sentença, conforme conceito do art. 162, § 1º, do CPC/73 (art. 203, § 1º, do CPC/2015).

1.3.1. Recurso do Indeferimento

A sentença de indeferimento da Inicial pode ser atacada por Recurso Ordinário (art. 895, I, da CLT). Aplica-se ao processo do trabalho, porque omisso, a regra do art. 331, do CPC/2015:" Art. 331. Indeferida a petição inicial, o autor poderá apelar, facultado ao juiz, no prazo de 5 (cinco) dias, retratar-se.

§ 1º Se não houver retratação, o juiz mandará citar o réu para responder ao recurso.

§ 2º Sendo a sentença reformada pelo tribunal, o prazo para contestação começará a correr da intimação do retorno dos autos, observado o disposto no art. 334.

§ 3º Não interposta a apelação, o réu será intimado do trânsito em julgado da sentença.

Como se percebe, o Recurso Ordinário desta sentença não preservará o contraditório, sendo os autos remetidos ao Tribunal independentemente de manifestação do réu, caso o juiz não se retrate diante do recurso da parte autora.

O indeferimento parcial da Petição Inicial, ou seja, só de parte da demanda proposta, como na hipótese do art. 840, § 3º, da CLT, é definido como decisão interlocutória (Marinoni-Mitidiero, Comentários, 2008, p. 306). No processo civil tal decisão desafia o recurso de Agravo; no processo do trabalho a decisão é irrecorrível de imediato, só comportando sua impugnação quando do recurso da sentença de mérito, que tiver apreciado os pedidos remanescentes (art. 893, § 1º, da CLT).

Nos Tribunais, o indeferimento liminar das petições iniciais de ações de competência originária, por ato monocrático do Relator, costuma ser recorrível por Agravo Regimental, conforme disciplina interna de cada Tribunal (Teixeira Filho, Curso, Vol. II, 2009, p. 734).

2. SÚMULAS E ORIENTAÇÕES JURISPRUDENCIAIS

▸ **Súmula nº 71/TST**

ALÇADA (mantida) – Res. 121/2003, DJ 19, 20 e 21.11.2003

A alçada é fixada pelo valor dado à causa na data de seu ajuizamento, desde que não impugnado, sendo inalterável no curso do processo.

▸ **Súmula nº 263/TST**

PETIÇÃO INICIAL. INDEFERIMENTO. INSTRUÇÃO OBRIGATÓRIA DEFICIENTE (alterada em decorrência do CPC de 2015) – Res. 208/2016, DEJT divulgado em 22, 25 e 26.04.2016

Salvo nas hipóteses do art. 330 do CPC de 2015 (art. 295 do CPC de 1973), o indeferimento da petição inicial, por encontrar-se desacompanhada de documento indispensável à propositura da ação ou não preencher outro requisito legal, somente é cabível se, após intimada para suprir a irregularidade em 15 (quinze) dias, mediante indicação precisa do que deve ser corrigido ou completado, a parte não o fizer (art. 321 do CPC de 2015).

3. QUESTÕES DE CONCURSOS

01. (OAB-SP/EXAME DA ORDEM/CESPE/2008/ADAPTADA) A reclamação só pode ser apresentada de modo escrito, não sendo admitida na forma verbal.

02. (TRT 4 – Técnico Judiciário – Área Administrativa/2011) Em determinada reclamação trabalhista a empresa reclamada apresentou defesa em audiência. Após a apresentação da defesa, o advogado do reclamante pretende aditar seu pedido. Neste caso, o aditamento

a) não será mais possível, em atenção ao princípio da perpetuatio jurisdictionis.

b) não será mais possível, em decorrência do princípio da estabilidade da lide.

c) não será mais possível, obedecendo-se ao princípio da instrumentalidade.

d) será possível se a parte reclamada for novamente intimada em obediência ao princípio do contraditório.

e) será possível independentemente de nova intimação da parte reclamada, em obediência ao princípio da verdade real.

03. (FCC – Juiz do Trabalho Substituto 11ª região/ 2012) São considerados requisitos essenciais da petição inicial do dissídio individual trabalhista rito ordinário, conforme norma prevista na Consolidação das Leis do Trabalho:

a) designação da Vara a quem for dirigida, qualificação das partes e rol de testemunhas.

b) qualificação das partes, breve exposição dos fatos que resulte o dissídio e pedido.

c) designação da Vara a quem for dirigida, requerimento para a citação do réu e valor da causa.

d) qualificação das partes, quesitos para prova pericial quando for pedida e valor da causa.

e) qualificação das partes, as provas com que o autor pretende demonstrar a verdade dos fatos alegados e rol de testemunhas.

04. (MPT – Procurador do Trabalho/2012) Marque a alternativa INCORRETA: No caso de capitulação errônea na petição inicial da ação rescisória de um dos fundamentos de rescindibilidade, não padecerá de inépcia a petição inicial; todavia esta se apresentará inepta caso não seja indicado nenhum fundamento de fato como causa de pedir. É lícito ao tribunal emprestar a adequada qualificação jurídica (iura novit curia), desde que haja fundamento fático.

GAB	1	E	2	B	3	B	4	E

✦ **NOTIFICAÇÃO PARA A AUDIÊNCIA**

Art. 841. Recebida e protocolada a reclamação, o escrivão ou secretário, dentro de 48 (quarenta e oito) horas, remeterá a segunda via da petição, ou do termo, ao reclamado, notificando-o ao mesmo tempo, para comparecer à audiência de julgamento, que será a primeira desimpedida, depois de 5 (cinco) dias.

✦ **CITAÇÃO POR EDITAL**

§ 1º A notificação será feita em registro postal com franquia. Se o reclamado criar embaraços ao seu recebimento ou não for encontrado, far-se-á a notificação por edital, inserto no jornal oficial ou no que publicar o expediente forense, ou, na falta, afixado na sede da Junta ou Juízo.

✦ **INTIMAÇÃO DO RECLAMANTE**

§ 2º O reclamante será notificado no ato da apresentação da reclamação ou na forma do parágrafo anterior.

§ 3º Oferecida a contestação, ainda que eletronicamente, o reclamante não poderá, sem o consentimento do reclamado, desistir da ação.(Inserido pela Lei nº 13.467, de 13.07.2017).

1. COMENTÁRIOS

1.1. Citação e prazo para a defesa

A notificação das partes para comparecimento à audiência trabalhista tem efeito de citação quanto ao réu e de intimação quanto ao autor. Em algumas localidades o reclamante é cientificado do dia da audiência quando da distribuição eletrônica automática, como é o caso da cidade de São Paulo, conforme notícia Sergio Pinto Martins, Comentários, 2010, p. 886. Mesmo nesta hipótese, não se pode dispensar a notificação postal, pois o distribuidor trabalhista não tem competência para intimar a parte para comparecimento em audiência.

A citação também poderá ocorrer por meio eletrônico, como prevê o art. 221, IV do CPC/73 (art. 246, V, CPC/2015), inclusive quanto à Fazenda Pública (art. 6º, da Lei nº 11.419/2006).

Os efeitos da ausência à audiência estão disciplinados no art. 844 da CLT (arquivamento, quando ausente o autor, e revelia, resultando em confissão presumida dos fatos, diante da ausência do réu).

A audiência só pode se realizar respeitado um intervalo de 5 (cinco) dias entre o recebimento da notificação pelas partes e seu comparecimento na sede do juízo, ou em outro local onde se realizará a audiência. Este lapso temporal é interpretado como sendo o prazo para oferecimento da resposta do réu (por todos, Martins, Comentários, 2010, p. 885).

Na apresentação de defesa pela Fazenda Pública o prazo será contado em quádruplo para contestar, a partir da citação do representante legal do ente público (sobre os prazos da Fazenda, vide comentários ao art. 775 da CLT, em tópico especifico).

A citação não é pessoal nesta fase do processo, considerando-se válido o ato se a notificação postal atingir o destinatário, ou seja, o porteiro de um edifício comercial poderá receber normalmente a notificação e assinar o aviso de recebimento; não sendo restituído o aviso de recebimento aos autos, no prazo de 48 horas de sua postagem nos correios, presumir-se-á a notificação da parte, constituindo ônus de prova do destinatário demonstrar seu não recebimento (art. 774, § único, da CLT e S. 16 do TST).

1.2. Citação por edital: exclusão da citação por hora certa

Tendo sido frustrada a notificação postal, dar-se-á a citação do réu por edital, com publicação no diário oficial, ou em outro jornal onde sejam veiculados os atos oficiais e, na falta destes, afixado na sede do juízo (§ 1º). A CLT não informa o tempo de publicação do edital para que se considere efetivada a citação, ou seja, não diz quantos dias o juiz deve preservar para marcar a audiência do réu, após a publicação do edital de citação.

O art. 232, IV, do CPC/73 (art. 257, III, do CPC/2015), prevê um prazo que varia de 20 (vinte) a 60 (sessenta) dias, deixando ao arbítrio do juiz a fixação do tempo; a praxe trabalhista tem fixado o edital de citação em 20 dias, observando-se o prazo mínimo da norma referida, bem de acordo com a celeridade inerente ao procedimento da Justiça do Trabalho.

Tornou-se praxe na Justiça do Trabalho o uso da citação por mandado, cumprido por oficial de justiça, antes de se proceder à citação por edital. Quando o juiz optar por este procedimento, devem ser observadas as formalidades previstas nos artigo 216 e seguintes do CPC/73 (art. 249 e seguintes do CPC/2015).

A CLT em nenhum momento se refere à citação por hora certa, regulada no CPC/73, arts. 227 a 229 (CPC/2015, arts. 252 a 255), o que nos faz defender sua inaplicabilidade ao processo do trabalho, considerando-se a escolha do legislador pelo edital de citação (vide, sobre o tema, os comentários ao art. 769 da CLT). Contudo, alguns juízes vêm se valendo da citação por hora certa, considerando-se a maior efetividade deste procedimento, conforme notícia Cairo Jr, Curso, 2010, p. 256. Não há qualquer nulidade no uso da citação por hora certa, pois sendo mais efetivo o procedimento, se comparado à citação por edital, nenhum prejuízo trará para a ampla defesa e o contraditório.

1.3. Desistência da Ação: limite

No processo do trabalho a desistência da ação e a alteração da petição inicial sempre encontram o mesmo limite, qual seja, o oferecimento da contestação. Portanto, as mesmas ponderações feitas acerca da alteração da petição inicial se aplicam à desistência, razão pela qual nos reportamos aos comentários feitos ao art. 840 da CLT.

2. SÚMULAS E ORIENTAÇÕES JURISPRUDENCIAIS

- **Súmula nº 16 – TST**

NOTIFICAÇÃO (nova redação) – Res. 121/2003, DJ 19, 20 e 21.11.2003

Presume-se recebida a notificação 48 (quarenta e oito) horas depois de sua postagem. O seu não-recebimento ou a entrega após o decurso desse prazo constitui ônus de prova do destinatário.

- **OJ 392 SBDI-1 – TST – (DJe divulgado em 09.06.2010)**

PRESCRIÇÃO. INTERRUPÇÃO. AJUIZAMENTO DE PROTESTO JUDICIAL. MARCO INICIAL (atualizada em decorrência do CPC de 2015) (republicada em razão de erro material) – Res. 209/2016, DEJT divulgado em 01, 02 e 03.06.2016

O protesto judicial é medida aplicável no processo do trabalho, por força do art. 769 da CLT e do art. 15 do CPC de 2015. O ajuizamento da ação, por si só, interrompe o prazo prescricional, em razão da inaplicabilidade do § 2º do art. 240 do CPC de 2015 (§ 2º do art. 219 do CPC de 1973), incompatível com o disposto no art. 841 da CLT.

3. QUESTÕES DE CONCURSOS

01. (PM-SALVADOR/PROCURADOR/FCC/2006) A designação de audiência em reclamação trabalhista cuja reclamada seja a Municipalidade deverá obedecer o interregno mínimo de

a) cinco dias.

b) dez dias.

c) quinze dias.

d) vinte dias.

e) trinta dias.

02. (TRT – 1ª REGIÃO/ANALISTA JUDICIÁRIO/CESPE/2008) A regra segundo a qual, quando os litisconsortes tiverem diferentes procuradores, ser-lhes-ão contados em dobro os prazos para contestar, para recorrer e, de modo geral, para falar nos autos, embora esteja inscrita em artigo do CPC, é aplicável ao processo do trabalho.

03. (TRT – 16ª REGIÃO/JUIZ DO TRABALHO/2006/ADAPTADA) Na petição inicial trabalhista é desnecessário requerer a notificação da parte reclamada, porque esse ato é praticado automaticamente pela Secretaria da Vara do Trabalho ou Serviço de Distribuição.

04. (NCADE – Advogado/2011) (ADAPTADA)Considere a seguinte assertiva: presume-se recebida a notificação 48 horas depois de sua postagem. O seu não recebimento ou a entrega após o decurso desse prazo constitui ônus de prova do destinatário.

05. (FCC – Analista Judiciário – Área Judiciária – Oficial de Justiça – TRT 16/2014) No tocante aos prazos processuais, é INCORRETO afirmar:

a) O reclamado poderá aduzir sua defesa oralmente, em audiência, no prazo de 20 (vinte) minutos.

b) Para realização de audiência deverá haver um interregno de no mínimo dez dias após o recebimento da reclamação trabalhista pelo reclamado.

c) Após garantido o Juízo, o prazo para a oposição de embargos à execução é de cinco dias.

d) Nos despachos para a prática de ato processual pela parte sem que o juiz fixe o prazo, este será de cinco dias.

e) Pelo princípio da celeridade processual, não se aplicam os prazos em dobro quando houver litisconsortes com diferentes procuradores no processo do trabalho.

06. (FCC – Técnico Judiciário – Área Administrativa – TRT 24/2017) Os atos processuais são os acontecimentos voluntários que ocorrem no processo e dependem de manifestações dos sujeitos do processo. Termo, por sua vez, é a reprodução gráfica do ato processual. Quanto aos prazos, diz-se necessário que os atos processuais caminhem para frente, observando determinadas regras quanto ao tempo. No que diz respeito aos atos, termos e prazos processuais a Consolidação das Leis do Trabalho estabelece:

a) Os atos processuais sempre serão públicos e realizar-se-ão nos dias úteis das 6 às 20 horas.

b) A penhora poderá realizar-se em domingo, mas não em dia feriado, mediante autorização expressa do juiz ou presidente.

c) Os prazos que vencerem em sábado, domingo ou dia feriado terminarão no primeiro dia seguinte, independentemente de ser dia útil ou não.

d) Os prazos contam-se com inclusão do dia do começo e exclusão do dia do vencimento, e são contínuos e irreleváveis, não podendo, em nenhuma hipótese, ser prorrogados pelo juiz ou tribunal.

e) Tratando-se de notificação postal, no caso de não ser encontrado o destinatário ou na hipótese de recusa de recebimento, o Correio ficará obrigado, sob pena de responsabilidade do servidor, a devolvê-la, no prazo de 48 horas, ao Tribunal de origem.

GAB	1	D	2	E	3	C	4	C	5	B	6	E

✦ **CUMULAÇÃO DE AÇÕES**

Art. 842. Sendo várias as reclamações e havendo identidade de matéria, poderão ser acumuladas num só processo, se se tratar de empregados da mesma empresa ou estabelecimento.

1. COMENTÁRIOS

1.1. Cumulação subjetiva-objetiva

O dispositivo deste artigo cuida dos requisitos para cumulação subjetiva, ou seja, quando dois ou mais sujeitos poderão litigar, no mesmo processo, no polo ativo ou passivo da relação processual (Carrion, Comentários, 2010, p. 842). Parece-nos que a norma legal, além de tratar de litisconsórcio (cumulação de sujeitos), também cuidou de cumulação de pedidos, também conhecida como cumulação objetiva. Muito feliz a denominação de Sergio Pinto Martins, Comentários, 2010, p. 886: "À disposição prevista no art. 842 da CLT pode-se dar o nome de cúmulo subjetivo-objetivo, pois há existência de vários autores, que fazem vários pedidos na peça vestibular".

1.2. Cumulação de pedidos

A CLT, quanto ao cúmulo objetivo, foi mais rigorosa que o processo civil, pois exigiu "identidade de matéria" como requisito para o empregado formular vários pedidos em face do mesmo empregador, ou vários empregados em face do mesmo empregador. O CPC/73, na regra do art. 292 (CPC/2015, art. 327), foi mais flexível, pois permite a cumulação, no mesmo processo, contra o mesmo réu, de vários pedidos, "ainda que entre eles não haja conexão".

Os demais requisitos previstos no art. 292, do CPC/73, são plenamente compatíveis com o processo do trabalho, a saber:

> "Art. 292. § 1° São requisitos de admissibilidade da cumulação: I – que os pedidos sejam compatíveis entre si; II – que seja competente para conhecer deles o mesmo juízo; III – que seja adequado para todos os pedidos o tipo de procedimento."

O CPC de 2015, art. 327, § 1º, repete os mesmos requisitos:

> "Art. 327, § 1º: § 1º São requisitos de admissibilidade da cumulação que: I – os pedidos sejam compatíveis entre si; II – seja competente para conhecer deles o mesmo juízo; III – seja adequado para todos os pedidos o tipo de procedimento.

Só entendemos incompatível com o processo do trabalho a regra do art. 292, § 2º, do CPC/73 a seguir transcrita:

> " § 2º Quando, para cada pedido, corresponder tipo diverso de procedimento, admitir-se-á a cumulação, se o autor empregar o procedimento ordinário."

O CPC/2015 repete a mesma regra, ainda que seja um pouco mais flexível, conforme se observa no art. 327, § 2º:

> § 2º Quando, para cada pedido, corresponder tipo diverso de procedimento, será admitida a cumulação se o autor empregar o procedimento comum, sem prejuízo do emprego das técnicas processuais diferenciadas previstas nos procedimentos especiais a que se sujeitam um ou mais pedidos cumulados, que não forem incompatíveis com as disposições sobre o procedimento comum.

No processo do trabalho o rito sumaríssimo não é uma escolha da parte, mas um procedimento imposto pelo legislador como alternativa para agilização da prestação jurisdicional; portanto, se os pedidos tiverem que observar ritos diferentes, v.g., ordinário e sumaríssimo, não será permitida a cumulação objetiva, pois não é lícito à parte optar pelo rito ordinário, como no processo civil.

1.2.1. Classificação da Cumulação de Pedidos

a) Cumulação simples.

Denomina-se de cumulação simples, também dita autônoma ou simultânea, a reunião de pedidos que poderiam ser formulados de forma independente, mas, por economia processual, optou o autor por reuni-los num só processo. Ensina-nos Calmon de Passos sobre o tema: "... os pedidos nada têm de comum entre si, a não ser os sujeitos. Poderiam ser formulados em processos autônomos, sem qualquer prejuízo, salvo dispêndio de tempo e dinheiro. O juiz poderá acolher a todos ou rejeitar a todos, como igual acolher algum e rejeitar outros." (Comentários, 1998, p. 202). Tomemos o seguinte exemplo: empregado despedido sem justa causa, não recebe qualquer verba resilitória e cumula, de forma simples, os pedidos de aviso prévio, férias e 13º proporcionais, saldo de salários e indenização de 40% do FGTS. O juiz pode julgar procedente alguns, todos ou nenhum deles, conforme as provas produzidas nos autos.

b) Cumulação sucessiva.

A cumulação sucessiva propriamente dita é aquela em que um pedido é prejudicial ao outro. O segundo pedido só será apreciado se procedente o primeiro (Calmon, Comentários, 1998, p. 203; Barbosa Moreira, O Novo, 2007, p. 15). O acolhimento do segundo pedido depende do acolhimento do primeiro, ainda que possa o segundo ter um resultado diferente do primeiro. O pedido de pagamento de verbas rescisórias, pela dispensa sem justa causa, é sucessivo ao pedido de reconhecimento do vínculo de emprego; reconhecido o vínculo de emprego (primeiro pedido), o juiz apreciará o pleito de pagamento de verbas rescisórias (segundo pedido), mas nada obsta que negue o segundo, caso provada a alegação do réu de justa causa praticada pelo empregado.

c) Cumulação eventual.

Em se tratando de pedido subsidiário (cumulação eventual), o segundo pedido só será apreciado se não for possível ser acolhido o pleito principal. "A cumulação eventual é figura simétrica e oposta à cumulação sucessiva (Barbosa Moreira, O Novo, 2007, p. 15). Esta é a hipótese do art. 289 do CPC/73, in verbis: "é licito formular mais de um pedido em ordem sucessiva, a fim de que o juiz conheça do posterior em não podendo conhecer do anterior."

A redação do dispositivo legal ("ordem sucessiva") leva parte da doutrina a interpretar o texto do art. 289 do CPC como autorizando pedido sucessivo (neste sentido, Nery-Nery, 2002, p. 643 e Teixeira Filho, Petição Inicial, 1996, p. 85).

A "ordem sucessiva" descrita no texto do art. 289 do CPC/73, contudo, não guarda correspondência com o sentido técnico-jurídico do termo; esta é a posição que defendemos, de acordo com a lição de Carreira Alvim sobre o tema: "Como se vê, embora o art. 289 fale em "pedido em ordem sucessiva", não se trata da cumulação sucessiva, mas da cumulação eventual, pelo que, no particular, o direito positivado não se ajusta ao comando doutrinário (CPC, 2003, p. 124).

A classificação do pedido secundário como subsidiário foi consagrada no CPC/2015, art. 326, a seguir transcrito: "É lícito formular mais de um pedido em ordem subsidiária, a fim de que o juiz conheça do posterior, quando não acolher o anterior.

No processo do trabalho, é exemplo de cumulação eventual o pedido principal de reintegração no emprego e, não sendo possível, dado o grau de incompatibilidade resultante do dissídio, especialmente quando for o empregador pessoa física, a conversão da obrigação de fazer, em obrigação de pagar os salários, e demais vantagens, referentes ao período de garantia no emprego; eis o pedido subsidiário (art. 496, da CLT e S. 396/TST).

d) Pedido alternativo.

O pedido alternativo não representa propriamente uma cumulação (por todos, Barbosa Moreira, O Novo, 2007, p. 15). Não se apresentam em juízo duas demandas, mas uma só pretensão, oriunda de obrigação alternativa. Ou seja, pela natureza da obrigação permite-se ao devedor, salvo disposição em contrário, que cumpra a prestação de mais de um modo. Portanto, para observar-se o pedido alternativo a lei ou o contrato devem estipular tal obrigação (alternativa). No processo do trabalho é rara a incidência da pretensão. Tomemos como exemplo a obrigação alternativa descrita no art. 4º do Decreto nº 95.247/87, que regulamenta a Lei nº 7.418/85 (vale-transporte), obrigando ao empregador à concessão do vale-transporte ou "proporcionar, por meios próprios ou contratados, em veículos adequados ao transporte coletivo, o deslocamento, residência-trabalho e vice-versa, de seus trabalhadores." Descumprindo o empregador a obrigação imposta legalmente, poderia o empregado, ou seu sindicato como substituto processual, exigir do empregador em juízo o cumprimento da prestação de algum dos modos previstos em lei. O pedido seria assim formulado: condenação do empregador à concessão do vale-transporte ou fornecimento do transporte no percurso residência-trabalho e vice-versa.

1.3. Litisconsórcio

Define-se como litisconsórcio a reunião de sujeitos no mesmo processo, no pólo ativo, passivo ou em ambos os polos da relação processual. Há litisconsórcio ativo quando dois ou mais sujeitos reclamam em face do mesmo empregador; a CLT, no art. 843, caput, se utiliza da expressão "Reclamatórias Plúrimas", para identificar o mesmo fenômeno; há litisconsórcio passivo quando a reunião é de réus, e misto quando ocorre nos dois pólos da relação processual.

O litisconsórcio é inicial, também denominado originário, quando a cumulação de sujeitos existir desde o início do processo, ou seja, desde a propositura da demanda, que é seu marco inicial; o litisconsórcio será classificado como ulterior, ou superveniente, quando a cumulação ocorrer depois de iniciado o processo.

A sentença poderá decidir a relação jurídica de maneira uniforme para todos os litisconsortes, como no exemplo da condenação solidária, caracterizando o litisconsórcio unitário (art. 47, caput, do CPC/73 e art. 116 do CPC/2015); o julgador terá liberdade para decidir de maneira distinta, para cada um dos litisconsortes, quando o litisconsórcio for simples.

Quanto à formação do litisconsórcio, se classifica em facultativo, também conhecido como voluntário, e necessário, também chamado de obrigatório.

Há litisconsórcio voluntário quando entre os litisconsortes houver comunhão de direitos ou de obrigações relativamente à lide (art. 46, I, do CPC/73 e 113, I, do CPC/2015); os direitos ou as obrigações derivarem do mesmo fundamento de fato ou de direito (art. 46, II, do CPC/73 e sem corresponde no CPC/2015); entre as causas houver conexão pelo objeto ou pela causa de pedir (art. 46, III, do CPC/73 e art. 113, II, do CPC/2015); ou ocorrer afinidade de questões por um ponto comum de fato ou de direito (art. 46, IV, do CPC e art. 113, III, do CPC/2015).

O juiz poderá limitar o litisconsórcio facultativo quanto ao número de litigantes, quando este comprometer a rápida solução do litígio ou dificultar a defesa. O pedido de limitação interrompe o prazo para resposta, que recomeça da intimação da decisão (art. 46, § único, do CPC/73 e art. 113, § 1º, do CPC/2015). O elevado número de litisconsortes, com prejuízo para a prestação jurisdicional ou para a defesa do réu, o qualifica como litisconsórcio multitudinário. A limitação do número de reclamantes quando a cumulação prejudicar a defesa, depende de arguição do réu, mas se a limitação tiver como causa a preservação da rápida solução do litígio, poderá ocorrer por iniciativa do juiz, mesmo antes da citação do réu.

Há litisconsórcio necessário, ou obrigatório, quando a natureza da relação jurídica ou a imposição legal determinar sua formação. A ausência de algum litisconsorte necessário é causa de nulidade do processo, por vício de formação da relação processual; o texto do CPC/73, art. 47, fala de ineficácia da sentença (no mesmo sentido o art. 114 do CPC/2015). Na nossa visão o vício não diz respeito ao efeito do ato, mas sim à própria validade da relação processual, desde o início, e não somente na sentença.

O processo civil discute o cabimento do litisconsórcio ativo necessário, pois a ausência de algum litisconsorte obrigaria o juiz a determinar sua integração forçada ao pólo ativo (intervenção iussu iudicis); este procedimento, para parte da doutrina, representa violação ao livre exercício do direito de ação, daí porque seria incabível a formação de litisconsórcio ativo necessário (por todos, Didier, Curso, Vol. I, 2009, p. 317-323, que faz contundentes críticas a tal possibilidade, indicando, em sentido oposto, inúmeros autores defendendo seu cabimento).

Não há controvérsias quanto à existência de litisconsórcio passivo necessário. O processo do trabalho encontra exemplo na própria jurisprudência, aceitando o litisconsórcio passivo necessário, ao mesmo tempo em que nega a possibilidade de litisconsórcio ativo necessário (TST, S. 406).

O CPC/73, art. 48, dizia que os litisconsortes seriam tratados, com relação à parte adversária, como litigantes distintos de forma que os atos e omissões de um litisconsorte não prejudicariam, nem beneficiariam os outros litisconsortes, salvo disposição em contrário.

A doutrina sempre entendeu que a exceção à esse autonomia dos atos dos litisconsortes não se estendia ao litisconsórcio necessário. Considerando que neste tipo de litisconsórcio a sentença tem que ser uniforme para os litisconsortes, sempre se entendeu que, diante do direito indivisível, os atos de um litisconsorte poderia beneficiar o outro litisconsorte.

O CPC/73 apresenta exemplos de regimes especiais, onde os atos de um litisconsorte são aproveitados por outro: **a)** a defesa apresentada por um dos litisconsortes, cujos efeitos se estendem ao litisconsorte ausente, não produzindo a revelia seus efeitos processuais e materiais (CPC/73, art. 320, I e CPC/2015, art. 345, I); **b)** o recurso apresentado por um litisconsorte, que a todos aproveita (CPC/73, art. 509, I e CPC/2015, art. 1.005 do CPC/2015); (por todos, Marinoni-Mitidiero, Comentários, 2008, p. 134 e Didier, Curso, Vol. I, 2009, p. 313, que também defende a aplicação do art. 320, I, do CPC/73 (art. 345, I, do CPC/2015) ao litisconsórcio simples, se houver um fato comum aos litisconsortes, "porque não poderia o magistrado considerar o fato existente para um, em razão da confissão ficta oriunda da revelia (art. 319 do CPC/73 e art. 344 do CPC/2015), e não existente para o outro, que apresentou defesa.").

O CPC/2015 assumiu expressamente e como regra a possibilidade de extensão dos efeitos da prática de atos no litisconsórcio unitário, como se vê na regra do art. 117:

> "Os litisconsortes serão considerados, em suas relações com a parte adversa, como litigantes distintos, exceto no litisconsórcio unitário, caso em que os atos e as omissões de um não prejudicarão os outros, mas os poderão beneficiar.".

2. SÚMULAS E ORIENTAÇÕES JURISPRUDENCIAIS

- **Súmula nº 36/TST.**

CUSTAS (mantida) – Res. 121/2003, DJ 19, 20 e 21.11.2003

Nas ações plúrimas, as custas incidem sobre o respectivo valor global.

- **Súmula nº 396/TST**

ESTABILIDADE PROVISÓRIA. PEDIDO DE REINTEGRAÇÃO. CONCESSÃO DO SALÁRIO RELATIVO AO PERÍODO DE ESTABILIDADE JÁ EXAURIDO. INEXISTÊNCIA DE JULGAMENTO "EXTRA PETITA" (conversão das Orientações Jurisprudenciais nºs 106 e 116 da SBDI-1) – Res. 129/2005, DJ 20, 22 e 25.04.2005

I – Exaurido o período de estabilidade, são devidos ao empregado apenas os salários do período compreendido entre a data da despedida e o final do período de estabilidade, não lhe sendo assegurada a reintegração no emprego. (ex-OJ nº 116 da SBDI-1 – inserida em 01.10.1997)

II – Não há nulidade por julgamento "extra petita" da decisão que deferir salário quando o pedido for de reintegração, dados os termos do art. 496 da CLT. (ex-OJ nº 106 da SBDI-1 – inserida em 20.11.1997)

- **Súmula nº 406/TST**

AÇÃO RESCISÓRIA. LITISCONSÓRCIO. NECESSÁRIO NO PÓLO PASSIVO E FACULTATIVO NO ATIVO. INEXISTENTE QUANTO AOS SUBSTITUÍDOS PELO SINDICATO (conversão das Orientações Jurisprudenciais nºs 82 e 110 da SBDI-2) – Res. 137/2005, DJ 22, 23 e 24.08.2005

I – O litisconsórcio, na ação rescisória, é necessário em relação ao pólo passivo da demanda, porque supõe uma comunidade de direitos ou de obrigações que não admite solução díspar para os litisconsortes, em face da indivisibilidade do objeto. Já em relação ao pólo ativo, o litisconsórcio é facultativo, uma vez que a aglutinação de autores se faz por conveniência e não pela necessidade decorrente da natureza do litígio, pois não se pode condicionar o exercício do direito individual de um dos litigantes no processo originário à anuência dos demais para retomar a lide. (ex-OJ nº 82 da SBDI-2 – inserida em 13.03.2002)

II – O Sindicato, substituto processual e autor da reclamação trabalhista, em cujos autos fora proferida a decisão rescindenda, possui legitimidade para figurar como réu na ação rescisória, sendo descabida a exigência de citação de todos os empregados substituídos, porquanto inexistente litisconsórcio passivo necessário. (ex-OJ nº 110 da SBDI-2 – DJ 29.04.2003)

- **OJ-TP-9/TST**

PRECATÓRIO. PEQUENO VALOR. INDIVIDUALIZAÇÃO DO CRÉDITO APURADO. RECLAMAÇÃO TRABALHISTA PLÚRIMA. EXECUÇÃO DIRETA CONTRA A FAZENDA PÚBLICA. POSSIBILIDADE (DJ 25.04.2007)

Tratando-se de reclamações trabalhistas plúrimas, a aferição do que vem a ser obrigação de pequeno valor, para efeito de dispensa de formação de precatório e aplicação do disposto no § 3º do art. 100 da CF/88, deve ser realizada considerando-se os créditos de cada reclamante.

3. QUESTÕES DE CONCURSOS

01. (TRT – 24ª REGIÃO/TÉCNICO JUDICIÁRIO/FCC/2006/ADAPTADA) Sendo várias as reclamações

a) poderão ser acumuladas num só processo, desde que trate de empregados da mesma empresa ou estabelecimento, independentemente de ter identidade de matéria.

b) poderão ser acumuladas num só processo, desde que haja identidade de matéria e trate de empregados da mesma empresa ou estabelecimento.

c) poderão ser acumuladas num só processo, desde que haja identidade de matéria, independentemente de tratar de empregados da mesma empresa ou estabelecimento.

d) poderão ser acumuladas num só processo, independentemente de ter identidade de matéria ou de tratar de empregados da mesma empresa ou estabelecimento.

e) não poderão ser acumuladas num só processo, em razão de expressa vedação legal a qualquer tipo de acumulação de processos.

02. (TRT – 23ª REGIÃO/JUIZ DO TRABALHO/2006/ADAPTADA) Sendo várias as reclamações e havendo identidade de matéria, poderão ser acumuladas num só processo, se se tratar de empregados da mesma empresa ou estabelecimento ou de empresas distintas integrantes do mesmo grupo de empregadores.

03. (MPT – Procurador do Trabalho/2012) Marque a alternativa INCORRETA: O litisconsórcio entre membros de diferentes ramos do Ministério Público é autorizado pela lei e é facultativo ativo, podendo ser inicial ou incidental. Nesse sentido, enquadra-se eventual ação civil pública proposta conjuntamente pelo Ministério Público Estadual e pelo Ministério Público do Trabalho, contra o Estado Membro, na Justiça Estadual, com pedido de implementação de política pública de erradicação do trabalho infantil de porte familiar em estádios de futebol. In casu, ainda que atuem em litisconsórcio, os atos processuais praticados pelo membro do Ministério Público do Trabalho ficarão na dependência de ratificação pelo Promotor de Justiça do Ministério Público do Estado.

04. (TRT 23 – Juiz do Trabalho Substituto 23ª região/ 2014) Segundo a CLT, podemos afirmar:

I. Sendo escrita, a reclamação trabalhista deverá conter, necessariamente, a designação do juiz a quem for dirigida, a qualificação do reclamante e do reclamado uma breve exposição dos fatos de que resulte o dissídio, o pedido, o valor da causa, a data e a assinatura do reclamante ou de seu representante.

II. Sendo várias as reclamações, e havendo identidade de matéria, poderão ser acumuladas num só processo, se se tratar de empregados da mesma empresa ou estabelecimento.

III. Na liquidação não se poderá modificar, ou inovar, a sentença liquidanda, salvo para discutir matéria pertinente à causa principal.

IV. A audiência de julgamento será contínua, mas, se não for possível, por motivo de força maior, concluí-la no mesmo dia, o juiz marcará a sua continuação para a primeira desimpedida, notificando as partes.

a) Apenas a assertiva I está correta.

b) Apenas as assertivas I e II estão corretas.

c) Apenas as assertivas II e IV estão corretas.

d) Apenas as assertivas III e IV estão corretas

e) Apenas a assertiva II está correta.

GAB	1	B	2	E	3	C	4	E

▸SEÇÃO II – DA AUDIÊNCIA DE JULGAMENTO

1. COMENTÁRIOS

Os atos processuais se realizam no procedimento da audiência de uma só vez, se iniciando com o pregão das partes e terminando com a sentença, caso frustrada a derradeira proposta conciliatória; portanto, o título desta Seção – da Audiência de Julgamento –, melhor seria designado se adotasse a CLT o título – da Audiência de Conciliação, Instrução e Julgamento, pois todos estes atos se concentram numa só audiência, salvo motivo relevante que justifique seu adiamento. Em regra, o procedimento legal não prevê uma audiência de conciliação, outra de instrução e uma terceira para julgamento; a praxe forense construiu esta divisão, mas isto não significa que os dispositivos legais desta Seção devam ser interpretados por esta ótica. Muito pelo contrário. A audiência deve ser interpretada como um ato uno. A falta de sistemática da CLT exige do intérprete a leitura dos artigos 813 a 817, que compõem a Seção VIII, em complemento aos comentários feitos a seguir.

✦ **COMPARECIMENTO**

Art. 843. Na audiência de julgamento deverão estar presentes o reclamante e o reclamado, independentemente do comparecimento de seus representantes salvo, nos casos de Reclamatórias Plúrimas ou Ações de Cumprimento, quando os empregados poderão fazer-se representar pelo Sindicato de sua categoria. (Redação dada pela Lei nº 6.667, de 3.7.1979)

✦ **REPRESENTAÇÃO POR PREPOSTO**

§ 1º É facultado ao empregador fazer-se substituir pelo gerente, ou qualquer outro preposto que tenha conhecimento do fato, e cujas declarações obrigarão o proponente.

✦ **DOENÇA DO EMPREGADO**

§ 2º Se por doença ou qualquer outro motivo poderoso, devidamente comprovado, não for possível ao empregado comparecer pessoalmente, poderá fazer-se representar por outro empregado que pertença à mesma profissão, ou pelo seu sindicato.

§ 3º O preposto a que se refere o § 1º deste artigo não precisa ser empregado da parte reclamada. (Inserido pela Lei nº 13.467, de 13.07.2017).

1. COMENTÁRIOS

1.1. Importância do comparecimento da parte

No procedimento da audiência na Justiça do Trabalho o comparecimento das partes é obrigatório, salvo motivo relevante, justificado junto ao juízo competente. Esta obrigatoriedade de comparecimento visa facilitar a tentativa de conciliação, que ocorre com mais frequência diante da presença da própria parte, titular dos direitos em conflito. A experiência do processo civil confirma minha afirmação. Basta analisar o baixo percentual de acordos na Justiça Comum Estadual, e mais ainda na Federal, muito por conta da possibilidade do advogado poder representar a parte na audiência preliminar, destinada à conciliação (CPC/73, art. 331).

O comparecimento é obrigatório na Justiça do Trabalho também pelo fato da maioria das provas se concentrarem na audiência, fruto da oralidade do procedimento trabalhista.

A meu ver, esta frustração das tentativas de conciliação continurão a ser uma constante no processo civil, seja porque a parte continua com a faculdade de constituir um procurador com poderes específicos para conciliar, dispensando sua presença na audiência de conciliação (art. 334, § 10º, do CPC/2015), seja porque as próprias partes podem requerer a dispensa de realização da audiência de conciliação logo no início do processo (art. 334, § 4º, inciso I, do CPC/2015), frustrando qualquer intenção do juiz em persuadi-las a uma solução conciliatória do conflito.

1.2. Presentação e Representação

A doutrina, no processo civil, distingue a "**presentação**", de "**representação**". Na presentação a pessoa jurídica faz-se presente em juízo por um de seus órgãos, como no caso do sindicato que será presentado, e não representado, por quem seu estatuto definir e, na omissão, por seu Presidente. "É a própria pessoa que age: não há que se pensar, por isso, em outorga de poderes (daí porque não é de se exigir o instrumento de mandato", conforme **S. 644 do STF** (Marinoni-Mitidiero, Comentários, 2008, p. 108 e Neves-Freire, CPC, 2010, p. 33-34).

Na representação, ao contrário, são duas pessoas distintas, o representante e o representado, aquele agindo de acordo e nos limites do mandato que lhe foi outorgado por este; são representados em juízo: a Massa Falida, a herança jacente ou vacante, o espólio, as sociedades sem personalidade jurídica e o condomínio, respectivamente, incisos III, IV, V, VII e IX, do art. 12 do CPC/73 (art. 75, inciso V, VI, VII, IX e XI, do CPC/2015).

A distinção acima feita é perfeitamente aplicável ao processo do trabalho.

1.3. Representação dos Reclamantes

1.3.1. Doença e Reclamação Plúrima

Os empregados no processo do trabalho são, via de regra, Reclamantes; como são pessoas físicas, o art. 843 não permitiu que fossem representados por outras pessoas, salvo excepcionalmente, nas hipóteses descritas no art. 843, *caput e* § 2º. Ainda assim, a presença de um colega de profissão ou de alguém do sindicato, no lugar do Reclamante, não é tecnicamente representação; estas pessoas não são mandatárias do Reclamante, não tendo poderes para atuar em nome do próprio, comparecendo tão só para evitar o arquivamento.

A **substituição do reclamante** por doença, ou por qualquer outro motivo relevante, bem como nas reclamatórias plúrimas, **será sempre provisória**. Superado o motivo da ausência, o Reclamante deverá comparecer à audiência para tentar conciliar e, frustrada a conciliação, ser interrogado pelo juiz e reinquirido pelos litigantes em depoimento pessoal, se assim desejarem as partes (Carrion, Comentários, 2010, p. 774, com apoio em Antonio Lamarca e Wagner Giglio; contra, Mauro Schiavi, Manual, 2008, p. 383, entendendo que há verdadeira representação, estando autorizado, inclusive, o depoimento pessoal do representante).

Amauri Mascaro, *Curso de Direito do Trabalho*, 2008, p. 515, propõe uma solução intermediária para a divergência; entende o jurista que como a lei não esclareceu qual seria a finalidade da representação do empregado, esta será admitida com todos os efeitos, mas se o representante não tiver conhecimento dos fatos, a audiência será adiada para que se possa ouvir o autor.

Parece-nos que se a matéria for exclusivamente de direito, a representação pelo substituto pode ocorrer em caráter permanente, sendo desnecessário o adiamento da audiência para que seja ouvido o autor. A presença da própria parte, nesta hipótese, em nada contribuirá para a solução da controvérsia, nem mesmo para a conciliação, pouco provável neste tipo de demanda.

1.3.2. Ação de Cumprimento: substituição processual

O texto do **art. 843, *caput*,** comete uma enorme impropriedade ao dispor que não **ações de cumprimento** os empregados se farão representar pelo sindicato; o ente sindical é, em verdade, **autor da demanda**, agindo em seu nome próprio, como **substituto processual da categoria**, tutelando direitos individuais ou coletivos desta, na forma do art. 872, § único, da CLT c/c art. 6º do CPC/73 (art. 18 do CPC/2015) e art. 8º, III, da CF. Há, outrossim, presentação do sindicato, substituto processual, pelo dirigente sindical que, na forma dos estatutos da entidade, comparece em juízo presentando a pessoa jurídica (vide tópico acima sob o título "Presentação e Representação", para maiores detalhes sobre a distinção).

1.3.3. Motivo "ponderoso"

Outra **impropriedade** contida no texto do legal, quase imperceptível, aparece no **§ 2º, do art. 843**. No texto legal, desde sua redação original, consta o termo **"poderoso"**, que significa "grande poder ou influência". Contudo, o motivo que justifica a ausência do Reclamante deve ser "po**n**deroso", grafado com **"n"**, no sentido de algo importante, relevante, que merece atenção. Enfim, uma causa tão significativa quanto estar doente, justificando a ausência do autor. O termo empregado no artigo, como se nota, é incompatível com a intenção da norma. Alguns organizadores de CLT preferiram corrigir o equívoco, alterando a redação legal (CLT-LTr, 2010, p. 125). A nossa opção foi manter o erro e fazer este breve comentário.

1.3. Representação do Empregador

Na audiência trabalhista o empregador, que é parte no processo, pode-se fazer representar, definitivamente, por um preposto; ao contrário da representação do empregado, que é provisória, o empregador, pessoa física ou jurídica, pode nunca comparecer e ser representado por um preposto. O preposto não é órgão da pessoa jurídica e nem teria como ser da pessoa física; portanto, de acordo com a distinção feita no processo civil, o preposto "representa" a parte.

O texto legal só fez uma exigência para ser **preposto**: que o indicado tivesse conhecimento dos fatos, como é o caso do "gerente", mencionado no art. 843, § 1º, acima. A **S. 377 do TST** interpretou que os prepostos precisariam ser empregados. A exegese deste entendimento é extraída do próprio texto do art. 843, § 1º, pois sendo o gerente um empregado, todos os demais prepostos também precisariam ostentar esta qualidade, com exceção para os empregadores domésticos, os micro e pequeno empresários.

Já aparecem manifestações da doutrina no sentido de que não se pode exigir a condição de empregado, firmada na jurisprudência do TST, quando os conflitos decorrerem de **relação de trabalho** e não de emprego (neste sentido, Mauro Schiavi, Manual, 2008, p. 392-393 e Cleber Lúcio de Almeida, Direito Processual, 2009, p. 489). Aderimos a este entendimento. A qualidade de empregado é importante para esclarecimento dos fatos inerentes à relação jurídica de emprego; não sendo a lide baseada no contrato de emprego, basta que o preposto tenha conhecimento dos fatos, mesmo não sendo empregado da empresa-ré.

Os **microempresários e pequenos empresários** estão dispensados de enviarem prepostos empregados, conforme previsão do art. 54 da Lei Complementar nº 123, de 14 de dezembro de 2006, expressamente citada na Súmula nº 377 do TST.

A mesma lógica é aplicável aos **empregadores domésticos**, conforme S. 377 do TST, em analogia à previsão legal para os micros e pequenos empresários. A dispensa da qualidade de empregado para o preposto atende à dificuldade que estes empregadores teriam em destacar um empregado especificamente para comparecimento à audiência na Justiça do Trabalho. Não raro, o micro empresário tem apenas um empregado e o empregador doméstico talvez não tenha nenhum.

Todas essas ponderações, quanto a ser ou não o preposto um empregado foram superadas pela atual redação do § 3º, do art. 843 da CLT.

Questão interessante envolve o representante do núcleo familiar na audiência realizada na Justiça do Trabalho, diante de reclamação trabalhista proposta por empregado doméstico. A praxe costuma admitir a presença de qualquer membro da família, desde que pessoa capaz.

A Instrução Normativa nº 110, de 06.08.2014 (DO de 07.08.2014), da Secretaria de Inspeção do Trabalho, do MTE, regulamentando o procedimento de fiscalização indireta, que consiste na notificação postal do empregador doméstico para comparecer ao órgão de Inspeção do Trabalho para apresentar documentos desta relação de emprego, prevê em seu art. 2º, § 2º:

> "Em caso de impossibilidade de comparecimento, o empregador poderá fazer-se representar, independentemente de carta de preposição, por pessoa da família que seja maior de 18 anos e capaz, resida no local onde ocorra a prestação de serviços pelo empregado doméstico e a apresente a documentação requerida."

A autorização acima foi confirmada pela atual regulamentação de emprego doméstico, LC nº 150/2015, que alterou expressamente a Lei nº 10.593/2002, incluindo o art. 11-a, com a seguinte redação:

> "Art. 11-A. A verificação, pelo Auditor-Fiscal do Trabalho, do cumprimento das normas que regem o trabalho do empregado doméstico, no âmbito do domicílio do empregador, dependerá de agendamento e de entendimento prévios entre a fiscalização e o empregador.
>
> § 1º A fiscalização deverá ter natureza prioritariamente orientadora.
>
> § 2º Será observado o critério de dupla visita para lavratura de auto de infração, salvo quando for constatada infração por falta de anotação na Carteira de Trabalho e Previdência Social ou, ainda, na ocorrência de reincidência, fraude, resistência ou embaraço à fiscalização.
>
> § 3º Durante a inspeção do trabalho referida no caput, o Auditor-Fiscal do Trabalho far-se-á acompanhar pelo empregador ou por alguém de sua família por este designado."

O **condomínio** será representado pelo administrador ou pelo sindico, conforme art. 12, IX, do CPC/73, que corresponde ao art. 75, XI, do CPC/2015 (Marinoni-Mitidiero, Comentários, 2008, p. 110 e Bezerra Leite, Curso, 2007, p. 386).

O que dizer da **empresa inativa**, que não possuir mais empregados; seguindo a interpretação feita pelo TST, que dispensa a qualidade de empregado para o preposto de micros e pequenas empresas, as grandes e médias empresas, já sem atividade, também poderão ser representadas por preposto não empregado. Esta é a nossa opinião. A doutrina, de um modo geral, não se ocupa do tema. A praxe, todavia, tem admitido esta interpretação.

As empresas que compõem o mesmo **grupo econômico** poderão se fazer representar por empregados de qualquer empresa do grupo, sem se exigir o vínculo de emprego especificamente com o réu; esta possibilidade é sustentada pela **S. 129/TST**, que considera as empresas do grupo como um empregador único (neste sentido, Martins, Comentários, 2010, p. 892 e, de certa forma, Bezerra Leite, Curso, 2007, p. 387). Sobre a figura do empregador único, vide comentários ao art. 2º, § 2º, da CLT.

O **advogado** não pode ser preposto; não existe, propriamente, vedação legal, mas o Regulamento do Estatuto da OAB, em seu art. 3º, expressamente veda a cumulação destas funções. A cumulação destas duas atribuições (advogado e preposto) prejudica a idoneidade do depoimento pessoal e do interrogatório do advogado-preposto, devendo ser evitada em juízo (contra, Sergio Pinto Martins, Comentários, 2010, p. 889-890, admitindo, sem qualquer embargo, que o advogado também funcione como preposto da parte que assiste, ressalvando somente a possibilidade de sanção disciplinar pela OAB).

O **preposto** recebe um **mandato legal** com amplos poderes, pois "suas declarações obrigarão o proponente", ou seja, o empregador que o indicou sofrerá as consequências de suas ações e omissões (art. 843, § 1º). A lei não exige procuração para o preposto, bastando a exibição de sua CTPS, diante da existência do mandato legal. A praxe forense vem exigindo a apresentação de carta de preposto, mas sua ausência não pode ser considerada irregularidade de representação (Martins, Comentários, 2010, p. 890 e Carrion, Comentários, 2010, p. 770-771).

A **Pessoa Jurídica de Direito Público**, v.g., União, Estados, Municípios, Distrito Federal, Territórios, Fundações e Autarquias Públicas, são "presentadas", por quem a lei indicar e, na omissão legal, pelas pessoas que este estiverem à frente de cada ente público acima mencionado.

A **União, os Estados e o Distrito Federal e Territórios** são presentados por seus procuradores (art. 12, I, do CPC/73); no caso da União, tal atribuição é exercida pela Advocacia Geral da União (art. 131, *caput*, da CF), e nas execuções fiscais pela Procuradoria Geral da Fazenda Nacional (art. 131, § 3º, da CF).

O CPC/2015 detalhou as hipóteses presentação dos entes públicos no seu artigo 75, incisos I a IV, como segue:

> Art. 75. Serão representados em juízo, ativa e passivamente:
>
> I – a União, pela Advocacia-Geral da União, diretamente ou mediante órgão vinculado;
>
> II – o Estado e o Distrito Federal, por seus procuradores;
>
> III – o Município, por seu prefeito ou procurador;
>
> IV – a autarquia e a fundação de direito público, por quem a lei do ente federado designar;

Na Justiça do Trabalho, a execução fiscal das contribuições previdenciárias, bem como das multas trabalhistas, é atribuição da Procuradoria Federal, como também é a presentação das **Fundações e Autarquias Públicas Federais**, conforme art. 10, § 11, da Lei nº 10.480, de 2 de julho de 2002, com a redação da Lei nº 11.098/2005: " As Procuradorias Federais não especializadas e as Procuradorias Regionais Federais, as Procuradorias Federais nos Estados e as Procuradorias Seccionais Federais poderão assumir definitivamente as atividades de representação judicial e extrajudicial das autarquias e das fundações públicas federais de âmbito nacional.".

O **Município** será presentado pelo prefeito ou pelo procurador (art. 12, II, do CPC/73 e art. 75, III, do CPC/2015). A norma do processo civil, aqui aplicada subsidiariamente, bem identificou o fato de que muitos Municípios não possuem procuradoria constituída, razão pela qual foi feita tal ressalva na lei. No processo civil a capacidade postulatória do Prefeito continua a ser exigida, de forma que a sua presença não dispensa advogado, salvo se o próprio exercer tal profissão e estiver regularmente inscrito na OAB (Neves-Freire, CPC, 2010, p. 33). No processo do trabalho o prefeito poderá permanecer sem advogado, diante do *jus postulandi* da parte, com as ressalvas da **S. 425 do TST.** Sobre a capacidade postulatória da parte no processo do trabalho, vide comentários ao art. 791 da CLT.

2. SÚMULAS E ORIENTAÇÕES JURISPRUDENCIAIS

▸ **Súmula nº 644/STF, Data, 24.9.2003**

Ao titular do cargo de procurador de autarquia não se exige a apresentação de instrumento de mandato para representá-la em juízo.

▸ **Súmula nº 377 – TST**

PREPOSTO. EXIGÊNCIA DA CONDIÇÃO DE EMPREGADO (nova redação) Res. 146/2008, DJ 28.04.2008, 02 e 05.05.2008

Exceto quanto à reclamação de empregado doméstico, ou contra micro ou pequeno empresário, o preposto deve ser necessariamente empregado do reclamado. Inteligência do art. 843, § 1º, da CLT e do art. 54 da Lei Complementar nº 123, de 14 de dezembro de 2006.

▸ **Súmula nº 436 – TST**

REPRESENTAÇÃO PROCESSUAL. PROCURADOR DA UNIÃO, ESTADOS, MUNICÍPIOS E DISTRITO FEDERAL, SUAS AUTARQUIAS E FUNDAÇÕES PÚBLICAS. JUNTADA DE INSTRUMENTO DE MANDATO (conversão da Orientação Jurisprudencial nº 52 da SBDI-I e inserção do item II à redação) – Res. 185/2012, DEJT divulgado em 25, 26 e 27.09.2012

I – A União, Estados, Municípios e Distrito Federal, suas autarquias e fundações públicas, quando representadas em juízo, ativa e passivamente, por seus procuradores, estão dispensadas da juntada de instrumento de mandato e de comprovação do ato de nomeação.

II – Para os efeitos do item anterior, é essencial que o signatário ao menos declare-se exercente do cargo de procurador, não bastando a indicação do número de inscrição na Ordem dos Advogados do Brasil.

Súmula nº 456 – TST

REPRESENTAÇÃO. PESSOA JURÍDICA. PROCURAÇÃO. INVALIDADE. IDENTIFICAÇÃO DO OUTORGANTE E DE SEU REPRESENTANTE. (inseridos os itens II e III em decor-rência do CPC de 2015) – Res. 211/2016, DEJT divulgado em 24, 25 e 26.08.2016

I – É inválido o instrumento de mandato firmado em nome de pessoa jurídica que não contenha, pelo menos, o nome do outorgante e do signatário da procuração, pois estes dados constituem elementos que os individualizam.

II – Verificada a irregularidade de representação da parte na instância originária, o juiz designará prazo de 5 (cinco) dias para que seja sanado o vício. Descumprida a determinação, extinguirá o processo, sem resolução de mérito, se a providência couber ao reclamante, ou considerará revel o reclamado, se a providência lhe couber (art. 76, § 1º, do CPC de 2015).

III – Caso a irregularidade de representação da parte seja constatada em fase recursal, o relator designará prazo de 5 (cinco) dias para que seja sanado o vício. Descumprida a determinação, o relator não conhecerá do recurso, se a providência couber ao recorrente, ou determinará o desentranhamento das contrarrazões, se a providência couber ao recorrido (art. 76, § 2º, do CPC de2015).

OJ-SDI1-318/TST

REPRESENTAÇÃO IRREGULAR. AUTARQUIA (DJ 11.08.2003)

Os Estados e os Municípios não têm legitimidade para recorrer em nome das autarquias detentoras de personalidade jurídica própria, devendo ser representadas pelos procuradores que fazem parte de seus quadros ou por advogados constituídos.

3. INFORMATIVOS DO TST

Preposto. Empregado de qualquer uma das empresas do grupo econômico. Grupo econômico. Súmula nº 377 do TST. Inaplicável.

Em razão da solidariedade consagrada no § 2º do art. 2º da CLT e do disposto no art. 843, § 1º da CLT, as empresas de um mesmo grupo econômico podem ser representadas em juízo por preposto que seja empregado de qualquer uma delas, desde que tenha conhecimento dos fatos controvertidos. Ademais, não há falar em contrariedade à Súmula nº 377 do TST, pois a exigência de que o preposto seja, necessariamente, empregado da reclamada, tem como fundamento impedir a configuração do chamado "preposto profissional", hipótese diversa da tratada no caso concreto. Com esse entendimento, a SBDI-I, por unanimidade, conheceu dos embargos interpostos pelo reclamante, por divergência jurisprudencial, e, no mérito, negou-lhes provimento. TST-E - ED-RR-25600-66.2007.5.10.0004, SBDI-I, rel. Min. Lelio Bentes Corrêa, 29.5.2014 (Informativo nº 84)

4. QUESTÕES DE CONCURSOS

01. (TRT – 6ª REGIÃO/JUIZ DO TRABALHO SUBSTITUTO/2010/ADAPTADA) Na audiência de julgamento deverão estar presentes o reclamante e o reclamado, independentemente do comparecimento de seus representantes, salvo nos casos de Reclamatórias Plúrimas ou Ações de Cumprimento, quando os empregados poderão fazer-se representar pelo sindicato de sua categoria.

02. (TRT – 6ª REGIÃO/JUIZ DO TRABALHO SUBSTITUTO/2010/ADAPTADA) De acordo com a jurisprudência sumulada do Tribunal Superior do Trabalho, o preposto deve ser necessariamente empregado da reclamada, excetuando-se apenas a hipótese do empregador doméstico.

03. (TRT – 6ª REGIÃO/JUIZ DO TRABALHO SUBSTITUTO/2010/ADAPTADA) Consoante jurisprudência sumulada do Tribunal Superior do Trabalho, a revelia pode ser afastada na hipótese de apresentação de atestado médico, declarando expressamente a impossibilidade de locomoção do empregador ou do seu preposto.

04. (TRT – 6ª REGIÃO/JUIZ DO TRABALHO SUBSTITUTO/2010/ADAPTADA) O reclamante poderá se fazer representar por outro empregado desde que os motivos de sua ausência sejam poderosos e comprovados.

05. (TRT – 16ª REGIÃO/TÉCNICO JUDICIÁRIO/FCC/2009/ADAPTADA) Em se tratando de reclamatória plúrima, os empregados poderão fazer-se representar pelo sindicato de sua categoria.

06. (FCC – TRT 6 – Analista Judiciário/2012) Conforme legislação específica em relação às audiências trabalhistas, o comparecimento das partes e as consequências de suas ausências, é INCORRETO afirmar:

a) O não comparecimento do reclamante à primeira audiência designada como Una importa na confissão quanto à matéria fática, não ocorrendo o arquivamento da ação.

b) As audiências dos órgãos da Justiça do Trabalho serão públicas como regra, sendo que o juiz manterá a ordem nas audiências, podendo mandar retirar do recinto os assistentes que a perturbarem.

c) Nas audiências trabalhistas é facultado ao empregador fazer-se substituir pelo gerente, ou qualquer outro preposto que tenha conhecimento do fato, e cujas declarações obrigarão o proponente.

d) Se por doença ou qualquer outro motivo, devidamente comprovado, não for possível ao empregado comparecer pessoalmente na audiência, poderá fazer-se representar por outro empregado que pertença à mesma profissão, ou pelo seu sindicato.

e) O não comparecimento do reclamado à primeira audiência designada como Una importa revelia, além de confissão quanto à matéria de fato.

07. (FCC – TRT 20 – Analista Judiciário/2011) Murilo ajuizou reclamação trabalhista em face de sua ex – empregadora a empresa Azul Ltda; Mateus ajuizou reclamação trabalhista em face de sua ex-empregadora a multinacional Blue; e Matias ajuizou reclamação trabalhista em face de sua ex-empregadora a empresa Branca Ltda. Na audiência UNA já designada nos respectivos processos, todas as empresas pretendem enviar prepostos. Nestes casos, considerando que Murilo e Mateus possuem mais de dez anos de contrato de trabalho, de acordo com o entendimento Sumulado do Tribunal Superior do Trabalho, o preposto deve ser necessariamente empregado

a) das empresas Azul, Blue e Branca.

b) das empresas Azul e Branca, apenas.

c) da empresa Blue, apenas.

d) das empresas Azul e Blue, apenas.

e) da empresa Branca, apenas.

08. (FCC – Analista Judiciário – Área Administrativa – TRT 16/2014) A respeito da figura do preposto no Direito Processual do Trabalho, de acordo com a legislação,

a) não precisa ter conhecimento dos fatos, uma vez que não presta compromisso de dizer a verdade, ônus imposto às testemunhas.

b) deve ter conhecimento dos fatos e suas declarações obrigarão o proponente.

c) não precisa ter conhecimento dos fatos, uma vez que atua apenas como representante do empregador.

d) deve ter conhecimento dos fatos, entretanto, suas declarações não obrigam o proponente, pois figura apenas como representante do empregador.

e) não precisa ter conhecimento dos fatos, quando o Juiz designará nova audiência determinando que a empresa apresente preposto que conheça os fatos abordados no processo.

GAB	1	C	2	E	3	C	4	C	5	C	6	A	7	A	8	B

✦ **AUSÊNCIA: CONSEQUÊNCIAS**

Art. 844. O não-comparecimento do reclamante à audiência importa o arquivamento da reclamação, e o não-comparecimento do reclamado importa revelia, além de confissão quanto à matéria de fato.

✦ **JUSTIFICATIVA PARA A AUSÊNCIA**

§ 1º Ocorrendo motivo relevante, poderá o juiz suspender o julgamento, designando nova audiência. (Antigo § único, com Redação da Lei nº 13.467, de 13.07.2017).

✦ **AUSÊNCIA DO RECLAMANTE: CONDENAÇÃO EM CUSTAS**

§ 2º Na hipótese de ausência do reclamante, este será condenado ao pagamento das custas calculadas na forma do art. 789 desta Consolidação, ainda que beneficiário da justiça gratuita, salvo se comprovar, no prazo de quinze dias, que a ausência ocorreu por motivo legalmente justificável.(Inserido pela Lei nº 13.467, de 13.07.2017).

✦ **RECOLHIMENTO DE CUSTAS – CONDIÇÃO PARA RENOVAÇÃO DA DEMANDA**

§ 3º O pagamento das custas a que se refere o § 2º é condição para a propositura de nova demanda. (Inserido pela Lei nº 13.467, de 13.07.2017).

✦ **REVELIA SEM CONFISSÃO QUANTO À MATÉRIA DE FATO**

§ 4º A revelia não produz o efeito mencionado no caput deste artigo se:(Inserido pela Lei nº 13.467, de 13.07.2017).

I – havendo pluralidade de reclamados, algum deles contestar a ação;

II – o litígio versar sobre direitos indisponíveis;

III – a petição inicial não estiver acompanhada de instrumento que a lei considere indispensável à prova do ato;

IV – as alegações de fato formuladas pelo reclamante forem inverossímeis ou estiverem em contradição com prova constante dos autos.

✦ **AUSÊNCIA DO RECLAMADO – RECEBIMENTO DE CONTESTAÇÃO E DOCUMENTOS**

§ 5º Ainda que ausente o reclamado, presente o advogado na audiência, serão aceitos a contestação e os documentos eventualmente apresentados.(Inserido pela Lei nº 13.467, de 13.07.2017).

1. COMENTÁRIOS

1.1. Justificativas para ausência das partes

O motivo relevante, referido no § 1º, do art. 844 da CLT, é representado, em princípio, pela doença, que impeça empregado e preposto de comparecer, naquele momento, em juízo. A S. 122 do TST, que trata deste assunto, se refere à elisão da revelia, mas também se aplica ao arquivamento, por ausência do autor.

A força maior é outra justificativa legal para ausência da parte. Eventos como acidente de trânsito, alagamento, incêndio, ou qualquer outro para o qual a parte na concorreu, e tampouco poderia prever, se encontram no conceito de força maior, definido no art. 501 da CLT.

Alguma razão pessoal, absolutamente relevante, também pode justificar a ausência da parte, ou de seu representante, como nas hipóteses de falecimento de parente, casamento e nascimento de filho, todas previstas no art. 473 da CLT.

1.2. Ausência do Reclamante

A ausência do Reclamante à audiência inaugural, sem qualquer justificativa plausível, importa em extinção do processo, sem resolução do mérito, na forma do art. 267, IV, do CPC/73 (art. 485, IV, do CPC/2015).

A sentença de extinção melhor traduz, tecnicamente, o "arquivamento" referido no art. 844 da CLT. Onde se lê, no mesmo artigo, "ausência do reclamante", entenda-se ausência do empregado, pois esta foi a intenção da norma, presente na CLT desde sua redação original. A regra pretende promover um equilíbrio entre empregado e empregador, beneficiando o reclamante com uma consequência menos severa por sua ausência, se comparada aos efeitos da revelia pela ausência do reclamado.

Questão intrincada diz respeito à ausência do empregador na posição de reclamante, como, v.g., no Inquérito para Apuração de Falta Grave (art. 853, da CLT). Parece-nos que também ocorrerá o arquivamento da reclamação, mas não por influência do princípio protetivo. O comparecimento do reclamante é pressuposto para desenvolvimento válido e regular do processo, cujo descumprimento gera a extinção do processo, sem resolução de mérito (CPC/73, art. 267, IV e CPC/2015, art. 485, IV). Não pode ser outra a consequência processual para a ausência do empregador-reclamante. A confissão, na hipótese, é inviável, pois o reclamado (empregado) sequer apresentou sua defesa.

A ausência do reclamante só não importará em arquivamento quando adiada a audiência por qualquer motivo, sendo as partes, autor e réu, intimadas a prestar depoimento na audiência seguinte; nesta hipótese, o reclamante, ausente na audiência de prosseguimento, desde que tenha sido contestado o pedido, frustrou a possibilidade do réu colher seu depoimento, resultando, portanto, na confissão ficta do reclamante (art. 343, § 1º, do CPC/73 e art. 385, § 1º, do CPC/2015). O tema já foi muito controvertido na doutrina e igualmente na jurisprudência, como demonstra o histórico feito por Amauri Mascaro, Curso, 2008, p. 515-519, mas hoje se encontra pacificado pelas Súmulas 9 e 74, do TST.

1.3. Consequências do arquivamento

O arquivamento é melhor definido como extinção do processo sem resolução do mérito. Trata-se de sentença terminativa por ausência de um pressuposto processual – comparecimento do reclamante. Como não há apreciação do mérito, nada obsta a renovação da demanda, na forma do art. 268 do CPC/73 (art. 486 do CPC/2015). Contudo, o reclamante será condenado a recolher as custas, calculadas sobre o valor atribuído à causa na Petição Inicial. O reclamante, ainda que beneficiário da gratuidade de justiça, continua obrigado ao recolhimento das custas, conforme prevê o art. 844, § 2º, da CLT. Nesta hipótese, as custas não estão sendo definidas como despesa processual, mas sim como uma multa pela ausência injustificada, pois só assim se pode reconhecer juridicidade à regra citada. Neste sentido, o art. 98, § 4º, do CPC/2015: " § 4º A concessão de gratuidade não afasta o dever de o beneficiário pagar, ao final, as multas processuais que lhe sejam impostas.".

1.3.1. Recolhimento das custas como condição para renovação da demanda

Diante da extinção do processo, o reclamante será condenado nas custas, calculadas sobre o valor atribuído à reclamação (art. 789, II, da CLT). Parte da doutrina trabalhista insistia na comprovação do recolhimento das custas do processo arquivado para que pudesse o reclamante renovar a demanda em juízo.

A tese endossava a aplicação do art. 268, caput, do CPC/73, ao processo do trabalho, texto legal cujo teor foi repetido no art. 486, § 2º, do CPC/2015, a seguir transcrito:

> "Art. 486. O pronunciamento judicial que não resolve o mérito não obsta a que a parte proponha de novo a ação. (...) § 2º A petição inicial, todavia, não será despachada sem a prova do pagamento ou do depósito das custas e dos honorários de advogado.". Defendem esta tese, dentre outros, Russomano, Comentários, Vol. II, 1993, p. 823.

A posição sempre foi minoritária na doutrina trabalhista, como também na jurisprudência, diante da aprovação da OJ nº 409 da SBDI-1/TST que referendou a sistemática da CLT (art. 789), quanto à cobrança das custas no processo do trabalho, tratando de tema análogo.

Contrariando a posição majoritária, contudo, o texto do art. 844, § 3º, criou nova condição da ação (condição de procedibilidade), impondo o recolhimento das custas do processo arquivado, para a parte possa renovar, em juízo, idêntica postulação.

A demanda renovada será remetida ao mesmo juízo que determinou a extinção do processo, diante de sua prevenção, nos termos do art. 253, II, do CPC/73, que corresponde ao art. 286, II, do CPC/2015. (vide comentários ao art. 715 da CLT).

Dando o reclamante causa a dois arquivamentos consecutivos, sujeitar-se-á à sanção do art. 731 da CLT, conforme remissão do art. 732, a cujos comentários nos reportamos.

Sobre a prescrição e sua interrupção pela reclamação arquivada, também nos reportamos aos comentários aos artigos 731 e 732 da CLT.

1.4. Revelia no processo civil e no processo do trabalho

É tradicional e antiga a distinção da revelia no processo civil e no processo do trabalho, ainda que os efeitos decorrentes deste fenômeno sejam semelhantes em ambos. No processo civil a revelia é, em apertada síntese, a omissão da parte em não contestar, no prazo e forma legal, as pretensões formuladas pelo autor. A revelia se caracteriza, portanto, pela não contestação. Mesmo que o réu apresente outras modalidades de resposta, como a exceção e a reconvenção, mas não conteste os pedidos feitos pelo autor, continuará a ser considerado revel.

No processo do trabalho a revelia não é caracterizada pela ausência de contestação, mas sim pela ausência da parte que está obrigada a comparecer em juízo; tanto assim que presente o réu, mas ausente o advogado constituído pela parte, não há revelia, e a audiência será adiada para que possa o réu estar devidamente assistido na próxima audiência. Ocorrendo o contrário, ou seja, ausente o réu, mas presente seu advogado, ainda que munido de procuração, será considerado revel, segundo a jurisprudência predominante do TST, consubstanciada na S. 122.

A revelia tem como efeito material a confissão ficta pelo reclamado, quanto aos fatos articulados na Petição Inicial. Até mesmo os entes públicos se sujeitam a tal efeito (OJ nº 152, da SBDI-1/TST).

O julgamento antecipado da lide é o principal efeito processual da revelia (art. 330, II, do CPC/73 e art. 355, II, do CPC/2015); no processo do trabalho a revelia também gera esta consequência, mas nada obsta que o juiz, na busca da verdade real, interrogue o autor com intuito de adquirir mais elementos para seu convencimento.

O autor não poderá, diante de revelia do réu, alterar a demanda, na causa de pedir, pedido ou mesmo requerer a inclusão de qualquer réu; esta inovação afrontaria a estabilização da demanda. A alteração só seria possível se o autor, renunciando aos efeitos da revelia, concordasse com nova citação do réu (CPC/73, art. 321). Esta regra não se repetiu no CPC/2015, mas a nossa opinião é no sentido de que ainda se insere na faculdade do autor da ação a possibilidade de renunciar aos efeitos da revelia para modificar a petição inicial, desde que restituído ao réu a oportunidade para a defesa. É a hipótese, v.g., de pedido formulado pelo autor com poucas chances de êxito, diante da escassez de fundamentos na Petição Inicial, e que este pretende robustecer com argumentos novos ou com citação da mudança da jurisprudência, mesmo tendo ocorrido a revelia.

A desistência da demanda não poderá ocorrer diante da revelia, como se observa da norma do art. 267, § 4º, do CPC: "Depois de decorrido o prazo para a resposta, o autor não poderá, sem o consentimento do réu, desistir da ação.".

No mesmo sentido o art. 485, § 4º, do CPC/2015: "Oferecida a contestação, o autor não poderá, sem o consentimento do réu, desistir da ação.".

O processo do trabalho, conforme art. 841, § 3º, com redação da Lei nº 13.467, de 13.07.2017, tem idêntica disposição: "Oferecida a contestação, ainda que eletronicamente, o reclamante não poderá, sem o consentimento do reclamado, desistir da ação.".

No processo civil o réu revel não será intimado dos demais atos do processo, mas caso tenha constituído advogado este será cientificado (CPC/73, art. 322 e CPC/2015, art. 346). No processo do trabalho, mesmo sem advogado, o réu revel será cientificado, pessoalmente, da sentença de revelia, conforme exigência do art. 852 da CLT. A partir da sentença, contudo, somente o advogado será intimado dos demais atos do processo, da mesma forma que o processo civil, salvo quanto à citação que inicia a fase de execução, pois esta deve ser dirigida ao réu pessoalmente (CLT, art. 880).

1.5. Ausência do réu e presença de seu advogado

O entendimento dominante considera revel o réu ausente, mesmo quando presente seu advogado (S. 122 do TST). Esta posição foi contrariada pelo art. 844, § 5º, da CLT, introduzido pela Lei nº 13.467, de 13.07.2017, que admite o recebimento da contestação com documentos, mesmo diante da ausência da parte à audiência. Sempre defendemos, contrariamente ao entendimento majoritário, a posição que restou vitoriosa no texto legal, conforme comentários a seguir transcritos:

> "Parece-nos que o comparecimento do advogado regularmente constituído, portando defesa com documentos, além de carta indicando o preposto ausente, deve ser interpretado como ânimo de defesa. A ausência do preposto, ou da própria parte, neste caso, decorreu de seu atraso ou impossibilidade de comparecimento, mas em nenhum momento o réu foi inerte a ponto de não querer se defender.
>
> Diante da inequívoca intenção do réu em se defender, entendemos que deverá o juiz juntar aos autos contestação com documentos, mesmo que considere o réu confesso quanto aos fatos articulados na Inicial. A confissão decorrente da ausência do réu, ou de seu preposto, é de eficácia relativa, sendo possível ser elidida pelas provas documentais trazidas com a defesa, conforme S. 74/TST (neste sentido, Mauro Schiavi, Manual, 2008, p. 389). A este entendimento me curvei quando, no exercício da magistratura, tive a oportunidade de julgar totalmente improcedentes os pedidos formulados pelo autor, não obstante a ausência do réu, diante dos documentos que foram trazidos com a defesa.". (Consolidação das Leis do Trabalho para Concursos, 2016, p. 1.012).

1.5.1. Ausência simultânea: reclamante e reclamado

Ausentes simultaneamente à audiência inaugural, reclamante e reclamado, o juízo deve promover o arquivamento da reclamação, extinguindo o processo sem resolução do mérito. Isto se dá porque a inércia do autor, que não compareceu, é considerada desinteresse em prosseguir com a demanda. O réu é chamado a se defender de demanda que lhe foi proposta. Quando o autor não comparece, sequer há que se perquirir se o réu está ou não presente. A atitude do réu representa a antítese (exposição de ideias opostas). Não havendo tese a ser defendia, pela inércia do autor, nenhuma consequência processual se extrai da ausência do réu. Sua ausência, nesta hipótese, é irrelevante para o processo.

Diferente circunstância se observa quando da ausência de ambos, reclamante e reclamado, na audiência de instrução, posteriormente à contestação, apresentada na audiência inaugural. Ambos estavam cientes de que, na instrução processual, haveria depoimento pessoal, com o intuito de se obter a confissão. A ausência de ambos importa em confissões recíprocas (S. 74 do TST). O resultado do processo dependerá do ônus da prova que recair sobre cada parte (neste sentido, Leone Pereira, Processo, 2011, p. 445).Por exemplo: o reclamante postula reconhecimento do vínculo de emprego, pedido este contestado na audiência inaugural, alegando o réu mera prestação de serviços a título eventual. O reclamado, com tal alegação, atraiu o ônus da prova, conforme regra disposta no art. 333, II, do CPC/73, correspondente ao art. 373, II, do CPC/2015 (o fato impeditivo incumbe ao réu).

A ausência de ambos à audiência de instrução, no exemplo proposto, só trará consequências negativas para o réu, pois mantinha o ônus de demonstrar o fato impeditivo (trabalho eventual).

O autor não tinha mais qualquer ônus, considerando que o réu reconheceu o fato constitutivo do direito do autor (prestação de serviços). Consequentemente, sua ausência, no exemplo proposto, não trará qualquer influência para o resultado do processo.

1.5.2. Hipóteses em que a revelia não induz à confissão

O art. 844, § 4º, I a IV, é reprodução literal do art. 345, I a IV, do CPC/2015. Portanto, a doutrina processual civil, quanto à interpretação destes dispositivos, será de enorme utilidade.

Art. 844, § 4º, I, da CLT (art. 345, I, do CPC/2015) – Os litisconsortes serão considerados, em suas relações com a parte adversa, como litigantes distintos, exceto no litisconsórcio unitário, caso em que os atos e as omissões de um não prejudicarão os outros, mas os poderão beneficiar. (art. 117, do CPC/15).

A doutrina sempre interpretou que a hipótese do art. 345, I, do CPC/2015 (correspondente ao art. 320, I, do CPC/73), por meio do qual a defesa de um litisconsorte aproveita os demais, só se aplica ao litisconsórcio unitário, cuja sentença precisa ser uniforme para os litisconsortes, conforme art. 116 do CPC/2015, que correspondia, em parte, ao art. 47 do CPC/73 (neste sentido, Marinoni-Mitidiero, Comentários, 2008, p. 134 e Didier, Curso, Vol. I, 2009, p. 313, que também defende a aplicação do art. 320, I, do CPC/73 ao litisconsórcio simples, se houver um fato comum aos litisconsortes, "porque não poderia o magistrado considerar o fato existente para um, em razão da confissão ficta oriunda da revelia (art. 319 do CPC/73), e não existente para o outro, que apresentou defesa."). Portanto, a defesa de um dos integrantes de grupo econômico se estende ao litisconsorte ausente, tendo em vista que o pedido do autor é de condenação solidária do réus, com fundamento no art. 2º, § 2º, da CLT.

Art. 844, § 4º, II, da CLT (art. 345, II, do CPC/2015) – O direito do trabalho é impregnado de normas de ordem pública, que em muitos casos impedem a transação e a renúncia; pelas mesmas razões impediriam a confissão. Todavia, quase que invariavelmente, o empregado assume a posição de autor, de forma que não haveria qualquer indisponibilidade de interesse que impedisse o réu de confessar. A indisponibilidade dos direitos trabalhistas protege o empregado e a confissão dos direitos por este postulados lhe favorece. A proteção legal referida nesta regra se destina aos direitos inerentes à personalidade, de família, etc. Somente num exercício de inteligência se pode vislumbrar a atuação prática deste preceito.

Art. 844, § 4º, III, da CLT (art. 345, III, do CPC/2015) – A informalidade inerente ao contrato de emprego torna rara a existência de elemento material que a lei considere indispensável à prova do ato, diante do princípio da primazia da realidade, que se sobrepõe à forma. Contudo, alguns documentos são insubstituíveis por qualquer outra prova, com é o caso dos instrumentos normativos. Não há como se presumir o direito previsto em norma coletiva, pois a petição inicial precisa trazer o documento, que é indispensável ao reconhecimento do direito. Nesta circunstância, mesmo que o réu não compareça à audiência, tornando-se revel, não haverá como se deferir qualquer direito baseado em norma coletiva que não veio aos autos. Tal qual o direito estrangeiro, municipal, estadual e consuetudinário (art. 376, do CPC/2015), a norma coletiva também não se insere no princípio *iura novit curia* (o juiz conhece o direito), pois depende de prova. A revelia não tem como gerar confissão sobre documento essencial que não foi trazido à colação.

Art. 844, § 4º, IV, da CLT (art. 345, IV, do CPC/2015) – A confissão decorrente da revelia é presumida, ficta, admitindo, portanto, prova em sentido contrário. A ausência do réu não pode transformar fatos narrados na Inicial em verdadeiros se forem notoriamente impossíveis ou inverossímeis. A impossibilidade do fato deve se destacar na Inicial, independentemente de qualquer ilação. É a hipótese, v.g, de empregado que narra jornada impossível de ser cumprida, pois, em cálculo simples, ultrapassaria de 24 horas por dia. Como explicam Marinoni-Arenhart--Mitidieiro, 2015, p. 373: "...há rigorosamente, presunção contra presunção: a presunção oriunda daquilo que normalmente acontece neutraliza a presunção oriunda da revelia.". Da mesma forma, não haverá confissão no confronto entre o fato narrado na Inicial e outras provas produzidas nos autos. Trata-se de confissão (prova presumida) em confronto com prova substancial. Por exemplo, a confissão do pedido de equiparação salarial não impede o exame de anotações feitas na CTPS, juntadas pelo próprio autor, demonstrando que não havia contemporaneidade entre ele o paradigma indicado em sua Inicial.

1.6. Atraso da parte para a audiência

A jurisprudência não tolera o atraso da parte à audiência (OJ nº 245 da SBDI-1/TST). Sobre este tema nos manifestamos nos comentários ao art. 815 da CLT.

1.7. Réu Revel: nomeação de curador

No processo do trabalho há polêmica quanto à necessidade nomeação de curador, na ausência do réu citado por edital, na forma do art. 841, § 1º, da CLT. Sobre o tema vide comentários ao art. 736 da CLT no tópico: "O réu revel citado por edital.".

2. SÚMULAS E ORIENTAÇÕES JURISPRUDENCIAIS

Súmula nº 9 – TST

AUSÊNCIA DO RECLAMANTE (mantida) – Res. 121/2003, DJ 19, 20 e 21.11.2003

A ausência do reclamante, quando adiada a instrução após contestada a ação em audiência, não importa arquivamento do processo.

Súmula nº 74 – TST

CONFISSÃO (atualizada em decorrência do CPC de 2015) – Res. 208/2016, DEJT divulgado em 22, 25 e 26.04.2016

I – Aplica-se a confissão à parte que, expressamente intimada com aquela cominação, não comparecer à audiência em prosseguimento, na qual deveria depor. (ex-Súmula nº 74 – RA 69/1978, DJ 26.09.1978)

II – A prova pré-constituída nos autos pode ser levada em conta para confronto com a confissão ficta (arts. 442 e 443, do CPC de 2015 – art. 400, I, do CPC de 1973), não implicando cerceamento de defesa o indeferimento de provas posteriores. (ex-OJ nº 184 da SBDI-I – inserida em 08.11.2000)

III – A vedação à produção de prova posterior pela parte confessa somente a ela se aplica, não afetando o exercício, pelo magistrado, do poder/dever de conduzir o processo.

Súmula nº 122 – TST

REVELIA. ATESTADO MÉDICO (incorporada a Orientação Jurisprudencial nº 74 da SBDI-1) – Res. 129/2005, DJ 20, 22 e 25.04.2005

A reclamada, ausente à audiência em que deveria apresentar defesa, é revel, ainda que presente seu advogado munido de procuração, podendo ser ilidida a revelia mediante a apresentação de atestado médico, que deverá declarar, expressamente, a impossibilidade de locomoção do empregador ou do seu preposto no dia da audiência. (primeira parte – ex-OJ nº 74 da SBDI-1 – inserida em 25.11.1996; segunda parte – ex-Súmula nº 122 – alterada pela Res. 121/2003, DJ 21.11.2003)

OJ-152 SBDI-1 – TST

REVELIA. PESSOA JURÍDICA DE DIREITO PÚBLICO. APLICÁVEL. (Art. 844 DA CLT). Inserida em 27.11.98 (inserido dispositivo, DJ 20.04.2005)

Pessoa jurídica de direito público sujeita-se à revelia prevista no artigo 844 da CLT.

OJ-245 SBDI-1 – TST

REVELIA. ATRASO. AUDIÊNCIA. – Inserida em 20.06.01

Inexiste previsão legal tolerando atraso no horário de comparecimento da parte na audiência.

3. INFORMATIVOS DO TST

- ***Revelia e confissão ficta. Atraso do preposto à audiência inaugural. Comparecimento antes da tentativa de conciliação. Ausência de contrariedade à Orientação Jurisprudencial nº 245 da SBDI-I.***

  Conquanto a Orientação Jurisprudencial nº 245 da SBDI-I estabeleça que "inexiste previsão legal tolerando o atraso no horário de comparecimento da parte na audiência", esse entendimento deve ser conjugado com os princípios da informalidade e da simplicidade que regem o Processo do Trabalho. Assim, tendo em conta que, no caso, a audiência teve início com a presença do advogado da reclamada e o preposto adentrou a sala sete minutos após o início, no momento em que o juiz designava perito, porém antes da tentativa de conciliação, participando da sessão até seu término, a SBDI-I, em sua composição plena, decidiu, pelo voto prevalente da Presidência, não conhecer dos embargos, ressaltando que, no caso, não há registro de que o comparecimento tardio do preposto tenha causado prejuízo à audiência ou retardado ato processual. Vencidos os Ministros Rosa Maria Weber, relatora, Antônio José de Barros Levenhagen, Lelio Bentes Corrêa, Horácio Raymundo de Senna Pires, Augusto César Leite de Carvalho, José Roberto Freire Pimenta e Delaíde Miranda Arantes, os quais conheciam do recurso por contrariedade à Orientação Jurisprudencial nº 245 da SBDI-I e, no mérito, davam-lhe provimento para declarar a revelia e aplicar a confissão à reclamada quanto à matéria de fato. TST-E-RR-28400-60.2004.5.10.0008, SBDI-I, rel. Min. Rosa Maria Weber, red. p/ acórdão Min. Maria Cristina Irigoyen Peduzzi, 24.5.2012. (informativo nº 10)

- ***Confissão real. Valoração. Existência de prova em contrário. Princípio do livre convencimento do juiz.***

  O princípio do livre convencimento do juiz, consubstanciado no art. 131 do CPC, que estabelece a liberdade do julgador no exame das provas produzidas no curso da instrução processual, permite concluir que a confissão real não se sobrepõe, por si só, ao conjunto das demais provas constantes dos autos, cabendo ao juiz definir seu valor, à luz das circunstâncias de cada caso. Com esse entendimento, a SBDI-I, por unanimidade, conheceu dos embargos por divergência jurisprudencial e, no mérito, por maioria, negou-lhes provimento, mantendo decisão turmária que, na hipótese, reconheceu a possibilidade de se elidir os efeitos da confissão resultante de depoimento pessoal por meio de prova em contrário juntada aos autos e não impugnada. Vencidos os Ministros Milton de Moura França, Horácio Senna Pires, Renato de Lacerda Paiva, Aloysio Corrêa da Veiga, Augusto César de Carvalho e Delaíde Miranda Arantes. TST-E-ED-ED-ED-RR-112300-51.2000.5.02.0024, SBDI-I, rel. Min. Lelio Bentes Corrêa, 21.6.2012. (informativo nº 14)

4. QUESTÕES DE CONCURSOS

01. (TRT – 6ª REGIÃO/JUIZ DO TRABALHO SUBSTITUTO/2010/ADAPTADA) A revelia não implica a procedência de todos os pedidos formulados na inicial.

02. (TRT – 17ª REGIÃO/TÉCNICO JUDICIÁRIO/CESPE/2009/ADAPTADA) Quando o reclamante não comparece à audiência una, o arquivamento do processo pode ser determinado pelo juízo.

03. (TRT – 8ª REGIÃO/JUIZ DO TRABALHO/2007) Após apresentada a defesa e adiada a instrução, e se fazendo presente somente o demandado na sessão de prosseguimento, não há motivo para arquivamento da ação.

04. (TRT 4 – Técnico Judiciário – Área Administrativa/2011) Considere as seguintes assertivas a respeito do arquivamento do processo na Justiça do Trabalho:

I. A ausência do reclamante, quando adiada a instrução após contestada a ação em audiência, não importa arquivamento do processo.

II. Se por doença, devidamente comprovada, não for possível ao empregado comparecer pessoalmente à audiência UNA, não poderá fazer-se representar por outro empregado que pertença à mesma profissão.

III. Aquele que por duas vezes seguidas der causa ao arquivamento de reclamação trabalhista pelo não comparecimento na audiência UNA ficará impossibilitado de ajuizar reclamação trabalhista pelo período de três meses contados do último arquivamento.

Está correto o que se afirma SOMENTE em:

a) I.

b) III.

c) I e II.

d) II e III.

05. (FCC – TRT 23 – Analista Judiciário/2011) Com relação à Revelia e à Confissão, considere:

I. Para elidir a revelia basta a presença do advogado do réu na audiência munido de procuração e contestação.

II. A revelia implica o prosseguimento do processo contra o réu, independentemente de intimação ou notificação para a contagem do início dos prazos ou para atos do processo, com exceção da sentença, da qual o réu revel será intimado.

III. Em sede de Ação Rescisória não há lugar para os efeitos da revelia, assim, nesta ação a revelia não produz confissão.

Está correto o que se afirma APENAS em

a) II e III.

b) I e II.

c) I e III.

d) III.

e) I.

06. (FCC – TRT 8 – Analista Judiciário/2010) Messias, metalúrgico, ajuizou reclamação trabalhista em face de sua ex-empregadora, a empresa X. No dia da audiência Messias teve um problema estomacal e foi internado em hospital. Sua irmã, preocupada com a audiência, levou toda a documentação para seu amigo, o metalúrgico Sidnei. Neste caso, o comparecimento de Sidnei na audiência com o atestado médico comprobatório da sua internação

a) não evita o arquivamento da ação, tendo em vista que Sidnei não é competente para representar Messias.

b) evita o arquivamento da reclamação.

c) evita o arquivamento da reclamação bastando que Sidnei apresente procuração de Messias.

d) evita o arquivamento da reclamação desde que Sidnei apresente procuração de Messias e compareça com advogado legalmente habilitado.

e) evita o arquivamento da reclamação, desde que compareça com advogado legalmente habilitado, bem como com duas testemunhas que conheçam o fato.

07. (TRT 3 – Juiz do Trabalho Substituto 3ª região/ 2012/ADAPTADA) Analise a afirmação a seguir: segundo o entendimento do TST, aplica-se também às pessoas jurídicas de direito público a revelia, caso elas não compareçam, injustificadamente, à audiência na qual deveriam apresentar respostas.

08. (FCC – Juiz do Trabalho Substituto 18ª região/2014) Com relação à confissão e revelia no Processo do Trabalho,

a) o ânimo de defesa, demonstrado pela presença do advogado em audiência, munido de procuração, uma vez ausente o preposto, é capaz de impedir a declaração de revelia.

b) poderá ser ilidida a revelia mediante a apresentação de atestado médico, ainda que não declare, expressamente, a impossibilidade de locomoção do empregador ou do seu preposto no dia da audiência.

c) exceto quanto à reclamação de empregado doméstico e controvérsias decorrentes da relação de trabalho, o preposto deve ser necessariamente empregado do reclamado.

d) aplica-se a confissão ao reclamante ou à reclamada que, expressamente intimados com aquela cominação, não comparecer à audiência em prosseguimento, na qual deveria depor.

e) se o preposto comparecer em audiência, sem ostentar a condição de empregado, deverá o Juiz abrir prazo para que a irregularidade seja sanada.

09. (TRT 23 – Juiz do Trabalho Substituto 23ª região/ 2014) A luz da lei e da jurisprudência cristalizada pelo Tribunal Superior do Trabalho, aponte a alternativa INCORRETA:

a) É facultado ao empregador fazer-se substituir, em audiência, pelo gerente, ou qualquer outro preposto que tenha conhecimento dos fatos; somente se admite que o preposto não seja empregado na hipótese do empregador doméstico.

b) Quando a decisão concluir pela procedência do pedido, determinará o prazo e as condições para seu cumprimento.

c) O reclamado ausente à audiência em que deveria apresentar defesa é revel, ainda que presente seu advogado munido de procuração.

d) A nulidade não será pronunciada quando for possível suprir-se a falta ou repetir o ato, bem como quando arguida por quem lhe tiver dado causa.

e) Não sendo liquida a condenação, o juiz arbitrar-lhe-á o valor e fixará o montante das custas judiciais.

10. (FCC – Analista Judiciário – Área Judiciária – TRT 24/2017) A empresa Mutilados Produtos Hospitalares foi acionada em reclamação trabalhista movida por seu ex-empregado Thor. Em audiência inaugural, não havendo possibilidade de acordo, o Juiz recebeu a defesa da reclamada e adiou a audiência para instrução em razão da ausência de uma testemunha convidada pelo reclamante. Na audiência de instrução em prosseguimento, compareceram apenas o reclamante com seu advogado e o advogado da reclamada, visto que o seu cliente se esqueceu da audiência e não enviou preposto. Nessa situação,

a) aplica-se a confissão à parte que, expressamente intimada com aquela cominação, não comparecer à audiência em prosseguimento, na qual deveria depor.

b) deve ser designada outra audiência porque o adiamento da primeira audiência decorreu de interesse do reclamante, em observância aos princípios do contraditório e da ampla defesa.

c) o não comparecimento do reclamado importa revelia, além de confissão quanto à matéria de fato, devendo ser marcado o julgamento.

d) não se aplica a confissão à parte que não comparecer à audiência em prosseguimento, na qual deveria depor, caso seu advogado compareça e, tendo conhecimento dos fatos, atue como preposto da empresa, cujas declarações obrigarão o proponente.

e) se o juiz entender que não é necessário o interrogatório da reclamada não será aplicada a confissão ficta requerida pela parte contrária, ainda que a reclamada tenha sido expressamente intimada com aquela cominação.

GAB	1	C	2	C	3	C	4		5	A	6	B	7	C	8	D	9	A	10	A

✦ **PROVAS EM AUDIÊNCIA**

Art. 845. O reclamante e o reclamado comparecerão à audiência acompanhados das suas testemunhas, apresentando, nessa ocasião, as demais provas.

1. COMENTÁRIOS

No processo do trabalho há uma enorme concentração de atos em audiência: postulação das partes, conciliação, instrução probatória e até mesmo a sentença; tudo corolário do princípio da oralidade.

As provas especialmente produzidas em audiência são as orais: interrogatório, depoimento pessoal, testemunhal e inquirição de peritos; sobre interrogatório e depoimento pessoal, vide comentários ao art. 820; sobre a prova testemunhal vide comentários aos artigos 821 a 825, 828 e 829, além do art. 852-H (sumaríssimo). O art. 827 cuida da possibilidade de inquirição de peritos em audiência.

A prova documental será produzida pelo autor com sua Inicial (art. 787 da CLT), pois somente o réu trará seus documentos à audiência, acompanhando sua contestação. O reclamante só poderá produzir prova documental em audiência em se tratando de documento novo; a jurisprudência tem flexibilizado o rigor desta regra, permitindo a produção de prova documental enquanto não encerrada a instrução probatória (sobre o tema vide comentários ao art. 787 da CLT).

2. QUESTÕES DE CONCURSOS

01. (TRT – 1ª REGIÃO/ANALISTA JUDICIÁRIO/CESPE/2008/ADAPTADA) As partes devem apresentar rol de testemunhas, para que sejam intimadas.

02. (TRT – 8ª REGIÃO/JUIZ DO TRABALHO/2007/ADAPTADA) No processo trabalhista, não incumbe à parte, no bojo da contestação, a obrigatoriedade de apresentação do rol de testemunhas.

GAB	1	E	2	C

✦ **CONCILIAÇÃO: 1ª OPORTUNIDADE**

Art. 846. Aberta a audiência, o juiz ou presidente proporá a conciliação. (Redação dada pela Lei nº 9.022, de 5.4.1995)

✦ **TERMO DE CONCILIAÇÃO**

§ 1º – Se houver acordo lavrar-se-á termo, assinado pelo presidente e pelos litigantes, consignando-se o prazo e demais condições para seu cumprimento.

✦ **DESCUMPRIMENTO DO ACORDO: SANÇÕES**

§ 2º – Entre as condições a que se refere o parágrafo anterior, poderá ser estabelecida a de ficar a parte que não cumprir o acordo obrigada a satisfazer integralmente o pedido ou pagar uma indenização convencionada, sem prejuízo do cumprimento do acordo.

1. COMENTÁRIOS

Sobre a natureza jurídica da conciliação, importância e nulidade – quando ausente a proposta do juízo – vide comentários ao art. 764, da CLT.

Sobre a eficácia do acordo homologado, que faz coisa julgada material, vide comentários ao art. 831 da CLT.

O § 2º, deste art. 846, cuida da possibilidade do acordo fixar uma cláusula penal, obrigando o inadimplente a satisfazer integralmente o pedido ou a pagar uma indenização convencionada, sem prejuízo, nesta segunda hipótese, do cumprimento das demais cláusulas ajustadas pelos transatores. Tradicionalmente, o direito civil classificaria esta cláusula penal como compensatória, pois estipulada para o caso do devedor cumprir a totalidade da obrigação, e não algumas cláusulas do acordo; ademais, o texto do § 2º parece ter a intenção de antecipar a indenização por perdas e danos, o que só confirma a natureza compensatória da cláusula penal.

A cláusula penal moratória, que também se ajustada no acordo, é fixada para descumprimento de alguma cláusula especial, ou simplesmente para evitar a mora (Cassettari, Cláusula, 2009, p. 65-66). Para esta modalidade de cláusula penal (moratória) admite-se que o juiz possa reduzi-la, quando se mostrar excessiva, adequando-a ao valor da obrigação principal, ou seja, da obrigação reconhecida no termo de conciliação; também será possível sua redução proporcional, quando somente parte das obrigações previstas no acordo não for cumprida (neste sentido os artigos 412 e 413 do Código Civil).

Como dito, a cláusula penal referida no texto do § 2º não é moratória, e sim compensatória, pois antecipa as perdas e danos provocados pela parte que descumpriu o acordo; este tipo de cláusula não se limita ao valor da obrigação principal, podendo ultrapassá-lo, conforme o caso.

No caso concreto muitas vezes é difícil identificar se a cláusula penal é moratória ou compensatória. Para solucionar tal impasse, parte da doutrina tem proposto a identificação da natureza da cláusula penal conforme seu conteúdo, podendo ser classificada, mesmo para o descumprimento de cláusula especial do contrato, ora como compensatória, ora com moratória (Cassettari, 2009, p. 67).

Na praxe forense os juízes costumam fixar a cláusula penal com o intuito de evitar a mora, mas muitas vezes em percentuais tão elevados que geram dúvidas quanto à natureza da cláusula.

2. QUESTÕES DE CONCURSOS

01. (FCC – TRT 11 – Analista Judiciário/2012) No processo do trabalho, o Juiz deverá propor a conciliação

a) somente quando o valor da causa o permitir.

b) somente quando houver requerimento das partes.

c) após a apresentação da defesa e ao término da instrução processual.

d) na abertura da audiência, antes da apresentação da defesa e renovadas após as razões finais.

e) após a oitiva das partes e quando do encerramento da instrução processual.

02. (FCC – Juiz do Trabalho Substituto 11ª região/ 2012) O Processo do Trabalho apresenta como traços identificadores a oralidade, a concentração dos atos processuais e o aspecto conciliatório. Em relação às propostas de conciliação no Processo do Trabalho, é correto afirmar que

a) estão vinculadas ao valor atribuído à causa, sendo portanto obrigatórias apenas nas ações de alçada e de rito sumaríssimo.

b) devem ser realizadas após a apresentação da defesa e renovadas após as razões finais, caso as partes queiram aduzi-las.

c) não há obrigatoriedade na sua realização, constituindo-se assim em faculdade do Juiz na direção do processo.

d) devem ser realizadas em dois momentos: após a abertura da audiência, mas antes da apresentação da defesa; terminada a instrução processual, após as razões finais, caso as partes queiram aduzi-las.

e) somente podem ser realizadas após a oitiva das partes e quando do encerramento da instrução processual, antes das razões finais.

GAB	1	D	2	D

✦ **DEFESA: 20 MINUTOS**

Art. 847. Não havendo acordo, o reclamado terá vinte minutos para aduzir sua defesa, após a leitura da reclamação, quando esta não for dispensada por ambas as partes. (Redação dada pela Lei nº 9.022, de 5.4.1995)

✦ **FORMA ESCRITA FACULTATIVA**

Parágrafo único. A parte poderá apresentar defesa escrita pelo sistema de processo judicial eletrônico até a audiência. (Redaçao da Lei n° 13.467, de 13.07.2017).

1. COMENTÁRIOS

1.1. Contestação: forma e momento

O termo "defesa", referido neste artigo, é interpretado como "resposta do réu", englobando, portanto, as exceções e a reconvenção (Bezerra Leite, Curso, 2007, p. 521; Manoel Antonio Teixeira Filho, Petição Inicial e Resposta do Réu, 1996, p. 146 e Martins, Comentários, 2010, p. 897). Sobre exceção e reconvenção nos reportamos aos comentários aos arts. 799 a 802 da CLT.

A contestação, apresentada em audiência, é prevista sob a forma verbal, sendo oferecida em 20 minutos, como prescreve o art. 847, caput, acima. Nada obsta sua apresentação sob a forma escrita, como vem se observando na praxe forense, mas tal formalidade não é exigida por lei. Nem mesmo o processo judicial eletrônico exige a forma escrita da defesa, como se percebe da faculdade do termo "poderá", utilizado no § único, do art. 847, introduzido pela Lei n° 13.467, de 13.07.2017. A defesa oral, obviamente, é feita em audiência, logo depois de rejeitada a conciliação, como se lê no art. 847, caput, da CLT. Todavia, quanto ao processo eletrônico, algumas instruções normativas recomendam o envio da contestação, pelo sistema Pje, pelo menos 48 horas antes da audiência (art. 22, § 1º, da Resolução CSJT nº 185, de 24.03.2017). Sendo recomendação, como de fato é, não há qualquer violação ao texto legal do parágrafo único, acima. A defesa, mesmo no Pje, pode ser apresentada até a audiência, ainda que não seja recomendável.

1.2. Ônus da impugnação especifica dos fatos

A revelia, no processo do trabalho, decorre da ausência da parte e não da falta de contestação (art. 843, acima). Contudo, estando presente a parte e não apresentando contestação, os fatos narrados pelo autor na Inicial tornam se incontroversos; a impugnação especifica dos fatos é princípio que deve ser observado tanto no processo civil quanto no do trabalho (CPC/73, art. 302 e CPC/2015, art. 341).

O fato não impugnado na defesa se torna incontroverso (art. 302 do CPC/73 e art. 341 do CPC/2015) e, consequentemente, dispensa qualquer produção probatória (CPC/73, art. 334, II e art. 374, III, do CPC/2015). O CPC/73, no art. 302 (art. 341, do CPC/2015), trata de algumas exceções a esta regra, cuja aplicação no processo do trabalho será apreciada a seguir.

a) O fato não será considerado incontroverso se não for admissível sua confissão (CPC/73, art. 302, I e CPC/2015, art. 341, I).

O direito do trabalho é impregnado de normas de ordem pública, que em muitos casos impedem a transação e a renúncia; todavia, mesmo nestes casos, a relação jurídica envolve direito de caráter patrimonial, razão pela qual, em regra, será admitida a confissão, sendo praticamente inócua a exceção do art. 302, I, do CPC/73 (art. 341, I, do CPC/2015). A proteção legal referida se destina aos direitos inerentes à personalidade, de família, etc. Nestes casos, não obstante a ausência de impugnação específica, os fatos deverão ser demonstrados, mas, como se nota pelos exemplos, não são temáticas abordadas na Justiça do Trabalho.

b) Quando a petição inicial não estiver acompanhada do instrumento público que a lei considerar da substância do ato (CPC/73, art. 302, II e CPC/2015, art. 341, II);

As relações jurídicas de emprego não exigem a prática de atos por instrumento público. Todavia, quando a Inicial não vier acompanhada de documento indispensável à propositura da ação, a revelia não poderá superar esta omissão, aplicando-se, subsidiariamente, a regra do art. 302, II, do CPC/73 (art. 341, II, do CPC/2015). É a hipótese, por exemplo, de pedido baseado em norma coletiva que não veio aos autos.

c) Quanto o fato estiver em contradição com a defesa, considerada em seu conjunto (CPC/73, art. 302, III e CPC/2015, art. 341, III);

A "defesa em seu conjunto" dificilmente será suficiente para impugnar especificamente um fato, mas esta hipótese está prevista no art. 302, III, do CPC/73 (art. 341, III, do CPC/2015). É o caso, por exemplo, da contestação de um fato que gera a negativa de outro; o réu nega que o empregado esteve trabalhando em determinado dia, portanto, restou negada, indiretamente, o exercício de horas extras neste mesmo dia.

1.3. Contestação somente por um dos réus

Os litisconsortes serão tratados, com relação à parte adversária, como litigantes distintos, de forma que os atos e omissões de um litisconsorte não prejudicarão, nem beneficiarão os outros litisconsortes, salvo disposição em contrário (art. 48, do CPC/73).

A defesa apresentada por um dos litisconsortes, cujos efeitos se estendem ao litisconsorte ausente, representa exceção à regra geral do art. 48 do CPC/73, não produzindo a revelia seus efeitos processuais e materiais quanto ao réu ausente (CPC/73, art. 320, I e art. 345, I, do CPC/2015).

A doutrina sempre interpretou que esta possibilidade só se aplica ao litisconsórcio unitário, cuja sentença precisa ser uniforme para os litisconsortes, conforme art. 47, caput, do CPC/73 (neste sentido, Marinoni-Mitidiero, Comentários, 2008, p. 134 e Didier, Curso, Vol. I, 2009, p. 313, que também defende a aplicação do art. 320, I, do CPC/73 ao litisconsórcio simples, se houver um fato comum aos litisconsortes, "porque não poderia o magistrado considerar o fato existente para um, em razão da confissão ficta oriunda da revelia (art. 319 do CPC/73), e não existente para o outro, que apresentou defesa.").

No CPC/2015, art. 117, a regra geral sobre litisconsórcio foi alterada para claramente admitir o que já estava consagrado na doutrina: "Os litisconsortes serão considerados, em suas relações com a parte adversa, como litigantes distintos, exceto no litisconsórcio unitário, caso em que os atos e as omissões de um não prejudicarão os outros, mas os poderão beneficiar.".

1.4. A matéria da defesa

Toda matéria de defesa deve ser concentrada na contestação, conforme art. 300, do CPC/73 (art. 336 do CPC/2015), que consagra o princípio da concentração, salvo: **a)** as matérias alegáveis por outros meios processuais, como as exceções de incompetência territorial e de suspeição (CLT, art. 799); **b)** as que podem ser alegadas a qualquer tempo ou grau de jurisdição (art. 342, III, do CPC/2015); **c)** relativas a direito ou fato superveniente (art. 342, I, do CPC/2015); **d)** aquelas que o juiz possa conhecer de ofício, por expressa disposição legal (CPC/2015, art. 342, II).

Na contestação o réu deve concentrar suas defesas processuais, como as preliminares do art. 301 do CPC/73 e **art. 337 do CPC/2015** e materiais, como a prejudicial de prescrição e as impugnações aos fatos e direitos alegados na Inicial. A arguição de prescrição deixou de ser matéria de defesa para parte da doutrina, considerando-se que o juiz poderá reconhecê-la de ofício (CPC/73, art. 219, § 5º e art. 332, § 1º, do CPC/2015). A possibilidade de aplicação desta regra é extremamente controvertida na Justiça do Trabalho e sobre o tema nos reportamos aos comentários feitos ao art. 11 da CLT, em tópico específico.

A CLT é praticamente omissa quanto à matéria de defesa, daí porque é constante a remissão ao CPC. Rara exceção está contida na regra do art. 767 da CLT, dispondo que compensação e retenção são matéria de defesa; sobre o tema nos reportamos ao comentário ao artigo referido.

2. QUESTÕES DE CONCURSOS

01. (TRT – 17ª REGIÃO/TÉCNICO JUDICIÁRIO/CESPE/2009/ADAPTADA) Caso não seja bem-sucedida a proposta conciliatória, a audiência destinada à tentativa de conciliação e entrega da defesa deve ocorrer no prazo mínimo de 10 dias após o recebimento da contrafé pelo reclamado.

02. (TRT – 19ª REGIÃO/TÉCNICO JUDICIÁRIO/FCC/2008) Maria ajuizou reclamação trabalhista em face da empresa DEDE. João, proprietário da empresa, cientificado da respectiva reclamação, contratou advogado na véspera da data designada para a realização da audiência, em que será obedecido o procedimento ordinário. O advogado advertiu João de que teria que apresentar defesa oral em razão da proximidade da contratação. Neste caso, de acordo com a CLT, o advogado

a) não poderá apresentar defesa oral em razão do procedimento ordinário da respectiva reclamação trabalhista.

b) poderá apresentar defesa oral e terá o prazo de 20 minutos para aduzir sua defesa.

c) poderá apresentar defesa oral e terá o prazo de 10 minutos para aduzir sua defesa.

d) não poderá apresentar defesa oral por expressa disposição legal, independentemente do procedimento adotado pela ação reclamatória.

e) poderá apresentar defesa oral e terá o prazo de 30 minutos para aduzir sua defesa.

03. (TRT 21 – Juiz do Trabalho Substituto 21ª região/ 2012) Sobre a audiência trabalhista, é incorreto afirmar: não havendo acordo, o reclamado apresentará sua defesa escrita, ou disporá de 20 minutos para aduzir defesa oral, após a leitura da reclamação, quando esta não for dispensada por ambos os litigantes.

GAB	1	E	2	B	3	C

✦ **INSTRUÇÃO PROCESSUAL**

Art. 848. Terminada a defesa, seguir-se-á a instrução do processo, podendo o presidente, ex officio ou a requerimento de qualquer juiz temporário, interrogar os litigantes. (Redação dada pela Lei nº 9.022, de 5.4.1995)

§ 1º – Findo o interrogatório, poderá qualquer dos litigantes retirar-se, prosseguindo a instrução com o seu representante.

§ 2º – Serão, a seguir, ouvidas as testemunhas, os peritos e os técnicos, se houver.

1. COMENTÁRIOS

Este dispositivo, que cuida do procedimento de inquirição das partes, testemunhas e peritos, é mais um exemplo da falta de sistemática da CLT, pois o tema também é abordado no art. 820, da CLT, bem como nos artigos 821 a 825, 828 e 829, a cujos comentários nos reportamos.

Merece comentário o § 1º, do art. 848, supra, porque não abordado o tema nos artigos acima referidos.

Findo o interrogatório, o litigante que depôs poderá retirar-se, mas só se constituiu nos autos advogado, pois esta é a interpretação que se extrai da expressão: "poderá qualquer dos litigantes retirar-se, prosseguindo a instrução com o seu representante." (neste sentido, Russomano, Vol. II, 1993, p. 923).

A nosso ver quando o juiz tiver que colher o depoimento de uma das partes, a outra terá que se retirar, para evitar que escute o depoimento colhido e depois, no momento de venha depor, só relate aquilo que for do seu interesse (art. 456 do CPC/2015).

A parte só poderá ouvir o depoimento de seu adversário se não estiver assistida por advogado, pois, nesta hipótese, deverá estar presente ao depoimento para fazer as perguntas que considerar pertinentes (Amauri Mascaro, Curso, 2008, p. 553-554; Russomano, Vol. II, 1993, p. 923-924 e Carrion, Comentários, 2010, p. 779, chegando este último a argumentar que mesmo se o advogado estiver presente a parte pode continuar na sala de audiências, "porque o advogado necessita das informações que o constituinte possui sobre as minúcias fáticas do depoimento adversário.").

✦ **UNIDADE DA AUDIÊNCIA**

Art. 849. A audiência de julgamento será contínua; mas, se não for possível, por motivo de força maior, concluí-la no mesmo dia, o juiz ou presidente marcará a sua continuação para a primeira desimpedida, independentemente de nova notificação.

1. COMENTÁRIOS

A regra deste artigo contém similar no CPC, art. 455, nos seguintes termos: "A audiência é una e contínua. Não sendo possível concluir, num só dia, a instrução, o debate e o julgamento, o juiz marcará o seu prosseguimento para dia próximo.".

No mesmo sentido o art. 365 do CPC/2015: "A audiência é una e contínua, podendo ser excepcional e justificadamente cindida na ausência de perito ou de testemunha, desde que haja concordância das partes. Parágrafo único. Diante da impossibilidade de realização da instrução, do debate e do julgamento no mesmo dia, o juiz marcará seu prosseguimento para a data mais próxima possível, em pauta preferencial.".

A primeira data livre e desimpedida que deverá ser designada para continuação da audiência deve observar o intervalo de, pelo menos, 5 (cinco) dias, conforme previsão do art. 841 da CLT.

As partes são intimadas na própria audiência quanto à nova data, sendo dispensada, portanto, posterior comunicação. As testemunhas continuarão a comparecer espontaneamente, na forma do art. 825 da CLT, ainda que seja praxe, na Justiça do Trabalho, a intimação das presentes. A nosso ver esta praxe escapa à intenção da lei, pois a intimação só está prevista para a testemunha ausente (§ único, do art. 825); nada justifica que seja intimada testemunha que demonstrou ter interesse em colaborar com a Justiça, comparecendo espontaneamente.

Sobre a audiência, recomendo a leitura dos comentários aos artigos 813 a 817 da CLT.

2. QUESTÕES DE CONCURSOS

01. (TRT - 20ª REGIÃO/TÉCNICO JUDICIÁRIO/FCC/2006/ADAPTADA) Se não for possível, por motivo de força maior, concluir a audiência no mesmo dia, o juiz marcará a sua continuação para a primeira desimpedida, sendo obrigatória nova notificação.

GAB	1	E

✦ RAZÕES FINAIS ORAIS, CONCILIAÇÃO E JULGAMENTO.

Art. 850. Terminada a instrução, poderão as partes aduzir razões finais, em prazo não excedente de 10 (dez) minutos para cada uma. Em seguida, o juiz ou presidente renovará a proposta de conciliação, e não se realizando esta, será proferida a decisão.

Parágrafo único. O Presidente da Junta, após propor a solução do dissídio, tomará os votos dos vogais e, havendo divergência entre estes, poderá desempatar ou proferir decisão que melhor atenda ao cumprimento da lei e ao justo equilíbrio entre os votos divergentes e ao interesse social.

1. COMENTÁRIOS

1.1. Razões Finais

Este dispositivo descreve a fase final do procedimento da audiência. Encerrada a instrução, as partes aduzirão razões finais, diz a lei. A doutrina entende que a ausência destas alegações representa simples irregularidade, sem maiores consequências, não trazendo qualquer prejuízo ao procedimento; portanto, ausente as razões finais não haverá motivo para se decretar a nulidade do processo (Carrion, Comentários, 2010, p. 779: "a própria lei afirma que as partes poderão aduzi-las e não que deverão."; Amauri Mascaro, Curso, 2008, p. 577: " Não se traduz em ato indispensável e que pela sua ausência possa viciar de nulidade o julgamento...".).

Só haverá nulidade pela ausência das razões finas se a parte quis produzi-la e o juiz lhe negou tal direito (Amauri Mascaro, Curso, 2008, p. 477; Francisco Antonio de Oliveira, Comentários, 2005, p. 784 e Carrion, Comentários, 2010, p. 780).

O art. 850 dispõe que cada parte terá 10 (dez) minutos para aduzir razões finais orais; Martins, Comentários, 2010, p. 902, alega que havendo mais de um réu, cada qual com seu advogado, cada um deles terá 10 minutos para aduzir suas razões; o entendimento, além de minoritário, contraria a jurisprudência do TST, conforme OJ. 310 da SBDI-1.

Tornou-se praxe, em alguns tribunais trabalhistas, a conversão destas razões finais em memoriais escritos, no prazo de 10 dias sucessivos, ou em outro determinado pelo juiz, produzindo-as em primeiro lugar o autor e depois o réu. A doutrina não vê qualquer nulidade nesta prática, ainda que acabe contrariando a oralidade da audiência trabalhista (Carrion, Comentários, 2010, p. 780: "Não há, assim, motivo para considerar-se nulidade o oferecimento de razões escritas..."; Wagner Giglio e Cláudia Corrêa, Direito Processual, 2007, p. 274-275, ainda que recomendem as alegações finais sob a forma verbal, afirmam que: "Este procedimento vinha sendo adotado na prática, sem resistência, muito embora constituísse infração ao postulado da oralidade, porque poupava tempo e facultava aos advogados melhor estruturação de seus argumentos.").

Como se observa dos comentários acima, não haverá nulidade se faltarem razões finais no processo; também não se terá vício se forem produzidas sob a forma escrita, mas de forma alguma haverá defeito processual se o juiz indeferir os memoriais, insistindo que as partes produzam razões finais orais, em atenção ao procedimento legal e em respeito ao princípio da oralidade.

1.2. Segunda e última proposta de conciliação

O procedimento da audiência obriga ao juiz a renovar a proposta de conciliação após as partes aduzirem razões finais; neste momento, estando o processo maduro para julgamento, e tendo as partes destacado, em suas alegações finais, as razões do sucesso ou derrota na demanda, as chances de êxito desta proposta são muito maiores que da primeira, realizada no início da audiência, conforme prevê o art. 846 da CLT. Em sentido contrário, Wagner Giglio e Cláudia Corrêa, Direito Processual, 2007, p. 275, que acreditam haver menor chance de êxito nesta segunda proposta conciliatória.

A ausência da segunda proposta conciliatória, neste momento oportuno, pode gerar a nulidade do processo. Este é o entendimento doutrinário predominante, conforme foi exposto nos comentários ao art. 764 da CLT, ao qual nos reportamos, em particular ao tópico: "Momentos Processuais da Conciliação".

A conciliação aceita e homologada pelo juízo competente produz coisa julgada material; sobre o tema nos reportamos aos comentários ao art. 831 da CLT, em particular ao tópico: "Acordo judicial e sua eficácia".

1.3. Sentença

Não alcançando o juiz sucesso em sua segunda proposta conciliatória, proferirá sentença, na própria audiência, logo após a frustração do acordo. O procedimento do § único, do art. 850, só existia na presença dos juízes juízes classistas, época em que o juiz fazia uma proposta de solução, ou seja, uma proposta de sentença para ser votada pelo colegiado da então Junta de Conciliação e Julgamento. Atualmente, sendo o primeiro grau de jurisdição composto tão só pelo Juiz do Trabalho (CF, art. 111, III), a decisão do conflito é de sua única competência.

A extinção do cargo de juiz classista não impede que a sentença seja proferida em audiência, como pensam alguns. A oralidade inerente ao procedimento na Justiça do Trabalho reclama que o Juiz do Trabalho julgue na própria audiência. Contudo, o volume de processos submetidos à apreciação da Justiça do Trabalho, faz com o que os julgamentos não sejam mais proferidos em audiência, salvo em raras ocasiões.

Sobre as sentenças, seus requisitos e formação de coisa julgada, vide comentários aos arts. 831 e 832, da CLT.

2. SÚMULAS E ORIENTAÇÕES JURISPRUDENCIAIS

▸ **TST/OJ-SDI1-310**

LITISCONSORTES. PROCURADORES DISTINTOS. PRAZO EM DOBRO. Art. 191 DO CPC. INAPLICÁVEL AO PROCESSO DO TRABALHO (DJ 11.08.2003)

A regra contida no art. 191 do CPC é inaplicável ao processo do trabalho, em decorrência da sua incompatibilidade com o princípio da celeridade inerente ao processo trabalhista.

3. QUESTÕES DE CONCURSOS

01. (TRT – 17ª REGIÃO/TÉCNICO JUDICIÁRIO/CESPE/2009/ADAPTADA) Após as razões finais, no procedimento ordinário, deve ser procedida a segunda proposta de conciliação.

02. (TRT – 16ª REGIÃO/JUIZ DO TRABALHO/2006) Assinale a alternativa CORRETA quanto ao procedimento usual de uma audiência em processo trabalhista ordinário (dissídio individual) perante a Vara do Trabalho:

a) 1ª proposta de conciliação; fixação do valor da causa para efeito de alçada; depoimentos das partes; depoimentos de testemunhas; razões finais; 2ª proposta de conciliação; e sentença.

b) 1ª proposta de conciliação; depoimentos das partes; contestação; fixação do valor da causa para efeito de alçada; depoimentos de testemunhas; 2ª proposta de conciliação; sentença; e razões finais.

c) 1ª proposta de conciliação; contestação; fixação do valor da causa para efeito de alçada; pedido de revisão do valor da alçada; depoimento do reclamante; depoimento do reclamado; depoimentos de testemunhas do reclamante; depoimentos de testemunhas do reclamado; outras provas; 2ª proposta de conciliação; razões finais; e sentença.

d) 1ª proposta de conciliação; contestação; fixação do valor da causa para efeito de alçada; depoimentos das partes; depoimentos de testemunhas; outras provas; razões finais; 2ª proposta de conciliação; e sentença.

e) 1ª proposta de conciliação; contestação; depoimentos das partes; depoimentos de testemunhas; outras provas; 2ª proposta de conciliação; razões finais; e sentença.

03. (TRT – 1ª REGIÃO/TÉCNICO JUDICIÁRIO/CESPE/2008) Terminada a instrução do feito, a última tentativa conciliatória do julgador deve ocorrer

a) ao término do interrogatório das partes.

b) antes das razões finais.

c) depois das razões finais.

d) logo após a oitiva da última testemunha apresentada.

e) durante o tempo assegurado às partes para as razões finais.

04. (TRT – 3ª REGIÃO/JUIZ DO TRABALHO SUBSTITUTO/2009/ADAPTADA) A apresentação de razões finais é ônus da parte, razão pela qual a sua ausência invalida processo.

05. (TRT 2 – Juiz do Trabalho Substituto 2ª região/ 2012) Analise as afirmativas seguintes conforme previsões contidas na Consolidação das Leis do Trabalho sobre os prazos no processo do trabalho. Terminada a instrução, poderão as partes aduzir razões finais, em prazo não excedente de 05 (cinco) dias para cada uma.

06. (FCC – Técnico Judiciário – Área Administrativa – TRT 24/2017) Em relação às audiências no Processo do Trabalho, a Consolidação das Leis do Trabalho estabelece:

a) Terminada a instrução, poderão as partes aduzir razões finais, em prazo não excedente de 10 minutos para cada uma. Em seguida, o juiz ou presidente renovará a proposta de conciliação e, não se realizando esta, será proferida a decisão.

b) Se, até 30 minutos após a hora marcada, o juiz ou presidente não houver comparecido, os presentes poderão retirar-se, devendo o ocorrido constar do livro de registro das audiências.

c) O juiz do trabalho deve manter a ordem nas audiências, mas não poderá mandar retirar do recinto os assistentes que a perturbarem, pois a sala de audiência é local público.

d) A audiência de julgamento será contínua, não se admitindo, em nenhum caso, concluí-la em outro dia.

e) As audiências dos órgãos da Justiça do Trabalho serão públicas e realizar-se-ão apenas na sede do Juízo, em dias úteis previamente fixados, entre 8 e 17 horas, não podendo ultrapassar 5 horas seguidas, salvo quando houver matéria urgente.

GAB	1	C	2	D	3	C	4	E	5	E	6	A

✦ **ATA DE AUDIÊNCIA**

Art. 851. Os tramites de instrução e julgamento da reclamação serão resumidos em ata, de que constará, na íntegra, a decisão.(Redação dada pelo Decreto-lei nº 8.737, de 19.1.1946)

§ 1º – Nos processos de exclusiva alçada das Juntas, será dispensável, a juízo do presidente, o resumo dos depoimentos, devendo constar da ata a conclusão do Tribunal quanto à matéria de fato.(Incluído pelo Decreto-lei nº 8.737, de 19.1.1946)

§ 2º – A ata será, pelo presidente ou juiz, junta ao processo, devidamente assinada, no prazo improrrogável de 48 (quarenta e oito) horas, contado da audiência de julgamento, e assinada pelos juízes classistas presentes à mesma audiência.(Parágrafo único renumerado e alterado pelo Decreto-lei nº 8.737, de 19.1.1946)

1. COMENTÁRIOS

A ata de audiência é o termo processual que retrata, de forma resumida, os principais incidentes processuais. Os depoimentos colhidos em audiência serão resumidos em ata, mas, em se tratando de rito sumário, basta o juiz ditar ao secretário de audiências a conclusão a que chegou quanto aos depoimentos (vide comentários ao art. 828, § único, no tópico "Depoimento da testemunha: redução a termo e declarações").

A ata de audiência deve estar pronta em 48 (quarenta e oito) horas, tempo necessário para impressão, correção de pequenas imperfeições e assinatura. Estando pronta neste prazo, as partes são consideradas intimadas da sentença no dia em que efetivamente ocorreu o julgamento, ou seja, na audiência; somente se o juiz desrespeitar o prazo para deixar os autos à disposição das partes (48 horas) é que se dará a intimação da sentença (S. 30 do TST).

A impugnação da ata também deve ser oferecida em 48 horas, contadas da juntada aos autos da ata de audiência; nesta oportunidade as partes poderão apontar vícios ou imperfeições que dela conste, como, por exemplo, eventual protesto requerido pela parte, mas não registrado em ata. O prazo para impugnação não está previsto em lei, mas é utilizada, por analogia, a regra do art. 851, § 2º, que prevê igual prazo para o juiz confeccionar e trazer aos autos a ata de audiência (neste sentido, Areosa, 2009, p. 494).

Tornou-se praxe na Justiça do Trabalho o juiz cindir a audiência, designando uma só data para a leitura de sentença. As partes, quando do encerramento da instrução processual, em audiência, já tomam ciência da audiência de leitura de sentença. Caso não compareçam à leitura, considera-se que já estão cientes do julgamento (S. 197 do TST). Vide, em complemento ao que ora dissemos, os comentários ao art. 834 da CLT.

2. SÚMULAS E ORIENTAÇÕES JURISPRUDENCIAIS

▸ **Súmula nº 30/TST**

INTIMAÇÃO DA SENTENÇA (mantida) – Res. 121/2003, DJ 19, 20 e 21.11.2003

Quando não juntada a ata ao processo em 48 horas, contadas da audiência de julgamento (art. 851, § 2º, da CLT), o prazo para recurso será contado da data em que a parte receber a intimação da sentença.

▸ **Súmula nº 197 – TST**

PRAZO (mantida) – Res. 121/2003, DJ 19, 20 e 21.11.2003

O prazo para recurso da parte que, intimada, não comparecer à audiência em prosseguimento para a prolação da sentença conta-se de sua publicação.

3. QUESTÕES DE CONCURSOS

01. (TRT – 24ª REGIÃO/JUIZ DO TRABALHO/2006/ADAPTADA) Quando não juntada a ata ao processo em 24 horas, contadas da audiência de julgamento (art. 851, § 2º, da CLT), o prazo para recurso será contado da data em que a parte receber a intimação da sentença.**2. (FCC – TRT 20 – Analista Judiciário/2011/ADAPTADA)** Segundo o entendimento Sumulado do Tribunal Superior do Trabalho, o prazo para recurso será contado da data em que a parte receber a intimação da sentença, quando não juntada a ata da sentença ao processo em 24 horas, contadas da audiência de julgamento.

03. (FCC – Analista Judiciário – Área Judiciária – TRT 11/2017) Em determinado processo trabalhista a ata da audiência de julgamento (art. 851, § 2º, da CLT) foi juntada ao processo após 24 horas da referida audiência. Neste caso, o prazo para recurso será contado

a) da data da juntada aos autos da sentença.

b) da data em que a parte receber a intimação da sentença via Diário Oficial Eletrônico.

c) da data da audiência.

d) da data em que a parte receber pessoalmente a intimação da sentença.

e) após transcorridas 48 horas da data da audiência.

GAB	1	E	2	E	3	C

✦ **PUBLICAÇÃO DA SENTENÇA**

Art. 852. Da decisão serão os litigantes notificados, pessoalmente, ou por seu representante, na própria audiência. No caso de revelia, a notificação far-se-á pela forma estabelecida no § 1º do art. 841.

1. COMENTÁRIOS

O texto da CLT se refere à "notificação", mas quis dizer "intimação", pois ninguém pode ser "notificado" na própria audiência, como se lê na redação do art. 852. Notificação é instrumento de intimação por via postal, por isso o termo foi impropriamente utilizado neste artigo.

As partes tomam ciência do julgamento na própria audiência, salvo se o juiz resolver julgar em seu próprio gabinete e, posteriormente, promover a intimação das partes; neste caso, as partes serão intimadas por via postal ou, tendo constituído advogado, serão cientificadas através deste, conforme publicação no Diário de Justiça.

No processo civil o réu revel não será intimado dos demais atos do processo, mas caso tenha constituído advogado este será cientificado (CPC/73, art. 322 e art. 346 do CPC/2015).

No processo do trabalho, mesmo sem advogado, o réu revel será intimado da sentença de revelia, por via postal ou, se devolvida a notificação, através de edital publicado no Diário de Justiça (art. 841, § 1º da CLT). A partir da sentença, contudo, somente o advogado será intimado dos demais atos do processo, na forma do art. 322 do CPC/73 (art. 346 do CPC/2015), salvo quanto à citação que dá início a execução, que deve ser dirigida ao réu pessoalmente (CLT, art. 880).

O procedimento da CLT permite ao réu revel, quando intimado da sentença de revelia, alegar eventual nulidade de citação, ou outro fato qualquer que tenha impedido seu comparecimento em juízo; a medida é econômica, pois evita que somente na execução venha a alegar a nulidade de citação na fase de conhecimento.

2. QUESTÕES DE CONCURSOS

01. (TRT 24 – Técnico Judiciário – Área Administrativa/2011) Margarida ajuizou reclamação trabalhista em face de sua ex-empregadora, a empresa X. Na audiência inaugural, apesar de regularmente intimada, não compareceu nenhum representante legal da reclamada, tendo sido declarada a sua revelia. Neste caso, de acordo com a Consolidação das Leis do Trabalho, a empresa X

a) deverá ser intimada da sentença apenas se tiver advogado constituído nos autos.

b) deverá ser intimada da sentença, ainda que não tenha advogado constituído nos autos.

c) não será intimada da sentença, uma vez que está legalmente declarada revel, podendo ingressar no processo até a publicação da sentença.

d) não será intimada da sentença, uma vez que está legalmente declarada revel, bem como não poderá ingressar no processo para interpor recursos.

e) será penalizada com multa administrativa de 20% sobre o valor da causa, revertida para o Fundo de Assistência ao Trabalhador gerido pelo Governo Federal.

GAB	1	B

SEÇÃO II-A – DO PROCEDIMENTO SUMARÍSSIMO

(Seção incluída pela Lei nº 9.957, de 12.1.2000, dou de 13.1.2000)

1. COMENTÁRIOS

Toda esta seção, que começa no art. 852-A e termina no art. 852-I, introduziu na CLT o procedimento sumaríssimo, por força da Lei nº 9.957, de 12.1.2000, publicada no Diário Oficial em 13.1.2000. Preferimos chamá-lo de rito sumaríssimo, e não de procedimento, que é termo mais amplo, representando o conjunto de atos sucessivos e conexos que impulsiona o processo.

O rito sumaríssimo só começou a vigorar na Justiça do Trabalho em 13.3.2000, diante da vacatio legis prevista no artigo 2º da própria lei. As disposições referentes ao procedimento ordinário, encontradas em toda a CLT, são aplicáveis ao rito sumaríssimo, sempre que não forem incompatíveis com a celeridade inerente a este rito especial.

A CLT também foi alterada na fase recursal, nos artigos 895 e 896, no que tange, respectivamente, ao recurso ordinário e de revista sob o rito sumaríssimo, a cujos comentários nos reportamos.

✦ VALOR DA CAUSA: ATÉ 40 SALÁRIOS-MÍNIMOS

Art. 852-A. Os dissídios individuais cujo valor não exceda a quarenta vezes o salário mínimo vigente na data do ajuizamento da reclamação ficam submetidos ao procedimento sumaríssimo.

✦ EXCLUSÃO DOS ENTES PÚBLICOS

Parágrafo único. Estão excluídas do procedimento sumaríssimo as demandas em que é parte a Administração Pública direta, autárquica e fundacional.

1. COMENTÁRIOS

O critério do valor da causa para definir as demandas sujeitas ao rito sumaríssimo é incompleto e, portanto, passível de críticas. Algumas demandas de valor superior a 40 (quarenta) salários mínimos, diante da simplicidade do tema, bem poderiam ser submetidas a este rito, mas não foi esta a escolha do legislador. Melhor fez a Lei nº 9.099, de 26.9.95, que instituiu os Juizados Especiais Cíveis, definindo sua competência tanto pelo valor da causa (art. 3º, I, até quarenta salários mínimos), quanto pela complexidade da demanda (incisos II a IV, do art. 3º, como, por exemplo, ação de despejo para uso próprio, qualquer que seja o valor da demanda).

A fixação do rito ocorre no momento do ajuizamento da demanda, mas eventuais distorções no valor definido pelo autor, corrigidos pelo juízo, poderão modificar o rito no curso do procedimento (sobre possibilidade do juiz alterar o valor da causa vide comentários ao art. 840 da CLT, no tópico: "Valor da Causa".).

A exclusão das Pessoas Jurídicas de Direito Público, conforme § único, supra, é bastante coerente com a finalidade da lei. As demandas sujeitas ao rito sumaríssimo são orientadas por celeridade ainda maior que no rito ordinário, tornando inviável a presença dos entes públicos. Portanto, não se submetem ao rito sumaríssimo a União, Estados, Município, Distrito Federal, Territórios, Fundações e Autarquias Públicas. Também não se submetem a este rito todas as empresas e instituições que forem equiparadas, por lei, à Fazenda Pública, como é o caso da Empresa Brasileira de Correios e Telégrafos e o Hospital das Clinicas de Porto Alegre. Os órgãos de fiscalização profissional, como a OAB, por ostentarem natureza de direito público (autárquica), também não se sujeitam ao sumaríssimo (vide, sobre tais privilégios, os comentários ao art. 790-A, da CLT).

Sujeitam-se ao sumaríssimo, contudo, as empresas públicas e sociedades de economia mista, pois possuem natureza jurídica de direito privado (art. 173, § 2º, da CF).

O rito sumaríssimo é obrigatório, não tendo direito o reclamante de optar em demandar pelo rito ordinário. O legislador instituiu o rito sumaríssimo para causas de menor valor, com a expressa intenção de abreviar o procedimento e, consequentemente, atender à rápida prestação jurisdicional. A escolha de rito pelo autor poderia frustrar a intenção legal. Neste sentido, José Geraldo da Fonseca, Como redigir, 2001, p. 57: "A Lei nº 9.957/2000 é taxativa quando diz que qualquer causa trabalhista cujo valor seja igual ou inferior a 40 salários mínimos se sujeitará ao rito sumaríssimo.". Também é esta a opinião de Estevão Mallet, apud Mauro Schiavi, Manual, 2008, p. 571.

Há quem entenda que a Lei nº 9.957/2000, instituindo o rito sumaríssimo, teria revogado o rito da Lei nº 5.584/70, art. 2º, que instituiu as ações de alçada (de até 2 salários mínimos, cujas sentenças são irrecorríveis, salvo violação à CF/88). A posição, contudo, é minoritária, sustentando a maioria a convivência dos dois procedimentos (Bezerra Leite, Curso, 2007, p. 325; Cleber Lúcio de Almeida, Direito Processual, 2009, p. 512 e Mauro Schiavi, Manual, 2008, p. 568-569); certo é que as ações de alçada seguem as peculiaridades do rito sumaríssimo naquilo em que não for incompatível com o rito especial da Lei nº 5.584/70, denominado rito sumário.

2. QUESTÕES DE CONCURSOS

01. **(TRT – 6ª REGIÃO/JUIZ DO TRABALHO SUBSTITUTO/2010/ADAPTADA)** Os dissídios individuais cujo valor não exceda a quarenta vezes o salário mínimo vigente na data do ajuizamento da reclamação ficam submetidos ao procedimento sumaríssimo.

02. **(SERPRO/ADVOGADO/CESPE/2008)** Uma reclamação trabalhista contra uma autarquia e cujo valor seja inferior a 40 salários mínimos será submetida ao rito sumaríssimo.

03. **(TRT – 18ª REGIÃO/TÉCNICO JUDICIÁRIO/2008/FCC/ADAPTADA)** Os dissídios individuais, cujo valor não exceda a sessenta vezes o salário mínimo vigente na data do ajuizamento da reclamação, ficam submetidos ao procedimento sumaríssimo.

04. **(TRT – 19ª REGIÃO/ANALISTA JUDICIÁRIO/2008/FCC/ADAPTADA)** Estão excluídas do procedimento sumaríssimo as demandas em que é parte a Administração Pública direta, autárquica e fundacional.

05. **(NCADE – Advogado/2011/ADAPTADA)** Na Justiça do Trabalho, o Procedimento Sumaríssimo: aplica-se aos dissídios coletivos cujo valor da causa não exceda 60 salários mínimos.

06. **(TRT 23 – Juiz do Trabalho Substituto 23ª região/ 2014)** Sobre o rito sumaríssimo, NÃO É CORRETO afirmar:

a) Os dissídios individuais cujo valor da causa não exceda a quarenta vezes o valor do salário mínimo serão submetidos ao procedimento sumaríssimo, independente de quem esteja situado no pólo passivo da relação processual.

b) As causas sujeitas ao rito sumaríssimo serão instruídas e julgadas em audiência única.

c) Nas causas que tramitam sob o rito sumaríssimo, cada uma das partes não poderá indicar mais de duas testemunhas.

d) Na ata de audiência serão registrados, resumidamente, os atos essenciais, as afirmações fundamentais das partes e as informações úteis à solução da causa trazidas pela prova testemunhai.

e) Somente quando a prova do fato o exigir, ou for legalmente imposta, será deferida prova técnica, incumbindo ao Juiz, desde logo, fixar o prazo, o objeto da perícia e nomear perito.

07. (FCC – Analista Judiciário – Área Judiciária – Oficial de Justiça – TRT 16/2014) João, empregado público, cujo contrato é regido pelas regras da CLT, move reclamação trabalhista contra a Prefeitura Municipal da cidade X, pleiteando o pagamento de verbas rescisórias no importe de R$ 15.000,00. Em sua petição inicial, os pedidos são certos e foram todos liquidados, razão pela qual, o procedimento escolhido deverá ser o rito

a) sumaríssimo, desde que não seja necessária a citação por edital.

b) sumaríssimo, tendo em vista o valor dado à causa e a liquidação dos pedidos.

c) sumário, tendo em vista o valor dado à causa e a liquidação dos pedidos.

d) especial, tendo em vista que a reclamação trabalhista é proposta contra a Prefeitura.

e) ordinário, independentemente do valor dado à causa e da liquidação dos pedidos.

GAB	1	C	2	E	3	E	4	C	5	E	6	A	7	E

✦ **REQUISITOS DA PETIÇÃO INICIAL**

Art. 852-B. Nas reclamações enquadradas no procedimento sumaríssimo:

✦ **PEDIDO**

I – o pedido deverá ser certo ou determinado e indicará o valor correspondente;

✦ **PROIBIDA A CITAÇÃO POR EDITAL**

II – não se fará citação por edital, incumbindo ao autor a correta indicação do nome e endereço do reclamado;

✦ **DATA DA AUDIÊNCIA**

III – a apreciação da reclamação deverá ocorrer no prazo máximo de quinze dias do seu ajuizamento, podendo constar de pauta especial, se necessário, de acordo com o movimento judiciário da Junta de Conciliação e Julgamento.

✦ **ARQUIVAMENTO**

§ 1º – O não atendimento, pelo reclamante, do disposto nos incisos I e II deste artigo importará no arquivamento da reclamação e condenação ao pagamento de custas sobre o valor da causa.

✦ **ENDEREÇO DAS PARTES**

§ 2º – As partes e advogados comunicarão ao juízo as mudanças de endereço ocorridas no curso do processo, reputando-se eficazes as intimações enviadas ao local anteriormente indicado, na ausência de comunicação.

1. COMENTÁRIOS

Os requisitos da petição inicial previstos neste artigo são complementares àqueles descritos no art. 840 da CLT, a cujos comentários nos reportamos.

Destacam-se, quanto à petição inicial do rito sumaríssimo, os seguintes requisitos: **a)** indicação de valor a cada pedido, de forma que o valor da causa será o somatório de todo eles; **b)** proibição de citação por edital; caso o réu se encontre em lugar incerto e não sabido o autor deverá requerer a conversão para o rito ordinário; prevaleceu, na jurisprudência trabalhista, o entendimento de que esta norma não é inconstitucional, ainda que promova alguma restrição de acesso à justiça, pois a celeridade do rito justifica o rigor da norma (contra, Manoel Antonio Teixeira Filho, O Procedimento, 2000, p. 58, insistindo na inconstitucionalidade da norma, por inviabilizar o acesso à justiça); c) indicação precisa do endereço atualizado das partes, sob pena de se reputar intimada/citada no endereço antigo.

O descumprimento destas regras, como as demais do artigo 840 da CLT, importa em extinção do processo, sem resolução de mérito (arquivamento), condenando-se o reclamante nas custas processuais, sem que a parte tenha oportunidade de emendar a Inicial para corrigir o defeito. Esta é a interpretação que tem prevalecido, diante da imposição do § 1º, acima. Por todos, colha-se a opinião de Rodrigues Pinto, Processo, 2005, p. 379: "...já se incorporou sólida opinião de ser incabível modificar a inicial, pois isso iria contrariar a determinação de que a audiência seja única e procrastinar a solução do feito." (grifamos).

2. QUESTÕES DE CONCURSOS

01. (TRT – 6ª REGIÃO/JUIZ DO TRABALHO SUBSTITUTO/2010/ADAPTADA) O pedido deverá ser certo ou determinado e indicará o valor correspondente.

02. (TRT – 18ª REGIÃO/TÉCNICO JUDICIÁRIO/2008/FCC/ADAPTADA) Nas reclamações enquadradas no procedimento sumaríssimo não se fará citação por edital, incumbindo ao autor a correta indicação do nome e endereço do reclamado.

03. (PREFEITURA DE RECIFE/PROCURADOR JUDICIAL/FCC/2008/ADAPTADA) De acordo com a Consolidação das Leis do Trabalho, nos dissídios individuais submetidos ao procedimento sumaríssimo, o pedido poderá ser genérico, mas deverá indicar valor estimado de suposta condenação.

04. (TRT – 1ª REGIÃO/TÉCNICO JUDICIÁRIO/CESPE/2008/ADAPTADA) Em causa sob o procedimento sumaríssimo, o juiz do trabalho deve arquivar o processo quando

a) o autor requerer citação editalícia do reclamado.
b) autor tiver submetido sua causa à comissão de conciliação prévia.
c) o autor declinar na inicial valor da causa abaixo de quarenta salários mínimos.
d) a reclamada não tiver comparecido à audiência inicial designada, apesar de regularmente notificada.

05. (NCADE – Advogado/2011 ADAPTADA) Na Justiça do Trabalho, o Procedimento Sumaríssimo: permite a citação por edital, quando a reclamada não for encontrada, após a tentativa de citação por hora certa previamente determinada.

06. (FCC – TRT 11 – Analista Judiciário/2012) João moveu reclamação trabalhista em face da empresa Omega Industrial, tendo atribuído à causa o valor total das verbas pleiteadas no importe de R$ 3.000,00. Na audiência UNA designada a empresa reclamada não compareceu, e o juiz verificou que a citação não fora realizada porque o reclamante havia fornecido o endereço incorreto da reclamada, absolutamente diverso daquele anotado em sua Carteira Profissional. De acordo com a CLT, o juiz deve

a) aplicar a penalidade da revelia e confissão da reclamada.
b) abrir prazo para que o reclamante informe o endereço correto da reclamada, determinando a designação de nova audiência.
c) determinar o retorno do processo à secretaria da vara para tentativa de localização da reclamada.
d) determinar a citação da reclamada por edital.
e) determinar o arquivamento da reclamação trabalhista e condenação do reclamante ao pagamento de custas sobre o valor da causa.

GAB	1	C	2	C	3	E	4	A	5	E	6	E

✦ UNIDADE DA AUDIÊNCIA

Art. 852-C. As demandas sujeitas a rito sumaríssimo serão instruídas e julgadas em audiência única, sob a direção de juiz presidente ou substituto, que poderá ser convocado para atuar simultaneamente com o titular.

1. COMENTÁRIOS

A unidade da audiência é característica também do rito ordinário (art. 849 da CLT), sendo enfatizada no rito sumaríssimo a necessidade de se proceder à prática de todos os atos numa só audiência. Sobre as características da audiência, além do artigo acima citado, vide comentários aos artigos 813 a 817 da CLT.

2. QUESTÕES DE CONCURSOS

01. (TRT – 6ª REGIÃO/JUIZ DO TRABALHO SUBSTITUTO/2010/ADAPTADA) A instrução do feito, que deverá ser realizada em audiência única, poderá contar com a participação do Juiz Titular e do Juiz Substituto, simultaneamente.

02. (OAB-SP/EXAME DA ORDEM/CESPE/2008) No que se refere a instrução e julgamento na justiça do trabalho, assinale a opção incorreta.

a) No procedimento ordinário, cada parte indica, no máximo, três testemunhas.
b) No procedimento sumaríssimo, a instrução e o julgamento ocorrem em audiência única.
c) No procedimento sumaríssimo, o número máximo de testemunhas é de duas por parte.
d) A conciliação no processo trabalhista só é obrigatória antes da apresentação da contestação.

03. (TRT – 8ª REGIÃO/JUIZ DO TRABALHO/2006/ADAPTADA) As demandas sujeitas ao rito sumaríssimo serão instruídas e julgadas em audiência única, no prazo de quinze dias do seu ajuizamento, podendo constar de pauta especial da Vara do Trabalho. Todavia, em caso de interrupção da audiência, o seu prosseguimento e a solução do processo dar-se-ão no prazo máximo de trinta dias, salvo motivo relevante justificado nos autos pelo juiz da causa.

GAB	1	C	2	D	3	C

✦ REGRAS DE EXPERIÊNCIA COMUM OU TÉCNICA

Art. 852-D. O juiz dirigirá o processo com liberdade para determinar as provas a serem produzidas, considerado o ônus probatório de cada litigante, podendo limitar ou excluir as que considerar excessivas, impertinentes ou protelatórias, bem como para apreciá-las e dar especial valor às regras de experiência comum ou técnica.

1. COMENTÁRIOS

Os poderes descritos neste artigo, que impõe ao juiz a limitação das provas e o indeferimento das impertinentes, estão também expressos no art. 765 da CLT, a cujos comentários nos reportamos.

A previsão de que o juiz deve dar especial valor às regras de experiência comum ou técnica, não significa o abandono do procedimento tradicional de julgamento, baseado na subsunção, fenômeno que prevê a aplicação da norma ao caso concreto. Pretendeu o legislador, outrossim, lembrar o caráter supletivo das regras de experiência comum ou técnica, como também ocorre no processo civil, como se lê no art. 335, do CPC/73: "Em falta de normas jurídicas particulares, o juiz aplicará as regras de experiência comum subministradas pela observação do que ordinariamente acontece e ainda as regras da experiência técnica, ressalvado, quanto a estas, o exame pericial.". O art. 375, do CPC/2015 contém idêntica redação.

A aplicação das regras de experiência, expressamente referidas no art. 852-D, da CLT, é extensiva ao rito ordinário. Esta extensão não ocorre por aplicação do art. 852-D, que é norma especial e não admite interpretação extensiva, mas sim pela possibilidade de incidência das regras de experiência comum ou técnica, igualmente previstas no processo civil para o rito ordinário, como se viu na menção ao CPC/73, art. 335 (art. 375 do CPC/2015).

O Juiz do Trabalho não pode se eximir de julgar pela falta de norma a aplicar no caso concreto. Tampouco deverá interpretar a lei friamente, ignorando o resultado injusto que possa resultar deste processo. Esta é a intenção do legislador, chamando a atenção do julgador para a aplicação da norma integrada em seu contexto, e não dissociada da realidade.

Este conhecimento foi exigido no seguinte concurso público para ingresso no Cargo de Juiz do Trabalho Substituto:

✱ DISCURSIVA:

↳ **(TRT/8R/Juiz/2011). O artigo 852-D da CLT pode ser aplicado em demandas trabalhistas sujeitas ao rito ordinário? Fundamente.**

2. QUESTÕES DE CONCURSOS

01. (TRT – 14ª REGIÃO/JUIZ DO TRABALHO/2006/ADAPTADA) No procedimento sumaríssimo, o juiz dirigirá o processo com liberdade para determinar as provas a serem produzidas, podendo, inclusive, dar especial valor às regras de experiência comum ou técnica.

02. (FCC – Técnico Judiciário – Área Administrativa – TRT 24/2017) Com relação ao procedimento sumaríssimo, a Consolidação das Leis do Trabalho estabelece que

a) os dissídios individuais, cujo valor não exceda a 60 vezes o salário mínimo vigente na data do ajuizamento da reclamação ficam submetidos ao procedimento sumaríssimo.

b) o juiz dirigirá o processo com liberdade para determinar as provas a serem produzidas, considerado o ônus probatório de cada litigante, podendo limitar ou excluir as que considerar excessivas, impertinentes ou protelatórias, bem como para apreciá-las e dar especial valor às regras de experiência comum ou técnica.

c) estão incluídas no procedimento sumaríssimo as demandas em que é parte a Administração pública direta, autárquica e fundacional.

d) sobre os documentos apresentados por uma das partes manifestar-se-á a parte contrária em até 5 dias, a critério do juiz.

e) em nenhuma hipótese admitir-se-á a realização de prova técnica, incumbindo ao juiz, quando sua realização for necessária, converter o rito para o procedimento ordinário.

GAB	1	C	2	B

✦ CONCILIAÇÃO

Art. 852-E. Aberta a sessão, o juiz esclarecerá as partes presentes sobre as vantagens da conciliação e usará os meios adequados de persuasão para a solução conciliatória do litígio, em qualquer fase da audiência.

1. COMENTÁRIOS

Esta regra é absolutamente dispensável, pois repete disposição idêntica contida no art. 764, § 1º, da CLT.

Por outro lado, não há qualquer previsão de renovação da proposta conciliatória ao final da audiência, como previu o legislador para o rito ordinário, no art. 850 da CLT.

A ausência desta única proposta de conciliação prevista em lei pode gerar nulidade do processo, como ocorre no rito ordinário quando ausente a segunda proposta de conciliação (art. 850 da CLT).

2. QUESTÕES DE CONCURSOS

01. (OAB-RJ/EXAME DA ORDEM/2005/ADAPTADA) Aberta a sessão, o juiz esclarecerá as partes presentes sobre as vantagens da conciliação e usará os meios adequados de persuasão para a solução conciliatória do litígio, em qualquer fase.

GAB	I	C

✦ **ATA DE AUDIÊNCIA**

Art. 852-F. Na ata de audiência serão registrados resumidamente os atos essenciais, as afirmações fundamentais das partes e as informações úteis à solução da causa trazidas pela prova testemunhal.

1. COMENTÁRIOS

O resumo dos depoimentos também é uma característica da audiência no rito ordinário, como se lê no art. 858, § único, da CLT. A praxe de transcrever os depoimentos, no lugar de resumi-los, tornou letra morta o texto legal quanto ao rito ordinário. Tudo indica que o sumaríssimo está a seguir o mesmo caminho, pois neste rito os juízes estão repetindo o hábito de transcrever os depoimentos, ao invés de, simplesmente, resumi-los. Sergio Pinto Martins, Comentários, 2010, p. 910, afirma que melhor seria que os depoimentos fossem resumidos de forma mais completa possível, com o intuito de facilitar o reexame da prova na instância superior.

✦ **JULGAMENTO DOS INCIDENTES**

Art. 852-G. Serão decididos, de plano, todos os incidentes e exceções que possam interferir no prosseguimento da audiência e do processo. As demais questões serão decididas na sentença.

1. COMENTÁRIOS

A determinação para decidir os incidentes, de plano, é indispensável para que o rito termine numa só audiência. Somente os incidentes que não prejudiquem a continuidade da audiência ficarão para solução na sentença. Assim, questões preliminares, como incompetência absoluta, inépcia da inicial, perempção, litispendência, etc., serão resolvidas de plano. A prejudicial de prescrição extintiva também será apreciada desde logo, mas a de prescrição parcial (quinquenal) pode ficar para a sentença.

O julgamento dos incidentes na audiência não antecipa a recorribilidade, pois se aplica ao rito sumaríssimo o princípio da irrecorribilidade imediata das decisões interlocutórias, previsto no art. 893, § 1º, da CLT.

2. QUESTÕES DE CONCURSOS

01. (TRT – 6ª REGIÃO/JUIZ DO TRABALHO SUBSTITUTO/2010/ADAPTADA) A exceção em razão do lugar será decidida de plano.

02. (TRT – 1ª REGIÃO/TÉCNICO JUDICIÁRIO/CESPE/2008/ADAPTADA) No caso de demanda submetida ao judiciário trabalhista e que tramite pelo rito sumaríssimo, será aberta a vista dos autos caso seja apresentada exceção de incompetência.

03. (TRT – 11ª REGIÃO/JUIZ DO TRABALHO/FCC/2007) No procedimento sumaríssimo, o juiz deverá decidir de plano,

a) litispendência, conexão e coisa julgada.

b) prescrição e decadência.

c) compensação e retenção.

d) prescrição e litispendência.

e) compensação e coisa julgada.

04. (TRT – 13ª REGIÃO/JUIZ DO TRABALHO/2005/ADAPTADA) Serão decididos, de plano, todos os incidentes e exceções que possam interferir no prosseguimento da audiência e do processo. As demais questões serão decididas na sentença.

GAB	1	C	2	E	3	A	4	C

✦ **INSTRUÇÃO PROCESSUAL**

Art. 852-H. Todas as provas serão produzidas na audiência de instrução e julgamento, ainda que não requeridas previamente.

✦ **DOCUMENTOS: MANIFESTAÇÃO EM AUDIÊNCIA**

§ 1º – Sobre os documentos apresentados por uma das partes manifestar-se-á imediatamente a parte contrária, sem interrupção da audiência, salvo absoluta impossibilidade, a critério do juiz.

✦ **TESTEMUNHAS: DUAS PARA CADA PARTE**

§ 2º – As testemunhas, até o máximo de duas para cada parte, comparecerão à audiência de instrução e julgamento independentemente de intimação.

✦ **INTIMAÇÃO DA TESTEMUNHA**

§ 3º – Só será deferida intimação de testemunha que, comprovadamente convidada, deixar de comparecer. Não comparecendo a testemunha intimada, o juiz poderá determinar sua imediata condução coercitiva.

✦ **PERÍCIA**

§ 4º – Somente quando a prova do fato o exigir, ou for legalmente imposta, será deferida prova técnica, incumbindo ao juiz, desde logo, fixar o prazo, o objeto da perícia e nomear perito.

§ 5º – (VETADO)

✦ **MANIFESTAÇÕES SOBRE O LAUDO**

§ 6º – As partes serão intimadas a manifestar-se sobre o laudo, no prazo comum de cinco dias.

✦ **CISÃO DA AUDIÊNCIA**

§ 7º – Interrompida a audiência, o seu prosseguimento e a solução do processo dar-se-ão no prazo máximo de trinta dias, salvo motivo relevante justificado nos autos pelo juiz da causa.

1. COMENTÁRIOS

A regra do caput, do art. 852-H, repete a norma do art. 845 da CLT, que determina a concentração das provas em audiência, independentemente de requerimento prévio na petição inicial. Os documentos do reclamante devem acompanhar a Inicial, como prevê o art. 787 da CLT, salvo as exceções previstas nos comentários ao artigo referido. A prova pericial é produzida fora da audiência, mas o perito pode ser chamado a depor, e seu depoimento será resumido da mesma forma que o das partes e testemunhas.

Os documentos apresentados pelo reclamante serão objeto de manifestação pelo réu, na contestação; já os documentos trazidos pelo réu, serão apreciados pelo autor na própria audiência, sem interrupção do feito. O legislador, no § 1º, supra, presumiu que os documentos nas demandas submetidas ao sumaríssimo sejam em menor número e menos complexos, por isto enfatizou as manifestações na própria audiência. Nada obsta, diante da complexidade ou volume da documentação, que o juiz venha a deferir o adiamento da audiência para que a parte se manifeste em cartório (neste sentido, Mauro Schiavi, Manual, 2008, p. 577). Tal procedimento é medida excepcional que deve ser evitada, tanto no rito sumaríssimo, quanto no ordinário.

As testemunhas comparecerão voluntariamente, conforme previsto no § 2º, supra, regra que também aparece no rito ordinário (art. 825, da CLT). Contudo, o número de testemunhas é diferente: duas para cada parte, no sumaríssimo, e três para cada parte, no ordinário, salvo no inquérito para apuração de falta grave (art. 853, da CLT), no qual cada parte tem direito a seis testemunhas (art. 821, da CLT).

A ausência das testemunhas gera a intimação para comparecimento, tanto no ordinário (§ único, do art. 825), como no sumaríssimo (§ 3º, supra). A diferença é que no sumaríssimo se exige a prova de que a testemunha foi convidada, e no ordinário basta a alegação do convite. Qualquer meio de prova deve ser admitido para demonstração do convite à testemunha, até mesmo outra testemunha poderá provar o fato (neste sentido, Mauro Schiavi, Manual, 2008, p. 578); a exigência de prova escrita do convite é formalidade não prevista em lei e que viola o direito de defesa da parte.

Manoel Antonio Teixeira Filho, O Procedimento, 2000, p. 105, chega a aceitar simples justificação verbal da parte quanto à ausência da testemunha. A nosso ver este entendimento, que é minoritário, ignora a exigência legal e equipara o procedimento do rito sumaríssimo ao do ordinário.

As diferenças entre os dois ritos, no que diz respeito à prova testemunhal, param por aqui. Aplicam-se a ambos as regras referentes à capacidade da testemunha, suspeição, contradita, substituição, etc., recomendando-se a leitura dos artigos art. 821 a 825, 828 e 829, todos da CLT, a cujos comentários nos reportamos.

A prova pericial cabível no rito sumaríssimo, conforme § 4º, supra, só será deferida diante de necessidade técnica, como ocorre nos casos de insalubridade e periculosidade. As regras da prova pericial são as mesmas do ordinário, só diferenciando-se quanto ao prazo para realização e manifestações sobre o laudo.

O juiz determinará, em ambos os ritos, o prazo para o perito entregar o laudo, mas deve observar prazo menor para o sumaríssimo. No tocante às manifestações das partes sobre o laudo, só há previsão na CLT para o rito sumaríssimo (§ 6º, acima). No rito ordinário as manifestações sobre o laudo dependem de aplicação subsidiária do art. 433, § único, do CPC/73, que fixou o prazo comum de 10 (dez) dias. **O CPC/2015, art. 477, § 1º, fixou este prazo em 15 dias.**

Sobre o procedimento da perícia, vide comentários aos arts. 826 e 827 da CLT; quanto aos honorários periciais, vide art. 790-B, da CLT.

O procedimento deve se encerrar em 15 dias, contados da data da distribuição (art. 852-B, III, CLT). Os adiamentos da audiência devem ser evitados, mas, quando necessário, o juiz tem a obrigação de preservar a celeridade do rito e diligenciar para a marcação da audiência o quanto antes. O § 7º dispõe que interrompida a audiência, seu prosseguimento e o encerramento da audiência dar-se-á no prazo máximo de 30 (trinta) dias.

No sumaríssimo não há previsão para alegações finais, como acontece no ordinário (art. 850). Esta distinção se justifica tanto pela simplicidade do procedimento, como pela concentração dos atos em audiência, tornando desnecessárias as alegações finais.

2. QUESTÕES DE CONCURSOS

01. (TRT – 6ª REGIÃO/JUIZ DO TRABALHO SUBSTITUTO/2010/ADAPTADA) Só será deferida intimação de testemunha que, comprovadamente convidada, deixar de comparecer.

02. (TRT – 6ª REGIÃO/JUIZ DO TRABALHO SUBSTITUTO/2010/ADAPTADA) Só será deferida prova técnica se houver imposição legal nesse sentido.

03. (TRT – 6ª REGIÃO/JUIZ DO TRABALHO SUBSTITUTO/2010/ADAPTADA) Cada uma das partes poderá trazer, no máximo, duas testemunhas.

04. (TRT – 6ª REGIÃO/JUIZ DO TRABALHO SUBSTITUTO/2010/ADAPTADA) Sobre os documentos apresentados por uma das partes manifestar-se-á imediatamente a parte contrária, sem interrupção da audiência, salvo absoluta impossibilidade, a critério do Juiz.

05. (TRT – 6ª REGIÃO/JUIZ DO TRABALHO SUBSTITUTO/2010/ADAPTADA) Interrompida a audiência, o seu prosseguimento e a solução do processo dar-se-ão no prazo máximo de quinze dias, salvo motivo relevante justificado nos autos pelo Juiz da causa.

06. (TRT – 3ª REGIÃO/JUIZ DO TRABALHO SUBSTITUTO/2009/ADAPTADA) No procedimento sumaríssimo, as testemunhas, até o máximo de duas para cada parte, comparecerão à audiência de instrução e julgamento independentemente de intimação, sendo certo que só será deferida a intimação de testemunha que comprovadamente convidada, deixar de comparecer.

07. (TRT – 18ª REGIÃO/TÉCNICO JUDICIÁRIO/FCC/2008ADAPTADA) No procedimento sumaríssimo, todas as provas serão produzidas na audiência de instrução e julgamento, ainda que não requeridas previamente.

08. (TRT – 18ª REGIÃO/TÉCNICO JUDICIÁRIO/2008/FCC/ADAPTADA) No procedimento sumaríssimo, sobre os documentos apresentados por uma das partes manifestar-se-á imediatamente a parte contrária, com a interrupção obrigatória da audiência por no máximo dez minutos.

09. (TRT – 1ª REGIÃO/TÉCNICO JUDICIÁRIO/CESPE/2008/ADAPTADA) No caso de demanda submetida ao judiciário trabalhista e que tramite pelo rito sumaríssimo, as partes, caso haja perícia, terão vista do laudo no prazo sucessivo de cinco dias.

10. (NCADE – Advogado/2011)(ADAPTADA) Na Justiça do Trabalho, o Procedimento Sumaríssimo: obriga as partes a requererem previamente as provas que serão produzidas na audiência de instrução e julgamento.

11. (TRT 24 – Técnico Judiciário – Área Administrativa/2011) Em determinada demanda trabalhista regida pelo procedimento sumaríssimo, foi deferida a prova técnica para a apuração de insalubridade. As partes foram intimadas para manifestação sobre o laudo pericial na segunda-feira, dia 10 do mês X. Neste caso, o prazo das partes se extinguirá, no mesmo mês, na próxima

a) quarta-feira, dia 19.

b) quinta-feira, dia 20.

c) sexta-feira, dia 14.

d) quinta-feira, dia 13.

e) segunda-feira, dia 17.

12. (TRT 4 – Técnico Judiciário – Área Administrativa/2011) Em novembro de 2010, Gustavo ajuizou reclamação trabalhista em face de sua ex-empregadora, a empresa GUGA, com valor da causa de R$ 15.000,00. Marcada a audiência, Gustavo enviou telegrama para as suas três testemunhas, com aviso de recebimento, convidando-as para depor na referida audiência, mas nenhuma delas compareceu espontaneamente. Neste caso, o M.M. juiz deverá

a) dar andamento à audiência, tendo em vista que Gustavo possuía a obrigação legal de levar as suas testemunhas independentemente de intimação, tendo ocorrido a preclusão.

b) marcar nova audiência e deferir a intimação das três testemunhas comprovadamente convidadas a depor.

c) marcar nova audiência e deferir a intimação de apenas duas das três testemunhas.

d) suspender o processo por quinze dias, marcar audiência necessariamente dentro de sessenta dias e determinar a condução coercitiva das testemunhas através de força policial.

e) suspender o processo por trinta dias, marcar audiência necessariamente dentro desse prazo, e determinar a condução coercitiva das testemunhas através de força policial.

13. (TRT 3 – Juiz do Trabalho Substituto 3ª região/2014) Sobre as provas do processo do trabalho, é INCORRETO afirmar:

a) O documento apresentado em cópia oferecido para prova, nos termos do art. 830 da CLT, poderá ser declarado autêntico pelo advogado da parte, sob pena de responsabilidade pessoal.

b) Por expressa previsão do art. 852-H da CLT, todas as provas serão produzidas na audiência de instrução e julgamento, mesmo que não requeridas, quando se tratar de procedimento sumaríssimo.

c) Nem todos os processos trabalhistas se submetem ao duplo grau de jurisdição.

d) Para as questões que a lei exigir prova pericial, o procedimento sumaríssimo será transformado em ordinário de ofício, pelo juiz, nos termos de orientação jurisprudência do TST.

e) As testemunhas, no procedimento sumaríssimo, no máximo de duas para cada parte, comparecerão à audiência de instrução e julgamento independentemente de intimação.

14. **(FCC – Analista Judiciário – Oficial de Justiça Avaliador – TRT 24/2017)** O trabalhador Ulisses ingressou com dissídio individual em face da empresa Delta Produtos e Games Digitais, reivindicando o pagamento de horas extraordinárias e a comissão de um mês que não foi paga, atribuindo à causa o valor de 10 salários mínimos. A legislação processual trabalhista autoriza que o reclamante possa convidar, como testemunhas, até

a) 2 no total.

b) 3 no total.

c) 2 para cada pedido.

d) 3 para cada pedido.

e) 5 no total.

GAB	1	C	2	E	3	C	4	C	5	E	6	C	7	C
	8	E	9	E	10	E	11	E	12	C	13	D	14	A

✦ **SENTENÇA**

Art. 852-I. A sentença mencionará os elementos de convicção do juízo, com resumo dos fatos relevantes ocorridos em audiência, dispensado o relatório.

§ 1º – O juízo adotará em cada caso a decisão que reputar mais justa e equânime, atendendo aos fins sociais da lei e as exigências do bem comum.

§ 2º – (VETADO)

§ 3º – As partes serão intimadas da sentença na própria audiência em que prolatada.

1. COMENTÁRIOS

Como se observa do caput, do art. 852-I, a sentença proferida no rito sumaríssimo dispensa o relatório, que é considerado requisito essencial da sentença proferida no rito ordinário (art. 832, da CLT). A dispensa do relatório é coerente com a celeridade do rito e com o fato do julgamento ocorrer em audiência, logo depois de encerrada a instrução probatória. O relatório tem sua importância relacionada à necessidade do juiz demonstrar que leu as alegações das partes e apreciou as provas para fundamentar seu julgamento; como tudo isto ocorre na própria audiência, na frente das partes, o legislador, sabiamente, dispensou o relatório. Poderia ter sido dispensado o relatório também no rito ordinário, considerando-se que o julgamento, tal qual o sumaríssimo, ocorre em audiência (arts. 850, caput e 852, da CLT). Contudo, a praxe forense tornou cada vez mais raro o cumprimento do procedimento legal, passando os juízes a proferir o julgamento fora da audiência, razão pela qual se exige o relatório no rito ordinário.

Julgamento por equidade (§ 1º, supra) não representa autorização para o juiz se distanciar da lei, mas esta regra do sumaríssimo orienta o julgador a aplicar a norma com Justiça (neste sentido, Cleber Lúcio de Almeida, Direito Processual, 2009, p 524). A equidade serve, portanto, para se abrandar a injustiça da lei, evitando-se que, no caso concreto, a interpretação da norma gere um resultado não desejado pelo direito. Teixeira Filho, O Procedimento, 2000, p. 123, lembra que o critério deve ser utilizado igualmente para o rito ordinário, com o que concordamos plenamente.

O § 2º, supra, vetado pelo Presidente da República, tinha a seguinte redação: "Não se admitirá sentença condenatória por quantia ilíquida.". O dispositivo vetado teve clara inspiração na regra do art. 38, da Lei nº 9.099/95 (Saad, CLT Comentada, 2009, p. 1143), mas a realidade da Justiça do Trabalho, que impõe a elaboração de muitas contas, diante da própria natureza do crédito trabalhista, tornou incompatível a transposição da regra civilista para a realidade da Justiça do Trabalho (Teixeira Filho, O Procedimento, 2000, p. 126-127).

O veto ao § 2º, supra, foi eloquente, porque não seria compatível com a celeridade do rito a exigência de julgamento liquido – leia-se: condenação com todos os valores – como previa a norma vetada. O julgamento no sumaríssimo ocorre em audiência e a confecção de contas para prolação de condenação liquida prejudicaria a conclusão do procedimento. Confiram-se as razões do veto, exatamente neste sentido: "O § 2º do art. 852-I não admite sentença condenatória por quantia ilíquida, o que poderá, na prática, atrasar a prolação das sentenças, já que se impõe ao juiz a obrigação de elaborar cálculos, o que nem sempre é simples de se realizar em audiência. Seria prudente vetar o dispositivo em relevo, já que a liquidação por simples cálculo se dará na fase de execução da sentença, que, aliás, poderá sofrer modificações na fase recursal.". (no mesmo sentido do veto: Teixeira Filho, O Procedimento, 2000, p. 126-129).

Portanto, a meu ver, qualquer entendimento que exija sentença líquida, quando o pedido não o é, fere a intenção da norma, que exige o julgamento na própria audiência, tornando inviável a confecção de contas neste momento. Pode ser admita a exigência como um ideal, mas não como requisito essencial da sentença. Sendo possível, sem maiores atrasos no procedimento, o julgamento líquido, se abreviará o resultado definitivo, diante da supressão da fase de liquidação de sentença. Contudo, a sentença líquida convive com o risco de resultar em trabalho perdido, considerando-se a possibilidade de recurso e reforma do julgamento no Tribunal, exigindo-se, consequentemente, a elaboração de novas contas.

A intimação da sentença na própria audiência, conforme § 3º, supra, não é uma exclusividade do rito sumaríssimo; a regra também existe para o rito ordinário, como se lê no art. 852, caput, da CLT. O réu revel será cientificado por via postal ou, se devolvida a notificação, proceder-se-á sua intimação por edital publicado no Diário Oficial (CLT, art. 841, § 1º).

2. QUESTÕES DE CONCURSOS

01. (TRT – 6ª REGIÃO/JUIZ DO TRABALHO SUBSTITUTO/2010/ADAPTADA) A sentença mencionará os elementos de convicção do Juízo, com resumo dos fatos relevantes ocorridos em audiência com a dispensa do relatório.

GAB	1	C

▸SEÇÃO III – DO INQUÉRITO PARA APURAÇÃO DE FALTA GRAVE

✦ **INÍCIO DO INQUÉRITO**

Art. 853. Para a instauração do inquérito para apuração de falta grave contra empregado garantido com estabilidade, o empregador apresentará reclamação por escrito à Junta ou Juízo de Direito, dentro de 30 (trinta) dias, contados da data da suspensão do empregado.

✦ **PROCEDIMENTO**

Art. 854. O processo do inquérito perante a Junta ou Juízo obedecerá às normas estabelecidas no presente Capítulo, observadas as disposições desta Seção.

✦ **PAGAMENTO DOS SALÁRIOS**

Art. 855. Se tiver havido prévio reconhecimento da estabilidade do empregado, o julgamento do inquérito pela Junta ou Juízo não prejudicará a execução para pagamento dos salários devidos ao empregado, até a data da instauração do mesmo inquérito.

1. COMENTÁRIOS

1.1. Natureza do dissídio de inquérito

O inquérito para apuração de falta grave é ação de natureza dúplice, pois contém implícito um provimento de natureza distinta do original, que surte efeitos conforme o resultado do processo. O inquérito é dissídio individual, de natureza constitutiva negativa, ou desconstitutiva, cujo provimento inicial objetiva o desfazimento da relação jurídica de emprego dos empregados estáveis (CLT, art. 494). Julgado procedente o pedido formulado no Inquérito, desfaz-se, por sentença, o contrato de empregado do empregado estável, sem o pagamento de indenização, prevalecendo, portanto, o provimento original. Contudo, julgado improcedente o pedido, o empregador, autor da ação, será condenado a pagar ao empregado, independentemente de pedido formulado em reconvenção, todos os salários e vantagens pelo tempo em que o contrato ficou suspenso, aguardando o julgamento da demanda. Esta condenação, provimento judicial diverso e no sentido contrário ao do autor da ação, caracteriza a natureza dúplice do inquérito.

1.2. Pagamento de salários e efeitos do julgamento

Durante o período de suspensão o empregado não receberá seus salários. A confusa redação do art. 855, supra, só significa, a meu ver, que são devidos os salários até a data de suspensão do empregado, pois, a partir de então, e até ser proferida a sentença, não haverá pagamento de salários. O tema, contudo, não é pacífico na doutrina: Russomano, Vol. II, 1993, p. 929 e Martins, Comentários, 2010, p. 916-917, defendem que são devidos salários desde a suspensão e até o ajuizamento do inquérito; daí em diante fica suspensa a obrigação de pagar salários, até o resultado definitivo do processo.

Sobre os efeitos do julgamento do Inquérito no contrato de trabalho vide os comentários aos artigos 494 e 495 da CLT; sobre a conversão da reintegração ao emprego em indenização, vide comentários ao art. 496 da CLT.

1.3. Cabimento: estável decenal e dirigente sindical

A jurisprudência estendeu a exigência legal aos dirigentes sindicais (S. 379 do TST), com intuito de revestir com maiores formalidades a garantia de emprego a estes assegurada (art. 543, § 3º, da CLT).

Wagner Giglio e Cláudia Corrêa, Direito Processual, 2007, p. 293, entendem que o inquérito é admissível também aos dirigentes de cooperativa ou outros empregados beneficiados com estabilidade criada por Convenção, Acordo Coletivo, Sentença Normativa, ou mesmo cláusula individual do contrato de trabalho (a posição, contudo, é minoritária). A posição majoritária é sintetizada por Amauri Mascaro, Curso, 2008, p. 768: "Atualmente, o inquérito judicial para apuração de falta grave é exigível para a rescisão do contrato individual do dirigente sindical e inexigível para a dispensa de empregados portadores de outros tipos de estabilidade.".

1.4. Procedimento

Trata-se de procedimento que se inicia somente sob a forma escrita, não se admitindo a demanda verbal. A exigência da forma escrita se justifica porque se trata de ação privativa do empregador e este não necessita da mesma informalidade destinada ao empregado para ter acesso à justiça.

O prazo de 30 dias para ajuizamento do inquérito é de natureza decadencial, cujo descumprimento importa em perda do direito de despedida pela falta grave cometida pelo estável (sobre a decadência e sua distinção para a prescrição, vide comentários ao art. 11 da CLT). O termo inicial deste prazo coincide com o início da suspensão do empregado. A suspensão, contudo, não é obrigatória (Martins, Comentários, 2010, p. 915, lembrando que o art. 494 da CLT dá esta faculdade ao empregador; no mesmo sentido, Amauri Mascaro, Curso, 2008, p. 767; Russomano, Vol. II, 1993, p. 927-928; Mauro Schiavi, Manual, 2008, p. 830/831 e Bezerra Leite, Curso, 2007, p. 1021-1022).

Não ocorrendo a suspensão, o termo inicial do prazo para ajuizamento da ação fica duvidoso, razão pela qual Saad, CLT Comentada, 2009, p. 1145, propõe que o inquérito sempre seja precedido da suspensão do empregado. Esta posição, contudo, contraria a faculdade que o art. 494 concede ao empregador, entre suspender ou não o empregado: "poderá ser suspenso", diz o artigo referido. Esta é a interpretação da doutrina majoritária, como acima demonstrado, e também da jurisprudência (OJ nº 137, da SBDI-2/TST).

Quando o empregador deixar de suspender o empregado, a doutrina é divergente quanto ao prazo para a ação: (a) Bezerra Leite, Curso, 2007, p. 915 e Rodrigues Pinto, Processo, 2005, p. 651, afirmam que o prazo será de 2 anos, a contar da falta grave praticada pelo empregado, por analogia ao art. 7º, XXIX, da CF, pois o objetivo da ação é justamente o de extinguir o contrato de trabalho; (b) Wagner Giglio e Cláudia Corrêa, Direito Processual, 2007, p. 294 e Mauro Schiavi, Manual, 2008, p. 830-831, defendem o prazo de 5 anos a contar da ciência da falta praticada, considerando-se que o contrato de trabalho ainda está em curso, pois a falta grave só será apurada no inquérito a ser ajuizado. Todos estes autores afirmam que a demora para o ajuizamento da demanda (2 ou 5 anos) importará em perdão tácito da falta praticada pelo empregado, razão pela qual adotamos o entendimento(c) de Cleber Lucio de Almeida, Direito Processual, 2009, p. 1029, no sentido de que, para não ocorrer o perdão tácito, o empregador deve ajuizar o inquérito no prazo de 30 dias a contar da falta praticada; Sergio Pinto Martins, Comentários, 2010, p. 915, adota entendimento semelhante, ao afirmar que passados 30 dias da falta praticada, o inquérito deve ser ajuizado o mais rápido possível, para que não ocorra o perdão tácito.

Proposta a demanda, seu trâmite observará o rito ordinário, com ressalva somente para o número de testemunhas (6 para cada parte, conforme art. 821, da CLT).

2. SÚMULAS E ORIENTAÇÕES JURISPRUDENCIAIS

- **Súmula nº 197/STF – Data da Aprovação: 13/12/1963**

O empregado com representação sindical só pode ser despedido mediante inquérito em que se apure falta grave.

- **Súmula nº 403 – STF – Data da Aprovação: 03/04/1964**

É de decadência o prazo de trinta dias para instauração do inquérito judicial, a contar da suspensão, por falta grave, de empregado estável.

- **Súmula nº 62 – TST**

ABANDONO DE EMPREGO (mantida) – Res. 121/2003, DJ 19, 20 e 21.11.2003

O prazo de decadência do direito do empregador de ajuizar inquérito em face do empregado que incorre em abandono de emprego é contado a partir do momento em que o empregado pretendeu seu retorno ao serviço.

- **Súmula nº 379 – TST**

DIRIGENTE SINDICAL. DESPEDIDA. FALTA GRAVE. INQUÉRITO JUDICIAL. NECESSIDADE (conversão da Orientação Jurisprudencial nº 114 da SBDI-1) – Res. 129/2005, DJ 20, 22 e 25.04.2005 O dirigente sindical somente poderá ser dispensado por falta grave mediante a apuração em inquérito judicial, inteligência dos arts. 494 e 543, § 3º, da CLT. (ex-OJ nº 114 da SBDI-1 – inserida em 20.11.1997)

- **OJ-SDI2-137/TST**

MANDADO DE SEGURANÇA. DIRIGENTE SINDICAL. Art. 494 DA CLT. APLICÁVEL (DJ 04.05.2004)

Constitui direito líquido e certo do empregador a suspensão do empregado, ainda que detentor de estabilidade sindical, até a decisão final do inquérito em que se apure a falta grave a ele imputada, na forma do art. 494, "caput" e parágrafo único, da CLT.

3. QUESTÕES DE CONCURSOS

01. **(TRT – 9ª REGIÃO/JUIZ DO TRABALHO/2009/ADAPTADA)** A dispensa de dirigente sindical beneficiado por estabilidade provisória no emprego deve ser precedida de inquérito judicial para apuração de falta grave, com prazo decadencial de 30 dias contados da data de sua suspensão, sendo assegurada a execução para pagamento dos salários devidos ao empregado até a data de instauração do inquérito judicial.

02. (TRT – 14ª REGIÃO/JUIZ DO TRABALHO/2008/ADAPTADA) A ação judicial de inquérito para apuração de falta grave, movida pelo empregador contra empregado estável, somente pode ser apresentada por meio de petição escrita, não se admitindo, no caso, que seja formulada verbalmente.

03. (OAB-DF/EXAME DA ORDEM/2006) Sobre o inquérito para apuração de falta grave, assinale a alternativa CORRETA:

a) deve ser instaurado, pelo empregador, mediante reclamação por escrito ao órgão do Ministério Público do Trabalho;

b) deve ser instaurado, pelo empregado, mediante reclamação escrita ou verbal, ao órgão do Ministério Público do Trabalho;

c) deve ser instaurado, pelo empregador, mediante reclamação por escrito 'a Vara ou Juízo de Direito, dentro de 30 dias, contados da data da suspensão do empregado;

d) deve ser instaurado pelo empregado ou empregador, conforme o caso, perante o Ministério do Trabalho.

04. (TRT 3 – Juiz do Trabalho Substituto 3ª região/2014) É correto afirmar quanto ao inquérito judicial para apuração de falta grave:

a) Se aplica a todos os tipos de estabilidades provisória e, sendo uma faculdade dada ao empregador, poderá ele utilizar-se, ou não, desse instrumento para dispensar por justa causa empregado portador de garantia de emprego.

b) Pressupõe a suspensão do empregado e o ajuizamento do inquérito judicial para apurar a falta grave, trinta dias após cumprida a suspensão aplicada.

c) O prazo legal de trinta dias para o ajuizamento do inquérito é vinculado ao empregador, razão pela qual este é decadencial e não prescricional.

d) Nos termos da Súmula 379 do TST, a dispensa do dirigente sindical, por falta grave, prescinde do inquérito judicial para apuração de falta grave.

e) Julgado improcedente o inquérito judicial, o trabalhador será readmitido e a empresa condenada a pagar os direitos do trabalhador, desde a data da sentença até a efetiva readmissão.

05. (FCC – Analista Judiciário – Área Judiciária – TRT 24/2017) A empresa Gregos e Troianos Ltda. possui nos seus quadros um empregado que exerce o cargo de dirigente sindical no sindicato que representa a categoria profissional dos empregados. Referido empregado foi surpreendido embriagado no ambiente de trabalho e a empresa o suspendeu, pretendendo dispensar o mesmo por justa causa. Nessa hipótese, a empresa deverá

a) comunicar o sindicato da categoria no prazo de 5 dias para o mesmo instaurar inquérito para apuração dos fatos.

b) marcar a homologação da rescisão do empregado perante o Ministério do Trabalho, o qual deverá notificar o sindicato da categoria para tomar ciência da rescisão contratual de seu dirigente.

c) propor inquérito para apuração de falta grave perante a Vara do Trabalho competente, no prazo de 30 dias da suspensão do empregado.

d) ajuizar inquérito civil perante o Ministério Público do Trabalho para apuração dos fatos, para que a dispensa possa ter legitimidade.

e) ajuizar inquérito para apuração de falta grave perante o Tribunal Regional do Trabalho no prazo de 60 dias da suspensão do empregado.

GAB	1	C	2	C	3	C	4	C	5	C

▸SEÇÃO IV – DO INCIDENTE DE DESCONSIDERAÇÃO DA PERSONALIDADE JURÍDICA

Art. 855-A. Aplica-se ao processo do trabalho o incidente de desconsideração da personalidade jurídica previsto nos arts. 133 a 137 da Lei no 13.105, de 16 de março de 2015 – Código de Processo Civil. (Inserido pela lei nº 13.467, de 13.07.2017).

§ 1º Da decisão interlocutória que acolher ou rejeitar o incidente:

I – na fase de cognição, não cabe recurso de imediato, na forma do § 1º do art. 893 desta Consolidação;

II – na fase de execução, cabe agravo de petição, independentemente de garantia do juízo;

III – cabe agravo interno se proferida pelo relator em incidente instaurado originariamente no tribunal.

§ 2º A instauração do incidente suspenderá o processo, sem prejuízo de concessão da tutela de urgência de natureza cautelar de que trata o art. 301 da Lei no13.105, de 16 de março de 2015 (Código de Processo Civil).'

1. COMENTÁRIOS

O dispositivo do art. 855-A, introduzido na CLT pela lei nº 13.467, de 13.07.2017, pacifica a controvérsia doutrinária quanto ao procedimento da desconsideração da pessoa jurídica no processo do trabalho. O texto reformado atraiu a incidência dos dispositivos pertinentes do processo civil, com expressa remissão ao CPC. Por outro lado, acolheu, integralmente, as adaptações propostas pelo TST, por sua Instrução Normativa 39/2016, aprovada pela Resolução nº 203, de 15.03.2016. Neste sentido, prevê o art. 6º, da referida instrução normativa:

> Art. 6º – Aplica-se ao Processo do Trabalho o incidente de desconsideração da personalidade jurídica regulado no Código de Processo Civil (arts. 133 a 137), assegurada a iniciativa também do juiz do trabalho na fase de execução (CLT, art. 878). § 1º Da decisão interlocutória que acolher ou rejeitar o incidente:
>
> I – na fase de cognição, não cabe recurso de imediato, na forma do art. 893, § 1º da CLT;
>
> II – na fase de execução, cabe agravo de petição, independentemente de garantia do juízo;
>
> III – cabe agravo interno se proferida pelo Relator, em incidente instaurado originariamente no tribunal (CPC, art. 932, inciso VI).
>
> § 2º A instauração do incidente suspenderá o processo, sem prejuízo de concessão da tutela de urgência de natureza cautelar de que trata o art. 301 do CPC.

A decisão permitindo ou negando a desconsideração, na fase de conhecimento, sujeita-se ao regime de irrecorribilidade das decisões interlocutórias, razão pela qual não sofre recurso imediato, conforme previsto no art. 855-A, § 1º, I. Todavia, não está afastado o uso de Mandado de Segurança, na hipótese de violação a direito líquido e certo da parte, ou de Reclamação Correicional, na hipótese de tumulto provocado pela decisão que negar ou autorizar a instauração do incidente.

A decisão que acolhe ou rejeita o incidente é definitiva, pois poderá provocar até mesmo a extinção do processo, se a negativa na instauração do incidente não deixar outra saída, por falta de patrimônio a suportar o prosseguimento da execução; se acolhido o incidente, haverá mudança de direcionamento da persecução na execução, passando a pessoa física a responder com seu patrimônio pessoal. Sendo definitiva a a decisão, é natural o cabimento do Agravo de Petição, na melhor exegese do art. 897, "a", da CLT. A supressão de garantia do juízo como pressuposto do agravo, na forma do art. 855-A, § 1º, II, da CLT, é uma quebra de paradigma, pois a regra existia desde a redação original do art. 899, da CLT, que regula o depósito recursal como garantia do juízo.

O **Agravo de Petição**, em regra, é interposto após o julgamento dos embargos à execução, só manejados estes, por sua vez, após a garantia do juízo, pelo depósito ou pela penhora (art. 884, *caput*, da CLT), Portanto, a previsão inovadora da reforma trabalhista, antecipa o uso do Agravo de Petição à garantia do juízo e até mesmo aos embargos à execução. Tão logo proferida a decisão acerca da desconsideração da Pessoa Jurídica, nasce para a parte, de imediato, o direito ao Agravo de Petição. Essa possibilidade atenta contra a celeridade processual e tende a alongar, sobremaneira, as discussões na fase de execução de sentença

A instauração do incidente, ou seja, o requerimento de desconsideração da Pessoa Jurídica, suspende o processo, conforme o art. 855-A, § 2º, da CLT. Esta suspensão durará até a decisão do juiz na execução, acolhendo ou rejeitando o incidente. Esta decisão, como dito, e previsto no art.855-A, § 1º, I, da CLT, sujeita-se a Agravo de Petição, a ser julgado pelo TRT. Todavia, o referido recurso, segundo entendimento doutrinário predominante, não tem efeito suspensivo (neste sentido: Rodrigues Pinto, Recursos, 2006, p. 248; Bezerra Leite, Curso, 2007, p. 776 e

Wagner Giglio/Cláudia Corrêa, Direito Processual, 2007, p. 487-488).; contra, defendendo o efeito suspensivo quanto à matéria impugnada no apelo: Amauri Mascaro, Curso, 2008, p. 749: "...quanto a esta matéria não pode haver execução enquanto não for decidida, o que equivale ao efeito suspensivo.").

O efeito devolutivo do AP é tese consagrada inclusive na jurisprudência, conforme S. 416 do TST. Enquanto não reformada, a decisão, que acolher o incidente e provocar a constrição do patrimônio da pessoa física, terá eficácia plena. Considerando-se que a execução, na pendência deste Agravo de Petição, que discute a desconsideração, é definitiva, o juiz poderá determinar, inclusive, atos de alienação de domínio do devedor, como também levantamento de depósitos em dinheiro, tudo em prol da efetividade da execução. Em sentido contrário, a decisão que negar a desconsideração, mesmo na pendência de AP, permite que devedor passe a dispor do seu patrimônio, sem que se possa inquinar de nula, ou fraudulenta, qualquer alienação do mesmo por ato de vontade,

O **Agravo Interno**, referido no art. 855-A, § 1º, III, é o recurso contra as decisões monocráticas proferidas por juízes que compõem órgãos colegiados. Trata-se de uma antecipação da decisão deste órgão colegiado.

A competência para julgamento do Agravo Interno é do próprio órgão colegiado do qual o prolator da decisão faz parte, e seu procedimento estará previsto no próprio regimento do Tribunal onde o mesmo será interposto (neste sentido o art. 1.021 do CPC/2015). O efeito suspensivo é exceção à regra e, como tal, deve estar previsto. O Agravo Interno não efeito suspensivo e, assim sendo, também a decisão de desconsideração, proferida monocraticamente no Tribunal, pode ser cumprida imediatamente, mesmo estando na pendência de Agravo Interno,

▸CAPÍTULO III-A – DO PROCESSO DE JURISDIÇÃO VOLUNTÁRIA PARA HOMOLOGAÇÃO DE ACORDO EXTRAJUDICIAL

(Capítulo inserido pela Lei nº 13.467, de 13.07.2017)

✦ **PROVOCAÇÃO CONJUNTA DA JURISDIÇÃO VOLUNTÁRIA**

Art. 855-B. O processo de homologação de acordo extrajudicial terá início por petição conjunta, sendo obrigatória a representação das partes por advogado.

✦ **CADA PARTE COM SEU ADVOGADO**

§ 1º As partes não poderão ser representadas por advogado comum.

✦ **POSSIBILIDADE DE ASSISTÊNCIA PELO SINDICATO**

§ 2º Faculta-se ao trabalhador ser assistido pelo advogado do sindicato de sua categoria.'

✦ **AUSÊNCIA DE EFEITOS NO PRAZO PARA PAGAMENTO DA RESCISÃO**

Art. 855-C. O disposto neste Capítulo não prejudica o prazo estabelecido no § 6º do art. 477 desta Consolidação e não afasta a aplicação da multa prevista no § 8º, do art. 477 desta Consolidação.'

✦ **PRAZO DE 15 DIAS PARA A SENTENÇA**

Art. 855-D. No prazo de quinze dias a contar da distribuição da petição, o juiz analisará o acordo, designará audiência se entender necessário e proferirá sentença.

✦ **PRAZO PRESCRICIONAL**

Art. 855-E. A petição de homologação de acordo extrajudicial suspende o prazo prescricional da ação quanto aos direitos nela especificados.

Parágrafo único. O prazo prescricional voltará a fluir no dia útil seguinte ao do trânsito em julgado da decisão que negar a homologação do acordo.

1. COMENTÁRIOS

1.1. Jurisdição Voluntária: noção

A jurisdição não se resume à solução de conflitos. Existem situações tais, eleitas pelo legislador, nas quais o Estado tem intenção de interferir para tutelar determinados interesses. A essa interferência do Estado, através do juiz, na fiscalização e tutela de interesses privados, dá-se o nome de jurisdição voluntária (também conhecida pelos epítetos: jurisdição administrativa e jurisdição graciosa).

Nestes casos especiais "o poder público, de formas várias, intervém, facultativa ou necessariamente, em situações jurídicas individuais ou no relacionamento jurídico entre particulares. Ocorre, pois, a administração de interesses privados por órgãos do poder público." (Athos Gusmão Carneiro, Jurisdição e Competência, 2005, p. 44).

A administração de interesses privados não ocorre exclusivamente pelo Estado-juiz. Há interferência estatal por órgãos alheios ao judiciário, como no exemplo do INPI, responsável pelo registro de patentes de invenção, bem como os atos de registro imobiliário e notariais feitos em cartórios extrajudiciais, por expressa delegação do Poder Público (art. 236, da CF). A separação judicial, antes de competência do Judiciário, como exercício de jurisdição voluntária, atualmente é de responsabilidade dos cartórios extrajudiciais.

A jurisdição voluntária importa em limitação à autonomia de vontade do particular. A interferência do Poder Público se justifica pela relevância do interesse que o Estado pretende tutelar.

1.2. Natureza jurídica.

Na atualidade ainda vigora enorme cizânia doutrinária acerca da natureza jurídica da jurisdição voluntária. Basicamente duas correntes se dividem no exame de sua natureza: os que lhe atribuem natureza meramente administrativa, sem representar verdadeira (ou típica) atividade jurisdicional, e os que lhe atribuem natureza jurisdicional.

Segundo Fredie Didier, Curso, Vol. 1, 2012, p. 127, prevalece no direito brasileiro a corrente doutrinária que nega à jurisdição voluntária o caráter de típica atividade jurisdicional. Na pesquisa que fizemos sobre o tema, também chegamos à mesma conclusão.

Dizem os partidários da primeira tese, – natureza administrativa da jurisdição voluntária –, que esta se caracteriza (a) pela ausência de conflito a ser resolvido, portanto, sem lide não haverá jurisdição típica; não havendo jurisdição típica, a atuação do judiciário tem caráter administrativo, (b) não tem aptidão para formar coisa julgada; (c) aqueles em juízo são meros interessados, e não partes; (d) o julgador, na forma do art. 723, § único, do CPC, não está vinculado ao critério da legalidade estrita, podendo adotar, em cada caso, a decisão que reputar mais conveniente ou oportuna. Entre os adeptos desta corrente, destacam-se, dentre outros: Chiovenda, Calamandrei e Liebman e, no Brasil, Lopes da Costa e Frederico Marques, conforme referências feitas por Leonardo Greco em seu detalhado estudo sobre o tema: Jurisdição Voluntária Moderna, 2003, p. 15-16.

Os partidários da segunda tese, – natureza jurisdicional da jurisdição voluntária –, entre os quais nos incluímos, afirmam que (a) a existência de conflito na jurisdição voluntária não a descaracteriza, nem a converte em contenciosa; é correto dizer que na jurisdição voluntária a lide é casuística, pode ou não ocorrer, e não existe antes do ajuizamento da demanda; na jurisdição contenciosa a lide é um pressuposto do processo; (b) a jurisdição voluntária ocorre nos casos expressamente definidos em lei, que, por escolha política, definiu a atuação do Judiciário, com todas as garantias da jurisdição (contraditório, ampla defesa, instrução probatória, etc; portanto, a jurisdição voluntária tem a mesma característica da inevitabilidade da jurisdição contenciosa; (c) a jurisdição voluntária se vale do processo, que é método de produção de normas jurídicas; portanto, se pode falar em processo administrativo, negocial e jurisdicional; assim, mesmo que se negue sua natureza jurisdicional, não se pode ignorar que sua atividade depende de um processo; (d) o Estado-juiz continua imparcial na jurisdição voluntária (Greco, Jurisdição, 2003, p. 22), não podendo ser comparada sua atividade com aquela exercida pelo Estado, em interesse próprio, nos processos meramente administrativos; (e) sendo a jurisdição exercida através do processo, este se iniciou pelo exercício da ação, sujeita às mesmas condições do processo contencioso (ainda Greco, p. 42); (f) ressalvados os procedimentos regulados no CPC, a jurisdição voluntária será processada do mesmo modo que a contenciosa, materializada a demanda na Petição Inicial, com Contestação, provas, etc; (g) por fim, mas não menos importante, a redação do art. 1.111 do CPC/73 (A sentença poderá ser modificada, sem prejuízo dos efeitos já produzidos, se ocorrerem circunstâncias supervenientes), ao contrário do que se diz comumente, reforça a tese da formação de coisa julgada nos procedimentos de jurisdição voluntária, pois afirma que as decisões só poderão ser modificadas por fatos supervenientes; assim, mantidos os fatos, a decisão, conforme a interpretação do código revogado, seria imutável; a coisa julgada se formava, mas podia ser modificada pela ocorrência de fato superveniente, pois se tratava de coisa julgada rebus sic stantibus.

Sobre a formação de coisa julgada material, tema dos mais candentes na vigência do CPC/73, assim se manifestava Fredie Didier Jr, Curso, Vol. 1, p. 130: "Pense-se no pedido de alteração de nome, típico caso de jurisdição voluntária: se o juiz negá-lo poderá o requerente formulá-lo novamente, fundado nas mesmas razões? Obviamente não. Se há indiscutibilidade, para dentro e para fora do processo, que deve ser respeitada por todos, há coisa julgada – não há outro nome para esse fenômeno.". No novo código esses argumentos são reforçados pela ausência de previsão legal para modificação da sentença. Não fora reproduzida, no novo Código, qualquer regra com teor igual ou semelhante ao do art. 1.111 do CPC/73.

Luiz Guilherme Marinoni, Curso, Vol. 1, 2006, p. 143, também interpretando o tema conforme o art. 1.111 do CPC/73, já revogado, não assumia diretamente a formação de coisa julgada material na jurisdição voluntária, mas chegava à conclusão da imutabilidade da decisão: "A jurisdição não é indissociável da coisa julgada material. O que é essencial para a decisão jurisdicional é a sua potencialidade à estabilidade. E não há como negar que as decisões da "jurisdição voluntária", embora não sujeitas à coisa julgada material, são dotadas desta potencialidade.".

A ausência no CPC/2015 de menção à possibilidade de modificação da coisa julgada reforçou, ainda mais, a tese de sua estabilidade. No mesmo sentido, Daniel Neves, Manual, 2015, p. 47: "Aparentemente acolhendo a teoria defendida de existência de coisa julgada material nas decisões de mérito da jurisdição voluntária, o Novo CPC não contém previsão a respeito do tema, sendo lícito concluir que se passará a aplicar nessa espécie de jurisdição as mesmas regras de coisa julgada material aplicáveis à jurisdição contenciosa.".

1.3. Jurisdição Voluntária na Justiça do Trabalho.

Existem interesses privados que a Justiça do Trabalho pretende tutelar, mesmo que não haja conflito previamente ao processo judicial. O ajuizamento de demanda para permitir a atuação da Justiça do Trabalho não caracteriza, só por este fato, a instauração de jurisdição contenciosa.

Há jurisdição voluntária quando da necessidade de alvará judicial, expedido pela Justiça do Trabalho, para levantamento do FGTS, na hipótese de falecimento de empregado que não indicou dependentes junto à Previdência Social. Neste sentido o art. 20, IV, da Lei nº 8.036/90: "Na falta de dependentes, farão jus ao recebimento do saldo na conta vinculada os seus sucessores previstos na lei civil, indicado em alvará judicial, expedido a requerimento do interessado, independentemente de inventário ou arrolamento.". Este exemplo é citado por Dalazen, Competência Material Trabalhista, 1994, apud Rosemary de Oliveira Pires, in Compêndio, 2002, p. 143, Coord. Alice Monteiro de Barros.

O enunciado 63, da 1ª Jornada de Direito Material e Processual da Justiça do Trabalho, realizada no TST, em 2007, se posicionou no mesmo sentido: "Compete à Justiça do Trabalho, em procedimento de jurisdição voluntária, apreciar pedido de expedição de alvará para liberação do FGTS e de ordem judicial para pagamento do seguro-desemprego, ainda que figurem como interessados os dependentes de ex-empregado falecido.".

Outro exemplo de jurisdição voluntária decorre do pedido de demissão do empregado estável, cuja homologação deve ser feita pela Justiça do Trabalho, conforme art. 500, da CLT: "O pedido de demissão do empregado estável só será válido quando feito com a assistência do respectivo Sindicato e, se não o houver, perante autoridade local competente do Ministério do Trabalho e Previdência Social ou da Justiça do Trabalho.". Sobre este dispositivo legal, opina Francisco Antonio de Oliveira, Comentários, 2005: "...se a ordem não for obedecida, ainda que exista sindicato na base territorial, o ato será perfeitamente válido. De resto, os atos emanados pelos órgãos judiciários, ainda que em jurisdição voluntária, têm eficácia superior.". "É anulável a homologação, judicial ou não, como todo ato de jurisdição voluntária.".

Carlos Henrique da Silva Zangrando, Processo do Trabalho, 2007, p. 264, menciona interessante exemplo de jurisdição voluntária: "homologação da compensação com o FGTS pela liquidação de direitos do empregado transferido para trabalho no exterior (Lei nº 7.064/82, art. 9º, § 4º, e Decreto nº 89.339/84).".

De nossa parte achamos que há jurisdição voluntária nos pedidos de anotação de baixa na CTPS, ou de liberação do seguro-desemprego, corolários lógicos da dispensa sem justa causa do empregado.

Também não vemos restrição na interferência da Justiça do Trabalho para tutelar os interesses daqueles que, diante da vontade de desfazimento do contrato de trabalho por comum acordo, pretendem homologar a avença em juízo. Este exemplo é visto pela maioria dos juízes como "lide simulada.". Na verdade, a simulação só ocorre diante da enorme resistência do Juiz do Trabalho em homologar a verdadeira vontade dos contratantes. A hipótese é, portanto, de resilição bilateral, cuja validade depende de homologação pela Justiça do Trabalho, diante da ausência de previsão legal para tal modalidade de resilição contratual, bem como diante da necessidade de ser vigiada a livre manifestação de vontade pelo empregado.

Sobre a possibilidade de homologação de acordo extrajudicial, tão comum no processo civil, se manifesta Fredie Didier Jr, Curso, Vol. 1, 2012, p. 131: "É possível pedir a homologação de qualquer acordo extrajudicial ao juízo competente. O procedimento para homologação de acordo extrajudicial é de jurisdição voluntária. Uma vez homologado, este acordo torna-se titulo executivo judicial." (grifei).

O CPC/2015, expressamente consagrou essa possibilidade, no Capítulo que cuida dos procedimentos de jurisdição voluntária, especificamente no art. 725, VIII: "homologação de autocomposição extrajudicial, de qualquer natureza ou valor.".

Há, igualmente, forte tendência para se negar competência à Justiça do Trabalho para homologar acordos extrajudiciais, conforme destaques feitos no campo da jurisprudência temática, logo a seguir. Esta resistência deverá ser desfeita, diante da previsão legal específica neste sentido (art. 855-B a E, da CLT).

A nosso ver, o acordo extrajudicial depois de homologado pelo juiz, somente poderá ser desconstituído pela via rescisória, diante da formação de coisa julgada (art. 831, § único da CLT), conforme entendimento consagrado na S. 259 do TST. Também aqui, há divergência doutrinária e jurisprudencial. Luciano Athayde Chaves (2015, p. 444) ressalta a existência de inúmeros julgados do TST que negam eficácia de coisa julgada à homologação de acordos extrajudiciais, sob o fundamento de que tal eficácia, prevista no art. 831, § único da CLT, só decorre da homologação de acordos judiciais que tenham se originado de típica demanda trabalhista.

O referido autor, muito embora adira à tese de incompetência da Justiça do Trabalho para homologação de acordos extrajudiciais, faz uma pertinente ressalva:

> "É de se cogitar, no entanto, como possível um pedido de homologação de transação extrajudicial se se tratar de trabalhador que não esteja submetido ao regime de emprego, como autônomos ou dirigentes de companhia, sem vínculo de emprego, já que, nessas hipóteses, não haveria a previsão de atuação do sindicato profissional." (2015, p. 446).

1.4. O procedimento de homologação de acordo extrajudicial

O Juiz do Trabalho, ou o órgão que o Tribunal designar para homologação do acordo extrajudicial, deverá negar a homologação caso as partes não estejam devidamente assistidas. Trata-se, na verdade, de requisito para recebimento do procedimento. A ausência de advogado poderá, a critério do juiz, provocar a suspensão ou a extinção do procedimento. Optando pela suspensão, designará prazo para regularização da representação processual, com a cominação de extinção. Poderá, contudo, optar pela extinção imediata do procedimento, sem oportunidade de correção do defeito, atitude que, a nosso ver, não se coaduna com os princípios do processo moderno.

Desnecessária, a nosso ver, a disposição do **art. 855-B, § 2º**, que faculta à parte se fazer assistir por advogado do sindicato da categoria. O texto reafirma uma obviedade, pois o contrário seria flagrantemente violador da liberdade de contratação do empregado. O empregador, não obstante a omissão do texto legal, também poderá se fazer assistir pelo advogado do sindicato de sua categoria.

Não obstante a petição de acordo ser conjunta, a vedação a advogado comum, conforme **art. 855-B, § 1º**, decorre da elogiável cautela do legislador em evitar a fraude, ou acordos simulados, com vistas a por fim às demandas que, por ventura, o empregado pudesse propor. O Juiz do Trabalho, neste particular, deverá ter enorme zelo na apreciação legitima da vontade dos interessados.

A disposição do **art. 855-C** tem o propósito especifico de evitar que a Justiça do Trabalho se converta em órgão homologador de rescisões contratuais, particularmente após a alteração do art. 477 da CLT, que suprimiu a obrigatoriedade de homologação da rescisão contratual. Ainda que a regra referida contribua para que a Justiça do Trabalho não se torne órgão homologador da rescisão, nada impedirá que as partes também transacionem quanto à multa do § 8º, do art. 477, diante da dispositividade da referida norma. De fato, provavelmente, os empregadores preferiram levar as rescisões contratuais a juízo, correndo-se um enorme risco de aumento da quantidade de processos na Justiça do Trabalho, tudo visando a obtenção de uma solução definitiva para as obrigações decorrentes da resilição contratual.

O exíguo prazo para instrução e julgamento do procedimento, previsto no **art. 855-D, da CLT**, tem tudo para se tornar mais um prazo não cumprido pela Justiça do Trabalho. A solução para o conflito entre número de demandas e necessidade de solução premente deste procedimento é a criação de um órgão específico para a homologação destes acordos, com a supervisão direta de magistrados, mas com atuação específica de servidores especialmente qualificados para esse fim.

O prazo para o ajuizamento de qualquer ação cujos pedidos tenham relação com o o objeto do acordo, fica suspenso, mesmo que a solução do procedimento ultrapasse os 15 dias previstos no art. 855-D, da CLT, pois a partes não podem suportar danos pela demora na prestação jurisdicional. O prazo ficará suspenso pela tão só iniciativa dos interessados, independentemente de decisão que possa vir a extinguir o procedimento sem solução de mérito. A instauração do procedimento se assemelha à ação em procedimento de jurisdição contenciosa. Portanto, desde o ajuizamento do procedimento estará suspenso o prazo prescricional, que voltará a fluir no dia seguinte posterior ao transito em julgado da decisão homologatória (**art. 855-E, § único**), ou de sua extinção.

Como defendido no tópico supra, a jurisdição voluntária tem natureza jurisdicional e sua decisão, consequentemente, faz coisa julgada material, nos termos do art. 831, § único, da CLT, cuja desconstituição só será possível por ação rescisória (S. 259 do TST).

1.5. Limites da transação

Sobre os limites da transação e suas diferenças para a conciliação trabalhista, vide comentários ao art. 464 da CLT.

2. INFORMATIVOS DO TST

- **INCIDENTE DE UNIFORMIZAÇÃO DE JURISPRUDÊNCIA. COMPETÊNCIA MATERIAL DA JUSTIÇA DO TRABALHO. FGTS. ALVARÁ. JURISDIÇÃO VOLUNTÁRIA. SÚMULA 176. CANCELAMENTO.** 1. Inscreve-se na competência material da Justiça do Trabalho, no exercício de jurisdição voluntária, apreciar pretensão de ex-empregado de expedição de alvará judicial para fins de saque dos depósitos do FGTS junto à CAIXA ECONÔMICA FEDERAL CEF, tendo em vista a vinculação do pleito a uma relação de emprego, espécie da relação de trabalho de que cogita o novel art. 114, inciso I, da Constituição Federal de 1988, com a redação da Emenda Constitucional nº 45/04. 2. O aspecto central para a determinação da nova competência material da Justiça do Trabalho, desde o advento da EC nº 45/04, repousa na circunstância de o pedido e a causa de pedir dimanarem de uma relação de trabalho, ainda que não entre os respectivos sujeitos. Superada a estreita e arraigada vinculação de tal competência meramente aos dissídios entre empregado e empregador. 3. Cancelamento da Súmula 176 do TST." (PROC. Nº TST-IUJ-RR-619872/00.2, Rel. Min. João Oreste Dalazen, DEJT 26/8/2005)

- **AGRAVO DE INSTRUMENTO EM RECURSO DE REVISTA. COMPETÊNCIA DA JUSTIÇA DO TRABALHO. ALTERAÇÃO DE REGIME CELETISTA PARA ESTATUTÁRIO. LEVANTAMENTO IMEDIATO DO FGTS. POSSIBILIDADE. APLICAÇÃO ANALÓGICA DO ART. 20, I, DA LEI 8.036/90.** Processo: AIRR – 1330-93.2011.5.15.0134 Data de Julgamento: 15/05/2013, Relatora Ministra: Delaíde Miranda Arantes, 7ª Turma, Data de Publicação: DEJT 17/05/2013.

  Nesse caso, fica autorizado o levantamento do FGTS pelo trabalhador, com base na aplicação analógica do art. 20, I, da Lei 8.036/90, o qual permite a movimentação da conta vinculada nas hipóteses de dispensa imotivada, culpa recíproca ou força maior, isto é, quando a extinção contratual não decorre de iniciativa ou culpa exclusiva do empregado.

  A esse respeito, citam-se os seguintes precedentes desta Corte: AIRR-18440-54.2006.5.06.0321, Rel. Min. Lelio Bentes Corrêa, 1.ª Turma, DEJT 05/12/2008; AIRR-1019-05.2011.5.15.0134, Rel. Min. José Roberto Freire Pimenta, 2.ª Turma, DEJT 09/11/2012; AIRR-739-34.2011.5.15.0134, Rel. Min. Alberto Luiz Bresciani de Fontan Pereira, 3.ª Turma, DEJT 08/03/2013; RR-17900-48.2010.5.17.0001, Rel. Min. Luiz Philippe Vieira de Mello Filho, 4.ª Turma, DEJT 17/08/2012; RR-30140-67.2007.5.02.0203, Rel. Min. Emmanoel Pereira, 5.ª Turma, DEJT 10/06/2011; AIRR-974-98.2011.5.15.0134, Rel. Min. Aloysio Corrêa da Veiga, 6.ª Turma, DEJT 14/12/2012; AIRR-960-17.2011.5.15.0134, Rel. Min. Delaíde Miranda Arantes, 7.ª Turma, DEJT 26/03/2013; e RR-773-09.2011.5.15.0134, Rel. Min. Dora Maria da Costa, 8.ª Turma, DEJT 15/03/2013.

- **AGRAVO DE INSTRUMENTO. RECURSO DE REVISTA.JURISDIÇÃO VOLUNTÁRIA. INCOMPETÊNCIA DA JUSTIÇA DO TRABALHO. ACORDO. HOMOLOGAÇÃO.** Na hipótese em exame, a parte agravante insurgiu-se contra a decisão que determinou o arquivamento do feito sem julgamento do mérito ante o reconhecimento da incompetência desta Justiça Especializada para chancelar acordo extrajudicial oriundo da relação de trabalho. Nada obstante, não prospera a pretensão recursal, uma vez que a jurisdição voluntária tal como ensina a melhor doutrina, mesmo quando exercida pelo juiz, detém natureza tipicamente administrativa. E sendo assim, entendo que da interpretação conjunta do art. 114 da Carta Magna, que fixa a competência desta Justiça Especializada combinado com os dispositivos consolidados presentes no Título VIII, Capítulo I, da CLT, que tratam da Justiça do Trabalho, no caso arts. 643/649, demonstram que, a jurisdição voluntária, consistente no exercício pelo Juízo da função administrativa de interesses privados, para sua validade, não está compreendida por esta Justiça Especializada, motivo pelo qual refoge à sua competência homologar acordos extrajudiciais, efetuados antes da interposição da competente ação. Agravo de instrumento improvido. Processo: AIRR – 758-08.2013.5.09.0661 Data de Julgamento: 27/05/2015, Relator Desembargador Convocado: Américo Bedê Freire, 6ª Turma, Data de Publicação: DEJT 29/05/2015.

3. SÚMULAS E ORIENTAÇÕES JURISPRUDENCIAIS

- **Súmula 259 do TST**

  TERMO DE CONCILIAÇÃO. AÇÃO RESCISÓRIA (mantida) – Res. 121/2003, DJ 19, 20 e 21.11.2003. Só por ação rescisória é impugnável o termo de conciliação previsto no parágrafo único do art. 831 da CLT.

▸CAPÍTULO IV – DOS DISSÍDIOS COLETIVOS

▸SEÇÃO I – DA INSTAURAÇÃO DA INSTÂNCIA

✦ PROVOCAÇÃO DA JURISDIÇÃO

Art. 856. A instância será instaurada mediante representação escrita ao Presidente do Tribunal. Poderá ser também instaurada por iniciativa do presidente, ou, ainda, a requerimento da Procuradoria da Justiça do Trabalho, sempre que ocorrer suspensão do trabalho.

1. COMENTÁRIOS

1.1. Dissídios Coletivos: classificação e natureza jurídica

Os dissídios coletivos são ações especiais cujo objetivo é definido conforme sua natureza. Todos observam a forma escrita. Os de natureza econômica visam criar normas de conduta, de caráter abstrato, a serem observadas no âmbito de determinada categoria, vinculando sindicatos profissionais e de categorias econômicas. O julgamento destes conflitos é orientado pelo princípio da equidade, considerando-se que o Judiciário Trabalhista exerce um poder normativo criando normas não previstas em lei.

O dissídio de natureza jurídica, também chamado de dissídio coletivo de interpretação, tem o objetivo de definir o alcance de norma especifica de interesse da categoria, seja lei, convenção, acordo coletivo ou, ainda, um ato normativo qualquer. Aqui, da mesma forma que o dissídio econômico, o Judiciário Trabalhista também exerce uma função que lhe é atípica, na interpretação abstrata de uma norma já existente, de estrito interesse da categoria.

Para parte da doutrina e também para o TST (RI/TST, art. 220, V), existe uma terceira modalidade de ação coletiva, denominada dissídio coletivo de greve, cuja finalidade é a interpretação do movimento de paralisação de trabalhadores, de acordo com os parâmetros definidos na Lei nº 7.783/89 (Lei de Greve). Além de interpretar o movimento grevista, o dissídio coletivo de greve também aprecia as reivindicações relacionadas à paralisação, podendo assumir, neste caso a mesma natureza do dissídio econômico, quando vier a criar regras de conduta, acolhendo as reivindicações da categoria profissional (neste sentido, Raimundo Simão, Dissídio, 2002, p. 58.).

O Regimento Interno do TST, art. 220, III e IV, ainda classifica os dissídios coletivos em originários, quando destinados à criação de norma ainda inexistente ou, de revisão (ou revisionais), com o objetivo de buscar a modificação de cláusulas coletivas, quando alteradas as condições de fato ou de direito que geraram sua formação, conforme art. 873 da CLT.

Os dissídios coletivos têm natureza de ação constitutiva, quando originários ou de revisão, e declaratória, quando de interpretação ou de greve. Pela própria finalidade dos dissídios coletivos, exclui-se a natureza condenatória deste tipo de julgamento, como explica Rodrigues Pinto, Direito Sindical, 2002, p. 381: "...a pretensão de criar ou modificar norma abstrata e genérica é incompatível com a ideia de imposição obrigacional."

A existência de provimento condenatório envolvendo diretamente as entidades sindicais que são partes no conflito, v.g., multas pelo descumprimento da decisão que impõe o retorno imediato ao trabalho no dissídio de greve, não descaracteriza a natureza do dissídio, que é definido conforme o provimento principal (declaratório ou constitutivo), possuindo a condenação caráter secundário, ainda que possa sofrer execução autônoma.

1.2. Iniciativa do dissídio coletivo: mútuo consentimento

Os sindicatos são os únicos representantes das categorias, como prevê o art. 8º, III, da CF, não tendo sido recepcionado pela CF a possibilidade do Presidente do TRT instaurar a instância coletiva, como prevê o art. 856, supra. Ademais o art. 8º, I, da CF, proibiu o Estado de interferir na organização sindical, de forma que a ação iniciada ex officio pelo Presidente do Tribunal representaria clara interferência na liberdade sindical.

A impossibilidade da ação coletiva ser iniciada de ofício foi confirmada pela EC nº 45/2004 que, alterando o art. 114 da CF, só autorizou o sindicato e o MPT, este último na hipótese de greve, à propositura do dissídio coletivo, não excepcionando a iniciativa do Presidente do Tribunal.

O art. 114, § 2º, da CF, com a redação da EC nº 45/2004, passou a exigir o "mútuo acordo" entre as entidades sindicais, para ajuizamento do dissídio coletivo de natureza econômica. A doutrina se divide entre os que não veem na exigência violação ao princípio do acesso à justiça, sob o argumento, entre outros, de que não há direito subjetivo amparável pelo dissídio coletivo, mas meros interesses, não se aplicando, portanto, a regra constitucional da inafastabilidade de lesão ou ameaça a direito pelo Judiciário (art. 5º, XXXV, da CF). De outro laudo, os que reconhecem a inconstitucionalidade da referida exigência, como Amauri Mascaro, Curso, 2008, p. 819, argumentando que há sim violação ao exercício do direito de ação e acesso à justiça, independentemente da discussão do direito envolvido no conflito, pois se o dissídio coletivo tem natureza processual, condicionar seu exercício à autorização do réu, seria o mesmo que transferir tal direito do autor para o réu.

A jurisprudência do TST vem admitindo o consentimento tácito quanto ao ajuizamento do dissídio coletivo. Para esta posição, bastaria que o ente suscitado não se manifestasse contrariamente ao dissídio, para que o TST interpretasse como aceitação de seu ajuizamento. O Ministro Ives Gandra sustenta tal tese transcrevendo inúmeros julgamentos do TST adotando o consentimento tácito (Revista LTR, 75-06, págs. 647-655).

Nas palavras do Ministro Ives Gandra: "...visto que o espírito da lei pressuponha o mútuo requerimento do socorro jurisprudencial, mediante a eleição da Justiça do Trabalho com árbitro da composição do conflito de interesses, adotando intepretação flexível do referido preceito, a jurisprudência do TST tem admitido a hipótese de concordância tácita, apenas consubstanciada na não oposição do suscitado à instauração da instância. Esse é o limite de flexibilização hermenêutica da norma constitucional que não atenta contra a sua literalidade, a que chegou o

TST, numa posição intermediária entre uma redução drástica e a manutenção tácita do Poder Normativo. (Revista LTR, 75-06, pág. 649).

Amauri Mascaro, Curso, 2008, p. 812-813, independentemente da discussão sobre a afronta ao princípio de acesso à justiça, informa que não há vedação ao dissídio unilateral e tampouco exigência de petição conjunta entre os sindicatos; lembra que há quem defenda "a possibilidade de suprimento judicial da falta de consentimento nos casos de abuso de direito." (op. cit., p. 814).

2. SÚMULAS E ORIENTAÇÕES JURISPRUDENCIAIS

▸ **STF/SV nº 23**

A JUSTIÇA DO TRABALHO É COMPETENTE PARA PROCESSAR E JULGAR AÇÃO POSSESSÓRIA AJUIZADA EM DECORRÊNCIA DO EXERCÍCIO DO DIREITO DE GREVE PELOS TRABALHADORES DA INICIATIVA PRIVADA.

▸ **OJ-SDC-3/TST**

ARRESTO. APREENSÃO. DEPÓSITO. PRETENSÕES INSUSCETÍVEIS DE DEDUÇÃO EM SEDE COLETIVA (INSERIDA EM 27.03.1998)

São incompatíveis com a natureza e finalidade do dissídio coletivo as pretensões de provimento judicial de arresto, apreensão ou depósito.

▸ **OJ-SDC-5/TST**

DISSÍDIO COLETIVO. PESSOA JURÍDICA DE DIREITO PÚBLICO. POSSIBILIDADE JURÍDICA. CLÁUSULA DE NATUREZA SOCIAL (redação alterada na sessão do Tribunal Pleno realizada em 14.09.2012) – Res. 186/2012, DEJT divulgado em 25, 26 e 27.09.2012

Em face de pessoa jurídica de direito público que mantenha empregados, cabe dissídio coletivo exclusivamente para apreciação de cláusulas de natureza social. Inteligência da Convenção nº 151 da Organização Internacional do Trabalho, ratificada pelo Decreto Legislativo nº 206/2010.

▸ **OJ-SDC-7/TST**

DISSÍDIO COLETIVO. NATUREZA JURÍDICA. INTERPRETAÇÃO DE NORMA DE CARÁTER GENÉRICO. INVIABILIDADE (INSERIDA EM 27.03.1998)

Não se presta o dissídio coletivo de natureza jurídica à interpretação de normas de caráter genérico, a teor do disposto no art. 313, II, do RITST.

3. INFORMATIVOS DO TST

▸ **DC. Greve. Ministério Público do Trabalho. Ilegitimidade ativa "ad causam". Atividade não essencial.**

O Ministério Público do Trabalho não possui legitimidade ativa "ad causam" para ajuizar dissídio coletivo de greve em razão da paralisação coletiva dos empregados em empresas de transporte de valores, escolta armada, ronda motorizada, monitoramento eletrônico e via satélite, agentes de segurança pessoal e patrimonial, segurança e vigilância em geral da região metropolitana de Vitória/ES, pois tais serviços não estão previstos no art. 10 da Lei nº 7.783/89, que trata das atividades tidas como essenciais. Incidência do art. 114, § 3º, da CF, com redação dada pela Emenda Constitucional nº 45/04. Com esse entendimento, a SDC, por maioria, declarou a extinção do processo, sem resolução do mérito, nos termos do art. 267, VI, do CPC, vencidos os Ministros Maurício Godinho Delgado, Walmir Oliveira da Costa e Kátia Magalhães Arruda, que entendiam pela legitimidade do MPT, uma vez que, tratando-se de vigilância patrimonial, resta patente o interesse público, ainda que não configurada atividade essencial. TST-RO-700-65.2009.5.17.0000, SDC, rel. Min. Fernando Eizo Ono, 11.12.2012 (Informativo nº 34)

4. QUESTÕES DE CONCURSOS

01. (DPE-CE/DEFENSOR PÚBLICO/CESPE/2008) A greve em atividade essencial, com risco de lesão do interesse público, possibilita ao Ministério Público do Trabalho o ajuizamento de dissídio coletivo, cabendo o julgamento respectivo ao tribunal do trabalho competente para dirimir o conflito.

02. (TRT – 16ª REGIÃO/JUIZ DO TRABALHO/2006/ADAPTADA) O dissídio coletivo pode ser instaurado:

a) Pelo Ministério Público do Trabalho, mesmo não havendo greve na categoria profissional.

b) Pelo Ministério Público do Trabalho, quando a categoria profissional encontrar-se em greve.

c) Pelo Juiz Titular da Vara do Trabalho, pelo Presidente do Tribunal Regional do Trabalho ou pelo Presidente do Tribunal Superior do Trabalho.

03. (TRT 21 – Juiz do Trabalho Substituto 21ª região/ 2012) A respeito da exigência de comum acordo, para instauração de dissídio coletivo de trabalho, é correto afirmar:

I. a jurisprudência do Tribunal Superior do Trabalho tem admitido a hipótese de concordância tácita, caracterizada pela ausência de oposição do suscitado à instauração da instância;

II. a Emenda Constitucional 45/04, que introduziu a exigência de comum acordo, coaduna-se com a Convenção nº 154, ratificada pelo Brasil, que trata do incentivo à negociação coletiva;

III. a oposição do suscitado à instauração de instância não extingue o dissídio coletivo, pois seria uma forma de impedir o exercício do direito de ação, assegurado constitucionalmente;

IV. a exigência de comum acordo constitui um pressuposto processual específico, de modo que a falta de "comum acordo" provoca a extinção do dissídio coletivo por falta de um pressuposto processual.

a) somente a assertiva I é correta;
b) somente as assertivas I e IV estão corretas;
c) somente as assertivas II e III estão corretas;
d) somente as assertivas I, II e IV estão corretas;
e) somente a assertiva III está correta.

04. (TRT 8 – Juiz do Trabalho Substituto 8ª região/2014) Assinale a alternativa INCORRETA:

a) Os empregados e os empregadores poderão reclamar pessoalmente perante a Justiça do Trabalho e acompanhar as suas reclamações até o final, salvo em caso de recursos ao Tribunal Superior do Trabalho.
b) Nos dissídios coletivos é obrigatória aos interessados a assistência por advogado.
c) A reclamação trabalhista do menor de 18 anos será feita por seus representantes legais e, na falta destes, pela Procuradoria da Justiça do Trabalho, pelo sindicato, pelo Ministério Público Estadual ou curador nomeado em juízo.
d) As mulheres casadas poderão pleitear perante a Justiça do Trabalho sem a assistência de seus maridos.
e) Mesmo sendo o reclamante geralmente hipossuficiente, pessoa desprovida de recursos, cabe a aplicação da litigância de má-fé.

GAB	1	C	2	B	3	D	4	B

✦ **LEGITIMIDADE DO SINDICATO**

Art. 857. A representação para instaurar a instância em dissídio coletivo constitui prerrogativa das associações sindicais, excluídas as hipóteses aludidas no art. 856, quando ocorrer suspensão do trabalho.(Redação dada pelo Decreto-lei nº 7.321, de 14.2.1945)

✦ **LEGITIMIDADE DAS FEDERAÇÕES E CONFEDERAÇÕES**

Parágrafo único. Quando não houver sindicato representativo da categoria econômica ou profissional, poderá a representação ser instaurada pelas federações correspondentes e, na falta destas, pelas confederações respectivas, no âmbito de sua representação.(Redação dada pela Lei nº 2.693, de 23.12.1955)

1. COMENTÁRIOS

As associações sindicais mencionadas neste artigo são os sindicatos, entidades de primeiro grau. Na ausência da entidade sindical de primeiro grau (sindicato), as Federações assumem a legitimidade para propor o dissídio e, na ausência, as confederações, entidades sindicais de segundo e terceiro grau, respectivamente.

Há quem defenda a legitimidade dos próprios trabalhadores organizados ajuizarem o conflito, quando ausente ou inerte a entidade sindical.

Explica Claudia Pisco, Dissídios Coletivos, 2010, p. 184-185, que tal legitimidade, inicialmente limitada à omissão dos sindicatos na negociação coletiva (art. 617, § 1º, da CLT c/c art. 2º, I, da Lei nº 10.101/2000 – Participação nos Lucros) e à deflagração da greve (art. 4º, § 2º e art. 5º, da Lei nº 7.783/89 – Lei de Greve), pode estender-se a outros casos, "desde que demonstrado que os sindicatos de classe estão se afastando dos interesses da categoria e de seus integrantes, v.g., em defesa de interesses próprios da associação e de seus representantes; por motivos políticos; ou se afastando dos termos das deliberações realizadas nas assembleias autorizadoras". Prossegue a autora, defendendo que o próprio art. 5º da Lei de Greve concede capacidade judiciária às comissões especialmente eleitas pelos trabalhadores, enfatizando, também, a atual redação do art. 114, conforme EC nº 45/2004, reconhecendo legitimidade para o ajuizamento do dissídio às próprias partes envolvidas o conflito, diferentemente da redação anterior que só mencionava os sindicatos.

As associações sindicais propriamente ditas não possuem mais qualquer legitimidade para propositura do dissídio coletivo. Esta referência só era possível quando a criação de associação constituía fase preliminar de formação do sindicato (vide comentários ao art. 512 da CLT).

Ainda que o direito nacional já reconheça as Centrais Sindicais, nos termos da Lei nº 11.648/2008, não houve qualquer alteração jurídica da estrutura sindical vertical, que continua a ser composta somente pelas entidades sindicais de 1º grau (sindicatos), de 2º grau (federações) e 3º grau (confederações), cada qual com sua atribuição específica. Portanto, as Centrais Sindicais não têm legitimidade para propositura de dissídio coletivo de qualquer natureza.

2. SÚMULAS E ORIENTAÇÕES JURISPRUDENCIAIS

▸ **OJ-SDC-15/TST**

SINDICATO. LEGITIMIDADE "AD PROCESSUM". IMPRESCINDIBILIDADE DO REGISTRO NO MINISTÉRIO DO TRABALHO (INSERIDA EM 27.03.1998)

A comprovação da legitimidade "ad processum" da entidade sindical se faz por seu registro no órgão competente do Ministério do Trabalho, mesmo após a promulgação da Constituição Federal de 1988.

3. QUESTÕES DE CONCURSOS

01. (TRT – 5ª REGIÃO/JUIZ DO TRABALHO/CESPE/2006/ADAPTADA) A legitimação para instauração da instância, em dissídios coletivos, em que não ocorrer suspensão do trabalho, é sempre do sindicato representativo da categoria econômica. A falta deste sindicato não poderá ser suprida por nenhuma outra associação sindical, mesmo que pertencente à mesma categoria profissional, de mesmo grau ou grau superior.

02. (TRT – 8ª REGIÃO/JUIZ DO TRABALHO/2006) Em se tratando de dissídio coletivo, quanto à legitimidade ou representação, é correto afirmar que:

a) É do Ministério Público do Trabalho em caso de greve em atividade essencial, ainda que inexista a possibilidade de lesão a interesse público ou risco iminente à vida, à saúde e à segurança das pessoas direta ou indiretamente envolvidas pelo movimento de paralisação.

b) É do sindicato profissional, desde que observada a aprovação em assembleia, da qual participem os associados interessados na solução do dissídio coletivo, em primeira convocação, por maioria de dois terços dos mesmos, ou, em segunda convocação, pelo número de membros presentes.

c) É do Presidente do Tribunal Regional do Trabalho ou, na sua ausência, e em casos de extrema relevância decorrente da paralisação de atividade essencial ao interesse coletivo, do Corregedor Regional do Trabalho nesta condição.

d) É da federação correspondente, ou na falta desta, da confederação respectiva, no âmbito de sua representação, quando o sindicato representativo patronal organizado não obtiver, por falta de quorum, a autorização para representação.

e) As Comissões de trabalhadores, especialmente eleitas em assembleia, poderão representar os interesses dos trabalhadores na Justiça do Trabalho.

03. (TRT – 16ª REGIÃO/JUIZ DO TRABALHO/2006/ADAPTADA) O dissídio coletivo pode ser instaurado pela federação correspondente ou, na sua falta, pela confederação respectiva, no âmbito de sua representação, quando se tratar de categoria organizada em sindicato.

GAB	1	E	2	E	3	E

✦ **PETIÇÃO INICIAL: REQUISITOS**

Art. 858. A representação será apresentada em tantas vias quantos forem os reclamados e deverá conter:

a) designação e qualificação dos reclamantes e dos reclamados e a natureza do estabelecimento ou do serviço;

b) os motivos do dissídio e as bases da conciliação.

1. COMENTÁRIOS

A representação escrita deverá obedecer aos mesmos requisitos das demandas individuais (art. 840 da CLT), além de se fazer acompanhar de documentos indispensáveis ao seu ajuizamento; além destes documentos, a ação coletiva deve observar uma série de requisitos, a saber:

a) prova de negociação coletiva prévia (art. 114, § 2º, da CF c/c art. 614, §§ 2º e 4º, da CLT; Raimundo Simão, Dissídio, 2002, p. 72, exige a negociação prévia inclusive para os dissídios de interpretação, porque entende imprescindível a solução direta entre as partes, antes da intervenção do Judiciário; a doutrina diverge entre qualificar esta exigência como condição da ação ou pressuposto processual, prevalecendo a primeira tese;

b) autorização da assembleia que autorize o ajuizamento do dissídio, conforme art. 859, a seguir comentado;

c) pertinência entre o alcance das cláusulas propostas e a base territorial do sindicato;

d) respeito às regras do estatuto do sindicato que porventura regulamente o ajuizamento da ação, desde que não haja restrição de acesso à justiça;

e) inexistência de norma coletiva em vigor (art. 616, § 3º, da CLT);

f) fundamentação das cláusulas reivindicadas.

2. SÚMULAS E ORIENTAÇÕES JURISPRUDENCIAIS

▸ **OJ-SDC-8/TST**

DISSÍDIO COLETIVO. PAUTA REIVINDICATÓRIA NÃO REGISTRADA EM ATA. CAUSA DE EXTINÇÃO (INSERIDA EM 27.03.1998)

A ata da assembleia de trabalhadores que legitima a atuação da entidade sindical respectiva em favor de seus interesses deve registrar, obrigatoriamente, a pauta reivindicatória, produto da vontade expressa da categoria.

3. QUESTÕES DE CONCURSOS

01. (OAB-PE/EXAME DA ORDEM/CESPE/2006) O sindicato dos trabalhadores da indústria automobilística ajuizou representação para instauração de instância, em dissídio coletivo, pleiteando a interpretação de norma jurídica que estabelece condições para o direito à promoção por antiguidade no âmbito do quadro de pessoal de cada empregadora. Na representação inicial, constam como motivo do dissídio o fato de diversas empregadoras estarem considerando apenas o tempo de serviço prestado na empresa e não o tempo trabalhado na indústria automobilística. O sindicato trabalhista reivindicou, como base para conciliação, a aceitação da interpretação de que seja considerado, para efeito de promoção por antiguidade, o tempo total de serviço prestado na indústria automobilística e não aquele especificamente prestado em cada empresa. Nenhuma das partes compareceu à primeira audiência. Acerca dessa situação hipotética, assinale a opção correta.

a) O dissídio coletivo instaurado é de natureza econômica.

b) As bases de conciliação da representação configuram o requisito essencial da petição inicial.

c) O processo deve ser arquivado, sem resolução do mérito, devido ao fato de as partes não terem comparecido à audiência inicial.

d) A sentença que decidir o conflito, declarando a interpretação da norma coletiva aduzida, entrará em vigor na data de sua publicação.

02. (IRB/ADVOGADO/ESAF/2006/ADAPTADA) No que diz respeito ao dissídio coletivo, a adequação da representação pressupõe a exposição dos motivos do dissídio e das bases de conciliação.

03. (FCC – TRT 6 – Analista Judiciário/2012/ADAPTADA) Com base nas regras do processo do trabalho aplicáveis as partes e procuradores, a substituição e representação processuais, é correto afirmar: nos dissídios coletivos é obrigatória aos interessados a assistência por advogado.

GAB	1	B	2	C	3	E

✦ **APROVAÇÃO EM ASSEMBLEIA**

Art. 859. A representação dos sindicatos para instauração da instância fica subordinada à aprovação de assembleia, da qual participem os associados interessados na solução do dissídio coletivo, em primeira convocação, por maioria de 2/3 (dois terços) dos mesmos, ou, em segunda convocação, por 2/3 (dois terços) dos presentes.(Redação dada pelo Decreto-lei nº 7.321, de 14.2.1945)

Parágrafo único. (Revogado pelo Decreto-Lei nº 7.321 de 14.2.1945)

1. COMENTÁRIOS

Parte da doutrina entende que, antes de propor a ação coletiva, deve se observar o quorum deste artigo, mas podendo o sindicato ampliar a participação na assembleia para abranger toda a categoria e não só os associados, sem qualquer caráter obrigatório, contudo.

A doutrina diverge quanto à exigência de quorum na assembleia que visa aprovar o ajuizamento do dissídio coletivo; para alguns há violação ao princípio da não intervenção do Estado na organização sindical (art. 8º, I, da CF); para outros, a norma foi recepcionada pela CF/88, até para evitar abusos de assembleias com participação mínima da categoria (neste sentido, Raimundo Simão, Dissídio, 2002, p. 77 e Amauri Mascaro, Curso, 2008, p. 826).

A jurisprudência do TST já havia pacificado a controvérsia com a aprovação da Súmula 177, cujo cancelamento deixou o tema em aberto. Confira-se o teor da súmula cancelada: SUM-177 DISSÍDIO COLETIVO. SINDICATO. REPRESENTAÇÃO (cancelada) – Res. 121/2003, DJ 19, 20 e 21.11.2003. Está em plena vigência o art. 859 da Consolidação das Leis do Trabalho, cuja redação é a seguinte: "A representação dos sindicatos para instauração da instância fica subordinada à aprovação de assembleia, da qual participem os associados interessados na solução do dissídio coletivo, em primeira convocação, por maioria de 2/3 dos mesmos, ou, em Segunda convocação, por 2/3 dos presentes".

2. SÚMULAS E ORIENTAÇÕES JURISPRUDENCIAIS

▸ **OJ-SDC-8/TST**

DISSÍDIO COLETIVO. PAUTA REIVINDICATÓRIA NÃO REGISTRADA EM ATA. CAUSA DE EXTINÇÃO (INSERIDA EM 27.03.1998)

A ata da assembleia de trabalhadores que legitima a atuação da entidade sindical respectiva em favor de seus interesses deve registrar, obrigatoriamente, a pauta reivindicatória, produto da vontade expressa da categoria.

▸ **OJ-SDC-28/TST**

EDITAL DE CONVOCAÇÃO DA AGT. PUBLICAÇÃO. BASE TERRITORIAL. VALIDADE (INSERIDA EM 19.08.1998)

O edital de convocação para a AGT deve ser publicado em jornal que circule em cada um dos municípios componentes da base territorial.

▸ **OJ-SDC-29/TST**

EDITAL DE CONVOCAÇÃO E ATA DA assembleia GERAL. REQUISITOS ESSENCIAIS PARA INSTAURAÇÃO DE DISSÍDIO COLETIVO (INSERIDA EM 19.08.1998)

O edital de convocação da categoria e a respectiva ata da AGT constituem peças essenciais à instauração do processo de dissídio coletivo.

3. QUESTÕES DE CONCURSOS

01. (TRT – 5ª REGIÃO/JUIZ DO TRABALHO/CESPE/2006/ADAPTADA) Para a instauração da instância em dissídio coletivo, o sindicato da categoria deverá convocar assembleia para deliberação, cuja aprovação dependerá do voto favorável da maioria absoluta de membros associados interessados na solução do litígio, ou seja, 50% de seus membros acrescido de 1 voto.

02. (TRT – 5ª REGIÃO/JUIZ DO TRABALHO/CESPE/2006/ADAPTADA) O edital de convocação da assembleia geral da categoria não constitui documento essencial ao ajuizamento do dissídio coletivo.

03. (TRT – 16ª REGIÃO/JUIZ DO TRABALHO/2006/ADAPTADA) O dissídio coletivo pode se instaurado pelo sindicato profissional, desde que observada a aprovação em assembleia, da qual participem os associados da entidade sindical, interessados na solução do conflito, em primeira convocação, por maioria de 2/3 dos mesmos, ou, em segunda convocação, com qualquer quorum, presente o representante do Ministério do Trabalho.

04. (MPT – Procurador do Trabalho/2009) Leia as assertivas abaixo e após assinale a alternativa CORRETA, considerando as orientações jurisprudenciais do Tribunal Superior do Trabalho:

I. as condições de trabalho acordadas e homologadas em sede de Dissídio Coletivo não podem em hipótese alguma ser aplicadas extensivamente às partes que não o subscreveram;

II. a legitimação de entidade sindical para o ajuizamento do dissídio coletivo prescinde da autorização dos trabalhadores diretamente envolvidos no conflito;

III. se a base territorial do sindicato suscitante for intermunicipal é obrigatória a realização de múltiplas assembleias, abrangendo toda a extensão do conflito coletivo;

IV. para instruir dissídio coletivo não é necessário o registro em ata de assembleia da pauta reivindicatória da categoria profissional.

De acordo com os itens acima, pode-se afirmar que:

a) nenhuma das assertivas está correta;

b) apenas as assertivas II e IV estão incorretas;

c) apenas a assertiva III está correta;

d) apenas as assertivas I e II estão incorretas;

e) não respondida.

GAB	1	E	2	E	3	E	4	A

SEÇÃO II – DA CONCILIAÇÃO E DO JULGAMENTO

✦ AUDIÊNCIA DE CONCILIAÇÃO

Art. 860. Recebida e protocolada a representação, e estando na devida forma, o Presidente do Tribunal designará a audiência de conciliação, dentro do prazo de 10 (dez) dias, determinando a notificação dos dissidentes, com observância do disposto no art. 841.

Parágrafo único. Quando a instância for instaurada ex officio, a audiência deverá ser realizada dentro do prazo mais breve possível, após o reconhecimento do dissídio.

1. COMENTÁRIOS

O princípio da conciliação, inerente ao processo do trabalho, também se faz presente no dissídio coletivo, qualquer que seja sua natureza, ainda que de mais provável ocorrência nos dissídios de natureza econômica, chamado de dissídio de interesse por Rodrigues Pinto, Direito Sindical, 2002, p. 386.

O acordo nos autos do dissídio coletivo terá a mesma natureza jurídica da ação originária; o acordo criará uma norma a ser observada pela categoria, no dissídio de natureza econômica; estabelecerá o alcance da norma de interesse da categoria, interpretando-a no acordo, quanto ao dissídio de natureza jurídica e porá fim à greve, disciplinando os efeitos de tal ato, inclusive quanto ao pagamento ou não dos dias parados, no acordo realizado nos autos do dissídio coletivo de greve.

O dissídio coletivo possui natureza processual, razão pela qual lhe são aplicáveis todos os comentários feitos ao art. 764 da CLT, quanto à conciliação nos dissídios individuais.

A instauração do dissídio coletivo, de ofício, mencionada no § único, supra, não foi recepcionada pela CF/88, como se observa dos comentários ao art. 856, da CLT.

2. QUESTÕES DE CONCURSOS

01. (TRT – 13ª REGIÃO/JUIZ DO TRABALHO/2006/ADAPTADA) Como nos dissídios individuais, os dissídios coletivos também devem ser submetidos à conciliação.

02. (IRB/ADVOGADO/ESAF/2006/ADAPTADA) No que diz respeito ao dissídio coletivo, recebida e protocolizada a representação, a audiência de conciliação será designada pelo Presidente do Tribunal dentro do prazo de 10 (dez) dias.

03. (TRT 23 – Juiz do Trabalho Substituto 23ª região/ 2014) Assinale a alternativa CORRETA:

a) A sentença normativa vigorará sempre a partir da data de sua publicação.

b) Em sede de dissídio coletivo, recebida e protocolada a representação, em havendo acordo, o Presidente do Tribunal o homologará.

c) Quando o dissídio ocorrer fora da sede do Tribunal, o Presidente delegará à autoridade local as atribuições de que tratam os artigo 860 e 862 da CLT.

d) Em caso de dissídio coletivo que tenha por motivo novas condições de trabalho, e no qual figure como parte apenas uma fração de empregados de uma empresa, deverá o Tribunal competente, na própria decisão, estender tais condições de trabalho aos demais empregados da empresa que forem da mesma profissão dos dissidentes.

e) Nenhuma das alternativas é correta.

GAB	1	C	2	C	3	E

✦ REPRESENTAÇÃO POR PREPOSTO

Art. 861. É facultado ao empregador fazer-se representar na audiência pelo gerente, ou por qualquer outro preposto que tenha conhecimento do dissídio, e por cujas declarações será sempre responsável.

1. COMENTÁRIOS

Esta norma repete a disposição legal do art. 843, § 1º, quanto à figura do preposto, a cujos comentários nos reportamos. Diferentemente do que dispõe a norma citada, este artigo 861 não faz qualquer exigência de que o preposto deva ser empregado. Russomano, Vol. II, 1993, p. 941/942 e Martins, Comentários, 2010, p. 920, vinculam esta regra, de forma estrita, à norma do art. 843, § 1º, exigindo este último a qualidade de empregado do preposto também no dissídio coletivo. Penso que tal requisito não se coaduna com a finalidade do dissídio coletivo. A condição de empregado, no dissídio individual, é imprescindível para que o preposto tenha vivenciado os fatos referentes ao conflito, o que não se aplica ao dissídio coletivo. Mais importante do que a condição de empregado, é o conhecimento das bases para a conciliação, de forma a evitar que a audiência de conciliação se torne formalidade inútil. Ademais, por inaplicáveis os efeitos da revelia ao dissídio coletivo, em especial a confissão ficta quanto aos fatos, a ausência da condição de empregado não faria qualquer diferença neste tipo de procedimento (neste sentido, Raimundo Simão, Dissídio, 2002, p. 96).

2. QUESTÕES DE CONCURSOS

01. (MPT – Procurador do Trabalho/2012) A respeito do dissídio coletivo, analise a assertiva a seguir: em se tratando de dissídio coletivo com envolvimento de empresa, não representada por entidade de classe, não é facultada a representação por preposto.

GAB	1	E

✦ **PROPOSTA DE CONCILIAÇÃO**

Art. 862. Na audiência designada, comparecendo ambas as partes ou seus representantes, o Presidente do Tribunal as convidará para se pronunciarem sobre as bases da conciliação. Caso não sejam aceitas as bases propostas, o Presidente submeterá aos interessados a solução que lhe pareça capaz de resolver o dissídio.

✦ **HOMOLOGAÇÃO DO ACORDO: ÓRGÃO COMPETENTE**

Art. 863. Havendo acordo, o Presidente o submeterá à homologação do Tribunal na primeira sessão.

1. COMENTÁRIOS

No procedimento de dissídio coletivo, a audiência de conciliação é única e designada somente com esta finalidade; distinguem-se do procedimento do dissídio individual, cuja conciliação é um momento da audiência una, ocorrendo em duas oportunidades desta audiência, salvo no rito sumaríssimo, que observa somente uma única oportunidade. Para ilustrar a comparação, vide comentários aos artigos 846, 850 e 852-E, todos da CLT.

A realização desta audiência representa um esforço a mais no sentido da negociação coletiva, que as partes são estimuladas a buscar, por iniciativa do juízo e com a colaboração do MPT (Rodrigues Pinto, Direito Sindical, 2002, p. 390).

Havendo acordo, o art. 863 prevê a realização de outra audiência para que o órgão competente, conforme determinar o Regimento Interno do Tribunal, homologue a conciliação. Nada obsta que o Tribunal realize uma só sessão, onde ocorrerá a proposta de conciliação e, se aceita, a homologação do acordo, desde que presentes, além do Presidente que conduz a sessão, os demais membros do órgão competente. Será competente para homologar o acordo o mesmo órgão de julgamento.

2. QUESTÕES DE CONCURSOS

01. (TRT 14ª REGIÃO/JUIZ DO TRABALHO/2006/ADAPTADA) Na audiência designada, comparecendo ambas as partes ou seus representantes, o presidente do Tribunal as convidará para se pronunciarem sobre as bases da conciliação. Caso não sejam aceitas as bases propostas, o presidente submeterá aos interessados a solução que lhe pareça capaz de resolver o dissídio. Se houver acordo lavrar-se-á o termo, assinado pelo presidente e pelas partes, consignando-se o prazo e demais condições para seu cumprimento.

02. (IRB/ADVOGADO/ESAF/2006/ADAPTADA) No que diz respeito ao dissídio coletivo, havendo acordo na audiência de conciliação, o Presidente do Tribunal desde logo o homologará.

GAB	1	E	2	E

✦ **JULGAMENTO**

Art. 864. Não havendo acordo, ou não comparecendo ambas as partes ou uma delas, o Presidente submeterá o processo a julgamento, depois de realizadas as diligências que entender necessárias e ouvida a Procuradoria.(Redação dada pelo Decreto-lei nº 8.737, de 19.1.1946)

1. COMENTÁRIOS

São duas as hipóteses que podem resultar na realização da instrução e posteriormente julgamento do dissídio coletivo: **a)** as partes comparecem e rejeitam a proposta de conciliação feita pelo Presidente; **b)** uma das partes se ausenta, permitindo que a parte presente requisite, se for o caso, diligências necessárias à instrução da causa; não há, nesta segunda hipótese, violação ao contraditório, porque a ausência se deu por inércia da própria parte.

A ausência da parte suscitada no conflito não resultará em sua confissão, diante do próprio objeto do dissídio, sempre restrito à matéria de direito (neste sentido, Raimundo Simão, Dissídio, 2002, p. 96).

A competência para julgamento do dissídio coletivo será sempre do Tribunal, seja o Regional, seja o TST, conforme a base territorial de representação do sindicato. Reporto-me aos comentários aos artigos 678, quanto ao dissídio coletivo de competência do Tribunal Regional e 694, quanto ao dissídio coletivo de competência do TST.

2. QUESTÕES DE CONCURSOS

01. (TRT – 9ª REGIÃO/JUIZ DO TRABALHO/2006) Não havendo acordo em dissídio coletivo e não comparecendo ambas as partes em audiência designada, o Presidente do Tribunal deverá:

a) Extinguir o processo sem julgamento do mérito por falta de interesse processual.

b) Submeter o processo a julgamento, depois de realizadas as diligências que entender necessárias e ouvida a Procuradoria.

c) Arquivar o feito em razão da ausência do suscitante.

d) Decretar a revelia do suscitado.

e) Intimar as partes para o comparecimento em nova audiência designada que não poderá ultrapassar o prazo de 10 dias.

GAB	1	B

✦ PERTURBAÇÃO DA ORDEM

Art. 865. Sempre que, no decorrer do dissídio, houver ameaça de perturbação da ordem, o presidente requisitará à autoridade competente as providências que se tornarem necessárias.

1. COMENTÁRIOS

Este dispositivo repete, com outras palavras, a disposição do art. 816 da CLT, que cuida do poder de polícia do juiz nas audiências; reporto-me, portanto, aos comentários ao artigo referido.

✦ DELEGAÇÃO DA CONCILIAÇÃO

Art. 866. Quando o dissídio ocorrer fora da sede do Tribunal, poderá o Presidente, se julgar conveniente, delegar à autoridade local as atribuições de que tratam os arts. 860 e 862. Nesse caso, não havendo conciliação, a autoridade delegada encaminhará o processo ao Tribunal, fazendo exposição circunstanciada dos fatos e indicando a solução que lhe parecer conveniente.

1. COMENTÁRIOS

A importância da conciliação no procedimento do dissídio coletivo pode ser demonstrada pela redação deste artigo. Permitiu o legislador que o Presidente do Tribunal, ou do órgão competente para julgamento do dissídio, delegasse a função conciliatória ao juiz de primeiro grau. O fundamento da regra é evitar o deslocamento das partes à sede do Tribunal, e vice-versa, o que poderia dificultar/inviabilizar a conciliação (no mesmo sentido, Rodrigues Pinto, Direito Sindical, 2002, p. 390-391). A delegação só está autorizada quando o dissídio ocorrer fora do local da sede do Tribunal.

Esta preocupação da Justiça do Trabalho de levar a conciliação para o local do conflito antecipou a descentralização da atividade do Tribunal, prevista na Constituição, a partir da reforma implementada pela EC nº 45/2004, como se observa da redação do art. 115, § 1º, da CF: “Os Tribunais Regionais do Trabalho instalarão a justiça itinerante, com a realização de audiências e demais funções de atividade jurisdicional, nos limites territoriais da respectiva jurisdição, servindo-se de equipamentos públicos e comunitários.".

O procedimento da conciliação em primeiro grau de jurisdição será regulamentado pelo Regimento Interno de cada Tribunal, que não poderá ignorar a regra da livre distribuição para definição do Juiz do Trabalho competente para o ato processual.

Frustrada a conciliação, o Juiz do Trabalho remeterá os autos ao Tribunal, acompanhados de suas considerações quanto ao conflito; tais considerações não vinculam o juízo competente no segundo grau de jurisdição.

2. QUESTÕES DE CONCURSOS

01. (TRT – 7ª REGIÃO/JUIZ DO TRABALHO/ESAF/2005/ADAPTADA) O dissídio coletivo constitui ação originária do Tribunal, podendo o seu presidente, no entanto, delegar ao Juiz de Vara a tentativa de conciliação, quando o dissídio ocorrer fora da sede do Tribunal.

GAB	1	C

✦ ACÓRDÃO NORMATIVO: INTIMAÇÃO

Art. 867. da decisão do Tribunal serão notificadas as partes, ou seus representantes, em registrado postal, com franquia, fazendo-se, outrossim, a sua publicação no jornal oficial, para ciência dos demais interessados.

✦ VIGÊNCIA

Parágrafo único. A sentença normativa vigorará:(Incluído pelo Decreto-lei nº 424, de 21.1.1969)

a) a partir da data de sua publicação, quando ajuizado o dissídio após o prazo do art. 616, § 3º, ou, quando não existir acordo, convenção ou sentença normativa em vigor, da data do ajuizamento;

b) a partir do dia imediato ao termo final de vigência do acordo, convenção ou sentença normativa, quando ajuizado o dissídio no prazo do art. 616, § 3º.

1. COMENTÁRIOS

Nos dissídios individuais as partes tomam ciência da sentença na própria audiência em que proferida (art. 852 da CLT). A regra é inaplicável ao dissídio coletivo, cuja intimação do acórdão se dará por via postal quanto às partes e, cumulativamente, através de publicação no Diário Oficial, com o intuito de dar conhecimento a terceiros, principalmente à própria categoria, diante da eficácia erga omnes do acórdão normativo, que passará a reger as relações jurídicas de emprego daí em diante. Considerando-se a omissão da norma do art. 867, proceder-se-á a citação por edital quando as partes criarem embaraços ao recebimento da intimação postal, ou não forem localizadas no endereço indicado no processo (aplicação analógica do art. 841, § 1º, da CLT).

O art. 867, § único, supra, regulamenta duas situações distintas de vigência do acórdão normativo: alínea "a" – o acórdão normativo passa a vigorar de sua publicação, independentemente de seu trânsito em julgado, quando se tratar de dissídio originário, que visa criar regras inexistentes na categoria profissional ou mesmo do dissídio derivado, também chamado de dissídio coletivo de revisão, quando a categoria já era regida por instrumento normativo (acordo, convenção ou acórdão normativo), mas os sindicatos que a representavam não cumpriram o prazo previsto no art. 616, § 3º para ajuizamento do dissídio (em até 60 dias antes do término da vigência do instrumento normativo anterior); alínea "b" – o acórdão normativo oriundo do dissídio coletivo de revisão, começará a vigorar no dia imediatamente seguinte ao término da vigência do instrumento normativo anterior, se observado o prazo do art. 616, § 3º. Numa ou noutra hipótese, a vigência da sentença normativa não poderá ultrapassar 4 (quatro) anos, salvo se revogada antes deste prazo, expressa ou tacitamente, por outra norma coletiva, sob a forma de acordo, convenção ou sentença normativa posterior (neste sentido o precedente Normativo nº 120 da SDC/TSTc/c o art. 868, § único, da CLT).

Sobre a vigência das Convenções e Acordos Coletivos vide comentários ao art. 614 da CLT.

2. SÚMULAS E ORIENTAÇÕES JURISPRUDENCIAIS

- **Súmula nº 279 – TST**

RECURSO CONTRA SENTENÇA NORMATIVA. EFEITO SUSPENSIVO. CASSAÇÃO (mantida) – Res. 121/2003, DJ 19, 20 e 21.11.2003

A cassação de efeito suspensivo concedido a recurso interposto de sentença normativa retroage à data do despacho que o deferiu.

Precedente Normativo nº 120 SDC/TST

SENTENÇA NORMATIVA. DURAÇÃO. POSSIBILIDADE E LIMITES (positivo) – (Res. 176/2011, DEJT divulgado em 27, 30 e 31.05.2011) A sentença normativa vigora, desde seu termo inicial até que sentença normativa, convenção coletiva de trabalho ou acordo coletivo de trabalho superveniente produza sua revogação, expressa ou tácita, respeitado, porém, o prazo máximo legal de quatro anos de vigência.

3. QUESTÕES DE CONCURSOS

01. (TRT – 14ª REGIÃO/JUIZ DO TRABALHO/2008/ADAPTADA) A sentença normativa vigorará a partir da data do ajuizamento do Dissídio Coletivo, ainda que proposto na vigência de acordo ou convenção coletiva.

02. (TRT – 8ª REGIÃO/JUIZ DO TRABALHO/2006/ADAPTADA) O dissídio coletivo não está sujeito à prescrição, porém, havendo convenção, acordo ou sentença normativa em vigor, deverá ser instaurado dentro dos trinta dias anteriores ao respectivo termo final, para que o novo instrumento possa ter vigência no dia imediato a esse termo.

03. (IRB/ADVOGADO/ESAF/2006/ADAPTADA) No que diz respeito ao dissídio coletivo, a sentença normativa vigorará, quando não existir acordo, convenção ou sentença normativa em vigor, da data do ajuizamento.

GAB	1	E	2	E	3	C

SEÇÃO III – DA EXTENSÃO DAS DECISÕES

✦ EXTENSÃO DO ACÓRDÃO NORMATIVO

Art. 868. Em caso de dissídio coletivo que tenha por motivo novas condições de trabalho e no qual figure como parte apenas uma fração de empregados de uma empresa, poderá o Tribunal competente, na própria decisão, estender tais condições de trabalho, se julgar justo e conveniente, aos demais empregados da empresa que forem da mesma profissão dos dissidentes.

✦ VIGÊNCIA DA EXTENSÃO: 4 ANOS

Parágrafo único. O Tribunal fixará a data em que a decisão deve entrar em execução, bem como o prazo de sua vigência, o qual não poderá ser superior a 4 (quatro) anos.

✦ EXTENSÃO DO ACÓRDÃO

Art. 869. A decisão sobre novas condições de trabalho poderá também ser estendida a todos os empregados da mesma categoria profissional compreendida na jurisdição do Tribunal:

a) por solicitação de 1 (um) ou mais empregadores, ou de qualquer sindicato destes;

b) por solicitação de 1 (um) ou mais sindicatos de empregados;

c) ex officio, pelo Tribunal que houver proferido a decisão;

d) por solicitação da Procuradoria da Justiça do Trabalho.

✦ REQUISITOS DA EXTENSÃO:

Art. 870. Para que a decisão possa ser estendida, na forma do artigo anterior, torna-se preciso que 3/4 (três quartos) dos empregadores e 3/4 (três quartos) dos empregados, ou os respectivos sindicatos, concordem com a extensão da decisão.

§ 1º – O Tribunal competente marcará prazo, não inferior a 30 (trinta) nem superior a 60 (sessenta) dias, a fim de que se manifestem os interessados.

§ 2º – Ouvidos os interessados e a Procuradoria da Justiça do Trabalho, será o processo submetido ao julgamento do Tribunal.

✦ **TERMO INICIAL DA EXTENSÃO**

Art. 871. Sempre que o Tribunal estender a decisão, marcará a data em que a extensão deva entrar em vigor.

1. COMENTÁRIOS

A extensão das decisões proferidas em dissídio coletivo, quando sua eficácia só abranger parcela da categoria, tem por fundamento os princípios da equidade e da isonomia.

Rodrigues Pinto, Direito Sindical, 2002, p. 398, classifica a extensão em menor, nos termos do art. 868, supra, e maior, definida no art. 869, supra. Na extensão das cláusulas coletivas destinadas a uma fração de empregados da mesma categoria na empresa, para todos os demais até então não beneficiados, o Tribunal fixará o termo inicial e final de sua vigência (art. 868, § único e art. 871); o termo final não poderá ultrapassar 4 (quatro) anos, como prevê a própria norma do art. 868, § único.

A extensão maior (art. 869, supra) é destinada à ampliação do alcance da norma coletiva para todos os empregados da categoria, observada a iniciativa daqueles indicados no próprio art. 869 e o procedimento previsto no art. 870, acima. Este procedimento perdeu seu interesse prático quando o sindicato passou a representar toda a categoria (art. 8º, III, da CF), tendo o acórdão normativo eficácia sobre todos seus integrantes, a partir do dissídio coletivo ajuizado pelo sindicato (neste sentido, Raimundo Simão, Dissídio, 2002, p. 116-117 e Amauri Mascaro, Curso, 2008, p. 837).

Após a EC nº 45/2004, que exigiu o "mútuo consentimento" para ajuizamento do dissídio coletivo de natureza econômica (art. 114, § 2º, da CF), pode-se sustentar que toda esta Seção da CLT não teria sido recepcionada, considerando-se que um só sindicato não poderia propor o dissídio coletivo, cujo acórdão normativo sofreria extensão posteriormente.

2. SÚMULAS E ORIENTAÇÕES JURISPRUDENCIAIS

▸ **OJ 2 – SDC – TST**

ACORDO HOMOLOGADO. EXTENSÃO A PARTES NÃO SUBSCREVENTES. INVIABILIDADE. (Inserida em 27.03.1998)
É inviável aplicar condições constantes de acordo homologado nos autos de dissídio coletivo, extensivamente, às partes que não o subscreveram, exceto se observado o procedimento previsto no art. 868 e seguintes, da CLT.

3. QUESTÕES DE CONCURSOS

01. (TRT – 18ª/ANALISTA JUDICIÁRIO/FCC/2008) No que diz respeito à extensão das decisões em Dissídios Coletivos, analise:

I. O Tribunal que houver julgado o dissídio coletivo fixará a data em que a decisão deve entrar em execução, bem como o prazo de sua vigência, o qual não pode ser superior a quatro anos.

II. Em regra, nos dissídios de natureza jurídica que não tratarem de condições de trabalho, as decisões poderão ser estendidas a todos os empregados da mesma categoria profissional compreendida na jurisdição do Tribunal competente.

III. Sempre que o Tribunal competente estender a decisão em dissídio coletivo marcará a data em que a extensão deva entrar em vigor.

IV. Mesmo em dissídio coletivo que for suscitado em nome de toda a categoria, haverá necessidade da extensão das decisões, tendo em vista que a decisão não possuirá eficácia erga omnes.

De acordo com a Consolidação das Leis do Trabalho, está correto o que consta APENAS em

a) II e IV

b) I e III.

c) III e IV.

d) I e II.

e) I, II e III.

02. (TRT – 5ª REGIÃO/JUIZ DO TRABALHO/CESPE/2006/ADAPTADA) Em caso de dissídio coletivo que tenha por motivo novas condições de trabalho e no qual figure apenas uma fração de empregados de uma empresa, é possível ao tribunal competente a aplicação de eqüidade para estender tais condições aos demais empregados.

03. (TRT – 13ª REGIÃO/JUIZ DO TRABALHO/2006/ADAPTADA) A decisão, em dissídio coletivo, sobre novas condições de trabalho, poderá ser estendida a todos os empregados da mesma categoria profissional compreendida na jurisdição do tribunal.

04. (TRT – 14ª REGIÃO/JUIZ DO TRABALHO/2006/ADAPTADA) No dissídio coletivo, a decisão sobre novas condições de trabalho poderá também ser estendida a todos os empregados da mesma categoria profissional compreendida na jurisdição do Tribunal, por solicitação de um ou mais sindicatos de empregados, de um ou mais empregadores, ou qualquer sindicato destes.

05. (FCC – TRT 23 – Analista Judiciário/2011/ADAPTADA) Segundo a Consolidação das Leis do Trabalho, a decisão sobre novas condições de trabalho poderá também ser estendida a todos os empregados da mesma categoria profissional compreendida na jurisdição do Tribunal por solicitação, dentre outros, de 1 ou mais empregadores.

GAB	1	B	2	C	3	C	4	C	5	C

▸SEÇÃO IV – DO CUMPRIMENTO DAS DECISÕES

✦ AÇÃO DE CUMPRIMENTO

Art. 872. Celebrado o acordo, ou transitada em julgado a decisão, seguir-se-á o seu cumprimento, sob as penas estabelecidas neste Título.

✦ SUBSTITUIÇÃO PROCESSUAL PELO SINDICATO

Parágrafo único. Quando os empregadores deixarem de satisfazer o pagamento de salários, na conformidade da decisão proferida, poderão os empregados ou seus sindicatos, independente de outorga de poderes de seus associados, juntando certidão de tal decisão, apresentar reclamação à Junta ou Juízo competente, observado o processo previsto no Capítulo II deste Título, sendo vedado, porém, questionar sobre a matéria de fato e de direito já apreciada na decisão.(Redação dada pela Lei nº 2.275, de 30.7.1954)

1. COMENTÁRIOS

Publicado o acórdão normativo e independentemente de seu trânsito em julgado, as cláusulas coletivas passam a reger as relações individuais dos empregados integrantes desta categoria abrangida pelo julgamento; é o que se denomina eficácia erga omnes da sentença normativa. Descumprido o teor da cláusula, que tem natureza de norma jurídica, diante do seu caráter geral e abstrato, cada trabalhador individualmente, ou seu sindicato como substituto processual, poderá propor ação de conhecimento com o objetivo de fazer cumprir a norma coletiva, imprimindo-lhe efeito concreto.

Ajuizada a demanda pelo trabalhador, o Juiz do Trabalho proferirá sentença no processo individual, conferindo efeito concreto à norma coletiva, obrigando o empregador a aplicar seu conteúdo ao contrato de trabalho do empregado.

A ação ajuizada pelo sindicato, como substituto processual da categoria, na forma do § único, supra, toma o nome de ação de cumprimento, e tem como resultado sentença cuja eficácia se estende a todos os empregados que se enquadrarem no pressuposto fático da norma descumprida, relativamente à empresa ou empresas que figurarem no polo passivo da demanda.

Inicialmente, o artigo 872 só autorizava a ação (pelo sindicato), ou individual (pelo titular do direito descumprido) para conferir efeito concreto às cláusulas de acórdãos normativos ou acordos firmados nos autos do dissídio coletivo de natureza econômica. Com a ampliação da competência por força da Lei nº 8.984/95, art. 1º, passou-se a admitir estas ações também para cumprimento de convenções e acordos coletivos de trabalho, fontes autônomas de direito (S. 286, do TST).

Considerando-se que os acórdãos normativos possuem eficácia imediata, a ação de cumprimento pode ser proposta independentemente de seu trânsito em julgado (S. 246, do TST), bastando seja instruída com a certidão do julgamento, documento indispensável.

O fato de poder ser ajuizada ação de cumprimento independentemente do trânsito em julgado do acórdão normativo, não significa que a partir da publicação deste acórdão começa a fluir o prazo prescricional, muito ao contrário. O ajuizamento desta ação é faculdade atribuída à parte ou a seu sindicato, mas como ainda não ocorreu o trânsito em julgado do acórdão normativo, o direito ali previsto não se tornou definitivo; só com o trânsito em julgado, começa a fluir o prazo prescricional de 2 anos para ajuizamento da ação, pois antes disso o acórdão normativo pode ser modificado ou mesmo totalmente reformado (S. 350, do TST).

2. SÚMULAS E ORIENTAÇÕES JURISPRUDENCIAIS

- **Súmula nº 246/TST**

AÇÃO DE CUMPRIMENTO. TRÂNSITO EM JULGADO DA SENTENÇA NORMATIVA (mantida) – Res. 121/2003, DJ 19, 20 e 21.11.2003

É dispensável o trânsito em julgado da sentença normativa para a propositura da ação de cumprimento.

- **Súmula nº 286/TST**

SINDICATO. SUBSTITUIÇÃO PROCESSUAL. CONVENÇÃO E ACORDO COLETIVOS (mantida) – Res. 121/2003, DJ 19, 20 e 21.11.2003

A legitimidade do sindicato para propor ação de cumprimento estende-se também à observância de acordo ou de convenção coletivos.

- **Súmula nº 350/TST**

PRESCRIÇÃO. TERMO INICIAL. AÇÃO DE CUMPRIMENTO. SENTENÇA NORMATIVA (mantida) – Res. 121/2003, DJ 19, 20 e 21.11.2003

O prazo de prescrição com relação à ação de cumprimento de decisão normativa flui apenas da data de seu trânsito em julgado.

- **Súmula nº 397/TST**

AÇÃO RESCISÓRIA. ART. 966, IV, DO CPC DE 2015. ART. 485, IV, DO CPC DE 1973. AÇÃO DE CUMPRIMENTO. OFENSA À COISA JULGADA EMANADA DE SENTENÇA NORMATIVA MODIFICADA EM GRAU DE RECURSO. INVIABILIDADE. CABIMENTO DE MANDADO DE SEGURANÇA (atualizada em decorrência do CPC de 2015) – Res. 208/2016, DEJT divulgado em 22, 25 e 26.04.2016

Não procede ação rescisória calcada em ofensa à coisa julgada perpetrada por decisão proferida em ação de cumprimento, em face de a sentença normativa, na qual se louvava, ter sido modificada em grau de recurso, porque em dissídio coletivo somente se consubstancia coisa julgada formal. Assim, os meios processuais aptos a atacarem a execução da cláusula reformada são a exceção de pré-executividade e o mandado de segurança, no caso de descumprimento do art. 514 do CPC de 2015 (art. 572 do CPC de 1973). (ex-OJ nº 116 da SBDI-II – DJ 11.08.2003).

- **OJ 277 SBDI-1 – TST**

AÇÃO DE CUMPRIMENTO FUNDADA EM DECISÃO NORMATIVA QUE SOFREU POSTERIOR REFORMA, QUANDO JÁ TRANSITADA EM JULGADO A SENTENÇA CONDENATÓRIA. COISA JULGADA. NÃO-CONFIGURAÇÃO. DJ 11.08.03

A coisa julgada produzida na ação de cumprimento é atípica, pois dependente de condição resolutiva, ou seja, da não-modificação da decisão normativa por eventual recurso. Assim, modificada a sentença normativa pelo TST, com a conseqüente extinção do processo, sem julgamento do mérito, deve-se extinguir a execução em andamento, uma vez que a norma sobre a qual se apoiava o título exeqüendo deixou de existir no mundo jurídico.

3. QUESTÕES DE CONCURSOS

01. (AGU/PROCURADOR FEDERAL/CESPE/2010) A sentença normativa poderá ser objeto de ação de cumprimento a partir do oitavo dia subsequente ao do julgamento, fundada no acórdão ou na certidão de julgamento, salvo se concedido efeito suspensivo pelo presidente do Tribunal Superior do Trabalho.

02. (TRT – 3ª REGIÃO/JUIZ DO TRABALHO/2009). Sobre a ação de cumprimento, leia as afirmações abaixo e, em seguida, assinale a alternativa correta:

I. Tem lugar quando os empregadores deixarem de satisfazer o pagamento de salários, na conformidade da decisão normativa proferida ou de acordo ou convenção coletivos. Nesse caso, poderão os empregados ou seus sindicatos, independentes de outorga de poderes de seus associados, juntando certidão de tal decisão, apresentar reclamação à Vara ou Juízo competente, sendo vedado, porém, questionar sobre a matéria de fato e de direito já apreciada na decisão.

II. Para sua propositura, é dispensável o trânsito em julgado da sentença normativa, embora o prazo de decadência flua apenas a partir dele.

III. Nos termos da jurisprudência sumulada do Tribunal Superior do Trabalho, caso a sentença normativa, objeto de ação de cumprimento, se modifique em grau de recurso, os meios processuais aptos a atacarem a execução de cláusula reformada são a exceção de pré-executividade e a ação rescisória, mas não o mandado de segurança.

IV. A coisa julgada produzida na ação de cumprimento é atípica, pois dependente de condição resolutiva, ou seja, da não-modificação da decisão normativa por eventual recurso.

V. Tem natureza de dissídio individual, ainda que plúrimo, cuja apreciação compete às Varas do Trabalho ou ao Juiz de Direito investido de jurisdição trabalhista.

a) Somente uma afirmativa está correta.
b) Somente duas afirmativas estão corretas.
c) Somente três afirmativas estão corretas.
d) Somente quatro afirmativas estão corretas.
e) Todas as afirmativas estão corretas.

03. (TRT – 3ª REGIÃO/JUIZ DO TRABALHO SUBSTITUTO/2009/ADAPTADA) É prescindível a publicação do acórdão da sentença normativa proferida em dissídio coletivo para propositura de ação de cumprimento, desde que observado o prazo de vinte dias entre o julgamento e o ajuizamento da demanda.

04. (TRT – 3ª REGIÃO/JUIZ DO TRABALHO SUBSTITUTO/2009/ADAPTADA) O prazo de prescrição com relação à ação de cumprimento de decisão normativa flui apenas a partir da data de seu trânsito em julgado.

05. (FCC – TRT 8 – Analista Judiciário/2010) Determinado direito já foi reconhecido mediante sentença normativa, mas Gilson pretende ajuizar reclamação trabalhista para assegurar tal direito. Neste caso,

a) Gilson poderá ajuizar reclamação trabalhista que seguirá obrigatoriamente o rito ordinário.
b) há falta de interesse processual, devendo Gilson ajuizar ação de cumprimento, não sendo necessário que haja o trânsito em julgado da sentença normativa.
c) há falta de interesse processual, devendo Gilson ajuizar ação de cumprimento, sendo necessário que haja o trânsito em julgado da sentença normativa.
d) Gilson poderá ajuizar reclamação trabalhista que seguirá obrigatoriamente o rito sumário.
e) Gilson deverá ajuizar execução provisória de sentença normativa, devendo depositar 50% do valor da causa a título de caução.

06. (FCC – Juiz do Trabalho Substituto 18ª região/2014) Com relação aos procedimentos especiais na Justiça do Trabalho:

a) É indispensável o trânsito em julgado da sentença normativa para a propositura da ação de cumprimento.
b) Nos dissídios coletivos, o recurso interposto da decisão normativa da Justiça do Trabalho terá efeito devolutivo, na medida e extensão conferidas em despacho do Relator do Tribunal a quo, quando realizar o primeiro juízo de admissibilidade.
c) Se tiver havido prévio reconhecimento da estabilidade do empregado, o julgamento do inquérito para apuração de falta grave pelo Juiz do Trabalho não prejudicará a execução para pagamento dos salários devidos ao empregado, até a data da instauração do mesmo inquérito.
d) A sentença definitiva proferida em ação de consignação em pagamento tem natureza meramente declaratória, na medida em que apenas reconhece e declara a suficiência ou insuficiência do depósito efetuado pelo autor.

e) Não se enquadram como entes legitimados concorrentemente para propor ação civil pública, os órgãos da Administração pública indireta, desde que sem personalidade jurídica, especificamente destinados à defesa dos interesses metaindividuais.

GAB	1	E	2	C	3	E	4	C	5	B	6	C

▸SEÇÃO V – DA REVISÃO

✦ MODIFICAÇÃO DA DECISÃO: SENTENÇA REBUS SIC STANTIBUS

Art. 873. Decorrido mais de 1 (um) ano de sua vigência, caberá revisão das decisões que fixarem condições de trabalho, quando se tiverem modificado as circunstâncias que as ditaram, de modo que tais condições se hajam tornado injustas ou inaplicáveis.

✦ INICIATIVA DA MODIFICAÇÃO

Art. 874. A revisão poderá ser promovida por iniciativa do Tribunal prolator, da Procuradoria da Justiça do Trabalho, das associações sindicais ou de empregador ou empregadores interessados no cumprimento da decisão.

Parágrafo único. Quando a revisão for promovida por iniciativa do Tribunal prolator ou da Procuradoria, as associações sindicais e o empregador ou empregadores interessados serão ouvidos no prazo de 30 (trinta) dias. Quando promovida por uma das partes interessadas, serão as outras ouvidas também por igual prazo.

✦ COMPETÊNCIA PARA A REVISÃO

Art. 875. A revisão será julgada pelo Tribunal que tiver proferido a decisão, depois de ouvida a Procuradoria da Justiça do Trabalho.

1. COMENTÁRIOS

O acórdão normativo se sujeita à revisão sempre que as condições de fato ou de direito no qual se fundamentou, forem modificadas. A sentença normativa faz coisa julgada material sujeita à modificação, o que a classifica como rebus sic stantibus, também chamada de sentença determinativa (vide comentário ao art. 831 da CLT).

O acórdão poderá sofrer revisão após 1 (um) ano de sua vigência, por meio do dissídio coletivo de revisão, que tem por fundamento o art. 471, I, do CPC/73 (art. 505, I, do CPC/2015).

Não nos parece tenha sido recepcionada pela Constituição de 1988, art. 8º, I, a possibilidade do Tribunal, de oficio, promover a revisão de seu próprio julgamento, como prevê o art. 874, supra.

O dissídio de revisão só cabe para modificar acórdão normativo de julgamento de dissídio coletivo de natureza econômica; portanto, a revisão terá a mesma natureza constitutiva do dissídio originário. Wagner Giglio e Cláudia Corrêa, Direito Processual, 2007, p. 428, entendem que o "mútuo acordo", exigido no art. 114, § 2º da CF para os dissídios coletivos de natureza econômica, se estenderia ao pedido de revisão, tornando inviável seu ajuizamento sem o interesse de ambos os sindicatos.

2. QUESTÕES DE CONCURSOS

01. (TRT – 5ª REGIÃO/JUIZ DO TRABALHO/CESPE/2006/ADAPTADA) Os dissídios coletivos podem ser de revisão. Nesse caso, destinam-se a reavaliar normas e condições coletivas de trabalho preexistentes que se hajam tornado injustas ou ineficazes pela modificação das circunstâncias que a ditaram.

02. (TRT – 14ª REGIÃO/JUIZ DO TRABALHO/2006/ADAPTADA) A revisão das decisões proferidas em dissídio coletivo, segundo a CLT, pode ser promovida após um ano da sua vigência, desde que tenha havido modificação das circunstâncias que as ditaram, de modo que as condições de trabalho se hajam tornado injustas ou inaplicáveis.

03. (FCC – TRT 9 – Analista Judiciário/2010) Considere as seguintes assertivas a respeito da revisão da sentença normativa:

I. A revisão de sentença normativa poderá ser promovida por iniciativa do Tribunal prolator, do Ministério Público do Trabalho, dos sindicatos ou de empregador ou empregadores interessados no cumprimento da decisão.

II. Decorrido mais de seis meses de sua vigência, caberá revisão das decisões que fixarem condições de trabalho, quando tiverem sido modificadas as circunstâncias que as ditaram.

III. No pedido de revisão não é possível o acréscimo de novas condições de trabalho que não foram objeto do dissídio originário.

IV. A revisão será julgada pelo tribunal que tiver proferido a decisão, depois de ouvido o Ministério Público do Trabalho.

Está correto o que consta APENAS em

a) III e IV.
b) I, II e III.
c) I e III.
d) I, III e IV.
e) I, II e IV.

GAB	1	C	2	C	3	D

A execução trabalhista foi estruturada com base no processo civil. Toda a legislação processual do trabalho se inspirou nas normas do CPC de 1939, vigente quando da promulgação do Decreto-lei nº 5.452, de 1.5.1943, que aprovou a CLT. Por esta razão, o procedimento executório trabalhista contém normas, atualmente, inadequadas para atender ao volume e à complexidade das demandas submetidas à apreciação do Judiciário Trabalhista. Muitos mecanismos e expedientes utilizados na execução, pelos atores à frente do processo, juízes, advogados e procuradores, não estão previstos no CAPITULO V, a seguir comentado. Por outro lado, a aplicação subsidiária das inovações promovidas na execução civil encontra obstáculo na regra do art. 889 da CLT, que manda aplicar a lei que rege a execução fiscal da dívida ativa da União (Lei nº 6.830/80). O CPC, e suas inovações, é somente a segunda fonte subsidiária. Ademais, muitos destes institutos inovadores escapam à realidade dos conflitos sociais apreciados por este ramo especial do Judiciário, sem contar a constante insegurança gerada pela oscilação da jurisprudência quanto à aplicação ou não destas regras processuais importadas. Ao longo dos nossos comentários, buscaremos demonstrar as aplicações e as incompatibilidades destes institutos com a sistemática da execução trabalhista. Está posto o desafio.

CAPÍTULO V – DA EXECUÇÃO

SEÇÃO I – DAS DISPOSIÇÕES PRELIMINARES

✦ TÍTULOS EXECUTIVOS

Art. 876. As decisões passadas em julgado ou das quais não tenha havido recurso com efeito suspensivo; os acordos, quando não cumpridos; os termos de ajuste de conduta firmados perante o Ministério Público do Trabalho e os termos de conciliação firmados perante as Comissões de Conciliação Prévia serão executados pela forma estabelecida neste Capítulo.(Redação dada pela Lei nº 9.958, de 12.1.2000)

✦ CONTRIBUIÇÕES PREVIDENCIÁRIAS: EXECUÇÃO DE OFICIO

Parágrafo único. A Justiça do Trabalho executará, de ofício, as contribuições sociais previstas na alínea a do inciso I e no inciso II do caput do art. 195 da Constituição Federal, e seus acréscimos legais, relativas ao objeto da condenação constante das sentenças que proferir e dos acordos que homologar.(Redação da Lei nº 13.467, de 13.07.2017).

1. COMENTÁRIOS

1.1. Rol de Títulos Executivos

Segundo o princípio da taxatividade, para que determinado documento ou instrumento seja enquadrado como título executivo, é preciso lei específica qualificando-o como tal

(Didier-Cunha-Braga-Oliveira, Curso, Vol. 5, 2011, p. 154). No processo do trabalho os títulos executivos estão previstos no art. 876, supra.

Para a **maioria da doutrina** este **rol é exaustivo**, não se admitindo a inclusão dos títulos extrajudiciais descritos no art. 585 do CPC/73 e art. 784 do CPC/2015 (por todos, Rodrigues Pinto, Execução, 2006, p. 27: "...o entendimento a prevalecer é de que, por enquanto, só são títulos hábeis à execução trabalhista os títulos extrajudiciais de que se ocupa o art. 876 da CLT.". Referendando está dificuldade da doutrina em admitir a inclusão de outros títulos executivos extrajudiciais lembra Mauro Schiavi, Execução, 2008, p. 105: "A doutrina tem sido refratária à admissão de outros títulos executivos extrajudiciais na Justiça do Trabalho, entendendo que o art. 876 da CLT encerra rol taxativo.".

Mesmo para os que rejeitam os títulos extrajudiciais descritos no CPC, **duas exceções** devem ser feitas: **a) a certidão da dívida ativa** da Fazenda Pública Nacional (art. 585, VII, do CPC/73 e art. 784, IX, do CPC/2015), desde quando a EC nº 45/2004 incluiu na competência da Justiça do Trabalho a execução das multas trabalhistas (art. 114, VII, da CF), que tem por pressuposto o título antes referido; **b) o título emitido pelo Ministério do Trabalho**, que fundamenta a **execução de contribuição sindical**, conforme procedimento previsto no art. 606, da CLT.

Não obstante a afirmação acima, **alguns autores já defendiam**, mesmo **antes da competência trabalhista ter sido ampliada, a inclusão de outros títulos executivos extrajudiciais**, além daqueles previstos no art. 876. Entre estes está Amauri Mascaro, Curso, 2008, p. 689, que sempre admitiu a inclusão dos seguintes títulos extrajudiciais: a) o documento público ou particular assinado pelo devedor e subscrito por duas testemunhas, do qual conste a obrigação de pagar quantia determinada e b) o instrumento de transação referendado pelo Ministério Público, pela defensoria pública ou pelos advogados dos transatores.".

Para Tostes Malta, Execução, 1996, p. 66, mesmo antes de previsão legal de qualquer título extrajudicial de competência da Justiça do Trabalho, já defendia a inclusão dos seguintes títulos: a) sentença homologatória de laudo arbitral (atual sentença arbitral, com natureza de título executivo judicial, CPC/73, art. 584, III e CPC/2015, art. 515, VII); b) sentença estrangeira sobre matéria trabalhista homologada pelo Supremo Tribunal Federal (atualmente a competência para tal ato é do STJ, conforme CPC/73, art. 584, IV e CPC/2015, art. 515, VIII); c) o formal e a certidão de partilha (CPC/73, art. 584, V e CPC/2015, art. 515, IV): aqui quando a parte que coube ao beneficiário é crédito trabalhista).

Wagner Giglio e Cláudia Corrêa, Direito Processual, 2007, p. 527, diante das alterações no art. 876 da CLT e da ampliação da competência trabalhista, passaram a defender que: "Impõe-se a conclusão, diante de tantas exceções, que a execução de títulos extrajudiciais já é admitida como normal, no processo trabalhista, anulando a restrição decorrente do disposto no art. 876 da CLT.".

Confirmando esta tendência para se ampliar o rol do art. 876 da CLT, defende Mauro Schiavi, Execução, p. 99-103, a inclusão dos seguintes títulos, judiciais e extrajudiciais: a) execução de sentença penal condenatória transitado em julgado (art. 475-N, inciso II, do CPC/73 e art. 515, VI, do CPC/2015), no que diz respeito à cobrança de danos morais e patrimoniais da relação de trabalho, cujo valor será apurado em liquidação por artigos; b) o acordo extrajudicial submetido à homologação da Justiça do Trabalho (art. 475-H, inciso V e art. 515, III, do CPC/2015); c) a sentença arbitral (art. 475-N, IV, do CPC/73 e art. 515, VII, do CPC/2015); e d) a certidão da dívida ativa da Fazenda Pública (art. 585, VII, do CPC/73 e art. 784, IX, do CPC/2015).

O TST, na IN nº 39/2016, expressamente admite a execução fundada em títulos executivos extrajudiciais previstos no CPC, nos seguintes termos:

> Art. 13. Por aplicação supletiva do art. 784, I (art. 15 do CPC), o cheque e a nota promissória emitidos em reconhecimento de dívida inequivocamente de natureza trabalhista também são títulos extrajudiciais para efeito de execução perante a Justiça do Trabalho, na forma do art. 876 e segs. da CLT.

Este conhecimento foi exigido no seguinte concurso público para ingresso no Cargo de Juiz do Trabalho Substituto:

*** DISCURSIVA:**

↳ **(TRT/3R/Juiz/2012) Há que se cogitar de ação executiva perante a Justiça do Trabalho fundada em títulos fora do padrão jurídico do art. 876 da CLT? Disserte.**

1.2. Execução de Contribuição Previdenciária

A Lei nº 13.467, de 13.07.2017, nada mais fez do que alterar o § único, do art. 876 para adequá-lo à interpretação que prevaleceu nos tribunais superiores. Tanto o TST quanto o STF entenderam que os pagamentos já efetuados ao longo do contrato de trabalho, como também as sentenças meramente declaratórias, não sofreriam incidência de contribuição previdenciária na Justiça do Trabalho. Confira-se, a seguir, a evolução da jurisprudência, que acabou resultando na alteração do § único, do art. 876, da CLT.

Antes da Lei nº 13.467, de 13.07.2017, o § único, do art. 876, tinha o seguinte texto:

> "Parágrafo único. Serão executados ex officio os créditos previdenciários devidos em decorrência de decisão proferida pelos Juízes e Tribunais do Trabalho, resultantes de condenação ou homologação de acordo.". (Incluído pela Lei nº 10.035, de 2000)

Esta execução de ofício também está prevista no art. 114, VIII, da CF.

A jurisprudência do TST, conforme a **S. 368**, de forma restritiva, interpretou que a execução das contribuições previdenciárias limita-se às sentenças condenatórias em pecúnia, não incluindo as contribuições previdenciárias devidas sobre parcelas já quitadas na relação de emprego, e tampouco as contribuições decorrentes das sentenças declaratórias de reconhecimento de relação jurídica de emprego.

O **STF** confirmou o entendimento do TST, no julgamento do **RE 569056/PR, rel. Min. Menezes Direito, 11.9.2008**, divulgado no **Informativo nº 519** do próprio Supremo. O julgamento destacou que "a decisão trabalhista que não dispõe sobre pagamento de salário, mas apenas se restringe a reconhecer a existência do vínculo empregatício não constitui título executivo no que se refere ao crédito de contribuições previdenciárias. Assim, considerou-se não ser possível admitir uma execução sem título executivo. O Min. Ricardo Lewandowski, em acréscimo aos fundamentos do relator, aduziu que a execução de ofício de contribuição social antes da constituição do crédito, apenas com base em sentença trabalhista que reconhece o vínculo empregatício sem fixar quaisquer valores, viola também o direito ao contraditório e à ampla defesa.".

2. SÚMULAS E ORIENTAÇÕES JURISPRUDENCIAIS

▸ **Súmula nº 368**

DESCONTOS PREVIDENCIÁRIOS. IMPOSTO DE RENDA. COMPETÊNCIA. RESPONSABILIDADE PELO RECOLHIMENTO. FORMA DE CÁLCULO. FATO GERADOR (aglutinada a parte final da Orientação Jurisprudencial

nº 363 da SBDI-I à redação do item II e incluídos os itens IV, V e VI em sessão do Tribunal Pleno realizada em 26.06.2017) – Res. 219/2017, republicada em razão de erro material – DEJT divulgado em 12, 13 e 14.07.2017

I – A Justiça do Trabalho é competente para determinar o recolhimento das contribuições fiscais. A competência da Justiça do Trabalho, quanto à execução das contribuições previdenciárias, limita-se às sentenças condenatórias em pecúnia que proferir e aos valores, objeto de acordo homologado, que integrem o salário de contribuição. (ex-OJ nº 141 da SBDI-1 – inserida em 27.11.1998).

II – É do empregador a responsabilidade pelo recolhimento das contribuições previdenciárias e fiscais, resultantes de crédito do empregado oriundo de condenação judicial. A culpa do empregador pelo inadimplemento das verbas remuneratórias, contudo, não exime a responsabilidade do empregado pelos pagamentos do imposto de renda devido e da contribuição previdenciária que recaia sobre sua quota-parte. (ex-OJ nº 363 da SBDI-1, parte final)

III – Os descontos previdenciários relativos à contribuição do empregado, no caso de ações trabalhistas, devem ser calculados mês a mês, de conformidade com o art. 276, § 4º, do Decreto n º 3.048/1999 que regulamentou a Lei nº 8.212/1991, aplicando-se as alíquotas previstas no art. 198, observado o limite máximo do salário de contribuição (ex-OJs nºs 32 e 228 da SBDI-1 – inseridas, respectivamente, em 14.03.1994 e 20.06.2001).

IV – Considera-se fato gerador das contribuições previdenciárias decorrentes de créditos trabalhistas reconhecidos ou homologados em juízo, para os serviços prestados até 4.3.2009, inclusive, o efetivo pagamento das verbas, configurando-se a mora a partir do dia dois do mês seguinte ao da liquidação (art. 276, "caput", do Decreto nº 3.048/1999). Eficácia não retroativa da alteração legislativa promovida pela Medida Provisória nº 449/2008, posteriormente convertida na Lei nº 11.941/2009, que deu nova redação ao art. 43 da Lei nº 8.212/91.

V – Para o labor realizado a partir de 5.3.2009, considera-se fato gerador das contribuições previdenciárias decorrentes de créditos trabalhistas reconhecidos ou homologados em juízo a data da efetiva prestação dos serviços. Sobre as contribuições previdenciárias não recolhidas a partir da prestação dos serviços incidem juros de mora e, uma vez apurados os créditos previdenciários, aplica-se multa a partir do exaurimento do prazo de citação para pagamento, se descumprida a obrigação, observado o limite legal de 20% (art. 61, § 2º, da Lei nº 9.430/96).

VI – O imposto de renda decorrente de crédito do empregado recebido acumuladamente deve ser calculado sobre o montante dos rendimentos pagos, mediante a utilização de tabela progressiva resultante da multiplicação da quantidade de meses a que se refiram os rendimentos pelos valores constantes da tabela progressiva mensal correspondente ao mês do recebimento ou crédito, nos termos do art. 12-A da Lei nº 7.713, de 22/12/1988, com a redação conferida pela Lei nº 13.149/2015, observado o procedimento previsto nas Instruções Normativas da Receita Federal do Brasil.

- **Súmula nº 454 – TST**

COMPETÊNCIA DA JUSTIÇA DO TRABALHO. EXECUÇÃO DE OFÍCIO. CONTRIBUIÇÃO SOCIAL REFERENTE AO SEGURO DE ACIDENTE DE TRABALHO (SAT). ARTS. 114, VIII, E 195, I, "A", DA CONSTITUIÇÃO DA REPÚBLICA. (conversão da Orientação Jurisprudencial nº 414 da SBDI-1) – Res. 194/2014, DEJT divulgado em 21, 22 e 23.05.2014

Compete à Justiça do Trabalho a execução, de ofício, da contribuição referente ao Seguro de Acidente de Trabalho (SAT), que tem natureza de contribuição para a seguridade social (arts. 114, VIII, e 195, I, "a", da CF), pois se destina ao financiamento de benefícios relativos à incapacidade do empregado decorrente de infortúnio no trabalho (arts. 11 e 22 da Lei nº 8.212/1991).

3. INFORMATIVOS DO TST

- **Recurso ordinário. Depósito recursal. Inclusão das contribuições previdenciárias. Ausência de previsão no ordenamento jurídico. Deserção. Não configuração.**

Não encontra previsão no ordenamento jurídico pátrio a exigência de recolhimento, a título de depósito recursal, do montante atribuído às contribuições previdenciárias em acréscimo ao valor da condenação. Nos termos da Instrução Normativa nº 3, item I, do TST e do art. 83 da Consolidação dos Provimentos da Corregedoria-Geral da Justiça do Trabalho, o pagamento da contribuição previdenciária somente é devido quando finda a execução, pois, no momento em que proferida a sentença, não há certeza acerca das parcelas objeto da condenação, uma vez que, em caso de provimento de eventuais recursos, os valores podem ser alterados. Assim, a SBDI-I, por maioria, afastando a deserção do recurso ordinário, conheceu dos embargos e, no mérito, deu-lhes provimento para determinar o retorno dos autos ao TRT de origem, a fim de que julgue o recurso ordinário da reclamada como entender de direito. Vencido o Ministro Ives Gandra Martins Filho. TST-E-RR-136600-30.2008.5.23.0051, SBDI-I, rel. Min. Luiz Philippe Vieira de Mello Filho, 2.8.2012 (Informativo nº 16)

- **AR. Ação autônoma que reconhece a responsabilidade subsidiária do tomador de serviços. Existência de sentença condenatória definitiva em que figurou como parte apenas o prestador de serviços. Alteração subjetiva do título executivo judicial. Ofensa à coisa julgada e ao direito à ampla defesa e ao contraditório. Art. 5º, XXXVI e LV, da CF.**

  A decisão em ação autônoma que reconhece a responsabilidade subsidiária do tomador de serviços, quando há sentença condenatória definitiva prolatada em ação anteriormente proposta pelo mesmo reclamante em que figurou como parte apenas o prestador de serviços, altera a titularidade subjetiva do título executivo e ofende a literalidade do art. 5º, XXXVI e LV, da Constituição Federal (coisa julgada e direito ao contraditório e à ampla defesa). Com esse entendimento, a SBDI-II, por unanimidade, deu provimento ao recurso ordinário para desconstituir o acórdão proferido nos autos da reclamação trabalhista e, em juízo rescisório, dar provimento ao recurso ordinário do reclamado para julgar improcedente o pedido formulado na inicial da referida reclamatória. TST-RO-100200 – 60.2010.5.03.0000, SBDI-II, rel. Min. Pedro Paulo Manus. 27.3.2012. (informativo nº 4)

4. QUESTÕES DE CONCURSOS

01. (BACEN/PROCURADOR/CESPE/2009/ADAPTADA) Quanto à execução no processo do trabalho: Os termos de conciliação firmados perante as comissões de conciliação prévia são títulos passíveis de execução.

02. (TRT – 3ª REGIÃO/JUIZ DO TRABALHO SUBSTITUTO/2009/ADAPTADA) Os termos de ajuste de conduta firmados perante o Ministério Público do Trabalho e os termos de conciliação firmados perante as Comissões de Conciliação Prévia serão executados perante a Justiça do Trabalho.

03. (TRT – 17ª REGIÃO/ANALISTA JUDICIÁRIO/CESPE/2009/ADAPTADA) Não há previsão legal no processo trabalhista de execução de título extrajudicial.

04. (TRT – 17ª REGIÃO/ANALISTA JUDICIÁRIO/CESPE/2009/ADAPTADA) As contribuições sociais devidas em decorrência de decisão proferida pelos juízes e tribunais do trabalho, resultantes de condenação ou homologação de acordo, somente serão executadas após provocação da União.

05. (TRT – 3ª REGIÃO/JUIZ DO TRABALHO/2008/ADAPTADA) São títulos executivos trabalhistas: as decisões passadas em julgado ou das quais não tenha havido recurso com efeito suspensivo; os acordos, quando não cumpridos; os termos de ajuste de conduta firmados perante o Ministério Público do Trabalho e os termos de conciliação firmados perante as Comissões de Conciliação Prévia.

06. (TRT – 14ª REGIÃO/JUIZ DO TRABALHO/2008/ADAPTADA) Não compete à Justiça do Trabalho a execução das contribuições previdenciárias incidentes sobre os salários pagos durante o período do vínculo de emprego reconhecido na sentença.

07. (TRT – 9ª REGIÃO/ANALISTA JUDICIÁRIO/CESPE/2007) Além das execuções fiscais de multas aplicadas pela fiscalização do trabalho e inscritas na dívida ativa da União, pode ser ajuizada, junto à justiça do trabalho, ação de execução de títulos extrajudiciais consistentes nos termos de ajuste de conduta firmados perante o Ministério Público do Trabalho ou nos termos de conciliação firmados perante as comissões de conciliação prévia, sem prejuízo das execuções dos títulos judiciais consistentes nas sentenças proferidas ou acordos homologados pela própria justiça do trabalho.

08. (FCC – TRT 6 – Analista Judiciário/2012/ADAPTADA) Em relação à execução trabalhista, conforme regras contidas na Consolidação das Leis do Trabalho, é correto afirmar: os termos de ajuste de conduta firmados perante o Ministério Público do Trabalho e os termos de conciliação firmados perante as Comissões de Conciliação Prévia são considerados títulos executivos extrajudiciais e serão executados pela forma estabelecida pela CLT.

09. (TRT 2 – Juiz do Trabalho Substituto 2ª região/2014) Quanto à execução, observe as proposições abaixo e responda a alternativa que contenha proposituras corretas:

I. São títulos executivos extrajudiciais na Justiça do Trabalho o Termo de Ajuste de Conduta, os créditos previdenciários decorrentes de condenação trabalhista e as certidões da dívida ativa decorrentes de multas aplicadas por auditores fiscais do trabalho.

II. São obrigações acessórias à sentença declaratória, executáveis na Justiça do Trabalho, custas, honorários advocatícios e periciais, emolumentos e multas aplicadas no decorrer do processo.

III. É admitida na Justiça do Trabalho a sub-rogação de dívida e a cessão do crédito.

IV. Elaborada a conta de liquidação por artigos, simples cálculo ou arbitramento o Juiz poderá homologá-la sem a abertura de prazo para manifestação das partes.

V. É devido o recolhimento de contribuição previdenciária em caso de acordo sem reconhecimento de vínculo empregatício, calculada sobre a totalidade do valor, se não houver discriminação da natureza das verbas pagas.

Está correta a alternativa:

a) I, II e IV.

b) I, II e III.

c) II, IV e V.

d) I, III e V.

e) III, IV e V.

10. (TRT 8 – Juiz do Trabalho Substituto 8ª região/2014) São títulos executivos extrajudiciais admitidos ao processo do trabalho, segundo a Consolidação das Leis Trabalhistas:

a) O crédito de serventuário de justiça, de perito, de intérprete, ou de tradutor, quando os honorários forem aprovados por decisão judicial; o TRCT homologado pelo sindicato da categoria profissional ou pela Superintendência Regional do Trabalho e Emprego.

b) O crédito de perito, de intérprete, ou de tradutor, quando os honorários forem aprovados por decisão judicial; o TRCT homologado pelo sindicato da categoria profissional ou pela Superintendência Regional do Trabalho e Emprego; os termos de conciliação celebrados perante a CCP (Comissão de Conciliação Prévia) com conteúdo obrigacional; as certidões de dívida ativa (CDA) decorrentes das multas aplicadas aos empregadores pelos órgãos de fiscalização do trabalho.

c) O TRCT homologado pelo sindicato profissional ou pela Superintendência Regional do Trabalho e Emprego; as certidões de dívida ativa (CDA) decorrentes das multas aplicadas aos empregadores pelos órgãos de fiscalização do trabalho; os termos de conciliação celebrados perante a CCP (Comissão de Conciliação Prévia) com conteúdo obrigacional.

d) Os Termos de Compromisso de Ajustamento de Conduta (TAC) firmados perante o MPF e MPT com conteúdo obrigacional; os termos de conciliação celebrados perante a CCP (Comissão de Conciliação Prévia) com conteúdo obrigacional; o TRCT homologado pelo sindicato profissional ou pela Superintendência Regional do Trabalho e Emprego.

e) Os Termos de compromisso de Ajustamento de Conduta (TAC) firmados perante o MPT com conteúdo obrigacional; os termos de conciliação celebrados perante a CCP (Comissão de Conciliação Prévia) com conteúdo obrigacional; as certidões de dívida ativa (CDA) decorrentes das multas aplicadas aos empregadores pelos órgãos de fiscalização do trabalho.

GAB	1	C	2	C	3	E	4	E	5	C	6	E	7	C	8	C	9	C	10	E

✦ **COMPETÊNCIA PARA EXECUÇÃO: TÍTULO JUDICIAL**

Art. 877. É competente para a execução das decisões o Juiz ou Presidente do Tribunal que tiver conciliado ou julgado originariamente o dissídio.

✦ **COMPETÊNCIA PARA EXECUÇÃO: TÍTULO EXTRAJUDICIAL**

Art. 877-A. É competente para a execução de título executivo extrajudicial o juiz que teria competência para o processo de conhecimento relativo à matéria. (Incluído pela Lei nº 9.958, de 12.01.2000)

1. COMENTÁRIOS

O próprio juiz que proferiu o julgamento terá competência para cobrar o cumprimento do acordo ou da sentença, conforme prevê o art. 877, supra. O TRT terá competência para execução das ações de sua competência originária, v.g., ação rescisória. Observa-se, com esta regra, a consagração do princípio da perpetuação da jurisdição (perpetuatio jurisdictionis), segundo o qual a demanda começa e termina no juízo no qual foi proposta.

O título extrajudicial é autônomo e sua eficácia não depende de homologação judicial. A regra do art. 877-A se refere à execução destes títulos, cujo rol se encontra no art. 876, supra; a competência para executar o título extrajudicial será definida pelo critério territorial, conforme o art. 651 da CLT. Assim, a título de exemplo, um empregado que firma um acordo na CCP (art.

625-E, § único, da CLT), cujas obrigações assumidas pelo empregador não foram cumpridas, este título extrajudicial será objeto de execução na localidade onde o empregado trabalha ou trabalhou, tão logo seja ajuizada a ação de execução.

A regra da CLT não se aplica para a execução de multas trabalhistas impostas ao empregador. Segundo o CPC/73, art. 578, a execução promovida pela União para cobrança das referidas multas, com base na certidão da dívida ativa da Fazenda Pública, será ajuizada no foro do domicilio do devedor; se não o tiver, no de sua residência ou no do lugar onde for encontrado.

A regra do parágrafo único, do art. 578 do CPC/73, ainda dispôs que: "Na execução fiscal, a Fazenda Pública poderá escolher o foro de qualquer um dos devedores, quando houver mais de um, ou o foro de qualquer dos domicílios do réu; a ação poderá ainda ser proposta no foro do lugar em que se praticou o ato ou ocorreu o fato que deu origem à dívida, embora nele não mais resida o réu, ou, ainda, no foro da situação dos bens, quando a dívida deles se originar.".

Marinoni-Mitidiero, Código, 2008, p. 598, entendem que o foro do domicilio do devedor (art. 578, caput, do CPC/73) prefere sobre os demais critérios estabelecidos no § único, do art. 578, do CPC/73. Para os autores, esta preferência é regra de facilitação da defesa do executado, que também foi consagrada no art. 109, § 1º, da CF, que deve conformar a legislação infraconstitucional.

Em sentido contrário, Leonardo Cunha, A Fazenda, 2010, p. 378, entende que é faculdade da Fazenda Pública, autora da ação executiva, escolher entre o foro do domicilio do devedor ou onde se praticou/ocorreu o ato que deu origem à dívida, que, na hipótese da Justiça do Trabalho, é o lugar onde o estabelecimento empresarial foi autuado pela infração à legislação do trabalho. Ambas as hipóteses são de competência territorial, portanto, se não arguida pelo executado, no momento de sua defesa na execução, se prorroga a competência do juízo onde a ação foi proposta.

A posição doutrinária de Leonardo Cunha, acima posta, acabou prevalecendo na redação do CPC/2015, art. 46, § 5º:

> "A execução fiscal será proposta no foro de domicílio do réu, no de sua residência ou no do lugar onde for encontrado."

Em qualquer hipótese, a competência funcional para a Fazenda ajuizar a ação de execução será sempre do primeiro grau de jurisdição, seguindo o procedimento da Lei nº 6.830/80. Sobre o tema, nos reportamos aos comentários ao art. 642, da CLT.

2. INFORMATIVOS DO TST

- ***CC. Art. 475-P, parágrafo único, do CPC. Aplicação subsidiária ao processo do trabalho. Impossibilidade. Ausência de omissão na CLT.***

A existência de previsão expressa no art. 877 da CLT sobre a competência para a execução das decisões judiciais torna incabível a aplicação subsidiária, ao processo do trabalho, do parágrafo único do art. 475-P do CPC, que permite ao exequente optar pelo cumprimento da sentença pelo Juízo do local onde se encontram bens sujeitos à expropriação ou do atual domicílio do executado. Com esse entendimento, a SBDI-II, por maioria, vencido o Ministro Luiz Philippe Vieira de Mello Filho, conheceu do conflito negativo de competência e julgou-o procedente, declarando a competência da Vara do Trabalho de Indaial/SC para prosseguir na execução. Na espécie, a juíza titular da 7ª Vara do Trabalho de São Paulo/SP suscitou conflito de competência, em face do encaminhamento de reclamação trabalhista pelo juiz titular da Vara do Trabalho de Indaial/SC que acolhera requerimento formulado pelo exequente, nos termos do art. 475-P do CPC. TST-CC-3533 – 59.2011.5.00.0000, SB – DI-II, rel. Min. Alberto Luiz Bresciani de Fontan Pereira, 6.3.2012. (informativo nº 1)

CC. Ação coletiva. Decisão com efeitos erga omnes. Execução individual. Art. 877 da CLT. Não incidência.

O art. 877 da CLT – segundo o qual é competente para a execução das decisões o Juiz ou o Presidente do Tribunal que tiver conciliado ou julgado originariamente o dissídio – não é aplicável à execução individual das decisões proferidas em ação coletiva, porquanto possui procedimento específico e regulamentado na Lei de Ação Civil Pública, combinada com o Código de Defesa do Consumidor, ambos plenamente compatíveis com o Processo do Trabalho. Assim, na hipótese em que a exequente, domiciliada em Fortaleza/CE, aforou execução individualizada, dizendo-se beneficiada pelos efeitos *erga omnes* da coisa julgada produzida em ação coletiva que tramitou na Vara do Trabalho de Araucária/PR, a SBDI-II, por unanimidade, julgou procedente o conflito negativo de competência para declarar competente a Vara do Trabalho de Fortaleza/CE. Ressaltou o Ministro relator que entendimento em sentido contrário imporia aos beneficiários da ação coletiva um ônus processual desarrazoado, o que tornaria ineficaz o pleno, rápido e garantido acesso à jurisdição e violaria a garantia constitucional do Devido Processo Legal Substancial. TRT – CC – 1421-83.2012.5.00.0000, SBDI-II, rel. Min. Alexandre Agra Belmonte, 28.8.2012 (informativo nº 20)

Execução. Competência. Local dos bens passíveis de expropriação ou atual domicílio do executado. Parágrafo único do art. 475-P do CPC. Aplicação subsidiária ao Processo do Trabalho. Impossibilidade. Ausência de omissão na CLT.

Existindo previsão expressa no art. 877 da CLT a respeito da competência para a execução das decisões judiciais trabalhistas, a aplicação subsidiária ao Processo do Trabalho do parágrafo único do art. 475-P do CPC, no sentido de se permitir ao exequente optar pelo cumprimento da sentença pelo Juízo do local onde se encontram bens sujeitos à expropriação ou do atual domicílio do executado, implica contrariedade aos princípios da legalidade e do devido processo legal e respectiva ofensa ao art. 5º, II e LIV, da CF. Com esse entendimento, a SBDI-II, por unanimidade, conheceu do conflito negativo de competência e, no mérito, por maioria, julgou-o procedente, declarando a 1ª Vara do Trabalho de Itabaiana/SE competente para prosseguir na execução que se processa nos autos da reclamação trabalhista. Vencidos os Ministros Cláudio Mascarenhas Brandão, Delaíde Miranda Arantes e Douglas Alencar Rodrigues. TST-CC-9941-32.2012.5.00.0000, SBDIII, rel. Min. Alberto Luiz Bresciani de Fontan Pereira, 27.5.2014 (Informativo nº 84)

Competência da Justiça do Trabalho. Execução de ofício de contribuição previdenciária. Acordo firmado perante Comissão de Conciliação Prévia.

A Justiça do Trabalho é competente para executar, de ofício, as contribuições previdenciárias referentes ao valor fixado em acordo firmado perante Comissão de Conciliação Prévia, nos termos do art. 114, IX, da CF c/c o art. 43, § 6º, da Lei nº 8.212/91 e os arts. 876 e 877-A da CLT. Com esse entendimento, a SBDI-I, em sua composição plena, vislumbrando divergência jurisprudencial específica, conheceu dos embargos, por maioria, e, no mérito, ainda por maioria, deu-lhes provimento para restabelecer a decisão do Regional. Vencidos, quanto ao conhecimento, os Ministros Lelio Bentes Corrêa e Dora Maria da Costa e, no mérito, a Ministra Maria Cristina Peduzzi. TST-E-RR-40600-80.2009.5.09.0096, SBDI-I, rel. Min. José Roberto Freire Pimenta, 24.5.2012. (informativo nº 10)

Execução. Contribuições previdenciárias. Créditos trabalhistas reconhecidos por decisão judicial. Juros de mora e multa. Fato gerador. Momento anterior à Medida Provisória nº 449/09. Art. 195, I, "a", da CF.

Os juros de mora e a multa incidentes sobre a contribuição previdenciária oriunda de créditos trabalhistas reconhecidos por decisão judicial são devidos a partir do dia dois do mês seguinte ao da liquidação da sentença, so bretudo na hipótese de relação de emprego ocorrida em momento anterior à Medida Provisória nº 449/09, convertida na Lei nº 11.941/09, que alterou o art. 43, § 2º, da Lei nº 8.212/91. Ademais, tendo em conta que o art. 195, I, "a", da CF fixou a competência tributária referente às contribuições previdenciárias devidas pela empresa, prevendo a instituição de contribuição incidente sobre os rendimentos do trabalho pagos ou creditados ao trabalhador, não se pode olvidar a supremacia do texto constitucional, de modo que a legislação infraconstitucional, ao definir o fato gerador e os demais elementos que constituem os tributos, deve observar os limites impostos pela Constituição. Desse modo, a decisão do Regional que estabelece a data da prestação de serviços como termo inicial para a incidência dos juros e da multa moratória dá ensejo ao conhecimento do recurso de revista por violação à literalidade do art. 195, I, "a", da CF, pois extrapola os limites nele estabelecidos. Com esses fundamentos, a SBDI-I, por unanimidade, conheceu do recurso de Embargos do reclamado, por divergência jurisprudencial, e, no mérito, por maioria, deu-lhe provimento para reconhecer a ofensa literal do art. 195, I, "a", da CF e determinar a incidência dos juros de mora e da multa apenas a partir do dia dois do mês seguinte ao da liquidação de sentença, nos termos do art. 276, *caput*, do Decreto nº 3.048/99. Vencidos, quanto à violação do art. 195, I, "a", da CF, os Ministros Lelio Bentes Corrêa, Antônio José de Barros Levenhagen, Luiz Philippe Vieira de Mello Filho, Augusto César de Carvalho, José Roberto Pimenta e Delaíde Miranda Arantes, e, quanto à fundamentação, os Ministros Aloysio Corrêa da Veiga e Dora Maria da Costa., SBDI-I, rel. Min. Aloysio Corrêa da Veiga, red. p/ acórdão Min. João Oreste Dalazen, 12.9.2013. (Informativo nº 59)

▸ ***Competência da Justiça do Trabalho. Execução de contribuição previdenciária. Acordo firmado perante Comissão de Conciliação Prévia. Art. 114, IX, da CF c/c art. 43, § 6º, Lei nº 8.212/90.***

Nos termos do art. 114, IX, da CF c/c o art. 43, § 6º, da Lei nº 8.212/91, compete à Justiça do Trabalho executar de ofício as contribuições previdenciárias decorrentes do termo de conciliação firmado perante Comissão de Conciliação Prévia – CCP. Entendeu-se, na hipótese, que o dispositivo constitucional que assegura a competência desta Justiça Especializada para processar e julgar "outras controvérsias decorrentes da relação de trabalho" abarca o termo firmado perante a CCP, por se tratar de título executivo extrajudicial decorrente da relação de trabalho. Ademais, não há falar em incidência do item I da Súmula nº 368 do TST, editado em 2005, por não alcançar a controvérsia trazida nos autos, que remonta à regra vigente a partir de 2009, com a introdução do § 6º no art. 43 da Lei nº 8.212/91 pela Lei nº 11.491/2009. Com esse posicionamento, a SBDI-I, à unanimidade, conheceu dos embargos, por divergência jurisprudencial, e, no mérito, deu-lhes provimento para reformar o acórdão turmário que declarara a incompetência da Justiça do Trabalho para executar as contribuições previdenciárias advindas de termo conciliatório firmado perante a CCP. TST-E-RR-41300-56.2009.5.09.0096, SBDI-I, rel. Min. Luiz Philippe Vieira de Mello Filho, 8.5.2014 (Informativo execução nº 1)

3. QUESTÕES DE CONCURSOS

01. (TRT – 24ª REGIÃO/JUIZ DO TRABALHO/2007/ADAPTADA) É competente para a execução de título executivo extrajudicial o Juiz que teria competência para o processo de conhecimento relativo à matéria.

GAB	1	C

✦ **LEGITIMIDADE PARA A EXECUÇÃO**

Art. 878. A execução será promovida pelas partes, permitida a execução de ofício pelo juiz ou pelo Presidente do Tribunal apenas nos casos em que as partes não estiverem representadas por advogado. (Redação da Lei n° 13.467, de 13.07.2017).

✦ **DECISÃO DOS TRIBUNAIS**

Parágrafo único. (Revogado pela Lei n° 13.467, de 13.07.2017).

1. COMENTÁRIOS

1.1. Legitimidade para a execução

O texto anterior à reforma trabalhista (Lei nº 13.467, de 13.07.2017), dizia que a execução poderia ser promovida por qualquer interessado. O texto atual restringiu a redação para afirmar que a execução será promovida pelas partes, mas isso não muda o sentido da norma. Este dispositivo cuida da legitimidade ativa para a execução, portanto, abrange as seguintes pessoas: **a)** o credor indicado como tal no título executivo (art. 566, I, do CPC/73 e art. 778 do CPC/2015); **b)** o espólio, os herdeiros e sucessores do credor (art. 567, I, do CPC/73 e art. 778, III, do CPC/2015), observada a habilitação incidental dos dependentes do trabalhador, quando sua morte não deixar bens, dispensando-se a abertura do inventário; a habilitação será feita pelos dependentes indicados na Previdência Social para receber a pensão por morte (art. 1º, da Lei nº 6.858/80), cabendo aos próprios providenciarem a documentação no INSS; **c)** O art. 567, II, do CPC/73 e art. 778, III, do CPC/2015, confere legitimidade ao cessionário, quando o direito resultante do título executivo lhe for transferido por ato entre vivos. A Consolidação de Provimentos da CGJT, DE 28.10.2008, previa em seu art. 100: "a cessão de crédito prevista no art. 286 do Código Civil não se aplica à Justiça do Trabalho", negando ao cessionário, portanto, legitimidade para figurar no processo. A atual redação da Consolidação de Provimentos não tem mais essa disposição, mas isso não significa que mudamos nosso pensar quanto ao tema. A cessão de crédito trabalhista, consequentemente, não provocará qualquer modificação nos polos da execução trabalhista; **d)** o art. 567, III, do CPC/73 e 778, IV, do CPC/2015, confere legitimidade ao sub-rogado, que assume o crédito por imposição legal ou por convenção (sub-rogação convencional); dispõe o art. 349 do CC, que a sub-rogação transfere ao novo credor, todos os direitos, ações, privilégios e garantidas do credor primitivo; Manoel Antonio Teixeira Filho, Curso, Vol. III, 2009, p. 1917, distingue a cessão da sub-rogação: "...a diferença nuclear está em que no primeiro (cessão), o ato é praticado pelo credor (trabalhador, no plano do direito material do trabalho), que transfere o seu crédito a terceiro, enquanto no segundo (sub-rogação), o ato é realizado por terceiro e consiste no pagamento do credor, ou no empréstimo ao devedor, de quantia bastante à plena satisfação do crédito."; nos parece que não há obstáculo para que o sub-rogado figura na execução, no lugar do credor ou devedor originário, posto que não há aqui ato de vontade do credor dispondo de direitos trabalhistas; a doutrina também não vê qualquer obstáculo (neste sentido, Teixeira Filho, op. cit., 1918, com apoio em Antonio Lamarca, Coqueijo Costa e Wagner Giglio; contra, Mauro Schiavi, Execução, 2008, p. 70, interpretando que a sub-rogação de um terceiro no crédito trabalhista faz cessar a competência da Justiça do Trabalho, além de alterar a natureza do crédito, que deixa de ser dívida trabalhista.

1.2. O Ministério Público

Além dos legitimados acima indicados, o § único, do art. 878, supra, fazia menção, até sua revogação, à execução pelo Ministério Público do Trabalho (o texto se referia à "Procuradoria da Justiça do Trabalho). A revogação do § único, do art. 878, não impede a legitimidade do MPT para dar cumprimento ao título executivo nas seguintes hipóteses:

a) como parte no processo, v.g., quando propõe ações civis públicas e execução do Termo de Ajustamento de Conduta, bem como para cobrança de multas e custas impostas pelos Acórdãos proferidos nas ações de competência originária dos Tribunais (art. 746, "g", da CLT);

b) o MPT também terá legitimidade na execução da sentença proferida em ação civil pública, proposta por sindicato ou outro legitimado, quando este não iniciar a execução no prazo de 60 dias de seu trânsito em julgado (Teixeira Filho, Curso, Vol. III, 2009, p. 1918);

c) ou, ainda, na hipótese de processo coletivo promovido pelo MPT, na tutela de interesses individuais homogêneos (art. 81, III, da Lei nº 8.078/90), quando, do prazo de 1 (um) ano do trânsito em julgado da sentença coletiva, não houver habilitação de trabalhadores titulares destes direitos, em número compatível com a gravidade do dano (art. 100, da Lei nº 8.078/90);

1.3. O devedor?

O art. 570, do CPC/73, revogado pela Lei nº 11.232/2005, permitia ao devedor iniciar a execução, na figura denominada devedor-exequente. A hipótese era esdrúxula, como lembra Alexandre Câmara, Curso, Vol. III, 2009, p. 164, e a doutrina equiparava tal atitude do réu a uma Consignação em Pagamento. O próprio Câmara, na obra citada, afirma que nada impede, na atualidade, tendo sido revogado o art. 570 do CPC/73, que o devedor, após a condenação, promova uma ação de consignação em pagamento; de nossa parte, pensamos que tal possibilidade é incompatível com o procedimento trabalhista.

1.4. Execução de oficio pelo Juiz: *jus postulandi* da parte

No processo do trabalho, desde a redação original da CLT, a execução sempre pôde ser iniciada de oficio pelo juiz da execução, diferentemente do que se observa no processo civil, onde, para o cumprimento da sentença transitada em julgado, ainda se exige requerimento do credor (expedir-se-á mandado de citação, a requerimento do credor, conforme art. 475-J, do CPC/73 e art. 523, do CPC/2015). Didier-Cunha-Braga-Oliveira, Curso, Vol. 5, 2011, p. 208 afirmam que são raras as hipóteses de execução civil de ofício, como no exemplo das decisões baseadas nos artigos 461 e 461-A, do CPC/73 (artigos 497 e 498 do CPC/2015).

Para a maioria da doutrina trabalhista, a legitimidade para o juiz iniciar a execução sempre foi uma faculdade atribuída pelo art. 878, e não uma imposição legal, mesmo antes da redação imposta pela reforma trabalhista; neste sentido, Rodrigues Pinto, Execução, 2006, p. 116: "A opinião de alguns sobre se tratar de um dever imposto ao juiz não se compadece com a falta de imperatividade do texto legal (CLT, art. 878), em que se usou a expressão poderá."; também veem como uma faculdade atribuída ao juiz: Amauri Mascaro, Curso, 2008, p. 673; Tostes Malta, Execução, 1996, p. 80 e Manoel Antonio Teixeira Filho, Curso, Vol. III, 2009, p. 1920-1922.

A posição majoritária da doutrina acabou sendo acolhida pela reforma trabalhista, conforme a redação imposta ao art. 878, *caput*, pela Lei nº 13.467, de 13.07.2017. A iniciativa da execução, agora não resta dúvidas, é facultativa para o juiz e, ainda assim, restrita aos processos nos quais as partes estejam sem a assistência de advogado.

1.5. Contribuições previdenciárias: execução *ex officio*

No tocante à cobrança das contribuições previdenciárias decorrentes das sentenças e acordos homologados pela Justiça do Trabalho, a execução seguirá obrigatoriamente de ofício, diante do teor do art. 114, VIII, da CF.

De forma diferente do que se interpreta quanto ao crédito trabalhista, o art. 876, § único, da CLT, prevê que "A Justiça do Trabalho executará, de ofício, as contribuições sociais..."; o tempo verbal, como se nota, foi utilizado no imperativo, impondo ao Juiz do Trabalho esta conduta (neste sentido, Sergio Pinto Martins, Execução da Contribuição, 2004, p. 92). Esta interpretação é ratificada pelo teor do art. 878-A, da CLT.

A distinção de tratamento legal conferido ao crédito trabalhista, se comparado ao crédito tributário, deixa claro o lado nefasto da reforma trabalhista. A União terá a atuação de ofício do Juiz do Trabalho para cobrar suas contribuições previdenciárias, mas o empregado, via de regra credor, terá que tomar a iniciativa do cumprimento da sentença. A situação imposta pelo texto legal é esdrúxula, pois o crédito principal (trabalhista) deixa de ser cobrado, mas o acessório (contribuição previdenciária) o será.

1.6. Execução provisória e liquidação por artigos

O Juiz do Trabalho não atuará de ofício nas execuções provisórias, ou seja, aquelas fundadas em sentenças ainda pendentes de julgamento de recursos; nestas execuções há o risco da reforma da sentença, podendo os atos executórios resultar em danos para o executado (art. 475-O, inciso I, do CPC/73 e art. 520, I, do CPC/2015); a reparação destes danos, nos próprios autos da execução, será de responsabilidade do exequente, daí porque não se processa de ofício a execução provisória (neste sentido, Manoel Antonio Teixeira Filho, Curso, Vol. III, 2009, p. 1922). Também não se admite a atuação de ofício do Juiz do Trabalho, mesmo estando a parte desassistida, quando a liquidação da sentença tiver que ser processada por artigos de liquidação, em razão da necessidade da parte demonstrar o "fato novo" que legitima este método de liquidação de sentença.

2. QUESTÕES DE CONCURSOS

01. (TRT – 3ª REGIÃO/JUIZ DO TRABALHO/2008/ADAPTADA) A execução poderá ser promovida por qualquer interessado, ou ex officio pelo próprio Juiz ou Presidente ou Tribunal competente.

02. **(TRT – 14ª REGIÃO/JUIZ DO TRABALHO/2008/ADAPTADA)** No processo do trabalho, a execução pode ser promovida por qualquer interessado, desde que tenha participado da relação jurídica processual.

03. **(TRT – 11ª REGIÃO/JUIZ DO TRABALHO/FCC/2007/ADAPTADA)** A execução, no processo do trabalho, deve ser requerida pelos interessados, pois o seu início ex officio violaria o princípio do dispositivo.

04. **(MPU/ANALISTA PROCESSUAL/FCC/2007)** Quando se tratar de decisão dos Tribunais Regionais, a execução poderá ser promovida pela Procuradoria da Justiça do Trabalho.

05. **(FCC – TRT 6 – Analista Judiciário/2012/ADAPTADA)** Em relação à execução trabalhista, conforme regras contidas na Consolidação das Leis do Trabalho, é correto afirmar: a execução poderá ser promovida por qualquer interessado, reclamante ou reclamado, mas não poderá ser promovida ex officio pelo próprio Juiz competente.

GAB	1	C	2	E	3	E	4	C	5	E

✦ **CONTRIBUIÇÕES PREVIDENCIÁRIAS: PAGAMENTO IMEDIATO**

Art. 878-A. Faculta-se ao devedor o pagamento imediato da parte que entender devida à Previdência Social, sem prejuízo da cobrança de eventuais diferenças encontradas na execução ex officio. (Incluído pela Lei nº 10.035, de 25.10.2000)

1. COMENTÁRIOS

Este dispositivo demonstra o caráter bipartido que passou a assumir a execução trabalhista, desde que a EC nº 20/98 introduziu no art. 114 da CF, a competência para a Justiça do Trabalho executar as contribuições previdenciárias decorrentes de suas sentenças e acordos judiciais. Como se percebe da redação do texto legal, o devedor poderá quitar, de imediato, a dívida tributária (previdenciária), sem prejuízo de ser cobrado de eventuais diferenças apuradas no curso do procedimento de liquidação. Este pagamento se dá de forma autônoma e independente quanto ao crédito trabalhista devido pelo empregador ao empregado.

A CLT não prevê o procedimento para o devedor proceder a tal pagamento; na prática tal quitação também não tem sido observada, mas sendo do devedor tal iniciativa, este poderá, a qualquer tempo, requerer em juízo a expedição da guia própria para pagamento ou, proceder ao pagamento por meio eletrônico.

2. QUESTÕES DE CONCURSOS

01. **(TRT – 8ª REGIÃO/JUIZ DO TRABALHO/2007/ADAPTADA)** Ao devedor é facultado o pagamento imediato de parte que entender à Previdência Social, sem prejuízo de cobrança de eventuais diferenças encontradas na execução ex offício.

GAB	1	C

✦ **MÉTODOS DE LIQUIDAÇÃO DE SENTENÇA**

Art. 879. Sendo ilíquida a sentença exeqüenda, ordenar-se-á, previamente, a sua liquidação, que poderá ser feita por cálculo, por arbitramento ou por artigos.(Redação dada pela Lei nº 2.244, de 23.6.1954)

✦ **LIQUIDAÇÃO: RESPEITO À COISA JULGADA**

§ 1º – Na liquidação, não se poderá modificar, ou inovar, a sentença liquidanda nem discutir matéria pertinente à causa principal.(Incluído pela Lei nº 8.432, 11.6.1992)

✦ **CÁLCULOS DAS CONTRIBUIÇÕES PREVIDENCIÁRIAS**

§ 1º-A. A liquidação abrangerá, também, o cálculo das contribuições previdenciárias devidas. (Incluído pela Lei nº 10.035, de 25.10.2000)

§ 1º-B. As partes deverão ser previamente intimadas para a apresentação do cálculo de liquidação, inclusive da contribuição previdenciária incidente.(Incluído pela Lei nº 10.035, de 25.10.2000)

✦ **MANIFESTAÇÕES DAS PARTES**

§ 2º – Elaborada a conta e tornada líquida, o juízo deverá abrir às partes prazo comum de oito dias para impugnação fundamentada com a indicação dos itens e valores objeto da discordância, sob pena de preclusão.(Redação da Lei nº 13.467, de 13.07.2017).

✦ **INICIATIVA DA CONTA: MANIFESTAÇÃO DA UNIÃO**

§ 3º – Elaborada a conta pela parte ou pelos órgãos auxiliares da Justiça do Trabalho, o juiz procederá à intimação da União para manifestação, no prazo de 10(dez)dias, sob pena de preclusão. (Redação dada pela Lei nº 11.457, de 16.03.2007)

✦ **ATUALIZAÇÃO DO CRÉDITO PREVIDENCIÁRIO**

§ 4º – A atualização do crédito devido à Previdência Social observará os critérios estabelecidos na legislação previdenciária. (Incluído pela Lei nº 10.035, de 25.10.2000)

✦ **DISPENSA DE MANIFESTAÇÃO DA UNIÃO**

§ 5º – O Ministro de Estado da Fazenda poderá, mediante ato fundamentado, dispensar a manifestação da União quando o valor total das verbas que integram o salário-de-contribuição, na forma do art. 28 da Lei nº 8.212, de 24 de julho de 1991, ocasionar perda de escala decorrente da atuação do órgão jurídico. (Redação dada pela Lei nº 11.457, de 16.03.2007)

✦ **CÁLCULOS COMPLEXOS: PERÍCIA**

§ 6º – Tratando-se de cálculos de liquidação complexos, o juiz poderá nomear perito para a elaboração e fixará, depois da conclusão do trabalho, o valor dos respectivos honorários com observância, entre outros, dos critérios de razoabilidade e proporcionalidade. (Incluído pela Lei nº 12.405, de 16.05.2011)

✦ **ATUALIZAÇÃO PELA TAXA REFERENCIAL (TR)**

§ 7º – A atualização dos créditos decorrentes de condenação judicial será feita pela Taxa Referencial (TR), divulgada pelo Banco Central do Brasil, conforme a Lei nº 8.177, de 1º de março de 1991. (Incluído pela Lei nº 13.467, de 13.07.2017).

1. COMENTÁRIOS

1.1. Natureza jurídica da liquidação

O dispositivo do art. 879, caput, cuida dos três métodos de liquidação de sentença na Justiça do Trabalho: cálculos, arbitramento e artigos de liquidação. A liquidação é procedimento preparatório à execução, que visa acertar os valores referentes à sentença condenatória ilíquida, razão pela qual o procedimento de liquidação se posiciona entre a fase de conhecimento e a execução propriamente dita, preparando esta última (Francisco Antonio de Oliveira, Execução, 2007, p. 108: "...fase intermediária entre a fase de conhecimento e a de execução; Manoel Antonio Teixeira Filho, Liquidação, 1996, p. 239: "A doutrina predominante sustenta ser a liquidação uma fase ou processo preparatório da execução.").

1.2. Cálculos

O método de cálculos pressupõe a liquidação de sentença por mera operação aritmética; consiste em transformar, de forma contábil, os títulos contidos na sentença em valores. A sistemática da CLT admite que tais cálculos sejam apresentados pelas partes ou pelo contador do juízo (§ 3º, acima). A opção por uma ou outra iniciativa está nas mãos do juízo da execução. O processo civil não prevê os cálculos pelo contador, pois o credor deverá apresentar memória atualizada da conta (art. 475-B, do CPC/73 e art. 524 do CPC/2015), requerendo a intimação do devedor para pagamento (art. 475-J, do CPC/73 e art. 523, do CPC/2015).

A intervenção do contador no processo civil é subsidiária, atuando somente para verificação dos cálculos apresentados, se assim entender necessário o juízo (art. 475-B, §§ 3º e 4º, do CPC/73 e art. 524, § 2º, do CPC/2015). Estas regras não têm aplicação na liquidação trabalhista, pois a CLT regulamenta integralmente a liquidação por cálculos.

1.2.1. Manifestações sobre os cálculos

Antes do § 2º do art. 879 da CLT ter sido alterado pela Lei nº 13.467, de 13.07.2017, dizíamos que era uma faculdade atribuída ao juiz dar ou não vista às partes quanto ao cálculo elaborado. O procedimento do § 2º, na redação anterior à reforma trabalhista, que encerrava esta possibilidade, permitia que o Juiz do Trabalho realizasse já nesta fase o contraditório, dando vistas às partes sobre a conta, ou proferisse, sem o contraditório, a sentença de liquidação, só permitindo a impugnação da conta líquida na oportunidade dos embargos à execução (art. 884, § 3º, da CLT).

Na atual redação do texto legal o juiz, obrigatoriamente, "deverá" abrir às partes o prazo comum (e não mais sucessivo) de 08 dias (não mais 10 dias), para impugnação fundamentada, com a cominação de preclusão.

Extraem-se **duas ilações do texto legal**, além da óbvia mudança do prazo e da forma de sua contagem: **a primeira**, é a de que somente a parte sucumbente quanto à liquidação, assim entendida a que não teve seus cálculos acolhidos, poderá impugnar a sentença de liquidação posteriormente, na oportunidade dos embargos à execução, conforme prevê o art. 884, § 3º, da CLT. É bem verdade que ambos, reclamante e reclamado, poderão ser parcialmente sucumbentes, conforme o teor da sentença de liquidação. **A segunda**, é a imposição de feitura dos cálculos pelo juízo, para só então as partes terem vista, ao mesmo tempo, em prazo comum. A nosso ver, nada obsta que uma das partes apresente a conta e o juízo, em 08 dias, dê vista à outra parte. Não haverá qualquer nulidade neste procedimento que poderá agilizar, e muito, a liquidação de sentença, sem a demora natural que a espera de elaboração dos cálculos por servidor do Judiciário.

A conta de liquidação de sentença abrangerá o crédito previdenciário devido à União, seja elaborado pelas partes, seja pelo próprio contador do juízo (§ 1º-A, supra).

Antes da alteração promovida no § 2º, do art. 879, pela Lei nº 13.467, de 13.07.2017, dizíamos o seguinte quanto à União: "A regra do § 3º, acima, parece obrigar o Juiz do Trabalho a intimar a União Federal a falar sobre a conta, mesmo que não tenha se utilizado do procedimento de vista às partes. Não é esta, contudo, a melhor interpretação do texto legal. A faculdade atribuída ao juiz de intimar ou não as partes a se manifestarem sobre a conta (§ 2º), se estende à União. Os §§ 2º e 3º devem ser interpretados sistematicamente (no mesmo sentido, Mauro Schiavi, Execução, 2008, p. 130; também é esta a orientação sistemática organizada por Manoel Antonio Teixeira Filho, Curso, Vol. III, 2009, p. 1880). Em sentido contrário, Bezerra Leite, Curso, 2007, p. 851: "...a intimação para impugnação dos cálculos é facultativa para as partes e obrigatória para o INSS.". Como não existe mais faculdade no § 2º, é obrigatória tanto a intimação para manifestação das partes quanto para a União.

De qualquer forma, aberta a oportunidade de manifestação fundamentada sobre a conta, seja para as partes, seja para a União (INSS), a omissão torna preclusa a oportunidade de falar sobre a conta de liquidação posteriormente, ou seja, quando dos embargos previstos no art. 884, § 3º, da CLT (por todos, Bezerra Leite, Curso, 2007, p. 851).

O Ministro de Estado da Fazenda poderá dispensar a manifestação da União sobre a conta (§ 5º, acima); a dispensa não pode ser interpretada como renúncia automática ao crédito (contribuições previdenciárias), mas sim concordância, tácita, quanto às contas elaboradas pelas partes ou pelo contador do juízo. Esta é a posição consentânea com a indisponibilidade do interesse público. O silêncio da União sobre a conta não impede a execução do crédito previdenciário, mas, não localizados bens do devedor, o Juiz poderá, a depender do valor do crédito, reconhecer, de ofício, e sem manifestação da União, a prescrição da pretensão executiva, na forma do art. 40, § 5º, da Lei nº 6.830/80.

1.2.2. Cálculos complexos: perícia

O § 6º, acrescido pela Lei nº 12.405, de 16.5.2011, DOU de 17.5.2011, consagrou a prática forense de nomeação de perito para elaboração de cálculos complexos na liquidação de sentença. A definição do que é ou não complexo ficará a critério do juiz. A complexidade da conta às vezes não está na dificuldade de sua feitura, que pode ser simples, mas sim na quantidade de operações aritméticas a serem feitas, como no exemplo de liquidação de horas extras, considerando diversas rubricas em seu cálculo, tendo o empregado trabalhado por muitos anos. Neste caso e em tantos outros que o cotidiano da Justiça do Trabalho apresenta, o juiz poderá nomear perito como medida para abreviar o cumprimento da sentença, considerando tais cálculos como complexos.

A nomeação do perito seguirá o critério dos artigos 826 e 827 da CLT, a cujos comentários nos reportamos, inclusive quanto ao conhecimento técnico do expert, termo de compromisso, suspeição e prazo para apresentação do laudo.

Na fixação dos honorários o perito deverá considerar o montante da liquidação, a dificuldade e o tempo de trabalho para elaboração dos cálculos, além das condições econômicas da parte sucumbente.

Note-se que o texto legal dispõe, expressamente, que o valor dos honorários do perito será fixado "depois da conclusão do trabalho". Desta regra se extrai a ilação de que os honorários periciais serão fixados após o trabalho concluído, e pagos ao final, sob o encargo da parte sucumbente, na forma do art. 790-B, da CLT. Nada obsta, todavia, que o juízo determine a antecipação de parte do pagamento dos honorários para fazer face às despesas com a perícia.

Nesta fase processual o perito judicial funcionará como contador do juízo, de forma que a elaboração dos "cálculos complexos" seguirá o critério do art. 879 e seus parágrafos, inclusive no tocante à abrangência dos créditos previdenciários, manifestação da União e prazo para impugnação das partes.

1.3. Arbitramento

O método de arbitramento consiste em avaliação feita na fase preparatória da execução, por perito nomeado pelo juízo, sempre que a sentença condenatória não tiver elementos para definir, de forma precisa, o quantum debeatur (quantia devida). Não há omissão da sentença, mas sim impossibilidade material de detalhamento quanto ao objeto da condenação. Exemplificando o que dissemos: na hipótese da condenação determinar o pagamento de comissões ao empregado, porque provado que o empregador, verbalmente, acertou o pagamento desta parcela, sem, contudo, lograr êxito em provar o percentual ou o valor das comissões. O perito, na liquidação por arbitramento, deverá estimar o percentual médio estabelecido para empregados na atividade do autor, levando em consideração a localidade, a área de atuação da empresa e sua colocação no mercado.

1.4. Artigos de Liquidação

O método de artigos de liquidação será utilizado quando a determinação do valor da liquidação necessitar da prova de um "fato novo" (o artigo 509, II, do CPC/2015 se refere à prova do fato novo através do procedimento comum).

A referência ao "novo" não diz respeito, necessariamente, ao momento em que o fato ocorreu, mas sim ao seu aparecimento no processo; o fato novo estará sempre relacionado à definição do valor do objeto litigioso. Não pode ser alegado fato independente, pois sua arguição já se deu, ou precluiu, na fase de conhecimento (art. 879, § 1º, acima). O fato não pode estar relacionado à prova da relação jurídica discutida e resolvida na sentença. Sua alegação induz à instauração do procedimento de artigos, a fim de que seja preservado o contraditório (Didier-Cunha-Braga--Oliveira, Curso, Vol. 5, 2011, p.140).

É exemplo de fato novo, que pressupõe a liquidação por artigos, a ausência de alguns cartões de ponto, só percebida na fase de liquidação, observando-se que a sentença determinou a apuração das horas extras com base nos controles de horário; a ausência dos controles de horário será objeto de investigação complementar na liquidação por artigos. Sobre o tema é muito esclarecedora a lição de Rodrigues Pinto, Execução, 2006, p. 163: "O que realmente ocorre é a presença de um fato cuja existência já é reconhecida na sentença (logo, não é novo), mas incompletamente investigado, de modo a faltar algo, ainda, de sua exata dimensão. A investigação que se faz é apenas complementar da intensidade com que o fato contribui para a quantificação do crédito a ser exigido.".

A CLT não cuida do procedimento da liquidação por artigos, dependendo, portanto, da aplicação subsidiária do CPC, tendo em vista a omissão da Lei de Execução Fiscal, que funciona como primeira fonte subsidiária (CLT, art. 889).

O procedimento de artigos de liquidação se iniciará com o credor articulando, fundamentadamente, em sua Petição Inicial, os fatos que pretende demonstrar no incidente de liquidação, sempre relacionados com valor a ser definido (Bezerra Leite, Curso, 2007, p. 857, admite a reclamação verbal, que posteriormente será reduzida a termo, mas neste ponto está praticamente sozinho; contra, Rodrigues Pinto, Execução, 2006, p. 165 e Wagner Giglio e Cláudia Corrêa, Direito Processual, 2007, p. 156, ambos só admitindo a Reclamação Escrita).

Será o devedor citado para contestar a postulação formulada nos artigos, em cartório, no prazo de 5 dias, por analogia ao prazo do art. 841 da CLT (neste sentido, Teixeira Filho, Execução, 2004, p. 80/81); a citação será por mandado e pessoal, conforme Rodrigues Pinto, Execução, 2006, p. 165; concordamos com esta formalidade, pois já superada a fase de conhecimento, onde se permitia a citação por via postal (art. 841, da CLT); ainda que os artigos provoquem a realização de provas, este incidente de conhecimento se dá incidentalmente na liquidação, fase preparatória da execução, sendo correta a citação por mandado, conforme art. 880, da CLT.

Não concordamos, contudo, com a afirmação de Rodrigues Pinto, Execução, 2006, p. 166, de que a defesa ocorrerá em audiência, em atenção à oralidade inerente ao procedimento trabalhista e observado o prazo de 5 (cinco) dias para sua realização, na forma do art., 841 da CLT. A audiência, nesta fase, só deverá ocorrer se a prova do fato necessitar de colheita de depoimentos (neste sentido, Wagner Giglio e Cláudia Corrêa, Direito Processual, 2007, p. 517). Será rara a ocorrência de prova oral nesta fase, daí porque atenta contra a celeridade a marcação de audiência somente para apresentação de defesa.

Produzidas as provas o juiz proferirá a sentença de liquidação, da qual as partes serão intimadas para impugnação que será oferecida somente após a garantida do juízo, na forma do art. 884, § 3º, da CLT (neste sentido, Wagner Giglio e Cláudia Corrêa, Direito Processual, 2007, p. 517). Em sentido contrário, Rodrigues Pinto, Execução, 2006, p. 167-168, entende que a sentença será proferida em audiência e a parte poderá interpor, de imediato, agravo de petição (art. 897, "a", da CLT), sendo inaplicável, na opinião do autor, o regime de impugnação do art. 884, § 3º, da CLT.

1.5. Liquidação do Título Executivo Extrajudicial

O título extrajudicial reúne todos os elementos para a execução autônoma, não necessitando ser complementado com a fase de liquidação de sentença. Alguns títulos extrajudiciais, excepcionalmente, podem necessitar de liquidação de alguma obrigação; é o caso, v.g., do termo de conciliação firmado na CCP (art. 625-E, da CLT). O procedimento da liquidação será o mesmo dos títulos judiciais, podendo o credor, ao ajuizar a ação de execução, requerer que sejam apreciados seus cálculos de liquidação ou a remessa ao contador do juízo para fazê-los. Também será possível a liquidação por arbitramento, se assim foi ajustado no título executivo ou se o objeto da execução exigir este método de liquidação. Contudo, diante da certeza inerente à obrigação reconhecida no título extrajudicial, sua eventual liquidação não poderá ocorrer por artigos, por incompatibilidade com a própria natureza do título (neste sentido, Rodrigues Pinto, Execução, 2006, p. 175).

1.6. Atualização Monetária

A atualização monetária não é acréscimo financeiro. É recomposição do capital. O crédito trabalhista pago somente em juízo e, em razão da demora na prestação jurisdicional, só será integralmente restituído ao credor se for devidamente recomposto. Este é o papel da correção monetária. A redação do texto legal pôs fim a uma longa polêmica que se arrastava nos tribunais trabalhistas e também no STF. A polêmica surgiu porque as ADIs 4357 e 4455 afastaram a TR como critério de correção da sistemática dos precatórios, levando parte da jurisprudência trabalhista a entender por sua não aplicação também para a Justiça do Trabalho. O próprio STF, no julgamento da Reclamação nº 24.445/RS, de relatoria do Ministro Dias Tofoli, já havia esclarecido que a aplicação da TR é o critério trabalhista, pois o art. 39, da Lei nº 8.177/91, não havia sido atingido pela declaração de inconstitucionalidade das ações acima referidas.

2. QUESTÕES DE CONCURSOS

01. (TRT – 6ª REGIÃO/JUIZ DO TRABALHO SUBSTITUTO/2010) No tocante à execução trabalhista, leia atentamente as assertivas abaixo e, depois, assinale a alternativa CORRETA:

I. Faculta-se ao devedor o pagamento imediato da parte que entender devida à Previdência Social, sem prejuízo da cobrança de eventuais diferenças encontradas na execução.

II. Sendo ilíquida a sentença exeqüenda, ordenar-se-á, previamente, a sua liquidação, que poderá ser feita por cálculo, por arbitramento ou por artigos.

III. Na liquidação, não se poderá modificar, ou inovar, a sentença liquidanda nem discutir matéria pertinente à causa principal.

IV. A liquidação abrangerá, também, o cálculo das contribuições previdenciárias devidas.

V. A atualização do crédito devido à Previdência Social observará os critérios estabelecidos na legislação previdenciária.

a) Apenas as assertivas I e II estão corretas.

b) Todas as assertivas estão corretas.

c) Apenas a assertiva III está correta.

d) Apenas a assertiva IV está correta.

e) Apenas a assertiva V está correta.

02. (BACEN/PROCURADOR/CESPE/2009/ADAPTADA) Quanto à execução no processo do trabalho: A liquidação por arbitramento ocorre quando há necessidade de provar fato novo que influencie na fixação do valor da causa, mediante provas e alegações.

03. (TRT – 9ª REGIÃO/ANALISTA JUDICIÁRIO/CESPE/2007) Não sendo líquida a sentença condenatória, o juiz, ainda quando não tenha sido inserido expresso comando para liquidação, deverá determinar a apuração do devido para a execução mediante cálculo, arbitramento ou artigos, incluída, quando for o caso, desde logo, a incidência dos valores devidos a título de imposto de renda ou de contribuição previdenciária.

04. (TRT – 11ª REGIÃO/JUIZ DO TRABALHO/FCC/2007/ADAPTADA) Elaborada a conta pela contadoria do juízo, o juiz deverá abrir às partes prazo sucessivo para a impugnação fundamentada, sob pena de preclusão.

05. (TRT – 8ª REGIÃO/JUIZ DO TRABALHO/2007/ADAPTADA) Não se pode discutir matéria pertinente à causa principal na liquidação da sentença, nem tampouco modificar ou inovar a sentença liquidanda.

06. (TRT – 8ª REGIÃO/JUIZ DO TRABALHO/2007/ADAPTADA) No processo trabalhista, no caso de a sentença exeqüenda ser proferida de forma ilíquida, ordenada a liquidação por cálculo e homologados por sentença os cálculos apresentados pelo servidor competente, o juiz deverá obrigatoriamente, atendendo o princípio da ampla defesa, abrir prazo sucessivo às partes, de dez dias, para impugnação fundamentada, com a indicação dos itens e valores objeto da discordância, sob pena de preclusão.

07. (PG-DF/PROCURADOR/ESAF/2007/ADAPTADA) Elaborada a conta e tornada líquida, em sede de liquidação, com abertura de prazo pelo juiz para as partes se manifestarem sobre o cálculo, pode a parte deixar para manifestar-se apenas no momento dos embargos à execução, sem prejuízo de eventual preclusão.

08. (Porto de Santos – Especialista portuário II/Advogado/2011) Na Justiça do Trabalho, se a sentença exequenda for ilíquida, ordenar-se-á, previamente, a sua liquidação, que observará as regras previstas na CLT.

Quanto à matéria, assinale e alternativa correta.

a) A liquidação só poderá ser feita por cálculo.

b) Na fase de liquidação, não é possível modificar, ou inovar, a sentença liquidanda, mas a parte poderá discutir matéria pertinente à causa principal.

c) O cálculo das contribuições previdenciárias tramitará em autos apartados.

d) Elaborada a conta pela parte, o Juiz procederá à intimação da União para manifestação, no prazo de 20 (vinte) dias.

e) Elaborada a conta e tornada líquida, o Juiz poderá abrir às partes prazo sucessivo de 10 (dez) dias para impugnação fundamentada com a indicação dos itens e valores objeto da discordância, sob pena de preclusão.

09. (FCC – TRT 14 – Analista Judiciário/2011/ADAPTADA) A respeito das provas, considere a seguinte assertiva: a perícia no processo do trabalho pode ser realizada tanto na fase de conhecimento quanto na de execução.

10. (TRT 2 – Juiz do Trabalho Substituto 2ª região/2014) Em relação às contribuições previdenciárias, aponte a alternativa correta:

a) Nos processos em que se apuram contribuições previdenciárias decorrentes de acordo sempre haverá a incidência de juros e multa.

b) Mesmo que o INSS não tenha participado do processo original, por falta de interesse processual imediato, nada impede que venha a se tornar parte no processo de execução, no que respeita às contribuições sociais que lhe são devidas.

c) As sentenças condenatórias, constitutivas ou declaratórias geram interesse processual do INSS e arrimam a ação deste instituto na execução.

d) Para ser parte na execução, a União deve recorrer das decisões cognitivas ou homologatórias, que indicam a natureza jurídica das parcelas constantes da condenação ou do acordo, no que concerne ao recolhimento das contribuições previdenciárias.

e) Deixando a parte de recolher a contribuição previdenciária que lhe incumbe, o juiz só poderá dar início à execução forçada por quantia certa se provocado pelo INSS.

11. (TRT 8 – Juiz do Trabalho Substituto 8ª região/2014) Sobre a estrutura orgânica do sistema de cumprimento da sentença trabalhista que reconhece obrigações de pagar por quantia certa, é CORRETO afirmar que:

a) É composta de três partes autônomas: quantificação, que pode ser por cálculos, por arbitramento ou por artigos; de constrição, que pode ser promovida a requerimento da parte ou ex-officio pelo Juiz ou Presidente do Tribunal que tiver conciliado ou julgado originariamente o dissídio, competente para a execução das decisões; a expropriação, que visa, portanto, à satisfação integral da obrigação do título executivo judicial ou extrajudicial.

b) Sendo ilíquida a sentença exequenda, ordenar-se-á, previamente, a sua liquidação, mas não se poderá modificar, ou inovar, a sentença liquidanda nem discutir matéria pertinente à causa principal, salvo quando o Juiz não houver se pronunciado na sentença de mérito sobre pedido constante da petição inicial.

c) Elaborada a conta e tornada líquida por cálculos, o Juiz deverá abrir às partes prazo comum de 10 (dez) dias para impugnação fundamentada com a indicação dos itens e valores objeto da discordância, sob pena de preclusão.

d) Sendo ilíquida a sentença exequenda, elaborada a conta e tornada líquida por cálculos, na fase de execução da decisão, a falta de impugnação de parcela específica constante do título, enseja a execução provisória da mesma, ainda que sejam impugnadas as demais parcelas.

e) Concedido o prazo às partes para a impugnação dos cálculos de liquidação, haverá preclusão: I. temporal, se exaurido in albis o respectivo; II. consumativa, se houver impugnação (genérica ou específica).

12. (FCC – Juiz do Trabalho Substituto 18ª região/2014) Com relação à fase de liquidação de sentença no Processo do Trabalho:

a) Ao apreciar os cálculos, poderá o Juiz, ex officio, determinar qualquer diligência probatória para que os cálculos espelhem a coisa julgada material.

b) Apresentados os cálculos pelo reclamante, sem a correspondente apresentação de cálculos de liquidação pela reclamada, o Juiz deverá homologar a conta de liquidação do reclamante, considerando-os verdadeiros, independentemente de refletirem a coisa julgada, em razão da preclusão.

c) Aberto prazo às partes para impugnação fundamentada da conta tornada líquida, mesmo que não se manifestem, não incidirá a preclusão, por se tratar de matéria de ordem pública.

d) Intimada a União para manifestação sobre a conta elaborada pela parte ou pelos órgãos auxiliares da Justiça do Trabalho, não incidirá a preclusão, caso não se manifeste.

e) A liquidação abrangerá, também, o cálculo das contribuições previdenciárias devidas, admitindo-se a modificação ou inovação da sentença liquidanda, bem como a discussão sobre matéria relativa à causa principal.

13. (TRT 23 – Juiz do Trabalho Substituto 23ª região/ 2014) A luz da CLT e da jurisprudência cristalizada pelo Tribunal Superior do Trabalho, assinale a alternativa INCORRETA:

a) O recolhimento da multa imposta por litigância de má-fé, na forma do artigo 18 do Código de Processo Civil, não é pressuposto para interposição de recurso.

b) Não fere direito líquido e certo a concessão de tutela antecipada para reintegração de empregado protegido por estabilidade provisória decorrente de lei ou norma coletiva.

c) Considera-se inexigível o título judicial fundado em lei ou ato normativo declarados inconstitucionais pelo Supremo Tribunal Federal ou em aplicação ou interpretação tidas por incompatíveis com a Constituição Federal.

d) Na hipótese de cálculos de liquidação complexos, o juiz poderá nomear perito para a elaboração e fixará, depois da conclusão do trabalho, o valor dos respectivos honorários.

e) Elaborada a conta e tornada líquida, o juiz abrirá às partes prazo sucessivo de dez dias para impugnação fundamentada, com indicação dos itens e valores objeto da discordância, sob pena de preclusão.

14. (FCC – Técnico Judiciário – Área Administrativa – TRT 24/2017) Em relação à liquidação da sentença e à execução no Processo do Trabalho, a Consolidação das Leis do Trabalho estabelece:

a) Na liquidação, não se poderá modificar, ou inovar, a sentença liquidanda nem discutir matéria pertinente à causa principal.

b) Somente as decisões passadas em julgado e os acordos, quando não cumpridos, poderão ser executados na Justiça do Trabalho.

c) Elaborada a conta pela parte ou pelos órgãos auxiliares da Justiça do Trabalho, o juiz procederá à intimação da União para manifestação, no prazo de 8 dias, sob pena de preclusão.

d) Requerida a execução, o juiz ou Presidente do Tribunal mandará expedir mandado de citação do executado, a fim de que cumpra a decisão ou o acordo, ou, quando se tratar de pagamento em dinheiro, exceto de contribuições sociais devidas à União, para que o faça em 72 horas ou garanta a execução.

e) Não pagando o executado, nem garantindo a execução, seguir-se-á a penhora dos bens, tantos quantos bastem ao pagamento da condenação, sem os acréscimos de custas e juros de mora.

GAB	1	B	2	E	3	C	4	E	5	C	6	E	7	E
	8	E	9	C	10	B	11	E	12	A	13	E	14	A

▸SEÇÃO II – DO MANDADO E DA PENHORA

✦ **CITAÇÃO NA EXECUÇÃO**

Art. 880. Requerida a execução, o juiz ou presidente do tribunal mandará expedir mandado de citação do executado, afim de que cumpra a decisão ou o acordo no prazo, pelo modo e sob as cominações estabelecidas ou, quando se tratar de pagamento em dinheiro, inclusive de contribuições sociais devidas à União, para que o faça em 48(quarenta e oito)horas ou garanta a execução, sob pena de penhora.(Redação dada pela Lei nº 11.457, de 16.03.2007)

✦ **REQUISITOS DO MANDADO DE CITAÇÃO**

§ 1º – O mandado de citação deverá conter a decisão exeqüenda ou o termo de acordo não cumprido.

✦ **OFICIAL DE JUSTIÇA**

§ 2º – A citação será feita pelos oficiais de diligência.

✦ **CITAÇÃO POR EDITAL**

§ 3º – Se o executado, procurado por 2 (duas) vezes no espaço de 48 (quarenta e oito) horas, não for encontrado, far-se-á citação por edital, publicado no jornal oficial ou, na falta deste, afixado na sede da Junta ou Juízo, durante 5 (cinco) dias.

1. COMENTÁRIOS

1.1. Citação na execução e multa do art. 475-J, do CPC/73 (art. 523, § 1º, do CPC/2015)

Encerrada a liquidação de sentença, o título judicial estará pronto para ser executado, na forma deste artigo. O título extrajudicial, por sua própria natureza, já se apresenta de forma líquida, iniciando-se, a partir deste momento, sua cobrança na Justiça do Trabalho, salvo hipóteses excepcionais de falta de liquidez do título extrajudicial (vide comentários ao art. 879, acima).

O início da fase de execução na Justiça do Trabalho deve ser mantido tal qual previsto no art. 880, da CLT, ou seja, citação pessoal e por mandado, cumprido pelo oficial de justiça, para que o devedor tome uma das duas atitudes previstas na norma: cumpra a obrigação reconhecida no título, judicial ou extrajudicial, ou garanta execução com o depósito ou nomeação de bens à penhora.

A citação por mandado, de forma pessoal, se justifica porque na fase de conhecimento, que visou a formação do título judicial, o reclamado foi citado por via postal (art. 841, da CLT) e somente para início da execução a lei exigiu a citação pessoal, para revestir o ato com maior probabilidade de certeza quanto à localização e chamamento do devedor. A importação do procedimento do CPC, com a simples intimação do devedor, através de seu advogado, para cumprimento da sentença (art. 475-J, do CPC/73 e art. 523 do CPC/2015), é incompatível com o procedimento da CLT.

Não obstante a opinião acima manifestada, o tema não é pacifico. Não faltam vozes a defender que o art. 880 da CLT padece de omissão ontológica, porque desatualizado, como também está o sistema de normas que regulam a execução trabalhista, clamando pela aplicação subsidiária do

CPC, dispensando a citação do executado, substituindo-a por sua simples intimação, pessoalmente ou através do advogado constituído nos autos; os partidários desta tese argumentam, ainda, que a citação só era compatível com um sistema procedimental que propunha a autonomia da execução, que se iniciava, portanto, a partir do ato formal de citação; não mais persistindo tal autonomia, após a reforma da execução civil, salvo para a ação de execução fundada em títulos extrajudiciais, dispensada estaria a citação na execução, que poderia ser substituída pela intimação da parte, pessoalmente, ou por seu advogado devidamente constituído (por todos, Bezerra Leite, Curso, 2007, p. 864-869 e Luciano Chaves, A reforma, 2006, p. 55).

Quanto à aplicação da multa prevista no art. 475-J, do CPC (art. 523, § 1º, do CPC/2015), a doutrina também enxergava lacuna ontológica do art. 880 da CLT, já que este não prevê qualquer sanção para o inadimplemento voluntário da obrigação pelo devedor.

O TST, por meio da IN nº 39/2016, afirmou explicitamente que não há como se aplicar, por ora, o art. 523, § 1º, do CPC/2015, porque o tema está *sub judice* no TST. Apesar da Instrução Normativa não ter mencionado, a matéria está suspensa diante de repercussão geral reconhecida no STF, que ainda decidirá sobre a incidência da regra processual civil.

Para alguns também havia lacuna axiológica, pois o cumprimento da obrigação tardiamente, sem qualquer sanção ao devedor, conforme determina o art. 880 da CLT, traduz interpretação da norma que conduz a um resultado injusto e não desejado pelo direito. Muitos autores defendiam e ainda sustentam a aplicação de tal multa à execução trabalhista (por todos, Amauri Mascaro, Curso, 2008, p. 670).

O TST, contudo, através de precedente firmado pela SBDI-1/TST, já decidiu pela não aplicação do art. 475-J, mantendo o sistema de execução trabalhista tal qual previsto no art. 880 da CLT, ou seja, citação com prazo de 48 horas para o devedor tomar as medidas ali previstas. Não há modificação conceitual quanto a este procedimento no CPC/2015, razão pela qual continua vigorando a mesma jurisprudência do TST:

> "RECURSO DE EMBARGOS EM RECURSO DE REVISTA. ACÓRDÃO PUBLICADO NA VIGÊNCIA DA LEI Nº 11.496/07. MULTA DO ARTIGO 475-J DO CPC. APLICAÇÃO SUBSIDIÁRIA À EXECUÇÃO TRABALHISTA. IMPOSSIBILIDADE. A CLT disciplina no Capítulo V (artigos 876 a 892) a forma como será processada a execução de sentença dispondo que o executado, quando condenado ao pagamento em dinheiro, será citado para que o faça em 48 horas ou garanta a execução, sob pena de penhora (artigo 880). O artigo 475-J do CPC, introduzido pela Lei 11.232/2005, dispõe que o devedor condenado ao pagamento de quantia certa ou já fixada em liquidação tem o prazo de quinze dias para cumprir a sentença sob pena de ver acrescidos dez por cento ao montante da condenação a título de multa. Assim, cotejando-se as disposições da CLT e do CPC sobre o pagamento de quantia certa decorrente de título executivo judicial, verifica-se que a CLT traz parâmetros próprios para a execução, especificamente no tocante à forma e ao prazo para cumprimento de sentença condenatória ao pagamento de quantia certa. Não há, portanto, lacuna que justifique a aplicação do direito processual civil neste aspecto. Destaque-se, por fim, que a controvérsia foi pacificada por esta e. Subseção em 29/06/2010, no julgamento do processo nº TST-E-RR-38300-47.2005.5.01.0052, quando se decidiu que a multa prevista no artigo 475 – J do CPC é incompatível com o processo trabalhista. (Recurso de embargos conhecido e desprovido. Processo: E-RR – 66500-95.2008.5.03.0022 Data de Julgamento: 23/09/2010, Relator Ministro: Horácio Raymundo de Senna Pires, Subseção I Especializada em Dissídios Individuais, Data de Publicação: DEJT 08/10/2010)."

1.2. Citação por edital

Da mesma forma como ocorre na fase de conhecimento (art. 841, § 1º, da CLT), o procedimento de citação presumida na exceção trabalhista é o edital; como dito na oportunidade dos comentários ao artigo 841, esta foi uma escolha do legislador, que, optando pela citação por edital, excluiu a possibilidade da citação por hora certa (vide comentários aos artigos 769 e 841 da CLT).

2. INFORMATIVOS DO TST

▸ ***Mandado de segurança. Execução provisória. Bens indicados à penhora insuficientes à garantia do Juízo. Penhora*** *on-line* ***de depósitos bancários. Cabimento.***

Mesmo em sede de execução provisória, a penhora on-line de depósitos bancários, quando os bens indicados pelo executado não se mostram suficientes para garantia do Juízo, não fere direito líquido e certo do devedor, pois a nomeação tempestiva de bens suficientes à garantia da execução é pressuposto para a aplicação do item III da Súmula nº 417 do TST. Ademais, no caso concreto não houve prova de que a constrição determinada pelo Juízo trouxe prejuízos ao funcionamento da reclamada, nos termos da Orientação Jurisprudencial nº 93 da SBDI-II. De outra sorte, o art. 620 do CPC deve ser relativizado, em se tratando de execução trabalhista, pois o interesse jurídico preponderante está relacionado à proteção do exequente, titular de crédito de natureza alimentar, e pressupõe a possibilidade de o credor poder promover a execução por vários meios, o que não restou demonstrado na hipótese. Com esses fundamentos, a SBDI-II, por unanimidade, negou provimento a recurso ordinário, mantendo decisão do Regional que denegara a segurança. TST – RO-6587-76.2011.5.02.0000, SBDI-II, rel. Min. Cláudio Mascarenhas Brandão, 3.6.2014 (Informativo execução nº 2)

3. QUESTÕES DE CONCURSOS

01. (BACEN/PROCURADOR/CESPE/2009/ADAPTADA) Quanto à execução no processo do trabalho: Acitação do devedor pode ser feita por meio de carta registrada.

02. (TRT – 4ª REGIÃO/ANALISTA JUDICIÁRIO/FCC/2006/ADAPTADA) O juiz ou presidente do Tribunal, requerida a execução, mandará expedir mandado de citação ao executado, a fim de que cumpra a decisão ou acordo no prazo, pelo modo e sob as cominações estabelecidas, ou, em se tratando de pagamento em dinheiro, incluídas as contribuições sociais devidas ao INSS, para que pague em vinte e quatro horas, sob pena de penhora.

03. (TRT – 22ª REGIÃO/JUIZ DO TRABALHO/2006/ADAPTADA) Na execução de quantia certa, será expedido mandado de citação ao executado para pagar o montante devido no prazo de vinte e quatro horas, ou garantir a execução, sob pena de penhora, observando-se a gradação prevista no Código de Processo Civil.

04. (TRT – 24ª REGIÃO/ANALISTA JUDICIÁRIO/FCC/2006/ADAPTADA) O mandado de citação expedido ao executado poderá conter, facultativamente, a decisão exeqüenda ou o termo de acordo não-cumprido.

05. (TRT – 24ª REGIÃO/ANALISTA JUDICIÁRIO/FCC/2006/ADAPTADA) Se o executado, procurado por 3 três vezes no espaço de 1 semana, não for encontrado, far-se-á citação por edital.

06. (FCC – TRT 6 – Analista Judiciário/2012/ADAPTADA) Em relação à execução trabalhista, conforme regras contidas na Consolidação das Leis do Trabalho, é correto afirmar: requerida a execução, o Juiz mandará expedir mandado de citação do executado, quando se tratar de pagamento em dinheiro, inclusive de contribuições sociais devidas à União, para que o faça em 05 (cinco) dias ou garanta a execução, sob pena de penhora.

GAB	1	E	2	E	3	E	4	E	5	E	6	E

✦ QUITAÇÃO PELO EXECUTADO

Art. 881. No caso de pagamento da importância reclamada, será este feito perante o escrivão ou secretário, lavrando-se termo de quitação, em 2 (duas) vias, assinadas pelo exeqüente, pelo executado e pelo mesmo escrivão ou secretário, entregando-se a segunda via ao executado e juntando-se a outra ao processo.

Parágrafo único. Não estando presente o exeqüente, será depositada a importância, mediante guia, em estabelecimento oficial de crédito ou, em falta deste, em estabelecimento bancário idôneo. (Redação dada pela Lei nº 7.305, 2.4.1985)

1. COMENTÁRIOS

O executado tem opção de garantir o juízo e discutir o valor do pagamento, dentre outros incidentes, ou efetuar o depósito com o fim de quitar a dívida. A regra deste artigo versa sobre esta segunda hipótese.

O dispositivo legal encontra-se totalmente distante da realidade atual. O executado não faz mais o pagamento na secretaria do juízo; tampouco o diretor de secretaria expede qualquer recibo de tal pagamento. O procedimento atual de pagamento é feito no banco, obtendo o devedor, na instituição bancária, o respectivo recibo.

✦ NOMEAÇÃO DE BENS À PENHORA

Art. 882. O executado que não pagar a importância reclamada poderá garantir a execução mediante depósito da quantia correspondente, atualizada e acrescida das despesas processuais, apresentação de seguro-garantia judicial ou nomeação de bens à penhora, observada a ordem preferencial estabelecida no art. 835 da Lei no13.105, de 16 de março de 2015 – Código de Processo Civil. (Redação da Lei nº 13.467, de 13.07.2017).

1. COMENTÁRIOS

Não quitando o devedor sua dívida e optando por garantir o juízo para prosseguir com o procedimento executório, terá duas alternativas: fazer o depósito com o intuito de garantir o juízo, ou nomear bens à penhora com o mesmo objetivo. Neste ponto o processo do trabalho se distanciou do processo civil.

O procedimento civil da execução por quantia certa, fundada em título executivo judicial, não mais prevê a nomeação de bens à penhora pelo devedor.

Sobre esta inovação na execução civil se manifestou Alexandre Câmara, A Nova, 2006, p. 117, alegando que a regra sobrevive, tal qual era antes, no procedimento da execução por título extrajudicial; o autor defende que na execução por título judicial a possibilidade de nomeação de bens não foi propriamente suprimida, mas sim alterado o momento; nas palavras do autor: "... efetuada a penhora, poderá o devedor nomear outros bens à constrição patrimonial, requerendo a substituição do bem penhorado pelos que indicou.".

O processo do trabalho mantém a nomeação de bens pelo devedor, no início da execução. Antes da aprovação do CPC/2015 a referência era o art. 655 do CPC/73, com o seguinte teor: "A penhora observará, preferencialmente, a seguinte ordem: I – dinheiro, em espécie ou em depósito ou aplicação em instituição financeira; II – veículos de via terrestre; III – bens móveis em geral; IV – bens imóveis; V – navios e aeronaves; VI – ações e quotas de sociedades empresárias; VII – percentual do faturamento de empresa devedora; VIII – pedras e metais preciosos; IX – títulos da dívida pública da União, Estados e Distrito Federal com cotação em mercado; X – títulos e valores mobiliários com cotação em mercado; XI – outros direitos. (Incluído pela Lei nº 11.382, de 2006). § 1º Na execução de crédito com garantia hipotecária, pignoratícia ou anticrética, a penhora recairá, preferencialmente, sobre a coisa dada em garantia; se a coisa pertencer a terceiro garantidor, será também esse intimado da penhora. § 2º Recaindo a penhora em bens imóveis, será intimado também o cônjuge do executado.".

O CPC/2015, cuja referência passou a ser expressa no texto do art. 882, por meio da Lei nº 13.467, de 13.07.2017, cuida da ordem de penhora no art. 835: "Art. 835. A penhora observará, preferencialmente, a seguinte ordem: I – dinheiro, em espécie ou em depósito ou aplicação em instituição financeira; II – títulos da dívida pública da União, dos Estados e do Distrito Federal com cotação em mercado; III – títulos e valores mobiliários com cotação em mercado; IV – veículos de via terrestre; V – bens imóveis; VI – bens móveis em geral; VII – semoventes; VIII – navios e aeronaves; IX – ações e quotas de sociedades simples e empresárias; X – percentual do faturamento de empresa devedora; XI – pedras e metais preciosos; XII – direitos aquisitivos derivados de promessa de compra e venda e de alienação fiduciária em garantia; XIII – outros direitos. § 1º É prioritária a penhora em dinheiro, podendo o juiz, nas demais hipóteses, alterar a ordem prevista no *caput* de acordo com as circunstâncias do caso concreto. § 2º Para fins de substituição da penhora, equiparam-se a dinheiro a fiança bancária e o seguro garantia judicial, desde que em valor não inferior ao do débito constante da inicial, acrescido de trinta por cento. § 3º Na execução de crédito com garantia real, a penhora recairá sobre a coisa dada em garantia, e, se a coisa pertencer a terceiro garantidor, este também será intimado da penhora.

A Lei nº 13.467, de 13.07.2017, ao alterar o art. 882 da CLT, além de atrair todas as disposições do art. 885, acima descritas, faz uma ressalva: admite a apresentação de seguro garantia judicial. Esta expressa referência ao seguro garantia, sem a mesma menção à fiança bancária, igualmente referida no art. 885, § 2º, do CPC/2015, importa em não reconhecimento desta última forma de garantia para as execuções trabalhistas. Esta interpretação atende às necessidades da efetividade da execução trabalhista, pois a fiança bancária, que não deve ser aceita na esfera processual trabalhista, só garante o pagamento de indenização monetária pelo banco garantidor. Portanto, nesta modalidade de garantia, o empregado, via de regra credor, ficaria totalmente desprotegido. Diferentemente do seguro garantia que garante integralmente o crédito.

A referência ao art. 885 também atrai seu § 1º, que prioriza o dinheiro sobre todas as demais formas de garantia do juízo. Também atrai o § 2º, do art. 885, que exige, para a doação do seguro garantia, mais 30% sobre o valor da dívida. Esta última exigência, a meu ver, desestimula o uso desta forma de garantia nas execuções trabalhistas.Quanto à nomeação de bens à penhora, o legislador fez a escolha de aplicar subsidiariamente o CPC, diferentemente da opção tomada para as omissões dos demais incidentes da execução trabalhista, quando se observará a Lei nº 6.830/80, Lei de Executivos Fiscais, por expressa remissão do art. 889 da CLT. A escolha teve por fundamento a melhor garantia para a execução oferecida pelo art. 655 do CPC/73 (e que se mantém no art. 835 do CPC/2015), se comparada à ordem de preferência do art. 11, da Lei nº 6.830/80.

2. QUESTÕES DE CONCURSOS

01. (TRT – 14ª REGIÃO/JUIZ DO TRABALHO/2008/ADAPTADA) De acordo com a CLT, a ordem preferencial a ser observada quanto à nomeação de bens à penhora é a da Lei de Execução Fiscal.

02. (TRT – 24ª REGIÃO/JUIZ DO TRABALHO/2006/ADAPTADA) O executado que não pagar a importância reclamada poderá garantir a execução mediante depósito da mesma, atualizada e acrescida das despesas processuais, ou nomeando bens à penhora, observada a ordem preferencial estabelecida da Lei 6.830/80.

03. (FCC – TRT 14 – Analista Judiciário/2011) Bruna ajuizou reclamação trabalhista em face de sua em – pregadora doméstica, Vanessa. A reclamação foi julgada procedente e Vanessa condenada a pagar a Bruna a quantia de R$ 15.000,00. Na fase de execução de sentença, Vanessa pretende nomear bens a penhora, tendo em vista que está sem recursos financeiros no momento para saldar a dívida. Considerando que Vanessa é proprietária de um terreno; de um veículo; de pedras e metais preciosos; de títulos da dívida pública da União e de sete geladeiras, de acordo com a ordem de preferência estabelecida na legislação processual, dentre os bens de Vanessa, obedecendo a ordem legal, ela deverá nomear

a) as pedras e metais preciosos.

b) as geladeiras.

c) o terreno.

d) o veículo.
e) os títulos da dívida pública da União.

04. (TRT 2 – Juiz do Trabalho Substituto 2ª região/2014) Em relação ao mandado e à penhora, aponte a alternativa correta:

a) Requerida a execução, o juiz ou presidente do tribunal mandará expedir notificação ao executado, para que cumpra a obrigação de fazer, de dar ou de não fazer, no prazo de 48 (quarenta e oito) horas.
b) Se o executado, procurado por 2 (duas) vezes no espaço de 48 (quarenta e oito) horas, não for encontrado, far-se-á a citação por oficial de justiça.
c) O executado que não pagar a importância reclamada poderá garantir a execução mediante depósito da mesma, atualizada, sem acréscimo das despesas processuais.
d) Caso o executado não garanta a execução mediante depósito, poderá nomear bens à penhora observada a ordem preferencial estabelecida no artigo 655 do CPC.
e) As custas e juros de mora serão considerados quando da penhora de bens do executado, sempre devidos a partir da data do fato que ensejou a reclamatória.

05. (TRT 8 – Juiz do Trabalho Substituto 8ª região/2014) Assinale a alternativa INCORRETA:

a) É possível a execução provisória incidente em dinheiro, nos termos do Art. 475-O, do CPC, quando feita a caução suficiente e idônea, arbitrada de plano pelo juiz e prestada nos próprios autos, pois não fere direito líquido e certo do impetrante quando, citado à nomeação de bens na ordem do artigo 655 do CPC no prazo legal, o devedor deixa de nomear outros bens à penhora.
b) Será possível a execução provisória de sentença condenatória de obrigação de fazer para reintegração de empregado portador de garantia provisória ou estabilidade prevista em lei, tal como ocorre com o dirigente sindical.
c) Conforme o art. 790, § 1º da CLT, tratando-se de empregado que não tenha obtido o benefício da justiça gratuita, ou isenção de custas, o sindicato que houver intervindo no processo responderá solidariamente pelo pagamento das custas devidas.
d) Em se tratando de execução provisória, fere direito líquido e certo do impetrante a determinação de penhora em dinheiro, quando nomeados outros bens à penhora, pois o executado tem direito a que a execução se processe da forma que lhe seja menos gravosa, nos termos do art. 620 do CPC.
e) São incorretas as alternativas "a", "b", "c" e "d".

06. (FCC – Analista Judiciário – Área Judiciária – Oficial de Justiça – TRT 16/2014) Maria, Oficial de Justiça Avaliadora, para cumprimento de mandado de penhora e avaliação no importe de R$ 50.000,00 dirigiu-se ao local onde está situada a empresa executada, encontrando vários bens. Analisando-os abaixo, Maria deverá lavrar o Auto de Penhora e Avaliação, preferencialmente,

a) de uma televisão e um freezer.
b) de um automóvel.
c) do imóvel onde reside o sócio e sua família.
d) do percentual de faturamento da empresa executada.
e) de barras de ouro.

GAB	1	E	2	E	3	D	4	D	5	E	6	B

✦ **PENHORA**

Art. 883. Não pagando o executado, nem garantindo a execução, seguir-se-á a penhora dos bens, tantos quantos bastem ao pagamento da importância da condenação, acrescida de custas e juros de mora, sendo estes, em qualquer caso, devidos a partir da data em que for ajuizada a reclamação inicial. (Redação dada pela Lei nº 2.244, de 23.6.1954)

1. COMENTÁRIOS

1.1. Penhora *on line:* art. 655-A, do CPC/73 (art. 854 do CPC/2015)

Não garantindo o devedor a execução, estará renunciando à escolha do bem passível de constrição para adimplir suas obrigações. Sua inércia autoriza a atividade do Estado-juiz a determinar que se proceda à penhora de seu patrimônio, observada a ordem prevista no art. 655 do CPC/73 (art. 835 do CPC/2015), onde dinheiro está em primeiro lugar. O procedimento eletrônico é denominado "penhora on line", com previsão no art. 655-A, do CPC/73 (art. 854 do CPC/2015), plenamente aplicável ao processo do trabalho (art. 3º, XIX, da IN do TST nª 39/2016).

A CLT não possui qualquer norma sobre o procedimento de realização da penhora, sendo aplicáveis as disposições da Lei nº 6.830/80 (LEF) e, em segundo lugar, o CPC; mesmo quando as normas da execução civil se mostrarem mais efetivas, não se pode realizar a inversão normativa na aplicação subsidiária.

1.2. Impenhorabilidade e procedimento da penhora

A LEF possui as seguintes normas sobre penhora:

a) impossibilidade de penhora sobre bens que a lei declara impenhoráveis (arts. 10 e 30, da LEF); portanto, não recairá a penhora sobre os bens referidos no art. 649, do CPC/73 (art. 833 do CPC/2015) e tampouco sobre o bem de família, protegido pela Lei nº 8.009/90, inclusive quanto aos créditos dos domésticos, diante da revogação expressa do art. 3º, I, da referida lei, que permitia a penhora nestes casos; a revogação se deu pela atual regulamentação do emprego doméstico (art. 46 da LC nº 150/2015).

Marinoni-Mitidiero, Código, 2008, p. 640-641, explicam que a lei 8.009/90 teve a intenção de preservar a moradia, razão pela qual não só o imóvel da família está protegido, mas também o imóvel único do solteiro, o destinado à residência de companheiros, ainda que do mesmo sexo, e até de irmãos que residem juntos; também pode se tornar impenhorável 1/3 do patrimônio liquido da família, assim gravado por escritura pública (art. 1.711, do CC);

b) a penhora também poderá recair em estabelecimento comercial, industrial e agrícola (art. 11, § 1º, da LEF);

c) a penhora efetuada em dinheiro será convertida em depósito (art. 11, § 2º, da LEF);

d) o juiz ordenará remoção do bem penhorado para o depósito judicial, sempre que o credor assim o requerer (art. 11, § 3º, da LEF);

e) a intimação do executado sobre a penhora far-se-á mediante publicação no órgão oficial (art. 12, da LEF), salvo nas comarcas do interior, **quando a intimação ocorrerá por via postal (art. 12, § 1º, da LEF)**; mesmo existindo regra própria na LEF sobre intimação da penhora, o TST, por meio da IN nº 39/2016, art. 3º, XVIII, entendeu aplicação a regra do art. 841, § 1º e 2º, do CPC/2015, quanto à intimação da penhora, com o seguinte teor:

> Art. 841. Formalizada a penhora por qualquer dos meios legais, dela será imediatamente intimado o executado.
>
> § 1º A intimação da penhora será feita ao advogado do executado ou à sociedade de advogados a que aquele pertença.
>
> § 2º Se não houver constituído advogado nos autos, o executado será intimado pessoalmente, de preferência por via postal.

f) o termo de penhora também conterá a avaliação do bem penhorado (art. 13, da LEF);

g) será deferida ao executado, em qualquer fase do processo, a substituição da penhora por dinheiro ou fiança bancária (art. 15, I, da LEF) e ao credor a substituição do bem penhorado por outros, bem como o reforço da penhora insuficiente (art. 15, I, da LEF e OJ nº 59 da SDBI-2/TST).

2. SÚMULAS E ORIENTAÇÕES JURISPRUDENCIAIS

▸ **Súmula nº 200 – TST**

JUROS DE MORA. INCIDÊNCIA (mantida) – Res. 121/2003, DJ 19, 20 e 21.11.2003

Os juros de mora incidem sobre a importância da condenação já corrigida monetariamente.

▸ **Súmula nº 307 – TST**

JUROS. IRRETROATIVIDADE DO DECRETO-LEI Nº 2.322, DE 26.02.1987 (mantida) Res. 121/2003, DJ 19, 20 e 21.11.2003

A fórmula de cálculo de juros prevista no Decreto-Lei nº 2.322, de 26.02.1987 somente é aplicável a partir de 27.02.1987. Quanto ao período anterior, deve-se observar a legislação então vigente.

▸ **Súmula nº 417/TST**

MANDADO DE SEGURANÇA. PENHORA EM DINHEIRO (alterado o item I, atualizado o item II e cancelado o item III, modulando-se os efeitos da presente redação de forma a atingir unicamente as penhoras em dinheiro em execução provisória efetivadas a partir de 18.03.2016, data de vigência do CPC de 2015) – Res. 212/2016, DEJT divulgado em 20, 21 e 22.09.2016

I – Não fere direito líquido e certo do impetrante o ato judicial que determina penhora em dinheiro do executado para garantir crédito exequendo, pois é prioritária e obedece à gradação prevista no art. 835 do CPC de 2015 (art. 655 do CPC de 1973).

II – Havendo discordância do credor, em execução definitiva, não tem o executado direito líquido e certo a que os valores penhorados em dinheiro fiquem depositados no próprio banco, ainda que atenda aos requisitos do art. 840, I, do CPC de 2015 (art. 666, I, do CPC de 1973). (ex-OJ nº 61 da SBDI-2 – inserida em 20.09.2000).

▸ **Súmula nº 439/TST**

DANOS MORAIS. JUROS DE MORA E ATUALIZAÇÃO MONETÁRIA. TERMO INICIAL – Res. 185/2012, DEJT divulgado em 25, 26 e 27.09.2012

Nas condenações por dano moral, a atualização monetária é devida a partir da data da decisão de arbitramento ou de alteração do valor. Os juros incidem desde o ajuizamento da ação, nos termos do art. 883 da CLT.

▸ **OJ 87 SBDI-1 – TST**

ENTIDADE PÚBLICA. EXPLORAÇÃO DE ATIVIDADE EMINENTEMENTE ECONÔMICA. EXECUÇÃO. ART. 883 DA CLT (nova redação) – DJ 16.04.2004 (mantida conforme julgamento do processo TST-E-RR-148500-29.2004.5.09.0022 pelo Tribunal Pleno em 22.08.2016)

É direta a execução contra a APPA e MINASCAIXA (§ 1º do art. 173, da CF/1988).

▸ **OJ 143 SBDI-1/TST**

EMPRESA EM LIQUIDAÇÃO EXTRAJUDICIAL. EXECUÇÃO. CRÉDITOS TRABALHISTAS. LEI Nº 6.024/74. Inserida em 27.11.98

A execução trabalhista deve prosseguir diretamente na Justiça do Trabalho mesmo após a decretação da liquidação extrajudicial. Lei nº 6.830/80, arts. 5º e 29, aplicados supletivamente (CLT, art. 889 e CF/1988, art. 114)

▸ **OJ-SDI1-226/TST**

CRÉDITO TRABALHISTA. CÉDULA DE CRÉDITO RURAL. CÉDULA DE CRÉDITO INDUSTRIAL. PENHORABILIDADE (título alterado) – DJ 20.04.2005

Diferentemente da cédula de crédito industrial garantida por alienação fiduciária, na cédula rural pignoratícia ou hipotecária o bem permanece sob o domínio do devedor (executado), não constituindo óbice à penhora na esfera trabalhista. (Decreto-Lei nº 167/67, art. 69; CLT, arts. 10 e 30 e Lei nº 6.830/80).

▸ **OJ 300 SBDI-1/TST**

EXECUÇÃO TRABALHISTA. CORREÇÃO MONETÁRIA. JUROS. LEI Nº 8.177/91, Art. 39, E LEI Nº 10.192/01, Art. 15. (nova redação, DJ 20.04.2005)

Não viola norma constitucional (art. 5°, II e XXXVI) a determinação de aplicação da TRD, como fator de correção monetária dos débitos trabalhistas, cumulada com juros de mora, previstos no artigo 39 da Lei nº 8.177/91 e convalidado pelo artigo 15 da Lei nº 10.192/01.

▸ **OJ-SDI1-343/TST**

PENHORA. SUCESSÃO. Art. 100 DA CF/1988. EXECUÇÃO (DJ 22.06.2004)

É válida a penhora em bens de pessoa jurídica de direito privado, realizada anteriormente à sucessão pela União ou por Estado-membro, não podendo a execução prosseguir mediante precatório. A decisão que a mantém não viola o art. 100 da CF/1988.

- **OJ-SDI2-59/TST**

MANDADO DE SEGURANÇA. PENHORA. CARTA DE FIANÇA BANCÁRIA. SEGURO GARANTIA JUDICIAL (nova redação em decorrência do CPC 2015) – Res. 209/2016 – DEJT divulgado em 01, 02 e 03.06.2016

A carta de fiança bancária e o seguro garantia judicial, desde que em valor não inferior ao do débito em execução, acrescido de trinta por cento, equivalem a dinheiro para efeito da gradação dos bens penhoráveis, estabelecida no art. 835 do CPC de 2015 (art. 655 do CPC de 1973).

- **OJ-SDI2-89/TST**

"HABEAS CORPUS". DEPOSITÁRIO. TERMO DE DEPÓSITO NÃO ASSINADO PELO PACIENTE. NECESSIDADE DE ACEITAÇÃO DO ENCARGO. IMPOSSIBILIDADE DE PRISÃO CIVIL (inserida em 27.05.2002)

A investidura no encargo de depositário depende da aceitação do nomeado que deve assinar termo de compromisso no auto de penhora, sem o que, é inadmissível a restrição de seu direito de liberdade.

- **OJ-SDI2-93/TST**

MANDADO DE SEGURANÇA. POSSIBILIDADE DA PENHORA SOBRE PARTE DA RENDA DE ESTABELECIMENTO COMERCIAL (inserida em 27.05.2002)

É admissível a penhora sobre a renda mensal ou faturamento de empresa, limitada a determinado percentual, desde que não comprometa o desenvolvimento regular de suas atividades.

- **OJ-SDI2-143/TST**

"HABEAS CORPUS". PENHORA SOBRE COISA FUTURA E INCERTA. PRISÃO. DEPOSITÁRIO INFIEL (alterada) – Res. 151/2008, DEJT divulgado em 20, 21 e 24.11.2008.

Não se caracteriza a condição de depositário infiel quando a penhora recair sobre coisa futura e incerta, circunstância que, por si só, inviabiliza a materialização do depósito no momento da constituição do paciente em depositário, autorizando-se a concessão de "habeas corpus" diante da prisão ou ameaça de prisão que sofra.

- **OJ-SDI2-153/TST**

MANDADO DE SEGURANÇA. EXECUÇÃO. ORDEM DE PENHORA SOBRE VALORES EXISTENTES EM CONTA SALÁRIO. Art. 649, IV, DO CPC. ILEGALIDADE (DEJT divulgado em 03, 04 e 05.12.2008)

Ofende direito líquido e certo decisão que determina o bloqueio de numerário existente em conta salário, para satisfação de crédito trabalhista, ainda que seja limitado a determinado percentual dos valores recebidos ou a valor revertido para fundo de aplicação ou poupança, visto que o art. 649, IV, do CPC contém norma imperativa que não admite interpretação ampliativa, sendo a exceção prevista no art. 649, § 2º, do CPC espécie e não gênero de crédito de natureza alimentícia, não englobando o crédito trabalhista.

3. INFORMATIVOS DO TST

- ***Plano de previdência privada. Penhora. Impossibilidade. Caráter alimentar. Art. 649 do CPC.***

Interpretando-se sistematicamente o art. 649 do CPC, aplicado subsidiariamente ao Processo do Trabalho, conclui-se que não é possível a penhora de plano de previdência privada. O capital ali constituído é destinado à geração de aposentadoria, possuindo, portanto, nítido caráter alimentar, não se equiparando a aplicações financeiras comuns, ainda que, eventualmente, possa ser objeto de resgate. Com esse entendimento, a SBDI-II, por unanimidade, conheceu do recurso ordinário do impetrante e, no mérito, por maioria, vislumbrando direito líquido e certo do devedor, deu-lhe provimento para conceder integralmente a segurança, determinando, inclusive, a devolução dos valores bloqueados. Vencido o Ministro Cláudio Mascarenhas Brandão. SBDI-II, rel. Min. Alberto Luiz Bresciani de Fontan Pereira, 8.10.2013. (Informativo nº 62)

- ***Bem de família. Impenhorabilidade. Lei nº 8.009/90. Existência de outros imóveis. Irrelevância.***

O bem residencial do executado é impenhorável, sendo irrelevante o fato de possuir outros imóveis, visto que a impenhorabilidade, nos termos do art. 5º da Lei nº 8.009/90, recairá, obrigatoriamente, apenas sobre a propriedade destinada à residência da família. Com esse entendimento, a SBDI-II, por unanimidade, negou provimento a recurso ordinário, mantendo decisão que julgara procedente a ação rescisória para desconstituir acórdão do TRT da 1a Região e, em novo julgamento, negar provimento a agravo de petição da ré, mantendo a decisão de primeiro grau que declarou a impenhorabilidade do imóvel residencial do autor. TST-RO-122000-38.2009.5.01.0000, SBDI-II, rel. Min. Maria de Assis Calsing, 12.6.2012. (informativo nº 12)

- ***Bem de família. Penhora incidente sobre imóvel hipotecado. Renúncia à garantia de impenhorabilidade. Impossibilidade. Lei nº 8.009/90.***

O fato de o bem de família ter sido dado em garantia hipotecária não afasta a impenhorabilidade de que trata a Lei nº 8.009/90, porquanto não se admite a renúncia ao direito social à moradia, elencado no art. 6º, "caput", da CF. As – sim, apenas quando da cobrança da dívida constituída em favor da entidade familiar pode o imóvel dado em garantia real perder a condição de bem de família. Com esse entendimento, a SBDI-II, por unanimidade, deu provimento ao recurso ordinário para, julgando procedente o pleito rescisório, desconstituir o acórdão proferido em sede de agravo de petição, e, em juízo rescisório, julgar procedente o pedido deduzido pelo então embargante para afastar a penhora efetivada sobre o imóvel hipotecado. TST-RO-531-48.2011.5.12.0000, SBDI-II, rel. Min. Guilherme Augusto Caputo Bastos, 9.4.2013. (informativo nº42)

4. QUESTÕES DE CONCURSOS

01. (AGU/ADVOGADO DA UNIÃO/CESPE/2009) Com base na teoria da penetração, o juízo trabalhista comumente determina a constrição de bens particulares dos sócios da empresa, desde que esta não possua ou ofereça bens suficientes à penhora.

02. (AGU/ADVOGADO DA UNIÃO/CESPE/2009) Qualquer pessoa física ou jurídica tem direito de solicitar ao TST o cadastramento de conta única apta a acolher bloqueios on line realizados por meio do sistema BACEN JUD. A solicitação há de ser encaminhada por petição dirigida ao corregedor-geral da justiça do trabalho e instruída com cópias dos comprovantes do CNPJ ou CPF e da titularidade da conta indicada, com dados acerca do banco, da conta corrente, nome e CNPJ ou CPF do titular, quando for o caso.

03. (TRT – 8ª REGIÃO/JUIZ DO TRABALHO/2007/ADAPTADA) Não pagando o executado, nem garantindo a execução, seguir-se-á penhora dos bens, e o cálculo dos juros de mora terá como referência a data da sentença do processo de cognição.

04. (FCC – TRT 20 – Analista Judiciário/2011) No tocante à impenhorabilidade do bem de família (Lei nº 8.009/1990) considere:

I. Para os efeitos de impenhorabilidade, considera-se residência um único imóvel utilizado pelo casal ou pela entidade familiar para moradia permanente.

II. O credor de pensão alimentícia não possui distinção legal em face dos demais credores, uma vez que a impenhorabilidade do bem de família a este é oponível.

III. A impenhorabilidade do bem de família compreende o imóvel sobre o qual se assentam a construção, as plantações, as benfeitorias de qualquer natureza e todos os equipamentos, inclusive os de uso profissional, ou móveis que guarnecem a casa, desde que quitados.

IV. A impenhorabilidade do bem de família é oponível em qualquer processo de execução trabalhista, salvo se movido em razão dos créditos de trabalhadores da própria residência e das respectivas contribuições previdenciárias.

Está correto o que se afirma APENAS em

a) I, II e III.
b) I, III e IV.
c) I e IV.
d) II e IV.
e) III e IV.

05. (TRT 2 – Juiz do Trabalho Substituto 2ª região/2014) Observe as proposições abaixo e ao afinal responda a alternativa que contenha proposições corretas, no que tange à execução, levando-se em conta a legislação específica e as Súmulas do TST:

I. Tendo em vista a regra da CLT, a matéria de impugnação apresentada pela defesa abrange apenas as alegações de cumprimento da decisão ou do acordo, quitação ou prescrição da dívida.

II. Para serem admitidos os embargos à execução nas obrigações de fazer e de não – fazer, há necessidade de depositar um valor para a garantia do juízo.

III. Na execução provisória a penhora não deve incidir sobre dinheiro, caso o executado tenha nomeado outros bens.

IV. Havendo discordância do credor, em execução definitiva, não tem o executado direito líquido e certo a que os valores penhorados em dinheiro fiquem depositados no próprio banco.

V. Fere o direito líquido e certo do impetrante o ato judicial que determina penhora em dinheiro do executado, em execução definitiva, para garantir crédito exequendo.

Está correta a alternativa:

a) I, II e IV.
b) II, III e V.
c) III, IV e V.
d) I, III e IV.
e) I, II e V.

06. **(FCC – Analista Judiciário – Área Judiciária – TRT 16/2014)** Em determinada reclamação trabalhista foi determinada a penhora on line de ativos financeiros do executado. No tocante aos bens impenhoráveis, a quantia depositada em caderneta de poupança é

a) penhorável, tendo em vista a natureza alimentar do crédito trabalhista.
b) impenhorável, até o limite de 40 salários mínimos.
c) impenhorável, independente do valor depositado.
d) impenhorável, até no máximo 30 salários mínimos.
e) impenhorável, até no máximo 20 salários mínimos.

07. **(FCC – Técnico Judiciário – Área Administrativa – TRT 11/2017)** Considere os seguintes créditos:

I. Crédito trabalhista decorrente de reclamação trabalhista ajuizada por empregado doméstico relativo ao trabalho exercido para a família empregadora.
II. Crédito trabalhista decorrente de reclamação trabalhista ajuizada pelo Rito Sumaríssimo em face da empresa AA Ltda.
III. Crédito relativo a contribuição previdenciária decorrente de empregado doméstico.

De acordo com a Lei no 8.009/1990, a impenhorabilidade do bem de família é oponível em processo de execução relativo ao crédito indicado em

a) I, II e III.
b) I e II, apenas.
c) II e III, apenas.
d) I, apenas.
e) III, apenas.

GAB	1	C	2	C	3	E	4	B	5	D	6	B	7	A

✦ **INSCRIÇÃO NO BNDT**

Art. 883-A. A decisão judicial transitada em julgado somente poderá ser levada a protesto, gerar inscrição do nome do executado em órgãos de proteção ao crédito ou no Banco Nacional de Devedores Trabalhistas (BNDT), nos termos da lei, depois de transcorrido o prazo de quarenta e cinco dias a contar da citação do executado, se não houver garantia do juízo. (Inserido pela Lei n° 13.467, de 13.07.2017).

1. COMENTÁRIO

Antes da Lei nº 13.467, de 13.07.2017 incluir o art. 883-A na CLT, poder-se-ia dizer que não cumprido o prazo de 48 horas, previsto no art. 880, da CLT, para garantia do juízo ou pagamento da dívida, o executado já poderia ter seu nome inscrito no BNDT (art. 642-A, da CLT) e, se houvesse interesse do credor, ter seu nome protestado nos órgãos próprios (art. 517 do CPC/2015). Sobre os efeitos deste prazo na inscrição do devedor me reporto aos comentários ao art. 642-A, da CLT.

▸SEÇÃO III – DOS EMBARGOS À EXECUÇÃO E DA SUA IMPUGNAÇÃO

✦ **EMBARGOS À EXECUÇÃO: 5 DIAS**

Art. 884. Garantida a execução ou penhorados os bens, terá o executado 5 (cinco) dias para apresentar embargos, cabendo igual prazo ao exeqüente para impugnação.

✦ **MATÉRIA**

§ 1º – A matéria de defesa será restrita às alegações de cumprimento da decisão ou do acordo, quitação ou prescrição da dívida.

✦ **AUDIÊNCIA DE INSTRUÇÃO**

§ 2º – Se na defesa tiverem sido arroladas testemunhas, poderá o Juiz ou o Presidente do Tribunal, caso julgue necessários seus depoimentos, marcar audiência para a produção das provas, a qual deverá realizar-se dentro de 5 (cinco) dias.

§ 3º – Somente nos embargos à penhora poderá o executado impugnar a sentença de liquidação, cabendo ao exeqüente igual direito e no mesmo prazo.(Incluído pela Lei nº 2.244, de 23.6.1954)

✦ **JULGAMENTO DOS INCIDENTES**

§ 4º – Julgar-se-ão na mesma sentença os embargos e as impugnações à liquidação apresentadas pelos credores trabalhista e previdenciário.(Redação dada pela Lei nº 10.035, de 25.10.2000)

✦ **INEXIGIBILIDADE DO TÍTULO JUDICIAL**

§ 5º – Considera-se inexigível o título judicial fundado em lei ou ato normativo declarados inconstitucionais pelo Supremo Tribunal Federal ou em aplicação ou interpretação tidas por incompatíveis com a Constituição Federal.(Incluído pela Medida provisória nº 2.180-35, de 2001)

✦ **DISPENSA DE GARANTIA PARA ENTIDADES FILANTRÓPICAS**

§ 6º A exigência da garantia ou penhora não se aplica às entidades filantrópicas e/ou àqueles que compõem ou compuseram a diretoria dessas instituições.(Inserido pela Lei nº 13.467, de 13.07.2017).

1. COMENTÁRIOS

1.1. Natureza jurídica e finalidade

Os embargos à execução, também chamados de embargos de devedor, sempre foram classificados pela doutrina como ação de cognição incidental à execução de sentença, cuja finalidade é atacar o título executivo e extinguir a relação jurídica processual (por todos, Wagner Giglio e Cláudia Corrêa, Direito Processual, 2007, p. 585 e Lamarca, Execução, 1962, p. 165). Como lembra Manoel Antonio Teixeira Filho, Curso, Vol. III, 2009, p. 2240, trata-se de ação constitutiva negativa, pois se estará, com embargos, extinguindo, modificando ou retirando os efeitos do título executivo.

Com a reforma da execução civil, a defesa do executado, na execução de quantia certa fundada em título judicial, passou a ser oferecida sob a forma de "impugnação", conforme o art. 475-L, do CPC/73 (art. 525 do CPC/2015); a esta impugnação a doutrina atribuiu a natureza de simples incidente processual, cujo julgamento desafia recurso de agravo de instrumento, nos termos do art. 475-M, § 3º, do CPC/73, e não mais de demanda incidental autônoma (neste sentido, Marinoni-Mitidiero, Código, 2008, p. 468); tal definição, contudo, é bastante polêmica, havendo quem ainda atribua ao incidente natureza de demanda, semelhante aos antigos embargos à execução de sentença, conforme noticiam Didier-Cunha-Braga-Oliveira, Curso, Vol. 5, 2011, p. 369.

No CPC/2015 a decisão que julga a impugnação será recorrível por Agravo de Instrumento, conforme art. 1.015, § único: "Também caberá agravo de instrumento contra decisões interlocutórias proferidas na fase de liquidação de sentença ou de cumprimento de sentença, no processo de execução e no processo de inventário."

Reforçada restou, portanto, a classificação da impugnação como mero incidente processual, pois se fosse resultado de uma demanda autônoma a decisão que resolve o incidente deveria ser impugnada por Apelação, e não por Agravo de Instrumento.

No processo do trabalho, pensamos que a alteração promovida na lei processual civil pouco ou nada influenciou quanto à definição da natureza dos embargos à execução de sentença. Muito embora classificado como demanda autônoma, seu procedimento sempre se aproximou de um mero incidente, visto que é processado nos autos do processo principal e não se via com rigor de uma petição inicial a peça processual dos embargos.

Ademais, a decisão dos embargos à execução na Justiça do Trabalho costuma ser proferida sem as formalidades de uma sentença, ainda que seja considerada definitiva na execução (Francisco

Antonio de Oliveira, Execução, 2007, p. 222, afirma que a decisão proferida nos embargos tem o efeito de interlocutória mista). Por todas estas razões, penso que a classificação dos embargos como ação tem somente conteúdo acadêmico, despido de interesse prático.

Na praxe trabalhista os embargos sempre foram vistos como um mero incidente processual. Defendendo a natureza de incidente processual: Pedro Paulo Teixeira Manus, in Schiavi, Execução, 2008, p. 217 e Francisco Antonio de Oliveira, Execução, 2007, p. 222, afirmando este último que os embargos têm a forma de um simples incidente, com natureza jurídica de pedido de reconsideração, e não de ação.

A diferença para o processo civil está na via recursal, pois no processo do trabalho o julgamento dos embargos à execução é impugnado por Agravo de Petição (art. 897, "a", da CLT), recurso que não guarda qualquer relação com o Agravo de Instrumento do processo civil.

Além do que, nos embargos à execução da Justiça do Trabalho a garantia do juízo, através de depósito de dinheiro ou penhora de bens, é pressuposto processual inerente ao incidente. No processo civil tal não ocorre, podendo a impugnação ser apresentada independentemente de penhora (CPC/2015, art. 525).

1.2. Prazo dos embargos

Os embargos à execução serão oferecidos no prazo de 5 (cinco) dias da ciência da penhora ou da garantia do juízo. O processo civil se aproximou do procedimento trabalhista, pois embora não haja necessidade de penhora, o prazo para a impugnação flui naturalmente, independentemente de intimação, conforme prevê o art. 525, do CPC/2015:

> "Transcorrido o prazo previsto no art. 523 sem o pagamento voluntário, inicia-se o prazo de 15 (quinze) dias para que o executado, independentemente de penhora ou nova intimação, apresente, nos próprios autos, sua impugnação."

A Fazenda Pública teve o prazo para apresentação de seus embargos ampliado para 30 dias, por força da MP nº 2.180-35, de 24.8.2001. A Fazenda não sofre constrição de seu patrimônio, por isso seu prazo começa a fluir da citação de seu representante judicial, e não da garantia do Juízo. A doutrina tem discutido a constitucionalidade desta Medida Provisória que alterou o prazo dos embargos e a jurisprudência do TST tem negado sua eficácia, pela mesma inconstitucionalidade, mantendo, para a Fazenda, o prazo de 5 dias para oferecimento dos embargos (neste sentido, Bezerra Leite, Curso, 2007, p. 970-973 e Carrion, Comentários, 2010, p. 836).

O Supremo Tribunal Federal, no mesmo sentido, determinou a suspensão de todos os processos em que se discute a constitucionalidade do art. 1º-B da Lei 9.494/1997, acrescentado pelo art. 4º da Medida Provisória 2.180-35/2001, que ampliou para 30 dias o prazo que os artigos 730 do CPC e 884 da CLT concediam à Fazenda Pública para oferecimento de embargos à execução. (MC-ADC 11/DF, rel. Min. Cezar Peluso, 28.3.2007)

Em sessão plenária do dia 26/08/2009, o STF, resolvendo questão de ordem, por maioria, prorrogou o prazo da decisão liminar concedida, nos termos do voto do Relator. (QO-MC-ADC 11/DF, rel. Min. Cezar Peluso).

O TST vem julgando na esteira do pensamento do STF, como se observa do acórdão a seguir transcrito:

> "RECURSO DE REVISTA. PRAZO PARA OPOSIÇÃO DE EMBARGOS À EXECUÇÃO PELA FAZENDA PÚBLICA. INCONSTITUCIONALIDADE DA MEDIDA PROVISÓRIA Nº 2180-35/2001.

O Plenário desta Corte Superior decidiu, em 4/8/2005, o Incidente de Uniformização de Jurisprudência, suscitado no processo TST-RR-70/1992-011-04-00.7, declarando a inconstitucionalidade do art. 4º da Medida Provisória nº 2.180-35/2001 que ampliou, para a Fazenda Pública, os prazos para oposição de embargos à execução fixados nos arts. 730do CPC e 884 da CLT. Recurso de revista não conhecido. (RR 62800-19.2000.5.04.0102, Relatora Ministra Dora Maria da Costa, Julgamento em 17/08/2011, 8ª Turma, DEJT 19/08/2011)".

Não obstante a controvérsia acima posta, o CPC/2015, art. 910, prevê o prazo de 30 dias para os embargos oferecidos pela Fazenda Pública. Portanto, a polêmica está resolvida, inclusive no processo do trabalho, considerando-se a aplicação subsidiária desta norma no processo do trabalho.

CPC/2015, Art. 910. Na execução fundada em título extrajudicial, a Fazenda Pública será citada para opor embargos em 30 (trinta) dias.

1.3. Matéria suscitada nos embargos

A doutrina tem interpretado que o rol de matérias objeto dos embargos, conforme art. 884, § 1º, é insuficiente na abordagem de todos os temas da execução, sendo aplicável, na Justiça do Trabalho, o art. 475-L, do CPC/73 "A impugnação somente poderá versar sobre: I – falta ou nulidade da citação, se o processo correu à revelia; II – inexigibilidade do título; III – penhora incorreta ou avaliação errônea; IV – ilegitimidade das partes; V – excesso de execução; VI – qualquer causa impeditiva, modificativa ou extintiva da obrigação, como pagamento, novação, compensação, transação ou prescrição, desde que superveniente à sentença."

O **CPC/2015** corrigiu algumas imperfeições da regra acima citada, como se nota de seu **art. 525, § 1º**: Na impugnação, o executado poderá alegar: I – falta ou nulidade da citação se, na fase de conhecimento, o processo correu à revelia; II – ilegitimidade de parte; III – inexequibilidade do título ou inexigibilidade da obrigação; IV – penhora incorreta ou avaliação errônea; V – excesso de execução ou cumulação indevida de execuções; VI – incompetência absoluta ou relativa do juízo da execução; VII – qualquer causa modificativa ou extintiva da obrigação, como pagamento, novação, compensação, transação ou prescrição, desde que supervenientes à sentença.

Na execução por título extrajudicial o rol de matérias está alinhado no art. 745 do CPC/73 (art. 917 do CPC/2015), aplicável subsidiariamente à execução trabalhista, diante da omissão da CLT (no mesmo sentido, Schiavi, Execução, 2008, p. 227).

Tem-se discutido no processo do trabalho o cabimento do inciso I, do art. 475-L, do CPC/73 (art. 525, § 1º, I, do CPC/2015) que permite ao devedor alegar nulidade de citação, se o processo correu à revelia. A argüição da nulidade, nesta oportunidade, no processo do trabalho, é incompatível com o procedimento trabalhista. O réu revel é intimado quanto à sentença de revelia (art. 852, da CLT), devendo arguir a nulidade no prazo recursal e pela via do recurso ordinário. Somente se demonstrar que a intimação da sentença também foi nula é que poderá o devedor alegar a nulidade de citação nos embargos.

A prescrição da dívida, referida no § 1º, do art. 884, é a prescrição intercorrente, que pode ser observada diante da inércia do exeqüente na prática de atos que lhe são privativos, como, v.g., a prova do fato novo nos artigos de liquidação. Sobre a possibilidade do juiz reconhecer, de ofício, a prescrição intercorrente, vide comentários ao art. 11-A, da CLT.

A jurisprudência do TST, S. 114, nega a possibilidade da prescrição intercorrente. da mesma forma, o art. 2º, VIII, da IN do TST nº 39/2016, entende inaplicáveis ao processo do trabalho os dispositivos do CPC que tratam de prescrição intercorrente (arts. 921, §§ 4º e 5º, e 924, V, do CPC/2015). Estas posições precisam ser modificadas pelo TST, diante do art. 11-A, introduzido pela Lei nº 13.467, de 13.07.2017. admitindo, expressamente, o cabimento da prescrição intercorrente ao processo do trabalho.

O texto do § 5º, do art. 884, consagrou a tese da flexibilização ou relativização da coisa julgada. Sobre o tema, publicamos artigo denominado "A nova disciplina legal dos embargos à execução", cujos trechos pertinentes são a seguir transcritos:

> "A coisa julgada é fator de segurança das relações jurídicas, pacificando os conflitos sociais. Por razões político-jurídicas o direito contido na sentença torna-se imutável (ainda que não seja o resultado mais justo), com o fito de não se eternizarem as demandas, provocando insegurança no âmbito da sociedade. No instante em que outros valores "éticos, humanos e políticos", amparados constitucionalmente, tal qual a coisa julgada, se sobreporem a esta, surge o que o mestre Dinamarco convencionou chamar de "impossibilidade jurídico-constitucional" (Instituições, p. 307). A partir destas premissas (continua o mestre), começa a surgir na doutrina nacional e em algumas decisões do Supremo Tribunal Federal a consciência de uma "coisa julgada inconstitucional", denominação que atribui a José Augusto Delgado. Obviamente, a mitigação da coisa julgada, pela impossibilidade jurídico-constitucional antes referida é situação excepcional e, portanto, não pode ter seu uso banalizado. Banalização que aliás parece ter-se iniciado com advento da M.P. nº 2.180-35, inserindo um parágrafo único no art. 741 do CPC, com a seguinte redação: "parágrafo único. Para efeito do disposto no inciso II deste artigo, considera-se também inexigível o título judicial fundado em lei ou ato normativo declarados inconstitucionais pelo Supremo Tribunal Federal ou em aplicação ou interpretação tidas por incompatíveis com a Constituição Federal." Mesma redação foi imposta ao art. 884 da CLT pela M.P. antes referida, acrescentando à norma celetista um parágrafo quinto. A amplitude que a referida MP pretendeu imprimir ao tema escapa à própria consciência de coisa julgada inconstitucional que o direito nacional ainda está a formar. O toque da excepcionalidade não pode ser desprezado. A MP traz a noção de que qualquer tipo de decisão, até mesmo em sede de recurso extraordinário, pelo STF, seria suficiente para tornar inexigível o título judicial.
>
> Quisesse o Poder Executivo contribuir para a proteção dos valores mais elevados previstos na Constituição teria restringido a incidência desta MP às decisões proferidas pelo Supremo nas Ações Declaratórias de Inconstitucionalidade ou de Constitucionalidade.
>
> Ademais, a matéria processual é imprópria para o trato na Medida Provisória. Neste sentido já se manifestou a doutrina: "Dificilmente uma medida provisória pode ser fonte de direito processual, em face de sua excepcionalidade e da imposição constitucional de requisitos bastante estritos." (Cintra-Grinover-Dinamarco, 200º, p. 93).
>
> O tempo mostrou que tinha fundamento a manifestação da doutrina. O uso indiscriminado de medidas provisórias, sem respeito aos requisitos de urgência e relevância, levou o Congresso Nacional à limitação de suas reedições, bem como à restrição de seus temas, inclusive vedando o uso de MP em direito processual civil (Art. 62, par. 1º, "b", da CRFB/88, com a redação da E. C. nº 32/2001)
>
> Cumpre ao Judiciário, no uso dos controles concentrado e difuso de constitucionalidade, declarar, sem demora, tão logo seja provocado a tanto, a inconstitucionalidade da MP em questão (art. 5º, LV, da CRFB/88).".

1.4. Efeito dos embargos

A doutrina diverge quanto ao efeito que os embargos podem provocar no procedimento da execução: para uns, a impugnação, antigos embargos na execução fundada em título judicial, deixaram de ter efeito suspensivo (art. 475-M, do CPC/73), e considerando que o efeito dos embargos, no processo do trabalho, advinha da regra do processo civil, aqui também terá perdido o efeito suspensivo (neste sentido, Mauro Schiavi, Execução, 2008, p. 226).

O CPC/2015, art. 525, § 6º, trouxe enorme contribuição para este ponto de vista, pois, claramente, permite a continuidade dos atos de execução, não obstante o oferecimento de impugnação, que, por essa razão, não terá efeito suspensivo.

> CPC/2015, art. 525, § 6º. A apresentação de impugnação não impede a prática dos atos executivos, inclusive os de expropriação, podendo o juiz, a requerimento do executado e desde que garantido o juízo com penhora, caução ou depósito suficientes, atribuir-lhe efeito suspensivo, se seus fundamentos forem relevantes e se o prosseguimento da execução for manifestamente suscetível de causar ao executado grave dano de difícil ou incerta reparação.

Para outra corrente, a exemplo da opinião de Manoel Antonio Teixeira Filho, Curso, Vol. III, 2009, p. 2251, o efeito suspensivo está implícito na interpretação dos artigos 886, § 2º, e 897, § 1º, ambos da CLT; no primeiro, se extrai o efeito suspensivo do fato do juiz só determinar o prosseguimento da execução após o julgamento dos embargos; o segundo dispositivo atribui efeito suspensivo ao agravo de petição, razão pela qual, para que seja mantida a harmonia do sistema, os embargos à execução também teriam tal efeito. Pensamos que a razão está com a primeira tese. Quisesse o legislador atribuir efeito suspensivo aos embargos o teria feito expressamente, como procedeu na ressalva feita no texto do art. 899 da CLT. Ademais, não sustentamos o efeito suspensivo para o Agravo de Petição, como demonstramos nos comentários ao artigo 897 da CLT.

Na execução por título extrajudicial não existe tal divergência, pois o art. 739-A, do CPC/73 (art. 919 do CPC/2015), aplicável à execução trabalhista, expressamente dispõe que os embargos do executado não terão efeito suspensivo. A aplicação desta regra na execução trabalhista é defendida, entre outros, por Schiavi, Execução, 2008, p. 226.

1.4.1. Parcelamento da Execução: art. 745-A, do CPC

A regra do art. 745-A, do CPC/73 (art. 916 do CPC/2015) permite ao devedor depositar, no prazo dos embargos, 30% do valor da execução, requerendo o parcelamento do restante da dívida em até 6 vezes, corrigido monetariamente e acrescido de juros de 1% ao mês. A disposição foi criada para atender à execução por título extrajudicial.

O art. 916 do CPC/2015, em seu § 7º, expressamente exclui a possibilidade do parcelamento na execução fundada em título judicial, ou seja, no procedimento de cumprimento da sentença.

No processo do trabalho, é quase insignificante o número de execuções fundadas em títulos extrajudiciais. Portanto, negar a aplicação do parcelamento no nosso cumprimento da sentença, como quer a regra processual civil, significaria tornar inútil a aplicação do parcelamento da execução na Justiça do Trabalho. Portanto, pensamentos que procedimento da execução civil por título extrajudicial pode também ser aplicado à execução fundada em título judicial (cumprimento da sentença). No mesmo sentido o TST, na IN nº 39/2016, art. 3º, XXI.

Contudo, explica a doutrina processual civil que não faz sentido o executado reconhecer a dívida e requerer seu parcelamento quando o direito já foi declarado na sentença, negando, portanto, a aplicação do art. 745-A, do CPC/73 (art. 916 do CPC/2015) à fase de cumprimento da sentença (neste sentido, Neves-Freire, 2011, p. 778 e Marinoni-Mitidiero, 2008, p. 716). Contra, Luiz Fux, que permite a aplicação do parcelamento também na execução fundada em título judicial (O Novo, 2008, p. 436), opinião que não foi consagrada no CPC/2015, art. 916, § 7º, que expressamente proíbe a aplicação do parcelamento no cumprimento da sentença.

A nosso ver, a regra civilista é perfeitamente compatível com o processo do trabalho, inclusive na execução por título judicial, não obstante o embargo da doutrina no processo civil, e o teor da regra do art. 916, § 7º, do CPC/2015.

Em primeiro lugar, a primeira fonte de aplicação subsidiária da execução trabalhista – a Lei nº 6.830/80 – é omissa quanto ao tema, autorizando a aplicação do CPC. Em segundo lugar, há total compatibilidade com o rito da execução trabalhista, inclusive quanto aos juros de mora em percentual idêntico ao aplicável nos conflitos submetidos à Justiça do Trabalho (vide Lei nº 8.177/91, fixando juros judiciais de 1% ao mês). Em terceiro lugar, não há diferença, no processo do trabalho, entre os ritos da execução fundada em título extrajudicial e judicial. Tornada líquida a sentença, o executado, pouco importando o pressuposto da execução (título judicial ou extra), será citado a pagar ou garantir o juízo (CLT, art. 880). É inaplicável ao processo do trabalho a regra do art. 775 do CPC/73 (art. 914 do CPC/2015), que não exige a garantia do juízo para a execução por título extrajudicial.

Manoel Antonio Teixeira Filho, Comentários ao Novo CPC, 2015, p. 1010, também permite a aplicação do parcelamento no processo do trabalho, inclusive nas execuções fundadas em quantia certa.

Mauro Schiavi vê aplicação no processo do trabalho, Execução, 2008, p. 227, alertando que o juízo deve indeferir o requerimento de parcelamento quando prejudicial ao credor trabalhista. O autor, contudo, nada refere quanto à aplicação da regra para a execução fundada em título judicial.

O art. 916 do CPC/2015 traz ao executado o benefício de permitir o parcelamento da dívida, mas, ao mesmo tempo, encerra qualquer discussão que poderia ser levantada nos embargos à execução, uma vez que impede o ajuizamento deste meio de impugnação (art. 916, § 6º, do CPC/2015). Ademais, não há qualquer prejuízo para o credor, seja em razão da correção monetária e juros de mora incidentes sobre as parcelas, seja porque o inadimplemento do devedor atrairá a aplicação da multa de 10% sobre o saldo devedor, conforme § 2º, do art. 745-A, do CPC/73 (art. 916, § 5º, II, do CPC/2015).

Preenchidos os requisitos legais, ou seja, o oferecimento de 30% da dívida, instruído com a proposta de parcelamento do restante, tudo apresentado no prazo dos embargos, é direito subjetivo do executado ver seu pedido deferido, independentemente da concordância do credor (neste sentido: Neves-Freire, 2011, p. 779: "vinculação obrigatória do juízo e do exequente"; Fux, 2008, p. 436: "é direito subjetivo do executado o parcelamento, que se rompe diante do inadimplemento"; Marinoni-Mitidiero, 2008, p. 716: "Atendidos os pressupostos legais, tem o juízo o dever de deferir o parcelamento".)

1.5. Impugnação à sentença de liquidação

Defendemos, acima, que o procedimento de embargos é um mero incidente processual e não ação de cognição incidental na execução, como pensa a maioria da doutrina; da mesma forma, a sentença de liquidação tem natureza de decisão interlocutória, daí porque se sujeita ao regime de irrecorribilidade imediata, só sendo possível sua impugnação após a garantia do juízo e na oportunidade dos embargos.

Sendo o devedor o embargante, este poderá oferecer impugnação à decisão de liquidação como matéria dos próprios embargos; sendo o embargante o credor, deverá apresentar, no prazo de 5 dias, a impugnação à sentença de liquidação. O prazo será contado da intimação do credor para contraminutar os embargos, ou de qualquer ato inequívoco que o cientifique da penhora.

Os embargos serão dirigidos ao próprio juízo da execução, cujo julgamento desafia o recurso de Agravo de Petição (art. 897, "a", da CLT).

1.6. Indeferimento liminar dos embargos

A regra do art. 918 do CPC/2015, de clara aplicação ao processo do trabalho (TST, IN nº 39/2016, art. 3º, XXII), prevê a possibilidade do juiz rejeitar de plano os embargos à execução, pelas seguintes razões:

> Art. 918. O juiz rejeitará liminarmente os embargos:
>
> I – quando intempestivos;
>
> II – nos casos de indeferimento da petição inicial e de improcedência liminar do pedido;
>
> III – manifestamente protelatórios.
>
> Parágrafo único. Considera-se conduta atentatória à dignidade da justiça o oferecimento de embargos manifestamente protelatórios.

Não se trata, propriamente, de regra com conteúdo inovador, pois a previsão do art. 739 do Código de 73 trazia disposição semelhante, a saber:

> Art. 739. O juiz rejeitará liminarmente os embargos:
>
> I – quando intempestivos; (Redação dada pela Lei nº 11.382, de 2006).
>
> II – quando inepta a petição (art. 295); ou (Redação dada pela Lei nº 11.382, de 2006).
>
> III – quando manifestamente protelatórios. (Redação dada pela Lei nº 11.382, de 2006).

1.7. Dispensa de garantida de juízo

O § 6º, do art. 884 dispensa a garantia do juízo para as entidades filantrópicas. Trata-se de uma exceção à regra geral que deve, portanto, ser interpretada restritivamente. Entidade Filantrópica não é somente uma entidade sem fins lucrativos. O art. 1º, da Lei nº 12.101, de 27.11.2009, estabelece os requisitos da certificação destas entidades, nos seguintes termos:

> "A certificação das entidades beneficentes de assistência social e a isenção de contribuições para a seguridade social serão concedidas às pessoas jurídicas de direito privado, sem fins lucrativos, reconhecidas como entidades beneficentes de assistência social com a finalidade de prestação de serviços nas áreas de assistência social, saúde ou educação, e que atendam ao disposto nesta Lei.".

2. SÚMULAS E ORIENTAÇÕES JURISPRUDENCIAIS

▸ **Súmula nº 621 – STF**

Não enseja embargos de terceiro à penhora a promessa de compra e venda não inscrita no registro de imóveis.

▸ **Súmula nº 327 STF**

Direito Trabalhista – Admissibilidade – Prescrição Intercorrente. O direito trabalhista admite a prescrição intercorrente.

▸ **Súmula nº 84 – STJ**

Embargos de Terceiro – Alegação de Posse – Compromisso de Compra e Venda de Imóvel – Registro. É admissível a oposição de embargos de terceiro fundados em alegação de posse advinda de compromisso de compra e venda de imóvel, ainda que desprovido do registro.

▸ **Súmula nº 92 – STJ**

Terceiro de Boa-Fé – Alienação Fiduciária – Certificado de Registro. A terceiro de boa-fé não é oponível a alienação fiduciária não anotada no Certificado de Registro do veículo automotor.

▸ **Súmula nº 134 – STJ**

Intimação – Penhora – Cônjuges – Embargos de Terceiro – Meação. Embora intimado da penhora em imóvel do casal, o cônjuge do executado pode opor embargos de terceiro para defesa de sua meação.

▸ **Súmula nº 32 – TFR**

Execução por Carta – Embargos do Devedor – Juízo da Decisão. Na execução por carta (CPC, Art. 747 c/c Art. 658), os embargos do devedor serão decididos no Juízo deprecante, salvo se versarem unicamente vícios ou defeitos da penhora, avaliação ou alienação dos bens.

▸ **Súmula nº 33 – TFR**

Juízo Competente – Execução por Carta – Julgamento dos Embargos de Terceiro. O Juízo deprecado, na execução por carta, é o competente para julgar os embargos de terceiro, salvo se o bem apreendido foi indicado pelo Juízo deprecante.

▸ **Súmula nº 184 – TFR**

Execução Contra Sociedade por Quotas – Sócio Citado em Nome Próprio – Legitimidade para Opor Embargos de Terceiro – Constrição Judicial de Bens Particulares. Em execução movida contra sociedade por quotas, o sócio, citado em nome próprio, não tem legitimidade para opor embargos de terceiro, visando livrar da constrição judicial seus bens particulares.

▸ **Súmula nº 114 – TST**

PRESCRIÇÃO INTERCORRENTE (mantida) – Res. 121/2003, DJ 19, 20 e 21.11.2003

É inaplicável na Justiça do Trabalho a prescrição intercorrente.

▸ **Súmula nº 419 – TST**

COMPETÊNCIA. EMBARGOS DE TERCEIRO. EXECUÇÃO POR CARTA PRECATÓRIA. JUÍZO DEPRECADO. (alterada em decorrência do CPC de 2015) – Res. 212/2016, DEJT divulgado em 20, 21 e 22.09.2016

Na execução por carta precatória, os embargos de terceiro serão oferecidos no juízo deprecado, salvo se indicado pelo juízo deprecante o bem constrito ou se já devolvida a carta (art. 676, parágrafo único, do CPC de 2015).

3. INFORMATIVOS DO TST

▸ ***Execução. Prescrição intercorrente. Incidência. Afronta ao art. 5º, XXXVI, da CF. Configuração.***

A decisão que extingue a execução, com resolução de mérito, em virtude da incidência da prescrição intercorrente, afronta a literalidade do art. 5º, XXXVI, da CF, porquanto impede a produção dos efeitos materiais da coisa julgada, tornando sem efeito concreto o título judicial transitado em julgado. Com base nessa premissa, a SBDI-I, por unanimidade, conheceu do recurso de embargos, por divergência jurisprudencial, e, no mérito, deu-lhe provimento para, afastada a prescrição intercorrente decretada, não admitida pela Súmula nº 114 do TST, determinar o retorno dos autos à Vara do Trabalho de origem, a fim de que prossiga na execução do feito, como entender de direito. TST-E-RR-4900-08.1989.5.10.0002, SBDI-I, rel. Min. Lelio Bentes Corrêa, 14.6.2012. (Informativo nº 13)

▸ ***Execução. Prazo para interposição de embargos à execução pela Fazenda Pública. Art. 4º da MP 2.180-35/2001. Matéria suspensa para apreciação do Tribunal Pleno.***

A SBDI-I decidiu, por maioria, vencido o Ministro João Oreste Dalazen, suspender a proclamação do resultado do julgamento do processo em que se discute o prazo para interposição de embargos à execução pela Fazenda Pública, para remeter os autos ao Tribunal Pleno a fim de que delibere sobre a suspensão, ou não, da declaração de inconstitucionalidade formal do art. 4º da Medida Provisória nº 2.180-35/01 (que introduziu o art. 1º-B à Lei nº 9.494/97), pronunciada em 4.8.2005, decorrente de arguição incidental suscitada nos autos do processo TST-RR-7000-66.1992.5.04.0011, até que o Supremo Tribunal Federal se manifeste em definitivo sobre a matéria. Na hipótese, a Subseção inclinou-se em decidir em desconformidade com a referida declaração, nos termos do voto do Ministro relator que preconizava o conhecimento dos embargos por ofensa aos arts. 896 da CLT e 5º, LIV e LV, da CF e, no mérito, dava-lhes provimento para, afastado o óbice da intempestividade dos embargos à execução opostos pela Universidade Federal do Rio Grande do Norte – UFRN, determinar o retorno dos autos à vara de origem, para que prossiga no exame do recurso como entender de direito. TST-E-RR-110200-18.2003.5.21.0921, SBDI-I, rel. Min. Renato de Lacerda Paiva, 22.8.2013 (*Cf. Questão de Ordem na ADC 11, que prorrogou o prazo da liminar anteriormente deferida, mediante a qual foram suspensos todos os processos em que se discute a constitucionalidade do art. 1º-B da Lei nº 9.494/97) (Informativo nº 56)

▸ ***Execução. Prazo para interposição de embargos à execução pela Fazenda Pública. Art. 4º da MP 2.180-35/2001. Declaração incidental de inconstitucionalidade. Efeitos suspensos. ADC 11 pendente de julgamento.***

O Tribunal Pleno, por unanimidade, decidiu suspender os efeitos da declaração incidental de inconstitucionalidade formal do art. 4º da Medida Provisória nº 2.180-35/01, pronunciada nos autos do processo TST-RR-7000-66.1992.5.04.0011, julgado em 4.8.2005, até que o Supremo Tribunal Federal se manifeste em definitivo sobre a matéria nos autos da ADC 11. TST-E-RR-110200-18.2003.5.21.0921, Tribunal Pleno, rel. Min. Renato de Lacerda Paiva, 2.9.2013 (*Cf. Informativo TST nº 56) (Informativo nº 57)

4. QUESTÕES DE CONCURSOS

01. (TRT – 6ª REGIÃO/JUIZ DO TRABALHO SUBSTITUTO/2010) Com relação aos Embargos à Execução e à Impugnação aos Cálculos de Liquidação, assinale a alternativa CORRETA,

a) O prazo para Embargos à Execução no processo do trabalho é de dez dias contados da juntada aos autos do auto de penhora.

b) Na fase de Embargos à Execução, não é possível produção de prova testemunhal.

c) O exeqüente só poderá impugnar os cálculos de liquidação no momento em que tiver ciência da liberação do crédito exeqüendo.

d) Nos Embargos o executado poderá suscitar a inexigibilidade do título pela quitação.

e) A Impugnação aos Cálculos, promovida pelo exeqüente, será julgada em autos apartados.

02. (FCC – TRT 6 – Analista Judiciário/2012/ADAPTADA) Em relação à execução trabalhista, conforme regras contidas na Consolidação das Leis do Trabalho, é correto afirmar: garantida a execução ou penhorados os bens, terá o executado 10 (dez) dias para apresentar embargos, cabendo igual prazo ao exequente para impugnação.

03. (TRT 21 – Juiz do Trabalho Substituto 21ª região/ 2012) Considerando as disposições da Consolidação das Leis do Trabalho, a Lei nº 6.830/80 e a jurisprudência predominante do TST, é correto afirmar: a matéria de defesa, nos embargos à execução, será restrita às alegações de cumprimento da decisão ou do acordo, quitação ou prescrição da dívida.

04. (TRT 21 – Juiz do Trabalho Substituto 21ª região/ 2012) No que se refere à aplicação da prescrição intercorrente, e tendo em conta a jurisprudência uniformizada, tanto do Supremo Tribunal Federal como do Tribunal Superior do Trabalho sobre o tema, assinale a alternativa correta:

a) a do Supremo Tribunal Federal a admite e a do Tribunal Superior do Trabalho não a admite;

b) a do Supremo Tribunal Federal não a admite e ado Tribunal Superior do Trabalho a admite;

c) ambas não a admitem;

d) ambas a admitem;

e) o tema não recebeu uniformização pelo Supremo Tribunal Federal.

05. (TRT 3 – Juiz do Trabalho Substituto 3ª região/2014) Observando-se os procedimentos de execução previstos na CLT, NÃO é correto afirmar que:

a) Garantida a execução ou penhorados os bens terá o executado 5 dias para apresentar embargos, cabendo igual prazo ao exequente para impugnação.

b) O executado que não pagar a importância reclamada poderá garantir a execução mediante depósito da mesma, atualizada e acrescida das despesas processuais, ou nomeando bens à penhora, observada a ordem preferencial estabelecida no art. 11 da Lei nº 6.830/80, que dispõe sobre a cobrança judicial da dívida ativa da Fazenda Pública.

c) Aos trâmites e incidentes do processo da execução são aplicáveis, naquilo em que não contravierem ao Título sobre execução da CLT, os preceitos que regem o processo dos executivos fiscais para a cobrança judicial da dívida ativa da Fazenda Pública Federal.

d) Nas prestações sucessivas por prazo determinado, a execução pelo não pagamento de uma prestação compreenderá as que lhe sucederem.

e) Considera-se inexigível o título judicial fundado em lei ou ato normativo declarados inconstitucionais pelo STF ou em aplicação ou interpretação tidas por incompatíveis com a Constituição da República.

6. (TRT 8 – Juiz do Trabalho Substituto 8ª região/2014) Assinale a alternativa CORRETA:

a) Somente nos embargos à penhora poderá o executado impugnar a sentença de liquidação, cabendo ao exequente igual direito e no mesmo prazo, ocorrendo a preclusão temporal em face das partes se decorrer o prazo in albis sem manifestação por ambas.

b) Nos embargos à execução e no agravo de petição não são admissíveis as alegações de inexigibilidade do título judicial fundado em lei ou ato normativo declarados inconstitucionais pelo Supremo Tribunal Federal ou em aplicação ou interpretação tidas por incompatíveis com a Constituição Federal, visto que a decisão de mérito transitou em julgado e, nessa condição, só podem ser arguidas por meio de ação rescisória nos termos do artigo 585 do CPC, cuja competência é do Tribunal Pleno, em última instância, nos termos do artigo 678, item I, alínea "C", item 2 da CLT.

c) Na execução, garantido o Juízo ou penhorados os bens, nos embargos apenas são admissíveis como matérias de defesa as alegações de cumprimento da decisão ou do acordo, quitação ou prescrição da dívida.

d) A execução da decisão proferida em ação rescisória far-se-á nos próprios autos da ação que lhe deu origem, e será instruída com o acórdão da rescisória e a respectiva certidão de trânsito em julgado.

e) Estão corretas as alternativas das letras "a" e "d", mas estão erradas as alternativas das letras "b" e "c".

07. (TRT 23 – Juiz do Trabalho Substituto 23ª região/ 2014) Sobre a execução trabalhista, assinale a alternativa INCORRETA:

a) Faculta-se ao devedor o pagamento imediato da parte que entender devida à Previdência Social, sem prejuízo da cobrança de eventuais diferenças encontradas na execução de ofício.

b) Garantida a execução ou penhorados os bens, terá o executado cinco dias para apresentar embargos, cabendo igual prazo ao exequente para impugnação.

c) Segundo o procedimento do artigo 884 da CLT, somente nos embargos à penhora poderá o executado impugnar a sentença de liquidação, cabendo ao exequente igual direito e no mesmo prazo.

d) A matéria de defesa será restrita às alegações de cumprimento da decisão ou do acordo, quitação ou prescrição da dívida.

e) Não cabe em defesa arrolar testemunhas, eis que a matéria debatida cm execução não comporta meio de prova oral.

GAB	1	D	2	E	3	C	4	A	5	B	6	E	7	E

▸SEÇÃO IV – DO JULGAMENTO E DOS TRÂMITES FINAIS DA EXECUÇÃO

✦ SUBSISTÊNCIA DA PENHORA

Art. 885. Não tendo sido arroladas testemunhas na defesa, o juiz ou presidente, conclusos os autos, proferirá sua decisão, dentro de 5 (cinco) dias, julgando subsistente ou insubsistente a penhora.

✦ DECISÃO DEFINITIVA NA EXECUÇÃO

Art. 886. Se tiverem sido arroladas testemunhas, finda a sua inquirição em audiência, o escrivão ou secretário fará, dentro de 48 (quarenta e oito) horas, conclusos os autos ao juiz ou presidente, que proferirá sua decisão, na forma prevista no artigo anterior.

✦ INTIMAÇÃO POR VIA POSTAL

§ 1º – Proferida a decisão, serão da mesma notificadas as partes interessadas, em registrado postal, com franquia.

§ 2º – Julgada subsistente a penhora, o juiz, ou presidente, mandará proceder logo à avaliação dos bens penhorados.

1. COMENTÁRIOS

O prazo de 5 (cinco) dias, referido no art. 885, supra, para o juiz proferir sua decisão, será contada do momento em que lhe for aberta a conclusão sobre os embargos à execução. A decisão sobre os embargos é definitiva na execução e, como tal, desafia recurso de agravo de petição (art. 897, "a", da CLT).

A decisão sobre os embargos à execução será proferida fora da audiência, sendo esta a razão pela qual as partes serão cientificadas por via postal (art. 886, § 1º); o juiz, querendo, pode proceder tal intimação por outro meio, desde que seja tão efetivo quanto a intimação por via postal.

O § 2º, do art. 886, determina que o juiz proceda desde logo à avaliação dos bens, caso julgue subsistente a penhora, indeferindo os embargos à execução. A norma não prevê, contudo, o que ocorrerá se o juiz julgar insubsistente a penhora, acolhendo os embargos opostos. Nesta hipótese determinará que seja feita nova penhora ou, se não localizar outros bens do devedor, concederá vista ao exequente para indicação dos bens passíveis de penhora.

✦ AVALIAÇÃO DOS BENS: ESCOLHA DO AVALIADOR

Art. 887. A avaliação dos bens penhorados em virtude da execução de decisão condenatória, será feita por avaliador escolhido de comum acordo pelas partes, que perceberá as custas arbitradas pelo juiz, ou presidente do tribunal trabalhista, de conformidade com a tabela a ser expedida pelo Tribunal Superior do Trabalho.

§ 1º – Não acordando as partes quanto à designação de avaliador, dentro de cinco dias após o despacho que o determinou a avaliação, será o avaliador designado livremente pelo juiz ou presidente do tribunal.

§ 2º – Os servidores da Justiça do Trabalho não poderão ser escolhidos ou designados para servir de avaliador.

1. COMENTÁRIO

Este artigo cuida da avaliação dos bens penhorados e determina que esta se proceda por avaliador escolhido de comum acordo entre as partes. A norma deste artigo foi tacitamente revogada pela Lei nº 5.442, de 24.5.1968, que deu nova redação ao art. 721 da CLT, que trata das atribuições do oficial de justiça avaliador, para quem foram transferidas as funções dos avaliadores indicados pelas partes. O prazo para realização de avaliação do bem penhorado está disciplinado pelo art. 888, a seguir comentado.

✦ EDITAL DE PRAÇA

Art. 888. Concluída a avaliação, dentro de dez dias, contados da data da nomeação do avaliador, seguir-se-á a arrematação, que será anunciada por edital afixado na sede do juízo ou tribunal e publicado no jornal local, se houver, com a antecedência de vinte (20) dias.(Redação dada pela Lei nº 5.584, de 26.6.1970)

✦ ARREMATAÇÃO: MAIOR LANÇO

§ 1º – A arrematação far-se-á em dia, hora e lugar anunciados e os bens serão vendidos pelo maior lance, tendo o exeqüente preferência para a adjudicação.

✦ SINAL: 20% DO LANÇO

§ 2º – O arrematante deverá garantir o lance com o sinal correspondente a 20% (vinte por cento) do seu valor.

✦ **PRAÇA SEM LICITANTES: NOMEAÇÃO DE LEILOEIRO**

§ 3º – Não havendo licitante, e não requerendo o exeqüente a adjudicação dos bens penhorados, poderão os mesmos ser vendidos por leiloeiro nomeado pelo Juiz ou Presidente.

✦ **PERDA DO SINAL**

§ 4º – Se o arrematante, ou seu fiador, não pagar dentro de 24 (vinte e quatro) horas o preço da arrematação, perderá, em benefício da execução, o sinal de que trata o § 2º deste artigo, voltando à praça os bens executados.

1. COMENTÁRIOS

1.1. Avaliação e Arrematação

A avaliação será feita em 10 (dez) dias contados da data em o for distribuído ao oficial de justiça avaliador o respectivo mandado; caso não haja mais de um oficial de justiça na localidade, o que dispensa a distribuição, o prazo será contado da data em que o mandado lhe for entregue.

Avaliado o bem penhorado, seguir-se-á o edital de praça, que será publicado no jornal oficial (ou onde ocorrer a publicação dos atos do Judiciário) e, cumulativamente, afixado na sede do juízo. O art. 888 não exige a intimação pessoal do credor e do devedor como requisito do edital, mas nada obsta que assim se proceda, por aplicação subsidiária do art. 22, § 2º, da Lei nº 6.830/80 – quanto ao credor –, do art. 687, § 5º, do CPC/73 (art. 889, I, do CPC/2015), – quanto ao devedor, e dos demais interessados enumerados no art. 889 do CPC/2015.

O edital deve conter a descrição do bem e seu valor, o dia, hora e lugar da praça ou leilão e a existência de ônus sobre o bem (art. 686, I a V, do CPC/73 e art. 886 do CPC/2015).

No dia da praça o bem só será arrematado pelo maior lanço (art. 888, § 1º).

Sendo frustrada a praça, proceder-se-á à nomeação de leiloeiro público, para realização da expropriação judicial do bem penhorado, se o reclamante não requerer a adjudicação, ou seja, a transferência do bem do patrimônio do devedor para seu próprio.

A arrematação, que consiste na transferência do bem penhorado do patrimônio do devedor, para terceiro, ocorrerá após homologado o ato; o arrematante deve oferecer 20% do valor da arrematação, no ato, a título de sinal e complementar o restante em 24 horas, atingindo o valor da arrematação, sob pena de perda do sinal (art. 888, § 4º, da CLT).

O TST, por meio da IN nº 39/2016, art. 3º, XX, entendeu possível o parcelamento do valor da arrematação que, neste caso, não poderá ser inferior ao valor da avaliação. As regras do parcelamento do lanço estão descritas no art. 895 do CPC/2015, a seguir transcrito:

> Art. 895. O interessado em adquirir o bem penhorado em prestações poderá apresentar, por escrito:
>
> I – até o início do primeiro leilão, proposta de aquisição do bem por valor não inferior ao da avaliação;
>
> II – até o início do segundo leilão, proposta de aquisição do bem por valor que não seja considerado vil.
>
> § 1º A proposta conterá, em qualquer hipótese, oferta de pagamento de pelo menos vinte e cinco por cento do valor do lance à vista e o restante parcelado em até 30 (trinta) meses, garantido por caução idônea, quando se tratar de móveis, e por hipoteca do próprio bem, quando se tratar de imóveis.

§ 2º As propostas para aquisição em prestações indicarão o prazo, a modalidade, o indexador de correção monetária e as condições de pagamento do saldo.

§ 3º VETADO

§ 4º No caso de atraso no pagamento de qualquer das prestações, incidirá multa de dez por cento sobre a soma da parcela inadimplida com as parcelas vincendas.

§ 5º O inadimplemento autoriza o exequente a pedir a resolução da arrematação ou promover, em face do arrematante, a execução do valor devido, devendo ambos os pedidos ser formulados nos autos da execução em que se deu a arrematação.

§ 6º A apresentação da proposta prevista neste artigo não suspende o leilão.

§ 7º A proposta de pagamento do lance à vista sempre prevalecerá sobre as propostas de pagamento parcelado.

§ 8º Havendo mais de uma proposta de pagamento parcelado:

I – em diferentes condições, o juiz decidirá pela mais vantajosa, assim compreendida, sempre, a de maior valor;

II – em iguais condições, o juiz decidirá pela formulada em primeiro lugar.

§ 9º No caso de arrematação a prazo, os pagamentos feitos pelo arrematante pertencerão ao exequente até o limite de seu crédito, e os subsequentes, ao executado.

1.2. A problemática da adjudicação

A fase executória de expropriação dos bens do devedor, no processo do trabalho, sempre seguiu a sistemática do art. 888, da CLT. Segundo a referida regra, especificamente em seu § 1º, somente após a realização da praça poderia o credor requerer a adjudicação dos bens penhorados.

Após o ato de expropriação judicial poderiam ocorrer duas situações: a) frustrada a praça, a adjudicação seria requerida pelo valor da avaliação (art. 888, § 3º, da CLT); **b) tendo sido arrematado o bem**, a adjudicação seria requerida pelo valor da arrematação, mas sempre antes da assinatura do auto de arrematação (CLT, art. 888, § 1º).

Não há norma na CLT fixando prazo para assinatura do auto de arrematação, nem tampouco na Lei de Executivos fiscais (Lei nº 6.830/80), de aplicação subsidiária. No processo do trabalho tal lacuna sempre foi suprida pela aplicação subsidiária do art. 693, do CPC/73. O referido artigo previa que o auto de arrematação só seria assinado no prazo de 24 (vinte e quatro) horas da realização do ato expropriatório. Neste lapso temporal, antes da arrematação se tornar perfeita e acabada, o credor poderia requerer a adjudicação do bem penhorado, como também o executado tentaria a remição da dívida (art. 13, da Lei nº 5.584.70).

Contudo, com o advento da Lei nº 11.382/2006, a lavratura do auto de arrematação passou a se realizar "de imediato", sem o aguardo das mencionadas 24 horas. Desta forma, não haveria mais possibilidade do credor trabalhista requerer a adjudicação após a praça, pois esta se tornaria perfeita e acabada imediatamente, transferindo-se o bem penhorado do patrimônio do devedor para o terceiro arrematante. Sendo assim, somente com a antecipação do momento da adjudicação se tornaria possível superar o conflito normativo acima referido. Portanto, só se procederia ao edital de praça, se o credor não requeresse a adjudicação pelo valor da avaliação (inteligência do art. 24, I, da Lei nº 6.830/80 c/c os artigos 685-A, 685-C e 686, todos do CPC/73).

No CPC/2015 a discussão é a mesma, porque, na forma do art. 901: "A arrematação constará de auto que será lavrado de imediato...". Prossegue o Código, em seu art. 903, afirmando que: "Qualquer que seja a modalidade de leilão, assinado o auto pelo juiz, pelo arrematante e pelo leiloeiro, a arrematação será considerada perfeita, acabada e irretratável, ainda que venham a ser julgados procedentes os embargos do executado ou a ação autônoma de que trata o § 4º deste artigo, assegurada a possibilidade de reparação pelos prejuízos sofridos.".

Consequentemente, a solução para o conflito permanece a mesma: só se procederá ao edital de praça se o credor não requerer a adjudicação pelo preço da avaliação (art. 24, I, da Lei nº 6.830/80).

1.3. Leilão particular

A CLT tem procedimento próprio de expropriação de bens, que consiste na realização de hasta pública, onde o bem será vendido pelo maior lanço. Frustrada a praça será nomeado leiloeiro público; se mesmo neste caso não se realizar a expropriação judicial do bem penhorado, nada obsta a aplicação subsidiaria do CPC/73, art. 685-C (art. 880 do CPC/2015), permitindo-se a expropriação por iniciativa particular.

No mesmo sentido, Marcelo Papaléo, Curso, 2009, p. 1088, indicando a seguinte ordem: 1º a arrematação, na forma do art. 888 da CLT; 2º a adjudicação, na forma dos arts. 888 da CLT e 24 da Lei nº 6.830/80; 3º alienação particular e usufruto.

Bezerra Leite, Curso, 2007, p. 992, propõe a aplicação integral do procedimento do CPC, que prevê, em primeiro lugar, a alienação por iniciativa particular, quando o credor não tiver interesse na adjudicação do bem e, por último, a hasta pública. Esta seria, conforme o autor, a ordem a ser aplicada: primeiro, a adjudicação; segundo, o leilão particular e terceiro, a hasta pública.Também defende esta ordem Mauro Schiavi, Execução, 2008, páginas 241-242.

2. INFORMATIVOS DO TST

- ***Ação rescisória. Execução. Hasta pública. Arrematação judicial. Complementação do valor do sinal após o prazo de 24 horas. Violação do art. 888, § 4º, da CLT. Configuração.***

A CLT determina que o arrematante de bem levado à hasta pública deve garantir seu lance com sinal correspondente a 20% do valor da arrematação. Arrematado o bem, o valor deve ser complementado em 24 horas, sob pena de perda do valor do sinal em favor da execução, bem como do retorno do bem executado à praça ou leilão. Assim sendo, reputa-se violado o art. 888, § 4º, da CLT, na hipótese em que o pagamento dos 80% remanescentes ocorreu mais de um ano após a arrematação, em razão de prazo concedido pelo próprio leiloeiro. Com esse entendimento, a SBDIII, por unanimidade, conheceu do recurso ordinário dos réus, e, no mérito, negou-lhes provimento, mantendo, portanto, a decisão do Regional que julgara procedente a ação rescisória para desconstituir o acórdão proferido em agravo de petição em que homologada a arrematação do bem levado a leilão, não obstante o pagamento tenha ocorrido fora do prazo de 24 horas previsto no art.888, § 4º, da CLT. TST-RO-219900-7.2009.5.04.0000, SBDI-II, rel. Min. Alberto Luiz Bresciani de Fontan Pereira, 20.5.2014 (Informativo nº 83)

- ***Ação rescisória. Execução fiscal. Coproprietário de imóvel arrematado que não figura como parte no processo executório. Ausência de intimação. Aplicação dos art. 880 e 888 da CLT. Negativa de vigência da Lei nº 6.830/80. Violação do art. 5º, LV, da CF. Configuração.***

Viola o direito de propriedade, o devido processo legal e o contraditório, a decisão, proferida em sede de ação anulatória incidental à execução fiscal, que, negando vigência à Lei nº 6.830/80, considera válida a arrematação de imóvel penhorado sem a devida intimação de coproprietário que não figura como parte no processo executório. No caso concreto, a autora da ação anulatória era coproprietária do bem arrematado para o pagamento de dívida assumida pelo outro proprietário, réu no processo de execução fiscal. Todavia, as diversas tentativas de intimaçao de penhora se restringiram ao devedor e a única ciência do ato expropriatório dirigida à recorrente foi o edital de praça, publicado no Diário Oficial, tido como suficiente pela decisão rescindenda, pois em conformidade com os arts. 880 e 888 da CLT, equivocadamente aplicados à hipótese. Nesse contexto, a SBDI-II, à unanimidade, deu provimento ao recurso ordinário para, em juízo rescindendo e com apoio no art. 485, V, do CPC, reconhecer a ocorrência de violação literal ao art. 5º, LV, da CF, diante da negativa de aplicação, ao caso, da Lei nº 6.830/80 e, em juízo rescisório, julgar procedente a ação anulatória incidental e, em consequência, anular a arrematação, diante da ausência de intimação prévia da coproprietária. TST-RO-5800-07.2012.5.13.0000, SBDI-II, rel. Min. Cláudio Mascarenhas Brandão, 10.6.2014 (Informativo execução nº 2)

3. QUESTÕES DE CONCURSOS

01. (TRT – 1ª REGIÃO/ANALISTA JUDICIÁRIO/CESPE/2008/ADAPTADA) Na execução trabalhista, a adjudicação precede a arrematação.

02. (TRT – 14ª REGIÃO/JUIZ DO TRABALHO/2008/ADAPTADA) No processo do trabalho, o arrematante garantirá o lance com o sinal correspondente a 20% do valor da arrematação, devendo efetuar o pagamento complementar no prazo de 48 horas.

03. (TRT – 6ª REGIÕ/ANALISTA JUDICIÁRIO/FCC/2006) Os bens penhorados serão vendidos em leilão

a) mediante pedido do exeqüente, deferido pelo Juiz da execução.

b) no prazo de 10 (dez) dias depois de realizada a avaliação.

c) se a praça resultar negativa e o exeqüente não tiver requerido a adjudicação.

d) quando o arrematante deixar de garantir o lance com sinal correspondente a 20% do valor da arrematação.

e) sendo defeso ao exeqüente requerer sua adjudicação.

04. (FCC – TRT 4 – Analista Judiciário/2011) Foi afixado na sede do juizo e publicado no jornal local, com antecedência de dez dias, edital com dia, hora e local em que ocorrerá leilão de apartamento penhorado em um processo. Neste caso, o ato é

a) anulável tendo em vista disposição expressa neste sentido na Consolidação das Leis do Trabalho, podendo tal nulidade ser alegada apenas pelo Ministério Público do Trabalho.

b) válido e eficaz tendo em vista que todas as formalidades legais foram devidamente respeitadas.

c) nulo por desatender formalidade legal prevista na Consolidação das Leis do Trabalho.

d) anulável tendo em vista disposição expressa neste sentido na Consolidação das Leis do Trabalho, podendo tal nulidade ser alegada apenas pela parte prejudicada.

e) válido desde que este edital forneça prazo de trinta dias para a manifestação expressa de credores quirografários e com garantia real.

05. (TRT 19 – Juiz do Trabalho Substituto 19ª região/ 2012) Quanto à execução trabalhista e à vista do texto da CLT, assinale a alternativa incorreta: A arrematação far-se-á em dia, hora e lugar anunciados e os bens serão vendidos pelo maior lance, tendo o exequente preferência para a adjudicação. O arrematante deverá garantir o lance com o sinal correspondente a 30% (trinta por cento) do seu valor.

06. (TRT 2 – Juiz do Trabalho Substituto 2ª região/2014) Em matéria de arrematação, aponte a alternativa correta:

a) Sem exceção podem participar da licitação com o fito de arrematar bens penhorados, todos os que estiverem na livre administração de seus bens.

b) O menor púbere ou impúbere pode licitar desde que o faça assistido ou representado.

c) O credor também pode arrematar os bens, desde que exiba o preço.

d) Se o valor do bem exceder ao crédito do exequente, no momento do lanço, poderá aquele depositar dentro de 24 (vinte e quatro) horas a diferença, sob pena de ser tornada sem efeito a arrematação.

e) A expropriação dos bens pode ser efetuada, no processo do trabalho, na fase da segunda praça.

07. (TRT 2 – Juiz do Trabalho Substituto 2ª região/2014) No que tange à adjudicação, observe as proposições abaixo e responda a alternativa que contenha proposituras corretas:

I. É uma das formas de pagamento do credor, e também um meio de aquisição da propriedade.

II. A transferência da propriedade dos bens levados à praça poderá se dar contra a vontade do devedor.

III. Pelo sistema do processo do trabalho compreende somente os bens imóveis, que serão adquiridos pelo exequente, quando regularmente processado o procedimento licitatório.

IV. O credor somente pode requere-la se houver praça e nela comparecerem os licitantes.

V. É incabível ação rescisória para impugnar decisão homologatória que a concede.

Está correta a alternativa:

a) I, II e III.
b) III, IV e V.
c) II, IV e V.
d) I, III e IV.
e) I, II e V.

08. (FCC – Analista Judiciário – Área Judiciária – TRT 16/2014) Considere as seguintes assertivas a respeito da praça, leilão e da arrematação:

I. Concluída a avaliação, seguir-se-á a arrematação, que será anunciada por edital afixado na sede do juízo ou tribunal e publicado no jornal local, se houver, com a antecedência de quinze dias.
II. O sinal para garantir o lance é de 50% sobre o seu valor.
III. O arrematante terá cinco dias para pagar o preço da arrematação, prazo este contado do dia da praça.
IV. Se o arrematante, ou seu fiador, não pagar no prazo legal o preço da arrematação, perderá, em benefício da execução, o sinal que foi dado, voltando à praça os bens executados.

De acordo com a Consolidação das Leis do Trabalho está correto o que se afirma APENAS em

a) I e IV.
b) II.
c) I e III.
d) II e IV.
e) IV.

09. (FCC – Analista Judiciário – Oficial de Justiça Avaliador – TRT 11/2017) Camilo está noivo de Isabella e pretendem se casar no ano de 2017. Desde o noivado, Camilo busca adquirir um imóvel para a residência do casal. Fernanda, irmã de Camilo, advogada e militante na Justiça do Trabalho, entrega para seu irmão um edital com leilão para venda de imóveis penhorados em reclamações trabalhistas e explica para Camilo que se ele pretender adquirir um dos imóveis deverá depositar um sinal correspondente a

a) 20% do valor do imóvel e pagar o preço total dentro de 24 horas da arrematação.
b) 30% do valor do imóvel e pagar o preço total dentro de 24 horas da arrematação.
c) 20% do valor do imóvel e pagar o preço total dentro de 48 horas da arrematação.
d) 30% do valor do imóvel e pagar o preço total dentro de 48 horas da arrematação.
e) 15% do valor do imóvel e pagar o preço total dentro de 5 dias da arrematação.

GAB	1	E	2	E	3	C	4	C	5	C	6	B	7	E	8	E	9	A

✦ LEI DE EXECUTIVOS FISCAIS

Art. 889. Aos trâmites e incidentes do processo da execução são aplicáveis, naquilo em que não contravierem ao presente Título, os preceitos que regem o processo dos executivos fiscais para a cobrança judicial da dívida ativa da Fazenda Pública Federal.

1. COMENTÁRIOS

A aplicação subsidiária dos dispositivos que regem a execução promovida pela Fazenda Pública Federal atraia a incidência da Lei nº 6.830/80. Na omissão desta lei aplicam-se as regras da execução previstas no CPC.

2. QUESTÕES DE CONCURSOS

01. (TRT – 1ª REGIÃO/JUIZ DO TRABALHO/2008/ADAPTADA) Com a edição da Lei nº 6.830/80, que passou a reger a cobrança da dívida da Fazenda Pública, o artigo 889 da CLT retomou sua eficácia. Assim as normas previstas na Lei nº 6.830/80 serão de aplicação subsidiária na execução trabalhista, salvo quanto aos créditos das contribuições previdenciárias e o imposto de renda.

02. (TRT 21 – Juiz do Trabalho Substituto 21ª região/ 2012) Considerando as disposições da Consolidação das Leis do Trabalho, a Lei n° 6.830/80 e a jurisprudência predominante do TST, é correto afirmar: aos trâmites e incidentes do processo da execução são aplicáveis, naquilo em que não contravierem as regras estabelecidas da CLT, os preceitos que regem os atos executivos previstos no Código de Processo Civil.

GAB	1	E	2	E

✦ **RECOLHIMENTO DAS CONTRIBUIÇÕES SOCIAIS**

Art. 889-A. Os recolhimentos das importâncias devidas, referentes às contribuições sociais, serão efetuados nas agências locais da Caixa Econômica Federal ou do Banco do Brasil S.A., por intermédio de documento de arrecadação da Previdência Social, dele se fazendo constar o número do processo. (Incluído pela Lei nº 10.035, de 25.10.2000)

✦ **SUSPENSÃO DA EXECUÇÃO**

§ 1º – Concedido parcelamento pela Secretaria da Receita Federal do Brasil, o devedor juntará aos autos a comprovação do ajuste, ficando a execução da contribuição social correspondente suspensa até a quitação de todas as parcelas.(Redação dada pela Lei nº 11.457, de 16.03.2007)

✦ **INFORMAÇÕES À RECEITA**

§ 2º – As Varas do Trabalho encaminharão mensalmente à Secretaria da Receita Federal do Brasil informações sobre os recolhimentos efetivados nos autos, salvos e outro prazo for estabelecido em regulamento. (Redação dada pela Lei nº 11.457, de 16.03.2007)

1. COMENTÁRIOS

As contribuições sociais referidas neste artigo são as contribuições previdenciárias. As Varas do Trabalho informam à Receita Federal do Brasil as arrecadações de contribuições previdenciárias e de imposto de renda. Trata-se de forma de controle, pela União Federal, dos valores arrecadados pelos órgãos do Judiciário Trabalhista, para que a União possa avaliar, pelo órgão competente, as razões de eventual queda na arrecadação ou até mesmo as razões de algum aumento abrupto na receita.

2. QUESTÕES DE CONCURSOS

01. (TRT – 8ª REGIÃO/JUIZ DO TRABALHO/2006/ADAPTADA) Os recolhimentos das importâncias devidas, referentes às contribuições sociais, serão efetuados nas agências locais da Caixa Econômica Federal ou do Banco do Brasil S.A., cabendo ao devedor, caso se trate de microempresário ou empresa de pequeno porte, e optante pelo SIMPLES, pagar a contribuição previdenciária, observando as regras dispostas na norma específica.

02. (TRT – 8ª REGIÃO/JUIZ DO TRABALHO/2007/ADAPTADA) Sendo concedido parcelamento do débito previdenciário perante o INSS, mediante prova nos autos dessa ocorrência, o processo deverá ser arquivado, cabendo ao órgão previdenciário o controle do integral cumprimento do parcelamento.

03. (TRT – 24ª REGIÃO/JUIZ DO TRABALHO/2006/ADAPTADA) Sendo concedido parcelamento do débito previdenciário perante o INSS o devedor deverá juntar aos autos documentos comprobatórios do referido ajuste, ficando suspensa a execução da respectiva contribuição previdenciária até final e integral cumprimento do parcelamento.

04. (TRT – 1ª REGIÃO/JUIZ DO TRABALHO/2008/ADAPTADA) Os recolhimentos das importâncias devidas, referentes às contribuições sociais, serão efetuados nas agências locais da Caixa Econômica Federal ou do Banco do Brasil S. A., por intermédio de documento de arrecadação da Previdência Social, dele se fazendo constar o número do processo.

GAB	1	C	2	E	3	C	4	C

▸SEÇÃO V – DA EXECUÇÃO POR PRESTAÇÕES SUCESSIVAS

✦ **EXECUÇÃO**

Art. 890. A execução para pagamento de prestações sucessivas far-se-á com observância das normas constantes desta Seção, sem prejuízo das demais estabelecidas neste Capítulo.

✦ **PRESTAÇÕES SUCESSIVAS POR TEMPO DETERMINADO**

Art. 891. Nas prestações sucessivas por tempo determinado, a execução pelo não-pagamento de uma prestação compreenderá as que lhe sucederem.

✦ **PRESTAÇÕES SUCESSIVAS POR TEMPO INDETERMINADO**

Art. 892. Tratando-se de prestações sucessivas por tempo indeterminado, a execução compreenderá inicialmente as prestações devidas até a data do ingresso na execução.

1. COMENTÁRIOS

O contrato de trabalho compreende uma relação de trato sucessivo, de forma que qualquer sentença condenatória que envolva relação de emprego ainda em curso observará as regras desta Seção.

Em se tratando de prestações sucessivas por tempo indeterminado, como nas obrigações reconhecidas nos contrato de trabalho em curso, as prestações devidas serão incluídas na execução à medida que forem vencendo; eventual mudança no estado de fato ou de direito, que resultar na alteração da condenação, influenciará nas prestações devidas, pois também poderão ser atingidas, caso a sentença seja revista (art. 471, I, do CPC/73 e art. 505, I, do CPC/2015).

Nas prestações sucessivas por tempo determinado têm como exemplo a hipótese do acordo trabalhista. As parcelas do acordo são definidas previamente e, no inadimplemento de uma prestação, as demais têm seu vencimento antecipado, como se observa da redação do art. 891, da CLT.

2. QUESTÕES DE CONCURSOS

01. **(TRT – 1ª REGIÃO/JUIZ DO TRABALHO/2008/ADAPTADA)** Tratando-se de prestações sucessivas por tempo indeterminado, a execução compreenderá inicialmente as prestações devidas até a data em que proferida a sentença.

02. **(TRT – 11ª REGIÃO/JUIZ DO TRABALHO/FCC/2007)** Em determinada ação trabalhista, as partes se compõem, ajustando na transação o pagamento de R$ 10000,00 pela reclamada, em quatro parcelas iguais de R$ 2500,00, com vencimento em 25/08/07, 25/09/07, 25/10/07 e 25/11/07, tendo sido, ainda, pactuado na hipótese de inadimplência 50% de multa. O acordo foi devidamente homologado. Vencida a primeira parcela e não se verificando o pagamento, terá início a execução pelo valor

a) da parcela vencida, mais 50% de multa sobre a parcela.

b) da parcela vencida, acrescida da multa de 50%, mais parcelas vincendas, sem multas.

c) das parcelas vencidas até a data da assinatura do mandato executório, mais multa de 50% sobre tais parcelas.

d) total da conciliação, mais a multa, devendo aguardar-se o término do prazo avençado para cumprimento do acordo, para ato contínuo expedir mandado executório.

e) total do acordo, mais a multa de 50%.

03. **(TRT – 24ª REGIÃO/JUIZ DO TRABALHO/2007/ADAPTADA) Tratando-se de prestações sucessivas (FCC – TRT 11 – Analista Judiciário/2012)** Em relação à execução por prestações sucessivas, por tempo indeterminado, é correto afirmar que

a) não há previsão de execução por prestações sucessivas no processo do trabalho.

b) a execução compreenderá inicialmente as prestações devidas até a data do ingresso na execução.

c) a execução por prestações sucessivas no processo do trabalho obedece aos parâmetros estabelecidos no CPC, aplicável subsidiariamente ao processo do trabalho.

d) a execução pelo não pagamento de uma prestação compreenderá as que lhe sucederem.

e) a execução compreenderá apenas as prestações devidas após o ingresso na execução.

04. **(TRT 8 – Juiz do Trabalho Substituto 8ª região/2014)** Assinale a alternativa CORRETA:

a) Conforme os artigos 890, 891 e 892 da CLT, são três as espécies de execução por prestações sucessivas no processo judiciário do trabalho: I. As prestações por tempo determinado; II. As prestações por prazo indeterminado; III. As obrigações de natureza indivisível.

b) De acordo ainda com artigos 890, 891 e 892 da CLT, nas prestações sucessivas por prazo determinado, a execução pelo não-pagamento de uma prestação compreenderá as que lhe sucederem; enquanto que nas prestações sucessivas por prazo indeterminado, a execução compreenderá inicialmente as prestações devidas até a data do ingresso na execução (Art. 892, CLT). E na obrigação indivisível com pluralidade de credores, aquele que não participou do processo receberá a sua parte, deduzidas as despesas na proporção de seu crédito.

c) Embora não haja atividade cognitiva, a decisão que declara extinta a execução, nos termos do art. 794 combinado com o art. 795 do CPC, extingue a relação processual e a obrigacional, sendo passível de corte rescisório.

d) Em se cuidando de crédito trabalhista, poderá o credor hipotecário usar do favor legal contido no artigo 1.483. parágrafo único, do Código Civil e pedir a adjudicação do bem, visto que seu direito é preexistente à penhora trabalhista e, nessa condição, ao seu direito de preferência não se opõe a preferência do crédito trabalhista.

e) Os direitos oriundos da existência do contrato de trabalho subsistirão em de recuperação judicial ou dissolução da empresa, exceto em caso de falência, sendo que, nesta, os referidos direitos constituirão créditos privilegiados a totalidade dos salários devidos ao empregado e a totalidade das indenizações a que tiver direito, inclusive em relação ao direito do credor hipotecário, para pagamento de seu crédito, de requerer a adjudicação do imóvel.

05. (TRT 23 – Juiz do Trabalho Substituto 23ª região/ 2014) Após a análise dos itens abaixo, assinale a alternativa CORRETA:

I. Se o arrematante, ou seu fiador, não pagar, no quinquídio legal, o preço da arrematação, perderá, em benefício da execução, o sinal de que trata o artigo 888, § 2°, consolidado.

II. Tratando-se de execução para pagamento de prestações sucessivas por tempo indeterminado, a execução compreenderá, inicialmente, as prestações devidas até a data do ingresso da execução.

III. Concedido parcelamento pela Secretaria da Receita Federal do Brasil, o devedor juntará aos autos a comprovação do ajuste, ficando extinta a execução da contribuição social correspondente.

IV. Julgar-se-ão na mesma sentença os embargos e as impugnações à liquidação apresentados pelos credores trabalhistas, mas não os apresentados pelo credor previdenciário.

a) Apenas está correta a assertiva II.

b) Apenas estão corretas as assertivas II e IV.

c) Estão corretas as assertivas I e II,

d) Apenas está correta a assertiva III.

e) Apenas estão corretas as assertivas I e IV

GAB	1	E	2	E	3	C	4	C	5	A

▸CAPÍTULO VI – DOS RECURSOS

✦ **RECURSOS EM ESPÉCIE**

Art. 893. das decisões são admissíveis os seguintes recursos: (Redação dada pela Lei nº 861, de 13.10.1949)

I – embargos;

II – recurso ordinário;

III – recurso de revista;

IV – agravo.

✦ **IRRECORRIBILIDADE IMEDIATA DAS DECISÕES INTERLOCUTÓRIAS**

§ 1º – Os incidentes do processo são resolvidos pelo próprio Juízo ou Tribunal, admitindo-se a apreciação do merecimento das decisões interlocutórias somente em recursos da decisão definitiva. (Parágrafo único renumerado pelo Decreto-lei nº 8.737, de 19.1.1946)

✦ **RECURSO AO STF: AUSÊNCIA DE EFEITO SUSPENSIVO**

§ 2º – A interposição de recurso para o Supremo Tribunal Federal não prejudicará a execução do julgado. (Incluído pelo Decreto-lei nº 8.737, de 19.1.1946)

1. COMENTÁRIOS

1.1. Natureza e Conceito de Recurso

O recurso é definido como meio de impugnação das decisões judiciais, posto à disposição da parte, de terceiro interessado, ou do Ministério Público, cujo objetivo é reformar, anular ou integrar a decisão, modificando-a no mesmo processo em que proferida, de acordo com o procedimento previsto legalmente. A reforma ocorrerá sempre que a decisão comete um erro de julgamento (error in judicando), como, v.g., a má-apreciação do conjunto probatório. A anulação tem lugar quando o juízo comete um erro de procedimento (error in procedendo), comprometendo a decisão, v.g., no indeferimento de prova indispensável à demonstração do fato constitutivo do direito do autor. A integração da decisão é o fenômeno que visa superar os vícios formais da decisão, como ocorre com os embargos da declaração.

Sendo o recurso meio de impugnação que é utilizado no mesmo processo, entende a doutrina majoritária que sua natureza é de prolongamento do exercício de direito de ação; confirma esta natureza o fato de que os pressupostos de admissibilidades do recurso, são, em boa monta, derivados do pressupostos processuais e condições da ação.

1.2. Prazo

O processo do trabalho uniformizou os prazos recursais em 8 (oito) dias, conforme regra prevista no art. 6º da Lei nº 5.584/70: "será de 8 (oito) dias o prazo para interpor e contra-arrazoar qualquer recurso (CLT, art. 893).". No que tange ao prazo para contra-arrazoar, a regra da lei ordinária citada se compatibiliza com o art. 900, da CLT. A regra, ou quase regra, como prefere Rodrigues Pinto, Recursos, 2006, p. 71, comporta três exceções: **a)** o pedido de revisão, no prazo de 48 horas, previsto no art. 2º, § 1º, da Lei nº 5.584/70; **b)** os embargos de declaração, no prazo de 5 dias, do art. 897-A, da CLT; **c)** o recurso extraordinário, de 15 dias, do art. 508 do CPC/73 (art. 1.003, § 5º, do CPC/2015). Podem-se admitir, ainda, outras exceções, quanto a recursos cujo prazo pode variar para cada Tribunal, escapando da regra geral da uniformização: Reclamação Correicional e Agravo Regimental, cujos prazos serão estabelecidos nos regimentos internos de cada Tribunal.

O art. 1070 do CPC/2015 prevê prazo de 15 dias para o chamado *agravo interno,* também conhecido como *agravo regimental.* O agravo interno está previsto no CPC, art. 994, III, e regulado no art. 1.021. A intenção da norma do art. 1.070 foi uniformizar em 15 dias o prazo de qualquer recurso desta natureza previsto em norma especial ou regimento de tribunal.

O TST, por intermédio da IN nº 39/2016, art. 2º, XIII, entendeu ser a regra do art. 1.070 do CPC inaplicável ao processo do trabalho. Provavelmente, entendeu o TST por respeitar a autonomia de cada tribuna regional quanto à fixação de prazo para agravos internos. Ademais, qualquer uniformização de prazo na esfera trabalhista deve observar a regra geral de 8 dias, conforme acima disposto, e que vem servindo de fundamento para a previsão regimental do prazo de agravo interno nos tribunais.

1.3. Efeitos

O primeiro e imediato efeito de cada recurso, é prolongar a formação da coisa julgada, ou, na hipótese dos embargos de declaração, evitar a preclusão. A este adiamento da forma da coisa julgada há quem denomine efeito obstativo, conforme Cássio Scarpinella Bueno, apud Bebber, Recursos, 2009, p. 176.

O efeito obstativo é provocado pelo uso do recurso que tem por objetivo remeter ao Tribunal o conhecimento e julgamento da matéria impugnada; a esta delimitação do que se pretende impugnar e remeter ao Tribunal se dá o nome de efeito devolutivo, que é inerente a todo e qualquer recurso trabalhista; mesmo os embargos de declaração, na hipótese de omissão do julgamento, têm efeito devolutivo.

O efeito devolutivo analisado quanto à sua extensão (perspectiva horizontal) corresponde à identificação do objeto do recurso, ou seja, a matéria impugnada e que será apreciada pelo Tribunal; a perspectiva horizontal do efeito devolutivo é representada pelo brocado tantum devolutum quanto appellatum, previsto no art. 515, caput, do CPC/73 (art. 1.013, *caput*, do CPC/2015).

Analisado o efeito devolutivo quanto à sua profundidade (perspectiva vertical) temos que o Tribunal estará obrigado a apreciar, dentro da matéria impugnada (extensão), todas as questões e fundamentos trazidos na Inicial e na Contestação, independentemente de apelo neste sentido (art. 515, §§ 1º e 2º, do CPC/73 e art. 1.013, §§ 1º e 2º, do CPC/2015). A título de exemplo, apresentado recurso quanto ao capítulo da sentença que resolveu as horas extras, as alegações referentes à compensação, banco de horas, dedução das horas pagas, etc., serão objeto de automática apreciação pelo Tribunal, mesmo que a sentença não tenha apreciado estes temas (neste sentido as Súmulas 100, VII e 393, ambas do TST).

O CPC/2015, em seu art. 1.013, § 3º, aplicável ao processo do trabalho por força da IN do TST nº 39/2016, art. 3º, XXVIII, adotou de forma mais ampla que o CPC/73, art. 515, a teoria da causa madura. Na atual redação da norma processual, o tribunal está autorizado a avançar no julgamento de mérito, deste que causa esteja madura para julgamento, afastando a sentença que tenha ou não resolvido o mérito, seja a matéria de direito ou de fato, dentro das hipóteses previstas no art. 1.013, § 3º, a saber:

> Se o processo estiver em condições de imediato julgamento, o tribunal deve decidir desde logo o mérito quando:
>
> I – reformar sentença fundada no art. 485;
>
> II – decretar a nulidade da sentença por não ser ela congruente com os limites do pedido ou da causa de pedir;
>
> III – constatar a omissão no exame de um dos pedidos, hipótese em que poderá julgá-lo;
>
> IV – decretar a nulidade de sentença por falta de fundamentação.

O efeito translativo, que para alguns é exceção ao efeito devolutivo (Bebber, Recursos, 2009, p. 181), é identificado pela exigência do Tribunal apreciar temas não abordados no recurso, mas que devem ser conhecidas de ofício, por razões de ordem pública; seria o caso, por exemplo, da apreciação de nulidade absoluta, por ser o juízo de primeiro grau incompetente em razão da matéria.

O efeito suspensivo é previsto na suspensão da eficácia da decisão impugnada. O procedimento da CLT não identifica este efeito para nenhum recurso. A Lei nº 10.192/2001, em seu art. 14, prevê tal efeito para o recurso ordinário interposto contra acórdão normativo dos Tribunais (vide comentários ao art. 895, a seguir). Afora esta hipótese, e na vigência do CPC/73, o efeito suspensivo só era obtido por ação cautelar. Atualmente, tal efeito pode se conseguir requerimento dirigido ao tribunal, ao relator ou ao presidente ou ao vice-presidente do tribunal recorrido, por aplicação subsidiária ao processo do trabalho do artigo 1.029, § 5º, do CPC de 2015 (S. 414, I, do TST).

O efeito expansivo ocorre sempre que o julgamento do recurso ensejar decisão mais abrangente que seu objeto, seja para atingir capítulos da sentença não impugnados (efeito expansivo objetivo), seja para abranger pessoas que não foram parte no recurso, apesar de serem parte no processo – efeito expansivo subjetivo (Daniel Neves, Manual, 2009, p. 508). O efeito expansivo objetivo se subclassifica em expansivo interno e externo. O interno, se refere a capítulos da sentença que acabam sofrendo os efeitos do recurso, mesmo não tendo sido apreciados pelo Tribunal, numa relação de causa e efeito; é o caso, v.g., de recurso que consegue obter o reconhecimento do vínculo de emprego no Tribunal, sem ter havido apelo sobre as verbas rescisórias, cujo tema sofrerá o efeito do julgamento do vínculo antes negado. O segundo, externo, se verifica sempre que o julgamento do recurso atinge outros atos processuais, como na declaração de nulidade do processo, que atingirá outros atos praticados (Daniel Neves, Manual, 2009, p. 509). O efeito expansivo subjetivo, segundo a maioria da doutrina, só se aplica aos litisconsortes unitários, pois a sentença uniforme para estes litisconsortes, permite que o recurso oferecido por um dos litisconsortes aproveite os demais (CPC/73, art. 509 e art. 1.005 do CPC/2015).

O efeito substitutivo é representado pelo fenômeno da substituição do julgamento pelo órgão de superposição: o acórdão regional substitui a sentença, e assim sucessivamente (CPC/73, art. 512 e art. 1.008 do CPC/2015); tal efeito se manifesta na revisão (reforma), como na manutenção da decisão, mas não existe na anulação, pois nesta hipótese desaparecerá o primeiro julgamento, sem ser substituído por qualquer outro.

O efeito regressivo, ou infringente, é identificado pela possibilidade de retratação ou modificação do julgamento pelo próprio órgão judicante. Tal efeito é inerente aos recursos de embargos de declaração (art. 897-A, da CLT) e agravo de instrumento (art. 897, "b", da CLT), mas também pode aparecer no recurso ordinário.

O art. 1.010, §§ 1º a 3º do CPC/2015, que cuida do recebimento do recurso de Apelação, não prevê expressamente a possibilidade da retratação de sua admissibilidade, quando do oferecimento das contrarrazões. Na verdade, a regra permite até mesmo a remessa ao Tribunal sem que tenha havido juízo de admissibilidade em 1º grau, desde que preservado o prazo para contrarrazões (§ 3º, do art. 1.010, do CPC/2015, que entendeu inaplicável o TST, IN nº 39/2016, art. 2º, XI).

Ainda assim, a nosso ver, nada obsta que o juiz de 1º grau se retrate quanto à admissibilidade do Recurso Ordinário, caso perceba a ausência de algum pressuposto recursal, de ofício, ou provocado pela outra parte em suas contrarrazões. Neste particular, existem situações especificas no CPC de 2015, art. 485, § 7º, que permitem a retratação do juiz quanto à sentença que não resolveu o mérito. Nas situações descritas no código, o juiz poderá retratar-se tão logo seja interposta a Apelação. O TST, nos termos da IN nº 39/2016, art. 3º, VIII, entendeu que a retratação do juiz quanto à sentença terminativa se aplica integralmente ao recebimento do Recurso Ordinário.

O efeito diferido é observado quando o julgamento de um recurso depende da apreciação de outro ou de uma condição que suspende sua apreciação. É o caso, v.g., do exame de recurso de revista, na mesma sessão do Tribunal que deu provimento ao agravo de instrumento que o antecedeu e permitiu seu julgamento.

1.4. Princípios

A doutrina não encontra uniformidade de tratamento no tema, mas podem ser destacados, com certa regularidade, os seguintes princípios recursais: a)duplo grau de jurisdição: possibilidade de revisão das decisões, quando prevista em lei; só é obrigatório no reexame necessário, quando toma o nome de duplo grau obrigatório, requisito de eficácia dos julgamentos em que a fazenda pública é desfavorecida (DL nº 779/69 e S. 303, do TST); **b)** taxatividade (ou legalidade): a permissão de recursos somente quando previstos em lei federal, diante da competência privativa do art. 22, I, da CF, quanto à matéria processual; há certa flexibilidade para se admitirem recursos previstos no regimento interno; **c)** dialeticidade: necessidade de fundamentação dos recursos e de formulação de efetivos pedidos, como anulação ou reforma; o recurso ordinário é tido como recurso de fundamentação livre, não sendo influenciado por este princípio; **d)** voluntariedade: demonstração inequívoca da vontade de recorrer, manifestada no prazo de sua interposição; **e)** fungibilidade: possibilidade de adaptações quanto a equívocos de técnica da apresentação do recurso, desde que não haja erro grosseiro; **f)** proibição da reformatio in pejus: impossibilidade de que o recorrente veja sua situação agravada diante do recurso que ofereceu; **g)** irrecorribilidade imediata das decisões interlocutórias: impossibilidade de recurso imediato contra as decisões interlocutórias, salvos as exceções previstas em lei e construídas pela jurisprudência (vide comentários a este mesmo artigo, logo abaixo, em tópico próprio); **h)** uniformidade dos prazos recursais: unificação dos prazos recursais em 8 dias (vide exceções ao princípio no tópico acima, destinado ao prazo); **i)** variabilidade: possibilidade de se alterar o recurso, ou trocá-lo por outro dentro do prazo recursal; sua aceitação era clara no CPC, de 1939, art. 809, mas o código que o sucedeu não o permitiu, o que faz com que muitos defendam a preclusão consumativa no momento da interposição do recurso; quem ainda defende a variabilidade na esfera trabalhista, sustenta o princípio pelo jus postulandi da parte, sujeitando o leigo a estes equívocos de técnica recursal (Rodrigues Pinto, Recursos, 2006, p. 50-51); **j)** alterabilidade: há quem veja na alterabilidade (possibilidade de modificar a fundamentação ou o pedido do recurso) um princípio próprio, mas preferimos incluí-lo como atitude da variabilidade, opondo as mesmas restrições antes mencionadas; **k)** complementariedade: possibilidade de adendar as razões recursais, quando a sentença ou acórdão for modificado posteriormente à interposição do recurso, pelo provimento dos embargos de declaração.

1.5. Pressupostos de Admissibilidade Recursal

A doutrina aponta diversas classificações acerca dos pressupostos recursais: objetivos e subjetivos, gerais e específicos, mas a que desponta como predominante classifica os pressupostos em extrínsecos e intrínsecos. Os pressupostos, ou requisitos intrínsecos, são atinentes à própria existência do direito de recorrer e os requisitos extrínsecos são concernentes ao exercício deste mesmo direito (Barbosa Moreira, O Novo, 2007, p. 119).

São pressupostos intrínsecos: **a)**cabimento – que consiste em adequar-se o recurso à decisão; para tanto, o legitimado a recorrer deve observar se a decisão comporta alguma espécie de recurso (existem decisões irrecorríveis, como os despachos, que são atos do juiz sem conteúdo decisório); o erro na interposição de um recurso, desde que não seja grosseiro, não prejudica seu cabimento, pois o princípio da fungibilidade permite a adaptação; **b)** legitimidade – aqueles que possuem algum grau de relacionamento com o objeto litigioso estão legitimados a recorrer; são as partes, o terceiro que se tornou parte, como são os chamados, denunciados, opoentes e nomeados; os terceiros juridicamente interessados e o MPT (CPC/73, art. 499 e CPC/2015, art. 996); **c)** interesse – "configura-se o requisito sempre que o recorrente possa esperar, em tese, do julgamento do recurso, situação mais vantajosa, do ponto de vista prático, do que aquela em que haja posto a decisão impugnada (utilidade do recurso) e, mais, que lhe seja preciso usar as vias recursais para alcançar este objetivo (necessidade do recurso)" (Barbosa Moreira, O Novo, 2007, p. 117); é que a doutrina qualifica como sucumbência; **d)** inexistência de fato impeditivo ou extintivo do poder de recorrer – são atos que denotam, de forma tácita ou expressa, a intenção da parte de não recorrer, seja renunciando diretamente ao recurso, seja praticando atos incompatíveis com o direito de recorrer, como a apresentação de cálculos de liquidação da sentença ainda na fluência do prazo recursal.

São requisitos ou pressupostos extrínsecos: **a)** tempestividade: os recursos são atos eminentemente formais, sendo imprescindível a observância do prazo, procedimento e forma legal; no que diz respeito a contagem, fluência, suspensão e outros fenômenos atinentes ao prazo, nos reportamos aos comentários aos artigos 774 e 775 da CLT; especificamente quanto à intimação da sentença, que dá início ao prazo recursal, vide comentários ao art. 852, da CLT.; **b)** preparo: no processo do trabalho este pressuposto engloba as custas, que são recolhidas no ato de interposição do recurso (art. 789, § 1º, da CLT), e depósito recursal, que está previsto, originariamente no art. 899 da CLT, a cujos comentários nos reportamos; **c)** regularidade formal – a interposição de recursos deve observar a forma e o procedimento legal; diferentemente do que ocorre na fase de conhecimento, a oralidade não é inerente à fase recursal; são formalidades do recurso: a peça apresentada sob a forma escrita, a fundamentação, o instrumento de mandato, a instrução com documentos na hipótese de agravo, a assinatura das partes ou do advogado, etc.

1.6. Recursos não previstos no art. 893, da CLT

O rol de recursos trabalhistas constantes do art. 893, acima, não é exaustivo, porque a legislação processual trabalhista foi alterada ao longo do tempo, incluindo outros recursos, a seguir mencionados.

a) Recurso de Revisão de Alçada: também conhecido como Pedido de Revisão, ou Recurso Inominado, previsto no art. 2º, da Lei nº 5.584/70. Trata-se de remédio recursal cujo objetivo é modificar o valor de até 2 salários mínimos, fixado pelo juiz para fins de alçada, evitando a irrecorribilidade das sentenças proferida em demandas com tal valor; a exceção à irrecorribilidade é a violação à CF (art. 2º, § 4º, da Lei nº 5.584/70). Trata-se de recurso sem preparo e sem efeito suspensivo da decisão, como é regra no processo do trabalho. Seu cabimento tem com pressuposto a rejeição ao pedido de retratação do valor fixado à alçada, que deverá ser formulado pela parte em razões finais orais (art. 2º, § 1º, da Lei nº 5.584/70). Rejeitada a reconsideração postulada, verbalmente, em audiência, a parte tem 48 horas, contados da audiência onde foi fixado o valor de alçada em até 2 salários mínimos, para interpor o apelo (art. 2º, § 1º, da Lei nº 5.584/70).

O Presidente do Tribunal apreciará o pedido de revisão no prazo de 48 horas. Provido o recurso, a parte terá direito de recorrer da sentença, pois o valor de alçada será maior do que dois salários mínimos; negado provimento, o resultado obtido com a sentença é irrecorrível, formando coisa julgada, salvo violação à Constituição Federal. Qualquer que seja a decisão monocrática do pedido de revisão, ela será irrecorrível e extintiva do feito, pois encerra esta fase recursal (Rodrigues Pinto, Recursos, 2006, p. 214).

Havendo violação à norma constitucional, diante da sentença que, ao fim, continuou irrecorrível pelas vias ordinárias, a doutrina questiona o cabimento de recurso extraordinário direto ao STF ou a necessidade de esgotamento de todas as instâncias recursais, até se atingir a Suprema Corte. A possibilidade de recurso direto ao STF, segundo pensamos, afrontaria toda a hierarquia do sistema recursal, além de submeter à Corte Constitucional causas que sequer foram prequestionadas nas instâncias inferiores.

Defendendo o esgotamento das instâncias recursais, até se alcançar o STF: Coqueijo Costa, Direito Judiciário, 1978, p. 497: "Recorrivel – aduzimos nós – para o órgão trabalhista imediatamente superior, e não diretamente para o STF, ante os termos da Constituição Federal (art. 143). A posição do autor era compatível com o regime constitucional então vigente. Explica Bezerra Leite, Curso, 2007, p. 813, defendendo a possibilidade de recurso extraordinário diretamente ao STF: "Importa referir que, ao contrário da Carta de 1967 (art. 143), que só admitia recurso extraordinário das decisões do TST em matéria trabalhista/constitucional, a Constituição de 1988 (art. 102, III) já não mais exige que a decisão seja de Tribunal.".

Valentin Carrion, Comentários, 2010, p. 861, tece semelhantes considerações para justificar o Recurso Extraordinário diretamente ao STF, nas causas de alçada: "...pela CF/69, art. 119, III, teriam de caber todos os recursos para chegar-se ao STF; a CF/88, art. 102, III, diz: "única ou última instância", sem acrescentar, como a anterior, "por outros Tribunais". Evidencia-se, assim, o acerto dos que entendem suprimida a exigência de recursos intermediários, quebrando o propósito da instância única.".

Parece-nos, com ressalva da minha posição pessoal, que a vigente Constituição admite o Recurso Extraordinário diretamente ao STF, em causas oriundas do primeiro grau de jurisdição (neste sentido a S. 640 do STF).

b) Reclamação Correicional (ou Correição Parcial): não chega a ser precisa a afirmação de que este "recurso" não se encontra no rol do art. 893, da CLT, pois se trata, em verdade, de um "sucedâneo recursal". A doutrina questiona sua natureza recursal, diante de sua origem – recurso previsto nos regimentos internos dos Tribunais e não em lei processual – e por sua finalidade – um misto de medida administrativa e remédio recursal – pois visa corrigir o ato processual tumultuário da boa ordem e serve de orientação ao corregedor para tomar, se for o caso, alguma medida administrativa contra o juiz.

A competência para sua apreciação é do Corregedor de cada Regional, ou de quem exerça a função correicional, quanto aos atos tumultuários praticados por juízes de primeiro grau, e do Corregedor Geral da Justiça do Trabalho, quanto aos atos praticados pelos juízes de segundo grau e os próprios Ministros do TST (art. 709, II, da CLT).

O prazo está definido no Regimento Interno de cada Regional; no TST o prazo é de 8 dias. A decisão do Corregedor, em reclamação correicional, é recorrível por agravo regimental (art. 709, § 1º, da CLT).

1.7. Irrecorribilidade imediata das decisões interlocutórias

O CPC define como interlocutórias as decisões que resolvem questão incidental, sem encerrar o módulo processual (art. 162, § 2º, do CPC/73 e art. 203, § 2º, do CPC/2015). Questão incidente é matéria não atinente ao mérito, pois se assim não fosse, o juiz estaria julgando em etapas, tese que não admitimos (sobre o tema discorremos nos comentários ao art. 831 da CLT).

A decisão interlocutória é recorrível, de imediato, nas seguintes situações, que representam exceções à regra geral:

a) decisão que nega seguimento a outro recurso, por Agravo de Instrumento (art. 897, "b", da CLT);

b) recurso de Revisão de Alçada (art. 2º, da Lei nº 5.584/70);

c) decisões que acolhem exceção de incompetência territorial, com remessa dos autos a outro TRT (S. 214, "c", do TST), por Recurso Ordinário;

d) decisão que acolher preliminar de incompetência absoluta, determinando a remessa dos autos ao juízo competente (art. 795, § 2º, da CLT), por Recurso Ordinário (S. 214, "b", TST);

e) decisões proferidas pelos de segundo grau, monocraticamente, por Agravo Regimental (S. 214, "a", do TST e art. 709, § 1º, da CLT).

2. SÚMULAS E ORIENTAÇÕES JURISPRUDENCIAIS

Súmula nº 640/STF – 24/09/2003

É cabível recurso extraordinário contra decisão proferida por juiz de primeiro grau nas causas de alçada, ou por turma recursal de juizado especial cível e criminal.

Súmula nº 228/STF

Não é provisória a execução na pendência de recurso extraordinário, ou de agravo destinado a fazê-lo admitir.

Súmula nº 100/TST

AÇÃO RESCISÓRIA. DECADÊNCIA (incorporadas as Orientações Jurisprudenciais nºs 13, 16, 79, 102, 104, 122 e 145 da SBDI-2) – Res. 137/2005, DJ 22, 23 e 24.08.2005

I – O prazo de decadência, na ação rescisória, conta-se do dia imediatamente subseqüente ao trânsito em julgado da última decisão proferida na causa, seja de mérito ou não. (ex-Súmula nº 100 – alterada pela Res. 109/2001, DJ 20.04.2001)

II – Havendo recurso parcial no processo principal, o trânsito em julgado dá-se em momentos e em tribunais diferentes, contando-se o prazo decadencial para a ação rescisória do trânsito em julgado de cada decisão, salvo se o recurso tratar de preliminar ou prejudicial que possa tornar insubsistente a decisão recorrida, hipótese em que flui a decadência a partir do trânsito em julgado da decisão que julgar o recurso parcial. (ex-Súmula nº 100 – alterada pela Res. 109/2001, DJ 20.04.2001)

III – Salvo se houver dúvida razoável, a interposição de recurso intempestivo ou a interposição de recurso incabível não protrai o termo inicial do prazo decadencial. (ex-Súmula nº 100 – alterada pela Res. 109/2001, DJ 20.04.2001)

IV – O juízo rescindente não está adstrito à certidão de trânsito em julgado juntada com a ação rescisória, podendo formar sua convicção através de outros elementos dos autos quanto à antecipação ou postergação do "dies a quo" do prazo decadencial. (ex-OJ nº 102 da SBDI-2 – DJ 29.04.03)

V – O acordo homologado judicialmente tem força de decisão irrecorrível, na forma do art. 831 da CLT. Assim sendo, o termo conciliatório transita em julgado na data da sua homologação judicial. (ex-OJ nº 104 da SBDI-2 – DJ 29.04.2003)

VI – Na hipótese de colusão das partes, o prazo decadencial da ação rescisória somente começa a fluir para o Ministério Público, que não interveio no processo principal, a partir do momento em que tem ciência da fraude. (ex-OJ nº 122 da SBDI-2 – DJ 11.08.2003)

VII – Não ofende o princípio do duplo grau de jurisdição a decisão do TST que, após afastar a decadência em sede de recurso ordinário, aprecia desde logo a lide, se a causa versar questão exclusivamente de direito e estiver em condições de imediato julgamento. (ex-OJ nº 79 da SBDI-2 – inserida em 13.03.2002)

VIII – A exceção de incompetência, ainda que oposta no prazo recursal, sem ter sido aviado o recurso próprio, não tem o condão de afastar a consumação da coisa julgada e, assim, postergar o termo inicial do prazo decadencial para a ação rescisória. (ex-OJ nº 16 da SBDI-2 – inserida em 20.09.2000)

IX – Prorroga-se até o primeiro dia útil, imediatamente subseqüente, o prazo decadencial para ajuizamento de ação rescisória quando expira em férias forenses, feriados, finais de semana ou em dia em que não houver expediente forense. Aplicação do art. 775 da CLT. (ex-OJ nº 13 da SBDI-2 – inserida em 20.09.2000)

X – Conta-se o prazo decadencial da ação rescisória, após o decurso do prazo legal previsto para a interposição do recurso extraordinário, apenas quando esgotadas todas as vias recursais ordinárias. (ex-OJ nº 145 da SBDI-2 – DJ 10.11.2004)

Súmula nº 214/TST

DECISÃO INTERLOCUTÓRIA. IRRECORRIBILIDADE (nova redação) – Res. 127/2005, DJ 14, 15 e 16.03.2005

Na Justiça do Trabalho, nos termos do art. 893, § 1º, da CLT, as decisões interlocutórias não ensejam recurso imediato, salvo nas hipóteses de decisão: **a)** de Tribunal Regional do Trabalho contrária à Súmula ou Orientação Jurisprudencial do Tribunal Superior do Trabalho; **b)** suscetível de impugnação mediante recurso para o mesmo Tribunal; **c)** que acolhe exceção de incompetência territorial, com a remessa dos autos para Tribunal Regional distinto daquele a que se vincula o juízo excepcionado, consoante o disposto no art. 799, § 2º, da CLT.

Súmula nº 283/TST

RECURSO ADESIVO. PERTINÊNCIA NO PROCESSO DO TRABALHO. CORRELAÇÃO DE MATÉRIAS (mantida) – Res. 121/2003, DJ 19, 20 e 21.11.2003

O recurso adesivo é compatível com o processo do trabalho e cabe, no prazo de 8 (oito) dias, nas hipóteses de interposição de recurso ordinário, de agravo de petição, de revista e de embargos, sendo desnecessário que a matéria nele veiculada esteja relacionada com a do recurso interposto pela parte contrária.

- **Súmula nº 297/TST**

PREQUESTIONAMENTO. OPORTUNIDADE. CONFIGURAÇÃO (nova redação) – Res. 121/2003, DJ 19, 20 e 21.11.2003

I – Diz-se prequestionada a matéria ou questão quando na decisão impugnada haja sido adotada, explicitamente, tese a respeito.

II – Incumbe à parte interessada, desde que a matéria haja sido invocada no recurso principal, opor embargos declaratórios objetivando o pronunciamento sobre o tema, sob pena de preclusão.

III – Considera-se prequestionada a questão jurídica invocada no recurso principal sobre a qual se omite o Tribunal de pronunciar tese, não obstante opostos embargos de declaração.

- **Súmula nº 393/TST**

RECURSO ORDINÁRIO. EFEITO DEVOLUTIVO EM PROFUNDIDADE. ART. 1.013, § 1º, do CPC DE 2015. ART. 515, § 1º, DO CPC de 1973 – (nova redação em decorrência do CPC de 2015) – Res. 208/2016, DEJT divulgado em 22, 25 e 26.04.2016

I – O efeito devolutivo em profundidade do recurso ordinário, que se extrai do § 1º do art. 1.013 do CPC de 2015 (art. 515, § 1º, do CPC de 1973), transfere ao Tribunal a apreciação dos fundamentos da inicial ou da defesa, não examinados pela sentença, ainda que não renovados em contrarrazões, desde que relativos ao capítulo impugnado.

II – Se o processo estiver em condições, o tribunal, ao julgar o recurso ordinário, deverá decidir desde logo o mérito da causa, nos termos do § 3º do art. 1.013 do CPC de 2015, inclusive quando constatar a omissão da sentença no exame de um dos pedidos.

- **Súmula nº 414/TST**

MANDADO DE SEGURANÇA. TUTELA PROVISÓRIA CONCEDIDA ANTES OU NA SENTENÇA (nova redação em decorrência do CPC de 2015) – Res. 217/2017, DEJT divulgado em 20, 24 e 25.04.2017

I – A tutela provisória concedida na sentença não comporta impugnação pela via do mandado de segurança, por ser impugnável mediante recurso ordinário. É admissível a obtenção de efeito suspensivo ao recurso ordinário mediante requerimento dirigido ao tribunal, ao relator ou ao presidente ou ao vice-presidente do tribunal recorrido, por aplicação subsidiária ao processo do trabalho do artigo 1.029, § 5º, do CPC de 2015.

II – No caso de a tutela provisória haver sido concedida ou indeferida antes da sentença, cabe mandado de segurança, em face da inexistência de recurso próprio.

III – A superveniência da sentença, nos autos originários, faz perder o objeto do mandado de segurança que impugnava a concessão ou o indeferimento da tutela provisória.

3. INFORMATIVOS DO TST

- ***Recurso interposto antes da publicação da decisão recorrida. Inexistência. Segundo recurso interposto no momento processual oportuno. Princípio da unirrecorribilidade. Não incidência.***

O recurso interposto antes da publicação da decisão recorrida é inexistente, não se podendo utilizar o princípio da unirrecorribilidade para impedir o conhecimento do recurso interposto no momento processual oportuno. Com esse entendimento, a SBDI-I, pelo voto prevalente da Presidência, conheceu dos embargos por divergência jurisprudencial e, no mérito, deu-lhes provimento para, reformando o acórdão embargado, determinar o retorno dos autos à Turma de origem a fim de que, afastada a intempestividade, prossiga no julgamento do recurso de revista. Vencidos os Ministros Augusto César Leite de Carvalho, relator, Ives Gandra Martins Filho, Brito Pereira, Renato de Lacerda Paiva, Alberto Luiz Bresciani de Fontan Pereira e Delaíde Miranda Arantes. Na hipótese, a Turma não conheceu da primeira revista, nos termos da Orientação Jurisprudencial no 357 da SBDI – I, e deixou de analisar o segundo recurso ao fundamento de que a parte não interpôs agravo de instrumento da decisão do TRT que não admitiu o seu processamento. Ressaltou-se a ilegalidade do procedimento do juízo de admissibilidade do Regional que, desatendendo ao requerimento da parte para que o recurso inicialmente interposto fosse desconsiderado em face da sua prematuridade, admitiu o primeiro recurso e denegou o segundo, com fundamento no princípio da unirrecorribilidade, trazendo manifesto prejuízo à recorrente. TST-E-ED-RR-9951600 – 38.2005.5.09.0095, SBDI-I, rel. Min. Augusto César Leite de Carvalho, red. p/ acórdão Min. Lelio Bentes Corrêa, 9.8.2012 (informativo nº 17)

- ***Irregularidade de representação. Questão não impugnada na primeira oportunidade. Arguição apenas quando a parte a quem socorre a irregularidade se tornou sucumbente. Preclusão. Configuração. Art. 245 do CPC.***

As alegações relacionadas ao exame de pressupostos extrínsecos processuais, por serem matéria de ordem pública, não estão sujeitas à preclusão, devendo ser examinadas de ofício pelo julgador. Todavia, nos termos do art. 245 do CPC, se a parte a quem socorre a irregularidade deixa de indicá-la na primeira oportunidade que falar nos autos, entende-se que anuiu com seu conteúdo, não podendo argui-la apenas quando sucumbente em sua pretensão. Na hipótese, trata-se de vício decorrente da ausência de autenticação da procuração outorgada aos advogados das reclamadas juntada com a contestação, o qual não foi alegado pelo reclamante perante a Vara do Trabalho, mas apenas em sede de embargos de declaração ao recurso ordinário, quando não mais possível à parte adversa sanar o vício, conforme disposto art. 13 do CPC. Com esse entendimento, a SBDI-I, por unanimidade, conheceu dos embargos interpostos pelo reclamante, por divergência jurisprudencial, e, no mérito, por maioria, negou-lhes provimento, mantendo a decisão da Turma por fundamento diverso. TST-E-ED-RR-98500-35.2005.5.01.0047, SBDI-I, rel. Min. Aloysio Corrêa da Veiga, 5.6.2014 (Informativo nº 85)

▸ ***Recurso enviado por fac-símile. Transmissão incompleta. Petição original protocolizada no prazo legal. Preclusão consumativa. Não configuração.***

Não se aplica a preclusão consumativa ao caso em que, não obstante o recurso transmitido via fac-símile estivesse incompleto, a parte protocolou a petição original no prazo recursal. Na hipótese, o documento enviado por fax deve ser tido por inexistente, porque, ao não conferir com os originais apresentados, não se pode considerar ratificado, conforme exige a Lei nº 9.800/99. Com esse entendimento, a SBDI-I, por unanimidade, conheceu dos embargos por violação do art. 5º, LV, da CF, e, no mérito, deu-lhes provimento para, anulando os acórdãos de fls. 512/513 e 519/520, determinar o retorno dos autos à Turma de origem, a fim de que prossiga no julgamento dos primeiros embargos de declaração do sindicato reclamante como entender de direito, ficando prejudicado o exame dos demais temas do recurso de embargos. TST-E-ED-RR-91600-02.2002 (No mesmo sentido, TST-E-ED-AIRR-384240-64.2005.5.12.0016, SBDI-I, rel. Min. Ives Gandra Martins Filho, 20.9.2012. (Informativo nº 22)

4. QUESTÕES DE CONCURSOS

01. (MPT/PROCURADOR DO TRABALHO/2010/ADAPTADA) as decisões interlocutórias não ensejam recurso de imediato, salvo em hipóteses específicas, para evitar preclusão, como é o caso da decisão regional que, superando a preliminar de carência da ação arguida na defesa de empresa privada, declara existente o vínculo de emprego e determina o retorno dos autos à Vara do Trabalho, para julgar o restante do mérito;

02. (PREF. MUNICIPAL DE NATAL/PROCURADOR/CESPE/2008) Quanto aos recursos trabalhistas, assinale a opção correta.

a) Somente é admissível recurso adesivo no processo do trabalho se a matéria nele veiculada estiver relacionada com a do recurso principal, antes interposto pela parte contrária.

b) Na justiça do trabalho, as decisões interlocutórias não possibilitam, em regra, recurso imediato.

c) Da decisão do TRT que denegar mandado de segurança cabe recurso ordinário, dirigido ao TST, no prazo de quinze dias.

d) Do acórdão do TRT que julgar agravo de instrumento cabe recurso de revista para o TST.

03. (TRIBUNAL SUPERIOR DO TRABALHO/ANALISTA JUDICIÁRIO/CESPE/2008) Na Justiça do Trabalho, as decisões interlocutórias não ensejam recurso imediato, exceto quando suscetíveis de impugnação mediante recurso para o mesmo tribunal, quando houver acolhimento de exceção de incompetência territorial com remessa dos autos para TRT distinto daquele a que se vincula o juízo excepcionado, ou ainda quando a respectiva decisão do TRT for contrária à súmula ou à orientação jurisprudencial do TST.

04. (CISMEPAR/PR – Advogado/2011) São peculiaridades gerais dos recursos trabalhistas, EXCETO:

a) irrecorribilidade imediata das decisões interlocutórias.

b) inexigibilidade de fundamentação.

c) efeito suspensivo dos recursos.

d) uniformidade de prazo para recurso.

e) instância única nos dissídios de alçada.

05. (NCADE – Advogado/2011) Gabriela possuía contrato de prestação de serviços de gerência, na qualidade de autônoma, com a empresa Y, recebendo um valor mensal. Após a rescisão do referido contrato, Gabriela ajuizou reclamação trabalhista requerendo o reconhecimento do vínculo de emprego com a empresa Y, bem como o pagamento e recolhimento de todas as demais verbas trabalhistas e previdenciárias. O M.M. juiz declarou a incompetência absoluta da Justiça do Trabalho (em razão da matéria) e determinou a remessa dos autos à Justiça Comum. Neste caso,

a) não caberá recurso, tratando-se de decisão interlocutória irrecorrível na justiça do trabalho.

b) caberá recurso ordinário para o Tribunal Regional do Trabalho competente.
c) caberá agravo de instrumento para o Tribunal Regional do Trabalho competente.
d) caberá recurso ordinário para o Tribunal Superior do Trabalho.
e) caberá agravo de instrumento para o Tribunal Superior do Trabalho.

06. **(FCC – TRT 8 – Analista Judiciário/2010/ADAPTADA)** Contra a decisão do M.M. juiz que declara a incompetência absoluta da Justiça do Trabalho e determina a remessa dos autos para a Justiça Comum estadual: caberá Recurso Ordinário.

07. **(TRT 2 – Juiz do Trabalho Substituto 2ª região/2014)** Quanto à admissibilidade recursal, aponte a alternativa correta:

a) É cabível recurso de revista em procedimento sumaríssimo por contrariedade a Súmula ou Orientação Jurisprudencial do TST.
b) Admite-se a regularização da representação processual em qualquer fase do processo, aplicando-se subsidiariamente ao processo do trabalho o art. 13 do CPC (regularização da representação).
c) É inadmissível em instância recursal o oferecimento tardio de procuração, ainda que mediante protesto por posterior juntada.
d) Não se conhece de recurso para o Tribunal Regional do Trabalho, pela ausência do requisito de admissibilidade inscrito no art. 514, II do CPC (fundamentos de fato e de direito) quando as razões do recorrente não impugnam os fundamentos da decisão recorrida.
e) Admite-se o recurso interposto antes de publicada a sentença ou o acórdão impugnado.

08. **(TRT 2 – Juiz do Trabalho Substituto 2ª região/2014)** Quanto aos efeitos dos recursos na Justiça do Trabalho, aponte a alternativa correta:

a) O efeito devolutivo em profundidade do recurso ordinário, fixado no artigo 515, par. primeiro do CPC, transfere ao Tribunal o exame das prejudiciais de mérito arguidas na defesa não apreciadas na sentença, ainda que não renovadas nas contrarrazões.
b) O recurso interposto por um dos litisconsortes aproveita aos demais, tanto no litisconsórcio unitário quanto no facultativo.
c) A antecipação de tutela concedida na sentença somente pode ter efeito suspensivo decretado pela via de mandado de segurança.
d) Em se tratando de execução provisória não fere o direito líquido e certo do impetrante a determinação de penhora em dinheiro quando indicados outros bens à penhora.
e) Fere direito líquido e certo do devedor o prosseguimento da execução até a completa satisfação do credor quanto aos títulos e valores não discutidos no agravo de petição.

09. **(TRT 3 – Juiz do Trabalho Substituto 3ª região/2014)** A partir de súmula do TST, conclui-se que na Justiça do Trabalho, nos termos do art. 893, § 1º, da CLT, as decisões interlocutórias não ensejam recurso imediato, salvo na hipótese de decisão:

a) Que acolhe exceção de incompetência territorial, com a remessa dos autos para juízo do mesmo Tribunal Regional daquele a que se vincula o juízo excepcionado.
b) De Vara do Trabalho contrária à súmula ou Orientação Jurisprudencial do TST.
c) De Turma do TRT contrária à súmula do mesmo Tribunal.
d) Suscetível de impugnação mediante recurso para o mesmo Tribunal.
e) De Vara do Trabalho contrária à súmula ou Orientação Jurisprudencial do TRT a que se vincula.

GAB	1	E	2	B	3	C	4	C	5	B	6	C	7	C	8	A	9	D

✦ EMBARGOS NO TST

Art. 894. No Tribunal Superior do Trabalho cabem embargos, no prazo de 8 (oito) dias: (Redação dada pela Lei nº 11.496, de 22.06.2007)

I – de decisão não unânime de julgamento que:

a) conciliar, julgar ou homologar conciliação em dissídios coletivos que excedam a competência territorial dos Tribunais Regionais do Trabalho e estender ou rever as sentenças normativas do Tribunal Superior do Trabalho, nos casos previstos em lei; e

b) (VETADO)

II – das decisões das Turmas que divergirem entre si ou das decisões proferidas pela Seção de Dissídios Individuais, ou contrárias a súmula ou orientação jurisprudencial do Tribunal Superior do Trabalho ou súmula vinculante do Supremo Tribunal Federal. (Redação da Lei nº 13.015, de 21.7.2014)

Parágrafo único. (Revogado pela Lei nº 11.496, de 2007)

§ 2º A divergência apta a ensejar os embargos deve ser atual, não se considerando tal a ultrapassada por súmula do Tribunal Superior do Trabalho ou do Supremo Tribunal Federal, ou superada por iterativa e notória jurisprudência do Tribunal Superior do Trabalho. (Redação da Lei nº 13.015, de 21.7.2014)

§ 3º O Ministro Relator denegará seguimento aos embargos: (Redação da Lei nº 13.015, de 21.7.2014)

I – se a decisão recorrida estiver em consonância com súmula da jurisprudência do Tribunal Superior do Trabalho ou do Supremo Tribunal Federal, ou com iterativa, notória e atual jurisprudência do Tribunal Superior do Trabalho, cumprindo-lhe indicá-la; (Redação da Lei nº 13.015, de 21.7.2014)

II – nas hipóteses de intempestividade, deserção, irregularidade de representação ou de ausência de qualquer outro pressuposto extrínseco de admissibilidade. (Redação da Lei nº 13.015, de 21.7.2014)

§ 4º da decisão denegatória dos embargos caberá agravo, no prazo de 8 (oito) dias. (Redação da Lei nº 13.015, de 21.7.2014)

1. COMENTÁRIOS

1.1. Embargos no TST

Diferentemente do que ocorre nas instâncias cíveis, os Embargos na esfera trabalhista são cabíveis exclusivamente no TST. Trata-se de um recurso interno. A sistemática dos embargos trabalhistas difere totalmente daquela prevista no processo civil. Por esta razão o TST, nos termos da IN nº 39/2016, art. 2º, XII, entendeu inaplicáveis os artigos 1.043 e 1.044 do CPC, que cuidam dos Embargos de Divergência no processo civil.

Para os Tribunais Regionais do Trabalho o legislador reservou incidentes de uniformização de jurisprudência, totalmente distintos dos Embargos.

O direito processual do trabalho prevê duas espécies de embargos: os infringentes (art. 894, I, da CLT) e os de divergência (art. 894, II, da CLT).

1.1.1. Embargos de Nulidade x direito pretérito

Nosso ordenamento já previu os **embargos de nulidade**, que eram opostos contra as decisões das Turmas do TST contrárias à letra da lei federal ou da Constituição da República, conforme prescrição então vigente da Lei nº 7.701/88, art. 3º, III, "b", nos seguintes termos:

> "os embargos interpostos às decisões divergentes das Turmas, ou destas com decisão da Seção de Dissídios Individuais, ou com enunciado da Súmula e as que violarem literalmente preceito de lei federal ou da Constituição da República;".

A Lei nº 11.496, de 22.6.2007 suprimiu os embargos de nulidade, alterando a redação do art. 3º, III, "b", da Lei nº 7.701/88, que passou a ter a seguinte redação:

> "os embargos das decisões das Turmas que divergirem entre si, ou das decisões proferidas pela Seção de Dissídios Individuais;".

A Lei nº 11.496/2007 também imprimiu nova redação no art. 894 da CLT, que deixou de prever a violação da lei federal como hipótese de cabimento dos embargos, tal qual previa, anteriormente, a redação da alínea "b", do art. 894, *in verbis*:

> "das decisões das Turmas contrárias à letra de lei federal, ou que divergirem entre si, ou da decisão proferida pelo Tribunal Pleno, salvo se a decisão recorrida estiver

> em consonância com súmula de jurisprudência uniforme do Tribunal Superior do Trabalho." (Redação dada pela Lei nº 7.033, de 5.10.1982)

A atual redação do art. 894 da CLT não faz mais qualquer menção aos Embargos de Nulidade.

1.1.2. Embargos Infringentes ou simplesmente Embargos

1.1.2.1. Nomenclatura

O próprio Regimento do TST, no art. 70, confere ao recurso o nome de **embargos infringentes**. Tal nomenclatura é herança da Lei nº 7.701/88, art. 2º, II, alínea "c", nos seguintes moldes:

"os **embargos infringentes** interpostos contra decisão não unânime proferida em processo de dissídio coletivo de sua competência originária, salvo se a decisão atacada estiver em consonância com procedente jurisprudencial do Tribunal Superior do Trabalho ou da Súmula de sua jurisprudência predominante;" (grifamos)

Penso que o art. 894 da CLT, com a redação que lhe deu a Lei nº 11.406/2007, não admite mais a nomenclatura de Embargos Infringentes. A nomenclatura adotada pela atual redação do art. 894 é a de, simplesmente, "embargos".

Todavia, a minha opinião discrepa do entendimento doutrinário predominante, que prefere a denominação "embargos infringentes.". Defendem essa designação: Giglio-Correa, Direito Processual do Trabalho, 2007, p. 430; Bezerra Leite, Curso, 2012, p. 881; Schiavi, Manual, 2012, p. 854; e Sergio Pinto Martins, Curso, Direito Processual do Trabalho, 2014, p. 455. Prevaleceu, portanto a tradição do nome utilizado por décadas no processo do trabalho.

1.1.2.2. Cabimento

Cabe o recurso de embargos infringentes das **decisões não unânimes dos processos de dissídios coletivos** (originários, de revisão ou de extensão), de competência originária do TST, conforme inciso I, alínea "a", do art. 894 da CLT. Ou seja, nas categorias de âmbito nacional, como a dos Petroleiros ou Aeronautas, os dissídios coletivos serão propostos diretamente no TST/SDC, e os embargos infringentes contra tais acórdãos possibilitam a preservação do duplo grau de jurisdição, ainda que este julgamento se dê pelo próprio órgão que julgou o dissídio coletivo, a SDC/TST (art. 70, II, "c", do Regimento Interno do TST).

Também prevê o art. 232, *caput*, do Regimento Interno do TST:

> "Cabem embargos infringentes das decisões não unânimes proferidas pela Seção Especializada em Dissídios Coletivos, no prazo de oito dias, contados da publicação do acórdão no órgão oficial, nos processos de Dissídios Coletivos de competência originária do Tribunal.".

O cabimento do recurso de embargos infringentes diz respeito exclusivamente à cláusula do dissídio coletivo que o TST julgou de forma não unânime. Neste sentido prevê o § único, do art. 232 do Regimento Interno do TST: "Os embargos infringentes serão **restritos à cláusula em que há divergência**, e, se esta for parcial, ao objeto da divergência.".

1.1.2.3. Natureza jurídica

Por se tratar de um recurso de revisão, defendemos a posição de que os **embargos infringentes possuem natureza ordinária**, pois não têm a intenção de uniformizar a jurisprudência, como ocorre nos recursos de natureza extraordinária.

No mesmo sentido em que defendemos se manifesta Bezerra Leite, Curso, 2012, p. 883:

> "Os embargos infringentes, por serem recurso de natureza ordinária, comportam devolutividade ampla, abrangendo matéria fática e jurídica, desde que restritos à cláusula em que não tenha havido julgamento unânime. Além disso, possuem efeito meramente devolutivo."

A Lei nº 13.015, de 21.7.2014 (DOU de 22.7.2014), que alterou a sistemática do recurso de embargos, manteve intacta a regulamentação dos embargos infringentes. A alteração legal, portanto, só atingiu o recurso de embargos de divergência, a seguir tratado.

1.1.3. Embargos de Divergência

1.1.3.1. Nomenclatura

O recurso previsto no art. 894, II, da CLT, recebeu o nome de **embargos de divergência**, por força de construção doutrinária inspirada na redação original do art. 3º, III, alínea "b", da Lei nº 7.701/88. da mesma forma que opinamos quanto aos embargos infringentes, pensamos que a atual disciplina do art. 894 da CLT só permite uma nomenclatura: "embargos". Mais uma vez nossa posição quanto à nomenclatura dos embargos é minoritária, pois a maioria prefere a denominação "embargos de divergência".

1.1.3.2. Natureza jurídica

O recurso de embargos de divergência tem por finalidade a uniformização da jurisprudência do TST. Trata-se de recurso de **natureza extraordinária**. Tal qualificação se deve ao fato de não ser um recurso de simples revisão de julgamentos, pois não visa corrigir distorções ou injustiças, tarefa atribuída aos recursos de natureza ordinária.

Os recursos extraordinários também se caracterizam por não permitirem reexame de matéria fática e por exigirem certos requisitos, sendo incabível o recurso com fundamento no simples inconformismo, como acontece naqueles de natureza ordinária (Bebber, Recursos, 2009, p. 46-47).

1.1.3.3. Cabimento

Cabem embargos de divergência das **decisões das turmas que divergirem entre si**, conforme inciso II, do art. 894 da CLT. Eis a principal função dos embargos, já destacada anteriormente, de uniformizar a jurisprudência interna do TST, para, então, poder o Tribunal se posicionar para o público externo, editando suas Súmulas e Orientações Jurisprudenciais.

As Súmulas e OJ's do TST não são de observância obrigatória pelas demais instâncias da Justiça do Trabalho, pois não possuem força vinculante. Ainda que assim seja, não se pode permitir que o TST se debruce a reapreciar os temas já pacificados em sua jurisprudência. Não seria econômico e tampouco eficiente. Por esta razão cabem embargos quando há divergência de decisões entre as próprias Turmas do TST, ou entre os acórdãos destas e o teor das Súmulas e OJ's do TST, ou das Súmulas do STF.

Diferentemente do que ocorre com as Súmulas e OJ's produzidas pelo TST, as Súmulas Vinculantes do Supremo Tribunal Federal, como o próprio nome já indica, são de observância obrigatória em todas as cortes do Judiciário, incluído o Judiciário Trabalhista. Por esta razão, a Lei nº 13.015, de 21.7.2014 (DOU de 22.7.2014), alterou o art. 894, II, da CLT para expressamente incluir nas hipóteses de cabimento dos embargos de divergência o descumprimento às Súmulas Vinculantes do Supremo Tribunal Federal.

Sobre o efeito vinculante da jurisprudência do STF, e não só de suas Súmulas, consta o seguinte conceito no glossário jurídico editado pela Suprema Corte:

> "Efeito vinculante é aquele pelo qual a decisão tomada pelo tribunal em determinado processo passa a valer para os demais que discutam questão idêntica. No STF, a decisão tomada em Ação Direta de Inconstitucionalidade, Ação Declaratória de Constitucionalidade ou na Arguição de Descumprimento de Preceito Fundamental possui efeito vinculante, ou seja, deve ser aplicada a todos os casos sobre o mesmo tema. As Súmulas Vinculantes aprovadas pela Corte também conferem à decisão o efeito vinculante, devendo a Administração Pública atuar conforme o enunciado da súmula, bem como os juízes e desembargadores do país. Os demais processos de competência do STF (habeas corpus, mandado de segurança, recurso extraordinário e outros) não possuem efeito vinculante, assim a decisão tomada nesses processos só tem validade entre as partes. Entretanto, o STF pode conferir esse efeito convertendo o entendimento em Súmula Vinculante. Outro caminho é o envio de mensagem ao Senado Federal, a fim de informar o resultado do julgamento para que ele retire do ordenamento jurídico a norma tida como inconstitucional." (http://www.stf.jus.br/portal/glossario/verVerbete.asp?letra=E&id=461, capturado em 14.8.2014).

Sendo assim, a decisões dos Tribunais Regionais do Trabalho, por quaisquer de seus órgãos judicantes, contrárias às Sumulas e às Orientações de suas Seções Especializadas, bem como aquelas contrárias às Súmulas Vinculantes do STF, desafiam o recurso de Embargos por divergência jurisprudencial.

Parece-nos que a atual redação do art. 894, II, da CLT merece interpretação extensiva para incluir as Súmulas do STF não vinculantes. Não seria próprio do sistema de uniformização da jurisprudência permitir o recurso de embargos quando descumprida Súmula Vinculante, mas não admitir quanto a divergência ocorrer com Súmula não vinculante.

A competência para julgamento dos embargos é da SDI-1/TST, conforme previsão do art. 71, II, "a", do RI/TST:

> "julgar os embargos interpostos contra decisões divergentes das Turmas, ou destas que divirjam de decisão da Seção de Dissídios Individuais, de Orientação Jurisprudencial ou de Súmula;"

Falta o regimento interno do TST ser alterado para incluir em sua competência os embargos baseados em descumprimento de Súmula Vinculante do STF.

1.2. Divergência deve ser atual

A redação do § 2º do art. 894 repete quase que literalmente o texto da **Súmula nº 333 do TST.** Este feito não pode ser atribuído a uma coincidência, pois o projeto de lei que resultou na legislação alteradora do art. 894 da CLT foi de iniciativa do próprio TST.

A nova regra, inserida pela Lei nº 13.015, de 21.7.2014 (DOU de 22.7.2014), exige que a divergência apta a ensejar o cabimento do recurso de embargos deve ser atual. Significa dizer que a temática objeto do recurso não pode ter sido pacificada pelo TST, com a edição de Súmulas ou OJ´s, ou de Súmulas do STF.

Portanto, os acórdãos paradigmas, indicados nas peças recursais dos Embargos, devem trazer discussões atuais, novas, dignas de serem uniformizadas pelo TST.

1.3. Poderes do Ministro Relator

A Lei nº Lei nº 13.015, de 21.7.2014 – (DOU de 22.7.2014) – introduziu o § 2º no art. 894 da CLT, ampliando os poderes do relator. De acordo com a nova regra, o juízo de admissibilidade feito pelo relator permitirá que seja negado seguimento de plano ao recurso de embargos sempre que a matéria atacada já tiver sido ultrapassada por Súmula ou OJ, ou, ainda, na ausência dos pressupostos extrínsecos de admissibilidade do recurso, concernentes ao exercício do direito recursal (Barbosa Moreira, O Novo, 2007, p. 119).

São pressupostos extrínsecos: tempestividade, preparo e regularidade formal (ver comentários ao art. 893 da CLT).

A ampliação dos poderes do relator não é tema propriamente novo. A Lei nº 9.756/98 já havia concedido tais atribuições ao relator, na admissibilidade do recurso de revista, conforme antiga redação do art. 896, § 5º, da CLT.

A Resolução Administrativa nº 1699, de 6.10.2014, do OE/TST, em seu artigo 2º, prevê que:

Sem prejuízo da competência do Ministro Relator do recurso de embargos prevista no § 3º do artigo 894 da CLT, o Presidente de Turma, na forma do Regimento Interno do Tribunal Superior do Trabalho, denegar-lhe-á seguimento nas hipóteses ali previstas e quando a divergência apresentada não se revelar atual, nos termos do § 2º do mesmo dispositivo legal.

A possibilidade do Relator negar imediatamente seguimento ao recurso de embargos, nas hipóteses dos incisos I e II, do § 3º, do art. 894, atende ao propósito de agilizar os julgamentos que chegam ao Tribunal Superior do Trabalho. Este estreitamento permite que o TST dê a devida atenção aos processos que verdadeiramente reclamam sua atuação uniformizadora.

Da decisão do relator que negar seguimento ao recurso de embargos caberá agravo, conforme se verá a seguir.

1.4. Agravo Interno (ou Regimental)

As decisões do Ministro Relator negando seguimento aos Embargos, nas hipóteses previstas nos incisos I e II, do § 3º, do art. 894, são atacadas por Agravo. Como a decisão do relator é monocrática, antecipando o pensamento do órgão colegiado competente para julgamento dos Embargos, o recurso cabível contra esta decisão é qualificado como **Agravo Interno ou Regimental** (neste sentido a **OJ nº 412 da SDI-1/TST**).

Os Embargos são de competência da SDI-1/TST (art. 71, do RI/TST). Consequentemente, o julgamento do Agravo Regimental contra decisão monocrática do relator que negou seguimento aos Embargos será da mesma SDI-1. Neste sentido o art. 239, II, do Regimento Interno do TST:

> "**Art. 239.** Caberá agravo ao órgão colegiado competente para o julgamento do respectivo recurso, no prazo de oito dias, a contar da publicação no órgão oficial: (...) II – da decisão do Relator, dando ou negando provimento ou negando seguimento a recurso, nos termos do art. 557 e § 1º-A do CPC.".

O art. 557 do CPC/73, referido no Regimento Interno do TST, tem o seguinte correspondente no CPC/2015, em seu art. 1.021:

> "Contra decisão proferida pelo relator caberá agravo interno para o respectivo órgão colegiado, observadas, quanto ao processamento, as regras do regimento interno do tribunal."

2. SÚMULAS E ORIENTAÇÕES JURISPRUDENCIAIS

▸ **Súmula nº 23/TST**

RECURSO (mantida) Res. 121/2003, DJ 19, 20 e 21.11.2003

Não se conhece de recurso de revista ou de embargos, se a decisão recorrida resolver determinado item do pedido por diversos fundamentos e a jurisprudência transcrita não abranger a todos.

▸ **Súmula nº 126/TST**

RECURSO. CABIMENTO (mantida) Res. 121/2003, DJ 19, 20 e 21.11.2003

Incabível o recurso de revista ou de embargos (arts. 896 e 894, "b", da CLT) para reexame de fatos e provas.

▸ **Súmula nº 184/TST**

EMBARGOS DECLARATÓRIOS. OMISSÃO EM RECURSO DE REVISTA. PRECLUSÃO (mantida) – Res. 121/2003, DJ 19, 20 e 21.11.2003

Ocorre preclusão se não forem opostos embargos declaratórios para suprir omissão apontada em recurso de revista ou de embargos.

▸ **Súmula nº 197/TST**

PRAZO (mantida) – *Res. 121/2003, DJ 19, 20 e 21.11.2003*

O prazo para recurso da parte que, intimada, não comparecer à audiência em prosseguimento para a prolação da sentença conta-se de sua publicação.

▸ **Súmula nº 283/TST**

RECURSO ADESIVO. PERTINÊNCIA NO PROCESSO DO TRABALHO. CORRELAÇÃO DE MATÉRIAS (mantida) – Res. 121/2003, DJ 19, 20 e 21.11.2003

O recurso adesivo é compatível com o processo do trabalho e cabe, no prazo de 8 (oito) dias, nas hipóteses de interposição de recurso ordinário, de agravo de petição, de revista e de embargos, sendo desnecessário que a matéria nele veiculada esteja relacionada com a do recurso interposto pela parte contrária.

▸ **Súmula nº 333/TST**

RECURSOS DE REVISTA E DE EMBARGOS. CONHECIMENTO (mantida) Res. 121/2003, DJ 19, 20 e 21.11.2003

Não ensejam recursos de revista ou de embargos decisões superadas por iterativa, notória e atual jurisprudência do Tribunal Superior do Trabalho.

▸ **Súmula nº 337/TST**

COMPROVAÇÃO DE DIVERGÊNCIA JURISPRUDENCIAL. RECURSOS DE REVISTA E DE EMBARGOS (redação do item IV alterada na sessão do Tribunal Pleno realizada em 14.09.2012) – Res. 185/2012 – DEJT divulgado em 25, 26 e 27.09.2012

I – Para comprovação da divergência justificadora do recurso, é necessário que o recorrente.

a) Junte certidão ou cópia autenticada do acórdão paradigma ou cite a fonte oficial ou o repositório autorizado em que foi publicado; e

b) Transcreva, nas razões recursais, as ementas e/ou trechos dos acórdãos trazidos à configuração do dissídio, demonstrando o conflito de teses que justifique o conhecimento do recurso, ainda que os acórdãos já se encontrem nos autos ou venham a ser juntados com o recurso. (ex-Súmula nº 337 – alterada pela Res. 121/2003, DJ 21.11.2003)

II – A concessão de registro de publicação como repositório autorizado de jurisprudência do TST torna válidas todas as suas edições anteriores. (ex-OJ nº 317 da SBDI-1 – DJ 11.08.2003)

III – A mera indicação da data de publicação, em fonte oficial, de aresto paradigma é inválida para comprovação de divergência jurisprudencial, nos termos do item I, "a", desta súmula, quando a parte pretende demonstrar o conflito de teses mediante a transcrição de trechos que integram a fundamentação do acórdão divergente, uma vez que só se publicam o dispositivo e a ementa dos acórdãos.

IV – É válida para a comprovação da divergência jurisprudencial justificadora do recurso a indicação de aresto extraído de repositório oficial na internet, desde que o recorrente:

a) transcreva o trecho divergente;

b) aponte o sítio de onde foi extraído; e

c) decline o número do processo, o órgão prolator do acórdão e a data da respectiva publicação no Diário Eletrônico da Justiça do Trabalho.

Súmula nº 353/TST.

EMBARGOS. AGRAVO. CABIMENTO (atualizada em decorrência do CPC de 2015) – Res. 208/2016, DEJT divulgado em 22, 25 e 26.04.2016

Não cabem embargos para a Seção de Dissídios Individuais de decisão de Turma proferida em agravo, salvo:

a) da decisão que não conhece de agravo de instrumento ou de agravo pela ausência de pressupostos extrínsecos;

b) da decisão que nega provimento a agravo contra decisão monocrática do Relator, em que se proclamou a ausência de pressupostos extrínsecos de agravo de instrumento;

c) para revisão dos pressupostos extrínsecos de admissibilidade do recurso de revista, cuja ausência haja sido declarada originariamente pela Turma no julgamento do agravo;

d) para impugnar o conhecimento de agravo de instrumento;

e) para impugnar a imposição de multas previstas nos arts. 1.021, § 4º, do CPC de 2015 ou 1.026, § 2º, do CPC de 2015 (art. 538, parágrafo único, do CPC de 1973, ou art. 557, § 2º, do CPC de 1973).

f) contra decisão de Turma proferida em agravo em recurso de revista, nos termos do art. 894, II, da CLT.

Súmula nº 433/TST

EMBARGOS. ADMISSIBILIDADE. PROCESSO EM FASE DE EXECUÇÃO. ACÓRDÃO DE TURMA PUBLICADO NA VIGÊNCIA DA LEI Nº 11.496, DE 26.06.2007. DIVERGÊNCIA DE INTERPRETAÇÃO DE DISPOSITIVO CONSTITUCIONAL – Res. 177/2012, DEJT divulgado em 13, 14 e 15.02.2012

A admissibilidade do recurso de embargos contra acórdão de Turma em Recurso de Revista em fase de execução, publicado na vigência da Lei nº 11.496, de 26.06.2007, condiciona-se à demonstração de divergência jurisprudencial entre Turmas ou destas e a Seção Especializada em Dissídios Individuais do Tribunal Superior do Trabalho em relação à interpretação de dispositivo constitucional.

Súmula nº 458/TST

EMBARGOS. PROCEDIMENTO SUMARÍSSIMO. CONHECIMENTO. RECURSO INTERPOSTO APÓS VIGÊNCIA DA LEI Nº 11.496, DE 22.06.2007, QUE CONFERIU NOVA REDAÇÃO AO ART. 894, DA CLT. (conversão da Orientação Jurisprudencial nº 405 da SBDI-1 com nova redação) – Res. 194/2014, DEJT divulgado em 21, 22 e 23.05.2014

Em causas sujeitas ao procedimento sumaríssimo, em que pese a limitação imposta no art. 896, § 6º, da CLT à interposição de recurso de revista, admitem-se os embargos interpostos na vigência da Lei nº 11.496, de 22.06.2007, que conferiu nova redação ao art. 894 da CLT, quando demonstrada a divergência jurisprudencial entre Turmas do TST, fundada em interpretações diversas acerca da aplicação de mesmo dispositivo constitucional ou de matéria sumulada.

OJ 95 SBDI-1/TST

EMBARGOS PARA SDI. DIVERGÊNCIA ORIUNDA DA MESMA TURMA DO TST. INSERVÍVEL. Inserida em 30.05.1997 – ERR 125320/1994, SDI-Plena

Em 19.05.1997, a SDI-Plena, por maioria, decidiu que acórdãos oriundos da mesma Turma, embora divergentes, não fundamentam divergência jurisprudencial de que trata a alínea "b", do artigo 894 da Consolidação das Leis do Trabalho para embargos à Seção Especializada em Dissídios Individuais, Subseção I.

OJ 412 da SDI-1/TST

AGRAVO INTERNO OU AGRAVO REGIMENTAL. INTERPOSIÇÃO EM FACE DE DECISÃO COLEGIADA. NÃO CABIMENTO. ERRO GROSSEIRO. INAPLICABILIDADE DO PRINCÍPIO DA FUNGIBILIDADE RECURSAL. (nova redação em decorrência do CPC de 2015) – Res. 209/2016 – DEJT divulgado em 01, 02 e 03.06.2016

É incabível agravo interno (art. 1.021 do CPC de 2015, art. 557, § 1º, do CPC de 1973) ou agravo regimental (art. 235 do RITST) contra decisão proferida por Órgão colegiado. Tais recursos destinam-se, exclusivamente, a impugnar decisão monocrática nas hipóteses previstas. Inaplicável, no caso, o princípio da fungibilidade ante a configuração de erro grosseiro.

OJ 147, II SBDI-1/TST

LEI ESTADUAL, NORMA COLETIVA OU NORMA REGULAMENTAR. CONHECIMENTO INDEVIDO DO RECURSO DE REVISTA POR DIVERGÊNCIA JURISPRUDENCIAL. (nova redação em decorrência da incorporação da Orientação Jurisprudencial nº 309 da SBDI-1, DJ 20.04.2005) (...)

II – É imprescindível a argüição de afronta ao art. 896 da CLT para o conhecimento de embargos interpostos em face de acórdão de Turma que conhece indevidamente de recurso de revista, por divergência jurisprudencial, quanto a tema regulado por lei estadual, norma coletiva ou norma regulamentar de âmbito restrito ao Regional prolator da decisão.

OJ 219 SBDI-1/TST

RECURSO DE REVISTA OU DE EMBARGOS FUNDAMENTADO EM ORIENTAÇÃO JURISPRUDENCIAL DO TST. Inserida em 02.04.01

É válida, para efeito de conhecimento do recurso de revista ou de embargos, a invocação de Orientação Jurisprudencial do Tribunal Superior do Trabalho, desde que, das razões recursais, conste o seu número ou conteúdo.

OJ 336 SBDI-1/TST

EMBARGOS INTERPOSTOS ANTERIORMENTE À VIGÊNCIA DA LEI Nº 11.496/2007. RECURSO NÃO CONHECIDO COM BASE EM ORIENTAÇÃO JURISPRUDENCIAL. DESNECESSÁRIO O EXAME DAS VIOLAÇÕES DE LEI E DA CONSTITUIÇÃO ALEGADAS NA REVISTA (redação alterada pelo Tribunal Pleno na sessão realizada em 6.2.2012) – Res. 178/2012, DEJT divulgado em 13, 14 e 15.02.2012.

Estando a decisão recorrida em conformidade com orientação jurisprudencial, desnecessário o exame das divergências e das violações de lei e da Constituição alegadas em embargos interpostos antes da vigência da Lei nº 11.496/2007, salvo nas hipóteses em que a orientação jurisprudencial não fizer qualquer citação do dispositivo constitucional.

OJ 378 SBDI-1/TST

embargos. interposição contra decisão monocrática. não CABIMENTO (atualizada em decorrência do CPC de 2015) – Res. 208/2016, DEJT divulgado em 22, 25 e 26.04.2016

Não encontra amparo no art. 894 da CLT, quer na redação anterior quer na redação posterior à Lei nº 11.496, de 22.06.2007, recurso de embargos interposto à decisão monocrática exarada nos moldes do art. 932 do CPC de 2015 (art. 557 do CPC de 1973) e 896, § 5º, da CLT, pois o comando legal restringe seu cabimento à pretensão de reforma de decisão colegiada proferida por Turma do Tribunal Superior do Trabalho.

OJ 78 SDI1-T/TST

EMBARGOS À SDI CONTRA DECISÃO EM RECURSO DE REVISTA NÃO CONHECIDO QUANTO AOS PRESSUPOSTOS INTRÍNSECOS. RECURSO INTERPOSTO ANTES DA VIGÊNCIA DA LEI Nº 11.496, DE 22.06.2007, QUE CONFERIU NOVA REDAÇÃO AO ART. 894 DA CLT. NECESSÁRIA A INDICAÇÃO EXPRESSA DE OFENSA AO ART. 896 DA CLT (conversão da Orientação Jurisprudencial nº 294 da SBDI-1 com nova redação) – Res. 194/2014, DEJT divulgado em 21, 22 e 23.05.2014

Para a admissibilidade e conhecimento de embargos, interpostos antes da vigência da Lei nº 11.496/2007, contra decisão mediante a qual não foi conhecido o recurso de revista pela análise dos pressupostos intrínsecos, necessário que a parte embargante aponte expressamente a violação ao art. 896 da CLT.

OJ 79 SDI1-T/TST

EMBARGOS. RECURSO INTERPOSTO ANTES DA VIGÊNCIA DA LEI Nº 11.496, DE 22.06.2007, QUE CONFERIU NOVA REDAÇÃO AO ART. 894 DA CLT. REVISTA NÃO CONHECIDA POR MÁ APLICAÇÃO DE SÚMULA OU DE ORIENTAÇÃO JURISPRUDENCIAL. EXAME DO MÉRITO PELA SDI (conversão da Orientação Jurisprudencial nº 295 da SBDI-1 com nova redação) – Res. 194/2014, DEJT divulgado em 21, 22 e 23.05.2014

A SDI, ao conhecer dos embargos, interpostos antes da vigência da Lei nº 11.496/2007, por violação do art. 896 – por má aplicação de súmula ou de orientação jurisprudencial pela Turma –, julgará desde logo o mérito, caso conclua que a revista merecia conhecimento e que a matéria de fundo se encontra pacificada neste Tribunal.

3. INFORMATIVOS DO TST

Multa do art. 557, § 2º, do CPC. Análise prejudicada. Provimento do tema principal a que estava ligada.

Ao concluir pela regularidade da representação e dar provimento aos embargos, reformando decisão turmária que entendera manifestamente infundado o agravo interposto contra o despacho que, no caso, fez incidir a diretriz da Orientação Jurisprudencial nº 349 da SBDI-I na exegese que lhe dava anteriormente a Subseção, esta decidiu, à unanimidade, como consequência lógica do provimento dos embargos, afastar a multa do art. 557, § 2º, do CPC aplicada na decisão que negou provimento ao agravo, entendendo prejudicada a sua análise diante do provimento do tema principal a que estava ligada. TST-E-A – AIRR-187040-23.2006.5.08.0114, SBDI-I, rel. Min. Maria de Assis Calsing, 21.6.2012. (informativo nº 14)

Embargos. Discussão acerca da irregularidade de representação do recurso anterior. Saneamento do vício no momento da interposição dos embargos. Não exigência.

Na hipótese em que o objeto dos embargos é a irregularidade de representação, indicada como óbice ao conhecimento do recurso anteriormente interposto, não se exige da parte que sane previamente o vício apontado, como condição para a interposição do novo recurso, pois, no caso, o pressuposto recursal extrínseco se confunde com o próprio mérito dos embargos. Com esse entendimento, a SBDI-I, por maioria, não conheceu dos embargos por ausência de pressuposto intrínseco, vencidos os Ministros Augusto César de Carvalho, relator, Maria Cristina Peduzzi e Alberto Luiz Bresciani, que também não conheciam do recurso, mas por ausência de pressuposto recursal extrínseco relativo à regularidade de representação processual da recorrente. TST – EAIRR-2439 – 61.2010.5.09.0000, SBDI-I, rel. Min. Augusto César Leite de Carvalho, red. p/ acórdão Min. Ives Gandra Martins Filho, 7.2.2013. (informativo nº 35)

▸ ***Embargos interpostos sob a égide da Lei nº 11.496/2007. Conhecimento. Arguição de contrariedade a súmula de conteúdo processual. Possibilidade.***

O conhecimento de embargos regidos pela Lei nº 11.496/2007, por contrariedade a súmula ou orientação jurisprudencial de direito processual, viabiliza-se, excepcionalmente, na hipótese em que, do conteúdo da própria decisão da Turma, verifica-se afirmação ou manifestação que diverge do teor do verbete jurisprudencial indicado como contrariado pela parte. No caso, a Turma, para firmar seu convencimento, foi buscar na sentença fatos não reportados no acórdão do Regional, registrando-os. Assim, a SBDI-I, por maioria, conheceu do recurso de embargos por contrariedade à Súmula nº 126 do TST, e, no mérito, deu-lhe provimento para determinar o retorno dos autos à Turma para que prossiga no julgamento do recurso de revista da demandada, como entender de direito, atendo-se apenas à matéria fática registrada no acórdão do TRT. Vencidos os Ministros Maria Cristina Irigoyen Peduzzi, Antônio José de Barros Levenhagen, Ives Gandra, Brito Pereira, Renato de Lacerda Paiva e Dora Maria da Costa. TST-E-ED-RR-142200-62.2000.5.01.0071, SBDI-I, rel. Min. Augusto César Leite de Carvalho, 8.3.2012. (informativo nº 1)

▸ ***Embargos interpostos sob a égide da Lei nº 11.496/07. Alegação de contrariedade à súmula de índole processual. Impossibilidade.***

Diante da função exclusivamente uniformizadora atribuída à SBDI-I por meio da Lei nº 11.496/2007, que alterou a redação do art. 894 da CLT, afigura-se inviável o conhecimento de embargos por contrariedade a súmulas e orientações jurisprudenciais de índole processual, visto que equivaleria ao cotejo da decisão com o próprio dispositivo da lei processual. Com esse entendimento, a SBDI-I, por unanimidade, afastando a alegação de contrariedade à Súmula nº 126 do TST, decidiu não conhecer dos embargos. TST-E-RR-113500-64.2003.5.04.0402, SBDI-I, rel. Min. Lelio Bentes Corrêa, 31.5.2012. (informativo nº 11)

▸ ***Embargos interpostos sob a égide da Lei nº 11.496/2007. Conhecimento. Contra – riedade a súmula de conteúdo processual. Situação excepcional. Possibilidade.***

Na hipótese em que a própria decisão da Turma esboça manifestação contrária ao teor de verbete jurisprudencial de conteúdo processual, resta caracterizada situação excepcional capaz de viabilizar o conhecimento dos embargos interpostos sob a égide da Lei nº 11.496/2007 por má aplicação da súmula ou da orientação jurisprudencial invocada. Com esse posicionamento, a SBDI-I, por maioria, conheceu dos embargos por contrariedade à Súmula nº 126 do TST, após constatar que o apelo fora conhecido na Turma por violação ao art. 62, II, da CLT com base em premissa fática apresentada na sentença, não obstante a ausência de manifestação do TRT acerca do cargo exercido pelo reclamante. No mérito, a Subseção deu provimento aos embargos a fim de determinar o retorno dos autos à Turma de origem para que prossiga no julgamento do recurso de revista do reclamado, como entender de direito, atendo-se apenas ao quadro fático constante da decisão do Regional. Vencidos os Ministros Ives Gandra da Silva Martins Filho, Brito Pereira e Alexandre de Souza Agra Belmonte. TST-E-ED-RR-134600-03.2002.5.09.0651, SBDI-I, rel. Min. Augusto César Leite de Carvalho, 16.5.2013. (Informativo nº 47)

▸ ***Embargos interpostos sob a égide da Lei nº 11.496/2007. Conhecimento. Arguição de contrariedade a súmula de conteúdo processual. Possibilidade.***

O conhecimento de embargos regidos pela Lei nº 11.496/2007, por contrariedade a súmula ou orientação jurisprudencial de direito processual, viabiliza-se, excepcionalmente, na hipótese em que, do conteúdo da própria decisão da Turma, verifica-se afirmação ou manifestação que diverge do teor do verbete jurisprudencial indicado como contrariado pela parte. No caso, a Turma fixou o grau de insalubridade, com análise do conjunto fático probatório, sem que o TRT e a Vara do Trabalho tenham se manifestado a respeito, ou seja, houve decisão a partir de dados fáticos não inseridos no acórdão do Regional, sem que a matéria tivesse sido prequestionada, o que dissente, portanto, da diretriz preconizada nas Súmulas nºs 126 e 296 do TST. Assim sendo, a SBDI-I, em sua composição plena, por maioria, conheceu dos embargos interpostos pelo reclamado, por contrariedade às Súmulas nºs 126 e 296 do TST, vencido o Ministro Ives Gandra Martins Filho que não conhecia do apelo. No mérito, por maioria, a Subseção deu provimento aos embargos para determinar o retorno dos autos ao TRT de origem a fim de que examine, como entender de direito, o pedido sucessivo referente ao adicional de insalubridade, no contexto do laudo perícial já elaborado, vencidos parcialmente os Ministros Augusto César Leite de Carvalho, relator, João Oreste Dalazen, Ives Gandra Martins Filho, Brito Pereira e Renato de Lacerda Paiva. TST-E-ED-ED-RR-67300-63.2003.5.17.0005, SBDI I, rel. Min. Augusto César Leite de Carvalho, red. p/ acórdão Min. José Roberto Freire Pimenta, 22.5.2014 (Informativo nº 83)

- ***Embargos. Contrariedade à Súmula nº 102, I, do TST. Possibilidade. Afirmação contrária ao teor do verbete.***

Excepcionalmente, admite-se o recurso de embargos, por contrariedade à Súmula nº 102, I, do TST, quando, na fundamentação do acórdão embargado, houver afirmação contrária ao teor do verbete. Assim, tendo a decisão do TRT revelado as reais atribuições da reclamante e, com base nelas, a enquadrado na exceção prevista no art. 224, § 2º da CLT, merece reforma a decisão turmária, que, não obstante a ausência de qualquer alegação que demandasse o revolvimento de matéria fática, não conheceu do recurso de revista, em razão do óbice da Súmula nº 102, I, do TST. Com esse entendimento, a SBDI-I, por maioria, conheceu dos embargos, por contrariedade à Súmula nº 102, I, do TST, e, no mérito, deu-lhes provimento para, verificando a ausência de fidúcia especial a justificar o enquadramento da reclamante na previsão do art. 224, § 2º da CLT, condenar a reclamada ao pagamento da 7ª e 8ª horas trabalhadas, como extras, restando autorizada a compensação da diferença da gratificação de função recebida, com as horas extraordinárias prestadas. Vencidos os Ministros Ives Gandra Martins Filho, Brito Pereira, Dora Maria da Costa e José Roberto Freire Pimenta.TST-E-RR-673-59.2011.5.03.0014, SBDI-I, rel. Min. Alberto Luiz Bresciani de Fontan Pereira, 25.10.2012 (Informativo nº 27)

- ***Voto vencido. Dados fáticos não infirmados pelo voto prevalente. Acórdão único do TRT. Possibilidade de cotejo de teses.***

É possível se estabelecer o cotejo de teses a partir dos elementos fáticos consignados em voto vencido, desde que não infirmados pelo voto prevalente e que ambos os votos estejam consignados em acórdão único do TRT. Com esse posicionamento, a SBDI-I, no tópico, por maioria, valendo-se dos elementos de fato constantes do voto vencido, não conheceu dos embargos, por concluir que a decisão proferida pelo Tribunal Regional, chancelada pela Turma, no sentido de não dar prevalência à cláusula coletiva relativa às horas in itinere sobre a norma legal, não violou o art. 7º, XXVI, da CF. Vencidos os Ministros Ives Gandra Martins Filho e Maria Cristina Peduzzi, que davam provimento ao recurso para excluir da condenação o pagamento das horas de percurso. TST-E-RR-586085-14.1999.5.09.5555, SBDI-I, rel. Min. Lelio Bentes Corrêa, 31.5.2012. (informativo nº 11)

- ***Embargos de declaração. Acolhimento da omissão. Divergência jurisprudencial. Decisão recorrida baseada em fundamentos autônomos. Inexigibilidade de todos os fundamentos estarem contidos em um único aresto. Súmula nº 23 do TST.***

A Súmula nº 23 do TST, ao fixar a exigência de que a jurisprudência transcrita, para comprovação de divergência, abranja todos os fundamentos nos quais se baseou a decisão recorrida, não torna necessário que todos sejam atacados no mesmo aresto paradigma apresentado. Assim, não obstante a decisão da Turma contenha dois fundamentos, por serem estes autônomos, não se exige, para o conhecimento do recurso, que um só aresto cotejado contenha todos os fundamentos da decisão recorrida, sendo possível que se conheça do apelo quando os fundamentos forem enfrentados isoladamente em paradigmas diferentes. Com esse entendimento, a SBDI-I decidiu, à unanimidade, acolher os embargos de declaração para, atribuindo-lhes efeito modificativo, sanar a omissão denunciada e conhecer do recurso de embargos interposto pelo reclamante, por divergência jurisprudencial. TST-ED-E-ED-RR-73500 – 49.2006.5.22.0003, SBDI-I, rel. Min. Brito Pereira, 6.6.2013. (Informativo nº 50)

- ***Embargos. Art. 894, II, da CLT. Divergência jurisprudencial. Confronto com tese constante na ementa transcrita no corpo do acórdão trazido à cotejo. Impossibilidade.***

Na hipótese em que o aresto trazido à cotejo não preenche os requisitos da Súmula nº 337, itens I, "a" e IV, "c", do TST, não é possível conhecer dos embargos por divergência jurisprudencial com as ementas transcritas no corpo do precedente apresentado ao confronto que estejam de acordo com os preceitos da referida súmula. Entendeu-se, na hipótese, que o defeito formal do julgado indicado à comprovação da divergência jurisprudencial justificadora do apelo contamina todo o seu texto, inclusive os arestos constantes em seu interior. Com esse posicionamento, a SBDI-I, por maioria, não conheceu dos embargos do reclamante. Vencido o Ministro Augusto César Leite de Carvalho que, citando o precedente TST-E-ED-RR-6575100-92.2002.5.01.0900, conhecia dos embargos por divergência jurisprudencial. TST-E-ED-RR-39400-88.2009.5.03.0004, SBDI-I, rel. Min. Brito Pereira, 27.2.2014 (Informativo nº 74)

- ***Embargos. Conhecimento. Má aplicação de súmula ou orientação jurisprudencial cancelada ou com redação modificada, mas vigente à época da interposição do recurso. Possibilidade.***

É possível o conhecimento de embargos pela tese de contrariedade por má aplicação de súmula ou orientação jurisprudencial já cancelada ou com redação modificada, mas que se encontrava vigente à época da interposição do recurso. Assim, havendo demonstração de contrariedade à redação do verbete então vigente, considera-se configurada a divergência jurisprudencial.

No caso concreto, entendeu-se contrariada a diretriz da Súmula nº 277 do TST porque consignado, pelo Tribunal Regional, que o direito vindicado estava previsto em regulamento interno da empresa e não em instrumento normativo, o que afasta a aplicação do referido verbete à hipótese. Com esse entendimento, a SBDI-I, por unanimidade, conheceu dos embargos interpostos pelo reclamante, por divergência jurisprudencial, diante da má aplicação da Súmula nº 277 do TST, consoante redação anterior do verbete, e, no mérito, deu-lhes provimento para determinar o retorno dos autos à Turma, a fim de que prossiga na apreciação das outras teses apresentadas no recurso de revista patronal, como entender de direito. Ressalvaram entendimento os Ministros Aloysio Corrêa da Veiga, José Roberto Freire Pimenta e Alexandre de Souza Agra Belmonte. TST-E-ED-RR-563100-38.2007.5.09.0069, SBDI-I, rel. Min. Augusto César Leite de Carvalho, 27.03.2014 (Informativo nº 77)

▸ ***Embargos interpostos em face de acórdão proferido pela SBDI-II em julgamento de recurso ordinário em mandado de segurança. Erro grosseiro. Não cabimento.***

Configura-se erro grosseiro, inviabilizando a incidência do princípio da fungibilidade recursal, a interposição de embargos em face de acórdão proferido pela Subseção II Especializada em Dissídios Individuais em julgamento de recurso ordinário no mandado de segurança, porquanto não inserida dentre as hipóteses de cabimento elencadas no art. 894 da CLT. Com esses fundamentos, a SBDI-II, por unanimidade, não conheceu dos embargos. TST-RO-2418-83.2011.5.15.0000, SBDI-II, rel. Min. Emmanoel Pereira, 29.4.2014 (Informativo nº 80)

4. QUESTÕES DE CONCURSOS

01. (AGU/ADVOGADO DA UNIÃO/CESPE/2009)O recurso de embargos tem o objetivo de unificar a jurisprudência das turmas do TST ou de decisões não unânimes em processos de competência originária do TST. Não são cabíveis quando se pretende interpretar cláusula de convenção coletiva de trabalho, acordo coletivo de trabalho ou regulamento de empresa, ressaltando-se que sua admissibilidade por violação tem como pressuposto a indicação expressa do dispositivo de lei ou da CF tido como violado.

02. (AGU/ADVOGADO DA UNIÃO/CESPE/2009) No processo do trabalho, não cabem embargos infringentes, por total omissão da CLT e incompatibilidade com o processo civil.

03. (MPT/PROCURADOR DO TRABALHO/2010/ADAPTADA) no Tribunal Superior do Trabalho cabem embargos, no prazo de 8 (oito) dias, das decisões das Turmas que divergirem entre si, ou das decisões proferidas pela Seção de Dissídios Individuais, salvo se a decisão recorrida estiver em consonância com súmula ou orientação jurisprudencial do Tribunal Superior do Trabalho ou do Supremo Tribunal Federal;

04. (TRT-17ª REGIÃO/ANALISTA JUDICIÁRIO/CESPE/2009) Compete à Seção de Dissídios Individuais (SDI) julgar em última instância os embargos interpostos às decisões divergentes das turmas, ou destas com decisão da SDI, ou com enunciado da súmula e as que violarem literalmente preceito de lei federal ou da CF.

05. (FCC – TRT 9 – Analista Judiciário/2010) Considere as seguintes assertivas a respeito dos Embargos:

I. Não cabem Embargos para a Seção de Dissídios Individuais de decisão de Turma que não conhece de agravo pela ausência de pressupostos extrínsecos.

II. No Tribunal Superior do Trabalho, em regra, cabem Embargos das decisões das Turmas que divergirem entre si.

III. Cabem Embargos para a Seção de Dissídios Individuais de decisão de Turma proferida em agravo que vise impugnar o conhecimento de agravo de instrumento.

IV. Incabível Embargo para reexame de fatos e provas.

Está correto o que consta APENAS em

a) II e IV.

b) I, II e III.

c) III e IV.

d) II, III e IV.

e) I, II e IV.

06. (FCC – TRT 12 – Analista Judiciário/2010) Com relação ao Recurso de Embargos, analise:

I. Não cabem embargos para a Seção de Dissídios Individuais de decisão de Turma proferida em agravo, salvo, dentre outras hipóteses, para impugnar o conhecimento de agravo de instrumento.

II. Não cabem embargos para a Seção de Dissídios Individuais de decisão de Turma proferida em agravo, salvo, dentre outras hipóteses, da decisão que não conhece de agravo de instrumento ou de agravo pela ausência de pressupostos extrínsecos.

III. Não cabem Embargos de decisão não unânime de julgamento que conciliar, julgar ou homologar conciliação em dissídios coletivos que excedam a competência territorial dos Tribunais Regionais do Trabalho.

Está correto o que consta APENAS em

a) I.

b) II e III.

c) I e III.

d) I e II.

e) II.

07. (TRT 3 – Juiz do Trabalho Substituto 3ª região/2014) Observando-se o sistema recursal previsto na CLT, NÃO é correto afirmar que:

a) A interposição de recurso para o STF não prejudicará a execução do julgado.

b) Nas reclamações sujeitas ao procedimento sumaríssimo o recurso ordinário será imediatamente distribuído, uma vez recebido no Tribunal, devendo o relator liberá-lo no prazo máximo de dez dias, e a Secretaria do Tribunal ou Turma colocá-lo imediatamente em pauta para julgamento, sem revisor.

c) Cabe recurso ordinário para instância superior das decisões definitivas ou terminativas das Varas e Juízos.

d) No TST cabem embargos, no prazo de 10 dias, das decisões das Turmas que divergirem entre si.

e) Os Tribunais Regionais, divididos em Turmas, poderão designar Turma para o julgamento dos recursos ordinários interpostos das sentenças prolatadas nas demandas sujeitas ao procedimento sumaríssimo.

08. (FCC – Analista Judiciário – Oficial de Justiça Avaliador – TRT 11/2017) Considere:

I. Em face de decisão que não conhece de agravo de instrumento ou de agravo pela ausência de pressupostos extrínsecos.

II. Em face de decisão que nega provimento a agravo contra decisão monocrática do Relator, em que se proclamou a ausência de pressupostos extrínsecos de agravo de instrumento.

III. Para revisão dos pressupostos extrínsecos de admissibilidade do recurso de revista, cuja ausência haja sido declarada originariamente pela Turma no julgamento do agravo.

IV. Para impugnar o conhecimento de agravo de instrumento.

Conforme entendimento Sumulado do TST, não cabem embargos para a Seção de Dissídios Individuais de decisão de Turma proferida em agravo, salvo, dentre outras, nas hipóteses indicadas em

a) II e IV, apenas.

b) I, III e IV, apenas.

c) I, II e III, apenas.

d) I, II, III e IV.

e) I e III, apenas.

GAB	1	E	2	E	3	C	4	E	5	D	6	D	7	D	8	D

✦ **RECURSO ORDINÁRIO**

Art. 895. Cabe recurso ordinário para a instância superior:

✦ **DAS SENTENÇAS**

I – das decisões definitivas ou terminativas das Varas e Juízos, no prazo de 8 (oito) dias; e (Incluído pela Lei nº 11.925, de 17.04.2009).

✦ **DOS ACÓRDÃOS NAS AÇÕES ORIGINÁRIAS**

II – das decisões definitivas ou terminativas dos Tribunais Regionais, em processos de sua competência originária, no prazo de 8 (oito) dias, quer nos dissídios individuais, quer nos dissídios coletivos.(Incluído pela Lei nº 11.925, de 17.04.2009).

✦ **SUMARÍSSIMO**

§ 1º – Nas reclamações sujeitas ao procedimento sumaríssimo, o recurso ordinário:

I – (VETADO).

✦ **VOTO DO RELATOR**

II – será imediatamente distribuído, uma vez recebido no Tribunal, devendo o relator liberá-lo no prazo máximo de dez dias, e a Secretaria do Tribunal ou Turma colocá-lo imediatamente em pauta para julgamento, sem revisor;(Incluído pela Lei nº 9.957, de 12.01.2000)

✦ **PARECER ORAL: MPT**

III – terá parecer oral do representante do Ministério Público presente à sessão de julgamento, se este entender necessário o parecer, com registro na certidão;(Incluído pela Lei nº 9.957, de 12.01.2000)

✦ **DISPENSA DE ACÓRDÃO**

IV – terá acórdão consistente unicamente na certidão de julgamento, com a indicação suficiente do processo e parte dispositiva, e das razões de decidir do voto prevalente. Se a sentença for confirmada pelos próprios fundamentos, a certidão de julgamento, registrando tal circunstância, servirá de acórdão.(Incluído pela Lei nº 9.957, de 12.01.2000)

✦ **TURMAS PARA SUMARÍSSIMO**

§ 2º – Os Tribunais Regionais, divididos em Turmas, poderão designar Turma para o julgamento dos recursos ordinários interpostos das sentenças prolatadas nas demandas sujeitas ao procedimento sumaríssimo. (Incluído pela Lei nº 9.957, de 12.01.2000)

1. COMENTÁRIOS

1.1. Natureza Jurídica

O Recurso Ordinário é um recurso de revisão, caracterizado pela simplicidade de sua interposição; basta, para seu conhecimento, que a parte manifeste seu interesse em rever ou anular a sentença. Não se exige do recorrente qualquer fundamento recursal. O RO se classifica como recuso de fundamentação livre, assim considerado aquele em que a mera manifestação de inconformismo da parte já é suficiente para seu cabimento (Bebber, Recursos, 2009, p. 47).

1.2. Cabimento e julgamento

A Lei nº 11.925/2009 corrigiu a impropriedade técnica da então alínea "a", atual inciso I, que só mencionava o cabimento do recurso ordinário das "decisões definitivas"; a doutrina precisou extrair do texto legal sua real intenção, para abranger também as sentenças terminativas (que não resolvem o mérito).

Na redação atual é clara a possibilidade de cabimento do recurso ordinário das sentenças terminativas (art. 267, do CPC/73 e art. 485 do CPC/2015), como das definitivas (art. 269, do CPC/73 e art. 487 do CPC/2015). O julgamento do RO para revisão das sentenças é de competência do Tribunal Regional do Trabalho, especificamente de uma de suas Turmas. A afirmação é feita com base na observação da realidade, pois nada impede que o Tribunal Regional, no uso de sua competência privativa (art. 96, I, "a", da CF), atribua tal competência a qualquer outro órgão.

As ações de competência originária dos Tribunais Regionais serão apreciadas por quem o Regimento Interno do respectivo Tribunal determinar; nos Tribunais divididos em seções, normalmente se atribui a estas o julgamento das ações originárias. São ações de competência originária, cujo acórdão é impugnado por Recurso Ordinário:

a) ação rescisória;

b) mandado de segurança;

c) habeas corpus;

d) dissídio coletivo;

e) ação anulatória da cláusula coletiva;

f) *habeas data*.

Os mandados de segurança também poderão ser utilizados no primeiro grau e o habeas corpus teve seu interesse prático reduzido a quase zero, diante da impossibilidade de prisão do depositário infiel. O habeas data, remédio constitucional para obtenção de informação constante de cadastros de natureza pública, ou retificação de dados, também pode ser ajuizada no primeiro grau. Sobre estes temas, da nova competência da Justiça do Trabalho, vide comentários ao art. 643, da CLT.

Do julgamento das ações de competência originária cabe recurso ordinário para o TST; o RO em dissídios coletivos, ações anulatórias de cláusulas coletivas, mandando de segurança em matéria coletiva e até habeas corpus decorrente de violação à liberdade durante a greve, serão apreciados pela SDC/TST (art. 70, RI/TST).

Do julgamento de dissídios individuais em matéria de mandado de segurança, habeas corpus e ação rescisória, cabe RO, de julgamento da SDI-1/TST (art. 71, do RI/TST).

Qualquer que seja o órgão competente, a interposição de recurso ordinário a ser apreciado pelo TST, SDI ou SDC, exige a capacidade postulatória de advogado (S. 425/TST).

1.3. Efeito suspensivo: exceção à regra geral

Antes do CPC/2015, o Recurso ordinário contra acórdão normativo proferido por Tribunal Regional de Trabalho era a única hipótese de apelo que podia receber efeito suspensivo independente, ou seja, sem o manejo de ação cautelar; a competência para conceder tal efeito é do Presidente do TST (art. 14, da Lei nº 10.192/2001), através de petição fundamentada apresentada junto com o RO ou logo após sua interposição.

Os artigos 237 e 238 do RI/TST, dispõem sobre o procedimento deste requerimento de efeito suspensivo:

> "Art. 237. O recurso interposto de decisão normativa da Justiça do Trabalho terá efeito suspensivo, na medida e extensão conferidas em despacho do Presidente do Tribunal Superior do Trabalho.
>
> Art. 238. O pedido de concessão de efeito suspensivo de recurso em matéria normativa deverá ser instruído com as seguintes peças: decisão normativa recorrida; petição de recurso ordinário, prova de sua tempestividade e respectivo despacho de admissibilidade; guia de recolhimento de custas, se houver; procuração conferindo poderes ao subscritor da medida; e outras que o requerente reputar úteis para o exame da solicitação".

Contudo, com o advento do CPC/2015, especificamente do art. 1.029, § 5º, destinado à obtenção de efeito suspensivo nos Recursos Especial e Extraordinário, por simples requerimento, o TST, por meio da S. 414, I, estendeu ser aplicável o mesmo procedimento para se obter efeito suspensivo em Recurso Ordinário que impugna tutela provisória concedida na sentença trabalhista.

1.4. Rito Sumaríssimo

A Lei nº 9.957/2000, que institui o rito sumaríssimo, não conseguiu modificar o cabimento do recurso ordinário, pois o dispositivo com tal finalidade foi vetado (art. 895, § 1º, I). Confira-se a redação do texto original e as razões do veto:

"Art. 895 § 1º, I – somente será cabível por violação literal da lei, contrariedade a súmula de jurisprudência uniforme do Tribunal Superior do Trabalho ou violação direta da Constituição da República, não se admitindo recurso adesivo;". Razões do veto: "por derradeiro, não seria conveniente manter a regra insculpida no inciso I do § 1° do art. 895, que contém severa limitação do acesso da parte ao duplo grau de jurisdição, máxime quando já se está restringindo o acesso ao Tribunal Superior do Trabalho."

As alterações no RO sob o rito sumaríssimo dizem respeito somente ao procedimento do recurso que impugna a sentença:

a) foi suprimida a figura do revisor;

b) o relator prepara seu voto em 10 dias e libera o processo para ser incluído em pauta de julgamento;

c) o MPT só se manifesta verbalmente, na própria sessão de julgamento;

d) quando a turma confirmar a sentença, o acórdão consistirá na certidão de julgamento, que registra somente a conclusão dos votos e os principais incidentes, como, por exemplo, a rejeição de alguma preliminar arguida no recurso.

1.5. Juízo de Admissibilidade

A aceitação do Recurso Ordinário, antes de seu julgamento, se submete a determinados requisitos, conhecidos como pressupostos de admissibilidade recursal.

O Recurso Ordinário se submete ao exame de pressupostos intrínsecos e extrínsecos referidos nos comentários ao art. 893 da CLT, aos quais nos reportamos.

A admissibilidade do Recurso Ordinário é feita, inicialmente, pelo juiz de primeira instância, antes da remessa dos autos do processo para a segunda instância. Trata-se de juízo preliminar de admissibilidade do recurso e que não vincula o juízo próprio e definitivo que será realizado pelo órgão julgador competente: a turma do Tribunal Regional do Trabalho.

No processo civil o recurso similar ao Recurso Ordinário é o recurso de Apelação. Para este recurso, o CPC, em seu art. 1.010, § 3º, dispensa o juízo de admissibilidade pela primeira instância, prevendo que:

> § 1º O apelado será intimado para apresentar contrarrazões no prazo de 15 (quinze) dias.
>
> § 2º Se o apelado interpuser apelação adesiva, o juiz intimará o apelante para apresentar contrarrazões.
>
> § 3º Após as formalidades previstas nos §§ 1º e 2º, os autos serão remetidos ao tribunal pelo juiz, **independentemente de juízo de admissibilidade.**

O TST, nos termos da IN nº 39/2016, artigo 2º, XI, entendeu que o art. 1.010, § 3º do CPC/2015 é inaplicável ao processo do trabalho. Portanto, o juiz do trabalho, órgão de primeira instância, continua obrigado a fazer o exame de admissibilidade do Recurso Ordinário antes de remetê-lo ao Tribunal Regional do Trabalho para julgamento.

2. SÚMULAS E ORIENTAÇÕES JURISPRUDENCIAIS

- **Súmula nº71/TST**
  ALÇADA (mantida) – Res. 121/2003, DJ 19, 20 e 21.11.2003

A alçada é fixada pelo valor dado à causa na data de seu ajuizamento, desde que não impugnado, sendo inalterável no curso do processo.

- **Súmula nº 158/TST**

AÇÃO RESCISÓRIA (mantida) – Res. 121/2003, DJ 19, 20 e 21.11.2003

Da decisão de Tribunal Regional do Trabalho, em ação rescisória, é cabível recurso ordinário para o Tribunal Superior do Trabalho, em face da organização judiciária trabalhista (ex-Prejulgado nº 35).

- **Súmula nº 201/TST**

RECURSO ORDINÁRIO EM MANDADO DE SEGURANÇA (mantida)

Res. 121/2003, DJ 19, 20 e 21.11.2003

Da decisão de Tribunal Regional do Trabalho em mandado de segurança cabe recurso ordinário, no prazo de 8 (oito) dias, para o Tribunal Superior do Trabalho, e igual dilação para o recorrido e interessados apresentarem razões de contrariedade.

- **Súmula nº 283/TST**

RECURSO ADESIVO. PERTINÊNCIA NO PROCESSO DO TRABALHO. CORRELAÇÃO DE MATÉRIAS (mantida) – Res. 121/2003, DJ 19, 20 e 21.11.2003

O recurso adesivo é compatível com o processo do trabalho e cabe, no prazo de 8 (oito) dias, nas hipóteses de interposição de recurso ordinário, de agravo de petição, de revista e de embargos, sendo desnecessário que a matéria nele veiculada esteja relacionada com a do recurso interposto pela parte contrária.

- **Súmula nº 356/TST**

ALÇADA RECURSAL. VINCULAÇÃO AO SALÁRIO MÍNIMO (mantida) Res. 121/2003, DJ 19, 20 e 21.11.2003

O art. 2º, § 4º, da Lei nº 5.584, de 26.06.1970, foi recepcionado pela CF/1988, sendo lícita a fixação do valor da alçada com base no salário mínimo.

- **Súmula nº 393/TST**

RECURSO ORDINÁRIO. EFEITO DEVOLUTIVO EM PROFUNDIDADE. ART. 1.013, § 1º, do CPC DE 2015. ART. 515, § 1º, DO CPC de 1973 – (nova redação em decorrência do CPC de 2015) – Res. 208/2016, DEJT divulgado em 22, 25 e 26.04.2016

I – O efeito devolutivo em profundidade do recurso ordinário, que se extrai do § 1º do art. 1.013 do CPC de 2015 (art. 515, § 1º, do CPC de 1973), transfere ao Tribunal a apreciação dos fundamentos da inicial ou da defesa, não examinados pela sentença, ainda que não renovados em contrarrazões, desde que relativos ao capítulo impugnado.

II – Se o processo estiver em condições, o tribunal, ao julgar o recurso ordinário, deverá decidir desde logo o mérito da causa, nos termos do § 3º do art. 1.013 do CPC de 2015, inclusive quando constatar a omissão da sentença no exame de um dos pedidos.

- **Súmula nº 422/TST**

RECURSO. FUNDAMENTO AUSENTE OU DEFICIENTE. NÃO CONHECIMENTO (redação alterada, com inserção dos itens I, II e III) – Res. 199/2015, DEJT divulgado em 24, 25 e 26.06.2015. Com errata publicado no DEJT divulgado em 01.07.2015

I – Não se conhece de recurso para o Tribunal Superior do Trabalho se as razões do recorrente não impugnam os fundamentos da decisão recorrida, nos termos em que proferida.

II – O entendimento referido no item anterior não se aplica em relação à motivação secundária e impertinente, consubstanciada em despacho de admissibilidade de recurso ou em decisão monocrática.

III – Inaplicável a exigência do item I relativamente ao recurso ordinário da competência de Tribunal Regional do Trabalho, exceto em caso de recurso cuja motivação é inteiramente dissociada dos fundamentos da sentença.

- **Súmula nº 435/TST**

DECISÃO MONOCRÁTICA. RELATOR. ART. 932 DO CPC DE 2015. ART. 557 DO CPC DE 1973. APLICAÇÃO SUBSIDIÁRIA AO PROCESSO DO TRABALHO – (atualizada em decorrência do CPC de 2015) – Res. 208/2016, DEJT divulgado em 22, 25 e 26.04.2016

Aplica-se subsidiariamente ao processo do trabalho o art. 932 do CPC de 2015 (art. 557 do CPC de 1973).

3. INFORMATIVOS DO TST

- **AR. Julgamento imediato da lide. Questão de fundo já decidida pela instância de origem. Identidade de causas de pedir remota e próxima e de fatos em relação a todos os litisconsortes. Supressão de instância ou julgamento extra petita. Inocorrência.**

A SBDI-II entendeu não caracterizar supressão de instância ou julgamento extra petita a hipótese em que a decisão rescindenda, afastando a prescrição declarada, procede ao imediato exame da questão de fundo, que já fora decidida pelo Tribunal Regional e transitada em julgado em relação a um dos autores, com mesma causa de pedir remota e próxima, além de apresentar matéria fática idêntica em relação a todos os litisconsortes. Consignou, ainda, que o § 3º do art. 515 do CPC ampliou a possibilidade do julgamento imediato da lide, não restringindo aos casos em que houve extinção do feito sem resolução do mérito. Dessarte, a Subseção, por unanimidade, julgou improcedente a pretensão rescisória. TST-AR-2653-67.2011. 5.00.0000, SBDI-II, rel. Min. Pedro Paulo Teixeira Manus, 26.6.2012. (informativo nº 15)

4. QUESTÕES DE CONCURSOS

01. (TRT – 6ª REGIÃO/JUIZ DO TRABALHO SUBSTITUTO/2010) De acordo com a jurisprudência sumulada do Tribunal Superior do Trabalho sobre o Recurso Ordinário trabalhista, leia as assertivas abaixo e, depois, assinale a alternativa CORRETA:

I. O efeito devolutivo em profundidade do Recurso Ordinário se extrai do artigo 515, § 1º do Código de Processo Civil.

II. O efeito devolutivo em profundidade do Recurso Ordinário transfere ao Tribunal a apreciação do fundamento da defesa não examinado pela sentença, ainda que não renovado em contra-razões.

III. Não há efeito devolutivo em profundidade no Recurso Ordinário no processo do trabalho porque a apreciação pelo Tribunal de matéria de defesa não enfrentada pelo juízo a quo consistiria em flagrante supressão de instância.

IV. O recurso ordinário trabalhista é destituído de efeito devolutivo.

v) O efeito devolutivo em profundidade não alcança o pedido não apreciado na sentença.

a) As assertivas I, II e V estão corretas.

b) Apenas as assertivas II e III estão corretas.

c) Apenas as assertivas IV e V estão corretas.

d) Apenas a assertiva II está correta.

e) Apenas a assertiva V está correta.

02. (BACEN/PROCURADOR/CESPE/2009/ADAPTADA) Com relação aos recursos no processo do trabalho: é extemporâneo o recurso interposto antes da publicação do acórdão.

03. (BACEN/PROCURADOR/CESPE/2009/ADAPTADA) Com relação aos recursos no processo do trabalho: a contagem do prazo para a apresentação dos originais de recurso interposto por fac-símile começa a fluir do dia seguinte à interposição do recurso.

04. (SERPRO/ADVOGADO/CESPE/2008) No processo do trabalho, não é cabível a interposição de recurso adesivo.

05. (TRT – 18º REGIÃO/ANALISTA JUDICIÁRIO/FCC/2008) Contra decisão do magistrado que determinou o arquivamento dos autos em razão do não comparecimento do reclamante à audiência previamente designada e contra a decisão do magistrado que acolheu a exceção de incompetência em razão da matéria

a) caberão Recurso Ordinário e Agravo de Instrumento, respectivamente.

b) caberá Agravo de Instrumento.

c) caberá Recurso Ordinário.

d) caberão Agravo de Instrumento e Recurso Ordinário, respectivamente.

e) caberão Agravo de Petição e Recurso Ordinário, respectivamente.

06. (FCC – TRT 9 – Analista Judiciário/2010/ADAPTADA) No recurso ordinário, o efeito devolutivo em profundidade, transfere automaticamente ao Tribunal a apreciação de fundamento da defesa não examinado pela sentença, ainda que não renovado em contrarrazões, não se aplicando, todavia, ao caso de pedido não apreciado na sentença.

07. (FCC – TRT 4 – Analista Judiciário/2011) da decisão de Tribunal Regional do Trabalho em mandado de segurança

a) caberá recurso ordinário, no prazo de oito dias, para uma das Turmas do Tribunal Regional do Trabalho prolator da decisão.

b) não caberá recurso, por expressa vedação legal, tratando-se de hipótese de ação rescisória, desde que preenchido os requisitos.

c) caberá recurso ordinário, no prazo de oito dias, para o pleno do Tribunal Regional do Trabalho prolator da decisão.

d) caberá recurso de revista, no prazo de quinze dias, para o Tribunal Superior do Trabalho.

e) caberá recurso ordinário, no prazo de oito dias, para o Tribunal Superior do Trabalho.

08. (TRT 23 – Juiz do Trabalho Substituto 23ª região/ 2014) Assinale a alternativa correta:

a) A Consolidação somente prevê duas exceções para a regra de irrecorribilidade imediata de decisões interlocutórias: **a)** decisão de tribunal contrária a súmula ou orientação jurisprudencial do TST; **b)** decisão susceptível de impugnação mediante recurso para o mesmo tribunal.

b) Nas reclamações trabalhistas sujeitas ao rito sumaríssimo, dispensa-se o parecer do representante do Ministério Público.

c) O recurso ordinário é cabível apenas para impugnar decisões definitivas ou terminativas de Varas e Juízos e de decisões definitivas de Tribunais Regionais do Trabalho em processos de sua competência originária.

d) Em julgamento de recurso ordinário, nas causas sujeitas a rito sumaríssimo, se a sentença for confirmada pelos seus próprios fundamentos, a certidão de julgamento, registrando tal circunstância, servirá como acórdão.

e) A execução será, sempre, promovida pelo reclamante.

09. (FCC – Analista Judiciário – Área Judiciária – TRT 16/2014) Considere as seguintes hipóteses:

I. O autor renunciou ao direito sobre o qual se funda a ação.

II. A petição inicial foi indeferida uma vez que inepta.

III. O reclamante não compareceu à audiência e o processo foi arquivado.

IV. O juiz acolhe alegação de litispendência.

Caberá recurso ordinário nas hipóteses

a) III e IV, apenas.

b) I, II e III, apenas.

c) I, II, III e IV.

d) I, II e IV, apenas.

e) II e III, apenas.

10. (FCC – Analista Judiciário – Oficial de Justiça Avaliador – TRT 24/2017) O reclamante Zeus ajuizou reclamação trabalhista formulando os pedidos de adicional de insalubridade e indenização por danos materiais. A sentença lhe foi favorável apenas em relação ao pedido de indenização por danos materiais, razão pela qual resolveu recorrer, devendo assim interpor

a) recurso ordinário no prazo de 5 dias.

b) agravo de instrumento no prazo de 8 dias.

c) agravo de petição no prazo de 10 dias.

d) recurso ordinário no prazo de 8 dias.

e) apelação da sentença no prazo de 15 dias.

11. (FCC – Técnico Judiciário – Área Administrativa – TRT 11/2017) De acordo com a Consolidação das Leis do Trabalho, no tocante ao Recurso Ordinário, considere:

I. Nas reclamações trabalhistas sujeitas ao procedimento sumaríssimo, o recurso ordinário terá parecer oral do representante do Ministério Público presente à sessão de julgamento, se este entender necessário o parecer, com registro na certidão.

II. Os Tribunais Regionais, divididos em Turmas, não poderão designar Turma para o julgamento dos recursos ordinários interpostos das sentenças prolatadas nas demandas sujeitas ao procedimento sumaríssimo, devendo o julgamento ocorrer simultâneo com os demais Recursos.

III. Terá acórdão consistente unicamente na certidão de julgamento, com a indicação suficiente do processo e parte dispositiva, e das razões de decidir do voto prevalente.

IV. Se a sentença for confirmada pelos próprios fundamentos, a certidão de julgamento, registrando tal circunstância, servirá de acórdão.

Está correto o que se afirma APENAS em

a) II e III.

b) I, II e IV.

c) III e IV.

d) I e II.

e) I, III e IV.

GAB	1	A	2	C	3	E	4	E	5	C	6	C	7	E	8	D	9	C	10	D	11	E

✦ **RECURSO DE REVISTA**

Art. 896 – Cabe Recurso de Revista para Turma do Tribunal Superior do Trabalho das decisões proferidas em grau de recurso ordinário, em dissídio individual, pelos Tribunais Regionais do Trabalho, quando: (Redação dada pela Lei nº 9.756, de 17.12.1998)

✦ **INTERPRETAÇÃO DE LEI FEDERAL**

a) derem ao mesmo dispositivo de lei federal interpretação diversa da que lhe houver dado outro Tribunal Regional do Trabalho, no seu Pleno ou Turma, ou a Seção de Dissídios Individuais do Tribunal Superior do Trabalho, ou contrariarem súmula de jurisprudência uniforme dessa Corte ou súmula vinculante do Supremo Tribunal Federal; (Redação de acordo com a Lei nº 13.015, de 21.7.2014)

✦ **INTERPRETAÇÃO DE LEI ESTADUAL, NORMA COLETIVA E REGULAMENTO EMPRESARIAL**

b) derem ao mesmo dispositivo de lei estadual, Convenção Coletiva de Trabalho, Acordo Coletivo, sentença normativa ou regulamento empresarial de observância obrigatória em área territorial que exceda a jurisdição do Tribunal Regional prolator da decisão recorrida, interpretação divergente, na forma da alínea a; (Redação dada pela Lei nº 9.756, de 17.12.1998)

✦ **VIOLAÇÃO DE LEI FEDERAL E DA CONSTITUIÇÃO FEDERAL**

c) proferidas com violação literal de disposição de lei federal ou afronta direta e literal à Constituição Federal. (Redação dada pela Lei nº 9.756, de 17.12.1998)

1. COMENTÁRIOS

1.1. Nomenclatura e natureza jurídica

Trata-se de recurso de **natureza extraordinária**, orientado pelo **princípio da dialeticidade**, interpretado como a necessidade das razões recursais guardarem simetria com a decisão impugnada (Bebber, Recursos, 2009, p. 218).

O Recurso de Revista originariamente foi chamado de Recurso Extraordinário. A primitiva nomenclatura é oriunda do Decreto nº 6.996, de 12.10.1940, que regulamentou o funcionamento da Justiça do Trabalho no Brasil. O referido decreto previa, em seu art. 203, as seguintes hipóteses de cabimento do então Recurso Extraordinário:

> Art. 203. Cabe recurso extraordinário das decisões, proferidas em única ou última instância pelos Conselhos Regionais, que derem à mesma lei interpretação diversa da que tiver sido dada por outro Conselho Regional ou pela Câmara de Justiça do Trabalho ou, ainda, pelo Conselho Nacional do Trabalho, na plenitude de sua composição.
>
> § 1° O recurso extraordinário será interposto, no prazo de quinze dias, para a Câmara de Justiça do Trabalho, ou para o Conselho Pleno, quando se tratar de interpretação deste.
>
> § 2° O recurso terá efeito devolutivo, salvo ao juiz, ou presidente do tribunal recorrido, no caso de divergência manifesta, dar-lhe, também, o efeito suspensivo.

A mudança de nome para Recurso de Revista ocorreu com a Lei nº 861, de 13.10.1949, cujo artigo 1º alterou os artigos 893 e 896 da CLT. O art. 896 passou a ter a seguinte redação:

Cabe recurso de revista das decisões de última instância, quando:

> a) derem à mesma norma jurídica interpretação diversa da que tiver sido dada pelo mesmo Tribunal Regional ou pelo Tribunal Superior do Trabalho;
>
> b) proferida com violação da norma jurídica ou princípios gerais de direito.
>
> § 1º O recurso de revista será apresentado no prazo de quinze dias, ao Presidente do Tribunal recorrido, que poderá recebê-lo ou denegá-lo, fundamentando, em qualquer caso, a sua decisão.

Parte da doutrina entendeu que a mudança de nome para recurso de revista foi prejudicial à indicação da natureza e finalidade do recurso. Conforme explica Manoel Antonio Teixeira Filho, Curso, Vol. II, 2009, p. 1613:

> "A doutrina sempre manifestou opinião crítica a essa inovação, sob o argumento de que a antiga nomenclatura era mais adequada para indicar a natureza e a finalidade do remédio em exame, cujo caráter extraordinário estava em que o seu **objetivo era apenas de impugnar matéria jurídica** (CF de 1937, art. 101, III).".

Ainda que objeto de críticas, a mudança terminológica teve o propósito de evitar dois recursos com o mesmo nome, pois existia, no processo civil, outra espécie de recurso extraordinário.

Contudo, esqueceu-se o legislador que o processo civil também se utilizava, à época, de um recurso de revista, com finalidade distinta do recurso de revista trabalhista, conforme o art. 853 do CPC de 1939:

> Art. 853. Conceder-se-á recurso de revista para as Câmaras Civis reunidas, nos casos em que divergirem, em suas decisões finais, duas (2) ou mais Câmaras, ou turmas, entre si, quanto ao modo de interpretar o direito em tese. Nos mesmos casos, será o recurso extensivo à decisão final de qualquer das Câmaras, ou turmas, que contrariar outro julgado, também final, das Câmaras reunidas.

Essa problemática foi solucionada com o CPC de 1973, que suprimiu a figura processual do recurso de revista, restando, somente, seu homônimo trabalhista, previsto no art. 896 da CLT.

1.2. Cabimento e competência para julgamento

As hipóteses de **cabimento** do recurso de revista compõem dois módulos: interpretação jurisprudencial e violação normativa (à lei ou à CF). Essas hipóteses são classificadas como **pressupostos intrínsecos** de admissibilidade e são assim resumidos:

a) divergência jurisprudencial, na interpretação de lei federal, estadual, regulamento de empresa, acordo e convenção coletiva, entre dois Tribunais diferentes; desde a Lei nº 9.756/98 não se admitem acórdãos divergentes de um mesmo Tribunal;

b) violação literal de lei ou da Constituição da República.

Segundo o art. 96, I, "a", da CF, o próprio Tribunal Superior do Trabalho, a quem **compete julgar o Recurso de Revista** (art. 896, *caput*, da CLT), tem também competência para definir o órgão judicante interno que apreciará o referido recurso. Neste sentido, prevê o art. 72, I, do RI/TST, a competência da Turma para apreciação desta espécie recursal:

> "**Art. 72.** Compete a cada uma das **Turmas** julgar: I – os recursos de revista interpostos contra decisão dos Tribunais Regionais do Trabalho, nos casos previstos em lei;"

1.2.1. Divergência na interpretação de Lei Federal.

A **alínea "a" do art. 896** prevê seu cabimento pela **divergência na intepretação de lei federal**. A maioria dos recursos de revista tem por objeto a interpretação da própria CLT, que também foi aprovada por lei federal (antigo decreto-lei que atualmente é interpretado com a mesma hierarquia de lei ordinária federal). Colha-se o exemplo deste Acórdão de julgamento de Recurso de Revista, proferido pela 4ª turma do TST, analisando o art. 384 da CLT:

> "**RECURSO DE REVISTA. INTERVALO DO ART. 384 DA CLT. HORAS EXTRAS.** O art. 384 da CLT dispõe sobre a obrigatoriedade da concessão à

> mulher do intervalo de quinze minutos, no mínimo, antes do início do período extraordinário do trabalho, por se tratar de medida de higiene, saúde e segurança do trabalho. Outrossim, tendo esta Corte entendido que o referido artigo foi recepcionado pela nova Ordem Constitucional, tem reiteradamente determinado que se confira ao intervalo em apreço o mesmo tratamento que se dá aos casos em que houve desrespeito ao intervalo intrajornada previsto no art. 71 da CLT, deferindo-se o pagamento das horas correspondentes com o acréscimo de 50% e respectivos reflexos legais." (**Processo:** RR – 633-09.2011.5.09.0015 **Data de Julgamento:** 20/08/2014, **Relatora Ministra:** Maria de Assis Calsing, 4ª Turma, **Data de Publicação:** DEJT 22/08/2014)

Após a Lei nº 13.015/2014 a **intepretação divergente entre dois Tribunais Regionais do Trabalho ficará restrita ao conflito entre as Súmulas Regionais** editadas por estes órgãos, e não entre os acórdãos proferidos por suas Turmas, como se extrai da regra atual do § 6º do art. 896 da CLT.

Duas omissões devem ser destacadas no **texto da alínea "a"**, e superadas pela intepretação doutrinária e jurisprudencial após a edição da Lei nº 13.015/2014.

A **primeira**, diz respeito à **ausência de menção à Orientação Jurisprudencial do TST**. Não obstante a omissão legal, a nosso ver, caberá recurso de revista quando o acórdão regional divergir de OJ do TST (neste sentido, inclusive, a **OJ nº 219 da SDI-1/TST**).

Por outro lado, não caberá recurso de revista por contrariedade à OJ no rito sumaríssimo, conforme previsto no § 9º, do art. 896 da CLT.

A **segunda omissão** diz respeito às súmulas não vinculantes do STF. A alteração da Lei nº 13.015/2014 incluiu no texto do art. 896, "a", a possibilidade de cabimento do recurso de revista na hipótese do acórdão regional contrariar Súmula Vinculante do STF. Por outro lado, nada foi dito quanto ao cabimento do recurso de revista quando o **acórdão regional do TRT divergir de Súmula do STF, ainda que não vinculante**. Parece-nos possível o cabimento do recurso de revista nesta hipótese, não obstante a omissão legal. Não teria qualquer lógica o sistema recursal que admitisse recurso de revista por contrariedade à Súmula do TST, e não o admitisse por contrariedade à Súmula do STF.

1.2.2. Divergência na intepretação de Lei Estadual, Convenção Coletiva de Trabalho, Acordo Coletivo, Sentença Normativa e Regulamento de Empresa.

A **alínea "b" do art. 896** cuida das hipóteses de recurso de revista por divergência na intepretação de diversas fontes formais de direito.

O principal pressuposto desta hipótese de cabimento é a demonstração de que a fonte de direito objeto da divergência tenha abrangência superior à jurisdição de um só Tribunal. Assim sendo, é imprescindível que as fontes formais de direito indicadas na alínea "b" do artigo 896 sejam interpretadas por dois tribunais diferentes, conforme destacou a **OJ nº 147, I, da SDI-1/TST**. É a hipótese, por exemplo, do regulamento empresarial de uma empresa com diversas filiais em inúmeros Estados da Federação. O regulamento, portanto, será interpretado por Tribunais Regionais de Trabalho diferentes, diante dos conflitos a estes submetidos.

No caso da **lei estadual** não há como se exigir que sua abrangência seja superior a de um Estado. Todavia, a OJ nº 147 da SDI-1 prevê em sentido contrário que é:

> "inadmissível o recurso de revista fundado tão-somente em divergência jurisprudencial, se a parte não comprovar que a **lei estadual**, a norma coletiva ou o regulamento da empresa extrapolam o âmbito do TRT prolator da decisão recorrida.".

A OJ antes citada deve ser interpretada da seguinte forma: como não é possível que a lei estadual tenha abrangência superior a de um Estado, a interpretação apta a ensejar o recurso de revista deve ser oriunda de dois Tribunais Regionais do Trabalho interpretando a mesma lei estadual. Esta situação jurídica só é possível no Estado de São Paulo, pois é o único da Federação que possui dois Tribunais Regionais do Trabalho (2ª e 15ª região). Portanto, qualquer recurso de revista com fundamento em interpretação divergente de lei estadual só pode ser oriundo do Estado de São Paulo. No mesmo sentido em que defendemos, se manifestam Giglio-Corrêa, 2007, p. 479:

> "Embora ocorressem e possam continuar ocorrendo interpretações divergentes, entre Tribunais Regionais diversos, na aplicação de normas coletivas, de regulamentos empresariais e decisões normativas de aplicação multiestadual, aparentemente não haveria possibilidade de ocorrer a hipótese de intepretações divergentes de normas estaduais, não fora a existência de dois Tribunais Regionais, das 2ª e 15ª Regiões, no mesmo Estado de São Paulo. A divergência de decisões de lei estadual, ente esses dois Tribunais, abre margem a recuso de revista."

1.2.3. Violação da Lei Federal e da Constituição da República

A violação literal, direta e frontal ao texto de lei federal, ou da Constituição da República, não dá margem a interpretações.

O cabimento do recurso, nesta hipótese, não permite que a violação normativa seja transversa ou indireta. Não se admite recurso de revista, por exemplo, diante de violação a um princípio ou preceito inscrito no texto legal ou na norma constitucional. O desrespeito do texto legal ou constitucional deve representar, ao mesmo tempo, descumprimento à **literalidade do texto normativo**, e **afronta direta** à norma inscrita no texto legal.

A **Súmula nº 221 do TST**, que exige a indicação expressa do preceito legal ou constitucional pretensamente violado, reforça o argumento da afronta direta. A redação anterior da Súmula, que foi alterada pela Res. 185/2012, DEJT divulgado em 25, 26 e 27.09.2012, deixava ainda mais transparente a necessidade de ofensa literal ao preceito legal (dizia o texto da Súmula no seu item II: *"A violação há de estar ligada à literalidade do preceito."*).

No mesmo sentido o seguinte julgamento do STF, interpretando o cabimento do recurso extraordinário, também sob o enfoque da premissa de afronta literal e direta ao texto constitucional:

> "**Recurso extraordinário. Postulado constitucional da coisa julgada. Alegação de ofensa direta. Inocorrência. Limites objetivos. Tema de direito processual. Matéria infraconstitucional. Violação oblíqua à Constituição. Recurso de agravo improvido.** Se a discussão em torno da integridade da coisa julgada reclamar análise prévia e necessária dos requisitos legais, que, em nosso sistema jurídico, conformam o fenômeno processual da *res judicata*, revelar-se-á incabível o recurso extraordinário, eis que, em tal hipótese, a indagação em torno do que dispõe o art. 5º, XXXVI, da Constituição – por supor o exame, *in concreto*, dos limites subjetivos (CPC, art. 472) e/ou objetivos (CPC, arts. 468, 469, 470 e 474) da coisa julgada – traduzirá matéria revestida de caráter

infraconstitucional, podendo configurar, quando muito, situação de **conflito indireto com o texto da Carta Política, circunstância essa que torna inviável o acesso à via recursal extraordinária.**" (**RE 220.517-AgR**, Rel. Min. **Celso de Mello**, julgamento em 10-4-2001, Segunda Turma, *DJ* de 10-8-2001.) **No mesmo sentido**: **RE 628.266-AgR**, Rel. Min. **Cármen Lúcia**, julgamento em 2-12-2010, Primeira Turma, *DJE* de 1º-2-2011; **AI 807.935-AgR**, Rel. Min. **Ricardo Lewandowski**, julgamento em 2-12-2010, Primeira Turma, *DJE* de 1º-2-2011; **AI 465.863-AgR**, Rel. Min. **Joaquim Bacrbosa**, julgamento em 6-4-2010, Segunda Turma, *DJE* de 23-4-2010.".

Manoel Antonio Teixeira Filho, Sistema, 1997, p. 274, chama atenção para antiga decisão do TST que proclamou o **cabimento do Recurso de Revista por violação do Regimento Interno dos Tribunais**. (RR 2.675/75, Pleno, Ac. 2.672/76, DJU de 24.3.77, p. 1688). Segundo o referido julgamento, tal cabimento tem por fundamento o art. 673 da CLT, com o seguinte teor: "A ordem das sessões dos Tribunais Regionais será estabelecida no respectivo Regimento Interno.".

Não concordamos com este alargamento do cabimento da Revista. A lei federal é aprovada por processo legislativo próprio, como também a Constituição da República. Ainda que o Regimento Interno dos Tribunais tenha caráter normativo não se pode equipará-lo à lei federal para fins de cabimento da Revista. A interpretação quanto ao cabimento dos recursos que seguem ao TST deve ser restritiva, e não ampliativa.

✦ EFEITO DEVOLUTIVO

§ 1º O recurso de revista, dotado de efeito apenas devolutivo, será interposto perante o Presidente do Tribunal Regional do Trabalho, que, por decisão fundamentada, poderá recebê-lo ou denegá-lo. (Lei nº 13.015, de 21.7.2014)

1. COMENTÁRIOS.

A referência no texto do art. 896, § 1º ao efeito devolutivo está em perfeita harmonia com o art. 899, *caput*, da CLT. Portanto, o recebimento do Recurso de Revista não impede o cumprimento provisório da sentença, ou do acórdão, avançando o procedimento de execução até a penhora dos bens do executado.

Até a redação da lei nº 9.756, de 17.12.1998, o Juiz-Presidente do Tribunal Regional do Trabalho, no juízo de admissibilidade do Recurso de Revista, poderia dizer o efeito em que recebia o recurso, ou seja, poderia atribuir ao mesmo o efeito suspensivo, conforme redação do art. 896, § 2º, da CLT ("Recebido o recurso, a autoridade recorrida dirá o efeito em que o recebe...".).

Com a edição da Lei nº 9.756, de 17.12.1998, o art. 896, § 2º, da CLT recebeu a seguinte redação: "O Recurso de Revista, dotado de efeito *apenas devolutivo*...". Esta é a redação que ora se repete no § 1º, do art. 896.

Mais detalhes sobre o alcance dos efeitos devolutivo e suspensivo nos comentários ao art. 893 da CLT.

✦ DETALHAMENTO DOS PRESSUPOSTOS DE ADMISSIBILIDADE DA REVISTA

§ 1º-A. Sob pena de não conhecimento, é ônus da parte: (Lei nº 13.015, de 21.7.2014)

I – indicar o trecho da decisão recorrida que consubstancia o prequestionamento da controvérsia objeto do recurso de revista;(Lei nº 13.015, de 21.7.2014)

II – indicar, de forma explícita e fundamentada, contrariedade a dispositivo de lei, súmula ou orientação jurisprudencial do Tribunal Superior do Trabalho que conflite com a decisão regional;(Lei nº 13.015, de 21.7.2014)

III – expor as razões do pedido de reforma, impugnando todos os fundamentos jurídicos da decisão recorrida, inclusive mediante demonstração analítica de cada dispositivo de lei, da Constituição Federal, de súmula ou orientação jurisprudencial cuja contrariedade aponte.(Lei nº 13.015, de 21.7.2014)

IV – transcrever na peça recursal, no caso de suscitar preliminar de nulidade de julgado por negativa de prestação jurisdicional, o trecho dos embargos declaratórios em que foi pedido o pronunciamento do tribunal sobre questão veiculada no recurso ordinário e o trecho da decisão regional que rejeitou os embargos quanto ao pedido, para cotejo e verificação, de plano, da ocorrência da omissão.(Inserido pela Lei nº 13.467, de 13.07.2017).

1. COMENTÁRIOS

O § 1º-A, do art. 896 da CLT, introduzido pela Lei nº 13.015, de 21.7.2014, detalha os requisitos intrínsecos do Recurso de Revista. Não basta, portanto, fundamentar o recurso, pois é preciso delimitar, no próprio apelo, o preenchimento de seus requisitos.

1.1. Prequestionamento *ficto* na Justiça do Trabalho

O **§ 1º-A, inciso I** transportou para o texto legal a necessidade de **prequestionamento** da matéria jurídica, cuja jurisprudência do TST, através de sua **Súmula 297**, já havia consagrado.

> Súmula 297, I, do TST. I – "Diz-se prequestionada a matéria ou questão quando na decisão impugnada haja sido adotada, explicitamente, tese a respeito.".

O prequestionamento é atividade da parte que exige do Judiciário uma manifestação sobre a tese jurídica que fundamenta o Recurso Ordinário dirigido ao Tribunal Regional do Trabalho, pois é nesta instância que se inicia a análise da matéria de direito, juntamente à matéria fática que rotineiramente é objeto de análise pelas Turmas dos Tribunais Regionais.

No TST, onde somente se discute matéria jurídica (**Súmula 126 do TST**), a admissibilidade do Recurso de Revista está condicionada à demonstração pela parte de que, previamente, o acórdão proferido na instância regional, no julgamento do Recurso Ordinário, já havia enfrentado a tese jurídica.

Na omissão do acórdão regional, deixando de apreciar a tese jurídica invocada no Recurso Ordinário, incumbe à parte opor Embargos de Declaração (**Súmula nº 297, II, do TST**). Permanecendo a omissão, mesmo após a iniciativa da parte que opôs Embargos de Declaração, considera-se a matéria prequestionada, ainda que na ausência de manifestação expressa do Tribunal quanto à tese jurídica, em técnica que se convencionou chamar "prequestionamento implícito" ou "ficto" (**Súmula nº 297, III, do TST**).

Manoel Antonio Teixeira Filho, em comentários à Lei nº 13.015/2014, Revista LTr, Vol. 78-08, p. 910, prefere a denominação "prequestionamento ficto" que, na análise do que ocorre na prática, parece-nos mais adequada.

Não raro o Tribunal Regional responde aos Embargos de Declaração com decisões do tipo: "o julgamento não tem obrigação de abordar todas as questões invocadas pela parte" ou "o prequestionamento não exige que o Tribunal cite ou transcreva no acórdão a lei ou súmula questionada". Diante destas respostas dadas pelo Judiciário, parece-me prudente e acertada a posição do TST, admitindo o prequestionamento ficto, ainda que o STJ, e até mesmo o STF, tenham dificuldade em aceitá-lo, como será demonstrado a seguir.

Além da Súmula 297, as OJ's da SDI-1 nº **62, 118, 119, 151** e **256**, que estão transcritas no tópico próprio do destaque das Súmulas e OJ's, também cuidam do prequestionamento.

1.1.1. Nulidade por negativa de prestação jurisdicional

O inciso IV, inserido no art. 896, § 1º-A, pela Lei nº 13.467, de 13.07.2017, aperfeiçoa o requisito do prequestionamento, exigindo que a parte recorrente demonstre sua abordagem nos embargos de declaração, da questão jurídica invocada no RO, e não abordada pelo Acórdão Regional. Com o intuito de se configurar a negativa de prestação jurisdicional, a preliminar no Recurso de Revista deve transcrever os trechos dos Embargos de Declaração e do Acórdão Regional.

1.1.2. Prequestionamento explícito no Recurso Extraordinário

Como se sabe, o recurso extraordinário somente é cabível se houver prequestionamento da matéria constitucional invocada nas razões do recorrente.

Precedentes recentes do STF não têm admitido o prequestionamento ficto.

A 1ª Turma do STF, ao julgar o AI 763.915 AgR, rel. Min. Dias Toffoli, assim decidiu:

> "Ante a ausência de efetiva apreciação de questão constitucional por parte do Tribunal de origem, incabível o apelo extremo. Inadmissível o prequestionamento implícito ou ficto". A mesma 1ª Turma, ao julgar o RE 591.961AgR, rel. Min. Rosa Weber, concluiu no mesmo sentido, não aceitando o prequestionamento ficto.

No julgamento do RE 629.943 AgR, rel. Min. Rosa Weber, a 1ª Turma do STF afirmou que:

> "Esta Corte não tem procedido à exegese *a contrario sensu* da Súmula STF 356 e, por consequência, somente considera prequestionada a questão constitucional quando tenha sido enfrentada, de modo expresso, pelo Tribunal *a quo*. A mera oposição de embargos declaratórios não basta para tanto. Logo, as modalidades ditas implícita e ficta de prequestionamento não ensejam o conhecimento do apelo extremo".

1.1.3. STJ rejeita o prequestionamento ficto

O **STJ**, através da **Súmula 211** de sua jurisprudência, não admite o prequestionamento ficto no exame de Recurso Especial, que é similar ao Recurso de Revista da Justiça do Trabalho.

Não se processa o Recurso Especial caso a matéria não tenha sido expressamente abordada no julgamento do Tribunal de Justiça local, cabendo oposição de Embargos de Declaração na hipótese de omissão do acórdão local sobre a tese jurídica que se pretende discutir.

Contudo, diferentemente do ocorre em sede trabalhista, o enfrentamento explícito da questão omissa é pressuposto de admissibilidade do recurso especial, não se admitindo o prequestionamento ficto.

Os próprios precedentes que conduziram à aprovação da Súmula 211 do STJ indicam a necessidade de oposição de Embargos de Declaração para suprir a omissão no julgamento do Tribunal de Justiça, para enfrentamento da matéria de direito questionada.

Permanecendo a omissão, não obstante opostos os Embargos Declaratórios, cabe à parte interpor novo Recurso Especial, por ofensa à lei federal, especificamente por contrariedade ao art. 535, II (omissão), do CPC/73 (art. 1.022, II, do CPC/2015), conforme cabimento previsto no art. 105, III, "a", da CF, com a finalidade de buscar a nulidade do acórdão regional que não apreciou adequadamente os Embargos Declaratórios. Colham-se os seguintes precedentes da Súmula 211 do STJ, exemplificativos da sua posição sobre a matéria:

> (...) Se, apesar de provocado via embargos de declaração, o tribunal a quo se nega a emitir pronunciamento acerca dos pontos tidos como omissos, contraditórios ou obscuros, deve o recorrente especial alegar contrariedade ao art. 535 do CPC, pleiteando a anulação do acórdão proferido quando do julgamento dos embargos, ao invés de insistir na tese da violação aos dispositivos legais, cujas matérias não foram apreciadas e solucionadas. V – As questões federais – inclusive os errores in procedendo – surgidas no julgamento da apelação devem ser prequestionadas, sob pena de não-conhecimento do recurso especial..." (REsp nº 6.720/PR (1990/0013060-3), Segunda Turma, Rel. Min. Adhemar Maciel, j.un. 10.10.96, DJU 4.11.96, p. 42.454 (RSTJ 108/369)

> Embargos de declaração. Ponto omisso (CPC, art. 535, II). Se o acórdão omitiu ponto sobre que devia pronunciar-se o tribunal, o órgão julgador, quando provocado por embargos de declaração, há de sobre ele emitir pronunciamento, de modo claro. Caso em que se reconhece a nulidade, para que outro acórdão seja proferido, com o esclarecimento da omissão. Recurso especial conhecido e provido em parte". (REsp nº 28.871/RJ (1992/0027828-0), Terceira Turma, Rel. Min. Nilson Naves, jun. 30.11.92, DJU 15.2.93, p. 1.686 (RSTJ 108/378)

1.2. Violação à Lei, à Súmula ou à OJ do TST

O **§ 1º-A, inciso II** cuida da forma como se deve demonstrar a **violação à lei federal ou a contrariedade entre o Acórdão Regional e a Súmula ou OJ do TST**. Trata-se de indicação, de forma clara, no corpo de recurso, daquilo que o professor Rodrigues Pinto, fev-2006, p. 185, denomina "fundamentação específica para o recebimento". No que diz respeito à comprovação da divergência jurisprudencial, a **Súmula 337 do TST** esclarece quais os requisitos para que a parte tenha seu apelo conhecido.

O **§ 1º-A, inciso III** prevê que, além da indicação da lei ou da jurisprudência violada, é necessário que a parte faça uma **"demonstração analítica"** do foi desrespeitado. Há nessa afirmação certa dose de incoerência no que tange ao Recurso de Revista por violação à lei federal ou à Constituição Federal. Nessas hipóteses a violação deve ser literal e frontal do texto normativo, sendo dispensável e até inconcebível esta demonstração analítica da violação. O descumprimento da jurisprudência, outrossim, admite maior margem de interpretação para que se possa falar em "demonstração analítica".

O inciso III também exige que o recorrente apresente impugnação a "**todos os fundamentos jurídicos da decisão recorrida**". Significa dizer, portanto, que o recurso não será admitido se algum fundamento da decisão não tiver sido impugnado, sempre que a mesma tiver mais de um fundamento.

Este conhecimento foi exigido no seguinte concurso público para ingresso no Cargo de Juiz do Trabalho Substituto:

*** DISCURSIVA:**

↳ **(TRT/9R/Juiz/2012) No que tange ao recurso de revista e considerando a jurisprudência consolidada do TST, elucide condensadamente sobre: (a) finalidades; (b) profundidade do efeito devolutivo; (c) pressupostos; (d) prequestionamento e sua previsão no sistema jurídico; (e) consequências da ausência de pronunciamento explícito do TRT sobre questões fáticas e jurídicas esgrimidas no recurso principal e brandidas em embargos de declaração; (f) hipóteses de inexigibilidade de prequestionamento.**

✦ **NÃO CABIMENTO NA EXECUÇÃO**

§ 2º das decisões proferidas pelos Tribunais Regionais do Trabalho ou por suas Turmas, em execução de sentença, inclusive em processo incidente de embargos de terceiro, não caberá Recurso de Revista, salvo na hipótese de ofensa direta e literal de norma da Constituição Federal. (Redação dada pela Lei nº 9.756, de 17.12.1998)

1. COMENTÁRIOS

O § 2º não recebeu qualquer alteração da Lei nº 13.015/2014. Continua a não ser cabível recurso de revista em sede de execução de sentença, salvo decisão que contrarie literal e diretamente o texto constitucional. Sobre a violação direta e frontal nos reportamos ao art. 896, "c", acima.

§ 3º (Revogado pela Lei nº 13.467, de 13.07.2017).

1. COMENTÁRIOS

O § 3º, do art. 896, revogado pela Lei nº 13.467, de 13.07.2017, obrigava os Tribunais Regionais a procederem à uniformização interna da jurisprudência, com a edição de súmulas regionais, desde a Lei nº 9.756/98. Praticamente todos os 24 Tribunais Regionais do Trabalho procederam à uniformização de sua jurisprudência interna, editando, e até mesmo revisando e cancelando, suas súmulas regionais.

Antes da Lei nº 13.015/2014, a Súmula Regional servia tão-só para orientar a jurisprudência regional, sem servir como paradigma para fins de Recurso de Revista.

Após a Lei nº 13.015/2014, o confronto de teses entre dois Tribunais Regionais só ocorreria entre as Súmulas produzidas entre os Regionais, e não mais entre os acórdãos das Turmas, como se denota da interpretação do § 6º do art. 896, também revogado pela Lei nº 13.467, de 13.07.2017.

A nosso ver, a intenção da reforma trabalhista foi atrair para o TST o monopólio da fixação da jurisprudência, desconsiderando-se, assim, o papel dos Tribunais Regionais, pois suprimiu o incidência de uniformização da jurisprudência (§ 3º, do art. 896 da CLT), na mesma oportunidade em que regulamentou a transcendência – art. 896-A da CLT – como pressuposto de admissibilidade do Recurso de Revista.

Parece-nos que, com a revogação dos parágrafos 3º a 6º do art. 896, a jurisprudência regional deixa de ter efeito normativo para fins de admissibilidade do Recurso de Revista, ao mesmo tempo em que a transcendência deste recurso ganha relevo quanto à sua admissibilidade.

A revogação dos parágrafos citados, aparentemente, amplia o alcance do Recurso de Revista. Só aparentemente. O rigor legal quanto aos requisitos da transcendência do RR irá limitar, sobremaneira, o acesso à ultima instância da Justiça do Trabalho.

§ 4º (Revogado pela Lei nº 13.467, de 13.07.2017).

1. COMENTÁRIOS

A necessidade de uniformização da jurisprudência interna dos tribunais foi de tal forma tornada relevante pela Lei nº 13.015/2014, que o TST poderia,conforme redação do § 4º, ora revogado, determinar o retorno dos autos ao Regional de origem quando constatasse que o tema, objeto de recurso de revista, ainda não havia sido uniformizado pela Corte Regional. Ainda que o fundamento do recurso de revista fosse a divergência entre o acórdão regional e Súmula ou OJ do TST, o retorno dos autos ao Tribunal Regional poderia ocorrer, deste que o TST constatasse que a discussão desse tema ainda não havia sido uniformizada pelo Regional. Com a revogação deste parágrafo, o TST deverá seguir no exame da divergência entre Tribunais Regionais, desde que estejam preenchidos outros pressupostos do RR.

§ 5º (Revogado pela Lei nº 13.467, de 13.07.2017).

1. COMENTÁRIOS

A determinação para que o Tribunal Regional do Trabalho procedesse à uniformização da jurisprudência regional tanto poderia ser de iniciativa do Presidente da Corte Regional, como do Ministro Relator, no TST, conforme redação do § 5º, agora revogado.

A não existência de uniformização, que impedia o prosseguimento dos recursos de revista e de embargos, poderia ser observada inclusive quanto aos recursos que se iniciaram antes da vigência da Lei nº 13.015/2014. Neste sentido a Resolução Administrativa nº 1699, de 6.10.2014, do OE/TST, em seu artigo 1º, § º único:

> "As normas procedimentais da Lei 13.015/2014 e as que não afetarem o direito processual adquirido de qualquer das partes aplicam-se aos recursos interpostos anteriormente à data de sua vigência, em especial as que regem o sistema de julgamento de recursos de revista repetitivos, o efeito interruptivo dos embargos de declaração e a afetação do recurso de embargos ao Tribunal Pleno do TST, dada a relevância da matéria (art. 7º)".

§ 6º (Revogado pela Lei nº 13.467, de 13.07.2017).

1. COMENTÁRIOS

Este parágrafo 6º, agora revogado, representava a maior inovação da Lei nº 13.015/2014 e, provavelmente, aquela que colocaria à prova o sucesso, ou insucesso de toda a alteração recursal. Contudo, sua revogação prematura pela Lei nº 13.467, de 13.07.2017, impediu que observássemos a utilidade da inovação. A regra exigia que somente a Súmula Regional, ou a tese prevalecente no Tribunal Regional, desse ensejo ao Recurso de Revista por divergência. Assim, o julgamento de uma Turma do Tribunal deixava de ter relevância para cabimento da Revista em cotejo com o julgamento de outro Regional, ou com o próprio TST, quanto aos temas ainda não uniformizados em Súmulas ou OJ´s.

O incidente de uniformização de jurisprudência, regulado pelo CPC, e de aplicação subsidiária no processo do trabalho, permitia que o Tribunal Pleno ou o Órgão Especial, conforme o Regimento Interno de cada TRT, decidisse qual a tese jurídica aplicável.

O julgamento do TP ou do OE tinha efeito vinculante quanto ao processo gerador do incidente. A partir deste julgamento, e conforme o procedimento previsto no Regimento Interno, podia ser editada Súmula Regional.

A nosso ver, o incidente de uniformização não foi afastado de todo ordenamento processual trabalhista, pois ainda pode ser utilizado como norte para os jurisdicionados do Tribunal que aprovou determinada Súmula Regional.

A Súmula não tem efeito vinculante quanto aos julgamentos futuros, mas os Tribunais costumam seguir o entendimento de suas Súmulas.

O CPC/2015 privilegia a uniformização da jurisprudência, bem como a força vinculante dos precedentes, cujos procedimentos poderão ser utilizados pelos Tribunais Regionais, ainda que sem o alcance e força imposta pela Lei nº 13.015/2014.

Qualquer que seja a posição que se adote, a Lei nº 13.467, de 13.07.2017, criou um evidente descompasso entre a legislação processual trabalhista e sua correlata no CPC, nos termos que seguem:

> **Art. 926.** Os tribunais devem uniformizar sua jurisprudência e mantê-la estável, íntegra e coerente.
>
> § 1º Na forma e segundo os pressupostos fixados no regimento interno, os tribunais editarão enunciados de súmula correspondentes a sua jurisprudência dominante.
>
> § 2º É vedado ao tribunal editar enunciado de súmula que não se atenha às circunstâncias fáticas dos precedentes que motivaram sua criação.
>
> **Art. 927.** Os juízes e os tribunais observarão:
>
> I – as decisões do Supremo Tribunal Federal em controle concentrado de constitucionalidade;
>
> II – os enunciados de súmula vinculante;
>
> III – os acórdãos em incidente de assunção de competência ou de resoluçao de demandas repetitivas e em julgamento de recursos extraordinário e especial repetitivos;
>
> IV – os enunciados das súmulas do Supremo Tribunal Federal em matéria constitucional e do Superior Tribunal de Justiça em matéria infraconstitucional;
>
> V. a orientação do plenário ou do órgão especial aos quais estiverem vinculados.
>
> § 1º Os juízes e os tribunais observarão o disposto no art. 10 e no art. 489, § 1º, quando decidirem com fundamento neste artigo.
>
> § 2º A alteração de tese jurídica adotada em enunciado de súmula ou em julgamento de casos repetitivos poderá ser precedida de audiências públicas e da participação de pessoas, órgãos ou entidades que possam contribuir para a rediscussão da tese.
>
> § 3º Na hipótese de alteração de jurisprudência dominante do Supremo Tribunal Federal e dos tribunais superiores ou daquela oriunda de julgamento de casos repetitivos, pode haver modulação dos efeitos da alteração no interesse social e no da segurança jurídica.
>
> § 4º A modificação de enunciado de súmula, de jurisprudência pacificada ou de tese adotada em julgamento de casos repetitivos observará a necessidade de fundamentação adequada e específica, considerando os princípios da segurança jurídica, da proteção da confiança e da isonomia.
>
> § 5º Os tribunais darão publicidade a seus precedentes, organizando-os por questão jurídica decidida e divulgando-os, preferencialmente, na rede mundial de computadores.

✦ ATUALIDADE DA DIVERGÊNCIA

§ 7º A divergência apta a ensejar o recurso de revista deve ser atual, não se considerando como tal a ultrapassada por súmula do Tribunal Superior do Trabalho ou do Supremo Tribunal Federal, ou superada por iterativa e notória jurisprudência do Tribunal Superior do Trabalho. (Lei nº 13.015, de 21.7.2014)

1. COMENTÁRIOS

Sobre a atualidade da divergência nos reportamos aos comentários ao artigo 894 da CLT.

✦ PROVA DA DIVERGÊNCIA

§ 8º Quando o recurso fundar-se em dissenso de julgados, incumbe ao recorrente o ônus de produzir prova da divergência jurisprudencial, mediante certidão, cópia ou citação do repositório de jurisprudência, oficial ou credenciado, inclusive em mídia eletrônica, em que houver sido publicada a decisão divergente, ou ainda pela reprodução de julgado disponível na internet, com indicação da respectiva fonte, mencionando, em qualquer caso, as circunstâncias que identifiquem ou assemelhem os casos confrontados. (Lei nº 13.015, de 21.7.2014)

1. COMENTÁRIOS

A demonstração da divergência depende da clara indicação das teses em conflito dos acórdãos paradigmas.

Tratando-se de divergência entre Tribunais Regionais do Trabalho, o conflito de teses deve ser demonstrado pelo confronto entre duas Súmulas Regionais, conforme § 6º, do art. 896.

Contudo, sendo a divergência posta entre o Tribunal Regional e o TST, por contrariedade a acórdão da SDI, Súmula ou OJ, deste último, a tese divergente deverá ser provada com a transcrição dos trechos em conflito, de acordo com os critérios estabelecidos na Súmula nº 337 do TST.

✦ PROCEDIMENTO SUMARÍSSIMO

9º. Nas causas sujeitas ao procedimento sumaríssimo, somente será admitido recurso de revista por contrariedade a súmula de jurisprudência uniforme do Tribunal Superior do Trabalho ou a súmula vinculante do Supremo Tribunal Federal e por violação direta da Constituição Federal. (Lei nº 13.015, de 21.7.2014)

1. COMENTÁRIOS

Diferentemente do que se dá com o Recurso Ordinário, a Lei nº 9.957/2000, ao tratar do rito **sumaríssimo**, conseguiu restringir as hipóteses de cabimento do Recurso de Revista. Portanto, só é admissível este recurso por **violação à Constituição Federal** e descumprimento de **Súmula do TST.**

A Lei 13.015/2014 acrescentou a violação à **Súmula Vinculante do STF**. Parece-nos admissível a interpretação do cabimento do Recurso de Revista também por violação à súmula não vinculante do STF. Se o recurso é cabível por contrariedade à Súmula do TST (que também não é vinculante), não seria razoável ser afastado o cabimento por contrariedade à Súmula do STF não vinculante.

Consequentemente, é cabível o Recurso de Revista no rito sumaríssimo: **a)** por violação direta e literal de norma constitucional; **b)** por descumprimento das Súmulas Vinculantes do STF; **c)** por descumprimento das Súmulas não vinculantes do STF; **d)** por descumprimento das Súmulas do TST.

Como já restou consagrado na jurisprudência do TST, e agora foi confirmando pelo texto legal, não é cabível Recurso de Revista por contrariedade à Orientação Jurisprudencial das Seções Especializadas do TST (**S. 442, do TST**).

✦ **EXECUÇÃO FISCAL E CNDT**

§ 10. Cabe recurso de revista por violação a lei federal, por divergência jurisprudencial e por ofensa à Constituição Federal nas execuções fiscais e nas controvérsias da fase de execução que envolvam a Certidão Negativa de Débitos Trabalhistas (CNDT), criada pela Lei nº 12.440, de 7 de julho de 2011. (Lei nº 13.015, de 21.7.2014)

1. COMENTÁRIOS

A introdução da CNDT, pela Lei nº 12.440/2011, proporcionou o nascimento de diversos incidentes, tanto provocados por decisões de 1º grau, como dos Tribunais. O mesmo se diga quanto às Execuções Fiscais decorrentes da competência atribuída à Justiça do Trabalho pela EC nº 45/2004, para controle e cobrança das multas por infrações trabalhistas **(art. 114, VII, da CF).**

Em ambos os casos os incidentes processuais que, via de regra, se iniciam no 1º grau de jurisdição, poderiam gerar discussões de violação normativa, ou de divergência na interpretação de lei federal, que não teriam como chegar ao TST, diante do obstáculo imposto pelo art. 896, § 2º, da CLT, que só admite o Recurso de Revista na fase de execução por violação literal e direta de norma constitucional.

A regra criada neste § 10º traz uma exceção à norma do art. 896, § 2º.

Portanto, nas execuções fiscais oriundas de cobranças de multas trabalhistas, e nos incidentes envolvendo a CNDT, caberá Recurso de Revista, mas, antes dele, se deve admitir o Agravo de Petição (art. 897, "a", CLT).

Entendimento em contrário permitiria a supressão de instância, com interposição do Recurso de Revista diretamente ao TST, sem passar pelo TRT, e, consequentemente, sem o prequestionamento da matéria jurídica, que constitui pressuposto de admissibilidade deste recurso de natureza extraordinária **(S. 297 do TST)**

✦ **DEFEITO SANÁVEL**

§ 11. Quando o recurso tempestivo contiver defeito formal que não se repute grave, o Tribunal Superior do Trabalho poderá desconsiderar o vício ou mandar saná-lo, julgando o mérito. (Lei nº 13.015, de 21.7.2014)

1. COMENTÁRIOS

O **princípio da instrumentalidade das formas**, que permeia todo o procedimento, é também prestigiado em sede recursal.

Não havendo nulidade insanável, nem prejuízo à duração razoável do processo, incumbe ao Tribunal desconsiderar o vício, ou determinar a correção do defeito processual, viabilizando o exame do Recurso de Revista.

A CLT já consagrava o princípio da instrumentalidade na regra do art. 796, "a", mas a jurisprudência trabalhista sempre foi muito severa com sua aplicação em sede recursal. A aprovação desta nova regra tende a abrandar o rigor da jurisprudência (ao menos é isso que se espera).

O CPC/2015, em seu art. 938, contém disposição que também privilegia a instrumentalidade:

> Art. 938. A questão preliminar suscitada no julgamento será decidida antes do mérito, deste não se conhecendo caso seja incompatível com a decisão.
>
> § 1º Constatada a ocorrência de vício sanável, inclusive aquele que possa ser conhecido de ofício, o relator determinará a realização ou a renovação do ato processual, no próprio tribunal ou em primeiro grau de jurisdição, intimadas as partes.

§ 2º Cumprida a diligência de que trata o § 1º, o relator, sempre que possível, prosseguirá no julgamento do recurso.

§ 3º Reconhecida a necessidade de produção de prova, o relator converterá o julgamento em diligência, que se realizará no tribunal ou em primeiro grau de jurisdição, decidindo-se o recurso após a conclusão da instrução.

§ 4º Quando não determinadas pelo relator, as providências indicadas nos §§ 1º e 3º poderão ser determinadas pelo órgão competente para julgamento do recurso.

✦ **AGRAVO REGIMENTAL**

§ 12. da decisão denegatória caberá agravo, no prazo de 8 (oito) dias. (Lei nº 13.015, de 21.7.2014)

1. COMENTÁRIOS

A decisão denegatória proferida pelo Ministro Relator desafia o recurso de Agravo Regimental. Quando proferida pelo próprio Presidente do Tribunal Regional do Trabalho, no primeiro juízo de admissibilidade da Revista, desafiará o recurso de Agravo de Instrumento, previsto no art. 897, "b", da CLT.

Quanto ao Agravo Regimental nos reportamos aos comentários ao art. 894 e quanto ao Agravo de Instrumento nos reportamos aos comentários ao art. 897, "b".

✦ **UNIFORMIZAÇÃO PELO TRIBUNAL PLENO**

§ 13. Dada a relevância da matéria, por iniciativa de um dos membros da Seção Especializada em Dissídios Individuais do Tribunal Superior do Trabalho, aprovada pela maioria dos integrantes da Seção, o julgamento a que se refere o § 3º poderá ser afeto ao Tribunal Pleno. (Lei nº 13.015, de 21.7.2014)

1. COMENTÁRIOS

O texto legal não deixa claro se o "Pleno", referido no artigo, é do TST ou do TRT. O incidente do § 3º do art. 896 diz respeito à uniformização da jurisprudência que, conforme a relevância da matéria, poderá ser transferida para o Tribunal Pleno por iniciativa dos membros da SDI do TST.

Considerando-se que o próprio texto do § 13 atribui aos membros da SDI do TST a iniciativa para a matéria ser transferida para o "Pleno", deduz-se que o **incidente de uniformização da jurisprudência será definido pelo Tribunal Pleno do TST**.

Para superar qualquer dúvida quanto ao órgão competente para uniformizar o tema envolvendo matéria relevante, o TST, através da Resolução Administrativa nº 1699, de 06.10.2014, deixou clara a transferência desta atribuição para o Tribunal Pleno do TST, conforme seu artigo 7º, que prevê:

> Art. 7º Para os efeitos do § 13 do artigo 896 da CLT, a afetação de julgamento ao Tribunal Pleno, em face da relevância da matéria, somente poderá ocorrer em processos em tramitação na Subseção de Dissídios Individuais do Tribunal Superior do Trabalho.
> Parágrafo único. A afetação a que se refere o caput deste artigo não pressupõe, necessariamente, a existência de diversos processos em que a questão relevante seja debatida.

✦ **RECURSOS EXTRAORDINÁRIOS COM REPERCUSSÃO GERAL**

§ 14. O relator do recurso de revista poderá denegar-lhe seguimento, em decisão monocrática, nas hipóteses de intempestividade, deserção, irregularidade de representação ou de ausência de qualquer outro pressuposto extrínseco ou intrínseco de admissibilidade. (Redação da Lei nº 13.467, de 13.07.2017).

1. COMENTÁRIOS

1.1. Indeferimento do Recurso de Revista pelo Relator

A atual redação do § 14, conforme a Lei nº 13.467, de 13.07.2017, amplia os poderes do relator para não admissão do recurso de revista, em decisão monocrática que, a nosso ver, desafia agravo regimental.

São requisitos ou pressupostos extrínsecos: **a) tempestividade:** os recursos são atos eminentemente formais, sendo imprescindível a observância do prazo, procedimento e forma legal; no que diz respeito a contagem, fluência, suspensão e outros fenômenos atinentes ao prazo, nos reportamos aos comentários aos artigos 774 e 775 da CLT; especificamente quanto à intimação da sentença, que dá início ao prazo recursal, vide comentários ao art. 852, da CLT.; **b) preparo:** no processo do trabalho este pressuposto engloba as custas, que são recolhidas no ato de interposição do recurso (art. 789, § 1º, da CLT), e depósito recursal, que está previsto, originariamente no art. 899 da CLT, a cujos comentários nos reportamos; **c) regularidade formal** – a interposição de recursos deve observar a forma e o procedimento legal; diferentemente do que ocorre na fase de conhecimento, a oralidade não é inerente à fase recursal; são formalidades do recurso: a peça apresentada sob a forma escrita, a fundamentação, o instrumento de mandato, a instrução com documentos na hipótese de agravo, a assinatura das partes ou do advogado, etc.

2. SÚMULAS E ORIENTAÇÕES JURISPRUDENCIAIS

- **Súmula nº 283/STF**

É inadmissível o recurso extraordinário, quando a decisão recorrida assenta em mais de um fundamento suficiente e o recurso não abrange todos eles.

- **Súmula nº 221/STF**

A transferência de estabelecimento, ou a sua extinção parcial, por motivo que não seja de força maior, não justifica a transferência de empregado estável.

- **Súmula nº 356/STF**

O ponto omisso da decisão, sobre o qual não foram opostos embargos declaratórios, não pode ser objeto de recurso extraordinário, por faltar o requisito do prequestionamento.

- **Súmula nº 401/STF**

Não se conhece do recurso de revista, nem dos embargos de divergência, do processo trabalhista, quando houver jurisprudência firme do Tribunal Superior do Trabalho no mesmo sentido da decisão impugnada, salvo se houver colisão com a jurisprudência do Supremo Tribunal Federal.

- **Súmula nº 211 do STJ**

Inadmissível recurso especial quanto à questão que, a despeito da oposição de embargos declaratórios, não foi apreciada pelo tribunal *"a quo"*.

- **Súmula nº 23/TST**

RECURSO (mantida) – *Res. 121/2003, DJ 19, 20 e 21.11.2003*

Não se conhece de recurso de revista ou de embargos, se a decisão recorrida resolver determinado item do pedido por diversos fundamentos e a jurisprudência transcrita não abranger a todos.

- **Súmula nº 126/TST**

RECURSO. CABIMENTO (mantida) – *Res. 121/2003, DJ 19, 20 e 21.11.2003*

Incabível o recurso de revista ou de embargos (arts. 896 e 894, "b", da CLT) para reexame de fatos e provas.

- **Súmula nº 221/TST**

RECURSO DE REVISTA. VIOLAÇÃO DE LEI. INDICAÇÃO DE PRECEITO. (cancelado o item II e conferida nova redação na sessão do Tribunal Pleno realizada em 14.09.2012) Res. 185/2012, DEJT divulgado em 25, 26 e 27.09.2012.

A admissibilidade do recurso de revista por violação tem como pressuposto a indicação expressa do dispositivo de lei ou da Constituição tido como violado.

Súmula nº 218/TST

RECURSO DE REVISTA. ACÓRDÃO PROFERIDO EM AGRAVO DE INSTRUMENTO (mantida) – Res. 121/2003, DJ 19, 20 e 21.11.2003

É incabível recurso de revista interposto de acórdão regional prolatado em agravo de instrumento.

Súmula nº 283/TST

RECURSO ADESIVO. PERTINÊNCIA NO PROCESSO DO TRABALHO. CORRELAÇÃO DE MATÉRIAS (mantida) – Res. 121/2003, DJ 19, 20 e 21.11.2003

O recurso adesivo é compatível com o processo do trabalho e cabe, no prazo de 8 (oito) dias, nas hipóteses de interposição de recurso ordinário, de agravo de petição, de revista e de embargos, sendo desnecessário que a matéria nele veiculada esteja relacionada com a do recurso interposto pela parte contrária.

Súmula nº 296/TST

RECURSO. DIVERGÊNCIA JURISPRUDENCIAL. ESPECIFICIDADE (incorporada a Orientação Jurisprudencial nº 37 da SBDI-1) – Res. 129/2005, DJ 20, 22 e 25.04.2005

I – A divergência jurisprudencial ensejadora da admissibilidade, do prosseguimento e do conhecimento do recurso há de ser específica, revelando a existência de teses diversas na interpretação de um mesmo dispositivo legal, embora idênticos os fatos que as ensejaram. (ex-Súmula nº 296 – Res. 6/1989, DJ 19.04.1989)

II – Não ofende o art. 896 da CLT decisão de Turma que, examinando premissas concretas de especificidade da divergência colacionada no apelo revisional, conclui pelo conhecimento ou desconhecimento do recurso. (ex-OJ nº 37 da SBDI-1 – inserida em 01.02.1995)

Súmula nº 297/TST

PREQUESTIONAMENTO. OPORTUNIDADE. CONFIGURAÇÃO (nova redação) – Res. 121/2003, DJ 19, 20 e 21.11.2003

I – Diz-se prequestionada a matéria ou questão quando na decisão impugnada haja sido adotada, explicitamente, tese a respeito.

II – Incumbe à parte interessada, desde que a matéria haja sido invocada no recurso principal, opor embargos declaratórios objetivando o pronunciamento sobre o tema, sob pena de preclusão.

III – Considera-se prequestionada a questão jurídica invocada no recurso principal sobre a qual se omite o Tribunal de pronunciar tese, não obstante opostos embargos de declaração.

Súmula nº 312/TST

CONSTITUCIONALIDADE. ALÍNEA "B" DO Art. 896 DA CLT (mantida)

Res. 121/2003, DJ 19, 20 e 21.11.2003 É constitucional a alínea "b" do art. 896 da CLT, com a Redação atribuída pela Lei nº 7.701, de 21.12.1988.

Súmula nº 333/TST

RECURSOS DE REVISTA E DE EMBARGOS. CONHECIMENTO (mantida) – Res. 121/2003, DJ 19, 20 e 21.11.2003

Não ensejam recursos de revista ou de embargos decisões superadas por iterativa, notória e atual jurisprudência do Tribunal Superior do Trabalho.

Súmula nº 335/TST

ART. 557 DO CPC. APLICAÇÃO SUBSIDIÁRIA AO PROCESSO DO TRABALHO (conversão da Orientação Jurisprudencial nº 73 da SBDI-2 com nova redação). Res. 185/2012, DEJT divulgado em 25, 26 e 27.09.2012

Aplica-se subsidiariamente ao processo do trabalho o art. 557 do Código de Processo Civil.

Súmula nº 337/TST

COMPROVAÇÃO DE DIVERGÊNCIA JURISPRUDENCIAL. RECURSOS DE REVISTA E DE EMBARGOS (redação do item IV alterada na sessão do Tribunal Pleno realizada em 14.09.2012) – Res. 185/2012 – DEJT divulgado em 25, 26 e 27.09.2012

I – Para comprovação da divergência justificadora do recurso, é necessário que o recorrente.

a) Junte certidão ou cópia autenticada do acórdão paradigma ou cite a fonte oficial ou o repositório autorizado em que foi publicado; e

b) Transcreva, nas razões recursais, as ementas e/ou trechos dos acórdãos trazidos à configuração do dissídio, demonstrando o conflito de teses que justifique o conhecimento do recurso, ainda que os acórdãos já se encontrem nos autos ou venham a ser juntados com o recurso. (ex-Súmula nº 337 – alterada pela Res. 121/2003, DJ 21.11.2003)

II – A concessão de registro de publicação como repositório autorizado de jurisprudência do TST torna válidas todas as suas edições anteriores. (ex-OJ nº 317 da SBDI-1 – DJ 11.08.2003)

III – A mera indicação da data de publicação, em fonte oficial, de aresto paradigma é inválida para comprovação de divergência jurisprudencial, nos termos do item I, "a", desta súmula, quando a parte pretende demonstrar o conflito de teses mediante a transcrição de trechos que integram a fundamentação do acórdão divergente, uma vez que só se publicam o dispositivo e a ementa dos acórdãos.

IV. É válida para a comprovação da divergência jurisprudencial justificadora do recurso a indicação de aresto extraído de repositório oficial na internet, desde que o recorrente:

a) transcreva o trecho divergente;

b) aponte o sítio de onde foi extraído; e

c) decline o número do processo, o órgão prolator do acórdão e a data da respectiva publicação no Diário Eletrônico da Justiça do Trabalho.

▸ **Súmula nº 422/TST**

RECURSO. FUNDAMENTO AUSENTE OU DEFICIENTE. NÃO CONHECIMENTO (redação alterada, com inserção dos itens I, II e III) – Res. 199/2015, DEJT divulgado em 24, 25 e 26.06.2015. Com errata publicado no DEJT divulgado em 01.07.2015

I – Não se conhece de recurso para o Tribunal Superior do Trabalho se as razões do recorrente não impugnam os fundamentos da decisão recorrida, nos termos em que proferida.

II – O entendimento referido no item anterior não se aplica em relação à motivação secundária e impertinente, consubstanciada em despacho de admissibilidade de recurso ou em decisão monocrática.

III – Inaplicável a exigência do item I relativamente ao recurso ordinário da competência de Tribunal Regional do Trabalho, exceto em caso de recurso cuja motivação é inteiramente dissociada dos fundamentos da sentença.

▸ **Súmula nº 442/TST**

PROCEDIMENTO SUMARÍSSIMO. RECURSO DE REVISTA FUNDAMENTADO EM CONTRARIEDADE A ORIENTAÇÃO JURISPRUDENCIAL. INADMISSIBILIDADE. Art. 896, § 6º, DA CLT, ACRESCENTADO PELA LEI Nº 9.957, DE 12.01.2000 (conversão da Orientação Jurisprudencial nº 352 da SBDI-1) – Res. 185/2012, DEJT divulgado em 25, 26 e 27.09.2012

Nas causas sujeitas ao procedimento sumaríssimo, a admissibilidade de recurso de revista está limitada à demonstração de violação direta a dispositivo da Constituição Federal ou contrariedade a Súmula do Tribunal Superior do Trabalho, não se admitindo o recurso por contrariedade a Orientação Jurisprudencial deste Tribunal (Livro II, Título II, Capítulo III, do RITST), ante a ausência de previsão no art. 896, § 6º, da CLT.

▸ **OJ-SDI1-62/TST**

PREQUESTIONAMENTO. PRESSUPOSTO DE ADMISSIBILIDADE EM APELO DE NATUREZA EXTRAORDINÁRIA. NECESSIDADE, AINDA QUE SE TRATE DE INCOMPETÊNCIA ABSOLUTA (republicada em decorrência de erro material) – DEJT divulgado em 23, 24 e 25.11.2010

É necessário o prequestionamento como pressuposto de admissibilidade em recurso de natureza extraordinária, ainda que se trate de incompetência absoluta.

▸ **OJ nº 118 da SDI/TST**

Prequestionamento. Tese explícita. Inteligência da Súmula nº 297. Havendo tese explícita sobre a matéria, na decisão recorrida, desnecessário contenha nela referência expressa do dispositivo legal para ter-se como prequestionado este. Art.

▸ **OJ nº 119 da SDI-1/TST**

Prequestionamento inexigível. Violação nascida na própria decisão recorrida. Súmula nº 297. Inaplicável. É inexigível o prequestionamento quando a violação indicada houver nascido na própria decisão recorrida. Inaplicável a Súmula nº 297 do TST.

▸ **OJ 147 SBDI-1/TST**

LEI ESTADUAL, NORMA COLETIVA OU NORMA REGULAMENTAR. CONHECIMENTO INDEVIDO DO RECURSO DE REVISTA POR DIVERGÊNCIA JURISPRUDENCIAL. (nova redação em decorrência da incorporação da Orientação Jurisprudencial nº 309 da SBDI-1, DJ 20.04.2005)

I – É inadmissível o recurso de revista fundado tão-somente em divergência jurisprudencial, se a parte não comprovar que a lei estadual, a norma coletiva ou o regulamento da empresa extrapolam o âmbito do TRT prolator da decisão recorrida. (ex-OJ nº 309 da SBDI-1 – inserida em 11.08.03)

II – É imprescindível a argüição de afronta ao art. 896 da CLT para o conhecimento de embargos interpostos em face de acórdão de Turma que conhece indevidamente de recurso de revista, por divergência jurisprudencial, quanto a tema regulado por lei estadual, norma coletiva ou norma regulamentar de âmbito restrito ao Regional prolator da decisão.

- **OJ nº 151 da SDI-1**

Prequestionamento. Decisão regional que adota a sentença. Ausência de prequestionamento. Decisão regional que simplesmente adota os fundamentos da decisão de primeiro grau não preenche a exigência do prequestionamento, tal como previsto na Súmula nº 297.

- **OJ 219 SBDI-1/TST**

RECURSO DE REVISTA OU DE EMBARGOS FUNDAMENTADO EM ORIENTAÇÃO JURISPRUDENCIAL DO TST. Inserida em 02.04.01

É válida, para efeito de conhecimento do recurso de revista ou de embargos, a invocação de Orientação Jurisprudencial do Tribunal Superior do Trabalho, desde que, das razões recursais, conste o seu número ou conteúdo.

- **OJ nº 256 da SDI-1**

Prequestionamento. Configuração. Tese explícita. Súmula nº 297. Para fins do requisito do prequestionamento de que trata a Súmula nº 297, há necessidade de que haja, no acórdão, de maneira clara, elementos que levem à conclusão de que o Regional adotou uma tese contrária à lei ou à súmula.

- **OJ 257 SBDI-1/TST**

Recurso de revista. Fundamentação. Violação de lei. Vocábulo violação. Desnecessidade (alterada em decorrência da redação do inciso II do art. 894 da CLT, incluído pela Lei nº 11.496/2007) – Res. 182/2012, DEJT divulgado em 19, 20 e 23.04.2012. A invocação expressa no recurso de revista dos preceitos legais ou constitucionais tidos como violados não significa exigir da parte a utilização das expressões "contrariar", "ferir", "violar", etc.

- **OJ 374 SBDI-1/TST**

AGRAVO DE INSTRUMENTO. REPRESENTAÇÃO PROCESSUAL. REGULARIDADE. PROCURAÇÃO OU SUBSTABELECIMENTO COM CLÁUSULA LIMITATIVA DE PODERES AO ÂMBITO DO TRIBUNAL REGIONAL DO TRABALHO (DJe divulgado em 19, 20 e 22.04.2010)

É regular a representação processual do subscritor do agravo de instrumento ou do recurso de revista que detém mandato com poderes de representação limitados ao âmbito do Tribunal Regional do Trabalho, pois, embora a apreciação desse recurso seja realizada pelo Tribunal Superior do Trabalho, a sua interposição é ato praticado perante o Tribunal Regional do Trabalho, circunstância que legitima a atuação do advogado no feito.

3. INFORMATIVOS DO TST

- ***Estabilidade provisória em razão de acidente de trabalho no curso de contrato por prazo determinado. Arestos que tratam da estabilidade provisória durante contrato de experiência. Divergência jurisprudencial. Não configuração. Dispositivos de lei distintos.***

Tendo em conta que a configuração de divergência jurisprudencial específica pressupõe a existência de teses diversas acerca da interpretação de um mesmo dispositivo legal (Súmula nº 296, I, do TST), a SBDI-I, por maioria, não conheceu de embargos na hipótese em que, para confrontar decisão da Segunda Turma que dera provimento a recurso de revista para restabelecer a sentença que julgara improcedente o pedido de estabilidade provisória em razão de acidente de trabalho no curso de contrato por prazo determinado regido pela Lei nº 6.019/74, o embargante colacionou arestos que versavam sobre estabilidade provisória durante contrato de experiência previsto no art. 443 da CLT. Vencidos os Ministros Horácio Raymundo de Senna Pires, José Roberto Freire Pimenta, Delaíde Miranda Arantes e Luiz Philippe Vieira de Mello Filho, os quais vislumbravam a existência de divergência jurisprudencial específica pois, ainda que o contrato temporário e o contrato de experiência estejam previstos em dispositivos de lei distintos, a questão central, tanto da decisão recorrida quanto dos arestos colacionados, diz respeito ao trabalhador que sofre acidente no curso de contrato com data de extinção previamente ajustada, existindo, portanto, identidade de situação fática apta a ensejar o conhecimento do recurso. TST-E-RR-34600-17.2001.5.17.0001, SBDI-I, rel. Min. Augusto César Leite de Carvalho, 24.5.2012. (Informativo nº 10)

- ***Despacho denegatório do recurso de revista que afasta as violações e a divergência jurisprudencial apontadas com base no art. 896, "a" e "c" da CLT e nas Súmulas nºs 296 e 337 do TST. Decisão que não conhece***

de agravo de instrumento por ausência de fundamentação. Súmula nº 422 do TST. Não incidência. Desnecessidade de insurgência contra todos os fundamentos.

Na hipótese em que o despacho denegatório do recurso de revista afasta as violações e a divergência jurisprudencial apontadas com base no art. 896, "a" e "c" da CLT e nas Súmulas nºs 296 e 337 do TST não se faz necessária a insurgência contra todos os fundamentos, admitindo-se, inclusive, a repetição das alegações trazidas nas razões da revista, na medida em que o reconhecimento de eventual violação ou divergência jurisprudencial seria suficiente para afastar os óbices apontados pelo TRT. Com esse entendimento, a SBDI-I, por maioria, conheceu dos embargos por divergência jurisprudencial e, no mérito, deu-lhes provimento para determinar o retorno dos autos à Sétima Turma a fim de que, afastado o óbice da Súmula nº 422 do TST, prossiga no julgamento do agravo de instrumento em recurso de revista como entender de direito. Vencido o Ministro Ives Gandra Martins Filho. TST-E-AIRR-44900-45.2009.5.04.0025, SBDI-I, rel. Min. Renato de Lacerda Paiva, 31.5.2012. (informativo nº 11)

- ***Negativa de prestação jurisdicional. Preliminar de nulidade do acórdão do Regional acolhida. Exame dos temas remanescentes do recurso de revista quando do retorno dos autos ao TST. Necessidade de ratificação pelo recorrente.***

Sob pena de denegação da Justiça, a Turma do TST, após acolher preliminar de nulidade de acórdão do Regional, por negativa de prestação jurisdicional, deve examinar, quando do retorno dos autos ao TST, os temas remanescentes do recurso de revista, ainda que julgados prejudicados, bastando, para tanto, que tenha havido a ratificação das razões recursais. No caso concreto, após acolher a preliminar de nulidade do acórdão do Regional, por negativa de prestação jurisdicional, a Turma julgou prejudicado o exame dos temas remanescentes do recurso de revista e recusou-se a apreciá-los quando do retorno dos autos ao TST. Não obstante o recorrente, no prazo alusivo ao recurso de revista, expressamente tenha peticionado nos autos, postulando a tramitação regular do seu apelo, entendeu a Turma que a não interposição de novo recurso em relação aos temas prejudicados teria gerado preclusão. Diante desses fatos, a SBDI-I, por maioria, vencidos os Ministros Dora Maria da Costa e Luiz Philippe Vieira de Mello Filho, conheceu dos embargos do reclamante quanto à preliminar de nulidade do acórdão turmário, por negativa de prestação jurisdicional, por divergência jurisprudencial, e, no mérito, por unanimidade, deu-lhes provimento para anular o acórdão e determinar o retorno dos autos à Turma, a fim de que prossiga no exame do recurso de revista do reclamante no tocante aos temas julgados prejudicados no acórdão, como entender de direito. TST-E-ED-RR-190200-55.2003.5.02.0073, SBDI-I, rel. Min. João Oreste Dalazen, 17.10.2013. (Informativo nº 63)

4. QUESTÕES DE CONCURSOS

01. (AGU/ADVOGADO DA UNIÃO/CESPE/2009) O recurso de revista é o remédio cabível para se discutirem julgados proferidos em dissídio coletivo pelos tribunais regionais do trabalho bem como os julgados em dissídio individual pelas turmas desses tribunais.

02. (BACEN/PROCURADOR/CESPE/2009/ADAPTADA) Com relação aos recursos no processo do trabalho: em procedimento sumaríssimo, é possível a interposição de recurso de revista por contrariedade a orientação jurisprudencial.

03. (MPT/PROCURADOR DO TRABALHO/2010/ADAPTADA) nas causas sujeitas ao procedimento sumaríssimo, somente será admitido recurso de revista por contrariedade a súmula de jurisprudência uniforme do Tribunal Superior do Trabalho e violação direta da Constituição da República, sendo cabível conhecer, de ofício, nessa fase recursal, da incompetência absoluta, sem necessidade de prequestionamento;

04. (TRT – 18º REGIÃO/ANALISTA JUDICIÁRIO/FCC/2008) Com relação ao recurso de revista, é certo que

a) é incabível esse recurso para reexame de fatos, mas será cabível a revista para reexame de provas.

b) caberá, em regra, esse recurso contra acórdão regional prolatado em agravo de instrumento.

c) a admissibilidade desse recurso contra acórdão proferido em processo incidente na execução independe de demonstração inequívoca de violação direta à Constituição Federal.

d) só caberá esse recurso por violação literal de dispositivo de lei federal nas demandas sujeitas ao procedimento sumaríssimo.

e) não se conhecerá desse recurso ou dos embargos quando a decisão recorrida resolver determinado item do pedido por diversos fundamentos e a jurisprudência transcrita não abranger a todos.

05. (TRT – 14ª REGIÃO/JUIZ DO TRABALHO SUBSTITUTO/2008) Em relação ao recurso de revista, analise as proposições abaixo e responda:

I. Não se admite recurso de revista nas causas de procedimento sumaríssimo, salvo quando contrariadas súmulas e orientações jurisprudenciais do Tribunal Superior do Trabalho ou por violação direta da Constituição da República.

II. Cabe recurso de revista das decisões proferidas em grau de agravo de petição pelos Tribunais Regionais do Trabalho, ou por suas turmas, nas ações de embargos de terceiro, quando tenha havido contrariedade às sumulas ou orientações jurisprudenciais do Tribunal Superior do Trabalho, bem como quando afrontada, de modo direto e literal, a Constituição da República.

III. Considera-se prequestionada a matéria ou a questão jurídica invocada no recurso de revista, quando o tribunal prolator do acórdão impugnado, mesmo tendo sido provocado por meio de embargos declaratórios, não pronuncia tese explícita a respeito.

IV. Não cabe recurso de revista de ente público que não interpôs recurso ordinário voluntário da decisão de primeira instância, salvo se houve, em segunda instância, o agravamento da condenação imposta.

a) Apenas as proposições I e IV são verdadeiras

b) Apenas as proposições III e IV são verdadeiras

c) Apenas as proposições II, III e IV são verdadeiras

d) Todas as proposições são verdadeiras

e) Todas as proposições são falsas

06. (TRT – 6ª REGIÃO/JUIZ DO TRABALHO SUBSTITUTO/2010) A respeito da admissibilidade do Recurso de Revista na jurisprudência sumulada do Tribunal Superior do Trabalho, é INCORRETO afirmar:

a) A admissibilidade do Recurso de Revista interposto de acórdão proferido em Agravo de Petição, na liquidação de sentença ou em processo incidente de execução, inclusive os Embargos de Terceiros, depende da denominação inequívoca de violência direta à lei federal ou à Constituição Federal.

b) É incabível Recurso de Revista contra acórdão regional prolatado em Agravo de Instrumento.

c) Não ensejam Recurso de Revista decisões superadas por iterativa, notória e atual jurisprudência do Tribunal Superior do Trabalho.

d) É incabível o Recurso de Revista ou de Embargos para reexame de fatos e provas.

e) O fato do juízo primeiro de admissibilidade do Recurso de Revista entendê-lo cabível apenas quanto à parte das matérias veiculadas não impede a apreciação integral pela Turma do Tribunal Superior do Trabalho.

07. (FCC – TRT 12 – Analista Judiciário/2010) Para comprovação da divergência justificadora do recurso de revista, é necessário que o recorrente junte certidão ou cópia autenticada do acórdão paradigma ou cite a fonte oficial ou o repositório autorizado em que foi publicado e transcreva, nas razões recursais,

a) as ementas e/ou trechos dos acórdãos trazidos à configuração do dissídio, demonstrando o conflito de teses que justifique o conhecimento do recurso, ainda que os acórdãos já se encontrem nos autos ou venham a ser juntados com o recurso.

b) as ementas e/ou trechos dos acórdãos trazidos à configuração do dissídio, demonstrando o conflito de teses que justifique o conhecimento do recurso, exceto se os acórdãos já se encontrem nos autos ou venham a ser juntados com o recurso.

c) obrigatoriamente a integralidade dos acórdãos, exceto se já se encontrem nos autos ou venham a ser juntados com o recurso.

d) a integralidade dos acórdãos, ainda que os acórdãos já se encontrem nos autos ou venham a ser juntados com o recurso.

e) trechos das ementas dos acórdãos trazidos à configuração do dissídio, demonstrando o conflito de teses que justifique o conhecimento do recurso, exceto se os acórdãos já se encontrem nos autos ou venham a ser juntados com o recurso.

08. (FCC – Juiz do Trabalho Substituto 18ª região/2014) Com relação ao recurso de revista no Processo do Trabalho:

a) É cabível recurso de revista interposto de acórdão regional prolatado em agravo de instrumento.

b) A admissibilidade do recurso de revista por violação tem como pressuposto a indicação expressa ou implícita, do dispositivo de lei ou da Constituição tido como violado.

c) O fato de o juízo primeiro de admissibilidade do recurso de revista entendê-lo cabível apenas quanto a parte das matérias veiculadas não impede a apreciação integral pela Turma do Tribunal Superior do Trabalho, sendo imprópria a interposição de agravo de instrumento.

d) Para comprovação da divergência justificadora do recurso de revista é necessário que o recorrente junte certidão ou cópia autenticada do acórdão paradigma, não servindo para tanto, a citação da fonte oficial ou do repositório autorizado em que foi publicado.

e) É admissível o recurso de revista fundado tão somente em divergência jurisprudencial, mesmo que a parte não comprove que a lei estadual, a norma coletiva ou o regulamento da empresa extrapolam o âmbito do Tribunal Regional do Trabalho prolator da decisão recorrida.

09. (TRT 23 – Juiz do Trabalho Substituto 23ª região/ 2014) Do exame das assertivas abaixo, assinale a alternativa CORRETA:

I. Em reclamação trabalhista plúrima proposta em lace da Fazenda Pública, a análise do valor para fins de dispensa de formação de precatório deve levar em consideração a soma dos créditos dos reclamantes.

II. Ainda que a matéria seja de índole constitucional, não é cabível recurso de revista contra acórdão regional prolatado em sede de agravo de instrumento.

III. Tendo o reclamante interposto recurso ordinário, c tendo o reclamado recorrido adesivamente, em se negando provimento a recurso ordinário, não resta prejudicado o exame do recurso adesivo.

IV. A divergência apta a ensejar o recurso de revista, deve ser atual, não se considerando como tal a ultrapassada por súmula ou superada por iterativa e notória jurisprudência do TST.

a) Somente estão corretas as assertivas I, II e IV.

b) Somente estão corretas as assertivas II e III.

c) Somente estão corretas as assertivas III e IV.

d) Somente está correta a assertiva III.

e) Somente estão corretas as assertivas II, III e IV.

10. (FCC – Analista Judiciário – Oficial de Justiça Avaliador – TRT 11/2017) No tocante ao Recurso de Revista, considere:

I. Cabe Recurso de Revista para Turma do Tribunal Superior do Trabalho das decisões proferidas em grau de recurso ordinário, em dissídio individual, pelos Tribunais Regionais do Trabalho, quando contrariarem súmula vinculante do Supremo Tribunal Federal.

II. Cabe Recurso de Revista para Turma do Tribunal Superior do Trabalho das decisões proferidas em grau de recurso ordinário, em dissídio individual, pelos Tribunais Regionais do Trabalho, quando proferidas com violação literal de disposição de lei federal.

III. O Recurso de Revista, dotado de efeito devolutivo e suspensivo será interposto perante o Presidente do Tribunal Regional do Trabalho, que, por decisão fundamentada, poderá recebê-lo ou denegá-lo.

IV. Sob pena de não conhecimento, é ônus da parte indicar o trecho da decisão recorrida que consubstancia o prequestionamento da controvérsia objeto do Recurso de Revista.

De acordo com a Consolidação das Leis do Trabalho, está correto o que se afirma APENAS em

a) II, III e IV.

b) I e III.

c) I, II e IV.

d) III e IV.

e) I e II.

GAB	1	E	2	E	3	E	4	E	5	B	6	A	7	A	8	C	9	E	10	C

✦ TRANSCENDÊNCIA

Art. 896-A – O Tribunal Superior do Trabalho, no recurso de revista, examinará previamente se a causa oferece transcendência com relação aos reflexos gerais de natureza econômica, política, social ou jurídica. (Incluído pela Medida Provisória nº 2.226, de 4.9.2001)

✦ HIPÓTESES DE TRASCENDÊNCIA

§ 1º São indicadores de transcendência, entre outros: (Inserido pela Lei n° 13.467, de 13.07.2017)

I – econômica, o elevado valor da causa;

II – política, o desrespeito da instância recorrida à jurisprudência sumulada do Tribunal Superior do Trabalho ou do Supremo Tribunal Federal;

III – social, a postulação, por reclamante-recorrente, de direito social constitucionalmente assegurado;

IV – jurídica, a existência de questão nova em torno da interpretação da legislação trabalhista.

✦ **DECISÃO DENEGATÓRIA – AGRAVO INTERNO**

§ 2º Poderá o relator, monocraticamente, denegar seguimento ao recurso de revista que não demonstrar transcendência, cabendo agravo desta decisão para o colegiado.(Inserido pela Lei nº 13.467, de 13.07.2017).

✦ **SUSTENTAÇÃO ORAL**

§ 3º Em relação ao recurso que o relator considerou não ter transcendência, o recorrente poderá realizar sustentação oral sobre a questão da transcendência, durante cinco minutos em sessão.(Inserido pela Lei nº 13.467, de 13.07.2017)

✦ **ACÓRDÃO DO AGRAVO INTERNO – DECISÃO IRRECORRÍVEL**

§ 4º Mantido o voto do relator quanto à não transcendência do recurso, será lavrado acórdão com fundamentação sucinta, que constituirá decisão irrecorrível no âmbito do tribunal.(Inserido pela Lei nº 13.467, de 13.07.2017)

✦ **DECISÃO MONOCRÁTICA EM AGRAVO DE INSTRUMENTO – IRRECORRÍVEL**

§ 5º É irrecorrível a decisão monocrática do relator que, em agravo de instrumento em recurso de revista, considerar ausente a transcendência da matéria.(Inserido pela Lei nº 13.467, de 13.07.2017)

✦ **IMPOSSIBILIDADE DE EXAME DA TRANSCENDÊNCIA PELO TRIBUNAL REGIONAL DO TRABALHO**

§ 6º O juízo de admissibilidade do recurso de revista exercido pela Presidência dos Tribunais Regionais do Trabalho limita-se à análise dos pressupostos intrínsecos e extrínsecos do apelo, não abrangendo o critério da transcendência das questões nele veiculadas.(Inserido pela Lei nº 13.467, de 13.07.2017)

1. COMENTÁRIOS

1.1. Hipóteses de transcendência

Como explica Barbosa Moreira, O Novo, 2007, p. 119, os pressupostos, ou requisitos intrínsecos, são atinentes à própria existência do direito de recorrer e os requisitos extrínsecos são concernentes ao exercício deste mesmo direito. Portanto, os requisitos da transcendência são, efetivamente, pressupostos intrínsecos de admissibilidade do Recurso de Revista, pois dizem respeito à existência do direito de recorrer. Não preenchidos esses pressupostos, não se pode falar em direito de recorrer do Acórdão Regional proferido, em julgamento de recurso oriundo do primeiro grau de jurisdição pelo Juiz do Trabalho.

A redação do art. 896-A não parece impor o preenchimento de todos os critérios de transcendência para admissibilidade do Recurso de Revista. A interpretação mais consentânea nos conduz à conclusão de que o preenchimento de apenas um dos critérios de transcendência já é suficiente para justificar o recebimento do Recurso de Revista.

O art. 896-A, § 1º, I, resolveu qualificar como **transcendência econômica** o elevado valor da causa, sem definir qual seria esse valor. Toda causa tem um valor economicamente apreciável, mas se o valor é elevado ou ínfimo, depende, necessariamente, da análise absolutamente subjetiva do avaliador do critério, inicialmente o Relator e, posteriormente, a Turma do TST.

Anteriormente à edição da Lei nº 13.467, de 13.07.2017, o PL nº 3.267/2000, que serviu de base para a edição da MP nº 2.226/2001, que introduziu o instituto na CLT, art. 896-A, da CLT, mencionava a transcendência com relação aos reflexos gerais de natureza jurídica, política, social ou econômica, considerando: **a) jurídica**, o desrespeito patente aos direitos humanos fundamentais ou aos interesses coletivos indisponíveis, com comprometimento da segurança e estabilidade das relações jurídicas; **b) política**, o desrespeito notório ao princípio federativo ou à harmonia dos Poderes constituídos; **c) social**, a existência de situação extraordinária de discriminação, de comprometimento do mercado de trabalho ou de perturbação notável à harmonia entre capital e trabalho; **d) econômica**, a ressonância de vulto da causa em relação à entidade de direito público ou economia mista, ou à grave repercussão da questão na política econômica nacional, no segmento produtivo ou no desenvolvimento regular da atividade empresarial.

Até mesmo a ordem escolhida pelo projeto de lei referido, que não chegou a ser aprovado, primeiro tratava do aspecto jurídico do recurso para, por último, cuidar do econômico. O texto do art. 896-A, § 1º, da CLT, decorrente da promulgação da Lei nº 13.467, de 13.07.2017, fez exatamente o oposto, pois primeiro tratou da transcendência econômica e, só por último, a jurídica.

O Ministro Ives Gandra da Silva Martins Filho, em artigo intitulado, "O critério de transcendência no recurso de revista: projeto de Lei nº 3267/2000, Revista do Tribunal Superior do Trabalho: Vol. 66, nº 4 (out./dez. 2000, p. 60), ao comentar a transcendência econômica, reconheceu que:

> "Tal como descrita, a transcendência econômica está ligada não diretamente ao valor da causa, em termos absolutos, mas à sua importância para a empresa pública ou privada. Se a imposição de determinada condenação puder acarretar o próprio comprometimento da atividade produtiva de uma empresa, deve haver uma última revisão da causa pelo TST, para verificar se o direito é patente e não houve distorções que supervalorem o que é devido em Justiça.".

O critério acima apontado pelo Ministro Ives Gandra Martins, parece ser muito adequado para restringir o grau de subjetividade do requisito econômico da transcendência previsto no atual texto legal. O valor da causa necessita, portanto, ser consideravelmente alto para a empresa envolvida no conflito, de forma que possa vir a comprometer seu funcionamento. Assim sendo, exemplificativamente, determinada causa de uma instituição financeira, ainda que de valor bastante elevado para qualquer cidadão, pode não comprometer seu funcionamento ou sua higidez financeira. Não estará preenchido, portanto, o pressuposto intrínseco de admissibilidade da Revista.

A **transcendência política**, definida no art. 896-A, § 1º, II, da CLT, não está vinculada a razões macropolíticas, ou mesmo de política judiciária. A ideia do texto legal foi restringir a transcendência, neste aspecto, à política de segurança das relações jurídicas, impondo, indiretamente, a observância obrigatória das Súmulas do TST e do STF, ainda que não vinculantes. Pretende a lei, neste particular, prever que se o acórdão regional não observar as Súmulas do TST e do STF, haverá, sem quaisquer outros questionamentos, hipótese de cabimento do Recurso de Revista por transcendência. A medida me parece salutar, pois preserva a unidade dos julgamentos, gerando maior previsibilidade jurídica das decisões do judiciário trabalhista em todo o Brasil. Não caberá, quanto a esta transcendência, interpretação extensiva para abranger as Orientações Jurisprudenciais ou os precedentes gerados por IRDR, Assunção de Competência ou Repercussão Geral.

A **transcendência social**, prevista no art. 896-A, § 1º, III, da CLT, se restringe **(1)** ao reclamante-recorrente (creio que o texto quis se referir somente ao empregado ou prestador de serviços pessoa física), quanto a **(2)** direito social constitucionalmente assegurado (quis a lei garantir a proteção dos direitos sociais previstos no rol do art. 7º, da CF). Como a transcendência é pressuposto de admissibilidade do Recurso de Revista resta saber se algum outro direito, não previsto no rol do art. 7º, da CF, poderá ser objeto de exame no TST. Parece-me que sim. Isso porque, o § 1º, do art. 896, da CLT, informa que, "são indicadores de transcendência, entre outros:", deixando clara a natureza meramente exemplificativa dos requisitos de transcendência enumerados nos incisos do art. 896, § 1º. Contudo, esses "outros" requisitos de transcendência precisam estar expressos em lei ou em ato normativo de igual hierarquia, a fim de que não se torne arbitrária a escolha de tais critérios. O empregador, ou tomador de serviços, não poderá invocar, como transcendência social, a tutela eventualmente concedida a esses direitos pelo acórdão regional, tendo em vista que o texto legal restringiu a legitimidade deste pressuposto ao reclamante-recorrente.

A **transcendência jurídica**, do art. 896-A, § 1º, IV, repetiu, a nosso ver, antigo critério segundo o qual a divergência apta a ensejar o Recurso de Revista deve ser nova, não ultrapassada, portanto, por notória e reiterada jurisprudência das Cortes Superiores (Súmula 401 do STF e Súmula 333 do TST). Percebe-se, pela redação do texto legal do inciso IV que a legislação trabalhista não precisa ser nova, mas a questão invocada, esta sim, deve se nova. A "questão", na visão de Carnellutti, é um "ponto controvertido", ainda que não tenha sido objeto de julgamento. Esta acepção jurídica de "questão" pode ser utilizada para orientação deste critério de transcendência. Por assim dizer, "questão" pode ser um fundamento da decisão, a interpretação conferida a determinado dispositivo legal ou um argumento trazido pela parte. A questão não é o mérito propriamente dito, não faz coisa julgada, não obriga o julgamento de primeiro ou de segundo grau, mas, para ser utilizada pelo recorrente como transcendência jurídica, sujeita-se a prequestionamento. Não se está a afirmar que o Tribunal Regional do Trabalho precisa admitir que a "questão" é nova, mas, ao menos, o tema precisa ser abordado no Recurso Ordinário, no Acórdão Regional e, se necessário, nos Embargos de Declaração. O que não se pode admitir é que a questão nova seja invocada pela primeira vez em sede de Recurso de Revista.

1.2. Procedimento de Análise da Transcendência

O art. 896-A, § 2º a 6º se dedica ao exame da transcendência sob o aspecto procedimental. Segundo a regra do **§ 6º** somente o Tribunal Superior do Trabalho tem competência para apreciar a transcendência. Essa disposição legal não me aparece contribuir para a celeridade processual. Muito pelo contrário. Qualquer litigante poderá, invocando a transcendência, submeter o processo ao TST. Não haverá mais qualquer filtro, a não ser a capacidade econômica para recolher o depósito recursal, sendo o recorrente o empregador. Ainda que o **§ 2º** permita ao relator do Recurso de Revista negar seguimento ao apelo, quando não preenchido o pressuposto da transcendência, o processo, até este momento, estará transitando há pelo menos 2 anos, tempo estimado entre a saída do Tribunal Regional até o exame da admissibilidade pelo Relator do RR.

A demora do processo será ainda maior se o relator, monocraticamente, negar seguimento ao RR por ausência de transcendência. A decisão do relator, conforme o **§ 2º**, será objeto de Agravo Interno, que será apreciado pelo colegiado da Turma. Para que tal fato ocorra, a sessão de julgamento, pela Turma do TST, permite a sustentação oral do recorrente durante 5 (cinco) minutos, conforme o **§ 3º**. Pelo menos a decisão da transcendência da Turma é irrecorrível, conforme **§ 4º**. Portanto, o uso de Embargos de Divergência será restrito somente aos recursos nos quais a transcendência for, previamente, reconhecida. Caso contrário, a decisão definitiva quanto à transcendência será a proferida pela Turma do TST.

Nada impede que, sendo admitida pelo Relator a transcendência, a Turma possa revê-la, quando do exame do RR pelo órgão colegiado. Da mesma forma, caso a Turma admita a transcendência, a Seção de Dissídios Individuais, antes de apreciar eventual divergência jurisprudencial invocada nos Embargos, poderá rever a admissibilidade da transcendência, em decisão irrecorrível, tendo em vista se tratar do último órgão jurisdicional do TST.

A única retenção possível do RR ocorrerá quando este já for negado, pelo Presidente do TRT, por ausência de outros pressupostos de admissibilidade, que não a transcendência (§ 6º). Nesta hipótese, examinando o Agravo de Instrumento interposto contra a decisão do Presidente do TRT, o relator do AI, no TST, poderá negar de plano o AI, por ausência de transcendência do RR. Essa decisão não se sujeita a Agravo Interno, ou seja, a Turma do TST não apreciará, nesse caso, a transcendência. A decisão acerca da transcendência será proferida pelo relator em única e última instância (§ 5º).

Art. 896-B. Aplicam-se ao recurso de revista, no que couber, as normas da Lei no 5.869, de 11 de janeiro de 1973 (Código de Processo Civil), relativas ao julgamento dos recursos extraordinário e especial repetitivos. (Incluído pela Lei nº 13.015, de 21.07.2014)

Art. 896-C. Quando houver multiplicidade de recursos de revista fundados em idêntica questão de direito, a questão poderá ser afetada à Seção Especializada em Dissídios Individuais ou ao Tribunal Pleno, por decisão da maioria simples de seus membros, mediante requerimento de um dos Ministros que compõem a Seção Especializada, considerando a relevância da matéria ou a existência de entendimentos divergentes entre os Ministros dessa Seção ou das Turmas do Tribunal. (Incluído pela Lei nº 13.015, de 21.07.2014)

§ 1º O Presidente da Turma ou da Seção Especializada, por indicação dos relatores, afetará um ou mais recursos representativos da controvérsia para julgamento pela Seção Especializada em Dissídios Individuais ou pelo Tribunal Pleno, sob o rito dos recursos repetitivos. (Incluído pela Lei nº 13.015, de 21.07.2014)

§ 2º O Presidente da Turma ou da Seção Especializada que afetar processo para julgamento sob o rito dos recursos repetitivos deverá expedir comunicação aos demais Presidentes de Turma ou de Seção Especializada, que poderão afetar outros processos sobre a questão para julgamento conjunto, a fim de conferir ao órgão julgador visão global da questão. (Incluído pela Lei nº 13.015, de 21.07.2014)

§ 3º O Presidente do Tribunal Superior do Trabalho oficiará os Presidentes dos Tribunais Regionais do Trabalho para que suspendam os recursos interpostos em casos idênticos aos afetados como recursos repetitivos, até o pronunciamento definitivo do Tribunal Superior do Trabalho. (Incluído pela Lei nº 13.015, de 21.07.2014)

§ 4º Caberá ao Presidente do Tribunal de origem admitir um ou mais recursos representativos da controvérsia, os quais serão encaminhados ao Tribunal Superior do Trabalho, ficando suspensos os demais recursos de revista até o pronunciamento definitivo do Tribunal Superior do Trabalho. (Incluído pela Lei nº 13.015, de 21.07.2014)

§ 5º O relator no Tribunal Superior do Trabalho poderá determinar a suspensão dos recursos de revista ou de embargos que tenham como objeto controvérsia idêntica à do recurso afetado como repetitivo. (Incluído pela Lei nº 13.015, de 21.07.2014)

§ 6º O recurso repetitivo será distribuído a um dos Ministros membros da Seção Especializada ou do Tribunal Pleno e a um Ministro revisor.(Incluído pela Lei nº 13.015, de 21.07.2014)

§ 7º O relator poderá solicitar, aos Tribunais Regionais do Trabalho, informações a respeito da controvérsia, a serem prestadas no prazo de 15 (quinze) dias. (Incluído pela Lei nº 13.015, de 21.07.2014)

§ 8º O relator poderá admitir manifestação de pessoa, órgão ou entidade com interesse na controvérsia, inclusive como assistente simples, na forma da Lei nº 5.869, de 11 de janeiro de 1973 (Código de Processo Civil). (Incluído pela Lei nº 13.015, de 21.07.2014)

§ 9º Recebidas as informações e, se for o caso, após cumprido o disposto no § 7º deste artigo, terá vista o Ministério Público pelo prazo de 15 (quinze) dias.(Incluído pela Lei nº 13.015, de 21.07.2014)

§ 10. Transcorrido o prazo para o Ministério Público e remetida cópia do relatório aos demais Ministros, o processo será incluído em pauta na Seção Especializada ou no Tribunal Pleno, devendo ser julgado com preferência sobre os demais feitos. (Incluído pela Lei nº 13.015, de 21.07.2014)

§ 11. Publicado o acórdão do Tribunal Superior do Trabalho, os recursos de revista sobrestados na origem:(Incluído pela Lei nº 13.015, de 21.07.2014)

I – terão seguimento denegado na hipótese de o acórdão recorrido coincidir com a orientação a respeito da matéria no Tribunal Superior do Trabalho; ou

II – serão novamente examinados pelo Tribunal de origem na hipótese de o acórdão recorrido divergir da orientação do Tribunal Superior do Trabalho a respeito da matéria.

§ 12. Na hipótese prevista no inciso II do § 11 deste artigo, mantida a decisão divergente pelo Tribunal de origem, far-se-á o exame de admissibilidade do recurso de revista. (Incluído pela Lei nº 13.015, de 21.07.2014)

§ 13. Caso a questão afetada e julgada sob o rito dos recursos repetitivos também contenha questão constitucional, a decisão proferida pelo Tribunal Pleno não obstará o conhecimento de eventuais recursos extraordinários sobre a questão constitucional. (Incluído pela Lei nº 13.015, de 21.07.2014)

§ 14. Aos recursos extraordinários interpostos perante o Tribunal Superior do Trabalho será aplicado o procedimento previsto no art. 543-B da Lei nº 5.869, de 11 de janeiro de 1973 (Código de Processo Civil), cabendo ao Presidente do Tribunal Superior do Trabalho selecionar um ou mais recursos representativos da controvérsia e encaminhá-los ao Supremo Tribunal Federal, sobrestando os demais até o pronunciamento definitivo da Corte, na forma do § 1º do art. 543-B da Lei no 5.869, de 11 de janeiro de 1973 (Código de Processo Civil). (Incluído pela Lei nº 13.015, de 21.07.2014)

§ 15. O Presidente do Tribunal Superior do Trabalho poderá oficiar os Tribunais Regionais do Trabalho e os Presidentes das Turmas e da Seção Especializada do Tribunal para que suspendam os processos idênticos aos selecionados como recursos representativos da controvérsia e encaminhados ao Supremo Tribunal Federal, até o seu pronunciamento definitivo. (Incluído pela Lei nº 13.015, de 21.07.2014)

§ 16. A decisão firmada em recurso repetitivo não será aplicada aos casos em que se demonstrar que a situação de fato ou de direito é distinta das presentes no processo julgado sob o rito dos recursos repetitivos. (Incluído pela Lei nº 13.015, de 21.07.2014)

§ 17. Caberá revisão da decisão firmada em julgamento de recursos repetitivos quando se alterar a situação econômica, social ou jurídica, caso em que será respeitada a segurança jurídica das relações firmadas sob a égide da decisão anterior, podendo o Tribunal Superior do Trabalho modular os efeitos da decisão que a tenha alterado.(Incluído pela Lei nº 13.015, de 21.07.2014)

1. COMENTÁRIOS

1.1. Da aplicação subsidiária do CPC

O art. 896 da CLT estendeu o procedimento dos recursos repetitivos, especial e extraordinário, ao recurso de revista. Há, inclusive, expressa referência ao Código de Processo Civil.

Tudo que já se disse quanto ao recurso extraordinário com repercussão geral está nos comentários ao artigo 896 da CLT, aos quais nos reportamos.

O art. 543-B do CPC/73 diz respeito ao procedimento de repercussão geral que instituiu um padrão de julgamento para matérias repetitivas nos recursos extraordinários, que será aplicado ao recurso de revista, ou de embargos, conforme prevê o § 5º, acima referido.

O CPC/2015 cuida da repercussão geral em diversos dispositivos, alguns dos quais com idêntica redação dos dispositivos desta CLT, alterados pela Lei nº 13.015/2014.

Da mesma forma, a previsão da CLT acabou por contemplar uma série de dispositivos do incidente de demandas repetitivas criado no CPC/2015, art. 976 e seguintes. Ainda assim, havendo compatibilidade, este incidente é perfeitamente aplicável ao processo do trabalho, mas antes, se deve atentar para a subsidiariedade expressamente definida no art. 896-B, da CLT.

Na previsão do CPC/2015, art. 1.036, § 1º, o Tribunal de Justiça local, ou o Tribunal Regional Federal, serão os responsáveis por selecionar **dois ou mais recursos representativos da controvérsia**, para envio ao Supremo Tribunal Federal ou Superior Tribunal de Justiça, conforme a matéria do conflito.

No incidente de recursos repetitivos na Justiça do Trabalho a seleção de dois ou mais recursos, de revista ou de embargos, será feita pelo Presidente do Tribunal Regional do Trabalho, conforme prevê o § 4º, acima.

No texto da CLT (§ 4º) se lê a referência a somente um recurso representativo, e não a dois recursos, como prevê o CPC/2015. Tal fato ocorre porque quando da aprovação da Lei 13.015/2014, que alterou a disciplina legal do art. 896, foi feita expressa referência ao CPC/73, que prevê a possibilidade de escolha de somente um recurso representativo da controvérsia.

É claro que, tão logo aprovado o CPC/2015, o incidente de recursos repetitivos observará o regramento novo, além do Regimento Interno do TST sobre este procedimento, razão pela qual estamos a destacar as regras do CPC/2015.

Caberá ao Tribunal Regional do Trabalho, conforme seu Regimento Interno, regular qual será o procedimento para suspensão dos processos idênticos aos recursos selecionados como representativos da controvérsia, em complemento ao que consta dos §§ 5º a 17 do art. 896-C, da CLT.

1.2. Procedimento da afetação dos processos com idêntica controvérsia

A nosso ver, o **Presidente do Tribunal Regional do Trabalho**, ou outro órgão que o Regimento Interno preveja, poderá determinar até mesmo a **suspensão dos processos em primeiro grau de jurisdição** que cuidem de matéria idêntica aos recursos selecionados como representativos. Esta nossa posição coincide com a previsão do art. 1037, II, do CPC/2015.

Também é esta a previsão do art. 10 da Resolução Administrativa do TST nº 1699, de 06.10.2014, nos seguintes termos:

> Art. 10. Compete ao Presidente do respectivo Tribunal Regional do Trabalho determinar a suspensão de que trata o § 3º do artigo 896-C da CLT dos recursos interpostos contra as sentenças em casos idênticos aos afetados como recursos repetitivos.

A **decisão de sobrestamento dos processos**, portanto, tanto será proferida no TST, por iniciativa do Presidente de Turma, ou da SDI (art. 896-C, §§ 1º e 2º), como no TRT, por ato do seu Presidente (art. 10, da RA/TST, nº 1699, de 06.10.2014).

A Resolução Administrativa do TST Resolução Administrativa do TST nº 1699, de 06.10.2014, prevê que:

> Art. 11. Selecionados os recursos, o Relator, na Subseção Especializada em Dissídios Individuais ou no Tribunal Pleno, constatada a presença do pressuposto do caput do art. 896-C da CLT, proferirá decisão de afetação, na qual: I – identificará com precisão a questão a ser submetida a julgamento; II – poderá determinar a suspensão dos recursos de revista ou de embargos de que trata o § 5º do artigo 896-C da CLT; III – requisitará aos Presidentes ou Vice-Presidentes dos Tribunais Regionais do Trabalho a remessa de até dois recursos de revista representativos da controvérsia; IV – poderá conceder vista ao Ministério Público e às partes, nos termos e para os efeitos do § 9º do artigo 896-C da CLT.
>
> Art. 12. Se, após receber os recursos de revista selecionados pelo Presidente ou Vice-Presidente do Tribunal Regional do Trabalho, não se proceder à sua afetação, o relator, no Tribunal Superior do Trabalho, comunicará o fato ao Presidente ou Vice-Presidente que os houver enviado, para que seja revogada a decisão de suspensão referida no artigo 896-C, § 4º, da CLT.

Na hipótese do **Recurso de Revista, ou de Embargos, serem interpostos intempestivamente** (fora do prazo) não serão abrangidos pela decisão de sobrestamento, mediante requerimento do interessado, como prevê o art. 1.036, § 2º, do CPC/2015.

A **decisão de sobrestamento é recorrível por Agravo Regimental**, por se tratar de decisão monocrática do Presidente ou Vice-Presidente, do TRT ou dos Ministros indicados no art. 896-C. Neste sentido o art. 1.042 do CPC/2015.

A **decisão de sobrestamento** dos processos com idêntica matéria dos recursos de revista representativos da controvérsia, tomada pelo Presidente ou Vice-Presidente **do TRT, é preliminar**, pois não vincula o juízo próprio desta decisão no TST. Neste sentido o § 4º, do art. 1036, do CPC/2015.

Um dos temas mais complexos, do ponto de vista da aplicação prática destas novas regras processuais, diz respeito à **seleção dos recursos representativos da controvérsia**. No processo do trabalho é muito comum que os recursos abordem diversos capítulos. Portanto, dificilmente um recurso tratará exclusivamente de uma só matéria.

O CPC/2015, em seu artigo 1036, § 6º, traz a seguinte contribuição:

> Somente podem ser selecionados recursos admissíveis que contenham abrangente argumentação e discussão a respeito da questão a ser decidida.

Todavia, a previsão do CPC/2015, art. 1.036, § 6º, não resolve a problemática trabalhista de recursos que abordam, normalmente, temas diferentes. Como se proceder ao isolamento somente da questão controvertida relevante?

A Resolução Administrativa do TST nº 1699, de 6.10.2014, em seu artigo 8º, regulamentando os artigos 896-B e C, da CLT, repete o texto do CPC/2015, art. 1036, § 6º, acima transcrito, sem enfrentar, portanto, esta intrincada questão dos recursos com mais de um tema de direito.

Confira-se, a seguir, o teor da Resolução:

> Nas hipóteses dos artigos 896-B e 896-C da CLT, somente poderão ser afetados recursos representativos da controvérsia que sejam admissíveis e que contenham abrangente argumentação e discussão a respeito da questão a ser decidida. (art. 8º da RA/TST nº 1699, de 6.10.2014)

No nosso sentir será inviável o isolamento da matéria jurídica objeto da controvérsia.

Consequentemente, duas soluções se mostram possíveis: **a)** o Tribunal somente selecionará os recursos que tratem exclusivamente da matéria jurídica relevante; solução que me parece mais adequada, apesar de mais complexa; **b)** o Tribunal selecionará o recurso que contenha a matéria jurídica relevante, em conjunto com outros temas que não são de interesse da decisão de sobrestamento, com prejuízo para o julgamento destes temas. Esta segunda possibilidade atenta contra os princípios da celeridade e da duração razoável do processo, impondo aos recorrentes uma demora desnecessária quanto a temas que não possuem qualquer repercussão geral e que, portanto, não deveriam estar abrangidos por qualquer decisão de suspensão do processo.

Tomada a **decisão de sobrestamento**, que pode ter abrangência em todo o território nacional, **as partes deverão ser intimadas individualmente**, conforme prevê o art. 1037, § 8º, do CPC/2015.

Solução interessante, e absolutamente útil, está prevista nos §§ 4º e 5º do art. 1037, do CPC/2015, que preveem **prazo de 1 (um) ano para duração da suspensão do processo**. Este regra põe fim às suspensões por tempo indeterminado, que atualmente ocorrem com frequência, com enorme desprestígio à segurança jurídica, com reflexo imediato no tempo do processo.

Na hipótese de ser decidido que o processo individual, ou coletivo, não se adequa ao padrão do recurso escolhido como paradigmático para fins de repercussão geral, o processo retomará seu curso natural, como prevê § 9º, do art. 1037, do CPC/2015.

O **requerimento de prosseguimento do feito** será dirigido ao grau de jurisdição no qual estiver em curso o processo suspenso. Neste particular, preveem os §§ 10º o art. 1037, do CPC/2015.

Sobre os **efeitos da decisão sobre o recurso representativo da controvérsia**, previstos no art. 896-C, § 11, o CPC/2015, art. 1039, *caput,* e § único, contêm disposição no mesmo sentido.

A **matéria decidida na repercussão geral vincula todos os demais julgamentos**, retomando-se os processos suspensos o curso normal. No mesmo sentido do art. 896-C, § 11 da CLT, prevê o art. 1040 do CPC/2015.

O § 17, do art. 896-C, da CLT, prevê a possibilidade de "revisão da decisão firmada em julgamento de recursos repetitivos quando se alterar a situação econômica, social ou jurídica...". Todavia, não estabelece o rito desta revisão, ainda que deixe claro que o órgão competente será o TST.

A nosso ver, as partes, ou MPT, ou terceiro juridicamente interessado, terão legitimidade para postular, no TST, a revisão da decisão firmada em julgamento de recursos repetitivos. Nesta hipótese, já tendo ocorrido trânsito em julgado da sentença ou acórdão que se vínculou à decisão paradigmática, o TST modulará os efeitos da mudança, como também prevê o art. 896-C, § 17, da CLT.

A fim de privilegiar o acesso à justiça, o requerimento de revisão poderá ser feito nas instâncias inferiores, cabendo ao juízo recebe-lo, sem qualquer juízo preliminar de admissibilidade, e remetê-lo à instância competente no TST.

1.3. Incidente de Assunção de Competência

Atento ao propósito de criar mecanismos para uniformização da jurisprudência como condicionante dos julgamentos de 1º grau, como também de órgãos fracionários dos tribunais, o CPC/2015, art. 947, instituiu o incidente de assunção de competência, de plena aplicação ao processo do trabalho, nos termos da IN nº 39/2016 do TST, art. 3º, XXV.

A regra do art. 947 do CPC/2015 foi assim escrita:

> Art. 947. É admissível a assunção de competência quando o julgamento de recurso, de remessa necessária ou de processo de competência originária envolver relevante questão de direito, com grande repercussão social, sem repetição em múltiplos processos.
>
> § 1º Ocorrendo a hipótese de assunção de competência, o relator proporá, de ofício ou a requerimento da parte, do Ministério Público ou da Defensoria Pública, que seja o recurso, a remessa necessária ou o processo de competência originária julgado pelo órgão colegiado que o regimento indicar.
>
> § 2º O órgão colegiado julgará o recurso, a remessa necessária ou o processo de competência originária se reconhecer interesse público na assunção de competência.
>
> § 3º O acórdão proferido em assunção de competência vinculará todos os juízes e órgãos fracionários, exceto se houver revisão de tese.
>
> § 4º Aplica-se o disposto neste artigo quando ocorrer relevante questão de direito a respeito da qual seja conveniente a prevenção ou a composição de divergência entre câmaras ou turmas do tribunal.

A regra do art. 947 do CPC/2015 se aplica aos temas de grande relevância social, mas que não se repitam em múltiplos processos. Havendo repetição reiterada do tema, o incidente adequado será o de resolução de demandas repetitivas, e não o incidente de assunção de competência.

O incidente da assunção de competência terá enorme relevância para julgamento dos grandes temas regionais, de repercussão social relevante, sem a necessidade de aguardo do pronunciamento dos tribunais superiores que, a depender do caso, sequer terão competência para apreciar o tema.

O art. 947, § 1º, do CPC/2015, em respeito à autonomia dos tribunais (art. 95, I, "a", da CF), prevê que o Regimento Interno de cada tribunal disporá sobre a competência para julgamento do incidente. Na esfera trabalhista os tribunais, muito provavelmente, atribuirão tal competência ao Tribunal Pleno, Órgão Especial ou Seção Especializada.

A disposição mais importante está descrita no art. 947, § 3º, do CPC/2015, que confere efeito vinculante ao julgamento do incidente. Certamente, os juízes de primeiro grau e os órgãos fracionários dos tribunais, poderão apreciar se ao caso concreto se aplica, ou não, a tese consagrada no incidente, em decisão fundamentada na forma do art. 489, § 1º, inciso VI, do CPC/2015.

✦ **AGRAVO**

Art. 897 – Cabe agravo, no prazo de 8 (oito) dias:(Redação dada pela Lei nº 8.432, de 11.06.1992)

✦ **DE PETIÇÃO**

a) de petição, das decisões do Juiz ou Presidente, nas execuções;(Redação dada pela Lei nº 8.432, de 11.06.1992)

✦ **DE INSTRUMENTO**

b) de instrumento, dos despachos que denegarem a interposição de recursos.(Redação dada pela Lei nº 8.432, de 11.06.1992)

✦ **PRESSUPOSTOS DO AP**

§ 1º – O agravo de petição só será recebido quando o agravante delimitar, justificadamente, as matérias e os valores impugnados, permitida a execução imediata da parte remanescente até o final, nos próprios autos ou por carta de sentença.(Redação dada pela Lei nº 8.432, de 11.06.1992)

✦ **AGRAVO DE INSTRUMENTO EM AP**

§ 2º – O agravo de instrumento interposto contra o despacho que não receber agravo de petição não suspende a execução da sentença.(Redação dada pela Lei nº 8.432, de 11.06.1992)

✦ **JULGAMENTO DO AP**

§ 3º – Na hipótese da alínea a deste artigo, o agravo será julgado pelo próprio tribunal, presidido pela autoridade recorrida, salvo se se tratar de decisão de Juiz do Trabalho de 1ª Instância ou de Juiz de Direito, quando o julgamento competirá a uma das Turmas do Tribunal Regional a que estiver subordinado o prolator da sentença, observado o disposto no art. 679, a quem este remeterá as peças necessárias para o exame da matéria controvertida, em autos apartados, ou nos próprios autos, se tiver sido determinada a extração de carta de sentença.(Redação dada pela Lei nº 10.035, de 25.10.2000)

✦ **JULGAMENTO DO AI**

§ 4º – Na hipótese da alínea b deste artigo, o agravo será julgado pelo Tribunal que seria competente para conhecer o recurso cuja interposição foi denegada.(Redação dada pela Lei nº 8.432, de 11.06.1992)

✦ **PEÇAS PARA FORMAÇÃO DO AI**

§ 5º – Sob pena de não conhecimento, as partes promoverão a formação do instrumento do agravo de modo a possibilitar, caso provido, o imediato julgamento do recurso denegado, instruindo a petição de interposição:(Incluído pela Lei nº 9.756, de 17.12.1998)

I – obrigatoriamente, com cópias da decisão agravada, da certidão da respectiva intimação, das procurações outorgadas aos advogados do agravante e do agravado, da petição inicial, da contestação, da decisão originária, do depósito recursal referente ao recurso que se pretende destrancar, da comprovação do recolhimento das custas e do depósito recursal a que se refere o § 7º do art. 899 desta Consolidação;(Redação dada pela Lei nº 12.275, de 29.06.2010)

II – facultativamente, com outras peças que o agravante reputar úteis ao deslinde da matéria de mérito controvertida.(Incluído pela Lei nº 9.756, de 17.12.1998)

✦ **INTIMAÇÃO DO AGRAVADO**

§ 6º – O agravado será intimado para oferecer resposta ao agravo e ao recurso principal, instruindo-a com as peças que considerar necessárias ao julgamento de ambos os recursos.(Incluído pela Lei nº 9.756, de 17.12.1998)

✦ **JULGAMENTO DO AI E DO RECURSO PRINCIPAL**

§ 7º – Provido o agravo, a Turma deliberará sobre o julgamento do recurso principal, observando-se, se for o caso, daí em diante, o procedimento relativo a esse recurso.(Incluído pela Lei nº 9.756, de 17.12.1998)

✦ **AGRAVO DE PETIÇÃO: CONTRIBUIÇÕES PREVIDENCIÁRIAS**

§ 8º – Quando o agravo de petição versar apenas sobre as contribuições sociais, o juiz da execução determinará a extração de cópias das peças necessárias, que serão autuadas em apartado, conforme dispõe o § 3º, parte final, e remetidas à instância superior para apreciação, após contraminuta.(Redação dada pela Lei nº 10.035, de 25.10.2000)

1. COMENTÁRIOS

1.1. Agravo de Petição

1.1.1. Cabimento

a) Das decisões do Juiz do Trabalho.

O art. 897, "a", da CLT, prevê caber Agravo de Petição das decisões do juiz ou presidente nas execuções. O "juiz", referido no texto legal, é o "juiz de direito", investido de jurisdição trabalhista; o "presidente", também contido no texto", é o antigo juiz togado, que presidia as Juntas de Conciliação e Julgamento, órgãos de primeiro grau de jurisdição trabalhista. A EC nº 24/1999 extinguiu a representação classista, mantendo no primeiro grau de jurisdição somente o juiz togado. Deve ser feita a seguinte leitura, atualizada, do texto legal: cabe agravo de petição das decisões do juiz nas execuções.

Indaga-se: qual decisão da execução comportaria agravo de petição?

Três correntes doutrinárias buscam explicar o alcance da norma:

1) a primeira, ampliativa, defende o cabimento do Agravo de Petição em qualquer decisão da execução, sob o argumento de que o texto legal não fez distinção quanto ao tipo de decisão que desafia agravo; neste sentido, Valentin Carrion, Comentários, 2010, p. 892-893, ao afirmar não ter base legal a restrição do agravo de petição às sentenças na execução; nas palavras do próprio: "só há um requisito que a lei impôs: estar seguro o juízo (art. 884, § 3º); e, se tratar de impugnação ao quantum, esta deve ser delimitada e justificada (CLT, art. 897, § 1º).; também assim Rodrigues Pinto, Recursos, 2006, p. 240, mas não sem antes tecer duras criticas ao texto legal: "...só nos parece correto adotar a postura que a norma escrita indica: na execução trabalhista cabe Agravo de Petição de todas as decisões que o juiz proferir, que compreende, além da sentença, as interlocutórias.".

2) a segunda, a nosso ver majoritária, só admite o agravo de petição das decisões definitivas na execução; são definitivas as decisões que encerram o módulo jurisdicional da execução, bem

como as que excluem uma das partes ou, ainda, que impedem o ingresso de um terceiro; a doutrina entende definitivas as decisões que resolvem a ação incidental de embargos à execução e de terceiro; o uso do agravo de petição para atacar somente decisões definitivas confirma que a execução também sofreu influência do princípio da irrecorribilidade das decisões interlocutórias (CLT, art. 893, § 1º); defendendo esta tese: Martins, Comentários, 2010, p. 988-989: "Não caberá o agravo de petição contra as decisões interlocutórias na execução, que somente serão recorríveis quando da apreciação do merecimento das decisões definitivas.(...) O agravo de petição caberá, portanto, da decisão que julga os embargos do devedor, à praça, à arrematação. Já se admitiu o agravo de petição no despacho que anulou acordo e pôs termo à execução, por ser terminativa de instância."; no mesmo sentido Wagner Giglio e Cláudia Corrêa, Direito Processual, 2007, p. 486: "...o agravo é cabível contra as decisões proferidas em embargos à execução, em impugnação à sentença de liquidação e em embargos de terceiro.";

3) a terceira, intermediária, aceita que o agravo de petição se destina às decisões definitivas, mas pondera ser cabível em algumas espécies de interlocutórias; é desta opinião Amauri Mascaro, Curso, 2008, p. 748-749: "Os despachos são irrecorríveis quando interlocutórios. Porém, o despacho que põe fim ao processo é passível de recurso. Também o despacho que nega o levantamento de alvará é passível de agravo.".

b) Das decisões e acórdãos dos Tribunais.

Dispõe, ainda, o art. 682, VI, da CLT, que compete ao Presidente do TRT executar suas próprias decisões (interlocutórias), bem como as decisões proferidas pelos Tribunais, em ações sua competência originária. Da mesma forma, prevê o art. 707, "d", da CLT, que compete ao Presidente do TST fazer cumprir as decisões originárias dos Tribunais. No Tribunal Regional, como no TST, os atos processuais executivos serão delegados, e normalmente o são, aos Juízes do Trabalho, órgãos de primeiro grau, que possuem aptidão natural para o cumprimento de tais atos.

Das decisões dos Tribunais que visam cumprir seus próprios atos, sejam interlocutórias, sejam acórdãos proferidos em ações originárias, cabe igualmente agravo de petição, a ser apreciado, respectivamente, pelo TRT (quanto às suas decisões) e TST (também quanto às suas decisões). Esta é a ilação do § 3º, do art. 897. No sentido em que defendemos, Bebber, Recursos, págs. 276 e 277.

1.1.2. Pressupostos Intrínsecos e Efeito Devolutivo

O uso do agravo de petição deve atender ao pressuposto específico (intrínseco) de delimitação da matéria e, havendo impugnação à sentença de liquidação – também dos valores –, objeto do apelo (§ 1º, acima). Como explica Rodrigues Pinto, Recursos, 2006, p. 247, trata-se de medida para isolar o julgamento da matéria que interessa, levando seu descumprimento "à sumária denegação de seguimento do recurso pelo juízo a quo, ou ao seu não-conhecimento pelo ad quem se, por inadvertência da instância inferior, chegar até ele.".

A delimitação da matéria tem ainda o efeito secundário de permitir o prosseguimento da parte remanescente, não impugnada no apelo, em execução definitiva, sem prejuízo de também seguir em execução a parte impugnada, mas de forma provisória.

Ante o acima dito, o agravo de petição só tem efeito devolutivo quanto à matéria impugnada (neste sentido: Rodrigues Pinto, Recursos, 2006, p. 248; Bezerra Leite, Curso, 2007, p. 776 e Wagner Giglio/Cláudia Corrêa, Direito Processual, 2007, p. 487-488; contra, defendendo o efeito suspensivo quanto à matéria impugnada no apelo: Amauri Mascaro, Curso, 2008, p. 749: "...quanto a esta matéria não pode haver execução enquanto não for decidida, o que equivale ao efeito suspensivo."). O efeito devolutivo do AP é tese consagrada inclusive na jurisprudência, conforme S. 416 do TST.

1.1.3. Processamento e julgamento

A alteração promovida no texto do § 3º, do art. 897, acima, permitiu que agravo de petição fosse processado nos próprios autos, ou em carta de sentença, conforme a decisão tomada pelo juiz; assim, interposto o AP no primeiro grau de jurisdição e mantendo o juiz sua decisão, sem retratação, tudo indicará o prosseguimento da execução, razão pela qual o Agravo de Petição subirá ao Tribunal em autos apartados, como carta de sentença; neste sentido: Wagner Giglio e Cláudia Corrêa, Direito Processual, 2007, p. 488: "...os autos deverão ir conclusos ao juiz, que, dentro de quarenta e oito horas, poderá reformar sua decisão ou mantê-la, e mandará, neste último caso, que se extraiam peças, em autos apartados, para informar o Tribunal do ocorrido...". A possibilidade de processamento do AP fora dos autos principais, ou seja, por carta de sentença que será remetida ao Tribunal, é confirmada pela redação do § 8º, supra.

O Agravo de Petição das decisões do juiz nas execuções será julgado pelo Tribunal Regional do Trabalho, por uma de suas Turmas. O acórdão da Turma será irrecorrível, salvo violação à CF, quando caberá Recurso de Revista ao TST, por força do art. 896, § 2º, da CLT.

1.2. Agravo de Instrumento

1.2.1. Cabimento

No processo do trabalho o Agravo de Instrumento só possui uma semelhança com seu similar no processo civil: ambos atacam decisão interlocutória; contudo, a hipótese trabalhista só se destina a rever uma espécie de interlocutória, a decisão que nega seguimento a outro recurso.

O Agravo de Instrumento será cabível, portanto, no prazo de 8 dias, das decisões que negarem seguimento a recurso ordinário, recurso de revista, embargos no TST, recurso extraordinário e agravo de petição.

O recebimento do Recurso de Revista por somente um fundamento desafia o recurso de Agravo de Instrumento para apreciação dos demais fundamentos não conhecidos na admissibilidade. Neste sentido a previsão do art. 12, da IN nº 39/2016, do TST:

> Art. 12. Aplica-se ao Processo do Trabalho o parágrafo único do art. 1034 do CPC. Assim, admitido o recurso de revista por um fundamento, devolve-se ao Tribunal Superior do Trabalho o conhecimento dos demais fundamentos para a solução apenas do capítulo impugnado.

A IN do TST nº 40, de 15.03.2016, fixou a necessidade da parte opor embargos de declaração, antes da interposição do Agravo de Instrumento, quando houver omissão na decisão de admissibilidade do Recurso de Revista. A IN nº 40/2016 foi aprovada com o seguinte teor:

> Art. 1º Admitido apenas parcialmente o recurso de revista, constitui ônus da parte impugnar, mediante agravo de instrumento, o capítulo denegatório da decisão, sob pena de preclusão. § 1º Se houver omissão no juízo de admissibilidade do recurso de revista quanto a um ou mais temas, é ônus da parte interpor embargos de declaração para o órgão prolator da decisão embargada supri-la (CPC, art. 1024, § 2º), sob pena de preclusão. § 2º Incorre em nulidade a decisão regional que se abstiver de exercer controle de admissibilidade sobre qualquer tema objeto de recurso de revista, não obstante interpostos embargos de declaração (CF/88, art. 93, inciso

> IX e § 1º do art. 489 do CPC de 2015). § 3º No caso do parágrafo anterior, sem prejuízo da nulidade, a recusa do Presidente do Tribunal Regional do Trabalho a emitir juízo de admissibilidade sobre qualquer tema equivale à decisão denegatória. É ônus da parte, assim, após a intimação da decisão dos embargos de declaração, impugná-la mediante agravo de instrumento (CLT, art. 896, § 12), sob pena de preclusão. § 4º Faculta-se ao Ministro Relator, por decisão irrecorrível (CLT, art. 896, § 5º, por analogia), determinar a restituição do agravo de instrumento ao Presidente do Tribunal Regional do Trabalho de origem para que complemente o juízo de admissibilidade, desde que interpostos embargos de declaração.

A decisão prevista no art. 896, § 5º, da CLT, como quaisquer outras em que o magistrado atue monocraticamente, quando faça parte de um órgão colegiado, antecipando, portanto, o julgamento deste mesmo órgão, desafia agravo regimental e não de instrumento. São hipóteses de cabimento de agravo regimental:

a) as decisões baseadas no art. 557, do CPC/73 (art. 932, IV e V, do CPC/2015);

b) as decisões sobre liminares ou antecipação de tutela em ações de competência originária dos Tribunais;

c) as decisões que indeferem de plano as petições iniciais de ações originárias dos Tribunais;

d) as decisões proferidas pelos Corregedores dos Tribunais em pedidos de providência e reclamações correicionais.

1.2.2. Processamento e julgamento

Para conhecimento do agravo de instrumento, além dos pressupostos extrínsecos inerentes a todos os recursos, o agravante deverá instruir seu recurso com todas as peças necessárias à apreciação do recurso que se pretende destrancar, permitindo o julgamento deste recurso na mesma sessão em que for provido o agravo de instrumento.

O agravo de instrumento interposto de despacho que negar seguimento a recurso para o Tribunal Superior do Trabalho deve ser processado nos autos do recurso denegado (art. 1º, da Resolução Administrativa nº 1418, de 30.08.2010, do TST). Tal processamento atende à realidade atual do TST, cujos processos são eletrônicos. Assim, a única forma de se admitir o Agravo, nestas hipóteses, é processá-lo nos autos do processo originário, ou seja, oriundo do TRT. Evita-se, assim, a duplicação de autos, ou seja, um no TRT e outro, exclusivamente eletrônico, no TST. De qualquer forma, antes dos autos do Agravo de Instrumento, antes da remessa ao TST, serão integralmente digitalizados, pois não se admite neste órgão processos por meios físicos (neste sentido o Ato Conjunto nº 10/TST.CSJT, de 28.6.2010)

O agravo de instrumento será sempre julgado pelo órgão competente para apreciação do recurso que se pretende destrancar: o agravo referente ao recurso ordinário interposto contra a sentença será apreciado pelo TRT; se interposto contra decisão que negou seguimento ao recurso ordinário que ataca acórdão de ação originária do TRT, será de competência do TST; o agravo referente ao recurso de revista será apreciado pelo TST; o agravo referente ao recurso de embargos no TST, será apreciado pelo próprio TST; o agravo referente ao recurso extraordinário será apreciado pelo STF; o agravo referente ao agravo de petição será apreciado pelo TRT.

1.2.3. Depósito no Agravo de Instrumento

Vide comentários ao § 7º, do art. 899 da CLT.

2. SÚMULAS E ORIENTAÇÕES JURISPRUDENCIAIS

Súmula nº 197/TST

PRAZO (mantida) – Res. 121/2003, DJ 19, 20 e 21.11.2003

O prazo para recurso da parte que, intimada, não comparecer à audiência em prosseguimento para a prolação da sentença conta-se de sua publicação.

Súmula nº 283/TST

RECURSO ADESIVO. PERTINÊNCIA NO PROCESSO DO TRABALHO. CORRELAÇÃO DE MATÉRIAS (mantida) – Res. 121/2003, DJ 19, 20 e 21.11.2003

O recurso adesivo é compatível com o processo do trabalho e cabe, no prazo de 8 (oito) dias, nas hipóteses de interposição de recurso ordinário, de agravo de petição, de revista e de embargos, sendo desnecessário que a matéria nele veiculada esteja relacionada com a do recurso interposto pela parte contrária.

Súmula nº 416/TST

MANDADO DE SEGURANÇA. EXECUÇÃO. LEI Nº 8.432/1992. Art. 897, § 1º, DA CLT. CABIMENTO (conversão da Orientação Jurisprudencial nº 55 da SBDI-2) – Res. 137/2005, DJ 22, 23 e 24.08.2005

Devendo o agravo de petição delimitar justificadamente a matéria e os valores objeto de discordância, não fere direito líquido e certo o prosseguimento da execução quanto aos tópicos e valores não especificados no agravo. (ex-OJ nº 55 da SBDI-2 – inserida em 20.09.2000)

OJ 132 SBDI-1/TST

AGRAVO REGIMENTAL. PEÇAS ESSENCIAIS NOS AUTOS PRINCIPAIS

(Inserida em 27.11.98)

Inexistindo lei que exija a tramitação do agravo regimental em autos apartados, tampouco previsão no Regimento Interno do Regional, não pode o agravante ver-se apenado por não haver colacionado cópia de peças dos autos principais, quando o agravo regimental deveria fazer parte dele.

OJ 217 SBDI-1/TST

AGRAVO DE INSTRUMENTO. TRASLADO. LEI Nº 9.756/1998. GUIAS DE CUSTAS E DE DEPÓSITO RECURSAL.Inserida em 02.04.01

Para a formação do agravo de instrumento, não é necessária a juntada de comprovantes de recolhimento de custas e de depósito recursal relativamente ao recurso ordinário, desde que não seja objeto de controvérsia no recurso de revista a validade daqueles recolhimentos.

OJ 282 SBDI-1/TST

AGRAVO DE INSTRUMENTO. JUÍZO DE ADMISSIBILIDADE "AD QUEM". DJ 11.08.03

No julgamento de Agravo de Instrumento, ao afastar o óbice apontado pelo TRT para o processamento do recurso de revista, pode o juízo "ad quem" prosseguir no exame dos demais pressupostos extrínsecos e intrínsecos do recurso de revista, mesmo que não apreciados pelo TRT.

OJ 283 SBDI-1/TST

AGRAVO DE INSTRUMENTO. PEÇAS ESSENCIAIS. TRASLADO REALIZADO PELO AGRAVADO. VALIDADE. DJ 11.08.03

É válido o traslado de peças essenciais efetuado pelo agravado, pois a regular formação do agravo incumbe às partes e não somente ao agravante.

OJ-SDI1-286/TST

AGRAVO DE INSTRUMENTO. TRASLADO. MANDATO TÁCITO. ATA DE AUDIÊNCIA. CONFIGURAÇÃO (alterada) – Res. 167/2010, DEJT divulgado em 30.04.2010 e 03 e 04.05.2010 I – A juntada da ata de audiência, em que consignada a presença do advogado, desde que não estivesse atuando com mandato expresso, torna dispensável a procuração deste, porque demonstrada a existência de mandato tácito. II – Configurada a existência de mandato tácito fica suprida a irregularidade detectada no mandato expresso.

- **OJ 374 SBDI-1/TST**

AGRAVO DE INSTRUMENTO. REPRESENTAÇÃO PROCESSUAL. REGULARIDADE. PROCURAÇÃO OU SUBSTABELECIMENTO COM CLÁUSULA LIMITATIVA DE PODERES AO ÂMBITO DO TRIBUNAL REGIONAL DO TRABALHO (DJe divulgado em 19, 20 e 22.04.2010)

É regular a representação processual do subscritor do agravo de instrumento ou do recurso de revista que detém mandato com poderes de representação limitados ao âmbito do Tribunal Regional do Trabalho, pois, embora a apreciação desse recurso seja realizada pelo Tribunal Superior do Trabalho, a sua interposição é ato praticado perante o Tribunal Regional do Trabalho, circunstância que legitima a atuação do advogado no feito.

- **OJ-SDI1-389**

MULTA PREVISTA NO ART. 1.021, §§ 4º E 5º, DO CPC DE 2015. ART. 557, § 2º, DO CPC DE 1973. RECOLHIMENTO. PRESSUPOSTO RECURSAL. BENEFICIÁRIO DA JUSTIÇA GRATUITA E FAZENDA PÚBLICA. PAGAMENTO AO FINAL. (nova redação em decorrência do CPC de 2015) – Res. 209/2016 – DEJT divulgado em 01, 02 e 03.06.2016

Constitui ônus da parte recorrente, sob pena de deserção, depositar previamente a multa aplicada com fundamento nos §§ 4º e 5º, do art. 1.021, do CPC de 2015 (§ 2º do art. 557 do CPC de 1973), à exceção da Fazenda Pública e do beneficiário de justiça gratuita, que farão o pagamento ao final.

- **OJ 412 da SDI-1/TST**

AGRAVO INOMINADO OU AGRAVO REGIMENTAL. INTERPOSIÇÃO EM FACE DE DECISÃO COLEGIADA. NÃO CABIMENTO. ERRO GROSSEIRO. INAPLICABILIDADE DO PRINCÍPIO DA FUNGIBILIDADE RECURSAL. (DEJT divulgado em 14, 15 e 16.02.2012)

É incabível agravo inominado (art. 557, § 1º, do CPC) ou agravo regimental (art. 235 do RITST) contra decisão proferida por Órgão colegiado. Tais recursos destinam-se, exclusivamente, a impugnar decisão monocrática nas hipóteses expressamente previstas. Inaplicável, no caso, o princípio da fungibilidade ante a configuração de erro grosseiro.

3. INFORMATIVOS DO TST

- ***Execução. Agravo de petição. Não conhecimento. Delimitação efetiva das matérias e dos valores impugnados. Art. 897, § 1º, da CLT. Afronta ao art. 5º, LV, da CF. Configuração.***

No caso em que há efetiva delimitação justificada das matérias e dos valores impugnados, conforme exigido pelo art. 897, § 1º, da CLT, afronta a literalidade do art. 5º, LV, da CF, a decisão do Tribunal Regional que não conhece do agravo de petição. Com esse fundamento, a SBDI-I, por unanimidade, conheceu do recurso de Embargos do reclamante, por divergência jurisprudencial, e, no mérito, por maioria, negou-lhe provimento, mantendo a decisão da Turma que, vislumbrando expressa delimitação dos valores impugnados, reconheceu a afronta direta ao art. 5º, LV, da CF e determinou o retorno dos autos ao TRT para que prossiga no exame do agravo de petição. Vencidos os Ministros Luiz Philippe Vieira de Mello Filho, Lelio Bentes Corrêa e Aloysio Corrêa da Veiga. TST-E-ED-RR-249400-03.1986.5.05.0009, SBDI-I, rel. Min. Augusto César Leite de Carvalho, 12.9.2013. (Informativo nº 59)

- ***Agravo de instrumento. Recurso de revista com traslado incompleto. Conhecimento do apelo apenas quanto aos temas cujas razões tenham sido trasladadas. Impossibilidade.***

O traslado obrigatório da petição do recurso de revista decorre da necessidade de possibilitar, caso provido o agravo de instrumento, o imediato julgamento do recurso denegado, conforme dispõe o art. 897, § 5º, da CLT e a Instrução Normativa nº 16/99. Trata-se de pressuposto extrínseco de admissibilidade, e somente quando superado possibilita a análise do mérito do apelo. Assim, deficiente o traslado, porque ausente a última folha do recurso de revista do reclamado, contendo os pedidos e as assinaturas, não é passível de conhecimento o agravo de instrumento, nem mesmo quanto aos temas cujas razões tenham sido totalmente trasladadas. Com esse entendimento, a SBDI-I, por maioria, conheceu dos embargos, por divergência jurisprudencial, vencidos os Ministros Lelio Bentes Corrêa, Aloysio Corrêa da Veiga e Luiz Philippe Vieira de Mello Filho e, no mérito, ainda por maioria, negou-lhes provimento, vencido o Ministro Ives Gandra Martins Filho, relator. TST-E-ED-A-AIRR-1102240-92.2004.5.09.0015, SBDI-I, rel. Min. Ives Gandra da Silva

Martins Filho, red. p/acórdão Min. Renato de Lacerda Paiva, 20.9.2012 (Informativo nº 22)

- ***Agravo de Instrumento. Ausência de traslado da intimação pessoal da União. Presença de elementos que possibilitam inferir a tempestividade do recurso. Orientação Jurisprudencial Transitória nº 18 da SBDI-I, parte final.***

Embora a certidão de intimação pessoal da União constitua peça essencial para a regular formação do instrumento de agravo, sua ausência pode ser relevada quando presentes nos autos outros elementos que possibilitem inferir a tempestividade do apelo. No caso, constou do despacho de admissibilidade do recurso de revista a data da publicação da decisão recorrida (13.5.2010) e do protocolo do recurso (18.5.2010). Tais elementos permitiram concluir que, mesmo na hipótese de se considerar a data da intimação pessoal a mesma em que ocorreu a publicação do acórdão, o recurso estava tempestivo porque interposto no prazo de oito dias contado em dobro. Ressaltou-se, ademais, que ainda que a intimação pessoal tenha ocorrido antes da publicação do acórdão, não há falar em intempestividade porque a decisão colegiada só produz efeitos após a publicação e porque a referida intimação é um privilégio que não pode ser utilizado em prejuízo do ente público. Com esses fundamentos, a SBDI-I, por unanimidade, conheceu dos embargos interpostos pela União por contrariedade à Orientação Jurisprudencial Transitória nº 18 da SBDI-I, e, no mérito, deu-lhes provimento para determinar o retorno dos autos à Turma, a fim de que prossiga no exame do agravo de instrumento como entender de direito. TST-E-Ag-AIRR-1504-21.2010.5.09.0000, SBDI-I, rel. Min. Delaíde Miranda Arantes, 8.5.2014 (Informativo nº 81)

4. QUESTÕES DE CONCURSOS

01. (BACEN/PROCURADOR/CESPE/2009/ADAPTADA) Com relação aos recursos no processo do trabalho: agravo de petição somente é cabível após estar seguro o juízo.

02. (TRT-17ª REGIÃO/ANALISTA JUDICIÁRIO/CESPE/2009) Cabe agravo de petição, no prazo de oito dias, das decisões do juiz de primeiro grau nas execuções, e, considerando-se as peculiaridades do processo do trabalho e o princípio da proteção, é desnecessária a delimitação justificada dos valores impugnados.

03. (TRT-17ª REGIÃO/ANALISTA JUDICIÁRIO/CESPE/2009) O agravo de instrumento interposto contra o despacho que não recebe agravo de petição não suspende a execução da sentença.

04. (PREF. MUNICIPAL DE NATAL/PROCURADOR/CESPE/2008) Considere as seguintes situações:

I. Despacho de magistrado denegando seguimento a recurso ordinário.

II. Despacho do Presidente do Tribunal Superior do Trabalho denegando seguimento a embargos infringentes.

III. Petição inicial indeferida por ser considerada inepta.

Nas situações mencionadas caberá, respectivamente,

a) agravo regimental, agravo de instrumento e recurso ordinário.

b) agravo de instrumento, agravo regimental e agravo de instrumento.

c) agravo de instrumento, agravo de instrumento e agravo de petição.

d) agravo de instrumento, agravo regimental e recurso ordinário.

e) agravo de petição, recurso de revista e agravo de instrumento.

05. (TRIBUNAL SUPERIOR DO TRABALHO/ANALISTA JUDICIÁRIO/CESPE/2008) Provido o agravo de instrumento, o tribunal ou seu órgão fracionário competente deve deliberar sobre o julgamento do recurso principal antes denegado no juízo ou tribunal de origem, observando-se, se for o caso, daí em diante, o procedimento relativo a esse recurso.

06. (FCC – TRT 23 – Analista Judiciário/2011) NÃO caberá Agravo de Instrumento da decisão que

a) denegar seguimento ao Recurso de Revista.

b) denegar seguimento ao Recurso Ordinário.

c) impugnar decisão concessiva de Medida Liminar.

d) denegar seguimento ao Recurso Adesivo.

e) denegar seguimento ao Agravo de Petição.

07. (TRT 2 – Juiz do Trabalho Substituto 2ª região/ 2012) Quanto aos agravos, no processo do trabalho, é correto afirmar que:

a) O agravo de petição é recurso próprio para impugnar decisões na fase do processo de conhecimento, em se tratando de ação incidental de embargos de terceiro.

b) O agravo de instrumento é recurso aviado contra as decisões interlocutórias em geral.

c) O agravo regimental está somente previsto nos Regimentos Internos dos Tribunais.

d) O agravo retido é possível no processo do trabalho, tendo em vista que as decisões interlocutórias são impugnáveis.

e) Cabe agravo de instrumento contra decisões que denegarem seguimento a recurso ordinário, de revista, extraordinário, adesivo, de petição e do próprio agravo.

08. (TRT 23 – Juiz do Trabalho Substituto 23ª região/ 2014) À luz das Súmulas do TST, analisando as assertivas abaixo, assinale a alternativa CORRETA:

I. A União, Estados, Municípios e Distrito Federal, suas autarquias e fundações públicas, quando representadas em Juízo, ativa e passivamente, por seus procuradores, estão dispensadas da juntada de instrumento de mandato e de comprovação do ato de nomeação, bastando que o signatário declare-se bacharel, indicando o número de inscrição na OAB.

II. O jus postulandi limita-se às Varas do Trabalho e aos Tribunais Regionais do Trabalho, não alcançando a ação rescisória, a ação cautelar, o habeas corpus e os recursos de competência do Tribunal Superior do Trabalho.

III. Na execução por Carta precatória, os embargos de terceiro serão oferecidos no juízo deprecante ou no juízo deprecado, mas a competência para julgá-los será do juízo deprecante, salvo se versarem, unicamente, sobre vícios ou irregularidades da penhora, avaliação ou alienação dos bens, praticados pelo juízo deprecado, em que a competência será deste último.

IV. Devendo o agravo de petição delimitar justificadamente a matéria e os valores objeto de discordância, não fere direito líquido e certo o prosseguimento da execução quanto aos tópicos e valores não especificados no agravo.

a) Todas as assertivas estão corretas.
b) Apenas as assertivas II, III e IV estão corretas.
c) Apenas as assertivas III e IV estão corretas.
d) Apenas as assertivas II e III estão corretas.
e) Apenas as assertivas I, III e IV estão corretas.

GAB	1	E	2	E	3	C	4	D	5	C	6	C	7	E	8	C

✦ **EMBARGOS DE DECLARAÇÃO: CABIMENTO**

Art. 897-A Caberão embargos de declaração da sentença ou acórdão, no prazo de cinco dias, devendo seu julgamento ocorrer na primeira audiência ou sessão subseqüente a sua apresentação, registrado na certidão, admitido efeito modificativo da decisão nos casos de omissão e contradição no julgado e manifesto equívoco no exame dos pressupostos extrínsecos do recurso.(Incluído pela Lei nº 9.957, de 12.01.2000)

✦ **ERROS MATERIAIS**

§ 1º Os erros materiais poderão ser corrigidos de ofício ou a requerimento de qualquer das partes.(Redação dada pela Lei nº 13.015, de 21.07.2014)

✦ **EFEITO INFRINGENTE**

§ 2º Eventual efeito modificativo dos embargos de declaração somente poderá ocorrer em virtude da correção de vício na decisão embargada e desde que ouvida a parte contrária, no prazo de 5 (cinco) dias. (Redação dada pela Lei nº 13.015, de 21.07.2014)

✦ **INTERRUPÇÃO DO PRAZO RECURSAL**

§ 3º Os embargos de declaração interrompem o prazo para interposição de outros recursos, por qualquer das partes, salvo quando intempestivos, irregular a representação da parte ou ausente a sua assinatura.

1. COMENTÁRIOS

1.1. Natureza jurídica

Discute-se na doutrina a natureza recursal dos embargos de declaração. A crítica recai, principalmente, sobre dois aspectos, que são características inerentes aos recursos, mas que não se verificam nos embargos de declaração: a) o reexame pelo próprio órgão e não por instância superior; **b)** a inexistência de pedido de revisão da matéria impugnada.

A primeira crítica não pode ser motivo para se negar natureza recursal aos embargos de declaração, visto que outros recursos são dirigidos ao mesmo órgão jurisdicional, v.g., na hipótese de recurso de embargos no TST, oposto da decisão de julgamento da SDC, quando o dissídio coletivo for de sua competência originária; os embargos serão julgados pela própria SDC, órgão que acabou de apreciar o dissídio coletivo (vide comentários ao art. 894, da CLT, no tópico "cabimento".).

A segunda critica não resiste à nova feição dos embargos de declaração que admite efeito modificativo da decisão nas hipóteses enumerados no art. 897-A, acima.

Portanto, inegável a **natureza recursal** dos embargos de declaração.

1.2. Interrupção do prazo recursal

Ate o advento da Lei nº 13.015/2014 o efeito de interrupção do prazo recursal para ambas as partes, mesmo para aquela que não havia recorrido, se extraía da aplicação subsidiária do CPC, art. 538, *caput*.

No CPC/2015 a regra do art. 1.026 dispõe: "Os embargos de declaração não possuem efeito suspensivo e interrompem o prazo para a interposição de recurso.".

Após a alteração da CLT, a interrupção dos prazos recursais está prevista no próprio texto do art. 897-A, em seu § 3º, dispensando-se, a partir da vigência da lei nº 13.015/2014, a aplicação subsidiária do CPC, ou de qualquer outra norma.

A interrupção dos prazos só não ocorrerá, não obstante a oposição dos embargos de declaração, se os mesmos forem considerados intempestivos, se irregular a representação da parte ou, ainda, quando ausente a assinatura.

A intempestividade é vício que não há como se corrigir, pois o tempo não para.

Por outro lado, atendo ao princípio da instrumentalidade das formas, e diante da facilidade de correção do vício facilmente sanável, parece-me que o juiz só pode deixar de conhecer dos Embargos de Declaração após fixar prazo de 5 dias para regularização da representação ou para a assinatura desta peça recursal (neste sentido o arts. 796, "a" e 896, § º 11, ambos da CLT).

1.3. Cabimento

A CLT não cuida das hipóteses de cabimento dos embargos de declaração, restringindo-se a estabelecer as circunstâncias em que sua oposição poderá provocar efeito modificativo; diante da omissão, aplicam-se as hipóteses do art. 535, I e II, do CPC/73: obscuridade, contradição e omissão.

O CPC/2015, em seu art. 1.022, dispõe que:

Cabem embargos de declaração contra qualquer decisão judicial para: I – esclarecer obscuridade ou eliminar contradição; II – suprir omissão de ponto ou questão sobre o qual devia se pronunciar o juiz de ofício ou a requerimento; III – corrigir erro material.

1.3.1. Prequestionamento

A jurisprudência consagrou, ainda, uma quarta modalidade de cabimento dos embargos de declaração, objeto de duras críticas da doutrina: o prequestionamento.

Trata-se de pressuposto de admissibilidade dos recursos de natureza extraordinária, que consiste na necessidade do acórdão se manifestar, expressamente, sobre a tese jurídica sustentada no recurso.

Não raro, os órgãos julgadores no Tribunal se omitem sobre as teses jurídicas sobre as quais deveriam se pronunciar. Os embargos de declaração são o meio próprio para superar estas omissões. A simples apresentação dos embargos, invocando a manifestação expressa pelo Tribunal da tese jurídica sustentada no recurso, é suficiente para preenchimento do pressuposto do prequestionamento (implícito), mesmo que o Tribunal continue se omitindo em apreciar a referida tese (**TST, S. 297**).

1.4. Efeito modificativo

Os embargos de declaração podem imprimir efeito modificativo ao julgamento em três hipóteses: **a**) omissão; **b**) contradição; **c**) manifesto equívoco no exame dos pressupostos extrínsecos; em sentido contrário, sendo decisão que nega seguimento a recurso por ausência de pressupostos intrínsecos não cabem embargos de declaração, mas sim agravo de instrumento (art. 897, "b", da CLT).

Assim, por exemplo, contra decisão que nega seguimento ao Recurso Ordinário por intempestividade ou deserção (pressupostos extrínsecos) cabem Embargos de Declaração. Contudo, caso seja negado seguimento por ilegitimidade do recorrente (pressuposto intrínseco), o remédio cabível será Agravo de Instrumento. Mais detalhes sobre os pressupostos recursais nos comentários ao art. 893 da CLT.

Sempre que o juiz perceber que pretende dar provimento aos embargos, imprimindo ao julgamento efeito modificativo ou infringente, deverá antecipar o contraditório, abrindo vista à parte contrária, para manifestações sobre os embargos de declaração. Esta disposição, que já havia sido consagrada na jurisprudência (**OJ nº 142, da SBDI-1/TST**), passou a constar do próprio texto do art. 897-A, § 2º, com redação da Lei nº 13.015/2014.

Na hipótese da modificação da decisão provocada pelos embargos de declaração, a parte que já tiver interposto outro recurso, com vistas à revisão da sentença ou da decisão, não pode ficar prejudicada.

O CPC/2015, em seu art. 1.024, § 4º, de clara aplicação no processo do trabalho (TST, IN nº 39/2016, art. 9º), define exatamente os limites de atuação da parte que já tiver apresentado o recuso principal e vê a decisão impugnada alterada pelo efeito infringente dos embargos de declaração. A regra do § 4º, do art. 1.024 do CPC/2015, segue transcrita:

> "Caso o acolhimento dos embargos de declaração implique modificação da decisão embargada, o embargado que já tiver interposto outro recurso contra a decisão originária tem o direito de complementar ou alterar suas razões, nos exatos limites da modificação, no prazo de 15 (quinze) dias, contado da intimação da decisão dos embargos de declaração.".

1.5. Embargos protelatórios

A CLT carece de aplicação subsidiária do CPC no tema dos embargos de declaração, nos seguintes aspectos: a) cabimento: como dito acima; **b) multas**: sendo protelatórios os embargos, e declarando o juiz que os são, a parte será multada no percentual de 1% sobre o valor da causa, aumentando-se a sanção para até 10% na reincidência e, nesta hipótese, a multa deve ser recolhida para interposição do recurso subseqüente, sob pena de seu não conhecimento (CPC/73, art. 538, § único).

O CPC/2015 contém disposição muito mais severa quanto aos embargos protelatórios, a saber:

> Art. 1026 (...)
>
> § 2º Quando manifestamente protelatórios os embargos de declaração, o juiz ou o tribunal, em decisão fundamentada, condenará o embargante a pagar

ao embargado multa não excedente a dois por cento sobre o valor atualizado da causa.

§ 3º Na reiteração de embargos de declaração manifestamente protelatórios, a multa será elevada a até dez por cento sobre o valor atualizado da causa, e a interposição de qualquer recurso ficará condicionada ao depósito prévio do valor da multa, à exceção do beneficiário de gratuidade da justiça e da Fazenda Pública, que a recolherão ao final.

§ 4º Não serão admitidos novos embargos de declaração se os 2 (dois) anteriores houverem sido considerados protelatórios.

1.6. Embargos Extemporâneos

O TST construiu a seguinte tese quanto à extemporaneidade dos recursos, entre estes os embargos de declaração, conforme Súmula nº 434, I: "I – É extemporâneo recurso interposto antes de publicado o acórdão impugnado. (ex-OJ nº 357 da SBDI-1 – inserida em 14.03.2008)".

A tese consagrada pelo TST, contudo, foi ultrapassada pelo CPC/2015, art. 218, § 4º, nos seguintes termos: "Será considerado tempestivo o ato praticado antes do termo inicial do prazo.". Portanto, pela regra processual civil que, em princípio, não apresenta incompatibilidade com o processo do trabalho, o recurso apresentado antes do termo inicial, entre estes os embargos de declaração, não pode ser considerado intempestivo.

Diante da clareza do texto do CPC, de plena compatibilidade com o processo do trabalho, o TST, por meio da Resolução Administrativa nº 198/2015, republicada em razão de erro material – DEJT divulgado em 12, 15 e 16.06.2015, cancelou a Súmula nº 434 de sua jurisprudência.

2. SÚMULAS E ORIENTAÇÕES JURISPRUDENCIAIS

- **Súmula nº 98/STJ**

Embargos de Declaração – Propósito de Prequestionamento – Caráter Protelatório

Embargos de declaração manifestados com notório propósito de prequestionamento não têm caráter protelatório.

- **Súmula nº 184/TST**

EMBARGOS DECLARATÓRIOS. OMISSÃO EM RECURSO DE REVISTA. PRECLUSÃO (mantida) – Res. 121/2003, DJ 19, 20 e 21.11.2003

Ocorre preclusão se não forem opostos embargos declaratórios para suprir omissão apontada em recurso de revista ou de embargos.

- **Súmula nº 197/TST**

PRAZO (mantida) – Res. 121/2003, DJ 19, 20 e 21.11.2003

O prazo para recurso da parte que, intimada, não comparecer à audiência em prosseguimento para a prolação da sentença conta-se de sua publicação.

- **Súmula nº 278/TST**

EMBARGOS DE DECLARAÇÃO. OMISSÃO NO JULGADO (mantida) – Res. 121/2003, DJ 19, 20 e 21.11.2003

A natureza da omissão suprida pelo julgamento de embargos declaratórios pode ocasionar efeito modificativo no julgado.

- **Súmula nº 297/TST**

PREQUESTIONAMENTO. OPORTUNIDADE. CONFIGURAÇÃO (nova redação) – Res. 121/2003, DJ 19, 20 e 21.11.2003

I – Diz-se prequestionada a matéria ou questão quando na decisão impugnada haja sido adotada, explicitamente, tese a respeito.

II – Incumbe à parte interessada, desde que a matéria haja sido invocada no recurso principal, opor embargos declaratórios objetivando o pronunciamento sobre o tema, sob pena de preclusão.

III – Considera-se prequestionada a questão jurídica invocada no recurso principal sobre a qual se omite o Tribunal de pronunciar tese, não obstante opostos embargos de declaração.

- **OJ-SDI1-142/TST**

EMBARGOS DE DECLARAÇÃO. EFEITO MODIFICATIVO. VISTA PRÉVIA À PARTE CONTRÁRIA (cance-lado o item II em decorrência do CPC de 2015) – Res. 214/2016, DEJT divulgado em 30.11.2016 e 01 e 02.12.2016

É passível de nulidade decisão que acolhe embargos de declaração com efeito modificativo sem que seja concedida oportunidade de manifestação prévia à parte contrária.

3. INFORMATIVOS DO TST

- ***Pressupostos de admissibilidade dos embargos de declaração. Análise pela Turma apenas ao enfrentar novos embargos de declaração opostos em relação aos declaratórios da parte contrária. Preclusão pro iudicato. Não configuração.***

No caso em que se discute a irregularidade de representação do subscritor dos embargos de declaração opostos pelo reclamante em recurso de revista, arguida pela reclamada apenas em embargos de declaração opostos da decisão nos declaratórios do empregado, não há falar em preclusão pro iudicato, porquanto a matéria concernente aos pressupostos de admissibilidade do recurso é de ordem pública e deve ser observada pelo julgador de ofício, independentemente de provocação das partes ou da inexistência de prejuízo. Firmada nessa premissa, a SBDI-I, afastando a preclusão declarada pela Turma, por unanimidade, conheceu dos embargos, por divergência jurisprudencial, e, no mérito, por maioria, deu-lhes provimento para não conhecer dos embargos de declaração do reclamante e restabelecer, em consequência, a decisão da Sétima Turma que dera provimento ao recurso de revista da reclamada. Vencidos os Ministros Augusto César Leite de Carvalho e Delaíde Miranda Arantes. TST-E-ED-RR-133240-06.2001.5.04.0102, SBDI-I, rel. Min. José Roberto Freire Pimenta, 14.6.2012. (informativo nº 13)

- ***ED. Efeito modificativo. Não concessão de vista à parte contrária. Orientação Jurisprudencial nº 142, I, da SBDI-I. Não decretação de nulidade. Possibilidade. Ausência de prejuízo.***

A decisão que acolhe embargos declaratórios com efeito modificativo sem concessão de vista à parte contrária é nula apenas se configurado manifesto prejuízo. Inteligência do item I da Orientação Jurisprudencial no 142 da SBDI-I c/c o art. 794 da CLT, que fala em ser a decisão "passível de nulidade", e não nula ipso facto. Com esse entendimento, a SBDI-I, por maioria, vencido o Ministro Brito Pereira, não conheceu dos embargos. Na espécie, a decisão embargada consignou que a única questão versada nos declaratórios da reclamante decorrera de fatos conhecidos por ambas às partes, trazidos aos autos pela própria reclamada, e sobre os quais já se havia manifestado exaustivamente. TST-E-ED-RR-5121500-44.2002.5.01.0900, SBDI-I, rel. Min. Ives Gandra da Silva Martins Filho, 2.8.2012 (Informativo nº 16)

- ***Embargos de declaração. Interposição prematura. Extemporaneidade. Recurso inexistente. Interposição de novo recurso no devido prazo legal. Possibilidade. Preclusão consumativa. Não configuração.***

O recurso interposto antes da publicação da decisão impugnada é considerado inexistente. Consequentemente, admite-se a interposição de novo recurso, se no devido prazo legal, não havendo falar em preclusão consumativa, nem em desrespeito ao princípio da unirrecorribilidade. No caso em apreço, o sindicato interpôs primeiros embargos de declaração antes da publicação do acórdão do recurso ordinário. No prazo recursal, interpôs segundos declaratórios, reconhecendo o equívoco na interposição prematura do primeiro recurso. No dia seguinte, interpôs terceiros embargos de declaração, idêntico ao segundo recurso, o qual, por sua vez, já reproduzia o teor dos primeiros declaratórios. Assim, a SDC, por maioria, vencidos os Ministros Fernando Eizo Ono, relator, Márcio Eurico Vitral Amaro e Walmir Oliveira da Costa, entendendo inexistente os primeiros embargos de declaração, regular os segundos e preclusos os terceiros, suspendeu o julgamento do feito a fim de que o Ministro relator aprecie os segundos declaratórios. TST-ED-RO-7724-30.2010.5.02.0000, SDC, rel. Min. Fernando Eizo Ono, 11.11.2013 (Informativo nº 65)

- ***Embargos de declaração. Efeito modificativo. Possibilidade. Omissão na análise da fonte de publicação do julgado que ensejou o conhecimento do recurso de revista por divergência jurisprudencial. Desatenção ao item III da Súmula n° 337 do TST.***

Na hipótese em que a Turma conheceu do recurso de revista, por divergência jurisprudencial com aresto que desatendeu ao comando do item III da Súmula nº 337 do TST, impunha-se imprimir efeito modificativo aos embargos de declaração opostos com o fim de configurar omissão na análise do aspecto alusivo à fonte de publicação do julgado que ensejou o conhecimento da revista, e, consequentemente, dela não conhecer por divergência jurisprudencial. Nesse contexto, a SBDI-I, concluindo não haver controvérsias na matéria de mérito acerca da base de cálculo do adicional de insalubridade, e diante do princípio da celeridade processual (art. 5°, LXXVIII, da CF), decidiu, por maioria, conhecer do recurso de embargos, no tópico, mas deixar de remeter os autos para a Turma analisar novamente o recurso de revista, aplicando desde logo o direito à espécie. Assim, a Subseção negou provimento aos embargos, consignando que embora tenha ocorrido desacerto da Turma ao conhecer da revista por divergência jurisprudencial, o recurso lograva conhecimento por contrariedade à Súmula Vinculante nº 4 do STF e consequente provimento para julgar improcedente a reclamação trabalhista nos termos da conclusão do acórdão embargado. Vencido o Ministro João Oreste Dalazen. TST-E-ED-RR-52100-08.2008.5.22.0003, SBDI-I, rel. Min. Dora Maria da Costa, 9.5.2013. (Informativo nº46)

4. QUESTÕES DE CONCURSOS

01. (TRT – 1ª REGIÃO/JUIZ DO TRABALHO/2008) Com relação aos embargos de declaração, no processo do trabalho, é correto afirmar que:

a) São cabíveis para suprir dúvidas que se apresentem no julgado ou nos despachos.

b) São cabíveis para obter, somente no segundo grau de jurisdição, aplicação de efeito modificativo do julgado, no caso de manifesto equívoco dos pressupostos extrínsecos do recurso.

c) Deverão ser opostos no prazo de cinco dias julgados na primeira audiência ou sessão subseqüente a sua apresentação.

d) Deverão ser opostos, pela Fazenda Pública, no prazo de 15 (quinze) dias.

e) Não são cabíveis em caso de procedimento sumaríssimo.

02. (TRIBUNAL SUPERIOR DO TRABALHO/ANALISTA JUDICIÁRIO/CESPE/2008) O prazo de interposição dos recursos trabalhistas previstos na Consolidação das Leis do Trabalho (CLT), inclusive dos embargos de declaração, é de oito dias.

03. (TRT – 8ª REGIÃO/JUIZ DO TRABALHO SUBSTITUTO/2007/ADAPTADA) O prazo para interposição de embargos de declaração é de cinco dias, contados da intimação da sentença ou do acórdão, sendo que sua protocolização tem o efeito de interromper o prazo para a interposição de outros recursos. Vale destacar, por oportuno, que existe regra específica na Consolidação das Leis do Trabalho tratando dessa espécie recursal, cujo artigo admite o efeito modificativo da decisão nos casos de omissão e contradição no julgado, além da hipótese de manifesto equívoco no exame dos pressupostos extrínsecos do recurso.

04. (PGE/RO – Procurador do Estado Substituto/2011). Sobre os embargos de declaração no processo do trabalho, é INCORRETO afirmar:

a) São cabíveis nos casos de omissão e contradição no julgado e manifesto equívoco no exame dos pressupostos extrínsecos do recurso.

b) É passível de nulidade decisão que acolhe embargos de declaração com efeito modificativo sem que seja concedida oportunidade de manifestação prévia à parte contrária.

c) Quando os litisconsortes estiverem com procuradores diferentes, ser-lhes-ão contados em dobro o prazo dos embargos de declaração.

d) Incumbe à parte interessada, desde que a matéria haja sido invocada no recurso principal, opor embargos declaratórios objetivando o pronunciamento sobre o tema, sob pena de preclusão.

e) Considera-se pré-questionada a questão jurídica invocada no recurso principal sobre a qual se omite o Tribunal de pronunciar tese, não obstante opostos embargos de declaração.

05. (FCC – TRT 8 – Analista Judiciário/2010) Eduardo ajuizou reclamação trabalhista em face de sua empregadora, a empresa ED. Em audiência as partes celebraram acordo conforme a CLT, se não for convencionado de outra forma, o pagamento das custas caberá

a) ao Estado, da qual é isento.

b) à empresa ED.

c) ao Eduardo.

d) a empresa ED na proporção de 75% e ao Eduardo na proporção de 25%.

e) em partes iguais ao Eduardo e à empresa ED.

06. (TRT 2 – Juiz do Trabalho Substituto 2ª região/2014) Em relação aos embargos de declaração, aponte a alternativa correta:

a) Na Justiça do Trabalho são admitidos, nos termos do art. 897-A da CLT, apenas nas hipóteses de contradição, omissão e manifesto equívoco na apreciação dos pressupostos extrínsecos de admissibilidade do recurso.

b) É passível de nulidade sentença ou acórdão que os acolham com efeito modificativo sem que seja concedida oportunidade de manifestação prévia à parte contrária.

c) Na Justiça do Trabalho suspendem o prazo recursal para ambas as partes no caso de ser deferido efeito modificativo.

d) Nos casos de julgamento "citra petita" a parte que não opôs os embargos, não poderá ajuizar ação rescisória.

e) É cabível a oposição de embargos para supressão de omissão contra decisão monocrática de cunho decisório que denega recurso manifestamente inadmissível.

07. (FCC – Juiz do Trabalho Substituto 18ª região/2014) Com relação aos embargos de declaração no Processo do Trabalho:

a) É passível de nulidade decisão que acolhe embargos de declaração com efeito modificativo sem que seja concedida oportunidade de manifestação prévia à parte contrária, exceto em relação ao recurso ordinário, em decorrência do seu efeito devolutivo amplo.

b) O relator negará seguimento a recurso manifestamente inadmissível, improcedente, prejudicado ou em confronto com súmula ou com jurisprudência dominante do respectivo Tribunal, do Supremo Tribunal Federal, ou de Tribunal Superior. Desta decisão monocrática, não cabem embargos de declaração, ainda que tenha conteúdo decisório definitivo ou conclusivo da lide e se pretenda tão somente suprir omissão do julgado, uma vez que referido recurso fere o princípio da adequação recursal.

c) O relator negará seguimento a recurso manifestamente inadmissível, improcedente, prejudicado ou em confronto com súmula do Supremo Tribunal Federal, ou de Tribunal Superior. Desta decisão monocrática, cabem embargos de declaração com pedido de efeito modificativo, que serão submetidos ao pronunciamento do relator.

d) Cabem embargos de declaração interpostos contra decisão monocrática de admissibilidade do recurso de revista, por se tratar de pronunciamento jurisdicional revestido de cunho decisório, interrompendo – se qualquer prazo recursal.

e) Se os embargos declaratórios são utilizados para fins de prequestionamento e se o Juiz ou tribunal continua omitindo o ponto respectivo, haverá necessidade de a parte interpor novos embargos de declaração, uma vez que não se considera prequestionada a matéria invocada no recurso principal sobre a qual se omite o Tribunal de pronunciar tese.

GAB	1	C	2	E	3	C	4	C	5	E	6	E	7	A

✦ RECURSO EM DISSÍDIO COLETIVO

Art. 898. das decisões proferidas em dissídio coletivo que afete empresa de serviço público, ou, em qualquer caso, das proferidas em revisão, poderão recorrer, além dos interessados, o Presidente do Tribunal e a Procuradoria da Justiça do Trabalho.

1. COMENTÁRIOS

A regra deste artigo estabelece a possibilidade de recursos para o acórdão proferido em dissídio coletivo, um envolvendo empresa pública e o outro um simples dissídio coletivo de revisão.

A legitimação recursal dos sindicatos é natural, porque são parte no dissídio; a do Presidente do Tribunal entendemos incabível, por incompatível com Constituição da República (vide comentários ao art. 856, onde defendemos a impossibilidade do Presidente instaurar o dissídio coletivo); a do MPT se justifica somente pela presença de interesse publico, sendo incompatível com o princípio da liberdade de organização sindical se interposto com qualquer outra motivação meramente categorial.

Rodrigo Mazzei, A Remessa, 2011, p. 413, vê uma forma não automática de remessa necessária, na possibilidade do Presidente do Tribunal apresentar recurso quanto às decisões de dissídios coletivos proferidas na forma do art. 898, ora comentado.

O recurso apresentado pela União, para discutir o acórdão normativo que exceda a política salarial do governo, será recebido no efeito suspensivo segundo art. 8º, da Lei nº 5.584/70. Carrion, Comentários, 2010, p. 897 e Martins, Comentários, 2010, p. 1001, fazem expressa referência a esta lei, sem qualquer consideração sobre a sua vigência. A nosso ver a possibilidade de efeito suspensivo pelo motivo do art. 8º, da Lei 5.584/70, foi revogada pelo art. 14, da Lei nº 10.192/2001, que passou a tratar do mesmo efeito (vide comentários ao art. 893, acima, no tópico sobre efeitos dos recursos). Antes mesmo da Lei nº 10.192/2001, a Lei nº 8.880/94, que regulamentou as medidas de estabilização da economia (Plano Real), encerrou a fase de leis de política salarial do governo, privilegiando a negociação coletiva, retirando, com isso, qualquer aplicação prática do recurso referido no art. 8º, da Lei nº 5.584/70.

2. QUESTÕES DE CONCURSOS

01. (TRT – 3ª REGIÃO/JUIZ DO TRABALHO SUBSTITUTO/2009/ADAPTADA) O recurso interposto de decisão normativa da Justiça do Trabalho terá efeito suspensivo, na medida e extensão conferidas em despacho do Presidente do Tribunal Superior do Trabalho.

GAB	1	E

✦ SIMPLES PETIÇÃO

Art. 899. Os recursos serão interpostos por simples petição e terão efeito meramente devolutivo, salvo as exceções previstas neste Título, permitida a execução provisória até a penhora.(Redação dada pela Lei nº 5.442, de 24.5.1968)

✦ DEPÓSITO RECURSAL

§ 1º – Sendo a condenação de valor até 10 (dez) vezes o salário-mínimo regional, nos dissídios individuais, só será admitido o recurso, inclusive o extraordinário, mediante prévio depósito da respectiva importância. Transitada em julgado a decisão recorrida, ordenar-se-á o levantamento imediato da importância de depósito, em favor da parte vencedora, por simples despacho do juiz.(Redação dada pela Lei nº 5.442, de 24.5.1968)

✦ VALOR DO DEPÓSITO

§ 2º – Tratando-se de condenação de valor indeterminado, o depósito corresponderá ao que for arbitrado, para efeito de custas, pela Junta ou Juízo de Direito, até o limite de 10 (dez) vezes o salário-mínimo da região. (Redação dada pela Lei nº 5.442, de 24.5.1968)

§ 3º – (Revogado pela Lei nº 7.033, de 5.10.1982)

§ 4º – O depósito recursal será feito em conta vinculada ao juízo e corrigido com os mesmos índices da poupança.(Redação da Lei n° 13.467, de 13.07.2017).

§ 5º (Revogado pela Lei n° 13.467, de 13.07.2017).

§ 6º – Quando o valor da condenação, ou o arbitrado para fins de custas, exceder o limite de 10 (dez) vezes o salário-mínimo da região, o depósito para fins de recursos será limitado a este valor.(Redação dada pela Lei nº 5.442, de 24.5.1968)

§ 7º – No ato de interposição do agravo de instrumento, o depósito recursal corresponderá a 50% (cinquenta por cento) do valor do depósito do recurso ao qual se pretende destrancar. (Incluído pela Lei nº 12.275, de 29.06.2010)

§ 8º – Quando o agravo de instrumento tem a finalidade de destrancar recurso de revista que se insurge contra decisão que contraria a jurisprudência uniforme do Tribunal Superior do Trabalho, consubstanciada nas suas súmulas ou em orientação jurisprudencial, não haverá obrigatoriedade de se efetuar o depósito referido no § 7º deste artigo. (Parágrafo incluído pela Lei nº 13.015, de 21.07.2014 (DOU, 22.7.2014))

§ 9º O valor do depósito recursal será reduzido pela metade para entidades sem fins lucrativos, empregadores domésticos, microempreendedores individuais, microempresas e empresas de pequeno porte. (Inserido pela Lei n° 13.467, de 13.07.2017).

§ 10º. São isentos do depósito recursal os beneficiários da justiça gratuita, as entidades filantrópicas e as empresas em recuperação judicial.(Inserido pela Lei nº 13.467, de 13.07.2017).

§ 11. O depósito recursal poderá ser substituído por fiança bancária ou seguro garantia judicial.(Inserido pela Lei nº 13.467, de 13.07.2017).

1. COMENTÁRIOS

1.1. Simples petição

A "simples petição" referida no art. 899, caput, retrata a possibilidade dos recursos serem interpostos de forma simples, bastando a mera manifestação de vontade da parte, demonstrando sua inequívoca intenção de recorrer. Esta regra recursal (simplicidade), representada pelo princípio da livre fundamentação, só é aplicável ao Recurso Ordinário; todos os demais recursos possuem fundamentação específica, sujeitando-se ao princípio da dialeticidade. Sobre os princípios aqui mencionados e outros aplicáveis ao sistema recursal trabalhista, vide comentários ao art. 893, acima, no tópico sobre princípios.

1.2. Efeito devolutivo

O efeito devolutivo é aplicado a todo recurso trabalhista. Sobre este e outros efeitos dos recursos, vide comentários ao art. 893, acima, em tópico especifico.

1.3. Do depósito recursal

1.3.1. Empregador e isenção de depósito recursal

Antes da Redação da Lei nº 13.467, de 13.07.2017, que dispensou o depósito recursal para os beneficiários da justiça gratuita, conforme § 10º, do art. 899, o entendimento sobre a matéria era diametralmente oposto, como será demonstrado a seguir.

Os empregadores, mesmo quando não exerciam atividade lucrativa, como os domésticos e entidades de beneficência, tinham o ônus de recolher o depósito recursal. Tratando-se de depósito cuja natureza é de garantia do juízo e não de taxa judiciária, eventual decisão deferindo a gratuidade de justiça não abrangia este depósito.

A IN nº 3/93, item X, que regulamentou os depósitos em recursos na Justiça do Trabalho, isentava de depósito as pessoas jurídicas de direito público, a herança jacente e a massa falida e permite a dispensa àquele que "comprovando insuficiência de recursos, receber assistência judiciária integral e gratuita do Estado (art. 5º, LXXIV, CF).".

Na sua atual redação, aprovada pelo Tribunal Superior do Trabalho na sessão do Pleno de 11.12.2013, a IN nº 3/93, passou a vigorar com a seguinte redação: "X – Não é exigido depósito recursal, em qualquer fase do processo ou grau de jurisdição, dos entes de direito público externo e das pessoas de direito público contempladas no Decreto-Lei nº 779, de 21.8.69, bem assim da massa falida e da herança jacente.".

Percebe-se, na atual redação da IN nº 3/93, item X, que não há mais a possibilidade da gratuidade de justiça abranger o depósito recursal. Sua dispensa, portanto, ficara restrita aos entes públicos, à massa falida e à herança jacente, conforme a referida Instrução.

O MPT também está dispensado do depósito recursal, não obstante o silêncio da Instrução Normativa. A isenção legal, neste caso, decorre da aplicação subsidiária do art. 511, § 1º, do CPC/73 (art. 1.007, § 1º, do CPC/2015), que dispensa o MPT do preparo do recurso.

Consequentemente, a gratuidade eventualmente deferida ao empregador estava, antes da Lei nº 13.467, de 13.07.2017, restrita às custas processuais e, na opinião de alguns, aos honorários periciais (sobre o tema me reporto aos comentários ao art. 790, § 3º).

O próprio TST, ao noticiar a alteração da Instrução Normativa nº 3 em seu site oficial, informou que: "foi aprovada a supressão da parte final do item X da IN nº 3, confirmando a jurisprudência do TST no sentido de que a justiça gratuita não abrange o depósito recursal." (www.tst.jus.br, notícias do TST, capturado em 12.12.2013).

1.3.2. Cabimento do depósito

A interpretação combinada do art. 899, § 1º, da CLT com o art. 40, da Lei nº 8.177/91, nos conduz ao cabimento do depósito recursal nos seguintes recursos: ordinário, de revista, de embargos no TST e extraordinário. O Agravo de Petição não exige depósito recursal, pois a garantia do juízo já ocorreu com o depósito necessário à oposição dos embargos à execução; como o Agravo de Petição só é cabível depois dos embargos à execução, torna-se desnecessária nova garantia, salvo se houver algum acréscimo no valor da execução, por força da decisão proferida nos embargos à execução (S. 128, II, do TST).

Não é cabível depósito recursal para o Recurso Ordinário contra dissídios coletivos. O TST, através da Instrução Normativa nº 3/93, artigo V, assim interpretou: "Nos termos da redação do § 3º do art. 40, não é exigido depósito para recurso ordinário interposto em dissídio coletivo, eis que a regra aludida atribui apenas valor ao recurso, com efeitos limitados, portanto, ao cálculo das custas processuais". O depósito pressupõe condenação em pecúnia, diante da natureza de garantia da execução, conforme previsão do art. I da referida Instrução Normativa. Os acórdãos normativos possuem natureza declaratória, quanto aos dissídios coletivos de natureza jurídica, e constitutiva quanto aos dissídios coletivos de natureza econômica, mas não condenatória, sendo, portanto, inexigível o depósito recursal.

1.3.3. Valores dos depósitos

Os valores previstos nos parágrafos do art. 899, acima, encontram-se desatualizados. Atualmente a Lei nº 8.177/91, art. 40, com a redação que lhe foi atribuída pela Lei nº 8.542, de 23.12.1992, regulamenta os valores do depósito recursal; entre outras medidas, a lei determina o reajuste dos valores pelo INPC (art. 40, § 4, da Lei nº 8.177/91). O TST, com base no item de sua IN nº 3/93, reajusta anualmente os valores correspondentes aos depósitos recursais.

A IN nº 3/93, em seu art. II, ainda prevê que: **a)** depositado o valor total da condenação, nenhum depósito será exigido nos recursos as decisões posteriores, salvo se o valor da condenação vier a ser ampliado; **b)** se o valor constante do primeiro depósito, efetuado no limite legal, é inferior ao da condenação, será devida complementação de depósito em recurso posterior, observado o valor nominal remanescente da condenação e/ou os limites legais para cada novo recurso; **c)** havendo acréscimo ou redução da condenação em grau recursal, o juízo prolator da decisão arbitrará novo valor à condenação, quer para a exigibilidade de depósito ou complementação do já depositado, para o caso de recurso subseqüente, quer para liberação do valor excedente decorrente da redução da condenação; **d)** nos dissídios individuais singulares o depósito será efetivado pelo recorrente, mediante a utilização das guias correspondentes, na conta do empregado no FGTS – Fundo de Garantia do Tempo de Serviço, em conformidade com os §§ 4º e 5º do art. 899 da CLT, ou fora dela, desde que feito na sede do juízo e permaneça à disposição deste, mediante guia de depósito judicial extraída pela Secretaria Judiciária; e) nas reclamatórias plúrimas e nas em que houver substituição processual, será arbitrado o valor total da condenação, para o atendimento da exigência legal do depósito recursal, em conformidade com as alíneas anteriores, mediante guia de depósito judicial extraída pela Secretaria Judiciária do órgão em que se encontra o processo.

1.3.4. Depósito no Agravo de Instrumento

No caso de interposição de Agravo de Instrumento, o depósito será devido no percentual de 50% correspondente a cada recurso que se pretende destrancar (§ 7º, acima, incluído pela Lei nºLei nº 12. 275, de 29/6/2010); como exemplo, o Agravo de Instrumento para reformar decisão que nega seguimento ao Recurso Ordinário, deverá conter um depósito correspondente a metade do valor devido para o RO.

O art. 40, da Lei nº 8.177/91, não prevê qualquer depósito para o Agravo de Petição; a IN nº 3/93, alterada pela Resolução nº 168, de 9.8.2010, também não fez referência ao Agravo de Petição. Especificamente quanto ao depósito previsto para o Agravo de Instrumento, a resolução dispôs, em seu art. II, "a": "para o recurso de agravo de instrumento, o valor do "depósito recursal corresponderá a 50% (cinqüenta por cento) do valor do depósito do recurso ao qual se pretende destrancar";". Como não há previsão legal do valor do depósito recursal para o Agravo de Petição, também não se exigirá depósito para o Agravo de Instrumento que pretenda destrancá-lo. Neste sentido o art. XI da referida Resolução: "Não se exigirá a efetivação de depósito em qualquer fase ou grau recursal do processo, fora das hipóteses previstas nesta Instrução Normativa.". Esta é a conclusão que deve prevalecer, não obstante com ela não concordemos.

A intenção do depósito em Agravo de Instrumento foi evitar o uso de recursos meramente protelatórios; este depósito, diferentemente daquele feito para o recurso principal, não tem natureza de garantia do juízo e tampouco de taxa judiciária. Trata-se de depósito assemelhado àquele feito na ação rescisória (art. 836, da CLT), portanto, com natureza de multa. Exatamente na execução de sentença, onde com mais intensidade se deve punir recurso protelatório, não se pode alegar lacuna do sistema legal para deixar o infrator sem punição.

Portanto, suprindo a lacuna legal, podemos entender que o depósito do Agravo de Instrumento contra decisão que nega seguimento ao Agravo de Petição, deve também ser instruído com o depósito recursal, no valor equivalente à metade do montante atualizado da execução, no momento da interposição do apelo. Sendo este valor muito superior ao do depósito recursal do Recurso Ordinário, se autorizaria o uso do parâmetro deste último recurso, com o intuito de viabilizar o acesso à jurisdição de segundo grau, pois o Agravo de Petição nada mais é do que um Recurso Ordinário na execução. Esta é a nossa opinião.

1.3.4.1. Dispensa de Depósito Recursal

A Lei nº 13.015/2014 criou inúmeros requisitos para a admissibilidade do recurso de revista, atualizando-o à necessidade atual de julgamento de recursos repetitivos e de uniformização da jurisprudência. Naturalmente, estes novos requisitos dificultam a admissibilidade do recurso. Não obstante esta realidade, o legislador não se olvidou de permitir o acesso à justiça, especialmente à instância recursal, quando observada grave violação da jurisprudência.

Assim, fica dispensado o depósito recursal quando o agravo de instrumento visa preservar a jurisprudência predominante no TST, sempre que a instância regional deixar de cumpri-la. Nestes casos, o recurso de revista denegado, cuja decisão desafia agravo de instrumento, permitirá o acesso ao TST para corrigir o desrespeito à sua jurisprudência, sem a necessidade de recolhimento de Depósito Recursal.

1.3.5. Momento do Depósito

O depósito recursal deve ser feito e comprovado no prazo previsto em lei para o recurso, pouco importando a data de sua interposição. Ou seja, a interposição do apelo, antes do termo final do prazo recursal, não reduz o prazo para recolhimento e comprovação do depósito (neste sentido a S. 245 do TST). Exemplo: publicada a sentença no dia três de março, e interposto o recurso ordinário no dia cinco de março, o depósito recursal será recolhido e comprovado até o dia onze de março, oito dias após a publicação da sentença, pois a interposição do recurso no dia cinco de março em nada interfere no termo final para recolhimento do depósito recursal.

A redação do § 7º, inserido no art. 899 pela Lei nº 12.275, de 29/6/2010, contraria a atual interpretação do TST. O texto legal exige o recolhimento do depósito recursal "no ato de interposição do agravo de instrumento", e não no prazo previsto em lei para o recurso. Parece-nos que a melhor exegese do artigo deve ser conduzida por uma interpretação finalística. A finalidade do depósito recursal no Agravo de Instrumento também é de garantia da execução, como bem explicitou o TST, no item I da IN nº 3/93, já com a redação atualizada pela Resolução nº 168, de 9.8.2010. Portanto, todas as diretrizes para os demais depósitos recursais, dirigidas aos recursos principais, também se aplicarão ao Agravo de Instrumento, inclusive a interpretação da S. 245 do TST. Consequentemente, na nossa opinião, que, neste particular, discrepa do pensamento majoritário, o depósito no Agravo de Instrumento também deve ser feito no prazo alusivo a este recurso, pouco importando a data de sua interposição. Para a maioria da doutrina, como também da jurisprudência, prevalece a visão mais restritiva do texto legal, impondo a prova do pagamento do depósito recursal no ato de interposição do recurso.

1.3.6. Substituição do depósito por fiança bancária ou seguro garantia judicial

A regra do art. 899, § 11, diferentemente do art. 882, da CLT, não atende às necessidades da efetividade da execução trabalhista, pois a fiança bancária, que não deveria ser aceita na esfera processual trabalhista, só garante o pagamento de indenização monetária pelo banco garantidor. Portanto, nesta modalidade de garantia, o empregado, via de regra credor, ficaria totalmente desprotegido. Diferentemente do seguro garantia que garante integralmente o crédito. O art. 882 da CLT não aceita, para garantia da execução, a fiança bancária, mas o art. 899, § 11, resolveu admiti-la para fins de depósito recursal, provavelmente porque, neste momento, a garantia não é definitiva, pois o recurso pode modificar parcial ou totalmente a sentença. De qualquer forma, há, sem dúvida, enorme prejuízo para a efetividade do processo.

2. SÚMULAS E ORIENTAÇÕES JURISPRUDENCIAIS

Súmula nº86/TST

DESERÇÃO. MASSA FALIDA. EMPRESA EM LIQUIDAÇÃO EXTRAJUDICIAL (incorporada a Orientação Jurisprudencial nº 31 da SBDI-1) – Res. 129/2005, DJ 20, 22 e 25.04.2005

Não ocorre deserção de recurso da massa falida por falta de pagamento de custas ou de depósito do valor da condenação. Esse privilégio, todavia, não se aplica à empresa em liquidação extrajudicial. (primeira parte – ex-Súmula nº 86 – RA 69/78, DJ 26.09.1978; segunda parte – ex-OJ nº 31 da SBDI-1 – inserida em 14.03.1994)

Súmula nº99/TST

AÇÃO RESCISÓRIA. DESERÇÃO. PRAZO (incorporada a Orientação Jurisprudencial nº 117 da SBDI-2) – Res. 137/2005, DJ 22, 23 e 24.08.2005

Havendo recurso ordinário em sede de rescisória, o depósito recursal só é exigível quando for julgado procedente o pedido e imposta condenação em pecúnia, devendo este ser efetuado no prazo recursal, no limite e nos termos da legislação vigente, sob pena de deserção. (ex-Súmula nº 99 – alterada pela Res. 110/2002,

---

- **Súmula nº 128/TST**

DEPÓSITO RECURSAL (incorporadas as Orientações Jurisprudenciais nºs 139, 189 e 190 da SBDI-1) – Res. 129/2005, DJ 20, 22 e 25.04.2005

I – É ônus da parte recorrente efetuar o depósito legal, integralmente, em relação a cada novo recurso interposto, sob pena de deserção. Atingido o valor da condenação, nenhum depósito mais é exigido para qualquer recurso. (ex-Súmula nº 128 – alterada pela Res. 121/2003, DJ 21.11.03, que incorporou a OJ nº 139 da SBDI-1 – inserida em 27.11.1998)

II – Garantido o juízo, na fase executória, a exigência de depósito para recorrer de qualquer decisão viola os incisos II e LV do art. 5º da CF/1988. Havendo, porém, elevação do valor do débito, exige-se a complementação da garantia do juízo. (ex-OJ nº 189 da SBDI-1 – inserida em 08.11.2000)

III – Havendo condenação solidária de duas ou mais empresas, o depósito recursal efetuado por uma delas aproveita as demais, quando a empresa que efetuou o depósito não pleiteia sua exclusão da lide. (ex-OJ nº 190 da SBDI-1 – inserida em 08.11.2000)

- **Súmula nº 161/TST**

DEPÓSITO. CONDENAÇÃO A PAGAMENTO EM PECÚNIA (mantida) – Res. 121/2003, DJ 19, 20 e 21.11.2003

Se não há condenação a pagamento em pecúnia, descabe o depósito de que tratam os §§ 1º e 2º do art. 899 da CLT (ex-Prejulgado nº 39).

- **Súmula nº 170/TST**

SOCIEDADE DE ECONOMIA MISTA. CUSTAS (mantida) – Res. 121/2003, DJ 19, 20 e 21.11.2003

Os privilégios e isenções no foro da Justiça do Trabalho não abrangem as sociedades de economia mista, ainda que gozassem desses benefícios anteriormente ao Decreto-Lei nº 779, de 21.08.1969 (ex-Prejulgado nº 50).

- **Súmula nº 217/TST**

DEPÓSITO RECURSAL. CREDENCIAMENTO BANCÁRIO. PROVA DISPENSÁVEL (mantida) – Res. 121/2003, DJ 19, 20 e 21.11.2003

O credenciamento dos bancos para o fim de recebimento do depósito recursal é fato notório, independendo da prova.

- **Súmula nº 245/TST**

DEPÓSITO RECURSAL. PRAZO (mantida) – Res. 121/2003, DJ 19, 20 e 21.11.2003

O depósito recursal deve ser feito e comprovado no prazo alusivo ao recurso. A interposição antecipada deste não prejudica a dilação legal.

- **OJ-SDI1-13**

APPA. DECRETO-LEI Nº 779/69. DEPÓSITO RECURSAL E CUSTAS. NÃO ISENÇÃO (inserido dispositivo) – DEJT divulgado em 16, 17 e 18.11.2010 (mantida conforme julgamento do processo TST-E-RR-148500-29.2004.5.09.0022 pelo Tribunal Pleno em 22.08.2016)

A Administração dos Portos de Paranaguá e Antonina – APPA, vinculada à Administração Pública indireta, não é isenta do recolhimento do depósito recursal e do pagamento das custas processuais por não ser beneficiária dos privilégios previstos no Decreto-Lei nº 779, de 21.08.1969, ante o fato de explorar atividade econômica com fins lucrativos, o que descaracteriza sua natureza jurídica, igualando-a às empresas privadas.

- **OJ 140 SBDI-1/TST**

DEPÓSITO RECURSAL E CUSTAS PROCESSUAIS. RECOLHIMENTO INSUFICIENTE. DESERÇÃO (nova redação em decorrência do CPC de 2015) – Res. 217/2017, DEJT divulgado em 20, 24 e 25.04.2017

Em caso de recolhimento insuficiente das custas processuais ou do depósito recursal, somente haverá deserção do recurso se, concedido o prazo de 5 (cinco) dias previsto no § 2º do art. 1.007 do CPC de 2015, o recorrente não complementar e comprovar o valor devido.

3. INFORMATIVOS DO TST

- ***Recurso ordinário. Deserção. Não configuração. Acolhimento da preliminar de cerceamento de defesa. Nova sentença. Interposição de segundo recurso ordinário. Realização de novo depósito recursal. Inexigibilidade.***

O depósito recursal deve ser efetuado uma vez a cada recurso, havendo necessidade de novo recolhimento apenas nas hipóteses em que haja alteração de instância. Assim, o reclamado que, no julgamento de seu primeiro recurso ordinário, teve a preliminar de cerceamento de defesa acolhida, para determinar o retorno dos autos à Vara do Trabalho a fim de que proferisse nova sentença, não necessita efetuar outro depósito recursal para interpor, pela segunda vez, recurso ordinário. Com esse entendimento, a SBDI-I, à unanimdade, conheceu do recurso de embargos, por divergência jurisprudencial e, no mérito, deu-lhe provimento para determinar o retorno dos autos ao TRT, a fim de que, superada a deserção do segundo recurso ordinário, prossiga no julgamento como entender de direito. No caso, ressaltou o relator que a parte completou o valor depositado de forma a atingir o limite legal em vigor à época da interposição, sendo inegável, portanto, a não ocorrência de deserção. TST-E-ED-RR-87200-72.1994.5.02.0261, SBDI-I, rel. Min. Renato de Lacerda Paiva, 15.3.2012. (informativo nº 2)

▸ ***Depósito recursal. Agravo de instrumento interposto antes da vigência da Lei nº 12.275/10. Interposição de recurso de embargos na vigência da referida lei. Inexigibilidade de posterior pagamento do depósito previsto no art. 899, § 7º, da CLT.***

Interposto agravo de instrumento antes da vigência da Lei nº 12.275/10, fica a parte agravante dispensada de efetuar o depósito recursal previsto no § 7º do art. 899 da CLT quando da interposição dos recursos subsequentes, ainda que apresentados em momento posterior ao advento da referida lei. Na hipótese, ressaltou-se que a alteração legislativa é pertinente ao preparo do agravo de instrumento, restando inexigível o depósito recursal quando da interposição dos embargos, sob pena de se fazer retroagir a lei sobre ato processual já praticado e gerar insegurança jurídica. Com base nesse entendimento, a SBDI-I, por maioria, deu provimento ao agravo para, afastada a deserção, determinar o processamento do recurso de embargos. Vencido o Ministro Ives Gandra Martins Filho, relator. TST-Ag-E-ED-ED-AIRR-40140-31.2004.5.01.0019, SBDI-I, rel. Min. Ives Gandra Martins Filho, 28.2.2013 (informativo nº 38)

4. QUESTÕES DE CONCURSOS

01. (BACEN/PROCURADOR/CESPE/2009/ADAPTADA) Quanto à execução no processo do trabalho: não é cabível a execução provisória na justiça do trabalho, sendo necessária a confirmação do trânsito em julgado do processo antes de iniciar-se a execução.

02. (BACEN/PROCURADOR/CESPE/2009/ADAPTADA) Com relação aos recursos no processo do trabalho: efeito devolutivo em profundidade do recurso ordinário transfere ao tribunal a análise de pedido não apreciado na sentença.

03. (TRT – 3ª REGIÃO/JUIZ DO TRABALHO SUBSTITUTO/2009/ADAPTADA) Os recursos trabalhistas serão interpostos por simples petição e terão efeito meramente devolutivo, salvo as exceções previstas em lei, permitida a execução provisória até a penhora.

04. (TRT – 3ª REGIÃO/JUIZ DO TRABALHO SUBSTITUTO/2009/ADAPTADA) O efeito devolutivo em profundidade do recurso ordinário, que se extrai do § 1° do artigo 515 do CPC, transfere automaticamente ao Tribunal a apreciação de fundamento da defesa não examinado pela sentença, ainda que não renovado em contra-razões. Não se aplica, todavia, ao caso de pedido não apreciado na sentença.

05. (TRT – 1ª REGIÃO/ANALISTA JUDICIÁRIO/CESPE/2008) Em uma reclamação trabalhista, o pedido foi julgado procedente. O juiz do trabalho estimou o valor da condenação em R$ 11.500,00. A empresa recorreu ao TRT, que conheceu e desproveu o recurso. A empresa apelou ao TST apontando violação literal de cinco artigos de lei federal e divergência jurisprudencial, usando como paradigma acórdão do próprio TRT. O recurso foi admitido na origem, mas apenas em relação a dois artigos federais. No TST, o recurso foi conhecido em parte e desprovido. Obs.: valores limites para o deposito recursal: recurso ordinário: R$ 4.993,78; recurso de revista, embargos, recurso extraordinário: R$ 9.987,56; recurso em ação rescisória: R$ 9.987,56.

Ainda em relação à situação apresentada no texto, assinale a opção correta.

a) O TST poderia conhecer do recurso tão-somente quanto aos dois artigos federais admitidos na origem.
b) O recurso pode ter sido conhecido quanto a divergência.
c) O TST, ao conhecer do recurso, entendeu que a causa oferecia transcendência com relação aos reflexos gerais de natureza econômica, política, social ou jurídica.
d) O reclamante poderia ter recorrido ao STF, que, como regra, tem, examinado os pressupostos de admissibilidade dos recursos dirigidos ao TST.
e) O depósito recursal é pressuposto extrínseco do recurso trabalhista.

06. (FCC – TRT 23 – Analista Judiciário/2011) Caberá mandado de segurança

a) para impugnar despacho que acolheu ou indeferiu liminar em outro mandado de segurança.

b) em execução provisória em face a determinação de penhora em dinheiro, quando nomeados outros bens à penhora.

c) contra ato judicial passível de recurso.

d) contra ato judicial passível de correição.

e) contra lei em tese.

07. (TRT 8 – Juiz do Trabalho Substituto 8ª região/2014) Conforme a jurisprudência sumulada do STF, em matéria de execução trabalhista, é INCORRETO afirmar que:

a) É competente o Tribunal Regional do Trabalho para julgar mandado de segurança contra ato de seu presidente em execução de sentença trabalhista.

b) É provisória a execução na pendência de recurso extraordinário, ou de agravo destinado a fazê-lo admitir.

c) O processo da execução trabalhista não exclui a remição pelo executado.

d) A sentença proferida contra autarquias não está sujeita a reexame necessário, salvo quando sucumbente em execução de dívida ativa.

e) Não enseja embargos de terceiro à penhora a promessa de compra e venda não inscrita no registro de imóveis.

8. (TRT 23 – Juiz do Trabalho Substituto 23ª região/ 2014) Assinale a alternativa CORRETA à luz das Súmulas do TST:

a) Nas causas submetidas ao procedimento sumaríssimo, será admitido recurso de revista por contrariedade a súmula de jurisprudência uniforme do Tribunal Superior do Trabalho e violação direta da Constituição Federal, nesta última hipótese independente de prequestionamento.

b) Não será deserto o recurso interposto pela massa falida por falta de recolhimento de custas e depósito recursal, tendo o TST sumulado o entendimento de que o benefício não se aplica a empresas em liquidação extrajudicial.

c) Nos termos do artigo 114, VI, da Carta Federal, a Justiça do Trabalho é competente para processar e julgar as ações de indenização por dano moral e material, mas somente se decorrentes da relação de emprego, inclusive oriundas de acidente de trabalho e doenças a ele equiparadas.

d) Não são devidos honorários advocatícios em causas onde o ente sindical figure como substituto processual, uma vez que a Lei 5584/70, ao tratar da matéria, explicita que a condenação, no caso, decorre da assistência sindical.

e) Nenhuma das assertivas está correta.

09. (FCC – Analista Judiciário – Área Judiciária – Oficial de Justiça – TRT 16/2014) No processo do trabalho, quando preenchidos os requisitos legais, é devido, em regra, depósito recursal para interposição dos seguintes recursos:

a) agravo de instrumento, recurso ordinário e recurso de revista.

b) agravo de instrumento, agravo de petição e recurso ordinário.

c) apelação, recurso ordinário e recurso de revista.

d) agravo de petição, recurso ordinário e recurso de revista.

e) agravo de instrumento, agravo regimental e embargos declaratórios.

10. (FCC – Analista Judiciário – Área Judiciária – TRT 11/2017) As empresas A e B foram condenadas solidariamente na reclamação trabalhista Z pretendendo ambas as empresas interpor Recurso Ordinário. A empresa A interpôs Recurso Ordinário no quinto dia do prazo recursal e depositou o valor do depósito recursal de forma integral. Neste caso, o depósito recursal

a) efetuado pela empresa A não aproveita a empresa B, em nenhuma hipótese, uma vez que o depósito recursal possui caráter personalíssimo.

b) efetuado pela empresa A aproveita a empresa B, exceto se aquela pleiteia sua exclusão da lide.

c) efetuado pela empresa A aproveita a empresa B, exceto se as empresas possuírem procuradores distintos.

d) é devido na proporção de 50% para cada empresa, sendo que o depósito integral da empresa A, não exime a empresa B de efetuar o depósito da sua parte, podendo a empresa A requerer o levantamento da parte que depositou a maior.

e) é devido na proporção de 50% para cada empresa, sendo que o depósito integral da empresa A, exime a empresa B de efetuar o depósito da sua parte.

11. (FCC – Técnico Judiciário – Área Administrativa – TRT 11/2017) De acordo com a Consolidação das Leis do Trabalho e entendimento Sumulado do TST, no ato de interposição do agravo de instrumento, em regra, e desde que não atingido o valor da condenação,

a) não é exigido depósito recursal.

b) o depósito recursal corresponderá a 50% do valor do depósito do recurso ao qual se pretende destrancar.

c) o depósito recursal corresponderá a 30% do valor do depósito do recurso ao qual se pretende destrancar.

d) o depósito recursal corresponderá a 60% do valor do depósito do recurso ao qual se pretende destrancar.

e) somente será devido o depósito recursal se tratar de procedimento ordinário, sendo este correspondente a 25% do valor do depósito do recurso ao qual se pretende destrancar.

GAB	1	E	2	E	3	C	4	C	5	E	6	B	7	B	8	B	9	A	10	B	11	B

✦ **PRAZO PARA CONTRARRAZOAR**

Art. 900. Interposto o recurso, será notificado o recorrido para oferecer as suas razões, em prazo igual ao que tiver tido o recorrente.

✦ **VISTA DOS AUTOS**

Art. 901. Sem prejuízo dos prazos previstos neste Capítulo, terão as partes vistas dos autos em cartório ou na secretaria.

Parágrafo único. Salvo quando estiver correndo prazo comum, aos procuradores das partes será permitido ter vista dos autos fora do cartório ou secretaria. (Incluído pela Lei nº 8.638, de 31.3.1993)

Art. 902. (Revogado pela Lei nº 7.033, de 5.10.1982)

1. COMENTÁRIOS

O art. 900 da CLT sofreu influência do princípio da paridade das armas, conferindo a mesma oportunidade para ambos os litigantes, quando estabelece igual prazo para recorrer e contra-arrazoar. Carrion, Comentários, 2010, p. 903, com apoio nas lições de Coqueijo Costa, defende que pode haver sustentação oral, na Tribuna, sem ter havido apresentação de contrarrazões; não concordamos com a tese. Na Tribuna, as partes sustentam suas razões, seja do apelo, sejam contrarrazões. Ausentes o arrazoado, não há o que se sustentar, ficando as alegações restritas àquelas matérias de ordem pública que poderão ser apreciadas até mesmo de ofício: incompetência absoluta, coisa julgada, perempção, etc.

Quanto ao direito à vista dos autos, na secretaria ou fora desta, vide comentários aos artigos 778 e 779 da CLT, que são, praticamente, reprodução fiel do art. 901.

▸CAPÍTULO VII – DA APLICAÇÃO DAS PENALIDADES

✦ **PENALIDADES APLICADAS PELO JUIZ**

Art. 903. As penalidades estabelecidas no Título anterior serão aplicadas pelo Juiz, ou Tribunal que tiver de conhecer da desobediência, violação, recusa, falta, ou coação, *ex officio*, ou mediante representação de qualquer interessado ou da Procuradoria da Justiça do Trabalho.(Redação dada pela Decreto Lei nº 8.737, de 19.01.1946)

1. COMENTÁRIOS

Como destaca Valentin Carrion, Comentários, 2010, p. 905, houve equívoco no texto ao mencionar o "título anterior", que não trata de penalidades aplicadas pelo Judiciário, pois é dedicado ao Ministério Público do Trabalho – Título IX, artigos 736 a 762. O Título correto é o de numero VIII, artigos 643 a 735, que trata da Justiça do Trabalho, órgão competente para aplicar as sanções, por seus Juízes (1º grau) ou Tribunais (2º e 3º grau); são exemplos destas sanções as previstas nos artigos 729 a 733. Eduardo Gabriel Saad, CLT Comentada, 2009, p. 1340 e Sergio Pinto Martins, Comentários, 2010, p. 1009, repetem a mesma crítica, que também endossamos.

✦ **PENALIDADES APLICADAS PELO TRIBUNAL**

Art. 904. As sanções em que incorrerem as autoridades da Justiça do Trabalho serão aplicadas pela autoridade ou Tribunal imediatamente superior, conforme o caso, ex officio, ou mediante representação de qualquer interessado ou da Procuradoria.(Redação dada pela Decreto Lei nº 8.737, de 19.01.1946)

Parágrafo único. Tratando de membro do Tribunal Superior do Trabalho será competente para a imposição de sanções o Senado Federal. (§ 1º renumerado para parágrafo único, conforme o Decreto-lei nº 229, de 28.2.1967)

§ 2º - (Revogado pelo Decreto-Lei nº 229, de 28.2.1967)

✦ **NOTIFICAÇÃO DO ACUSADO**

Art. 905. Tomando conhecimento do fato imputado, o Juiz, ou Tribunal competente, mandará notificar o acusado, para apresentar, no prazo de 15 (quinze) dias, defesa por escrito.

✦ **REQUERIMENTO DE PROVAS**

§ 1º - É facultado ao acusado, dentro do prazo estabelecido neste artigo, requerer a produção de testemunhas, até ao máximo de 5 (cinco). Nesse caso, será marcada audiência para a inquirição.

✦ **JULGAMENTO: 10 DIAS**

§ 2º - Findo o prazo de defesa, o processo será imediatamente concluso para julgamento, que deverá ser proferido no prazo de 10 (dez) dias.

✦ **RECURSO ORDINÁRIO**

Art. 906. da imposição das penalidades a que se refere este Capítulo, caberá recurso ordinário para o Tribunal Superior, no prazo de 10 (dez) dias, salvo se a imposição resultar de dissídio coletivo, caso em que o prazo será de 20 (vinte) dias.

1. COMENTÁRIOS

Os membros do Judiciário estão vinculados administrativamente à estrutura da qual participam, a qual devem respeitar e responder por seus atos e omissões. Os juízes de primeiro grau respondem aos órgãos de controle disciplinar em seu próprio Tribunal, representado pela Corregedoria; os de segundo grau respondem à Corregedoria do TST e os Ministros têm seus próprios órgãos de fiscalização, no âmbito do TST. A EC nº 45/2004 criou o CNJ, órgão externo de controle administrativo de todo o Poder Judiciário, cujas atribuições estão descritas, em linhas gerais, no art. 103-B, da CF.

O Senado Federal não tem ingerência administrativa sobre os Ministros do TST, pois o art. 904, § único, da CLT, não foi recepcionado pela CF/88, artigos 102 e 103-B.

O prazo dos recursos das decisões administrativas é de 8 dias, diante da regra do art. 6º da Lei nº 5.584/70, que também se aplica aos recursos administrativos (Martins, Comentários, 2010, p. 1010).

✦ **DELITO PENAL**

Art. 907. Sempre que o infrator incorrer em pena criminal far-se-á remessa das peças necessárias à autoridade competente.

1. COMENTÁRIOS

A autoridade competente para processar os magistrados e ministros, quanto às infrações penais, é o Ministério Público e o Julgamento se dará em Tribunal próprio, conforme a prerrogativa de função: pelo STF, art. 102/CF, os crimes praticados pelos Ministros do TST; pelo STJ, art. 105/CF, os praticados pelos Membros dos TRT's; pelos TRF's, art. 108/CF, os ilícitos praticados pelos Juízes do Trabalho (Távora-Araújo, CPP, 2010, p. 149-150).

✦ EXECUÇÃO FISCAL

Art. 908. A cobrança das multas estabelecidas neste Título será feita mediante executivo fiscal, perante o Juiz competente para a cobrança de dívida ativa da Fazenda Pública Federal.

Parágrafo único. A cobrança das multas será promovida, no Distrito Federal e nos Estados em que funcionarem os Tribunais Regionais pela Procuradoria da Justiça do Trabalho, e, nos demais Estados, de acordo com o disposto no Decreto-Lei nº 960, de 17 de dezembro de 1938.

1. COMENTÁRIOS

As multas aplicadas aos juízes serão inscritas na dívida ativa e cobradas através de execução fiscal, nos termos da Lei nº 6.830/80, de competência para processamento e julgamento da Justiça Federal Comum de 1º grau de jurisdição.

▸CAPÍTULO VIII – DISPOSIÇÕES FINAIS

✦ ORDEM DOS PROCESSOS NO TST

Art. 909. A ordem dos processos no Tribunal Superior do Trabalho será regulada em seu regimento interno.

1. COMENTÁRIOS

A ordem dos processos no TST está disciplinada em seu regimento interno, como também de cada um dos 24 Regionais será regulamentada por igual instrumento, pois a CF, art. 96, I, "a", estabeleceu a competência privativa dos Tribunais para organizar o funcionamento de seus órgãos.

✦ EQUIPARAÇÃO À ATIVIDADE PÚBLICA

Art. 910. Para os efeitos deste Título, equiparam-se aos serviços públicos os de utilidade pública, bem como os que forem prestados em armazéns de gêneros alimentícios, açougues, padarias, leiterias, farmácias, hospitais, minas, empresas de transportes e comunicações, bancos e estabelecimentos que interessem à segurança nacional.

1. COMENTÁRIOS

Não se pode dizer que esta equiparação tenha sido recepcionada pela Constituição da República de 1988. O máximo de regulamentação em matéria trabalhista, quanto à importância de cada atividade para a sociedade, está representado na Lei nº 7.783/89 (greve), que definiu as atividades essenciais e o mínimo de serviço a ser mantido nas mesmas durante a greve.

▸TÍTULO XI – DISPOSIÇÕES FINAIS E TRANSITÓRIAS

✦ **INÍCIO DA VIGÊNCIA**

Art. 911. Esta Consolidação entrará em vigor em 10 de novembro de 1943.

✦ **RECOLHIMENTO DE CONTRIBUIÇÕES PREVIDENCIÁRIAS**

Art. 911-A. O empregador efetuará o recolhimento das contribuições previdenciárias próprias e do trabalhador e o depósito do FGTS com base nos valores pagos no período mensal e fornecerá ao empregado comprovante do cumprimento dessas obrigações. (Incluído pela Medida Provisória nº 808, de 2017)

§ 1º Os segurados enquadrados como empregados que, no somatório de remunerações auferidas de um ou mais empregadores no período de um mês, independentemente do tipo de contrato de trabalho, receberem remuneração inferior ao salário mínimo mensal, poderão recolher ao Regime Geral de Previdência Social a diferença entre a remuneração recebida e o valor do salário mínimo mensal, em que incidirá a mesma alíquota aplicada à contribuição do trabalhador retida pelo empregador. (Incluído pela Medida Provisória nº 808, de 2017)

§ 2º Na hipótese de não ser feito o recolhimento complementar previsto no § 1º, o mês em que a remuneração total recebida pelo segurado de um ou mais empregadores for menor que o salário mínimo mensal não será considerado para fins de aquisição e manutenção de qualidade de segurado do Regime Geral de Previdência Social nem para cumprimento dos períodos de carência para concessão dos benefícios previdenciários. (Incluído pela Medida Provisória nº 808, de 2017)

1. COMENTÁRIOS

A CLT foi promulgada em 1.5.43, pelo Decreto-lei nº 5.452 (DOU, de 9.8.43), data em que se comemora o dia do trabalho em diversos países. O Decreto-lei referido previu, como vacatio legis (prazo para o início da vigência), que a CLT só entraria em vigor em 10.11.1943. A data da entrada em vigor da CLT ocorreu em homenagem ao sexto aniversário do Estado Novo, regime político de exceção, iniciado por um "golpe de armas", em 10.11.1937 e encerrado em 29.10.1945 (Russomano, Vol. II, 1993, p. 1020).

Para os amantes do Futebol, vale a referência feita por este Tricolor das Laranjeiras, de que o Decreto-lei aprovando a CLT foi assinado num sábado (1.5.43), no histórico estádio de São Januário, sede do Clube de Regatas Vasco da Gama, Rio de Janeiro, perante um enorme público, presente também para assistir a uma partida de futebol. Getúlio Vargas, Presidente da República que discursou aos presentes, dizem ter sido um fervoroso vascaíno. Quem estava jogando? Não consegui descobrir, pois nem o Ministro Arnaldo Sussekind, um dos autores do anteprojeto da CLT, consegue se lembrar. Na próxima edição destes comentários talvez eu descubra os participantes desta peleja, e, quiçá, o placar.

Acerca da regra do art. 911-A, introduzida pela MPV nº 808, de 14.11.2017, vide comentários aos artigo 452-H, da CLT.

✦ **INCIDÊNCIA SOBRE AS RELAÇÕES JURÍDICAS JÁ INICIADAS**

Art. 912. Os dispositivos de caráter imperativo terão aplicação imediata às relações iniciadas, mas não consumadas, antes da vigência desta Consolidação.

1. COMENTÁRIOS

O dispositivo respeitou o ato jurídico perfeito (art. 6º, da LINDB), não fazendo incidir a lei nova sobre relações jurídicas já consumadas. Observe-se, contudo, que o contrato de trabalho é composto de prestações de trato sucessivo; assim, não haverá violação ao ato jurídico perfeito, se as relações pretéritas forem constituídas para surtir efeito no futuro, sofrendo, por conseguinte, a incidência da lei nova. Cite-se, como exemplo, a caracterização de determinada parcela como salário, assim não definida antes da promulgação da CLT, como aconteceu com o abono (CLT, art. 457, § 1º). O abono prometido antes, mas só pago depois da CLT entrar em vigor, terá natureza salarial, sem que se interprete que houve efeito retroativo da lei.

✦ MINISTRO DO TRABALHO: REGULAMENTAÇÃO

Art. 913. O Ministro do Trabalho expedirá instruções, quadros, tabelas e modelos que se tornarem necessários à execução desta Consolidação.

Parágrafo único. O Tribunal Superior do Trabalho adaptará o seu regimento interno e o dos Tribunais Regionais do Trabalho às normas contidas nesta Consolidação.

✦ QUADROS E TABELAS

Art. 914. Continuarão em vigor os quadros, tabelas e modelos, aprovados em virtude de dispositivos não alterados pela presente Consolidação.

1. COMENTÁRIOS

A atividade regulamentar do Ministério do Trabalho, dando fiel alcance à lei trabalhista e, especialmente em matéria de segurança e medicina do trabalho, com caráter regulamentar autônomo, é ratificado pela norma do art. 913 e por tantas outras da CLT.

As tabelas, quadros e modelos são aprovados por atos do Ministério do Trabalho.

✦ ATOS PRATICADOS

Art. 915. Não serão prejudicados os recursos interpostos com apoio em dispositivos alterados ou cujo prazo para interposição esteja em curso à data da vigência desta Consolidação.

1. COMENTÁRIOS

O dispositivo trata de eficácia imediata da lei processual aos processos pendentes, mas com respeito aos atos processuais já praticados na vigência da lei antiga. A teoria consagrada neste dispositivo é a mesma que influenciou a regra transitória do art. 1211 do CPC/73, como também do art. 1.046 do CPC/2015 – isolamento dos atos processuais.

✦ PRESCRIÇÃO

Art. 916. Os prazos de prescrição fixados pela presente Consolidação começarão a correr da data da vigência desta, quando menores do que os previstos pela legislação anterior.

1. COMENTÁRIOS

Pela data de vigência desta consolidação, todos os prazos prescricionais das relações jurídicas sob a égide desta norma já foram consumados, razão pela qual se tornaria inócuo qualquer comentário a respeito.

✦ ADAPTAÇÃO DOS ESTABELECIMENTOS

Art. 917. O Ministro do Trabalho marcará prazo para adaptação dos atuais estabelecimentos às exigências contidas no capítulo "De Higiene e Segurança do Trabalho". Compete ainda àquela autoridade fixar os prazos dentro dos quais, em cada Estado, entrará em vigor a obrigatoriedade do uso da Carteira Profissional, para os atuais empregados.

Parágrafo único. O Ministro do Trabalho fixará, para cada Estado e quando julgar conveniente, o início da vigência de parte ou de todos os dispositivos contidos no Capítulo "Da Segurança e da Medicina do Trabalho".(Redação dada pela Lei nº 6.514, de 22.12.1977)

1. COMENTÁRIOS

Vide comentários aos artigos 154 a 223 da CLT.

✦ **RECURSOS EM MATÉRIA PREVIDENCIÁRIA**

Art. 918. Enquanto não for expedida a Lei Orgânica da Previdência Social, competirá ao presidente do Tribunal Superior do Trabalho julgar os recursos interpostos com apoio no art. 1º, alínea "c", do Decreto-lei nº 3.710, de 14 de outubro de 1941, cabendo recurso de suas decisões nos termos do disposto no art. 734, alínea "b", desta Consolidação.

Parágrafo único. Ao diretor do Departamento de Previdência Social incumbirá presidir as eleições para a constituição dos Conselhos Fiscais dos Institutos e Caixas de Aposentadoria e Pensões e julgar, com recurso para a instância superior, os recursos sobre matéria técnico-administrativa dessas instituições.

1. COMENTÁRIOS

O art. 918 foi revogado tacitamente pela Lei nº 3.807, de 26.8.1980 (neste sentido, Russomano, Vol. II, 1993, p. 1022 e Martins, Comentários, 2010, p. 1014).

✦ **ESTABILIDADE DO BANCÁRIO**

Art. 919. Ao empregado bancário, admitido até a data da vigência da presente Lei, fica assegurado o direito à aquisição da estabilidade nos termos do art. 15 do Decreto nº 24.615, de 9 de julho de 1934.

1. COMENTÁRIOS

O bancário tinha direito à aquisição da estabilidade, antes da CLT, com apenas dois anos de serviço, conforme decreto acima referido (Martins, Comentários, 2010, p. 1014). O art. 15 do referido decreto assim dispunha: "Ao empregado em banco ou casa bancária a partir da data da publicação do presente Decreto é assegurado o direito de efetividade, desde que conte dois ou mais anos de serviços prestados ao mesmo estabelecimento, e, salvo o caso de falência ou extinção do estabelecimento, só poderá ser demitido em virtude de falta grave, regularmente apurada em inquérito administrativo, de cuja abertura terá notificação, a fim de ser ouvido pessoalmente, com ou sem a assistência de seu advogado ou do representante do sindicato da classe a que pertencer.".

A regra não tem mais qualquer interesse prático, pois os empregados protegidos por esta norma transitória já se aposentaram há muito tempo.

✦ **FEDERAÇÕES: ATUAÇÃO**

Art. 920. Enquanto não forem constituídas as confederações, ou, na falta destas, a representação de classes, econômicas ou profissionais, que derivar da indicação desses órgãos ou dos respectivos presidentes, será suprida por equivalente designação ou eleição realizada pelas correspondentes federações.

✦ **ACORDOS COLETIVOS**

Art. 921. As empresas que não estiverem incluídas no enquadramento sindical em que trata o art. 577 poderão firmar contratos coletivos de trabalho com os sindicatos representativos da respectiva categoria profissional.

1. COMENTÁRIOS

Sobre a organização sindical e capacidade de negociação dos entes sindicais vide comentários aos artigos 511 e seguintes da CLT.

A comissão responsável sobre o enquadramento sindical foi extinta e sobre tema nos reportamos aos comentários ao art. 511 da CLT.

✦ INCIDÊNCIA SOBRE AS RELAÇÕES DE EMPREGO

Art. 922. O disposto no art. 301 regerá somente as relações de empregos iniciadas depois da vigência desta Consolidação. (Incluído pelo Decreto-lei nº 6.353, de 20.3.1944)

1. COMENTÁRIOS

O art. 301 cuida das restrições ao trabalho dos mineiros. Sobre o tema nos reportamos ao artigo referido na própria norma.

ANEXOS

1. QUADRO A QUE SE REFERE O ART. 577 DA CONSOLIDAÇÃO DAS LEIS DO TRABALHO

CONFEDERAÇÃO NACIONAL DA INDÚSTRIA	CONFEDERAÇÃO NACIONAL DOS TRABALHADORES NA INDÚSTRIA
1º GRUPO – Indústria da alimentação Atividades ou categorias econômicas	**1º GRUPO – Trabalhadores na indústria de alimentação Categorias profissionais**
Indústria do trigo Indústria do milho e da soja Indústria da mandioca	Trabalhadores na indústria do trigo, milho e mandioca
Indústria do arroz	Trabalhadores na indústria do arroz
Indústria do açúcar Indústria do açúcar de engenho	Trabalhadores na indústria do açúcar
Indústria de torrefação e moagem do café Industria de refinação do sal Indústria de panificação e confeitaria Indústria de produtos de cacau e balas Indústria do mate Indústria de laticínio e produtos derivados Indústria de massas alimentícias e biscoitos	Trabalhadores na indústria de torrefação o moagem de café Trabalhadores na indústria da refinação do sal Trabalhadores na indústria de panificação e confeitaria Trabalhadores na indústria de produtos de cacau e balas Trabalhadores na indústria do mate Trabalhadores na indústria de laticínio e produtos derivados Trabalhadores na indústria de massas alimentícias e biscoitos
Indústria da cerveja de baixa fermentação Indústria da cerveja e de bebidas em geral	Trabalhadores na indústria de cerveja e bebidas em geral
Indústria do vinho Indústria de águas minerais Indústria de azeite e óleos alimentícios Indústria de doces e conserves alimentícias Indústria de carnes e derivados Indústria do fio Indústria do fumo Indústria da imunização e tratamento de frutas	Trabalhadores na indústria do vinho Trabalhadores no indústria de águas minerais Trabalhadores na indústria do azeite e óleos alimentícios Trabalhadores na indústria de docas e conservas alimentícias Trabalhadores na indústria de cernes e derivados Trabalhadores na indústria de fio Trabalhadores na indústria do fumo Trabalhadores na indústria de imunização e tratamento de frutas
2 º GRUPO – Indústria do vestuário Atividades ou categorias econômicas	**2º GRUPO – Trabalhadores nas indústrias do vestuário Categorias profissionais**
Indústria de calçados Indústria de camisas para homem e roupas brancas Indústria de alfaiataria e de confecção de roupas de homem Indústria de guarda-chuvas e bengalas Indústria de luvas, bolsas e peles de resguardo Indústria de pentes, botões e similares Indústria de chapéus Indústria de confecção de roupas e chapéus de senhora	Trabalhadores na indústria do calçado Oficiais alfaiates, costureiras a trabalhadores na indústria de confecção de roupas Trabalhadores na indústria de guarda-chuvas e bengalas Trabalhadores na indústria de luvas, bolsas e peles do resguardo Trabalhadores na indústria de pentes, botões e similares Trabalhadores na indústria da chapéus Trabalhadores na indústria de confecção de roupas e chapéus de senhora

3 ° GRUPO – Indústrias da construção e do mobiliário Atividades ou categorias econômicas	**3 ° GRUPO – Trabalhadores nas indústrias da construção e do mobiliário Categorias profissionais**
Indústria da construção civil Indústria de olaria Indústria do cimento, cal e gesso Indústria de ladrilhos hidráulicos e produtos de cimento Indústria da cerâmica para construção Indústria de mármores e granitos Indústria de pinturas, decorações, estuques e ornatos Indústria de serrarias, carpintarias e tanoarias Indústria da marcenaria (móveis da madeira) Indústria de móveis de junco a vime e de vassouras Indústria de cortinados e estofos	Trabalhadores na indústria da construção civil (pedreiros, carpinteiros, pintores e estucadores, bombeiros hidráulicos e trabalhadores em geral, de estradas, pontes, portos e canais) Trabalhadores na indústria de olaria Trabalhadores na indústria do cimento, cal a gesso Trabalhadores na indústria de ladrilhos hidráulicos e produtos de cimento Trabalhadores na industries de cerâmica para construção Trabalhadores na indústria de mármores e granitos Oficiais eletricistas Oficiais marceneiros e trabalhadores nas indústrias de serrarias e de moveis de madeira Trabalhadores na indústria de moveis de junco e vime e de vassouras.
4º GRUPO – Indústrias urbanas Atividades ou categorias econômicas	**4º GRUPO – Trabalhadores nas indústrias urbanas Categorias profissionais**
Indústria da purificação e distribuição de água Indústria de energia hidroelétrica Indústria da energia termoelétrica Indústria da produção do gás Serviços de esgotos	Trabalhadores na indústria da purificação e distribuição de água. Trabalhadores na indústria da energia hidroelétrica. Trabalhadores na indústria da energia termoelétrica. Trabalhadores na indústria da produção do gás. Trabalhadores em serviços de esgotos.
5º GRUPO – Indústrias extrativas Atividades ou categorias econômica	**5º GRUPO – Trabalhadores nas indústrias extrativas Categorias profissionais**
Indústria da extração do ouro e metais preciosos Indústria da extração do ferro e metais básicos Indústria da extração do carvão Indústria da extração de diamantes e pedras preciosas Indústria da extração do mármores, calcáreos e pedreiras Indústria da extração de areias e barreiras Indústria da extração do sal Indústria da extração do petróleo Indústria da extração de madeiras Indústria da extração de resinas Indústria da extração da lenha Indústria da extração da borracha Indústria da extração de fibras vegetais e do descaroçamento do algodão Indústria da extração de óleos vegetais e animais	Trabalhadores na indústria da extração de ouro e metais preciosos. Trabalhadores na industria da extração do ferro e metais básicos. Trabalhadores na indústria da extração do carvão. Trabalhadores na indústria da extração de diamantes e pedras preciosas. Trabalhadores na indústria da extração de mármores, calcáreos e pedreiras. Trabalhadores na indústria da extração de areias e barreiras. Trabalhadores na indústria da extração do sal. Trabalhadores na indústria do petróleo. Trabalhadores na indústria da extração de madeires, Trabalhadores na indústria da extração de resinas, Trabalhadores na indústria da extração da lenha. Trabalhadores na indústria da extração da borracha. Trabalhadores na indústria da extração do fibras vegetais e do descaroçamento do algodão. Trabalhadores na indústria da extração de óleos vegetais e animais.
6º GRUPO – Indústria de fiação e tecelagem Atividades ou categorias econômicas	**6º GRUPO – Trabalhadores nas indústrias de fiação e tecelagem Categorias profissionais**
Indústria da cordoalha e estopa Indústria da malharia e meias Indústria de fiação e tecelagem em geral Indústria de especialidades testeis (passamanarias, rendas, tapetes)	Mestres e contramestres na indústria de fiação e tecelagem Trabalhadores na indústria de fiação e tecelagem

7º GRUPO – **Indústria de artefatos de couro** **Atividades ou categorias econômicas**	**7º GRUPO –** **Trabalhadores nas indústrias de artefatos de couro** **Categorias profissionais**
Indústria de curtimento de couros e de peles Indústria de malas e artigos de viagem Indústria de correias em geral e arreios	Trabalhadores na indústria de curtimento de couros e peles Trabalhadores na indústria de artefatos de couro
8º GRUPO – **Indústria do artefatos do borracha** **Atividades ou categorias econômicas**	**8º GRUPO –** **Trabalhadores nas indústrias de artefatos de borracha** **Categorias profissionais**
Indústria de artefatos de borracha	Trabalhadores na indústrias de artefatos de borracha
9 º GRUPO – **Indústria de joalheria e lapidação de pedras preciosas** **Atividades ou categorias econômicas**	**9º GRUPO –** **Trabalhadores nas industrias da joalheria e lapidação de pedras preciosas** **Categorias profissionais**
Indústria do joalheria e ourivesaria Indústria da lapidação de pedras preciosas	Oficiais joalheiros e ourives Oficiais lapidários.
10 º GRUPO – **Indústrias químicas e farmacêuticas** **Atividades ou categorias econômicas**	**10 º GRUPO –** **Trabalhadores nas Indústrias químicas e farmacêuticas** **Categorias profissionais**
Indústrias de produtos químicos para fins industriais Indústria de produtos farmacêuticos Indústria de preparação de óleos vegetais e animais Indústria de resinas sintéticas Indústria de perfumarias e artigos de toucador Indústria de sabão e velas Indústria da fabricação do álcool Indústria de explosivos Indústria de tintas e vernizes Indústria de fósforos Indústria de adubos e colas Indústria de formicidas e inseticidas Indústria de lavanderia e tinturaria do vestuário Indústria de destilação e refinação de petróleo Indústria de material plástico	Trabalhadores na indústria de produtos químicos para fins industriais Trabalhadores na indústria de produtos farmacêuticos Trabalhadores na preparação de óleos vegetais e animais Trabalhadores na indústria de resinas sintéticas Trabalhadores na indústria de perfumarias e artigos de toucador Trabalhadores na indústria de sabão e velas Trabalhadores na indústria de fabricação do álcool Trabalhadores na indústria de explosivos Trabalhadores na indústria de tintas e vernizes Trabalhadores na indústria de fósforos Trabalhadores na indústria de adubos e colas Trabalhadores na indústria de formicidas e inseticidas Trabalhadores na indústria de lavanderia e tinturaria do vestuário Trabalhadores na indústria de destilação e refinação de petróleo Trabalhadores na indústria de material plástico
11 º GRUPO – **Indústrias do papel, papelão e cortiça** **Atividades ou categorias econômicas**	**11 º GRUPO –** **Trabalhadores nas Indústrias do papel, papelão e cortiça** **Categorias profissionais**
Indústria do papel Indústria do papelão Indústria de cortiça Indústria de artefatos de papel, papelão e cortiça	Trabalhadores na indústria de papel, papelão e cortiça (Corrigido pelo Decreto Lei nº 6.353, de 1944) Trabalhadores na indústria de artefatos de papel, papelão e cortiça
12 º GRUPO – **Indústrias gráficas** **Atividades ou categorias econômicas**	**12 º GRUPO –** **Trabalhadores nas Indústrias gráficas** **Categorias profissionais**
Indústria da tipografia Indústria da gravura Indústria da encadernação	Oficiais gráficos Oficiais encadernadores

13 ° GRUPO – Indústrias de vidros, cristais, espelhos, cerâmica de louça e porcelana Atividades ou categorias econômicas	**13 ° GRUPO – Trabalhadores nas Indústrias de vidros, cristais, espelhos, cerâmica de louça e porcelana Categorias profissionais**
Indústria de vidros e cristais planos Indústria de vidros e cristais ocos (frascos, garrafas, copos e similares Indústria de espelhos de polimento (lapidação de vidro) Indústria de cerâmica de louça de pó de pedra, da porcelana e da louça de barro	Trabalhadores na indústria de vidros, cristais e espelhos Trabalhadores na indústria de cerâmica de louça de pó de pedra, da porcelana e da louça de barro
14 ° GRUPO – Indústrias metalúrgicas, mecânica e de material elétrico Atividades ou categorias econômicas	**14 ° GRUPO – Trabalhadores nas Indústrias metalúrgicas, mecânica e de material elétrico Categorias profissionais**
Indústria do ferro (siderurgia) Indústria da fundição Indústria de artefatos de ferro e metais em geral Indústria da serralheria Indústria da mecânica Indústria da galvanoplastia e de niquelação Indústria de máquinas Indústria de cutelaria Indústria de balanças, pesos e medidas Indústria de funilaria Indústria de estamparia de metais Indústria de moveis de metal Indústria da construção e montagem de veículos Indústria de reparação de veículos e acessórios Indústria da construção naval Indústria de lâmpadas e aparelhos elétricos de iluminação Indústria de condutores elétricos e de trefilação Indústria de aparelhos elétricos e similares Indústria de aparelhos de radiotransmissão	Trabalhadores metalúrgicos (siderurgia e fundição) Trabalhadores em oficinas mecânicas Trabalhadores na indústria do material elétrico
15 ° GRUPO – Indústrias de instrumentos musicais e brinquedos Atividades ou categorias econômicas	**15 ° GRUPO – Trabalhadores nas Indústrias de instrumentos musicais e brinquedos Categorias profissionais**
Indústrias de instrumentos musicais Indústrias de brinquedos	Trabalhadores na indústria de instrumentos musicais Trabalhadores na indústria de brinquedos
CONFEDERAÇÃO NACIONAL DO COMÉRCIO	**CONFEDERAÇÃO NACIONAL DOS TRABALHADORES NO COMÉRCIO**
1 ° GRUPO – Comércio atacadista Atividades ou categorias econômicas	**1 ° GRUPO – Empregados no comércio Categorias profissionais**
Comércio atacadista de algodão e outras fibras vegetais Comércio atacadista de café Comércio atacadista de carnes frescas e congeladas Comércio atacadista de carvão vegetal e lenha Comércio atacadista de gêneros alimentícios Comércio atacadista de tecidos, vestuário e armarinho Comércio atacadista de louças, tintas e ferragens Comércio atacadista de maquinismos em geral Comércio atacadista de material de construção Comércio atacadista de material elétrico Comércio atacadista de minérios e combustíveis minerais Comércio atacadista de produtos químicos para a indústria e lavoura Comércio atacadista de drogas e medicamentos Comércio atacadista de pedras preciosas Comércio atacadista de joias e relógios Comércio atacadista de papel e papelão	Empresgados no comércio (prepostos do comércio em geral) Empregados vendedores e viajantes do comércio Trabalhadores em empresas comerciais de minérios e combustíveis minerais

2 ° GRUPO – **Comércio varejista** **Atividades ou categorias econômicas**	
Lojistas do comércio (estabelecimentos de tecidos de vestuário, adorno e acessórios, de objetos de arte, de louças finas, de ótica, de cirurgia, de papelaria e material de escritório, de livraria, de material fotográfico, de moveis e congêneres) Comércio varejista de carnes frescas Comércio varejista de de gêneros alimentícios Comércio varejista de produtos farmacêuticos Comércio varejista de maquinismos, ferragens e tintas (utensílios e ferramentas) Comércio varejista de material elétrico Comércio varejista de automóveis e acessórios Comércio varejista de carvão vegetal e lenha Comércio varejista de combustíveis minerais Comércio de vendedores ambulantes (trabalhadores autônomos) Comércio varejista dos feirantes	Práticos de farmácia
3 ° GRUPO – Agentes autônomos do comércio **Atividades ou categorias econômicas**	**2 ° GRUPO – Empregados de agentes autônomos de comércio** **Categorias profissionais**
Corretores de mercadorias Corretores de navios Corretores de imóveis Despachantes aduaneiros Despachantes de estrada de ferro Leiloeiros Representantes comerciais Comissários e consignatários	Empregados de agentes autônomos do comércio
4 ° GRUPO – Comércio armazenador **Atividades ou categorias econômicas**	**3 ° GRUPO – Trabalhadores no comércio armazenador** **Categorias profissionais**
Trapiches Armazens gerais (de café, algodão e outros produtos) Entreposto (de carnes, leite e outros produtos)	Trabalhadores no comércio armazenador (Trapiches, armazens gerais e entrepostos) Carregadores e ensacadores de café Carregadores e ensacadores de sal
5 ° GRUPO – Turismo e hospitalidade **Atividades ou categorias econômicas**	**4 ° GRUPO – Empregados em Turismo e hospitalidade** **Categorias profissionais**
Empresa de turismo Hotéis e similares (restaurantes, pensões, bares, cafés, leiterias e confeitarias Hospitais, clínicas casa de saúde Casas de diversões salões de barbeiros e de cabeleireiros, institutos de beleza e similares Empresas de compra e venda e de locação de imóveis Serviços de lustradores de calçados	Intérpretes e guias de turismo Empregados no comércio hoteleiro e similares (inclusive porteiros e cabineiros de edifícios) Enfermeiros e empregados em hospitais e casas de saúde, inclusive duchista e massagistas Empregados em casas de diversões Oficiais, barbeiros, cabeleireiros e similares Lustradores de calçados

CONFEDERAÇÃO NACIONAL DOS TRANSPORTES MARÍTIMOS, FLUVIAIS E AÉREOS	CONFEDERAÇÃO NACIONAL DOS TRABALHADORES EM TRANSPORTES MARÍTIMOS, FLUVIAIS E AÉREOS
1 º GRUPO – Empresa de navegação marítima e fluvial Atividades ou categorias econômicas	**1 º GRUPO – Trabalhadores em transportes marítimos e fluviais Categorias profissionais**
Empresa de navegação marítima	Oficiais de náutica da Marinha Mercante Oficiais de máquinas da Marinha Mercante Comissários da Marinha Mercante Motoristas e condutores da Marinha Mercante Conferentes de carga da Marinha Mercante Práticos, arrais e mestres de cabotagem em transportes marítimos Contramestres, marinheiros e moços em transportes marítimos Radiotelegrafistas da Marinha Mercante Taifeiros, culinários e panificadores marítimos Foguistas na Marinha Mercante (inclusive carvoeiros) Médicos da Marinha Mercante Enfermeiros da. Marinha Mercante Empregados em escritórios das empresas de navegação marítima Mestres e encarregados de estaleiros das empresas de navegação marítima Operários navais (trabalhadores em estaleiros de navegação marítima e calafates navais) Carpinteiros navais
Empresa de navegação fluvial e lacustre Agências de navegação	Oficiais de náutica em transportes fluviais Oficiais de máquinas em transportes fluviais Comissários em transportes fluviais Motoristas e condutores em transportes fluviais Conferentes de carga em transportes fluviais Práticos, arrais e mestres de cabotagem em transportes fluviais Contramestres, marinheiros e moços em transportes fluviais Radiotelegrafistas em transportes fluviais Taifeiros, culinários e panificadores em transportes fluviais Foguistas em transportes fluviais (inclusive carvoeiros) Médicos em transportes fluviais Enfermeiros em transportes fluviais Empregados em escritórios das empresas de navegação fluvial Mestres e encarregados de estaleiros das empresas de navegação fluvial Operários fluviais (trabalhadores em estaleiros de navegação fluvial e calafates fluviais) Carpinteiros fluviais Enfermeiros da Marinho Mercante.
2 º GRUPO – Empresas aeroviárias Atividades ou categorias econômicas	**2 º GRUPO – Trabalhadores em transportes aéreos Categorias profissionais**
Empresas aeroviárias	Aeronautas Aeroviários
3 º GRUPO – Empresários e administradores de portos Atividades ou categorias econômicas	**3 º GRUPO – Estivadores Categorias profissionais**
Empresários e administradores de portos Carregadores e transportadores de bagagem dos portos (trabalhadores autônomos)	Estivadores Trabalhadores em estiva de minérios

4 ° GRUPO	4 ° GRUPO – Portuários Categorias profissionais
	Trabalhadores nos serviços portuários Motoristas em guindastes dos portos Conferentes e consertadores de carga e descarga nos portos
CONFEDERAÇÃO NACIONAL DOS TRANSPORTES TERRESTRES	**CONFEDERAÇÃO NACIONAL DOS TRANSPORTES EM TRANSPORTES TERRESTRES**
1° GRUPO – Empresas ferroviárias Atividades ou categorias econômicas	**1° GRUPO – Trabalhadores ferroviários Categorias profissionais**
Empresas ferroviárias Carregadores e transportadores de bagagens em estações ferroviárias (trabalhadores autônomos)	Trabalhadores em empresas ferroviárias
2° GRUPO – Empresas de transportes rodoviárias Atividades ou categorias econômicas	**2° GRUPO – Trabalhadores em transportes rodoviárias Categorias profissionais**
Empresas de transportes de passageiros Empresas de veículos de carga Empresas de garagens Carregadores e transportadores de volumes de bagagens em geral (trabalhadores autônomos)	Empregados em escritórios de empresas de transportes rodoviárias Condutores de veículos rodoviários (inclusive ajudantes e carregadores, trocadores de ônibus, lavadores de automóveis)
3° GRUPO – Empresas de carrís urbanos (inclusive cabos aéreos Atividades ou categorias econômicas	**3° GRUPO – Trabalhadores em empresas de carrís urbanos (inclusive cabos aéreos) Categorias profissionais**
CONFEDERAÇÃO NACIONAL DE COMUNICAÇÕES E PUBLICIDADE	**CONFEDERAÇÃO NACIONAL DOS TRABALHADORES EM TRANSPORTES TERRESTRES**
1º GRUPO – Empresas de comunicações Atividades ou categorias econômicas	**1º GRUPO – Trabalhadores em empresas de comunicações Categorias profissionais**
Empresas telegráficas terrestres Empresas telegráficas submarinas Empresas rádio-telegráficas e radio-telefônicas Empresas telefônicas Empresas mensageiras	Trabalhadores em empresas telegráficas Trabalhadores em empresas rádio-telegráficas Trabalhadores em empresas radio-telefônicas Trabalhadores em empresas telefônicas Trabalhadores em empresas mensageiras
2º GRUPO – Empresas de publicidade Atividades ou categorias econômica	**2º GRUPO – Trabalhadores em empresas de publicidade Categorias profissionais**
Empresas de publicidade comercial (inclusive preparação de material para publicidade) Empresa de radiofusão	Agenciadores de publicidade e propagandistas Trabalhadores em empresas de radiodifusão
3º GRUPO – Empresas jornalísticas Atividades ou categorias econômica	**3º GRUPO – Trabalhadores em empresas jornalísticas Categorias profissionais**
Empresas proprietárias de jornais e revistas Distribuidores e vendedores de jornais e revistas (trabalhadores autônomos)	Jornalistas profissionais (redatores, repórteres, revisores, fotógrafos, etc.)

CONFEDERAÇÃO NACIONAL DAS EMPRESAS DE CRÉDITO	CONFEDERAÇÃO NACIONAL DOS TRABALHADORES NAS EMPRESAS DE CRÉDITO
1º GRUPO – Estabelecimentos bancários Atividades ou categorias econômicas	**1º GRUPO – Empregados em estabelecimentos bancários Categorias profissionais**
Bancos Casas bancárias	Empregados em estabelecimentos bancários
2º GRUPO – Empresas de seguros privados e capitalização Atividades ou categorias econômicas	**2º GRUPO – Empregados em empresas de seguros privados e capitalização Categorias profissionais**
Empresas de seguros Empresas de capitalização	Empregados de empresas de seguros privados e capitalização
3º GRUPO – Agentes autônomos de seguros privados e de crédito Atividades ou categorias econômicas	**3º GRUPO – Empregados de agentes autônomos de seguros privados e de crédito Categorias profissionais**
Corretores de seguros e de capitalização Corretores de fundos públicos e câmbio	Empregados de agentes autônomos de seguros e de crédito
CONFEDERAÇÃO NACIONAL DE EDUCAÇÃO E CULTURA	**CONFEDERAÇÃO NACIONAL DOS TRABALHADORES EM ESTABELECIMENTOS DE EDUCAÇÃO E CULTURA**
1º GRUPO – Estabelecimentos de ensino Atividades ou categorias econômicas	**1º GRUPO – Trabalhadores em estabelecimentos de ensino Categorias profissionais**
Universidades e faculdades superiores reconhecidas Estabelecimentos de ensino de artes Estabelecimentos de ensino secundário e primário Estabelecimentos de ensino técnico-profissional	Professores do ensino superior Professores do ensino de arte Professores do ensino secundário e primário Mestres e contramestres de ensino técnico-profissional Auxiliares de administração escolar (empregados de estabelecimentos de ensino)
2º GRUPO – Empresa de difusão cultural e artística Atividades ou categorias econômicas	**2º GRUPO – Trabalhadores em empresas de difusão cultural e artística Categorias profissionais**
Empresas editoras de livros e publicações culturais Empresas teatrais Biblioteca Empresas de gravação de discos Empresas cinematográficas Empresas exibidoras cinematográficas Museus e laboratórios de pesquisas (tecnológicas) Empresas de orquestras Empresas artes plásticas Empresas de arte fotográfica	Empregados de empresas editoras de livros e publicações culturais Empregados de empresas teatrais e cinematográficas Cenógrafos e cenotécnicos Atores teatrais (inclusive corpos corais e bailados) Empregados de biblioteca Empregados em empresas de gravação de discos Atores cinematográficos Operadores cinematográficos Empregados de museus e laboratórios de pesquisas (tecnologistas) Músicos profissionais Artistas plásticos profissionais Fotógrafos profissionais
3º GRUPO – Estabelecimentos de cultura física Atividades ou categorias econômicas	**3º GRUPO – Trabalhadores em estabelecimentos de cultura física Categorias profissionais**
Estabelecimentos de esportes terrestres Estabelecimentos de esportes aquáticos Estabelecimentos de esportes aéreos	Atletas profissionais Empregados de clubes esportivos

CONFEDERAÇÃO NACIONAL DAS PROFISSÕES LIBERAIS
GRUPOS
1º Advogados
2º Médicos
3º Odontologistas
4º Médicos veterinários
5º Farmacêuticos
6º Engenheiros (civis, de minas, mecânicos, eletricistas, industriais, arquitetos e agrônomos)
7º Químicos (químicos industriais, químicos industriais agrícolas e engenheiros químicos)
8º Parteiros
9º Economistas
10º Atuários
11º contábilistas
12º Professores (privados)
13º Escritores
14º Autores teatrais
15º Compositores artísticos, musicais e plásticos

2. SÚMULAS DO TST EM VIGOR

▸ **Súmula nº 1** – Prazo judicial. Quando a intimação tiver lugar na sexta-feira, ou a publicação com efeito de intimação for feita nesse dia, o prazo judicial será contado da segunda-feira imediata, inclusive, salvo se não houver expediente, caso em que fluirá no dia útil que se seguir. Art. 775.

▸ **Súmula nº 6** – EQUIPARAÇÃO SALARIAL. ART. 461 DA CLT (redação do item VI alterada) – Res. 198/2015, republicada em razão de erro material – DEJT divulgado em 12, 15 e 16.06.2015

I – Para os fins previstos no § 2º do art. 461 da CLT, só é válido o quadro de pessoal organizado em carreira quando homologado pelo Ministério do Trabalho, excluindo-se, apenas, dessa exigência o quadro de carreira das entidades de direito público da administração direta, autárquica e fundacional aprovado por ato administrativo da autoridade competente. (ex-Súmula nº 06 – alterada pela Res. 104/2000, DJ 20.12.2000)

II – Para efeito de equiparação de salários em caso de trabalho igual, conta-se o tempo de serviço na função e não no emprego. (ex-Súmula nº 135 – RA 102/1982, DJ 11.10.1982 e DJ 15.10.1982)

III – A equiparação salarial só é possível se o empregado e o paradigma exercerem a mesma função, desempenhando as mesmas tarefas, não importando se os cargos têm, ou não, a mesma denominação. (ex-OJ da SBDI-1 nº 328 – DJ 09.12.2003)

IV – É desnecessário que, ao tempo da reclamação sobre equiparação salarial, reclamante e paradigma estejam a serviço do estabelecimento, desde que o pedido se relacione com situação pretérita. (ex-Súmula nº 22 – RA 57/1970, DO-GB 27.11.1970)

V – A cessão de empregados não exclui a equiparação salarial, embora exercida a função em órgão governamental estranho à cedente, se esta responde pelos salários do paradigma e do reclamante. (ex-Súmula nº 111 – RA 102/1980, DJ 25.09.1980)

VI – Presentes os pressupostos do art. 461 da CLT, é irrelevante a circunstância de que o desnível salarial tenha origem em decisão judicial que beneficiou o paradigma, exceto: a) se decorrente de vantagem pessoal ou de tese jurídica superada pela jurisprudência de Corte Superior; b) na hipótese de equiparação salarial em cadeia, suscitada em defesa, se o empregador produzir prova do alegado fato modificativo, impeditivo ou extintivo do direito à equiparação salarial em relação ao paradigma remoto, considerada irrelevante, para esse efeito, a existência de diferença de tempo de serviço na função superior a dois anos entre o reclamante e os empregados paradigmas componentes da cadeia equiparatória, à exceção do paradigma imediato.

VII – Desde que atendidos os requisitos do art. 461 da CLT, é possível a equiparação salarial de trabalho intelectual, que pode ser avaliado por sua perfeição técnica, cuja aferição terá critérios objetivos. (ex-OJ da SBDI-1 nº 298 – DJ 11.08.2003)

VIII – É do empregador o ônus da prova do fato impeditivo, modificativo ou extintivo da equiparação salarial. (ex-Súmula nº 68 – RA 9/1977, DJ 11.02.1977)

IX – Na ação de equiparação salarial, a prescrição é parcial e só alcança as diferenças salariais vencidas no período de 5 (cinco) anos que precedeu o ajuizamento. (ex-Súmula nº 274 – alterada pela Res. 121/2003, DJ 21.11.2003)

X – O conceito de "mesma localidade" de que trata o art. 461 da CLT refere-se, em princípio, ao mesmo município, ou a municípios distintos que, comprovadamente, pertençam à mesma região metropolitana. (ex-OJ da SBDI-1 nº 252 – inserida em 13.03.2002)

▸ **Súmula nº 7** – Férias. A indenização pelo não-deferimento das férias no tempo oportuno será calculada com base na remuneração devida ao empregado na época da reclamação ou, se for o caso, na da extinção do contrato. Arts. 137, 142 e 146.

▸ **Súmula nº 8** – Juntada de documento. A juntada de documentos na fase recursal só se justifica quando provado o justo impedimento para sua oportuna apresentação ou se referir a fato posterior à sentença. Arts. 788 e 830.

▸ **Súmula nº 9** – Ausência do reclamante. A ausência do reclamante, quando adiada a instrução após contestada a ação em audiência, não importa arquivamento do processo. Arts. 820 e 844.

▸ **Súmula nº 10** – PROFESSOR. DISPENSA SEM JUSTA CAUSA. TÉRMINO DO ANO LETIVO OU NO CURSO DE FÉRIAS ESCOLARES. AVISO PRÉVIO (redação alterada em sessão do Tribunal Pleno realizada em 14.09.2012) – Res. 185/2012 – DEJT divulgado em 25, 26 e 27.09.2012. O direito aos salários do período de férias escolares assegurado aos professores (art. 322, caput e § 3º, da CLT) não exclui o direito ao aviso prévio, na hipótese de dispensa sem justa causa ao término do ano letivo ou no curso das férias escolares. Arts. 146 e 322.

▸ **Súmula nº 12** – Carteira profissional. As anotações apostas pelo empregador na carteira profissional do empregado não geram presunção "juris et de jure", mas apenas "juris tantum". Arts. 13, 29, 30, 34, 40, 41, 447 e 456.

▸ **Súmula nº 13** – Mora. O só pagamento dos salários atrasados em audiência não ilide a mora capaz de determinar a rescisão do contrato de trabalho. Art. 483.

▸ **Súmula nº 14** – Culpa recíproca. Reconhecida a culpa recíproca na rescisão do contrato de trabalho (art. 484 da CLT), o empregado tem direito a 50% (cinqüenta por cento) do valor do aviso prévio, do décimo terceiro salário e das férias proporcionais. Arts. 484 e 487.

▸ **Súmula nº 15** – Atestado médico. A justificação da ausência do empregado motivada por doença, para a percepção do salário-enfermidade e da remuneração do repouso semanal, deve observar a ordem preferencial dos atestados médicos estabelecida em lei. Arts. 70 e 473.

▸ **Súmula nº 16** – Notificação. Presume-se recebida a notificação 48 (quarenta e oito) horas depois de sua postagem. O seu não-recebimento ou a entrega após o decurso desse prazo constitui ônus de prova do destinatário. Arts. 774, 818 e 841.

▸ **Súmula nº 18** – Compensação. A compensação, na Justiça do Trabalho, está restrita a dívidas de natureza trabalhista. Art. 767.

▸ **Súmula nº 19** – Quadro de carreira. A Justiça do Trabalho é competente para apreciar reclamação de empregado que tenha por objeto direito fundado em quadro de carreira. Arts. 461 e 643.

▸ **Súmula nº 23** – Recurso. Não se conhece de recurso de revista ou de embargos, se a decisão recorrida resolver determinado item do pedido por diversos fundamentos e a jurisprudência transcrita não abranger a todos. Arts. 894 e 896.

▸ **Súmula nº 24** – Serviço extraordinário. Insere-se no cálculo da indenização por antigüidade o salário relativo a serviço extraordinário, desde que habitualmente prestado. Arts. 59 e 478.

▸ **Súmula nº 25** do TST – CUSTAS PROCESSUAIS. INVERSÃO DO ÔNUS DA SUCUMBÊNCIA. (alterada a Súmula e incorporadas as Orientações Jurisprudenciais nºs 104 e 186 da SBDI-1) – Res. 197/2015 – DEJT divulgado em 14, 15 e 18.05.2015

I – A parte vencedora na primeira instância, se vencida na segunda, está obrigada, independente-mente de intimação, a pagar as custas fixadas na sentença originária, das quais ficara isenta a parte então vencida;

II – No caso de inversão do ônus da sucumbência em segundo grau, sem acréscimo ou atualização do valor das custas e se estas já foram devidamente recolhidas, descabe um novo pagamento pela parte vencida, ao recorrer. Deverá ao final, se sucumbente, reembolsar a quantia; (ex-OJ nº 186 da SBDI-I)

III – Não caracteriza deserção a hipótese em que, acrescido o valor da condenação, não houve fixação ou cálculo do valor devido a título de custas e tampouco intimação da parte para o preparo do recurso, devendo ser as custas pagas ao final; (ex-OJ nº 104 da SBDI-I)

IV – O reembolso das custas à parte vencedora faz-se necessário mesmo na hipótese em que a parte vencida for pessoa isenta do seu pagamento, nos termos do art. 790-A, parágrafo único, da CLT.

▸ **Súmula nº 27** – Comissionista. É devida a remuneração do repouso semanal e dos dias feriados ao empregado comissionista, ainda que pracista. Art. 70

▸ **Súmula nº 28** – Indenização. No caso de se converter a reintegração em indenização dobrada, o direito aos salários é assegurado até a data da primeira decisão que determinou essa conversão. Arts. 496 e 500.

▸ **Súmula nº 29** – Transferência. Empregado transferido, por ato unilateral do empregador, para local mais distante de sua residência, tem direito a suplemento salarial correspondente ao acréscimo da despesa de transporte. Art. 470.

▸ **Súmula nº 30** – Intimação da sentença. Quando não juntada a ata ao processo em 48 horas, contadas da audiência de julgamento (art. 851, § 2º, da CLT), o prazo para recurso será contado da data em que a parte receber a intimação da sentença. Art. 851.

▸ **Súmula nº 32** – Abandono de emprego. Presume-se o abandono de emprego se o trabalhador não retornar ao serviço no prazo de 30 (trinta) dias após a cessação do benefício previdenciário nem justificar o motivo de não o fazer. Arts. 482 e 884.

▸ **Súmula nº 33** – Mandado de segurança. Decisão judicial transitada em julgado. Não cabe mandado de segurança de decisão judicial transitada em julgado. Art. 884.

▸ **Súmula nº 36** – Custas. Nas ações plúrimas, as custas incidem sobre o respectivo valor global. Art. 789.

▸ **Súmula nº 39** – Periculosidade. Os empregados que operam em bomba de gasolina têm direito ao adicional de periculosidade (Lei nº 2.573, de 15.08.1955). Art. 193.

▸ **Súmula nº 43** – Transferência. Presume-se abusiva a transferência de que trata o § 1º do art. 469 da CLT, sem comprovação da necessidade do serviço. Art. 469.

▸ **Súmula nº 44** – Aviso prévio. A cessação da atividade da empresa, com o pagamento da indenização, simples ou em dobro, não exclui, por si só, o direito do empregado ao aviso prévio. Arts. 485 e 487.

▸ **Súmula nº 45** – Serviço suplementar. A remuneração do serviço suplementar, habitualmente prestado, integra o cálculo da gratificação natalina prevista na Lei nº 4.090, de 13.07.1962. Art. 59.

▸ **Súmula nº 46** – Acidente de trabalho. As faltas ou ausências decorrentes de acidente do trabalho não são consideradas para os efeitos de duração de férias e cálculo da gratificação natalina. Arts. 4, 130 e 131.

▸ **Súmula nº 47** – Insalubridade. O trabalho executado em condições insalubres, em caráter intermitente, não afasta, só por essa circunstância, o direito à percepção do respectivo adicional. Art. 192.

▸ **Súmula nº 48** – Compensação. A compensação só poderá ser argüida com a contestação. Art. 767.

▸ **Súmula nº 50** – Gratificação natalina. A gratificação natalina, instituída pela Lei nº 4.090, de 13.07.1962, é devida pela empresa cessionária ao servidor público cedido enquanto durar a cessão.

▸ **Súmula nº 51** – Norma regulamentar. Vantagens e opção pelo novo regulamento. Art. 468 da CLT.

I – As cláusulas regulamentares, que revoguem ou alterem vantagens deferidas anteriormente, só atingirão os trabalhadores admitidos após a revogação ou alteração do regulamento.

II – Havendo a coexistência de dois regulamentos da empresa, a opção do empregado por um deles tem efeito jurídico de renúncia às regras do sistema do outro. Arts. 444 e 468.

▸ **Súmula nº 52** – Tempo de serviço. O adicional de tempo de serviço (qüinqüênio) é devido, nas condições estabelecidas no art. 19 da Lei nº 4.345, de 26.06.1964, aos contratados sob o regime da CLT, pela empresa a que se refere a mencionada lei, inclusive para o fim de complementação de aposentadoria. Arts. 236 e 457.

▸ **Súmula nº 53** – Custas. O prazo para pagamento das custas, no caso de recurso, é contado da intimação do cálculo. Art. 789.

▸ **Súmula nº 54** – Optante. Rescindindo por acordo seu contrato de trabalho, o empregado estável optante tem direito ao mínimo de 60% (sessenta por cento) do total da indenização em dobro, calculada sobre o maior salário percebido no emprego. Se houver recebido menos do que esse total, qualquer que tenha sido a forma de transação, assegura-se-lhe a complementação até aquele limite. Art. 492.

▸ **Súmula nº 55** – Financeiras. As empresas de crédito, financiamento ou investimento, também denominadas financeiras, equiparam-se aos estabelecimentos bancários para os efeitos do art. 224 da CLT. Art. 224.

▸ **Súmula nº 58** – Pessoal de obras. Ao empregado admitido como pessoal de obras, em caráter permanente e não amparado pelo regime estatutário, aplica-se a legislação trabalhista.

▸ **Súmula nº 60** – Adicional noturno. Integração no salário e prorrogação em horário diurno.

I – O adicional noturno, pago com habitualidade, integra o salário do empregado para todos os efeitos.

II – Cumprida integralmente a jornada no período noturno e prorrogada esta, devido é também o adicional quanto às horas prorrogadas. Exegese do art. 73, § 5º, da CLT. Arts. 73 e 478.

▸ **Súmula nº 61** – Ferroviário. Aos ferroviários que trabalham em estação do interior, assim classificada por autoridade competente, não são devidas horas extras (art. 243 da CLT). Arts. 243 e 244.

▸ **Súmula nº 62** – Abandono de emprego. O prazo de decadência do direito do empregador de ajuizar inquérito em face do empregado que incorre em abandono de emprego é contado a partir do momento em que o empregado pretendeu seu retorno ao serviço. Arts. 11, 482, 495 e 855.

▸ **Súmula nº 63** – Fundo de Garantia. A contribuição para o Fundo de Garantia do Tempo de Serviço incide sobre a remuneração mensal devida ao empregado, inclusive horas extras e adicionais eventuais.

▸ **Súmula nº 65** – Vigia. O direito à hora reduzida de 52 minutos e 30 segundos aplica-se ao vigia noturno. Art. 73.

▸ **Súmula nº 67** – Gratificação. Ferroviário. Chefe de trem, regido pelo estatuto dos ferroviários (Decreto nº 35.530, de 19.09.1959), não tem direito à gratificação prevista no respectivo art. 110. Art. 236.

▸ **Súmula nº 69** – Rescisão do contrato. A partir da Lei nº 10.272, de 05.09.2001, havendo rescisão do contrato de trabalho e sendo revel e confesso quanto à matéria de fato, deve ser o empregador condenado ao pagamento das verbas rescisórias, não quitadas na primeira audiência, com acréscimo de 50% (cinqüenta por cento). Art. 467.

▸ **Súmula nº 70** – Adicional de periculosidade. O adicional de periculosidade não incide sobre os triênios pagos pela Petrobras. Art. 193.

▸ **Súmula nº 71** – Alçada. A alçada é fixada pelo valor dado à causa na data de seu ajuizamento, desde que não impugnado, sendo inalterável no curso do processo. Arts. 789, 840 e 895.

▸ **Súmula nº 72** – Aposentadoria. O prêmio-aposentadoria instituído por norma regulamentar da empresa não está condicionado ao disposto no § 2º do art. 14 da Lei nº 8.036, de 11.05.1990.

▸ **Súmula nº 73** – Despedida. Justa causa. A ocorrência de justa causa, salvo a de abandono de emprego, no decurso do prazo do aviso prévio dado pelo empregador, retira do empregado qualquer direito às verbas rescisórias de natureza indenizatória. Arts. 482 e 491.

▸ **Súmula nº 74** – Confissão.

I – Aplica-se a confissão à parte que, expressamente intimada com aquela cominação, não comparecer à audiência em prosseguimento, na qual deveria depor. (ex-Súmula nº 74 – RA 69/1978, DJ 26.09.1978)

II – A prova pré-constituída nos autos pode ser levada em conta para confronto com a confissão ficta (arts. 442 e 443, do CPC de 2015 – art. 400, I, do CPC de 1973), não implicando cerceamento de defesa o indeferimento de provas posteriores. (ex-OJ nº 184 da SBDI-I – inserida em 08.11.2000)

III – A vedação à produção de prova posterior pela parte confessa somente a ela se aplica, não afetando o exercício, pelo magistrado, do poder/dever de conduzir o processo. Arts. 74, 820 e 844.

▸ **Súmula nº 77** – Punição. Nula é a punição de empregado se não precedida de inquérito ou sindicância internos a que se obrigou a empresa por norma regulamentar. Arts. 9, 474 e 500.

▸ **Súmula nº 80** – Insalubridade. A eliminação da insalubridade mediante fornecimento de aparelhos protetores aprovados pelo órgão competente do Poder Executivo exclui a percepção do respectivo adicional. Arts. 191 e 192.

▸ **Súmula nº 81** – Férias. Os dias de férias gozados após o período legal de concessão deverão ser remunerados em dobro. Art. 137.

▸ **Súmula nº 82** – Assistência. A intervenção assistencial, simples ou adesiva, só é admissível se demonstrado o interesse jurídico e não o meramente econômico.

▸ **Súmula nº 83** – Ação Rescisória. Matéria controvertida.

I – Não procede pedido formulado na ação rescisória por violação literal de lei se a decisão rescindenda estiver baseada em texto legal infraconstitucional de interpretação controvertida nos Tribunais.

II – O marco divisor quanto a ser, ou não, controvertida, nos Tribunais, a interpretação dos dispositivos legais citados na ação rescisória é a data da inclusão, na Orientação Jurisprudencial do TST, da matéria discutida. Art. 836

▸ **Súmula nº 84** – Adicional regional. O adicional regional, instituído pela Petrobras, não contraria o art. 7º, XXXII, da CF/1988.

▸ **Súmula nº 85** – Compensação de jornada. (inserido o item VI) – Res. 209/2016, DEJT divulgado em 01, 02 e 03.06.2016

I – A compensação de jornada de trabalho deve ser ajustada por acordo individual escrito, acordo coletivo ou convenção coletiva. (ex-Súmula nº 85 – primeira parte – alterada pela Res. 121/2003, DJ 21.11.2003)

II – O acordo individual para compensação de horas é válido, salvo se houver norma coletiva em sentido contrário. (ex-OJ nº 182 da SBDI-I – inserida em 08.11.2000)

III – O mero não atendimento das exigências legais para a compensação de jornada, inclusive quando encetada mediante acordo tácito, não implica a repetição do pagamento das horas excedentes à jornada normal diária, se não dilatada a jornada máxima semanal, sendo devido apenas o respectivo adicional. (ex-Súmula nº 85 – segunda parte – alterada pela Res. 121/2003, DJ 21.11.2003)

IV – A prestação de horas extras habituais descaracteriza o acordo de compensação de jornada. Nesta hipótese, as horas que ultrapassarem a jornada semanal normal deverão ser pagas como horas extraordinárias e, quanto àquelas destinadas à compensação, deverá ser pago a mais apenas o adicional por trabalho extraordinário. (ex-OJ nº 220 da SBDI-I – inserida em 20.06.2001)

V – As disposições contidas nesta súmula não se aplicam ao regime compensatório na modalidade "banco de horas", que somente pode ser instituído por negociação coletiva.

VI – Não é válido acordo de compensação de jornada em atividade insalubre, ainda que estipulado em norma coletiva, sem a necessária inspeção prévia e permissão da autoridade competente, na forma do art. 60 da CLT. Art. 59.

▸ **Súmula nº 86** – Deserção. Massa falida. Empresa em liquidação extrajudicial. Não ocorre deserção de recurso da massa falida por falta de pagamento de custas ou de depósito do valor da condenação. Esse privilégio, todavia, não se aplica à empresa em liquidação extrajudicial. Arts. 789, 790-A e 899.

▸ **Súmula nº 87** – Previdência privada. Se o empregado, ou seu beneficiário, já recebeu da instituição previdenciária privada, criada pela empresa, vantagem equivalente, é cabível a dedução de seu valor do benefício a que faz jus por norma regulamentar anterior. Arts. 12 e 468.

▸ **Súmula nº 89** – Falta ao serviço. Se as faltas já são justificadas pela lei, consideram-se como ausências legais e não serão descontadas para o cálculo do período de férias. Arts. 130 e 131.

▸ **Súmula nº 90** – Horas in itinere. Tempo de serviço.

I – O tempo despendido pelo empregado, em condução fornecida pelo empregador, até o local de trabalho de difícil acesso, ou não servido por transporte público regular, e para o seu retorno é computável na jornada de trabalho.

II – A incompatibilidade entre os horários de início e término da jornada do empregado e os do transporte público regular é circunstância que também gera o direito às horas "in itinere".

III – A mera insuficiência de transporte público não enseja o pagamento de horas "in itinere".

IV – Se houver transporte público regular em parte do trajeto percorrido em condução da empresa, as horas "in itinere" remuneradas limitam-se ao trecho não alcançado pelo transporte público.

V – Considerando que as horas "in itinere" são computáveis na jornada de trabalho, o tempo que extrapola a jornada legal é considerado como extraordinário e sobre ele deve incidir o adicional respectivo. Art. 58.

▸ **Súmula nº 91** – Salário complessivo. Nula é a cláusula contratual que fixa determinada importância ou percentagem para atender englobadamente vários direitos legais ou contratuais do trabalhador. Arts. 9 e 457.

▸ **Súmula nº 92** – Aposentadoria. O direito à complementação de aposentadoria, criado pela empresa, com requisitos próprios, não se altera pela instituição de benefício previdenciário por órgão oficial. Art. 468.

▸ **Súmula nº 93** – Bancário. Integra a remuneração do bancário a vantagem pecuniária por ele auferida na colocação ou na venda de papéis ou valores mobiliários de empresas pertencentes ao mesmo grupo econômico, se exercida essa atividade no horário e no local de trabalho e com o consentimento, tácito ou expresso, do banco empregador. Arts. 2 e 224.

▸ **Súmula nº 96** – Marítimo. A permanência do tripulante a bordo do navio, no período de repouso, além da jornada, não importa presunção de que esteja à disposição do empregador ou em regime de prorrogação de horário, circunstâncias que devem resultar provadas, dada a natureza do serviço. Art. 248.

▸ **Súmula nº 97** – Aposentadoria. Complementação. Instituída complementação de aposentadoria por ato da empresa, expressamente dependente de regulamentação, as condições desta devem ser observadas como parte integrante da norma. Art. 468.

▸ **Súmula nº 98** – FGTS. Indenização. Equivalência. Compatibilidade.

I – A equivalência entre os regimes do Fundo de Garantia do Tempo de Serviço e da estabilidade prevista na CLT é meramente jurídica e não econômica, sendo indevidos valores a título de reposição de diferenças.

II – A estabilidade contratual ou a derivada de regulamento de empresa são compatíveis com o regime do FGTS. Diversamente ocorre com a estabilidade legal (decenal, art. 492 da CLT), que é renunciada com a opção pelo FGTS. Arts. 477 e 492.

▸ **Súmula nº 99** – Ação Rescisória. Deserção. Prazo. Havendo recurso ordinário em sede de rescisória, o depósito recursal só é exigível quando for julgado procedente o pedido e imposta condenação em pecúnia, devendo este ser efetuado no prazo recursal, no limite e nos termos da legislação vigente, sob pena de deserção. Arts. 836 e 899

▸ **Súmula nº 100** – Ação Rescisória. Decadência.

I – O prazo de decadência, na ação rescisória, conta-se do dia imediatamente subsequente ao trânsito em julgado da última decisão proferida na causa, seja de mérito ou não.

II – Havendo recurso parcial no processo principal, o trânsito em julgado dá-se em momentos e em tribunais diferentes, contando-se o prazo decadencial para a ação rescisória do trânsito em julgado de cada decisão, salvo se o recurso tratar de preliminar ou prejudicial que possa tornar insubsistente a decisão recorrida, hipótese em que flui a decadência a partir do trânsito em julgado da decisão que julgar o recurso parcial.

III – Salvo se houver dúvida razoável, a interposição de recurso intempestivo ou a interposição de recurso incabível não protrai o termo inicial do prazo decadencial.

IV – O juízo rescindente não está adstrito à certidão de trânsito em julgado juntada com a ação rescisória, podendo formar sua convicção através de outros elementos dos autos quanto à antecipação ou postergação do "dies a quo" do prazo decadencial.

V – O acordo homologado judicialmente tem força de decisão irrecorrível, na forma do art. 831 da CLT. Assim sendo, o termo conciliatório transita em julgado na data da sua homologação judicial.

VI – Na hipótese de colusão das partes, o prazo decadencial da ação rescisória somente começa a fluir para o Ministério Público, que não interveio no processo principal, a partir do momento em que tem ciência da fraude.

VII – Não ofende o princípio do duplo grau de jurisdição a decisão do TST que, após afastar a decadência em sede de recurso ordinário, aprecia desde logo a lide, se a causa versar questão exclusivamente de direito e estiver em condições de imediato julgamento.

VIII – A exceção de incompetência, ainda que oposta no prazo recursal, sem ter sido aviado o recurso próprio, não tem o condão de afastar a consumação da coisa julgada e, assim, postergar o termo inicial do prazo decadencial para a ação rescisória.

IX – Prorroga-se até o primeiro dia útil, imediatamente subseqüente, o prazo decadencial para ajuizamento de ação rescisória quando expira em férias forenses, feriados, finais de semana ou em dia em que não houver expediente forense. Aplicação do art. 775 da CLT.

X – Conta-se o prazo decadencial da ação rescisória, após o decurso do prazo legal previsto para a interposição do recurso extraordinário, apenas quando esgotadas todas as vias recursais ordinárias. Arts. 736 e 836.

▸ **Súmula nº 101** – Diárias de viagem. Salário. Integram o salário, pelo seu valor total e para efeitos indenizatórios, as diárias de viagem que excedam a 50% (cinqüenta por cento) do salário do empregado, enquanto perdurarem as viagens. Art. 457.

▸ **Súmula nº 102** – Bancário. Cargo de confiança.

I – A configuração, ou não, do exercício da função de confiança a que se refere o art. 224, § 2º, da CLT, dependente da prova das reais atribuições do empregado, é insuscetível de exame mediante recurso de revista ou de embargos.

II – O bancário que exerce a função a que se refere o § 2º do art. 224 da CLT e recebe gratificação não inferior a um terço de seu salário já tem remuneradas as duas horas extraordinárias excedentes de seis.

III – Ao bancário exercente de cargo de confiança previsto no artigo 224, § 2º, da CLT são devidas as 7ª e 8ª horas, como extras, no período em que se verificar o pagamento a menor da gratificação de 1/3.

IV – O bancário sujeito à regra do art. 224, § 2º, da CLT cumpre jornada de trabalho de 8 (oito) horas, sendo extraordinárias as trabalhadas além da oitava.

V – O advogado empregado de banco, pelo simples exercício da advocacia, não exerce cargo de confiança, não se enquadrando, portanto, na hipótese do § 2º do art. 224 da CLT.

VI – O caixa bancário, ainda que caixa executivo, não exerce cargo de confiança. Se perceber gratificação igual ou superior a um terço do salário do posto efetivo, essa remunera apenas a maior responsabilidade do cargo e não as duas horas extraordinárias além da sexta.

VII – O bancário exercente de função de confiança, que percebe a gratificação não inferior ao terço legal, ainda que norma coletiva contemple percentual superior, não tem direito às sétima e oitava horas como extras, mas tão somente às diferenças de gratificação de função, se postuladas. Art. 224.

▸ **Súmula nº 109** – Gratificação de função. O bancário não enquadrado no § 2º do art. 224 da CLT, que receba gratificação de função, não pode ter o salário relativo a horas extraordinárias compensado com o valor daquela vantagem. Arts. 224.

▸ **Súmula nº 110** – Jornada de trabalho. Intervalo. No regime de revezamento, as horas trabalhadas em seguida ao repouso semanal de 24 horas, com prejuízo do intervalo mínimo de 11 horas consecutivas para descanso entre jornadas, devem ser remuneradas como extraordinárias, inclusive com o respectivo adicional. Arts. 58, 66 e 70.

▸ **Súmula nº 112** – Trabalho noturno. Petróleo. O trabalho noturno dos empregados nas atividades de exploração, perfuração, produção e refinação do petróleo, industrialização do xisto, indústria petroquímica e transporte de petróleo e seus derivados, por meio de dutos, é regulado pela Lei nº 5.811, de 11.10.1972, não se lhe aplicando a hora reduzida de 52 minutos e 30 segundos prevista no art. 73, § 2º, da CLT. Art. 73.

▸ **Súmula nº 113** – Bancário. Sábado. Dia útil. O sábado do bancário é dia útil não trabalhado, não dia de repouso remunerado. Não cabe a repercussão do pagamento de horas extras habituais em sua remuneração. Arts. 70 e 224.

▸ **Súmula nº 114** – Prescrição intercorrente. É inaplicável na Justiça do Trabalho a prescrição intercorrente. Arts. 11 e 884.

▸ **Súmula nº 115** – Horas extras. Gratificações semestrais. O valor das horas extras habituais integra a remuneração do trabalhador para o cálculo das gratificações semestrais. Art. 457.

▸ **Súmula nº 117** – Bancário. Categoria diferenciada. Os funcionários públicos cedidos à Rede Ferroviária Federal S.A. têm direito ao reajustamento salarial determinado pelo art. 5º da Lei nº 4.345/1964. Arts. 224 e 226.

▸ **Súmula nº 118** – Jornada de trabalho. Horas extras. Os intervalos concedidos pelo empregador na jornada de trabalho, não previstos em lei, representam tempo à disposição da empresa, remunerados como serviço extraordinário, se acrescidos ao final da jornada. Art. 71.

▸ **Súmula nº 119** – Jornada de trabalho. Os empregados de empresas distribuidoras e corretoras de títulos e valores mobiliários não têm direito à jornada especial dos bancários. Art. 224.

▸ **Súmula nº 122** – Revelia. Atestado médico. A reclamada, ausente à audiência em que deveria apresentar defesa, é revel, ainda que presente seu advogado munido de procuração, podendo ser ilidida a revelia mediante a apresentação de atestado médico, que deverá declarar, expressamente, a impossibilidade de locomoção do empregador ou do seu preposto no dia da audiência. Art. 844.

▸ **Súmula nº 124** – BANCÁRIO. SALÁRIO-HORA. DIVISOR (alterada em razão do julgamento do processo TST-IRR 849-83.2013.5.03.0138) – Res. 219/2017, DEJT divulgado em 28, 29 e 30.06.2017 – republicada – DEJT divulgado em 12, 13 e 14.07.2017

I – o divisor aplicável para o cálculo das horas extras do bancário será:

a) 180, para os empregados submetidos à jornada de seis horas prevista no caput do art. 224 da CLT;

b) 220, para os empregados submetidos à jornada de oito horas, nos termos do § 2º do art. 224 da CLT.

II – Ressalvam-se da aplicação do item anterior as decisões de mérito sobre o tema, qualquer que seja o seu teor, emanadas de Turma do TST ou da SBDI-I, no período de 27/09/2012 até 21/11/2016, conforme a modulação aprovada no precedente obrigatório firmado no Incidente de Recursos de Revista Repetitivos nº TST-IRR-849-83.2013.5.03.0138, DEJT 19.12.2016.

▸ **Súmula nº 125** – Contrato de trabalho. Art. 479 da CLT. O art. 479 da CLT aplica-se ao trabalhador optante pelo FGTS admitido mediante contrato por prazo determinado, nos termos do art. 30, § 3º, do Decreto nº 59.820, de 20.12.1966. Art. 481.

▸ **Súmula nº 126** – Recurso. Cabimento. Incabível o recurso de revista ou de embargos (arts. 896 e 894, "b", da CLT) para reexame de fatos e provas. Arts. 894 e 896.

▸ **Súmula nº 127** – Quadro de carreira. Quadro de pessoal organizado em carreira, aprovado pelo órgão competente, excluída a hipótese de equiparação salarial, não obsta reclamação fundada em preterição, enquadramento ou reclassificação. Art. 461.

▸ **Súmula nº 128** – Depósito recursal.

I – É ônus da parte recorrente efetuar o depósito legal, integralmente, em relação a cada novo recurso interposto, sob pena de deserção. Atingido o valor da condenação, nenhum depósito mais é exigido para qualquer recurso.

II – Garantido o juízo, na fase executória, a exigência de depósito para recorrer de qualquer decisão viola os incisos II e LV do art. 5º da CF/1988. Havendo, porém, elevação do valor do débito, exige-se a complementação da garantia do juízo.

III – Havendo condenação solidária de duas ou mais empresas, o depósito recursal efetuado por uma delas aproveita as demais, quando a empresa que efetuou o depósito não pleiteia sua exclusão da lide. Art. 899.

▸ **Súmula nº 129** – Contrato de trabalho. Grupo econômico. A prestação de serviços a mais de uma empresa do mesmo grupo econômico, durante a mesma jornada de trabalho, não caracteriza a coexistência de mais de um contrato de trabalho, salvo ajuste em contrário. Arts. 2 e 442.

▸ **Súmula nº 132** – Adicional de periculosidade. Integração.

I – O adicional de periculosidade, pago em caráter permanente, integra o cálculo de indenização e de horas extras.

II – Durante as horas de sobreaviso, o empregado não se encontra em condições de risco, razão pela qual é incabível a integração do adicional de periculosidade sobre as mencionadas horas. Arts. 59, 193 e 478.

▸ **Súmula nº 138** – Readmissão. Em caso de readmissão, conta-se a favor do empregado o período de serviço anterior, encerrado com a saída espontânea. Art. 453.

▸ **Súmula nº 139** – Adicional de insalubridade. Enquanto percebido, o adicional de insalubridade integra a remuneração para todos os efeitos legais. Art. 192.

▸ **Súmula nº 140** – Vigia. É assegurado ao vigia sujeito ao trabalho noturno o direito ao respectivo adicional. Art. 73.

▸ **Súmula nº 143** – Salário profissional. O salário profissional dos médicos e dentistas guarda proporcionalidade com as horas efetivamente trabalhadas, respeitado o mínimo de 50 (cinqüenta) horas.

▸ **Súmula nº 146** – Trabalho em domingos e feriados, não compensado. O trabalho prestado em domingos e feriados, não compensado, deve ser pago em dobro, sem prejuízo da remuneração relativa ao repouso semanal. Art. 70 e 227.

▸ **Súmula nº 148** – Gratificação natalina. É computável a gratificação de Natal para efeito de cálculo de indenização. Art. 478.

▸ **Súmula nº 149** – Tarefeiro. Férias. A remuneração das férias do tarefeiro deve ser calculada com base na média da produção do período aquisitivo, aplicando-se-lhe a tarifa da data da concessão. Art. 142.

▸ **Súmula nº 152** – Gratificação. Ajuste tácito. O fato de constar do recibo de pagamento de gratificação o caráter de liberalidade não basta, por si só, para excluir a existência de ajuste tácito. Arts. 457 e 468.

▸ **Súmula nº 153** – Prescrição. Não se conhece de prescrição não argüida na instância ordinária. Art. 11.

▸ **Súmula nº 155** – Ausência ao serviço. As horas em que o empregado falta ao serviço para comparecimento necessário, como parte, à Justiça do Trabalho não serão descontadas de seus salários. Arts. 473 e 822.

▸ **Súmula nº 156** – Prescrição. Prazo. da extinção do último contrato começa a fluir o prazo prescricional do direito de ação em que se objetiva a soma de períodos descontínuos de trabalho. Arts. 11, 453 e 536.

▸ **Súmula nº 157** – Gratificação. A gratificação instituída pela Lei nº 4.090, de 13.07.1962, é devida na resilição contratual de iniciativa do empregado.

▸ **Súmula nº 158** – Ação Rescisória. da decisão de Tribunal Regional do Trabalho, em ação rescisória, é cabível recurso ordinário para o Tribunal Superior do Trabalho, em face da organização judiciária trabalhista. Art. 895.

▸ **Súmula nº 159** – Substituição de caráter não eventual e vacância do cargo.

I – Enquanto perdurar a substituição que não tenha caráter meramente eventual, inclusive nas férias, o empregado substituto fará jus ao salário contratual do substituído.

II – Vago o cargo em definitivo, o empregado que passa a ocupá-lo não tem direito a salário igual ao do antecessor. Art. 450.

▸ **Súmula nº 160** – Aposentadoria por invalidez. Cancelada a aposentadoria por invalidez, mesmo após cinco anos, o trabalhador terá direito de retornar ao emprego, facultado, porém, ao empregador, indenizá-lo na forma da lei. Art. 475.

▸ **Súmula nº 161** – Depósito. Condenação a pagamento em pecúnia. Se não há condenação a pagamento em pecúnia, descabe o depósito de que tratam os §§ 1º e 2º do art. 899 da CLT. Art. 899.

▸ **Súmula nº 163** – Aviso prévio. Contrato de experiência. Cabe aviso prévio nas rescisões antecipadas dos contratos de experiência, na forma do art. 481 da CLT. Arts. 443, 481 e 487.

▸ **Súmula nº 170** – Sociedade de economia mista. Custas. Os privilégios e isenções no foro da Justiça do Trabalho não abrangem as sociedades de economia mista, ainda que gozassem desses benefícios anteriormente ao Decreto-Lei nº 779, de 21.08.1969. Arts. 790-A e 899.

▸ **Súmula nº 171** – Férias proporcionais. Contrato de trabalho. Extinção. Salvo na hipótese de dispensa do empregado por justa causa, a extinção do contrato de trabalho sujeita o empregador ao pagamento da remuneração das férias proporcionais, ainda que incompleto o período aquisitivo de 12 (doze) meses (art. 147 da CLT). Art. 146.

▸ **Súmula nº 172** – Repouso remunerado. Horas extras. Cálculo. Computam-se no cálculo do repouso remunerado as horas extras habitualmente prestadas. Arts. 59 e 70.

▸ **Súmula nº 173** – Salário. Empresa. Cessação de atividades. Extinto, automaticamente, o vínculo empregatício com a cessação das atividades da empresa, os salários só são devidos até a data da extinção. Arts. 449 e 498.

▸ **Súmula nº 178** – Telefonista. Art. 227, e parágrafos, da CLT. Aplicabilidade. É aplicável à telefonista de mesa de empresa que não explora o serviço de telefonia o disposto no art. 227, e seus parágrafos, da CLT. Arts. 226 e 227.

▸ **Súmula nº 182** – Aviso prévio. Indenização compensatória. Lei nº 6.708, de 30.10.1979. O tempo do aviso prévio, mesmo indenizado, conta-se para efeito da indenização adicional prevista no art. 9º da Lei nº 6.708, de 30.10.1979. Art. 487.

▸ **Súmula nº 184** – Embargos declaratórios. Omissão em recurso de revista. Preclusão. Ocorre preclusão se não forem opostos embargos declaratórios para suprir omissão apontada em recurso de revista ou de embargos. Arts. 884, 894 e 897-A.

▸ **Súmula nº 186** – Licença-prêmio. Conversão em pecúnia. Regulamento da empresa. A licença-prêmio, na vigência do contrato de trabalho, não pode ser convertida em pecúnia, salvo se expressamente admitida a conversão no regulamento da empresa. Art. 468.

▸ **Súmula nº 187** – Correção monetária. Incidência. A correção monetária não incide sobre o débito do trabalhador reclamante. Art. 832.

▸ **Súmula nº 188** – Contrato de trabalho. Experiência. Prorrogação. O contrato de experiência pode ser prorrogado, respeitado o limite máximo de 90 (noventa) dias. Arts. 443 e 445.

▸ **Súmula nº 189** – Greve. Competência da justiça do trabalho. Abusividade. A Justiça do Trabalho é competente para declarar a abusividade, ou não, da greve. Arts. 643 e 725.

▸ **Súmula nº 190** – Poder normativo do TST. Condições de trabalho. Inconstitucionalidade. Decisões contrárias ao STF. Ao julgar ou homologar ação coletiva ou acordo nela havido, o Tribunal superior do Trabalho exerce o poder normativo constitucional, não podendo criar ou homologar condições de trabalho que o Supremo Tribunal Federal julgue iterativamente inconstitucionais.

▸ **Súmula nº 191** – ADICIONAL DE PERICULOSIDADE. INCIDÊNCIA. BASE DE CÁLCULO (cancelada a parte final da antiga redação e inseridos os itens II e III) – Res. 214/2016, DEJT divulgado em 30.11.2016 e 01 e 02.12.2016

I – O adicional de periculosidade incide apenas sobre o salário básico e não sobre este acrescido de outros adicionais.

II – O adicional de periculosidade do empregado eletricitário, contratado sob a égide da Lei nº 7.369/1985, deve ser calculado sobre a totalidade das parcelas de natureza salarial. Não é válida norma coletiva mediante a qual se determina a incidência do referido adicional sobre o salário básico.

III – A alteração da base de cálculo do adicional de periculosidade do eletricitário promovida pela Lei nº 12.740/2012 atinge somente contrato de trabalho firmado a partir de sua vigência, de modo que, nesse caso, o cálculo será realizado exclusivamente sobre o salário básico, conforme determina o § 1º do art. 193 da CLT. Art. 193.

▸ **Súmula nº 192** – AÇÃO RESCISÓRIA. COMPETÊNCIA (atualizada em decorrência do CPC de 2015) – Res. 212/2016, DEJT divulgado em 20, 21 e 22.09.2016

I – Se não houver o conhecimento de recurso de revista ou de embargos, a competência para julgar ação que vise a rescindir a decisão de mérito é do Tribunal Regional do Trabalho, ressalvado o disposto no item II.

II – Acórdão rescindendo do Tribunal Superior do Trabalho que não conhece de recurso de embargos ou de revista, analisando arguição de violação de dispositivo de lei material ou decidindo em consonância com súmula de direito material ou com iterativa, notória e atual jurisprudência de direito material da Seção de Dissídios Individuais (Súmula nº 333), examina o mérito da causa, cabendo ação rescisória da competência do Tribunal Superior do Trabalho. (ex-Súmula nº 192 – alterada pela Res. 121/2003, DJ 21.11.2003)

III – Sob a égide do art. 512 do CPC de 1973, é juridicamente impossível o pedido explícito de desconstituição de sentença quando substituída por acórdão do Tribunal Regional ou superveniente sentença homologatória de acordo que puser fim ao litígio.

IV – Na vigência do CPC de 1973, é manifesta a impossibilidade jurídica do pedido de rescisão de julgado proferido em agravo de instrumento que, limitando-se a aferir o eventual desacerto do juízo negativo de admissibilidade do recurso de revista, não substitui o acórdão regional, na forma do art. 512 do CPC. (ex-OJ nº 105 da SBDI-2 - DJ 29.04.2003)

V - A decisão proferida pela SBDI, em agravo regimental, calcada na Súmula nº 333, substitui acórdão de Turma do TST, porque emite juízo de mérito, comportando, em tese, o corte rescisório. (ex-OJ nº 133 da SBDI-2 - DJ 04.05.2004). Art. 836.

▸ **Súmula nº 197** - Prazo. O prazo para recurso da parte que, intimada, não comparecer à audiência em prosseguimento para a prolação da sentença conta-se de sua publicação. Arts. 851, 894 e 897-A.

▸ **Súmula nº 199** - Bancário. Pré-contratação de horas extras.

I - A contratação do serviço suplementar, quando da admissão do trabalhador bancário, é nula. Os valores assim ajustados apenas remuneram a jornada normal, sendo devidas as horas extras com o adicional de, no mínimo, 50% (cinqüenta por cento), as quais não configuram pré-contratação, se pactuadas após a admissão do bancário.

II - Em se tratando de horas extras pré-contratadas, opera-se a prescrição total se a ação não for ajuizada no prazo de cinco anos, a partir da data em que foram suprimidas. Arts. 9 e 225.

▸ **Súmula nº 200** - Juros de mora. Incidência. Os juros de mora incidem sobre a importância da condenação já corrigida monetariamente. Arts. 832 e 883.

▸ **Súmula nº 201** - Recurso ordinário em mandado de segurança. da decisão de Tribunal Regional do Trabalho em mandado de segurança cabe recurso ordinário, no prazo de 8 (oito) dias, para o Tribunal Superior do Trabalho, e igual dilação para o recorrido e interessados apresentarem razões de contrariedade. Art. 895.

▸ **Súmula nº 202** - Gratificação por tempo de serviço. Compensação. Existindo, ao mesmo tempo, gratificação por tempo de serviço outorgada pelo empregador e outra da mesma natureza prevista em acordo coletivo, convenção coletiva ou sentença normativa, o empregado tem direito a receber, exclusivamente, a que lhe seja mais benéfica. Art. 457.

▸ **Súmula nº 203** - Gratificação por tempo de serviço. Natureza salarial. A gratificação por tempo de serviço integra o salário para todos os efeitos legais. Art. 457.

▸ **Súmula nº 206** - FGTS. Incidência sobre parcelas prescritas. A prescrição da pretensão relativa às parcelas remuneratórias alcança o respectivo recolhimento da contribuição para o FGTS. Art. 11.

▸ **Súmula nº 211** - Juros de mora e correção monetária. Independência do pedido inicial e do título executivo judicial. Os juros de mora e a correção monetária incluem-se na liquidação, ainda que omisso o pedido inicial ou a condenação. Art. 832.

▸ **Súmula nº 212** - Despedimento. Ônus da prova. O ônus de provar o término do contrato de trabalho, quando negados a prestação de serviço e o despedimento, é do empregador, pois o princípio da continuidade da relação de emprego constitui presunção favorável ao empregado. Arts. 443, 482 e 818.

▸ **Súmula nº 214** - Decisão interlocutória. Irrecorribilidade. Na Justiça do Trabalho, nos termos do art. 893, § 1º, da CLT, as decisões interlocutórias não ensejam recurso imediato, salvo nas hipóteses de decisão: a) de Tribunal Regional do Trabalho contrária à Súmula ou Orientação Jurisprudencial do Tribunal Superior do Trabalho; b) suscetível de impugnação mediante recurso para o mesmo Tribunal; c) que acolhe exceção de incompetência territorial, com a remessa dos autos para Tribunal Regional distinto daquele a que se vincula o juízo excepcionado, consoante o disposto no art. 799, § 2º, da CLT. Arts. 651, 799 e 893.

▸ **Súmula nº 217** - Depósito recursal. Credenciamento bancário. Prova dispensável. O credenciamento dos bancos para o fim de recebimento do depósito recursal é fato notório, independendo da prova. Art. 899.

▸ **Súmula nº 218** - Recurso de revista. Acórdão proferido em agravo de instrumento. É incabível recurso de revista interposto de acórdão regional prolatado em agravo de instrumento. Art. 896.

▸ **Súmula nº 219** do TST - HONORÁRIOS ADVOCATÍCIOS. CABIMENTO (alterada a redação do item I e acrescidos os itens IV a VI na sessão do Tribunal Pleno realizada em 15.03.2016) - Res. 204/2016, DEJT divulgado em 17, 18 e 21.03.2016

I - Na Justiça do Trabalho, a condenação ao pagamento de honorários advocatícios não decorre pura e simplesmente da sucumbência, devendo a parte, concomitantemente: a) estar assistida por sindicato da categoria profissional; b) comprovar a percepção de salário inferior ao dobro do salário mínimo ou encontrar-se em situação econômica que não lhe permita demandar sem prejuízo do próprio sustento ou da respectiva família. (art.14, § 1º, da Lei nº 5.584/1970). (ex-OJ nº 305da SBDI-I).

II - É cabível a condenação ao pagamento de honorários advocatícios em ação rescisória no processo trabalhista.

III - São devidos os honorários advocatícios nas causas em que o ente sindical figure como substituto processual e nas lides que não derivem da relação de emprego.

IV - Na ação rescisória e nas lides que não derivem de relação de emprego, a responsabilidade pelo pagamento dos honorários advocatícios da sucumbência submete-se à disciplina do Código de Processo Civil (arts. 85, 86, 87 e 90).

V - Em caso de assistência judiciária sindical, revogado o art. 11 da Lei nº 1060/50 (CPC de 2015, art. 1072, inc. III), os honorários advocatícios assistenciais são devidos entre o mínimo de dez e o máximo de vinte por cento sobre o valor da condenação, do proveito econômico obtido ou, não sendo possível mensurá-lo, sobre o valor atualizado da causa (CPC de 2015, art. 85, § 2º).

VI – Nas causas em que a Fazenda Pública for parte, aplicar-se-ão os percentuais específicos de honorários advocatícios contemplados no Código de Processo Civil.

▸ **Súmula nº 221** – RECURSO DE REVISTA. VIOLAÇÃO DE LEI. INDICAÇÃO DE PRECEITO (cancelado o item II e conferida nova redação na sessão do Tribunal Pleno realizada em 14.09.2012) Res. 185/2012 – DEJT divulgado em 25, 26 e 27.09.2012. A admissibilidade do recurso de revista por violação tem como pressuposto a indicação expressa do dispositivo de lei ou da Constituição tido como violado. Art. 294.

▸ **Súmula nº 225** – Repouso semanal. Cálculo. Gratificações por tempo de serviço e produtividade. As gratificações por tempo de serviço e produtividade, pagas mensalmente, não repercutem no cálculo do repouso semanal remunerado. Arts. 70 e 457.

▸ **Súmula nº 226** – Bancário. Gratificação por tempo de serviço. Integração no cálculo das horas extras. A gratificação por tempo de serviço integra o cálculo das horas extras. Art. 225.

▸ **Súmula nº 228** – ADICIONAL DE INSALUBRIDADE. BASE DE CÁLCULO (nova redação) – Res. 148/2008, DJ 04 e 07.07.2008 – Republicada DJ 08, 09 e 10.07.2008 (Súmula cuja eficácia está suspensa por decisão liminar do Supremo Tribunal Federal) – Res. 185/2012, DEJT divulgado em 25, 26 e 27.09.2012. A partir de 9 de maio de 2008, data da publicação da Súmula Vinculante nº 4 do Supremo Tribunal Federal, o adicional de insalubridade será calculado sobre o salário básico, salvo critério mais vantajoso fixado em instrumento coletivo. Arts. 76 e 192.

▸ **Súmula nº 229** – Sobreaviso. Eletricitários. Por aplicação analógica do art. 244, § 2º, da CLT, as horas de sobreaviso dos eletricitários são remuneradas à base de 1/3 sobre a totalidade das parcelas de natureza salarial. Arts. 8 e 244.

▸ **Súmula nº 230** – Aviso prévio. Substituição pelo pagamento das horas reduzidas da jornada de trabalho. É ilegal substituir o período que se reduz da jornada de trabalho, no aviso prévio, pelo pagamento das horas correspondentes. Art. 488.

▸ **Súmula nº 239** – Bancário. Empregado de empresa de processamento de dados.

É bancário o empregado de empresa de processamento de dados que presta serviço a banco integrante do mesmo grupo econômico, exceto quando a empresa de processamento de dados presta serviços a banco e a empresas não bancárias do mesmo grupo econômico ou a terceiros. Arts. 2º e 224.

▸ **Súmula nº 240** – Bancário. Gratificação de função e adicional por tempo de serviço. O adicional por tempo de serviço integra o cálculo da gratificação prevista no art. 224, § 2º, da CLT. Art. 224.

▸ **Súmula nº 241** – Salário-utilidade. Alimentação. O vale para refeição, fornecido por força do contrato de trabalho, tem caráter salarial, integrando a remuneração do empregado, para todos os efeitos legais. Art. 458.

▸ **Súmula nº 242** – Indenização adicional. Valor. A indenização adicional, prevista no art. 9º da Lei nº 6.708, de 30.10.1979 e no art. 9º da Lei nº 7.238 de 28.10.1984, corresponde ao salário mensal, no valor devido na data da comunicação do despedimento, integrado pelos adicionais legais ou convencionados, ligados à unidade de tempo mês, não sendo computável a gratificação natalina.

▸ **Súmula nº 243** – Opção pelo regime trabalhista. Supressão das vantagens estatutárias. Exceto na hipótese de previsão contratual ou legal expressa, a opção do funcionário público pelo regime trabalhista implica a renúncia dos direitos inerentes ao regime estatutário. Art. 7º.

▸ **Súmula nº 244** – GESTANTE. ESTABILIDADE PROVISÓRIA (redação do item III alterada na sessão do Tribunal Pleno realizada em 14.09.2012) – Res. 185/2012 – DEJT divulgado em 25, 26 e 27.09.2012

I – O desconhecimento do estado gravídico pelo empregador não afasta o direito ao pagamento da indenização decorrente da estabilidade (art. 10, II, "b" do ADCT).

II – A garantia de emprego à gestante só autoriza a reintegração se esta se der durante o período de estabilidade. Do contrário, a garantia restringe-se aos salários e demais direitos correspondentes ao período de estabilidade.

III – A empregada gestante tem direito à estabilidade provisória prevista no art. 10, inciso II, alínea "b", do Ato das Disposições Constitucionais Transitórias, mesmo na hipótese de admissão mediante contrato por tempo determinado. Art. 391.

▸ **Súmula nº 245** – Depósito recursal. Prazo. O depósito recursal deve ser feito e comprovado no prazo alusivo ao recurso. A interposição antecipada deste não prejudica a dilação legal. Art. 899.

▸ **Súmula nº 246** – Ação de cumprimento. Trânsito em julgado da sentença normativa. É dispensável o trânsito em julgado da sentença normativa para a propositura da ação de cumprimento. Art. 872.

▸ **Súmula nº 247** – Quebra de caixa. Natureza jurídica. A parcela paga aos bancários sob a denominação "quebra de caixa" possui natureza salarial, integrando o salário do prestador de serviços, para todos os efeitos legais. Art. 224.

▸ **Súmula nº 248** – Adicional de insalubridade. Direito adquirido. A reclassificação ou a descaracterização da insalubridade, por ato da autoridade competente, repercute na satisfação do respectivo adicional, sem ofensa a direito adquirido ou ao princípio da irredutibilidade salarial. Arts. 190, 192, 194 e 196.

▸ **Súmula nº 253** – Gratificação semestral. Repercussões. A gratificação semestral não repercute no cálculo das horas extras, das férias e do aviso prévio, ainda que indenizados. Repercute, contudo, pelo seu duodécimo na indenização por antigüidade e na gratificação natalina. Arts. 142, 457 e 487.

▸ **Súmula nº 254** – Salário-família. Termo inicial da obrigação. O termo inicial do direito ao salário-família coincide com a prova da filiação. Se feita em juízo, corresponde à data de ajuizamento do pedido, salvo se comprovado que anteriormente o empregador se recusara a receber a respectiva certidão. Art. 818.

▸ **Súmula nº 257** – Vigilante. O vigilante, contratado diretamente por banco ou por intermédio de empresas especializadas, não é bancário. Arts. 224 e 226.

▸ **Súmula nº 258** – Salário-utilidade. Percentuais. Os percentuais fixados em lei relativos ao salário "in natura" apenas se referem às hipóteses em que o empregado percebe salário mínimo, apurando-se, nas demais, o real valor da utilidade. Arts. 82 e 458.

▸ **Súmula nº 259** – Termo de conciliação. Ação Rescisória. Só por ação rescisória é impugnável o termo de conciliação previsto no parágrafo único do art. 831 da CLT. Arts. 831 e 836.

▸ **Súmula nº 261** – Férias proporcionais. Pedido de demissão. Contrato vigente há menos de um ano. O empregado que se demite antes de complementar 12 (doze) meses de serviço tem direito a férias proporcionais. Arts. 129, 146 e 147.

▸ **Súmula nº 262** – PRAZO JUDICIAL. NOTIFICAÇÃO OU INTIMAÇÃO EM SÁBADO. RECESSO FORENSE (redação do item II alterada na sessão do Tribunal Pleno realizada em 19.05.2014) – Res. 194/2014, DEJT divulgado em 21, 22 e 23.05.2014

I – Intimada ou notificada a parte no sábado, o início do prazo se dará no primeiro dia útil imediato e a contagem, no subseqüente. (ex-Súmula nº 262 – Res. 10/1986, DJ 31.10.1986)

II – O recesso forense e as férias coletivas dos Ministros do Tribunal Superior do Trabalho suspendem os prazos recursais. (ex-OJ nº 209 da SBDI-1 – inserida em 08.11.2000). Art. 775

▸ **Súmula nº 263** – PETIÇÃO INICIAL. INDEFERIMENTO. INSTRUÇÃO OBRIGATÓRIA DEFICIENTE (alterada em decorrência do CPC de 2015) – Res. 208/2016, DEJT divulgado em 22, 25 e 26.04.2016

Salvo nas hipóteses do art. 330 do CPC de 2015 (art. 295 do CPC de 1973), o indeferimento da petição inicial, por encontrar-se desacompanhada de documento indispensável à propositura da ação ou não preencher outro requisito legal, somente é cabível se, após intimada para suprir a irregularidade em 15 (quinze) dias, mediante indicação precisa do que deve ser corrigido ou completado, a parte não o fizer (art. 321 do CPC de 2015).

Arts. 788 e 840.

▸ **Súmula nº 264** – Hora suplementar. Cálculo. A remuneração do serviço suplementar é composta do valor da hora normal, integrado por parcelas de natureza salarial e acrescido do adicional previsto em lei, contrato, acordo, convenção coletiva ou sentença normativa. Art. 59.

▸ **Súmula nº 265** – Adicional noturno. Alteração de turno de trabalho. Possibilidade de supressão. A transferência para o período diurno de trabalho implica a perda do direito ao adicional noturno. Arts. 73 e 468.

▸ **Súmula nº 266** – Recurso de revista. Admissibilidade. Execução de sentença. A admissibilidade do recurso de revista interposto de acórdão proferido em agravo de petição, na liquidação de sentença ou em processo incidente na execução, inclusive os embargos de terceiro, depende de demonstração inequívoca de violência direta à Constituição Federal.

▸ **Súmula nº 268** – Prescrição. Interrupção. Ação trabalhista arquivada. A ação trabalhista, ainda que arquivada, interrompe a prescrição somente em relação aos pedidos idênticos. Arts. 11 e 732.

▸ **Súmula nº 269** – Diretor eleito. Cômputo do período como tempo de serviço. O empregado eleito para ocupar cargo de diretor tem o respectivo contrato de trabalho suspenso, não se computando o tempo de serviço desse período, salvo se permanecer a subordinação jurídica inerente à relação de emprego.

▸ **Súmula nº 275** – Prescrição. Desvio de função e reenquadramento.

I – Na ação que objetive corrigir desvio funcional, a prescrição só alcança as diferenças salariais vencidas no período de 5 (cinco) anos que precedeu o ajuizamento.

II – Em se tratando de pedido de reenquadramento, a prescrição é total, contada da data do enquadramento do empregado. Arts. 11 e 461.

▸ **Súmula nº 276** – Aviso prévio. Renúncia pelo empregado. O direito ao aviso prévio é irrenunciável pelo empregado. O pedido de dispensa de cumprimento não exime o empregador de pagar o respectivo valor, salvo comprovação de haver o prestador dos serviços obtido novo emprego. Art. 487.

▸ **Súmula nº 277** – CONVENÇÃO COLETIVA DE TRABALHO OU ACORDO COLETIVO DE TRABALHO. EFICÁCIA. ULTRATIVIDADE (redação alterada na sessão do Tribunal Pleno realizada em 14.09.2012) – Res. 185/2012 – DEJT divulgado em 25, 26 e 27.09.2012. As cláusulas normativas dos acordos coletivos ou convenções coletivas integram os contratos individuais de trabalho e somente poderão ser modificadas ou suprimidas mediante negociação coletiva de trabalho. Art. 614.

▸ **Súmula nº 278** – Embargos de declaração. Omissão no julgado. A natureza da omissão suprida pelo julgamento de embargos declaratórios pode ocasionar efeito modificativo no julgado. Art. 897-A

▸ **Súmula nº 279** – Recurso contra sentença normativa. Efeito suspensivo. Cassação. A cassação de efeito suspensivo concedido a recurso interposto de sentença normativa retroage à data do despacho que o deferiu. Art. 867.

▸ **Súmula nº 282** – Abono de faltas. Serviço médico da empresa. Ao serviço médico da empresa ou ao mantido por esta última mediante convênio compete abonar os primeiros 15 (quinze) dias de ausência ao trabalho.

▸ **Súmula nº 283** – Recurso adesivo. Pertinência no processo do trabalho. Correlação de matérias. O recurso adesivo é compatível com o processo do trabalho e cabe, no prazo de 8 (oito) dias, nas hipóteses de interposição de recurso ordinário, de agravo de petição, de revista e de embargos, sendo desnecessário que a matéria nele veiculada esteja relacionada com a do recurso interposto pela parte contrária. Arts. 893, 894, 895, 896 e 897.

▸ **Súmula nº 286** – Sindicato. Substituição processual. Convenção e acordo coletivos. A legitimidade do sindicato para propor ação de cumprimento estende-se também à observância de acordo ou de convenção coletivos. Art. 872.

▸ **Súmula nº 287** – Jornada de trabalho. Gerente bancário. A jornada de trabalho do empregado de banco gerente de agência é regida pelo art. 224, § 2º, da CLT. Quanto ao gerente-geral de agência bancária, presume-se o exercício de encargo de gestão, aplicando-se-lhe o art. 62 da CLT. Arts. 62 e 224.

▸ **Súmula nº 288** COMPLEMENTAÇÃO DOS PROVENTOS DA APOSENTADORIA (nova redação para o item I e acrescidos os itens III e IV em decorrência do julgamento do processo TST-E-ED-RR-235-20.2010.5.20.0006 pelo Tribunal Pleno em 12.04.2016) – Res. 207/2016, DEJT divulgado em 18, 19 e 20.04.2016

I – A complementação dos proventos de aposentadoria, instituída, regulamentada e paga diretamente pelo empregador, sem vínculo com as entidades de previdência privada fechada, é regida pelas normas em vigor na data de admissão do empregado, ressalvadas as alterações que forem mais benéficas (art. 468 da CLT).

II – Na hipótese de coexistência de dois regulamentos de planos de previdência complementar, instituídos pelo empregador ou por entidade de previdência privada, a opção do beneficiário por um deles tem efeito jurídico de renúncia às regras do outro.

III – Após a entrada em vigor das Leis Complementares nºs 108 e 109, de 29/05/2001, reger-se-á a complementação dos proventos de aposentadoria pelas normas vigentes na data da implementação dos requisitos para obtenção do benefício, ressalvados o direito adquirido do participante que anteriormente implementara os requisitos para o benefício e o direito acumulado do empregado que até então não preenchera tais requisitos.

IV – O entendimento da primeira parte do item III aplica-se aos processos em curso no Tribunal Superior do Trabalho em que, em 12/04/2016, ainda não haja sido proferida decisão de mérito por suas Turmas e Seções. Art. 468.

▸ **Súmula nº 289** – Insalubridade. Adicional. Fornecimento do aparelho de proteção. Efeito. O simples fornecimento do aparelho de proteção pelo empregador não o exime do pagamento do adicional de insalubridade. Cabe-lhe tomar as medidas que conduzam à diminuição ou eliminação da nocividade, entre as quais as relativas ao uso efetivo do equipamento pelo empregado. Arts. 167 e 191.

▸ **Súmula nº 291** – Horas extras. A supressão total ou parcial, pelo empregador, de serviço suplementar prestado com habitualidade, durante pelo menos 1 (um) ano, assegura ao empregado o direito à indenização correspondente ao valor de 1 (um) mês das horas suprimidas, total ou parcialmente, para cada ano ou fração igual ou superior a seis meses de prestação de serviço acima da jornada normal. O cálculo observará a média das horas suplementares nos últimos 12 (doze) meses anteriores à mudança, multiplicada pelo valor da hora extra do dia da supressão. Art. 59.

▸ **Súmula nº 293** – Adicional de insalubridade. Causa de pedir. Agente nocivo diverso do apontado na inicial. A verificação mediante perícia de prestação de serviços em condições nocivas, considerado agente insalubre diverso do apontado na inicial, não prejudica o pedido de adicional de insalubridade. Art. 195.

▸ **Súmula nº 294** – Prescrição. Alteração contratual. Trabalhador urbano. Tratando-se de ação que envolva pedido de prestações sucessivas decorrente de alteração do pactuado, a prescrição é total, exceto quando o direito à parcela esteja também assegurado por preceito de lei. Arts. 11 e 119.

▸ **Súmula nº 296** – Recurso. Divergência jurisprudencial. Especificidade.

I – A divergência jurisprudencial ensejadora da admissibilidade, do prosseguimento e do conhecimento do recurso há de ser específica, revelando a existência de teses diversas na interpretação de um mesmo dispositivo legal, embora idênticos os fatos que as ensejaram.

II – Não ofende o art. 896 da CLT decisão de Turma que, examinando premissas concretas de especificidade da divergência colacionada no apelo revisional, conclui pelo conhecimento ou desconhecimento do recurso. Art. 896.

▸ **Súmula nº 297** – Prequestionamento. Oportunidade. Configuração.

I – Diz-se prequestionada a matéria ou questão quando na decisão impugnada haja sido adotada, explicitamente, tese a respeito.

II – Incumbe à parte interessada, desde que a matéria haja sido invocada no recurso principal, opor embargos declaratórios objetivando o pronunciamento sobre o tema, sob pena de preclusão.

III – Considera-se prequestionada a questão jurídica invocada no recurso principal sobre a qual se omite o Tribunal de pronunciar tese, não obstante opostos embargos de declaração. Art. 893 e 897-A.

▸ **Súmula nº 298** – Ação Rescisória. Violência de lei. Prequestionamento.
(redação alterada pelo Tribunal Pleno na sessão realizada em 6.2.2012) – Res. 177/2012, DEJT divulgado em 13, 14 e 15.02.2012 I – A conclusão acerca da ocorrência de violação literal a disposição de lei pressupõe pronunciamento explícito, na sentença rescindenda, sobre a matéria veiculada. II – O pronunciamento explícito exigido em ação rescisória diz respeito à matéria e ao enfoque específico da tese debatida na ação, e não, necessariamente, ao dispositivo legal tido por violado. Basta que o conteúdo da norma reputada violada haja sido abordado na decisão rescindenda para que se considere preenchido o pressuposto. III – Para efeito de ação rescisória, considera-se pronunciada explicitamente a matéria tratada na sentença quando, examinando remessa de ofício, o Tribunal simplesmente a confirma. IV – A sentença meramente homologatória, que silencia sobre os motivos de convencimento do juiz, não se mostra rescindível, por ausência de pronunciamento explícito. V – Não é absoluta a exigência de pronunciamento explícito na ação rescisória, ainda que esta tenha por fundamento violação de dispositivo de lei. Assim, prescindível o pronunciamento explícito quando o vício nasce no próprio julgamento, como se dá com a sentença "extra, citra e ultra petita". Art. 836.

▸ **Súmula nº 299** – AÇÃO RESCISÓRIA. DECISÃO RESCINDENDA. TRÂNSITO EM JULGADO. COMPROVAÇÃO. EFEITOS (nova redação do item II em decorrência do CPC de 2015) – Res. 211/2016, DEJT divulgado em 24, 25 e 26.08.2016

I – É indispensável ao processamento da ação rescisória a prova do trânsito em julgado da decisão rescindenda. (ex-Súmula nº 299 – Res 8/1989, DJ 14, 18 e 19.04.1989)

II – Verificando o relator que a parte interessada não juntou à inicial o documento comprobatório, abrirá prazo de 15 (quinze) dias para que o faça (art. 321 do CPC de 2015), sob pena de indeferimento.(ex-Súmula nº 299 – Res 8/1989, DJ 14, 18 e 19.04.1989)

III – A comprovação do trânsito em julgado da decisão rescindenda é pressuposto processual indispensável ao tempo do ajuizamento da ação rescisória. Eventual trânsito em julgado posterior ao ajuizamento da ação rescisória não reabilita a ação proposta, na medida em que o ordenamento jurídico não contempla a ação rescisória preventiva. (ex-OJ nº 106 da SBDI-II – DJ 29.04.2003)

IV – O pretenso vício de intimação, posterior à decisão que se pretende rescindir, se efetivamente ocorrido, não permite a formação da coisa julgada material. Assim, a ação rescisória deve ser julgada extinta, sem julgamento do mérito, por carência de ação, por inexistir decisão transitada em julgado a ser rescindida. (ex-OJ nº 96 da SBDI-II – inserida em 27.09.2002) Art. 836.

▸ **Súmula nº 300** – Competência da justiça do trabalho. Cadastramento no PIS. Compete à Justiça do Trabalho processar e julgar ações ajuizadas por empregados em face de empregadores relativas ao cadastramento no Programa de Integração Social (PIS).

▸ **Súmula nº 301** – Auxiliar de laboratório. Ausência de diploma. Efeitos. O fato de o empregado não possuir diploma de profissionalização de auxiliar de laboratório não afasta a observância das normas da Lei nº 3.999, de 15.12.1961, uma vez comprovada a prestação de serviços na atividade. Art. 76.

▸ **Súmula nº 303** – FAZENDA PÚBLICA. REEXAME NECESSÁRIO (nova redação em decorrência do CPC de 2015) – Res. 211/2016, DEJT divulgado em 24, 25 e 26.08.2016

I – Em dissídio individual, está sujeita ao reexame necessário, mesmo na vigência da Constituição Federal de 1988, decisão contrária à Fazenda Pública, salvo quando a condenação não ultrapassar o valor correspondente a: a) 1.000 (mil) salários mínimos para a União e as respectivas autarquias e fundações de direito público; b) 500 (quinhentos) salários mínimos para os Estados, o Distrito Federal, as respectivas autarquias e fundações de direito público e os Municípios

que constituam capitais dos Estados; c) 100 (cem) salários mínimos para todos os demais Municípios e respectivas autarquias e fundações de direito público.

II – Também não se sujeita ao duplo grau de jurisdição a decisão fundada em:

a) súmula ou orientação jurisprudencial do Tribunal Superior do Trabalho;

b) acórdão proferido pelo Supremo Tribunal Federal ou pelo Tribunal Superior do Trabalho em julgamento de recursos repetitivos;

c) entendimento firmado em incidente de resolução de demandas repetitivas ou de assunção de competência;

d) entendimento coincidente com orientação vinculante firmada no âmbito administrativo do próprio ente público, consolidada em manifestação, parecer ou súmula administrativa.

III – Em ação rescisória, a decisão proferida pelo Tribunal Regional do Trabalho está sujeita ao duplo grau de jurisdição obrigatório quando desfavorável ao ente público, exceto nas hipóteses dos incisos anteriores. (ex-OJ nº 71 da SBDI-1 – inserida em 03.06.1996)

IV – Em mandado de segurança, somente cabe reexame necessário se, na relação processual, figurar pessoa jurídica de direito público como parte prejudicada pela concessão da ordem. Tal situação não ocorre na hipótese de figurar no feito como impetrante e terceiro interessado pessoa de direito privado, ressalvada a hipótese de matéria administrativa. (ex-OJs nºs 72 e 73 da SBDI-1 – inseridas, respectivamente, em 25.11.1996 e 03.06.1996). Art. 836.

▸ **Súmula nº 304** – Correção monetária. Empresas em liquidação. Art. 46 do ADCT/CF. Os débitos trabalhistas das entidades submetidas aos regimes de intervenção ou liquidação extrajudicial estão sujeitos a correção monetária desde o respectivo vencimento até seu efetivo pagamento, sem interrupção ou suspensão, não incidindo, entretanto, sobre tais débitos, juros de mora. Art. 832.

▸ **Súmula nº 305** – Fundo de garantia do tempo de serviço. Incidência sobre o aviso prévio. O pagamento relativo ao período de aviso prévio, trabalhado ou não, está sujeito a contribuição para o FGTS. Art. 487.

▸ **Súmula nº 307** – Juros. Irretroatividade do decreto-lei nº 2.322, de 26.02.1987. A fórmula de cálculo de juros prevista no Decreto-Lei nº 2.322, de 26.02.1987 somente é aplicável a partir de 27.02.1987. Quanto ao período anterior, deve-se observar a legislação então vigente. Art. 883.

▸ **Súmula nº 308** – Prescrição qüinqüenal.

I – Respeitado o biênio subseqüente à cessação contratual, a prescrição da ação trabalhista concerne às pretensões imediatamente anteriores a cinco anos, contados da data do ajuizamento da reclamação e, não, às anteriores ao qüinqüênio da data da extinção do contrato.

II – A norma constitucional que ampliou o prazo de prescrição da ação trabalhista para 5 (cinco) anos é de aplicação imediata e não atinge pretensões já alcançadas pela prescrição bienal quando da promulgação da CF/1988. Art. 11.

▸ **Súmula nº 309** – Vigia portuário. Terminal privativo. Não obrigatoriedade de requisição. Tratando-se de terminais privativos destinados à navegação de cabotagem ou de longo curso, não é obrigatória a requisição de vigia portuário indicado por sindicato.

▸ **Súmula nº 311** – Benefício previdenciário a dependente de ex-empregado. Correção monetária. Legislação aplicável. O cálculo da correção monetária incidente sobre débitos relativos a benefícios previdenciários devidos a dependentes de ex-empregado pelo empregador, ou por entidade de previdência privada a ele vinculada, será o previsto na Lei nº 6.899, de 08.04.1981. Art. 832.

▸ **Súmula nº 312** – Constitucionalidade. Alínea "b" do art. 896 da CLT. É constitucional a alínea "b" do art. 896 da CLT, com a redação dada pela Lei nº 7.701, de 21.12.1988. art. 896.

▸ **Súmula nº 313** – Complementação de aposentadoria. Proporcionalidade. Banespa. A complementação de aposentadoria, prevista no art. 106, e seus parágrafos, do regulamento de pessoal editado em 1965, só é integral para os empregados que tenham 30 (trinta) ou mais anos de serviços prestados exclusivamente ao banco.

▸ **Súmula nº 314** – Indenização adicional. Verbas Rescisórias. Salário corrigido. Se ocorrer a rescisão contratual no período de 30 (trinta) dias que antecede à data-base, observado a Súmula nº 182 do TST, o pagamento das verbas rescisórias com o salário já corrigido não afasta o direito à indenização adicional prevista nas Leis nºs 6.708, de 30.10.1979 e 7.238, de 28.10.1984. art. 487.

▸ **Súmula nº 315** – IPC de março/1990. Lei nº 8.030, de 12.04.1990 (plano Collor). Inexistência de direito adquirido. A partir da vigência da Medida Provisória nº 154, de 15.03.1990, convertida na Lei nº 8.030, de 12.04.1990, não se aplica o IPC de março de 1990, de 84,32% (oitenta e quatro vírgula trinta e dois por cento), para a correção dos salários, porque o direito ainda não se havia incorporado ao patrimônio jurídico dos trabalhadores, inexistindo ofensa ao inciso XXXVI do art. 5º da CF/1988.

▸ **Súmula nº 318** – Diárias. Base de cálculo para sua integração no salário. Tratando-se de empregado mensalista, a integração das diárias no salário deve ser feita tomando-se por base o salário mensal por ele percebido e não o valor do dia de salário, somente sendo devida a referida integração quando o valor das diárias, no mês, for superior à metade do salário mensal. Art. 457.

▸ **Súmula nº 319** – Reajustes salariais ("gatilhos"). Aplicação aos servidores públicos contratados sob a égide da legislação trabalhista. Aplicam-se aos servidores públicos, contratados sob o regime da CLT, os reajustes decorrentes da correção automática dos salários pelo mecanismo denominado "gatilho", de que tratam os Decretos-Leis nºs 2.284, de 10.03.1986 e 2.302, de 21.11.1986. Art. 7º.

▸ **Súmula nº 320** – Horas in itinere. Obrigatoriedade de cômputo na jornada de trabalho. O fato de o empregador cobrar, parcialmente ou não, importância pelo transporte fornecido, para local de difícil acesso ou não servido por transporte regular, não afasta o direito à percepção das horas "in itinere". Art. 58.

▸ **Súmula nº 322** – Diferenças salariais. Planos econômicos. Limite. Os reajustes salariais decorrentes dos chamados "gatilhos" e URPs, previstos legalmente como antecipação, são devidos tão-somente até a data-base de cada categoria.

▸ **Súmula nº 326** – Complementação dos proventos de aposentadoria. Parcela nunca recebida. Prescrição total. A pretensão à complementação de aposentadoria jamais recebida prescreve em 2 (dois) anos contados da cessação do contrato de trabalho. Art. 11.

▸ **Súmula nº 327** – Complementação dos proventos de aposentadoria. Diferença. Prescrição parcial. A pretensão a diferenças de complementação de aposentadoria sujeita-se à prescrição parcial e quinquenal, salvo se o pretenso direito decorrer de verbas não recebidas no curso da relação de emprego e já alcançadas pela prescrição, à época da propositura da ação. Art. 11.

▸ **Súmula nº 328** – Férias. Terço constitucional. O pagamento das férias, integrais ou proporcionais, gozadas ou não, na vigência da CF/1988, sujeita-se ao acréscimo do terço previsto no respectivo art. 7º, XVII. Arts. 137, 142 e 146.

▸ **Súmula nº 329** – Honorários advocatícios. Art. 133 da CF/1988. Mesmo após a promulgação da CF/1988, permanece válido o entendimento consubstanciado na Súmula nº 219 do Tribunal Superior do Trabalho. Art. 791.

▸ **Súmula nº 330** – Quitação. Validade.

A quitação passada pelo empregado, com assistência de entidade sindical de sua categoria, ao empregador, com observância dos requisitos exigidos nos parágrafos do art. 477 da CLT, tem eficácia liberatória em relação às parcelas expressamente consignadas no recibo, salvo se oposta ressalva expressa e especificada ao valor dado à parcela ou parcelas impugnadas.

I – A quitação não abrange parcelas não consignadas no recibo de quitação e, conseqüentemente, seus reflexos em outras parcelas, ainda que estas constem desse recibo.

II – Quanto a direitos que deveriam ter sido satisfeitos durante a vigência do contrato de trabalho, a quitação é válida em relação ao período expressamente consignado no recibo de quitação. Art. 477.

▸ **Súmula nº 331** – Contrato de prestação de serviços. Legalidade.

I – A contratação de trabalhadores por empresa interposta é ilegal, formando-se o vínculo diretamente com o tomador dos serviços, salvo no caso de trabalho temporário (Lei nº 6.019, de 03.01.1974).

II – A contratação irregular de trabalhador, mediante empresa interposta, não gera vínculo de emprego com os órgãos da Administração Pública direta, indireta ou fundacional (art. 37, II, da CF/1988).

III – Não forma vínculo de emprego com o tomador a contratação de serviços de vigilância (Lei nº 7.102, de 20.06.1983) e de conservação e limpeza, bem como a de serviços especializados ligados à atividade-meio do tomador, desde que inexistente a pessoalidade e a subordinação direta.

IV – O inadimplemento das obrigações trabalhistas, por parte do empregador, implica a responsabilidade subsidiária do tomador dos serviços quanto àquelas obrigações, desde que haja participado da relação processual e conste também do título executivo judicial.

V – Os entes integrantes da Administração Pública direta e indireta respondem subsidiariamente, nas mesmas condições do item IV, caso evidenciada a sua conduta culposa no cumprimento das obrigações da Lei nº 8.666, de 21.06.1993, especialmente na fiscalização do cumprimento das obrigações contratuais e legais da prestadora de serviço como empregadora. A aludida responsabilidade não decorre de mero inadimplemento das obrigações trabalhistas assumidas pela empresa regularmente contratada.

VI – A responsabilidade subsidiária do tomador de serviços abrange todas as verbas decorrentes da condenação referentes ao período da prestação laboral. Arts. 2º, 442 e 455.

▸ **Súmula nº 332** – Complementação de aposentadoria. Petrobras. Manual de pessoal. Norma programática. As normas relativas à complementação de aposentadoria, inseridas no Manual de Pessoal da Petrobras, têm caráter meramente programático, delas não resultando direito à referida complementação.

▸ **Súmula nº 333** – Recursos de revista. Conhecimento. Não ensejam recurso de revista decisões superadas por iterativa, notória e atual jurisprudência do Tribunal Superior do Trabalho. Arts. 894 e 896.

▸ **Súmula nº 336** – Constitucionalidade. § 2º do art. 9º do decreto-lei nº 1.971, de 30.11.1982. É constitucional o § 2º do art. 9º do Decreto-Lei nº 1.971, de 30.11.1982, com a redação dada pelo Decreto-Lei nº 2.100, de 28.12.1983.

▸ **Súmula nº 337** – COMPROVAÇÃO DE DIVERGÊNCIA JURISPRUDENCIAL. RECURSOS DE REVISTA E DE EMBARGOS (redação do item IV alterada na sessão do Tribunal Pleno realizada em 14.09.2012) – Res. 185/2012 – DEJT divulgado em 25, 26 e 27.09.2012

I – Para comprovação da divergência justificadora do recurso, é necessário que o recorrente.

a) Junte certidão ou cópia autenticada do acórdão paradigma ou cite a fonte oficial ou o repositório autorizado em que foi publicado; e

b) Transcreva, nas razões recursais, as ementas e/ou trechos dos acórdãos trazidos à configuração do dissídio, demonstrando o conflito de teses que justifique o conhecimento do recurso, ainda que os acórdãos já se encontrem nos autos ou venham a ser juntados com o recurso. (ex-Súmula nº 337 – alterada pela Res. 121/2003, DJ 21.11.2003)

II – A concessão de registro de publicação como repositório autorizado de jurisprudência do TST torna válidas todas as suas edições anteriores. (ex-OJ nº 317 da SBDI-1 – DJ 11.08.2003)

III – A mera indicação da data de publicação, em fonte oficial, de aresto paradigma é inválida para comprovação de divergência jurisprudencial, nos termos do item I, "a", desta súmula, quando a parte pretende demonstrar o conflito de teses mediante a transcrição de trechos que integram a fundamentação do acórdão divergente, uma vez que só se publicam o dispositivo e a ementa dos acórdãos.

IV – É válida para a comprovação da divergência jurisprudencial justificadora do recurso a indicação de aresto extraído de repositório oficial na internet, desde que o recorrente:

a) transcreva o trecho divergente;

b) aponte o sítio de onde foi extraído; e

c) decline o número do processo, o órgão prolator do acórdão e a data da respectiva publicação no Diário Eletrônico da Justiça do Trabalho. Arts. 894 e 896.

▸ **Súmula nº 338** – Jornada de trabalho. Registro. Ônus da prova.

I – É ônus do empregador que conta com mais de 10 (dez) empregados o registro da jornada de trabalho na forma do art. 74, § 2º, da CLT. A não-apresentação injustificada dos controles de frequência gera presunção relativa de veracidade da jornada de trabalho, a qual pode ser elidida por prova em contrário.

II – A presunção de veracidade da jornada de trabalho, ainda que prevista em instrumento normativo, pode ser elidida por prova em contrário.

III – Os cartões de ponto que demonstram horários de entrada e saída uniformes são inválidos como meio de prova, invertendo-se o ônus da prova, relativo às horas extras, que passa a ser do empregador, prevalecendo a jornada da inicial se dele não se desincumbir. Arts. 74 e 818.

▸ **Súmula nº 339** – CIPA. Suplente. Garantia de emprego. CF/1988.

I – O suplente da CIPA goza da garantia de emprego prevista no art. 10, II, "a", do ADCT a partir da promulgação da Constituição Federal de 1988.

II – A estabilidade provisória do cipeiro não constitui vantagem pessoal, mas garantia para as atividades dos membros da CIPA, que somente tem razão de ser quando em atividade a empresa. Extinto o estabelecimento, não se verifica a despedida arbitrária, sendo impossível a reintegração e indevida a indenização do período estabilitário. Art. 165.

▸ **Súmula nº 340** – Comissionista. Horas extras. O empregado, sujeito a controle de horário, remunerado à base de comissões, tem direito ao adicional de, no mínimo, 50% (cinqüenta por cento) pelo trabalho em horas extras, calculado sobre o valor-hora das comissões recebidas no mês, considerando-se como divisor o número de horas efetivamente trabalhadas. Arts. 59 e 78.

▸ **Súmula nº 341** – Honorários do assistente técnico. A indicação do perito assistente é faculdade da parte, a qual deve responder pelos respectivos honorários, ainda que vencedora no objeto da perícia. Arts. 790-B e 826.

▸ **Súmula nº 342** – Descontos salariais. Art. 462 da CLT. Descontos salariais efetuados pelo empregador, com a autorização prévia e por escrito do empregado, para ser integrado em planos de assistência odontológica, médico-hospitalar, de seguro, de previdência privada, ou de entidade cooperativa, cultural ou recreativo-associativa de seus trabalhadores, em seu benefício e de seus dependentes, não afrontam o disposto no art. 462 da CLT, salvo se ficar demonstrada a existência de coação ou de outro defeito que vicie o ato jurídico. Arts. 462 e 545.

▸ **Súmula nº 344** – Salário-família. Trabalhador rural. O salário-família é devido aos trabalhadores rurais somente após a vigência da Lei nº 8.213, de 24.07.1991.

▸ **Súmula nº 345** – BANDESPE. Regulamento interno de pessoal não confere estabilidade aos empregados. O Regulamento Interno de Pessoal (RIP) do Banco do Estado de Pernambuco – BANDEPE, na parte que trata de seu regime disciplinar, não confere estabilidade aos seus empregados.

▸ **Súmula nº 346** – Digitador. Intervalos intrajornada. Aplicação analógica do art. 72 da CLT. Os digitadores, por aplicação analógica do art. 72 da CLT, equiparam-se aos trabalhadores nos serviços de mecanografia (datilografia, escrituração ou cálculo), razão pela qual têm direito a intervalos de descanso de 10 (dez) minutos a cada 90 (noventa) de trabalho consecutivo. Arts. 8º e 72.

▸ **Súmula nº 347** – Horas extras habituais. Apuração. Média física. O cálculo do valor das horas extras habituais, para efeito de reflexos em verbas trabalhistas, observará o número de horas efetivamente prestadas e a ele aplica-se o valor do salário-hora da época do pagamento daquelas verbas. Arts. 59 e 78.

▸ **Súmula nº 348** – Aviso prévio. Concessão na fluência da garantia de emprego. Invalidade. É inválida a concessão do aviso prévio na fluência da garantia de emprego, ante a incompatibilidade dos dois institutos. Art. 487.

▸ **Súmula nº 350** – Prescrição. Termo inicial. Ação de cumprimento. Sentença normativa. O prazo de prescrição com relação à ação de cumprimento de decisão normativa flui apenas da data de seu trânsito em julgado. Arts. 11 e 872.

▸ **Súmula nº 351** – Professor. Repouso semanal remunerado. Art. 7º, § 2º, da lei nº 605, de 05.01.1949 e art. 320 da CLT. O professor que recebe salário mensal à base de hora-aula tem direito ao acréscimo de 1/6 a título de repouso semanal remunerado, considerando-se para esse fim o mês de quatro semanas e meia. Arts. 70 e 319.

▸ Súmula nº 353. EMBARGOS. AGRAVO. CABIMENTO (atualizada em decorrência do CPC de 2015) – Res. 208/2016, DEJT divulgado em 22, 25 e 26.04.2016

Não cabem embargos para a Seção de Dissídios Individuais de decisão de Turma proferida em agravo, salvo:

a) da decisão que não conhece de agravo de instrumento ou de agravo pela ausência de pressupostos extrínsecos;

b) da decisão que nega provimento a agravo contra decisão monocrática do Relator, em que se proclamou a ausência de pressupostos extrínsecos de agravo de instrumento;

c) para revisão dos pressupostos extrínsecos de admissibilidade do recurso de revista, cuja ausência haja sido declarada originariamente pela Turma no julgamento do agravo;

d) para impugnar o conhecimento de agravo de instrumento;

e) para impugnar a imposição de multas previstas nos arts. 1.021, § 4º, do CPC de 2015 ou 1.026, § 2º, do CPC de 2015 (art. 538, parágrafo único, do CPC de 1973, ou art. 557, § 2º, do CPC de 1973).

f) contra decisão de Turma proferida em agravo em recurso de revista, nos termos do art. 894, II, da CLT.

▸ **Súmula nº 354** – Gorjetas. Natureza jurídica. Repercussões. As gorjetas, cobradas pelo empregador na nota de serviço ou oferecidas espontaneamente pelos clientes, integram a remuneração do empregado, não servindo de base de cálculo para as parcelas de aviso-prévio, adicional noturno, horas extras e repouso semanal remunerado. Arts. 73 e 457.

▸ **Súmula nº 355** – CONAB. Estabilidade. Aviso DIREH nº 2 de 12.12.1984. O aviso DIREH nº 2, de 12.12.1984, que concedia estabilidade aos empregados da CONAB, não tem eficácia, porque não aprovado pelo Ministério ao qual a empresa se subordina.

▸ **Súmula nº 356** – Alçada recursal. Vinculação ao salário mínimo. O art. 2º, § 4º, da Lei nº 5.584, de 26.06.1970, foi recepcionado pela CF/1988, sendo lícita a fixação do valor da alçada com base no salário mínimo. Art. 895.

▸ **Súmula nº 357** – Testemunha. Ação contra a mesma reclamada. Suspeição. Não torna suspeita a testemunha o simples fato de estar litigando ou de ter litigado contra o mesmo empregador. Art. 829.

▸ **Súmula nº 358** – Radiologista. Salário profissional. Lei nº 7.394, de 29.10.1985. O salário profissional dos técnicos em radiologia é igual a 2 (dois) salários mínimos e não a 4 (quatro). Art. 76.

▸ **Súmula nº 360** – Turnos ininterruptos de revezamento. Intervalos intrajornada e semanal. A interrupção do trabalho destinada a repouso e alimentação, dentro de cada turno, ou o intervalo para repouso semanal, não descaracteriza o turno de revezamento com jornada de 6 (seis) horas previsto no art. 7º, XIV, da CF/1988. Art. 71.

▸ **Súmula nº 361** – Adicional de periculosidade. Eletricitários. Exposição intermitente. O trabalho exercido em condições perigosas, embora de forma intermitente, dá direito ao empregado a receber o adicional de periculosidade de forma integral, porque a Lei nº 7.369, de 20.09.1985, não estabeleceu nenhuma proporcionalidade em relação ao seu pagamento. Art. 193.

▸ **Súmula nº 362** do TST – FGTS. PRESCRIÇÃO (nova redação) – Res. 198/2015, republicada em razão de erro material – DEJT divulgado em 12, 15 e 16.06.2015

I – Para os casos em que a ciência da lesão ocorreu a partir de 13.11.2014, é quinquenal a prescrição do direito de reclamar contra o não-recolhimento de contribuição para o FGTS, observado o prazo de dois anos após o término do contrato;

II – Para os casos em que o prazo prescricional já estava em curso em 13.11.2014, aplica-se o prazo prescricional que se consumar primeiro: trinta anos, contados do termo inicial, ou cinco anos, a partir de 13.11.2014 (STF-ARE-709212/DF). Art. 11.

▸ **Súmula nº 363** – Contrato nulo. Efeitos. A contratação de servidor público, após a CF/1988, sem prévia aprovação em concurso público, encontra óbice no respectivo art. 37, II e § 2º, somente lhe conferindo direito ao pagamento da contraprestação pactuada, em relação ao número de horas trabalhadas, respeitado o valor da hora do salário mínimo, e dos valores referentes aos depósitos do FGTS. Arts. 9 e 442.

▸ **Súmula nº 364** – ADICIONAL DE PERICULOSIDADE. EXPOSIÇÃO EVENTUAL, PERMANENTE E INTERMITENTE (inserido o item II) – Res. 209/2016, DEJT divulgado em 01, 02 e 03.06.2016

I – Tem direito ao adicional de periculosidade o empregado exposto permanentemente ou que, de forma intermitente, sujeita-se a condições de risco. Indevido, apenas, quando o contato dá-se de forma eventual, assim considerado o fortuito, ou o que, sendo habitual, dá-se por tempo extremamente reduzido. (ex-Ojs da SBDI-I nºs 05 – inserida em 14.03.1994 – e 280 – DJ 11.08.2003).

II – Não é válida a cláusula de acordo ou convenção coletiva de trabalho fixando o adicional de periculosidade em percentual inferior ao estabelecido em lei e proporcional ao tempo de exposição ao risco, pois tal parcela constitui medida de higiene, saúde e segurança do trabalho, garantida por norma de ordem pública (arts. 7º, XXII e XXIII, da CF e 193, § 1º, da CLT). Art. 193.

▸ **Súmula nº 365** – Alçada. Ação Rescisória e mandado de segurança. Não se aplica a alçada em ação rescisória e em mandado de segurança. Art. 836.

▸ **Súmula nº 366** do TST – CARTÃO DE PONTO. REGISTRO. HORAS EXTRAS. MINUTOS QUE ANTECEDEM E SUCEDEM A JORNADA DE TRABALHO (nova redação) – Res. 197/2015 – DEJT divulgado em 14, 15 e 18.05.2015

Não serão descontadas nem computadas como jornada extraordinária as variações de horário do registro de ponto não excedentes de cinco minutos, observado o limite máximo de dez minutos diários. Se ultrapassado esse limite, será considerada como extra a totalidade do tempo que exceder a jornada normal, pois configurado tempo à disposição do empregador, não importando as atividades desenvolvidas pelo empregado ao longo do tempo residual (troca de uniforme, lanche, higiene pessoal, etc). Art. 58.

▸ **Súmula nº 367** – Utilidades in natura. Habitação. Energia elétrica. Veículo. Cigarro. Não integração ao salário.

I – A habitação, a energia elétrica e veículo fornecidos pelo empregador ao empregado, quando indispensáveis para a realização do trabalho, não têm natureza salarial, ainda que, no caso de veículo, seja ele utilizado pelo empregado também em atividades particulares.

II – O cigarro não se considera salário utilidade em face de sua nocividade à saúde. Art. 458.

▸ **Súmula nº 368** – DESCONTOS PREVIDENCIÁRIOS. IMPOSTO DE RENDA. COMPETÊNCIA. RESPONSABILIDADE PELO RECOLHIMENTO. FORMA DE CÁLCULO. FATO GERADOR (aglutinada a parte final da Orientação Jurisprudencial nº 363 da SBDI-I à redação do item II e incluídos os itens IV, V e VI em sessão do Tribunal Pleno realizada em 26.06.2017) – Res. 219/2017, republicada em razão de erro material – DEJT divulgado em 12, 13 e 14.07.2017

I – A Justiça do Trabalho é competente para determinar o recolhimento das contribuições fiscais. A competência da Justiça do Trabalho, quanto à execução das contribuições previdenciárias, limita-se às sentenças condenatórias em pecúnia que proferir e aos valores, objeto de acordo homologado, que integrem o salário de contribuição. (ex-OJ nº 141 da SBDI-1 - inserida em 27.11.1998).

II – É do empregador a responsabilidade pelo recolhimento das contribuições previdenciárias e fiscais, resultantes de crédito do empregado oriundo de condenação judicial. A culpa do empregador pelo inadimplemento das verbas remuneratórias, contudo, não exime a responsabilidade do empregado pelos pagamentos do imposto de renda devido e da contribuição previdenciária que recaia sobre sua quota-parte. (ex-OJ nº 363 da SBDI-1, parte final)

III – Os descontos previdenciários relativos à contribuição do empregado, no caso de ações trabalhistas, devem ser calculados mês a mês, de conformidade com o art. 276, § 4º, do Decreto n º 3.048/1999 que regulamentou a Lei nº 8.212/1991, aplicando-se as alíquotas previstas no art. 198, observado o limite máximo do salário de contribuição (ex-OJs nºs 32 e 228 da SBDI-1 – inseridas, respectivamente, em 14.03.1994 e 20.06.2001).

IV – Considera-se fato gerador das contribuições previdenciárias decorrentes de créditos trabalhistas reconhecidos ou homologados em juízo, para os serviços prestados até 4.3.2009, inclusive, o efetivo pagamento das verbas, configurando-se a mora a partir do dia dois do mês seguinte ao da liquidação (art. 276, "caput", do Decreto nº 3.048/1999). Eficácia não retroativa da alteração legislativa promovida pela Medida Provisória nº 449/2008, posteriormente convertida na Lei nº 11.941/2009, que deu nova redação ao art. 43 da Lei nº 8.212/91.

V – Para o labor realizado a partir de 5.3.2009, considera-se fato gerador das contribuições previdenciárias decorrentes de créditos trabalhistas reconhecidos ou homologados em juízo a data da efetiva prestação dos serviços. Sobre as contribuições previdenciárias não recolhidas a partir da prestação dos serviços incidem juros de mora e, uma vez apurados os créditos previdenciários, aplica-se multa a partir do exaurimento do prazo de citação para pagamento, se descumprida a obrigação, observado o limite legal de 20% (art. 61, § 2º, da Lei nº 9.430/96).

VI – O imposto de renda decorrente de crédito do empregado recebido acumuladamente deve ser calculado sobre o montante dos rendimentos pagos, mediante a utilização de tabela progressiva resultante da multiplicação da quantidade de meses a que se refiram os rendimentos pelos valores constantes da tabela progressiva mensal correspondente ao mês do recebimento ou crédito, nos termos do art. 12-A da Lei nº 7.713, de 22/12/1988, com a redação conferida pela Lei nº 13.149/2015, observado o procedimento previsto nas Instruções Normativas da Receita Federal do Brasil.

▶ **Súmula nº 369** – DIRIGENTE SINDICAL. ESTABILIDADE PROVISÓRIA (redação do item I alterada na sessão do Tribunal Pleno realizada em 14.09.2012) – Res. 185/2012 – DEJT divulgado em 25, 26 e 27.09.2012

I – É assegurada a estabilidade provisória ao empregado dirigente sindical, ainda que a comunicação do registro da candidatura ou da eleição e da posse seja realizada fora do prazo previsto no art. 543, § 5º, da CLT, desde que a ciência ao empregador, por qualquer meio, ocorra na vigência do contrato de trabalho.

II – O art. 522 da CLT foi recepcionado pela Constituição Federal de 1988. Fica limitada, assim, a estabilidade a que alude o art. 543, § 3º, da CLT a sete dirigentes sindicais e igual número de suplentes.

III – O empregado de categoria diferenciada eleito dirigente sindical só goza de estabilidade se exercer na empresa atividade pertinente à categoria profissional do sindicato para o qual foi eleito dirigente. (ex-OJ nº 145 da SBDI-1 – inserida em 27.11.1998)

IV – Havendo extinção da atividade empresarial no âmbito da base territorial do sindicato, não há razão para subsistir a estabilidade. (ex-OJ nº 86 da SBDI-1 – inserida em 28.04.1997)

V – O registro da candidatura do empregado a cargo de dirigente sindical durante o período de aviso prévio, ainda que indenizado, não lhe assegura a estabilidade, visto que inaplicável a regra do § 3º do art. 543 da Consolidação das Leis do Trabalho. (ex-OJ nº 35 da SBDI-1 – inserida em 14.03.1994). Arts. 9º, 498 e 543.

▶ **Súmula nº 370** – Médico e engenheiro. Jornada de trabalho. Leis nºs 3.999/1961 e 4.950-a/1966. Tendo em vista que as Leis nº 3.999/1961 e 4.950-A/1966 não estipulam a jornada reduzida, mas apenas estabelecem o salário mínimo da categoria para uma jornada de 4 horas para os médicos e de 6 horas para os engenheiros, não há que se falar em horas extras, salvo as excedentes à oitava, desde que seja respeitado o salário mínimo/horário das categorias. Arts. 58 e 76.

▶ **Súmula nº 371** – Aviso prévio indenizado. Efeitos. Superveniência de auxílio-doença no curso deste. A projeção do contrato de trabalho para o futuro, pela concessão do aviso prévio indenizado, tem efeitos limitados às vantagens econômicas obtidas no período de pré-aviso, ou seja, salários, reflexos e verbas rescisórias. No caso de concessão de auxílio-doença no curso do aviso prévio, todavia, só se concretizam os efeitos da dispensa depois de expirado o benefício previdenciário. Art. 487.

▶ **Súmula nº 372** – Gratificação de função. Supressão ou redução. Limites.

I – Percebida a gratificação de função por dez ou mais anos pelo empregado, se o empregador, sem justo motivo, revertê-lo a seu cargo efetivo, não poderá retirar-lhe a gratificação tendo em vista o princípio da estabilidade financeira.

II – Mantido o empregado no exercício da função comissionada, não pode o empregador reduzir o valor da gratificação. Arts. 59, 62, 450 e 468.

▶ **Súmula nº 373** – Gratificação semestral. Congelamento. Prescrição parcial. Tratando-se de pedido de diferença de gratificação semestral que teve seu valor congelado, a prescrição aplicável é a parcial. Art. 11.

▶ **Súmula nº 374** – Norma coletiva. Categoria diferenciada. Abrangência. Empregado integrante de categoria profissional diferenciada não tem o direito de haver de seu empregador vantagens previstas em instrumento coletivo no qual a empresa não foi representada por órgão de classe de sua categoria. Art. 511.

▶ **Súmula nº 375** – Reajustes salariais previstos em norma coletiva. Prevalência da legislação de política salarial.

Os reajustes salariais previstos em norma coletiva de trabalho não prevalecem frente à legislação superveniente de política salarial.

▸ **Súmula nº 376** – Horas extras. Limitação. Art. 59 da CLT. Reflexos.

I – A limitação legal da jornada suplementar a duas horas diárias não exime o empregador de pagar todas as horas trabalhadas.

II – O valor das horas extras habitualmente prestadas integra o cálculo dos haveres trabalhistas, independentemente da limitação prevista no "caput" do art. 59 da CLT. Art. 59.

▸ **Súmula nº 377** – Preposto. Exigência da condição de empregado. Exceto quanto à reclamação de empregado doméstico, ou contra micro ou pequeno empresário, o preposto deve ser necessariamente empregado do reclamado. Inteligência do art. 843, § 1º, da CLT e do art. 54 da Lei Complementar nº 123, de 14 de dezembro de 2006. Art. 843.

▸ **Súmula nº 378** – ESTABILIDADE PROVISÓRIA. ACIDENTE DO TRABALHO. Art. 118 DA LEI Nº 8.213/1991. (inserido o item III) – Res. 185/2012 – DEJT divulgado em 25, 26 e 27.09.2012

I – É constitucional o artigo 118 da Lei nº 8.213/1991 que assegura o direito à estabilidade provisória por período de 12 meses após a cessação do auxílio-doença ao empregado acidentado. (ex-OJ nº 105 da SBDI-1 – inserida em 01.10.1997)

II – São pressupostos para a concessão da estabilidade o afastamento superior a 15 dias e a conseqüente percepção do auxílio-doença acidentário, salvo se constatada, após a despedida, doença profissional que guarde relação de causalidade com a execução do contrato de emprego. (primeira parte – ex-OJ nº 230 da SBDI-1 – inserida em 20.06.2001).

III – O empregado submetido a contrato de trabalho por tempo determinado goza da garantia provisória de emprego decorrente de acidente de trabalho prevista no art. 118 da Lei nº 8.213/91.

▸ **Súmula nº 379** – Dirigente sindical. Despedida. Falta grave. Inquérito judicial. Necessidade. O dirigente sindical somente poderá ser dispensado por falta grave mediante a apuração em inquérito judicial, inteligência dos arts. 494 e 543, § 3º, da CLT. Arts. 543 e 855.

▸ **Súmula nº 380** – Aviso prévio. Início da contagem. Art. 132 do código civil de 2002. Aplica-se a regra prevista no "caput" do art. 132 do Código Civil de 2002 à contagem do prazo do aviso prévio, excluindo-se o dia do começo e incluindo o do vencimento. Art. 487.

▸ **Súmula nº 381** – Correção monetária. Salário. Art. 459 da CLT. O pagamento dos salários até o 5º dia útil do mês subseqüente ao vencido não está sujeito à correção monetária. Se essa data limite for ultrapassada, incidirá o índice da correção monetária do mês subseqüente ao da prestação dos serviços, a partir do dia 1º. Art. 459.

▸ **Súmula nº 382** – Mudança de regime celetista para estatutário. Extinção do contrato. Prescrição bienal. A transferência do regime jurídico de celetista para estatutário implica extinção do contrato de trabalho, fluindo o prazo da prescrição bienal a partir da mudança de regime. Art. 11.

▸ **Súmula nº 383** – RECURSO. MANDATO. IRREGULARIDADE DE REPRESENTAÇÃO. CPC DE 2015, ARTS. 104 E 76, § 2º (nova redação em decorrência do CPC de 2015) – Res. 210/2016, DEJT divulgado em 30.06, 1º e 04.07.2016

I – É inadmissível recurso firmado por advogado sem procuração juntada aos autos até o momento da sua interposição, salvo mandato tácito. Em caráter excepcional (art. 104 do CPC de 2015), admite-se que o advogado, independentemente de intimação, exiba a procuração no prazo de 5 (cinco) dias após a interposição do recurso, prorrogável por igual período mediante despacho do juiz. Caso não a exiba, considera-se ineficaz o ato praticado e não se conhece do recurso.

II – Verificada a irregularidade de representação da parte em fase recursal, em procuração ou substabelecimento já constante dos autos, o relator ou o órgão competente para julgamento do recurso designará prazo de 5 (cinco) dias para que seja sanado o vício. Descumprida a determinação, o relator não conhecerá do recurso, se a providência couber ao recorrente, ou determinará o desentranhamento das contrarrazões, se a providência couber ao recorrido (art. 76, § 2º, do CPC de 2015). Art. 791.

▸ **Súmula nº 384** – Multa convencional. Cobrança.

I – O descumprimento de qualquer cláusula constante de instrumentos normativos diversos não submete o empregado a ajuizar várias ações, pleiteando em cada uma o pagamento da multa referente ao descumprimento de obrigações previstas nas cláusulas respectivas.

II – É aplicável multa prevista em instrumento normativo (sentença normativa, convenção ou acordo coletivo) em caso de descumprimento de obrigação prevista em lei, mesmo que a norma coletiva seja mera repetição de texto legal.

▸ **Súmula nº 385** – FERIADO LOCAL. AUSÊNCIA DE EXPEDIENTE FORENSE. PRAZO RECURSAL. PRORROGAÇÃO. COMPROVAÇÃO. NECESSIDADE. ATO ADMINISTRATIVO DO JUÍZO "A QUO" (redação alterada na sessão do Tribunal Pleno realizada em 14.09.2012) – Res. 185/2012 – DEJT divulgado em 25, 26 e 27.09.2012

I – Incumbe à parte o ônus de provar, quando da interposição do recurso, a existência de feriado local que autorize a prorrogação do prazo recursal.

II – Na hipótese de feriado forense, incumbirá à autoridade que proferir a decisão de admissibilidade certificar o expediente nos autos.

III – Na hipótese do inciso II, admite-se a reconsideração da análise da tempestividade do recurso, mediante prova documental superveniente, em Agravo Regimental, Agravo de Instrumento ou Embargos de Declaração.

▸ **Súmula nº 386** – Policial militar. Reconhecimento de vínculo empregatício com empresa privada. Preenchidos os requisitos do art. 3º da CLT, é legítimo o reconhecimento de relação de emprego entre policial militar e empresa privada, independentemente do eventual cabimento de penalidade disciplinar prevista no Estatuto do Policial militar. Arts. 3º e 442.

▸ **Súmula nº 387** – RECURSO. FAC-SÍMILE. LEI Nº 9.800/1999 (atualizada em decorrência do CPC de 2015) – Res. 208/2016, DEJT divulgado em 22, 25 e 26.04.2016

I – A Lei nº 9.800, de 26.05.1999, é aplicável somente a recursos interpostos após o início de sua vigência. (ex-OJ nº 194 da SBDI-I – inserida em 08.11.2000)

II – A contagem do quinquídio para apresentação dos originais de recurso interposto por intermédio de fac-símile começa a fluir do dia subsequente ao término do prazo recursal, nos termos do art. 2º da Lei nº 9.800, de 26.05.1999, e não do dia seguinte à interposição do recurso, se esta se deu antes do termo final do prazo. (ex-OJ nº 337 da SBDI-I – primeira parte – DJ 04.05.2004)

III – Não se tratando a juntada dos originais de ato que dependa de notificação, pois a parte, ao interpor o recurso, já tem ciência de seu ônus processual, não se aplica a regra do art. 224 do CPC de 2015 (art. 184 do CPC de 1973) quanto ao "dies a quo", podendo coincidir com sábado, domingo ou feriado. (ex-OJ nº 337 da SBDI-I – "in fine" – DJ 04.05.2004)

IV – A autorização para utilização do fac-símile, constante do art. 1º da Lei nº 9.800, de 26.05.1999, somente alcança as hipóteses em que o documento é dirigido diretamente ao órgão jurisdicional, não se aplicando à transmissão ocorrida entre particulares. Art. 770.

▸ **Súmula nº 388** – Massa falida. Arts. 467 e 477 da CLT. Inaplicabilidade. A Massa Falida não se sujeita à penalidade do art. 467 e nem à multa do § 8º do art. 477, ambos da CLT. Arts. 467 e 477.

▸ **Súmula nº 389** – Seguro-desemprego. Competência da justiça do trabalho. Direito à indenização por não liberação de guias.

I – Inscreve-se na competência material da Justiça do Trabalho a lide entre empregado e empregador tendo por objeto indenização pelo não-fornecimento das guias do seguro-desemprego.

II – O não-fornecimento pelo empregador da guia necessária para o recebimento do seguro-desemprego dá origem ao direito à indenização. Art. 643.

▸ **Súmula nº 390** – Estabilidade. Art. 41 da CF/1988. Celetista. Administração direta, autárquica ou fundacional. aplicabilidade. Empregado de empresa pública e sociedade de economia mista. Inaplicável.

I – O servidor público celetista da administração direta, autárquica ou fundacional é beneficiário da estabilidade prevista no art. 41 da CF/1988.

II – Ao empregado de empresa pública ou de sociedade de economia mista, ainda que admitido mediante aprovação em concurso público, não é garantida a estabilidade prevista no art. 41 da CF/1988.

▸ **Súmula nº 391** – Petroleiros. Lei nº 5.811/1972. Turno ininterrupto de revezamento. Horas extras e alteração da jornada para horário fixo.

I – A Lei nº 5.811/1972 foi recepcionada pela CF/88 no que se refere à duração da jornada de trabalho em regime de revezamento dos petroleiros.

II – A previsão contida no art. 10 da Lei nº 5.811/1972, possibilitando a mudança do regime de revezamento para horário fixo, constitui alteração lícita, não violando os arts. 468 da CLT e 7º, VI, da CF/1988. Arts. 58, 73 e 468.

▸ **Súmula nº 392** do TST – DANO MORAL E MATERIAL. RELAÇÃO DE TRABALHO. COMPETÊNCIA DA JUSTIÇA DO TRABALHO (redação alterada em sessão do Tribunal Pleno realizada em 27.10.2015) – Res. 200/2015, DEJT divulgado em 29.10.2015 e 03 e 04.11.2015

Nos termos do art. 114, inc. VI, da Constituição da República, a Justiça do Trabalho é competente para processar e julgar ações de indenização por dano moral e material, decorrentes da relação de trabalho, inclusive as oriundas de acidente de trabalho e doenças a ele equiparadas, ainda que propostas pelos dependentes ou sucessores do trabalhador falecido.

▸ **Súmula nº 393** – RECURSO ORDINÁRIO. EFEITO DEVOLUTIVO EM PROFUNDIDADE. ART. 1.013, § 1º, do CPC DE 2015. ART. 515, § 1º, DO CPC de 1973 – (nova redação em decorrência do CPC de 2015) – Res. 208/2016, DEJT divulgado em 22, 25 e 26.04.2016

I – O efeito devolutivo em profundidade do recurso ordinário, que se extrai do § 1º do art. 1.013 do CPC de 2015 (art. 515, § 1º, do CPC de 1973), transfere ao Tribunal a apreciação dos fundamentos da inicial ou da defesa, não examinados pela sentença, ainda que não renovados em contrarrazões, desde que relativos ao capítulo impugnado.

II – Se o processo estiver em condições, o tribunal, ao julgar o recurso ordinário, deverá decidir desde logo o mérito da causa, nos termos do § 3º do art. 1.013 do CPC de 2015, inclusive quando constatar a omissão da sentença no exame de um dos pedidos. Art. 895.

▸ **Súmula nº 394** – FATO SUPERVENIENTE. ART. 493 do CPC de 2015. ART. 462 DO CPC de 1973 (atualizada em decorrência do CPC de 2015) – Res. 208/2016, DEJT divulgado em 22, 25 e 26.04.2016

O art. 493 do CPC de 2015 (art. 462 do CPC de 1973), que admite a invocação de fato constitutivo, modificativo ou extintivo do direito, superveniente à propositura da ação, é aplicável de ofício aos processos em curso em qualquer instância trabalhista. Cumpre ao juiz ou tribunal ouvir as partes sobre o fato novo antes de decidir.

▸ **Súmula nº 395** – Mandato e substabelecimento. Condições de validade.

MANDATO E SUBSTABELECIMENTO. CONDIÇÕES DE VALIDADE (nova redação dos itens I e II e acrescido o item

V em decorrência do CPC de 2015) – Res. 211/2016, DEJT divulgado em 24, 25 e 26.08.2016

I – Válido é o instrumento de mandato com prazo determinado que contém cláusula estabelecendo a prevalência dos poderes para atuar até o final da demanda (§ 4º do art. 105 do CPC de 2015). (ex – OJ nº 312 da SBDI-1 – DJ 11.08.2003)

II – Se há previsão, no instrumento de mandato, de prazo para sua juntada, o mandato só tem validade se anexado ao processo o respectivo instrumento no aludido prazo. (ex-OJ nº 313 da SBDI-1 – DJ 11.08.2003)

III – São válidos os atos praticados pelo substabelecido, ainda que não haja, no mandato, poderes expressos para substabelecer (art. 667, e parágrafos, do Código Civil de 2002). (ex-OJ nº 108 da SBDI-1 – inserida em 01.10.1997)

IV – Configura-se a irregularidade de representação se o substabelecimento é anterior à outorga passada ao substabelecente. (ex-OJ nº 330 da SBDI-1 – DJ 09.12.2003)

V – Verificada a irregularidade de representação nas hipóteses dos itens II e IV, deve o juiz suspender o processo e designar prazo razoável para que seja sanado o vício, ainda que em instânciarecursal (art. 76 do CPC de 2015). Art. 791.

▸ **Súmula nº 396** – Estabilidade provisória. Pedido de reintegração. Concessão do salário relativo ao período de estabilidade já exaurido. Inexistência de julgamento extra petita.

I – Exaurido o período de estabilidade, são devidos ao empregado apenas os salários do período compreendido entre a data da despedida e o final do período de estabilidade, não lhe sendo assegurada a reintegração no emprego.

II – Não há nulidade por julgamento "extra petita" da decisão que deferir salário quando o pedido for de reintegração, dados os termos do art. 496 da CLT. Art. 496.

▸ **Súmula nº 397** – AÇÃO RESCISÓRIA. ART. 966, IV, DO CPC DE 2015. ART. 485, IV, DO CPC DE 1973. AÇÃO DE CUMPRIMENTO. OFENSA À COISA JULGADA EMANADA DE SENTENÇA NORMATIVA MODIFICADA EM GRAU DE RECURSO. INVIABILIDADE. CABIMENTO DE MANDADO DE SEGURANÇA (atualizada em decorrência do CPC de 2015) – Res. 208/2016, DEJT divulgado em 22, 25 e 26.04.2016

Não procede ação rescisória calcada em ofensa à coisa julgada perpetrada por decisão proferida em ação de cumprimento, em face de a sentença normativa, na qual se louvava, ter sido modificada em grau de recurso, porque em dissídio coletivo somente se consubstancia coisa julgada formal. Assim, os meios processuais aptos a atacarem a execução da cláusula reformada são a exceção de pré-executividade e o mandado de segurança, no caso de descumprimento do art. 514 do CPC de 2015 (art. 572 do CPC de 1973). (ex-OJ nº 116 da SBDI-II – DJ 11.08.2003).. Art. 836.

▸ **Súmula nº 398** AÇÃO RESCISÓRIA. AUSÊNCIA DE DEFESA. INAPLICÁVEIS OS EFEITOS DA REVELIA (alterada em decorrência do CPC de 2015) – Res. 219/2017, DEJT divulgado em 28, 29 e 30.06.2017 – republicada – DEJT divulgado em 12, 13 e 14.07.2017

Na ação rescisória, o que se ataca é a decisão, ato oficial do Estado, acobertado pelo manto da coisa julgada. Assim, e considerando que a coisa julgada envolve questão de ordem pública, a revelia não produz confissão na ação rescisória. (ex-OJ nº 126 da SBDI-2 – DJ 09.12.2003)

▸ **Súmula nº 399** – Ação Rescisória. Cabimento. Sentença de mérito. Decisão homologatória de adjudicação, de arrematação e de cálculos.

I – É incabível ação rescisória para impugnar decisão homologatória de adjudicação ou arrematação.

II – A decisão homologatória de cálculos apenas comporta rescisão quando enfrentar as questões envolvidas na elaboração da conta de liquidação, quer solvendo a controvérsia das partes quer explicitando, de ofício, os motivos pelos quais acolheu os cálculos oferecidos por uma das partes ou pelo setor de cálculos, e não contestados pela outra. Art. 836.

▸ **Súmula nº 400** – AÇÃO RESCISÓRIA DE AÇÃO RESCISÓRIA. VIOLAÇÃO MANIFESTA DE NORMA JURÍDICA. INDICAÇÃO DA MESMA NORMA JURÍDICA APONTADA NA RESCISÓRIA PRIMITIVA (MESMO DISPOSITIVO DE LEI SOB O CPC DE 1973) (nova redação em decorrência do CPC de 2015) – Res. 208/2016, DEJT divulgado em 22, 25 e 26.04.2016

Em se tratando de rescisória de rescisória, o vício apontado deve nascer na decisão rescindenda, não se admitindo a rediscussão do acerto do julgamento da rescisória anterior. Assim, não procede rescisória calcada no inciso V do art. 966 do CPC de 2015 (art. 485, V, do CPC de 1973) para discussão, por má aplicação da mesma norma jurídica, tida por violada na rescisória anterior, bem como para arguição de questões inerentes à ação rescisória primitiva. (ex-OJ nº 95 da SBDI-II – inserida em 27.09.2002 e alterada DJ 16.04.2004). Art. 836.

▸ **Súmula nº 401** – Ação Rescisória. Descontos legais. Fase de execução. Sentença exeqüenda omissa. Inexistência de ofensa à coisa julgada. Os descontos previdenciários e fiscais devem ser efetuados pelo juízo executório, ainda que a sentença exeqüenda tenha sido omissa sobre a questão, dado o caráter de ordem pública ostentado pela norma que os disciplina. A ofensa à coisa julgada somente poderá ser caracterizada na hipótese de o título exeqüendo, expressamente, afastar a dedução dos valores a título de imposto de renda e de contribuição previdenciária. Art. 836.

▸ **Súmula nº 402** – AÇÃO RESCISÓRIA. PROVA NOVA. DISSÍDIO COLETI-VO. SENTENÇA NORMATIVA. (nova redação em decorrência do CPC de 2015) – Res. 217/2017, DEJT divulgado em 20, 24 e 25.04.2017

I – Sob a vigência do CPC de 2015 (art. 966, inciso VII), para efeito de ação rescisória, considera-se prova nova a cronologicamente velha, já existente ao tempo do trânsito em julgado da decisão rescindenda, mas ignorada pelo interessado ou de impossível utilização, à época, no processo.

II – Não é prova nova apta a viabilizar a desconstituição de julgado: a) sentença normativa proferida ou transitada em julgado posteriormente à sentença rescindenda; b) sentença normativa preexistente à sentença rescindenda, mas não exibida no processo principal, em virtude de negligência da parte, quando podia e deveria louvar-se de documento já existente e não ignorado quando emitida a decisão rescindenda. (ex-OJ nº 20 da SBDI-2 – inserida em 20.09.2000). Arts. 832 e 836.

▸ **Súmula nº 403** – Ação Rescisória. Dolo da parte vencedora em detrimento da vencida. Art. 485, III, do CPC.

I – Não caracteriza dolo processual, previsto no art. 485, III, do CPC, o simples fato de a parte vencedora haver silenciado a respeito de fatos contrários a ela, porque o procedimento, por si só, não constitui ardil do qual resulte cerceamento de defesa e, em consequência, desvie o juiz de uma sentença não-condizente com a verdade.

II – Se a decisão rescindenda é homologatória de acordo, não há parte vencedora ou vencida, razão pela qual não é possível a sua desconstituição calcada no inciso III do art. 485 do CPC (dolo da parte vencedora em detrimento da vencida), pois constitui fundamento de rescindibilidade que supõe solução jurisdicional para a lide. Art. 836.

▸ **Súmula nº 404** – AÇÃO RESCISÓRIA. FUNDAMENTO PARA INVALIDAR CONFISSÃO. CONFISSÃO FICTA. INADEQUAÇÃO DO ENQUADRAMENTO NO ART. 485, VIII, DO CPC DE 1973. – Res. 209/2016, DEJT divulgado em 01, 02 e 03.06.2016

O art. 485, VIII, do CPC de 1973, ao tratar do fundamento para invalidar a confissão como hipótese de rescindibilidade da decisão judicial, referia-se à confissão real, fruto de erro, dolo ou coação, e não à confissão ficta resultante de revelia. Art. 836.

▸ **Súmula nº 405** – AÇÃO RESCISÓRIA. TUTELA PROVISÓRIA (nova redação em decorrência do CPC de 2015) – Res. 208/2016, DEJT divulgado em 22, 25 e 26.04.2016

Em face do que dispõem a MP 1.984-22/2000 e o art. 969 do CPC de 2015, é cabível o pedido de tutela provisória formulado na petição inicial de ação rescisória ou na fase recursal, visando a suspender a execução da decisão rescindenda. Art. 836.

▸ **Súmula nº 406** – Ação Rescisória. Litisconsórcio. Necessário no pólo passivo e facultativo no ativo. Inexistente quanto aos substituídos pelo sindicato. I – O litisconsórcio, na ação rescisória, é necessário em relação ao pólo passivo da demanda, porque supõe uma comunidade de direitos ou de obrigações que não admite solução díspar para os litisconsortes, em face da indivisibilidade do objeto. Já em relação ao pólo ativo, o litisconsórcio é facultativo, uma vez que a aglutinação de autores se faz por conveniência e não pela necessidade decorrente da natureza do litígio, pois não se pode condicionar o exercício do direito individual de um dos litigantes no processo originário à anuência dos demais para re-tomar a lide. II – O Sindicato, substituto processual e autor da reclamação trabalhista, em cujos autos fora proferida a decisão rescindenda, possui legitimidade para figurar como réu na ação rescisória, sendo descabida a exigência de citação de todos os empregados substituídos, porquanto inexistente litisconsórcio passivo necessário. Art. 836.

▸ **Súmula nº 407** – AÇÃO RESCISÓRIA. MINISTÉRIO PÚBLICO. LEGITIMIDADE "AD CAUSAM" PREVISTA NO ART. 967, III, "A", "B" E "C" DO CPC DE 2015. ART. 487, III, "A" E "B", DO CPC DE 1973. HIPÓTESES MERAMENTE EXEMPLIFICATIVAS (nova redação em decorrência do CPC de 2015) – Res. 208/2016, DEJT divulgado em 22, 25 e 26.04.2016

A legitimidade "ad causam" do Ministério Público para propor ação rescisória, ainda que não tenha sido parte no processo que deu origem à decisão rescindenda, não está limitada às alíneas "a", "b" e "c" do inciso III do art. 967 do CPC de 2015 (art. 487, III, "a" e "b", do CPC de 1973), uma vez que traduzem hipóteses meramente exemplificativas Arts. 736 e 836.

▸ **Súmula nº 408** – AÇÃO RESCISÓRIA. PETIÇÃO INICIAL. CAUSA DE PEDIR. AUSÊNCIA DE CAPITULAÇÃO OU CAPITULAÇÃO ERRÔNEA NO ART. 966 DO CPC DE 2015. ART. 485 DO CPC DE 1973. PRINCÍPIO "IURA NOVIT CURIA" (nova redação em decorrência do CPC de 2015) – Res. 208/2016, DEJT divulgado em 22, 25 e 26.04.2016

Não padece de inépcia a petição inicial de ação rescisória apenas porque omite a subsunção do fundamento de rescindibilidade no art. 966 do CPC de 2015 (art. 485 do CPC de 1973) ou o capitula erroneamente em um de seus incisos. Contanto que não se afaste dos fatos e fundamentos invocados como causa de pedir, ao Tribunal é lícito emprestar-lhes a adequada qualificação jurídica ("iura novit curia"). No entanto, fundando-se a ação rescisória no art. 966, inciso V, do CPC de 2015 (art. 485, inciso V, do CPC de 1973), é indispensável expressa indicação, na petição inicial da ação rescisória, da norma jurídica manifestamente violada (dispositivo legal violado sob o CPC de 1973), por se tratar de causa de pedir da rescisória, não se aplicando, no caso, o princípio "iura novit curia". (ex-Ojs nºs 32 e 33 da SBDI-II – inseridas em 20.09.2000)Art. 836.

▸ **Súmula nº 409** – Ação Rescisória. Prazo prescricional. Total ou parcial. Violação do art. 7º, XXIX, da CF/1988. Matéria infraconstitucional. Não procede ação rescisória calcada em violação do art. 7º, XXIX, da CF/1988 quando a questão envolve discussão sobre a espécie de prazo prescricional aplicável aos créditos trabalhistas, se total ou parcial, porque a matéria tem índole infraconstitucional, construída, na Justiça do Trabalho, no plano jurisprudencial. Art. 836.

▸ **Súmula nº 410** – Ação Rescisória. Reexame de fatos e provas. Inviabilidade. A ação rescisória calcada em violação de lei não admite reexame de fatos e provas do processo que originou a decisão rescindenda. Art. 836.

▸ **Súmula nº 411** – Ação Rescisória. Sentença de mérito. Decisão de tribunal regional do trabalho em agravo regimental confirmando decisão monocrática do relator que, aplicando a Súmula nº 83 do TST, indeferiu a petição inicial da ação Rescisória. Cabimento. Se a decisão recorrida, em agravo regimental, aprecia a matéria na fundamentação, sob o enfoque das Súmulas nºs 83 do TST e 343 do STF, constitui sentença de mérito, ainda que haja resultado no indeferimento da petição inicial e na extinção do processo sem julgamento do mérito. Sujeita-se, assim, à reforma pelo TST, a decisão do Tribunal que, invocando controvérsia na interpretação da lei, indefere a petição inicial de ação rescisória. Art. 836.

▸ **Súmula nº 412** – AÇÃO RESCISÓRIA. REGÊNCIA PELO CPC DE 1973. SENTENÇA DE MÉRITO. QUESTÃO PROCESSUAL (nova redação em decorrência do CPC de 2015) – Res. 217/2017, DEJT divulgado em 20, 24 e 25.04.2017

Sob a égide do CPC de 1973, pode uma questão processual ser objeto de rescisão desde que consista em pressuposto de validade de uma sentença de mérito. (ex-OJ nº 46 da SBDI-2 – inserida em 20.09.2000). Art. 836.

▸ **Súmula nº 413** – AÇÃO RESCISÓRIA. SENTENÇA DE MÉRITO. VIOLA-ÇÃO DO ART. 896, "A", DA CLT (nova redação em decorrência do CPC de 2015) – Res. 209/2016, DEJT divulgado em 01, 02 e 03.06.2016

É incabível ação rescisória, por violação do art. 896, "a", da CLT, contra decisão transitada em julgado sob a égide do CPC de 1973 que não conhece de recurso de revista, com base em divergência jurisprudencial, pois não se cuidava de sentença de mérito (art. 485 do CPC de 1973). (ex-OJ nº 47 da SBDI-II – inserida em 20.09.2000). Art. 836.

▸ **Súmula nº 414** – MANDADO DE SEGURANÇA. TUTELA PROVISÓRIA CONCEDIDA ANTES OU NA SENTENÇA (nova redação em decorrência do CPC de 2015) – Res. 217/2017, DEJT divulgado em 20, 24 e 25.04.2017

I – A tutela provisória concedida na sentença não comporta impugnação pela via do mandado de segurança, por ser impugnável mediante recurso ordinário. É admissível a obtenção de efeito suspensivo ao recurso ordinário mediante requerimento dirigido ao tribunal, ao relator ou ao presidente ou ao vice-presidente do tribunal recorrido, por aplicação subsidiária ao processo do trabalho do artigo 1.029, § 5º, do CPC de 2015.

II – No caso de a tutela provisória haver sido concedida ou indeferida antes da sentença, cabe mandado de segurança, em face da inexistência de recurso próprio.

III – A superveniência da sentença, nos autos originários, faz perder o objeto do mandado de segurança que impugnava a concessão ou o indeferimento da tutela provisória. Art. 893.

▸ **Súmula nº 415** – MANDADO DE SEGURANÇA. PETIÇÃO INICIAL. ART. 321 DO CPC DE 2015. ART. 284 DO CPC de 1973. INAPLICABILIDADE – (atualizada em decorrência do CPC de 2015) – Res. 208/2016, DEJT divulgado em 22, 25 e 26.04.2016

Exigindo o mandado de segurança prova documental pré-constituída, inaplicável o art. 321 do CPC de 2015 (art. 284 do CPC de 1973) quando verificada, na petição inicial do "mandamus", a ausência de documento indispensável ou de sua autenticação. (ex-OJ nº 52 da SBDI-II – inserida em 20.09.2000)..

▸ **Súmula nº 416** – Mandado de segurança. Execução. Lei nº 8.432/1992. Art. 897, § 1º, da CLT. Cabimento. Devendo o agravo de petição delimitar justificadamente a matéria e os valores objeto de discordância, não fere direito líquido e certo o prosseguimento da execução quanto aos tópicos e valores não especificados no agravo. Art. 897.

▸ **Súmula nº 417** – MANDADO DE SEGURANÇA. PENHORA EM DINHEIRO (alterado o item I, atualizado o item II e cancelado o item III, modulando-se os efeitos da presente redação de forma a atingir unicamente as penhoras em dinheiro em execução provisória efetivadas a partir de 18.03.2016, data de vigência do CPC de 2015) – Res. 212/2016, DEJT divulgado em 20, 21 e 22.09.2016

I – Não fere direito líquido e certo do impetrante o ato judicial que determina penhora em dinheiro do executado para garantir crédito exequendo, pois é prioritária e obedece à gradação prevista no art. 835 do CPC de 2015 (art. 655 do CPC de 1973).

II – Havendo discordância do credor, em execução definitiva, não tem o executado direito líquido e certo a que os valores penhorados em dinheiro fiquem depositados no próprio banco, ainda que atenda aos requisitos do art. 840, I, do CPC de 2015 (art. 666, I, do CPC de 1973). (ex-OJ nº 61 da SBDI-2 – inserida em 20.09.2000). Art. 883.

▸ **Súmula nº 418** – MANDADO DE SEGURANÇA VISANDO À HOMOLOGAÇÃO DE ACORDO (nova redação em decorrência do CPC de 2015) – Res. 217/2017, DEJT divulgado em 20, 24 e 25.04.2017

A homologação de acordo constitui faculdade do juiz, inexistindo direito líquido e certo tutelável pela via do mandado de segurança. Art. 764.

▸ **Súmula nº 419** – COMPETÊNCIA. EMBARGOS DE TERCEIRO. EXECUÇÃO POR CARTA PRECATÓRIA. JUÍZO DEPRECADO. (alterada em decorrência do CPC de 2015) – Res. 212/2016, DEJT divulgado em 20, 21 e 22.09.2016

Na execução por carta precatória, os embargos de terceiro serão oferecidos no juízo deprecado, salvo se indicado pelo juízo deprecante o bem constrito ou se já devolvida a carta (art. 676, parágrafo único, do CPC de 2015). Art. 884.

▸ **Súmula nº 420** – Competência funcional. Conflito negativo. TRT e vara do trabalho de idêntica região. Não configuração. Não se configura conflito de competência entre Tribunal Regional do Trabalho e Vara do Trabalho a ele vinculada. Art. 803 e 808.

▸ **Súmula nº 421** – EMBARGOS DE DECLARAÇÃO. CABIMENTO. DECISÃO MONOCRÁTICA DO RELATOR CALCADA NO ART. 932 do CPC DE 2015. ART. 557 DO CPC de 1973. (atualizada em decorrência do CPC de 2015) – Res. 208/2016, DEJT divulgado em 22, 25 e 26.04.2016

I – Cabem embargos de declaração da decisão monocrática do relator prevista no art. 932 do CPC de 2015 (art.

557 do CPC de 1973), se a parte pretende tão somente juízo integrativo retificador da decisão e, não, modificação do julgado.

II – Se a parte postular a revisão no mérito da decisão monocrática, cumpre ao relator converter os embargos de declaração em agravo, em face dos princípios da fungibilidade e celeridade processual, submetendo-o ao pronunciamento do Colegiado, após a intimação do recorrente para, no prazo de 5 (cinco) dias, complementar as razões recursais, de modo a ajustá-las às exigências do art. 1.021, § 1º, do CPC de 2015. Art. 897-A.

▸ **Súmula nº 422** do TST – RECURSO. FUNDAMENTO AUSENTE OU DEFICIENTE. NÃO CONHECIMENTO (redação alterada, com inserção dos itens I, II e III) – Res. 199/2015, DEJT divulgado em 24, 25 e 26.06.2015. Com errata publicado no DEJT divulgado em 01.07.2015

I – Não se conhece de recurso para o Tribunal Superior do Trabalho se as razões do recorrente não impugnam os fundamentos da decisão recorrida, nos termos em que proferida.

II – O entendimento referido no item anterior não se aplica em relação à motivação secundária e impertinente, consubstanciada em despacho de admissibilidade de recurso ou em decisão mono-crática.

III – Inaplicável a exigência do item I relativamente ao recurso ordinário da competência de Tribunal Regional do Trabalho, exceto em caso de recurso cuja motivação é inteiramente dissociada dos fundamentos da sentença. Art. 895 e 896.

▸ **Súmula nº 423** – Turno ininterrupto de revezamento. Fixação de jornada de trabalho mediante negociação coletiva. Validade. Estabelecida jornada superior a seis horas e limitada a oito horas por meio de regular negociação coletiva, os empregados submetidos a turnos ininterruptos de revezamento não tem direito ao pagamento da 7ª e 8ª horas como extras. Art. 58.

▸ **Súmula nº 424** – Recurso administrativo. Pressuposto de admissibilidade. Depósito prévio da multa administrativa. Não recepção pela constituição federal do § 1º do art. 636 da CLT. O § 1º do art. 636 da CLT, que estabelece a exigência de prova do depósito prévio do valor da multa cominada em razão de autuação administrativa como pressuposto de admissibilidade de recurso administrativo, não foi recepcionado pela Constituição Federal de 1988, ante a sua incompatibilidade com o inciso LV do art. 5º. Art. 636.

▸ **Súmula nº 425** – Jus postulandi na justiça do trabalho. Alcance. O jus postulandi das partes, estabelecido no art. 791 da CLT, limita-se às Varas do Trabalho e aos Tribunais Regionais do Trabalho, não alcançando a ação rescisória, a ação cautelar, o mandado de segurança e os recursos de competência do Tribunal Superior do Trabalho. Art. 791.

▸ **Súmula nº 426** – Depósito recursal. Utilização da guia GFIP. Obrigatoriedade

Nos dissídios individuais o depósito recursal será efetivado mediante a utilização da Guia de Recolhimento do FGTS e Informações à Previdência Social – GFIP, nos termos dos §§ 4º e 5º do art. 899 da CLT, admitido o depósito judicial, realizado na sede do juízo e à disposição deste, na hipótese de relação de trabalho não submetida ao regime do FGTS.

▸ **Súmula nº 427** – Intimação. Pluralidade de advogados. Publicação em nome de advogado diverso daquele expressamente indicado. Nulidade

Havendo pedido expresso de que as intimações e publicações sejam realizadas exclusivamente em nome de determinado advogado, a comunicação em nome de outro profissional constituído nos autos é nula, salvo se constatada a inexistência de prejuízo.

▸ **Súmula nº 428** – SOBREAVISO. APLICAÇÃO ANALÓGICA DO Art. 244, § 2º DA CLT (redação alterada na sessão do Tribunal Pleno realizada em 14.09.2012) – Res. 185/2012 – DEJT divulgado em 25, 26 e 27.09.2012

I – O uso de instrumentos telemáticos ou informatizados fornecidos pela empresa ao empregado, por si só, não caracteriza o regime de sobreaviso.

II – Considera-se em sobreaviso o empregado que, à distância e submetido a controle patronal por instrumentos telemáticos ou informatizados, permanecer em regime de plantão ou equivalente, aguardando a qualquer momento o chamado para o serviço durante o período de descanso. Art. 244.

▸ **Súmula nº 429** – Tempo à disposição do empregador. Art. 4º da CLT. Período De deslocamento entre a portaria e o local de trabalho

Considera-se à disposição do empregador, na forma do art. 4º da CLT, o tempo necessário ao deslocamento do trabalhador entre a portaria da empresa e o local de trabalho, desde que supere o limite de 10 (dez) minutos diários. Art. 58.

▸ **Súmula nº 430** – Administração Pública Indireta. Contratação. Ausência de Concurso Público. Nulidade. Ulterior Privatização. Convalidação. Insubsistência. Vício – Res. 177/2012, DEJT divulgado em 13, 14 e 15.02.2012 Convalidam-se os efeitos do contrato de trabalho que, considerado nulo por ausência de concurso público, quando celebrado originalmente com ente da Administração Pública Indireta, continua a existir após a sua privatização. Art. 442.

▸ **Súmula nº 431.** SALÁRIO-HORA. EMPREGADO SUJEITO AO REGIME GERAL DE TRABALHO (Art. 58, CAPUT, DA CLT). 40 HORAS SEMANAIS. CÁLCULO. APLICAÇÃO DO DIVISOR 200 (redação alterada na sessão do tribunal pleno realizada em 14.09.2012) – Res. 185/2012 – DEJT divulgado em 25, 26 e 27.09.2012. Para os empregados a que alude o art. 58, caput, da CLT, quando sujeitos a 40 horas semanais de trabalho, aplica-se o divisor 200 (duzentos) para o cálculo do valor do salário-hora.

▸ **Súmula nº 432.** Contribuição Sindical Rural. Ação de cobrança. Penalidade por atraso no recolhimento. Inaplicabilidade do art. 600 da CLT. Incidência do art. 2º da Lei nº 8.022/1990 – Res. 177/2012, DEJT divulgado em 13, 14 e 15.02.2012 O recolhimento a destempo da contribuição sindical rural não acarreta a aplicação da multa progressiva prevista no art. 600 da CLT, em decorrência da sua revogação tácita pela Lei nº 8.022, de 12 de abril de 1990. Art. 600

▸ **Súmula nº 433.** Embargos. Admissibilidade. Processo em fase de execução. Acórdão de Turma publicado na vigência da Lei nº 11.496, DE 26.06.2007. Divergência de interpretação de dispositivo constitucional – Res. 177/2012, DEJT divulgado em 13, 14 e 15.02.2012. A admissibilidade do recurso de embargos contra acórdão de Turma em Recurso de Revista em fase de execução, publicado na vigência da Lei nº 11.496, de 26.06.2007, condiciona-se à demonstração de divergência jurisprudencial entre Turmas ou destas e a Seção Especializada em Dissídios Individuais do Tribunal Superior do Trabalho em relação à interpretação de dispositivo constitucional.

▸ **Súmula nº 435.** DECISÃO MONOCRÁTICA. RELATOR. ART. 932 DO CPC DE 2015. ART. 557 DO CPC DE 1973. APLICAÇÃO SUBSIDIÁRIA AO PROCESSO DO TRABALHO – (atualizada em decorrência do CPC de 2015) – Res. 208/2016, DEJT divulgado em 22, 25 e 26.04.2016

Aplica-se subsidiariamente ao processo do trabalho o art. 932 do CPC de 2015 (art. 557 do CPC de 1973).Art. 895

▸ **Súmula nº 436.** REPRESENTAÇÃO PROCESSUAL. PROCURADOR DA UNIÃO, ESTADOS, MUNICÍPIOS E DISTRITO FEDERAL, SUAS AUTARQUIAS E FUNDAÇÕES PÚBLICAS. JUNTADA DE INSTRUMENTO DE MANDATO (conversão da Orientação Jurisprudencial nº 52 da SBDI-I e inserção do item II à redação) – Res. 185/2012, DEJT divulgado em 25, 26 e 27.09.2012

I – A União, Estados, Municípios e Distrito Federal, suas autarquias e fundações públicas, quando representadas em juízo, ativa e passivamente, por seus procuradores, estão dispensadas da juntada de instrumento de mandato e de comprovação do ato de nomeação.

II – Para os efeitos do item anterior, é essencial que o signatário ao menos declare-se exercente do cargo de procurador, não bastando a indicação do número de inscrição na Ordem dos Advogados do Brasil.

▸ Súmula nº 437. INTERVALO INTRAJORNADA PARA REPOUSO E ALIMENTAÇÃO. APLICAÇÃO DO Art. 71 DA CLT (conversão das Orientações Jurisprudenciais nºs 307, 342, 354, 380 e 381 da SBDI-1) – Res. 185/2012, DEJT divulgado em 25, 26 e 27.09.2012

I – Após a edição da Lei nº 8.923/94, a não concessão ou a concessão parcial do intervalo intrajornada mínimo, para repouso e alimentação, a empregados urbanos e rurais, implica o pagamento total do período correspondente, e não apenas daquele suprimido, com acréscimo de, no mínimo, 50% sobre o valor da remuneração da hora normal de trabalho (art. 71 da CLT), sem prejuízo do cômputo da efetiva jornada de labor para efeito de remuneração.

II – É inválida cláusula de acordo ou convenção coletiva de trabalho contemplando a supressão ou redução do intervalo intrajornada porque este constitui medida de higiene, saúde e segurança do trabalho, garantido por norma de ordem pública (art. 71 da CLT e art. 7º, XXII, da CF/1988), infenso à negociação coletiva.

III – Possui natureza salarial a parcela prevista no art. 71, § 4º, da CLT, com redação introduzida pela Lei nº 8.923, de 27 de julho de 1994, quando não concedido ou reduzido pelo empregador o intervalo mínimo intrajornada para repouso e alimentação, repercutindo, assim, no cálculo de outras parcelas salariais.

IV – Ultrapassada habitualmente a jornada de seis horas de trabalho, é devido o gozo do intervalo intrajornada mínimo de uma hora, obrigando o empregador a remunerar o período para descanso e alimentação não usufruído como extra, acrescido do respectivo adicional, na forma prevista no art. 71, caput e § 4º da CLT.

▸ Súmula nº 438. INTERVALO PARA RECUPERAÇÃO TÉRMICA DO EMPREGADO. AMBIENTE ARTIFICIALMENTE FRIO. HORAS EXTRAS. Art. 253 DA CLT. APLICAÇÃO ANALÓGICA – Res. 185/2012, DEJT divulgado em 25, 26 e 27.09.2012. O empregado submetido a trabalho contínuo em ambiente artificialmente frio, nos termos do parágrafo único do art. 253 da CLT, ainda que não labore em câmara frigorífica, tem direito ao intervalo intrajornada previsto no caput do art. 253 da CLT.

▸ Súmula nº 439. DANOS MORAIS. JUROS DE MORA E ATUALIZAÇÃO MONETÁRIA. TERMO INICIAL – Res. 185/2012, DEJT divulgado em 25, 26 e 27.09.2012. Nas condenações por dano moral, a atualização monetária é devida a partir da data da decisão de arbitramento ou de alteração do valor. Os juros incidem desde o ajuizamento da ação, nos termos do art. 883 da CLT.

▸ Súmula nº 440. AUXÍLIO-DOENÇA ACIDENTÁRIO. APOSENTADORIA POR INVALIDEZ. SUSPENSÃO DO CONTRATO DE TRABALHO. RECONHECIMENTO DO DIREITO À MANUTENÇÃO DE PLANO DE SAÚDE OU DE ASSISTÊNCIA MÉDICA – Res. 185/2012, DEJT divulgado em 25, 26 e 27.09.2012. Assegura-se o direito à manutenção de plano de saúde ou de assistência médica oferecido pela empresa ao empregado, não obstante suspenso o contrato de trabalho em virtude de auxílio-doença acidentário ou de aposentadoria por invalidez.

▸ Súmula nº 441. AVISO PRÉVIO. PROPORCIONALIDADE – Res. 185/2012, DEJT divulgado em 25, 26 e 27.09.2012. O direito ao aviso prévio proporcional ao tempo de serviço somente é assegurado nas rescisões de contrato de trabalho ocorridas a partir da publicação da Lei nº 12.506, em 13 de outubro de 2011.

▸ Súmula nº 442. PROCEDIMENTO SUMARÍSSIMO. RECURSO DE REVISTA FUNDAMENTADO EM CONTRARIEDADE A ORIENTAÇÃO JURISPRUDENCIAL.

INADMISSIBILIDADE. ART. 896, § 6º, DA CLT, ACRESCENTADO PELA LEI Nº 9.957, DE 12.01.2000 (conversão da Orientação Jurisprudencial nº 352 da SBDI-1) – Res. 185/2012, DEJT divulgado em 25, 26 e 27.09.2012. Nas causas sujeitas ao procedimento sumaríssimo, a admissibilidade de recurso de revista está limitada à demonstração de violação direta a dispositivo da Constituição Federal ou contrariedade a Súmula do Tribunal Superior do Trabalho, não se admitindo o recurso por contrariedade a Orientação Jurisprudencial deste Tribunal (Livro II, Título II, Capítulo III, do RITST), ante a ausência de previsão no art. 896, § 6º, da CLT.

▸ Súmula nº 443. DISPENSA DISCRIMINATÓRIA. PRESUNÇÃO. EMPREGADO PORTADOR DE DOENÇA GRAVE. ESTIGMA OU PRECONCEITO. DIREITO À REINTEGRAÇÃO – Res. 185/2012, DEJT divulgado em 25, 26 e 27.09.2012. Presume-se discriminatória a despedida de empregado portador do vírus HIV ou de outra doença grave que suscite estigma ou preconceito. Inválido o ato, o empregado tem direito à reintegração no emprego.

SÚMULA nº 444 DO TST. JORNADA DE TRABALHO. NORMA COLETIVA. LEI. ESCALA DE 12 POR 36. VALIDADE – Res. 185/2012, DEJT divulgado em 25, 26 e 27.09.2012 – republicada em decorrência do despacho proferido no processo TST-PA-504280/2012.2 – DEJT divulgado em 26.11.2012. É valida, em caráter excepcional, a jornada de doze horas de trabalho por trinta e seis de descanso, prevista em lei ou ajustada exclusivamente mediante acordo coletivo de trabalho ou convenção coletiva de trabalho, assegurada a remuneração em dobro dos feriados trabalhados. O empregado não tem direito ao pagamento de adicional referente ao labor prestado na décima primeira e décima segunda horas.

▸ **Súmula nº 445** (Tribunal Pleno, 27.02.2013). INADIMPLEMENTO DE VERBAS TRABALHISTAS. FRUTOS. POSSE DE MÁ-FÉ. ART. 1.216 DO CÓDIGO CIVIL. INAPLICABILIDADE AO DIREITO DO TRABALHO. A indenização por frutos percebidos pela posse de má-fé, prevista no art. 1.216 do Código Civil, por tratar-se de regra afeta a direitos reais, mostra-se incompatível com o Direito do Trabalho, não sendo devida no caso de inadimplemento de verbas trabalhistas.

▸ **Súmula nº 446** (DEJT, 13.12.2013). MAQUINISTA FERROVIÁRIO. INTERVALO INTRAJORNADA. SUPRESSÃO PARCIAL OU TOTAL. HORAS EXTRAS DEVIDAS. COMPATIBILIDADE ENTRE OS Arts. 71, § 4º, E 238, § 5º, DA CLT. A garantia ao intervalo intrajornada, prevista no art. 71 da CLT, por constituir-se em medida de higiene, saúde e segurança do empregado, é aplicável também ao ferroviário maquinista integrante da categoria "c" (equipagem de trem em geral), não havendo incompatibilidade entre as regras inscritas nos arts. 71, § 4º, e 238, § 5º, da CLT.

▸ **Súmula nº 447** (DEJT, 13.12.2013). ADICIONAL DE PERICULOSIDADE. PERMANÊNCIA A BORDO DURANTE O ABASTECIMENTO DA AERONAVE. INDEVIDO. Os tripulantes e demais empregados em serviços auxiliares de transporte aéreo que, no momento do abastecimento da aeronave, permanecem a bordo não têm direito ao adicional de periculosidade a que aludem o art. 193 da CLT e o Anexo 2, item 1, "c", da NR 16 do MTE.

▸ **Súmula nº 448** ATIVIDADE INSALUBRE. CARACTERIZAÇÃO. PREVISÃO NA NORMA REGULAMENTADORA Nº 15 DA PORTARIA DO MINISTÉRIO DO TRABALHO Nº 3.214/78. INSTALAÇÕES SANITÁRIAS. (conversão da Orientação Jurisprudencial nº 4 da SBDI-1 com nova redação do item II) – Res. 194/2014, DEJT divulgado em 21, 22 e 23.05.2014

I – Não basta a constatação da insalubridade por meio de laudo pericial para que o empregado tenha direito ao respectivo adicional, sendo necessária a classificação da atividade insalubre na relação oficial elaborada pelo Ministério do Trabalho.

II – A higienização de instalações sanitárias de uso público ou coletivo de grande circulação, e a respectiva coleta de lixo, por não se equiparar à limpeza em residências e escritórios, enseja o pagamento de adicional de insalubridade em grau máximo, incidindo o disposto no Anexo 14 da NR-15 da Portaria do MTE nº 3.214/78 quanto à coleta e industrialização de lixo urbano. Art. 190 e 191

▸ **Súmula nº 449** – MINUTOS QUE ANTECEDEM E SUCEDEM A JORNADA DE TRABALHO. LEI Nº 10.243, DE 19.06.2001. NORMA COLETIVA. FLEXIBILIZAÇÃO. IMPOSSIBILIDADE. (conversão da Orientação Jurisprudencial nº 372 da SBDI-1) – Res. 194/2014, DEJT divulgado em 21, 22 e 23.05.2014

A partir da vigência da Lei nº 10.243, de 19.06.2001, que acrescentou o § 1º ao art. 58 da CLT, não mais prevalece cláusula prevista em convenção ou acordo coletivo que elastece o limite de 5 minutos que antecedem e sucedem a jornada de trabalho para fins de apuração das horas extras. Art. 58

▸ **Súmula nº 450** FÉRIAS. GOZO NA ÉPOCA PRÓPRIA. PAGAMENTO FORA DO PRAZO. DOBRA DEVIDA. ARTS. 137 E 145 DA CLT. (conversão da Orientação Jurisprudencial nº 386 da SBDI-1) – Res. 194/2014, DEJT divulgado em 21, 22 e 23.05.2014

É devido o pagamento em dobro da remuneração de férias, incluído o terço constitucional, com base no art. 137 da CLT, quando, ainda que gozadas na época própria, o empregador tenha descumprido o prazo previsto no art. 145 do mesmo diploma legal. Art. 137 e 145.

▸ **Súmula nº 451** PARTICIPAÇÃO NOS LUCROS E RESULTADOS. RESCISÃO CONTRATUAL ANTERIOR À DATA DA DISTRIBUIÇÃO DOS LUCROS. PAGAMENTO PROPORCIONAL AOS MESES TRABALHADOS. PRINCÍPIO DA ISONOMIA. (conversão da Orientação Jurisprudencial nº 390 da SBDI-1) – Res. 194/2014, DEJT divulgado em 21, 22 e 23.05.2014

Fere o princípio da isonomia instituir vantagem mediante acordo coletivo ou norma regulamentar que condiciona a percepção da parcela participação nos lucros e resultados ao fato de estar o contrato de trabalho em vigor na data prevista para a distribuição dos lucros. Assim, inclusive na rescisão contratual antecipada, é devido o pagamento da parcela de forma proporcional aos meses trabalhados, pois o ex-empregado concorreu para os resultados positivos da empresa. Art. 63

▸ **Súmula nº 452** DIFERENÇAS SALARIAIS. PLANO DE CARGOS E SALÁRIOS. DESCUMPRIMENTO. CRITÉRIOS DE PROMOÇÃO NÃO OBSERVADOS. PRESCRIÇÃO PARCIAL. (conversão da Orientação Jurisprudencial nº 404 da SBDI-1) – Res. 194/2014, DEJT divulgado em 21, 22 e 23.05.2014

Tratando-se de pedido de pagamento de diferenças salariais decorrentes da inobservância dos critérios de promoção estabelecidos em Plano de Cargos e Salários criado pela empresa, a prescrição aplicável é a parcial, pois a lesão é sucessiva e se renova mês a mês. Art. 11

▸ **Súmula nº 453** ADICIONAL DE PERICULOSIDADE. PAGAMENTO ESPONTÂNEO. CARACTERIZAÇÃO DE FATO INCONTROVERSO. DESNECESSÁRIA A PERÍCIA DE QUE TRATA O ART. 195 DA CLT. (conversão da Orientação Jurisprudencial nº 406 da SBDI-1) – Res. 194/2014, DEJT divulgado em 21, 22 e 23.05.2014

O pagamento de adicional de periculosidade efetuado por mera liberalidade da empresa, ainda que de forma proporcional ao tempo de exposição ao risco ou em percentual inferior ao máximo legalmente previsto, dispensa a realização da prova técnica exigida pelo art. 195 da CLT, pois torna incontroversa a existência do trabalho em condições perigosas. Art. 195

▸ **Súmula nº 454** COMPETÊNCIA DA JUSTIÇA DO TRABALHO. EXECUÇÃO DE OFÍCIO. CONTRIBUIÇÃO SOCIAL REFERENTE AO SEGURO DE ACIDENTE DE TRABALHO (SAT). ARTS. 114, VIII, E 195, I, "A", DA CONSTITUIÇÃO DA REPÚBLICA. (conversão da Orientação Jurisprudencial nº 414 da SBDI-1) – Res. 194/2014, DEJT divulgado em 21, 22 e 23.05.2014

Compete à Justiça do Trabalho a execução, de ofício, da contribuição referente ao Seguro de Acidente de Trabalho (SAT), que tem natureza de contribuição para a seguridade social (arts. 114, VIII, e 195, I, "a", da CF), pois se destina ao financiamento de benefícios relativos à incapacidade do empregado decorrente de infortúnio no trabalho (arts. 11 e 22 da Lei nº 8.212/1991). Art. 876

▸ **Súmula nº 455** EQUIPARAÇÃO SALARIAL. SOCIEDADE DE ECONOMIA MISTA. ART. 37, XIII, DA CF/1988. POSSIBILIDADE. (conversão da Orientação Jurisprudencial nº 353 da SBDI-1 com nova redação) – Res. 194/2014, DEJT divulgado em 21, 22 e 23.05.2014.

À sociedade de economia mista não se aplica a vedação à equiparação prevista no art. 37, XIII, da CF/1988, pois, ao admitir empregados sob o regime da CLT, equipara-se a empregador privado, conforme disposto no art. 173, § 1º, II, da CF/1988. Art. 461

▸ **Súmula nº 456** REPRESENTAÇÃO. PESSOA JURÍDICA. PROCURAÇÃO. INVALIDADE. IDENTIFICAÇÃO DO OUTORGANTE E DE SEU REPRESENTANTE. (inseridos os itens II e III em decorrência do CPC de 2015) – Res. 211/2016, DEJT divulgado em 24, 25 e 26.08.2016

I – É inválido o instrumento de mandato firmado em nome de pessoa jurídica que não contenha, pelo menos, o nome do outorgante e do signatário da procuração, pois estes dados constituem elementos que os individualizam.

II – Verificada a irregularidade de representação da parte na instância originária, o juiz designará prazo de 5 (cinco) dias para que seja sanado o vício. Descumprida a determinação, extinguirá o processo, sem resolução de mérito, se a providência couber ao reclamante, ou considerará revel o reclamado, se a providência lhe couber (art. 76, § 1º, do CPC de 2015).

III – Caso a irregularidade de representação da parte seja constatada em fase recursal, o relator designará prazo de 5 (cinco) dias para que seja sanado o vício. Descumprida a determinação, o relator não conhecerá do recurso, se a providência couber ao recorrente, ou determinará o desentranhamento das contrarrazões, se a providência couber ao recorrido (art. 76, § 2º, do CPC de2015). Art. 791 e 843

▸ **Súmula nº 457** HONORÁRIOS PERICIAIS. BENEFICIÁRIO DA JUSTIÇA GRATUITA. RESPONSABILIDADE DA UNIÃO PELO PAGAMENTO. RESOLUÇÃO Nº 66/2010 DO CSJT. OBSERVÂNCIA. (conversão da Orientação Jurisprudencial nº 387 da SBDI-1 com nova redação) – Res. 194/2014, DEJT divulgado em 21, 22 e 23.05.2014

A União é responsável pelo pagamento dos honorários de perito quando a parte sucumbente no objeto da perícia for beneficiária da assistência judiciária gratuita, observado o procedimento disposto nos arts. 1º, 2º e 5º da Resolução nº 66/2010 do Conselho Superior da Justiça do Trabalho – CSJT. Art. 790-B

▸ **Súmula nº 458** – EMBARGOS. PROCEDIMENTO SUMARÍSSIMO. CONHECIMENTO. RECURSO INTERPOSTO APÓS VIGÊNCIA DA LEI Nº 11.496, DE 22.06.2007, QUE CONFERIU NOVA REDAÇÃO AO ART. 894, DA CLT. (conversão da Orientação Jurisprudencial nº 405 da SBDI-1 com nova redação) – Res. 194/2014, DEJT divulgado em 21, 22 e 23.05.2014

Em causas sujeitas ao procedimento sumaríssimo, em que pese a limitação imposta no art. 896, § 6º, da CLT à interposição de recurso de revista, admitem-se os embargos interpostos na vigência da Lei nº 11.496, de 22.06.2007, que conferiu nova redação ao art. 894 da CLT, quando demonstrada a divergência jurisprudencial entre Turmas do TST, fundada em interpretações diversas acerca da aplicação de mesmo dispositivo constitucional ou de matéria sumulada. Art. 894

Súmula nº 459 –RECURSO DE REVISTA. NULIDADE POR NEGATIVA DE PRESTAÇÃO JURISDICIONAL. (atualizada em decorrência do CPC de 2015) – Res. 219/2017, DEJT divulgado em 28, 29 e 30.06.2017 – republicada – DEJT divulgado em 12, 13 e 14.07.2017

O conhecimento do recurso de revista, quanto à preliminar de nulidade, por negativa de prestação jurisdicional, supõe indicação de violação do art. 832 da CLT, do art.

489 do CPC de 2015 (art. 458 do CPC de 1973) ou do art. 93, IX, da CF/1988.

▶ **Súmula nº 460** – VALE-TRANSPORTE. ÔNUS DA PROVA – Res. 209/2016, DEJT divulgado em 01, 02 e 03.06.2016

É do empregador o ônus de comprovar que o empregado não satisfaz os requisitos indispensáveis para a concessão do vale-transporte ou não pretenda fazer uso do benefício.

▶ **Súmula nº 461** – FGTS. DIFERENÇAS. RECOLHIMENTO. ÔNUS DA PROVA – Res. 209/2016, DEJT divulgado em 01, 02 e 03.06.2016

É do empregador o ônus da prova em relação à regularidade dos depósitos do FGTS, pois o pagamento é fato extintivo do direito do autor (art. 373, II, do CPC de 2015).

▶ **Súmula nº 462** – MULTA DO ART. 477, § 8º, DA CLT. INCIDÊNCIA. RECONHECIMENTO JUDICIAL DA RELAÇÃO DE EMPREGO – Res. 209/2016, DEJT divulgado em 01, 02 e 03.06.2016

A circunstância de a relação de emprego ter sido reconhecida apenas em juízo não tem o condão de afastar a incidência da multa prevista no art. 477, § 8º, da CLT. A referida multa não será devida apenas quando, comprovadamente, o empregado der causa à mora no pagamento das verbas rescisórias.

Súmula nº 463 – ASSISTÊNCIA JUDICIÁRIA GRATUITA. COMPROVAÇÃO (conversão da Orientação Jurisprudencial nº 304 da SBDI-1, com alterações decorrentes do CPC de 2015) – Res. 219/2017, DEJT divulgado em 28, 29 e 30.06.2017 – republicada – DEJT divulgado em 12, 13 e 14.07.2017

I – A partir de 26.06.2017, para a concessão da assistência judiciária gratuita à pessoa natural, basta a declaração de hipossuficiência econômica firmada pela parte ou por seu advogado, desde que munido de procuração com poderes específicos para esse fim (art. 105 do CPC de 2015);

II – No caso de pessoa jurídica, não basta a mera declaração: é necessária a demonstração cabal de impossibilidade de a parte arcar com as despesas do processo.

3. OJS DO TRIBUNAL PLENO E ÓRGÃO ESPECIAL EM VIGOR

▶ **OJ-TP 1.** PRECATÓRIO. CRÉDITO TRABALHISTA. PEQUENO VALOR. EMENDA CONSTITUCIONAL Nº 37/2002 (DJ 09.12.2003). Há dispensa da expedição de precatório, na forma do art. 100, § 3º, da CF/1988, quando a execução contra a Fazenda Pública não exceder os valores definidos, provisoriamente, pela Emenda Constitucional nº 37/2002, como obrigações de pequeno valor, inexistindo ilegalidade, sob esse prisma, na determinação de seqüestro da quantia devida pelo ente público.

▶ **OJ-TP 2.** PRECATÓRIO. REVISÃO DE CÁLCULOS. LIMITES DA COMPETÊNCIA DO PRESIDENTE DO TRT (DJ 09.12.2003). O pedido de revisão dos cálculos, em fase de precatório, previsto no art. 1º-E da Lei nº 9.494/97, apenas poderá ser acolhido desde que: a) o requerente aponte e especifique claramente quais são as incorreções existentes nos cálculos, discriminando o montante que seria correto, pois do contrário a incorreção torna-se abstrata; b) o defeito nos cálculos esteja ligado à incorreção material ou à utilização de critério em descompasso com a lei ou com o título executivo judicial; e c) o critério legal aplicável ao débito não tenha sido objeto de debate nem na fase de conhecimento, nem na fase de execução.

▶ **OJ-TP 3.** PRECATÓRIO. SEQÜESTRO. EMENDA CONSTITUCIONAL Nº 30/2000. PRETERIÇÃO. ADIN 1662-8. Art. 100, § 2º, DA CF/1988 (DJ 09.12.2003).

O seqüestro de verbas públicas para satisfação de precatórios trabalhistas só é admitido na hipótese de preterição do direito de precedência do credor, a ela não se equiparando as situações de não inclusão da despesa no orçamento ou de não-pagamento do precatório até o final do exercício, quando incluído no orçamento.

http://www3.tst.jus.br/jurisprudencia/OJ_Pleno/n_TP_01.html#TEMA3

▶ **OJ-TP 8.** PRECATÓRIO. MATÉRIA ADMINISTRATIVA. REMESSA NECESSÁRIA. NÃO CABIMENTO (DJ 25.04.2007). Em sede de precatório, por se tratar de decisão de natureza administrativa, não se aplica o disposto no art. 1º, V, do Decreto-Lei nº 779, de 21.08.1969, em que se determina a remessa necessária em caso de decisão judicial desfavorável a ente público.

▶ **OJ-TP 9.** PRECATÓRIO. PEQUENO VALOR. INDIVIDUALIZAÇÃO DO CRÉDITO APURADO. RECLAMAÇÃO TRABALHISTA PLÚRIMA. EXECUÇÃO DIRETA CONTRA A FAZENDA PÚBLICA. POSSIBILIDADE (DJ 25.04.2007). Tratando-se de reclamações trabalhistas plúrimas, a aferição do que vem a ser obrigação de pequeno valor, para efeito de dispensa de formação de precatório e aplicação do disposto no § 3º do art. 100 da CF/88, deve ser realizada considerando-se os créditos de cada reclamante.

▶ **OJ-TP 10.** PRECATÓRIO. PROCESSAMENTO E PAGAMENTO. NATUREZA ADMINISTRATIVA. MANDADO DE SEGURANÇA. CABIMENTO (DJ 25.04.2007). É cabível mandado de segurança contra atos praticados pela Presidência dos Tribunais Regionais em precatório em razão de sua natureza administrativa, não se aplicando o disposto no inciso II do art. 5º da Lei nº 1.533, de 31.12.1951.

▶ **OJ-TP 11.** RECURSO EM MATÉRIA ADMINISTRATIVA. PRAZO. ÓRGÃO COLEGIADO. OITO DIAS. Art. 6º DA LEI Nº 5.584, DE 26.06.1970 (DJ 25.04.2007). Se não houver norma específica quanto ao prazo para interposição de recurso em matéria administrativa de decisão emanada de órgão Colegiado do Tribunal Regional do Trabalho, aplica-se, por analogia, a regra geral dos prazos adotados na Justiça do Trabalho, ou seja, oito dias, conforme estabelecido no art. 6º da Lei nº 5.584, de 26.06.1970. O prazo de dez dias a que alude o art. 59 da Lei nº 9.784, de 29.01.1999, aplica-se somente à interposição de recursos de decisões prolatadas monocraticamente.

OJ-TP /OE-12 PRECATÓRIO. PROCEDIMENTO DE NATUREZA ADMINISTRATIVA. INCOMPETÊNCIA FUNCIONAL DO PRESIDENTE DO TRT PARA DECLARAR A INEXIGIBILIDADE DO TÍTULO EXEQUENDO. (DEJT Divulgado em 16, 17 e 20.09.2010). O Presidente do TRT, em sede de precatório, não tem competência funcional para declarar a inexigibilidade do título judicial exequendo, com fundamento no art. 884, § 5º, da CLT, ante a natureza meramente administrativa do procedimento.

OJ-TP /OE-13 PRECATÓRIO. QUEBRA DA ORDEM DE PRECEDÊNCIA. NÃO DEMONSTRAÇÃO DA POSIÇÃO DO EXEQUENTE NA ORDEM CRONOLÓGICA. SEQUESTRO INDEVIDO. (DEJT Divulgado em 16, 17 e 20.09.2010). É indevido o sequestro de verbas públicas quando o exequente/requerente não se encontra em primeiro lugar na lista de ordem cronológica para pagamento de precatórios ou quando não demonstrada essa condição.

4. OJS DA SDI-1 DO TST EM VIGOR

OJ nº 7 da SDI-1 – Advogado. Atuação fora da seção da OAB onde o advogado está inscrito. Ausência de comunicação. (lei nº 4.215/1963, § 2º, art. 56). Infração disciplinar. Não importa nulidade. A despeito da norma então prevista no artigo 56, § 2º, da Lei nº 4.215/63, a falta de comunicação do advogado à OAB para o exercício profissional em seção diversa daquela na qual tem inscrição não importa nulidade dos atos praticados, constituindo apenas infração disciplinar, que cabe àquela instituição analisar. Art.

OJ nº 12 da SDI-1 – Anistia. Emenda constitucional nº 26/1985. Efeitos financeiros da promulgação. Os efeitos financeiros decorrentes da anistia concedida pela Emenda constitucional nº 26/1985 contam-se desde a data da sua promulgação.

OJ nº 13 da SDI-1 APPA. DECRETO-LEI Nº 779/69. DEPÓSITO RECURSAL E CUSTAS. NÃO ISENÇÃO (inserido dispositivo) – DEJT divulgado em 16, 17 e 18.11.2010 (mantida conforme julgamento do processo TST-E-RR 148500-29.2004.5.09.0022 pelo Tribunal Pleno em 22.08.2016)

A Administração dos Portos de Paranaguá e Antonina – APPA, vinculada à Administração Pública indireta, não é isenta do recolhimento do depósito recursal e do pagamento das custas processuais por não ser beneficiária dos privilégios previstos no Decreto-Lei nº 779, de 21.08.1969, ante o fato de explorar atividade econômica com fins lucrativos, o que descaracteriza sua natureza jurídica, igualando-a às empresas privadas. Art. 899.

OJ nº 14 da SDI-1 – Aviso-prévio cumprido em casa. Verbas rescisórias. Prazo para pagamento. Em caso de aviso prévio cumprido em casa, o prazo para pagamento das verbas rescisórias é até o décimo dia da notificação de despedida. Art. 477.

OJ nº 16 da SDI-1 – Banco do Brasil. ACP. Adicional de caráter pessoal. Indevido. A isonomia de vencimentos entre servidores do Banco Central do Brasil e do Banco do Brasil, decorrente de sentença normativa, alcançou apenas os vencimentos e vantagens de caráter permanente. Dado o caráter personalíssimo do Adicional de Caráter Pessoal – ACP e não integrando a remuneração dos funcionários do Banco do Brasil, não foi ele contemplado na decisão normativa para efeitos de equiparação à tabela de vencimentos do Banco Central do Brasil.

OJ nº 17 da SDI-1 – Banco do Brasil. AP e ADI. Os adicionais AP, ADI ou AFR, somados ou considerados isoladamente, sendo equivalentes a 1/3 do salário do cargo efetivo (art. 224, § 2º, da CLT), excluem o empregado ocupante de cargo de confiança do Banco do Brasil da jornada de 6 horas.

OJ nº 18 da SDI-1 – Complementação de aposentadoria. Banco do Brasil.

I – O valor das horas extras integra a remuneração do empregado para o cálculo da complementação de aposentadoria, desde que sobre ele incida a contribuição à Caixa de Previdência dos Funcionários do Banco do Brasil – PREVI, observado o respectivo regulamento no tocante à integração.

II – Os adicionais AP e ADI não integram o cálculo para a apuração do teto da complementação de aposentadoria;

III – No cálculo da complementação de aposentadoria deve-se observar a média trienal;

IV – A complementação de aposentadoria proporcional aos anos de serviço prestados exclusivamente ao Banco do Brasil somente se verifica a partir da Circular Funci nº 436/1963;

V – O telex DIREC do Banco do Brasil nº 5003/1987 não assegura a complementação de aposentadoria integral, porque não aprovado pelo órgão competente ao qual a instituição se subordina.

OJ nº 26 da SDI-1 – Competência da justiça do trabalho. Complementação de pensão requerida por viúva de ex-empregado. A Justiça do Trabalho é competente para apreciar pedido de complementação de pensão postulada por viúva de ex-empregado, por se tratar de pedido que deriva do contrato de trabalho. Art. 643.

OJ nº 28 da SDI-1 – Correção monetária sobre as diferenças salariais. Universidades federais. Devida. Lei nº 7.596/1987. Incide correção monetária sobre as diferenças salariais dos servidores das universidades federais, decorrentes da aplicação retroativa dos efeitos financeiros assegurados pela Lei nº 7.596/87, pois a correção monetária tem como escopo único minimizar a desvalorização da moeda em decorrência da corrosão inflacionária.

OJ nº 33 da SDI-1 – Deserção. Custas. Carimbo do banco. Validade. O carimbo do banco recebedor na guia de comprovação do recolhimento das custas supre a ausência de autenticação mecânica. Art. 789.

OJ nº 36 da SDI-1 – Instrumento normativo. Cópia não autenticada. Documento comum às partes. Validade. O instrumento normativo em cópia não autenticada possui valor probante, desde que não haja impugnação ao seu conteúdo, eis que se trata de documento comum às partes. Art. 4, 58, 830 e 842.

OJ nº 38 da SDI-1 – Empregado que exerce atividade rural. Empresa de reflorestamento. Prescrição própria do rurícola. (lei nº 5.889/73, art. 10 e decreto nº 73.626/74, art. 2º, § 4º). O empregado que trabalha em empresa de reflorestamento, cuja atividade está diretamente ligada ao manuseio da terra e de matéria-prima, é rurícola e não industriário, nos termos do Decreto nº 73.626, de 12.02.1974, art. 2º, § 4º, pouco importando que o fruto de seu trabalho seja destinado à indústria. Assim, aplica-se a prescrição própria dos rurícolas aos direitos desses empregados. Art. 11.

OJ nº 41 da SDI-1 – Estabilidade. Instrumento normativo. Vigência. Eficácia. Preenchidos todos os pressupostos para a aquisição de estabilidade decorrente de acidente ou doença profissional, ainda durante a vigência do instrumento normativo, goza o empregado de estabilidade mesmo após o término da vigência deste. Art. 614.

OJ nº 42 da SDI-1 – FGTS. Multa de 40%.

I – É devida a multa do FGTS sobre os saques corrigidos monetariamente ocorridos na vigência do contrato de trabalho. Art. 18, § 1º, da Lei nº 8.036/90 e art. 9º, § 1º, do Decreto nº 99.684/90.

II – O cálculo da multa de 40% do FGTS deverá ser feito com base no saldo da conta vinculada na data do efetivo pagamento das verbas rescisórias, desconsiderada a projeção do aviso prévio indenizado, por ausência de previsão legal.

OJ nº 43 da SDI-1 – Conversão de salários de cruzeiros para cruzados. Decreto-lei nº 2.284/86. A conversão de salários de cruzeiros para cruzados, nos termos do Decreto-Lei nº 2.284/86, não afronta direito adquirido dos empregados. Art. 457.

OJ nº 44 da SDI-1 – Gestante. Salário maternidade. É devido o salário maternidade, de 120 dias, desde a promulgação da CF/1988, ficando a cargo do empregador o pagamento do período acrescido pela Carta. Art. 492.

OJ nº 47 da SDI-1 – Hora extra. Adicional de insalubridade. Base de cálculo. A base de cálculo da hora extra é o resultado da soma do salário contratual mais o adicional de insalubridade. Art. 192.

OJ nº 49 da SDI-1 – Horas extras. Uso do bip. Não caracterizado o "sobreaviso". O uso do aparelho BIP pelo empregado, por si só, não caracteriza o regime de sobreaviso, uma vez que o empregado não permanece em sua residência aguardando, a qualquer momento, convocação para o serviço. Art. 244.

OJ nº 51 da SDI-1 – Legislação eleitoral. Empresas públicas e sociedades de economia mista. Aos empregados das empresas públicas e das sociedades de economia mista regidos pela CLT aplicam-se as vedações dispostas no art. 15 da Lei nº 7.773, de 08.06.1989.

OJ nº 52 da SDI-1 – Mandato. Procurador da união, estados, municípios e distrito federal, suas autarquias e fundações públicas. Dispensável a juntada de procuração. (lei nº 9.469, de 10 de julho de 1997). A União, Estados, Municípios e Distrito Federal, suas autarquias e fundações públicas, quando representadas em juízo, ativa e passivamente, por seus procuradores, estão dispensadas da juntada de instrumento de mandato. Art. 791 e 843.

OJ nº 54 da SDI-1 – Multa. Cláusula penal. Valor superior ao principal. O valor da multa estipulada em cláusula penal, ainda que diária, não poderá ser superior à obrigação principal corrigida, em virtude da aplicação do artigo 412 do Código Civil de 2002 (art. 920 do Código Civil de 1916).

OJ nº 56 da SDI-1 – Nossa Caixa-Nosso Banco (caixa econômica do Estado de São Paulo). Regulamento. Gratificação especial e/ou anuênios. Direito reconhecido apenas àqueles empregados que tinham 25 anos de efetivo exercício prestados exclusivamente à Caixa.

OJ nº 57 da SDI-1 – PCCS. Devido o reajuste do adiantamento. Lei nº 7.686/88, art. 1º. É devido o reajuste da parcela denominada "adiantamento do PCCS", conforme a redação do art. 1º da Lei nº 7.686/88.

OJ nº 58 da SDI-1 – plano Bresser. IPC jun/1987. Inexistência de direito adquirido. Inexiste direito adquirido ao IPC de junho de 1987 (Plano Bresser), em face da edição do Decreto-Lei nº 2.335/87.

OJ nº 59 da SDI-1 – Plano verão. URP de fevereiro de 1989. Inexistência de direito adquirido. Inexiste direito adquirido à URP de fevereiro de 1989 (Plano Verão), em face da edição da Lei nº 7.730/89. Art. 2.

OJ nº 60 da SDI-1 – Portuários. Hora noturna. Horas extras. (lei nº 4.860/65, arts. 4º e 7º, § 5º).

I – A hora noturna no regime de trabalho no porto, compreendida entre dezenove horas e sete horas do dia seguinte, é de sessenta minutos.

II – Para o cálculo das horas extras prestadas pelos trabalhadores portuários, observar-se-á somente o salário básico percebido, excluídos os adicionais de risco e produtividade.

OJ nº 62 da SDI-1 – Prequestionamento. Pressuposto de admissibilidade em apelo de natureza extraordinária. Necessidade, ainda que se trate de incompetência absoluta. É necessário o prequestionamento como pressuposto de admissibilidade em re-curso de natureza extraordinária, ainda que se trate de incompetência absoluta. Art. 896.

OJ nº 65 da SDI-1 – Professor adjunto. Ingresso no cargo de professor titular. Exigência de concurso público não afastada pela constituição federal de 1988 (CF/1988, arts. 37, ii e 206, v). O acesso de professor adjunto ao cargo de professor titular só pode ser efetivado por meio de concurso público, conforme dispõem os arts. 37, inciso II, e 206, inciso V, da CF/88.

▸ **OJ nº 75 da SDI-1** – Substabelecimento sem o reconhecimento de firma do substabelecente. Inválido (anterior à lei nº 8.952/94). Não produz efeitos jurídicos recurso subscrito por advogado com poderes conferidos em substabelecimento em que não consta o reconhecimento de firma do outorgante. Entendimento aplicável antes do advento da Lei nº 8.952/9

▸ **OJ nº 76 da SDI-1** – Substituição dos avanços trienais por quinquênios. Alteração do contrato de trabalho. Prescrição total. CEEE. A alteração contratual consubstanciada na substituição dos avanços trienais por qüinqüênios decorre de ato único do empregador, momento em que começa a fluir o prazo fatal de prescrição. Art. 11.

▸ **OJ nº 79 da SDI-1** – URP de abril e maio de 1988. Decreto-lei nº 2.425/1988. Existência de direito apenas ao reajuste de 7/30 de 16,19% a ser calculado sobre o salário de março e incidente sobre o salário dos meses de abril e maio, não cumulativamente e corrigidos desde a época própria até a data do efetivo pagamento.

▸ **OJ nº 82 da SDI-1** – Aviso-prévio. Baixa na CTPS. A data de saída a ser anotada na CTPS deve corresponder à do término do prazo do aviso prévio, ainda que indenizado. Art. 13, 29, 34 e 387.

▸ **OJ nº 83 da SDI-1** – Aviso-prévio. Indenizado. Prescrição. A prescrição começa a fluir no final da data do término do aviso prévio. Art. 487, § 1º, CLT. Art. 11.

▸ **OJ nº 87 da SDI-1** – ENTIDADE PÚBLICA. EXPLORAÇÃO DE ATIVIDADE EMINENTEMENTE ECONÔMICA. EXECUÇÃO. ART. 883 DA CLT (nova redação) – DJ 16.04.2004 (mantida conforme julgamento do processo TST-E-RR-148500-29.2004.5.09.0022 pelo Tribunal Pleno em 22.08.2016)

É direta a execução contra a APPA e MINASCAIXA (§ 1º do art. 173, da CF/1988).

▸ **OJ nº 91 da SDI-1** – Anistia. Art. 8º, § 1º, ADCT. Efeitos financeiros. ECT. ROAR 105608/1994, SDI – Plena. Em 19.05.1997, a SDI-Plena decidiu, pelo voto prevalente do Exmo. Sr. Presidente, que os efeitos financeiros da readmissão do empregado anistiado serão contados a partir do momento em que este manifestou o desejo de retornar ao trabalho e, na ausência de prova, da data do ajuizamento da ação.

▸ **OJ nº 92 da SDI-1** – Desmembramento de municípios. Responsabilidade trabalhista. Em caso de criação de novo município, por desmembramento, cada uma das novas entidades responsabiliza-se pelos direitos trabalhistas do empregado no período em que figurarem como real empregador.

▸ **OJ nº 95 da SDI-1** – Embargos para SDI. Divergência oriunda da mesma turma do TST. Inservível. Em 19.05.1997, a SDI-Plena, por maioria, decidiu que acórdãos oriundos da mesma Turma, embora divergentes, não fundamentam divergência jurisprudencial de que trata a alínea "b", do artigo 894 da Consolidação das Leis do Trabalho para embargos à Seção Especializada em Dissídios Individuais, Subseção I. art. 894.

▸ **OJ nº 97 da SDI-1** – Horas extras. Adicional noturno. Base de cálculo. O adicional noturno integra a base de cálculo das horas extras prestadas no período noturno. Art. 73.

▸ **OJ nº 100 da SDI-1** – Salário. Reajuste. Entes públicos. Os reajustes salariais previstos em legislação federal devem ser observados pelos Estados-membros, suas Autarquias e Fundações Públicas nas relações contratuais trabalhistas que mantiverem com seus empregados.

▸ **OJ nº 103 da SDI-1** – Adicional de insalubridade. Repouso semanal e feriados. O adicional de insalubridade já remunera os dias de repouso semanal e feriados. Art. 70.

▸ **OJ nº 111 da SDI-1** – Recurso de revista. Divergência jurisprudencial. Aresto oriundo do mesmo tribunal regional. Lei nº 9.756/1998. Inservível ao conhecimento. Não é servível ao conhecimento de recurso de revista aresto oriundo de mesmo Tribunal Regional do Trabalho, salvo se o recurso houver sido interposto anteriormente à vigência da Lei nº 9.756/1998.

▸ **OJ nº 113 da SDI-1** – Adicional de transferência. Cargo de confiança ou previsão contratual de transferência. Devido. Desde que a transferência seja provisória. O fato de o empregado exercer cargo de confiança ou a existência de previsão de transferência no contrato de trabalho não exclui o direito ao adicional. O pressuposto legal apto a legitimar a percepção do mencionado adicional é a transferência provisória. Art. 469.

▸ **OJ nº 118 da SDI-1** – Prequestionamento. Tese explícita. Inteligência da Súmula nº 297. Havendo tese explícita sobre a matéria, na decisão recorrida, desnecessário contenha nela referência expressa do dispositivo legal para ter-se como prequestionado este. Art.

▸ **OJ nº 119 da SDI-1** – Prequestionamento inexigível. Violação nascida na própria decisão recorrida. Súmula nº 297. Inaplicável. É inexigível o prequestionamento quando a violação indicada houver nascido na própria decisão recorrida. Inaplicável a Súmula nº 297 do TST.

▸ **OJ nº 120 da SDI-1** – RECURSO. ASSINATURA DA PETIÇÃO OU DAS RAZÕES RECURSAIS. ART. 932, PARÁGRAFO ÚNICO, DO CPC DE 2015. (alterada em decorrência do CPC de 2015) Res. 212/2016, DEJT divulgado em 20, 21 e 22.09.2016

I – Verificada a total ausência de assinatura no recurso, o juiz ou o relator concederá prazo de 5 (cinco) dias para que seja sanado o vício. Descumprida a determinação, o recurso será reputado inadmissível (art. 932, parágrafo único, do CPC de 2015).

II – É válido o recurso assinado, ao menos, na petição de apresentação ou nas razões recursais.

▸ **OJ nº 121 da SDI-1** – Substituição processual. Diferença do adicional de insalubridade. Legitimidade. O sindicato tem legitimidade para atuar na qualidade de substituto processual para pleitear diferença de adicional de insalubridade.

▸ **OJ nº 123 da SDI-1** – Bancários. Ajuda alimentação. A ajuda alimentação prevista em norma coletiva em decorrência de prestação de horas extras tem natureza indenizatória e, por isso, não integra o salário do empregado bancário.

▸ **OJ nº 125 da SDI-1** – Desvio de função. Quadro de carreira. O simples desvio funcional do empregado não gera direito a novo enquadra-mento, mas apenas às diferenças salariais respectivas, mesmo que o desvio de função haja iniciado antes da vigência da CF/1988. Art. 461.

▸ **OJ nº 127 da SDI-1** – Hora noturna reduzida. Subsistência após a CF/1988. O art. 73, § 1º da CLT, que prevê a redução da hora noturna, não foi revogado pelo inciso IX do art. 7º da CF/1988. Art. 73.

▸ **OJ nº 129 da SDI-1** – Prescrição. Complementação da pensão e auxílio funeral. A prescrição extintiva para pleitear judicialmente o pagamento da complementação de pensão e do auxílio-funeral é de 2 anos, contados a partir do óbito do empregado. Art. 11.

▸ **OJ nº 130 da SDI-1** – PRESCRIÇÃO. MINISTÉRIO PÚBLICO. ARGUIÇÃO. "CUSTOS LEGIS". ILEGITIMIDADE (atualizada em decorrência do CPC de 2015) – Res. 209/2016 – DEJT divulgado em 01, 02 e 03.06.2016

Ao exarar o parecer na remessa de ofício, na qualidade de "custos legis", o Ministério Público não tem legitimidade para arguir a prescrição em favor de entidade de direito público, em matéria de direito patrimonial.

Art. 11 e 736.

▸ **OJ nº 132 da SDI-1** – Agravo regimental. Peças essenciais nos autos principais. Inexistindo lei que exija a tramitação do agravo regimental em autos apartados, tampouco previsão no Regimento Interno do Regional, não pode o agravante ver-se apenado por não haver colacionado cópia de peças dos autos principais, quando o agravo regimental deveria fazer parte dele. Art. 897.

▸ **OJ nº 133 da SDI-1** – Ajuda alimentação. PAT. Lei nº 6.321/76. Não integração ao salário. A ajuda alimentação fornecida por empresa participante do programa de alimentação ao trabalhador, instituído pela Lei nº 6.321/76, não tem caráter salarial. Portanto, não integra o salário para nenhum efeito legal.

▸ **OJ nº 134 da SDI-1** – Autenticação. Pessoa jurídica de direito público. Dispensada. Medida provisória nº 1.360, de 12.03.96. São válidos os documentos apresentados, por pessoa jurídica de direito público, em fotocópia não autenticada, posteriormente à edição da Medida Provisória nº 1.360/96 e suas reedições. Art. 830.

▸ **OJ nº 138 da SDI-1** – Competência Residual. Regime jurídico único. Limitação da execução. Compete à Justiça do Trabalho julgar pedidos de direitos e vantagens previstos na legislação trabalhista referente a período anterior à Lei nº 8.112/90, mesmo que a ação tenha sido ajuizada após a edição da referida lei. A superveniência de regime estatutário em substituição ao celetista, mesmo após a sentença, limita a execução ao período celetista. Art. 643.

▸ **OJ nº 140 da SDI-1** – DEPÓSITO RECURSAL E CUSTAS PROCESSUAIS. RECOLHIMENTO INSUFICIENTE. DESERÇÃO (nova redação em decorrência do CPC de 2015) – Res. 217/2017, DEJT divulgado em 20, 24 e 25.04.2017

Em caso de recolhimento insuficiente das custas processuais ou do depósito recursal, somente haverá deserção do recurso se, concedido o prazo de 5 (cinco) dias previsto no § 2º do art. 1.007 do CPC de 2015, o recorrente não complementar e comprovar o valor devido. Art. 899.

▸ **OJ nº 142 da SDI-1** – EMBARGOS DE DECLARAÇÃO. EFEITO MODI-FICATIVO. VISTA PRÉVIA À PARTE CONTRÁRIA (cance-lado o item II em decorrência do CPC de 2015) – Res. 214/2016, DEJT divulgado em 30.11.2016 e 01 e 02.12.2016

É passível de nulidade decisão que acolhe embargos de declaração com efeito modificativo sem que seja concedida oportunidade de manifestação prévia à parte contrária. Art.. 897-A.

▸ **OJ nº 143 da SDI-1** – Empresa em liquidação extrajudicial. Execução. Créditos trabalhistas. Lei nº 6.024/74. A execução trabalhista deve prosseguir diretamente na Justiça do Trabalho mesmo após a decretação da liquidação extrajudicial. Lei nº 6.830/80, arts. 5º e 29, aplicados supletivamente (CLT, art. 889 e CF/1988, art. 114). Art. 883.

▸ **OJ nº 147 da SDI-1** – Lei estadual, norma coletiva ou norma regulamentar. Conhecimento indevido do recurso de revista por divergência jurisprudencial. I – É inadmissível o recurso de revista fundado tão-somente em divergência jurisprudencial, se a parte não comprovar que a lei estadual, a norma coletiva ou o regulamento da empresa extrapolam o âmbito do TRT prolator da decisão recorrida. II – É imprescindível a argüição de afronta ao art. 896 da CLT para o conhecimento de embargos interpostos em face de acórdão de Turma que conhece indevidamente de recurso de revista, por divergência jurisprudencial, quanto a tema regulado por lei estadual, norma coletiva ou norma regulamentar de âmbito restrito ao Regional prolator da decisão. Art. 894 e 896.

▸ **OJ nº 148 da SDI-1** – Lei nº 8.880/94, art. 31. Constitucionalidade. É constitucional o art. 31 da Lei nº 8.880/94, que prevê a indenização por demissão sem justa causa.

▸ **OJ nº 151 da SDI-1** – Prequestionamento. Decisão regional que adota a sentença. Ausência de prequestionamento. Decisão regional que simplesmente adota os fundamentos da decisão de primeiro grau não preenche a exigência do prequestionamento, tal como previsto na Súmula nº 297.

▸ **OJ nº 156 da SDI-1** – Complementação de aposentadoria. Diferenças. Prescrição. Ocorre a prescrição total quanto a diferenças de complementação de aposentadoria quando estas decorrem de pretenso direito a verbas não recebidas no curso da relação de emprego e já atingidas pela prescrição, à época da propositura da ação.

▸ **OJ nº 158 da SDI-1** – Custas. Comprovação de recolhimento. DARF eletrônico. Validade. O denominado "DARF ELETRÔNICO" é válido para comprovar o recolhimento de custas por entidades da administração pública federal, emitido conforme a IN-SRF 162, de 04.11.88. art. 789.

▸ **OJ nº 159 da SDI-1** – Data de pagamento. Salários. Alteração. Diante da inexistência de previsão expressa em contrato ou em instrumento normativo, a alteração de data de pagamento pelo empregador não viola o art. 468, desde que observado o parágrafo único, do art. 459, ambos da CLT.

▸ **OJ nº 160 da SDI-1** – Descontos salariais. Autorização no ato da admissão. Validade. É inválida a presunção de vício de consentimento resultante do fato de ter o empregado anuído expressamente com descontos salariais na oportunidade da admissão. É de se exigir demonstração concreta do vício de vontade.

▸ **OJ nº 162 da SDI-1** – Multa. Art. 477 da CLT. Contagem do prazo. Aplicável o art. 132 do código civil de 2002. A contagem do prazo para quitação das verbas decorrentes da rescisão contratual prevista no artigo 477 da CLT exclui necessariamente o dia da notificação da demissão e inclui o dia do vencimento, em obediência ao disposto no artigo 132 do Código Civil de 2002 (artigo 125 do Código Civil de 1916). Art. 477.

▸ **OJ nº 164 da SDI-1** – Oficial de justiça ad hoc. Inexistência de vínculo empregatício. Não se caracteriza o vínculo empregatício na nomeação para o exercício das funções de oficial de justiça "ad hoc", ainda que feita de forma reiterada, pois exaure-se a cada cumprimento de mandado.

▸ **OJ nº 165 da SDI-1** – Perícia. Engenheiro ou médico. Adicional de insalubridade e periculosidade. Válido. Art. 195 da CLT. O art. 195 da CLT não faz qualquer distinção entre o médico e o engenheiro pa-ra efeito de caracterização e classificação da insalubridade e periculosidade, bastando para a elaboração do laudo seja o profissional devidamente qualificado. Art. 195.

▸ **OJ nº 171 da SDI-1** – Adicional de insalubridade. Óleos minerais. Sentido do termo "manipulação". Para efeito de concessão de adicional de insalubridade não há distinção entre fabricação e manuseio de óleos minerais – Portaria nº 3214 do Ministério do Trabalho, NR 15, Anexo XIII.

▸ **OJ nº 172 da SDI-1** – Adicional de insalubridade ou periculosidade. Condenação. Inserção em folha de pagamento. Condenada ao pagamento do adicional de insalubridade ou periculosidade, a empresa deverá inserir, mês a mês e enquanto o trabalho for executado sob essas condições, o valor correspondente em folha de pagamento.

▸ **OJ nº 173 da SDI-1** – ADICIONAL DE INSALUBRIDADE. ATIVIDADE A CÉU ABERTO. EXPOSIÇÃO AO SOL E AO CALOR (redação alterada na sessão do Tribunal Pleno realizada em 14.09.2012) – Res. 186/2012, DEJT divulgado em 25, 26 e 27.09.2012. I – Ausente previsão legal, indevido o adicional de insalubridade ao trabalhador em atividade a céu aberto, por sujeição à radiação solar (art. 195 da CLT e Anexo 7 da NR 15 da Portaria Nº 3214/78 do MTE). II – Tem direito ao adicional de insalubridade o trabalhador que exerce atividade exposto ao calor acima dos limites de tolerância, inclusive em ambiente externo com carga solar, nas condições previstas no Anexo 3 da NR 15 da Portaria nº 3214/78 do MTE.

▸ **OJ nº 175 da SDI-1** – Comissões. Alteração ou supressão. Prescrição total. A supressão das comissões, ou a alteração quanto à forma ou ao percentual, em prejuízo do empregado, é suscetível de operar a prescrição total da ação, nos termos da Súmula nº 294 do TST, em virtude de cuidar-se de parcela não assegurada por preceito de lei.

▸ **OJ nº 178 da SDI-1** – Bancário. Intervalo de 15 minutos. Não computável na jornada de trabalho. Não se computa, na jornada do bancário sujeito a seis horas diárias de trabalho, o intervalo de quinze minutos para lanche ou descanso.

▸ **OJ nº 181 da SDI-1** – Comissões. Correção monetária. Cálculo. O valor das comissões deve ser corrigido monetariamente para em seguida obter-se a média para efeito de cálculo de férias, 13º salário e verbas rescisórias.

▸ **OJ nº 185 da SDI-1** – Contrato de trabalho com a associação de pais e mestres – APM. Inexistência de Responsabilidade solidária ou subsidiária do estado. O Estado-Membro não é responsável subsidiária ou solidariamente com a Associação de Pais e Mestres pelos encargos trabalhistas dos empregados contratados por esta última, que deverão ser suportados integral e exclusivamente pelo real empregador.

▸ **OJ nº 187 da SDI-I**. ADICIONAL DE INSALUBRIDADE. ATIVIDADE A CÉU ABERTO. EXPOSIÇÃO AO SOL E AO CALOR (redação alterada na sessão do Tribunal Pleno realizada em 14.09.2012) – Res. 186/2012, DEJT divulgado em 25, 26 e 27.09.2012. I – Ausente previsão legal, indevido o adicional de insalubridade ao trabalhador em atividade a céu aberto, por sujeição à radiação solar (art. 195 da CLT e Anexo 7 da NR 15 da Portaria Nº 3214/78 do MTE). II – Tem direito ao adicional de insalubridade o trabalhador que exerce atividade exposto ao calor acima dos limites de tolerância, inclusive em ambiente externo com carga solar, nas condições previstas no Anexo 3 da NR 15 da Portaria nº 3214/78 do MTE.

▸ **OJ nº 188 da SDI-1** – Decisão normativa que defere direitos. Falta de interesse de agir para ação individual. Falta interesse de agir para a ação individual, singular ou plúrima, quando o direito já foi reconhecido através de decisão normativa, cabendo, no caso, ação de cumprimento.

- **OJ nº 191 da SDI-1** – Dono da obra. Responsabilidade. Diante da inexistência de previsão legal específica, o contrato de empreitada de construção civil entre o dono da obra e o empreiteiro não enseja responsabilidade solidária ou subsidiária nas obrigações trabalhistas contraídas pelo empreiteiro, salvo sendo o dono da obra uma empresa construtora ou incorporadora. Art. 2 e 455.

- **OJ nº 192 da SDI-1** – Embargos declaratórios. Prazo em dobro. Pessoa jurídica de direito público. Decreto-lei nº 779/69. É em dobro o prazo para a interposição de embargos declaratórios por pessoa jurídica de direito público.

- **OJ nº 195 da SDI-1** – Férias indenizadas. FGTS. Não-incidência. Não incide a contribuição para o FGTS sobre as férias indenizadas.

- **OJ nº 198 da SDI-1** – Honorários periciais. Atualização monetária. Diferentemente da correção aplicada aos débitos trabalhistas, que têm caráter alimentar, a atualização monetária dos honorários periciais é fixada pelo art. 1º da Lei nº 6.899/1981, aplicável a débitos resultantes de decisões judiciais.

- **OJ nº 199 da SDI-1** – Jogo do bicho. Contrato de trabalho. Nulidade. Objeto ilícito. É nulo o contrato de trabalho celebrado para o desempenho de atividade inerente à prática do jogo do bicho, ante a ilicitude de seu objeto, o que subtrai o requisito de validade para a formação do ato jurídico. Art. 9 e 442.

- **OJ nº 200 da SDI-1** – Mandato tácito. Substabelecimento inválido. É inválido o substabelecimento de advogado investido de mandato tácito. Art. 791.

- **OJ nº 206 da SDI-1** – Professor. Horas extras. Adicional de 50%. Excedida a jornada máxima (art. 318 da CLT), as horas excedentes devem ser remuneradas com o adicional de, no mínimo, 50% (art. 7º, XVI, CF/1988). Art. 318.

- **OJ nº 207 da SDI-1** – Programa de incentivo à demissão voluntária. Indenização. Imposto de renda. Não-incidência. A indenização paga em virtude de adesão a programa de incentivo à demissão voluntária não está sujeita à incidência do imposto de renda.

- **OJ nº 208 da SDI-1** – Radiologista. Gratificação de raios X. Redução. Lei nº 7.923/89. A alteração da gratificação por trabalho com raios X, de quarenta para dez por cento, na forma da Lei nº 7.923/89, não causou prejuízo ao trabalhador porque passou a incidir sobre o salário incorporado com todas as demais vantagens. Art. 76.

- **OJ nº 213 da SDI-1** – Telex. Operadores. Art. 227 da CLT. Inaplicável. O operador de telex de empresa, cuja atividade econômica não se identifica com qualquer uma das previstas no art. 227 da CLT, não se beneficia de jornada reduzida. Art. 227.

- **OJ nº 216 da SDI-1** – Vale-transporte. Servidor público celetista. Lei nº 7.418/85. Devido. Aos servidores públicos celetistas é devido o vale-transporte, instituído pela Lei nº 7.418/85, de 16 de dezembro de 1985.

- **OJ nº 217 da SDI-1** – Agravo de instrumento. Traslado. Lei nº 9.756/1998. Guias de custas e de depósito recursal. Para a formação do agravo de instrumento, não é necessária a juntada de comprovantes de recolhimento de custas e de depósito recursal relativamente ao re-curso ordinário, desde que não seja objeto de controvérsia no recurso de revista a validade daqueles recolhimentos. Art. 897.

- **OJ nº 219 da SDI-1** – Recurso de revista ou de embargos fundamentado em Orientação Jurisprudencial do TST. É válida, para efeito de conhecimento do recurso de revista ou de embargos, a invocação de Orientação Jurisprudencial do Tribunal Superior do Trabalho, desde que, das razões recursais, conste o seu número ou conteúdo. Art. 894 e 896.

- **OJ nº 224 da SDI-1** – Complementação de aposentadoria. Reajuste. Lei nº 9.069, de 29.06.1995. I – A partir da vigência da Medida Provisória nº 542, de 30.06.1994, convalidada pela Lei nº 9.069, de 29.06.1995, o critério de reajuste da complementação de aposentadoria passou a ser anual e não semestral, aplicando-se o princípio "rebus sic stantibus" diante da nova ordem econômica. II – A alteração da periodicidade do reajuste da complementação de aposentadoria – de semestral para anual –, não afeta o direito ao resíduo inflacionário apurado nos meses de abril, maio e junho de 1994, que deverá incidir sobre a correção realizada no mês de julho de 1995.

- **OJ nº 225 da SDI-1** – Contrato de concessão de serviço público. Responsabilidade trabalhista. Celebrado contrato de concessão de serviço público em que uma empresa (primeira concessionária) outorga a outra (segunda concessionária), no todo ou em parte, mediante arrendamento, ou qualquer outra forma contratual, a título transitório, bens de sua propriedade: I – em caso de rescisão do contrato de trabalho após a entrada em vigor da concessão, a segunda concessionária, na condição de sucessora, responde pelos direitos decorrentes do contrato de trabalho, sem prejuízo da responsabilidade subsidiária da primeira concessionária pelos débitos trabalhistas contraídos até a concessão; II – no tocante ao contrato de trabalho extinto antes da vigência da concessão, a responsabilidade pelos direitos dos trabalhadores será exclusivamente da antecessora. Art. 10.

- **OJ nº 226 da SDI-1** – Crédito trabalhista. Cédula de crédito rural. Cédula de crédito industrial. Penhorabilidade. Diferentemente da cédula de crédito industrial garantida por alienação fiduciária, na cédula rural pignoratícia ou hipotecária o bem permanece sob o domínio do devedor (executado), não constituindo óbice à penhora na esfera trabalhista. (Decreto-Lei nº 167/67, art. 69; CLT, arts. 10 e 30 e Lei nº 6.830/80). Art. 883.

- **OJ nº 232 da SDI-1** – FGTS. Incidência. Empregado transferido para o exterior. Remuneração. O FGTS incide sobre todas as parcelas de natureza salarial pagas ao empregado em virtude de prestação de serviços no exterior.

▶ **OJ nº 233 da SDI-1** – Horas extras. Comprovação de parte do período alegado. A decisão que defere horas extras com base em prova oral ou documental não ficará limitada ao tempo por ela abrangido, desde que o julgador fique convencido de que o procedimento questionado superou aquele período. Art. 59, 74 e 818.

▶ **OJ nº 235 da SDI-1** – Horas extras. Salário por produção (redação alterada na sessão do Tribunal Pleno realizada em 16.04.2012) – Res. 182/2012, DEJT divulgado em 19, 20 e 23.04.2012. O empregado que recebe salário por produção e trabalha em sobrejornada tem direito à percepção apenas do adicional de horas extras, exceto no caso do empregado cortador de cana, a quem é devido o pagamento das horas extras e do adicional respectivo. Art. 59 e 78.

▶ **OJ nº 237 da SDI-1** – MINISTÉRIO PÚBLICO DO TRABALHO. ILEGI-TIMIDADE PARA RECORRER. SOCIEDADE DE ECONO-MIA MISTA. EMPRESA PÚBLICA (incorporada a Orientação Jurisprudencial nº 338 da SBDI-I) – Res. 210/2016, DEJT divulgado em 30.06, 1º e 04.07.2016

I – O Ministério Público do Trabalho não tem legitimidade para recorrer na defesa de interesse patrimonial privado, ainda que de empresas públicas e sociedades de economia mista.

II – Há legitimidade do Ministério Público do Trabalho para recorrer de decisão que declara a existência de vínculo empregatício com sociedade de economia mista ou empresa pública, após a Constituição Federal de 1988, sem a prévia aprovação em concurso público, pois é matéria de ordem pública. Art. 736.

▶ **OJ nº 238 da SDI-1** – Multa. Art. 477 da CLT. Pessoa jurídica de direito público. Aplicável. Submete-se à multa do artigo 477 da CLT a pessoa jurídica de direito público que não observa o prazo para pagamento das verbas rescisórias, pois nivela-se a qualquer particular, em direitos e obrigações, despojando-se do "jus imperii" ao celebrar um contrato de emprego. Art. 467 e 477.

▶ **OJ nº 242 da SDI-1** – Prescrição total. Horas extras. Adicional. Incorporação. Embora haja previsão legal para o direito à hora extra, inexiste previsão para a incorporação ao salário do respectivo adicional, razão pela qual deve incidir a prescrição total. art. 11

▶ **OJ nº 243 da SDI-1** – Prescrição total. Planos econômicos. Aplicável a prescrição total sobre o direito de reclamar diferenças salariais resultantes de planos econômicos. art. 11

▶ **OJ nº 244 da SDI-1** – Professor. Redução da carga horária. Possibilidade. A redução da carga horária do professor, em virtude da diminuição do número de alunos, não constitui alteração contratual, uma vez que não implica redução do valor da hora-aula. Art. 318.

▶ **OJ nº 245 da SDI-1** – Revelia. Atraso. Audiência. Inexiste previsão legal tolerando atraso no horário de comparecimento da parte na audiência. Art. 815 e 844.

▶ **OJ nº 247 da SDI-1** – Servidor público. Celetista concursado. Despedida imotivada. Empresa pública ou sociedade de economia mista. Possibilidade. I – A despedida de empregados de empresa pública e de sociedade de economia mista, mesmo admitidos por concurso público, independe de ato motivado para sua validade; II – A validade do ato de despedida do empregado da Empresa Brasileira de Correios e Telégrafos (ECT) está condicionada à motivação, por gozar a empresa do mesmo tratamento destinado à Fazenda Pública em relação à imunidade tributária e à execução por precatório, além das prerrogativas de foro, prazos e custas processuais.

▶ **OJ nº 251 da SDI-1** – Descontos. Frentista. Cheques sem fundos. É lícito o desconto salarial referente à devolução de cheques sem fundos, quando o frentista não observar as recomendações previstas em instrumento coletivo. Art. 462.

▶ **OJ nº 253 da SDI-1** – Estabilidade provisória. Cooperativa. Lei nº 5.764/71. Conselho fiscal. Suplente. Não assegurada. O art. 55 da Lei nº 5.764/71 assegura a garantia de emprego apenas aos empregados eleitos diretores de Cooperativas, não abrangendo os membros suplentes. Art. 442.

▶ **OJ nº 255 da SDI-1** – MANDATO. CONTRATO SOCIAL. DESNECESSÁRIA A JUNTADA (atualizada em decorrência do CPC de 2015) – Res. 208/2016, DEJT divulgado em 22, 25 e 26.04.2016

O art. 75, inciso VIII, do CPC de 2015 (art. 12, VI, do CPC de 1973) não determina a exibição dos estatutos da empresa em juízo como condição de validade do instrumento de mandato outorgado ao seu procurador, salvo se houver impugnação da parte contrária.Art. 791.

▶ **OJ nº 256 da SDI-1** – Prequestionamento. Configuração. Tese explícita. Súmula nº 297. Para fins do requisito do prequestionamento de que trata a Súmula nº 297, há necessidade de que haja, no acórdão, de maneira clara, elementos que levem à conclusão de que o Regional adotou uma tese contrária à lei ou à súmula.

▶ **OJ nº 257 da SDI-1** – Recurso de revista. Fundamentação. Violação de lei. Vocábulo violação. Desnecessidade (alterada em decorrência da redação do inciso II do art. 894 da CLT, incluído pela Lei nº 11.496/2007) – Res. 182/2012, DEJT divulgado em 19, 20 e 23.04.2012. A invocação expressa no recurso de revista dos preceitos legais ou constitucionais tidos como violados não significa exigir da parte a utilização das expressões "contrariar", "ferir", "violar", etc. Art. 896-A.

▶ **OJ nº 259 da SDI-1** – Adicional noturno. Base de cálculo. Adicional de periculosidade. Integração. O adicional de periculosidade deve compor a base de cálculo do adicional noturno, já que também neste horário o trabalhador permanece sob as condições de risco. Art. 73.

▸ **OJ nº 260 da SDI-1** – Agravo de instrumento. Recurso de revista. Procedimento sumaríssimo. Lei nº 9.957/00. Processos em curso.

I – É inaplicável o rito sumaríssimo aos processos iniciados antes da vigência da Lei nº 9.957/00.

II – No caso de o despacho denegatório de recurso de revista invocar, em processo iniciado antes da Lei nº 9.957/00, o § 6º do art. 896 da CLT (rito sumaríssimo), como óbice ao trânsito do apelo calcado em divergência jurisprudencial ou violação de dispositivo infraconstitucional, o Tribunal superará o obstáculo, apreciando o recurso sob esses fundamentos.

▸ **OJ nº 261 da SDI-1** – Bancos. Sucessão trabalhista. As obrigações trabalhistas, inclusive as contraídas à época em que os empregados trabalhavam para o banco sucedido, são de responsabilidade do sucessor, uma vez que a este foram transferidos os ativos, as agências, os direitos e deveres contratuais, caracterizando típica sucessão trabalhista. Art. 10.

▸ **OJ nº 262 da SDI-1** – Coisa julgada. Planos econômicos. Limitação à data-base na fase de execução. Não ofende a coisa julgada a limitação à data-base da categoria, na fase executória, da condenação ao pagamento de diferenças salariais decorrentes de planos econômicos, quando a decisão exeqüenda silenciar sobre a limitação, uma vez que a limitação decorre de norma cogente. Apenas quando a sentença exeqüenda houver expressamente afastado a limitação à data-base é que poderá ocorrer ofensa à coisa julgada.

▸ **OJ nº 264 da SDI-1** – Depósito recursal. PIS/PASEP. Ausência de indicação na guia de depósito recursal. Validade. Não é essencial para a validade da comprovação do depósito recursal a indicação do número do PIS/PASEP na guia respectiva.

▸ **OJ nº 268 da SDI-1** – Indenização adicional. Leis nºs 6.708/79 e 7.238/84. Aviso prévio. Projeção. Estabilidade provisória. Somente após o término do período estabilitário é que se inicia a contagem do prazo do aviso prévio para efeito das indenizações previstas nos artigos 9º da Lei nº 6.708/79 e 9º da Lei nº 7.238/84.

▸ **OJ nº 269 da SDI-1** – JUSTIÇA GRATUITA. REQUERIMENTO DE ISENÇÃO DE DESPESAS PROCESSUAIS. MOMENTO OPORTUNO (inserido item II em decorrência do CPC de 2015) – Res. 219/2017, DEJT divulgado em 28, 29 e 30.06.2017 – republicada – DEJT divulgado em 12, 13 e 14.07.2017

I – O benefício da justiça gratuita pode ser requerido em qualquer tempo ou grau de jurisdição, desde que, na fase recursal, seja o requerimento formulado no prazo alusivo ao recurso;

II – Indeferido o requerimento de justiça gratuita formulado na fase recursal, cumpre ao relator fixar prazo para que o recorrente efetue o preparo (art. 99, § 7º, do CPC de 2015). Art. 790.

▸ **OJ nº 270 da SDI-1** – Programa de incentivo à demissão voluntária. Transação extrajudicial. Parcelas oriundas do extinto contrato de trabalho. Efeitos. A transação extrajudicial que importa rescisão do contrato de trabalho ante a adesão do empregado a plano de demissão voluntária implica quitação exclusivamente das parcelas e valores constantes do recibo.

▸ **OJ nº 271 da SDI-1** – Rurícola. Prescrição. Contrato de emprego extinto. Emenda constitucional nº 28/2000. Inaplicabilidade. O prazo prescricional da pretensão do rurícola, cujo contrato de emprego já se extinguira ao sobrevir a Emenda Constitucional nº 28, de 26/05/2000, tenha sido ou não ajuizada a ação trabalhista, prossegue regido pela lei vigente ao tempo da extinção do contrato de emprego. Art. 11.

▸ **OJ nº 272 da SDI-1** – Salário-mínimo. Servidor. Salário-base inferior. Diferenças. Indevidas. A verificação do respeito ao direito ao salário-mínimo não se apura pelo confronto isolado do salário-base com o mínimo legal, mas deste com a soma de todas as parcelas de natureza salarial recebidas pelo empregado diretamente do empregador.

▸ **OJ nº 274 da SDI-1** – Turno ininterrupto de revezamento. Ferroviário. Horas extras. Devidas. O ferroviário submetido a escalas variadas, com alternância de turnos, faz jus à jornada especial prevista no art. 7º, XIV, da CF/1988. Art. 58.

▸ **OJ nº 275 da SDI-1** – Turno ininterrupto de revezamento. Horista. Horas extras e adicional. Devidos. Inexistindo instrumento coletivo fixando jornada diversa, o empregado horista submetido a turno ininterrupto de revezamento faz jus ao pagamento das horas extraordinárias laboradas além da 6ª, bem como ao respectivo adicional. Art. 58.

▸ **OJ nº 276 da SDI-1** – Ação declaratória. Complementação de aposentadoria. É incabível ação declaratória visando a declarar direito à complementação de aposentadoria, se ainda não atendidos os requisitos necessários à aquisição do direito, seja por via regulamentar, ou por acordo coletivo.

▸ **OJ nº 277 da SDI-1** – Ação de cumprimento fundada em decisão normativa que sofreu posterior reforma, quando já transitada em julgado a sentença condenatória. Coisa julgada. Não-configuração. A coisa julgada produzida na ação de cumprimento é atípica, pois dependente de condição resolutiva, ou seja, da não-modificação da decisão normativa por eventual recurso. Assim, modificada a sentença normativa pelo TST, com a conseqüente extinção do processo, sem julgamento do mérito, deve-se extinguir a execução em andamento, uma vez que a norma sobre a qual se apoiava o título exeqüendo deixou de existir no mundo jurídico. Art. 872.

▸ **OJ nº 278 da SDI-1** – Adicional de insalubridade. Perícia. Local de trabalho desativado. A realização de perícia é obrigatória para a verificação de insalubridade. Quando não for possível sua realização, como em caso de fechamento da empresa, poderá o julgador utilizar-se de outros meios de prova. Art. 195.

▸ **OJ nº 282 da SDI-1** – Agravo de instrumento. Juízo de admissibilidade ad quem. No julgamento de Agravo de Instrumento, ao afastar o óbice apontado pelo TRT para o processamento do recurso de revista, pode o juízo "ad quem" prosseguir no exame dos demais pressupostos extrínsecos e intrínsecos do recurso de revista, mesmo que não apreciados pelo TRT. Art. 897.

▸ **OJ nº 283 da SDI-1** – Agravo de instrumento. Peças essenciais. Traslado realizado pelo agravado. Validade. É válido o traslado de peças essenciais efetuado pelo agravado, pois a regular formação do agravo incumbe às partes e não somente ao agravante. Art. 897.

▸ **OJ nº 286 da SDI-1** – Agravo de instrumento. Traslado. Mandato tácito. Ata de audiência. Configuração.

I – A juntada da ata de audiência, em que consignada a presença do advogado, desde que não estivesse atuando com mandato expresso, torna dispensável a procuração deste, porque demonstrada a existência de mandato tácito.

II – Configurada a existência de mandato tácito fica suprida a irregularidade detectada no mandato expresso. Art. 791 e 897.

▸ **OJ nº 296 da SDI-1** – Equiparação salarial. Atendente e auxiliar de enfermagem. Impossibilidade. Sendo regulamentada a profissão de auxiliar de enfermagem, cujo exercício pressupõe habilitação técnica, realizada pelo Conselho Regional de Enfermagem, impossível a equiparação salarial do simples atendente com o auxiliar de enfermagem. Art. 461.

▸ **OJ nº 297 da SDI-1** – Equiparação salarial. Servidor público da administração direta, autárquica e fundacional. Art. 37, XIII, da CF/1988. O art. 37, inciso XIII, da CF/1988, veda a equiparação de qualquer natureza pa-ra o efeito de remuneração do pessoal do serviço público, sendo juridicamente impossível a aplicação da norma infraconstitucional prevista no art. 461 da CLT quando se pleiteia equiparação salarial entre servidores públicos, independentemente de terem sido contratados pela CLT. Art. 461.

▸ **OJ nº 300 da SDI-1** – Execução trabalhista. Correção monetária. Juros. Lei nº 8.177/91, art. 39, e lei nº 10.192/01, art. 15. Não viola norma constitucional (art. 5°, II e XXXVI) a determinação de aplicação da TRD, como fator de correção monetária dos débitos trabalhistas, cumulada com juros de mora, previstos no artigo 39 da Lei nº 8.177/91 e convalidado pelo artigo 15 da Lei nº 10.192/01. Art. 883.

▸ **OJ nº 302 da SDI-1** – FGTD. Índice de correção. Débitos trabalhistas. Os créditos referentes ao FGTS, decorrentes de condenação judicial, serão corrigidos pelos mesmos índices aplicáveis aos débitos trabalhistas. Art. 459.

▸ **OJ nº 308 da SDI-1** – Jornada de trabalho. Alteração. Retorno à jornada inicialmente contratada. Servidor público. O retorno do servidor público (administração direta, autárquica e fundacional) à jornada inicialmente contratada não se insere nas vedações do art. 468 da CLT, sendo a sua jornada definida em lei e no contrato de trabalho firmado entre as partes. Art. 468.

▸ **OJ nº 310 da SDI-1** – LITISCONSORTES. PROCURADORES DISTINTOS. PRAZO EM DOBRO. ART. 229, CAPUT E §§ 1º E 2º, DO CPC DE 2015. ART. 191 DO CPC DE 1973. INAPLICÁVEL AO PROCESSO DO TRABALHO (atualizada em decorrência do CPC de 2015) – Res. 208/2016, DEJT divulgado em 22, 25 e 26.04.2016

Inaplicável ao processo do trabalho a norma contida no art. 229, caput e §§ 1º e 2º, do CPC de 2015 (art. 191 do CPC de 1973), em razão de incompatibilidade com a celeridade que lhe é inerente. Art. 775 e 850.

▸ **OJ nº 316 da SDI-1** – Portuários. Adicional de risco. Lei nº 4.860/65. O adicional de risco dos portuários, previsto no art. 14 da Lei nº 4.860/65, deve ser proporcional ao tempo efetivo no serviço considerado sob risco e apenas concedido àqueles que prestam serviços na área portuária.

▸ **OJ nº 318 da SDI-1** – Representação irregular. Autarquia. Os Estados e os Municípios não têm legitimidade para recorrer em nome das autarquias detentoras de personalidade jurídica própria, devendo ser representadas pelos procuradores que fazem parte de seus quadros ou por advogados constituídos. Art. 843.

▸ **OJ nº 319 da SDI-1** – Representação regular. Estagiário. Habilitação posterior. Válidos são os atos praticados por estagiário se, entre o substabelecimento e a interposição do recurso, sobreveio a habilitação, do então estagiário, para atuar como advogado.

▸ **OJ nº 321 da SDI-1** – Vínculo empregatício com a administração pública. Período anterior à CF/1988. Salvo os casos de trabalho temporário e de serviço de vigilância, previstos nas Leis nºs 6.019, de 03.01.74, e 7.102, de 20.06.83, é ilegal a contratação de trabalhadores por empresa interposta, formando-se o vínculo empregatício direta-mente com o tomador dos serviços, inclusive ente público, em relação ao período anterior à vigência da CF/88. Art. 442.

▸ **OJ nº 322 da SDI-1** – Acordo coletivo de trabalho. Cláusula de termo aditivo prorrogando o acordo para prazo indeterminado. Inválida. Nos termos do art. 614, § 3º, da CLT, é de 2 anos o prazo máximo de vigência dos acordos e das convenções coletivas. Assim sendo, é inválida, naquilo que ultrapassa o prazo total de 2 anos, a cláusula de termo aditivo que prorroga a vigência do instrumento coletivo originário por prazo indeterminado. Art. 614.

▸ **OJ nº 323 da SDI-1** – Acordo de compensação de jornada. "semana espanhola". Validade. É válido o sistema de compensação de horário quando a jornada adotada é a denominada "semana espanhola", que alterna a prestação de 48 horas em uma semana e 40 horas em outra, não violando os arts. 59, § 2º, da CLT e 7º, XIII, da CF/1988 o seu ajuste mediante acordo ou convenção coletiva de trabalho. Art. 59.

▸ **OJ nº 324 da SDI-1** – Adicional de periculosidade. Sistema elétrico de potência. Decreto nº 93.412/86, art. 2º, § 1º. É assegurado o adicional de periculosidade apenas aos empregados que trabalham em sistema elétrico de potência em condições de risco, ou que o façam com equipamentos e instalações elétricas similares, que ofereçam risco equivalente, ainda que em unidade consumidora de energia elétrica.

▸ **OJ nº 325 da SDI-1** – Aumento salarial concedido pela empresa. Compensação no ano seguinte em antecipação sem a participação do sindicato profissional. Impossibilidade. O aumento real, concedido pela empresa a todos os seus empregados, somente pode ser reduzido mediante a participação efetiva do sindicato profissional no ajuste, nos termos do art. 7º, VI, da CF/1988.

▸ **OJ nº 331 da SDI-1** – Justiça gratuita. Declaração de insuficiência econômica. Mandato. Poderes específicos desnecessários. Desnecessária a outorga de poderes especiais ao patrono da causa para firmar declaração de insuficiência econômica, destinada à concessão dos benefícios da justiça gratuita. Art. 790.

▸ **OJ nº 332 da SDI-1** – Motorista. Horas extras. Atividade externa. Controle de jornada por tacógrafo. Resolução nº 816/1986 do CONTRAN. O tacógrafo, por si só, sem a existência de outros elementos, não serve para controlar a jornada de trabalho de empregado que exerce atividade externa. Art. 62.

▸ **OJ nº 334 da SDI-1** – Remessa ex officio. Recurso de revista. Inexistência de recurso ordinário voluntário de ente público. Incabível. Incabível recurso de revista de ente público que não interpôs recurso ordinário voluntário da decisão de primeira instância, ressalvada a hipótese de ter sido agravada, na segunda instância, a condenação imposta.

▸ **OJ nº 335 da SDI-1** – Contrato nulo. Administração pública. Efeitos. Conhecimento do recurso por violação do art. 37, II e § 2º, da CF/1988. A nulidade da contratação sem concurso público, após a CF/1988, bem como a limitação de seus efeitos, somente poderá ser declarada por ofensa ao art. 37, II, se invocado concomitantemente o seu § 2º, todos da CF/1988.

▸ **OJ nº 336 da SDI-1** – Embargos interpostos anteriormente à vigência da Lei nº 11.496/2007. Recurso não conhecido com base em orientação jurisprudencial. Desnecessário o exame das violações de lei e da Constituição alegadas na Revista (redação alterada pelo Tribunal Pleno na sessão realizada em 6.2.2012) – Res. 178/2012, DEJT divulgado em 13, 14 e 15.02.2012 Estando a decisão recorrida em conformidade com orientação jurisprudencial, desnecessário o exame das divergências e das violações de lei e da Constituição alegadas em embargos interpostos antes da vigência da Lei nº 11.496/2007, salvo nas hipóteses em que a orientação jurisprudencial não fizer qualquer citação do dispositivo constitucional. Art. 894

▸ **OJ nº 339 da SDI-1** – Teto remuneratório. Empresa pública e sociedade de economia mista. Art. 37, XI, da CF/1988. As empresas públicas e as sociedades de economia mista estão submetidas à observância do teto remuneratório previsto no inciso XI do art. 37 da CF/1988, sendo aplicável, inclusive, ao período anterior à alteração introduzida pela Emenda Constitucional nº 19/1998.

▸ **OJ nº 341 da SDI-1** – FGTS. Multa de 40%. Diferenças decorrentes dos expurgos inflacionários. Responsabilidade pelo pagamento. É de responsabilidade do empregador o pagamento da diferença da multa de 40% sobre os depósitos do FGTS, decorrente da atualização monetária em face dos expurgos inflacionários.

▸ **OJ nº 343 da SDI-1** – Penhora. Sucessão. Art. 100 da CF/1988. Execução. É válida a penhora em bens de pessoa jurídica de direito privado, realizada anteriormente à sucessão pela União ou por Estado-membro, não podendo a execução prosseguir mediante precatório. A decisão que a mantém não viola o art. 100 da CF/1988. Art. 883.

▸ **OJ nº 344 da SDI-1** – FGTS. Multa de 40%. Diferenças decorrentes dos expurgos inflacionários. Prescrição. Termo inicial. O termo inicial do prazo prescricional para o empregado pleitear em juízo diferenças da multa do FGTS, decorrentes dos expurgos inflacionários, deu-se com a vigência da Lei Complementar nº 110, em 30.06.01, salvo comprovado trânsito em julgado de decisão proferida em ação proposta anteriormente na Justiça Federal, que reconheça o direito à atualização do saldo da conta vinculada.

▸ **OJ nº 345 da SDI-1** – Adicional de periculosidade. Radiação ionizante ou substância radioativa. Devido. A exposição do empregado à radiação ionizante ou à substância radioativa enseja a percepção do adicional de periculosidade, pois a regulamentação ministerial (Portarias do Ministério do Trabalho nºs 3.393, de 17.12.1987, e 518, de 07.04.2003), ao reputar perigosa a atividade, reveste-se de plena eficácia, porquanto expedida por força de delegação legislativa contida no art. 200, "caput", e inciso VI, da CLT. No período de 12.12.2002 a 06.04.2003, enquanto vigeu a Portaria nº 496 do Ministério do Trabalho, o empregado faz jus ao adicional de insalubridade. Art. 200.

▸ **OJ nº 346 da SDI-1** – Abono previsto em norma coletiva. Natureza indenizatória. Concessão apenas aos empregados em atividade. Extensão aos inativos. Impossibilidade. A decisão que estende aos inativos a concessão de abono de natureza jurídica indenizatória, previsto em norma coletiva apenas para os empregados em atividade, a ser pago de uma única vez, e confere natureza salarial à parcela, afronta o art. 7º, XXVI, da CF/88.

▸ **OJ nº 347 da SDI-1** – Adicional de periculosidade. Sistema elétrico de potência. Lei nº 7.369, de 20.09.1985, regulamentada pelo decreto nº 93.412, de 14.10.1986. Extensão do direito aos cabistas, instaladores e reparadores de linhas e aparelhos em empresa de telefonia. É devido o adicional de periculosidade aos empregados cabistas, instaladores e reparadores de linhas e aparelhos de empresas de telefonia, desde que, no exercício de suas funções, fiquem expostos a condições de risco equivalente ao do trabalho exercido em contato com sistema elétrico de potência. Art. 193.

▸ **OJ nº 348 da SDI-1** – Honorários advocatícios. Base de cálculo. Valor líquido. Lei nº 1.060, de 05.02.1950. Os honorários advocatícios, arbitrados nos termos do art. 11, § 1º, da Lei nº 1.060, de 05.02.1950, devem incidir sobre o valor líquido da condenação, apurado na fase de liquidação de sentença, sem a dedução dos descontos fiscais e previdenciários. Art. 791.

▸ **OJ nº 349 da SDI-1** – Mandato. Juntada de nova procuração. Ausência de Ressalva. Efeitos. A juntada de nova procuração aos autos, sem ressalva de poderes conferidos ao antigo patrono, implica revogação tácita do mandato anterior. Art. 791.

▸ **OJ nº 350 da SDI-1** – Ministério público do trabalho. Nulidade do contrato de trabalho não suscitada pelo ente público no momento da defesa. Argüição em parecer. Possibilidade. O Ministério Público do Trabalho pode arguir, em parecer, na primeira vez que tenha de se manifestar no processo, a nulidade do contrato de trabalho em favor de ente público, ainda que a parte não a tenha suscitado, a qual será apreciada, sendo vedada, no entanto, qualquer dilação probatória. Art. 736.

▸ **OJ nº 355 da SDI-1** – Intervalo interjornadas. Inobservância. Horas extras. Período pago como sobrejornada. Art. 66 da CLT. Aplicação analógica do § 4º do art. 71 da CLT. O desrespeito ao intervalo mínimo interjornadas previsto no art. 66 da CLT acarreta, por analogia, os mesmos efeitos previstos no § 4º do art. 71 da CLT e na Súmula nº 110 do TST, devendo-se pagar a integralidade das horas que fo-ram subtraídas do intervalo, acrescidas do respectivo adicional. Art. 66.

▸ **OJ nº 356 da SDI-1** – Programa de incentivo à demissão voluntária (PDV). Créditos trabalhistas reconhecidos em juízo. Compensação. Impossibilidade. Os créditos tipicamente trabalhistas reconhecidos em juízo não são suscetíveis de compensação com a indenização paga em decorrência de adesão do trabalhador a Programa de Incentivo à Demissão Voluntária (PDV).

▸ **OJ nº 358 da SDI** – SALÁRIO MÍNIMO E PISO SALARIAL PROPORCIONAL À JORNADA REDUZIDA. POSSIBILIDADE. EMPREGADO SERVIDOR PÚBLICO.

I – Havendo contratação para cumprimento de jornada reduzida, inferior à previsão constitucional de oito horas diárias ou quarenta e quatro semanais, é lícito o pagamento do piso salarial ou do salário mínimo proporcional ao tempo trabalhado.

II – Na Administração Pública direta, autárquica e fundacional não é válida remuneração de empregado público inferior ao salário mínimo, ainda que cumpra jornada de trabalho reduzida. Precedentes do Supremo Tribunal Federal.

▸ **OJ nº 359 da SDI-1** – Substituição processual. Sindicato. Legitimidade. Prescrição. Interrupção. A ação movida por sindicato, na qualidade de substituto processual, interrompe a prescrição, ainda que tenha sido considerado parte ilegítima "ad causam".

▸ **OJ nº 360 da SDI-1** – Turno ininterrupto de revezamento. Dois turnos. Horário diurno e noturno. Caracterização. Faz jus à jornada especial prevista no art. 7º, XIV, da CF/1988 o trabalhador que exerce suas atividades em sistema de alternância de turnos, ainda que em dois turnos de trabalho, que compreendam, no todo ou em parte, o horário diurno e o noturno, pois submetido à alternância de horário prejudicial à saúde, sendo irrelevante que a atividade da empresa se desenvolva de forma ininterrupta. Art. 73.

▸ **OJ nº 361 da SDI-1** – Aposentadoria espontânea. Unicidade do contrato de trabalho. Multa de 40% do FGTS sobre todo o período. A aposentadoria espontânea não é causa de extinção do contrato de trabalho se o empregado permanece prestando serviços ao empregador após a jubilação. Assim, por ocasião da sua dispensa imotivada, o empregado tem direito à multa de 40% do FGTS sobre a totalidade dos depósitos efetuados no curso do pacto laboral. Art. 453.

▸ **OJ nº 362 da SDI-1** – Contrato nulo. Efeitos. FGTS. Medida provisória 2.164-41, de 24.08.2001, e art. 19-a da lei nº 8.036, de 11.05.1990. Irretroatividade. Não afronta o princípio da irretroatividade da lei a aplicação do art. 19-A da Lei nº 8.036, de 11.05.1990, aos contratos declarados nulos celebrados antes da vigência da Medida Provisória nº 2.164-41, de 24.08.2001.

▸ **OJ nº 364 da SDI-1** – Estabilidade. Art. 19 do ADCT. Servidor público de fundação regido pela CLT. Fundação instituída por lei e que recebe dotação ou subvenção do Poder Público para realizar atividades de interesse do Estado, ainda que tenha personalidade jurídica de direito privado, ostenta natureza de fundação pública. Assim, seus servidores regidos pela CLT são beneficiários da estabilidade excepcional prevista no art. 19 do ADCT.

▸ **OJ nº 365 da SDI-1** – Estabilidade provisória. Membro de conselho fiscal de sindicato. Inexistência. Membro de conselho fiscal de sindicato não tem direito à estabilidade prevista nos arts. 543, § 3º, da CLT e 8º, VIII, da CF/1988, porquanto não representa ou atua na defesa de direitos da categoria respectiva, tendo sua competência limitada à fiscalização da gestão financeira do sindicato (art. 522, § 2º, da CLT). Art. 543.

▸ **OJ nº 366 da SDI-1** – Estagiário. Desvirtuamento do contrato de estágio. Reconhecimento do vínculo empregatício com a administração pública direta ou indireta.

Período posterior à constituição federal de 1988. Impossibilidade. Ainda que desvirtuada a finalidade do contrato de estágio celebrado na vigência da Constituição Federal de 1988, é inviável o reconhecimento do vínculo empregatício com ente da Administração Pública direta ou indireta, por força do art. 37, II, da CF/1988, bem como o deferimento de indenização pecuniária, exceto em relação às parcelas previstas na Súmula nº 363 do TST, se requeridas.

▸ **OJ nº 367 da SDI-1** – Aviso-prévio de 60 dias. Elastecimento por norma coletiva. Projeção. Reflexos nas parcelas trabalhistas. O prazo de aviso prévio de 60 dias, concedido por meio de norma coletiva que silencia sobre alcance de seus efeitos jurídicos, computa-se integralmente como tempo de serviço, nos termos do § 1º do art. 487 da CLT, repercutindo nas verbas rescisórias. Art. 487.

▸ **OJ nº 368 da SDI-1** – Descontos previdenciários. Acordo homologado em juízo. Inexistência de vínculo empregatício. Parcelas indenizatórias. Ausência de discriminação. Incidência sobre o valor total. É devida a incidência das contribuições para a Previdência Social sobre o valor total do acordo homologado em juízo, independentemente do reconhecimento de vínculo de emprego, desde que não haja discriminação das parcelas sujeitas à incidência da contribuição previdenciária, conforme parágrafo único do art. 43 da Lei nº 8.212, de 24.07.1991, e do art. 195, I, "a", da CF/1988. Art. 831.

▸ **OJ nº 369 da SDI-1** – Estabilidade provisória. Delegado sindical. Inaplicável. O delegado sindical não é beneficiário da estabilidade provisória prevista no art. 8º, VIII, da CF/1988, a qual é dirigida, exclusivamente, àqueles que exerçam ou ocupem cargos de direção nos sindicatos, submetidos a processo eletivo. Art. 523 e 543.

▸ **OJ nº 370 da SDI-1** – FGTS. Multa de 40%. Diferenças dos expurgos inflacionários. Prescrição. Interrupção decorrente de protestos judiciais. O ajuizamento de protesto judicial dentro do biênio posterior à Lei Complementar nº 110, de 29.06.2001, interrompe a prescrição, sendo irrelevante o transcurso de mais de dois anos da propositura de outra medida acautelatória, com o mesmo objetivo, ocorrida antes da vigência da referida lei, pois ainda não iniciado o prazo prescricional, conforme disposto na Orientação Jurisprudencial nº 344 da SBDI-1. Art. 11.

▸ **OJ nº 371 da SDI-1** – IRREGULARIDADE DE REPRESENTAÇÃO. SUBSTABELECIMENTO NÃO DATADO. INAPLICABILIDADE DO ART. 654, § 1º, DO CÓDIGO CIVIL (atualizada em decorrência do CPC de 2015) – Res. 208/2016, DEJT divulgado em 22, 25 e 26.04.2016

Não caracteriza a irregularidade de representação a ausência da data da outorga de poderes, pois, no mandato judicial, ao contrário do mandato civil, não é condição de validade do negócio jurídico. Assim, a data a ser considerada é aquela em que o instrumento for juntado aos autos, conforme preceitua o art. 409, IV, do CPC de 2015 (art. 370, IV, do CPC de 1973). Inaplicável o art. 654, § 1º, do Código Civil. Art. 791.

▸ **OJ nº 374 da SDI-1** – Agravo de instrumento. Representação processual. Regularidade. Procuração ou substabelecimento com cláusula limitativa de poderes ao âmbito do tribunal regional do trabalho. É regular a representação processual do subscritor do agravo de instrumento ou do recurso de revista que detém mandato com poderes de representação limitados ao âmbito do Tribunal Regional do Trabalho, pois, embora a apreciação desse recurso seja realizada pelo Tribunal Superior do Trabalho, a sua interposição é ato praticado perante o Tribunal Regional do Trabalho, circunstância que legitima a atuação do advogado no feito. Art. 896 e 897.

▸ **OJ nº 375 da SDI-1** – Auxílio-doença. Aposentadoria por invalidez. Suspensão do contrato de trabalho. Prescrição. Contagem. A suspensão do contrato de trabalho, em virtude da percepção do auxílio-doença ou da aposentadoria por invalidez, não impede a fluência da prescrição quinquenal, ressalvada a hipótese de absoluta impossibilidade de acesso ao Judiciário. Art. 11.

▸ **OJ nº 376 da SDI-1** – Contribuição previdenciária. Acordo homologado em juízo após o trânsito em julgado da sentença condenatória. Incidência sobre o valor homologado. É devida a contribuição previdenciária sobre o valor do acordo celebrado e homologado após o trânsito em julgado de decisão judicial, respeitada a proporcionalidade de valores entre as parcelas de natureza salarial e indenizatória deferidas na decisão condenatória e as parcelas objeto do acordo. Art. 832.

▸ **OJ nº 378 da SDI-1** – Embargos. Interposição contra decisão monocrática. Não CABIMENTO (atualizada em decorrência do CPC de 2015) – Res. 208/2016, DEJT divulgado em 22, 25 e 26.04.2016

Não encontra amparo no art. 894 da CLT, quer na redação anterior quer na redação posterior à Lei nº 11.496, de 22.06.2007, recurso de embargos interposto à decisão monocrática exarada nos moldes do art. 932 do CPC de 2015 (art. 557 do CPC de 1973) e 896, § 5º, da CLT, pois o comando legal restringe seu cabimento à pretensão de reforma de decisão colegiada proferida por Turma do Tribunal Superior do Trabalho. Art. 894.

▸ **OJ nº 379 da SDI-1** – EMPREGADO DE COOPERATIVA DE CRÉDITO. BANCÁRIO. EQUIPARAÇÃO. IMPOSSIBILIDADE (republicada em razão de erro material no registro da referência legislativa) DEJT divulgado em 29, 30 e 31.03.2017

Os empregados de cooperativas de crédito não se equiparam a bancário, para efeito de aplicação do art. 224 da CLT, em razão da inexistência de expressa previsão legal, considerando, ainda, as diferenças estruturais e operacionais entre as instituições financeiras e as cooperativas de crédito. Inteligência das Leis nºs 4.595, de 31.12.1964, e 5.764, de 16.12.1971. Art. 224.

▸ **OJ nº 382 da SDI-1** – Juros de mora. Art. 1º-F da Lei nº 9.494, de 10.09.1997. Inaplicabilidade à fazenda pública quando condenada subsidiariamente. A Fazenda Pública, quando condenada subsidiariamente pelas obrigações trabalhistas devidas pela empregadora principal, não se beneficia da limitação dos juros, prevista no art. 1º-F da Lei nº 9.494, de 10.09.1997. Art. 790-A.

▸ **OJ nº 383 DA SDI-1** – Terceirização. Empregados da empresa prestadora de serviços e da tomadora. Isonomia. Art. 12, "a", da Lei nº 6.019, de 03.01.1974. A contratação irregular de trabalhador, mediante empresa interposta, não gera vínculo de emprego com ente da Administração Pública, não afastando, contudo, pelo princípio da isonomia, o direito dos empregados terceirizados às mesmas verbas trabalhistas legais e normativas asseguradas àqueles contratados pelo tomador dos serviços, desde que presente a igualdade de funções. Aplicação analógica do art. 12, "a", da Lei nº 6.019, de 03.01.1974.

▸ **OJ nº 385 da SDI-1** – Adicional de periculosidade. Devido. Armazenamento de líquido inflamável no prédio. Construção vertical. É devido o pagamento do adicional de periculosidade ao empregado que desenvolve suas atividades em edifício (construção vertical), seja em pavimento igual ou distinto daquele onde estão instalados tanques para armazenamento de líquido inflamável, em quantidade acima do limite legal, considerando-se como área de risco toda a área interna da construção vertical. Art. 193.

▸ **OJ nº 386 da SD I-I** – Férias. Gozo na época própria. Pagamento fora do prazo. Dobra devida. Arts. 137 e 145 da CLT. É devido o pagamento em dobro da remuneração de férias, incluído o terço constitucional, com base no art. 137 da CLT, quando, ainda que gozadas na época própria, o empregador tenha descumprido o prazo previsto no art. 145 do mesmo diploma legal. Art. 137 e 145.

▸ **OJ nº 388 da SD I-I** – Jornada 12x36. Jornada mista que compreenda a totalidade do período noturno. Adicional noturno. Devido. O empregado submetido à jornada de 12 horas de trabalho por 36 de descanso, que compreenda a totalidade do período noturno, tem direito ao adicional noturno, relativo às horas trabalhadas após as 5 horas da manhã. Art. 73.

▸ **OJ nº 389 da SD I-I** – MULTA PREVISTA NO ART. 1.021, §§ 4º E 5º, DO CPC DE 2015. ART. 557, § 2º, DO CPC DE 1973. RECOLHIMENTO. PRESSUPOSTO RECURSAL. BENEFICIÁRIO DA JUSTIÇA GRATUITA E FAZENDA PÚBLICA. PAGAMENTO AO FINAL. (nova redação em decorrência do CPC de 2015) – Res. 209/2016 – DEJT divulgado em 01, 02 e 03.06.2016

Constitui ônus da parte recorrente, sob pena de deserção, depositar previamente a multa aplicada com fundamento nos §§ 4º e 5º, do art. 1.021, do CPC de 2015 (§ 2º do art. 557 do CPC de 1973), à exceção da Fazenda Pública e do beneficiário de justiça gratuita, que farão o pagamento ao final. Art. 790-A e 897.

▸ **OJ nº 390 da SD I-I** – Participação nos lucros e resultados. Rescisão contratual anterior à data da distribuição dos lucros. Pagamento proporcional aos meses trabalhados. Princípio da isonomia. Fere o princípio da isonomia instituir vantagem mediante acordo coletivo ou norma regulamentar que condiciona a percepção da parcela participação nos lucros e resultados ao fato de estar o contrato de trabalho em vigor na data prevista para a distribuição dos lucros. Assim, inclusive na rescisão contratual antecipada, é devido o pagamento da parcela de forma proporcional aos meses trabalhados, pois o ex-empregado concorreu para os resultados positivos da empresa. Art. 63.

▸ **OJ nº 391 da SD I-I** – Portuários. Submissão prévia de demanda a comissão paritária. Lei nº 8.630, de 25.02.1993. Inexigibilidade. A submissão prévia de demanda a comissão paritária, constituída nos termos do art. 23 da Lei nº 8.630, de 25.02.1993 (Lei dos Portos), não é pressuposto de constituição e desenvolvimento válido e regular do processo, ante a ausência de previsão em lei. Art. 150.

▸ **OJ nº 392 da SD I-I** – PRESCRIÇÃO. INTERRUPÇÃO. AJUIZAMENTO DE PROTESTO JUDICIAL. MARCO INICIAL (atualizada em decorrência do CPC de 2015) (republicada em razão de erro material) – Res. 209/2016, DEJT divulgado em 01, 02 e 03.06.2016

O protesto judicial é medida aplicável no processo do trabalho, por força do art. 769 da CLT e do art. 15 do CPC de 2015. O ajuizamento da ação, por si só, interrompe o prazo prescricional, em razão da inaplicabilidade do § 2º do art. 240 do CPC de 2015 (§ 2º do art. 219 do CPC de 1973), incompatível com o disposto no art. 841 da CLT. Art. 11 e 841.

▸ **OJ nº 393 da SD I-I** – Professor. Jornada de trabalho especial. Art. 318 da CLT. Salário mínimo. Proporcionalidade. A contraprestação mensal devida ao professor, que trabalha no limite máximo da jornada prevista no art. 318 da CLT, é de um salário mínimo integral, não se cogitando do pagamento proporcional em relação a jornada prevista no art. 7º, XIII, da Constituição Federal. Art. 318.

▸ **OJ nº 394 da SD I-I** – Repouso semanal remunerado – RSR. Integração das horas extras. Não repercussão no cálculo das férias, do décimo terceiro salário, do aviso prévio e dos depósitos do FGTS. A majoração do valor do repouso semanal remunerado, em razão da integração das horas extras habitualmente prestadas, não repercute no cálculo das férias, da gratificação natalina, do aviso prévio e do FGTS, sob pena de caracterização de "bis in idem". Art. 59 e 70.

▸ **OJ nº 3957 da SD I-I** – Turno ininterrupto de revezamento. Hora noturna reduzida. Incidência. O trabalho em regime de turnos ininterruptos de revezamento não retira o direito à hora noturna reduzida, não havendo incompatibilidade entre as disposições contidas nos arts. 73, § 1º, da CLT e 7º, XIV, da Constituição Federal. Art. 58 e 73.

▸ **OJ nº 396 da SD I-I** – Turnos ininterruptos de revezamento. Alteração da jornada de 8 para 6 horas diárias. Empregado horista. Aplicação do divisor 180. Para o cálculo do salário hora do empregado horista, submetido a turnos ininterruptos de revezamento, considerando a alteração da jornada de 8 para 6 horas diárias, aplica-se o divisor 180, em observância ao disposto no art. 7º, VI, da Constituição Federal, que assegura a irredutibilidade salarial. Art. 58, 73 e 842.

▸ **OJ nº 397 da SD I-I** – Comissionista misto. Horas extras. Base de cálculo. Aplicação da Súmula nº 340 do TST. O empregado que recebe remuneração mista, ou seja, uma parte fixa e outra variável, tem direito a horas extras pelo trabalho em sobrejornada. Em relação à parte fixa, são devidas as horas simples acrescidas do adicional de horas extras. Em relação à parte variável, é devido somente o adicional de horas extras, aplicando-se à hipótese o disposto na Súmula nº 340 do TST. Art. 59.

▸ **OJ nº 398 da SD I-I** – Contribuição previdenciária. Acordo homologado em juízo sem reconhecimento de vínculo de emprego. Contribuinte individual. Recolhimento da alíquota de 20% a cargo do tomador e 11% a cargo do prestador de serviços. Nos acordos homologados em juízo em que não haja o reconhecimento de vínculo empregatício, é devido o recolhimento da contribuição previdenciária, mediante a alíquota de 20% a cargo do tomador de serviços e de 11% por parte do prestador de serviços, na qualidade de contribuinte individual, sobre o valor total do acordo, respeitado o teto de contribuição. Inteligência do § 4º do art. 30 e do inciso III do art. 22, todos da Lei nº 8.212, de 24.07.1991. Art. 831.

▸ **OJ nº 399 da SD I-I** – Estabilidade provisória. Ação trabalhista ajuizada após o término do período de garantia no emprego. Abuso do exercício do direito de ação. Não configuração. Indenização devida. O ajuizamento de ação trabalhista após decorrido o período de garantia de emprego não configura abuso do exercício do direito de ação, pois este está submetido apenas ao prazo prescricional inscrito no art. 7º, XXIX, da CF/1988, sendo devida a indenização desde a dispensa até a data do término do período estabilitário. Art. 391.

▸ **OJ nº 400 da SD I-I** – Imposto de Renda. Base de cálculo. Juros de mora. Não integração. Art. 404 do Código Civil brasileiro. Os juros de mora decorrentes do inadimplemento de obrigação de pagamento em dinheiro não integram a base de cálculo do imposto de renda, independentemente da natureza jurídica da obrigação inadimplida, ante o cunho indenizatório conferido pelo art. 404 do Código Civil de 2002 aos juros de mora. Art. 459.

▸ **OJ nº 401 da SD I-I** – Prescrição. Marco inicial. Ação condenatória. Trânsito em julgado da ação declaratória com mesma causa de pedir remota ajuizada antes da extinção do contrato de trabalho. O marco inicial da contagem do prazo prescricional para o ajuizamento de ação condenatória, quando advém a dispensa do empregado no curso de ação declaratória que possua a mesma causa de pedir remota, é o trânsito em julgado da decisão proferida na ação declaratória e não a data da extinção do contrato de trabalho. Art. 11.

▸ **OJ nº 402 da SD I-I** – Adicional de risco. Portuário. Terminal privativo. Arts. 14 e 19 da Lei nº 4.860, DE 26.11.1965. Indevido. O adicional de risco previsto no artigo 14 da Lei nº 4.860, de 26.11.1965, aplica-se somente aos portuários que trabalham em portos organizados, não podendo ser conferido aos que operam terminal privativo.

▸ **OJ nº 403 da SD I-I** – Advogado empregado. Contratação anterior a lei nº 8.906, de 04.07.1994. Jornada de trabalho mantida com o advento da lei. Dedicação exclusiva. Caracterização. O advogado empregado contratado para jornada de 40 horas semanais, antes da edição da Lei nº 8.906, de 04.07.1994, está sujeito ao regime de dedicação exclusiva disposto no art. 20 da referida lei, pelo que não tem direito à jornada de 20 horas semanais ou 4 diárias. Art. 59.

▸ **OJ nº 407 da SD I-I** – Jornalista. Empresa não jornalística. Jornada de trabalho reduzida. Arts. 302 e 303 da CLT. O jornalista que exerce funções típicas de sua profissão, independentemente do ramo de atividade do empregador, tem direito à jornada reduzida prevista no artigo 303 da CLT. Art. 303.

▸ **OJ nº 408 da SD I-I** – Juros de mora. Empresa em liquidação extrajudicial. Sucessão trabalhista. É devida a incidência de juros de mora em relação aos débitos trabalhistas de empresa em liquidação extrajudicial sucedida nos moldes dos arts. 10 e 448 da CLT. O sucessor responde pela obrigação do sucedido, não se beneficiando de qualquer privilégio a este destinado.

▸ **OJ nº 409 da SD I-I** – Multa por litigância de má-fé. Recolhimento. Pressuposto recursal. Inexigibilidade. O recolhimento do valor da multa imposta por litigância de má-fé, nos termos do art. 18 do CPC, não é pressuposto objetivo para interposição dos recursos de natureza trabalhista. Assim, resta inaplicável o art. 35 do CPC como fonte subsidiária, uma vez que, na Justiça do Trabalho, as custas estão reguladas pelo art. 789 da CLT. Art. 732.

▸ **OJ nº 410 da SD I-I** – Repouso semanal remunerado. Concessão após o sétimo dia consecutivo de trabalho. Art. 7º, XV, da CF. Violação. Viola o art. 7º, XV, da CF a concessão de repouso semanal remunerado após o sétimo dia consecutivo de trabalho, importando no seu pagamento em dobro. Art. 70.

▸ **OJ nº 411 da SD I-I** – Sucessão trabalhista. Aquisição de empresa pertencente a grupo econômico. Responsabilidade solidária do sucessor por débitos trabalhistas de empresa não adquirida. Inexistência. O sucessor não responde solidariamente por débitos trabalhistas de empresa não adquirida, integrante do mesmo grupo econômico da empresa sucedida, quando, à época, a empresa devedora direta era solvente ou idônea economicamente, ressalvada a hipótese de má-fé ou fraude na sucessão. Art. 10.

▸ **OJ nº 412 da SD I-I** – AGRAVO INTERNO OU AGRAVO REGIMENTAL. INTERPOSIÇÃO EM FACE DE DECISÃO

COLEGIADA. NÃO CABIMENTO. ERRO GROSSEIRO. INAPLICABILIDADE DO PRINCÍPIO DA FUNGIBILIDADE RECURSAL. (nova redação em decorrência do CPC de 2015) – Res. 209/2016 – DEJT divulgado em 01, 02 e 03.06.2016

É incabível agravo interno (art. 1.021 do CPC de 2015, art. 557, § 1º, do CPC de 1973) ou agravo regimental (art. 235 do RITST) contra decisão proferida por Órgão colegiado. Tais recursos destinam-se, exclusivamente, a impugnar decisão monocrática nas hipóteses previstas. Inaplicável, no caso, o princípio da fungibilidade ante a configuração de erro grosseiro. Art. 897

▸ **OJ nº 413 da SD I-I** – Auxílio-alimentação. Alteração da natureza jurídica. Norma coletiva ou adesão ao PAT. (DEJT divulgado em 14, 15 e 16.02.2012) A pactuação em norma coletiva conferindo caráter indenizatório à verba "auxílio-alimentação" ou a adesão posterior do empregador ao Programa de Alimentação do Trabalhador – PAT – não altera a natureza salarial da parcela, instituída anteriormente, para aqueles empregados que, habitualmente, já percebiam o benefício, a teor das Súmulas nos 51, I, e 241 do TST. Art. 458

▸ **OJ nº 415 da SD I-I** – Horas Extras. Reconhecimento em juízo. Critério de dedução/abatimento dos valores comprovadamente pagos no curso do Contrato de Trabalho. (DEJT divulgado em 14, 15 e 16.02.2012) A dedução das horas extras comprovadamente pagas daquelas reconhecidas em juízo não pode ser limitada ao mês de apuração, devendo ser integral e aferida pelo total das horas extraordinárias quitadas durante o período imprescrito do contrato de trabalho. Art. 59.

▸ **OJ nº 416 da SD I-I** IIMUNIDADE DE JURISDIÇÃO. ORGANIZAÇÃO OU ORGANISMO INTERNACIONAL. (DEJT divulgado em 14, 15 e 16.02.2012) (mantida conforme julgamento do processo TST-E-RR-61600-41.2003.5.23.0005 pelo Tribunal Pleno em 23.05.2016)

As organizações ou organismos internacionais gozam de imunidade absoluta de jurisdição quando amparados por norma internacional incorporada ao ordenamento jurídico brasileiro, não se lhes aplicando a regra do Direito Consuetudinário relativa à natureza dos atos praticados. Excepcionalmente, prevalecerá a jurisdição brasileira na hipótese de renúncia expressa à cláusula de imunidade jurisdicional.

▸ **OJ nº 417 da SD I-I** – Prescrição. Rurícola. Emenda Constitucional nº 28, de 26.05.2000. Contrato de Trabalho em curso. (DEJT divulgado em 14, 15 e 16.02.2012) Não há prescrição total ou parcial da pretensão do trabalhador rural que reclama direitos relativos a contrato de trabalho que se encontrava em curso à época da promulgação da Emenda Constitucional nº 28, de 26.05.2000, desde que ajuizada a demanda no prazo de cinco anos de sua publicação, observada a prescrição bienal. Art. 11.

▸ **OJ nº 418 da SDI-1**/TST – EQUIPARAÇÃO SALARIAL. PLANO DE CARGOS E SALÁRIOS. APROVAÇÃO POR INSTRUMENTO COLETIVO. AUSÊNCIA DE ALTERNÂNCIA DE CRITÉRIOS DE PROMOÇÃO POR ANTIGUIDADE E MERECIMENTO. (DEJT divulgado em 12, 13 e 16.04.2012) Não constitui óbice à equiparação salarial a existência de plano de cargos e salários que, referendado por norma coletiva, prevê critério de promoção apenas por merecimento ou antiguidade, não atendendo, portanto, o requisito de alternância dos critérios, previsto no art. 461, § 2º, da CLT.

▸ **OJ nº 420 SDI-1**/TST – TURNOS ININTERRUPTOS DE REVEZAMENTO. ELASTECIMENTO DA JORNADA DE TRABALHO. NORMA COLETIVA COM EFICÁCIA RETROATIVA. INVALIDADE. (DEJT divulgado em 28 e 29.06.2012 e 02.07.2012). É inválido o instrumento normativo que, regularizando situações pretéritas, estabelece jornada de oito horas para o trabalho em turnos ininterruptos de revezamento.

▸ **OJ nº 421 da SDI-1**. HONORÁRIOS ADVOCATÍCIOS. AÇÃO DE INDENIZAÇÃO POR DANOS MORAIS E MATERIAIS DECORRENTES DE ACIDENTE DE TRABALHO OU DE DOENÇA PROFISSIONAL. AJUIZAMENTO PERANTE A JUSTIÇA COMUM ANTES DA PROMULGAÇÃO DA EMENDA CONSTITUCIONAL Nº 45/2004. POSTERIOR REMESSA DOS AUTOS À JUSTIÇA DO TRABALHO. art. 85 do CPC de 2015. ART. 20 DO CPC de 1973. INCIDÊNCIA. (atualizada em decorrência do CPC de 2015) – Res. 208/2016, DEJT divulgado em 22, 25 e 26.04.2016

A condenação em honorários advocatícios nos autos de ação de indenização por danos morais e materiais decorrentes de acidente de trabalho ou de doença profissional, remetida à Justiça do Trabalho após ajuizamento na Justiça comum, antes da vigência da Emenda Constitucional nº 45/2004, decorre da mera sucumbência, nos termos do art. 85 do CPC de 2015 (art. 20 do CPC de 1973), não se sujeitando aos requisitos da Lei nº 5.584/1970.

5. OJS DA SDI-II DO TST EM VIGOR

▸ **OJ nº 2 da SDI-II** – Ação Rescisória. Adicional de insalubridade. Base de cálculo. Salário mínimo. Cabível. Viola o art. 192 da CLT decisão que acolhe pedido de adicional de insalubridade com base na remuneração do empregado. Art. 836.

▸ **OJ nº 4 da SDI-II** – Ação Rescisória. Banco do Brasil. Adicional de caráter pessoal. ACP. Procede, por ofensa ao art. 5º, inciso XXXVI, da CF/1988, o pedido de rescisão de julgado que acolheu Adicional de Caráter Pessoal em favor de empregado do Banco do Brasil S.A. Art. 836.

▸ **OJ nº 5 da SDI-II** – Ação Rescisória. Banco do brasil. AP e ADI. Horas extras. Súmula nº 83 do TST. Aplicável. Não se acolhe pedido de rescisão de julgado que deferiu a empregado do Banco do Brasil S.A. horas extras após a sexta, não obstante o pagamento dos adicionais AP e ADI, ou AFR quando a decisão rescindenda for anterior à Orientação Jurisprudencial nº 17, da Seção de Dissídios Individuais do TST (07.11.94). Incidência das Súmulas nºs 83 do TST e 343 do STF. Art. 836.

▸ **OJ nº 6 da SDI-II** – Ação Rescisória. CIPEIRO suplente. Estabilidade. ADCT da CF/88, art. 10, II, "a". Súmula nº 83 do TST. Rescinde-se o julgado que nega estabilidade a membro suplente de CIPA, representante de empregado, por ofensa ao art. 10, II, "a", do ADCT da CF/88, ainda que se cuide de decisão anterior à Súmula nº 339 do TST. Incidência da Súmula nº 83 do TST. Art. 836.

▸ **OJ nº 7 da SDI-II** – Ação Rescisória. Competência. Criação de tribunal regional do trabalho. Na omissão da lei, é fixada pelo art. 678, inc. I, "c", item 2, da CLT. A Lei nº 7.872/89 que criou o Tribunal Regional do Trabalho da 17ª Região não fixou a sua competência para apreciar as ações rescisórias de decisões oriundas da 1ª Região, o que decorreu do art. 678, I, "c", item 2, da CLT. Art. 836.

▸ **OJ nº 8 da SDI-II** – Ação Rescisória. Complementação de aposentadoria. BANESPA. Súmula nº 83 do TST. Não se rescinde julgado que acolheu pedido de complementação de aposentadoria integral em favor de empregado do BANESPA, antes da Súmula nº 313 do TST, em virtude da notória controvérsia jurisprudencial então reinante. Incidência da Súmula nº 83 do TST. Art. 836.

▸ **OJ nº 9 da SDI-II** – Ação Rescisória. CONAB. Aviso DIREH 2/84. Súmula nº 83 do TST. Aplicável. Não se rescinde julgado que reconheceu garantia de emprego com base no Aviso DIREH 02/84 da CONAB, antes da Súmula nº 355 do TST, em virtude da notória controvérsia jurisprudencial então reinante. Incidência da Súmula nº 83 do TST. Art. 836.

▸ **OJ nº 10 da SDI-II** – Ação Rescisória. Contrato nulo. Administração pública. Efeitos. Art. 37, II e § 2º, da CF/1988. Somente por ofensa ao art. 37, II e § 2º, da CF/1988, procede o pedido de rescisão de julgado para considerar nula a contratação, sem concurso público, de servidor, após a CF/1988. Art. 836.

▸ **OJ nº 11 da SDI-II** – Ação Rescisória. Correção monetária. Lei nº 7.596/87. Universidades federais. Implantação tardia do plano de classificação de cargos. Violação de lei. Súmula nº 83 do TST. Aplicável. Não se rescinde julgado que acolhe pedido de correção monetária decorrente da implantação tardia do Plano de Classificação de Cargos de Universidade Federal previsto na Lei nº 7.596/87, à época em que era controvertida tal matéria na jurisprudência. Incidência da Súmula nº 83 do TST. Art. 836.

▸ **OJ nº 12 da SDI-II** – AÇÃO RESCISÓRIA. DECADÊNCIA. CONSUMAÇÃO ANTES OU DEPOIS DA EDIÇÃO DA MEDIDA PROVI-SÓRIA Nº 1.577/97. AMPLIAÇÃO DO PRAZO – Res. 208/2016, DEJT divulgado em 22, 25 e 26.04.2016

I – A vigência da Medida Provisória nº 1.577/97 e de suas reedições implicou o elastecimento do prazo decadencial para o ajuizamento da ação rescisória a favor dos entes de direito público, autarquias e fundações públicas. Se o biênio decadencial do art. 495 do CPC de 1973 findou após a entrada em vigor da referida medida provisória e até sua suspensão pelo STF em sede liminar de ação direta de inconstitucionalidade (ADIn 1753-2), tem-se como aplicável o prazo decadencial elastecido à rescisória. (ex-OJ nº 17 da SDI-2 – inserida em 20.09.2000)

II – A regra ampliativa do prazo decadencial para a propositura de ação rescisória em favor de pessoa jurídica de direito público não se aplica se, ao tempo em que sobreveio a Medida Provisória nº 1.577/97, já se exaurira o biênio do art. 495 do CPC de 1973. Preservação do direito adquirido da parte à decadência já consumada sob a égide da lei velha. (ex-OJ nº 12 da SDI-2 – inserida em 20.09.2000) Art. 836.

▸ **OJ nº 18 da SDI-II** – Ação Rescisória. Decadência. União. Lei complementar nº 73/1993, art. 67. Lei nº 8.682/1993, art. 6º. O art. 67 da Lei Complementar nº 73/1993 interrompeu todos os prazos, inclusive o de decadência, em favor da União no período compreendido entre 14.02.1993 e 14.08.1993. Art. 836.

▸ **OJ nº 19 da SDI-II** – Ação Rescisória. Desligamento incentivado. Imposto de renda. Abono pecuniário. Violação de lei. Súmula nº 83 do TST. Aplicável. Havendo notória controvérsia jurisprudencial acerca da incidência de imposto de renda sobre parcela paga pelo empregador ("abono pecuniário") a título de "desligamento incentivado", improcede pedido de rescisão do julgado. Incidência da Súmula nº 83 do TST. Art. 836.

▸ **OJ nº 21 da SDI-II** – Ação Rescisória. Duplo grau de jurisdição. Trânsito em julgado. Inobservância. Decreto-lei nº 779/69, art. 1º, V. Incabível. É incabível ação rescisória para a desconstituição de sentença não transitada em julgado porque ainda não submetida ao necessário duplo grau de jurisdição, na forma do Decreto-Lei nº 779/69. Determina-se que se oficie ao Presidente do TRT para que proceda à avocatória do processo principal para o reexame da sentença rescindenda. Art. 836.

▸ **OJ nº 23 da SDI-II** – Ação Rescisória. Estabilidade. Período pré-eleitoral. Violação de lei. Súmula nº 83 do TST. Aplicável. Não procede pedido de rescisão de sentença de mérito que assegura ou nega estabilidade pré-eleitoral, quando a decisão rescindenda for anterior à Orientação Jurisprudencial nº 51, da Seção de Dissídios Individuais do TST (25.11.96). Incidência da Súmula nº 83 do TST. Art. 836.

▸ **OJ nº 24 da SDI-II** – Ação Rescisória. Estabilidade provisória. Reintegração em período posterior. Direito limitado aos salários e consectários do período da estabilidade. Rescinde-se o julgado que reconhece estabilidade provisória e determina a reintegração de empregado, quando já exaurido o respectivo período de estabilidade. Em juízo rescisório, restringe-se a condenação quanto aos salários e consectários até o termo final da estabilidade. Art. 836.

▸ **OJ nº 25 da SDI-II** – AÇÃO RESCISÓRIA. REGÊNCIA PELO CPC DE 1973. EXPRESSÃO "LEI" DO ART. 485, V, DO

CPC DE 1973. NÃO INCLUSÃO DO ACT, CCT, PORTARIA, REGULAMENTO, SÚMULA E ORIENTAÇÃO JURISPRUDENCIAL DE TRIBUNAL. (atualizada em decorrência do CPC de 2015) Res. 212/2016, DEJT divulgado em 20, 21 e 22.09.2016

Não procede pedido de rescisão fundado no art. 485, V, do CPC de 1973 quando se aponta contrariedade à norma de convenção coletiva de trabalho, acordo coletivo de trabalho, portaria do Poder Executivo, regulamento de empresa e súmula ou orientação jurisprudencial de tribunal. (ex-OJ 25 da SDI-2, inserida em 20.09.2000 e ex-OJ 118 da SDI-2, DJ 11.08.2003)Art. 836.

▸ **OJ nº 26 da SDI-II** – Ação Rescisória. Gratificação de nível superior. SUFRAMA. A extensão da gratificação instituída pela SUFRAMA aos servidores celetistas exercentes de atividade de nível superior não ofende as disposições contidas nos arts. 37, XIII e 39, § 1º, da CF/1988. Art. 836.

▸ **OJ nº 30 da SDI-II** – Ação Rescisória. Multa. Art. 920 do código civil de 1916 (art. 412 do código civil de 2002). Não se acolhe, por violação do art. 920 do Código Civil de 1916 (art. 412 do Código Civil de 2002), pedido de rescisão de julgado que:

a) em processo de conhecimento, impôs condenação ao pagamento de multa, quando a decisão rescindenda for anterior à Orientação Jurisprudencial nº 54 da Subseção I Especializada em Dissídios Individuais do TST (30.05.94), incidindo o óbice da Súmula nº 83 do TST;

b) em execução, rejeita-se limitação da condenação ao pagamento de multa, por inexistência de violação literal. Art. 836.

▸ **OJ nº 34 da SDI-II** – AÇÃO RESCISÓRIA. PLANOS ECONÔMICOS – Res. 208/2016, DEJT divulgado em 22, 25 e 26.04.2016

I – O acolhimento de pedido em ação rescisória de plano econômico, fundada no art. 485, inciso V, do CPC de 1973, pressupõe, necessariamente, expressa invocação na petição inicial de afronta ao art. 5º, inciso XXXVI, da Constituição Federal de 1988. A indicação de ofensa literal a preceito de lei ordinária atrai a incidência da Súmula nº 83 do TST e Súmula nº 343 do STF.

II – Se a decisão rescindenda é posterior à Súmula nº 315 do TST (Res. 07, DJ 22.09.93), inaplicável a Súmula nº 83 do TST.. Art. 836.

▸ **OJ nº 35 da SDI-II** – Ação Rescisória. Planos econômicos. Coisa julgada. Limitação à data-base na fase de execução.

1 – O acolhimento de pedido em ação rescisória de plano econômico, fundada no art. 485, inciso V, do CPC, pressupõe, necessariamente, expressa invocação na petição inicial de afronta ao art. 5º, inciso XXXVI, da Constituição Federal de 1988. A indicação de ofensa literal a preceito de lei ordinária atrai a incidência da Súmula nº 83 do TST e Súmula nº 343 do STF.

2 – Se a decisão rescindenda é posterior à Súmula nº 315 do TST (Res. 07, DJ 22.09.93), inaplicável a Súmula nº 83 do TST. Art. 836.

▸ **OJ nº 38 da SDI-II** – Ação Rescisória. Professor-adjunto. Ingresso no cargo de professor-titular. Exigência de concurso público (lei nº 7.596/1987, decreto nº 94.664/87 e art. 206, V, CF/1988). A assunção do professor-adjunto ao cargo de professor titular de universidade pública, sem prévia aprovação em concurso público, viola o art. 206, inciso V, da Constituição Federal. Procedência do pedido de rescisão do julgado. Art. 836.

▸ **OJ nº 39 da SDI-II** – Ação Rescisória. Reajustes bimestrais e quadrimestrais. Lei nº 8.222/1991. Súmula nº 83 do TST. Aplicável. Havendo controvérsia jurisprudencial à época, não se rescinde decisão que aprecia a possibilidade de cumulação das antecipações bimestrais e reajustes quadrimestrais de salário previstos na Lei nº 8.222/91. Incidência da Súmula nº 83 do TST. Art. 836.

▸ **OJ nº 41 da SDI-II** – AÇÃO RESCISÓRIA. SENTENÇA "CITRA PETITA". CABIMENTO (atualizada em decorrência do CPC de 2015) – Res. 208/2016, DEJT divulgado em 22, 25 e 26.04.2016

Revelando-se a sentença "citra petita", o vício processual vulnera os arts. 141 e 492 do CPC de 2015 (arts. 128 e 460 do CPC de 1973), tornando-a passível de desconstituição, ainda que não interpostos embargos de declaração. Art. 836.

▸ **OJ nº 53 da SDI-II** – Mandado de segurança. Cooperativa em liquidação extrajudicial. Lei nº 5.764/71, art. 76. Inaplicável. Não suspende a execução. A liquidação extrajudicial de sociedade cooperativa não suspende a execução dos créditos trabalhistas existentes contra ela.

▸ **OJ nº 54 da SDI-II** – MANDADO DE SEGURANÇA. EMBARGOS DE TERCEIRO. CUMULAÇÃO. PENHORA. INCABÍVEL (atualizada em decorrência do CPC de 2015) – Res. 208/2016, DEJT divulgado em 22, 25 e 26.04.2016

Ajuizados embargos de terceiro (art. 674 do CPC de 2015 – art. 1.046 do CPC de 1973) para pleitear a desconstituição da penhora, é incabível mandado de segurança com a mesma finalidade.

▸ **OJ nº 56 da SDI-II** – Mandado de segurança. Execução. Pendência de recurso extraordinário. Não há direito líquido e certo à execução definitiva na pendência de recurso extraordinário, ou de agravo de instrumento visando a destrancá-lo.

▸ **OJ nº 57 da SDI-II** – Mandado de segurança. INSS. Tempo de serviço. Averbação e/ou reconhecimento. Conceder-se-á mandado de segurança para impugnar ato que determina ao INSS o reconhecimento e/ou averbação de tempo de serviço.

▸ **OJ nº 59 da SDI-II** – MANDADO DE SEGURANÇA. PENHORA. CARTA DE FIANÇA BANCÁRIA. SEGURO GARANTIA JUDICIAL (nova redação em decorrência do CPC 2015) – Res. 209/2016 – DEJT divulgado em 01, 02 e 03.06.2016

A carta de fiança bancária e o seguro garantia judicial, desde que em valor não inferior ao do débito em execução, acrescido de trinta por cento, equivalem a dinheiro para efeito da gradação dos bens penhoráveis, estabelecida no art. 835 do CPC de 2015 (art. 655 do CPC de 1973). Art. 836.

▸ **OJ nº 63 da SDI-II** – Mandado de segurança. Reintegração. Ação cautelar. Comporta a impetração de mandado de segurança o deferimento de reintegração no emprego em ação cautelar.

▸ **OJ nº 64 da SDI-II** – Mandado de segurança. Reintegração liminarmente concedida. Não fere direito líquido e certo a concessão de tutela antecipada para reintegração de empregado protegido por estabilidade provisória decorrente de lei ou norma coletiva.

▸ **OJ nº 65 da SDI-II** – Mandado de segurança. Reintegração liminarmente concedida. Dirigente sindical. Ressalvada a hipótese do art. 494 da CLT, não fere direito líquido e certo a determinação liminar de reintegração no emprego de dirigente sindical, em face da previsão do inciso X do art. 659 da CLT.

▸ **OJ nº 66 da SDI-II** – MANDADO DE SEGURANÇA. SENTENÇA HOMOLOGATÓRIA DE ADJUDICAÇÃO. INCABÍVEL (atualizado o item I e incluído o item II em decorrência do CPC de 2015) Res. 212/2016, DEJT divulgado em 20, 21 e 22.09.2016

I – Sob a égide do CPC de 1973 é incabível o mandado de segurança contra sentença homologatória de adjudicação, uma vez que existe meio próprio para impugnar o ato judicial, consistente nos embargos à adjudicação (CPC de 1973, art. 746).

II – Na vigência do CPC de 2015 também não cabe mandado de segurança, pois o ato judicial pode ser impugnado por simples petição, na forma do artigo 877, caput, do CPC de 2015..

▸ **OJ nº 67 da SDI-II** – Mandado de segurança. Transferência. Art. 659, IX, da CLT. Não fere direito líquido e certo a concessão de liminar obstativa de transferência de empregado, em face da previsão do inciso IX do art. 659 da CLT.

▸ **OJ nº 68 da SDI-II** – Antecipação de tutela. Competência. Nos Tribunais, compete ao relator decidir sobre o pedido de antecipação de tutela, submetendo sua decisão ao Colegiado respectivo, independentemente de pauta, na sessão imediatamente subseqüente.

▸ **OJ nº 69 da SDI-II** – Fungibilidade recursal. Indeferimento liminar de ação Rescisória ou mandado de segurança. Recurso para o TST. Recebimento como agravo regimental e devolução dos autos ao TRT. Recurso ordinário interposto contra despacho monocrático indeferitório da petição inicial de ação rescisória ou de mandado de segurança pode, pelo princípio de fungibilidade recursal, ser recebido como agravo regimental. Hipótese de não conhecimento do recurso pelo TST e devolução dos autos ao TRT, para que aprecie o apelo como agravo regimental.

▸ **OJ nº 70 da SDI-II** – Ação Rescisória. Manifesto e inescusável equívoco no direcionamento. Inépcia da inicial. Extinção do processo. O manifesto equívoco da parte em ajuizar ação rescisória no TST para desconstituir julgado proferido pelo TRT, ou vice-versa, implica a extinção do processo sem julgamento do mérito por inépcia da inicial. Art. 836.

▸ **OJ nº 71 da SDI-II** – Ação Rescisória. Salário profissional. Fixação. Múltiplo de salário mínimo. Art. 7º, IV, da CF/88. A estipulação do salário profissional em múltiplos do salário mínimo não afronta o art. 7º, inciso IV, da Constituição Federal de 1988, só incorrendo em vulneração do referido preceito constitucional a fixação de correção automática do salário pelo reajuste do salário mínimo. Art. 76 e 836.

▸ **OJ nº 76 da SDI-II** – Ação Rescisória. Ação cautelar para suspender execução. Juntada de documento indispensável. Possibilidade de êxito na Rescisão do julgado. É indispensável a instrução da ação cautelar com as provas documentais necessárias à aferição da plausibilidade de êxito na rescisão do julgado. Assim sendo, devem vir junto com a inicial da cautelar as cópias da petição inicial da ação rescisória principal, da decisão rescindenda, da certidão do trânsito em julgado da decisão rescindenda e informação do andamento atualizado da execução. Art. 836.

▸ **OJ nº 78 da SDI-II** – AÇÃO RESCISÓRIA. CUMULAÇÃO SUCESSIVA DE PEDIDOS. RESCISÃO DA SENTENÇA E DO ACÓRDÃO. AÇÃO ÚNICA. ART. 326 DO CPC DE 2015. ART. 289 DO CPC DE 1973 (atualizada em decorrência do CPC de 2015) – Res. 208/2016, DEJT divulgado em 22, 25 e 26.04.2016

É admissível o ajuizamento de uma única ação rescisória contendo mais de um pedido, em ordem sucessiva, de rescisão da sentença e do acórdão. Sendo inviável a tutela jurisdicional de um deles, o julgador está obrigado a apreciar os demais, sob pena de negativa de prestação jurisdicional. Art. 836.

▸ **OJ nº 80 da SDI-II** – Ação Rescisória. Decadência. dies a quo. Recurso deserto. Súmula nº 100 do TST. O nãoconhecimento do recurso por deserção não antecipa o "dies a quo" do prazo decadencial para o ajuizamento da ação rescisória, atraindo, na contagem do prazo, a aplicação da Súmula nº 100 do TST. Art. 836.

▸ **OJ nº 84 da SDI-II** – Ação Rescisória. Petição inicial. Ausência da decisão Rescindenda e/ou da certidão de seu trânsito em julgado devidamente autenticadas. Peças essenciais para a constituição válida e regular do feito. Arguição de ofício. Extinção do processo sem julgamento do mérito. A decisão rescindenda e/ou a certidão do seu trânsito em julgado, devidamente autenticadas, à exceção de cópias reprográficas apresentadas por pessoa jurídica de direito público, a teor do art. 24 da Lei nº 10.522/02, são peças essenciais para o julgamento da ação rescisória. Em fase recursal, verificada a ausência de qualquer delas, cumpre ao Relator do recurso ordinário argüir, de ofício, a extinção do processo, sem julgamento do mérito, por falta de pressuposto de constituição e desenvolvimento válido do feito. Art. 836.

▸ **OJ nº 88 da SDI-II** – Mandado de segurança. Valor da causa. Custas processuais. Cabimento. Incabível a impetração de mandado de segurança contra ato judicial que, de ofício, arbitrou novo valor à causa, acarretando a majoração das custas processuais, uma vez que cabia à parte, após recolher as custas, calculadas com base no valor dado à causa na inicial, interpor recurso ordinário e, posteriormente, agravo de instrumento no caso de o recurso ser considerado deserto. Art. 789.

▸ **OJ nº 89 da SDI-II** – Habeas corpus. Depositário. Termo de depósito não assinado pelo paciente. Necessidade de aceitação do encargo. Impossibilidade de prisão civil. A investidura no encargo de depositário depende da aceitação do nomeado que deve assinar termo de compromisso no auto de penhora, sem o que, é inadmissível a restrição de seu direito de liberdade. Art. 883.

▸ **OJ nº 91 da SDI-II** – Mandado de segurança. Autenticação de cópias pelas secretarias dos tribunais regionais do trabalho. Requerimento indeferido. Art. 789, § 9º, da CLT. Não sendo a parte beneficiária da assistência judiciária gratuita, inexiste direito líquido e certo à autenticação, pelas Secretarias dos Tribunais, de peças extraídas do processo principal, para formação do agravo de instrumento. Art. 789-B.

▸ **OJ nº 92 da SDI-II** – Mandado de segurança. Existência de recurso próprio. Não cabe mandado de segurança contra decisão judicial passível de reforma mediante recurso próprio, ainda que com efeito diferido.

▸ **OJ nº 93 da SDI-II** – Mandado de segurança. Possibilidade da penhora sobre parte da renda de estabelecimento comercial. É admissível a penhora sobre a renda mensal ou faturamento de empresa, limitada a determinado percentual, desde que não comprometa o desenvolvimento regular de suas atividades. Art. 883.

▸ **OJ nº 94 da SDI-II** – Ação Rescisória. Colusão. Fraude à lei. Reclamatória simulada extinta. A decisão ou acordo judicial subjacente à reclamação trabalhista, cuja tramitação deixa nítida a simulação do litígio para fraudar a lei e prejudicar terceiros, enseja ação rescisória, com lastro em colusão. No juízo rescisório, o processo simulado deve ser extinto.

▸ **OJ nº 97 da SDI-II** – Ação Rescisória. Violação do art. 5º, II, LIV e LV, da constituição federal. Princípios da legalidade, do devido processo legal, do contraditório e da ampla defesa. Os princípios da legalidade, do devido processo legal, do contraditório e da ampla defesa não servem de fundamento para a desconstituição de decisão judicial transitada em julgado, quando se apresentam sob a forma de pedido genérico e desfundamentado, acompanhando dispositivos legais que tratam especificamente da matéria debatida, estes sim, passíveis de fundamentarem a análise do pleito rescisório. Art. 836.

▸ **OJ nº 98 da SDI-II** – Mandado de segurança. Cabível para atacar exigência de depósito prévio de honorários periciais. É ilegal a exigência de depósito prévio para custeio dos honorários periciais, dada a incompatibilidade com o processo do trabalho, sendo cabível o mandado de segurança visando à realização da perícia, independentemente do depósito.

▸ **OJ nº 99 da SDI-II** – Mandado de segurança. Esgotamento de todas as vias processuais disponíveis. Trânsito em julgado formal. Descabimento. Esgotadas as vias recursais existentes, não cabe mandado de segurança.

▸ **OJ nº 100 da SDI-II** – Recurso ordinário para o TST. Decisão de TRT proferida em agravo regimental contra liminar em ação cautelar ou em mandado de segurança. Incabível. Não cabe recurso ordinário para o TST de decisão proferida pelo Tribunal Regional do Trabalho em agravo regimental interposto contra despacho que concede ou não liminar em ação cautelar ou em mandado de segurança, uma vez que o processo ainda pende de decisão definitiva do Tribunal "a quo".

▸ **OJ nº 101 da SDI-II** – AÇÃO RESCISÓRIA. INCISO IV DO ART. 966 DO CPC DE 2015. ART. 485, IV, DO CPC DE 1973. OFENSA A COISA JULGADA. NECESSIDADE DE FIXAÇÃO DE TESE NA DECISÃO RESCINDENDA (atualizada em decorrência do CPC de 2015) – Res. 208/2016, DEJT divulgado em 22, 25 e 26.04.2016

Para viabilizar a desconstituição do julgado pela causa de rescindibilidade do inciso IV do art. 966 do CPC de 2015 (inciso IV do art. 485 do CPC de 1973), é necessário que a decisão rescindenda tenha enfrentado as questões ventiladas na ação rescisória, sob pena de inviabilizar o cotejo com o título executivo judicial tido por desrespeitado, de modo a se poder concluir pela ofensa à coisa julgada. Art. 836.

▸ **OJ nº 103 da SDI-II** – Ação Rescisória. Contradição entre fundamentação e parte dispositiva do julgado. Cabimento. Erro de fato. É cabível a rescisória para corrigir contradição entre a parte dispositiva do acórdão rescindendo e a sua fundamentação, por erro de fato na retratação do que foi decidido. Art. 836.

▸ **OJ nº 107 da SDI-II** – AÇÃO RESCISÓRIA. DECISÃO RESCINDENDA DE MÉRITO. SENTENÇA DECLARATÓRIA DE EXTINÇÃO DE EXECUÇÃO. SATISFAÇÃO DA OBRIGAÇÃO (atualizada em decorrência do CPC de 2015) – Res. 208/2016, DEJT divulgado em 22, 25 e 26.04.2016

Embora não haja atividade cognitiva, a decisão que declara extinta a execução, nos termos do art. 924, incisos I a IV c/c art. 925 do CPC de 2015 (art. 794 c/c art. 795 do CPC de 1973), extingue a relação processual e a obrigacional, sendo passível de corte rescisório. Art. 836.

OJ nº 112 da SDI-II – Ação Rescisória. Violação de lei. Decisão Rescindenda por duplo fundamento. Impugnação parcial. Para que a violação da lei dê causa à rescisão de decisão de mérito alicerçada em duplo fundamento, é necessário que o Autor da ação rescisória invoque causas de rescindibilidade que, em tese, possam infirmar a motivação dúplice da decisão rescindenda. Art. 836.

OJ nº 113 da SDI-II – Ação cautelar. Efeito suspensivo ao recurso ordinário em mandado de segurança. Incabível. Ausência de interesse. Extinção. É incabível medida cautelar para imprimir efeito suspensivo a recurso interposto contra decisão proferida em mandado de segurança, pois ambos visam, em última análise, à sustação do ato atacado. Extingue-se, pois, o processo, sem julgamento do mérito, por ausência de interesse de agir, para evitar que decisões judiciais conflitantes e inconciliáveis passem a reger idêntica situação jurídica.

OJ nº 123 da SDI-II – Ação Rescisória. Interpretação do sentido e alcance do título executivo. Inexistência de ofensa à coisa julgada. O acolhimento da ação rescisória calcada em ofensa à coisa julgada supõe dissonância patente entre as decisões exeqüenda e rescindenda, o que não se verifica quando se faz necessária a interpretação do título executivo judicial para se concluir pela lesão à coisa julgada. Art. 836.

OJ nº 124 da SDI-II – AÇÃO RESCISÓRIA. ART. 966, INCISO II, DO CPC DE 2015. ART. 485, INCISO II, DO CPC DE 1973. ARGUIÇÃO DE INCOMPETÊNCIA ABSOLUTA. PREQUESTIONAMENTO INEXIGÍVEL. (atualizada em decorrência do CPC de 2015) – Res. 208/2016, DEJT divulgado em 22, 25 e 26.04.2016

Na hipótese em que a ação rescisória tem como causa de rescindibilidade o inciso II do art. 966 do CPC de 2015 (inciso II do art. 485 do CPC de 1973), a arguição de incompetência absoluta prescinde de prequestionamento. Art. 836.

OJ nº 127 da SDI-II – Mandado de segurança. Decadência. Contagem. Efetivo ato coator. Na contagem do prazo decadencial para ajuizamento de mandado de segurança, o efetivo ato coator é o primeiro em que se firmou a tese hostilizada e não aquele que a ratificou.

OJ nº 128 da SDI-II – Ação Rescisória. Concurso público anulado posteriormente. Aplicação da Súmula nº 363 do TST. O certame público posteriormente anulado equivale à contratação realizada sem a observância da exigência contida no art. 37, II, da Constituição Federal de 1988. Assim sendo, aplicam-se à hipótese os efeitos previstos na Súmula nº 363 do TST. Art. 836.

OJ nº 129 da SDI-II – Ação anulatória. Competência originária. Em se tratando de ação anulatória, a competência originária se dá no mesmo juízo em que praticado o ato supostamente eivado de vício.

OJ nº 130 da SDI-II – Ação civil pública. Competência territorial. Extensão do dano causado ou a ser reparado. Aplicação analógica do art. 93 do código de defesa do consumidor. Para a fixação da competência territorial em sede de ação civil pública, cumpre tomar em conta a extensão do dano causado ou a ser reparado, pautando-se pela incidência analógica do art. 93 do Código de Defesa do Consumidor. Assim, se a extensão do dano a ser reparado limitar-se ao âmbito regional, a competência é de uma das Varas do Trabalho da Capital do Estado; se for de âmbito suprarregional ou nacional, o foro é o do Distrito Federal. Art. 8.

OJ nº 131 da SDI-II – Ação Rescisória. Ação cautelar para suspender execução da decisão Rescindenda. Pendência de trânsito em julgado da ação Rescisória principal. Efeitos. A ação cautelar não perde o objeto enquanto ainda estiver pendente o trânsito em julgado da ação rescisória principal, devendo o pedido cautelar ser julgado procedente, mantendo-se os efeitos da liminar eventualmente deferida, no caso de procedência do pedido rescisório ou, por outro lado, improcedente, se o pedido da ação rescisória principal tiver sido julgado improcedente. Art. 836.

OJ nº 132 da SDI-II – Ação Rescisória. Acordo homologado. Alcance. Ofensa à coisa julgada. Acordo celebrado – homologado judicialmente – em que o empregado dá plena e ampla quitação, sem qualquer ressalva, alcança não só o objeto da inicial, como também todas as demais parcelas referentes ao extinto contrato de trabalho, violando a coisa julgada, a propositura de nova reclamação trabalhista. Art. 831 e 836.

OJ nº 134 da SDI-II – Ação Rescisória. Decisão Rescindenda. Preclusão declarada. Formação da coisa julgada formal. Impossibilidade jurídica do pedido. A decisão que conclui estar preclusa a oportunidade de impugnação da sentença de liquidação, por ensejar tão-somente a formação da coisa julgada formal, não é suscetível de rescindibilidade. Art. 836.

OJ nº 135 da SDI-II – Ação Rescisória. Violação do art. 37, caput, da CF/1988. Necessidade de prequestionamento. A ação rescisória calcada em violação do artigo 37, "caput", da Constituição Federal, por desrespeito ao princípio da legalidade administrativa exige que ao menos o princípio constitucional tenha sido prequestionado na decisão. Art. 836.

OJ nº 136 da SDI-II – AÇÃO RESCISÓRIA. ERRO DE FATO. CARACTERIZAÇÃO (atualizada em decorrência do CPC de 2015) – Res. 208/2016, DEJT divulgado em 22, 25 e 26.04.2016

A caracterização do erro de fato como causa de rescindibilidade de decisão judicial transitada em julgado supõe a afirmação categórica e indiscutida de um fato, na decisão rescindenda, que não corresponde à realidade dos autos. O fato afirmado pelo julgador, que pode ensejar ação rescisória calcada no inciso VIII do art. 966 do CPC de 2015 (inciso IX do art. 485 do CPC de 1973), é apenas aquele que se coloca como premissa fática indiscutida de um silogismo argumentativo, não aquele que se apresenta ao final desse mesmo silogismo, como conclusão decorrente das premissas que especificaram as provas oferecidas, para se concluir pela existência do fato. Esta última hipótese é afastada pelo § 1º do art. 966 do CPC de 2015 (§ 2º do art. 485 do CPC de 1973), ao exigir que não tenha havido controvérsia sobre o fato e pronunciamento judicial esmiuçando as provas. Art. 836.

▸ **OJ nº 137 da SDI-II** – Mandado de segurança. Dirigente sindical. Art. 494 da CLT. Aplicável. Constitui direito líquido e certo do empregador a suspensão do empregado, ainda que detentor de estabilidade sindical, até a decisão final do inquérito em que se apure a falta grave a ele imputada, na forma do art. 494, "caput" e parágrafo único, da CLT.

▸ **OJ nº 140 da SDI-II** – Mandado de segurança contra liminar, concedida ou denegada em outra segurança. Incabível. (art. 8º da lei nº 1.533/51). Não cabe mandado de segurança para impugnar despacho que acolheu ou indeferiu liminar em outro mandado de segurança. Art. 855.

▸ **OJ nº 142 da SDI-II** – Mandado de segurança. Reintegração liminarmente concedida. Inexiste direito líquido e certo a ser oposto contra ato de Juiz que, antecipando a tutela jurisdicional, determina a reintegração do empregado até a decisão final do processo, quando demonstrada a razoabilidade do direito subjetivo material, como nos casos de anistiado pela Lei nº 8.878/94, aposentado, integrante de comissão de fábrica, dirigente sindical, portador de doença profissional, portador de vírus HIV ou detentor de estabilidade provisória prevista em norma coletiva. Legislação: CLT, artigo 659, inciso X.

▸ **OJ nº 143 da SDI-II** – Habeas corpus. Penhora sobre coisa futura e incerta. Prisão. Depositário infiel. Não se caracteriza a condição de depositário infiel quando a penhora recair sobre coisa futura e incerta, circunstância que, por si só, inviabiliza a materialização do depósito no momento da constituição do paciente em depositário, autorizando-se a concessão de "habeas corpus" diante da prisão ou ameaça de prisão que sofra. Art. 883.

▸ **OJ nº 144 da SDI-II** – Mandado de segurança. Proibição de prática de atos futuros. Sentença genérica. Evento futuro. Incabível. O mandado de segurança não se presta à obtenção de uma sentença genérica, aplicável a eventos futuros, cuja ocorrência é incerta.

▸ **OJ nº 146 da SDI-II** – AÇÃO RESCISÓRIA. INÍCIO DO PRAZO PARA APRESENTAÇÃO DA CONTESTAÇÃO. ART. 774 DA CLT (atualizada em decorrência do CPC de 2015) – Res. 208/2016, DEJT divulgado em 22, 25 e 26.04.2016

A contestação apresentada em ação rescisória obedece à regra relativa à contagem de prazo constante do art. 774 da CLT, sendo inaplicável o art. 231 do CPC de 2015 (art. 241 do CPC de 1973). Art. 774 e 836.

▸ **OJ nº 148 da SDI-II** – Custas. Mandado de segurança. Recurso ordinário. Exigência do pagamento. É responsabilidade da parte, para interpor recurso ordinário em mandado de segurança, a comprovação do recolhimento das custas processuais no prazo recursal, sob pena de deserção. Art. 789.

▸ **OJ nº 149 da SDI-II** – Conflito de competência. Incompetência territorial. Hipótese do art. 651, § 3º, da CLT. Impossibilidade de declaração de ofício de incompetência relativa. Não cabe declaração de ofício de incompetência territorial no caso do uso, pelo trabalhador, da faculdade prevista no art. 651, § 3º, da CLT. Nessa hipótese, resolve-se o conflito pelo reconhecimento da competência do juízo do local onde a ação foi proposta. Art. 805.

▸ **OJ nº 150 da SDI-II** – AÇÃO RESCISÓRIA. REGÊNCIA PELO CPC DE 1973. DECISÃO RESCINDENDA QUE EXTINGUE O PRO-CESSO SEM RESOLUÇÃO DE MÉRITO POR ACOLHIMENTO DE COISA JULGADA. CONTEÚDO MERAMENTE PROCESSUAL. IMPOSSIBILIDADE JURÍDICA DO PEDIDO (atualizada em decorrência do CPC de 2015) Res. 212/2016, DEJT divulgado em 20, 21 e 22.09.2016

Reputa-se juridicamente impossível o pedido de corte rescisório de decisão que, reconhecendo a existência de coisa julgada, nos termos do art. 267, V, do CPC de 1973, extingue o processo sem resolução de mérito, o que, ante o seu conteúdo meramente processual, a torna insuscetível de produzir a coisa julgada material. Art. 836.

▸ **OJ nº 151 da SDI-II** – AÇÃO RESCISÓRIA E MANDADO DE SEGURANÇA. PROCURAÇÃO. PODERES ESPECÍFICOS PARA AJUIZAMENTO DE RECLAMAÇÃO TRABALHISTA. IRREGULARIDADE DE REPRESENTAÇÃO PROCESSUAL. FASE RECURSAL. VÍCIO PROCESSUAL SANÁVEL. (nova redação em decorrência do CPC de 2015) – Res. 211/2016, DEJT divulgado em 24, 25 e 26.08.2016

A procuração outorgada com poderes específicos para ajuizamento de reclamação trabalhista não autoriza a propositura de ação rescisória e mandado de segurança. Constatado, todavia, o defeito de representação processual na fase recursal, cumpre ao relator ou ao tribunal conceder prazo de 5 (cinco) dias para a regularização, nos termos da Súmula nº 383, item II, do TST.Art. 836.

▸ **OJ nº 152 da SDI-II** – Ação Rescisória e mandado de segurança. Recurso de revista de acórdão regional que julga ação rescisória ou mandado de segurança. Princípio da fungibilidade. Inaplicabilidade. Erro grosseiro na interposição do recurso. A interposição de recurso de revista de decisão definitiva de Tribunal Regional do Trabalho em ação rescisória ou em mandado de segurança, com fundamento em violação legal e divergência jurisprudencial e remissão expressa ao art. 896 da CLT, configura erro grosseiro, insuscetível de autorizar o seu recebimento como recurso ordinário, em face do disposto no art. 895, "b", da CLT. Art. 836.

▸ **OJ nº 153 da SDI-II** – Mandado de segurança. Execução. Ordem de penhora sobre valores existentes em conta salário. Art. 649, IV, do CPC. Ilegalidade. Ofende direito líquido e certo decisão que determina o bloqueio de numerário existente em conta salário, para satisfação de crédito trabalhista, ainda que seja limitado a determinado percentual dos valores recebidos ou a valor revertido para fundo de aplicação ou poupança, visto que o art. 649, IV, do CPC contém norma imperativa que não admite interpretação ampliativa, sendo a exceção prevista no art. 649, § 2º, do CPC espécie e não gênero de crédito de natureza alimentícia, não englobando o crédito trabalhista. Art. 883.

▸ **OJ nº 154 da SDI-II** – Ação Rescisória. Acordo prévio ao ajuizamento da reclamação. Quitação geral. Lide simulada. Possibilidade de rescisão da sentença homologatória de acordo apenas se verificada a existência de vício de consentimento. A sentença homologatória de acordo prévio ao ajuizamento de reclamação trabalhista, no qual foi conferida quitação geral do extinto contrato, sujeita-se ao corte rescisório tão somente se verificada a existência de fraude ou vício de consentimento. Art. 836.

▸ **OJ nº 156 da SDI-II** – Habeas corpus originário no TST. Substitutivo de recurso ordinário em habeas corpus. Cabimento contra decisão definitiva proferida por tribunal regional do trabalho. É cabível ajuizamento de "habeas corpus" originário no Tribunal Superior do Trabalho, em substituição de recurso ordinário em "habeas corpus", de decisão definitiva proferida por Tribunal Regional do Trabalho, uma vez que o órgão colegiado passa a ser a autoridade coatora no momento em que examina o mérito do "habeas corpus" impetrado no âmbito da Corte local.

▸ **OJ nº 157 da SDI-II**/TST – AÇÃO RESCISÓRIA. DECISÕES PROFERIDAS EM FASES DISTINTAS DE UMA MESMA AÇÃO. COISA JULGADA. NÃO CONFIGURAÇÃO. (atualizada em decorrência do CPC de 2015) – Res. 208/2016, DEJT divulgado em 22, 25 e 26.04.2016

A ofensa à coisa julgada de que trata o inciso IV do art. 966 do CPC de 2015 (inciso IV do art. 485 do CPC de 1973) refere-se apenas a relações processuais distintas. A invocação de desrespeito à coisa julgada formada no processo de conhecimento, na correspondente fase de execução, somente é possível com base na violação do art. 5º, XXXVI, da Constituição da República.

▸ **OJ nº 158 da SDI-II**/TST – AÇÃO RESCISÓRIA. DECLARAÇÃO DE NULIDADE DE DECISÃO HOMOLOGATÓRIA DE ACORDO EM RAZÃO DE COLUSÃO (Art. 485, III, DO CPC). MULTA POR LITIGÂNCIA DE MÁ-FÉ. IMPOSSIBILIDADE. (DEJT divulgado em 12, 13 e 16.04.2012). A declaração de nulidade de decisão homologatória de acordo, em razão da colusão entre as partes (art. 485, III, do CPC), é sanção suficiente em relação ao procedimento adotado, não havendo que ser aplicada a multa por litigância de má-fé.

6. OJS DA SDC DO TST EM VIGOR

▸ 2 – Acordo homologado. Extensão a partes não subscreventes. Inviabilidade (inserida em 27.03.1998)

É inviável aplicar condições constantes de acordo homologado nos autos de dissídio coletivo, extensivamente, às partes que não o subscreveram, exceto se observado o procedimento previsto no art. 868 e seguintes, da CLT.

▸ 3 – Arresto. Apreensão. Depósito. Pretensões insuscetíveis de dedução em sede coletiva (inserida em 27.03.1998)

São incompatíveis com a natureza e finalidade do dissídio coletivo as pretensões de provimento judicial de arresto, apreensão ou depósito.

▸ 5 – DISSÍDIO COLETIVO. PESSOA JURÍDICA DE DIREITO PÚBLICO. POSSIBILIDADE JURÍDICA. CLÁUSULA DE NATUREZA SOCIAL (redação alterada na sessão do Tribunal Pleno realizada em 14.09.2012) – Res. 186/2012, DEJT divulgado em 25, 26 e 27.09.2012

Em face de pessoa jurídica de direito público que mantenha empregados, cabe dissídio coletivo exclusivamente para apreciação de cláusulas de natureza social. Inteligência da Convenção nº 151 da Organização Internacional do Trabalho, ratificada pelo Decreto Legislativo nº 206/2010.

▸ **7** – Dissídio coletivo. Natureza jurídica. Interpretação de norma de caráter genérico. Inviabilidade (inserida em 27.03.1998)

Não se presta o dissídio coletivo de natureza jurídica à interpretação de normas de caráter genérico, a teor do disposto no art. 313, II, do RITST.

▸ **8** – Dissídio coletivo. Pauta reivindicatória não registrada em ata. Causa de extinção (inserida em 27.03.1998)

A ata da assembleia de trabalhadores que legitima a atuação da entidade sindical respectiva em favor de seus interesses deve registrar, obrigatoriamente, a pauta reivindicatória, produto da vontade expressa da categoria.

▸ **9** – Enquadramento sindical. Incompetência material da Justiça do Trabalho (inserida em 27.03.1998)

O dissídio coletivo não é meio próprio para o Sindicato vir a obter o reconhecimento de que a categoria que representa é diferenciada, pois esta matéria – enquadramento sindical – envolve a interpretação de norma genérica, notadamente do art. 577 da CLT.

▸ **10** – Greve abusiva não gera efeitos (inserida em 27.03.1998)

É incompatível com a declaração de abusividade de movimento grevista o estabelecimento de quaisquer vantagens ou garantias a seus partícipes, que assumiram os riscos inerentes à utilização do instrumento de pressão máximo.

▸ **11** – Greve. Imprescindibilidade de tentativa direta e pacífica da solução do conflito. Etapa negocial prévia (inserida em 27.03.1998)

É abusiva a greve levada a efeito sem que as partes hajam tentado, direta e pacificamente, solucionar o conflito que lhe constitui o objeto.

▸ **15** – Sindicato. Legitimidade "ad processum". Imprescindibilidade do registro no Ministério do Trabalho (inserida em 27.03.1998)

A comprovação da legitimidade "ad processum" da entidade sindical se faz por seu registro no órgão competente do Ministério do Trabalho, mesmo após a promulgação da Constituição Federal de 1988.

▸ **16** – Taxa de homologação de rescisão contratual. Ilegalidade (inserida em 27.03.1998)

É contrária ao espírito da lei (art. 477, § 7º, da CLT) e da função precípua do Sindicato a cláusula coletiva que estabelece taxa para homologação de rescisão contratual, a ser paga pela empresa a favor do sindicato profissional.

▸ **17** – Contribuições para entidades sindicais. Inconstitucionalidade de sua extensão a não associados (inserida em 25.05.1998) mantida: DeJT de 25.08.2014.

As cláusulas coletivas que estabeleçam contribuição em favor de entidade sindical, a qualquer título, obrigando trabalhadores não sindicalizados, são ofensivas ao direito de livre associação e sindicalização, constitucionalmente assegurado, e, portanto, nulas, sendo passíveis de devolução, por via própria, os respectivos valores eventualmente descontados.

▸ **18** – Descontos autorizados no salário pelo trabalhador. Limitação máxima de 70% do salário base (inserida em 25.05.1998)

Os descontos efetuados com base em cláusula de acordo firmado entre as partes não podem ser superiores a 70% do salário base percebido pelo empregado, pois deve-se assegurar um mínimo de salário em espécie ao trabalhador.

▸ **19** – Dissídio coletivo contra empresa. Legitimação da entidade sindical. Autorização dos trabalhadores diretamente envolvidos no conflito (inserido dispositivo) – DEJT divulgado em 16, 17 e 18.11.2010

A legitimidade da entidade sindical para a instauração da instância contra determinada empresa está condicionada à prévia autorização dos trabalhadores da suscitada diretamente envolvidos no conflito.

▸ **20** – Empregados sindicalizados. Admissão preferencial. Condição violadora do art. 8º, V, da CF/88 (inserido dispositivo) – DEJT divulgado em 16, 17 e 18.11.2010

Viola o art. 8º, V, da CF/1988 cláusula de instrumento normativo que estabelece a preferência, na contratação de mão de obra, do trabalhador sindicalizado sobre os demais.

▸ **22** – Legitimidade "ad causam" do sindicato. Correspondência entre as atividades exercidas pelos setores profissional e econômico envolvidos no conflito. Necessidade (inserido dispositivo) – DEJT divulgado em 16, 17 e 18.11.2010

É necessária a correspondência entre as atividades exercidas pelos setores profissional e econômico, a fim de legitimar os envolvidos no conflito a ser solucionado pela via do dissídio coletivo.

▸ **23** – Legitimidade "ad causam". Sindicato representativo de segmento profissional ou patronal. Impossibilidade (inserida em 25.05.1998)

A representação sindical abrange toda a categoria, não comportando separação fundada na maior ou menor dimensão de cada ramo ou empresa.

▸ **25** – Salário normativo. Contrato de experiência. Limitação. Tempo de serviço. Possibilidade (inserida em 25.05.1998)

Não fere o princípio da isonomia salarial (art. 7º, XXX, da CF/88) a previsão de salário normativo tendo em vista o fator tempo de serviço.

▸ **26** – Salário normativo. Menor empregado. Art. 7º, XXX, da CF/88. Violação (inserida em 25.05.1998)

Os empregados menores não podem ser discriminados em cláusula que fixa salário mínimo profissional para a categoria.

▸ **27** – Custas. Ausência de intimação. Deserção. Caracterização (inserida em 19.08.1998)

A deserção se impõe mesmo não tendo havido intimação, pois incumbe à parte, na defesa do próprio interesse, obter os cálculos necessários para efetivar o preparo.

▸ **28** – Edital de convocação da AGT. Publicação. Base territorial. Validade (inserida em 19.08.1998)

O edital de convocação para a AGT deve ser publicado em jornal que circule em cada um dos municípios componentes da base territorial.

▸ **29** – Edital de convocação e ata da assembleia geral. Requisitos essenciais para instauração de dissídio coletivo (inserida em 19.08.1998)

O edital de convocação da categoria e a respectiva ata da AGT constituem peças essenciais à instauração do processo de dissídio coletivo.

▸ **30** – Estabilidade da gestante. Renúncia ou transação de direitos constitucionais. Impossibilidade (republicada em decorrência de erro material) – DEJT divulgado em 19, 20 e 21.09.2011.

Nos termos do art. 10, II, "b", do ADCT, a proteção à maternidade foi erigida à hierarquia constitucional, pois retirou do âmbito do direito potestativo do empregador a possibilidade de despedir arbitrariamente a empregada em estado gravídico. Portanto, a teor do artigo 9º da CLT, torna-se nula de pleno direito a cláusula que estabelece a possibilidade de renúncia ou transação, pela gestante, das garantias referentes à manutenção do emprego e salário.

▸ **31** – Estabilidade do acidentado. Acordo homologado. Prevalência. Impossibilidade. Violação do art. 118 da Lei nº 8.213/91 (inserida em 19.08.1998)

Não é possível a prevalência de acordo sobre legislação vigente, quando ele é menos benéfico do que a própria lei, porquanto o caráter imperativo dessa última restringe o campo de atuação da vontade das partes.

▸ **32** – Reivindicações da categoria. Fundamentação das cláusulas. Necessidade. Aplicação do Precedente Normativo nº 37 do TST (inserida em 19.08.1998)

É pressuposto indispensável à constituição válida e regular da ação coletiva a apresentação em forma clausulada e fundamentada das reivindicações da categoria, conforme orientação do item VI, letra "e", da Instrução Normativa nº 4/93.

▸ **34** – Acordo extrajudicial. Homologação. Justiça do Trabalho. Prescindibilidade (inserida em 07.12.1998)

É desnecessária a homologação, por Tribunal Trabalhista, do acordo extrajudicialmente celebrado, sendo suficiente, para que surta efeitos, sua formalização perante o Ministério do Trabalho (art. 614 da CLT e art. 7º, inciso XXVI, da Constituição Federal).

▸ **35** – Edital de Convocação da AGT. Disposição estatutária específica. Prazo mínimo entre a publicação e a realização da assembleia. Observância obrigatória (inserida em 07.12.1998)

Se os estatutos da entidade sindical contam com norma específica que estabeleça prazo mínimo entre a data de publicação do edital convocatório e a realização da assembleia correspondente, então a validade desta última depende da observância desse interregno.

▸ **36** – Empregados de empresa de processamento de dados. Reconhecimento como categoria diferenciada. Impossibilidade (inserida em 07.12.1998)

É por lei e não por decisão judicial, que as categorias diferenciadas são reconhecidas como tais. De outra parte, no que tange aos profissionais da informática, o trabalho que desempenham sofre alterações, de acordo com a atividade econômica exercida pelo empregador.

▸ **38** – Greve. Serviços essenciais. Garantia das necessidades inadiáveis da população usuária. Fator determinante da qualificação jurídica do movimento (inserida em 07.12.1998)

É abusiva a greve que se realiza em setores que a lei define como sendo essenciais à comunidade, se não é assegurado o atendimento básico das necessidades inadiáveis dos usuários do serviço, na forma prevista na Lei nº 7.783/89.

7. PRECEDENTES NORMATIVOS DA SDC DO TST EM VIGOR

▸ **PN-5** ANOTAÇÕES DE COMISSÕES (positivo) O empregador é obrigado a anotar, na CTPS, o percentual das comissões a que faz jus o empregado.

▸ **PN-6** GARANTIA DE SALÁRIO NO PERÍODO DE AMAMENTAÇÃO (positivo) É garantido às mulheres, no período de amamentação, o recebimento do salário, sem prestação de serviços, quando o empregador não cumprir as determinações dos §§ 1º e 2º do art. 389 da CLT.

▸ **PN-8** ATESTADOS DE AFASTAMENTO E SALÁRIOS (positivo) O empregador é obrigado a fornecer atestados de afastamento e salários ao empregado demitido.

▸ **PN-10** BANCO DO BRASIL COMO PARTE EM DISSÍDIO COLETIVO NO TRT (positivo) – (nova redação dada pela SDC em sessão de 14.09.1998 – homologação Res. 86/1998, DJ 15.10.1998)

Os Tribunais Regionais do Trabalho são incompetentes para processar e julgar Dissídios Coletivos em que sejam partes o Banco do Brasil S.A. e entidades sindicais dos bancários.

▸ **PN-14** DESCONTO NO SALÁRIO (positivo) Proíbe-se o desconto no salário do empregado dos valores de cheques não compensados ou sem fundos, salvo se não cumprir as resoluções da empresa.

▸ **PN-15** COMISSÃO SOBRE COBRANÇA (positivo) Se não obrigado por contrato a efetuar cobranças, o vendedor receberá comissões por esse serviço, respeitadas as taxas em vigor para os demais cobradores.

▸ **PN-20** EMPREGADO RURAL. CONTRATO ESCRITO (positivo) Sendo celebrado contrato por tarefa, parceria ou meação, por escrito, obriga-se o empregador a fornecer uma via deste ao empregado, devidamente datada e assinada pelas partes.

▸ **PN-22** CRECHE (positivo) Determina-se a instalação de local destinado à guarda de crianças em idade de amamentação, quando existentes na empresa mais de 30 (trinta) mulheres maiores de 16 (dezesseis) anos, facultado o convênio com creches.

▸ **PN-24** DISPENSA DO AVISO PRÉVIO (positivo) O empregado despedido fica dispensado do cumprimento do aviso prévio quando comprovar a obtenção de novo emprego, desonerando a empresa do pagamento dos dias não trabalhados.

▸ **PN-29** GREVE. COMPETÊNCIA DOS TRIBUNAIS PARA DECLARÁ-LA ABUSIVA (positivo) Compete aos Tribunais do Trabalho decidir sobre o abuso do direito de greve.

▸ **PN-31** PROFESSOR (JANELAS) (positivo) Os tempos vagos (janelas) em que o professor ficar à disposição do curso serão remunerados como aula, no limite de 1 (uma) hora diária por unidade.

▸ **PN-32** JORNADA DO ESTUDANTE (positivo) Proíbe-se a prorrogação da jornada de trabalho do empregado estudante, ressalvadas as hipóteses dos arts. 59 e 61 da CLT.

▸ **PN-34** EMPREGADO RURAL. MORADIA (positivo) Ao empregado que residir no local de trabalho fica assegurada a moradia em condições de habitabilidade, conforme exigências da autoridade local.

▸ **PN-37** DISSÍDIO COLETIVO. FUNDAMENTAÇÃO DE CLÁUSULAS. NECESSIDADE (positivo) Nos processos de dissídio coletivo só serão julgadas as cláusulas fundamentadas na representação, em caso de ação originária, ou no recurso.

▸ **PN-41** RELAÇÃO NOMINAL DE EMPREGADOS (positivo) As empresas encaminharão à entidade profissional cópia das guias de contribuição sindical e assistencial, com a relação nominal dos respectivos salários, no prazo máximo de 30 dias após o desconto.

▸ **PN-42** SEGURO OBRIGATÓRIO (positivo) Institui-se a obrigação do seguro, por acidente ou morte, para empregados que transportem valores ou exerçam as atividades de vigia ou vigilante.

▸ **PN-47** DISPENSA DE EMPREGADO (positivo) O empregado despedido será informado, por escrito, dos motivos da dispensa.

▸ **PN-50** EMPREGADO RURAL. DEFENSIVOS AGRÍCOLAS (positivo) O empregador rural é obrigado a possuir o receituário agronômico de defensivos agrícolas e a observar as medidas de prevenção nele contidas.

▸ **PN-52** RECEBIMENTO DO PIS (positivo) Garante-se ao empregado o recebimento do salário do dia em que tiver de se afastar para recebimento do PIS.

▸ **PN-53** EMPREGADO RURAL. RESCISÃO DO CONTRATO DE TRABALHO DO CHEFE DE FAMÍLIA (positivo) A rescisão do contrato de trabalho rural, sem justa causa, do chefe da unidade familiar é extensiva à esposa, às filhas solteiras e aos filhos até 20 anos de idade, que exerçam atividades na propriedade, mediante opção destes.

▸ **PN-55** JORNALISTA. CONTRATO DE TRABALHO (positivo) O empregador é obrigado a mencionar no contrato de trabalho o órgão de imprensa no qual o jornalista vai trabalhar.

▸ **PN-56** CONSTITUCIONALIDADE (positivo) São constitucionais os Decretos-Leis nºs 2012/1983, 2024/1983 e 2045/1983.

▸ **PN-58** SALÁRIO. PAGAMENTO AO ANALFABETO (positivo)

O pagamento de salário ao empregado analfabeto deverá ser efetuado na presença de 2 (duas) testemunhas.

▸ **PN-59** EMPREGADO RURAL. AFERIÇÃO DAS BALANÇAS (positivo) O instrumento de peso e medida, utilizado pelos empregadores para aferição das tarefas no regime de produção, deverá ser conferido pelo INPM.

▸ **PN-60** EMPREGADO RURAL. LATÃO DE CAFÉ (positivo) O latão de café terá capacidade de 60 litros e será padronizado de acordo com as normas do INPM.

▸ **PN-61** COBRANÇA DE TÍTULOS (positivo) Salvo disposição contratual, é vedado ao empregador responsabilizar o empregado pelo inadimplemento do cliente, até mesmo quanto a títulos.

▸ **PN-62** EMPREGADO RURAL. CONSERVAÇÃO DAS CASAS (positivo) Os empregadores são responsáveis pelos reparos nas residências que cedam aos empregados rurais, desde que os danos não decorram de culpa destes.

▸ **PN-63** EMPREGADO RURAL. FICHA DE CONTROLE DA PRODUÇÃO (positivo) Quando da colheita, o café será entregue na lavoura ou no monte, fornecendo-se ao trabalhador uma ficha com o valor da respectiva produção.

▸ **PN-64** EMPREGADO RURAL. HORÁRIO E LOCAL DE CONDUÇÃO (positivo) Fornecendo o empregador condução para o trabalho, informará ele aos empregados, previamente, os locais e horários do transporte.

▸ **PN-65** EMPREGADO RURAL. PAGAMENTO DE SALÁRIO (positivo) O pagamento do salário será efetuado em moeda corrente e no horário de serviço, para isso permitido o seu prolongamento até duas horas após o término da jornada de trabalho.

▸ **PN-66** GARRAFAS "BICADAS" (positivo) Constituem ônus do empregador aceitar a devolução de garrafas "bicadas" e o extravio de engradados, salvo se não cumpridas as disposições contratuais pelo empregado.

▸ **PN-67** REMUNERAÇÃO POR PRODUÇÃO (positivo) Quando o serviço for contratado por produção, a remuneração não poderá ser inferior à diária correspondente ao salário normativo.

▸ **PN-68** EMPREGADO RURAL. FALTAS AO SERVIÇO. COMPRAS (positivo) Autoriza-se o chefe de família, se empregado rural, a faltar ao serviço um dia por mês ou meio dia por quinzena, para efetuar compras, sem remuneração ou mediante compensação de horário, mas sem prejuízo do repouso remunerado, desde que não tenha falta injustificada durante o mês.

▸ **PN-69** EMPREGADO RURAL. PAGAMENTO DE DIA NÃO TRABALHADO (positivo) O empregado rural fará jus ao salário do dia, quando comparecer ao local de prestação de serviço ou ponto de embarque, se fornecida condução pelo empregador, e não puder trabalhar em consequência de chuva ou de outro motivo alheio à sua vontade.

▸ **PN-70** LICENÇA PARA ESTUDANTE (positivo) Concede-se licença não remunerada nos dias de prova ao empregado estudante, desde que avisado o patrão com 72 horas de antecedência e mediante comprovação.

▸ **PN-71** EMPREGADO RURAL. TRANSPORTE. CONDIÇÕES DE SEGURANÇA (positivo) Quando fornecidos pelo empregador, os veículos destinados a transportar trabalhadores rurais deverão satisfazer as condições de segurança e comodidade, sendo proibido o carregamento de ferramentas soltas junto às pessoas conduzidas.

▶ **PN-72** MULTA. ATRASO NO PAGAMENTO DE SALÁRIO (positivo) Estabelece-se multa de 10% sobre o saldo salarial, na hipótese de atraso no pagamento de salário até 20 dias, e de 5% por dia no período subseqüente.

▶ **PN-73** MULTA. OBRIGAÇÃO DE FAZER (positivo) Impõe-se multa, por descumprimento das obrigações de fazer, no valor equivalente a 10% do salário básico, em favor do empregado prejudicado.

▶ **PN-77** EMPREGADO TRANSFERIDO. GARANTIA DE EMPREGO (positivo) Assegura-se ao empregado transferido, na forma do art. 469 da CLT, a garantia de emprego por 1 (um) ano após a data da transferência.

▶ **PN-78** PROFESSOR. REDUÇÃO SALARIAL NÃO CONFIGURADA (negativo)

Não configura redução salarial ilegal a diminuição de carga horária motivada por inevitável supressão de aulas eventuais ou de turmas.

▶ **PN-79** TRABALHADOR TEMPORÁRIO. DESCANSO SEMANAL (positivo) Concede-se ao trabalhador temporário o acréscimo de 1/6 ao seu salário diário, correspondente ao descanso semanal remunerado, por aplicação analógica do art. 3º da Lei nº 605/1949.

▶ **PN-80** SERVIÇO MILITAR. GARANTIA DE EMPREGO AO ALISTANDO (positivo) Garante-se o emprego do alistando, desde a data da incorporação no serviço militar até 30 dias após a baixa.

▶ **PN-81** ATESTADOS MÉDICOS E ODONTOLÓGICOS (positivo) Assegura-se eficácia aos atestados médicos e odontológicos fornecidos por profissionais do sindicato dos trabalhadores, para o fim de abono de faltas ao serviço, desde que existente convênio do sindicato com a Previdência Social, salvo se o empregador possuir serviço próprio ou conveniado.

▶ **PN-82** DISSÍDIO COLETIVO. GARANTIA DE SALÁRIOS E CONSECTÁRIOS (positivo) Defere-se a garantia de salários e consectários ao empregado despedido sem justa causa, desde a data do julgamento do dissídio coletivo até 90 dias após a publicação do acórdão, limitado o período total a 120 dias.

▶ **PN-83** DIRIGENTES SINDICAIS. FREQUÊNCIA LIVRE (positivo) – (nova redação – Res. 123/2004, DJ 06.07.2004) Assegura-se a frequência livre dos dirigentes sindicais para participarem de assembleias e reuniões sindicais devidamente convocadas e comprovadas, sem ônus para o empregador.

▶ **PN-84** SEGURO DE VIDA. ASSALTO (positivo) Institui-se a obrigação do seguro de vida, em favor do empregado e seus dependentes previdenciários, para garantir a indenização nos casos de morte ou invalidez permanente, decorrentes de assalto, consumado ou não, desde que o empregado se encontre no exercício das suas funções.

▶ **PN-85** GARANTIA DE EMPREGO. APOSENTADORIA VOLUNTÁRIA (positivo) Defere-se a garantia de emprego, durante os 12 meses que antecedem a data em que o empregado adquire direito à aposentadoria voluntária, desde que trabalhe na empresa há pelo menos 5 anos. Adquirido o direito, extingue-se a garantia.

▶ **PN-86** REPRESENTANTES DOS TRABALHADORES. ESTABILIDADE NO EMPREGO (positivo) Nas empresas com mais de 200 empregados é assegurada a eleição direta de um representante, com as garantias do art. 543, e seus parágrafos, da CLT.

▶ **PN-87** TRABALHO EM DOMINGOS E FERIADOS. PAGAMENTO DOS SALÁRIOS (positivo) É devida a remuneração em dobro do trabalho em domingos e feriados não compensados, sem prejuízo do pagamento do repouso remunerado, desde que, para este, não seja estabelecido outro dia pelo empregador.

▶ **PN-89** REEMBOLSO DE DESPESAS (positivo) Defere-se o reembolso das despesas de alimentação e pernoite a motorista e ajudante, quando executarem tarefas a mais de 100 km da empresa.

▶ **PN-91** ACESSO DE DIRIGENTE SINDICAL À EMPRESA (positivo) Assegura-se o acesso dos dirigentes sindicais às empresas, nos intervalos destinados a alimentação e descanso, para desempenho de suas funções, vedada a divulgação de matéria político-partidária ou ofensiva.

▶ **PN-92** GARANTIA DE REPOUSO REMUNERADO. INGRESSO COM ATRASO (positivo) Assegura-se o repouso remunerado ao empregado que chegar atrasado, quando permitido seu ingresso pelo empregador, compensado o atraso no final da jornada de trabalho ou da semana.

▶ **PN-93** COMPROVANTE DE PAGAMENTO (positivo) O pagamento do salário será feito mediante recibo, fornecendo-se cópia ao empregado, com a identificação da empresa, e do qual constarão a remuneração, com a discriminação das parcelas, a quantia líquida paga, os dias trabalhados ou o total da produção, as horas extras e os descontos efetuados, inclusive para a Previdência Social, e o valor correspondente ao FGTS.

▶ **PN-95** ABONO DE FALTA PARA LEVAR FILHO AO MÉDICO (positivo) Assegura-se o direito à ausência remunerada de 1 (um) dia por semestre ao empregado, para levar ao médico filho menor ou dependente previdenciário de até 6 (seis) anos de idade, mediante comprovação no prazo de 48 horas.

▶ **PN-97** PROIBIÇÃO DE ESTORNO DE COMISSÕES (positivo) Ressalvada a hipótese prevista no art. 7º da Lei nº 3207/1957, fica vedado às empresas o desconto ou estorno das comissões do empregado, incidentes sobre mercadorias devolvidas pelo cliente, após a efetivação de venda.

▶ **PN-98** RETENÇÃO DA CTPS. INDENIZAÇÃO (positivo) Será devida ao empregado a indenização correspondente a 1 (um) dia de salário, por dia de atraso, pela retenção de sua carteira profissional após o prazo de 48 horas.

▶ **PN-100** FÉRIAS. INÍCIO DO PERÍODO DE GOZO (positivo) O início das férias, coletivas ou individuais, não poderá coincidir com sábado, domingo, feriado ou dia de compensação de repouso semanal.

▸ **PN-102** ASSISTÊNCIA JURÍDICA AOS VIGIAS (positivo) A empresa prestará assistência jurídica a seu empregado que, no exercício da função de vigia, praticar ato que o leve a responder a ação penal.

▸ **PN-103** GRATIFICAÇÃO DE CAIXA (positivo) Concede-se ao empregado que exercer permanentemente a função de caixa a gratificação de 10% sobre seu salário, excluídos do cálculo adicionais, acréscimos e vantagens pessoais.

▸ **PN-104** QUADRO DE AVISOS (positivo) Defere-se a afixação, na empresa, de quadro de avisos do sindicato, para comunicados de interesse dos empregados, vedados os de conteúdo político-partidário ou ofensivo.

▸ **PN-105** ANOTAÇÃO NA CARTEIRA PROFISSIONAL (positivo) As empresas ficam obrigadas a anotar na carteira de trabalho a função efetivamente exercida pelo empregado, observada a Classificação Brasileira de Ocupações (CBO).

▸ **PN-106** EMPREGADO RURAL. ATIVIDADE INSALUBRE. FORNECIMENTO DE LEITE (positivo) Os empregadores que se dedicarem à pecuária leiteira fornecerão, diariamente, 1 (um) litro de leite aos trabalhadores que exerçam atividades insalubres.

▸ **PN-107** EMPREGADO RURAL. CAIXA DE MEDICAMENTOS (positivo) Nos locais de trabalho no campo serão mantidos pelo empregador medicamentos e materiais de primeiros socorros.

▸ **PN-108** EMPREGADO RURAL. ABRIGO NO LOCAL DE TRABALHO (positivo) Os empregadores rurais ficam obrigados a construir abrigos rústicos, nos locais de trabalho, para proteção de seus empregados.

▸ **PN-109** DESCONTO-MORADIA (positivo) Autoriza-se o desconto da moradia fornecida ao empregado somente quando o imóvel tiver o habite-se concedido pela autoridade competente.

▸ **PN-110** EMPREGADO RURAL. FERRAMENTAS. FORNECIMENTO PELO EMPREGADOR (positivo) Serão fornecidas gratuitamente, pelo empregador, as ferramentas necessárias à execução do trabalho.

▸ **PN-111** RELAÇÃO DE EMPREGADOS (positivo) Obriga-se a empresa a remeter ao sindicato profissional, uma vez por ano, a relação dos empregados pertencentes à categoria.

▸ **PN-112** JORNALISTA. SEGURO DE VIDA (positivo) Institui-se a obrigação do seguro de vida em favor de jornalista designado para prestar serviço em área de risco.

▸ **PN-113** TRANSPORTE DE ACIDENTADOS, DOENTES E PARTURIENTES (positivo) Obriga-se o empregador a transportar o empregado, com urgência, para local apropriado, em caso de acidente, mal súbito ou parto, desde que ocorram no horário de trabalho ou em consequência deste.

▸ **PN-115** UNIFORMES (positivo) Determina-se o fornecimento gratuito de uniformes, desde que exigido seu uso pelo empregador.

▸ **PN-116** FÉRIAS. CANCELAMENTO OU ADIANTAMENTO (positivo) Comunicado ao empregado o período do gozo de férias individuais ou coletivas, o empregador somente poderá cancelar ou modificar o início previsto se ocorrer necessidade imperiosa e, ainda assim, mediante o ressarcimento, ao empregado, dos prejuízos financeiros por este comprovados.

▸ **PN-117** PAGAMENTO DO SALÁRIO COM CHEQUE (positivo) Se o pagamento do salário for feito em cheque, a empresa dará ao trabalhador o tempo necessário para descontá-lo, no mesmo dia.

▸ **PN-118** QUEBRA DE MATERIAL (positivo) Não se permite o desconto salarial por quebra de material, salvo nas hipóteses de dolo ou recusa de apresentação dos objetos danificados, ou ainda, havendo previsão contratual, de culpa comprovada do empregado.

▸ **PN-119** CONTRIBUIÇÕES SINDICAIS – INOBSERVÂNCIA DE PRECEITOS CONSTITUCIONAIS – (nova redação dada pela SDC em sessão de 02.06.1998 – homologação Res. 82/1998, DJ 20.08.1998)

"A Constituição da República, em seus arts. 5º, XX e 8º, V, assegura o direito de livre associação e sindicalização. É ofensiva a essa modalidade de liberdade cláusula constante de acordo, convenção coletiva ou sentença normativa estabelecendo contribuição em favor de entidade sindical a título de taxa para custeio do sistema confederativo, assistencial, revigoramento ou fortalecimento sindical e outras da mesma espécie, obrigando trabalhadores não sindicalizados. Sendo nulas as estipulações que inobservem tal restrição, tornam-se passíveis de devolução os valores irregularmente descontados."

▸ **PN-120** SENTENÇA NORMATIVA. DURAÇÃO. POSSIBILIDADE E LIMITES (positivo) – (Res. 176/2011, DEJT divulgado em 27, 30 e 31.05.2011)

A sentença normativa vigora, desde seu termo inicial até que sentença normativa, convenção coletiva de trabalho ou acordo coletivo de trabalho superveniente produza sua revogação, expressa ou tácita, respeitado, porém, o prazo máximo legal de quatro anos de vigência.

poderá coincidir com sábado, domingo, feriado ou dia de compensação de repouso semanal.

► PN-102 ASSISTÊNCIA JURÍDICA AOS VIGIAS (positivo) A empresa prestará assistência jurídica a seu empregado que, no exercício da função de vigia, praticar ato que o leve a responder a ação penal.

► PN-103 GRATIFICAÇÃO DE CAIXA (positivo) Concede-se ao empregado que exercer permanentemente a função de caixa a gratificação de 10% sobre seu salário, excluídos do cálculo adicionais, acréscimos e vantagens pessoais.

► PN-104 QUADRO DE AVISOS (positivo) Defere-se a afixação, na empresa, de quadro de avisos do sindicato, para comunicados de interesse dos empregados, vedados os de conteúdo político-partidário ou ofensivo.

► PN-105 ANOTAÇÃO NA CARTEIRA PROFISSIONAL (positivo) As empresas ficam obrigadas a anotar na carteira de trabalho a função efetivamente exercida pelo empregado, observada a Classificação Brasileira de Ocupações (CBO).

► PN-106 EMPREGADO RURAL. ATIVIDADE INSALUBRE. FORNECIMENTO DE LEITE (positivo) Os empregadores que se dedicarem à pecuária leiteira fornecerão, diariamente, 1 (um) litro de leite aos trabalhadores que exerçam atividades insalubres.

► PN-107 EMPREGADO RURAL. CAIXA DE MEDICAMENTOS (positivo) Nos locais de trabalho no campo serão mantidos pelo empregador medicamentos e materiais de primeiros socorros.

► PN-108 EMPREGADO RURAL. ABRIGO NO LOCAL DE TRABALHO (positivo) Os empregadores rurais ficam obrigados a construir abrigos rústicos, nos locais de trabalho, para proteção de seus empregados.

► PN-109 DESCONTO-MORADIA (positivo) Autoriza-se o desconto da moradia fornecida ao empregado somente quando o imóvel tiver o habite-se concedido pela autoridade competente.

► PN-110 EMPREGADO RURAL. FERRAMENTAS. FORNECIMENTO PELO EMPREGADOR (positivo) Serão fornecidas gratuitamente, pelo empregador, as ferramentas necessárias à execução do trabalho.

► PN-111 RELAÇÃO DE EMPREGADOS (positivo) Obriga-se a empresa a remeter ao sindicato profissional, uma vez por ano, a relação dos empregados pertencentes à categoria.

► PN-112 JORNALISTA. SEGURO DE VIDA (positivo) Institui-se a obrigação do seguro de vida em favor de jornalista designado para prestar serviço em área de risco.

► PN-113 TRANSPORTE DE ACIDENTADOS, DOENTES E PARTURIENTES (positivo) Obriga-se o empregador a transportar o empregado, com urgência, para local apropriado, em caso de acidente, mal súbito ou parto, desde que ocorram no horário de trabalho ou em consequência deste.

► PN-115 UNIFORMES (positivo) Determina-se o fornecimento gratuito de uniformes, desde que exigido seu uso pelo empregador.

► PN-116 FÉRIAS. CANCELAMENTO OU ADIANTAMENTO (positivo) Comunicado ao empregado o período do gozo de férias individuais ou coletivas, o empregador somente poderá cancelar ou modificar o início previsto se ocorrer necessidade imperiosa e, ainda assim, mediante o ressarcimento, ao empregado, dos prejuízos financeiros por este comprovados.

► PN-117 PAGAMENTO DO SALÁRIO COM CHEQUE (positivo) Se o pagamento do salário for feito em cheque, a empresa dará ao trabalhador o tempo necessário para descontá-lo, no mesmo dia.

► PN-118 QUEBRA DE MATERIAL (positivo) Não se permite o desconto salarial por quebra de material, salvo nas hipóteses de dolo ou recusa de apresentação dos objetos danificados, ou ainda, havendo previsão contratual, de culpa comprovada do empregado.

► PN-119 CONTRIBUIÇÕES SINDICAIS – INOBSERVÂNCIA DE PRECEITOS CONSTITUCIONAIS – (nova redação dada pela SDC em sessão de 02.06.1998 – homologação Res. 82/1998, DJ 20.08.1998)

"A Constituição da República, em seus arts. 5º, XX e 8º, V, assegura o direito de livre associação e sindicalização. É ofensiva a essa modalidade de liberdade cláusula constante de acordo, convenção coletiva ou sentença normativa estabelecendo contribuição em favor de entidade sindical a título de taxa para custeio do sistema confederativo, assistencial, revigoramento ou fortalecimento sindical e outras da mesma espécie, obrigando trabalhadores não sindicalizados. Sendo nulas as estipulações que inobservem tal restrição, tornam-se passíveis de devolução os valores irregularmente descontados."

► PN-120 SENTENÇA NORMATIVA. DURAÇÃO. POSSIBILIDADE E LIMITES (positivo) – (Res. 176/2011, DEJT divulgado em 27, 30 e 31.05.2011)

A sentença normativa vigora, desde seu termo inicial até que sentença normativa, convenção coletiva de trabalho ou acordo coletivo de trabalho superveniente produza sua revogação, expressa ou tácita, respeitado, porém, o prazo máximo legal de quatro anos de vigência.

BIBLIOGRAFIA

ADAMOVICH, Eduardo Henrique Raymundo von. Comentários à Consolidação das Leis do Trabalho. Rio de Janeiro: Forense, 2009.

_______. Sistema da ação civil pública no processo do trabalho. São Paulo: LTR, 2005.

ALMEIDA, Amador Paes de. CLT comentada. 6ª ed. São Paulo: Saraiva, 2009.

ALMEIDA, Cleber Lúcio de. Direito Processual do Trabalho. 3ª ed. Belo Horizonte: Del Rey, 2009.

ALMEIDA, Isis de. Manual de Direito Processual do Trabalho. Vol. II. 10ª ed. São Paulo: LTr, 2002.

ALVIM, J. E. Carreira. Código de Processo Civil Reformado. 5a ed. Rio de Janeiro: Forense, 2003.

AMORIM FILHO, Agnelo. Critério científico para distinguir a prescrição da decadência e para identificar as ações imprescritíveis. Revista dos Tribunais. Vol. 300, outubro/1960.

ANDREUCCI, Ricardo Antonio. Direito Penal do Trabalho. 2ª ed. São Paulo: Saraiva, 2009.

ARAGÃO, Egaz Dirceu Moniz de. Comentários ao Código de Processo Civil. Vol. II: arts. 154 a 269. 9ª ed. Rio de Janeiro: Forense, 1998.

AREOSA, Ricardo Damião. Processo do Trabalho: Teoria Geral do Processo Trabalhista e Processo de Conhecimento. Rio de Janeiro: Lumen Juris. 2009.

AZEVEDO, Fábio de Oliveira. Direito Civil – Introdução e Teoria Geral. 2ª ed. Rio de Janeiro: Lumen Juris, 2010.

BARBI, Celso Agrícola. Comentários ao Código de Processo Civil. Vol. I: arts. 1º a 153. 10ª ed. Rio de Janeiro: Forense, 1999.

BARROS, Alice Monteiro de. Curso de Direito do Trabalho. São Paulo: LTr, fev-2008.

_______. Contratos e Regulamentações Especiais de Trabalho: peculiaridades, aspectos controvertidos e tendências. 3ª ed. São Paulo: LTr, 2008.

BARROS JR., Cássio Mesquita. Transferência de Empregados Urbanos e Rurais. São Paulo: LTr, 1980.

BATALHA, Wilson de Souza Campos. Tratado de Direito Judiciário do Trabalho. 2ª ed. São Paulo: LTr, 1985.

BEBBER, Júlio César. Recursos no Processo do Trabalho. 2ª ed. São Paulo: LTr, 2009.

BELTRAN, Ari Possidonio. Direito do Trabalho e Direitos Fundamentais. São Paulo: LTr, 2002.

BELMONTE, Alexandre Agra. Instituições de Civis no Direito do Trabalho – Curso de Direito Civil aplicado ao Direito do Trabalho. 4ª ed. Rio de Janeiro: Renovar, 2009.

CABRAL, Antonio do Passo. Nulidades no Processo Moderno: contraditório, proteção de confiança e validade prima facie dos atos processuais. Rio de Janeiro: Forense, 2009.

CAIRO JÚNIOR, José. Curso de Direito do Trabalho. 4ª ed. Salvador: JusPodivm, 2009.

_______. Curso de Direito Processual do Trabalho. 3ª ed. Salvador: JusPodivm, 2010.

CALVET, Otavio. Consórcio de Empregadores Urbanos: uma realidade possível. São Paulo: LTR, 2002.

CÂMARA, Alexandre Freitas. Lições de Direito Processual Civil. Vol. I. 16ª ed. Rio de Janeiro: Lumen Juris, 2007.

_______. Lições de Direito Processual Civil. Vol. I. 19ª ed. Rio de Janeiro: Lumen Juris, 2009.

CARMO, Julio Bernardo do. BARROS, Alice Monteiro de (coord.). Curso de Direito do Trabalho: estudos em memória de Célio Goyatá. Vol. II. 2ª ed. São Paulo: LTr, 1994

CARNEIRO, Athos Gusmão. Jurisdição e Competência: exposição didática. área do direito processual civil. 14ª ed. São Paulo: Saraiva, 2005.

CARRION, Valentin. Comentários à Consolidação das Leis do Trabalho. 33ª ed. atual. por Eduardo Carrion. São Paulo: Saraiva, 2008.

_______. Comentários à Consolidação das Leis do Trabalho. 34ª ed. atual. por Eduardo Carrion. São Paulo: Saraiva, 2009.

_______. Comentários à Consolidação das Leis do Trabalho. 35ª ed. atual. por Eduardo Carrion. São Paulo: Saraiva, 2010.

CARVALHO FILHO, José dos Santos. Curso de Direito Administrativo. 17ª ed. Rio de Janeiro: Lumen Juris, 2007.

CASSAR, Vólia Bomfim. Direito do Trabalho. 3ª ed. Niterói: Impetus, 2009.

CASSETARI, Christiano. Multa Contratual: teoria e prática. São Paulo: RT, 2009.

CASTELLÕES, Paulo A. G. Falci. BARROS, Alice Monteiro de (coord.). Curso de Direito do Trabalho: estudos em memória de Célio Goyatá. Vol. II. 2ª ed. São Paulo: LTr, 1994.

CASTELO, Jorge Pinheiro. Tutela Antecipada no Processo do Trabalho. Vol. II. São Paulo: LTr, 1999.

CASTRO, Carlos Alberto Pereira de e LAZZARI, João Batista. Manual de Direito Previdenciário. 10ª ed. Florianópolis: Conceito Editorial, 2008.

CAVALIERI FILHO, Sergio. Programa de Responsabilidade Civil. 9ª ed. São Paulo: Atlas, 2010.

CESARINO JUNIOR, A. F. Direito Social Brasileiro. 4ª ed. Vol. II. Rio de Janeiro: Livraria Freitas Bastos, 1957.

CHAVES, Luciano Athayde. da Organização da Justiça do Trabalho. In: CHAVES, Luciano Athayde (coord.). Curso de Processo do Trabalho. São Paulo: LTr, 2009.

_______. A reforma no Processo Comum e seus reflexos no Direito Judiciário do Trabalho: leis ns. 11.187/05, 11.232/05, 11.276/05, 11.277/06 e 11.280/06 e outros estudos de Direito Processual do Trabalho. São Paulo: LTr, 2006.

CINTRA, Antonio Carlos de Araújo. Comentários ao Código de Processo Civil. Vol. IV. Rio de Janeiro: Forense, 2001.

_______; GRINOVER, Ada Pellegrini e DINAMARCO, Candido Rangel. Teoria Geral do Processo. 16ª ed. São Paulo: Malheiros, 2000.

CORDEIRO, Wolney de Macedo. Processo e Procedimento na perspectiva trabalhista. In: CHAVES, Luciano Athayde (coord.). Curso de Processo do Trabalho. São Paulo: LTr, 2009.

CORREA Lélio Bentes. A Reforma Constitucional e a Justiça do Trabalho: perspectivas e desafios na concretização do ideal legislativo. In: COUTINHO, Grijalbo Fernandes e FAVA, Marcos Neves (coord). Justiça do Trabalho: competência ampliada. São Paulo: LTr, 2005.

COSTA, Armando Casimiro; FERRARI, Irany e MARTINS, Melchíades Rodrigues. Consolidação das Leis do Trabalho. 37ª ed. São Paulo: LTr, 2010.

COSTA, Coqueijo. Direito Judiciário do Trabalho. Rio de Janeiro: Forense, 1978.

_______. Ação Rescisória. 7ª ed. São Paulo: LTr, 2002.

COSTA, Fernando José da. O Falso Testemunho. Rio de Janeiro: Forense Universitária, 2003.

CUNHA Jr., Dirley da e NOVELINO, Marcelo. Constituição da República Federativa do Brasil de 1988 para Concursos. Salvador: JusPodivm, 2010.

CUNHA, Leonardo José Carneiro da. A Fazenda Pública em juízo. 8ª ed. São Paulo: Dialética, 2010.

CUNHA, Rogério Sanches. Código Penal para Concursos. Salvador: JusPodivm, 2009.

_______. Código Penal para Concursos. 3ª edição. Salvador: JusPodivm, 2010.

DALLEGRAVE NETO, José Affonso. Primeiras Linhas Sobre a Nova Competência da Justiça do Trabalho Fixada pela Reforma do Judiciário (EC 45/2004). In: COUTINHO, Grijalbo Fernandes e FAVA, Marcos Neves (coord). Nova Competência da Justiça do Trabalho. São Paulo: LTr, 2005.

DELGADO, Mauricio Godinho. Curso de Direito do Trabalho. 2ª ed. São Paulo: LTr, 2003.

_______. Curso de Direito do Trabalho. 3ª ed. São Paulo: LTr, fevereiro/2004.

_______. Curso de Direito do Trabalho. 4ª ed. São Paulo: LTr, janeiro/2005.

_______. Curso de Direito do Trabalho. 7ª ed. São Paulo: LTr, janeiro/2008.

_______. Curso de Direito do Trabalho. 8ª ed. São Paulo: LTr, janeiro/2009.

_______. BARROS, Alice Monteiro de (coord). Curso de Direito do Trabalho: estudos em memória de Célio Goyatá. Vol. I. São Paulo: LTR, 1994.

_______. As duas faces da nova competência da Justiça do Trabalho. In: COUTINHO, Grijalbo Fernandes e FAVA, Marcos Neves (coord). Nova Competência da Justiça do Trabalho. São Paulo: LTr, 2005.

DIDIER JR, Fredie. Curso de Direito Processual Civil. Vol. 2. 11ª ed. Salvador: JusPodivm, 2009.

_______ e CUNHA, Leonardo José Carneiro da. Curso de Direito Processual Civil. Vol. 3. 7ª ed. Salvador: JusPodivm, 2009.

_______; Braga, Paulo Sarno e Oliveira, Rafael. Curso de Direito Processual Civil. Vol. 5. 3ª ed. Salvador: JusPodivm, 2011.

DINAMARCO, Cândido Rangel. A instrumentalidade do processo. 12ª ed. São Paulo: Malheiros, 2005.

_______. Instituições de Direito Processual Civil. Vol. III. São Paulo: Malheiros, 2001.

_______. Nova Era do Processo Civil. São Paulo: Malheiros, 2003.

DOLINGER, Jacob. Direito Internacional Privado. Parte Geral. 6ª ed. Rio de Janeiro: Renovar, 2001.

EHRHARDT JR, Marcos. Direito Civil: LICC e Parte Geral. Vol. I. Salvador: Juspodivm, 2009.

FAVA, Marcos Neves. Ações Coletivas no Processo do Trabalho. In: CHAVES, Luciano Athayde (organizador). Curso de Processo do Trabalho. São Paulo: LTr, 2009.

FERRARI, Irany e MARTINS, Melchíades Rodrigues. Aviso Prévio Proporcional – Lei nº 12.506, de 11.10.2011 – sua aplicação. Revista LTr, Vol. 75. São Paulo: LTr, Novembro de 2011.

FIORILLO, Celso Antonio Pacheco e RODRIGUES, Marcelo Abelha. Manual de Direito Ambiental e Legislação Aplicável. São Paulo: Max Limonad, 1997.

FONSECA, José Geraldo da. Como redigir a petição inicial da ação trabalhista de rito sumaríssimo. Rio de Janeiro: Forense, 2001.

FONSECA, Ricardo Tadeu Marques da. A reforma do Instituto da Aprendizagem no Brasil: Anotações sobre a Lei nº 10.097/2000. in: O Trabalho. Fascículo nº 49, Encarte, março de 2001.

FUX, Luiz. O Novo Processo de Execução (cumprimento da sentença e execução por título extrajudicial). Rio de Janeiro: Forense, 2008.

GARCIA, Gustavo Felipe Barbosa. Repro 145, ano 32, São Paulo: RT, março/2007.

_______. Curso de Direito do Trabalho. 2ª ed. São Paulo: Método, 2008.

_______. Intervenção de terceiros, litisconsórcio e integração à lide no processo do trabalho. São Paulo: Método, 2008.

GIGLIO, Wagner Drdla. Justa Causa. São Paulo: LTr, 1981.

_______. e CORRÊA, Claudia Giglio Veltri. Direito Processual do Trabalho. 16ª edição. São Paulo: Saraiva, 2007.

GONÇALVES Jr., Mário. Digitador – Jornada – Inconstitucionalidade da Portaria MTb nº 3.751/90. Revista Trabalho e Doutrina, Vol. 9. São Paulo: Saraiva, 1996.

GOMES, Orlando e GOTTSCHALK, Elson. Curso de Direito do Trabalho. 14ª ed. Rio de Janeiro: Forense, 1996.

GRECO, Leonardo. Instituições de Processo Civil. Vol. I. Rio de Janeiro: Forense, 2009.

_____. Instituições de Processo Civil. Vol. II. Rio de Janeiro: Forense, 2010.

_______. Estudos de Direito Processual. Campos dos Goytacazes: Ed. Faculdade de Direito de Campos, 2005.

GRECO FILHO, Vicente. Direito Processual Civil Brasileiro. 2º Vol. 7a ed. São Paulo: Saraiva, 1994.

HINS, Laura Bittencourt; ZAINAGUI, Domingos Sávio (coordenador) e MACHADO, Antônio Cláudio da Costa (organizador). CLT Interpretada: artigo por artigo, parágrafo por parágrafo. 2ª ed. Barueri: Manole, 2009.

LACERDA, Galeno. Despacho Saneador. Porto Alegre: La Salle, 1953.

LAMARCA, Antonio. Execução na Justiça do Trabalho. São Paulo: Fulgor, 1962.

LEITE, Carlos Henrique Bezerra. Ministério Público do Trabalho: doutrina, jurisprudência e prática. 3ª ed. São Paulo: LTr, 2006.

_______. Curso de Direito Processual do Trabalho. 5ª ed. São Paulo: LTr, 2007.

LEONEL, Ricardo de Barros. Causa de Pedir e Pedido: o direito superveniente. São Paulo: Método, 2006.

LIEBMAN, Enrico Tullio. Eficácia e Autoridade da Sentença e outros escritos sobre a coisa julgada. 4ª ed. Rio de Janeiro: Forense, 2006.

LIMA, Taisa Maria Macena de. Atos e Negócios Jurídicos no Código Civil Brasileiro de 2002, in LAGE, Emérson José Alves e LOPES, Mônica Sette (coord.). Novo Código Civil e seus desdobramentos no Direito do Trabalho. São Paulo: LTr, setembro-2003.

LOBO, Eugenio Roberto Haddock. O trabalho da mulher em face do direito internacional. Revista Trabalho e Doutrina. Vol. 9. São Paulo: Saraiva, 1996.

LOPES, Glaucia Gomes Vergara. A Inserção do Portador de Deficiência no Mercado de Trabalho: a efetividade das leis brasileiras. São Paulo: LTr, 2005.

LOPES, Mauro Luiz Rocha. Processo Judicial Tributário: Execução Fiscal e Ações Tributárias. 4ª ed. Rio de Janeiro: Lumen Juris, 2007.

MAIOR, Jorge Luiz Souto. Justiça do Trabalho: A Justiça do Trabalhador?. In: COUTINHO, Grijalbo Fernandes e FAVA, Marcos Neves (coord). Nova Competência da Justiça do Trabalho. São Paulo: LTr, 2005.

MALLET, Estêvão. Aplicação no tempo da nova lei sobre aviso prévio proporcional. Revista LTr, Vol. 75. São Paulo: LTr, Novembro de 2011.

MALTA, Christovão Piragibe Tostes. A Execução no Processo Trabalhista. São Paulo: LTr, 1996.

MARANHÃO, Délio. Direito do Trabalho. 14ª ed. Rio de Janeiro: Fundação Getúlio Vargas, 1987.

_______ e CARVALHO, Luiz Inácio Barbosa. Direito do Trabalho. 17ª ed. Rio de Janeiro: Fundação Getúlio Vargas, 1993.

MARCATO, Antonio Carlos; MARCATO, Antonio Carlos (Coord.). Código de Processo Civil Interpretado. 3ª ed. São Paulo: Atlas, 2008.

MARINONI, Luiz Guilherme e MITIDIERO, Daniel. Código de Processo Civil Comentado artigo por artigo. São Paulo: RT, 2008.

MARQUES, José Frederico. Manual de Direito Processual Civil. Vol. III. Campinas: Millennium, 2001.

MARTINEZ, Luciano. Curso de Direito do Trabalho. São Paulo: Saraiva, 2011.

MARTINS FILHO, Ives Gandra da Silva. O Poder Normativo da Justiça do Trabalho e seus desdobramentos após a Emenda Constitucional nº 45/04. Revista LTr, Vol. 75-06. São Paulo: LTr, Junho de 2011.

MARTINS, Sergio Pinto. Direito da Seguridade Social. 24ª ed. São Paulo: Atlas, 2007.

_______. Direito do Trabalho. 25ª ed. São Paulo: Atlas, 2009.

_______. Comentários à CLT. 12ª ed. São Paulo: Atlas, 2008.

_______. Comentários à CLT. 14ª ed. São Paulo: Atlas, 2010.

_______. Anulação de Cláusulas Convencionais. In: Revista Trabalho e Doutrina, Vol. 13. São Paulo: Saraiva, 1997.

_______. Execução da Contribuição Previdenciária na Justiça do Trabalho. 2ª ed. São Paulo: Atlas, 2004.

MAUAD, Marcelo José Ladeira. Os Direitos dos Trabalhadores na Lei de Recuperação e de Falência de Empresas. São Paulo; LTr, 2007.

MAZZEI, Rodrigo. A Remessa "Necessária (reexame por remessa) e sua natureza jurídica. In, Aspectos Polêmicos e Atuais dos Recursos Cíveis e Assuntos Afins (Vo. 12). NERY JR, Nelson e WAMBIER, Teresa Arruda Alvim (Coord.). São Paulo: RT, 2011.

MAZUR, Mauricio. Consórcio de Empregadores. Curitiba: Juruá, 2002.

MEDINA, José Miguel Garcia e WAMBIER, Teresa Arruda Alvim. Parte Geral e Processo de Conhecimento: Processo Civil Moderno. Vol. I. São Paulo: RT, 2009.

MEIRELES, Edilton. O Novo Código Civil e o Direito do Trabalho. São Paulo: LTr, março-2003.

_______. A nova Justiça do Trabalho – Competência e Procedimento. In: COUTINHO, Grijalbo Fernandes e FAVA, Marcos Neves (coord). Nova Competência da Justiça do Trabalho. São Paulo: LTr, 2005.

_______ e BORGES, Leonardo Dias. Primeiras Linhas de Processo do Trabalho. São Paulo: LTr, março-2009.

MELO, José Eduardo Soares de. Curso de Direito Tributário. São Paulo: Dialética, 2003.

MELO, Raimundo Simão de. Direito Ambiental do Trabalho e a Saúde do Trabalhador: responsabilidades legais, dano material, dano moral, dano estético, indenização pela perda de uma chance, prescrição. 3ª ed. São Paulo: LTr, 2008.

_______. Dissídio Coletivo de Trabalho. São Paulo: LTr, 2002.

MINHARRO, Luciano; ZAINAGUI Domingos Sávio (coordenador) e MACHADO, Antônio Cláudio da Costa (organizador). CLT Interpretada: artigo por artigo, parágrafo por parágrafo. 2ª ed. Barueri: Manole, 2009.

MORAES, Evaristo de. Introdução ao Direito do Trabalho. São Paulo: LTr, 1978, p. 226

MORAES FILHO, Evaristo de e FLORES DE MORAES, Antonio Carlos. Introdução ao Direito do Trabalho. 7ª ed. São Paulo: LTr, 1995.

MORAES, Guilherme Peña de. Direito Constitucional, Teoria da Constituição. Rio de Janeiro: Lumen Juris, 2003.

MOREIRA, José Carlos Barbosa. Comentários ao Código de Processo Civil. Vol. V: arts. 476 a 565. 10ª ed. Rio de Janeiro: Forense, 2002.

_______. "Citação de pessoa falecida.". Temas de Direito Processual: quinta série. São Paulo: Saraiva, 1994.

_______. O Novo Processo Civil Brasileiro: exposição sistemática do procedimento. Rio de Janeiro: Forense, 2007.

_______. "Julgamento e ônus da prova". Temas de Direito Processual: segunda série. São Paulo: Saraiva, 1988.

_______. "As presunções e a prova". Temas de Direito Processual: primeira série. 2ª ed. São Paulo: Saraiva, 1988.

MOURA, Marcelo. A nova disciplina da tutela antecipada e o processo do trabalho. Revista LTR, ano 67, Volume 10, outubro de 2003.

_______. A estabilização (efetivação) da tutela antecipada diante do pedido incontroverso no processo do trabalho. O projeto do IBDP e os avanços da Lei nº 11.232, de 22.12.2005, Revista da ACAT, nº 01, ano 01, Rio de Janeiro: jan-jun, 2006, págs. 106/120 e Revista LTR, ano 70, nº 04, São Paulo, abril de 2006, págs. 437/445.

_______. A nova disciplina dos embargos à execução. Revista do TRT da 1a Região. Rio de Janeiro, nº 32, set/dez de 2002.

_______. A nova redação do art. 14 do CPC – "Contempt of Court". In: Revista da Escola da Magistratura da Justiça do Trabalho do Rio de Janeiro. Ano 03. Nº 04. Rio de Janeiro, 2002.

_______ e CALVET, Otávio. Magistratura e Ministério Público do Trabalho: questões discursivas. Rio de Janeiro: Lumen Juris, 2008.

NASCIMENTO, Amauri Mascaro. Curso de Direito do Trabalho. 25ª ed. São Paulo: Saraiva, 2010.

______. Curso de Direito Processual do Trabalho. 23ª ed. São Paulo: Saraiva, 2008.

______. Iniciação ao Direito do Trabalho. 34ª ed. São Paulo: LTr, 2009.

______. Curso de Direito do Trabalho. 23ª ed. São Paulo: Saraiva, 2008.

______. A competência da Justiça do Trabalho para a relação de trabalho. In: COUTINHO, Grijalbo Fernandes e FAVA, Marcos Neves (coord). Nova Competência da Justiça do Trabalho. São Paulo: LTr, 2005.

______. Teoria Jurídica do Salário. São Paulo: LTr, 1994.

______. Teoria Jurídica do Salário. 2ª ed. São Paulo: LTr, 1997.

______. Falências, recuperação de empresas e o contrato de trabalho. São Paulo: Revista LTr, Vol. 69-08.

NEGRÃO, Theotonio, GOUVÊA, José Roberto F. e BONDIOLI, Luis Guilherme A. Código de Processo Civil e legislação processual em vigor. 42ª ed. São Paulo: Saraiva, 2010.

NERY JÚNIOR, Nelson e NERY, Rosa Maria de Andrade. Código de Processo Civil Comentado e legislação processual civil extravagante em vigor. 6ª ed. São Paulo: RT, 2002.

NEVES, Daniel Amorim Assumpção e FREIRE, Rodrigo Cunha Lima. Código de Processo Civil para Concursos. Salvador: JusPodivm, 2010.

______. Manual de Direito Processual Civil. Rio de Janeiro: Forense; São Paulo: Método, 2009.

OLIVEIRA, Francisco Antonio de. Comentários à Consolidação das Leis do Trabalho. 3ª ed. São Paulo: RT, 2004.

______. Comentários às Súmulas do TST. 6ª ed. São Paulo: RT, outubro, 2005.

______. Comentários aos Precedentes Normativos e às Orientações Jurisprudenciais do TST. 2ª ed. São Paulo: RT, julho, 2004.

______. Execução na Justiça do Trabalho: doutrina, jurisprudência, súmulas e orientações. 6ª ed. São Paulo: RT, 2007.

PASSOS, José Joaquim Calmon de. Comentários ao Código de Processo Civil. Vol. III. 8a ed. Rio de Janeiro: Forense, 1998.

PAULA, Carlos Alberto Reis de. BARROS, Alice Monteiro de (coord.). Curso de Direito do Trabalho: estudos em memória de Célio Goyatá. Vol. II. 2ª ed. São Paulo: LTr, 1994

PAULSEN, Leandro; ÁVILA, René Bergmann e SLIWKA, Ingrid Schroder. Direito Processual Tributário: processo administrativo fiscal e execução fiscal à luz da doutrina e da jurisprudência. 4ª ed. Porto Alegre: Livraria do Advogado, 2007.

PEREIRA, Leone. Manual de Processo do Trabalho. São Paulo: Saraiva, 2011.

PEIXOTO, Bolívar Viegas. BARROS, Alice Monteiro de (coord.). Curso de Direito do Trabalho: estudos em memória de Célio Goyatá. Vol. II. 2ª ed. São Paulo: LTr, 1994.

PIETRO, Maria Sylvia Zanella di. Direito Administrativo. 23ª ed. São Paulo: Atrás, 2010.

PINTO, Raymundo Antonio Carneiro. Súmulas do TST Comentadas. 10ª ed. São Paulo: LTr, maio-2008.

PISCO, Claudia de Abreu Lima. Dissídios Coletivos: aspectos controvertidos e atuais. São Paulo: LTr, 2010.

PRUNES, José Luiz Ferreira. Contrato de Trabalho com cláusula de experiência. 2ª ed. São Paulo: LTr, 2001.

RABELO, Daniel Botelho. O Consórcio de Empregadores no Direito Brasileiro. São Paulo: LTr, outubro-2007.

ROBORTELLA, Luiz Carlos Amorim. Direito do Trabalho e Meio Ambiente, in SILVESTRE, Rita Maria e NASCIMENTO, Amauri Mascaro (coord.). Os novos paradigmas do Direito do Trabalho (homenagem a Valentin Carrion). São Paulo: Saraiva, 2001.

RODRIGUES PINTO, José Augusto. Tratado de Direito Material do Trabalho. São Paulo: LTr, 2007.

______. Direito Sindical e Coletivo do Trabalho. 2ª ed. São Paulo: LTr, 2002.

______. Processo Trabalhista de Conhecimento. 7ª ed. São Paulo: LTr, 2005.

______. Execução Trabalhista: estática, dinâmica e prática. 11ª ed. São Paulo: LTR, 2006.

_______. Manual dos Recursos nos Dissídios do Trabalho. São Paulo: LTr, 2006.

ROMITA, Aryon Sayão. Revista Trabalhista: direito e processo, LTr, ano 7, nº 26, abril/maio/junho/2008.

_______. Direitos Fundamentais nas Relações de Trabalho. São Paulo: LTr, 2005.

_______. Extinção do contrato de trabalho por força de aposentadoria. Direito do Trabalho – temas em aberto. São Paulo: LTr, 1998.

RUPRECH, Alfredo J. Relações Coletivas de Trabalho. São Paulo: LTr, 1995.

RUSSOMANO, Mozart. Víctor. Comentários à Consolidação das Leis do Trabalho. Vol. I (artigos 1/441). Rio de Janeiro: José Confino, 1952.

_______. Comentários à Consolidação das Leis do Trabalho. Vol. I. 15ª ed. Rio de Janeiro: Forense, 1993.

_______. A Estabilidade do Trabalhador na Empresa. Rio de Janeiro: José Confino, 1970.

SAAD, Eduardo Gabriel; SAAD, José Eduardo Duarte e BRANCO, Ana Maria Saad Castello. Consolidação das Leis do Trabalho Comentada. 42ª edição. São Paulo: LTr, 2009.

SANTOS, Moacyr Amaral. Primeiras Linhas de Direito Processual Civil. 19ª ed. 2º Vol. Atualizada por SANTOS, Aricê Moacyr Amaral. São Paulo: Saraiva, 1998.

_______. Primeiras Linhas de Direito Processual Civil. 11ª ed. 3° Vol. São Paulo: Saraiva, 1990.

SARAIVA, Renato. Curso de Direito Processual do Trabalho. 5ª ed. São Paulo: Método, 2008.

SARLET, Ingo Wolfgang. A eficácia dos direitos fundamentais. 7ª ed. Porto Alegre: Livraria do Advogado, 2007.

SCHIAVI, Mauro. Manual de Direito Processual do Trabalho. São Paulo: LTr, 2008.

_______. Execução no Processo do Trabalho. São Paulo: LTr, 2008.

SHARP JR, Ronald Amaral e GÓIS, Luiz Marcelo F. de. Ação Fiscalizadora e Procedimento Administrativo-trabalhista. Rio de Janeiro: Forense Universitária, 2007.

SILVA, José Afonso da. Aplicabilidade das Normas Constitucionais. 3ª ed. São Paulo: Malheiros, 1998.

SILVA, Luiz de Pinho Pedreira da. A Gorjeta. Edição fac-similada. São Paulo: LTr: Editora da Universidade de São Paulo, 1994.

SILVA, Ovídio A. Baptista da. Curso de Processo Civil. Vol. I. 6ª ed. São Paulo: RT, 2002.

_______. Sentença e Coisa Julgada. Porto Alegre: Sérgio Fabris,1979.

SOUZA, Marcelo Papaléo de. A Nova Lei de Recuperação e Falência e as Consequências no Direito e no Processo do Trabalho. São Paulo: LTr, 2006.

_______. Procedimentos Expropriatórios na Execução. In: CHAVES, Luciano Athayde (coord.). Curso de Processo do Trabalho. São Paulo: LTr, 2009.

SÜSSEKIND, Arnaldo. Curso de Direito do Trabalho. 3ª ed. Rio de Janeiro: Renovar, 2010.

_______. Direito Constitucional do Trabalho. Rio de Janeiro: Renovar, 1999.

_______. Direito Internacional do Trabalho. 3ª ed. São Paulo: LTr, 2000.

_______; MARANHÃO, Délio e VIANNA, Segadas. Instituições de Direito do Trabalho. Vol. II. 10ª ed. Rio de Janeiro: Freitas Bastos, 1987.

_______; MARANHÃO, Délio e VIANNA, Segadas. Instituições de Direito do Trabalho. Vol. II. 12ª ed. São Paulo: LTr, 1991.

_______; MARANHÃO, Délio; VIANNA, Segadas e TEIXEIRA FILHO, João de Lima. Instituições de Direito do Trabalho. São Paulo: LTr, 2003.

TAVARES, Marcelo Leonardo. Direito Previdenciário. 8ª ed. Rio de Janeiro: Lumen Juris, 2006.

TÁVORA, Nestor e ARAÚJO, Fábio Roque. Código de Processo Penal para Concursos. Salvador: JusPodivm, 2010.

TEIXEIRA FILHO, Manoel Antonio. Curso de Direito Processual do Trabalho. Vol. I. São Paulo: LTr, 2009.

_______. Curso de Direito Processual do Trabalho. Vol. II. São Paulo: LTr, 2009.

_______. Curso de Direito Processual do Trabalho. Vol. III. São Paulo: LTr, 2009.

_______. Breves Comentários à Reforma do Poder Judiciário (com ênfase à Justiça do Trabalho): Emenda Constitucional nº 45/2004. São Paulo: LTr, abril-2005.

_______. A Sentença no Processo do Trabalho. São Paulo: LTr, 1994.

_______. Petição Inicial e Resposta do Réu. São Paulo: LTr, 1996.

_______. A Prova no Processo do Trabalho. 7ª ed. São Paulo: LTr, 1997.

_______. A Ação Rescisória no Processo do Trabalho. 3ª ed. São Paulo: LTr, 1998.

_______. O Procedimento Sumaríssimo no Processo do Trabalho: comentários à Lei nº 9.957/2000. São Paulo: LTr, 2000.

_______. Liquidação da Sentença no Processo do Trabalho. 5ª ed. São Paulo: LTr, 1996.

_______. Execução no Processo do Trabalho. 8ª ed. São Paulo: LTr, 2004.

THEODORO JR, Humberto. Curso de Direito Processual Civil. Vol. 1. 22a ed. Rio de Janeiro: Forense, 1997.

THIBAU DE ALMEIDA, Milton Vasques. BARROS, Alice Monteiro de (coord.). Curso de Direito do Trabalho: estudos em memória de Célio Goyatá. Vol. I. 2ª ed. São Paulo: LTR, 1994.

VASCONCELOS, Antônio Gomes de. Sindicatos na Administração da Justiça: mediação e arbitragem voluntária nos dissídios individuais de trabalho. In: Trabalho e Doutrina. Vol. 14. São Paulo: LTr, set-1997.

VIANA, Márcio Túlio. BARROS, Alice Monteiro de (coord). Curso de Direito do Trabalho: estudos em memória de Célio Goyatá. Vol. I. São Paulo: LTR, 1994.

_______. Direito de Resistência: possibilidades de autodefesa do empregado em face do empregador. São Paulo: LTr, 1996.

WAMBIER, Luiz Rodrigues e WAMBIER, Teresa Arruda Alvim. Breves Comentários à 2a Fase da Reforma do Código de Processo Civil. 2a ed. São Paulo: RT, 2002.

WAMBIER, Teresa Arruda Alvim. Nulidades do Processo e da Sentença. 5ª ed. São Paulo: RT, 2004.

EDITORA
*Jus*PODIVM
www.editorajuspodivm.com.br

Pré-impressão, impressão e acabamento

GRÁFICA
SANTUÁRIO

grafica@editorasantuario.com.br
www.editorasantuario.com.br
Aparecida-SP